AF556490

प्रभात

व्यावहारिक

हिंदी-अंग्रेज़ी कोश

PRABHAT

Practical

Hindi-English Dictionary

प्रभात
व्यावहारिक
हिंदी-अंग्रेज़ी कोश

PRABHAT
Practical
Hindi-English Dictionary

संपादक

बदरीनाथ कपूर

प्रभात प्रकाशन, दिल्ली

ISO 9001:2015 प्रकाशक

PRABHAT PRACTICAL HINDI-ENGLISH DICTIONARY

Ed. Dr. Badri Nath Kapoor

Published by Prabhat Prakashan, 4/19 Asaf Ali Road, New Delhi-2 (India)

Edition • First, January 2004

Reprints • October 2004–2018 (Twelve Times)
August 2019

Price • Rupees Four Hundred only

ISBN • 978-93-86300-86-7

e-mail • prabhatbooks@gmail.com

Website • www.prabhatbooks.com

प्रकाशक • **प्रभात प्रकाशन**
4/19 आसफ अली रोड,
नई दिल्ली-110002

संस्करण • प्रथम, जनवरी 2004

पुनर्मुद्रण • अक्तूबर 2004-2018 (बारह बार)
अगस्त 2019

मूल्य • चार सौ रुपए

मुद्रक • नरुला प्रिंटर्स, दिल्ली

अ.मा.पु.सं. • 978-93-86300-86-7

समर्पण

अपने पथप्रदर्शकों–

आचार्य रामचंद्र वर्मा,

बाबू शिवनाथ प्रसाद बेरी एडवोकेट,

बाबू दुर्गाप्रसाद खत्री,

डॉ. ब्रजमोहन एवं

श्री शिवनाथ राघव

की

स्मृति में

प्रस्तावना

द्विभाषी कोश की दो विशेषताएँ मुख्य मानी जा सकती हैं। एक यह कि एक भाषा के शब्दों से सूचित होनेवाले अर्थों की अभिव्यक्ति करने में उसके द्वारा चयनित द्वितीय भाषा के शब्द पूर्ण रूप से समर्थ हों; और दूसरे यह कि इस प्रकार सुझाए शब्दों के आदर्श प्रयोग की झलक भी पाठकों को प्राप्त हो। यह दूसरी विशेषता भी वस्तुतः उतनी ही महत्त्वपूर्ण है जितनी कि पहली।

अधिकांश शब्दों के समानार्थी तो दूसरी भाषा में सुगमता से मिल जाते हैं, साथ ही उनके प्रयोग भी। परंतु ऐसे भी बहुतेरे शब्द हैं जिनके समानार्थी तो मिल जाते हैं, परंतु उनका प्रयोग करना टेढ़ी खीर होता है। फिर हर भाषा में कुछ शब्द ऐसे भी होते हैं जिनके द्वितीय भाषा में समानार्थी मिलते ही नहीं। इसके अतिरिक्त ऐसे शब्द भी होते हैं जिनके द्वितीय भाषा के सुझाए हुए शब्द मूल शब्दों की विवक्षाएँ व्यक्त ही नहीं कर पाते या कुछ भिन्न विवक्षाएँ सूचित करते हैं। इस कोश में इन समस्याओं के समाधान का प्रयास भी किया गया है।

पर्यायवाची शब्दों की अर्थच्छटाओं को दरशानेवाले समानार्थी प्रायः उलझन खड़ी करते हैं। लगभग 300 हिंदी पर्याय-मालाएँ उनके अंग्रेज़ी समानार्थियों के साथ परिशिष्ट में इस उद्‌देश्य से प्रस्तुत की गई हैं कि पाठक अपनी भाषा-संपदा के विशाल भंडार से अवगत होता रहे तथा अपने में भाषिक सौंदर्य की परख भी विकसित कर सके।

द्विभाषी कोश की एक विशेषता यह भी है कि दोनो भाषाभाषी वर्ग विभिन्न उद्‌देश्यों से इसका उपभोग करते हैं। इसीलिए अंग्रेज़ी भाषी वर्ग की सुविधा के लिए नागरी लिपि में लिखे मुख्य शब्दों का लिप्यंतरण तो प्रस्तावना के बाद दिया ही गया है, साथ ही हिंदी शब्दों के सुविधापूर्ण उच्चारण के निमित्त उनका रोमन लिपि में अक्षरी-विभाजन भी प्रस्तुत किया गया है।

इस कोश की पांडुलिपि को आद्योपांत देख जाने तथा उसमें अनेक बहुमूल्य संशोधन तथा परिवर्धन सुझाने के लिए मेरे आदरणीय मित्र श्री विश्वनाथ राव बख्शी ने जैसी तत्परता दिखलाई उसके लिए उन्हें हार्दिक धन्यवाद देता हूँ और उनके मंगलमय भविष्य की कामना

करता हूँ। मैं अपने उन सहयोगी मित्रों सर्वश्री योगेश मोहन गुप्त, प्रेमपाल शर्मा के प्रति अपनी कृतज्ञता व्यक्त करता हूँ जिन्होंने इसे बहुत-कुछ शुद्ध छापने में मेरी बहुमूल्य सहायता की है।

अनेक हितैषी मित्रों तथा जागरूक पाठकों के इस अनुरोध के रक्षार्थ कि 'प्रभात अंग्रेज़ी-हिंदी कोश' के समतुल्य ऐसे 'हिंदी-अंग्रेज़ी कोश' की आपसे अपेक्षा है जिसमें पिछले दो दशकों से व्यवहार में आ रहे नए शब्दों का भी समावेश हो, मुझे इस कोश के संकलन तथा संपादन के लिए प्रवृत्त होना पड़ा। बढ़ती वय, रुग्ण तथा जर्जर शरीर और ऊपर से एक पर एक आपदाओं-विपदाओं का ताँता इस यज्ञ में बराबर खलल डालता रहा। परंतु उस परमपिता की अनुकंपा तथा गुरुजनों के आशीर्वाद से संभवतः यह कोश आज आप तक पहुँच रहा है। कह नहीं सकता कि इस प्रयास में अपने शुभचिंतकों की उम्मीदों पर कितना खरा उतर सका हूँ। उन्हें संतोष हुआ तो अवश्य अपना परिश्रम सफल समझूँगा। अपनी त्रुटियों तथा भूलों के लिए मैं क्षमाप्रार्थी हूँ।

यह कोश 1952 से 1990 तक शब्दलोक में निरंतर चलती रही साप्ताहिक शब्दगोष्ठी के उन मूर्धन्य सदस्यों—शब्दब्रह्म के महान उपासक आचार्य रामचंद्र वर्मा, काशी के लब्ध-प्रतिष्ठ एडवोकेट बाबू शिवनाथ प्रसाद बरी, प्रसिद्ध साहित्यकार बाबू दुर्गाप्रसाद खत्री, प्रसिद्ध गणितज्ञ और भाषाविद् डॉ. ब्रजमोहन और काशी हिंदू विश्वविद्यालय के सह-पुस्तकाध्यक्ष श्री शिवनाथ राघव—को सादर समर्पित है, जिनका आशीर्वाद, दिशा-निर्देश और सक्रिय सहयोग इस कोश की रचना-प्रक्रिया में मेरा संबल रहा।

—बदरीनाथ कपूर

शब्दलोक
47, लाजपत नगर
वाराणसी-221002

ABBREVIATIONS

abbr. = abbreviation
adj. = adjective
abv. = adverb
agri. = agriculture
anat. = anatomy
anthrop. = anthropology
arch. = archaeology
astrol. = astrology
astron. = astronomy
aux. v. = auxiliary verb
biol. = biology
bot. = botany
buil. = building science
chem. = chemistry
comm. = commerce
dim. = diminutive form
econ. = economics
e.g. = for example
Eng. = English
eng. = engineering
f. = feminine noun
fem. = feminine form
fig. = figurative meaning
geog. = geography
geol. = geology
geom. = geometry
gram. = grammar
H.E. = Hindi Equivalent
hist. = history
ind. = indeclinable
interj. = interjection
lit. = literal meaning
log. = logic
m. = masculine noun
math. = mathematics
mech. = mechanics
meteor. = meteorology
m.c. = more current
mus. = music
myth. = mythology
opp. = opposite
pej. = pejorative
phil. = philosophy
phon. = phonetics
phot. = photography
phys. = physics
physiol. = physiology
pl. = plural form
pol. = political science
post. = postposition
pp. = past participle
pref. = prefix
prob. = probably
pron. = pronoun
psych. = psychology
sply. = specially
stat. = statistics
suff. = suffix
v. = verb
vi. = verb intransitive
vt. = verb transitive
zool. = zoology

TRANSLITERATION IN ROMAN SCRIPT

Vowels

Nagari	Roman	Pronunciation	Nasalised forms	Vowel signs	Nasalised vowel signs
अ	a	as a in Roman	अँ ã	see Notes	
आ	A	as a in far	आँ Ã	ा	ाँ
इ	i	as i in sit	इँ ĩ	ि	िँ
ई	ee	as ee in meet	ईं e͠e	ी	ीं
उ	u	as u in pull	उँ ũ	ु	ुँ
ऊ	oo	as oo in tool	ऊँ o͠o	ू	ूँ
ऋ	ri	as ri in trip	–	ृ –	–
ए	e	as e in obey	एँ ẽ	े	ें
ऐ	ai	as ai in aisle	ऐं a͠i	ै	ैं
ओ	o	as o in note	ओं õ	ो	ों
औ	au	as	औं a͠u	ौ	ौं

Notes

(i) Vowels in usual form are used when initial in a syllable, as
अब आम आ रहे हैं।

(ii) Usual form is also used when a vowel follows a vowel, as
भाई आए थे। (आ+ए)
गाड़ी आई है। (आ+ई)

(iii) After a consonant, a vowel sign is used, as

क् + आ + म = काम kAm
क् + इ + स = किस kis
क् + ई + ल = कील keel
क् + उ + छ = कुछ kuch
क् + ऊ + क = कूक kook
क् + ऋ + ष् +इ = कृषि krishi
क् + ए = के ke
क् + ऐ + द = कैद kaid
क् + ओ + ई = कोई koi
क् + औ + आ = कौआ kauA

CONSONANTS

क ka (k= क्/क) as c in cut (unaspirated & voiceless)

ख kha (kh= ख्/ख) aspirated क् k (voiceless)

Velars ग ga (g= ग्/ग) as g in goat (unaspirated, voiced)

Speech sounds articulated with the soft plate and the back of the tongue.

घ gha (gh= घ्/घ) aspirated ग् g (voiced)

ङ ṅa (ṅ= ं) as n in ink nasal (unaspirated, voiced)

च ca (c= च्/च) as ch in Church (unaspirated, voiceless)

छ cha (ch= छ्) aspirated च् c (voiceless)

Alveolar ज ja (j= ज्/ज) as in jug (unaspirated, voiced)

Speech sounds made with the tongue touching the part of the mouth behind the upper front teeth.

झ jha (jh= झ्) aspirated j (voiced)

ञ na (n= ं) nasal (unaspirated, voiced)

ट Ta (T= ट्) as in tub (unaspirated, voiceless)

ठ Tha (Th= ठ्) aspirated ट् T (voiceless)

ड Da (D= ड्) as in dog (unaspirated, voiced)

Retroflex ड़ Ra (R= ड़्) flapped ड्

Speech sounds made with the tongue turned backward.

ढ Dha (Dh= ढ्) aspirated ड् D (voiced)

ढ़ Rha (Rh= ढ़्) flapped ढ्

ण Na (N= ण्/ण) (nasal, unaspirated, voiced)

त ta (t= त्/त) (unaspirated, voiceless)

थ tha (th= थ्/थ) aspirated त् t as th in thought (aspirated, voiceless)

Dental द **d**a (d= द्) as in 'the', (unaspirated, voiced)

Speech sounds made with the lip of the tongue touching the backs of the upperteeth.

ध dha (dh= ध्/ध) aspirated द् d (aspirated, voiced)

न na (n= न्/न ं) as in nul (nasal, dental, unaspirated, voiced)

प pa (p= प्/प) as in pun (unaspirated, voiceless)

फ pha (ph= फ्/फ) aspirated प (voiceless)

Bilabial　　　ब ba (b= ब्/ॿ) as in full (unaspirated, voiced)
Speech sounds made by using both lips.

भ bha (bh= भ्/ॾ) aspirated ब (voiced)

म ma (m= म्/म/ं) as in much (nasal, unaspirated, voiced)

Semi-Vowel　　य ya (y= य्/ॽ) palatal semi-vowel as y in young (unaspirated, voiced)

Speech sounds like vowels that function as consonants.

र ra (r= र्/ʳ/ɹ) trilled semi-vowel as r in right (unaspirated, voiced)

ल la (l= ल्/ल) lateral palatal semi-vowel (unaspirated, voiced)

व (i) va (v= व्/ॅ)

(ii) wa (w= व्/ॅ) (unaspirated, voiced)

Fricative　　　श sha (sh= श्/श) voiceless palatal fricative as in shun
Speech Sounds produced partly by friction.

ष sha (sh= ष्/ष) voiceless palatal fricative

स sa (A= स्/स) sharp dental sibilant as in sing

ह ha (h= ह्) velar aspirated fricative as in hot

Some Persian and Roman sounds which are generally used are marked with underneath point, as

क़ Ka (K = क़् / क़) post-velar, voiceless, unaspirated

ख़ Kha (Kh = ख़् / ख़) post-velar, voiceless, aspirated

ग़ Ga (G = ग़् / ग़) post-velar, voiced, unaspirated

ज़ za (z = ज़् / ज़) as in zeal

फ़ Fa (F = फ़् / फ़) as in face

ं Anuswar and : Visarg signs are also used in Nagari Script.

ङ् before क्, ख्, ग् and घ्; ञ् before च्, छ्, ज् and झ्; ण् before ट्, ठ्, ड् and ढ्; न् before त्, थ्, द् and ध् and म् before प्, फ्, ब् and भ् are usually written with Anuswar, as

अंक, शंख, संग, संघ

aṅk, shaṅkh, saṅg, saṅgh

चंचल, पंछी, शिकंजा, झंझा

cancal, panchee, shikaṅjA, jhanjhA

अंटशंट, कंठ, कंडील

aNTshaNT, kaNTh, kaNDeel

But when repeated than in its original form only, as अक्षुण्ण akshuNN

अंत, कंथा, कंद, कंधा

ant, kanthA, kand, kandhA

But when repeated than in its original forms as अन्न ann.

पंप, दुंबा, शंभु

pamp, dumbA, shambhu

But when repeated than in its original form, as अम्माँ ammÃ.

Any nasal letter keeps its original form when followed by some other nasal letter, as वाङ्मय, मृण्मय etc.

: Visarg is unaspirated ḥ and occurs only in Sanskrit Words.

NOTES

(i) In theory a consonant is understood to be inherted with अ a vowel, as

क	=	ka
ख	=	kha
ग	=	ga
घ	=	gha

(ii) But in practice as a syllable ending it is treated as pure consonant i.e. without inheriting अ vowel, as

कम	kam	ka + ma
चल	cal	ca + la
चलना	calnA	ca + la + nA

(iii) Usually pure form of is reported with a small underneath oblique, as

क्	=	k
ख्	=	kh
ग्	=	g
घ्	=	gh
च्	=	c
छ्	=	ch
ट्	=	T
ठ्	=	Th

(iv) Some pure forms are used in a fractured way when it is followed by another consonant

क	k	क्या	kyA
ख	kh	ख्यात	khyAt
ग	g	ग्लानि	glAni

अ

अ (a) The first letter of the Nagari alphabet.

Prefix. 1. un, not; अनिश्चित uncertain, अनियमित not regular. 2. bad, evil; अकाल bad times. 3. opposite of; अन्याय injustice. 4. absence of, want of; अनिश्चय indecision. It takes the form अन् before words of Sanskrit origin beginning with a vowel; as अनभिप्रेत (अन् + अभिप्रेत) undesired.

अंक (aṅk) *m.* 1. figure or number. 2. digit. 3. mark or marks obtained in a test. 4. number or issue of a journal. 5. act of a drama. 6. lap; ~ भरना to embrace.

अंकगणित (~ ga NIt) *m.* arithmetic.

अँकटा (ã k TA) *m.* pebble.

अंक-तालिका (aṅk-TA li KA) *f.* marks-sheet.

अंकन (aṅ kan) *m.* 1. act or state of marking, writing, drawing etc. 2. vivid description.

अंकनीय (aṅ ka neey) *adj.* that which can or ought to be drawn, marked or delineated.

अंकयोग (~ yog) *m.* aggregate marks.

अँकवार (ãk VAr) *f.* lap; ~ भरना to embrace.

अंकसूची (aṅk soo cee) *f.* marks-sheet.

अँकाई (ã KA ee) *f.* 1. marking. 2. estimation. 3. remuneration for marking or estimating.

अंकित (aṅ kit) *adj.* written, painted, drawn, marked or described; ~ करना to write, paint, mark, draw or describe, to portray depict; ~ मूल्य face value.

अँकुड़ा (ã ku RA) *m.* hook.

अंकुर (aṅ kur) *m.* shoot, sprout; ~ जमना germination of a seed; ~ फूटना to sprout.

अंकुरण (aṅ ku raN) *m.* 1. act of sprouting. 2. act of germinating.

अंकुरना (aṅ kur nA) *vi.* to sprout.

अंकुरित (aṅ ku rit) *adj.* 1. sprouted. 2. germinated.

अंकुरित यौवना (~ yau va nA) *adj. & f.* (female) budding youth.

अंकुश (aṅ kush) *m.* 1. iron hook or goad for driving an elephant or keeping him under control. 2. restraint, control; (किसी पर) ~ लगाना to put (someone) under control; (किसी पर) ~ होना to have control (over).

अंकुश-कृमि (~ - kri mi) *m.* hookworm.

अंकेक्षक (aṅ kek shak) *m.* = लेखा-परीक्षक।

अंकेक्षण (aṅ kek shaN) *m.* = लेखा-परीक्षण।

अँखुआ (ã khu A) *m.* sprout; ~ निकलना to sprout.

अँखुआना (~ nA) *vi.* to sprout.

अंग (aṅg) *m.* 1. body. 2. part of the body, limb; गुप्त ~ private parts; ~ अंग मुस्कराना —उसके अंग-अंग मुस्करा रहे थे Every limb of his body was smiling, as it were. (किसी का अपने) ~ चुराना to cover (one's) bodily parts (said of a woman) to avoid other's attention; ~ छूकर कहना to swear (by someone); ~ ढीले होना/हो जाना loosening of the limbs; ~ लगना—कुछ खाया-पिया उसके अंग नहीं लगता The food does not go to build his body. फूले ~ न समाना to be at the height of joy. 3. side, aspect, facet. 4. department. 5. part; जीवन का ~ part of life.

अंगचारी (~ cA ree) *m.* friend, companion.

अंगच्छेद (aṅ gac ched) *m.* = अंगोच्छेदन।

अंगज (aṅ gaj) *adj.* born or produced from the body.
m. son, hair or sweat.

अंगजा (aṅ ga jA) *f.* daughter.

अंगजात (~ jAt) *adj.* = अंगज।

अंगड़-खंगड़ (aṅ gaR - khaṅ gaR) *m.* old discarded things of little or no value, junk.

अँगड़ाई (ãg RA ee) *f.* stretching of limbs (for relaxation); ~ लेना to stretch limbs (for relaxation).

अँगड़ाना (~ RA nA) *vi.* to stretch limbs (for relaxation).

अंगत्राण (aṅg trAN) *m.* armour.

अंगद (aṅ gad) *m.* 1. armlet. 2. son of Bali (Ramayan).

अँगना (ãg nA) *m.* = आँगन (courtyard).

अंगना (aṅ ga nA) *f.* a woman having beautiful limbs.

अंग-प्रत्यंग (~ - prat tyaṅg) *m.* body and all its parts, each and every part of the body.

अंग-प्रदर्शन (~ pra dar shan) *m.* displaying of one's sexual organs in public.

अंगभंग (~ bhaṅg) *m.* injury to a limb.

अंगभंगिमा (~ bhaṅ gi mA) *f.* = अंगभंगी।

अंगभंगी (~ bhaṅ gee) *f.* 1. posture or stance, calculated to fascinate. 2. an expressive and pleasing movement of the body or limbs.

अंगमर्दन (~ mar dan) *m.* the action of rubbing and pressing the body, massage.

अंगमारी (aṅg mA ree) *f.* paralysis.

अंगरक्षक (~ rak shak) *m.* bodyguard.

अँगरखा (ã gar khA) *m.* a kind of loose longish male garment.

अंगराग (aṅg rAg) *m.* cosmetic.

अँगरेज़ (ãg rez) *m.* = अंग्रेज़।

अँगरेज़ियत (~ re zi yat) *f.* = अंग्रेज़ियत।

अँगरेज़ी (~ re zee) *adj.* = अंग्रेज़ी।
f. = अंग्रेज़ी।

अंगलेट (aṅg leT) *m.* shape and size of the human body, frame of the body, physique, build.

अंगवस्त्र (~ vastr) *m.* a shawl given as a mark of respect to a person for some work or achievement.

अंगविक्षेप (aṅg vik shep) *m.* pleasing gesture, gesticulation.

अंगसौष्ठव (~ saush Thav) *m.* grace of the body.

अंगहीन (aṅg heen) *adj.* without a body or its limb.

अंगांगीभाव (aṅ gAṅ gee bhAv) *m.* 1. relation between the part and the whole. 2. relation of the subordinate to the principal.

अंगा (aṅ gA) *m.* = अँगरखा।

अंगार (aṅ gAr) *m.* = अंगारा।

अंगारा (aṅ gA rA) *m.* live coal; ~ हो जाना to be wild with rage; अंगारे उगलना to spit fire; अंगारे बरसना intense heat raining like fire; अंगारों पर लोटना to get savage with anger.

अँगिया (ã gi yA) *f.* a kind of bodice.

अंगी (aṅ gee) *adj.* limbed, corporal, having a body.

अंगीकरण (aṅ gee ka raN) *m.* act of accepting (as one's own).

अंगीकार (aṅ gee kAr) *adj.* accepted, (as one's own); ~ करना to accept, to own.
m. = अंगीकरण।

अंगीकृत (aṅ gee krit) *adj.* accepted, adopted.

अँगीठा (ã gee ThA) *m.* a furnace.

अँगीठी (ã gee THee) *f.* a kind of Indian stove, grate, fire-pot.

अंगुल (aṅ gul) *f.* = उँगली।

अंगुलछाप (~ chAp) *f.* finger-print.

अंगुश्त (aṅ gusht) *m.* finger.

अंगुश्ताना (aṅ gush TA NA) *m.* tailor's tiny metal cap which he puts on his finger, thimble.

अँगूठा (ã goo THA) *m.* 1. thumb; ~ दिखाना/दिखा देना to turn down (a request) with derision; अँगूठे पर मारना to discard something as undesirable. 2. great toe.

अँगूठी (ã goo Thee) *f.* finger-ring; ~ का नगीना a gem among jewels.

अंगूर (aṅ goor) *m.* (usu. plu.) grapes; ~ खट्टे होना—अंगूर खट्टे हैं The grapes are sour *i.e.* what is inaccessible is worthless. ज़ख़्म में ~ आना to show signs of healing of an ulcer.

अंगूरी (aṅ goo ree) *adj.* 1. made of grapes, vinous. 2. having the colour of grapes.

अंगोच्छेदन (aṅ goc che dan) *m.* surgery, amputation.

अँगोछना (ã goch nA) *vt.* to rub with a towel.

अँगोछा (ã go chA) *m.* a piece of cloth used principally as a towel.

अंग्रेज़ (aṅ grez) *m.* an Englishman.

अंग्रेज़ियत (aṅ gre zi yat) *f.* = a typical trait of an Englishman, Anglicism.

अंग्रेज़ी (aṅ gre zee) *adj.* 1. of Englishman. 2. of England.
f. English language.

अंचल (an cal) *m.* 1. the part of the saree which covers the front portion of the woman's body, border. 2. region, district. [*adj.* आंचलिक]

अंज़न (an jan) *m.* collyrium.

अंजनी (an ja nee) *f.* Hanuman's mother.

अंजनीनंदन (~ nan dan) *m.* Hanuman, the monkey-god of Ramayan.

अंजर-पंजर (an jar - pan jar) *m.* joints or parts of a body, machine or structure; ~ ढीले हो जाना (i) to become very tired, (ii) to become aged and weak, (iii) to have become ramshackle.

अंजलि (an ja li) *f.* hollow of the curved palm; ~ भर handful.

अंजलिबद्ध (~ baddh) *adj.* having hands folded, with the palms joined together.

अंजाम (an jAM) *m.* result, consequence.

अंजीर (an jeer) *m.* fig (tree and its fruit).

अंजुमन (an ju man) *m.* 1. association. 2. society.

अँजोरा (ã jo rA) *m.* light.

अंटशंट (aNT shaNT) *adj.* incoherent, irrelevant; ~ बकना to indulge in irrelevant talk.

अंटा (aN TA) *m.* spool of thread.

अंटाचित (aN TA cit) *adj.* sprawling; ~ हो जाना to lie sprawling/flat, chest upward.

अंटी (aN Tee) *f.* 1. a gesture with one finger over the other. 2. a fold of the loin-cloth meant specially for keeping coins; ~ मारना to hide something deceitfully. 3. spool of cotton-thread etc. 4. knot.

अंटीबाज़ (~ bAZ) *m.* swindler.

अंड (aND) *m.* 1. egg. 2. testicles. 3. universe.

अंडकोश (~ kosh) *m.* scrotum.

अंडज (aN Daj) *adj.* born from an egg.
m. a bird, fish or snake.

अंडबंड (aND baND) *adj.* 1. incoherent; ~बात incoherent talk. 2. meaningless. 3. miscellaneous; ~ सामान miscellaneous goods.
m. 1. trash, non-sense, meaningless

talk. 2. improper language. 3. miscellany.

अंडवृद्धि (~ vrid dhi) *f.* hydrocele.

अंडस (AN DAS) *f.* difficulty.

अंडा (AN DA) *m.* egg; अंडे की ज़र्दी yolk of an egg; अंडे की सफ़ेदी white of an egg; अंडे देना to lay eggs; अंडे सेना (i). to hatch/incubate (eggs), (ii) to sitidle.

अंडाकार (AN DA KAR) *adj.* egg-shaped, oval.

अंडाणु (AN DA NU) *m.* a female reproductive egg cell, ovum.

अंडाशय (AN DA shay) *m.* the female reproductive gland, ovary.

अंडी (AN Dee) *f.* 1. castor oil-seed; ~ का तेल castor oil. 2. a kind of rough silken cloth.

अंत:करण (an taḥ ka raN) *m.* 1. heart. 2. conscience, inner-self; ~ की पुकार voice of conscience.

अंत:कालीन (~ KA leen) *adj.* interim, provisional.

अंत:कोण (~ KON) *m.* (Geom.) internal angle.

अंत:पुर (~ pur) *m.* seraglio, ḥarem.

अंत:प्रेरणा (~ pre ra NA) *f.* inner-urge.

अंत:सत्ता (~ sat TA) *f.* inner-being.

अंत:स्थ (an taḥsth) *adj.* inner-being. *m.* = अंतस्थ।

अंत:स्राव (an taḥ SRAV) *m.* 1. something oozing inside the body. 2. internal secretion.

अंत (ant) *m.* 1. end, the last part; ~ में in the end, eventually, at last; ~ बनना to have a good end. 2. end, termination; प्रथा कौ ~ end of a custom; ~ करना या कर देना (i) to put to an end, (ii) to kill or destroy completely. 3. secret; ~ पाना; to be able to know someone's secret; ~ लेना to gauge the secret, to probe into the secret.

अंतक (an. tak) *adj.* causing destruction or death.

अंतकाल (ant KAl) *m.* last moment, time of death.

अँतड़ी (ãt Ree) *f.* intestine; अँतड़ियाँ जलना to feel pangs of hunger; हँसते-हँसते अँतड़ियों में बल पड़ जाना to split one's sides with laughter.

अंतत: (an ta tah) *adv.* 1. at last, finally. 2. ultimately, eventually.

अंततम (an ta tam) *adj.* latest.

अंततोगत (an ta to gat) *adj.* ultimate.

अंततोगत्वा (an ta to gat TWA) *adv.* 1. at last, finally. 2. ultimately.

अंतर् (an tar) *prefix.* inner, inter.

अंतरंग (an ta raṅg) *adj.* 1. inner; ~ परिषद inner council. 2. intimate, fast; ~ मित्र fast friend.

अंतर[1] (an tar) *m.* 1. difference; ~ करना to discriminate or differentiate, उन्नीस बीस का ~ a nominal difference. 2. distinction. 3. interval of time or space.

अंतर[2] (an tar) *prefix.* 1. inter. 2. inter national.

अंतरजातीय (~ ja teey) *adj.* intercaste; ~ विवाह intercaste marriage.

अंतरण (an ta raN) *m.* 1. spacing. 2. transference.

अंतरणीय (an ta ra Neey) *adj.* transferable.

अंतरतम (an tar tam) *adj.* inmost, innermost, closest.

अंतरप्रांतीय (an tar prAn teey) *adj.* inter-provincial; ~ झगड़े inter-provincial quarrels.

अंतप्रादेशिक (an tar prA de shik) *adj.* inter-regional, inter-state.

अंतरमहाविद्यालयीन (~ ma hA vid dyA la yeen) *adj.* inter-college.

अंतरराष्ट्रीय (an tar rAsah Treey) *adj.* concerning two or more nations, international.

अंतरराष्ट्रीयता (~ tA) *f.* the idea of cooperation and understanding between nations, internationalism.

अंतरस्थ (an ta rasth) *adj.* lying within.

अंतरात्मा (an ta rAt mA) *f.* inner-self, spirit, soul, conscience; ~ की पुकार voice of conscience.

अंतराल (an ta rAl) *m.* 1. interval of time or space. 2. interior; पृथ्वी के ~ में in the interior of the earth.

अंतरावरोधन (an ta rA va ro dhan) *m.* the act of stopping someone or something in the way, interception.

अंतरावरोधित (an ta rA va ro dhit) *adj.* intercepted.

अंतरिक्ष (an ta riksh) *m.* outer space, interplanetary space.

अंतरिक्ष-किरण (~ - ki raN) *f.* cosmic ray.

अंतरिक्ष-यात्रा (~ - yAt trA) *f.* space-travel.

अंतरिक्ष-यात्री (~ - yAt tree) *m.* astronaut.

अंतरिक्ष-यान (~ - yAn) *m.* space ship.

अंतरिक्ष-युग (~ yug) *m.* space age.

अंतरिक्ष विज्ञान (~ vig gyAn) *m.* meteorology.

अंतरिक्षीय (an ta rik sheey) *adj.* occurring or originating in outer space, cosmic.

अंतरिम (an ta rim) *adj.* interim; ~ आज्ञा interim order; ~ सरकार interim government.

अंतरीप (an ta reep) *m.* part of land projecting into a sea, cape, promontory, headland.

अंतरीय (an ta reey) *adj.* internal. *m.* lower garment.

अंतर्कथा (an tar ka thA) *f.* episode.

अंतर्गत (an tar gat) *adj.* included in; सूची के ~ included in the list.

अंतर्ग्रस्त (an tar grast) *adj.* involved.

अंतर्चक्र (an tar cakkr) *m.* inner circle.

अंतर्जगत (an tar ja gat) *m.* the world within, inner world.

अंतर्जातीय (an tar jA teey) *adj.* = अंतरजातीय।

अंतर्ज्ञान (an tar gyAn) *m.* 1. intuition. 2. enlightenment.

अंतर्ज्योति (an tar jyo ti) *f.* inner light.

अंतर्दर्शन (an tar dar shan) *m.* introspection.

अंतर्दाह (an tar dAh) *m.* heart-burning.

अंतर्दृष्टि (an tar drish Ti) *f.* insight, inner sight, imaginative penetration.

अंतर्देशीय (an tar de sheey) *adj.* inland; ~ पत्र inland letter.

अंतर्द्वंद्व (an tar dwandw) *m.* serious difference or conflict between ideas, inner conflict.

अंतर्धान (an tar dhAn) *adj.* disappear; vanished; ~ होना/हो जाना to disappear.

अंतर्धारा (an tar dhA rA) *f.* undercurrent.

अंतर्ध्वंस (an tar dhwans) *m.* sabotage.

अंतर्ध्वंसक (an tar dhwan sak) *m.* saboteur.

अंतर्नियम (an tar ni yam) *m.* article (s) sply. of a company or association.

अंतर्निविष्ट (an tar ni vishT) *adj.* permeated, included in.

अंतर्निहित (an tar ni hit) *adj.* inherent.

अंतर्बोध (an tar bodh) *m.* = अंतर्ज्ञान।

अंतर्भाव (an tar bhAv) *m.* inclusion, permeation.

अंतर्भावना (~ bhA va nA) *f.* inner feeling.

अंतर्भूत (an tar bhoot) *adj.* included in, permeated.

अंतर्भूमि (an tar bhoo mi) *f.* sub-soil.

अंतर्मुख (an tar mukh) *adj.* = अंतर्मुखी।

अंतर्मुखी (an tar mu khee) *adj.* inward, introvertive.

अंतर्यामिता (an tar yA mi tA) *f.* immanence.

अंतर्यामी (an tar yA mee) *adj.* immanent.

अंतर्राष्ट्रीय (an tar rAsh Treey) *adj.*= अंतरराष्ट्रीय।

अंतर्राष्ट्रीयता (~ tA) *f.* = अंतरराष्ट्रीयता।

अंतर्लीन (an tar leen) *adj.* self-engrossed.

अंतर्वर्ती (an tar var tee) *adj.* intermediate, intermediary.

अंतर्वस्तु (an tar vas tu) *m.* contents.

अंतर्हित (an tar hit) *adj.* contained.

अंतस्थ (an tasth) *adj.* intermediary. *m.* semi-vowels—य, र, ल and व।

अंतस्थ राज्य (~ rAjjy) *m.* buffer state.

अंतहीन (ant heen) *adj.* endless.

अंतिम (an tim) *adj.* 1. last; ~ साँस लेना to breathe one's last. 2. final; ~ रूप से finally.

अंत्यज (an tyaj) *adj.* & *m.* untouchable.

अंत्याक्षरी (an tyAk sha ree) *f.* a kind of competition in verse recitation.

अंत्येष्टि (an tyesh Ti) *f.* the last rites, obsequies.

अंत्र (antr) *m.* intestine.

अंत्रशूल (~ shool) *m.* colic pain.

अंदर (an dar) *adv.* within (something), inside; ~ चले जाओ go inside; ~ कर देना to put (someone) behind bars; ~ ही अंदर within.

अंदर, के (ke an dar) *postposition.* 1. inside; घर के ~ inside the house. 2. within; एक घंटे के ~ within an hour.

अंदरवाला (~ vA lA) *m.* inner being.

अंदरूनी (an da roo nee) *adj.* internal, internecine; ~ झगड़े internecine quarrels.

अंदाज़ (an dAz) *m.* 1. guess, conjecture, surmise; ~ लगाना to make an estimate; मैं कुछ अंदाज़ न लगा सका, I could not guess at all; ~ से roughly, by a rough estimate. 2. gesture (s), usually attractive; ज़रा यह ~ तो देखो Just look at (his) gestures.

अदाज़न (an dA zan) *adv.* conjecturally.

अंदाज़ा (an dA zA) *m.* guess, conjecture,. surmise.

अंदेशा (an de shA) *m.* misapprehension.

अंध (andh) *adj.* 1. blind. 2. dark, full of darkness.

अंधकार (~ kAr) *m.* 1. darkness; गहरा ~ pitch dark. 2. gloom.

अंधकार-युग (~ - yug) *m.* Dark Ages.

अंधकूप (andh koop) *m.* 1. dark well.2. blackout.

अंधखोपड़ी (~ khop Ree) *adj.* block-headed.

अंधड़ (an dhaR) *m.* sudden violent wind, squall, windstorm; ~ चलना advent of a windstorm.

अंधता (andh tA) *f.* blindness; वर्णांधता (वर्ण+अंधता) colour blindness.

अंधपरंपरा (~ pa ram pa rA) *f.* blind tradition.

अंधभक्त (~ bhakt) *m.* blind devotee.

अंधभक्ति (~ bhak ti) *f.* blind devotion.

अंधविद्यालय (~ vid dyAlay) *m.* a school intended to educate blind students.

अंधविश्वास (~ vish shwAs) *m.* 1. blind faith. 2. superstition.

अंधविश्वासी (~ vish shwA see) *adj.* & *m.* superstitious (person).

अंधा (an dhA) *adj.* 1. blind; ~ कर देना = अंधा बना देना; ~ बनना to feign blindness; ~ बना देना to make blind; सफलता ने उसे अंधा बना दिया था He was blinded by success. ~ मोड़ blind turning; ~ शीशा blind glass; ~ होना to become blind. 2. dark, full of darkness. 3. without opening, अंधी घाटी blind valley.

m. blind person; अंधे की लकड़ी/लाठी a helpless man's only prop; अंधों में काना राजा a figure among cyphers; अंधे के

हाथ बटेर लगना to have an unexpected gain, windfall.
m. a blind person.

अंधाधुंध (~ dhundh) *adv.* 1. recklessly, blindly. 2. indiscriminately.

अंधानुकरण (~ nu ka raN) *m.* blind following.

अंधापन (~ pan) *m.* stage of being blind, blindness.

अँधियारा (ã dhi yA rA) *m.* darkness.

अंधी घाटी (an dhee ghA Tee) *f.* blind valley.

अंधेर (an dher) *m.* = अंधेर-खाता।

अंधेर-खाता (~ - khA tA) *m.* 1. grave irregularity. 2. lawlessness, anarchy.

अंधेर नगरी (~ nag ree) *n.* lawless city.

अँधेरा (ã dhe rA) *adj.* dark, murky; ~ पक्ष dark fortnight; अँधेरी रात murky night. *m.* dark, darkness, murk, poor light; ~ हो रहा है It is getting dark. ~ छाना overcasting of darkness; ~ होते ही at nightfall; अँधेरे घर का उजाला a light in darkness; अँधेरे में तीर चलाना (to try) to hit in the dark; अँधेरे में रखना to keep in the dark; मुँह अँधेरे very early in the morning.

अँधेरा घुप्प (~ ghupp) *m.* pitch dark.

अँधेरी (ã dhe ree) *f.* blinkers.

अँधेरी कोठरी (~ ko Tha ree) *f.* 1. dark cell.

अंबर (am bar) *m.* 1. sky. 2. cloud. 3. a kind of garment. 4. a sort of perfume, usually obtained from the whale.

अंबा (am bA) *f.* mother.

अंबार (am bAr) *m.* heap, pile, stockpile.

अँबिया (ã bi yA) *f.* small unripe mango.

अंबु (am bu) *m.* water.

अंबुज (am buj) *m.* 1. lotus. 2. moon. 3. conch.

अंबुद (am bud) *m.* cloud.

अंबुधि (am bu dhi) *m.* ocean.

अंबुपति (am bu pa ti) *m.* ocean.

अंबुरुह (am bu ruh) *m.* lotus.

अंभ (ambh) *m.* water.

अंश (ansh) *m.* 1. part, portion. 2. share (in property etc.) 3. degree (of an angle). 4. fraction. 5. numerator (of a fraction).

अंशकालिक (~ kA lik) *adj.* part-time; ~ कर्मचारी part-time worker, part-timer.

अंशत: (~ taḥ) *adv.* in part, partly.

अंशदाता (~ dA tA) *m.* contributor.

अंशदान (~ dAn) *m.* contribution.

अंशदानी (ansh dA nee) *m.* contributor.

अंशदायी (~ dA yee) *adj.* contributory.

अंशांशीभाव (an shAn shee bhAv) *m.* relationship of the part and the whole.

अंशावतार (an shA va tAr) *m.* partial incarnation.

अंशी (an shee) *adj.* & *m.* having/consisting of a number of parts.

अंशु (an shu) *m.* ray, beam.

अंशुमाली (~ mA lee) *m.* sun.

अकंटक (a kaN Tak) *adj.* thornless.

अकंटक राज्य (~ rAjjy) *m.* unobstructed reign.

अकंप (a kamp) *adj.* = अकंपित।

अकंपित (a kaṁ pit) *adj.* unwavering, not vibrating.

अकच (a kac) *adj.* without hair, bald.

अकड़ (a kaR) *f.* 1. proudness, conceit; ~ दिखाना to show impudence. 2. strut.

अकड़न (ak Ran) *f.* stiffness; उसके जोड़ों में ~ आ गई है His joints have become stiff.

अकड़ना (a kaR nA) *vi.* 1. to become stiff; मरकर अकड़ जाना to become stiff on death. 2. to behave conceitedly, to strut; अकड़कर चलना to walk affectedly, to strut.

अकड़फूँ (a kaR phõõ) *f.* airs, arrogance.

अकड़बाज़ (~ bAz) *m.* one who talks affectedly, swaggerer.

अकथ (a kath) *adj.* = अकथनीय।

अकथनीय (~ neey) *adj.* 1. unsayable, unutterable. 2. unworthy of being spoken. 3. too great to be described in words, ineffable.

अकथित (a ka thit) *adj.* unsaid, untold.

अकथ्य (a katthy) *adj.* = अकथनीय।

अकधक (ak dhak) *f.* 1. fear. 2. hesitation.

अकबक (ak bak) *f.* useless talk, nonsense.

अकबरी (ak ba ree) *adj.* pertaining to King Akbar.

अकरण (a ka raN) *m.* 1. undoing. 2. omission.

अकरणीय (a kar Neey) *adj.* not fit to be done, undoable, wrong, improper.

अकर्ता (a kar tA) *m.* non-doer, not an agent.

अकर्म (a karm) *m.* 1. absence of work, inaction. 2. misdeed.

अकर्मक (a kar mak) *adj.* intransitive; ~ क्रिया intransitive verb; ~ रूप में intransitively.

अकर्मण्य (a kar maNNY) *adj.* indolent, idle, inactive.

अकर्मण्यता (~ tA) *f.* indolence, idleness, inactivity.

अकलंक (a ka laṅk) *adj.* 1. spotless, stainless, unblemished, blotless. 2. chaste.

अकलंकित (a ka laṅ kit) *adj.* = अकलंक।

अकल (a kal) *f.* = अक़्ल।

अकलुष (a ka lush) *adj.* 1. blotless, unblemished. 2. stainless; ~ इस्पात stainless steel.

अकलुषित (a ka lu shit) *adj.* = अकलुष।

अकल्पनाशील (a kal pa nA sheel) *adj.* unimaginative.

अकल्पनीय (a kal pa neey) *adj.* unthinkable.

अकल्पित (a kal pit) *adj.* unimagined, unthought of.

अकस्मात् (a kas mAt) *adv.* 1. accidentally, unexpectedly, suddenly. 2. abruptly.

अकाज (a kAj) *m.* 1. (lit.) absence of work. 2. loss, harm; इससे तुम्हारा कौन-सा ~ होगा What do you lose thereby?

अकाजी (a kA jee) *adj.* & *m.* 1. (one) who wastes. 2. (person) having no work to do. 3. indolent.

अकाट्य (a kATTY) *adj.* impossible to disprove, irrefutable.

अकादमिक (a kA da mik) *adj.* academic.

अकादमी (a kA da mee) *f.* academy.

अकाम (a kAm) *adj.* 1. free from desire. 2. uninfluenced by love or passion.

अकामत: (~ taḥ) *adv.* 1. without any desire. 2. inadvertently.

अकामी (a kA mee) *adj.* = अकाम।

अकार (a kAr) *m.* the letter अ or its sound.

अकारण (a kA raN) *adv.* without cause, without any rhyme or reason.

अकारथ (a kA rath) *adj.* futile, ineffectual. *adv.* in vain.

अकारादि क्रम (a kA rA di kram) *m.* alphabetical order.

अकाल (a kAl) *m.* 1. famine. 2. acute shortage of anything; कोयले का ~ coal famine.

अकालकुसुम (~ ku sum) *m.* untimely thing.

अकालपक्व (~ pakv) *adj.* ripe or matured before (or after) the expected time.

अकालपीड़ित (~ pee Rit) *adj.* famine stricken.

अकालप्रसव (~ pra sav) *m.* premature delivery.

अकालप्रौढ़ (~ prauRh) *adj.* precocious.

अकालमृत्यु (~ mrit tyu) *f.* untimely death, premature death.

अकालवृद्ध (~ vriddh) *adj.* prematurely aged.

अकालिक (a kA lik) *adj.* inopportune, untimely.

अकाली (a kA lee) *m.* 1. a sect among the Sikhs. 2. a follower of this sect.
adj. of Akalees'.

अकिंचन (a kin can) *adj. & m.* destitute, poor, pauper.

अकिंचनता (~ - tA) *f.* destitution, poverty, pauperism.

अकिंचित (a kin cit) *adj.* trifling, unimportant.

अकिंचित्कर (~ kar) *adj.* immaterial.

अकीर्ति (a keer ti) *f.* disgrace, ill-répute, infamy.

अकीर्तिकर (~ kar) *adj.* disgraceful, inglorious.

अकुंठ (a kuNTh) *adj.* = अकुंठित।

अकुंठित (a kuN Thit) *adj.* not blunted *i.e.* sharp.

अकुलाना (a ku lA nA) *vi.* to feel restless/uneasy.

अकुलाहट (a ku lA haT) *f.* restlessness, uneasiness.

अकुलीन (a ku leen) *adj.* not of noble descent, of low birth.

अकुलीनता (~ tA) *f.* 1. ignobility of descent. 2. low social rank or status.

अकुशल (a ku shal) *adj.* unskilled, untrained.
m. ill-luck, distress.

अकुशलता (~ tA) *f.* unskilledness.

अकूत (a koot) *adj.* inestimable.

अकृत (a krit, ak krit) *adj.* 1. (that) which has not been done. 2. (that) which is not made by anybody, self-existent.

अकृतघ्न (a kri taghn, ak krit taghn) *adj.* not ungrateful, grateful.

अकृतज्ञ (a kri taggy, ak krit taggy) *adj.* ungrateful.

अकृतज्ञता (~ tA) *f.* ungratefulness.

अकृत्रिम (a krit trim, ak krit trim) *adj.* 1. not artificial, natural. 2. unaffected.

अकृत्रिमता (~ tA) *f.* 1. naturalness. 2. unaffectedness.

अकृषिक (a kri shik) *adj.* non-agricultural.

अकृषित (a kri shit) *adj.* uncultivated.

अकेतन (a ke tan) *adj.* homeless.

अकेला (a ke lA) *adj.* 1. alone; मैं ~ अकेला चला आया हूँ I have come alone; ~ पड़ जाना—मैं जल्दी ही अकेला पड़ जाऊँगा I would soon be all alone. 2. unique; अपने ढंग की अकेली पुस्तक only book of its kind. 3. solitary, lonely. 4. sole; ~ स्वामी sole proprietor.

अकेलापन (~ pan) *m.* loneliness, solitariness.

अकेली जान (a ke lee jAn) *f.* lonely person; तुम तो ~ हो You are all alone.

अकेले (a ke le) *adv.* 1. alone, without companion; ~ - अकेले A all alone. 2. all by oneself; ~ दम single handedly; ~ - दुकेले alone or just with one or two, almost alone; ~ में at a lonely place; ~ ही without help, by oneself only.

अक्खड़ (ak khaR) *adj.* recalcitrant.

अक्खड़पन (~ pan) *m.* recalcitrance.

अक्तूबर (ak too bar) *m.* October (month).

अक्रिय (a kriy, ak kriy) *adj.* inactive.

अक्रियता (~ tA) *f.* state of being inactive, inactivity.

अक़्ल (aKl) *f.* wisdom; ~ आना to attain the age of wisdom; ~ आ जाना—एक दिन उसे अक़्ल आ जाएगी One day he will be forced to his senses; ~ का अंधा (person) devoid of common sense; ~ का दुश्मन duffer; ~ का पुतला wisdom personified; ~ का पूरा (pej.) devoid of wisdom; ~ काम न करना to be at (one's) wit's end, to be at a loss what to do; ~ का पूरा (pej.) devoid of wisdom; ~ का मारा lost to all sense of propriety; ~ की कोताही

want of wisdom; ~ की मार due to sheer folly; ~ कुंद हो जाना to have one's wit blunted; ~ के घोड़े दौड़ाना to indulge in mental gymnastics; ~ के पीछे लट्ठ लिये फिरना to be pursuing a course of folly; ~ को रोना to shed tears over one's stupidity; ~ ख़र्च करना to exercise the brain; ~ गुम होना या हो जाना to be at (one's) wit's end; ~ घास चरने जाना to be bereft of all sense; ~ चकराना to be nonplussed; ~ जाती रहना = अक़्ल गुम हो जाना; ~ ठिकाने न रहना—उसकी अक़्ल ठिकाने न रही His wits lost their moorings. ~ ठिकाने लगना to be set right; ~ ठिकाने लगाना/ठीक करना to set (someone) right; ~ दंग रह जाना to be dumb-founded; ~ देना—मैं तुम्हें अक़्ल नहीं दे सकता I cannot create brains in you; ~ दौड़ाना to exercise (one's) brains; ~ न जाना/पहुँचना—वहाँ तक मेरी अक़्ल नहीं गई/पहुँची My brains did not go that far; ~ पर पत्थर पड़ना to be bereft of all brains; ~ पर परदा पड़ना to be out of one's wits; ~ मारी जाना to be out of (one's) wits; ~ लड़ाना to exercise (one's) brains; ~ लेना to learn (from); ~ सठिया जाना to be in (one's) dotage; ~ से कोई वास्ता न होना to be void of all intelligence; ~ हवा हो जाना—उसकी अक़्ल हवा हो गई है All his brains have gone to the wind. उलटी ~ का आदमी a man with brains topsy-turvy.

अक़्लमंद (~ mand) *adj.* wise.

अक़्लमंदी (~ man dee) *f.* wisdom.

अक्ष (aksh) *m.* axis, axle.

अक्षत (ak shat) *adj.* 1. uninjured, unhurt. 2. whole, entire. 3. unscathed, intact, not broken.
m. whole grains of rice used in religious ceremonies.

अक्षत योनि (~ yo ni) *adj.* being a maiden.
f. maiden, virgin.

अक्षम (ak sham) *adj.* 1. unable, powerless. 2. incompetent, incapable.

अक्षमता (~ tA) *f.* 1. inability, disability. 2. incompetence, incapability.

अक्षम्य (ak shammy) *adj.* inexcusable, unpardonable, unforgivable; ~ भूल inexcusable mistake.

अक्षय (ak shay) *adj.* 1. undecaying, imperishable. 2. inexhaustible. 3. everlasting, endless.

अक्षर (ak shar) *adj.* undecaying, indestructible.
m. 1. character (of the alphabet). 2. syllable. 3. letter (of the alphabet).

अक्षरक्रम (~ kram) *m.* alphabetical order; ~ से रखना/लगाना to alphabetize.

अक्षरयोजन (~ yo jan) *m.* composing of types.

अक्षरश: (~ shaḥ) *adv.* to the letter, verbatim, literally; बात ~ सत्य थी It was literally true. आज्ञा का ~ पालन करना to obey orders verbatim.

अक्षरात्मक (ak sha rAt mak) *adj.* syllabic.

अक्षरी (ak sha ree) *f.* 1. spelling. 2. syllabication.

अक्षांश (ak shAnsh) *m.* latitude.

अक्षि (ak shi) *f.* eye.

अक्षिगोलक (~ - go lak) *m.* eye-ball.

अक्षिसाक्षी (~ sAk shee) *m.* eye-witness.

अक्षीय (ak sheey) *adj.* axial.

अक्षुण्ण (ak shuNN) *adj.* 1. intact, unbroken. 2. uncurtailed.

अक्षुण्णता (~ tA) *f.* intactness, unbrokenness.

अक्षुब्ध (ak shubdh) *adj.* undisturbed, unagitated, unperturbed.

अक्षौहिणी (ak shau hi Nee) *f.* a brigade

consisting of 21870 chariots, 21870 elephants, 65610 horses and 109353 foot-soldiers.

अक्स (aks) *m.* reflection; ~ उतारना (i) to take a photograph, (ii) to reproduce the same image.

अक्सर (ak sar) *adv.* often, quite often, usually.

अक्सरियत (ak sa ri yat) *f.* majority.

अक्सीर (ak seer) *adj.* efficacious; ~ दवा efficacious medicine/remedy.

अखंड (a khAND) *adj.* 1. unbroken; ~ धारा unbroken current. 2. non-stop; ~ पाठ non-stop recitation. 3. undivided; ~ भारत undivided India; तुम्हारा सौभाग्य ~ रहे May you have a never-ending marital life.

अखंडता (~ tA) *f.* unbrokenness, indivisibility, integrity.

अखंडनीय (~ neey) *adj.* 1. unbreakable. 2. irrefutable; ~ तर्क irrefutable argument.

अखंडित (a khan Dit) *adj.* 1. unbroken. 2. undivided.

अख़बार (aKh bAr) *m.* newspaper.

अख़बारवाला (~ vA lA) *m.* 1. owner of a newspaper. 2. one who sells newspapers, paper boy.

अख़बारी (aKh bA ree) *adj.* of or pertaining to a newspaper; ~ काग़ज़ newsprint; ~ भाषा journalese.

अखरना (a khar nA) *vi.* to be sore/hurtful; तुम्हारी बात मुझे अखर गई What you have said was sore enough for me. मुझे चार मील चलना अखर गया है Walking four miles has been too much for me.

अखरनेवाला (a khar ne wA lA) *adj.* pinching, obstrusive, disturbing.

अख़रोट (aKh roT) *m.* walnut; ~ की गिरी pulp of a walnut.

अखाड़ा (a khA RA) *m.* 1. arena, rendezvous; कुश्ती लड़ने का ~ arena for wrestling; अखाड़े में उतरना to step into the arena (for a bout). 2. muster, assemblage, school, congregation or the like; अखाड़ा जमना—अखाड़ा जमा हुआ था The group was busy in their activities.

अखाड़िया (a khA Ri yA) *m.* = अखाड़ेबाज़।

अखाड़ेबाज़ (a khA Re bAz) *m.* 1. master wrestler (lit.). 2. strategist, manoeuvrer.

अखाड़ेबाज़ी (~ bA zee) *f.* bellicosity.

अखाद्य (a khAddy) *adj.* uneatable, inedible.

अखिल (a khil) *adj.* all; ~ भारतीय सम्मेलन All India Conference.

अगड़म-बगड़म (ag Ram - bag Ram) *m.* 1. miscellany. 2. junk.

अगड़ा (ag RA) *m.* person belonging to upper caste.
adj. of upper class; अगड़ी जाति upper class.

अगणनीय (a gaN neey) *adj.* countless, innumerable.

अगणित (a ga Nit) *adj.* countless.

अगण्य (a gaNNy) *adj.* = अगणित।

अगम्य (a gammy) *adj.* 1. impassable. 2. beyond reach.

अगम्यता (~ tA) *f.* impassability.

अगम्या (a gam myA) *f.* female, not to be cohabited with.

अगम्यागमन (~ ga man) *m.* incest; ~ संबंधी incestuous.

अगर (a gar) *conj.* if, in case.
m. aloe-wood.

अगरचे (~ ce) *conj.* = अगर।

अगरबत्ती (~ bat tee) *f.* incense stick used sply on religious or ceremonial occasions.

अगर-मगर (~ - ma gar) *f.* ifs and buts; ~ करना to dilly-dally.

अग़ल-बग़ल (a GaI - ba GaI) *m.* right or left side; ~ के लोग people living in adjoining houses.

adv. 1. on either side, to the right and left. 2. side by side; वे दोनों ~ ही रहते हैं They both live side by side.

अगला (ag lA) *adj.* 1. next, following; अगले वर्ष next year; अगले रविवार को मैं बीस वर्ष का हो जाऊँगा I shall be twenty next Sunday. 2. frontal, fore; ~ पहिया front wheel, fore wheel.

m. the other person (concerned); अगले की भी तो कुछ सुनो Give your ears to the other (one) as well.

अगला-पिछला (~ pich lA) *adj.* fore and aft.

अगवाई (ag VA ee) *f.* = अंगवानी।

अगवाड़ा (ag VA RA) *m.* frontage; मकान का ~ frontage of a house.

अगवानी (ag VA nee) *f.* reception; ~ करना to receive ceremoniously.

अगस्त (a gast) *m.* August (month).

अगहन (ag han) *m.* ninth month of the Hindu calendar.

अगहनी (a gah nee) *adj.* pertaining to the month of अगहन।

अगाऊ (a gA oo) *adj* = अग्रिम।

अगाड़ी (a gA Ree) *f.* 1. front part. 2. rope used for tying a horse's neck.

adv. 1. in front. 2. in future.

अगाड़ी-पिछाड़ी (~ - pi chA Ree) *f.* ropes used for tying the horse by the neck and the two hind legs.

अगाध (a gAdh) *adj.* 1. unfathomable; ~ पानी unfathomable water. 2. profound; ~ पांडित्य profound scholarship. 3. immense; ~ धन immense wealth.

अगाह्य (a gAhhy) *adj.* unfathomable.

अगुआ (a gu A) *m.* 1. one who leads, leader, pioneer; ~ बनना to become a leader or pioneer. 2. one who takes the initiative, initiator.

अगुआई (a gu A ee) *f.* act or state of leading, leadership; ~ करना to lead.

अगूढ़ (a gooRh) *adj.* 1. not secret, unconcealed, unhidden. 2. (fig.) evident, clear.

अगोचर (a go car) *adj.* imperceptible.

अगोरना (a gor nA) *vt.* to keep watch (over).

अग्नि (ag ni) *f.* 1. fire. 2. the fire of the stomach, power of digestion; ~ मंद होना to lose appetite.

अग्निकांड (~ KAND) *m.* conflagration.

अग्निकुंड (~ kunD) *m.* fire-pot.

अग्निक्रीड़ा (~ kree RA) *f.* a firework display.

अग्नि-परीक्षा (~ - pa reek shA) *f.* acid test.

अग्निपिंड (~ pinD) *m.* fire-ball.

अग्निपूजक (~ poo jak) *m.* a fire-worshipper.

अग्निपूजा (~ poo jA) *f.* fire-worship.

अग्निप्रवेश (~ pra vesh) *m.* entry into fire. 2. immolation.

अग्निबाण (~ bAN) *m.* rocket.

अग्निभीति (~ - bhee ti) *f.* pyrophobia.

अग्निवर्धक (ag ni var dhak) *adj.* that stimulates appetite, digestive.

अग्निवर्षा (~ var shA) *f.* shower of fire.

अग्निशामक (~ shA mak) *m.* fire-extinguisher.

अग्निसंस्कार (~ sans KAr) *m.* cremation (of a dead body).

अग्निसह (~ sah) *adj.* fire-proof.

अग्न्यस्त्र (ag nyastr) *m.* fire-arm.

अग्न्याशय (ag nyA shay) *m.* pancreas.

अग्र (aggr) *adj.* 1. foremost. 2. preeminent, best, topmost.

अग्रगण्य (~ gaNNY) *adj.* first and foremost.

अग्रगति (~ gA ti) *f.* advancement, furtherance.

अग्रगामी (~ gA mee) *adj.* pioneering, forward.

m. pioneer.

अग्रज (ag graj) *m.* elder brother. [Fem. अग्रजा]

अग्रजा (ag gra jA) *f.* elder sister.

अग्रणी (ag gra Nee) *adj.* foremost.

अग्रता (aggr tA) *f.* priority; ~ सूची priority list.

अग्रदाय (~ dAy) *m.* imprest.

अग्रदूत (~ doot) *m.* herald.

अग्रलेख (~ lekh) *m.* leading article.

अग्रलेखक (~ le khak) *m.* one who writes leading article in a newspaper.

अग्रसर (~ sar) *adj.* ~ करना to forward; ~ होना to advance forward.

अग्रसारण (~ sA raN) *m.* forwarding.

अग्रसारित (~ sA rit) *adj.* forwarded; ~ करना to forward.

अग्राह्य (ag grAhhy) *adj.* 1. unacceptable; ~ व्यक्ति person non-grata. 2. inadmissible; ~ मान inadmissible value (math.).

अग्रिम (ag grim) *adj.* 1. (price or subscription) paid in advance. 2. advance; ~ प्रति advance copy; ~ भुगतान advance payment. 3. foremost; ~ पंक्ति front/ foremost row.

m. money given in advance.

अघ (agh) *m.* guilt, sin.

अघटित (a gha Tit) *adj.* unoccurred, unhappened.

अघातक (a ghA tak) *adj.* not fatal, harmless.

अघाना (a ghA nA) *vi.* to be satiated.

अघोर (a ghor) *adj.* not dreadful.

अघोरी (a gho ree) *m.* one for whom nothing is unacceptable or filthy.

अघोष (a ghosh) *adj.* 1. voiceless. 2. unvoiced; ~ व्यंजन unvoiced consonant.

अघ्राणता (ag ghraN tA) *f.* anosmia.

अचंभा (a cam bhA) *m.* amazement, astonishment; अचंभे की बात something surprising; अचंभे में पड़ जाना to fill with great surprise.

अचंभित (a cam bhit) *adj.* amazed, astonished.

अचकचाना (ac ka cA nA) *vi.* 1. to be confounded. 2. to hesitate.

अचकचाहट (ac ka cA haT) *f.* 1. state of being confounded, astonishment. 2. hesitancy.

अचकन (ac kan) *f.* an old Indian attire worn as a long coat.

अचर (a car) *adj.* 1. immovable. 2. constant, invariable.

अचरज (ac raj) *m.* surprise, astonishment; ~ की बात something surprising; ~ में डालना to surprise (someone).

अचल (a cal) *adj.* 1. immovable, not moving, stationary; ~ संपत्ति immovable property. 2. firm; ~ रहना to remain firm, stagnant.

अचलता (~ tA) *f.* 1. immovability. 2. firmness.

अचला (ac lA) *f.* earth.

अचानक (a cA nak) *adv.* suddenly, unexpectedly.

adj. happening unexpectedly.

अचार (a cAr) *m.* pickles; ~ डालना (i) to prepare pickles, pickling; (ii) to pick up in large quantity; इसका क्या अचार डालोगे Oh! the folly of keeping so much!

अचारी (a cA ree) *f.* pickles prepared from smaller pieces.

अचालक (a cA lak) *adj.* non-conductor.

अचिंतनीय (a chin ta neey) *adj.* 1. inconceivable. 2. unthinkable.

अचिंतित (a chin tit) *adj.* not thought of, not conceived of.

अचिंत्य (a cinty) *adj.* inconceivable.

अचिकित्स्य (a ci kitsy) *adj.* irremediable, incurable.

अचिर (a cir) *adj.* 1. not lasting. 2. recent, new.

अचीन्हा (a cee nhA) *adj.* unidentified, unknown.

अचूक (a cook) *adj.* 1. unfailing, infallible; ~ दवा infallible medicine; ~ निशाना infallible aim. 2. sure, effectual.

अचेत (a cet) *adj.* senseless, unconscious.

अचेतन (a ce tan) *adj.* 1. unconscious; ~ मन unconscious mind. 2. inanimate; ~ पदार्थ inanimate matter.

अचेतनता (~ tA) *f.* unconsciousness.

अचेष्ट (a ceshT) *adj.* inactive, passive.

अचैतन्य (a cai tanny) *m.* unconsciousness.

अच्छा (ac chA) *adj.* 1. good, nice; देखने में ~ good-looking; अच्छे दिन good/better days. 2. right; अच्छे काम के लिए for a right; cause. 3. kind, helpful.
adv. well; अच्छे आना to reach (unexpectedly) at a right moment.
interj. 1. Is it! 2. Oh, I see! 3.well, well then; ~ करना (i) to cure perfectly, रोगी को किसने अच्छा किया Who cured the patient? (ii) तुमने अच्छा किया जो चले आए It was good of you to have come. ~ तमाशा लगाया है Funny this, aye! ~ तो अब चला जाए Right, let us go. ~ तो यह बात है ? So it's like this, isn't it? ~ तो यह बात है! So it's like this! ~ तो यह बात है So, that is that. ~ लगना to find pleasant; यह पुस्तक मुझे अच्छी लगी I liked this book. अच्छा हो जाना to get better, अच्छी कटना— उसकी अच्छी कट गई He had a well-spent life. अच्छी कही (i) well said; (ii) यह भी अच्छी कही This is absurdity running rampant! अच्छी तरह (i) in good condition; (ii) thoroughly; (iii) properly, adequately, very well; अच्छे-अच्छे selected ones; अच्छे अच्छों से पाला पड़ना—मेरा तो अच्छे अच्छों से पाला पड़ा था I had quite a tussle with the toppers/ topnotchers. अच्छे-से-अच्छा best of all, the very best.

अच्छाई (ac chA ee) *f.* goodness, virtue, merit, excellence.

अच्छाई-बुराई (~ - bu rA ee) *f.* merit and demerit.

अच्छा-ख़ासा (ac chA - KHA SA) *adj.* 1. quite big. 2. fairly good; अच्छी-ख़ासी तनख़्वाह- वाली नौकरी a well-paid job.

अच्छापन (ac chA pan) *m.* = अच्छाई।

अच्युत (ac cyut) *adj.* 1. not fallen, not deviating. 2. infallible.
m. Lord Krishna.

अछूत (a choot) *adj.* & *m.* outcast, untouchable (person).

अछूता (a choo tA) *adj.* 1. untouched; ~ विषय untouched topic. 2. untinged, unaffected.

अछूतोद्धार (a choo tod dhAr) *m.* uplift of the untouchables.

अछेद्य (a cheddy) *adj.* impenetrable, indivisible.

अछोर (a chor) *adj.* without a beginning or end.

अज (aj) *adj.* self-existent.

अज़ (az) *prefix.* 1. from; ~ - सरे-नौ a new, in a new or different way, *ab initio.*

अजगर (aj gar) *m.* python.

अजगरी (aj ga ree) *adj.* pythonic.

अजगरी वृत्ति (~ vrit ti) *f.* getting wherewith-all without labour.

अजगव (aj gaw) *m.* bow of Lord Shiva.

अज़दहा (az da hA) *m.* python, dragon.

अजनतांत्रिक (a jan tAn trik) *adj.* undemocratic.

अजनबी (aj na bee) *adj. & m.* stranger.
अजनबीपन (~ pan) *m.* unfamiliarity.
अजन्मा (a jan mA) *adj.* unborn.
अजब (a jab) *adj.* 1. surprising. 2. strange, peculiar.
अज़मत (az mat) *f.* dignity, honour.
अजय (a jay) *adj.* 1. unconquerable. 2. unsurpassed.
अजर (a jar) *adj.* free from old age, undecaying.
अजर-अमर (~ - a mar) *adj.* 1. neither subject to old age nor to death. 2. that remains for ever.
अजल (a jal) *adj.* anhydrous.
अजवायन (aj VA yan) *f. Trachyspermum ammi.*
अज़-सरे-नौ (az - sa re - nau) *adv.* again from the begining.
अजस्र (a jassr) *adj.* perpetual, constant; ~ धारा perpetual stream.
अजात (a jAt) *adj.* unborn; ~ शत्रु having no enemy.
अजान (a jAn) *adj.* 1. ignorant; ~ में unknowingly. 2. innocent.
अज़ान (a zAn) *f.* prayer-call, given from the mosque.
अजाने (a zA ne) *adv.* un-knowingly.
अजायब घर (a jA yab ghar) *m.* museum.
अजित (a jit) *adj.* unconquered.
अज़िल्द (a jild) *adj.* unbound; ~ पुस्तक unbound book.
अजी (a jee) *interj.* an expression for calling attention like the English 'Hallo'.
अज़ीज़ (a zeez) *adj.* dear; वह मेरा ~ दोस्त था He was my dear friend.
अजीब (a jeeb) *adj.* 1. strange, peculiar. 2. odd.
अजीबोग़रीब (a jee bo Ga reeb) *adj.* 1. very strange, peculiar. 2. baffling. 3. perplexing.
अजीर्ण (a jeerN) *m.* indigestion (esp. due to over-eating).
अजूबा (a joo bA) *m.* wonder, curio.
अजेंडा (a jeN DA) *m.* agenda.
अजेय (a jey) *adj.* unconquerable, invincible.
अजेयता (~ tA) *f.* invincibility.
अजैव (a jaiw) *adj.* inorganic.
अज्ञ (aggy) *adj.* ignorant.
अज्ञता (~ tA) *f.* ignorance.
अज्ञात (ag gyAt) *adj.* unknown; ~ कुल-शील का of unknown family and character.
अज्ञात यौवना (~ yau va nA) *f.* a girl yet unaware of her youth.
अज्ञातवास (~ VAS) *m.* dwelling in an unknown place.
अज्ञान (ag gyAn) *adj.* lacking knowledge, ignorant.
m. 1. absence of knowledge. 2. ignorance; ~ वश due to ignorance.
अज्ञानत: (~ taḥ) *adv.* 1. owing to ignorance. 2. unknowingly.
अज्ञानवश (a gyAn vash) *adv.* due to ignorance, unknowingly.
अज्ञानी (ag gyA nee) *adj. & m.* ignorant (person).
अज्ञेय (ag gyey) *adj.* not capable of being known, unknowable.
अज्ञेयवाद (~ VAd) *m.* agnosticism.
अज्ञेयवादी (~ VA dee) *adj. & m.* agnostic.
अटक (a Tak) *f.* 1. hindrance, obstruction. 2. hitch.
अटकना (~ nA) *vi.* 1. to get held up; 2. to get stuck up; अटक-अटककर बोलना to speak with unnecessary pauses; मन ~ clin-ging of the heart.
अटकल (aT kal) *f.* guess, conjecture; ~ लगाना to conjecture; ~ से by conjecture.

अटकल-पच्चू (~ - pac coo) *adj.* based on conjecture.

अटकलबाज़ी (~ bA zee) *f.* conjecturing.

अटकाना (aT kA nA) *vt.* 1. to prevent or hinder. 2. to detain.

अटकाव (aT kAv) *m.* hindrance, obstruction.

अटखेली (aT khe lee) *f.* = अठखेली।

अटना (aT nA) *vi.* 1. to be accommodated, to be able to hold; बरतन में कितना पानी अटेगा How much water will the vessel hold? 2. to be the right size; क्या यह कोट तुम्हें अट जाएगा Does the coat fit you?

अटपट (aT paT) *adj.* 1. unarranged, disorderly. 2. abusive; ~ कहना to abuse.

अटपटा (aT pa TA) *adj.* absurd, odd, unpleasant.

अटल (a Tal) *adj.* 1. immovable. 2. steady, firm, steadfast; ~ विश्वास firm belief. 3. unalterable, inevitable; ~ नियम unalterable rule.

अटा (a TA) *f.* = अटारी।

अटाटूट (a TA TooT) *adj.* immense, immeasurable.

अटारी (a TA ree) *f.* 1. uppermost of a house, attic. 2. a high imposing building sply. with several stories.

अटाला (a TA lA) *m.* heap, dump.

अटूट (a TooT) *adj.* 1. unbroken, continuous. 2. unbreakable.

अटेरन (a Te ran) *f.* a gadget for winding up thread.

अटेरना (a Te nA) *vt.* 1. to wind up thread. 2. to grab (money); रकम ~ to grab money.

अट्टहास (aT Ta hAs) *m.* boisterous laugh, guffaw; ~ करना to guffaw.

अट्टा (aT TA) *m.* = अटा (अटारी)।

अट्टालिका (aT TA li kA) *f.* 1. a house of many storeys. 2. a high palatial building, mansion.

अट्टी (aT Tee) *f.* hank; सूत की ~ hank of cotton.

अट्ठाईस (aT ThA ees) *adj.* & *m.* twenty eight.

अट्ठाईसवाँ (~ vAñ) *adj.* twenty-eighth.

अट्ठानबे (aT ThAn be) *adj.* & *m.* ninety-eight.

अट्ठावन (aT ThA van) *adj.* & *m.* fifty-eight.

अट्ठासी (aT ThA see) *adj.* & *m.* eighty-eight.

अठ (aTh) abbreviation of आठ used as prefix meaning (i) eight, (ii) eighth.

अठखेली (~ khe lee) *f.* frolic, frolicsome movement; तुझे तो अठखेलियाँ सूझ रही हैं This is no time for frolicsome behaviour. You are indulging only in frolicsome behaviour, are'nt you.

अठगुना (~ gu nA) *adj.* eight-times.

अठन्नी (a Than nee) *f.* half-rupee coin, 50 paise coin.

अठपहला (aTh pah lA) *adj.* eight-faced.

अठपहिया (a Th pa hi yA) *adj.* eight-wheeled; ~ डिब्बे eight-wheeled coaches.

अठपेजी (~ pe jee) *adj.* octavo.

अठमासा (~ mA sA) *adj.* (child) prematurely born in the eighth month of pregnancy.

अठवारा (~ vA rA) *m.* week (consisting of eight days).

अठहत्तर (~ hat tar) *adj.* & *m.* seventy-eight.

अठारह (a ThA rah) *adj.* & *m.* eighteen.

अड़ंगा (a Rañ gA) *m.* obstruction, impediment; ~ डालना to place an impediment; ~ लगाना to put an obstacle.

अड़ंगी (a Rañ gee) *f.* a leg trick in wrestling.

अड़ंगेबाज़ (a Rañ ge bAz) *m.* filibuster, obstructionist.

अड़ंगेबाज़ी (a Raṅ ge bA zee) *f.* filibustering, obstructing tactics.

अड़ (aR) *f.* obstinacy, stubbornness; ~ पकड़ना to adopt a stubborn attitude.

अड़चन (aR can) *f.* impediment, hindrance, obstacle; ~ लगना—एक न एक अड़चन लगी ही रहती है Some obstacle or the other is always there.

अड़तालीस (aR tA lees) *adj. & m.* forty-eight.

अड़तीस (aR tees) *adj. & m.* thirty-eight.

अड़दार (~ dar) *adj.* stubborn.

अड़ना (aR nA) *vi.* 1. to be obstinate/pertinacious. 2. to stick (to a position); अड़ जाना to stick obstinately.

अड़सठ (aR saTh) *adj. & m.* sixty-eight.

अड़हुल (aR hul) *m.* a plant of china rose and its red flower.

अड़ाना (a RA nA) *vt.* to put or place impediment in the way to cause obstruction; टाँग ~ to put an impediment, to butt in.

m. 1. prop, support. 2. stopper (of the door).

अडिग (a Dig) *adj.* absolutely firm, unshakeable, unflinching; ~ विश्वास firm faith.

अड़ियल (a Ri yal) *adj.* restive, mulish.

अड़ियल टट्टू (~ TaT Too) *m.* 1. restive pony. 2. (fig.) stubborn fellow.

अड़ोस-पड़ोस (a Ros - pa Ros) *m.* 1. an area near a particular place; neighbourhood. 2. the people living nearby.

अड़ोसी-पड़ोसी (a Ro see - pa Ro see) *m.* *(plu.)* persons who live near or next to another, neighbours.

अड्डा (aD DA) *m.* 1. halting place, resting place. 2. perch (of birds). 3. stand (of vehicles). 4. base; सैनिक ~ military base. 5. rendezvous, den; जुए का ~ gambling den; जुआरियों का ~ rendez- vous of gamblers; ~ जमाना to stick to a place unusually long; ~ बनाना to turn a place into an oft-time rendezvous. 6. a centre of operation. 7. loom.

अढ़तिया (a Rha ti yA) *m,* commission agent.

अढ़ाई (a RhA ee) *adj.* two and a half.

अढ़ैया (a Rhai yA) *f.* an old Indian weight of two seers and a half.

अणिमा (a Ni mA) *f.* one of the eight सिद्धियाँ।

अणी (a Nee) *f.* point of needle, instrument.

अणु (a Nu) *m.* 1. minute particle. 2. molecule. 3. atom.

अणुजीव (~ jeev) *m.* a very small living being, such as a microbe, a virus etc.

अणुबम (~ bam) *m.* atom bomb.

अणुयुद्ध (~ yuddh) *m.* atomic war.

अणुवीक्षण यंत्र (~ veek shaN yantr) *m.* microscope.

अणुशक्ति (~ shak ti) *f.* atomic power/energy.

अत: (a taḥ) *conj.* hence, therefore, so.

अतएव (at ew) *conj.* hence, therefore.

अतर (a tar) *m.* = इतर।

अतरसों (a tar sõ) *adv.* 1. day previous to day before yesterday. 2. day next to day after tomorrow.

अतर्कित (a tar kit) *adj.* 1. not argued. 2. not thought of.

अतर्क्य (a tarky) *adj.* incontrovertible, indisputable.

अतल (a tal) *adj.* bottomless.

अतलस्पर्शी (~ spar shee) *adj.* deep and profound.

अतलांतिक (at lAn tik) *m.* Atlantic.

अता-पता (a tA - pa tA) *m.* 1. the appropriate place where a person is, living or staying, whereabouts. 2. clue; ~ मिलना/मिल जाना to run a clue.

अति (a ti) *prefix.* 1. over, too; ~ सावधान over-cautious; ~ सामान्य too common. 2. super; ~ मानव superman. 3. ultra; ~ सूक्ष्मदर्शी ultra-microscopic.
f. excess; ~ कर देना to act or go beyond the normal or accepted limits; किसी भी बात की ~ बुरी होती है Too much of anything is bad.

अतिकाय (~ kAy) *adj.* gigantic, huge.

अतिक्रमण (~ kra maN) *m.* 1. transgression. 2. encroachment. 3. an unauthorised construction.

अतिक्रांत (~ krAnt) *adj.* transgressed.

अतिक्रामक (~ krA mak) *m.* transgressor.

अतिक्रामी (~ krA mee) *adj.* of or pertaining to encroachment or transgression.
m. = अतिक्रामक।

अतिचार (~ car) *m.* 1. trespass. 2. violation.

अतिजीवन (~ jee van) *m.* 1. too long a life. 2. survival.

अतिजीवी (~ jee vee) *m.* 1. one who lives too long. 2. survivor.

अतिथि (a ti thi) *m.* 1. unannounced visitor. 2. guest.

अतिथि-कलाकार (~ - ka lA kAr) *m.* guest-artist.

अतिथि-गृह (~ - grih) *m.* guest-house.

अतिथिशाला (~ shA lA) *f.* = अतिथि-गृह।

अतिथि-सत्कार (~ - sat kAr) *m.* generous reception of guests, hospitality.

अतिथि-सेवा (~ - se vA) *f.* service (s) rendered to a guest.

अतिमानव (a ti mA naw) *m.* superman.

अतिमानस (~ mA nas) *m.* supermind.

अतियथार्थवाद (~ ya thArth vAd) *m.* surrealism.

अतियथार्थवादी (~ vA dee) *adj.* surrealistic.

अतिरंजन (a ti ran jan) *m.* overdrawing, exaggeration.

अतिरंजना (a ti ran ja nA) *f.* = अतिरंजन।

अतिरंजित (a ti ran jit) *adj.* overdrawn, exaggerated; ~ करना to exaggerate; ~ चित्र overdrawn picture.

अतिराष्ट्रीय (~ rAsh Treey) *adj.* chauvinistic.

अतिराष्ट्रीयता (~ tA) *f.* chauvinism, ultra-nationalism.

अतिरिक्त (~ rikt) *adj.* 1. extra; ~ प्रति extra copy. 2. additional; ~ न्यायाधीश additional judge; इसके ~ besides; 3. surplus.

अतिरेक (~ rek) *m.* excess, exuberance, over-flow; भावातिरेक over-sentimentality.

अतिवर्षण (~ var shaN) *m.* = अतिवृष्टि।

अतिवात (~ vAt) *m.* tempest.

अतिवाद (~ vAd) *m.* extremism.

अतिवादिता (~ vA di tA) *f.* extremeness.

अतिवादी (~ vA dee) *adj.* & *m.* extremist.

अतिवृष्टि (~ vrish Ti) *f.* excessive rain, plethora of rain.

अतिशय (a ti shay) *adj.* more than a moderate or reasonable amount, exceeding, excessive, preponderant.
adv. exceedingly, excessively.

अतिशयता (~ tA) *f.* excess, preponderance.

अतिशयोक्ति (a ti sha yok ti) *f.* hyperbole, exaggeration; उसके कथन में ~ थी There was exaggeration in his statement.

अतिशयोक्तिपूर्ण (~ poorN) *adj.* hyperbolic, exaggerated.

अतिशीतन (a ti shee tan) *m.* over-cooling.

अतिसार (a ti sAr) *m.* diarrhoea, dysentery.

अतिस्वन (a ti swan) *adj.* supersonic; ~ वायुयान supersonic aircraft.

अतींद्रिय (a teen driy) *adj.* beyond the reach of the senses, transcendental; ~ दृष्टि clairvoyance; ~ श्रवण clairaudience.

अतीत (a teet) *adj.* 1. passed away, gone by or over; ~ गौरव past glory. 2. beyond; आशातीत (आशा+अतीत) beyond expectation.

m. the time long gone by, past.

अतीव (a teev) *adj.* exceeding.

adv. exceedingly.

अतुकांत (a tu KAnt) *adj.* unrhymed.

अतुकांत कविता (~ ka vi tA) *f.* blank verse.

अतुल (a tul) *adj.* immeasurable, incomparable, very great; ~ संपत्ति immence wealth.

अतुलनीय (a tul neey) *adj.* = अतुल।

अतुल्य (a tully) *adj.* = अतुल।

अतृप्त (a tript, at tript) *adj.* unsatiated, unsatisfied.

अतृप्ति (a trip ti, at trip ti) *f.* unsatiation, want of satisfaction.

अत्तार (at tAr) *m.* seller of oils and perfumes, perfumer.

अत्तारी (at tA ree) *f.* avocation of an अत्तार।

अत्यंत (at tyant) *adj.* very, very much.

adv. extremely.

अत्यधिक (at tya dhik) *adj.* excessive, very much, too much, overwhelming; ~ बहुमत से by an overwhelming majority.

adv. exorbitantly.

अत्यधिकता (~ tA) *f.* excess.

अत्यल्प (at tyalp) *adj.* too little, infinitesimal.

अत्याचार (at tyA car) *m.* 1. a tyrannical act. 2. an unjust or oppressive use of one's authority, tyranny; उसने अपनी आँखों के साथ अत्याचार किया He strained his eyes too much.

अत्याचारी (at tyA cA ree) *adj.* tyrannical, tyrannous; ~ शासक tyrant.

m. tyrant.

अत्याज्य (at tyAjjy, a tyAjjy) *adj.* not to be given up, not to be forsaken.

अत्यानंद (at tyA nand) *m.* ecstasy.

अत्यावधिक (at tyA va dhik) *adj.* over-due.

अत्यावश्यक (at tyA vash shyak) *adj.* very necessary, pressing, peremptory.

अत्युक्ति (at tyuk ti) *f.* exaggeration; बिना किसी ~ के without any exaggeration.

अत्युक्तिपूर्ण (~ poorN) *adj.* exaggerated.

अत्युत्तम (at tyut tam) *adj.* most excellent, very best.

अत्युत्पादन (at tyut pA dan) *m.* overproduction.

अत्र (attr) *adv.* at this place, here; ~ भवान Your Excellency.

अथ (ath) *adv.* here, now; ~ से इति तक from beginning to end.

अथक (a thak) *adj.* indefatigable, untiring, unceasing; ~ परिश्रम unceasing labour; ~ रूप से indefatigably, tirelessly.

अथर्व (a tharv) *m.*; ~ वेद the fourth of the (four) Vedas.

अथवा (ath vA) *conj.* or.

अथाह (a thAh) *adj.* unfathomable, very deep; ~ ज्ञान profound-knowledge.

अदंडनीय (a danD neey, a dan DA neey) *adj.* unpunishable.

अदंडित (a dan Dit) *adj.* unpunished, unpenalised.

अदक्ष (a daksh, a dakksh) *adj.* inexpert, inefficient.

अदक्षता (~ tA) *f.* inefficiency.

अदत्त (a datt) *adj.* (indeclinable) 1. not given. 2. unpaid.

अदद (a dad) *m.* 1. piece; एक ~ one piece; दो ~ two pieces. 2. number.

अदना (ad nA) *adj.* (indeclinable) 1. puny, very small. 2. insignificant.

अदब (a dab) *m.* 1. regard, respect; ~ करना to pay due respect. 2. literature.

अदब-क़ायदा (~ - KAY dA) *m.* = अदब-लिहाज़।

क़ K, ख़ Kh, ग़ G, ज़ z, फ़ F; च् c, छ् ch; ट् T, ठ् Th, ड D, ड़ R, ढ Dh, ढ़ Rh; ण् N, ङ् ṅ, ञ/न् n; श/ष् sh

अदबदाकर (ad ba dA kar) *adv.* 1. involuntarily. 2. deliberately.

अदब-लिहाज़ (a dab - li hAZ) *m.* respect and regard; बड़ों का कुछ तो ~ रखना चाहिए One should have at least some respect and regard for the elders.

अदम (a dam) *m.* absence; ~ मौजूदगी में in the absence of; ~ सबूत absence of proof.

अदम-पैरवी (~ - pair vee) *f.* non-persuance (usu. of a law suit).

अदम्य (a dammy) *adj.* that cannot be repressed, irrepressible; ~ उत्साह irrepressible fervour/enthusiasm.

अदरक (ad rak) *m.* ginger (in the green state).

अदर्शन (a dar shan) *m.* 1. invisibility. 2. disappearance.

अदर्शनीय (a darsh neey) *adj.* 1. not worth seeing. 2. ugly. 3. uncouth.

अदल-बदल (a dal - ba dal) *m.* 1. interchange. 2. barter.

अदला-बदली (ad lA - bad lee) *f.* = अदल-बदल।

अदह (a dah) *m.* asbestos.

अदह्य (a dahhy) *adj.* incombustible.

अदा (a dA) *f.* an expressive gesture or pleasing movement, carriage, posture.
adj. paid; ~ करना (i) to pay, (ii) to perform; पार्ट ~ करना to play the role; फ़र्ज ~ करना to do one's duty; रस्म ~ करना (i) to observe formality; (ii) to observe a ceremony.

अदाकार (a dA KAr) *m.* 1. actor. 2. performer.

अदाकारी (~ KA ree) *f.* 1. acting. 2. performance.

अदायगी (a dA ya gee) *f.* payment, defrayal; कर्ज की ~ repayment of debt.

अदालत (a dA lat) *f.* court (of justice); ~ करना to seek redress in a law court; ~ चढ़ना to go to law court; ~ बैठाना to set up a court of law; दीवानी ~ civil court; फौजदारी ~ criminal court.

अदालतबाज़ (~ bAZ) *m.* litigant.

अदालतबाज़ी (~ bA zee) *f.* 1. litigation. 2. litigiousness.

अदालती (a dA la tee) *adj.* concerning pertaining to a court of justice; ~ कार्रवाई legal proceedings; ~ जाँच judicial enquiry; ~ भाषा court language.

अदावत (a dA vat) *f.* enmity; ~ रखना to harbour enmity.

अदावती (a dA va tee) *adj.* inimical.

अदाह्य (a dAhhy) *adj.* non-combustible.

अदिति (a di ti) *f.* Earth.

अदितिसुत (~ sut) *m.* Sun.

अदूरदर्शिता (a door dar shi tA) *f.* absence of far-sightedness, short-sightedness.

अदूरदर्शितापूर्ण (~ poorN) *adj.* shortsighted (act).

अदूरदर्शी (a door dar shee) *adj.* not far-sighted, short-sighted (person).

अदृढ़ (ad driRh) *adj.* not firm, unstable.

अदृश्य (ad drishshy) *adj.* out of sight, invi-sible, imperceptible.

अदृश्यता (~ tA) *f.* invisibility, imperceptibility.

अदृष्ट (ad drishT) *adj.* 1. unseen. 2. unforeseen.
m. destiny, fate, luck.

अदेय (a dey) *adj.* 1. that cannot be given. 2. non-transferable.

अद्धा (ad dhA) *adj.* half.
m. 1. a pint, half a bottle. 2. half brick. 3. counterfoil.

अद्धी (ad dhee) *f.* a kind of fine muslin like cloth.

अद्‌भुत (ad bhut) *adj.* amazing, wonderful, marvellous.

अद्य (addy) *adv.* today.

अद्यतन (~ tan) *adj.* up-to-date.

अद्यावधिक (ad dyA va dhik) *adj.* up-to-date.

अद्वितीय (ad dwi teey) *adj.* unique, unmatched.

अद्वितीयता (~ tA) *f.* uniqueness.

अद्वैत (ad dwait) *adj.* not dual, of monism, monistic.
m. absence of duality, oneness, non-dualism.

अद्वैतवाद (~ vAd) *m.* monism, adwaitism.

अद्वैतवादी (~ vA dee) *adj.* monistic, adwaitist.
m. monist, adwaitist.

अधः (a dhaḥ) *prefix.* under, beneath.

अधःपतन (~ pa tan) *m.* 1. downfall. 2. degradation, degeneration.

अधःपतित (~ pa tit) *adj.* 1. downfallen. 2. degenerated, degraded.

अधःपात (~ pAt) *m.* 1. downfall. 2. degeneracy, degradation.

अधःस्वस्तिक (~ swas tik) *m.* nadir.

अध (adh) abbreviaion of आधा used as. *prefix.* denoting half.

अधकचरा (~kac rA) *adj.* 1. half-ripe. 2. immature, unassimilated; ~ ज्ञान unassimilated knowledge.

अधकहा (~ ka hA) *adj.* half-said, half-expressed.

अधखिला (~ khi lA) *adj.* half-bloomed.

अधखुला (~ khu lA) *adj.* half-open, half-uncovered.

अधजल (~ jal) *adj.* half-full of water; ~ गगरी छलकत जाए Shallow water makes much noise.

अधजला (~ ja lA) *adj.* half-burnt; राखदानी अधजले सिगरेटों से भरी थी The ashtray was filled with half-smoked cigarettes.

अधनंगा (~ nan gA) *adj.* half-naked.

अधन्ना (a dhan nA) *m.* an old Indian half-anna coin.

अधपका (adh pa kA) *adj.* 1. half-ripe. 2. half-cooked, half-baked. ~ विचार immature idea.

अधपन्ना (~ pan nA) *m.* counterfoil.

अधपेट (~ peT) *adv.* with half-filled belly.

अधबिच (~ bic) *adv.* in the midway.

अधम (a dham) *adj.* ignoble, mean, low, abject.

अधमता (~ tA) *f.* ignobility, meanness, lowliness.

अधमरा (adh ma rA) *adj.* half-dead; मार-मारकर ~ कर देना—मैंने उसे मार-मारकर अधमरा कर दिया My thrashing left him half-dead.

अधमर्ण (~ marN) *m.* debtor.

अधमुआ (~ mu A) *adj.* = अधमरा।

अधर (a dhar) *m.* 1. lower lip. 2. space between heaven and earth; ~ में without support, propless; ~ में झूलना/लटकना (i) to hang without a support, (ii) to hang fire i.e. to be delayed.

अधरपान (~ pAn) *m.* sucking/kissing of the (beloved's) lips.

अधराधर (a dh rA dhar) *m.* plu. lower and upper lips.

अधर्म (a dharm) *m.* 1. unrighteousness. 2. sin, sinful act.

अधर्मी (a dhar mee) *adj.* impious, irreligious, sinful.
m. sinner.

अधसेरा (adh se rA) *m.* half-seer weight (a little less than half a kg.)

अधातु (a dhA tu) *f.* non-metal.

अधात्विक (a dhAt twik) *adj.* non-metallic.

अधार्मिक (a dhAr mik) *adj.* irreligious, profane.

अधि (a dhi) *prefix.* denoting over, above etc.

अधिक (a dhik) *adj.* 1. more; ~ से अधिक to the utmost; दस से ~ more than ten. 2. additional; ~ मास additional month; ~ से अधिक (i) at the most, maximal, (ii) most of all; कहीं ~ much more; कुछ ~ some what more, a little more; बहुत ~ much more.

अधिकतम (~ tam) *adj.* maximum, utmost; ~ संयम utmost restraint. 2. greatest.

अधिकतर (~ tar) *adj.* 1. more. 2. more than half; ~ सदस्य more than half of the members.
adv. 1. mostly. 2. more often, very often, usually.

अधिकता (~ tA) *f.* 1. plenty, preponderance. 2. excess; उत्साह की ~ excess of enthusiasm.

अधिकर (a dhi kar) *m.* super-tax.

अधिकरण (a dhi ka raN) *m.* 1. tribunal; आयकर ~ income tax tribunal. 2. locative case (Grammar).

अधिकांश (a dhi KAnsh) *m.* major part; ~ में (i) mostly, (ii) generally. *adj.* most; ~ लोग most people. [अधिक + अंश]

अधिकांशत: (~ tah) *adv.* 1. mostly. 2. generally.

अधिकाधिक (a dhi KA dhik) *adj.* maximum; ~ संख्या में in maximum numbers.

अधिकार (a dhi KAr) *m.* 1. right; जन्मसिद्ध ~ birth right. 2. claim. 3. possession. 4. official power, authority. 5. command; भाषा पर ~ command over language; ~ करना (i) to take possession of, (ii) to conquer/subjugate; ~ जताना to lay a claim; ~ जमाना to take possession; ~ देना to empower.

अधिकार-क्षेत्र (~ - kshettr) *m.* the area within which legal authority can be exercised, jurisdiction.

अधिकारगत (~ gat) *adj.* 1. within one's right or authority. 2. under possession.

अधिकारच्युत (~ cyut) *adj.* deprived of one's right, deposed.

अधिकार-पत्र (~ - pattr) *m.* letter of authority.

अधिकारपूर्वक (~ poor vak) *adv.* with authority, authoritatively.

अधिकारातीत (a dhi KA rA teet) *adj.* beyond one's (legal) power, *ultra vires.*

अधिकारिणी (a dhi KA ri Nee) *f.* lady officer.

अधिकारी (a dhi KA ree) *adj.* 1. authoritative. 2. vested with authority.
m. 1. officer, official; उच्च ~ high official/officer. 2. authority; पूर्ण ~ plenipotentiary; वह इस विषय का ~ है He is an authority on the subject. 3. owner, proprietor; संपत्ति का ~ owner of property. 4. rightful claimant. [Fem. अधिकारिणी]

अधिकारी-तंत्र (~ - tantr) *m.* bureaucracy.

अधिकृत (~ krit, a dhik krit) *adj.* 1. occupied, under possession. 2. authorised; ~ विक्रेता authorised dealer.

अधिकेंद्र (a dhi kendr) *m.* epicentre.

अधिगत (a dhi gat) *adj.* attained.

अधिगम (a dhi gam) *m.* 1. access. 2. attainment.

अधिग्रहण (a dhi gra haN, a dhig gra haN) *m.* acquisition.

अधित्यका (a dhitty KA) *f.* tableland, plateau.

अधित्याग (a dhit tyAg) *m.* abdication.

अधिदेय (a dhi dey) *adj.* 1. allowance. 2. premium.

अधिदेश (a dhi desh) *m.* mandate.

अधिनायक (a dhi nA yak) *m.* dictator.

अधिनायक-तंत्र (~ - tantr) *m.* dictatorship.

अधिनायकता (~ tA) *f.* dictatorship.

अधिनायकत्व (a dhi nAy kattw) *m.* = अधिनायकता।

अधिनायकवाद (a dhi nA yak vAd) *m.* dictatorism.

अधिनायकवादी (a dhi nA yak vA dee) *adj.* pertaining to dictatorism.
m. one who believes in dictatorship.

अधिनायकी (a dhi nAya kee) *f.* dictatorship.

अधिनायकीय (a dhi nA ya keey) *adj.* pertaining to a dictator, dictatorial.

अधिनियम (a dhi ni yam) *m.* act (of legislature); ~ बनाना to enact/legislate.

अधिनियमन (a dhi ni ya man) *m.* enactment.

अधिनियमित (a dhi ni ya mit) *adj.* enacted.

अधिनिर्णय (a dhi nir Nay) *m.* award.

अधिप (a dhip) *m.* = अधिपति।

अधिपति (a dhi pa ti) *m.* 1. proprietor, 2. lord, king.

अधिपत्र (a dhi pattr) *m.* warrant.

अधिपद (a dhi pad) *m.* article (of association).

अधिपुरुष (a dhi pu rush) *m.* boss.

अधिप्रभार (a dhi pra bhAr) *m.* = अधिभार।

अधिप्रमाणन (a dhi pra mA Nan) *m.* authentication.

अधिप्रमाणित (a dhi pra mA Nit) *adj.* authenticated, authentic.

अधिभार (a dhi bhAr) *m.* surcharge.

अधिमत (a dhi mat) *m.* 1. verdict. 2. canon.

अधिमान (a dhi mAn) *m.* 1. weightage. 2. preference.

अधिमानिक (a dhi mA nik) *adj.* pertaining to weightage.

अधिमानित (a dhi mA nit) *adj.* weighted.

अधिमान्य (a dhi mAnny) *adj.* 1. weightable. 2. preferable.

अधिमान्यता (~ tA) *f.* 1. weightability. 2. preference.

अधिमास (a dhi mAs) *m.* additional month, leap month.

अधिमिलन (a dhi mi lan) *m.* accession.

अधिमिलित (a dhi mi lit) *adj.* acceded.

अधिया (a dhi yA) *m.* half portion; अधिए पर at fifty-fifty.

अधियाना (~ nA) *vt.* 1. to halve, to bifurcate. 2. to lessen by one-half.

अधिराज (a dhi rAj) *m.* sovereign, supreme ruler.

अधिरूढ़ (a dhi rooRh) *adj.* ascended.

अधिरोपण (a dhi ro paN) *m.* imposition.

अधिरोपित (a dhi ro pit) *adj.* imposed.

अधिरोहण (a dhi ro haN) *m.* ascension.

अधिरोही (a dhi ro hee) *adj.* ascending.

अधिलंबन (a dhi lam ban) *m.* protraction.

अधिलाभ (a dhi lAbh) *m.* bonus.

अधिवक्ता (a dhi vak tA) *m.* advocate.

अधिवर्ष (a dhi varsh) *m.* leap year.

अधिवास (a dhi vAs) *m.* domicile.

अधिवासी (a dhi vA see) *adj.* settled, domiciled.
m. settler, domiciled.

अधिवृक्क (a dhi vrikk) *m.* adrenal.

अधिवृद्धि (a dhi vrid dhi) *f.* overgrowth.

अधिवेशन (a dhi ve shan) *m.* 1. session; खुला ~ open session. 2. sitting; ~ चल रहा था The sitting was on.

अधिशासन (a dhi shA san) *m.* execution.

अधिशासी (a dhi shA see) *adj.* executive; ~ अभियंता executive engineer.

अधिशोषण (a dhi sho shaN) *m.* adsorption; ~ करना to adsorb.

अधिशोषित (a dhi sho shit) *adj.* adsorbed.

अधिष्ठाता (a dhish ThA tA) *m.* 1. presiding deity. 2. founder of a firm or institution. [Fem. अधिष्ठात्री]

अधिष्ठान (a dhish ThAn) *m.* 1. abode, dwelling. 2. establishment. 3. installation.

अधिष्ठित (a dhis Thit) *adj.* 1. residing, dwelling. 2. established. 3. installed.

अधिसंख्य (a dhi saṅkhy) *adj.* exceeding a regular or fixed number, supernumerary.

अधिसूचन (a dhi soo can) *m.* act of notifying, notification.

अधिसूचना (a dhi sooc nA) *f.* formal notice, notification.

अधिसूचनीय (a dhi sooc neey) *adj.* notifiable.

अधिसूचित (a dhi soo cit) *adj.* notified.

अधिस्वामी (a dhi swA mee) *m.* proprietor.

अधीक्षक (a dheek shak) *m.* superintendent. [Fem. अधीक्षिका]

अधीक्षण (~ shaN) *m.* superintendence.

अधीत (a dheet) *adj.* read, studied, perused.

अधीति (a dhee ti) *f.* reading, study, perusal.

अधीन (a dheen) *adj.* dependent, subservient; ~ करना to subjugate.

अधीन, के (ke a dheen) *postposition.* under; हम तो आपके ~ हैं We are subservient to you. मंत्री के ~ तीन विभाग हैं Three departments are under the minister. खेती वर्षा के ~ है Agriculture is dependent on rains.

अधीनता (~ tA) *f.* 1. subordination, subjection; (की) ~ स्वीकार करना to accept the authority. 2. dependence.

अधीनस्थ (a dhee nasth) *adj.* 1. subordinate; ~ अधिकारी subordinate official. 2. subjugated.

अधीनीकरण (a dhee nee ka raN) *m.* act of bringing under subjection, subjugation.

अधीर (a dheer) *adj.* impatient, restless; दर्शक ~ हो उठे The audience became restless.

अधीरता (~ tA) *f.* impatience, loss of peace and tranquillity; ~ पूर्वक impatiently.

अधीश (a dheesh) *m.* lord, master.

अधीश्वर (a dheesh shwar) *m.* lord, master. [Fem. अधीश्वरी]

अधुना (a dhu nA) *adv.* now.

अधुनातन (~ tan) *adj.* 1. up-to-date. 2. modern.

अधूरा (a dhoo rA) *adj.* 1. half-finished, incomplete; ~ काम half-finished work; अधूरी पुस्तक incomplete book. 2. imperfect; ~ ज्ञान imperfect knowledge; ~जाना—उसको अधूरा गया She had a miscarriage.

अधूरापन (~ pan) *m.* 1. incompleteness. 2. imperfection.

अधेड़ (a dheR) *adj.* middle-aged, esp. (one) who has passed half the span of life, *i.e.* who is over fifty (years).

अधेला (a dhe lA) *m.* an old Indian half-pice coin.

अधेली (a dhe lee) *f.* half-rupee coin. [M.C. अठन्नी]

अधैर्य (a dhairy) *m.* impatience.

अधोगति (a dho ga ti) *f.* debasement, decadence.

अधोगमन (a dho ga man) *m.* degradation, decline, fall.

अधोगामी (a dho gA mee) *adj.* going downwards, descending.

अधोबिंदु (a dho bin du) *m.* nadir.

अधोभूमि (a dho bhoo mi) *f.* subsoil.

अधोमुख (a dho mukh) *adj.* = अधोमुखी।

अधोमुखी (a dho mu khi) *adj.* descending from a higher to lower place or condition, downward.

अधोरेखन (a dho re khan) *m.* underlining.

अधोरेखा (a dho re khA) *f.* underline.

अधोरेखित (a dho re khit) *adj.* underlined.

अधोलोक (a dho lok) *m.* 1. underworld. 2. Hades.

अधोवर्ती (a dho var tee) *adj.* 1. situated or existing below or downwards. 2. inferior.

अधोस्तर (a dho star) *m.* 1. lower shift (typewriter). 2. substrata.

अधोहस्ताक्षरी (a dho has tAk sha ree) *m.* undersigned.

अध्यक्ष (ad dhyaksh) *m.* 1. head; ~ पद के लिए for the headship; ~ पद के उम्मीदवार presidential candidates. 2. chairman. 3. speaker (of Lok Sabha). 4. president.

अध्यक्षता (~ tA) *f.* 1. headship. 2. chairmanship. 3. speakership. 4. presidentship; ~ करना to preside (over); (किसी की) ~ में under the chairmanship (of someone).

अध्यक्षीय (ad dhyak sheey) *adj.* presidential; ~ भाषण presidential address.

अध्ययन (ad dhya yan) *m.* study, reading, perusal; ~ करना to study.

अध्ययन-कक्ष (~ - kaksh) *m.* study-room.

अध्ययनशील (~ sheel) *adj.* studious, given to study.

अध्ययनशीलता (~ sheel tA) *f.* studiousness.

अध्यर्थन (ad dhyar than) *m.* claim.

अध्यवसाय (ad dhya va sAy) *m.* assiduity, diligence, perseverance.

अध्यवसायी (ad dhya va sA yee) *adj.* assiduous, diligent, persevering.

अध्यात्म (ad dhyAtm) *m.* 1. the science of knowing the self. 2. relation between the Supreme and the (individual) Soul.

अध्यात्मवाद (~ vAd) *m.* spiritualism.

अध्यात्मवादी (~ va dee) *adj.* spiritual. *m.* spiritualist.

अध्यात्मिक (ad dhyAt mik) *adj.* = आध्यात्मिक।

अध्यादेश (ad dhya desh) *m.* an order given by a head of the state, ordinance.

अध्यापक (ad dhyA pak) *m.* teacher. [Fem. अध्यापिका]; प्रधानाध्यापक headmaster. [Fem. प्रधानाध्यापिका]

अध्यापकी (ad dhyA pa kee) *f.* 1. teaching profession, teachership; ~ करना to do teaching work. 2. science of teaching, pedagogy.

अध्यापन (ad dhyA pan) *m.* work or profession of a teacher, teaching; ~ - व्यवसाय teacher's profession.

अध्यापन-कला (~ - ka lA) *f.* art of teaching.

अध्यापिका (ad dhyA pi kA) *f.* lady teacher; प्रधानाध्यापिका headmistress.

अध्याप्त (ad dhyApt) *adj.* acquired; ~ करना to acquire.

अध्याप्ति (ad dhyAp ti) *f.* acquisition.

अध्याय (ad dhyAy) *m.* 1. a main division of a book, chapter. 2. a period of time in a person's life or history; नए ~ का आरम्भ होना beginning of a new chapter.

अध्यायीकरण (a dhyA yee ka raN) *n.* act of dividing and arranging into chapters.

अध्यारोप (ad dhyA rop) *m.* superposition.

अध्यारोपित (ad dhyA ro pit) *adj.* superposed.

अध्यास (ad dhyAs) *m.* 1. illusion. 2. illusory knowledge.

अध्याहरण (ad dhyA ha raN) *m.* inference.

अध्याहार (ad dhyA hAr) *m.* 1. ellipsis. 2. inference

अध्याहृत (ad dhyA hrit) *adj.* 1. inferred. 2. understood.

अध्येता (ad dhye tA) *m.* one who studies, reader, student.

अनंग (a naṅg) *adj.* bodiless, incorporeal. *m.* Cupid.

अनंत (a nant) *adj.* 1. eternal, infinite; ~ आकाश infinite space; ~ काल से from time immemorial. 2. never-ending;

हरि ~ हरिकथा अनंता Infinite is the Lord and infinite are His glories!

अनंतता (~ tA) *f.* infinity, infiniteness, infinitude.

अनंतर (a nan tar) *adv.* afterwards, in the wake of.

अनंतर, के (ke a nan tar) *postposition.* after, following something in time.

अनंतिम (a nan tim) *adj.* provisional, not final.

अन (an) *prefix.* denoting absence or negation.

अनकहा (~ ka hA) *adj.* untold, unspoken; अनकही कहानी untold story; अनकही बात unspoken word.

अनख (a nakh) *f.* 1. resentment. 2. envy.

अनखाना (an khA nA) *vi.* 1. to show resentment. 2. to envy.

अनगढ़ (an gaRh) *adj.* not hewed, unhewn, unchiselled.

अनगिनत (an gi nat) *adj.* countless, innumerable.

अनगिना (an gi nA) *adj.* uncounted.

अनघ (a nagh) *adj.* sinless, innocent.

अनचाहा (an cA hA) *adj.* 1. unintended, undesired. 2. unwanted.

अनचीता (an cee tA) *adj.* 1. unthought of. 2. = अनचाहा।

अनछपा (an cha pA) *adj.* not printed.

अनछुआ (an chu A) *adj.* untouched.

अनजान (an jAn) *adj.* 1. ignorant; ~ बनना to feign ignorance. 2. unknown; ~ रास्ते unknown/untravelled paths; ~ में (i) unknowingly, (ii) involuntarily.

अनजाना (an jA nA) *adj.* unknown; अनजानी राहें unknown tracks.

अनजाने (an jA ne) *adv.*; ~ में / ही (i) unkno- wingly, (ii) involuntarily.

अनदेखा (an de khA) *adj.* unseen; अनदेखे चेहरे unseen faces.

अनदेखी (~ de khee) *f.* ~ करना to ignore / overlook.

अनद्यतन (a nad dya tan) *adj.* out-of-date.

अनधिकार (a na dhi kAr) *adj.* unauthorised; ~ चेष्टा unauthorised attempt; ~ प्रवेश entry without right, unauthorised entry, intrusion.

m. absence of authority.

अनधिकारिक (a na dhi kA rik) *adj.* 1. non-official; ~ टेस्ट शृंखला non-official test series. 2. unauthorised; ~ निर्माण unauthorised construction.

अनधिकारी (a na dhi kA ree) *adj.* 1. not entitled, not having a title. 2. not fit, not genuine.

अनधिकृत (a na dhi krit) *adj.* unauthorised.

अनध्याय (a nad dhyAy) *m.* off day (s) from studies; ~ काल vacation.

अनन्नास (a nan nAs) *m.* pineapple plant and its fruit.

अनन्य (a nanny) *adj.* 1. excluding all others, exclusive; ~ परायण being exclusively devoted to someone; ~ भाव exclusive loyalty; ~ रूप में exclusively. 2. complete; ~ शरणागति complete surrender. 3. close, intimate; ~ मित्र close friend. 4. unique.

अनन्यता (~ tA) *f.* 1. exclusiveness. 2. uniqueness.

अनन्यपरता (~ par tA) *f.* exclusive loyalty.

अनन्याधिकार (a nan nyA dhi kAr) *m.* exclusive right.

अनन्याश्रित (a nan nyAsh shrit) *adj.* depending on nobody.

अनन्वय (a nan nvay) *m.* a figure of speech.

अनपच (an pac) *m.* = अपच (indigestion)

अनपचा (an pa cA) *adj.* undigested.

अनपढ़ (an paRh) *adj.* uneducated, illiterate.

अनपराध (a nap rAdh) *adj.* not guilty.

अनपेक्षित (a na pek shit) *adj.* 1. not requird. 2. not expected.

अनबन (an ban) *f.* rift, tiff, dissension; उसकी अपने पति से अनबन हो गई है She has had a tiff with her husband.

अनबिंधा (an bĩ dhA) *adj.* unpierced.

अनबूझ (an boojh) *adj.* unintelligible.

अनबोला (an bo lA) *m.* state of not being on speaking terms.

अनब्याहा (an byA hA) *adj.* unmarried.

अनभिज्ञ (an bhiggy) *adj.* 1. ignorant, nescient. 2. unacquainted.

अनभिज्ञता (~ tA) *f.* 1. ignorance. 2. unacquaintedness.

अनभिप्रेत (a na bhi pret) *adj.* 1. not desired, undesired. 2. not intended/ implied.

अनभिलषित (a na bhi la shit) *adj.* not desired.

अनभिव्यक्त (a na bhi vyakt) *adj.* un-expressed, implicit.

अनभीष्ट (a na bheeshT) *adj.* not desired.

अनभ्यस्त (a nab bhyast) *adj.* 1. without practice, unpractised. 2. unaccustomed.

अनभ्यास (a nab bhyAs) *m.* want of practice.

अनभ्यासी (a nab bhyA see) *adj.* having no practice.

अनभ्र (a nabbhr) *adj.* cloudless.

अनमन (an man) *adj.* absent-minded.

अनमना (an ma nA) *adj.* 1. inattentive. 2. absent-minded; अनमने भाव से inattentively. 3. indisposed; प्रधान मंत्री की तबीयत आज कुछ अनमनी सी है Today the Prime Minister is indisposed.

अनमिल (an mil) *adj.* 1. unsocial. 2. discordant.

अनमेल (an mel) *adj.* 1. not matching; ~ विवाह marriage between unmatching partners. 2. incommensurate dissimilar. 3. discordant.

अनमोल (an mol) *adj.* invaluable, precious.

अनम्य (a nammy) *adj.* inflexible, stiff, unbending.

अनम्यता (~ tA) *f.* inflexibility.

अनम्र (a nammr) *adj.* immodest, not polite, rude.

अनरीति (an ree ti) *f.* 1. bad custom. 2. unconventional act.

अनर्गल (a nar gal) *adj.* 1. unlocked. 2. unrestrained. 3. incoherent, absurd; ~ प्रलाप prattle, incoherent ravings.

अनर्गलता (~ tA) *f.* incoherence, absurdity.

अनर्जक (a nar jak) *adj.* unearning.

अनर्जित (a nar jit) *adj.* unearned; ~ आय unearned income.

अनर्थ (a narth) *m.* 1. contrary meaning. 2. something highly improper. 3. calamity, disaster; ~ करना to do something very wrong; ~ हो जाना occurrence of a disaster; ~ हो गया It has resulted in a disaster.

अनर्थक (a nar thak) *adj.* 1. meaningless. 2. futile. 3. = अनर्थकारी।

अनर्थकारी (a narth kA ree) *adj.* disastrous, calamitous.

अनलंकृत (a na laṅ krit) *adj.* 1. unornamented. 2. undecorated.

अनल (a nal) *m.* 1. fire. 2. digestive power.

अनलशिखा (~ shi khA) *f.* flame.

अनलिखा (an li khA) *adj.* unwritten.

अनवकाश (a na va kAsh) *m.* absence of leisure.

अनवद्य (a na vaddy) *adj.* faultless, without blemish, flawless.

क़ K, ख़ Kh, ग़ G, ज़ z, फ़ F; च् c, छ् ch; ट् T, ठ् Th, ड D, ड़ R, ढ Dh, ढ़ Rh; ण् N, ङ ṅ, ञ/न् n; श/ष् sh

अनवधान (a na va dhAN) *adj.* not periodic, careless, inattentive.
m. carelessness.

अनवधि (a na va dhi) *f.* absence of limit.

अनवधिक (a na va dhik) *adj.* not periodic, aperiodic.

अनवरत (a na va rat) *adj.* without pause, continuously.

अनवरोध (a na va rodh) *m.* absence of obstruction.
adv. without any obstruction.

अनवसर (a nav sar) *m.* wrong occasion, inopportune time.

अनवस्थित (a na vas thit) *adj.* 1. unsteady. 2. impatient. 3. agitated. 4. disarranged.

अनवीकरणीय (a na vee kar NEey) *adj.* not renewable.

अनशन (an shan) *m.* 1. fasting. 2. hunger-strike; ~ करना to go on a hunger strike; ~ तोड़ना to terminate a hunger strike.

अनशनकारी (~ KA ree) *m.* 1. one who fasts. 2. hunger-striker.

अनश्वर (a nash shwar) *adj.* 1. imperishable. 2. immortal.

अनश्वरता (~ tA) *f.* state or quality of being अनश्वर, immortality.

अनसुना (an su nA) *adj.* unheard; अनसुनी करना to pay no heed to.

अनस्तित्व (a nas tittw) *m.* non-existence.

अनहद नाद (an had nAd) *m.* divine melody produced from within.

अनहोनी (an ho nee) *f.* seemingly impossible event; ~ होना happening of a seem-ingly impossible event.

अनाकानी (a nA KA nee) *f.* = आनाकानी।

अनाकार (a nA KAR) *adj.* without shape, shapeless.

अनाक्रमण (a nAk kra maN) *m.* non-aggression; ~ संधि non-aggression pact.

अनागत (a nA gat) *adj.* not came or arrived, yet to come.

अनाचार (a nA cAr) *m.* 1. improper conduct, misconduct, malpractice, immorality. 2. corruption.

अनाचारी (a nA cA ree) *adj.* immoral, corrupt.
m. depraved person.

अनाज (a nAj) *m.* corn, grain; ~ का दुश्मन glutton, voracious eater.

अनाज-बखरी (~ - bakh ree) *f.* barn.

अनाजी (a nA jee) *adj.* made of corn; ~ मिठाई corn sweet.

अनाज्ञाकारिता (a nAg gyA KA ri tA) *f.* disobedience.

अनाज्ञाकारी (a nAg gyA KA ree) *adj.* disobedient, not obedient.

अनाड़ी (a nA Ree) *adj.* & *m.* unversed, unskilled, deficient in know-how.

अनाड़ीपन (~ pan) *m.* act, state or quality of being अनाड़ी।

अनात्म (a nAtm) *adj.* 1. without a soul, not possessing a soul. 2. physical, material, corporeal.

अनाथ (a nAth) *m.* orphan; [Fem. अनाथिनी] बगीचे को ~ की तरह छोड़ दिया गया The garden was left an orphan.

अनाथालय (a nA thA lay) *m.* orphanage.

अनादर (a nA dar) *m.* disregard, disrespect; ~ करना to show disrespect or neglect.

अनादरण (a nA da raN) *m.* dishonouring; चेक का ~ dishonouring of a cheque.

अनादि (a nA di) *adj.* having no beginning, eternal; ~ काल से from eternity.

अनादृत (a nAd drit) *adj.* 1. disrespected. 2. dishonoured.

अनाप-शनाप (a nAp - sha nAp) *m.* incoherent and meaningless talk, nonsense; ~ बकना to talk loose.

अनाम (a nAm) *adj.* nameless, without name, anonymous.

अनामय (a nA may) *adj.* healthy.
m. health.

अनामिक (a nA mik) *adj.* anonymous.

अनामिका (a nA mi kA) *f.* ring-finger (of left or right hand).

अनामिष (a nA mish) *adj.* & *m.* vegetarian.

अनायास (a nA yAs) *adv.* 1. without effort, without difficulty, with ease. 2. spontaneously, involuntarily.

अनार (a nAr) *m.* pomegranate.

अनारदाना (~ dA nA) *m.* dried seeds of pomegranate.

अनारी (a nA ree) *adj.* 1. pertaining to a pomegranate. 2. tartan gold (colour).

अनार्जव (a nAr jav) *m.* dishonesty.

अनार्य (a nArry) *adj.* 1. non-Aryan. 2. not noble.

अनावरण (a nA va raN) *m.* 1. the state of being without cover, exposure. 2. unveiling; ~ उत्सव unveiling ceremony.

अनावर्तक (a nA var tak) *adj.* non-recurring; ~ अनुदान non-recurring grant.

अनावर्तन (a nA var tan) *m.* non-recurrence.

अनावर्ती (a nA var tee) *adj.* non-recurring.

अनावर्षण (a nA var shaN) *m.* want of rain, drought.

अनावश्यक (a nA vash shyak) *m.* 1. unnecessary, non-essential. 2. useless; ~ बातें useless talks.

अनावासिक (a nA vA sik) *adj.* non-residential; ~ विश्वविद्यालय non-residential university.

अनावृत (a nA vrit) *adj.* 1. uncovered. 2. unveiled.

अनावृष्टि (a na vrish Ti) *f.* want of rain, drought.

अनावेशित (a nA ve shit) *adj.* uncharged.

अनासक्त (a nA sakt) *adj.* detached, unattached.

अनासक्ति (a nA sak ti) *f.* detachment, absence of all attachment.

अनासीन (a nA seen) *adj.* unseated.

अनास्था (a nAs thA) *f.* want of faith (in someone or something).

अनाहत (a nA hat) *adj.* not wounded / hurt.

अनाहत नाद (~ nAd) *m.* = अनहद नाद।

अनाहार (a nA hAr) *adj.* fasting, going with-out food.
m. state of being without food.

अनाहूत (a nA hoot) *adj.* uncalled for, uninvited; ~ अतिथि uninvited guest.

अनिंदनीय (a nin da neey) *adj.* 1. beyond all reproach. 2. flawless.

अनिंदित (a nin dit) *adj.* uncensured, unreproached.

अनिंद्य (a nindy) *adj.* = अनिंदनीय।

अनिच्छा (a nic chA) *f.* 1. want of desire, unwillingness, disinclination. 2. reluctance; ~ से reluctantly.

अनिच्छापूर्वक (~ poor vak) *adv.* unwillingly, reluctantly.

अनिच्छित (a nic chit) *adj.* undesired, not desired.

अनिच्छुक (a nic chuk) *adj.* unwilling, not desirous, disinterested.

अनित्य (a nitty) *adj.* non-eternal, impermanent, transient, ephemeral.

अनित्यता (~ tA) *f.* transience, impermanence.

अनिद्र (a niddr) *adj.* sleepless, insomniac.

अनिद्रा (a nid drA) *f.* sleeplessness, insomnia.

अनिपुण (a ni puN) *adj.* unskilful, unskilled; ~ श्रमिक unskilled labour.

अनिमेष (a ni mesh) *adj.* not winking, without a wink (said of eyes).

अनियंत्रित (a ni yan trit) *adj.* uncontrolled, unrestricted.

अनियत (a ni yat) *adj.* 1. not fixed, indefinite. 2. irregular.

अनियतकालिक (~ KA lik) *adj.* casual, aperiodic.

अनियमित (a ni ya mit) *adj.* 1. not regular, irregular; ~ सैनिक irregular soldier. 2. disorderly, unruly; ~ भीड़ disorderly crowd, unruly mob.

अनियमितता (~ TA) *f.* 1. state of being irregular. 2. a thing that is irregular, irregularity.

अनिरुद्ध (a ni ruddh) *adj.* unobstructed, unhindered.

अनिर्णय (a nir NAy) *m.* lack of decision, indecision.

अनिर्णीत (a nir Neet) *adj.* 1. undecided. 2. draw.

अनिर्दिष्ट (a nir dishT) *adj.* unspecified.

अनिर्बंध (a nir bandh) *adj.* unrestricted, unrestrained.

अनिर्वचनीय (a nir vac neey) *adj.* inexpressible, ineffable.

अनिर्वचनीयता (~ TA) *f.* inexpressibility, ineffability.

अनिल (a nil) *m.* wind, air.

अनिलसुत (~ - sut) *m.* Hanuman (Monkey-Lord of the Ramayan).

अनिवार्य (a ni VArry) *adj.* 1. compulsory, indispensable; ~ शिक्षा compulsory education. 2. inevitable, unavoidable.

अनिवार्यता (~ TA) *f.* 1. inevitability, unavoidability. 2. that which is inevitable.

अनिवास्य (a ni VASSY) *adj.* non-residential.

अनिश्चय (a nish cay) *m.* 1. incertitude, uncertainty, indecision. 2. doubt.

अनिश्चयवाचक (~ VA cak) *adj.* uncertain.

अनिश्चित (a nish cit) *adj.* 1. undecided. 2. uncertain; ~ ऋतु uncertain weather. 3. vague.

अनिश्चितता (~ TA) *f.* 1. undecidedness. 2. uncertainty. 3. vagueness.

अनिषिद्ध (a ni shiddh) *adj.* not prohibited, unforbidden.

अनिष्ट (a nishT) *m.* ill, evil; ~ की संभावना है Evil is apprehended; किसी का ~ चाहना to wish ill of someone.

अनिष्टकर (~ kar) *adj.* = अनिष्टकारी।

अनिष्टकारी (~ KA ree) *adj.* 1. disastrous, evil; ~ सितारे evil stars. 2. unlucky, ominous; ~ समय ominous times.

अनिष्ठा (a nish ThA) *f.* lack of faith, want of loyalty.

अनी (a nee) *f.* sharp point.

अनीदार (~ dAr) *adj.* sharp pointed.

अनीक (a neek) *f.* army.

अनीति (a nee ti) *f.* 1. injustice, highhandedness, impropriety. 2. immorality.

अनीश्वरवाद (a neesh shwar VAd) *m.* atheism.

अनीश्वरवादी (a neesh shwar VA dee) *adj.* pertaining to atheism, atheistic. *m.* atheist.

अनु (a nu) *prefix.* 1. after; ~ चर follower, attendant. 2. similar; (किसी के) ~ रूप resembling. 3. again and again. 4. along; ~ तट along the shore. 5. in regard to each; ~ क्षण every moment.

अनुकथन (~ ka than) *m.* dialogue, conversation.

अनुकंपा (~ kam pA) *f.* 1. compassion. 2. kindness, clemency.

अनुकरण (~ ka raN) *m.* imitation, copying; ~ करना to imitate/copy; तोते आदमी की बोली का ~ करते हैं Parrots imitate human speech.

अनुकरणात्मक (~ kar NAt mak) *adj.* imitative.

अनुकरणीय (~ kar Neey) *adj.* 1. imitable. 2. ideal, exemplary; ~ प्रयास exemplary effort.

अनुकर्ता (~ kar tA) *m.* imitator.

अनुकूल (~ kool) *adj.* favourable, propitious, helpful; ~ परिस्थितियाँ favourable circumstances.

अनुकूल, के (ke a nu koll) *postposition.* 1. suitable, compatible; समय के ~ suitable to the time. 2. congenial, agreeable; मेरे ~ agreeable to me.

अनुकूलता (~ tA) *f.* 1. favourableness. 2. suitability.

अनुकूलन (a nu koo lan) *m.* 1. adaptation. 2. conditioning; वायु - ~ air-conditioning.

अनुकृत (a nu/nuk krit) *adj.* imitated.

अनुकृति (a nuk kri ti, a nu kri ti) *f.* imitation, copy.

अनुक्रम (a nuk kram) *m.* order, succession, sequence.

अनुक्रमणिका (a nuk kra ma Ni KA) *f.* 1. sequence. 2. index.

अनुक्रमिक (a nuk kra mik) *adj.* successive, consecutive.

अनुक्रिया (a nuk kri yA) *f.* 1. response; अनुकूल ~ favourable response. 2. reaction; रासायनिक ~ chemical reaction.

अनुक्रोश (a nuk krosh, a nu krosh) *m.* compassion, pity.

अनुगणन (a nu ga Nan) *m.* reckoning.

अनुगत (a nu gat) *adj.* 1. following. 2. attending (upon). 3. obedient.

अनुगति (a nu ga ti) *f.* 1. following. 2. attendance (upon). 3. obedience.

अनुगम (a nu gam) *m.* 1. following. 2. induction (logic).

अनुगमन (a nu ga man) *m.* 1. act of following (on the heels). 2. induction.

अनुगामी (a nu gA mee) *adj.* following, obedient.
m. follower.

अनुगृहीत (a nug gri heet) *adj.* obliged; मैं आपका बहुत ~ हूँ I am much obliged to you; ~ करना to oblige; कृपया सूचना भेजकर मुझे ~ करें Please oblige me by sending information.

अनुग्रह (a nug grah) *m.* 1. favour, grace; ईश्वर के ~ से by the grace of God. 2. obligation; मुझ पर उसका ~ है I am under his obligation.

अनुघात (a nu ghAt) *m.* concussion, violent shock.

अनुचर (a nu car) *m.* 1. attendant. 2. follower.

अनुचार (a nu cAr) *m.* 1. subservience. 2. allegiance.

अनुचिंतन (a nu cin tan) *m.* recalling.

अनुचित (a nu cit) *adj.* 1. improper, unbecoming, unseemly; ~ प्रयोग improper use; ~ व्यवहार unbecoming behaviour. 2. unreasonable, undue; ~ प्रभाव undue influence. [*Noun* : अनौचित्य impropriety]

अनुच्चरित (a nuc ca rit) *adj.* unpronounced, silent; ~ वर्ण silent letter.

अनुच्छेद (a nuc ched) *m.* 1. paragraph. 2. article. (of constitution)

अनुज (a nuj) *m.* younger brother. [Fem. = अनुजा]

अनुजा (a nu jA) *f.* younger sister.

अनुजीवी (a nu jee vee) *adj. & m.* dependent.

अनुज्ञप्त (a nug gyapt) *adj.* licenced.

अनुज्ञप्ति (a nug gyap ti) *f.* licence.

अनुज्ञप्तिधारी (~ dhA ree) *m.* licence-holder.

अनुज्ञा (a nug gyA) *f.* 1. permission. 2. licence; ~ अधिकारी licencing officer.

अनुज्ञात (a nug gyAt) *adj.* allowed, permitted.

अनुज्ञात्मक (a nug gyAt mak) *adj.* permissive.

अनुज्ञेय (a nug gyey) *adj.* permissible.
अनुतान (a nu tAn) *m.* intonation.
अनुताप (a nu tAp) *m.* 1. penitence. 2. repentance, remorse.
अनुतोष (a nu tosh) *m.* 1. gratification. 2. relief.
अनुत्तरदायित्व (a nut tar dA yittw) *m.* irresponsibility; ~ पूर्ण irresponsible.
अनुत्तरदायी (a nut tar dA yee) *adj.* irresponsible.
अनुत्तीर्ण (a nut teerN) *adj.* not passed, failed, plucked.
अनुत्तेजक (a nut te jak) *adj.* unprovocative.
अनुत्पादक (a nut pA dak) *adj.* unproductive.
अनुत्पादी (a nut pA dee) *adj.* unproductive.
अनुदात्त (a nu dAtt) *adj.* not sublime, lacking loftiness.
अनुदान (a nu dAn) *m.* 1. grant; राजकीय ~ government grant. 2. gift.
अनुदार (a nu dAr) *adj.* 1. not liberal, not generous. 2. conservative; ~ दल conservative party.
अनुदारता (~ tA) *f.* conservatism.
अनुदिन (a nu din) *adv.* every day, daily.
अनुदेश (a nu desh) *m.* information about what to do, instruction.
अनुदेशक (a nu de shak) *m.* instructor.
अनुदेशात्मक (a nu de shAt mak) *adj.* 1. pertaining to instruction. 2. instructive.
अनुद्यत (a nud dyat) *adj.* not ready, unprepared.
अनुद्विग्न (a nud dvign, a nud vign) *adj.* composed, unperturbed.
अनुधर्मक (a nu dhar mak) *adj.* analogous.
अनुधर्मता (a nu dharm tA) *f.* analogy.
अनुधर्मी (a nu dhar mee) *adj.* analogous.
अनुधावन (a nu dhA van) *m.* pursuit.
अनुनय (a nu nay) *m.* entreaty; ~ करना to entreat, to implore, to beseech.
अनुनय-विनय (~ - vi nay) *m.* earnest entreaty, humble supplication.
अनुनाद (a nu nAd) *m.* resonance.
अनुनादित (a nu nA dit) *adj.* resounded.
अनुनासिक (a nu nA sik) *adj.* nasal; ~ ध्वनि nasal sound.
अनुनासिकता (~ tA) *f.* nasality.
अनुन्नत (a nun nat) *adj.* 1. not elevated. 2. backward; ~ जातियाँ backward classes.
अनुपजाऊ (a nup jA oo) *adj.* unproductive, unfertile, barren.
अनुपत्र (a nu pattr) *m.* an appendage at the base of a leaf, stipule.
अनुपपत्ति (a nup pat ti) *f.* want of proof.
अनुपम (a nu pam) *adj.* incomparable, matchless, peerless, excellent.
अनुपमेय (a nup mey) *adj.* = अनुपम।
अनुपयुक्त (a nup yukt) *adj.* 1. unfit, unsuitable. 2. improper.
अनुपयुक्तता (~ tA) *f.* 1. unfitness, unsuitability. 2. impropriety.
अनुपयोग (a nu pa yog) *m.* disuse.
अनुपयोगिता (a nu pa yo gi tA) *f.* uselessness.
अनुपयोगी (a nu pa yo gee) *adj.* useless, of no use.
अनुपस्थित (a nu pas thit) *adj.* absent.
अनुपस्थिति (a nu pas thi ti) *f.* absence; ~ में in absence/absentia.
अनुपात (a nu pAt) *m.* 1. ratio. 2. proportion. [*adj.* अनुपातिक proportional]
अनुपाती (a nu pA tee) *adj.* proportional (Math).
अनुपादेय (a nu pA dey) *adj.* useless.
अनुपादेयता (~ tA) *f.* uselessness.
अनुपान (a nu pAn) *m.* fluid vehicle in medicine, a drink taken with or after the medicine.

अनुपार्जित (a nu pAr jit) *adj.* unearned.

अनुपालन (a nu pA lan) *m.* compliance, observance; आज्ञा का ~ compliance of an order.

अनुपूरक (a nu poo rak) *adj.* supplementary.

अनुपूरण (a nu poo raN) *m.* supplementation.

अनुपूर्वी (a nu poor vee) *adj.* consecutive, successive.

अनुप्रयुक्त (a nu pra yukt) *adj.* applied.

अनुप्रयोग (a nu pra yog) *m.* application, use.

अनुप्रयोजन (a nu pra yo jan) *m.* application, use.

अनुप्रयोजित (a nu pra yo jit) *adj.* applied, used.

अनुप्रवाह (a nu pra vAh) *adv.* down-stream.

अनुप्रसम (a nu pra sam) *adj.* subnormal.

अनुप्रसमत: (~ tah) *adv.* subnormally.

अनुप्रस्थ (a nu prasth, a nup prasth) *adj.* 1. latitudinal. 2. transverse. 3. horizontal.

अनुप्राणन (a nu prA Nan) *m.* act of putting life into, to bring life to.

अनुप्राणित (a nu prA Nit) *adj.* influenced or imbued with life; ~ करना to imbue with life.

अनुप्रास (a nu prAS) *m.* alliteration.

अनुबंध (a nu bandh) *m.* 1. contract; ~ करना to make a contract. 2. condition. 3. a[illegible]

अनुबंध-पत्र (~ pa[illegible]) *m.* document of contract, deed.

अनुबद्ध (a nu baddh) *adj.* 1. contracted. 2. tied up. 3. related to, tied with. 4. subsequently tied.

अनुभव (a nu bhav) *m.* experience; ~ करना to feel, to experience; ~ होना— मुझे कटु अनुभव हुआ I had an unpleasant/bitter experience.

अनुभवसिद्ध (~ siddh) *adj.* empirical, established by experience.

अनुभवहीन (~ heen) *adj.* lacking experience, inexperienced.

अनुभवहीनता (~ tA) *f.* inexperience, lack of experience (person).

अनुभवी (a nu bha vee) *adj. & m.* having experience, experienced (person).

अनुभाग (a nu bhAg) *m.* section (as of an office).

अनुभागीय (a nu bhA geey) *adj.* sectional.

अनुभाजन (a nu bhA jan) *m.* apportioning, apportionment.

अनुभाव (a nu bhAv) *m.* ensuent response.

अनुभूत (a nu bhoot) *adj.* 1. felt; ~ करना to feel something, experience. 2. empirical.

अनुभूति (a nu bhoo ti) *f.* 1. feeling, perception. 2. emotional experience.

अनुभूतिपरक (~ pa rak) *adj.* empirical.

अनुमत (a nu mat) *adj.* permitted.

अनुमति (a nu ma ti) *f.* permission; बिना ~ without permission/consent.

अनुमान (a nu mAn) *m.* 1. guess, conjecture; मेरा ~ ग़लत निकला I guessed wrong. ~ से by conjecture. 2. inference (logic); ~ सिद्ध inferential.

अनुमानत: (~ taḥ) *adv.* 1. conjecturally. 2. by estir[illegible]on. 3. inferentially.

अनुमानित (a nu mA nit) *adj.* 1. estimated. 2. inferred (logic).

अनुमित (a nu mit) *adj.* inferred.

अनुमिति (a nu mi ti) *f.* inference.

अनुमुद्र (a nu muddr) *m.* off-print.

अनुमुद्रण (a nu mud draN) *m.* off-printing.

अनुमेय (a nu mey) *adj.* estimable, inferable.

अनुमोदक (a nu mo dak) *m.* seconder.

अनुमोदन (a nu mo dan) *m.* seconding; ~ करना to second, to support.

अनुमोदनीय (a nu mod neey) *adj.* that which ought to be seconded or supported.

अनुमोदित (a nu mo dit) *adj.* seconded, supported.

अनुयाचक (a nu yA cak) *m.* canvasser.

अनुयाचन (a nu yA can) *m.* canvassing.

अनुयान (a nu yAn) *adj.* trailer.

अनुयायी (a nu yA yee) *m.* 1. follower. 2. supporter or disciple.

अनुयुग (a nu yug) *m.* epoch.

अनुयोग (a nu yog) *m.* 1. querry. 2. inquiring, inquiry.

अनुयोगी (a nu yo gee) *m.* inquirer.

अनुयोजन (a nu yo jan) *m.* act or state of inquiring or questioning.

अनुरंजन (a nu ran jan) *m.* 1. colouring. 2. entertainment, recreation. 3. courtship.

अनुरंजित (a nu ran jit) *adj.* 1. coloured. 2. entertained; ~ करना to entertain.

अनुरक्त (a nu rakt) *adj.* attached, fond (of), devoted (to).

अनुरक्ति (a nu rak ti) *f.* attachment, fondness, devotion, affection.

अनुरक्षक (a nu rak shak) *m.* escort.

अनुरक्षण (a nu rak shaN) *m.* escorting.

अनुरणन (a nu ra Nan) *m.* resonance.

अनुरणित (a nu ra Nit) *adj.* resonant.

अनुरत (a nu rat) *adj.* attached, devoted.

अनुराग (a nu rAg) *m.* attachment, fondness, devotion.

अनुरागमय (~ may) *adj.* 1. attached, fond of, devoted. 2. devotional.

अनुरागी (a nu rA gee) *adj.* loving, devoted.

अनुराधा (a nu rA dhA) *f.* the seventeenth of the twenty-seven constellations.

अनुरूप (a nu roop) *adj.* similar.

अनुरूप, के (ke a nu roop) *postposition.* conformable, conforming; आशा के ~ as per expectation; निर्णय के ~ conformable to the judgement.

अनुरूपता (~ tA) *f.* 1. resemblance, similarity. 2. conformity.

अनुरेखक (a nu re khak) *m.* tracer.

अनुरेखन (a nu re khan) *m.* tracing.

अनुरोध (a nu rodh) *m.* (pressing) request; ~ करना to request earnestly; ~ स्वीकार करना to accept a pressing request.

अनुर्वर (a nur var) *adj.* unfertile, unproductive.

अनुलग्न (a nu lagn) *adj.* annexed.

अनुलग्नक (a nu lag nak) *m.* annexe, annexure, attachment.

अनुलिखित (a nu li khit) *adj.* 1. written as follows. 2. copied.

अनुलिपि (a nu li pi) *f.* transcript.

अनुलेप (a nu lep) *m.* ointment.

अनुलेपन (a nu le pan) *m.* smearing.

अनुलोम (a nu lom) *adj.* 1. in due order. 2. agreeable, favourable; ~ विवाह marriage between a man of high caste and a woman of lower caste.

अनुवर्तन (a nu var tan) *m.* 1. following. 2. complying, conforming.

अनुवर्तनीय (a nu var ta neey) *adj.* compliable, conformable.

अनुवर्तिता (a nu var ti tA) *f.* compliability, conformability.

अनुवर्ती (a nu var tee) *adj.* 1. following. 2. succeeding. 3. consequent.

अनुवाद (a nu vAd) *m.* translation; ~ के योग्य fit for translation; गलत ~ mistranslation; गुणानुवाद encomium, eulogy.

अनुवादक (a nu vA dak) *m.* translator.

अनुवादित (a nu vA dit) *adj.* = अनूदित।

अनुवाद्य (~ vAddy) *adj.* translatable, worthy to be translated.

अनुवृत्ति (a nu vrit ti) *f.* pension.

अनुवेदन (a nu ve dan) *m.* commiseration.

अनुवेश (a nu vesh) *m.* entry.

अनुशंसा (a nu shan sA) *f.* recommendation.

अनुशंसित (a nu shan sit) *adj.* recommended.

अनुशासक (a nu shA sak) *m.* disciplinarian.

अनुशासन (a nu shA san) *m.* 1. submission to authority. 2. discipline.

अनुशासनबद्ध (~ baddh) *adj.* disciplined.

अनुशासन-भंग (~ - bhang) *m.* breach of discipline.

अनुशासनहीन (~ heen) *adj.* indisciplined.

अनुशासनहीनता (~ heen tA) *f.* indiscipline.

अनुशासनात्मक (a nu shA sa nAt mak) *adj.* disciplinary; ~ कार्रवाई disciplinary action.

अनुशासनिक (a nu shA sa nik) *adj.* disciplinary.

अनुशासित (a nu shA sit) *adj.* disciplined; ~ करना to discipline.

अनुशीलन (a nu shee lan) *m.* repeated or careful study.

अनुश्रुत (a nush shrut) *adj.* legendary.

अनुश्रुति (a nush shru ti) *f.* legend.

अनुषंग (a nu shang) *m.* 1. association. 2. incidence.

अनुषंगिक (a nu shan gik) *adj.* see आनुषंगिक।

अनुष्ठाता (a nush ThA tA) *m.* 1. one who undertakes. 2. founder.

अनुष्ठान (a nush ThAn) *m.* 1. any activity one has undertaken for religions purpose, undertaking. 2. founding. 3. cer-emony, usually religious; ~ करना to perform a religious ceremony.

अनुसंधान (a nu san dhAn) *m.* investigation, research; ~ केंद्र research centre.

अनुसंधायक (~ dhA yak) *m.* investigator.

अनुसरण (a nu sa raN) *m.* act of following; ~ करना to follow.

अनुसार, के (ke a nu sAr) *postpositon.* (i) according to; गीता के ~ according to Geeta, (ii) in conformity with; क्या उसका आचरण कानून के ~ ठीक था? Was his conduct in conformity with the law?

अनुसारता (~ tA) *f.* = अनुसारिता।

अनुसारिता (a nu sA ri tA) *f.* act or state of being according to (something).

अनुसीमा (a nu see mA) *m.* abuttal.

अनुसूचित (a nu soo cit) *adj.* scheduled; ~ जातियाँ scheduled castes.

अनुसूची (a nu soo cee) *f.* schedule.

अनुसूया (a nu soo yA) *f.* jealousy.

अनुस्मरण (a nu sma raN) *m.* 1. action of recollecting. 2. something remembered.

अनुस्यूत (a nu syoot) *adj.* 1. sewn. 2. plaited, braided, intertwined. 3. set in order, ordered.

अनुस्वार (a nus swAr) *m.* a nasal character of the Nagari alphabet; it always follows a vowel; its sign is a dot on the headline of a letter (ं)

अनुस्वारांत (a nu swA rAnt) *adj.* (word) ending in an अनुस्वार।

अनुहार (a nu hAr) *m.* 1. an instance of being alike, likeness. 2. mimicry.

अनूठा (a noo ThA) *adj.* unique, singular, rare, queer.

अनूठापन (~ pan) *m.* uniqueness, rareness, curiousness.

अनूढ़ (a nooRh) *adj.* unmarried.

अनूढ़ा (a noo RhA) *f.* unmarried woman, *esp.* in love with someone.

अनूढ़ागमन (~ ga man) *m.* fornication.

अनूढ़ागामी (~ gA mee) *m.* fornicator.

अनूदित (a noo dit) *adj.* translated; अंग्रेज़ी से ~ translated from English.

अनूप (a noop) *adj.* unequalled, unique, unsurpassed.

अनृत (an nrit) *adj.* false, untrue.

अनेक (a nek) *adj.* more than one, numerous, many, several; ~ बार many times. *pron.* a large number of people or things.

अनेकता (~ tA) *f.* 1. numerousness. 2. diversity; ~ में एकता unity in diversity.

अनेकपदी (~ pa dee) *adj.* polypod.

अनेकरूप (~ roop) *adj.* multiform.

अनेकरूपता (~ roop tA) *f.* multiformity.

अनेकविध (~ vidh) *adj.* varied, multifarious.

अनेकार्थक (a nek kAr thak) *adj.* equivocal, polysemous, having several meanings.

अनेकेश्वरवाद (a nek kesh shwar vAd) *m.* polytheism.

अनेकेश्वरवादी (a nek kesh shwar vA dee) *adj.* polytheistic.
m. polytheist.

अनैक्य (a naikky) *m.* 1. discord, disunity. 2. disagreement.

अनैच्छिक (a naic chik) *adj.* 1. unintended. 2. involuntary.

अनैतिक (a nai tik) *adj.* 1. contrary to morality, immoral. 2. contrary to principles, unprincipled. 3. not following accepted standard of morality.

अनैतिकता (~ tA) *f.* 1. immoral act, immorality. 2. immoral behaviour.

अनैतिहासिक (a nai ti hA sik) *adj.* unhistorical.

अनैसर्गिक (a nai sar gik) *adj.* unnatural.

अनोखा (a no khA) *adj.* peculiar, queer.

अनोखापन (~ pan) *m.* peculiarity, queerness.

अनौचित्य (a nau citty) *m.* 1. impropriety. 2. improper act

अनौचित्यपूर्ण (~ poorN) *adj.* improper.

अनौपचारिक (a nau pa cA rik) *adj.* 1. informal; ~ बात-चीत informal talk. 2. unofficial; ~ टेस्ट मैच unofficial test match.

अनौपचारिकता (~ tA) *f.* informal act, informality.

अन्न (ann) *m.* 1. food. 2. corn, grain.

अन्न-जल (~ - jal) *m.* means of sustenance; उसका ~ यहाँ से उठ गया है The venue of his sustenance has shifted from here. ~ छोड़ना या ग्रहण न करना to give up taking food and water.

अन्नदाता (~ dA tA) *m.* sustainer, supporter, benefactor.

अन्नप्राशन (~ prA shan) *m.* ceremony of administering (non-liquid) food to an infant for the first time.

अन्नमय (~ may) *adj.* made of grains; ~ शरीर the gross material body.

अन्न-वस्त्र (~ - vastr) *m.* food and clothing.

अन्नसंकट (~ saṅ kaT) *m.* food-famine, food crisis.

अन्नसत्र (~ sattr) *m.* house where food (usually cooked) is supplied free, alms-house.

अन्य (anny) *adj.* other, different; ~ देशीय alien; ~ पुरुष third person. (Gram.)

अन्यगामी (~ gA mee) *m.* one who goes to another woman.

अन्यतम (~ tam) *adj.* best.

अन्यतर (~ tar) *adj.* another.

अन्यत्र (an nyattr) *adv.* somewhere else, elsewhere.

अन्यत्र-स्थिति (~ - sthi ti) *f.* alibi.

अन्यत्रिक (an yat trik) *adj.* out-station.

अन्यथा (an nya thA) *conj.* otherwise.

अन्यमनस्क (an nya ma nask) *adj.* absent-minded, indifferent.

अन्यमनस्कता (~ tA) *f.* absent-mindedness

अन्यान्य (an nyAnny) *adj.* many others.

अन्याय (an nyAy) *m.* 1. injustice; ~ करना

to do injustice/tyranny. 2. an unjust act, wrong.

अन्यायपूर्ण (~ poorN) *adj.* 1. unjust, unjustifiable. 2. inequitable.

अन्यायपूर्वक (~ poor vak) *adv.* unjustly.

अन्यायमूलक (~ moo lak) *adj.* 1. unjust. 2. inequitable.

अन्यायी (an nyA yee) *adj.* unjust, oppressive, tyrannous.

n. unjust person, tyrannt.

अन्योक्ति (an nyok ti) *f.* allegory.

अन्योन्य (an nyonny) *adj.* one another, each other, mutual, reciprocal; ~ प्रजनन cross-breeding.

अन्योन्याश्रय (an nyon nyAsh shray) *m.* interdependence.

अन्योन्याश्रित (an nyon nyAsh shrit) *adj.* interdependent.

अन्वय (an nvay) *m.* 1. logical connection of cause and effect. 2. connection, relation. 3. prose order (gram.)

अन्वित (an nvit) *adj.* related, connected.

अन्विति (an vi ti, an nvi ti) *f.* relation, connection.

अन्वीक्ष (an veeksh) *m.* microscope.

अन्वीक्षण (an veek shan) *m.* microscopic examination.

अन्वेषक (an ve shak) *m.* explorer, investigator.

अन्वेषण (an ve shan) *m.* exploration; ~ करना to explore; छिद्रान्वेषण faultfinding; तत्त्वान्वेषण exploration of the quintessence.

अन्वेषित (an ve shit) *adj.* explored.

अन्वेषी (an ve shee) *m.* = अन्वेषक।

अन्वेष्य (an veshshy) *adj.* explorable.

अपंग (a paṅg) *adj.* 1. crippled, disabled. 2. helpless.

अपंगता (~ tA) *f.* cripplehood.

अप (ap) *prefix.* 1. denoting badness, inferiority, negligence etc. 2. allomorph of आप as अपकाजी (selfish).

अपकरण (~ ka raN) *m.* act of harming, doing wrong or mischief.

अपकर्म (~ karm) *m.* 1. wrong act. 2. bad or evil action, misdeed, wickedness.

अपकर्मी (~ kar mee) *adj.* &. *m.* misdoer, wrong-doer.

अपकर्ष (~ karsh) *m.* decadence, deterioration, degradation, downfall.

अपकर्षक (~ kar shak) *adj.* derogatory.

अपकर्षण (~ kar shaN) *m.* deterioration, degradation.

अपकार (~ KAr) *m.* wrong act, harm or disservice, injury; ~ करना—तुमने मेरा ~ किया है You have done me a wrong.

अपकारक (~ KA rak) *adj.* & *m.* one who does अपकार, wrong-doer.

अपकारी (~ KA ree) *adj.* & *m.* = अपकारक।

अपकीर्ति (~ keer ti) *f.* infamy, disrepute, ignominy.

अपकृत (ap krit) *adj.* harmed, injured.

अपकृति (ap kri ti) *f.* harm, damage, injury.

अपकृष्ट (ap krishT) *adj.* deteriorated.

अपकेंद्री (ap ken dree) *adj.* centrifugal.

अपक्रम (ap kram) *m.* retreat, withdrawal, flight.

अपक्व (a pakkw) *adj.* 1. unripe. 2. immature; ~ बुद्धि immature mind.

अपक्वता (~ tA) *f.* immaturity.

अपगति (ap ga ti) *f.* 1. plight. 2. downfall.

अपघटित (~ gha Tit) *adj.* decomposed.

अपघर्षण (ap ghar shaN) *m.* abrasion.

अपघात (ap ghAt) *m.* violent death.

अपघाती (ap ghA tee) *m.* killer, murderer.

अपच (a pac) *m.* indigestion, dyspepsia.

अपचय (ap cay) *m.* 1. abatement, decline, fall. 2. loss. 3. privation, destitution.

अपचार (ap cAr) *m.* delinquency, aberration.

अपजात (ap jAt) *adj.* degenerated.

अपटु (a pa TU) *adj.* inexpert, unskilled.

अपठनीय (a path neey) *adj.* not worth reading.

अपठित (a pa Thit) *adj.* unread, unseen; ~ परिच्छेद unseen passage.

अपढ़ (a paRh) *adj.* unlettered, uneducated.

अपतुष्टि (ap tush Ti) *f.* appeasement.

अपत्य (a patty) *m.* offspring.

अपथ्य (a patthy) *m.* unwholesome food.

अपदस्थ (a pa dasth) *adj.* removed from office or throne, deposed; ~ करना to depose.

अपदारण (ap dA raN) *m.* avulsion, forcible separation.

अपदार्थ (a pa dArth) *m.* 1. non-matter. 2. trifle.

अपनत्व (ap nattw) *m.* = अपनापन।

अपनयन (ap na yan) *m.* 1. kidnapping. 2. abduction.

अपना (ap nA) *adj.* & *pron.* 1. one's own, its; ~ घर one's own house; वह अपनी माँ से प्यार करती है She loves her mother. कुत्ता अपनी दुम चाटता है A dog licks its tail. 2. personal; अपनी ज़रूरत के लिए for personal need. 3. self; उसने अपनी हजामत बनाई He shaved himself. उसने शीशे में अपने को देखा He looked at himself in the looking glass. ~ उल्लू सीधा करना to serve one's own. ends (by befooling another); ~ काम करना to perform one's function/duty; ~ किया पाना to reap what one sows; ~ क्या जाता है what do we lose? ~ बनाना—मुझे अपना बना लो Regard me as thine own. ~ वक्त भूल जाना—अपना वक्त भूल गए Have you forgotten your own case? ~ समझना—मुझे अपना समझो Treat me as thine own; ~ - सा मुँह लेकर लौट आना—वह अपना-सा मुँह लेकर लौट आया He returned with his hopes shattered; अपनी-अपनी पड़ना—हर एक को अपनी-अपनी पड़ी थी Every one thought in terms of his own interest; अपनी जान प्यारी होना to hold one's life too dear to risk (something); अपनी तरह—उसे अपनी तरह समझो Put yourself in his place. अपनी नाक कटाना to spoil one's own good name; अपनी ही कहते जाना to go on prattling all the time (having no ears for others); अपने आप (i) involuntarily; (ii) automatically; अपने आप को लगाना to think too much of oneself; अपने आप में in itself; in one's ownself; अपने आप से to oneself—उसने अपने आप से कहा He said to himself or She said to herself. अपने काम को काम समझना to attach importance to one's affairs (only); अपने काम से काम रखना to be concerned with (only) one's own affairs, mind one's own business; अपने तक रखना to keep something to one's self; अपने पैरों on one's own feet; अपने पर at oneself—वह अपने पर हँसी She laughed at herself. अपने मन से—यह उसने अपने मन से जोड़ लिया This was an addition of his own. अपने मुँह मियाँ मिट्ठू बनाना to indulge in self-praise; अपने रास्ते जाना, अपने रास्ते आना = अपने काम से काम रखना; अपने यहाँ—at our place; अपने यहाँ ऐसा नहीं होता This does not go with us. अपने रंग में आना to come into one's element; अपने राम को तो as for me; अपने हाथ जगन्नाथ Self first, others don't count. अपनों की भली चलाई You talk of one's own, away with them. अपनों से आशा न रखो Have no expectations from thine own.

pron. अपने को—उसने अपने को मार डाला He killed himself. अपने से by oneself.

अपनाना (~ nA) *vt.* to adopt as one's own;

मैं तुम्हारा ढंग अपनाऊँगा I shall adopt your method. अपना लेना to own.

अपनापन (~ pan) *m.* feeling of oneness with others.

अपना-पराया (~ - pa rA yA) *adj.* (distinction between) one's own and other's.

अपनापा (~ pA) *m* = अपनापन।

अपनाम (ap nAm) *m.* bad name, ill-fame.

अपनीत (ap neet) *adj.* 1. kidnapped. 2. abducted.

अपनेता (ap ne tA) *m.* abductor.

अपभाषण (ap bhA shaN) *m.* vituperation, scurrility.

अपभ्रंश (ap bhransh) *m.* 1. corrupt form of a word. 2. an old Indo-Aryan language.

अपमान (ap mAn) *m.* insult, disgrace, disrespect; ~ करना to insult; ~ सहना to bear insult.

अपमानकारी (~ kA ree) *adj.* insulting, libellous.

अपमानजनक (~ ja nak) *adj.* insulting, libellous; ~ लेख libel.

अपमानित (ap mA nit) *adj.* insulted, disgraced, disrespected; ~ करना to insult; ~ होना to be insulted.

अपमान्य (ap mAnny) *adj.* disreputable, disgraceful.

अपमिश्रण (ap mish shraN) *m.* adulteration.

अपमिश्रित (ap mish shrit) *adj.* adulterated.

अपमृत्यु (ap mrit tyu) *f.* unnatural death or death caused by accident.

अपयश (ap yash) *m.* disgrace, ill-fame.

अपयशकर (~ kar) *adj.* disgraceful.

अपयोजन (ap yo jan) *m.* misappropriation.

अपयोजित (ap yo jit) *adj.* misappropriated.

अपरंपार (ap ram pAr) *adj.* boundless, infinite, limitless.

अपर (a par) *adj.* 1. additional. 2. other, different.

अपरदन (~ dan) *m.* corrosion.

अपरदेय (~ dey) *adj.* non-transferable.

अपरदेशीय (~ de sheey) *adj.* extraterritorial.

अपरदेशीयता (~ de sheey tA) *f.* extraterritoriality.

अपरनिषेचन (~ ni she can) *m.* crossfertilization.

अपररूप (a par roop) *m.* allotrope.

अपररूपता (~ tA) *f.* allotropy.

अपराग (ap rAg) *m.* disaffection.

अपराजित (a pa rA jit) *adj.* unconquered, It is अपराजेय।

अपराजेय (a pa rA jey) *adj.* unconquerable; unbeatable.

अपराध (ap rAdh, a pa rAdh) *m.* 1. offence. 2. crime, guilt.

अपराधपूर्ण (~ poorN) *adj.* offensive, criminal.

अपराध-विज्ञ (~ - viggya) *m.* criminologist.

अपराध-विज्ञान (~ - vig gyAn) *m.* criminology.

अपराधशील (~ sheel) *adj.* having a tendency to criminality, criminal; ~ जातियाँ criminal tribes.

अपराधिक (~ dhik) *adj.* criminal.

अपराधिता (~ dhi tA) *f.* criminality.

अपराधी (~ dhee) *adj.* & *m.* offender delinquent, criminal; ~ ठहराना to hold (someone) guilty.

अपराह्न (a pa rAhn, ap rAnh) *m.* afternoon.

अपरिग्रह (a pa rig grah) *m.* habit or tendency not to accumulate anything for one's personal use, renunciation.

अपरिचय (a pa ri cay) *m.* lack of acquaintance.

अपरिचित (a pa ri cit) *adj.* unacquainted, unfamiliar.
m. stranger.

अपरिपक्व (a pa ri pakkw) *adj.* 1. unripe. 2. immature.

अपरिपक्वता (~ tA) *f.* immaturity.

अपरिमित (a pa ri mit) *adj.* immeasurable, limitless, immense.

अपरिमितता (~ tA) *f.* immeasurability, limitlessness, immensity.

अपरिमेय (a pa ri mey) *adj.* immeasurable.

अपरिवर्तनीय (a pa ri var ta neey) *adj.* unchangeable, immutable.

अपरिवर्तित (a pa ri var tit) *adj.* unchanged.

अपरिष्कृत (a pa rish krit) *adj.* not refined, unrefined, crude, impure.

अपरिहार्य (a pa ri harry) *adj.* 1. indispensable. 2. unavoidable.

अपरिहार्यता (~ tA) *f.* unavoidability.

अपरीक्षित (a pa reek shit) *adj.* untested, untried.

अपरोक्ष (a pa roksh) *adj.* direct, going straight to the point.

अपर्याप्त (a par yApt) *adj.* inadequate.

अपर्याप्तता (~ tA) *f.* inadequacy.

अपर्याप्ति (a par yAp ti) *f.* insufficiency, inadequacy.

अपलक (a pa lak) *adv.* without a blink, unblinkingly.

अपलेख (ap lekh) *m.* libel.

अपवचन (ap va can) *m.* slander.

अपवर्जन (ap var jan) *m.* exclusion.

अपवर्जित (ap var jit) *adj.* excluded.

अपवर्तक (ap var tak) *m.* factor (math).

अपवर्तन (ap var tan) *m.* factorisation (math).

अपवर्त्य (ap varty) *m.* multiple (math).

अपवहन (ap va han) *m.* drifting.

अपवाद (ap vAd) *m.* exception; ~ के रूप में as an exception.

अपवादस्वरूप (~ swa roop) *adv.* as an exception, यह बात ~ है This is an exception.

अपवादिक (ap vA dik) *adj.* exceptional.

अपवादी (ap vA dee) *adj.* exceptional.

अपवाह (ap vAh) *m.* catchment, drainage; ~ क्षेत्र catchment area.

अपवाही (ap vA hee) *adj.* pertaining to a catchment.

अपविकसित (ap vik sit) *adj.* 1. badly developed, 2. degenerated.

अपविकास (ap vi kAs) *m.* 1. undesired development. 2. degeneration.

अपवितरण (ap vi ta raN) *m.* misdelivery.

अपवित्र (a pa vittr) *adj.* impious, desecrate, unholy; ~ करना to desecrate.

अपवित्रता (~ tA) *f.* impiety, desecratedness.

अपवित्रीकरण (a pa vit tree ka raN) *m.* desecration.

अपवृद्धि (ap vrid dhi) *f.* unnatural growth.

अपव्यय (ap vyay, a pav vyay) *m.* unreasonable or wasteful spending of money, prodigality, extravagance.

अपव्ययी (ap vya yee, a pav vya yee) *adj.* extravagant; unthrifty, prodigal.

अपशकुन (ap sha kun) *m.* ill-omen, jinx.

अपशकुनकारक (~ kA rak) *adj.* ill-omened.

अपशब्द (ap shabd) *m.* 1. dirty word, abuse. 2. abusive language.

अपसंचय (ap san cay) *m.* hoarding.

अपसंचयी (ap san ca yee) *adj.* hoarder.

अपसरक (ap sa rak) *m.* deserter.

अपसरण (ap sa raN) *m.* 1. desertion. 2. divergence.

अपसामान्य (ap sA mAnny) *adj.* abnormal.

अपसामान्यता (~ tA) *f.* abnormality.

अपस्फीति (a pas phee ti) *f.* deflation.

अपस्मार (a pas mAr) *m.* epilepsy.

अपहरण (ap ha raN) *m.* kidnapping, abduction.

अपहर्ता (ap har tA) *m.* kidnapper, abductor.

अपहृत (ap hrit) *adj.* kidnapped, abducted.

अपाक (a pAk) *adj.* unholy, impure.

अपाठ्य (a pATThy) *adj.* not legible, illegible.

अपात्र (a pAttr) *adj.* unworthy (candidate, oersib etc.) or unfit.

अपात्रता (~ tA) *f.* 1. ineligibility. 2. unworthiness.

अपादान (a pA dAn) *m.* ablative (case).

अपार (a pAr) *adj.* boundless.

अपारदर्शिता (~ dar shi tA) *f.* opacity.

अपारदर्शी (~ dar shee) *adj.* opaque.

अपारिभाषिक (a pA ri bhA shik) *adj.* non-technical.

अपार्थिव (a par thiv) *adj.* unearthly, extra-terrestrial.

अपालन (a pA lan) *m.* non-observance, non-execution.

अपाहज (a pA haj) *adj.* = अपाहिज।

अपाहिज (a pA hij) *adj.* crippled, disabled.

अपि (a pi) *adv. & conj.* 1. also, too. 2. though. 3. but, however.

अपितु (a pi tu) *conj.* 1. but, however. 2. yet, even then.

अपील (a peel) *f.* appeal; ~ करना to appeal; ~ कर्ता appellant.

अपीलीय (a pee leey) *adj.* appellate, pertaining to an appeal.

अपुत्र (a puttr) *adj.* 1. having no children, childless. 2. having no son.

अपुष्ट (a pushT) *adj.* 1. not nourished. 2. unconfirmed; ~ समाचार unconfirmed news.

अपुष्टिकर (a push Ti kar) *adj.* non-nourishing, non-nutritive; ~ भोजन non-nutritive food.

अपूयिक (a poo yik) *adj.* aseptic.

अपूर्ण (a poorN) *adj.* 1. imperfect; ~ भूत past imperfect. 2. incomplete; ~ वाक्य incomplete sentence.

अपूर्णता (~ tA) *f.* 1. imperfection. 2. incompleteness.

अपूर्व (a poorv) *adj.* 1. quite new, novel; ~ विषय novel subject. 2. extraordinary, marvellous, unprecedented; ~ ज्ञान unprecedented knowledge.

अपूर्वता (~ tA) *f.* 1. novelty. 2. extraordinariness.

अपेक्षया (a pek sha yA) *adv.* relatively, comparatively.

अपेक्षा (a pek shA) *f.* expectation, requirement.

अपेक्षा, की (kee a pek shA) *postposition.* in comparison to, comparatively; उसकी ~ यह अच्छा है This is better in comparison to that/this is better than that.

अपेक्षाकृत (~ krit) *adv.* relatively, comparatively; हिंदी ~ सरल है Hindi is relatively easy.

अपेक्षाकृत, की (kee a pek shA krit) *postposition.* = की अपेक्षा।

अपेक्षित (a pek shit) *adj.* 1. required, desired. 2. due.

अपौरुषेय (a pau ru shey) *adj.* nonhuman *i. e.* of divine origin; शास्त्र ~ हैं Shastras are divine.

अपौष्टिक (a paush Tik) *adj.* unnutritive.

अप्रकट (a pra kaT, ap pra kaT) *adj.* not apparent, unmanifested, hidden; ~ रूप से not ostensibly.

अप्रकाशित (a pra kA shit, ap pra ka shit) *adj.* 1. unlighted; ~ कमरा unlighted room. 2. unpublished; ~ पुस्तक unpublished book.

अप्रकृत (a pra krit, ap prak krit) *adj.* unnatural, artificial.

अप्रगतिशील (a pra ga ti sheel) *adj.* unprogressive.

अप्रगतिशीलता (~ tA) *f.* unprogressiveness.

अप्रचलन (a pra ca lan) *m.* non-currency, obsoleteness, obsolescence.

क़ K, ख़् Kh, ग़् G, ज़् z, फ़् F; च् c, छ् ch; ट् T, ठ् Th, ड D, ड़ R, ढ Dh, ढ़ Rh; ण् N, ङ n, ञ/न् n; श/ष् sh

अप्रचलित (a pra ca lit) *adj.* out of use, not current.

अप्रतिम (a pra tim) *adj.* unequalled, unsurpassed.

अप्रतिष्ठा (a pra tish Tha, ap pra tish Tha) *f.* disgrace, ill-repute, infamy.

अप्रतिष्ठित (a pra tish Thit, ap pra tish Thit) *adj.* disgraced, ill-reputed; ~ करना to disgrace or disrespect.

अप्रतिहत (ap pra ti hat) *adj.* unhampered; ~ गति unhampered movement.

अप्रतुल (ap pra tul) *adj.* unparalleled.

अप्रत्यक्ष (ap prat tyaksh) *adj.* 1. latent, not evident. 2. indirect; ~ कर indirect tax; ~ निर्वाचन indirect election.

अप्रत्यक्षत: (~ tah) *adv.* indirectly.

अप्रत्याशित (a prat tyA shit) *adj.* unexpected.

अप्रभावी (ap pra bhA vee) *adj.* ineffective.

अप्रयुक्त (ap pra yukt) *adj.* unused.

अप्रशिक्षित (ap pra shik shit) *adj.* untrained.

अप्रसन्न (ap pra sann) *adj.* displeased, unhappy; ~ होना to be displeased.

अप्रसन्नता (~ tA) *f.* displeasure, unhappiness.

अप्रसम (ap pra sam) *adj.* abnormal.

अप्रसिद्ध (ap pra siddh) *adj.* not famous, unknown, unfamiliar.

अप्रस्तुत (a pras tut, ap pras tut) *adj.* 1. other than प्रस्तुत। 2. not ready. 3. indirect.

अप्रस्तुत विधान (~ vi dhAn) *m.* trope.

अप्राकृत (ap prAk krit) *adj.* = अप्राकृतिक।

अप्राकृतिक (a prA kri tik, ap prAk kri tik) *adj.* not natural, unnatural.

अप्राप्त (a prApt, ap prApt) *adj.* unachieved. not obtained.

अप्राप्य (ap prApy) *adj.* 1. not available. 2. rare. 3. unattainable.

अप्रामाणिक (ap prA mA Nik) *adj.* not authentic, unauthentic.

अप्रायिक (ap prA yik) *adj.* unusual.

अप्राविधिक (ap prA vi dhik) *adj.* non-technical.

अप्रासंगिक (ap prA saṅ gik) *adj.* irrelevant, out of context; ~ चर्चा irrelevant talk.

अप्रिय (ap priy) *adj.* 1. undesirable, disagreeable. 2. unpleasant; ~ सत्य unpleasant truth; अत्यंत ~ odious.

अप्रियता (~ tA) *f.* unpleasantness.

अप्रीति (ap pree ti) *f.* 1. want of love, unfriendliness. 2. enmity. 3. lack of interest.

अप्रैल (ap prail) *m.* April.

अप्रौढ़ (ap prauRh) *adj.* immature.

अप्सरा (ap sa rA) *f.* nymph, fairy; ~ तुल्य nymph-like; ~ - संबंधी nymphal.

अफ़ग़ानी (aF GA nee) *adj.* of Afganistan. *m.* native of Afganistan.

अफरना (a phar nA) *vi.* to inflate (with gas).

अफरा (aph rA) *m.* accumulation of wind in the stomach.

अफरा-तफरी (af rA - taf ree) *f.* hurry-scurry, haste; उसने ~ में भोजन किया He took a hurried meal.

अफ़वाह (aF vAh) *f.* rumour; अफ़वाह उड़ी हुई है The rumour is in the air. अफ़वाह फैल गई है The rumour is spread. कुछ ख़राब-सी ~ some unsavoury rumours.

अफ़सर (aF sar) *m.* officer.

अफ़सरी (aF sa ree) *adj.* official; ~ शान official pomp and show, showing off (one's) officialdom.
f. 1. official authority, officialdom. 2. official duty.

अफ़साना (aF SA nA) *m.* story, tale.

अफ़सोस (aF sos) *m.* regret, sorrow. *inter.* alas!

अफ़ीम (a Feem) *f.* opium.

अफ़ीमची (~ cee) *m.* opium-addict.

अफ़ीमी (a Fee mee) *adj.* related to opium.

अफ़्रीका (aF ree KA) *m.* Africa.

अफ़्रीकी (a Free kee) *adj.* African.

अफ़्रेशिया (aF Fre shi YA) *m.* Afro-Asia.

अफ़्रेशियाई (~ ee) *adj.* Afro-Asian.

अब (ab) *adv.* now, just now; अब! what now! ~ का recent, modern; ~ की बार this time; ~ के this time; ~ के लोग people of the present generation; ~ जाकर at long last; ~ तक up till now, by now, so far—अब तक मैंने तीन मकान बनाए हैं So far I have got built three houses. ~ -तब करना to evade by delaying tactics; ~ -तब की लगी होना to be at death's door; ~ तो now; अब तो मैं जवान नहीं रही I am no longer young. ~ नहीं तो कभी नहीं now or never; ~ भी even now; ~ मत आना Don't come again? ~ सही let it be now, better late than never; ~ से from now on, henceforth.

अबद्ध (a baddh) *adj.* untied, loose.

अबरक (ab rak) *m.* mica.

अबरख (ab rakh) *m.* = अबरक।

अबरा (ab rA) *m.* upper portion or fold of a double cloth.

अबल (a bal) *adj.* weak, feeble.

अबला (ab lA) *f.* weaker sex (woman).

अबवाब (ab vAb) *m.* cess, tax, rate.

अबाध (a bAdh) *adj.* 1. unobstructed, unrestricted; ~ गति unrestricted movement; ~ व्यापार free trade. 2. absolute; ~ शक्ति absolute power.

अबाधित (a bA dhit) *adj.* = अबाध।

अबाध्य (a bAddhy) *adj.* controllable, uncontrolled; ~ गति uncontrolled speed.

अबाध्यता (~ tA) *f.* state or quality of being अबाध्य, uncontrollability.

अबाबील (a bA beel) *f.* swallow, a small mouse-like animal that flies in the night and eats insects.

अबिंदुकता (a bin duk tA) *f.* astigmatism.

अबीर (a beer) *m.* mica-powder.

अबुद्धि (a bud dhi) *adj.* stupid, foolish.

अबे (a be) *interj.* hey! ~ तबे करना to use discourteous or disparaging words or expressions.

अबोध (a bodh) *adj.* 1. innocent. 2. unintelligent.

अबोधगम्य (~ gammy) *adj.* unintelligible, unscrutable.

अबोध्य (a boddhy) *adj.* incomprehensible.

अबोला (a bo lA) *m.* absence of speaking terms.

अब्द (abd) *m.* year; ~ कोश year-book.

अब्धि (ab dhi) *m.* ocean.

अब्बा (ab bA) *m.* father.

अब्बा जान (~ jAn) *m.* respectful form of addressing (one's) father.

अब्बासी (ab bA see) *adj.* smoke-blue.

अब्राह्मण (ab brAh maN) *m.* non-Brahmin.

अभंग (a bhaṅg) *adj.* unbroken.

अभंगुर (a bhaṅ gur) *adj.* infrangible.

अभक्त (a bhakt) *adj.* 1. undivided. 2. not devoted, having no faith.

अभक्ष्य (a bhakshy) *adj.* 1. uneatable, inedible. 2. forbidden (food).

अभद्र (a bhaddr) *adj.* indecent, ungentlemanly, impolite; ~ भाषा impolite language; ~ व्यवहार indecent behaviour.

अभद्रता (~ tA) *f.* 1. indecency, ungentlemanliness, impoliteness. 2. indecent act.

अभय (a bhay) *adj.* fearless, courageous; ~ दान amnesty; ~ वचन pledge of protection.
m. fearlessness.

अभागा (a bhA gA) *adj.* unfortunate, accursed, ill-fated. [*Fem.* अभागिन, अभागिनी, अभागी]

अभाज्य (a bhAjjy) *adj.* indivisible.

अभारतीय (a bhAr teey) *adj.* non-Indian.

अभाव (a bhAV) *m.* 1. non-existence. 2. absence, lack, want. 3. scarcity.

अभावग्रस्त (~ grast) *adj.* scarcity-stricken.

अभावात्मक (a bhA vAt mak) *adj.* deficient, privative.

अभावुक (~ vuk) *adj.* unemotional.

अभि (a bhi) *prefix.* towards, near, excellent etc.

अभिकथन (~ ka than) *m.* allegation.

अभिकथित (~ ka thit) *adj.* alleged.

अभिकरण (~ ka raN) *m.* agency.

अभिकर्ता (~ kar tA) *m.* agent.

अभिकलन (~ ka lan) *m.* computation.

अभिकल्प (~ kalp) *m.* = अभिकल्पना।

अभिकल्पक (~ kal pak) *m.* designer.

अभिकल्पना (~ kal pa nA) *f.* 1. design. 2. assumption.

अभिक्रम (a bhik kram) *m.* initiative.

अभिक्रमण (a bhik kra maN) *m.* act of assailing; ~ करना to assail.

अभिक्रामक (a bhik krA mak) *m.* assailant.

अभिक्रिया (a bhik kri yA) *f.* reaction.

अभिगम (a bhi gam) *m.* access.

अभिगृहीत (a bhi gri heet) *adj.* 1. acquired. 2. postulate (maths.).

अभिग्रहण (a bhi gra haN) *m.* acquisition.

अभिचार (a bhi cAr) *m.* black magic, exorcism.

अभिचारी (a bhi cA ree) *m.* exorcist, conjurer.

अभिजागर (a bhi jA gar) *m.* invigilator.

अभिजात (a bhi jAt) *adj.* of or belonging to nobility.
m. a noble, aristocrat; ~ तंत्र aristocracy; ~ वर्ग nobility.

अभिजातता (~ tA) *f.* nobility.

अभिज्ञ (a bhiggy) *adj.* (one) who knows, cognisant, well-versed.

अभिज्ञता (~ tA) *f.* knowledge, cognisance, conversance.

अभिज्ञान (a bhi gyAn) *m.* 1. recognition. 2. token of recognition.

अभिज्ञापन (a bhi gyA pan) *m.* announcement.

अभिज्ञेय (a bhi gyey) *adj.* recognisable.

अभित्याग (a bhi tyAg) *m.* desertion, abdication.

अभित्रास (a bhi trAs) *m.* intimidation.

अभिदान (a bhi dAn) *m.* bounty.

अभिदेश (a bhi desh) *m.* reference.

अभिदेशक (~ de shak) *m.* one who refers.

अभिधा (a bhi dhA) *f.* 1. name. 2. denotation.

अभिधान (a bhi dhAn) *m.* 1. name, designation. 2. dictionary, lexicon.

अभिधारण (a bhi dha raN) *m.* postulation.

अभिधारणा (a bhi dhAr NA) *f.* something postulated.

अभिधेयार्थ (a bhi dhe yArth) *m.* literal sense, meaning.

अभिनंदन (a bhi nan dan) *m.* ceremonious offering of felicitations, ceremonious reception/honouring.

अभिनंदन-ग्रंथ (~ - granth) *m.* felicitation volume.

अभिनंदन-पत्र (~ - patra) *m.* welcome address.

अभिनंदनीय (a bhi nan da neey) *adj.* praiseworthy, laudable.

अभिनंदित (a bhi nan dit) *adj.* greeted, welcomed, lauded.

अभिनत (a bhi nat) *adj.* inclined.

अभिनति (a bhi na ti) *f.* inclination, bias.

अभिनय (a bhi nay) *m.* acting in a drama; ~ करना to act or perform; ~ कला art of acting; ~ शाला theatre, stage.

अभिनव (a bhi nav) *adj.* novel, quite new.

अभिनवन (a bhi na van) *m.* innovation.
अभिनिर्णय (a bhi nir NAy) *m.* judgment.
अभिनिर्णायक (a bhi nir NA yak) *m.* umpire.
अभिनिविष्ट (a bhi ni vishT) *adj.* engrossed (in).
अभिनिवेश (a bhi ni vesh) *m.* 1. close attention. 2. resolution, determination, resolve.
अभिनिषिद्ध (a bhi ni shiddh) *adj.* proscribed.
अभिनिषेध (a bhi ni shedh) *m.* proscription.
अभिनीत (a bhi neet) *adj.* staged, enacted.
अभिनेता (a bhi ne tA) *m.* actor. [*Fem.* अभिनेत्री]
अभिनेत्री (a bhi net tree) *f.* actress.
अभिनेय (a bhi ney) *adj.* actable, stageable.
अभिनेयता (~ tA) *f.* stageability.
अभिन्न (a bhinn) *adj.* 1. non-different. 2. inseparable. 3. integral; कश्मीर भारत का ~ अंग है Kashmir is an integral part of India. 4. close, intimate; ~ मित्र close or fast friend.
अभिन्नता (~ tA) *f.* oneness, identity.
अभिपुष्ट (a bhi pushT) *adj.* confirmed, ratified.
अभिपुष्टि (a bhi push Ti) *f.* confirmation, ratification.
अभिपूर्ति (a bhi poor ti) *f.* implementation.
अभिप्राय (a bhi prAy) *m.* 1. intention. 2. purpose. 3. meaning.
अभिप्रेत (a bhi pret, a bhip pret) *adj.* intended; उसे यही अभिप्रेत था This is what he intended.
अभिप्रेरण (a bhi pre raN) *m.* motivation.
अभिप्रेरणा (a bhi prer NA) *f.* = अभिप्रेरण।
अभिभव (a bhi bhav) *m.* decline, fall.
अभिभावक (a bhi bhA vak) *m.* guardian.
अभिभावकता (~ tA) *f.* guardianship.
अभिभाषण (a bhi bhA shaN) *m.* formal address.
अभिभूत (a bhi bhoot) *adj.* overwhelmed; तुमने मुझे ~ कर लिया You overwhelmed me.
अभिमंत्रण (a bhi man traN) *m.* consecrating.
अभिमंत्रित (a bhi man trit) *adj.* consecrated.
अभिमत (a bhi mat) *m.* (formal) opinion.
अभिमान (a bhi mAn) *m.* 1. pride. 2. vanity.
अभिमानी (a bhi mA nee) *adj.* 1. proud. 2. vain, arrogant. [*Fem.* अभिमानिनी]
अभिमुख (a bhi mukh) *adj.* 1. turned towards, facing; पश्चिमाभिमुख facing west. 2. favourably disposed.
अभिमुखता (~ tA) *f.* favourableness.
अभियंता (a bhi yan tA) *m.* engineer.
अभियांत्रिक (a bhi yAn trik) *adj.* engineering; ~ कुशलता engineering skill.
अभियांत्रिकी (~ tri kee) *f.* engineering.
अभियाचना (a bhi yAc nA) *f.* demand; ~ धन call-money.
अभियान (a bhi yAn) *m.* 1. campaign; चुनाव ~ election campaign. 2. expedition; ~ दल expedition party.
अभियुक्त (a bhi yukt) *adj. & m.* accused.
अभियोक्ता (a bhi yok tA) *m.* accuser.
अभियोग (a bhi yog) *m.* accusation, charge; ~ लगाना to accuse.
अभियोग-पत्र (~ - pattr) *m.* charge sheet.
अभियोजक (a bhi yo jak) *m.* accuser.
अभियोजन (a bhi yo jan) *m.* prosecution.
अभियोज्य (a bhi yojjy) *adj.* prosecutable.
अभिरक्षक (a bhi rak shaK) *m.* custodian.
अभिरक्षण (a bhi rak shaN) *m.* custody.
अभिरक्षा (a bhi rak shA) *f.* custody.
अभिराधन (a bhi rA dhan) *m.* appeasement.
अभिराम (a bhi rAm) *adj.* lovely, charming, fascinating, bewitching, captivating.

अभिरुचि (a bhi ru ci) *f.* interest, inclination; इस काम में मेरी ज़रा भी अभिरुचि नहीं है I have not the least interest in this work.

अभिरोपण (a bhi ro paN) *m.* supplanting.

अभिलषित (a bhi la shit) *adj.* aspired, desired.

अभिलाषा (a bhi lA shA) *f.* aspiration, desire; ~ करना to aspire/desire.

अभिलाषी (a bhi lA shee) *adj.* aspirant, desirous.

अभिलेख (a bhi lekh) *m.* record; ~ अधिकरण court of records; ~ पाल record-keeper.

अभिलेखक (a bhi le khak) *m.* recorder.

अभिलेखन (a bhi le khan) *m.* recording.

अभिलेखागार (a bhi le khA gAr) *m.* archives.

अभिलेखालय (a bhi le khA lay) *m.* record-room.

अभिलेखित्र (a bhi le khittr) *m.* recording machine.

अभिवक्ता (a bhi vak tA) *m.* pleader, advocate.

अभिवचन (a bhi va can) *m.* 1. pleading. 2. plea.

अभिवर्धन (a bhi var dhan) *m.* 1. increase, growth. 2. development.

अभिवादन (a bhi vA dan) *m.* 1. salutation, adoration. 2. salute; ~ करना to salute; परस्पर ~ करना to exchange greetings.

अभिवाही (a bhi vA hee) *adj.* bringing inwards, afferent.

अभिवृत्ति (a bhi vrit ti) *f.* attitude.

अभिवृद्धि (a bhi vrid dhi) *f.* increase, growth, development.

अभिव्यंजक (a bhi vyan jak) *adj.* expressive.

अभिव्यंजकता (~ tA) *f.* expressiveness.

अभिव्यंजना (a bhi vyan ja nA) *f.* expression; ~ वाद expressionism; ~ शक्ति power of expression.

अभिव्यंजित (a bhi vyan jit) *adj.* expressed.

अभिव्यक्त (a bhi vyakt) *adj.* 1. expressed; ~ करना to express. 2. manifested, revealed; ~ करना to reveal.

अभिव्यक्ति (a bhi vyak ti) *f.* 1. an act of instance of making known one's feelings, ideas etc, expression. 2. manifestation.

अभिव्यक्ति-शून्य (~ - shoo nya) *adj.* expressionless.

अभिशंसा (a bhi shan sA) *f.* recommendation.

अभिशंसित (a bhi shan sit) *adj.* convicted.

अभिशप्त (a bhi shapt) *adj.* cursed.

अभिशाप (a bhi shAp) *m.* curse, calumny.

अभिषेक (a bhi shek) *m.* 1. coronation, consecration; राज्याभिषेक coronation of a king.

अभिसंधि (a bhi san dhi) *f.* conspiracy, plot.

अभिसमय (a bhi sa may) *m.* convention. (*esp.* written one).

अभिसरण (a bhi sa raN) *m.* 1. convergence (Math.). 2. rendezvous.

अभिसाक्ष्य (a bhi sAkshy) *m.* statement on oath, deposition by way of evidence.

अभिसार (a bhi sAr) *m.* 1. meeting, union. 2. rendezvous, tryst.

अभिसारिका (a bhi sA ri kA) *f.* woman, who goes to meat her lover clandestinely.

अभिसारी (a bhi sA ree) *adj.* convergent. (Maths.)

अभिसूचक (a bhi soo cak) *m.* index.

अभिहार (a bhi hAr) *m.* kidnapping.

अभिहित (a bhi hit) *adj.* called, addressed.

अभी (a bhee) *adv.* 1. just now. 2. still; अभी समय है There is still time. 3. yet; अभी आम की ऋतु आएगी Mango season is yet to come; वह ~ सोलह ही वर्ष की है She is only sixteen. वह ~ सोलह वर्ष की

तो है She is barely sixteen; ~ अभी right now; ~ क्या (है) It is only a beginning. ~ तक so far, as yet; ~ नहीं not yet; ~ तो as yet; ~ से so early (as this).

अभीप्सक (a bheep sak) *adj.* aspirant.

अभीप्सा (a bheep SA) *f.* aspiration.

अभीप्सित (a bheep sit) *adj.* aspired.

अभीष्ट (a bheeshT) *adj.* cherished. *m.* cherished thing or object, goal.

अभुक्त (a bhukt) *adj.* unused, unutilised.

अभूत (a bhoot) *adj.* non-existent.

अभूतपूर्व (~ poorv) *adj.* unprecedented.

अभेद्य (a bheddy) *adj.* impenetrable, impregnable; ~ दुर्ग impregnable fort.

अभेद्यता (~ tA) *f.* impenetrability, impregnability.

अभौतिक (a bhau tik) *adj.* non-physical, non-material.

अभौतिकता (~ tA) *f.* non-materiality.

अभ्यंतर (ab bhyan tar) *adj.* inner, internal. *m.* interior, onside.

अभ्यर्थन (ab bhyar than) *m.* 1. begging, solicitation, entreaty, prayer. 2. asking for a vote.

अभ्यर्थना (ab bhyar tha nA) *f.* entreaty, prayer, petition.

अभ्यर्थित (ab bhyar thit) *adj.* entreated.

अभ्यर्थिता (ab bhyar thi tA) *f.* candidature.

अभ्यर्थी (ab bhyar thee) *m.* candidate.

अभ्यर्पण (ab bhyar paN) *m.* surrender.

अभ्यर्पित (ab bhyar pit) *adj.* surrendered.

अभ्यस्त (ab bhyast) *adj.* 1. accustomed; अब मैं इसका ~ हो गया हूँ Now I have got used to it. 2. skilled and experienced.

अभ्यागत (ab bhyA gat) *m.* visitor, guest.

अभ्यापत्ति (ab bhyA pat ti) *f.* protest.

अभ्यारोपण (ab bhyA ro paN) *m.* indictment.

अभ्यास (ab bhyAs) *m.* 1. practice. 2. exercise. 3. habit.

अभ्यासी (ab bhyA see) *adj.* practised.

अभ्युक्ति (ab bhyuk ti) *f.* statement.

अभ्युत्थान (ab bhyut thAn) *m.* 1. rise, elevation. 2. progress, prosperity.

अभ्युदय (ab bhyu day) *m.* 1. rise (*esp.* of a luminary). 2. progress, prosperity.

अभ्रंकष (ab bhraṅ kash) *m.* sky-scraper.

अभ्र (abbhr) *m.* 1. cloud. 2. sky.

अमंगल (a maṅ gal) *adj.* inauspicious, unfortunate, unlucky.
m. inauspiciousness, misfortune, ill-luck, calamity.

अमंगलकारी (~ kA ree) *adj.* inauspicious.

अमचूर (am coor) *m.* dried parings of raw mango; ~ की कली piece of dried mango fruit.

अमन (a man) *m.* peace.

अमन-चैन (~ - cain) *m.* peace and tranquillity.

अमनस्क (a ma nask) *adj.* 1. indifferent. 2. gloomy.

अमर (a mar) *adj.* immortal.

अमरता (~ tA) *f.* immortality.

अमरबेल (~ bel) *f.* parasite creeper.

अमराई (am rA ee) *f.* mango-grove.

अमरीकन (am ree kan) *m.* American.

अमरीका (am ree kA) *m.* America.

अमरीकी (am ree kee) *adj.* American.

अमरूद (am rood) *m.* guava.

अमर्त्य (a marty) *adj.* immortal.

अमर्याद (a mar yAd) *adj.* = अमर्यादित।

अमर्यादित (a mar yA dit) *adj.* 1. unlimited, limitless. 2. immoderate; ~ भाषा immoderate language. 3. unrestrained, unreasonable.

अमर्ष (a marsh) *m.* anger, resentment.

अमल (a mal) *m.* 1. acting upon; ~ करना to act upon; ~ में लाना to implement; रात का ~ setting-in of night. 2. addiction. 3. clean, stainless.

अमलदरामद (~ da rA mad) *m.* formal proceedings.

अमल-पानी (~ - pA nee) *m.* = नशा-पानी।

अमला (am lA) *m.* member of the staff.

अमली (am lee) *adj.* practical; ~ जामा पहनाना to put into practice, to translate into action.

अमांगलिक (a mAn ga lik) *adj.* inauspicious.

अमात्य (a mAtty) *m.* minister.

अमानक (a mA nak) *adj.* nonstandard.

अमानत (a mA nat) *f.* anything given in trust; ~ में ख़यानत करना to commit a breach of trust (by misappropriation).

अमानतदार (~ dAr) *m.* trustee.

अमानती (a mA na tee) *adj.* that which is entrusted.

अमानवीय (a mAn veey) *adj.* inhuman; ~ व्यवहार inhuman treatment.

अमानवीयता (~ tA) *f.* inhuman behaviour.

अमानी (a mA nee) *adj.* system of work in which payment is made on daily wages basis irrespective of amount of work done.

अमानुष (a mA nush) *m.* one who is not human.

अमानुषिक (a mA nu shik) *adj.* inhuman, beastly, barbarous.

अमानुषिकता (~ tA) *f.* inhumanity, inhuman behaviour.

अमानुषीय (a mA nu sheey) *adj.* inhuman.

अमान्य (a mAnny) *adj.* 1. unacceptable. 2. invalid; ~ करना to invalidate.

अमान्यकरण (~ ka raN) *m.* invalidation.

अमान्यता (~ tA) *f.* non-acceptability, invalidity.

अमापनीय (a mA pa neey) *adj.* immeasurable.

अमापित (a mA pit) *adj.* unmeasured.

अमाप्य (a mAppy) *adj:* immeasurable.

अमार्जन (a mAr jan) *m.* non-rectification.

अमार्जनीय (a mAr ja neey) *adj.* unrectifiable.

अमालनामा (a mAl nA mA) *m.* character roll (*esp.* in the form of a book).

अमावट (a mA vaT) *f.* solidified mango juice made out into cakes.

अमावस (a mA vas) *f.* = अमावस्या।

अमावस्या (a mA vas syA) *f.* last day of the dark half of a month.

अमिट (a miT) *adj.* that whcih cannot be removed or rubbed out, indelible; ~ छाप indelible mark/impression; ~ छाप छोड़ना to leave an indelible mark/impression behind.

अमित (a mit) *adj.* immense, immeasurable, enormous.

अमितता (~ tA) *f.* immensity.

अमितव्ययिता (a mit vya yi tA) *f.* unthriftiness, unfrygatity.

अमितव्ययी (a mit vya yee) *adj.* unthrifty, unfrugal, one who squanders.

अमिताभ (a mi tAbh) *adj.* 1. having immeasurable brilliance.
m. Lord Buddha.

अमिश्र (a mishshr) *adj.* unmixed, unadulterated.

अमिश्रित (a mish shrit) *adj.* = अमिश्र।

अमीन (a meen) *m.* bailiff.

अमीर (a meer) *adj.* wealthy, rich.
m. 1. nobleman. 2. chieftain.

अमीर-उमरा (~ - um rA) *m. (plu.)* the nobility.

अमीर-ग़रीब (~ - Ga reeb) *m.* (plu.) the rich and the poor, haves and have-nots.

अमीरज़ादा (~ zA dA) *m.* 1. son of a richman. 2. an aristocrat.

अमीराना (a mee rA nA) *adj.* rich-like, aristocratic; ~ ठाठ aristocratic splendour; ~ ज़िंदगी aristocratic way of life.

अमीरी (a mee ree) *f.* 1. wealthiness, richness. 2. nobility.
अमुक (a muk) *adj.* such and such, so and so; ~-अमुक पुस्तकें such and such books.
अमुग्ध (a mugdh) *adj.* uninfatuated.
अमूर्त (a moort) *adj.* abstract, intangible; ~ रूप abstract form.
अमूल्य (a moolly) *adj.* invaluable, priceless, very precious.
अमृत (am mrit) *m.* nectar, ambrosia.
अमृतबान (~ bAN) *m.* jar (esp. of china clay).
अमृतमय (~ may) *adj.* nectareous.
अमृता (am mri tA) *f.* spirituous liquor.
अमृदु (a mri du) *adj.* not soft, hard.
अमोघ (a mogh) *adj.* infallible, unfailing; ~ अस्त्र infallible weapon; ~ ओषधि unfailing medicine.
अमोल (a mol) *adj.* priceless.
अमौलिक (a mau lik) *adj.* 1. not original. 2. not fundamental.
अम्माँ (am mÃ) *f.* mother.
अम्ल (aml) *adj.* sour, acid.
m. 1. sourness. 2. acid. 3. acidity.
अम्लता (~ tA) *f.* acidity.
अम्लान (am lAn) *adj.* not withered/faded, *i.e.* bright, clear.
अम्लीकरण (am lee ka raN) *m.* acidification.
अम्लीय (am leey) *adj.* acidic.
अम्हौरी (am hau ree) *f.* prickly heat.
अयथा (a ya thA) *adv.*; ~ करना (i) to undo, (ii) to do the wrong way.
अयथार्थ (a ya thArth) *adj.* 1. unreal. 2. inaccurate, wrong.
अयथार्थता (~ tA) *f.* 1. unreality. 2. inaccuracy.
अयथेष्ट (a ya theshT) *adj.* inadequate, insufficient, meagre, skimpy.
अयश (a yash) *m.* disgrace, ignominy.
अयशस्कर (a ya shas kar) *adj.* disgraceful, ignominious.
अयाचित (a yA cit) *adj.* unasked for, unsolicited.
अयाना (a yA nA) *adj.* not mature or responsible, childish.
अयाल (a yAl) *m.* the hair on the neck of a horse, mane.
अयुक्त (a yukt) *adj.* 1. not connected, not united. 2. improper, unfit.
अयुक्तता (~ tA) *f.* impropriety, unfitness.
अयुक्तियुक्त (a yuk ti yukt) *adj.* 1. inappropriate, untenable. 2. unreasonable, unfair.
अयोग्य (a yoggy) *adj.* 1. unfit, unworthy. 2. ineligible, unqualified. 3. disqualified; ~ ठहराना to disqualify.
अयोग्यता (~ tA) *f.* 1. unfitness, unworthiness. 2. inability. 3. disqualification.
अयोनिज (a yo nij) *adj.* non-placental.
अरंडी (a ran Dee) *f.* castor oil plant.
अरक़ (a raK) *m.* distilled extract/essence of a substance; ~ उतारना / खींचना to extract by distillation.
अरक्षित (a rak shit) *adj.* 1. insecure, unprotected, unguarded. 2. unreserved.
अरगनी (ar ga nee) *f.* clothes-line.
अरज़ (a raz) *f.* = अर्ज़।
अरज़ी (ar zee) *f.* = अर्ज़ी।
अरण्य (a raNNY) *m.* jungle, forest.
अरण्यरोदन (~ ro dan) *m.* cry in the wilderness.
अरत (a rat) *adj.* apathetic.
अरति (a ra ti) *f.* apathy.
अरथाना (ar thA nA) *vt.* to explain the meaning.
अरथी (ar thee) *f.* bier.
अरदली (ar da lee) *m.* orderly, peon.
अरदास (ar dAs) *f.* prayer.
अरना (ar nA) *m.* wild buffalo.

अरब (a rab) *m.* Arab.
adj. & m. billion.

अरबपति (~ pa ti) *m.* billionaire.

अरबी (ar bee) *f.* Arabic language.
adj. belonging to the Arabs, Arabian.

अरमान (ar mAn) *m.* cherished desire, longing, yearning; बड़े अरमानों से with high hopes; ~ निकालना to gratify (one's) long cherished desire; ~ पूरा करना to fulfil (one's) long-cherished desire; ~ रह जाना—मेरे अरमान रह गए My ambitions remained unfulfilled.

अरविंद (ar vind) *m.* lotus flower.

अरवी (ar vee) *f.* a kind of taro (plant).

अरसा (ar sA) *m.* period of time, subjectively long duration.

अरसिक (a ra sik) *adj.* (one) incapable of relishing things, dry and prosaic.

अरस्तू (a ras too) *m.* Aristotle.

अरहट (ar haT) *m.* water drawing wheel.

अरहर (ar har) *f.* a kind of corn used mostly as a pulse, red gram.

अराजक (a rA jak) *adj.* 1. without a ruler. 2. anarchical, anarchistic.

अराजकता (~ tA) *f.* anarchy.

अराजकतावाद (~ tA vAd) *m.* anarchism.

अराजकतावादी (~ tA vA dee) *adj.* & m. anarchist.

अराजनीतिक (a rAj nee tik) *adj.* non-political.

अराजनैतिक (~ nai tik) *adj.* = अराजनीतिक।

अराजपत्रित (a rAj pat trit) *adj.* non-gazetted.

अराष्ट्रीय (a rAsh treey) *adj.* anti-national.

अराष्ट्रीयता (~ tA) *f.* anti-nationalism.

अरि (a ri) *m.* enemy, foe.

अरिष्ट (a rishT) *m.* 1. a distilled mixture. 2. enemy.

अरी (a ree) *interj.* form of informal address like 'Hullo, Hei, Hi' (sply. for females).

अरीति (a ree ti) *f.* something unconventional.

अरीतिक (a ree tik) *adj.* informal, unconventional.

अरुचि (a ru ci) *f.* 1. lack of interest. 2. aversion, dislike.

अरुचिकर (~ kar) *adj.* 1. disagreeable, unpleasant, unpalatable. 2. uninteresting.

अरुण (a ruN) *adj.* reddish, scarlet; ~ ज्वर scarlet fever.

अरुणशिखा (~ shi khA) *m.* cock.

अरुणाभ (a ru NAbh) *adj.* ruddy, reddish.

अरुणिमा (a ru Ni mA) *f.* reddish glow (of the dawn)

अरुणोदय (a ru NO day) *m.* 1. rising of the sun. 2. dawn.

अरूप (a roop) *adj.* without a form, formless.

अरे (a re) *interj.* 1. a form of informal address like 'Hullo, Hei, Hi'. (sply. for males). 2. an exclamation of surprise; ~ भई! a form of informal address.

अरोचक (a ro cak) *adj.* without interest/taste, uninteresting.

अर्क (ark) *m.* the sun.

अर्क़ (arK) *m.* extract, essence; ~ खींचना distillation.

अर्गल (ar gal) *m.* clog, draw bar, bott.

अर्गला (ar ga lA) *f.* = अर्गल।

अर्घ (argh) *m.* 1. price, worth. 2. libation; ~ देना to offer libation.

अर्घ्य (arghy) *adj.* valuable.

अर्चन (ar can) *m.* propitiation.

अर्चना (arc nA, ar ca nA) *f.* propitiation.

अर्ज़ (arz) *f.* 1. request, prayer; ~ करना to request. 2. width.

अर्जन (ar jan) *m.* (act of) earning.

अर्जनीय (ar ja neey) *adj.* worth earning.

अर्जित (ar jit) *adj.* earned.

अर्ज़ी (ar zee) *f.* petition, application; ~ देनेवाला petitioner, applicant.

अर्ज़ीदावा (~ dA VA) *m.* plaint.

अर्ज़ीनवीस (~ na vees) *m.* petition writer.

अर्जुन (ar jun) *m.* 1. Arjun, the most celebrated of the five pandav brothers of the epic, *Mahabharat.* 2. a kind of tree important for its medicinal value.

अर्णव (ar NAV) *m.* ocean.

अर्थ (arth) *m.* 1. meaning, import; इसका क्या ~ है What does it mean? इसका यह ~ नहीं है कि This does not mean that. 2. money, wealth; किसी ~ का न होना to be good for nothing; किसी ~ न आना to be of no use.

अर्थगर्भित (~ gar bhit) *adj.* pithy, full of meaning.

अर्थतत्त्व (~ tattw) *m.* essence of meaning.

अर्थदंड (~ danD) *m.* fine, monetary punishment.

अर्थनीति (~ nee ti) *f.* economic policy.

अर्थपिशाच (~ ip shAC) *m.* heartless miser.

अर्थबंध (~ bandh) *m.* deal, bargain.

अर्थमंत्री (~ man tree) *m.* Finance Minister.

अर्थलिप्सा (~ lip SA) *f.* greed, cupidity.

अर्थवान (~ VAn) *adj.* meaningful.

अर्थविकार (~ vi KAr) *m.* semantic change.

अर्थविज्ञान (~ vig gyAn) *m.* semantics; ~ के विचार से sementically.

अर्थविज्ञानी (~ vig gyA nee) *m.* semanticist.

अर्थ-विधेयक (~ vi dhe yak) money bill.

अर्थ-व्यवस्था (~ vya vas thA) *f.* economy, control and management of the resources of a community, country etc.

अर्थशास्त्र (~ shAstr) *m.* economics.

अर्थशास्त्री (~ shAs tree) *m.* economist.

अर्थशास्त्रीय (~ shAs treey) *adj.* pertaining to economics, economic.

अर्थसंकट (~ san kaT) *m.* economic crisis.

अर्थ-संबंधी (~ - sam ban dhee) *adj.* relating to finance, economic.

अर्थसिद्धि (~ sid dhi) *f.* fulfilment of a desire, (esp. monetary).

अर्थहीन (~ heen) *adj.* meaningless.

अर्थांतर (ar thAn tar) *m.* different meaning.

अर्थागम (ar thA gam) *m.* proceeds.

अर्थात् (ar thAt) *conj.* namely, that is to say.

अर्थापत्ति (ar thA pat ti) *f.* logical result, corollary.

अर्थालंकार (ar thA lań KAR) *m.* figure of speech depending on meaning.

अर्थी (ar thee) *suf.* denoting 'seeker after' as in परीक्षार्थी, विद्यार्थी।

अर्ध (ardh) *adj.* used as prefix, half, semi, bi; ~ नग्न half-naked; ~ शिक्षित semi-educated; ~ साप्ताहिक bi-weekly.

अर्धक (ar dhak) *m.* bisector.

अर्धकुशल (~ ku shal) *adj.* semi-skilled.

अर्धचंद्र (ardh candr) *m.* half moon, crescent; ~ देना to give the right-about.

अर्धचंद्राकार (~ can drA KAr) *adj.* half-moon shaped, of curved shape.

अर्धनारीश्वर (~ nA reesh shwar) *m.* Lord Shiva represented as half himself and half his spouse, Parvati.

अर्धवृत्त (~ vritt) *adj.* semi-circle.

अर्धवृत्ताकार (~ vrit tA KAr) *adj.* semi-circular.

अर्धव्यास (~ vyAs) *m.* semi-diameter, radius.

अर्ध-शताब्दी (~ - sha tAb dee) semi-centenary.

अर्धसत्र (~ sattr) *m.* either of the two divisions of the academic session, semester.

अर्धांगिनी (ar dhAn gi nee) *f.* better half, wife.

अर्धाली (ar dhA lee) *f.* half part of a चौपाई।

अर्पण (ar paN) *m.* 1. act of offering. 2. surrendering.

अर्पित (ar pit) *adj.* 1. offered. 2. surrendered; अपने आप को ~ कर देना to surrender oneself.

अर्बुद (ar bud) *m.* 1. tumour. 2. one thousand million, a billion.

अर्राना (ar rA nA) *vi.* to crash down with a loud noise.

अर्वाचीन (at vA ceen) *adj.* modern, recent.

अर्श (arsh) *m.* piles (disease).

अर्सा (ar sA) *m.* = अरसा।

अर्हंत (ar hant) *m.* Lord Buddha.

अर्ह (arh) *adj.* qualified.

अर्हता (~ tA) *f.* qualification.

अलंकरण (a laṅ ka raN) *m.* 1. ornament. 2. ornamentation, embellishment, decoration.

अलंकार (a laṅ kAr) *m.* 1. ornament. 2. figure of speech.

अलंकारशास्त्र (~ shAstr) *m.* tropology, rhetorics.

अलंकारशास्त्री (~ shAs tree) *m.* rhetorician.

अलंकारशास्त्रीय (~ shAs treey) *adj.* rhetoric.

अलंकारिक (a laṅ kA rik) *adj.* = आलंकारिक।

अलंकृत (a laṅ krit) *adj.* 1. ornamented. 2. decorated, adorned.

अलंकृति (a laṅ kri ti) *f.* ornamentation.

अलंघ्य (a laṅghy) *adj.* impassable, insurmountable.

अलक (a lak) *f.* lock of hair, curl.

अलकतरा (al kat rA) *m.* coal-tar, tar.

अलकली (al ka lee) *m.* alkali.

अलका (al kA) *f.* 1. lass (between 8 and 10 years of age). 2. domicile of Kuber (God of wealth).

अलक्षण (a lak shaN) *adj.* which possesses undesirable traits.

m. 1. lack of symptoms. 2. ominous symptom.

अलक्षित (a lak shit) *adj.* unobserved, unmarked; ~ करना to put out of sight.

अलक्ष्य (a lakshy) *adj.* 1. invisible. 2. unobserved, unmarked, unnoticed.

अलख (a lakh) *adj.* invisible, imperceptible; ~ जगाना (i) to invoke God by constantly repeating the word अलख; (ii) to beg, in the name of God.

अलग (a lag) *adj.* 1. different; वह अलग बात है That is a different thing/matter. 2. apart, separated; उसे अपनी पत्नी से ~ होना पड़ा He had to part with his wife. ये दोनों मकान ~ हैं The two houses are apart. ~ अलग (i) separately; (ii) individually; ~ करना to detach/separate; ~ होना (i) to part; (ii) to be separate.

adv. separately; ~ रहना to cease living together; वह अपने भाई से अलग रहता है He lives separately from his broher. ~ अलग रहना to live apart.

अलग-थलग (~ - tha lag) *adj.* cut off; जिन्ना को अलग-थलग छोड़ो Leave Jinnah high and dry.

अलगनी (al ga nee) *f.* clothes-line.

अलग़रज़ (al Ga raz) *adj.* careless.

अलग़रज़ी (al Gar zee) *f.* carelessness.

अलगाना (al gA nA) *vt.* to disjoin, to separate.

अलगाव (al gAw) *m.* 1. separation, severance. 2. segregation. 3. secession.

अलगाववादी (~ vA dee) *adj.* separatist; ~ आंदोलन a separatist movement.

m. one who advocates secession, separatist.

अलगोज़ा (al go zA) *m.* flageolet, a kind of flute.

अलगौझा (al gau jhA) *m.* 1. partition. 2. separation. 3. secession.

अलतई (al ta ee) *adj.* deep carmine.

अलता (al tA) *m.* red dye.

अलबत्ता (al bat tA) *conj.* nevertheless, of course.

अलबम (al bam) *m.* album.

अलबेला (al be lA less) *adj.* peculiarly attractive, frivolous.

अलबेलापन (~ pan) *m.* state or quality of being अलबेला।

अलभ्य (a labbhy) *adj.* 1. not obtainable. 2. rare, scarce.

अलम (a lam) *adj.* enough, sufficient.

अलमस्त (al mast) *adj.* carefree, free from anxieties.

अलमारी (al mA ree) *f.* almirah.

अलल-टप्पू (al lal-Tap poo) *adj.* haphazard.

अलस (a las) *adj.* lazy, idle, sluggish.

अलसाना (al SA nA) *vi.* to feel dull and sleepy, to feel drowsy; अलसाई आँखें drowsy eyes.

अलसी (al see) *f.* linseed.

अलसेट (al seT) *f.* obstacle, impediment, hindrance; ~ डालना to put an obstacle/ impediment.

अलहदगी (a leh da gee) *f.* separateness, separation.

अलहदा (a leh da) *adj.* of different type, separate.

अलाप (a lAp) *m.* augmentation (Music).

अलाभकर (a lAbh kar) *adj.* unprofitable.

अलार्म (a lArm) *m.* alarm; ~ घड़ी alarm clock/time-piece.

अलाव (a lAW) *m.* camp-fire.

अलावा, के (ke a lA VA) *postpositon.* in addition to, besides, apart from; ~ / ~ इसके further more.

अलिंगी (a lin gee) *adj.* neuter, asexual.

अलिंजर (a linjar) *m.* water-jar.

अलिंद (a lind) *m.* 1. platform. 2. auricle, a cavity of the heart.

अलि (al li) *f.* female friend. *m.* black-bee.

अलिखित (a li khit) *adj.* not written, unwritten, ~ संविधान unwritten constitution.

अलिजिह्वा (a li jih VA) *f.* uvula.

अलिजिह्वीय (a li jih veey) *adj.* uvular.

अलिप्त (a lipt) *adj.* unclinging, unattached.

अलिप्तता (~ tA) *f.* non-attachment.

अलीक (a leek) *adj.* false, incorrect.

अलील (a leel) *adj.* indisposed, ailing.

अलैंगिक (a laiṅ gik) *adj.* asexual.

अलोकप्रिय (a lok priy) *adj.* unpopular; ~ सरकार unpopular government.

अलोना (a lo nA) *adj.* unsalted; अलोनी तरकारी unsalted vegetable.

अलोप (a lop) *adj.* disappeared. *m.* disappearance.

अलौकिक (a lau kik) *adj.* unworldly, supernatural; ~ दृश्य supernatural spectacle/sight.

अलौकिकता (~ tA) *f.* unworldiness, supernaturalness.

अलौह (a lauh) *adj.* non-ferrous.

अलौहिक (a lau hik) *adj.* = अलौह।

अल्टिमेटम (al Ti me Tam) *m.* ultimatum; ~ देना to give an ultimatum.

अल्प (alp) *adj.* small, short; ~ मात्रा small quantity; ~ अल्पावधि (अल्प+अवधि) short period.

अल्पक (al pak) *adj.* 1. diminutive. 2. minimum.

अल्पकालिक (alp KA lik) *adj.* short-lived, temporary, provisional.

अल्पजीवी (~ jee vee) *adj.* short-lived.

अल्पज्ञ (al paggy) *adj. & m.* knowing little, having a superficial knowledge.

अल्पज्ञता (~ tA) *f.* the quality of being अल्पज्ञ।

अल्पतंत्र (alp tantr) *m.* oligarchy.

अल्पतम (~ tam) *adj.* minimum, minimal.

अल्पता (~ tA) *f.* 1. smallness, shortness. 2. shortage.

अल्पप्राण (~ prAN) *adj.* unaspirate (consonant).

अल्पबुद्धि (~ bud dhi) *adj.* imbecile, silly.

अल्पमत (~ mat) *m.* minority.

अल्पवय (~ vay) *adj.* under-age

अल्पवयस (~ va yas) *adj.* = अल्पवय।

अल्पवयस्क (~ va yask) *m.* minor.

अल्पवयस्कता (~ va yask tA) *f.* (age of) minority.

अल्पविराम (~ vi rAm) *m.* comma.

अल्पसंख्यक (~ saṅ khyak) *adj.* in a minority; ~ वर्ग a minority community. *m.* a person belongs to a smaller faction.

अल्पसंख्या (~ saṅkhyA) *f.* minority.

अल्पांश (al pAnsh) *m.* small part, small minority.

अल्पाक्षरिक (al pAk sha rik) *adj.* laconic.

अल्पायु (al pA yu) *adj.* short-lived. *f.* short (span of) life.

अल्पार्थक (al pAr thak) *adj.* diminutive.

अल्पावधिक (al pA vA dhik) *adj.* short-term; ~ ऋण short-term loan.

अल्पावस्था (al pA vas thA) *f.* young age; वे अल्पावस्था में ही मर गए He died at a young age, he died young.

अल्पाहार (al pA hAr) *m.* short meal, refreshment.

अल्पाहारी (al pA hA ree) *adj.* abstemious, moderate in food and drink.

अल्पीकरण (al pee ka raN) *m.* diminution.

अल्मोनियम (al mo ni yam) *m.* aluminium.

अल्ल (all) *m.* family name.

अल्ला (al lA) *m.* Almighty, God (Muslim mythology); ~ को प्यारा हो जाना to be a darling of the Almighty, as it were; to leave this world for the here-after; अल्ला हो अकबर God is Great.

अल्लाताला (~ tA lA) *m.* God, the Great.

अल्लाबेली (~ be lee) (May) God preserve you, Au revoir - (goodbye, till meeting again).

अल्हड़ (al haR) *adj.* behaving like a child, childishly simple.

अल्हड़पन (~ pan) *m.* state or quality of being अल्हड़, childishness.

अव (av) *prefix.* downward, below etc.

अवकाश (av kAsh) *m.* 1. leisure; ~ मिलना to get leisure; ~ के क्षणों में in leisure. 2. recess. 3. scope. 4. space, gap.

अवकाश-ग्रहण (~ - gra haN) *m.* retirement; ~ करना to retire.

अवकाश-प्राप्त (~ - prApt) *adj.* retired.

अवकाश-प्राप्ति (~ - prApt ti) *f.* retirement.

अवकीर्ण (av keerN) *adj.* scattered.

अवक्रमित (av kra mit) *adj.* degraded.

अवगत (av gat) *adj.* aware, apprised; ~ कराना to put (someone) wise.

अवगति (av ga ti) *f.* 1. awareness. 2. comprehension.

अवगाहन (av gA han) *m.* immersion, plunging; साहित्य का ~ करना to drown (oneself) in literature.

अवगुंठन (av gun Than) *m.* veil, mask; ~ हटाना to take off the mask.

अवगुंठित (av gun Thit) *adj.* masked, veiled.

अवगुण (av guN) *m.* demerit, disqualification, defect.

अवचेतन (av ce tan) *m.* subconscious; ~ मन subconscious mind.

अवज्ञा (a vag gyA) *f.* disobedience, defiance.

अवज्ञाकारी (~ kA ree) *adj.* disobedient.

अवज्ञेय (a vag gyey) *adj.* defiable.

अवतरण (av ta raN) *m.* 1. descent. 2. landing; ~ भूमि landing ground. 3. quotation; ~ चिह्न quotation mark.

अवतरित (av ta rit) *adj.* descended; ~ होना to appear as God incarnate.

अवतल (av tal) *adj.* concave.

अवतार (av tAr) *m.* incarnation; ~ लेना to appear as God incarnate.

अवतारणा (av tAr NA) *f.* presentation; दृश्य की ~ presentation of view.

अवतारवाद (~ vAd) *m.* theory of incarnation.

अवतीर्ण (av teerN) *adj.* 1. descended. 2. appeared as an incarnation, incarnated.

अवदान (~ dAn) *n.* 1. contribution. 2. gift.

अवध (a vadh) *m.* region round Ayodhya, birth-place of God Ram (of the Ramayan).
adj. that cannot be killed or slaughtered.

अवधान (av dhAn) *m.* attention.

अवधानी (av dhA nee) *adj.* & *m.* one who pays attention, attentive; शतावधानी one who can pay attention to a hundred things at the same time, versatile.

अवधारण (av dhA raN) *m.* 1. determination. 2. conception.

अवधारणा (av dhAr nA) *f.* 1. concept. 2. ascertainment, determination.

अवधि (a va dhi) *f.* 1. limit. 2. period, term; निर्धारित ~ में in a stipulated period.

अवधि-निर्धारण (~ nir dhA raN) *m.* fixation of a period, periodization.

अवधि-बाधित (~ - bA dhit) *adj.* barred by time.

अवधी (av dhee) *f.* a dialect of Hindi, spoken in अवध; the language in which the Ram-Charit-Manas of Tulsi Das is written.

अवधूत (av dhoot) *m.* one who has renounced worldly connections.
adj. large, fearful, shocking.

अवधेय (av dhey) *adj.* worthy of reverence.

अवनत (av nat) *adj.* bowed down.

अवनति (av na ti) *f.* 1. downfall. 2. degradation, decadence, decline.

अवनि (a va ni, av ni) *f.* earth.

अवपात (av pAt) *m.* 1. dropping. 2. depression.

अवपीड़न (av pee Ran) *m.* coercion.

अवप्रेरण (av pre raN) *m.* abetment.

अवबोधन (av bo dhan) *m.* perception.

अवमान (av mAn) *m.* 1. insult, disregard, contempt; न्यायालय का ~ contempt of court. 2. humiliation.

अवमानव (av mA nav) *m.* subman.

अवमानित (av mA nit) *adj.* 1. disregarded. 2. humiliated.

अवमान्य (av mAnny) *adj.* fit for being disregarded.

अवमूल्यन (av mool lyan) *m.* devaluation.

अवयव (av yav) *m.* limb, component, part.

अवयस्क (a va yask) *adj.* under-age, minor.

अवयस्कता (~ tA) *f.* the state of being under the age of full legal responsibility, minority.

अवर (a var) *adj.* 1. inferior. 2. deputy; ~ सचिव under secretary.

अवरुद्ध (av ruddh) *adj.* 1. blocked, obstructed, arrested. 2. confined.

अवरूढ़ (av rooRh) *adj.* descended.

अवरोध (av rodh) *m.* 1. obstruction, hindrance. 2. restraint, impediment.

अवरोधक (av ro dhak) *adj.* causing obstruc-tion/hindrance/obstacle.

अवरोधी (av ro dhee) *m.* obstructionist.

अवरोह (av roh) *m.* descent; ~ पात descending node.

अवरोहण (av ro haN) *m.* act of descending.

अवरोही (av ro hee) *adj.* descending.

अवर्ण (a varN) *adj.* without colour, colourless.

अवर्णक (a var Nak) *adj.* achromatic.

अवर्णता (a varN tA) *f.* achromatism.

अवर्णनीय (a var Na neey) *adj.* indescribable, inexpressible.

अवर्णीकरण (a var Nee ka raN) *m.* achromatisation.

अवर्षा (a var shA) *f.* failure of rain, drought.

अवलंब (av lamb) *m.* support, mainstay.

अवलंबन (av lam ban) *m.* 1. dependence. 2. prop; ~ हीन propless; ~ हीनता proplessness.

अवलंबित (av lam bit) *adj.* dependent.

अवलंबी (av lam bee) *adj.* depending, dependent.

अवलि (a va li, av li) *f.* 1. line, row. 2. range. 3. series.

अवली (a va lee, av lee) *f.* = अवलि।

अवलेह (av leh) *m.* jelly.

अवलोकन (av lo kan) 1. beholding, observation. 2. perusal.

अवलोकना (av lok nA) *vt.* to behold.

अवलोकनार्थ (av lo ka nArth) *adv.* 1. for being seen. 2. for persual.

अवशिष्ट (av shishT) *adj.* remaining, residual.
m. residue.

अवशेष (av shesh) *m.* 1. remainder, residue. 2. remains.

अवशोषक (av sho shak) *adj.* & *m.* absorber, absorbent.

अवशोषकता (~ tA) *f.* absorbency.

अवशोषण (av sho shaN) *m.* absorption.

अवशोषी (av sho shee) *adj.* absorptive.

अवश्यंभाविता (a vash shyam bhA vi tA) *f.* inevitability.

अवश्यंभावी (a vash shyam bhA vee) *adj.* inevitable.

अवश्य (a vashshy) *adv.* necessarily, certainly, definitely.

अवश्यमेव (~ mev) *adv.* by all means, certainly, without fail, surely.

अवसन्न (av sann) *adj.* 1. enervated, dispirited, dejected. 2. benumbed.

अवसन्नता (~ tA) *f.* 1. dispiritedness, dejection. 2. benumbedness.

अवसर (av sar) *m.* occasion, opportunity, chance; ~ आने पर when occasion arises; ~ न चूकना not to miss an opportunity; ~ पड़ने पर when opportunity/necessity arises; ~ मिलने पर time permitting, if time permits; ~ से लाभ उठाना to take advantage of an opportunity; ~ हाथ आना to get an opportunity; ~ हाथ से न जाने देना not to lose an opportunity; सुनहरा ~ golden opportunity.

अवसर-ग्रहण (~ - gra haN) *m.* retirement.

अवसर-प्राप्त (~ - prApt) *adj.* retired.

अवसर-प्राप्ति (~ - prAp ti) *f.* retirement.

अवसरवाद (~ vAd) *m.* opportunism.

अवसरवादिता (~ va di tA) *f.* opportunism.

अवसरवादी (~ vA dee) *m.* opportunist.
adj. opportunistic.

अवसरानुकूल (av sa rA nu kool) *adj.* opportune.

अवसाद (av sAd) *m.* 1. gloom; ~ छा गया gloom pervaded. 2. depression; उदासी और ~ एक नहीं Sadness is not the same as depression.

अवसादकारक (~ kA rak) *adj.* causing gloom or depression.

अवसादजनक (~ ja nak) *adj.* 1. causing gloom. 2. depressive.

अवसान (av sAn) *m.* expiry, end, termination; दिवस के ~ पर When the day is gone.

अवसानक (av SA nak) *adj.* terminal.

अवस्था (a vas thA) *f.* 1. condition, situation. 2. position. 3. phase, state.

अवस्थान (a vas thAn) *m.* 1. situation. 2. station. 3. stage.

अवस्थित (a vas thit) *adj.* 1. situated. 2. existing.

अवस्थिति (a vas thi ti) *f.* situation.

अवस्फीत (a vas pheet) *adj.* deflated.

अवस्फीति (a vas phee ti) *f.* deflation.

अवहार (av hAr) *m.* armistice, truce.

अवहेलना (av hel nA) *f.* intentional disregard, slight go-by; ~ करना to disregard.

अवांछनीय (a vAn cha neey) *adj.* undesirable, unwelcome.

अवांछनीयता (~ tA) *f.* undesirability.

अवांछित (a vAn chit) *adj.* undesired, unwelcome.

अवांतर (a vAn tar) *adj.* 1. intermediary. 2. extraneous.

अवाक्, अवाक (a vAk) *adj.* 1. speechless, mute. 2. wonder-struck.

अवाप्त (a vApt) *adj.* (legally) acquired.

अवाप्ति (a vAp ti) *f.* acquisition.

अवास्तविक (a vAs ta vik) *adj.* 1. unreal. 2. imaginary.

अविकल (a vi kal) *adj.* 1. exactly the same, identical; ~ प्रतिलिपि exact/true copy. 2. whole, entire.

अविकसित (a vi ka sit, a vik sit) *adj.* undeveloped.

अविकारी (a vi kA ree) *adj.* 1. indeclinable (word). 2. not subject to variation/change.

अविकृत (a vik krit) *adj.* unimpaired, not deformed.

अविगत (a vi gat) *adj.* not gone off; present.

अविचल (a vi cal) *adj.* 1. unmoving, motionless. 2. firm, resolute.

अविचलित (a vi ca lit) *adj.* unperturbed, firm, steadfast, constant.

अविचारित (a vi cA rit) *adj.* not well-thought of, not well-considered, thoughtless.

अविचारी (a vi cA ree) *adj.* 1. unthinking. 2. indiscreet.

अविचार्य (a vi cArry) *adj.* unthinkable.

अविच्छिन्न (a vic chinn) *adj.* uninterrupted, unbroken; ~ रूप से constantly.

अविच्छिन्नता (~ tA) *f.* unbrokenness, continuity.

अविच्छेद्य (a vic cheddy) *adj.* that cannot be separated, unbreakable.

अविजित (a vi jit) *adj.* unconquered.

अवितथ (a vi tath) *adj.* exact, precise.

अविदित (a vi dit) *adj.* unknown, hidden.

अविद्यमान (a viddy mAn) *adj.* not present, not existing.

अविद्या (a vid dyA) *f.* ignorance.

अविधिक (a vi dhik) *adj.* not legal, illegal, unlawful.

अविनय (a vi nay) *m.* immodesty, impoliteness.

अविनयी (a vi na yee) *adj.* immodest, impolite, rude, pert.

अविनश्वर (a vi nash shwar) *adj.* 1. imperishable. 2. immortal.

अविनाशी (a vi nA shee) *adj.* 1. imperishable. 2. eternal, immortal.

अविनीत (a vi neet) *adj.* immodest, impolite, rude, unruly.

अविन्यस्त (a vin nyast) *adj.* 1. unarranged. 2. deranged.

अविभक्त (a vi bhakt) *adj.* undivided.

अविभाजित (a vi bhA jit) *adj.* undivided.

अविभाज्य (a vi bhAjjy) *adj.* indivisible.

अविरत (a vi rat) *adj.* unceasing, perpetual.

अविरल (a vi ral) *adj.* uninterrupted, continuous.

अविराम (~ RAM) *adj.* non-stop, incessant.

अविरामता (~ TA) *f.* quality of being अविराम।

अविलंब (a vi lamb) *adv.* without delay.

अविलंब राशि (~ RA shi) *f.* money (amount) payable on demand.

अविलेय (a vi ley) *adj.* insoluble.

अविलेयता (~ TA) *f.* insolubility.

अविवक्षित (a vi vak shit) *adj.* unimplied.

अविवाद्य (a vi VAddy) *adj.* that which cannot be challenged or denied, indisputable.

अविवाहित (a vi VA hit) *adj.* & *m.* unwed, unmarried, bachelor.

अविवाहिता (a vi va hi TA) *adj.* & *f.* unmarried (woman), virgin.

अविवेक (a vi vek) *m.* want of discrimination, indiscretion.

अविवेकी (a vi ve kee) *adj.* unwary, irrational, injudicious, indiscreet.

अविश्वसनीय (a vish shwas neey) *adj.* 1. unbelievable, incredible. 2. untrustworthy, unreliable.

अविश्वस्त (a vish shwast) *adj.* unreliable, untrustworthy.

अविश्वास (a vish shWAS) *m.* lack of confidence, mistrust, distrust; ~ प्रस्ताव no confidence motion.

अविश्वासी (a vish shWA see) *adj.* unbelieving, incredulous, distrustful. *n.* infidel, unbeliever.

अविस्मरणीय (a vis mar Neey) *adj.* unforgettable.

अविहित (a vi hit) *adj.* not prescribed, not provided for.

अवृष्टि (av vrish Ti) *f.* drought.

अवेक्षण (a vek shaN) *m.* cognizance.

अवैज्ञानिक (a vaig gYA nik) *adj.* unscientific.

अवैज्ञानिकता (~ TA) *f.* quality of being अवैज्ञानिक; इसमें ~ है It is unscientific.

अवैतनिक (a vai ta nik) *adj.* honorary; ~ पद honorary post.

अवैध (a vaidh) *adj.* 1. illegal, unlawful; ~ परितोषण illegal gratification. 2. illegitimate, illicit; ~ संतान illegitimate child.

अवैधता (~ TA) *f.* 1. illegality, unlawfulness. 2. illegitimacy.

अवैधाचरण (a vai dhA ca raN) *m.* illegal practice.

अवैधानिक (a vai dhA nik) *adj.* unconstitutional.

अवैधानिकता (~ TA) *f.* unconstitutionality.

अव्यक्त (av vyakt, a vyakt) *adj.* 1. not expressed. 2. indistinct, obscure.

अव्यक्तिक (av vyak tik) *adj.* impersonal.

अव्यय (av vyay) *adj.* indeclinable. *m.* an indeclinable word.

अव्ययीभाव (av vya yee bhAV) *m.* compound word of which the first member is indeclinable, e.g. यथासाध्य।

अव्यवस्था (av vya vas thA) *f.* 1. disorder, lawlessness. 2. confusion.

अव्यवस्थित (av vya vas thit) *adj.* 1. disordered, chaotic. 2. fickle. 3. unmethodical.

अव्यवहार्य (av vyav hArry) *adj.* impracticable.

अव्यवहार्यता (~ TA) *f.* impracticability.

अव्याख्येय (av vyak khyey) *adj.* inexplicable.

अव्यावहारिक (av vyAV hA rik) *adj.* 1. not practical, impracticable. 2. unrealistic.

अव्यावहारिकता (~ TA) *f.* impracticability.

अव्याहत (av vyA hat) *adj.* 1. unbroken, uninterrupted. 2. intact.

अव्वल (av val) *adj.* having got the degree

of highest rank or of unsurpassed merit, first; ~ आना to come out first.

अशंक (a shank) *adj.* fearless, bold.

अशंकनीय (~ neey) *adj.* unquestionable.

अशकुन (a sha kun) *m.* ill/bad omen.

अशक्त (a shakt) *adj.* weak, without energy or strength.

अशक्य (a shakky) *adj.* 1. beyond one's capacity, difficult to achieve. 2. improbable.

अशरफ़ी (a shar FEE) *f.* a gold coin, a sovereign.

अशरीरी (a sha ree ree) *adj.* without body, bodiless, incorporeal.

अशस्त्रीकरण (a shas tree ka raN) *m.* disarmament.

अशांत (a shAnt) *adj.* agitated, disturbed.

अशांति (a shAn ti) *f.* absence of peace, unrest, disturbance, disorder, agitation.

अशास्त्रीय (a shAs treey) *adj.* not sanctioned by scriptures, nonclassical.

अशिक्षा (a shik shA) *f.* lack of education, illiteracy.

अशिक्षित (a shik shit) *adj.* uneducated, illiterate.

अशिव (a shiv) *adj.* inauspicious, unpropitious.

अशिष्ट (a shishT) *adj.* immodest, impolite, rude, uncivil.

अशिष्टता (~ tA) *f.* 1. immodesty, impoliteness, rudeness, uncivility. 2. a rude act.

अशुचि (a shu ci) *adj.* impure.

अशुचिता (~ tA) *f.* impurity.

अशुद्ध (a shuddh) *adj.* 1. impure. 2. incorrect, wrong; ~ प्रयोग wrong use/usage.

अशुद्धता (~ tA) *f.* 1. impurity. 2. inaccuracy.

अशुद्धि (a shud dhi) *f.* mistake, error.

अशुभ (a shubh) *adj.* inauspicious, ominous, sinister.

अशुभचिंतक (~ cin tak) *adj.* & *m.* (one) who wishes ill.

अशेष (a shesh) *adj.* 1. without a remainder. 2. complete, finished. 3. endless, boundless.

अशोक (a shok) *adj.* without sorrow, merry-go-lucky.

m. a tree, the leaves of which are used on religious occasions.

अशोचनीय (a shoc neey) *adj.* deplorable, distressing.

अशोभन (a sho bhan) *adj.* unbefitting, bad.

अश्मरी (ash ma ree) *f.* calculus (stone).

अश्रद्धा (a shrad dhA, ash shrad dhA) *f.* lack of faith.

अश्रांत (a shrAnt, ash shrAnt) *adj.* 1. tireless. 2. incessant, continuous.

अश्रु (ash shru) *m.* tear.

अश्रुगैस (~ gais) *f.* tear-gas

अश्रुत (ash shrut) *adj.* unheard.

अश्रुधारा (ash shru dhA rA) *f.* stream of tears.

अश्रुपात (ash shru pAt) *m.* flow of tears.

अश्रुपूर्ण (ash shru pooRN) *adj.* tearful.

अश्रुपूरित (ash shru poorit) *adj.* tearful; ~ स्वागत tearful welcome.

अश्लिष्ट (a shlishT, ash shlishT) *adj.* 1. not joined, not connected. 2. disjoined, disconnected.

अश्लील (ash leel, ash shleel) *adj.* obscene; ~ चित्र obscene picture.

अश्लीलता (~ tA) *f.* obscenity.

अश्व (ashshw) *m.* horse; ~ पति master of a horse; ~ पालन horse-breeding; ~ मेध horse sacrifice; ~ शक्ति horse-power; ~ शाला stable.

अश्वगंधा (~ gan dhA) *f.* = असगंध, a medicinal plant.

अश्वत्थामा (ash shwat thA mA) *m.* son of Dron, a warrior of the Mahabharat.

अश्वारूढ़ (ash shwA roorh) *adj.* mounted on a horse-back, riding on a horse.

अश्वारोही (ash shwA ro hee) *m.* rider, horseman.

अश्वेत (ash shwet) *adj.* nonwhite, black skinned.

अष्ट (ashT) *adj.* & m. eight.

अष्टपाद (~ pAd) *m.* octopod.

अष्टबाहु (~ bA hu) *m.* octopus.

अष्टभुज (~ bhuj) *m.* octogon.

अष्टम (ash Tam) *adj.* eighth.

अष्टमी (ash Ta mee) *f.* eighth day of the dark or bright fort-night (lunar).

अष्टांग (ash Taṅg) *m.* the eight branches of योग।

असंख्य (a saṅkhy) *adj.* numberless, innumerable, countless.

असंगत (a saṅ gat) *adj.* 1. irrelevant. 2. inconsistent.

असंगति (a saṅ ga ti) *f.* 1. irrelevance. 2. inconsistency.

असंघटन (a saṅ gha Tan) *m.* want of organisation.

असंघटित (a saṅ gha Tit) *adj.* unorganised, disorganised.

असंतुलन (a san tu lan) *m.* state of being unbalanced, imbalance, disequi librium.

असंतुलित (a san tu lit) *adj.* 1. not balanced, unbalanced. 2. mad or abnormal.

असंतुष्ट (a san tushT) *adj.* dissatisfied, discontented, disgruntled.

असंतोष (a san tosh) *m.* 1. dissatisfaction, discontent. 2. unrest.

असंतोषजनक (~ ja nak) *adj.* unsatisfactory.

असंतोषप्रद (~ prad) *adj.* unsatisfactory.

असंतोषी (a san to shee) *adj.* 1. malcontent, discontented. 2. insatiable.

असंदिग्ध (a san digdh) *adj.* doubtless, unambiguous; ~ रूप से unequivocally.

असंपन्न (a sam pann) *adj.* not prosperous.

असंपादित (a sam pA dit) *adj.* 1. not edited, unedited. 2. not executed.

असंबद्ध (a sam baddh) *adj.* unconnected, irrelevant; ~ प्रलाप irrelevant prattle.

असंबद्धता (~ tA) *f.* irrelevancy.

असंभव (a sam bhav) *adj.* (utterly) impossible.

असंभावना (a sam bhav nA) *f.* improbability, impossibility.

असंभावित (a sam bhA vit) *adj.* unlikely, unexpected.

असंभाव्य (a sam bhAvvy) *adj.* improbable.

असंयत (a san yat) *adj.* unrestrained, immoderate.

असंयम (a san yam) *m.* lack of self-control, intemperance, immoderation.

असंयमित (a san ya mit) *adj.* uncontrolled, unrestrained, immoderate, intemperate.

असंयमी (a san ya mee) *adj.* intemperate.

असंस्कृत (a sans krit) *adj.* unrefined, uncultured.

असगंध (as gandh) *f.* a medicinal plant.

असत (a sat) *adj.* 1. non-existing. 2. untrue.

असतत (a sa tat) *adj.* discontinuous.

असत्य (a satty) *adj.* untrue. *m.* untruth.

असत्यवादी (~ vA dee) *adj.* & m. untruthful (person).

असद्, असद (a sad) *adj.* 1. untruthful, unrighteous. 2. bad, evil.

असद्भाव (a sad bhav) *m.* malafides, illwill.

असफल (a sa phal) *adj.* unsuccessful.

असफलता (~ tA) *f.* unsuccessfulness, failure.

असबाब (as bAb) *m.* traveller's baggage, luggage.

असभ्य (a sabbhy) *adj.* uncivilized, savage; ~ बनाना to decivilize.

असभ्यता (~ tA) *f.* incivility, savageness; ~ पूर्ण uncivil, ill-mannerly; ~ पूर्वक discourteously.

असमंजस (as man jas) *m.* suspense; ~ में पड़ना या पड़ जाना to be in suspense.

असम (a sam) *adj.* 1. disparate. 2. unequal. 3. uneven.

m. an Indian state.

असमता (~ tA) *f.* 1. disparity. 2. inequality.

असमय (a sa may) *adv.* 1. untimely. 2. before time.

असमयोचित (a sa ma yo cit) *adj.* untimely, inopportune.

असमर्थ (a sa marth) *adj.* 1. unable. 2. incapable, incompetent. 3. helpless. 4. disabled; अब मैं शरीर से ~ हूँ My limbs don't function now.

असमर्थता (~ tA) *f.* 1. inability; ~ व्यक्त करना to express inability. 2. incapability. 3. helplessness. 4. disability.

असमान (a sa mAN) *adj.* unequal, dissimilar.

असमानता (~ tA) *f.* disparity, inequality, dissimilarity.

असम्मत (a sam mat) *adj.* dissentient.

असर (a sar) *m.* 1. effect; ~ पड़ना—उनकी बातों का मुझ पर असर पड़ा His words influenced me. कोई ~ न होना to have no effect, to be ineffective. 2. effectiveness; दवा का ~ the effectiveness of the medicine. 3. impression.

असल (a sal) *adj.* 1. real, true. 2. genuine, pure; ~ का born in lawful wedlock; legitimate.

m. the principal amount.

असलियत (as li yat) *f.* reality, truth.

असली (as lee) *adj.* 1. real, true. 2. genuine, pure.

असवर्ण (a sa varN) *adj.* 1. not of the same kind. 2. not of the same caste; ~ विवाह exogamy.

असहनशील (a sa han sheel) *adj.* unforbearing, intolerant.

असहनशीलता (~ tA) *f.* intolerance.

असहनीय (a sah neey) *adj.* unbearable, intolerable, insufferable.

असहमत (a sah mat) *adj.* disagreeing.

असहमति (a sah ma ti) *f.* lack of approval, disagreement.

असहयोग (a sah yog) *m.* non-cooperation; ~ आंदोलन non-cooperation movement.

असहाय (a sa hAy) *m.* helpless.

असहिष्णु (a sa hish NU) *f.* intolerant.

असहिष्णुता (~ tA) *f.* intolerance.

असह्य (a sahhy) *adj.* unbearable, intolerable, insufferable.

असांप्रदायिक (a sAm pra dA yik) *adj.* non-communal.

असांप्रदायिकता (~ tA) *f.* non-communalism.

असांसदीय (a sAN sa deey) *adj.* unparliamentary.

असाढ़ (a saRh) *m.* fourth month of the Hindu Calendar.

असाधारण (a sA dhA raN) *adj.* 1. uncommon, unusual. 2. exceptional, extraordinary, remarkable, conspicuous.

असाधारणता (~ tA) *f.* 1. uncommonness. 2. conspicuousness.

असाधारणीकरण (a sA dhA ra Nee ka raN) *m.* act of making. something extraordinary or exceptional.

असाधु (a sA dhu) *adj.* 1. (person) not good, wicked. 2. (word or use) improper, not happy.

असाधुता (~ tA) *f.* 1. wickedness. 2. impropriety.

असाध्य (a sAddhy) *adj.* incurable, irremediable.

असामंजस्य (a sA man jassy) *m.* incompatibility.

असामयिक (a sA ma yik) *adj.* untimely; ~ मृत्यु untimely death.

असामान्य (a sA mAnny) *adj.* uncommon, unusual, extra-ordinary.

असामी (a sA mee) *m.* 1. tenant. 2. client.

असाम्य (a sAmmy) *m.* 1. disparity, dissimilarity. 2. want of equilibrium (Maths.).

असार (a sAr) *adj.* 1. unsubstantial, unreal. 2. insignificant.

m. sign, symptom.

असारता (~ tA) *f.* insignificance, unsubstantiality, futility.

असार्वजनिक (a sAr va ja nik) *adj.* not public, private; ~ क्षेत्र private sector.

असावधान (a sAv dhAn) *adj.* 1. careless, inattentive, not cautious. 2. negligent.

असावधानता (~ tA) *f.* 1. carelessness, inattention. 2. negligence.

असावधानी (a sAv dhA nee) *f.* 1. carelessness, inattentiveness. 2. negligence, inadvertence; ~ से carelessly, inadvertently.

असिद्ध (a siddh) *adj.* not proved, wrong.

असीम (a seem) *adj.* 1. limitless, unlimited, boundless; ~ सौंदर्य boundless beauty.

असीमित (a see mit) *adj.* unlimited, limitless, boundless.

असीस (a sees) *f.* blessing, benediction; ~ देना to bless; ~ लेना to receive benedicition.

असुंदर (a sun dar) *adj.* ugly, dull.

असुर (a sur) *m.* demon.

असुरक्षा (a su rak shA) *f.* insecurity.

असुरक्षित (a su rak shit) *adj.* insecure, unsafe, not safe.

असुविधा (a su vi dhA) *f.* 1. inconvenience; ~ जनक inconvenient. 2. difficulty.

असूया (a soo yA) *f.* spite, envy, malice.

असैनिक (a sai nik) *adj.* other than military *i.e.* civil; ~ क्षेत्र civil area.

असैनिकीकरण (a sai ni kee ka raN) *m.* demilitarisation.

अस्त (ast) *adj.* sunk; सूर्य का ~ होना setting of the sun; भाग्य का ~ होना sinking of the star (of fortune).

अस्तबल (ast bal) *m.* stable.

अस्तर (as tar) *m.* 1. lining (clothes). 2. base (painting).

अस्त-व्यस्त (ast-vyast) *adj.* 1. scattered here and there. 2. in great disorder.

अस्त-व्यस्तता (~ tA) *f.* the state of being scattered about, disorderliness.

अस्ताचल (as tA cal) *m.* the mythological hill behind which the sun is supposed to set.

अस्ति (as ti) *f.* existence, being.

अस्तित्व (as tittw) *m.* existence, entity; ~ वाद existentialism; ~ वादी existentialist; ~ हीन non-existent.

अस्तु (as tu) *adv.* well, let it be so, now.

अस्तुति (as tu ti) *f.* ill-speaking, slander.

अस्तेय (as tey) *m.* abstention from theft.

अस्त्र (astr) *m.* weapon; ~ शस्त्र arms, armament; ~ शाला arsenal.

अस्त्रागार (as trA gAr) *m.* arsenal, armoury.

अस्त्रीकरण (as tree ka raN) *m.* militarisation.

अस्थायित्व (a sthA yittw, as thA yittw) *m.* transitoriness, instability.

अस्थायी (a sthA yee, as sthA yee) *adj.* 1. temporary, passing. 2. provisional. 3. unstable.

अस्थि (as thi) *f.* bone.

अस्थिपंजर (~ pan jar) *m.* skeleton.

अस्थिभंग (~ bhang) *m.* fracture of a bone.

अस्थिमय (~ may) *adj.* bony.

अस्थिर (as thir) *adj.* 1. not firm, unstable,

unsteady. 2. wavering, fickle, fluctuating; ~ चित्त fickle minded.

अस्थिरता (~ tA) *f.* 1. instability, unsteadiness; 2. restlessness, shakiness.

अस्थिशेष (as thi shesh) *adj.* reduced to a skeleton.

अस्पताल (as pa tAl) *m.* hospital; ~ गाड़ी ambulance.

अस्पष्ट (a spashT, as pashT) *adj.* 1. not clear, indistinct. 2. illegible.

अस्पष्टता (~ tA) *f.* 1. lack of clarity, indistinctness. 2. illegibility.

अस्पृश्य (a sprishy, as sprishy) *adj.* untouchable.

अस्पृश्यता (~ tA) *f.* untouchability.

अस्पृह (a sprih, as sprih) *adj.* innocent.

अस्फुट (a sphut, as sphuT) *adj.* 1. inarticulate. 2. (flower) unblossomed; ~ विचार indistinct thought.

अस्मत (as mat) *f.* chastity.

अस्मिता (as mi tA) *f.* self-esteem, ego.

अस्वस्थ (a swasth, as swasth) *adj.* unhealthy, indisposed.

अस्वस्थता (~ tA) *f.* indisposition, illness.

अस्वाभाविक (a swA bhA vik, as swA bhA vik) *adj.* 1. different from usual behaviour, unnatural 2. artificial.

अस्वाभाविकता (~ tA) *f.* 1. unnatural behaviour. 2. artificiality.

अस्वीकरण (a swee ka raN, as swee ka raN) *m.* not accepting, refusing.

अस्वीकार (a swee kAr, as swee kAr) *adj.* not accepted; ~ कर देना (i) to turn down—मैंने उसका प्रस्ताव अस्वीकार कर दिया I turned down his offer. (ii) to reject.

अस्वीकृत (a swee krit, as swee krit) *adj.* not accepted, rejected or refused.

अस्वीकृति (a swee kri ti, as swee kri ti) *f.* denial, non-acceptance, refusal.

अस्सी (as see) *adj. & m.* eighty.

अहं (a ham) *m.* ego.

अहंकार (a haṅ kAr, a ham kAr) *m.* self-conceit.

अहंभाव (a ham bhAv) *m.* ego.

अहंमन्य (a ham manny) *adj.* egotistic.

अहंमन्यता (~ tA) *f.* egotism.

अहंवृत्ति (~ vrit ti) *f.* the sense of individuality.

अहदी (ah dee) *adj.* lazy, slothful.

अहम (a ham) *adj.* significant, important.

अहमक़ (ah maK) *adj.* stupid, foolish.

अहमियत (ah mi yat) *f.* significance, importance.

अहलकार (a hal kAr) *m.* member of the staff, official (of a law-court).

अहलमद (a hal mad) *m.* record-keeper in a law-court.

अहसान (ah sAn) *m.* = एहसान।

अहस्तक्षेप (a has tak shep) *m.* non-interference.

अहस्तांतरित (a has tAn ta rit) *adj.* not transferred.

अहस्तांतरणीय (a has tAn tar neey) *adj.* not transferable.

अहा (a hA) *inter.* good! Oh! alas!

अहाता (a hA tA) *m.* compound, enclosure.

अहानिकर (a hA ni kar) *adj.* undamaging, harmless.

अहिंदी (a hin dee) *adj.* non-Hindi (speaking); ~ भाषी non-Hindi speaking; ~ भाषी प्रदेश non-Hindi speaking state.

अहिंदू (a hin doo) *adj.* non-Hindu.

अहिंसक (a hin sak) *adj.* non-violent.

अहिंसा (a hin sA, a him sA) *f.* abstention from killing, non-violence; ~ करना to do non-violence to.

अहिंसात्मक (a hin sAt mak) *adj.* non-violent; ~ आंदोलन non-voilent movement.

अहिंसावाद (a hin SA VAd, a him SA VAd) *m.* cult of non-voilence.

अहिंसावादी (a hin SA VA dee, a him SA VA dee) *adj.* non-violent.

m. believer in non-violence.

अहिंस्र (a hinsr) *adj.* 1. non-carnivorous. 2. not fierce, harmless.

अहि (a hi) *m.* serpent, snake.

अहित (a hit) *m.* harm. damage, injury; ~ चाहना to mean ill.

अहितकर (~ kar) *adj.* calculated or meant to do harm or damage, detrimental to (one's) interests, harmful.

अहिवात (a hi VAt) *m.* woman's state when her husband is alive (suhag).

अहीर (a heer) *m.* a Hindu sub-caste, whose usual occupation is milk selling.

अहेतुक (a he tuk) *adj.* without any motive, gratuitous, performed freely.

अहेर (a her) *m.* hunting.

अहेरी (a he ree) *m.* hunter.

आ

आ (A) The second vowel of the Nagri alphabet; its sound resembles that of a in 'father'.
prefix. denoting time from or to, upto, uptill, toward, near etc.; आजन्म since birth; आजीवन lifelong.

आँक (Ãk) *m.* mark.

आँकड़ा (~ RA) *m.* accurate and detailed information in figures, data, statistics; कच्चे आँकड़े rough data; पक्के आँकड़े exact figures/data.

आँकना (~ nA) *vi.* to estimate/assess; उन्होंने हमारी ज़मीन की कीमत दो लाख आँकी है They have assessed the value of our land at Rs. 200000/-. उन्होंने आपके महत्त्व को ठीक-ठीक नहीं आँका They have not assessed your true importance. हमें अपनी उपलब्धियों को कभी कम करके नहीं आँकना चाहिए We should never be little our achievements.

आँख (Ãkh) *f.* 1. eye. 2. eyesight, vision. 3. inner eye; उसे ~ नहीं है He has no inner eye. 4. eye of a needle. 5. joint (in a plant) shaped like a human eye; ~ आना ophthalmia; उसकी आँख आ गई है He is suffering from ophthalmia. ~ उठाकर देखना to cast a glance; ~ उठाकर न देखना to take no notice (of); ~ ऊँची न कर सकना to have no courage to raise one's eyes; ~ का अंधा blind despite having eyes; ~ का काँटा—वह मेरी आँख का काँटा है He is a pain in the neck to me. ~ का डेला eye-ball; ~ का तारा (*i*) apple of the eye; यह बच्चा भी तो किसी की ~ का तारा होगा This boy must also be the apple of someone's eye. (*ii*) darling, pet; ~ कान खुले रखना keeping eyes and ears open, being on the alert; ~ का परदा उठ जाना (*i*) being lost to all sense, of shame; (*ii*) being disillusioned; ~ का पानी उतर/ढल/मर जाना being lost to all sense of shame; ~ की किरकिरी = ~ का काँटा; ~ की पुतली (*i*) pupil of the eye; (*ii*) darling, pet; apple of the eye; ~ खुलना opening of the eyes; उसका पत्र पढ़कर मेरी आँखें खुल गईं After reading his letter my eyes opened. ~ खोल देना to open someone's eyes; आँख खोलनेवाली बात eye-opener; ~ गड़ाना to stare (at); वह पुस्तक में आँख गड़ाए बैठा था He had his eyes fixed on the book. ~ झपकते in the twinkling of an eye. ~ झपकना to blink; ~ टेढ़ी करना to look with an eye of disfavour; ~ डालना to cast an eye over something or someone; ~ न उठा सकना—वह आँख नहीं उठा सकता He cannot lift his eyes. ~ न ठहरना to be unable to look at (because of the dazzling splendour); ~ न लगना not to sleep a wink, not to get a wink of sleep; ~ पड़ना—मेरी ~ उस पर पड़ी My eye fell on her. ~ फड़कना pulsation in the eye; ~ मारना (*i*) to wink; (*ii*) to give the glad eye, to wink amorously; ~ मिचना—उसकी ~ मिच गई He died. ~ मिलाना—वह मुझ से ~ नहीं मिला सकता He connot look me in the eye. ~ मीचना to close one's eye; ~ मूँदकर (*i*) with eyes closed, *(ii)* blindly; ~ लगना *(i)* falling asleep—बच्चे की अभी आँख लगी है The child has just fallen asleep. *(ii)* बच्चे को (किसी की) आँख लगी है The child is a victim of an evil eye. *(iii)* मेरी हीरे की अँगूठी पर चोर की आँखें लगी है The thief has his eye on my diamond ring. आँख उलटना—रोगी की आँखें उलट गईं The patient closed his eyes for good. आँखें ऊपर उठाना to lift the eyes; आँखें खुल जाना—इस घटना से मेरी आँखें खुल गईं This event served as an eye-opener to me. आँखें खुली रखना to keep one's eyes open; आँखें खुली की खुली रह जाना to be all but stunned; आँखें खोल देना to open (someone's) eyes; आँखें गड़ाना to gaze piercingly, to lay eyes on; आँखें गीली होना—आँखें गीली हो गईं Eyes moistened. आँखें चढ़ना—चढ़ी हुई आँखें *(i)* drowsy eyes; *(ii)* eyes heavy with intoxication; *(iii)* eyes upturned with rage; आँखें चमक उठना—मेरी आँखें ख़ुशी से चमक उठीं My eyes flashed with joy. आँखें चार होना meeting of the eyes; आँखें चुरा-चुराकर देखना to steal glances; आँखें चुराना to avoid an exchange of looks, to cut someone dead; आँखें चौंधिया जाना—मेरी आँखें चौंधिया गईं I was dazzled. आँखें जमाना to fix (one's) gaze; आँखें छलछलाना—आँखें छलछला आईं The eyes were overflowed with tears. आँखें झपकना *(i)* blinking of the eyes; *(ii)* having a nap/doze; आँखें झुक जाना to have eyes downcast; आँखें झुकाना—उन्होंने आँखें झुका लीं He lowered his eyes. आँखें ठंडी करना to bring cool comfort to the eyes; आँखें ठंडी होना to have eyes soothed; आँखें डबडबाना—उसकी आँखें डबडबा गईं His eyes filled with tears. आँखें तरसना to long for or crave (to see something or to meet somebody); आँखें तरेरना to look sternly; आँखें दिखाना *(i)* to get (one's) eyes tested; *(ii)* to cast angry looks; आँखें न ठहरना to be dazzled; आँखें नचाना = आँखें मटकाना; आँखें निकल पड़ना—आँखें निकल पड़ीं Eyes came out of the sockets, as it were. आँखें निकालना—आँखें मत निकालो, नहीं तो आँखें निकाल लूँगा Don't look at me with wild eyes, otherwise I will tear them out. आँखें नीची होना to be humi-liated; आँखें पथराना having the eyes petrified (before death); आँखें फाड़-फाड़कर देखना to stare with wide-open eyes; आँखें फूटना/फूट जाना to become blind, to lose one's eye-sight; आँखें पोंछना to wipe off the tears; आँखें फेर लेना to give the cold shoulder, take one's eyes off; आँखें फोड़ लेना *(i)* to ruin (one's) eye-sight (by strenuous work); *(ii)* to do away with (one's) eyes; आँखें बचाना to avoid being observed, to shirk away; आँखें बदलना to change one's attitude (for the worse); आँखें बिछाना to prepare for giving the warmest of welcomes; आँखें भर आना to have eyes filled with tears; आँखें भीगना—आँखें भीग गईं The eyes were moistened with tears. आँखें मटकाना to roll the eyes; आँखें मिलना—उनकी आँखें मिलीं Their eyes met. आँखें मिलाना to look squarely in the eye; आँखें मूँद लेना *(i)* to close one's eyes, to allow to go unnoticed or unpunished; *(ii)* to close one's eyes for good; आँखें लड़ना exchanging of looks of love; आँखें लड़ाना to exchange amorous glances; आँखें लाल-पीली हो जाना to become wild with rage; आँखें सेंकना to feast one's eyes, to enjoy the beauty of someone; आँखों का काजल चुराना to steal from under (someone's) nose; आँखों के आगे अँधेरा छाना to have a black-out; आँखों के तीर चलाना to shoot amorous glances; आँखों के बल Gladly; मैं आँखों के बल उसके घर जाऊँगा Gladly I will go to his house. आँखों के सामने before someone's eyes; आँखों चढ़ना—किसी की आँखों नहीं चढ़ते Don't you be an object/target of envy for others. आँखों देखा first hand, seen with one's own eyes; आँखों-देखा विवरण/हाल (*i*) running commentary; (*ii*) first-hand account; आँखों पर ज़ोर डालना to strain one's eyes; आँखों पर परदा पड़ना to lose power of discrimination; आँखों पर विश्वास न होना be unable to believe one's eyes; आँखों में आँखें डालना to look deep down into someone's eyes; आँखों में खटकना to be an eyesore; आँखों में चर्बी छाना (*i*) to be vainglorious; (*ii*) to be blinded with lust; आँखों में छाना to pervade in the eyes; आँखों में धूल झोंकना to throw dust in the eyes; आँखों में बैठाना to receive with much love and affection; आँखों में रात काटना to pass a sleepless night; आँखों में समाना to be ever present in every nook and corner of the eyes; आँखों से ख़ून टपकना—उसकी आँखों से ख़ून टपक रहा था His eyes were blood-shot. कटीली आँखें cutting looks/eyes; खूनी आँखें blood-shot eyes; झुकी हुई आँखें downcast eyes; तिरछी आँखें sidelong looks; नशीली आँखें intoxicating eyes; फूटी आँखों न सुहाना to hate the very sight of; भर आँख देखना to look at someone to (one's) heart's content; रसीली आँखें eyes savouring of lusciousness; लजीली आँखें bashful eyes; लाल-पीली आँखें eyes denoting rage.

आँख-मिचौनी (~ - mi cau nee) *f.* hide and seek; ~ खेलना to play hide and seek.

आँखवाला (~ VA lA) *adj.* sighted; आँखवाले लोग sighted persons.
m. having an eye, connoisseur.

आँगन (Ã gan) *m.* courtyard.

आंगिक (Aṅ gik) *adj.* pertaining to the body, corporal; ~ अभिनय acting through gestures and postures.

आँच (Ãc) *f.* 1. heat. 2. flame. 3. fire; ~आना—तुम पर आँच नहीं आएगी You run no risk. ~ खाना—यह दवा दस आँच खा चुकी है This medicine has been heated ten times. ~ दिखाना to give a little heat; साँच को ~ क्या Truth fears no danger.

आँचर (Ã car) *m.* = आँचल।

आँचल (Ã cal) *m.* 1. border. 2. one end of the sari which usually covers a woman's breast; उसने ~ से छाती ढक ली She covered her breast with the sari. उसने सिर पर ~ कर लिया She drew the sari over her head. ~ पकड़ना to hold the आँचल; ~ पसारना/फैलाना to beg for some favour, to beseech for mercy, to implore; उसने ~ पसारकर कहा कि मेरे बेटे को छोड़ दें She asked humbly to free her son. ~ में गाँठ बाँधना to take note of a thing with a view never to forget it, to bear in mind; ~ में बाँधना to keep with oneself constantly; ~ लेना to cover one's breast with आँचल ; ~ सँभालना to cover the body with due decorum.

आंचलिक (An ca lik) *adj.* regional, provincial.

आँजना (Ãj nA) *vt.* to apply collyrium (to the eyes).

आँट (ÃT) *f.* 1. knot. 2. misunderstanding.

आँटी (Ã TEE) *f.* 1. reel of thread. 2. fold of dhoti round the waist. 3. (Eng.) aunt.

आँड़ू (Ã ROO) *adj.* uncastrated; ~ बैल uncastrated bull.

आँत (Ãt) *f.* intestine; उसकी आँतों में सूजन

आ गई है There is swelling in his intestines. उसकी आँतें बाहर निकल आई हैं His intestines have blown out. ~ उतरना to suffer from hernia; आँतें कुलकुलाना to famish with hunger.

आंतर (An tar) *adj.* 1. internal. 2. intrinsic.

आंतरिक (An ta rik) *adj.* inner, internal; ~ विषय internal affairs.

आंदोलक (An do lak) *m.* agitator, one who takes part in a movement.

आंदोलन (An do lan) *m.* 1. agitation; ~ करना to agitate; कर्मचारी ~ staff agitation; श्रमिक ~ labour agitation. 2. movement; सरकार यह ~ कुचल देगी The government will crush this movement. ~ चलाना / छेड़ना to start a movement.

आंदोलनकारी (~ kA ree) *adj.* pertaining to an agitation, movement etc.; agitational.

m. 1. agitator. 2. one who participates in a movement.

आंदोलित (An do lit) *adj.* 1. agitated. 2. perturbed; इस घटना ने मेरे मन को बहुत अधिक ~ किया This event perturbed me very much.

आँधी (Ã dhee) *f.* windstorm; ~ ख़त्म हो गई है The windstorm is over. ~ आना—आँधी आई है Windstorm has set in. तुम्हें कौन-सी ~ आई थी? Why were you in such hot haste? ~ के आम *(i)* mangoes blown off the tree by the wind, *(ii)* unexpected gain, the windfall; ~ -पानी में in a rainstorm.

आंध्र (Andhr) *m.* Andhra, an Indian State.

आंध्रवासी (~ vA see) *m.* an inhabitant of आंध्र।

आंध्रीय (An dhreey) *adj.* of or pertaining to आंध्र।

आँव (Ãv) *m.* mucus; ~ पड़ना formation of mucus, white slippery liquid that passes through the bowels with excreta.

आँय-बाँय-शाँय (Ãy bÃy shÃy) *f.* nonsence; वह ~ करके रह गया He talked nothing but nonsence.

आँवल (Ã val) *m.* placenta.

आँवलनाल (~ nAl) *f.* navel-string.

आँवला (Ãv lA) *m.* emblic myrobalan tree and its fruit.

आँवाँ (Ã vÃ) *m.* kiln; आँवें का आँवाँ ही चौपट होना (i) the whole lot backed in the kiln was spoiled; (ii) to be one and all lacking (in some quality or the other).

आंशिक (An shik) *adj.* 1. partial, forming only a part, not complete; ~ रूप से partially; ~ सफलता partial success; नाटक को ~ सफलता ही मिली The play was only a partial success.

आँसू (Ã soo) *m.* tear; ~ आना—आँखों में आँसू आ गए Tears came to the eyes. ~ गिरना falling of tears; ~ छलकना—आँसू छलक पड़े Tears welled up. ~ टपकना dropping of tears; ~ थमना—आँसू थम गए Tears stopped flowing. ~ पी जाना to tolerate patiently; वह कुछ बोली नहीं ~ पी गई She remained calm and tolerated patiently. (किसी के) ~ पोंछना to console (some-one); ~ फूटना—आँसू फूट पड़े Tears gushed out. ~ बहना—आँसू बहने लगे Tears streamed out. ~ बहाना to shed tears; ~ भर आना—आँखों में आँसू भर आए Eyes were filled with tears. आँसुओं की झड़ी incessant flow of tears; आँसुओं से भरा tearful.

आइंदा (A in dA) *adv.* afterwards, in future; ~ के लिए for future.

आइस्क्रीम (A is kreem) *f.* ice-cream.

आईना (A ee nA) *m.* 1. looking glass, mirror. 2. something that reflects or gives a likeness; आईने की तरह साफ होना to be fully clear; उससे पूछ लो सब आईने की तरह साफ हो जाएगा Ask him and everything will become absolutely clear. आईने में मुँह देखना—पहले आईने में मुँह देख आओ First deserve, then desire.

आकंठ (A kanTH) *adj.* brimming, brimful. *adv.* 1. up to the throat. 2. up to the brim.

आक (AK) *m.* a kind of plant.

आकर (A kar) *m.* 1. mine. 2. treasure. 3. source.
adv. after coming.

आकर-ग्रंथ (~ - granth) *m.* source book.

आकर-भाषा (~ - bhA shA) *f.* source language.

आकर्ण (A karN) *adj. & adv.* upto the ears.

आकर्षक (A kar shak) *adj.* attractive, appealing. facinating.

आकर्षण (A kar shaN) *m.* attraction; गुरुत्वाकर्षण (गुरुत्व+आकर्षण) force of gravitation.

आकर्षण-केंद्र (~ - kendr) *m.* centre of attraction, cynosure (of all eyes).

आकर्षण-शक्ति (~ - shak ti) *f.* 1. force of attraction; पृथ्वी की ~ force of gravity. 2. sex-appeal.

आकर्षित (A kar shit) *adj.* = आकृष्ट।

आकलन (A ka lan) *m.* estimation; अनुमानित हानि का ~ लगभग 15000 करोड़ किया गया है Estimated damage is calculated to be around 15000 crore.

आकलित (A ka lit) *adj.* estimated.

आकस्मिक (A kas mik) *adj.* 1. happenning by chance, accidental, sudden; ~ भूकंप sudden earthquake; ~ भेंट accidental meeting; ~ रूप से accidently. 2. casual; ~ छुट्टी casual leave; ~ व्यय casual expenses.

आकस्मिकता (~ tA) *f.* 1. suddenness. 2. contingency; हमें सभी आकस्मिकताओं के लिए तैयार रहना चाहिए We should be prepared for all the contingencies.

आकस्मिकतावाद (~ vAd) *m.* accidentalism.

आकांक्षा (A kAn kshA) *f.* aspiration, ambition; ~ करना to aspire.

आकांक्षित (A kAn kshit) *adj.* aspired.

आकांक्षी (A kAn kshee) *adj.* aspirant.

आक़ा (A KA) *m.* master, lord.

आकार (A kAr) *m.* 1. size. 2. shape. 3. आ letter or its sound.

आकार-प्रकार (~ - pra kAr) *m.* size and shape.

आकारांत (A kA rAnt) *adj.* (word) ending in आ।

आकालिक (A kA lik) *adj.* untimely.

आकाश (A kAsh) *m.* 1. space; ~ के तारे तोड़ना to attempt the impossible; ~ पाताल एक कर देना to move heaven and earth; हम इस योजना को सफल बनाने के लिए ~ पाताल एक कर देंगे We will move heaven and earth to make this plan a success. 2. sky; ~ छूता sky-high.

आकाशकुसुम (~ ku sum) *m.* non-existent object, an object which exists in imagination (illusion) only.

आकाशगंगा (~ gan gA) *f.* the Milky Way.

आकाशदीप (~ deep) *m.* high hanging lamp.

आकाशबेल (~ bel) *f.* a kind of parasite (plant).

आकाशमंडल (~ man Dal) *m.* celestial sphere.

आकाशवाणी (~ vA Nee) *f.* 1. voice from heaven. 2. All India Radio.

आकाशवृत्ति (~ vrit ti) *f.* haphazard livelihood.

आकाशी (A kA shee) *adj.* aerial, atmospheric.

आकाशीय (A KA sheey) pertaining to the sky; ~ पिंड body in space.

आकीर्ण (A keerN) *adj.* 1. scattered all around. 2. filled; कंटकाकीर्ण filled with thorns, thorny.

आकुंचन (A kun can) *m.* contraction, shrinkage.

आकुंचनशील (~ sheel) *adj.* contractile.

आकुंचित (A kun cit) *adj.* contracted, shrunk.

आकुल (A kul) *adj.* eager, anxious; ~ हो जाना to become anxious.

आकुलता (~ tA) *f.* eagerness, anxiety.

आकृति (A kri ti) *f.* 1. figure, form, shape. 2. appearance, countenance.

आकृति-विज्ञान (~ - vig gyAn) *m.* morphology.

आकृष्ट (A krishT) *adj.* attracted; ~ करना to attract; ध्यान ~ करना to attract someone's attention.

आक्रंदन (A kran dan) *m.* weeping, crying.

आक्रमण (A kra maN) *m.* attack, invasion, aggression; उस ~ को खदेड़ दिया गया That attack was repulsed. ~ करना to attack/invade.

आक्रमणकारी (~ KA ree) *adj.* aggressive, invading.
m. attacker, invader, aggressor; ~ आधुनिक शस्त्रों से लैस थे The invaders were armed with modern weapons.

आक्रमणात्मक (A kra ma NAt mak) *adj.* attacking, offensive, aggressive.

आक्रमित (A kra mit) *adj.* see आक्रांत।

आक्रांत (A krAnt) *adj.* 1. attacked, invaded. 2. assaulted. 3. afflicted; हैजे से ~ afflicted with cholera.

आक्रामक (A krA mak) *adj.* aggressive, offensive; ~ विरोध पक्ष ने प्रधानमंत्री से बिना शर्त माफ़ी माँगने के लिए कहा An aggressive opposition demanded an unconditional apology from the Prime Minister. ~ प्रवृत्ति aggressive tendency. *m.* aggressor, invader.

आक्रोश (A krosh) *m.* resentment, wrath.

आक्षरिक (Ak sha rik) *adj.* 1. literal. 2. syllabic; ~ भाषा syllabic language.

आक्षिप्त (Ak shipt) *adj.* 1. projected. 2. victimised.

आक्षीरी (Ak shee ree) *adj.* lactiferous.

आक्षेप (Ak shep) *m.* slanderous remark, allegation, charge; ~ करना to allege, to charge; उन्होंने हम पर भ्रष्टाचार के ~ किए They made accusations of corruption against us. झूठा ~ false accusation/charge.

आक्सीकरण (Ak see ka raN) *m.* oxidation.

आक्सीजन (Ak see jan) *m.* oxygen.

आखात (A khAt) *m.* gulf.

आख़िर (A Khir) *adv. & conj.* 1. after all; ~ तुम आ ही गए You have come, after all. 2. at last; ~ हम लोगों की भेंट ~ हो ही गई At last we have met. ~ में in the end.

आख़िरकार (~ KAr) *adv. & conj.* after all, eventually; ~ उसे नौकरी मिल ही गई He got the job after all.

आख़िरी (A Khi ree) *adj.* last; ~ खेल last show; ~ मौका last chance; ~ वक्त *(i)* last time, *(ii)* time of passing away, time of leaving the world; *(iii)* closing stages of life, evening of life.

आख़ीर (A Kheer) *m.* end, termination, finality.

आखेट (a kheT) *m.* the act of hunting.

आखेट-यात्रा (~ - yAt trA) *f.* hunting expedition.

आखेटक (A khe tak) *m.* hunter.

आख्या (A khyA̋) *f.* 1. name. 2. report.

आख्यात (A khyAt) *adj.* 1. named. 2. famous. 3. legendary.

आख्यान (A khyAn) *m.* a traditional long story, myth, legend, fable.

आख्यानिक (A khyA nik) *adj.* mythic (al), legendary, fabulous.

आख्यापक (A khyA pak) *m.* announcer.

आख्यापन (A khyA pan) *m.* announcement; ~ करना to announce.

आख्यापित (A khyA pit) *adj.* announced; ~ करना to announce.

आख्यायिका (A khyA yi kA) *f.* tale, story.

आख्यायिकाकार (~ kAr) *m.* story writer.

आगंतुक (A gan tuk) *m.* new-comer, visitor, guest.

आग (Ag) *f.* 1. fire; मुझे ~ से डर लगता है I am afraid of fire. 2. mass of burning coal, word etc; हम लोग ~ के चारों ओर बैठ गए We sat round the fire. 3. a destructive fire, conflagraion; ~ उगलना to spit fire; ~ जलना (of fire) to burn; ~ जलाना to light/ignite fire; उसने खाना बनाने के लिए ~ जलाई He ignited fire for cooking; ~ देना to light the funeral pyre; ~ धधकना—आग धधक उठी है The fire is blazing. ~ पर पानी डालना to calm down; ~ फूस का बैर innate hostility; ~ बबूला हो जाना to be wild with rage ~ बरसना—आज तो आग बरस रही है The heat is scorching today. ~ बुझाना *(i)* to extinguish a fire, *(ii)* to pacify; ~ भड़काना—आग भड़क उठी *(i)* Fire flamed up. *(ii)* Flaming passions burst forth. ~ भड़काना to fan the flame; ~ में कूदना to jump into the fire; ~ में घी डालना to add fuel to the fire/controvercy; ~ में झोंकना to thrust into the fire; ~ लगना *(i)* breaking out of fire, *(ii)* फलों को तो जैसे आग लगी है The price of fruit is rocketing skyhigh. ~ लगाकर पानी को दौड़ना (first) to set fire and (then) run for water; ~ लगाना *(i)* to set fire, *(ii)* तुम्हीं ने इस घर में आग लगाई है It is you who have set the peace of the house on fire. ~ होना to be wild with rage; 4. passion, lust; उन्हें पैसे की आग लगी है He has a acute passion for money.

आगज़नी (~ za nee) *f.* arson.

आगणन (A ga Nan) *m.* estimation.

आगत (A gat) *adj.* arrived.

आगत-सत्कार (~ - sat kAr) *m.* hospitality extended to a visitor.

आगत-स्वागत (~ - swA gat) *m.* welcome accorded to a visitor.

आगम (A gam) *m.* 1. coming, arrival. 2. income. 3. source. 4. knowledge. 5. induction (logic). 6. sacred scriptures, scriptural wisdom. 7. future-events; ~ कहना to foretell.

आगमन (A ga man) *m.* 1. arrival. 2. advent. 3. induction (logic).

आगमनात्मक (a ga ma nAt mak) *adj.* inductive; ~ तर्कशास्त्र inductive logic.

आगा (A gA) *m.* front, frontage; ~ भारी होना—उसका आगा भारी है She is carrying. फौज का ~ vanguard of an army.

आग़ा (A GA) *m.* 1. chieftain, chief. 2. inhabitant of Afganistan.

आग़ाज़ (A GAZ) *m.* beginning, start; ~ तो अच्छा है It is a good start.

आगा-पीछा (a gA- pee chA) *m.* 1. hesitation, hesitance; ~ करना to waver/hesitate. 2. pros and cons; ~ सोचना to weigh the pros and cons.

आगामी (A gA mee) *adj.* forthcoming, next, ensuing; ~ अंक forthcoming/next issue.

आगार (A gAr) *m.* treasure-house, store; वह तो गुणों का ~ है He is a treasure-house of virtues.

आगाह (A gAh) *adj.* apprised, warned; ~ करना to apprise/warn; उसने हमें

जेबकतरों से ~ कर दिया था He warned us against pickpockets.

आगे (A ge) *adv.* 1. ahead, forward, onward; ~ आगे देखिए होता है क्या Let us see what follows! ~ आना *(i)* to come forward, *(ii)* जैसा करोगे वैसा तुम्हारे आगे आएगा You will reap as you sow. ~ चलकर later on; ~ बढ़ाना *(i)* to step up, (ii) to forward. 2. afterwards; ~ चलकर later on; ~ बढ़ना to move forward; ~ देखा जाएगा It will be seen later on. 3. before, formerly, previously; ~ ऐसा होता था In days gone by it used to be so. मैं ~ भी यहाँ आ चुका हूँ I have been here before too. 4. in future; ~ ऐसा मत करना In future don't do it. ~ ऐसा होगा It will be so hereafter. ~ की राम जानें God alone knows the future. ~ जाकर in future.

आगे, के (ke A ge) *postposition.* 1. in front of. 2. before; वे राजा के ~ झुके They knelt before the king. उसके ~ पाँच लड़कियाँ हैं He has five daughters.

आगे-पीछे (A ge - pee che) *adv.* 1. sooner or later; यह काम ~ कर लेना Do it some other time. 2. in rapid succession; दोनों गाड़ियाँ ~ आ रही हैं The two trains are coming in rapid succession.

आगे-पीछे, के (ke ~) *postposition.* accompanied by; उसके ~ बराबर दस-पाँच आदमी रहते हैं He is always accompanied by a few followers.

आग्नेय (Ag ney) *adj.* 1. fiery. 2. relating to fire, igneous.

आग्नेयास्त्र (Ag ne yAstr) *m.* fire-arm.

आग्रह (A grah) *m.* earnest insistence; वह काम मैंने तुम्हारे ही ~ पर किया I did it but only at your insistence. सत्याग्रह (सत्य + आग्रह; lit. insistence for the truth) passive resistance.

आग्रहण (A gra haN) *m.* drawing (of money).

आग्रहपूर्वक (Ag grah poor vak) *adv.* with due insistence.

आघटन (A gha TaN) *m.* happening, occurrence.

आघात (A ghAt) *m.* 1. blow; उसने मेरे सिर पर ~ किया He gave a blow on my head. 2. shock; पुत्र का ~ shock of the loss of the son; पैसे का ~ shock of the loss of money; वज्राघात (वज्र + आघात) bolt from the blue. 3. attack (of a disease).

आचमन (A ca man) *m.* sipping (water from the palm of the hand with some religious object in view).

आचमनीय (A ca ma neey) *adj.* worth sipping.

आचरण (A ca raN) *m.* 1. conduct; उसका ~ प्रशंसनीय था His conduct was praiseworthy. 2. character; ~ पंजी character roll.

आचरित (A ca rit) *adj.* performed (something) as a part of one's conduct. *m.* career.

आचार (A cAr) *m.* 1. conduct; दुराचार bad conduct; सदाचार good conduct. 2. custom, customary law, practice.

आचारभ्रष्ट (~ bhrashT) *adj.* debased.

आचारवान्, आचारवान (~ vAn) *adj.* virtuous.

आचार-विचार (~ - vi cAr) *m.* conduct and temperament.

आचार-संहिता (~ - san hi tA) moral code, code of conduct.

आचारशास्त्र (~ shAstr) *m.* ethics.

आचार्य (A cArry) *m.* 1. preceptor. 2. professor. 3. scholar. 4. a course of Sanskrit learning.

आचार्यत्व (A cAr yattw) *m.* 1. preceptorship. 2. professorship. 3. degree etc. of आचार्य।

आच्छन्न (AC chann) *adj.* covered, concealed; तिमिराच्छन्न covered with darkness; मेघाच्छन्न overcast with clouds.

आच्छादक (AC chA dak) *m.* a covering or cover.

आच्छादन (AC chA dan) *m.* 1. act of covering, concealment. 2. a covering. 3. superposition (math).

आच्छादित (AC chA dit) *adj.* covered; मेघाच्छादित overcast with clouds.

आज (Aj) *adv. & m.* today; ~ का दिन today, this day; ~ तक till today; ~ दिन (i) today; (ii) these days, now; ~ शाम को this evening; ~ सवेरे this morning; ~ से दो सप्ताह पहले two weeks back (from today).

आज-कल (~ - kal) *adv. &.m.* now-a-days, these days; ~ बच्चे किसी की सुनते नहीं Now a days boys dont't listen to anyone. ~ करना to defer on some pretext; ~ का present day, modern; ~ की हिंदी present-day Hindi; ~ में in a day or two.

आजन्म (A janm) *adv.* 1. since birth. 2. till life persists.

आज़माइश (AZ mA ish) *f.* 1. trial, test; ~ करना to try, to put to the test. 2. tentative experiment.

आज़माना (AZ mA nA) *vt.* to try/test; आज़माया हुआ tried and tested.

आजा (A jA) *m.* paternal grandfather.

आज़ाद (A ZAd) *adj.* independent, free; ~ करना to give (somebody) independence, to set free; ~ ख़्याल (a person) with an independent outlook; ~ तबीयत of an independent temperament.

आज़ादी (A ZA dee) *f.* independence, freedom; यहाँ हमें बोलने की ~ नहीं Here we have no freedom of speech. ~ की लड़ाई war of independence; ~ से freely.

आजानुबाहु (A jA nu bA hu) *adj.* having very long arms (esp. extending to the knees.)

आजिज़ (A jiz) *adj.* fed up, tired or bored; मैं तो उनसे ~ आ गया हूँ I am fed up or tired of him.

आजीवन (A jee van) *adj.* lifelong; ~ कारावास life imprisonment; ~ सदस्य life member.

adv. throughout one's life; मैं ~ तुम्हारा कृतज्ञ रहूँगा I will remain grateful to you throughout my life.

आजीविका (A jee vi kA) *f.* 1. means of subsistence, livelihood; पत्रकारिता ही उसकी ~ है Journalism is his livelihood. ~ कमाना to earn (one's) livelihood. 2. profession, occupation.

आज्ञप्त (A gyapt) *adj.* ordered.

आज्ञप्ति (A gyap ti) *f.* 1. written order. 2. decree.

आज्ञा (A gyA) *f.* 1. order; उसने मेरी ~ का उल्लंघन किया He violated/disobeyed my order. ~ देना to order. 2. permission; ~ लेना to ask for permission.

आज्ञाकारिता (~ kA ri tA) *f.* obedience.

आज्ञाकारी (~ kA ree) *adj.* obedient; पत्नी को पति का ~ होना चाहिए The wife should obey her husband.

आज्ञानुवर्ती (~ nu var tee) *adj.* obedient, (one) who follows the behest of others.

आज्ञानुसार, के (ke A gyA nu SAr) *postposition.* as per order, as ordered; गुरुजी की ~ as ordered by the teacher.

आज्ञापालक (~ pA lak) *adj.* obedient.

आज्ञापालन (~ pA lan) *m.* 1. obedience. 2. observance of or compliance with an order; वे चाहते थे कि लोग आँख मूँदकर हमारी ~ करें He expected unquestioning obedience from his people.

आज्ञाभंग (~ bhaṅg) *m.* 1. violation of an order. 2. disobedience.

आज्ञार्थक (A gyAr thak) *adj.* imperative.

आज्ञावर्ती (A gyA var tee) *adj.* obedient.

आटा (A tA) *m.* flour, wheat-flour; लड़की ~ ठीक से गूँध सकती है The girl can knead flour properly. जौ का ~ barley flour; आटे-दाल का भाव मालूम होना to be disillusioned when it comes to a test; आटे-दाल की फ़िक्र लगना to be anxious about household affairs; ग़रीबी में ~ गीला a stroke of misfortune on top of penury.

आटा-चक्की (~ - cak kee) *f.* flour-mill.

आटोप (A TOP) *m.* pomp, ostentation.

आठ (Ath) *adj & m.* eight; ~ आठ आँसू रोना to shed profuse tears; आठों पहर all the twenty four hours, round the clock; आठों गाँठ कुम्मैत every inch a crook.

आठवाँ (~ vÃ) *adj.* eighth.

आडंबर (A Dam bar) *m.* ostentation; ~ रचना to do something in an ostentatious manner.

आडंबरपूर्ण (~ poorN) *adj.* ostentatious, showy.

आडंबरहीन (~ heen) *adj.* unostentatious, without any outwardly show.

आडंबरी (A DAm ba ree) *adj.* ostentatious. *m.* show-off.

आड़ (AR) *f.* 1. screen. 2. cover, shelter; ~ करना to put up a screen; ~ खड़ी करना to raise a screen/cover of fence; ~ देना to put up a fence/shield/shelter; ~ मिलना to get a support/shelter; ~ में रहना to keep (oneself) behind a cover; ~ लेना to take cover; उसने माँ की साड़ी की ~ ले ली He sheltered behind his mother's sari. ~ में होना to keep behind a cover.

आड़ा (A RA) *adj.* 1. horizontal. 2. oblique; आड़े आ जाना to serve as an impediment; आड़े आना to come to the rescue; आड़े-तिरछे होना to be cross; इतने आड़े तिरछे मत हो Don't be so cross. आड़े वक़्त in time of need; आड़े हाथों लेना to criticize severely.

आडिटर (A Di Tar) *m.* auditor.

आड़ू (A ROO) *m.* peach.

आढ़त (A Rhat) *f.* 1. agency. brokerage. 2. commission earned in an agency or brokerage.

आढ़तिया (A Rha ti yA) *m.* commission agent.

आणविक (AN vik) *adj.* molecular; ~ शस्त्रास्त्र molecular weapons.

आतंक (A taṅk) *m.* 1. extreme fear, terror. 2. panic; ~ फैलाना to spread panic; ~ फैलानेवाला panic-monger.

आतंकवाद (~ vAd) *m.* terrorism; ~ कायरों का हथियार है Terrorism is the coward's weapon.

आतंकवादी (~ vA dee) *adj. & m.* terrorist; ~ संघटन terrorist organisation.

आतंकित (A taṅ kit) *adj.* 1. terrorstricken, terrorized, horrified, panic-struck; ~ करना terrorize. 2. panicky.

आतंकी (A taṅ kee) *adj. & m.* terrorist; ~ हमला terrorist attack.

आततायी (A ta tA yee) *m.* tyrant, oppressor.

आतप (A tap) *m.* heat.

आतपस्नान (~ snAn) *m.* sun-bath.

आता-जाता (A tA - jA tA) *adj.* coming in or going out.
m. one who is going to or returning from some particular place; किसी आते-जाते के हाथ सामान भेज देना Kindly send the goods by someone.

आतिथ्य (A tithy) *m.* hospitality.

आतिथ्य-सत्कार (~ - sat kAr) *m.* respectful hospitality.

आतिश (A tish) *f.* fire.

आतिशबाज़ (~ bAZ) *m.* manufacturer or dealer of fireworks.

आतिशबाज़ी (~ bA zee) *f.* fireworks; ~ छूटना display of fireworks; ~ छोड़ना to set off fireworks.

आतिशी (A ti shee) *adj.* of or pertaining to fire.

आतिशी शीशा (~ shee shA) *m.* a piece of glass which focusses the rays of the sun for producing fire.

आतुर (A tur) *adj.* agog, impatiently eager.

आतुरता (~ tA) *f.* state of being agog, eagerness.

आत्म (Atm) *adj.* 1. pertaining to the soul. 2. of oneself.
m. soul.

आत्मक (At mak) *suffix.* 1. helping in, resulting in; रचनात्मक (i) constructive; (ii) creative. 2. of the nature, character, form or the like; प्रश्नात्मक of the form of a question, interrogative.

आत्मकथा (~ ka thA) *f.* autobiography.

आत्मकल्याण (~ kal lyAN) *m.* good of the self.

आत्मकेंद्रित (~ ken drit) *adj.* self-centered.

आत्मगत (~ gat) *adj.* subjective.

आत्मगौरव (~ gau rav) *m.* self-respect.

आत्मग्लानि (~ glA ni) *f.* remorse, compunction.

आत्मघात (~ ghAt) *m.* suicide.

आत्मघातक (~ ghA tak) *adj.* suicidal; ~ प्रयास a suicidal attempt.

आत्मघाती (~ ghA ti) *adj.* suicidal; ~ प्रयास a suicidal attempt.
m. one who commits suicide.

आत्मचरित (~ ca rit) *m.* autobiography.

आत्मचिंतन (~ cin tan) *m.* self-contemplation.

आत्मचेतन (~ ce tan) *adj.* thinking deeply about oneself, self-consciousness.

आत्मचेतना (~ cet nA) *f.* self-conscious.

आत्मज (At maj) *m.* son.

आत्मजा (Atm jA) *f.* daughter.

आत्मजीवनी (~ jee va nee) *f.* autobiography.

आत्मज्ञान (~ gyAn) *m.* self-knowledge, self-realisation.

आत्मतुष्ट (~ tushT) *adj.* self-satisfied.

आत्मतुष्टि (~ tush Ti) *f.* self-satisfaction.

आत्मत्याग (~ tyAg) *m.* 1. self-denial. 2. sacrifice of one's personal interests for a good cause, self-sacrifice.

आत्मत्यागी (~ tyA gee) *adj.* 1. self-denying. 2. self-sacrificing.
m. self-denying person, self-sacrificing person.

आत्मदमन (~ da man) *m.* self-repression.

आत्मदर्शन (~ dar shan) *m.* knowledge of one's self.

आत्मनिग्रह (~ nig grah) *m.* self- control.

आत्मनिग्रही (~ nig gra hee) *adj.* having control over his feelings and emotions.

आत्मनिरीक्षण (~ ni reek shaN) *m.* introspection.

आत्मनिर्भर (~ nir bhar) *adj.* 1. self-sufficient; खाद्यान्न के संबंध में हमारा देश ~ है Our country is self-sufficient in food grains. 2. self-reliant.

आत्मनिर्भरता (~ tA) *f.* self-sufficiency, independence, self-reliance.

आत्मनिवेदन (~ ni ve dan) *m.* offering one's entire self.

आत्मनिष्ठ (~ nishTh) *adj.* subjective.

आत्मपीड़क (~ pee Rak) *adj.* & *m.* one who inflicts pain on oneself, masochist.

आत्मपीड़न (~ pee Ran) *m.* self-torture, masochism.

आत्मपूर्ण (~ poorN) *adj.* self-sufficient.

आत्मपूर्णता (~ tA) *f.* self-sufficiency.

आत्मप्रतारणा (Atm pra ta rA NA) *f.* pricks of conscience.

आत्मप्रतिष्ठा (~ pra tish ThA) *f.* self-respect.

आत्मप्रदर्शन (~ pra dar shan) *m.* self-display, exhibitionism.

आत्मप्रवंचना (~ pra van ca nA) *f.* self-deception.

आत्मप्रशंसा (~ pra shan sA) *f.* self-praise.

आत्मबल (~ bal) *m.* spiritual power.

आत्मबलिदान (~ ba li dAn) *m.* self-sacrifice; उसने देश के लिए ~ किया He sacrificed for the country.

आत्मबलिदानी (~ ba li dA nee) *adj.* self-sacrificing; ~ जत्था self-sacrificing squad.

m. one who is ready to sacrifice oneself for a good cause.

आत्मबोध (~ bodh) *m.* enlightenment (of the self).

आत्मरक्षा (~ rak shA) *f.* self-defence.

आत्मवंचना (~ van ca nA) *f.* self-deception.

आत्मविश्वास (~ vish shwAs) *m.* self-confidence; उसमें ~ की कमी है He lacks self-confidence.

आत्मविश्वासी (~ vish shwA see) *adj.* self-confident.

आत्मविस्मृत (~ vis mrit) *adj.* self-forgetful, oblivious of self.

आत्मविस्मृति (~ vis mri ti) *f.* self-forgetfulness.

आत्मशक्ति (~ shak ti) *f.* will-power.

आत्मशुद्धि (~ shud dhi) *f.* self-purification.

आत्मश्लाघा (~ shlA'ghA) *f.* self-praise.

आत्मसंतोष (~ san tosh) *m.* self-satisfaction.

आत्मसंयम (~ san yam) *m.* ability to control one's behaviour, self-control.

आत्मसंयमी (~ san ya mee) *adj.* exercising self-control, self-controlled.

आत्मसमर्पण (~ sa mar paN) *m.* surrender.

आत्मसमीक्षा (~ sa meek shA) *f.* introspection.

आत्मसम्मान (~ sam mAn) *m.* self-esteem, self-respect; किसी के ~ को ठेस मत पहुँचाओ Don't hurt someone's self-respect.

आत्मसात् (~ sAt) *adj.* assimilated; ~ करना to assimilate; हमने अनेक संस्कृतियों को ~ किया है We have assimilated many cultures.

आत्मसात्करण (~ sAt ka raN) *m.* assimilation.

आत्मसिद्धि (~ sid dhi) *f.* self-realization.

आत्मसुधार (~ su dhAr) *m.* self-improvement.

आत्मसेवी (~ se vee) *adj.* & *m.* self-seeker.

आत्मस्तुति (~ stu ti) *f.* self-praise.

आत्मस्वातंत्र्य (~ swA tantry) *m.* independence.

आत्मस्वीकृति (~ svee kri ti) *f.* confession.

आत्महत्या (~ hat tyA) *f.* suicide; उसने ~ कर ली He committed suicide.

आत्मा (At mA) *f.* 1. soul, spirit; ~ ठंडी होना—इससे मेरी ~ ठंडी हो गई It has given solace to my very soul. ~ दुखी होना—इससे मेरी ~ दुखी हो गई It has cut me to the heart. 2. ghost; इस मकान में कोई ~ रहती है There is a ghost in this house. 3. conscience; उसकी ~ मर चुकी है He has lost his conscience.

आत्मानुभूति (~ nu bhoo ti) *f.* self-realization.

आत्माभिमान (At mA bhi mAn) *m.* self-respect.

आत्माभिमानी (At mA bhi mA nee) *adj.* 1. self-respecting. 2. self-conceited.

आत्माभिव्यक्ति (Atma bhi vyak ti) *f.* the expression of one's own thoughts, self-expression.

आत्मावलंबन (At mA va lam ban) *m.* 1. self-reliance, self-sufficiency.

आत्मावलंबी (At mA va lam bee) *adj.* self-reliant, self-sufficient.

आत्माहुति (At mA hu ti) *f.* self-immolation; ~ देना to immolate oneself.

आत्मिक (At mik) *adj.* pertaining to soul or spirit, spiritual.

आत्मिकी (At mi kee) *f.* psychics.

आत्मिकीय (At mi keey) *adj.* psychic; ~ शक्ति psychic power.

आत्मीय (At meey) *adj.* one's own (person), intimate, very close.
m. a near and dear one.

आत्मीयता (~ tA) *f.* feeling of oneness, close affinity, fellow-feeling.

आत्मोत्कर्ष (At mot karsh) *m.* self-elevation.

आत्मोत्सर्ग (At mot sarg) *m.* self-sacrifice.

आत्मोद्धार (At mod dhAr) *m.* 1. uplifting of one-self. 2. upliftment of the individuaL

आत्मोन्नति (At mon na ti) *f.* self-advancement, self-elevation.

आत्यंतिक (At tyan tik) *adj.* 1. excessive. 2. extreme.

आदत (A dat) *f.* habit; उसे नाख़ून काटने की ~ है He has the habit of biting his nail. शिकायत करने की उसकी ~ नहीं थी He was not given to complaining. ~ छूटना to get out of a habit; ~ पड़ना to acquire a habit; ~ बिगड़ना formation of a bad habit; बच्चे की आदतें बिगड़ रही हैं The boy's habits are deteriorating. ~ लगना to be addicted to; ~ से मजबूर/लाचार in the grip of habits.

आदतन (A da tan) *adv.* habitually, by habit.

आदम (A dam) *m.* 1. the first man. 2. man. 3. Adam; बाबा ~ के जमाने का of old times, of prehistoric times.

आदमक़द (~ Kad) *adj.* of human size.

आदमख़ोर (~ Khor) *adj.* & *m.* man-eater, cannibal.

आदमी (Ad mee) *m.* 1. person, man; वह अच्छा ~ है He is a good man. इस दुर्घटना में पाँच ~ मारे गए Five persons were killed in this accident. ~ बनाना—पहले उसे आदमी बना लो First make a man of him. 2. servant. 3. worker; हमें दो ~ और रखने पड़ेंगे We have to engage two more people. 4. husband; उसने अपने ~ को छोड़ दिया है She has left her husband. उसका ~ जुआरी है Her husband is gambler.

आदमीयत (Ad mee yat) *f.* the quality of being human, humanity; ~ की कमी lack of human qualities.

आदर (A dar) *m.* respect, esteem, regard; ~ करना to respect; मैं उसके साहस का अत्यधिक ~ करता हूँ I deeply respect his courage. ~ पाना to be honoured; ~ से respectfully.

आदरणीय (~ Neey) *adj.* respected, respectable, esteemed.

आदर-भाव (~ - bhAv) *m.* high regard; उसका यहाँ ~ है He is held in high esteem here. ~ से with gratitude.

आदर-सत्कार (~ - sat kAr) *m.* hospitality.

आदर-सम्मान (~ - sam mAn) *m.* due respect.

आदरसूचक (~ soo cak) *adj.* honorific; ~ सर्वनाम honorific pronoun.

आदर्श (A darsh) *adj.* & *m.* ideal; ~ से विमुख होना to depart from (one's) ideal.

आदर्शवाद (~ vAd) *m.* idealism.

आदर्शवादी (~ vA dee) *adj.* idealistic.
m. idealist.

आदर्शीकरण (A dar shee ka raN) *m.* idealization.

आदाता (A dA tA) *m.* a person appointed by a law court to lookafter some property involved in a law suit, receiver.

आदान (A dAn) *m.* act of receiving.

आदान-प्रदान (~ - pra dAn) *m.* receiving and giving, give and take, exchanges of letters; विचारों का ~ exchange of ideas.

आदाब (A dAb) *m.* salutation; compliments; ~ अर्ज़ offering of salutation/greeting; ~ बजा लाना to greet, to pay homage.

आदि (A di) *m.* beginning; ~ से अंत तक from beginning to the end.
adv. et cetera.

आदिक (A dik) *adj.* initial.

आदिकल्प (A di kalp) *m.* archaeozoic era.

आदिकवि (~ ka vi) *m.* the first poet, Valmiki.

आदित: (~ tah) *adv. ab initio,* from the very beginning.

आदित्य (A dit ty) *m.* the sun.

आदिपुरुष (A di pu rush) *m.* primeval man.

आदिभाषा (~ bhA shA) *f.* primeval language.

आदिम (A dim) *adj.* 1. primitive; ~ अवस्था primitive stage, savagery; ~ जाति primitive race. 2. aboriginal.

आदिवासी (Adi VA see) *adj.* aboriginal; ~ जनजातियाँ aborigines.
m. aborigine.

आदिष्ट (A dishT) *adj.* ordered.

आदी (A dee) *adj.* accustomed, habituated.
f. = अदरक।

आदृत (Ad drit) *adj.* respected, honoured.

आदेय (A dey) *adj.* worth receiving.

आदेश (A desh) *m.* command, order; ~ देना *(i)* to order, *(ii)* to place an order.

आदेशक (A de shak) *m.* one who orders, authority.

आदेशात्मक (A de shAt mak) *adj.* expressing command, imperative.

आदेशानुसार, के (ke A de shA nu sAr) *postposition.* as per order, as directed.

आद्यंत (Ad dyant) *adv.* from beginning to end.
m. beginning and end.

आद्य (Addy) *adj.* earliest, primeval, primitive.

आद्याक्षर (Ad dyAk shar) *m.* initials.

आद्याक्षरित (Addyak sha rit) *adj.* initialled.

आद्योपांत (Ad dyo pAnt) *adv.* from beginning to end, from start to finish; वह पुस्तक मैंने एक ही बैठक में ~ पढ़ डाली I read the book from beginning to end in one sitting.

आध (Adh) *adj.* half; एक - ~ घंटे में in an hour or so; एक - ~ जगह at one or two places; एक - ~ बार once or twice.

आधा (A dhA) *adj.* half; ~ - आधा fifty-fifty; आधी टिकट child ticket; आधी बात half the story; आधी रात को at midnight.

आधा-आधा (~ - A dhA) *adj.* fifty-fifty; उनको ~ हिस्सा मिल गया They got fifty-fifty of share.

आधा-तिहा (~ - ti hA) *adj.* half or there about, moiety.

आधार (A dhAr) *m.* 1. base. 2. basis, ground; किस ~ पर on what basis. 3. support.

आधारत: (~ tah) *adv.* basically.

आधारभूत (~ bhoot) *adj.* basic, fundamental.

आधारभूमि (~ bhoo mi) *f.* base.

आधारशिला (~ shi lA) *f.* foundation stone; विद्यालय की ~ प्रधान मंत्री रखेंगे The Prime Minister will lay the foundation stone of the school.

आधारस्तंभ (~ stambh) *m.* 1. main stay. 2. backbone.

आधारहीन (~ heen) *adj.* baseless, groundless, unfounded.

आधारिक (A dhA rik) *adj.* basic; ~ भाषा basic language.

आधारित (A dhA rit) *adj.* based; ~ होना to be based (on).

आधासीसी (A dhA see see) *adj.* severe headache affecting one-half of the head, hemicrania.

आधि (A dhi) *f.* mental agony; ~ दैविक supernatural; ~ भौतिक physical.

आधिकारिक (~ KA rik) *adj.* 1. official. 2. authoritative.

आधिक्य (A dhikky) *m.* excess.

आधिपत्य (A dhi patty) *m.* 1. possession. 2. sway; ~ जमाना to hold (one's) sway.

आधुनिक (A dhu nik) *adj.* 1. of the present times, modern. 2. of a recent style.

आधुनिकतम (~ tam) *adj.* most modern or ultra-modern, latest.

आधुनिकता (~ tA) *f.* modernity.

आधुनिकतावाद (~ VAd) *m.* modernism.

आधुनिकीकरण (A dhu ni kee ka raN) *m.* modernisation; कारखाने का ~ किया जा रहा है The factory is being modernised.

आधो-आध (A dho - Adh) *adj.* exact half.

आध्यात्मिक (Ad dhyAt mik) *adj.* spiritual, pertaining to soul or spirit; ~ आनंद spiritual bliss; ~ शक्ति spiritual power.

आध्यात्मिकता (~ tA) *f.* spirituality.

आध्यात्मिकी (A dhyAt mi kee) *f.* spiritualism.

आनंद (A nand) *m.* 1. happiness, joy, delight. 2. bliss, ecstasy.

आनंदकंद (~ kand) *m.* root of bliss.

आनंददायक (~ dA yak) *adj.* delightful, pleasant.

आनंदपूर्वक (~ poor vak) *adv.* happily.

आनंदप्रद (~ prad) *adj.* delightful, pleasant.

आनंद-मंगल (~ - man gal) *m.* happiness and welfare.

आनंदमग्न (~ magn) *adj.* immersed in joy.

आनंदमय (~ may) *adj.* blissful, full of joy, jubilant.

आनंद-मेला (~ - me lA) *m.* fete.

आनंद-विभोर (~ - vi bhor) *adj.* lost in ecstasy, overjoyed, rapturous; वह गीत सुनकर ~ हो उठा Hearing the song he felt ecstasy.

आनंदस्वरूप (~ swa roop) *adj.* blissful.

आनंदातिरेक (A nan dA ti rek) *m.* boundless joy.

आनंदाश्रु (A nan dAsh shru) *m.* tears of joy.

आनंदित (A nan dit) *adj.* delighted, glad; ~ करना to delight/gladden.

आनंदोत्सव (A nan dot sav) *m.* festivity.

आन (An) *f.* honour, prestige; वह ~ पर मर मिटेगा He will die for (his) honour. ~ की आन में in an instant.

आनन (A nan) *m.* face.

आनन-फ़ानन (~ - FA nan) *adv.* instantaneously, without delay, forthwith.

आन-बान (An - bAn) *f.* elegance, pomp and show.

आनम्य (A nammy) *adj.* pliable, flexible.

आनम्यता (~ tA) *f.* flexibility.

आनयन (A na yan) *m.* act of bringing.

आनरेरी (An re ree) *adj.* & *f.* honorary. [H. E. अवैतनिक]

आनवाला (An VA lA) *adj.* & *m.* one who keeps his word of honour.

आना (A nA) *vi.* 1. to come; वह आए तो सही Let him come after all. जब मेरी बारी आई When my turn came up. वह कभी कक्षा में आया ही नहीं He never turned up for class. 2. to fit; यह जूता मेरे पैर में नहीं आता This shoe does not fit me. 3. to know; उसे अंग्रेज़ी नहीं आती He does not know English. 4. to occur; ऐसा नहीं कि उसके दिमाग में यह बात न आई हो Not that it did not occur to him. 5. to feel; मुझे नींद आ रही है I feel sleeping. आ जाना to arrive; किसी दिन आ जाना Come some day or the other. वे घर कब आ जाएँगे When they will get home? आ टपकना to drop in; आ धमकना to appear suddenly; आ पड़ना—जब सिर पर आ पड़ेगी तो झेलेंगे We shall face the music when it comes to us. आ फँसना to be unsuspectingly caught (in); आ लगना—किनारे आ लगना to reach the destination.

m. an act of coming, कैसे ~ हुआ? How did you happen to come?

आनाकानी (A nA KA nee) *f.* putting off through pretexts.

आना-जाना (~ - jA nA) *m.* 1. coming and going; गाड़ियों का आना-जाना arrivals and departures of the trains; आने-जाने का टिकट a round-trip ticket; आते-जाते शक्ल दिखाया करो Give me a look up when passing this way. 2. arrival and departure; गाड़ी के आने-जाने का समय time of arrival and departure of the train. 3. the act of visiting each other regularly; क्या आपका उनके यहाँ आना-जाना है Are you on visiting terms with them? हमारा उनके यहाँ ~ है We usually pay visits to each other. 4. knowledge; उसे कुछ आता-जाता नहीं He knows nothing.

आनी-जानी (A nee - jA nee) *adj.* transient, temporary; यह दुनिया ~ है This world is transient.

आनुतोषिक (A nu to shik) *m.* gift, present.

आनुपातिक (A nu pA tik) *adj.* proportional; ~ प्रतिनिधित्व proportional representation.

आनुपूर्वी (A nu poor vee) *adj.* successive; शब्दानुपूर्वी literal.

आनुभविक (A nu bha vik) *adj.* empiric, empirical.

आनुमानिक (A nu mA nik) *adj.* conjectural, hypothetical.

आनुवंशिक (A nu van shik) *adj.* hereditary.

आनुवंशिकता (~ tA) *f.* heredity.

आनुवंशिकी (A nu van shi kee) *f.* genetics.

आनुषंगिक (less A nu shan gik) *adj.* incidental, contingent.

आने-जानेवाला (A ne - jA ne vA lA) *adj.* very mobile, not fixed at one place; धन ~ होता है Wealth is very mobile.

m. see आता-जाता।

आनेवाला (A ne vA lA) *adj.* coming; गाड़ी आनेवाली है The train is coming. ~ वर्ष coming year; आनेवाले वर्षों में in the years ahead.

m. one who comes, comer.

आप (Ap) *pron.* 1. the person being spoken to, you; ~ का yours (sincerely). 2. your honour; अपने ~ *(i)* यह घड़ी अपने आप चलती है This watch works automatically. *(ii)* वह अपने आप आया He came of his own accord. ~ आप करना to flatter; ~ काज महा काज *(i)* One's own achievement beats the rest. *(ii)* Do it rather than get it done. ~ भले तो जग भला *(i)* Everyone seems good to the good. *(ii)* To the happy the world seems good. ~ मरे जग डूबा After me, the deluge!

adv. by oneself; मैं ~ जाऊँगा I myself will go. वह ~ जाए He himself should go; ~ से आप *(i)* automatically, *(ii)* with-out effort. ~ ही आप *(i)* alone; *(ii)* to one's ownself.

आपकाजी (~ kA jee) *adj.* selfish.

आपत् (A pat) *f.* calamity, adversity, emergency, crisis .

आपत्काल (~ kAl) *m.* time of adversity.

आपत्कालीन (~ kA leen) *adj.* pertaining to emergency; ~ उपाय emergency measure (s).

आपत्ति (A pat ti) *f.* objection; मुझे कोई ~ नहीं I have no objection. ~ उठाना / करना to raise an objection, to object; ~ के योग्य objectionable.

आपत्तिकर्ता (~ kar tA) *m.* a person who objects, objector.

आपत्तिजनक (~ ja nak) *adj.* 1. objectionable. 2. calamitous.

आपदा (A pa dA) *f.* calamity, misfortune; हम पर बहुत-सी आपदाएँ आईं We were afflicted by many calamities.

आपद्, आपद (A pad) *f.* calamity.

आपद्ग्रस्त (~ grast) *adj.* beset by difficulties.

आप-बीती (Ap - bee tee) *f.* 1. one's own life story. 2. tale of one's own sufferings; ~ सुनाना to relate one's own experiences.

आपरेशन (Ap re shan) *m.* surgical operation.

आपस (A pas) *adv.*; ~ का between two or more persons (usu. intimate); ~ की बात private matter (concerning two or more persons); ~ में mutually; ~ में तय करना to settle mutually.

आपसदारी (~ dA ree) *f.* mutual relationship/dealings; ~ की बातें mutual affairs.

आपसवाला (~ VA lA) *adj. & m.* one's own (person).

आपसी (Ap see) *adj.* 1. mutual; यह उनका ~ मामला है It is their mutual affair. ~ संबंध mutual relation. 2. between two or more persons; ~ झगड़ा quarrel between two or more persons.

आपा (A pA) *m.* ego; ~ खोना to lose one's individuality; ~ पीटना to beat one's own body (in rage or sorrow); आपे में न रहना to be anything but one's ownself; उसकी बातें सुनकर मैं आपे में न रह सका His speech really infuriated me. आपे से बाहर होना to lose temper; वह आपे से बाहर हो गया था He was beside himself.

आपात (A pAt) *m.* 1. serious happening. 2. emergency.

आपातकाल (~ kAl) *m.* period of emergency.

आपात-स्थिति (~ - sthi ti) *f.* a sudden serious situation requiring immediate drastic action, emergency.

आपातिक (A pA tik) *adj.* emergent, pertaining to emergency/crisis.

आपाती (a pa tee) *adj.* pertaining to emergency.

आपादमस्तक (A pAd mas tak) *adv.* cap-a-pie, from head to foot.

आपाधापी (A pA dhA pee) *f.* state of confusion or disorder in which everyone is seeking his own interest; सब लोग ~ में लगे थे Everyone was intent upon his own interest.

आपूरित (A poo rit) *adj.* supplied.

आपूर्ण (A poorN) *adj.* full to the brim.

आपूर्ति (A poor ti) *f.* supply.

आपेक्षिक (A pek shik) *adj.* relative; ~ घनत्व relative density.

आपेक्षिकता (~ tA) *f.* relativity.

आप्त (Apt) *adj.* 1. got. 2. reliable, trusted; ~ प्रमाण reliable testimony.

आप्तकाम (~ kAm) *adj.* gratified.

आप्रवास (Ap pra VAS) *m.* immigration.

आप्रवासी (A pra VA see) *m.* an immigrant.

आप्लावन (Ap plA van) *m.* inundation.

आप्लावित (Ap plA vit) *adj.* inundated.

आप्सरिक (Ap sa rik) *adj.* nymphal.

आफ़त (A fat) *f.* 1. trouble, mishap, calamity; यहाँ तो एक न एक ~ लगी ही रहती है There is always some trouble or the other brewing here. ~ आना—*(i)* देश पर एक नई ~ आई है The country is under the visitation of a new calamity. *(ii)* ऐसी कौन-सी ~ आई है Why this hot haste? ~ का मारा harassed by adversity, struck by calamity, unfortunate; ~ खड़ी करना to start a trouble going; ~ ढाना to inflict tyranny/torture; ~ मचाना—*(i)* to create a furore; *(ii)* to make undue haste; ~ में पड़ना to get into trouble; ~ मोल लेना to invite trouble; ~ सिर पर पड़ना to be involved in trouble. 2. a terror; लड़का क्या है निरा ~ है The boy is really a terror. ~ का परकाला too hasty, impetuous.

आफ़िस (A FIS) *m.* office.

आफ़िसर (A Fi sar) *m.* officer.

आब (Ab) *m.* 1. water. 2. lustre, brilliance; उसके चेहरे पर ~ है There is lustre on his face.

आबकारी (Ab KA ree) *f.* excise; ~ महकमा excise department.

आबदस्त (Ab dast) *m.* water used for cleaning oneself after defectation; ~ लेना to use water as a wash (in place of toilet paper).

आबदार (Ab dAr) *adj.* lustrous; ~ चेहरा lustrous face; ~ हीरा brilliant diamond.

आबद्ध (A baddh) *adj.* 1. tied up; ~ कर देना to tie down; नियमों से ~ tied by rules. 2. joined, linked.

आबनूस (Ab noos) *m.* ebony.

आबनूसी (Ab noo see) *adj.* of the colour of ebony, jet-black.

आबपाशी (Ab pA shee) *f.* irrigation.

आबरू (Ab roo) *f.* 1. honour, dignity; ~ उतारना to humiliate/dishonour; ~ ख़ाक में मिलाना to bring (one's) honour to dust; ~ में बट्टा लगना—उसकी ~ में बट्टा लग गया His honour was tarnished. 2. modesty, chastity; ~ लूटना—उसकी ~ लुट गई *(i)* Her modesty was outraged. *(ii)* Her chastity was violated.

आबाद (A bAd) *adj.* inhabited, populated; कभी यह क्षेत्र भी ~ था This area was inhabited some time ago. ~ करना to inhabit.

आबादकार (~ KAr) *m.* settler (s).

आबादी (A bA dee) *f.* population; यहाँ ईसाइयों की ~ 10% है Christian make up 10% of the population.

आबालवृद्ध (A bAl vriddh) *m. (plu.)* children and elders all.

आबेहयात (A be ha yAt) *m.* nectar.

आबोदाना (A bo dA nA) *m.* livelihood; उसका ~ यहाँ से उठ चला है He has to go somewhere else for his livelihood.

आबोहवा (A bo ha vA) *f.* climate; यहाँ की ~ मेरे लिए उपयुक्त नहीं Here the elimate is unsuitable to me. ~ बदलना to change the climate.

आब्दिक (Ab dik) *adj.* yearly, annual.

आभरण (A bha raN) *m.* 1. ornament. 2. maintenance.

आभरित (A bha rit) *adj.* 1. ornamented. 2. maintained.

आभा (A bhA) *f.* 1. splendour, lustre. 2. shade, tinge; ~ मारना to have quite a semblance.

आभामंडल (~ man Dal) *m.* halo.

आभार (A bhar) *m.* obligation, gratefulness; ~ प्रकट / प्रदर्शित करना to express gratitude; अंत में अतिथियों के प्रति मंत्री जी ने ~ प्रकट किया In the end the minister expressed gratitude to the visitors.

आभार-प्रदर्शन (~ - pra dar shan) *m.* expression of gratitude/indebtedness.

आभारी (A bhA ri) *adj.* obliged, grateful; ~ होना to feel obliged/grateful; मैं आपकी सहायता के लिए अत्यधिक ~ हूँ I am deeply grateful to you for your help.

आभार्य (A bhArry) *adj.* obligatory.

आभास (A bhAs) *m.* inkling, hunch, hint, vague idea; मुझे इन कठिनाइयों का ज़रा भी ~ न था I had no inkling of these difficulties. ~ मिलना to have a vague indication; ~ होना to get an inkling/ hunch.

आभासित (A bhA sit) *adj.*; ~ होना—यह आभासित होता था It seemed/appeared.

आभिजात्य (A bhi jAtty) *m.* the state or quality of being अभिजात।

आभूषण (A bhoo shaN) *m.* 1. something that adorns, ornament; लज्जा नारी का ~ होती है Modesty serves as an ornament for a woman. 2. ornamentation.

आभूषित (A bhoo shit) *adj.* richly ornamented; ~ करना to ornament.

आभोग (A bhog) *m.* easement.

आभ्यंतर (Ab bhyan tar) *adj.* inner, internal, interior; ~ कोण interior angle.
m. interior.

आभ्यंतरिक (Ab bhyan ta rik) *adj.* inner, internal.

आभ्युदयिक (Ab bhyu da yik) *adj.* rising.

आमंत्रण (A man traN) *m.* invitation, calling, sending for.

आमंत्रित (A man trit) *adj.* invited, called, sent for; ~ करना to invite; उन्होंने मुझे व्याख्यान देने के लिए ~ किया They invited me to deliver a lecture.

आम (Am) m. mango.
adj. 1. general; ~ चुनाव general election; ~ तौर से usually; ~ हड़ताल general strike. 2. common; ~ आदमी common man; ~ जबान common parlance. 3. public; ~ जलसा public meeting; खुले ~ publicly, in public.

आमद (A mad) *adj.* incoming.
f. 1. income; ~ व ख़र्च income and expenditure. 2. arrival; गेहूँ की ~ intake of wheat; गेहूँ की ~ इस वर्ष ख़ूब हुई This year the intake of wheat was in large amount.

आमदनी (A mad nee, Am da nee) *f.* income; ~ और ख़र्च income and expenditure.

आमदरफ़्त (A mad raFt) *f.* traffic.

आमना-सामना (Am nA - sAm nA) *m.* 1. encounter; कल उससे सड़क पर ~ हो गया Yesterday I encountered him on the road. 2. face to face meeting; आमने-सामने की टक्कर head-on collision.

आमने-सामने (Am ne - sAm ne) *adv.* facing each other, face to face; दोनों घर एक दूसरे के ठीक ~ थे The two houses were just opposite to eachother. ~ खड़े होना to stand face to face.

आम-फ़हम (~ - Fa ham) *adj.*; ~ ज़बान language of the common man.

आमरण (A ma raN) *adv. & adj.* till death; ~ अनशन fast unto death.

आमरस (Am ras) *m.* mango juice.

आमर्ष (A marsh) *m.* 1. resentment. 2. wrath, rage.

आमवात (Am vAt) *m.* a disease characterized by inflammation and pain of the joints, rheumatism and the like.

आमात्य (A mAtty) *m.* counsellor, minister.

आमादा (A mA dA) *adj.* strongly resolved, bent upon, intent; वह जाने के लिए ~ था He was intent on going.

आमाशय (A mA shay) *m.* a large sack like organ in the belly, stomach.

आमिष (A mish) *m.* flesh, meat.

आमिषभोजी (~ bho jee) *adj.* 1. non-vegetarian, meat-eater. 2. carnivorous.

आमीन (A meen) *interj.* amen!

आमुख (A mukh) *m.* preamble.

आमूल (A mool) *adj.* drastic, radical; ~ परिवर्तन radical change, over-all change; ~ परिवर्तनवाद radicalism.

आमोद (A mod) *m.* amusement, pleasure.

आमोदकारी (~ kA ree) *adj.* amusing, pleasing.

आमोद-प्रमोद (~ - pra mod) *m.* merriment, gaiety; वहाँ हम लोग ~ के लिए गए We went there for fun and enjoyment.

आमोद-यात्रा (~ - yAt trA) *f.* pleasure trip.

आमोदित (A mo dit) *adj.* amused.

आम्र (Ammr) *m.* mango.

आय (Ay) *f.* income; उसकी मासिक ~ करीब-

करीब पाँच हज़ार रुपए है His monthly income is about five thousand rupees. ~ के साधन resources of income; अनर्जित~ unearned income; ऊपरी ~ addi-tional income; राष्ट्रीय ~ national in-come.

आयकर, आय-कर (~ - kar) *m.* income tax; आप कितना ~ देते हैं How much income-tax do you pay? सरकार ~ की दर बढ़ाना चाहती है The govern-ment want to increase the rate of income-tax.

आयकरदाता (~ dAtA) *m.* income tax payer.

आयत (A yat) *m.* rectangle.

आयतन (A ya tan, Ay tan) *m.* volume.

आयताकार (A ya tA kAr, Ay tA kAr) *adj.* in the shape of a rectangle, rectangular.

आयन (A yan) *m.* ion.

आय-व्यय (Ay - vyay) *m.* income and expenditure; आपको अपने ~ का हिसाब रखना चाहिए You should keep the account of your income and expenditure. ~ फलक balance sheet.

आय-व्ययक (~ - vya yak) *m.* budget.

आय-स्रोत (~ - srot) *m.* source of income.

आया (A yA) *f.* nurse, female attendant. *adj.* of आना; आए दिन often.

आया-गया (~ - ga yA) *m.* visitor; हमारे यहाँ ~ लगा ही रहता है One or other visitor is always at our door. आए-गए की लाज due regard for a visitor.
v. came and went; दिन आए-गए पर वह नहीं आया Days went past but he never. returned. बात आई-गई होना—बात आई-गई हो गई The matter is put into oblivion.

आयात (A yAt) *m.* 1. import; भारत में बादाम का ~ होता है Almonds are imported into India. 2. importation.

आयातकर्ता (~ kar tA) *m.* importer.

आयात-निर्यात (~ - nir yAt) *m.* import and export.

आयात-शुल्क (~ - shulk) *m.* import duty; ~ बढ़ा दिया गया है The import duty has been raised.

आयातित (A yA tit) *adj.* imported.

आयाम (A yAm) *m.* dimension.

आयामिक (A yA mik) *adj.* dimensional.

आयास (A yAs) *m.* exertion, effort; बिना ~ के effortlessly.

आयु (A yu) *f.* span of life, age; आपकी कितनी ~ है What is your age? उसकी ~ 16 वर्ष की थी She was sixteen years of age.

आयुक्त (A yukt) *m.* commissioner.

आयुध (A yudh) *m.* arms, weapon.

आयुधिक (A yu dhik) *adj.* of or pertaining to arms.

आयुर्वेद (A yur ved) *m.* Ayurved, ancient Indian Medical Science.

आयुर्वेदिक (A yur ve dik) *adj.* pertaining to Ayurved.

आयुष्मती (A yush ma tee) *adj.* fem. of आयुष्मान।

आयुष्मान्, आयुष्मान (A yush mAn) *adj.* having a long span of life.

आयुष्य (A yushshy) *m.* 1. age. 2. life-force.

आयोग (A yog) *m.* a body of experts entrusted with some specific function, commission; विधिक ~ legal commission.

आयोजक (A yo jak) *m.* 1. organiser. 2. planner. 3. convener; वह उस सम्मेलन का ~ था He was the convener of that conference.

आयोजन (A yo jan) *m.* 1. act of organising; आनंद-मेले का ~ organising a fete; सभा का ~ convening a meeting. 2. planning. 3. meeting, conference; वहाँ साहित्यिक ~ हुआ A literary meeting was organised there.

आयोजना (A yo ja nA, A yoj nA) *f.* 1. = आयोजन। 2. plan.

आयोजित (A yo jit) *adj.* 1. convened. 2. organised. 3. planned.

आरंभ (A rambh) *m.* 1. beginning, commencement, start; समाचार कब ~ होते हैं What time is the news on? ~ अच्छा हुआ It was a good beginning. ~ में at/in the beginning; ~ से अंत तक from start to finish, from beginning to end. 2. origin.

आरंभिक (A ram bhik) *adj.* 1. elementary, primary, initial. 2. preparatory.

आरक्त (A rakt) *adj.* red.

आरक्षण (A rak shaN) *m.* reservation; आज मुझे ~ रेलगाड़ी में नहीं मिला I have not got any reservation in the train today. सीट का ~ reservation of a seat.

आरक्षित (A rak shit) *adj.* reserved; ~ करना to reserve.

आरज़ी (Ar zee) *adj.* temporary.

आरज़ू (Ar zoo) *f.* longing.

आरण्य (A raNNY) *m.* jungle, forest.

आरण्यक (A raN Nyak) *adj.* pertaining to a jungle/forest.

आरती (Ar tee) *f.* 1. ceremonial adoration with kindled lamp(s); ~ उतारना to offer homage (with a view to please); ~ करना to perform आरती; ~ लेना to receive आरती, ceremonially as a token of benediction. 2. a pot in which a wick is kindled.

आर-पार (Ar-pAr) *adj.* 1. across; देश के ~ across the country. 2. final, decisive; ~ की लड़ाई decisive war, deciding war. *adv.* from one side to another; ~ करना to go cross.
m. this side and the opposite side of a river, canal etc.

आरब्ध (A rabdh) *adj.* begun, commenced.

आरसी (Ar see) *f.* 1. mirror. 2. a ring-like thumb ornament fitted with a mirror.

आरा (A rA) *m.* saw; आरे से काटना to saw.

आराकश (~ kash) *m.* sawyer.

आराज़ी (A rA zee) *f.* land.

आराधक (A rA dhak) *m.* worshipper.

आराधन (A rA dhan) *m.* = आराधना।

आराधना (A rA dha nA) *f.* 1. worship. 2. adoration, worshipful.

आराधनीय (A rA dha neey) *adj.* adorable.

आराध्य (A raddhy) *adj.* adorable.

आराम (A rAm) *m.* 1. rest; मैं ज़रा ~ कर रहा हूँ I am just resting a bit. ~ हराम है Rest is taboo. 2. comfort; ~ की नौकरी a position that gives the holder status and money without much effort, sinecure; नये पलंग से बड़ा ~ मिला The new bed gave great comfort. 3. relief; चिकित्सा से कुछ ~ है The treatment has given some relief. 4. peace; मेरे दिन ~ से कट रहे हैं I am passing my days in peace. 5. leisure; ~ से leisurely; वे ~ से बातें कर रहे थे They were talking in a leisurely fashion.

आराम-कुर्सी (~ - kur see) *f.* easy chair.

आरामतलब (~ ta lab) *adj.* & *m.* comfort-seeking, easy-going.

आरामतलबी (~ tal bee) *f.* state of being आरामतलब।

आरामदेह (~ deh) *adj.* comfortable, easeful.

आरामपसंद (~ pa sand) *adj.* easy-going.

आरी (A ree) *f.* hand-saw; कलेजे पर ~ चलना to feel pangs of jealousy; गर्दन पर ~ चलाना to do immense harm.

आरूढ़ (A rooRh) *adj.* ascended; ~ होना to ascend.

आरेख (A rekh) *m.* diagram; ~ बनाना to draw a diagram.

आरेखन (A re khan) *m.* act of drawing.

आरोगण (A ro gaN) *m.* cure.

आरोग्य (A roggy) *m.* perfectness of health.

आरोग्य-केंद्र (~ - kendr) *m.* health-centre.

आरोग्यता (~ tA) *f.* see आरोग्य।

आरोग्यप्रद (~ prad) *adj.* conducive to health, health-giving.

आरोग्य-प्रमाणक (~ - pra mA Nak) health-certificate.

आरोग्य-लाभ (~ - lAbh) *m.* regaining of health, convalescence; ~ करना to convalesce.

आरोग्यशाला (~ shA lA) *f.* nursing home.

आरोप (A rop) *m.* accusation, charge, allegation; ~ लगाना to blameaccuse; झूठा~ false accusation/charge.

आरोपण (A ro paN) *m.* attribution; दोषारोपण attribution of blame.

आरोप-पत्र (~ - pattr) *m.* charge-sheet.

आरोप-प्रत्यारोप (~ - prat tyA rop) *m.* recrimination.

आरोपित (A ro pit) *adj.* attributed, ascribed; ~ करना to attribute/ascribe.

आरोह (A roh) *m.* ascent.

आरोह-अवरोह (~ - av roh) *m.* ascent and descent, modulation, cadence.

आरोहण (A ro haN) *m.* the act of mounting on, ascent.

आरोही (A ro hee) *adj.* ascending.
m. rider; अश्वारोही (अश्व+आरोही) rider on a horse, horseman.

आर्जव (Ar jav) *m.* straight-forwardness.

आर्डर (Ar Dar) *m.* 1. a command or instruction, order; मुझे उसके ~ का पालन करना होगा I have to obey his order. 2. a request to supply things; मैंने पुस्तक के लिए ~ भेजा है I have sent an order for the book.

आर्त (Art) *adj.* grieved, distressed, afflicted.

आर्तनाद (~ NAd) *m.* a loud sound expressing sorrow, grief or fear.

आर्तस्वर (~ swar) *m.* note of distress.

आर्थिक (Ar thik) *adj.* 1. economic; ~ समस्या economic problem. 2. monetary; ~ सहायता monetary help. 3. financial; ~ हानि financial loss.

आर्द्र (Ardr) *adj.* 1. humid. 2. wet.

आर्द्रता (~ tA) *f.* 1. humidity. 2. wetness.

आर्द्रतामापी (~ mA pee) *m.* hygrometer.

आर्मी (Ar mee) *f.* army; वह ~ में भर्ती हो गया He has joined army.

आर्य (Arry) *m.* Aryan.

आर्यपुत्र (~ puttr) *m.* form of address used for respectable persons esp. the husband.

आर्यभाषा (~ bhA shA) *f.* language of Aryans.

आर्यसमाज (~ sa mAj) *m.* a reformist school of thought founded by Swami Dayanand Saraswati.

आर्यसमाजी (~ sa mA jee) *adj.* pertaining to आर्यसमाज।
m. one who believes in the doctrine of आर्यसमाज।

आर्यावर्त (Ar ryA vart) *m.* abode of Aryans, northern India.

आर्ष (Arsh) *adj.* pertaining to the ancient sages; ~ प्रयोग ancient (sacred) usage.

आलंकारिक (A laṅ kA rik) *adj.* 1. ornamental. 2. rhetorical, figurative; ~ भाषा figurative language; उसकी भाषा ~ प्रयोगों से लदी है His language is crowded with figurative usages.

आलंब (A lamb) *m.* 1. prop, stay, support. 2. perpendicular.

आलंबन (A lam ban) *m.* 1. support, dependence. 2. generating source of emotion. 3. a person or object serving as the stimulus of a particular रस.

आलंबित (A lam bit) *adj.* supported.

आल-औलाद (Al-au lAd) *m.* off-spring.

आलक़स (Al kas) *m.* = आलस।

आलकसी (Al ka see) *adj.* = आलसी

आलपिन (Al pin) *m.* pin; इन कागज़ों में ~ लगाओ Please fasten these papers with a pin.

आलम (A lam) *m.* 1. world. 2. the people; तमाशा देखने के लिए ~ इकट्ठा हो गया The crowd assembled to see the show.

आलमगीर (~ geer) *m.* conqueror of the world.

आलमपनाह (~ pa nAh) *m.* protector of the world.

आलमारी (Al mA ree) *f.* = अलमारी।

आलय (A lay) *m.* abode, house; चिकित्सालय (चिकित्सा+आलय) hospital; मेघालय (मेघ+ आलय) abode of clouds; विद्यालय (विद्या+ आलय) house of learning.

आलस (A las) *m.* laziness, sloth; ~ आना to feel lazy.

आलसी (Al see) *adj.* lazy, lethargic.

आलस्य (A lassy) *m.* laziness, sloth.

आला (A lA) *adj.* 1. first-rate, excellent; ~ दर्जे का of the first order; यह ~ दर्जे की पुस्तक है This is an excellant book. 2. chief, superior; वज़ीरे आला chief minister.

m. niche.

आलाप (A lAp) *m.* modulation of voice preparatory to singing.

आलापना (a lAp nA) *vi.* to practise आलाप; अपना राग अलापते जाना to harp on the same tune.

आलिंगन (a lin gan) *m.* embrace; ~ करना *(i)* to embrace, *(ii)* to own, to adopt; पूरे गाँव ने ईसाई धर्म का ~ किया The whole village embraced the Christianity.

आलिंगित (a lin git) *adj.* embraced.

आलि (A li) *f.* see आली।

आलिम (A lim) *adj.* scholarly, learned.

आली (A lee) *f.* 1. young female friend (of a girl or woman). 2. line.

आलीशान (A lee shAn) *adj.* grand, stately, majestic, superb.

आलू (A loo) *m.* potato; ~ चिप्स potato chips; ~ दम a vegetable dish prepared of uncut potatoes.

आलूचा (A loo ca) *m.* plum.

आलूबुख़ारा (~ bu KhA rA) *m.* dried plum.

आलेख (A lekh) *m.* 1. graph. 2. literary essay or sketch; यह ग्राम्य जीवन के संबंध में सुंदर ~ है This is a beautiful sketch about the rural life.

आलेखन (A le khan) *m.* 1. drawing of graphs. 2. sketching. 3. dictation.

आलेपन (A le pan) *m.* anointing.

आलोक (A lok) *m.* 1. light. 2. enlightenment.

आलोकित (A lo kit) *adj.* 1. lighted, lit; उसका मुखमंडल ~ हो गया His face lit up. 2. enlightened.

आलोचक (A lo cak) *m.* critic; कड़ा ~ severe critic.

आलोचना (A loc nA) *f.* 1. criticism; मेरी ~ से वह दुखी है My criticism has offended her. कटु ~ severe criticism; ~ करना to criticize. तुम उसकी ~ क्यों करते हो Why do you criticize her? 2. review.

आलोचनात्मक (A loc nAt mak) *adj.* critical.

आलोचित (A lo cit) *adj.* 1. criticized. 2. reviewed.

आलोच्य (A locy) *adj.* 1. fit to be criticized. 2. under criticism/review. 3. subject to criticism.

आलोड़न (A lo Ran) *m.* act of shaking/stirring.

आलोड़ित (A lo Rit) *adj.* stirred.

आल्हा (A lhA) *m.* A metre in Hindi Poetry eulogising the chivalrous deeds of the warriors Alha and Udal.

आवक (A vak) *adj.* incoming.

m. incoming goods.

आवक्ष (A vaksh) *adj.* (a statue) representing head, shoulders and chest; ~ प्रतिमा a bust.

आव-जाव (AV-jAV) *m.* see आना-जाना।

आवधिक (A va dhik) *adj.* (from अवधि) periodic, periodical, terminal.

आव-भगत (AV-bha gat) *f.* hospitality.

आवरण (A va raN) *m.* cover, covering, veil; धुएँ का ~ smoke-pall.

आवरण-पृष्ठ (~ prishTh) *m.* cover page.

आवर्तक (A var tak) *adj.* recurring; ~ अनुदान recurring grant.

आवर्तन (A var tan) *m.* recurrence.

आवर्तित (A var tit) *adj.* recurred.

आवर्ती (A var tee) *adj.* occurring again and again, recurring; ~ खाता recurring account.

आवर्धन (A var dhan) *m.* magnification, aug-mentation.

आवश्यक (A vash shyak) *adj.* extremely important, necessary, essential, indispensable; जीने के लिए हवा ~ है Air is necessary/essential for living. अत्यंत ~ requiring speedy action, urgent.

आवश्यकता (~ tA) *f.* 1. necessity; भोजन और कपड़ा जीवन की आवश्यकताएँ हैं Food and clothing are necessities of life. 2. need; यदि ~ हुई तो मैं बीस घंटे काम करूँगा I will work twenty hours a day if need be.

आवश्यकतानुसार, के (~ nu SAr) *postposition.* according to need.

आवसानिक (AV SA nik) *adv.* terminal; ~ कर terminal tax.

आवागमन (A VA ga man) *m.* 1. coming and going; यात्रियों का ~ coming and going of passangers. 2. transmigration.

आवाज़ (A VAZ) *f.* 1. voice; उसकी ~ अच्छी है He has got a good voice. 2. sound; बगल के कमरे से अजीब आवाज़ें आ रही थीं The strange sounds were coming from the next room. ~ उठाना to raise voice in protest; ~ देना to call out; ~ भर्राना—उसकी आवाज भर्रा गई His voice turned husky. ~भारी होना—उसकी आवाज भारी हो गई His voice turned hoarse. ~ मुँह से न निकलना to be unable to utter a word; कानों में ~ पड़ना to hear randomly.

आवाज़ा (A VA ZA) *m.* an ironical remark, sarcasm; ~ कसना to have a fling (at).

आवा-जाही (A VA-jA hee) *f.* coming and going.

आवारगी (A VAr gee) *f.* vagabondage, loafing.

आवारा (A VA rA) *m.* vagabond, tramp, vagrant, loafer; वह दिन भर आवारों की तरह घूमता रहता है He loafs about whole day like a vagrant. लड़का ~ हो गया है the boy has be come vagrant.
adj. wandering from place to place; ~ पशु an animal roaming at large.

आवारागर्द (~ gard) *adj. & m.* = आवारा।

आवारागर्दी (~ gar dee) *f.* = आवारगी।

आवास (A VAS) *m.* abode, residence; स्थायी ~ permanent residence, domicile.

आवासिक (A VA sik) *adj.* residential.

आवासित (A VA sit) *adj.* domiciled.

आवासी (A VA see) *adj.* residing, resident.

आवासीय (A VA seey) *adj.* residential; ~ विश्वविद्यालय residential university.

आवाहन (A VA han) *m.* 1. invocation (of gods, etc.). 2. call; नवयुवकों का ~ a call to youth.

आविर्भाव (A vir bhAV) *m.* appearance, advent, emergence; नए युग का ~ emergence of a new era; ~ होना to emerge.

आविर्भूत (A vir bhoot) *adj.* 1. appeared, manifested, 2. emerged.

आविष्करण (A vish ka raN) *m.* action of inventing.

आविष्कर्ता (A vish kar tA) *m.* inventor.

आविष्कार (A vish kAr) *m.* 1. action of inventing, invention. 2. a thing that has been invented, invention; ~ करना to invent or create. दूरभाष का ~ कब हुआ When was the telephone invented?

आविष्कारक (A vish kA rak) *m.* inventor.

आविष्कारी (A vish kA ree) *adj.* inventing.

आविष्कृत (A vish krit) *adj.* invented.

आविष्ट (A vishT) *adj.* 1. possessed of; भूत से ~ possessed of an evil spirit. 2. charged with; विद्युत् से ~ charged with electricity.

आवृत (A vrit) *adj.* encircled.

आवृत्त (A vritt) *adj.* 1. repeated. 2. recurred.

आवृत्ति (A vrit ti) *f.* 1. repetition; भूल की ~ repetition of a mistake. 2. frequency.

आवेग (A veg) *m.* 1. force. 2. momentum. (Math.)

आवेदक (A ve dak) *m.* one who applies for something, applicant.

आवेदन (a ve dan) *m.* 1. act of applying; ~ करना to apply. 2. application.

आवेदन-पत्र (~ - pattr) *m.* written application.

आवेदन-प्रपत्र (~ - pra pattr) *m.* application form.

आवेदित (A ve dit) *adj.* applied.

आवेश (A vesh) *m.* flurry of excitement; ~ में आकर in the state of extreme excitement/frenzy.

आशंकनीय (A shaṅ ka neey) *adj.* questionable, doubtful.

आशंका (A shaṅ kA) *f.* 1. apprehension; महामारी की ~ the apprehension of epidemic; हमले की ~ apprehension of an invasion. 2. misgiving; मेरी ~ सच निकली My misgiving came true.

आशंकित (A shaṅ kit) *adj.* filled with apprehension, apprehensive, jittery; ~ नागरिक jittery citizens; ~ होना to be apprehensive or suspicious.

आशंसा (A shan sA) *f.* blessing.

आशना (Ash nA) *m.* 1. acquaintance. 2. one with whom one has illegal (sexual) connection.

आशनाई (Ash nA ee) *f.* 1. acquaintance. 2. illegal connection.

आशय (A shay) *m.* 1. sense, purport, import; मैं आपके प्रश्न का ~ नहीं समझ सका I do not understand the purport of your question. 2. receptacle; पित्ताशय (पित्त+आशय) gallbladder.

आशा (A shA) *f.* hope, ambition, aspiration; उसके आने की कब तक ~ है What time to you expect him back? बादलों ने वर्षा की ~ बँधाई है The clouds promised rain. ~ की किरण ray of hope; ~ -भरा full of hope, hopeful; किसी की आशाओं पर पानी फेरना to throw cold water on (someone's) hopes and ambitions; क्षीण~ feeble hope; पूरी ~ full hope; कुछ-कुछ ~ a little hope.

आशाजनक (~ ja nak) *adj.* causingt hope, full of promise, promising.

आशातीत (~ teet) *adj.* beyond hope expectation; यह पुरस्कार हमारे लिए ~ था This reward was beyond our all expectativeons. ~ सफलता success beyond expectation.

आशा-निराशा (~ - ni rA shA) *f.* hope and despair; ~ में गोते लगाना to hang between hope and despair.

आशान्वित (A shAn vit) *adj.* hopeful, optimistic.

आशापूर्वक (A sha poor vak) *adv.* hopefully.

आशाप्रद (~ prad) *adj.* 1. promising. 2. hope-inspiring.

आशावाद (~ VAd) *m.* optimism.

आशावादिता (~ VA di tA) *f.* hopefulness.

आशावादी (~ VA dee) *adj.* optimistic. *m.* optimist.

आशावान्, आशावान (~ VAn) *adj.* hopeful; हम भविष्य के प्रति ~ हैं We are hopeful about future.

आशिक़ (A shiK) *m.* lover; ~ मिज़ाज given to love making.

आशिक़-माशूक़ (~ - mA shooK) *m.* lover and beloved.

आशिक़ाना (A shi KA nA) *adj.* of or like lovers, amorous; ~ तबीयत amorous temperament; ~ मौसम season/time of love-play.

आशियाना (A shi YA nA) *m.* a structure made by a bird, nest.

आशिष (A shish) *f.* benediction, blessing.

आशीर्वचन (A sheer va chan) *m.* words of blessing.

आशीर्वाद (A sheer VAd) *m.* blessing, benediction; माता-पिता ने इस नई जोड़ी को ~ दिया Parents gave blessings to this new couple. उनके ~ से मैं सफल हुआ I became successful with their blessings.

आशु (A shu) *adj.* quick, speedy; ~ कवि extempore poet; ~ लिपि shorthand; ~ लिपिक stenographer.

आशुगामी (~ gA mee) *adj.* fast, express.

आशुतोष (A shu tosh) *m.* one who is easily pleased, Lord Shiva.

आश्चर्य (Ash carry) *m.* astonishment, wonder, surprise, wonderment; मुझे उसके व्यवहार से ~ हुआ I was surprised by his behaviour. आश्चर्यों का ~ marvel of marvels.

आश्चर्यकारक (~ kA rak) *adj.* causing surprise, amazing, surprising.

आश्चर्यचकित (~ ca kit) *adj.* wonder-struck, bewildered; आप बिल्कुल ~ हो जाएँगे You will be taken aback.

आश्चर्यजनक (~ ja nak) *adj.* wonderful, surprising; astonishing; परिणाम ~ था The result was astonishing. ~ रूप से wonderfully, astonishingly, amazingly.

आश्रम (Ash shram) *m.* 1. hermitage. 2. one of the four stages in the life of a Hindu.

आश्रमवासी (~ VA see) *m.* one who lives in a hermitage, inmate of an आश्रम।

आश्रय (Ash shrya) *m.* 1. shelter; उसने हमें महीनों ~ दिया He gave us shelter for months. 2. support.

आश्रयदाता (~ dA tA) *m.* one who provides shelter/support.

आश्रयहीन (~ heen) *adj.* without shelter/support; ~ होना to be without support. *m.* one who depends on another for support or sustenance, dependant.

आश्रित (Ash shrit) *adj.* dependent.

आश्रित राज्य (~ rAjjy) *m.* dependency.

आश्लिष्ट (Ash shlishT) *adj.* adjoined.

आश्वस्त (Ash shwast) *adj.* assured; ~ करना to assure; उन्होंने मुझे ~ किया कि मेरे परिवार पर ज़रा भी आँच नहीं आएगी They assured me that no harm would come to any member of my family.

आश्वासन (ash shwa san) *m.* assurance; मैं उसके आश्वासनों से संतुष्ट नहीं था I was not satisfied with his assurances. ~ देना to give assurance.

आश्वासनीय (Ash shwA sa neey) *adj.* assurable.

आश्वास्य (Ash shwAssy) *adj.* see आश्वासनीय।

आश्विन (Ash shwin) *m.* seventh month of the Hindu calendar.

आषाढ़ (A shARh) *m.* fourth month of the Hindu calendar.

आसंग (A saṅg) *m.* attachment.

आसंजक (A san jak) *adj. & m.* adhesive.

आसंजन (A san jan) *m.* adhesion.

आसंजित (A saṅ jit) *adj.* attached.

आस (AS) *f.* hope; ~ टूटना—उसकी आस टूट गई He lost all hope; ~ न औलाद neither issue, nor any expectancy thereof; ~ बँधाना to hold out a hope; ~ लगना—मुझे आस लगी है I have been cherishing a hope.

आसकत (AS kat) *f.* laziness, idleness.

आसकती (AS ka tee) *adj.* lazy, idle.

आसक्त (a sakt) *adj.* attached, infatuated, charmed.

आसक्ति (A sak ti) *f.* strong or deep attachment, infatuation, fascination; परिवार के प्रति उसमें गहरी ~ थी He was deeply attached to his family.

आसज्जा (A saj jA) *f.* readiness.

आसन (A san) *m.* 1. seat. 2. act of sitting. 3. posture of sitting; ~ उखड़ना—उसका आसन उखड़ गया He has lost his mooring. ~ लगाना to assume a particular bodily attitude; ~ डोलना feeling insecure/shaky (in office); ~ देना to give a proper seat; ~ हिलना—उसका आसन हिल रहा है His seat is getting unstable. ~ लगाना to take up a posture or seat.

आसन्न (A sann) *adj.* 1. adjacent; ~ कोण adjacent angle. 2. imminent; ~ भय imminent danger. 3. immediate.

आस-पास (AS - pAS) *adv.* near about; क्या ~ कोई होटल है Is there a hotel near here?

आस-पास, के (ke AS - pAS) *postposition.* 1. near; घर के ~ near the house. 2. near in number or time, about; दस के ~ about ten.

आसमान (AS mAn) *m.* sky; ~ छूने लगना to rise to an unprecedented level; चीज़ों के दाम ~ छूने लगे हैं The prices of the commodities have rocketed sky-high. ~ टूट पड़ना falling of the heavan as it were; आसमान थोड़े ही टूट पड़ेगा Heaven won't fall. ~ पर उड़ने लगना to cherish high hopes; ~ पर चढ़ाना to extol to the skies; ~ पर थूकना to try to humiliate the really great (it may act as a boomerang); ~ में छेद करना to attempt the impossible; ~ में छेद होना to rain/pour incessantly; ~ में थिगली लगाना to attempt the impossible; ~ सिर पर उठा लेना to make or cause a lot of noise; ~ से गिरना *(i)* to drop down too low, *(ii)* to get (something) from unknown quarters; ~ से बातें करना (building or mountain) to touch the skies (as it were); ज़मीन- ~ एक करना to leave no stone unturned; ज़मीन- ~ के कुलाबे मिलाना to try to connect things totally un-connected with each other; दिमाग़ ~ पर होना to be vainglorious, to pose as a biggy.

आसमानी (AS mA nee) *adj.* azure, sky-blue.

आसरा (AS rA) *m.* 1. support. 2. means of livelihood. 3. shelter.

आसव (A sav) *m.* wine, liquor.

आसवक (A sa vak) *m.* distiller.

आसवन (A sa van) *m.* distillation.

आसवनी (A sav nee) *f.* distillery.

आसान (A sAn) *adj.* 1. easily done; आलोचना करना ~ है It is easy to criticize. 2. simple, easy, not complicated, not causing difficulty; ~ क़िस्तों में in easy instalments.

आसानी (A sA nee) *f.* 1. easiness; ~ से with

ease; उसने परीक्षा ~ से पास कर ली He passed the examination with ease. 2. convenience. 3. facility.

आसीन (A seen) *adj.* seated; गद्दी पर ~ seated on the throne.

आसुत (A sut) *adj.* distilled.

आसुरी (A su ree) *adj.* devilish, demonic; ~ संपत्ति demonic attainments.

आस्तिक (AS tik) *adj.* theistic.
m. theist.

आस्तिकता (~ TA) *f.* belief in the existence of god, theism.

आस्तीन (AS teen) *f.* sleeve; ~ का साँप a treacherous associate, a foe in the garb of a friend; ~ चढ़ाना to roll up one's sleeves, to prepare to quarrel.

आस्थगन (AS tha gan) *m.* deferment, postponement.

आस्थगित (AS tha git) *adj.* deferred, postponed.

आस्था (AS thA) *f.* faith; हमारी उन पर ~ है We have faith in him. उसकी ~ डगमगा गई His faith was shaken.

आस्थान (AS thAN) *m.* place of sitting.

आस्थावान्, आस्थावान (AS thA VAN) *adj.* loyal and steadfast, faithful, reverent.

आस्मान (AS mAN) *m.* see आसमान।

आस्मानी (AS mA nee) *adj.* see आसमानी।

आस्वाद (AS SWAD) *m.* relish.

आस्वादन (AS SWA dan) *m.* act of relishing, enyoyment of something eaten or drunk.

आस्वादित (AS SWA dit) *adj.* relished.

आस्वाद्य (AS SWAddy) *adj.* palatable.

आह (Ah) *f.* sigh; ~ भरना to heave a sigh; आहें भरना to utter or express with sighing.
interj. used to express grief.

आहट (a haT) *f.* light sound (as of a footstep); ~ मिलना to draw inferences (of somebody's presence) from such a sound; ~ लेना to try to get a clue or hint of (somebody's presence).

आहत (A hat) *adj.* 1. hurt, injured, wounded; ~ अहं wounded ego. 2. punch-marked; ~ मुद्रा punch-marked coin.
m. a person injured in an accident; आहतों को अस्पताल लाया गया The injured were taken to hospital.

आहरण (A ha raN) *m.* 1. act of drawing (amount) from an account, bank etc. 2. amount drawn.

आहा (A hA) *interj.* used to express joy, triumph etc. aha! ~ हम मैच जीत गए Aha! we won the match. ~ कैसा आनंद आया Oh, what a pleasure!

आहार (A hAr) *m.* food, meal, diet.

आहार-विहार (~ - vi hAr) *m.* daily routine like eating, sleeping, merry-making etc.

आहार्य (A hArry) *adj.* eatable, edible.

आहिस्ता (A his tA) *adv.* slowly, leisurely; ~ - आहिस्ता slowly and leisurely.

आहिस्ते (A his te) *adv.* = आहिस्ता।

आहुति (A hu ti) *f.* oblation offered to fire (god); ~ डालना to offer oblation; ~ देना *(i)* to offer oblation, *(ii)* to sacrifice.

आहू (A hoo) *m.* deer.

आहूत (A hoot) *adj.* called, summoned, invited; ~ करना to call or summon.

आहृत (A hrit) *adj.* drawn from an account.

आह्निक (Ah nik) *adj.* daily, diurnal.
m. daily wages.

आह्लाद (Ah lAd) *m.* delight, gladness, joy, mirth, exultation; ~ जनक delightful, gladdening.

आह्लादकारी (~ KA ree) *adj.* delightful, gladdening, jolly.

आह्वान (Ah WAn) *m.* 1. call, summon. 2. invocation.

इ

इ *f.* the third letter of the Nagri alphabet; its sound corresponds to that of i in *sin.* Its sign is ि।

इंगला (iṅ ga lA, iṅg lA) *f.* see इड़ा।

इंगलिश (iṅg lish) *adj.* of England.
f. English.

इंगलिस्तान (~ lis tAn) *m.* England.

इंगलिस्तानी (~ lis tA nee) *adj.* of England, English.
m. Englishman.

इंगित (iṅ git) *m.* gesture, hint, indication; ~ करना to give a hint; उसने मुझे पीछे आने के लिए इंगित किया He beckoned me to follow.

इंगुर (iṅ gur) *m.* = ईंगुर (vermilion).

इंगुरौटी (iṅ gu rau Tee) *f.* a small box in which vermilion is kept.

इंच (inc) *m.* 1. measure of length equal to 2.54 c.m. 2. a small distance; ~ - इंच करके inch by inch.

इंचार्ज (in cArj) *m.* having the charge, in-charge.

इंजन (in jan) *m.* engine; बिजली का ~ electric engine; भाप का ~ steam-engine; रेल का ~ railway engine.

इंजन-ड्राइवर (~ drA i var) *m.* engine-driver.

इंजीनियर (in gee ni yar) *m.* engineer. [H.E. अभियंता]

इंजीनियरिंग (in jee ni ya riṅg) *m.* engineering.

इंजीनियरी (in jee ni ya ree) *f.* engineering.

इंजील (in jeel) *m.* the New Testament.

इंजेक्शन (in jek shan) *m.* injection; ~ देना to inject, to give an injection.

इंटर (in Tar) *m.* an intermediate college.
adj. having passed in termediate examination.

इंट्रैंस (iṅ trains) *m.* entrance. [H.E. 1. प्रवेश, 2. प्रवेश-द्वार]

इंतक़ाल (int KAl) *m.* death; ~ होना to pass away, to expire.

इंतख़ाब (~ KhAb) *m.* 1. selection. 2. election.

इंतज़ाम (~ ZAm) *m.* 1. arrangement; ~ कर देना to arrange (someting) in advance. 2. management.

इंतज़ार (~ ZAr) *f.* wait, waiting; ~ करना to wait; मेरा ~ मत करना Don't wait for me. मुझे बस का दो घंटे ~ करना पड़ा I had to wait two hours for a bus.

इंतहा (in ta hA) *f.* 1. limit. 2. extremity.

इंदराज (in da rAj) *m.* 1. an act of recording in a register. 2. entry.

इंदिरा (in di rA) *f.* Lakshmi, Goddess of Wealth.

इंदीवर (in dee var) *m.* blue lotus.

इंदु (in du) *m.* 1. moon. 2. camphor.

इंद्र (indr) *m.* Lord Indra, God of Rains.

इंद्रजाल (~ jAl) *m.* 1. magic. 2. witchcraft. 3. illusion.

इंद्रजालक (~ jA lak) *m.* magician, juggler.

इंद्रजाली (~ jA lee) *adj.* deceptive, illusive.
m. magician.

इंद्रधनुष (~ dha nush) *m.* rainbow, iris.

इंद्रधनुषी (~ dha nu shee) *adj.* of rainbow colour.

इंद्रनील (~ neel) *m.* sapphire

इंद्रपुरी (~ pu ree) *f.* abode of Indra, heaven.

इंद्रवधू (~ va dhoo) *f.* see बीरबहूटी।

इंद्राणी (in drA nee) *f.* wife of Indra.

इंद्रासन (in drA san) *m.* throne of Lord Indra.

इंद्रिय (in driy) *f.* (physical) organ; कर्म - ~ organ of action; ज्ञान - ~ organ of sense.

इंद्रियग्राह्य (~ grAhhy) *adj.* that can be observed or noticed, perceptible.

इंद्रियजन्य (~ janny) *adj.* pertaining to or obtained through the senses, sensory.

इंद्रियजित (~ jit) *adj.* having full control over the senses and sexual desires.

इंद्रियज्ञान (~ gyAn) *m.* knowledge gained through senses, perception.

इंद्रियदमन (~ da man) *m.* = इंद्रियनिग्रह।

इंद्रियनिग्रह (~ niggrah) *m.* control over senses, temperance.

इंद्रियबोध (~ bodh) *m.* perception.

इंद्रियलिप्सा (~lip SA) *f.* sensual desire, sensuality.

इंद्रियलिप्सु (~ lip su) *adj.* strongly inclined to gratification of senses, sensual.

इंद्रियलोलुप (~ lo lup) *adj. & m.* given to sensual pleasures, running after sensual pleasures.

इंद्रियवाद (~ VAd) *m.* hedonism.

इंद्रियवादी (~ VA dee) *adj.* hedonistic. *m.* hedonist.

इंद्रियवासना (~ vas nA) *f.* sensual desire.

इंद्रियसुख (~ sukh) *m.* pleasure obtained by senses, sensual pleasure.

इंद्रियातीत (in dri YA teet) *adj.* that cannot be obtained through senses, trans-sensual.

इंसान (in SAn) *m.* human being.

इंसानियत (in SA ni yat) *f.* humanity.

इंसानी (in SA nee) *adj.* humane.

इंसाफ़ (in SAF) *m.* justice; ~ करना to do justice; उसने मेरे साथ ~ नहीं किया He has not done justice to me. ~ का घर court of justice; ~ का तक़ाज़ा demands of justice; ~ पाना to get/receive justice; ~ होना—इंसाफ़ होगा Justice will be done.

इंसाफ़पसंद (~ pa sand) *adj.* having a keen sense of justice; justice-loving.

इंस्पेक्टर (ins pek TAr) *m.* inspector. [H. E. निरीक्षक]

इक (ik) *adj. & m.* एक।

इकट्ठा (i kaT THA) *adj.* 1. collected, gathered; ~ करना to accumulate collect/gather. 2. united; वे सब इकट्ठे हैं They are all united. हम लोग इकट्ठे आएँगे We shall come together. इकट्ठे ही all together, in one instalment; सारा रुपया इकट्ठे ही ले लेना Take the whole amount in a single instalment. इकट्ठे होना to assemble.

इकतरफ़ा (ik tar FA) *adj.* 1. exparte; ~ डिग्री exparte decree. 2. unilateral, one-sided.

इकतान (ik tAn) *adj.* 1. unchanging, similar, 2. monotonic.

इकतारा (ik tA rA) *m.* one-stringed musical instrument.

इकतालीस (ik tA lees) *adj. & m.* forty-one.

इकतीस (~ tees) *adj. & m.* thirty-one.

इकन्नी (i kan nee) *f.* an old one-anna coin.

इक़बाल (iK bAl) *m.* 1. acknowledgement of one's offence or crime; गुनाह का ~ confession of a sin. 2. grace, glory; आपके ~ से by your grace.

इक़बालिया (~ bA li yA) *adj.* confessional; ~ बयान confessional statement, confession.

इक़बाली (iK bA lee) *adj.* (one) who confesses.

इक़बाली गवाह (~ ga vAh) *m.* approver.

इक़रार (iK rAr) *m.* 1. promise, commitment. 2. agreement; ~ करना to enter into an agreement.

इक़रारनामा (~ nA mA) *m.* a formal agreement, contract.

इक़रारी (iK rA ree) *adj.* 1. pertaining to an agreement. 2. contractual.

इकलाई (ik lA ee) *f.* a fine variety of cotton साड़ी।

इकलौता (ik lau tA) *adj.* only, single. *m.* an only son.

इकसठ (ik saTh) *adj. & m.* sixty-one.

इकसार (ik sAr) *adj.* 1. uniform. 2. even.

इकहत्तर (ik hat tar) *adj. & m.* seventy-one.

इकहरा (i kah rA) *adj.* single-folded; इकहरे शरीरवाला slim.

इकाई (i kA ee) *f.* unit; ग्राम तौल की ~ है The gram is a unit of weight. ~ दहाई और सैकड़ा unit, tens and hundreds; संगठित ~ organised unit.

इकार (i kAr) *m.* the vowel इ or its sound.

इकारांत (i kA rAnt) *adj.* (word) ending in इ.

इक्का (ik kA) *adj.* single, alone. *m.* 1. an Indian horse-carriage; ~ हाँकना to drive an इक्का। 2. ace (in cards).

इक्का-दुक्का (~ duk kA) *adj. & m.* one or two; इक्के-दुक्के से मैं निपट लूँगा I will deal with one or two.

इक्की (ik kee) *f.* = इक्का ace (in cards).

इक्कीस (ik kees) *adj. & m.* twenty-one.

इक्के-दुक्के (ik ke - duk ke) *adv.* in ones and twos.

इक्केवाला (ik ke vA lA) *m.* 1. driver of इक्का। 2. owner of इक्का।

इक्यानबे (ik kyAn be) *adj. & m.* ninety-one.

इक्यावन (ik kyA van) *adj. & m.* fifty-one.

इक्यासी (ik kyA see) *adj. & m.* eighty-one.

इक्षु (ik shu) *m.* sugarcane.

इख़्तियार (iKh ti yAr) *m.* = अख़्तियार।

इख़्तिलाफ़ (iKh ti lAF) *m.* 1. discord. 2. opposition.

इच्छा (ic chA) *f.* 1. intention, wish, will; अपनी ~ के विरुद्ध against one's will. 2. desire or longing; मुझे धन की इच्छा नहीं I have no desire for wealth. ~ पूरी करना to fulfil (one's) desire.

इच्छानुसार, के (ke ic chA nu sAr) *postposition.* according to one's desire or wish.

इच्छापत्र (~ pattr) *m.* written will.

इच्छाशक्ति (~ shak ti) *f.* will-power.

इच्छित (ic chit) *adj.* intended, desired, wished for; ~ प्रभाव desired effect.

इच्छुक (ic chuk) *adj.* willing, desirous; वह अपनी नौकरी छोड़ने के लिए बेहद ~ है He is too willing to give up his job.

इजरा (ij rA) *m.* 1. issue (of a summons). 2. execution (of a decree).

इजलास (ij lAs) *m.* court, court of justice; हाकिम का ~ court of a judicial officer.

इज़हार (iz hAr) *m.* 1. expression; ग़म का ~ expression of sorrow/grief. 2. demonstration; शिकायतों का ~ demon- stration of grievances. 3. action of making a statement; गवाह का ~ deposition of witness.

इजाज़त (i jA zat) *f.* permission; किसकी ~ से with whose permission; ~ देना to permit; ~ लेना to take/get permission.

इज़ाफ़ा (i zA FA) *m.* increase, augmentation, enhancement.

इजारबंद (i jAr band) *m.* string or lace of a पाजामा।

इजारा (i jA rA) *m.* 1. a contract of lease or rental. 2. monopoly. 3. lease; ~ देना to lease.

इजारेदार (i jA re dAr) *m.* monopoly/lease holder.

इजारेदारी (i jA re dA ree) *f.* state of holding a monopoly.

इज़्ज़त (iz zat) *f.* respect, honour, esteem; बच्चों को अपने माता-पिता की ~ करनी चाहिए The children should show respect for their parents. इन अपराधियों के मन में कानून के लिए कुछ भी ~ नहीं These criminals have no respect for law. आपके प्रति मेरे मन में सबसे ज़्यादा ~ है I hold you in the greatest respect. ~ उतारना to dishonour, to put to disgrace; ~ करना to respect; ~ खोना/गँवाना to lose name/respect/esteem; ~ डुबोना to ruin (one's) reputation; ~ डूबना—उसकी ~ डूब गई His reputation is ruined. ~ देना to pay one's respects, to show respect to someme; ~ पर पानी फेरना—तुमने तो ख़ानदान की ~ पर पानी फेर दिया है You have brought the name of the family into contempt. ~ पर हाथ डालना to attempt to violate (somebody's) modesty; ~ बिगड़ना—उसकी ~ बिगड़ गई He has lost his name. ~ बिगाड़ना to dishonour; ~ मिट्टी में मिलना—उसकी ~ मिट्टी में मिल गई His honour came to dust. ~ में बट्टा लगना to have (one's) reputation sullied; ~ लुटना (i) to lose (one's) reputation, (ii) मेरी (स्त्री) ~ लुट गई My modesty has been outraged. ~ लूटना to outrage (some body's) modesty; दो कौड़ी की ~ —उसकी दो कौड़ी की ~ है His honour goes for a tuppence.

इज़्ज़तदार (~ dAr) *adj.* respectable, honourable.

इज़्ज़तवाला (~ vA lA) *adj.* & *m.* respectable (man).

इटलीवासी (iT lee vA see) *m.* an inhabittant of Italy.

इटालियन (i TA li yan) *adj.* Italian.

इटैलिक (i Tai lik) *adj.* Italic.
m. Italic letters.

इठलाना (iTh lA nA) *vi.* to strut, to show airs; वह इठला-इठलाकर बातें करती है She talks with affectation.

इठलाहट (~ ĥaT) *f.* strut.

इतना (it nA) *adj.* this much, so; मेरी समझ में नहीं आता कि वह ~ स्वार्थी क्यों है I can't understand why he is so selfish. इतने दिनों तक कहाँ रहे Where were you all this time? उसका ~ -सा मुँह निकल आया His face fell. ~ कम so little.
pron. this much; इतने से काम नहीं चलेगा This much will not do. बस ~ ही only this much; ~ समझाया फिर भी तुम न माने All that persuation was wasted on you. इतने पर भी even then, in spite of all this; इतने में just then.

इतबार (it bAr) *m.* = एतबार (faith).

इतमीनान (it mee nAn) *m.* 1. satisfaction-cum-confidence; ~ का आदमी reliable man; ~ से बैठना—ज़रा इतमीनान से तो बैठो Sit in peace a while. 2. conviction; मेरा इतमीनान नहीं हुआ I have not been convinced.

इतर (i tar) *adj.* other, different.

इतराना (it rA nA) *vi.* to put on airs.

इतवार (it vAr) *m.* Sunday.

इतस्तत: (i tas ta tah) *adv.* hither and thither.

इति (i ti) *f.* end, conclusion, finish.

इतिवृत्त (~ vritt) *m.* historical record, chronicle.

इतिवृत्तात्मक (~ vrit tAk mak) *adj.* in the form of chronicle, prosaic.

इतिश्री (~ shree) *f.* finish.

इतिहास (~ hAs) *m.* history; इन घटनाओं ने ~ का रुख बदल डाला These events changed the course of history. यह तो अब ~ की बात है This fact is now no longer relevant. भारतीय ~ Indian history, राजनैतिक~ political history.

इतिहासकार (~ KAr) *m.* historian, writer of history.

इतिहासज्ञ (i ti hA saggy) *m.* one having knowledge of history, scholar of history.

इतिहासवेत्ता (i ti hAS vet tA) *m.* = इतिहासज्ञ।

इत्तफ़ाक़ (it ta FAK) *m.* 1. chance; यह ~ ही था कि हम लोग दिल्ली में मिल गए It was pure/sheer chance that we met in Delhi. ~ से by chance, accidently; ऐसा ~ से हुआ It so happened. 2. unity; हम में ~ होना चाहिए We should have unity in our ranks.

इत्तफ़ाकन (it ta FA KAN) *adv.* by chance.

इत्तला (it ta lA) *f.* information, notice; ~ देना to inform.

इत्तहाद (it ta hAd) *m.* 1. unity. 2. union.

इत्तहादी (it ta hA dee) *adj. & m.* 1. (of) protagonist of a movement. 2. unionist.

इत्यादि (it tyA di) *adv.* so on and so forth, et cetera. (etc.)

इत्र (ittr) *m.* scent, essence; ~ निकालना to extract the essence (for perfumery); ~ लगाना to put purfume in or on something.

इत्रदान (~ dAn) *m.* a vase of perfume, scent case.

इधर (i dhar) *adv.* 1. at or in this place, here; ~ ऐसा नहीं होता It is not so on this side. ~ कोई डाकिया तो नहीं आया Did any postman come this way ? ~ की उधर लगाना / करना to carry tales; ~ की दुनिया उधर हो जाए मैं वहाँ नहीं जाऊँगा Let the world turn topsy-turvy, I will not go there. 2. recently; ~ तुम कभी दिखाई नहीं पड़ते We have not seen much of you recently. ~ या उधर this way or that.

इधर-उधर (~ - u dhar) *adv.* here and there, to and fro; लड़का ~ कहीं होगा The boy must be somewhere close by. किताब ~ हो गई है The book has been misplaced somewhere. ~ करना (i) to disarrange, to misplace, (ii) to shilly-shally; ~ का random, miscellaneous; ~ का आदमी unfamiliar person; ~ की बातें random talk; कुछ ~ की भी हो जाए Let us have some random talk. ~ की हाँकना to talk tall; ~ जाना to go off the way; ~ में रहना to spend time in things off the track; ~ से from unstandard sources.

इन (in) *adj.* these; ~ दिनों these days. *pron.* these people; मैं इनके साथ आया हूँ I came with these persons. इन्होंने मुझे बुलाया है They called me. ~ को them; ~ से (i) from them, (ii) (to) them.

इनकम (in kam) *m.* income. [H.E. आय]

इनक़लाब (in Ka lAb) *m.* revolution; ~जिंदाबाद Long live the revolution.

इनकार (in KAr) *m.* refusal, denial; ~ करना to refuse/deny; कोई ~ नहीं No objection at all; साफ़ ~ कर देना to refuse bluntly.

इनचार्ज (in cArj) *m.* in-charge.

इनफ्लुएंजा (in Flu en jA) *m.* influenza.

इनसान (in SAn) *m.* = इंसान।

इना-गिना (i nA - gi nA) *adj.* counted; सामान ~ था The luggage was very few in number. इनी-गिनी औरतें ही उस मीटिंग में थीं There were very few women in the meeting.

इनाम (i nAm) *m.* prize, reward; ~ देना to award a prize, to give a reward; ~ पाना to get/receive a prize/reward.

क़ K, ख़ Kh, ग़ G, ज़ z, फ़ F; च् c, छ् ch; ट् T, ठ् Th, ड D, ड़ R, ढ Dh, ढ़ Rh; ण् N, ङ ṅ, ञ/न् n; श/ष् sh

इनायत (i nA yat) *f.* favour, grace; ~ करना to do a favour; आपकी ~ है All is O.K. by your grace.

इने-गिने (i ne - gi ne) *adj.* (pl.) a few, very few, a limited few.

इन्हें (i nhẽ, in hẽ) *pron.* them, these; ~ अंदर ले जाओ Take these/them inside.

इफ़रात (iF rAt) *f.* plenty, abundance; यहाँ ~ बैंक हैं There are banks in plenty. देश में तेल की ~ है The country abounds in oil. ~ होना to be in plenty/abundance.

इबरानी (ib rA nee) *adj.* Jewish.

इबादत (i bA dat) *f.* worship; ~ करना to worship.

इबादतख़ाना (~ KHA nA) *m.* place of worship, temple.

इबादतगाह (~ gAh) *f.* = इबादतख़ाना।

इबारत (i bA rat) *f.* written passage.

इब्तिदा (ib ti dA) *f.* beginning, commencement.

इमदाद (im dAd) *f.* help, aid, assistance, subsidy.

इमरती (i mar tee) *f.* an Indian sweet made of paste of a variety of pulse.

इमला (im lA) *m.* dictation; ~ बोलना to dictate (for writing); ~ लिखना to take dictation.

इमली (im lee) *f.* tamarind.

इमाम (i mAm) *m.* Muslim high priest.

इमामदस्ता (i mam das tA) *m.* mortar and pestle.

इमारत (i mA rat) *f.* building; स्कूल की नई ~ तैयार हो गई है The new building of school is ready. ~ खड़ी करना to erect a building; ~ खड़ी होना erection of a building.

इमारती (i mA ra tee) *adj.* of or pertaining to a building; ~ लकड़ी timber.

इम्तहान (im ta hAn) *m.* 1. examination; ~ देना to appear at an examination; ~ में पास होना to pass an examination; लड़का ~ में पास हो गया है The boy has passed the examination. ~ लेना to hold an examination. 2. test; ईश्वर तुम्हारा ~ ले रहा है God is putting you to the test.

इयत्ता (i yat tA) *f.* boundary, limit.

इराक़ (i rAK) *m.* Iraq (Mesopotamia).

इराक़ी (i rA Kee) *adj.* of or pertaining to इराक़।

m. a native or inhabitant of Iraq.

इरादतन (i rA da tan) *adv.* deliberately, wilfully, intentionally.

इरादा (i rA dA) 1. intention, intent; उसका नेक ~ था His intention was good. आज शाम को मेरा बाहर जाने का ~ है I will go out this evening. ~ करना to intend; ~ छोड़ देना to give up (one's) idea; नेक ~ good/pious intention. 2. purpose; किसी इरादे से with some purpose 3. determination.

इर्दगिर्द (ird gird) *adv.* around.

इर्दगिर्द, के (ke ~) *postposition.* around; लोग थाने के इर्दगिर्द इकट्ठे होने लगे People began to gather around the police station.

इलजाम (il zAm) *m.* accusation, charge; ~ लगाना to accuse/charge; पुलिस ने उसपर चोरी का ~ लगाया है The police brought a charge of theft against him.

इलहाम (il hAm) *m.* revelation, enlightenment.

इलाक़ा (i lA KA) *m.* 1. area, region; वह पहाड़ी ~ था That was a mountanous area. 2. territory. 3. estate.

इलाक़ेदार (i lA Ke dAr) *m.* estate holder.

इलाक़ेवार (i lA Ke vAr) *adv.* region-wise.

इलाज (i lAj) *m.* 1. treatment, cure; ~ से परहेज़ अच्छा Prevention is better than cure. ~ करना to treat; दिमाग का ~ कराना to get the disorder of (one's) brain treated. 2. remedy; इस बात का क्या ~ है What is the remedy for this?

इलायची (i lA ya cee) *f.* cardamom; ~ का पुट dash of cardamom; ~ बाँटना to distribute cardamoms as a token of an invitation for a marriage ceremony.

इलायचीदाना (~ dA nA) *m.* 1. seeds of cardamom. 2. small sugar ball with cardamom seed inside.

इलाही (i lA hee) *m.* God, Allah.

इल्तिजा (il ti jA) *f.* request, entreaty; ~ करना to request/entreat.

इल्म (ilm) *m.* 1. learning, knowledge. 2. skill. 3. wisdom.

इल्मी (il mee) *adj.* pertaining to knowledge, educational, academic; ~ दुनिया academic world.

इल्लत (il lat) *f.* 1. ailment, malady. 2. nuisance, botheration; ~ पालना to nurse a nuisance. 3. addiction.

इल्ली (il lee) *f.* caterpillar.

इशारा (i shA rA) *m.* hint, indication; इस संबंध में उसने हमे कोई ~ नहीं किया था He gave us no hint about this. यह लड़का ~ तक नहीं समझता This boy just can't take a hint. इशारे पर चलना to dance to the tune (of); आँख का ~ wink; तुम आँख का ~ नहीं समझते You don't understand the lan-guage of winks. इशारे से बुलाना to beckon.

इश्क़ (ishK) *m.* 1. love. 2. love-play, philandering; ~ करना to philander; ~ लड़ाना to carry on love-play. 3. infatuated fondness.

इश्क़बाज़ (~ bAz) *m.* one who philanders, philanderer.

इश्क़बाज़ी (~ bA zee) *f.* philandering.

इश्तहार (ish ta hAr) *m.* 1. poster. 2. advertisement; ~ छपवाना to get an advertisement printed. ~ लगाना to paste an advertisement. 3. flyer; ~ बाँटना to hand out flyers.

इश्तहारबाज़ी (~ bA zee) *f.* propaganda through advertisement.

इष्ट (ishT) *adj.* desired, wished. *m.* goal.

इष्टदेव (~ dev) *m.* (one's) deity.

इष्ट-मित्र (~ - mittr) *m.* close friends and relations.

इस (is) *pron. & adj.* (form of यह with a postposition attached) this; ~ पर भी even so; ~ प्रकार (i) in this way, (ii) similarly; ~ महीने / वर्ष in this month/ year; ~ समय (i) now, (ii) at present; ~ से पहले before thak; ~ से पहले मैं बैंक में कार्य करता था Before that I worked in a bank.

इसपंज (is panj) *m.* = इस्पंज।

इसपंजी (is pan jee) *adj.* = इस्पंजी।

इसपात (is pAt) *m.* = इस्पात।

इसपेशल (is pe shal) *adj.* special.

इसरार (is rAr) *m.* insistence; ~ करना to insist.

इसलाम (is lAm). *m.* Islam, the religion of the Mohammedans.

इसलामी (is lA mee) *adj.* Islamic.

इसलिए (is li ye) *adv.* 1. for that reason, therefore, hence consequently; पानी बरस रहा था ~ उसने छाता ले लिया It was raining and so he took an umbrella. ~ कि be cause. 2. for this purpose.

इसी (i see) *pron. & adj.* this very; ~ से for this very reason; ~ तरह similarly.

इसीलिए (~ li ye) *adv.* for this very purpose.

इसे (i se) *pron.* him, her, it.

इस्तग़ासा (is ta gA sA) *m.* plaint.

इस्तिरी (is ti ree) *f.* = इस्त्री।

इस्तीफ़ा (is tee FA) *m.* 1. resignation; ~ देना to resign; ~ स्वीकार करना to accept a resignation. 2. a letter of resignation; मुझे उसका ~ मिल गया है I have received her letter of resignation.

इस्तेमाल (is te mAl) *m.* use, application; ~ करना to use/apply; इस मौके का पूरा ~ करें Make full use of this chance. शब्दों का ग़लत ~ मत करें Don't use words wrongly. ~ में लाना to put to use.

इस्त्री (is tree) *f.* an iron; ~ करना to iron.

इस्पंज (is panj) *m.* sponge.

इस्पंजी (is pan jee) *adj.* spongy.

इस्पात (is pAt) *m.* steel.

इस्म (ism) *m.* noun, name.

इस्लाम (is lAm) *m.* = इसलाम।

इस्लामी (is lA mee) *adj.* = इसलामी।

इहलीला (ih lee lA) *f.* earthly existence.

इहलोक (ih lok) *m.* this world.

इहलौकिक (ih lau kik) *adj.* worldly, mundane.

ई

ई (ee) *f.* the fourth letter (vowel) of the Nagari alphabet. Its sound corresponds to that of ee in *meet.* Its sign is ी ।

ईंगुर (ẽẽ gur) *m.* vermilion.

ईंट (eẽT) *f.* 1. brick; ईंटों की दीवार a brick wall; ~ - ईंट बिक जाना—उस मकान की ईंट-ईंट बिक गई Every bit of the house has been sold. ~ का जवाब पत्थर a blow given as return of one received, tit for tat; ~ से ईंट बजना to fight incessantly; ~ से ईंट बजा देना to put up a brave fight; ईंटें पाथना to prepare clay bricks with a mould; कच्ची ~ raw brick; पक्की ~ baked brick; लखौरी ~ small brick. 2. brick-shaped block (of something); सोने की ~ gold brick. 3. diamond (in playing cards).

ईंटा (eẽ TA) *m.* see ईंट।

ईंधन (ẽẽ dhan) *m.* 1. fuel, fire-wood. 2. any material to produce heat or energy.

ईकार (ee KAr) *m.* the letter ई or its sound.

ईकारांत (ee KA rAnt) *adj.* (word) having ई at its end.

ईक्षण (eek shaN) *m.* act of seeing/observing.

ईख (eekh) *f.* sugarcane.

ईजाद (ee jAd) *f.* 1. an act of inventing, invention; ~ करना to invent. 2. something invented, invention.

ईथर (ee thar) *m.* ether.

ईद (eed) *f.* a Mohammedan festival; ~ का चाँद (i) the moon seen on the eve of Id, (ii) one who is seen once in a blue moon, appearing once in a long while.

ईदगाह (~ gAh) *f.* place where congregational Id-prayers are offered.

ईप्सा (eep SA) *f.* wish, desire.

ईप्सित (eep sit) *adj.* wished, desired.

ईमान (ee MAN) *m.* uprightness, truthfulness, honesty, fairness; उसने ~ से कहा कि मैंने तुम्हारी किताब नहीं चुराई He honestly said that he had not stolen my book. ~ की बात तो यह है कि It must be said in all honesty that...; ~ की कहना to say what is right; ~ खोना to lose (one's) integrity; ~ छोड़ना to forsake integrity; ~ डोलना—उसका ईमान डोल गया His integrity is shaken. ~ देना = ईमान छोड़ना; ~ बेचना to sell (one's) conscience; ~ से in an honest way, honestly.

ईमानदार (~ dAr) *adj.* 1. honest. 2. upright, just.

ईमानदारी (~ dA ree) *f.* honesty. integrity, sincerity; किसी को भी मंत्री की ~ पर शक नहीं No one doubts minister's sincerity. ~ से honestly.

ईरान (ee rAN) *m.* Iran, a country in west Asia.

ईरानी (ee rA nee) *adj.* of or pertaining to Iran.

m. inhabitant of Iran.

ईर्ष्य (eershy) *adj.* enviable.

ईर्ष्या (eer shyA) *f.* malice, envy, jealousy;

वे ~ के कारण ही तुम्हारे लिए ऐसी बातें कहते हैं They say such things about you out of envy. ~ करना to envy; वह सचमुच मुझसे ~ करता था He really envied me.

ईर्ष्यालु (~ lu) *adj.* envious, jealous.

ईश (eesh) *m.* God; ~ निंदा blasphemy, talking ill of God.

ईशान (ee shAN) *m.* north-east; ~ कोण north-east corner.

ईश्वर (eesh shwar) *m.* God; क्या तुम ~ पर विश्वास करते हो Do you believe in god? ~ है या नहीं ? Does God exist or does he not? ~ न करे God forbid!

ईश्वरत्व (eesh shwa rattw) *m.* godhood, godliness.

ईश्वरप्रदत्त (~ pradatt) *adj.* god-given, god-gifted.

ईश्वरवाद (~ vAd) *m.* the belief in the exis tence of a God, theism.

ईश्वरवादी (~ VA dee) *adv.* theistic.
m. theist.

ईश्वरीय (eesh shwa reey) *adj.* divine; godly ; ~ देन divine gift.

ईषत् (ee shat) *adj.* very little, partly; ~ विवृत partly open; ~ संवृत partly close.

ईषद् (ee shad) *adj.* ईषत्।

ईसवी (ees vee) *adj.* of or belonging to Jesus Christ; ~ सन् A.D. (Anno Domini).

ईसा (ee SA) *m.* Jesus Jesus Christ.

ईसाइन (~ in) *f.* 1. a Christian lady. 2. wife of a Christian.

ईसाई (ee SA ee) *adj.* 1. pertaining to Christ. 2. Christian; ~ धर्म Christianity.
m. a Christian; यह ईसाइयों का मुहल्ला है This is a chrishian colony. [*Fem.* ईसाइन]

ईसा-पूर्व (~ - poorv) *adj.* before christ, B.C.

ईसामसीह (~ ma seeh) *m.* Christ.

ईहा (ee hA) *f.* wish, desire.

उ

उ (u) *m.* the fifth letter (vowel) of the Nagari alphabet; its sound corresponds to that of *u* in *full*; its sign is ु ।

उंगल (uṅ gal) *f.* 1. finger. 2. the measure equal to the width of a finger.

उँगली (ũg lee) *f.* finger; ~ उठाना to choose (someone) for blame, to pick on; ~ दिखाना to point with a finger; ~ पकड़कर पहुँचा पकड़ना to exploit more and ever more; ~ रखना (i) to put one's finger on, to point out with a finger, (ii) to point out a flaw; उँगलियाँ चमकाना to make pantomimes with fingers; उँगलियों पर नचाना to make one dance to one's tune; उँगलियों पर नाचना to act according to (someone's) bidding; आँखों में ~ करना to do some palpable wrong; कानों में उँगलियाँ देना to turn a deaf ear; दाँतों तले उँगली दबाना to be wonders-truck; पाँचों उँगलियाँ घी में होना to have gains galore.

उँगली-छाप (~ - chAP) *f.* finger-print.

उँघाई (ũ ghA ee) *f.* see ऊँघ (drowsiness).

उंचन (un can) *f.* the string at the foot of a bedstead.

उँडेलना (ũ del nA) *vt.* to pour.

उऋण (u rIN) *adj.* free from debt.

उकठना (u kaTh nA) *vi.* to become dry like wood.

उकड़ूँ (uk Rōō) *m.* the posture of sitting on hands with heels on the ground.

उकताना (uk tA nA) *vi.* to be tired of/fed up/bored.

उकताहट (uk tA haT) *f.* state of being bored, boredom.

उकसना (u kas nA) *vi.* 1. to come up. 2. to sprout/emerge.

उकसाना (uk SA nA) *vt.* 1. to raise. 2. to incite or instigate; उन्होंने श्रमिकों को हिंसा के लिए उकसाया They incited the workers to violence.

उकसाव (uk SAV) *m.* = उकसावा ।

उकसावा (uk SA VA) *m.* excitement, instigation क्या तुम उसके उकसावे पर यहाँ आए हो Have you come here at his instigation?

उक़ाब (u KAb) *m.* eagle.

उकार (u KAr) *m.* the letter उ or its sound.

उकासना (u KAS nA) *vt.* 1. to lay open. 2. to excite.

उकेरना (u ker nA) *vt.* to engrave.

उकेरी (u ke ree) *f.* engraving.

उक्त (ukt) *adj.* aforesaid, above-mentioned; ~ कथन किसी अध्यापक का है Aforesaid statement is of some teacher.

उक्ति (uk ti) *f.* 1. utterance,. remark. 2. saying.

उखड़ना (u khaR nA) *vi.* 1. to be uprooted. 2. to be dislocated (of bones). 3. to be plucked up; उखड़ जाना (i) to be uprooted, (ii) to be dislocated; कोहनी उखड़ गई The elbow dislocated. (iii) to sound unsteady; गवाह उखड़ गया The witness is shaken. उखड़ी-उखड़ी बातें करना to talk gruffly; पैर उखड़ जाना to lose one's hold; रंग उखड़ जाना to lose sway.

उखड़वाना (u khar VA NA) *vt.* to cause to be uprooted or unhinged.

उखली (ukh lee) *f.* a household device for pounding rice, etc.

उखाड़ना (u khAR NA) *vt.* 1. to uproot. 2. to eradicate; उखाड़ देना/डालना to put an end to (something); उन्होंने सती प्रथा को उखाड़ डाला They eradicated the Sati System. गड़े मुरदे ~ to rake up old wounds.

उगना (ug NA) *vi.* 1. to germinate. 2. to grow. 3. to rise; सूरज उग आया The sun appeared on the horizon.

उगलना (u gal NA) *vt.* 1. to vomit. 2. to vomit out; वह सबकुछ उगल देगा He will vomit out everything. आग ~ to eject fire; ज़हर ~ to talk rancourously.

उगलवाना (u gal VA NA) *vt.* to extort a confession.

उगाना (u gA NA) *vt.* 1. to cause to germinate/grow; हथेली पर सरसों ~ to attempt the impossible.

उगाल (u gAL) *m.* the fluid secreted in the mouth, spittle, saliva.

उगालदान (~ dAN) *m.* a receptacle for spit, spittoon.

उगाहना (u gAh NA) *vt.* to collect/realize; लगान ~ कठिन काम है It is difficult to collect land revenue.

उगाही (u gA hee) *f.* 1. act of collecting or realizing. 2. amount collected or realized. 3. recovery.

उग्र (uggr) *adj.* 1. aggressive; ~ विचारधारा aggressive ideology. 2. violent, acrimonious; ~ स्वभाव violent temperament.

उग्रता (~ tA) *f.* 1. aggressiveness. 2. acrimony.

उग्रपंथी (~ pan thee) *adj. & m.* (one) having aggressive ideology, (one) having extreme views.

उग्रवाद (~ vAd) *m.* extremism.

उग्रवादी (~ VA dee) *adj. & m.* extremist.

उग्रह (ug grah) *m.* cessation of an eclipse.

उघड़ना (u ghar NA) *vi.* to be exposed; उघड़कर नाचना to behave shamelessly.

उघाड़ना (u ghAR NA) *vt.* to expose, to disclose.

उघाड़ा (u ghA RA) *m.* unmasking, exposure.

उचंत खाता (u cant khA tA) *m.* suspense account.

उचकना (u cak NA) *vi.* 1. to leap. 2. to spring; उचककर घोड़े पर चढ़ना to leap and sit over a horse. 2. to stand on tip-toe.

उचक्का (u cak KA) *m.* swindler, thief.

उचक्कापन (~ pan) *m.* swindling.

उचटना (u cat NA) *vi.* 1. to become detached or separated from something, to come off; लिफ़ाफ़े पर से टिकट उचटना the coming off of a stamp from an envelope. 2. to get weary of; किसी से / कहीं से मन उचटना to be weary of somebody/some place.

उचाट (u CAT) *adj.* mentally wearied; मन ~ होना/हो जाना to be off the track due to mental weariness.
m. distraction.

उचित (u cit) *adj.* 1. appropriate, fit, right, equitable. 2. justified, proper; ~ समय पर at proper time. 3. reasonable, fitting.

उच्च (ucc) *adj.* 1. high, tall, lofty; ~ कोटि का of a high order; ~ जाति highcaste; ~ न्यायालय high court; ~ पदस्थ holding a high office; ~ स्तरीय top-level. 2.loud; ~ स्वर में loudly. 3. upper; ~ सीमा upper limit. 4. sublime; ~ आदर्श sublime ideal.

उच्चतम (~ tam) *adj.* 1. highest, uppermost ; ~ सीमा upper limit. 2. maximum.

उच्चतर (~ tar) *adj.* higher; ~ माध्यमिक विद्यालय higher secondary school.

उच्चता (~ tA) *f.* 1. height. 2. loftiness; चरित्र की ~ loftiness of character.

उच्च न्यायालय (~ nyA yA lay) *m.* high court.

उच्चरित (uc ca rit) *adj.* 1. uttered. 2. pronounced.

उच्च वर्ग (ucc varg) *m.* upper class.

उच्च शिक्षा (~ shik shA) *f.* high education.

उच्च सदन (~ sa dan) *m.* upper house.

उच्चस्तरीय (ucc sta reey) *adj.* high-level.

उच्चाकांक्षा (uc cA kAṅ kshA) *f.* ambition.

उच्चाकांक्षी (uc cA kaṅ kshee) *adj.* ambitious.

उच्चाटन (uc cA Tan) *m.* magical incantation causing to root out (someone's) erstwhile inclination.

उच्चादर्श (uc cA darsh) *m.* high ideal.

उच्चाधिकारी (uc cA dhi kA ree) *m.* high officer.

उच्चायुक्त (uc cA yukt) *m.* High Commissioner.

उच्चायोग (uc cA yog) *m.* High Commission.

उच्चारण (uc cA raN) *m.* 1. pronunciation; उसका ~ ख़राब है His pronunciation is very poor. ~ करना to pronounce; वह श् का ~ ठीक से नहीं कर सकता He can't pronounce 'sh' properly. 2. articulation, uttering.

उच्चारण-स्थान (~ - sthAn) *m.* place of articulation.

उच्चारणीय (uc cA ra Neey) *adj.* pronounceable, utterable.

उच्चारना (uc car nA) *vt.* to utter.

उच्चारित (uc cA rit) *adj.* = उच्चरित।

उच्चार्य (uc chArry) *adj.* pronounceable, utterable.

उच्चित्र (uc chittr) *adj.* carved out in relief.

उच्छिन्न (uc chinn) *adj.* dilapidated.

उच्छिष्ट (uc chishT) *adj.* residual (leavings).

उच्छ्रू (uc choo) *m.* gasping due to a choking of the wind-pipe.

उच्छृंखल (uc chriṅ khal) *adj.* undisciplined, unruly, boistrous; वह सचमुच ~ लड़की है She is a really cheeky girl.

उच्छृंखलता (~ tA) *f.* 1. indiscipline, unrestrained behaviour, cheekiness. 2. unruly act.

उच्छृंग (uc chriṅg) *m.* cliff.

उच्छेद (uc ched) *m.* 1. extraction. 2. ruin, destruction.

उच्छेदन (uc che dan) *m.* 1. extraction. 2. extirpation, extermination. 3. uprooting.

उच्छ्वास (uc chwAs) *m.* long-drawn breath; ~ लेना to take a long deep breath, to have a sigh.

उछल-कूद (u chal - kood) *f.* gambol, romping, prance, merriment, capering; ~ मचाना to romp; बच्चे बगीचे में ~ मचा रहे हैं The children are romping in the garden. उसने बहुत ~ मचाई He did a lot of capering about. यह सारी ~ धरी रह जाएगी All this frisking will come to nought.

उछलना (u chal nA) *vi.* 1. to jump, to leap, to hop उछल पड़ना—वह ख़ुशी से उछल पड़ा He leaped up in jubilation. 2. to gambol/romp/spring up.

उछलना-कूदना (~ - kood nA) *vi.* 1. to run and jump in a playful way, to hop and jump. 2. to caper/romp.

उछलवाना (u chal VA NA) *vt.* causative of उछालना।

उछाल (u chAl) *f.* leap, jump, hop.

उछालना (~ NA) *vt.* to toss; पैसा ~ to toss a pice; कीचड़ ~ to fling mud, to calumnise; पगड़ी ~ to insult publicly.

उछाला (u chA lA) *m.* a sudden big increase (usu. in prices), leap; आज शेयरों में बड़ा भारी ~ आया है Shares have lept to day astonishingly.

उछाह (u chAh) *m.* = उत्साह।

उजड़ना (u jaR NA) *vi.* 1. to be ruined; परिवार उजड़ गया The family is ruined. 2. to be laid waste; मकान उजड़ गया The house is laid waste.

उजड़वाना (u jaR VA NA) *vt.* to cause to be ruined or destroyed, laid waste, etc.

उजड्ड (u jaDD) *adj.* rough and rude, boor ; लड़का पूरा ~ है The boy is truly boor.

उजड्डपन (~ pan) *m.* boorishness, roughness, rudeness.

उजबक (uj bak) *adj.* stupid, idiotic.

उजरत (uj rat) *f.* 1. remuneration. 2. payment in return for some kind of work or services rendered.

उजरती (uj ra tee) *adj.* ~ काम job work, piece work.

उजला (uj lA) *adj.* 1. white. 2. bright; धूप उजली थी The sunshine was bright; उसके खर्च उजले हैं He spends with a free hand. उसका लेना-देना उजला है He is liberal in his dealings. ~ करना to brighten up; उसने माँ-बाप का चेहरा उजला किया He added lustre to the name of his parents. ~ चेहरा bright face. ~ पक्ष bright side.

उजलापन (~ pan) *m.* 1. whiteness. 2. brightness.

उजागर (u jA gar) *adj.* ~ करना ; to demonstrate publicly; नाम ~ करना—परिवार का नाम उजागर करना to bring name to the family; ~ होना to appear/show itself.

उजाड़ (u JAR) *adj.* 1. desolate, ruined; ~ होना to be desolated. 2. deserted; ~ बनाना to lay waste.

m. a deserted place, wilderness.

उजाड़ना (u JAR NA) *vt.* 1. to ruin. 2. to lay waste, to render desolate.

उजाड़ू (u JA ROO) *adj.* spendthrift, prodigal; धन ~ waster.

उजाला (u JA lA) *adj.* lighted, bright, shining.

m. light, brightness; अँधेरे घर का ~ (i) shining star in a dark sky, (ii) only son in a family.

उजेला (u je lA) *m.* = उजाला।

उज्ज्वल (uj jwal) *adj.* bright, shining, glaring; ~ उदाहरण shining example; ~ भविष्य bright future; उसने माँ-बाप का नाम उज्ज्वल किया He added lustre to the name of his parents.

उज्ज्वलता (~ tA) *f.* brightness, shine.

उज्ऱ (uzzr) *m.* objection.

उज्ऱदार (~ dar) *m.* objector.

उज्ऱदारी (~ dA ree) *f.* objection (sp. one filed in the court).

उझकना (u jhak NA) *vi.* to be on tip-toe, to have a peep.

उटंग (u Tang) *adj.* = उटंगा।

उटंगा (u Tan gA) *adj.* (clothing) a little too short to cover the nether portion of the body.

उठँगना (A Thãg NA) *vi.* 1. to lean against. 2. to recline against some support, to rest.

उठती जवानी (uTh tee ja VA nee) *f.* budding youth.

उठते-बैठते (uTh te - baiTh te) *adv.* all the time, all too often; वह उसे ~ याद करती है She remembers her all the time.

उठना (uTh nA) *vi.* 1. to get to one's feet, to rise; उठकर बैठो get up and sit. 2. to get out of bed, to get up, to wake up; यहाँ लोग जल्दी उठते हैं Here people get up early. 3. to start or to get ready; बरात एक घंटे में उठेगी The marriage procession will start in an hour. दर्द ~ the starting of pain. 4. to come to (one's) mind; तब यह ख्याल मेरे मन में उठा Then this idea occurrred to me. 5. to be erected; दीवार उठ रही है The wall is being erected. उठ जाना (i) to disappear; रिवाज उठ गया है The custom has gone out. (ii) to pass away; बुड्ढा संसार से उठ गया है The oldman has passed away. (iii) to be over, to be closed; कचहरी उठ गई The court rose for the day. साप्ताहिक पैंठ उठ गई The weekly bazar is over. (iv) मकान उठ जाना—मकान किराए पर उठ गया है The house has been rented. (v) खमीर उठ गया है The process of fermentation is now complete. (vi) नाम उठ जाना—उसका नाम दुनिया से उठ गया है His name has gone into oblivion. (vii) अन्न-जल उठ जाना—यहाँ से उसका अन्न-जल उठ गया है The venue of his livelihood is transferred from here. उठ पाना to regain health; अब वह चारपाई से नहीं उठ पाएगी It is difficult for her to regain health. गरज ~—वह गरज उठा He roared out. बात ~—बात उठी है तो सुन लो Hark ye! now that the point has been mooted.

उठना-बैठना (~ - baiTh nA) *m.* close association; हमारा उनका ~ है We are very close. ~ दूभर हो गया है Muscles refuse to behave.

उठवाना (uTh vA nA) *vt.* to cause to elevate, raise, lift, etc.

उठाईगीर (u ThA ee geer) *m.* petty thief, pilferor, swindler.

उठाईगीरी (u Th ee gee ree) *f.* pilferage.

उठाऊ (u Tha oo) *adj.* portable; ~ चूल्हा portable oven, (fig.) rolling stone.

उठान (u ThAn) *f.* height; लड़की की उठान अच्छी है The girl is of good height.

उठाना (u ThA nA) *vt.* 1. to lift; भार ~ to lift a load. 2. to raise, erect; उँगली ~ to point a censuring finger; हाथ ~ to raise hand. 3. to erect; दीवार ~ to erect a wall. 4. to hold; वह बच्चे को उठाए हुए था He was holding a baby. अपना सिर उठाए रखो Hold your head up. 5. to begin/ broach/take up/raise; बात ~ to broach a topic; प्रश्न ~ to raise or put a question. 6. to awaken; मुझे पाँच बजे ~ Awaken me up at five. 7. to take off; मुझे लड़के को स्कूल से उठाना पड़ा I had to remove the boy off the school. उठा देना to abolish; हम लोगों ने यह प्रथा उठा दी है We have done away with this custom. उठा ले जाना (i) to pinch, (ii) to carry away; कुछ उठा न रखना—उन्होंने हमारे लिए कुछ उठा नहीं रखा They spared not-hing for us. खमीर ~ to ferment; गंगाजली~ to swear by a pot of holy Ganga water; चिट्ठी ~ to be able to read letters; ज़िम्मेदारी ~ to bear responsibility; तक़लीफ़ ~ to take the trouble; नाज़ ~ to stand (some one's) coquetry; पर्ची ~ to draw out the lucky one from a lot. प्रश्न ~ to raise a question, mention something for discussion; बात ~ —बात उठाई है तो सुन लो Hark ye! now that you have mooted the point; बीड़ा ~ to undertake a responsibility with a pledge. कोई बात

उठा न रखना to leave no stone unturned. 8. to rent out; मकान किराए पर ~ to rent out a house.

उठाव (u THAV) *m.* 1. height. 2. protuberance.

उड़ंकू (u Raṅ koo) *m.* 1. flier. 2. absconder.

उड़ती ख़बर (uRtee Kha bar) *f.* rumour afloat; ~ है कि उसकी हत्या कर दी गई है Rumour has it that he was murdered.

उड़ती चिड़िया (~ ci Ri ya) *f.* a person difficult to understand; मैं उड़ती चिड़िया पहचानता हूँ I can read through people at a glance.

उड़द (u Rad) *m.* = उरद।

उड़न-क़िला (u Ran - Ki lA) *m.* flying fortress.

उड़न-खटोला (~ - kha TO lA) *m.* flying cot (legendary).

उड़न-छू (~ - choo) *adj.* disappeared, vanished; ~ हो जाना to vanish away to disappear suddenly; हमारी आशाएँ ~ हो गई हैं Our hopes have vanished.

उड़न-झाँई (~ - jhÃ ee) *f.* trickery or false allurement.

उड़न-तश्तरी (~ - tash ta ree) *f.* flying saucer/disc.

उड़न-थाल (~ - thAl) *m.* flying dish.

उड़न-दस्ता (~ - daš tA) *m.* flying squad.

उड़ना (uR nA) *vi.* 1. to fly; चिड़ियाँ उड़ती हैं Birds fly. फतिंगे दीये के चारों ओर उड़ रहे थे Moths were flying around the lamp. उसके बाल हवा में उड़ रहे हैं Her hair are flying in the air. मेरी भूख उड़ गई My appetite fled/vanished. 2. to run fast ; घोड़ा तो मानो उड़ने लगा The horse began to run fast as if flying. कहाँ उड़ें जा रहे हो Where are you speeding off ? 3. to fade; रंग उड़ गया The colour has faded away. 4. to disappear; घड़ी तो उड़ (ही) गई The watch has disappeared. 5. to scatter; कागज़-पत्रों का ~ scattering of papers by the wind. 6. to put on airs; उसे तनिक-सी संपत्ति मिल गई तो उड़ने लगा Having got a bit of property he started putting on airs. 7. to put off; हमसे उड़ो मत Don't try to put us off; don't try to bluff me. ख़बर ~ floating of a rum-our; चेहरे पर हवाइयाँ उड़ना—उसके चेहरे पर हवाइयाँ उड़ी हुई हैं Gone is all the glow of his face. जूते ~—आज उन पर बीसों जूते उड़े He received a good thrashing with shoes today. हवा ~—उसके ख़िलाफ़ हवा उड़ी हुई है Air is rampant against him. उड़ती सी ख़बर news in the air; उड़ती-सी नज़र fleeting glance.

उड़ाऊ (u RA oo) *adj.* extravagant.

उड़ाऊ-खाऊ (~ - khA oo) *adj.* & *m.* squanderer.

उड़ाका (u RA KA) *adj.* flying.

m. a pilot of an aeroplane, aviator, flyer.

उड़ाका दल (~ dal) *m.* flying squad.

उड़ाकू (u rA koo) *m.* aviator.

उड़ान (u RAN) *f.* 1. a journey made by air, flight; यह दिमागी ~ नहीं This is not a brain-wave. 2. a journey made in an aircraft, flight; कोहरे के कारण सभी उड़ानें रदद् कर दी गई हैं All the flights have been cancelled due to fog.

उड़ाना (u RA NA) *vt.* 1. to cause to move through air, to fly; गुड्डी ~ to fly a kite; जहाज़ ~ to fly an aeroplane. 2. to steal or kidnap. 3. to blow up; उसने पुल उड़ा दिया He blew up the bridge. अफ़वाह ~ to spread a rumour; खिल्ली ~ to ridicule; चुटकियों में ~ to trifle away; जूते ~ to pinch a footwear; धज्जियाँ ~ to reduce to shreds; बेपर की ~ to talk tall;

मज़ाक ~ to make fun of, to ridicule; हँसी में ~ to laugh away.

उड़िया (u Ri yA) *f.* the language of the state of Orissa.

m. inhabitant of Orissa.

उड़ीसा (u Ree SA) *m.* an Indian state, Orissa.

उड़ौहाँ (u Rau hÃ) *adj.* flying.

उड्डयन (uD Da yan) *m.* 1. aviation; ~ विभाग aviation department. 2. flight.

उढ़री (uRh ree) *f.* kept woman, concubine.

उढ़ाना (u RhA nA) *vt.* to cover (with some cloth); चादर ~ to cover with a sheet.

उतना (ut nA) *adj. & m.* that much, so much, as much; हमारे लिए ~ यथेष्ट है That much is enough for us. ~ ही काम लो जितना निभा सको Take only as much work as you can manage. ~ ही खाओ जितना पचा सको Eat only as much as you can digest. मुझे फ़िल्म का ~ मज़ा नहीं आया I did not enjoy the film so much.

उतरन (ut ran) *f.* cast-off clothes.

उतरना (u tar nA) *vi.* 1. to get down/off, come down (steps etc.), land. 2. to alight, to dismount; गाड़ी से ~ to alight from a carriage. 3. to fall or diminish; चित्त/निगाह से ~ to fall in one's eyes. 4. to subside; बुख़ार ~ subsiding of fever; बुख़ार धीरे-धीरे उतर गया The fever gradually subsided. 5. to be dis-located; उसका कंधा उतर गया He dis-located his shoulder. 6. to lodge or stay (in someone's house), to put up; कहाँ उतरे हो Where are you putting up ? 7. to fade; धूप में गाड़ी का रंग उतर गया The colour of the car has faded in the sun. 8. (of wrath, etc.) to abate or quieten; उसका क्रोध उतर गया His wrath abated. 9. to come off; मेरे कोट का बटन उतर गया A button has come off my coat. उसका नाम इस क्षण मेरे दिमाग से उतर गया है His name has slipped my mind for the moment. खाल ~ coming off of the skin. आँत ~—उसकी आँत उतर गई है He is suffering from hernia. आबरू ~ (i) to be humiliated, (ii) to lose (one's) reputation; गले न ~ to be unable to swallow; चित्त से उतर जाना—वह बात मेरे चित्त से उतर गई I lost all remembrance of that incident. चेहरा उतर जाना falling of the face; उतर आना to resort to; हिंसा पर उतर आना to resort to violence; वह हिंसा पर उतर आया He resorted to violence. किसी काम के लिए उतर पड़ना to set oneself to some job seriously.

उतरवाना (u tar VA nA) *vt.* 1. to cause to come down, alight, descend etc. 2. (of photo); फ़ोटो ~ to get (oneself) photo-graphed. 3. (of clothes) to strip off. 4. (of hide); खाल ~ to get (some ani-mal) skinned.

उतराई (ut ra ee) *f.* 1. an act of moving from a higher to a lower place, descent. 2. slope. 3. ferry-toll (for crossing a river); पार ~ ferry toll.

उतराना (ut rA nA) *vi.* to float, to be afloat.

उतराव (ut rAV) *m.* decline.

उतार (u tAr) *m.* 1. descent; पहाड़ का ~ descent of the mountain. 2. decline; लोकप्रियता में ~ decline in popularity. 3. last part, fag-end; जाड़े का ~ fag-end of winter. 4. antidote; शराब का ~ antidote of wine.

उतार-चढ़ाव (~ - ca RhAW) *m.* 1. rise and fall, ups and downs. 2. fluctuation; बाज़ार में उतार-चढ़ाव आता ही रहता है The market usually fluctuates.

क़ K, ख़ Kh, ग़ G, ज़ z, फ़ F; च् c, छ् ch; ट् T, ठ् Th, ड D, ड़ R, ढ Dh, ढ़ Rh; ण् N, ङ ṅ, ञ/न् n; श/ष् sh

उतारन (u tA ran) *f.* = उतरन।

उतारना (u tAr nA) *vt.* 1. to take off, to remove; कपड़े उतारना to remove/take off clothes; गर्मी थी इसलिए मैंने कोट उतार दिया It was warm so I took off my coat. 2. to unload goods (from wagon, ship etc.). 3. to bring down. 4. to copy (passage etc., from a book); (किसी की) नक़ल उतारना (i) to imitate, (ii) to copy (somebody), (iii) to mimic. 5. to cause to lodge or stay, to accomodate (as a marriage party in a garden, bungalow etc.). 6. to draw; तस्वीर ~ to draw a picture; (किसी को) गद्दी से ~ to dethrone; (किसी के) गले ~ to make one fully comprehend something; नशा ~ to nullify the effect of intoxication; (किसी की) पगड़ी ~ to insult publicly; भूत ~ to exorcise.

उतारा (u tA rA) *m.* 1. offerings made toward off an evil spirit. 2. act of making such an offering.

उतारू (u tA roo) *adj.* bent upon, fully determined, dead set; किसी काम के लिए ~ हो जाना to be set on doing something.

उतावला (u tA va lA) *adj.* 1. excessively eager. वह राय देने के लिए ~ था He was eager to give his opinion. 2. overready, very impatient, hasty, restive.

उतावलापन (~ pan) *m.* 1. impatience. 2. keen anxiousness.

उतावली (u tA va lee) *f.* 1. excessive eagerness. 2. excessive impatience, hurry, scurry.

उत् (ut) *prefix.* denoting above, over etc.

उत्कंठा (ut kaN ThA) *f.* 1. curiosity. 2. eagerness. 3. longing, craving.

उत्कंठित (ut kaN Thit) *adj.* 1. curious. 2. eager, keenly desirous; ~ होकर eagerly, keenly.

उत्कट (ut kaT) *adj.* ardent, strong, fervent, intense; ~ प्रेम intense love.

उत्कटता (~ tA) *f.* state or quality of being उत्कट, intensity.

उत्कर्ष (ut karsh) *m.* 1. upward movement, rise. 2. excellence, eminence, climax.

उत्कीर्ण (ut keerN) *adj.* 1. engraved, carved, inscribed. 2. carved ouit in relief.

उत्कृष्ट (ut krishT) *adj.* excellent, outstanding, exquisite; उसका व्यवहार ~ था His behaviour was excellent. ~ रचना excellent composition.

उत्कृष्टता (~ tA) *f.* excellence.

उत्केंद्र (ut kendr) *adj.* eccentric.

उत्केंद्रता (~ tA) *f.* (math) eccentricity.

उत्कोच (ut koc) *m.* bribe, illegal gratification.

उत्कोच-ग्रहण (~ - gra haN) *m.* acceptance of bribe.

उत्क्रम (ut kram) *m.* reversal.

उत्क्रमण (ut kra maN) *m.* reversion.

उत्क्रांति (ut krAn ti) *f.* reversal.

उत्क्रोश (ut krosh) *m.* violent anger, wrath.

उत्क्षिप्त (ut kshipt) *adj.* ejected.

उत्क्षेपक (ut kshe pak) *m.* one who ejects.

उत्क्षेपण (ut kshe paN) *m.* 1. throwing upward. 2. ejection. 3. projection (maths).

उत्खनन (ut kha nan) *m.* act of digging, excavation.

उत्तप्त (ut tapt) *adj.* 1. hot. 2. heated. 3. intensely excited.

उत्तम (ut tam) *adj.* 1. most excellent, best; ~ रीति से in the best way. 2. fine, excellent, exquisite; ~ विचार fine/excellent idea; ~ रसोई / भोजन exquisite cuisine. 3. better; वहाँ न जाना ही ~ होगा It will be better not to proceed there.

उत्तमता (~ tA) *f.* fineness, excellence.

उत्तम पुरुष (~ pu rush) *m.* first person (gram).

उत्तमा (ut ta mA) *adj.* excellent, best.
f. a (Hindi) degree of a high standard.

उत्तमावस्था (~ vas thA) *f.* superlative degree.

उत्तमोत्तम (ut ta mot tam) *adj.* magnificent, remarkable, topping, choicest; उन्होंने हमें ~ ग्रंथ दिखलाए They showed us magnificent books. ~ व्यंजन choicest dishes.

उत्तर (ut tar) *m.* 1. north. 2. answer, reply; उनके पास कोई ~ नहीं They have no answer. ~ देना to answer/reply; ~ माँगना to call for an explanation; ~ मिलना (i) to receive a reply, (ii) tallying of answers.

उत्तरजीवन (~ jee van) *m.* survival.

उत्तरजीवी (~ jee vee) *adj.* surviving.
m. survivor.

उत्तरण (ut ta raN) *m.* landing.

उत्तरदाता (ut tar dA tA) *m.* answerable, responsible.

उत्तरदान (ut tar dAn) *m.* bequest, legacy.

उत्तरदायित्व (ut tar dA yittw) *m.* responsibility; ~ निभाना to fulful one's duties; ~ लेना to take/assume responsibility.

उत्तरदायित्वहीन (~ heen) *adj.* irresponsible.

उत्तरदायी (ut tar dA yee) *adj.* responsible; ~ शासन responsible government.

उत्तरपक्ष (ut tar paksh) *m.* respondent.

उत्तरपद (ut tar pad) 1. last term of a proportion. (maths) 2. last part of a compound word, as रत in कार्यरत।

उत्तर-पश्चिम (ut tar- pash cim) *adj.* north-west, north-western.

उत्तर-प्रत्युत्तर (~ - prat tyut tar) *m.* 1. question and answer. 2. argument and counter-argument.

उत्तर-प्रभाव (~ - pra bhAV) *m.* after-effect.

उत्तरवर्ती (~ var tee) *adj.* next to, following in order, coming, subsequent; ~ घटनाओं ने मुझे सही सिद्ध किया Subsequent events proved me right.

उत्तराधिकार (ut ta rA dhi kAr) *m.* 1. succession; ~ प्रमाणक succession certificate. 2. the right to inherit, inheritence; उसे यह संपत्ति ~ में मिली He inherited this property.

उत्तराधिकारिणी (ut ta rA dhi KA ri Nee) *f.* 1. female successor. 2. inheritrix.

उत्तराधिकारी (ut ta rA dhi KA ree) *m.* 1. one who takes the place of another, successor; लाल बहादुर शास्त्री नेहरू जी के ~ हुए Lal Bhadur Shastri was the successor of Pt. Nehru. 2. inheritor.

उत्तरायण (ut ta rA yaN) *m.* 1. summer solstice. 2. (of sun) heading towards the tropic of cancer.

उत्तरार्ध (ut ta rArdh) *m.* 1. latter half part. 2. northern hemisphere.

उत्तरी (ut ta ree) *adj.* northern; ~ ध्रुव north pole.

उत्तरीय (ut ta reey) *m.* an upper outer garment.

उत्तरोत्तर (ut ta rot tar) *adj.* 1. successive. 2. gradual.
adv. 1. successively. 2. by and by, gradually; स्थिति ~ गंभीर होती गई Gradually the situation became critical.

उत्तरोत्तरता (~ tA) *f.* 1. succession. 2. graduality.

उत्तल (ut tal) *adj.* convex.

उत्तलता (~ tA) *f.* convexity.

उत्तलावतल (ut ta lA va tal) *adj.* convexo-concave.

उत्तान (ut tAn) *adj.* lying on the back.

उत्ताप (ut tAp) *m.* intense heat; मानसिक ~ (mental) agony.

उत्ताल (ut tal) *adj.* (rising) very high; ~ तरंग very high wave, billow.

उत्तीर्ण (ut teerN) *adj.* passed, successful; वह प्रतियोगिता में ~ हुआ He was successful in the competition.

उत्तुंग (ut tuṅg) *adj.* high, lofty.

उत्तेजक (ut te jak) *adj.* 1. provocative, exciting, instigating; उसने ~ भाषण दिया He made a provocative speech. 2. stimulating.

उत्तेजन (ut te jan) *m.* 1. excitation, excitement, provocation. 2. stimulation.

उत्तेजना (ut te ja NA) *f.* excitement, agitation; ~ फैलाना to spread excitement.

उत्तेजनापूर्ण (~ pooRN) *adj.* provocative, full of provocation, inflammatory; वातावरण ~ था The atmosphere was provocative.

उत्तेजित (ut te jit) *adj.* 1. provoked, excited. 2. sexually aroused; ~ करना (i) to provoke/incite, (ii) to make somebody feel sexual desire; ~ करनेवाला titilating, exciting; (iii) to stimulate; ~ होकर being provoked.

उत्तोलक (ut to lak) *m.* 1. lift. 2. lever. 3. crane.

उत्तोलन (ut to lan) *m.* 1. act of lifting (by lever, crane, etc.). 2. hoisting (of flag).

उत्थान (ut thAN) *m.* rise, advancement; मुगल साम्राज्य का ~ और पतन rise and fall of the Moghal empire; ~ करना to uplift.

उत्थापन (ut thA pan) *m.* 1. elevation, uplifting, upraising. 2. awakening.

उत्थित (ut thit) *adj.* 1. elevated, uplifted. 2. awakened. 3. aroused.

उत्पत्ति (ut pat ti) *f.* 1. production; ~ के साधन means of production. 2. creation, origin; सृष्टि की ~ creation of the universe. 3. produce.

उत्पन्न (ut pann) *adj.* 1. born. 2. produced; ~ करना (i) to produce; अच्छी भूमि अच्छी फसल ~ करेगी Good soil will produce fine crop. उसने रगड़ से आग ~ की He produced fire by friction, (ii) to engender/create, (iii) procreate; ~होना 1. to be born. 2. to emerge/germinate.

उत्पाटन (ut pA Tan) *m.* extirpation.

उत्पाटित (ut pA Tit) *adj.* extirpated.

उत्पात (ut pAt) *m.* 1. mischief, naughty conduct or act; ~ मचाना to get into mischief; कल बंदरों ने यहाँ ख़ूब ~ मचाया Yesterday monkeys wreaked havoc here. 2. disturbance, nuisance. 3. riot, violence.

उत्पाती (ut pA tee) *adj.* trouble-maker, mischievous.

m. one who creates disturbance, miscreant.

उत्पाद (ut pAd) *m.* 1. produce, yield. 2. product.

उत्पादक (ut pA dak) *adj.* 1. producing. 2. productive, creating.

m. producer.

उत्पादकता (~ tA) *f.* productivity.

उत्पादन (ut pa dan) *m.* 1. production. 2. produce; ~ - क्षमता productivity; ~ - शक्ति productivity; ~ - शुल्क excise duty. 3. total production, output.

उत्पादित (ut pA dit) *adj.* produced; ~ करना to produce.

उत्पाद्य (ut pAddy) *adj.* that can be produced manufactured.

उत्पीड़क (ut pee Rak) *adj.* oppressive, cruel, vexatious.

m. oppressor, persecutor.

उत्पीड़न (ut pee Ran) *m.* oppression, persecution, vexation.

उत्पीड़ित (ut pee Rit) *adj.* vexed, oppressed, persecuted; ~ करना to annoy (someone) continually, persecute, victimaize.

उत्प्रवास (ut pra VAS) *m.* 1. sojourn abroad. 2. emigration.

उत्प्रवासी (ut pra VA see) *m.* 1. sojourner. 2. emigrant.

उत्प्रेक्षा (ut prek shA) *f.* a kind of simile (a figure of speech).

उत्प्रेरक (ut pre rak) *adj.* catalysing, stimulating.

m. catalysing agent, catalyst.

उत्प्रेरण (ut pre raN) *m.* catalysis, stimulation, activation.

उत्प्रेरित (ut prek rit) *adj.* catalysed, activated.

उत्फुल्ल (ut phull) *adj.* 1. blossomed. 2. full of good cheers, merry.

उत्फुल्लता (~ tA) *f.* blossoming.

उत्स (uts) *m.* 1. fountain. 2. source.

उत्सर्ग (ut sarg) *m.* 1. abandonment. 2. sacrifice. 3. something abandoned/sacrificed.

उत्सर्जन (ut sar jan) *m.* 1. act of abandoning. 2. sacrifice.

उत्सव (ut sav) *m.* festival, festive event; ~ मनाना to celebrate a festival.

उत्साह (ut sAh) *m.* enthusiasm, zeal; संगीत के प्रति उसमें अत्यधिक ~ है He shows great zeal for music. ~ दिखाना to show enthusiasm; ~ बढ़ाना to encourage; ~भंग करना to lower the morale (of); ~से भरा full of zip, very enthusiastic, courageous.

उत्साहपूर्वक (~ poor vak) *adv.* enthu-siastically, zealously.

उत्साहवर्धक (~ var dhak) *adj.* enthusiastic, encouraging.

उत्साहवर्धन (~ var dhan) *m.* encouragement.

उत्साहित (ut SA hit) *adj.* filled with enthusiasm, encouraged; ~ करना to encourage; हमें इन प्रशिक्षार्थियों को निजी कारोबार करने के लिए ~ करना चाहिए We should encourage these trainees to set up their own business.

उत्साही (ut SA hee) *adj.* enthusiastic.

m. enthusiast.

उत्सुक (ut suk) *adj.* 1. anxious, eager; पाकिस्तान भारत के साथ त्रिपक्षीय शृंखला बँगलादेश में खेलने के लिए ~ है Pakistan is keen to play triangular series against India in Bangla Desh. 2. curious.

उत्सुकता (~ tA) *f.* 1. eagerness, impatience; ~ से eagerly. 2. curiosity.

उत्सुकतापूर्वक (~ poor vak) *adv.* eagerly; मैं उसकी उत्सुकतापूर्वक प्रतीक्षा कर रहा थां I was awaiting him eagerly.

उत्सेध (ut sedh) *m.* elevation.

उथल-पुथल (u thal-pu thal) *f.* upheaval, violent change in affairs, turmoil; ~ मचाना to create a turmoil, to cause an upheaval; ~ होना the state of things being topsy-turvy.

उथला (uth lA) *adj.* 1. not deep, shallow. 2. (a person) not capable of thinking seriously, unintelligent.

उथलापन (~ pan) *m.* shallowness.

उदग्र (u daggr) *adj.* vertical.

उदजन (ud jan) *m.* hydrogen; ~ बम hydrogen bomb.

उदधि (u da dhi) *m.* sea, ocean.

उदय (u day) *m.* rise; सूर्योदय sunrise; भाग्योदय rise in fortune.

उदयास्त (u da yAst) *m.* rising and setting (as of sun).

उदर (u dar) *m.* abdomen, belly, stomach.

उदरपाद (~ pAd) *m.* gastropod.

उदरपिशाच (~ pi shAC) *m.* a person who eats too much, glutton.

उदरपूर्ति (~ poor ti) *f.* sustenance; ~ करना to make ends meet, manage to live.

उदरशूल (~ shool) *m.* colic pain.

उदरस्थ (u da rasth) *adj.* swallowed; ~ करना to stomach, to swallow.

उदरीय (u da reey) *adj.* abdominal.

उदात्त (u dAtt) *adj.* 1. lofty, sublime. 2. pronounced with sharp tone, acute.

उदार (u dAr) *adj.* liberal, broad-minded, benevolent, generous; अत्यंत ~ munificent.

उदारचेता (~ ce tA) *adj.* broadminded, magnanimous.

उदारता (~ tA) *f.* liberality, broadmindedness, generosity.

उदारतावाद (~ vAd) *m.* liberalism.

उदारीकरण (u dA ree ka raN) *m.* liberalization; ~ के सुफल अभी तक गरीबों तक नहीं पहुँचे The fruits of liberalization have not yet reached the poor.

उदास (u dAs) *adj.* sad, morose, gloomy, dejected; ~ चेहरा long face, drawn face; ~ रंग gloomy colour (as if fainted); ~ रात gloomy night.

उदासी (u dA see) *f.* sadness, gloom; वह कई दिनों तक ~ में डूबा रहा He remained sunk in gloom for several days. ~ के दिन dreary days.

उदासीन (u dA seen) *adj.* sharing or having no interest towards something or someone, indifferent, apathetic; सभी दल सामान्य आदमी की समस्याओं के प्रति ~ हो गए हैं All the parties have become apathetic to the problems of the common man.

उदासीनता (~ tA) *f.* lack of interest or feeling towards someone, indifference, apathy.

उदाहरण (u dA ha raN) *m.* example, instance; ~ के लिए for example/instance; ~ देना to cite or give an instance/example; ~ प्रस्तुत करना/रखना to set an example; उन्होंने हमारे सामने एक उत्कृष्ट ~ रखा है He has set an excellent example before us.

उदाहरणत: (~ taḥ) *adv.* for example.

उदाहरणतया (~ ta yA) *adv.* for example.

उदाहरणस्वरूप (~ swa roop) *adv.* as an example.

उदाहरणात्मक (~ dA ha ra NAt mak) *adj.* exemplary.

उदाहरणार्थ (u dA ha ra NArth) *adv.* as for example.

उदित (u dit) *adj.* risen, ascended.

उदीची (u dee cee) *f.* north direction.

उदीच्य (u deecy) *adj.* northern.

उदीयमान (u deey mAn) 1. rising. 2. promising.

उद्गम (ud gam) *m.* source, origin; नदी का ~ origin of a river.

उद्गमस्थल (~ sthal) *m.* place or point of origin.

उद्गार (ud gAr) *m.* expression of one's emotions/feelings; उसने अपने उद्गारों को सौम्यता से प्रकट किया He expressed his feelings humbly.

उद्गीत (ud geet) *m.* anthem.

उद्घाटक (ud ghA Tak) *adj. & m.* (one) who inaugurates.

उद्घाटन (ud ghA Tan) *m.* 1. inauguration; ~ भाषण inaugural speech; राष्ट्रपति का ~ भाषण बहुत बढ़िया रहा The inaugural speech of the President was excellent. ~ करना to inaugurate. ~ भाषण inaugaral spcceh. 2. revealing; रहस्य का ~ revealing of a secret.

उद्घाटनोत्सव (ud ghA Ta not sav) *m.* inauguration ceremony.

उद्घाटित (ud gha TIT) *adj.* 1. inaugurated; ~ करना to inaugurate. 2. revealed; ~ करना to reveal.

उद्घोष (ud ghosh) *m.* 1. loud call. 2. the action of proclaiming, announcement, proclamation.

उद्घोषक (ud gho shak) *m.* an announcer, proclaimer.

उद्घोषणा (ud gho sha NA) *f.* proclamation ; राजकीय ~ official proclamation.

उद्घोषित (ud gho shit) *adj.* announced, proclaimed.

उद्दंड (ud danD) *adj.* 1. (one) who holds a raised club to strike. 2. rude and impertinent, arrogant.

उद्दंडता (~ TA) *f.* 1. state or quality of being उद्दंड। 2. any rude action or behaviour, brazen act; उसे इस ~ के लिए दंड मिलना चाहिए He should be penalized for this brazen act.

उद्दाम (ud dAm) *adj.* 1. unbound, unrestrained. 2. strong, powerful.

उद्दिष्ट (ud dishT) *adj.* set aside for particular purpose, earmarked.

उद्दीपक (ud dee pak) *adj.* stimulating. *m.* stimulant.

उद्दीपन (ud dee pan) *m.* stimulation.

उद्दीप्त (ud deept) *adj.* stimulated.

उद्देश्य (ud dehshy) *m.* 1. aim, motive, object. 2. purpose; ~ से on purpose. 3. subject with its enlargements. (Grammar)

उद्धत (ud dhat) *adj.* overbearing, domineering, haughty.

उद्धतता (~ TA) *f.* state or quality of being उद्धत।

उद्धरण (ud dha raN) *m.* 1. quotation, excerpt; ~ देना to quote. 2. citation.

उद्धरणी (ud dha ra NEE) *f.* recital.

उद्धार (ud dhAr) *m.* rescue, deliverance, redemption; ~ करना to rescue.

उद्धार-गृह (~- grih) *m.* rescue-home.

उद्धारक (ud dhA rak) *m.* rescuer, redeemer.

उद्धृत (ud dhrit) *adj.* 1. quoted. 2. cited.

उद्बुद्ध (ud buddh) *adj.* enlightened.

उद्बोध (ud bodh) *m.* enlightenment.

उद्बोधन (ud bo dhan) *m.* 1. awakening, 2. consciousness. 3. knowledge.

उद्भट (ud bhaT) *adj.* great, pre-eminent; ~ विद्वान great scholar, scholar par exce- llence.

उद्भव (ud bhav) *m.* 1. coming into existence, birth. 2. origin; ~ और विकास origin and development.

उद्भाव (ud bhAv) *m.* = उद्भावना।

उद्भावना (ud bhAV NA) *f.* imagination, thought, conception, fancy; यह ~ वाजपेयी जी की है This is Vajpai's conception.

उद्भास (ud bhAs) *m.* 1. illumination, radiance, lustre. 2. appearance.

उद्भासित (ud bhA sit) *adj.* 1. illuminated, radiant, lustrous. 2. appeared.

उद्भिज (ud bhij) *adj.* vegetative, sprouting from the ground. *m.* vegetation.

उद्भूत (ud bhoot) *adj.* produced, appeared, emerged.

उद्भेद (ud bhed) *m.* = उद्भेदन।

उद्भेदन (ud bhe dan) *m.* 1. sprouting. 2. coming out after breaking through. 3. breaking open.

उद्भ्रम (ud bhram) *m.* rotation, wandering.

उद्भ्रमण (ud bhra maN) *m.* rotating, wandering.

उद्भ्रांत (ud bhrAnt) *adj.* 1. bewildered, distracted. 2. confused.

उद्यत (ud dyat) *adj.* ready, bent upon,

fully prepared; वह सदा लड़ने के लिए ~ रहता है He is always ready to fight.

उद्यम (ud dyam) *m.* 1. diligence, strenuous effort, exertion. 2. enterprise. 3. business, pursuit.

उद्यमशील (~ sheel) *adj.* = उद्यमी।

उद्यमी (ud dya mee) *adj.* energetic, diligent, enterprising, industrious.
m. entrepreneur.

उद्यान (ud dyAn) *m.* garden, park.

उद्यान-गृह (~ - grih) *m.* garden house.

उद्यान-गोष्ठी (~ - gosh Thee) *f.* garden party.

उद्योग (ud dyog) *m.* 1. endeavour; ~ करना to endeavour. 2. industry; उद्योगों का राष्ट्रीयकरण Nationalization of industries; उद्योगों का विकेंद्रीकरण decentralization of industries; ~ संबंधी झगड़े industrial disputes.

उद्योग-धंधा (~ - dhan dhA) *m.* industry.

उद्योगपति (~ pa ti) *m.* industrialist.

उद्योगशील (~ sheel) *adj.* industrious.

उद्योगी (ud dyo gee) *adj.* industrious, diligent.
m. industrialist.

उद्योगेतर (ud dyo ge tar) *adj.* non-industrial; ~ समस्याएँ non-industrial problems.

उद्योत (ud dyot) *m.* light, lustre.

उद्रेक (ud drek) *m.* 1. exuberance, excess. 2. prominence. 3. beginning.

उद्वासन (ud vA san) *m.* 1. displacement. 2. ruin, destruction, devastation.

उद्वासित (ud vA sit) *adj.* 1. displaced. 2. uprooted, devastated.

उद्विग्न (ud vign) *adj.* perturbed, agitated; उसके ताने से वह अत्यंत ~ हो उठा Her taunt stirred him utmost.

उद्विग्नता (~ tA) *f.* perturbation, agitation.

उद्वेग (ud dveg, ud veg) *m.* an impelling force, impulse, surge, impetus; क्रोध के ~ में under the impulse of anger.

उद्वेगकारी (~ kA ree) *adj.* 1. impulsive. 2. vexatious.

उद्वेलन (ud dve lan) *m.* 1. ebullience. 2. agitation, perturbation, stir; उसकी पुस्तक से सारे समाज में ~ उठ खड़ा हुआ His book caused a stir in the society.

उद्वेलित (ud ve lit) *adj.* 1. ebullient. 2. agitated, perturbed.

उधड़ना (u dhaR nA) *vi.* to be unsewn; चमड़ी ~ —उसकी चमड़ी उधड़ गई His skin was torn off.

उधर (u dhar) *adv.* 1. towards that place, thither. 2. on that side; इधर और ~ hither and thither. ~ की राम जाने God alone knows what happened thither. ~ से from that side; ~ ही उधर only thither, thither alone.

उधार (u dhAr) *m.* debt, loan, credit; ~ खाए बैठना to be bent upon; ~ देना to lend, to give on credit; जिस आदमी ने तुम्हें ~ दिया है उसका नाम क्या है What is the name of the person who lent you the money? धन ~ न दें क्योंकि उसे फिर से प्राप्त करना सरल नहीं Don't lend money as it will be not easy to get it back. ~ लेना to borrow, to take on credit; ~ खाता credit register/account; ~ बिक्री credit sales.

उधारदाता (~ dA tA) *m.* a lender.

उधारी (u dhA ree) *m.* one who has taken a loan, borrower.
f. loan.

उधेड़ना (u dheR nA) *vi.* to unweave/unroll/unsew.

उधेड़-बुन (u dheR-bun) *f.* state of indecisiveness; ~ में पड़ना to be in a fix; वह इस ~ में पड़ी थी कि शादी राम से करूँ या मोहन

से She was in a dilemma as to marry Ram or Mohan.

उन (un) *pron. & adj.* plu. of उस; those; ~ दिनों in those days, at that time; ~ का their, theirs; ~ को them.

उनचास (un CAS) *adj. &. m.* forty-nine, 49.

उनतालीस (un tA lees) *adj. & m.* thirty-nine, 39.

उनतीस (un tees) *adj. & m.* twenty-nine, 29.

उनसठ (un saTH) *adj. & m.* fifty-nine, 59.

उनहत्तर (un hat tar) *adj. & m.* sixty-nine, 69.

उनासी (u nA see) *adj.* seventy-nine, 79.

उनींदा (u neẽ dA) *adj.* sleepy, drowsy.

उन्नत (un nat) *adj.* 1. elevated, high. 2. lofty; ~ विचार lofty ideas. 3. advanced, developed; यह प्रदेश अन्य प्रदेशों की अपेक्षा अधिक ~ है This region is more advanced than other regions. ~ उद्योग advanced industry.

उन्नति (un na ti) *f.* 1. advancement, progress; पिछले पचास वर्षों में इस संस्था ने बहुत अधिक ~ की है This institution has made a lot of progress during last fifty years. भौतिक ~ material advancement. 2. rise, increase; वेतन में ~ increase in salary; पदोन्नति rise in rank/status, promotion. 3. development, improvement; हमारे धंधे में कुछ ~ नहीं हुई There is no improvement in our business.

उन्नतिशील (~ sheel) *adj.* developing, progressive.

उन्नतोदर (un na to dar) *adj.* convex.

उन्नयन (un na yan) *m.* lifting up, uplifting.

उन्नाबी (un nA bee) *adj.* light maroon.

उन्नायक (un nA yak) *m.* one who uplifts, uplifter; राष्ट्र के ~ uplifters of the nation.

उन्नासी (un nA see) *adj. & m.* seventy-nine, 79.

उन्निद्र (un niddr) *adj.* insomniac, sleepless.

उन्निद्र रोग (~ rog) *m.* (med.) habitual inability to sleep, insomnia.

उन्नीस (un nees) *adj. & m.* 1. nineteen, 19. 2. inferior; low or lower in importance inferior; उसका काम मेरे काम से ~ है His work is inferior to mine. ~ - बीस का अंतर slight difference; ~ - बीस होना to be slightly better or worse; किसी से ~ होना to be inferior to.

उन्मत्त (un matt) *adj.* 1. intoxicated, drunk. 2. frantic, wild; क्रोध से ~ wild with rage; ~ होकर frantically.
m. maniac.

उन्मत्तता (~ tA) *f.* 1. quality or state of being intoxicated or wild. 2. any wild act.

उन्माद (un mAd) *m.* 1. wild excitement. 2. insanity. 3. mania, craziness.

उन्मादक (un mA dak) *adj.* intoxicating (thing).

उन्मादी (un mA dee) *adj.* = उन्मत्त।

उन्मीलन (un mee lan) *m.* 1. opening; नयनोन्मीलन opening of eyes.

उन्मीलित (un mee lit) *adj.* 1. opened. 2. blossomed.

उन्मुक्त (un mukt) *adj.* free; ~ वातावरण free atmosphere; ~ करना (i) to set free; (ii) to discharge.

उन्मुक्ति (un muk ti) *f.* freedom.

उन्मुख (un mukh) *adj.* 1. looking towards, facing; ~ होना to turn towards. 2. inclined.

उन्मुखता (~ tA) *f.* inclination.

उन्मूलक (un moo lak) *adj.* (that) which uproots or roots out.

उन्मूलन (un moo lan) *m.* 1. uprooting.

2. rooting out, eradication; जमींदारी का ~ abolition of intermediary (landlord) system; सती प्रथा का ~ eradication of Sati system. ~ करना (i) to pull up by the roots, uproot; (ii) to remove or aboslish, root out.

उन्मूलित (un moo lit) *adj.* 1. uprooted. 2. abolished.

उन्मेष (un mesh) *m.* 1. opening (of the eyes). 2. manifestation, appearance.

उन्मोचन (un mo can) *m.* setting free, liberation.

उन्मोचित (un mo cit) *adj.* redeemed, rescued, liberated, set free.

उन्हीं (u nheẽ , un heẽ) *pron.* (used with postpositios except ने) they, themselves; आप ~ से क्यों नहीं पूछते Why don't you ask them only?

उन्हें (u nhẽ, un hẽ) *pron.* plu. of उसे, to them; मैं ~ मिला था I met them. मैं यह पुस्तक ~ नहीं दूँगा I will not give this book to them.

उप (up) *prefix.* 1. deputy; ~ मुख्य मंत्री deputy Chief Minister. 2. by (e); ~ चुनाव by-election. 3. sub; ~ खंड subsection; ~ नगर suburb. 4. assistant; ~ संपादक sub-editor. 5. vice; ~ प्रधानाचार्य vice-principal.

उपकथा (up ka thA) *f.* an incident that forms part of a narrative, episode.

उपकर (up kar) *m.* cess.

उपकरण (up ka raN) *m.* apparatus, acces sories.

उपकर्ता (up kar tA) *m.* one who obliges, benefactor.

उपकार (up KAr) *m.* kindness, obligation, beneficence, the good; ~ करना to do good (to another); ~ मानना to feel grateful/obliged.

उपकारक (up KA rak) *adj.* beneficial, beneficent.

m. benefactor.

उपकारी (up KA ree) *adj.* benevolent.

उप-कुलपति (up-kul pa ti) *m.* vice chancellor.

उपकूल (up kool) *m.* the bank of a river, lake etc.

उपकृत (up krit) *adj.* obliged, grateful; आपने मेरा सम्मान किया है ~ हुआ You (have) obliged me by giving me respect.

उपकृति (up kri ti) *f.* = उपकार।

उपकृती (up kri tee) *m.* = उपकारक।

उपकेंद्र (~ kendr) *m.* a sub-station.

उपक्रम (u pak kram, up kram) *m.* 1. preparation; यात्रा का ~ preparation for the journey. 2. initiative. 3. undertaking; भारत सरकार का ~ Government of India's undertaking.

उपक्रमण (u pa kra maN) *m.* preparation.

उपक्रमणिका (u pa kra ma Ni KA, up kra ma Ni KA) *f.* table of contents.

उपक्षार (u pak shAr, up kshAr) *m.* alkaloid.

उपक्षेत्र (~ kshetr) *m.* sub-region.

उपक्षेत्रीय (~ kshe treey) *adj.* sub-regional.

उपखंड (~ khanD) *m.* 1. sub-clause. 2. block.

उपगम (up gam) *m.* approach, access.

उपग्रह (u pag grah, up grah) *m.* 1. a natural body in a space that moves round a planet, satellite; चंद्रमा पृथ्वी का ~ है The moon is a satellite of the earth. 2. an electric device sent into space that moves round a planet, satellite.

उपघात (up ghAt) *m.* act of striking/hitting/smiting.

उपघातक (up ghA tak) *m.* striker, hitter, smiter.

उपघाती (up ghA tee) *adj.* (one) who strikes/hits/smites.

उपचय (up cay) *m.* 1. act of culling. 2. heap. 3. growth, increase.

उपचर्या (up car YA) *f.* nursing.

उपचर्या-गृह (~ grah) *m.* nursing home.

उपचार (up CAr) *m.* 1. treatment, remedy; व्याधि का ~ treatment of a disease; सभी तरह के ~ किए गए हैं परंतु कोई सफलता नहीं मिली All types of treatments have been tried without success. 2. nursing.

उपचारक (up CA rak) *m.* male nurse.

उपचारिका (up CA ri KA) *f.* nurse.

उपचारी (up CA ree) *adj.* remedial; ~ प्रशिक्षण remedial training.

उपचित (up cit) *adj.* culled, gathered.

उपचुनाव (up cu NAV) *m.* by-election; अगले सप्ताह ~ होगा By-election will be held in next week.

उपचेतन (up ce tan) *adj.* = अवचेतन; subconscious.

उपच्छाया (u pac chA YA) *f.* penumbra.

उपज (u paj) *f.* 1. things that have been produced by farming, produce, product, yield. 2. a new and peculiar idea; तालिबान वस्तुत: पाकिस्तान की ही ~ है Taliban is virtually Pakistan's creation. दिमाग़ की ~ product or creation of the mind.

उपजना (~ nA) *vi.* 1. to sprout/spring up. 2. to grow. 3. to originate.

उपजाऊ (up jA oo) *adj.* fertile, productive; ~ दिमाग fertile/productive brain.

उपजाऊपन (~ pan) *m.* fertility, productivity.

उपजाति (up jA ti) *f.* sub-caste.

उपजाना (up jA nA) *vt.* to produce, to cause to yield, to bring forth.

उपजीविका (up jee vi KA) *f.* subsidiary occupation.

उपजीवी (up jee vee) *adj. & m.* dependent, subsisting on others.

उपजेता (up je tA) *m.* runner-up.

उपज्ञा (u pag gyA) *f.* discovery.

उपज्ञात (u pag gyAt) *adj.* discovered.

उपटन (up Tan) *m.* a cleansing cosmetic for annointing over the skin to soften it, unction.

उपड़ना (u paR nA) *vi.* to be uprooted/dislocated/dislodged.

उपत्यका (u pat tya KA) *f.* valley (at the foot of a mountain).

उपदंश (up dansh) *m.* syphilis.

उपदान (up dan) *m.* subsidy, gratuity.

उपदेश (up desh) *m.* 1. sermon. 2. precept, advice, preaching.

उपदेशक (up de shak) *m.* preacher, sermoniser, instructor.

उपदेशात्मक (up de shAt mak) *adj.* morally instructive, didactic.

उपदेशात्मकता (~ tA) *f.* didacticism.

उपद्रव (u pad drav) *m.* 1. disturbance, trouble. 2. riot.

उपद्रवग्रस्त (~ grast) *adj.* trouble-hit, riot-ridden, disturbed; ~ क्षेत्रों में शांति स्थापित करने की अपनी तरफ़ से पूरी कोशिश की है We have done our best to restore peace in trouble-hit areas.

उपद्रवी (u pad dra vee) *adj.* riotous, rowdy. *m.* rioter, rowdy fellow.

उपद्वीप (up dweep) *m.* island, isle.

उपधा (up dhA) *f.* fraud.

उपधारणा (up dhAr NA) *f.* presumption.

उपधारणात्मक (~ NAt mak) *adj.* presumptive.

उपधारा (up dhA rA) *f.* sub-clause.

उपनगर (up na gar) *m.* suburb.

उपनगरीय (up na ga reey) *adj.* suburban; ~ रेल suburban railway.

उपनयन (up na yan) *m.* a ceremony marking the second birth of a twiceborn, sacred-thread ceremony.

उपनाम (up nAm) *m.* 1. pen-name. 2. nickname. 3. alias.

उपनायक (up nA yak) *m.* side-hero, second hero.

उपनायिका (up nA yi KA) *f.* side-heroine.

उपनिदेशक (~ ni de shak) *m.* deputy director.

उपनियम (~ ni yam) *m.* sub-rule.

उपनिरीक्षक (~ ni reek shak) *m.* sub-inspector.

उपनिर्वाचन (~ nir VA can) *m.* by-election.

उपनिवेश (up ni vesh) *m.* 1. an area controlled by people of an other country by force, colony; ~ बसाना to establish a colony. 2. settlement. 3. dominion.

उपनिवेशक (~ ak) *m.* a colonizer.

उपनिवेशवाद (~ VAd) *m.* colonialism.

उपनिवेशवादी (~ VA dee) *adj.* colonial. *m.* colonist.

उपनिवेश-विरोधी (~ - vi ro dhee) *adj.* anti-colonial.

उपनिवेशिक (up ni ve shik) *adj.* colonial.

उपनिवेशी (up ni ve shee) *adj.* = उपनिवेशीय। *m.* coloniser, colonist.

उपनिवेशीय (up ni ve sheey) *adj.* colonial.

उपनिषद, उपनिषद् (u pa ni shad) *m.* any of the sacred ancient books of Hindu philosophy.

उपनीत (up neet) *adj.* brought near.

उपनेता (up ne TA) *m.* deputy leader.

उपन्यास (up nyAS, u pan nyAS) *m.* novel.

उपन्यासकार (~ KAR) *m.* novelist.

उपपति (up pa ti) *m.* a person who lives with a woman as her sexual partner sometimes in addition to her lawful husband, paramour.

उपपत्ति (up pat ti) *f.* proof.

उपपत्नी (up pat nee) *f.* a woman who lives with a man as his wife sometimes in addition to his lawful wife, concubine, keep.

उपप्रमेय (up pra mey) *m.* corollary.

उपबंध (up bandh) *m.* proviso, provision.

उपभाषा (up bhA shA) *f.* dialect.

उपभुक्त (up bhukt) *adj.* consumed.

उपभेद (up bhed) *m.* sub-classification, sub-division.

उपभोक्ता (up bhok TA) *m.* consumer.

उपभोक्तावाद (~ VAd) *m.* protcetion of consumer's interests, consumerism.

उपभोक्तावादी (~ VA dee) *adj.* consumerist; ~ दृष्टिकोण consumerist attitude.

उपभोग (up bhog) *m.* 1. consumption. 2. enjoyment. ~ करना to use.

उपभोगी (up bho gee) *adj.* consuming.

उपभोग्य (up bhoggy) *adj.* that can be consumed, consumable.

उपमंत्री (up man tree) *m.* deputy minister.

उपमहाद्वीप (up ma hA dweep) *m.* sub-continent.

उपमा (up mA) *f.* simile; उपमाओं से भरा rich in similes.

उपमाता (up mA TA) *f.* 1. stepmother. 2. wet nurse.

उपमान (up mAN) *m.* that with witch one is compared.

उपमार्ग (up mArg) *m.* a secondary road that passes through one side of a congested area, bypass.

उपमेय (up mey) *adj.* & *m.* that which is compared.

उपयुक्त (up yukt) *adj.* 1. fit, suitable; ~ ओषधि suitable medicine. 2. proper, appropriate; ~ न्यायालय appropriate or proper court.

उपयुक्तता (~ TA) *f.* 1. suitability, fitness. 2. propriety, appropriateness.

उपयोग (up yog) *m.* use, utilization; ~ करना to use/utilize; ~ में न आना to fall out of use, not to come into use; ~ में लाना (i) to put into action or use, (ii) to consume.

उपयोगिता (up yo gi tA) *f.* utility, usefulness.

उपयोगितावाद (~ vAd) *m.* utilitarianism.

उपयोगितावादी (~ vA dee) *adj. & m.* utilitarian.

उपयोगी (up yo gee) *adj.* 1. useful, helpful. 2. serviceable. 3. profitable.

उपयोजन (up yo jan) *m.* use, appropriation.

उपयोज्य (up yojjy) *adj.* usable.

उपरना (u par nA) *m.* outer covering/sheet.

उपरफट (u par phaT) *adj.* = उपरफट्टू।

उपरफट्टू (u par phaT TOO) *adj.* 1. superfluous. 2. additional.

उपरला (u par lA) *adj.* belonging to the surface.

उपरांत, के (ke up rAnt) *postposition.* after, afterwards.

उपरा-चढ़ी (up rA - cha ree) *f.* vying, rivalry, competition between the rivals.

उपराजदूत (up rAj doot) *m.* charge d'affairs.

उपराज्यपाल (~ rAjy pAl) *m.* lieutenant-governer.

उपराष्ट्रपति (up rAshTr pa ti) *m.* vice-president.

उपरि (u pa ri) *prefix.* denoting 'above'; ~ निर्दिष्ट above-mentioned; ~ लिखित above-written.

उपरोक्त (up rokt) *adj.* = उपर्युक्त।

उपर्युक्त (u par yukt) *adj.* aforesaid, above-mentioned.

उपल (u pal) *m.* hail (stone).

उपलक्ष्य (up lakshy) *m.* object, purpose; के ~ में on the occasion of.

उपलब्ध (up labdh) *adj.* 1. available; वहाँ सभी साधन ~ हैं All resources are available there. ~ कराना to provide; हम आपको सभी सुविधाएँ ~ कराएँगे We will provide you all the facilities. 2. obtained, got; वह जो चाहता था उसे ~ हो गया He has got/obtained what he wanted. 3. attained ; आख़िर उसे सफलता ~ हो ही गई He has attained success after all.

उपलब्धि (up lab dhi) *f.* 1. achievement, attainment. 2. knowledge. 3. wisdom. 4. (acquired) success.

उपलभ्य (up labhy) *adj.* 1. available. 2. achievable.

उपलभ्यता (~ tA) *f.* availability.

उपलवृष्टि (u pal vrish Ti) *f.* hailstorm.

उपला (up lA) *m.* dried cowdung cake used as fuel.

उपलेपन (up le pan) *m.* act of smearing/anoin-ting.

उपवन (up van) *m.* 1. grove. 2. small wood.

उपवर्ग (up varg) *m.* 1. a separate group within a larger body of people, section. 2. a separate part.

उपवास (up vAs) *m.* fast; ~ करना to fast.

उपविजेता (~ vi je tA) *m.* runner-up; इतालवी सुंदरी को ~ घोषित किया गया जबकि भारत सुंदरी को विश्व सुंदरी नामित किया गया Miss Italy was declared runner-up while Miss India was named Miss World.

उपविधि (~ vi dhi) *f.* bye-law.

उपविभाग (~ vi bhAg) *m.* 1. sub-department. 2. sub-division.

उपविष्ट (up vishT) *adj.* sitting; ~ होना to be seated.

उपवृत्ति (up vrit ti) *f.* avocation.

उपवेष्टन (up vesh Tan) *m.* enveloping.

उपव्यवसाय (up vyav sAy) *m.* side-business.

उपशमन (up sha man) *m.* 1. pacifying, abatement, assuagement. 2. extinguishment.

उपशमित (up sha mit) *adj.* pacified, abated.

उपशाखा (~ shA khA) *f.* 1. sub-branch. 2. distributary.

उपशामक (up shA mak) *adj.* pacifying, assuaging.

उपशीर्षक (up sheer shak) *m.* sub-title.

उपसंचालक (up san cA lak) *m.* deputy-director.

उपसंपादक (up sam pA dak) *m.* sub-editor.

उपसंहार (up san hAr) *m.* 1. conclusion. 2. summary.

उपसंहारात्मक (up san hA rAt mak) *adj.* concluding.

उपसचिव (~ sa civ) *m.* deputy secretary.

उपसभापति (~ sa bhA pa ti) *m.* vice-chairman.

उपसमिति (~ sa mi ti) *f.* sub-committee.

उपसमूह (~ sa mooh) *m.* sub-group.

उपसर्ग (up sarg) *m.* prefix.

उपसागर (up sA gar) *m.* bay.

उपसाधक (up sA dhak) *adj.* accessory.

उपसिद्धांत (~ sid dhAnt) *m.* corollary.

उपस्कर (u pas kar) *m.* equipment.

उपस्थ (u pasth) *adj.* sitting.
m. genital organ (male or female).

उपस्थापन (u pas thA pan) *m.* act of presenting, presentment, presentation.

उपस्थापित (u pas thA pit) *adj.* presented; ~ करना to present, put forward.

उपस्थित (u pas thit) *adj.* present; ~ करना to present; ~ होना to attend or appear.

उपस्थिति (u pas thi ti) *f.* 1. presence; (किसी की) ~ में in the presence of. 2. attendance; ~ पंजिका attendance register.

उपहत (up hat) *adj.* 1. methylated. 2. injured. 3. distressed.

उपहार (up hAr) *m.* gift, present; ~ देना to make a gift/present.

उपहार-गृह (~ - grih) *m.* a gift shop.

उपहास (up hAs) *m.* ridicule, derision; ~ करना to ridicule; ~ के योग्य ridiculous.

उपहासास्पद (up hA sAs pad) *adj.* ridiculous, laughable, ludicrous; ~ ठहराना to redicule; गृहमंत्री ने आतंकवाद को स्वतंत्रता संग्राम कहने के लिए पाकिस्तान को ~ ठहराया Home minister ridiculed Pakistan for terming terrorism as freedom struggle.

उपांग (u pAng) *m.* 1. limb or minor limb. 2. something subsidiary or supplementary.

उपांत (u pAnt) *m.* 1. neighbourhood. 2. vicinity. 3. margin.

उपांतिक (u pAn tik) *adj.* 1. near. 2. proximate. 3. marginal. 4. semifinal.

उपांतिका (u pAn ti kA) *f.* lobby.

उपांतिम (u pAn tim) *adj.* coming before the last one, last but one, penultimate.

उपांत्य (up pAnty) *adj.* penultimate.

उपाख्यान (u pAk khyAn) *m.* episode, anecdote.

उपाटना (u pAt nA) *vt.* = उपाड़ना।

उपाड़ना (u pAR nA) *vt.* to uproot.

उपादान (u pA dAn) *m.* 1. (raw) material of which something is made. 2. ingredient. 3. factor, component.

उपादान कारण (~ kA raN) *m.* material cause.

उपादेय (u pA dey) *adj.* useful, beneficial.

उपादेयता (~ tA) *f.* 1. useful quality. 2. usefulness, utility; उसने इस दवा की ~ पर संदेह व्यक्त किया He questioned the usefulness of this medicine.

उपाधि (u pA dhi) *f.* 1. title. 2. epithet. 3. degree. 4. designation.

उपाधिधारी (~ dhA ree) *adj. & m.* 1. title-holder. 2. degree-holder.

उपाधिपत्र (~ pattr) *m.* certificate of degree.

उपाध्यक्ष (u pA dhyaksh, u pAd dhyaksh) *m.* 1. vice chairman. 2.vice-president. 3. deputy speaker.

उपाध्याय (u pA dhyAy, u pAd dhyAy) *m.*

1. oriental or Sanskrit scholar. 2. a class of Brahmins.

उपानह (u pA nah) *m.* boot, shoe.

उपाय (u pAy) *m.* 1. a way, manner or course of action of doing something, method. 2. remedy; इस दुष्टता का कोई ~ नहीं There is no remedy for this type of wickedness.

उपायुक्त (u pA yukt) *m.* deputy commissioner. [उप+आयुक्त]

उपार्जन (u pAr jan) *m.* act of a earning.

उपार्जित (u pAr jit) *adj.* earned.

उपालंभ (u pA lambh) *m.* complaint (for doing personal wrong).

उपासक (u pA sak) *m.* worshipper, devotee. [Fem. उपासिका]

उपासना (u pA sa nA) *f.* 1. worship, worshipful adoration. 2. religious meditation, prayer.

उपासिका (u pA si kA) *f.* female worshipper.

उपासित (u pA sit) *adj.* worshippped.

उपास्थि (u pAs thi) *f.* cartilage.

उपास्य (u pAssy) *adj.* worthy of worship and reverence.

उपाहार (u pA hAr) *m.* refreshment.

उपाहार-गृह (~ - grih) *m.* a restaurant where light meal is served.

उपेक्षण (u pek shaN) *m.* act of neglecting.

उपेक्षणीय (u pek sha Neey) *adj.* worthy of neglect, negligible.

उपेक्षणीयता (~ tA) *f.* negligibility.

उपेक्षा (u pek shA) *f.* neglect, indifference; ~ करना to neglect; उसने अपने कर्तव्यों की ~ की He neglected his duties. अपने बच्चों की ~ मत कीजिए Don't neglect your children.

उपेक्षापूर्वक (~ poor vak) *adv.* without paying any attention, negligibly.

उपेक्षित (u pek shit) *adj.* 1. neglected. 2. ignored, discarded.

उपेक्ष्य (u pekshy) *adj.* 1. (something) negligible. 2. neglected.

उपोत्पाद (u pot pAd) *m.* bye-product.

उपोद्घात (u pod ghAt) *m.* an introductory statement of a book, introduction, foreward.

उफ़ (uF) *interj.* ah!

f. a cry of pain, etc; ~ (तक) न करना not to utter (even) a sigh.

उफनना (u phan nA) *vi.* to boil over.

उफान (u phAn) *m.* ebullience, ebullition; ~ आना (i) to reach boiling point, (ii) to move forward like waves, surge.

उबकना (u bak nA) *vi.* to feel a vomiting urge or sensation, to feel nausea.

उबकाई (ub kA ee) *f.* nausea, feeling of vomiting.

उबटन (ub Tan) *m.* a paste applied to the skin (used as a cosmetic).

उबरना (u bar nA) *vi.* to be redeemed; ऋण से ~ to be redeemed of a debt; एहसान से ~ to be redeemed of an obligation; ख़तरे से ~ to come out of danger; चोट से~ to recover from the injury.

उबलना (u bal nA) *vi.* to boil/simmer; उबलकर बहना to boil over; उबल पड़ना— मेरी बात सुनकर वह उबल पड़ा On hearing me he boiled over. ख़ून ~ boiling of blood.

उबाऊ (u bA oo) *adj.* causing boredom, boring.

उबाक (u bAk) *m.* 1. vomit. 2. vomiting tendency.

उबाना (u bA nA) *vt.* to bore, उबा देना to make someone tired or uninterested by dull talk; तुम्हारी कहानी ने मुझे उबा दिया Your story bored me.

उबार (u bAr) *m.* deliverance, rescue.

उबारना (u bAr nA) *vt.* to redeem/liberate.

उबाल (u bAl) *m.* ebullition.

उबालना (~ nA) *vt.* 1. to cause water or other liquid to boil. 2. to cook by boiling; वह बच्चे के लिए दूध उबाल रही है She is boiling baby's milk.

उबासी (u bA see) *f.* an act of yawning, yawn; उबासियाँ लेना to yawn.

उभड़ना (u bhaR nA) *vi.* = उभरना।

उभय (u bhay) *adj.* both; ~ पक्ष both parties.

उभयत: (~ taḥ) *adv.* 1. both ways. 2. on both sides, in both the cases.

उभयनिष्ठ (~ nishTh) *adj.* 1. common to both. 2. loyal to both.

उभयपक्षीय (~ pak sheey) *adj.* relating to two parties, bilateral; ~ अनुबंध bilateral agreement.

उभयमुखी (~ mu khee) *adj.* ambivalent.

उभयलिंग (~ liṅg) *m.* common gender.

उभयलिंगी (~ lin gee) *adj.* 1. having both male and female sexual organs, hermaphrodite. 2. (grammar) common to both genders.

उभयसंकट (~ saṅ kaT) *m.* dilemma, quandary.

उभयार्थक (u bha yAR thak) *adj.* 1. having two possible meanings or interpretations. 2. ambiguous, having two or both meanings.

उभरना (u bhar nA) *vi.* 1. to come out, to protrude, to sprout forth. 2. to swell up, to upheave.

उभाड़ (u bhAR) *m.* = उभार।

उभाड़ना (~ nA) *vt.* 1. to bring out. 2. to excite/instigate; उन्होंने मेरे विरुद्ध मज़दूरों को उभाड़ा They incited the workers against me. 3. to cause to swell etc.

उभार (u bhAr) *m.* protuberance, bulge.

उभारना (u bhaṛ nA) *f.* = उभाड़ना।

उमंग (u maṅg) *f.* a sudden fanciful desire, enthusiasm, zeal, gusto; ~ में आकर enthusiastically; ~ में आना / भरना to be filled with gusto; बड़ी ~ से with gusto.

उमड़ना (u maR nA) *vi.* to swell; उमड़ पड़ना *(i)* आँसू उमड़ पड़े Tears swelled out. *(ii)* उसका मन उमड़ पड़ा He was visibly moved. *(iii)* घटाएँ उमड़ पड़ीं Clouds gathered up. *(iv)* नदी उमड़ पड़ी The river overflowed. *(v)* भीड़ उमड़ पड़ी The crowd swelled.

उमड़ना-घुमड़ना (~ - ghu maR nA) *vi.* to move quickly up and down, bob; आकाश में बादल उमड़ने-घुमड़ने लगे The clouds were bobbing up and down in the sky.

उमदा (um dA) *adj.* = उम्दा।

उमर (u mar) *f.* = उम्र।

उमरा (um rA) *m.* (pl. of अमीर) aristocrats, aristocracy.

उमराव (um rAW) *m.* (pl.) = उमरा।

उमस (u mas) *f.* sultriness.

उमसदार (~ dAr) *adj.* humid, muggy, sultry.

उमा (u mA) *f.* wife of Lord Shiva.

उमेठना (u meTh nA) *vt.* to twist; कान ~ to twist the ears. 2. to wind.

उम्दगी (um da gee) *f.* excellence.

उम्दा (um dA) *adj.* (indiclinable) nice, excellent, fine.

उम्मीद (um meed) *f.* hope; ~ पर जीना to live on hope; ~ उम्मीदों पर पानी फेर देना to throw cold water on (one's) hopes; ~ बर आना to have a hope realised.

उम्मीदवार (~ vAr) *m.* candidate; ~ होना to stand as a candidate.

उम्मीदवारी (~ vA ree) *f.* 1. candidature. 2. expectancy.

उम्मेद (um med) *f.* = उम्मीद।

उम्मेदवार (~ vAr) *m.* = उम्मीदवार।

उम्मेदवारी (~ vA ree) *f.* = उम्मीदवारी।

उम्र (ummr) *f.* age; उसकी ~ दस वर्ष की है He is ten years of age. वह छोटी ~ में मर गया He died at an early age. ~ का तक़ाजा effects of age; ~ भर throughout life; ~ भर का life-long; कच्ची ~ raw youth; बाली ~ juvenile age.

उर (ur) *m.* 1. heart. 2. breast, chest.

उरद (u rad) *m.* dried seeds of a plant used as food, black gram.

उरु (u ru) *m.* thigh.

उरूज (u rooj) *m.* advancement, rise, ascendancy.

उरेहना (u reh nA) *vt.* to draw/paint.

उरोज (u roj) *m.* breast (of a woman).

उर्द (urd) *f.* = उरद।

उर्दू (ur doo) *m.* Urdu (language).

उर्फ़ (urF) *m.* alias.

उर्मि (ur mi) *f.* ripple.

उर्मिला (ur mi lA) *f.* wife of Lakshman. (Ramayan)

उर्वर (ur var) *adj.* 1. fertile; ~ बनाना to make fertile. 2. inventive.

उर्वरक (ur va rak) *m.* fertilizer.

उर्वरता (ur var tA) *f.* fertility.

उर्वरा (ur va rA) *adj. (fem.)* fertile; ~ शक्ति fertility.

उर्वरीकरण (ur va ree ka raN) *m.* act of fertilizing, fertilization.

उर्वशी (ur va shee) *f.* a damsel of the celestial court of Lord Indra.

उर्वी (ur vee) *f.* earth.

उर्स (urs) *m.* day of a Muslim Saint's demise.

उलझट्टा (ul jhaT TA) *m.* complication, complexity.

उलझन (ul jhan) *f.* 1. complication predicament. 2. complexity. 3. intricacy; ~ खड़ी करना to create a complication; ~ में डालना to put (somebody) in a predicament; ~ सुलझाना to solve a problem. 4. fix. 5. problem.

उलझना (u lajh nA) *vi.* 1. to be entangled; किसी से ~ to be entangled with someone. 2. to be involved; किसी मामले में ~ to be involved in an affair. 3. to quarrel; मुझसे उलझो मत Don't quarrel with me.

उलझाना (ul jhA nA) *vt.* 1. to make entangled or complicated; मेरी पत्नी ने इस विषय को और उलझा दिया है My wife has further complicated this issue. 2. to get someone involved; उसने मुझे भी मुकदमे में उलझाया है He also involved me in the case.

उलझाव (ul jhAW) *m.* 1. entanglement, snarl. 2. involvement.

उलटना (u laT nA) *vi.* to be turned over completely; उलट जाना to overturn; लारी के उलट जाने से दस व्यक्ति मरे Ten people were killed when a lorry overturned. उलटकर जवाब देना to reply in a quick and resentful manner, to retort; उलट पड़ना to turn back suddenly and violently.

vt. to cause to overturn, to reverse; उलट देना (i) to turn upside down, (ii) to turn inside out, (iii) to reverse; सर्वोच्च न्यायालय ने उच्च न्यायालय का निर्णय उलट दिया Supreme Court reversed the decision of the High Court. (iv) to overthrow.

उलटना-पलटना (~ - pa laT nA) *vi.* to turn or overturn, shuffle; वह दिन भर कागज़ों को उलटता-पलटता रहता है He shuffles the papers whole day.

उलट-पलट (u laT - pa laT) *f.* 1. shuffle. 2. reversal. 3. upset.

उलट-पुलट (~ pu laT) *adj.* = उलट-पलट।

उलट-फेर (u laT - pher) *m.* flip-flop, changes; ज़माने का ~ vicissitude.

उलटा (ul TA) *adj.* 1. inverse. 2. opposing, contrary, adverse; मेरी दृष्टि से परिणाम उलटा निकला The result was contrary to my expectation. उसकी प्रतिक्रिया उलटी हुई His reaction was adverse. 3. wrong; लड़का हमेशा उलटा काम करता है The boy always does the wrong thing. ~ ज़माना hard and tough time; उलटी पट्टी पढ़ाना to misguide; उलटी माला फेरना to invoke a curse (upon); उलटी साँस चलना to gasp heavily before approaching death; उलटी हवा बहना blowing of the wind the wrong way, things moving in the wrong direction; उलटे छुरे से मूँड़ना to make wrongful gain by defrauding.

उलटाना (ul TA nA) *vt.* 1. to invert. 2. to reverse; शब्दों के क्रम को उलटा दीजिए Please reverse the order of the words.

उलटा-पुलटा (ul TA - pul TA) *adj.* irrelevent, topsy-turvy.

उलटाव (ul TAW) *m.* reversal.

उलटा-सीधा (ul TA - see dhA) *adj.* 1. obverse and reverse. 2. (fig.) inappropriate, improper.

उलटी (ul Tee) *f.* vomiting; ~ करना to vomit.

उलटी-सीधी (~ - see dhee) *f.* inappropriate phrase or improper statement; (किसी को) उलटी-सीधी सुनाना to tell off, to give a bit of one's mind.

उलटे (ul te) *adv.* 1. in the opposite direction; ~ पाँव चले जाओ Go back forthwith. 2. on the contrary, on the other hand; तुम ~ मुझे दोष देते हो You are putting the blame on me/You are yourself to blame on the contrary.

उलफ़त (ul FAt) *f.* sensual love.

उलरना (u lar nA) *vi.* to lean, slope or tiltf.

उलार (u lAr) *m.* bending or bowing movement, tilt.

उलाहना (u lAh nA) *f.* gentle complaint; ~ देना to say you have done wrong to me.

उलीचना (u leec nA) *vt.* to drain off (liquid), to draw out.

उलूक (u look) *m.* owl.

उल्का (ul kA) *f.* meteor.

उल्कापात (~ pAt) *m.* meteoric fall.

उल्कापिंड (~ pinD) *m.* meteorite.

उल्काश्म (ul kAshm) *m.* meteorite.

उल्टा (ul TA) *adj.* = उलटा।

उल्था (ul thA) *m.* translation.

उल्लंघन (ul laṅ ghan) *m.* 1. violation; ~ करना to violate; नियम का ~ violation of rule; शिष्टाचार का ~ breach of etiquette. 2. transgression; मर्यादा का ~ transgression of bounds. 3. overstepping; सीमा का ~ overstepping of limits.

उल्लसित (ul la sit) *adj.* jubilant, exhilarated.

उल्लास (ul lAs) *m.* jubilation, exultation, exhilaration.

उल्लासजनक (~ ja nak) *adj.* mirthful, exhilarating.

उल्लासपूर्ण (~ poorN) *adj.* mirthful.

उल्लिखित (ul li khit) *adj.* above mentioned, (lit.) above written.

उल्लू (ul loo) *m.* 1. owl. 2. a foolish person. *adj.* foolish; ~ का पट्ठा perfect dunce; ~ फँसना—आज एक उल्लू फँसा है Today a fool has fallen our way. ~ फँसाना to trap a fool; ~ बनना to be befooled; ~बनाना to befool; ~ बोलना—वहाँ उल्लू बोलते हैं That place is desolate. अपना ~ सीधा करना to make a wrongful gain by duping somebody; काठ का ~ dunce, duffer.

उल्लूपन (~ pan) *m.* foolery; ~ बंद करो Stop this foolery/tomfoolery.

उल्लेख (ul lekh) *m.* mention; इस बात के ~ की आवश्यकता नहीं There is no need to mention it/It needs no mention. ~ करना to mention.

उल्लेखनीय (~ neey) *adj.* 1. worth mentioning; उसकी सफलता ~ है His success is worth mentioning. 2. remarkable, noteworthy, notable; ~ अपवाद notable exception; ~ रूप में remarkably.

उषा (u shA) *m.* dawn.

उषाकाल (~ kAl) *m.* dawn, day-break.

उष्ण (ushN) *adj.* hot.

उष्ण कटिबंध (~ ka Ti bandh) *m.* torrid zone.

उष्णता (~ tA) *f.* heat.

उष्म (ushm) *adj.* hot.

उष्मा (ush mA) *f.* heat.

उस (us) *pron.* inflexional base of वह ; उस दिन that day; ~ समय (at) that time.

उसकाना (us kA nA) *vt.* = उकसाना।

उसी (u see) *adj.* that very; उसी घर में in that very house; ~ तरह (i) in the same way, similarly; जिस तरह तिलों में तेल रहता है उसी तरह तुम्हारे शरीर में ईश्वर व्याप्त रहता है Just as oil is present is sesame seeds in the same way God pervades in your being. (ii) usually.
pron. same as; उसी ने he himself; (किसी और ने नहीं बल्कि) उसी ने किया है It was he who did it.

उसूल (u sool) *m.* principle; उसूलों से जकड़ा tied with rules.

उसूली (u soo lee) *adj.* (man) of principles.

उसे (u se) *pron.* 1. him; उसे दे दो Please give him. 2. he; उसे जाना है He has to go. 3. that one; हमने उसे चुना We chose that one.

उस्तरा (us ta rA) *m.* an instrument used for removing hair from the skin, razor.

उस्ताद (us tAd) *m.* 1. teacher. 2. master. well-versed or clever person; वह बड़ा ~ है He is very clever person.

उस्तादी (us tA dee) *f.* 1. profession or status of a teacher. 2. cleverness, tactics.

उस्तादी हाथ (~ hAth) *m.* very skilful act, master-stroke.

उस्तानी (us tA nee) *f.* 1. wife of a teacher. 2. lady teacher.

उस्तुरा (us tu rA) *m.* = उस्तरा।

ऊ

ऊ (oo) *m.* sixth letter (vowel) of the Nagari alphabet; its sign is ू; its pronunciation is like that of *oo* in *tool.*

ऊँघ (õogh) *f.* a brief light sleep, snooze, doze.

ऊँघना (~ nA) *vi.* to snooze, to doze; वह बैठे-बैठे ऊँघ रहा था He was snoozing/dozing while sitting.

ऊँघाई (õo ghA ee) *f.* = ऊँघ, doze, drowsiness.

ऊँच-नीच (oo~ c - neec) *m.* 1. the high and the low; ~ का विचार distinction between the high and the low. 2. gain and loss, advantage and disadvantage, pros and cons; ~ समझना to consider the pros and cons.

ऊँचा (õo cA) *adj.* 1. high, tall; ऊँची इमारत high building; ऊँची उड़ान imagination running rampant; ऊँची तनख़्वाह higher wages. 2. ranking above others in caste, importance etc., न कोई ~ जनमा है न नीचा No one is born high and no one is born low. ऊँची नाकवाला proud; ऊँचे दर्जे का of a high order. 3. great, lofty, elevated; ~ विचार lofty idea. 4. loud; ऊँची आवाज़ loud voice; ~ सुनना to be hard of hearing.

ऊँचाई (~ ee) *f.* 1. height. 2. altitude. 3. summit. 4. high level, high; भारत ने आज प्रात: ऐतिहासिक ~ को छू लिया जब उसके अपने लघु युद्धक विमान ने प्रथम उड़ान सहजता से भरी India hit a historic high this morning when its own light combat aircraft smoothly take off its maiden flight.

ऊँचान (õo cAn) *f.* = ऊँचाई।

ऊँचा-नीचा (õo cA - nee cA) *adj.* uneven; पैर ~ पड़ जाना to go out of right or expected path.
m. = ऊँच-नीच।

ऊँट (õoT) *m.* camel; देखो ~ किस करवट बैठता है Let us see how things shape themselves. Let us see which way the wind blows.

ऊँटनी (~ nee) *f.* she-camel.

ऊँहूँ (õo hõo) *interj.* denoting refusal or denial; no, not, never!

ऊकार (oo kAr) *m.* the letter ऊ or its sound.

ऊकारांत (oo kA rAnt) *adj.* (word) ending in ऊ।

ऊख (ookh) *m.* sugarcane; ~ का रस juice of sugarcane; ~ पेरना to crush sugarcane.

ऊखल (oo khal) *m.* large wooden pot for husking rice etc., mortar; ~ में सिर देना to invite trouble wilfully.

ऊखली (ookh lee) *f.* small mortar.

ऊटक-नाटक (oo Tak - nA Tak) *m.* 1. haphazard work. 2. work without any utility.

ऊटपटाँग (ooT pa TÃg) *adj.* absurd, preposterous; ~ बात cock and bull story.

ऊत (oot) *adj.* 1. issueless. 2. stupid; ~ का ऊत stupid son of a stupid father.

ऊतक (oo tak) *m.* tissue.

ऊतक विज्ञान (~ vig gyAn) *m.* histology.

ऊद (ood) *m.* a tree named 'agar' or its wood.

ऊद-बिलाव (~ bi lAW) *m.* a small animal of mongoose family, beaver, otter.

ऊदा (oo dA) *adj.* violet.

ऊधम (oo dham) *m.* turmoil, uproar. row, clamour; ~ मचाना create a row.

ऊधमी (oodh mee) *adj.* uproarious.

ऊन (oon) *adj.* wanting, less, trifling. *m.* wool.

ऊनता (~ tA) *f.* want, deficiency.

ऊना (oo nA) *adj.* lacking something.

ऊनी (oo nee) *adj.* woollen; ~ कपड़ा woollen cloth.

ऊपर (oo par) *adv.* on, upon, above; ~उठाना to uplift; ~ - ऊपर without contact; ~ - ऊपर से superficially; ~ की आमदनी extra/ additional income; ~ तले/नीचे one above the other; ~ तले के भाई-बहन brother and sister, born one immediately after the other; ~ से (i) outwardly, (ii) from above, (iii) over and above, (iv) on top of all, (v) on the face of it, superficially; से ~—वहाँ सौ से ऊपर ही आदमी थे Above hundred people were there. अपने ~ लेना to take up the responsibility of something; ठीक ~ just above; सबसे ~ above all; ~ होना to be higher up in the official hierarchy or status.

ऊपर, के (ke oo par) *postposition.* 1. above; उसका कमरा मेरे कमरे के ऊपर है His room is above mine. 2. of greater importance; कर्तव्य धन के ऊपर है Duty is above money.

ऊपरवाला (~ vA lA) *m.* 1. one who lives upstairs. 2. God (on high).

ऊपरी (oo pa ree) *adj.* 1. upper, ~ मंज़िल पर upstairs. 2. overhead; ~ व्यय overhead expenses. 3. additional, extra; ~ आमदनी extra income. 4. showy; ~ देशप्रेम showy patriotism. 5. superficial; ~ तौर से superficially; ~हवा (i) superficial prestige, (ii) influence of evil spirit.

ऊब (oob) *f.* disgust, boredom, tedium; ~ जाना to feel disgust.

ऊबड़-खाबड़ (oo baR - khA baR) *adj.* rough and rugged, uneven; ~ कच्चा रास्ता bumpy mud track.

ऊबना (oob nA) *vi.* to feel bored; ऊबा हुआ bored; मिठाई से ऊब जाना to be surfeited with sweets.

ऊर्जस्विता (oor jas swi tA) *f.* energy, vigour, strength.

ऊर्जस्वी (oor jas swee) *adj.* energetic, vigorous, strong.

ऊर्जा (oor jA) *f.* 1. energy. 2. electricity.

ऊर्ध्व (oordhv) *adj.* vertical, upward; ~ गति vertical movement; ~ श्वास last breaths.

ऊर्ध्वगामी (~ gA mee) *adj.* moving upwards.

ऊर्ध्व विंदु (~ vin du) *m.* zenith.

ऊर्ध्वाधर (oordh vA dhar) *adj.* vertical.

ऊर्मि (oor mi) *f.* surge, wave.

ऊल-जलूल (ool - ja lool) *adj.* incongruous and irrelevant, desultory, baseless.

ऊषा (oo shA) *f.* = उषा।

ऊष्म (ooshm) *adj.* 1. hot, warm. 2. sibilant ; ~ ध्वनि sibilant sound. *m.* heat, summer.

ऊष्मक (oosh mak) *m.* heater.

ऊष्म वर्ण (~ varN) *m.* a consonant with a hissing sound, sibilant.

ऊष्मा (oosh mA) *f.* 1. heat. 2. warmth.

ऊसर (oo sar) *adj.* barren; ~ ज़मीन barren land, unfertile soil.

ऊह (ooh) *interj.* denoting pain, Oh!

ऊहापोह (oo hA poh) *m.* indecisiveness, shilly-shallying; इस ~ को छोड़ो और पहले अपना मन पक्का करो Stop this shilly-shallying and make your mind first. ~ में पड़े होना to be in two minds or in utter confusion.

ऋ (ri) *m.* seventh letter (vowel) of the Nagari alphabhet; its sign is ृ ; and pronunciation resembling that of *ri* in *rich*.

ऋकार (~ kAr) *m.* the letter ऋ or its sound.

ऋकारांत (ri kA rAnt) *adj.* (word) ending in ऋ।

ऋक्थ (rikth) *m.* legacy.

ऋक्थदान (~ dAn) *m.* bequest.

ऋग्वेद (rig ved) *m.* Rig Veda, the first of the four Vedas.

ऋचा (ri cA) *f.* Vedic hymn.

ऋजु (riju) *adj.* 1. simple. 2. straight, forward, honest, sincere.

ऋजुता (~ tA) *f.* 1. simplicity. 2. straighforwardness, honesty, sincerity.

ऋण (riN) *m.* 1. loan, debt; ~ चुकाना to pay off debt. 2. debt of gratitude, obligation. मुझपर उनका ~ है I am under their obligation. 3. negative, minus; ~ चिह्न minus sign (math).

ऋणग्रस्त (~ grast) *adj.* owing money, indebted.

ऋणग्रस्तता (~ tA) *f.* indebtedness.

ऋणदाता (riN dA tA) *m.* creditor.

ऋणदायी (~ dA yee) *adj.* lending; ~ संस्थाएँ lending institutions.

ऋणपक्ष (~ paksh) *m.* debit side.

ऋणपत्र (~ pattr) *m.* a certificate of debit bond.

ऋणभार (~ bhAr) *m.* 1. a load of debt, encumbrance.

ऋणभारित (~ bhA rit) *adj.* burdened with debt.

ऋणमुक्त (~ mukt) *adj.* free from debt / obligation.

ऋणमुक्ति (~ muk ti) *f.* acquittance.

ऋणमोचन (~ mo can) *m.* paying off.

ऋणशुद्धि (~ shud dhi) *f.* paying off.

ऋणशोधन (~ sho dhan) *m.* paying off.

ऋणात्मक (ri Nat mak) *adj.* negative.

ऋणी (ri Nee) *adj.* grateful.
m. debtor.

ऋणेतर (ri Ne tar) *adj.* not-credit; ~ नीति non-credit policy.

ऋत (rit) *m.* eternal truth.

ऋतु (ri tu) *f.* season; आम की ~ season of mangoes; ~ आना advent of a season; ~ जाना end of a season.

ऋतुकाल (~ kAl) *m.* mating season.

ऋतुमती (~ ma tee) *f.* a woman in her menses.

ऋतुराज (~ rAj) *m.* spring (season).

ऋतुवर्णन (~ var Nan) *m.* description of a season.

ऋतु विज्ञान (~ vig gyAn) *m.* meteorology.

ऋद्ध (riddh) *adj.* prosperous, wealthy.

ऋद्धि (ri dhi) *f.* prosperity.

ऋद्धि-सिद्धि (~ - sid dhi) *f.* prosperity and success.

ऋषभ (ri shabh) *m.* 1. bull, ox. 2. second note of a septet (music).

ऋषि (ri shi) *m.* sage, saint, hermit; ~ का आश्रम hermitage.

ए

ए (e) *m.* eighth letter (vowel) of the Nagari alphabet; its sign is and its sound is like that of *a* in *gate*.

एकंगा (e kaṅ gA) *adj.* 1. pertaining to one side or aspect. 2. unilateral.

एक (ek) *adj. & m.* 1. The number or figure1, one; वह ~ से दस तक गिन सकता है, He can count from one to ten. 2. a single thing or a person; ~ की चार सुनाना to level exaggerated charges; वह मेरे प्रशंसकों में से ~ है He is one of my admirers. 3. united; ~ आँख न भाना to have not the least liking for; ~ - एक each and every one ; मैं एक-एक से निपट लूँगा I will see each and everyone. ~ ओर (i) on one side; आपको दोनों पक्ष में से ~ ओर जाना होगा You have to chose one side. (ii) in one direction; वे सभी एक ओर भागे They all ran in one direction. ~ ओर से from one side; ~ ओर से दूसरी ओर across, from one side to the other; ~ - एक करके one after another, one at a time, one by one; ~ और one more, another; आज ~ और अपराधी पकड़ा गया One more criminal was held today. संघर्ष-विराम ~ और महीने के लिए बढ़ा दिया गया है The truce has been extended by another month. ~ एक कौड़ी दाँत से पकड़ना to be stingy to a penny; ~ एक पल भारी होना—उसके लिए एक-एक पल भारी था Every moment weighed heavily with him. ~ - एक से समझ लेना—मैं एक-एक से समझ लूँगा I will deal with one and all; ~ करना (i) to combine, (ii) to unite; ~ की चार लगाना to level exaggerated charges; ~ के दो करना to make (about) cent per cent profit; ~ दूसरे का each other; हम एक दूसरे की सहायता करते हैं We help one another. ~ दूसरे के लिए for one another ; ~ न एक of one sort or another; ~ न चलना—उसकी एक न चली All his efforts (without exception) came to nought. ~ न सुनना to refuse to hear, to turn a deaf ear; ~ पर एक one after another; ~ बार once; ~ बार भी नहीं not even once ; ~ बार फिर once more! encore! once again; ~ या दो a few, one or two. ~ - सा similar, identical; ~ साथ together; ~ से एक—यहाँ एक से एक पड़े हैं There are so many here, one on top of the other. ~ से एक बढ़कर one better than the other; ~ स्वर से with one voice, unanimously; ~ ही (i) unique, (ii) one and the same, one sole; उनका ~ ही उद्देश्य था They had one sole aim. ~ ही रट लगाना to harp on the same tune; ~ हो जाना to unite.

एक-आध (~ - Adh) *adj.* one or two, a few.

एकक (e kak) *m.* unit.

एककालिक (~ kA lik) *adj.* happening at the same time, synchronic.

एकचित्त (~ citt) *adj.* concentrated, engrossed; ~ होना to be concentrated.

एकछत्र (~ chattr) *adj.* absolute; ~ राज्य monarchy.

एकज़बान (ek za bAn) *adj.* true to one's promise.

एकजान (~ jAN) *adj.* blended together.

एकजुट (ek juT) *adj.* united; ~ होकर unitedly.

एक-जैसा (~ - jai SA) *adj.* resembling, बहुत कुछ एक-जैसे closely resembling.

एकटक (~ Tak) *adv.* unblinkingly; ~ देखना to see unblinkingly.

एकड़ (ek kaR) *m.* acre.

एकतंत्र (ek tantr) *m.* monarchy.

एकतंत्रीय (ek tan treey) *adj.* (indeclinable) monarchical.

एकतरफ़ा (ek tar fA) *adj.* 1. one-sided, unfair, showing prejudice. 2. unilateral, exparte; ~ डिग्री ex parte decree. 3. one-way; ~ यातायात one-way traffic.

एकता (ek tA) *f.* 1. oneness, unity; वैचारिक ~ ideological unity. 2. solidarity; वर्गीय ~ class solidarity.

एकतार (~ tAr) *adv.* continuously; वह ~ खाता चला गया He ate non-stop.

एकतावादी (ek tA vA dee) *adj.* unionistic. *m.* unionist.

एकत्र (e kattr) *adv.* at one place, together; ~ करना to collect; ~ किए जाने के योग्य worth collecting, collectable; ~ होना (i) to assemble, (ii) to collect.

एकत्रित (e kat trit) *adj.* collected together.

एकत्रीकरण (e kat tree ka raN) *m.* act of gathering or collecting.

एकत्व (e kattw) *m.* = एकता।

एकदम (ek dam) *adv.* all of a sudden, instantly, forthwith, immediately, at once.

एकदलवाद (ek dal vAd) *m.* totalitarianism.

एकदलवादी (ek dal vA dee) *adj.* totalitarian.

एकदा (ek dA) *adv.* once upon a time, once.

एकदिल (ek dil) *adj.* 1. of the same mind. 2. blended together; ~ होना (i) to be of the same mind, (ii) to be blended together.

एकदेववाद (ek dev vAd) *m.* a doctrine that there is only one god; monotheism.

एकदेशीय (ek de sheey) *adj.* belonging to the same country, regional.

एकनिष्ठ (ek nishTh) *adj.* devoted and loyal to one only.

एकनिष्ठा (ek nish ThA) *f.* loyalty to one.

एकपक्षीय (ek pak sheey) *adj.* 1. onesided, unilateral; ~ अनुबंध unilateral agreement. 2. ex parte.

एकपत्नीत्व (ek pat neettw) *m.* monogamy.

एक बार (~ bAr) *adv.* once; ~ और once more; हमें ~ और एक-दूसरे से मिलने का अवसर मिलेगा We will get an opportunity to meet each other once more.

एकबारगी (~ bAr dk gee) *adv.* all at once, suddenly.

एकभाषी (ek bhA shee) *adj.* monolingual.

एकमंज़िला (ek man zi lA) *adj.* one-storeyed.

एकम (e kam) *adj.* sole; ~ अभिकर्ता sole agent.

एकमत (ek mat) *adj.* unanimous; निर्णय ~ था The decision was unanimous. ~ होकर unanimously; ~ होना to be unanimous.

एकमहला (ek mah lA) *adj.* = एकमंजिला।

एकमात्र (ek mAttr) *adj.* sole; ~ वितरक sole distributor.

एकमुश्त (ek musht) *adv.* all in a single instalment.

एकरंग (ek raṅg) *adj.* 1. of the same hue. 2. uniform.

एकरंगा (ek raṅ gA) *adj.* of one colour.

एकरस (ek ras) *adj.* monotonous, dull.

एकरसता (~ tA) *f.* monotony.

एकरूप (ek roop) *adj.* uniform; ~ करना to unify.

एकरूपता (~ tA) *f.* uniformity, similarity.

एकल (e kal) *adj.* 1. sole, single. 2. alone, solitary.

m. a match played with one player on each side, singles; पेस ने पहला ~ जीता Paes won his first singles.

एकलिंगी (ek liṅ gee) *adj.* unisexual.

एकलौता (ek lau tA) = इकलौता।

एकवचन (ek va can) *m.* (gram.) a form of a noun, adjective, verb etc. which refers to one person or thing, singular.

adj. having a singular form, singular.

एकवर्षीय (~ var sheey) *adj.* one year old, yearling.

एकविवाह (ek vi vAh) *m.* monogamy.

एकसदनी (ek sad nee) *adj.* unicameral.

एकसम (ek sam) *adj.* = एकसमान।

एकसमान (ek sa mAn) *adj.* 1. same. 2. uniform (math).

एक साथ (~ sAth) *adv.* 1. en block; ~ उन्होंने एक साथ त्यागपत्र दे दिया They resigned en block. 2. at the same time, simultaneously; अप्रैल के महीने में पाँच राज्यों में एक साथ चुनाव होंगे Simultaneous Assembly elections in five states will be held in April.

adj. simultaneous; ~ नियुक्ति simultaneous appointment.

एकसार (ek sAr) *adj.* 1. uniform. 2. even.

एकसुरा (ek su rA) *adj.* monotonous.

एकसुरापन (~ pan) *adj.* monotony.

एकसूत्र (ek soottr) *adj.* ~ में बँधना to be in unison, to be well-knit, to be integrated.

एकस्व (e kassw) *m.* patent.

एकहरा (e kah rA) *adj.* 1. single. 2. single-folded; ~ बदन thin/slim body.

एकांकी (e kAṅ kee) *adj.* one-act (play).

m. one act play.

एकांग (e kAṅg) *adj.* having one-limb, one-limbed.

एकांगी (e kAṅ gee) *adj.* one-sided; ~ निर्णय one-sided judgement.

एकांगीय (e kAṅ geey) *adj.* = एकांगी।

एकांत (e kAnt) *m.* 1. solitude; ~ में in solitude. 2. seclusion, isolation.

एकांत कारावास (~ kA rA vAs) *m.* solitary confinement.

एकांतता (~ tA) *f.* 1. solitude, solitariness. 2. seclusion.

एकांतप्रिय (~ priy) *adj.* lover of solitude.

एकांतर (e kAn tar) *adj.* alternate; ~ कोण alternate angle; ~ क्रम से alternately.

एकांतरण (e kAn ta raN) *m.* an act of occurring in turn, alternation.

एकांतरिक (e k n ta rik) *adj.* alternate.

एकांतवास (e kAnt vAs) *m.* living in solitude or loneliness.

एकांतवासी (~ vA see) *m.* one who lives alone, recluse.

एकांतिक (e kAn tik) *adj.* exclusive; ~ अधिकार exclusive right.

एका (e kA) *m.* oneness, unity; एके का अभाव lack of unity.

एकाएक (e kA ek) *adv.* 1. suddenly, all at once. 2. unexpectedly, abruptly.

एकाकार (e kA kAr) *adj.* completely intermingled/unified; ~ हो जाना to become intermingled.

एकाकी (e kA kee) *adj.* lonely, solitary; वह ~ जीवन बिता रहा था He was leading a solitary life.

एकाकीपन (~ pan) *m.* (feeling of) loneliness; उसे ~ प्रिय है He likes solitude.

एकाक्ष (e kAksh) *adj.* 1. one-eyed. 2. uniaxial. (maths.)

एकाक्षर (e kAk shar) *adj.* monosyllabic.

एकाग्र (e kAggr) *adj.* concentrated, one-pointed; ~ करना to conentrate.

एकाग्रचित्त (~ chitt) *adj.* closely attentive,

of a concentrated mindresolute; आपको और अधिक ~ होकर काम करना होगा You need to work more attentively.

एकाग्रता (~ tA) *f.* concentration (of mind), one-pointedness.

एकाग्रदृष्टि (~ drish Ti) *adj.* having the eye focussed on one point.

एकात्म (e kAtm) *adj.* integrated (into one), unitary.

एकात्मक (e kAt mak) *adj.* unitary; ~ राज्य unitary state.

एकात्मकता (~ tA) *f.* solidarity.

एकात्म्य (e kAtmy) *m.* identity. (maths)

एकादशी (e kA da shee) *f.* eleventh day of either half of a lunar month.

एकाध (e kAdh) *adj.* = एक-आध।

एकाधिक (e. kA dhik) *adj.* more than one, many.

एकाधिकार (e kA dhi kAr) *m.* monopoly; ~ जमाना to monopolize.

एकाधिकारी (ee kA dhi kA ree) *adj.* having exclusive right.

m. monopolist.

एकाधिकृत (e kA dhi krit) *adj.* monopolised.

एकाधिपत्य (e kA dhi patty) *m.* 1. absolute or exclusive right. 2. autocracy.

एकार (e kAr) *m.* the letter ए or its sound.

एकारांत (e kA rAnt) *adj.* (word) ending in ए।

एकार्थ (e kArth) *adj.* = एकार्थक।

एकार्थक (e kAr thak) *adj.* 1. having the same meaning. 2. having one meaning, univocal.

एकालाप (e kA lAp) *m.* monologue.

एकीकरण (e kee ka raN) *m.* 1. unification, integration. 2. amalgamation, consolidaton.

एकीकृत (e kee krit) *adj.* 1. unified, integrated; ~ योजना integrated plan; ~ विकास integrated development. 2. amalga-mated, consolidated.

एकीभूत (e kee bhoot) *adj.* 1. collected together. 2. unified, united.

एकेश्वरवाद (e kesh shwar vAd) *m.* the theory of one god only, monotheism.

एकेश्वरवादी (e kesh shwar vA dee) *adj.* monotheistic.

m. a supporter of monotheism monotheist.

एक्का (ek kA) *m.* 1. an Indian horse carriage. 2. ace (cards).

एक्की (ek kee) *f.* = एक्का (ace).

एक्केवान (ek ke vAn) *m.* driver of an एक्का।

एक्केवानी (ek ke vA nee) *f.* calling of driving an एक्का।

एक्सप्रेस (eks pres) *adj.* going or sent quickly, express.

एजेंट (e jenT) *m.* agent.

एजेंसी (e jen see) *f.* agency.

एटलस (eT las) *m.* atlas.

एडवोकेट (ed vo keT) *m.* advocate.

एड़ (eR) *f.* = एड़ी ; ~ देना/मारना/लगाना to strike with the heel. (Horse-riding).

एड़ी (e Ree) *f.* 1. the back part of the human foot, heel; एड़ियाँ घिसना to run about persistently; ~-चोटी का ज़ोर लगाना to put in (one's) utmost efforts; ~-चोटी का पसीना एक करना to toil almost to (one's) exhaustion; ~ से चोटी तक from top to bottom, from head to foot, cap-a-pie. 2. heel of the shoe; ऊँची ~ के जूते high-heeled shoes.

एतदर्थ (e ta darth) *adv.* for this purpose, on this account.

एतद् (e tad) *adj.* this; ~ देशीय belonging to this country; ~ संबंधी pertaining to this.

एतद् द्वारा (~ dwA rA) *adv.* hereby.

एतबार (et bAr) *m.* 1.trust, confidence, reliance; मुझे अपने मित्र पर पूरा ~ है I have full trust in my friend. ~ करना to trust, to rely; हम उन पर ~ नहीं कर सकते They are not to be trusted. ~ होना to have reliance. 2. credit; ~ उठ जाना/खोना to lose credit.

एतबारी (et bA ree) *adj.* trustworthy, credible.

एतराज़ (et rAz) *m.* objection; ~ करना to oppose/object; ~ के योग्य objectionable; ~ होना to have an objection.

एतवार (et vAr) *m.* = इतवार Sunday.

एरंड (e raND) *m.* castor.

एलची (el cee) *m.* emissary. envoy.

एलबम (el bam) *m.* 1. an album of photographs, stamps etc. 2. a tape of someone's songs. [H.E. चित्राधार]

एलान (e lAn) *m.* declaration, announcement; ~ करना to announce; ~ होना to be announced.

एलानिया (e lA ni yA) *adv.* 1. publicly. 2. by proclamation.

एलार्म (e lArm) *m.* alarm.

एलार्म घड़ी (~ gha Ree) *f.* alarm clock.

एल्यूमिनियम (e lyoo mi ni yam) *m.* aluminium.

एवं (e vam) *adv.* and, as well as, as also.

एव (ev) *conj.* अतएव (i) hence, (ii) therefore.

एवज़ (e vaz) *m.* के ~ में in place of, instead of.

एवज़ी (ev zee) *adj.* substituting for some one or something.

एवमस्तु (e va mas tu) *interj.* Be it so!

एषणा (esh NA) *f.* strong desire.

एशिया (e shi yA) *m.* Asia.

एशियाई (~ ee) *adj.* Asian, Asiatic.
m. an inhabilant of Asia, Asian.

एहतियात (eh ti yAt) *f.* precaution; ~ बरतना to take precaution; ~ से with due care and caution.

एहतियातन (eh ti yA tan) *adv.* by way of precaution.

एहतियाती (eh ti yA tee) *adj.* precautionary; ~ कार्रवाई precautionary measure (s).

एहसान (eh sAn) *m.* obligation; ~ जताना to remind (someone) of favours conferred (by one), to draw pointed attention to such favours; ~ मानना to feel grateful (to), to feel obliged; ~ से दबा होना to be under an obligation.

एहसानफ़रामोश (~ Fa rA mosh) *adj.* ungrateful.

एहसानमंद (~ mand) *adj.* grateful.

एहसास (eh sAs) *m.* 1. feeling. 2. awareness, consciousness; उसे अपनी ग़लतियों का ~ था He was conscious of his mistakes.

ऐ

ऐ (ai) *m.* 1. the ninth letter (vowel) of the Nagari alphabet; its sign is ै; its sound resembles that of *a* in bat, rat etc. *inter.* o! ~ लड़के O boy!

ऐं (aĩ) *interj.* 1. indicating 'what did you say', 'what's that', 'what was it'. 2. eh!

ऐंचना (aĩc nA) *vt.* to pull/draw/snatch.

ऐंचाताना (aĩ cA tA nA) *adj.* squint-eyed.

ऐंचातानी (~ cA tA nee) *f.* = खींचतान।

ऐंठ (aĩTh) *f.* 1. conceit, vanity; ~ दिखाना to show off conceit.

ऐंठन (aĩ Than) *f.* twist, contortion, torsion; हाथों में सर्दी से ऐंठन हो रही है The hands are having a twisting sensation due to cold.

ऐंठना (aĩTh nA) *vt.* 1. to twist. 2. to extort; ऐंठ लेना to obtain something by cleverness, violence or threat, grab; उसने मेरा मकान ऐंठ लिया He grabbed my house. *vi.* to be conceited; हमसे ऐंठो मत Don't behave with us conceitedly.

ऐंठू (aĩ Thoo) *adj.* 1. conceited. 2. obstinate.

ऐंद्रजालिक (aindr jA lik) *adj.* magical. *m.* magician.

ऐंद्रिक (ain drik) *adj.* 1. pertaining to senses, sensory, sensuous. 2. sensual.

ऐंद्रिय (~ driy) *adj.* 1. sensuous. 2. sensual; ~ सुख sensual pleasure.

ऐंद्रियता (~ tA) *f.* 1. sensuousness. 2. sensuality.

ऐकमत्य (aik matty) *m.* an agreement of opinion, concurrence, complete accord.

ऐकांतिक (ai kAn tik) *adj.* pertaining to solitude.

ऐकात्म्य (ai kAtmy) *m.* identity.

ऐकार (ai kAr) *m.* the letter ऐ, or its sound.

ऐकारांत (ai kA rAnt) *adj.* (word) ending in ऐ।

ऐकिक (ai kik) *adj.* unitary; ~ विश्वविद्यालय unitary university.

ऐक्य (aikky) *m.* oneness, unity; ~ स्थापित करना to establish unity.

ऐच्छिक (aic chik) *adj.* 1. optional; ~ विषय optional subject(s). 2. voluntary; ~ अंशदान voluntary contribution.

ऐडवोकेट (aiD vo keT) *m.* advocate. [H. E. अधिवक्ता]

ऐतिहासिक (ai ti hA sik) *adj.* 1. having to do with history, historical; ~ स्थान historical place. 2. historic; ~ महत्त्व historic importance; ~ रूप से historically.

ऐतिहासिकता (~ tA) *f.* historicity.

ऐन (ain) *adj.* right; ~ मौके पर in the nick of time; ~ वक़्त पर just in time.

ऐनक (ai nak) spectacles, eye-glasses; वह काली ~ लगाए था He was wearing black eye-glasses.

ऐब (aib) *m.* 1. defect, shortcoming, blemish. 2. flaw, fault; ~ निकालना to find fault; ~ लगना to be stigmatised; ~ लगाना to stigmatise.

ऐबदार (~ dAr) *adj.* defective, faulty.

ऐबी (ai bee) *adj.* faulty, defective, vicious; ~ घोड़ा vicious horse; ~ लड़का delinquent boy.

ऐयार (ai yAr) *m.* a spy who practises magic, wizard.

ऐयारी (ai yA ree) *f.* the profession and skills of a wizard, wizardry.
adj. of a spy or wizard; ~ उपन्यास detective novel.

ऐयाश (ai yAsh) *adj. & m.* lewd, voluptuous, bohemian.

ऐयाशी (ai yA shee) *f.* lewdness, voluptuousness.

ऐरा-ग़ैरा (ai rA - Gai rA) *adj.* unknown or unfamiliar (person).
m. unknown or unfamiliar sply. insignificant or undesirable person; किसी ऐरे-गैरे को अंदर मत आने दो Let no undesirable person come in.

ऐरावत (ai rA vat) *m.* Lord Indra's elephant.

ऐलान (ai lAn) *m.* = एलान (announcement).

ऐलोपैथी (ai lo pai thee) *f.* western method of treating diseases, allopathy.

ऐश (aish) *f.* 1. merry- making, merriment. 2. luxury. 3. sensuous enjoyment; ~ करना to make merry, to luxuriate.

ऐशपरस्त (~ pa rast) *adj.* merry-minded, enjoying luxurious life.

ऐशपरस्ती (~ pa ras tee) *f.* merry-mindedness, luxury.

ऐश-ओ-आराम (~ - o - A rAm) *m.* pleasures and comforts; वह अपने ~ का ध्यान हर समय रखता है He seeks pleasure all the time.

ऐश्वर्य (aish shwarry) *m.* 1. grandeur, glory, pomp. 2. riches, wealth. 3. might, supremacy.

ऐश्वर्यमय (~ may) *adj.* prosperous, affluent; उनका जीवन ~ था They were living a life of affluence.

ऐश्वर्यवान्, ऐश्वर्यवान (~ vAn) *adj.* pros-perous, affluent, well-off.

ऐश्वर्यशाली (~ shA lee) *adj.* prosperous, affluent.

ऐसा (ai sA) *adj.* 1. like this, so, such; उनके पास ~ भयानक कुत्ता है कि... They have such a ferocious/fierce dog that... 2. of this type; ~ नहीं हो सकता It is impossible. ~ ही सही So be it! ऐसी की तैसी Damn it, my foot! कहीं ~ न हो Lest it should be so.
pron. 1. so; मेरे पिताजी ~ कहा करते थे My father used to say so. 2. ~ है क्या ? Is this so? Really? ~ ही है ! So it is! फिर ~ अब क्यों हुआ Why did all this happen now?

ऐसा-वैसा (~ - vai sA) *adj.* 1. insignificant. 2. irrelevant. 3. undesirable; मैं नहीं सोचता कि वे कुछ ~ करने की जुर्रत करेंगे I don't think they will dare to do anything undesirable. ~ आदमी (i) unknown per-son, (ii) insignificant person, (iii) un-desirable person; ऐसी-वैसी बात irrele-vant or loose talk.

ऐसे (ai se) *adv.* 1. in this manner/wise/way, thus. 2. this way. ~ में in the mean time.

ऐसे-वैसे (ai se - vai se) *adv.* in haphazard or indecorous way.

ऐहतियात (aih ti yAt) *f.* = एहतियात।

ऐहिक (ai hik) *adj.* mundane, worldly.

ऐहिकता (~ tA) *f.* mundaneness, worldliness.

ओ

ओ (o) *m.* the tenth letter (vowel) of the Nagari alphabet; its sign is ो ; s sound is like that of *o* in *mole.*

ओंकार (oṅ KAR) *m.* om, the symbol, invocation etc., of Godhood, ॐ.

ओंठ (õTH) *m.* = होंठ।

ओक (ok) *m.* cup formed with the palms of the two hands joined together; ~ लगाकर पीना to drink (water) with the ओक।

ओकना (ok NA) *vi.* to vomit.

ओकार (o KAR) *m.* the letter ओ or its sound.

ओकारांत (o KA RANT) *adj.* (word) ending in ओ।

ओखली (okh lee) *f.* mortar; ~ में सिर देना deliberately to expose oneself to risks.

ओछा (o chA) *adj.* 1. shallow, lacking depth; ~ व्यक्ति shallow minded, silly person; ओछी बातचीत shallow talk; ~ वार पड़ना—वार ओछा पड़ा The stroke fell short of the mark.

ओछापन (~ pan) *m.* shallowness, meanness.

ओज (oj) *m.* 1. verve, vigour. 2. lustre. 3. vitality, energy.

ओजपूर्ण (~ poorN) *adj.* 1.vigorous. 2. lustrous.

ओजस्विता (o jas swi tA) *f.* verve, vigour.

ओजस्वी (o jas swee) *adj.* vigorous, lively, powerful;~ भाषण vigorous speech.

ओझल (o jhal) *adj.* hidden, out of sight; ~ हो जाना to get out of sight.

ओझा (o jhA) *m.* wizard, exorcist, black magician.

ओझाई (o jhA ee) *f.* the skill or vocation of an ओझा, exorcism.

ओट (OT) *f.* 1. a partition serving to shelter a conceal, screen; ~ करना to provide with a screen to shelter or conceal. 2. cover, veil; ~-में under cover; ~ से शिकार करना to hunt from under cover.

ओटना (OT NA) *vt.* to free cotton of seeds with a gin.

ओटनी (OT nee) *f.* a gin that frees cotton of seeds.

ओटाई (o TA ee) *f.* 1. act of ginning. 2. charges for ginning.

ओठ (OTH) *m.* = होंठ।

ओढ़ना (ORH NA) *vt.* 1. to cover or wrap (the body); उसने चादर ओढ़ ली He covered up the body with a sheet. 2. to take up (blame, responsibility etc.) on one's self; दोष ~ to be a scape-goat; to shoulder the burden of another's fault.
m. a shawl, sheet, blanket or quilt used to cover the body.

ओढ़ना-बिछौना (~ - bi chau NA) *m.* 1. bedding and covering. 2. essential part of something, part and parcel of something; मेरे लिए कानून तो ~ है Law is a part and parcel of my being.
vt. 1. to use as bed clothes. 2. to make use of something. इस आजादी को ओढ़ें या बिछाएँ This freedom is of no avail!

ओढ़नी (ORh nee) *f.* (woman's) shawl;

~ बदलना to establish friendship by exchanging shawls.

ओढ़ाना (o RhA nA) *vt.* to cover with cloth.

ओत प्रोत (ot prot) *adj.* permeated all round, imbued, soaked. देशभक्ति से ~ imbued with patriotism.

ओदा (o dA) *adj.* wet, moist.

ओप (op) *f.* 1. polish. 2. brightness, shine.

ओफ़ (oF) *interj.* exclamation of wonderment, plethora, joy, sadness, pain etc.

ओम (om) *m.* = ओंकार

ओर (or) *f.* side; सभी ~ से from all sides; चारों ~ all around, on all sides.

ओर, की (kee or) *postposition.* towards; स्टेशन की ~ towards the station; दाहिने हाथ की ~ on the right side; आप किसकी ~ हैं Whose side are you?

ओर-छोर (~ - chor) *m.* beginning and end.

ओलंपिक (o lam pik) *adj.* Olympic; ~ खेल Olympic games.

ओल (ol) *m.* hostage.

ओलती (ol tee) *f.* eaves of a thatching.

ओला (o lA) *m.* hail; ओले गिरना/पड़ना या बरसना the falling of hail; सिर मुँड़ाते ही ओले पड़ना occurrence of a mishap at the very start.

ओला-पाला (~ - pA lA) *m.* 1. hail and frost; ओले-पाले में in frosty conditions. 2. a game of children.

ओवरकोट (o var koT) *m.* overcoat.

ओषधि (o sha dhi) *f.* medicine, medicinal herb.

ओष्ठ (oshTh) *m.* = होंठ।

ओष्ठ्य (oshThy) *adj.* labial, of or about lips; ~ व्यंजन labial consonant.

ओस (os) *f.* dew; ~ पड़ना dew-fall; ~ से भरा dewy; ~ से भीगना to become wet with dew.

ओसांक (osAṅk) *m.* dewpoint.

ओसाना (o sA nA) *vi.* to winnow.

ओसारा (o sA rA) *m.* shed, verandah, portico.

ओसीला (o see lA) *adj.* wet with dew, dewy.

ओह (oh) *interj.* (of surprise or pain) eh!

ओहदा (oh dA) *m.* post, rank, designation; उसे सचिव के ओहदे पर नियुक्त किया गया है He has been appointed to the post of secretary. ओहदे पर बैठना to take charge of a post; ओहदे पर बैठाना to install; ओहदे से हटना to be relieved of a post; ओहदे से हटाया जाना to be removed from a post.

ओहदेदार (oh de dAr) *m.* office-bearer, office-holder.

ओहो (o ho) *interj.* an exclamation of wonderment! oh!

औ

औ (au) *m.* the eleventh letter (vowel) of the Nagari alphabet; its sign is ौ ; its sound resembles that of *o* in *hot.*

औंघना (aũgh nA) *vt.* = ऊँघना।

औंधा (aũ dhA) *adj.* having the upper part underneath, lying prostrate.
adv. upside down; ~ कर देना to turn upside down; औंधे मुँह गिरना to fall face downward, to prostrate.

औंधाना (~ dhA nA) *vt.* to turn upside down, to overturn.

औंधी खोपड़ी (~ dhee khop Ree) *m.* stupid fellow, blockhead.

औंस (aũs) *m.* ounce.

औक़ात (au KAt) *f.* 1. status. 2. capacity, means, capability; अपनी ~ से according to (one's) capacity; अपनी ~ से बाहर जाना to go beyond one's status/capacity; बसर औक़ात sustenance, wherewithal.

औकार (au KAR) *m.* the letter औ or its sound.

औकारांत (au KA rAnt) *m.* (word) ending in औ।

औगुन (au gun) *m.* = अवगुण।

औघड़ (au ghaR) *m.* an ascetic with strangely awkward ways.

औचक (au cak) *adv.* ~ में suddenly, unexpectedly, abruptly.

औचट (au caT) *m.* fix, predicament, quandary.
adv. suddenly, unexpectedly.

औचित्य (au citty) *m.* 1. propriety, appropriateness. 2. justification; ~ सिद्ध करना to justify.

औचित्यपूर्ण (~ poorN) *adj.* 1. proper, appropriate. 2. justified.

औचित्यपूर्वक (~ poor vak) *adv.* with good reason, justifiably.

औज़ार (au ZAR) *m.* an instrument for making or repairing something, tool, implement; बिजली मिस्त्री का ~ पेचकस होता है The screwdriver is a tool of an electrician. औज़ारों से लैस fully equipped with one's tools; बढ़ई के ~ carpenter's tools.

औझड़ (au jhAR) *adj.* whimsical, capricious.

औटना (auT nA) *vi.* to be thickened by boiling.

औटाना (au TA nA) *vt.* to thicken by boiling.

औत्कर्ष्य (aut karshy) *m.* = उत्कर्ष।

औत्सुक्य (~ sukky) *m.* = उत्सुकता।

औदार्य (au dAry) *m.* liberality.

औद्धत्य (aud dhatty) *m.* = उद्धतता।

औद्योगिक (aud dyo gik) *adj.* 1. industrial; ~ क्रांति industrial revolution; ~ संकट industrial crisis; ~ दृष्टि से industrially. 2. having many developed industries; ~ देश industrial country.

औद्योगिकता (~ tA) *f.* industrialism.

औद्योगिकी (aud dyo gi kee) *f.* the art or science of industrializing, technology.

औद्योगीकरण (aud dyo gee ka raN) *m.* industrialization; ~ करना to industrialize.

औद्योगीकृत (~ krit) *adj.* industrialized.

औना-पौना (au nA - pau nA) *adj.* a little

less; औने-पौने दामों पर निकालना to dispose of (something) below par.

औपचारिक (aup CA rik) *adj.* 1. formal; ~ कार्रवाई formal procedure; ~ रूप से formally. 2. ceremonial.

औपचारिकता (~ tA) *f.* formality; ~ निभाना to follow some procedure rigidly.

औपनिवेशिक (aup ni ve shik) *adj.* colonial; ~ साम्राज्य colonial empire.

औपनिवेशिकता (~ tA) *f.* colonialism.

औपनिवेशीकरण (aup ni ve shee ka raN) *m.* act of establishing a colony, colonization.

औपन्यासिक (au pan nyA sik) *adj.* pertaining to a novel or fiction, fictional. *m.* novelist.

और (aur) *adj.* 1. other, different; किसी ~ दिन आना Come some other day; एक हाथ ~ दो One more charge/stroke please. ~ और of many categories; वहाँ ~ और लोग भी थे There were many types of people. 2. else; हमें ~ क्या चाहिए What else do we need?

conj. 1. and. 2. plus. 3. more. ~ नहीं तो क्या It now, what else.

adv. (a little) more; उसने कुछ ~ नहीं कहा He said nothing more.

pron. other; किसी ~ से भी पूछकर देखो Ask someone else too. हमें औरों से क्या गिला Why complain about others? ~ अधिक even more, still more; ~ कहीं elsewhere; ~ कुछ anything else, something more; ~ कोई anybody else; ~ क्या (i) of course, without doubt, (ii) what else; ~ तो और what's more; ~ भी (i) still more, (ii) others too; ~ लो Have is something more, कहीं ~ somewhere else; कुछ ~ a little more; कुछ ~ सोचो (i) Think a bit more. (ii) Think of some other way out. (iii) Please concede a little more. लो ~ सुनो Hark ye, this!

औरत (au rat) *f.* 1. woman, lady. 2. someone's wife; उसे अपनी ~ ही सुंदर लगती है He only has eyes for his beautiful wife. 3. maid-servant.

औरस (au ras) *adj.* legitimate; ~ संतान legitimate child.

औलाद (au lAd) *m.* progeny, issue; उनकी कोई ~ नहीं They do not have any children. ऐसी ~ से हम यों ही अच्छे We are much better without having children like that. ~ से दुखी unhappy with children; ~ से सुखी happy with children.

औलिया (au li yA) *m.* an ascetic of a high order.

औवल (au wal) *adj.* = अव्वल।

औषध (au shadh) *m.* medicine.

औषध विज्ञान (~ vig gyAn) *m.* pharmacology.

औषधालय (au sha dhA lay) *m.* 1. pharmacy, medical store. 2. dispensary.

औषधि (au sha dhi) *f.* = ओषधि।

औषधीय (au sha dheey) *adj.* 1. medicinal, medical. 2. pharmacological.

औसत (au sat) *adj.* average, mean; ~ आय average income; ~ क़द average size; ~ दर्जे का mediocre; ~ लागत average cost.

m. average; ~ से अधिक above average; ~ से कम below average.

औसतन (aus tan) *adv.* on an average.

औसाना (au SA nA) *vt.* to winnow.

क

क (ka) *m.* the first consonant of the Nagari alphabet, the first of the soft palatal pentad of consonants; its sound is like that of *k* in *kite*.

कंकड़ (kaṅ kar) *m.* pebble.

कंकड़-पत्थर (~ - pat thar) *m.* 1. pebbles and stones. 2. trash.

कंकड़ी (kaṅk ʀee) *f.* 1. small pebble. 2. (plu.) small stones used to male roads, gravel.

कँकड़ीला (kãk ʀee lᴀ) *adj.* strewn with uneven pieces of stone; ~ रास्ता pathway strewn with uneven pieces of stone.

कंकण (kaṅ kaɴ) *m.* bracelet.

कंकरीट (kan ka reeᴛ) *m.* concrete; ~ का ग़ारा concrete mortar.

कंकाल (kaṅ kᴀl) *m.* skeleton.

कंगन (~ gan) *m.* bracelet.

कँगना (kãg nᴀ) *m.* = कंगन।

कँगनी (~ nee) *f.* 1. small bracelet. 2. cornice.

कंगला (kaṅ ga lᴀ) *adj.* = कंगाल।

कंगलापन (kaṅ ga lᴀ pan) *m.* see कंगाली।

कंगारू (kaṅ gᴀ roo) *m.* kangaroo.

कंगाल (kaṅ gᴀl) *adj. & m.* pauper, poor, penniless; कंगालों की बस्ती a slum of paupers; ~ बना देना reduce to the state of a pauper; ~ हो जाना to be reduced to poverty.

कंगालपन (~ pan) *m.* = कंगाली।

कंगाली (kaṅ gᴀ lee) *f.* pauperism. penury.

कँगूरा (kã goo rᴀ) *m.* turret, parapet, battlement.

कंघा (kaṅ ghᴀ) *m.* comb.

कंघी (kaṅ ghee) *f.* smallcomb; ~ करना to comb; ~ फेरना to comb.

कंघी-चोटी (~ - co ᴛee) *f.* hair-do; ~ करना (i) act of tidying the hair with a comb, (ii) to do the hair.

कंघेरा (kaṅ ghe rᴀ) *m.* manufacturer of combs.

कंचन (kan can) *m.* gold; ~ बरसना raining of wealth, as it were.

कंचनकाया (~ kᴀyᴀ) *f.* comely figure.

कंचुक (~ cuk) *m.* 1. an old fashioned overcoat. 2. slough of a snake.
f. bodice.

कंचुकी (~ cu kee) *m.* an attendant, doorkeeper.
f. bodice.

कंजर (kan jar) *adj.* rough and uncultured.
m. nomad, member of a nomadic tribe.

कंजरपन (~ pan) *m.* roughness and lack of culture.

कंजा (~ jᴀ) *adj. & m.* 1. one having greyish blue eyes; कंजी आँखें greyish blue eyes. 2. crook, characteristically crooked.

कंजूस (~ joos) *adj.* unwilling to spend or give, miserly, parsimonious, stingy, niggardly.
m. miser.

कंजूसी (~ joo see) *f.* miserliness, stinginess, parsimony, niggardliness; ~ करना to show miserliness.

कंटक (kaɴ ᴛak) *m.* 1. thorn. 2. constant

source of annoyance or hindrance, nuisance. 3. difficulty.

कंटकमय (~ may) *adj.* thorny.

कंटकाकीर्ण (kaN ta kA keerN) *adj.* 1. thorny, prickly. 2. full of trouble and difficulty.

कंटर (~ Tar) *m.* decanter.

कँटिया (kã Ti yA) *f.* 1. nail. 2. fish hook.

कँटीला (~ Tee lA) *adj.* 1. thorny, full of thorns. 2. barbed; ~ तार barbed wire.

कँटीलापन (~ pan) *m.* thorniness.

कंट्रैक्ट (kaN Traikt) *m.* contract; ~ करना to enter into an agreement.

कंट्रैक्टर (~ Traik Tar) *m.* contractor. [H.E. ठेकेदार]

कंट्रोल (~ Trol) *m.* power to restrain, control; ~ करना to get under control; आख़िरकार उसने परिस्थितियों को ~ कर लिया At last he brought the situation under control. (किसी चीज़ पर से) ~ उठाना to decontrol (something); (किसी चीज़ पर) ~ लगाना to put (something) under control. [H.E. नियंत्रण]

कंठ (kaNTh) *m.* throat, larynx; ~ करना to commit to memory, to memorize; ~ खुलना—अब उसका कंठ खुला है Now his vocal cords have started functioning. ~ फूटना to start speaking.

कंठगत (~ gat) *adj.* committed to memory, memorized; ~ होना to be committed to memory; प्राण ~ होना to be at death's door.

कंठ-तालव्य (~ tA lavvy) *adj.* gutturo-palatal.

कंठमाला (~ mA lA) *f.* scrofula, goitre, mumps.

कंठसंगीत (~ san geet) *m.* vocal music.

कंठस्थ (kaN Thasth) *adj.* committed to memory, memorized; ~ करना to learn by heart, to commit to memory.

कंठहार (kaNTh hAr) *m.* necklace.

कंठा (kaN ThA) *m.* necklace of big beads.

कंठाग्र (~ ThAggr) *adj.* committed to memory; ~ करना to commit to memory; ~ होना to be committed to memory.

कंठी (~ Thee) *f.* necklace or string of small beads; ~ लेना to wear the कंठी as a token of initiation into the वैष्णव धर्म।

कंठ्य (kaNThy) *adj.* 1. of or relating to the throat, guttural; ~ ध्वनि guttural sound. 2. vocal; ~ संगीत vocal music.

कंठ्यौष्ठ्य (kaN Thyaushthy) *adj.* gutturo-labial.

कंडक्टर (~ Dak Tar) *m.* one who collects fares on the bus, conductor.

कंडरा (~ Da rA) *m.* a chord of tough tissue that attaches a muscle to a bone, tendon.

कंडा (~ DA) *m.* dried cow-dung cake used as fuel.

कंडाल (~ DAl) *m.* a trough for preserving water.

कंडी (~ Dee) *f.* 1. diminutive of कंडा 2. small basket; पेट में ~ पड़ जाना solidification of faecal matter in the intestines.

कंडील (~ Deel) *f.* 1. candle-stick. 2. candle-lamp. 3. lantern.

कंडीलिया (~ Dee li yA) *m.* light-house.

कंडु (~ Du) *m.* itches, ringworm.

कंडौरा (~ Dau rA) *m.* 1. heap of cow-dung cakes. 2. place where such cakes are kept.

कंत (kant) *m.* one's husband or lover.

कंथा (kan thA) *f.* a wrapper sewn out of worn-out garments.

कंद (kand) *m.* a thick root used as food, rhizome.

कंद-मूल (~ - mool) *m.* edible root or the like.

कंदरा (kand rA) *f.* cave, cavern.

कंदील (~ deel) *f.* = कंडील।

कंदुक (~ duk) *m.* ball; ~ खेलना to play with a ball.

कंधा (~ dhA) *m.* 1. the part between arm and neck, shoulder; ~ डाल देना to give up an attempt in despair; ~ देना (i) to carry a bier on one's shoulder, (ii) किसी काम में ~ देना to lend a shoulder; कंधे उचकाना to shrug (one's) shoulders; कंधे से ~ छिलना rubbing or jostling of shoulders in a crowd; कंधे से ~ मिलाकर चलना to work hand in hand; कंधे से लगाना—उसने बच्चे को कंधे से लगा लिया She took the baby to her shoulder. कंधे हिलाना to shrug shoulders; अपने कंधों पर लेना to shoulder (responsibility). 2. the part of the garment that covers the shoulder; मेरी कमीज़ कंधे से फट गई My shirt split across the shoulder.

कंधार (KAn dhAr) *m.* a historical city of Afghanistan.

कंप (kamp) *m.* = कंपन।

कँपकँपी (kãp kã pee) *f.* tremor, shivering; ~ छूट जाना—उसकी कँपकँपी छूट गई A shiver ran through him.

कंपन (kam pan) *m.* 1. vibration. 2. the feeling or movement of trembling, tremor, shiver, quiver.

कँपना (kãp nA) *vi.* = काँपना।

कंपनी (kam pa nee) *f.* company.

कंपाउंडर (~ pAun Dar) *m.* compounder.

कंपायमान (~ pAy mAn) *adj.* tremulous, quivering, quavering, trembling.

कंपास (~ pAs) *m.* compass.

कंपित (~ pit) *adj.* trembling; ~ करों से with hands trembling; ~ स्वर में in trembling voice.

कंपोज़ (~ poz) *m.* act of composing; ~ करना to compose.

कंपोज़िटर (~ po zi Tar) *m.* compositor.

कंबख़्त (~ baKht) *adj.* unlucky, unfortunate, damned, darned; ~ कहीं का Oh wretch!

कंबख़्ती (~ baKh tee) *f.* misfortune, ill-luck; ~ का मारा afflicted by ill-luck, victim of ill-luck; ~ की मार as ill-luck would have it; ~ की मार पड़ना to suffer great misfortune.

कंबल (~ bal) *m.* thick woollen covering, blanket.

कई (ka ee) *adj.* many, several; ~ एक several, many a; ~ दफ़ा several times; ~ दिन हुए several days back; ~ बार several times; ~ कई बार repeatedly; ~ रोज़ several days.

ककड़ी (kak Ree) *f.* cucumber; किसी को ~ - खीरा समझना to consider some-body as a weakling.

ककहरा (ka kah rA) *m.* 1. alphabet. 2. ABC of some subject; राजनीतिक ~ ABC of politics.

ककार (ka KAr) *m.* the letter क or its sound.

ककारांत (ka KA rAnt) *adj.* (word) ending in क।

कक्ष (kaksh) *m.* 1. orbit. 2. class. 3. room. 4. armpit.

कक्षा (kak shA) *f.* 1. orbit. 2. class; आज कोई ~ नहीं लगी Today there were not any classes. 3. classroom; ~ अध्यापक class teacher.

कक्षावली (~ va lee) *f.* a suit of classrooms.

क ख ग (ka kha ga) *m.* A B C (elements of a subject).

कखौरी (ka khau ree) *f.* 1. a boil in the armpit.

कगार (ka gAr) *m.* 1. very steep slope, precipice, scarp. 2. high and steep bank; सर्वनाश का ~ precipice of destruction. 3. verge, brink; भुखमरी के ~ पर at the verge of starvation.

कच (kac) *adj.* abbreviation of कच्चा used in compound words.

m. hair.

कचकच (~ kac) *f.* = किचकिच।

कचकचाना (~ ka CA nA) *vt.* to grind the teeth in anger.

कचड़ा (kac rA) *m.* refuse.

कचदिला (~ di lA) *adj.* weak-hearted.

कचनार (~ nAr) *m.* a kind of tree which yields beans and flowers.

कचपच (~ pac) *f.* = किचकिच।

कचर-कचर (ka car - ka car) *f.* 1. sound produced while eating raw fruit. 2. wrangling.

कचरकूट (~ kooT) *m.* eating to one's fill, eating to one's heart's content.

कचरघान (~ ghAn) *m.* a hotchpotch of small articles.

कचरा (kac rA) *m.* 1. sweepings, refuse, rubbish, trash. 2. worthless matter.

कचरी (~ ree) *f.* a slice of potato (or any other vegetable) dried and fried, chip.

कचहरी (ka cah ree) *f.* 1. king's court. 2. court of justice; ~ में हाज़िर होना to appear in court; ~ करना to hold court; ~ जाना to go to court; ~ लगना—कचहरी लग गई Court started functioning.

कचाई (ka CA ee) *f.* = कच्चापन।

कचायँध (ka CA yãdh) *f.* smell of rawness.

कचालू (ka CA loo) *m.* 1. a variety of edible root. 2. Indian dish of vegetables or fruit with a dash of lemon/tamarind.

कचियाना (ka ci yA nA) *vi.* to feel half-hearted.

कचूमर (ka coo mar) *m.* 1. pickles prepared from crushed fruit. 2. anything crushed or reduced to pulp; ~ निकालना/निकाल देना (i) to crush/pound well, (ii) to defeat or humiliate completely.

कचूर (ka coor) *m.* medicinal plant (*Curcuma zedoaria*).

कचोट (ka coT) *f.* smarting sensation.

कचोटना (~ nA) *vi.* to smart; उसके अपशब्द मुझे कचोटते हैं I smarted under his abuse.

कचौड़ी (ka cau Ree) *f.* a variety of an Indian loaf fried and puffed.

कचौरी (kac c) *f.* = कचौड़ी।

कच्चा (kac CA) *adj.* 1. not yet fully ripe, unripe, green, कच्चे केले green bananas. 2. immature, weak; अभी उसकी कच्ची उम्र है He is immature for his age. 3. not well-made, solid or strong. कच्ची सड़क unmetalled road; ~ घर a mud house; कच्ची ईंट a mud brick. 4. not fast; ~ रंग colour likely to fade. 5. lacking skill; ~ कारीगर unskilled labour. 6. lacking in firnness. 7. raw; ~ माल raw material. 8. inexperienced; ~ हाथ an unskilled workman. 9. unrefined; कच्ची चीनी unrefined sugar. 10. rough; चिट्ठा rough account; कच्ची नकल a rough copy; कच्ची बही a rough ledger. 11. provisional, not final; कच्ची रसीद a provisional receipt. 12. improper or unreliable; ~ असामी unreliable person; ~ जाना miscarriage; ~ पड़ना to prove untenable; ~ बच्चा child of premature birth; कच्ची गोटी immature piece in a game of चौसर; कच्ची गोली खेलना to act in a characteristically inexpedient and immature manner; कच्ची बात (i) improper talk, (ii) talk which is not to the point; कच्ची चीनी unrefined sugar; कच्ची धातु ore; कच्ची

नींद से उठाना/जगाना to awaken (someone) who has not had a full (measure of) sleep; कच्ची रसोई meal cooked with the use of water; कच्ची सिलाई loose temporary stiches; जी~to feel disheartened/discouraged; कान का ~ (one) who readily believes anything and everything, too credulous.

कच्चा-पक्का (~ - pak KA) *adj.* half-cooked; कच्ची-पक्की बात unconfirmed loose talk; कच्ची-पक्की सुनाना to indulge in improper talk, to abuse.

कच्चापन (~ pan) *m.* the quality or state of being raw, rawness.

कच्चे-बच्चे (kac ce - bac ce) *m.* children.

कच्छप (kac chap) *m.* tortoise.

कच्छप-गति (~ - ga ti) *f.* snail's pace.

कछनी (kach nee) *f.* 1. lower garment. 2. small loin-cloth.

कछार (ka chAR) *m.* alluvial land.

कछारी (ka chA ree) *adj.* alluvial.

कछुआ (ka chu A) *m.* tortoise, turtle.

कछौटा (ka chau TA) *m.* cloth worn between the legs; ~ कसना/बाँधना to put on such a cloth.

कज (kaj) *adj.* crooked, curved.

m. defect, flaw; ~ निकालना to remove the flaw.

कजरा (kaj rA) *adj.* of jet black colour.

m. = काजल।

कजराई (~ ee) *f.* jet blackness.

कजरारा (kaj rA rA) *adj.* of the colour of collyrium, jet-black.

कजरी (~ ree) *f.* a typical folk song usually sung in rainy season.

कजरौटा (~ rau tA) *m.* = कजलौटा।

कजलाना (~ lA nA) *vi.* 1. to become black. 2. to apply collyrium to the eyes.

कजली (~ lee) *f.* = कजरी।

कजलौटा (~ lau TA) *m.* a characteristic container for keeping collyrium.

क़ज़ा (KA ZA) *f.* death.

कज़िया (ka zi yA) *m.* an affair causing worry or unnecessary botheration.

कज्जल (kaj jal) *m.* = काजल।

क़ज़्ज़ाक़ (KAZ ZAK) *m.* robber, highwayman, hooligan, desperado.

क़ज़्ज़ाक़ी (~ ZA Kee) *f.* the vocation of a robber, plundering.

कटक (ka Tak) *f.* army.

कटकट (kaT kaT) *f.* 1. sound of clicking teeth. 2. wordy warfare, noisy talk, quarrel.

कटकटाना (~ ka TA nA) *vi.* = किटकिटाना।

कटकीना (~ kee nA) *m.* trick or plan to deceive someone, deceptive contrivance, artifice, stratgem; कटकीने का आदमी man of tact.

कटखना (~ kha nA) *adj.* given to biting; ~ कुत्ता biting dog.

कटघरा (~ gha rA) *m.* 1. enclosed structure with wooden bars. 2. large cage for animals, stockade. 3. witness box; कटघरे में खड़ा होना to stand in a witness box for giving evidence.

कटड़ा (~ RA) *m.* = कटरा।

कटन (ka Tan) *f.* 1. incision. 2. erasion.

कटना (kaT nA) *vi.* 1. to be cut; बाल कट गए हैं The hair has been cut. दो आदमी रेल से कट गए हैं Two persons are run over by a train. 2. to be cancelled, to be struck off; नाम कट जाना—उसका नाम कट गया है His name is struck off (the rolls). 3. to be deducted; चौथाई तनख़्वाह कट गई One fourth of the pay was deducted. 4. to be non-plussed, to be abased or to feel humiliated; वह कटकर रह गया He was non-plussed. 5. to stand refuted;

तर्क कट जाना—उसके तर्क कट गए His arguments were refuted. 6. to be divided leaving no remainder; 35 पाँच (5) से कटता है 35 is divisible by 5. कटा-कटा रहना to maintain a distance, to avoid contact; कटे पर नमक छिड़कना to add insult to injury.

कटनी (~ nee) *f.* 1. harvest; ~ करना to reap a harvest. 2. harvest time.

कटपीस (~ pees) *m.* a piece of cloth (sold at a reduced price).

कटर (ka TAr) *m.* cutter, a small boat.

कटरा (kaT rA) *m.* 1. mart, small market. 2. male calf of a buffalo.

कटवाँ (~ vÃ) *adj.* wavy (border).

कटवाँ ब्याज (~ byAj) *m.* simple interest.

कटवाना (kaT VA nA) *vt.* 1. to cause to be cut or bitten. 2. to get (something) cut; बाल ~ to have hair cut.

कटहरा (ka tah rA) *m.* = कटघरा।

कटहल (kaT hal) *m.* jack tree or its fruit.

कटहा (~ hA) *adj.* prone to bite, given to bite; ~ कुत्ता biting dog.

कटाई (ka TA ee) *f.* 1. act of cutting, reaping etc.; बाल ~ (i) hair cut, (ii) remuneration for hair cutting. 2. wages paid for cutting. 3. harvesting, reaping.

कटाई-छँटाई (~ - chã TA ee) *f.* act of cutting and pruning.

कटाकटी (ka TA ka Tee) *f.* 1. bloody encounter. 2. bitter enmity, animosity.

कटाक्ष (ka TAksh) *m.* 1. side-long looks (of love), glad eye, armorous look, ogle. 2. taunt, sarcasm; ~ करना to make a sarcastic remark or fling.

कटाक्षपूर्ण (~ poorN) *adj.* sarcastic; उसकी टिप्पणी ~ थी His remark was sarcastic.

कटा-छँटा (ka TA - chã TA) *adj.* well-pruned.

कटाछनी (ka TA cha nee) *f.* = कटाकटी।

कटान (ka TAN) *m.* 1. state or act of cutting. 2. manner/style of cutting.

कटाना (ka TA nA) *vi.* to get (someone or something) cut.

कटा-फटा (ka TA - pha TA) *adj.* torn and mutilated.

कटामरी (ka TA ma ree) *f.* carnage, bloodshed.

कटार (ka TAr) *f.* cutlass, dagger.

कटारी (ka TA ree) *f.* small dagger, hatchet.

कटाव (ka TAW) *m.* shape (of land) resulting from erosion, notch.

कटावदार (~ dAr) *adj.* (a variety of embroidery) involving the process of cutting with a pair of scissors.

कटि (ka Ti) *f.* waist.

कटिबंध (~ bandh) *m.* 1. zone. 2. girdle, belt.

कटिबद्ध (~ baddh) *adj.* resolute, resolved, determined, gird up; हम लोग वार्त्ता के द्वारा शांति के लिए ~ हैं We are now committed to peace through negotiations.

कटिबद्धता (~ tA) *f.* resolve, resolution.

कटिया (ka Ti yA) *f.* 1. female calf of a buffalo. 2. fishing-hook.

कटीला (ka Tee lA) *adj.* sharp-edged.

कटु (ka Tu) *adj.* bitter, pungent, hot, acrimonious; ~ अनुभव bitter/embittering experience; ~ आलोचना biting criticism.

कटुता (~ tA) *f.* bitterness, acrimony; राजनीतिक ~ political acrimony.

कटुभाषी (~ bhA shee) *adj.* (one) who speaks bitterly.

कटूक्ति (ka Took ti) *f.* bitter remark, unpleasant utterance/remark.

कटोरदान (ka Tor dAn) *m.* metal bowl with a lid.

कटोरा (ka TO rA) *m.* metal bowl.

कटोरी (ka TO ree) *f.* small metal bowl, small bowl.

कटौती (ka Tau tee) *f.* 1. deduction, cut; ~ प्रस्ताव cut motion. 2. something deducted, reduction.

कट्टर (kaT Tar) *adj.* 1. staunch, orthodox; ~ हिंदू orthodox Hindu. 2. die-hard, bigotten, fanatic, rabid; ~ सांप्रदायिक शक्तियों ने घृणा का अभियान चलाया हुआ है The rabid communal forces have propagated the hate campaign. ~ समर्थक bigotted supporter. 3. strict; ~ प्रशासक strict administrator.

कट्टरता (~ tA) *f.* orthodoxy, bigotry, fanaticism

कट्टरपंथी (~ pan thee) *adj.* dogmatic, hardliner, orthodox.

कठ (kaTh) *m.* 1. abbreviation of काठ used in compound words.
adj. uterine; ~ भाई uterine brother.

कठघरा (~ gha rA) *m.* 1. large wooden cage. 2. witness box, dock (for the accused).

कठड़ा (~ RA) *m.* large wooden tub.

कठपुतली (~ put lee) *f.* 1. a small doll moved by strings, puppet. 2. a person whose actions are controlled by another, puppet. किसी को ~ की तरह नचाना to make someone dance to one's own tune; किसी के हाथ की ~ होना to be like a puppet in someone's hand; कठपुतली सरकार puppet government.

कठफोड़वा (~ phoR vA) *m.* = कठफोड़ा।

कठफोड़ा (~ pho RA) *m.* wood-pecker.

कठबहन (~ ba han) *f.* uterine sister.

कठबाप (~ bAp) *m.* step-father.

कठभाई (~ bhA ee) *m.* uterine-brother.

कठमुल्ला (~ mul lA) *m.* bigotted/staunch Muslim priest. (pej.)

कठरा (~ rA) *m.* = कठघरा।

कठवैद्य (~ vaiddy) *m.* quack, pretending to have a knowledge of Ayurved.

कठिन (ka Thin) *adj.* 1. difficult; ~ समस्या difficult problem. 2. hard, severe; ~ परीक्षा severe test; ~ घड़ी critical moment, crisis, turning point.

कठिनता (~ tA) *f.* difficulty."

कठिनाई (ka Thi nA ee) *f.* difficulty, hardship; आपको अधिक ~ नहीं होगी You will not have much difficulty. मेरी ~ तो देखिए Please consider my difficulty. आगे बहुत-सी कठिनाइयाँ हैं There are many hurdles abead. बड़ी ~ से with great difficulty.

कठियाना (ka Thi yA nA) *vi.* = कठुआना।

कठुआना (ka Thu A nA) *vi.* to become dry and hard like wood.

कठोर (ka Thor) *adj.* 1. hard; ~ पदार्थ hard substance. 2. strict, tough, rigid; ~ अनुशासन strict discipline. 3. unkind, cruel, hard; ~ व्यक्ति cruel person; ~ हृदय hard-hearted. 4. rigorous; ~ कारावास rigorous imprisonment. 5. severe, drastic; ~ कार्रवाई severe or drastic measures. 6. stern; ~ चेहरा stern face, wry face.

कठोरता (~ tA) *f.* 1. hardness. 2. rigidity. 3. cruelty. 4. rigorousness. 5. severity, rigour; ~ से strictly, cruelly, sternly.

कठोरपन (~ pan) *m.* = कठोरता।

कठौता (ka Thau tA) *f.* wooden tub.

कड़क (ka Rak) *f.* clap, thunder, crack.

कड़कड़ (kaR kaR) *f.* sound like cracking.

कड़कड़ाना (~ ka RA nA) *vi.* to crackle (as of oil boiling), to thunder.

कड़कड़ाहट (~ ka RA haT) *f.* clap.

कड़कना (ka Rak nA) *vi.* to clap, to thunder; कड़ककर बोलना to speak loudly as thunder, to thunder forth.

कड़का (kaR KA) *m.* sound of cracking.

कड़खा (~ khA) *m.* victory song.

कड़वा (~ VA) *adj.* bitter; कड़वी बात bitter words; कड़वी-मीठी यादें bitter-sweet memories.

कड़वा-कसैला (~ - ka sai lA) *adj.* pungent, bitter and astringent; ~ मुँह bitter and astringent taste in the mouth.

कड़वा तेल (~ - tel) *m.* mustard oil.

कड़वाना (~ nA) *vi.* = कड़ुआना।

कड़वापन (~ pan) *m.* bitterness.

कड़वाहट (~ haT) *f.* bitterness, bitter taste; इस घटना से दोनों परिवारों में ~ आई This event caused bitterness between the two families.

कड़ा (ka RA) *adj.* 1. hard, stiff; ~ पदार्थ hard substance; ~ करना to stiffen. 2. difficult; ~ सवाल difficult question. 3. strong, rigid, stringent; कड़े उपाय strong measures; ~ नियम rigid rule. 4. strict; कड़ी सुरक्षा strict security. 5. rigorous, severe; कड़ी सजा rigorous imprisonment. 6. stern; कड़ी निगाह stern look. 7. strict; ~ आदमी strict man; जी ~ करके to make bold (to). taking (one's) courage in both hands; कड़ी-कड़ी सुनाना to give a bit of (one's) mind.
m. metal bangle.

कड़ाई (ka RA ee) *f.* 1. strictness; ~ से strictly. 2. sternness; ~ दिखाना to adopt a stern attitude; ऐसी ~ भी किस काम की Such a sternness, to what purpose!

कड़ाका (ka RA KA) *m.* 1. clap, loud crash. 2. fast absolute, rigid fast; आज ~ हो गया The whole day passed without a morsel. कड़ाके की धूप intense sunlight, hot sun; कड़ाके की सर्दी bitter cold.

कड़ापन (ka RA pan) *m.* = कड़ाई।

कड़ाबीन (ka RA been) *f.* a short light rifle, carbine.

कड़ाह (ka RAh), कड़ाहा (ka RA hA) *m.* huge frying pan, cauldron.

कड़ाही (ka RA hee) *f.* a kind of deep frying pan, wok.

कड़ी (ka Ree) *f.* 1. link. 2. beam, rafter.

कड़ुआ (ka RU A) *adj.* bitter; ~ आदमी a person bitter by nature.

कड़ुआ तेल (~ tel) *m.* = कड़वा तेल।

कड़ुआना (~ nA) *vi.* 1. to become bitter; मुँह ~ to have a bitterish taste in the mouth. 2. to become harsh/pungent.

कड़ुआपन (~ pan) *m.* bitterness, pungency.

कड़ुआहट (~ haT) *f.* bitterness.

कढ़ना (kaRh nA) *vi.* 1. (a liquid) to thiken by boiling. 2. to come out or fly away; कढ़ जाना (a woman) to elope. 3. to be embroidered.

कढ़वाना (~ VA nA) *vt.* 1. to cause to thicken by boiling (a liquid). 2. to have (something) embroidered.

कढ़ाई (ka RhA ee) *f.* 1. embroidery; 2. remuneration paid for embroidery. 3. = कड़ाही।

कढ़ाना (ka RhA nA) *vt.* to get (something) embroidered.

कढ़ी (ka Rhee) *f.* an Indian preparation akin to curry; बासी ~ में उबाल आना to become surcharged with emotion despite declining years.

कण (kaN) *m.* 1. particle; स्वर्ण ~ particle of gold. 2. drop; जल ~ drop of water; ~ मात्र very insignificant quantity; ~ -कण में in each and every particle.

कणिका (ka Ni KA) *f.* particle.

क़तई (Ka ta ee) *adv.* absolutely; ~ नहीं absolutely not; मुझे क़तई पसंद नहीं I dislike it in toto.

कतना (kat nA) *vi.* to be spun.

कतरन (~ ran) *f.* paring, cutting, snippet, trimming.

कतरना (ka tar nA) *vi.* to clip/trim, to pare/snip.

कतरनी (ka tar nee) *f.* clipper, scissors, snippers; ~ की तरह ज़बान चलाना to wag (one's) tongue.

कतर-ब्योंत (ka tar - byõt) *f.* 1. cutting to measurement. 2. manipulation.

क़तरा (Kat rA) *m.* 1. drop; ख़ून का ~ drop of blood. 2. = कतला।

कतराई (kat rA ee) *f.* 1. work of cutting. 2. charges paid for cutting.

कतराना (~ rA nA) *vi.* 1. to avoid meeting, shirk; कतराकर निकल जाना to avoid the sight and walk away.

क़तल (Ka tal) *m.* = क़त्ल।

कतला (kat lA) *m.* rectangular piece sply. of a sweet dish.

कतली (~ lee) *f.* lozenge of sweetmeat, small and thin rectangular piece of a sweet dish.

क़तलेआम (Kat le Am) *m.* = क़त्लेआम।

कतवाना (kat vA nA) *vt.* to have (something) spun.

कतवार (~ vAr) *m.* 1. sweepings, refuse. 2. trash, rubbish.

कतवारख़ाना (~ KhA nA) *m.* a public place for throwing rubbish.

कताई (ka tA ee) *f.* 1. spininig. 2. remuneration paid for spinning.

कताई-घर (~ - ghar) *m.* spinning house.

कताई-बुनाई (~ - bu nA ee) *f.* spinning and weaving.

क़तार (Ka tAr) *f.* line, row; ~ बाँधना/लगाना to form a queue/bee-line.

कतिपय (ka ti pay) *adj.* a few, some, certain; ~ उद्योगों में in certain industries.

कत्थई (kat tha ee) *adj.* 1. of the colour of catechu. 2. of dark red colour.

कत्थक (~ thak) *m.* a variety of classical Indian dance.

कत्था (~ thA) *m.* catechu tree and its resin.

क़त्ल (Katl) *m.* murder.

क़त्लेआम (Kat le Am) *m.* deliberate killing of a race of people, mass murder, general massacre.

कथक (ka thak) *m.* teller of old stories, professional story-teller,

कथक्कड़ (ka thak kaR) *m.* 1. long winded story-teller. 2. professional story-teller.

कथन (ka than) *m.* 1. something said or stated, narration, statement. 2. assertion, view-point.

कथनानुसार, के (ke ka tha nA nu sAr) *postposition.* as per (one's) statement or assertion, in accordance with (one's) statement.

कथनी (kath nee) *f.* 1. anything said; ~ और करनी का अंतर difference between saying and doing.

कथनीय (ka tha neey) *adj.* fit to be stated, worth saying/narrating.

कथरी (ka tha ree) *f.* poorman's bedding made of rags.

कथांतर (ka thAn tar) *m.* 1. digression. 2. side-story.

कथा (ka thA) *f.* 1. mythological story. 2. tale, story, narrative; ~ उठना finale of story; ~ कराना to arrange for a story; ~ बाँचना to read out a story to others;~ बैठना start of a story; ~ बैठाना setting up of story.

कथाकली (~ ka lee) *f.* a variety of classical Indian dance.

कथाकार (~ kAr) *m.* one who tells or writes stories, story-writer.

कथात्मक (ka thAt mak) *adj.* pertaining to

a story/narrative; ~ साहित्य narrative literature.

कथानक (ka thA nak) *m.* plot of a drama, novel, story etc.

कथापुरुष (~ pu rush) *m.* legendary or fabulous person.

कथामुख (~ mukh) *m.* introductory part of a story.

कथावस्तु (~ vas tu) *f.* contents of a story, drama etc.

कथा-वार्ता (~ - VAR tA) *f.* religious discourse, discourse on a mythological topic.

कथासार (~ SAr) *m.* synopsis (of a story).

कथासूत्र (~ soottr) *m.* clue of a story, drama etc.

कथित (ka thit) *adj.* 1. stated, said, narrated. 2. alleged; ~ व्यक्ति alleged person.

कथोपकथन (ka tho pa ka than) *m.* conversation, dialogue.

कथ्य (katthy) *adj.* = कथनीय।

कदंब (ka damb) *m.* 1. the tree with fringed ball-shaped and prickly flowers, *Anthocephalus cadamba*.

क़द (Kad) *m.* size, stature, height; छोटे ~ का आदमी a man of diminutive stature; लंबे ~ का आदमी a man of tall stature; उन दोनों का ~ लगभग बराबर है They are of much the same height.

कदन्न (ka dann) *m.* coarse grain, vile meal.

क़दम (Ka dam) *m.* footstep, step, pace; रेलवे स्टेशन यहाँ से कुछ ही ~ पर है Railway Station is only a short walk from here. ~ उठाना to take a step—इन पृथक्तावादियों के विरुद्ध कठोर कदम उठाना होगा We have to take a harder line against these separatists. ~ उखड़ना to lose ground; ~ चूमना to kiss the feet; ~ डगमगाना to stagger; ~ बढ़ाना to walk fast; ~ मिलाकर चलना to keep in step, to keep pace; ~ रखना to step in, to set foot; ~ लड़खड़ाना tottering of feet, staggering of feet.

क़दमचा (~ CA) *m.* foot-rest in a latrine (of the Indian type).

कदर (ka dar) *f.* = क़द्र।

कदराना (kad rA nA) *vi.* to show timidity, to act like a coward.

कदर्थ (ka darth) *m.* refuse, useless things, sweepings.

कदली (kad lee) *m.* plantain tree. (see केला)

कदाचार (ka dA cAr) *m.* bad conduct, misbehaviour, misdeed.

कदाचित् (ka dA cit) *adv.* perhaps, probably, scarcely, hardly.

कदापि (ka dA pi) *adv.* seldom; ~ नहीं never, by no means, under no circumstances, on no condition.

क़दीम (Ka deem) *adj.* old, ancient.

क़द्दावर (Kad dA var) *adj.* large-sized, full-grown.

कद्दू (kad doo) *m.* pumpkin, gourd.

कद्दूकस (~ kas) *m.* gadget for turning a pumpkin, gourd, coconut etc. into parings.

क़द्र (Kaddr) *f.* 1. worth. 2. regard, appreciation; ~ करना to appreciate/value; किस ~ to what an extent!

क़द्रदान (~ dAn) *adj.* & *m.* one who appreciates, admirer.

क़द्रदानी (~ dA nee) *f.* appreciation of merit, admiration.

कन (kan) *m.* 1. particle, grain. 2. abbreviation of कान।

कनक (ka nak) *m.* 1. gold. 2. thorn-apple. 3. wheat.

कनकटा (kan ka TA) *adj.* having an ear chopped/cut off.

कनकना (~ ka nA) *adj.* 1. crisp, fragile. 2. itching. 3. irritable, sensitive, disgusting.

कनकनाना (~ ka nA nA) *vi.* to feel an itching sensation; जी कनकना उठना to have a feeling akin to abhorrance.

कनकी (~ kee) *f.* fragment of a grain, esp. of rice.

कनकैया (~ kai yA) *f.* kite.

कनकौआ (~ kau A) *m.* big kite.

कनखजूरा (~ kha joo rA) *m.* centipede.

कनखा (~ khA) *m.* sprout.

कनखियाना (~ khi yA nA) *vt.* 1. to cast a side-glance. 2. to give a signal with the eye.

कनखी (~ khee) *f.* side-glance, wink; ~ मारना to give a wink.

कनछेदन (~ che dan) *m.* (ceremony of) piercing a child's ear-lobe.

कनटोप (~ TOP) *m.* large cap covering the ears, ear-cap.

कनपटी (~ pa Tee) *f.* the flat part of either side of the head between the forehead and the ear, temple.

कनपेड़ा (~ pe RA) *m.* mumps.

कनफटा (~ pha tA) *adj.* having ears cut off.

कनफुसकी (~ phus kee) *f.* = कानाफूसी।

कनफूल (~ phool) *m.* ear-ring of the shape like a flower.

कनमनाना (~ ma nA nA) *vi.* to move a little this side or that during sleep.

कनरस (~ ras) *m.* taste for music or interesting talk.

कनरसिया (~ ra si yA) *m.* one who has an ear for good music or talk.

कनसलाई (~ sa lA ee) *f.* a worm like the centipede.

कनसुई (~ su ee) *f.* act of secretly listening to other people's conversation; ~ लेना to eaves drop.

कनस्टर (~ nas Tar) *m.* = कनस्तर।

कनस्तर (~ nas tar) *m.* canister.

कनाई (ka nA ee) *f.* sprouting twig.

कनागत (ka nA gat) *m.* the dark fortnight of the month of Ashwin.

कनात (ka nAt) *f.* side screen usually of a thick cloth.

कनियाना (ka ni yA nA) *vi.* 1. to avoid the sight of someone. 2. to incline one side (said of a kite).

कनिष्ठ (ka nishTH) *adj.* of lower age, experience or authority, junior; ~ अधिकारी junior officer; ~ उँगली little finger.

कनिष्ठिका (ka nish Thi KA) *f.* little finger.

कनी (ka nee) *f.* small particle (of diamond, rice etc.); ~ खाकर मरना to commit suicide by swallowing a diamond particle.

कनीज़ (ka neez) *f.* woman attendant, maidservant.

कनीनिका (ka nee ni KA) *f.* 1. pupil of the eye. 2. unmarried girl, maiden.

कनेठी (ka ne Thee) *f.* twisting of the ear (as a form of punishment).

कनौड़ा (ka nau RA) *m.* one-eyed person (used sneeringly).

कनौती (ka nau tee) *f.* act of pricking up the ears (of beasts); ~ उठाना to prick up the ears.

कन्नड़ (kan nar) *m.* 1. a region of South India. 2. an inhabitant of the above region.

f. the language of the above region.

कन्ना (kan nA) *m.* 1. string tied to a kite; ~ बाँधना to tie string to a kite; ~ साधना

to tie the string to a kite properly for keeping its balance even; कन्ने से काटना to cut off at the spot, where the string is tied; तुमने मेरी बात कन्ने से काट दी You have cut me off *ab initio.* 2. small bits of rice.

कन्नी (~ nee) *f.* 1. edge of a kite; ~ काटना to avoid meeting someone; ~ खाना (of kite) to incline in some direction due to some defect or being imblanced. 2. mason's small tool with a flat blade, trowel. 3. border of a loin-cloth.

कन्यका (kanny KA) *f.* maiden.

कन्या (kan nyA) *f.* 1. maiden, virgin, lass. 2. girl. 3. daughter. 4. = कन्या राशि।

कन्यादान (~ dAn) *m.* offering a daughter in marriage.

कन्याधन (~ dhan) *m.* property belonging to a girl before marriage.

कन्याराशि (~ rA shi) *f.* Virgo (sign of Zodiac).

कन्याराासी (~ rA see) *adj.* unfortunate, unlucky, unpropitious.

कन्हैया (ka nhai yA) *m.* Lord Krishna.

कपट (ka paT) *m.* deception, deceit, fraud.

कपटजाल (~ jAl) *m.* stratagem to ensnare someone.

कपटपुरुष (~ pu rush) *m.* scare-crow, camouflage, impostor.

कपटपूर्ण (~ poorN) *adj.* deceitful, fraudulent, cunning.

कपटपूर्वक (~ poor vak) *adv.* deceitfully.

कपट-योजना (~ - yo ja nA) *f.* conspiracy, fraudulent plan, fabrication.

कपटलीला (~ lee lA) *f.* fraudulent act.

कपटवेश (~ vesh) *m.* disguise.

कपट-व्यवहार (~ - vyav hAr) *m.* foul play.

कपटसंधि (~ san dhi) *m.* collusion.

कपटी (kap Tee) *adj.* deceitful, fraudulent, dishonest, insincere.

कपड़ (ka paR) *m.* abbreviation of कपड़ा।

कपड़कीड़ा (~ kee RA) *m.* clothes-moth.

कपड़छन (~ chan) *m.* straining through cloth.

कपड़छान (~ chAn) *m.* = कपड़छन। *adj.* which has been strained through cloth.

कपड़ा (kap RA) *m.* 1. cloth; ~ उद्योग cloth industry; सूती ~ cotton cloth. 2. dress, clothes; कपड़े तक उतरवा लेना to despoil (a person) even of his wearing apparel; कपड़ों से होना being in period, menstrua- ting.

कपड़ा-लत्ता (~ - lat tA) *m.* clothings, clothes (of every day use), outfit.

कपड़े (kap Re) *m.* (plu.) articles of clothing, clothes, garments, appapesl; वह हमेशा सूती कपड़े पहनता है He always wears cotton clothes.

कपाट (ka pAT) *m.* 1. door. 2. valve.

कपाटिका (ka pA Ti KA) *f.* valve.

कपार (ka pAr) *m.* = कपाल।

कपाल (ka pAl) *m.* skull, cranium.

कपालक्रिया (~ kri yA) *f.* Hindu rite of beating the skull of a burning corpse.

कपालिका (ka pA li KA) *f.* Goddess Kali.

कपास (ka pAs) *f.* 1. cotton plant. 2. cotton flower.

कपासी (ka pA see) *adj.* of the colour of cotton flower, of a yellowish hue.

कपि (ka pi) *m.* monkey.

कपिल (ka pil) *adj.* 1. reddish brown, of the colour of copper. 2. having brown hair.

कपिलधारा (~ dhA rA) *f.* the Ganga.

कपिश (ka pish) *adj.* darkish brown.

कपूत (ka poot) *m.* 1. a son given to bad or wicked ways. 2. undutiful son.

कपूर (ka poor) *m.* camphor; ~ खाना to take poison.

कपूर-कचरी (~ - kac ree) *f.* variety of fragrant grass.

कपूरी (ka poo ree) *adj.* 1. made of camphor. 2. of the colour of camphor, of a yellowish hue.

कपोत (ka pot) *m.* 1. pigeon. 2. dove.

कपोतवृत्ति (~ vrit ti) *f.* disposition of spending all that one earns.

कपोतव्रत (~ vrat) *m.* tendency to suffer quietly and silently.

कपोती (ka po tee) *adj.* tawny white. *f.* 1. female pigeon or dove. 2. virgin.

कपोल (ka pol) *m.* cheek.

कपोल-कल्पना (~ - kalp nA) *f.* fanciful or mere imagination.

कपोल-कल्पित (~ - kal pit) *adj.* imagined.

कप्तान (kap tAn) *m.* captain.

कफ़ (kaF) *m.* 1. phlegm, mucus. 2. cuff of a shirt.

कफ़न (ka Fan) *m.* funeral outfit, shroud; ~ को कौड़ी न होना to be penniless; ~ सिर से बाँधना to be ready to face death valiantly.

कफ़न-खसोट (~ - kha SOT) *adj.* & *m.* ambulance-chaser.

कफ़न-खसोटी (~ - kha so TEE) *f.* ambulance-chasing.

कफ़नी (kaF nee) *f.* wrapper of a mendicant/beggar.

क़फ़स (KA FAS) *f.* 1. cage. 2. prison, gaol.

कबंध (ka bandh) *m.* 1. headless trunk. 2. tube.

कब (kab) *adv.* at what time? when; ~ कब how often; आप टीवी ~ कब देखते हैं How often do you watch television? ~ का–(i) यह क़िस्सा ~ का है When did this happen? (ii) मैं ~ का खड़ा हूँ I have been standing for long. ~ तक how long; आप वाराणसी में ~ तक रहेंगे How long will you be in Varanasi? ~ से how long; वह ~ से इंग्लैंड में है How long be has been in England? आप उसे ~ से जानते हैं How long have you known her? यह पुस्तक ~ से तुम्हारे पास है How long have you had this book? ~ से ~ तक how long?

कबड्डी (ka baD Dee) *f.* kabaddi, an Indian outdoor game.

कबरा (kab rA) *adj.* = चितकबरा।

कबरी (~ ree) *f.* braid.

कबाड़ (ka BAR) *m.* lumber, junk, trash, rubbish.

कबाड़ख़ाना (~ Kha nA) *m.* 1. place where useless things are stored, junk house.

कबाड़ा (ka BA RA) *m.* mess, imbroglio; सब कबाड़ा हो गया It has all been undone.

कबाड़िया (ka BA Ri yA) *m.* = कबाड़ी।

कबाड़ी (ka BA Ree) *m.* one who deals in old and broken articles, junk dealer.

कबाब (ka bAb) *m.* roasted meat.

क़बाला (Ka BA lA) *m.* title deed relating to ownership of some property.

क़बीला (Ka bee lA) *m.* 1. tribe. 2. wife.

कबूतर (ka boo tar) *m.* pigeon; ~ उड़ाना flying pigeons as a sport.

कबूतरख़ाना (~ Kha nA) *m.* pigeon house.

क़बूतरबाज़ (~ bAZ) *m.* pigeon fancier, one who rears pigeons for amusement.

कबूतरबाज़ी (~ bA zee) *f.* vocation of rearing pigeons.

कबूतरी (ka boo ta ree) *f.* female pigeon.

क़बूल (Ka bool) *m.* 1. confession, admission. 2. agreement; ~ करना/देना to confess, to admit.

क़बूलना (Ka bool nA) *vi.* to confess/admit; हार क़बूल करना to admit defeat.

क़ब्ज़ (Kabz) *f.* constipation; ~ करना to constipate.

क़ब्ज़ा (KAb ZA) *m.* 1. possession, occupation, occupancy; ~ मिलना to get possession. 2. hinge.

क़ब्ज़ियत (~ zi yat) *f.* constipation.

क़ब्ज़ेदार (~ ze dAr) *adj.* provided with a hinge; ~ पल्ला hinged door.

क़ब्र (Kabbr) *f.* grave; अपनी ~ खोदना to dig one's own grave; किसी की ~ खोदना to adopt means to ruin someone; ~ में पैर होना to have one foot in the grave, to be very old; ~ से उठ आना to get a fresh lease of life.

क़ब्रगाह (~ gAh) *f.* = क़ब्रिस्तान।

क़ब्रिस्तान (Kab ris tAn) *m.* graveyard, cemetery, burial ground.

कभी (ka bhee) *adv.* 1. at some time, sometime; क्या तुम ~ कोलकाता गए हो Have you been ever gone to Kolkata? ~ और at another time. 2. at any time; क्या वह ~ आया? Has he ever come? ~ -कभी now and then, at times occasionally, off and on; ~ का long since; ~ तो once a while; ~ न कभी sometime or the other; ~ भी at anytime; ~ नहीं never; मैं कोलकाता ~ नहीं गया I have never been to Colkata.

कमंडल (ka man Dal) *m.* a pot of a special kind, characteristic of a mendicant.

कमंडलु (ka man Da lu) *m.* = कमंडल।

कमंद (ka mand) *f.* 1. scaling ladder made of cord. 2. lasso.

कम (kam) *adj.* 1. less; रूढ़िवादिता कुछ ~ भयावह नहीं Fundamentalism is no less dangerous. ~ आमदनी less income; ~ करना to lessen/reduce/decrease; नौकरशाही का आकार ~ करने का बहुत ही ~ प्रयास किया गया है Very little has been done to reduce the size of the bureaucracy. ~ से ~ at the very least, at least. 2. short; ~ होना to be short of. 3. (too) little; तरकारी में नमक ~ है There is (too) little salt in the vegetable.

कमअक़्ल (~ aKKl) *adj.* foolish.

कमउम्र (~ ummr) *adj.* juvenile.

कमख़र्च (~ Kharc) *adj.* thrifty, miserly, covetous.

कमख़ाब (~ KhAb) *m.* brocade.

कमज़ोर (~ zor) *adj.* 1. lacking in strength, weak. 2. below the usual standard, weak; ~ दिमाग़ का weakheaded; ~ दिलवाला faint hearted, coward. 3. deficient, weak; पढ़ने में ~ deficient in studies; मैं अंग्रेज़ी में बहुत ~ हूँ I am very poor at English.

कमज़ोरी (~ zo ree) *f.* 1. the quality or state of being physically or mentally weak, weakness. 2. a weak point in a person's character; शराब मेरी ~ है I have a weakness for wine. औरत उसकी ~ थी He had a weakness when it came to woman.

कमती (~ tee) *adj.* = कम।

कमती-बढ़ती (~ tee - baRh tee) *f.* increase or decrease; ~ का सवाल नहीं There is no question of increase or decrease.

कमनसीब (~ na seeb) *adj.* unlucky, unfortunate, miserable.

कमनीय (ka ma neey) *adj.* comely, seemly, handsome, graceful, beautiful.

कमनीयता (~ tA) *f.* comeliness, seemliness, uniqueness.

कमबख़्त (kam baKht) *adj.* unlucky, unfortunate, darned, wretched, destitute.

कमबख़्ती (~ baKh tee) *f.* ill-luck, misfortune; ~ की मार as ill-luck would have it; ~ का मारा stricken by ill-luck.

कमर (ka mar) *f.* waist; ~ कसना to gird up (one's) loins; ~ खोलना to prepare for relaxation; ~ झुकना—उसकी ~ झुक गई है His back is bent (due to old age). ~ टूटना to become dispirited; उसकी ~ टूट गई है He is a broken man. ~ तोड़ना to break the backbone; ~ बाँधना to get ready for; ~ सीधी करना—एक क्षण के लि ए ~ सीधी करना to relax for a while.

कमरख (kam rakh) *f.* a very sour and rather pungent fruit.

कमरतोड़ (ka mar toR) *adj.* back-breaking, toilsome, very strenuous; ~ भार back-breaking load.

कमरबंद (~ band) *m.* girdle, waistband.

कमरा (kam rA) *m.* room, apartment, chamber; किराए का ~ apartment meant for hire; बंद ~ closed room.

कमल (ka mal) *m.* 1. lotus. 2. jaundice; (मन का) ~ खिलना to feel jubilant.

कमल-ककड़ी (~ - kak Ree) *f.* root of lotus, used as a vegetable.

कमलगट्टा (~ gaT TA) *m.* seed of lotus used as a vegetable.

कमलनयनी (~ nay nee) *f.* a woman having eyes like lotus.

कमलनाल (~ nAl) *m.* the stalk of lotus.

कमलबाई (~ bA ee) *f.* jaundice.

कमला (kam lA) *f.* Lakshmi, goddess of wealth.

कमलिनी (ka ma li nee) *f.* 1. small lotus. 2. pond full of lotuses.

कमली (kam lee) *f.* smallish blanket.

कमवाना (~ vA nA) *vt.* to cause to earn.

कमसिन (~ sin) *adj.* fairly young, youngish. sply. said of a girl.

कमांडर (ka mAn Dar) *m.* commander.

कमाई (ka mA ee) *f.* 1. earnings, income; पसीने की ~ income earned with the sweat of the brow. 2. a thing earned. 3. profession.

कमाऊ (ka mA oo) *adj.* earning a livelihood, money earner.

कमाऊ-खाऊ (~ - khA oo) *adj.* (one) who earns (well) and spends (well).

कमाची (ka mA cee) *f.* twig.

कमान (ka mAn) *f.* 1. bow. 2. order; ~ चढ़ाना to knit the brows, to frown.

कमाना (ka mA nA) *vi.* 1. to get money by working, to earn; ~ खाना to earn a livelihood; नाम/यश ~ to earn repute; उसने अच्छा नाम कमाया था He had gained a good reputation. 2. to achieve; इस जन्म में तुमने क्या कमाया What have you achieved in this birth? 3. to prepare (land) by tilling etc. 4. to tan (skin or hide). 5. to scavenge; पाख़ाना ~ to scavenge latrines. 6. कम करना, घटाना।

कमाना-धमाना (~ - dha mA nA) *vt.* = कमाना।

कमानी (ka mA nee) *f.* spring.

कमानीदार (~ dAr) *adj.* fitted with a spring, springed.

कमाल (ka mAl) *m.* 1. feat. 2. miracle. 3. extremely remarkable.

कमासुत (ka mA sut) *adj.* (a person) who earns well.

कमिश्नर (ka mish nar) *m.* commissioner. [H.E. आयुक्त]

कमी (ka mee) *f.* 1. shortage; पानी की ~ shortage of water. 2. reduction; ~ करना to curtail; खर्चे में ~ करना to curtail expenses; दाम में ~ reduction in price. 3. deficiency; ख़ून की ~ deficiency of blood. 4. deficit; ~ का बजट deficit budget. 5. want, lack; अक़्ल की ~ lack of wisdom. 6. shortcoming, weakness; उसमें यही तो ~ है This is the only shortcoming in him. ऐसा नहीं कि उसमें कमियाँ नहीं थीं I do not suggest that he lacked weaknesses; ~ न करना to spare nothing; ~ पूरी करना to fill the gap, to compensate/reimburse.

क़मीज़ (Ka meez) *f.* shirt.

कमीना (ka mee nA) *adj.* mean, of a low order, ignoble, wretched.

कमीनापन (~ pan) *m.* meanness; कमीनेपन की हरकत an act of meanness/wretchedness.

कमीशन (ka mee shan) *m.* 1. commisson. [H.E. आयोग] 2. discount. [H.E. छूट]

कमेटी (ka me Tee) *f.* committee. [H.E. समिति]

कमेरा (ka me rA) *m.* workman, labourer.

कमोड (ka moD) *m.* commode.

कमोरा (ka mo rA) *m.* biggest earthen pot (primarily used for keeping water).

कम्युनिज़्म (kam myu nizm) *m.* communism. [H.E. साम्यवाद]

कम्युनिस्ट (~ myu nisT) *adj. & m.* communist. [H.E. साम्यवादी]

क़याम (Ka yAm) *m.* stay for a time, sojourn; ~ करना to make a stay.

क़यामत (Ka yA mat) *f.* disaster, catastrophe; ~ का दिन the last day of the world, doomsday, day of judgment; ~ की घड़ी a moment of devastating crisis; ~ की सुंदरी a paragon of beauty, a damsel of exquisite charm; ~ टूट पड़ना—उस समय सारी ~ टूट पड़ी All hell broke loose at that time. ~ बरपा करना to bring about a catastrophe.

क़यास (Ka yAs) *m.* 1. surmise, guess, conjecture; ~ करना/लगाना to guess, suppose, assume or conjecture. 2. conception; ~ के बाहर beyond conception.

कर (kar) *m.* 1. hand. 2. tax; सरकार ~ बढ़ाना चाहती है The government want to increase tax. ~ की चोरी tax-evasion; ~ लगाना to tax.

कर *suffix.* 1. after; खाकर after eating. 2. on the plea of.

करके (~ ke) *adv.* 1. after. 2. on; थकावट का बहाना ~ on the plea of weariness.

करखा (~ khA) *m.* soot, lamp-black; ~ पोतना/लगाना to tarnish (one's face/image), to sully (one's honour).

करघा (~ ghA) *m.* loom; हथ- ~ handloom.

कर-चोरी (~ - co ree) *f.* tax-evasion.

करछी (~ chee) *f.* ladle.

करछुल (~ chul) *f.* ladle.

करण (ka raN) *m.* 1. instrument, implement. 2. implementation, doing. 3. also करण कारक; instrumental case (gram.)

करणीय (kar Neey) *adj.* fit to be done, worthy to be performed.

क़रतब (~ tab) *m.* feat; ~ दिखाना to perform feats/miracles.

करतबी (~ ta bee) *m.* 1. one who performs feats. 2. juggler. 3. deceiver.

करतल (~ tal) *m.* palm of a hand.

करतलध्वनि (~ dhwa ni) *f.* hand clapping, applause, cheers.

करतार (~ tAr) *m.* the Creator.

करताल (~ tAl) *m.* small cymbal.

करतूत (~ toot) *f.* misdeed, evil deed.

करदाता (~ dA tA) *m.* tax-payer.

करदेय (~ dey) *adj.* taxable.

करधनी (~ dha nee) *f.* girdle.

करनफूल (ka ran phool) *m.* ornamental earring.

करना (kar nA) *vi.* 1. to do; वह क्या कर रहा है What is he doing? तुमने यह कैसे किया How did you do it? उसने भी वही किया जो मैंने किया था What he did was what I did. 2. to perform/execute. 3. to exercise; पत्रकारों ने सात घंटे उपवास किया Journalists observed a seven hour fast. 4. to finish; मैंने हाई स्कूल दो वर्ष पहले किया I finished High School two years ago. 5. to solve; तुमने कितने सवाल/प्रश्न किए हैं How many questions have you solved? 6. to retain; वकील ~ to retain a lawyer; एहसान ~ to oblige; काम ~ to do work, to work; उसने गलत काम किया था He had committed a wrong. ख़त्म ~ to finish (off); कार्रवाई ~ to take action, ख़सम ~ to have a paramour as a husband; चौका-बरतन ~ to clean house-hold/kitchen utensils; जी ~ to feel like; दुकान ~ to run a shop; ध्यान ~ to meditate; न ~ to say 'no'; नाम ~ to earn a name, to become well-known; नुक्ताचीनी ~ to find fault, to criticise; नौकरी ~ to serve; फ़रमाइश~ to make a specific request; बात ~ to talk; मन ~ to feel like; रोटी ~ to prepare bread, to cook food; वकालत ~ (i) to practise law, to join the bar, (ii) दूसरों की वकालत मत करो Don't plead for others. विचार ~ to consider, to think; सभा ~ to call/hold a meeting; सवाल/प्रश्न ~ to ask a question; हज़म ~ (i) to engulf, to digest, (ii) to swallow off completely; हल ~to solve; कर जाना to achieve/accomplish; कर दिखाना to show/evince (something) by deed; कर देना—उसने अपना काम कर दिया He has done his duty. उसी ने बच्चे को कुछ कर दिया है It is she who has cast an evil spell on the child. उसने मेरा जीना हराम कर दिया है He has made my life a hell. कर बैठना to perpetrate; तू यह क्या कर बैठा What hast thou done! कहीं वह कुछ कर न बैठे Lest he should do something violently rash! कर लेना—तुम मेरा क्या कर लोगे What untoward can you do to me? उसने अभिनेत्री से शादी कर ली He married an actress. लड़की न आत्महत्या कर ली The girl committed suicide. *m.* act of doing; कहना आसान है ~ मुश्किल It is easier said than done.

करनी (~ nee) *f.* 1. doing, action, deed. 2. misdeed; जैसी ~ वैसी भरनी As you sow, so shall you reap. 3. mason's trowel.

करपृष्ठ (~ prisTh) *m.* back part of the palm of the hand.

कर-भार (~ - bhAr) *m.* burden of taxes.

करम (ka ram) *m.* = कर्म; ~ ठोकना to bewail over one's fate; ~ फूटना—उसके ~ फूट गए He has had a stroke of misfortune.

करमकल्ला (ka ram kal lA) *m.* cabbage.

करमरेख (ka ram rekh) *f.* = कर्मरेखा।

कर-मुक्त (kar - mukt) *adj.* tax-free.

करवट (~ vaT) *f.* 1. side on which the body rests while lying; ~ बदलना (i) to take a turn while lying, (ii) to take a new turn, (iii) रात भर करवटें बदलते रहना to toss and turn all night.

करवा (~ vA) *m.* a small earthen pot with a spout.

करवाना (~ vA nA) *vt.* 1. to cause to be done, to get done/performed. 2. to make (someone) do (something).

करवाल (~ vAl) *m.* = करवैया।

करवैया (~ vai yA) *m.* 1. doer, performer, accomplisher. 2. one who gets things done.

कर-व्यवस्था (~ - vya vas thA) *f.* system of taxation.

कराई (ka rA ee) *f.* 1. the husk of pulses. 2. charges for getting work done. 3. state of getting work done.

कराधान (ka rA dhAn) *m.* taxation.

कराना (ka rA nA) *vt.* to get done; किसी तरह उसने यह काम करा ही लिया Somehow he got this work done.

करामात (ka rA mAt) *f.* feat, miracle.

करामाती (ka rA mA tee) *adj.* possessing miraculous powers, miraculous, adventurous.

क़रार (kA rAr) *m.* agreement; ~ करना to make an agreement, to promise.

क़रारनामा (~ nA mA) *m.* written agreement.

करारा (ka rA rA) *adj.* 1. crisp; ~ बिस्कुट crisp biscuit. 2. hard, stiff; ~ थप्पड़ tight/hard slap; ~ जवाब retort. 3. a very steep cliff, precipice.

करारोपण (ka rA ro paN) *m.* act of levying taxes, taxation.

कराल (ka rAl) *adj.* dreadful; ~ -विकराल gigantic, formidable, lofty.

कराह (ka rAh) *f.* moan, bemoaning sound, groan, whine.

कराहना (~ nA) *vi.* to moan/cry aloud (in pain); वह ज़मीन पर पड़ा कराह रहा था He was lying on the floor moaning.

करिश्मा (ka rish mA) *m.* miracle; ~ दिखाना to perform a miracle.

क़रीना (kA ree nA) *m.* system, method, order; क़रीने से methodically, in order.

क़रीब (kA reeb) *adv.* 1. near by, close by. 2. about, approximately; ~ क़रीब almost, nearly, appoximately; मैं ~-क़रीब दो मीटर लंबा हूँ I am almost two metres tall. ~ से देखने पर looking from close quarters.

क़रीब, के (ke kA reeb) 1. near. 2. about, approximately.

क़रीबी (kA ree bee) *adj.* close; ~ रिश्तेदार near relative.

करुण (ka ruN) *adj.* pathetic; ~ कथा pathetic tale; ~ रस pathos; ~ हृदय compassionate, tender-hearted.

करुणा (ka ru NA) *f.* compassion, mercy, pity; वह ~ की मूर्ति है She is a woman of great compassion.

करुणाजनक (~ ja nak) *adj.* pathetic, harrowing, distressing.

करुणात्मक (ka ru NAt mak) *adj.* touching.

करुणादृष्टि (ka ru NA drish Ti) attitude of compassion/sympathy.

करुणानिधान (~ ni dhAn) *m.* the All-Merciful.

करुणानिधि (~ ni dhi) *m.* the All-Merciful.

करुणामय (~ may) *adj.* full of compassion, compassionate, sympathetic.

करुणार्द्र (ka ru NArdr) *adj.* moved/choked with compassion.

करेंट (ka renT) *f.* current. [H.E. विद्युत्-धारा] *adj.* current. [H.E. चालू]

करेंसी (ka ren see) *f.* currency. [H.E. मुद्रा]

करेला (ka re lA) *m.* bitter gourd.

करेली (ka re lee) *f.* small करेला।

करैत (ka rait) *m.* a highly venomous type of Indian snake.

करोड़ (ka roR) *adj.* & *m.* crore, ten million.

करोड़पति (~ pa ti) *m.* multi-millionaire.

करोड़ी (ka ro Ree) *m.* 1. a person having several million rupees. 2. cashier. 3. tax-collector.

करोदना (ka rod nA) = कुरेदना।

करौंदा (ka rãu dA) *m.* gooseberry.

करौंदिया (ka rãu di yA) *adj.* blackish deep red.

करौली (ka rau lee) *f.* small dagger, poniard.

कर्क (kark) *m.* crab.

कर्कट (kar kaT) *m.* crab.

कर्क (kark) *f.* also कर्क राशि, Cancer (sign of zodiac).

कर्कश (kar kash) *adj.* harsh, jarring to ears, strident; ~ स्वर harsh piercing tone, jarring note, shriek.

कर्कशता (~ tA) *f.* harshness.

कर्कशा (kar ka shA) *adj. & f.* quarrelsome/ boisterous (woman), termagant.

क़र्ज़ (Karz) *m.* loan, debt; ~ खाना to be under obligation; ~ चुकाना/भरना to pay off one's debt; ~ देना to give a loan; ~ लेना to take on loan; ~ से लदा burdened with debt.

क़र्ज़दार (~ dAr) *m.* debtor.

क़र्ज़दारी (~ dA ree) *f.* indebtedness.

क़र्ज़ा (kar zA) *m.* = क़र्ज़।

कर्ण (karN) *m.* 1. ear. 2. hypotenuse. (Geom.)

कर्णकटु (~ ka Tu) *adj.* harsh (sound), jarring to the ears; ~ स्वर jar, jarring/ piercing tone.

कर्णगोचर (~ go car) *adj.* audible; ~ होना to be audible.

कर्णधार (~ dhAr) *m.* 1. helmsman, steersman. 2. (fig.) leader. 3. pilot.

कर्णप्रिय (~ priy) *adj.* melodious, pleasing to the ears.

कर्णफूल (~ phool) *m.* ear-top; an ornament worn in the lobe of the ear.

कर्णवेध (~ vedh) *m.* (rite of) piercing of the ear.

कर्णेंद्रिय (kar Nen driy) *m.* sense/organ of hearing.

कर्तन (~ tan) *m.* 1. act of cutting. 2. spinning of cotton.

कर्तनी (kar ta nee) *f.* pair of scissors.

कर्तव्य (kar tavvy) *m.* duty; सभी नागरिकों और समुदायों का समान रूप से ~ है कि वे राष्ट्रीय एकता को दृढ़ करें All citizens and communities have an equal duty to strengthen national integrity. ~ निभाना to do one's duty.

कर्तव्यच्युत (~ cyut) *adj.* fallen from duty.

कर्तव्यच्युति (~ cyu ti) *f.* negligence, delinquency.

कर्तव्य-ज्ञान (~ - gyAn) *m.* sense of duty.

कर्तव्यता (~ tA) *f.* dutifulness.

कर्तव्यनिष्ठ (~ nishTh) *adj.* dutiful.

कर्तव्यनिष्ठा (~ nish ThA) *f.* dutifulness.

कर्तव्यपरायण (~ pa rA yaN) *adj.* dutiful.

कर्तव्यपरायणता (~ tA) *f.* dutifulness.

कर्तव्यपालन (kar tavvy pA lan) *m.* fulfilment of duty/obligation.

कर्तव्यभावना (~ bhAv nA) *f.* sense of duty.

कर्तव्यविमुख (~ vi mukh) *adj.* negligent of duty.

कर्तव्यविमूढ़ (~ vi mooRh) *adj.* on the horns of a dilemma.

कर्तव्यशील (~ sheel) *adj.* dutiful.

कर्ता (kar tA) *m.* 1. Creator. 2. actor, doer, performer, author or agent. 3. Head of a joint Hindu family. 4. also कर्ता कारक; subject (grammar).

कर्ता-धर्ता (~ - dhar tA) *m.* all in all; आप ही वहाँ के ~ हैं You are all in all there.

कर्तार (kar tAr) *m.* Creator.

कर्तृ (kar tri) *m.* = कर्ता।

कर्तृत्व (kar trittw) *m.* 1. doership, execution, implementation. 2. executive power. 3. creative power.

कर्तृत्व-शक्ति (~ - shak ti) *f.* executive capacity/power.

कर्तृवाच्य (~ vAccy) *m.* active voice. (Gram.)

कर्पूर (kar poor) *m.* camphor.

कर्फ़्यू (kar Fyoo) *m.* curfew; ~ लगाना/लगा देना to impose/clamp curfew; नगर के कुछ क्षेत्रों में ~ लगा दिया गया है The curfew has been clamped in some areas of the city.

कर्म (karm) *m.* 1. deed, act, action. 2. also कर्म कारक; the recipient of an action, object. (Gram.)

कर्मकांड (~ kAnD) *m.* the body of Hindu rituals.

कर्मकांडी (~ KAN DEE) m. 1. Hindu ritualist. 2. such a priest.

कर्म कारक (~ KA rak) *m.* accusative case.

कर्मक्षेत्र (~ kshettr) *m.* field of action.

कर्मचारी (~ CA ree) *m.* 1. employee, worker. 2. member of the staff.

कर्मजली (~ ja lee) *adj.* (woman) ill-favoured by Dame Fortune, extremely unlucky.

कर्मठ (kar maTH) *adj.* working hard, energetic, assiduous in performing (one's) duties, diligent.

कर्मठता (~ TA) *f.* the state or quality of being कर्मठ।

कर्मणा (kar ma NA) *adv.* by deed/action.

कर्मण्य (kar maNNY) *adj.* hardworking, energetic, dexterious.

कर्मण्यता (~ TA) *f.* state or quality of being कर्मण्य।

कर्मनिष्ठ (karm nishTH) *adj.* devoted to one's duty, dutiful.

कर्मनिष्ठा (~ nish THA) *f.* devotion to one's duty, dutifulness.

कर्मप्रधान (~ pra dhAN) *adj.* having a predominance of action, emphasizing the cult of action; ~ (वाक्य) (sentence) wherein the object dominates.

कर्मफल (~ phal) *m.* result of one's deeds.

कर्मबंधन (~ ban dhan) *m.* bondage of (one's) deeds.

कर्मभूमि (~ bhoo mi) *f.* area of activity, field of action.

कर्मभोग (~ bhog) *m.* undergoing the consequences of one's deeds, reaping the fruits of action.

कर्मयुग (~ yug) *m.* age of action.

कर्मयोग (~ yog) *m.* philosophy of action (adumbrated in the Gita).

कर्मयोगी (~ yo gee) *m.* follower of the above philosophy, man of action.

कर्मरेखा (~ re khA) *f.* line of fate/destiny.

कर्मवाचक (~ VA cak) *adj.* passive.

कर्मवाचकता (~ TA) *f.* passivity.

कर्मवाच्य (~ VAccy) *m.* passive voice. (Gram.)

कर्मवाद (~ VAd) *m.* the doctrine that every action brings its consequences.

कर्मवादी (~ VA dee) *adj.* pertaining to कर्मवाद।

m. an adherent of कर्मवाद।

कर्मवीर (~ veer) *m.* man of action/dexterity.

कर्मशाला (~ shA lA) *f.* workshop.

कर्मशील (~ sheel) *adj.* having a disposition to do (one's) duties.

कर्मशीलता (~ sheel TA) *f.* state or quality of being कर्मशील।

कलंक (ka lank) *m.* stigma, blot, blemish; ~ का टीका mark of disgrace, stigma; ~ लगाना to stigmatise/tarnish.

कलंकित (ka lan kit) *adj.* blemished, stigmatised; ~ करना to stigmatise, to tarnish.

कलंकी (ka lan kee) *adj.* = कलंकित।

क़लंदर (KA lan dar) *m.* 1. a Muslim mendicant. 2. bear and monkey dancer.

कल (kal) *adv. & m.* 1. tomorrow; मैं ~ सुबह 8 बजे उनसे मिलूँगा I am meeting her at 8 O' clock tomorrow morning. मैं ~ यहाँ नहीं रहूँगा I would not be here tomorrow. ~ और परसों tomorrow and day after; ~ को in the near future, in the days to come. 2. yesterday; ~ रात last night; ~ का छोकरा youngling, almost a babe; ~ की बात a thing of recent past; ~ को in the near future; ~ से since yesterday.

f. machine, mechanical contrivance; ~ उमेठना to bring (someone) round, to try to persuade.

क़लई (ka la ee) *f.* 1. plating, coating; ~ किया हुआ tin-plated, tin-coated. 2. lime for white-washing; ~ करना to white-wash. ~ खुलना—उसकी ~ खुल गई He has been exposed/unmasked.

क़लईगर (~ gar) *m.* tinman, one whose vocation is plating/coating/white-washing.

क़लईदार (~ dAr) *adj.* plated/coated (said of utensils).

कलकंठ (kal kanTh) *adj.* having a sweet voice.
m. cuckoo.

कलकल (~ kal) *f.* (sweet) rippling sound. *f.* tiff; ~ मचाना to start a tiff.

कलकल ध्वनि (~ dhwa ni) *f.* sweet rippling sound.

कलक्टर (ka lak Tar) *m.* collector. [H.E. समाहर्ता]

कलक्टरी (ka lak Ta ree) *f.* 1. collectorate. 2. office or regime of a collector.

कल-कारख़ाना (kal - kAr khA nA) *m.* mill, factory.

कलग़ी (kal Gee) *f.* 1. red fleshy crest of fowl. 2. tuft of feathers, hair and the like worn on head-dress; ~ लगना to have a feather added to (one's) bonnet; ~ लगाना to add a feather to (someone's) bonnet.

कलछा (kal chA) *m.* large ladle.

कलछी (~ chee) *f.* ladle.

कलजिब्भा (~ jib bhA) *f.* 1. evil-tongued. 2. ill-omened, ominous.

कलजुग (~ jug) *m.* = कलियुग।

कलदार (~ dAr) *adj.* ~ रुपया minted rupee.

कलधौत (~ dhaut) *adj.* 1. golden. 2. silvery. *m.* 1. gold. 2. silver.

कलन (ka lan) *m.* calculus (Maths).

कलनाद (kal nAd) *adj.* & *m.* (having) a melodious sound.

कलपना (ka lap nA) *vi.* to annoy, to grieve, to lament grumblingly; रोना- ~ to cry and bewail.

कलपाना (kal pA nA) *vt.* to tease (someone) to tears.

कल-पुर्ज़ा (~ - pur zA) *m.* part of a machine.

कलफ़ (ka laF) *m.* starch; ~ करना to make cotton clothes stiff by using starch, to starch.

कलफ़दार (~ dAr) *adj.* starched.

कलबूत (kal boot) *m.* the mould on which a shoemaker shapes the shoes, last.

क़लम (ka lam) *f.* 1. pen; ~ उठाना to start writing (on some particular subject); ~ घसीटना (i) to scribble, (ii) to write (trash) profusely; ~ का धनी (one) who wields a powerful pen; ~ चलाना to make uncalled for corrections; ~ चूमना to feel like kissing (someone's) pen; ~ तोड़ना/तोड़ देना to write par excellence; ~ फेरना to strike through; ~ बनाना to mend a pen; ~ में जादू होना to wield a magic pen; ~ में ज़ोर होना to wield a powerful pen. 2. graft; ~ करना to prune; ~ लगाना to graft. 3. the growth of hair on man's temple(s); ~ बनाना to trim the hair on the temple.

क़लमजीवी (~ jee vee) *m.* = मसिजीवी।

क़लमदान (~ dAn) *m.* inkstand, penstand.

क़लमबंद (~ band) *adj.* reduced to writing; ~ करना to reduce to writing.

कलमलाना (kal ma lA nA) *vi.* to change postures due to restlessness.

कलमा (~ mA) *m.* a fundamental formula of the Quran; ~ पढ़ना to read the above formula for the adoption of Islam; ~ पढ़ाना to teach the hymn to somebody for converting him to Muhammadanism.

क़लमी (KAl mee) *adj.* 1. grafted; ~ आम grafted mango.

क़लमी शोरा (~ sho rA) *m.* saltpetre.

कलमुँहाँ (kal mũ hÃ) *adj.* 1. black faced. 2. evil-faced. 3. ominous.

कलरव (~ rav) *m.* sweet chirpings.

कलवरिया (~ va ri yA) *f.* tavern, wine-shop.

कलवार (~ vAr) *m.* a Hindu caste which formerly dealt in liquor.

कलश (ka lash) *m.* 1. big roundish water-pot. 2. metallic pinnacle of a Hindu temple.

कलसा (kal sA) *m.* = कलश।

कलसी (~ see) *f.* diminutive of कलसा।

कलह (ka lah) *m.* internecine quarrel, wrangle, dispute, conflict.

कलहप्रिय (~ priy) *adj.* given to कलह, quarrelsome.

कला (ka lA) *f.* 1. art. 2. phase of the moon. 3. degree (angle). 4. membrane. 5. minute. 6. skill, knack.

कलाई (ka lA ee) *f.* the part of the body between the hand and the arm, wrist.

कलाई-घड़ी (~ - gha Ree) *f.* wrist-watch.

कलाक़ंद (ka lA Kand) *m.* a variety of Indian sweet.

कलाकार (ka lA KAr) *m.* one who does some-thing with utmost skill, artist.

कलाकारिता (~ KA ri tA) *f.* skill of an artist, artistry.

कला-कुशल (~ - ku shal) *adj.* proficient in (some) art.

कलाकृति (~ kri ti) *f.* work of art, workmanship.

कला-कौशल (~ - kau shal) *m.* 1. art and craft. 2. artistic skill.

कलात्मक (ka lAt mak) *adj.* done with skill, artistic.

कलापूर्ण (ka lA pooRN) *adj.* artful, artistic; ~ वर्णन artistic description.

कलाप्रेमी (~ pre mee) *m.* lover of art.

कलाबत्तू (~ bat too) *m.* silk thread covered with gilded silver.

क़लाबाज़ (~ bAz) *adj.* & *m.* acrobat.

क़लाबाज़ी (~ bA zee) *f.* somersault; ~ खाना to perform a somersault.

कलाभवन (ka lA bha van) *m.* art gallery.

कलाल (ka lAl) *m.* = कलवार।

कलावंत (ka lA vant) *adj.* well-versed in some art.

कलावा (ka lA vA) *m.* a piece of thread, tied round the wrist on (Hindu) auspicious occasions.

कलाविद् (ka lA vid) *m.* connoisseur of (some) art.

कलि (ka li) *m.* = कलियुग।

कलिका (~ KA) *f.* bud.

कलिकाल (~ KAl) *m.* = कलियुग।

कलिया (~ yA) *m.* meat-curry.

कलियुग (~ yug) *m.* the fourth and last eon of creation according to Hindu mythology, the present eon.

कलियुगी (~ yu gee) *adj.* 1. of or pertaining to कलियुग। 2. having the qualities of the present eon.

कली (ka lee) *f.* 1. bud, blossom; ~ खिलना blossoming of a bud; दिल की ~ खिलना to feel jubilant; कच्ची ~ half-blossomed bud. 2. block; चूने की ~ block of lime. 3. triangular piece of cloth. 4. lower part of hookah (hubble-bubble).

कलीसा (ka lee sA) *m.* Christian church.

कलीसिया (ka lee si yA) *f.* church.

कलुष (ka lush) *m.* 1. black spot. 2. sin. 3. impurity. 4. filth.

कलुषता (~ tA) *f.* = कलुष।

कलुषित (ka lu shit) *adj.* 1. blackened, tarnished; ~ करना to tarnish. 2. sinful, profane, filthy.

कलूटा (ka loo TA) *adj.* blacky, of dark black complexion; काला- ~ jet black.

कलेंडर (ka leN Dar) *m.* calendar.

कलेक्टर (ka lek Tar) *m.* collector.

कलेजा (ka le jA) *m.* heart; ~ उछलना throbbing of the heart; ~ कड़ा करना to take courage in both hands; (किसी का) ~ काँपना to shake with terror; ~ काटना—मैंने अपना कलेजा काटकर उसे पाला-पोसा है I have brought him up at great sacrifice/cost. ~ खाना to drain the life (out of someone); ~ खिल उठना/जाना blossoming of the heart, as it were; ~ छलनी करना to pierce the heart all throughout; ~ छेदना to pierce the heart (with taunts); ~ जलना to burn with envy, to be green with envy; ~ जलाना to make someone burn with envy; ~ टूक-टूक हो जाना—कलेजा टूक-टूक हो गया The heart broke into pieces. ~ टूटना (i) to lose heart; (ii) दु:ख से उसका कलेजा टूट गया His heart was broken with grief. ~ ठंडा होना—इस बात से मेरा कलेजा ठंडा हो गया It gave solace to my heart. ~ तर होना to enjoy the blessing of plenty. ~ थामकर बैठना—वह कलेजा थामकर बैठ गया His heart missed a beat. ~ दहलना to be terror-struck; ~ धँसना sinking of heart; ~ धकधक करना throbbing of the heart; ~ धड़कना beating of the heart—कलेजा ज़ोर से धड़कने लगा The heart began beating wildly. ~ निकालकर रख देना offering of one's heart, as it were; ~ पक जाना to reach limits of endurance; ~ पसीजना moving of the heart with compassion; ~ फटना/फट जाना rending of the heart; ~ बल्लियों उछलना—कलेजा बल्लियों उछलने लगा The heart throbbed by leaps and bounds. ~ मुँह को आना to be agitated with sorrow/grief beyond measure; ~ बैठना/बैठ जाना—मेरा कलेजा बैठ गया My heart went to my boots. ~ सुलगना smouldering of the heart; ~हिलना shaking of the heart; पत्थर का ~ stony heart; हाथ भर का ~ big heart; कलेजे का आदमी man of dauntless heart; कलेजे का टुकड़ा someone close to (one's) heart; कलेजे पर चोट लगना to receive a blow on the heart; कलेजे पर छुरी चलाना to slash the heart with a knife, as it were; कलेजे पर साँप लोटना to have the agony of jealousy; कलेजे पर हाथ रखना—कलेजे पर हाथ रखकर तो देखो (Before judging others) Why not hear the voice of conscience. कलेजे में तीर लगना—मेरे कलेजे में तीर लगा My heart was pierced with an arrow, as it were. कलेजे से लगाना to hold someone dear to the heart, to hold someone as one's own, to hug, to embrace warmly.

कलेजी (ka le jee) *f.* liver of a goat or sheep.

कलेवर (ka le var) *m.* body; ~ बदलना to pass from one body into another.

कलेवा (ka le VA) *m.* breakfast; ~ करना (i) to take breakfast, (ii) to devour.

कलैया (ka lai yA) *f.* somersault; ~ खाना to turn a somersault.

कलोल (ka lol) *m.* frolic, play, sport.

कलौंजी (ka lãu jee) *f.* stuffed and spiced preparation of brinjal, lady's finger etc.

कलौंस (ka lãus) *f.* 1. blackness; उसके चेहरे पर ~ छा गई A blackness spread over his face. 2. stain, spot.

कल्प (kalp) *m.* eon/aeon.

कल्पक (kal pak) *m.* barber.

कल्पतरु (kal pa ta ru) *m.* = कल्पवृक्ष।

कल्पद्रुम (kal pad drum) *m.* = कल्पवृक्ष।

कल्पना (~ pa nA) *f.* 1. imagination, conception, fancy. 2. supposition, assumption; कोरी ~ figment of imagination, sheer imagination, pure fancy; मिथ्या ~ false assumption.

कल्पनातीत (~ teet) *adj.* unimaginable, inconceivable, beyound imagination.

कल्पनात्मक (kal pa nAt mak) *adj.* conceptual.

कल्पनाप्रसूत (~ nA pra soot) *adj.* born of imagination.

कल्पनामय (~ nA may) *adj.* imaginative.

कल्पनालोक (~ nA lok) *m.* 1. world of imagination. 2. imaginary world.

कल्पनाशक्ति (~ nA shak ti) *f.* power of imagination.

कल्पनीय (~ neey) *adj.* imaginable, conceivable.

कल्पवृक्ष (~ vriksh) *m.* a tree supposed to be in heaven which grants all desires of one who sits underneath it.

कल्पांत (kal pAnt) *m.* end of an era, final annihilation of the world.

कल्पित (~ pit) *adj.* 1. supposed, assumed. 2. imaginary, imagined.

कल्मष (~ mash) *m.* 1. sin. 2. filth, impurity.

कल्याण (~ lyAN) *m.* benediction, welfare, weal; जन ~ public welfare/weal; ईश्वर तुम्हारा ~ करे May God grant you all happiness.

कल्याणकर (~ kar) *adj.* = कल्याणकारी।

कल्याणकारी (~ kA ree) *adj.* beneficial; ~ राज्य welfare state.

कल्याणी (kal lyA Nee) *f.* harbinger of all good luck.

कल्ला (kal lA) *m.* sprout.

कल्लातोड़ (~ toR) *adj.* rough and ready (person or remark), pugnacious.

कल्लाना (kal lA nA) *vi.* to feel the pain of missing something.

कल्लोल (~ lol) *m.* 1. wave. 2. mirth.

कल्लोलिनी (~ lo li nee) *f.* river.

कवच (ka vac) *m.* 1. shell. 2. armour, shield. 3. amulet.

कवच-कोठरी (~ - koTh ree) *f.* pill-box.

कवचधारी (~ dhA ree) *adj. & m.* armoured.

कवचित (ka va cit) *adj.* armoured; ~ यान armoured car.

कवयित्री (ka va yit tree) *f.* poetess.

कवर (ka var) *m.* cover. [H.E. आवरण-पृष्ठ].

कवर्ग (ka varg) *m.* class of soft palatal consonants of the Nagari alphabet, letters क्, ख्, ग्, घ्, ङ् ।

कवर्गीय (ka var geey) *adj.* pertaining to क वर्ग।

कवल (ka val) *m.* morsel, mouthful.

कवलित (ka va lit) *adj.* 1. eaten or swallowed. 2. devoured; काल- ~ devoured by time.

क़वाम (kA vAm) *m.* substance reduced to a paste by boiling.

क़वायद (kA vA yad) *f.* drill; ~ करना to do exercises for physical training.

कवि (ka vi) *m.* poet. [*Fem.* कवयित्री]

कविता (ka vi tA) *f.* 1. poem. 2. poetry, verse.

कवितापाठ (~ pAth) *m.* recitation of poetry.

कवित्त (ka vitt) *m.* a type of meter in classical Hindi poetry.

कवित्व (ka vittw) *m.* 1. poetic spirit. 2. poetry, versification.

कवित्वपूर्ण (~ poorN) *adj.* poetic.

कविराज (ka vi rAj) *m.* 1. prince among poets. 2. a title conferred on top class physicians.

कविवर (~ var) *m.* very good poet, poet par excellence.

कवि-सम्राट (~ - sam raT) *m.* a poet-laureat.

कवि-सुलभ (~ - su labh) *adj.* having the characteristics of a poet, poetic.

कवींद्र (ka veendr) *m.* king among poets, best poet.

क़व्वाली (KAV VA lee) *f.* a form of group recitation/song in Urdu poetry.

कश (kash) *m.* puff; ~ खींचना/लगाना/लेना to take a puff.

कशमकश (~ ma kash) *f.* struggle, pulling; मेरी उसकी ~ चल रही है We are pulling in opposite directions.

कशा (ka shA) *f.* 1. rope. 2. whip, lash.

कशिश (ka shish) *f.* attraction, fascination.

कशीदा (ka shee dA) *m.* = क़सीदा।

कशेरुका (ka she ru KA) *f.* backbone.

कश्ती (kash tee) *f.* boat.

कषाय (ka shAy) *adj.* 1. astringent. 2. dark red.

कष्ट (kashT) *m.* trouble, pain, distress, grievance, suffering; ~ उठाना to suffer; ~ करना to take the trouble; ~ झेलना to suffer, to endure trouble; ~ देना to trouble; ~ पाना to get troubles; ~ पहुँचाना to trouble, to inflict pain/injury; ~ भोगना to undergo suffering; ~ में डालना to put to trouble; ~ में होना to get into or be in trouble; ~ सहना to suffer; कष्टों से जूझना to be forced to deal with difficult embarrassing situation.

कष्टकर (~ kar) *adj.* troublesome, painful, difficult.

कष्टदाता (~ dA tA) *m.* trouble-maker.

कष्टदायक (~ dA yak) *adj.* troublesome, oppressive.

कष्टदायी (~ dA yee) *adj.* = कष्टदायक।

कष्ट-निवारण (~ - ni VA raN) *m.* removal/redressal of trouble.

कष्टप्रद (~ prad) *adj.* troublesome, painful, trying.

कष्टमय (~ may) *adj.* full of troubles, trying, vexations; पिछले दस वर्षों से वह ~ जीवन बिता रही है She has been fighting against the rigours of life for the past ten years.

कष्टसाध्य (~ sAddhy) *adj.* causing much difficulty/harassment, onerous; ~ कार्य onerous work.

कस (kas) *m.* 1. test, trial. 2. touch stone. 3. stamina, power of endurance; अपने ~ का आदमी person amenable to one's control.

कसक (ka sak) *f.* 1. throbbing heartache. 2. throbbing pain, sting; ~ निकालना/मिटाना to remove heartache through retaliation; ~ रह जाना—कसक रह गई है Sting still persists.

कसकना (ka sak nA) *vi.* to have a lingering pain; फोड़ा कसक रहा है The boil is giving lingering pain.

कसकुट (kas kuT) *m.* admixture of several metals, usually copper and zinc, bronze.

कसना (~ nA) *vt.* 1. to tighten. सेना ने सुरक्षा को कस दिया है The army has tightened security. कसा हुआ fitting closely. 2. to test. 3. to reduce to shreds by rubbing on a gadget; कसौटी पर ~ to test (a precious metal) on the touchstone; कसकर forcefully; कसकर पकड़ना to hold fast.

कसब (ka sab) *m.* prostitution; ~ कमाना to earn money by prostitution.

क़सबा (KAS bA) *m.* small town; क़सबे का आदमी townsman.

क़सबी (~ bee) *f.* prostitute.

क़सबीख़ाना (~ khA nA) *m.* house of prostitution, brothel.

क़सम (KA sam) *f.* oath; ~ खाना to take an oath, to swear; ~ खाने के लिए nominally; ~ खिलाना to put on an oath; ~ तोड़ना to break/violate an oath; ~ दिलाना to administer an oath.

कसमसाना (kas ma SA nA) *vi.* to feel a constant desire to free oneself.

क़समा-क़समी (Kas mA - Kas mee) *f.* mutual oaths and promises.

कसर (ka sar) *f.* 1. deficiency, shortcoming; एक आँच की ~ slight deficiency; ~ करना (i) to leave something wanting, (ii) to show parsimony; ~ खाना to suffer slight loss or damage; ~ देना to inflict slight loss or damage; ~ न करना to leave nothing wanting; ~ निकल जाना removal of a shortcoming; ~ निकाल देना to make amendments; ~ निकालना to retaliate/avenge; ~ रह जाना—एक ही कसर रह गई है There is just one thing wanting. 2. malice. 3. fraction (Maths).

कसरत (kas rat) *f.* 1. physical activity for keeping fit, exercise; ~ करना to take or undergo physical exercise; मैं प्रतिदिन सवेरे ~ करता हूँ I do exercises every morning. 2. excess, plenty; ~ से in plenty; ~ राय से by the opinion of a majority.

कसरती (kas ra tee) *adj.* stout, athletic; ~ शरीर body built-up by physical exercises.

कसरहट्टा (ka sar haT TA) *m.* market of metallic vessel makers and sellers.

कसवाना (kas VA nA) *vt.* to get tightened.

क़साई (Ka SA ee) *m.* butcher; ~ के खूँटे से बँधना to be under the butcher's knife.

क़साईख़ाना (~ KhA nA) *m.* slaughter-house; butchery.

क़साईपन (~ pan) *m.* 1. extreme cruelty, brutality. 2. act of extreme cruelty.

कसा-कसाया (ka SA - ka SA yA) *adj.* fully harnessed and ready.

कसार (ka SAr) *m.* flour roasted in ghee and mixed with sugar.

कसाला (ka SA lA) *m.* toil, labour perseverance; कसाले का toilsome, persevering.

कसाव (ka SAV) *m.* 1. tightness. 2. = कसैलापन।

कसावट (ka SA VaT) *f.* 1. tightness. 2. estrangement, tension.

क़सीदा (Ka see dA) *m.* 1. embroidery; ~ काढ़ना to embroider. 2. a variety of eulogy in Urdu Poetry.

कसीस (ka sees) *m.* green vitriol.

क़सूर (Ka soor) *m.* fault, offence, guilt; ~ करना to commit an offence.

क़सूरवार (~ VAr) *adj.* guilty, at fault; मैं ~ हूँ I am guilty/I am at fault.

कसेरा (ka se rA) *m.* brass-worker, brazier. [*Fem.* कसेरिन]

कसेरिन (ka se rin) *f.* female brass/worker.

कसैला (ka sai lA) *adj.* acrid, astringent, pungent.

कसैलापन (~ pan) *m.* astringency.

कसैली (ka sai lee) *f.* betel-nut.

कसोरा (ka so rA) *m.* earthen bowl.

कसौटी (ka sau Tee) *f.* 1. touchstone; ~ पर कसना to test on a touchstone. 2. criterion; ~ पर खरा उतरना to stand a test.

कस्तूरी (kas too ree) *f.* musk.

कस्तूरी मृग (~ mrig) *m.* musk deer.

क़स्द (Kasd) *m.* determination, resolve; ~ करना to take a resolve.

क़स्दन (Kas dan) *adv.* wilfully.

क़स्बा (Kas bA) *m.* see क़सबा।

क़हक़हा। (Kah Ka hA) *m.* loud laugh, peal of laughter, guffaw; क़हक़हे लगाना to indulge in peals of laughter.

क़हत (Ka hat) *m.* famine.

क़हतसाली (~ SA lee) *f.* 1. year of famine. 2. period of famine.

कहना (kah nA) *vt.* 1. to say or tell; इसलाम अपने अनुयायियों को अमूल्य प्रतिमाएँ तोड़ने के

लिए नहीं कहता Islam does not tell its followers to destroy precious statues. वहाँ कुछ ~ -सुनना मत Don't indulge in (loose) talk there. वे जो कहते हैं, करते हैं They practise what they preach. उसने ज़ोर देकर कहा कि He asserted that···ऐसी बात नहीं कहते It is not proper to say that. मेरा मन कहता है कि वह नहीं जाएगा I have a hunch he will not go. 2. to call; इस चीज़ को अंग्रेज़ी में क्या कहते हैं What do you call this thing in English.

m. 1. advice, instruction; किसी के कहने पर (i) on somebody's advice, (ii) as tutored by somebody. 2. saying, telling; यह ~ तो सरल है पर करना मुश्किल It is easier said than done. ~ न मानना to ignore (someone's) advice; कहने की बात—(i) कहने की बात तो तुमने कही ही नहीं You missed saying the vital point. (ii) यह भी कोई कहने की बात है Need I say this? कहने के लिए (i) for the sake of formality, (ii) for the sake of argument. कहने को (i) nominally, (ii) बात कहने को हो गई It will be a topic of talk for days to come. कहने को तो सब कहते हैं करता कोई नहीं Easier said than done. (किसी के) कहने में आना to be misguided by somebody, to be influenced by somebody's advice; (किसी के) कहने में होना to be guided (by someone); कह सकना (i) can say, (ii) to predict, (iii) to affirm.

कहनावत (~ vat) *f.* = कहावत।

कहना-सुनना (~ - sun nA) *vt.* कुछ ~ मत Don't start an argument.

कहनी-अनकहनी (kah nee - an kah nee) *f.* improper utterance.

क़हर (ka har) *m.* calamity, disaster; ~ का outstanding, very remarkable; ~ की गरमी excessive and unbearable heat; ~ की सुंदरी devastatingly charming; ~ टूट पड़ना—उस पर क़हर टूट पड़ा है He has had a bolt from the blue. ~ ढाना/बरपा करना to create or wreck havoc; ख़ुदा का ~ divine wrath, bolt from the blue.

कहरवा (ka har VA) *m.* a style/melody of Indian folk music.

कहलवाना (ka hal VA nA) *vt.* = कहलाना।

कहलाना (kah lA nA) *vt.* to inform (through somebody).

क़हवा (kah VA) *m.* coffee.

कहाँ (ka hA ~) *adv.* where, at which place? आप रात को ~ रहे Where have you been last night? ~- कहाँ at how many places? ~ का (i) of which place? (ii) far beyond the point in question, beside the point; (यह) ~ का न्याय है This is no justice at all! ~ की बात a farfetched or baseless thing; ~ तक how long/far, to what extent or limit? ~ से wherefrom; आप अपनी चीज़ें ~ से खरीदते हैं Where do you do your shopping? तुमने इसे ~ से पाया Where did you get that from? आप ~ से आए हैं Where do you come from? न जाने ~ का heaven alone knows where of.

कहा (ka hA) *pp.* of 'कह' धातु।

m. 1. advice, instruction. 2. saying, comment.

कहा-कही (~ ka hee) *f.* = कहा-सुनी।

कहानी (ka hA nee) *f.* story, tale; ~ गढ़ना to concoct a story; ~ सुनाना to narrate a story; राम ~ (i) one's life story, (ii) a long account.

कहानीकार (~ KAr) *m.* story-writer.

कहार (ka hAr) *m.* water-carrier; a Hindu caste usually employed in doing domestic chores.

कहावत (ka hA vat) *f.* proverb, adage, saying, maxim.

कहा-सुना (ka hA - su nA) *m.* मेरा ~ माफ़ करना Forgive my unpleasant remarks.

कहा-सुनी (ka hA - su nee) *f.* wordy altercation, mild quarrel; लगता है राम और श्याम में ~ हो गई है It appears that Ram and Shyam have had an argument.

कहीं (ka hee͂) *adv.* 1. somewhere, anywhere; हम पहले ~ मिले तो नहीं Have not we met somewhere before? ~ और elsewhere, somewhere else; ~ - कहीं here and there, at a few odd places; ~ का (i) of some unknown place; (ii) excessive, extreme; ~ का कहीं at the wrong place; ~ का न छोड़ना/रखना to throw (someone) completely overboard; ~ का न रहना/होना to be completely undone; ~ न कहीं at some place or the other; ~ नहीं nowhere; (i) ~ बढ़कर more than. (ii) much better than. 2. if, if at all; ~तुम गए तो झगड़ा हो जाएगा If you go it will lead to a quarrel. 3. lest; ~ मेरा हाथ न उठ जाए Lest I should beat you.

adj. very much; उससे ~ अच्छा very much better than that; ~ अधिक very much more.

काँइयाँ (kA͂ i yA͂) *adj.* mischievous, crooked, rogue, cunning, crafty.

कांक्षा (kAṅk shA) *f.* desire, longing.

कांक्षित (~ shit) *adj.* desired, longed for.

काँख (kA͂kh) *f.* armpit; ~ में दबाना (i) to press under one's armpit; (ii) to take possession of.

काँखना (~ nA) *vi.* to groan while discharging bodily waste matter.

काँग्रेस (kA͂g gres) *m.* 1. congress. 2. Indian National Congress.

काँग्रेसी (~ gre see) *adj.* of or belonging to the Congress.

m. Congressman.

काँच (kA͂c) *m.* 1. glass; ~ का खिलौना glass toy. 2. anal membrane, intestinal rectum; ~ निकलना prolapse of anal membrane.

कांचन (kAn can) *adj.* 1. of gold. 2. golden.

m. gold.

काँजी (kA͂ jee) *f.* a fermented sour drink of salt and mustard.

काँजीहौद (~ haud) *m.* cattle-pound, kinehouse.

काँटा (kA͂ TA) *m.* 1. thorn; पैर में ~ चुभना to have a thorn in the foot; काँटों में घसीटना to embarass (someone) by indulging in exaggerated praise or improper action; (सूखकर) ~ हो जाना to be thin as a rake, to be extermely emaciated; ~ निकालना to extract a thorn; काँटे-सा खटकना to be a thorn in the flesh; रास्ते का ~ a thorn in the path; रास्ते में काँटे बिछाना to put thorns in (someone's) path; काँटे बोना to store up trouble; काँटों का ताज crown of thorns; काँटों की सेज bed of thorns. 2. nail. 3. bone of fish. 4. balance, scale; काँटे का आदमी man of tact; काँटे की तौल exact weighment; काँटे की लड़ाई very even contest.

काँटी (~ Tee) *f.* small nail.

काँटेदार (~ Te dAr) *adj.* 1. thorny, prickly. 2. barbed; ~ तार barbed wire.

कांड (kAnD) *m.* 1. division/section (of a treatise). 2. untoward incident, unseemly incident.

काँड़ी (kA͂ Ree) *f.* rafter.

कांत (kAnt) *adj.* lovely.

m. 1. lover. 2. husband.

कांता (kAn tA) *f.* 1. beloved, sweetheart. 2. wife.

कांति (~ ti) *f.* lustre, splendour, brightness.

कांतिमान (~ mAn) *adj.* lustrous, bright.

कांतिहीन (~ heen) *adj.* lacking brightness, lustreless, faded, faint.

कांती लोहा (kAn tee lo hA) *m.* a coarse type of iron.

काँदला (kÃd lA) *adj.* 1. muddy. 2. dirty. *m.* mud.

काँदा (kÃ dA) *m.* onion.

काँदू (~ doo) *m.* = काँदो।

काँदो (~ do) *m.* mud, slime.

काँधना (kÃdh nA) *vt.* 1. to take upon one's shoulders. 2. to shoulder the responsibility.

काँप (kÃp) *f.* 1. bow of a kite. 2. an ornament for the ear. 3. swamp.

काँपता हुआ *adj.* trembling; उसने काँपते हुए हाथों से लिफ़ाफ़ा खोला He opened the envelop with trembling hands.

काँपना (~ nA) *vi.* 1. to shiver/tremble/quiver; काँप उठना to shudder; काँप जाना to tremble/quiver. 2. to be very anxious or afraid. मैं आतंकवादी के नाम से ही काँप उठता हूँ I trembce at the very name of a terrorist.

काँव-काँव (kÃw - kÃw) *f.* 1. crowing; ~ करना to crow. 2. prattle.

काँस (kÃs) *m.* a cèrtain type of grass.

काँसा (kÃ sA) *m.* bronze, bell-metal.

कांस्य (kAnsy) *adj.* made of bronze; ~ पदक bronze medal.

कांस्य युग (~ yug) *m.* Bronze Age.

का (kA) *postposition,* the sign of the possessive case, of.

काइयाँ (kA i yÃ) *adj.* & *m.* = काँइयाँ।

काई (kA ee) *f.* moss; ~ की तरह फटना to get scattered; ~ छुड़ाना to remove filth (from vessels etc.).

काउंटर (kA un tar) *m.* counter (of a shop).

काक (kAk) *m.* 1. crow. 2. cork.

काकपक्ष (~ paksh) *m.* lock of hair along the temple.

काकपद (~ pad) *m.* the sign (^) in writing which indicates that something has been left out.

काकरेज (~ rej) *m.* purple colour.

काकरेजी (~ re jee) *adj.* purple coloured.

काकल (kA kal) *m.* glottis; ~ ध्वनि glottal sound.

काका (kA kA) *m.* 1. paternal uncle. (East) 2. small child. (West)

काकी (kA kee) *f.* 1. paternal aunt. (East) 2. small girl. (West)

काकु (kA ku) *m.* pitch (of voice).

काकुल (kA kul) *m.* curling lock, lock of hair.

काग (kAg) *m.* 1. crow. 2. cork (of uoice).

काग़ज़ (kA gaz) *m.* 1. paper; ~ की नाव (i) paper boat; (ii) house of cards. ~ के घोड़े दौड़ाना = काग़ज़ी घोड़े दौड़ाना; ~ काले करना to write, to print; ~ रँगना to do unnecessary paperwork. 2. (plu.) papers, documents.

काग़ज़-पत्र (~ - pattr) *m.* (plu.) papers, documents.

काग़ज़ात (kAg zAt) *m.* (plu.) papers, documents.

काग़ज़ी (kAg zee) *adj.* 1. made of paper. 2. of or pertaining to paper; ~ घोड़े दौड़ाना to indulge in paperwork. 3. thin and delicate like paper; ~ बादाम a variety of almond having a thin rind.

काग़ज़ी कार्रवाई (~ kAr ra vA ee) *f.* written work, paperwork.

काग़ज़ी चक्कर (~ cak kar) *m.* red tape.

काग़ज़ी नीबू (~ nee boo) *m.* lemon (having a thin rind).

काग़ज़ी बादाम (~ bA dAm) *m.* almond having a thin rind.

काग़ज़ी ब्योरा (~ byo RA) *m.* data which exists only on paper.

काग़ज़ी महल (~ ma hal) *m.* castle in the air.

काग़ज़ी सबूत (~ sa boot) *m.* written/documentary proof.

कागद (KA gad) *m.* = काग़ज़।

काछ (KAch) *m.* 1. upper part of the thigh. 2. = लाँग; ~ काछना to put on a disguise.

काछना (~ NA) *vt.* 1. to skim (cream, scum etc.) from milk, liquid or watery substance. 2. to tie lower garment up to the waist.

काछनी (~ nee) *f.* a kind of loin-cloth which is not tied at the back.

काछा (KA chA) *m.* 1. upper part of the thigh. 2. part of the loin-cloth tucked on to the waist; ~ खोलना to lose heart; ~ लगना appearance of pimples due to the friction of the loin-cloth on the thigh.

काछी (KA chee) *m.* vegetable-seller, green grocer.

काज (KAj) *m.* 1. business, profession, work; ~ सरना accomplishment of work. 2. buttonhole; ~ बनाना to make a but-tonhole.

काजल (KA jal) *m.* 1. lampblack, soot; ~ की कोठरी (i) (lit.) sooty chamber; (ii) abode of evil. 2. collyrium; ~ लगाना to apply collyrium to the eyes.

काजी (KA jee) *adj.* working; काम- ~ आदमी a man of affairs.

क़ाज़ी (KA zee) *m.* 1. Moslem judge. 2. judicial officer under medieval Muslim polity.

काजू (KA joo) *m.* cashew nut.

काजू-भोजू (~ bho joo) *adj.* showy, not lasting.

काट (KAT) *f.* 1. the way or style of cutting; तिरछी ~ oblique cut. 2. rebuttal; तर्क की ~ rebuttal of an argument. 3. antidote; मैल की ~ detergent. 4. section; क्षैतिज ~ horizontal section. 5. erosion. 6. incision.

काट-कपट (~ - ka paT) *m.* deceitful conduct.

काट-कूट (~ - kooT) *f.* cancellations and overwritings.

काट-छाँट (~ - chA͠T) *f.* 1. pruning, trimming, excision. 2. cuttings and prunings. 3. abridgement.

काटना (~ NA) *vt.* 1. to cut/chop; लकड़ी ~ to cut/chop wood. 2. to cancel or cross. 3. to disconnect; डिब्बे को गाड़ी से ~ to disconnect a carriage from the train. 4. to intersect; दो रेखाएँ एक दूसरी को काटती हैं Two lines intersect. 5. to bite; मेरे लड़के को पाग़ल कुत्ते ने काट लिया My son was bitten by a mad dog. उसे साँप ने काट लिया है A snake has bitten him. गला ~ to despoil; चक्कर ~ to hover round; तर्क ~ to refute an argument; बात ~ to interrupt; रास्ता ~ to cross the road; समय~ to while away time; काट खाना to bite; काटने दौड़ना to talk aggressively; काटो तो ख़ून नहीं (in a) state of stupefaction.

काट-पीट (~ - peeT) *f.* cancellations and corrections; ~ करना to make cancellations and corrections.

काट-फाँस (~ - phA͠S) *f.* = काट-कपट।

काटा-कूटी (KA TA - koo TEE) *f.* = काट-कूट।

काटू (KA TOO) *adj.* biting (beast).

काट्य (KATTY) *adj.* capable of being cut down.

काठ (KATh) *m.* 1. timber. 2. wood; ~ का उल्लू foolish person, blockhead, dunce; ~ की हाँड़ी deception which can be practised only once; ~ मार जाना—उसे काठ मार गया He was stunned. ~ हो जाना to become stiff.

काठ-कबाड़ (~ - ka bAR) *m.* lumber.

काठा (kA thA) *adj.* 1. of or pertaining to wood. 2. wood-like.

काठा बादाम (~ bA dAm) *m.* a variety (almond with a hard shell.

काठिन्य (kA thinny) *m.* difficulty.

काठी (kA thee) *f.* 1. saddle. 2. constitution of the body; मज़बूत ~ strong build.

काढ़ना (kARh nA) *vt.* 1. to sift, to draw out; घूँघट ~ to cover the face with a veil; to veil the face. 2. to embroider. 3. to boil; दूध ~ to condense milk by boiling.

काढ़ा (kA RhA) *m.* medicinal decoction.

कातना (kAt nA) *vt.* to spin; सूत ~ to spin cotton; महीन ~ (i) to spin fine; (ii) to weave an imaginary story.

कातर (kA tar) *adj.* moved by despair-desperate; ~ दृष्टि/भाव से desperately.

काता (kA tA) *m.* spun thread; बुढ़िया का ~ a sweet in the form of fine shreds.

कातिक (kA tik) *m.* = कार्तिक।

क़ातिब (kA tib) *m.* writer, scribe.

क़ातिल (kA til) *adj.* murderous.
m. murderer, assassin.

क़ातिलाना (kA ti lA nA) *adj.* murderous; ~ वार murderous or violent attack.

कादंबरी (kA dam ba ree) *f.* 1. cuckoo. 2. parrot. 3. wine, liquor. 4. goddess of learning (सरस्वती, वाग्देवी)।

कादंबिनी (kA dam bi nee) *f.* row or band of clouds.

कान (kAn) *m.* 1. the ear. 2. the organ of hearing. 3. an ornament for the ears. 4. helm, rudder. 5. an unsymmetrical or protuding edge. ~ उमेठना (i) to twist (someone's) ears by way of punishment; (ii) to twist (one's own) ears by way of self-admonition; ~ कतरना = कान काटना; ~ का कच्चा too ready to believe what is heard, credulous; ~ काटना to outwit; ~ खड़े करना to prick up the ears i-e. to raise the ears as if listening; ~ खड़े हो जाना—मेरे कान खड़े हो गए I became alert. ~ खाना to pester by making unwanted noise; ~ खोलकर सुनना—कान खोलकर सुन लो Give your ear to this. ~ खोलना to put (someone) wise and on the alert; ~ देकर सुनना to lend (one's) ears; ~ न देना to turn a deaf ear; ~ पकड़कर निकाल देना to turn someone out uncere-moniously; ~ पकड़ना (i) to catch the lobes of (one's own) ears with both the hands as a token of determination never to do it again; (ii) to twist (someone's) ears; ~ पर जूँ (तक) न रेंगना—उसके कान पर जूँ (तक) न रेंगी It left him utterly cold/unaffected. ~ पर हाथ रखना/धरना to close the ears (being unwilling to hear something profane); ~ फटना to suffer unbearable noise; इस शोर से ~ फटे जा रहे हैं This unbearable noise is getting on my nerves. ~ फूँकना to initiate something against someone, to tutor; ~ फोड़ना to inflict deafening noise; ~ बजना to hear imaginary sounds; ~ बहना to have pus oozing out of the ears; ~ बंद कर लेना to refuse to hear, to turn a deaf ear; ~ भरना to poison the ears; ~ मलना = ~ उमेठना; ~ में उँगली देना to turn a deaf ear (to); ~ में डाल देना to apprise (someone), to put (someone) wise; ~ में तेल या रुई डाल रखना to be heedless (to); ~ में पड़ना to reach (one's) ears; ~ लगाकर सुनना to listen attentively; कानों ~ ख़बर

न होना to be surprisingly unaware (of).
f. slight obliquity (as in cloth).

कानन (KA nan) *m.* 1. forest. 2. house.

काना (KA NA) *adj.* having only one eye; ~ फल fruit partly eaten away by insects.

कानाफूसी (~ phoo see) *f.* whispering, whisper, gossip.

कानाबाती (~ bA tee) *f.* whispering.

कानी कौड़ी (KA nee kau Ree) *f.* 1. mutilated kauri. (cowry). 2. something of too small a value; पल्ले ~ न होना to be almost penniless.

कानीहाउस (KA nee hA us) *m.* = काँजीहौद।

क़ानून (KA noon) *m.* law; ~ छाँटना/बघारना to go on dabbling in legal technicalities; ~ तोड़ना to transgress the law; ~ पर चलना to abide by the law; ~ बनाना to regulate, to enact, to legislate; काला ~ black/undesirable law.

क़ानूनगो (~ go) *m.* an officer of the revenue department having charge of land records of a district (परगना)।

क़ानूनदाँ (~ dA͂) *m.* a person well-versed in law.

क़ानूनन (KA noo nan) *adv.* lawfully, legally.

क़ानूनी (KA noo nee) *adj.* 1. lawful, legal; ~ दफ़ा section of the law; ~ दाँव-पेंच legal tricks; ~ सलाह legal advice; ~ सलाहकार legal adviser. 2. quarrelsome.

कान्ह (KAnh) *m.* Lord Krishna.

कापाली (KA pA lee) *m.* Lord Shiva.

कापी (KA pee) *f.* 1. copy book. [H. E. अभ्यास पुस्तिका] 2. copy. [H. E. प्रतिलिपि] 3. man- script. [H. E. पांडुलिपि]

कापीराइट (~ rA iT) *m.* copyright. [H. E. प्रकाशनाधिकार]

कापुरुष (KA pu rush) *m.* cowardly/timid person, weak-spirited.

क़ाफ़िया (KA Fi yA) *m.* rhyme; ~ तंग करना to put into a tight corner; ~ मिलाना to rhyme.

काफ़िर (KA Fir) *m.* 1. one who rejects Islam, infidel, a non-Muslim; उन्हें सिखाया गया है कि काफ़िरों के विरुद्ध जेहाद करने से उन्हें शहादत और जन्नत में जगह मिलेगी They were taught that fighting against infidels ensure them martyrdom and entry to paradise. 2. a person who has no religion.

क़ाफ़िला (KA Fi lA) *m.* caravan.

काफ़ी (KA Fee) *adj.* ample, enough, sufficient; अपनी स्थिति सुधारने के लिए तुम्हारे पास ~ समय रहेगा You will have ample time to improve your condition. ~ अच्छा satisfactory, pleasing.
f. coffee.

काफ़ी घर (~ ghar) *m.* coffee house.

काफ़ूर (KA Foor) *m.* camphor; ~ होना to disappear/vanish/run away.

काबा (KA bA) *m.* a sacred place of Muslims at Mecca.

क़ाबिज़ (KA biz) *adj.* 1. in possession; ~ होना to be in possession (of). 2. constipative.

क़ाबिल (KA bil) *adj.* able, qualified, well-versed, proficient; बंदा किस ~ है Insignificant as I am. (an expression of modesty)

क़ाबिलीयत (KA bi lee yat) *f.* ability, qualification, proficiency, genius.

काबुक (KA buk) *m.* pigeon house.

काबुल (KA bul) *m.* Kabul.

काबुली (KA bu lee) *adj.* of Kabul.
m. an inhabitant of Kabul.

क़ाबू (KA boo) *m.* 1. possession. 2. authority, control; ~ करना to bring under control; ~ का controllable; ~ से बाहर

होना to get out of hand; ~ में होना to be under control.

काम (kAm) *m.* 1. work; घर का ~ (i) household work; (ii) homework. 2. task. 3. duty; इस न्यायालय का ~ है संविधान की व्याख्या करना This court has to interpret the constitution. 4. business. 5. service; घड़ी ~ नहीं करती The watch does not go. 6. employment, job; इस समय ~ पाना मुश्किल है It is difficult to get work at present. 7. sexual desire. 8. embroidery work; ~ अटकना—काम अटक गया है The work has come to a halt (due to some obstruction); ~ आना (i) to be of use; (ii) to die (on the battle-field); ~ करना (i) to work; वह फ़ैक्टरी में काम करता है He works in a factory. वह शांति के लिए काम करता है He works for peace. (ii) to be effectual; हमारी युक्ति ~ कर गई Our trick has done the work. ~ का of great use; ~ की बात thing/matter of importance; ~ को काम सिखाता है Practice makes (a man) perfect. ~ चलना (i) पैसे बिना ~ नहीं चलेगा It will not work without money. (ii) ~ चल रहा है Things are (somehow) pulling on. ~ चलाना to pull on (somehow); ~ तमाम करना to kill; ~ देना (i) to give (someone) some occupation; (ii) to prove useful; ~ निकालना to get work done; ~ पड़ना to require the service or help of; ~ बनना—काम चुटकियों में बनेगा Things will be done in a jiffy; ~ बनाना to accomplish; ~ बिगड़ना—काम बिगड़ गया The work came to grief; ~ बिगाड़ना to spoil the game; ~ में आना to serve some purpose, to be of some use; ~ में लगना (i) to be employed; (ii) to be busy; ~ में लगाना (i) to get (someone) employed; (ii) to put to work; ~ में लाना to put to use; वह उसे न स्वयं ~ में लाएगा न दूसरों को लाने देगा Neither he will use it nor he will allow others to use it. ~ लेना (i) to take work; (ii) to get work out of; ~ से काम रखना to mind one's (own) business; ~ होना—(i) ~ हो तो आ जाना Come if you have some purpose. (ii) ~ हो गया The work is done.

कामकला (~ ka lA) *f.* sexual activity.

कामकाज (~ kAj) *m.* 1. business, occupation, profession. 2. work

कामकाजी (~ kA jee) *adj.* 1. working; ~ महिलाएँ working women; ~ वर्ग working class. 2. having much to do. busy.

कामचलाऊ (~ ca lA oo) *adj.* serving the purpose for the time being, tentative.

कामचलाऊ सरकार (~ sar kAr) *f.* caretaker government.

कामचोर (kAm cor) *adj. & m.* work-shy, inactive.

कामज्वर (~ jwar) *m.* fever due to celibacy or abstinence.

कामदार (~ dAr) *adj.* embroidered.

कामदेव (~ dev) *m.* God Cupid of Hindu mythology.

काम-धंधा (~ - dhan dhA) *m.* = काम-धाम।

काम-धाम (~ - dhAm) *m.* 1. work, business, occupation. 2. affairs.

कामधेनु (~ dhe nu) *f.* celestial cow, which bestows anything asked for.

कामना (~ nA) *f.* longing, earnest desire.

कामपीड़ित (~ pee Rit) *adj.* sex-starved.

काम-प्रेरणा (~ - prer nA) *f.* sex-appeal.

कामयाब (~ yAb) *adj.* having success, successful.

कामयाबी (~ yA bee) *f.* success; ~ पाना to score a success.

कामरेड (~ reD) *m.* comrade.

काम-वासना (~ - VAS NA) *f.* sexual desire, libido.

कामशास्त्र (~ shastr) *m.* sexology, sexual science.

कामांध (KA mANdh) *adj.* having strong sexual feelings, highly over-sexed, libidinous.

कामांधता (~ tA) *f.* state or quality of being कामांध।

कामा (KA mA) *m.* comma. [H. E. अल्पविराम]

कामाग्नि (KA mAg ni) *f.* violent sexual urge.

कामातुर (KA mA tur) *adj.* eager to indulge in sex, goaded by lust, love-sick.

कामातुरता (~ tA) *f.* state of being कामातुर।

कामार्त (KA mArt) *adj.* feeling acute sexual desire, love-sick.

कामार्तता (~ tA) *f.* the state of being कामार्त।

कामावेश (KA mA vesh) *m.* sexual excitement.

कामासक्त (KA mA sakt) *adj.* infatuated with sexual love, lustful.

कामासक्ति (KA mA sak ti) *f.* state of being कामासक्त, lustfulness.

कामिनी (KA mi nee) *f.* charming (lovely) woman, lady with exquisite beauty.

कामिल (KA mil) *adj.* accomplished, expert.

कामी (KA mee) *adj.* libidinous, lustful.

कामुक (KA muk) *adj.* having a strong sexual desire, filled with lust, lustful.

कामुकता (~ tA) *f.* lustfulness.

कामोत्तेजक (KA mot te jak) *adj.* 1. passion arousing, sex-urging, lascivious. 2. pornographic; ~ साहित्य pornography.

कामोद्दीपक (KA mod dee pak) *adj.* exciting sexual instinct, aphrodisiac.

कामोद्दीपन (KA mod dee pan) *m.* excitement of sex-urge.

कामोन्माद (KA mon mAd) *m.* abnormal sexual desire bordering on mania, erotomania.

काम्य (KAmmy) *adj.* covetable, desirable.

काम्यता (~ tA) *f.* covetability, desirability.

काय (KAy) *f.* = काया।

काय-चिकित्सक (~ ci kit sak) *m.* physician.

काय-चिकित्सा (~ ci kit SA) *f.* treatment of bodily ailments.

क़ायदा (KAy dA) *m.* 1. rule. 2. practice. 3. manner; क़ायदे से in proper manner. 4. method.

क़ायदा-क़ानून (~ - KA noon) *m.* rules and regulations.

क़ायम (KA yam) *adj.* established, firm, fixed; ~ करना (i) to fix; (ii) to establish; ~ होना (i) to be firm; (ii) to be established.

कायर (KA yar) *adj.* timid, cowardly; ~ लोग cowardly people.
m. coward.

कायरता (~ tA) *f.* cowardice, timidity.

क़ायल (KA yal) *adj.* 1. fully convinced; ~ करना to convince fully (by argument). 2. unable to answer, unable to meet the opponent's argument; यहाँ तो मैं ~ हूँ I am unable to meet your argu-ment, presentey.

कायस्थ (KA yastha) *m.* a caste among the Hindus.

काया (KA yA) *f.* physical structure, body.

कायाकल्प (~ kalp) *m.* rejuvenation.

कायापलट (~ pa laT) *m.* 1. overhaul, complete change. 2. metamorphosis.

कायिक (KA yik) *adj.* physical, bodily.

कायिकी (KA yi kee) *f.* physiology.

कार (KAr) *suffix.* denoting (i) a doer or maker; as ग्रंथकार author; स्वर्णकार goldsmith; चित्रकार painter; (ii) a sound; चीत्कार loud shriek; (iii) sound of a particular letter. as मकार the letter म् or its sound.

f. motor car; ~ चलाना to drive a car.

कारक (KA rak) *m.* 1. case. (Gram.) 2. agent, factor.

suffix. denoting the producer of a result; as हानिकारक harmful.

कारक-चिह्न (~ cihn) *m.* case ending.

कारकुन (KAr kun) *m.* = कारिंदा।

कारख़ाना (~ KhA nA) *m.* 1. factory, works. 2. workshop.

कारख़ानेदार (~ KhA ne dAr) *m.* owner of a factory, mill-owner.

कारगर (~ gar) *adj.* effective, effectual.

कारगुज़ारी (~ gu ZA ree) *f.* 1. achievement, performance, accomplishment. 2. misdeed.

कारचोब (~ cob) *m.* embroiderer.

कारचोबी (~ co bee) *f.* embroidery.

कारज (KA raj) *m.* = काज (work).

कारटून (KAr TOON) *m.* cartoon.[H. E. व्यंग्यचित्र]

कारण (KA raN) *m.* 1. cause, reason, means. 2. motive, purpose.

कारण, के (ke KA raN) *postposition.* because of, on account of; वह पीड़ा के कारण बैठ गया He sat down because of pain.

कारणता (~ tA) *f.* causation.

कारणवश (~ vash) *adv.* due to (a certain) cause. महान संकट उसकी मूर्खता के कारण हुआ Disaster happened due to his folly.

कारणात्मक (KA ra NAt mak) *adj.* causal.

कारतूस (~ toos) *m.* cartridge; ~ भरना to fill with cartridges, to put in cartridges, to load with cartridges.

कारन (KA ran) *m.* = कारण।

कारनामा (KAr nA mA) *m.* 1. deed. 2. feat. 3. (plu.) doings (usu. pej.).

कारनिस (~ nis) *f.* cornice.

कारबन (~ ban) *m.* = कार्बन।

कारबार (~ bAr) *m.* = कारोबार।

कारबारी (~ bA ree) *adj.* = कारोबारी।

काररवाई (~ ra VA ee) *f.* = कार्रवाई।

कारवाँ (~ VÃ) *m.* caravan.

कारसाज़ (~ SAZ) *adj.* skilful, adroit, dextrous.

कारसाज़ी (~ SA zee) *f.* 1. skilfulness, adroitness. 2. trickery.

कारस्तानी (KA ras tA nee) *f.* misdeed, usually clandestine.

कारा (KA rA) *f.* prison, jail.

कारागार (~ gAr) *m.* = कारा।

कारागारिक (~ gA rik) *adj.* pertaining to jail.

कारागृह (~ grih) *m.* prison, cell.

कारापाल (~ pAl) *m.* jailor.

कारावास (~ VAS) *m.* 1. imprisonment. 2. prison, jail.

कारावासी (~ VA see) *adj. & m.* prisoner.

कारिंदा (KA rin dA) *m.* work-agent.

कारिस्तानी (KA ris tA nee) *f.* = कारस्तानी।

कारी (KA ree) *suffix.* denoting a doer or the doing of an act; गुणकारी beneficial; चित्रकारी painting.

कारीगर (~ gar) *m.* 1. artisan, craftsman. 2. mason.

कारीगरी (~ ga ree) *f.* craftsmanship, workmanship.

कारुणिक (KA ru Nik) *adj.* heart-breaking, distressing, pathetic.

कारुण्य (KA runny) *m.* compassion.

क़ारूँ (KA rõo) *m.* 1. Croesus, a fabulously rich king of Asia Minor of 6th century B.C. 2. a very rich man.

क़ारूँ का ख़जाना (~ KA Kha ZA nA) *m.* immense riches.

कारोबार (KA ro bAr) *m.* business, trade, calling; ~ करना to trade (in); ~ चलाना to run a business.

कारोबारी (KA ro bA ree) *adj.* carrying on a business.
m. businessman, trader.

कार्ड (KARD) *m.* card. [H. E. पत्रक]

कार्तिक (KAr tik) *m.* eighth lunar month of Hindu calendar.

कार्तिकेय (~ ti key) *m.* elder brother of lord Ganesh.

कार्बन (~ ban) *m.* carbon.

कार्मिक (KAr mik) *adj.* pertaining to कर्म। *m.* personnel.

कार्य (KArry) *m.* 1. work, task, affair; ~ करना to act; गृह ~ (i) domestic chore, household work; (ii) homework. 2. deed, act; पुण्य ~ virtuous deed. 3. the result of an action; यह उन्हीं का ~ है He has done this 4. function; सर्वनाम संज्ञा का ही ~ करता है A pronoun does the work/ function of a noun.

कार्यकर (~ kar) *adj.* useful, effective.

कार्यकर्ता (~ kar tA) *m.* 1. worker, agent, functionary; कई राजनीतिक ~ मारे गए हैं Many political functionaries have been killed. 2. staff; विद्यालय के ~ खुश नहीं The staff of the school are not happy.

कार्य-कारण (~ - KA raN) *m.* cause and effect; ~ न्याय the principle that nothing can happen without being caused, causality.

कार्यकारी (~ KA ree) *adj.* acting (person); ~ अध्यक्ष acting president.

कार्यकाल (~ KAl) *m.* term, duration, tenure; संसद का ~ नियत कर दिया जाना चाहिए The tenure of the Parliament should be fixed.

कार्यकुशल (~ ku shal) *adj.* efficient, competent, well-versed, expert.

कार्यकुशलता (~ ku shal tA) *f.* efficiency, competence, expertness.

कार्यक्रम (~ kram) *m.* 1. programme; उस ~ को सुनने के लिए उसने रेडियो खोला He turned on the radio to hear that programme. 2. routine. 3. plan; उन्होंने अपने भावी कार्यक्रमों पर कुछ प्रकाश नहीं डाला He shed no light on his future plans.

कार्यक्रमण (~ kra maN) *m.* programming.

कार्यक्षम (~ ksham) *adj.* capable, diligent, competent, industrious.

कार्यक्षमता (~ ksham tA) *f.* capability, competence.

कार्यक्षेत्र (~ kshetr) *m.* field, scope.

कार्यदिवस (~ di vas) *m.* workday, working day.

कार्यदूत (~ doot) *m.* charge d' affairs.

कार्यनीति (~ nee ti) *f.* course of action, policy.

कार्यपालिका (~ pA li kA) *f.* the executive, executive body.

कार्य-प्रणाली (~ - pra NA lee) *f.* working procedure, method.

कार्यभार (~ bhAr) *m.* charge.

कार्यभारी (~ bhA ree) *m.* in-charge;~ संपादक editor in-charge.

कार्य-योजना (~ yo ja nA) *f.* working plan, scheme.

कार्यरत (~ rat) *adj.* engaged in work, serving, busy.

कार्यवाहक (~ vA hak) *adj.* acting, offciating.

कार्यविधि (~ vi dhi) *f.* procedure, methodology, method.

कार्य-विवरण (~ - vi va raN) *m.* proceedings.

कार्यशाला (~ - shA lA) *f.* workshop.

कार्य-समिति (~ - sa mi ti) *f.* working committee.

कार्यसिद्धि (~ sid dhi) *f.* fulfilment, accomplishment of object/work.

कार्यसूची (~ soo cee) *f.* agenda.

कार्यस्थगन (~ stha gan) *m.* adjournment; ~ प्रस्ताव adjournment motion.

कार्यस्थल (~ sthal) *m.* work-place.

कार्यहेतु (~ he tu) *m.* cause of action.

कार्याधिकारी (KAr yA dhi KA ree) *m.* man in-charge.

कार्याध्यक्ष (~ yA dhyaksh) *m.* head of a department, superintendent.

कार्यान्वयन (~ yAn nva yan) *m.* implementation, execution.

कार्यान्वित (~ yAn nvit) *adj.* implemented; ~ करना to implement, to execute.

कार्यार्थी (~ yAr thee) *adj. & m.* in the look out for some purpose, seeking some object.

कार्यालय (~ yA lay) *m.* office; उसे ~ से गए कितनी देर हो गई How long has she been out of the office?

कार्यालयीय (~ yA lay eey) *adj.* pertaining to office.

कार्यावली (~ yA va lee) *f.* agenda.

कार्रवाई (~ ra vA ee) *f.* 1. action, proceedings; ~ करना (i) to take action/step; उन्होंने कहा कि दाग़ी क्रिकेट खिलाड़ियों के प्रति जो ~ की जाने को हो उसे तुरंत किया जाना चाहिए He said that whatever action had to be taken against the tainted cricketers should be initiated immediately. (ii) to take/institute proceedings; क़ानूनी ~ legal action/proceedings; बदले की ~ counter measures. 2. operation; सैनिक ~ military operation.

काल (KAl) *m.* 1. era, epoch, period, time; ~ का मारा harassed by time; ~ पाकर in due course of time. 2. tense (gram.). 3. = अकाल।

काल-कवलित (~ - ka va lit) *adj.* swallowed/devoured up by time.

काल-कोठरी (~ - koTh ree) *f.* solitary cell of a prison.

कालक्रम (~ kram) *m.* 1. chronology, chronological order. 2. course of time.

कालक्रमानुसार (~ kra mA nu sAr) *adv.* chronologically.

कालक्रमिक (~ kra mik) *adj.* chronological.

कालक्षेप (~ kshep) *m.* passing time.

कालचक्र (~ chakkr) *m.* wheel of time.

कालजयी (~ ja yee) *adj.* 1. immortal. 2. having everlasting fame.

कालज्ञ (KA laggy) *m.* one who knows time (past, present and future), an astrologer.

कालदोष (~ dosh) *m.* anachronism.

कालम (KA lam) *m.* column. [H. E. स्तंभ]

कालयापन (KAl yA pan) *m.* 1. spending of time. 2. procrastination.

कालर (KA lar) *m.* collar.

कालरात्रि (KAl rAt tri) *f.* night of annihilation, aweful dark night.

काल-विभाजन (~ - vi bhA jan) *m.* 1. periodization. 2. forms of a verb that show time.

कालांतर (KA lAn tar) *m.* interval (of time); ~ में in course of time, after some time.

काला (KA lA) *adj.* 1. black. 2. dark; ~ क़ानून nefarious law; काली करतूत evil deed; काले कारनामे evil deeds; काले को सफ़ेद करना to paint black as white; काले कोसों a long way off; काले दिल का आदमी black-hearted person; मुँह ~ करना (i) to tarnish/blacken (one's own) face; (ii) to get rid of (someone); उसका मुँह काला करो Get rid of him.

काला-कलूटा (~ - ka loo TA) *adj.* dark skinned (connoting ugliness).

काला कौआ (~ kau A) *m.* raven.

काला चोर (~ cor) *m.* 1. vilest of thieves. 2. vilest of men.

काला जीरा (~ jee rA) *m.* black tiny cumin seeds used as flavourings.

कालातीत (~ teet) *adj.* 1. timeless, beyond time. 2. time-barred, lapsed.

काला धन (~ dhan) *m.* black money.

काला नमक (~ na mak) *m.* black salt.

काला नाग (~ nAg) *m.* 1. blackish cobra. 2. venomous villain.

कालापन (~ pan) *m.* blackness.

काला पानी (~ pA nee) *m.* transportation for life; काले पानी भेजना to sentence (someone) to transportation.

काला बाज़ार (~ bA zAr) *m.* black market.

काला भुजंग (~ bhu jang) *adj.* jet-black, terribly/frightfully black.
m. = काला नाग।

कालावधि (kA lA va dhi) *f.* period, duration.

काला-सफ़ेद (~ sa Fed) *adj.* black and white.

कालिक (kA lik) *adj.* periodic, periodical. *suffix.* relating to a period; अल्पकालिक lasting only for a short time, short-lived; दीर्घकालिक long-lived.

कालिका (kA li kA) *f.* = काली, चंडी।

कालिख (kA likh) *f.* stain, spot, slur, blackness; मुँह पर ~ पोतना/लगाना (i) to blacken (someone's) face, (ii) to tarnish (someone's) image/face.

कालिमा (kA li mA) *f.* blackness.

काली (kA lee) *f.* 1. goddess Durga. 2. black ink.

काली खाँसी (~ khÃ see) *f.* whooping cough.

कालीन (kA leen) *suffix.* denoting period of time, as मध्यकालीन pertaining to the medieval period.

क़ालीन (KA leen) *m.* carpet.

काली मिर्च (kA lee mirc) *f.* black pepper.

काली सूची (~ soo cee) *f.* black list.

कालेज (kA lej) *m.* college.[H. E.महाविद्यालय]

कालोचित (kA lo cit) *adj.* timely, opportune, suitable.

कालौंछ, कालौंस (kA lãuch, kA lãus) *f.* blackness.

काल्पनिक (kAl pa nik) *adj.* 1. imaginary, fanciful, 2. not real, fictitious.

कावा (kA vA) *m.* lounging of a horse; ~ काटना (i) to move round and round; (ii) to bypass.

काव्य (kAvvy) *m.* poetry.

काव्यत्व (kAv vyattv) *m.* 1. quality of being poetic. 2. graceful quality.

काव्यपाठ (kAvvy pAth) *m.* recitation of poetic compositions.

काव्यमय (~ may) *adj.* charged with poetry, steeped in poetry, poetical.

काव्यशास्त्र (kAvvy shAstr) *m.* poetics.

काव्यात्मक (kAv vyAt mak) *adj.* poetical, breathing the very spirit of poetry.

काव्यात्मकता (~ tA) *f.* quality of being poetic.

काश (kAsh) *interj.* oh, alas!

काशीफल (kA shee phal) *m.* squash gourd.

काश्त (kAsht) *f.* farming.

काश्तकार (~ kAr) *m.* farmer, peasant, agriculturist; शिकमी ~ subtenant (of a holding).

काश्तकारी (~ kA ree) *f.* agriculture, farming.

काषाय (kA shAy) *adj.* of ochrish hue, brownish red.

काष्ठ (kAshTh) *m.* 1. wood. 2. timber.

काष्ठ-उद्योग (~ - ud dyog) *m.* wood/timber industry.

काष्ठ-कला (~ - ka lA) *f.* woodcraft.

कासनी (kAs nee) *adj.* violet.

कासमिक (~ mik) *adj.* cosmic. (H.E. ब्रह्मांडीय)

काहिल (kA hil) *adj.* 1. sluggish, indisposed to exertion. 2. slow-moving, lazy, slothful, idle, lethargic.

काहिली (kA hi lee) *f.* act or state of being काहिल।

काही (KA hee) *adj.* blackish green.

काहू (KA hoo) *pron.* anyone, who-so-ever.

काहे (KA he) *adv.* see क्यों (why); ~ को what for?

किंकर (kiṅ kar) *m.* servant, lackey.

किंकर्तव्य-विमूढ़ (~ tavvy-vi mooRh) *adj.* not knowing what to do or say, at one's wits' end.

किंकिणी (kiṅ ki Nee) *f.* small bell.

किंगिरी (~ gi ree) *f.* a small stringed instrument.

किंचित (~ cit) *adj:* a little, some.

किंतु (~ tu) *conj.* but, however.

किंवदंती (kim va dan tee) *f.* hearsay, rumour.

किंवा (~ VA) *conj.* or, otherwise.

कि (ki) *conj.* 1. that, for, since. 2. at that very time; तुम हटे ~ चीज़ गई The moment you leave, the thing will be gone. 3. or; तुम पूरब जाओगे ~ पश्चिम Will you go East or West?

किचकिच (kic kic) *f.* squabble, quarrel.

किचकिचाना (~ ki CA nA) *vi.* to gnash/grit one's teeth.

किचपिच (kic pic) *f. & adj.* = गिचपिच।

किटकिटाना (kiT ki TA nA) *vi.* to gnash teeth (in rage):

कितना (kit nA) *adj.* 1. how? यह रेडियो ~ पुराना है How old is this radio? तुम कितने लंबे हो ? How tall are you? 2. how much? तुम्हें ~ समय लगेगा How much time will you take? ~ समय हुआ What time is it? ~ भी however much! 3. how many? कितने दिन how many days? कितनी दूर how far? यहाँ से दिल्ली कितनी दूर है How far is Delhi from here? कितनी बार how many times? कितने भी ever so many! *pron.* how many people? उनमें से कितनों ने आने की तकलीफ़ की How many of them bothered to come? *m.* how much money? कितने का How much? यह क़लम कितने की है How much does this pen costs?

क़िता (KI tA) *m.* unit (usu. immovable property); कै ~ मकान How many units of houses? क़िते का मकान well-designed house.

किताब (ki tAb) *f.* book; ~ खोलना to open the book; ~ चाट जाना to peruse a book thoroughly. (pej.)

किताब-घर (~ - ghar) *m.* book-house, book- shop.

किताबी (ki tA bee) *adj.* bookish.

किताबी कीड़ा (~ kee RA) *m.* one who is utmost fond of reading, book-worm.

किधर (ki dhar) *adv.* in what direction, wherefore, whither?

किन (kin) *pron.* (*plu.* of कौन); ~ को to whom, to which persons?

किनारा (ki nA rA) *m.* 1. bank, shore. 2. border, brim. 3. edge; ~ करना to keep aloof; ~ खींचना to break off, to withdraw; किनारे करना to set (something) aside; किनारे-किनारे alongside; किनारे न जाना refrain from going anywhere near; किनारे लगना to reach the destination/goal; किनारे लगाना to bring to a (successful) conclusion; किनारे हो जाना to step aside.

किनाराकशी (~ ka shee) *f.* keeping aloof.

किनारी (ki nA ree) *f.* hem, border.

किनारीदार (~ dAr) *adj.* bordered.

किन्नर (kin nar) *m.* eunuch; सामान्य व्यक्ति के हितों के रक्षार्थ जल्दी ही किन्नरों का राष्ट्रीय दल बनाया जाएगा TheNational Party of the eunuchs is likely to be formed shortly to serve the interest of the common man.

किन्हें (ki nhe) *pron.* whom (pl.)?

किफ़ायत (ki FA yat) *f.* economy, frugality, thrift; ~ करना to economise, to observe thrift; ~ से economically, thriftily.

किफ़ायतशार (~ shAr) *adj.* thrifty, economical, parsimonious.

किफ़ायतशारी (~ shA ree) *f.* extreme care in spending, thriftiness, parsimony.

किफ़ायती (ki fA ya tee) *adj.* economical, thrifty; ~ श्रेणी economy class.

क़िबला (Kib lA) *m.* 1. Mecca, the holy city of Muslims. 2. object of veneration.

किम् (kim) *adv.* what, which?

किमख़ाब (~ KhAb) *m.* brocade.

क़िमाम (Ki mAm) *m.* a semi-juicy savoury perparation of pulverised tobacco leaves.

किया (ki yA) *vt.* past tense of करना।

m. deed, work done; अपना ~ पाना to reap what one has sown; किए पर पछताना to repent for one's deeds.

किया-कराया (~ - ka rA yA) *m.* the work done, achievement(s); किए-कराए पर पानी फेरना/फेर देना to impair or make ineffective.

किरंटा (ki raN TA) *m.* Christian. (pej.)

किरकिरा (kir ki rA) *adj.* sandy, gritty; मज़ा ~ हो जाना spoiling of fun/pleasure.

किरकिराना (~ nA) *vi.* to grate.

किरकिराहट (~ haT) *f.* grating sound.

किरकिरी (kir ki ree) *f.* 1. particle of dust. 2. disrespect, dishonour; ~ होना/हो जाना to feel ashamed.

किरकिला (~ ki lA) *m.* king-fisher.

किरच (ki rac) *f.* 1. bayonet. 2. pointed bit.

किरचा (kir cA) *m.* splinter.

किरण (ki raN) *f.* ray, beam; ~ फूटना break of dawn.

किरन (ki ran) *f.* = किरण।

किरमिच (kir mic) *m.* canvas; ~ का जूता canvas shoe.

किरमिज (~ mij) *m.* crimson.

किरमिजी (~ mi jee) *adj.* crimson.

किराएदार (ki rA e dAr) *m.* tenant.

किराएदारी (~ dA ree) *f.* tenancy.

किराएनामा (~ nA mA) *m.* rent deed.

किराना (ki rA nA) *m.* grocery; किराने की दुकान grocery shop.

किरानी (ki rA nee) *m.* clerk.

किराया (ki rA yA) *m.* 1. rent, rental; आज मुझे घर का ~ देना है I have got to pay my house rent today. 2. fare, hire; किराए का आदमी mercenary fellow; किराए का टट्टू mercenary, hack; किराए की गाड़ी hackney carriage; किराए पर उठाना/देना (i) to rent; (ii) to let out on hire, out; किराए पर चलाना to hire किराए पर देने योग्य rentable; किराए पर लेना to take on hire.

किरासन (ki rA san) *m.* kerosene oil.

किरिच (ki ric) *f.* bayonet.

किरीट (ki reeT) *m.* crest, diadem, coronet; ~ धारी king.

किलकना (ki lak nA) *vi.* to shout with/for sheer joy.

किलकार (kil kAr) *m.* = किलकारी।

किलकारना (~ nA) *vi.* to screech with joy.

किलकारी (kil kA ree) *f.* joyous screech; ~ भरना/मारना to screech with intense joy.

किलकिला (~ ki lA) *m.* king-fisher.

किलकिलाना (~ ki lA nA) *vi.* = किलकारना।

किलनी (~ nee) *f.* tick.

क़िला (Ki lA) *m.* fort; ~ जीत लेना to achieve a triumph; ~ टूटना/टूट जाना fall of a fort (game of chess); ~ बाँधना to build fortification around (game of chess); हवाई क़िले बनाना to build castles in the air.

क़िलेदार (Ki le dAr) *m.* commander of a fort.

क़िलेबंदी (~ ban dee) *f.* fortification; ~ करना to fortify.

किलो (ki lo) *m.* kilogram.

किलोमीटर (~ mee TAR) *m.* kilometer.

किलोल (ki lol) *f.* frolicking; किलोलें करना to frolic for joy.

किलोवाट (ki lo WAT) *m.* kilowatt.

क़िल्लत (KIL lat) *f.* want, scarcity, shortage, paucity.

किल्ली (~ lee) *f.* peg, wedge; ~ गाड़कर बैठना to become adamant.

किवाड़ (ki VAR) *m.* door.

किशमिश (kish mish) *f.* raisin, dried grape.

किशमिशी (~ mi shee) *adj.* 1. mixed with raisins. 2. made from raisins; ~ शराब raisinous wine. 3. of the colour of raisin.

किशोर (ki shor) *adj.* adolescent, young, youthful, juvenile.
m. youth (in his teens). [Fem. किशोरी]

किशोरी (ki sho ree) *f.* 1. young girl, teen-ager; स्कूल से एक ~ का अपहरण कर लिया गया A girl in her teens was abducted from her school. 2. belle, beautiful damsel.

किश्त (kisht) *f.* 1. check; ~ देना to check (in chess). 2. = क़िस्त।

किश्ती (kish tee) *f.* boat.

किस (kis) *pron.* 1. who? तुमने ~ के साथ नृत्य किया Who did you dance with? तुम ~ से मिले Whom did you meet? ~ का whose? 2. which, what? तुम ~ खेत की मूली हो What is your worth? I don't care a hang for you. तुम ~ गिनती में हो What do you count for? ~ चिड़िया का नाम है Who, the hell, is that? Does he at all count? ~ का whose? यह ~ का विचार था Whose idea was it? ~ तरह/प्रकार how? ~ तरह/प्रकार का of what kind; तुम ~ मुँह से कहते हो You have the cheek/face to say so! ~ लिए why? ~ समय at what time? when? ~ से whom? तुम ~ से बातें कर रहे थे With whom were you talking?

किसलय (kis lay) *m.* sprout, tender shoot.

किसान (ki SAN) *m.* peasant, farmer; ~ वर्ग peasantry.

किसानी (ki SA nee) *f.* husbandry; ~ करना to farm, to grow crops.

किसी (ki see) *pron.* inflectional form of कोई, anyone; अब हम ~ की नहीं सुनेंगे But now we won't listen to anyone. न मैं ~ का मित्र हूँ और न शत्रु I am no one's friend nor anyone's enemy. ~ दिन any day; ~ काम से for some work; ~ तरह/प्रकार somehow; यह काम उसने ~ तरह करा ही लिया Somehow he got this work done. ~ न किसी तरह/प्रकार somehow or the other; ~ तरह/प्रकार नहीं in no way, under no circumstances; ~ भी any; मुशर्रफ़ कश्मीर के सिवा ~ भी विषय पर बात करने के लिए तैयार नहीं थे Musharraf was not ready to discuss anything except Kashmir. ~ भी समय at any time; ~ समय once upon a time.

किसे (ki se) *pron.* whom, to whom?

क़िस्त (KIST) *f.* instalment; माहवारी ~ monthly instalment; क़िस्तें बाँधना to fix instal-ments; क़िस्तों में in instalments.

क़िस्तबंदी (~ ban dee) *f.* fixation of instalments.

क़िस्तवार (~ VAR) *adv.* by or in instalments.

क़िस्म (KISM) *f.* kind, sort, variety, type, species; ~ क़िस्म की बातें variety of topics; ~ क़िस्म के लोग men of all manners; ऊँची ~ का high-quality.

क़िस्मत (KIS mat) *f.* luck, fate, fortune; ~ आज़माना to try luck; ~ का खेल trick of destiny; ~ का चक्कर irony of fate; ~ का धनी very fortunate; ~ का फेर irony of fate; ~ का बदा/लिखा ordained by destiny; ~ का हेठा struck down by misfortune; ~ की बात matter of fortune; ~ खुलना/चमकना/जागना advent of good luck; ~ पलटना/पलट जाना change of fate for the better; ~ फिरना = क़िस्मत पलटना; ~ फूटना—उसकी क़िस्मत फूट गई His luck was out. ~ लड़ना—उसकी क़िस्मत लड़ गई His luck was in. ~ लड़ाना to try (one's) luck; ~ सो जाना—उसकी क़िस्मत सो गई His luck was out.

क़िस्मतवर (~ var) *adj.* lucky, fortunate.

क़िस्मतवाला (~ VA lA) *adj.* lucky, fortunate.

क़िस्सा (KIS SA) *m.* story; ~ खड़ा करना to create a problem; ~ ख़त्म होना closing of a chapter; ~ गढ़ना to concoct a story.

क़िस्सा-कहानी (~ - ka hA nee) *f.* fictitious story.

क़िस्सा-कोताह (~ - ko tAh) *adv.* in short.

की (kee) *postposition.* fem. form of का। *vt.* fem. form of किया (past tense of *vi.* करना)।

कीकर (kee kar) *m.* acacia tree.

कीच (keech) *m.* see कीचड़।

कीचड़ (kee caR) *m.* mud, slime, mire; ~ उछालना mud-slinging; ~ फेंकना to sling/fling mud; ~ में फँसना/फँस जाना to be caught up in a morass.

कीजिए (kee ji e) honorific imperative of *vt.* करना, please do.

कीट (keeT) *m.* insect, worm.

कीटनाशक (~ nA shak) *adj.* insecticidal. *m.* insecticide.

कीट-पतंग (~ - pa taṅg) *m.* (plu.) insects and moths.

कीटभक्षी (~ bhak shee) *adj.* insectivorous.

कीटभोजी (~ bho jee) *adj.* insectivorous.

कीटविज्ञान (~ vig gyAn) *m.* entomology.

कीटाणु (kee TA NU) *m.* germ, bacillus.

कीटाणुनाशक (~ nA shak) *adj.* germicide.

कीड़ा (kee RA) *m.* 1. worm.[Fem. कीड़ी]; कीड़े पड़ना to be infested with worms/pests; उसके कीड़े पड़ें May he suffer ruefully for his black deeds. कीड़े लगना to be eaten by worms; किताबी ~ a person devoted to reading, book worm; रेशम का ~ silkworm.

कीड़ी (~ Ree) *f.* worm.

कीड़े-मकोड़े (~ Re - ma ko Re) *m.* (plu.) insects.

कीननां (keen nA) *vt.* to buy/purchase.

कीना (kee nA) *m.* envy, malice; ~ रखना to nurse a malice.

कीप (keep) *f.* funnel.

क़ीमत (Kee mat) *f.* price, cost, value, worth; ~ आँकना to estimate the price; ~ गिरना/गिर जाना reduction in price; ~ घटना = क़ीमत गिरना; ~ चढ़ना/बढ़ना hike/increase in price; ~ चुकाना (i) to pay off; (ii) to pay the price; ~ देना = क़ीमत चुकाना; किसी ~ पर at any cost; किसी भी ~ पर at any cost whatsoever; हर ~ पर at all costs; इससे हर ~ पर बचना चाहिए This must be avoi-ded at all costs.

क़ीमती (Keem tee) *adj.* 1. costly, expensive. 2. valuable, precious.

क़ीमा (Kee mA) *m.* hash; ~ करना to hash.

कीमिया (kee mi yA) *m.* alchemy, chemistry.

कीर (keer) *m.* 1. parrot. 2. fowler.

कीर्तन (~ tan) *m.* congregational singing (in praise of the Lord).

कीर्तनकार (~ tan kAr) *m.* performer of कीर्तन।

कीर्ति (keer ti) *f.* fame, renown, repute, glory; ~ अर्जित करना to earn a reputation; ~ फैलना spreading of reputation; ~ फैलाना to spread reputation; ~ होना to be glorified.

कीर्तिगान (~ gAn) *m.* glorification.

कीर्तिमान (~ mAN) *m.* record; ~ तोड़ना to breack record; ~ स्थापित करना to establish a record.

कीर्ति-स्तंभ (~ - stambh) *m.*; monument.

कील (keel) *m.* 1. nail. 2. a nail-like ornament worn by women in the nose, nose-pin. 3. core of a boil.

कीलक (kee lak) *m.* pivot.

कील-काँटा (keel - KÃ TA) *m.* कील-काँटे से दुरुस्त/लैस (i) fitted with equipments requisite for accomplishing some object; (ii) in full attire.

कीलना (keel nA) *vt.* 1. to drive a nail (into). 2. to shut up (the mouth of a cannon). 3. to stop (the increasing power of somebody). 4. to spellbind, to make spell bound.

कीला (kee lA) *m.* 1. large size nail.[Fem. कीली] 2. = खूँटा।

कीलाक्षर (~ lAk shar) *m.* cuneiform character.

कीली (~ lee) *f.* pivot, axis.

कुँअर (kũ ar) *m.* 1. son, boy. 2. prince.

कुँआँ (~ Ã) *m.* = कुआँ।

कुँआरा (~ A rA) *adj.* unmarried.[Fem. कुँआरी] *m.* bachelor.

कुँआरी (~ A ree) *adj.* unmarried; ~ लड़की unmarried girl; ~ औरत spinster.

कुंचन (kun can) *m.* 1. curling, curvature. 2. contraction.

कुंचित (~ cit) *adj.* curled; ~ केश curled hair.

कुंज (kunj) *m.* grove; आम्र ~ mango-grove.

कुंज-कुटीर (~ - ku Teer) *m.* bower, alcove.

कुंजगली (~ ga lee) *f.* grove lane.

कुँजड़ा (kũj RA) *m.* green-grocer; कुँजड़ों की लड़ाई quarrel over trifles.

कुँजड़िन (kũj Rin) *f.* 1. female green-grocer. 2. wife of a green-grocer; [Fem. of कुँजड़ा]

कुंजर (kun jar) *m.* elephant.

कुंजी (~ jee) *f.* 1. key (of a lock); ~ घुमाना to turn the key (to bring someone round); ~ देना to wind; ~ लगाना—कुंजी लग गई The key fitted. ~ हाथ में होना—उसकी कुंजी मेरे हाथ में है He is under my thumb. 2. a thing that provides access or successs, key. सफलता की ~ key to success. 3. notes on a book.

कुंठा (kuN ThA) *f.* 1. bluntness, dullness, obtuseness. 2. the feeling of being frustrated, frustration.

कुंठाग्रस्त (~ grast) *adj.* in the grip of frustration, frustration-ridden.

कुंठित (kun Thit) *adj.* 1. blunt, obtuse, ~ खड्ग blunt sword. 2. dull; ~ मस्तिष्क dull head. 3. frustrated; ~ करना to discourage or upset (somebody).

कुंड (kuND) *m.* water-hole, pond.

कुंडल (kuN Dal) *m.* 1. ear-ring. 2. coil. 3. halo.

कुंडलाकार (kuND lA kAr) *adj.* circular, round.

कुंडलिनी (kuN Da li nee) *f.* serpent power (Hath Yoga).

कुंडली (kuND lee) *f.* 1. coil; (साँप का) ~ मारकर बैठना to sit in a coil (said of a serpent). 2. horoscope; ~ देखना to consult a horoscope; ~ बनाना to prepare a horoscope; ~ मिलाना to collate horoscopes.

कुंडा (kuN DA) *m.* 1. large earthen bowl. [Fem. कुंडी]; दही का ~ bowl of yogurt. 2. hasp; दरवाज़े का ~ hasp of a door. [Fem. कुंडी]

कुंडी (~ Dee) *f.* small hasp, door-chain; ~ खटखटाना to knock the door, to rattle the chain; ~ खोलना to open the bolt; ~ देना/बंद करना/लगाना to bolt the door.

कुंतल (kun tal) *m.* 1. hair of the head. 2. = क्विंटल।

कुंद (kund) *adj.* 1. blunt, obtuse. 2. dull-headed.

कुंदन (kun dan) *adj.* pure, sparkling.
m. very fine and pure gold, purified and glittering gold.

कुंदरू (kun da roo) *m.* a green vegetable. (Indian)

कुंदा (kun dA) *m.* block of wood, log; बंदूक़ का ~ butt of a gun.

कुंदी (kun dee) *f.* the act of calendering cloth.

कुंभ (kumbh) *m.* 1. pitcher. 2. religious congregation of the Hindus (usu. on the banks of some holy river) held when the sun enters the Aquarious constellation. 3. fete, fair; क्रिकेट का कुंभ an occasion of cricket World Cup.

कुंभकार (~ kAr) *m.* potter.

कुँवर (kũ war) *m.* prince.

कुँवरी (~ wa ree) *f.* princess.

कुँवारा (~ WA rA) *adj.* unmarried, bachelor.

कुँवारापन (~ pan) *m.* bachelorhood, virginity.

कुँवारी (kũ WA ree) *adj.* unmarried (woman).

कु (ku) *pref.* bad; ~ समय bad times.

कुआँ (kuÃ) *m.* well; कुएँ का मेडक frog in the well (denoting self-complacent ignorance); कुएँ झाँकना to search at many a place; कुएँ में धकेलना to push (someone) into a ditch, as it were (and thus bring him to grief); कुएँ में बाँस डालना to search exhaustively; कुएँ में भाँग पड़ना—क्या कुएँ में भाँग पड़ी है Has everybody around bid goodbye to reason? कुएँ से प्यासा लौटना to return tantalised; तेल का कुआँ oil well.

कुआर (ku Ar) *m.* seventh month of the Hindu calendar.

कुआरा (ku A rA) *adj.* = कुँआरा।

कुईं (ku ẽẽ) water-lily.

कुकर्म (ku karm) *m.* evil/wicked deed.

कुकर्मी (ku kar mee) *adj. & m.* one given to bad/evil deeds, nefarious.

कुकुर (ku kur) *m.* dog.

कुकुरखाँसी (~ khÃ see) *f.* whooping cough.

कुकुरमुत्ता (~ mut tA) *m.* fungus, mushroom.

कुकृत्य (ku kritty) *m.* = कुकर्म, evil/wicked deed; wickedness.

कुक्कुट (kuk kuT) *m.* cock.

कुक्कुटपालन (~ pA lan) *m.* poultry farming.

कुक्ष (kuksh) *m.* stomach, belly.

कुक्षि (kuk shi) *f.* 1. womb. 2. lap.

कुख्यात (ku khyAt) *adj.* ill-famed, disreputed, notorious; भ्रष्टाचार के लिए ~ notorious for corruption.

कुख्याति (ku khyA ti) *f.* infamy, disrepute.

कुघात (ku ghAt) *m.* blow struck the wrong way; ~ करना to strike the wrong way.

कुच (kuc) *m.* breast of a woman, female breast.

कुचक्र (ku cakkr) *m.* intrigue, sinister plot, conspiracy; ~ करना/रचना to plot.

कुचक्री (ku cak kree) *adj.* intriguing.
m. conspirator, plotter.

कुचलना (ku cal nA) *vt.* 1. to trample (over). 2. to crush; सिर ~ to crush completely; कुचल देना (i) to ruin; (ii) to vanquish.

कुचला (kuc lA) *m.* nux vomica.

कुचाल (ku cAl) *f.* malicious, obnoxious or evil move.

कुचालक (ku cA lak) *m.* bad conductor.

कुचाली (ku cA lee) *adj.* wicked, roguish.

कुचेष्टा (ku cesh TA) *f.* 1. wrongdoing, misdeed. 2. evil intention.

कुचैला (ku cai lA) *adj.* मैला-~ very dirty, dirty all round.

कुछ (kuch) *adj.* 1. some, any; ~ पता है कि समय क्या हो गया है Do you have any idea of the time? मैं ~ मित्रों को पत्र अवश्य

लिखता हूँ I do write letters to some of my friends. ~ ही वर्षों में in a few years. 2. a little, partly, rather; यह लड़का ~ होशियार है This boy is a bit too clever. मैं इस संबंध में ~ नहीं जानता I do not know anything about this. ~ अधिक a little over; डाकघर यहाँ से दो किलोमीटर से ~ अधिक है the post office is a little over two kilometers from here. ~ कुछ somewhat. *pron.* something, anything; ~ एक a few; ~ ऐसा somewhat like this; ~ कर देना to practise black magic (on someone); ~ कर बैठना to take a woeful step; ~ कह बैठना (i) to say something unpleasant; (ii) to say something unnecessary; ~ का कुछ something different; ~ का कुछ समझ लेना to take (something) amiss; ~ - कुछ a little, somewhat, rather, to some extent; ~ देर के लिए for a while; आइए ~ देर के लिए टीवी देख लें Let as watch television for a while. ~ न कुछ something or the other; ~ न गिनना/समझना to count (someone) as totally insignificant; ~ न चलना—वहाँ उसकी कुछ नहीं चलती There he has no go (in the matter). ~ न पूछिए It beggars/defies description. ~ न सूझना to be at a loss; ~ नहीं nothing; अब मुझे ~ नहीं कहना I have now nothing to say. मैंने ~ नहीं किया I did not do anythig. उसे ~ नहीं हुआ है There is nothing wrong with him. ~ पल्ले न पड़ना to get nothing (out of); ~ भी anything; मैं ~ भी खा लूँगा I will eat anything. ~ भी नहीं nothing at all; उसने मुझे ~ भी नहीं लिखा He wrote nothing to me. ~ भी हो come what may; ~ भी हो मैं इस जनतांत्रिक प्रक्रिया को जारी रखूँगा I will go ahead with this democratic process come what may. ~ ही— ~ ही मिनटों में It is a matter of few minutes; ~ ही समय के लिए for only a short length of time; ~ होकर रहेगा something unusual is bound to happen; ~ हो जाना happening/occurrence of some-thing untoward; अपने आप को ~ समझना/लगाना to be vainglorious, to put on airs; चाहे ~ हो Come what may...!

कुजाति (ku jA ti) *f.* low caste/breed. *m.* one put out of caste, out-caste.

कुटका (kuT KA) *m.* fragment.

कुटकी (~ kee) *f.* 1. a medicinal plant. 2. dog-fly or caftle-fly.

कुटना (~ nA) *m.* procurer, go-between. [Fem. कुटनी]

कुटनी (~ nee) *f.* procuress, bawd.

कुटाई (ku Ta ee) *f.* pounding or charges paid therefor.

कुटिया (ku Ti yA) *f.* hutment.

कुटिल (ku Til) *adj.* 1. curved, crooked, mischievous. 2. malicious.

कुटिलता (~ tA) *f.* 1. crookedness. 2. malice, nefariousness.

कुटी (ku Tee) *f.* 1. hut. 2. = कुट्टी।

कुटीर (ku Teer) *f.* 1. hut. 2. cottage.

कुटीर उद्योग (~ ud dyog) *m.* cottage industry.

कुटुंब (ku Tumb) *m.* 1. kinsfolk, spl. family including near relatives. 2. household.

कुटुंबी (ku Tum bee) *m.* a person who is related to another, kinsman, relative.

कुटू (ku too) *n.* buck wheat.

कुटेव (ku Tev) *f.* evil habit, addiction.

कुटौनी (ku Tau nee) *f.* 1. pounding of corn. 2. charges paid for the same.

कुटौनी-पिसौनी (~ - pi sau nee) *f.* pounding and grinding.

कुट्टनी (kuT Ta nee) *f.* = कुटनी।

कुट्टी (~ Tee) *f.* chopped fodder.

कुठला (kuTh lA) *m.* large earthen pot for storing grain/corn.

कुठाँव (ku thÃw) *m.* wrong spot; ~ मारना to strike at the wrong spot.

कुठार (ku ThAr) *m.* hatchet, axe; ~ चलाना to strike with an axe.

कुठाराघात (ku ThA rA ghat) *m.* 1. a hard hit given with an axe. 2. a violent blow.

कुठौर (ku Thaur) *m.* = कुठाँव।

कुड़क (ku Rak) *f.* मुर्गी कुड़क गई है The hen has ceased to lay eggs.

कुड़की (kuR kee) *f.* = कुर्की।

कुड़कुड़ाना (~ ku RA nA) *vi.* 1. clucking (of a hen). 2. to grudge/grumble.

कुड़बुड़ाना (~ bu rA nA) *vi.* to prattle for pain or sorrow, murmur.

कुढंग (ku Dhaṅg) *m.* wrong method or evil way.

कुढंगा (ku Dhaṅ gA) *adj.* 1. mannerless, unmannerly. 2. ugly, clumsy.

कुढ़न (ku Rhan) *f.* 1. envy, jealousy. 2. fretting, animosity.

कुढ़ना (kuRh nA) *vi.* 1. to be envious/jealous. 2. to fret (usu. due to envy or jealousy); कुढ़-कुढ़कर मरना to fret to death; वह तो कुढ़ता ही रहता है He always frets and fumes.

कुढ़ाना (ku RhA nA) *vt.* to cause to fret or repine, to vex.

कुतरन (kut ran) *f.* bits gnawed by birds, mice and the like.

कुतरना (ku tar nA) *vt.* to gnaw, to cut with the teeth, to nibble; कुतरा हुआ chopped.

कुतर्क (ku tark) *m.* illogical or unreasonable argument.

कुतर्की (ku tar kee) *m.* one given to illogical/wrong mode of reasoning.

कुतिया (ku ti yA) *f.* 1. bitch. 2. an abusive term for a woman (likening her to a bitch).

कुतुब (ku tub) *f.* plu. of fem. किताब।

क़ुतुब (Ku tub) *m.* pole star.

कुतुबख़ाना (~ KhA nA) *m.* 1. bookshop. 2. library.

क़ुतुबनुमा (~ nu mA) *m.* compass.

कुतुबफ़रोश (ku tub Fa rosh) *m.* bookseller.

कुतूहल (ku too hal) *m.* inquisitiveness, curiosity, amazement.

कुतूहलपूर्ण (~ pooRN) *adj.* curious, inquisitive, astonishing.

कुतूहलवश (~ vash) *adv.* curiously, out of curiosity.

कुतूहली (ku too ha lee) *adj.* inquisitive (person).

कुत्ता (kut tA) *m.* dog; कुत्ते की दुम an obdurate/inflexible person; कुत्ते की मौत मरना to have a miserable death; कुत्ते घसीटी filthy work (of a low order).

कुत्ती (~ tee) *f.* = कुतिया।

कुत्सित (~ sit) *adj.* despicable, contemptible, vile, disgusting.

कुदकड़ा (ku dak Ra) *m.* frisk, gambol.

कुदकना (ku dak nA) *vi.* to hop, to frisk about, to gambol about.

कुदक्का (ku dak kA) *m.* gambol, frisk.

क़ुदरत (Kud rat) *f.* nature; ~ का खेल play of nature; ~ का तमाशा panorama of nature.

क़ुदरती (~ ra tee) *adj.* 1. natural. 2. divine. 3. inborn.

कुदाँव (ku dÃw) *m.* treacherous/deceitful move.

कुदान (ku dAn) *f.* 1. act of jumping;~ भरना to take a jump. 2. distance traversed in one jump.

कुदाना (ku dA nA) *vt.* to cause to jump or leap.

कुदाल (ku dAl) *f.* a tool used for breaking up the hard soil, hoe, pick.

कुदाली (ku dA lee) *f.* small hoe.

कुदिन (ku din) *m.* 1. evil day. 2. bad time.

कुदृष्टि (ku drish Ti) *f.* 1. malicious look; ~ लगना to fall a victim to a sinister eye. 2. leering look, lustful glance; ~ डालना to leer.

कुधातु (ku dhA tu) *f.* 1. bad metal. 2. iron.

कुनकुना (kun ku nA) *adj.* tepid, lukewarm.

कुनकुनापन (~ pan) *m.* tepidity, lukewarmth, lukewarmness.

कुनबा (kun bA) *m.* kinsfolk, kith and kin, relatives and members of a family.

कुनबापरस्त (~ pA rast) *m.* nepotist.

कुनबापरस्ती (~ pa ras tee) *f.* nepotism.

कुनबी (kun bee) *m.* a peasant caste.

कुनह (ku nah) *m.* grudge, malice.

कुनाई (ku nA ee) *f.* saw-dust.

कुनैन (ku nain) *f.* quinine.

कुपंथ (ku panth) *m.* = कुपथ।

कुपथ (ku path) *m.* wrong way, evil course.

कुपथगामी (~ gA mee) *adj.* deviated from certain moral standards.

कुपथ्य (ku patthy) *m.* unwholesome/unsavoury diet.

कुपरिणाम (ku pa ṙi NAm) *m.* undesirable/evil result.

कुपात्र (ku pAttr) *m.* unworthy or undeserving, fellow; दान ~ को नहीं देना चाहिए Alms should not be given to the undeserving.

कुपित (ku pit) *adj.* enraged, irate.

कुपुत्र (ku puttr) *m.* unworthy/wicked/unfaithful son.

कुपूत (ku poot) *m.* = कुपुत्र।

कुपूती (ku poo tee) *f.* mother of an unworthy son.

कुपोषण (ku po shaN) *m.* malnutrition.

कुप्पा (kup pA) *m.* big leathern container; ~ होना to become plump; फूलकर ~ होना to become plump for joy; मुँह ~ होना to be swelled with anger.

कुप्पी (~ pee) *f.* small flask.

कुप्रथा (ku pra thA) *f.* evil/ bad custom.

कुप्रबंध (ku pra bandh) *m.* maladministration, mismanagement.

कुप्रभाव (ku pra bhAv) *m.* evil effect, baneful influence.

कुप्रवृत्ति (ku pra vrit ti) *f.* bad tendency/inclination.

कुप्रशासन (ku pra shA san) *m.* maladministration.

कुफल (ku phal) *m.* bad/evil result.

कुबड़ा (kub RA) *adj.* & *m.* hump backed, hunch-backed. [Fem. कुबड़ी]

कुबड़ी (~ Ree) *adj.* &. *f.* hump backed/hunch-backed (woman). [Fem. of कुबड़ा]

कुबुद्धि (ku bud dhi) *adj.* wicked, wile. *m.* wickedness, stupidity.

कुबेर (ku ber) *m.* Mammon; ~ का ख़ज़ाना legendary treasure-house (esp. inexhaustible)

कुब्ज (kubj) *adj.* hunchback, humpback. [Fem. कुब्जा]

कुभाव (ku bhAv) *m.* wrong motive.

कुमंत्रणा (ku man tra NA) *f.* wrong counsel.

कुमंत्रित (ku man trit) *adj.* ill-advised.

कुमक (ku mak) *f.* reinforcement; ~ पहुँचना arrival of reinforcement.

कुमकुम (kum kum) *m.* 1. = केसर। 2. = रोली।

कुमकुमा (~ ku mA) *m.* hollow ball-like toy meant for ornamentation or the like.

कुमति (ku ma ti) *f.* imprudence, indiscretion.

कुमार (ku mAr) *adj.* bachelor. *m.* 1. bachelor. 2. boy. 3. prince. [Fem. कुमारी]

कुमारव्रत (~ vrat) *m.* pledge of celibacy.

कुमारिका (ku mA ri kA) *f.* = कुमारी।

कुमारी (ku mA ree) *adj.* & *f.* maiden, virgin.

कुमार्ग (ku mArg) *m.* bad way, evil course; ~ पर चलना/जाना to adopt an evil course.

कुमार्गी (ku MAr gee) *adj.* & *m.* (one) given to evil ways/manners.

कुमुद (ku mud) *m.* lily (flower).

कुमुदिनी (ku mu di nee) *f.* water-lily, asphodel.

कुमेरु (ku me ru) *m.* South Pole.

कुम्मैत (kum mait) *adj.* of deep colour, bay; आठों गाँठ ~ wily out and out.

कुम्हड़ा (kumh RA) *m.* sweet pumpkin; कुम्हड़े की बतिया weakling.

कुम्हलाना (~ lA nA) *vi.* to fade/wither; चेहरा ~ falling of the face.

कुम्हार (ku mhAr) *m.* potter.

कुम्हारी (ku mhA ree) *f.* 1. female potter. 2. pottery.

कुयश (ku yash) *m.* ill-fame, infamy.

कुरंग (ku raNG) *m.* 1. almond coloured deer. 2. bad colour. 3. ill-omen.

कुरंड (ku raND) *m.* corundum.

कुरकुरा (kur ku rA) *adj.* crisp.

कुरकुरापन (~ pan) *m.* crispness.

कुरता (~ tA) *m.* = कुर्ता।

कुरती (~ tee) *f.* = कुर्ती।

क़ुरबान (Kur bAn) *m.* = क़ुर्बान।

क़ुरबानी (~ bA nee) *f.* = क़ुर्बानी।

कुरसी (kur see) *f.* = कुर्सी।

क़ुरान (Ku rAn) *f.* Quran, the sacred book of Muslims; ~ उठाना to swear by holding the Quran.

कुरीति (ku ree ti) *f.* bad custom, evil practice.

कुरुक्षेत्र (ku ru kshettr) *m.* the field of war where महाभारत was fought.

कुरुचि (ku ru ci) *f.* bad taste.

कुरूप (ku roop) *adj.* ugly, awkward, deformed; वह ~ नहीं She is not ugly.

कुरूपता (~ tA) *f.* ugliness, deformity.

कुरेदना (ku red nA) *vt.* 1. to scratch. 2. to probe (into); कुरेद-कुरेदकर पूछना to go on putting searching questions.

कुरेदनी (ku red nee) *f.* a probe.

क़ुर्क़ (KurK) *adj.* attached, confiscated; ~ करना to attach/confiscate.

क़ुर्क़-अमीन (~ - a meen) *m.* bailiff.

क़ुर्क़ी (Kur Kee) *f.* attachment (of property); ~ आना arrival of a bailiff for attachment (of property).

कुर्ता (kur tA) *m.* a loose outer garment with sleeves, kurta.

कुर्ती (~ tee) *f.* 1. blouse. 2. bodice.

क़ुर्बान (Kur bAn) *adj.* sacrificed; ~ जाना to sacrifice (oneself).

क़ुर्बानी (~ bA nee) *f.* sacrifice.

कुर्सी (kur see) *f.* 1. chair; ~ का जादू spell of authority; ~ का भूखा power-hungry; ~ तोड़ना to idle away one's time (while sitting on a chair of duty); ~ देना to offer a chair as a mark of respect; ~ पर बैठना (i) to be installed on a chair (of authority); (ii) to occupy a chair (of authority); ~ मिलना to be invested with authority;~ सँभालना to safeguard a position of authority. 2. plinth.

कुल (kul) *adj.* all, entire, total, gross; ~ आय total income; ~ जमा (i) sum total; (ii) total deposit; ~ नफ़ा gross profit; ~ मिलाकर (i) on the whole, overall; (ii) in all, all told; ~ योग sum total.

m. family; ~ का नाम डुबोना to tarnish the family image;~ की मर्यादा family tradition (time-honoured); अच्छे ~ वाला of a good/renowned family.

कुलक (ku lak) *m.* set.

कुल-कलंक (kul- ka laṅk) *m.* a shameful person, disgrace to one's family.

कुलकुलाना (~ ku lA nA) *vi.* to show restlessness.

कुलक्षण (ku lak shaN) *m.* inauspicious or bad characteristic.
adj. ill-omened.

कुलक्षणा (ku lak ksha NA) *adj.* (woman) possessing inauspicious characterisitc (s).

कुलक्षणी (ku lak ksha Nee) *adj.* = कुलक्षणा।

कुलगुरु (kul gu ru) *m.* chaplain.

कुलटा (~ Ta) *f.* 1. a woman unfaithful to her husband. 2. unchaste woman.
f. a woman having sexual relationship with more than one person.

कुलतंत्र (~ tantr) *m.* oligarchy.

कुलदेवता (~ dev tA) *m.* family deity.

कुलधर्म (~ dharm) *m.* family tradition.

कुलपति (~ pa ti) *m.* 1. chancellor. 2. vice-chancellor (of a university).

कुल-परंपरा (~ pa ram pa rA) *f.* family tradition.

कुलफ़ा (~ FA) *m.* a leafy vegetable.

कुलफ़ी (~ Fee) *f.* ice-cream frozen in a conical container.

कुलबुल (~ bul) *f.* = कुलबुलाहट।

कुलबुलाना (~ bu lA nA) *vi.* to wriggle, to squirm.

कुलबुलाहट (~ bu lA haT) *f.* wriggling, squirming.

कुल-मर्यादा (~ - mar yA dA) *f.* family tradition (time-honoured).

कुल-वधू (~ - va dhoo) *f.* lady (daughter-in-law) of the house.

कुल-वैर (~ - vair) *m.* a long lasting quarrel between two families, family feud.

कुलांगना (ku lAṅg nA) *f.* = कुलवधू।

कुलांगार (ku lAṅ gAr) *adj.* (one) who ruins one's own family.

कुलाँच (ku lÃc) *f.* long jump, leap, somersault; कुलाँचें भरना/मारना to take long jumps.

कुलाचार (ku lA cAr) *m.* family custom/tradition.

कुलाधिपति (ku lA dhi pa ti) *m.* chancellor (of a university).

क़ुलाबा (Ku lA bA) *m.* hinge, hook, hasp; ज़मीन-आसमान के क़ुलाबे मिलाना to talk of impossible things.

कुलिया (ku li yA) *f.* an offshoot from a canal, a minor canal.

क़ुली (Ku lee) *m.* porter, coolie; ~ - कबाड़ी coolies and labourers.

क़ुलीगीरी (~ gee ree) *f.* vocation of a coolie.

कुलीन (ku leen) *adj.* of noble descent, highborn, blue-blooded.
m. a person of noble birth.

कुलीनतंत्र (~ tantr) *m.* aristocracy.

कुलीनता (~ tA) *f.* 1. the state of being noble. 2. characteristics of a noble gentry.

कुल्या (~ lyA) *f.* = कुलिया।

क़ुल्ला (Kul lA) *m.* cleansing the mouth with water; ~ करना to cleanse the mouth with water.

क़ुल्ला-दातुन (~ - dA tun) *f.* cleansing of the mouth through brushing of the teeth.

क़ुल्ली (Kul lee) *f.* = क़ुल्ला।

कुल्हड़ (~ lhaR) *m.* small earthen bowl.

कुल्हाड़ा (ku lhA RA) *m.* axe; किसी की गरदन पर ~ चलाना to strike someone with an axe. [Fem. कुल्हाड़ी]

कुल्हाड़ी (ku lhA Ree) *f.* hatchet. [Fem. of कुल्हाड़ा]

कुल्हिया (ku lhi yA) *f.* smallish earthen pot.

कुवाँ (ku vÃ) *m.* = कुआँ।

कुवाच्य (ku vAccy) *adj.* improper (words).

कुवासना (ku VAS NA) *f.* filthy desire.

कुविचार (ku vi CAR) *m.* filthy/evil thought.

कुविचारी (ku vi CA ree) *adj.* indiscreet, imprudent.

कुव्यवहार (ku vyav HAr, ku vya va HAr) *m.* ill-treatment, maltreatment.

क़ुव्वत (KUV vat) *f.* physical strength/capacity/ability.

कुश (kush) *m.* a kind of grass.

कुशल (ku shal) *adj.* 1. skilful, skilled, expert, talented. 2. efficient, good at. वह मित्र बनाने में कुशल है He is good at making friends.

m. well-being, safety, welfare; ~ पूछना to enquire about (one's) welfare; ~ होना to be safe and well.

कुशल-क्षेम (~ - kshem) *m.* welfare; ~ पूछना to enquire about (one's) welfare.

कुशलता (~ tA) *f.* 1. skill, dexterity. 2. efficiency. 3. state of being well, well-being.

कुशलतापूर्वक (~ poor vak) *adv.* 1. skilfully. 2. well, in a right way.

कुशल-मंगल (~ - maṅ gal) *m.* welfare; ~ पूछना to enquire about (one's) welfare.

कुशल-समाचार (~ - sa mA CAr) *m.* welfare tidings.

कुशा (ku shA) *f.* = कुश।

कुशाग्रबुद्धि (ku shAggr bud dhi) *adj.* 1. quick to understand, perspicacious. 2. having a keen intellect, versatile, genius.

कुशासन (ku shA san) *m.* 1. a mat made of कुश. [S. कुश+आसन] 2. bad government, maladministration. [S. कु+शासन]

कुश्तमकुश्ता (kush tam kush tA) *m.* intermingling of two persons in wrestling, interlocking duel.

कुश्ता (~ tA) *m.* metal oxide used as tonic.

कुश्ती (~ tee) *f.* 1. wrestling. 2. wrestling bout;~ मारना to win a wrestling bout; ~ लड़ना to partake in a wrestling bout; ~ लड़ाना to train in wrestling.

कुश्तीबाज़ (~ BAZ) *m.* wrestler.

कुष्ट (kushT) *m.* leprosy.

कुष्टालय (kush TA lay) *m.* leper asylum.

कुष्टी (~ Tee) m. leper.

कुष्ठ (kushTh) *m.* = कुष्ट।

कुसंग (ku saṅg) *m.* bad company; ~ में पड़ना to fall in bad company.

कुसंगति (ku saṅ ga ti) *f.* bad company.

कुसंस्कार (ku sans KAr) *m.* evil tradition, bad trait.

कुसगुन (ku sa gun) *m.* ill-omen.

कुसमय (ku sa may) *m.* bad times, unfavourable times, time of distress/misery. *adv.* untimely.

कुसुम (ku sum) *m.* flower.

कुसुमाकर (ku su mA kar) *m.* season when flowers blossom, spring.

कुसुमित (ku su mit) *adj.* blossomed; ~ होना to blossom.

क़ुसूर (KU soor) *m.* = क़सूर।

कुहक (ku hak) *f.* cooing of a cuckoo.

कुहकना (~ nA) *vi.* to coo/warble/chirp.

कुहनी (kuh nee) *f.* = कोहनी।

कुहरा (~ rA) *m.* = कोहरा।

कुहराम (~ rAm) *m.* furore in time of distress; ~ मचाना to cause or create a furore.

कुहासा (ku hA SA) *m.* = कोहरा।

कुहुकना (ku huk na) *vi.* = कुहकना।

कूँआ (kōō A) *m.* = कुआँ।

कूँचा (kōō CA) *m.* = कूचा।

कूँची (~ cee) *f.* = कूची।

कूँड़ (kōōR) *m.* 1. helmet. 2. furrow.

कूँडा (kōōDA) *m.* 1. large earthen bowl. 2. glass jar.

कूँडी (~ DEE) *f.* small earthen trough, bowl of stone.

कूक (kook) *f.* 1. cooing of a cuckoo. 2. winding of a machine, e.g. watch or gramophone; ~ देना to wind.

कूकना (~ nA) *vi.* 1. to coo/warble/chirp. 2. to wind (watch etc.).

कूच (kooc) *m.* 1. departure; (संसार से) ~ कर जाना to depart (form the world); उसके देवता ~ कर गए He was stunned/dazed/dumb-founded. 2. march; ~ का डंका बजाना to sound a bugle note as a token of marching, to start a march; ~ बोलना to order a start.

कूचा (koo CA) *m.* 1. narrow street/lane (of old order). 2. a variety of broom.

कूची (~ cee) *f.* a small brush for painting.

कूज (kooj) *f.* sound.

कूजना (~ nA) *vt.* to coo.

कूट (kooT) *adj.* 1. counterfeit; ~ सिक्का counterfeit coin. 2. mysterious, enigmatical; ~ पद enigmatical stanza. *m.* 1. mountain peak. 2. heap (of corn) as in अन्नकूट।

कूटना (~ nA) *vt.* to pound/pestle; कूट-कूटकर भरना to fill up to the utmost by pounding or otherwise.

कूटकाव्य (~ KAVVY) *m.* poetic piece couched in mysterious language.

कूटनीति (~ nee ti) *f.* 1. diplomacy. 2. tact.

कूटनीतिज्ञ (~ nee tiggy) *m.* diplomat.

कूटभाषा (~ bhA shA) *f.* code language.

कूटयोजना (~ yoj nA) *f.* intrigue, plot.

कूटलिपि (~ li pi) *f.* code-script.

कूटलेख (~ le kh) *m.* code-writing.

कूटू (koo TOO) *m.* a plant the seeds of which are powdered and used as flour.

कूड़ा (koo RA) *m.* 1. sweepings, refuse. 2. rubbish. 3. trash.

कूड़ा-करकट (~ - kar kaT) *m.* 1. rubbish. 2. waste material. 3. worthless material.

कूड़ाख़ाना (~ KHA nA) *m.* (public) place for dumping refuse.

कूड़ाघर (~ ghar) *m.* built-in place for dumping refuse.

कूड़ेदान (koo Re dAn) *m.* a container for household rubbish, dustbin.

कूढ़मग़्ज़ (kooRh magz) *adj.* & *m.* dullard, dunce.

कूत (koot) *f.* 1. approximate calculation, estimate. 2. appraisal.

कूतकात (~ KAt) *m.* rough approximation.

कूतना (~ nA) *vt.* to estimate/appraise.

कूद (kood) *m.* jump, leap.

कूदना (~ nA) *vi.* 1. to jump/leap. 2. to hop/spring; किसी के बल पर ~ to make much of oneself on the strength of another; कूद जाना/कूद पड़ना to take a jump/leap चोर खिड़की से कूद गया The thief jumped out of the window.

कूद-फाँद (~ - phÃd) *f.* gambol, frisking about.

कूप (koop) *m.* 1. well. 2. hole.

कूपक (koo pak) *m.* 1. small well. 2. shaft (mining).

कूपन (~ pan) *m.* coupon.

कूपमंडूक (koop maN DOOk) *m.* 1. frog of the well. 2. person whose knowledge is confined to the narrow limits of his neighbourhood.

कूपी (koo pee) *f.* 1. = कुप्पी। 2. small well.

कूबड़ (~ baR) *m.* hump, hunch; ~ निकलना / निकल आना—उसका कूबड़ निकल आया है He has developed a hump.

कूर्च (koorc) *m.* 1. = कूची। 2. feather of a peacock.

कूर्चिका (koor ci kA) *f.* = कूची।

कूर्म (koorm) *m.* tortoise.

कूल (kool) *m.* bank.

कूल्हा (koo lhA) *m.* hip; कूल्हे मटकाना alluring movements of the hips.

क़ूवत (KOO vat) = क़ुव्वत; physical strength/capacity, capability.

कृत (krit) *adj.* done, executed, performed.

कृतक (kri tak) *adj.* fake.

कृतकार्य (krit KArry) *adj.* successful in accomplishing an assignment.

कृतकृत्य (~ kritty) *adj.* gratified and happy.

कृतघ्न (kri taghn) *adj.* ungrateful.

कृतघ्नता (~ tA) *f.* ungratefulness.

कृतज्ञ (kri taggy) *adj.* feeling or showing gratitude, grateful, thankful.

कृतज्ञता (~ tA) *f.* gratitude; हमने ~ व्यक्त की We expressed our gratitude.

कृतज्ञतापूर्वक (~ poor vak) *adv.* gratefully.

कृतयुग (krit yug) *m.* = सतयुग।

कृतविद्य (~ viddy) *adj.* scholarly adept.

कृतसंकल्प (~ saṅ kalp) *adj.* resolute, determined, having a fixed purpose; वह अपने बच्चे को फ़ौज में भेजने के लिए ~ था He was determined to send his child to the army.

कृताकृत (kri tA krit) *m.* acts of commission and omission.

कृतार्थ (~ tArth) *adj.* beholden, obliged; उसने मुझे ~ कर दिया I was beholden to him (for his kind acts).

कृतार्थता (~ tA) *f.* state or quality of being कृतार्थ।

कृति (kri ti) *f.* 1. an artistic or literary work. 2. accomplishment, (glorious) deed.

कृतिकार (~ kAr) *m.* 1. author. 2. creator.

कृतित्व (kri tittw) *m.* all the deeds of a person, accomplishments, achievements or works.

कृत्य (kritty) *m.* 1. deed, doing. 2. function. दैनिक ~ routine (work).

कृत्रिम (krit trim) *adj.* 1. artificial, synthetic. 2. affected, unnatural; ~ गर्भाधान artificial insemination.

कृत्रिमता (~ tA) *f.* 1. artificiality. 2. affectation, unnaturalness.

कृदंत (kri dant) *m.* participle (Gram.); भूत ~ past participle.

कृदंती (~ dan tee) *adj.* of a participle, participial.

कृपण (~ paN) *adj.* miserly, stingy, niggardly.

कृपणता (~ tA) *f.* miserliness, stinginess, niggardliness.

कृपया (kri pa yA) *adv.* please, kindly, ~ शांत रहें Please be quiet. ~ टीवी बंद कर दें Please turn off the television. ~ मुझे अकेला छोड़ दें Kindly leave me alone.

कृपा (~ pA) *f.* kindness, favour, grace.

कृपाकांक्षी (~ kaṅ kshee) *adj.* seeking favour.

कृपाण (kri pAN) *f.* dagger, scimitar.

कृपादृष्टि (~ pa drish Ti) *f.* sympathetic outlook.

कृपानिधान (~ pA ni dhAn) *m.* abode of kindness (form of address).

कृपापात्र (~ pA pAttr) *m.* favoured one.

कृपापूर्ण (~ poorN) *adj.* kind, friendly.

कृपापूर्वक (~ poor vak) *adj.* in a kind manner, kindly.

कृपालु (~ lu) *adj.* kind-hearted, helpful.

कृपालुता (~ tA) *f.* state or quality of being कृपालु।

कृमि (kri mi) *m.* 1. worm. 2. insect. 3. maggot.

कृमिनाशक (~ nA shak) *m.* = कीटनाशक; insecticide.

कृमिविज्ञान (~ vig gyAn) *m.* entomology, helminthology.

कृश (krish) *adj.* 1. not having much flesh on the body, thin, emaciated. ~ शरीर thin body. 2. feeble, weak, slender.

कृशकाय (~ kAy) *adj.* lean and thin.

कृशता (~ tA) *f.* state or quality of being कृश।

कृषक (kri shak) *m.* peasant, cultivator.

कृषकीय (~ sha keey) *adj.* agrarian.

कृषि (~ shi) *f.* agriculture.

कृषिक (~ shik) *adj.* agricultural.

कृषित (~ shit) *adj.* cultivated.

कृषि-भवन (kri shi bha van) *m.* farmhouse.

कृषियोग्य (~ yoggy) *adj.* arable, cultivable.

कृषि-वर्ष (~ - varsh) *m.* agricultural year.

कृषि-विज्ञान (~ vig gyAn) *m.* Science of Agriculture.

कृषी (kri shee) *f.* = कृषि।

कृष्ट (krishT) *adj.* cultivated.

कृष्ण (krishN) *adj.* dark, black; ~ वर्ण dark coloured.

m. Lord Krishna.

कृष्णपक्ष (~ paksh) *m.* dark half of a lunar month.

कृष्णसागर (~ sA gar) *m.* Black Sea.

कृष्णाष्टमी (krish NAshT mee) *f.* eighth day of the dark half of Bhadõ (sixth month of the Hindu calendar); birthday of Lord Krishna.

कृष्य (krish shy) *adj.* arable, cultivable.

केंकड़ा (kẽk RA) *m.* = केकड़ा।

केंचुआ (kẽ cu A) *m.* 1. earthworm. 2. long worm nurtured in the intestines.

केंचुल (kẽ cul) *f.* = केंचुली।

केंचुली (kẽ cu lee) *f.* slough (of a snake); ~ छोड़ना to cast off a slough; ~ बदलना (i) to change the slough; (ii) to be a turncoat.

केंद्र (kendr) *m.* 1. centre, middle part. 2. central place. 3. capital. 4. central government. 5. point of interest; आकर्षण का ~ centre of attraction.

केंद्रक (ken drak) *m.* nucleus.

केंद्रस्थ (ken drasth) *adj.* situated at the centre, centrally located, central.

केंद्रापसारी (ken drA pa sA ree) *adj.* centrifugal.

केंद्राभिमुखी (ken drA bhi mu khee) *adj* centripetal.

केंद्रित (ken drit) *adj.* centred.

केंद्रीकरण (ken dree ka raN) *m.* centralization.

केंद्रीकृत (ken dree krit) *adj.* centralized.

केंद्रीभूत (ken dree bhoot) *pp.* 1. centralized, centred. 2. concentrated.

केंद्रीय (ken dreey) *adj.* 1. central; ~ शासन central government. 2. most inportant; ~ बिंदु central point.

के (ke) *postposition.* 1. plural inflected form of case-ending का which shows relationship and ownership. 2. (also used independently or in combination); उसके लड़की है He has a daughter. उसके मकान है He has a house. ~ अतिरिक्त/अलावा besides, in addition to; ~ अनुरूप in conformity with, similar to; ~ अनुसार (i) according to, in accordance with, as per; (ii) in compliance with; ~ कारण due to, owing to, because of; ~ ज़रिए through, through the instrumentality of; ~ द्वारा (i) through, by; (ii) care of; ~ नाम (i) addressed to, in the name of; ~ नाम डालना debit to; ~ पहले before; ~ पास (i) near, beside; डाकघर नहर के पास है Post office is near by the canal. (ii) in the possession of; ~ प्रति to, toward; ~ बदले in place of, in lieu of, instead of; ~ बाद after; ~ बारे में about; वह किस के बारे में पूछ रहा था Whom was is asking about? ~ बिना without; ~ मारे with; शर्म ~ मारे with shame; डर ~ मारे out of fear; ~ लिए/वास्ते (i) for; (ii) for the sake of; ~ विचार

से from the point of view of, in view of, in consideration of; ~ साथ with, along with; ~ सिवा (i) except, save; (ii) besides, in addition to.

केकड़ा (kek RA) *m.* crab.

केकनी (~ nee) *f.* she-peacock. [Fem. of केकी]

केकी (ke kee) *m.* peacock. [Fem. केकनी]

केचुआ (ke cu A) *m.* = केंचुआ।

केत (ket) *m.* 1. house, habitahion. 2. flag, banner.

केतकी (~ kee) *f.* an Indian flower of fragrant smell, screw-pine.

केतली (~ lee) *f.* kettle, tea kettle.

केता (ke tA) *adj.* how much.

केतिक (ke tik) *adj.* how many, how much, to what extent.

केतु (ke tu) *m.* 1. descending node of moon. 2. comet. 3. mythological demon.

केबल (ke bal) *m.* cable.

केमरा (kem rA) *m.* = कैमरा।

केयूर (ke yoor) *m.* an ornament for the arm.

केरल (ke ral) *m.* Kerala, a state in South India.

केला (ke lA) *m.* banana, plantain.

केलास (ke lAs) *m.* crystal.

केलासन (ke lA san) *m.* crystallization.

केलि (ke li) *f.* 1. frolic, dalliance. 2. coitus, sexual intercourse.

के लिए (ke lie) *postposition.* 1. for. 2. for the sake of. 3. to. दिल्ली ~ अगली गाड़ी कब जाएगी At what time does the next train to Delhi leave.

केवट (ke vaT) *m.* oarsman, boatman.

केवटाई (kev TA ee) *f.* oarsmanship.

केवड़ा (~ RA) *m.* 1. fragrant flower pandanus. 2. extract of the flower.

केवल (ke val) *adj.* 1. only. 2. exclusively, solely, mainly.

केश (kesh) *m.* hair.

केशकर्म (~ karm) *m.* combing and dressing of hair.

केशकल्प (~ kalp) *m.* hair-dye.

केशरंजन (~ ran jan) *m.* colouirng of hair.

केशर (ke shar) *m.* = केसर।

केशरी (kesh ree) *adj.* = केसरी।

केशव (ke shav) *adj.* having long, pretty hair.

m. Lord Krishna.

केशविन्यास (~ vin nyAs) *m.* hair-do, hair-dressing.

केशिका (ke shi kA) *f.* capillary.

केसर (ke sar) *m.* saffron.

केसरिया (ke sa ri yA) *adj.* 1. of saffron. 2. saffron-coloured, orange-yellow; ~ बाना bright orange-yellow robes.

केसरी (kes ree) *m.* lion.

केसरीनंदन (~ nan dan) *m.* Hanuman.

कैंचा (kAĩ cA) *m.* longish pair of scissors, shears.

कैंची (~ cee) *f.* 1. pair of scissors; ~ करना to clip/trim with a pair of scissors. 2. any contrivance in the shape of a pair of scissors. 3. artifice/manoeuvre of wrestling.

कैंटीन (kain Teen) *f.* canteen.

कैंडा (kAĩ DA) *m.* tact; कैंडे का आदमी man of tact.

कैंप (kaimp) *m.* camp. [H.E. शिविर]

कैंसर (kain sar) *m.* cancer.

कैंसिल (kain sil) *adj.* cancelled; ~ करना to cancel.

कै (kai) *adj.* how many?

क़ै (Kai) *f.* the matter that has been vomited, vomit; ~ आना—मुझे क़ै आई I vomited. मुझे क़ै आने को हुई I felt like vomiting. ~ करना to vomit.

कैतव (kai tav) *adj.* cunning, dishonest, fraud, nefarious.
m. treachery, deceit.

कैथ (kaith) *m.* wood-apple.

क़ैद (KAid) *f.* imprisonment, incarceration; ~ करना to imprison/incarcerate; ~ काटना to undergo (a term of) imprisonment; ~ में होना to be in jail/prison; सख़्त ~ rigorous imprisonment; सादी ~ simple imprisonment.

क़ैदख़ाना (~ KHA NA) *m.* jail, prison.

क़ैदी (KAi dee) *m.* 1. prisoner. 2. captive.

कैधौं (kai dhõ) *conj.* or, otherwise.

कैफ़ियत (~ Fi yat) *f.* 1. explanation; ~ तलब करना to call for an explanation; ~ देना to offer an explanation. 2. state of affairs; ~ देना to describe in some detail. 3. remark.

कैमरा (kaim rA) *m.* camera.

कैरट (kai raT) *m.* carat.

कैलाश (~ lASH) *m.* = कैलास।

कैलास (~ lAS) *m.* a lofty peak of the Himalayas, the abode of Lord Shiv.

कैलासनाथ (~ nAth) *m.* Lord Shiv.

[illegible] (kai vallya) *m.* oneness with divi-[illegible]ity, absolute purity, salvation.

[illegible] (kaish) *m.* cash. [H. E. नगद]

कैसा (kai SA) *adj.* 1. how? वह कैसी है ? How is she? 2. of what sort/kind/type? like what? उसकी आँखों का रंग ~ है What colour are her eyes? ~ पैसा (You want) money? What money? On what account? अंधे के लिए ~ दिन, कैसी रात For a blind man, day and night make a little difference. तुम ने भी उसे कैसी-कैसी सुंनाई You gave him a few home-thrusts. तुम भी कैसी हो How funny you are! मेरा जी ~-कैसा हो रहा है I am having an indescribably strange feeling. ~ लगना—आपको नया घर ~ लगा How do you like your new house? आपको मेरी नई पुस्तक़ कैसी लगी How do you like my new book?
adv. how? वहाँ ~ रहा How had things gone there?

कैसे (~ se) *adv.* 1. how? आप ~ हैं How are you/How do you do? 2. for what purpose? यहाँ ~ आना हुआ What brings you here? तुम ने यह ~ कर दिया Why on earth did you do it? 3. how much? ये संतरे ~ हैं How much are these oranges?

कोंचना (kõc NA) *vt.* to pierce with a pointed gadget like a needle, fork etc. to penetrate; तुम मुझे दिन भर कोंचती रहती हो You pinch me all day long.

कोंपल (kõ pal) *f.* sprout, tender offshoot.

को (ko) *postposition.* 1. to; यह राम ~ दो Give it to Ram. 2. for; सैर ~ चलो Come for a walk. कल ~ in the near future.

कोई (ko ee) *pron.* someone, anyone, anybody, somebody, whosoever; ~ गया क्या? Did anyone gone? ~ और someone else; ~ -कोई some; ~ दूसरा someone else; ~ न ~ someone or the other; ~ नहीं no one; मैं उनमें से ~ नहीं I am none of those. ~ भी नहीं no one, none; और ~ someone else; जो ~ whosoever.
adj. 1. any; आप मुझे ~ काम दे सकते हैं You can give any job to me. उसके पास ~ स्पष्ट उत्तर नहीं था He has no clear answer. ~ (भी) समय any time. 2. some; ~ कुत्ता भौंक रहा था Some dog was bar-king. ~ सौ गज़ some 100 yards; ~ कसर न उठा रखना to leave no stone unturned; ~ दम का मेहमान on the thres-hold of death;~ सूरत नज़र नहीं आती There seems no way out.
adv. about, approximately; ~ बारह बजे

about twelve o'clock; वहाँ ~ बीस आदमी थे About twenty men were there.

कोकशास्त्र (kok shASTr) *m.* an ancient Indian treatise on sexology.

कोकिल (ko kil) *f.* = कोयल; koil, the Indian cuckoo (caculus).

कोकिला (ko ki lA) *f.* = कोयल।

कोकीन (ko keen) *f.* cocaine.

कोको (ko ko) *m.* 1. voice of a crow, caw-caw. 2. cocoa, cacao.

कोख (kokh) *f.* abdomen, womb; ~ उजड़ना death of babe, miscarriage; ~ खुलना having a babe after long; ~ बंद होना becoming barren.

कोखजली (~ ja lee) *adj.* & *f.* (woman) whose children do not survive.

कोच (koc) *f.* coach.

कोचना (~ nA) *vt.* = कोंचना।

कोचवान (~ vAn) *m.* coachman, driver (of a horse-carriage).

कोचीन (ko ceen) *m.* a former princely state in South India.

कोट (koT) *m.* 1. coat; बरसाती ~ rain coat. 2. fort, stronghold.

कोटपीस (~ pees) *f.* a game of cards.

कोटर (ko Tar) *m.* hollow of a tree.

कोटा (ko TA) *m.* quota.

कोटि (ko ti) *f.* 1. grade, order, category, status, rank; उच्च ~ का of a high order/class; निम्न ~ का of a low order. 2. ordinate. (Maths.) 3. ten million, one hundred lacs.

कोटिच्युत (~ cyut) *adj.* degraded.

कोटिच्युति (~ cyu ti) *f.* degradation.

कोटिबद्ध (~ baddh) *adj.* graded.

कोटिशः (~ shah) *adj.* very many; ~ धन्यवाद many, many thanks.

कोटू (ko Too) *m.* buckwheat.

कोठड़ी (koTh Ree) *f.* = कोठरी।

कोठरी (koTh ree) *f.* small room, cell; अँधेरी ~ dark room/cell.

कोठा (ko ThA) *m.* 1. room on the upper storey. 2. brothel; कोठे पर बैठना to earn a living as a prostitute. 3. stomach; ~ बिगड़ना up-setting of the stomach; ~ भरना (i) to eat to the fill; (ii) to amass wealth; ~ साफ़ होना (to have a) clean evacuation.

कोठार (ko ThAr) *m.* storehouse.

कोठी (ko Thee) *f.* 1. large and stately house, mansion. 2. typically Indian business house.

कोठेवाली (ko The vA lee) *f.* 1. prostitute. 2. brothel-keeper.

कोड़ा (ko RA) *m.* whip, lash, scourge; कोड़े का निशान a ridge raised on the flesh by stroke of a whip, weal; कोड़े की मार beating with whip, whipping; कोड़े लगाना to beat with a whip.

कोड़ी (ko Ree) *f.* score, set of twenty.

कोढ़ (koRh) *m.* leprosy; ~ में खाज onslaught of a calamity on top of another; ~ चूना/टपकना dripping leprosy; ~ पड़ना to be inflicted with leprosy.

कोढ़ी (ko Rhee) *m.* 1. leper. 2. idler, out and out.

कोण (koN) *m.* angle.

कोणशिला (~ shi lA) *f.* corner stone.

कोणिक (ko Nik) *adj.* angular.

कोणीय (ko Ne͜y) *adj.* angular.

कोतल (ko tal) *m.* horse decorated with all paraphernalia (usually for purposes of procession).

कोतवाल (kot vAl) *m.* chief police officer of a town.

कोतवाली (~ vA lee) *f.* 1. chief police station of a town. 2. office or tenure of a कोतवाल।

कोताह (ko tAh) *adj.* short, brief.

कोताही (ko tA hee) *f.* 1. lack, want. 2. careless behaviour, negligence.

कोथला (koth lA) *m.* 1. large bag. 2. stomach, belly; ~ भरना to fill in the belly.

कोथली (~ lee) *f.* small bag.

कोदंड (ko danD) *m.* bow.

कोदों (ko dõ) *f.* a variety of coarse grain; ~ देकर पढ़ना to get no worthwhile education.

कोना (ko nA) *m.* 1. corner; ~ - कोना छान मारना to search every nook and corner; कोने कोने में in every nook and corner; कोने झाँकना to avoid being face to face. 2. fourth part.

adj. (in compounds) cornered; ~ तिकोना three-cornered.

कोनिया (ko ni yA) *m.* 1. set-square. 2. sort of a niche in a corner.

कोप (kop) *m.* anger, wrath.

कोपभवन (~ bha van) *m.* an apartment in a mansion where the spouse shut herself up to express her resentment.

कोपभाजन (~ bhA jan) *m.* victim of wrath, target of anger.

कोफ़्त (koFt) *f.* tedium, disgust.

कोफ़्ता (koF tA) *m.* a dish prepared of pounded and fried meat or vegetable, usu. oval-shaped.

कोमल (ko mal) *adj.* soft, delicate, tender, mild; ~ स्वर soft note; ~ हृदय tender-hearted.

कोमलता (~ tA) *f.* softness, delicacy, tenderness.

कोमलांग (ko ma lang) *adj.* of tender limbs.

कोमलास्थि (ko ma lAsthi) *f.* cartilage.

कोयल (ko el) *f.* Indian cuckoo.

कोयला (koy lA) *m.* coal; जलकर ~ हो जाना (i) to get burnt black; (ii) to burn with envy/animoqity; लकड़ी का ~ charcoal; कोयले की खान coalfield, colliery, coal-mine.

कोयली (koy lee) *adj.* jet-black.

कोया (ko yA) *m.* 1. eye-ball. 2. pulpy seed of a jack-fruit.

कोर (kor) *f.* edge; ~ दबना to be under the obvious pressure of someone; ~ निकालना/बनाना to sharpen a corner; ~ मारना to round a corner.

कोर-कसर (~ - ka sar) *f.* deficiency, defect, lacuna, flaw; कोई ~ न करना/छोड़ना/रहने देना (i) not to leave even a single flaw; (ii) to do everything possible, to do all one could.

कोरदार (~ dAr) *adj.* having a corner.

कोरम (ko ram) *m.* quorum; ~ पूरा न होने के कारण due to insufficient quoram.

कोरमा (kor mA) *m.* dish of fried or roasted meat.

क़ोरस (ko ras) *m.* chorus.

कोरा (ko rA) *adj.* 1. fresh, unbleached (cloth). 2. unwashed or unused. 3. blank; ~ काग़ज़ blank paper; गणित में ~ blank in Mathematics; कोरी कल्पना sheer fancy, mere figment of imagination; कोरी बातें करना to indulge in empty talk. 3. not very friendly; ~ आदमी unsympathetic person.

m. borderless dhoti of coarse silk.

कोरापन (~ pan) *m.* state or quality of being कोरा।

कोरी (ko ree) *m.* a weaver class among the Hindus.

कोर्ट (korT) *m.* court. [H. E. कचहरी, न्यायालय]

कोर्स (kors) *m.* course. [H.E. पाठ्यक्रम, पाठ्यमान]

कोल (kol) *m.* a jungle tribe.

कोलतार (~ tAR) *m.* coal tar.

कोलाहल (ko la hal) *m.* noise, uproar,

tumult, turmoil, clamour; ~ मचाना to create an uproar.

कोलाहलपूर्ण (~ POORN) *adj.* noisy, uprorious, tumultuous, clamarous.

कोलाहली (ko lA ha lee) *adj.* (person) noisy, rowdy.

कोल्हू (ko lhoo) *m.* crusher; ~ का बैल drudge.

कोश (kosh) *m.* 1. dictionary, lexicon. 2. sheath, scabbard. 3. shell. 4. scrotum. 5. = कोष (treasure).

कोशकला (~ ka lA) *f.* lexicography, lexicology.

कोशकार (~ KAr) *m.* lexicographer, dictionary-writer.

कोशवृद्धि (~ vrid dhi) *f.* enlargement of the scrotum, hydrocele.

कोशिका (ko shi KA) *f.* cell.

कोशिश (ko shish) *f.* effort, endeavour; ~ करना to try/strive (for); मैं वहाँ पाँच बजे से पहले पहुँचने की ~ करूँगा I will try to get there before five. हमने पूरी ~ की We tried our level best. उसने ~ छोड़ दी He gave up trying.

कोशीय (ko sheey) *adj.* lexical

कोष (kosh) *m.* treasure.

कोषागार (ko shA gAr) *m.* treasury.

कोषाध्यक्ष (ko shA dhyaksh) *m.* treasurer.

कोष्ठ (koshTh) *m.* 1. apartment, chamber, cell. 2. booth. 3. stomach 4. bracket (Maths.).

कोष्ठक (kosh Thak) *m.* (usu.) bracket, parenthesis.

कोष्ठबद्धता (koshTh baddh tA) *f.* constipation.

कोस (kos) *m.* a distance of two miles; कोसों दूर (i) too far; (ii) poles apart, asunder; कोसों दूर रहना to keep (oneself) at a safe distance; काले कोसों a long/great way off, very far, far off/away.

कोसना (~ nA) *vt.* to invoke a curse, to accuse, to imprecate; पानी पी-पीकर ~ to invoke never-ending curses.

कोह (koh) *m.* mountain.

कोहनी (~ nee) *f.* elbow; ~ मारना to gesture (to someone) with an elbow.

कोहरा (koh rA) *m.* mist, fog; ~ छाना—कोहरा छाया हुआ था There was fog all round.

कोहराम (koh rAm) *m.* tumult, usu. with a wail, ballyhoo; ~ मचना going on of a tumult.

कोहान (ko hAn) *m.* hump of a camel, hunch.

कौंध (kaum dh) *f.* flash.

कौंधना (~ nA) *vi.* to flash; बिजली कौंधी The lightning flashed. कौंध जाना to flash; एक विचार उसके मन में कौंध गया An idea flashed into her mind.

कौंसिल (kaun sil) *f.* council. [H. E. परिषद्]

कौंसिलर (~ si lar) *m.* councillor [H. E. पार्षद्]

कौआ (kau A) *m.* 1. crow, jackdaw; कौए उड़ाना to indulge in useless work. 2. uvula.

कौटुंबिक (~ Tum bik) *adj.* pertaining to the family/household, familial.

कौड़ी (~ Ree) *f.* cowrie, a small shell used as a coin in ancient India; ~ कफ़न को न होना to be absolutely penniless; ~ काम का न होना to be good for nothing; ~ के तीन dirt cheap, almost valueless; ~ को भी न पूछना to attach no value; ~ - कौड़ी को मुहताज in abject penury; ~ - कौड़ी चुकाना/भरना to pay off to the last penny; ~ कौड़ी जोड़ना to accumulate, little by little; ~ - कौड़ी दाँत से पकड़ना to be extremely stingy; ~ ग़लत पड़ना to miss the target; ~ भर in a very small quantity; कौड़ियाँ खेलना to gamble at cowries; कौड़ियों के मोल at throw-away prices, (just) for a song; कानी ~ = फूटी कौड़ी; दो ~ का not worth a two-pence; उसे कोई दो ~ को नहीं पूछेगा He will never count for anything. पल्ले~ न होना to be penniless; फूटी ~ (i) cowrie with a hole; (ii) base coin.

कौतुक (~ tuk) *m.* 1. curious phenomenon, novelty. 2. trick (meant for entertainment).

कौतुकी (~ tu kee) *m.* skilful performer of wondrous tricks.

कौतूहल (~ too hal) *m.* inquisitiveness, curiosity.

कौन (kaun) *pron.* who? वह आदमी ~ है Who is that man?

कौन-सा (~ - SA) *adj.* what, which? तुम्हारा प्रिय खेल ~ है What is your favourite sport? तुम्हें कौन-सी पुस्तक सबसे अधिक पसंद है Which book do you like best? आपका बेटा ~ है Which is your son? मैं वहाँ ~ मुँह लेकर जाता I had not the face to go there.

कौपीन (kau peen) *m.* strip of cloth meant to cover the private male parts.

क़ौम (KAUM) *f.* nation, community.

कौमार्य (kau MArry) *m.* virginity; ~ भंग करना to rob someone of her virginity, to deflower; ~ व्रत vow of celibacy.

कौमार्य-भंग (~ bhaṅg) *m.* the act of deflowering or the state of being deflowered.

क़ौमियत (KAu mi yat) *f.* nationality.

क़ौमी (~ mee) *adj.* national; ~ नारा national slogan.

कौर (kaur) *m.* morsel, mouthful; किसी के मुँह का ~ छीनना to rob someone of his (lit. morsel) due share.

क़ौल (KAul) *m.* promise, word; ~ का पक्का/पूरा true to one'e word; ~ तोड़ना to break one's promise; ~ लेना to extract a promise; ~ हारना to pledge one's word, to make a solemn promise.

कौवा (kau WA) *m.* = कौआ।

कौशल (~ shal) *m.* 1. skill, finesse. 2. strategy; ~ से through skill or strategy; रण ~ war strategy.

कौशेय (~ shey) *adj.* silken.
m. silk.

क्या (kyA) *pron.* what? वह ~ बेच रहा है What is he selling? उसने ~ कहा What did he say? ~ ख़बर है What is the news? बेटी को उसने ~ नहीं दिया था ? What not had he given to his daughter? ~ - क्या what kinds of things; आप ~ - क्या देखना चाहते हैं What kinds of things do you want to see?
interj. What!
adv. used to make a sentence interrogative; ~ खाकर/मुँह लेकर With what face! How dare! ~ ख़ूब How fine ! ~ तस्वीर है How fine a picture/What a fine picture ! ~ दिन, क्या रात Day and night make no difference. अब मेरा ~ होगा ? What will happen to me now? ~ बात है What is the matter? उसके ~ कहने हैं Nothing too good for him! उस की ~ बात है (i) It goes without saying. (ii) Nothing strange for him. उससे ~? What does that matter? ऐसा ~ why so? ऐसा भी ~ Why so indeed! और ~ (i) whatelse? (ii) just so! quite! of course! वह ~ आया, एक तूफ़ान आ गया He came like a storm.

क्यारी (~ ree) *f.* bed (of flowers, vegetables etc.)

क्यों (kyõ) *adv.* why? तुमने यह ~ किया Why did you do it? ~ कर how? by what means? ~ कि because; ~ जी a term of address; ~ न/नहीं why not! certainly! ~ न हो It is in the fitness of things. ऐसा ~ Why it is so? हम ~ न टैक्सी ले लें Why don't we get a taxi?

क्रंदन (kran dan) *m.* lamentation, bewailing; करुण ~ moving cry, pethetic lamentation; अरण्य ~ a cry in the wilderness.

क्रम (kram) *m.* order; ~ से in (due) order, system, method or manner; अक्षर ~ से in alphabetical order.

क्रमक (kra mak) *m.* course, route.

क्रमबद्ध (kram baddh) *adj.* 1. orderly. 2. graded.

क्रमबद्धता (~ tA) *f.* 1. orderliness. 2. gradation.

क्रमभंग (kram bhaṅg) *m.* disarrangement, disorder, derangement, interruption.

क्रमरहित (~ ra hit) *adj.* without order, devoid of order.

क्रमशः (~shah) *adv.* gradually, respectively.

क्रम-संख्या (~ - saṅ khyA) *m.* serial number.

क्रमहीन (~ heen) *adj.* without order, devoid of order.

क्रमांक (kra mAṅk) *m.* serial number.

क्रमागत (~ mA gat) *adj.* consecutive.

क्रमात् (~ mAt) *adv.* in due order.

क्रमानुसार (~ mA nu sAr) *adv.* in due order, serially.

क्रमिक (~ mik) *adj.* 1. gradual. 2. successive; ~ विचार successive ideas.

क्रय (kray) *m.* purchase, buying.

क्रय-विक्रय (~ - vik kray) *f.* 1. buying and selling. 2. purchase and sale.

क्रय-शक्ति (~ - shak ti) *f.* purchasing power, buying capacity.

क्रांति (krAn ti) *f.* revolution, complete or drastic change in a system; रक्तहीन ~ bloodless revolution; हरित ~ green revolution; ~ लाना to revolutionize.

क्रांतिक (~ tik) *adj.* critical.

क्रांतिकारी (krAn ti kA ree) *adj.* & *m.* revolutionary.

क्रांतिदूत (~ doot) *m.* herald of a revolution.

क्रांतिवाद (~ vAd) *m.* revolutionism.

क्रांतिवादी (~ vA dee) *adj.* revolutionary. *m.* revolutionist.

क्रांतिवृत्त (~ vritt) *m.* ecliptic (Astron).

क्रिया (kri yA) *f.* 1. action; ~ करना to act. attempt. 2. verb; अकर्मक ~ intransitive verb; कर्मवाच्य ~ passive verb; प्रेरणार्थक ~ causative verb; सकर्मक ~ transitive verb.

क्रियाकर्म (~ karm) *m.* obsequies, funeral rites; ~ करना to perform the last rites.

क्रियाकलाप (~ ka lAp) *m.* activity, performance.

क्रियात्मक (kri yAt mak) *adj.* practical; ~ रूप से practically.

क्रियात्मकता (~ tA) *f.* practicability.

क्रिया-निकाय (~ - ni kAy) *f.* functioning body.

क्रियान्वयन (~ yAn va yan) *m.* implementation.

क्रियान्वित (kri yAn vit) *adj.* implemented, translated into action.

क्रियान्विति (~ yAn vi ti) *f.* = क्रियान्वयन।

क्रियापद (kri yA pad) *m.* 1. verb. 2. verbal phrase.

क्रियाविधि (~ vi dhi) *f.* procedure, methodology.

क्रिया-विशेषण (~ - vi she shaN) *m.* adverb.

क्रियार्थक (kri yAr thak) *adj.* verbal (Gram.); ~ संज्ञा verbal noun (Gram.)

क्रिया-शक्ति (~ yA-shakti) *f.* faculty, power of doing things, stamina.

क्रियाशील (~ yA sheel) *adj.* active (by disposition), dexterous.

क्रियाशीलता (~ tA) *f.* 1. state or quality of being क्रियाशील। 2. functioning.

क्रिश्चियन (krish ci yan) *adj.* & *m.* christian. [H.E. ख्रीस्त]

क्रीड़ा (kree RA) *f.* frolic, sport, play, pastime, recreation; जल - ~ aquatic sports.

क्रीड़ा-क्षेत्र (~ - kshettr) *m.* area of activity.

क्रीड़ा-स्थल (~ - sthal) *m.* 1. play-ground. 2. area of activity.

क्रीड़ा-स्थली (~ - stha lee) *f.* area of activity.

क्रीत (kreet) *adj.* bought, purchased.

क्रीतदास (~ dAS) *m.* slave.

क्रुद्ध (kruddh) *adj.* wrathful, boisterous, angry, irate, enraged; ~ होकर angrily, getting enraged.

क्रूर (kroor) *adj.* hard-hearted, causing pain and suffering, tyrannical, cruel; ~ कर्म cruel deed, act of cruelty.

क्रूरता (~ tA) *f.* 1. cruelty. 2. tyranny. 3. a cruel act.

क्रूरतापूर्ण (~ poorN) *adj.* cruel, barbarous, steeped in cruelty.

क्रूरतापूर्वक (~ poor vak) *adv.* cruelly, ferociously, mercilessly.

क्रूस (kroos) *m.* cross.

क्रेता (kre tA) *m.* buyer, purchaser.

क्रेय (krey) *adj.* worth purchasing.

क्रोड़ (kroR) *m.* lap, bosom.

क्रोड़पत्र (~ pattr) *m.* supplement, appendix.

क्रोध (krodh) *m.* anger, wrath, rage; ~ दिलाना to fill (somebody) with anger, enrage; ~ पी जाना to suppress (one's) anger; ~ प्रदर्शित करना to vent one's anger; ~ में आना to get angry; ~ में भरकर in rage, wild with rage.

क्रोधाग्नि (kro dhAg ni) *f.* ire, wrath; उसकी ~ भड़क उठी He was kindled with rage.

क्रोधित (~ dhit) *adj.* see क्रुद्ध।

क्रोधी (~ dhee) *adj.* hot-tempered, given to anger, ferocious; ~ स्वभाव hot temper.

क्लब (klab) *m.* club.

क्लर्क (klark) *m.* clerk. [H.E. लिपिक]

क्लर्की (klar kee) *f.* clerical job, clerkship; ~ करना to work as a clerk.

क्लांत (klAnt) *adj.* fatigued, weary, tired.

क्लांति (klAn ti) *f.* weariness, lassitude.

क्लास (klAS) *m.* class. [H. E. कक्षा]

क्लिष्ट (klishT) *adj.* tough, hard to understand /comprehend; ~ कल्पित hard to conceive.

क्लिष्टता (~ tA) *f.* state or quality of being क्लिष्ट।

क्लीव (kleev) *adj.* 1. impotent. 2. cowardly, timid. 3. eunuch.

क्लीवता (~ tA) *f.* 1. impotence. 2. cowardice, timidity.

क्लेश (klesh) *m.* suffering of mind, mental pain, trouble, distress; ~ मचाना to create a distressing row.

क्लोरोफ़ॉर्म (klo ro FARM) *m.* chloroform.

क्वचित (kwa cit) *adv.* hardly any, rarely, seldom, scarcely.

क्वथन (~ than) *m.* boiling.

क्वथनांक (~ tha nAṅk) *m.* boiling point.

क्वाँरा (kwÃ rA) *adj.* = क्वारा।

क्वाथ (kwAth) *m.* decoction.

क्वार (kwAr) *m.* seventh month of the Hindu calendar.

क्वारा (kwA rA) *adj.* unmarried, bachelor.

क्वारापन (~ pan) *m.* bachelorhood, virginity.

क्वार्टर (kwAr Tar) *m.* quarter/house.

क्वालिटी (kwA li Tee) *f.* quality.

क्षण (kshaN) *m.* moment, instant; एक ~ के लिए for an instant; ~ क्षण every moment; ~ भर के लिए for an instant, just for a moment; किसी भी ~ at any moment.

क्षणजीवी (~ jee vee) *adj.* momentary, short-lived.

क्षणभंगुर (~ bhaṅ gur) *adj.* ephemeral, transient, fleeting.

क्षणभंगुरता (~ tA) *f.* state or quality of being क्षणभंगुर, fleetingness; जीवन की ~ fleetingness of life.

क्षणिक (ksha Nik) *adj.* 1. momentary; ~ शांति momentary silence. 2. fleeting.

क्षत (kshat) *m.* wound, injury.

क्षत-विक्षत (~ - vi kshat) *adj.* wounded and dismembered; संघर्ष से ~ torn by confl-ict; ~ होना to come to bits/pieces.

क्षति (ksha ti) *f.* 1. damage, injury; ~ पहुँचाना to damage. 2. loss; ~ उठाना to sustain loss.

क्षतिग्रस्त (~ grast) *adj.* 1. damaged, injured. 2. affected. ~ परिवार affected family.

क्षतिपूरक (~ poo rak) *adj.* compensatory.

क्षतिपूर्ति (~ poor ti) *f.* compensation, indemnity, damages; ~ करना to compensate, to indemnify.

क्षति-मूल्य (~ - moolly) *m.* damages, loss.

क्षत्राणी (kshat trA Nee) *f.* woman of the Kshatriya class.

क्षत्रिय (~ triy) *adj. & m.* (one) belonging to the Kshatriya class.

क्षत्रियत्व (~ tri yattw) *m.* state or quality of being a क्षत्रिय।

क्षत्री (~ tree) *adj. & m.* = क्षत्रिय।

क्षम (ksham) *adj.* 1. able, competent. 2. forbearing.

क्षमता (~ tA) *f.* competence, capability, capacity.

क्षमा (ksha mA) *f.* pardon, forgiveness; उसने मुझसे ~ माँगी He begged my forgivness; ~ करें Excuse me kindly; sorry. I ask your forgiveness. ~ माँगना/माँग लेना to apologise, to express an apology; विपक्ष ने प्रधानमंत्री से बिना शर्त क्षमा माँगने के लिए कहा The oppositon demanded unconditional apology from the Prime Minister.

क्षमादान (~ dAn) *m.* clemency; सामूहिक ~ amnesty; क्या आप मानवाधिकारों का उल्लंघन करनेवाले पुलिसवालों के लिए सामूहिक ~ का समर्थन करते हैं Do you support amnesty for policemen who violated the human rights?

क्षमाप्रार्थी (~ prAr thee) *adj. & m.* (one) who seeks forgiveness or begs pardon.

क्षमायोग्य (~ yoggy) *adj.* pardonable, forgivable, excusable.

क्षमावान्, क्षमावान (~ vAn) *adj.* forgiving.

क्षमाशील (~ sheel) *adj.* inclined to forgive, disposed to forgive.

क्षमाशीलता (~ shee ta) *f.* disposition to forgive.

क्षम्य (kshammy) *adj.* that can be forgiven or excused, forgivable.

क्षय (kshay) *m.* decay, decadence, consumption.

क्षय रोग (~ rog) *m.* tuberculosis.

क्षयी (ksha yee) *adj.* decaying, decadent, waning, consumptive.

क्षर (kshar) *adj.* perishable.

क्षरण (ksha raN) *m.* oozing.

क्षात्र (kshAttr) *adj.* pertaining to a क्षत्रिय।

क्षात्रधर्म (~ dharm) *m.* duty of a क्षत्रिय।

क्षार (kshAr) *m.* alkali.

क्षारक (kshA rak) *adj.* caustic, salty.

क्षारता (kshAr tA) *f.* alkalinity.

क्षारमय (~ may) *adj.* alkaline.

क्षारमिति (~ mi ti) *f.* alkalimetry.

क्षारीय (kshA reey) *adj.* alkaline.

क्षारोद (~ rod) *m.* alkaloid.

क्षालन (~ lan) *m.* washing, cleaning.

क्षालित (kshA lit) *adj.* washed, cleaned.

क्षिति (kshi ti) *f.* 1. dwelling place, abode. 2. earth. 3. decay, destruction.

क्षितिज (~ tij) *m.* horizon.

क्षितीश (~ teesh) *m.* king.

क्षिप्त (kshipt) *adj.* projected, thrown.

क्षिप्र (kshippr) *adj.* fast, quick, nimble, agile.

क्षिप्रगामी (~ gA mee) *adj.* fast-moving, fast.

क्षिप्रता (~ tA) *f.* quickness, nimbleness, agility, fastness.

क्षीण (ksheeN) *adj.* 1. emaciated, impaired. 2. lean and thin. 3. feeble and weak. 4. faded. 5. exhausted; जब पुण्य ~ हो जाते हैं When the merits earned are exhausted. ~ होना to wane.

क्षीणकाय (~ kAy) *adj.* having a lean and thin body.

क्षीणता (~ ta) *f.* 1. emaciation. 2. leanness, thinness. 3. feebleness, weakness. 4. state or quality of fading/getting faint.

क्षीर (ksheer) *m.* milk.

क्षीरसागर (~ - SA gar) *m.* ocean of milk.

क्षीरसागर-कन्यका (~ - kan nya kA) *f.* Goddess Lakshmi.

क्षुद्र (kshuddr) *adj.* 1. low, base, mean, wicked, petty. 2. very small, insignificant.

क्षुद्रग्रह (~ grah) *m.* planetoid, asteroid.

क्षुद्रता (~ tA) *f.* 1. lowliness, baseness, meanness, pettiness. 2. insignificance.

क्षुद्रहृदय (~ hri day) *adj.* low-minded, mean-minded.

क्षुधा (kshu dhA) *f.* hunger, appetite.

क्षुधापीड़ित (~ pee Rit) *adj.* oppressed with hunger, famished.

क्षुधावर्धक (~ var dhak) *adj.* stimulating the appetite, appetising.

क्षुधित (kshu dhit) *adj.* hungry.

क्षुप (kshup) *m.* shrub.

क्षुब्ध (kshubdh) *adj.* perturbed and agitated, perplexed.

क्षुर (kshur) *m.* 1. razor. 2. hoof.

क्षेत्र (kshettr) *m.* 1. field. 2. area, region, zone; रिहायशी ~ residential area. 3. sphere, scope, range; ~ से बाहर beyond the scope.

क्षेत्रगणित (~ ga Nit) *m.* Mensuration.

क्षेत्रफल (~ phal) *m.* the measurement of a surface, area.

क्षेत्रमिति (~ mi ti) *f.* Mensuration.

क्षेत्ररक्षक (~ - rak shak) *m.* (in cricket) fieldsman, fielder.

क्षेत्ररक्षण (~ rak shaN) *m.* (in cricket) act of fielding.

क्षेत्राधिकार (kshet trA dhi kAr) *m.* jurisdiction.

क्षेत्राधिकारी (kshet trA dhi kA ree) *m.* area officer.

क्षेत्रीय (~ treey) *adj.* regional, zonal; territonial; ~ अखंडता territorial integrity.

क्षेप (kshep) *m.* 1. throw. 2. instalment.

क्षेपक (kshe kak) *m.* add tion by way of interpolation, interpolation.

क्षेपण (~ paN) *m.* 1. act of throwing, projection. 2. throw down, put down.

क्षेप्य (ksheppy) *adj.* projectile.

क्षेप्यास्त्र (kshep pyAstr) *m.* missile.

क्षेम (kshem) *m.* well-being; कुशल ~ well-being and welfare.

क्षैतिज (kshai tij) *adj.* horizontal.

क्षोभ (kshobh) *m.* perturbation and agitation.

क्षौर (kshaur) *m.* shave.

क्षौरकर्म (~ karm) *m.* act of shaving.

क्षौरगृह (~ grih) *m.* barber's saloon.

क्षौरालय (kshau rA lay) *m.* barber's saloon.

ख

ख (kh) *m.* second of the soft-palatal pentad of consonants of the Nagari alphabet; its sound resembles that of *kh* in *Gymkhana.*

खँगालना (khã gAl nA) *vt.* to rinse. 1. to wash with water. 2. to remove (soap etc.) by using clean water. 3. to ransack/probe.

खँजड़ी (khãj Ree) *f.* timbrel.

खंजन (khan jan) *m.* a species of birds which is extremely flitting and unsteady, wagtail.

ख़ंजर (Khan jar) *m.* dagger. [Fem. ख़ंजरी]

ख़ंजरी (~ ja ree) *f.* small dagger.

खंड (khaND) *m.* 1. bit, piece; ~ -खंड हो जाना to be broken to (into) pieces. 2. part, portion. 3. storey (of a building). 4. volume (of a book). 5. segment. (Maths.)

खंडन (khaN Dan) *m.* 1. repudiation, contradiction; ~ करना to refute, repudiate or contradict. 2. refutation, confutation. 3. breaking into pieces. 4. segmentation.

खंडन-मंडन (~ maN Dan) *m.* repudiation and commendation, refutation and upholding.

खंडनात्मक (khaN Da nAt mak) *adj.* repudiative.

खंडनीय (~ Da neey) *adj.* that can be refuted, refutable.

खंडवाक्य (khaND vAkky) *m.* clause.

खंडश: (khanD shah) *adv.* in parts, piecemeal, portionwise.

खँड़सारी (khãD sA ree) *f.* sugar unprocessed.

खँडहर (khãD har) *m.* ruins; ~ में उल्लू बोल रहे हैं The ruins are an abode of the bittern. घर ~ हो गया है The house has fallen into ruins.

खंडिका (khaN Di kA) *f.* instalment.

खंडित (~ Dit) *adj.* split, broken into fragments; ~ भारत divided India; ~ व्यक्तित्व split personality; ~ करना to split, dismember; भारत को खंडित करने का कोई भी प्रयास खदेड़ दिया जाएगा Any attempt to dismember India would be repulsed.

खंडी (~ Dee) *f.* 1. grove. 2. instalment of rent, revenue etc.

ख़ंदक़ (Khan daK) *f.* ditch, trench.

खंबा (kham bA) *m.* = खंभा।

खंभ (khambh) *m.* see खंभा।

खंभा (kham bhA) *m.* column, pillar, post; बिजली का ~ electric post.

खकार (kha KAr) *m.* letter ख or its sound.

खखार (~ khAr) *m.* phlegm.

खखारना (~ nA) *vi.* to spit out phlegm forcefully and violently.

खग (khag) *m.* bird.

खगोल (kha gol) *m.* celestial sphere.

खग़ोलज्ञ (kha go lagya) *m.* Spherical Astronomer.

खगोल विज्ञान (~ vig gyAn) *m.* Spherical Astronomy.

खगोल वेत्ता (~ vet ta) *m.* Spherical Astronomer.

खगोलिकी (~ go li kee) *f.* Spherical Astronomy.

खगोलीय (~ go leey) *adj.* pertaining to the Celestial Sphere.

खग्रास (~ grAS) *m.* total eclipse.

खचना (khac nA) *vi.* 1. to be embedded/studded. 2. to be marked.

खचाखच (kha cA khac) *adv.* fully, completely; ~ भरा (i) packed to capacity; (ii) overcrowded.

खचित (~ cit) *adj.* embedded, studded.

खच्चर (khac car) *m.* mule.

खच्चरी (~ ca ree) *f.* she-mule.

खज़ांची (kha ZAn cee) *m.* treasurer.

खज़ाना (~ ZA nA) *m.* 1. treasure. 2. treasure-house; ज्ञान का ~ treasure-house of knowledge. 3. treasury; सरकारी ~ government treasury; खुले खजाने in broad daylight, openly.

खजूर (kha joor) *m.* 1. date. 2. datepalm. 3. a variety of Indian sweetmeat.

खट (khaT) *f.* knocking sound; ~ से forthwith, instantly, at once.

खटक (kha Tak) *f.* 1. something that mars the placidity. 2. misapprehension.

खटकना (~ nA) *vi.* 1. to rattle/strike; दरवाज़ा खटका The door rattled. 2. to rankle. 3. to be estranged; खटक जाना—हमारी उनसे खटक गई है We are having estranged/strained relations. 4. to apprehend trouble; मुझे तभी खटक गया था I apprehended it that very moment.

खटका (khaT kA) *m.* 1. rap, rattling sound; दरवाज़े पर ~ हुआ There was a rap on the door. 2. apprehension; ~ लगना to apprehend. 3. any contrivance which operates with a clicking sound as a switch or bolt.

खटकाना (~ nA) *vt.* = खटखटाना।

खटखट (khaT khaT) *f.* 1. knocking/tapping sound, clatter. 2. = खटपट।

खटखटाना (~ kha TA nA) *vt.* to knock, tap or rap; उसने दरवाज़ा खटखटाया He knocked on the door.

खटना (~ nA) *vt.* 1. to earn toilsomely. 2. to be engaged in cumbersome work.

खटपट (~ paT) *f.* tiff, wrangle, quarrel; उन में रोज़ ~ होती है They have a tiff almost every day.

खटमल (~ mal) *m.* bed bug.

खटमिट्ठा (~ miT ThA) *adj.* = खटमीठा।

खटमीठा (~ mee ThA) *adj.* = having a sweet as well as sour taste, bitter-sweet.

खटराग (~ rAg) *m.* 1. mess of things. 2. irrelevant imbroglio, confused entanglement.

खटाई (kha TA ee) *f.* 1. sourness. 2. anything sour. e.g., tamarind. 3. sour fruit, pickle; (किसी चीज़ का) ~ में पड़ना to be kept in abeyance; (कोई चीज़) ~ में डालना to put (something) in cold storage.

खटाक (~ TAk) *m.* ~ से in a jiffy, in no time.

खटाका (~ TA kA) *m.* crash, crashing sound.

खटाखट (~ Ta kahT) *adv.* 1. with a continuous rattle or rapping sound. 2. in quick succession. 3. in a jiffy, in no time.

खटाना (~ TA nA) *vi.* to get sour. *vt.* to engage (someone) in cumbersome work.

खटास (~ TAS) *f.* sourness.

खटिक (~ Tik) *m.* a Hindu caste whose occupation is growing and selling of vegetables, fruits etc.

खटोला (~ TO lA) *m.* a child's bed, cot, उड़न ~ flying cot.

खटोली (~ TO lee) *f.* smallish cot.

खट्टा (khaT Ta) *adj.* sour; मेरा जी ~ हो गया I felt embittered. दाँत खट्टे कर देना to vanquish.

खट्टाचूक (~ cook) *adj.* too sour.

खट्टा-मीठा (~ mee ThA) *adj.* bitter-sweet; बचपन की खट्टी-मीठी यादें bitter-sweet memories of childhood.

खड़कना (kha Rak nA) *vi.* to rattle, clatter.

खड़खड़ (khaR khaR) *f.* 1. bustle. 2. rap.

खड़खड़ाना (~ kha RA nA) *vi.* to rustle/clatter. दरवाज़ा खड़खड़ाया The door rattled.

खड़खड़ाहट (~ kha RA haT) *f.* rustling/rattling noise.

खड़बड़ (~ baR) *f.* 1. bustle. 2. rattle/rustle.

खड़बड़ाना (~ ba RA nA) *vt.* 1. to make a rattling noise. 2. to put things in disarray/disorder.

खड़ा (kha RA) *adj.* 1. standing; वह दरवाज़े पर ~ था He was standing at the door; ~ करना (i) to cause or help to stand or prop up; खिलौने को ~ करो Make the toy stand. पाकिस्तान ने तालिबान को ~ किया Pakistan propped up Taliban. (ii) to erect; दीवार खड़ी करना to raise a wall; (iii) to set up; उसने वहाँ एक आधुनिक अस्पताल ~ किया There he set up a modern hospital. (iv) to bring to a halt or stop; गाड़ी खड़ी करो Halt the train. (v) to field; पिछले निर्वाचन में उन्होंने 10 प्रत्याशी खड़े किए In last general election they fielded 10 candidates. ~ खेत unharvested crop; ~ चना whole gram; ~ पानी stagnant water; ~ होना to stand; अपने पैरों पर ~ होना to stand on one's own feet; इस संबंध में बहुत से प्रश्न खड़े होते हैं Various questions arise in this connection. चुनाव में ~ होना to run in election; खड़ी फसल unharvested crop; खड़े-खड़े forth-with, instantly, then and there; खड़े घाट धुलाई quick/express washing service; खड़े पाँव without tarrying an instant; दाम खड़े करना to turn into ready cash. 2. upright, vertical; खड़े बल vertically.

खड़ाऊँ (~ o͞o) *f.* (characteristically Hindu) wooden sandal.

खड़िया (kha Ri yA) *f.* chalk, piece of chalk.

खड़ी चढ़ाई (~ Ree ca RhA ee) *f.* steep ascent.

खड़ी तैराकी (~ Ree tai rA kee) *f.* vertical swimming.

खड़ी पाई (~ Ree pA ee) *f.* vertical line designated as a full stop in Hindi.

खड़ी फ़सल (~ Ree Fa sal) *f.* standing crop.

खड़ी बोली (~ Ree bo lee) *f.* 1. language spoken in Western U.P. 2. Modern Hindi.

खड्ग (khaDg) *f.* sword.

खड्गहस्त (~ hast) *adj.* ever ready to strike with a sword, given to sabre-rattling.

खड्ड (khaDD) *m.* deep and large pit, ditch, abyss; ~ में गिरना to fall in an abyss.

ख़त (Khat) *m.* 1. letter (written communication). 2. handwriting.

खतना (khat nA) *vt.* to be entered in requisite account books.

ख़तना (Khat nA) *m.* circumcision; ~ करना to circumcise.

ख़तम (Kha tam) *adj.* = ख़त्म।

ख़तरनाक (~ tar nAk) *adj.* dangerous, risky, hazardous, perilous; आगे बढ़ना ~ हो सकता है It can be dangerous to proceed.

ख़तरा (KhAt rA) *m.* danger, peril, menace; इस ख़तरे से लोहा लो Deal effectively with this menace. जान ख़तरे में है Life is in danger. ~ उठाना to take risk; ~ मोल लेना to invite/court danger; ख़तरे की घंटी danger signal; ख़तरे में डालना to put someone in danger, endanger; ख़तरे में

पड़ना to get involved in danger; ख़तरे से ख़ाली न होना not to be free from danger ख़तरे से बाहर out of danger.

ख़ता (KHa tA) *f.* error, mistake; ~ करना to commit a mistake.

ख़तावार (~ VAr) *adj.* guilty, blameworthy.

खतियाना (kha ti yA nA) *vt.* to enter in the proper register.

खतौनी (~ tau nee) *f.* (Patwari's) detailed account book.

खत्ता (khat tA) *m.* covered pit used for storing grain.

खत्ती (~ tee) *f.* underground grain store.

ख़त्म (KHatm) *adj.* finished, ended; आख़िरकार बैठक ~ हुई At last the meeting came to an end. आख़िरकार सर्दी ~ हुई At last winter came to an end. ~ करना to fin-ish; वह 4 बजे काम ~ करता है He finishes his work at 4 o'clock. उसने सारी पूँजी जुए और शराब में ~ कर डाली He exhausted his entire capital in gambling and drinking. (किसी को) ~ कर देना to do away with; ~ होना—क़िस्सा ~ हुआ The story ended.

खत्रानी (khat trA nee) *f.* woman of the Khatri caste.

खत्री (~ tree) *m.* caste among the Hindus.

खदबदाना (khad ba dA nA) *vi.* to bubble.

खदान (kha dAn) *f.* mine.

खदिर (kha dir) *m.* catechu.

खदेड़ना (kha deR nA) *vt.* to drive away; उसने सेना को खदेड़ दिया He drove away the army.

खद्दर (khad dar) *m.* 1. hand-spun cloth. 2. hand-woven cloth.

खद्योत (~ dyot) *m.* glow-worm, firefly.

खन (khan) *m.* 1.= क्षण. 2. = खंड (storey of a house).

खनक (kha nak) *f.* jingling/clinking sound.

खनकना (~ nA) *vi.* to jingle; खनकता (हुआ) सिक्का jingling coin.

खनकार (khan KAr) *f.* = खनक।

खनखनाना (~ kha nA nA) *vi.* = खनकना।

खनना (~ nA) *vi.* 1. to dig; नींव ~ to dig the foundation. 2. to dig out; बालू ~ to dig out sand.

खनिज (kha nij) *m.* mineral; ~ पदार्थ mineral substance.

खनिज विज्ञान (~ vig gyAn) *m.* mineralogy.

खपची (khap cee) *f.* a thin piece of bamboo, splint.

खपड़ा (~ RA) *m.* earthen roofing tile.

खपड़ैल (~ Rail) *f.* roof made of earthen tiles, clay-tiled roof.

खपत (kha pat) *f.* 1. consumption (of goods); तंबाकू की ~ युवकों में बड़ी तेज़ी से बढ़ रही है Tobacco consumption is rising at an alarming rate among the youth. 2. sales, demand.

खपना (khap nA) *vi.* 1. to be consumed; माल ~ consumption of goods. 2. to be sold. 3. to be engaged in toilsome work. 4. to be killed.

खपरैल (~ rail) *f.* = खपड़ैल।

खपाना (kha pA nA) *vt.* 1. to use up, to consume; finish; सिर ~ (i) to bore; (ii) to tax the brain. 2. to sell off.

खप्पर (khap par) *m.* 1. beggar's bowl. 2. human skull (used as a bowl).

ख़फ़गी (KHaF gee) *f.* anger, displeasure.

ख़फ़ा (KHa FA) *adj.* angry.

ख़बर (KHa bar) *f.* news, new or fresh information; क्या तुमने ~ सुनी है Have you heard the news? ~ आना—ख़बर आई है It is reported. ~ उड़ाना to disseminate news; ~ देना to send news; ~ पहुँचाना to communicate news; ~ मिलना—ख़बर मिली है News has been received. It is reported. ~ लेना (i) to take (someone) to task; (ii) to enquire about; ~ सुनना to hear (specially bad) news; उड़ती ~ news in the air; गरम ~ hot news; गरमागरम ~ latest news; ताज़ा ~ fresh news.

ख़बरदार (~ dAr) *adj.* watchful, cautious; ~ रहो Beware.

ख़बरनवीस (~ na vees) *m.* press reporter.

ख़बीस (Kha bees) *adj.* uncouth, uncultured.

ख़ब्त (Khabt) *m.* craze, fad, mania, whim, hobby, eccentricity; ~ सवार हो जाना to become crazy.

ख़ब्ती (Khab tee) *adj.* crazy, eccentric, mentally deranged.

ख़म (Kham) *m.* 1. bend. 2. stoop; ~ खाना to develop a bend/stoop; ~ ठोकना to make a gesture savouring of a challenge, to throw out a challenge for a show down.

ख़मियाज़ा (Kha mi ya za) *m.* unpleasant or evil result, loss; ~ उठाना to suffer loss.

ख़मीर (Kha meer) *m.* leaven, yeast; ~ उठाना to leaven/ferment.

ख़मीरा (~ mee rA) *adj.* leavened; ख़मीरा रोटी bread of leavened flour.
m. a kind of tobacco.

ख़यानत (~ yA nat) *f.* breach of trust.

ख़याल (~ yAl) *m.* 1. thought. 2. idea; ~ आना (i) to occur, to come to mind; (ii) to remember; ~ करना to have a consideration; ~ पड़ना to recall to mind; ~ में न लाना not to mind, to forgive and forget; ~ में समाना to be ever present in one's thoughts/mind; ~ रखना (i) to look after, take care; (ii) to bear in mind; ~ से उतर जाना to slip out of (one's) memory; ~ होना—यदि उसे मेरा ख़याल होता If he had me in his mind...

ख़याली (~ yA lee) *adj.* imaginary, existing only in fancy; ~ दुनिया world of imagination/fancies; ~ पुलाव पकाना to build castles in the air.

खर (khar) *m.* straw.

ख़र (Khar) *m.* ass, donkey; ~ दिमाग़ stupid.

खरका (khar kA) *m.* 1. tooth-pick; ~ करना to remove fragments of food from between the teeth with a tooth-pick. 2. smallish thin (but hard) piece of straw.

ख़रगोश (Khar gosh) *m.* rabbit, hare.

ख़रचना (Kha rac nA) *vt.* to spend.

खरतल (khar tal) *adj.* frank and plain-spoken, almost blunt.

खरब (kha rab) *adj. & m.* hundred billion, hundred thousand million, yellowish.

खरबूजा (khar boo zA) *m.* musk melon.

खरबूज़ी (~ boo zee) *adj.* of the colour of a melon.

खरमास (khar mAs) *m.* month regarded by Hindus as inauspicious.

खरल (kha ral) *m.* mortar; ~ करना to pound in a mortar.

खरहरा (~ rah rA) *m.* curry comb, a kind of brush.

खरहा (khar hA) *m.* see ख़रगोश।

खरा (kha rA) *adj.* 1. good, pure or genuine (object). 2. upright, honest (person). 3. plain-speaking, out-spoken, straight-forward; ~ असामी man of integrity, good paymaster; ~ उतरना to stand a test; खरी-खरी सुनाना to be out-spoken (without caring to be pleasant); खरी-खोटी सुनाना to speak out bitter truths; ~ - खोटा good and bad.

खराद (kha rAd) *f.* lathe; ~ पर चढ़ाना to turn on a lathe.

खरादना (~ nA) *vt.* to turn on a lathe.

खरापन (kha rA pan) *m.* 1. purity, genuineness. 2. uprightness, sincerity, honesty. 3. out-spokenness, straigtht forwardness.

ख़राब (Kha rAb) *adj.* 1. bad; ~ आदत bad habit. 2. wicked, bad; ~ लड़का wicked/spoiled boy. 3. inferior, defective; ~ माल inferior or defective goods. 4. out of order; लगता है कि फोन ~ है It seems the phone is out of order. ~करना to spoil; ~ होना/हो जाना; to be spoiled/damaged/sullied; बहुत ~ हो जाना to turn worse —उसकी स्थिति बहुत ~ हो गई His condition turned worse. दिन ~ होना—मेरा सारा दिन ~ हो गया My entire day came to nought. दिमाग़ ~ हो जाना—तुम्हारा दिमाग़ ~ हो गया है Your brain seems unhinged. मिट्टी ~ होना to be done for.

ख़राबी (kha rA bee) *f.* 1. badness. 2. wickedness. 3. defect; दिमाग़ की ~ perversity of the brain.

ख़राश (Kha rAsh) *f.* irritation (esp. in the throat).

ख़रीता (Kha ree tA) *m.* 1. bag. 2. pocket. 3. scroll.

ख़रीद (Kha reed) *f.* purchase.

ख़रीदना (~ nA) *vt.* to purchase/buy; पैसे से प्यार नहीं ख़रीदा जा सकता Money cannot buy love.

ख़रीद-फ़रोख़्त (~ Fa rokht) *f.* buying and selling, sale and purchase.

ख़रीदार (Kha ree dAr) *m.* 1. buyer, purchaser. 2. customer.

ख़रीदारी (Kha ree dA ree) *f.* 1. act of buying/purchasing, marketing, shopping; मैं ~ करनें जाऊँगा I will go for shopping. 2. purchase.

ख़रीफ़ (Kha reeF) *f.* ~ की फ़सल autumnal crop.

खरोंच (kha roc̃) *f.* scratch.

खरोंचना (~ nA) *vt.* to scratch; खरोंच डालना to scratch, out and out.

खरोष्ठी (kha rosh Thee) *f.* an ancient script of India from which several modern scripts are evolved.

खर्च (kharc) *m.* expense, expenditure, outlay; ~ उठाना to bear the expenses; ~ करना to spend; ~ घटाना to reduce one's expenses; ~ पड़ना/बैठना to cost; हवाई जहाज़ से दिल्ली जाने का ~ कितना पड़ेगा How much it would cost to fly to Delhi? ~ होना (i) to be spent; मकान पर कितना ~ हुआ How much (money) was spent on the house? (ii) to be consumed; कितना सीमेंट ~ हुआ How much cement was consumed ? ~ में डालना to debit; ख़ानगी ~ domestic expenses; जेब ~ pocket expenses; दैनिक ~ daily expenses; फुटकर ~ miscellaneous expenses; राह ~ travelling expenses.

खर्चना (~ na) *vt.* to spend.

खर्चा (khar cA) *m.* = खर्च।

खर्ची (~ cee) *f.* maintenance allowance.

खर्चीला (~ lA) *adj.* lavish, spendthrift, extravagant.

ख़र्रा (Khar rA) *m.* roll, a long paper.

खर्राटा (khar rA TA) *m.* the act or sound of snoring; खर्राटे भरना या लेना to snore.

खल (khal) *adj.* wicked, base, low.

खलखल (~ khal) *f.* sound produced by boiling liqid.

खलखलाना (~ lA nA) *vi.* to be boiling. *vt.* to boil.

खलना (~ nA) *vt.* to hurt/offend; खल जाना—यह बात मुझे खल गई It has hurt/offended me.

खलनेवाला (khal ne wA lA) *adj.* offending; उसकी टिप्पणी खलनेवाली थी His remark was offending.

खलबली (~ ba lee) *f.* stir, alarm, disturbance, commotion; ~ मचना—खलबली मच गई A stir went round. ~ मचाना to create a stir, provoke strong feelings among people.

ख़लल (KHa lal) *m.* 1. obstruction, disturbance. 2. interference. ~ डालना (i) to create a disturbance; (ii) to interfere.

ख़लासी (~ lA see) *m.* 1. khalasi, who does odd jobs mostly of a mechanical nature. 2. redemption.

खलियान (~ li yAn) *m.* = खलिहान।

खलिहान (~ li hAn) *m.* open place where the harvested crop is stored for processing, threshing floor.

ख़ली (~ lee) *f.* oil-cake.

ख़लीफ़ा (KHa lee FA) *m.* 1. Caliph, Khalif. 2. Muslim appellation used for an elderly person who is held high in his own trade.

खल्वाट (khal VAT) *adj.* bald.
m. baldness.

खवा (kha VA) *m.* portion between shoulder and elbow.

ख़वास (KHa VAS) *m.* personal attendant/ bodyguard who waits on kings and the like.

ख़स (KHas) *f.* a variety of grass that exhales a pleasant odour; ~ की टट्टी screen of ख़स, used for cooling the air.

खसकना (kha sak nA) *vi.* = खिसकना।

खसकाना (khas KA nA) *vt.* = खिसकाना।

ख़सख़स (KHas KHas) *f.* poppy seed.

ख़सख़सी (~ KHa see) *adj.* 1. of the colour of poppy seed. 2. of the size of poppy seed, tiny.

ख़सम (KHa sam) *m.* husband; ~ कर लेना to opt (someone) as a husband (banter).

ख़सरा (KHas rA) *m.* 1. measles. 2. Patwari's survey book.

ख़सीस (KHa sees) *adj.* miserly.

ख़सीसी (~ see see) *f.* miserliness.

खसोट (kha SOT) *f.* act of grabbing; ~ लेना to grab/snatch .

खसोटना (~ nA) *vt.* to grab.

ख़स्ता (KHas tA) *adj.* 1. crisp; ~ बिस्कुट crisp biscuit. 2. worn-out, in bad condition; मकान का हाल ~ था The house was in dilapidated condition. ~ - सा काग़ज़ wornlooking document. 3. miserable; ~ हालत miserable state.

ख़स्सी (KHas see) *m.* castrated he-goat.

ख़ाँ (KhÃ) *m.* = ख़ान।

खाँग (KhÃg) *m.* 1. thorn. 2. spike; a protruding spike-like organ used as a weapon. 3. foot-disease of animals.

खाँचना (khÃc nA) *vt.* to scratch a groove, line etc.

खाँचा (khÃ CA) *m.* 1. groove, furrow. 2. bucket, rather biggish.

खाँड (khÃD) *f.* unrefined sugar.

खाँड़ा (khÃ RA) *m.* dagger, small sword.

खाँप (khÃp) *f.* slice, bit.

खाँसना (khÃs nA) *vi.* to cough.

खाँसी (khÃ see) *f.* the act or sound of coughing, cough; कुकुर ~ whooping cough.

खाई (khA ee) *f.* 1. moat. 2. trench. 3. ditch; ~ पाटना to bridge a gulf.

खाऊ (~ oo) *adj.* gluttonous; कमाऊ- ~ one who earns enough to meet his wherewithal; समय - ~ time-consuming.

खाऊ-उड़ाऊ (~ -u RA oo) *adj.* prodigal.

ख़ाक (KhAk) *f.* dust, earth, ashes; ~ उड़ना—वहाँ ~ उड़ रही है The place is in ruins/ lying desolate. ~ उड़ाना to roam about aimlessly; ~ का पुतला mortal being; ~ डालना to bury the hatchet; ~-पत्थर something insignificant; ~ में मिल जाना

to return to dust; ~ हो जाना to come to dust; दर-दर की ~ छानना to knock about from pillar to post.

ख़ाकसार (~ SAR) *m.* a title for one's ownself, expressing humility.

ख़ाका (KHA KA) *m.* sketch, sketch map, layout, draft, outline; ~ उतारना (i) to draw a sketch; (ii) to prepare a draft; (iii) to caricature.

ख़ाकी (~ kee) *adj.* Khaki, resembling the colour of dust.

खाज (khAj) *f.* scabies, itch, mange; कोढ़ की ~ one misfortune that aggravates the other; कोढ़ में ~ one misfortune in the midst of another.

खाजा (khA jA) *m.* a variety of Indian sweet.

खाट (khAT) *f.* charpoy, cot; ~ तोड़ना to spend time mostly lying down on bed; ~ पर पड़ जाना to be bedridden; ~ से उतारना to bring down a dying person from the cot to the floor; ~ से लगना to become bedridden.

खाड़ी (khA Ree) *f.* bay, gulf; बंगाल की ~ Bay of Bengal.

खात (khAt) *m.* 1. pit. 2. manure/compost pit. 3. pond. 4. well.

खाता (khA tA) *m.* 1. account; ~ खोलना to open an account; ~ जमा credit balance; ~ बाक़ी debit balance; खाते में डालना to debit to the account (of someone); चालू ~ current account; बचत ~ savings account. 2. account book/ register.

खाता-पीता (~ - pee tA) *adj.* well-fed, fairly well off.

खाता-बही (~ - ba hee) *f.* account book, ledger.

ख़ातिर (KHA tir) *f.* hospitality; ~ करना to show hospitality; ~ जमा रखना to be rest assured.

ख़ातिर, की (kee KHA tir) *postposition.* for the sake of (someone).

ख़ातिरदारी (~ dA ree) *f.* hospitality.

ख़ातिरी (KHA ti ree) *f.* = ख़ातिरदारी।

ख़ातून (KHA toon) *f.* lady.

खातेदार (~ te dAr) *m.* 1. tenure-holder. 2. co-tenant. 3. account holder.

ख़ात्मा (KHAt mA) *m.* 1. end; जिंदगी का ~ end of life. 2. liquidation; ~ कर देना to liqui-date (someone by violent means).

खाद (khAd) *f.* manure; कृत्रिम ~ artificial manure; ~ डालना/देना to manure.

खादर (khA dar) *m.* alluvial tract.

खादी (~ dee) *f.* hand-spun and hand-woven cloth.

खाद्य (khAddy) *adj.* eatable, edible. *m.* food.

खाद्य भंडार (~ bhaN DAr) *m.* a store sup-plying food items, food store.

खाद्यान्न (khAd dyAnn) *m.* foodgrains.

खान (khAn) *f.* mine; ज्ञान की ~ store of knowledge; पत्थर की ~ quarry.

ख़ान (KHAn) *m.* a title used for Pathans (sply. Muslim) as a mark of respect.

ख़ानगी (~ gee) *adj.* domestic. *f.* concubine, kept.

ख़ानदान (~ dAn) *m.* family.

ख़ानदानी (~ dA nee) *adj.* belonging to good/high family/well-to-do family.

खान-पान (khAn - pAn) *m.* way of living with particular reference to eating and drinking.

खान मज़दूर (~ maz door) *m.* miner.

ख़ानसामा (KHAn sA mA) *m.* Khansama, ste-ward whose main duty is looking after the kitchen.

खाना (khA nA) *vt.* 1. to eat; मैं कुछ और नहीं खा सकता I can't eat any more. खा जाना

(i) to eat up; (ii) to squandar; (iii) to grab /misappropriate; खा डालना to squander away; खाने के योग्य eatable, fit to be eaten; खाने को दौड़ना to behave with unwarranted aggressiveness. 2. to consume or use; मेरी कार बहुत पेट्रोल खाती है My car consumes much petrol. खाने-पहनने से सुखी leading a prosperous life; कच्चा खा जाना to swallow without ceremony; घूस ~ to take bribe; गोली ~ (i) to take a tablet; (ii) to be hit by a bullet; चोट ~ to be hurt/wounded; जिस का ~ उसी पर गुर्राना to growl at one who provides food; मुँह की ~ (i) to receive a knockout blow; (ii) to eat an humble pie; सरदी ~ to catch/get cold.

m. 1. act of eating; संतरे खाने में अच्छे हैं Oranges are good to eat. 2. food, meal; वह अपना ~ ख़ुद बनाता है He does/prepares his own cooking. ~ ज़हर हो गया The food became almost a poison. ~ ठंडा हो रहा है Food is getting cold. ~ बनाना to cook; वह इस समय खाना बना रही है She is cooking at this moment.

ख़ाना (KhA nA) *m.* 1. house; दौलत ~ residence. 2. compartment; रेल का ~ railway compartment. 3. case; चश्मे का ~ spectacles-case. 4. column; अख़बार का ~ column of a newspaper.

खाना-कमाना (khA nA - ka mA nA) *vi.* to earn one's livelihood; खाने-कमानेवाला one who earns money, earner.

ख़ाना-तलाशी (KhA nA - ta lA shee) *f.* house-search.

खाना-पीना (khA nA- pee nA) *vt.* to enjoy life.

ख़ानापुरी (KhA nA pu ree) *f.* observance of formalities; ~ करना to fill in the columns.

ख़ानाबदोश (~ ba dosh) *m.* nomad.

ख़ानाबदोशी (~ ba do shee) *f.* nomadic life.

ख़ानाबरबादी (~ bar bA dee) *f.* ruination of a family.

खानेवाला (khA ne vA lA) *m.* 1. one who eats; मांस ~ one who eats meat. 2. one given to taking illegal gratification.

ख़ामख़ाह (Kha ma KhAh) *adv.* without any rhyme or reason.

ख़ामी (~ mee) *f.* fault, drawback, flaw, loophole; ~ दूर करना to remove the defect; ख़ामियाँ निकालना to pick loopholes.

ख़ामोश (~ mosh) *adj.* quiet, silent; ~ रहना to keep quiet, to remain silent.

ख़ामोशी (~ mo shee) *f.* quietude, silence; उसकी चीख से ~ भंग हुई Her scream broke the silence. ~ छाना/छा जाना reigning/pervading of silence.

खार (khAr) *m.* = क्षार।

ख़ार (KhAr) *m.* thorn.

f. grudge; ~ खाना to bear a grudge; वह मुझसे ~ खाता है He has a grudge against me.

खारा (khA rA) *adj.* saline, brackish.

m. 1. big basket. 2. cage of bamboo.

खारापन (~ pan) *m.* alkalinity, salinity.

ख़ारिज (KhA rij) *adj.* 1. dismissed; उसने इन अनुमानों को ~ कर दिया He dismissed these calculations. 2. rejected; ~ करना to reject, disapprove.

ख़ारिश (~ rish) *f.* itch.

खाल (khAl) *f.* skin; ~ उड़ाना/उधेड़ना to flay; ~ उतारना/खींचना to skin off.

ख़ालसा (KhAl sA) *m.* a sect among Sikhs.

ख़ाला (KhA lA) *f.* mother's sister; ~ का घर समझना to take (something) as a simple job. (banter)

ख़ालिस (~ lis) *adj.* pure, unadulterated.

ख़ाली (~ lee) *adj.* 1. empty. 2. vacant;

~ दिन vacant day, day of leisure; ~ पेट empty stomach; ~ बातें empty talk. 3. free; ~ समय free or unoccupied time. 4. unengaged, unemployed; ~ कर देना (i) to empty; (ii) to vacate; (iii) to evacuate; ~ जाना— ~ दूल्हा ही जाएगा The bridegroom alone will go. ~ बैठना (i) to sit idle; (ii) to be unemployed; ~ हाथ (i) empty-handed; (ii) without carrying any weapon of offence; ~ हाथ लौटना to return, failing in one's mission; निशाना ~ जाना to miss the mark; वचन ~ जाना—तुम्हारा वचन ख़ाली जाएगा Your request/demand/order will come to grief. वार ~ जाना to miss the mark.

ख़ाली जगह (~ ja gah) *f.* an available job, vacancy.

ख़ाविंद (KHA vind) *m.* husband.

ख़ास (KHAS) *adj.* special; ~ वाराणसी का of Varanasi proper. ~ कर/तौर पर specially, particularly; ~ - ख़ास (i) specially selected; (ii) specific; कुछ ~ नहीं nothing much, nothing specific.

ख़ास-ओ-आम (~ - o - AM) *m.* public at large, all people.

ख़ासा (KHA SA) *adj.* 1. quite. 2. good; अच्छा- ~ (i) good enough; (ii) hale and hearty. *m.* 1. a kind of white cotton cloth. 2. king's meal.

ख़ासियत (~ si yat) *f.* 1. speciality. 2. characteristic.

खिंचना (khĩc NA) *vi.* 1. to be drawn/pulled; मन ~ to be attracted. 2. to be expanded. 3. to be tightened; खिंचे-खिंचे रहना to avoid meeting.

खिंचाव (khĩ CAW) *m.* 1. strong force that pulls someone or something, pull. 2. strain; ~ आना—उनके दिलों में ~ आ गया है Their relations are strained. 3. attraction; उन दोनों में परस्पर गहरा ~ है They felt a strong mutual attraction.

खिचड़ी (khic REE) *f.* 1. a dish of rice and pulse mixed together; ~ पकना hatching of a conspiracy. 2. mixture, medley, hotch-potch; ~ भाषा jargon.

खिजलाना (khij lA NA) *vi.* to be visibly irritated, to fret; बात-बात पर ~ to fret over trifles.

खिजलाहट (~ lA haT) *f.* visible irritation, fretting.

ख़िज़ाँ (Khi ZÃ) *f.* season of defoliation, fall.

ख़िज़ाब (~ ZAb) *m.* hair-dye.

खिझाना (khi jhA NA) *vt.* to tease, irritate.

खिड़की (khiR kee) *f.* 1. window; ~ खोलना to open a window; (नई) ~ खोलना/निकालना/फोड़ना to open a window (anew). 2. trap-door. 3. counter.

खिड़कीदार (~ dAR) *adj.* having windows.

खिड़की-बंद (~ - band) *adj.* (house) all entire, without any other occupant.

ख़िताब (Khi tAb) *m.* title; ~ देना to confer a title (on).

ख़ित्ता (Khit tA) *m.* tract of land.

ख़िदमत (Khid mat) *f.* service, lackeying; ~ करना to serve, to wait upon; ~ बजा लाना to carry out a behest.

ख़िदमतगार (~ gAR) *m.* servant, lackey.

ख़िदमतगारी (~ gA ree) *f.* service, attendance.

खिन्न (khinn) *adj.* heavy-hearted, sorrowful, distressed.

खिन्नता (~ tA) *f.* suffering caused by someone's odd behaviour.

ख़िराज (Khi rAj) *m.* tribute.

ख़िलअत (Khil at) *f.* robe of honour (spl. awarded by a king/ruler).

खिलखिलाना (khil khi lA nA) *vi.* to laugh in a happy cheerful way; खिलखिला उठना to have a hearty laugh.

खिलखिलाहट (~ khi lA haT) *f.* guffaw, peel of laughter.

खिलना (khil nA) *vi.* 1. to blossom; फूल ~ blossoming of flowers; खिल उठना— (i) उसका चेहरा खिल उठा His face lighted up with glee. (ii) उसके सिर पर टोपी खिल रही है The cap becomes/suits him. 2. to burst open, to split. 3. to split up; चूना ~ splitting up of lime.

खिलवाड़ (khil VAR) *m.* child's play; ~ करना (i) to play (with); (ii) to behave carelessly; ~ समझना to take (it) as a child's play; खेल- ~ में in a mood of playfulness.

खिलवाड़ी (~ VA Ree) *adj.* playful, frivolous.

खिलाई (khi lA ee) *f.* 1. act of feeding. 2. act of eating.

खिलाई-पिलाई (~ - pi lA ee) *f.* good feed and drink.

खिलाड़ (khi lAR) *adj.* sportive (woman).

खिलाड़ी (~ lA Ree) *m.* one who plays a game, player, sportsman; कच्चा ~ raw player; पक्का ~ thoroughly good player; सच्चा ~ real sportsman.

खिलाड़ीपन (~ pan) *m.* sportsmanship; ~ की भावना spirit of sportsmanship.

खिलाना (khi lA nA) *vt.* 1. to cause to play; गोद में ~ to nurture in (one's) lap; प्रकृति ने कैसे-कैसे फूल खिलाए हैं How lovely the flowers that nature causes to blossom forth! बच्चे को खिला लाओ Give the child a good time. 2. to feed.

ख़िलाफ़, के (ke KHi lAF) *postposition.* against, opposed to; ~ जाना to go against; ~ हो जाना to oppose, to go against.

खिलौना (khi lau nA) *m.* 1. toy, plaything; हाथ का ~ a toy in one's hand. 2. something insignificant.

खिल्ली (khil lee) *f.* 1. derision, ridicule; ~ उड़ाना to deride/jeer; उसकी ~ उड़ाई गई He became an object of ridicule. 2. = बीड़ा (पान)।

खिवैया (khi vai yA) *m.* oarsman, rower.

खिसकना (~ sak nA) *vi.* 1. to move slowly on haunches. 2. to move slowly; खिसक आना/जाना to slip away.

खिसकाना (khis KA nA) *vt.* 1. causative of खिसकना। 2. to move/shift a little. 3. to pinch/purloin.

खिसियाना (khi si yA nA) *vi.* to be piqued/ruffled, primarily due to embarrassment.

खींच (khee͂c) *f.* 1. pull, draw. 2. draw, demand; हमारे माल की ~ बढ़ गई है The draw on our goods has accelerated. 3. stretch of a sound in a word.

खींच-तान (~ - tAn) *f.* 1. pulling in opposite directions, conflict, tussle. 2. stretching a bit too far, farfetching. 3. rift.

खींचना (~ nA) *vt.* 1. to pull; गाड़ी ~ to pull a cart. 2. to draw; तलवार ~ to draw (out) a sword; लकीर ~ to draw a line. 3. to yank; वह उसके गले की चेन खींच रहा था He was yanking at her (gold) chain. अपनी ओर खींच लेना ~ to attract/fascinate; फ़ोटो ~ to take a photograph; हाथ खींच लेना (i) to cease to take interest; (ii) to sever connection with (some activity).

खींचातानी (khee͂ cA tA nee) *f.* = खींच-तान।

खीज (kheej) *f.* chagrin, irritation, annoyance.

खीजना (~ nA) *vi.* to chagrin; खीज उठना to rile/chagrin; कार्यक्रम के बीच में ही लोगों को उठकर जाते देखकर वह खीज उठा He was riled when he saw the people leaving the programme midway.

खीझ (kheejh) *f.* = खीज।

खीझना (~ nA) *vi.* = खीजना।

खीर (kheer) *f.* a sweet dish of milk, rice, dry fruit etc; टेढ़ी ~ arduous job.

खीरा (khee rA) *m.* cucumber; ~ -ककड़ी समझना to consider (someone) as of little consequence.

खील (kheel) *f.* parched corn; ~ - खील हो जाना to be shattered to pieces, to be broken into shambles.

खीली (khee lee) *f.* = खिल्ली (पान का बीड़ा)।

खीस (khees) *m.* teeth, खीसें काढ़ना/निकालना to grin (as a sign of helplessness).

खुखड़ी (khukh Ree) *f.* 1. yarn woven round a spindle. 2. curved dagger usu. used by Gorkha soldiers.

खुचर (khu car) *f.* minor mistake or flaw; ~ निकालना to find fault.

खुचुर (~ cur) *f.* = खुचर।

खुजलाना (khuj lA nA) *vt.* to scratch. *vt.* to feel an itching sensation; खाल ~ to itch to get a licking.

खुजलाहट (~ lA haT) *f.* itching sensation.

खुजली (~ lee) *f.* 1. itch, itching sensation. 2. scabies.

खुजवाना (~ VA nA) *vt.* 1. causative of खुजाना। 2. causative of खोजना।

खुजाई (khu jA ee) *f.* search.

खुजाना (~ jA nA) *vt.* & *vi.* = खुजलाना।

खुटकना (~ Tak nA) *vi.* to peel off with the teeth.

खुटका (khuT KA) *m.* fear that something unpleasant might happen, apprehension.

खुटचाल (~ cAl) *f.* = खुरचाल।

खुटचाली (~ cA lee) *adj.* = खुरचाली।

खुटपन (~ pan) *m.* = खुटाई।

खुटला (~ lA) *adj.* counterfeit. *m.* an ornament for the ear.

खुटाई (khu TA ee) *f.* wickedness, wanton behaviour, wantonness.

खुट्टी (khuT Tee) *f.* 1. an Indian type of (hard) toffee. 2. non-speaking terms, severance of the bond of friendship.

खुड्डी (khuD Dee) *f.* 1. pit for evacuation. 2. foot-rest in an Indian lavatory.

ख़ुद (Khud) *pron.* & *adv.* self, oneself; मैं ~ भी नहीं जानता I don't know myself. वह ~ ही चला गया He went himself.

ख़ुदकाश्त (~ KAsht) *f.* land cultivated by owner/landholder himself.

ख़ुदकुशी (~ ku shee) *f.* suicide; ~ करना/कर लेना to commit suicide.

ख़ुदग़रज़ (~ Ga raz) *adj.* selfish.

ख़ुदग़रज़ी (~ Gar zee) *f.* selfishness.

खुदना (khud nA) *vi.* to be dug out.

खुदनी (~ nee) *f.* pick; कन ~ ear-pick; दँत ~ tooth-pick.

ख़ुदमुख़्तार (Khud muKh tAr) *adj.* 1. (lit.) master of one's own affairs. 2. independent, auto-nomous.

ख़ुदमुख़्तारी (~ muKh tA ree) *f.* state of being ख़ुदमुख़्तार, autonomy.

ख़ुदरा (~ rA) *adj.* retail; ~ बिक्री (i) retail sale; ~ मूल्य retail price; (ii) retail. *m.* (small) change; रुपए का ~ change for a rupee.

खुदवाई (khud VA ee) *f.* act of digging or charges paid therefor.

खुदवाना (~ VA nA) *vt.* to cause to dig.

ख़ुदा (Khu dA) *m.* God; ~ का दिया God-given; ~ के नाम पर in god's name; ~ ख़ुदा करके with extreme difficulty; ~ की मार divine ire; ~ के लिए for god's sake; ~ जाने God knows; ~ न करे God forbid; ~ लगती कहना to tell the absolute truth.

खुदाई (khu dA ee) *f.* act of digging.

ख़ुदाई (Khu dA ee) *f.* 1. godliness. 2. world. 3. creation.

ख़ुदावंद (~ vand) *m.* God, Almighty.

खुदाव (khu dAW) *m.* engraving.

ख़ुदी (Khu dee) *f.* 1. self. 2. egoism.

ख़ुनकी (Khun kee) *f.* (light) cold.

ख़ुनस (Khu nas) *f.* anger, wrath.

खुनसाना (khun SA nA) *vi.* to show anger.

खुनसी (~ see) *adj.* peevish.

ख़ुफ़िया (Khu Fi yA) *adj.* secret; ~ पुलिस police of the C.I.D.; ~ विभाग Intelligence Department.

ख़ुमार (~ mAr) *m.* = ख़ुमारी।

ख़ुमारी (~ mA ree) *f.* drowsiness.

ख़ुमी (~ mee) *f.* fungus, mushroom.

खुरंड (khu ranD) *m.* dry crust over a wound, scale; ~ जमना formation of crust over a wound.

खुर (khur) *m.* cloven hoof.

खुरक (khu rak) *f.* itch.

खुरखुर (khur khur) *f.* rattle of throat.

खुरखुरा (~ khu rA) *adj.* uneven, rough.

खुरखुराना (~ nA) *vi.* to produce a rattling sound.

खुरचन (khur can) *f.* 1. scrape, scraping. 2. a kind of sweet prepared of milk cream.

खुरचना (khu rac nA) *vt.* to scrape/scratch.

खुरचनी (~ rac nee) *f.* scraper.

खुरचाल (khur cAl) *f.* mischief, mischievousness.

खुरचाली (~ cA lee) *adj. & m.* mischief-maker.

ख़ुरजी (Khur jee) *f.* double haver-sack.

खुरदरा (~ da rA) *adj.* rough, uneven.

खुरपका (khur pa kA) *m.* foot-disease of hoofed animals.

खुरपा (khur pA) *m.* weeding hook.

खुरपा-जाली (~ - jA lee) *f.* instruments for weeding and collecting grass.

खुरपी (khur pee) *f.* small weeding hook.

खुरमा (~ mA) *m.* a sweet prepared of wheat-flour.

खुरहरा (khu rah rA) *adj.* 1. rough, uneven. 2. bare; खुरहरी खाट bare (rough) cot. *m.* a gadget for rubbing horses.

ख़ुराक (Khu rAk) *f.* 1. diet; उसकी ~ अच्छी है He eats well. 2. dose, e. g. of medicine.

ख़ुराकी (~ rA kee) *f.* 1. (quantity of) food material (for a specified period). 2. daily allowance in lieu there of.

ख़ुराफ़ात (~ rA FAt) *f.* mischief; ~ करना to indulge in mischief.

ख़ुराफ़ाती (~ rA FA tee) *adj.* mischievous. *m.* mischief-monger.

खुरी (khu ree) *f.* 1. mark of the hoof; ~ करना scratching of the ground by a quadruped, anxious to start; to be restless to start. 2. tumult, furore. 3. crookedness, wickedness.

ख़ुर्द (Khurd) *adj.* smallish.

ख़ुर्दबीन (~ been) *f.* microscope.

ख़ुर्राट (Khur rAT) *adj.* 1. (old and) experienced. 2. crafty, cunning. *m.* 1. person with a long-drawn experience. 2. crafty man.

ख़ुर्राटा (Khur rA TA) *m.* = खर्राटा।

खुलना (khul nA) *vi.* 1. to become open, to be opened; आँखें ~ opening of the eyes. 2. to be cleared; आकाश ~ clearing of the sky. 3. to come into existence, to be set up; संस्था ~ opening of an institution. 4. to disclose or divulge; वह मेरे सामने खुलेगा नहीं He will not open out in my presence. खुलकर (i) freely, without reserve; (ii) heartily; वह खुलकर हँसा He laughed heartily. खुलकर खेलना to indulge in unrestrained ways; खुलता हुआ रंग fair complexion; क़िस्मत ~— उसकी क़िस्मत खुल गई His luck was in.

किताब ~ opening of a book; खाता ~ opening of an account; खोपड़ी ~ opening out of the skull; गाँठ ~ (i) untying of a knot; (ii) उनके दिलों की गाँठ खुल गई The misunderstanding between them has been removed. गाड़ी ~ starting of a train; दरवाज़ा ~ opening of a door; बातचीत के लिए दरवाज़े खुले हैं Doors are open for talks. दिमाग ~ broadening of outlook; धड़का ~ —मेरा धड़का खुल गया I have overcome my fright. फ़ीता ~ —मेरा फ़ीता खुल गया My shoe-lace has come undone. भाग्य ~ —उस का भाग्य खुल गया His luck was in. भूख ~ restoration of appetite; भेद ~ —भेद खुल गया है The secret is out. मशीन ~ —मशीन खुली पड़ी है The machine has been taken to pieces/ the machine is lying unassembled. मुँह ~ to speak out of turn; मोर्चा ~ opening of a front; रस्सी ~ —रस्सी खुल गई है The rope is unhitched. रास्ता ~ opening of a way for traffic; हाथ ~ to get into the habit of beating; हियाव ~ —मेरा हियाव खुल गया है I have shaken off my shyness.

खुलवाना (~ VA NA) *vt.* to cause to be opened.

खुला (khu lA) *adj.* 1. open; ~ दिल open heart; ~ द्वार open door; ~ पत्र open letter; ~ विश्वविद्यालय open university; खुले मस्तिष्कवाला open-minded. 2. untied, not fastened, unleashed; ~ कुत्ता unleashed dog. 3. uncovered; खुली नाली open drain. 4. unobstructed; खुली सड़क unobstructed road. 5. wide, spacious; ~घर spacious house; ~ मैदान wide expanse; खुले आम openly; खुले ख़जाने = खुले आम; खुले दिल से open heartedly.

ख़ुलासा (Khu la SA) *adj.* open; ख़ुलासी जगह open place.

m. summary, abstract.

खुली छूट (khu lee chooT) *f.* freedom to do something unacceptable or to behave badly.

खुले में (khu le mẽ) *adv.* in the open air, outside, publicly.

खुल्लमखुल्ला (khu lam khul lA) *adv.* openly.

ख़ुश (Khush) *adj.* happy, merry, delighted, pleased; उस दिन वह बहुत ~ था That day he was in a happy mood. ~ करना to please; ~ होना to be pleased.

ख़ुशक़िस्मत (~ Kis mat) *adj.* fortunate, lucky.

ख़ुशख़त (~ Khat) *adj.* (one) with a beautiful handwriting.

ख़ुशख़बरी (~ Khab ree) *f.* good news; ~ मिलना reception of good news; ~सुनना to hear good news; ~ सुनाना to communicate good news, to give good news.

ख़ुशदिल (~ dil) *adj.* of joyous temperament, sprightly.

ख़ुशनसीब (~ na seeb) *adj.* very lucky.

ख़ुशनसीबी (~ na see bee) *f.* good luck.

ख़ुशनुमा (~ nu mA) *adj.* pleasing to look at, beautiful, good-looking, lively.

ख़ुशबू (~ boo) *f.* fragrance, aroma, sweet smell.

ख़ुशबूदार (~ dAr) *adj.* fragrant, aromatic, sweet-smelling.

ख़ुशमिज़ाज (Khush mi zAj) *adj.* gay tempered.

ख़ुशहाल (~ hAl) *adj.* well-off, prosperous.

ख़ुशहाली (~ hA lee) *f.* state of being well-off, prosperity.

ख़ुशामद (Khu shA mad) *f.* flattery; ~ करना to behave like a toady, to flatter.

ख़ुशामदी (~ shA ma dee) *adj.* flattering. *m.* flatterer, sycophant, toady.

ख़ुशामदी टट्टू (~ TAT TOO) *m.* sycophant, flatterer, toady.

ख़ुशी (Khu shee) *f.* happiness, merriment, mirth, joy, pleasure, cheer; आपसे मिलकर ~ हुई I am pleased to meet you. ~ का दिन day for rejoicing/jubilation; ~ का सौदा matter of choice; ~ की बात occasion of joy; ~ मनाना to celebrate/ rejoice; ~ से gladly, willingly, with pleasure; (अपनी) ~ से (at one's) pleasure/will; ~ से फूल उठना to be radiant with joy, to feel jubilant; ~ से भरा filled with joy. खुशियाँ देखना to see the happy occasions.

ख़ुशी-ख़ुशी (~ - Khu shee) *adv.* gladly, cheerfully.

ख़ुश्क (Khushk) *adj.* 1. dry, arid; ~ मिज़ाज dry temperament; ~ वायु dry/arid air. 2. unsmoothened, unbuttered; ~ रोटी unbuttered bread. 3. without diet; ~ वेतन pay without diet. 4. uninteresting; ~ विषय uninteresting subject.

ख़ुश्की (Khush kee) *f.* 1. dryness, aridity. 2. land; ~ के रास्ते by land route. 3. drought.

खुसुर-फुसुर (khu sur-phu sur) *f.* whispering; ~ करना to whisper.

ख़ूँख़ार (Khōō KhAr) *adj.* 1. (lit.) bloodthirsty. 2. fierce, ferocious, vehement.

खूँटना (Khōō T nA) *vt.* 1. to pluck. 2. to vex/tease/annoy.

खूँटा (khōō TA) *m.* stake; ~ गाड़ना (i) to fix as a stake; (ii) to put a mark of demarcation; खूँटे के बल कूदना/नाचना to show off on the strength of another; खूँटे से बाँधना to hitch.

खूँटी (~ Tee) *f.* 1. peg; मैंने ~ से अपना कोट उतारा I took my coat off the peg. 2. stump of reaped corn. 3. root of hair. 4. boundary.

खूँदना (khōōd nA) *vt.* to trample. *vi.* to trample over.

ख़ून (Khoon) *m.* 1. blood; (आँखों में) ~ उतरना/उतर आना to be livid with rage; ~ उबलना/खौलना boiling of the blood; ~ का घूँट पी जाना to swallow an insult; ~ का जोश zeal excited by blood-affection; ~ का प्यासा blood-thirsty; ~ का बदला revenge for murder; ~ की जाँच blood test; मैं अगले हफ़्ते ~ की जाँच कराऊँगा I will have a blood test next week. ~ के आँसू रोना to be in terrible grief; ~ देना to donate blood; ~ -पसीना एक करना to toil ceaselessly with the sweat of (one's) brow; ~ - पसीने की कमाई earning with the sweat of the brow; ~ पी जाना to be out for blood; ~ बहना to bleed; उसकी नाक से ~ बह रहा है His nose is bleeding. ~ सफ़ेद होना to be void of all human feelings; ~ सूख जाना being mortally terrified; ~सिर पर सवार होना to be out for (someone's) blood; ~ से लथपथ soaked in blood; मुँह को ~ लगना to get addicted to something unwholesome undesirable. 2. murder; ~ करना to murder/kill.

ख़ून-ख़च्चर (~ - Khac car) *m.* = ख़ून-ख़राबा।

ख़ून-ख़राबा (~ - Kha rA bA) *m.* the killing or wounding of people, bloodshed, blood-letting, bloodbath.

ख़ून-ख़राबी (~ - Kha rA bee) *f.* = ख़ून-ख़राबा।

ख़ूनी (Khoo nee) *adj.* 1. pertaining to blood; ~ बवासीर bleeding piles. 2. blood-red; ~ रंग blood-red colour. 3. bloody; ~ लड़ाई bloody war. 4. cruel; ~ आँखें cruel eyes. 5. fatal; ~ वार fatal attack.

ख़ूब (Khoob) *interj.* 1. Well done! Bravo! 2. Excellent! ~फँसे Well caught! क्या ~ How beautiful; Excellent! क्या ~ कही Well said!
adv. very much, in abundance/plenty; इस वर्ष ~ आम हुए हैं Mangoes are in abundance this year. कल ~ पानी बरसा It rained a lot yesterday.

ख़ूबसूरत (~ soo rat) *adj.* beautiful, handsome, charming.

ख़ूबसूरती (~ soor tee) *f.* beauty, hand- someness.

ख़ूबानी (Khoo ba nee) *f.* apricot.

ख़ूबी (~ bee) *f.* excellence, speciality, elegance; बड़ी ~ से elegantly.

खूसट (khoo saT) *adj.* insensitive to beauties of life.
m. 1. owl. 2. old fogey.

खेड़ा (khe RA) *m.* 1. small village. 2. mud house; खेड़े की दूब worthless article.

खेड़ी (khe Ree) *f.* placenta.

खेत (khet) *m.* 1. cultivated field; ~ कमाना to fertilize and prepare a field for sowing; ~ काटना to reap a harvest; ~ बोना to sow a field. 2. farm. 3. battlefield; ~ आना/रहना to be killed in action.

खेत-खलिहान (~ - kha li hAn) *m.* field and its granary, field and its surroundings.

खेतिहर (khe ti har) *m.* peasant, agriculturist; ~ मज़दूर a farm hand.

खेती (~ tee) *f.* cultivation, farming, plantation, agriculture; गहरी ~ intensive cultivation; सहकारी ~ co-operative farming.

खेती-बारी (~ - bA ree) *f.* cultivation, agriculture.

खेद (khed) *m.* regret, sorrow, grief; ~ प्रकट करना to regret.

खेदजनक (~ ja nak) *adj.* regrettable, deplorable, lamentable.

खेदपूर्वक (~ poor vak) *adv.* regretfully; अत्यंत ~ with deep/profound regret.

खेद-प्रकाश (~ - pra kA sh) *m.* regret.

खेदा (khe dA) *m.* 1. a chase. 2. enclosure.

खेना (khe nA) *vt.* 1. to row or pull; वे नाव को किनारे खे लाए They pulled the boat towards the shore. 2. to drag on; रँडापा ~ to drag on one's widowhood.

खेनेवाला (khe ne wA lA) *m.* oarsman.

खेप (khep) *m.* instalment; ~ भरना to pay an instalment; चार खेपों में in four instalments.

ख़ेमा (Khe mA) *m.* 1. tent;~ गाड़ना to pitch a tent. 2. faction, clique.

ख़ेमेबाज़ (Khe me bAz) *m.* one given to factionalism.

ख़ेमेबाजी (~ bA zee) *f.* factionalism, groupism; ~ करना to engage in factional activities.

खेल (khel) *m.* 1. play; बच्चों का ~ child's play. 2. game, sport; ~ करना—किताब से खेल मत करो Don't play with the book. ~ खिलाना (i) to give a long rope; (ii) to treat the adversary as a thing of play. ~ -खेल में in fun and frolic, just in fun; ~ खेलना to make subtle moves; ~ दिखाना to display feats; (किसी काम को) ~ समझना to take (something) for a pastime; बाएँ हाथ का ~ something that comes too easy.

खेल-कूद (~ - kood) *f.* sports; ~ में लगे होना to be busy playing.

खेलना (~ nA) *vi. & vt.* to do something for pleasure, play; आँख-मिचौली ~ to play hide and seek; जान पर ~ to do (something) at the risk of (one's) life; नाटक ~ to act in a drama; शतरंज ~ to play chess; सिर पर मौत ~ death hovering on one's head.

खेलना-खाना (~ nA - khA nA) *vt.* to eat, drink and be merry, to enjoy; खेलने-खाने के दिन time to enjoy life.

खेल-प्रतियोगिता (~ - pra ti yo gi tA) *f.* tournament.

खेलाड़ी (khe lA ree) *m.* = खिलाड़ी।

खेलाना (~ lA nA) *vt.* 1. to cause to play. 2. to keep (someone) engaged in idle talk to ward off something. 3. to tease by hit and run tactics

खेवनहार (~ van hAr) *m.* 1. oarsman. 2. saviour.

खेवा (~ vA) *m.* 1. = खेप। 2. ferry-tax.

खेवैया (~ vai yA) *m.* 1. oarsman. 2. steersman.

खेस (khes) *m.* a kind of bedspread.

खेह (kheh) *f.* dust, earth.

खैर (khair) *m.* catechu.

ख़ैर (Khair) *interj.* well, let it be.

f. welfare; (किसी की) ~ मनाना to wish (someone) well; (अपनी) ~ मनाना to pray for (one's own) welfare; अपनी ~ मनाओ Guard your ownself.

ख़ैरख़ाह (~ KhAh) *m.* well-wisher.

ख़ैरख़ाही (~ KhA hee) *f.* well-wishing.

ख़ैरसल्ला (~ sal lA) *f.* welfare.

खैरा (khai rA) *adj.* of the colour of catechu.

m. an animal of the colour of catechu.

ख़ैरात (Khai rAt) *f.* alms, charity.

ख़ैराती (~ rA tee) *adj.* charitable; ~ दवाख़ाना charitable dispensary.

ख़ैरियत (~ ri yat) *f.* welfare; ~ पूछना to enquire about (someone's) welfare; ~ से with safety, safely.

खोंच (khõc) *f.* rent (in a cloth).

खोंचा (khõ cA) *m.* device for catching birds with a bamboo.

खोंचा (khon cA) *m.* = खोमचा।

खोंचिया (khõ ci yA) *m.* 1. beggar. 2. fowler.

खोंट (khõT) *m.* act of pruning/ripping.

खोंटना (~ nA) *vt.* to prune, to rip the top of a plant.

खोंड़ा (kho~ RA) *adj.* having a limb maimed/mutilated/disabled/crippled.

खोंप (khõp) *f.* 1. rent, crack. 2. provisional rough stitching.

खोंपना (~ nA) *vt.* to pierce.

खोंपा (khõ pA) *m.* shed for storing straw.

खोंसना (khõs nA) *vt.* to tuck (in), to thrust/pierce (into); पर ~ to show off, to publicise.

खोआ (kho A) *m.* a thickened milk-product.

खोई (~ ee) *f.* 1. dehydrated sugarcane. 2. parched rice. 3. a very light corn. 4. a blanket used as a head wear.

खोखला (khokh lA) *adj.* 1. having empty space in side, hollow. 2. worthless or false; खोखली बातें hollow talk; ~ कर देना to undermine; यह प्रथा समाज की नींव को खोखला कर देगी This practice will undermine the foundation of society.

खोखलापन (~ pan) *m.* hollowness.

खोखा (kho khA) *m.* 1. boy. 2. stall.

खोज (khoj) *f.* 1. search, quest. 2. discovery; धनी पति की ~ इतनी आसान नहीं Finding a rich hushand is not so easy. ~ मिटाना to wipe out traces/clues.

खोज-ख़बर (~ - Kha bar) *f.* enquiries about (someone's) welfare and all that; ~ लेना to enquire about (someone's) welfare and all that.

खोजना (~ nA) *vt.* 1. to search. मैं अपनी घड़ी खोज रहा हूँ I am looking for my watch. 2. to seek; सुख ~ to seek happiness; खोज करना (i) to search; (ii) to discover;

किसने भारत की खोज की Who discovered India?

खोजबत्ती (~ bat tee) *f.* searchlight.

खोजवाना (~ VA nA) *vt.* to cause to search.

खोजा (kho jA) *m.* eunuch, usu. a servant in a harem.

खोजी (kho jee) *m.* one who looks thoroughly in order to find someone or something.

खोट (khoT) *m.* 1. substance which adulterates a genuine commodity; ~ निकालना to remove an adulterant; ~ मिलाना to adulterate. 2. malice; मन में ~ होना—उसके मन में खोट है He bears malice/ill-will.

खोटा (kho TA) *adj.* 1. counterfeit; ~ सिक्का counterfeit coin. 2. wicked, bad; खोटी आदत bad habit; ~ आदमी wicked person; ~ काम faulty act, wicked or wanton behaviour. 3. improper; खोटी करना to do harm/mischief; खोटी सलाह ill advice.

खोटाई (kho TA ee) *f.* = खोटापन।

खोटापन (~ TA pan) *m.* wickedness, crookedness.

खोदना (khod nA) *vt.* 1. to dig, to dig out; कुआँ ~ to dig a well. 2. to engrave; बर्तनों पर नाम ~ to engrave names on vessels; खोद-खोदकर पूछना to crossexamine cri-tically.

खोदनी (~ nee) *f.* = खुदनी।

खोदाई (kho dA ee) *f.* = खुदाई।

खोना (~ nA) *vt.* to lose; मेरी कलम खो गई है I have lost my pen. वह हिम्मत खो बैठा He has lost his courage. पुलिस नियंत्रण खो बैठी The police lost control. खोया-खोया-सा absent-minded; खोया-खोया सा रहना to look lost.

खोपड़ा (khop RA) *m.* 1. skull. 2. dried coconut; खोपड़े का तेल coconut oil.

खोपड़ी (~ Ree) *f.* 1. skull. 2. head; ~ खुजलाना (i) to scratch one's head; (ii) to invite a knock on one's head; ~ गंजी करना to give a severe thrashing on the head; ~ चटकना to feel out of sorts due to excessive heat or the like; ~ चाटना to knock smoke out of (one's) head; ~ में घुसना to find an inlet in (one's) brain. 3. outer covering of coconut etc.

खोपा (kho pA) *m.* 1. corner of a thatch. 2. outside corner of a house. 3. triangular braid of a lady's hair. 4. kernel of a coconut.

खोमचा (khom cA) *m.* a large plate in which pedlars display their goods for sale; ~ लगाना (i) to prepare a खोमचा; (ii) to do pedlar job.

खोया (kho yA) *m.* = खोआ।

खोल (khol) *m.* cover, covering.

खोलना (khol nA) *vt.* 1. to open; उसने दरवाज़ा खोला He opened the door. खाता ~ to open an account. 2. unfasten, to unwrap, to untie, to unfold; गाँठ ~ to untie a knot; गाय ~ to unhitch a cow; ताला ~ to unlock; धोती खोल देना to show off one's pennilessness; नाव ~ to start a boat; बख़िया ~ to unsew stitches; बटन ~ to unbutton; भेद ~ to divulge/disclose a secret; मशीन ~ to take a machine to pieces; रोज़ा ~ to break a fast; संस्था ~ to start an institution; सड़क खोल देना to throw open a roadway.

खोली (kho lee) *f.* 1. covering. 2. a small room (for hire).

खोह (khoh) *f.* cave, cavern.

खोही (kho hee) *f.* umbrella made of leaves.

ख़ौफ़ (KHAUF) *m.* terror, dread; ~ खाना to be dreaded; ~ दिखाना frighten, to terrorize.

ख़ौफ़नाक (~ nAK) *adj.* 1. causing great fear, dreadful. 2. dangerous.

खौर (khaur) *m.* 1. a crescent wavy mark Hindus make on their foreheads. 2. a brass tool with which such a mark is made. 3. an ornament ladies wear on their heads. 4. a kind of net for catching fish.

खौरना (~ nA) *vt.* to put such a mark (see खौर)।

खौरी (khau ree) *f.* ash.

खौलना (khaul nA) *vi.* to boil; मेरा ख़ून खौल रहा है My blood is boiling.

खौलाना (khau lA nA) *vt.* 1. cause to boil/ bubble. 2. to offend to the extreme.

ख्यात (khyAt) *adj.* renowned, reputed, eminent, well-known.

ख्याति (khyA ti) *f.* fame, renown, repute; ~ प्राप्त reputed, renowned.

ख़्याल (KhyAl) *m.* 1. = ख़याल। 2. a kind of tune in Indian music.

ख्रिष्टान (khrish TAn) *m.* Christian.

ख्रिष्टीय (~ Teey) *adj.* pertaining to Christianity.

ख्रीष्ट (khreeshT) *m.* Jesus Christ.

ख़्वाब (KhwAb) *m.* dream; ~ देखना to dream, to see a dream; ख़्वाबों की दुनिया dreamland, world of dreams.

ख़्वाबी (KhwA bee) *adj.* dream-like, dreamy; ~ दुनिया dreamland.

ख़्वार (KhwAr) *adj.* embarrassed no end, embarrassed beyond measure.

ख़्वारी (KhwA ree) *f.* state of being ख़्वार।

ख़्वाहमख़्वाह (KhwAh ma KhwAh) *adv.* for no rhyme or reason.

ग

ग (g) *m.* third of the soft palatal pentad of consonants of the Nagari alphabet; sounds like *g* in *gull*.

गंगबरार (gaṅg ba RAr) *m.* alluvial land left behind by a river.

गंगा (gaṅ gA) *f.* the river Ganga; ~ नहाना (i) to bathe in Ganga; (ii) to be relieved of some hardship.

गंगा-जमुनी (~ - ja mu nee) *adj.* 1. (lit.) of the colour of Ganga and Jamuna. 2. of a happy blending of two colours e.g. black and white, golden and silvery etc.
f. a kind of ear-ring.

गंगाजल (~ jal) *m.* the water of the Ganga which is considered sacred.

गंगाजली (~ ja lee) *f.* small brass vessel for carrying Ganga water; ~ उठाना to swear by Ganga water.

गंगाराम (~ RAm) *m.* parrot.

गंगाल (gaṅ gAl) *m.* big metallic container for storing water.

गंगालाभ (~ lAbh) *f.* sanctimonious gain of having one's ashes immersed in the Ganga.

गंगावतरण (~ va ta raN) *m.* descent of Ganga (from Heaven down below to the earth).

गंज (ganj) *m.* 1. baldness, alopecia. 2. treasure. 3. dump, pile.
suffix. denoting place or market, e.g विश्वेश्वरगंज, दारागंज।

गँजना (gãj nA) *vi.* to put in a heap, to pile (things) up.

गंजा (gan JA) *adj.* bald.

गँजाई (gã JA ee) *f.* dumping, heaping.

गँजाना (~ JA nA) *vt.* to cause to heap/pile.

गंजी (gan jee) *f.* 1. pile, heap. 2. man's undervest.
m. one who takes the intoxicant गाँजा।

गंजीफ़ा (~ FA) *m.* 1. a game played with a pack of 96 cards. 2. a pack of such cards.

गँजेड़ी (gã je Ree) *m.* one who is given to smoking hemp-leaf.

गँठ (gãTh) *f.* abbreviation of गाँठ (knot).

गँठकटा (~ ka Ta) *m.* pickpocket.

गँठजोड़ा (~ jo RA) *m.* गँठजोड़े से (do something together) with due observance of the conjugal tie.

गँठबंधन (~ ban dhan) *m.* = गठबंधन।

गँठीला (gã Thee lA) *adj.* 1. knotty; गँठीली उलझन knotty problem/tangle. 2. = गठीला।

गंड (gaND) *m.* 1. cheek. 2. black cord worn on the neck. 3. temple (of the ear) 4. mark. 5. knot.

गंडस्थल (gaN Das thal) *m.* 1. cheek. 2. temple (of the ear).

गंडा (~ DA) *m.* 1. knot. 2. black cord worn on the neck. 3. ring, circle. 4. collar tied round the neck of pets. 5. an ornament for the neck. 6. a mode of reckoning by fours, a unit of four.

गंडा-तावीज़ (~ ta veez) *m.* amulet.

गँड़ासा (gã RA SA) *m.* 1. axe. 2. chopper for cutting fodder.

गँडेरी (~ De ree) *f.* small piece cut-off from a sugarcane.

गंतव्य (gan tavvy) *adj.* approachable; ~ स्थल destination.
m. destination.

गंद (gand) *m.* rubbish, refuse, trash; ~ बकना to vituperate.

गंदगी (~ gee) *f.* 1. filth. 2. filthiness, nastiness. 3. obscenity.

गंदम (gan dam) *m.* = गंदुम।

गँदला (gãd lA) *adj.* muddy (water), turbid.

गंदा (gan dA) *adj.* 1. dirty; गंदे कपड़े dirty clothes. 2. smutty, messy, filthy; ~ मज़ाक filthy joke. 3. nasty, obscene; गंदी किताब nasty book; गंदी तस्वीर obscene picture.

गंदी बस्ती (~ dee bas tee) *f.* slum.

गंदुम (~ dum) *m.* wheat.

गंदुमी (~ du mee) *adj.* wheaten.

गंध (gandh) *f.* smell, odour; इस कमरे में से ~ आ रही है This room is smelling. ~ देने लगना to start smelling foul.

गंधक (gan dhak) *f.* sulphur.

गंधकी (~ dha kee) *adj.* sulphurous.

गंधतैल (gandh tail) *m.* scented oil.

गंधबिलाव (~ bi lAV) *m.* civet.

गंधर्व (gan dharv) *m.* a class of celestial singers and musicians.

गंधर्व विवाह (~ vi vAh) *m.* (in Hindu Law) marriage by agreement of both parties but without parents' consent.

गंधर्वी (gan dhar vee) *f.* fem. of गंधर्व।
adj. pertaining to गंधर्व।

गंधवती (gandh va tee) *f.* 1. the earth. 2. wine.

गंधवह (~ vah) *m.* air.

गंधा (gan dhA) *adj.* (fem.) giving off smell.

गंधाना (~ nA) *vi.* to emit foul smell.

गंधा बिरोजा (~ bi ro jA) *m.* resin of pine trees.

गंधार (gan dhAr) *m.* = गांधार।

गंधी (~ dhee) *m.* 1. one who deals in scents, perfumer. 2. perfume manufacturer.

गँधीला (gã dhee lA) *adj.* emitting (foul) smell, smelly.

गंधेंद्रिय (gan dhen driy) *f.* nose.

गंध्य (gandhy) *adj.* 1. pertaining to smell. 2. emitting smell.

गंभीर (gam bheer) *adj.* 1. deep, profound. 2. critical, serious; ~ दशा serious condition. 3. sober; ~ व्यक्ति sober man.

गंभीरता (~ tA) *f.* 1. depth. 2. seriousness; ~ से लेना to take seriously. 3. sobriety. 4. gravity.

गंभीरतापूर्वक (~ poor vak) *adv.* in a profound manner, profoundly.

गँवई (gã va ee) *f.* small village.

गँवाऊ (~ vA oo) *adj.* wasteful, prodigal, spendthrift.
m. waster.

गँवाना (~ vA nA) *vt.* to suffer the loss of, to lose; इस मुठभेड़ में एक जवान ने जान गँवाई A jawan lost his life in this encounter. गँवा बैठना to squander away.

गँवार (~ vAr) *adj.* rustic, boorish, stupid, vulgar.
m. bumpkin, villager.

गँवारपन (~ pan) *m.* 1. rusticity, boorishness.

गँवारू (gã vA roo) *adj.* 1. rustic. 2. uncivilized or unrefined; ~ प्रयोग slang; ~ बोली rural dialect.

गँसीला (gã see lA) *adj.* piercing.

गई (ga ee) *adj.* fem. of गया; ~ बात bygone event/matter; आई – ~ बात event/matter past and gone.

गऊ (ga oo) *f.* cow.
adj. meek (as cow).

गगन (ga gan) *m.* sky.

गगनचर (~ car) *m.* 1. one who usually moves in the sky. 2. bird.

गगनचुंबी (~ cum bee) *adj.* sky-high; ~ इमारत/भवन sky-scraper.

गगनभेदी (~ bhe dee) *adj.* thundering; ~ आवाज voice or sound, loud and piercing.

गगनमंडल (~ maN Dal) *m.* dome of the sky.

गगनविहारी (~ vi hA ree) *adj.* = गगनचर।

गगनस्पर्शी (~ spar shee) *adj.* sky-high, very high.

गगरा (gag rA) *m.* biggish pitcher.

गगरिया (ga ga ri yA) *f.* = गगरी।

गगरी (gag ree) *f.* earthen pitcher, small pitcher; ~ छलकना spilling over of liquid out of a pitcher.

गच (gac) *f.* 1. sound produced when a hard thing falls on a soft surface. 2. house-building mortar. 3. soft floor made of mortar. 4. plaster. 5. constipation.

गचकारी (~ kA ree) *f.* mud-plastering.

गचाका (ga cA kA) *m.* = गच (sound).

गच्चा (gac cA) *m.* 1. pit. 2. hoodwinking; ~ खाना to be taken in; ~ देना to take in.

गज (gaj) *m.* elephant.

गज़ (Gaz) *m.* yardstick, measuring yard.

ग़ज़क (Ga zak) *f.* sweet prepared with sesame and sugar/jaggery.

गजगति (gaj ga ti) *f.* slow, graceful gait like that of an elephant.

गजगामिनी (~ gA mi nee) *f.* (woman) having a graceful gait.

गज़ट (ga zaT) *f.* gazette.

गजदंत (gaj dant) *m.* 1. tooth of an elephant. 2. projecting tooth. 3. wall-peg.

गजना (~ nA) *vt.* = गाजना।

गजनाल (~ nAl) *f.* large cannon drawn by elephants.

गजनासा (~ nA sA) *f.* trunk (of an elephant).

ग़ज़ब (Ga zab) *m.* 1. wrath; ख़ुदा का ~ divine wrath. 2. wonder; ~ का marvellous, wonderful, extraordinary, miraculous; ये तस्वीरें ~ की सुंदर हैं These pictures are really wonderful. ~ करना to commit an act of bewilderment; ~ ढाना to commit an outrageous act.

गजबाग (gaj bAg) *m.* goad of an elephant.

गजमुख (~ mukh) *m.* God Ganesh.

ग़जर (Ga jar) *m.* toll of a bell.

ग़जरदम (~ dam) *adv.* in the early hours of dawn.

गजरभात (ga jar bhAt) *m.* sweet dish prepared of carrot, rice and sugar.

गजरा (gaj rA) *m.* garland (usu. of flowers).

गजराज (~ rAj) *m.* king of elephants.

ग़ज़ल (Ga zal) *f.* a kind of amatory poem, profusely used in Urdu.

गजवदन (gaj va dan) *m.* God Ganesh.

गजा (ga jA) *m.* pole used for beating a trumpet.

गज़ी (ga zee) *m.* a kind of coarse cloth.

गजेंद्र (ga jendr) *m.* = गजराज।

गज़ेटियर (ga ze Ti yar) *m.* gazetteer.

गज्झा (gaj jhA) *m.* profit; ~ मारना to earn profit by improper means.

गज्झिन (~ jhin) *adj.* dense, thick (cloth, bush etc.)

गट (gaT) *f.* sound produced while drinking some liquid; ~ से all at once, quickly.

गटई (ga Ta ee) *f.* throat.

गटकना (ga Tak nA) *vt.* to quaff, to gulp down, swallow quickly.

गटगट (gaT gaT) *m.* gurgling sound. *adv.* quickly; ~ पीना to drink quickly.

गटपट (~ paT) *f.* 1. close friendship. 2. sexual intercourse. 3. mixture.

गटापारचा (ga TA PAR CA) *m.* guttapercha.

गट्टा (gaT TA) *m.* 1. wrist. 2. ankle. 3. an Indian variety of hard toffee.

गट्ठर (~ Thar) *m.* bundle, bale.

गट्ठा (~ Tha) *m.* 1. huge bundle. 2. bulb of garlic or onion.

गठजोड़ (gaTh joR) *m.* relationship, nexus; अपराधियों और राजनीतिज्ञों के ~ से शासन कमज़ोर हुआ है The government is weakened by the criminal-politician nexus.

गठजोड़ा (gaTh jo RA) *m.* conjugal tie, bridal knot.

गठन (ga Than) *f.* constitution of a body, build.

m. formation, composition; मंत्रिमंडल का ~ formation of the ministry.

गठना (gaTh nA) *vi.* 1. to be closely knit or stitched; गठा शरीर muscular body. 2. to be on close terms (with). 3. to be engaged in cohabitation.

गठबंधन (~ ban dhan) *m.* conglomerate, alliance; राष्ट्रीय ~ National Alliance.

गठरी (~ ree) *f.* 1. bundle, package; ~ बाँधना to pack (up). 2. riches, wealth; ~ मारना to grab (someone's) lucre/riches; ~ मिलना to obtain a plethora of wealth.

गठवाना (gaTh VA nA) *vt.* to get (something) stitched.

गठा (ga ThA) *adj.* of good constitution; ~ बदन muscular body.

गठाव (ga ThAW) *m.* = गठन।

गठिया (ga Thi yA) *m.* rheumatism, gout.

गठियाना (ga Thi YA nA) *vt.* to tie up.

गठीला (ga Thee lA) *adj.* 1. well-built. 2. robust, sturdy.

adj. = गँठीला।

गठीलापन (~ pan) *m.* state or quality of being गठीला; robustness.

गड़गड़ा (gaR ga RA) *m.* hookah/hubble-bubble.

गड़गड़ाना (~ nA) *vt.* 1. to gurgle, to make a gurgling sound as in smoking a hookah. 2. to rumble.

गड़गड़ाहट (~ haT) *f.* rumbling/rolling sound.

गड़ना (gaR nA) *vi.* 1. to be pitched. 2. to be buried. 3. to prick or give a pricking sensation.

गड़प (ga Rap) *f.* swallowing; ~ से at a gulp.

गड़पना (~ nA) *vt.* to swallow; गड़पकर जाना to grab wholesale.

गड़प्पा (ga Rap pA) *m.* yawning/gaping pit.

गड़बड़ (gaR baR) *f.* 1. untoward happening; कल रात नगर में ~ हुई Last light there was some trouble in the city. 2. mess, muddle; ~ करना to confound/bungle, to make a mess. 3. something wrong; उसकी कार में कुछ ~ है There is something wrong with his car.

गड़बड़-घोटाला (~ - gho TA lA) *m.* wholesale mess, big muddle.

गड़बड़-झाला (~ - jhA lA) *m.* hotchpotch.

गड़बड़ाना (gaR ba RA nA) *vi.* 1. to get confused/perplexed. 2. to falter; उसका रोज़गार गड़बड़ा गया है His business has gone out of gear.

vt. to confuse/perplex.

गड़बड़िया (~ ba Ri yA) *m.* one who confounds or bungles.

गड़बड़ी (~ ba Ree) *f.* = गड़बड़।

गड़रिया (ga Ra ri yA) *m.* shepherd.

गड़वाना (gaR VA nA) *vt.* causative of गाड़ना।

गड़हा (~ hA) *m.* pit.

गड़ाना (ga RA nA) *vt.* to pierce into.

गड़ारी (ga RA ree) *f.* pulley.

गड़ारीदार (~ dAr) *adj.* having circlets or rings.

गड़ुआ (ga RU A) *m.* mug.

गड़ेरिया (ga Re ri yA) *m.* = गड़रिया।

गड्ड (gaDD) *m.* lot, heap, pile; ~ का गड्ड the entire lot.

गड्ड-मड्ड (~ - maDD) *adj.* muddled, jumbled; ~ करना (i) to jumble; (ii) to mix by pouring (again and again). *m.* jumble, medley.

गड्डा (gaD DA) *m.* large pack.

गड्डी (~ Dee) *f.* pack, small pile.

गड्ढा (~ DhA) *m.* 1. pit; सड़क का ~ pothole; ~ खोदना to dig a pit; (किसी के लिए) ~ खोदना to dig in a pitfall (for someone); ~ पाटना to cover up a pit, to close a pit. 2. dent.

गढ़ंत (ga Rhant) *f.* = गढ़न।

गढ़ (gaRh) *m.* 1. citadel, fort; ~ टूटना fall of a fort. 2. stronghold; यह नगर विद्रोहियों का ~ है This city is a stronghold of rebels.

गढ़न (ga Rhan) *m.* state or quality of गढ़ना।

गढ़ना (gaRh nA) *vt.* 1. to chisel (wood etc.). 2. to carve (stone etc.). 3. to manufacture by hand. 4. to concoct (story etc.).

गढ़पति (~ pa ti) *m.* the chief executive of a fort.

गढ़ा (ga RhA) *m.* = गड्ढा।

गढ़ाई (ga RhA ee) *f.* act or quality of गढ़ना or charges paid for the same.

गढ़ाना (ga RhA nA) *vt.* causative of गढ़ना।

गढ़िया (ga Rhi yA) *f.* = गढ़ैया।

गढ़ैया (ga Rhai yA) *f.* small pit.

गण (gaN) *m.* 1. group, class, gang. 2. fawning follower, satellite.

गणक (ga Nak) *m.* 1. one who calculates. 2. calculator (machine), tabulator. 3. astrologer.

गणतंत्र (gaN tantr) *m.* republic.

गणतंत्री (~ tan tree) *adj.* = गणतांत्रिक।

गणतांत्रिक (~ tAn trik) *adj.* republican.

गणन (ga Nan) *m.* counting.

गणना (gaN nA) *f.* counting; जन ~ census.

गणनीय (~ neey) *adj.* countable.

गणपति (~ pa ti) *m.* God Ganesh.

गणपूर्ति (~ poor ti) *f.* quorum.

गणराज्य (~ RAjjy) *m.* republic.

गणसंख्या (~ saṅ khyA) *f.* cardinal number.

गणिका (ga Ni kA) *f.* prostitute, harlot.

गणित (ga Nit) *m.* Mathematics; अंक ~ Arithmetic; बीज ~ Algebra; रेखा ~ Geometry.

गणितज्ञ (ga Ni taggy) *m.* Mathematician.

गणितज्योतिष (~ jyo tish) *m.* Astronomy.

गणितीय (ga Ni teey) *adj.* mathematical.

गणित्र (ga Nitr) *m.* calculator.

गणेश (ga Nesh) *m.* Lord Ganesh, the Hindu God of learning.

गण्य (gaNNy) *adj.* countable.

गण्यमान्य (~ mAnny) *adj.* distinguished, honoured, respected.

गत (gat) *adj.* past; ~ हो जाना to be dead and gone.
f. = गति; ~ बनाना = दुर्गति करना; ~ बना रखना to spoil (one's) appearance.

गतका (~ kA) *m.* an Indian type of mace.

गतकाल (~ kAl) *m.* the past.

गतप्राय (~ prAy) *adj.* almost past.

गतव्यवहार (~ vyav hAr) *adj.* obsolete.

गतांक (ga tAṅk) *m.* the previous or last issue of a periodical etc. [गत+अंक]

गतात्मा (ga tAt mA) *m.* departed soul.

गतायु (ga tA yu) *adj.* 1. superannuated. 2. at the fag end of life.

गतावधि (ga tA va dhi) *adj.* time-barred.

गति (ga ti) *f.* 1. motion, movement; ~ हीन motionless. 2. velocity, speed; 50 किमी की ~ speed of 50 km. 3. state, position. 4. ways; उत्तम ~ enviable position (here-in-after); दयानिधि तोरी ~ लखि न परे Unknowable are thy ways, O Most Merciful! मेरी इस विषय में कोई ~ नहीं I have no go in this matter. तेरी ~ ही निराली है Strange are thy ways!

गतिक (ga tik) *adj.* dynamic.

गतिज (ga tij) *adj.* kinetic; ~ ऊर्जा kinetic energy.

गतिमान (ga ti MAN) *adj.* in motion, moving.

गतिरोध (~ rodh) *m.* 1. speed-breaker. 2. stalemate, deadlock; जनसंचार माध्यम का मानना है कि सार्क ~ के लिए भारत की अपेक्षा पाकिस्तान अधिक ज़िम्मेदार है The media holds Pakistan more responsible than India for the Saarc stalemate.

गतिविज्ञान (~ vig gYAN) *m.* dynamics.

गतिविधि (~ vi dhi) *f.* 1. movement, activity. 2. state of affairs.

गतिशील (~ sheel) *adj.* 1. dynamic. 2. mobile.

गतिशीलता (~ tA) *f.* 1. dynamism. 2. mobility.

गतिहीन (ga ti heen) *adj.* static, motionless, stagnant.

गत्ता (gat tA) *m.* strawboard, coarse cardboard.

गत्ताल-खाता (~ tAl-khA tA) *m.* bad debt account.

गत्यवरोध (~ tya va rodh) *m.* deadlock.

गत्यात्मक (ga tyAt mak) *adj.* active, dynamical.

गत्वर (gat war) *adj.* 1. active, dynamical. 2. moving.

गद (gad) *f.* 1. thudding sound, thud. 2. constipation.

ग़दर (Ga dar) *m.* mutiny.

गदराना (gad rA nA) *vi.* to be on the verge of ripening; गदराया बदन slighty plumpy body; गदराई जवानी youth blossoming about, budding youth.

गदहा (~ hA) *m.* = गधा।

गदा (ga dA) *m.* 1. mace. 2. mendicant, beggar.

गदाई (~ ee) *adj.* mean, base.

f. mendicancy, beggary.

गदाधर (ga dA dhar) *m.* 1. one who wields a mace. 2. Lord Vishnu.

गदेला (ga de lA) *m.* 1. coarse bed-cushion. 2. tot, small child.

गद्गद (gad gad) *adj.* over-whelmed with joyful emotion.

गद्द (gadd) *f.* = गद।

गद्दर (gad dar) *adj.* half-ripe.

गद्दा (~ dA) *m.* mattress, bed-cushion, quilt.

ग़द्दार (Gad dAr) *m.* 1. a person who is guilty to treason, traitor. 2. one who betrays one's fellows.

adj. traitorous.

ग़द्दारी (~ dA ree) *f.* traitorous conduct/act.

गद्दी (Gad dee) *f.* 1. (small) mattress, cushion. 2. pack-saddle. 3. seat. 4. throne; ~ छोड़ना to relinquish a throne; ~ पर बैठना to mount a throne; ~ से उतरना to be dethroned. 5. office.

गद्दीनशीन (~ na sheen) *adj.* enthroned.

गद्य (gaddy) *m.* prose.

गद्यकाव्य (~ kavvya) *m.* poetic prose.

गद्यात्मक (gad dyAt mak) *adj.* in the form of prose.

गधा (ga dhA) *m.* 1. donkey, ass; गधे को बाप बनाना to flatter a fool for gaining one's own end; गधे से हल चलवाना to humiliate by causing all round destruction. 2. stupid fellow, damn fool.

गधा-पचीसी (~ pa cee see) *f.* an age, round about twenty-five, characterised by childish behaviour.

गधापन (~ pan) *m.* asinine conduct, stupidity; ~ करना to make an ass of oneself.

गधा-हेँचू (~ hẽ coo) *m.* a game of children.

गधेरा (ga dhe rA) *m.* owner of a donkey.

ग़नी (Ga nee) *adj.* rich, wealthy.

ग़नीमत (~ mat) *f.* consoling factor; ~ समझाना to consider (something) as a consoling factor.

गन्ना (gan nA) *m.* sugarcane.

गन्नी (~ nee) *f.* gunny.

गप (gap) *f.* casual or idle chit-chat, often of an exaggerated nature, gossip; ~उड़ाना to rumour about others; ~ मारना to gossip or chat; ~ लड़ाना to go on gossipping together; ~ हाँकना to indulge in boastful gossip.

गपकना (ga pak nA) *vt.* 1. to gobble/gulp down. 2. = लपकना।

गपड़चौथ (ga paR cauth) *m.* medley, mess; ~ करना to make a mess of things.

गपशप (gap shap) *f.* tittle-tattle, gossip; ~ करना to indulge in tittle-tattle.

गपोड़ (ga poR) *m.* = गपोड़िया।

गपोड़ा (ga po RA) *m.* gossip of a hyperbolic nature.

गपोड़िया (ga po Ri yA) *m.* gossipper.

गप्प (gapp) *f.* = गप।

गप्पी (gap pee) *m.* one given to gossipping, gossipmonger.

ग़फ़ (gaF) *adj.* densely woven (texture or textile)

ग़फ़लत (GaF lat) *f.* 1. carelessness, negligence. 2. semi-conscious state; ~ की नींद deep slumber.

ग़बन (Ga ban) *m.* embezzlement, misappropriation; ~ करना to embezzle; ~ करनेवाला embezzler; अध्यक्ष ने पाँच लाख रुपए हमारी संस्था के ~ किए हैं The president has embezzled Rs. 500000/-of our institution.

गबरू (gab roo) *adj.* youthful; ~ जवान young man with muscular body. *m.* husband.

ग़म (Gam) *m.* 1. grief. 2. sorrow; ~ उठाना to pass through a moment of grief; ~ खाना to suffer (indignity, loss or the like) patiently; ~ ग़लत करना to consume alcohol in order to avoid the pangs of grief .

गमक (ga mak) *f.* 1. smell. 2. fragrance.

गमकना (~ nA) *vi.* to give out fragrance.

ग़मख़ोर (Gam Khor) *adj.* given to suffer patiently without any ado.

ग़मख़ोरी (~ Kho ree) *f.* habit of suffering patiently.

ग़मगीन (~ geen) *adj.* 1. grief-stricken. 2. sombre, sorrowful, melanecholy, gtoomy.

गमछा (gam chA) *m.* thin towel of an Indian type.

गमन (ga man) *m.* 1. act of going; वेश्या ~ habitual prostitution; स्त्री ~ promiscuous cohabitation. 2. departure.

गमनागमन (gam nA ga man) *m.* 1. departure and arrival. 2. transportation.

गमनीय (~ neey) *adj.* traversable, passable.

गमला (~ lA) *m.* flower-pot.

ग़मी (Ga mee) *f.* bereavement, mourning; ~ में शामिल होना to participate in mourning.

गम्य (gammy) *adj.* 1. traversable, passable. 2. accessible.

गम्यता (~ tA) *f.* 1. traversability, passability. 2. accessibility, movability.

गयंद (ga yand) *m.* big elephant, tusker.

गया (ga yA) *vt.* past tense of जाना; जो ~ सो गया What is gone is gone.

m. a town in Bihar; ~ करना to offer obsequies to (one's) dead.

गया-गुज़रा (~ - guz rA) *adj.* = गया-बीता।

गया बीता (~ - bee tA) *adj.* 1. dead past. 2. good for nothing. 3. tattered and worn out.

गर (gar) *conj.* if.

ग़रक़ (Ga raK) *adj.* sunk; बेड़ा ~ होना—तेरा बेड़ा ~ हो May you come to grief!

गरचे (gar ce) *conj.* although, even though.

गरज (ga raj) *f.* 1. roar, thundering sound. 2. = ग़रज़।

ग़रज़ (Ga raz) *f.* imperative need, compelling necessity; ~ बावली होती है Compelling need knows no scruples. ~ यह कि the long and the short of it is, in sum.

गरजन (gar jan) *m.* roar, thundering sound.

गरजना (ga raj nA) *vi.* 1. to roar, thunder; ~ जो गरजता है वह बरसता नहीं Barking dogs seldom bite. The cloud that thunders does not rain. 2. to shout; ~ तरजना to shout and roar.

ग़रज़मंद (Ga raz mand) *adj.* needy.

ग़रज़ू (Gar joo) *adj.* needy.

..द (ga rad) *f.* dust.

गरदन (gar dan) *f.* neck; ~ उठाना to raise (one's) head; ~ उड़ाना to behead; ~ उतारना to chop off (someone's) head; ~ काटना (i) to cut off the throat; (ii) to put to a heavy loss. ~ झुक जाना—मेरी गरदन झुक गई My head was hung (in shame). ~ झुका लेना—मैंने गरदन झुका ली I hung down my head (in shame). ~ नापना to grasp (someone) by the neck (for throwing out); ~ नीची कर देना to do something calculated to humiliate; ~ नीची होना to suffer humiliation; ~ पर छुरी चलाना to put someone to immense loss; ~ पर सवार होना to embarrass by being obnoxiously present; ~ फँसना (i) to be under a compulsion with no way out; (ii) to be in (someone's) grip. ~ फँसाना to get (oneself unnecessarily) involved/entangled. ~ में हाथ देना = ~ नापना।

गरदनतोड़ बुख़ार (~ toR bu KhAr) *m.* meningitis.

गरदनियाँ (gar da ni yã) *f.* neck; ~ देना to throw out (someone) by the scruff of the neck.

गरदनी (~ da nee) *f.* see गरेबान।

गरदा (~ dA) *m.* dust.

गरम (ga ram) *adj.* 1. hot, warm; बच्चे का शरीर कुछ-कुछ ~ है The child's body feels feverish. ~ पानी का सोता hotspring. 2. heated. 3. live (wire). 4. extremist.

गरम कपड़ा (~ kap RA) *m.* 1. warm cloth. 2. (plu.) warm clothing.

गरम ख़बर (~ Kha bar) *f.* hot news.

गरम दल (~ dal) *m.* extremist party.

गरम मसाला (~ ma sA lA) *m.* powdered mixture of spices.

गरमाई (gar mA ee) *f.* warmth, heat.

गरमागरम (~ mA ga ram) *adj.* 1. hot from the oven; ~ ख़बर hot news. 2. exciting. 3. heated; ~ बहस heated discussion; इस बार संसद में ~ बहस हुई This time there was a heated debate in the Parliament.

गरमागरमी (~ mA gar mee) *f.* breeze, heated discussion.

गरमाना (~ mA nA) *vt.* to heat; गरमा जाना (i) to lose temper; (ii) to be in heat.

गरमाहट (~ mA hat) *f.* warmth.

गरमी (~ mee) *f.* 1. heat. 2. hotness. 3. summer. वह गरमी खा गया He is heat-struck. गरमी मत खाओ Don't lose temper.

गरल (ga ral) *m.* poison, venom.

गराँव (ga rãw) *f.* rope tied round an animal's neck.

गराज (ga rAj) *m.* garrage.

गराड़ी (ga rA Ree) *f.* pulley.

गरामी (ga rA mee) *adj.* नामी ~ renowned, reputed.

गरारा (ga rA rA) *m.* 1. gargle; ~ करना to gargle. 2. loose pyjama worn by ladies.

गरिमा (ga ri mA) *f.* 1. grace, greatness, sublimity. 2. dignity, prestige.

गरिमापूर्ण (~ poorN) *adj.* 1. graceful, sublime. 2. full of dignity, dignified.

गरियाना (ga ri yA nA) *vt.* to abuse/vituperate, to use foul language, full of invectives.

गरिष्ठ (ga rishTh) *adj.* heavy (food), not easily digestible.

गरी (ga ree) *f.* 1. coconut kernel. 2. edible portion of a nut.

ग़रीब (Ga reeb) *adj.* poor; ~ देश poor country; ~ बनना to pretend to be a poor man.

ग़रीबख़ाना (~ KhA nA) *m.* one's humble abode (language of modesty).

ग़रीबनिवाज़ (~ ni vAz) *adj.* kind, merciful to the poor.

ग़रीबपरवर (~ par var) *adj.* who supports the poor, (ever) supporting the poor.

ग़रीबी (Ga ree bee) *f.* the state of being poor, poverty, indigence; ~ का मारा poverty-stricken; ~ में आटा गीला होना Misfortune never comes alone. ~ में पला brought up in poverty.

गरुड़ (ga ruR) *m.* eagle.

गरुड़ध्वज (~ dhwaj) *m.* Lord Vishnu.

ग़रूर (Ga roor) *m.* 1. vanity. 2. pride.

गरेबान (ga re bAn) *m.* part of a garment worn round the neck; ~ में मुँह डालकर देखना to look inside oneself, to look within, to introspect.

गरोह (ga roh) *m.* = गिरोह।

ग़र्क़ (GarK) *adj.* sunk, drowned; see also ग़रक़।

गर्जन (gar jan) *m.* roar, thunder.

गर्जन-तर्जन (~ - tar jan) *m.* use of violent and threatening language.

गर्जना (garj nA) *f.* roar, thunder.

गर्डर (gar Dar) *m.* = गाटर (girder).

गर्त (gart) *m.* 1. pit. 2. deep or large pit.

गर्द (gard) *f.* dust.

गर्दख़ोर (~ Khor) *adj.* dust-absorbing.

गर्द-ग़ुबार (~ - Gu bAr) *m.* cloud of dust.

गर्दन (gar dan) *f.* = गरदन।

गर्दभ (~ dabh) *m.* donkey, ass.

गर्दिश (~ dish) *f.* 1. revolution. 2. distress, trouble.

गर्भ (garbh) *m.* 1. womb. 2. conception; ~ गिरना to miscarry; ~ ठहरना—उसे गर्भ ठहर गया है She has conceived.

गर्भकाल (~ kAl) *m.* gestation period, period of carrying.

गर्भकेसर (~ ke sar) *m.* carpel.

गर्भधारण (~ dhA raN) *m.* the act of conceiving or the state of being conceived, conception.

गर्भपात (~ pAt) *m.* miscarriage; ~ होना to miscarry.

गर्भवती (~ va tee) *adj.* pregnant; ~ होना to be pregnant, to be in a family way.

गर्भस्थ (gar bhasth) *adj.* situated in the womb.

गर्भस्थापन (garbh sthA pan) *m.* impregnation.

गर्भस्राव (garbh srAv) *m.* abortion.

गर्भाधान (gar bhA dhAn) *m.* impregnation; one of the 16 ceremonies of a Hindu's life.

गर्भावस्था (~ bhA vas thA) *f.* pregnancy.

गर्भाशय (~ bhA shay) *m.* uterus.

गर्भिणी (~ bhi Nee) *f.* pregnant woman.

गर्भित (~ bhit) *adj.* used as a suffix; as in रत्नगर्भित।

गर्म (garm) *adj.* 1. hot; ~ कपड़े warm clothing. 2. heated. 3. live (wire).

गर्मी (gar mee) *f.* 1. heat; ~ खाना to become excited; ~ हो जाना to become ill due to heat. 2. summer.

ग़र्रा (Gar rA) *m.* vainglory, excessive and ostentatious vanity.

गर्व (garv) *m.* pride; मिथ्या ~ false pride, ~ की बात a matter of pride.

गर्वित (gar vit) *adj.* proud.

गर्वीला (~ vee lA) *adj.* proudy, haughty.

गर्वोक्ति (~ vok ti) *f.* boast, brag.

गर्हण (~ haN) *m.* detestation.

गर्हणा (~ ha NA) *f.* 1. detestation. 2. condemnation.

गर्हणीय (~ ha Neey) *adj.* detestable.

गर्हित (~ hit) *adj.* 1. detestable or detested. 2. condemnable or condemned.

गर्ह्य (garhy) *adj.* see गर्हणीय।

गलकंबल (gal kam bal) *m.* hanging part of a cow's neck, dewlap.

गलका (~ kA) *m.* whitlow,

गलगंड (~ ganD) *m.* goiter.

गलग्रंथि (~ gran thi) *f.* thyroid gland.

ग़लत (Ga lat) *adj.* 1. wrong, wrongful, erroneous; मुझे ~ मत समझो Don't misunderstand me. ~ आँकड़े wrong data; ~ काम wrongful act; ~ प्रयोग misuse of words, malapropism. 2.wrong, unsuitable, improper; ~आदमी wrong person.

गलतकिया (gal ta ki yA) *m.* side-pillow.

ग़लतफ़हमी (~ Fah mee) *f.* a minor disagreement or quarrel, misunderstanding.

ग़लतबयानी (~ ba yA nee) *f.* misstatement, misstating; ~ करना to misstate.

ग़लती (Gal tee) *f.* mistake, error, folly, wrong; ~ करना to make a mistake; आपने ~ की है इसलिए आपको सज़ा मिलेगी You have done wrong, so you shall be fined. लड़के से सचमुच ~ हो गई है The boy has really committed a fault. भूतकाल की गलतियों को वर्तमान में नहीं सुधारा जा सकता The wrongs of a medieval past cannot be corrected in the present. उसे महसूस हुआ कि मैंने भारी ~ की है He realised that he had made a terrible mistake. यह ~ बार-बार करते हैं We commit this folly again and again. ~ किस से नहीं होती Who is not open to error? मुझे कभी ~ नहीं मिली I never found a mistake. ~ से by mistake; मैं अपने छाते की जगह ~ से आपका छाता उठा लाया I took your umbrella instead of mine by mistake.

गलन (ga lan) *f.* 1. wasting of bodyparts due to diseases, leprosy or the like. 2. thawing of body-parts, as it were, due to extreme cold. 3. bitter cold.

गलना (gal nA) *vi.* 1. to melt/liquefy. 2. to soften by being boiled, as pulse, potatoes; यहाँ तुम्हारी दाल नहीं गलेगी Here, you will not be able to achieve your end. 3. to smelt. 4. to thaw, as it were, due to frost bite.

गलफड़ा (~ pha RA) *m.* gill (of fish).

गलफाँसी (~ phÃ see) *f.* 1. noose. 2. circumstance of extreme distress.

ग़लबा (Gal bA) *m.* overwhelming preponderance.

गलबाहीं (gal bA hee͠) *f.* putting one's arm round another's neck.

गलमुच्छा (~ muc chA) *m.* whiskers.

गलवाना (~ VA nA) *vt.* to cause to melt.

गलशोथ (~ shoth) *m.* core throat.

गलसुआ (~ su A) *m.* mumps.

गला (ga lA) *m.* 1. throat; ~ काटना (i) to cut/slash (someone's) throat; (ii) to inflict heavy loss (upon), like cutting (someone's) neck. ~ घुटना to be strangled/throttled; ~ घोटना to strangulate/stifle; इन लोगों ने राष्ट्रवादी अभिव्यक्ति का सदा ~ घोटा है These people have always strangled the nationalist voice. ~ छूटना to get riddance; ~ टीपना = ~ दबाना; ~ दबना to be coerced; ~ दबाना to exercise undue pressure; ~ पकड़ना (i) to hold (someome) answerable; (ii) to have immense irritation in the throat. ~ पड़ जाना to get a sore throat. ~ फँसना to get into a scrape/predicament; ~ फाड़ना to cry out loudly; ~ रेतना to put someone to torture or immense loss; गले का हार dearly loved companion ever; गले पड़ना—वह मेरे गले पड़ गया (i) He forced himself upon me. (ii) He pestered me. गले पड़ा/मढ़ा ढोल someone forced upon another, willy-nilly; गले बाँधना/बाँध देना to tie someone to another, willy-nilly; गले मढ़ना to thrust (upon someone) willy-nilly. 2. voice; ~ खुलना to attain or reatain normalcy of voice; ~ गरमाना warming up of throat (for singing); ~ बैठना—उसका गला बैठ गया है He has had a hoarse voice. ~ भर आना choking of the throat; ~ भर्राना; ~ = आवाज़ भर्राना; ~ रुँधना choking of the throat; उसका ~ सुंदर है His voice is sweet. 3. something like a neck in shape or position; क़मीज़ का ~ neck of a shirt; बोतल का ~ bottle neck.

गलाकाटू (~ KA TOO) *adj.* cutthroat, fierce; ~ प्रतियोगिता cutthroat competition.

गलाना (ga lA nA) *vt.* 1. to melt/smelt. 2. to dissolve; तेज़ाब में चाँदी ~ to dissolve silver in acid; देश की सेवा में शरीर ~ to sacrifice one's body in the service of the country.

गलावट (ga lA VAT) *f.* 1. act, state etc. of melting/smelting. 2. loss of material due to melting. 3. a substance which helps in melting some other substance.

गलित (ga lit) *adj.* rotten, melted, decayed, decaying (part).

गलित कुष्ठ (~ kushTh) *m.* wasting leprosy.

गलित यौवना (~ yau va nA) *f.* woman, who has wasted away her youth, or who is past the prime of life.

गलियाना (ga li yA nA) *vt.* to abuse.

गलियारा (ga li yA rA) *m.* corridor/gallery.

गली (ga lee) *f.* lane, street; ~ कमाना to scavenge a lane; ~ -गली मारे-मारे फिरना to knock about from street to street; बंद ~ blind lane/alley.

गलीचा (ga lee cA) *m.* carpet.

ग़लीज़ (Ga leez) *adj.* filthy; ~ बातें filthy talk.

m. filthy matter, such as faecal matter, urine etc.

गलेबाज़ (ga le bAz) *m.* 1. a singer who sings with a high pitch. 2. braggart.

गलेबाज़ी (ga le bA zee) *f.* state or quality of being गलेबाज़।

गल्प (galp) *f.* (fictitious) story.

गल्ला (gal la) *m.* 1. herd, flock. 2. cash-box.

ग़ल्ला (Gal lA) *m.* grain, corn.

गवन (ga van) *m.* going.

गवय (ga vay) *m.* 1. white antelope. 2. dugong.

गवर्नर (ga var nar) *m.* Governor. [H.E. राज्यपाल]

गवर्नर जनरल (~ jan ral) *m.* Governor General. [H.E. महाराज्यपाल]

गवर्नरी (ga var na ree) *f.* 1. Governorship. 2. Governor's administration.

गवर्मेंट (ga var meNT) *f.* government. [H.E. सरकार]

गवाक्ष (ga vAksh) *m.* a device for ventilation, ventilator.

गवार (ga vAr) *suffix.* agreeable; ख़ुश ~ pleasantly agreeable; ना ~ disagreeable, unpleasant.

गवारा (ga vA rA) *adj.* tolerable; ~ न होना to be intolerable/insufferable.

गवाह (ga vAh) *m.* witness.

गवाही (ga vA hee) *f.* evidence, witness, testimony; ~ देना to bear testimony/witness; मेरा मन ~ नहीं देता My mind forbids (that).

गवेषक (ga ve shak) *m.* investigator, searcher, explorer.

गवेषणा (ga vesh NA) *f.* 1. search, investigation, exploration. 2. research.

गवेषित (ga ve shit) *pp.* searched, investigated, explored.

गवेषी (ga ve shee) *m.* = गवेषक।

गवैया (ga vai yA) *m.* singer, musician, minstrel.

गव्य (gavvy) *adj.* produced from a cow.

ग़श (Gash) *m.* fainting, fit; ~ खा जाना to swoon/faint.

गश्त (gasht) *f.* act of patrolling, patrol/round; ~ लगाना to patrol. 2. act of prowling.

गश्ती चिट्ठी (gash tee ciT-Thee) *f.* circular letter.

गस्सा (gas sA) *m.* mouthful, morsel.

गहगहा (gah ga hA) *adj.* jubilant, bubbling with joy, enthusiastic.

गहगहाना (~ nA) *vi.* to beam with joy.

गहन (ga han) *adj.* 1. deep, intensive; ~ विचार deep thought. 2. dense, thick; ~ वन thick forest. 3. abstruse; ~ विषय abstruse subject. 4. intricate, mysterious.

गहनता (~ tA) *f.* 1. quality or state of being गहन। 2. abstruseness.

गहना (gah nA) *m.* ornament.

vt. to catch hold of.

गहमागहमी (~ mA geh mee) *f.* hustle-bustle.

गहरा (~ rA) *adj.* 1. deep; ~ साँस deep sigh. 2. sound; तुम ग़हरी नींद में थे You were in sound sleep. 3. deep-rooted; ~ अंधकार pitch dark; ~ असामी opulent chap/guy/person; ~ आदमी of a man of secretive nature; गहरी घुटना/छनना to be chummy (with); गहरी चाल subtle move; गहरी चिंता deep concern; गहरी नींद slumber, sound sleep; ~ पेट secretive nature/temperament; ~ रंग deep colour; ~ हाथ मारना (i) to inflict a severe blow; (ii) to strike it rich; गहरी बात matter difficult to understand; गहरी रक़म considerable/good amount (of money); गहरे पैठना to go deep down things; गहरे में in depth; गहरे में चलना to make subtle moves.

गहराई (~ ee) *f.* deepness, depth.

गहरेबाज़ (gah re baz) *adj.* (trap-and-pony) that runs fast.

गहरेबाज़ी (~ re bA zee) *f.* (trap-and-pony) practice, display etc. in running fast.

गह्वर (~ var) *adj.* 1. inaccessible. 2. secret, hidden.

m. 1. hole. 2. chasm. 3. hollow. 4. cave. 5. thicket forest.

गाँज (gÃj) *m.* pile, heap.

गाँजना (~ nA) *vt.* to pile up, to heap up, to amass, to hoard.

गाँजा (gÃ jA) *m.* 1. hemp plant. 2. leaves of the hemp plant having narcotic properties and used as smoking substance for intoxication.

गाँजाख़ोर (~ Khor) *m.* hemp-smoker.

गाँठ (gÃTh) *f.* 1. knot; ~ लगाना to knot, to tie a knot. 2. joint. 3. a knob, made by splicing. 4. bale, bundle; कपड़े की ~ bale of cloth. 5. gland. 6. bulb. 7. hard lump or piece; ~ का one's own (money); ~ का पक्का close-fisted, stingy; ~ का पूरा rich, wealthy; ~ काटना to pick-pocket; ~ खुलना (i) unravell- ing of a mystery; (ii) solution of a puzzle; ~ जोड़ना/बाँधना to tie together (of a bride and bridegroom); ~ बाँध लेना to remember life-long; ~ लगाना to make a knot; ~ से from one's own purse; ~ से जाना—तुम्हारी गाँठ से क्या गया What have you lost (therein)? ~ से निकल जाना = ~ से जाना; मन की ~ खोलना to speak open-heartedy; मन में ~ पड़ जाना to have a grouse.

गाँठकट (~ kaT) *m.* pickpocket.

गाँठगोभी (~ go bhee) *f.* kohlrabi, cabbage.

गाँठदार (~ dAr) *adj.* having a knot or splice, full of knots, knotty.

गाँठना (~ nA) *vt.* 1. to tie, to stitch. 2. to repair; जूता ~ to cobble. 3. to fulfil one's object; मतलब ~ to secure a selfish end; गाँठ लेना to win over (someone).

गाँड़ (gÃR) *f.* 1. anus, rectum. 2. bottom.

गाँडर (gÃ Dar) *f.* sweet-smelling grass.

गांडीव (gAN Deev) *m.* bow of Arjun.

गांधर्व (gAn dharv) *adj.* of or pertaining to गंधर्व।

गांधार (~ dhAr) *m.* 1. old name of modern Kandhar (क़ंधार). 2. third note in music.

गांधारी (~ dhA ree) *f.* mother of Duryodhan (in Mahabharat) who was princess of गांधार।

गांधी (gAn dhee) *m.* perfumer.

गाँधी (gÃ dhee) *m.* Mahatma Gandhi, father of the Indian nation (1869-1948).

गाँधी टोपी (~ To pee) *f.* Gandhian cap.

गाँधीवाद (~ vAd) *m.* Gandhism.

गांभीर्य (gAm bheerry) *m.* 1. depth. 2. depth of thought or knowledge, profundity. 3. seriousness. 4. gravity, sobriety, solemnity.

गाँव (gÃw) *m.* 1. village. 2. the inhabitants of the village collectively; ~ का गाँव all the inhabitants of the village.

गाँव सभा (~ sa bhA) *f.* village assembly.

गाँस (gÃs) *f.* 1. blade of an arrow or spear. 2. malice, enmity; ~ निकालना to take revenge.

गाउन (gA un) *m.* gown.

गागर (gA gar) *f.* earthen pitcher for keeping water cool; ~ में सागर laconic in words, pithy in meaning.

गाज (gAj) *f.* 1. roar. 2. thunder-bolt; ~ पड़ना falling of a thunder-bolt, affliction by a calamity. 3. froth (as of soap).

गाजना (~ nA) *vi* to roar.

गाजर (gA jar) *f.* carrot.

गाजर-मूली (~ - moo lee) *f.* petty things; किसी को ~ समझना to count someone as nothing.

गाजा-बाजा (gA jA - bA jA) *m.* pomp and show, merry-making.

ग़ाज़ी (Ga zee) *m.* a Muslim crusader.

गाटर (gA Tar) *m.* a large beam made of steel, girder.

गाड़ (gAR) *m.* pit (for storing grains).

गाड़ना (~ nA) *vt.* 1. to bury; मुर्दा ~ to bury the dead. 2. to pierce, to fix, to drive in; कील ~ to drive a nail in. 3. to erect/ pitch; तंबू ~ to pitch a tent.

गाड़ी (gA Ree) *f.* 1. any conveyance, specially one drawn by an animal or power, such as cart, car, train etc. आप बहुत तेज़ ~ चलाते हैं You drive too fast. ~ पर चढ़ना to board a train. 2. progress.

गाड़ीख़ाना (~ KhA nA) *m.* garrage.

गाड़ीवान (~ vAn) *m.* 1. coachman. 2. cart-man.

गाढ़ा (gA rhA) *adj.* 1. thick (said of a liquid); ~ दूध thickened milk. 2. thickly woven; ~ कपड़ा thickly woven cloth. 3. strong deep (colour); ~ लाल deep red. 4. intense, intimate; ~ प्रेम intense love; गाढ़ी दोस्ती intimate friendship. 5. difficult, arduous; ~ वक़्त trying times. गाढ़ी छनना to be on intimate terms (with someone); गाढ़ी छानना to prepare strong भाँग (an Indian liquid intoxi-cant); गाढ़े की कमाई hard earned money; गाढ़े दिन days of hardship, difficult days, trying times; गाढ़े में in time of hardship.

गात (gAt) *m.* body.

गात्र (gA tr) *m.* body.

गाथा (gA thA) *f.* 1. tale, story. 2. ballad.

गाद (gAd) *m.* sediment.

गाधि (gA dhi) *m.* father of Vishwamitra.

गान (gAn) *m.* 1. act of singing. 2. song.

गाना (gA nA) *vt.* & *vi.* 1. to sing. 2. to praise; अपनी ही ~ to indulge in egotism.

m. song; दुगाना duet.

गाना-बजाना (~ - ba jA nA) *m.* (festivity in the form of) musical merrymaking.

ग़ाफ़िल (GA Fil) *adj. m.* 1. asleep. 2. heedless, negligent, careless.

गाभ (gAbh) *m.* shoot, sprout.

गाभिन (gA bhin) *adj.* pregnant (animal); ~ करना to impregnate.

गामिनी (gA mi nee) *adj.* fem. of गामी।

गामी (gA mee) *adj.* 1. going. 2. moving.

गाय (gAy) *f.* cow; वह तो ~ है He is a meek and humble fellow.

गायक (gA yak) *m.* singer, vocalist.

गायकी (gAy kee) *f.* style of singing.

गायन (gA yan) *m.* 1. act of singing. 2. art of the singer.

ग़ायब (GA yab) *adj.* gone out of sight, disappeared, vanished; ~ कर देना—किसी ने मेरी घड़ी ग़ायब कर दी है Someone has made off with my watch. ~ हो जाना (i) to disappear, to vanish from sight. (ii) to be lost.

ग़ार (GAr) *m.* 1. cavern. 2. pit.

ग़ारत (GA rat) *adj.* destroyed, spoiled, ruined; उसकी पूरी जिंदगी ~ हो गई His whole life was ruined/spoiled.

गारद (gA rad) *f.* 1. party of soldiers keeping guard. 2. batch of soldiers.

गारना (gAr nA) *vt.* to squeeze; रस ~ to squeeze juice; आँसू ~ to shed tears.

गारा (gA rA) *m.* mortar.

गार्ड (gArD) *m.* guard.

गार्हपत्य (gAr ha patty) *adj.* 1. pertaining to a householder. 2. domestic.

गार्हस्थ्य (~ hasthy) *m.* household.

गार्हस्थ्य धर्म (~ dharm) *m.* duties pertaining to the affairs of a household.

गाल (gAl) *m.* 1. cheek; उसके ~ लाल हो गए Her cheeks were flushed. ~ पिचकना emaciation of cheeks; ~ फुलाना to get sulky; ~ बजाना (i) to brag; (ii) to prate, to chatter. 2. mouthful; काल के ~ में जाना to be trapped by Death.

गाला (gA lA) *m.* 1. a lump of something soft; रुई का ~ a lump of carded cotton. 2. something very soft.

ग़ालिब (GA lib) *adj.* overpowering, overcoming; ~ हो जाना to overpower.

ग़ालिबन (Ga li ban) *adv.* probably, perhaps.

गाली (gA lee) *f.* vituperation, abuse; उसने गालियों से मेरा स्वागत किया He greeted me with a stream of abuses. ~ खाना to be abused; ~ देना/निकालना to shower abuses (on somebody); गालियों पर उतर आना to stoop to vituperation.

गाली-गलौज (~ - ga lauj) *m.* invectives; ~ होना exchange of abusive terms.

गाली-गुफ़्ता (~ - guF tA) *m.* = गाली-गलौज।

गालू (gA loo) *adj.* 1. bragging. 2. talkative.

गावतकिया (gAw ta ki yA) *m.* long, roundish pillow, bolster.

गावदी (gAv dee) *adj.* crass, foolish, obtuse.

गावदीपन (~ pan) *m.* crassitude, foolishness.

गावदुम (gAv dum) *adj.* tapering, conical.

गाहक (gA hak) *m.* = ग्राहक; 1. customer, purchaser. 2. client.

गाहकी (gAh kee) *f.* 1. clients collectively, clientele. 2. demand. 3. offer for purchase.

गाहना (gAh nA) *vt.* 1. to probe deep. 2. to thresh/thrash.

गाही (gA hee) *f.* unit of five.

गाहेबगाहे (gA he ba gA he) *adv.* sometimes.

गिंजना (ginj nA) *vi.* to get spoiled by wrong handling.

गिंडुरी (giN Du ree) *f.* round cushion on the head for carrying a pitcher etc.

गिचपिच (gic pic) *f.* careless or scribbled writing.

adj. scribbled, illegible.

गिचिरपिचिर (gi cir pi cir) *adj.* see गिचपिच।

गिजगिजा (gij gi jA) *adj.* 1. viscous. 2. fleshy.

ग़िज़ा (Gi ZA) *f.* diet, sply. nutritive diet.

गिटकिरी (giT ki ree) *f.* (music) tremels.

गिटपिट (~ piT) *f.* unfamiliar language, sply. English.

गिटार (gi TAr) *f.* guitar.

गिट्टक (giT Tak) *f.* tiny block.

गिट्टी (~ Tee) *f.* very small hard bits of stone, small pirees of brick or stone used in preparing roads, roofs etc., grit; ~ तोड़ना to break roadstones.

गिड़गिड़ाना (giR gi RA nA) *vt.* to ask earnesthy, entreat/beseech/implore; गिड़गिड़ाते हुए with a look of entreaty.

गिड़गिड़ाहट (~ gi RA haT) *f.* earnest request, entreaty, beseeching, imploring.

गिद (gid) *f.* mucus (in the eyes).

गिद्ध (giddh) *m.* vulture.

गिद्ध-दृष्टि (~ - drish Ti) *adj.* eagle-sighted, long-sighted.

f. long sight.

गिनतारा (gin TA rA) *m.* abacus.

गिनती (~ tee) *f.* counting, count; ~ करना to count/enumerate; ~ के a few, very few; ~ गिनना to say the numbers/numerals (in order); ~ गिनाने के लिए nominally; ~ में आना to be included in the list; ~ में न लाना to consider as insignificant; उलटी ~ countdown.

गिनना (~ nA) *vt.* 1. to count/enumerate. 2. to include, to compute; गिन-गिनकर counting scrupulously; गिन-गिनकर क़दम रखना to proceed extra-cautiously; गिन-गिनकर गालियाँ देना to shower a volley of abuses; गिन-गिनकर दिन बिताना to pass days lingeringly.

गिनवाना (~ vA nA) *vt.* to cause to count.

गिना-गिनाया (gi nA - gi nA yA) *adj.* already counted.

गिनी (gi nee) *f.* = गिन्नी।

गिने-चुने (gi ne - cu ne) *adj.* (plu.) 1. selected few. 2. in a limited number.

गिन्नी (gin nee) *f.* guinea.

गिरगिट (gir giT) *m.* chamelion; ~ की तरह रंग बदलना to change colours chameleon-like.

गिरगिटान (~ gi TAn) *m.* = गिरगिट।

गिरजा (~ jA) *m.* church, cathedral.

गिरता-पड़ता (~ tA - paR tA) *adj.* staggering; बीती रात नशे में वह ~ घर पहुँचा He staggered home drunk last night. गिरते-पड़ते दामों पर at below market price.

गिरधारी (~ dhA ree) *m.* = गिरिधर (Lord Krishna).

गिरना (~ nA) *vi.* 1. to fall/drop; कलम ज़मीन पर गिर पड़ी है The pen has fallen on the floor. वह गिरते-गिरते बचा He nearly had a bad fall. गिर पड़ना to fall down. 2. to decrease, deteriorate or decline; जन्म-दर गिर रही है Birth-rate is declining; शरीर ~ (body) to be reduced; स्वास्थ्य ~ to decline in health, to break; गिरे हुए को उठाना to uplift the down-trodden; गिरे हुए चरित्रवाला a fallen character. 3. कितने वोट गिरे how many votes were cast?

गिरनार (~ nAr) *m.* a hill in Gujarat, sacred to the Jains.

गिरफ़्त (gi raFt) *f.* 1. catch, hold. 2. handle (of a weapon).

गिरफ़्तार (gi raF tAr) *adj.* arrested/apprehended; ~ करना to arrest/apprehend.

गिरफ़्तारी (gi raF tA ree) *f.* arrest, apprehension; वह किसी तरह ~ से बच निकला Somehow he managed to escape arrest. ~ देना to court arrest; उन्होंने ख़ुशी-ख़ुशी ~ दी They courted arrest happily.

गिरमिट (gir miT) *m.* gimlet.

गिरमिटिया (~ mi Ti yA) *m.* Indian labourer of eighteenth century on contract (in a colony).

गिरवाना (~ vA nA) *vt.* to cause to fall down.

गिरवी (~ vee) *adj.* mortgaged, pledged, hypothecated; ~ रखना to mortgage/pledge/hypothecate.

गिरवीदार (~ dAr) *m.* mortgagee.

गिरवीनामा (~ nA mA) *m.* mortgage deed.

गिरह (gi rah) *f.* 1. knot. 2. fold in the upper part of the dhoti, used for tugging money. 3. pocket; ~ काटना to pick-pocket. 4. 1/16 of a yard, a unit of measurement.

गिरहकट (~ kaT) *m.* one who steels from the pockets of the others, pick-pocket.

गिरहदार (~ dAr) *adj.* knotty, knotted.

गिरहबाज़ (~ bAz) *m.* somersaulting pigeon.

गिरा (gi rA) *f.* 1. tongue. 2. language. 3. Saraswati, the goddess of learning. *vi.* past tense of गिरना।

गिराना (~ nA) *vt.* 1. to fall, to cause to fall. 2. to drop; परदा ~ to drop the curtain. 3. to demolish/dismantle; पुरानी झोंपड़ियाँ गिरा दी गई हैं The old huts have been pulled down. 4. to kill on battle field.

गिरानी (~ nee) *f.* 1. dearness. 2. heaviness caused by indigestion.

गिरा-पड़ा (~ - pa RA) *adj.* 1. having fallen and lying down. 2. dilapidated; ~ मकान dilapidated house.

गिरापति (~ pa ti) *m.* Lord Brahma, the creator.

गिरामी (~ mee) *adj.* famous, renowned.

गिराव (gi RAW) *m.* = गिरावट।

गिरावट (gi RA VAT) *f.* 1. fall, decline. 2. depreciation.

गिरि (gi ri) *m.* mountain, hill.

गिरिजा (~ JA) *f.* goddess Parvati, wife of Lord Shiv.

गिरिद्वार (~ DWAR) *m.* pass, valley of a mountain.

गिरिधर (~ dhar) *m.* Lord Krishna.

गिरिधारी (~ dhA ree) *m.* = गिरिधर।

गिरिनाथ (~ nAth) *m.* Lord Shiv.

गिरिपथ (~ path) *m.* path between two mountains, pass.

गिरिराज (~ rAj) *m.* Himalaya.

गिरिशिखर (~ shi khar) *m.* peak of a mountain.

गिरिसंकट (~ saṅ kaT) *m.* pass, ravine.

गिरिसुत (~ sut) *m.* Mainak (mountain).

गिरिसुता (~ su tA) *f.* Goddess Parvati.

गिरींद्र (gi reendr) *m.* 1. Himalaya. 2. Lord Shiv.

गिरी (gi ree) *f.* edible part of a nut, kernel.

गिरीश (gi reesh) *m.* 1. Himalaya. 2. Lord Shiv. 3. Kailash, the abode of Lord Shiv.

गिरोह (gi roh) *m.* 1. (an organised) group. 2. gang, band; ~ बनाना/ बाँधना to form a gang/band.

गिर्जा (gir ja) *m.* = गिरजा Church.

गिर्द (gird) *adv.* around; इर्द ~ all around.

गिर्दावर (gir dA var) *adj.* moving. *m.* roving officer.

गिल (gil) *f.* earth, clay.

गिलकार (~ KAR) *m.* one who plasters.

गिलकारी (~ KA ree) *f.* plastering.

गिलगिला (~ gi lA) *adj.* difficult to hold, due to slippery nature, slimy.

गिलट (gi laT) *m.* 1. nickel. 2. nickel coat.

गिलबिला (gil bi lA) *adj.* inarticulate.

गिलबिलाना (~ nA) *vi.* to utter something inarticulately.

गिलम (gi lam) *m.* fine carpet.

गिलहरी (gi lah ree) *f.* squirrel.

गिला (gi lA) *m.* complaint; ~ करना to complain; ~ शिकवा complaint.

ग़िलाफ़ (GI lAF) *m.* 1. pillow case. 2. covering.

गिलास (gi lAS) *m.* 1. a container for drinking, glass, tumbler; मुझे एक ~ पानी दें Please give me a glass of water. 2. the amount held in a glass; तीन ~ पानी three tumblerfuls of water.

गिलोय (gi loy) *f.* see. गुरुच।

गिलौरी (gi lau ree) *f.* betel-leaf, stuffed and folded, fit to be offered and chewed.

गिल्टी (gil TEE) *f.* swollen gland, gland.

गिल्ली-डंडा (~ lee-Dan Da) *m.* = गुल्ली-डंडा।

गींजना (gee̐ jnA) *vt.* to spoil and crumple by handling roughly.

गीत (geet) *m.* song, lyric; ~ गाना to sing a song; किसी के ~ गाते फिरना to go on eulogizing someone.

गीतकार (~ KAR) *m.* composer of songs, lyricist.

गीतभार (~ bhAR) *m.* refrain (of song).

गीति काव्य (gee ti KAVVY) *m.* lyrical poem.

गीदड़ (~ daR) *m.* jackal.

गीदड़-भभकी (~ - bhabh kee) *f.* false/ hollow threat.

गीदड़ी (geed Ree) *f.* she-jackal.

गीध (gee dh) *m.* vulture.

गीर (geer) *suffix.* 1. denoting 'holder'; दामन ~ one who catches the skirt. 2. denoting 'supporter'; राह ~ passer-by.

गीला (gee lA) *adj.* wet, damp, moist.

गीलापन (~ pan) *m.* wetness, dampness.

गुंगी (guṅ gee) *f.* a snake having two mouths, one at each end.

गुँगुआना (gũ gu A nA) *vi.* 1. to speak unintelligibly like a dumb person. 2. (wood) to reek and smoke.

गुंचा (GUN CA) *m.* bud; ~ खिलना blossoming of a bud.

गुंजन (gun jan) *m.* humming/buzzing sound.

गुंजा (~ jA) *m.* the creeper *Abrus precatorius*, or its seed.

गुंजाइश (~ ish) *f.* 1. space, room. 2. capacity; अब मुरव्वत की और ~ नहीं There is no more room for any further consideration; ~ निकालना to make allowance for.

गुंजार (gun jAr) *f.* humming sound.

गुंजारना (~ nA) *vi.* to make a humming sound.

गुंठन (gun Than) *f.* 1. covering of one thing by another. 2. plastering.

गुंठित (~ Thit) *adj.* 1. covered up. 2. hidden. 3. plastered. 4. ground, powdered.

गुंडई (~ Da ee) *f.* hooliganism, ruffianism.

गुंडा (~ DA) *m.* hooligan, rogue, gangster, ruffian.

गुंडागर्दी (~ gar dee) *f.* hooliganism.

गुंडापन (~ pan) *m.* hooliganism.

गुँधना (gũdh nA) *vi.* to be kneaded; आटा गुँध गया है The flour has been kneaded.

गुँधवाना (~ VA nA) *vt.* to cause to be kneaded.

गुँधाई (gũ dhA ee) *f.* 1. act of kneading. 2. kneading charges.

गुंफ (gumph) *m.* 1. bunch, cluster. 2. thick whiskers. 3. entanglement.

गुंफन (gum phan) *m.* 1. entanglement of threads etc. 2. wreathing.

गुंफना (gumph nA) *vt.* 1. to wreathe. 2. to make a sweet arrangement of words. *m.* 1. a wreath. 2. the design produced by such an arrangement.

गुंफित (gum phit) *adj.* 1. wreathed. 2. well-arranged; परस्पर ~ intertwined.

गुंबज (~ baj) *m.* = गुंबद।

गुंबद (~ bad) *m.* a hemispherical roof, dome; ~ की आवाज echo of a dome.

गुंबदी (~ ba dee) *adj.* having the shape of a dome, domed.

गुंबा (~ bA) *m.* a protuberance on the head due to some hurt or natural causes.

गुइयाँ (gu i yÃ) *m. & f.* 1. chum, close friend. 2. partner in a game. 3. constant companion.

गुग्गुल (gug gul) *m.* gum of a pine tree.

गुच्छ (gucch) *m.* = गुच्छा।

गुच्छा (guc chA) *m.* bunch; अंगूर का ~ bunch of grapes; चाबी का ~ bunch of keys; फूलों का ~ bunch of flowers.

गुच्छी (~ chee) *f.* a hilly vegetable.

गुज़र (gu zar) *f.* 1. subsistence, sustenance; ~ करना to subsist. 2. passing of time.

गुज़रना (~ nA) *vi.* 1. to pass, to pass by; गाड़ी गुज़र गई है The train has passed; किसी तरह समय गुज़र रहा है Time is somehow passing. 2. to befall; जो गुज़रेगी, भुगत लेंगे We shall face what comes off. गुजर जाना to pass away, to expire.

गुज़र-बसर (~ - ba sar) *m.* subsistence. main- tenance.

गुज़ारना (gu zAt nA) *vt.* to pass time.

गुज़ारा (gu ZA rA) *m.* subsistence/maintenance allowance; ~ करना to make both ends meet, to be able somehow to pull on.

गुज़ारिश (gu ZA rish) *f.* request, prayer;

~करना to solicit; ~ यह है कि It is solicited that...

गुज़ारेदार (gu ZA re dAR) *m.* one who gets a subsistence.

गुज्झा (guj jhA) *m.* pin of wood used in joinery, dowel.

adj. hidden

गुट (guT) *m.* a small group of persons having some common beliefs or interests, faction, clique; ~ बनाना to form a clique.

गुटका (~ KA) *m.* 1. manual, handbook. 2. block, skid.

गुटनिरपेक्ष (gut-nir-peksh) *adj.* non-aligned.

गुटबंदी (~ ban dee) *f.* groupism, factionalism.

गुटबाज़ (~ bAj) *m.* factionalist.

गुटबाज़ी (~ bA zee) *f.* = गुटबंदी।

गुटरगूँ (gu TAR gōō) *f.* cooing of a pigeon.

गुटिका (gu TI KA) *f.* 1. tablet. 2. handbook.

गुट्ठल (guT Thal) *adj.* 1. (fruit) having a big stone. 2. round and hard. 3. stupid, dull-headed.

गुठला (guTH lA) *m.* cyst.

गुठली (~ lee) *f.* stone (of a fruit).

गुठलीदार (~ dAR) *adj.* stony.

गुठली-फल (~-phal) *m.* stone-fruit, drupe.

गुड़ंबा (gu RAM bA) *m.* sweetened curry of raw mangoes.

गुड़ (guR) *m.* jaggery; ~ गोबर mess; ~ च्यूँटा होना to be thick with each other; ~ दिखा कर ढेला मारना to offer a caress and give a stab; कुल्हिया में ~ फोड़ना to perform a ceremony without publicity; गूँगे का ~ खाना to have an experience which defies expression.

गुड़गुड़ (~ guR) *f.* rumbling or bubbling sound.

गुड़गुड़ाना (~ gu RA nA) *vt.* 1. to smoke a hubble-bubble. 2. to make such a sound.

गुड़गुड़ाहट (~ gu RA haT) *f.* the sound like that of a hubble-bubble.

गुड़गुड़ी (~ gu Ree) *f.* mini hubble-bubble.

गुड़ाई (gu RA ee) *f.* 1. hoeing. 2. hoeing charges.

गुड़ाकू (gu RA koo) *m.* mixture of tobacco and jaggery, used in smoking.

गुड़िया (gu Ri yA) *f.* doll; वह नीली आँखों वाली ~ चाहती है She wants a doll with blue eyes. गुड़ियों का खेल children's affair, trifling matter, matter taken lightly.

गुड़ीला (gu Ree lA) *adj.* made of or with jaggery, tasting like jaggery.

गुड्डा (guD DA) *m.* 1. big doll. 2. big paper kite.

गुड्डी (~ Dee) *f.* 1. paper kite; ~ उड़ाना to fly a kite. 2. doll. 3. female child.

गुढ़ना (guRh nA) *vi.* = गुणना।

गुण (guN) *m.* 1. quality, attribute, virtue, skill, property, merit; ~ गाना to applaud/praise. 2. suffix denoting manifoldness; द्वि ~ double; त्रि ~ threefold, triple.

गुणक (gu Nak) *m.* 1. multiplier. 2. coefficient.

गुणकारक (guN KA rak) *adj.* = गुणकारी।

गुणकारी (~ KA ree) *adj.* 1. beneficial. 2. curative, effective.

गुणगान (~ gAn) *m.* praise, eulogy; ~ करना to praise.

गुणग्रहण (~ gra haN) *m.* appreciation; ~ करना to appreciate.

गुणग्राहक (~ grA hak) *m.* one who expresses appreciation, appreciative.

गुणग्राहकता (~ grA hak TA) *f.* appriciativeness, recognition of good qualities.

गुणग्राही (~ grA hee) *m.* = गुणग्राहक।

गुणज (gu Naj) *m.* multiple.

गुणज्ञ (guNag gy) *m.* connoisseur.

गुण-दोष (guN - dosh) *m.* merits and demerits; ~ के आधार पर on merits.

गुणधर्म (~ dharm) *m.* property.

गुणन (gu Nan) *m.* multiplication.

गुणनफल (~ phal) *m.* product (of multiplication).

गुणवंत (guN vant) *adj.* proficient.

गुणवत्ता (~ vat tA) *f.* virtuosity, goodness, quality.

गुणवाचक (~ vA cak) *adj.* qualitative.

गुणवान, गुणवान् (~ vAn) *adj.* proficient, meritorious; ~ व्यक्ति a man of qualitics.

गुणसूत्र (~ soottr) *m.* unit of chromosome which controls inherited characteristics, gene.

गुणहीन (~ heen) *adj.* void of merits, nonproficient.

गुणहीनता (~ tA) *f.* absence of merit.

गुणांक (gu NAṅk) *m.* coefficient.

गुणा (gu NA) *m.* multiplication; ~ करना to multiply.

गुणाकर (~ kar) *adj. & m.* epitome of qualities, talented.

गुणातीत (gu NA teet) *adj.* transcendental.

गुणात्मक (gu NAt mak) *adj.* qualitative.

गुणानुवाद (gu NA nu vAd) *m.* eulogy.

गुणार्थ (gu Narth) *m.* connotation.

गुणी (gu Nee) *adj.* proficient, expert, talented.

m. connoisseur.

गुण्य (guNNy) *m.* multiplicand.

गुत्थम-गुत्था (gut tham - gut thA) *m.* close combat, scuffle.

गुत्थी (~ thee) *f.* 1. knot; ~ पड़ना entanglement of threads. 2. puzzle, riddle. 3. tangle, problem; कश्मीर की ~ the Kashmeer tangle; ~ सुलझाना to solve a knotty problem.

गुथना (guth nA) *vi.* to be interwoven/intertwined/interlaced.

गुथवाना (~ vA nA) *vt.* to cause to interweave/intertwine.

गुदकार (gud kAr) *adj.* = गुदकारा।

गुदकारा (~ kA rA) *adj.* pulpy.

गुदगुदा (~ gu dA) *adj.* soft and smooth.

गुदगुदाना (~ nA) *vt.* 1. to tickle. 2. to provoke.

गुदगुदाहट (~ haT) *f.* = गुदगुदी।

गुदगुदी (gud gu dee) *f.* 1. tickling sensation. 2. an act of tickling.

गुदड़ी (~ Ree) *f.* 1. satched quilt, beggar's bedding; ~ का लाल a gem in refuse. 2. lumber market.

गुदड़ी बाज़ार (~ bA zAr) *m.* lumber market.

गुदना (gud nA) *vi.* 1. to be pierced into. 2. to be tattooed on the skin.

m. tattoo on the skin.

गुदवाना (~ vA nA) *vt.* causative of गोदना।

गुदा (gu dA) *f.* anus, rectum.

गुदाम (gu dAm) *m.* गोदाम।

गुन (gun) *m.* गुण; गुन करना—यह चीज़ तुम्हें गुन करेगी It will do you good.

गुनगुना (~ gu nA) *adj.* 1. shightly warm, tepid, lukewarm. 2. (one) who speaks with a nasal tone.

गुनगुनाना (~ gu nA nA) *vi.* 1. to hum (said of black bee). 2. to sing with close lips, to hum.

गुनना (~ nA) *vt.* 1. to assimilate; पढ़ना और ~ to study and assimilate. 2. to be proficient. 3. to esteem.

गुनहगार (gu nah gAr) *m.* sinner, offender, culprit.

गुना (gu nA) *suffix.* denoting 'man-ifoldness'; दु ~ double; दस ~ ten times, ten-fold.

m. a fried sweet dish made of wheat flour.

गुनाह (gu nAh) *m.* sin; ~ करना to commit a sin.

गुनी (gu nee) *adj.* = गुणी।

गुपचुप (gup cup) *adv.* secretly.

adj. hush-hush, secret.

m. 1. an Indian sweet. 2. a children's game. 3. a kind of toy.

गुप्त (gupt) *adj.* 1. hidden, secret, private, hush-hush; ~ भेद hidden secret. 2. latent; ~ ऊष्मा latent heat. 3. confidential; ~ काग़ज़ confidential paper. 4. mysterious.

गुप्तचर (~ car) *m.* spy, secret emissary, detective.

गुप्तचर्या (~ carryA) *f.* espionage.

गुप्तदान (~ dAn) *m.* anonymous donation.

गुप्ती (~ tee) *f.* swordstick.

गुफ़ा (gu FA) *f.* cave.

गुफ़्तगू (guFt goo) *f.* conversation, way of talking.

गुबरैला (gub rai lA) *m.* dung-beetle scarab.

ग़ुबार (Gu bAr) *m.* dust; गर्द ~ duststorm; मन का ~ निकालना to give vent to.

ग़ुबारा (Gu bA rA) *m.* = ग़ुब्बारा।

ग़ुब्बारा (Gu bA rA) *m.* balloon.

गुम (gum) *adj.* lost; मेरी पुस्तक ~ हो गई है I have lost my book. ~ कर देना to conceal or hide.

m. suffocation.

गुमटा (~ TA) *m.* 1. swelling or tumour caused by a blow. 2. hemispherical protuberance.

गुमटी (~ Tee) *f.* 1. fem. of गुमटा, small गुमटा। 2. watchman's cabin. 3. stall.

गुमनाम (~ nAm) *adj.* anonymous; ~ पत्र anonymous letter.

गुमराह (~ rAh) *adv.* 1. having gone astray. 2. going the wrong way, erring.

गुमसुम (~ sum) *adj.* quiet and still, almost mute and motionless.

गुमान (gu mAn) *m.* false pride, vanity.

गुमानी (gu mA nee) *adj.* vain, proud.

गुमाश्ता (gu mAsh tA) *m.* agent (of a landlord, money-lender etc.)

गुमाश्तागीरी (~ gee ree) *f.* calling of an agent.

गुर (gur) *m.* 1. short formula. 2. device, trick, keynote; ~ बताना to give a short-cut.

गुरगा (~ gA) *m.* henchman, hoodlum.

गुरदा (~ dA) *m.* = गुर्दा, kidney.

गुरमुख (~ mukh) *m.* = गुरुमुख।

गुरमुखी (~ mu khee) *f.* the script of the Punjabi language, initiated by Guru Arjun Dev.

गुरिया (gu ri yA) *f.* 1. bead. 2. bit, fragment.

गुरिल्ला (gu ril lA) *m.* guerilla; ~ युद्ध guerilla warfare.

गुरु (gu ru) *adj.* 1. heavy. 2. (a sign) denoting a long unit in prosody.

m. 1. teacher. 2. preceptor, mentor; ~ शिष्य संबंध master-and-disciple relationship. 3. Jupiter (planet)

गुरुआनी (~ A nee) *f.* 1. fem. of गुरु ; wife of a preceptor. 2. mistress.

गुरुकुल (~ kul) *m.* seminary.

गुरुजन (~ jan) *m.* elders.

गुरुजल (~ jal) *m.* heavy water.

गुरुडम (~ Dam) *m.* establishment of intellectual hegemony.

गुरुता (~ tA) *f.* 1. heaviness. 2. gravity, importance. 3. magnanimity, greatness.

गुरुत्व (gu ruttw) *m.* 1. state or quality of being a guru, preceptorship. 2. gravity; ~ केंद्र centre of gravity. 3. importance. 4. heaviness.

गुरुत्वाकर्षण (gu rut twa kar shaN) *m.* gravitation, attraction.

गुरुभक्ति (gu ru bhak ti) *f.* devotion towards one's preceptor.

गुरुभाई (~ bhA ee) *m.* fellow disciple/student.

गुरुमंत्र (~ manttr) *m.* 1. preceptor's secret message. 2. compendious formula.

गुरुवार (~ vAr) *m.* Thursday.

गुरूघंटाल (~ ghaN TAl) *m.* crafty fellow, past master in craftiness.

गुरेरना (gu rer ŋA) *vt.* to stare with anger, to frown.

गुरेरा (gu re rA) *m.* act of staring; ~ - गुरेरी act of staring at each other.

गुर्जर (gur jar) *m.* 1. Gujarat, a region in India. 2. an inhabitant of Gujarat.

गुर्दा (~ dA) *m.* an organ that filters waste products from the blood, kidney; गुर्दे की पत्थरी kidney stone.

गुर्रा (~ rA) *m.* 1. gap, holiday. 2. fast. 3. pretext.

गुर्राना (~ nA) *vi.* to growl/snarl/grumble.

गुर्राहट (~ haT) *f.* growl.

गुल (gul) *m.* 1. rose. 2. flower. 3. burnt (upper) portion of a wick; ~ कतरना to cut off the ashy substance of a candle etc.; ~ करना to extinguish; ~ खिलना (i) blossoming of a bud; (ii) unexpected and untoward development in an affair; ~ खिलाना to do something un-expected and untoward (usu. in a bad sense).

गुलक़ंद (~ Kand) *m.* conserve prepared of rose petals (used as a medicine).

गुलगपाड़ा (~ ga pA RA) *m.* uproar, tumult, hubbub.

गुलगुला (~ gu lA) *m.* 1. a sweet of small round shape. 2. temple (ear).
adj. soft.

गुलचीन (~ ceen) *m.* pagoda tree.

गुलछर्रा (~ char rA) *m.* gay abandon, gaiety; गुलछर्रे उड़ाना to indulge in gay abandon, to wallow.

गुलज़ार (~ zAr) *adj.* 1. bustling with life, brisk and lively. 2. gay.
m. garden.

गुलता (~ tA) *m.* = गुलेला।

गुलथी (~ thee) *f.* see गिल्टी।

गुलदस्ता (~ das tA) *m.* bouquet.

गुलदान (~ dAn) *m.* flower-vase.

गुलदार (~ dAr) *adj.* flowery, embroidered with flowery desings.
m. panther.

गुलनार (~ nAr) *m.* 1. flower of a pomegranate. 2. a kind of pomegranate. 3. red colour like that of a pomegranate.

गुलबकावली (~ ba KA va lee) *f.* 1. a plant of the species of turmeric. 2. flower of such a plant.

गुलबदन (~ ba dan) *adj.* having body like a flower, *i.e.* beautiful, cheerful, delicate and the like (said of a woman).
m. a kind of silken cloth.

गुलमा (~ mA) *m.* swelling, round protuberance.

गुलशन (~ shan) *m.* flower-garden.

गुलाब (gu lAb) *m.* rose.

गुलाब-जल (~ jal) *m.* rose-water; ~ छिड़कना to sprinkle rose-water.

गुलाबजामुन (~ jA mun) *m.* a variety of Indian sweetmeat.

गुलाबपाश (~ pAsh) *m.* rose-water sprinkler.

गुलाबी (gu lA bee) *adj.* 1. rosy; ~ गालोंवाला rosy cheeked. 2. mild, light; ~ जाड़ा mild cold; ~ नशा light intoxication; वह ~ नशे में था He was tipsy.

ग़ुलाम (Gu lAm) *m.* 1. slave; (किसी का) ~ होना to be a slave (to someone). 2. jack.

ग़ुलामी (GU lA mee) *adj.* pertaining to slavery/servitude.
f. 1. slavery. 2. servitude, servility.

गुलाल (gu lAl) *m.* a red powder which the Hindus apply or throw at each other during the Holi festival.

गुलाली (gu lA lee) *adj.* carmine.

गुलियाना (gu li YA NA) *vt.* to turn into pills; (रक़म) ~ (i) to tie up; (ii) to grab up.

गुलूबंद (gu loo band) *m.* scarf.

गुलेल (gu lel) *f.* pellet-bow, stone-bow, catapult.

गुलेलची (~ cee) *m.* pellet - bowman. stone-bowman.

गुलेला (gu le lA) *m.* an earthen ball, a shot of a pellet bow (गुलेल).

गुल्म (gulm) *m.* 1. cluster of plants. 2. a disease in which a tumour is formed inside the stomach, stomach-tumour. 3. tumour, hemispherical protuberance on the body.

गुल्लक (gul lak) *m.* money-box.

गुल्ली-डंडा (~ lee- DAN DA) *m.* game of tipcat, children's game played with a stick and a smaller piece of wood.

ग़ुसल (GU sal) *m.* bath.

ग़ुसलख़ाना (~ KhA NA) *m.* bathroom.

गुस्ताख़ (gus tAKh) *adj.* insolent, impertinent, impudent.

गुस्ताख़ी (~ tA Khee) *f.* insolence, impertinence, impudence.

ग़ुस्सा (GUS SA) *m.* anger, wrath; ~ आना—उसे ~ आ गया He became angry. ~ उतरना subsidence of anger; ~ उतारना to pacify (one's) anger; ~ करना to be angry; ~ चढ़ना to be filled with anger; ~ ठंडा होना—उसका गुस्सा ठंडा हो गया His anger cooled down. ~ दिलाना to make (somebody) angry, to irritate; ~ निकालना to give vent to (one's) anger; ~ पी जाना to suppress (one's) anger; ~ भड़क उठना—उसका ~ भड़क उठा He blazed up. ग़ुस्से में आकर in a fit of anger; ग़ुस्से से angrily.

ग़ुस्सैल (~ sail) *adj.* hot-tempered, irate.

गुह (guh) *m.* see गू।

गुहा (gu hA) *f.* cave.

गुहा-मानव (~ - mA nav) *m.* cave-man, cave-dweller.

गुहार (gu hAr) *f.* call; ~ मचाना to call for rescue.

गुह्य (guhhy) *adj.* 1. esoteric. 2. mysterious. 3. secret; ~ द्वार secret door.

गुह्यता (~ tA) *f.* secrecy.

गूँगा (gō͞o gA) *adj.* mute, dumb; ~ बहरा deaf and dumb.

गूँगापन (~ pan) *m.* muteness, dumbness.

गूँज (gō͞oj) *f.* echo, reverberation.

गूँजना (~ nA) *vi.* 1. to echo/reverberate/resound; सारी सभा तालियों की गड़गड़ाहट से गूँज उठी The whole meeting broke into applause. 2. to buzz; यह विचार अब भी मेरे मन में गूँजता है This idea still buzzes in my mind.

गूँथना (gō͞oth nA) *vt.* चोटी ~ to plait/braid; माला ~ to wreathe/thread.

गूँधना (gō͞odh nA) *vt.* आटा ~ to knead.

गू (goo) *m.* faeces; ~ उछालना to wash dirty linen; ~ खाना to eat the humble pie.

गूजर (~ jar) *m.* 1. an agricultural community of Northern India. 2. a person belonging to this community.

गूजरी (~ ja ree) *f.* fem. of गूजर।

गूढ़ (gooRh) *adj.* recondite, abstruse, arcane, mysterious, difficult.

गूढ़ता (~ tA) *f.* abstruseness.

गूढ़-संहिता (~ - san hi tA) *f.* cipher code.

गूथना (gooth nA) *vt.* 1. to stitch roughly. 2. = गूँथना।

गूदड़ (goo daR) *m.* lumber (spl. discarded clothes).

गूदड़साँई (~ sÃ eẽ) *m.* mendicant who wears discarded clothes.

गूदा (goo dA) *m.* pith, pulp; ~ निकालना to take out the pith.

गूदेदार (~ de dAr) *adj.* pulpy.

गूमड़ा (goom RA) *m.* see गुमटा।

गू-मूत (goo-moot) *m.* (human) excreta; ~ करना/उठाना to perform scavenging service.

गूलर (~ lar) *m.* sycamore; ~ का फूल something very rare.

गूह (gooh) *m.* = गू।

गृध्र (griddhr) *m.* vulture.

गृह (grih) *m.* home, house.

गृह-उद्योग (~ - ud dyog) *m.* cottage industry.

गृहकार्य (~ KAry) *m.* homework; उसे ढेरों ~ करना है He has a lot of homework to do.

गृहणी (gri ha Nee, grih Nee) *f.* house-wife, the lady of the house.

गृहदाह (grih dAh) *m.* 1. setting a house on fire, arson. 2. family quarrel which sets the house ablaze.

गृह-मंत्रालय (~ - man trA lay) *m.* Home Ministry.

गृह-मंत्री (~ - man tree) *m.* Home Minister.

गृह-युद्ध (~ - yuddh) *m.* civil war.

गृह-रक्षक (~ - rak shak) *m.* Home-guard.

गृह-लक्ष्मी (~ - laksh mee) *f.* the goddess of the household *i.e.* housewife.

गृह-सचिव (~ - sa civ) *m.* Home Secretary.

गृहस्थ (gri hasth) *m.* family man, householder, husbandman; ~ औरत housewife; ~ धर्म family duties.

गृहस्थाश्रम (~ has thAsh shram) *m.* the life of a householder.

गृहस्थाश्रमी (~ has thAsh shra mee) *m.* one who is leading the life of a householder.

गृहस्थी (~ has thee) *f.* household; मुझ से अब ~ नहीं चल सकती Now, I am unable to manage the household affairs.

गृहस्वामी (grih swA mee) *m.* 1. owner of a house. 2. head of a family, patriarch.

गृहाश्रम (gri hAsh shram) *m.* = गृहस्थ-आश्रम।

गृहासक्त (~ hA sakt) *adj.* 1. unduly attached to the family. 2. homesick.

गृही (~ hee) *m.* householder.

गृहीत (~ heet) *adj.* 1. taken, received. 2. accepted.

गेंडली (gẽD lee) *f.* = गेंडुली।

गेंडुरी (gẽ Du ree) *f.* = गेंडुली।

गेंडुली (~ Du lee) *f.* 1. coil of a snake. 2. coil of rope on the head.

गेंद (gẽd) *m.* ball.

गेंद-बल्ला (~ - bal lA) *m.* ball and bat.

गेंदबाज़ (~ bAz) *m.* bowler.

गेंदबाज़ी (~ bA zee) *f.* act of bowling.

गेंदा (gẽ dA) *m.* marigold (plant and its flower).

गेड़ी (ge lee) *f.* a stilt.

गेरुआ (ge ru A) *adj.* ochrous; ~ बाना ochrous dress.

गेरू (ge roo) *m.* ruddle, a variety of red chalk, red ochre.

गेली (ge lee) *f.* galley.

गेसू (ge soo) *m.* curl of the hair.

गेह (geh) *m.* house, home.

गेहुँअन (ge hũ an) *m.* venomous snake of wheatish colour.

गेहुँआँ (gr hũ Ã) *adj.* wheatish.

गेहूँ (ge hõo) *m.* wheat.

गैंडा (gaĩ DA) *m.* rhinoceros.

गैंती (~ tee) *f.* mattock.

ग़ैबी (Gai bee) *adj.* 1. of unknown origin. 2. divine.

ग़ैर (Gair) *adj.* other than, non; ~ मुल्कों के लोग The people of other countries.
m. an outsider.

ग़ैर-इंसाफ़ी (~ - in SA Fee) *f.* injustice.

ग़ैर-क़ानूनी (~ - KA noo nee) *adj.* illegal.

ग़ैर-ज़िम्मेदार (~ - zim me dAR) *adj.* irresponsible.

ग़ैर-ज़िम्मेदारी (~ - zim me dA ree) *f.* irresponsibility.

ग़ैरत (Gai rat) *f.* sense of one's position, prestige etc.

ग़ैरतमंद (~ mand) *adj.* self-respecting.

ग़ैर-दख़ीलकार (Gair - da Kheel KAR) *m.* non-occupancy tenant.

ग़ैर-मनक़ूला (~ - man KOO lA) *adj.* immovable.

ग़ैर-मामूली (~ - mA moo lee) *adj.* extraordinary, super, unique.

ग़ैर-मुनासिब (~ - mu nA sib) *adj.* improper, unjustifiable.

ग़ैर-मुमकिन (~ - mum kin) *adj.* impossible.

ग़ैर-मौजूदगी (~ - mau jood gee) *f.* absence.

ग़ैर-वाजिब (~ - VA jib) *adj.* improper.

ग़ैर-सरकारी (~ - sar KA ree) *adj.* non-official.

ग़ैर-हाज़िर (~ hA zir) *adj.* absent.

ग़ैर-हाज़िरी (~ - hA zi ree) *f.* absence.

गैरिज (gai rij) *m.* garage.

गैल (gail) *f.* 1. way, path. 2. lane.

गैलन (gai lan) *m.* gallon.

गैलरी (gai la ree, gail ree) *f.* gallery.

गैस (gais) *f.* gas.

गैसमापी (~ mA pee) *m.* gasometer.

गैसीय (gai seey) *adj.* gaseous.

गोंठना (gõTh nA) *vt.* 1. to blunt (the edge of something). 2. to surround by drawing a line. 3. to make a knot.

गोंड़ (gõR) *m.* an Indian tribe, a person belonging to the tribe.

गोंड़ा (gõ RA) *m.* 1. enclosure for keeping cattle. 2. small habitation. 3. open courtyard inside the house.

गोंद (gõd) *m.* gum.

गोंददानी (~ dA nee) *f.* gum-pot.

गोंदीला (gõ dee lA) *adj.* gummy, sticky.

गोकुल (go kul) *m.* region in the vicinity of Vrindavan, where Lord Krishn spent his childhood.

गोकुशी (go ku shee) *f.* cow-slaughter.

गोखरू (go kha roo, gokh roo) *m.* 1. a kind of bramble or its thorn or fruit. 2. thorn. 3. lace ornament for the hand or ears.

गोघात (go ghAt) *m.* cow-killing.

गोघाती (go ghA tee) *adj.* cow-killer.

गोचर (go car) *adj.* within the reach of senses, perceptible.
m. range.

गोचरभूमि (~ bhoo mi) *f.* pasture for cows.

गोचर्म (go charm) *m.* leather of the cow.

गोजई (go ja ee) *f.* mixture of wheat and barley.

गोजर (go jar) *m.* centipede.

गोट (goT) *f.* border, hem; ~ लगाना to hem.

गोटा (go TA) *m.* 1. gold or silver lace used for hemming. 2. roasted coriander. 3. dessert.

गोटा-पट्टा (~ - paT TA) *m.* flattened strips of gold or silver (used as lace).

गोटिया चाल (go Ti yA cAl) *f.* 1. subtle trick. 2. subtle trickery.

गोटी (go TEE) *f.* piece or block with which several games are played, counter; ~ चलना to move a counter; ~ जमना/बैठना—उसकी ~ जम गई है His move is showing promise of success. ~ लाल होना—उसकी ~ लाल हो गई His move yielded success.

गोठ (goTH) *m.* picnic.

गोड़ (goR) *m.* foot; ~ पड़ना to prostrate (showing profound respect); ~ पसारना (i) to stretch out one's feet too wide; (ii) to breathe one's last; ~ भरना to dye the feet (on an auspicious occasion); ~ लगना = ~ पड़ना.

गोड़ना (~ nA) *vt.* 1. to dig and upturn (soil); 2. to hoe; ऊख ~ to hoe the cane. 3. (fig.) to spoil (a thing).

गोड़ाई (go RA ee) *f.* 1. act of गोड़ना। 2. charges paid for the same.

गोड़ाना (go RA nA) *vt.* to cause to dig and turn up.

ग़ोता (GO tA) *m.* dive; ~ खाना—वह तो ग़ोते खा रहा है (i) He is undergoing dips in deep water. (ii) He is in deep waters. ~ देना to enforce a dip; ~ मारना to have a dive; ~ लगाना to dive.

ग़ोताख़ोर (~ Khor) *m.* diver.

गोती (go tee) *adj.* see. गोत्रज।

गोत्र (gottr) *m.* lineage, ascendancy.

गोत्रज (got traj) *adj. & m.* (one) born in the same lineage, a relative.

गोद (god) *f.* lap; ~ भरना (i) to fill the lap of a married woman (with auspicious articles); (ii) ईश्वर करे इसकी ~ भर जाए May she be blessed with a child. ~ लेना to adopt (a child); ~ सूनी होना—उसकी गोद सूनी है She is issuless. ~ का बच्चा infant (in arms).

गोदनहारी (go dan hA ree) *f.* a tattooer (woman).

गोदना (god nA) *m.* mark or picture on person's skin filled with coloured dye, tattoo.

vt. to tattoo.

गोदनी (~ nee) *f.* instrument meant for tattooing.

गोदाना (go dA nA) *vt.* = गुदवाना।

गोदाम (go dAm) *m.* godown.

गोदी (go dee) *f.* 1. harbour, dock; ~ मज़दूर docker. 2. = गोद।

गोधूलि (go dhoo li) *f.* dusk; ~ बेला dusk time.

गो-धेनु (go dhe nu) *f.* milch cow (having a calf).

गोन (gon) *f.* bag of grain.

गोनिया (go ni yA) *f.* set-square.

m. 1. one who carries bags of grains. 2. one who drags a boat with a rope.

गोप (gop) *m.* 1. cowherd. 2. chieftain of a village. 3. ornament for the neck.

गोपन (go pan) *m.* act of hiding, concealment.

गोपनीय (gop neey) *adj.* secret, confidential.

गोपनीयता (~ tA) *f.* secrecy, confidentiality.

गोपांगना (go pAṅg nA) *f.* a woman of the cowherd tribe.

गोपाल (go pAl) *m.* cow-owner.

गोपिका (go pi KA) *f.* see गोपिका।

गोपित (go pit) *adj.* see गुप्त।

गोपी (go pee) *f.* a woman of the cowherd tribe.

गोप्य (goppy) *adj.* secret, confidential.

गोफना (goph nA) *m.* sling (used to support an injured arm).

गोफा (go phA) *m.* 1. young shootlet whose mouth is not yet opened. 2. figure formed by intertwining the fingers of the two hands.

गोबर (go bar) *m.* dung, cow-dung.

गोबरगणेश (~ ga Nesh) *m.* stupid person, idiot, nitwit.

गोबरी (gob ree) *f.* dung-cake.

गोबरैला (~ rai lA) *m.* dung-beetle.

गोभी (go bhee) *f.* cauliflower.

गोमांस (go mANs) *m.* flesh of a cow, beef.

गोमुख (go mukh) *adj.* having face like that of a cow; ~ व्याघ्र a fiend having the looks of an innocent man.

गोमुखी (go mu khee) *adj.* a bag in which one carries a rosary while the hand goes on telling the beads.

गोमूत्र (go moottr) *m.* urine of a cow.

गोमूत्रिका (go moot tri KA) *f.* meander, zig-zag path.

गोमेद (go med) *m.* chaeledonyx.

गोया (go YA) *conj.* as if.

गोरक्षा (go rak shA) *f.* cow-protection.

गोरखधंधा (go rakh dhan dhA) *m.* 1. labyrinth. 2. complicated/intricate affair.

गोरखा (gor khA) *m.* 1. a tribe of Nepal. 2. a person belonging to this tribe.

गोरखाली (~ lee) *f.* language of Nepal.

गोरज (go raj) *f.* dust blown away from the hoofs of a cow in summer season.

गोरस (go ras) *m.* 1. milk of cow. 2. yoghurt. 3. butter-milk.

गोरसी (gor see) *f.* small oven used for boiling milk.

गोरा (go rA) *adj.* fair-complexioned. *m.* 1. white-skinned person, white-man. 2. an Englishman.

गोराई (~ ee) *f.* = गोरापन।

गोरा पत्थर (~ pat thar) *m.* soap-stone.

गोरापन (~ pan) *m.* whiteness, fairness of the colour.

गोरिल्ला (go ril lA) *m.* gorilla.

गोरी (go ree) *f.* white-complexioned damsel.

गोरू (go roo) *m.* cattle; ~ चोर cattlelifter.

गोलंदाज़ (go lan dAZ) *m.* gunner.

गोलंदाज़ी (go lan dA zee) *f.* gunnery.

गोलंबर (go lam bar) *m.* cupola, arch.

गोल (gol) *adj.* 1. spherical. 2. circular; ~ देना to remove (something) secretly, to pinch; ~ रहना to keep mute; ~ होना to slip away.
m. 1. (in football or hockey) a successful attempt at scoring, goal (games). 2. flock.

गोल बात (~ bAt) *f.* ambiguous/equivocal statement.

गोलक (go lak) *m.* 1. globe. 2. round body. 3. socket of the eye. 4. (round) cash box.

गोलकी (gol kee) *m.* goalkeeper.

गोलकीय (~ keey) *adj.* global.

गोलगप्पा (~ gap pA) *m.* 1. small, Indian cake of a plumpy type. 2. anything with a puffed up, plumpy body.

गोल-मटोल (~ - ma TOl) *adj.* plump, almost round.

गोलमाल (~ mAl) *m.* 1. bungling, gerrymandering. 2. swindling; ~ करना to gerrymander, to swindle.

गोलमिर्च (~ mirc) *f.* black pepper.

गोलमेज (~ mẹz) *f.* round table; ~ सम्मेलन Round Table Conference.

गोला (go lA) *m.* 1. round object. 2. globe. 3. bomb. 4. long, circular, wooden rafter. 5. circle. 6. helot.

गोलाई (~ ee) *f.* 1. rotundity, roundness, sphericity. 2. curvature.

गोलाकार (~ KAr) *adj.* spherical, globular, round.

गोलाबारी (~ bA ree) *f.* firing of explosive shells, bombing.

गोला-बारूद (~ bA rood) *m.* ammunition.

गोलार्ध (go lArdh) *adj.* & *m.* hemisphere, hemispherical.

गोलियाना (go li YA NA) *vt.* 1. to round (something). 2. to convert (something) into small globules. 3. to force (something) down the throat (of someone). 4. to remove (something) secretly.

गोली (go lee) *f.* 1. tablet, pill; ~ खाना to take a pill. 2. bullet; ~ खाना to be hit by a bullet; ~ चलाना to fire, to open fire ~ मारना या मार देना (i) to shoot with a gun, rifle etc.; (ii) उसको ~ मारो Hang it ! ~ लगना to be hit by a bullet; ~ से उड़ा देना to gun down; चार गुंडे ~ से उड़ा दिए गए Four gengsters were gunned down.

. *m.* goal-keeper.

गोलीकांड (~ KAND) *m.* episode involving firing.

गोलोकवास (go lok VAS) *m.* residence in Heaven.

गोलोकवासी (go lok VA see) *adj. & m.* resident in Heaven.

गोवध (go vadh) *m.* cow-slaughter, cow-killing.

गोवर्धनधारी (go var dhan dhA ree) *m.* Lord Krishna.

गोविंद (go vind) *m.* Lord Krishna.

गोशाला (go shA lA) *f.* stable for cows.

गोश्त (goshT) *m.* meat.

गोष्ठी (gosh Thee) *f.* 1. meeting. 2. symposium; शब्द – ~ symposium on words. 3. party; उद्यान ~ graden party.

गोसाईं (go SA ẽẽ) *m.* 1. saint. 2. God.

गोस्वामी (go SWA mee) *m.* 1. owner of cows. 2. one who has controlled the senses. 3. ascetic.

गोह (goh) *f.* iguana (species of lizard).

गोहत्या (go hat tyA) *f.* 1. cow-killing 2. charge of cow-killing and sin thereof.

गोहरा (go ha rA, goh rA) *m.* dung-fuel.

गोहराना (~ nA) *vi.* to call out loudly.

गोहार (go hAr) *f.* cry for help.

गौं (gaũ) *f.* imperative/compelling need; ~ का यार self-seeking friend; ~ पड़ना arising of imperative need.

गौण (gauN) *adj.* secondary, subsidiary.

गौनहारिन (~ hA rin) *f.* woman whose profession is singing.

गौना (gau nA) *m.* ceremony in which the bride goes to the bridegroom's house (second time after marriage).

गौर (gaur) *adj.* white-skinned, fair coloured.

ग़ौर (Gaur) *m.* close consideration/attention; ~ करना to think over, to ponder.

ग़ौरतलब (~ ta lab) *adj.* requiring close consideration, worth considering.

गौरता (gaur tA) *f.* fairness of complexion.

गौरव (gau rav) *m.* 1. glory. 2. prestige, dignity, honour; ~ की बात matter of honour.

गौरवग्रंथ (~ granth) *m.* meritorious or classical work.

गौरवपूर्ण (~ poorN) *adj.* majestic, bringing glory or fame, glorious.

गौरवशाली (~ shA lee) *adj.* 1. glorious. 2. dignified. 3. triumphant.

गौरवान्वित (gau ra vAN vit, gaur vAN vit) *adj.* crowned with glory, honoured.

गौरांग (~ rAng) *m.* 1. Lord Krishna. 2. Saint Chaitanya Mahaprabhu.

गौरी (~ ree) *f.* 1. fair damsel. 2. Parvati, wife of Lord Shiv.

गौरीशंकर (~ shan kar) *m.* 1. Parvati and Lord Shiv. 2. One of the famous and prestigious Himalayan peaks.

गौरेया (gau rai yA) *f.* sparrow.

गौहर (~ har) *m.* pearl.

ग्यारह (gyA rah) *adj. & m.* eleven.

ग्रंथ (granth) *m.* 1. book, spl. voluminous book. 2. treatise.

ग्रंथकार (~ KAr) *m.* writer of a book, author.

ग्रंथन (gran than) *m.* act of tying and stringing.

ग्रंथमाला (granth mA lA) *f.* 1. book series. 2. complete works (of a writer).

ग्रंथालय (gran thA lay) *m.* 1. library. 2. bookshop.

ग्रंथावली (~ thA va lee) *f.* a book containing usually entire works of an author.

ग्रंथि (~ thi) *f.* 1. knot. 2. complex. (Psycho.) 3. gland.

ग्रंथिल (~ thil) *adj.* 1. knotty. 2. complicated.

ग्रसन (gra san) *m.* 1. hold. 2. seizing. 3. swallowing.

ग्रसना (gras nA) *vt.* to sieze, to catch hold of.

ग्रस्त (grast) *adj.* siezed, caught; रोग ~ afflicted by ailment; शोक ~ afflicted by grief.

ग्रस्तास्त (gras tAst) *adj.* (sun or moon) set during the course of an eclipse.

ग्रस्तोदय (~ to day) *m.* rising of sun or moon during the course of an eclipse.

ग्रह (grah) *m.* 1. any of the nine planets that revolve around the sun. 2. (Astrology) any of the planets of the solar system excluding the earth but including the sun and the moon.

ग्रहण (gra haN) *m.* 1. act of receiving; दान ~ करना to accept a donation; भार ~ करना to take charge of an office. 2. assumption, taking; संज्ञा ने विशेषण का रूप ~ कर लिया The noun has taken the form of an adjective. 3. eclipse; खंड ~ partial eclipse; चंद्र ~ lunar eclipse; सूर्य ~ solar eclipse.

ग्रहणशील (~ sheel) *adj.* receptive.

ग्रहणीय (grah Neey, grah Neey) *adj.* acceptable, admissible, eligible.

ग्रहदशा (~ da shA) *f.* period of ill-luck/mis-fortune.

ग्रह-शांति (~ - shAn ti) *f.* appeasement of evil stars.

ग्राम (grAm) *m.* 1. village. 2. heap. 3. (music) gamut. 4. gramme (unit of weight).

ग्रामवासी (~ vA si) *m.* villager.

ग्राम-सुधार (~ su dhAr) *m.* village uplift, rural uplift.

ग्रामीण (grA meeN) *adj.* rural, pertaining to a village.
m. villager.

ग्रामोत्थान (~ mot thAn) *m.* rural uplift.

ग्रामोद्योग (~ mod dyog) *m.* village industry.

ग्रामोफ़ोन (~ mo Fon) *m.* gramophone.

ग्राम्य (grAmmy) *adj.* rural; ~ समाज rural society.

ग्राम्यवाद (~ vad) *m.* agrarianism.

ग्रास (grAs) *m.* 1. morsel, mouthful. 2. a bite-sized piece. 3. eclipse; ख ~ partial eclipse; सर्व ~ total eclipse.

ग्राह (grAh) *m.* alligator, crocodile.

ग्राहक (grA hak) *m.* 1. customer. 2. client.

ग्राही (~ hee) *suffix.* denoting accepter.

ग्राह्य (grahhy) *adj.* admissible, acceptable; ~ व्यक्ति persona grata.

ग्राह्यता (~ tA) *m.* admissibility, acceptability.

ग्रीवा (gree vA) *f.* neck.

ग्रीष्म (greeshm) *m.* the hot season, summer.

ग्रीष्म-ऋतु (~ - ri tu) *f.* summer season.

ग्रीष्मकाल (~ kAl) *m.* summertime, summer.

ग्रीष्मकालीन (~ kA leen) *adj.* summery.

ग्रीष्मावकाश (greesh mA vA kAsh) *m.* summer vacation.

ग्लानि (glA ni) *f.* shame for one's wrong

action, compunction, lassitude, remorse.

ग्लिसरीन (gli sa reen) *f.* glycerin.

ग्वाल (gwAl) *m.* = ग्वाला।

ग्वाल-गीत (~ - geet) *m.* pastoral song.

ग्वाल-बाल (~ - bAl) *m.* (plu.) playmates of childhood days of Lord Krishna.

ग्वाला (gwA lA) *m.* 1. cowherd. 2. milkman.

ग्वालिन (~ lin) *f.* 1. female cowherd. 2. milkwoman, milkmaid.

घ

घ (gha) *m.* fourth consonant of the soft palatal pentad of the Nagari alphabet; aspirated form of ग.

घँघोलना (ghã ghol nA) *vt.* to make turbid by stirring, to rinse.

घंट (ghaNT) *m.* gong.

घंट-धातु (~ - dhA tu) *m.* bell-metal.

घंटा (ghaN TA) *m.* 1. gong. 2. hour. 3. period, duration of time; तीसरे घंटे में हिंदी पढ़ाई गई Hindi was taught in the third period.

घंटाघर (~ ghar) *m.* clock-tower.

घंटी (ghaN TEE) *f.* 1. bell; मैंने ~ बजाई I rang the bell. 2. door bell; जब ~ बजी मैं टीवी देख रहा था I was watching television when bell rang. 3. tinkling.

घंटों (ghaN tõ) *adv.* for many hours; वह प्रतिदिन ~ पूजा करता है He performs his daily worship for many hours.

घघरा (ghagh rA) *m.* = घाघरा। [Fem. घाघरी]

घट (ghaT) *m.* 1. earthen pot for storing water, pitcher. 2. heart; ~ घट में बसना / समाना to dwell in or permeate the heart of everybody.

घटक (gha TAK) *m.* 1. (Math.) component. 2. constituent, factor.

घटता-बढ़ता (ghaT TA-baRH TA) *adj.* fluctuating, varying.

घटती (~ tee) *f.* 1. deficit; ~ का बजट deficit budget. 2. decrease.

घटन (gha TAN) *m.* happening.

घटना (ghaT NA) *f.* event, occurrence, incident; अगले दिन वहाँ अजीब ~ घटी The next day there occurred a strange incident. ऐतिहासिक ~ historical event. *vt.* 1. to lessen/diminish/decrease; ऐसा नहीं लगता कि इसलामी आतंकवाद जल्दी घटने को हो Islamic terrorism seems unlikely to subside in near future. दाम ~ falling of prices; (नदी का) पानी ~ falling of water-level. 2. to subside; ज्वर ~ subsidence of fever. 3. to be reduced; शरीर घट जाना—उसका शरीर घट गया है His body is reduced. 4. to be subtracted; १० में से ८ घटे तो २ बचे 8 subtracted from 10, leaves 2. 5. to occur/happen; ऐसी घटना घटी It so happened.

घटना-क्रम (~ - kram) *m.* succession of events.

घटना-चक्र (~ - cakkr) *m.* cycle of events.

घटनात्मक (ghaT NAt mak) *adj.* pertaining to events.

घटनापूर्ण (~ NA POORN) *adj.* eventful.

घटना-बढ़ना (~ NA - barh NA) *vi.* to fluctuate, to rise and fall.

घटनावली (~ NA va lee) *f.* succession of events, series of incidents.

घटनास्थल (~ sthal) *m.* 1. place of occurrence. 2. site of an accident.

घट-बढ़ (ghaT - baRH) *f.* fluctuation.

घटा (gha TA) *f.* a gathering of dark and dense clouds; काली ~ mass of dark clouds; घटाओं का घिरना / छाना overclouding.

घटाटोप (~ TOP) *m.* 1. overcasting of dark and dense clouds. 2. clothcovering of a vehicle or palanquin.

घटाना (gha TA NA) *vt.* 1. to subtract. 2. to reduce/diminish; दाम घटा दें slash the prices. 3. to decrease/lessen.

घटा-बढ़ी (gha TA - ba Rhee) *f.* decrease or increase.

घटाव (~ TAW) *m.* abatement; ~ पर होना to abate.

घटित (~ TIT) *adj.* occurred, happened.

घटिया (~ TI YA) *adj.* 1. of inferior/low quality; ~ अधिनायक tinpot dictator; बहुत ही ~ of poor quality. 2. almost below accepted standard, borderline; ~ मज़ाक borderline joke.

घटी (~ TEE) *f.* = घड़ी (period of 24 minutes).

घट्ठा (ghaT THA) *m.* callosity, callus.

घड़घड़ाना (ghaR gha RA NA) *vt.* & *vi.* to rattle, to make a rattling sound.

घड़घड़ाहट (~ gha RA haT) *f.* rattling sound.

घड़ना (~ NA) *vt.* = गढ़ना।

घड़ा (gha RA) *m.* earthen water-pot for storing purposes etc.; (किसी पर) घड़ों पानी पड़ना (to feel like) hanging down one's head in shame, to be flushed with shame; चिकना ~ shameless fellow.

घड़ियाल (~ RI YAL) *m.* alligator, crocodile.

घड़ी (~ REE) *f.* 1. a period of 24 minutes; ~ घड़ी time and again; मुसीबत की ~ period of distress. 2. a moment; ~ भर के लिए just for a moment; घड़ियाँ गिनना (i) to wait impatiently, counting every moment; (ii) to be on death-bed. अंतिम~ में at the last moment, in extremis. 3. watch, time-piece or clock. आपकी ~ में कितने बजे हैं What time do you have? मेरी~ में पाँच बजकर चालीस मिनट हुए हैं I have got five forty.

घड़ीसाज़ (~ SAZ) *m.* watch-maker.

घड़ीसाज़ी (~ SA zee) *f.* watch-making, calling of a watch-maker.

घड़ोला (gha RO lA) *m.* small pitcher.

घड़ौंची (~ Raũcee) *f.* pitcher stand.

घन (ghan) *m.* 1. cloud. 2. (big) hammer. 3. (Maths.) cube (solid). 4. third power of a quantity (the cube of 4 is 64). 5. mass; आनंद-घन abode of bliss.

घनगरज (~ ga raj) *m.* 1. thunder (of clouds). 2. a type of cannon.

घनघनाना (~ gha NA NA) *vt.* to tinkle, to ring like a bell.

घनघनाहट (~ gha NA haT) *f.* tinkling.

घनघोर (~ ghor) *adj.* 1. very dense; ~ घटा dense, gathering of clouds. 2. heavy; ~ वर्षा heavy downpour. 3. fearful, fierce, terrible; ~लड़ाई heavy fighting.

घनचक्कर (~ cak kar) *m.* stupid fellow, blockhead.

घनता (gha na tA) *f.* density.

घनत्व (~ nat tw) *m.* density.

घनफल (ghan phal) *m.* (Maths.) result of cubing.

घनमान (~ MAN) *m.* (Maths.) cubic measure, volume, cubic content.

घनमूल (~ mool) *m.* (Maths.) cube-root.

घनवर्धनीय (~ var dha neey) *adj.* malleable.

घनवर्ध्य (~ vardhy) *adj.* malleable.

घनश्याम (~ shyAM) *m.* 1. dark cloud. 2. Lord Krishna.

घना (gha NA) *adj.* dense, compact, thick; ~ जंगल thick forest, thicket, dense jungle; घनी बुनावट वाला closely knit; घने बाल dense hair.

घनाघन (~ ghan) *adj.* making a tinkling sound.
m. cloud that pours.

घनात्मक (gha NAt mak) *adj.* cubic; ~ ठोस cubic solid.

घनित (~ nit) *adj.* condensed; ~ दूध condensed milk.

घनिष्ठ (~ nishTH) *adj.* intimate, very close.

घनिष्ठता (~ tA) *f.* intimacy, intimate friendship, rapport.

घनीभूत (gha nee bhoot) *adj.* 1. condensed. 2. solidified.

घपला (ghap lA) *m.* 1. bungled action. 2. bungled piece of work, scan.

घपलेबाज़ (~ le bAZ) *adj.* bungler.

घबराना (ghab rA nA) *vi.* to be non-plussed/perplexed/nervous/confused/puzzled; मैं घबरा गया I got fittery. वह ज़रा भी घबराई नहीं She was not in the least nervousness. वह घबराया हुआ लगता है He looks non-plussed.

घबराहट (~ hat) *f.* perplexity, nervousness.

घमंड (gha maND) *m.* conceit, pride, vanity.

घमंडी (mman Dee) *adj.* conceited.

घमर (gha mar) *m.* loud sound of drum etc.

घमस (~ mas) *f.* sultriness.

घमाका (~ mA kA) *m.* sound produced by a heavy blow.

घमाघम (~ mA gham) *adv.* with heavy blows, one after another.

घमासान (~ mA sAn) *adj.* fierce; ~ युद्ध fierce battle.

घमौरी (~ mau ree) *f.* prickly heat.

घर (ghar) *m.* 1. home, house; आज मैं ~ पर ही रहूँगा I will stay at home today. ~ के बाहर out of the doors; ~ चलाना to run the house; ~ पीछे per house; इसे अपना ही ~ समझो Take it as your own home. Make yourself at home. 2. family; ~ भर चला गया The entire family left. 3. case; ऐनक ~ case of spectacles. 4. place, space, room; ~ कर लेना to create room and accommodate oneself; (दिल में) ~ कर / बना लेना to be embedded in one's heart. 5. office; डाक ~ post office; टिकट ~ booking office. 6. cell; शतरंज की बिसात के ~ cells on a chess-board. 7. treasure, treasure-house; गेहूँ का ~ treasure of wheat, treasure-house of wheat; ~ आबाद करना to get married and establish a house-hold; ~ उजड़ना—उसका घर उजड़ गया His family life has been ruined. ~ का आदमी a near one; ~ का अच्छा well-to-do; ~ का काम (i) household work; (ii) home work; ~ का घर the entire family; ~ काटे खाना—घर काटे खाता है The house appears dreadfully desolate. ~ की खेती available at hand; ~ की बात a family matter; ~ के घर रहना to be neither a loser nor a gainer; ~ घर घूमना to knock from door to door; ~ देखना to find out a suitable family; ~ फोड़ना to create a rift in a family; ~ फूँककर तमाशा देखना to rejoice at one's own cost; ~ बसाना = ~ आबाद करना; ~ बैठ जाना crashing down of a house; ~ बैठे without any effort worth the name; ~ में डालना to take (some woman) as a mistress; ~ सिर पर उठा लेना to create a furore.

घर-गँवाऊ (~ - gã vA oo) *adj.* prodigal, spendthrift, extravagant.

घर-गृहस्थ (~ - gri hasth) *m.* householder.

घर-गृहस्थी (~ - gri has thee) *f.* household, family set-up.

घरघराना (~ gha rA nA) *vi.* to wheeze.

घर-घाट (~ - ghAT) *m.* whereabouts; ~ का—वह और ही घर-घाट का आदमी है He is made of a different stuff.

घरघालू (~ ghA loo) *m.* a person who ruins his family or house, a blackguard.

घर-घुसना (~ ghus nA) *m.* = घर-घुस्सू।

घर-घुस्सू (~ - ghus soo) *m.* stay-at-home.

घर-जँवाई (~ - jã VA ee) *m.* son-in-law living with and depending on the in-laws.

घर-द्वार (~ - dWAr) *m.* 1. whereabouts of the family. 2. household.

घरनी (~ nee) *f.* 1. mistress of a house. 2. wife.

घर-बसी (~ ba see) *f.* kept (woman).

घर-बार (~ - bAr) *m.* = घर-द्वार।

घर-बारी (~ bA ree) *m.* householder, family man.

घरवाला (~ VA lA) *m.* 1. husband. 2. member of the family; कोई ~ तो बाहर आए Let some member of the family come out.

घरवाली (~ VA lee) *f.* wife, the lady of the house.

घराऊ (gha rA oo) *adj.* pertaining to household or family.

घराती (~ rA tee) *m.* one belonging to a bridal party.

घराना (~ rA nA) *m.* 1. family, dynasty; शाही ~ royal dynasty. 2. school; प्राचीन घराने की गायकी music of the oriental school.

घरिया (~ ri yA) *f.* small earthen cup in which goldsmith melts gold, crucible.

घरेलू (~ re loo) *adj.* 1. domestic; ~ कुत्ता housedog. ~ झगड़ा domestic quarrel. 2. private; ~ मामला private affair. 3. homely; ~ वातावरण homely environment.

घरौंदा (~ raũ dA) *m.* 1. toy home. 2. mini house.

घर्रा (ghar rA) *m.* rattling sound made by the throat.

घर्राटा (~ TA) *m.* snore; ~ मारना / लेना to snore.

घर्षण (ghar shaN) *m.* 1. friction, abrasion. 2. rubbing.

घर्षित (~ shit) *adj.* heavily rubbed.

घलुआ (gha lu A) *m.* quantity of a commodity given in gratis (in excess of a purchase); घलुए में as a perquisite.

घसिटना (~ sIT nA) *vi.* to be dragged.

घसियारा (~ si yA rA) *m.* hay-trusser, grass-cutter.

घसियारिन (~ si yA rin) *f.* 1. woman who cuts or sells grass. 2. wife of a hay-trusser/grass-cutter.

घसीट (gha seeT) *f.* illegible scrawling or scribbling; ~ लिखाई / लिखावट scrawl.

घसीटना (~ nA) *vt.* 1. to drag; पैर घसीटते हुए चलना to shuffle one's feet; वे राजनीति को इतिहास में क्यों घसीट ले जाते हैं Why must they drag politics into history. 2. to scrawl; घसीट मारना to scrawl with the pen; क़लम ~ to work as a writer or clerk (of a low order).

घसीटा-घसीटी (gha see TA - gha see Tee) *f.* dragging this way and that.

घहराना (ghah rA nA) *vi.* 1. to thunder. 2. बादल ~ amassing of clouds.

घाँटी (ghÃ Tee) *f.* uvula.

घाई (ghA ee) *f.* gap (between two fingers).

घाऊघप (~ oo ghap) *adj. & m.* 1. greedy in eating, voracious. 2. grabber.

घाघ (ghAgh) *adj. & m.* sharper, cunning (fellow), crafty.

घाघरा (~ rA) *m.* a variety of petticoat.

घाघरा-पलटन (~ - pal Tan) *f.* an army of hilly tribes of Scotland whose lower dress resembles a skirt.

घाट (ghAT) *m.* 1. landing or bathing place on the bank of a river. 2. flight of steps leading to a landing place on a river bank, ghat; ~ घाट का पानी पीना to lead a roaming and variegated life; ~ लगना to reach ashore; पश्चिमी ~ Western Ghats; पूर्वी ~ Eastern Ghats.

घाटबंदी (~ ban dee) *f.* ban on embarkation or disembarkation.

घाटवाल (~ VAl) *m.* see घाटिया।

घाट-शुल्क (~ shulk) *m.* ferriage.

घाटा (ghA TA) *m.* 1. loss; घाटे का सौदा loss-making proposition, losing game; ~ उठाना / खाना to incur a loss; ~ देना to inflict a loss; ~ सहना to suffer a loss; ~ होना to result in a loss. 2. deficit; घाटे का बजट deficit budget.

घाटिया (~ Ti yA) *m.* a person who sits at a ghat, takes charge of bather's clothes etc. and renders other petty services.

घाटी (~ Tee) *f.* 1. valley. 2. pass. 3. gorge.

घात (ghAt) *m.* 1. blow, stroke. 2. opportunity of fulfilling one's object, ambush, ambuscade; ~ पर चढ़ना to be caught in (someone's) trap; ~ में आना = ~ पर चढ़ना; ~ में पड़ना to fall into an ambush; ~ में फिरना to be out for; ~ में बैठना to lie in ambush; ~ में (लगे) रहना to ambuscade; ~ लगाना to prepare a strategy, to waylay. 3. (Maths.) power; २ का तृतीय घात ८ है The third power of 2 is 8. 4. slaughter.

घातक (ghA tak) *adj.* 1. fatal. 2. malignant, pernicious.

घातकी (~ ta kee) *m.* = घाती।

घाता (~ tA) *m.* = घलुआ; घाते में as a perquisite.

घाती (~ tee) *m.* killer, assassin, murderer; आत्म ~ suicidal; विश्वास ~ (one) who betrays (someone's) trust, deceitful.

घान (ghAn) *m.* quantity of something crushed, ground, cooked or fried in one lot.

घानी (ghA nee) *f.* establishment where crushing is carried out.

घाम (ghAm) *m.* 1. sunshine, sunlight. 2. heat of the sun; ~ खाना to bask in the sun; ~ लगना to have a sun-stroke; ~ सेकना to bathe in sun-shine.

घामड़ (ghA maR) *adj. & m.* blockhead, idiot.

घायल (~ yal) *adj.* wounded, injured; क्या इस दुर्घटना में कोई ~ भी हुआ था Was anybody injured in this accident? *m.* the wounded; घायलों को अस्पताल लाया गया The wounded were taken to hospital.

घाल (ghAl) *m.* 1. = घलुआ। 2. something insignificant.

घालक (ghA lak) *adj. & m.* 1. destroyer. 2. killer.

घालना (ghAl nA) *vt.* to destroy; घर ~ to ruin a family.

घाल-मेल (~ - mel) *m.* 1. jumble, hotch-potch, mess, medley. 2. illicit relationship.

घाव (ghAw) *m.* 1. wound; ~ पुरना / भरना the healing of a wound. 2. injury; ~ पर नमक छिड़कना to rub salt into somebody's wounds.

घास (ghAs) *f.* grass; ~ का मैदान prairie; ~ काटना to chop grass; ~ खोदना / छीलना to engage oneself in a trifling work.

घास-पात (~ - pAt) *m.* 1. grass leaves and the like. 2. rubbish.

घास-फूस (~ - phoos) *m.* rubbish.

घासलेट (~ leT) *m.* 1. kerosine oil. 2. trash.

घासलेटी (~ le tee) *adj.* inferior, cheap; ~ साहित्य trash literature.

घासी (ghA see) *adj.* of grass; ~ मैदान an area of grass.

घिग्घी (ghig ghee) *f.* ~ बँधना—उसकी घिग्घी बँध गई His throat was choked out of fear.

घिघियाना (ghi ghi yA nA) *vi.* to supplicate abjectly.

घिचपिच (ghic pic) *adj.* = गिचपिच।

घिन (ghin) *f.* feeling of odiousness

abhorrence; ~ आना—मुझे घिन आती है I have a feeling of abhorrence.

घिनौना (ghi nau nA) *adj.* squalid, odious, abhorring.

घिनौनापन (~ pan) *m.* odiousness.

घिया (ghi yA) *f.* bottle gourd.

घियाकश (~ kash) *m.* grater.

घिरना (ghir nA) *vt.* to be surrounded/encircled/beset; घिर आना—बादल घिर आए हैं Clouds have gathered all round. घिर जाना—आकाश बादलों से घिर गया है The sky is overcast. हम शत्रुओं से घिर गए We were surounded by the enemy.

घिरनी (~ nee) *f.* pulley.

घिरवाना (~ VA nA) *vt.* to cause to surround/encircle.

घिराव (ghi rAW) *m.* gherao, surrounding of a person as a means of coercion.

घिसकना (~ sak nA) *vi.*= खिसकना।

घिसकाना (ghis KA nA) *vt.* = खिसकाना।

घिसघिस (~ ghis) *f.* 1. dilatoriness, undue delay. 2. indetermination, undue delay in taking a decision.

घिसन (ghi san) *f.* 1. wear and tear. 2. friction.

घिसना (ghis nA) *vi.* 1. to be rubbed. 2. to wear out; उसकी कमीज़ कालर से घिस गई थी His shirt was frayed at the neck.

घिसना-पिटना (~ piT nA) *vt.* घिस-पिट जाना to fray out.

घिसपिस (~ pis) *f.* close contact, intimacy.

घिसवाना (~ VA nA) *vt.* ; to cause to rub.

घिसाई (ghi SA ee) *f.* 1. abrasion. 2. friction. 3. charges paid for polishing etc.

घिसा-पिटा (~ SA - pi TA) *adj.* 1. old and worn, thin, threadbare. 2. stereotyped, hackneyed. 3. frayed. घिसी-पिटी बात platitude.

घिस्सम-घिस्सा (ghis sam - ghis SA) *m.* rubbing shoulders (in a crowd).

घिस्सा (~ SA) *m.* 1. friction. 2. hard rub. 3. push. 4. dodge. 5. a trick in wrestling.

घी (ghee) *m.* ghee, clarified butter; ~ के दिए जलाना to feel extremely jubilant; ~ खिचड़ी होना to be closely intimate; पाँचों उँगलियाँ ~ में होना to gain immensely, to get an opportunity for unrestricted merrymaking.

घी कुँवार (kũ WAR) *f.* Indian aloe.

घुँइयाँ (ghũ i yÃ) *f.* a root vegetable.

घुँघची (ghũgh cee) *f.* 1. a plant which has red, round tiny seeds. 2. such seed.

घुँघनी (~ nee) *f.* fried and seasoned corn.

घुँघराला (~ rA lA) *adj.* curly.

घुँघरू (~ roo) *m.* jingling bell usually worn by dancing girls; ~ बाँधना to put on a bunch of ghũghroos for dancing.

घुँघरूबंद (~ band) *f.* dancing prostitute.

घुंडी (ghuN Dee) *f.* 1. knot. 2. knot-like button made of cloth.

घुग्घू (ghug ghoo) *m.* 1. owl. 2. stupid fellow.

घुघुआना (ghu ghu A nA) *vi.* to hoot like an owl.

घुटन (~ Tan) *f.* suffocation.

घुटना (ghuT nA) *m.* knee; घुटने टेकना to knuckle under, to surrender; पाकिस्तान ने अमेरिका के आगे घुटने टेके Pak bows to U S. घुटनों के बल चलना to walk on all fours. *vi.* to be ground; घुटी हुई भाँग well ground भाँग; घुटा हुआ सिर cleanshaven head; घुटा हुआ आदमी sharper, cunning guy; ख़ूब ~—उन दोनों में ख़ूब घुटती है They are chummy with each other. घुटी हुई दाल well-cooked and gruelled lentil; दम ~ to feel suffocated; घुट-घुटकर मर जाना to be fretted to death, as it were.

घुटन्ना (ghu Tan nA) *m.* half pants, shoots, knickers.

घुटवाना (ghut VA nA) *vt.* 1. to cause to be rubbed. 2. to cause to be cleanshaven or tonsured.

घुटाना (ghu TA nA) *vt.* see घुटवाना।

घुट्टी (ghut Tee) *f.* a medicinal liquid given to infants; ~ में पड़ना to have (something) as a part of one's very nature; चोरी उसकी ~ में पड़ी है Theft is a part of his very nature.

घुड़ (ghuR) *m.* allomorph of घोड़ा।

घुड़कना (ghu RAk nA) *vt.* 1. to reprimand. 2. to admonish. 3. to intimidate.

घुड़की (ghuR kee) *f.* 1. reprimand. 2. admonition.

घुड़चढ़ा (~ ca RhA) *m.* rider.

घुड़चढ़ी (~ ca Rhee) *f.* a ceremony immediately preceding marriage in which the bridegroom goes to the bride's house on horse-back.

घुड़दौड़ (~ dauR) *f.* horse-race.

घुड़नस (~ nas) *f.* life-line.

घुड़नाल (~ nAl) *f.* 1. an old type of small cannon drawn by horses. 2. horseshoe.

घुड़मुँहा (~ mũ hA) *adj.* horse-faced.

घुड़सवार (~ sa vAr) *m.* a rider on a horse, horseman.
adj. on the horseback; ~ सैनिक a soldier on the horseback.

घुड़सवारी (~ sa vA ree) *f.* horse-riding.

घुड़साल (~ sAl) *f.* stable.

घुन (ghun) *m.* weevil, cankar, wood-worm and the like; ~ लगना to suffer from canker, to be weevilled; ~ लगा गेहूँ wheat infested with canker.

घुनना (~ nA) *vi.* to be eaten by lice or pests, to be infested with worms.

घुन्ना (~ nA) *adj.* maliciously secretive.

घुप्प (ghupp) *m.* intense; ~ अँधेरा pitch dark. [also अँधेरा घुप्प]

घुमक्कड़ (ghu mak kaR) *adj.* roving, wandering.
m. rover, wanderer; itinerant.

घुमटा (ghum TA) *m.* giddiness, vertigo.

घुमड़ना (ghu maR nA) *vi.* to gather and overcast (like clouds); उमड़-घुमड़कर (of clouds) rolling and gathering around.

घुमाना (~ mA nA) *vt.* 1. to take out. 2. to turn round; गरदन ~ to turn the neck round. 3. to show round. 4. to brandish or spin; तलवार ~ to brandish a sword; लट्टू ~ to spin a top. 5. to circulate; पत्र ~ to circulate a letter. 6. to pinch/purloin.

घुमाना-फिराना (~ - phi rA nA) *vt.* to take around to beguile; घुमा-फिराकर बातें करना circumlocution (in talk).

घुमाव (ghu mAw) *m.* 1. a single turn made is winding something. 2. turn, specially a bend or corner in a road.

घुमावदार (~ dAr) *adj.* 1. winding, roundabout; ~ रास्ता winding path. 2. complicated; ~ बातें circumlocutory talk/language.

घुमाव-फिराव (~ - phi rAw) *m.* circumlocution (in talk).

घुमेरी (ghu me ree) *f.* giddiness.

घुरघुर (ghur ghur) *f.* rattling sound produced from the throat due to cough.

घुरघुराना (~ ghu rA nA) *vi.* to produce a rattling sound from the throat.

घुलनशील (ghu lan sheel) *adj.* soluble.

घुलनशीलता (~ tA) *f.* solubility.

घुलना (ghul nA) *vi.* to get dissolved; घुल-घुलकर जान देना / मर जाना to languish to death; घुल-घुलकर बातें करना to have a tete-a-tete; घुल-मिलकर chummily.

घुलवाना (~ vA nA) *vt.* 1. to cause to be dissolved or mixed. 2. to have collyrium applied to the eyes.

घुलाना (ghu lA nA) *vt.* 1. to dissolve in the mouth. 2. to dissolve something solid in some liquid by shaking or boiling. 3. to soften by heating. 4. to cause the body to decay. 5. to torment. 6. to pass time.

घुसना (ghus nA) *vi.* 1. to break in (to), to burst into, to thrust into. 2. to intrude/ infiltrate. 3. to pierce into. 4. to penetrate.

घुसपैठ (~ paiTh) *f.* infiltration; हमारा गुप्तचर विभाग ~ रोकने में असमर्थ रहा Our intelligence department failled to stop infiltration. ~ करना to infiltrate.

घुसपैठिया (~ pai Thi yA) *m.* infiltrator.

घुसवाना (~ vA nA) *vt.* to allow something to enter, penetrate etc.

घुसाना (ghu sA nA) *vt.* to thrust in.

घुसेड़ना (~ seR nA) *vt.* to thrust into.

घूँघट (ghõõ ghaT) *m.* veil; ~ उठाना / खोलना to unveil, to take off the veil; ~ करना / काढ़ना / निकालना to veil, to have a veil on; ~ में रहना to keep oneself in veil.

घूँट (ghõõT) *m.* a large sip.

घूँटना (~ nA) *vt.* to sip a large mouthful.

घूँसा (ghõõ sA) *m.* 1. fist-blow, box; ~ मारना to box. 2. blow of the fist.

घूँसेबाज़ (~ se bAz) *m.* boxer.

घूँसेबाज़ी (~ se bA zee) *f.* boxing.

घूमना (ghoom nA) *vi.* 1. to stroll; ~ -फिरना to walk about. 2. to rotate/gyrate/ spin. 3. to go round, revolve; पृथ्वी सूरज के चारों ओर घूमती है The Earth moves round the Sun. 4. to take a turn; दाहिने घूमो Turn right. घूम जाना to give a slip; घूम-फिरकर उसी बात पर आना to come to the same point at last; दिमाग़ घूम जाना— उसका दिमाग़ घूम गया है He has gone off his head.

घूर (ghoor) *m.* dunghill.

घूरना (~ nA) *vt.* to stare.

घूरा (ghoo rA) *m.* rubbish-heap.

घूर्णन (~ Nan) *m.* rotation, gyration.

घूर्णवायु (ghoorN vA yu) *f.* whirlwind, tornado.

घूर्णित (~ Nit) *adj.* rotated/gyrated.

घूस (ghoos) *f.* bribe; ~ खाना to accept a bribe; ~ देना to bribe; ~ देनेवाला briber; ~ लेना to take a bribe.

घूसख़ोर (~ Khor) *adj. & m.* (one) given to taking bribes.

घूसख़ोरी (~ Kho ree) *f.* taking of bribes, bribery.

घृणा (ghri NA) *f.* hatred, scorn, disgust, aversion, abhorrence; ~ करना to abhor; हम आतंकवाद से ~ करते हैं We abhor terrorism.

घृणास्पद (~ NAs pad) *adj.* hateful, abominable, despicable.

घृणित (~ Nit) *adj.* hated, abhorred, odious.

घृण्य (ghriNNy) *adj.* = घृणास्पद।

घृत (ghrit) *m.* ghee, clarified butter.

घेघा (ghe ghA) *m.* goitre.

घेर (gher) *m.* enclosure, circumference.

घेर-घार (gher - ghAr) *f.* 1. encirclement. 2. repeated persuasion.

घेरदार (~ dAr) *adj.* having a big periphery, broad.

घेरना (~ nA) *vt.* 1. to enclose/fence; जगह ~ to occupy space. 2. to encircle/ surround; घेर लेना to encircle; दुश्मनों ने नाव को घेर लिया The enemy surrounded the boat. 3. to besiege; क़िला ~ to besiege a fort.

घेरा (ghe rA) *m.* 1. circle. 2. fence, enclosure, ambit; बाँसों का ~ bamboo fencing; ~ डालना to lay a cordon, to blockade.

घेराबंदी (ghe rA ban dee) *f.* = घेरेबंदी।

घेराव (~ rAW) *m.* surrounding of a person as a means of coercion, gherao.

घेरेबंदी (~ re ban dee) *f.* 1. act of enclosing (space). 2. encirclement/siege. 3. blockade; ~ करना to put under a blockade.

घोंघा (ghõ ghA) *m.* small animal living in spiral shell, snail, oyster.

घोंघा-बसंत (~ - ba sant) *m.* foolish, weak-minded person, nincompoop, blockhead.

घोंटना (ghõT nA) *vi.* = घोटना।

घोंपना (ghõp nA) *vi* to pierce/penetrate.

घोंसला (ghõs lA) *m.* nest; ~ बनाना to build/make a nest.

घोखना (ghokh nA) *vi.* to learn by rote/repetition, to cram up.

घोटना (ghoT nA) *vt.* 1. to pestle (in a mortar). 2. to smoothen by intensive rubbing. 3. to shave. 4. to strangle; गला ~ to strangle the throat. 5. to commit to memory, to cram up.

घोटवाना (~ VA nA) *vt.* causative of घोटना।

घोटा (gho TA) *m.* 1. act or tool of pestling. 2. gadget for rubbing; ~ लगाना to learn by rote.

घोटाई (~ ee) *f.* 1. act of pestling or rubbing or wages paid for the same.

घोटाला (~ lA) *m.* 1. bungling. 2. scam, misappropriation.

घोटालेबाज़ (~ le bAz) *m.* bungler or scammer.

घोड़ा (gho RA) *m.* 1. horse; ~ कसना to saddle a horse; ~ कुदाना to prance; ~ खोलना to unsaddle a horse; ~ सधाना to break a horse; घोड़े बेचकर सोना to sleep carefree, to have a deep, carefree sleep. 2. trigger; ~ चढ़ाना to cock (a gun); ~ दबाना to pull the trigger. 3. knight (chess).

घोड़ा-गाड़ी (~ - gA Ree) *f.* horse-carriage.

घोड़ानस (~ nas) *f.* = घुड़नस।

घोड़िया (gho Ri yA) *f.* 1. mare, small mare. 2. peg. 3. a gadget used by handloom weavers.

घोड़ी (~ Ree) *f.* 1. mare. 2. a kind of song sung at a marriage ceremony; ~ चढ़ना (bridegroom) to ride on a horse (usually mare) to the bride's house for marriage.

घोर (ghor) *adj.* 1. terrible, dreadful, fierce, horrible, formidable; ~ रूप dreadful form; ~ विरोधी terrible opposer/opponent. 2. excessive; ~ वर्षा excessive rain. 3. loud; ~ नाद loud sound/noise. 4. thick, dense; ~ जंगल thick forest, dense jungle. 5. pitched; ~ युद्ध pitched battle. 6. sound; ~ निद्रा sound sleep. 7. serious; ~ अपराध felony.

घोल (ghol) *m.* 1. solution; बेसन, मैदे आदि का ~ batter. 2. emulsion.

घोलना (~ nA) *vt.* 1. to mix and dissolve; (किसी काम में) ज़हर ~ to put a spanner/spike (into some work); (किसी के) जीवन में ज़हर ~ to make someone's life miserable, to poison (someone's) life at the well-head; घोलकर पी जाना to assimilate; शर्म घोलकर पी जाना to be barefaced, to be lost to all sense of shame.

घोला (gho lA) *m.* 1. solution. 2. small drain for irrigation.

घोष (ghosh) *adj.* voiced.
m. 1. sound. 2. slogan.

घोषक (gho shak) *m.* one who declares, declarer, announcer.

घोषणा (ghosh NA) *f.* declaration, announcement, proclamation, promulgation.

घोषणा-पत्र (~ - pattr) *m.* 1. proclamation. 2. manifesto; चुनाव ~ election manifesto.

घोषित (gho shit) *adj.* declared, announced; ~ करना to declare/announce.

घोसी (~ see) *m.* milkman.

घौद (ghaud) *m.* bunch; केले का ~ cluster of bananas.

घ्राण (ghrAN) *m.* act of smelling, odour, fragrance.

घ्राण-शक्ति (~ - shak ti) *f.* power of smelling.

घ्राणेंद्रिय (ghrA Nen driy) *f.* organ of smelling, nose.

ङ

ङ (ṅa) *m.* fifth and the last consonant of the soft palatal pentad of the Nagari alphabet; its sound is like that of *n* in *king*.

च

च (ca) sixth consonant and first of the alveo-palatal pentad of the Nagari alphabet; its sound is like that of *ch* in *chill*.

चंग (caṅg) *f.* 1. small timbrel. 2. big kite; ~ पर चढ़ाना (i) to instigate; (ii) to puff up.

चंगा (caṅ gA) *adj.* sound, nice, healthy; ~ करना to cure/heal; ~ होना to recover from illness; भला ~ hale and hearty.

चंगुल (~ gul) *m.* clutch, talons, claw; ~ में आना / पड़ना / फँसना to fall into (someone's) clutches; ~ से बचना to escape the clutches.

चँगेर (cã ger) *f.* shallow basket of bamboos etc.

चँगेरी (~ ge ree) *f.* = चँगेर।

चंचरीक (can ca reek) *m.* buzzing bee.

चंचल (~ cal) *adj.* 1. agile, brisk, nimble, not stable or firm; ~ चितवन tremulous looks; ~ चित्त fidgety, fickle-minded. 2. playful; ~ लड़का playful boy.

चंचलता (~ tA) *f.* 1. instability, unsteadiness. 2. playfulness. 3. fickleness.

चंचला (can ca lA) *f.* 1. Lakshmi, the goddess of wealth. 2. lightning.

चंचु (~ cu) *m.* beak, bill.

चंचु-प्रवेश (~ - pra vesh) *m.* slight knowledge, smattering; हिंदी में ~ a smattering of Hindi.

चंट (caNT) *adj.* cunning, sly, wily, knave.

चंटई (caN Ta ee) *f.* cunning, cunningness, knavery.

चंड (caND) *adj.* 1. fierce. 2. furious. 3. violent.

चंडता (~ tA) *f.* 1. fierceness. 2. furiousness. 3. violence.

चंडवात (~ vAt) *m.* strong gale, typhoon.

चंडाल (caN DAl) *adj.* 1. cruel. 2. wretched, wicked.
m. a low Hindu caste.

चंडाल-चौकड़ी (~ cauk Ree) *f.* 1. pack of busy-bodies. 2. gang of idlers.

चंडालिनी (caN DA li nee) *f.* 1. wife of a चंडाल। 2. a woman of the चंडाल caste. 3. cruel virago.

चंडावल (~ DA val) *m.* rear part of an army.

चंडिका (~ Di kA) *f.* 1. Durga, the goddess of prowess; Divine Mother. 2. cruel virago.

चंडी (~ Dee) *f.* Durga, the goddess of prowess.

चंडू (~ DOO) *m.* Chandu, an intoxicant prepared from opium; ~ पीना to smoke opium.

चंडूख़ाना (~ KhA nA) *m.* den of चंडू smokers; चंडूख़ाने की गप unfounded baseless rumour, concocted story.

चंडूबाज़ (~ bAz) *m.* one who smokes चंडू habitually, one given to smoking चंडू।

चंडूल (can DOOl) *m.* 1. a kind of lark. 2. an ugly person.

चंद (cand) *adj.* a few, some; ~ रोज़ा short-lived, transient.

m. moon.

चंदन (can dan) *m.* sandal; ~ -सा बदन figure as charming as sandal.

चंदनी (~ da nee) *adj.* 1. pertaining to sandal. 2. of the colour of sandal.

चँदला (cãd lA) *adj.* baldheaded.

चँदवा (~ vA) *m.* small canopy.

चंदा (can dA) *m.* 1. coutribution, subscription; ~ करना to collect subscription, to pool subscription; ~ देना to contribute/subscribe. 2. moon; ~-सा comely, like the moon.

चंदा मामा (~ mA mA) *m.* 'Uncle Moon', as it were.

चंदावल (can dA val) *m.* = चंडावल।

चँदिया (cã di yA) *f.* cranium.

चँदोवा (~ do vA) *m.* small canopy.

चंद्र (candr) *m.* moon.

चंद्रकला (~ ka lA) *f.* crescent.

चंद्रग्रहण (~ gra haN) *m.* lunar eclipse.

चंद्रचूड़ (~ cooR) *m.* Lord Shiv.

चंद्रबिंदु (~ bin du) *m.* nasal vowel represented by ँ

चंद्रमंडल (~ maN Dal) *m.* disc of the moon.

चंद्रमा (~ mA) *m.* moon; ~ बलवान होना—उस का चंद्रमा बलवान है His stars are in ascendance.

चंद्रमुखी (~ mu khee) *f.* woman, with a face as beautiful as the moon.

चंद्रलोक (~ lok) *m.* world of the moon, heaven.

चंद्रशेखर (~ she khar) *m.* Lord Shiv.

चंद्रहार (~ hAr) *m.* necklace having beads of the shape of a crescent.

चंद्रहास (~ hAs) *m.* 1. sword. 2. moonshine.

चंद्रा (can drA) *adj.* moon-struck.

चंद्रिका (~ dri kA) *f.* moonshine.

चंद्रोदय (~ dro day) *m.* 1. rise of the moon. 2. canopy. 3. a very important medicine of Ayurveda.

चंपई (cam pa ee) *adj.* yellow.

चंपक (~ pak) *m. Michelia champaca.*

चंपत (~ pat) *adj.* suddenly disappeared, slipped out, runaway; ~ कर देना to pinch away; ~ हो जाना to slip away, to disappear, to decamp, to vanish; डाकू बीस हजार नकद लूटकर ~ हो गए The robbers decamped with twenty thousand in cash.

चँपना (cãp nA) *vi.* to bow down due to weight; किसी के एहसानों से ~ to be pressed down due to obligation.

चंपा (cam pA) *f.* a variety of tree and its fragrant flowers, *Michelia champaca.*

चंपाकली (~ ka lee) *f.* 1. bud of चंपा। 2. necklace having beads of the shape of चंपाकली।

चंपी (cam pee) *f.* massage, shampoo.

चंपू (~ poo) *m.* a drama which is composed of pieces of prose and verse alternately.

चंबई (~ ba ee) *adj.* azurian.

चंबल (~ bal) *m.* 1. a river of Central India. 2. a kind of skin disease, eczema.

चँवर (cã var) *m.* 1. whisk, originally made of the hair on the tail of a yak; ~ डुलाना to serve subserviently. 2. quill.

चँवरी (cãv ree) *f.* altar of marriage.

चक (cak) *adj.* ample, abundant, plentiful; ~ भोजन meal with plentiful of dainty dishes.

m. 1. wheel. 2. a plaything for children in the form of a pulley. 3. big plot of agricultural land, holding. 4. small village. 5. wheel.

चकई (ca ka ee) *adj.* round; as ~ आड़ू round peach.

f. a plaything for children in the form of a pulley चक।

चकचूर (cak coor) *adj.*= चकनाचूर।

चकती (~ tee) *f.* patch; उसने अपनी कमीज़ पर ~ लगाई She sewed a patch on her shirt.

चकत्ता (ca kat tA) *m.* (skin) rash, blotch; चकत्ते पड़ना eruption of rashes.

चकनाचूर (cak nA coor) *adj.* broken into fragments, reduced to smithereens; ~ करना to shatter to pieces; ~ हो जाना to be dead tired, to be exhausted.

चकपकाना (~ pa kA nA) *vi.* to be flabbergasted/dumbfound.

चकफेरी (~ phe ree) *f.* 1. circuitous tour. 2. revolution.

चकबंदी (~ ban dee) *f.* consolidation of holdings.

चकमक (~ mak) *m.* flint.

चकमा (~ mA) *m.* ruse, trick, hoodwinking, deception; ~ खाना to be deceived, to be a victim to a ruse; ~ देना to hoodwink/dodge; चकमे में आना to be hoodwinked.

चकर-मकर (ca kar - ma kar) *f.* deceitful talk.

चकराना (cak rA nA) *vi.* 1. to feel giddy. 2. to be confounded; दिमाग़ चकरा जाना to be nonplussed/puzzled.

चकरानी (~ rA nee) *f.* maid servant.

चकला (~ lA) *m.* 1. disc on which flour is rolled into cakes. 2. expansive habitation. 3. brothel; ~ चलाना to run a brothel.

चकली (~ lee) *f.* 1. small round board for rubbing things, especially sandal wood. 2. pulley.

चकलेदार (~ le dAr) *m.* an officer who managed the affairs of a habitation on behalf of the administration.

चकल्लस (ca kal las) *f.* mess, medley; ~ करना to start a ballyhoo; ~ में पड़ना / फँसना to get involved in a mess.

चकवा (cak vA) *m.* ruddy goose.

चकाचक (ca kA cak) *adj.* exuberant, abundant, plentiful; ~ भोजन hearty and plentiful meal, square meal; ~ माल plentiful and valuable stuff.

चकाचौंध (ca kA caũdh) *f.* the light which dazzles the eyes; गहनों की ~ dazzling light of ornaments.

चकार (ca kAr) *m.* the consonant च or its sound.

चकित (ca kit) *adj.* astounded, amazed, astonished, bewildered; ~ होना to be astounded/amazed; आश्चर्य ~ wonderstruck.

चकोटना (ca kot nA) *vt.* to pinch.

चकोतरा (ca kot rA) *m.* a fruit of the citrus family, shaddock.

चकोर (ca kor) *f.* red-legged partridge.

चक्कर (cak kar) *m.* 1. round; पृथ्वी सूर्य का ~ लगाती है The Earth moves round the Sun. 2. revolution, rotate; ~ काटना (i) to take rounds; (ii) to revolve; (iii) to go to and fro. 3. sensation of dizziness, vertigo; ~ आना to feel giddy; ~खाना— मेरा सिर चक्कर खा रहा है I am feeling giddy/dizzy. ~ खिलाना to take (someone) round and round; ~ चलना—फिर एक नया चक्कर चला Then a new move was on. ~चलाना to launch a sly move; ~ मारना = ~ काटना; ~ में आना = ~ में पड़ना; ~ में डालना to entangle in a mess; ~ में पड़ना to be in pursuit of; ~ में फँसना to be taken in; ~ लगाना = ~ काटना।

चक्करदार (~ dAR) *adj.* 1. circuitous, roundabout. 2. meandering.

चक्का (cak KA) *m.* 1. wheel. 2. chunk, pebble; ~ चलाना to throw a pebble/stone.

चक्की (~ kee) *f.* 1. a device for grinding grain into flour, mill; आटे की ~ flour mill; ~ पीसना (i) to grind; (ii) to labour hard. 2. a mill for grinding hard substances; ~ में पिसना to pass through a gruelling test.

चक्र (cakkr) *m.* 1. wheel. 2. potter's wheel. 3. cycle, circle. 4. whirlpool. 5. whirlwind. 6. round; तीन ~ गोलियाँ three rounds of firing. 7. disc given as a prize; महावीर ~ disc of valour.

चक्रक्रम (~ kram) *m.* cyclic order.

चक्रगति (~ ga ti) *f.* cyclic/circular motion.

चक्रद्वार (~ dWAR) *m.* a revolving gate, turnstile.

चक्रमंडप (~ maN Dap) *m.* amphitheatre.

चक्रवर्ती (~ var tee) *adj.* universal; ~ राजा ruler of a vast empire.

चक्रवात (~ VAt) *m.* cyclone, hurricane.

चक्रवातीय (~ VA teey) *adj.* cyclonic; ~ वर्षा cyclonic rain.

चक्रवृद्धि (~ vrid dhi) *f.* compound (interest).

चक्रव्यूह (~ vyooh) *m.* strategic arrangement of troops, spl. circular.

चक्राकार (cak KrA KAR) *adj.* cyclic.

चक्रीय (~ kreey) *adj.* 1. circular. 2. cyclic.

चक्षु (~ shu) *m.* eye; प्रज्ञा ~ blind person.

चक्षुगोचर (~ shu go car) *adj.* perceptible, visible.

चख़चख़ (caKh caKh) *f.* noisy exchange of words, discordant discussion; ~ चलना going on of चख़चख़।

चखना (cakh nA) *vt.* to relish/taste, to taste for a test, to try.

चखाचखी (ca khA ca khee) *f.* tasting for a test.

चखाना (ca khA nA) *vt.* to cause to taste; मज़ा ~ to teach a lesson.

चगड़ (ca gaR) *adj.* = चघड़।

चघड़ (ca ghaR) *adj.* cunning, tricky.

चघड़पन (~ pan) *m.* cunningness.

चचा (ca cA) *m.* = चाचा; ~ निकलना—वह मेरा भी चचा निकला He has proved more than a match to me.

चचिया (ca ci yA) *adj.* see चचेरा। ~ ससुर uncle-in-law; ~ सास aunt-in-law.

चचेरा (ca ce rA) *adj.* of or pertaining to, a paternal uncle; ~ भाई first cousin.

चचोड़ना (ca cor nA) *vt.* = चिचोड़ना।

चट (caT) *adv.* hurriedly, sharpby, quickly; ~ से instantly.

f. clattering sound, snapping of stick, wood etc.

adj. consumed, eaten up, eschausted; ~ कर जाना 1. to consume, to use up other's belongings, to polish off. 2. to grab.

चटक (ca Tak) *adj.* = चटकीला।

f. = चटकीलापन।

m. sparrow.

चटकदार (~ dAR) *adj.* gaudy, bright (said of colour).

चटकना (~ nA) *vi.* 1. to snap. 2. to crack. 3. to open out (said of a bud).

चटकनी (caT ka nee) *f.* bolt, latch.

चटक-मटक (ca Tak - ma Tak) *f.* fascination of dress and gestures; बाहरी ~ outwardly show, showiness.

चटका (caT kA) *m.* 1. slap. 2. see चसका, addiction; ~ पड़ना / लगना to be addicted.

चटकाना (~ nA) *vt.* to crack; उँगलियाँ ~ to crack the joints of fingers.

चटकारा (~ rA) *adj.* flit.

m. relishing a dish ostensibly; चटकारे भरना/लेना to relish a dish ostensibly.

चटकीला (caT kee lA) *adj.* too bright or colourful, gaudy; चटकीली बात saucy talk.

चटकीलापन (~ pan) *m.* gaudiness.

चटखना (ca Takh nA) *vi.* = चटकना।

चटचटाना (caT ca TA nA) *vi.* to make a crackling sound while burning.

चटनी (~ nee) *f.* Indian type of sauce, chutney; ~ कर देना (i) to reduce to pulp; (ii) to give a sound thrashing.

चटपट (~ paT) *adv.* in no time, very quickly.

चटपटा (~ pa TA) *adj.* 1. flavoured with spice, spicy. 2. interesting and exciting; चटपटी बात spicy talk.

चटपटी (~ pa Tee) *f.* undue haste, hurry.

चटवाना (~ VA nA) *vt.* to cause to be licked.

चटा (ca TA) *m.* a student of a children's school.

चटाई (~ ee) *f.* mat.

चटाईदार (~ dAr) *adj.* of the design of a mattress; ~ किनारा border of the design of a mattress.

चटाक (ca TAk) *m.* crackling sound, smack.

चटाक-पटाक (~ - pa TAk) *adv.* impudently; ~ उत्तर देना to reply cheekily.

चटाका (ca TA KA) *m.* 1. crackling sound. 2. slap.

चटाना (ca TA nA) *vt.* 1. to cause to be licked. 2. to bribe. 3. to sharpen a tool; धूल ~ to throw down, to smash completely; रुपया ~ to bribe, to give illegal gratification in cash.

चटियल (ca Ti yal) *adj.* perennially barren; ~ मैदान barren track.

चटुकार (ca Tu KAr) *adj. & m.* = चाटुकार।

चटोर (ca Tor) *adj.* = चटोरा।

चटोरा (ca To rA) *adj.* over-fond of spicy dishes, gourmet, epicure.

चटोरापन (~ pan) *m.* over-fondness of spicy dishes.

चट्टा (caT TA) *m.* 1. disciple. 2. barren plot of land. 3. scar on the skin. 4. arranged block of bricks, tiles etc.

चट्टान (caT TAn) *f.* rock, cliff; ~ की तरह दृढ़ firm as a rock.

चट्टा-बट्टा (caT Ta - baT TA) *m.*; चट्टे-बट्टे लड़ाना to carry tales; एक ही थैली के चट्टे-बट्टे birds of the same feather, persons of similar (particularly bad) character or characteristics.

चट्टानी (caT Ta nee) *adj.* full of rocks or having many rocks, rocky.

चट्टी (~ Tee) *f.* 1. wooden slippers. 2. halting place. 3. loss or damage.

चड्डी (caD Dee) *f.* lower undergarment.

चड्ढी (~ Dhee) *f.* childern's game in which one rides over the other; ~ लेना to have a ride.

चढ़त (ca Rhat) *f.* 1. offering to deity or preceptor. 2. start of a marriage procession.

चढ़ता (caRh tA) *adj.* rising; ~ बुख़ार rising fever; ~ सूरज rising sun; चढ़ती जवानी blossoming/budding youth.

चढ़न (ca Rhan) *f.* = चढ़त।

चढ़ना (caRh nA) *vi.* 1. to climb; पेड़ पर ~ to climb up a tree. 2. to ascend; पहाड़ी पर

~ to ascend a hill. 3. to mount, ride; घोड़े पर ~ to mount over a horse; मैं घोड़े पर कभी नहीं चढ़ा I have never ridden a horse. 4. to rise; तापमान ~ rising of temperature. 5. to be placed on (an oven); दाल (चूल्हे पर) चढ़ी है The pulse is on the hearth. ख़ुमारी ~ to be under a spell of drowsiness/hang-over; दरजा ~ to be promoted to the higher class. दिन ~ (i) dawning of the day; (ii) to become pregnant; नस ~ dislocation of a vein; नाम ~ to be enrolled (in a register); पाप ~ to accumulate sins; पारा ~ (i) rising of mercury; (ii) to be/get enraged; रंग ~ (i) to have a layer of paint/dye; (ii) to be influenced; चढ़ आना to make an assault on; चढ़ बनना to have an edge/upper hand; चढ़ बैठना to overpower.

चढ़वाना (caRh VA nA) *vt.* causative form of चढ़ना।

चढ़ाई (ca RhA ee) *f.* 1. ascent; ~ शुरू होना beginning of an ascent. 2. invasion; ~ करना to invade.

चढ़ा-उतरी (ca RhA - ut ree) *f.* 1. repeated ascents and descents. 2. fluctuation.

चढ़ा-ऊपरी (~ - oop ree) *f.* 1. spirit of emulation/competition. 2. competitive bidding.

चढ़ा-चढ़ी (~ - ca Rhee) *f.* = चढ़ा-ऊपरी।

चढ़ाना (ca RhA nA) *vt.* 1. to cause/help to mount/go up. 2. to offer (to a deity etc.). 3. to record (in a register etc.); आग पर ~ to place on fire for cooking; (किसी को) ~ to instigate; चढ़ा आना to drink off.

चढ़ाव (ca RhAW) *m.* 1. ascent. 2. rise; पानी का ~ rise of water-level.

चढ़ाव-उतार (~ - utAr) *m.* = उतार-चढ़ाव।

चढ़ावा (ca RhA VA) *m.* 1. offering to a deity. 2. gifts to a bride from the bride-groom's side.

चतुःसीमा (ca tuḥ see mA) *f.* boundary.

चतुरंगिनी (ca tu raṅ gi nee) *f.* army consisting of four divisions (in olden times).

चतुर (ca tur) *adj.* 1. clever, shrewd. 2. wise. 3. skilled.

चतुरता (~ tA) *f.* 1. cleverness, shrewdness. 2. wisdom. 3. skill.

चतुराई (ca tu rA ee) *f.* = चतुरता।

चतुर्थ (ca turth) *adj.* fourth.

चतुर्थांश (ca tur thAnsh) *m.* one-fourth part.

चतुर्थी (ca tur thee) *f.* fourth day of the lunar fortnight.

चतुर्दश (ca tur dash) *adj.* fourteen; ~ पदी sonnet.

चतुर्दशी (ca tur da shee) *f.* fourteenth day of the lunar fortnight.

चतुर्दिक (ca tur dik) *adj.* many sided; ~ प्रहार multipronged attack.
adv. in all four directions.

चतुर्दिश (ca tur dish) *adj.* & *adv.* = चतुर्दिक।

चतुर्धाम (ca tur dhAm) *m.* the four places of pilgrimage of the Hindus : Badrinath (North), Rameshwaram (South), Dwarka (West) and Jagannath Puri (East).

चतुर्भुज (ca tur bhuj) *m.* 1. (Maths.) quadrilateral. 2. Lord Vishnu.

चतुर्भुजा (ca tur bhu jA) *f.* form of Durga, the goddess of Prowess, with four hands.

चतुर्मास (ca tur mAs) *m.* the four months (June-Sep. *i.e.* आषाढ़-आश्विन) of the rainy season.

चतुर्मुख (ca tur mukh) *adj.* four-faced.
m. Lord Brahma.
adv. on all the four sides.

चतुर्मुखी (ca tur mu khee) *adj.* female form of चतुर्मुख।

चतुर्वर्ण (ca tur VARN) *m.* the four castes among the Hindus : Brahman, Kshatriya, Vaishya and Shudra.

चतुर्विध (ca tur vidh) *adj.* having all the four sides or forms.
adv. in all the four ways.

चतुर्वेदी (ca tur ve dee) *m.* 1. one who is well-versed in all the four Vedas. 2. a sub-caste among the Brahmans.

चतुष्कोण (ca tush KON) *m.* quadrangle.

चतुष्पदी (ca tush pa dee) *m.* a verse form consisting of fourteen lines, sonnet.

चतुष्फलक (ca tush pha lak) *m.* (Maths.) tetrahedron.

चद्दर (cad dar) *f.* = चादर।

चनकट (can kaT) *m.* slap.

चना (ca nA) *m.* gram; नाकों चने चबवाना to tease to the utmost; लोहे के चने Herculian task, tough job; लोहे के चने चबाना to face a tough, nerve-racking job.

चना-चबैना (~ - ca bai nA) *m.* 1. gram and parched grain (poor man's diet); 2. snacks.

चनार (ca nAr) *m.* = चिनार।

चपकन (cap kan) *f.* 1. a long Indian coat of the ancient type. 2. V-shaped bolt.

चपकुलिश (~ku lish) *f.* 1. fight with swords. 2. difficulty, difficult situation. 3. overcrowdiness.

चपटा (~ TA) *adj.* flat; चपटी नत्थी flat file.

चपड़-चपड़ (ca paR-ca paR) *f.* 1. prattle; ~ करना to prattle. 2. tapping sound.

चपड़ा (cap RA) *m.* shellac.

चपत (ca pat) *f.* a hit on the face with the palm of the hand, slap; ~ देना / मारना / रसीद करना / लगाना to hit with the palm of the hand on semeone's face, slap; ~ पड़ना / लगना to sustain loss.

चपतियाना (ca pa ti yA nA) *vt.* to go on slapping.

चपती (cap tee) *f.* splint.

चपना (~ nA) *vi.* 1. to sink below. 2. to feel subdued (before someone). 3. to be crushed.

चपनी (~ nee) *f.* 1. shallow dish. 2. lid of a container. 3. bowl made of coconut shard.

चपरकनाती (ca par ka nA tee) *m.* stupid and parasitical person.

चपरगट्टू (ca par gaT TOO) *adj. &. m.* duffer.

चपरास (cap rAS) *f.* plate worn by peons etc. on the belt (as a mark of their office).

चपरासी (~ rA see) *m.* a personal attendant, peon.

चपल (ca pal) *adj.* nimble, agile and clever; बातें करने में ~ clever in talking.

चपलता (~ tA) *f.* quality or state of being चपल; nimbleness.

चपला (cap lA) *f.* 1. lightning. 2. Lakshmi—Goddess of wealth.

चपवाना (~ VA nA) *vt.* causative of चपना or चापना।

चपाती (ca pA tee) *f.* thin cake.

चपेट (ca peT) *f.* hitting range; ~ में आना—गाँव बाढ़ की चपेट में आ गया The village was encircled by the flood. वह बस की ~ में आ गया He was knocked down/injured by the bus. महामारी की ~ में आना to fall a victim to an epidemic.

चपेटना (~ nA) *vt.* 1. to entangle/embroil. 2. to press from all sides, to squeeze. 3. to brow-beat.

चप्पल (cap pal) *f.* slipper, sandal.

चप्पा (~ pA) *m.* 1. one-fourth part. 2. tiny part. 3. measure of the breadth of four fingers. 4. small piece of land; ~ -चप्पा

every inch of ground; ~ - चप्पा छान मारना to search every nook and corner; चप्पे चप्पे में in each and every portion.

चप्पू (~ poo) *m.* oar.

चबर-चबर (ca bar - ca bar) *f.* idle/superfluous talk.

चबवाना (cab VA NA) *vt.* causative of चबाना।

चबाना (ca bA NA) *vt.* to masticate; चबा-चबा कर बातें करना to talk haltingly and with reserve; कच्चा चबा जाना to eat (someone) up (used as a threat).

चबूतरा (ca boot rA) *m.* raised platform, rostrum.

चबेना (ca be nA) *m.* parched grain.

चबेनी (ca be nee) *f.* 1. refreshment. 2. allowance for refreshment.

चबैना (ca bai nA) *m.* = चबेना।

चमक (ca mak) *f.* 1. shine, radiance; ~ उठना —उसका नाम चमक उठा है He is outshining. ~ खोना to lose sheen; अब सूचना प्रोद्यौगिकी अपनी चमक खो चुकी है Information technology has lost its sheen now. ~ जाना = ~ उठना। 2. lustre. 3. flash of pain.

चमक-दमक (~ - da mak) f. glitter, glamour, pomp and show, splendour.

चमकदार (~ dAr) *adj.* 1. shining, radiant. 2. lustrous.

चमकना (~ nA) *vi.* 1. to shine; शीशे का ~ the shining of glass. 2. to sparkle; बिजली का ~ sparkling of lightning. 3. to flourish; रोज़गार का ~ flourishing of business; वकालत ~ flourishing of the pleader's profession. 4. to startle; घोड़े का ~ startling of a horse.

चमकाना (cam kA nA) *vt.* 1. to make (something) shiny by rubbing, brighten, burnish, illumine. 2. to startle; घोड़े को ~ to startle a horse. 3. to tease. 4. to coax/instigate. 5. to move some part of the body, esp. the eyes, briskly in quarrel, coquetry etc. 6. to make something flourish.

चमकारा (~ KA rA) *m.* dazzle of reflected light.

चमकी (~ kee) *f.* star-like tiny metallic objects (meant for decoration).

चमकीला (~ lA) *adj.* bright, shining, glittering.

चमकीलापन (~ pan) *m.* brightness, glitter.

चमकौवल (cam kau val) *f.* pantomimic coquetry, ogling.

चमक्को (ca mak ko) *f.* foppish woman.

चमगादड़ (cam gA daR) *m.* bat, vampire.

चमचम (~ cam) *adj.* glittering, shining, gleaming, refulgent.

adv. glamorously, brightly.

f. a Bengali sweet (made of a kind of cheese).

चमचमाना (~ ca mA nA) *vi.* to glitter/gleam/sparkle.

vt. to burnish, polish.

चमचा (~ CA) *m.* 1. spoon. 2. sycophant.

चमचागीरी (~ gee ree) *f.* sycophancy.

चमड़ा (cam RA) *m.* 1. leather; ~ कमाना to tan. 2. hide.

चमड़ी (~ Ree) *f.* skin; ~ उधेड़ना to flay; ~ पर मरना to fall for external outward beauty; मोटी ~ का thick-skinned, insensitive to criticism. ~ जाए पर दमड़ी न जाए He will part with his skin but not a farthing.

चमत्कार (ca mat KAr) *m.* miracle, marvel, wonder; ~ हो सकता है Miracle can happen. ~ करना to perform a miracle.

चमत्कारपूर्ण (~ pooRN) *adj.* miraculous; ~ ढंग से miraculously.

चमत्कारिक (ca mat KA rik) *adj.* = चमत्कारी।

चमत्कारी (ca mat kA ree) *adj.* miraculous, wonderful, astonishing.

चमत्कृत (ca mat krit) *adj.* wonderstruck, astounded; ~ करना to astound.

चमत्कृति (ca mat kri ti) *f.* wonderment.

चमन (ca man) *m.* 1. flower-garden. 2. gay place or country.

चमर (ca mar) *m.* 1. yak. 2. long, soft brush made of the tail-hair of the yak used as a fan.

चमरस (cam ras) *m.* wound caused on the foot by a leather shoe.

चमरी (~ ree) *f.* see चँवरी।

चमरौधा (~ rau dhA) *m.* an Indian type of shoe.

चमाचम (ca mA cam) *adj.* glazing, glittering, shining, brilliant.
adv. glazingly, glitteringly.

चमार (ca mAr) *m.* 1. a scheduled caste among the Hindus, usually living on skinning, tanning etc. 2. person of a low order.

चमारपन (~ pan) *m.* lowliness of ideas.

चमारिन (ca mA rin) *f.* fem. of चमार।

चमारी (ca mA ree) *f.* 1. wife of a चमार। 2. the calling of a चमार।

चमू (ca moo) *f.* body of troops, division of an army.

चमेलिया (ca me li yA) *adj. & m.* lavender (scented, coloured etc).

चमेली (ca me lee) *f.* jasmine.

चमोटा (ca mo TA) *m.* razor-strap.

चम्मच (cam mac) *m.* spoon; छोटा ~ tea spoon; बड़ा ~ table spoon.

चयन (ca yan) *m.* 1. act of culling or selecting. 2. cull, selection.

चयनकर्ता (~ kar tA) *m.* selector.

चयनिका (ca ya ni kA) *f.* anthology, collection.

चयनीय (cay neey) *adj.* fit for culling/ selection.

चर (car) *m.* 1. spy, emissary. 2. scout; बाल ~ boy scout.
adj. & m. variable (Maths.), unsteady.

चरकटा (~ ka TÀ) *m.* 1. chaff-cutter. 2. riff-raff.

चरका (~ kA) *m.* a plan contrived to deceive, dodge, trickery, hood-winking; ~ खाना to be hoodwinked/dodged; ~ देना to dodge/hoodwink.

चरख (ca rakh) *m.* large, rotating wheel.

चरख़ा (car KhA) *m.* spinning wheel; ~ कातना to spin on the wheel; ~ चलाना (i) to spin on the wheel; (ii) to take up some long winding topic/course.

चरख़ी (~ Khee) *f.* pulley, reel.

चरचर (car car) *f.* crackling sound.

चरचरा (~ ca rA) *adj.* see चरपरा।

चरचराना (~ nA) *vi.* to crackle; सारा ढाँचा चरचरा उठा The entire structure began to crackle.

चरचराहट (~ haT) *f.* crackling sound.

चरण (ca raN) *m.* foot; ~ चूमना to flatter abjectly; ~ छूना to touch the feet (reverentially); ~ धोकर पीना (i) to wash the feet and drink the water so sanctified; (ii) to serve humbly and reverentially.

चरणकमल (~ ka mal) *m.* 1. lotuslike feet (an expression of eulogy). 2. the feet of a respectable personage.

चरणचिह्न (~ cihn) *m.* foot-print, mark of the foot.

चरणदासी (~ dA see) *f.* 1. sub-servient wife. 2. foot-wear.

चरणधूलि (~ - dhoo li) *f.* dust of the feet; ~ के समान beneath comparison.

चरणरज (~ raj) *f.* = चरणधूलि।

चरणसेवा (~ se VA) *f.* reverential service, abject subservience (pej).

चरणामृत (car NAm mrit) *m.* ambrosia of the feet (of a deity); sacred drink, mixture of milk, ghee, curd, sugar etc. with which the feet of a deity are washed; ~ लेना to take (drink) चरणामृत।

चरणोदक (~ NO dak) *m.* see चरणामृत।

चरत (ca rat) *m.* a day on which one takes regular meals (as opposed to a व्रत, day of fast).

चरती (car tee) *m.* one who does not observe a fast on a day of fasting, as opposed to व्रती।

चरना (~ nA) *vt.* to graze.

चरनी (~ nee) *f.* manger.

चरपरा (~ pa rA) *adj.* pungent-cum-spicy.

चरपराना (~ nA) *vi.* to have a pungent irritation.

चरपराहट (~ haT) *f.* irritation due to pungency.

चरबाँक (car bÃk) *adj.* clever, crafty, cunning.

चरबी (~ bee) *f.* fat; ~ चढ़ना putting on of a (a good deal of) fat; आँखों में ~ छा जाना to be lost to all human considerations.

चरम (ca ram) *adj.* 1. absolute; ~ सत्य absolute truth. 2. ultimate; ~ लक्ष्य ultimate aim. 3. extreme, utmost, farthest; ~सीमा utmost limit, climax.

चरमपंथ (~ panth) *m.* extremism.

चरमपंथी (~ pan thee) *adj. & m.* extremist, ultra; ~ भागने से पहले चार राइफलें उठा ले गए The ultras took away four rifles before fleeing.

चरमर (car mar) *f.* creaking sound.

चरमरा (~ ma rA) *adj.* creaking.

चरमराना (~ nA) *vi.* to creak.

चरमावस्था (car mA vas thA) *f.* ultimate stage.

चरवाई (~ vA ee) *f.* charges paid for pasturage.

चरवाना (~ vA nA) *vt.* to cause to graze.

चरवाहा (~ vA hA) *m.* grazier, shepherd.

चरस (ca ras) *f.* 1. an Indian intoxicant tobacco-like. 2. big leather bucket for drawing water for irrigation.

चराई (ca rA ee) *f.* 1. act or state of grazing. 2. charges paid for the grazing of cattle.

चरागाह (ca rA gAh) *m.* pasture.

चराचर (ca rA car) *adj.* 1. movable and immovable. 2. animate and inanimate. *m.* universe, the entire creation.

चराना (ca rA nA) *vt.* to graze, to put cattle (in fields) to graze; मुझे चराओ मत Don't mislead me.

चरित (ca rit) *m.* biography.

चरित नायक (~ nA yak) *m.* hero, or main character in a play, fiction etc.

चरितार्थ (ca ri tArth) *adj.* performed or realized; ~ कर दिखलाना (i) to carry out or fulfil, give a practical shape (to an idea); (ii) to get (something) realised; ~ होना to be proven correct, to be vindicated.

चरितार्थता (~ tA) *f.* state of being चरितार्थ, performance or realizalion.

चरित्र (ca rittr) *m.* character, conduct.

चरित्र-चित्रण (~ - cit traN) *m.* characterization, portrayal.

चरित्र-निर्माण (~ - nir mAN) *m.* character-building.

चरित्र-बल (~ - bal) *m.* character, force of character; उसमें ~ है He has a character.

चरित्रवान, चरित्रवान् (~ vAn) *adj.* possessing a character, of a good moral character.

चरित्र-हत्या (~ - hat tyA) *f.*; चरित्र-हनन (~ - ha nan) *m.* character assassination.

चरित्रहीन (~ heen) *adj.* unprincipled, characterless.

चरित्रहीनता (~ tA) *f.* characterlessness.

चरित्रांकन (ca rit trAn kan) *m.* depiction of character.

चरी (ca ree) *f.* 1. green fodder. 2. pasture.

चर्च (carc) *m.* church.

चर्चा (car CA) *f.* mention, rumour, talk; ~ का विषय topic of talk/discussion; ~ तक न करना not even to mention; आज-कल इसकी बड़ी ~ है There is a lot of talk about it these days. यह ~ बंद करो Stop this talk/topic.

चर्चित (~ cit) *adj.* talked of; संस्कृति का वैश्वीकरण ही आज का अत्यधिक ~ विषय है Globalization of culture is the most talked about phenomenon today. बहु ~ much talked of.

चर्बी (~ bee) *f.* = चरबी।

चर्म (carm) *m.* 1. skin on the body, dermis. 2. shield.

चर्मकार (~ KAr) *m.* 1. shoemaker, cobbler, tanner. 2. = चमार।

चर्मप्रसाधक (~ pra SA dhak) *m.* taxidermist.

चर्या (car YA) *f.* routine, usual course or procedure.

चर्राना (~ rA nA) *vt.* 1. to creak/crack/crackle. 2. to smart (said of skin); शौक़ ~ to catch up a rather unwelcome hobby.

चर्वण (~ vaN) *m.* chewing, masticating.

चल (cal) *adj.* 1. moving, mobile; ~ चिकित्सालय moving hospital. 2. fickle, unsteady. 3. movable; ~ संपत्ति movable property. 4. (Maths.) variable.

चल-चलाव (~ - ca lAW) *m.* = चलाचली।

चलचित्त (~ citt) *adj.* fickle-minded, unsteady.

चलचित्र (~ cittr) *m.* motion picture, movie.

चलचित्रण (~ cit traN) *m.* filming.

चलता (~ tA) *adj.* going, moving; ~ बनना to turn tails; ~ रास्ता busy way/passage; ~ सिक्का current coin; ~ हुआ on going; चलती दुकान going concern; चलती बात casual mention, passing reference.

चलताऊ (~ oo) *adj.* 1. causal, workable (for the time being), make shift, stopgap. 2. moribund, about to depart; ~ डेरा about to leave (the world).

चलता खाता (~ khA tA) *m.* current account.

चलता गाना (~ gA nA) *m.* popular song.

चलता पुरज़ा (~ pur ZA) *adj. & m.* sharper, cunning fellow, dexterous, crafty, sly.

चलता-फिरता (~ - phir tA) *m.* stranger, one whose whereabouts are unverified/unknown.

चलती भाषा (cal tee bhA shA) *f.* colloquial language.

चलती रक़म (cal tee ra Kam) *m.* sharper.

चलती सीढ़ी (~ tee see Rhee) *f.* escalator.

चलतू (~ too) *adj.* current, prevalent; ~ बातें commonplace talk, cant.

चलते-चलाते (~ te - ca lA te) *adv.* 1. while winding up, as a finishing touch. 2. ~ चार बज जाएँगे It will be four o'clock before we get going.

चलद्वीप (~ dweep) *m.* floating island.

चलन (ca lan) *m.* 1. prevalence. 2. practice, custom. 3. fashion.

चलना (cal nA) *vi.* 1. to go/walk/move, मैं सुबह छह बजे घर से चलता हूँ I leave house at 6 A.M. मुझे कुछ ही पलों में चल देना होगा I have got to leave in few minutes. 2. to work; घड़ी नहीं चलती The watch does not work. 3. to be accepted or acceptable; चाय का प्याला चलेगा Would you care a cup of tea? चल देना to set off; चल पड़ना (i) to start/set off; (ii) उसकी दुकान चल पड़ी His business began to run. (iii) प्रथा चल पड़ी The custom came into vogue. गोली ~ firing; तोप ~ firing of a cannon; मशीन ~ —क्या मशीन चल रही है Is the machine running? क्या मशीन चलती दशा में है Is the machine in a working order? घर ~ running of a house; क्या ये नोट चलते हैं Are these notes current? उसकी घर में चलती नहीं He has no voice/say in the house. चलती दुकान going concern; चलता रहनेवाला ongo-ing; चल निकलना— अख़बार चल निकला The newspaper has established itself. चल बसना to pass away; उसका परिवार कहीं और चला गया है His family has moved away somewhere else. ऐसा चलेगा नहीं It simply would not work. चलो, यही सही Oh, let it be so. तुम्हारे चलते ऐसा हो गया Such a thing happened only due to you.

चलनी (~ nee) *f.* = छलनी।

चलनेवाला (~ ne WA lA) *adj.* durable.

चलपूँजी (~ pōo jee) *f.* movable property.

चलवाना (~ VA nA) *vt.* causative of चलना।

चल-विचल (~ -vi cal) *adj.* unsteady, fickle.

चल-वृत्तांत (~ virt tAnt) running commentary.

चल-संपत्ति (~ - sam pat ti) *f.* 1. movable property. 2. floating assets.

चला (ca lA) *f.* lightning.

चलाऊ (~ oo) *adj.* 1. lasting, durable; मेज़ ~ है The table is durable. 2. strong; काम ~ tolerably good, make-shift, stopgap.

चलाचल (~ cal) *adj.* movable and immovable; ~ संपत्ति movable and immovable property.

चलाचली (~ ca lee) *f.* 1. act of departing from the world. 2. successive emergence and evanescence; ~ का मेला hustle and bustle of departure; ~ की वेला last moment, time of ultimate departure.

चलान (ca lAn) *m.* 1. consignment; ~ करना to consign. 2. challan, charge-sheet.

चलाना (ca lA nA) *vt.* 1. to cause to move/walk; बच्चे को ~ to help a child in walking. 2. to operate or set in motion; मशीन ~ to set a machine in motion; क्या मैं टीवी चला लूँ May I put the television on? बंदूक़ ~ to fire a gun. 3. to drive; मोटरकार ~ to drive a car; क्या तुम साइकिल चलाते हो Do you ride cycle? 4. to put into circulation. 5.to start/establish; बात ~ to start a talk. 6. to run or manage; वह विकलांगों की सहायता के लिए सेवा संघ चलाता है He runs the Seva Sangh to help the handicapped people. 7. to utter; खोटा सिक्का ~ to utter a base coin; काम ~ to pull on; घर ~ to maintain and manage a household; नाम ~ to continue a tradi-tion; वंश ~ to continue a lineage; सरकार ~ to run the government; चलाए चलना to carry on, to pull on.

चलानी (ca lA nee) *adj.* 1. that which has come from some other place for being sold. 2. pertaining to challan; ~ मुक़दमा a (legal) case the process of which has started.

चलायमान (ca lAy mAn) *adj.* 1. wavering, unsettled, fickle, unsteady. 2. moving.

चलार्थ (ca larth) *m.* currency.

चलावा (ca lA VA) *m.* 1. custom, tradition. 2. see गौना।

चलित (ca lit) *adj.* current, usual.

चलित्र (ca littr) *m.* locomotive.

चलिष्णु (ca lish NU) *adj.* mobile.

चवन्नी (ca van nee) *f.* a four-anna coin; in decimal currency its value is 25 (new) pice.

चवर्ग (ca varg) *m.* class of five consonants beginning with च; *viz.* च, छ, ज, झ, ञ।

चश्म (cashm) *f.* eye.

चश्मा (cash mA) *m.* 1. pair of spectacles, eye-glasses; ~ लगना—यह चश्मा मुझे लगता है The pair of spectacles suits me. मेरा ~ कहाँ है Where are my glasses? मुझे नया ~ चाहिए I need a new pair of glasses. ~ लगाना to put on pair of spectacles. 2. spring, fountain.

चश्माधारी (~ dhA ree) *adj.* spectacled.

चश्मेवाला (cash me WA lA) *adj.* wearing glasses; वह ~ व्यक्ति रामदास है The person with glasses is Ram Das. *m.* dealer in glasses.

चषक (ca shak) *m.* 1. wine-glass. 2. honey. 3. farmer.

चसक (ca sak) *f.* throbbing pain. *m.* = चषक।

चसकना (~ nA) *vi.* to smart/ache.

चस्का (cas kA) *m.* overpowering proclivity/fondness, passion, addiction; युधिष्ठिर को जुए का ~ था Yudhisthir had a passion for gambling. ~ पड़ना / लगना to become addicted; ज़बान का ~ fondness of eating; बातों का ~ fondness of talking.

चस्पाँ (~ pÃ) *adj.* ~ करना to affix; ~ हो जाना to fit on all fours.

चहक (ca hak) *f.* chirp, warble.

चहकना (~ nA) *vi.* to chirp/warble.

चह-चह (cah - cah) *f.* 1. act or state of warbling. 2. loud merriment.

चहचहाना (~ ca hA nA) *vi.* to warble.

चहचहाहट (~ ca hA haT) *f.* chirping, warbling.

चहबच्चा (~ bac cA) *m.* sump, cesspool.

चहल-क़दमी (ca hal - Kad mee) *f.* stroll for pleasure, saunter; ~ करना to saunter.

चहलना (ca hal nA) *vi.* to stroll/saunter. *vt.* to trample under foot.

चहल-पहल (ca hal - pa hal) *f.* gaiety, merry-making, mirth.

चहारदीवारी (ca hAr dee VA ree) *f.* boundary wall.

चहेता (ca he tA) *adj.* pet, dearly loved.

चाँइयाँ (cÃ i yÃ) *m.* 1. sharper. 2. swindler. 3. pickpocket, thief.

चाँई (~ ẽe) *m.* = चाँइयाँ।

चांचल्य (cAn cally) *m.* act or state of being चंचल।

चाँचिया-जहाज़ (cÃ ci yA - ja hAZ) *m.* pirate ship.

चाँटा (cÃ TA) *m.* slap; ~ जड़ना / मारना / लगाना to slap.

चाँड़ (cÃ R) *f.* abutment.

चांडाल (cAn DAl) *m.* = चंडाल।

चांडालिनी (~ DA li nee) *f.* = चंडालिन।

चाँद (cÃd) *m.* moon; ~ का टुकड़ा extremely handsome person; ~ को ग्रहण लगना to have a blot in a beauty; ~ पर थूकना to try to calumniate a man of high esteem; ~ -सा मुखड़ा lovely face. *f.* corwn (of the head); ~ गंजी करना to give a thorough licking; ~ पर बाल न छोड़ना to beat mercilessly.

चाँदना (~ nA) *m.* light.

चाँदनी (~ nee) *f.* moonlight.

चाँदमारी (~ mA ree) *f.* shooting range.

चाँदा (cÃ dA) *m.* (Math.) protractor.

चाँदी (~ dee) *f.* silver; ~ काटना to earn a good bit, to mint money; ~ का जूता (i) financial obligation; (ii) bribe; ~ ही ~ होना to have all round gains.

चांद्र (cAndr) *adj.* lunar; ~ मास lunar month; ~ वर्ष lunar year.

चांद्रायण (cAn drA yAn) *m.* partial fast of one lunar month.

चाँपना (CA͂p NA) *vt.* to press.

चाइयाँ (CA i yA͂) *adj.* & *m.* sharper.

चाक (CAk) *m.* 1. wheel. 2. potter's wheel. 3. pulley.

चाक-चौबंद (~ - cau band) *adj.* fit as a fiddle, smart.

चाकर (CA kar) *m.* 1. servant. 2. attendant. [Fem. चाकरानी]

चाकरी (~ ree) *f.* 1. service; ~ करना to serve. 2. attendance.

चाकलेट (~ leT) *f.* chocolate.

चाक़ू (CA KOO) *m.* knife.

चाक्षुष (CAk shush) *adj.* 1. of or pertaining to the eye, ocular. 2. optical.

चाचा (CA CA) *m.* uncle. [Fem. चाची]

चाची (CA cee) *f.* aunt.

चाट (CAT) *f.* 1. relish, taste; ~ पड़ना to be given to; ~ लगना to have a compelling proclivity. 2. spicy preparation of cut fruit, vegetables pulses etc.

चाटना (~ na) *vt.* to lick/lap; चाट जाना to consume up, to squander away; ~ - चूमना to kiss and fondle.

चाटुकार (CA Tu KAr) *m.* flatterer.

चाटुकारी (~ ka ree) *f.* flattery.

चातक (CA tak) *m.* a typical Indian bird supposed to live only on raindrops.

चातुर (CA tur) *adj.* see चतुर।

चातुरी (CA tu ree) *f.* 1. cleverness. 2. trick, artifice, finesse.

चातुर्य (CA turry) *m.* cleverness.

चादर (CA dar) *f.* 1. bed-cover. 2. over-all cover (esp. of a woman); ~ उतारना to expose/humilate; ~ तानकर सोना to sleep carefreely; अपनी ~ देखकर पैर फैलाना to cut one's coat according to cloth; ~ से बाहर पैर निकालना / फैलाना to spend beyond one's means; to be extravagant. 3. sheet (of iron, glass, plastic etc.). 4. thick covering; बर्फ की ~ blanket of snow.

चाप (CAp) *m.* 1. arc. 2. bow. 3. arch.
f. 1. sound of footstep. 2. act or state of putting pressure.

चापकर्ण (~ karN) *m.* (Geom.) chord.

चापलूस (~ loos) *adj.* & *m.* trying to win favour by flattery, flatterer, wheedler.

चापलूसी (~ loo see) *f.* flattery, blarney, wheedling; ~ करना to wheedle.

चाबना (CAb NA) *vt.* to chew/masticate.

चाबी (CA bee) *f.* key; ~ घुमाना to tutor; ~ देना / भरना to wind (up).

चाबुक (CA buk) *m.* flagellum, horsewhip.

चाभी (CA bhee) *f.* = चाबी।

चाम (CAm) *m.* skin, leather; ~ के दाम चलाना to earn by prostitution.

चाम-चोरी (~ - co ree) *f.* secret adultery.

चामीकर (CA mee kar) *m.* 1. gold. 2. *datura.* (धतूरा)

चाय (CAy) *f.* 1. dried leaves of a particular shrub used to make a beverage. 2. such a beverage; एक कप ~ चलेगी How about a cup of tea? ~ पीना to take tea; after-noon breakfast; ~ पर बुलाना to invite (someone) for tea.

चायदानी (~ dA nee) *f.* tea-pot.

चाय-पानी (~ - pA nee) *m.* light refreshment.

चार (CAr) *adj.* & *m.* 1. four; ~ अक्षर पढ़ लेना to have a working knowledge; ~ क़दम a short distance; ~ आदमियों के सामने in public, not in private; ~ के कंधों पर चढ़ना to be taken on a bier; ~ चाँद लगना to add a feather to one's cap, to enhance one's reputation/glory; ~ दिन की चाँदनी ephemeral glamour, flashy glory; ~ पैसे a pretty penny, considerable amount (of money); चारों ख़ाने (शाने) चित गिरना to fall flat on (one's) back; चारों ख़ाने (शाने) चित गिराना to lay by the heels; चारों तरफ धूल ही धूल थी There was dust everywhere. चारों तरफ़ on all sides, in all directions; चारों धाम the four places of pilgrimage of the Hindus, *viz.* बदरीनाथ, रामेश्वरम, द्वारका, जगन्नाथपुरी; चारों पदार्थ the four main goals of Hindu religion; धर्म, अर्थ, काम and मोक्ष। 2. act of going. 3. spy.

चारख़ाना (~ KhA nA) *m.* chequered cloth.

चारख़ानेदार (~ ne dAr) *adj.* chequered.

चारज (ca raj) *m.* charges.

चारजामा (cAr jA mA) *m.* saddle.

चारण (cA raN) *m.* bard, minstrel.

चारदीवारी (cAr dee vA ree) *f.* boundary wall.

चारपथ (~ path) *m.* track.

चारपाई (~ pA ee) *f.* bed, cot; ~ पकड़ना या ~ पर पड़ना to become bed-ridden.

चारबाग़ (~ bAG) *m.* 1. square garden. 2. orc-hard.

चारा (cA rA) *m.* 1. fodder. 2. bait, lure; ~ डालना to offer bait, to lure. 3. food of a mean type. 4. remedy, device. 5. way, alternative; कोई ~ न होना There is no way out.

चाराजोई (~ jo ee) *f.* 1. application for amends. 2. suit, proceedings.

चारिणी (cA ri Nee) *adj.* fem. of चारी।

चारित्रिक (cA rit trik) *adj.* 1. pertaining to character, characteristic; ~ दुर्बलता a weakness in character, foible. 2. possessing a good character.

चारित्रिकता (~ tA) *f.* good moral character.

चारित्री (cA rit tree) *adj.* possessing a good character.

चारी (cA ree) *adj.* 1. going, moving; व्योम ~ a mover in the sky, bird. 2. following a particular cult e.g. ब्रह्मचारी celebate. [Fem. चारिणी]

चारु (cA ru) *adj.* charming, pretty, elegant.

चारुता (~ tA) *f.* charm, prettiness, elegance.

चारुत्व (~ ttw) *m.* = चारुता।

चारुदर्शन (~ dar shan) *adj.* beautiful to look at.

चारुशील (~ sheel) *adj.* having excellent disposition.

चारुहासिनी (~ hA si nee) *f.* fem. of चारुहासी।

चारुहासी (~ hA see) *adj.* possessing a pleasing smile. [Fem. चारुहासिनी]

चार्ज (cArj) *m.* charge.

चार्जशीट (~ sheeT) *f.* a list of charges framed against someone; ~ किया जाना to be charge sheeted.

चार्टर (cAr Tar) *m.* charter.

चाल (cAl) *f.* 1. manner of going/walking, gait; घोड़े की ~ gait of a horse. 2. speed; रेल की ~ speed of a train. 3. way of moving/working, motion; ~ मिलाकर चलना to keep step; मशीन की ~ motion of a machine. 4. move; ~ चलना to make a move; शतरंज की ~ a move in chess. 5.trick; ~ चूक जाना to misfire (a trick); ~ में आना to be taken in; ~ में फँसना to be a victim to a trick. 6. tradition, custom; घर की ~ family tradition; पुरानी ~ का old-fashioned; गाँव की ~ village custom. 7. practice, style, design; नई~ new practice. 8. defect; ~ आना—मशीन में चाल आ गई है The machine has developed a defect.

चालक (cA lak) *m.* 1. driver. 2. conductor.

चाल-चलन (cAl - ca lan) *m.* conduct.

चाल-ढाल (~ - DhAl) *f.* ways, bearing, deportment, demeanour.

चालना (cAl nA) *vt.* to sieve/sift.

चालबाज़ (~ bAZ) *adj.* & *m.* skilled in deception, crafty, cunning, trickster.

चालबाज़ी (~ bA zee) *f.* craftiness, cunningness.

चाला (cA lA) *m.* auspiciousness for departure; उधर का ~ सोमवार का है Monday is auspicious for starting that side.

चालाक (cA lAk) *adj.* 1. clever; चुस्त- ~ smart. 2. cunning, crafty.

चालाकी (cA lA kee) *f.* craftiness, cunning; ~ से (i) craftily, (ii) skilfully.

चालान (cA lAn) *m.* see चलान।

चालिया (cA li yA) *adj.* see चालबाज़।

चाली (cA lee) *adj.* tricky.
m. round worm.

चालीस (cA lees) *adj.* & *m.* forty.

चालीसवाँ (~ vÃ) *adj.* fortieth.
m. Muslim ceremony of fortieth day after death.

चालीसा (cA lee sA) *m.* 1. period of forty days. 2. Muslim ceremony of fortieth day after death, quadragesima.

चालू (cA loo) *adj.* 1. prevalent, current; ~ खाता current account. 2. in working order; ~ करना (i) to start, to set in motion, to put into commission; ~दशा working order; दौड़ ~ करना to give a start to a race; ~ कर देना to put in working order, as a machine. 3.cunning; ~ आदमी sharper.

चाव (cAw) *m.* ardour, zeal, gusto, warm enthusiasm; ~ निकालना to fulfil a long-cherished desire with gusto; बड़े ~ से with great ardour.

चावड़ी (~ Ree) *f.* camp, encampment.

चावल (cA val) *m.* rice.

चाशनी (cAsh nee) *f.* 1. treacle, viscous syrup. 2. dash; शोरबे में काली मिर्च की ~ dash of pepper in a soup. 3. specimen (of metal etc.), sample; ~ देखना to test a sample.

चाह (cAh) *f.* 1. craving, cherished desire, longing. 2. love.

चाहक (cA hak) *adj.* loving, affectionate.
m. lover.

चाहत (cA hat) *f.* 1. craving, cherished desire, longing. 2. love.

चाहना (cAh nA) *vt.* 1. to desire, crave or like; जब चाहो तब आओ You can come whenever you like. आप क्या देखना चाहेंगे What would you like to see? जो चाहोगे वही करूँगा I will do whatever you would like. किसी का भला ~ to wish someone well; दिल न ~ not to feel like. 2. to want; हमें कुछ नहीं चाहिए We want noth-ing. आज-कल बच्चे जो चाहते हैं वह करते हैं These days children do what they like. 3. to love; वह आपको दिल से चाहती है She loves you from the core of her heart,

चाहनेवाला (~ ne vA lA) *adj.* & *m.* one who is crazy after, lover.

चाहा (cA hA) *m.* marshland bird with a long straight bill, snipe.

चाहिए (cA hi e) *vi.* a typical form of verb चाहना meaning (i) is necessary, wanted, required; मुझे नौकरी ~ I want/need a job. किसे धन नहीं ~ Who does not want money? (ii) should; विद्यार्थियों को ध्यान देकर पढ़ना चाहिए Students should read attentively. तुम्हें ऐसा नहीं करना ~ You shouldn't do it.

चाहे (cA he) *conj.* 1. if you please; ~ जहाँ रहो stay where you please. 2. whether... or, either... or; ~ पुस्तक लो चाहे रुपया, बात एक ही है Whether you take the book or money, it is just the same. ~ कितना however much; पाकिस्तान ~ कितनी कोशिश कर ले भारत कभी कश्मीर नहीं छोड़ेगा However much Pakistan might try India will never give up Kashmir. ~ कोई whosoever; ~ जितना however much;

~ जो कहो Say what you will. ~ जो हो Come what may.

चिंगड़ा (ciṅg RA) *m.* prawn.

चिंगारी (ci͠ṅ gA ree) *f.* = चिनगारी।

चिंघाड़ (~ ghAR) *f.* trumpeting (of an elephant), trumpet.

चिंघाड़ना (~ nA) *vt.* 1. to trumpet. 2. to roar (in rage).

चिंतक (cin tak) *m.* thinker, meditator, contemplator.
suffix. well-wisher, as in शुभ ~।

चिंतन (~ tan) *m.* thinking, meditation, reflection, pondering, musing.

चिंतनीय (~ ta neey) *adj.* serious, grave; ~ दशा grave condition.

चिंता (~ tA) *f.* worry, anxiety; गहरी ~ deep concern; ~ करना to worry; मुझे कभी ~ नहीं हुई I have never had to worry. ~ खाए जाना—चिंता मुझे खाए जाती है Worry is taking the life out of me, as it were. ~ लगना to have a worry; ~ होना to be worried; उसे ~ है He is worried. उसे खाने की भी ~ नहीं He does not worry even about meals.

चिंताकारक (~ kA rak) *adj.* worrisome.

चिंताग्रस्त (~ grast) *adj.* worried, anxious.

चिंताजनक (~ ja nak) *adj.* causing anxiety/concern.

चिंतातुर (~ tur) *adj.* too much worried, anxious.

चिंतामगन (~ magn) *adj.* deeply thoughtful, pensive.

चिंतामणि (~ ma Ni) *m.* 1. a fabulous gem which fulfils all desires. 2. God.

चिंतामुक्त (~ mukt) *adj.* free from worry.

चिंतारहित (~ ra hit) *adj.* without worry, carefree.

चिंतित (cin tit) *adj.* anxious, worried, concerned, careworn; हम अपने रिश्तदारों की सुरक्षा के लिए ~ हैं we are worried about the safety of our relatives. तुम हमेशा ~ दिखाई देते हो You are always looking careworn.

चिंत्य (cinty) *adj.* = चिंतनीय।

चिंदी (cin dee) *f.* fragment, shamble, shred etc.; ~ उधेड़ना to tear to pieces; (हिंदी की) ~ निकालना to find fault (with Hindi) with spurious arguments.

चिंपांजी (cim pAn zee) *m.* chimpanzee.

चिउँटा (ci ũ TA) *m.* see च्यूँटा।

चिउँटी (ci ũ Tee) *f.* see च्यूँटी।

चिउड़ा (ci u RA) *m.* rice parched and beaten flat.

चिक (cik) *f.* 1. screen (of bamboo sticks). 2. pain in back or loins
m. butcher.

चिकट (ci kaT) *adj.* = चिक्कट।

चिकटना (~ nA) *vi.* to be sticky and soiled.

चिकन (ci kan) *f.* a kind of embroidered cloth.

चिकना (cik nA) *adj.* 1. oily; ~ पदार्थ oily substance. 2. smooth; ~ फ़र्श smooth floor; ~ घड़ा impervious to all advice, brazen-faced.

चिकनाई (~ ee) *f.* 1. oiliness, greasiness, fattiness. 2. lubricant.

चिकना-चुपड़ा (~ - cup RA) *adj.* buttered and smooth; चिकनी-चुपड़ी बातें करना या बनाना to flatter/cajole.

चिकनाना (~ nA) *vt.* 1. to smoothen; कोई बात चिकनाकर कहना to fawn to win favour. 2. to lubricate.

चिकनापन (~ pan) *m.* oiliness, smoothness.

चिकनाहट (~ haT) *f.* 1. oiliness, smoothness. 2. lubricity.

चिकनी मिट्टी (cik nee miT Tee) *f.* 1. marl, viscous soil. 2. slippery ground.

चिकनी सुपारी (~ su pA ree) *f.* boiled and flattened betel-nut.

चिकारा (ci KA rA) *m.* 1. a stringed instrument. 2. antelope. [Fem. चिकारी]

चिकित्सक (ci kit sak) *m.* physician.

चिकित्सा (ci kit SA) *f.* 1. medical treatment. 2. therapy.

चिकित्सा-पद्धति (~ - pad dhati) *f.* system of treatment.

चिकित्सालय (ci kit SA lay) *m.* 1. hospital. 2. clinic. 3. dispensary.

चिकित्सावकाश (ci kit SA va KAsh) *m.* medical leave.

चिकित्सा-विज्ञान, चिकित्सा-शास्त्र (ci kit SA - vig gyAn, ~ - shAstr) *m.* science of medicine, medical science, medical therapy.

चिकित्सा-सहायता (~ sa hA ya tA) *f.* medical aid; समय पर ~ न मिलने से उसकी मृत्यु हो गई She died in the absence of timely medical aid.

चिकित्सित (ci kit sit) *adj.* medically treated.

चिकित्स्य (ci kitsy) *adj.* curable.

चिकीर्षक (ci keer shak) *adj.* wishful.

चिकीर्षा (ci keer shA) *f.* wish.

चिकुर (ci kur) *m.* hair (on the head).

चिकोटी (ci ko Tee) *f.* pinch, painful squeeze, tweak; ~ काटना / भरना to pinch/tweak.

चिक्कट (cik kaT) *adj.* oiled, soiled, greasy.

चिक्कण (~ kaN) *adj.* 1. smooth. 2. oily.

चिखुरना (ci khur nA) *vt.* to weed out.

चिचड़ा (cic RA) *m.* 1. snake-gourd used as a vegetable and medicine. 2. tick (parasite).

चिचड़ी (cic Ree) *f.* tick, cattle-louse.

चिचियाना (ci ci yA nA) *vi.* to cry aloud, to scream.

चिचियाहट (ci ci yA haT) *f.* cry, loud scream.

चिचोरना (ci cor nA) *vt.* to suck (to the bone).

चिट (ciT) *f.* 1. chit. 2. rag.

चिटकना (ci Tak nA) *vi.* 1. to creak. 2. to fret, to feel annoyed/irritated.

चिटकनी (ciT ka nee) *f.* bolt.

चिटफ़ंड (~ FanD) *m.* chit-fund.

चिट्टा (~ TA) *adj.* 1. white. 2. faircomplexioned.

m. 1. rupee. 2. abetment; ~ लड़ाना to instigate/abet.

चिट्ठा (~ ThA) *m.* 1. balance-sheet. 2. account-book. 3. account; कच्चा ~ (i) rough account, detailed account; (ii) detailed account (of the misdeeds of someone).

चिट्ठी (~ Thee) *f.* letter; क्या मेरी भी कोई ~ है Is there any letter for me? आपकी भी कुछ चिट्ठियाँ हैं There are some letters for you too. ~ छोड़ना to post a letter.

चिट्ठी-पत्री (~ - pat tree) *f.* correspondence.

चिट्ठीरसाँ (~ ra sÃ) *m.* postman.

चिड़चिड़ा (ciR ci RA) *adj.* fretful, peevish, irritable.

चिड़चिड़ाना (~ nA) *vi.* 1. to fret. 2. (wood, leather etc.) to creak.

चिड़चिड़ापन (~ pan) *m.* irritability, peevishness, fretfulness.

चिड़चिड़ाहट (~ haT) *f.* fretfulness.

चिड़वा (~ ciR vA) *m.* parched rice, wetted flattened rice.

चिड़िया (ci Ri yA) *f.* 1. sparrow. 2. bird; ~ का दूध unreal thing; सोने की ~ (i) very wealthy person; (ii) very beautiful woman; ~ फँसाना to entrap someone (a wealthy person or a beautiful woman).

चिड़ियाख़ाना (~ KhA nA) *m.* 1. aviary. 2. = चिड़ियाघर।

चिड़ियाघर (~ ghar) *m.* zoo.

चिड़ी (ci Ree) *f.* see चिड़िया।

चिड़ीमार (~ mAr) *m.* bird-catcher, fowler.

चिड़ीहार (ci Ree hAr) *m.* fowler, bird-catcher.

चिढ़ (ciRh) *f.* 1. strong aversion, repulsion. 2. derisory nickname given to a person; बैंगन उसकी ~ है Brinjal is a teasing nickname for him.

चिढ़ना (~ nA) *vi.* to be irritated, to feel provoked.

चिढ़ाते हुए (ci RhA te hu e) *adv.* teasingly; उसे ~ वह मुस्कराने लगा He smiled at him derisively.

चिढ़ाना (ci RhA nA) *vt.* 1. to fret/irritate/tease; मुँह ~ to mock/jeer. 2. to call by a nickname.

चिढ़ौनी (ci Rhau nee) *f.* something said (repeatedly) to tease someone.

चित (cit) *adj.* 1. supine; ~ करना to lay supine; ~ होना to lie supine; चारों खाने (शाने) ~ in a supine position. 2. culled. 3. collected. 4. covered.
m. 1. experience. 2. consciousness. 3. intuition. 4. disposition. 5. mind. 6. soul. 7. supreme consciousness.

चितकबरा (~ kab rA) *adj.* 1. piebald, varicoloured. 2. spotted.

चितचोर (~ cor) *m.* stealer of the heart, extremely attractive person (in the eyes of the sweet-heart), beloved.

चित-पट (~ - paT) *m.* 1. a game in which the result is based upon tossing of a coin (चित = head, पट = tail); ~ हो जाए Let it be decided by toss. 2. wrestling duel.

चितरना (ci tar nA) *vt.* to paint.

चितवन (cit van) *f.* look, glance; तिरछी ~ fascinating (askew) glance.

चितवना (ci tav nA) *vt.* to look/gaze, to look amorously at.

चिता (ci tA) *f.* funeral pyre; ~ में आग उसके बड़े भाई ने दी His elder brother lit the funeral pyre. ~ चुनना to prepare a funeral pyre; ~ पर चढ़ाना to be put on a funeral pyre; ~ लगाना = ~ चुनना।

चितारना (ci tAr nA) *vt.* to paint.

चितारोहण (ci tA ro haN) *m.* sitting on the pyre (of one's husband) with the object of self-immolation.

चितेरा (ci te rA) *m.* painter.

चित्त (citt) *m.* 1. heart. 2. mind; ~ उचटना to lose interest in something; ~ करना to feel inclined to; ~ चढ़ना to be embedded in one's heart, to be fixed in mind; ~ चुराना to steal one's heart; ~ देना to pay attention (to), to heed; ~ पर चढ़ना = ~ चढ़ना; ~ बँटना to have one's attention diverted; ~ में चुभना to appeal to one's heart; ~ में बैठाना to implant in one's mind; ~ में रखना to retain in one's mind; ~ में होना to wish for; ~ लगना to pay attention to; ~ से उतरना to forget.

चित्त-निवृत्ति (~ - ni vrit ti) *f.* state of desirelessness.

चित्तविक्षेप (~ vik shep) *m.* unsteadiness, fickleness of mind.

चित्तवृत्ति (~ vrit ti) *f.* attitude, mental disposition, mentality, mood.

चित्तशुद्धि (~ shud dhi) *f.* purification of the mind.

चित्ताकर्षक (cit tA kar shak) *adj.* attractive, fascinating, charming, alluring.

चित्ती (cit tee) *f.* 1. spot, small mark. 2. speck. 3. pip, each spot on a card, dice or domino. 4. a kind of small bird. 5. seed of tamarind which is used in gambling.

चित्तीदार (~ dAr) *adj.* spotted, specked; ~ केला spotted banana.

चित्र (cittr) *m.* 1. picture. 2. diagram, drawing. 3. painting, portrait, photo; ~ उपस्थित करना to present a graphic description.

चित्रकला (~ ka lA) *f.* 1. art of painting. 2. painting, drawing etc.

चित्रकार (~ KAr) *m.* painter.

चित्रकारिता (~ KA ri tA) *f.* = चित्रकारी।

चित्रकारी (~ KA ree) *f.* 1. painter's vocation. 2. painting.

चित्रगृह (~ grih) *m.* 1. studio. 2. cinema-house.

चित्रण (cit traN) *m.* 1. act of painting, drawing etc., depiction, portrayal, delineation. 2. graphic description.

चित्रणीय (cit ra Neey) *adj.* suitable for painting, depictive.

चित्रपट (cittr paT) *m.* screen, silver screen.

चित्रफलक (~ pha lak) *m.* canvas.

चित्रमय (~ may) *adj.* pictorial.

चित्रलिखित (~ li khit) *adj.* beautiful, like a picture.

चित्रलिपि (~ li pi) *f.* 1. hieroglyphics 2. = चित्र लेख।

चित्रलेख (~ lekh) *m.* 1. hieroglyphic, pictograph. 2. screen-play.

चित्रलेखक (~ le khak) *m.* painter.

चित्रलेखन (~ le khan) *m.* painting.

चित्रवत (~ vat) *adj.* still, motionless like a picture.

चित्र-विचित्र (~ - vi cit tra) *adj.* 1. variegated, motley. 2. multiform. 3. peculiar.

चित्रशाला (~ shA lA) *f.* 1. picture gallery. 2. art gallery.

चित्र-संग्रह (~ - san grah) *m.* album.

चित्रांकन (cit trAṅ kan) *m.* 1. portrayal, delineation. 2. depiction.

चित्रांकित (~ kit) *adj.* portrayed, delineated.

चित्रा (~ trA) *f.* 1. cucumber. 2. piebald cow. 3. one of the groups of stars.

चित्राक्षर (cit trAk shar) *m.* ideogram, ideograph, hieroglyph.

चित्रात्मक (~ trAt mak) *adj.* 1. of or pertaining to a picture. 2. like a picture, picturesque.

चित्राधार (~ trA dhAr) *m.* 1. portrait stand. 2. album.

चित्रालेख (~ trA lekh) *m.* screen-play.

चित्रित (~ trit) *adj.* 1. portrayed. 2. painted. 3. depicted; ~ करना to portray, paint or depiet.

चित्रोपम (cit tro pam) *adj.* 1. picturesque. 2. having attractive facial appearance, photogenic.

चिथड़ा (cith RA) *m.* rag, tatter, shred; चिथड़े करना to tear to pieces; चिथड़े लपेटना to be in tatters, to put on rags; चिथड़े हो जाना to be torn to pieces; चिथड़ों में (dressed) in rags.

चिदाकाश (ci dA KAsh) *m.* ultimate reality.

चिदात्मा (ci dAt mA) *m.* supreme consciousness.

चिदानंद (ci dA nand) *m.* bliss.

चिद्विलास (cid vi lAs) *m.* supreme illusion, Maya.

चिन (cin) *m.* 1. a kind of big, evergreen tree. 2. a kind of grass used as cattle fodder.

चिनक (ci nak) *f.* smarting pain.

चिनकना (~ nA) *vi.* to feel smarting pain.

चिनगारी (cin gA ree) *f.* spark, scintillation; चिनगारियाँ छोड़ना to scintillate, to emit sparks; चिनगारी छोड़ना to make a mischievous remark.

चिनगी (~ gee) *f.* 1. = चिनगारी। 2. boy assistant of a juggler.

चिनना (~ nA) *vt.* = चुनना।

चिनाई (ci nA ee) *f.* = चुनाई।

चिनाब (ci nAb) *m.* a river in Pakistan.

चिनार (ci nAr) *m.* a tall Indian tree.

चिनिया (ci ni yA) *adj.* of or pertaining to China.

चिनिया केला (~ ke lA) *m.* a variety of small banana (of Bengal).

चिनिया बादाम (~ bA dAm) *m.* groundnut.

चिनिया बेगम (~ be gam) *f.* 1. (lit.) Chinese belle. 2. opium.

चिन्मय (cin may) *adj.* conscious.
m. supreme or pure consciousness.

चिन्ह (cinh) *m.* = चिह्न; पद ~ footmark, trail.

चिन्हानी (ci nhA nee) *f.* 1. token of remembrance. 2. mark/sign of identity.

चिपकना (ci pak nA) *vi.* 1. to stick/adhere, to be attached. 2. to cling; चिपके रहना—(i) कुर्सी से चिपके रहना to stick to a post/office; (ii) टेलीफ़ोन से चिपके रहना to cling to the telephone.
adj. sticky.

चिपकाना (~ kA nA) *vt.* to paste/stick.

चिपकू (cip koo) *adj. & m.* hanger-on, tenacious.

चिपचिप (~ cip) *f.* (state of) stickiness, viscosity.

चिपचिपा (~ ci pA) *adj.* sticky, viscous; ~ मौसम clammy weather.

चिपचिपाना (~ ci pA nA) *vi.* to be sticky/viscous.

चिपचिपाहट (~ ci pA haT) *f.* (state of) stickiness, viscosity.

चिपटना (ci paT nA) *vi.* 1. to stick/cling/adhere. 2. to embrace.

चिपटा (cip TA) *adj.* flat (more current चपटा)।

चिपटाना (~ nA) *vt:* to embrace.

चिप्पड़ (cip paR) *m.* 1. patch; ~ लगाना to patch. 2. patch of crust.

चिप्पी (~ pee) *f.* 1. small patch. 2. label; ~ लगाना to label.

चिबुक (ci buk) *f.* chin.

चिमटना (ci maT nA) *vi.* 1. to cling. 2. to hold fast.

चिमटा (cim TA) *m.* pincers used as a kitchen gadget; ~ गाड़ना to make a halt (said of a mendicant.). [Fem. चिमटी]

चिमटी (~ Tee) *f.* tweezers, small pincers, forceps.

चिमड़ा (~ RA) *adj.* tenacious, sticking stiffly.

चिमनी (~ nee) *f.* 1. chimney (smoke passage). 2. glass tube (of an oil lamp).

चियाँ (ci yÃ) *m.* seed (stone) of tamarind.

चिरंजीव (ci ran jeev) *adj.* long-lived; ~ हो (benediction of longevity or immortality to the youngers) May you live long!
m. son.

चिरंजीवी (ci ran jee vee) *adj.* of चिरंजीव।

चिरंतन (ci ran tan) *adj.* perpetual, everlasting.

चिर (cir) *adj.* 1. lasting, long-lived; ~ वियोग long separation. 2. perpetual; ~ शांति perpetual peace.

चिरकांक्षित (~ kAṅ kshit) *adj.* long-cherished

चिरकाल (~ kAl) *m.* 1. long time. 2. infinite time, eternity; ~ से from time immemorial.

चिरकालिक (~ kA lik) *adj.* 1. abiding, lasting. 2. eternal, perpetual.

चिरकालीन (~ ka leen) *adj.* = चिरकालिक।

चिरकुमार (~ ku mAr) *adj. & m.* celebate, life-bachelor.

चिरजीवी (~ jee vee) *adj.* long-living, having a long life.

चिरना (~ nA) *vi.* 1. to be sawed. 2. to crack.

चिरनिद्रा (~ nid drA) *f.* eternal sleep.

चिरनूतन (~ noo tan) *adj.* 1. evergreen, ever-new.

चिर-परिचित (~ - pa ri cit) *adj.* known since long, well-acquainted.

चिर-प्रतीक्षित (~ - pra teek shit) *adj.* long-awaited, long-expected.

चिरवाई (~ VA ee) *f.* charges paid for sawing.

चिर-वियोग (~ - vi yog) *m.* long (perpetual) separation.

चिर-समाधि (~ - sa mA dhi) *f.* eternal समाधि *i.e.* death.

चिरस्थायी (cir sthA ee, ci ras thA ee) *adj.* 1. everlasting, permanent; ~ जीवन life everlasting. 2. abiding, long-lived; ~ शांति abiding peace.

चिरस्मरणीय (cir smar Neey, ci ras mar Neey) *adj.* ever-memorable, worth remembering for long.

चिराई (ci rA ee) *f.* act or state of sawing wood, or charges paid for the same.

चिराग़ (ci rAG) *m.* lamp; ~ गुल करना to put out the lamp; ~ जले at the time of lighting the lamps, at dusk; ~ दिखाना to carry a lamp at show the way; ~ बुझना—घर का चिराग़ बुझ गया The light of the family is extinguished, the son of the family has passed away. ~ बुझाना to extinguish the lamp; ~ लेकर ढूँढ़ना to search every nook and corner (with a lamp).

चिराग़-गुल (~ - gul) *m.* black-out.

चिरायँध (ci rA yãdh) *f.* unpleasant/obnoxious smell of burning (rubber, hair, leather etc.).

चिरायता (ci rAy tA) *m.* a plant used as medicine.

चिरायु (ci rA yu) *adj.* ~ हो May you live long !

चिरोड़ी (ci ro Ree) *f.* gypsum.

चिरौंजी (ci rãũ jee) *f.* a kind of dry fruit and its tree.

चिरौंटा (ci rãũ TA) *m.* young male sparrow.

चिरौरी (ci rau ree) *f.* entreaty, imploring, beseeching; ~ करना to entreat/implore/ beseech.

चिलक (ci lak) *f.* sharp pain, smart.

चिलकना (~ nA) *vi.* to feel a sharp pain, to smart.

चिलगोज़ा (cil go zA) *m.* a kind of dry fruit, (the nut of the pine tree).

चिलचिलाना (~ ci lA nA) *vi.* to shine scorchingly; चिलचिलाती धूप scorching heat/ sun.

चिलड़ा (~ RA) *m.* an Indian type of cake prepared from the flour of lentil or any pulse.

चिलपों (~ põ) *f.* = चिल्लपों।

चिलबिल (~ bil) *m.* 1. a kind of wild tree. 2. a kind of plant (of the rainy season).

चिलबिला (~ bi lA) *adj.* hectic and restless (person).

चिलबिल्ला (~ bil lA) *adj.* = चिलबिला।

चिलम (ci lam) *f.* earthen funnel in which tobacco, hemp etc. are placed for smoking (purposes); ~ भरना (i) to prepare a चिलम for smoking; (ii) to serve (someone) abjectly.

चिलमची (~ cee) *f.* basin (for washing purposes).

चिलमन (cil man) *f.* curtain made of bamboo strips.

चिल्लड़ (~ laR) *m.* 1. = चीलर, louse. 2. small coins, change.

चिल्लपों (cill põ) *f.* clamour, scream, ballyhoo; ~ मचाना to make a clamour.

चिल्ला (cil lA) *adj.* severe; ~ जाड़ा severe/ biting cold.

m. 1. period of forty days. 2. bowstring; ~ चढ़ाना to be ready to shoot with an arrow. 3. = चिलड़ा।

चिल्लाना (cil lA nA) *vi.* 1. to cry; वह ज़ोर से चिल्लाया He cried loudly. 2. to shout; चिल्लाओ मत Don't shout.

चिल्लाहट (~ lA haT) *f.* loud cry, yell.

चिहुँक (ci hũk) *f.* 1. state of being startled. 2. hesitation, shyness.

चिहुँकना (~ nA) *vi.* 1. to be startled. 2. to hesitate, to feel shy.

चिह्न (cihn) *m.* sign, mark, symbol, symptom; ~ छोड़ जाना to leave a mark.

चिह्नित (cih nit) *adj.* 1. marked; ~ करना to mark. 2. singled out.

चीं (cee͠) *f.* 1. chirping of birds, chirp. 2. cry of pain and helplessness; ~ बोल जाना to show utter helplessness.

चीं-चपड़ (~ - ca paR) *f.* grumbling; बिना ~ किए without grumbling.

चीं-चीं (~ - cee͠) *f.* 1. warbling of birds. 2. thrilling note of children. 3. squeaking. 4. (of wheel) creaking in movement.

चींटा (~ TA) *m.* big black ant.

चींटी (~ Tee) *f.* ant; ~ की चाल snail's pace; ~ के पर निकलना to be nearing destruction or death.

चींटीख़ोर (~ Khor) *m.* ant-eater.

ची (cee) *suffix.* denoting 'diminutive' as in संदूक़ची, of 'keeper or user', as in, 'अफीमची', 'नक़लची', 'तोपची'।

चीकट (~ kaT) *adj.* very dirty, esp. soiled or oiled.

चीकू (~ koo) *m.* sapodilla.

चीख (ceekh) *f.* scream, shriek.

चीखना (~ nA) *vt.* 1. to scream/shriek. 2. to taste.

चीख-पुकार (~ - pu kAr) *f.* 1. scream, shriek. 2. screaming out for help.

चीज़ (ceez) *f.* 1. thing, article, object; य भी क्या ~ है What a beautiful thing i is! कोई ~ (i) anything; (ii) something 2. item.

चीड़ (ceeR) *m.* pine tree or its wood.

चीतना (ceet nA) *vi.* to think, contemplate

चीतल (cee tal) *m.* spotted antelope.

चीता (~ tA) *m.* spotted panther, cheetah.

चीत्कार (ceet kAr) *m.* scream of pain o distress, screech, uproar; ~ करना t screech, to utter a screech.

चीथना (ceeth nA) *vt.* to tear to pieces/bit with the teeth; चीथ डालना to spoil b scribbling.

चीन (ceen) *m.* China; ~ की दीवार (i) th Great China Wall; (ii) a great obstacle

चीनिया (cee ni yA) *adj.* = चिनिया।

चीनी (cee nee) *adj.* of or pertaining t China.

f. sugar; गुड़ ~ होना to be chummy.

चीनी मिट्टी (~ miT Tee) *f.* porcelain.

चीन्हना (ceenh nA) *vt.* 1. to recognize. 2. t identify (criminals in session trial).

चीपड़ (cee paR) *m.* = चिप्पड़।

चीमड़ (~ maR) *adj.* tenacious, tough.

चीमड़पन (~ pan) *m.* tenacity, toughness

चीयाँ (cee yÃ) *m.* = चियाँ।

चीर (ceer) *m.* 1. cloth. 2. strip of cloth 3. opening made by a knife etc., cu splint. 4. a tear, rent, fissure.

चीरना (~ nA) *vi.* 1. to saw; लकड़ी ~ to sav wood. 2. to rip, to cut along a line, t rend. 3. to cut open, to tear, to operat (wound etc.). 4. to vivisect; माल ~ t earn a large amount (esp. by shad deeds); भीड़ को चीरते हुए pushing (one' way) into a crowd.

चीर-फाड़ (~ - phAR) *f.* 1. surgical opera tion. 2. dissection.

चीर-फाड़ घर (~ ghar) *m.* dissection hall.

चीरा (cee rA) *m.* incision; ~ देना / लगाना to incise/operate, to perform a surgical operation.

चील (ceel) *f.* kite (bird).

चील-झपट्टा (~ - jha paT TA) *f.* 1. kite-swoop. 2. a kite-like swoop, snap. 3. a game of children.

चीलर (cee lar) *m.* louse.

चीवर (~ var) *m.* tattered dress (of a mendicant).

चीस (cees) *f.* rankling pain, smart.

चुंगी (cuṅ gee) *f.* octroi; ~ की चौकी octroi post.

चुंगी-कचहरी (~ - ka cah ree) *f.* municipal office/hall.

चुँघाना (cũ ghA nA) *vt.* to cause to suck.

चुंधा (cun dhA) *adj.* having unproportionately small eyes.

चुँधियाना (cũ dhi yA nA) *vi.* = चौंधियाना।

चुंबक (cum bak) *m.* magnet.

चुंबकत्व (~ ba kattw) *m.* magnetism.

चुंबक-पत्थर (~ bak-pat thar) *m.* loadstone.

चुंबकीय (~ ba keey) *adj.* magnetic.

चुंबन (~ ban) *m.* kiss; ~ लेना to kiss.

चुंबित (~ bit) *adj.* kissed.

चुंबी (~ bee) *suffix.* गगनचुंबी sky-scraping.

चुआना (cu A nA) *vt.* 1. to cause to drip. 2. to distil; शराब ~ to distil wine.

चुक़ंदर (cu Kan dar) *m.* red-beet.

चुकता (cuk tA) *adj.* 1. paid up, settled; ~ हिसाब paid up account. 2. squared up, finalised.

चुकना (~ nA) *vi.* 1. to be finished; तेल चुक गया Oil is finished. मेरे रुपए / पैसे चुक गए हैं My money has ran out. 2. to be paid up or adjusted, to be settled; हिसाब चुक गया The account is paid up/settled.

चुकवाना (~ vA nA) *vt.* to cause to be settled/paid up.

चुकाई (cu KA ee) *f.* act or state of settling/paying up or charges paid for the same.

चुकाना (cu KA nA) *vt.* 1. to pay, repay or settle; क़र्ज़ ~ to repay a loan; हिसाब ~ to settle an account; बड़ी कीमत चुकाकर at great cost. 2. to compensate; इस काम के लिए मैंने बड़ी भारी कीमत चुकाई I have paid a high price for this job. 3. (विवाह आदि में) रुपए ~ to present a sum of money (in marriage etc.).

चुक्क (cukk) *suffix.* खट्टा - ~ extremely sour.

चुक्कड़ (cuk kaR) *m.* an earthen cup for drinking water, milk, tea, wine etc.

चुखाना (cu khA nA) *vt.* 1. to cause to be sucked, to give a suck to. 2. to cause to be tasted.

चुग़द (cu Gad) *m.* 1. owl. 2. stupid person.

चुगना (cug nA) *vt.* to pick up, to peck.

चुग़ल (cu Gal) *m.* see चुग़लख़ोर।

चुग़लख़ोर (~ Khor) *m.* backbiter.

चुग़लख़ोरी (~ Kho ree) *f.* backbiting.

चुग़ली (cuG lee) *f.* backbiting; ~ खाना to backbite.

चुगा (cu gA) *m.* = चुग्गा।

चुगाई (cu gA ee) *f.* act or state of चुगाना, or wages paid for the same.

चुगाना (cu gA nA) *vt.* to cause to peck.

चुग्गा (cug gA) *m.* coarse grain given to birds.

चुचकना (cu cak nA) *vi.* to shrivel.

चुचकारना (cuc KAr nA) *vi.* see चुमकारना।

चुचाना (cu ca nA) *vt.* = चूना।

चुचि (cu ci) *f.* breast.

चुचुक (cu cuk) *f.* nipple (of breast).

चुचुकना (~ nA) *vi.* = चुचकना।

चुटकना (cu TAK nA) *vi.* 1. see चुटकी बजाना। 2. to create a sound of चुटकी।
vt. 1. to pick out with the fingers. 2. to pinch. 3. to be bitten by a snake. 4. to whip.

चुटकी (cuT kee) *f.* 1. snapping sound made by the thumb and middle finger; ~ काटना to pinch; ~ बजाते in a jiffy/moment; ~ बजाना to snap the fingers. 2. a pinch; ~ देना (i) to give a handful; (ii) = ~ बजाना ; ~ भर नामक डाल दो Please add just a pinch/soupcon of salt. ~ भरना to pinch; ~ माँगना to beg (from door to door); ~ लेना to make a sarcastic remark, to twit; चुटकियों में उड़ाना to treat like a joke.

चुटकुला (~ ku lA) *m.* a witty remark, epigram, tit-bit, pleasantry; ~ छेड़ना to start an epigram.

चुटकुलेबाज़ (~ ku le baz) *m.* epigrammatist.

चुटकुलेबाज़ी (~ ku le bA zee) *f.* epigrammatism.

चुटफुट (~ phuT) *adj.* sundry, miscellaneous.

चुटाना (cu tA nA) *vi.* to be hurt/wounded.

चुटिया (cu Ti yA) *f.* tuft of hair on the crown; ~ हाथ में होना—उसकी चुटिया मेरे हाथ में है He is under my thumb/complete control.

चुटीला (cu Tee lA) *adj.* 1. capable of hurting. 2. wounded.

चुटैल (cu Tail) *adj.* hurt, wounded.

चुड़िहारा (cu Ri hA rA) *m.* maker or seller of bangles.

चुड़िहारिन (cu Ri hA rin) *f.* fem. of चुड़िहारा।

चुड़ैल (cu Rail) *f.* she-hobgoblin, witch.

चुदक्कड़ (cu dak kaR) *adj.* libidinous, given to womanising.
m. womaniser, sexual pervert.

चुदना (cud nA) *vi.* to subject oneself to cohabitation by a male.

चुदाई (cu da ee) *f.* act or process of cohabitation.

चुनचुना (cun cu nA) *adj.* causing a burning sensation on being touched.
m. thread worm, hookworm; ~ लगना to feel hurt (by some remark).

चुनचुनाना (~ nA) *vi.* 1. to feel an irritating or pricking sensation, *e.g.* in body, wound etc. 2. to squeak.

चुनचुनाहट (~ haT) *f.* irritating or pricking sensation.

चुनचुनी (cun cu nee) *f.* burning sensation.

चुनट (cu naT) *f.* see चुनन।

चुनन (cu nan) *f.* ruffles.

चुननदार (~ dAr) *adj.* ruffled.

चुनना (cun nA) *vt.* 1. to choose/select; तुम अपना पति चुन सकती हो You can choose your husband. आज एक-दिनी टीम चुनी जाएगी One dayer team will be selected today. 2. to pluck; फूल ~ to pluck flowers. 3. to cull/gather; कंकड़ ~ to cull pebbles. 4. to erect; दीवार ~ to erect a wall. 5. to pick over, to sort out; दाल ~ to pick over pulse. 6. to make ruffles, to ruffle; धोती ~ to ruffle a dhoti. 7. to elect; प्रतिनिधि ~ to elect a representative; चुन-चुनकर बदले लेना to take revenge on every count; चुना जाना to get elected; शबनम मौसी पहली किन्नर थी जो विधान सभा के लिए चुनी गई Shabnam Mausi became the first eunuch to be elected to the state legislature. चुना हुआ (i) chosen; (ii) elected one.

चुनरी (~ ree) *f.* coloured over-cloth (worn by women on ceremonial occasions).

चुनवाँ (~ vÃ) *adj.* 1. selected, chosen. 2. excellent.
m. 1. apprentice. 2. small boy.

चुनवाना (~ VA NA) *vt.* causative of चुनना।

चुनाँचे (cu nã ce) *conj.* hence, therefore.

चुनाई (cu NA ee) *f.* 1. laying bricks in a wall etc. 2. charges for laying bricks.

चुनाव (cu NAW) *m.* 1. selection, choice. 2. election; ~ जीतना to win an election; ~ में खड़े होना to stand as a candidate for election; ~ लड़ना to fight an election.

चुनाव-अभियान (~ - abhi YAN) *m.* election campaign.

चुनाव-क्षेत्र (~ - kshetra) *m.* constituency.

चुनाव-प्रचार (~ - pra CAR) *m.* election propaganda.

चुनाव-मंडल (~ - MAN DAl) *m.* electorate.

चुनावी (cu NA vee) *adj.* of or pertaining to the election; ~ गठबंधन alliance for the sake of election; ~ याचिका election petition.

चुनिंदा (cu nin DA) *adj.* 1. chosen, selected. 2. choicest.

चुनी (cu nee) *f.* ruby.

चुनौटी (cu nau TEE) *f.* small case for keeping lime (for chewing with tobacco).

चुनौती (cu nau tee) *f.* 1. challenge; इस वर्ष हमें जिन चुनौतियों का सामना करना पड़ रहा है वे भयावह हैं The challenges we face this year are awesome. ~ देना to challenge; इसे ~ दी जा सकती है It can be challenged. ~ मिलना to receive a challenge; ~ स्वीकार करना to accept a challenge. 2. a demanding situation.

चुन्नट (cun NAT) *f.* ruffle.

चुन्नटदार (~ DAR) *adj.* ruffled.

चुन्नी (cun nee) *f.* 1. small ruby. 2. spangle. 3. filings of corn. 4. sawdust.

चुप (cup) *adj.* 1. quiet, silent; ~ करना to be silent/quiet; ~ कराना to quieten/silence; स्थानीय चुनाव के परिणामों ने उनके विरोधियों को चुप करा दिया है The local election results have silenced his detractors. 2. secretive; ~-छिनाल secretive harlot; ~ रहना to hold one's tongue, to keep silence; चुप रहने में ही भला था The silence was golden. ~ होना to be silent/quiet.

चुपका (~ KA) *adj.* totally silent.
m. complete silence.

चुपकाना (~ NA) *vt.* 1. to silence. 2. to prevent from speaking.

चुपकी (cup kee) *f.* complete silence.

चुपके (~ ke) *adv.*; ~ से quietly, stealthily. ~ से कहना (i) to utter is a low voice, whisper; (ii) to tell privately or secretly.

चुपके-चुपके (~ ke - ~ ke) *adv.* stealthily.

चुपचाप (~ CAP) *adv.* silently, quietly; ~ काम कीजिए Work quietly without talking. ~ चले जाओ Go away quietly.

चुपचुपाते (~ cu PA te) *adv.* quietly, silently.

चुपड़ना (cu PAR NA) *vt.* 1. to apply (butter, ghee etc.). 2. to annoint; मुँह ~ to annoint the face (with cream etc.).

चुपड़ा (cup RA) *adj.* coated with some oily substance; चिकना - ~ with a well made-up appearance.

चुपाना (cu PA NA) *vt.* to quieten.

चुप्पा (cup PA) *adj.* reticent, uncommunicative by nature.

चुप्पा-घुन्ना (~ - ghun NA) *adj.* secretive.

चुप्पी (cup pee) *f.* reticence, silence; ~ तोड़ना to break silence; ~ लगाना / साधना to assume/maintain silence, to be silent.

चुभकना (cu bhak NA) *vi.* to duck and plunge out (again and again).

चुभकाना (cubh KA NA) *vt.* causative of चुभकना।

चुभकी (~ kee) *f.* 1. act or state of चुभकना। 2. a dive.

चुभन (cu bhan) *f.* 1. pricking sensation. 2. throbbing pain (physical or mental). 3. punch line/sting of a joke. 4. a source of irritation.

चुभना (cubh nA) *vi.* to prick/pinch; काँटा पैर में चुभ गया A thorn has run into the foot. उसकी बात मुझे चुभ गई His remark pinched me.

चुभनेवाला (~ ne vA lA) *adj.* pinching, irritating, hurtful; चुभनेवाली बातें मत कहो Don't say hurtful remarks.

चुभलाना (~ lA nA) *vt.* to mumble; वह खाता नहीं, चुभलाता है He eats not, but mumbles.

चुभवाना (~ vA nA) *vt.* causative of चुभाना।

चुभाना (cu bhA nA) *vt.* to prick/pinch.

चुभोना (~ bho nA) *vt.* = चुभाना।

चुमकार (cum kAr) *f.* sound produced while kissing.

चुमकारना (~ nA) *vt.* to coo and fondle.

चुम्मा (cum mA) *m.* kiss; ~ देना to give a kiss; ~ लेना to kiss, to plant a kiss.

चुम्मा-चाटी (~ - cA Tee) *f.* kissing and licking.

चुरंदम-खुरंदम (cu ran dam - khu ran dam) *m.* snacks.

चुरकुट (cur kuT) *adj.* 1. powdered, pulverised. 2. frightened, non-plussed.

चुरचुरा (~ cu rA) *adj.* crisp.

चुरट (cu raT) *m.* cheroot.

चुरना (cur nA) *vi.* to boil and bubble (as pulse in water).

चुरमुर (~ mur) *f.* sound produced by the cracking of a crisp or fragile substance.

चुरमुरा (~ mu rA) *adj.* crisp, fragile. *m.* spicy preparation of fried, crisp grain.

चुरवाना (~ vA nA) *vi.* 1. to cause to steal. 2. causative of चुरना।

चुराना (cu rA nA) *vt.* 1. to steal/pinch; उसने मेरी घड़ी चुरा ली He stole my watch. आँखें ~ to avoid facing; चित्त ~ to steal the heart; जी ~ to shirk; जी चुराते फिरना to keep oneself away (in order to avoid a meeting). 2. to take quickly; चुंबन ~ to steal a kiss.

चुरुट (cu ruT) *m.* = चुरट।

चुल (cul) *f.* 1. propensity to be itched, titillation. 2. craving for a coitus, strong sexual urge; ~ उठना to have a strong sexual urge; ~ मिटाना to satisfy (one's) urge.

चुलचुलाना (~ cu lA nA) *vi.* to feel a scratchy sensation, to itch, to tickle.

चुलचुलाहट (~ cu lA haT) *f.* scratchy sensation.

चुलचुली (~ cu lee) *f.* = चुलचुलाहट।

चुलबुल (~ bul) *f.* see चुलबुलाहट।

चुलबुला (~ bu lA) *adj.* 1. restless by nature. 2. playful as a child, frolicsome.

चुलबुलाना (~ nA) *vi.* to be frolicsome, to be restless like a child.

चुलबुलापन (~ pan) *m.* state or quality of being चुलबुला।

चुलबुलाहट (~ haT) *f.* = चुलबुलापन।

चुलबुली (cul bu lee) *f.* 1. state of being panicky. 2. undue haste.

चुल्लू (~ loo) *m.* 1. hollow cup made by the palm of the hand. 2. quantity contained in the चुल्लू; ~ भर palmful; ~ भर पानी में डूब मरना to be drowned, as it were, in a palmful of water, to be ruefully ashamed; ~ में उल्लू होना to be dead drunk even with a small dose of intoxicant.

चुसकी (cus kee) *f.* sip, suck; चाय की ~ भरना/लेना to take a sip of tea.

चुसना (~ nA) *vi.* 1. to be sucked. 2. to be absorbed. 3. to be squeezed.

चुसनी (~ nee) *f.* nipple.

चुसाना (cu SA nA) *vt.* to cause to be sucked.

चुस्की (cus kee) *f.* = चुसकी।

चुस्त (cust) *adj.* 1. tight, skin-tight. 2. alert, smart (person); वह ~ आदमी है He is a man of energy.

चुस्त-चालाक (~ - CA lAk) *adj.* canny, shrewd, astute.

चुस्ती (cus tee) *f.* alertness, smartness.

चुहचुहाता (cuh cu hA tA) *adj.* buddling with juice (mango etc.); चुहचुहाती भाषा brilliant language.

चुहल (cu hal) *f.* 1. frolicsome act or chat. 2. jol- lity, joviality. 3. merriment.

चुहलपन (~ pan) *m.* = चुहलबाज़ी।

चुहलबाज़ (~ bAZ) *adj.* frolicsome.

चुहलबाज़ी (~ bA zee) *f.* frolicsome gaiety.

चुहिया (cu hi yA) *f.* 1. female mouse. 2. small rat.

चुहुँटना (cu hũT nA) *vt.* see चिमटना।

चूँ (cõo) *f.* sharp and shrill tone, chirp; ~ तक न करना not even to murmur, not to make even the slightest protest.

चूँकि (~ ki) *conj.* because, as, since.

चूँ-चूँ (~ - cõo) *f.* chirping of birds; ~ का मुरब्बा hotch-potch of heterogeneous elements; गाड़ी की ~ creaking sound of a vehicle.

m. a small toy which makes a chirping sound.

चूक (cook) *f.* 1. slip, lapse, error; यह मेरी ~ थी It was a slip/lapse on my part. 2. omission. fault, default; भूल-चूक लेनी देनी Errors and omissions (are) excepted. 3. blunder.

चूकना (~ nA) *vi.* 1. to miss/lose; अवसर ~ to miss an opportunity. 2. to default, to fail. 3. to make a mistake.

चूची (coo cee) *f.* 1. teat, nipple. 2. (female) breast; ~ पीना to suck the breast/teat.

चूज़ा (~ ZA) *m.* chicken.

चूड़ांत (~ Rant) *adj.* extreme, excessive. *m.* extreme.

चूड़ा (~ RA) *m.* 1. tuft of hair on the crown. 2. crest on the head of a bird.

चूड़ाकरण (~ ka raN) *m.* ceremonial shaivng of the head of a child for the first time, tonsure.

चूड़ाकर्म (~ karm) *m.* see चूड़ाकरण।

चूड़ामणि (~ ma Ni) *m.* 1. an ornament worn on the head. 2. crown, shining star.

चूड़ी (coo Ree) *f.* 1. bangle of glass, lac etc.; ~ होना—चूड़ी हो गई A bangle is broken (on the hand). चूड़ियाँ ठंडी करना to break the bangles on the husband's death; चूड़ियाँ पहनना (i) to put on bangles; (ii) to become effeminate; चूड़ियाँ पहनाना to put on bangles (as a part of make-up); चूड़ियाँ बढ़ाना to put off the bangles. 2. thread; पेच की ~ thread of a screw.

चूड़ीदार (~ dAr) *adj.* threaded, grooved.

चूड़ीदार पाजामा (~ pA jA mA) *m.* pyjama with plenty of ruffles.

चूत (coot) *f.* vagina. *m.* mango tree.

चूतड़ (coo taR) *m.* buttocks; ~ दिखाना to turn one's back, to turn tail; ~ पर मारना (i) spanking; (ii) to spank; ~ पीटना/बजाना to show one's jubilance, spl. in an uncouth manner.

चूतिया (~ ti yA) *m. & adj.* (pej.) dolt, stupid (fellow), blockhead; ~ बनना to be made a fool of; ~ बनाना to make a fool of, to befool.

चूतिया-चक्कर (~ - cak kar) *m.* stupid (spl. unnecessary) involvement.

चूतियापंथी (~ pan thee) *f.* stupidity, silliness.

चून (coon) *m.* flour.

चूनरी (~ ree) *f.* = चुनरी।

चूना (coo nA) *m.* lime; चूने की भट्ठी kiln; ~ छुआना to whitewash or to get white-washed; ~ छूना to whitewash; ~ फिरवाना to get white washed; ~ फेरना (i) to whitewash; (ii) to nullify, to wash off; ~ लगाना to play a successful trick.
vi. to leak.
adj. leaky.

चूना-पत्थर (~ - pat thar) *m.* lime-stone.

चूनेदानी (coo ne dA nee) *f.* mini lime-container.

चूनौटी (~ nau TEE) *f.* see चूनेदानी।

चूमना (coom nA) *vt.* to kiss; चूमने के योग्य kissable.

चूमना-चाटना (~ - CAT nA) *vt.* to kiss and lick.
m. act of kissing and licking/caressing, slobbering.

चूमा (coo mA) *m.* kiss.

चूमाचाटी (~ CA TEE) *f.* slobbering.

चूर (coor) *m.* 1. filings. 2. small fragments; थककर ~ हो जाना to be tired and exhausted; नशे में ~ dead drunk.

चूर-चूर (~ - coor) *adj.* broken into bits/fragments, shattered to pieces.

चूरन (coo ran) *m.* digestive powder.

चूरन-चटनी (~ - CAT nee) *f.* snacks; अब ~ हो जाए Let us have a few snacks now.

चूरा (coo rA) *m.* 1. filings. 2. small fragments; ~ कर देना to crush to a powder.

चूर्ण (coorN) *m.* 1. powder. 2. digestive powder.

चूर्णन (~ Nan) *m.* powdering.

चूर्णित (~ Nit) *adj.* powdered.

चूल (cool) *f.* 1. a projection of wood fitting into a mortice, tenon into mortice; ~ से चूल मिलाना (i) adjusting the tenons nicely; (ii) to adjust the loose ends of a story; चूलें ढीली होना looseing of the joints of a bed stead. 2. pivot (of a door).

चूल्हा (coo lhA) *m.* hearth, oven, fireplace; ~ जलाना to set a hearth going; ~ फूँकना to put on the oven for cooking food; चूल्हे में जाना to go to hell, to be damned; चूल्हे में झोंकना / चूल्हे में झोंको to the blazes!

चूषण (~ shaN) *m.* act of sucking.

चूषणीय (~ sha Neey) *adj.* fit to be sucked.

चूषित (~ shit) *adj.* sucked.

चूष्य (cooshy) *adj.* = चूषणीय।

चूसन (coo san) *m.* suction.

चूसना (coos nA) *vt.* to suck; चूस डालना (i) to suck completely, to suck to the bone; (ii) to grab everything (of some-one); ख़ून ~ to suck blood.

चूहा (coo hA) *m.* rat, mouse; पेट में चूहे कूदना to feel/bear the pangs of hunger. [Fem. चुहिया, चूही]

चूहेदानी (~ he dA nee) *f.* mouse-trap, rat-trap.

चें-चें (cẽ- cẽ) *f.* chirping of birds; ~ करना (i) to chirp/twitter/cackle/pip; (ii) to chatter/babble.

चेंटुआ (~ TU A) *m.* young of a bird, birdie.

चेंप (cẽp) *f.* viscous substance (spl. of a mango).

चेंपदार (~ dAr) *adj.* viscous.

चेंपना (~ nA) *vt.* to paste.

चेक (cek) *m.* cheque; कोरा ~ blank cheque; रेखांकित ~ crossed cheque; ~ काटना to issue a cheque; ~ भुनाना to encash a cheque.

चेकधारक (~ dhA rak) *m.* bearer of the cheque.

चेकबुक (~ book) *f.* a book containing cheques.

चेचक (ce cak) *f.* pox; ~ निकलना appearance of pox; छोटी ~ measles; बड़ी ~ small pox.

चेटा (ce Ta) *m.* servant. [Fem. चेटी]

चेटी (ce Tee) *f.* maid-servant.

चेत (cet) *m.* 1. consciousness, senses. 2. knowledge. 3. caution, prudence. 4. memory, remembrance. 5. mind.

चेतन (ce tan) *adj.* 1. animate. 2. conscious.

चेतनता (~ tA) *f.* consciousness.

चेतनत्व (ce ta nattw) *m.* see चेतनता।

चेतना (cet nA) *f.* awareness, consciousness.

चेतनाशून्य (~ shoony) *adj.* numb, sensationless.

चेतनाशून्यता (~ tA) *f.* numbness.

चेताना (ce tA nA) *vt.* 1. to remind. 2. to warn. 3. to kindle (a fire).

चेतावनी (ce tA va nee) *f.* warning, admonition; ~ देना to warn/admonish—विद्यार्थियों को ~ दी गई कि अनुशासन भंग न करें The students were warned against any act of indiscipline. ~ मिलना to receive a warning; उसे लिखित चेतावनी मिली She received a written warning.

चेन (cen) *f.* chain.

चेप (cep) *f.* = चेंप।

चेपदार (~ dAr) *adj.* = चेंपदार।

चेपना (~ nA) *vt.* = चेंपना।

चेरा (ce rA) *m.* 1. servant. 2. = चेला। [Fem. चेरी]

चेरी (ce ree) *f.* fem. of चेरा, female servant; ~ बनकर रहना to serve as subservient devotee.

चेला (ce lA) *m.* pupil, disciple. [Fem. चेली]

चेली (ce lee) *f.* fem. of चेला, female disciple.

चेले-चाँटे (ce le-cA te) *m.* (plu.) pupils and followers (collectively).

चेष्टा (cesh TA) *f.* 1. effort, endeavour; ~ करना to make an effort. 2. act; अनधिकार ~ unwarranted act; तुम्हारी यह ~ चेष्टा? How do you dare it? 3. demeanour, carriage. 4. gesture, motion.

चेहरा (ceh rA) *m.* 1. face, countenance; ~ उठाना to lift the face; ~ उतर जाना—उसका चेहरा उतर गया Her face lost its hue/Her face fell. ~ काला (स्याह) पड़ जाना—उसका ~ काला पड़ गया Her face turned blue. ~ खिल जाना blossoming of the face; ~ चमकना glowing of the face; ~ चमकाना to make up the face; ~ तमतमाना reddening of face with rage or heat; ~ पीला पड़ जाना, ~ पीला पड़ गया Face turned pale. ~ बिगड़ना, ~ बिगाड़ना disfiguration of the face; ~ भाँप लेना to read the face; ~ मुरझाना fading of face; ~ सफ़ेद हो जाना, ~ सफ़ेद हो गया The face lost lustre. चेहरे से तेज टपकना beaming of face with lustre; चेहरे पर हवाइयाँ उड़ना—चेहरे पर हवाइयाँ उड़ी हुई हैं Gone is all the glow of the face. खिला ~ gleaming face; बुझा ~ gloomy face; मनहूस ~ (i) inauspicious/ominous face; (ii) dull and repulsive face. 2. mask.

चेहरा-मोहरा (~ - moh rA) *m.* facial outline or feature, lineament.

चैत (cait) *m.* = चैत्र, first month of the Hindu calendar.

चैतन्य (cai tanny) *adj.* conscious. *m.* consciousness.

चैतन्यता (~ tA) *f.* consciousness.

चैत्त (caitt) *adj.* pertaining to the mind.

चैत्र (caittr) *m.* first month of the Hindu calendar.

चैन (cain) *m.* 1. mental ease, carefreeness; ~ की बंसी बजाना to enjoy the music of life; ~ गँवाना to lose mental ease; ~ से peacefully and prosperously; ~ से कटना/गुजरना to have an easy time;

अमन ~ peace and prosperity. 2. relief; ~ पड़ना to feel relieved.

चैंपियन (caim pi yan) *m.* champion.

चैला (cai lA) *m.* sliver, splinter.

चैली (~ lee) *f.* sliver.

चोंगा (cõ gA) *m.* 1. funnel. 2. big envelope. [Fem. चोंगी]

चोंगी (~ gee) *f.* fem. of चोंगा; tube of the bellows.

चोंच (cõc) *f.* beak, bill; ~ मारना to peck; चोंचें लड़ाना fondling, caressing; दो-दो चोंचें होना to have a (short) wordy duel.

चोंचला (~ lA) *m.* = चोचला।

चोंधना (cõdh nA) *vt.* to peck.

चोंधर (cõ dhar) *adj.* 1. having very small eyes. 2. very short-sighted. 3. foolish, stupid.

चोकर (co kar) *m.* outer covering of grain, husk, bran.

चोखा (co khA) *adj.* 1. sharp, well-honed; ~ चाक़ू sharp knife. 2. pure, unadulterated; ~ सोना pure gold. 3. candid, sincere, honest; ~ असामी honest client. 4. proper; ~ व्यवहार proper behaviour; तुम चोखे रहे You did well.
m. an Indian dish prepared of boiled or roasted vegetables.

चोग़ा (co GA) *m.* a kind of garment like cassock or toga.

चोचला (coc lA) *m.* artificiality of manner, affectation, coquetish behaviour; चोचले दिखाना to put on airs.

चोचलेबाज़ (~ le bAZ) *m.* one given to affectation.

चोचलेबाज़ी (~ le bA zee) *f.* affectedness.

चोज़ (coz) *m.* jocularity, wit.

चोट (coT) *f.* 1. hurt, injury. 2. hurting remark; ~ उभरना resurgence of injury; ~ करना (i) to strike or inflict, to give a blow; (ii) to sting; ~ का matching, equal in strength; ~ खाना to sustain injury or damages; ~ ख़ाली जाना, चोट ख़ाली गई The blow missed. ~ देना to inflict monetary harm; ~ पहुँचाना to hurt/injure, to inflict an injury; ~ पड़ना —कैसी चोट पड़ी What a blow ! ~ पर चोट blow after blow; ~ बचाना to dodge/evade a blow; मारना to hammer; ~ लगना —उसको चोट लगी He received an injury/He got hurt; ~ गहरी ~ deep injury; दिल की ~ cut to the quick; हलकी ~ slight injury; दो-दो चोटें होना—दो-दो चोटें हुईं A few blows were exchanged. 3. pleasing hurt.

चोट-चपेट (~ - ca peT) *f.* hurt or injury; ~ लग जाना to receive an injury; उसे कोई ~ नहीं लगी He was unscathed.

चोटा (co TA) *m.* 1. residue left after straining molasses. 2. = चोटी (pej.)

चोटी (co Tee) *f.* 1. apex, top; पहाड़ी की ~ पर हनुमान जी का मंदिर है On top of the hill there stands a Hanuman temple. ~ का best, par excellence. 2. braid or plait of hair (of woman); ~ करना (of woman) to braid hair; ~ दबना to be under obligation, debt, duress etc.

चोट्टा (coT TA) *adj.* thievish.
m. pilferer. [Fem. चोट्टी]

चोट्टी (coT Tee) *adj.* fem. of चोट्टा; ~ औरत thievish woman.
m. pilferer.

चोथ (coth) *m.* lump of dung.

चोदना (cod nA) *vt.* to copulate/cohabit.

चोदवाना (~ VA nA) *vt.* causative of चोदना।

चोब (cob) *f.* 1. tent-pin. 2. drum-stick. 3. mace.

चोबदार (~ dAr) *m.* watchman, spl. mace-bearer.

चोबदारी (~ dA ree) *f.* calling of a चोबदार।

चोर (cor) *m.* one who steals, thief, burglar; ~ पड़ना—गाँव में चोर पड़े Theft was committed in the village. मन में ~ (बैठा) होना—उसके मन में अब भी चोर बैठा है Suspicion still lurks in his mind.

चोरकट (~ kaT) *m.* 1. swindler. 2. petty thief.

चोरख़ाना (~ KhA nA) *m.* hidden compartment.

चोर खिड़की (~ khiR Kee) *f.* secret window.

चोर गढ़ा (~ ga RhA) *m.* hidden pit, trappit.

चोर गली (~ ga lee) *f.* narrow lane.

चोर-चकार (~ - ca KAr) *m.* thief or swindler.

चोर-चमार (~ - ca MAr) *m.* one belonging to a tribe of thieves.

चोर ज़मीन (~ za meen) *f.* hollow piece of land.

चोर ताला (~ tA lA) *m.* 1. hidden or secret lock. 2. lock with some secret device.

चोर थन (~ than) *m.* udder which reserves milk.

adj. (cattle) possessing such an udder.

चोर दरवाज़ा (~ dar VA ZA) *m.* back-door, secret doorway; ~ दरवाज़े से by secret or underhand means.

चोर पेट (~ peT) *adj.* (woman) whose pregnacy is not apparent.

m. 1. stomach, capacious but apparently small. 2. hidden part (of something).

चोर-बाज़ार (~ - bA zAr) *m.* black market.

चोर-बाज़ारी (~ - bA zA ree) *f.* black marketing.

चोर महल (~ ma hal) *m.* secret chamber.

चोर शिकारी (~ shi KA ree) *m.* poacher.

चोरी (co ree) *f.* 1. act of stealing, theft, thievery; कर की ~ tax evasion; ~ - चोरी by stealth, stealthily; ~ से by stealth, stealthily, thievishly. 2. crime of stealing; ~ लगाना to charge with theft.

चोरी-छिपे (~ - chi pe) *adv.* quietly and secretly, clandestinely, stealthily surreptitiously; ये लोग ~ भारतीय सीमा में घुसने का प्रयत्न कर रहे थे These people were trying to sneak into Indian territory.

चोलना (col nA) *vt.* to eat something in a small quantity; मुँह ~ to eat something nominally.

चोला (co lA) *m.* 1. long robe. 2. new cloth ceremoniously put on a babe for the first time. 3. physical structure of a person; ~ छोड़ना to leave the body, to die; ~ धारण करना to have a new body (life); ~ बदलना (i) to transmigrate to a new life, (ii) to become a turncoat.

चोली (co lee) *f.* 1. bodice. 2. blouse.

चोष्य (coshshy) *adj.* which can be sipped, which is to be sipped.

चौंकना (caũk nA) *vi.* to be startled; चौंक उठना to get startled.

चौंकाना (caũ KA nA) *vt.* चौंका देना to startle.

चौंकानेवाला (caũ KA ne WA lA) *adj.* startling, bewildering.

चौंतिस (~ tis) *adj. & m.* = चौंतीस।

चौंतीस (~ tees) *adj. & m.* thirty-four.

चौंधियाना (~ dhi YA nA) *vi.* चौंधिया जाना to be dazzled.

चौंरी (~ ree) *f.* 1. fly-flapper. 2. hank of thread with which women braid their hair. 3. tassel. 4. cow with a white tail.

चौंसठ (~ saTh) *adj. & m.* sixty-four; ~ घड़ी whole day and night.

चौआ (cau A) *m.* 1. quadruped. 2. the four fingers. 3. a measure (the breadth of the four fingers). 4. thread worn on the four fingers. 5. the four of cards. 6. a shot scoring four runs, four; ~ लगाना to hit a four.

adj. 1. having four pieces etc. in one. 2. fourfold.

चौक (cauk) *m.* 1. courtyard. 2. market place.

चौकड़ा (~ RA) *m.* 1. ear-ring with two pearls. 2. one-fourth of the yield of a crop. 3. = चौघड़ा।

चौकड़ी (~ Ree) *f.* 1. group of four; चंडाल ~ band of (four) hooligans. 2. leap; ~ मारना to leap; ~ मारकर बैठना to squat; ~ भूल जाना to be utterly confounded.

चौकन्ना (cau kan nA) *adj.* vigilant, cautious, alert; हमें सदा ~ रहना चाहिए We should be ever vigilant.

चौकस (~ kas) *adj.* 1. fully prepared. 2. watchful. 3. just, proper; ~ माल proper goods; तोल में ~ exact in weight.

चौकसी (cauk see) *f.* watchfulness, vigilance.

चौका (cau kA) *m.* 1. quadruple. 2. the four of cards. 3. fourer, set of four. 4. a shot scoring four runs, four; चौके लगाना to hit fours. 5. kitchen/kitchen room; ~ लगाना (i) to cleanse the kitchen; (ii) to ruin completely.

चौका-बरतन (~ - bar tan) *m.* act of cleaning the kitchen and utensils; ~ करना (i) to cleanse the kitchen and utensils; (ii) to take to cleansing the kitchen etc. as a calling.

चौकी (cau kee) *f.* 1. an Indian bench/stool. 2. police station. 3. post, outpost, custom house. 4. watch, guard.

चौकीदार (~ dAr) *m.* 1. watchman. 2. guard.

चौकीदारी (~ dA ree) *f.* 1. watchfulness. 2. the calling of a guard/watchman. 3. charges paid for keeping guard.

चौकोर (cau kor) *adj.* 1. square. 2. proper in every way.

चौखट (~ khaT) *f.* 1. door-sill. 2. door-frame.

चौखटा (caukh TA) *m.* four-cornered frame.

चौगड़ा (caug RA) *m.* 1. hare. 2. = चौघड़ा।

चौगान (cau gan) *m.* 1. a kind of old game resembling hockey and polo. 2. field where the game is played. 3. drum-stick.

चौगुना (~ gu nA) *adj.* four times.

चौघड़ा (caugh RA) *m.* 1. container, having four compartments for serving vegetables. 2. lampstand with four lights. [Fem. चौघड़िया, चौघड़ी] 3. set of four (prepared) betel-leaves.

चौड़ा (chau RA) *adj.* wide, broad; ~ करना to broaden; चौड़े बल में breadthwise; लंबा - ~ expansive; लंबी-चौड़ी बातें करना to indulge in tall talk.

चौड़ाई (~ ee) *f.* breadth; ~ के बल breadthwise.

चौड़ान (cau RAN) *f.* see चौड़ाई।

चौतरा (caut rA) *m.* see चबूतरा।

चौथ (cauth) *f.* 1. one-fourth part. 2. tribute levied by Marathas on subordinate kingships. 3. fourth date of the lunar (Hindu) calendar.

चौथपन (~ pan) *m.* fourth stage of life, beginning after the seventy-fifth year.

चौथा (cau thA) *adj.* fourth; चौथे घंटे में in the fourth period.

चौथाई (~ ee) *adj. & m.* one-fourth part, quarter.

चौथिया (cau thi yA) *m.* 1. intermittent fever which recurs every fourth day, quartan fever. 2. one entitled to one-fourth share.

चौथी (~ thee) *f.* 1. a ceremony performed on the fourth day after marriage. 2. one-fourth of the yield of land.

चौदंता (~ dan tA) *adj.* 1. having four teeth. 2. young (beast). 3. juvenile.

चौदंती (~ dan tee) *f.* 1. juvenile rawness/simplicity. 2. impertinence, impudence.

चौदस (~ das) *f.* fourteenth day of the lunar fortnight.

चौदह (~ dah) *adj.* & *m.* fourteen.

चौदहवीं (~ veẽ) *f.* fourteenth lunar night; ~ का चाँद (i) moon of the fourteenth night; (ii) extremely handsome person.

चौधराई (caudh rA ee) *f.* office, calling or status of a headman/chieftain.

चौधराना (~ rA nA) *m.* 1. office, calling etc. of a headman. 2. right of a headman.

चौधरानी (~ rA nee) *f.* fem. of चौधरी।

चौधराहट (~ rA haT) *f.* = चौधराना।

चौधरी (~ ree) *m.* 1. headman. 2. chieftain. [Fem. चौधरानी]

चौधरीपना (~ pa nA) *m.* headmanship, leadership.

चौपट (cau paT) *adj.* 1. spoilt; ~ कर देना to spoil; ~ हो जाना to be spoiled. 2. ruined. *adv:* completely, entirely; दरवाजा ~ खुला था The door was wide open.

चौपड़ (~ paR) *m.* an Indian game played with three dice or kauris.

चौपन्ना (~ pan nA) *m.* pamphlet.

चौपहिया (~ pe hi yA) *adj.* four-wheeled.

चौपाया (~ pA yA) *m.* four-footed animal, quadruped.

चौपाल (~ pAl) *m.* canopy.

चौबच्चा (~ bac cA) *m.* tank, pool.

चौबीस (~ bees) *adj.* & *m.* twenty-four.

चौमासा (~ mAsA) *m.* rainy season comprising of four months.

चौमुहानी (~ mu hAni) *m.* intersection, crossing.

चौरस (~ ras) *adj.* plane, flat or smooth, ~ करना to make something flat or smooth.

चौरानबे (~ rAn be) *adj.* & *m.* ninety-four.

चौरासी (~ rA see) *adj.* & *m.* eigthy-four.

चौराहा (~ rA hA) *m.* intersection, crossing.

चौर्य (caurry) *m.* 1. act of stealing. 2. theft.

चौर्य-वृत्ति (~ - vrit ti) *f.* habit of stealing.

चौवन (cau van) *adj.* & *m.* fifty-four.

चौवालीस (~ vA lees) *adj.* & *m.* forty-four. [M.C. चवालीस]

चौहत्तर (~ hat tar) *adj.* & *m.* seventy-four.

चौहद्दी (~ had dee) *f.* boundary.

चौहरा (cauh rA) *adj.* 1. fourfold. 2. quadruplicate.

चौहराना (~ nA) *vt.* to make fourfold.

च्युत (cyut) *adj.* deviated from a course, standard etc.; सत्य से ~ होना to deviate from the truth.

च्युति (cyu ti) *f.* 1. deviation from a course, standard etc. 2. lapse.

छ

छ (cha) *m.* second of the alveo-palatal pentad of consonants of the Nagari alphabet; its sound resembles that of *ch*.

छंगा (chaṅ gA) *adj. & m.* (person) having six fingers (or toes) in one or each of the hands (or feet).

छँगुलिया (chã gu li yA) *f.* = छँगुली।

छँगुली (~ gu lee) *f.* the little finger.

छँटना (chãT nA) *vi.* 1. to be removed/separated, to be weeded out; कपड़े से मैल ~ separation of dirt from cloth; पेड़ की डालियाँ ~ pruning of branches of a tree; बाल ~ trimming of hair. 2. to scatter/diffuse; बादल ~ scattering of clouds; भीड़ ~ melting of crowd. 3. to be retrenched; कार्यालय के कर्मचारियों का ~ retrenchment of workers of an office. 4. to be sorted; डाक का ~ sorting of mail; छँटा हुआ sorted; छँटा हुआ बदमाश an arch-fiend; rascal out and out. 5. to be reduced; मोटापा ~ to skin down.

छँटनी (~ nee) *f.* 1. retrenchment; ~ करना to retrench. 2. act of pruning or trimming. 3. weeding out.

छँटवाना (~ VA nA) *vt.* causative of छाँटना।

छँटाई (chã TA ee) *f.* 1. act or state of pruning. 2. charges paid for pruning. 3. = छँटनी (retrenchment).

छँटाव (~ TAW) *m.* = छँटाई (pruning).

छंद (chand) *m.* metre; ~ और ताल् metre and measure, stanza.

छंद-बंद (~ - band) *m.* = छल-छंद।

छंदशास्त्र (~ shAstr) *m.* prosody.

छंदोबद्ध (chan do baddh) *adj.* 1. metrical, versified; ~ करना to versify.

छंदोभंग (~ do bhaṅg) *m.* metrical slip or flaw.

छः (chah, cheh) *adj. & m.* = छह (six).

छकड़ा (chak RA) *m.* carrier vehicle dragged by men or bullocks; ~ गाड़ी (i) worn-out vehicle; (ii) out-of-date, sply. slow-moving vehicle.

छकड़ी (~ Ree) *f.* set of six, group of six.

छकना (~ nA) *vi.* 1. to be satiated. 2. to be harassed, vexed; आज हम खूब छके Today we have been harassed very much.

छकाछक (cha kA chak) *adv.* गाड़ी ~ चली जा रही थी The train was going on merrily.

छकाना (~ kA nA) *vt.* 1. to satiate. 2. to defeat in tactics; छका डालना to exhaust by harassing; छका देना to outwit; छका मारना = छका डालना।

छकार (~ kAr) *m.* the letter छ or its sound.

छक्का (chak kA) *m.* 1. the six of cards. 2. dice with six pips. 3. sixer (in cricket); छक्के छुड़ा देना to vanquish by harassing; छक्के छूट जाना to be harassed and vanquished.

छक्का-पंजा (~ - pan jA) *m.* cunning tactics; ~ भूल जाना to be completely baffled.

छगन (cha gan) *m.* baby, young one.

छगन-मगन (~ - ma gan) *m.* (plu.) merry-making children.

छगुनी (cha gu nee) *f.* little finger.

छछिया (~ chi yA) *f.* a pot for keeping whey.

छछूँदर (~ choo dar) *f.* musk-rat, shrew-mouse, mole.

छजली (chaj lee) *f.* sun-shade.

छज्जा (~ jA) *m.* balcony, projection.

छज्जेदार (~ je dAr) *adj.* balconied.

छटंकी (cha Tan kee) *f.* 1. puny/tiny creature. 2. = छटाँक।

छटकना (~ Tak nA) *vi.* 1. to jump off, to shoot off. 2. to be separated from a group/class; छटक जाना to be strayed.

छटकाना (chaT kA nA) *vt.* to cause to jump or shoot off, to scatter.

छटपटाना (~ pa TA nA) *vi.* 1. to be listless due to pain, to writhe. 2. to feel extremely uneasy due to anxiety. 3. to pant for; वह नाचने के लिए छटपटा रही है She is panting for dancing.

छटपटाहट (~ pa TA haT) *f.* listlessness, uneasiness, restlessness.

छटपटी (~ pa Tee) *f.* = छटपटाहट।

छटाँक (cha TÃk) *m.* an old Indian measure of weight roughly equivalent to 58 grams; ~ भर की छोकरी a little girl.

छटा (~ TA) *f.* 1. beauty, charm, splendour; निराली ~ splendid spectacle. 2. radiance, effulgence, brilliance.

छठ (chaTh) *f.* sixth day of the lunar fortnight.

छठवाँ (~ vÃ) *adj.* = छठा (sixth).

छठा (cha ThA) *adj.* sixth; छठे-छमासे once in a blue moon, very seldom, rarely.

छठी (~ Thee) *adj.* fem. of छठा।

f. 1. ceremony performed on the sixth day of child-birth; ~ का दूध याद आ जाना (i) to be at one's wit's end; (ii) to be placed in an extremely helpless position. 2. = छठ।

छड़ (chaR) *m.* rod, bar.

छड़ा (cha RA) *adj.* young but unmarried. = [Fem. छड़ी]

m. an Indian foot ornament.

छड़ी (~ Ree) *f.* 1. walking-stick. 2. stick; उसने ~ से मेरे सिर पर प्रहार किया He hit me on my head with his stick.

छत (chat) *f.* 1. roof. 2. ceiling; ~ चूना / टपकना— ~ चू रही है The roof is leaking. ~ डालना to cover with a roof. 3. hood; कार की ~ hood of a car.

छतना (~ nA) *vt.* to put a roof (on a room or house).

m. big umbrella made of leaves.

छतरी (~ ree) *f.* umbrella; ~ खोलना to open an umbrella; ~ लगाना to hold an umbrella.

छतरीधारी (~ dhA ree) *adj.* equipped with a parachute.

छतरीबाज़ (~ bAz) *m.* parachutist.

छतरी सेना (~ se nA) *f.* paratroops (plu.).

छत्ता (chat tA) *m.* 1. hive; मधुमक्खियों का ~ beehive, honeycomb. 2. covered lane. 3. thick, shady tree.

छत्तीस (~ tees) *adj. & m.* thirty-six, 36.

छत्तीसा (~ tee sA) *adj.* extremely cunning, sly.

छत्र (chattr) *m.* royal umbrella.

छत्रक (chat trak) *m.* mushroom, fungus.

छत्र-छाँह (chattr-chÃh) *f.* = छत्र-छाया।

छत्र-छाया (~ - chA yA) *f.* patronage, protection, aegis.

छत्रधर (~ dhar) *m.* umbrella-holder.

छत्रधारी (~ dhA ree) *m.* umbrella-holder.

छत्रपति (~ pa ti) *m.* sovereign king/monarch.

छत्री (chat tree) *f.* = क्षत्री।

छदाम (cha dAm) *m.* one-fourth part of an old pice.

छद्म (chadm) *m.* deceit, stratagem, fraud. *adj.* deceitful, inscrutable; ~ हँसी inscrutable smile.

छद्मनाम (~ nAm) *m.* pseudonym; वह ~ से लिखता है He writes under a pseudonym.

छद्मयुद्ध (~ yuddh) *m.* proxy war.

छद्मवेश (~vesh) *m.* disguise; ~ धारण करना to put on a disguise; आतंकवादी सिपाहियों के ~ में थे Militants disguised themselves as policemen.

छद्मवेशधारी (~ dhA ree) *adj. & m.* = छद्मवेशी।

छद्मवेशी (chadm ve shee) *adj. & m.* (one) who puts on a guise, disguised.

छद्मावरण (chad mA va raN) *m.* camouflage.

छन (chan) *m.* moment; ~ भर में in a jiffy.

छनक (cha nak) *f.* tinkling/jingling sound.

छनकना (~ nA) *vi.* to jingle.
m. = झुनझुना।

छनक-भनक (~ - bha nak) *f.* sweet tinkling sound of ornaments.

छनकाना (chan KA nA) *vt.* causative of छनकना।

छनछन (~ chan) *f.* series of tinkling/ringing sounds, jingle.

छनछनाना (~ cha nA nA) *vi.* to make a hissing sound, to hiss.

छनना (~ nA) *vi.* 1. to be sieved. 2. to be filtered; गहरी ~ —आज गहरी छनी थी A strong (doze of) intoxicant has been taken today. (किसी से) गहरी ~ to be thick/chummy with. 3. to be fried in hot oil.

छनाछन (cha nA chan) *adv.* with a jingling sound.

छन्ना (chan nA) *m.* piece of cloth for sieving purposes.

छप (chap) *f.* splashing sound, splash.

छपकना (cha pak nA) *vt.* = छपछपाना।

छपका (chap KA) *m.* 1. thin stick. 2. (one) splash of water. 3. spot of water on cloth. 4. block attached to the lid of a wooden box. 5. a head ornament.

छपछप (~ chap) *f.* recurring, splashing sound.

छपछपाना (~ cha pA nA) *vt.* to make a splashing sound.

छपते-छपते (~ te - chap te) *adv.* while the printing has begun.
m. stop press, latest news.

छपना (~ nA) *vi.* 1. to be printed. 2. to be imprinted/stamped.

छपर (cha par) *m.* = छप्पर।

छपरखट (~ khaT) *f.* bed-stead fitted with a structure for a mosquito net.

छपरबंदी (~ ban dee) *f.* thatching or wages paid therefor.

छपवाना (chap VA nA) *vt.* 1. to get (something) printed. 2. to get (something) imprinted/stamped.

छपाई (cha pA ee) *f.* 1. act of printing. 2. printing charges.

छपाका (~ pA KA) *m.* intense splashing sound.

छपाछप (~ pA chap) *adv.* with a series of splashing sounds.

छपा-छपाया (~ pA - cha pA yA) *adj.* printed and ready for use.

छपाना (~ pA nA) *vt.* to get (something) printed.

छप्पन (chap pan) *adj. & m.* fifty-six, 56; ~ प्रकार के व्यंजन numerous dishes of delicacies.

छप्पन छुरी (~ chu ree) *f.* (woman) sharper.

छप्पय (~ pay) *m.* a Hindi poetic metre running into six lines.

छप्पर (~ par) *m.* thatched roof; ~ छाना / डालना to thatch; ~ टूट पड़ना a bolt from the blue; ~ पर रखना to consider (something) insignificant; ~ फाड़कर देना to bestow plentifully as a Godsend; रहने को ~ न होना not to have even a thatched roof to live beneath.

छप्परबंदी (~ ban dee) *f.* = छपरबंदी।

छबि (cha bi) *f.* = छवि।

छबीला (~ bee lA) *adj.* foppish, handsome, graceful.

छबीलापन (~ pan) *m.* foppery, fascination.

छब्बीस (chab bees) *adj. & m.* twenty-six, 26.

छब्बीसा (~ bee sA) *m.* set of twenty-six units.

छब्बीसी गाही (~ bee see gA hee) *adv.* in sets of 26 pentads.

छम (cham) *f.* tinkling sound like that of a set of bells in dancing, jingle.

छमक (cha mak) *f.* jingling/tinkling sound.

छमकना (~ nA) *vi.* 1. to tinkle like bells. 2. to move to and fro like a glamour girl.

छमछम (cham cham) *f.* 1. tinkling sound of ornaments (bangles, bells etc.). 2. sound of pouring rains. *adv.* = छमाछम।

छमछमाना (~ cha mA nA) *vi.* 1. production of a tinkling sound. 2. to shine.

छमा (cha mA) *f.* forgiveness; ~ कर देना to pardon.

छमाछम (cha mA cham) *adv.* with a tinkling sound; पानी ~ बरस रहा था Rain was pouring with a tinkling sound.

छमासी (~ mA see) *adj.* = छमाही।

छमाही (~ mA hee) *f.* period of six months; छटे ~ once in a blue moon; very seldom, rarely.

छरकीला (char kee lA) *adj.* slim, slender.

छरछराना (~ cha rA nA) *vi.* to have a burning/itching sensation, to tingle.

छरछराहट (~ cha rA haT) *f.* tingling sensation.

छरद (cha rad) *f.* vomit.

छरहरा (~ rah rA) *adj.* slender, slim.

छरहरापन (~ pan) *m.* slenderness, slimness.

छर्रा (char rA) *m.* 1. any of the tiny balls packed inside the cartridge, shot. 2. small pebble.

छल (chal) *m.* 1. deception, deceit, fraud; ~ करना to play fraud, to deceive; 2. subterfuge.

छलक (cha lak) *f.* act or state of spilling.

छलकना (~ nA) *vi.* to spill, to run over the side of the container.

छल-कपट (chal - ka paT) *m.* fraudulent deception.

छलकाना (~ kA nA) *vt.* to cause to spill.

छलछंद (~ chand) *m.* trickery, craftiness.

छलछंदी (~ chan dee) *adj. & m.* trickster.

छलछलाना (~ cha lA nA) *vi.* आँसू ~ —आँसू छलछला आए Eyes were brimming with tears.

छलछिद्र (~ chiddr) *m.* malicious fault-finding; ~ निकालना to find fault maliciously.

छलछिद्री (~ chid dree) *adj. & m.* maliciously fault finding (person).

छलना (~ nA) *vt.* to deceive/cheat; छला जाना to be cheated; समाज के वंचित लोग सदा छले गए हैं The deprived ones in the society have always been cheated. *f.* act or state of deceiving/cheating; deception.

छलनी (~ nee) *f.* sieve; ~ कर देना— (i) गोलियों से ~ कर देना to spray with bullets; (ii) कलेजा ~ कर देना to prick the heart, all entire; ~ में पानी भरना to try the impossible.

छल-बल (~ - bal) *m.* tactics, trickery; ~ से by hook or crook.

छलहाया (~ hA yA) *adj.* tricky.

छलाँग (cha lA͠g) *f.* leap, jump; छलाँगें भरना,

मारना या लगाना (i) to leap/jump about; (ii) to make strides; हमने अनेक क्षेत्रों में छलाँगें लगाई हैं We have made forward strides in many fields. अंधी ~ a leap in the dark; एक ~ में in a single bound.

छलावरण (~ lA va raN) *m.* = छद्मावरण।

छलावा (~ lA vA) *m.* apparition, will-o-the-wisp, anything which deceives.

छलिया (~ li yA) *adj. & m.* treacherous, tricky, cheat.

छली (~ lee) *adj.* treacherous, tricky.

छल्ला (chal lA) *m.* 1. ring. 2. loop.

छल्ली (~ lee) *f.* 1. ulcer. 2. creeper. 3. pannier; basket. 4. an assay of sacks of grain. 5. ear of maize.

छल्लेदार (~ le dAr) *adj.* ringed, curly.

छवाई (cha vA ee) *f.* 1. act of thatching a roof (with straw, tiles etc.). 2. wages paid for the same.

छवि (cha vi) *f.* winsomeness, (comely) sight, splendour, beauty of features.

छविगृह (~ grih) *m.* cinema-house.

छवैया (cha vai yA) *m.* one who thatches a roof.

छह (chah) *adj. & m.* six, 6.

छहराना (~ rA nA) *vt.* to spread/scatter.

छाँगुर (chÃ gur) *adj. & m.* (person) having six fingers (or toes) in one or each of the hands (or feet).

छाँट (chÃt) *f.* 1. act of pruning/trimming. 2. cuttings, prunings, trimmings. 3. vomit.

छाँटन (chÃ Tan) *f.* cuttings, prunings, trimmings.

छाँटना (chÃT nA) *vt.* 1. to cut and separate; बाल ~ to trim the hair. 2. to cull, to pick out; छाँट देना to select out, to separate out, to wean away, to weed out; छाँट लेना to pick out; ज्ञान ~ to show off one's knowledge; बातें ~ to talk tall.

छाँटा (chÃ TA) *m.* 1. act of separating or picking over. 2. act of removing someone from a group deceitfully.

छाँदना (chÃd nA) *vi.* to hobble/fasten.

छाँव (chÃw) *f.* = छाँह।

छाँह (chÃh) *f.* 1. shade; ~ देना to provide shelter. 2. shadow; (किसी को) ~ न छूने देना not to let anybody touch even one's shadow; (किसी की) ~ से भी दूर रहना to keep scrupulously away from someone.

छाई (chA ee) *f.* 1. ashes. 2. fragments of (burnt) coal.

छाक (chAk) *f.* 1. midday meal (for outdoor workers). 2. intoxication.

छाग (chAg) *m.* he-goat. [Fem. छागी]

छागल (chA gal) *m.* he-goat.
f. 1. leather water-bag. 2. an ornament worn on feet.

छागी (~ gee) *f.* she-goat.

छाछ (chAch) *f.* whey, butter-milk.

छाछठ (cha chaTh) *adj. & m.* = छियासठ।

छाज (chAj) *m.* 1. winnowing basket. 2.act or state of winnowing. 3. = छज्जा। 4. thatch. 5. deceitful disguise. 6. decoration. 7. dress and make-up.

छाजन (cha jan) *f.* 1. act or state of thatching, or wages paid for the same. 2. thatch; ~ छाना to thatch. 3. covering of a room or tenement.

छाजना (chAj nA) *vi* = सजना।

छाता (chA tA) *m.* umbrella; सिर पर ~ लगाए holding umbrella over the head.

छाताधारी सेना (~ dhA ree se nA) *f.* paratroops.

छाती (chA tee) *f.* chest, breast; ~ उमड़ना to be surcharged with emotion; ~ की जलन heart-burn; ~ छलनी हो जाना to feel extremely hurt; ~ छुड़ा देना to make a baby give up sucking mother's breast, to wean; ~ जलना (i) to have a burning sensation in the chest; (ii) to rankle. ~ ठंडी होना to get soothing satisfaction; ~ ठोककर कहना to make a display of complete self-assurance; ~ ठोकना to announce one's determination to do something; ~ तानना to confront fearlessly; ~ धड़कना palpitation of heart; ~ पत्थर की करना to be prepared to endure hardships, however great; ~ पर चढ़कर लेना to extort by force (physical or mental); ~ पर पत्थर रख लेना to suffer impatiently; (किसी की) ~ पर मूँग दलना to cause great suffering continuously; ~ पर रखकर ले जाना to carry over to the next world; ~ पर सवार होना to be ever present to annoy; ~ पर साँप लोट जाना feeling of insufferable envy; ~ पिलाना to suckle; ~ पीटना to beat one's breast in agony; ~ फटना to feel insufferable envy; ~ सुलगना = ~ जलना; ~ से लगाना to embrace.

छात्र (chAttr) *m.* student, disciple, pupil. [Fem. छात्रा]

छात्रवृत्ति (~ vrit ti) *f.* scholarship; क्या तुमने ~ के लिए आवेदन किया है Have you applied for a scholarship?

छात्रा (chAt trA) *f.* girl student.

छात्रालय (~ lay) *m.* hostel, students' lodge.

छात्रावास (~ VAS) *m.* hostel, students' lodge.

छादक (cha dak) *m.* one who thatches/covers.

छादन (~ dan) *m.* 1. act or state of thatching. 2. thatch, cover. 3. screen, concealment. 4. cloth. 5. outer covering.

छादित (~ dit) *adj.* 1. thatched, covered. 2. concealed.

छानना (chAn nA) *vt.* 1. to seive. 2. to filter, to sift. 3. to percolate; भाँग ~ to prepare and drink भाँग (an Indian intoxicant); छान मारना to search all over.

छाननी (~ nee) *f.* seive.

छान-बीन (~ - been) *f.* probe, scrutiny, search, investigation; ~ करना to probe.

छाना (chA nA) *vt.* 1. to thatch/cover; छत ~ to cover with a roof. 2. to construct; झोंपड़ी ~ to erect a hutment.

vi. 1. to spread out, gather; बादल ~ gathering of clouds. 2. to reside and almost settle down; छा जाना to overwhelm; छाया हुआ domineering.

छाप (chAp) *f.* 1. deep lasting effect, impression. 2. print; अंगुलि ~ fingerprint. 3. a written or printed symbol, mark, seal. 4. stamp.

छापना (~ nA) *vt.* 1. to print. 2. to imprint.

छापा (chA pA) *m.* 1. raid; ~ मारना to raid. 2. imprint, impression. 3. block for printing purposes.

छापाख़ाना (~ KhA nA) *m.* printing press.

छापामार (~ mAr) *adj. & m.* (one) who attacks suddenly, raider.

छापामार लड़ाई (~ la RA ee) *f.* guerilla warfare.

छापामार सैनिक (~ sai ṅik) *m.* a militaryman trained to make raids, commando.

छाबड़ी (chAb Ree) *f.* = खोंचा।

छाया (chA yA) *f.* 1. shade. 2. shadow, reflection. 3. shelter. 4. strong influence.

छायाकार (~ kAr) *m.* photographer.

छायाचित्र (~ cittr) *m.* 1. photo. 2. shadowgraph, silhoutte.

छायाचित्रण (~ cit traN) *m.* 1. photography. 2. shadowgraphy.

छायानुवाद (~ nu vAd) *m.* adaptation.

छायापथ (~ path) *m.* galaxy.

छायापुरुष (~ pu rush) *m.* phantom, apparition, spectre.

छायाभास (~ bhAS) *m.* minor similarity; resemblance. 2. illusion, phantasm.

छायालोक (~ lok) *m.* unreal world.

छायावाद (~ VAd) *m.* a romantic movement in Hindi poetry.

छायावादी (~ VA dee) *adj.* pertaining to छायावाद।

छार (chAR) *m.* salt, alkali.

छाल (chAl) *f.* bark, rind, peel.

छाला (chA lA) *m.* blister; जीभ में छाले पड़ना to have blisters on the tongue; पैरों में छाले पड़ना to have blisters on the feet (due to excessive walking).

छाली (~ lee) *f.* betelnut or its paring.

छावनी (chAW nee) *f.* cantonment.

छि (chi) *interj.* pooh, tut, pish !

छिकना (chik NA) *vi.* 1. to be encircled (as of a person). 2. to be occupied (as of a berth). 3. to be cancelled (as of a name in a register).

छिक्का (~ KA) *m.* = छींका।
f. = छींक।

छिछड़ा (chich RA) *m.* = छीछड़ा।

छिछला (~ lA) *adj.* shallow; ~ ज्ञान shallow knowledge; छिछली झील lagoon.

छिछलापन (~ pan) *m.* shallowness.

छिछोरा (chi cho RA) *adj.* mean/petty (said of a person), childish.

छिछोरापन (~ pan) *m.* meanness.

छिटकना (chi TAk NA) *vi.* to be scattered/dispersed/diffused; (किसी व्यक्ति का) छिटक जाना to be separated (from others).

छिटफुट (chiT phuT) *adj.* sporadic, haphazard, stray; ~ घटनाओं को छोड़कर बंद शांतिपूर्ण रहा Barring stray incidents the band remained peaceful.

छिड़कना (chi RAk NA) *vt.* 1. to sprinkle/splash; रंग ~ to splash coloured water. 2. spray.

छिड़काई (chiR KA ee) *f.* charges paid for sprinkling/spraying.

छिड़काव (~ KAW) *m.* watering by sprinkling.

छिड़ना (~ NA) *vi.* to start/commence; यदि युद्ध छिड़ा If war occurs...

छितराना (chit RA NA) *vt.* to scatter/disperse; बीज ~ dispersal of seeds.

छितराव (~ RAW) *m.* scattering, dispersal.

छिदना (chid NA) *vi.* 1. to be pierced. 2. to be pierced through; दिल छिद जाना rending of the heart. 3. to be perforated. 4. to be wounded.

छिदवाना (~ va na) *vt.* to cause to be pierced.

छिद्र (chiddr) *m.* 1. hole. 2. pore. 3. aperture, opening, gap. 4. fault; ~ ढूँढ़ना to pick holes.

छिद्रल (chid dral) *adj.* porous.

छिद्रलता (~ TA) *f.* porosity.

छिद्रान्वेषण (chid dran nve shaN) *m.* fault-finding, carping. [छिद्र+अन्वेषण]

छिद्रान्वेषी (~ dran nve shee) *adj.* faultfinding, carping.
m. fault-finder, carper.

छिद्रित (chid drit) *adj.* bored, perforated.

छिनक (chi nak) *m.* instant, moment.

छिनकना (~ NA) *vi.* to blow out the nose.

छिनना (chin NA) *vi.* छिन जाना to be snatched and taken away.

छिनाल (chi NAl) *adj.* & *f.* dissolute (woman), woman of easy morals, adulterous, harlot.

छिनाला (~ NA lA) *m.* dissoluteness, adultery, illegitimate sex indulgence.

छिन्न (chinn) *adj.* 1. separated away, severed; ~ मूल uprooted. 2. divided, rent. 3. separate. 4. destroyed. 5. tired, exhausted.

छिन्न-भिन्न (~ bhinn) *adj.* broken and scattered, shattered; ~ अर्थ-व्यवस्था shattered economy; ~ कर देना to disrupt; ~ हो जाना to be disrupted; उसकी मान्यताएँ ~ हो गईं His tenets were blown out.

छिपकली (chip ka lee) *f.* lizard.

छिपना (~ nA) *vi.* 1. to be concealed/hidden; छिपा रहना to remain under cover; दोष पैसे से छिप जाते हैं Faults are covered by opulence. छिपी चाल secret trick/move. 2. to set; दिन ~ ending of the day; सूरज ~ setting of the sun.

m. act of hiding, taking shelter; छिपने की जगह hide-out, hiding.

छिपा रुस्तम (chi pA rus tam) *m.* dark horse.

छिपाना (~ pA nA) *vt.* to keep secret, to conceal/hide; अपनी घबराहट छिपाने के लिए वह हँस पड़ा He laughed to cover his nervousness. छिपाकर secretly; अंग ~ to cover the parts of the body (with cloth); दिल की बात छिपा जाना not to speak out one's heart; भेद ~ to keep a secret.

छिपाव (~ pAW) *m.* concealment, hiding, secrecy.

छिपे-छिपे (~ pe - chi pe) *adv.* stealthily/secretly.

छिया (~ yA) *f.* 1. excrement, faeces; ~ करना to detest and keep (something) away. 2. young woman.

छियानबे (~ yAn be) *adj. & m.* ninety-six, 96.

छियालीस (~ yA lees) *adj. & m.* forty-six, 46.

छियासठ (~ yA saTh) *adj. & m.* sixty-six, 66.

छियासी (~ yA see) *adj. & m.* eighty-six, 86.

छिलका (chil kA) *m.* 1. peel (of fruit etc.). 2. husk (of rice etc.).

छिलन (chi lan) *f.* 1. act or state of peeling. 2. wound due to scratching/bruise.

छिलना (chil nA) *vi.* 1. to take the skin of fruit, vegetables etc, to be pared off, to be peeled off. 2. (bark) to be taken off. 3. to be excoriated/skinned. 4. to be rubbed off, to be bruised.

छिलवाना (~ vA nA) *vt.* causative of छीलना।

छिलाई (chi la ee) *f.* 1. act or state of peeling etc. 2. charges paid for the same.

छिहत्तर (~ hat tar) *adj.* seventy-six, 76.

छिहत्तरवाँ (~ vÃ) *adj.* seventy-sixth.

छींक (chẽẽ k) *f.* sneeze, sternutation; ~ पड़ना/होना sneezing (portending evil).

छींकना (~ nA) *vi.* to make a sneeze.

छींका (chẽẽ kA) *m.* 1. network of string for hanging things in. 2. mouth-cover (made of strings) of an ox.

छींट (chẽẽT) *f.* 1. drop of a liquid. 2. spot made on cloth etc. by a drop of liquid. 3. a kind of cloth spotted with figures of leaves and flowers, chintz.

छींटना (~ nA) *vt.* to scatter.

छींटा (chẽẽ TA) *m.* 1. splash; ~ देना to give a dash. 2. spot made on cloth etc. by a drop of liquid. 3. drizzle; ~ पड़ना drizzling. 4. doze of an intoxicant (esp. चंडू). 5. sarcastic remark; ~ फेंकना to pass a sarcastic remark.

छींटाकशी (~ ka shee) *f.* passing of sarcastic remarks, casting of aspersions; ~ करना to cast apersions.

छींबी (chẽẽ bee) *f.* = छीमी।

छी (chee) *interj.* pooh, pish, tut ! ~ छी करना to pooh pooh.

छीछड़ा (cheech RA) *m.* bit of tough flesh.

छीछालेदर (chee chA le dar) *f.* 1. miserable plight, predicament. 2. muck, mess. 3. ruin, destruction.

छीज (cheej) *f.* 1. decay. 2. wearing away, loss (due to handling), wastage.

छीजन (chee jan) *f.* 1. = छीज। 2. state or process of decay.

छीजना (cheej nA) *vi.* 1. to dwindle/wear away. 2. to be diminished. 3. to be destroyed. 4. to be lessened.

छीन-झपट (cheen - jha paT) *f.* = छीना-झपटी।

छीनना (~ nA) *vt.* to snatch/wrench/grab wrest/seize; छीन लेना to snatch away; चोर ने उसका बटुआ छीन लिया The thief snatched her purse. मौत ने उसे हमसे छीन लिया Death snatched him from us.

छीना-झपटी (chee nA -jhap Tee) *f.* mugging.

छीमी (~ mee) *f.* pod of pea.

छीया (~ yA) *m.* = छिया ; excrement, faeces.

छीलन (~ lan) *f.* 1. shavings, parings. 2. scrap, scrapings.

छीलना (cheel nA) *vt.* 1. to peel (fruit etc.). 2. to shave (wood etc.). 3. to scrape.

छुआई (chu A ee) *f.* act or state of touching or charges paid for the same; चूना ~ whitewashing.

छुआछूत (~ A choot) *f.* 1. rigid adherence to conventions regarding eating and drinking. 2. institution of untouchability. 3. hide and seek (game).

छुई-मुई (~ ee - mu ee) *f.* 1. touch-me-not. 2. extremely touchy person. 3. mimosa (sensitive plant).

छुच्छी (chuc chee) *f.* 1. nose-pipe. 2. funnel.

छुच्छू (~ choo) *adj.* 1. idiotic. 2. insignificant.

छुछमछली (chuch mach lee) *f.* tadpole.

छुट (chuT) *m.* alomorph of छोटा, as in छुट-भैया।

छुटकारा (~ KA rA) *m.* 1. riddance, release, discharge, acquittal. 2. relief; दर्द से ~ पाना / मिलना to get relief from pain. 3. exemption.

छुटपन (~ pan) *m.* childhood, boyhood; ~ से from boyhood.

छुटफुट (~ phuT) *adj.* sporadic, stray; चोरी की ~ घटनाएँ stray incidents of theft.

छुटभैया (~ bhai yA) *m.* insignificant/petty person.

छुटाई (chu TA ee) *f.* = 1. small ness. 2. juniority.

छुटाई-बड़ाई (~ - ba RA ee) *f.* 1. juniority and seniority. 2. defference of age or size between the two persons.

छुटौती (~ Tau tee) *f.* = ransom.

छुट्टा (~ TA) *adj.* 1. untethered (domestic) animal. 2. alone, lonely.
m. money in small units, change, small coin; आपके पास पाँच रुपए का ~ है Do you have change for a five rupees note?

छुट्टा पान (~ pAn) *m.* unspiced (bare) betel leaf.

छुट्टी (chuT Tee) *f.* 1. holiday; ~ का दिन offday; वे ~ मना रहे हैं They are enjoying holiday. 2. leave, वह ~ पर है He is on leave. 3. vacation; कल से हमारी ~ शुरू होगी From tomorrow our vacation begins. ~ कर देना to discharge; ~ देना to give leave; ~ पा जाना (i) to get relief from; (ii) to get rid (of). ~ मनाना to enjoy a holiday; ~ मिल जाना (i) to get leave; (ii) to get discharged; उम्मीद है कि मंत्री जी को अस्पताल से मंगलवार को ~ मिल जाएगी The minister is likely to be discharged from the hospital on Tuesday. ~ मिलना

to get leisure; ~ हो जाना (i) to ... of appointment, engagement ... (ii) to get riddance; आज स्कूल में ~ किर... बजे होगी What time does the school close today?

छुड़वाना (chuR VA nA) *vt.* causative of; छोड़ना, जुरमाना ~ to get a fine remitted or exempted.

छुड़ाई (chu RA ee) *f.* 1. act or state of छोड़ना, or wages paid therefor. 2. ransom.

छुड़ाना (~ RA nA) *vt.* 1. to get released, to extricate, to disentangle. 2. to cause to set free. 3. to discharge/dismiss. 4. to take delivery of.

छुड़ैया (~ Rai yA) *m.* 1. one who causes to set someone free. 2. reliever. *f.* act or state of छोड़ना।

छुतहा (~ ta hA) *adj.* contagious; ~ अस्पताल contagious diseases hospital.

छुरा (~ rA) *m.* 1. dagger, big knife; उसे छुरे से मार डाला गया है He has been stabbed to death. 2. razor; ~ चलाना to use a dagger (for attack etc.); ~ भोंकना/मारना to stab (with a dagger). [Fem. छुरी]

छुरी (~ ree) *f.* small dagger, knife; ~ चलाना/फेरना deliberately to do something calculated to harm (someone).

छुरेबाज (~ re baz) *m.* one given to dagger-stabbing, knifer.

छुरेबाज़ी (~ re bA zee) *f.* 1. stabbing (with a dagger). 2. exchange of dagger blows.

छुलकना (~ lak nA) *vi.* = छुलछुलाना।

छुलछुलाना (chul chu lA nA) *vi.* to urinate slowly.

छुलाई (chu lA ee) *f.* = छुआई।

छुलाना (~ lA nA) *vt.* to get (something) touched.

छुवाना (~ VA nA) *vt.* = छुलाना।

... hA rA) *m.* date-palm.

... chA) *adj.* = छूछा।

छूछ... word denoting incantation.

2. (pochoot) *f.* = छुआछूत।

without s... 1. (container) empty. ...-handed. 3. hollow,

छूट (chooT) *f.* 1. ... to behave badly/un... खुली ~ licence ~ freedom to play. 2... ; खेलने की relaxation, remission; मूल्य ...cession, ...nces-sion in price; दो वर्ष की ~ remiss... of two years. 3. discount; commission; फुटकर विक्रेता की ~ commission of a retail-seller. 4. rebate, abatement, exemption; लगान में ~ abatement in rent; खुली ~ मिलना to have full freedom.

छूटना (~ nA) *vi.* 1. to be left/omitted. 2. to be separated; आदत ~ —उसकी आदत छूट गई He has given up his habit. क़ैद से ~ to be released from prison; खाना-पीना ~ —उसका खाना-पीना छूट गया है He is unable to take anything. गाय पर साँड़ छूट गया A bull was set to copulate with the cow. गिरवी रखा हुआ मकान छूट गया The house was freed/redeemed from mortgage. गोली छूट गई The shot was fired. छक्के ~ (see under छक्का); जान ~ = जान बचना (see under जान); जासूस छूट गए Spies were set free. जो छूट गया सो छूट गया Never mind what (or who) is left over. ज्वर छूट गया Fever subsided. दीवार से रंग छूट गया Colour came out of the wall. नौकरी ~ discharge from service; पसीना छूटना—उसका पसीना छूट गया He perspired. पिंड ~—(किसी से) पिंड छूट गया Got rid (of someone); प्राण छूट गए Life was extinguished. रक्त की धारा छूट गई Blood gushed out. रेल छूट गई (i) The train

started. (ii) The train w·gged ना
~ —उसका शरीर छूट गयाons got
छूट गए (i) The caाछे छूट गया
behind. (ii) Thnd.
scattered/separ
The station i state of touching;
छूत (choot) f. d of someting unwho-
~ छुड़ाना ontagion, infection; ~ की
lesomntagious disease; ~ लग जाना
बीमा ntact a contagion.
tc
छ ात (~ chAt) f. = छुआछूत।

ूना (choo nA) vt. to touch/contact; छू जाना (just) to have a touch; चूना ~ to whitewash.

छू-मंतर (~ - man tar) m. ~ हो जाना to vanish away/to disappear.

छेंक (chẽk) f. 1. act or state of छेंकना। 2. obstruction.

छेंकना (~ nA) vt. 1. to surround/occupy (land). 2. to demarcate. 3. to prevent/obstruct. 4. to cancel (someone's name etc.).

छेड़ (cheR) f. 1. act or state of छेड़ना, teasing. 2. = चिढ़ (teasing nickname); ~ निकालना to determine/find out a teasing nickname.

छेड़खानी (~ khA nee) f. teasing; वे एक दूसरे से ख़ूब ~ करते थे They were good at teasing each other.

छेड़छाड़ (~ chAR) f. unbecoming (spl. indecent) behaviour calculated to provoke; वह उसकी ~ से बचना चाहती है She tries to escape from his advances. फोड़े से ~ मत करो Don't disturb the ulcer. बाघ से ~ मत करो Don't poke the tiger.

छेड़ना (~ nA) vt. 1. to tease/vex/irritate/instigate/provoke (person). 2. to excite/disturb (snake, animal etc.). 3. to touch/stir for starting operation; वायलिन के तार ~ to stir the strings of a violin. 4. to create an obstruction in someone's work. 5. to disturb unnecessarily (as in the case of a wound). 6. to start some operation (as the repair of a house); बात ~ to initiate/start a topic.

छेद (ched) m. 1. hole. 2. bore. 3. opening. 4. perforation, puncture, aperture.

छेददार (~ dAr) adj. having holes, perforated.

छेदन (che dan) m. act or state of छेदना।

छेदना (ched nA) vt. to drill/perforate/broach; छेद डालना to pierce and puncture.

छेना (che nA) m. cheese; छेने की मिठाई sweet prepared with cheese.

छेनी (~ nee) f. chisel.

छेव (chev) m. act or state of छेवना।

छेवना (~ nA) vt. 1. to broach/scrape. 2. to attack. 3. to hurt. 4. to suffer patiently. 5. to throw.

छैना (chai nA) vi. to decay.
vt. to destroy.

छैल (chail) allomorph of छैला।

छैल-छबीला, छैला (~ - cha bee lA, chai lA) adj. foppish.
m. fop, beau, cockscomb.

छोई (cho ee) f. peeled off skin of a sugarcane.

छोकरा (chok rA) m. lad, boy (pej.), urchin.

छोटा (cho TA) adj. 1. small, short; बहुत ही ~ too small; सबसे ~ stortest; ~ करना to shorten; दिल ~ करना to feel disheartened. 2. younger; आपका बेटा बेटी से ~ है या बड़ा Is your son older or younger than your daughter? ~ भाई younger brother. 3. of little importance, unimportant, inferior; जिन नेताओं के छोटे विचार होते हैं वे बड़े राष्ट्रों को छोटा बना देते हैं और जिनके विचार बड़े होते हैं वे छोटे राष्ट्रों को बड़ा बना देते हैं The leaders who think small can turn a large nation small and who think big can turn a small nation big. ~ काम inferior work; (किसी को अपने से) ~ समझना to consider (someone) inferior (to oneself); यह कोई छोटी बात नहीं है This is a no-small matter. इतने से तुम छोटे नहीं हो जाओगे You will not lose prestige by doing so.

छोटाई (~ ee) *f.* 1. smallness, shortness. 2. inferiority.

छोटाई-बड़ाई (~ - ba RA ee) *f.* 1. smallness and greatness. 2. juniority and seniority. 3. rich or poor.

छोटापन (cho TA pan) *m.* 1. smallness. 2. pettiness.

छोटा-बड़ा (cho TA - ba RA) *adj.* 1. small and great. 2. young and old.

छोटा-मोटा (~ - mo TA) *adj.* trivial, petty, minor; यह कोई छोटी-मोटी उपलब्धि नहीं थी This was not a mean achievement. छोटे-मोटे अपराधी petty criminals. 2. brief; छोटी-मोटी बीमारी के बाद उनका निधन हो गया He died after a brief illness.

छोटी (cho TEE) *adj.* (fem. of छोटा); ~ इलायची green cardamom; ~ जाति low caste; ~ हाज़िरी breakfast.

छोड़ना (chOR NA) *vt.* 1. to let off, to set free (as a prisoner). 2. to acquit (as an accused). 3. to give up, to abandon; फिर धीरे-धीरे उसने अपनी यह आदत छोड़ दी He gradually grew out of this habit. अपने लगातार खराब स्वास्थ्य के कारण उसे नौकरी छोड़नी पड़ी He had to leave his service due to his persistent ill-health. बच्चे ने ज़िद नहीं छोड़ी The child remained stubborn. 4. to omit, to leave out, to exclude; छोड़कर except; एक को छोड़कर अन्य लोगों ने वक्ता का समर्थन किया Except one, others supported the speaker. 5. to put or mix; कड़ाही में सब्ज़ी छोड़ो Put vegetable in the pan. 6. to leave (as goods, property); यह बात मैं तुमपर छोड़ता हूँ I leave it to you. कल पर ~ to put off till tomorrow; काम ~ to leave off (work); कुत्ते को ~ to release a dog; जासूस ~ to set a spy (after someone); धुआँ ~ to give out smoke; धुएँ के गुबार ~ to exhale clouds of smoke; दाल में नमक ~ to put in salt in lentil; पत्र-पेटिका में पत्र ~ to post a letter; पद ~ to relinquish a post; प्रयास ~ to give up an attempt; बंदूक़ ~ to fire a gun; यह मुझ पर छोड़ो Leave it to me. वायु ~ to emit wind (from the bowels); सुस्ती ~ to shake off drowsiness; सूद ~ to remit interest (on loan); छोड़ आना— लड़के को स्कूल छोड़ आओ Reach the boy to the school. छोड़ जाना to leave behind; छोड़ देना (i) to give up, to forsake; उसने कल अपनी नौकरी छोड़ दी He quit his job yesterday. (ii) to release/acquit; न्यायाधीश ने आरोपी को छोड़ दिया the judge acquitted the accused. जान छोड़ो Stop pestering. मेरा पीछा छोड़ो Stop bothering me. छोड़ा जाना (i) to be acquitted; (ii) to be spared; हमलावरों को छोड़ा नहीं जाएगा Attackers won't be spared.

छोड़वाना (~ VA NA) *vt.* causative of छोड़ना।

छोपना (chop NA) *vt.* 1. to paint/dye. 2. to cover. 3. to grab/grip.

छोर (chor) *m.* 1. end, extremity. 2. limit, boundary. 3. edge, border.

छोरा (cho RA) *m.* lad, brat.

छोरी (~ ree) *f.* lass (fem. of छोरा).

छोलदारी (chol dA ree) *f.* small tent.

छोला (cho lA) *m.* = चना।

छौंक (chaũk) *f.* 1. act or state of spicing/seasoning. 2. spices with which food is seasoned.

छौंकन (chaũ kan) *f.* spicing.

छौंकना (chaũk nA) *vt.* to spice/season.

छौंका (chaũkA) *m.* = छौंक।

छौना (chau nA) *m.* young one.

छौलदारी (chaul dA ree) *f.* = छोलदारी।

ज

ज (ja) eighth consonant of the Nagari alphabet, third of the alveo-palatal pentad; its sound resembles that of *j.* in *jug.*
suffix. denoting origin as in जलज, अंडज।

जंक्शन (jaṅk shan) *m.* junction (spl. railway junction).

जंग (jaṅg) *f.* war, battle; ~ छिड़ जाना starting of a war.

ज़ंग (zaṅg) *m.* rust; ~ खा जाना get covered with rust; ~ लगना (i) formation of rust; (ii) शरीर को ~ लग गया है The body has gone into disuse.

ज़ंगदार (zaṅg dAr) *adj.* rusted.

जंगबाज़ (jaṅg bAz) *m.* war-monger.

जंगबाज़ी (~ bA zee) *f.* war-mongering.

जंगम (jaṅ gam) *adj.* movable.

जंगल (~ gal) *m.* jungle, forest; ~ का राजा king of the forest, lion; ~ जाना to go out for evacuation; ~ में मंगल paradise in wilderness; ~ में मंगल मनाना to enjoy even in solitude.

जंगल-जलेबी (~ ja le bee) *f.* a thorny jungle plant.

जंगला (jaṅg lA) *m.* 1. railing. 2. grating. 3. window. 4. lattice-work; जंगले का कपड़ा cloth with lattice-work. 5. tobacco for chewing purposes.

जंगली (~ lee) *adj.* 1. pertaining to woods/forest; ~ कबूतर wood pigeon. 2. wandering through forest. 3. wild; ~ पशु wild animal; ~ पेड़ wild tree. 4. savage, uncivilized; ~ आदत uncivilized habit; ~ जनजाति uncivilized tribe; ~ प्रदेश uncivilized region.

जंगली सुअर (~ su ar) *m.* boar.

जंगाल (jaṅ gAl) *m.* rust.

जंगी (~ gee) *adj.* pertaining to war; ~ अफ़सर military officer; ~ कमान military command; ~ जहाज man of war, battle ship; ~ बेड़ा naval fleet.

जंगी लाट (~ lAT) *m.* commander-in-chief.

जंघा (jaṅ ghA) *f.* thigh.

जँचना (jãc nA) *vi.* 1. to be examined/tested. 2. to come out successful in a test.

जँचा (jã cA) *adj.* 1. examined and tested. 2. measured; ~ हाथ measured hand. वह मुझे ~ नहीं He did not appeal to me; I do not think much of him.

जँचा-तुला (~ tu lA) *adj.* precise to the point.

जंजघर (janj ghar) *m.* staying place of a marriage party.

जंजाल (jan jAl) *m.* entanglement, botheration, embarrassment; गृहस्थी का ~ household entanglement; जी का ~ troublesome and awkward affair, embarrassing thing, person or situation.

जंजालिया (~ jA li yA) *adj. & m.* mischievous, troublesome, troublemaker.

जंजाली (~ jA lee) *adj. & m.* = जंजालिया।

ज़ंजीर (zan jeer) *f.* 1. chain; ~ खींचना to pull the chain. 2. shackle.

जंतर (jan tar) *m.* amulet.

जंतर-मंतर (~ man tar) *m.* 1. occult science, witchcraft, observatory. 2. amulet.

जंतरी (jant ree) *f.* 1. wire gauze used by goldsmiths for lengthening a wire. 2. calendar, almanac. 3. conjurer. 4. organ-player.

जंतु (jan tu) *m.* creature; जीव - ~ (plu.) animals and creatures.

जँबीरी नीबू (jã bee ree nee boo) *m.* big sour lemon.

जंबू द्वीप (jam boo dweep) *m.* one of the seven mythological divisions of the world which included India.

जंबूर (~ boor) *m.* pliers.

जँबूरा (jã boo ʀᴀ) *m.* 1. large pliers. 2. boy-assistant of a juggler.

जँभाई (~ bhᴀ ee) *f.* yawn, yawning; ~ लेना to yawn.

जँभाना (~ bhᴀ ɴᴀ) *vi.* to yawn.

जँवाई (~ ᴠᴀ ee) *m.* son-in-law.

जई (ja ee) *f.* oat (s).

ज़ईफ़ (za eeꜰ) *adj.* old, aged.

ज़ईफ़ी (za ee ꜰee) *f.* 1. old age. 2. senility.

जक (jak) *f.* = झक।

ज़क (zak) *f.* 1. defeat. 2. loss.

जकड़ (ja kaʀ) *f.* firm grip, tight hold.

जकड़न (jak ʀan) *f.* rigidity (of limbs).

जकड़ना (ja kaʀ ɴᴀ) *vi.* to grip firmly, to bind tightly; बेड़ियों में ~ to put in fetters.

ज़कात (za ᴋᴀt) *f.* octroi.

ज़कात-घर (~ - ghar) *m.* octroi post.

जकार (ja ᴋᴀʀ) *m.* the letter ज or its sound.

जकारांत (ja ᴋᴀ ʀant) *adj.* (word) ending in ज।

ज़ख़म (za ᴋham) *m.* = ज़ख़्म।

ज़ख़ीरा (za ᴋhee ʀᴀ) *m.* 1. stock. 2. store.

ज़ख़ीरेदार (za ᴋhee re dᴀʀ) *m.* hoarder.

ज़ख़ीरेदारी (za ᴋhee re dᴀ ree) *f.* hoarding.

ज़ख़्म (zaᴋhm) *m.* 1. wound. 2. injury; ~ ताजा / हरा कर देना to revive an old injury; ~ पर नमक छिड़कना to add insult to injury; to add to one's agony.

ज़ख़्मी (zaᴋh mee) *adj.* wounded, hurt, injured; मेरा घुटना ~ है My knee is injured.

जग (jag) *m.* 1. world. 2. people (of the world); ~ जीतना (i) to conquer the world; (ii) to do something very remarkable (pej.). 3. universe.

जगत (ja gat) *m.* world; ~ प्रसिद्ध world-famous.

जगत-पिता (~ - pi ᴛᴀ) *m.* creator of the universe.

जगत सेठ (~ seᴛh) *m.* multi-millionaire.

जगती (jag tee) *f.* = जगत।

जगदंबा (~ dam bᴀ) *f.* Durga, the goddess of Prowess.

जगदीश (~ deesh) *m.* God.

जगदीश्वर (~ deesh shwar) *m.* God.

जगद्गुरु (ja gad gu ru) *m.* archpreceptor.

जगना (jag ɴᴀ) *vi.* 1. to be awake. 2. to ignite; ज्योति ~ (light) to be ignited.

जगन्नाथ (ja gan ɴᴀth) *m.* 1. God Vishnu. 2. God Jagannath in Orissa—one of the four Hindu places of pilgrimage.

जगन्नियंता (ja gan ni yan ᴛᴀ) *m.* God, the controller of the universe.

जग-बीती (jag bee tee) *f.* tale of general sufferings; sufferings of all.

जगमग (~ mag) *adj.* glittering, shining; ~ होना to glitter/shine.

जगमगाना (~ ma gᴀ ɴᴀ) *vi.* to glitter/shine/gleam.

जगमगाहट (~ ma gᴀ haᴛ) *f.* glittering, glimmering, gleam, shine.

जगर-मगर (ja gar - ma gar) *adj.* = जग-मग।

जगवाना (jag ᴠᴀ ɴᴀ) *vt.* to cause to awake.

जग-हँसाई (~ hã sᴀ ee) *f.* scoff/ridicule/mockery of the community at large.

जगह (ja gah) *f.* 1. place, room; हमारे नए मकान में मेहमानों के लिए काफ़ी जगह है We have enough room for guests in our new house. ~ करना to make room; ~ - ~ at many places, almost everywhere; ~ देना to accommodate; अगर मैं तुम्हारी ~ होता If I were you; अपनी ~ (i) in one's place; (ii) in one's own right; अपनी जगह वह भी अभिनेत्री थी She was an actress is her own right. (किसी की) ~ लेना to take (someone's) place; सिर छिपाने की ~ just a cover, just a place of shelter; हर ~ everywhere, at every place. 2.position, rank, place; मैं तुम्हारी ~ होता तो चला जाता If I were you, I would go. 3.post; ~ ख़ाली है The situation is vacant. ~ देना to employ; कोई ~ ख़ाली नहीं है No vacancy. सब जगहें भर गईं All posts are filled up.

जगाती (ja gA tee) *m.* 1. act or state of collecting taxes. 2. tax-collector.

जगाना (ja gA nA) *vi.* 1. to rouse from sleep, to awaken (someone). 2. to arouse (feeling), to invoke.

जघन्य (ja ghanny) *adj.* 1. heinous. dastardly, despicable; ~ अपराध heinous crime. 2. mean, low.

जघन्यता (~ tA) *f.* 1. heinousness. 2. meanness.

जच्चा (jac cA) *f.* a woman who has been delivered of a child.

जच्चाख़ाना (~ KhA nA) *m.* 1. child-delivery chamber. 2. maternity home.

जच्चा-बच्चा (~ - bac cA) *m.* mother and the new-born (baby); ~ अस्पताल maternity hospital.

जज (jaj) *m.* judge. [H.E: न्यायाधीश]

जजमान (~ mAn) *m.* = यजमान।

जजमानी (~ mA nee) *f.* = यजमानी।

जज़िया (ja zi yA) *m.* spl. tax levied by Muslim rulers on non-muslims.

जजी (ja jee) *f.* 1. post, status or profession of a judge; judgeship. 2. judge's court.

जज़ीरा (ja zee rA) *m.* island.

जज़्ब (jazb) *adj.* 1. absorbed; ~ कर लेना to absorb. 2. assimilated. 3. usurped.

जज़्बा (jaz bA) *m.* emotion, sentiment, passion.

जज़्बात (~ bAt) *m.* plu. of जज़्बा; ~ पर क़ाबू रखना to keep (one's) sentiments under control.

जज़्बाती (~ bA tee) *adj.* emotional, sentimental.

जटना (jaT nA) *vt.* जट लेना to rob by cheating; जट जाना to be robbed by cheating/deceiving.

जटा (ja TA) *f.* 1. tress (as of sadhus, hermits), matted hair. 2. coir (of a coconut). 3. network of roots (of a tree).

जटाजूट (~ jooT) *m.* matted hair (of the head).

जटाधारी (~ dhA ree) *adj. & m.* (usually a Sadhu) putting on a जटा customarily.

जटामासी (~ mA see) *f.* nard.

जटित (ja Tit) *adj.* studded; रत्न ~ studded with jewels.

जटिल (ja Til) *adj.* complex, arduous, intricate, complicated; सभी भाषाएँ बहुत-कुछ एक जैसी ~ हैं All languages have roughly equally complexity. यह प्रक्रिया अत्यंत ~ है This proeess is very complicated.

जटिलता (~ tA) *f.* 1. complexity, intricacy. 2. complication.

जठर (ja Thar) *m.* stomach.

जठराग्नि (jaTh rag ni) *f.* power of digesting food.

जठरानल (~ rA nal) *m.* = जठराग्नि।

जड़ (jaR) *adj.* 1. inanimate, inert; ~ - चेतन

animate and inanimate; ~ जगत inanimate world. 2. idiotic, stupid. *f.* 1. root (of a tree etc.); ~ काटना to cut at the root; ~ खोद डालना / देना to uproot/ root out; ~ जमना to take root; ~ पकड़ना to take firm root; ~ से उखाड़ना to up-root, to root out; जड़ें हिलाना to shake the very roots जड़ों में तेल डालना / देना to damage the roots. 2. the origin or basis of something; समस्या की ~ root of the problem; ~ से root and branch; आतंकवाद को जड़ से उखाड़ दो Destroy terrorism root and branch.

जड़त (ja Rat) *f.* inlay, imbedding, inset-ting.

जड़ता (jaR tA) *f.* 1. state of being inani-mate, inertia. 2. idiocy, stupidity. 3. rigidity.

जड़ना (~ nA) *vt.* 1. to inlay/imbed/embed/ fit/inset; नग ~ to inlay jewels. 2. to mount (as a picture); तमाचा ~ to give a slap; बात ~ to concoct a story.

जड़-पदार्थ (~ - pa dArth) *m.* inanimate matter.

जड़मति (~ ma ti) *m.* idiot.

जड़-मूल (~ mool) *m.* ~ से root and branch, thoroughly, completely.

जड़वाद (~ vAd) *m.* materialism.

जड़वादी (~ VA dee) *adj.* materialistic. *m.* materialist.

जड़वाना (~ VA nA) *vt.* causative of जड़ना।

जड़हन (~ han) *m.* paddy seedlings transp-lanted to another place.

जड़ाई (ja RA ee) *f.* 1. insetting, embed-ding, inlaying. 2. charges paid therefor.

जड़ाऊ (ja RA oo) *adj.* studded/inset with jewels; ~ काम inlay, inlaid work; ~ हार necklace studded with jewels.

जड़ाना (ja RA nA) *vi.* to get something inset, studded or framed.

जड़ाव (ja RAW) *m.* act or state of setting jewels in an ornament.

जड़ावट (ja RA VAT) *f.* = जड़ाव।

जड़ावर (ja RA var) *m.* a set of winter clothes (to be given to someone).

जड़ित (ja Rit) *adj.* studded with jewels.

जड़िमा (ja Ri mA) *f.* 1. stupor. 2. stupidity.

जड़िया (ja Ri yA) *m.* one who is an expert in insetting/embedding.

जड़ी (ja Ree) *f.* medicinal root (of plant).

जड़ी-बूटी (~ boo Tee) *f.* herb.

जड़ीभूत (~ bhoot) *adj.* stunned, dazed, stupefied.

जताना (ja tA nA) *vt.* 1. to inform pointedly, to apprise. 2. to put (someone) wise, to caution, to warn.

जत्था (jat thA) *m.* 1. batch. 2. band, gang.

जत्थेदार (~ the dAr) *m.* 1. leader of a batch. 2. group-leader.

जत्थेबंदी (~ the ban dee) *f.* groupism, for-mation into groups.

ज़दा (za dA) *suff.* inflicted; as in ख़ौफ़ ~ terrified; मुसीबत ~ distressed.

जद्दी (jad dee) *adj.* ancestral; ~ झगड़ा an old quarrel between families.

जद्दोजहद (~ do ja had) *f.* hard struggle.

जन (jan) *m:* (plu.) people, public, mass; ~ - आंदोलन mass movement; ~ जागरण mass awakening.

ज़न (zan) *f.* woman.

जनक (ja nak) *m.* 1. originator, producer (male). 2. father.

जनकल्याण (jan kal lyAN) *m.* public welfare.

ज़नख़ा (zan KhA) *adj.* 1. womanish. 2. im-potent. *m.* eunuch.

जनगणना (jan gaN nA) *f.* the official counting of a country's population, census.

जनजाति (~ JA ti) *f.* tribe.

जनजीवन (~ jee van) *m.* life of the common man.

जनतंत्र (~ tantr) *m.* democracy.

जनतांत्रिक (~ tAn trik) *adj.* democratic.

जनता (~ tA, ja na tA) *f.* public, masses.

जनता-जनार्दन (~ ja nAr dan) *f.* public regarded as the Supreme Power.

जनद्वेषी (jan dwe shee) *adj.* harmful to the public interest, malignant.

जन-धन (~ dhan) *m.* 1. man-power. 2. men and property; ~ की हानि loss of men and property.

जनन (ja nan) *m.* 1. procreation. 2. production. 3. birth; ~ गति birth-rate.

जनन-क्षमता (~ ksham tA) *f.* procreative power, potency.

जनना (jan nA) *vt.* to give birth to.

जननायक (~ nAyak) *m.* (undisputed) leader of the masses.

जननिक (ja na nik) *adj.* genetic.

जननिर्देश (jan nir desh) *m.* referendum.

जननी (~ nee, ja na nee) *f.* 1. originator, producer (female). 2. mother.

जननेंद्रिय (~ nen driy, ja na nen driy) *m.* (organ of procreation, genital/sex organ.

जननेता (~ ne tA) *m.* a politician who is popular with ordinary people, man of the people.

जनपद (~ pad) *m.* 1. habitation, populated piece of land. 2. district.

जनपद-कल्याणी (~ - kal lya Nee) *f.* strumpet, prostitute.

जनपदीय (jan pa deey) *adj.* of or pertaining to the district.

जन-प्रतिनिधि (~ - pra ti ni dhi) *m.* people's representative.

जनप्रिय (~ priy) *adj.* popular; ~ शासन popular government.

जनभावना (~ bhA va nA) *f.* the will of the people.

जनमं (ja nam) *m.* = जन्म; birth; ~ गँवाना to waste (one's) entire life, to spend the life without doing any good.

जनमघूँटी (~ ghōō Tee) *f.* a medicine given to babies for sometime since birth; यह आदत उसकी ~ में पड़ी है This habit is a part of his very nature.

जनमत (jan mat) *m.* public opinion.

जनमत-संग्रह (~ - saṅ grah) *m.* plebiscite, referendum.

जनयुद्ध (~ yuddh) *m.* people's war.

जनरंजन (jan ran jaṅ) *adj.* pleasing to the populace, popular.

जनरल (jan ral) *m.* The General.

जनरव (~ rav) *m.* talk of the town, clamour.

जनरुचि (~ ru chi) *f.* public interest.

जनरोष (~ rosh) *m.* public anger.

जनवध (~ vadh) *m.* genocide.

जनवरी (~ va ree) *f.* January.

जनवाना (~ vAnA) *vt.* 1. to help in the delivery (of a child). 2. to help in knowing something, to inform.

जनवासा (~ vA sA) *m.* lodging place of a marriage party.

जन-विरोधी (~ vi ro dhee) *adj.* hurting public interest.

जनशक्ति (~ shak ti) *f.* man-power.

जन-शिक्षा (~ shik shA) *f.* public education.

जनश्रुति (~ shru ti) *f.* rumour, hearsay.

जनसंख्या (~ saṅ khyA) *f.* population; ~ संबंधी demographical.

जनसंचार (~ san cAr) *m.* the main means of communicating with large numbers of people, media.

जन-संपत्ति (~ sam pat ti) *f.* public property.

जनसंपर्क (~ sam park) *m.* public relation.

जनसंहार (~ san hAr) *m.* genocide, mass destruction.

जनसमाज (~ sa mAj) *m.* community at large.

जनसमुदाय (~ sa mu dAy) *m.* community.

जनसमूह (~ sa mooh) *m.* crowd, throng.

जनसाधारण (~ SA dhA raN) *m.* (plu.) laymen.

जनसेवक (~ se vak) *m.* public servant.

जनसेवा (~ se VA) *f.* public service.

जनहित (~ hit) *m.* common good.

जनहीन (~ heen) *adj.* uninhabited, disolate.

जनांदोलन (ja nAn do lan) *m.* 1. public agitation. 2. people's movement.

जना (ja nA) *m.* 1. person; वहाँ कितने जने थे How many persons were there?
adj. born.

जनाकीर्ण (~ keer N) *adj.* 1. densely populated, populous. 2. crowded.

जनाज़ा (~ ZA) *m.* bier; ~ उठना start of a funeral procession; ~ निकलना—जनाज़ा निकल रहा है The funeral procession is on.

जनादेश (ja nA desh) *m.* people's verdict.

ज़नानख़ाना (za nAn KHA nA) *m.* 1. seraglio, harem. 2. female apartment.

जनाना (ja nA nA) *vt.* 1. to help deliver (a child). 2. to draw pointed attention (of).

ज़नाना (za nA nA) *adj.* 1. feminine; ~ राज petticoat government; ज़नानी बातें things pertaining particularly to women. 2. pertaining to woman/women, womanish.
f. 1. woman. 2. wife.
m. 1. eunuch. 2. female apartment.

ज़नानापन (~ pan) *m.* effeminacy, womanishness.

जनाब (ja nA b) *m.* Sire, Sir, Mr. [Fem. जनाबा]

जनाबे आली (ja nA be A lee) *m.* a title used to address an official, Your Excellency.

जनाबे मन (ja nA be man) *m.* My dear Sir.

जनार्दन (ja nAr dan) *m.* Lord Vishnu, the maintainer; जनता - ~ public regarded as the Supreme Power.

जनित (ja nit) *adj.* born of, caused by; रोग ~ दुर्बलता weakness caused by illness.

जनून (ja noon) *m.* overpowering passion, craze, mania, madness.

जनूनी (ja noo nee) *adj.* crazy.

जनेऊ (ja ne oo) *m.* 1. sacred thread (Hindus). 2. ceremony at which जनेऊ is worn for the first time.

जनोपयोगी (ja nop yo gee, ja no pa yo gee) *adj.* beneficial to public, of public utility; ~ सेवाएँ public utility services.

जन्नत (jan nat) *f.* 1. heaven (Muslims). 2. garden.

जन्नती (~ na tee) *adj.* heavenly.

जन्म (janm) *m.* birth; आपका ~ कहाँ हुआ था Where were you born? पिछले ~ में in last life; ~ गँवाना to waste (one's) life; ~ देना to give birth to; ~ भर throughout (one's) life; ~ भर की कमाई earning of (one's) entire life.

जन्म-कुंडली (~ - kuND lee, ~ - kuN Da lee) *f.* horoscope.

जन्मगत (~ gat) *adj.* congenital, innate, inborn.

जन्म-जन्मांतर (~ - jan mAn tar) *adj.* birth and re-birth; ~ का संबंध relation persisting through life after life.

जन्मजात (~ jAt) *adj.* existing from birth, inborn; ~ नेता born leader.

जन्मतिथि (~ ti thi) *f.* date of birth.

जन्म-दर (~ - dar) *f.* birth-rate.

जन्मदाता (~ dA tA) *m.* 1. progenitor, father. 2. originator, founder.

जन्मदिन (~ din) *m.* 1. birth anniversary. 2. the day of a person's birth.

जन्म-दिवस (~ - di vas) *m.* = जन्म-दिन।

जन्मना (~ nA) *vi.* 1. to be born. 2. to come into being.

vi. 1. to give birth to. 2. to bring into existence.

adv. according to birth, by birth; वह ~ क्षत्री है, कर्मणा ब्राह्मण He is a Kshattriya by birth, and a Brahman by deeds.

जन्मपत्री (~ pat tree) *f.* horoscope.

जन्मपूर्व (~ poorv) *adj.* prenatal, antenatal.

जन्मभूमि (~ bhoo mi) *f.* motherland.

जन्म-मरण (~ - ma raN) *m.* birth and death; ~ का साथी life partner.

जन्म-विधवा (~ - vidh vA) *f.* childwidow.

जन्मसिद्ध (~ siddh) *adj.* inborn, innate; ~ अधिकार birth-right.

जन्मस्थान (~ sthAn) *m.* birthplace.

जन्मांतर (jan mAn tar) *m.* another birth, rebirth.

जन्मांध (~ mAndh) *adj.* blind since birth, born blind.

जन्मा (~ mA) *adj.* born.

जन्माना (~ nA) *vt.* 1. to give birth. 2. to help in delivery.

जन्माष्टमी (jan mAshT mee) *f.* birthday of Lord Krishna.

जन्मोत्तर (~ mot tar) *adj.* post-natal, afterbirth.

जन्मोत्सव (~ mot sav) *m.* birthday ceremony.

जन्य (janny) *suffix.* denoting born, produced, caused; परिस्थिति ~ caused by circumstances; प्रभाव ~ effected through influence.

जप (jap) *m.* repetition of the name of, or prayer to, a deity.

जप-तप (~ - tap) *m.* habitual worship, study of religious books etc.

जपना (~ nA) *vt.* to repeat/muttering the name of, or prayer to, a deity.

जपमाला (~ mA lA) *f.* rosary for keeping count of prayers.

जब (jab) *adv.* at or during the time that, when; ~ कभी whenever; ~ - जब whenever (more frequently); ~ तक as long as, till, until; ~ - तब occasionally; ~ देखो तब oft, very often, frequently; ~ भी whenever; ~ से since.

जबकि (~ ki) *adv.* when, while, where as; गवास्कर टेस्ट क्रिकेट पर छाए रहे ~ तेंदुलकर एक-दिवसीय क्रिकेट के महान खिलाड़ी हैं Gavaskar dominated the test cricket while Tendulkar is a master of oneday cricket.

जबड़ा (~ RA) *m.* jaw.

जबड़ातोड़ (~ toR) *adj.* tongue-twister, jawbreaking (word).

ज़बर (za bar) *adj.* more than a match; ~ पड़ना to be/prove more than a match.

ज़बरदस्त (~ dast) *adj.* forceful, strong, violent, mighty; ~ गर्मी terrible/scorching heat; ~ नुक़सान great/huge loss.

ज़बरदस्ती (~ das tee) *f.* force/coercion; ~ का सौदा forced bargain; ~ से by force/coercion.

adv. forcefully; वह लड़की को ~ उठा ले गया He took the girl forcefully.

जबरन (jab ran) *adv.* forcefully, by force.

जबरा (~ rA) *adj.* = ज़बर।

ज़बह (za bah) *m.* killing by cutting the throat, slaughter; ~ करना to kill by cutting the throat.

...za bA͂) *f.* = ज़बान।

...ान (za bAN) *f.* 1. tongue; सबकी ~ पर on everybody's tongue. 2. language; ~का कड़ुआ harsh-tongued, bitter-tongued; ~का तेज़ sharp-tongued; ~का मीठा sweet tongued; ~ क़ाबू में न होना to have no control over (one's) tongue; ~ क़ैंची की तरह चलना to talk garrulously; ~को लगाम देना to bridle (one's) tongue; ~ खींच लेना (lit. to take out someone's tongue) to deal severely for talking insolently, to browbeat for quietening (someone); ~ खोलना to speak out, to become vocal; ~ चलना—उसकी ज़बान ख़ूब चलती है He is very cheeky. ~ चलाना to talk impudently; ~ देना to give (one's) word, to commit oneself; ~ न होना—उसके मुँह में ज़बान नहीं है He talks too little; It seems he has lost his tongue. ~ पकड़ना to insist on the fulfilment of (someone's) word; ~ पर चढ़ना (i) (name or word) to be ever at the tip of one's tongue; (ii) to be an object of public talk or criticism; ~ पर न लाना not even to mention; ~ पर रहना = ~ पर चढ़ना; ~ पर ताला पड़ना to be unable to speak due to some restriction/constraint; ~ पर लाना to mention; ~ पर होना to be on the verge of speaking out; ~ पलटना to go back on (one's) word; ~ बंद करना (i) to hold (one's) tongue; (ii) to silence/quieten; ~ बदलना to change one's stand; ~ बिगड़ जाना—उसकी ज़बान बिगड़ गई है He is habituated to use abusive language. ~ में खुजली उठना / होना to feel like quarrelling; ~ में लगाम न होना to have an uncontrolled/unbridled tongue; ~ लड़ाना to enter into vociferous arguments; ~ सँभालकर बोलना to talk with propriety; ~ हारना to pledge (one's) word; ~ हिलाना to speak out. सबकी ~ पर on everyone's tongue.

ज़बानदराज़ (~ da rAZ) *adj.* sharptongued.

ज़बानदराज़ी (~ da rA zee) *f.* state or habit of being ज़बानदराज़।

ज़बानदाँ (~ dA͂) *adj.* (one) who knows a language thoroughly.

ज़बानदानी (~ dA nee) *f.* linguistic expertise.

ज़बानी (za bA nee) *adj.* oral, verbal; ~ जमा-ख़र्च mere superficial talk.

ज़ब्त (zabt) *adj.* confiscated, forfeited; ~ करना to confiscate/forfeit.

ज़ब्ती (zab tee) *f.* confiscation.

जमघट (jam ghaT) *m.* concourse, conglomeration, assembly.

जमना (~ nA) *vi.* 1. to freeze, as ice, to congeal. 2. to solidify, as curd; जमकर खाना to eat to the fill; जमकर बातें करना to talk whole-heartedly/without reserve; जमकर बैठना to settle down; जम जाना (i) to settle firmly, to be well-established; (ii) to take root, as a seed.

f. = यमुना (river).

जमहाई (jam hAee) *f.* yawning, gaping.

जमहूरियत (jam hoo ri yat) *f.* democracy.

जमा (ja mA) *adj.* 1. collected; ~ करना to deposit; चंदा ~ करना to collect subscription. 2. deposited; ~ करना to deposit; बैंक में धन ~ करना to deposit money in a bank. 3. added to; दो ~ चार four added to two, two plus four.

m. money or valuables deposited, credit, deposit.

जमाई (~ ee) *m.* son-in-law.

जमाकर्ता (~ kar tA) *m.* depositor.

जमा-ख़र्च (~ - Kharc) *m.* credit and debit; ~ करना to keep an account of debit and credit.

जमा खाता (~ khA tA) *m.* credit account.

जमाख़ोर (~ Khor) *m.* one who holds essential commodities, hoarder.

जमाख़ोरी (~ Kho ree) *f.* an act or practice of hoarding essential commodity/commodities.

जमा-जथा (~ - ja thA) *f.* = जमा-पूँजी।

जमा-जमाया (~ - ja- mA yA) *adj.* well-established; ~ कारोबार well-established business.

जमात (ja mAt) *f.* 1. category or group of people. 2. a group of students taught together, class.

जमादार (ja mA dAr) *m.* 1. group leader, as of sweepers, peons etc. 2. head constable. 3. watchman. 4. sweeper; ~ दफ़्तर की सफ़ाई रोज़ करता है the sweeper cleans the office every day.

जमादारी (ja mA dA ree) *f.* calling or tenure of a जमादार।

ज़मानत (za mA nat) *f.* security, surety, bail; ~ करना to stand bail/surety; ~ ज़ब्त करना to forfeit securtiy; ~ ज़ब्त होना to lose security; ~ देना to furnish security; ~ पर छुड़ाना to get (someone) released on bail.

ज़मानती (za mA na tee) *adj.* pertaining to a bail; ~ जुर्म bailable crime; ~ धन (i) security cash; (ii) caution money. *m.* surety (person).

जमाना (ja mA nA) *vt.* 1. to freeze. 2. to solidify. 3. to get settle/settled.

ज़माना (za mA nA) *m.* 1. times, ages; नए ज़माने का of modern times, modern, trendy. 2. people, masses; ~ आना—कैसा ज़माना आ गया है How odd the times are! What an age ! ~ छानना to search at each and every place, to search every nook and corner; ~ देखना to taste and test life; ~ देखे होना to have all-round experiences; ~ बदल जाना—ज़माना बदल गया The times have changed. ~ बीत जाना—ज़माना बीत गया Ages have gone by. ~ लद जाना—वह ज़माना लद गया Those times are no more. ~ लौटना—उसका ज़माना फिर लौटा है Times have again smiled on him; His luck is again in. ~ हो जाना—उसको देखे जमाना हो गया Ages are gone since I saw him; I saw him ages back. अच्छा ~ good days/times; बुरा ~ bad times; ज़माने का दस्तूर vogue/mode/spirit of the times; ज़माने की गर्दिश revolution of the wheel of time; ज़माने की पुकार call of the times; ज़माने की मार kicks of times; ज़माने की हवा trend of the age; ज़माने के साथ with the times; ज़माने-ज़माने की बात है Times bring their milieu with them; Every age has its own characteristics.

ज़मानेसाज़ (~ ne sAz) *adj.* & *m.* timeserver, opportunist.

ज़मानेसाज़ी (~ ne sA zee) *f.* opportunism, expediency, time-serving policy.

जमा-पूँजी (ja mA - pō̃o jee) *f.* 1. total assets. 2. total accumulations, valuables, riches. 3. capital.

जमाबंदी (~ ban dee) *f.* a village register containing the names of tenants, their holdings, the amount of rent they pay etc.

जमा-बाक़ी (~ - bA Kee) *f.* credit balance.

जमाल (ja mAl) *m.* 1. lustre, glory; prettiness, splendour. 2. loveliness.

जमालगोटा (~ go tA) *m.* a purgative nut, croten tiglium.

जमाव (ja mAw) *m.* 1. settling down; तलछट का ~ sedimentation. 2. gathering, assemblage.

जमावट (ja mA vAt) *f.* = जमाव।

जमावड़ा (ja mAv RA) *m.* 1. jamboree, large gathering, assemblage. 2. log-jam.

ज़र्मीं (za meẽ) *f.* = ज़मीन।

ज़र्मींक़ंद (~ Kand) *f.* yam.

ज़र्मींदार (~ dAr) *m.* 1. landlord. 2. cultivator.

ज़र्मींदारी (~ dA ree) *f.* 1. landlordism, feudal system. 2. land/estate belonging to a landlord.

ज़र्मींदोज़ (~ doz) *adj.* subterranean, underground, below the surface of the earth.

ज़मीन (za meen) *f.* 1. land. 2. floor, ground; earthen floor; कच्ची ~ non-metalled floor; पक्की ~ metalled floor. 3. background, setting, as of a picture. 4. base; ~ - आसमान एक करना to move heaven and earth, to make an all-out effort; हम इस ओलंपिक को सफल बनाने के लिए ज़मीन-आसमान एक कर देंगे We will move heaven and earth to make Olympics a success. ~ - आसमान का फ़र्क़ a world/gulf of difference; ~ - आसमान के कुलाबे मिलाना to talk tall; ~ चूमना to be knocked out (face downwards); ~ तैयार करना to prepare the ground; ~ नापना to cover a distance to no purpose; ~दिखाना to knock down flat; ~ पर पैर न रखना to be vainglorious, to be puffed with pride; ~ सूँघना (i) to trace the source from the smell; (ii) to fall on all fours; ~ सूँघने लगना to measure the ground; पाँव तले की ~ खिसक / निकल जाना to be stunned out of wits; मारे शर्म के ~ में गड़ जाना to hang down (one's) head in shame.

ज़मीनी (za mee nee) *adj.* 1. of or pertaining to land. 2. perceptible, clearly visible; ~ सचाई perceptible reality.

ज़मीर (za meer) *m.* conscience.

जमुना (ja mu nA) *f.* = यमुना (river).

जमैयत (ja mai yat) *f.* council.

जम्हाई (ja mhA ee) *f.* = जँभाई; ~ लेना to yawn.

जम्हाना (ja mhA nA) *vt.* to yawn, to gap.

जयंत (ja yant) *adj.* victorious.

जयंती (ja yan tee) *f.* 1. jubilee; रजत ~ siver jubilee; स्वर्ण ~ golden jubilee; हीरक ~ diamond jubilee. 2. anniversary; तुलसी ~ Tulsi anniversary.

जय (jay) *f.* triumph, victory, conquest; ~ बोलना to invoke the victory (of some high personage); ~ मनाना to pray for the victory/success of someone; आपकी ~ हो May you ever succeed and prosper.

जयकार (~ kAr) *f.* = जय-जयकार।

जयकारा (~ kA rA) *m.* a set phrase denoting devotional acclaim.

जयघोष (~ ghosh) *m.* acclamation.

जयचिह्न (~ cihn) *m.* shield, trophy.

जय-जयकार (~ - ~ kAr) *f.* devotional acclaim; ~ करना = जय बोलना।

जयध्वनि (~ dhwa ni) *f.* acclamation.

जय-पराजय (~ - pa rA jay) *f.* victory and defeat.

जयमाला (~ mA lA) *f.* 1. garland of victory. 2. garland which the bride puts round the neck of the bridegroom.

जयश्री (~ shree) *f.* 1. victory. 2. goddess of victory.

जया (ja yA) *f.* Durga, the goddess of Prowess.

जयी (ja yee) *adj.* victorious.

ज़र (zar) *m.* money, riches, pelf.

ज़रख़रीद (~ Kha reed) *adj.* purchased, bought.

ज़रख़ेज़ (~ Khez) *adj.* fertile.

ज़रख़ेज़ी (~ Khe zee) *f.* fertility.

जरठ (ja raTh) *adj.* old.

m. old age.

ज़रद (za rad) *adj.* yellow.

ज़रदा (zar dA) *m.* 1. scented tobacco. 2. a sweet dish of rice. 3. a yellow horse.

ज़रदी (~ dee) *f.* 1. yellowness. 2. yellow of the egg. 3. paleness; उस पर ~ छा गई He turned pale.

ज़रदोज़ (~ doz) *m.* embroiderer.

ज़रदोज़ी (~ do zee) *f.* 1. embroidery. 2. needle work.

ज़रब (za rab) *f.* 1. injury, blow; ~ आना to be injured; ~ लगाना to give a blow; to inflict an injury. 2. multiplication; ~ देना to multiply.

ज़रबफ़्त (zar baFt) *m.* embroidered silk.

ज़रबाफ़ (~ bAF) *m.* embroiderer of silk.

ज़रबाफ़ी (~ bA Fee) *adj.* pertaining to embroidery.

f. act or state of embroidering of silk.

जरमन (jar man) *adj.* of Germany.

m. inhabitant of Germany.

जरमन-सिल्वर (~ - sil var) *m.* German silver.

जरमनी (jar ma nee) *f.* 1. Germany. 2. language of the Germans.

जरसी (~ see) *f.* jersey.

जरा (ja rA) *f.* 1. old age. 2. senility.

ज़रा (za rA) *adv.* a bit, a little, slight; क्या आप ~ चुप नहीं रह सकते Could not you have been a bit quieter? ~ गहराई से a little more deeply; ~ - ~ - सी बातें trifles, petty things; ~ ठहरो तो just wait a little, tarry a bit; ~ थोड़ी देर पहले a short while ago; ~ भी a bit —मुझे विश्वविद्यालय का जीवन ज़रा भी पसंद नहीं आया I did not like the university life a bit. उसके पास ~ भी समय नहीं He has not any time. ~ भी नहीं least; मुझे ~ भी परवाह नहीं I least bother. ~ – सा a bit of; जिसमें ~ सा दिमाग हो having a bit of brains; ~ – सा काम trivial job; ~ – सी बात trifle.

जराग्रस्त (ja rA grast) *adj.* suffering from old age.

जराजीर्ण (~ jeern) *adj.* senile.

जरायमपेशा (ja rA yaṁ pe shA) *adj.* professionally criminal; ~ जाति criminal tribe.

जरायु (ja rA yu) *m.* 1. placenta. 2. womb.

जरायुज (ja rA yuj) *adj.* one born from the womb, placental.

जरासीम (ja rA seem) *m.* (plu.) germs.

ज़रिया (za ri yA) *m.* means, source; आमदनी का ~ source of income; एक ही ज़रिए से through a single source; के ज़रिए by, through, by means of.

जरी (ja ree) *adj.* old.

f. 1. = ज़री। 2. = जड़ी।

ज़री (za ree) *f.* 1. cloth woven with gold thread. 2. gold thread used for the above purpose.

ज़रीब (za reeb) *f.* land-measuring chain.

ज़रूर (za roor) *adv.* 1. certainly, positively; उसने ऐसा ~ कहा था He did say so. 2. assuredly.

ज़रूर-ज़रूर (~ - za roor) *adv.* without fail/doubt, surely, certainly.

ज़रूरत (za roo rat) *f.* necessity, need; अगर ~ हुई तो हम चल सकते हैं If need be, we can go. अभी तुम्हें जाने की ~ नहीं there is no need for you to go yet. उसे पैसे की ~ थी He needed money. ~ के समय in time of need.

ज़रूरतन (za roor tan) *adv.* of necessity.

ज़रूरतमंद (za roo rat mand) *adj.* needy.

ज़रूरियात (za roo ri yAt) *f.* (plu.) needs, necessities.

ज़रूरी (za roo ree) *adj.* necessary, needful, indispensable; बहुत ~ urgent.

ज़र्क़बर्क़ (zarK barK) *adj.* glittering, effulgent, shiny.

जर्जर (jar jar) *adj.* 1. decrepit, ramshackle; ~ मकान delapidated/ramshackle house; ~ शरीर decrepit body. 2. almost collapsing, on the verge of collapse.

जर्जरता (~ tA) *f.* decrepitude.

जर्जराना (jar ja rA nA) *vi.* to be delapidated.

जर्जरित (~ ja rit) *adj.* worn out, shattered, almost collapsing.

ज़र्द (zard) *adj.* = ज़रद।

ज़र्दी (zar dee) *f.* = ज़रदी।

जर्मन (jar man) *adj.* = जरमन।

ज़र्रा (zar rA) *m.* particle; ~ भर just a pinch, very little; ज़र्रे-ज़र्रे में in each and every particle.

जर्राह (jar rAh) *m.* surgeon.

जर्राही (jar rA hee) *f.* act, state or profession of a surgeon.

जल (jal) *m.* water, aqua.

जलकर (~ kar) *m.* water-tax.

जलकल (~ kal) *m.* 1. plant of water works. 2. water-works.

जलकुंड (~ kuND) *m.* 1. waterpool or reservoir. 2. aquarium.

जलकुक्कुट (~ kuk kuT) *m.* waterfowl.

जलकेलि (~ ke li) *f.* aquatic dalliance.

जलक्रीड़ा (~ kree RA) *f.* aquatic play.

जलगर्त (~ gart) *m.* water-hole.

जलघड़ी (~ gha Ree) *f.* water-clock.

जलचर (~ car) *adj.* & *m.* aquatic creature.

जलचरी (~ ca ree) *f.* fish.

जल-चादर (~ cA dar) *f.* sheet of water.

जल-चिह्न (~ cihn) *m.* water-mark.

जल-जंतु (~ jan tu) *m.* aquatic animal.

जलज (ja laj) *adj.* produced in water, aquatic.

m. 1. lotus. 2. aquatic animal. 3. pearl. 4. conch.

जल-जमाव (jal ja mAv) *m.* water-logging.

ज़लज़ला (zal za lA) *m.* earthquake.

जलजात (jal jAt) *m.* lotus.

जलडमरूमध्य (~ Dam roo maddhy) *m.* isthmus.

जलतरंग (~ ta rang) *m.* a kind of xylophone.

जलतरोई (~ ta ro ee) *f.* fish.

जलत्रास (~ trAs) *m.* hydrophobia.

जल-थल (~ thal) *m.* land and sea, land and water; ~ एक होना—जल-थल एक हो गया A deluge set in.

जलद (ja lad) *m.* cloud.

जलदस्यु (jal dassyu) *m.* pirate, buccaneer.

जलदस्युता (~ tA) *f.* piracy.

जलधर (jal dhAr) *m.* cloud.

जलधरी (~ dha ree) *f.* cup in which the phallus of Lord Shiv is fixed.

जलधार (~ dhAr) *f.* stream.

जलधारा (~ dhA rA) *f.* stream, water current.

जलधि (ja la dhi) *m.* ocean.

जलन (ja lan) *f.* 1. burning sensation, 2. envy. 3. grudge.

जलना (jal nA) *vi.* 1. to burn; खाना बनाते समय मेरी पत्नी का हाथ जल गया My wife burnt her hand while she was cooking the meal. मुझे कुछ जलने की गंध आ रही है I smell something burning. 2. to emit light, as lamp. 3. to feel burning sensation. 4. to feel jealous. 5. to be scorched, as the earth; होम करते हाथ ~ to suffer as a reward for doing good; जलकर भस्म हो जाना to be burnt to ashes; जल-जलकर मरना to die of agonising jealousy; जल-भुनकर कबाब/कोयला/खाक/राख हो जाना to be consumed to ashes out of sheer jealousy; जल-भुन जाना to seethe with anger or jealousy; जल मरना to feel insufferably jealous; जलती आग में कूदना to leap into the fire; to rush headlong into a danger; जलती आग में

घी डालना to add fuel to fire; जली-कटी सुनाना to pass remarks biting and stinging; जले पर नमक छिड़कना to add insult to injury; जले फफोले फोड़ना to give vent to accumulated wrath.

जलपथ (~ path) *m.* water way (s).

जलपरी (~ pa ree) *f.* siren, mermaid, water nymph.

जलपान (~ pAn) *m.* light refreshment, repast; बैठक के बाद अतिथियों को ~ कराया जाएगा Refreshments will be served to the guests after the meeting.

जलपान-गृह (~ - grih) *m.* refreshment room.

जलपूर्ति (jal poor ti) *f.* water-supply.

जलप्रपात (~ pra pAt) *m.* water-fall, cataract.

जलप्रलय (~ pra lay) *m.* deluge, cataclysm.

जलप्रवाह (~ pra vAh) *m.* 1. water-flow. 2. immersion.

जल-प्रांगण (~ prAṅ gaN) *m.* territorial waters.

जलप्राय (~ prAy) *adj.* watery (land), full of rivers, tanks etc.

जलप्लावन (~ plA van) *m.* flooding, inundation.

जलभीति (~ bhee ti) *f.* hydrophobia.

जलमग्न (~ magn) *adj.* submerged.

जलमय (~ may) *adj.* 1. submerged in water, inundated. 2. hydrous, watery.

जलमापक (~ mA pak) *m.* hydrometer.

जलमार्ग (~ mArg) *m.* 1. water-way. 2. sea-route.

जल-यात्रा (~ - yAt trA) *f.* voyage, sailing.

जलयान (~ yAn) *m.* ship, vessel.

जल-युद्ध (~ - yuddh) *m.* naval war.

जलरंग (~ raṅg) *m.* 1. water-colour. 2. water-colour painting. 3. a piece of such painting.

जलराशि (~ rA shi) *f.* expanse of water.

जलवाना (~ vA nA) *vt.* to cause to be burnt.

जलवायु (~ vA yu) *m.* climate.

जलवायु विज्ञान (~ vig gyAn) *m.* climatology.

जलविद्युत (jal vid dyut) *m.* hydroelectricity.

जलविहार (~ vi hAr) *m.* 1. roving over the waters. 2. entertainment over the waters.

जलशक्ति (~ shak ti) *f.* water-power.

जल-समाधि (~ - sa mA dhi) *f.* watery grave; ~ लेना to commit suicide by drowning; ~ देना to immerse or cast away (a dead body) in water.

जलसह (~ sah) *adj.* water-proof.

जलसा (~ sA) *m.* 1. celebration, festive occasion. 2. ceremonious assemblage. 3. session; आर्य समाज का ~ session of the Arya Samaj; आम ~ open session; ख़ास ~ close, private session.

जलसेना (~ se nA) *f.* navy (m. c. नौसेना).

जलस्तंभ (~ stambh, ja las tambh) *m.* 1. water-spout. 2. sea.

जलस्तर (~ star, ja las tar) *m.* water-level.

जल-स्थलचर (~ - sthal car) *adj.* amphibious. *m.* amphibian.

जलस्थलीय (~ stha leey, ja las tha leey) *adj.* amphibious.

जलस्रोत (~ srot, ja las srot) *m.* 1. water-spring. 2. water-hole.

जलहीन (~ heen) *adj.* waterless; without water; ~ प्रदेश waterless regions.

जलांक (ja lAṅk) *m.* water-mark.

जलाऊ (ja lA oo) *adj.* 1. that which causes to burn. 2. that which burns (like wood).

जलाना (ja lA nA) *vt.* 1. to burn/ignite; आग ~ to ignite fire. 2. to light; लंप ~ to light a lamp. 3. to set on fire; घर ~ to set a house on fire; जला देना to burn down. 4. to tease/annoy; दिल ~ to burn the heart; to torment; जले को ~ to add insult to injury; जला-जलाकर मारना to kill through agonising jealousy.

जला-भुना (ja lA - bhu nA) *adj.* burning with rage, infuriated, ireful.

जलार्णव (ja lAr nav) *m.* ocean.

जलाल (ja lAl) *m.* glory, lustre.

ज़लालत (za lA lat) *f.* 1. meanness, lowliness. 2. humiliation.

जलावतन (ja lA va tan) *adj.* exiled.

जलावतनी (ja lA vat nee) *f.* exile.

जलावतरण (ja lA vat raN) *m.* launching.

जलावन (ja lA van) *m.* fuel, sp. wood, coal etc.

जलावर्त (ja lA vart) *m.* whirlpool.

जलाशय (ja lA shay) *m.* water-reservoir, water-pool, body of water.

जलीय (ja leey) *adj.* watery, aquatic.

जलील (ja leel) *adj.* respected.

ज़लील (za leel) *adj.* 1. mean, base. 2. humiliated; ~ करना to humiliate.

जलूस (ja loos) *m.* procession, pageant; ~ को तितर-बितर करना to disperse a procession; ~ निकलना—उसका जलूस निकल गया He came to grief/All his plans came to nought. ~ निकालना to take out a procession; क्रुद्ध विद्यार्थियों ने ~ निकालने की चेष्टा की The enraged students attempted to take out a procession. ~ में चलना to march in procession.

ज़लेंद्र (ja lendr) *m.* ocean.

जलेबा (ja le bA) *m.* largish जलेबी।

जलेबी (ja le bee) *f.* 1. an Indian sweet. 2. a lattice like firework. 3. anything of the shape of lattice.

जलोढ़ (ja loRH) *adj.* alluvial; ~ मिट्टी alluvial soil.

जलोत्सव (ja lot sav) *m.* aquatic festival.

जलोदर (ja lo dar) *m.* dropsy.

जलौका (ja lau kA) *f.* leech.

जल्द (jald) *adv.* quickly; ~ अज़ ~ as quickly as possible.

जल्दबाज़ (~ bAz) *adj.* acting without thought, given to haste, hasty, rash.

जल्दबाज़ी (~ bA zee) *f.* hastiness, hurriedness; ~ करना to be hasty; ~ का सौदा transaction made in a hurry; ~ में in a hurry; ~ से rashly.

जल्दबाजी-भरा (~ bharA) *adj.* rash; ~ कदम hasty/rash step.

जल्दी (jal dee) *f.* haste, hurry; ~ में in hurry-scurry; वह ~ में थी She was in a hurry. मैं भी ~ में हूँ I am in quite a hurry too. ~से quickly, rapidly; ~ से ~ as quickly as possible, instantly; ~ ही होनेवाला upcoming; कोई ~ नहीं There is no (question of) hurry. ~ ही quickly.

adv. early; मैं ~ ही आ गया I came early. मैं हमेशा ~ उठता हूँ I always rise early. तुम बहुत ~ अपना नाश्ता कर लेते हो You eat your breakfast very early. जितनी ~ हो सके as quickly as possible; बिजली ~ ही महँगी हो जाएगी Power will get costlier shortly.

जल्प (jalp) *m.* meaningless talk/prattle.

जल्पना (~ nA) *vi.* to prattle.

जल्लाद (jal lAd) *adj.* cruel; वह तो बड़ा ~ है He is cruel to the core; He is merciless.

m. 1. hangman. 2. butcher.

जवाँ (ja vÃ) allomorph of जवान।

जवाँमर्द (~ mard) *adj. & m.* gallant, youthfully brave.

जवाँमर्दी (~ mar dee) *f.* gallantry, youthful bravery.

जवा (ja vA) *f.* 1. anything resembling barley seed. 2. a clove of garlic. 3. a variety of stitching.

जवान (ja vAn) *adj.* youthful.

m. 1. youth; देश के ~ the youth of the country. 2. Indian soldier.

जवानी (ja VA nee) *f.* youth, youthfulness; ~ उतरना withering of youth, to begin aging; ~ का आलम state of youthfulness; ~ की नींद intense/carefree sleep of youth; ~ गँवाना to lose (one's) youth; ~ चढ़ना blossoming of youth; ~ ढलना decline of youth; ~ दीवानी है Youth is wild/crazy. ~ फट पड़ना—उस पर जवानी फट पड़ी है He is in the bloom of youth. ~ फटी पड़ना—उस पर जवानी फटी पड़ रही है He is bursting with youth. उठती ~ = चढ़ती ~ adolescence; ढलती ~ declining youth.

जवाब (ja VAb) *m.* 1. answer in speech or writing; इसका ~ दिया जा सकता है It can be answered. मेरे पास इसका कोई ~ नहीं था I was at quite a loss for answer. ~ तलब करना to call for an explanation. 2. reply (of a letter). 3. the answer to a mathematical problem. 4. match; तुम्हारा ~ नहीं You have no match/equal; You are matchless. ~ दे दिया जाना—उसे जवाब दे दिया गया है He is fired. ~ दे जाना to become out of function; ~ दे देना (i) to refuse; (ii) to resign (service, post etc.); ~ मिलना to get notice of discharge/removal (from service, post etc.).

जवाब-दावा (~ - dA VA) *m.* written statement of a defendent.

जवाबदेह (~ deh) *adj.* answerable, responsible.

जवाबदेही (~ de hee) *f.* answerability, responsibility.

जवाब-सवाल (~ sa VAl) *m.* questions and answers; ~ करना to cross-question.

जवाबी (ja VA bee) *adj.* 1. pertaining to reply; ~ कार्ड (i) reply card; (ii) double postcard; ~ तार reply-paid telegram. 2. in the nature of a reply, opposite or contrary; ~ हमला counter-attack.

ज़वाल (za VAl) *m.* decline.

जवाहर (ja VA har) *m.* jewel.

जवाहरात (ja VA ha rAt) *m.* (plu.) 1. jewels. 2. jewellery.

जशन (ja shan) *m.* festivity; शादी का ~ wedding festivities.

जस (jas) *m.* = यश।

जस्तई (jas ta ee) *adj.* 1. made of zinc. 2. of the colour of zinc.

जस्ता (jas tA) *m.* zinc, pewter.

जहन्नुम (ja han num) *m.* hell, gehenna, inferno; ~ में जाना to go to hell; वह मुझे ~ में भेज देगा He will give me hell.

जहन्नुमी (ja han nu mee) *adj.* 1. pertaining to hell, hellish. 2. living in hell.

ज़हमत (zah mat) *f.* 1. botheration. 2. trouble; ~ मोल लेना to invite trouble.

ज़हर (za har) *m.* poison; ~ उगलना; to spewvenom; पाकिस्तान ने भारत के खिलाफ ~ उगलने का कोई मौका नहीं छोड़ा Pakistan lost no opprtunity to spew venom against India. ~ कर देना to act as a kill-joy; ~ का घूँट पी जाना / पीकर रह जाना to swallow/pocket an insult; ~ की पुड़िया terrible mischief-monger; ~ चढ़ जाना—उसे ज़हर चढ़ गया Poison has run through his system. ~ देना to give poison; ~ भर देना to fill someone with hatred; ~ में बुझा हुआ soaked in poison; ~ लगना to be intolerably unpleasant.

ज़हरबाद (~ bAd) *m.* carbuncle.

ज़हरबुझा (~ bu jhA) *adj.* poisoned; ~ तीर poisoned arrow.

ज़हरमोहरा (~ moh rA) *m.* a kind of stone which absorbs poison.

ज़हरी (zah ree) *adj.* = ज़हरीला।

ज़हरीला (~ ree lA) *adj.* poisonous, venomous.

जहाँ (jah$\widetilde{A}$) *adv.* where; ~ कहीं (i) wherever,

(ii) everywhere; ~ का तहाँ at the same place as before; ~ वहाँ at whatever place, wherever; ~ तक so far as; ~ तक मुझे याद है तुमने पुस्तक नहीं लौटाई So far as I remember you have not returned the book. ~ - तहाँ here and there; ~ से from where.

m. = जहान (world).

जहाँगीर (~ geer) *m.* 1. ruler of the world. 2. one of the rulers of the Mughal dynasty in India, son of Akbar.

जहाँदीदा (~ dee dA) *adj.* experienced, (one) who has seen the world.

जहाँपनाह (~ pa nAh) *m.* 1. God. 2. king.

जहाज़ (ja hAZ) *m.* ship, vessel; ~ का ~ almost as big as a ship; ~ का पंछी having one, and only one refuge.

जहाज़रानी (~ rA nee) *f.* sailing, navigation.

जहाज़ी (ja hA zee) *adj.* 1. pertaining to a ship, naval; ~ डाकू = समुद्री डाकू pirate; ~ बेड़ा naval fleet. 2. living on a ship; ~ कौआ a crow living on a ship.

जहाद (ja hAd) *m.* = जिहाद।

जहादी (ja hA dee) *adj.* = जिहादी।

जहान (ja hAn) *m.* world.

जहालत (ja hA lat) *f.* illiteracy; the quality or state of being जाहिल।

ज़हीन (za heen) *adj.* intelligent, sharp.

जहेज़ (ja hez) *m.* dowry. [H.E. दहेज] ~ प्रथा dowry system.

जाँ (jÃ) allomorph of जान।

जाँगर (~ gar) *m.* 1. body. 2. bodily strength, vigour; ~ चलाना to exert the body; ~ लगाना to put forth all (one's) strength.

जाँगरचोर (~ cor) *m.* shirker (of physical work).

जाँगरतोड़ (~ toR) *adj.* & *m.* hardworking, diligent; one who exerts the body, painstaking.

जांगलिक (jAṅ ga lik) *adj.* of or pertaining to a jungle.

जाँगलू (jÃg loo) *adj.* = जंगली; rustic, boorish.

जांगुली (jAṅ gu lee) *f.* an occult science which deals with ways how to remove the effect of poison.

जाँघ (jÃgh) *f.* thigh; अपनी ~ उघाड़ना/नंगी करना to expose one's own misdeeds, to help in having oneself calumniated.

जाँघिया (jÃghi yA) *m.* lower under wear, drawers.

जाँच (jÃc) *f.* 1. test. 2. verification. 3. investigation; ~ करना (i) to investigate; (ii) to test or examine.

जाँचकर्ता (~ kar tA) *m.* 1. one who tests, examines, verifies etc. 2. auditor.

जाँचना (~ nA) *vt.* 1. to test; आँखें ~ to test the eyes. 2. to verify; बात की सच्चाई ~ to verify the truth. 3. to examine; परीक्षा-पुस्तिका ~ to examine an answer-book.

जाँच-पड़ताल (~ paR tAl) *f.* 1. fact finding, investigation; ~ करना to investigate. 2. scrutiny.

जाँच-परख (~ pa rakh) *f.* thorough test, search, study.

जाँच-विभाग (~ vi bhAg) *m.* scrutiny department.

जाँता (jÃ tA) *m.* biggish grindstone.

जाँबाज़ (~ bAZ) *adj.* & *m.* brave, gallant (man).

जा (jA) *adj.* proper, right; ~ - बेजा right and wrong.

जाकड़ (~ kaR) *m.* 1. purchase of an article subject to apporval. 2. a thing so purchased.

जाकड़-बही (~ ba hee) *f.* suspense account book.

जाकिट (jA kiT) *f.* jacket (garment).

जाकेट (jA keT) *f.* = जाकिट।

जाग (jAg) *f.* state of being awakened; चोरों के आने पर ~ हो गई Inmates were awakened when thieves came.

जागतिक (jA ga tik) *adj.* worldly.

जागना (jag nA) *vt.* 1. to wake up; जाग उठना (i) to get up from the bed; (ii) to become alert; जाग जाना to shake off sloth; जागते रहना to keep awake. 2. to become aware and alert, to be vigilant.

जागरण (jA ga raN) *m.* 1. state of keeping awake. 2. a sitting of devotional singing all through the night.

जागरित (jA ga rit) *adj.* 1. awaken, awake, got up. 2. not sleeping, vigilant.

जागरूक (jA ga rook) *adj.* vigilant.

जागरूकता (~ tA) *f.* vigilance.

जागर्ति (jA gar ti) *f.* awakening.

जागा (jA gA) *m.* = जागरण।

जागीर (jA geer) *f.* estate (received from a ruler as a gift or reward), jagir.

जागीरदार (~ dAr) *m.* owner of an estate, jagirdar.

जागीरदारी (~ dA ree) *f.* ownership of an estate.

जागृत (jA grit) *adj.* 1. awakened. 2. cautious, alert.

जागृति (jA gri ti) *f.* 1. awakening. 2. awareness; हमें आतंकवाद के विरुद्ध ~ लाने के लिए अभियान छेड़ना चाहिए We must start campaign to create awareness against terrorism.

जाग्रत (jA grat) *adj.* = जागृत।

जाग्रति (jA gra ti) *f.* = जागृति।

जाज़िम (jA zim) *f.* multi-coloured floor-sheet.

जाज्वल्यमान (jAj jwally mAN) *adj.* shining, resplendent.

जाट (jAT) *m.* a caste of cultivators.

जाठर (jA Thar) *adj.* pertaining to the stomach.

m. 1. stomach. 2. = जठराग्नि।

3. appetite.

जाड़ा (jA RA) *m.* 1. winter; जाड़े के दिन winter days. 2. cold; आज बहुत ~ है It is very cold today; ~ लगना to feel cold; ~ लग जाना to catch cold.

जाड्य (jADDy) *m.* = जड़ता।

जात (jAt) *f.* = जाति।

suffix. denoting 'born'; जन्म ~ innate, possessed from birth, inborn.

ज़ात (zAt) *f.* 1. caste. 2. race; आदमी की ~ का क्या ठिकाना Man is unpredictable.

जातक (jA tak) *m.* 1. child, usu. a son. 2. Buddhistic tale.

जातक माला (~ mA lA) *f.* collection of Buddhistic tales.

जातकर्म (jAt karm) *m.* ceremony performed on the birth of a child, one of the sixteen Hindu संस्कार (s).

जात-पाँत (~ - pÃt) *f.* distinctions of caste and community.

जाति (jA ti) *f.* 1. caste; ऊँची ~ वाला high-caste; ब्राह्मण ~ Brahmin caste. 2. race; मनुष्य ~ human race; अल्पसंख्यक ~ racial minority; स्त्री ~ woman kind.

जातिगत (~ gat) *adj.* 1. pertaining to caste or race, racial. 2. communal.

जातिच्युत (~ cyut) *adj.* = ~ भ्रष्ट।

जातिधर्म (~ dharm) *m.* function of a caste; conduct, characteristic of a caste/community, communal trait.

जाति-पाँति (~ - pÃ ti) *f.* = जात-पाँत।

जाति-प्रथा (~ - pra thA) *f.* the caste system prevalent in Hindu Society.

जाति-बहिष्कार (~ - ba hish kAr) *m.* excommunication.

जाति-बहिष्कृत (~ - ba hish krit) *m.* outcast, excommunicated; ~ करना to excommunicate.

जातिभेद (~ bhed) *m.* caste distinction.

जातिभ्रष्ट (~ bhrashT) *adj.* (one who has) fallen according to the standard of the caste/community.

जातिलक्षण (~ lak shaN) *m.* characteristic of a caste, racial symptom.

जातिवाचक संज्ञा (~ VA cak saṅ gYA) *f.* common noun.

जातिवाद (~ VAd) *m.* casteism.

जाति वैर (~ vair) *m.* feud, tribal/communal enmity, communal hatred.

जाति-व्यवस्था (~ - vya vas thA) *f.* caste system.

ज़ाती (ZA tee) *adj.* personal; ~ तौर पर so far as one is concerned; ~ मामला personal affair.

जातीय (JA teey) *adj.* 1. of or pertaining to caste. 2. racial.

जातीयता (~ TA) *f.* 1. casteism. 2. racialism, raceism.

जातीयवाद (~ VAd) *m.* = जातिवाद।

जातुधान (JA tu dhAN) *m.* devil, demon.

जात्रा (JA trA) *f.* pilgrimage.

जादुई (JA du ee) *adj.* 1. of magic, pertaining to magic. 2. magical.

जादू (JA doo) *m.* magic, magical power, sorcery; काला ~ black magic, black art; ~ उतरना to be disenchanted; ~उतारना to disenchant; ~ करना to conjure/bewitch/enchant; ~ का खेल magic, magic show; ~ चलाना = ~ करना; ~ जगाना to invoke the power of sorcery; ~ जमाना to influence someone by magic; ~ डालना = ~ करना।

जादूगर (~ gar) *m.* magician, sorcerer.

जादूगरनी (~ gar nee) *f.* sorceress.

जादूगरी (~ ga ree) *f.* sorcery, black magic.

जादू-टोना (~ - TO nA) *f.* sorcery, obeahism.

जान (JAN) *f.* 1. life. 2. livliness. 3. energy. 4. spirit. 5. strength; ~ आना to have a new life, to be rejuvenated; ~ आफ़त में होना to be in hot waters; ~ का ग्राहक / दुश्मन sworn enemy; ~ की ख़ैर मनाना to pray for life and safety; ~ की पड़ना to try to escape for life; ~ की बाज़ी लगाना to put life at stake; ~ के लाले पड़ना to be under the jaws of death; ~ को जान न समझना to toil even at the risk of health; ~ को पड़ना to pester to the limit; ~ को रोना to curse and swear at; ~ खपाना to exhaust oneself (in arduous work); ~खाना to be a perennial nuisance; ~गँवाना to lose one's life; ~ चुराना to shirk; ~ छुड़ाकर भागना to shake off a nuisance and flee away; (से) ~ छुड़ाना to shake off (a nuisance); ~ छूटना to get rid of; ~ जाना—पैसे के नाम पर उसकी जान जाती है He loses life (as it were) at the mere mention of expense. ~ जोखों में पड़ना to be in peril of life; ~ डालना to put new life (in), to vitalize or reinvigorate; ~ डाल देना to liven up—संगीत वातावरण में जान डाल देता है Music livens up the atmosphere. ~ देना (i) to die for; देश पर ~ देना to die for one's country; (ii) to be too fond (of); वह मुझ पर ~ देता है He is too fond of me. वह उसकी सहायता के लिए ~ दे देगी She will give her heart's blood to help him. ~ निकलना—दर्द से ~ निकलना to be in agony of pain; ~ पर आ जाना / बनना to be in peril of life; ~ पर खेल जाना to take even the risk of life; ~ पर नौबत आना = ~ पर आ जाना; ~ बचाकर भागना to run for one's life; ~ बचाना—(i) किसी की ~ बचाना to save someone's life; (ii) अपनी ~ बचाना to shirk; ~ भारी हो जाना to be weary/ tired of life; ~ मारना to exhaust (some-one) by taking arduous work; ~ मुट्ठी में होना to have (someone) at (one's) mercy; ~ में जान आना to get a fresh lease of life; ~ लड़ा देना to toil to the utmost, to strain every nerve; ~ (ले) लेना (i) to take (someone's) life; उसने कभी किसी की जान नहीं ली He never took anyone's life. (ii) = ~ मारना ~ हथेली पर लिए फिरना to be ever ready to stake (one's) life; ~ सूखना to be frightened to death; ~ से जाना to lose (one's) life; ~ से बेज़ार होना to be awfully tired of life; ~ से मारना to kill; ~ से हाथ धो बैठना to be on the verge of losing (one's) life; ~ हल्कान करना to toil unnecessarily; ~ होना—उसकी भाषा में जान है His language is full of energy. ~ होम डालना (i) to sacrifice (one's) life; (ii) = ~ खपाना।

जानकार (~ KAr) *adj.* knowledgeable, well-informed; किसी ~ ने मुझे यह सब बतलाया था Somebody in the know told me all this.

जानकारी (~ KA ree) *f.* knowledge, informa-tion about facts; जहाँ तक मेरी ~ है So far as I know. ~ कराना to give information, to brief; प्रधानमंत्री ने विरोधी दल के नेता को इस विषय की ~ कराई है Prime Minister has briefed the leader of the opposi-tion on this subject.

जानकी (~ kee) *f.* Sita, wife of Lord Ram; ~ नाथ Lord Ram.

जानदार (~ dAr) *adj.* 1. animate, having life. 2. full of life, vigorous. 3. weighty; उसकी बात ~ है His idea is weighty.

जानना (~ nA) *vt.* to know; जानकर knowin-gly, deliberately; आप उसे कब से जानते हैं How long have you known her? मैं उसे अरसे से जानता हूँ I have known her for a long time. वह मुझे अच्छी तरह जानता है He knows one quite well. जानकर अनजान बनना to pretend/feign ignorance; जानते हुए—इस बात को जानते हुए having know-ledge thereof; जान पड़ा है कि it seems/appears; जान रखो keep (it) in mind; जान लो take note (of); मेरी जान में = मेरी जानकारी में।

जानना-बूझना (~ - boojh nA) *vt.* to under-stand; जान-बूझकर knowingly, intentio-nally, wilfully.

जानपद (jAn pad) *adj.* pertaining to जनपद। *m.* 1. region. 2. inhabitant of a region. 3. revenue.

जान-पहचान (~ - pah cAn) *f.* acquaintance.

जान-पहचानी (~ - pah cA nee) *adj.* known, familiar.

m. a person with whom someone is acquainted, an acquaintance.

जान-बख़्शी (~ - bakh shee) *f.* 1. pardon (to a person fit to be hanged). 2. promise to give such a pardon.

जान-बीमा (~ - bee mA) *m.* life insurance.

जान-बूझकर (~ - boojh kar) *adv.* delibe-rately, intentionally.

जान-लेवा (~ le vA) *adj.* life-killing (work).

जानवर (~ var) *m.* 1. animal, creature. 2. beast.

जानाँ (jA nÃ) *f.* beloved.

जाना (jA nA) *vi.* to go; आप जा सकते हैं You can (may) go; आज रात को मुझे अपने पिता से मिलने के लिए ~ है I have got to go to visit my father to night. अगली गाड़ी दिल्ली कितने बजे जाती है At what time does the next train leave for Delhi?

आँखें ~ to lose eyesight; चला ~ —जो कमाता हूँ, पेट में चला जाता है All that I earn is consumed. चोरी ~ to have (something) stolen; ध्यान ~ —जब मेरा ध्यान उस बात पर गया When I recalled the matter. जाने देना to let go; जाने भी दो Let the matter go. आँखों से पानी जा रहा है Eyes are giving out water. तुम्हारा क्या जाता है What do you lose? यह सड़क दिल्ली जाती है This road leads to Delhi. मेरा हाथ छत तक नहीं जाता My hand does not reach the roof. उसकी बातों पर मत जाओ Do not bother about what he says. भाड़ में जाए Damn it ! Away with it! सब कुछ चला गया Everything is gone (lost). जो आया है, वह जाएगा ही One who is born, must die. गए, गए, न गए, न गए Whether I go or not—it all depends upon my mood. मकान दस हज़ार में गया The house was sold for (rupees) ten thousand. वह शत्रु से जा मिला He went over to the enemy. जा टकराना to collide or ram; कार बिजली के खंभे से जा टकराई The car hit the lamppost. सवारी गाड़ी माल गाड़ी से जा टकराई Passenger train rams goods train. जाता रहना (i) to visit regularly; वह वहाँ जाता रहता है He used to go there regularly. (ii) to lose; मैंने सुना है कि उसकी नौकरी जाती रही I hear he has lost his job.

जाना-अनजाना (~ - an jA nA) *adj.* practically unknown.

m. practically unknown person.

जाना-पहचाना (~ - pah cA nA) *adj.* familiar; ~ आदमी familiar person.

जानी (jA nee) *adj.* of or pertaining to life; ~ दुश्मन sworn enemy.

जाने (jA ne) *adv.* = न जाने; ~ कौन आया था God knows who came.

जाने-अनजाने (~ - an jA ne) *adj.* unknown; ~ रास्ते unknown ways/routes.

adv. knowingly or unknowingly.

जानेवाला (~ wAlA) *adj.* 1. ready to go. 2. directed towards; शहर को जानेवाली बस कहाँ मिलेगी Where do I get the down-town bus?

जानो (jA no) *adv.* 1. it appears, as if. 2. to wit, that is to say, suppose that.

जाप (jAp) *m.* = जप।

जापा (jA pA) *m.* delivery of a child.

जापान (jA pAn) *m.* Japan.

जापानी (jA pA nee) *adj.* & *m.* Japanese.

f. language of Japan.

ज़ाफ़त (zA fat) *f.* feast.

ज़ाफ़रान (zAf rAn) *m.* saffron.

ज़ाफ़रानी (~ rA nee) *adj.* of or pertaining to saffron.

जाफ़री (jAf ree) *f.* wooden support for plants, trellis.

जा-बेजा (jA - be jA) *adj.* 1. improper; ~ बात improper remark/word. 2. inopportune; ~ वक्त inopportune time.

ज़ाब्ता (zAb tA) *m.* 1. rule, law or code; ~ दीवानी Code of Civil Procedure; ~ फ़ौजदारी Code of Criminal Procedure. 2. procedural formality; ज़ाब्ते का formal; ज़ाब्ते की कार्रवाई formal procedure; ज़ाब्ते बे ज़ाब्ते irregular.

जाम (jAm) *m.* a glass for drinking wine from, wineglass; ~ चलना starting, or going on of drinks; ~ पर जाम चलना— वहाँ ~ पर ~ चल रहे थे Rounds of drinks were going on there. They were having rounds of drinks.

adj. jammed; ~ कर देना to jam; यातायात ने सड़कें जाम कर दी हैं The traffic has jammed the roads.

जामन (jA man) *m.* rennet (used in coagulating milk into curd).

जामा (jA mA) *m.* robe; जामे से बाहर हो जाना to lose control over oneself in rage; वह जामे से बाहर हो गया He could-n't contain himself.

जामाता (~ tA) *m.* son-in-law.

ज़ामिन (za min) *m.* surety, security.

ज़ामिनदार (~ dAr) *m.* = ज़ामिन।

जामुन (jA mun) *m.* jambolan, jambu; गुलाब जामुन rose-apple.

जामुनी (jA mu nee) *adj.* 1. of or pertaining to जामुन; ~ लकड़ी wood of जामुन। 2. of the colour of जामुन, dark blue, blackish blue.

ज़ायक़ा (ZAY KA) *m.* taste; ~ बिगड़ जाना to lose (one's) taste; ~ लेकर खाना to eat with relish.

जायक़ेदार (~ Ke dAr) *adj.* tasty, delicious, tasteful.

जायज़ (jA yaz) *adj.* right, proper; ~ रुख़ proper attitude.

जायदाद (jAy dAd) *f.* property, effects, estate; ग़ैर मनक़ूला ~ = अचल संपत्ति; मनक़ूला ~ = चल-संपत्ति।

जायफल (~ phal) *m.* nutmeg.

जाया (jA yA) *f.* lawfully wedded wife (who has given birth to children).
adj. born (of).

जार (jAr) *m.* 1. adulterer. 2. container of jam, pickles etc., jar.

ज़ार (ZAr) *m.* place, spot; गुल ~ flower-garden.

जारकर्म (jAr karm) *m.* adultery, adulterous conduct.

जारज (jA raj) *adj.* adulterine, illegitimate.
m. bastard.

जारजता (~ tA) *f.* illegitimacy.

ज़ारज़ार (ZAr ZAr) *adv.*; ~ रोना to weep bitterly.

जारण (jA raN) *m.* act of burning.

जारिणी (jA ri Nee) *f.* adulteress; a woman of easy morals.

जारी (jA ree) *adj.* 1. continued; ख़ून ~ है Blood continues to flow. 2. current, in force; क़ानून ~ है The law is in force. सिक्का ~ है The coin is current. 3. issued; अध्यादेश ~ करना to promulgate an ordinance; ~ रखना to continue;—उसने अपनी दिनचर्या ~ रखी He kept up his routine life. ~ रहना to continue; हमारे प्रयास ~ रहेंगे Our efforts will continue.

जाल (jAl) *m.* 1. net; ~ डालना/फेंकना to cast a net. 2. snare, trap; ~ फैलाना/बिछाना to lay a trap; ~ में फँसना to be caught in a net/trap, to be netted/trapped; ~ रचना (i) plot, (ii) ~ करना; मकड़ी का ~ spider's web; शब्द ~ cobweb of words. 3. dragnet, network for catching criminals. 4. forgery; ~ करना (i) to fabricate (evidence story etc.), (ii) to forge (document etc.) to commit forgery; 5. net like em broidered pattern.

जालदार (~ dAr) *adj.* netted; ~ पल्ला netted border.

जालसाज़ (~ SAZ) *m.* forger, schemer.

जालसाज़ी (~ SA zee) *f.* forgery, fabrication; ~ करना to commit forgery.

जाला (jA lA) *m.* 1. spider's web. 2. cobweb. 3. cataract (of the eyes).

ज़ालिम (ZA lim) *adj.* 1. cruel. 2. oppressive.
m. tyrant.

ज़ालिमाना (ZA li mA nA) *adj.* tyrannical.

जालिया (jA li yA) *m.* forger.

जाली (jA lee) *adj.* forged, fabricated.
f. 1. small net. 2. network, gauze, grating. 3. sieve.

जालीदार (~ dAr) *adj.* meshed.

जावक (jA vak) outward, outgoing.
m. 1. export. 2. despatch register.

जावित्री (jA vit tree) *f.* mace (spice).

जासूस (jA soos) *m.* spy, detective.

जासूसी (ja soo see) *adj.* pertaining to detection; ~ उपन्यास detective novel.
f. 1. spying. 2. espionage.

ज़ाहिर (zA hir) *adj.* apparent, evident, clear; ~ तौर पर openly; जग ~ होना to be known to the people at large.

ज़ाहिरा (zA hi rA) *adv.* apparently, seemingly.

जाहिल (jA hil) *adj.* 1. having no sense, uncivilised, uncultured. 2. illiterate.

जाहिली (jA hi lee) *f.* = जहालत।

जाह्नवी (jAhn vee) *f.* Ganga (Ganges).

ज़िंदगानी (zind gA nee) *f.* life.

ज़िंदगी (zind gee, zin da gee) *f.* 1. life; वह ~ और मौत की लड़ाई लड़ रहा है He is struggling for life. 2. lifetime, span of life; ~ गुज़ारना to spend life, to pass a lifetime.

ज़िंदा (zin dA) *adj.* alive; ~ वह अभी ~ है He is still alive. मेरे ~ रहते so long as I live; ~ दिल jovial, jolly, vivacious.

ज़िंदाबाद (~ bAd) *interj.* Long live!

जिंस (jins) *f.* 1. commodity, thing. 2. goods, things. 3. grains.

ज़िक्र (zikkr) *m.* mention, reference to (some) topic; ~ आना / चलना—अगर ज़िक्र आए / चले तो If it is mentioned/referred to. ~ करना to mention; ~ छिड़ना—अगर ज़िक्र छिड़े तो If the topic is broached/started...; ~ छेड़ना to initiate/start a topic/subject; ~ तक न करना not even to mention; ~ होना = ~ आना।

जिगर (ji gar) *m.* liver; बढ़ा हुआ ~ enlarged liver; ~ का टुकड़ा dearly loved child (usually a son); ~ के टुकड़े होना (the heart) to be shattered to pieces; ~ थामकर बैठना to be in unbearable suspense, to be on tender hooks.

जिगरा (jig rA) *m.* courage.

जिगरी (jig ree) *adj.* intimate, close; ~ दोस्त intimate/close friend, chum.

जिगीषा (ji gee shA) *f.* lust for war.

जिगीषु (ji gee shu) *adj.* having lust for war, belligerent.

ज़िच (zic) *f.* 1. stalemate; चाल ~ होना (chess) to be unable to move any chessman. 2. deadlock, impasse; ~ दूर करना to break an impasse.

जिजीविषा (ji jee vi shA) *f.* strong desire to live.

जिज्ञासा (jig gyA sA) *f.* curiosity, eagerness to know/learn; ~ करना to ask.

जिज्ञासु (~ gyA su) *adj.* 1. (one) with an enquiring/inquisitive mind. 2. (one) who is eager to know.

जिठानी (ji THA nee) *f.* = जेठानी।

जितना (jit nA) *adj.* 1. as many as; आप जितनी प्रविष्टियाँ चाहें भेज सकते हैं You can send as many entries as you like. ~ अधिक more; ~ अधिक तुम परिश्रम करोगे उतनी ही अधिक तुम्हें सफलता मिलेगी The more you labour hard the more your have chances for success. 2. as much as; उसने ~ काम किया उससे मैं प्रभावित हूँ I am impressed by the amount of work he has done.
adv. to a great extent or degree; उसे ~ समझाओ उतना थोड़ा However much you may try, he will not be convinced. जितना पढ़ सकते हो उतना पढ़ो Read as much as you can.

जितात्मा (ji tAt mA) *m.* = जितेंद्रिय।

जिताना (ji tA nA) *vt.* to help/cause to win/conquer.

जितेंद्रिय (ji ten driy) *adj.* & *m.* (one) who has control over his senses.

ज़िद (zid) *f.* insistence, obstinacy; ~ करना

to insist; ~ पर आना to adopt a attitude.

ज़िद्दी (~ dee) *adj.* stubborn, obstinate, unyielding.

जिधर (ji dhar) *adv.* at which side, in which direction; ~ भी to which ever place.

जिन (jin) *m.* Jain Tirthanker. *pro.* plu. of जिस।

ज़िना (zi nA) *m.* adultery.

जिन्न (jinn) *m.* ghost.

जिप्सी (jip see) *m.* 1. an ancient tribe, gipsy. 2. a person belonging to this tribe, a gipsy.

ज़िबह (zi bah) *m.* = ज़बह।

जिमख़ाना (jim KhA nA) *m.* gymkhana. gymnasium.

जिमाना (ji mA nA) *vt.* to feed (with respect).

ज़िम्मा (zim mA) *m.* responsibility; ~ लेना to undertake a responsibility.

ज़िम्मेदार (~ me dAr) *adj.* responsible.

ज़िम्मेदारी (~ me dA ree) *f.* 1. responsibility; ~ निभाना to carry out (one's) responsibility. 2. liability.

ज़िम्मेवार (~ me vAr) *adj.* = जिम्मेदार।

जिरह (ji rah) *f.* cross-examination; ~ करना to cross-examine.

ज़िरहबक्तर (~ bak tar) *m.* armour.

ज़िराफ़ (zi rAF) *m.* giraffe.

जिला (ji lA) *m.* 1. act or state of polishing. 2. polish, glitter.

ज़िला (zi lA) *m.* 1. district; ~ जज district judge. 2. territory. [H.E. जनपद]

ज़िलाधीश (~ dheesh) *m.* collector, district magistrate.

जिलाना (ji lA nA) *vt.* 1. to bring to life; जिला देना to restore to life, to revive. 2. to foster/nourish/domesticate; तोता ~ to domesticate a parrot.

ज़िलेवार (zi le wAr) *adj.* district wise.

...ld) *f.* 1. strong covering holding ... binding; ~ बाँधना to bind a ... Th...ut a binding on a book. ... volume...; विश्वकोश दस जिल्दों में है ...dia consists of ten

जिल्ददार (~ dAr...

जिल्दबंद (~ band) *m.* ...d.

जिल्दबंदी (~ ban dee) *f.* ...ज़।

जिल्दसाज़ (~ sAz) *m.* bookbin...ding.

जिल्दसाज़ी (~ sA zee) *f.* (calling o... ...ok-binding.

ज़िल्लत (zil lat) *f.* 1. humiliation; ~ उठाना to suffer/undergo humiliation. 2. plight.

जिस (jis) *pron. & adj.* which; ~ का whose; ~ को whom; ~ जगह where; ~ में wherein; ~ से (i) whom; जिस व्यक्ति से मिला वह लोकसभा का सदस्य था The man whom I met was the member of Lok Sahba. (ii) by which; (iii) so that; सब प्रबंध किए गए जिससे वह खुश हो जाए All arrangements were made so that he may become happy. ~ समय when.

जिस्ता (~ tA) *m.* a quire. [H.E. दस्ता]

जिस्म (jism) *m.* body.

जिस्मानी (jis mA nee) *adj.* bodily, corporal, corporeal.

जिहाद (ji hAd) *m.* crusade, religious war; ~ बोलना to launch a crusade.

जिहादी (ji hAdee) *adj.* pertaining to a crusade.

m. one taking part in a crusade.

जिह्वा (jih hvA) *f.* tongue; ~ पर होना to be on the tip of the tongue.

जिह्वाग्र (~ vAgr) *m.* front of the tongue.

जी (jee) *m.* heart; ~ उकता जाना to be fed up; ~ उचट जाना to cease to have interest in (spl. in some place); ~ उड़ा उड़ा–

क़ K, ख़ Kh, ग़ G, ज़ z, फ़ F; च c, छ ch; ट T, ठ Th, ड D, ड़ R, ढ Dh, ढ़ Rh; ण N, ङ ṅ, ञ/न n; श/ष sh

सा रहना to have a feel... ना ness; ~ ऊब जाना to ...have करना to lose heart ...करना—जी a feeling of nau... heavy heart; कड़ा करके (i... both the hands; (ii) with st...; ~ काँप उठना—मेरा जी ~ करना to ...art trembled. ~ का जंजाल काँप उठ...assing botheration; (ii) terr- (i) ... ...isance; ~ का ग़ुब्बार निकालना to ib... ...ease or give vent to (one's) pent-up feelings; ~ का बोझ हलका करना to lighten (one's) heart; ~ की जी में रहना / रह जाना (i) to remain unsaid; (ii) to remain unfulfilled; (दूसरे के) ~ को जी न समझना not to have regard for other's feelings; ~ को पड़ना to pester to the limit; ~ को मारना to suppress one's desire; to resist temptaion; ~ को (बात) लगना to hurt to the quick; ~ खट्टा होना to feel sour/ bitter; to feel disgusted; ~ खपाना to tax (one's) brain; ~ खोलकर (i) without any reserve/hitch; (ii) wholeheartedly; —वे जी खोलकर हँसा करते थे They laughed heartily. ~ घबराना (i) to feel out of sorts, to feel nervous; (ii) to suffer from neurasthenia; ~ चलना to be tempted (to); ~ चाहना to desire, to long for; ~ चुराना (i) to shirk; दफ़्तर जाने से ~ चुराना to shirk from going to the office; (ii) to charm/fascinate; ~ छोटा करना to lose heart, to get discouraged; ~ छोड़ना (i) =पिंड छोड़ना; (ii) to lose heart; ~जलना (i) to have a heart-burning; (ii) to feel aggrieved. ~जलाना to cause a heart-burning; to wound (one's) feelings; ~ टँगा होना to be on tender hooks, to be in a state of anxious suspense; ~ टटोलना to probe into (someone's) heart; ~ टूट जाना to be heart-broken, to be disheartened—उसका जी टूट गया His heart broke. ~ डूब जाना—उसका जी डूब गया His heart sank. ~ तरसना to pine (for), to hanker; ~ तोड़ कोशिश करना to leave no stone unturned; ~ दहल जाना—मेरा जी दहल गया My heart shook. ~ दुःखाना to pinch (someone's) heart; ~ धक-धक करना palpitation/throbbing of the heart; ~ न लगना = दिल न लगना; ~ निकलना = जान निकलना; ~ पक जाना = दिल पक जाना; ~ पर आ जाना = जान पर आ जाना; ~ पर आ बनना = जान पर आ बनना; ~पर खेलना = जान पर खेलना; ~ फट जाना = दिल फट जाना; ~ फिर जाना = दिल फिर जाना to feel disgusted (with); ~ बँटना = ध्यान बँटना to be distracted; ~ बहलना = दिल बहलना ; ~ बहलाना = दिल बहलाना; ~ भटकना = दिल भटकना to be filled with roving thoughts; ~ भरकर to one's heart's content, heartily; हमने ~ भरकर खाया We ate heartily. ~ भर जाना to be fed up; ~ भारी होना = दिल भारी होना; ~ भिटकना to feel an aversion for; ~ मिचलाना to feel nausea; ~ मिलना = दिल मिलना; ~ में आना to feel like (doing something); जो मेरे ~ में आएगा, सो करूँगा I will do what I feel like doing. ~ में जी आना = जान में जान आना; ~ रखना = दिल रखना; ~ लगना = दिल लगना; ~ लगाना to concentrate; ~ ललचाना to yearn for, to feel allured; ~ से उतरना to fall in one's eyes; ~ हारना to lose heart.

[*Note* : Many idioms under जी are interchangeable with those of जान, दिल and मन and vice versa.]

interj. 1. term of respect; as पिता जी (Respected Father !). 2. What did you say? 3. an answer of yes; समझ गए Have you understood? जी Yes, Sir.

जीजा (jee jA) *m.* sister's husband, brother-in-law.

जी-जान (~ - jAn) *f.* heart and soul; ~ लगाना to put (one's) heart and soul; ~ से with heart and soul; ~ से लगना to make an all-out effort.

जीजी (~ jee) *f.* elder sister.

ज़ीट (zeeT) *f.* bravado, bragging, boasting; ~ उड़ाना = ~ मारना to brag/boast.

जीत (jeet) *f.* victory, triumph, conquest; भारी बहुमत से होनेवाली ~ landslide victory; ~ जाना to achieve victory/a conquest.

जीतना (~ nA) *vi.* to be successful; दूसरे महायुद्ध में मित्रराष्ट्र जीते In Second Great War Allied Nations won.

vt. 1. to conquer. 2. to win; बोरिस वेकर ने डेविस कप जीता Boris Baker won the Davis Cup. मन जीत लेना to win (someone's) heart; इस गायक ने हमारा मन जीत लिया This singer has won our hearts. जीती बाज़ी हार जाना to lose a winning battle.

जीता हुआ (jee tA huA) *adj.* 1. alive; साँप ~ था The snake was alive. 2. already won; मैच ~ था The match was already won.

जीतोड़ (jee toR) *adj.* using one's maximum power, all-out; ~ कोशिश करना to try heart and soul.

जीन (jeen) *m.* gene.

ज़ीन (zeen) *f.* 1. saddle. 2. a kind of thick, cotton cloth.

ज़ीनत (zee nat) *f.* beauty.

ज़ीनसाज़ (zeen sAz) *m.* saddle-maker.

ज़ीनसाज़ी (~ sA zee) *f.* saddle-making.

जीना (jee nA) *vi.* 1. to live, to be alive. 2. to remain alive; ~ दूभर करना to make life miserable; ~ दूभर होना—जीना दूभर हो गया है Life has become a problem, Life has become miserable. जीने का मज़ा pleasure of living; जीता-जागता उदाहरण living example; जीती मक्खी निगलना to connive at something harmful or insulting; जीते जी during one's life-time; जीते जी मर जाना to suffer death while living; जी उठना to be rejuvenated; जीते रहो May you live long!

m. act of living; जीने के योग्य worth living, liveable.

ज़ीना (zee nA) *m.* staircase.

जीभ (jeebh) *f.* tongue; ~ के चटख़ारे लेना to hanker after spicy dishes; ~ पर सरस्वती बसना/बोलना—उसकी जीभ पर सरस्वती बसती/बोलती है Whatever he says comes out to be (hundred per cent) true.

[*Note* : Many idioms under ज़बान are interchangeable with those of जीभ and vice versa.]

जीभी (jee bhee) *f.* 1. a gadget for scraping the tongue, tongue-cleaner. 2. nib of a pen.

जीमना (jeem nA) *vt.* to dine (spl. at ease).

ज़ीरा (zee rA) *m.* cummin seed.

जीर्ण (jeerN) *adj.* 1. worn-out, withered; ~ वस्त्र worn-out cloth. 2. decayed.

जीर्णशीर्ण (~ sheerN) *adj.* tattered.

जीर्णोद्धार (jeer Nod dhAr) *m.* resurrection, overhaul, restoration; ~ करना to resurrect/overhaul.

जीवंत (jee vant) *adj.* 1. lively, energetic, animated. 2. alive. 3. stirring.

जीव (jeev) *m.* 1. living being, creature, animal. 2. soul.

जीव-जंतु (~ - jan tu) *m.* (plu.) creatures, tiny creatures.

जीव-जगत (~ ja gat) *m.* animate world.

जीवट (jee vAT) *m.* quality of courage and

endurance, grit, stamina; ~ का आदमी man of stamina.

जीवधारी (jeev dhA ree) *adj.* animate, alive. *m.* living being.

जीवन (jee van) *m.* 1. life, existence; क्या आपने यहीं सारा ~ बिताया Have you lived here all your life? ~ दूभर हो जाना—जीवन दूभर हो गया है Life has become miserable/intolerable. ~ नष्ट कर देना to spoil (someone's) career/ life; ~ भर all life; वह ~ भर यहीं रहा He lived here all his life. ~ भारी हो जाना—जीवन भारी हो गया है Life has become a burden. ~ और मरण का प्रश्न a matter of life and death. 2. living; सादा ~ और उच्च विचार simple living and high thinking. 3. lifetime; अपने ~ में during one's lifetime.

जीवन-कथा (~ - ka thA) *f.* life-history.

जीवनकाल (~ kAl) *m.* life-time, life-span.

जीवनक्रम (~ kram) *m.* way of living.

जीवनचक्र (~ cakr) *m.* life-cycle.

जीवनचरित (~ ca rit) *m.* biography.

जीवनचर्या (~ car yA) *f.* routine course of the duties which one follows.

जीवनदान (~ dAn) *m.* 1. commitment to save (someone's) life. 2. devoting of (one's) life to some cause.

जीवनदायक (~ dA yak) *adj.* life-giving.

जीवन-धन (~ - dhan) *m.* (lit. wealth of life) husband.

जीवन-नैया (~ - nai yA) *f.* = ~ - नौका।

जीवन-नौका (~ - nau kA) *f.* 1. life-boat. 2. life as compared to a boat.

जीवन-पद्धति (~ - pad dha ti) *f.* way of life, life-style.

जीवन-प्रसंग (~ - pra saṅg) *m.* anecdote of life.

जीवन-बूटी (~ - boo Tee) *f.* 1. life-giving plant. 2. a dear, dear one.

जीवन-मरण (~ - ma raN) *m.* life and death; ~ का साथी—वह मेरे ~ का साथी है He stands with me through thick and thin.

जीवन-मुक्त (~ - mukt) *adj.* above the bonds of worldly connections, free from all bonds of life.

जीवन-मुक्ति (~ - muk ti) *f.* salvation, deliverance.

जीवन-मृत (~ - mrit) *adj.* living dead.

जीवन-वृत्त (~ - vrit) *m.* life-history.

जीवन-संगी (~ - saṅ gee) *m.* 1. life-companion. 2. spouse.

जीवन-संघर्ष (~ - saṅ gharsh) *m.* struggle for existence.

जीवन-संध्या (~ - san dhyA) *f.* evening of (one's) life.

जीवन-साथी (~ - sA thee) *m.* lifelong partner, life companion, spouse.

जीवन-स्तर (~ - star) *m.* standard of living.

जीवनी (jee va nee, jeev nee) *f.* biography.

जीवनीकार (~ kAr) *m.* biographer.

जीव-भौतिकी (jeev - bhau ti kee) *f.* Biophysics.

जीव-रसायन (~ - ra sA yan) *m.* Biochemistry.

जीवलोक (~ lok) *m.* world of living beings, animal world.

जीव-विज्ञान (~ vig gyAn) *m.* Biology.

जीव-वैज्ञानिक (~ - vaig gyA nik) *m.* Biologist.

जीव-हत्या (~ - hat tyA) *f.* killing, slaughter; ~ करना to kill; ~ लगना—उसे जीव-हत्या लगी है He is guilty of the sin of killing.

जीव-हिंसा (~ - hin sA) *f.* = जीव-हत्या।

जीवाणु (jee vA nu) *m.* bacteria.

जीवाणु-विज्ञान (~ - vig gyAn) *m.* bacteriology.

जीवात्मा (~ vAt mA) *f.* the individual soul.

जीवाश्म (~ vAshm) *m.* fossil.

जीविका (~ vi kA) *f.* livelihood; ~ का आधार

source of livelihood; ~ चलना to subsist; ~ चलाना to earn a livelihood.

जीवित (~ vit) *adj.* 1. living, alive, live; वह 1810 से 1890 तक ~ रहा He lived from 1810 to 1890. 2. used or practised; ~ भाषा living language.

जीवी (~ vee) *adj. & m.* (used as a suff.) subsisting on; मसि ~ writer; श्रम ~ labourer; बुद्धि~ intellectual.

जी-हुज़ूर (~ - hu zoor) *m.* submissive associate, yes man, sycophant.

जी-हुज़ूरी (~ - huzoo ree) *f.* sycophancy.

जुंबिश (jum bish) *f.* motion, movement; ~खाना to move a little.

जुआ (ju A) *m.* 1. the practice of playing games for money, gambling; ~ खिलाना to conduct gambling. 2. the taking of risk for possible advantage; ~ खेलना to gamble, to take a gamble; जुए का दाँव money gambled, stake. 3. yoke.

जुआ-घर (~ ghar) *m.* gambling den.

जुआरी (~ ree) *m.* gambler.

जुकाम (zu KAm) *m.* catarrh, cold; ~ बिगड़ जाना—जुकाम बिगड़ गया The cold has aggravated. ~ लगना / होना catching of cold.

जुग (jug) *m.* = युग; ~ जुग जियो May you live long - very long !

जुगत (ju gat) *f.* 1. device. 2. skill, tact, skilfulness; ~ का आदमी ingenious/resourceful man; ~ भिड़ाना to manoeuvre a device; ~ लड़ाना to hit upon a plan; बड़ी ~ से काम लिया Did it with a great tact.

जुगती (jug tee) *adj.* tactful, resourceful.

जुगनूँ (~ noo) *m.* 1. firefly, glowworm. 2. pendant (ornament).

जुगल (ju gal) *m.* pair, couple.

जुगल-जोड़ी (~ - jo Ree) *f.* duo, harmonious pair.

जुगलबंदी (~ ban dee) *f.* duet.

जुगाड़ (ju gAR) *m.* 1. = जुगत; ~ करना to manage resources; ~ बनाना / बैठाना to manoeuvre resources; ~ में लगना to get manoeuvring resources; ~ लगाना to muster resources. 2. procurement.

जुगालना (ju gAl nA) *vt.* to chew the cud, to ruminate (beasts).

जुगाली (ju gA lee) *f.* rumination; ~ करना to chew the cud, to ruminate.

जुगुप्सा (ju gup SA) *f.* 1. repugnance, hatred. 2. censure, reproach.

जुगुप्सित (ju gup sit) *adj.* repugnant.

जुज़ (juz) *m.* 1. part, portion. 2. printed form of a book.

जुज़बंदी (~ ban dee) *f.* form-wise sewing of a book.

जुझार (ju jhAr) *m.* 1. warrior, fighter. 2. war, battle.

जुझारू (ju jhA roo) *adj.* agressive, belligerent.

जुझारूपन (~ pan) *m.* 1. agressiveness, belligerence. 2. fighting quality.

जुट (juT) *m.* 1. pair. 2. set (of things); गहनों का ~; set of ornaments. 3. match. 4. batch, group.

जुटना (~ nA) *vi.* 1. to get engaged/engrossed; काम में जुट जाना to get engrossed in work. 2. to assemble/gather. 3. to unite.

जुटाना (ju TA nA) *vt.* 1. to collect/bring together; हिम्मत ~ to pluck up courage. 2. to procure.

जुठारना (ju THAr nA) *vt.* to make (something edible) impure and unfit for eating (from other's point of view) by tasting; मुँह ~ to eat just a little for taste.

जुड़ना (juR nA) *vi.* 1. to be attached/jointed/fastened; जुड़कर बैठना to sit close together; वे दोनों मकान जुड़े हुए हैं The two houses are attached to each other. उसकी टाँगें जुड़ गई हैं His legs are cramped. 2. to be stuck; जुड़े हुए पत्ते cards stuck together. 3. to be collected/accumulated (as wealth.) 4. to be summed/totalled;—रक़में ~ रक़में जुड़ गई हैं The amounts have been summed. 5. to be procured/got; हमें ऐसे गहने कहाँ जुड़ेंगे? Where shall we get such ornaments? 6. to be yoked; इस गाड़ी में दो घोड़े जुड़ेंगे Two horses will be yoked to this carriage.

जुड़पित्ती (juR pit tee) *f.* urticaria.

जुड़वाँ (~ vȂ) *adj.* (indeclinable) twin; मेरी ~ बहन my twin sister; क्या आप ~ भाई हैं Have you a twin brother?

जुड़वाई (~ VA ee) *f.* act or state of जुड़वाना or charges to be paid for the same.

जुड़वाना (~ VA NA) *vt.* to have (some objects) set or joined.

जुड़ाई (ju RA ee) *f.* joinery.

जुतना (jut NA) *vi.* 1. to be yoked; बैलगाड़ी में जुत गए Bullocks have been yoked to the cart. 2. to be ploughed/tilled; खेत जुत गया The field has been ploughed. 3. to be engaged/harnessed to some work.

जुतवाना (~ VA NA) *vt.* causative of जोतना।

जुताई (ju TA ee) *f.* act or state of जुतना, or wages to be paid for the same.

जुतिऔवल (ju ti au wal) *f.* fight with shoes.

जुतियाना (ju ti YA NA) *vt.* 1. to beat with shoes. 2. to insult by using harsh language.

जुदा (ju DA) *adj.* separate; ~ करना to separate; ~ - जुदा totally different; distinct from each other; ~ होना to be separated.

जुदाई (~ ee) *f.* separation.

जुनून (ju noon) *m.* madness, craziness, mania.

जुनूनी (ju noo nee) *adj.* mad, crazy.

जुन्हाई (ju nhA ee) *f.* moonlight.

जुमला (jum lA) *adj.* all taken together. *m.* sentence. (gram.)

जुमलेबाज़ी (~ le BA zee) *f.* casting of aspersions; ~ करना to cast aspersions.

जुमा (ju MA) *m.* Friday.

जुमेरात (ju me rAt) *f.* Thursday.

जुम्मा (jum MA) *m.* = जुमा।

जुम्मेरात (~ me rAt) *f.* = जुमेरात।

जुरमाना (jur MA NA) *m.* = जुर्माना।

जुर्म (jurm) *m.* crime, offence; ~ क़बूल करना to confess to an offence; ~ करना to commit an offence; ~ साबित करना to establish a charge/offence.

जुर्माना (jur MA NA) *m.* fine, monetary penalty; ~ करना to fine; ~ देना / भरना to pay fine; ~ लगना imposition of fine; ~ लगाना to impose fine.

जुर्रत (~ rat) *f.* courage; तुम्हारी ~ कैसे पड़ी How dared you?

जुर्राब (~ rAb) *f.* stockings, socks.

जुल (jul) *m.* dodge, deceit; ~ देना to dodge, to practise fraud.

जुलना (~ NA) *vt.*; मिलना - ~ (i) to meet and mix, to have social intercourse; (ii) to resemble.

जुलबाज़ (~ bAz) *m.* dodger, deceiver.

जुलबाज़ी (~ bA zee) *f.* dodgery.

जुलाई (ju lA ee) *f.* July.

जुलाब (ju lAb) *m.* purgative, cathartic; ~ देना to administer a जुलाब; ~ लेना to take a जुलाब।

जुलाहा (ju lA hA) *m.* weaver. [Fem. जुलाहिन]

जुलूस (ju loos) *m.* = जलूस।

जुल्फ़ (zulf) *f.* a lock of lovely hair.

जुल्म (zulm) *m.* 1. cruelty, tyranny. 2. oppression; ~ करना / ढाना / बरपा करना (i) to play the tyrant; (ii) to oppress; ~ सहना to suffer tyranny/oppression.

जुल्मी (zul mee) *adj.* cruel, oppressive.

जुस्तजू (just joo) *f.* search.

जुहाना (ju hA nA) *vt.* 1. to collect/procure. 2. to coordinate, to adjust (things).

जुहार (ju hAr) *f.* greeting, salutation.

जुहारना (~ nA) *vt.* 1. to greet. 2. to take an obligation.

जुही (ju hee) *f.* = जूही।

जूँ (jõõ) *f.* louse; ~ पड़ना breeding of louse; कानों पर ~ तक न रेंगना to pay no heed at all.

जूआ (joo A) *m.* = जुआ।

जूजू (~ joo) *m.* 1. hooligan. 2. an imaginary animal whose name is used to frighten children.

जूझना (joohj nA) *vt.* 1. to combat; जूझ पड़ना (i) to begin fighting; (ii) to jump into an affray. 2. to cope/tackle; हमें इस समस्या से ~ होगा We have to tackle this problem.

जूट (jooT) *m.* jute; जटा ~ matted hair.

जूठ (jooTh) *f.* = जूठन।

जूठन (joo Than) *f.* leavings of food; आज ~ हमारे यहाँ छोड़िएगा Please dine at ours today.

जूठा (~ ThA) *adj.* (food) rendered unusable by improperly touching or eating.

जूड़ा (~ RA) *m.* lock of braid (s), round hair-do; ~ बाँधना to prepare a जूड़ा।

जूड़ी (~ Ree) *f.* ague, malaria; ~ ताप malarial fever.

जूत-पैज़ार (joot - paĩ zAr) *f.* fighting with shoes.

जूता (joo tA) *m.* a shoe or a pair of shoes; ~ उठाना to be ready to beat with a shoe; ~ उतारना / उतार लेना (i) take off shoes; (ii) to be ready to beat with shoes; ~ काटना— ~ काट रहा है The shoe is pinching. ~ मारना to retaliate by humiliating/insulting; उसे मारो ~ Damn it. जूते उठाना to play the servile; जूते की नोक पर मारना to kick at, to treat with contempt; जूते खाना (i) to be beaten with shoes; (ii) to suffer indignity/humiliation; जूते चलना (i) exchange of shoe-blows; (ii) being at loggerheads; जूते चाटना to lick the shoes; जूते पड़ना (i) to be beaten with shoes; (ii) to be thrashed/humiliated; जूते बरसना = जूते चलना; जूते मारना to give a shoe-beating; जूते से ख़बर लेना = जूते से बात / पूजा करना beat with shoes, to attack with insulting language.

जूती (~ tee) *f.* 1. an Indian pumpshoe. 2. slipper; ~ पर रखकर रोटी देना to feed but insultingly; जूतियाँ चटकाना to loaf about (with no purpose), to knock about (to no purpose); जूतियाँ चलना = जूते चलना; जूतियाँ सीधी करना = जूते उठाना।

जून (joon) *m.* 1. time; एक ~ का खाना one meal. 2. June. 3. straw.
f. life, existence; अगली ~ में in the next life.

जूनियर (joo ni yar) *adj.* junior (H. E. अवर).

जूरी (~ ree) *f.* jury.

जूस (joos) *m.* 1. juice. 2. soup.

जूसी (joo see) *f.* molasses.

जूही (~ hee) *f.* 1. a kind of jasmine (flower). 2. the fruit of jasmine.

जेंवना (jẽv nA) *vt.* = जीमना।

जेठ (jeTh) *adj.* 1. elder. 2. chief. 3. the best.
m. 1. elder brother of the husband. 2. third month of the Hindu calendar.

जेठा (je THA) *adj.* 1. elder. 2. better; ~ रंग brighter colour.

जेठानी (~ nee) *f.* wife of husband's elder brother.

जेठी (je Thee) *adj.* 1. pertaining to the month of जेठ। 2. fem. of जेठा।

जेते (je te) *adj.* as many.

जेनरेटर (jen re Tar) *m.* a machine for producing electrical energy, generator.

जेब (jeb) *m.* pocket; मैंने उसे ~ में रखा I kept it in the pocket. ~ कट जाना / कटना—उसका ~ कट गया His pocket has been picked; He has his pocket picked. ~ कतरना to pick a pocket; ~ ख़ाली कर देना to empty out (one's) pocket; ~ ख़ाली होना—जेब ख़ाली है The pocket is empty. ~ गरम करना to bribe; ~ गरम होना to accept a bribe; ~ भरना to fill (one's) pocket; अपनी ~ में रखना; to have (somebody) in one's pocket;—ऐसे ऐसों को तो मैं जेब में रखता हूँ I carry such people in my pocket.

जेबकतरा (~ kat rA) *m.* a pickpocket.

जेबकतरी (~ kat ree) *f.* habit of picking pockets.

जेब-ख़र्च (~ - Kharc) *m.* pocket money.

जेबघड़ी (~ gha Ree) *f.* pocket watch.

जेबी (je bee) *adj.* handy, which can be kept in the pocket; ~ संस्करण pocket edition.

जेय (jey) *adj.* conquerable.

जेल (jel) *m.* jail; ~ काटना to serve a sentence in jail; ~ की हवा खाना to undergo a term in jail, to be in jail; ~ भेजना to send to jail; ~ भोगना to suffer a term of imprisonment; ~ में रखना to put in pri-son.

जेलख़ाना (~ KHA nA) *m.* prison, jail.

जेलर (je lar) *m.* jailor.

जेली (je lee) *f.* 1. gadget for collecting grass. 2. jelly.

जेवनार (jev nAr) *f.* feast (spl. one given on a ceremonial occasion).

ज़ेवर (ze vAr) *m.* ornament.

ज़ेवरात (zev rAt) *m.* plu. of ज़ेवर।

ज़ेहन (ze han) *m.* intellect.

जेहाद (je hAd) *m.* 1. a holy war. 2. war against people of other religions, jehad; भारत के विरुद्ध पाकिस्तान ~ चला रहा है Pakistan is engaged in waging a jehad against India.

जेहादी (je hA dee) *adj.* of jehad.
m. a warrior engaged in a holy war.

ज़ैतून (zai toon) *m.* olive.

जैन (jain) *m.* a Jain.

जैनी (jai nee) *adj.* of or pertaining to Jains.
m. a follower of the Jain religion, a Jain.

जैव (jaiv) *adj.* 1. pertaining to animate object. 2. born of an animal.

जैव विष (~ vish) *m.* toxin.

जैविक (jai vik) *adj.* having life, animate.

जैसा (jai sA) *adj.* 1. similar to, like; उस ~ like him/that; मुझ ~ like me; वह आप ही ~ है He is just like you. 2. as; ~ कि मैंने कहा कि Just as I said that. ~ समझो As you think proper. जैसे का तैसा as it was; जैसे को तैसा tit for tat.

जैसे (jaise) *adv.* 1. as; ~ ~ as; ~ तैसे somehow, anyhow; ~ बने by any possible means; ~ बने वैसे somehow or the other; ~ भी हो (i) anyhow; (ii) by hook or crook; ~ ही (i) as soon as; no sooner ...than; ~ ही मैंने पोस्टमास्टर को देखा उसने मुझे पहचान लिया No sooner I had seen the postmaster than he recognised me. (ii) just as. 2. as if;

मुँह में ~ जबान ही न हो As if he is without a tongue.

जोंक (jõk) *f.* leech; ~ की तरह चिपटना to stick like a leech.

जोंधरी (jõdh ree) *f.* millet.

जो (jo) *pron.* who, which; ~ कुछ भी हो come what may; ~ कुछ (i) what; मुझे ~ कुछ कहना था कह दिया I have said what I had to say; (ii) whatever; ~ कोई whoever; ~ ~ आएगा, पछताएगा Everybody who comes, will repent. ~ भी हो In any case. ~ हो (i) come what may; (ii) any way; ~ होना था, हो गया What was to happen has happened.

जोख (jokh) *f.* weighing (as in नाप-जोख).

जोखना (~ nA) *vt.* 1. to weigh. 2. to weigh the pros and cons (of something).

जोखिम (jo khim) *f.* risk, hazard; ~ उठाना / लेना to run a risk; ~ का काम risky/ hazardous job; ~ धनी सिर (at) owner's risk; ~ में डालना to imperil; जान ~ में है There is a risk of life (in it).

जोखिमी (jo khi mee) *adj.* risky, full of danger.

जोखों (jo khõ) *f.* = जोखिम।

जोगिन (jo gin) *f.* fem. of जोगी; female ascetic or wife of an ascetic.

जोगिनी (jo gi nee) *f.* = जोगिन।

जोगिया (jo gi YA) *adj.* 1. pertaining to an ascetic/mendicant; ~ बाना / वस्त्र धारण करना (i) to put on the garb of an ascetic/mendicant; (ii) to take to asceticism/mendicancy.

जोगी (jo gee) *m.* saint, ascetic. [Fem. जोगिन]

जोगीड़ा (~ RA) *m.* 1. a folk song (sung during the Holi festival). 2. a band singing such a song.

जोड़ (joR) *m.* 1. sum, total; ~ मिलाना to tally totals/aggregates; ~ लगाना to add up. 2. match, peer, compeer; ~ का matching; ~ का तोड़ counter, antidote. 3. joint; ~ ~ में in each and every joint; जोड़ों का दर्द rheumatic pains; उसे जोड़ों का दर्द है He is suffering from rheumatism. हड्डियों का ~ bonejoint; हड्डियों का ~ बैठाना to set bones. 4. pair, set; एक ~ कपड़े a set of clothes.

जोड़-तोड़ (~ - toR) *m.* unscrupulous manoeuvres, manipulation; ~ का आदमी one used to (unscrupulous) manoeuvring, a man of tactics; ~ की राजनीति politics of unscrupulous manoeuvring.

जोड़दार (~ dAr) *adj.* having joint (s), jointed.

जोड़ना (~ nA) *vt.* 1. to add; मैंने पुस्तक में एक नया अध्याय जोड़ दिया है I have added a new chapter in the book. अपनी ओर से ~ to add from one's own side; दस में पाँच जोड़ो Add five to ten. 2. to total; ये रक़में जोड़ो Total these amounts. 3. to hoard/amass; पैसा ~ to amass wealth. 4. to connect/join/unite; दो दिलों को ~ to unite two hearts. 5. to set; अक्षर ~ to compose (press); घड़ी के पुर्जे ~ to put together the parts of a watch; यारी ~ to make friends, to cultivate friendship; सिर जोड़कर बैठना to while away time together; हाथ ~ to fold hands;—हाथ जोड़े हुए with folded hands.

जोड़-पट्टी (~ - paT Tee) *f.* fish-plate.

जोड़-बाक़ी (~ - bA kee) *f.* addition and subtraction.

जोड़वाना (~ VA nA) *vt.* जुड़वाना।

जोड़ा (jo RA) *m.* 1. couple, pair; ~ खाना to

क़ K, ख़ Kh, ग़ G, ज़ z, फ़ F; च c, छ ch; ट T, ठ Th, ड D, ड़ R, ढ Dh, ढ़ Rh; ण N, ङ ṅ, ञ/न n; श/ष sh copulate. 2. set, suite; ~ बदलना to change a suite/set (of clothes).

जोड़ाई (~ ee) *f.* joinery.

जोड़ी (jo REE) *f.* 1. pair, couple; वह ~ सुंदर थी They were a beautiful couple. घोड़ों की ~ pair of horses; मियाँ-बीबी की ~ couple of spouses. 2. pair of cymbals, dumb-bells etc. 3. carriage drawn by two horses.

जोड़ीदार (~ dAr) *m.* 1. colleague, co-worker. 2. match.

जोत (jot) *f.* 1. act or state of yoking. 2. right to till a land. 3. yoke (strap). 4. strings of a balance. 5. flame; ~ जगाना/जलाना to ignite a flame. 6. holding.

जोतना (~ nA) *vt.* 1. to plough; हल ~ to plough. 2. to till; खेत ~ to till a field; जोती हुई जमीन tilled/ploughed land. 3. to yoke; बैल ~ to yoke bullocks. 4. to harness; घोड़े को ~ to harness a horse.

जोतनेवाला (~ ne wAlA) *m.* ploughman.

जोताई (jo tA ee) *f.* ploughing or remuneration paid for it.

जोबन (jo ban) *m.* physical charm or bloom of youth (of a woman); ~ छाना blooming of youth; ~ ढलना decline of the bloom of youth; ~ पर आना / होना to attain the prime of youth; ~ लूटना to enjoy the pleasure of a young woman's company.

ज़ोम (zom) *m.* 1. zeal, enthusiasm. 2. pride, vanity.

ज़ोर (zor) *m.* 1. force, power, strength; ~ आज़माना to have a trial of strength; ~ करना to practise wrestling, to wrestle for training; ~ का forceful, assertive, powerful; ~ कराना to train for wrestling; ~ दिखाना to display strength/force; ~ मारना to try one's level best; to make an all-out effort; ~ लगाना to apply force; उसने पूरा ~ लगाया था He had done his utmost. ~ से (i) forcefully; उसने मेरा हाथ ~ से दबाया He pressed my hand forcefully. (ii) loudly; वह ~ से चिल्लाया He cried loudly. क़लम का ~ power of the pen; धन का ~ power of wealth; ज़ोरों से with full force; आँखों पर ज़ोर मत डालो Don't strain your eyes. 2. emphasis; ~ देना to emphasize; ~ देकर with force, forcefully; उसने ज़ोर देकर कहा He said forcefully. 3. influence; ~ चलना—उस पर मेरा ज़ोर नहीं चलता I have no hold/influence over him. ~ डालना to pressurize/influence; ~ पहुँचाना to influence through someone. 4. height, intensity, momentum; ~ का ज्वर high fever; ~ का दर्द severe pain; ~ का धड़ाका loud blast/explosion; ~ का पानी heavy rain; ~ की लड़ाई fierce fight; ~ पकड़ना—आन्दोलन ने ज़ोर पकड़ लिया है The movement has gathered momentum. ~ पर होना to be in full swing; ~ बाँधना to gather momentum. 5. strength; फ़ील का ~ strength of the bishop (chess); सत्ता का ~ strength of (one's) position.

ज़ोर-आज़माई (~ - Az mA ee) *f.* trial of strength.

ज़ोर-ज़बरदस्ती (~ - za bar das tee) *f.* duress, coercion; ~ से forcibly.

ज़ोर-ज़ुल्म (~ - zulm) *m.* cruel use of power, oppression, tyranny.

ज़ोरदार (~ dAr) *adj.* 1. forceful; ~ प्रहार करना to hit hard, to sock. 2. effective; मैं तुम्हारे प्रस्ताव का ~ समर्थन करूँगा I will support your proposal strongly.

ज़ोर-शोर (~ - shor) *m.* vigour and zest, gusto; ~ से vigorously.

ज़ोरा-ज़ोरी (zo rA - zo ree) *f.* vigour, strength.
adv. vigorously.

जोरू (jo roo) *f.* wife; ~ का गुलाम excessively devoted to one's wife, henpecked husband.

जोरू-जाँता (~ - jÃ tA) *m.* (plu.) wife and children, family.

ज़ोश (josh) *m.* 1. excitement. 2. fervour, zeal, enthusiasm; ~ आना to get excited; ~ ठंडा पड़ जाना to cool down; ~ दिलाना to excite/provoke; ~ में आना to be warmed up; ख़ून का ~ dynastic zeal.

जोश-ख़रोश (~ - Kha rosh) *m.* great zeal/gusto; खूब ~ से with tremendous gusto.

जोशाँदा (jo shÃ dA) *m.* decoction.

जोशीला (jo shee lA) *adj.* 1. full of spirits, spirited. 2. zealous, enthusiastic; ~ आदमी zealous person.

जोशीलापन (~ pan) *m.* zealousness.

जोहना (joh nA) *vt.* to search minutely, to look for; बाट ~ to wait for, to await.

जौ (jau) *m.* barley; ~ भर a grain of, a jot of; ~ भर भी नहीं not even a grain.

जौहर (~ har) *m.* 1. jewel. 2. real merit, skill, excellence; ~ दिखाना to show one's skill; आदमी का ~ skill of a man; तलवार का ~ skilled swordsmanship. 3. suicide for self-respect. (annals of Rajasthan).

जौहरी (jauh ree) *m.* 1. jeweller. 2. connoisseur.

ज्ञ (gy) *m.* letter of the Nagari alphabet which is a compound of ज् and ञ; its modern pronunciation is *gy.*

ज्ञप्ति (gyap ti) *f.* 1. act or state of knowing. 2. a known thing. 3. wisdom.

ज्ञात (gyAt) *adj.* known; ~ होना to be known.

ज्ञात यौवना (~ yau va nA) *f.* a belle who is conscious of her youthful bloom.

ज्ञातव्य (gyA tavy) *adj.* knowable, worth knowing.

ज्ञाता (~ tA) *m.* one who knows, scholar, learned person.

ज्ञाति (~ ti) *f.* person related by blood or birth.

ज्ञान (gyAn) *m.* knowledge, learning; उसे ज्योतिष का अच्छा ~ है He is extremely knowledgeable about astrology. ~ बघारना to show off one's knowledge.

ज्ञानचक्षु (~ cak shu) *m.* inner vision.

ज्ञान-पिपासा (~ - pi pA sA) *f.* thirst for knowledge.

ज्ञान-पिपासु (~ - pi pA su) *adj.* having a thirst for knowledge, seeker after knowledge.

ज्ञानमय (~ may) *adj.* full of knowledge.

ज्ञानवान, ज्ञानवान् (~ - vAn) *adj.* profound (spl. in spiritual knowledge).

ज्ञानालय (gyA nA lay) *m.* academy, institute of learning.

ज्ञानाश्रयी (~ nAsh shra yee) *adj.* 1. dependent upon knowledge. 2. pertaining to knowledge.

ज्ञानिक (~ nik) *adj.* academic.

ज्ञानी (~ nee) *adj.* 1. learned, wise. 2. learned (in spiritual subjects).

ज्ञानेंद्रिय (~ nen driy) *m.* sense organ.

ज्ञानोदय (~ no day) *m.* experience of new light.

ज्ञापक (~ pak) *adj.* informative, instructive.

ज्ञापन (~ pan) *m.* 1. act or state of giving information/instruction. 2. memorandum.

ज्ञापित (~ pit) *adj.* informed, communicated.

ज्ञाप्य (gyAppy) *adj.* worth communicating/ knowing.

ज्ञेय (gyey) *adj.* knowable.

ज्ञेयता (~ tA) *f.* knowability.

ज्या (jyA) *f.* 1. bow-string. 2. sine (of an angle) (Maths.). 3. mother. 4. earth.

ज़्यादती (zyAd tee) *f.* high-handedness, excess, overdoing; यह उसकी ~ थी This was his high-handedness. दलित महिला पर पुलिस की ज़्यादतियों के लिए जाँच का आदेश दिया गया Probe ordered into police excesses on Dalit Woman.

ज़्यादा (zyA dA) *adj.* & *adv.* more; ~ खर्च मत करो Don't overspend. ज़रूरत से ~ more than necessary. पचास से ~ more than fifty; बहुत ~ (i) many more; (ii) very many; हद से ~ excessively; ~ से ज़्यादा (i) at the most; (ii) maximum.

ज़्यादातर (~ tar) *adv.* mostly; मैं ~ घर में ही खाना बनाती हूँ I do most of the cooking at home only.

ज्यामिति (jyA mi ti) *f.* Geometry.

ज्यूरी (jyoo ree) *f.* jury.

ज्येष्ठ (jyesTH) *adj.* 1. senior most, senior. 2. eldest, elder.
m. 1. third month of the Hindu calendar. 2. = जेठ (husband's elder brother).

ज्येष्ठता (~ tA) *f.* seniority.

ज्यों (jyõ) *adv.* as, in the manner of; ~ का त्यों exactly as it was; ~ - ज्यों in the order in which, as; ~ - त्यों somehow; ~ ही as soon as.

ज्योति (jyo ti) *f.* 1. flame, light, lustre. 2. fire. 3. vision, view.

ज्योतित (~ tit) *adj.* flooded with light/ lustre.

ज्योतिर्मय (~ tir may) *adj.* lustrous, brilliant, glittering.

ज्योतिर्लिंग (~ tir ling) *m.* emblem of Lord Shiva.

ज्योतिर्विद (~ tir vid) *m.* astronomer.

ज्योतिष (~ tish) *m.* 1. Astronomy. 2. Astrology.

ज्योतिषी (~ ti shee) *m.* 1. astronomer. 2. astrologer. 3. fortune-teller.

ज्योत्स्ना (jyots nA) *f.* moonlight.

ज्योनार (jyo nAr) *f.* feast.

ज्वर (jwar) *m.* fever; उसे तेज़ ~ है He has a high fever. ~ आना / चढ़ना / होना—मुझे ज्वर आ (चढ़ या हो) गया है I have got a fever. ~ उतर जाना subsidence of fever; उसका ~ कम हो गया है His fever has reduced.

ज्वलंत (jwa lant) *adj.* 1. shining, lustrous, sparkling. 2. glaring, shocking or fierce; ~ समस्याएँ glaring problems.

ज्वलन (~ lan) *m.* 1. act or state of burning. 2. burning sensation. 3. fire. 4. flame. 5. inflammation.

ज्वलनशील (~ sheel) *adj.* combustible, flammable, in flammable.

ज्वलनशीलता (~ sheel tA) *f.* combustibility, flammability, inflammability.

ज्वार (jwAr) *f.* 1. millet. 2. flow tide; ~ भाटा flow and ebb. 3. highest degree of something.

ज्वाला (jwA lA) *f.* 1. flame. 2. extremely burning sensation. 3. pang, agony.

ज्वालामुखी (~ mu khee) *adj.* volcanic; ~ पर्वत volcanic mountain.
m. volcano; ~ फूटना eruption of a volcano.

झ

झ (jh) *m.* fourth of the alveo-palatal pentad of consonants of the Nagari alphabet; its sound resembles that of the compound *jh.*

झंकार (jhaṅ KAr) *f.* 1. sharp ringing sound. 2. twang.

झंकृत (~ krit) *adj.* 1. tinkled, jingled. 2. tinkling, jingling; ~ करना to twang.

झंकृति (~ kri ti) *f.* = झंकार।

झंखाड़ (~ khAR) *m.* big thorny bush; झाड़ - ~ jumble of thorny bushes.

झँगुला (jhã gu lA) *m.* small shirt of a baby. [Fem. झँगुली]

झंझट (jhan jhaT) *f.* 1. complicated situation, fuss, imbroglio; ~ करना to create a fuss. 2. difficulty, trouble; ~ मोल लेना to invite trouble.

झंझटी (~ jha TEE) *adj.* cantankerous, troublesome, quarrelsome; ~ आदमी troublesome person; ~ काम/बात nagging issue.

झँझरी (jhãjh ree) *f.* 1. lattice, network. 2. latticed window. 3. gauze of an oven. 4. hole, cavity. 5. sieve. 6. ladle with holes.

झँझरीदार (~ dAr) *adj.* latticed, netted.

झंझा (jhan jhA) *m.* gale, tempest.

झंझावात (~ vAt) *m.* storm.

झँझोड़ना (jhã jhoR nA) *vt.* to give a violent shaking.

झंडा (jhaN DA) *m.* flag, banner; ~ खड़ा करना (i) to hoist a flag; (ii) to start a new party, movement etc.; ~ गाड़ना (i) to set up a flag; (ii) to conquer and hoist a flag as a sign of victory; ~ झुका देना to lower a flag, to put a flag at half-mast; ~ फहराना to hoist a flag; झंडे तले आना to come under one flag.

झंडा-दिवस (~ - di vas) *m.* flag-day.

झंडाभिवादन (~ bhi vA dan) *m.* salutation of a flag.

झंडी (jhaN Dee) *f.* small flag, bunting; हरी ~ दिखाना to give a green signal.

झंडी-पद्धति (jhaN Dee - pad dha ti) *f.* semaphore.

झँडूला (jhã Doo lA) *adj.* & *m.* 1. (child) whose tonsure ceremony has not been performed. 2. hair on the head of such a child. 3. (tree) of thick foliage.

झंडोत्तोलन (jhaN Dot to lan) *m.* ceremony of flag hoisting.

झँपना (jhãp nA) *vi.* to be closed; आँखें ~ — उसकी आँखें झँपने लगी हैं His eyes are beginning to close.

झँवाना (jhã vA nA) *vi.* 1. to become dusky (as of the sun). 2. fading of the fire. 3. to diminish due to burning or drying. 4. to fade. 5. to become exhausted. 6. to be rubbed with pumice and cleaned. 7. to be abashed. *vt.* 1. to blacken and make (something) dusky. 2. to extinguish fire (slowly). 3. to diminish (something) by burning or drying. 4. to cause to fade. 5. to rub with pumice. 6. to cause exhaustion. 7. to cause to feel ashamed.

झँसना (jhā̃s nA) *vt.* to rub oil on some parts of the body; झँस लेना to grab something by trickery.

झक (jhak) *f.* craze, whim; ~ चढ़ना = ~ सवार होना; ~ मारना—वह आजकल ~ मार रहा है He is doing neck or nothing these days. वह ~ मारेगा और आएगा He cannot but come; willy-nilly he has to come. ~ सवार होना to be crazy (after), to crave.

झकझोरना (~ jhor nA) *vt.* to give a shake up, to give a violent shaking, to rack up; झकझोर देना to shake or rock violently; भूकंप के ताज़ा झटकों ने राज्य को झकझोर दिया है Fresh tremors have rocked the state.

झकाझक (jha KA jhak) *adj.* shining, glittering.

झकोरना (~ kor nA) *vi.* (air) to gush through.

झकोरा (~ ko rA) *m.* 1. gush of wind; झकोरे लेना to flow with a gush. 2. a swing.

झकोला (~ ko lA) *m.* = झकोरा।

झक्कड़ (jhak kaR) *m.* hurricane.

झक्की (~ kee) *adj.* crazy, whimsical; ~ मिज़ाज crazy temperament.

झक्कीपन (~ pan) *m.* craziness, whimsicality.

झख (jhakh) *f.* = झक।

झगड़ना (jha gar nA) *vi.* to quarrel/altercate.

झगड़ा (jhag RA) *m*. 1. quarrelling. 2. quarrel; ~ करना (i) to pick up a quarrel; (ii) to start a quarrel; ~ खड़ा करना to initiate a quarrel; ~ ख़त्म करना to end a quarrel; ~ छेड़ना to start a quarrel; ~ तै करना to settle a quarrel; ~ तै होना settlement of a quarrel; ~ निपटाना to dispose of a quarrel; ~ बढ़ाना to protract/aggravate a quarrel; ~ मोल लेना to invite a trouble/quarrel; झगड़े की जड़ root-cause of a trouble/quarrel; झगड़े की बात, a reason for complaining, troublesome issue.

झगड़ा-टंटा (~ - TAN TA) *m.* troublesome affair, imbroglio.

झगड़ालू (~ loo) *adj.* fond of starting quarrels, quarrelsome.

झगड़ालूपन (~ pan) *m.* quarrelsomeness.

झगा (jha gA) *m.* a loose garment for babies.

झगुली (~ gu lee) *f.* = झगा।

झझक (~ jhak) *f.* = झिझक।

झझकना (~ nA) *vi.* = झिझकना।

झट (jhaT) *adv.* ~ से instantly, forthwith, immediately, quickly.

झटकना (jha TAK nA) *vt.* 1. to jerk rapidly, 2. to snatch; झटक लेना to grab.

vi. झटक जाना to be physically reduced.

झटका (jhaT KA) *m.* 1. sudden jerk, blow; एक ही झटके में in a single blow. 2. shock; ~ खाना (i) to get a shock; (ii) to get physically reduced; ~ देना to give a violent jerk, to twitch, to shake up; ~ मारना to give a shock; ~ लगना to get a shock; झटके से with a jerk. 3. tremor; भूचाल का ~ earth-tremor. 4. an act of cutting animal's head with a one stroke. 5. the meat of such an animal.

झटकारना (~ KAr nA) *vt.* to give a violent jerk, to shake off, to jerk off, to twitch; झटकार देना to refuse to comply roug-hly; हाथ ~ —हाथ झटकारते हुए चले आना to come or return empty-handed.

झटपट (~ paT) *adv.* forthwith, instantaneously; इस काम को ~ करो Do it in a jiffy.

झड़ (jhaR) *m.* = झड़ी।

झड़न (jha Ran) *f.* 1. act or state of झड़ना। 2. thing so fallen, as dust from clothes. 3. brokerage, interest etc. which is deducted from the principal sum.

झड़ना (jhaR nA) *vi.* to fall off, falling/shedding off; बाल ~ falling of hair; धूल ~ —धूल झड़ गई है The dust is shaken off.

झड़प (jha Rap) *f.* wordy duel, altercation.

झड़पना (~ nA) *vt.* to browbeat, to tell off.

झड़पा-झड़पी (jhaR pA - jhaR pee) *f.* high words; उन दोनों में ~ हुई High words ran between the two.

झड़बेरी (~ be ree) *f.* wild plum, jujube; ~ का काँटा troublesome fellow.

झड़वाई (~ vA ee) *f.* act or state of झड़वाना, or remuneration paid for the same.

झड़वाना (~ vA nA) *vt.* 1. to have (something) dusted. 2. to get (someone) exorcized.

झड़ाझड़ (jha RA jhaR) *adv.* in quick succession, continually.

झड़ी (~ Ree) *f.* continuous fall; गालियों की ~ shower of abuses; प्रश्नों की ~ volley of questions; वर्षा की ~ incessant rainfall.

झनक (~ nak) *f.* jingling/clinking sound.

झनकना (~ nA) *vi.* to jingle/clink; ~ - पटकना tantrum.

झनझन (jhan jhan) *f.* jingling/tinkling sound.

झनझनाना (~ jha nA nA) *vi.* to jingle/clink.

झनझनाहट (~ jha nA haT) *f.* jingling, clinking.

झपक (jha pak) *f.* 1. act or state of winking. 2. a twinkle. 3. nap.

झपकना (~ nA) *vi.* 1. to wink (repeatedly). 2. to doze.

झपकी (jhap kee) *f.* doze, nap; गाड़ी में ज़रा-सी ~ लग गई थी I had a little doze on the train. ~ लेना to doze off, to have a nap.

झपटना (jha paT nA) *vi.* to make a sudden attack; झपट पड़ना to pounce; बिल्ली चूहे पर झपट पड़ी The cat swooped upon the rat. झपट लेना to snatch/grab.

झपटाझपटी (jhap TA jhap Tee) *f.* pouncing by many at a time.

झपट्टा (jha paT TA) *m.* swoop, pounce; ~ मारना to swoop down (in order to snatch away); चील - ~ a swoop like that of a kite (bird).

झपना (jhap nA) *vi.* to wink/blink.

झपनी (~ nee) *f.* 1. cover. 2. a basket provided with a lid.

झपेट (jha peT) *f.* striking range; प्लेग की ~ में आना to become a victim of plague.

झपेटा (~ pe TA) *m.* = झपेट।

झबरा (jhab rA) *adj.* having or covered with long coarse hair, shaggy; ~ कुत्ता shaggy dog. [Fem. झबरी]

झबरापन (~ pan) *m.* shagginess.

झबरीला (jhab ree lA) *adj.* = झबरा।

झब्बा (~ bA) *m.* tassel.

झब्बेदार (~ be dAr) *adj.* tasselled.

झमक (jha mak) *f.* lustre, light.

झमकना (~ nA) *vi.* 1. to glitter off and on. 2. to make a jingling sound. 3. to walk with a jingling sound. 4. to strut; आँखों में नींद झमक रही है The eyes are down with drowsiness.

झमझमाना (jham jha mA nA) *vi.* 1. to produce a jingling sound. 2. to shine/glitter.

झमाझम (jha mA jham) *f.* 1. (continuously) with a jingling sound (as the falling of rain). 2. with lustre; ~ चमकना to glitter/sparkle.

झमेला (~ me lA) *m.* problem, complicated affair, turmoil, disturbance.

झमेलिया (~ me li yA) *adj. & m.* one given to creating problems, problem atic, quarrelsome.

झरझर (jhar jhar) *f.* sound produced by the flow of water, air etc.; ~ आँसू बहना tears falling incessantly.

झरना (~ nA) *m.* 1. spring, streamlet. 2. sievelike big spoon.
vi. to fall ; पत्ते पतझड़ में झरते हैं the leaves fall in autumn.

झरी (jha ree) *f.* 1. waterfall. 2. a tax realised from shopkeepers. 3. orifice, clink. 4. = झड़ी।

झरोखा (~ ro khA) *m.* smallish window, oriel.

झल (jhal) *m.* craziness, eccentricity.

झलक (jha lak) *f.* glimpse, glance; ~ दिखाई पड़ना to get just a glimpse; ~ दिखाना to give a glimpse; ~ पाना to catch a glimpse; ~ मारना (i) to resemble, to have a semblance (of); (ii) to appear as if peeping through; ~ मिलना to get a glimpse.

झलकना (~ nA) *vi.* to appear (faintly); उसकी बात से झलकता है कि--- From his talk it appears that---क्रोध और दुःख चेहरे से झलकने नहीं चाहिए Anger and sorrow should not appear on the countenance.

झलझलाना (jhal jha lA nA) *vi.* to sparkle with brilliance; बिजली से झलझलाता हुआ aglow with electricity.

झलना (~ nA) *vt.* 1. to fan. 2. to solder.

झलवाना (~ vA nA) *vt.* causative of झलना।

झलाई (jha lA ee) *f.* 1. act of fanning or wages paid for the same. 2. soldering.

झलाना (~ lA nA) *vt.* = झलवाना।

झल्ल (jhall) *m.* madness, eccentricity; ~ सवार होना to be eccentric.

झल्ला (jhal lA) *adj.* 1. eccentric, crank. 2. very soupy.
m. 1. large basket. 2. light shower, drizzle.

झल्लाना (~ nA) *vi.* to be irritated/annoyed, to fret; झल्ला पड़ना to get visibly annoyed, to lose temper.

झल्लाहट (~ haT) *f.* fretting and fuming.

झाँई (jhÃ ee) *f.* black-out; मुझे ~ आ गई I had a black-out. ~ बताना to dodge, to give a dodge. 2. semblance; ~ मारना to give a semblance. 3. shadow; ~ पड़ना falling of a shadow.

झाँई-झप्पा (~ - jhappA) *m.* trickery.

झाँकना (jhÃk nA) *vi.* to peep into; बाहर ~ to peep out; कोई आज उधर को झाँकता तक नहीं None now even cares to peep that way.

झाँकी (jhÃ kee) *f.* 1. public display of gorgeously decorated idols of Hindu Gods. 2. tableau; रामलीला की ~ tableau of the Ramlila. 3. glimpse.

झाँझ (jhÃjh) *f.* sistrum.

झाँट (jhÃT) *f.* pubic hair.

झाँप (jhÃp) *f.* window or door shade.

झाँपना (~ nA) *vt.* to cover/shade.

झाँय-झाँय (jhÃy - jhÃy) *f.* = झाँव-झाँव।

झाँव-झाँव (jhÃw - jhÃw) *f.* wordy quarrel, altercation.

झाँवाँ (jhÃ vÃ) *m.* earthen pumice for scrubbing hands and feet.

झाँसा (~ sA) *m.* dodge, hoodwink; ~ देना to dodge/hoodwink.

झाँसा-पट्टी (~ paT Tee) *f.* trickery.

झाड़ (jhAR) *m.* 1. bush, shrub. 2. small tree. 3. chandelier. 4. rebuff, reprimand, chiding; ~ पिलाना to chide or rebuff.

झाड़-झंखाड़ (~ - jhaṅ khAR) *m.* jumble of bushes and shrubs.

झाड़न (jhA Ran) *f.* duster.

झाड़ना (jhAR nA) *vt.* 1. to dust, to shake off dust; पल्ला झाड़ देना to pay off all one has. 2. to upbraid/scold. 3. to treat with occult science; ज्ञान / विद्वत्ता ~ to make a pedantic show of one's learning; किसी की शेख़ी ~ to subdue (someone's) conceit.

झाड़-फ़ानूस (~ FA noos) *m.* ornamental candle-sticks hung from the roof, chandelier.

झाड़-फूँक (~ phōōk) *f.* exorcism, practice of occult arts.

झाड़-बुहार (~ bu hAr) *f.* dusting and cleaning.

झाड़ा (jhA RA) *m.* 1. search (of one's person); ~ देना to undergo a search; ~ लेना to take a search. 2. act or state of evacuation; ~ फिरना to evacuate; ~ लगना to feel the urge of evacuation. 3. stool, excreta. 4. = झाड़-फूँक।

झाड़ी (~ Ree) *f.* shrub, scrub, thicket; झाड़ियों का समूह shrubbery.

झाड़ू (~ ROO) *f.* broom; ~ देना to sweep with a broom; ~ फिर जाना to lose one's all; ~ फेरना to make a clean sweep; ~ मारना (i) to beat with a broom; (ii) to treat with contempt and insult.

झाड़ूबरदार (~ bar dAr) *m.* sweeper.

झाड़ूवाला (~ VA lA) *m.* 1. sweeper. 2. broom-seller.

झापड़ (jhA paR) *m.* slap; ~ देना / मारना / लगाना to slap (violently).

झाबा (~ bA) *m.* pannier, large basket.

झारखंड (jhAr khaND) *m.* 1. forest of bushes, spl. thorny. 2. an Indian State.

झारी (jhA ree) *f.* small pitcher with a spout.

झाल (jhAl) *f.* 1. pungency. 2. soldering. 3. act or state of झालना।

झालदार (~ dAr) *adj.* pungent.

झालना (~ nA) *vt.* to solder.

झालर (jhA lar) *f.* frill, festoon.

झालरदार (~ dAr) *adj.* frilled, fimbriate.

झिंगवा (jhĩg VA) *f.* a kind of small fish.

झिंगुली (jhĩ gu lee) *f.* = झगा।

झिंझोटी (~ jho Tee) *f.* a variety of Indian melody.

झिझक (jhi jhak) *f.* 1. hesitation. 2. hitch (due to nervousness).

झिझकना (~ nA) *vi.* to hesitate; झिझकते हुए hesitatingly; झिझक-झिझककर with a good deal of hesitation.

झिड़क (jhi Rak) *f.* = झिड़की।

झिड़कना (~ nA) *vt.* to chide/admonish/snub.

झिड़की (jhiR kee) *f.* chide, snub; उसे ~ पड़ जाती He would have been snubbed.

झिपना (jhip nA) *vi.* = झपना।

झिरझिर (jhir jhir) *adv.* 1. slowly. 2. with a whispering sound (as the movement of a breeze).

झिरझिरा (~ jhirA) *adj.* thinly woven.

झिरी (jhi ree) *f.* 1. aperture, chink, slit. 2. pit. 3. streamlet. 4. frost. 5. crop spoiled by frost.

झिरीदार (~ dAr) *adj.* slitted, having apertures.

झिलम (jhi lam) *f.* frill of a helmet.

झिलमिल (jhil mil) *adj.* twinkling. *f.* 1. shimmer; मोतियों की ~ shimmer of pearls. 2. twinkle; तारों की ~ twinkle of stars.

झिलमिला (~ mi lA) *adj.* thinly woven.

झिलमिलाना (~ nA) *vi.* 1. to shimmer. 2. to twinkle.

झिलमिलाहट (~ hat) *f.* twinkling.

झिलमिली (jhil mi lee) *f.* 1. a louvre to let air in. 2. screen.

झिलवाना (~ VA nA) *vt.* of झेलना।

झिल्लड़ (~ laR) *adj.* sparsely woven.

झिल्ली (~ lee) *f.* 1. membrane. 2. cricket (insect).

झिल्लीदार (~ dAR) *adj.* membranous.

झींकना (jheẽk nA) *vi.* = झीखना।

झींगा (jheẽ ga) *m.* 1. a variety of small fish. 2. a kind of paddy. 3. an insect which eats into a cotton plant.

झींगुर (~ gur) *m.* cricket (insect).

झींसी (~ see) *f.* drizzle; ~ पड़ना to drizzle, to rain in mist-like drops.

झीखना (jheekh nA) *vi.* to grumble/grouse.

झीना (jhee nA) *adj.* thinly/sparsely woven.

झील (jheel) *f.* lake.

झुँझलाना (jhũjh lA nA) *vi.* to fret, to be annoyed/irritated; झुँझलाकर बोलना to talk irritatingly; झुँझला पड़ना to get irritated.

झुँझलाहट (~ lA hat) *f.* irritation, petulance.

झुंड (jhuND) *m.* 1. herd, flock; ~ के ~ hordes; बंजारों के ~ के ~ hordes of gipsies; झुंडों में in hordes. 2. group. 3. clump of reeds.

झुकना (jhuk nA) *vi.* 1. to bend. 2. to be inclined. 3. to bow down; झुक जाना (i) to yield or relent; वह झुका नहीं He did not relent. (ii) to die; वह झुक गया He died.

झुकवाई (~ VA ee) *f.* act or state of झुकवाना or wages paid therefor.

झुकवाना (~ VA nA) *vt.* causative of झुकना।

झुकाई (jhu kA ee) *f.* act or state of झुकाना or wages paid therefor.

झुकाना (~ kA nA) *vt.* 1. to bend/tilt. 2. to bow; मस्तक/सिर ~ to bow down; आँखें झुकाए हुए with downcast eyes.

झुकाव (~ kAW) *m.* 1. bend, tilt. 2. inclination, proclivity. 3. tendency.

झुग्गी (jhug gee) *f.* hut; ~ - झोंपिड़यों में रहनेवाले लोग slum-dwellers.

झुटपुटा (jhuT pu TA) *m.* twilight.

झुठलाना (jhuTh lA nA) *vt.* to prove false, to falsify; झुठला देना to belie; उसने हमारी आशाओं को झुठला दिया He belied our hopes.

झुठाना (jhu ThA nA) *vt.* = झुठलाना।

झुनझुन (jhun jhun) *f.* jingle, jingling sound.

झुनझुना (~ jhu nA) *m.* (child's) rattle.

झुनझुनाना (~ nA) *vi.* 1. to be benumbed. 2. to produce a jingling sound.

झुनझुनी (jhun jhu nee) *f.* numbness; पैर में ~ चढ़ गई The foot got benumbed.

झुमका (jhum kA) *m.* 1. a kind of ear-ring. 2. pendant of an ear-ring.

झुमाना (jhu mA nA) *vt.* causative of झूमना।

झुरकुट (jhur kuT) *adj.* 1. withered, dried up. 2. lean and thin, emaciated.

झुरना (~ nA) *vi.* 1. to dry up. 2. to begin to lose strength.

झुरमुट (~ muT) *m.* 1. mess of shrubs, shrubbery. 2. cluster of trees, bushes etc.

झुर्री (jhur ree) *f.* wrinkle.

झुर्रीदार (~ dAR) *adj.* having wrinkles, wrinkled; ~ चेहरा wrinkled face.

झुलवाना (jhul VA nA) *vt.* to cause to swing.

झुलसना (jhu las nA) *vi.* to be scorched/charred.

झुलाना (~ lA nA) *vt.* 1. to swing/rock; झूला ~ to swing (in a swing). 2. to put off;

वह मुझे वर्षों से झुला रहा है He has been putting me off for years.

झूँटा (jhōo TA) *m.* swing; मुझे दो झूँटे दे दो Give me two swings.

झूठ (jhooTH) *m.* lie, falsity, falsehood; ~ का पुतला a downright liar; ~ का पुल trail of lies; ~ बोलना to tell a lie; वह पुलिस से ~ बोला He told lies to the police.

झूठ-मूठ (~ - mooTH) *adv.* without any real cause, without any rhyme or reason, falsely; ~ का unreal, sham.

झूठ-सच (~ - sac) *m.* a lie or truth; ~ जोड़ना/लगाना to make a complaint in order to deceive.

झूठा (jhoo THA) *adj.* false; ~ आरोप a false allegation; ~ पड़ना to be rendered unusable; मशीन के कई पुर्जे झूठे पड़ गए Several parts of the machine have become unusable. ~ ठहराना to prove false, to falsify; झूठी लज्जा/शर्म false modesty, prudery.

m. liar; झूठे का मुँह काला a liar is bound to be exposed; झूठों का बादशाह king of liars, archliar.

झूठों (~ THō) *adv.* 1. falsely. 2. nominally; उसने मुझे ~ भी निमंत्रित नहीं किया He did not even nominally invite me.

झूमक (~ mak) *m.* 1. a variety of folk dance. 2. a song sung with the dance or in other festivities. 3. = झुमका। 4. frill to which beads etc. are attached.

झूमना (jhoom NA) *vi.* 1. to move to and fro, to wave, to sway like leaves on a tree. 2. to sway the body in gaiety as in intoxication. 3. to gather and move to and fro, as clouds in the sky; झूमते हुए चलना to move joltingly, to jog.

झूमर (jhoo mar) *m.* 1. a kind of ear-ring. 2. a variety of folk dance. 3. a song sung with the dance or in other festivities. 4. rocking toy. 5. a ring, a circular arrangement; नाँवों का ~ a ring of boats.

झूरा (~ RA) *m.* 1. drought. 2. shortage.

झूल (jhool) *f.* 1. sheet of cloth hung over the body of an elephant etc. for decoration. 2. loose and cumbersome garment.

झूलना (~ NA) *vi.* to swing; झूले पर झूलना to sway/oscillate (on a swing)/dandle.

झूला (jhoo lA) *m.* 1. swing. 2. swinging rope, ropeway. 3. gust of wind.

झेंपना (jhẽp NA) *vi.* to blush; वह अपनी मूर्खतापूर्ण भूल पर झेंप गई She blushed at her stupid mistake.

झेंपू (jhẽ poo) *adj.* blushing; ~ दुल्हन blushing bride.

झेलना (jhel NA) *vi.* to endure/undergo/suffer/bear; कष्ट / दु:ख ~ to undergo suffering, to endure hardship; वार ~ to sustain an attack/assault. 3. to digest.

झोंक (jhõk) *f.* 1. impulse; ~ में आकर impulsively; नींद की ~ stupor; पागलपन की ~ fit of insanity. 2. bent, inclination; तराजू की ~ inclination of the beam of a balance (denoting inaccuracy).

झोंकना (~ NA) *vt.* to throw into (an oven, furnace etc. with a jerk); भाड़ ~ to engage (oneself) in a worthless job. झोंक देना—तुमने मुझे इस झंझट में झोंक दिया You have pushed me into this muddle. चूल्हे में ~ to throw into the blaze.

झोंकवाई (~ VA ee) *f.* act or state of झोंकवाना or wages paid therefor.

झोंकवाना (~ VA NA) *vt.* causative of झोंकना।

झोंका (jhõ KA) *m.* 1. gust, blast (of wind).

2. sudden drizzle. 3. wave (of water). 4. nap, doze.

झोंकाई (~ KA ee) *f.* act or state of झोंकना, or wages paid therefor.

झोंटा (~ TA) *m.* 1. body of dishevelled hair on the head (spl. of a woman); ~ पकड़कर निकाल देना to turn out insultingly, to throw off. 2. handy bundle. 3. a push given to a swing.

झोंटा-झोंटी (~ jhõ TEE) *f.* tussle in which two women pull each other by the hair.

झोंपड़ा (jhõp RA) *m.* biggish hut, cottage.

झोंपड़ी (~ Ree) *f.* hut, crib; टूटी-फूटी ~ hovel.

झोरना (jhor NA) *vt.* 1. to give a shaking. 2. to grab money deceitfully. 3. to eat with gay abandon.

झोल (jhol) *m.* 1. broth. 2. soup. 3. sag; ~ खाना—पतंग झोल खा रही है The kite is sagging. ~ पड़ना to have a sag. 4. pucker; क़मीज कंधे पर ~ खा रही है The shirt puckers (up) at the shoulder.

झोल-झाल (~ jhAl) *adj.* 1. worthless. 2. loose (garment). 3. defective.

m. 1. defect. 2. worthless/useless talk.

झोलदार (~ dAr) *adj.* 1. brothy. 2. soupy. 3. metal-coated. 4. sagging, loose.

झोला (jho lA) *m.* 1. knapsack, kit, wallet, handy/smallish bag. 2. covering of cloth over a horse etc. 3. loose shirt. 4. a disease of plants. 5. blow. 6. gust. 7. signal.

झोली (~ lee) *f.* 1. border of a cloth used as a mendicant's bag, wearing apparel (spl. its border) used as a bag; ~ फैलाना to use a झोली in token of asking for something; ~ भरना to give bountifully in compliance with the above request; ~ में होना to be in a bag. 2. alms bag.

झौर (jhaur) *m.* 1. bouquet. 2. bunch. 3. shoal. 4. wrangle, altercation. 5. uproar.

झौहाना (jhau hA nA) *vi.* to talk fretfully and loudly.

ञ

ञ (na) fifth of the alveo-palatal pentad of consonants of the Nagari alphabet; its sound resembles that of *n* in *punch*.

ट

ट (TA) *m.* first of the five cerebral consonants of the Nagari alphabet; its sound resembles that of *t* in *take*, *cut* etc.

टँकना (tãk nA) *vi.* 1. to be stitched or sewn. 2. to be noted/recorded.

टँकवाना (~ VA nA) *vt.* causative of टाँकना।

टँकाई (tã KA ee) *f.* 1. soldering. 2. charges paid for soldering.

टँकाना (~ KA nA) *vt.* = टँकवाना।

टंकार (Taṅ KAr) *f.* 1. twang of a bow. 2.tinkling sound. 3. shrill cry. 4. reputation. 5. ill-repute. 6. astonishment.

टंकारना (~ nA) *vt.* 1. to twang a bow. 2. to make a tinkling sound.

टंकी (Taṅ kee) *f.* 1. tank. 2. cistern, reservoir.

टंकी-जहाज़ (~ - ja hAZ) *m.* tanker.

टँकुआ (tã ku A) *adj.* (cloth) that has been sewn, embroidered etc.

टँगड़ी (Tãg Ree) *f.* leg (pej.); ~ अड़ाना = टाँग अड़ाना; ~ देना/मारना/लगाना = अड़ंगी देना।

टँगना (~ nA) *m.* string/rope on which clothes are hung.

vi. to be hung; मेरी जान सूली पर टँगी है The sword of Damocles hangs over my head.

टंच (Ṭanc) *adj.* & *m.* sharper, crafty guy.

टंट-घंट (TANT - ghanT) *m.* paraphernalia, collection of sundry articles.

टंटा (TAN TA) *m.* 1. meaningless complication; ~ खड़ा करना to create a meaningless complication. 2. botheration, trouble. 3. altercation, turmoril.

टंडैल (~ Dail) *m.* 1. mate (of labourers). 2. sturdy youth.

टक (Tak) *f.* = टकटकी.

टकटकी (~ Ta kee) *f.* steady/intent look, gaze; ~ बाँधना / लगाना to look intently/ steadily.

टकराना (~ rA nA) *vi.* 1. to collide, to ram; गाड़ियों का ~ collision of trains; जा ~ to strike something with great force; सवारी गाड़ी माल गाड़ी से जा टकराई Passenger train crashed into goods train. 2. to clash/dash against; हितों का ~ clash of interests.

टकराव (~ rAV) *m.* 1. collision. 2. encounter, confrontation.

टकराहट (~ rA haT) *f.* = टकराव।

टकसाल (~ SAl) *f.* mint, mint-house; शब्दों की ~ house where words are coined.

टकसाली (~ SA lee) *adj.* 1. of or pertaining to a mint. 2. standard, genuine; ~ प्रयोग standard usage; ~ सिक्का genuine coin.

टकहाया (~ hA yA) *adj.* = टकैया।

टका (Ta kA) *m.* an old Indian copper coin, equivalent of two (old) pice; ~ पास न होना to be penniless; ~ भर in a quantity insignificantly small; ~ सा insignificantly small; ~ सा जवाब flat refusal, curt reply, positive 'No'; टके का having no worth, of no consequence; टके का आदमी a worthless fellow; टके सा मुँह लेकर लौट आना to return humiliated and empty-handed.

टकासी (~ see) *f.* system of charging interest at the rate of two pice per rupee per month.

टकाहा (~ hA) *adj.* = टकैया।

टकुआ (Ta ku A) *m.* 1. spindle. 2. pointed tool. [Fem. टकुई, टकुली]

टकुली (Ta ku lee) *f.* diminutive of टकुआ।

टकैया (Ta kai yA) *adj.* cheap as a farthing; ~ माल cheap stuff.

टकोर (Ta kor) *f.* light fomentation; ~ करना to foment.

टकोरना (~ nA) *vt.* 1. to foment lightly. 2. to give a light blow, to strike. 3. to pass a hurtful remark.

टक्कर (Tak kar) *f.* 1. collision; दो गाड़ियों में टक्कर हो गई Two trains were in collision. 2. confrontation; ~ का matching; वह उसकी ~ का है He is a match for him. ~ खाना to bump/collide against; ~ झेलना to sustain a blow (physical or otherwise); ~ मारना to dash (against); ~ लेना to run (against); टक्करें खाना / मारना to knock about.

टखना (Takh nA) *m.* ankle-joint.

टटका (TaT kA) *adj.* fresh; ~ आम fresh mango; ~ समाचार fresh news.

टटोलना (Ta Tol nA) *vt.* to feel with the hands, to grope/probe; टटोल-टटोलकर gropingly.

टट्टर (TaT - Tar) *m.* bamboo fence.

टट्टी (~ Tee) *f.* 1. screen (made of straw); ~ की ओट में शिकार खेलना to attack from behind a screen/cover; धोखे की ~ deceptive facade/appearance/camouflage. 2. faeces, stool; ~ करना to evacuate; ~ जाना to go for evacuation; उसकी ~ निकल गई (i) He passed stools involuntarily. (ii) He lost his nerve. 3. latrine.

टट्टू (~ Too) *m.* pony; भाड़े का ~ one who works (for others) only for consideration/money, mercenary; ~ पार करना to achieve an objective.

टन (Tan) *f.* 1. tinkling sound. 2. = टंकार।
m. 1. ton (measure of weight). 2.tonne.

टनकना (Ta nak nA) *vi.* 1. tinkling. 2. to feel dizzy.

टनटन (Tan Tan) *f.* tinkling sound, sound of bells.

टनटनाना (~ Ta nA nA) *vi.* to ring/tinkle.

टनमना (~ ma nA) *adj.* 1. perfectly healthy. 2. hale and hearty.

टनाटन (Ta nA Tan) *adj.* fit and chipper, hale and hearty.
f. tinkling sound, sound of peal.
adv. with a tinkling sound.

टनेल (Ta nel) *f.* tunnel.

टन्न (Tann) *adj.* intoxicated.

टप (Tap) *f.* 1. hood of a carriage. 2. cover of a lamp. 3. = टब (tub); ~ से—वह टप से कूद पड़ा He jumped down all of a sudden. वह टप से धमक पड़ा He burst in abruptly.

टपक (Ta pak) *f.* throbbing pain; ~ होना to have a throbbing pain; फोड़े में टपक हो रही है There is a throbbing pain in the boil.

टपकना (~ nA) *vi.* to fall as drops, to trickle/drip; उसके चेहरे से उजड्डपन टपक रहा है Boorishness is apparent from his face. टपक पड़ना to break in abruptly.

टपका (Tap kA) *m.* 1. falling in droplets/driplets; टपके का आम mango fallen from the tree. 2. = टपक।

टपका-टपकी (~ - Tap kee) *f.* drizzle.

टपकाना (~ nA) *vt.* to cause to drip/trickle.

टपकाव (Tap kAw) *m.* act or state of टपकाना।

टपकेबाज़ (~ ke baz) *m.* cheat.

टपकेबाज़ी (~ ke bA zee) *f.* cheating.

टपटप (~ Tap) *f.* sound made by dripping water.

टपटपाना (~ Ta pA nA) *vi.* to leak heavily.

टपना (~ nA) *vi.* 1. to leap or jump across. 2. to remain without food. 3. to go on waiting without any tangible result. *vt.* to jump over.

टपाटप (Ta pA Tap) *adv.* with incessant sound of falling rain drops.

टपाना (Ta pA nA) *vt.* 1. to cause (someone) to leap or jump across. 2. to cause to remain without food. 3. to cause (someone) to wait unnecessarily.

टप्पा (Tap pA) *m.* 1. small tract of land. 2. bounce; ~ खाना to take/make a bounce. 3. range of bouncing. 4. a type of folk song of the Punjab.

टब (Tab) *m.* tub, vat.

टमटम (Tam Tam) *f.* tumtum.

टमाटर (Ta mA Tar) *m.* tomato; ~ की चटनी tomato sauce.

टर (Tar) *f.* 1. harsh sound as that of frogs. 2. obstinacy; ~ टर करना to go on talking and insisting on the same thing.

टरकाना (~ kA nA) *vt.* to put off, to postpone; ~ टरका देना to evade by postponement.

टरकी (~ kee) *f.* turkey (bird).

टरटराना (~ Ta rA nA) *vi.* to prattle/chatter.

टर्रटर्र (Tarr Tarr) *f.* 1. croak. 2. croaking sound.

टर्रा (Tar rA) *adj.* obstinate and ill-tempered, obdurate.

टर्राना (~ nA) *vi.* 1. to croak. 2. to talk impertinently/aggressively.

टर्रापन (~ pan) *m.* obstinacy and ill-temper, obduracy.

टलना (Tal nA) *vi.* to be postponed; टल जाना (i) to be postponed; परीक्षा टल जाना—परीक्षा टल गई The examination is postponed. (ii) to slip away; बात से ~ to go back by one's word; संकट ~ —संकट टल गया The crisis is averted. समय~ passing of the time; हुक्म ~ —हुक्म टल नहीं सकता The order cannot but be obeyed. यहाँ से तो टलो Get away from this place.

टल्लेनवीसी (~ le na vee see) *f.* 1. making pretences. 2. idling away time. 3. engagement in thankless jobs or useless activities.

टल्लो (~ lo) *f.* green twig.

टवर्ग (Ta varg) *m.* a group of five cerebral consonants of the Nagari alphabet, *i.e.* ट (Ta), ठ (Tha), ड (Da), ढ (Dha) and ण (Na).

टवर्गीय (Ta var geey) *adj.* of or pertaining to टवर्ग।

टस (Tas) *f.* sound produced by the movement of a heavy object; ~ से मस न होना (i) not to budge an inch; (ii) not to yield even a fraction.

टसक (Ta sak) *f.* act or state of टसकना।

टसकना (~ nA) *vi.* 1. to slip/move/budge. 2. to have a throbbing pain. 3. to ripen (fruit).

टसर (Ta sar) *m.* 1. a kind of silk of light, grey colour. 2. cloth made of the same.

टहक (Ta hak) *f.* act or state of टहकना।

टहकना (~ nA) *vi.* 1. to have a throbbing pain (in the parts of the body). 2. to melt. 3. to make a tapping sound.

टहटहा (Tah Ta hA) *adj.* 1. blooming, flourishing. 2. fresh, green.

टहनी (~ nee) *f.* twig, spray, sprig.

टहल (Ta hal) *f.* attendance, menial service; ~ में लगना to render service (to).

टहलना (~ nA) *vi.* to take a walk, to stroll/saunter/walk; मैं अक्सर पार्क में टहलने के लिए जाता हूँ I often go for a walk in the park. सुबह का ~ morning walk.

टहलान (Tah lAn) *f.* (morning) walk.

टहलाना (~ lA nA) *vt.* to help (someone) walk.

टहलुआ (Tah lu A) *m.* lacky, man-servant. [Fem. टहलुई]

टहोका (Ta ho kA) *m.* jerk with a hand or foot.

टाँक (TÃk) *f.* 1. act or state of टाँकना। 2. part, portion. 3. handwriting. 4. point of a pen. 5. estimation of weight, value etc.

टाँकना (~ nA) *vt.* 1. to stitch or sew. 2. to cobble. 3. to solder. 4. to powder (as on a grindstone and thereby roughen). 5. to record/write down. 6. go grab improperly.

टाँका (TÃ kA) *m.* 1. stitch; ~ मारना to apply a stitch; कच्चा ~ soft stitch; पक्का ~ hard stitch; टाँके उधड़ना to be completely undone; टाँके उधेड़ना to undo completely. 2. part stitched/sewn, patch. 3. solder; ~ लगाना to solder.

टाँकी (~ kee) *f.* 1. chisel. 2. small piece cut out. 2. piece scooped out (of a fruit etc.).

टाँग (TÃg) *f.* 1. leg; ~ अड़ाना to interfere and obstruct; ~ खींचना to pull (someone's) leg; ~ तले से निकलना to admit/accept supremacy; ~ तोड़ना (i) to render (someone) helpless; (ii) to dabble; अंग्रेज़ी की टाँग तोड़ना to dabble in English; ~ पसारना to relax; to straighten one's legs. 2. the leg of an animal used as food.

टाँगन (TÃ gan) *m.* pony.

टाँगना (TÃg nA) *vt.* to hang; सूली पर ~ to hang (someone) on the gallows.

टाँगा (TÃ gA) *m.* tonga, one-horse carriage.

टाँच (TÃc) *f.* stitching, sewing.

टाँचना (~ nA) *vt.* stitch/sew.

टाँट (TÃT) *f.* skull, bare head.

टाँड़ (TÃR) *f.* projecting over-head rack/shelf.

टाँड़ा (TÃ RA) *m.* 1. flock of pack beasts. 2. goods carried by the flock. 3. caravan of travelling merchants. 4. halting place/camp of such a caravan. 5. family (pej.).

टाँय-टाँय (TÃy - TÃy) *f.* 1. jabber, prattle. 2. hoarse sounds; ~ फिस होना to result in a fiasco, to come to nought.

टाँस (TÃs) *f.* tension in hands or feet due to being bent, or pain resulting therefrom.

टांसिल (TAn sil) *m.* tonsil.

टाइप (TA ip) *f.* type (printing); ~ करना to type, typewriting.

टाइपराइटर (~ rA i Tar) *m.* typewriter.

टाइपिस्ट (TA i pIST) *m.* typist.

टाइफ़ाइड (TA i FA ID) *m.* typhoid.

टाइम (TA im) *m.* time.

टाइम-टेबुल (~ - Te bul) *m.* timetable.

टाइम-पीस (~ - pees) *m.* timepiece.

टाइल (TA il) *f.* tile.

टाई (TA ee) *f.* tie, necktie.

टाउन (TA un) *m.* town.

टाउनहाल (~ hAl) *m.* townhall.

टाट (TAT) *m.* sackcloth, gunny; ~ का बोरा gunny bag; ~ उलट देना to go bankrupt; ~ बाहर करना to excommunicate; ~ बाहर होना to be excommunicated.

टान (TAn) *f.* 1. tension. 2. attraction. 3. number of copies to be printed in one instalment. 4. one round of printing.

टानिक (TA nik) *m.* tonic.

टाप (TAp) *f.* hoof-beat; घोड़े की ~ sound of a horse's hoof-beat.

टापना (~ nA) *vi.* to jump over; टापते रह जाना (i) to go on waiting fruitlessly; (ii) to have to stay without food.

टापा (TA pA) *m.* 1. = टप्पा (expanse of land, esp. barren land). 2. step in walking.

टापू (TA poo) *m.* island, isle.

टाफ़टा (TAF TA) *m.* a shiny fabric like silk, taffeta.

टामी (TA mee) *m.* European soldier, tommy.

टामीगन (~ gan) *m.* tommy gun.

टायफ़ायड (TAy FA yaD) *m.*=टाइफ़ाइड।

टायर (TA yar) *m.* tyre.

टारकोल (TAr kol) *m.* coal-tar.

टारपीडो (~ pee DO) *m.* torpedo.

टार्च (TArc) *f.* torch; ~ की रोशनी torch light.

टाल (TAl) *m.* 1. big heap/pile (of wood, straw etc.). 2. shop having such piles. 3. bell tied to the neck of an animal (cow, elephant etc.).

टालटूल (~ Tool) *f.* = टालमटोल।

टालना (~ nA) *vt.* 1. to put off; बात को टाल मत Don't put the matter off. टाल जाना / देना to put off, to evade; उसने वह काम फिर टाल दिया He put off doing that again. 2. to postpone; बैठक कल पर टाल दो. Postpone the sitting till tomorrow. मैं उनकी आज्ञा टाल नहीं सकता I cannot but obey him. उनकी आज्ञा, और मैं टाल जाऊँ Disobey him, I cannot. टालते जाना to procrastinate.

टालमटोल (~ ma Tol) *f.* procrastination, prevarication; दर्जी की ~ delaying tactics of a tailor; ~ करना to procrastinate/prevaricate/defer.

टाली (TA lee) *f.* 1. bell tied to the neck of an animal. 2. eight-anna (fifty-pice) coin.

टिंचर (Tin car) *m.* tincture.

टिंडा (TIN DA) *m.* an Indian vegetable; round-gourd.

टिकट (Ti kaT) *m.* 1. ticket; कृपया दो पूरी और एक आधी ~ दें Please give me two adult and one child tickets. आने-जाने की ~ return trip ticket; बिना ~ without ticket; ~ कटाना to get a ticket, to have a ticket issued; ~ दिखाना to show a ticket for checking; ~ देखना to check a ticket. 2. stamp (postage or revenue); ~ चिपकाना to affix a stamp; ~ लगाना to stick a stamp on. 3. party's permission to fight an election as its candidate, ticket; वह कांग्रेस की ~ पर चुनाव लड़ेगा He will fight election on the Congress ticket.

टिकट-खिड़की (~ khiR kee) *f.* ticket-window, booking counter.

टिकट-घर (~ ghar) *m.* booking office.

टिकट-चेकर (~ ce kar) *m.* ticket-checker.

रीक्षक (~ pa reek shak) *m.* ticket-inspector, ticket-examiner.

कट-बाबू (~ bA boo) *m.* booking clerk.

टिकट-संकलक (~ - san ka lak) *m.* philatelist.

टिकट-संकलन (~ - san ka lan) *m.* the act of collecting postage stamps, philately.

टिक-टिक (Tik - Tik) *f.* tick-tick (of a clock).

टिकठी (~ Thee) *f.* 1. gallows, gibbet. 2. bier. 3. tea-poy, wooden bench.

टिकड़ा (~ RA) *m.* 1. disc. 2. pendant. 3. thick loaf baked on fire. [Fem. टिकड़ी]

टिकड़ी (~ Ree) *f.* small thick loaf baked on fire. [Fem. of टिकड़ा]

टिकना (~ nA) *vi.* 1. to stay (for a while); वह एक ही दिन टिका He stayed only for a day. 2. to last; मिठाई दो दिन भी नहीं टिकी The sweets did not last even for two days. 3. to stand/rest; सीढ़ी दीवार के सहारे टिकी है The ladder stands against the wall. ध्यान न ~—मेरा ध्यान नहीं टिकता I am unable to concentrate. पैर न ~ (i) उसके कहीं पैर नहीं टिकते He does not stay/tarry anywhere even for a while. (ii) यहाँ फिसलन है, पैर नहीं टिकता Here it is slippery, the foot does not get a hold. तुम तो किसी बात पर टिकते ही नहीं You do not stick to any point. तुम उसके सामने टिक नहीं सकते You will not be able to hold your own against him. You are no match to him. यह पृथ्वी धर्मात्माओं पर टिकी है The earth rests on good souls (saints).

टिकाऊ (Ti kA oo) *adj.* likely to last for a long time; durable, lasting.

टिकाऊपन (~ pan) *m.* durability, durableness, permanence.

टिकान (Ti kAn) *f.* 1. halting place. 2. halt.

टिकाना (~ kA nA) *vi.* to lodge someone at someplace.

टिकाव (Ti kAw) *m.* 1. act or state of halting. 2. halting place. 3. halt. 4. stability.

टिकिया (Ti ki yA) *f.* tablet, pill; तंबाकू की ~ (small) cake of tobacco.

टिकुली (Ti ku lee) *f.* spangle affixed on the forehead (by Indian women).

टिकैत (Ti kait) *m.* 1. crown prince. 2. chief. 3. founder.

टिचन (Ti can) *adj.* 1. fit, spick and span. 2. ever-ready.

टिटकारना (TiT kAr nA) *vt.* to make a ticking sound for driving an animal.

टिटकारी (~ kA ree) *f.* 1. act or state of टिटकारना। 2. sound so produced.

टिटिंबा (Ti Tim bA) *m.* unnecessary botheration, useless/avoidable complication.

टिटिहरी (Ti Tih ree) *f.* sandpiper.

टिड्डा (TiD DA) *m.* grasshopper.

टिड्डी (~ Dee) *f.* locust; ~ दल swarm of locusts.

टिन (Tin) *m.* tin.

टिप (Tip) *f.* tip; ~ देना to give a tip.

टिप-टिप (~ - Tip) *f.* 1. sound produced by falling rain drops. 2. drizzle making such a sound.

टिपवाना (~ vA nA) *vt.* causative of टीपना।

टिपारा (Ti pA rA) *m.* an old-fashioned cap.

टिप्पणी (Tip pa Nee) *f.* note, comment, remark; ~ करना to make a note, to pass a remark; टीका - ~ (adverse) comment; पाद ~ foot-note.

टिप्पन (Tip pan) *m.* 1. commentary. 2. horoscope.

टिप्पस (~ pas) *m.* a useful piece of advice;

~ भिड़ाना/लड़ाना to give an information or advice based on conjecture.

टिप्पा (~ pA) *m.* bounce, rebound; ~ खाना to bounce/rebound.

टिफ़िन (Ti Fin) *m.* tiffin, refreshment taken at noon.

टिमटिमाना (Tim Ti mA nA) *vi.* to glimmer/twinkle/scintillate.

टिमटिमाहट (~ Ti mA haT) *f.* glimmer, scintillation.

टिलीलिली (Ti lee li lee) *f.* a prank of children in which they tease one another.

टिल्ला (Til lA) *m.* 1. hurt. 2. push.

टिल्लेनवीसी (~ le na vee see) *f.* = टल्लेनवीसी।

टिहुनी (Ti hu nee) *f.* 1. knee. 2. elbow.

टीका (Tee kA) *m.* 1. a mark (of an unguent) put on the forehead. 2. inoculation; ~ लगाना to inoculate. 3. vaccination. 4. comment, remark. 5. commentary, annotation. 6. ceremony performed before marriage at which the engagement is confirmed. 7. an ornament worn on the forehead.

टीकाकार (~ kAr) *m.* 1. commentator. 2. annotator.

टपकना (~ Tip paNee) *f.* comments/criticism regarding merits and demerits of something; ~ करना to comment/criticise.

टीन (Teen) *m.* tin.

टीप (Teep) *f.* 1. act or state of टीपना। 2. act or state of tapping. 3. act or state of filling in the gaps between bricks with cement instead of plastering, pointing. 3. loud sound. 4. something jotted down, note, document. 5. bond. 6. horoscope. 7. thumb-impression.

टीपटाप (~ TAp) *f.* 1. embellishment, outward embellishment. 2. empty show.

टीपना (~ nA) *vt.* 1. to press with a finger; गला ~ to throttle. 2. to point (masonry). 3. to enter in record-book, to record, to jot down; नकल ~ to copy (illicitly).

टीबा (Tee bA) *m.* dune, mound; रेत का ~ sand-dune.

टीम (Teem) *f.* team.

टीमटाम (~ TAM) *f.* ostentation.

टीला (Tee lA) *m.* 1. mound. 2. hillock.

टीस (Tees) *f.* 1. smarting pain. 2. mental agony, anguish.

टीसना (~ nA) *vi.* to smart.

टुंड (TuND) *adj.* 1. (tree) which is short of its branches. 2. (person) whose hands are cut off. 3. (beast) whose horns have fallen off. 4. (object) part of which is broken off.

टुंडा (TuN DA) *adj.* = टुंड।

टुंडी (~ Dee) *f.* navel.

टुइयाँ (Tu i yÃ) *adj.* 1. tiny, very small. 2. dwarfish.

f. small parrot.

टुक (Tuk) *adj.* a little.

adv. for a little while; ~ ठहरो Wait a little.

टुक-टुक (~ - Tuk) *adv.* = टुकुर-टुकुर।

टुकड़ (Tu kaR) allomorph of टुकड़ा as in टुकड़ख़ोर।

टुकड़ख़ोर (~ Khor) *m.* hanger on, parasite.

टुकड़गदा (~ ga dA) *adj.* 1. mean. 2. very poor.

m. 1. beggar. 2. parasite.

टुकड़गदाई (~ ga dA ee) *f.* beggary.

टुकड़-तोड़ (~ -ToR) *m.* hanger-on, parasite.

टुकड़ा (Tuk RA) *m.* 1. piece, fragment; 1972 में पाकिस्तान के दो टुकड़े हो गए In 1972 Pakistan broke into two. टुकड़े-टुकड़े कर देना to tear/cut into pieces. 2. part, portion. 3. morsel; ~ माँगना to beg; टुकड़ों के लिए तरसना to crave for bits of morsels; टुकड़ों पर पलना to subsist on leavings of others.

टुकड़ी (~ REE) *f.* 1. small piece, bit. 2. detachment (of troops).

टुकुर-टुकुर (TU kur - TU kur) *adv.* ~ देखना to gaze with longing looks; to look wistfully.

टुक्कड़ (TUK KAR) *m.* piece of bread.

टुच्चा (TUC CA) *adj.* lowly, low-minded, ignoble; ~ आदमी man of straw; टुच्ची बात small talk.

टुच्चापन (~ pan) *m.* lowliness, lowmindedness, ignobility.

टुटपुँजिया (TUT pũ ji YA) *adj. & m.* (person) having very little capital/means.

टुटरूँ (~ rõo) *f.* small dove; ~ टूँ voice of a dove.

adj. 1. alone, solitary. 2. very little. 3. lean and thin. 4. insignificant, trivial.

टुटहा (~ HA) *adj.* broken.

टूँगना (TÕog NA) *vt.* 1. to eat slowly and bit by bit. (sarcastic) 2. to graze to.

टूँड़ (TÕOR) *m.* 1. long hair on the mouth of an insect. 2. pointed portion of an ear of corn/vegetable/fruit. 3. navel.

टूक (TOOK) *m.* bit, fragment; ~ टूक हो जाना to be broken into fragments; उसका कलेजा ~ टूक हो गया His heart was shattered to pieces. दो ~ जवाब देना to give a clearcut refusal.

टूट (TOOT) *f.* 1. breakage. 2. loss due to breakage.

टूटदार (~ DAR) *adj.* folding.

टूटन (TOO TAN) *f.* broken fragments.

टूटना (TOOT NA) *vi.* to break; जिस्म ~ (sort of) aching of limbs; टूट चलना to exhaust, run out; हमारा धैर्य अब टूट चला है Our patience is running out now. टूट जाना (i) to break off; to break down; उसकी टाँग कैसे टूट गई How did he come to break his leg? संबंध टूट जाना severance of relationship, breaking off of a relation; (ii) dislocation (of a joint); उसका हाथ टूट गया His hand has been dislocated. (iii) to suffer a heavy loss, to be nearly ruined; उसकी कमर टूट गई है (a) He is nearly ruined; (b) He is done for. (iv) to crack up; वह इस सदमे से टूट गया He cracked up due to this shock. (v) to break or smash (in prices); तेलों के दाम टूट गए Oil prices crashed. टूट पड़ना to swoop as in capturing prey, to pounce (upon); जा ~ —हमारी फ़ौज़ शत्रु पर जा टूटी Our army fell upon the enemy.

टूट-फूट (~ - PHOOT) *f.* breakage, wear and tear.

टूटवाँ (~ VÃ) *adj.* folding.

टूटा (TOO TA) *adj.* broken; ~ परिवार broken family; टूटे पैसे small change.

टूटा-फूटा (~ TA- phoo TA) *adj.* broken, ramshackle; टूटी-फूटी भाषा broken language.

टूटी-.फ्रूटी (~ TEE - phroo TEE) *f.* fruit icecream.

टूम (TOOM) *f.* ornament.

टूरनामेंट (TOOR NA MENT) *f.* tournament. [H.E. खेल-प्रतियोगिता]

टें (TẼ) *f.* screech (of a parrot); ~ बोल जाना to pop off, to collapse.

टेंट (TẼT) *f.* fold in the loin-cloth for keeping money.

टें-टें (TẼ - TẼ) *f.* prattle, useless talk; ~ करना to go on prattling, to indulge in useless talk.

टेंडर (Tẽ Dar) *m.* tender.

टेक (Tek) *f.* 1. prop, support, fulcrum; ~ लगाना to take support. 2. resolve; ~ निभाना to fulfil a promise, to keep to a resolve; ~ पकड़ना to stick blindly to one's stand; ~ रहना—उसकी टेक रह गई His resolve has been vindicated. 3. opening line/burden/refrain of a song.

टेकना (~ nA) *vt.* 1. to prop, support. 2. to rest/lean; घुटने ~ (i) to bend one's knees, (ii) to surrender; माथा ~ to bow down.

टेकरी (~ ree) *f.* ridge, bump.

टेकान (Te kAn) *f.* 1. act or state of टेकना। 2. support, prop. 3. platform on which to rest things.

टेकाना (Te kA nA) *vt.* 1. to provide a prop/support. 2. to rest (a heavy thing) on some prop. 3. to give something almost unobtrusively (esp. to a broker).

टेकी (Te kee) *adj.* obstinate.

टेकुआ (Te ku A) *m.* = तकला (spindle).

टेट (TeT) *f.* = टेंट।

टेटका (~ kA) *m.* an ornament for the ear, pendulum.

टेढ़ (TeRh) *f.* 1. curve, bend. 2. crookedness; ~ की लेना to use unnecessarily aggressive language.

टेढ़ा (Te RhA) *adj.* 1. bent, twisted. 2. crooked; टेढ़ी आँख दिखाना to cast an eye of bitterness/enmity; टेढ़े-टेढ़े रास्ते पर चलना to take a crooked path. 3. difficult, abtruse; ~ काम work difficult to accomplish; टेढ़ी खीर extremely difficult job; ~ मामला complicated/involved affair; टेढ़ी-सीधी बातें करना to use circumlocutory language.

टेढ़ापन (~ pan) *m.* 1. bent. 2. crookedness.

टेढ़ा-मेढ़ा (~ - me RhA) *adj.* 1. sinuous. 2. zig-zag. 3. (work) arduous or difficult.

टेनिस (Te nis) *m.* tennis.

टेबुल (Te bul) *m.* table.

टेम (Tem) *f.* flame.

टेर (Ter) *f.* 1. act or state of टेरना। 2. loud call. 3. high note in vocal music.

टेरना (~ nA) *vt.* 1. to call loudly. 2. to sing in a loud tone.

टेरीकाट (Te ree kAT) *m.* terricott.

टेलिग्राफ़ (Te li graF) *m.* telegraph.

टेलिग्राम (Te li grAm) *m.* telegram.

टेलिप्रिंटर (Te li prin Tar) *m.* teleprinter.

टेलिफ़ोन (Te li Fon) *m.* telephone; कृपया ~ लिए रहिए Please hold the line.

टेव (Tev) *f.* wont, habit, custom; ~ पड़ना to fall into the habit (of).

टेवा (Te vA) *m.* skeleton horoscope.

टेसू (Te soo) *m.* 1. the plant Bhutia frondosa and its blossoms.

टैंक (Taĩk) *m.* tank (military science).

टैक्स (Taiks) *m.* tax; ~ लेकर इसका दाम 40 रुपए होगा It will be forty including tax.

टैक्सी (Taik see) *f.* taxi; वह ~ से स्टेशन गया He went to station by taxi.

टैक्सी-चालक (~ cA lak) *m.* taxi-driver.

टोंटा (Tõ TA) *adj.* = टुंडा।

टोंटी (~ Tee) *f.* nozzle, spout.

टोंटीदार (~ dAr) *adj.* nozzled, spouted.

टोक (Tok) *f.* inauspicious interrogation; ~ लगना to have an evil result due to inauspicious interrogation; रोक ~ restraint, restriction.

टोक-टाक (~ - TAk) *f.* unwelcome interrogation.

टोकन (To kan) *m.* token.

टोकना (Tok nA) *vt.* to interrogate inauspiciously.

टोकरा (~ RA) *m.* large basket, crop; भर ~ or ~ भर basketful.

टोकरी (~ ree) *f.* 1. (small) basket. 2. waste-basket.

टोका (TO KA) *m.* chaff-cutter.

टोटका (TOT KA) *m.* superstitious remedy/device/spell.

टोटल (TO TAl) *m.* total. [H.E. जोड़]

टोटा (TO Ta) *m.* 1. loss; ~ हो जाना to suffer a loss. 2. shortage; बाज़ार में केले का ~ पड़ गया है There is a shortage of banana in the market.

टोड़ी (TO Ree) *adj. & m.* sycophant.

टोनहा (TON hA) *m.* one who practises black magic, enchanter. [Fem. टोनही]

टोनही (~ hee) *f.* woman who practises black magic. [Fem. of टोनहा]

टोना (TO nA) *m.* witchcraft, enchantment. *vt.* = टोहना; to feel with the fingers, to touch/grope.

टोना-टोटका (~ - TOT KA) *m.* superstitious device.

टोप (TOP) *m.* 1. hat. 2. helmet.

टोपा (TO PA) *m.* 1. big cap. 2. basket.

टोपी (TO pee) *f.* cap, beret; ~ उछालना to calumnise, to disgrace publicly; ~ उतारना to humiliate/insult.

टोला (TO lA) *m.* locality, quarter.

टोली (TO lee) *f.* 1. team. 2. batch, group.

टोह (Toh) *f.* search, hunt; ~ पाना to find a clue; ~ मिलना to catch a clue; ~ में रहना (i) to be vigorously in search (of); (ii) to keep track (of); ~ लगना to find a clue; ~ लेना to try to find out (something).

टोहना (~ nA) *vt.* 1. to sound/probe. 2. to feel with the fingers, to touch.

टोहिया (TO hi yA) *m.* a secret agent, spy.

ट्यूब (Tyoob) *m.* tube.

ट्रंक (Trank) *m.* trunk (box).

ट्रक (Trak) *m.* truck.

ट्रस्ट (TrasT) *m.* trust. [H. E. न्यास]

ट्रस्टी (Tras Tee) *m.* trustee. [H. E. न्यासी]

ट्राम (TrAm) *m.* tram (car).

ट्रॉली (TrA lee) *f.* trolley.

ट्रेडमार्क (TreD mArk) *m.* trade mark.

ट्रेड यूनियन (~ yoo ni yan) *m.* trade union.

ट्रेडिल (Tre Dil) *m.* treadle.

ट्रेन (Tren) *f.* railway train.

ट्रेनिंग (Tre ning) *f.* training. [H. E. प्रशिक्षण]

ट्रैक्टर (Traik Tar) *m.* tractor.

ठ

ठ (Tha) *m.* second letter of the cerebral pentad of consonants of the Nagari alphabet, aspirated form of letter ट.

ठंड (ThaND) *f.* cold; आज-कल ~ पड़ रही है It is cold these days. उसे ~ लगं गई है He has caught cold. 2. peace, calm.

ठंडई (ThaN Da ee) *f.* cold drink.

ठंडक (~ Dak) *f.* 1. coolness. 2. cooling effect.

ठंडा (~ DA) *adj.* 1. cold. 2. wintry, chilly; कल बहुत ~ था It was chilly yesterday. 3. passionless; ~ करना to cool down; ~ पड़ना to be pacified/cooled down; ~ स्वभाव cool temperament; ~ होना to get cold; खाना ~ हो रहा है The dinner is getting cold. ठंडी साँस deep sigh; चूड़ियाँ ठंडी करना to break bangles as a sign of widowhood; चूल्हा ~ करना to put off the oven; जोश ~ हो गया Enthusiasm has ebbed. ठंडे-ठंडे while it is cool, in a cool atmosphere; ठंडे दिमाग़ से coolly.

ठंडा युद्ध (~ yuddh) *m.* = शीत युद्ध [cold war].

ठक (Thak) *adj.* stunned, thunderstruck, astounded; ~ रह जाना to be stunned/flabbergasted.

f. tapping sound.

ठक-ठक (~ - Thak) *f.* 1. repeated tapping sound/knock. 2. breeze (altercation).

ठकठौआ (~ Thau A) *m.* 1. cymbal used by beggars. 2. a kind of small boat.

ठकार (Tha KAr) *m.* letter ठ or its sound.

ठकारांत (~ KA rAnt) *adj.* (word) having ठ at the end.

ठकुरसुहाती (~ kur su hA tee) *f.* insincere praise, flattery.

ठकुराइन (~ ku rA in) *f.* = ठकुरानी।

ठकुराई (~ ku rA ee) *f.* 1. act or state of being a ठाकुर। 2. sway, regime. 3. estate of a ठाकुर (landlord). 4. importance, eminence.

ठकुरानी (~ ku rA nee) *f.* 1. wife of a ठाकुर (chief). 2. lady proprietor.

ठग (Thag) *m.* cheat, swindler.

ठगई (Tha ga ee) *f.* cheating, swindling.

ठगना (~ nA) *vt.* 1. to cheat or deceived; मैं ठगी गई I was deceived. 2. to cheat in a business deal; ठग लेना to cheat by charging too high a price for something; दुकानदार ने मुझे ठग लिया The shopkeeper cheated me.

ठगनी (Thag nee) *f.* woman swindler/cheat.

ठगपना (~ pa nA) *m.* cheating, swindling.

ठगवाना (~ VA nA) *vt.* to cause to be cheated.

ठगा-सा (Tha gA - SA) *adj.* flabbergasted; मुझे देखकर वह ठगी-सी रह गई She was flabbergasted when she saw me.

ठगी (Tha gee) *f.* cheating, swindling, thuggee.

ठट्ठ (thaTTh) *m.* throng; ~ के ठट्ठ throngs of men.

ठट्ठा (ThaT ThA) *m.* 1. joke, wag. 2. laughter; ठट्ठे मारना/लगाना to burst into a peel of laughter.

ठट्ठेबाज़ (~ The bAZ) *m.* wag, jester, joker.
ठट्ठेबाज़ी (~ The bA zee) *f.* waggery.
ठठरी (Thath ree) *f.* skeleton; ~ भर mere skeleton.
ठठेरा (Tha The rA) *m.* brazier. [Fem. ठठेरिन]; ठठेरे-ठठेरे भिड़ंत clash between equals (pej.)
ठठेरिन (~ The rin) *f.* 1. brazier's wife. 2. woman brazier.
ठठेरी (~ The ree) *f.* brazier's calling.
ठठोल (~ Thol) *m.* jester, joker.
ठठोली (~ Tho lee) *f.* jest, derision.
ठन (Than) *f.* jingling sound.
ठनक (Tha nak) *f.* 1. jingling sound (of silver coin). 2. intermittent pain.
ठनकना (~ nA) *vi.* 1. to jingle. 2. playing on tabla, drum etc.; तबला ठनक रहा है Tabla is being played on.
ठनका (Than kA) *m.* jingling sound.
ठनकाना (~ nA) *vt.* 1. to cause a jingling sound by beating on tambourine etc. 2. to play on musical instruments which create such a sound.
ठनठन (Than Than) *f.* clinking/jingling sound.
ठनठन गोपाल (~ go pAl) *adj. & m.* 1. (person) who possesses nothing, penniless. 2. (object) worthless, insignificant.
ठनठनाना (Than Tha nA nA) *vt.* (ono.) to tinkle/jingle.
ठनना (~ nA) *vi.* to start to take place; उन दोनों में ठन गई है They have resolved to fight each other.
ठनाका (Tha nA kA) *m.* loud tinkling sound.
ठप (Thap) *adj.* closed, suspended, finished; आज काम ~ रहा Work remained suspended today. कारोबार ~ हो गया Business is closed.
ठपना (~ nA) *vt.* to close/suspend/finish.
ठप्पा (~ pA) *m.* 1. die, matrix. 2. impression made by a die or matrix; ~ लगना to be branded/stamped (with a die, matrix etc.); ~ लगाना to stamp (with a die, matrix etc.).
ठमक (Tha mak) *f.* halt.
ठमकना (~ nA) *vi.* to halt suddenly due to fear etc.
ठर्रा (Thar rA) *m.* 1. a kind of cheap country liquor. 2. twisted, thick yarn. 3. big, half-baked brick. 4. a kind of shabby shoe.
ठवन (Tha van) *f.* pose, posture, stance, gait.
ठस (Thas) *adj.* 1. miserly (person). 2. thick-woven (cloth). 3. strong, rigid, compact (thing). 4. too heavy to be moved (object). 5. indolent (person). 6. obstinate, stubborn (person).
ठसक (Tha sak) *f.* affected manner disdainful air.
ठसकदार (~ dAr) *adj.* vain and showy (person).
ठसका (Thas kA) *f.* 1. = ठसक। 2. dry cough
ठसाठस (Tha sA Thas) *adv.* 1. full to the brim. 2. overcrowded; ~ भरी गाड़ी jam-packed train. 3. overpacked.
ठस्सा (Thas sA) *m.* = ठसक।
ठहरना (Tha har nA) *vi.* 1. to stop (as a train at a station). 2. to reside temporarily to stay (as at a friend's house). वे दो महीने हमारे यहाँ ठहरे They stayed here for two months. 3. to wait (as for somebody). 4. to stand (as fever at 100°) 5. to remain stationary (as a kite) ठहर-ठहरकर by fits and start; ठहरकर after sometime—तुम ठहरकर हमारे घर आना Please come here after some time. 6

to be supported (as a roof on pillars). 7. to remain motionless for a while (as wind). 8. to become normal (as the condition of a patient). 9. to be settled (as price or transaction); तुम तो हमारे संबंधी ही ठहरे You are, after all, our relative.

ठहराई (Thah RA ee) *f.* act or state of ठहराना, or charges paid for the same.

ठहराना (~ RA NA) *vt.* 1. to cause to stay/stop. 2. to consider or regard; बच्चे के आचरण के लिए माता-पिता को उत्तरदायी ठहराया जाएगा The parents will be held responsible for their child's behaviour. अवैध ~ to make (something) invalid.

ठहराव (~ RAW) *m.* act or state of ठहरना; cessation of activities, pause.

ठहरौनी (~ rau nee) *f.* amount settled upon regarding a transaction (esp. marriage).

ठहाका (Tha hA KA) *m.* a loud deep hearty laugh, guffaw; ~ लगाना to give a guffaw, to burst into loud laughter.

ठाँठ (ThA͂Th) *adj.* 1. dry (cow etc.), not giving milk. 2. sapless.

ठाँय-ठाँय (ThA͂y - ThA͂y) *f.* breeze, altercation.

ठाँव (ThA͂W) *m.* 1. place, residence, station. 2. rendezvous.

ठाँसना (ThA͂S NA) *vt.* to fill to the brim.

ठाकुर (ThA kur) *m.* 1. deity, god, idol. 2. God. 3. Lord, Master. 4. Chief, leader. 5. landlord. 6. highly honoured person. 7. a title of Kshattriyas.

ठाकुरद्वारा (~ dWA RA) *m.* temple, place of worship.

ठाट (ThAT) *m.* = ठाठ।

ठाठ (ThATh) *m.* 1. splendour, splendid display; ~ बदलना to alter the appearance; ~ से रहना to live splendidly. 2. frame, structure.

ठाठ-बाट (~ - bAT) *m.* pomp and show.

ठाठदार (~ dAr) *adj.* 1. pompous, gorgeous. 2. glorious.

ठाठें (ThA the͂) *fem. (plu).* rising and rolling waves; ~ मारना to surge.

ठानना (ThAn NA) *vt.* 1. to start (something) with determination (as a war). 2. to resolve/determine; ठान लेना to make a resolve; अब मैंने ठान लिया है Now I have decided firmly.

ठाला (ThA lA) *m.* 1. idler, person without any work. 2. unemployment; आज बाजार में ठाला है There is no work in the market today. 3. want, scarcity, dearth, shortage; पैसे का ~ shortage/dearth of money.

ठिंगना (Thiṅg NA) *adj.* = ठिगना।

ठिकाना (Thi KA NA) *m.* 1. place to stay. 2. destination. 3. rendezvous; अक़्ल ठिकाने आना to come to one's senses; ठिकाने का proper, of the right sort; ठिकाने पहुँचाना = ठिकाने लगाना; ठिकाने लगना to come to a happy conclusion; ठिकाने लगाना (i) to bring to a happy conclusion; (ii) to bring to a sad end; उसकी बात का कोई ~ नहीं He changes his mind time and again. पता - ~ (i) detailed address; (ii) whereabouts.

ठिगना (Thig NA) *adj.* short-statured, dwarfish, petite.

ठिगनापन (~ pan) *m.* state of being ठिगना।

ठिठक (Thi Thak) *f.* act or state of ठिठकना।

ठिठकना (~ NA) *vi.* 1. to stop suddenly (due to fear, as a horse at the appearance of a lion). 2. to hesitate, to fight shy.

ठिठुरना (Thi Thur NA) *vi.* to shiver with cold.

ठिठोली (~ Tho lee) *f.* banter, jesting.

ठिया (~ yA) *m.* station, permanent seat.

ठिलना (Thil nA) *vi.* 1. to be pushed (as a car by men). 2. to penetrate (on being forced).

ठीक (Theek) *adj.* 1. right, proper; ~ समय पर at the right moment/time. 2. correct; ~ समय बताइए What is the right time now? ठीक दस बजे हैं It is ten o' clock sharp. 3. just, exact; ~ ऊपर just above; ~ उतरना/निकलना to come out to be true, to prove correct, to be vindicated; ~ कर देना to set right; ~जवाब correct answer; ~ से (i) correctly, (ii) properly; ~ हालत में (i) in working order, (ii) in good condition; ~ हो जाना (i) to recover. (ii) अंत में सब ~ हो जाएगा Everything will come right in the end. जवाब देने का ~ ढंग right way of replying; बिल्कुल ~ all right, quite right; वह आदमी ~ नहीं He is not a man of the right sort. यदि सब ~ रहे If all goes well.

ठीक-ठाक (~ - Thak) *adj.* & *adv.* 1. all right, okay. 2. satisfactory.

ठीक-ठिकाना (~ Thi kA nA) *m.* precise location.

ठीकड़ा (~ RA) *m.* = ठीकरा।

ठीकमठीक (Thee kam Theek) *adv.* quite right.

ठीकरा (Theek rA) *m.* 1. potsherd. 2. worthless article; पराए धन को ~ समझना to consider other's wealth as of no value.

ठीकरी (~ ree) *f.* (fem. of ठीकरा) 1. a broken piece of clay or pot, shard, potsherd. 2. worthless object. 3. pebble.

ठीका (Thee kA) *m.* contract.

ठीकेदार (~ ke dAr) *m.* contractor.

ठीकेदारी (~ ke dA ree) *f.* calling of a contractor.

ठीठी (~ Thee) *f.* derisive/discourteous laugh; ~ करना to titter.

ठीहा (~ hA) *m.* 1. working bench (of a carpenter, blacksmith etc.). 2. support (to prevent something from falling) 3. raised platform.

ठुक (Thuk) *f.* act or state of ठुकना।

ठुकना (~ nA) *vi.* 1. to be beaten. 2. to be forced to penetrate. 3. to be spent unnecessarily/involuntarily.

ठुकराना (~ rA nA) *vt.* 1. to kick. 2. to turn down, rejcet, spurn (with contemp) क्या तुम इस प्रस्ताव को ठुकरा दोगे Would you turn this offer down? ठुकराया हुआ प्रेमी a spurned lover.

ठुकवाना (~ vA nA) *vt.* causative of ठोकना

ठुकाई (Thu kA ee) *f.* beating, thrashing.

ठुड्डी (ThuD Dee) *f.* chin.

ठुनकना (Thu nak nA) *vi.* 1. to make a tinkling sound. 2. to whimper/sob.

ठुनका (Thun kA) *m.* tap of a knuckle ~ देना/मारना to knuckle.

ठुनठुन (Thun Thun) *f.* 1. tinkling sound of a metallic vessel. 2. sound, act etc of a child's sobbing.

ठुमक (Thu mak) *f.* act or state or gait of toddling.

ठुमकना (~ nA) *vi.* to toddle.

ठुमका (Thum kA) *m.* (fem. ठुमकी) small jerk as that given to a kite to cause it to fly.
adj. dwarfish.

ठुमकारना (~ kAr nA) *vi.* to give or make small jerk.

ठुमकी (~ kee) *f.* fem. of ठुमका।

ठुमरी (~ ree) *f.* a kind of short folk song

ठुसकना (Thu sak nA) *vi.* to sob.

ठुसकी (Thus kee) *f.* sound produced in breaking wind (passing wind from the abdomen).

ठुसना (~ nA) *vi.* to be stuffed/crammed in a small place.

ठुसवाना (~ VA nA) *vt.* causative of ठुसना।

ठुसाना (Thu SA nA) *vt.* 1. to cause to be stuffed/crammed. 2. to feed by insistence (fig.)

ठूँठ (Thoo̐Th) *m.* stub, stump.

ठूँठा (Thoo̐ ThA) *adj.* (tree) leafless, having the branches lopped off.

ठूँसना (Thoo̐s nA) *vt.* to stuff, to cram, to press tightly into (throat, mouth, stomach etc.), to huddle up.

ठेंगा (The̐ gA) *m.* thumb; ~ दिखाना to give a flat refusal; ठेंगे पर नचाना to make (someone) dance to one's tune; मेरे ठेंगे से What do I care!

ठेकेदार (The ke dAr) *m.* = ठीकेदार।

ठेकेदारी (~ ke dA ree) *f.* = ठीकेदारी।

ठेठ (~ Th) *adj.* 1. pristine, unalloyed; ~ हिंदी pristine Hindi. 2. typical; ~ बनारसी typical Banarasi (typical inhabitant of Banaras); ~ हिंदी का ठाठ pristine glory of Hindi.

ठेपी (~ pee) *f.* stopper.

ठेल-ठाल (thel - ThAl) *f.* = ठेलमेल।

ठेलना (~ nA) *vt.* to push and move.

ठेलमठेल (The lam Thel) *f.* jostling.

ठेला (~ lA) *m.* 1. pushcart, trolley. 2. wheel barrow. 3. push; ~ देना to give a push.

ठेस (Thes) *f.* 1. light knock. 2. set-back. 3. shock; ~ पहुँचना / लगना to receive a set-back; ~ पहुँचाना—वे किसी की भावनाओं को ठेस नहीं पहुँचाते They do not hurt other people's feelings. ~ लगना to receive a jolt or set back. 4. back of the chair; ~ लगाकर बैठना to sit against a back-rest.

ठोंकना (Tho̐k nA) *vt.* = ठोकना।

ठोंग (Tho̐g) *f.* a peck.

ठोंगना (~ nA) *vt.* to strike with the beak, to peck.

ठोंठी (Tho̐ Thee) *f.* outer shell of a gram, husk.

ठोकना (Thok nA) *vt.* to beat with hammer.

ठोकना-पीटना (~ - peeT nA) *vt.* to beat and hammer; ठोक-पीटकर being checked thoroughby.

ठोकना-बजाना (~ ba jA nA) *vt.* to make a thorough assessment/check-up; अच्छी तरह ठोक-बजाकर after examining in all aspects; ठोक-बजाकर देखना to examine thoroughly.

ठोकर (Tho kar) *f.* 1. kick; ~ खाना to receive a kick; ~ मारना to give a kick. 2. block, stoppage; ~ लगना to stumble; ठोकरें खाते फिरना to knock about aimlessly.

ठोड़ी (Tho Ree) *f.* chin; ~ में हाथ डालना to beseech/implore.

ठोस (Thos) *adj.* 1. solid; ~ काय solid body. 2. profound, sound; ~ ज्ञान sound knowledge; ~ प्रमाण solid proof.

ठौर (Thaur) *m.* place; ~ हो जाना to die instantaneously.

ठौर-कुठौर (~ - ku Thaur) *adv.* 1. out of place. 2. at a vital part.

ठौर-ठिकाना (~ - Thi kA nA) *m.* whereabouts.

ड

ड (DA) *m.* third consonant of the cerebral pentad of the Nagari alphabet; its sound resembles that of *d* in *doll.*

ड़ (RA) *m.* one of the additional consonants of the cerebral class of the Nagari alphabet; its sound resembles the American pronuciation of *r.*

डंक (Daṅk) *m.* sting; ~ तोड़ना to render (some wicked person) helpless; ~ मारना to hurt with a sting.

डंका (Daṅ KA) *m.* kettledrum; ~ पीटना / बजाना to announce by beat of drum, to adver-tise (with a vengeance); ~ बजना beat of the drum; डंके की चोट पर कहना to proclaim/assert openly.

डंठल (DaN Thal) *m.* stalk, stem. [Fem. डंठी]

डंठी (~ Thee) *f.* fem. of डंठल।

डंड (DAND) *m.* an Indian type of exercise; ~ पेलना (i) to practise/perform such an exercise; (ii) to put in extra hard work.

डंडा (DaN dA) *m.* 1. staff, club, bar; डंडे का राज law of the jungle; डंडे के ज़ोर से by force of arms, by physical force; साबुन का ~ bar of soap. 2. stave; पुलिस का ~ the stave of a policeman. 3. rung (of a ladder).

डंडा-बेड़ी (~ - be Ree) *f.* bar-fetters.

डंडी (DaN Dee) *f.* 1. handle; कलछी की ~ handle of ladle. 2. beam of a pair of scales; ~ मारना to give false weight, false weighing.

डंस (Dans) *m.* डाँस।

डँसना (dãs nA) *vi.* = डसना।

डकरना (Da kar nA) *vi.* to bellow/cry out.

डकार (Da KAR) *m.* 1. an act or sound of belching, belch; ~ जाना to grab/ swallow; ~ तक न लेना to swallow calmly/unobtrusively; ~ लेना to belch. 2. the letter ड or its sound.

डकारना (~ nA) *vi.* to belch.

vt. to swallow; डकार जाना to grab.

डकारांत (Da KA rAnt) *adj.* (word) ending in ड।

डकैत (Da kait) *m.* dacoit, robber. [H.E. डाकू]

डकैती (Da kai tee) *f.* dacoity, robbery.

डकोटा (Da ko TA) *m.* Dakota (a type of aeroplane).

डग (Dag) *m.* step, stride; ~ भरना to take a stride/step; ~ मारना to take long strides.

डगमग (~ mag) *adj.* 1. lurching. 2. staggering, wavering.

डगमगाना (~ ma gA nA) *vi.* 1. to lurch. 2. to waver.

डगमगाहट (~ ma gA haT) *m.* 1. lurching. 2. wavering.

डगर (Da gar) *f.* pathway.

डच (Dac) *adj.* & *m.* Dutch.

डटना (DaT nA) *vi.* 1. to hold on; डट जाना to take to some duty (job) steadfastly. 2. to hold one's own; डटकर unwaveringly, firmly; डटे रहना to show perseverance.

डट्टा (~ TA) *m.* stopper, cork.

डपट (Da paT) *f.* objuration, reprimand.

डपटना (~ nA) *vt.* to objurate/reprimand/

scold/rebuke; डाँटना - ~ to objurate/ rebuke.

डपोरसंख (ᴅa por saṅkh) *m.* one who talks big and does nothing; extremely shallow person.

डफ (ᴅaph) *f.* big tambourine.

डफली (~ lee) *f.* tambourine.

डब (ᴅab) *m.* pouch, small pocket.

डबकौंहा (~ kaũ hᴀ) *adj.* tearful.

डबडबाना (~ ᴅa bᴀ nᴀ) *vi.* (eyes) to be filled with tears.

डबल (ᴅa bal) *adj.* double, two-fold.

डबल रोटी (~ ro ᴛee) *f.* loaf; ताज़ा ~ a fresh loaf.

डमरू (dam roo) *m.* tabor.

डमरूमध्य (~ maddhy) *adj.* taborshaped; जल ~ strait; स्थल ~ isthmus.

डर (ᴅar) *m.* 1. fear, dread, fright; मुझे हवाई जहाज़ की मात्रा से ~ लगता है I am terrified of flying. ~ कर out of fear; ~ खाना to have a fright; ~ बैठ जाना to have a deep-rooted fear. 2. scare; ~ होना to be scared.

डरना (~ nᴀ) *vi.* to fear, to be afraid; डरो मत Dot't fear/Don't be afraid. मैं कुत्तों से डरता हूँ I am afraid of dogs. वह ईश्वर से डरता था He was god-fearing.

डरपोक (~ pok) *adj.* timid, cowardly.

डरवाना (~ vᴀ nᴀ) *vt.* to frighten.

डराना (ᴅa rᴀ nᴀ) *vt.* 1. to frighten/terrify/ appal. 2. to scare/threaten.

डरावना (ᴅa rᴀv nᴀ) *adj.* dreadful, frightening, scary; डरावनी सूरत frightening figure.

डरावा (ᴅa rᴀ vᴀ) *m.* scare; ~ दिखाना to scare.

डलना (ᴅal nᴀ) *vi.* to be poured/passed into.

डलवाना (~ vᴀ nᴀ) *vi.* to cause to be poured/put/dropped/passed into.

डला (ᴅa lᴀ) *m.* 1. lump. [Fem. डली] 2. biggish wicker-basket. [Fem. डलिया]

डलिया (ᴅa li yᴀ) *f.* small wicker basket, hamper.

डली (ᴅa lee) *f.* small lump.

डसना (ᴅas nᴀ) *vt.* to sting/bite.

डसवाना (~ vᴀ nᴀ) *vt.* = डसाना।

डसाना (ᴅa sᴀ nᴀ) *vt.* to cause to sting.

डस्टर (ᴅas ᴛar) *m.* duster. [H.E. झाड़न]

डहकना (ᴅa hak nᴀ) *vi.* 1. to blossom. 2. to spread as moonlight. 3. to cry loudly. 4. to be cheated/deceived.
vt. 1. to cheat/defraud/deceive. 2. to tantalise.

डहकाना (ᴅah kᴀ nᴀ) *vi.* 1. to lose through fraud. 2. to be cheated/deceived.
vt. 1. to gain by fraud. 2. to tantalise.

डहडहा (~ ᴅa hᴀ) *adj.* 1. (plant) blooming, green. 2. (plant) fresh. 3. (person) jolly, cheerful.

डहना (~ nᴀ) *vi.* 1. to burn out, to be reduced to ashes. 2. to be irritated/ vexed/annoyed.
vt. 1. to burn, to reduce to ashes. 2. to irritate/vex/annoy.
m. wing (of a bird).

डहर (ᴅa har) *f.* = डगर।

डाँक (ᴅÃ k) *f.* 1. scaling (of wall etc.). 2. vomiting. 3. = डाक।
m. 1. = डंक। 2. = डंका।

डाँकना (~ nᴀ) *vt.* to scale/cross over.
vi. to vomit.

डाँग (ᴅÃg) *f.* 1. upper portion (of anything). 2. top of a mountain.

डाँट (dÃᴛ) *f.* scolding, rebuke; ~ पिलाना to chide; किसी को ~ में रखना to keep (someone) in subjugation.

डाँटना (~ nᴀ) *vt.* to scold/reprimand.

डाँटना-फटकारना (nᴀ - phaᴛ kᴀrnᴀ) *vt.* to chastise severely, to castigate.

डाँट-फटकार (~ - phaᴛ kᴀr) *f.* severe rebuke; ~ लगाना to castigate.

डाँड़ (dÃR) *m.* penalty; ~ भरना to pay penalty; ~ लेना to take (something) as penalty.

डाँड़ा (DÃ RA) *m.* 1. ridge, boundary. 2. oar. 3. staff pole.

डाँड़ी (~ Ree) *f.* beam of a pair of scales; ~ मारना to weigh foully.

डाँवाँडोल (~ VÃ DOl) *adj.* not firm or steady. shaky, uncertain, lurching.

डाँस (DÃS) *m.* gnat.

डांसर (DAn sar) *m.* dancer. [H.E. नर्तक]

डाइटिंग (Dai Ting) *f.* act of living on a restricted food; वह इधर ~ पर चल रहा है He has been on a diet recently.

डाइन (DA in) *f.* 1. witch. 2. ugly woman. 3. quarrelsome woman.

डाक (DAk) *f.* mail, dak, post; समुद्री ~ से by seamail; हवाई ~ से by airmail.

डाकखाना (~ khA nA) *m.* Post Office.

डाकगाड़ी (~ gA Ree) *f.* mail train.

डाकघर (~ ghar) *m.* Post Office.

डाकटरी (~ Ta ree) *f.* 1. medical practice. 2. medical check-up; ~ कराना to have a medical check-up.

डाकना (~ nA) *vt.* to scale/cross over. *vi.* to vomit.

डाक बँगला (~ bãg lA) *m.* Dak Bungalow.

डाक-व्यय (~ - vyay) *m.* postal expenses, postage.

डाका (Da kA) *m.* dacoity; ~ डालना to commit a dacoity; ~ मारना to commit a dacoity.

डाकाज़नी (~ za nee) *f.* dacoity, robbery.

डाकिनी (DA ki nee) *f.* witch.

डाकिया (DA ki yA) *m.* postman; डाकिये का झोला postman's bag.

डाकू (DA koo) *m.* dacoit, robber.

डॉक्टर (DAk Tar) *m.* doctor.

डॉक्टरी (~ Ta ree) *f.* 1. profession of a doctor, medical practice. 2. medical science; लड़का ~ पढ़ रहा है The boy is studying medicine.
adj. of a doctor, medical; ~ जाँच medical check-up; मैं हर दूसरे वर्ष ~ जाँच कराने जाता हूँ I go every two years for a check-up.

डाग (DAg) *f.* stick used for beating a drum; ~ देना to beat a drum with the stick.

डाट (DAT) *f.* 1. stopper; ~ लगाना to close with a stopper. 2. cork. 3. prop; ~ लगाना to provide a support. 4. archway. 5. = डाँट।

डाढ़ (DARh) *f.* 1. = दाढ़। 2. fine, punishment.

डाढ़ी (DA Rhee) *f.* = दाढ़ी।

डाबर (DA bar) *m.* 1. low ground, marsh. 2. pond. 3. dirty water.

डाभ (DAbh) *m.* green coconut.

डामर (DA mar) *m.* 1. pomp and show, osten- tation. 2. a type of small bee.

डामल (DA mal) *m.* 1. life sentence. 2. transportation for life.

डायरी (DAy ree) *f.* a personal book in which one writes about one's thoughts, expenses etc., diary; ~ रखना to keep a diary.

डार (DAr) *f.* = डाल।

डाल (DAl) *f.* branch (of a tree); तुम ~ डाल, मैं पात पात I can go deeper in the matter than you.

डालना (~ nA) *vt.* 1. to pour; क्या थोड़ी-सी चाय तुम्हारे कप में और डाल दूँ Shall I pour some tea in your cup? 2. to put; दाल में नमक ~ to put salt in pulse; आँखों में आँखें ~ to look into the eyes (of someone); आँखों में काजल ~ to apply collyrium to the eyes. 3. to throw/cast away; रद्दी की टोकरी में ~ to throw into the waste-paper basket; नज़र ~ to cast an eye; अचार ~ to prepare pickles; कह ~ —कह डालो Speak it out—ख़ाक ~ ख़ाक डालो Hang it all. घेरा ~ to lay a siege, to besiege; जान ~ to put (new) life (into); जान जोख़िम में ~ to get oneself into trouble; नकेल ~ (i) to put on a nose-halter; (ii) to put on a restraint; (किसी के) नाम ~ to debit to (someone's) account; परदा ~ to cover/hide (some misdeed); फंदा ~ (i) to make a noose (in knitting etc.); (ii) to ensnare/entrap; बाधा ~ to put obstacles; मार ~ to kill; सुई में धागा ~ to thread a needle; सोच में ~ —इस समाचार ने मुझे सोच में डाल दिया है This news has set me thinking. हथियार ~ to surrender; (किसी काम में) हाथ ~ to entangle (oneself in some affair).

डालर (DA lar) *m.* dollar.

डाली (DA lee) *f.* 1. branch. 2. basket. 3. present (esp. in the form of a basketful of sweets, fruit etc.); ~ देना to send a present in the above form.

डावाँडोल (DA VÃ DOl) *adj.* = डाँवाँडोल।

डाह (DAh) *f.* envy, jealousy; ~ करना to feel jealous, to envy.

डाही (DA hee) *adj.* envious, jealous.

डिंगल (diṅ gal) *f.* a dialect of Rajasthan.

डिंगी (~ gee) *f.* dinghy, a kind of small boat.

डिंडिभ (DIN Dibh) *m.* water-snake.

डिंब (Dimb) *m.* foetus.

डिंबाशय (DIm bA shay) *m.* uterous.

डिक्टेटर (DIk TE Tar) *m.* dictator. [H.E. अधिनायक]

डिक्री (~ ree) *f.* decree. [H.E. डिग्री]

डिगंना (DIg NA) *vi.* to deviate/deflect/swerve.

डिगरी (~ ree) *f.* degree.

डिज़ाइन (DI ZA in) *m.* design.

डिठौना (DI Thau NA) *m.* black mark made on a child's forehead as protection against an evil eye.

डिपार्टमेंट (DI pART MENT) *m.* department. [H.E. विभाग]

डिपो (DI po) *m.* depot.

डिप्टी (Dip TEE) *m.* one who does the head's job when the head is away, deputy; ~ कलेक्टर deputy collector.

डिबिया (DI bi ya) *f.* small box, casket.

डिब्बा (DIb bA) *m.* 1. chest, case, smallish box. 2. a carriage of a railway train.

डिब्बाबंद (~ band) *adj.* tinned, canned.

डिब्बाबंदी (~ ban dee) *f.* canning, tinning.

डिमाई (DI mA ee) *f.* demy (a measure of printing paper, about 56 cms. by 46 cms.)

डींग (Deẽg) *f.* bragging, boasting; ~ मारना/हाँकना to brag/boast; ~ की लेना = ~ मारना;

डीज़ल (Dee zal) *m.* diesel, fuel oil.

डीठ (DeeTh) *f.* = दृष्टि; sight, vision; ~ लगना effect of an evil eye.

डील-डौल (Deel Daul) *m.* (massive) structure of the body.

डीह (Deeh) *m.* 1. habitation. 2. small village. 3. ruins of a dilapidated village.

डुगडुगाना (Dug DU gA NA) *vt.* to beat a drum.

डुगडुगी (~ DU gee) *f.* = डुग्गी।

डुग्गी (~ gee) *f.* tabor; ~ पीटना/फेरना/बजाना to announce by beat of drum.

डुबकी (Dub kee) *f.* a dip or dive; ~ मारना/लगाना to take a dip/dive; दो करोड़ लोगों ने मौनी अमावस्या को प्रयाग में ~ लगाई Two crore took a dip on Mauni Amavasya in Prayag. ~ लगा जाना to give a long gap, to disappear for a long while.

डुबवाना (~ VA NA) *vt.* to cause of sink.

डुबाव (DU bAW) *m.* depth (of water) enough for drowning; हाथी ~ पानी elephant-deep water.

डुबोना (DU bo NA) *vt.* 1. to drown/sink. 2. to immerse (in some liquid). 3. to destroy/ruin/spoil; घर ~ to ruin the family; नाम ~ to spoil the reputation.

डुलना (DUl NA) *vi.* हिलना - ~ (i) to move to and fro; (ii) to be moving about; ज़रा हिला-डुला भी करो Please keep moving about.

डुलाना (DU lA NA) *vt.* 1. to move to and fro; पंखा ~ to fan; हिलाना - ~ to shake, to give a shake.

डूबना (DOOb NA) *vi.* 1. to be drowned/immersed, to sink. 2. to set; सूरज ~ setting of the sun. 3. to be ruined/lost; क़र्ज़े में डूबा हुआ heavily indebted; दस हज़ार रुपए डूब गए Ten thousand rupees are lost. लालच में आया और डूबा If he falls into temptation, he will come to grief. 4. to be absorbed/engrossed; चुल्लू भर पानी में डूब मरना to be too ashamed to show one's face; ~ - उतराना to rise and sink (in water); डूब मरना to die of shame; विचारों में डूबा हुआ lost in thought.

डेक (dek) *m.* deck.

डेढ़ (DERh) *adj. & m.* one and a half; मैंने ~ वर्ष दिल्ली में काम किया I worked in Delhi for a year and a half. ~ शताब्दी sesqui centennial; अपनी ~ ईंट की मस्जिद अलग बनाना to stay far from the maddening crowd; ~ पसली का lean and thin; ~ बात करना to talk briefly and to the point.

डेढ़ गाँठ (~ gÃTh) *f.* a knot and a half.

डेमरेज (Dem rej) *m.* demurrage. [H.E. विलंब शुल्क]

डेयरी (De a ree) *f.* dairy. [H.E. दुग्धशाला]

डेरा (De rA) *m.* 1. dwelling, abode. 2. camp; ~ डालना to encamp. 3. tent.

डेरा-डंडा (~ - Dan DA) *m.* bag and baggage; ~ उठाना to move out, bag and baggage.

डेरी (De ree) *f.* dairy.

डेरीफ़ार्म (~ FArm) *m.* dairy farm. [H.E. गोशाला]

डेरेवाला (De re VA lA) *m.* dealer in tents etc.

डेला (De lA) *m.* 1. eye-ball. 2. = ढेला।

डेलिगेट (De li geT) *m.* delegate.

डेल्टा (Del TA) *m.* delta. [H.E. मुहाना]

डेवढ़ (De VaRh) *m.* method, device, working plan; ~ गड़बड़ा जाना—डेवढ़ गड़बड़ा गया The working plan has gone out of gear. ~ बाँधना to chalk out a working plan.

डेस्क (Desk) *m.* desk.

डेहरी (Deh ree) *f.* threshold, doorsill.

डैना (Dai NA) *m.* wing of a bird, pinion.

डैनेदार (~ ne DAr) *adj.* having wings, winged, pinioned.

डैम (Daim) *m.* dam. [H.E. बंध, बाँध]

डैमरेज (~ rej) *m.* demurrage.

डैश (Daish) *m.* dash.

डोंगर (dõ gar) *m.* hillock.

डोंगा (~ gA) *m.* serving bowl.

डोंगी (~ gee) *f.* small-boat.

डोंडी (~ Dee) *f.* 1. = टोंटी। 2. = डौंड़ी।

डोई (DO ee) *f.* wooden ladle.

डोकरा (DOk rA) *m.* old man.

डोकरी (~ ree) *f.* old woman.

डोगरा (DOg rA) *m.* a caste among the Hindus living in Jammu and Kangra regions.

डोगरी (~ ree) *f.* the dialect of Dogras.

डोडा (DO DA) *m.* large blossom.

डोडी (DO Dee) *f.* a bird, now extinct.

डोब (DOb) *m.* dip, immersion.

डोम (DOm) *m.* the lowest caste among the Hindus. [Fem. डोमनी, डोमिन]

डोमकौआ (~ kau A) *m.* raven, a kind of big crow.

डोमड़ा (~ RA) *m.* person belonging to the Dom caste (pej.). [Fem. डोमड़ी]

डोमड़ी (~ Ree) *f.* fem. of डोमड़ा।

डोमनी (~ nee) *f.* fem of डोम। 1. woman of the Dom caste. 2. wife of a Dom.

डोमिन (DO min) *f.* fem of डोम = डोमनी।

डोर (DOr) *f.* 1. thread (esp. for kite flying). 2. string.

डोरा (DO rA) *m.* thread; घी का ~ dash of ghee; किसी पर डोरे डालना to woo/entice (someone).

डोरिया (DO ri yA) *m.* 1. a kind of striped cloth. 2. a type of heron.

डोरियाना (~ nA) *vt.* to tie with a cord.

डोरी (DO ree) *f.* string, cord; ~ ढीली छोड़ना to give a long rope, to give undue freedom.

डोल (DOl) *m.* 1. act or state of डोलना। 2. bucket.

डोलची (~ cee) *f.* 1. small pail. 2. wicker basket.

डोलना (~ nA) *vi.* 1. to oscillate/swing. 2. to move about, ramble. 3. to waver/swerve; मन ~ fickleness of the mind; मन डोल जाना to be infatuated/fascinated.

डोला (DO lA) *m.* closed palanquin, sedan, litter.

डोली (DO lee) *f.* 1. small palanquin; ~ करना to shunt off; ~ होना to move away. 2. formal departure of a bride after marriage from the paternal home.

डोसा (DO SA) *m.* dosa, a South Indian dish.

डौंडी (DaũDee,) *f.* drum; ~ फिरना announcement by beat of drum; ~ बजना proclamation of victory; ~ बजाना to proclaim a victory.

डौल (Daul) *m.* 1. shape, form. 2. method, device; ~ लगना—डौल लग गया The plan has succeeded; The strategy has worked well. ~ लगाना to work out a strategy/plan.

डौल-डाल (~ - DAl) *m.* device, strategy; ~ बैठाना to work out a strategy.

ड्यूटी (Dyoo Tee) *f.* duty. [H.E. 1. कर्तव्य। 2. कर, महसूल]

ड्योढ़ा (Dyo RhA) *adj.* one and a half times (as big, as large etc.).

ड्योढ़ी (~ Rhee) *f.* passage way from the main entrance into a house, gateway, threshold.

ड्योढ़ीदार (~ dAr) *m.* gatekeeper, doorkeeper.

ड्रम (Dram) *m.* drum.

ड्राइवर (DrA i var) *m.* driver. [H.E. चालक]

ड्राइवरी (~ i va ree) *f.* 1. act of driving. 2. calling of a driver, driver's profession.

ड्राम (DrAM) *m.* dram, an English weight (of liquids, medicines etc.).

ड्रामा (DrA mA) *m.* drama. [H.E. नाटक]

ड्रामेबाज़ी (~ me bA zee) *f.* exaggerated (emotional) behaviour or act.

ड्रिल (Dril) *f.* drill, physical exercise; ~ करना to perform drill; ~ करवाना to cause to perform drill.

ड्रेस (Dres) *m.* dress. [H.E. पोशाक]

ढ

ढ (ᴅha) *m.* fourth consonant of the cerebral pentad of the Nagari alphabet; its sound resembles that of *dh* in *mudhole.*

ढ़ (ʀha) *m.* one of the additional consonants of the cerebral class of the Nagari alphabet; its sound resembles that of *rh.*

ढंग (ᴅhaṅg) *m.* 1. method, mode, knack, way. 2. procedure; ~ का of the right sort/type, proper; ~ पर लाना to bring to the right track; ~ से properly, in the right way.

ढंगी (ᴅhaṅ gee) *adv.* 1. cunning, crafty. 2. = ढोंगी।

ढँढोर (ᴅhã ᴅhor) *m.* flame.

ढँढोरची (~ cee) *m.* announcer, one who announces by beat of drum.

ढँढोरना (~ ɴᴀ) *vt.* to make a thorough search.

ढँढोरा (dhã ᴅhor ʀᴀ) *m.* 1. action of announcing publicly. 2. drum which is used by a public announcer; ~ पीटना to announce by beat of drum; ~ फेरना to announce publicly.

ढँपना (ᴅhãp ɴᴀ) *vt.* = ढकना।

ढई (ᴅha ee) *f.* picketing; ~ देना to picket.

ढकना (ᴅhak ɴᴀ) *vt.* 1. to cover; तन ~ to cover (one's) body (properly); अपने हाथों से उसने मुँह ढक लिया She buried her face in her hands. बरफ़ ने जमीन को ढक लिया Snow covered the ground. 2. to hide/conceal; अपने दोष ~ to conceal (one's) flaws, to cover (one's) faults.

m. [fem. ढकनी] lid, cover.

ढकनी (~ nee) *f.* [fem. of ढकना] small lid or cover.

ढका (ᴅha ᴋᴀ) *m.* large drum.

ढकार (~ ᴋᴀr) *m.* letter ढ or its sound.

ढकेलना (~ kel ɴᴀ) *vt.* to push.

ढकेला-ढकेली (~ ke lᴀ - ᴅha ke lee) *f.* pushing and jostling.

ढकोसना (~ kos ɴᴀ) *vt.* to gulp down (pej.).

ढकोसला (~ kos lᴀ) *m.* hypocritical act/cant.

ढक्कन (ᴅhak kan) *m.* lid, cover.

ढक्की (~ kee) *f.* sloping land.

ढचरा (ᴅhac ʀᴀ) *m.* 1. framework. 2. skeleton.

ढड्ढा (ᴅhaᴅ ᴅhᴀ) *m.* 1. a temporary, big structure for supporting workers and materials during construction or repair work of a building, scaffolding. 2. false show.

adj. big and clumsy.

ढनमनाना (ᴅhan ma ɴᴀ ɴᴀ) *vi.* = लुढ़कना।

ढपना (ᴅhap ɴᴀ) *m.* = ढक्कन।

ढपली (~ lee) *f.* = डफली।

ढब (ᴅhab) *m.* 1. method. 2. procedure. 3. manner. 4. knack; ~ का of the right sort; ~ पर लाना to bring on to the right track.

ढमकना (ᴅha mak ɴᴀ) *vi.* to make a sound like that of a big drum.

ढमकाना (ᴅham ᴋᴀ ɴᴀ) *vt.* = ढमकना।

ढमढम (~ Dham) *m.* (ono.) sound like that of a big drum.

ढरकना (Dha rak nA) *vi.* 1. to roll down. 2. to trickle down.

ढरकी (Dhar kee) *f.* weaver's shuttle.

ढर्रा (~ rA) *m.* 1. mode, style; ढर्रे पर आना to come on to the right track. 2. device. 3. method or manner of doing something, way; उसका ढर्रा ठीक नहीं His ways are not right.

ढलकना (Dha lak nA) *vi.* = ढरकना। 1. to roll down. 2. to trickle down.

ढलका (Dhal kA) *m.* 1. disease of the eyes, in which they water continuously. 2. bamboo funnel.

ढलकाना (~ kA nA) *vt.* 1. to pour. 2. to shed; आँसू ~ to shed tears. 3. to cause to roll down. 4. to spill (milk etc.).

ढलना (~ nA) *vi.* 1. to be poured into. 2. to be moulded; साँचे में ढला हुआ moulded into shape, well-built and nicely proportioned (almost a picture of health). 3. to decline (physically); जवानी ~ decline of youth; दिन ~ decline of the day, advent of eventide; सूरज ~ decline of the Sun.

ढलवाँ (~ vÃ) *adj.* 1. moulded, cast. 2. sloping.

ढलवाना (~ vA nA) *vt.* to cause to be cast/moulded.

ढलाई (Dha lA ee) *f.* act or state of casting/moulding, or charges paid for the same.

ढलान (~ lAn) *f.* slope, ramp.

ढलाव (~ lAw) *m.* act or state of being ढालुआँ।

ढलुआँ (~ lu Ã) *adj.* 1. = ढलवाँ। 2. ढालुआँ।

ढलैया (~ lai yA) *m.* one who casts and moulds.

ढहना (Dhah nA) *vi.* 1. to fall or tumble down. 2. to crash down; ढह जाना (building) to be reduced to ruins, to be razed to the ground; ढह पड़ना (building) to fall down (suddenly), to crash down.

ढहवाना (~ vA nA) *vt.* causative of ढाना, to cause to be demolished.

ढाँचा (DhÃ cA) *m.* 1. frame; हड्डियों का ~ skeleton. 2. structure, framework; वह ~ कारसेवकों ने गिरा दिया The structure was destroyed by Kar Sevaks. लोहे का ~ steel framework. 3. scaffolding.

ढाँस (DhÃs) *f.* = ढाँसी।

ढाँसना (~ nA) *vi.* to cough.

ढाँसी (dhÃ see) *f.* whooping cough.

ढाई (DhA ee) *adj.* two and a half; ~ घड़ी का short-lived, ephemeral; ~ दिन की बादशाहत short-lived kingdom.

ढाक (DhAk) *m. Butea frondosa.*

ढाकई (DhA ka ee) *adj.* of or pertaining to Dacca.

ढाटा (~ TA) *m.* strip of cloth used to cover the cheeks and beard; ~ बाँधना to put on such a cover.

ढाड (DhAD) *f.* (one) bellowing, loud cry; ~ मारना to weep loudly.

ढाढ़स (DhA Rhas) *f.* = ढारस।

ढाना (~ nA) *vt.* 1. to demolish, to pull down, to raze to the ground. 2. to fell (as a tree); गज़ब ~ (i) to do something marvellous/extra-ordinary; (ii) to oppress.

ढाबा (~ bA) *m.* 1. thatched roofing. 2. an Indian type of restaurant.

ढामक (~ mak) *f.* sound of a drum etc.

ढारस (~ ras) *f.* consolation, solace; ~ देना/बाँधना to give solace to, to console, to express sympathy with, to encourage.

ढाल (DHAl) *f.* 1. downward slope, declivity; पहाड़ की ~ - slope of a mountain. 2. shield; ~ - तलवार बाँधना to put on armours; ~ बनना to act as a defence; ~ बनाना to make (someone) act as a defence.

ढालना (~ nA) *vt.* 1. to cast/mould. 2. to pour out. 3. to drink.

ढालवाँ (~ vÃ) *adj.* sloping, descending; ~ ढालवी छत sloping roof .

ढाली (DHA lee) *m.* soldier wearing armour.

ढालुआँ (~ lu Ã) *adj.* 1. sloping, descending. 2. moulded.

ढालू (DHA loo) *adj.* sloping, declivous.

ढास (DHAS) *f.* pillow (for support).

ढासना (~ nA) *m.* pillow (for support).

ढाहना (DHAh nA) *vt.* = ढाना।

ढिंढोरना (Dhin Dhor nA) *vt.* = ढँढोरना।

ढिंढोरा (~ Dho rA) *m.* = ढँढोरा।

ढिग (Dhig) *adv.* near, close to.

ढिठाई (Dhi THA ee) *f.* impudence, obduracy.

ढिबरी (Dhib ree) *f.* 1. spouted lamp. 2. nut socket.

ढिमका (Dhim kA) *adj.* & *m.* such a one.

ढिलढिला (Dhil Dhi lA) *adj.* 1. loose, unfirm. 2. (liquid) thin, not dense.

ढिलमुल (Dhil mul) *adj.* = ढुलमुल।

ढिलाई (Dhi lA ee) *f.* 1. looseness, let-up. 2. sloth, indolence, idleness, sloackness; ~ करना to delay unnecessarily; ~ देना = ढील देना।

ढिलाना (~ lA nA) *vt.* to cause to be loosened.

ढिल्लड़ (Dhil laR) *adj.* indolent, lazy.

ढिसरना (Dhi sar nA) *vt.* 1. to slip down. 2. to be inclined/bent/prone.

ढींगर (Dhẽe gar) *m.* paramour.

ढींढा (~ DhA) *m.* bulging stomach, tummy.

ढीठ (DheeTh) *adj.* impertinent, obdurate.

ढीठपन (~ pan) *m.* impertinence, obduracy.

ढीम (Dheem) *adj.* 1. big piece of stone. 2. big lump.

ढील (Dheel) *f.* 1. head louse. 2. looseness, laxity; ~ देना to give a long rope, to give undue freedom; ~ करना to delay unnecessarily.

ढीलना (~ nA) *vt.* 1. to loosen. 2. to dilute (by mixing water).

ढीला (Dhee lA) *adj.* 1. loose, not tight; मुठिया ढीली हो गई है The handle has become loose. ~ कर देना to loosen; पुलिस ने निगरानी ढीली कर दी Police loosened the vigil. 2. thin; ~ शोरबा thin soup. 3. sluggish; ~ नौकर sluggish servant. 4. not strict (as an officer); ~ पड़ जाना to come down (in one's attitude).

ढीला-ढाला (~ - DhA lA) *adj.* loose-fit; ~ कोट loose-fit coat.

ढीलापन (~ pan) *m.* act or state of looseness/sluggishness.

ढुँढ़वाना (Dhũrh vA nA) *vt.* to cause to be searched out.

ढुँढिराज (Dhũ Dhi rAj) *m.* Lord Ganesh.

ढुरना (Dhur nA) *vi.* 1. to decline. 2. to be inclined (towards someone). 3. to be moved to and fro. 4. to roll down.

ढुलकना (Dhu lak nA) *vi.* 1. to roll down. 2. to be inclined (towards someone).

ढुलकाना (Dhul kA nA) *vt.* causative of ढुलकना।

ढुलना (~ nA) *vi.* 1. to be moved/carried (to some other place). 2. = ढुलकना।

ढुलमुल (~ mul) *adj.* unsteady, not firm; ~ यक़ीन fickle-minded.

ढुलवाई (~ vA ee) *f.* = ढुलाई।

ढुलवाना (~ vA nA) *vt.* to cause to be moved/carried.

ढुलाई (Dhu la ee) *f.* act or state of carrying goods (luggage, load etc.) or charges paid there for.

ढुलाना (~ la nA) *vt.* to cause to be moved/ carried.

ढूँढ़ना (Dhōōrh nA) *vt.* to search/investigate; ढूँढ़ निकालना to search/hunt out; ढूँढ़ने निकलना to go out searching.

ढूह (Dhooh) *m.* mould.

ढेंकली (Dhẽk lee) *f.* 1. appliance for pounding corn. 2. appliance for drawing water; ~ में ढालना to torture.

ढेंका (Dhẽ kA) *m.* = ढेंकली।

ढेर (Dher) *m.* 1. heap, pile, bulk; ~ का ढेर (i) huge lot; (ii) entire lot. 2. accumulation; ~ कर देना to kill/murder; ~ लगाना to heap up/pile, to accumulate; ~ -सा very much, in a large amount/ quantity; ~ हो जाना to collapse.

ढेरी (dhe ree) *f.* small pile; आलू की एक ~ दे दो Give me one pile of potatoes.

ढेरों (~ rõ) *adv.* in heaps, in a huge quantity.

adj. a lot of; उसके ~ मित्र हैं He has a lot of friends. उसके पास ढेरों पुस्तकें हैं He has lots of books.

ढेला (~ lA) *m.* 1. lump/clod of earth. 2. piece of brickstone etc.; ~ चलाना to pelt a stone; ~ मारना to hit with a stone.

ढैया (Dhai yA) *m.* 1. a weight of $2\frac{1}{2}$ seers (roughly $2\frac{1}{3}$ kg.). 2. a substance weighing $2\frac{1}{2}$ seers. 3. the number $2\frac{1}{2}$ times a given natural number. 4. a multiplication table giving $2\frac{1}{2}$ times of natural number.

ढोंग (Dhõg) *m.* (act of) hypocrisy, dissemblance, dissimulation; ~ रचाना to dissimulate.

ढोंगी (dhõ gee) *adj.* hypocritical, crafty, deceitful.

m. hypocrite, imposter, dissembler.

ढोका (Dho kA) *m.* piece of stone etc.

ढोना (~ nA) *vt.* 1. to carry on one's body. 2. to carry/transport. 3. (somehow) to pull on/carry on.

ढोर (Dhor) *m.* cattle.

ढोर-चोर (~ - cor) *m.* cattle-lifter.

ढोर-डंगर (~ - dan gar) *m.* livestock, cattle.

ढोरना (~ nA) *vt.* 1. to pour (into). 2. to cause to roll down. 3. to shake.

ढोल (Dhol) *m.* drum, kettledrum; ~ चोबों से बजाया जाता है The drum is sounded by striking with sticks.

ढोलक (Dho lak) *f.* small drum; ~ हाथों से बजाई जाती है The small drum is sounded by striking with the hands.

ढोलकी (Dhol kee) *f.* = ढोलक।

ढोला (Dho lA) *m.* 1. a kind of worm found in rotten articles. 2. mark of demarcation. 3. a kind of song (sung in marriages).

ढोली (~ lee) *f.* a pile, collection of 200 betel leaves.

ढौंचा (Dhãũ cA) *m.* 1. a number $4\frac{1}{2}$ times a given natural number. 2. a multiplication table giving $4\frac{1}{2}$ times of natural number.

ण

ण (NA) *m.* the nasal consonant of the cerebral pentad of the Nagari alphabet; its sound resembles that of *rn* in *burnt.*

त

त (ta) *m.* first consonant of the dental pentad of the Nagari alphabet; its sound resembles that of *t* in french *matron.*

तंग (tang) *adj.* 1. narrow; ~ गली narrow lane. 2. tight; ~ जूता tight shoe. 3. harried, distressed; ~ आना to be fed up, to be tired (of); ~ करना to tease/harass; ~ कर रखना to go on harassing continually; ~ रहना to feel harassed continually. 4. short of, wanting; रुपए-पैसे से ~ होना to be short of money; हाथ ~ रहना/होना to be financially tight; हाथ ~ रहने पर भी उसने बच्चों को अच्छी शिक्षा देने में कोई कसर नहीं छोड़ी Inspite of the stringency of funds, he left no stone unturned to provide good education to his children.

तंगदिल (~ dil) *adj.* 1. miserly, close-fisted. 2. small-hearted.

तंगहाल (~ hAl) *adj.* hard up, tight.

तंगी (tan gee) *f.* want; ~ के दिन hard times; खाने की ~ want of subsistence/wherewithal.

तंज़ेब (tan zeb) *f.* a type of muslin.

तंडुल (tan Dul) *m.* rice.

तंतु (~ tu) *m.* 1. fibre, thread. 2. filament. 3. tissue.

तंतुवाद्य (~ vAddy) *m.* stringed instrument.

तंत्र (tantr) *m.* 1. system. 2. machinery; सरकारी ~ govt. machinery; स्नायु - ~ nervous system.

तंत्रशास्त्र (~ shAstr) *m.* occult science of charms and incantations.

तंत्रवाय (~ vAy) *m.* weaver.

तंत्रिका (tan tri kA) *f.* nerve; ~ तंत्र nervous system.

तंत्री (~ tree) *m.* one who plays on a string- ed instrument.

तंदुरुस्त (~ du rust) *adj.* 1. having a good health, healthy, hale and hearty. 2. stout.

तंदुरुस्ती (~ du rus tee) *f.* 1. health. 2. healthiness.

तंदूर (~ door) *m.* Indian oven.

तंदूरी (~ doo ree) *adj.* baked in a tandoor.

तंदेही (~ de hee) *f.* perseverance.

तंद्रा (~ drA) *f.* 1. sleepiness, dormancy. 2. lethargy.

तंद्रालस (~ drA las) *m.* lassitude, weariness.

तंद्रालु (~ drA lu) *adj.* 1. sleepy, drowsy. 2. lethargic.

तंबा (tam bA) *m.* kind of loose trousers.

तंबाकू (~ koo) *m.* tobacco; ~ पीना to smoke; बहुत से लोगों ने ~ पीना छोड़ दिया है Many people have given up smo-king.

तंबीह (tam beeh) *f.* 1. advice, instruction. 2. admonition, reproof.

तंबू (~ boo) *m.* tent; ~ खड़ा करना / तानना to erect a tent.

तंबूरा (~ rA) *m.* Indian type of guitar.

तँबोलिन (tã bo lin) *f.* fem. of तँबोली।

तँबोली (~ bo lee) *m.* betel-leaf seller. [Fem. तँबोलिन]

तअज्जुब (ta aj jub) *m.* = ताज्जुब।

तअल्लुक़ (ta al luK) *m.* = ताल्लुक़।

तअल्लुक़ा (ta al lu KA) *m.* = ताल्लुक़ा।

तअल्लुक़ेदार (ta al lu Ke dAr) *m.* = ताल्लुक़ेदार।

तअल्लुक़ेदारी (ta al lu Ke dA ree) *f.* = ताल्लुक़ेदारी।

तईं (ta ẽẽ) *pre.* for; अपने ~ for oneself.

तक (tak) *adv.* 1. to, upto, until; मैं घर ~ जाऊँगा I shall go upto the house. क्या आप दीवाली ~ यहाँ रहेंगे Are you going to stay here until Dewali? सौ रुपए ~ upto a hundred rupees. 2. as far as, to, पानी मेरी नाक ~ आ पहुँचा The water came upto my nose. 3. even; हिटलर ~ को झुकना पड़ा Even Hitler had to yield. रसोई ~ हवादार है Even the kitchen is airy. अब ~ up till now; अभी ~ as yet; कहाँ ~ to what extent, how far? यहाँ ~ to this extent, thus far.

तक़दीर (taK deer) *f.* fate, lot, luck; ~ के खेल fortune's games; ~ खुलना—उसकी तक़दीर खुल गई His luck was in. ~ फूटना—उसकी तक़दीर फूट गई His luck was out. ~ का धनी/सिकंदर fortune's favourite, extre- mely lucky man.

तक़दीरवर (~ var) *adj.* fortunate, lucky.

तक़दीरी (taK dee ree) *adj.* of or pertaining to luck.

तकना (tak nA) *vt.* 1. to see/look. 2. to wait or wait for.

m. a (male) person who habitually and stealthily stares at women.

तकनोक (~ neek) *f.* technique.

तकनीकी (~ nee kee) *adj.* technical; ~ जानकारी technical know-how.

तकमा (~ mA) *m.* medal.

तकरार (~ rAr) *f.* quarrel, wrangle; ~ करना to pick a quarrel; ~ होना—तकरार हो रही है A quarrel is going on.

तक़रीबन (taK ree ban) *adv.* almost, about, approximately; यह काम ~ दस दिन में पूरा होगा This work will be finished in about ten days. (वह) काम तक़रीबन ख़त्म हो गया The work is almost finished.

तक़रीर (~ reer) *f.* speech, lecture; ~ करना to give a speech.

तकला (tak la) *m.* spindle.

तकली (~ lee) *f.* small spindle.

तकलीफ़ (taK leeF) *f.* 1. trouble; ~ देना to cause trouble; मैं आप को एक छोटी-सी ~ दे रहा हूँ I am giving you a little trouble. आँखों की ~ eye trouble. 2. hardship, difficulty; वह आज-कल ~ में है He is having a hard time these days. 3. dearth; यहाँ पानी की ~ है There is dearth of water here. ~ उठाना to suffer; ~ करना to take the trouble; ~ होना—उसके व्यवहार से मुझे ~ हुई His behaviour has hurt me.

तकल्लुफ़ (ta kal luF) *m.* formal procedure, formality; ~ किसी प्रकार का ~ मत करो don't observe any formality. ~ का खाना (ceremonious) banquet.

तक़सीम (taK seem) *f.* division (maths.); ~ करना to divide; दोनों भाइयों में ~ हो गई The two brothers have divided their assets.

तक़ाज़ा (ta KA ZA) *f.* 1. very strong request; ~ करना to make (repeated) demand for payment of dues etc. 2. demand (s) of humanity; इंसानियत का ~ demand (s) of humanity; इंसाफ का ~ demand (s) of justice; भलमनसाहत का ~ demand (s) of gentlemanliness.

तक़ावी (ta KA vee) *f.* advance given to peasants.

तकिया (ta ki YA) *m.* 1. pillow, cushion; बड़ा ~ a bolster; ~ लगाना to pillow. 2. support. 3. abode of a mendicant, shelter.

तकिया-कलाम (~ - ka lAm) *m.* an irrelevant word/phrase used habitually (by someone), prop word.

तकुआ (ta ku A) *m.* spindle, distaff.

तक्र (takkr) *m.* buttermilk.

तक्षण (tak shaN) *m.* act of sculpting wood, stone etc.

तख़मीना (taKh mee nA) *m.* 1. estimate. 2. appraisal.

तख़ल्लुस (ta Khal lus) *m.* pseudonym, pen-name.

तख़्त (taKht) *m.* 1. plank. 2. throne; ~ पर चढ़ना/बैठना to ascend the throne; ~ पर बैठाना to enthrone; ~ मिलना to obtain the throne; ~ से उतरना to descend/alight from the throne; ~ से उतारना to dethrone.

तख़्त-ए-ताऊस (~ - e - tA oos) *m.* the renowned peacock throne of the Mughal Empire.

तख़्तपोश (~ posh) *m.* bed-spread.

तख़्ता (taKh tA) *m.* 1. plank. 2. board; ~ उलट जाना to collapse (said of a business), to be overthrone; ~ उलट देना (i) to dethrone; (ii) to overthrow; ~ हो जाना to become rigid (said of the body).

तख़्ता-पलट (~ - pa laT) *m.* the sudden act of overthrowing the government by force, coup.

तख़्ती (taKh tee) *f.* small plank/board.

तगड़ा (tag RA) *adj.* 1. strong, powerful; ~ असामी financially sound client; तगड़ी रकम huge amount. 2. sturdy, hard-built; ~ पड़ना to prove more than a match; वे हम से तगड़े हैं They are mightier than us.

तग़मा (taG mA) *m.* medal.

तगादा (ta gA dA) *m.* तक़ाज़ा।

तगार (ta gAr) *m.* reservoir of water used for watering bricks, preparing mortar etc.

तजना (taj nA) *vt.* to abandon/give up.

तजर्बा (ta jar bA) *m.* experience.

तजर्बेकार (~ be kAr) *adj.* experienced.

तजवीज़ (taj veez) *f.* 1. plan. 2. proposal; ~ देना (i) to suggest a plan; (ii) to find out (something).

तजुरबा (ta jur bA) *m.* = तजर्बा।

तट (taT) *m.* bank, shore, coast.

तटबंध (~ bandh) *m.* embankment.

तटरक्षक (~ rak shak) *m.* coastguard.

तटवर्ती (~ var tee) *adj.* situated on a bank/coast, coastal, littoral.

तटस्थ (ta Tasth) *adj.* 1. (lit). situated on a bank/coast. 2. neutral.

तटस्थता (~ tA) *f.* neutrality, nonalignment.

तटीय (ta Teey) *adj.* of or pertaining to a bank/coast.

तड़कना (ta Rak nA) *vi.* 1. to crack; तड़ककर बोलना to speak in a high tone. 2. = छौंकना।

तड़क-भड़क (ta Rak - bha Rak) *f.* 1. pomp and show. 2. pompousness, ostentation.

तड़का (taR KA) *m.* 1. dawn, daybreak.

2. seasoning (with spices); ~ देना/लगाना to season.

तड़के (~ ke) *adv.* early in the morning.

तड़तड़ाता (~ ta RA tA) *adj.* making a cracking sound.

तड़तड़ाना (~ ta RA nA) *vi.* (one) to split/break with a cracking noise.

vt. to do something with a cracking noise.

तड़तड़ाहट (~ ta RA haT) *f.* 1. act or state of तड़तड़ाना। 2. noise made thereby.

तड़प (ta Rap) *f.* 1. agonizing pain. 2. pining. 3. instantaneous reaction; शेर की ~ instantaneous reaction of a lion; इस कविता में तड़प है There is tantalizing/overwhelming sensitivity in the poem. 4. glittering splendour; हीरे की ~ glittering splendour of a diamond.

तड़पना (~ nA) *vi.* 1. to feel agonizing pain, to writhe in pain; तड़प-तड़पकर मर जाना to die in writhing pain. 2. to pine for; घर जाने के लिए ~ to pine for (going) home. 3. to react instantaneously (of infuriated beasts).

तड़पाना (taR pA nA) *vt.* to cause writhing pain.

तड़फड़ाना (~ pha RA nA) *vi.* = छटपटाना।

तड़बंदी (~ ban dee) *f.* formation of cliques.

तड़ाक (ta RAk) *f.* snap, cracking sound. *adv.* 1. instantly. 2. successively; ~ से with a snap, with a cracking noise.

तड़ाक-फड़ाक (~ - pha RAk) *adv.* at once, instantaneously.

तड़ाका (ta RA KA) *m.* (ono.) cracking noise made by something splitting/breaking, loud report.

तड़ाग (ta RAg) *m.* pond, tank.

तड़ातड़ (ta RA taR) *adv.* (one.) in quick succession; ~ जवाब देते चलना to answer back promptly and impertinently.

तड़ातड़ी (ta RA ta Ree) *f.* hurry and scurry; जीवन ~ का मेला Life is full of hurry and surry.

तड़ित (ta Rit) *f.* lightning; ~ रक्षक lightning conductor.

तड़ी (ta Ree) *f.* 1. slap; ~ देना / लगाना to slap, to give a slap. 2. dodge; ~ देना to dodge, to give the slip.

तड़ीबाज़ (~ bAz) *m.* dodger.

ततैया (ta tai yA) *f.* wasp.

तत्काल (tat kAl) *ind.* immediately, instantaneously, on the spur of the moment.

तत्कालीन (~ kA leen) *adj.* contemporary.

तत्क्षण (~ kshaN) *adv.* 1. at once, immediately. 2. instantly.

तत्क्षणिक (~ ksha Nik) *adj.* instantaneous.

तत्त्व (tattw) *m.* 1. element, substance; मूल ~ rudiments. 2. factor. 3. truth, reality.

तत्त्वज्ञान (~ gyAn) *m.* 1. knowledge of reality, metaphysical knowledge. 2. philosophy.

तत्त्वज्ञानी (~ gyA nee) *m.* 1. seer of the ultimate truth, metaphysician. 2. philosopher.

तत्त्वत: (~ tah) *adv.* substantially.

तत्त्व-मीमांसा (~ - mee mAn sA) *f.* metaphysics.

तत्त्ववेत्ता (~ vet tA) *m.* 1. metaphysician. 2. philosopher.

तत्त्वहीन (~ heen) *adj.* hollow, unsubstantial.

तत्त्वान्वेषी (tat twAn ve shee) *adj. & m.* (one) who seeks after the truth.

तत्त्वावधान (~ twAv dhAn) *m.* auspices; उसके ~ में under his auspices.

तत्पर (~ par) *adj.* prepared and ready.

तत्परता (~ tA) *f.* 1. act/state/quality of readiness, preparedness. 2. application (to work).

तत्पश्चात, तत्पश्चात् (tat pash CAt) *adv.* afterwards, thereafter.

तत्पुरुष (~ pu rush) *m.* 1. God. 2. a kind of compound in Sanskrit Grammar.

तत्र (tattr) *adv.* there, at that place.

तत्रभवान (~ bha VAN) *m.* His/Her Majesty.

तत्संबंधी (tat sam ban dhee) *adj.* concerned.

तत्सम (~ sam) *m.* 1. same as that. 2. a word borrowed from another language without any alteration as मंत्र from Sanskrit.

तथा (ta thA) *conj.* 1. and. 2. so; यथा नाम ~ गुण as the name, so the attributes.

तथाकथित (~ ka thit) *adj.* so-called.

तथागत (~ gat) *m.* Lord Buddha.

तथापि (~ pi) *conj.* yet, even then, still.

तथास्तु (ta thAS tu) *interj.* amen, so be it !

तथैव (ta thaiv) *adv.* similarly.

तथोक्त (ta thokt) *adj.* 1. afore-said, above-mentioned. 2. = तथाकथित।

तथ्य (tatthy) *m.* 1. fact. 2. data. 3. reality, truth. 4. substance; इसमें कोई ~ नहीं There is no substance in it.

तथ्यक (tat thyak) *adj.* factual.

तथ्यत: (tatthy tah) *adv.* de facto, in fact, factually.

तदनंतर (tad nan tar) *adv.* thereafter, afterthat, thereupon.

तदनुकूल (ta da nu kool) *adj.* accordingly.

तदनुरूप (ta du nu roop) *adj.* alike, similar (in form, shape etc.) (to), according (to).

तदनुसार (ta da nu SAR) *adv.* accordingly, according to that.

तदपि (ta da pi) *adv.* nevertheless, even then, still.

तदबीर (tad beer) *f.* way, device, means, plan.

तदर्थ (ta darth) *m.* ad hoc.

तदर्थ समिति (~ sa mi ti) *f.* ad hoc committee.

तदर्थी (ta dar thee) *adj.* & *m.* equivalent; ~ शब्द (ad hoc) equivalent term.

तदा (ta dA) *adv.* then, at that time.

तदाकार (~ kar) *adj.* 1. similar. 2. engrossed.

तदुपरांत (ta dup rAnt) *adv.* afterwards, thereafter, therupon.

तद्देशीय (tad de sheey) *adj.* 1. of that country. 2. indigenous.

तद्धित (~ dhit) *m.* 1. secondary derivatives in Grammar. 2. suffixes which form such derivatives.

तद्भव (~ bhav) *adj.* born of that. *m.* a word of some other language accepted in a modified form, as लालटेन from (English) 'lantern'.

तद्यपि (~ dya pi) *conj.* = तथापि।

तद्रूप (~ roop) *adj.* 1. alike, similar. 2. identical.

तद्रूपता (~ tA) *f.* 1. likeness, similarity. 2. identity.

तद्वत् (tad vat) *adj.* alike, similar (to that etc.)

तन (tan) *m.* body; ~ ढकना to cover the body; ~ तोड़ना to exert too much work; ~ - बदन की सुध न रहना to lose (one's) self, as it were; ~ - बदन में आग लगना to feel extremely angry; ~ - मन, धन से with all physical, mental and material resources, with an all-out effort; ~ - मन से सेवा करना to serve with singular devotion.

तनख़ाह (~ khAh) *f.* pay, salary; कम ~ पानेवाला low-paid; ~ बँटना distribution of pay; मोटी ~ fat salary.

तनना (~ nA) *vi.* to be stretched; तंबू ~ erection of a tent; भौंहें ~ —भौंहें तन गईं Eyebrows were raised. लाठियाँ तन गईं Lathis (sticks) were raised.

तनय (ta nay) *m.* son.

तनया (ta na yA) *f.* daughter.

तनवाना (tan VA NA) *vt.* to cause to be stretched.

तनसुख (~ sukh) *m.* a kind of fine muslin.

तनहा (~ hA) *adj.* single, alone, solitary.

तनहाई (~ ee) *f.* loneliness, solitude; कैद ~ solitary confinement.

तना (ta nA) *m.* stem, trunk.

तनातनी (~ ta nee) *f.* 1. tension, tenseness, 2. strained relationship.

तनाव (ta nAW) *m.* 1. state or quality of being stretched, tenseness; वह ~ से भरा था He was very tense. 2. tension; पारस्परिक ~ mutual tension; रस्सी का ~ tension of a rope.

तनावग्रस्त (~ grast) *adj.* strained, worried, tense.

तनावपूर्ण (~ poorN) *adj.* tense.

तनाव-भरा (~ - bha rA) *adj.* tense.

तनिक (ta nik) *adj.* a little, slight.
adv. ~ आगे बढ़ने पर on moving a little forward.

तनिया (ta ni yA) *f.* = तनी।

तनी (ta nee) *f.* string for tying garments etc.
adj. = तनिक।

तनीदार (~ dAr) *adj.* equipped with strings, stringed.

तनु (ta nu) *adj.* lean and thin.
m. body.

तनूकरण (ta noo ka raN) *m.* dilution.

तन्मय (~ may) *adj.* absorbed, engrossed.

तन्मयता (~ tA) *f.* absorption, concentration.

तन्मात्र (tan mAttr) *adj.* infinitesimal, meagre in quantity.

तन्य (tanny) *adj.* ductile, elastic.

तन्यता (~ tA) *f.* ductility, elasticity.

तन्वंगी (tan van gee) *f.* a slender, delicate woman, sylph.

तन्वी (tan vee) *fem.* a slender woman, sylph.

तप (tap) *m.* 1. austerity, practice of austerity. 2. penance. 3. fire. 4. heat. 5. summer season. 6. fever.

तपक (ta pak) *f.* = तपन।

तपकना (~ nA) *vi.* to throb/palpitate/pulsate.

तपन (ta pan) *f.* 1. heat. 2. burning sensation.

तपना (tap nA) *vi.* 1. to be heated. 2. to shine out; कोतवाल खूब तपा The Kotwal shone out (in all his brilliance).

तपवाना (~ VA NA) *vt.* to cause to be heated.

तपश्चर्या (ta pash ca ri yA) *f.* practice of austerity, asceticism.

तपसी (tap see) *m.* = तपस्वी।

तपस्या (ta pas syA) *f.* penance, austerities, self-mortification.

तपस्विनी (ta pas swi nee) *f.* fem. of तपस्वी।

तपस्वी (ta pas swee) *m.* ascetic, hermit. [Fem. तपस्विनी]

तपा (ta pA) *m.* = तपस्वी।

तपाक (ta pAk) *m.* ~ से with enthusiasm and promptitude.

तपा-तपाया (ta pA - ta pA yA) *adj.* tried and seasoned.

तपाना (ta pA nA) *vi.* 1. to heat. 2. to inflict suffering on one's body (to gain spiritual ends).

तपित (ta pit) *adj.* heated, hot.

तपिश (ta pish) *f.* heat.

तपेदिक (ta pe diK) *f.* tuberculosis.

तपोधन (ta po dhan) *m.* austerity personified, a great ascetic.

तपोनिधि (~ ni dhi) *m.* a great ascetic.

तपोनिष्ठ (~ nishTh) *adj.* engrossed in austerities.

तपोबल (~ bal) *m.* prowess sttained by austerity, power (esp. spiritual).

तपोभूमि (~ bhoo mi) *f.* ground sanctified by austerities.

तपोमय (~ may) *adj.* ascetical.

तपोमूर्ति (~ moorti) *m.* austerity personified, a great ascetic.

तपोवन (~ van) *m.* forest snactified by austerities.

तप्त (tapt) *adj.* 1. heated. 2. flushed with rage.

तफ़तीश (taF teesh) *f.* probe; ~ करना to probe.

तफ़रीह (~ reeh) *f.* amusement, merriment, recreation; ~ के लिए for amusement/recreation.

तफ़सील (~ seel) *f.* particulars, details.

तफ़सीलवार (~ VAr) *adj.* in details.

तब (tab) *adv.* 1. then; ~ तक till then; ~ भी still, even then. 2. at that time. 3. therefore, for this reason. 4. तब ? What then? ~ हम क्या पागल हैं ? Then, are we mad?

तबक़ (ta baK) *m.* 1. layer. 2. thin metallic leaf. 3. broad shallow dish. 4. a superstitious practice to ward off evil spirits.

तबक़गर (~ gar) *m.* one who prepares meta- llic leaves.

तबक़ा (tab KA) *m.* 1. large piece of land. 2. layer. 3. any class of men; कामकाजी ~ working class; ग़रीब ~ poor class.

तबदील (~ deel) *adj.* 1. (object) altered or changed. 2. (person) transferred.

तबदीली (~ dee lee) *f.* 1. change, alteration. 2. transfer.

तबर (ta bar) *m.* axe.

तबल (ta bal) *m.* large drum.

तबलची (~ cee) *m.* one who plays on a tambourine, a Tabla-player.

तबला (tab lA) *m.* a two piece drum; ~ खनखनाना merriment along with the playing of tambourine; ~ मिलाना to put a tambourine in tune.

तबलावादक (~ VA dak) *m.* tabla player.

तबादला (ta bAD lA) *m.* transfer.

तबाह (ta bAh) *adj.* ruined, destroyed; ~ कर देना to ruin/devastate; ~ हो जाना to be ruined/devastated.

तबाही (ta bA hee) *f.* ruination, havoc, mayhem; ~ मचाना to cause mayhem/havoc; गुंडों ने मुहल्ले में ~ मचा रखी है The hooligans have created mayhem on the street.

तबीयत (ta bee yat) *f.* 1. mood. 2. condition; कुछ ~ ठीक है न Are you feeling better? (किसी पर) ~ आना to take strongly to; ~ करना to feel like; ~ कैसी है How are you? How do you do? ~ न लगना = जी न लगना; ~ फड़क उठना—तबीयत फड़क उठी The heart leapt up; ~ बहकना—मेरी तबीयत बहकी हुई है My mind is wandering. ~ बिगड़ना—तबीयत बिगड़ गई The condition is worsened. ~ भर जाना = जी भर जाना; ~ लगना = जी लगना।

तबीयतदार (~ dAr) *adj.* sportive, largehearted.

तबीयतदारी (~ dA ree) *f.* sportiveness.

तबेला (ta be lA) *m.* stable; तबेले में दुलत्ती/लतियाव internecine struggle.

तभी (ta bhee) *m.* 1. at that time, right then; ~ से thenceforth, since then, only then; ~ हम कह सकते हैं Only then can we say. सिर्फ ~ then and only then. 2. only if; हुर्रियत शिष्टमंडल ~ पाकिस्तान जाएगा जब उसके सभी सदस्यों को पासपोर्ट दिए जाएँगे The Hurriyat delegation will go to Pakistan only if all of its members are issued passports. 3. for this reason/cause; ~ तो for that very reason, that explains.

तमंचा (ta man CA) *m.* revolver.

तम (tam) *m.* darkness.

तमक (ta mak) *f.* act or state of तमकना।

तमकना (~ NA) *vi.* 1. to be enraged. 2. (face) to be reddened with anger.

तमग़ा (tam GA) *m.* medal.

तमचर (~ car) *m.* demon.

तमतमाना (~ ta mA NA) *vi.* to become red due to anger, sun etc.; तमतमाता चेहरा reddened face; तमतमाती धूप blazing sun.

तमतमाहट (~ ta mA haT) *f.* reddening (of the face) due to heat/rage.

तमन्ना (ta man NA) *f.* aspiration; जी की ~ craving, longing.

तमस (ta mas) *m.* darkness.

तमाकू (ta mA koo) *m.* tobacco.

तमाखू (ta mA khoo) *m.* = तमाकू।

तमाचा (ta mA CA) *m.* slap; ~ खाना/लगना to be slapped; ~ जड़ना/देना/मारना/लगाना to slap, to give a slap.

तमादी (ta mA dee) *f.* limitation of time.

तमाम (ta mAm) *adj.* entire, whole, all; ~ बातें all matters; ~ मुल्क entire country; ~ रिश्तेदार all relatives; ~ करना to complete or finish off (a work); काम ~ करना to kill or destroy.

तमाल (ta mAl) *m.* an Indian tree.

तमावरण (ta mA va raN) *m.* = अंधाकुप्प (blackout).

तमाशबीन (ta mash been) *m.* 1. viewer, spectator, one who is fond of seeing shows. 2. womaniser.

तमाशबीनी (~ bee nee) *f.* womanising.

तमाशा (ta mA shA) *m.* 1. show, display. 2. fun; ~ खड़ा करना (i) to put up (an undesirable) show; (ii) to create a scene; ~ दिखा दूँगा (I) will teach (you) a lesson; ~ लगाना = ~ खड़ा करना; यह क्या ~ लगा रखा है What humbug is this?

तमाशाई (~ ee) *m.* spectator.

तमिल (ta mil) *f.* Tamil, a major South Indian language.

तमिलनाडु (~ NA DU) *m.* a South-Indain state (former name Madras).

तमिस्रा (ta mis RA) *f.* 1. darkness. 2. night.

तमीचर (ta mee car) *m.* demon.

तमीज़ (ta meez) *f.* 1. manners, etiquette. 2. power of discrimination; अच्छे-बुरे की ~ power of discrimination between good and evil.

तमोगुण (ta mo guN) *m.* last of the three qualitites of nature, the one relating to darkness/ignorance.

तमोगुणी (~ gu Nee) *adj.* 1. pertaining to तमोगुण। 2. (one) in whom तमोगुण predominates.

तमोली (~ lee) *m.* betel-leaf seller.

तय्यार (tai yAr) *adj.* = तैयार।

तरंग (ta rang) *f.* 1. wave, ripple. 2. rise and fall of voice in music. 3. fancy, impulse; ~ में आना to come into one's own; ~ में होना to be in (one's) form/mood.

तरंगित (ta ran git) *adj.* full of waves, rippling.

तरंगी (~ gee) *adj.* impulsive, emotional, fantastic.

तर (tar) *adj.* 1. wet; अपना पसीने से ~ चेहरा उसने रूमाल से पोंछा He wiped his perspiring face with a hankerchief. 2. juicy; ~ माल (i) sumptuous food; (ii) bountiful wealth. 3. damp, moist. *suffix.* denoting comparative degree; (उच्च high) उच्च ~ higher; (बद bad) बद ~ worse.

तरक (ta rak) *m.* act of abandosning; ~ करना to abandon.

तरकस (~ kas) *m.* quiver.

तरकसबंद (~ band) *adj.* equipped with a quiver.

तरकारी (tar ka ree) *f.* 1. vegetable. 2. vegetable preparation; ~ बनाना to prepare a dish of vegetable(s).

तरकीब (~ keeb) *f.* 1. device, plan, trick; ~ निकालना/भिड़ाना/लगाना/लड़ाना to carve a way out, to plan a strategy. 2. tact; ~ का आदमी tactful man; ~ से tactfully.

तरक्की (ta rak kee) *f.* 1. increase, increment. 2. promotion (in service, exam. etc.). 3. progress; देश की ~ progress of the country.

तरख़ान (tar KhAn) *m.* carpenter.

तरजना (ta raj nA) *vt.* 1. to censure/admonish. 2. to warn/threaten.

तरजीह (tar jeeh) *f.* preference, priority; ~ देना to give a preference/priority.

तरजुमा (~ ju mA) *m.* translation; ~ करना to translate.

तरजुमान (~ ju mAn) *m.* translator.

तरण (ta raN) *m.* 1. crossing over. 2. means of crossing over (as a boat). 3. deliverance, riddance.

तरणि (ta ra Ni) *m.* Sun.

तरणिजा (~ jA) *f.* Yamuna (river).

तरणी (tar Nee) *f.* boat.

तरतराता (~ ta rA tA) *adj.* = तड़तड़ाता।

तरतीब (~ teeb) *f.* arrangement, order; ~ देना to arrange, to put in proper order; ~ से in order; —पुस्तकें तरतीब से रखो Put the books in order.

तरतीबवार (~ vAr) *adv.* orderly, in proper order.

तरद्दुद (ta rad dud) *m.* 1. botheration, trouble, headache. 2. difficulty.

तरनतारन (ta ran tA ran) *m.* 1. salvation, emancipation from worldly bondage. 2. The Almighty.

तरना (tar nA) *vi.* 1. to swim across. 2. to attain salvation.

तरनी (~ nee) *f.* boat.

तरन्नुम (ta ran num) *m.* modulation of voice in reciting; ~ में सुनाना to recite (poetry) in tune.

तरपट (tar paT) *adj.* (cot) which is bent.

तरपर (~ par) *adj.* one above the other.

तरफ़ (ta raF) *f.* 1. direction. 2. side; एक ~ on one side; दूसरी ~ (i) on the other side; (ii) on the other hand.

तरफ़, की (kee ~) *postposition.* in the direction of, towards.

तरफ़दार (~ dAr) *adj.* partial. *m.* supporter, partisan.

तरफ़दारी (~ da ree) *f.* partiality, partisanship.

तरबतर (tar ba tar) *adj.* drenched, soaked; पसीने से ~ sweating from top to bottom.

तरबूज़ (~ booz) *m.* water-melon.

तरबूज़ई (~ boo za ee) *adj.* of the colour of water-melon.

तरबूजा (~ boo jA) *m.* = तरबूज़।

तरमीम (~ meem) *f.* 1. amendment. 2. modification.

तरल (ta ral) *adj.* 1. fluid, liquid. 2. watery.

तरलता (~ tA) *f.* fluidity, liquidity.

तरवन (~ van) *m.* an ornament of the ears.

तरवर (~ var) *m.* tree.

तरस (ta ras) *m.* pity; ~ खाना to have pity on, compassion.

तरसना (~ nA) *vi.* to pine for; तरसते रह जाना to go on pining for/longiong for.

तरसाना (tar sA nA) *vt.* to tantalize.

तरह (ta rah) *f.* 1. kind; पूरी ~ से fully;

~ तरह के of so many/various kinds. 2. way; अच्छी तरह well; वह अच्छी ~ तैर सकता है He can swim well. इसी ~ likewise; पूरी ~ entirely; हमेशा की ~ as usual; किस ~ in what way? ~ तरह से in many ways, how? ~ देना या दे जाना to give latitude, to overlook, to pass over; already included above; बुरी ~ (i) badly; (ii) miserably.

तरह, की (kee ~) *postposition.* as, like; की ~ like—वह पागलों की ~ लड़ा He fought like mad men.

तरहदार (~ dAR) *adj.* 1. elegant, graceful. 2. fashionable.

तरहदारी (~ dA ree) *f.* elegance, gracefulness.

तराई (ta rA ee) *f.* 1. valley, marshy ground, meadow. 2. (act of) wetting, watering.

तराज़ू (ta rA zoo) *m.* weighing scale, balance; ~ का पलड़ा scale-pan.

तराना (ta rA rA) *m.* a kind of song.

तराबोर (ta rA bor) *adj.* drenched, soaked; पसीने में ~ bathed in perspiration.

तरावट (ta ra vaT) *f.* 1. delightful coolness, freshness. 2. moisture, humidity.

तराशना (ta rAsh nA) *vt.* 1. to cut/pare. 2. to clip/trim. 3. to chisel; तराशा हुआ chiselled.

तरी (ta ree) *f.* 1. delightful coolness. 2. freshness. 3. riverside land; उसके घर में तरी है He is opulent. 4. boat.

तरीक़ा (~ KA) *m.* 1. method, way, mode. 2. device. 3. custom, practice; तरीक़े का of the right type; तरीक़े से methodically/systematically.

तरु (ta ru) *m.* tree.

तरुण (ta ruN) *adj.* youthful, young, adult. *m.* youth; देश के ~ the youth of the country.

तरुणता (~ tA) *f.* 1. youthfulness. 2. youth.

तरुणाई (ta ru NA ee) *f.* youth.

तरुणी (ta ru Nee) *f.* young woman.

तरुरोपण (ta ru ro paN) *m.* = वृक्षारोपण।

तरेंदा (ta ren dA) *m.* buoy.

तरे (ta re) *adv.* = तले below.

तरेड़ (ta reR) *f* crack, crevice.

तरेरना (ta rer nA) *vt.* 1. to stare angrily. 2. to look askance.

तरेरा (ta re rA) *m.* incessant downpour, or torrent of water.

तरैला (ta rai lA) *m.* step-son.

तरोई (ta ro ee) *f.* an Indian green vegetable.

तरोताज़ा (ta ro tA ZA) *adj.* refreshed; नहाने से ~ हो जाओगे A bath will refresh you.

तरौंछ (ta raũ ch) *f.* sediment.

तरौंटा (ta raũ TA) *m.* lower stone of a grinder.

तरौना (ta rau nA) *m.* an ornament for the ears.

तर्क (tark) *m.* 1. argument; ~ उपस्थित करना to present an argument; ~ देना to give an argument. 2. logic, reasoning; ~ बुद्धि faculty of reasoning; प्रस्तावित वेतन-वृद्धि किसी भी ~ से उचित नहीं The proposed hike in salaries cannot be justified by any logic.
m. = तरक।

तर्क-कुतर्क (~ - ku tark) *m.* good and bad argument, argument for the sake of argument.

तर्कणा (tar ka NA) *f.* 1. discussion. 2. an argument.

तर्कणावाद (~ vAd) *m.* rationalism.

तर्कणावादी (~ vA dee) *adj.* rationalistic. *m.* rationalist.

तर्क-वितर्क (tark - vi tark) *m.* argument and counter-argument.

तर्कशास्त्र (~ shAstr) *m.* (Science of) logic.

तर्कसंगत (~ saṅ gat) *adj.* 1. logical. 2. rational, reasonable.

तर्कसिद्ध (~ siddh) *adj.* proved by reasoning.

तर्कहीन (~ heen) *adj.* illogical.

तर्कित (tar kit) *adj.* (topic) argued about.

तर्क्य (tarky) *adj.* arguable, debatable.

तर्ज़ (tarz) *f.* 1. manner, method. 2. tune (music).

तर्जन (tar jan) *m.* 1. chiding, snubbing. 2. threat, warning.

तर्जना (tarj nA) *vt.* 1. chide/snub. 2. to threat/warn.

तर्जनी (~ nee) *f.* forefinger; ~ मुद्रा a pantomimic mode of forbidding.

तर्जित (tar jit) *adj.* forbidden.

तर्जुमा (~ ju mA) *m.* = तरजुमा; ~ करना to translate.

तर्पण (~ paN) *m.* offering libation; ~ करना to offer libation.

तर्पणीय (~ pa Neey) *adj.* worth libation/offering.

तर्पित (~ pit) *adj.* offered.

तर्रार (~ rAr) *adj.* see तेज़-तर्रार।

तल (tal) *m.* 1. surface, level. 2. bed. 3. lens.

तलक (ta lak) *adv.* = तक; कब ~ = कब तक?

तलख़ (ta laKh) *adj.* 1. bitter. 2. aggressive.

तलख़ी (tal Khee) *f.* 1. bitterness. 2. aggressiveness.

तलघर (~ ghar) *m.* 1. basement. 2. bunker.

तलघरा (~ gha rA) *m.* basement.

तलछट (~ chaT) *f.* sediment, dregs.

तलटीप (~ Teep) *m.* footnote.

तलना (~ nA) *vt.* to fry; तला हुआ fried.

तलपट (~ paT) *m.* balance sheet.

तलफ़ी (~ Fee) *f.* 1. ruin, destruction. 2. loss. 3. infringement; हक़ - ~ infringement of right.

तलफ़्फ़ुज़ (ta laF FuZ) *m.* pronunciation.

तलब (ta lab) *f.* 1. search. 2. necessity; पानी की ~ thirst. 3. demand; ~ करना to demand. 4. call. 5. salary, wages.

तलबाना (tal bA nA) *m.* 1. process fee paid for serving summons. 2. fine levied for late deposit of revenue, cost etc.

तलबी (~ bee) *f.* summons, call, order to appear.

तलवा (~ vA) *m.* 1. the bottom part of the foot, sole; तलवे चाटना / सहलाना to lick (someone's) feet, to indulge in abject flattery; तलवे छलनी होना to have sore feet due to excessive walking. 2. the bottom part of the shoe, sock etc; रबर के तलवेवाला जूता rubber-soled shoes.

तलवार (~ vAr) *f.* sword; ~ कसना / बाँधना / लटकाना to girdle (one's) sword; ~ के घाट उतारना to put to the sword; ~ खींचना to draw/unsheathe a sword; ~ सूँतना to brandish a sword.

तलवारिया (~ vA ri yA) *m.* one well-skilled in sabre-rattling or sword-play.

तलवारी (~ va ree) *adj.* pertaining to a sword.

तलहटी (tal ha Tee, ta lah Tee) *f.* vale, valley.

तला (ta lA) *m.* 1. bottom. 2. sole of a shoe. 3. = तलवा।

तलाई (~ ee) *f.* 1. small pond. 2. act or state of frying or charges paid therefor.

तलाक़ (ta lAK) *m.* the legal ending of a marriage, divorce; ~ देना to divorce; ~ लेना to get a divorce.

तलाक़शुदा (~ shu dA) *adj.* divorced; ~ व्यक्ति divorced person, divorcee.

तलातल (ta lA tal) *m.* one of the nether regions according to Hindu mythology.

तलाश (ta lASh) *f.* search, quest, investigation; मैं एक बढ़िया क़लम की ~ में हूँ I am looking for a good fountain pen.
तलाशना (~ nA) *vt.* to search/investigate.
तलाशी (ta lA shee) *f.* a search; ~ देना to submit to a search, to give a search; ~ लेना to make a search.
तली (ta lee) *f.* 1. bottom. 2. palm of the hand. 3. sole of the foot.
तलुआ (ta lu A) *m.* = तलवा।
तले (ta le) *adv.* immediately under, beneath, below; ~ ऊपर का (i) one after the other; (ii) upside down, topsy-turvy. ~ ऊपर के बच्चे progeny one after the other, successive children.
तलैया (ta lai yA) *f.* small pond.
तलौंछ (ta lãuch) *f.* sediment, dregs.
तल्ख़ (talKh) *adj.* = तलख़।
तल्ला (tal lA) *m.* 1. storey. 2. = तलवा।
तल्लीन (~ leen) *adj.* engrossed, absorbed.
तल्लीनता (~ tA) *f.* engrossment, absorption (mental), concentration.
तवक़्क़ो (ta vaK Ko) *f.* expectation.
तवज्जेह (ta vaj jeh) *f.* attention; ~ दिलाना to draw attention; ~ देना to pay attention.
तवर्ग (ta varg) *m.* (the letters). त, थ, द, ध, and न।
तवा (ta vA) *m.* 1. a circular iron plate used for cooking purposes, griddle, disc. [Fem. तवी] 2. gramophone record.
तवाज़ा (~ zA) *f.* खातिर - ~ hospitality.
तवायफ़ (~ yaF) *f.* prostitute, harlot.
तवारीख़ (~ reeKh) *f.* history.
तवालत (~ lat) *f.* 1. elongation, lengthening. 2. botheration, entanglement; ~ मोल लेना to invite trouble, to own up trouble.
तवी (ta vee) *f.* (fem. of तवा) small disc.
तशरीफ़ (tash reeF) *f.* ~ रखना—तशरीफ़ रखिए Please be seated. ~ लाना—तशरीफ़ लाइए Grace us with your presence, please. अपना ~ का टोकरा यहाँ से ले जाओ Walk out of here. (pej.)
तश्तरी (~ ta ree) *f.* plate, saucer.
तसकीन (tas keen) *f.* 1. consolation, solace. 2. satisfaction.
तसदीक़ (~ deeK) *f.* attestation, confirmation; ~ करना to attest/confirm.
तसबीह (~ beeh) *f.* rosary.
तसमा (~ mA) *m.* shoe-string.
तसला (~ lA) *m.* big shallow pan.
तसलीम (~ leem) *f.* 1. salutations, greetings. 2. admission, acceptance; ~ करना to admit/accept.
तसल्ली (ta sal lee) *f.* 1. solace, consolation; ~ देना to solace/console. 2. satisfaction; ~ रखना to have patience.
तस्कर (tas kar) *m.* smuggler.
तस्करता (~ tA) *f.* act or state of smuggling.
तस्करी (tas ka ree) *f.* smuggling.
तस्वीर (~ veer) *f.* 1. picture, painting. 2. photograph; ~ खींचना (i) to draw a picture/painting; (ii) to give a beautiful, life-like description; ~ बनाना to draw a picture/painting.
तह (tah) *f.* 1. layer, fold; ~ करना/लगाना to fold up; ~ पर तह जमाना to go on eating. 2. bottom; ~ में जाना/पहुँचना to go to the root, to go deep into; तहे दिल से earnestly, from the bottom/core of the heart. 3. bed.
तहक़ीक़ात (~ Kee Kat) *f.* probe, investigation.
तहख़ाना (~ KhA nA) *m.* basement, cellar.
तहज़ीब (~ zeeb) *f.* 1. civilisation. 2. mannerliness; ~ सीखो Learn manners. ~ से बात करो Talk politely.

तहत (ta hat) *m.* के तहत working in the control of somebody, under.

तहबंद (tah band) *m.* loincloth.

तहमत (~ mat) *m.* loincloth.

तहरी (~ ree) *f.* a dish made of rice cooked with vegetables etc.

तहलका (te hal kA) *m.* furore, turmoil; इस बात से ~ मच गया It caused a furore; ~मचाना to create a furore/sensation.

तहस-नहस (ta has - na has) *adj.* ruined, destroyed, devastated; ~ करना to destroy/devastate.

तहसील (tah seel) *f.* 1. realisation of dues. 2. amount so realised. 3. an administrative division of a district. 4. office of such a division.

तहसीलदार (~ dAr) *m.* presiding officer of such a division, collector.

तहसीलदारी (~ dA ree) *f.* status or office of a collector.

तहसीलना (~ nA) *vi.* to collect (dues).

तहाँ (ta hÃ) *adv.* at that place, there only.

तहाना (ta hA nA) *vi.* to fold (up), to wrap; कपड़े तहा कर रखो Arrange clothes in folds.

तहाशा (ta hA shA) *m.* 1. care; बे ~ carelessly, without care and caution. 2. fear, apprehension.

तही (ta hee) *f.* 1. layer, fold. 2. something folded into layers; ~ करना (i) to fold; (ii) to fold into layers, to wrap.

ताँगा (tÃ gA) *m.* = टाँगा, tonga, a horse-carriage.

तांडव नृत्य (tAN DAv nritty) *m.* violent dance (of Shiva).

ताँत (tÃt) *f.* 1. gut. 2. string, bowstring. 3. string of a musical instrument. 4. a weaver's appliance.

तांत (tAnt) *m.* (word) ending in त।

ताँता (tÃ tA) *m.* 1. chain, succession, train; ~ बँधना/लगना—वहाँ आनेवालों का ताँता लगा था There was an endless stream of visitors. बातों का ~ endless talk; विचारों का ~ train of ideas. 2. series.

तांत्रिक (tAn trik) *adj.* pertaining to the Tantra Science/Art.

m. one who practises the Tantra Art.

ताँबई (tÃ ba ee) *adj.* of the colour/hue of copper.

ताँबा (~ bA) *m.* copper.

ताँबिया (~ bi yA) *m.* big, shallow vessel of copper.

तांबूल (tAm bool) *m.* betel-leaf.

ता (tA) *suffix.* to form abstract nouns from तत्सम adjectives as सुंदरता, मादकता।

ताई (tA ee) *f.* 1. slight fever. 2. fever accompanied by cold. 3. (fem. of ताऊ) aunt, wife of father's elder boother.

ताईद (tA eed) *f.* confirmation, support; ~ करना to support/confirm.

ताऊ (tA oo) *m.* uncle, father's elder brother [fem. ताई]; बछिया का ~ simpleton, stupid man.

ताऊन (tA oon) *m.* plague.

ताक (tAk) *f.* look-out; ~ में रहना to be on the look-out; ~ रखना to keep an eye on.

ताक़ (tAK) *m.* niche, alcove; ~ पर रखना / रख देना to keep in abeyance.

ताक-झाँक (tAk - jhÃ k) *f.* act of snooping.

ताक़त (tA Kat) *f.* strength, might, power, capacity; ~ आज़माना ~ to try one's strength; अपनी पूरी ~ से with one's might and main.

ताक़तवर (~ var) *adj.* strong, mighty, powerful.

ताकना (tAk nA) *vt.* 1. to peep. 2. to snoop, stare. 3. to look to somebody to provide something.

ताकि (tA ki) *conj.* so that, in order that.

ताकीद (tA keed) *f.* enjoining, cautioning; ~ करना to enjoin/caution/warn.

ताखा (tA khA) *m.* niche, alcove.

तागड़ी (tAg Ree) *f.* chain worn round the waist as an ornament.

तागना (~ nA) *vt.* 1. to stitch. 2. to sew in long stitches.

तागा (tA gA) *m.* thread; सूई में ~ डालना to thread a needle.

ताज (tAj) *m.* crown, diadem.

ताज़गी (tAz gee) *f.* freshness.

ताजपोशी (tAj po shee) *f.* crowning, enthronement; नई सहस्राब्दी की पहली विश्व सुंदरी के रूप में सुश्री प्रियंका चोपड़ा की ~ पहली दिसंबर को हुई Miss Priyanka Chopra was crowned the first Miss World of the new Millenium.

ताजमहल (~ ma hal) *m.* famous mausoleum of Agra built by the Mughal Emperor Shah Jehan in memory of his wife (Mumtaz Mahal).

ताज़ा (tA zA) *adj.* 1. newly made or produced, fresh; ~ मक्खन fresh butter; ~ रोटी fresh bread. 2. recently experienced, fresh; भूकंप के ~ झटकों ने राज्य को झकझोर दिया Fresh tremors rocked the state. 3. rice, cool, fresh; ~ हवा fresh air; ~ करना या कर देना to refresh; इस घटना ने पुरानी समृतियाँ ~ कर दीं This event rekin-dled the old memories.

ताज़ापन (~ pan) *m.* freshness, newness.

ताज़िया (tA zi yA) *m.* model of the tomb of Imam Hussain carried in a procession by Muslims during the Muharram.

ताज़ीरात-ए-हिंद (tA zee ra te hind) *m.* Indian Penal Code.

ताज़ीरी (ta zee ree) *adj.* punitive; ~ पुलिस punitive police.

ताड़ (tAR) *m.* 1. toddy tree. 2. a beating/reprimand; ~ पत्र leaf of the toddy tree.

ताड़न (tA Ran) *m.* 1. giving a blow. 2. upbraiding. 3. punishment. 4. multiplication. (Math.) 5. admonition.

ताड़ना (tAR nA) *f.* reprimand.

vt. 1. to reprimand. 2. to guess.

ताड़नीय (~ neey) *adj.* worth a reprimand.

ताड़पत्र (~ pattr) *m.* leaf of a toddy tree.

ताड़ी (tA Ree) *f.* toddy.

तात (tAt) *m.* 1. father. 2. respectable person. 3. word of endearment for a close relation.

adj. heated.

ताताथेई (tA tA the ee) *f.* 1. timing with the feet in dance. 2. dance.

तातार (tA tAr) *m.* the Tartar region in central Asia.

तातारी (tA tA ree) *adj.* pertaining to the Tartar region.

तातील (tA teel) *f.* 1. holiday. 2. vacation.

तात्कालिक (tAt kA lik) *adj.* immediate, instantaneous; अब असली समस्या ~ सहायता की है The real problem is of providing immediate relief. ~ कार्रवाई immediate action.

तात्त्विक (~ twik) *adj.* substantial, elemental.

तात्त्विकता (~ tA) *f.* substantiality.

तात्पर्य (tAt pary) *m.* 1. import, sum and substance. 2. meaning, significance, purport.

तादात्म्य (tA dAtmy) *m.* identity, oneness.

तादाद (tA dAd) *f.* number, count, quantity.

तादृश (tA drish) *adj.* similar, identical.

तान (tAn) *f.* tune; ~ छेड़ना to start a tune; ~ तोड़ना to make a mess of a tune; ~ लगाना to demand (something) persistently.

तानना (~ nA) *vt.* 1. to stretch as a string;

चादर ~ to spread a counterpan. 2. to erect as a tent; तानकर सोना to sleep peacefully; लंबी ~ to slumber; लाठी ~ to lift a lathi preparatory to strike.

तानपूरा (~ poo rA) *m.* = तंबूरा (an Indian type of guitar).

ताना (tA nA) *m.* 1. taunt, sarcasm; ~ देना / मारना to taunt/gibe. 2. warp; ~ तानना stretching the warp.

ताना-बाना (~ - bA) *m.* warp and woof.

तानारीरी (~ ree ree) *f.* 1. unimpressive music. 2 . unimpressive/useless talk.

तानाशाह (~ shAh) *m.* dictator.

तानाशाही (~ shA hee) *adj.* dictatorial. *f.* dictatorship.

ताप (tAp) *f.* 1. heat. 2. fever, warmth, grief.

तापक्रम (~ kram) *m.* temperature.

तापचालक (~ cA lak) *adj.* & *m.* conductor of, or conducting heat.

तापन (tA pan) *m.* 1. act or state of heating. 2. sun.

तापना (tAp nA) *vi.* to heat/warm one's body; आग ~ to sit by the fireside to warm the body.

तापमान (~ mAn) *m.* temperature; ~ शून्य से कम होने पर भी मतदान काफी ऊँचा रहा The polling was very high in spite of sub-zero temperature.

ताप-लहरी (~ - lah ree) *f.* heatwave.

तापविद्युत (~ vid dyut) *f.* electricity developed by the action of heat, thermoelectricity.

तापस (tA pas) *m.* ascetic.

तापसी (tAp see) *adj.* pertaining to asceticism.
f. 1. female ascetic. 2. wife of an ascetic.

तापावरोध (tA pA va rodh) *m.* refractoriness.

तापावरोधक (tA pA va ro dhak) *adj.* refractory.

तापित (tA pit) *adj.* 1. heated. 2. afflicted, troubled.

तापीय (ta peey) *adj.* thermal; ~ विद्युतगृह thermal powerhouse.

तापोपचार (tA pop cAr) *m.* heat treatment.

ताफ़्ता (tAf tA) *m.* = धूपछाँह, a kind of muslin in which the warp and woof are of different colours.

ताब (tAb) *f.* 1. heat, warmth. 2. gloss. 3. strength. 4. power of endurance.

ताबड़-तोड़ (tA baR toR) *adv.* in quick succession, non-stop.

ताबूत (tA boot) *m.* coffin.

ताबेदार (tA be dAr) *adj.* subservient, servile.

ताबेदारी (~ dA ree) *f.* subservience, servility.

तामचीनी (tAm cee nee) *f.* enamel.

तामझाम (~ jhAm) *m.* 1. open palanquin. 2. paraphernalia. 3. pomp and show.

तामड़ा (~ RA) *adj.* of the colour of copper. *m.* over-baked brick.

तामस (tA mas) *adj.* 1. dark. 2. = तामसी। *m.* ignorance.

तामसिक (tAm sik) *adj.* = तामसी।

तामसी (~ see) *adj.* pertaining to तमोगुण।

तामिस्र (tA misr) *m.* darkness of mind.

तामीर (tA meer) *m.* construction, building; ~ करना to construct/build.

तामील (tA meel) *f.* 1. execution; ~ करना to execute (order etc.). 2. service; ~ करना to serve (notice, summons etc.).

तामीली (tA mee lee) *f.* execution; हुकुम की ~ act of performing a duty.

ताम्र (tAmr) *m.* copper.

ताम्रक (tAm rak) *m.* copper.

ताम्रपट्ट (tAmr paTT) *m.* plate made of copper.

म्रपत्र (~ pattr) *m.* plate made of copper.
म्रयुग (~ yug) *m.* copper age.
म्रवर्ण (~ varN) *adj.* copper-coloured.
ायफ़ा (tAy FA) *m.* band of dancers. *f.* prostitute.
ाया (tA yA) *m.* father's elder brother, uncle.
ार (tAr) *m.* 1. wire, string. 2. telegram; ~ देना to wire. 3. chain, series; आँसुओं का ~ incessant flow of tears; ~ तार करना to tear into shreds, to reduce to shreds.
ारक (tA rak) *m.* 1. redeemer, saviour. [fem. तारिणी] 2. star. 3. asterisk.
ारकश (tAr kash) *m.* one who draws wires.
ारकशी (~ ka shee) *f.* calling of a drawer of wire.
ारकोल (~ kol) *m.* coaltar, tarmac
ारघर (~ ghar) *m.* telegraph office.
ारघाट (~ ghAT) *m.* device/plan for the accomplishment of an object.
ारजाली (~ jA lee) *f.* wire gauze.
ारण (tA raN) *m.* 1. crossing over. 2. getting over a difficulty. 3. redemption, deliverance from worldly worries, salvation.
ारतम्य (tAr tammy) *m.* sequence, continuity, order.
ारना (~ nA) *vt.* 1. to take across, to help cross over. 2. to deliver from worldly worries. 3. to exempt from future transmigration.
ारपत्र (~ pattr) *m.* postgram.
ारपीन (~ peen) *m.* turpentine.
ारल्य (tA rally) *m.* liquidity.
ारसप्तक (tAr sap tak) *m.* highest septet in Music.
ारांकित (tA rAṅ kit) *adj.* starred; ~ प्रश्न starred question.
तारा (tA rA) *m.* 1. star; ~ डूबना setting of the star; तारे गिनना (lit.) to count the stars in the firmament to pass the night restlessly; तारे टूटना falling of stars, the onset of misfortune; तारे तोड़ लाना to achieve the impossible; तारों की छाँह में under the shadow of stars, during the part of the night preceding dawn; तारे दिखाई दे जाना to be overwhelmed by the realisation of difficulties. 2. pupil (of the eye).
तारागण (~ gaN) *m.* stars.
तारापथ (~ path) *m.* path of a star, sky.
तारामंडल (~ maN Dal) *m.* constellation.
तारिका (tA ri kA) *f.* 1. small star. 2. actress, film-actress.
तारिणी (tA ri Nee) *f.* (fem. of तारक).
तारित (tA rit) *adj.* redeemed, delivered.
तारीक (tA reek) *adj.* black, dark.
तारीख़ (tA reeKh) *f.* date; ~ टलना— ~ टल गई है It has been postponed to some other date. ~ डालना to date; ~ देना to give a date; ~ निकलवाना to ask for a suitable date (usually auspicious); ~ पड़ना— (i) कौन-सी तारीख़ पड़ी है Which date has been fixed? (ii) बुधवार को कौन-सी तारीख़ पड़ेगी Which date falls on Wednesday? ~ लेना to ask for a date.
तारीफ़ (tA reeF) *f.* 1. praise; ~ करना to praise; ~ के पुल बाँधना to shower encomiums, to laud to the skies; झूठी ~ false praise. 2. compliment; इस ~ के लिए धन्यवाद Thank you for the compliment. 3. definition.
तारुण्य (tA ruNNy) *m.* youth, young age.
तार्किक (tAr kik) *adj.* logical. *m.* logician.
ताल (tAl) *m.* 1. palm of the hand. 2. clapping. 3. pool, pond, tank.

f. (i) measure of time (Music) tune, rhythm; ~ देना timing (Music); (ii) thigh; ~ ठोकना to clap the ताल as a challenge to the opponent in wrestling.

तालबद्ध (~ baddh) *adj.* rhythmic.

ताल-बेताल (~ - be tAl) *adv.* out of tune, discordant.

ताल-मेल (~ - mel) *m.* cohesion, coordination, harmony, concord; ~बैठना concordance; ~ बैठाना to collate/coordinate.

तालव्य (tA lavvy) *adj.* palatal.

ताला (tA lA) *m.* lock, padlock; ~ खोलना to open a lock; ~ देना / बंद करना / लगाना to lock; ताले में रखना to put something under lock and key.

ताला-कुंजी (~ - kun jee) *f.* lock and key; हाथ में ~ होना to be in absolute possession.

ताला-ताली (~ tA lee) *f.* = ताला-कुंजी।

तालाबंदी (~ - ban dee) *f.* lock-out.

तालाब (tA lAb) *m.* tank, pond, pool.

तालिका (tA li kA) *f.* 1. list. 2. inventory.

तालिबान (~ bAn) *m.* a student as a warrior of Jehad, Taliban.

तालिबानी (~ bA nee) *adj.* of Taliban.

तालिबानीकरण (~ ka raN) *m.* Talibanisation.

ताली (tA lee) *f.* 1. key; ताला और ~ lock and key. 2. clapping, applause; ~ पिट जाना clapping as a sign of disapproval; ~ पीटना to clap (by way of derision); ~ बजना clapping (by way of approbation); ~ बजाना to clap (as a sign of applause).

तालीम (tA leem) *f.* education; ~ देना to educate; ~ पाना to receive education.

तालू (tA loo) *m.* palate; ~ से जीभ न लगना to be talking incessantly, never to be quiet; प्यास से ~ चटकना/सूखना parching of the palate, state of excessive thirst.

ताल्लुक़ (tAl luK) *m.* 1. relationship, connection. 2. illicit connection; ~ होना- उसका उस स्त्री से ताल्लुक है He has illic connection with her.

ताल्लुक़ा (~ lu KA) *m.* an area of land for specific purpose, estate.

ताल्लुक़ेदार (~ lu Ke dAr) *m.* owner of a estate, landlord.

ताल्लुक़ेदारी (~ lu Ke dA ree) *f.* 1. estat 2. system of estate ownership.

ताव (tAv) *m.* 1. heat; ~ खाना (i) (object) be over-heated; (ii) (person) to hav a heat-stroke. 2. wrath, great ange ~ दिखाना to make a show of anger; मु ~ मत दिखाओ Don't try to browbe me. ~ में आना to get wild; मूछों पर ~ दे (lit.) twirling the moustaches, a sho of bravado. 3. sheet (of paper); काग़ का पूरा ~ foolscap paper.

तावदार (~ dAr) *adj.* 1. (person) impulsiv 2. (object) stiff and resplendent.

तावान (tA vAn) *m.* penalty, compensatio

तावीज़ (tA veez) *m.* amulet, talisman.

ताश (tAsh) *m.* playing cards; ~ का पत्ता playing card; ~ की गड्डी pack of card ~ खेलना to play (at) cards; ~ फेंटना shuffle cards.

ताशा (tAshA) *m.* kettle-drum.

तासीर (tA seer) *f.* effect, property (of son medicine, drug etc.).

तास्सुब (tAs sub) *m.* fanaticism, bigotry.

तास्सुबी (~ su bee) *adj.* fanatical, bigote

ताहम (tA ham) *adv.* 1. yet, still. 2. even, spite of this/that.

ताहरी (tAh ree) *f.* = तहरी।

तिकड़म (tik Ram) *m.* stratagem, tricker knack; ~ भिड़ाना / लगाना to devise stratagem.

तिकड़मबाज़ (~ bAz) *adj.* & *m.* wil

manoeuvring, crafty, highly manipulative (person).

तिकड़मबाज़ी (~ ba zee) *f.* wiliness, craftiness, manipulative faculty of a high order.

तिकड़मी (tik Ra mee) *adj.* wily, crafty.

तिकड़ा (~ RA) *m.* trio.

तिकड़ी (~ Ree) *f.* 1. three of cards. 2. trio, group of three.

तिकोना (ti ko nA) *adj.* triangular, three-cornered.

तिक्का (tik kA) *m.* = तिक्की।

तिक्की (~ kee) *f.* three of cards.

तिक्त (tikt) *adj.* pungent, acrid.

तिखारना (ti khAr nA) *vt.* to urge pointedly.

तिगुना (ti gu nA) *adj.* triple, treble, threefold; ~ करना to treble.

तिग्गी (tig gee) *f.* three of cards.

तिजरा (tij rA) *m.* intermittent fever, recurring every third day.

तिजारत (ti jA rat) *f.* trade, commerce.

तिजारती (ti jA ra tee) *adj.* pertaining to trade, commercial.

तिजोरी (ti jo ree) *f.* safe, chest; ~ तोड़ना to crack a safe.

तिड़ी (ti Ree) *f.* three of cards; ~ करना to purloin/pinch; ~ हो जाना to slip away, to flee.

तितर-बितर (ti tar - bi tar) *adj.* helter-skelter, scattered, topsyturvy; ~ करना to throw helter-skelter, to disperse; ~ हो जाना to disperse; भीड़ ~ हो गई The crowd disperred.

तितली (tit lee) *f.* 1. butterfly. 2. glamour girl, flirt, minx.

तितलौकी (~ lau kee) *f.* bitter gourd.

तितिक्षा (ti tik shA) *f.* endurance, fortitude.

तितिक्षु (ti tik shu) *adj.* 1. enduring. 2. forgiving.

तिथि (ti thi) *f.* date; अभी कोई ~ निश्चित नहीं की गई No date has been set yet.

तिथित (ti thit) *adj.* dated.

तिथि-पत्र (ti thi pattr) *m.* calendar.

तिन (tin) *pron.* those.

m. = तृण straw, grass.

तिनकना (ti nak nA) *vi.* to flutter/flare up/throb.

तिनका (tin kA) *m.* straw; ~ तोड़ना to break off relationship; ~ भी न तोड़ना to do absolutely nothing; तिनके का सहारा nominal support; तिनके की ओट nominal screen; दाँतों में ~ पकड़ना to beg abjectly for mercy.

तिनपहला (~ pah lA) *adj.* three-faced.

तिन्नी (~ nee) *f.* a kind of thin rice.

तिपाई (ti pA ee) *f.* tripod, tea-poy, three-legged stool.

तिबारा (ti bA rA) *adv.* (for the) third time.

m. three-doored room.

तिब्बत (tib bat) *m.* Tibet.

तिब्बती (~ ba tee) *adj.* pertaining to Tibet; ~ संस्थान Tibetian Institute.

m. inhabitant of Tibet.

तिमंज़िला (ti man zi lA) *adj.* three-storeyed.

तिमाही (ti mA hee) *adj.* produced or occurring once every three months, quarterly.

f. quarter (period of three months).

तिमिंगिल (ti miṅ gil) *f.* huge whale.

तिमिर (ti mir) *m.* darkness.

तिमिरमय (~ may) *adj.* full of darkness, dark.

तिमिरारि (ti mi rAri) *m.* the Sun.

तिमुहानी (ti mu hA nee) *f.* junction of three roads/meeting place of three paths.

तिय (tiy) *f.* 1. woman. 2. wife.

तिरंगा (ti rã gA) *adj.* tri-coloured.

m. Indian tricoloured flag, Tricolour;

मैंने भारत के प्रधान मंत्री को 15 अगस्त की मध्य रात्रि में लाल किले पर ~ फहराते देखा था I have seen our Prime Minister unfurl the Tricolour at Red Fort at midnight hour on 15 August.

तिरछा (tir chA) *adj.* slanting, oblique; तिरछी चितवन sidelong askance glance (of love); तिरछी बात = टेढ़ी बात।

तिरछापन (~ pan) *m.* obliqueness, obliquity.

तिरछे (tir che) *adv.* 1. in a state of obliquity. 2. crookedly.

तिरपट (~ paT) *adj.* 1. bent. 2. crooked.

तिरपटा (pa TA) *adj.* squint-eyed.

तिरपाई (~ pA ee) *f.* = तिपाई।

तिरपाल (~ pAl) *m.* tarpaulin, awning.

तिरसठ (~ saTh) *adj.* & *m.* sixty-three, 63.

तिरस्कार (ti ras kAr) *m.* 1. contempt, humiliation, disdain. 2. disregard; ~ करना to despise.

तिरस्कृत (~ krit) *adj.* 1. humiliated, disdained. 2. disregarded.

तिरानबे (ti rAn be) *adj.* & *m.* ninety-three, 93.

तिरासी (ti rA see) *adj.* & *m.* eighty-three, 83.

तिराहा (ti rA hA) *m.* junction of three paths/roads.

तिरिया (ti ri yA) *f.* = त्रिया, woman; ~ चरित्तर = त्रिया चरित्र।

तिरेसठ (ti re saTh) *adj.* & *m.* = तिरसठ।

तिरोधान (ti ro dhAn) *m.* disappearance, vanishing; ~ हो जाना to vanish away.

तिरोभाव (~ bhAv) *m.* 1. disappearance, vanishing. 2. concealment.

तिरोभूत (~ bhoot) *adj.* 1. disappeared, vanished. 2. concealed, hidden.

तिरोहित (~ hit) *adj.* 1. disappeared, vanished. 2. concealed, hidden.

तिरौंदा (ti raũ dA) *m.* float.

तिर्यक (~ yak) *adj.* 1. slanting. 2. (gram.) oblique.

तिलंगा (ti laṅ gA) *m.* 1. inhabitant of Telangana region. 2. a soldier of the Indian army. 3. a kind of big kite.

तिलंगाना (~ nA) *m.* Telangana, a region in South India.

तिलंगी (ti laṅ gee) *m.* 1. inhabitant of Telangana. 2. language of Telangana.

तिल (til) *m.* 1. sesame; ~ तिल करके मरना to die by inches; ~ धरने की जगह न होना to be packed to capacity; इन तिलों में तेल नहीं He is Mr. yield-nothing. 2. mole (on skin); ~ का ताड़ बनाना to make a mountain of a mole-hill; ~ की ओट पहाड़ a mountain hidden behind a mole-hill.

तिलक (ti lak) *m.* 1. an ornamental mark on the forehead; ज़िले के अधिकारियों ने संत का ~ लगाकर और माला पहनाकर स्वागत किया District officials welcomed the saint by putting marks on the fore-head and garlanding him. 2. an ornament worn on the forehead. 3. outstanding person, almost unequalled. 4. commentary (on a book). 5. a customary ceremony performed before marriage as a token of presettlement; ~ चढ़ाना to perform तिलक ceremony. 6. a renowned freedom fighter known as Bal Gangadhar Tilak.

तिलकना (~ nA) *vi.* 1. to slip. 2. (clay) to crack on being dried.

तिलकुट (til kuT) *m.* a sweetmeat prepared of sesame seed and molasses/sugar.

तिलचट्टा (~ cat tA) *m.* cockroach.

तिलचावली (~ cav lee) *f.* mixture of sesame seed and rice.
adj. black and white; ~ दाढ़ी black and white beard.

तिलमिलाना (~ mi lA nA) *vi.* 1. to get wild with rage. 2. to be painfully restless. 3. to be dazzled.

तिलमिलाहट (~ mi lA haT) *f.* act or state of तिलमिलाना।

तिलहन (~ han) *m.* oil seed.

तिलांजलि (ti lAn ja li) *f.* abandonment; ~ देना to bid a final adieu.

तिलिस्म (ti lism) *m.* 1. magical spell, enchantment. 2. a structure based on a spell, enchantment or subtle devices; ~ तोड़ना (i) to break a magical spell; (ii) to unravel and undo the mystery of such a structure.

तिलिस्मी (ti lis mee) *adj.* 1. causing spell, magical. 2. talismanic.

तिलौंछ (ti laũch) *f.* offensive smell of cook-ing oil.

तिलौटी (ti lau Tee) *f.* a pudding made of sesame seed and urd pulse (horse-bean).

तिल्ला (til lA) *m.* 1. gold or silver thread. 2. border made of such thread; नखरा -~ coquetry, coquetish wiles.

तिल्ली (~ lee) *f.* 1. spleen; बढ़ी हुई ~ enlarged spleen. 2. = तीली; spoke (of a wheel).

तिल्लेदार (~ le dAr) *adj.* having a border made of gold or silver thread.

तिस (tis) *pron.* that, which; ~ पर over and above; ~ पर भी nevertheless, still, even then, not withstanding.

तिसरैत (~ rait) *m.* 1. a third person (other than the two parties to a dispute). 2. owner of a third share of an estate.

तिहत्तर (ti hat tar) *adj.* & *m.* seventy-three, 73.

तिहाई (ti hA ee) *f.* one-third.

तीक्ष्ण (teekshN) *adj.* 1. pungent; ~ स्वाद pungent taste. 2. sharp, severe; ~ धार sharp edge. 3. piercing, incisive; ~उक्ति incisive remark. 4. penetrating; ~ दृष्टि penetrating vision/eyes/insight. 5. shrill, harsh; ~ चीत्कार shrill cry, shriek. 6. acute; ~ पीड़ा acute pain. 7. keen; ~ बुद्धि keen intellect. 8. keen-witted, sharp-witted.

तीक्ष्णता (~ tA) *f.* state or quality of being तीक्ष्ण।

तीखा (tee khA) *adj.* 1. sharp; ~ मोड़ sharp bend. 2. biting; तीखे शब्द biting words; किसी को तीखे तेवर दिखाना to show anger to somebody by bringing one's eyebrows together.

तीखापन (~ pan) *m.* state or quality of being तीखा।

तीज (teej) *f.* third day of each half of the lunar month.

तीतर (tee tar) *m.* partridge; आधा ~ आधा बटेर incongruous.

तीता (~ tA) *adj.* 1. acrid. 2. bitter, pungent; ~ स्वाद bitter taste.

तीन (teen) *adj.* & *m.* three, 3; ~ तेरह करना to fritter away, to scatter; ~ पाँच करना to ward off (the point at issue) on some pretext, to dilly-dally; ~ में न तेरह में of no consequence; ~ लोक से न्यारा of a unique type, having no parallel.

तीमारदार (tee mAr dAr) *m.* an attendant (or a person attending) on a patient.

तीमारदारी (~ mAr dA ree) *f.* nursing, attendance on a patient.

तीय (teey) *f.* woman.

तीरंदाज़ (tee ran dAZ) *m.* archer.

तीरंदाज़ी (~ ran dA zee) *f.* archery.

तीर (teer) *m.* 1. arrow; ~ चलाना to shoot an arrow; ~ मारना (i) to shoot an arrow;

(ii) to hit (the arrow) at the target/ bull's eye; तुमने कौन-सा ~ मारा है What have you achieved, after all? 2. bank, shore; गंगा का ~ bank of Ganges.

तीरस्थ (tee rasth) *adj.* situated on the bank.

तीर्थंकर (teer thaṅ kar) *m.* title of the twentyfour preceptors of Jainism.

तीर्थ (teerth) *m.* a sacred place of pilgrimage, a holy bathing place.

तीर्थयात्रा (~ yAt trA) *f.* pilgrimage.

तीर्थयात्री (~ yAt tree) *m.* pilgrim.

तीर्थराज (~ rAj) *m.* Prayag (Allahabad), the king of the sacred places of pilgrimage.

तीर्थाटन (teer thA Tan) *m.* pilgrimage.

तीला (tee lA) *m.* = तिनका।

तीली (~ lee) *f.* 1. spoke (of a wheel etc.). 2. knitting needle. 3. thin rod. 4. matchstick; ~ लगाना (lit.) to apply a match-stick, to squander away.

तीव्र (teevvr) *adj.* 1. intense, terrible; ~ करना to intensify; ~ वेदना terrible or intense pain. 2. rapid; ~ प्रगति rapid progress. 3. sharp; कोफी अन्नान के कथन पर हुर्रियत कॉन्फ्रेंस ने ~ प्रतिक्रिया व्यक्त की The Hurriyat Conference reacted sharply to Koffi Anan's remark. ~ बुद्धि keen intellect. 4. quick, brisk, energetic, nimble, violent; ~ आघात violent assault.

तीव्रता (~ tA) *f.* state or quality of being तीव्र। 1. intensity. 2. sharpness. 3. keenness. 4. quickness, swiftness.

तीस (tees) *adj.* & *m.* thirty, 30; ~ मार खाँ braggadocio, braggart.

तीसरा (~ rA) *adj.* 1. third; ~ पहर afternoon. 2. other, unrelated, arbitrator.

तीसी (tee see) *f.* linseed; ~ की खली linseed cake.

तुंग (tuṅg) *adj.* lofty, high, tall.

तुंगता (~ tA) *f.* 1. height. 2. altitude. 3. eminence

तुंड (tunD) *m.* 1. snout. 2. trunk (of an elephant).

तुंद (tund) *m.* belly, stomach.

तुंदिल (tun đil) *adj.* pot-bellied.

तुंबा (tum bA) *m.* 1. gourd. 2. scooped gourd used as a pot.

तुंबी (~ bee) *f.* dim. of तुंबा।

तुक (tuk) *f.* 1. rhyme; ~ जोड़ना to versify; ~ बैठाना to rhyme/coordinate; ~ में ~ मिलाना to chime in agreement. 2. point; इसमें कोई ~ नहीं There is no point in it.

तुकबंद (~ band) *m.* rhymster.

तुकबंदी (~ ban dee) *f.* rhyming, versification. (pej.)

तुकांत (tu kAnt) *adj.* rhymed, having rhymes.

तुक्कड़ (tuk kaR) *m.* rhymster, rhymer. (pej.)

तुक्का (~ kA) *m.* 1. an arrow blunt at one end. 2. wild guess or venture; ~ भिड़ाना/लगाना to hazard a guess.

तुच्छ (tucch) *adj.* insignificant, mean, trifling, trivial, of little or no consequence, negligible; ~ समझना to consider (someone) of no consequence/utility.

तुच्छता (~ tA) *f.* insignificance, triviality.

तुझ (tujh) *pron.* inflective form of तू (thou); ~ तुझको, तुझसे, तुझमें etc.

तुझे (tu jhe) *pron.* (to) thee/you.

तुड़वाई (tuR va ee) *f.* act or state of तुड़वाना or charges/wages paid for the same.

तुड़वाना (~ va nA) *vt.* 1. to cause to break/demolish. 2. to cause to pluck.

तुड़ाना (tu rA nA) *vt.* to break off; रस्सी ~ to break off the rope; रस्सी तुड़ाकर भागना to make a bid for freedom.

तुतला (tut lA) *adj.* = तोतला।

लाना (~ nA) *vi.* to lisp/stutter.

लाहट (~ haT) *f.* lisping, stuttering.

नक (tu nak) *f.* state of being quick-temp- ered.

नकना (~ nA) *vi.* to get into temper, to take offence at trifles.

नक-मिज़ाज (~ - mi ZAj) *adj.* quick-tempered, petulant.

नक-मिज़ाजी (~ - mi ZA jee) *f.* quick temper, petulance.

म (tum) *pron.* you.

मुल (tu mul) *adj.* tumultuous, uproarious; ~ ध्वनि tumultuous sound.

m. tumult of battle, uproar.

म्हारा (tu mhA rA) *pron.* your, yours; ~ कौन-सा है Which one is yours?

म्हीं (tu mheẽ) *pron.* you alone, only you; यह तो ~ हो और दूसरा कोई नहीं It is only you and nobody else.

म्हें (tu mhẽ) *pron.* 1. you; ~ जाना है You have to go. 2. to you; वे ~ देंगे They will give (it) to you.

रंग (tu rang) *m.* horse.

रंत (tu rant) *adv.* at once, immediately, forthwith, quickly.

रंता (tu ran tA) *m.* an Indian intoxicant.

रंती (tu ran tee) *adj.* urgent; ~ पत्र urgent letter.

रक (tu rak) *m.* = तुर्क।

र्की (tur kee) *adj.* of Turkey.

f. 1. Turkey. 2. language of Turkey.

रत (tu rat) *adv.* = तुरंत।

रपई (tur pa ee) *f.* = तुरपन।

रपन (~ pan) *f.* a kind of hand-stitching (with long stitches).

रपना (tu rap nA) *vt.* to stich with the hand (with long stitches).

रबत (tur bat) *f.* tomb.

रही (tur hee) *f.* clarion, trumpet, bugle.

तुरीय (tu reey) *adj.* fourth (stage).

तुरुप (tu rup) *m.* trump; ~ का पत्ता trump card; ~ चलना to play a trump card.

तुर्क (turk) *m.* Turk. [Fem. तुर्किन]

तुर्किन (tur kin) *f.* fem. of तुर्क, Turkish woman.

तुर्की (~ kee) *adj.* of Turkey; ~ ब ~ जवाब देना to give smashing retorts.

f. 1. Turkey. 2. Turkish language.

तुर्रा (~ rA) *m.* 1. crest, lock of curly hair. 2. ornamental tassel worn on a turban. 3. peculiarity, peculiar incongruity (fig.); तिस पर ~ यह (है) कि on top of all that, over and above all that.

तुलन (tu lan) *m.* act or state of तुलना।

तुलना (tul nA) *f.* 1. comparison; ~ करना to compare/cotrast. 2. similarity.

vi. 1. to be weighed. 2. to be balanced. 3. to be bent upon (to quarrel, fight etc.); तुला हुआ / बैठा bent upon, dead set.

तुलनात्मक (~ nAt mak) *adj.* involving comparison, comparative; ~ अध्ययन comparative study; ~ रूप से comparatively.

तुलनीय (~ neey) *adj.* suitable to be compared with, comparable.

तुलवाई (~ vA ee) *f.* act or state of weighing, or wages paid for the same.

तुलवाना (~ vA nA) *vt.* to cause to be weighed.

तुलसी (~ see) *f.* basil; ~ दल / पत्र basil leaf.

तुला (tu lA) *f.* 1. scales, balance. 2. Libra, the seventh sign of the zodiac.

तुलाई (~ ee) *f.* 1. act or state of weighing or wages paid for the same. 2. light quilt.

तुलादंड (~ danD) *m.* beam of a balance.

तुलादान (~ dAn) *m.* gift of metal or grain equivalent to one's weight.

तुलित (tu lit) *adj.* weighed.

तुल्य (tu ly) *adj.* equivalent, equal.

तुल्यता (~ tA) *f.* equivalence.

तुषार (tu shAr) *adj.* frost, mist.

तुषारदंश (~ dansh) *m.* frost-bite.

तुषारपात (~ pAt) *m.* frost-fall.

तुष्ट (tushT) *adj.* 1. contented, satisfied. 2. appeased, pleased. 3. gratified.

तुष्टता (~ tA) *f.* 1. satisfaction. 2. appeasement. 3. gratification.

तुष्टि (Tush Ti) *f.* 1. contentment, satisfaction. 2. appeasement, gratification.

तुष्टीकरण (~ Tee ka raN) *m.* appeasement; ~ करना to appease; ~ की नीति policy of appeasement.

तुहिन (tu hin) *m.* 1. frost. 2. snow. 3. mist.

तूँबा (tōō bA) *m.* 1. bitter gourd. 2. hollowed out and dried bitter gourd used as a bowl. 3. the same used for swimming, floating.

तूँबी (~ bee) *f.* small तूँबा।

तू (too) *pron.* thou; तू-तू मैं-मैं war of words, altercation, squabbling.

तूणीर (~ Neer) *m.* quiver.

तूतिया (~ ti yA) *m.* blue vitriol, copper sulphate.

तूती (~ tee) *f.* 1. a kind of small singing bird. 2. a kind of small musical pipe; नक़्क़ारख़ाने में ~ की आवाज़ lonely voice in an uproar; उसकी ~ बोलती है He has an unquestionable sway/influence.

तूफ़ान (~ FAn) *m.* storm, typhoon, hurricane; ~ आनेवाला है A storm appears to be approaching. ~ पूरी तेज़ी पर था The typhoon was at its height/peak. उसके दिल में ~ उठने लगा A storm began to rage in his heart. ~ खड़ा करना to raise a storm.

तूफ़ानी (~ FA nee) *adj.* stormy, tempestuous; ~ दस्ता flying squad; ~ दौरा whirlwin[d] tour; ~ मिज़ाज tempestuous/turbule[nt] temperament.

तूमड़ी (toom Ree) *f.* 1. = तूँबी। 2. hollowe[d] out gourd used by snake-charmers [as] a musical pipe.

तूमतड़ाक (~ ta RAk) *f.* 1. pomp and sho[w]. 2. coquetry. 3. gaudiness, fashion.

तूमना (~ nA) *vt.* 1. to card (cotton). 2. reduce to shreds by piecing cotto[n]. 3. to rub down with fingers. 4. disclose (a secret) completely.

तूमार (too mAr) *m.* 1. verbosity, prolixit[y]. 2. fuss; ~ खड़ा करना / बाँधना to raise storm in a tea-cup.

तूर (toor) *m.* large drum.

तूरानी (too rA nee) *adj.* pertaining to तू[रान] (Tartar country).

तूर्य (toory) *m.* tabor, timbrel.

तूल (tool) *m.* prolongation; ~ देना to car[ry] (an affair) too far; ~ पकड़ना—मामला त[ूल] पकड़ गया The affair took a violent tu[rn]. The affair took a turn for the wors[e].

तूलना (~ nA) *vt.* to lubricate the wheels [of] a vehicle.

vi. to compare.

तूलिका (too li kA) *f.* painter's brush.

तूली (~ lee) *f.* painter's brush.

तूस (toos) *m.* 1. husk. 2. a kind of fi[ne] wool. 3. blanket made of the same.

तूसी (too see) *adj.* of the colour of hus[k]. *m.* husk.

तृण (triN) *m.* blade of grass, straw.

तृणमय (~ may) *adj.* grassy, made of stra[w].

तृणवत् (~ vat) *adj.* 1. like grass. 2. ins[ig]nificant, trivial.

तृतीय (tri teey) *adj.* third; ~ श्रेणी third cla[ss].

तृतीयांश (~ tee yAnsh) *m.* one-third (pa[rt]).

तृतीया (~ tee yA) *f.* third day of each h[alf] of a lunar month.

तृतीयाश्रम (~ tee yAsh shram) *m.* third stage of (a Hindu's) life—life of retirement.

तृप्त (tript) *adj.* satisfied, contented.

तृप्ति (trip ti) *f.* satisfaction, contentment.

तृषा (tri shA) *f.* thirst.

तृषातुर (~ tur) *adj.* very thirsty.

तृषालु (~ lu) *adj.* thirsty.

तृषित (tri shit) *adj.* thirsty.

तृष्णा (trish NA) *f.* 1. thirst. 2. greed, longing, craving.

तेंतालीस (tẽ tA lees) *adj.* & *m.* forty three.

तेंतीस (tẽ tees) *adj.* & *m.* thirty three.

तेंदुआ (tẽ du A) *m.* leopard. [Fem. तेंदुई]

तेंदुई (~ du ee) *f.* fem. of तेंदुआ।

तेईस (te ees) *adj.* twenty-three, 23.

तेग़ (te G) *f.* sword, cutlass.

तेग़ा (te Ga) *m.* small sword, scimitar.

तेज (tej) *m.* 1. lustre, effulgence, glow. 2. verve, enthusiasm.

तेज़ (tez) *adj.* 1. sharp, sharp-edged; ~ करना (i) to sharpen; (ii) to intensify; (iii) to escalate, to step up; ~ चाकू sharp knife. 2. piercing, penetrating; ~ नज़र penetrating sight/vision. 3. loud; ~ आवाज़ loud voice. 4. fast; सबसे ~ fastest, quickest; क्या आपकी घड़ी ~ है Is your watch fast? वह मुझसे ~ दौड़ता है He runs faster than I. 5. violent, hard; बहुत ~ पानी बरस रहा है It is raining very hard. 6.pungent. 7. bright; ~रंग bright col-our. 8. strong; ~ चाय strong tea.
adv. 1. heavily; पानी ~ बरस रहा है It is raining heavily. 2. rapidly; वह बहुत ~ बोलता है He speaks very rapidly.

तेज़-तर्रार (~ - tar rAr) *adj.* 1. sharp and short-tempered. 2. fast-paced; ~ फाइनल मैच में दिल्ली ने पंजाब को रौंद दिया Delhi crushed Punjab in a fast-paced final match.

तेजपत्र (tej pattr) *m.* = तेजपात।

तेजपात (~ pAt) *m.* bay leaf.

तेज़-मिज़ाज (tez - mi zAj) *adj.* short-tempered.

तेजवंत (tej vant) *adj.* 1. glorious. 2. virile. 3. strong, mighty. 4. shining, brilliant.

तेजस्विता (te jas swi tA) *f.* 1. glory, radiance, lustre. 2. stateliness.

तेजस्विनी (te jas swi nee) *f.* fem. of तेजस्वी।

तेजस्वी (te jas swee) *adj.* 1. glorious, radiant, lustrous. 2. stately. [Fem. तेजस्विनी]

तेज़ाब (te zAb) *m.* acid.

तेज़ाबी (te zA bee) *adj.* acidic.

तेज़ी (te zee) *f.* 1. sharpness. 2. quickness, swiftness; ~ से (*adv.*) fast, quickly, rapidly. 3. intensity; ~ आना to become more in intensity; ~ लाना to intensify. 4. pungency; मिर्च की ~ pungency of chilly. 5. dearness; वस्तुओं की ~ dearness of commodities; स्वभाव की ~ short temper.

तेजोमय (te jo may) *adj.* brilliant, glorious, effulgent.

तेरस (te ras) *f.* thirteenth day of each half of a lunar month.

तेरह (te rah) *adj.* & *m.* thirteen, 13; ~ बाईस करना to wriggle out by dodging.

तेरहीं (te ra hee͂) *f.* 1. thirteenth day after death. 2. rituals performed on the above day.

तेरा (te rA) *pron.* & *m.* thy, thine; तेरी-सी favourable to you.

तेल (tel) *m.* oil; ~ देखो ~ की धार देखो See which way the wind blows. (किसी का) ~ निकालना to extract the maximum amount of work (out of someone).

तेलकूप (~ koop) *m.* oil well.

तेलहन (te la han) *m.* oil-seed (s).

तेलहा (~ hA) *adj.* 1. oiled. 2. pertaining to oil. 3. (seed) containing oil.

तेलिन (te lin) *f.* 1. wife of an oilman. 2. female oil-seller. [Fem. of तेली]

तेलियर (te li yar) *m.* a bird having a black body with white spots.

तेलिया (~ yA) *adj.* 1. oily. 2. pertaining to oil. 3. containing oil. 4. of a light dark oily colour.

तेली (te lee) *m.* oilman, oilseller (Fem. तेलिन); ~ का बैल toiling wretch (like an oilman's ox).

तेलुगु (te lu gu) *f.* Telegu, the language of Andhra region in South India.
m. inhabitant of the region.

तेवर (te var) *m.* 1. eyebrow. 2. scowl; ~ चढ़ाना/दिखाना to frown; ~ बदलना to scowl.

तेहरा (teh rA) *adj.* 1. threefold. 2. triplicate.

तेहराना (~ nA) *vt.* 1. to triplicate. 2. to do a thing thrice, or for the third time.

तेहवार (teh vAr) *m.* festival.

तेहा (te hA) *m.* 1. anger, wrath. 2. pride, vainglory. 3. vehemence.

तेही (te hee) *m.* 1. short-tempered person. 2. vainglorious person.

तैंतालीस (~ tA lees) *adj.* & *m.* = तेंतालीस।

तैंतीस (taĩ tees) *adj.* & *m.* = तेंतीस।

तै (tai) *adj.* settled, decided; (दूरी) ~ करना to cover/traverse (distance); उसे अभी लंबा सफ़र ~ करना है He has a long way to go.

तैनात (~ nAt) *adj.* 1. appointed. 2. engaged. 3. posting (on guard).

तैनाती (~ nA tee) *f.* 1. appointment. 2. engagement. 3. posting (on guard).

तैयार (~ yAr) *adj.* 1. ready; भोजन ~ है The food/meal is ready. 2. ready and willing; मैं उससे मिलने के लिए ~ हूँ I am ready to meet him. 3. prepared, in a state of preparedness; मैं इस प्रतिक्रिया के लिए बिल्कुल ~ न था I was completely unprepared for this reaction. 4. ready to enter life; लड़का अब ~ हो गया है The boy is (getting) ready to enter life. 5.ripened; आम ~ हो चला है The mango is ripened.

तैयारी (~ yA ree) *f.* 1. preparation; जाने की ~ preparation for going; प्रारंभिक ~ spade work; बिना ~ के without preparation, ad lib. 2. preparedness, readiness; ~ पर होना to be in full form, fully prepared.

तैरना (tair nA) *vi.* 1. to swim. 2. to float.

तैराई (tai rA ee) *f.* act or state of swimming/floating.

तैराक (~ rAk) *m.* swimmer.

तैराकी (~ rA kee) *f.* swimming.

तैराना (~ rA nA) *vt.* to cause to swim/float.

तैलंग (~ lang) *m.* Telang, former name of Andhra State in South India.

तैलंगाना (~ lan gA nA) *m.* = तिलंगाना।

तैलंगी (~ lan gee) *adj.* pertaining to Telang.
m. inhabitant of Telang.

तैल (tail) *adj.* pertaining to oil.
m. = तेल।

तैलचित्र (~ cittr) *m.* oil painting.

तैलपोत (~ pot) *m.* oil-tanker.

तैलरंग (~ rang) *m.* oil colour.

तैश (taish) *m.* wrath, anger; ~ खा जाना to be wrathful under excitement; ~ दिलाना to provoke, instigate; ~ में आकर under excitement, in a huff; ~ में होना to be in a huff.

तैसा (tai sA) *adj.* similar, akin, like that.

तैसे (~ se) *adv.* in a similar or same way.

तोंद (tond) *f.* tummy, pot-belly; ~ निकल

आना bulging of a tummy; ~ पिचकना deflation of a tummy.

तोंदल (ton dal) *adj.* pot-bellied.

तो (to) *conj.* then; ~ फिर and then; ~ भी (i) even then, even so, on the contrary; ~ भी वह आया Even then he came. (ii) anyway; ~ भी सचाई तो सचाई ही है Anyway the truth is after all truth.

तोड़ (toR) *f.* 1. onslaught as of water or wind. 2. antidote. 3. encounter.

तोड़-जोड़ (~ - joR) *m.* strategem, device; ~ करना / लगाना to plan a strategem.

तोड़ना (~ nA) *vt.* 1. to break (stone, glass etc.). 2. to pluck (flowers, fruit etc.). 3. to damage (watch, machine etc.). 4. to violate (a law, principle, oath etc.). 5. to cancel (an office, post etc.). 6. to break off; नाता ~ to break off a relation. 7. to win over; गवाह ~ to win over a witness; ग्राहक ~ to win over a customer. 8. to get small change (for a bigger coin, currency note etc.); तोड़ देना—(i) इस रोग ने उसका शरीर तोड़ दिया This ailment has played a havoc with his body. लड़के की मौत ने उसे तोड़ दिया His son's death has broken him. क़लम ~ to say or write the final word; ज़मीन ~ to plough the ground; ताला ~ to break open a lock; तिजोरी ~ to crack a safe; दिल ~ to break the heart; मुँह ~ to give a smashing reply, to retort.

तोड़-फोड़ (~ phoR) *m.* secretly carried-out damage to buildings, machines etc., sabotage.

तोड़-मरोड़ (~ - ma roR) *m.* perversion, distortion, mutilation; तथ्यों का ~ perversion of facts.

तोड़वाना (~ VA nA) *vt.* = तुड़वाना।

तोड़ा (to RA) *m.* 1. scarcity, dearth. 2. a kind of bangle. 3. a bag containing a thousand rupees.

तोतला (tot lA) *adj.* lisping.
m. lisper.

तोतलाना (~ nA) *vi.* = तुतलाना।

तोता (to tA) *m.* parrot. (Fem. तोती) ~ पालना to let a malady get aggravated (by neglect); तोते की तरह रटना (i) to cram; (ii) to go on harping on the same tune.

तोती (to tee) *f.* fem. of तोता।

तोतेचश्म (to te cashm) *adj.* faceless.

तोतेचश्मी (~ cash mee) *f.* facelessness.

तो-तो (to - to) *f.* = तोय-तोय।

तोप (top) *f.* cannon, gun; ~ का चारा cannon-fodder.

तोपख़ाना (~ KhA nA) *m.* artillery.

तोपगाड़ी (~ gA Ree) *f.* gun-carriage.

तोपची (~ cee) *m.* gunner.

तोपना (~ nA) *vt.* 1. to cover (vessel, plate etc.). 2. to cover up (pit, cavity etc.), to bury.

तोपवाना (~ VA nA) *vt.* causative of तोपना।

तोप-विद्या (~ - vid dyA) *f.* gunnery.

तोफ़ा (to FA) *m.* = तोहफ़ा।

तोबड़ा (tob RA) *m.* nose-bag.

तोबा (to bA) *f.* vow to desist from doing something again; ~ करना/कर देना to take such a vow; ~ तोड़ना/तोड़ देना to break/violate such a vow; ~ बुलवाना to pressurize (someone) into taking such a vow; ~ बोल देना = ~ कर देना।

तोबा-तोबा (~ - to bA) *inter.* What a shame !

तोय (toy) *m.* water.

तोय-तोय (~ - toy) *f.* उसकी बड़ी ~ हुई He was put to utter disgrace.

तोरण (to raN) *m.* festoon, arch.

तोरण-पथ (~ - path) *m.* archway.

तोल (tol) *f.* weight; नाप - ~ measure and weight.

तोलन (to lan) *m.* act or state of weighing.

तोलना (tol nA) *vt.* to weigh; प्रत्येक शब्द तोलकर बोलो Weigh every word that you utter.

तोलवाना (~ vA nA) *vt.* to cause to weigh.

तोला (to lA) *m.* an Indian measure of weight equal to about 11.7 gms.

तोश (tosh) *f.* mattress.

तोशक (to shak) *f.* cushioned mattress.

तोष (tosh) *m.* 1. satisfaction, contentment. 2. appeasement, gratification.

तोषण (to shaN) *m.* 1. gratification, satisfaction. 2. satiation.

तोहफ़ा (toh FA) *m.* present, gift.

तोहमत (~ mat) *f.* false accusation, charge; ~ लगाना to accuse/charge.

तौंसना (taũsNA) *vt.* to be scorched.

तौक़ (tauK) *f.* neck-ring; गुलामी की ~ yoke of slavery.

तौफ़ीक़ (tau FEEK) *f.* 1. capacity. 2. status.

तौबा (~ bA) *f.* = तोबा।

तौर (taur) *m.* way, manner.

तौर-तरीक़ा (~ - ta ree KA) *m.* conduct, ways; ~ सिखाना to teach manners; ~ सीखना to learn manners.

तौल (taul) *f.* = तोल।

तौलना (~ nA) *vt.* = तोलना।

तौलाई (tau lA ee) *f.* 1. act or state of weighing. 2. charges paid for weighing.

तौलिया (~ li yA) *m.* towel.

तौहीन (~ heen) *f.* contempt, insult, disrespect; अदालत की ~ contempt of court.

तौहीनी (~ hee nee) *f.* = तौहीन।

त्यक्त (tyakt) *adj.* 1. abandoned, forsaken; पति के द्वारा ~ forsaken by the husband. 2. abnegated, rejected.

त्यक्ता (tyak tA) *f.* abandoned woman, abandonee.

त्यजन (tya jan) *m.* abandoning, forsaking, abnegation.

त्याग (tyAg) *m.* 1. abandonment, relinquishment. 2. abnegation, sacrifice; ~ करना to make a sacrifice; ~ देना (i) to forsake; (ii) to renounce.

त्यागना (~ nA) *vt.* 1. to abandon/desert/relinquish. 2. to break off relationship.

त्याग-पत्र (~ - pattr) *m.* (letter of) resignation; प्रधानमंत्री ने आज रेल मंत्री का ~ अस्वीकार कर दिया Prime Minister today declined to accept the resignation of Railway Minister.

त्यागी (tyA gee) *m.* 1. one who sacrifices/relinquishes/renounces. 2. recluse.

त्याज्य (tyAjjy) *adj.* renounceable, worth relinquishing, fit to be given up.

त्यों (tyõ) *adv.* like that.

त्योरस (tyo ras) *m.* 1. year before last. 2. year after next.

त्योरी (~ ree) *f.* angry look, frown; ~ चढ़ना putting on/assuming an angry look; ~ चढ़ाना/बदलना to raise (one's) eyebrows.

त्योहार (~ hAr) *m.* festival; ~ मनाना to celebrate a festival.

त्योहारी (~ hA ree) *f.* tip given on a festival.

त्रय (tray) *adj.* & *m.* 1. triad. 2. third. 3. all three. 4. the number 'three', 3.

त्रयताप (~ tAp) *m.* all the three kinds of sorrows, physical, ordained and spiritual.

त्रयी (tra yee) *f.* triplicate.

त्रयोदश (~ yo dash) *adj.* & *m.* thirteen, 13.

त्रयोदशी (~ yo da shee) *f.* thirteenth day of each half of a lunar month.

त्रस्त (trast) *adj.* 1. frightened, terrorstruck, terrified. 2. tormented.

त्राण (trAN) *m.* 1. shelter, protection; ~ कर्ता saviour. 2. means of protection.

त्राता (trA tA) *m.* protector, defender, redeemer, saviour.

त्रायमान (trAy mAn) *adj.* protecting.

त्रास (trAs) *m.* dread, fear, terror.

त्रासकारक (~ kA rak) *adj.* dreadful, frightening.

त्रासदिक (trA sa dik) *adj.* 1. of tragedy, tragic. 2. causing sadness.

त्रासदी (~ sa dee) *f.* 1. a terrible event that causes great sadness. 2. a play with sad ending, tragedy.

त्रासदीय (~ sa deey) *adj.* pertaining to a tragedy.

त्रासिक (~ sik) *adj.* dreadful.

त्राहि (~ hi) *interj.* help ! help ! save !

त्राहिमाम (~ mAm) *interj.* help me ! save me ! protect me ! ~ करना/पुकारना to appeal frantically for mercy.

त्रिक (trik) *adj.* three.
m. trio.

त्रिकाल (tri kAl) *m.* 1. all-three times : past, present and future. 2. all-three times: morning, noon and evening.

त्रिकालज्ञ (~ kA laggy) *m.* the Omniscient God, the knower of the events of all times.

त्रिकालदर्शक (~ kAl dar shak) *m.* = त्रिकालज्ञ।

त्रिकालदर्शी (~ kAl dar shee) *m.* seer.

त्रिकोण (~ kON) *m.* triangle.

त्रिकोणमिति (~ mi ti) *f.* Trigonometry.

त्रिगुण (tri guN) *m.* the three principal qualities of human nature : सत्, रज, तम।
adj. three times, three-fold.

त्रिगुणात्मक (~ gu NAt mak) *adj.* possessing the three qualities.

त्रिगुणित (~ gu Nit) *adj.* multiplied by three.

त्रिज्या (trij jyA) *f.* radius.

त्रिताप (tri tAp) *m.* = त्रयताप।

त्रिदंड (~ danD) *m.* a staff which is an insignia of a hermit/recluse.

त्रिदंडी (~ dan Dee) *m.* recluse.

त्रिदोष (~ dosh) *m.* the three humours of the body : वात, पित्त, कफ़।

त्रिनेत्र (~ netr) *m.* (lit.) having three eyes, Lord Shiv.

त्रिपक्षीय (~ pak sheey) *adj.* tripartite; हुर्रियत अब भी ~ वार्ता की रट लगाए हुए है The Hurriyat continues to harp on their demand for tripartite talks.

त्रिपथगा (~ path gA) *f.* river Ganga.

त्रिपाठी (~ pA Thee) *m.* 1. one who has studied three of the Vedas. 2. a subcaste among the Brahmans.

त्रिपिटक (~ pi Tak) *m.* a religious book of Buddhism containing the teachings of Lord Buddha.

त्रिपुंड (~ punD) *m.* a mark of three horizontal lines made on the forehead.

त्रिपुरारि (~ pu rA ri) *m.* Lord Shiv.

त्रिभुज (~ bhuj) *m.* triangle.

त्रिभुवन (~ bhu van) *m.* the three worlds: स्वर्ग (Heaven), पृथ्वी (Earth), पाताल (Under world).

त्रिया (~ yA) *f.* woman; ~ चरित्र wiles of a woman.

त्रिलोक (~ lok) *m.* the three worlds.

त्रिलोकीनाथ (~ lo kee nAth) *m.* God, the Lord of the three worlds.

त्रिविम (~ vim) *adj.* three-dimensional.

त्रिवेदी (~ ve dee) *m.* 1. one who has studied three of the four Vedas. 2. a subcaste among Brahmans.

त्रिशताब्दी (~ sha tAb dee) *f.* tricentennial, tricentinary.

त्रिशूल (~ shool) *m.* 1. the trident of Lord Shiv. 2. a top or crest of the Himalayas.

त्रिस्तरीय (~ sta reey) *adj.* 1. having three stages. 2. having three strands or layers.

त्रुटि (tru TI) *f.* defect, deficiency, fault, error, flaw.

त्रुटिपूर्ण (~ poorN) *adj.* defective, imperfect.

त्रुटिहीन (~ heen) *adj.* faultless, impeccable.

त्रेता (tre tA) *m.* second yug (era) of Hindu mythology.

त्रैकाल्य (trai KAly) *m.* 1. = त्रिकाल। 2. all the three stages of life : childhood, youth, old age.

त्रैमासिक (~ mA sik) *adj.* quarterly, three-monthly. *m.* a magazine published four times a year.

त्रैलोक्य (~ lokky) *m.* = त्रिलोक।

त्रैवार्षिक (~ VAr shik) *adj.* triennial.

त्वचा (twa CA) *f.* outer covering of the body of a person, skin.

त्वचारोपण (~ ro paN) *m.* skin graft.

त्वदीय (~ deey) *pron.* your, yours, thine.

त्वरण (~ raN) *m.* acceleration.

त्वरा (~ rA) *f.* quickness, nimbness; ~ लिपि shorthand.

त्वरित (~ rit) *adj.* accelerated, speedy; ~ गति accelerated speed/movement.

थ

थ (tha) *m.* second of the dental pentad of consonants of the Nagari alphabet; its sound resembles that of *th* in *thin*.

थंब (thamb) *m.* 1. pillar. 2. prop, support.

थकना (thak nA) *vi.* be fatigued/tired/weary; थक ज़ाना to get tired; दिमाग थक जाता है The brain gets tired. थका हुआ tired, fatigued, weary.

थकान (tha kAn) *f.* fatigue, weariness, tiredness.

थकाना (~ kA nA) *vt.* to cause to be tired, to tire out, to exhaust.

थका-माँदा (~ kA - mA͂ dA) *adj.* weary and exhausted.

थकार (~ kAr) *m.* the letter थ or its sound.

थकावट (~ kA vaT) *f.* fatigue, weariness, exhaustion; ~ उतरना—उसकी ~ उतर गई है His fatigue has gone. ~ उतारना—उसने (अपनी) ~ उतार ली He has shaken off (his) fatigue. ~ चढ़ना—उसे ~ चढ़ गई है He is tired. ~ से चूर tired and exhausted, exhausted due to fatigue.

थकित (~ kit) *adj.* 1. fatigued, tired. 2. fas-cinated, charmed.

थक्का (thak kA) *m.* 1. lump. 2. clot.

थन (than) *m.* udder, nipple.

थनेला (tha ne lA) *m.* थनेली।

थनेली (~ ne lee) *f.* inflammation of udder/breast.

थनैत (~ nait) *m.* 1. headman of a village. 2. landlord's agent who collects rents for him.

थपक (~ pak) *f.* pat/tap.

थपकना (~ nA) *vt.* to pat/tap.

थपकी (thap kee) *f.* a pat; ~ देना/लगाना to pat; थपकियाँ देकर सुलाना to pat to sleep.

थपथपाना (~ tha pA nA) *vt.* to pat gently (with the palm); मैंने उसका कंधा थपथपाया I patted his shoulder or I patted him on the shoulder. पीठ ~ (i) to pat on the back; (ii) to praise or congratulate; (iii) to shake.

थपेड़ा (tha pe RA) *m.* blow given with the hand, buffet; लहर का ~ dash of a wave.

थपोड़ी (~ po Ree) *f.* clapping; ~ पीटना / बजाना to clap.

थप्पड़ (thap paR) *m.* slap; ~ देना / मारना / लगाना to slap; उसने मेरे मुँह पर ~ लगाया He slapped on my face.

थमना (tham nA) *vi.* 1. to stop/cease/stay; पानी ~ cessation of rain. 2. to rest (on), to be supported (by).

थमाना (tha mA nA) *vt.* 1. to make one hold. 2. to hand over; उसने मुझे कप थमाया He handed me a cup.

थर (thar) *m.* 1. layer. 2. den; बाघ का ~ tiger's den.

थरथर (~ thar) *adv.* shuddering, trembling; ~ काँपना to shudder/tremble.

थरथराना (~ tha rA nA) *vi.* to tremble / shudder.

थरथराहट (~ tha rA haT) *f.* act or state of trembling/shuddering/shivering.

थर्राना (~ rA nA) *vi.* = थरथराना।

थर्राहट (~ rA haT) *f.* = थरथराहट।

थल (thal) *m.* 1. place. 2. land.

थलकना (tha lak nA) *vi.* (outer skin) to loosen.

थलचर (thal car) *m.* land animal.

थल-थल (~ - thal) *adj.* = थुलथुल flabby.

थलथलाना (~ tha lA nA) *vi.* to become flabby.

थलथलाहट (~ tha lA haT) *f.* flabbiness.

थल-सेना (~ - se nA) *f.* = स्थल-सेना।

थलीय (tha leey) *adj.* pertaining to land.

थवई (~ va ee) *f.* mason.

थाँग (thÃg) *f.* place where thieves hide.

था (thA) *vi.* was, wast.

थाक (thAk) *m.* pile; बोरों का ~ pile of bags; ~ का थाक entire lot.

थाती (thA tee) *f.* 1. something inherited, heritage. 2. all one's belongings, entire (movable) property. 3. something accepted as a responsibility or kept on trust.

थान (thAn) *m.* 1. place, abode, residence. 2. pound (of cattle). 3. family, breed; अच्छे ~ का घोड़ा horse of a good breed. 4. full length of cloth.

थाना (thA nA) *m.* police station.

थानेदार (~ ne dAr) *f.* officer-in-charge of a police station, usually a sub-inspector (of police).

थानेदारी (~ ne da ree) *f.* office or regime of a थानेदार।

थाप (thAp) *f.* a light hit with an open hand, clap; तबले की ~ palm-stroke on a tambourine.

थापना (~ nA) *vt.* 1. to instal (a deity). 2. to imprint an impression of the palm.

थापा (thA pA) *m.* 1. impression of the palm of hand. 2. mould as that of a brick. 3. heap. 4. subscription given for worship.

थापी (~ pee) *f.* 1. flat mallet used by masons and potters. 2. patting on the back for encouragement.

थामना (thAm nA) *vt.* 1. to hold, as a stick. 2. to catch, as a ball. 3. to support, as a roof. 4. to restrain/arrest, as high prices. 5. to take up, as a responsibility. 6. to stop, as a carriage.

थाल (thAl) *m.* big flat metallic dish.

थाली (thA lee) *f.* flat metallic dish; ~ का बैंगन fickle-minded person, person unsteady in mind.

थाह (thAh) *f.* depth; मन की ~ depth of the heart; ~ पाना to find/fathom the depth (of); ~ लेना to sound/assess the depth (of); वह अपने मन की ~ नहीं लगने देता He does not let anybody probe into his heart.

थाहना (~ nA) *vi.* 1. to estimate the depth (of). 2. to probe into the depth (of).

थिएटर (thi e Tar) *m.* theatre.

थिगली (thig lee) *f.* patch stitched on clothes to cover holes; ~ लगाना to patch; आसमान में ~ लगाना to do/achieve the impossible.

थियासोफ़िस्ट (thi yA so fist) *m.* Theosophist.

थियासोफ़ी (~ yA so fee) *f.* Theosophy.

थिर (thir) *adj.* 1. still, tranquil. 2. stable, fixed.

थिरक (thi rak) *f.* gliding dance.

थिरकना (~ nA) *vi.* to dance lightly, to glide.

थिरता (thir tA) *f.* 1. stillness, tranquillity. 2. stability.

थिरना (~ nA) *vi.* 1. to be still/tranquil. 2. (sediment) to settle down.

थी (thee) *vi.* was. [fem. of था]

थुक्का-फ़ज़ीहत (thuk kA - fa zee hat) *f.* 1.scurrilous wrangling. 2. censure and calumny; ~ करना (i) to indulge in scurrilous wrangling; (ii) to censure and calumniate.

थुड़ी (thu Ree) *f.* contemptuous disapprobation/reproof; ~ थुड़ी करना to reproach contemptuously; ~ थुड़ी होना to suffer contemptuous disapprobation/reproof.

थुथकार (thuth KAr) *f.* (ono.) calumny, public censure.

थुथना (thuth nA) *m.* snout.

थुलथुल (thul thul) *adj.* flabby, corpulent.

थू (thoo) *interj.* word of contempt/disdain, shame ! ~ थू करना to condemn, to deride contemptuously, to disgrace by spitting.

थूक (thook) *m.* spittle, sputum.

थूकना (~ nA) *vi.* to spit; उसने फर्श पर थूक दिया He spit on the ground. उसने दवा थूक दी He spit out the medicine. मैं वहाँ थूकने तक / भी नहीं जाऊँगा I will not go there under any circumstances. थूककर चाटना to break a solemn promise, to eat one's own words.

थूथन (thoo than) *m.* snout of an animal.

थूनी (~ nee) *f.* prop, support.

थूरना (thoor nA) *vt.* to eat to the full. (pej.)

थूहर (thoo har) *m.* a plant of the species of Euphorbia.

थैला (thai lA) *m.* bag, sack.

थैली (~ lee) *f.* small bag, pouch; मुझे एक ~ नमक दे दें Please give me one bag of salt. ~ का मुँह खोल देना to spend generously/liberally.

थोक (thok) *adj. & m.* wholesale, bulk; ~ के भाव at wholesale prices; ~ में in large quantities, in bulks.

थोकदार (~ dAr) *m.* = थोक विक्रेता।

थोक विक्रेता (~ vik kre tA) *m.* wholesaler.

थोड़ा (tho RA) *adj.* 1. little, not much, some, meagre, slight; मुझे ~ दूध दें Please give me some milk. मुझे थोड़ी सहायता चाहिए I need a little assistance. 2. less, too little; दाल में नमक ~ है There is too little salt in the pulse. क्या यह ~ नहीं है ? This is skimpy, isn't it? ~ ठहरकर a little later, after staying a little; ~ - थोड़ा करके little by little. *adv.* a little; ~ - बहुत a little, not much; ~ सा little very little; थोड़े से very few, very little. 3. not many; वहाँ थोड़े लोग थे There were a few people there. थोड़े ही not at all; मैं वहाँ थोड़े ही जाऊँगा I will not go there at all.

थोथा (~ thA) *adj.* 1. hollow; ~ चना बाजे घना Empty vessel makes much noise; Shallow brooks are much noisy. 2. worthless, insubstantial; थोथी बातें unsubstantial talk.

थोपना (thop nA) *vt.* 1. to plaster (roughly), as mud on a wall. 2. to throw the responsibility (on someone). 3. to impose or inflict; तुम्हें अपने विचार हम पर नहीं थोपने चाहिए You should not impose your ideas on us. किसी वयस्क स्त्री का विवाह उसकी इच्छा के विरुद्ध उसपर थोपा नहीं जा सकता Marriage cannot be imposed on an adult woman against her will.

थोबड़ा (thob RA) *m.* 1. snout. 2. a person's nose.

द

द (da) *m.* third of the dental pentad of consonants of the Nagari alphabet; its sound resembles that of *th* in *the.*

दंग (daṅg) *adj.* amazed, surprised, astonished; ~ रह/हो जाना to be amazed/ wonder-struck; अपने खोए हुए पुत्र को देखकर वह ~ रह गई She was amazed to see her lost son

दंगई (daṅ gaee) *adj.* rowdy, turbulent, riotous.
m. rioter.

दंगल (~ gal) *m.* 1. wrestling tournament; ~ मारना to win a wrestling bout/match; ~ में उतरना (i) to join a दंगल; (ii) to step into the arena; ~ लड़ना to participate in a दंगल. 2. thick mattress.

दंगली (~ ga lee) *adj.* of or pertaining to a दंगल; ~ कवि poet habituated to participate in poets assemblies/matches; ~ पहलवान (i) wrestler adept in fighting matches; (ii) professional wrestler. ~ मजमा crowd of spectators watching a wrestling match.

दंगा (~ gA) *m.* riot, disturbance; शासन ~ दबाने में सफल हुआ The government succeeded in quelling the riot. ~ करना to take part in a riot; to indulge in rioting.

दंगाई (~ gA ee) *adj.* & *m.* = दंगई।

दंगाग्रस्त (~ gA grast) *adj.* violence-torn.

दंगेबाज़ (~ ge bAZ) *adj.* riotous, given to lawless activities.

दंगेबाज़ी (~ ge bA zee) *f.* riotousness, lawless activities, disturbance of peace.

दंड (danD) *m.* 1. staff, rod, stick; ~ ग्रहण करना to be initiated into the life of a recluse/ascetic. 2. punishment, fine, penalty; ~ भरना (i) to pay fine; (ii) to compensate. 3. a kind of (Indian) physical exercise; ~ करना to do the above kind of exercise.

दंडधर (~ dhar) *m.* 1. one equipped with a staff. 2. ruler, king. 3. Yama, the God of death.

दंडनीय (~ neey) *adj.* punishable, culpable; ~ अपराध punishable offence.

दंडपाणि (~ pA ni) *m.* 1. one who maintains law and order. 2. Yama, the God of death.

दंडवत (~ vat) *m.* prostration, bowing reverential salutation.

दंड-विज्ञान (~ - vig gyAn) *m.* penalogy.

दंड-विधान (~ - vi dhAn) *m.* = दंड-संहिता।

दंड-विधि (~ - vi dhi) *f.* penal code.

दंड-संहिता (~ - san hi tA) *f.* penal code.

दंडात्मक (dan DAt mak) *adj.* pertaining to punishment, punitive, penal; ~ विधि penal law.

दंडाधिकारी (~ DA dhi kA ree) *m.* magistrate.

दंडित (~ Dit) *adj.* punished, penalized; ~ करना to punish.

दंडी (~ Dee) *m.* 1. one equipped with a staff. 2. an ascetic who always keeps a staff. 3. doorkeeper. 4. king.

दंड्य (danDy) *adj.* = दंडनीय।

दंत (dant) *m.* tooth.

दंतकथा (~ ka thA) *f.* legend, hearsay.
दंतकार (~ kAr) *m.* dentist.
दंतकारी (~ kA ree) *f.* dentistry.
दँतखोदनी (dãt khod nee) *f.* tooth pick.
दंत-चिकित्सक (dant - ci kit sak) *m.* dentist.
दंत-चिकित्सा (~ - ci kit sA) *f.* dentistry.
दंतछद (~ chad) *m.* teeth marks.
दंत-पीड़ा (~ - pee RA) *f.* toothache.
दंत-विज्ञान (~ - vig gyAn) *m.* odontology.
दंत-विहीन (~ vi heen) *adj.* toothless.
दंतावली (~ tA va lee) *f.* denture.
दंती (~ tee) *f.* elephant.
दंतुला (~ tu lA) *adj.* having big teeth.
दंतोष्ठ्य (~ toshThy) *adj.* dentilabial.
दंत्य (danty) *adj.* dental.
दंपति (dam pa ti) *m.* husband and wife.
दंपती (~ tee) *f.* husband and wife.
दंभ (dambh) *m.* vanity, conceit.
दंभी (dam bhee) *adj.* vain, conceited.
दँवरी (dãv ree) *f.* trampling of reaped harvest by bullocks for separating corn from chaff.
दंश (dansh) *m.* 1. sting; ~ मारना to sting. 2. spite. 3. bite.
दंशन (dan shan) *m.* 1. stinging. 2. biting.
दंशना (dansh nA) *vt.* to sting/bite.
दई (da ee) *m.* destiny; ~ का मारा accursed, condemned by fate.
दई मारा (~ mA rA) *adj.* = दई का मारा।
दकार (da kAr) *m.* the letter द or its sound.
दक़ियानूस (da Ki yA noos) *adj. & m.* obscurantist, old-fashioned, conservative.
दक़ियानूसी (da ki yA noo see) *adj. & f.* 1. = दक़ियानूस। 2. old-fashioned, age-old (custom, practice etc.).
दक्खिन (dak khin) *m.* south.
दक्खिनी (~ khi nee) *adj. & m.* southern, southerner; ~ हिंदी Southern Hindi.
दक्ष (daksh) *adj.* 1. adept, dexterous, adroit. 2. efficient, expert, skilful.
दक्षता (~ tA) *f.* 1. dexterity, adroitness. 2. efficiency, expertness.
दक्षिण (dak shiN) *m.* 1. South. 2. right; ~ होना to be on the right side (of), to be favourably disposed.
दक्षिण-पंथ (~ - panth) *m.* right-wing. (Pol.)
दक्षिण-पंथी (~ - pan thee) *adj.* rightist, rightwinged. [Ant. वाम-पंथी]
दक्षिणा (dak shi NA) *f.* honorarium paid to a preceptor or priest.
दक्षिणायन (~ yan) *m.* winter solstice.
दक्षिणावर्त (~ vart) *adj. & adv.* clockwise; ~ दिशा clockwise direction; ~ घूमना to move clockwise. [Ant. वामावर्त counter-clockwise, anti-clockwise]
दक्षिणी (dak shi Nee) *adj.* Southern; ~ ध्रुव South Pole.
m. Southerner.
दख़लंदाज़ (da Kha lan dAZ) *adj.* (one) who meddles/interferes.
m. meddler, interferer.
दख़लंदाजी (~ dA zee) *f.* meddling, interference.
दख़ल (da Khal) *m.* 1. occupation; ~ करना to occupy. 2. meddling, interference; ~ देना to interfere/meddle; उसका अंग्रेज़ी में भी कुछ ~ है He has knowledge of English too or He is conversant with English too.
दख़लकार (~ kAr) *m.* occupant.
दगड़ (da gaR) *m.* kettledrum.
दग़ना (daG nA) *vi.* 1. to be fired; बंदूक़ ~ — बंदूक़ दग़ गई The gun has been fired. 2. to be branded.
दग़वाना (~ vA nA) *vt.* cansative of दाग़ना।
दग़ा (da GA) *f.* treachery, deception cheating; ~ करना/देना to cheat/deceive/betray; ~ दे जाना (i) to cheat/deceive; (ii) to turn (one's) coat, to leave (someone) in the lurch.

दग़ीला (da Gee lA) *adj.* 1. speckled, stained (fruit etc.). 2. branded.

दग़ेबाज़ (da Ge bAz) *adj.* treacherous, deceitful.
m. cheat, traitor.

दग़ेबाजी (~ bA zee) *f.* treachery, deceitfulness.

दग़ैल (da Gail) *adj.* blemished, tainted, sullied (person or character).

दग्ध (dagdh) *adj.* burnt, scorched.

दचक (da cak) *f.* jolt, jerk, bump.

दचकना (~ nA) *m.* to jolt/jerk (as a vehicle in motion).

दचकेदार (dac ke dAr) *adj.* jolty. jerky.

दढ़ियल (da Rhi yal) *adj.* bearded.

दतुअन, दतुवन (da tu an, da tu van) *f.* = दातुन।

दत्त (datt) *adj.* given, donated, paid, presented.

दत्तक (dat tak) *adj.* adopted; ~ पुत्र adopted son.

दत्तकग्रहण (~ gra haN) *m.* adoption.

दत्तकग्राही (~ grA hee) *m.* one who adopts.

दत्तकपिता (~ pi tA) *m.* adopted/adoptive father.

दत्तकमाता (~ mA tA) *f.* adopted/adoptive mother.

दत्तक-विधान (~ - vi dhAn) *m.* law of adoption.

दत्तकीय (dat ta keey) *adj.* pertaining to adoption; ~ मामले matters pertaining to adoption; ~ विधान law pertaining to adoption.

दत्तचित्त (datt citt) *adj.* concentrated, fully attentive (to some work); ~ होकर (i) with all attention; in rapt attention; (ii) fully engrossed.

ददिया ससुर (da di yA sa sur) *m.* father-in-law's father, husband's/wife's paternal grandfather.

ददिया सास (da di yA sAs) *f.* father-in-law's mother, husband's/wife's paternal grandmother.

ददिहाल (da di hAl) *m.* family of paternal grandfather or his residence.

ददोड़ा, ददोरा (da do RA, da do rA) *m.* swelling, bump.

दद्रु (dad ru) *m.* ringworm.

दधि (da dhi) *m.* curd, yoghurt; ~ मंथन churning of curd.

दन (dan) *f.* loud report, sound produced by the firing of a gun, cannon etc.; ~ दन करते हुए along with loud reports; ~ से at once.

दनदनाना (~ da nA nA) *vi.* 1. to start producing noise suddenly and continuously (said of guns and cannons). 2. to make merry; दनदनाते हुए (i) with thumping footsteps; (ii) with a cannonade.

दनादन (da nA dan) *adv.* 1. with the sound of a cannonade. 2. in quick succession, incessantly.

दनुज (da nuj) *m.* demon.

दन्न (dann) *f.* = दन।

दपटना (da paT nA) *vt.* = डपटना।

दफ़न (da Fan) *m.* burial; ~ करना to bury मामले को ~ करना to close the matter.

दफ़नाना (daF nA nA) *vt.* 1. to place a dead body into a grave, to bury. 2. to forget something completely.

दफ़ा (da FA) *f.* 1. time; दूसरी ~ second time 2. section; ~ 144 section 144 (of the Indian penal code); ~ लगाना specify a crime (section) for (under) which someone is accused.
adj. gone away; ~ करना to dismiss ~ हो जाओ Get out.

दफ़्तर (daF tar) *m.* office; ~ का बाबू office clerk.

दफ़्तरशाही (~ shA hee) *f.* bureaucracy.

दफ़्तरी (daF ta ree) *m.* book-binder, daftaree.

दफ़्तरीख़ाना (~ KhA nA) *m.* book-binding shop.

दफ़्ती (daF tee) *f.* card-board.

दबंग (da bang) *adj.* bold, fearless, undaunted, strong-headed.

दबंगपन (~ pan) *m.* boldness, fearlessness, undauntedness, strong-headedness.

दबकना (da bak nA) *vi.* = दुबकना।

दबदबा (dab da bA) *m.* awe, overwhelming influence, dignity, sway, grandeur; ~ जमाना to establish commanding influence; ~ होना—उसका दबदबा है He holds complete sway.

दबना (dab nA) *vi.* 1. to be pressed, as under a stone. 2. to be crushed/trampled as by a crowd. 3. to be over-awed/subdued as by a superior person. 4. to be lessened, as the incidence of an epidemic; दबी ज़बान से with subdued voice, hesitatingly; दबी-ढकी लड़की homely girl, girl brought up in a conservative atmosphere; दबी हुई बात a matter which has been shelved; दबी हुई रक़म = दबा हुआ पैसा (one's) money in the possession of others; दबे दबाए रहना to lie low/subdued, not to come out very much in the open; दबे पैरों (से) stealthily, with silent footsteps; दबे हाथों (in a state of) being short of money.

दबवाना (dab vA nA) *vt.* causative of दबाना।

दबाऊ (da bA oo) *adj.* weighty in the front, as दबाऊ गाड़ी (unbalanced) vehicle, weighty (over-weight) in the front.

दबाना (da bA nA) *vt.* 1. to press down. 2. to suppress/repress/subdue; हमें और अधिक मत दबाइए Please don't suppress us more. 3. to hush up; दबा जाना / देना to hush up (the matter); दबा जाना / लेना to grab (someone else's property); दबा रखना to keep (someone else's property) for an indefinitely long time.

दबाव (da bAW) *m.* 1. pressure. 2. coercion, duress; ~ डालना to compel/coerce; ~ पड़ना—उस पर बड़ा दबाव पड़ा है He has been pressurised very much. ~ में आकर under pressure, under (undue) influence, under compulsion; सब-कुछ जानते हुए भी, दबाव में उसे चुप रहना पड़ा In spite of being aware of every thing, he had to keep mum under compulsion.

दबैल (da bail) *adj.* under influence/control/subjection; मैं तुम्हारा ~ नहीं I am not under your control.

दबोचना (da boc nA) *vt.* 1. to seize suddenly. 2. to hide/conceal.

दब्बू (dab boo) *adj.* meek; ~ पति meek henpecked husband.

दब्बूपन (~ pan) *m.* meekness.

दम (dam) *m.* 1. breath; ~ अटकना—उसका दम अटका हुआ है He is holding on to something near his heart (before death). ~ आना—मेरा दम लबों (होंठो) पर आ गया I missed a beat. ~ उखड़ना to be out of breath; ~ खींचना to inhale deeply; ~ घुटना to suffocate/stifle; ~ घोटना to strangle/smother; ~ टूटना—उसका दम टूट गया He was done up. ~ तोड़ना—उसने दम तोड़ दिया He died/expired/breathed his last. ~ देना to steam (vegetables etc.); ~ निकल जाना to breathe (one's) last; पैसे के नाम पर उसका ~ निकलता है He clings to money like life itself. ~ निकालना—तुम्हारी जाऊँ-जाऊँ ने तो मेरा दम

निकाल दिया है Your insistence on going, teases the life out of me. ~ फूलना—मेरा दम फूल रहा है I am panting. (for breath) ~ बढ़ाना to give a phillip, to encourage; ~ बाँधना = ~ खींचना ~ भरना to count ever more (upon something or somebody). ~ मारना—दम मारने की फ़ुर्सत नहीं I have no time even to draw breath. ~ लगाना (i) to have a breather; (ii) to exertfully; ~ लेना to take a little respite; तुम मुझे ~ नहीं लेने देते You do not give me breathing time. ~ साधना = ~ खींचना; ~ सूखना—उसका ~ सूख गया He was terror-struck. ~ होना—तुम्हारे लेख में बड़ा ~ है There is considerable force in your article. जब तक मेरे ~ में दम है Till the last breath of my life or so long as there is breath in my body. 2. instant, moment; ~ भर में in a jiffy; एक ~ से (i) all of a sudden, abruptly; (ii) totally; बाजार से केला एक ~ से गायब हो गया Bananas have totally disappeared from the market. नाकों ~ करना/कर देना to trouble/torture/harass (someone) to death, to tease the life out (of someone).

दमक (da mak) *f.* glimmer, glitter, brilliance, glow; चमक ~ glamour, glitter, splendour.

दमकना (~ nA) *vi.* to glimmer/glitter/glow/shine.

दमकल (dam kal) *f.* 1. water-pump. 2. fire-engine. 3. staying power, stamina. 4. firebrigade.

दमकला (~ ka lA) *m.* oven (in which coal is used).

दमख़म (~ Kham) *m.* 1. strength, prowess. 2. staying power, stamina. 3. firmness. 4. sharpness (of the edge of a sword).

दमचूल्हा (~ coo lhA) *m.* = दमकला।

दमड़ी (~ Ree) *f.* mite, one-eighth of a pice (old Indian currency); ~ के तीन होना to be of almost no use.

दमदमा (~ da mA) *m.* bunker.

दमदार (~ dAr) *adj.* 1. virile, powerful. 2. firm, strong. 3. stout. 4. fully capable. stout.

दम-दिलासा (~ - di lA sA) *m.* 1. encouragement. 2. consolation.

दमन (da man) *m.* oppression, suppression, repression; ~ करना to oppress/suppress/repress.

दमनकारी (~ kA ree) *adj.* oppressive, suppressive, repressive.
m. oppression/suppression/repression/subjugation.

दमनचक्र (~ cakr) *m.* wheel of repression; ~ चलाना to let loose an orgy of repression.

दमनशील (~ sheel) *adj.* suppressive, repressive, coercive.

दमनात्मक (da ma nAt mak) *adj.* coercive, oppressive, suppressive.

दमनीय (da ma neey) *adj.* suppressible, rep- ressible, tamable.

दम-पट्टी (dam - paT Tee) *f.* false hope; ~ देना to give/raise false hopes, to make false promises.

दम-बुत्ता (~ - but tA) *m.* bluff; वह सिर्फ़ हमें ~ दे रहा है He is only bluffing us.

दमसाज़ (~ sAz) *m.* pal, faithful friend.

दमा (da mA) *m.* an illness which causes difficulty in breathing, asthma.

दमाद (da mAd) *m.* = दामाद।

दमादम (da mA dam) *adv.* in quick succession.

दमामा (da mA mA) *m.* kettledrum.

दमित (da mit) *adj.* 1. suppressed; ~ वासना suppressed (sexual) desire. 2. oppressed (person), pressurised.

दम्य (dammy) *adj.* = दमनीय।

दयनीय (day neey) *adj.* pitiable, miserable, wretched.

दया (da YA) *f.* mercy, pity; ~ करना to commiserate/pity; ~ दिखाना to have/show mercy/pity/sympathy/compassion.

दया-दृष्टि (~ - drish TI) *f.* attitude of kindness/favour.

दयानत (~ nat) *f.* honesty, fair-mindedness.

दयानतदार (~ dAr) *adj.* honest, truthful.

दयानतदारी (~ dA ree) *f.* honesty, generosity.

दयानिधान (da YA ni dhAn) *m.* (lit. store of kindness). 1. a very good person/benefactor. 2. God.

दयापात्र (~ pAttr) *m.* object of pity, favour.

दयामय (da YA may) *adj.* full of compassion, compassionate, merciful, benevolent.

दयार्द्र (da YArdr) *adj.* tender-hearted, full of tenderness/kindness/benevole-nce.

दयालु (da YA lu) *adj.* humane, kind, compassionate, kind-hearted, magnanimous.

दयालुता (~ TA) *f.* benignity, kind-heartedness, graciousness.

दयावान्, दयावान (da YA VAN) *adj.* kind, compassionate, tender-hearted.

दयाशील (~ sheel) *adj.* kind, compassionate.

दयासागर (~ SA gar) *adj.* & *m.* (ocean of kindness) extremely kind-hearted/noble.

दर (dar) *f.* rate; जन्म ~ birth rate; मृत्यु ~ death rate; ब्याज की ~ rate of interest. *m.* door; ~ दर की ठोकरें खाना to knock about from pillar to post; ~ दर मारे-मारे फिरना= ~ दर की ख़ाक छानना to go/knock from door to door. *preposition* in; ~ मियान in between.

दरकना (da rak NA) *vi.* to crack, to be split.

दरकार (dar KAr) *f.* need, necessity.

दरकिनार (~ ki nAr) *adv.* let alone; इनाम तो ~ उसने पारिश्रमिक भी नहीं दिया Not to speak of a reward, he did not give (us) even the remuneration.

दरख़ास्त (~ KHAst) *f.* 1. application; ~ देना to apply; ~ पड़ी है An application has been put forward. 2. request; ~ करना to request.

दरख़ास्ती (~ KHAS tee) *adj.* pertaining to an application.

दरख़्त (da raKHt) *m.* tree.

दरगाह (dar gAh) *f.* 1. doorsill, threshold. 2. court. 3. royal court. 4. tomb, place of worship.

दरगुज़र (~ gu zar) *adj.* passed, that which has happened/occurred; ~ करना to overlook/pass over.

दरज (da raj) *f.* crack, cleft, fissure.

दरजन (dar jan) *m.* dozen.

दरजा (~ JA) *m.* 1. rank, standard. 2. class; वह इस दरजे तक गिर गया He went down/is degraded to this extent.

दरज़िन (dar zin) *f.* (fem. of दरज़ी) 1. female tailor. 2. wife of a tailor.

दरज़ी (~ zee) *m.* tailor. [Fem. दरज़िन]

दरज़ीख़ाना (~ KHA NA) *m.* tailoring house.

दरज़ीगीरी (~ gee ree) *f.* work or calling of a tailor.

दरजेबंदी (dar je ban dee) *f.* grading, classification.

दरजेवार (~ VAr) *adv.* according to class/grade/standard, class-wise, grade-wise.

दरद (da rad) *m.* = दर्द।

दरदरा (dar da rA) *adj.* half-grounded, coarse.

दरदराना (~ nA) *vt.* to grind coarsely.

दरदीला (dar dee lA) *adj.* 1. compassionate,

kind-hearted (person). 2. compassionate (song, grounds etc.). 3. touching, pathetic.

दरना (~ nA) *vt.* 1. to grind coarsely. 2. to destroy/ruin/devastate/ravage.

दरबा (~ bA) *m.* 1. pigeon-hole, pigeon-house. 2. compartment.

दरबान (~ bAn) *f.* doorkeeper, watchman.

दरबानी (~ bA nee) *f.* doorkeeping, watchmanship.

दरबार (~ bAr) *m.* king's court, royal court; ~ खुला होना—दरबार खुला है Court is open to everyone, Every one has access to the court. ~ बंद होना—मेरे लिए दरबार बंद है I have no access to the court. ~ लगना —दरबार लगा है (i) The court is on. (ii) There is an assemblage of courtiers/sycophants. ~ लगाना (i) to convene a court; (ii) to assemble a set of courtiers/sycophants; खुला ~ open court, public court; बंद ~ closed court, court in camera.

दरबारदारी (~ dA ree) *f.* courtiership, sycophancy; ~ करना to dance attendance (on) (for winning some favour), to play the sycophancy.

दरबारी (dar bA ree) *adj.* of or pertaining to a दरबार।

m. 1. courtier. 2. sycophant.

दरमियान (~ mi yAn) *m.* middle.

दरमियान, के (ke ~) *postposition.* 1. between; दोनों सिरों के ~ between the two ends/extremeties. 2. among; दोस्तों के ~ among friends.

दरवाज़ा (~ VA ZA) *m.* 1. door, gate; दरवाज़े पर ताला लगा था The door was locked. ~ खटखटाना/खड़खड़ाना to knock at the gate/door; ~ खुला रखना to keep the door open; ~ खुला रहना —दरवाज़ा खुला रह गया The door was (inadvertently) left open. ~ खुला होना—तुम्हारे लिए सदैव दरवाज़ा खुला है For you (this) door is always open. ~ खोलना to open the door; ~ झाँकना to call at, to pay a hurried visit; ~ बंद करना to close/shut the door; ~ बंद रखना to keep the door closed/shut; ~ बंद होना—तुम्हारे लिए यह ~ बंद है (This) door is closed for you. (किसी के) दरवाज़े की मिट्टी खोद डालना to pester (someone) (by persistent calls). 2. doorway; उस समय मैं दरवाज़े में खड़ा था At that time I was in the doorway.

दरशाना (~ shA nA) *vt.* 1. to show. 2. to explain. 3. to depict.

दर-हक़ीक़त (~ ha Kee Kat) *adv.* in fact, indeed, in reality.

दराज़ (da rAZ) *f.* drawer (of a table, wardrobe etc.).

दरार (da rAr) *f.* 1. crack, crevice. 2. split, fissure, rift; ~ पड़ जाना—दिलों में ~ पड़ गई A rift appeared between the hearts.

दरिंदा (da rin dA) *m.* flesh-eating animal, carnivore.

दरिद्र (da riddr) *adj.* poor, indigent, miserable, poverty-stricken; ~ बस्ती slum.

दरिद्रता (~ tA) *f.* poverty.

दरिद्रनारायण (~ nA rA yaN) *m.* 1. a poor person. 2. (plu.) the poor.

दरिद्री (da rid dree) *adj.* 1. poor, wretched. 2. shabby. 3. unfortunate.

दरिया (da ri yA) *m.* river.

दरियाई (~ ee) *adj.* pertaining to a river; ~ घोड़ा hippopotamus, riverhorse.

दरियादिल (~ dil) *adj.* liberal, kind, large-hearted, generous.

दरियादिली (~ di lee) *f.* liberality, kindness, large-heartedness, generosity, magnanimity.

दरियाफ़्त (da ri yAFt) *adj.* ~ करना (i) to inquire and find out; (ii) to enquire; (iii) to investigate.

दरी (da ree) *f.* 1. carpet. 2. ravine.

दरीबा (~ bA) *m.* wholesale market.

दरेसी (da re see) *f.* dressing, preparing (ground, building) for final touches.

दरोग़ा (da ro GA) *m.* = दारोग़ा।

दर्ज (darj) *adj.* entered, noted, recorded (in a book, register etc.); ~ करना to enter/record.

m. = दरज।

दर्जा (dar jA) *m.* 1. class. ~ चढ़ना to be promoted to higher class. 2. grade, order or division, standard; ~ घटना to lose status/prestige.

दर्ज़ी (~ zee) *m.* = दरज़ी।

दर्ज़ीगीरी (~ gee ree) *f.* दरज़ीगीरी।

दर्द (dard) *m.* 1. pain, ache, affliction, malady; दिल का ~ heart-ache. 2. pathos; गवैये की आवाज़ में ~ है There is pathos in the singer's voice. 3. sympathy.

दर्दनाक (~ nAk) *adj.* pitiful, woeful, awful.

दर्दमंद (~ mand) *adj.* sympathetic, compassionate.

दर्प (darp) *m.* hauteur, arrogance.

दर्पण (dar paN) *m.* mirror, looking glass.

दर्रा (~ rA) *m.* 1. (mountian) pass. 2. coarse powder (as of cereals).

दर्शक (~ shak) *m.* spectator, on-looker.

दर्शक-कक्ष (~ - kaksh) *m.* visitor's lobby.

दर्शकगण (~ gaN) *m.* spectators, assemblage of spectators.

दर्शक-दीर्घा (~ - deer ghA) *f.* visitor's gallery.

दर्शन (dar shan) *m.* 1. sight, view; ~ करना to have a sight/view; लोग केवल उसके ~ करने के लिए आए People came just to catch a glimpse of her. ~ देना to grant an audience, to condescend to meet; ~ दुर्लभ होना—उसके ~ दुर्लभ हैं He appears (only) once in a blue moon. ~ पाना to have a sight/view; ~ मिलना to be able to meet/see; पैसे का ~ न होना not to have even a glimpse of money. 2. Philosophy.

दर्शनीय (~ sha neey) *adj.* 1. worth being seen, worth a visit. 2. handsome, beautiful, marvellous.

दर्शनी हुंडी (~ sha nee hun Dee) *f.* draft, bill of exchange, payable on sight.

दर्शाना (~ shA nA) *vt.* = दरशाना।

दर्शी (~ shee) *adj.* observing, seeing; तत्त्व ~ seer, prophet.

दल (dal) *m.* 1. party, clique, group, assembly; ~ बदलना to leave a political party; ~ बनाना to form a clique/party; ~ बाँधना to form a gang; ~ में फूट पड़ना appearance of a crack in a party; डाकू ~ gang of dacoits. 2. batch. 3. flock. 4. leaf. 5. thickness; मोटे ~ का शीशा thick glass.

दलक (da lak) *f.* quivering, tremor.

दलकना (~ nA) *vi.* to quiver.

दलगत (dal gat) *adj.* party wise; ~ भावना party spirit; ~ स्थिति party position.

दलदल (~ dal) *f.* bog, marsh, quagmire; ~ में पड़ना / फँसना to be entangled/struck in a quagmire.

दलदला (~ da lA) *adj.* quaggy, boggy, marshy.

दलदार (~ dAr) *adj.* plump, fleshy.

दलन (da lan) *m.* crushing.

दलना (dal nA) *vt.* to grind coarsely.

दलबंदी (~ ban dee) *f.* party-politics, groupism, factionism.

दलबदल (~ ba dal) *m.* defection; ~ करना to cross over from one party to another, to defect.

दलबदलू (~ bad loo) *m.* defector.

दलबादल (~ bA dal) *m.* 1. conglomeration/mass of clouds. 2. contingent of followers and companions.

दलवाना (~ vA nA) *vt.* to have something ground coarsely.

दलहन (~ han) *m.* cereals used as pulse.

दलादली (da lA da lee) *f.* groupism, partyism.

दलान (da lAn) *m.* portico.

दलाल (da lAl) *m.* 1. commission agent, broker; middleman, tout. 2. pimp.

दलाली (da lA lee) *f.* 1. commission of a broker, brokerage; ~ खाना to earn brokerage. 2. broker's vocation, touting; ~ करना (i) to live on touting; (ii) to pimp.

दलित (da lit) *adj.* depressed, downtrodden; ~ वर्ग depressed class.

दलिद्दर (da lid dar) *m.* = दरिद्रता।

दलिया (da li yA) *m.* 1. coarsely ground wheat, hominy, porridge. 2. coarse meal; दाल - ~ poor (man's) diet.

दलील (da leel) *f.* argument, plea; ~ देना/पेश करना to give/present an argument.

दलेल (da lel) *f.* 1. army exercises, drill. 2. penalty parade; ~ बोलना to order penalty parade.

दवा (da vA) *f.* 1. medicine; ~ करना to be treated medically; ~ देना (i) to administer medicine; (ii) to give (a dose of) medicine; ~ होना—किस की ~ हो रही है Under whose treatment is the patient? By whom is he being treated? 2. drug; नानेवाला pharmacist. 3. remedy, cure; की ~ न होना to be good for

khA nA) *m.* dispensary.

दवात (da vAt) *f.* inkpot.

दवा-दारू (da vA dA roo) *m.* medical treatment; ~ करना to get (the patient) medically treated.

दवामी (da vA mee) *adj.* permanent; ~ पट्टा permanent lease; ~ बंदोबस्त permanent settlement.

दश (dash) *adj. & m.* = दस।

दशक (da shak) *m.* decade.

दशन (da shan) *m.* tooth.

दशनच्छद (da sha nac chad) *m.* lip.

दशभुज (dash bhuj) *m.* decagon.

दशम (da sham) *adj.* tenth.

दशमलव (~ lav) *m.* decimal; ~ पद्धति / प्रणाली decimal system.

दशमलवकरण (~ ka ra N) *m.* decimalisation.

दशमांश (da sha mAnsh) *m.* tithe, one-tenth part.

दशमिक (dash mik) *adj.* decimal, denary; ~ प्रणाली denary/decimal system/scale.

दशमी (dash mee) *f.* tenth day of each half of a lunar month; विजय ~ tenth day of the bright half of the lunar month of Ashwin; the day God Rama vanquished the demon Ravana.

दशहरा (da sh¢h rA) *m.* 1. = विजय दशमी। 2. tenth day of bright half of lunar month of Jyeshth.

दशा (da shA) *f.* 1. state, condition; ~ बिगड़ जाना worsening of condition; ~ सुधर जाना improvement in condition; किसी भी ~ में in any of the circumstances. 2. plight; उसकी कुछ ऐसी ही ~ थी He was just in such plight.

दशानुकूलन (~ nu koo lan) *m.* acclimatization.

दशाब्द (da shAbd) *m.* = दशाब्दी।

दशाब्दी (da shAb dee) *f.* period of ten years, decade.

दशावतार (da shAv tAr) *m.* the ten incarnations of Lord Vishnu (Hindu Mythology).

दशाह (da shAh) *m.* 1. period of ten days. 2. tenth day after death.

दशी (da shee) *f.* decade.

दस (das) *adj.* & *m.* ten, 10.

दसनंबरी (~ nam ba ree) *adj.* & *m.* proclaimed offender, criminal.

दस्तंदाज़ (~ tan dAZ) *adj.* (one) who interferes/meddles.

दस्तंदाज़ी (~ tan dA zee) *f.* interference/meddling.

दस्त (dast) *m.* 1. hand. 2. loose motion; उसे ~ लग गए हैं / हो रहे हैं He is having loose motions.

दस्तक (das tak) *f.* 1. slight blow with the hand. 2. a knock; ~ देना to knock (at) the door. 3. demand note for payment of rent in default. 4. order to let goods pass through toll barrier. 5. tax, toll.

दस्तकार (dast KAr) *m.* artisan, craftsman.

दस्तकारी (~ KA ree) *f.* handiwork, handicraft, artisanship.

दस्तख़त (~ Khat) *m.* signature; ~ करना to sign, to put down (one's) signature.

दस्तख़ती (~ Kha tee) *adj.* 1. signed. 2. pertaining to signature; ~ काग़ज paper requiring signature.

दस्तरख़ान (das tar KhAn) *m.* dining cloth.

दस्ता (~ tA) *m.* 1. handle. 2. squad, squadron; फ़ौजी ~ army squad/squadron. 3. quire (of paper).

दस्ताना (~ nA) *m.* hand-glove, gauntlet.

दस्तावर (~ var) *adj.* purgative, cathartic.

दस्तावेज़ (~ vez) *m.* document, deed.

दस्तावेज़ी (~ ve zee) *adj.* documentary.

दस्ती (das tee) *adj.* 1. pertaining to hand, handy. 2. sent through some person;~ चिट्ठी letter delivered byhand. 3. small handle. 4. handy torch. 5. small penstand.

दस्तूर (~ toor) *m.* custom, practice; ~ ज़माने का—यही ~ है This is the prevailing practice of the world.

दस्तूरी (~ too ree) *f.* 1. commission, customary discount. 2. perquisite.

दस्यु (~ syu) *m.* bandit, robber; जल ~ pirate; वायु ~ air pirate.

दस्युता (~ tA) *f.* banditry, robbery.

दस्युवृत्ति (~ vrit ti) *f.* banditry/robbery as a means of livelihood.

दहक (da hak) *f.* blaze.

दहकना (~ nA) *vi.* to blaze, to burn with a redhot flame.

दहकाना (dah KA nA) *vt.* & *vi.* to blaze, to cause to blaze, to agitate.

दहन (da han) *m.* combustion, burning.

दहनशील (~ sheel) *f.* combustible.

दहनशीलता (~ sheel tA) *f.* combustibility.

दहना (dah nA) *vi.* & *vt.* to burn.

दहल (da hal) *f.* fright, over-awe.

दहलना (~ nA) *vi.* to be frightened/overawed.

दहला (dah lA) *m.* ten of playing cards.

दहलाना (~ lA nA) *vt.* to over-awe.

दहलीज़ (~ leez) *f.* doorsill, threshold.

दहशत (~ shat) *f.* terror, alarm, intimidation, fear, awe, dread; ~ खाना to be overawed/terribly frightened; ~ बैठ जाना—उसके दिल में ~ बैठ गई है He is terrorstruck/terror-stricken.

दहशतगर्द (~ gard) *m.* terrorist.

दहशतगर्दी (~ gar dee) *f.* 1. terrorism. 2. an act of terrorism.

दहाई (da hA ee) *f.* 1. state of being ten times. 2. ten's place in writing numerals. 3. set of ten things; कितनी दहाइयाँ हैं How many sets of ten are there?

दहाड़ (da hAR) *f.* 1. roar of a lion. 2. roar; ~ मारकर रोना to cry/bewail loudly.

दहाड़ना (~ nA) *vi.* to roar, to cry aloud.

दहाना (da hA nA) *m.* 1. (big) mouth (of a river). 2. mouth of a water bag. 3. curb of the bridle of a horse. 4. drain, gutter.

दही (da hee) *m.* curd, yoghurt; ~ का तोड़ whay; ~ - दही करना to sell from door to door.

दहेज (da hej) *f.* dowry; ~ - प्रथा dowry system.

दहेड़ी (da he Ree) *f.* curd-pot.

दाँत (dÃt) *m.* tooth; ~ काटी रोटी होना to be chummy; हमारी ~ काटी रोटी है We are chums/pals. ~ किचकिचाना / किटकिटाना to grind the teeth; ~ खट्टे कर देना to give a smashing reply, to retort; ~ झाड़ना to knock out the teeth; ~ तोड़ देना to deprive (someone) of the power to bite/sting; ~ दिखाना / निकालना / निपोरना to show one's teeth shamelessly, to cringe; ~ पीसना (i) to grind the teeth; (ii) to gnash; ~ बजना chattering of the teeth; ~ लगना / बैठना—~ ठीक लग / बैठ गया है The (false) tooth is well set. इस आम पर कौवे का ~ लग गया है A crow has had a bite at the mango. ~ होना—मेरी घड़ी पर उसका ~ है He has an eye on my watch. दाँतों का पीसा खाना to do things offensive to social norms; दाँतों तले उँगली दबाना to be wonderstruck/aghast; दाँतों में तिनका दबाना to surrender unconditionally; पैसे को ~ से पकड़ना to be extremely niggardly.

दाँता (dÃ tA) *m.* tooth of comb, saw etc., dent.

दाँता-किटकिट (~ - kiT kiT) *f.* quarrel, wrangle.

दाँती (dÃ tee) *f.* sickle.

दाँतेदार (~ te dAr) *adj.* dentate, dented, jagged.

दाँना (~ nA) *vt.* to separate seed (of crop).

दांपतिक (dAm pa tik) *adj.* marital, conjugal.

दांपत्य (~ patty) *m.* marital relationship; *adj.* marital; ~ जीवन married life; ~ प्रेम marital love.

दाँव (dÃw) *m.* 1. stake; ~ पर रखना / लगाना (i) to stake; (ii) to gamble; उसने सब कुछ दाँव पर लगा दिया और हार गया He risked all and lost all. 2. device. 3. wrestling skill/trick.

दाँव-पेच (~ pec) *m.* tactics, manoeuvres.

दाई (dA ee) *f.* nurse, midwife; ~ से पेट छिपाना to conceal something from someone who can know it easily.

दाईगीरी (~ gee ree) *f.* midwifery.

दाऊ (dA oo) *m.* elder brother.

दाक्षिणात्य (dAk shi NAtty) *adj.* southern.

दाख (dAkh) *f.* 1. grape. 2. raisin, currant.

दाख़िल (dA khil) *adj.* entered, inserted, admitted; ~ करना to enter/insert/admit; ~ होना to be entered/inserted/admitted.

दाख़िल-ख़ारिज (~ - KHA rij) *m.* mutation, change of name of owner.

दाख़िल-दफ़्तर (~ - daF tar) *adj.* filed with records.

दाख़िला (dA khi lA) *m.* 1. entrance, admission; ~ मिलना to get admission. 2. entrance fee.

दाग (dAg) *m.* cremation; ~ देना to cremate, to set on fire.

दाग़ (dAG) *m.* 1. dirty mark, stain, slur. 2. anything that damages reputation, stigma; ~ धो डालना to wash off the stigma; ~ लगना to have a stigma, to be stigmatised; ~ लगाना to stigmatise.

दाग़दार (~ dAr) *adj.* stained, branded.

दाग़ना (~ nA) *vt.* 1. to fire (a gun). 2. to brand; दाग़ देना to brand (a bull etc.).

दाग़बेल (~ bel) *f.* outline (for laying the foundation of a house).

दाग़ी (dA Gee) *adj.* having a blot/spot.

दाड़िम (dA Rim) *m.* pomegranate.

दाढ़ (dARh) *f.* molar (tooth), grinder.

दाढ़ी (dA Rhee) *f.* beard; ~ घुटवाना to have a shave (pej.); ~ घोटना to shave (pej.); ~ नोच लेना to dishonour an elderly pers- on; ~ पक जाना—उसकी दाढ़ी पक गई है He has grown grey. ~ बनवाना to have a shave; ~ बनाना to shave; ~ रखना / छोड़ना to grow a beard.

दाढ़ीजार (~ jAr) *m.* (an abuse which women use for men) accursed.

दाढ़ीवाला (~ vA lA) *adj.* having a beard, bearded.

दातन (dA tan) *f.* = दातुन।

दातव्य (dA tavvy) *adj.* 1. due, or worth giving. 2. charitable; ~ औषधालय charitable dispensary.

m. donation, charity.

दाता (dA tA) *m.* donor, giver.

दातार (dA tAr) *m.* giver, a big donor.

दातुन, दातौन (dA tun, dA taun) *f.* fibrous twig used as a tooth-brush.

दाद (dAd) *f.* 1. ringworm. 2. complaint; ~ करना to lodge a complaint; ~ लेकर आना to come with a complaint, to bring forward a complaint; ~ -ओ- फरियाद complaint, with a demand for justice. 3. well-deserved praise; ~ देना to praise / encourage / appreciate / applaud.

दादरा (~ rA) *m.* a variety of Indian music.

दादा (dA dA) *m.* 1. paternal grandfather. (fem. दादी). 2. elder brother. 3. leader of a gang, hoodlum, gangster.

दादागीरी (~ gee ree) *f.* 1. gangsterism, hooliganism. 2. leadership.

दादी (dA dee) *f.* (fem. of दादी) grandmother, father's mother.

दादुर (dA dur) *m.* frog.

दान (dAn) *m.* 1. act of giving. 2. donation. 3. charity, alms; ~ देना to donate, to give alms/charity; ~ लेना to accept a donation/alms/charity.

suffix. used to denote a container, as in क़लमदान।

दानपत्र (~ pattr) *m.* deed of gift; ~ लिखना to bequeathe.

दानपात्र (~ pAttr) *m.* offertory box; दान ~ में डालें Put money in the offertory box.

दान-पेटी (~ - pe Tee) *f.* offertory box.

दानव (dA nav) *m.* demon, giant.

दानवी (dA na vee) *adj.* demonic.

f. female demon, giantess.

दानवीर (dAn veer) *adj.* very generous, munificent as prince.

दानशील (~ sheel) *adj.* charitable, munificent, beneficent.

दानशीलता (~ tA) *f.* munificence.

दाना (dA nA) *m.* 1. grain; दाने-दाने को तरसना to be wanting even in sustenance; दाने-दाने को मुहताज on the verge of starva-tion. 2. bead. 3. pimple.

दाना-चीनी (~ - cee nee) *f.* crystal sugar.

दाना-पानी (~ - pA nee) *m.* food and fodder, sustenance, livelihood; ~ उठना change of venue (of a person); ~ छोड़ना to give up food and drink.

दानी (dA nee) *adj.* charitable, generous, munificent.

f. small receptacle, as चूहेदानी mouse-trap. (used as suffix).

दानेदार (dA ne dAr) *adj.* granular.

दाप (dAp) *m.* over-bearing display of superiority, arrogance, pride.

दाब (dAb) *f.* 1. pressure; ~ में रखना to put under (one's) control/restraint. 2. paper-weight. 3. weight.

दाबना (~ nA) *vt.* 1. to press. 2. to keep under (one's) control/restraint, to keep in check. 3. to bury; मुर्दे को ~ to bury the dead.

दाम (dAm) *m.* 1. price; ~ बढ़ गए हैं The costs have risen. ~ खड़े करना to convert (something) into cash. 2. a small old Indian coin. 3. the second of the four policies for effecting one's purpose as expatiated in ancient Indian polity, viz. साम, दाम, दंड, भेद; the policy of monetary gratification. 4. garland. 5. heap.

दामन (dA man) *m.* the skirt of a garment; ~ छुड़ाना to get rid (of); ~ पकड़ना to catch hold (of some helper in time of need); ~ फैलाना to beg/beseech.

दामाद (dA mAd) *m.* son-in-law.

दामादी (dA mA dee) *adj.* 1. pertaining to a son-in-law; ~ धन son-in-law's wealth. 2. like that of a son-in-law; ~ ऐंठ hauteur like that of a son-in-law.
m. state of being a son-in-law; ~ में लेना to make (someone) one's son-in-law.

दामिनी (dA mi nee) *f.* lightning.

दामी (dA mee) *adj.* expensive, costly, precious.

दामोदर (dA mo dar) *m.* Lord Krishna.

दाय (dAy) *adj.* due, or worth giving.
m. 1. charity. 2. liability. 3. inherited wealth. 4. dowry, wedding presents.

दायभाग (~ bhAg) *m.* portion of paternal property which one is to get on division.

दायभागी (~ bhA gee) *m.* heir, inheritor.

दायर (dA yar) *adj.* 1. wandering, roaming. 2. current. 3. filed (as a law-suit); ~करना to file; मुकदमा ~ करना to file a law-suit.

दायाँ (dA yÃ) *adj.* right; ~ हाथ right hand.

दायागत (dA ya gat) *m.* heriditary, ancestral.

दायाधिकार (~ dhi kAr) *m.* inheritance.

दायाधिकारी (~ dhi kA ree) *m.* inheritor.

दायित्व (dA yttw) *m.* 1. liability. 2. obligation. 3. onus; वह पूरा ~ लेने को तैयार है He is ready to bearfull responsibility.

दायित्वबोध (~ bodh) *m.* sense of responsibility.

-दायिनी (dA yi nee) *suffix.* (fem. of दायी) as सुखदायिनी bestowing pleasure.

दायी (dA yee) *suffix.* bestower, giver. [Fem. दायिनी]

दार (dAr) *suffix.* denoting possession or quality; छाया ~ shady; दुकान ~ shopkeeper.

दारचीनी (~ cee nee) *f.* cinnamon.

दारण (dA raN) *m.* 1. surgery, operation. 2. instrument of operation.

दारा (dA rA) *f.* wife.

दारिद्र्य (dA riddry) *m.* poverty, pauperism, indigence; शब्द ~ paucity of words.

दारी (dA ree) *suffix.* denoting vocation, practice etc.; दुकानदारी shopkeeping; दुनियादारी worldliness.

दारु (dA ru) *m.* pine tree.

दारुण (dA ruN) *adj.* 1. severe, extreme; ~ व्यथा severe pain; ~ दारिद्र्य extreme poverty. 2. dreadful/ghastly; ~ दृश्य dreadful/ghastly sight. 3. horrible.

दारुणता (~ tA) *f.* 1. severity. 2. dreadfulness, ghastliness. 3. awfulness.

दारुहलदी (dA ru hal dee) *f.* a kind of turmeric/curcuma.

दारू (dA roo) *m.* 1. medicine. 2. alcohol,

wine, liquor; ~ पीना to take alcohol. 3. gunpowder.

दारोग़ा (dA ro GA) *m.* inspector, supervisor; पुलिस का ~ inspector of police; भंगियों का ~ supervisor of sweepers.

दारोमदार (dA ro ma dAr) *m.* dependence, all entire.

दार्शनिक (dAr sha nik) *adj.* philosophical. *m.* philosopher.

दार्शनिकता (~ tA) *f.* philosophic attitude.

दाल (dAl) *f.* pulse, lentil; यहाँ तुम्हारी ~ नहीं गलेगी Here you will fare ill. ~ में कुछ काला है = कुछ ~ में काला है There is something fishy, I smell a rat. जूतियों (में) ~ बँटना frightful wrangle due to partition.

दालचीनी (~ cee nee) *m.* cinnamon.

दाल-दलिया (~ - da li yA) *m.* coarse food, poor man's diet; ~ करना to finish off a matter, one way or the other.

दालमोठ (~ moTh) *f.* mixture of fried pulses (a kind of snack).

दाल-रोटी (~ - ro Tee) *f.* livelihood, sustenance; ~ चलना maintenance, livelihood.

दालान (dA lAn) *m.* covered inner terrace (usually facing a courtyard).

दाव (dAv) *m.* 1. jungle, wood. 2. = दाँव।

दावत (dA vat) *f.* feast, banquet; दावते दारू cocktail party; शाही ~ royal repast; ~ खाना to partake in a feast/dinner; ~ देना to invite for a feast/dinner; ~ मिलना to receive an invita-tion.

दावतनामा (~ nA mA) *m.* written invitation (for a dinner).

दावनी (dAv nee, dA va nee) *f.* an ornament worn on the forehead.

दावा (dA vA) *m.* 1. claim; ~ जतलाना to lay/assert a claim. 2. suit; ~ करना/ठोक देना/दायर करना to file a suit, to sue.

दावाग्नि (dA vAg ni) *f.* forest conflagration, fire in a jungle.

दावेदार (dA ve dAr) *m.* one who makes a claim, claimant.

दावेदारी (dA ve dA ree) *f.* assertion of a claim.

दास (dAs) *m.* 1. slave, serf. 2. servant. [Fem. दासी]

दासता (~ tA) *f.* slavery, servility, serfdom, subjection; ~ की बेड़ियाँ shackles/fetters of slavery.

दासत्व (dA sattw) *m.* = दासता।

दासप्रथा (dAs pra thA) *f.* system of slavery, serfdom.

दासभाव (~ bhAv) *m.* servitude.

दासा (dA sA) *m.* projecting prop.

दासानुदास (dA sA nu dAs) *m.* very humble servant.

दासी (dA see) *f.* (fem. of दास) female slave, maid-servant, slave girl.

दास्ताँ, दास्तान (dAs tA͂, dAs tAn) *f.* 1. story, tale. 2. narrative; दास्तान-ए-ग़म tale of woes.

दास्य (dAssy) *m.* slavery, servitude.

दाह (dAh) *m.* 1. burning. 2. burning sensation. 3. cremation. 4. mental agony.

दाहक (dA hak) *adj.* caustic, inflammatory.

दाहकर्म (dAh karm) *m.* funeral rite(s).

दाहक्रिया (~ kri yA) *f.* cremation.

दाहन (dA han) *m.* burning.

दाहना (dAh nA) *vt.* 1. to burn. 2. to torment/torture.

दाह-संस्कार (~ - sans kAr) *m.* funeral rite (s).

दाहिना (dA hi nA) *adj.* right; ~ हाथ right hand.

दाहिने (dA hi ne) *adv.* to the right; ~ - बाएँ right and left; ~ होना to be ready to give succour (to somebody).

दाह्य (dAhhy) *adj.* combustible, inflammable.

दिअली (di a lee) *f.* = दिउली।

दिउली (di u lee) *f.* 1. small earthen cup. 2. tiny cup of tinsel used in embroidery. 3. scab of a wound.

दिक (dik) *f.* direction; ~ सूचक compass.

दिक़ (diK) *adj.* vexed, embarrassed; ~ करना to vex, to harass.

दिक़्क़त (~ Kat) *f.* diffculty, hardship, source of trouble; पैसे की ~ shortage/stringency of money.

दिक़्क़त-तलब (~ - ta lab) *adj.* arduous, troublesome, vexatious.

दिक्सूचक (~ soo cak) *m.* compass.

दिखना (dikh nA) *vi.* to appear, to be in sight, to be seen, to be visible.

दिखलाई (~ lA ee) *f.* 1. act of showing; ~ देना to appear; वह बीमार दिखाई देता था He looked sick/ill. 2. remuneration or charges for showing.

दिखलाना (~ lA nA) *vt.* to show.

दिखलावा (~ lA vA) *m.* = दिखावा।

दिखाई (di khA ee) *f.* act of showing; ~ देना/पड़ना to seem/appear; मुँह ~ present given to a bride on unveiling her face for the first time after wedding.

दिखाऊ (~ oo) *adj.* showy, ostentatious.

दिखाना (~ nA) *vt.* 1. to show. 2. to display; आँखें ~ to show anger; गुस्सा ~ to show anger; दिल खोलकर ~ to open out (one's) heart; प्यार ~ to make a display of love; रास्ता ~ to show the way; वह अपनी लियाक़त दिखा रहा है He is showing his ability; he is making a display of his ability. हाथ ~ to show feats of the hand.

दिखावट (~ vaT) *f.* mere show, ostentation, pomposity.

दिखावटी (~ va Tee) *adj.* showy, ostentatious.

दिखावा (~ vA) *m.* ostentation, display, pomp, show; ~ करनेवाला pompous.

दिखौआ (di khau A) *adj.* meant for show, showy, flashy, ostentatious, gaudy.

दिगंत (di gant) *m.* horizon.

दिगंबर (di gam bar) *adj.* naked.
m. a sect of Jainism.

दिगंबरता (~ tA) *f.* nakedness.

दिगंबरी (di gam ba ree) *adj.* of or pertaining to digambars.

दिगंश (di gansh) *m.* azimuth.

दिगंशीय (di gan sheey) *adj.* pertaining to azimuth.

दिग्गज (dig gaj) *m.* one of the eight mythological elephants which support the earth.
adj. 1. ponderous. 2. heavy. 3. high, majestic; ~ पंडित profound scholar.

दिग्दर्शक (~ dar shak) *m.* 1. (mariner's) compass. 2. director.

दिग्दर्शन (~ dar shan) *m.* direction, guidance.

दिग्भ्रम (~ bhram) *m.* error about direction, loss of bearing.

दिग्मंडल (~ man Dal) *m.* all the directions combined.

दिग्विंदु (~ vin du) *m.* cardinal point.

दिग्विजय (~ vi jay) *m.* conquest of the world.

दिग्विजयी (~ vi ja yee) *adj.* having conquered the whole world.

दिग्व्याप्त (~ vyApt) *adj.* all-pervading.

दिन (din) *m.* 1. day; आज ~ तक to this day, even now. 2. daytime; ~ के समय at daytime; ~ कटना—उसके दिन कट रहे हैं He is passing time. ~ काटना to pass time, to pass time somehow; ~ को रात कहना to indulge (in) limitless falsehood; ~ गँवाना to waste time; ~ गिनना (i) to count the days; (ii) to look forward impatiently to the day; (iii) to be on the verge of death; ~ चढ़ना— (i) दिन चढ़े on the advent of the day; (ii) to be in the family way; ~ छिपना—दिन छिपे at Sun down; ~ डूबना = सूरज डूबना ; ~ ढलना—दिन ढले in the late-afternoon; ~ जाते देर नहीं लगती Time flies swiftly. ~ दहाड़े in broad daylight; ~ दूने रात चौगुने by leaps and bounds; ~ न रह जाना—अब विवाह में दिन नहीं रह गए Hardly any days to go before the wedding. ~ निकलना advent of the day; ~ पर दिन day after day; ~ पूरे होना (i) to complete the period of gestation; (ii) to complete the span of life; ~ फिरना / बहुरना—तुम्हारे भी दिन फिरेंगे Better days are in store for you. ~ में in the day-time; ~ में तारे दिखाई देना to have smoke blown out of one's head; ~ होना—आज उसका दिन है It is her day; अच्छे ~ better days; इन दिनों at the present time/during these days; इने-गिने ~ - उसके दिन इने-गिने हैं His days are numbered. चार ~ की चाँदनी transitory affluence; जब ~ आएगा When the day draws near. बुरे ~ bad days, evil times; मेरे भी ~ थे I had my days. वे ~ गए Gone are those days/Those days are gone. दिनों का फेर dark days, unfavourable times.

दिनकर (~ kar) *m.* Sun.

दिनचर्या (~ car YA) *f.* daily routine.

दिन-ब-दिन (~ - ba - din) *adv.* day by day.

दिनमणि (~ ma NI) *m.* Sun.

दिनमान (~ MAN) *m.* length/duration of the day (from Sunrise to Sunset).

दिनराज (~ RAj) *m.* Sun.

दिन-रात (~ - RAt) *adj.* day and night.

दिनांक (di NAṅk) *m.* date.

दिनांकित (di NAṅ kit) *adj.* dated.

दिनांध (di NAndh) *adj.* day-blind.

दिनातीत (di NA teet) *adj.* out of date.

दिनीं (di nee) *adj.* old, that which has been kept for a long time, as दिनी घी।

दिनेश (di nesh) *m.* Sun.

दिनौंधी (di naũ dhee) *f.* day-blindness.

दिमाग़ (di MAG) *m.* brain; ~ (सातवें) आसमान पर होना to be swollen headed/conceited; ~ खपाना to rack (one's) brain; ~ खाना/चाटना to rack (someone's) brain; ~ ख़ाली कर देना to rack (someone's) brain (usually by prattle); ~ गरम हो जाना—उसका दिमाग गरम हो गया He lost his temper. ~ चढ़ना to be swollen-headed/conceited; ~ ठंडा रखना to remain cool-headed; ~ न मिलना to be vainglorious; ~ न होना—उसे ~ है (i) He is without intelligence; (ii) He is not a proud person. ~ में ख़लल होना to have something wrong with the brain; ~ में ठूँसना to hammer/instil into (someone's) brain; ~ में न आना not to occur (to one's mind); ~ लड़ाना (i) to rack (one's) brain; (ii) mental gymnastics; ~ हो जाना—उसे दिमाग़ हो गया है He has become vain/swollen headed. बड़े ~ का आदमी highly intellectual person, man of intellect.

दिमाग़-चट (~ - caT) *adj.* very talkative, boring.

दिमाग़दार (~ dAr) *adj.* 1. brainy, very intelligent, intellectual. 2. proud, vain.

दिमाग़ी (di MA Gee) *adj.* mental; ~ -कमज़ोरी feebleness of the mind; ~ कसरत mental exercise/gymnastics; ~ काम brain-work; ~ ताकत intelligence, brainpower.

दिया (di YA) *vt.* past tense of देना।
m. = दीया earthen lamp.

दिल (dil) *m.* heart; वह ~ से अच्छा आदमी है He is a good person at heart. ~ काँप उठना—~ काँप उठा The heart shuddered/trembled. ~ का खोटा malicious, mean; ~ का ग़ुबार निकालना to give vent to (one's) pent-up feelings; ~ का बादशाह generous like a king; ~ की आग बुझाना to quench the thirst of passion; ~ की कली खिलना blossoming of the heart-bud; ~ की गाँठ खोलना to untie the knot of misunderstanding; ~ की दिल में रह जाना to have one's longing remain unfulfilled; ~ की धड़कन very attractive person with whom one falls in love, heart-throb; ~ के फफोले फोड़ना to reopen (one's) old sores; ~ कैसा-कैसा होना—मेरा ~ कैसा-कैसा हो रहा है I am not feeling up to the mark. ~ को क़रार आना to have (one's) quietude restored; ~ को लगना to take to heart; ~ खट्टा होना to feel sore; ~ खोलकर (i) whole-heartedly; उसने ~ खोलकर मेरी सहायता की He helped me whole-heartedly. (ii)heart-to-heart; हम लोगों में ~ खोलकर बातें हुईं We talked heart-to-heart. ~ गवाही देना—मेरा ~ गवाही नहीं देता My heart does not accept (it). ~ चुराना (i) to steal (someone's) heart; (ii) = जी चुराना। ~जमना—इस बात पर मेरा ~ नहीं जमता My heart does not take to it. ~ जलना—मेरा ~ जलता है My heart burns. ~ टूटना breaking of the heart; ~ ठिकाने न होना to feel out of sorts; ~ ठोककर with (one's) heart, all entire; ~ डूबना sinking of the heart; ~ तोड़ना to break (someone's) heart; ~ थामना— ~ थामकर बैठो Beware, lest your heart may get the better of you, lest your heart should fail you. ~ दहलना—मेरा ~ दहलता है My heart misses a beat. ~ दुखाना to pain (someone's) heart; ~ देना to offer out (one's) heart; ~ धड़कना throbbing of the heart; ~ पक जाना to be absolutely fed up; ~ पर ज़ोर डालना to try hard to think of something; ~ पसीजना melting of the heart; ~ पिघलना = ~ पसीजना; ~ फटना—मेरा ~ फट गया My heart was torn asunder. ~ फिरना to feel aversion; ~ बढ़ाना to encourage; ~ बुझना to feel disheartened; ~ बुझ गया My spirits dropped. ~ बैठना sinking of the heart; ~ भटकना stray wanderings of the heart; ~ भर आना to be moved by compassion; ~ भरकर to ones's hearts's content; ~भर जाना to be satiated; ~ मसोसकर रह जाना to feel frustrated in (one's) heart's desire; ~ मिलना meeting of hearts; ~ में आना to feel like; ~ में घर करना to create a soft corner in (someone's) heart; ~ में फफोले पड़ना to suffer mental agony; ~ में फ़र्क आना to feel estranged; ~ उतर जाना to be lowered down in (one's) esteem; ~ से दूर करना (i) to forget; (ii) to lose all interest (in someone); ~ से हट जाना to have lost all attraction; ~ हिलना moving of the heart; ~ हिला देनेवाला भाषण stirring speech; ~ ही दिल में inside (one's) heart; दिलोजान से with heart and soul, whole-heartedly.

दिलकश (~ kash) *adj.* alluring, attractive.

दिलचस्प (~ casp) *f.* interesting, amusing.

दिलचस्पी (~ cas pee) *f.* interest, interestedness; ~ लेना to take interest (in).

दिलजमई (~ ja ma ee) *f.* conviction; ~ करना to convince (someone) to his/her satisfaction.

दिलजला (~ ja lA) *adj.* afflicted, tormented.

दिलजोई (~ jo ee) *f.* consolation; ~ करना to console.

दिलदार (~ dAr) *adj.* 1. affectionate. 2. generous, liberal.

दिलदारी (~ dA ree) *f.* 1. affectionateness. 2. generosity, liberality.

दिलपसंद (~ pa sand) *adj.* pleasing to the heart, attractive, charming.

दिलफेंक (~ phẽk) *adj.* easily succumbing to glamour, indiscriminately loving.

दिलबर (~ bar) *adj.* beloved, dearly loved. *m.* loved one, beloved one.

दिलरुबा (~ ṛu bA) *adj.* bewitching, charming, enchanting. *m.* 1. loved one, beloved one. 2. a stringed musical instrument.

दिलवाना (~ vA nA) *vt.* to cause to give.

दिलवाला (~ vA lA) *adj.* large-hearted and courageous.

दिलाना (di lA nA) *vt.* to cause to be given.

दिलावर (~ var) *adj.* courageous, brave.

दिलासा (~ sA) *m.* solace, consolation; ~ देना to solace/console; ~ मिलना to get solace/consolation.

दिली (di lee) *adj.* 1. pertaining to the heart; ~ बीमारी / रोग heart disease. 2. hearty, cordial; ~ मुहब्बत cordial love. 3. intimate; ~ दोस्त intimate friend, close pal, chummy.

दिलेर (di ler) *adj.* bold, courageous, brave, daring.

दिलेरी (di le ree) *f.* 1. courage, bravery; ~ दिखाना to show courage. 2. boldness.

दिल्लगी (dil la gee) *f.* jest, joke, fun; ~ उड़ाना to make fun (of); ~ करना to cut jokes; ~ में उड़ाना to laugh away; ~ समझना to take (it) for a joke; यह ~ नहीं है It is no joke.

दिल्लगीबाज़ (~ bAz) *m.* jester, joker.

दिल्लगीबाज़ी (~ bA zee) *f.* jocularity.

दिल्ला (dil lA) *m.* panel of a door.

दिल्लेदार (~ le dAr) *adj.* panelled.

दिल्लेबंदी (~ le baṇ dee) *f.* process of panelling.

दिवंगत (di vaṅ gat) *adj.* no longer alive, late, deceased; ~ आत्मा departed soul.

दिवस (di vas) *m.* day; ~ के अवसान पर when the day is done; जन्म ~ birthday.

दिवांध (di vAndh) *adj.* day-blind.

दिवांधता (~ tA) *f.* day-blindness.

दिवाकर (di vA kar) *m.* Sun.

दिवाना (di vA nA) *adj.* = दीवाना।

दिवाल (di vAl) *adj.* & *m.* one who gives, giver; वह कौड़ी ~ नहीं He will not give even a penny.

दिवाला (di vA lA) *m.* bankruptcy, insolvency; ~ निकल जाना—कंपनी का दिवाला निकल गया The company has gone bankrupt. ~ पिट जाना—उसका दिवाला पिट गया He was declared insolvent. ~ पीटना/बोलना/मारना—उसने दिवाला पीट/बोल/मार दिया He declared himself insolvent.

दिवालिया (di vA li yA) *adj.* & *m.* bankrupt, insolvent.

दिवालियापन (~ pan) *m.* insolvency, bankruptcy.

दिवाली (di vA lee) *f.* the Divali festival of the Hindus when illuminations are held on houses.

दिवास्वप्न (~ swapn) *m.* 1. day-dream, reverie; ~ देखना to day-dream. 2. musing.

दिव्य (divvy) *adj.* 1. heavenly, divine, celestial; ~ अस्त्र celestial weapon; ~ दृष्टि divine vision. 2. brilliant. 3. charming, attractive, fascinating.

दिव्यदृष्टि (~ drish Ti) *f.* divine insight.

दिव्यपरीक्षा (~ pa reek shA) *f.* ordeal.

दिव्यपुरुष (~ pu rush) *m.* divine being.

दिव्यमूर्ति (~ moor ti) *f.* divine figure.

दिशा (di shA) *f.* direction; ~ का ज्ञान sense of direction; मुझे ~ का कुछ ज्ञान नहीं I have no sense of direction. उसने सही ~ में पग उठाया है He has taken a step in right direction.

दिशा-निर्देश (~ - nir desh) *m.* direction, guidance.

दिशाभ्रम (~ bhram) *m.* loss of direction.

दिशाशूल (~ shool) *m.* inauspicious time for starting on a journey in a particular direction.

दिशाहीन (~ heen) *adj.* without any line of action.

दिसंबर (di sam bar) *m.* December.

दिसंबरी (~ ba ree) *adj.* of or pertaining to December; ~ जाड़ा December cold.

दिसावर (di SA var) *m.* 1. = देसावर (foreign country). 2. place from which goods are ordered for.

दिसावरी (~ va ree) *adj.* of or pertaining to दिसावर।

दिहाड़ी (di hA Ree) *f.* 1. day. 2. period of time during the day a labourer is expected to work; ~ पर काम करनेवाला day labourer. 3. remuneration paid for the same.

दीक्षक (deek shak) *m.* preceptor.

दीक्षण (~ shaN) *m.* initiation.

दीक्षणीय (~ sha Neey) *adj.* esoteric.

दीक्षांत (~ shAnt) *adj.* & *m.* (concerning) end of an academic session; ~ भाषण convocation address; ~ समारोह convocation.

दीक्षा (~ shA) *f.* initiation, ceremonial introduction into some cult, sect etc.

दीक्षित (~ shit) *adj.* initiated, consecrated. *m.* a sub-caste among Brahmans.

दीखना (deekh nA) *vi.* 1. to be visible. 2. to appear.

दीठ (deeTh) *f.* eye. [for idioms see under नज़र]

दीदा (dee dA) *m.* eye.

दीदार (~ dAr) *m.* sight, vision; ~ करना to have a sight; ~ होना to get a sight.

दीदी (~ dee) *f.* elder sister.

दीन (deen) *adj.* 1. humble. 2. indigent, destitute.

दीनता (~ tA) *f.* 1. humility. 2. indigence, destitution.

दीनत्व (dee nattw) *m.* दीनता।

दीनदयालु (deen da yA lu) *adj.* merciful. *m.* all-merciful God.

दीनदार (~ dAr) *adj.* religious-minded, devout.

दीनदारी (~ dA ree) *f.* religious-mindedness, devoutness.

दीन-दुनिया (~ - du ni yA) *f.* this world and the next.

दीनबंधु (~ ban dhu) *m.* 1. friend of the poor. 2. God.

दीनहीन (~ heen) *adj.* destitute.

दीनानाथ (dee nA nAth) *m.* protector of the poor, God.

दीनार (~ nAr) *m.* ancient Greek silver coin, drachma.

दीप (deep) *m.* lamp.

दीपक (dee pak) *m.* lamp.

दीपघर (deep ghar) *m.* lamp-house.

दीपमाला (~ ma lA) *f.* row/series of lights.

दीपशिखा (~ shi khA) *f.* flame of a lamp.

दीपाधार (dee pA dhAr) *m.* lamp-stand.

दीपावली (~ pA va lee) *f.* 1. row of lights. 2. दीवाली; the Hindu festival of lights.

दीपित (~ pit) *adj.* = दीप्त, luminous, illuminated.

दीपोत्सव (~ pot sav) *m.* 1. festival of illumination. 2. = दीपावली।

दीप्त (deept) *adj.* illuminated.

दीप्ति (deep ti) *f.* 1. luminosity, glow. 2. lustre. 3. brightness.

दीमक (dee mak) *f.* white ant, termite; ~ (का) चाट जाना—किताबों को ~ चाट गई The termites have eaten into the books. ~ लग जाना—किताबों को ~ लग गई The books are infested by white ants.

दीयट (~ yaT) *f.* = दीवट, lamp stand.

दीया (~ yA) *m.* lamp; ~ जलाना to light a lamp; ~ ठंडा करना to put out the light; ~ बढ़ाना to put out the light; ~ बत्ती करना to put on the lights (of the house).

दीयासलाई (~ sa lA ee) *f.* match stick.

दीर्घ (deergh) *adj.* long, sustained; ~ स्वर long vowel.

दीर्घकाय (~ kAy) *adj.* tall and bulky, gigantic.

दीर्घकालिक (~ kA lik) *adj.* = दीर्घकालीन।

दीर्घकालीन (~ kA leen) *adj.* of a long term.

दीर्घजीवी (~ jee vee) *adj.* long-lived.

दीर्घवृत्त (~ vritt) *m.* ellipse (Maths.)

दीर्घसूत्रता (~ soottr tA) *f.* dilatoriness, procrastination.

दीर्घसूत्री (~ soot tri) *adj.* dilatory, slow, lethargic.

दीर्घा (deer ghA) *f.* gallery.

दीर्घायु (~ yu) *adj.* long-lived.

दीर्घीकरण (deer ghee ka raN) *m.* elongation.

दीवट (dee vaT) *f.* lampstand.

दीवान (~ vAn) *m.* 1. royal assembly. 2. minister of a state. 3. Prime Minister. 4. collected works of a poet.

दीवान-ए-आम (~ - e - Am) *m.* public hall of audience.

दीवान-ए-ख़ास (~ - e - KhAs) *m.* venue of meetings of the cabinet, hall of private audience.

दीवान-ख़ाना (~ - KhA nA) *m.* hall of audience, drawing room.

दीवाना (dee vA nA) *adj.* nympholeptic, crazy; प्रेम का ~ crazy lover; हुस्न का ~ crazy after beauty. [Fem. दीवानी]

दीवानापन (~ pan) *m.* nympholepsy, craziness.

दीवानी (dee vA nee) *adj.* 1. fem. of दीवाना; प्रेम दीवानी loving affectionately. 2. civil; ~ अदालत civil court; ~ कानून civil law; ~ मामला / मुकदमा civil suit; ~ विधि civil law; ~ विवाह civil mar-riage; ~संहिता civil code.

दीवार (~ vAr) *f.* wall; ~ उठाना / खड़ी करना / चुनना to erect/raise a wall; ~ होना—हम लोगों के बीच में एक ~ है There is a barrier between us. कच्ची ~ mud wall; पक्की ~ brickwall.

दीवाली (~ vA lee) *f.* the Hindu festival of lights.

दुंदुभि (dun du bhi) *f.* kettledrum.

दुंबा (dum bA) *m.* a kind of ram.

दुःख, दुख (duḥkh, dukh) *m.* 1. sorrow, grief, distress; ~ से भरा full of grief; भारी ~ great sorrow, woe; ~ उठाना/झेलना/भोगना/पाना to suffer (sorrow); ~ देना to cause pain, to inflict suffering/sorrow; ~ पहुँचना feeling hurt; ~ मानना to feel sorry/hurt/grieved/unhappy; ~ बटाना to share in (someone's) sorrow; ~ सहना to endure suffering. 2. regret; बड़े ~ की बात है It is a matter of great regret.

दुःखकर, दुखकर (~ kar) *adj.* = दुःखद।

दुःखद, दुखद (du khad) *adj.* 1. unfortunate, painful; ~ अंत painful end; ~ प्रसंग painful topic. 2. sorrowful; ~ घटना sorrowful/unfortunate event. 3. distressing; ~ परिस्थितियाँ distressing circumstances.

दुःखदाता, दुखदाता (~ dA tA) *m.* one who causes pain/sorrow.

दु:खदायक, दु:खदायी (~ dA yak, ~ dA yee) *adj.* = दु:खद।

दु:खप्रद, दुखप्रद (~ prad) *adj.* = दु:खद।

दु:ख-भरा (~ bha rA) *adj.* painful, sorrowful;~ भरी कहानी story full of woes.

दु:खभोग (~ bhog) *m.* suffering.

दु:खमय (~ may) *adj.* full of sorrow/grief/agony.

दु:ख-सुख (~ - sukh) *m.* pleasure and pain, happiness and sorrow; ~ का साथी a companion in sorrow and joy.

दु:खांत (duḥ khant) *adj.* tragic, with a tragic end.

दु:खांतिका (~ khAn ti kA) *f.* tragedy, tragic drama.

दु:खित (~ khit) *adj.* distressed, grief-stricken.

दु:खी, दुखी (~ khee) *adj.* & *m.* 1. grief-stricken, distressed. 2. melancholic, sad, gloomy. 3. (a person) who suffer (from an illness or deficiency); दुखियों को सांत्वना देना to console the sufferers.

दु:स्वप्न (~ swapn) *m.* nightmare.

दुअन्नी (du an nee) *f.* two-anna coin (old currency).

दुआ (du A) *f.* 1. benediction, blessing; ~/दुआएँ देना to bless; ~/दुआएँ लेना to seek blessings. 2. prayer; ~ करना to pray; ~ माँगना to pray for; ~ लग जाना—दुआ लग गई (i) The blessing has become fruitful; (ii) The prayer has been granted.

दुआबा (du A bA) *m.* region lying between two rivers; the land between the Ganga and the Yamuna.

दुकड़हा (du kaR hA) *adj.* 1. (thing) of low quality, cheap. 2. (person) low, mean.

दुकड़ा (duk RA) *m.* 1. pair. 2. one-fourth of a pice.

दुकड़ी (~ Ree) *f.* 1. pair. 2. carriage drawn by two horses. 3. two rupees. 4. the two of cards.

दुकान (du kAn) *f.* shop; ~ उठाना to wind up a shop; ~ खोलना (i) to set up a shop; (ii) to open a shop (for the day). ~ चलना—दुकान चल रही है The shop is running. ~ चलाना to run a shop; ~ जमना—दुकान जम गई है The shop has gained a foothold. ~ जमाना to establish a shop; ~ देखना to look after a shop; ~ बढ़ाना to close the shop (for the day); ~ बैठ जाना—दुकान बैठ गई है (i) The shop has failed; (ii) The shop has crashed. ~ लगाना to arrange the commodities in the shop (for the day); चलती हुई ~ flourishing shop; जमी हुई ~ well established shop; ~ से कोई चीज़ उठा / चुरा ले जाना to shoplift.

दुकानदार (~ dAr) *m.* shopkeeper.

दुकानदारी (~ dA ree) *f.* 1. vocation of a shopkeeper, shopkeeping. 2. haggling (over price).

दुकाल (du kAl) *m.* paucity, scarcity,famine.

दुकूल (du kool) *m.* cloth, fine cloth.

दुकेला (du ke lA) *adj.* having a companion; अकेला ~ alone or with another.

दुक्कड़ (duk kaR) *m.* a kind of drum. 2. a pair of large boats tied together.

दुक्की (~ kee) *f.* the two of a suit of cards.

दुख (dukh) *m.* = दु:ख।

दुखड़ा (~ RA) *m.* sorrowful story, saga of suffering; ~ रोना to narrate (one's) tale of woe/agony.

दुखता (dukh tA) *adj.* painful, sore; ~ कंधा sore shoulder, दुखती रग painful nerve vein.

दुखना (~ nA) *vi.* to hurt/ache; फोड़ा दुख रहा है The boil is hurting.

दुखाना (du khA nA) *vt.* to cause pain, to inflict suffering; जी ~ to hurt (one's) feeling.

दुखित (du khit) *adj.* distressed, grief-stricken, melancholic.

दुखिया (du khi yA) *adj.* (one) who has suffered, afflicted with sorrow.

दुखी (du khee) *adj.* distressed, miserable.

दुगना (dug nA) *adj.* double, redoubled, two fold.

दुगाना (du gA nA) *m.* duet.

दुग्ध (dugdh) *m.* milk.

दुग्धमापक (~ mA pak) *m.* lactometer.

दुग्धशाला (~ shA lA) *f.* dairy.

दुग्धशर्करा (~ shar ka rA) *m.* milk sugar, lactose.

दुचित्ता (du cit tA) *adj.* fickle-minded, not firm, wavering, of two minds, distracted.

दुचित्ती (du cit tee) *f.* fickle-mindedness.

दुजायगी (du jAY gee) *f.* = दुराव।

दुटूक (du TOOK) *adj.* ~ बात proposal/reply in concise, plain words.

दुढालू (~ DhA loo) *adj.* having two slopes; ~ छत mansard.

दुत (dut) *interj.* Off ! Away ! Be gone !

दुतकार (~ kAr) *f.* reproof, reprimand, upbraiding.

दुतकारना (~ nA) *vt.* to reproach/reprimand/reprove/upbraid/scold.

दुतरफ़ा (du tar FA) *adj.* 1. two-way. 2. bilateral.

दुतल्ला (du tal lA) *adj.* two-storeyed.

दुद्धी (dud dhee) *f.* = दुधिया, a type of grass.

दुधमुँहा (dudh mũ hA) *adj.* unweaned.

दुधहँड़ी (dudh hã Ree) *f.* large pot for keeping milk.

दुधार (du dhAr) *adj.* giving milk; ~ डंगर milch cattle.

दुधारू (du dhA roo) *adj.* = दुधार।

दुधिया (du dhi yA) *adj.* 1. of or pertainintg to milk. 2. containing a good dose of milk, as दुधिया भाँग। 3. like milk, milky as दुधिया पत्थर।

m. 1. chalk. 2. a kind of grass, also called दुद्धी।

दुधैल (du dhail) *adj.* with a liberal yield of milk.

दुनाली (du nA lee) *adj.* double-barrelled.

दुनिया (du ni yA) *f.* world; ~ उजड़ना—उसकी ~ उजड़ गई He has lost his all. ~ की हवा लगना to be influenced by the ways of the world; ~ के परदे पर on the face of the earth; ~ देखना to see the ways of the world; उसने ~ देखी है He has wide and varied experience of the world / He has seen the world in its true colours. ~ से उठ जाना = ~ से कूच कर जाना to depart from this world/life, to pass away; ~ भर का सामान plethora of (sundry) articles; नई ~ बसाना to start life afresh/anew.

दुनियादार (~ dAr) *adj.* 1. worldly. 2. worldly-wise, pragmatic.

दुनियादारी (~ dA ree) *f.* 1. worldly behaviour/worldliness. 2. pragmaticalness.

दुनियासाज़ (~ SAZ) *adj.* worldly-wise, tactful.

दुनियासाज़ी (~ SA zee) *f.* worldly wisdom, tactfulness.

दुपट्टा (du paT TA) *m.* linen wrapper; ~ तानकर सोना to slumber, to sleep without a care.

दुपल्ला (du pal lA) *adj.* having two layers.

दुपहर (du pa har) *m.* noon; एक दिन ~ के समय one noontime; ~ का सूरज midday Sun; ~ ढले after midday, in the afternoon.

दुफ़सला (du FAS lA) *adj.* 1. yielding two

crops. 2. having two meanings, ambiguous; दुफ़सली बात ambiguous utterance/statement.

दुबकना (du bak nA) *vi.* to quail; भय से दुबक जाना to quail with fear.

दुबला (dub lA) *adj.* lean; ~ - पतला lean and thin.

दुबलाना (~ nA) *vt.* to become lean/emaciated.

दुबलापन (~ pan) *m.* leanness.

दुबारा (du bA rA) *adv.* once more, for a second time, again; ~ - तिबारा again and again.

दुबिधा (du bi dhA) *f.* = दुविधा।

दुभाषिया (du bhA shi yA) *m.* 1. one who knows two languages, bilingual. 2. an interpreter.

दुमंज़िला (du man zi lA) *adj.* double-storeyed.

दुम (dum) *f.* 1. tail; ~ दबाकर भागना to beat a hasty retreat, to show a clean pair of heels; ~ दबा जाना to be scared away; ~ हिलाते फिरना to hang on, to be a sycophant (to); ~ हिलाना to wag the tail. 2. a thing like a tail; पुच्छल तारे की ~ tail of a comet.

दुमदार (~ dAr) *adj.* having a tail, tailed; ~ तारा comet.

दुमुँहाँ (du mũ hÃ) *adj.* having two mouths.

दुरंगा (du raṅ gA) *adj.* 1. of two colours, bicoloured. 2. (person) double-faced, cunning, deceitful; दुरंगी चाल double game.

दुर्, दुर (dur) *interj.* pooh ! tut ! ~ - दुर करना to pooh-pooh.

दुरदुराना (~ du rA nA) *vt.* to pooh-pooh.

दुरभिसंधि (du ra bhi san dhi) *f.* conspiracy, collusion.

दुरमुट, दुरमुस (dur muT, dur mus) *m.* an implement for pounding pavements, rammer.

दुरवस्था (du ra vas thA) *f.* 1. sad plight, sorry state. 2. bad shape.

दुराग्रह (du rAg grah) *m.* intransigence, wilfulness.

दुराग्रही (du rAg gra hee) *adj.* intransigent, wilful.

दुराचरण (du rA ca raN) *m.* 1. misconduct. 2. immorality, depravity.

दुराचार (du rA cAr) *m.* bad or immoral behaviour, misconduct.

दुराचारी (du rA cA ree) *adj.* immoral, wicked, licentious, vile.

दुरात्मा (du rAt mA) *adj.* vile, wicked.

दुराना (du rA nA) *vt.* 1. to keep away. 2. to hide.

दुराराध्य (du rA rAddhy) *adj.* difficult to please, fastidious.

दुरारोह (du rA roh) *adj.* steep.

दुराव (du rAw) *m.* concealment; ~ छिपाव secrecy.

दुराशय (du rA shay) *m.* malevolence, bad motive, malafides.

दुराशा (du rA shA) *f.* 1. false hope. 2. a thing that is impossible to catch or reach, will-o-the-wisp.

दुरुख़ा (du ru KhA) *adj.* double-edged, two-faced.

दुरुत्साहक (du rut sA hak) *m.* abettor.

दुरुत्साहन (du rut sA hAn) *m.* abetment.

दुरुपयोग (du rup yog) *m.* misuse, illuse, abuse; ~ करना to abuse/misuse.

दुरुस्त (du rust) *adj.* 1. right, correct. 2. in a proper condition; ~ करना (i) to mend or repair; (ii) to punish in order to correct, to teach a lesson.

दुरूह (du rooh) *adj.* abstruse, difficult to understand, obscure.

दुर्गंध (dur gandh) *f.* foul smell, stink, stench; ~ आना—कूड़े में से ~ आ रही है The refuse/garbage is stinking.

दुर्ग (durg) *m.* fort, citadel.

दुर्गत (dur gat) *adj.* 1. troubled, oppressed. 2. poor. 3. calamitous.

दुर्गति (~ ga ti) *f.* plight, terrible plight, catastrophe, misery; ~ करना to torment/trouble/oppress.

दुर्गपाल (durg pAl) *m.* principal officer of a fort, fort-guard.

दुर्गम (dur gam) *adj.* 1. impassable, unapproachable, inaccessible. 2. abstruse, difficult. 3. impregnable.

दुर्गा (~ gA) *f.* Durga, goddess of prowess.

दुर्गा पूजा (~ poo jA) *f.* a nine-day festival of the Hindus in which Goddess Durga is worshipped.

दुर्गुण (dur guN) *m.* characteristic flaw, demerit, vice, short-coming.

दुर्गुणी (~ gu Nee) *adj.* vicious, faulty.

दुर्घटना (~ ghaT nA) *f.* mishap, accident, disaster, tragedy.

दुर्घटनाग्रस्त (~ grast) *adj.* involved in an accident/mishap.

दुर्घटना-स्थल (~ sthal) *m.* scene/place of a mishap/accident.

दुर्जन (dur jan) *m.* villain, scoundrel, rascal, rogue, knave, base fellow.

दुर्जनता (~ tA) *f.* villainy, wickedness, rogu- ery.

दुर्जेय (dur jey) *adj.* 1. impregnable; ~ किला impregnable fortress. 2. formidable, invincible, unconquerable; ~ सेना invincible army.

दुर्दमनीय (~ dam neey) *adj.* impregnable, invincible.

दुर्दम्य (~ dammy) *adj.* impregnable, invincible.

दुर्दशा (~ da shA) *f.* adversity, misery, sad condition, plight; ~ करना to torment/trouble/oppress; ~ भोगना to suffer adversity, to pass through days of adversity/misery; ~ होना—उसकी ~ हो रही है He is being tormented/troubled/oppressed.

दुर्दांत (~ dAnt) *adj.* impregnable, invincible, unable to be subdued.

दुर्दिन (~ din) *m.* 1. bad days, hard times. 2. a day overcast with clouds, cloudy day.

दुर्दैव (~ daiv) *m.* disaster, mishap, bad luck, misfortune.

दुर्धर्ष (~ dharsh) *adj.* impregnable, indomitable.

दुर्बल (~ bal) *adj.* 1. weak. 2. lean, slender. 3. infirm.

दुर्बलता (~ tA) *f.* 1. weakness. 2. leanness; शारीरिक ~ physical/bodily weakness, dibility; हमारी दुर्बलताएँ our weaknesses.

दुर्बुद्धि (dur bud dhi) *adj.* 1. foolish, stupid. 2. evil-minded, wicked, perverse.
f. evil mindedness, wickedness.

दुर्बोध (~ bodh) *adj.* incomprehensible, abstruse, obscure.

दुर्भाग्य (~ bhAggy) *m.* ill-luck, misfortune.

दुर्भाव (~ bhAv) *m.* ill will, antagonism, male-volence.

दुर्भावना (~ nA) *f.* ill will, hostile feeling.

दुर्भावपूर्ण (~ poorN) *adj.* malevolent.

दुर्भिक्ष (dur bhiksh) *m.* 1. famine. 2. paucity, scarcity.

दुर्भीति (~ bhee ti) *f.* phobia.

दुर्भेद्य (~ bheddy) *adj.* difficult to penetrate, impregnable, invulnerable.

दुर्मति (~ ma ti) *adj.* 1. foolish, stupid, silly, 2. evil-minded, wicked.
m. evil-mindedness, wickedness.

दुर्मर (~ mar) *adj.* die-hard.

दुर्मुख (~ mukh) *adj.* 1. foul-mouthed, foul-tongued. 2. ugly.
m. 1. horse. 2. spy. 3. a house facing north (considered inauspicious).

दुर्लंघ्य (~ langhy) *adj.* difficult to cross/pass, impassable, insurmountable.

दुर्लभ (~ labh) *adj.* 1. scarce, unavailable. 2. rare.

दुर्लभता (~ tA) *f.* 1. scarcity, unavailability. 2. rarity.

दुर्लेख्य (dur lek khy) *adj.* badly written, illegible.
m. invalid deed.

दुर्वचन (~ va can) *m.* abuse, scurrilous language, reproach.

दुर्वह (~ veh) *adj.* onerous, difficult to carry.

दुर्वृत्त (~ vritt) *adj.* depraved, wicked, evil-minded.

दुर्वृत्ति (~ vrit ti) *f.* depravity, wickedness, evil-mindedness.

दुर्व्यवस्था (~ vyav sthA) *f.* mismanagement.

दुर्व्यवहार (~ vyav hAr) *m.* 1. ill-treatment. 2. misbehaviour.

दुर्व्यसन (~ vya san) *m.* vice, bad habit, addiction.

दुलकना (du lak nA) *vi.* to trot.

दुलकी (dul kee) *f.* trot; ~ चलना to trot.

दुलखना (du lakh nA) *vt.* 1. to say something again and again. 2. to object to something said.

दुलड़ा (dula RA) *adj.* of two strings.
m. a necklace of two strings. [Fem. दुलड़ी]

दुलड़ी (du la Ree) *adj.* & *f.* fem. of दुलड़ा।

दुलत्ती (du lat tee) *f.* (quadruped) kick with the two hind legs; ~ झाड़ना to kick off.

दुलराना (dul rA nA) *vt.* to caress/fondle.

दुलहन (~ han) *f.* fem. of दुलहा, bride.

दुलहा (~ hA) *m.* bridegroom. [Fem. दुलहन, दुलहिन]

दुलहिन (~ hin) *f.* fem. = दुलहन।

दुलाई (du lA ee) *f.* quilt.

दुलार (du lAr) *m.* fondling, caressing; ~ करना to fondle/caress.

दुलारना (~ nA) *vt.* to fondle/caress; दुलार से बिगाड़ना to spoil children by excessive fondling.

दुलारा (du lA rA) *adj.* darling, beloved.

दुविधा (du vi dhA) *f.* dilemma, uncertainty, fix; ~ में पड़ा हुआ = ~ ग्रस्त in a fix, on the horns of a dilemma.

दुशवार (dush vAr) *adj.* arduous, difficult, tedious.

दुशवारी (~ vA ree) *f.* arduousness, difficulty.

दुशाला (du shA lA) *m.* shawl.

दुश्चक्र (dush cakkr) *m.* vicious circle.

दुश्चरित्र (~ ca rittr) *adj.* of bad character.
m. misconduct, immorality, depravity.

दुश्मन (~ man) *m.* enemy, foe.

दुश्मनी (~ ma nee) *f.* animosity, enmity, hostility.

दुष्कर (~ kar) *adj.* difficult to execute/perform, arduous, hard.

दुष्कर्म (~ karm) *m.* 1. misdeed, wrong. 2. vice, sin.

दुष्कीर्ति (~ keer ti) *f.* infamy, disreputation.

दुष्कृत्य (~ kritty) *m.* misdeed, wrong.

दुष्ट (dushT) *adj.* 1. wicked, evilminded, knavish. 2. vicious, vile.

दुष्टात्मा (dush TAT mA) *adj.* malicious, wicked, sinful.
m. wicked person.

दुष्प्रकृति (~ pra kri ti) *adj.* 1. ill-natured, short-tempered. 2. wicked, low, mean.
f. 1. ill nature, short temper. 2. wickedness, lowliness, meanness.

दुष्प्रभाव (~ pra bhAv) *m.* bad influence, ill effect.

दुष्प्रयोग (~ pra yog) *m.* misapplication, misuse.

दुष्प्रवृत्ति (~ pra vrit ti) *f.* 1. unwholesome trend, undesirable tendency. 2. mean disposition, low mentality.

दुष्प्राप्य (~ prAppy) *adj.* scarce, rare; ~ ऋण bad debt.

दुष्प्राप्यता (~ tA) *f.* scarcity.

दुसराना (dus rA nA) *vt.* to say or do the same thing again, to repeat.

दुसूती (du soo tee) *f.* a thick cloth of two sheets.

दुस्तर (dus tar) *adj.* 1. arduous, difficult. 2. difficult to cross, impassable, insurmountable.

दुहत्थड़ (du hat thaR) *adv.* with both hands.

दुहत्था (~ thA) *adj.* provided with two handles.

दुहत्थी (du hat thee) *adj.* done with the two hands joined together; दुहत्थी मार stroke with both the hands joined together.

दुहना (duh nA) *vt.* 1. to milk. 2. to squeeze out.

दुहराना (~ rA nA) *vt.* 1. to revise. 2. to repeat.

दुहाई (du hA ee) *f.* 1. invocation; ~ देना (i) to invoke; (ii) to make an appeal, to entreat; ~ फिरना—उसकी ~ फिर रही है (i) His victory is being proclaimed. (ii) He is receiving applause from door to door. 2. act of milking. 3. wages paid for milking.

दुहाजू (du hA joo) *adj.* (one) who marries a second time (when the first spouse is dead).

दुहाना (du hA nA) *vt.* to cause (a cow etc.) to be milked.

दुहाव (du hAW) *m.* 1. period of lactation of a milch cattle. 2. wages paid for milking.

दुहिता (du hi tA) *f.* daughter.

दुहेला (du he lA) *adj.* 1. difficult. 2. painful.

दूआ (doo A) *adj.* second.
m. the two of cards.
f. = दुआ।

दूगुन (doo gun) *adj.* double.

दूज (dooj) *f.* second day of each half of a lunar month; ~ का चाँद someone seen rarely/once in a blue moon.

दूत (doot) *m.* envoy, emissary, messenger; देव ~ angel.

दूतकर्म (~ karm) *m.* office or duty of an envoy.

दूतावास (doo tA vAs) *m.* legation, consulate, embassy.

दूतिका (~ ti kA) *f.* = दूती।

दूती (~ tee) *f.* 1. female messenger. 2. go-between, procuress.

दूध (doodh) *m.* 1. milk; ~ उतरना lactation/secretion of milk; ~ का जला छाछ फूँक कर पीता है Once bitten twice shy. ~ का दाँत milk tooth; ~ का दूध, पानी का पानी unalloyed justice; ~ का धुला / धोया scrupulously honest, all light with no shadow; ~ की मक्खी unwanted, (detestable) person; ~ के दाँत teeth of young childern and animals, milk teeth; ~ चढ़ाना / चुराना to withold milk (said of a cow etc); ~ छुड़ाना to wean away a suckling; ~ टूटना lessening of yield of milk; ~ दुहना to milk; ~ देना to yield milk; ~ पिलाना to give a suck; ~ पीता बच्चा sucking baby/infant; ~ पीना (i) to suck milk; (ii) to take milk; ~ फट गया Milk has separated into its watery and solid content; Milk has turned sour. दूधों नहाओ, पूतों फलो May you flourish in wealth and progeny. 2. the whitish juice of certain plants/trees.

दूध-पिलाई (~ - pi lA ee) *f.* 1. wet nurse. 2. feeding bottle.

दूध-पूत (~ - poot) *m.* wealth and progeny.

दूध-भाई (~ - bhA ee) *m.* any one of several children suckled by the same woman.

दूधवाला (~ VA lA) *m.* milk-vendor, milkman.

दूधिया (doo dhi YA) *adj.* 1. made of milk, milky. 2. milk-white. 3. lactiferous, juicy; ~ पत्थर opal.

दून (doon) *f.* act or state of doubling; ~ की हाँकना / लेना to brag, to exaggerate (one's glory).
m. vale, valley.

दूना (doo nA) *adj.* double, two-fold.

दूब (doob) *f.* a kind of grass.

दूबदू (doo ba doo) *adv.* face to face, in straight contest.

दूबर (doo bar) *adv.* wanting vigour, weak, feeble.

दूभर (~ bhar) *adj.* uncomfortable, difficult; जीना ~ कर देना to make life miser-able.

दूरंदेश (~ ran desh) *adj.* far-sighted, sagacious.

दूरंदेशी (~ ran de shee) *f.* far-sight, farsightedness, sagacity.

दूर (door) *adv.* far away, remote, distant; ~ करना to dispel; ~ का far away in space, remote, distant—~ का रिश्तेदार a distant relative; ~ की कौड़ी farsigthted view, far-fetched idea; ~ की बात far-fetched affair/thing; —अभी भी यह ~ की बात है It yet remains a long way off. ~ की सोचना to think ahead, to think of the (distant) future; ~ क्यों जाएँ Why go so far? (किसी को) ~ से नमस्कार/सलाम करना to keep (someone) at arm's length; से ~ far from; वास्तविकता से ~ far from reality.

दूरगामी (~ gA mee) *adj.* 1. which can go far, far-reaching. 2. long-term.

दूरत्व (doo rattw) *m.* distance, remoteness.

दूरदर्शक (door dar shak) *m.* telescope.

दूरदर्शिता (~ dar shi tA) *f.* farsight, farsightedness, sagacity.

दूरदर्शी (~ dar shee) *adj.* far-sighted, sagacious.

दूरदृष्टि (~ drish Ti) *f.* farsight, farsightedness.

दूरबीन (~ been) *f.* 1. binocular. 2. telescope.

दूरभाष (~ bhAsh) *m.* telephone.

दूरमुद्रक (~ mud drak) *m.* teleprinter.

दूरमुद्रण (~ mud draN) *m.* teleprinting.

दूरलेख (~ lekh) *m.* telegram.

दूरलेखी (~ le khee) *adj.* telegraphic.

दूरवर्ती (~ var tee) *adj.* distant, remote.

दूरवीक्षक (~ veek shak) *m.* telescope.

दूरसंचार (~ san CAr) *m.* tele-communication.

दूरस्थ (doo rasth) *adj.* distant, remote.

दूरस्थित (~ sthit) *adj.* distant.

दूरागत (~ rA gat) *adj.* coming from a far.

दूरी (~ ree) *f.* 1. distance; स्टेशन का यहाँ से थोड़ी ~ का पैदल रास्ता है The station is within a walking distance from here. 2. lack of friendly feelings in relationship; पति पत्नी में ~ बढ़ गई है The distance between the husband and wife has been increased.

दूरीकरण (~ ka raN) *m.* act or state of removing/turning away..

दूर्वा (door VA) *f.* soft green grass; ~ क्षेत्र lawn.

दूल्हा (doo lhA) *m.* = दुलहा।

दूषण (~ shaN) *m.* 1. fault, blame. 2. contamination, pollution.

दूषित (~ shit) *adj.* 1. faulty, defective; ~ माल defective goods, oddments. 2. defiled, polluted, contaminated;

~ वायु polluted, contaminated air. 3. blemished, sullied; ~ चरित्र sullied character.

दूसरा (doos rA) *adj.* 1. second; ~ स्थान second position. 2. other, another, next; दूसरी तरफ़ on the other side; कोई ~ घर देखें Go to some other door. कोई ~ स्थान some other place; दूसरी ओर (i) on the other side; (ii) on the other hand; दूसरी बात another matter; दूसरी बार second time; दूसरी माता step-mother. *m.* someone else; उसने किसी दूसरे से शादी कर ली She married someone else.

दूहना (dooh nA) *vt.* to milk (a cow etc.).

दृगंबु (dri gam bu) *m.* tear.

दृग (drig) *m.* 1. eye. 2. power of vision.

दृढ़ (driRh) *adj.* 1. firm, steady. 2. rigid, inflexible; ~ उपपत्ति rigid proof, solid proof; ~ निश्चय (i) firm determination; (ii) determined, firm; ~ प्रतिज्ञ staunch, true to (one's) word; ~ प्रतिज्ञा solemn/firm pledge/vow; ~ प्रमाण solid testimony; ~ रहना to stick to; ~ विश्वास conviction.

दृढ़ता (~ tA) *f.* 1. firmness, steadiness. 2. rigidity, inflexibility.

दृढ़त्व (dri Rhattw) *f.* = दृढ़ता।

दृढ़ांग (~ RhÃg) *adj.* firm-bodied, stout, corpulent.

दृढ़ोक्ति (~ Rhok ti) *f.* assertion, averment.

दृश्य (drish shy) *adj.* 1. visible; ~ घटना phenomenon; ~ जगत visible world. 2. visual; ~ - श्रव्य audio-visual. *m.* 1. scene, view. 2. scenery.

दृश्यता (~ tA) *f.* visibility, visuality.

दृश्यमान (~ mAn) *adj.* 1. visible, perceptible. 2. visual.

दृष्ट (drishT) *adj.* seen, visible, apparent.

दृष्टांत (drish TAnt) *m.* instance, example, illustration.

दृष्टि (drish Ti) *f.* 1. eyesight, vision; दिव्य ~ divine vision. 2. look; ~ डालना to have a look. 3. view; सभी दृष्टियों से from all points of view; ~ फेरना (i) to turn away one's eye; (ii) to withdraw (one's) favour; ~ बचाना to avoid meeting, to cut (someone) dead; ~ रखना to watch (with interest), to keep under observation; ~ में रखकर keeping in view; ~ होना to have an eye.

दृष्टिकोण (~ koN) *m.* 1. viewpoint, angle of vision. 2. aspect.

दृष्टिक्षेप (~ kshep) *m.* glance.

दृष्टिगत (~ gat) *adj.* viewed, seen.

दृष्टिगोचर (~ go car) *adj.* perceptible, visible.

दृष्टिदोष (~ dosh) *m.* 1. defect in sight. 2. oversight; यह ग़लती ~ के कारण हुई The error was due to or ersight.

दृष्टिपटल (~ pa Tal) *m.* retina.

दृष्टिपात (~ pAt) *m.* glance; ~ करना to cast a glance, to glance.

दृष्टिबिंदु (~ bin du) *m.* viewpoint.

दृष्टिभ्रम (~ bhrám) *m.* optical illusion.

दृष्टिहीन (~ heen) *adj.* sightless, blind.

देखनहारा (de khan hA ṛA) *m.* one who looks after or takes care of.

देखना (dekh nA) *vt.* 1. to see/look/notice; मैंने बहुत देखा है I have seen a lot. 2. to watch; फिर देखें कैसा चमत्कार होता है Then watch what the miracle happens. 3. to look after; मेरे पीछे मेरे बच्चों को ~ Look after my children after my death. 4. to search, to look into; अपने काग़ज़ों में देखो Look into your papers. 5. Be careful! (किसी को) देखकर जलना to feel (mighty) jealous (of someone); मैं देखता ही रह गया (i) I could not help myself looking. (ii) I was wonder-struck.

देखते-देखते in the twinkling of an eye, in a jiffy; देखते ही बनता था It was a sight worth seeing. ~ चाहिए = देखिए let us see; ~ - सुनना due consideration; देख-सुनकर after due consideration; देखा जाएगा We will see. मैं तुम्हें देख लूँगा I will see you.

m. act of seeing; देखने में by outward appearance, aparently, obviously.

देखना-भालना (~ - bhAl nA) *vt.* to look carefully, to look after, to supervise.

देखना-समझना (~ - sam jh nA) *vt.* to explore.

देख-भाल (dekh - bhAl) *f.* care, supervision; ~ करना to look after; देख-भालकर खरीदना to buy with due care and caution.

देख-रेख (~ - rekh) *f.* care, supervision, guidance.

देखा-देखी (de khA - de khee) *f.* 1. nodding acquaintance. 2. blind imitation; फैशन तो ~ में बढ़ता है Fashion spreads by blind imitation.

देखो (de kho) *interj.* look, behold !

देखौवा (de khauwa) *adj.* = दिखौआ।

देग़ (deG) *f.* cauldron, big cooking pot, kettle.

देग़चा (~ cA) *m.* kettle, cooking pot.

देग़ची (~ cee) *f.* small cauldron, small kettle.

देदीप्यमान (de deeppy mAn) *adj.* refulgent, brilliant, resplendent, splendid, glorious.

देन (den) *f.* 1. act of giving. 2. gift; भगवान की ~ gift of God. 3. liability; तुम्हारी पूरी ~ कितनी है ? What are your total liabilities?

देनदार (~ dAr) *m.* debtor.

देनदारी (~ dA ree) *f.* liability, indebtedness.

देन-लेन (~ - len) *m.* 1. banking business. 2. giving and taking.

देनहारा (~ hA rA) *adj.* (one) who gives.

देना (de nA) *vt.* 1. to give, provide, grant or bestow; अवसर ~ to provide opportunities; हवाला ~ to give reference; दे डालना to part (with some-thing). 2. to pay. 3. to confer; उपाधि ~ to confer a title; आराम ~ (i) to give relief; (ii) to provide comfort; कष्ट ~ to trouble/torment/pain; कहला ~ to send word; किवाड़ ~ to latch/close the door; किराए पर ~ to let; कुंडी ~ to bolt the door; ख़र्चा ~ to provide for the expenses; गाली ~ to abuse, to use vituperative language; चपत ~ = चाँटा / थप्पड़ ~ to give a slap, to slap; चुंबन ~ to give a kiss—उस (लड़की) ने उसे (उस लड़के को) चुंबन दिया She gave him a kiss. जान ~ (i) to sacrifice (one's) life; (ii) to be infatuated; टोपी ~ to put on a cap; डाट ~ (i) to cork (a bottle); (ii) to upbraid/scold; ताला ~ to lock, to put on a lock; दाग़ ~ to set fire to a pyre, to cremate; दिखा ~ to show/demonstrate; दिल ~ to give (one's) heart; दुःख ~ to trouble/pain; दूध ~ to yield milk (said of cow etc.); नुक़सान ~ (i) to suffer a loss; (ii) to put to loss; पच्चर ~ to put on a patch; बच्चा ~ to give birth to a child; बैठा ~ to cause to sit down; सफ़ाई ~ to make clarification; समझा ~ to put (someone) wise to the consequences, to persuade effectively; साक्षी ~ to give evidence; सुख ~ to provide comfort; हिसाब ~ to render account.

m. liability.

देना-पावना (~ - pAv nA) *m.* assets and liabilities (in cash).

देना-लेना (~ - le nA) *m.* 1. assets and liabilities (in cash). 2. relation; अब

उन्हें राजनीति से कुछ ~ नहीं Now he has nothing to do with politics.

देय (dey) *adj.* due, payable.

m. dues.

देयता (~ tA) *f.* liability.

देयादेय (de yA dey) *m.* assets and liabilites. [देय +आदेय]

देर (der) *f.* 1. delay; मुझे आज ~ नहीं हुई I am not late today; ~ करना to delay; थोड़ी ~ के लिए for a short time; थोड़ी ~ बाद after some time; बहुत ~ तक for a long while/time; ~ पर देर delaying all the more. 2. time; घर से स्टेशन पहुँचने में कितनी ~ लगती है How long does it take from your house to the station? ~ से (i) late, belatedly; तुम देर से आए You came late. छुट्टी के दिन वह ~ से उठता है He gets up rather late on holidays. (ii) for a long while, for long; मैं ~ से बाट देख रहा हूँ I have been waiting for a long time.

देर-सबेर (~ - sa ber) *adv.* sooner or later.

देरी (de ree) *f.* = देर, delay, tardiness.

देव (dev) *m.* 1. God. 2. deity. 3. giant; ~ का देव giant among giants, gigantic.

देवकथा (~ ka thA) *f.* myth.

देवकन्या (~ kan nyA) *f.* nymph.

देवकीनंदन (~ kee nan dan) *m.* son of Devki, Lord Krishna.

देवगण (~ gaN) *m.* 1. pantheon. 2. assistants of gods.

देवगृह (~ grih) *m.* abode/residence of a deity, temple.

देवता (~ tA) *m.* deity. [Fem. देवी]

देवतुल्य (~ tully) *adj.* godlike, deific, godliness.

देवत्व (de vattw) *m.* divinity, godliness; ~ प्राप्त deified; ~ प्राप्ति deification.

देवदार (dev dAr) *m.* cedar.

देवदासी (~ dA see) *f.* 1. dancing girl. 2. harlot, prostitute.

देवदूत (~ doot) *m.* messenger of gods, angel.

देवनागरी (~ nAg ree) *f.* original name of Nagari alphabet.

देवबाला (~ bA lA) *f.* celestial damsel, nymph.

देवभाषा (~ bhA shA) *f.* language of gods, Sanskrit.

देवयान (~ yAn) *m.* celestial plane/vehicle.

देवयोनि (~ yo ni) *f.* divine form of life.

देवर (de var) *m.* husband's younger brother. [Fem. देवरानी]

देवराज (dev rAj) *m.* king of gods, Lord Indra.

देवरानी (~ rA nee) *f.* wife of देवर।

देवलोक (~ lok) *m.* abode of gods, heaven, paradise.

देववाणी (~ va nee) *f.* 1. oracle. 2. tongue of gods, Sanskrit.

देववाद (~ vAd) *m.* belief in the gods.

देवस्थान (de vas thAn) *m.* residence/abode of gods, temple.

देवांगना (de vAṅ ga nA) *f.* wife of a deity or celestial damsel.

देवाल (de vAl) *m.* giver, one who pays; (यहाँ) कोई ~ नहीं है (here) Nobody has a mind to pay.

देवालय (de vA lay) *m.* seat of a deity, temple.

देवी (de vee) *f.* fem. of देवता ; 1. goddess. 2. lady.

देवोत्थान (de vot thAn) *m.* the eleverth day of the bright fortnight of the month of Kartik when Lord Vishu is supposed to be awakened.

देवोद्यान (de vod dyAn) *m.* celestial garden.

देवोपासना (de vo pAs nA) *f.* worship of gods.

देश (desh) *m.* 1. country. 2. region. 3. space; ~ - काल space and time, space-time.

देशज (de shaj) *adj.* indigenous, native.

देश-दर्शन (desh - dar shan) *m.* seeing/roving/touring the country.

देशद्रोह (~ droh) *m.* sedition, treason.

देशद्रोहपूर्ण (~ poorN) *adj.* seditious, treasonable.

देशद्रोही (desh dro hee) *m.* traitor to the country, fifth columnist.

देशधर्म (~ dharm) *m.* (i) religion of the country; (ii) public conduct/practices prevalent in the country.

देश-निकाला (~ - ni kA lA) *m.* exile, transportation; ~ करना / देना to exile/banish.

देशप्रेम (~ prem) *m.* love of one's own country, patriotism.

देशप्रेमी (~ pre mee) *adj.* patriotic. *m.* patriot.

देशभक्त (~ bhakt) *m.* patriot.

देशभक्ति (~ bhak ti) *f.* patriotism.

देशभक्तिपूर्ण (~ poorN) *adj.* patriotic.

देशभाषा (~ bhA shA) *f.* language of the country.

देशवासी (~ vA see) *m.* inhabitant of (one's) country, fellow countryman.

देश-विदेश (~ - vi desh) *m.* (plu.) 1. native and foreign lands. 2. different countries; ~ की बोलियाँ languages of different countries.

देश-विभाजन (~ - vi bhA jan) *m.* partition of the country.

देशांतर (de shAn tar) *m.* 1. longitude. 2. foreign/other country; देश - ~ different countries.

देशाचार (de shA cAr) *m.* tradition of the land, native custom/practice.

देशाटन (de shA tan) *m.* travel/wandering round the country.

देशिक (de shik) *adj.* confined/pertaining to the country, internal.

देशी (de shee) *adj.* native, indigenous.

देशीय (de sheey) *adj.* = देशी।

देश्य (deshshy) *adj.* = देशी।

देस (des) *m.* = देश, country.

देसावर (de sA var) *m.* 1. foreign country. 2. place from which goods are sent for.

देसावरी (de sA va ree) *adj.* pertaining to देसावर, foreign.

देसी (de see) *adj.* native, indigenous; ~ बोली native language.

देह (deh) *f.* body; ~ को लगना to (go to) nourish the body; ~ चुराना to conceal (one's charming) bodily parts (said of a woman); ~ छूटना—उसकी ~ छूट गई His bodily existence has come to an end. ~ छोड़ना to leave the body, die; ~ टूटना—मेरी ~ टूट रही है My body is showing signs of strain/fatigue/exhaustion/fever. ~ ढकना to cover the body; ~ ढलना decline of the body; ~ देना to bestow a body; ईश्वर ने हमें मानव ~ दी है God has bestowed a human body upon us. ~ धरना to acquire a physical body; ~ धारण करना to adopt a (human) body; ~ बिसारना to become oblivious of the human body; ~ लेना = ~ धरना; ~ में आग लगना—उसकी देह में आग लगी हुई है (i) His body is finding the heat unbearable; (ii) He is in a rage.

देहकर्मी (~ kar mee) *m.* sex-worker.

देहत्याग (~ tyAg) *m.* end of the physical existence, death.

देहधर्म (~ dharm) *m.* physical functions of the body.

देहधारी (~ dhA ree) *m.* possessing a body, corporeal.

देहरी (~ ree) *f.* = देहली।

देहली (~ lee) *f.* threshold.

देह-व्यापार (~ - VYA PAR) *m.* act of offering oneself for sex in return for money, prostitution.

देहांत (de HAnt) *m.* 1. demise, death. 2. expiry.

देहात (de HAT) *m.* village, country.

देहातिन (de HA tin) *f.* fem. of देहाती (woman) villager.

देहाती (de HA tee) *adj.* 1. of a village; ~ जीवन village life; ~ जलवायु country climate. 2. rustic, rural; ~ रंग-ढंग rustic ways; ~ वातावरण rural atmosphere.
m. 1. villager. [Fem. देहातिन] 2. bumpkin.

देहात्म (de HAtm) *m.* body and soul.

देहात्मवाद (~ VAd) *m.* materialism.

देहात्मवादी (~ VA dee) *adj.* materialistic.
m. materialist.

देहावसान (de HAV SAN) *m.* demise, death.

दैत्य (daitty) *m.* demon, giant.

दैत्याकार (dait tyA KAR) *adj.* demon-like, huge, gigantic, colossal.

दैनिक (dai nik) *adj.* daily; ~ जीवन daily life; ~ पत्र daily newspaper.
m. a newspaper published every day.

दैनिकी (~ ni kee) *f.* diary.

दैन्य (dainny) *m.* 1. poverty, pauperism. 2. humility.

दैया (dai YA) *f.* destiny, fate; ~ रे दैया Oh God! Gosh!

दैव (daiv) *adj.* pertaining to देवता।
m. fate, destiny.

दैवकृत (~ krit) *adj.* providential.

दैवगति (~ ga ti) *f.* course of events as ordained by destiny, providence; ~ न्यारी है Inscrutable are the ways of destiny.

दैवज्ञ (dai vaggy) *m.* fortune-teller, astrologer, diviner.

दैवयोग (daiv yog) *m.* chance, contingency; ~ से by chance, accidentally.

दैववश (~ vash) *adv.* = दैवात्।

दैवात् (dai VAt) *adv.* by chance, accidentally.

दैवी (~ vee) *adj.* 1. pertaining to gods, godly; ~ गुण godly qualities. 2. divine, celestial; ~ लीला divine play; ~ विपत्ति bolt from the blue, disaster, calamity; ~ संपत्ति divine attainments.

दैहिक (~ hik) *adj.* physical, bodily. corporeal.

दैहिकी (~ hi kee) *f.* Physiology.

दो (do) *adj.* 1. two. 2. ~ एक just a few, one or two; ~ और दो चार होते हैं Two and two make four. ~ की चार सुनाना to pay back with interest; ~ कौड़ी का insignificant, trivial, worthless; ~ - चार a few; ~ चार दिन का मेहमान at death's door; ~ टूक जवाब pointblank reply; ~ दिन का short-lived, transitory fleeting, momentary; ~ दिन की बात है (i) It is a matter of a few days; (ii) It happened only the other day. ~ -दो करके in twos; ~ -दो हाथ होना trial of strength; ~ नावों पर पैर रखना to risk riding two boats at a time; ~ रोटी कमाना to procure the wherewithal, to earn a livelihood; ~ शब्द a few words; ~ शब्द कहना to say a few words; ~ ही a few; यह विनाश दो ही दिन पहले हुआ है The disaster occurred only a couple of days back.

दोअन्नी (do an nee) *f.* a two-anna coin (old currency.)

दोग़ला (doG lA) *adj.* 1. cross-breed,, born out of wedlock, illegitimate. 2. not pure, mixed, bastard; दोग़ली भाषा bastard language. 3. two-faced.
m. bastard.

दोग़लापन (~ pan) *m.* state or quality of being दोग़ला।

दोचित्ता (do cit tA) *adj.* wavering, with a divided mind.

दोज़ख़ (do zaKh) *m.* hell.

दोज़ख़ी (do za Khee) *adj.* of or like hell, hellish.

दोटूक (~ took) *adv.* clearly and definitely, categorically.

adj. categorical, clear and definite.

दोतरफ़ा (do tar FA) *adj.* = दुतरफ़ा।

दोतल्ला (do tal lA) *adj.* = दुतल्ला।

दो दिला (do di lA) *adj.* having two minds, of a divided mind.

दोनली (do na lee) *adj.* double-barrelled.

दोना (do nA) *m.* leaf-cup, leaf-bowl; दोने चाटना to be given to relishing market dishes.

दोनों (do nõ) *pron.* the two, both; इन ~ में से कोई पसंद है ? Do you like either of these ? ~ के दोनों all the two, both of them.

दोनो (do no) *adj.* of two things, persons etc., both; ~ वक़्त both times; ~ वक़्त मिलना—अब ~ वक़्त मिलते हैं It is getting dusk, It is eventide. ~ हाथ लड्डू होना—तुम्हारे ~ हाथ लड्डू हैं You do very well either way. ~ हाथों में लुटाना to burn the candle at both the ends.

दोपट्टा (do paT TA) *m.* = दुपट्टा।

दोपहर (do pa har) *m.* = दुपहर।

दोपहरी (do pah ree) *f.* = दुपहर।

दोबारा (do bA rA) *adv.* = दुबारा, second time.

दोमट (do maT) *m.* loam.

दोमुँहा (do mũ hA) *adj.* two-mouthed, having two mouths, deceitful.

दोयम (do yam) *adj.* 1. second-rate. 2. second (in serial order or merit); ~ दर्जे का second-class.

दोरंगा (do ran gA) *adj.* 1. of two colours. 2. double-dealing; दोरंगी चाल double game.

दोरसा (do ra sA) *adj.* having two kinds of flavour or taste.

दोरुख़ा (do ru KhA) *adj.* = दुरुख़ा (double-faced).

दोलक (do lak) *m.* pendulum.

दोलन (do lan) *vi.* oscillation.

दोलायमान (do lAy mAn) *adj.* 1. oscillating, oscillatory. 2. wavering, swinging.

दो शब्द (do shabd) *m.* few words spoken or written about someone or something.

दोष (dosh) *m.* 1. harm, blemish, defect, flaw; इस नियम में कोई ~ नहीं There is no flaw in this rule. 2. fault; ~ मेरा है (It is) my fault ! 3. charge, blame; ~ मढ़ना—to level false accusation or to level a charge. 4. guilt; ~ मेरा है I am guilty, I plead guilty.

दोषमुक्त (~ mukt) *adj.* guiltless; ~ करना/कर देना to absolve/acquit.

दोषयुक्त (~ yukt) *adj.* defective, faulty.

दोषारोप (do shA rop) *m.* charge, blame; ~ करना to charge. [दोष + आरोप]

दोषारोपण (do shA ro paN) *m.* accusation, allegation, charging, blaming; ~ करना to accuse/blame.

दोषी (do shee) *adj.* 1. at fault; ~ तो मैं हूँ The guilt is mine. 2. guilty, culprit.

m. culprit.

दोसाला (do sA lA) *adj.* biennial.

दोसूती (do soo tee) *adj.* = दुसूती।

दोस्त (dost) *m.* friend, intimate companion.

दोस्ताना (dos tA nA) *adj.* (ind.) friendly; ~ मैच friendly match; ~ तौर पर in a friendly way.

m. friendship, friendliness.

दोस्ती (dos tee) *f.* friendship, friendliness; ~ निभाना to maintain friendly ties; उनमें गहरी ~ है They are good chums.

दोहन (do han) *vt.* 1. milking. 2. exploitation.

दोहरा (do ha RA) *adj.* having two folds, double; ~ बदन fatty/plump body; ~ हो जाना—वह हँसते-हँसते ~ हो गया He rolled with laughter. दोहरी बात equivocal/ambiguous utterance.

दोहराना (doh RA NA) *vi.* 1. to make (something) two-fold. 2. to revise, to recapitulate. 3. to repeat/reiterate.

दोहराव (do ha RAV) *m.* 1. revision. 2. repetition.

दोहा (do hA) *m.* couplet.

दोहाई (do hA ee) *f.* = दुहाई।

दौंचना (daũc NA) *vt.* 1. to crush/pound. 2. to thrash/beat.

दौड़ (dauR) *f.* 1. footrace, race; घुड़ ~ horserace. 2. run; (i) वह पहली ही ~ में हार गया He lost in the very first run; (ii) उसने दस दौड़ें बनाईं He made ten runs. ~ मारना / लगाना to make a dash, to run up.

दौड़-धूप (~ - dhoop) *f.* bustle, hectic activity; हर आदमी ~ कर रहा था Everybody was bustling about.

दौड़ना (~ NA) *vt.* 1. to run. 2. to rush, to run about; वह उनके यहाँ दौड़-दौड़कर जाता था He ran up to him, time and again.

दौड़-भाग (~ - bhAg) *f.* hurried activity, hustle; ~ का काम work involving extensive walking, legwork.

दौड़ादौड़ी (dau RA dau Ree) *f.* hurry and scurry.

दौड़ाना (~ RA NA) *vt.* 1. to cause to run, to make (someone) run. 2. to despatch on errand.

दौर (daur) *m.* 1. cycle of times, wheel of fortune, turn in life. 2. stage, phase; मेरे लिए वह कठिन ~ था I was passing through a difficult phase. 3. course (wine); ~ पर दौर चल रहा था They were having round after round. ~ दौरा dominance, commanding influence, sway.

दौरा (dau RA) *m.* 1. tour; दौरे पर जाना to go on a (routine) tour. 2. paroxysm, fit (of swoon etc.). 3. a large basket. [Fem. दौरी] 4. session (s); ~ जज session judge; ~ सुपुर्द करना to commit to sessions.

दौरान (~ RAN) *m.* duration, period; इस ~ meanwhile, during this period; के ~ during, throughout the period of time, in-between; छुट्टियों के ~ during the vacation.

दौरी (~ ree) *f.* small basket.

दौर्बल्य (daur bally) *m.* weakness, debility.

दौलत (dau lat) *f.* wealth, riches; ~ लुटाना to squander away money; धन - ~ wealth and property, pelf.

दौलतख़ाना (~ KhA NA) *m.* residence (euphemistic).

दौलतमंद (~ mand) *adj.* rich, wealthy.

दौहित्र (dau hittr) *m.* daughter's son. [Fem. दौहित्री]

द्युति (dyu ti) *f.* light, lustre, glow, radiance, brilliance, splendour.

द्युतिमान (~ mAN) *adj.* radiant, lustrous, brilliant.

द्युत (dyoot) *m.* gambling.

द्यूतक्रीड़ा (~ kree RA) *f.* gambling (as a sport).

द्यूतवृत्ति (~ vrit ti) *f.* gambling (as a vocation), habitual gambling.

द्योतक (dyo tak) *adj.* indicative, illustrative, exemplifying, depicting, explaining.

द्योतन (~ tan) *m.* indication, illustration, revelation, exemplification, manifestation.

द्योतित (~ tit) *pp.* 1. indicated, illustrated. 2. illuminated, lighted.

द्रव (drav) *adj.* & *m.* liquid, fluid.

द्रवण (dra vaN) *m.* melting.

द्रवणशील (~ sheel) *adj.* prone to liquefy, liquefiable.

द्रवणीय (drav Neey) *adj.* liquefiable.

द्रवता (drav tA) *f.* liquidity, fluidity.

द्रविड़ (dra viR) *m.* 1. Dravid, a region in South India. 2. an inhabitant of the region, a Dravidian.

द्रवित (~ vit) *pp.* 1. melted. 2. moved (by emotion); ~ हो जाना to relent.

द्रवीभूत (~ vee bhoot) *pp.* 1. melted. 2. moved (by emotion).

द्रव्य (dravvy) *m.* 1. matter, substance. 2. money. 3. wealth; ~ संचय accumulation of wealth.

द्रव्यमय (~ may) *adj.* material, substantial.

द्रव्यमान (~ mAn) *m.* mass.

द्रष्टव्य (drash tavvy) *adj.* 1. worth seeing. 2. worth taking a note of, notable, worth consulting.

द्रष्टा (~ tA) *m.* 1. spectator, seer, looker-on. 2. sage, visionist.

द्राक्ष-शर्करा (drAksh - shar ka rA) *f.* glucose.

द्राक्षा (drAk shA) *f.* grape.

द्रावक (drA vak) *adj.* liquefying.
m. thinner.

द्राविड़ (~ viR) *adj.* = द्रविड़ of or pertaining to the Dravid.

द्राविड़ी (~ vi Ree) *adj.* = द्रविड़ ।

द्रुत (drut) *adj.* fast, swift, quick, rapid.

द्रुतगति (~ ga ti) *adj.* fast moving, swift.

द्रुतगामी (~ gA mee) *adj.* going fast, swift.

द्रुम (drum) *m.* tree.

द्रोण (droN) *m.* a renownedarcher(Acharya) and instructor of Kauravas and Pandavas as per Hindu mythology.

द्रोणी (dro Nee) *f.* trough, basin.

द्रोह (droh) *m.* rebellion, revolt, hostility, spite, malevolence.

द्रोही (dro hee) *adj.* rebellious, revolting, hostile.

द्वंद्व (dwandw) *m.* 1. duel; ~ युद्ध duel. 2. struggle, conflict. 3. hubbub, hullabaloo, uproar. 4. quarrel.

द्वंद्वी (dwan dwee) *adj.* prone to quarrel, quarrelsome, troublesome.

द्वय (dway) *adj.* two.
m. couple, pair.

द्वादश (dwA dash) *adj.* twelve.
m. the number twelve, 12.

द्वादशी (~ da shee) *f.* twelfth day of each half of a lunar month.

द्वापर (~ par) *m.* the third era of Hindu mythology.

द्वार (dwAr) *m.* 1. door, gate; ~ खुलना— ~ खुला है The door is open. ~ खुला रखना to keep or leave the door open; ~ खोलना to open the door; ~ बंद करना to shut the door. 2. entrance. 3. opening, outlet. 4. means; रुपया कमाने का ~ means of earning money.

द्वारचार (~ cAr) *m.* ceremony performed at the door of the bride when the marriage party arrives.

द्वारपाल (~ pAl) *m.* doorkeeper, warder, guard, doorman, gatekeeper.

द्वारा, के (ke dwA rA) *postposition.* by, through, through the agency of.

द्वि (dwi) *pref.* two.

द्विगु (~ gu) *m.* owner of two cows.

द्विगुण (dwi guN) *adj.* double, two-fold.

द्विज (dwij) *adj.* twice-born.
m. 1. one born of an egg. 2. bird. 3. one belonging to the Brahman, Kshatriya or Vaishya caste.

द्वितंत्र (dwi tantr) *m.* diarchy.

द्वितीय (~ teey) *adj.* second; ~ श्रेणी second class.

द्वितीयक (~ tee yak) *adj.* second, duplicate.

द्वितीया (~ tee yA) *f.* 1. second day of each half of a lunar month. 2. accusative case. (Gram.)

द्वित्व (dvittw) *m.* 1. duplication. 2. duplication of a consonant in a word. 3. repetition.

द्विदृष्टि (dwi drish Ti) *f.* double vision.

द्विधा (~ dhA) *adv.* 1. in two ways. 2. in two parts.

द्विधार्थकता (~ dhAr thak tA) *f.* equivocation, ambiguity.

द्विपक्षी (~ pak shee) *adj.* = द्विपक्षीय।

द्विपक्षीय (~ pak sheey) *adj.* bilateral, bipartite.

द्विपद (~ pad) *adj.* 1. having two feet, *e.g.*, a human being. 2. comprising two words, compound word. 3. (Maths.) binomial.

द्विपदी (~ pa dee) *f.* couplet.

द्विभाजन (~ bhA jan) *m.* dividing into two equal parts, bisection.

द्विभाषी (~ bhA shee) *adj.* having or using two languages, bilingual; ~ कोश bilingual dictionary; ~ राज्य bilingual state.

द्विरागमन (~ rA ga man) *m.* coming (of a bride to her husband's house) second time after marriage, see गौना।

द्विरुक्त (~ rukt) *adj.* repeated, mentioned twice, reiterated.

द्विरुक्ति (~ ruk ti) *f.* repetition, reiteration.

द्विलिंगी (~ lin gee) *adj.* hermaphrodite, bisexual.

द्विवार्षिक (~ vAr shik) *adj.* biennial.

द्विविध (~ vidh) *adj.* of two kinds.
adv. in two ways.

द्विविम (~ vim) *adj.* two-dimensional.

द्विविवाह (~ vi vAh) *m.* bigamy.

द्विशताब्दी (~ sha Tab dee) *f.* bicentenary.

द्विसदनात्मक (~ sad nat mAk) *adj.* bicameral. [द्विसदन+आत्मक]

द्विसदनी (~ sad nee) *adj.* = द्विसदनात्मक bicameral.

द्वीप (dweep) *m.* island.

द्वीपपुंज (~ punj) *m.* archipelago.

द्वीपसमूह (~ sa mooh) *m.* a group of many islands, archipelago.

द्वीपी (dwee pee) *adj.* 1. insular. 2. living in an island.
m. tiger.

द्वीपीय (~ peey) *adj.* pertaining to an island, insular.

द्वेष (dwesh) *m.* ill-will, malice, animosity, rancorous feeling.

द्वेषपूर्ण (~ poorN) *adj.* malicious.

द्वेषवश (~ vash) *adv.* out of malice; उसने ~ ही यह काम किया He did it only out of malice.

द्वेषी (dwe shee) *adj.* filled with ill-will, malicious, inimical, hostile.

द्वैत (dwait) *m.* dualism, duality.

द्वैतवाद (~ vAd) *m.* dualism, duality.

द्वैतवादी (~ vA dee) *adj.* dualistic.
m. dualist.

द्वैध् (dwaidh) *m.* 1. distinction between two things. 2. double-dealing.

द्वैध शासन (~ shA san) *m.* government vested is two supreme rulers, diarchy.

द्वैवार्षिक (dwai vAr shik) *adj.* biennial.

ध

ध (dha) *m.* fourth of the dental pentad of consonants of the Nagari alphabet; aspirated form of द।

धंधा (dhan dhA) *m.* 1. profession, vocation. 2. occupation, employment; धंधे की बात shoptalk; धंधे से लगना to be employed. 3. prostitution; ~ करना to act as a prostitue.

धँसना (dhãs nA) *vi.* 1. to get thrust/stuck into, to penetrate into; पैर में काँटा ~ sticking of a thorn into the foot. 2. to subside/sink; ज़मीन ~ subsidence of the earth; कोई बात तुम्हारे मन में धँसती नहीं Nothing goes home into your mind.

धँसान (dhã SAN) *f.* 1. sinking/subsidence of land. 2. immersion (of a statue).

धँसाना (~ SA nA) *vt.* to thrust into.

धँसाव (~ SAW) *m.* 1. = धँसान। 2. pit.

धक (dhak) *f.* (ono.) palpitation; ~ से रह जाना to be wonderstruck/awestruck, to be almost paralysed; जी ~ - धक करना fast palpitation of the heart.

धकापेल (dha KA pel) *f.* pell-mell, jostling; ~ मचाना to create a pell-mell.

धकियाना (~ ki yA nA) *vt.* = धकेलना।

धकेलना (~ kel nA) *vt.* to push (down), to shove; धकेल देना to push out/in.

धक्कमधक्का (dhak kam dhak KA) *m.* shoving and pushing, jostling.

धक्का (~ KA) *m.* 1. push, shove. 2. impact, shock. 3. setback; ~ देना/-मारना to push, to give a push; ~ लगना (i) to receive a push; (ii) to receive a shock; (iii) to receive a setback; ~ सहना to bear a shock; धक्के खाना to be pushed about, to be shoved about.

धक्काड़ (~ KAR) *adj.* prolific; ~ लेखक prolific writer.

धक्का-मुक्की (~ ka - muk kee) *f.* pushing and jostling, elbowing and shoving.

धगड़ा (dhag RA) *m.* paramour. (pej.)

धगड़ी (~ Ree) *f.* paramour (woman).

धचका (dhac KA) *m.* jerk.

धज (dhaj) *f.* outward appearance, mien; ~ बना रखना to put on a queer guise.

धज्जी (~ jee) *f.* shred, smithereen, lath; धज्जियाँ उड़ाना (i) to tear to shreds, to reduce to smithereens; (ii) to beat severely.

धड़ (dhaR) *m.* the main part of the human body apart from the head, trunk; ~ से सिर अलग करना to chop off the head. *adv.* ~ से instantaneously, hurriedly.

धड़क (dha Rak) *f.* fright (as on the stage), shyness; ~ खुलना to shake off the fright; बे ~ fearlessly, without hesitation, intrepidly.

धड़कन (dhaR kan) *f.* palpitation, throbbing, pulsation.

धड़कना (dha Rak nA) *vi.* to palpitate/throb/flutter; उसका दिल तेज़ी से धड़कने लगा His heart began to beat faster.

धड़का (dhaR KA) *m.* 1. palpitation of the heart. 2. apprehension; ~ खुल जाना—उसका धड़का खुल गया He shoved off his fear. 3. scarecrow.

धड़धड़ (~ dhaR) *f.* thudding sound. *adv.* with a thudding sound.

धड़धड़ाना (~ dha RA nA) *vt.* 1. to do something with a thudding sound. 2. to do something all of a sudden; धड़धड़ाते हुए all of a sudden, without hitch, and with a thudding sound.

धड़ल्ला (dha Ral lA) *m.* thudding sound; धड़ल्ले से—(i) वह धड़ल्ले से बोला He spoke dauntlessly and fluently; He spoke with more confidence. (ii) बरात धड़ल्ले से निकली The marriage procession went out with pomp and show. (iii) पुस्तक धड़ल्ले से बिक रही है The book is selling like hot cakes. (iv) फ़िल्म धड़ल्ले से चल रही है The film is having a good run/The film is attracting/drawing huge crowds.

धड़ा (~ RA) *m.* 1. a substitute for a weight. 2. balancing substance; ~ करना / बाँधना to find a substitute for a weight; ~ उठाना to assess the weight.

धड़ाका (~ RA KA) *m.* 1. bang, crash. 2. explosion; धड़ाके से with a loud report/bang.

धड़ाधड़ (~ RA dhaR) *adv.* in quick succession; पानी ~ बरस रहा है Rain is pouring/There is a downpour of rain. (पेड़ से) आम ~ गिर रहे हैं Mangoes are falling incessantly.

धड़ाबंदी (dha rA ban dee) *f.* = धड़ेबंदी।

धड़ाम (~ RAm) *m.* banging sound, thud; ~ से suddenly, and with a bang/flop.

धड़ी (~ Ree) *f.* 1. a weight of five seers, roughly equal to 4½ kg. 2. mark of any substance used for the beautification of lips.

धड़ेबंदी (~ Re ban dee) *f.* arraying armies for a show-down.

धत, धत् (dhat) *interj.* pooh! pooh! ~ तेरे की What a shame!

धता (dha tA) *m.* shunting off; ~ करना / बताना to shunt off/tell off.

धतूरा (~ too rA) *m.* thorn-apple; ~ खाए फिरना to go about as if intoxicated.

धधक (~ dhak) *f.* blaze; ~ उठना to blaze up, to flare up.

धधकना (~ dhak nA) *vi.* to blaze/flare up.

धनंजय (~ nan jay) *m.* Arjun (Mahabharat).

धन (dhan) *m.* 1. money, wealth, riches; मुख्य समस्या है ~ की कमी Lack of money is the main problem. ~ कमाना to earn money; ~ गँवाना to lose money; ~ फेंकना to spend one's money in a careless way; ~ बरसना to have a windfall of money; ~ लगाना to invest in an enterprise; ~ लुटाना to squander away money; मूल ~ principal. 2. property.

धनकुबेर (~ ku ber) *m.* multi-millionaire.

धनचिह्न (~ cihn) *m.* plus sign (+).

धन-जन (~ - jan) *m.* life and property; ~ की हानि loss of life and property.

धन-तेरस (~ - te ras) *f.* thirteenth day of the dark half of the Kartik month of the Hindu calendar, dedicated to Lakshmi, the goddess of wealth.

धन-दौलत (~ - dau lat) *f.* wealth, pelf, money and possessions.

धनधान्य (~ dhAnny) *m.* wealth and plenty, affluence, prosperity.

धन-पक्ष (~ - paksh) *m.* credit side.

धनपति (~ pa ti) *m.* god of wealth.

धनपत्र (~ patr) *m.* paper-money/currency.

धन-पिशाच (~ pi shAc) *adj.* extremely stingy, over-greedy.

धनमद (~ mad) *m.* intoxication/pride of wealth.

धनराशि (~ rA shi) *f.* sum, amount.

धनलोलुप (~ lo lup) *adj.* greedy, avaricious.

धनलोलुपता (~ lo lup tA) *f.* an excessive desire for wealth, greed, avarice.

धनवंत (~ vant) *adj.* rich, wealthy, moneyed/monied.

धनवान, धनवान् (~ vAn) *adj.* rich, wealthy, made of money, moneyed; तुम जानते हो कि मैं ~ नहीं हूँ I am not made of money, you know.

धन-विधेयक (~ vi dhe yak) *m.* money-bill.

धन-संपत्ति (~ sam pat ti) *f.* wealth, money and possessions.

धनहीन (~ heen) *adj.* poor, moneyless.

धनाढ्य (dha nADDhy) *adj.* rich, wealthy, moneyed.

धनात्मक (~ nAt mak) *adj.* 1. positive (as an electric charge). 2. plus.

धनादेश (~ nA desh) *m.* money order. [धन + आदेश]

धनाना (~ nA nA) *vi.* (cow, etc.) to get sired. *vt.* to cause to get (cow, etc.) sired.

धनिक (~ nik) *adj.* rich, wealthy, moneyed.

धनिकतंत्र (~ tantr) *m.* plutocracy.

धनिया (dha ni yA) *m.* coriander seed.

धनी (~ nee) *adj.* rich, wealthy, moneyed, well-to-do; ~ वर्ग haves, rich class; क़लम का ~ one who wields an effective pen; बात का ~ one who is true to his word.

धनी-मानी (~ mA nee) *adj.* rich and respected, prosperous.

धनु (dha nu) *m.* 1. bow. 2. ninth sign of the zodiac.

धनुर्धारी (~ nur dha ree) *adj & m.* skilled in archery, bowman.

धनुर्वात (~ nur vAt) *m.* tetanus.

धनुर्विद्या (~ nur vid dyA) *f.* archery.

धनुष (~ nush) *m.* bow, arch.

धनुष-टंकार (~ - tan kAr) *m.* 1. twang of a bow-string. 2. tetanus.

धनेश (dha nesh) *m.* 1. kuber, Lord of wealth. 2. Lord Vishnu, the preserver.

धन्ना सेठ (dhan na seTh) *m.* moneyed/wealthy man; बड़ा आया है ~ What a money-proud man?

धन्य (dhanny) *adj.* blessed, blissful; आप ~ हैं You are blessed.

धन्यवाद (~ vAd) *m.* an expression of thanks, thank-you; क्या तुमने अपने मित्र को ~ कहा Have you said your thank-you to your friend.

धन्यवाद-प्रकाशन (~ pra kA shan) *m.* the expression of gratitude.

धन्वंतरि (dhan van ta ri) *m.* 1. mythological physician of the Hindu Gods. 2. founder of Ayurveda.

धन्वा (~ nwA) *m.* bow.

धन्वी (~ nwee) *adj. & m.* 1. bowman, archer. 2. skilled/clever in archery.

धप (dhap) *f.* light thud.

धब्बा (dhab bA) *m.* 1. stain, spot; ख़ून का ~ bloodstain; स्याही का ~ spot of ink. 2. blemish; slur, blot; ~ लगना/लग जाना to be blemished/tarnished/slurred/stigmatised.

धम (dham) *f.* bang, thud ~ से with a bang/flop.

धमक (dha mak) *f.* (ono.) thudding/thumping sound.

धमकना (~ nA) *vi.* 1. thumping. 2. to have a shooting pain; आ ~ to arrive all of a sudden; जा ~ to reach all of a sudden.

धमकाना (dham kA nA) *vt.* to intimidate/threaten; धमकाते हुए threateningly.

धमकी (~ kee) *f.* intimidation, threat; ~ देना to threaten; जान से मार देने की ~

देना to threaten to kill; ~ में आना to be brow-beaten.

धमधमाना (~ dha MA NA) *vt.* to bang, to produce a thumping sound repeatedly.

धमन (dha man) *m.* 1. pumping of air. 2. bellows.

धमन-भट्ठी (~ - bhaT Thee) *f.* blast furnace.

धमनिका (dha ma ni KA) *f.* = धमनी।

धमनी (dham nee) *f.* artery.

धमाका (dha MA KA) *m.* 1. loud bang/report. 2. blast.

धमाचौकड़ी (~ chauk Ree) *f.* furore, frisk, gambols; बच्चे चारो तरफ़ ~ मचा रहे थे The children were gambolling around.

धमाधम (~ dham) *adv.* 1. (ono.) with a thumping sound. 2. in quick succession.

धर (dhar) *adj.* (one) who holds/supports; *e.g.* जलधर, गिरिधर।

धरण (dha raN) *m.* beam.

धरणि (dhara Ni) *f.* = धरणी।

धरणी (dhar Nee) *f.* earth.

धरणीधर (~ dhar) *m.* Shesh Nag, the mythological king of snakes who upholds the earth on his thousand hoods.

धरता (dhar tA) *adj.* one who holds; करता-~ all in all.

धरती (~ tee) *f.* earth.

धरना (~ nA) *vt.* to place; धर दबोचना to pounce upon and overpower; धरा रह जाना—यहाँ सब कुछ धरा रह जाएगा All will be left over here. उसकी योग्यता धरी रह गई His ability was of no avail. धरे रहना to hoard, to keep in reserve/stock.
m. sitdown strike, picketing; ~ देना to picket.

धरनी (~ nee) *f.* beam.

धर-पकड़ (~ - pa kaR) *f.* rounding up, arrest.

धरमी (~ mee) *adj.* 1. religious. 2. pertaining to religion.

धरवाना (~ VA NA) *vt.* = धराना।

धरहरा (dha rah rA) *m.* minaret.

धरा (~ rA) *f.* earth. (poetic)

धराऊ (~ rA oo) *adj.* 1. old, kept for a long time (goods). 2. kept only to be used on special occasion.

धरातल (~ rA tal) *m.* 1. surface. 2. earth.

धरातलीय (~ rA ta leey) *adj.* superficial.

धराधर (~ rA dhar) *m.* = धरणीधर।

धराधिप (~ rA dhip) *m.* king, ruler.

धराधीश (~ rA dheesh) *m.* king, ruler.

धराना (~ rA nA) *vt.* to knock out (something out of someone).

धराशायी (~ rA shA yee) *adj.* 1. floored, fallen flat; ~ करना to floor. 2. razed to the ground.

धरित्री (~ rit tri) *f.* = धरती।

धरेला (~ re lA) *m.* keep (man). [Fem. धरेली]

धरेली (~ re lee) *f.* concubine, kept woman, mistress.

धरोहर (~ ro har) *m.* 1. anything given or kept in trust. 2. pledge.

धर्म (dharm) *m.* 1. duty. 2. function, intrinsic quality or property. 3. religion; ~ से (i) in a religious way; (ii) exactly.

धर्म-कर्म (~ - karm) *m.* religious or virtuous acts/conduct.

धर्मकाँटा (~ - kÃ TA) *m.* universally accepted standard balance, sacrosanct balance.

धर्मक्षेत्र (~ kshetr) *m.* Kurukshetra (place where Mahabharat was fought).

धर्मखाता (~ khA tA) *m.* charity (account).

धर्मगुरु (~ guru) *m.* religious preceptor, priest.

धर्मग्रंथ (~ granth) *m.* religious/sacred book, holy scripture.

धर्मच्युत (~ cyut) *adj.* fallen (in the religious or moral sense), deviated from duty.

धर्मज्ञ (dhar maggy) *adj.* well-versed in the principles of religion.

धर्मतंत्र (dharm tantr) *m.* hierarchy, theocracy.

धर्मदर्शन (~ dar shan) *m.* philosophy of religion, theology.

धर्म-धक्का (~ - dhak KA) *m.* suffering caused by following the path of religion.

धर्मध्वज (~ dhwaj) *adj.* = धर्मध्वजी।

धर्मध्वजी (~ dhwa jee) *adj.* hypocrite.

धर्मनिरपेक्ष (~ ni ra peksh) *adj.* secular; ~ व्यक्ति secularist; ~ राज्य secular state.

धर्मनिरपेक्षता (~ tA) *f.* secularism.

धर्मनिष्ठ (dharm nishTh) *adj.* pious, devout, virtuous.

धर्मनिष्ठा (~ nish ThA) *f.* religious faith, devoutness.

धर्मपत्नी (~ pat nee) *f.* wife (legally married).

धर्मपरायण (~ pa rA yaN) *adj.* 1. deeply religious, devoted to religious observances, religious minded. 2. guided by a true sense of duty, conscientious.

धर्मपरायणता (~ tA) *f.* religiousness, devoutness.

धर्म-परिवर्तक (~ - pa ri var tak) *m.* convert.

धर्म-परिवर्तन (~ - pa ri var tan) *m.* (religious) conversion.

धर्मपिता (~ pi tA) *m.* godfather.

धर्मपुत्र (~ putr) *m.* godson.

धर्मपुस्तक (~ pus tak) *f.* religious book.

धर्मबुद्धि (~ bud dhi) *f.* moral or religious conscience.

धर्मभीरु (~ bhee ru) *adj.* god-fearing, very religious, scrupulous.

धर्मभीरुता (~ tA) *f.* scrupulousness.

धर्ममाता (dharm mA tA) *f.* godmother.

धर्मयुग (~ yug) *m.* 1. Satyug, the first eon according to Hindu mythology. 2. golden age.

धर्मयुद्ध (~ yuddh) *m.* 1. war of righteousness, crusade. 2. just war.

धर्मराज (~ rAj) *m.* 1. follower of religious tenets/doctrines. 2. king Yudhishthira, the eldest of the Pandavas. 3. angel of death, god यम। 4. judge.

धर्म-विधान (~ vi dhAn) *m.* canon, law.

धर्मवीर (~ veer) *m.* one who is always prepared to follow the religious tenets, dauntless fighter for a religious cause.

धर्मव्रती (~ vra tee) *adj. & m.* follower of or avowed to religious tenets.

धर्मशाला (~ shA lA) *f.* 1. pilgrim's rest house. 2. inn.

धर्मशास्त्र (~ shAstr) *m.* (books of) theology.

धर्मशास्त्री (~ shAstri) *m.* theologian, theologist.

धर्मशील (~ sheel) *adj.* pious, religious, virtuous.

धर्मसंकट (~ saṅ kaT) *m.* dilemma, quandary.

धर्मसभा (~ sa bhA) *f.* synod.

धर्मस्थ (dhar masth) *adj.* well-placed in religion.
m. judge.

धर्मस्व (dhar massw) *adj.* charitable.
m. endowment.

धर्मांध (~ mAndh) *adj.* fanatical. [धर्म+अंध]
m. a religious fanatic.

धर्मांधता (~ tA) *f.* fanaticism.

धर्माचरण (dhar mA ca raN) *m.* religious conduct.

धर्माचार्य (~ mA cArry) *m.* high priest, preceptor.

धर्मात्मा (~ mAt mA) *adj.* pious, virtuous. *m.* saint.

धर्मादा (~ mA dA) *m.* money set apart for charitable purposes, charitable endowment.

धर्माधर्म (~ mA dharm) *m.* moral consideration, discrimination between just and unjust.

धर्माधिकार (~ mA dhi kAr) *m.* prelacy.

धर्माधिकारी (~ mA dhi kA ree) *m.* prelate.

धर्मार्थ (~ mArth) *adj.* charitable; ~ द्रव्य charitable money.
adv. for charitable/religious purposes.

धर्मिष्ठ (~ mishTh) *adj.* pious, religious, virtuous.

धर्मी (~ mee) *adj.* religious, religious minded.

धर्मोन्माद (~ mon mAd) *m.* theomania. [धर्म + उन्माद]

धर्मोपदेश (~ mo pa desh) *m.* sermon, religious discourse.

धर्मोपदेशक (~ mo pa de shak) *m.* religious preacher, ecclesiastic.

धवल (dha val) *adj.* 1. white. 2. clear, bright. 3. without blemish, fair.

धवलता (~ tA) *f.* 1. whiteness. 2. clearness, brightness. 3. fairness.

धवला (dhav lA) *f.* white cow.

धवलित (~ lit) *adj.* white (ned), brightened.

धसक (dha sak) *f.* 1. act or state of subsidence (as of land). 2. depression. 3. sinking of heart due to fright. 4. constant dry cough due to pungent smell as of tobacco powder. 5. pungent smell.

धसकन (dhas kan) *f.* = धसक।

धसकना (dha sak nA) *vi.* 1. to subside. 2. to feel depressed. 3. (heart) to sink due to fear, jealousy, etc.

धसका (dhas kA) *m.* 1. (of animals) a disease of lungs. 2. dry cough, bronchitis.

धसना (~ nA) *vi.* 1. to be ruined or destroyed. 2. = धँसना।

धसान (dha sAn) *f.* = धँसान।

धाँधली (dhÃ dh lee) *f.* a dishonest act, unfair/improper dealing bodering on arbitrariness, arbitrary conduct; ~ करना/मचाना to deal unfairly.

धाँधलीबाज़ (~ baz) *adj & m.* (one) who indulges in धाँधली।

धाँय-धाँय (dhÃy - dhÃy) *f.* (ono.) thumping sound as that produced in cannonading, connonade.

धाँस (dhÃs) *f.* irritating smell like that of tobacco powder or leaves.

धाँसना (~ nA) *vi.* to cough like a horse.

धाक (dhAk) *f.* sway, predominance, commanding influence; ~ जमाना / दिखलाना to domineer, to hold sway.

धाकड़ (dhA kaR) *adj.* domineering, buco.

धागा (~ gA) *m.* thread; ~ डालना to thread; कच्चा ~ untwisted thread; पक्का ~ twisted thread.

धाड़ (dhAR) *f.* full-throated cry/lamentation; धाड़ें मारना to lament vehemently.

धातविक (dhA ta vik) *adj.* metallic.

धाता (~ tA) *suffix.* meaning preserver, supporter, sustainer, protector.

धातु (~ tu) *f.* 1. metal; ~ का बना metallic. 2. root (of a verb).

धातुकर्म (~ karm) *m.* metalwork.

धातुकर्मी (~ kar mee) *m.* metallurgist.

धातुपिंड (~ pinD) *m.* (usually brick-shaped) lump of metal, (spl. gold or silver) cast in a mould.

धातुमल (~ mal) *m.* residual matter when metal is extracted from ore, slag.

धातुमैल (~ mail) *m.* waste matter rising to the surface when metal is melted, dross.

धातुयुग (~ yug) *m.* metallic age.

धातु-विज्ञान (~ - vig gyAn) *m.* metallurgy.

धातृका (dhAt tri kA) *f.* nurse.

धात्री (dhAt tree) *f.* wet-nurse.

धात्री-विद्या (~ - vid dyA) *f.* obstetrics.

धात्वर्थ (dhAt twarth) *m.* root meaning (of a Sanskrit verb). [धातु+अर्थ]

धात्विक (dhAt twik) *adj.* metallic.

m. metallurgist.

धात्वीय (dhAt tweey) *adj.* metallic.

धान (dhAn) *m.* paddy, rice in the husk; ~ की बाली rice tuft; ~ कूटना to pound paddy.

धाना (dhA nA) *vi.* to run.

धानी (~ nee) *adj.* light green.

f. 1. receptacle. 2. stand.

धान्य (dhAnny) *m.* grain; धन - ~ wealth in the form of money and food grain.

धान्यागार (dhan nyA gAr) *m.* granary, barn.

धाप (dhAp) *m.* 1. a non-standard measure of distance, which varies from 2 to 3 kilometres. 2. an expansive field/plane; ~ भर (at) a short distance.

धाम (dhAm) *m.* 1. abode, residence, dwelling. 2. seat of a deity.

धायँ-धायँ (dha yã - dha yã) *f.* = धाँय-धाँय।

धाय (dhAy) *f.* wet-nurse.

धार (dhAr) *f.* 1. edge of a weapon. 2. sharpness; ~ चढ़ाना/धरना to sharpen the edge. 3. current, flow; ~ टूटना ~ धार टूट गई There was a break in the flow. ~ बँधना— ~ बँध गई The flow became non-stop.

suffix. supporter, as in कर्णधार।

धारक (dhA rak) *m.* 1. one who holds, holder. 2. bearer.

धारण (~ raN) *m.* 1. supporting, as a stick in hand. 2. putting on, wearing; as clothes on the body. 3. retention.

धारणकर्ता (~ kar tA) *m.* 1. bearer. 2. upholder.

धारण-शक्ति (~ - shak ti) *f.* power of retention, retentiveness.

धारणा (dhAr nA) *f.* 1. assumption, notion, opinion; अच्छी ~ होना to have a good opinion (of). 2. belief.

धारदार (~ dAr) *adj.* sharp-edged.

धारना (~ nA) *vt.* 1. to put on, to wear. 2. to borrow.

धारा (dhA rA) *f.* 1. current; नदी की ~ river current. 2. stream, river. 3. article, section; ~ 144 section 144.

धाराप्रवाह (~ pra vAh) *adj.* glib, fluent; ~ बोलना glibness.

adv. fluently, non-stop.

धारावाहिक (~ vA hik) *adj.* serialised, serial.

धारावाही (~ vA hee) *adj.* = धारावाहिक।

धारित (dhA rit) *adj.* that/which has been held.

धारिता (~ ri tA) *f.* 1. capacity. 2. retentiveness.

धारी (~ ree) *adj.* (one) who holds.

f. stripe, line, streak; ~ दार striped, lined.

धारोष्ण (~ roshN) *adj.* (milk) fresh from the udders, fresh and tepid.

धार्मिक (dhAr mik) *adj.* 1. religious. 2. pious.

धार्य (dhAry) *adj.* 1. that which can be held. 2. that wihch should be held.

धार्यत्व (dhar yattw) *m.* act or state of supporting, wearing etc.

धावक (dhA vak) *m.* runner.

धावन (~ van) *m.* running; ~ पथ runway.

धावा (~ vA) *m.* attack, raid, charge; ~ बोलना to launch a raid/an assault/an attack;

~ मारना to cover a long distance quickly, to make a dash.

धिक, धिक् (dhik) *interj.* term of contempt, pooh! fie!

धिक्कार (~ KAr) *f.* upbraid, rebuke, reproach, disdain, condemnation; तुझे ~ है Fie on you ! ~ पड़ना to be upbraided.

धिक्कारना (~ nA) *vt.* to upbraid/reproach/rebuke/curse/censure.

धिग्दंड (dhig danD) *m.* reprimand, admonition.

धींगाधींगी (dhee̐ ga dhee̐ gee) *f.* improper dealing bodering on highhandedness.

धींगामुश्ती (~ gA mush tee) *f.* coercive dealing, highhandedness.

धी (dhee) *f.* 1. intellect, knowledge, erudition. 2. daughter.

धीमर (~ mar) *m.* fisherman.

धीमा (~ mA) *adj.* 1. slow; मेरी घड़ी दस मिनट धीमी है My watch is ten minutes slow. धीमी आँच पर on a low flame; धीमी चाल slow speed. 2. dim; धीमी रोशनी dim light. 3. low, soft; ~ स्वर soft tone.

धीमान, धीमान् (~ mAn) *adj.* wise, sharp-witted, intelligent.

धीमे (~ me) *adv.* 1. at a slow speed, slowly. 2. mildly. 3. in a low tone.

धीर (dheer) *adj.* 1. patient. 2. steady, firm.

धीरज (dhee raj) *f.* patience; ~ खोना / छोड़ना to lose patience; ~ धरना / रखना to have patience; तुम्हें धीरज रखना चाहिए You need to have patience.

धीरता (dheer tA) *f.* 1. patience. 2. steadiness, firmness.

धीरे (dhee re) *adv.* 1. slowly. 2. gently. 3. softly; ~ से (i) quietly; (ii) slowly; उसने ~ से पूछा She asked lightly.

धीरे-धीरे (~ - dhee re) *adv.* (i) slowly; ~ काम करना to work slowly, to go slow; (ii) softly, in a low tone; (iii) gradually.

धीवर (~ var) *m.* fisherman.

धीवरी (~ va ree) *f.* 1. fisherwoman. 2. fish-line.

धुँआ (dhũ A) *m.* = धुआँ।

धुँआना (~ A nA) *vi.* 1. to be filled with smoke. 2. to become smoky, to be disflavoured by smoke.
m. smoke chimney.

धुंध (dhundh) *f.* 1. fog, mist. 2. mistiness, haze.

धुँधलका (~ dhal kA) *m.* 1. twilight. 2. haziness.

धुँधला (dhũdh lA) *adj.* 1. hazy, misty. 2. obscure.

धुँधलापन (~ pan) *m.* 1. dimness. 2. haziness.

धुआँ (dhu Ã) *m.* smoke.

धुआँकश (~ kash) *m.* chimney.

धुआँधार (dhu Ã̃ hAr) *adj.* &*adv.* like a stream of smoke, fast and furious; (i) ~ वक्तृता eloquent speech; (ii) ~ वर्षा torrential rain, rain like hell.

धुआँसा (dhu Ã sA) *m.* smoky.

धुकधुकी (dhuk dhu kee) *f.* 1. trepidation, palpitation, heart-throb; ~ लगी रहना to be on tenter hooks; ~ बंद होना—उसकी धुकधुकी बंद हो गई His heart stopped throbbing.

धुक-पुक (dhuk - puk) *f.* = धुकर-पुकर।

धुकर-पुकर (dhu kar - pu kar) *f.* ~ करने लगना to begin to palpitate, ~ लगी रहना to be on tenter hooks.

धुत्त (dhutt) *adj.* besotted (with); नशे में ~ dead-drunk.

धुन (dhun) *f.* 1. obsession, ruling passion; propensity, mania; ~ का पक्का resolute in pursuit; ~ सवार होना to be obsessed (with). 2. tune; मुरली की ~ tune of (Lord Krishna's) flute.

धुनकना (dhu nak nA) *vt.* to card (cotton).

धुनकी (dhun kee) *m.* carder. *f.* carding bow/gadget.

धुनना (~ nA) *vt.* to card; सिर ~ to knock one's head through sheer helplessness, to repent and lament.

धुनवाना (~ VA nA) *vt.* to cause to be carded.

धुनाई (dhu nA ee) *f.* 1. act of carding. 2. charges for carding.

धुनिया (~ ni yA) *m.* carder.

धुनी (~ nee) *adj.* tenaciously persevering, faddish.

धुपाना (~ pA ṅA) *vt.* to dry (something) in the Sun.

धुप्पल (dhup pal) *f.* dodge, bluff; ~ देना to dodge/bluff.

धुप्पलबाज़ (~ baz) *m.* bluffer.

धुप्पलबाज़ी (~ bA zee) *f.* bluffing.

धुरंधर (dhu ran dhar) *adj.* topping, outstanding, having mastery, pre-eminent.

धुर (dhur) *adj.* extreme; ~ ऊपर at the uppermost/topmost point. *m.* 1. axle. 2. beginning; ~ सिर से from the very beginning.

धुरा (dhu rA) *m.* axle.

धुरी (~ ree) *f.* axis.

धुरीण (~ reeN) *suffix.* denoting foremost; धर्म ~ scrupulously devout.

धुर्रा (dhur rA) *m.* particle; धुर्रे उड़ाना to tear to pieces, to devastate.

धुलना (dhul nA) *vi.* to be washed/cleansed; कपड़े धुल गए हैं The clothes have been washed. पाप धुल जाना washing off of sins.

धुलवाई (~ VA ee) *f.* work of getting something washed, or charges paid for the same.

धुलवाना (~ VA nA) *vi.* causative of धोना, to get washed, to have cleansed.

धुलाई (dhu lA ee) *f.* 1. work of washing, or charges paid for the same. 2. beating; अच्छी ~ करना to beat mercilessly.

धुलाना (~ lA nA) *vt.* to get washed.

धुवाँरा (~ VÃ rA) *m.* chimney.

धुवाँस (~ VÃS) *m.* ground meal of vetch.

धुस्स (dhuss) *m.* 1. mound. 2. embankment, dam.

धूआँ (dhoo Ã) *m.* = धुआँ।

धूतू (~ too) *m.* gong, whistle.

धू-धू (~ - dhoo) *m.* ~ करके जलना to burn like wild fire.

धूनी (~ nee) *f.* 1. incense. 2. ascetic's fire; ~ जगाना to keep the (ascetic's) fire alive; ~ देना to fumigate; ~ रमाना (i) to observe penance before a fire; (ii) to turn an ascetic.

धूप (dhoop) *f.* 1. sunshine, the sun; ~ हो या बदली जुलूस निकलेगा The procession will proceed, rain or shine. 2. incense; ~ खाना to bask in the sun; ~ चढ़ना advancing of the day; ~ दिखाना to dry in the sun; ~ देना (i) to cense; (ii) to fumigate; ~ निकलना advent of sunshine; ~ में बाल सफ़ेद होना getting grey without acquiring experience and wisdom; ~ लगना (i) sitting (enjoying) in the sun; (ii) having a mild sunstroke; ~ सेकना to bask in the sun.

धूप-घड़ी (~ - gha Ree) *f.* sun-dial.

धूप-चश्मा (~ - cash mA) *m.* sun-glass.

धूप-छाँह (~ - chÃh) *f.* 1. sun and shade. 2. a kind of cloth in which the warp and the woof are of prismatic colours.

धूपदान (~ dAn) *m.* censer, incensory.

धूपदानी (~ dA nee) *f.* small censer, incensory.

धूपन (dhoo pan) *m.* fumigation.

धूपबत्ती (dhoop bat tee) *f.* incense-stick.

धूप-स्नान (~ - snAN) *m.* sunbath.

धूम (dhoom) *m.* smoke, fume.

f. furore, tumult; ~ मचना creation of a furore; ~ मचाना to create a furore.

धूमकेतु (~ - ke tu) *m.* a star with a tail, comet.

धूम-धड़क्का (~ - dha Rak KA) *m.* ballyhoo, hulla-baloo; धूम-धड़क्के से pompously.

धूमधाम (~ - dhAM) *f.* pomp and show, eclat, fanfare; ~ से pompoussly, with eclat.

धूमपट (~ paT) *m.* smoke-screen.

धूमिल (dhoo mil) *adj.* 1. smoke coloured, fumigated. 2. dim, blurred; ~ पड़ जाना to get/become dim; ~ स्मृति faint memory.

धूमिलता (~ tA) *f.* smokiness, dimness.

धूम्र (dhoomr) *m.* smoke, fume.

धूम्रपान (~ pAN) *m.* smoking.

धूर्जटी (dhoor jaTee) *m.* Lord Shiva.

धूर्त (dhoort) *adj.* not honest or straight-forward, crafty, cunning, crooked, devious.

धूर्तता (~ tA) *f.* williness, craftiness, cunningness, crookedness.

धूर्ततापूर्ण (~ poorN) *adj.* deceitful, full of crookedness/craftiness.

धूर्ततापूर्वक (~ poor vak) *adv.* deceitfully, craftily, crookedly.

धूल (dhool) *f.* dust, dirt; ~ उड़ना (i) dust blowing, dust-storm; (ii) presenting a deserted appearance; ~ उड़ाना (i) to kick up dust; (ii) to calumniate; ~ की रस्सी बटना to attempt the impossible; ~ चटाना to make (someone) lick the dust; ~ चाटना to lick the dust; ~ छानना to toil hard fruitlessly; ~ झाड़ना to shake off the dust; आँखों में ~ झोंकना to throw dust into (someone's) eyes; ~ फाँकना to wander about fruitlessly; ~ में मिलना to be ruined/devastated; ~ में मिलाना to put to nothing, to ruin/devastate; पैरों की ~ insignificant thing or person.

धूल-धक्कड़ (~ - dhak kaR) *m.* dust and din.

धूल-धूसरित (~ - dhoo sa rit) *adj.* steeped in dust, filled with dust.

धूलि (dhoo li) *f.* dust.

धूसर (~ sar) *adj.* of the colour of ashes, grey.

धृतराष्ट्र (dhrit rAShTr) *m.* king of Kauravas in the epic Mahabharat.

धृष्ट (dhrishT) *adj.* insolent, impertinent, impudent, rude, reckless.

धृष्टता (~ tA) *f.* insolence, impertinence, impudence; ~ करना / दिखाना to indulge in insolence/impertinence; ~ से insolently.

धृष्टतापूर्ण (~ poorN) *adj.* insolent.

धृष्टतापूर्वक (~ poor vak) *adv.* insolently.

धृष्टा (dhrish TA) *f.* (fem. of धृष्ट) woman of easy morals.

adj. shameless.

धेनु (dhe nu) *f.* (milch) cow.

धेला (~ lA) *m.* = अधेला, half-pice coin; ~ पास न होना to be penurious/penniless; तुम्हें उससे ~ नहीं मिलेगा You will not get a penny out of him.

धैर्य (dhairy) *m.* patience, endurance; बड़े ~ से patiently; धैर्य से सुनो Listen patiently. ~ खोना to lose patience; ~ धारण करना to have patience; ~ बँधाना to console; ~ रखना to keep patience.

धैर्यवान (~ vAN) *adj.* having or showing patience, patient.

धैर्यशील (~ sheel) *adj.* patient.

धैर्यशीलता (~ tA) *m.* patience.

धोंधा (dhõn dhA) *adj.* grotesque, clumsy (in shape).

m. 1. lump/clod of earth. 2. grotesque body.

धोखा (dho khA) *m.* 1. deceit, deception, fraud. 2. illusion. 3. scarecrow; ~ खड़ा करना to erect a camouflage/scarecrow, to mislead/beguile/cheat; ~ खाना to be deceived/cheated/hood-winked; ~ देना to deceive/cheat/hood-wink; वह धोखा देना चाहता है He intends to deceive us. धोखे की टट्टी camouflage, fraudulent device; धोखे में आना to be befooled through deception.

धोखाधड़ी (dho khA dha Ree) *f.* deceit, deception, fraud; ~ करना to cheat/deceive.

धोखेबाज़ (~ bAz) *adj. & m.* treacherous, trickster, fraudulent, cheat.

धोखेबाज़ी (~ bA zee) *f.* treachery, fraud, deception, cheating.

धोती (dho tee) *f.* loin-cloth; ~ ढीली होना losing all courage.

धोना (~ nA) *vt.* 1. to wash/launder; वह प्लेटें धो रही थी She was doing the dishes. हाथ धोकर (किसी के) पीछे पड़ना to pursue with a vengeance; (किसी चीज़ से) हाथ धो बैठना to take something as lost; लगभग एक लाख आदमियों को जान से हाथ ~ पड़ा An estimated one lac lost their lives. 2. to apply water to something, bathe; डाक्टर ने घाव धोया The doctor bathed the wound.

धोब (dhob) *m.* 1. clothes given to a launderer (at a time) for washing. 2. (act of) washing.

धोबिन (dho bin) *f.* washerwoman.

धोबी (~ bee) *m.* washerman. [Fem. धोबिन]

धोबी-घाट (~ - ghAT) *m.* washing place on the bank of a river, pond etc.

धोरी (dho ree) *m.* 1. general controller. 2. chief. 3. eminent person. 4. bullock.

धोरे (~ re) *adv.* near, close by.

धोव (dhov) *m.* = धोब।

धौंकना (dhaũk nA) *vt.* 1. to blow with bellows. 2. to chastise.

धौंकनी (~ nee) *f.* 1. bellows. 2. blowpipe.

धौंकिया (dhaũ ki yA) *m.* bellowman.

धौंस (dhaũs) *f.* browbeating, threat; ~ देना/दिखाना to browbeat/threaten, frighten; ~ न सहना not to succumb to a threat; ~ दिखाकर ले लेना to browbeat into submission.

धौंस-पट्टी (~ - paT Tee) *f.* browbeating and cajoling.

धौंसा (dhaũ sA) *m.* large kettledrum.

धौरा (dhau rA) *adj.* 1. white. 2. clean.

धौरी (~ ree) *f.* 1. white cow. 2. a kind of white bird.

धौल (dhaul) *f.* slap, buffet; ~ जड़ना/जमाना to slap.

धौल-धप्पड़ (~ - dhap paR) *m.* = धौल-धप्पा।

धौल-धप्पा (~ - dhap pA) *m.* slapping and boxing, exchange of blows.

ध्यान (dhyAn) *m.* 1. attention (of mind), concentration. 2. meditation, contemplation; ~ आना to occur; ~ करना to meditate/contemplate; ~ जमना to concentrate; ~ जाना to get the attention diverted; ~ दिलाना to draw the attention (of); ~ देना to pay attention/heed;— उसने ध्यान नहीं दिया He paid no attention. ~ धरना to meditate/contemplate; ~ पर चढ़ना to have a liking for; ~ बँटना to be distracted; ~ बँटाना to divide the mind; ~ बँधना to have the mind concentrated; ~ में आना to occur to one's mind; ~ में डूबना to be buried in thought; ~ में न लाना to neglect/ignore; ~ में रखना (किसी

बात को) to bear/keep in mind—यह बात ध्यान में रखनी चाहिए कि ...It should be kept in mind that...; ~ में लाना to recall to mind; ~ रखना (किसी बात का) to keep in mind; ~ रखना (किसी व्यक्ति का) to take care (of); ~ लगना concentration of mind; ~ लगाना to concentrate; ~ से carefully, attentively; ~ से उतरना forgetting. 3. middle stage of Yoga which comes after धारणा and before समाधि।

ध्यान-भंग (~ - bhaṅg) *m.* diversion.

ध्यानमग्न (~ magn) *adj.* absorbed/engrossed/lost in meditation.

ध्यानस्थ (dhyA nasth) *adj.* = ध्यानमग्न।

ध्याना (~ nA) *vt.* to contemplate.

ध्यानावस्थित (~ vas thit) *adj.* lost in meditation.

ध्येय (dhyey) *m.* goal, aim.

ध्रुपद (dhru pad) *m.* a form of classical Indian music.

ध्रुव (dhruv) *m.* Pole.

adj. firm, unchanging, fixed.

ध्रुवतारा (~ tA rA) *m.* North star, Polestar.

ध्रुवीकरण (dhru vee ka raN) *m.* polarisation.

ध्रुवीकृत (~ krit) *adj.* polarised.

ध्रुवीय (~ veey) *adj.* near the earth's poles, polar.

ध्वंस (dhwans) *m.* destruction, devastation, ruination.

ध्वंसक (dhwan sak) *adj.* causing great destruction, devastating.

ध्वंसन (~ san) *m.* 1. destruction, devastation, ruination. 2. sabotage.

ध्वंसावशेष (~ sA va shesh) *m.* remains, relics, ruins.

ध्वज (dhwaj) *m.* flag, banner.

ध्वजदंड (~ danD) *m.* flag-pole, flagstaff.

ध्वजपोत (~ pot) *m.* flag-ship.

ध्वजभंग (~ bhaṅg) *m.* impotency.

ध्वजा (dhwa jA) *f.* flag, ensign, banner.

ध्वजारोहण (~ ro haN) *m.* flag-hoisting.

ध्वजोत्तोलन (dhwa jot to lan) *m.* flag-hoisting.

ध्वनि (~ ni) *f.* 1. sound. 2. implied/suggested meaning.

ध्वनिग्राम (~ grAm) *m.* phoneme (linguistics).

ध्वनित (dhwa nit) *adj.* implied/suggested (meaning).

ध्वनि-तरंग (~ ni - ta raṅg) *m.* sound wave.

ध्वनि-विज्ञान (~ - vig gyAn) *m.* phonetics, phonology; ~ के विचार से phonetically, phonologically.

ध्वनि-सह (~ - sah) *adj.* sound-proof.

ध्वन्यात्मक (dhwan nyAt mak) *adj.* phonetic. [ध्वनि+आत्मक]

ध्वस्त (dhwast) *adj.* destroyed, devastated, ruined; ~ करना / कर देना to destroy completely, devastate.

ध्वस्तीकरण (dhwas ti kA raN) *m.* destruction, annihilation.

ध्वानिक (dhwA nik) *adj.* acoustic.

m. acousticist.

ध्वानिकी (~ ni kee) *f.* acoustics.

न

न (na) *m.* fifth of the dental pentad of consonants of the Nagari alphabet; its sound resembles that of *n* in *not.* *adv.* a sign of disagreement; no, not; ~ कर देना to decline, to say, 'No'; ~ न करना Not to say 'No'; तुम वहाँ गए थे न You did go there, didn't you? न...न neither...nor—न उसको रुचि है न मुझे Neither is he interested nor am I.

नंग (naṅg) *m.* 1. nakedness. 2. private part of the body; ~ धड़ंग stark naked, nude.

नंगई (naṅ ga ee) *f.* = नंगापन।

नंगा (naṅ gA) *adj.* 1. uncovered, exposed. 2. nude, naked; ~ करना (i) to denude; (ii) to disgrace/humiliate; ~ हो जाना to become naked. 3. bare; नंगे पाँव barefoot, barefooted; ~ नंगे बदन bare bodied. 4. shameless.

नंगा-झोली (~ - jho lee) *f.* thorough search (of a person).

नंगा नाच (~ nAc) *m.* shameless/disgraceful conduct.

नंगापन (~ pan) *m.* 1. nakedness. 2. shamelessness.

नंगा-बूचा (~ - bhoo cA) *adj.* penniless.

नंगा-भूखा (~ - bhoo khA) *adj.* penniless and starving.

नंगा-लुच्चा (~ - luc cA) *adj.* 1. naked and hungry. 2. penniless and wicked.

नंद (nand) *m.* father of Lord Krishna.

नंदकिशोर (~ ki shor) *m.* Lord Krishṇa (the adopted son of नंद).

नंदकुमार (~ ku mAr) *m.* = नंदकिशोर।

नंदनंदन (~ nan dan) *m.* Lord Krishna.

नंदन (nan dan) *m.* 1. son. 2. mythical garden of Lord Indra.

नंदनकानन (~ kA nan) *m.* garden of Lord Indra.

नंदनवन (~ van) *m.* bower of Lord Indra.

नंदरानी (nand rA nee) *f.* wife of नंद, Lord Krishna's mother.

नंदलाल (~ lAl) *m.* Lord Krishna.

नंदित (nan dit) *adj.* pleased, delighted.

नंदिनी (~ di nee) *f.* 1. daughter. 2. goddess Durga.

नंदिमुख (~ di mukh) *m.* Lord Shiva.

नंदी (~ dee) *m.* 1. the (carrier) bull of Lord Shiva. 2. banyan tree. *adj.* cheerful, jovial.

नंदीगण (~ gaN) *m.* door-keepers of Lord Shiva.

नंदीश्वर (nan deesh shwar) *m.* Lord Shiva.

नंदोई (~ do ee) *m.* = ननदोई।

नंबरदार (nam bar dAr) *m.* headman.

नंबरवार (~ vAr) *adv.* 1. by turn. 2. serially.

नंबरी (~ ba ree) *adj.* 1. bearing a number, numbered. 2. standard, patent; ~ गज़ standard yard; ~ गुंडा habitual gunda; ~ चोर habitual thief; ~ नोट a currency note of rupees one hundred or over; ~ बदमाश habitual rogue; ~ सेर standard seer (an Indian weight, roughly .93 kg., now out of use).

नई नवेली (na ee na ve lee) *f.* belle, beautiful young girl; ~ दुलहन newly married girl.

नक (nak) *f.* abbreviated form of नाक।

नकचढ़ा (~ ca RHA) *adj.* finicky, peevish, hard to please, grumpy, fastidious.

नकटा (~ TA) *adj. & m.* one with a nose chopped off. [Fem. नकटी]

नकटी (~ Tee) *f.* fem. form of नकटा।

नक़द (na Kad) *adj.* cash, ready (money); ~ गिन देना to pay cash.
m. cash, ready money.

नक़द-नारायण (~ - NA rA yaN) *m.* ready cash.

नक़दी (naK dee) *adj. & m.* = नक़द।

नक़दी-चिट्ठा (~ - ciT ThA) *m.* cash-book.

नक़दी-पुर्ज़ा (~ - pur zA) *m.* cash-memo.

नक़दी-रसीद (~ - ra seed) *f.* cash receipt.

नक़ब (na Kab) *f.* house-breaking, burglary; ~ लगाना to commit burglary.

नक़ल (na Kal) *f.* 1. imitation. 2. mimicry. 3. copy, duplicate; ~ उतारना (i) to copy; (ii) to mimic; ~ करना (i) to copy; (ii) to imitate; (iii) to cheat by writing as somebody else; ~ मारना to copy by unfair methods.

नक़लची (~ cee) *adj.* (one) who copies by unfair methods.
m. one who imitates.

नक़ल-नवीस (~ - na vees) *m.* copyist.

नक़ली (naK lee) *adj.* 1. artificial; ~ रेशम artificial silk; ~ मोती imitation pearl. 2. fake; ~ दवा fake medicine. 3. forged, counterfeit; ~ नोट forged bank note; ~ सिक्का counterfeit coin. 4. mock; ~ लड़ाई mock fight.

नक़शा (~ shA) *m.* 1. map, chart. 2. drawing; रास्ते का ~ a drawing of the route. 3. sketch, rough drawing. 4. pen-picture; नक़शे दिखाना / मारना to put on airs.

नक़शानवीस (~ na vees) *m.* draftsman.

नक़शानवीसी (~ na vee see) *f.* draftsmanship.

नक़शी (naK shee) *adj.* (that) on which emb- roidery has been done.

नक़शेबाज़ (~ she bAZ) *m.* coquet.

नक़शेबाज़ी (~ she bA zee) *f.* coquetry.

नकसीर (nak seer) *f.* nose-bleed; ~ फूटना to have a nose-bleed.

नक़ाब (na KAb) *f.* mask, veil; ~ उठाना to lift the veil; ~ डालना to put on the veil.

नक़ाबपोश (~ posh) *m.* masker.

नकार (na KAr) *f.* 1. the letter न or its sound. 2. denial, refusal.

नकारना (~ nA) *vt.* 1. to deny/refuse. 2. to dishonour (a cheque). 3. to negate.

नकारांत (na KA rAnt) *adj.* (word) ending in the letter न।

नकारात्मक (na KA rAt mak) *adj.* negative, implying denial/refusal.

नकारात्मकता (~ tA) *f.* negation.

नक़ाशना (na KAsh nA) *vt.* to engrave.

नकास (na KAs) *m.* = नख़ास।

नकासी (na KA see) *f.* = निकासी।

नकियाना (na ki yA nA) *vi.* to speak with a nasal accent.

नकुल (na kul) *m.* 1. mongoose. 2. fourth son of king Pandu. (Mahabharat)

नकेल (na kel) *f.* nosering, bridle; ~ डालना to bridle; हाथ में ~ होना (to have the power) to lead (someone) by the nose.

नक्का (nak KA) *m.* the eye of a needle.

नक़्क़ारख़ाना (naK KAr KhA nA) *m.* kettledrum house; नक़्क़ारख़ाने में तूती की आवाज़ a cry in the wilderness.

नक़्क़ारची (~ KAr cee) *m.* drummer.

नक़्क़ारा (~ KA rA) *m.* huge drum; नक़्क़ारे की चोट पर by beat of drum, publicly.

नक़्क़ाल (~ KAl) *m.* 1. imitator. 2. mimic, mimicker.

नक़्क़ाली (~ KA lee) *f.* 1. imitation. 2. mimicry.

नक़्क़ाश (~ KAsh) *m.* engraver, carver.

नक़्क़ाशी (~ KA shee) *f.* engraving, carving.

नक़्क़ाशीदार (~ dAr) *adj.* engraved, carved, etched.

नक्की (nak kee) *f.* 1. 'one' or 'ace' of a gambling game. 2. nasal accent.
adj. clear, free; हिसाब ~ करना to clear off all accounts.

नक्कीपुर (~ pur) *m.* = नक्कीमूठ।

नक्कीमूठ (~ mooTH) *f.* a gambling game played by children.

नक्कू (nak koo) *adj.* 1. having a large nose. 2. conspicuously nonconforming/ unconventional; ~ बनना to draw all eyes to oneself by breaking a tradition. (pej.)

नक्र (nakr) *m.* crocodile.

नक़्श (naKsh) *adj.* imprinted; ~ होना to be imprinted.
m. 1. signs and designs which are engraved. 2. stamp. 3. figure of the face; तीखे ~ sharp features; नयन ~ features of the face.

नक्षत्र (nak shattr) *m.* constellation (of stars), planet.

नक्षत्र-विद्या (~ - vid dyA) *f.* astrology.

नक्षत्री (nak shat tree) *adj.* having good fortune, lucky, fortunate.

नख (nakh) *m.* 1. nail of a finger. 2. a pear like fruit.

नख़ (naKh) *m.* string used for kite flying.

नखक्षत (nakh kshat) *m.* injury caused by finger nails.

नख़त (na Khat) *m.* constellation.

नख़रा (naKh rA) *m.* flirtatious behaviour, coquetry; ~ करना to coquet; यह मिठाई खा लो, ~ मत करो Take this sweet and don't be finicky. ~ दिख़ाना to indulge in false pretences; ~ न मिलना—तुम्हारे तो नख़रे ही नहीं मिलते Your pretences are never-ending; नखरे से coquetishly.

नख़रा-तिल्ला (~ - til lA) *m.* flirtatious preten- sion (with an emphasis).

नख़रीला (naKh ree lA) *adj.* coquetish, prude.

नख़लिस्तान (~ lis tAn) *m.* Oasis.

नख-शिख (nakh - shikh) *m.*; ~ से from head to foot, cap-a-pie; वह ~ से ठीक / दुरुस्त है She is perfect cap-a-pie.

नख़ास (na Khas) *m.* market.

नखियाना (na khi yA nA) *vt.* to cause hurt with the finger nails.

नखी (na khee) *adj.* having large nails.

नग (nag) *m.* 1. gem, jewel. 2. mountain. 3. piece, item.

नगण्य (na gaNNy) *adj.* almost negligible, trifling, slight, insignificant.

नगद (na gad) *adj.* & *m.* = नक़द, cash.

नगद-नारायण (~ - nA rA yan) *m.* cash money.

नगदी (nag dee) *adv.* in cash.
adj. & *m.* = नक़द।

नगपति (~ pa ti) *m.* Himalayas.

नगर (na gar) *m.* 1. city. 2. all the people living in a city.

नगर-नारी (~ - nA ree) *f.* prostitute.

नगर-निगम (~ - ni gam) *m.* municipal corporation.

नगर-निवासी (~ - ni vA see) *m.* citizen.

नगर-पालिका (~ - pA li kA) *f.* municipality.

नगरप्रमुख (~ pra mukh) *m.* mayor.

नगर-महापालिका (~ - ma hA pA li kA) *f.* corporation.

नगरवासी (~ vA see) *m.* citizen.

नगरी (nag ree) *f.* town.

नगरीकरण (~ ka raN) *f.* urbanisation.

नगरीय (nag reey) *adj.* of or pertaining to the city, urban.

नगाड़ा (na gA rA) *m.* tymbal, huge drum.

नगीना (na gee nA) *m.* jewel, gem; ~ जड़ना to inset a jewel/gem; अँगूठी का ~

(i) gem of a ring; (ii) a jewel among men; नगीने-सा (i) like a jewel; (ii) cosy and beautiful.

नगीनासाज़ (~ SAZ) *m.* one who sets gems.

नगेंद्र (na gendr) *m.* Himalayas. [नग+इंद्र]।

नग्न (nagn) *adj.* completely undressed, nude, naked; ~ आकृति naked figure.

नग्नता (~ tA) *f.* nudity, nakedness.

नग्न-नृत्य (~ - nrittya) *m.* 1. (lit.) nude dance. 2. show of brazen-facedness.

नग्नवाद (~ VAd) *m.* nudism.

नग्नवादी (~ VA dee) *adj. & m.* nudist.

नचना (nac nA) *m.* dancer.

vi. = नाचना।

नचनी (~ nee) *f.* (fem. of नचना); woman dancer.

नचाना (na CA NA) *vt.* 1. to make one dance; किसी को उँगलियों पर नचाना to make someone dance to one's tune. 2. to harass/tease; नचा मारना to harass by sending (someone) hither and thither again and again.

नज़दीक (naz deek) *adj. & adv.* near, adjacent, close; ~ का situated nearby; ~ में in the vicinity; ~ से from nearby.

नज़दीकी (~ dee kee) *adj.* near; ~ रिश्तेदार near relative.

नज़र (na zar) *f.* 1. the power or ability to see, eyesight; मेरी ~ बहुत कमज़ोर है I am very short-sighted. 2. look, glance; उसने मेरी तरफ़ कुछ शक की ~ से देखा He looked at me somewhat askance. उड़ती-सी ~ fleeting glance; बुरी ~ leer; सरसरी ~ cursory glance. 3. view; कानून की ~ में in the eye of law. 4. care; ~ रखना to take care. 5. gift, present. 6. evil eye; ~ आना to come into view, to appear; ~ उतारना to undo an evil eye; ~ करना to present/offer; ~ खाना to be a prey to an evil eye; ~ डालना (i) to look at; (ii) to glance (through); पुस्तक पर ~ डालो Glance through the book. (चारों ओर) ~ दौड़ना to look (around); ~ पड़ना (i) वह मुझे ~ पड़ गया He caught my eye. (ii) वह मुझे ~ नहीं पड़ा I could not spot him. ~ पर चढ़ना (i) to develop a liking for; (ii) to be a target of criticism; ~ फेर लेना to turn a blind eye; ~ बचाना to avoid meeting, to evade; मैं उससे ~ बचा गया I avoided him. ~ बदल लेना to change (one's) attitude; ~ भरकर देखना to look full well; ~ मिलाना to look into the eyes of some one; ~ में आना to come into sight; ~ रखना to have one's eye (on somebody); ~ लगना to be a prey to an evil eye; ~ लगाए होना to have an eye (on something); ~ लगाना to cast an evil eye; ~ से गिरना to fall in the estimaion (of), to fall in (one's) eyes; नज़रें मिलना meeting of the eyes; नज़रें मिलाना to look (at each other) amorously; नज़रें लड़ाना to exchange amorous glances.

नज़रबंद (~ band) *adj.* interned, detained. *m.* internee, detenue.

नज़रबंदी (~ ban dee) *f.* detention, internment.

नज़रबाग़ (~ bAG) *m.* pleasure garden (in the campus of a palace).

नज़रसानी (~ SA nee) *f.* 1. revision. 2. reconsideration.

नज़रा (naz rA) *m.* connoisseur.

नज़राना (~ nA) *m.* present, gift.

vi. (usually नज़रा जाना) to be a victim of (someone's) evil eye.

नज़रिया (na za ri yA) *m.* point of view, viewpoint.

नज़ला (naz lA) *m.* catarrh; ~ उतरना / गिरना to suffer from catarrh.

नज़ाकत (na ZA kat) *f.* delicacy or tenderness (of body); ~ दिखाना to put on a show of delicacy; ~ से भरा full of delicacy.

नजात (na jAt) *f.* deliverance, riddance, liberation.

नज़ारा (na zA rA) *m.* spectacle, scene, view.

नज़ीर (na zeer) *f.* 1. instance, example. 2. precedent; ~ देना / दिखलाना to cite an instance/precedent.

नजूम (na joom) *m.* 1. astrology. 2. astronomy.

नजूमी (na joo mee) *m.* 1. astrologer. 2. astronomer.

नज़ूल (na zool) *m.* land belonging to Government.

नज़्म (nazm) *f.* poem.

नट (naT) *m.* 1. dancer, rope-dancer, acrobat. 2. actor. 3. impresario, stage-manager. [Fem. नटी]

नटई (na Ta ee) *f.* throat.

नटखट (naT khaT) *adj.* 1. mischievous, naughty. 2. impish.

नटखटपन (~ pan) *m.* mischievousness, naughtiness.

नटखटी (naT kha Tee) *f.* mischief, naughtiness.

नटना (naT nA) *vi.* to go back by one's word, to negate, to wriggle out by saying 'no'.

नटनागर (~ nA gar) *m.* Lord Krishna.

नटनी (~ nee) *f.* actress.

नटराज (~ rAj) *m.* 1. Lord Shiva. 2. Lord Krishna.

नटवर (~ var) *m.* Lord Krishna.

नटसाल (~ sAl) *f.* 1. part of a thorn or arrow which remains in the body. 2. agony, affliction.

नटी (na Tee) *f.* 1. actress. 2. stage-manager's wife.

नत (nat) *adj.* 1. inclined, tilted. 2. bent, curved.

नतमस्तक (~ mas tak) *adj.* having head bowed down (in reverence); ~ होकर with head bowed down (in reverence).

नति (na ti) *f.* inclination, bent.

नतिनी (~ nee) *f.* daughter's daughter.

नतीजा (na tee jA) *m.* the effect or outcome of something, result, consequence; ~ निकलना to occur as a result; नतीजा निकल गया है The result is out. क्या ~ निकला What is the net result? ~ पाना / भुगतना / भोगना to suffer the consequences; ~ मिलना (i) to have something as a result; (ii) to reap the consequences (of one's doings); अच्छे काम का अच्छा ~ बुरे काम का बुरा ~ Good begets good, evil, evil.

नतोदर (na to dar) *adj.* concave.

नत्थ (natth) *f.* = नथ।

नत्थी (nat thee) *f.* file; ~ करना to file. *adj.* annexed, attached.

नत्थीकरण (~ ka raN) *m.* filing.

नथ (nath) *f.* nose-ring, nose-rope.

नथना (~ nA) *m.* nostril, nares; नथने फुला लेना to show anger; नथने सिकोड़ लेना to pucker the nostril in disgust.

नथनी (~ nee) *f.* nose-ring.

नथुना (na thu nA) *m.* = नथना।

नद (nad) *m.* big river.

नदारद (na dA rad) *adj.* missing, disappeared, absent; ~ हो जाना to disappear/vanish.

नदी (na dee) *f.* river, stream; ~ का किनारा river side, river-bank; ~ नाव संयोग chance meeting; ख़ून की ~ बहा देना to cause a massacre.

नदीतल (~ tal) *m.* river-bed.

नदीमुख (~ mukh) *m.* mouth of a river, estuary.

ननद (na nad) *f.* husband's sister.

ननदोई (nan do ee) *m.* husband of husband's sister, husband of the ननद।

ननसाल (~ SAl) *f.* mother's paternal home.

ननिहाल (na ni hAl) *m.* house of maternal grandfather, mother's paternal home.

ननुनच (na nu nac) *m.* 1. hitch, hesitation. 2. objection; ~ करना to object.

नन्हाँ (nan nhÃ) *adj.* = नन्हा।

नन्हा (~ nhA) *adj.* tiny, wee; ~ मुन्ना very small child. [Fem. नन्ही]

नपना (nap nA) *vi.* to be measured. *m.* measuring glass.

नपाई (na pa ee) *f.* act or process of measurement, or charges paid therefor.

नपा-तुला (na pA - tu lA) *adj.* 1. measured, exact to the core. 2. precisely to the point.

नपुंसक (na pun sak) *adj. & m.* 1. impotent, emasculated; ~ बनाना to emasculate. 2. coward.

नपुंसकता (~ tA) *f.* 1. impotency, emasculation. 2. cowardice.

नपुंसकत्व (na pun sa kattw) *m.* = नपुंसकता।

नफ़रत (naF rat) *f.* very strong dislike, hatred; ~ करना to hate/dislike; ~ से देखना to look at (someone) contemptuously.

नफ़री (~ ree) *f.* 1. one day's work of a labourer. 2. one man-day. 3. wages paid for the same.

नफ़ा (na FA) *m.* 1. money gained in a business, profit, gain. 2. benefit gained from something, advantage.

नफ़ासत (na FA sat) *f.* 1. sophistication, refinement, nicety. 2. delicacy.

नफ़ासतपसंद (~ pasand) *adj. & m.* having a refined taste.

नफ़ीरी (na Fee ree) *f.* clairnet.

नफ़ीस (na Fees) *m.* excellent, fine, nice.

नबी (na bee) *m.* prophet, divine messenger.

नब्ज़ (nabz) *f.* pulse; ~ दिखाना to show (one's) pulse; ~ देखना to feel the pulse; डाक्टर ने मेरी ~ देखी The doctor felt my pulse. ~ पकड़ना to get at (someone's) weak points; ~ छूटना stopping of pulse (beat); ~ पहचानना to know (someone) out and out.

नब्बे (nab be) *adj. & m.* ninety, 90.

नभ (nabh) *m.* sky, firmament.

नभचर (~ car) *adj. & m.* (one) who moves in the sky, a bird.

नभोवाणी (na bho VA Nee) *f.* = आकाशवाणी।

नम (nam) *adj.* wet, damp. *m.* salute.

नमक (na mak) *m.* salt; ~ अदा करना to discharge (someone's) obligation; (किसी का) ~ खाना (lit.) to eat (some one's) salt, to be indebted/grateful (to someone); ~ डालना to salt, to put salt; ~ मिर्च लगाना to exaggerate by deliberate additions, to add fuel to fire; कटे / जले पर ~ छिड़कना to add insult to injury; चेहरे पर ~ होना to have a comely face; दाल में ~ खाना to charge reasonable profit.

नमकख़्वार (~ KhwAr) *adj.* brought up and nurtured (by someone), dependent.

नमकदान (~ dAn) *m.* salt-pot.

नमकहराम (~ ha rAm) *adj. & m.* ungrateful, faithless.

नमकहरामी (~ ha rA mee) *f.* 1. ingratitude. 2. faithlessness.

नमकहलाल (~ ha lAl) *adj. & m.* practi- cally loyal/faithful/grateful, true to (someone's) salt.

नमकहलाली (~ ha lA lee) *f.* gratefulness, loyalty, faithfulness.

नमकीन (nam keen) *adj.* 1. containing or tasting of salt, salty, saltish, salted, saline. 2. handsome, beautiful.
m. dish of salty snacks.

नमदा (~ dA) *m.* a kind of woollen blanket, felt.

नमन (na man) *m.* 1. bowing, bending. 2. obeisance; ~ करना to bow.

नमना (nam nA) *vi.* 1. to bow/bend. 2. to pay homage (to).

नमनीय (~ neey) *adj.* 1. that which can be bent, flexible. 2. worthy of respect, (one) who deserves being respected, respectable.

नमस्कार (na mas kAr) *m.* term of salutation; ~ करना to salute; दूर से ~ करना to keep (someone) at arm's length.

नमस्ते (na mas te) *f.* term of salutation/ greeting.

नमस्य (na massy) *adj.* worthy of respect.

नमाज़ (na mAz) *f.* (Muslim's) prayer; ~ पढ़ना to offer prayer.

नमाज़गाह (~ gAh) *f.* 1. place where prayer is performed. 2. mosque.

नमाज़ी (na mA zee) *m.* one who performs नमाज़ scrupulously.

नमित (na mit) *adj.* 1. bent, inclined. 2. bowed.

नमी (na mee) *f.* 1. wetness, moisture, humidity. 2. dampness.

नमीदार (~ dAr) *adj.* moist, humid.

नमूना (na moo nA) *m.* 1. sample. 2. example. 3. an awkward figure; ~ बनना to put on a motley garb.

नम्य (nammy) *adj.* (that) which can be bent, flexible.

नम्यता (~ tA) *f.* flexibility.

नम्र (nammr) *adj.* quiet and modest, submissive, humble; ~ निवेदन humble request/submission.

नम्रता (~ tA) *f.* modesty, humility, meekness, submissiveness.

नम्रतापूर्ण (~ poorN) *adj.* modest, humble.

नम्रतापूर्वक (~ poor vak) *adv.* modestly.

नय (nay) *m.* policy.

नयन (na yan) *m.* eye.

नयनगोचर (~ go car) *adj.* perceptible, visible.

नयनाभिराम (nay nA bhi rAm) *adj.* beautiful, charming, pleasing to eyes. [नयन+ अभिराम]

नया (na yA) *adj.* 1. not existing before, new; ~ उपन्यास new novel; ~ कर देना to make (it) a new; नए सिरे से afresh, *ab initio,* from the very beginning; ~ गुल खिलाना to start a new mischief, to make a new (mischievous) move; यह नई बात थी This was something new. 2. fresh, freshly produced; ~ आलू fresh patatoes. 3. different; वह नई नौकरी की तलाश में है He is in a search of new job. 4. modern, of new fashion, recent, novel. 5. young; ~ पौधा young plant.

नयापन (~ pan) *m.* 1. newness. 2. modernism, new fashion, novelty.

नर (nar) *m.* man; ~ -बकरा he-goat.

नरक (na rak) *m.* hell, inferno; ~ का कीड़ा infernal character, lowly man; ~ भोगना to suffer infernal agony; ~ में जाना to go to hell/blazes; ~ हो जाना to become unbearable (for living), to become intolerably uncongenial.

नरकट (nar kaT) *m.* reed.

नरक-कुंड (na rak - kunD) *m.* infernal pond, hell-pond.

नरक-भोग (~ - bhog) *m.* damnation, undergoing the tortures of hell.

नरक-यातना (~ - yAt nA) *f.* tortures of hell.

नरकवास (~ vAs) *m.* living in hell.

नरकवासी (~ VA see) *adj.* damned.

नरकुल (nar kul) *m.* reed.

नरगिस (~ gis) *f.* narcissus.

नरगिसी (~ gi see) *adj.* of the colour of narcissus; ~ आँखें narcissus-like eyes. *m.* a type of chintz with narcissus-like prints.

नरपति (~ pa ti) *m.* king.

नरपशु (~ pa shu) *m.* 1. monster, cannibal. 2. beastly character, ignoble man.

नरपिशाच (~ pi shAC) *m.* 1. ogre. 2. cannibal.

नरपुंगव (~ pũ gav) *m.* topping/best man.

नरबलि (~ ba li) *f.* human sacrifice.

नरभक्षी (~ bhak shee) *adj & m.* cannibal, man-eater.

नरम (na ram) *adj.* 1. soft, gentle, moderate; ~ पड़ जाना to relent, to tone down, to soften. 2. smooth and delicate.

नरमा (nar mA) *f.* a kind of cotton. *m.* lower part of the ear.

नरमी (~ mee) *f.* softness, gentleness; ~ दिखाना to show leniency; ~ बरतना to deal leniently.

नरमेध (~ medh) *m.* sacrifice of a human being.

नरवध (~ vadh) *m.* man-slaughter.

नरसिंहा (~ sin hA) *m.* a kind of copper horn.

नरसों (~ sõ) *adv.* 1. the day, two days after tomorrow. 2. the day, two days before yesterday.

नरहत्या (~ hat tyA) *f.* 1. murder, homicide. 2. genocide.

नरहरि (~ ha ri) *m.* Nrisinha, the fourth incarnation of Lord Vishnu (Hindu mythology), in the form of a half-lion, half-man.

नरिया (na ri yA) *f.* a kind of clay tile.

नरेंद्र (na rendr) *m.* king, prince.

नरेंद्रमंडल (~ man Dal) *m.* chamber of princes.

नरेतर (na re tar) *m.* someone different from a human being, animal, beast.

नरेली (na re lee) *f.* 1. small coconut. 2. outer covering of a coconut. 3. a hookah made of coconut.

नरेश (na resh) *m.* king.

नरोत्तम (na rot tam) *adj.* superb among men, best of men. *m.* God.

नर्तक (nar tak) *m.* male dancer.

नर्तकी (nart kee) *f.* female dancer, dancing girl; राज ~ court dancer.

नर्तन (nar tan) *m.* 1. dancing. 2. dance.

नर्तित (~ tit) *adj.* danced.

नर्स (nars) *f.* nurse.

नल (nal) *m.* 1. tap. 2. pipe, tube.

नलका (~ KA) *m.* 1. hand-pump. 2. water-tap.

नलकूप (nal koop) *m.* tubewell.

नलिका (na li KA) *f.* 1. thin tube. 2. quiver.

नलिकाकार (~ KAr) *adj.* tubular.

नलिन (na lin) *m.* lotus, lily.

नलिनी (na li nee) *f.* 1. lotus, lily. 2. river. 3. left nostril.

नली (na lee) *f.* 1. tube, pipe. 2. spout. 3. barrel (of a gun).

नवंबर (na vam bar) *m.* November.

नव (nav) *adj.* 1. new, novel. 2. nine, 9.

नवकल्प (~ kalp) *m.* Cenozoic era.

नवखंड (~ khanD) *m.* the ninth part of the world. (Hindu mythology)

नवग्रह (~ grah, na vag grah) *m.* the nine planets (Hindu Astrology).

नवजागरण (~ JA ga raN) *m.* renaissance.

नवजात (~ JAt) *adj.* new-born, nascent.

नवधा (~ dhA) *adj.* of nine kinds; ~ भक्ति

devotion of nine kinds (Hindu scriptures).

नवनीत (~ neet) *m.* butter.

नवम (na vam) *adj.* ninth.

नवमल्लिका (nav mal li KA) *f.* jasmine.

नवयुवक (~ yu vak) *m.* youth, young man; कुछ ~ जुआ खेल रहे थे Some youths were gambling.

नवयुवती (~ yuv tee) *f.* young/youthful girl.

नवयौवन (~ yau van) *m.* adolescence, youth.

नवयौवना (~ yau VA NA) *f.* woman in youthful bloom.

नवरंग (~ rang) *adj.* novel, of a new design.

नवरत्न (~ ratn) *m.* 1. nine (kinds of) precious stones. 2. the nine gems (learned men) of the court of king Vikramaditya.

नवरत्नी (~ rat nee) *adj.* (ornament) with nine kinds of precious stones embedded.

नवरात्र (~ RAttr) *m.* 1. first nine days of the bright half of the lunar months of क्वार or चैत्र, dedicated to the worship of Goddess Durga. 2. nine-day period.

नवल (na val) *adj.* novel, new; ~ किशोर Lord Krishna (lit. adolescent youth).

नवलता (~ tA) *f.* novelty, newness.

नववधू (nav va dhoo) *f.* newly married girl.

नवविवाहित (~ vi VA hit) *adj.* newly-married.

नवशिक्षु (~ shik shu) *m.* novice.

नवसाक्षर (~ SAk shar) *m.* neo-literate.

नवागत (na VA gat) *adj.* newly arrived. *m.* new comer, guest.

नवान्न (na VAnn) *m.* new corn of a harvest.

नवाब (na VAb) *m.* baron, Nawab (Muslim feuda l Lord).

नवाबज़ादा (~ ZA DA) *m.* 1. son of a Nawab, young Lord. 2. a person who lives luxuriously.

नवाबज़ादी (~ ZA dee) *f.* daughter of a Nawab.

नवाबी (na VA bee) *f.* 1. office, status, estate etc., of a Nawab. 2. way of living like that of a Nawab; ~ करना to domineer like a नवाब।

adj. of, like, or pertaining to a Nawab; ~ ठाठ luxurious/princely/lavish living.

नवासा (na VA SA) *m.* daughter's son.

नवासी (na VA see) *adj. & m.* eighty-nine. *f.* daughter's daughter.

नवासीवाँ (~ VÃ) *adj.* eighty-ninth.

नवाह (na VAh) *m.* = नवाह्न।

नवाह्न (na VAhn) *m.* nine-day period, novena.

नवीकरण (na vee ka raN) *m.* renovation.

नवीकृत (~ krit) *adj.* renovated.

नवीन (na veen) *m.* new, novel.

नवीनता (~ tA) *f.* newness, novelty, recency, modernity.

नवीनीकरण (na vee nee ka raN) *m.* renewal.

नवीनीकृत (~ krit) *adj.* renewed.

नवीयन (na vee yan) *m.* 1. renewal. 2. rejuvenation.

नवीस (na vees) *suffix.* (one) who writes, writer, scribe.

नवीसी (na vee see) *f.* act or profession of writing.

नवेद (na ved) *m.* 1. good news. 2. invitation. 3. invitation card/letter.

नवेला (na ve lA) *adj.* new and handsome, fresh and young. [Fem. नवेली]

नवेली (na ve lee) *f.* young lady.

नवोढ़ (na VORH) *adj.* newly married (man).

नवोढ़ा (na vo RHA) *adj. & f.* newly married woman.

नव्य (navvy) *adj.* 1. new, novel. 2. modern, recent.

नशा (na shA) *m.* intoxication; ~ उखड़ना—इस बात से उसका ~ उखड़ गया It acted as a kill-joy to him. ~ उतरना—उसका ~ उतर गया He is no more under the influence of the intoxicant. ~ उतारना to nullify the effect of intoxication; ~ चढ़ना getting intoxicated; उसे खुशी का ~ चढ़ा था He was drunk with joy. ~ छाना to be under the spell of intoxication; ~ जमना— ~ जम जाने दो Let the intoxicant have its full effect. ~ - पानी intoxicants and concomitants; ~ हिरन होना— ~ हिरन हो गया Gone was the intoxication. नशे में चूर / धुत्त dead-drunk; दौलत का ~ intoxication of wealth.

नशाख़ोर (~ Khor) *adj. & m.* habitually drunk, drunkard, inebriate.

नशाख़ोरी (~ Kho ree) *f.* (habitual) drinking, drunkenness, inebriety.

नशा-पानी (~ - pA nee) *m.* intoxicants and concomitant snacks.

नशाबंदी (~ ban dee) *f.* prohibition.

-नशीन (na sheen) *suffix.* indicating 'one who sits'; पर्दा ~ one who sits (lives) under cover.

नशीला (na shee lA) *adj.* intoxicating, inebriating.

नशेबाज़ (na she bAz) *adj.* addicted to drinking.
m. drunkard.

नशेबाज़ी (~ bA zee) *f.* alcoholism.

नश्तर (nash tar) *m.* lancet, surgical knife; ~ लगाना to lance/operate.

नश्वर (nash shwar) *adj.* 1. mortal, destructible, perishable. 2. transitory, ephemeral, short-lived.

नश्वरता (~ tA) *f.* 1. mortality, destructibility, perishability. 2. transitoriness.

नष्ट (nashT) *adj.* destroyed, ruined, annihilated; ~ कर देना to destroy/ruin/annihilate, to wipe out.

नष्टप्राय (~ prAy) *adj.* almost destoyed/ruined/annihilated/asunder.

नष्ट-भ्रष्ट (~ - bhrashT) *adj.* completely destroyed or ruined.

नस (nas) *f.* vein sinew, nerve, thew; ~ चढ़ना—उसकी ~ चढ़ गई है (i) He has a sprain; (ii) He has an attack of hernia. ~ ढीली होना—उसकी ~ ढीली हो गई है He is completely exhausted. ~ दबना = कोर दबना to be under the thumb; ~ - नस फड़क उठना—उसकी ~-नस फड़क उठी He got excited in his being, all entire; ~-नस में in every pore of the body; घुड़ ~ vital vein of the body near the ankle.

नसबंदी (~ ban dee) *f.* a kind of minor operatien to prevent the release of sperms during ejaculation.

नसल (na sal) *f.* 1. lineage. 2. breed. 3. race.

नसवार (nas vAr) *f.* snuff.

नसीब (na seeb) *m.* destiny fortune, luck; ~ का लिखा what is destined/allotted; ~ खुलना—उसके ~ खुल गए हैं His luck is in. ~ चमकना / जागना = ~ खुलना; ~ टेढ़ा होना—उसका ~ टेढ़ा है He is hard of luck. ~ फूटना—उसका ~ फूट गया Blasted was all his good fortune. ~ सोना—उसका ~ सोया हुआ है His luck is out. ~ न होना—उसे ~ नहीं हुआ He was not destined to have.

नसीबवर (~ var) *adj.* fortunate, lucky.

नसीबा (na see bA) *m.* = नसीब।

नसीबोंजला (na see bõ ja lA) *adj.* ill-fated.

नसीम (na seem) *f.* gentle breeze.

नसीहत (na see hat) *f.* advice, teaching, precept, preaching; ~ देना to advise/ preach.

नसूड़िया (na soo RI YA) *adj.* ill-omened, inauspicious.

नसैनी (na sai nee) *f.* ladder, staircase.

नस्य (nassy) *m.* 1. snuff. 2. the rope passing through the nose of the bullock which is used for driving him.

नहछू (nah choo) *m.* nail-cutting ceremony.

नहर (na har) *f.* canal.

नहरनी (~ nee) *f.* an Indian type of nail-cutter.

नहरी (nah ree) *adj.* of or pertaining to a canal.

नहरीकरण (~ ka raN) *m.* canalization.

नहरुआ (nah ru A) *m.* guinea worm.

नहला (~ lA) *m.* nine of cards; नहले पर दहला देना / लगाना to surpass in tactics, to go one better.

नहलाई (~ ee) *f.* 1. act or state of laving/ bathing, or charges paid for the same. 2. maid who is engaged for laving/ bathing.

नहलाना (nah lA nA) *vt.* to give a bath to somebody, bathe; बच्चे को नहला दो Bathe the baby.

नहान (na hAn) *m.* ablation, bathing.

नहाना (na hA nA) *vi.* to bathe, to take a bath; खेल के बाद मैं पसीने से नहा गया After the play I was bathed with sweat. दूधों नहाओ पूतों फलो May you revel in wealth and progeny.

नहाना-धोना (~ - dho nA) *m.* washing and bathing; वह नहा-धो चुका था He had had his wash and bath.

नहिक (na hik) *adj.* negative.

नहीं (na hee͂) *adv.* 1. a sign of disagreement, no, not; इसमें सच्चाई ~ It lacks truth. ~ के बराबर / समान (i) negligible; मुझमें गणित की योग्यता ~ के बराबर है My capacity for mathematics is negligible. (ii) seldom; वह ~ के समान यहाँ आता है He seldom comes here. ~ तो (i) oh, no; (ii) otherwise; ~ तो न्याय नहीं होगा Otherwise there will be no justice. ~ - नहीं no, no. 2. or, else, otherwise; जाओ, ~ तो मारूँगा Go, otherwise I will beat you. कभी ~ never.

नहीं-नहीं (~ - nahee͂) *interj.* aksed to give negative reply.

नहूसत (na hoo sat) *f.* 1. inauspiciousness. 2. gloominess.

नाँद (nA͂d) *f.* tub, manger.

नाँवाँ (nA͂ vA͂) *m.* = नामा।

ना (nA) *adv.* no.

नाइत्तिफ़ाक़ी (~ it ti FA KEE) *f.* disunity, discord, disagreement.

नाइन (nA in) *f.* 1. barber's wife. 2. woman of the नाई (barber) caste among Hindus.

नाईं (nA ee͂) *adv.* like, as.

नाई (nA ee) *m.* barber.

नाऊ (nA u) *m.* = नाई।

नाक (nAk) *f.* 1. nose, heaven; लंबी ~ वाला (i) long-nosed; (ii) concerted. 2. (fig.) prestige; ~ ऊँची होना—उसकी ~ ऊँची हो गई He added to his prestige/status. ~ कटना losing prestige/position; ~ काटना to dishonour/disgrace; ~ का बाल the blue-eyed boy; ~ की सीध में straight ahead; ~ के ठीक नीचे / पास under (someone's) very nose; ~ घिसना to make a servile entreaty; ~ चढ़ाना to show anger; ~ छिनकना to blow off the nose; ~ तक खाना to eat to the full; (पैसा) ~ पर रखना to pay off readily and boldly; ~ पर मक्खी न बैठने देना to brook no nonsense; ~ पर रहना—गुस्सा उसकी ~ पर रहता है Anger is on the tip of his nose. He is short-tempered. ~ बहना nasal discharge; ~ भौं सिकोड़ना / चढ़ाना to show off annoyance/contempt, to sneer; ~ में दम करना = नाकों दम करना; ~ में बोलना to speak with a nasal tone; ~ रखना to save (someone's) prestige; ~ रगड़ना to make a servile entreaty; ~ रगड़वाना to make someone eat the humble pie; ~ सिनकना = ~ छिनकना; नाकों चने चबाना to knock smoke out of (one's) head; नाकों दम करना to tease the life (out of someone), to pester; पानी ~ तक आना—पानी ~ तक आ गया है Limit to human patience has been reached.

suffix. as in ख़तरनाक, शर्मनाक।

नाक़दरी (nA Kad ree) *f.* 1. lack of appreciation, want of proper respect. 2. humilation.

नाक-नक़शा (nAK - naK shA) *m.* the cut of the face, features; उसका ~ नहीं मिलता He is insufferably highbrow.

नाकवाला (~ VA lA) *adj.* & *m.* prestigious (person); ऊँची / बड़ी ~ highbrow.

नाका (nA KA) *m.* 1. entrance (to fort, city etc.). 2. check-post. 3. eye (of a needle) 4. crocodile.

नाकाफ़ी (nA KA Fee) *adj.* not enough, inadequate, insufficient.

नाक़ाबिल (nA KA bil) *adj.* unfit, undeserving, unworthy.

नाकाम (nA KAm) *adj.* unsuccessful; ~ लौट आना to return empty handed.

नाकामयाब (~ yAb) *adj.* unsuccessful.

नाकामयाबी (~ yA bee) *f.* failure.

नाकामी (nA KA mee) *f.* 1. lack of success, failure. 2. worthlessness.

नाकारा (nA KA rA) *adj.* good-for-nothing, worthless; ~ कर देना/ बना देना to render (someone) useless.

नाकारापन (~ pan) *m.* worthlessness.

नाक़िस (nA Kis) *adj.* 1. defective (object), deficient. 2. worthless (person).

नाकेबंदी (nA ke ban dee) *f.* blockade, siege.

नाक्षत्र (nAk shattr) *adj.* sidereal; ~ वर्ष sidereal year.

नाख़ुदा (nA Khu dA) *adj.* atheistic.

m. boatman.

नाख़ुश (nA Khush) *adj.* displeased, angry.

नाख़ुशी (nA Khu shee) *f.* displeasure.

नाख़ून (nA Khoon) *m.* nail (of the finger).

नाग (nAg) *m.* 1. cobra, snake, serpent; ~ खिलाना to be engaged in hazardous/risky work. 2. elephant.

नागकन्या (~ kan yA) *f.* a female of the Nag caste.

नागपाश (~ pAsh) *m.* a noose-like weapon.

नागफनी (~ pha nee) *f.* a kind of thorny bush, cactus.

नागफेन (~ phen) *m.* 1. saliva of a snake. 2. opium.

नागर (nA gar) *adj.* 1. civil, civic; ~ अधिकार civil rights; ~ उड्डयन civil aviation. 2. urban.

नागराक्षर (nA ga rAk shar) *m.* a letter/character of Nagari alphabet.

नागराज (nAg rAj) *m.* king cobra.

नागरिक (nAg rik, nA ga rik) *adj.* civil; ~ अधिकार civil rights.

m. citizen; भारतीय ~ Indian citizen.

नागरिकता (~ tA) *f.* citizenship.

नागरिक शास्त्र (~ shAshtr) *m.* civics.

नागरिक सेना (~ se na) *f.* militia.

नागरी (nAg ree, nA ga ree) *f.* Devnagari script, Nagari characters.

नागरीकरण (~ ka raN) *m.* transliteration into Nagari characters.

नागवार (nAg VAr) *adj.* unbearable, intolerable.

नागहानी (nAg hA nee) *f.* unexpected and sudden happening.

नागा (nA gA) *m.* 1. one belonging to the Naga tribe. 2. a nude ascetic.

नाग़ा (nA GA) *m.* gap, absence from work; दो हफ़्ते का ~ absence of two weeks.

नागालैंड (nA gA laĩD) *m.* a state in the north-east of India.

नागिन (nA gin) *f.* a 1. female serpent. 2. a line of hair on the back, considered inauspicious.

नागेंद्र (nA gendr) *m.* 1. large snake. 2. big elephant. [नाग+इंद्र]

नागेश (nA gesh) *m.* king of serpents (Hindu mythology). [नाग + ईश]

नागेश्वर (nA gesh shwar) *m.* = नागेश।

नाच (nAc) *m.* dance; ~ नचाना (i) to make (someone) dance to one's tune; (ii) to harass/trouble; नंगा ~ disgraceful/shameless conduct.

नाच-गाना (~ - gA nA) *m.* dancing and singing.

नाच-घर (~ - ghar) *m.* dancing hall.

नाचना (~ nA) *vi.* to dance; किसी की उँगलियों पर ~ to do what somebody demands; नाच उठना—ख़ुशी से नाच उठना to dance with joy/glee/merriment; आँखों के सामने ~ to be vividly present before the inward eyes.

नाचनेवाली (nac ne VA lee) *f.* dancing girl.

नाच-रंग (~ - rang) *m.* dancing and merry-making.

नाचीज़ (nA ceez) *adj.* insignificant, trifling; मुझ ~ को an insignificant person like me, a non-entity like me.

नाज (nAj) *m.* = अनाज।

नाज़ (nAz) *m.* 1. pride, vanity. 2. airs, charming gestures. 3. fondness; ~ उठाना to endure (someone's) coquetish behaviour.

नाज़-नख़रा (~ - naKh rA) *m.* coquetishness; नाज़-नख़रे न मिलना to be insufferably highbrow.

नाज़बरदार (~ bar dAr) *m.* one who dances to the tune of another.

नाज़बरदारी (~ bar dA ree) *f.* act or state of being नाज़बरदार।

नाजायज़ (nA jA yaz) *adj.* 1. illegitimate, illegal; ~ बच्चा bastard. 2. improper, unjust; ~ हरकत improper behaviour.

नाज़िर (nA zir) *m.* 1. chief copyist/writer. 2. a court official, nazir.

नाज़ी (nA zee) *adj.* very cruel, harsh, severe.

m. nazi (German natse).

नाज़ीवाद (~ VAd) *m.* nazism.

नाज़ुक (nA zuk) *adj.* 1. soft, delicate; tender; ~ दिल soft hearted; ~ बदन of a delicate build/constitution. 2. sensitive, vulnerable; ~ जगह / स्थल vulnerable spot. 3. critical; ~ घड़ी critical time/moment. 4. precarious; ~ हालत precarious condition.

नाज़ुकमिज़ाज (~ mi zAj) *adj.* touchy, peevish, irritable.

नाटक (nA Tak) *m.* drama, play, dramatic performance; ~ करना (i) to stage a drama; (ii) to put up a false show; ~ रचना = ~ करना to put up an unreal show.

नाटकबाज़ी (~ bA zee) *f.* exaggerated emotional behaviour, dramatics.

नाटकीय (nA Ta keey) *adj.* 1. dramatic. 2. deliberately affected.

नाटकीयता (~ tA) *f.* showiness, dramatics.

नाटना (nAT nA) *vt.* 1. to negate/refuse. 2. to deny.

नाटा (nA TA) *adj.* dwarfish, short-statured.

नाटिका (nA Ti KA) *f.* short drama.

नाट्य (nAT TY) *m.* = नाटक।

नाट्यकला (~ ka lA) *f.* histrionics, dramatic art.

नाट्यकार (~ KAr) *m.* 1. actor. 2. playwright, dramatist.

नाट्यशाला (~ shA lA) *f.* theatre.

नाट्यशास्त्र (~ shastr) *m.* dramaturgy.

नाट्यशास्त्री (~ shAs tree) *m.* dramaturgist.

नाड़ा (nA RA) *m.* umbilical cord.

नाड़ी (nA Ree) *f.* 1. pulse, nerve, blood vessel; ~ छूटना stopping of the pulse; ~ देखना to feel the pulse. 2. vein, artery.

नाड़ी-व्रण (~ - vraN) *m.* sinus.

नातक़ा (nAt KA) *m.* power of speech; ~ बंद होना becoming speechless.

नाता (nA tA) *m.* relation, relationship; ~ जोड़ना to establish relationship/link; ~ तोड़ना to break off (the relation); ~ रखना to maintain contact.

नाता-गोता (~ - go tA) *m.* family relationship.

नाती (nA tee) *m.* daughter's son. [Fem. नातिन, नतिनी]

नाते, के (ke nA te) *postposition*. 1. due to relationship, status, position. 2. for, on behalf of.

नातेदार (~ dAr) *m.* relative, kinsman.

नातेदारी (~ dA ree) *f.* relationship.

नात्सी (nAt see) *adj.* Nazi.

नात्सीवाद (~ vAd) *m.* Nazism.

नाथ (nAth) *m.* 1. master, Lord. 2. nose-rope.

नाथना (nAth nA) *vt.* 1. to pierce a nostril of a bullock, etc. and pass a string through it for driving. 2. to bring under control. 3. to sew/string together.

नाद (nAd) *m.* 1. sound, esp. musical. 2. noise.

नादपेटी (~ pe Tee) *f.* sound-box.

नादान (nA dAn) *adj.* 1. ignorant. 2. slow to understand, unintelligent.

नादानी (nA dA nee) *f.* 1. ignorance. 2. silliness.

नादिरशाह (nA dir shAh) *m.* Nadir Shah, a tyrannical king of Persia, who invaded Delhi and ordered a general massacre therein.

नादिरशाही (~ shA hee) *adj.* tyrannous, high-handed.
f. tyranny, high-handedness.

नादिरी (nA di ree) *adj.* tyrannical.

नादिहंद (nA di hand) *adj. & m.* defaulting or defaulter in payment.

नान (nAn) *f.* big, thick type of bread.

नानखताई (~ kha tA ee) *f.* a kind of sweet.

नानबाई (~ bA ee) *m.* baker.

नाना (nA nA) *m.* mother's father, maternal grandfather. [Fem. नानी]
adj. varied, divine, different, several; ~ प्रकार का of various sorts; ~ प्रकार से in various ways; ~ रूप / विध manifold, multifarious.

नानार्थ (nA nArth) *adj.* (word) homonym, (object) multi-purpose.

नानी (nA nee) *f.* maternâl grandmother, mother's mother; ~ मरना—यह सुनते ही उसकी ~ मर गई On hearing it he felt lost. वहाँ जाने में तुम्हारी ~ क्यों मरती है Why do you fight shy of going there? ~ याद आना/आ जाना to be in a sad plight.

ना-नुकर (nA - nu kar) *f.* 'no', negative reply.

नाप (nAp) *f.* measure, measurement, dimension.

नाप-जोख (~ - jokh) *f.* 1. measurement. 2. estimation.

नाप-तौल (~ - taul) *f.* weighment, measurement, weight and measure.

नापना (nAp nA) *vt.* to measure; गला ~ to grab by the neck; गला नाप देना to smother.

नापसंद (nA pa sand) *adj.* not to one's liking, unacceptable; यह काम मुझे ~ है Such an act is not to my liking.

नापसंदगी (~ gee) *f.* unacceptability, disapproval.

नापाक (nA pAk) *adj.* impure, unclean, dirty, uncouth.

नापास (nA pAs) *adj.* 1. failed. 2. not accepted. 3. untenable.

नापित (nA pit) *m.* barber.

नाफ़ (nAF) *f.* 1. navel; ~ चलना—उसकी ~ चल गई His navel is dislocated. 2. nucleus.

नाफ़ा (nA FA) *m.* navel of a musk-deer.

नाबदान (nAb dAn) *m.* gutter; ~ का कीड़ा detestable cur; ~ में मुँह डालना to stoop down to a very low level.

नाबालिग़ (nA bA liG) *adj.* minor, underage.

नाबालिग़ी (~ li Gee) *f.* minority (in age).

नाभि (nA bhi) *f.* navel, hub; मृग ~ musk.

नाभिक (nA bhik) *adj.* nuclear; ~ ऊर्जा nuclear energy.
m. nucleus.

नाभिकीय (nA bhi keey) *m.* = नाभिक।

नामंजूर (nA man zoor) *adj.* 1. disallowed. 2. rejected, not accepted. 3. refused.

नामंजूरी (~ zoo ree) *f.* rejection, disapproval, refusal.

नाम (nAm) *m.* 1. name; ख़ुदा के ~ पर in the name of god. 2. reputation, fame; ~ उछलना to be calumniated, to earn notoriety; ~ उछालना to calumniate; ~ उठ जाना—उसका ~ ही उठ गया है Even his name has been frogotten/ obliterated. ~ कट जाना—उसका ~ कट गया है His name has been struck off (the rolls). ~ कमाना to earn a name; ~ करना to establish a good name; ~ काटना to strike off (someone's) name; ~ के लिए (i) for the sake of a name; (ii) in name only, nominally; ~ को = ~ के लिए; ~ को भी नहीं not even an iota/a trace; ~ घसीटना to drag in (someone's) name; ~ चमकना—उसका ~ चमक रहा है His name stands high. ~ चलना—उसका ~ चल रहा है His name (still) lives. ~ डालना to debit against (someone); ~ डुबोना to bring into ill repute/infamy; ~ धरना to give (someone) a bad name; ~ न लेना— (i) वह रुपया लौटाने का ~ नहीं लेता He does not even talk of repayment. (ii) उसका ~ मत लो No mention of his name, please. ~ निकलना—उसका ~ निकल गया है His name has become a byword. ~ पड़ना (i) to be debited to the name of; (ii) to be nicknamed. ~ पर मर मिटना to die for the sake of a name; ~ पैदा करना to earn a name; ~ बदनाम करना to defame; ~ बदनाम होना to be defamed, to bring a bad name; ~ बिकना—उसका ~ बिकता है His name sells (like hot cakes). ~ मात्र का titular; ~ मात्र को / के लिए nominally; ~ मिट जाना—उसका ~ मिट गया है His name has been erased from the book of fame. ~ रखना to denominate; ~ लगना to be (needlessly) blamed; ~ लगाना to throw the blame (on someone); (किसी का) ~ लिखना to enlist/enroll (someone); उसका ~ लेना भी पाप है His name is taboo. ~ निशान बाक़ी न रहना—उसका ~ निशान तक बाक़ी नहीं रहा Even his name has been erased. ~ होना—तुम्हारा ~ होगा You will get a good name.

नामक (nA mak) *adj.* bearing/having the name, called.

नामकरण (nAm ka raN) *m.* ceremony of naming a child, denomination, nomenclature.

नाम-चढ़ाई (nAm - ca RhA ee) *f.* getting (one's) name enrolled.

नामज़द (nAm zad) *adj.* nominated; ~ करना to nominate.

नामज़दगी (~ gee) *f.* nomination; ~ का पर्चा nomination paper.

नाम-धातु (nAm - dhA tu) *m.* denominative verb.

नामधारी (~ dhA ree) *adj.* bearing the name, named.

नाम-पट्ट (~ - paTT) *m.* 1. signboard. 2. nameplate

नामराशि (~ rA shi) *adj.* & *m.* namesake.

नामर्द (nA mard) *adj.* 1. impotent 2. effeminate.

नामर्दी (nA mar dee) *f.* 1. impotence, impotency, effeminacy. 2. (fig.) cowardice.

नामलिखाई (nAm li khA ee) *f.* enrolment.

नामलेवा (~ le vA) *m.* heir.

नामवर (~ var) *adj.* famous, renowned, reputed.

नामवरी (~ va ree) *f.* fame, renown, repute.

नामविहीन (~ vi heen) *adj.* nameless.

नामांकन (nA mAṅ kan) *m.* nomination; ~ पत्र nomination paper. [नाम + अंकन]

नामांकित (nA mAn kit) *adj.* nominated; ~ करना to nominate.

नामांतर (nA mAn tar) *m.* alias, second name.

नामांतरण (nA mAn ta raN) *m.* change of name, mutation.

नामा (nA mA) *m.* 1. cash money. 2. letter.

नामाक़ूल (nA mA kool) *adj.* undesirable/ unworthy (person).

नामावली (nA mA va lee) *f.* nomenclature.

नामिका (nA mi kA) *f.* panel (of names).

नामी (nA mee) *adj.* famous; ~ गिरामी renowned, reputed.

नामुआफ़िक़ (nA mu A fik) *adj.* 1. unsuitable. 2. unfavourable.

नामुनासिब (nA mu nA sib) *adj.* improper, wrong.

नामुमकिन (nA mum kin) *adj.* utterly impossible, not feasible.

नामुराद (nA mu rAd) *adj.* 1. whose aspirations have not been fulfilled. 2. unlucky, unfortunate.

नामे-बाक़ी (nA me - bA kee) *f.* debit balance.

नामोनिशान (nA mo ni shAn) *m.* trace, mark; ~ मिट जाना / बाक़ी न रह जाना to have no trace/mark left behind.

नाम्ना (nAm nA) *adj.* bearing/having the name; कृष्ण ~ व्यक्ति a person named Krishna, a person Krishna by name.

नायक (nA yak) *m.* 1. leader, chief. 2. hero.

नायन (nA yan) *f.* 1. barber's wife. 2. woman of the barber caste among Hindus.

नायब (nA yab) *adj.* deputy; ~ तहसीलदार deputy tehsildar, deputy collector of revenue.

नायबी (nAy bee) *f.* office, status, etc., of a नायब।

नायाब (nA yAb) *adj.* 1. not easily available. 2. excellent, of a very high quality.

नायिका (nA yi kA) *f.* 1. heroine (of a story, novel etc.). 2. damsel, belle.

नायिका-भेद (~ - bhed) *m.* classification of heroines in Indian literature.

नारंगी (nA raṅ gee) *f.* orange.

नारकी (nAr kee) *adj.* = नारकीय।

नारकीय (nAr keey) *adj.* hellish, diabolical.

नारा (nA rA) *m.* 1. slogan; ~ देना to provide/ give a slogan; ~ लगाना to raise a slogan, to sloganeer. 2. (पाजामे का) tape (for fastening trousers).

नाराज़ (nA rAz) *adj.* displeased, angry; तुम इतने ~ क्यों हो Why are you to angry?

नाराज़गी (~ gee) *f.* displeasure, anger.

नारायण (nA rA yaN) *m.* Lord Vishnu.

नारियल (nA ri yal) *m.* coconut; ~ की जटा coir.

नारी (na ree) *f.* woman.

नारी-जगत (~ - ja gat) *m.* women's world.

नारी-धर्म (~ - dharm) *m.* duty of a woman.

नारू (nA roo) *m.* louse.

नारेबाज़ (nA re bAZ) *m.* sloganeer, slogan-monger.

नारेबाज़ी (~ bA zee) *f.* sloganeering.

नाल (nal) *f.* 1. pedicel, tubular stalk. 2. tube. 3. barrel of a gun. 4. weaver's spindle. 5. navel string. 6. horse-shoe. 7. ring of stone used for weight lifting. 8. charges realised by the owner of a gambling den.

नाल-कटाई (~ - ka TA ee) *f.* act or state of cutting the navel string of a new-born child, or wages paid therefor.

नालबंद (~ band) *m.* farrier.

नालबंदी (~ ban dee) *f.* act of fixing a horse-shoe to the shoes or the feet of a horse, calling of a farrier.

नाला (nA lA) *m.* 1. big drain, gutter. 2. rivulet, water-course, water-channel.

नालायक़ (nA lA yaK) *adj.* unfit, worthless, incapable, unworthy.

नालायक़ी (nA lA ya Kee) *f.* 1. unfitness, worthlessness, incapability, unworthiness. 2. improper act, misdeed.

नालिश (nA lish) *f.* lawsuit, complaint, report; ~ करना to file a lawsuit.

नाली (nA lee) *f.* drain, sewer.

नाव (nAW) *f.* boat, ferry; ~ का पुल ferry bridge; ~ खेना / चलाना to row a boat.

नाविक (nA vik) *m.* boatman, sailor.

नाश (nAsh) *m.* annihilation, destruction, ruination; जुए से उसका नाश हुआ Gambling was his destruction.

नाशक (nA shak) *adj.* causing destruction, ruinous, destructive.
m. destroyer.

नाशकारी (nAsh KA ree) *adj.* destructive, devastating.

नाशन (nA shan) *m.* destroying, ruining, killing.

नाशपाती (nAsh pA tee) *f.* pear.

नाशवाद (~ VAd) *m.* nihilism.

नाशवादी (~ VA dee) *m.* nihilist.
adj. nihilistic.

नाशवान, नाशवान् ((~ VAn) *adj.* perishable.

नाशी (nA shee) *adj.* = नाशक।

नाश्ता (nAsh tA) *m.* breakfast, refreshment; ~ करना to eat breakfast; नाश्ते पर बुलाना to invite (someone) on breakfast.

नास (nAS) *f.* snuff.

नासदानी (~ dA nee) *f.* snuffcase.

नास-पीटा (~ - pee TA) *adj.* totally worthless, good-for-nothing (fig.).

नासमझ (nA sa majh) *adj.* 1. innocent; ~ बच्चा innocent child. 2. unintelligent, lacking in understanding/intelligence, dull.

नासमझी (nA sam jhee) *f.* 1. lack of understanding/intellingence. 2. foolish act.

नासा (nA SA) *f.* 1. nose. 2. nostril.

नासाज़ (nA SAZ) *adj.* out of sorts.

नासिका (nA si KA) *f.* nose.

नासिक्य (nA sikky) *adj.* nasal, pertaining to the nose; ~ ध्वनि nasal sound.

नासूर (nA soor) *m.* sinus, fistula; ~ हो जाना to have a constant trouble/nuisance.

नास्तिक (nAS tik) *m.* one who disbelieves in the existence of God, atheist.
adj. atheistic.

नास्तिकता (~ tA) *f.* the belief that God does not exist, atheism.

नास्तिवाद (nAS ti VAd) *m.* atheism.

नास्य (nassy) *adj.* nasal, pertaining to the nose.

नाह (nAh) *m.* = नाथ।

नाहक़ (nA haK) *adv.* in vain, to no purpose; मुझे ~ बुलाया गया I was called for nothing/ to no purpose.

नाह-नूँह (nAh - nŏŏh) *f.* negation, expression of reluctance.

नाहर (nA har) *m.* 1. lion. 2. lion-hearted person.

निंदक (nin dak) *m.* backbiter, slanderer, calumniator.

निंदना (nind nA) *vt.* to backbite/abuse/ defame.

निंदनीय (nin da neey) *adj.* censurable, opprobrious, reprehensible, condemnable.

निंदा (nin dA) *f.* backbiting, censure, slander, opprobrium, reproof; ~ करना to talk ill, to backbite.

निंदा-प्रस्ताव (~ - pras tAV) *m.* censure motion.

निंदा-स्तुति (~ - stu ti) *f.* censure and praise.

निंद्य (nindy) *adj.* censurable, contemptible, damnable.

नि: (nih) *pref.* denoting negation.

नि:शंक (~ shańk) *adj.* fearless, dauntless.

नि:शब्द (~ shabd) *adj.* 1. speechless, silent (person). 2. without sound (place).

नि:शुल्क (~ shulk) *adj.* without any charge/ fee, free.

नि:शेष (~ shesh) *adj* 1. without any remainder/residue. 2. whole, entire. 3. complete all-round, exhaustive.

नि:श्वास (~ shwAS) *m.* expiration, breathing out.

नि:संकोच (~ sań koc) *adv.* also; ~ होकर unhesitatingly, boldly.

नि:संदेह (~ san deh) *adv.* without doubt, indubitably, certainly; वह ~ डाकू था He was indubitably a dacoit.

नि:स्पंद (~ spand) *adj.* motionless, still.

नि:स्पृह (~ sprih) *adj.* 1. above all desires. 2. selfless; ~ सेवक selfless servant.

नि:स्वार्थ (~ swArth) *adj.* selfless, unselfish; ~ भाव से seflessly.

नि:स्वार्थता (~ tA) *f.* selflessness, unselfishness.

नि (ni) *pref.* denoting down, in, into, within etc.

निअराना (ni a rA nA) *vi.* to come near.

निआमत (ni A mat) *f.* = नियामत।

निकट (ni kaT) *adj.* proximate, near, close; ~ पूर्व Near East; ~ संबंधी near relative/ relation.

adv. near; ~ से देखना to observe from close quarters.

निकट, के (ke ni kaT) *postposition.* close to, near.

निकटतम (~ tam) *adj.* nearest; ~ स्टेशन कहाँ है Where is the nearest station?

निकटता (~ tA) *f.* nearness, proximity.

निकटवर्ती (~ var tee) *adj.* situated near, close-at-hand, adjacent, adjoining.

निकटस्थ (ni ka Tasth) *adj.* immediate, adjacent.

निकम्मा (ni kam mA) *adj.* 1. idle, inert. 2. good-for-nothing, worthless.

निकम्मापन (~ pan) *m.* idleness.

निकर (ni kar) *m.* half-pants, shorts.

निकल (ni kal) *m.* nickel.

निकलना (~ nA) *vi.* 1. to come out; कहाँ के लिए निकले हो Where are you off to? घर से बाहर ~ to come out of the house. चार बजे जुलूस निकलेगा The procession will proceed at four. 2. to rise; सूरज ~ rising of the Sun; दिन ~ dawn of day. 3. to appear; तारे ~ appearance of stars.

4. to pass; गाड़ी निकल गई The train has passed. समय निकल गया The time has gone. 5. to pass out, to turn out; वह चोर निकला He has turned out to be a thief. वह मेरा यार निकला He happened to be an old friend of mine. 6. to prove; निकम्मा ~ to prove to be worthless. 7. to be subtracted; निकल आना—उसका पेट निकल आया है His tummy has bulged out. निकल जाना—घर से निकल जाना to leave the house (for good); निकल पड़ना to get/go out; निकल पाना—सवाल न निकल पाया The sum could not be solved. निकल भागना to escape out, to elope; गर्मी निकल जाना to lose warmth; अर्थ ~ —इसका अर्थ यह निकलता है It means that. काम ~ —अब काम निकल गया है The work is now over. दम ~/ प्राण ~ to expire; उसका पैसे के नाम पर दम निकलता है He clings to money like life itself. नाम ~ —उसका नाम निकल गया है He has earned a bad name. निष्कर्ष ~ —निष्कर्ष यह निकलता है This conclusion follows. नतीजा ~ — (i) नतीजा निकल गया The result is out; (ii) नतीजा यह निकला The conclusion is. पुस्तक~ publication of book; बाक़ी ~ —बाक़ी कुछ नहीं निकलता No dues. बात ~ —बात निकल गई The matter has leaked out. माता ~ appearance of smallpox.

निकलवाना (~ VA nA) *vt.* causative of निकालना।

निकष (ni kash) *m.* 1. touchstone. 2. criterion.

निकाय (ni KAY) *m.* 1. body; शासी ~ governing body. 2. system; ग्रह ~ planetary system.

निकालना (ni KAl nA) *vt.* 1. to take or draw out. 2. to bring out or publish; अख़बार ~ to publish a newspaper. 3. to find; दोष ~ to find fault. 4. to dismiss; नौकरी से ~ to dismiss (someone) from service. 5. to put away, banish; दिमाग़ से ~ to banish from the mind. 6. to cause to be issued, as a summons. 7. to solve, as a question; निकाल देना to expel; निकाल बाहर करना to oust; निकाल रखना to keep in reserve.

निकाला (ni KA lA) *m.* expulsion, banishment; as in देश- ~ exile; act of coming out.

निकास (ni KAS) *m.* 1. act or state of coming out. 2. source of income. 3. outlet, egress. 4. exit. 5. exhaust; ~ पंखा exhaust fan.

निकासी (ni KA see) *f.* 1. act or state of coming or giong out; ~ पत्र transit pass. 2. manufacture and sale of goods. 3. income. 4. toll. 5. clearance.

निकाह (ni KAh) *m.* marriage (Muslim).

निकुंज (ni kunj) *m.* bower, arbour, grove, thicket.

निकृष्ट (ni krishT) *adj.* 1. very inferior, of a low order, worse, worthless. 2. vile, base.

निकृष्टता (~ tA) *f.* state or quality of being निकृष्ट, lowliness, worthlessness.

निकेतन (ni ke tan) *m.* residence, abode.

निकोटना (ni KOT nA) *vt.* to pinch with the nails.

निक्का (nik KA) *adj.* 1. tiny, dwarfish. 2. younger.

निक्षिप्त (nik shipt) *adj.* 1. thrown out. 2. abandoned. 3. deposited. 4. consigned, pledged.
m. parenthetical clause.

निक्षिप्त उपवाक्य (~ up VAK ky) *m.* parenthetical clause.

निक्षेप (nik shep) *m.* 1. throwing out. 2. despatch. 3. thing despatched. 4. deposit. 5. pledge, consignment.

निक्षेपण (nik she pAN) *m.* act or state of throwing out.

निखट्टू (ni khaT TOO) *adj.* 1. (one) who earns nothing, jobless, unemployed. 2. unoccupied, idler.

निखट्टूपन (~ pan) *m.* state or quality of being निखट्टू।

निख़रचे (ni Khar ce) *adv.* without any charge for freight, postage, etc.

निखरना (ni khar nA) *vi.* to brighten up, to blossom out; उसका रंग निखर् आया Her complexion brightened up. उसका रूप तो अब जाकर निखरा है It is now that she has come out in her glamour.

निखरवाना (~ vA nA) *vt.* causative of निखारना।

निखार (ni khAr) *m.* lustre, brightening up, blossoming out, elegance; उसकी जवानी पर ~ आया है Her youth has blossomed out.

निखारना (~ nA) *vi.* to clean/cleanse.

निख़ालिस (ni KhA lis) *adj.* = ख़ालिस।

निखिल (ni khil) *adj.* entire, whole, all.

निखुटना (ni khuT nA) *vi.* to be exhausted, to fall short.

निगंदना (ni gand nA) *vi.* to sew (provisionally) with long stitches.

निगड़ (ni gaR) *m.* fetters.

निगम (ni gam) *m.* 1. corporation. 2. Vedas.

निगमन (ni ga man) *m.* 1. deduction. 2. incorporation.

निगमित (ni ga mit) *adj.* 1. deduced. 2. incorporated.

निगमागम (ni ga mA gam) *m.* (Hindu) holy scriptures.

निगमीकरण (ni ga mee ka raN) *m.* act of incorporating, incorporation.

निगरानी (nig rA nee) *f.* 1. vigil, surveillance, supervision; कड़ी ~ strict watch; ~ करना/रखना to watch/guard. 2. custody; ~ में देना to keep under (someone's) custody.

निगलना (ni gal nA) *vi.* to swallow up, to gulp down.

निगाली (ni gA lee) *f.* smoking pipe (of a हुक्का).

निगाह (ni gAh) *f.* 1. eyesight. 2. vision. 3. watch, guard; आपकी ~ चाहिए Your kind consideration is solicited. ~ टेढ़ी करना to frown; ~ दौड़ाना to cast a hurried glance; ~ न ठहरना—उस पर निगाहें नहीं ठहरतीं It is too dazzling for the eyes. ~ दौड़ाना to look (into); ~ पहचानना to read out through the eyes; ~ पर चढ़ना to rise in the estimation; ~ मारना to give a wink; ~ रखना to keep an eye on; ~ से उतरना / गिर जाना to be lowered in one's estimation; ~ से चूक जाना to be passed over due to oversight; निगाहें चार होना meeting of the eyes; निगाहें चुराना to avoid meeting; निगाहें फिर जाना—उसकी निगाहें फिर गई हैं He has changed his attitude (for the worse). निगाहें मिलना meeting of the eyes; निगाहें मिलाना to exchange glances; निगाहें न मिलाना = निगाहें चुराना; निगाहें लड़ना ogling (of the eyes); निगाहें लड़ाना to ogle; निगाहों में बैठना to give a place in (one's) eyes/heart; उसकी निगाहों में जादू है There is magic in his eyes. टेढ़ी ~ frowning look.

निगुरा (ni gu rA) *adj.* uninitiated.

निगूढ़ (ni gooRh) *adj.* 1. abstruse, obscure. 2. latent, secret, hidden.

निगूढ़ार्थ (ni goo RhArth) *m.* hidden/subtle meaning.

निगोड़ा (ni go RA) *adj.* & *m.* idler, lazy, worthless.

निग्रह (nig grah) *m.* 1. restraint. 2. self-control.

निघरा (ni gha rA) *adj.* homeless.

निचय (ni cay) *m.* 1. collection. 2. fund.

निचला (nic lA) *adj.* lowly, lower; निचली सीट lower seat.

निचाई (ni cA ee) *f.* 1. lowness. 2. depth. 3. meanness.

निचान (ni cAN) *f.* slope, state of being low.

निचुड़ना (ni cuR nA) *vi.* to be squeezed; निचुड़ा हुआ squeezed.

निचोड़ (ni coR) *m.* epitome, extract, essence; बातों का ~ sum and substance, gist.

निचोड़ना (~ nA) *vt.* to squeeze/wring/extort.

निचौहाँ (ni cau hÃ) *adj.* 1. bent (downward), inclined. 2. tending to go down.

निछत्र (ni chatr) *adj.* dethroned.

निछल (ni chal) *adj.* void of any trick or stratagem.

निछावर (ni chA var) *f.* 1. something (sply. coins) offered for warding off evil influences. 2. sacrifice; ~ करना to offer for sacrifice; ~ देना to offer a निछावर; ~ होना to sacrifice (oneself).

निज (nij) *adj.* own; ~ का one's own, personal.

निजवाचक (~ vA cak) *adj.* reflexive; ~ सर्वनाम reflexive pronoun.

निज़ाम (ni zAm) *m.* 1. Nizam (title of the ruler of the state of Hyderabad.) 2. administration, management. 3. order.

निजी (ni jee) *adj.* 1. own. 2. personal; ~ तौर पर in a personal capacity; ~ सहायक personal assistant. 3. private; ~ उद्योग private industry; ~ क्षेत्र private sector; ~ संपत्ति private property.

निजीकरण (ni jee karaN) *m.* privatization, denationalization; ~ करना to privatize, denationalize.

निजीकृत (~ krit) *adj.* privatized.

निठल्ला (ni Thal lA) *adj & m.* 1. idler, lazy. 2. unemployed, lounger; ~ बैठना to sit idly.

निठल्लापन (~ pan) *m.* 1. laziness, idleness. 2. unemployment.

निठुर (ni Thur) *adj.* hard-hearted, cruel.

निठुरता (~ tA) *f.* hard-heartedness, cruelty.

निठुराई (ni Thu rA ee) *f.* = निठुरता।

निडर (ni Dar) *adj.* fearless, undaunted.

निडरपन (~ pan) *m.* fearlessness, undauntedness.

निढाल (ni DhAl) *adj.* exhausted (with fatigue or due to some other cause), languid.

नितंब (ni tamb) *m.* buttocks, hips.

नित (nit) *adv.* daily (नित्य), every day; ~ नित almost every day.

नितांत (ni tAnt) *adj.* 1. excessive, extreme; पैसे का ~ अभाव extreme want of money. 2. absolute, downright; ~ बर्बर downright brutal; ~ मूढ़ absolute idiot.

नित्य (nitty) *adv.* 1. every day. 2. always. *adj.* daily; ~ काम daily routine.

नित्यकर्म (~ karm) *m.* ceremonial routine.

नित्यक्रिया (~ kri yA) *f.* ablution.

नित्यचर्या (~ car yA) *f.* daily routine.

नित्यता (~ tA) *f.* eternity, permanence.

नित्यनियम (~ ni yam) *m.* eternal rule.

नित्यप्रति (~ pra ti) *adv.* almost daily.

नित्यश: (~ shah) *adv.* almost daily.

नित्यसंबंध (~ sam bandh) *m.* perpetual/permanent relation.

निथरना (ni thar nA) *vi.* to be decanted/purified.

निथार (ni thAr) *m.* 1. decantation. 2. decanted substance (liquid).

निथारना (~ nA) *vt.* 1. to purify by decanting. 2. to filter (water).

निदरना (ni dar nA) *vt.* 1. to insult/humiliate. 2. to neglect/ignore.

निदर्शक (ni dar shak) *adj.* illustrating.
m. illustrator.

निदर्शन (ni dar shan) *m.* illustration, example.

निदर्शित (ni dar shit) *adj.* illustrated, exemp- lified.

निदान (ni dAn) *m.* 1. diagnosis. 2. end. 3. conclusion.
adv. at last, in the end.

निदानगृह (~ grih) *m.* clinic.

निदानज्ञ (ni dA naggy) *m.* diagnostician.

निदानशाला (~ shA lA) *f.* clinic.

निदान-शास्त्र (ni dAn - shAstr) *m.* diagnostics.

निदेश (ni desh) *m.* 1. direction. 2. directive. 3. instruction.

निदेशक (ni de shak) *adj.* directive; ~ तत्त्व directive principles, guidelines.
m. director.

निदेशक मंडल (~ maN Dal) *adj.* board of directors.

निदेशन (ni de shan) *m.* direction; ~ करना to direct.

निदेशात्मक (ni de shAt mak) *adj.* directional.

निदेशालय (ni de shA lay) *m.* directorate; हिंदी ~ Hindi Directorate.

निदेशिका (ni de shi kA) *f.* directory.

निदेशित (ni de shit) *adj.* directed; ~ करना to direct.

निद्रा (nid drA) *f.* sleep, slumber.

निद्रालस (~ las) *m.* drowsiness, sleepiness.

निद्रालु (~ lu) *adj.* sleepy, drowsy, slumberous.

निद्रित (nid drit) *adj.* sleeping, asleep; ~ अवस्था में while sleeping/asleep.

निधड़क (ni dha Rak) *adj.* fearless, undaunted; बोलने में ~ fearless/undaunted in speaking.
adv. 1. fearlessly, undauntedly. 2. unhesitatingly; अंदर ~ चले जाओ Get inunhesitatingly; ~ होकर unhesitatingly.

निधन (ni dhan) *m.* demise, decease, death.

निधान (ni dhAn) *m.* store, reservoir; कृपा ~/ दया ~ benevolent, merciful.

निधि (ni dhi) *f.* 1. fund; रक्षा ~ defence fund. 2. treasure; करुणा ~ treasure house of compassion.

निनाद (ni nAd) *m.* 1. sound (especially loud). 2. humming sound.

निनादित (ni nA dit) *adj.* full of sound. echoing, resonant.

निनावाँ (ni nA vÃ) *m.* thrush, a disease of the mouth.

निन्यानबे (nin nyAn be) *adj. & m.* ninety-nine, 99; ~ का चक्कर / फेर engrossment in the acquisition of wealth, craze for augmenting one's wealth.

निपट (ni paT) *adj.* absolutely; ~ गँवार absolutely rustic.

निपटना (~ nA) *vi.* 1. to be finished off; काम निपट गया The work is finished cff. 2. to be free after some work. 3. to settle accounts; हिसाब निपट जाना settlement of accounts; (किसी से) निपट लेना to settle accounts with. 4. to evacuate.

निपटान (nip TAn) *m.* evacuation; ~ देना to evacuate.

निपटाना (~ TA nA) *vt.* to dispose of, to settle; काम निपटा देना to dispose of the work.

निपटारा (~ TA rA) *m.* settlement, disposal; झगड़े का ~ settlement of a quarrel/

wrangle; मामले का ~ disposal of a matter.

निपत्र (ni pattr) *adj.* without or bereft of leaves.

निपात (ni pAt) *m.* 1. fall, degradation, ruin. 2. destruction. 3. death. 4. particle. (Gram.)

निपुण (ni puN) *adj.* adept, proficient, skilful, expert, dextrous.

निपुणता (~ tA) *f.* efficiency, proficiency, skill, sagacity, acumen.

निपूता (ni poo tA) *adj.* issueless, childless.

निपूती (ni poo tee) *f.* woman having no issue.

निपोरना (ni por nA) *vt.* दाँत ~ to show one's teeth (being unable to reply).

निबंध (ni bandh) *m.* essay, treatise.

निबंधक (ni ban dhak) *m.* registrar.

निबंधन (ni ban dhan) *m.* 1. tying/joining/fastening together. 2. registration.

निब (nib) *f.* nib.

निबटना (ni baT nA) *vi.* = निपटना।

निबटाना (nib TA nA) *vt.* = निपटाना।

निबद्ध (ni baddh) *adj.* 1. tied/joined/fastened together. 2. registered.

निबल (ni bal) *adj.* = निर्बल।

निबाह (ni bAh) *m.* = निर्वाह।

निबाहना (~ nA) *vt.* = निभाना।

निबिड़ (ni biR) *adj.* = निविड़।

निबेड़ना (ni beR nA) *vt.* to dispose of, to settle; पहले अपनी निबेड़ लो Solve your problems first.

निबेड़ा (ni be RA) *m.* disposal, settlement, solution.

निभना (nibh nA) *vi.* to have a comfortable or friendly relationship with somebody; (i) यह काम तुमसे निभेगा नहीं You will not be able to carry out this work. (ii) हमारी तो उन से निभ गई We have pulled on well with each other.

निभाना (ni bhA nA) *vt.* 1. to fulfil (one's) responsibility/duty/order/promise. 2. to get along, to carry on/pull on; वे एक दूसरे से निभा नहीं पाते They do not get along with each other.

निभाव (ni bhAw) *m.* 1. act or state of निभाना। 2. = निर्वाह।

निमंत्रण (ni man traN) *m.* invitation.

निमंत्रण-पत्र (~ - pattr) *m.* invitation card, letter of invitation.

निमंत्रित (ni man trit) *adj.* invited; ~ करना to invite.

निमकी (nim kee) *f.* 1. lemon-pickle. 2. fried salty smallish snacks.

निमकौड़ी (nim kau Ree) *f.* seed of नीम (margosa) tree.

निमग्न (ni magn) *adj.* 1. immersed, submerged. 2. absorbed, engrossed; विचारों में ~ engrossed in thoughts.

निमज्जन (ni maj jan) *m.* 1. bathing. 2. immersion, submersion.

निमज्जित (ni maj jit) *adj.* 1. bathed. 2. immersed, submerged.

निमित्त (ni mitt) *m.* 1. cause, reason. 2. purpose.

निमित्त, के (ke ni mitt) *postposition.* for, for the sake of; नामवर के निमित्त for the sake of Namvar (famous critic).

निमिष (ni mish) *m.* 1. blinking (of an eye), twinkle. 2. time taken in the twinkling of an eye, jiffy.

निमीलन (ni mee lan) *m.* winking.

निमीलित (ni mee lit) *adj.* closed, shut up.

निमेष (ni mesh) *m.* = निमिष, winking.

निमोनिया (ni mo ni yA) *m.* pneumonia.

निम्न (nimn) *adj.* 1. low; ~ रक्त चाप low blood pressure; ~ वर्ग low class. 2. under.

निम्नगा (~ gA) *f.* river.

निम्नलिखित (~ li khit) *adj.* undermentioned, following.

निम्नांकित (nim nań kit) *adj.* undermentioned, following. [निम्न+अंकित]

नियंतव्य (ni yan tavvy) *adj.* that can be/should be put under control.

नियंता (ni yan tA) *m.* 1. controller. 2. Supreme Controller, God.

नियंत्रक (ni yan trak) *m.* controller.

नियंत्रण (ni yan traN) *m.* control, rustraint; इस बच्चे को ~ में रखना चाहिए Keep the child under control. खाद्य ~ food control.

नियंत्रण-रेखा (~ - re khA) *f.* line of control.

नियंत्रित (ni yan trit) *adj.* controlled, restrained; ~ करना to control; ~ मूल्य controlled price.

नियत (ni yat) *adj.* 1. destined, fated. 2. prescribed, specified. 3. appointed, posted, allotted.

नियतन (ni ya tan) *m.* allotment, fixation.

नियति (ni ya ti) *f.* destiny, fate; ~ का खेल trick of destiny.

नियतिवाद (~ VAd) *m.* determinism.

नियतिवादी (~ VA dee) *adj.* deterministic. *m.* determinist.

नियम (ni yam) *m.* 1. rule; खेल के ~ rules of the game. 2. usual practice; ~ से regularly; मैं ~ से वहाँ जाता हूँ I go there regularly.

नियमत: (~ tah) *adv.* 1. as a rule. 2. according to rule/law. 3. formally.

नियमन (ni ya man) *m.* act of regulating/controlling.

नियमबद्ध (ni yam baddh) *adj.* 1. systematized. 2. regulated. 3. regularized. 4. strict.

नियम विरुद्ध (~ vi ruddh) *adv.* & *adj.* contrary to law, illegal.

नियमानुकूल (ni ya mA nu kool) *adj.* & *adv.* according to rule.

नियमानुसार (ni ya mA nu SAr) *adv.* as per rule.

नियमानुसार, के (ke ni ya mA nu SAr) *post-position.* according to the rule.

नियमावली (ni ya mA va lee) *f.* manual (of rules and regulations), set of rules.

नियमित (ni ya mit) *adj.* regulated, regular; ~ रूप से (i) regularly; (ii) according to rule; ~ करना (i) to regulate; (ii) to regularise; (iii) to prescribe.

नियमितता (~ tA) *f.* the state of being regular, regularity.

नियमी (ni ya mee) *adj.* & *m.* (one) who leads a regulated life.

नियाज़ (ni yAz) *m.* grace, favour.

नियामक (ni yA mak) *adj.* regulating, regulative.
m. one who lays down rules, regulator.

नियामत (ni yA mat) *f.* blessing, boon, bounty, favour, benevolence.

नियुक्त (ni yukt) *adj.* 1. appointed. 2. posted, engaged, employed. 3. authorised.

नियुक्ति (ni yuk ti) *f.* 1. appointment. 2. posting, employment.

नियोक्ता (ni yok tA) *m.* employer.

नियोजक (ni yo jak) *m.* 1. employer, appointing authority. 2. planner.

नियोजन (ni yo jan) *m.* 1. act of employing. 2. planning.

नियोजनालय (ni yo ja nA lay) *m.* employment exchange/bureau.

नियोजित (ni yo jit) *adj.* 1. employed 2. planned; ~ करना to employ.

नियोज्य (ni yojjy) *adj.* 1. employable. 2. which can be planned.

निर् (nir) *prefix.* without; निरंतर (निर्+अंतर) without break/continuous.

निरंक (ni raṅk) *adj.* blank, unmarked; ~ चेक blank cheque. [निर् + अंक]

निरंकुश (ni raṅ kush) *adj.* 1. unrestrained, absolute; ~ सत्ता absolute power. 2. despotic; ~ शासक despot.
m. despot. [निर् + अंकुश]

निरंकुशता (~ TA) *f.* state of being unrestrained, absolutism, despotism.

निरंकुश शासन (~ shA san) *m.* despotic rule/despotism.

निरंजन (ni ran jan) *adj.* 1. (eyes or person) without collyrium. 2. untainted, faultless, spotless, unstained.
m. The Supreme Being, God.

निरंतर (ni ran tar) *adj.* continual, continuous; ~ चलनेवाला continuous walker; ~ होनेवाली वर्षा continual rain.
adv. incessantly, continuously, non-stop; ~ दौड़ना running continuously.

निरंतरता (~ TA) *f.* continuity, non-interruption.

निरक्षर (ni rak shar) *adj.* illiterate, unlettered, uneducated. [निर् + अक्षर]

निरक्षर भट्टाचार्य (~ bhat TA CAry) *m.* totally illiterate fellow.

निरखना (ni rakh NA) *vt.* 1. to behold/view/see/look. 2. to examine.

निरगुनी (nir gu nee) *adj.* = निर्गुण।

निरत (ni rat) *adj.* engrossed, absorbed.

निरनुनासिक (ni ra nu NA sik) *adj.* non-nasal, pronounced without a nasal touch.

निरन्न (ni rann) *adj.* 1. without food, hungry, 2. without cereals.

निरपराध (ni ra pa rAdh) *adj.* innocent, guiltless, not guilty. [निर् + अपराध]

निरपवाद (ni ra pa vAd) *adj.* without exception; ~ रूप से without exception.

निरपेक्ष (ni ra peksh) *adj.* 1. absolute; ~ मान absolute value; ~ सत्य absolute truth. 2. unconcerned; ~ भाव uninterestedness. 3. indifferent.

निरपेक्षवाद (~ VAd) *m.* absolutism.

निरपेक्षित (ni ra pek shit) *adj.* unconcerned.

निरबंसी (nir ban see) *adj.* having no posterity, issueless, childless.

निरभिमान (ni ra bhi MAN) *adj.* without pride, humble. [निर् + अभिमान]

निरभिलाष (ni ra bhi lAsh) *adj.* without any desire, above all desires, disinterested.

निरभ्र (ni rabhr) *adj.* cloudless, serene (sky). [निर् + अभ्र]

निरर्थक (ni rar thak) *adj.* 1. meaningless. 2. useless, worthless, futile.

निरर्थकता (~ TA) *f.* 1. meaninglessness, 2. worthlessness. 3. fruitlessness.

निरवकाश (ni ra va KAsh) *adj.* 1. without vacant space/gap. 2. without leisure/recess.

निरवच्छिन्न (ni ra vac chinn) *adj.* 1. uninterrupted. 2. continuous, without break.3. clear/obvious. [निर्+अवच्छिन्न]

निरवधि (ni ra va dhi) *adj.* 1. having no fixed period. [निर् + अवधि] 2. limitless, endless. 3. perennial.

निरवलंब (ni ra va lamb) *adj.* 1. without support/prop. 2. helpless.

निरसन (ni ra san) *m.* cancellation, repeal.

निरस्त (ni rast) *adj.* cancelled, repealed; ~ करना to cancel; वर्षा के कारण मैच निरस्त करना पड़ा The match had to be cancelled because of rain.

निरस्त्र (ni rastr) *adj.* unarmed, disarmed.

निरस्त्रीकरण (ni ras tree ka raN) *m.* the act of giving up weapons, disarmament; ~ सम्मेलन disarmament conference.

निरस्त्रीकृत (ni ras tree krit) *adj.* disarmed.

निरहंकार (ni ra haṅ KAr) *adj.* prideless, without vanity. [निर् + अहंकार]

निरा (ni rA) *adj.* sheer, absolute, pure; ~ बुद्धू absolute dunce.

निराई (~ ee) *f.* act of weeding out, or charges paid therefor.

निराकरण (~ ka raN) *m.* repudiation, contradiction, abrogation; आपत्ति का ~ removal of an objection; तर्क का ~ refutation of an argument; बल का ~ neutralisation of a force; समस्या का ~ solution of a problem.

निराकार (~ KAr) *adj.* formless, without form, shapelesss, incorporeal.

निराकृत (~ krit) *adj.* repudiated, contradicted, abrogated.

निराकृति (~ kri ti) *f.* repudiation, contradiction, abrogation.

निरादर (~ dar) *m.* disrespect, insult, disgrace.

निरादरपूर्ण (~ poorN) *adj.* disrespectful.

निराधार (ni rA dhAr) *adj.* 1. baseless, groundless, unfounded; ~ आरोप baseless allegation. 2. without support/prop.

निराना (~ nA) *vt.* to weed out.

निरापद (~ pad) *adj.* immune, safe, secure.

निरापदता (~ tA) *f.* immunity, security.

निरामय (ni rA may) *adj.* sound, healthy.

निरामिष (ni rA mish) *adj.* (food) without meat, egg or fish, vegetarian (food).

निरामिषभोजी (~ bho jee) *adj.* vegetarian (person).

निरालंब (ni rA lamb) *adj.* = निरवलंब।

निराला (~ lA) *adj.* 1. strange, queer. 2. unique. 3. peculiar, extraordinary. *m.* solitary or lonely place.

निरावरण (~ va raN) *adj.* unveiled, uncovered.

निरावलंब (~ va lamb) *adj.* = निरवलंब।

निरावृत (~ vrit) *adj.* unveiled, uncovered.

निराश (ni rAsh) *adj.* 1. disappointed, frustrated, hopeless; ~ होकर मुझे टैक्सी लेनी पड़ी Being helpless I had to take a taxi. 2. dismayed, dejected.

निराशा (ni rA shA) *f.* 1. disappointment, frustration. despair. 2. dismay, pessimism.

निराशाजनक (~ ja nak) *adj.* 1. disappointing, hopeless. 2. depressing; discouraging, dismaying.

निराशापूर्ण (~ poorN) *adj.* despairing.

निराशापूर्वक (~ poor vak) *adj.* despairingly.

निराशावाद (~ vAd) *m.* pessimism.

निराशावादी (~ vA dee) *adj.* pessimistic. *m.* pessimist.

निराशोन्मत्त (ni rA shon matt) *adj.* desperate.

निराशोन्माद (~ shon mAd) *m.* desperation.

निराश्रय (ni rAsh shray) *adj.* without refuge/shelter/protection.

निराहार (ni rA hAr) *adj.* abstaining from food; मैं ~ रह गया I went without food.

निरीक्षक (ni reek shak) *m.* inspector, invigilator, supervisor.

निरीक्षण (ni reek shaN) *m.* 1. observation, viewing. 2. inspection; ~ करना to inspect/oversee.

निरीक्षण-गृह (~ grih) *m.* inspection house.

निरीक्षणाधीन (ni reek sha NA dheen) *adj.* under inspection/observation.

निरीक्षित (ni reek shit) *adj.* 1. inspected. 2. observed.

निरीक्ष्य (ni reekshy) *adj.* (that) which can be viewed/inspected.

निरीश्वरवाद (ni reesh shwar vAd) *m.* atheism.

निरीश्वरवादी (ni reesh shwar vA dee) *adj.* atheistic. *m.* atheist.

निरीह (ni reeh) *adj.* innocent, harmless.

निरीहता (~ tA) *f.* innocence, harmlessness.

निरुक्त (ni rukt) *m.* etymology.

निरुक्ति (ni ruk ti) *f.* derivation.

निरुत्तर (ni rut tar) *adj.* at a loss to answer; ~ हो जाना to be rendered unable to reply.

निरुत्साह (ni rut SAh) *adj.* without enthusiasm/zeal/spirit.

निरुत्साहित (ni rut SA hit) *adj.* discouraged, disheartened.

निरुद्देश्य (ni rud deshshy) *adj.* without aim/purpose, aimless, purposeless. *adv.* aimlessly, purposelessly.

निरुद्ध (ni ruddh) *adj.* obstructed, choked; धुएँ से मेरा गला ~ हो गया The smoke almost choked me.

निरुद्यम (ni rud dyam) *adj.* not industrious, lazy, indolent. *m.* want of industry.

निरुद्यमी (ni rud dya mee) *adj.* = निरुद्यम।

निरुपम (ni ru pam) *adj.* matchless, peerless, incomparable, marvellous, extraordinary.

निरुपाधि (ni ru PA dhi) *adj.* 1. without any attribute. 2. above all attributes. 3. unconditioned. *m.* The Supreme Being.

निरुपाय (ni ru PAY) *adj.* resourceless, helpless; ~ होने पर on being helpless.

निरूढ़ (ni rooRh) *adj.* 1. unmarried (person). 2. (word) established by usage.

निरूपक (ni roo pak) *adj.* & *m.* representative, representing, that which determines/demonstrates.

निरूपण (~ paN) *m.* exposition, elucidation.

निरूपित (~ pit) *adj.* explained, elucidated; ~ करना to explain and analyse.

निरोग (ni rog) *adj.* = नीरोग।

निरोध (ni rodh) *m.* 1. constraint, control, restriction, check, prevention; संतति - ~ birth control. 2. condom.

निर्ख़ (nirKh) *m.* rate.

निर्गंध (nir gandh) *adj.* odourless, smell-less.

निर्गत (~ gat) *adj.* issued.

निर्गम (~ gam) *m.* 1. issue, egress; ~ मूल्य issue price. 2. exit, outlet.

निर्गुण (~ guN) *adj.* 1. without attributes. 2. without (good or bad) qualities; ~ ब्रह्म Supreme Being (without any qualities). 3. absolute.

निर्जन (~ jan) *adj.* desolate (place), uninhabited, solitary, lonely, deserted.

निर्जनता (~ tA) *f.* loneliness, desolation.

निर्जर (nir jar) *adj.* having no old age, ever-young, possessing perennial youth.

निर्जल (~ jal) *adj.* dry; ~ खेती dry farming; ~ धुलाई dry washing.

निर्जल व्रत (~ vrat) *f.* a fast which one observes without taking even water.

निर्जलीकरण (nir ja lee ka raN) *m.* dehydration.

निर्जीव (~ jeev) *adj.* 1. lifeless, without life, inanimate, dead. 2. insipid, spiritless.

निर्झर (~ jhar) *m.* fall, waterfall, torrent.

निर्झरिणी (~ jha ri Nee) *f.* small waterfall.

निर्झरी (~ jha ree) *f.* = निर्झरिणी।

निर्णय (~ Nay) *m.* decision, judgment, verdict, finding; ~ करना to make a decision, to decide.

निर्णयात्मक (~ Na yAt mak) *adj.* pertaining to निर्णय।

निर्णायक (~ NA yak) *adj.* deciding, decisive, conclusive, determinative. *m.* referee, judge, umpire.

निर्णायक मत (~ mat) *m.* 1. decisive vote. 2. casting vote.

निर्णीत (nir NEET) *adj.* decided, judged.

निर्दय (~ day) *adj.* cruel, pitiless, merciless, ruthless, barbarous, hard-hearted.

निर्दयता (~ TA) *f.* cruelty, pitilessness, mercilessness, ruthlessness, barbarousness.

निर्दयतापूर्ण (~ pooRN) *adj.* cruel, ruthless.

निर्दयतापूर्वक (~ poor vak) *adv.* cruelly; उन्होंने हमारे साथ ~ व्यवहार किया They treated us cruelly.

निर्दयी (nir da yee) *adj.* pitiless, merciless, ruthless.

निर्दल (~ dal) *adj.* not belonging to any party, independent.

निर्दलीय (~ da leey) *adj.* = निर्दल।

निर्दिष्ट (~ dishT) *adj.* assigned, determined, specified.

निर्देश (~ desh) *m.* 1. instruction. 2. direction. 3. = अभिदेश (reference).

निर्देशक (~ de shak) *m.* 1. instructor. 2. director.

निर्देशन (~ de shan) *m.* 1. instruction. 2. direction.

निर्दोष (~ dosh) *adj.* 1. innocent, blameless, guiltless, not guilty (person). 2. unblemished, flawless.

निर्दोषता (~ TA) *f.* innocence, guiltlessness.

निर्दोषी (nir do shee) *adj.* = निर्दोष।

निर्द्वंद्व (~ dwandw) *adj.* 1. (object) without dispute, uncontested. 2. carefree, above pleasure and pain; ~ होकर carefreely. 3. (person) without a rival or opposer.

निर्धन (~ dhan) *adj.* poor, have-not, indigent, unlucky.

निर्धनता (~ TA) *f.* poverty, indigence, penury.

निर्धारक (nir dhA rak) *m.* assessor.

निर्धारण (~ dhA raN) *m.* 1. assessment, ascertainment. 2. fixation, determination.

निर्धारित (~ dhA rit) *adj.* 1. ascertained, assessed. 2. fixed, determined. 3. scheduled; ~ समय scheduled time.

निर्धार्य (~ dhAry) *adj.* that which is to be ascertained.

निर्निमेष (~ ni mesh) *adv.* without blinking/winking.

निर्प्रश्नीय (~ prash neey) *adj.* unquestionable.

निर्बंध (~ bandh) *adj.* 1. unrestricted, uninhibited. 2. free..

निर्बद्ध (~ baddh) *adj.* unrestricted, uninhibited.

निर्बल (~ bal) *adj.* weak, infirm, feeble.

निर्बलता (~ TA) *f.* weakness, infirmity.

निर्बाध (nir bAdh) *adj.* 1. unrestricted, unobstructed.. 2. without anything blocking, free; ~ रूप से freely.

निर्बीज (~ beej) *adj.* seedless.

निर्बुद्धि (~ bu dhi) *adj.* foolish, stupid.

निर्भय (~ bhay) *adj.* 1. fearless, intrepid, valiant, dauntless; ~ होकर बोलो Speak boldly/dauntlessly. 2. free from all dangers.

निर्भयता (~ TA) *f.* fearlessness, intrepidity, dauntlessness.

निर्भर (nir bhar) *adj.* dependent; ~ होना to depend (upon); यह काम आप पर ~ है This work depends on you.

निर्भरता (~ TA) *f.* dependability, dependence.

निर्भीक (~ bheek) *adj.* 1. fearless, bold, intrepid; ~ होकर fearlessly, boldly. 2. frank, audacious.

निर्भीकता (~ TA) *f.* fearlessness, boldness, intrepidity. 2. frankness.

निर्भीकतापूर्वक (~ poor vak) *adv.* fearlessly.

निर्भ्रांत (nir bhrAnt) *adj.* (person) who has no doubts, free from doubts.

निर्भ्रांतता (~ TA) *f.* doubtlessness.

निर्मम (nir mam) *adj.* merciless, cruel, barbarous, harsh, ruthless; ~ प्रहार ruthless attack; ~ हत्या cold-blooded murder.

निर्ममता (~ tA) *f.* heartlessness, ruthlessness, cruelty, hard-heartedness.

निर्ममतापूर्वक (~ poor vak) *adv.* ruthlessly.

निर्मल (nir mal) *adj.* 1. pure, clear, clean; ~ आकाश clear sky. 2. spotless, stainless; ~ चरित्र spotless/stainless character.

निर्माण (~ mAN) *m.* 1. act of building; चरित्र ~ character-building; ~ करना to build; हमें भविष्य का ~ करना है We have to build a future. 2. construction, erection; भव का ~ construction of a building. 3. manufacturing, production. 4. making, creation; कोश - ~ lexicography; सृष्टि का ~ creation of the universe. 5. structure.

निर्माण-कार्य (~ - karry) *m.* construction work.

निर्माणशाला (~ shA lA) *f.* factory, manufactory.

निर्माणाधीन (nir mA NA dheen) *adj.* under construction, work-in-progress.

निर्माता (~ mA tA) *m.* 1. builder. 2. constructor. 3. manufacturer. 4. creator; सृष्टि ~ creator of the universe. 5. producer; फ़िल्म - ~ film-producer.

निर्मित (~ mit) *adj.* 1. built. 2. constructed. 3. manufactured. 4. created, produced.

निर्मुक्त (~ mukt) *adj.* enjoying liberty, free; ~ व्यापार free trade.

निर्मूल (~ mool) *adj.* 1. rootless, without root; ~ करना to destroy/ruin completely, to uproot. 2. baseless, unfounded; शंका ~ है The doubt is baseless.

निर्मेय (~ mey) *m.* problem. (Geom.)

adj. 1. to be constructed/erected. 2. which ought to be constructed.

निर्मोह (~ moh) *adj.* = निर्मोही।

निर्मोही (~ mo hee) *adj.* not responsive to love, loveless, cold-hearted, harsh, cruel.

निर्यात (~ yAt) *m.* export; ~ कर export duty; ~ करना to export; ~ व्यापार export trade; आयात - ~ import and export.

निर्यातक (~ yA tak) *m.* exporter.

निर्यास (~ yAs) *m.* 1. exudation from plants. 2. gum.

निर्लज्ज (~ lajj) *adj.* shameless, brazen-faced, unabashed; immodest; ~ कहीं का How shameless of you !

निर्लज्जता (~ tA) *f.* shamelessness, brazen-facedness, immodesty; ~ से shamelessly.

निर्लज्जतापूर्ण (~ poorN) *adj.* shameless, impudent.

निर्लज्जतापूर्वक (~ poor vak) *adv.* shamelessly, indecently.

निर्लिप्त (nir lipt) *adj.* unattached, detached.

निर्लिप्तता (~ tA) *f.* state or quality of non-attachment, detachment.

निर्लोभ (nir lobh) *m.* unselfishness. *adj.* uncovetous.

निर्वंश (nir vansh) *adj.* issueless, childless.

निर्वचन (~ va can) *m.* 1. etymological interpretation. 2. interpretation.

निर्वचनीय (~ vac neey) *adj.* which is to be interpreted.

निर्वसन (~ va san) *adj.* naked, nude; ~ क्रीड़ा striptease.

निर्वहन (~ va han) *m.* discharge; कर्तव्यों का ~ discharge of duties.

निर्वाचक (~ vA cak) *m.* elector; ~ गण electorate; ~ मंडल electoral college; ~ सूची electoral roll.

निर्वाचन (~ VA can) *m.* election; ~ अधिकारी returning officer; ~ क्षेत्र constituency; ~ पद्धति electoral system; ~ फल / परिणाम election result.

निर्वाचित (~ va cit) *adj.* elected; ~ प्रतिनिधि elected representative.

निर्वाच्य (~ vaccy) *adj.* 1. unutterable. 2. (one) who can be elected.

निर्वाण (~ VAN) *m.* salvation, liberation.

निर्वाणी (~ VA Nee) *adj.* pertaining to निर्वाण।

निर्वात (~ VAt) *adj.* devoid of air or gas. *m.* vacuum.

निर्वापण (~ VA paN) *m.* extinction.

निर्वासन (~ VA san) *m.* deportation, banishment, exile, expulsion.

निर्वासित (~ VA sit) *adj.* deported, banished, exiled; ~ करना to deport.

निर्वाह (~ VAh) *m.* subsistence, sustenance, maintenance; किसी तरह ~ हो रहा है Somehow we are trying to make both ends meet. सौ रुपए में हमारा ~ नहीं होगा We cannot maintain ourselves in a hundred rupees. वे ~ नहीं कर पाए They could not pull on (together).

निर्विकल्प (~ vi kalp) *adj.* 1. without any alternative/option. 2. concentrated; ~ समाधि highest form of समाधि in which all distinctions cease—even self-consciousness.

निर्विकार (~ vi KAr) *adj.* 1. changeless, invariable. 2. unmoved, dispassionate, stolid; ~ भाव से with a dispassionate mind; ~ रूप से with an unaffected look.

निर्विघ्न (~ vighn) *adj.* uninterrupted, unobstructed, trouble free, unimpeded. *adv.* without interruption, without any untoward incident/obstacle.

निर्विरोध (~ vi rodh) *adj.* unopposed, uncontested; ~ निर्वाचन unopposed election. *adv.* without contest/obstacle.

निर्विवाद (~ vi VAd) *adj.* indisputable, incontrovertible, irrefutable, undeniable.

निर्वेग (~ veg) *adj.* motionless, without any movement.

निर्वेद (~ ved) *m.* 1. disgust. 2. indifference (to the world), resignation.

निर्व्याधि (~ vyA dhi) *adj.* without ailment/disease, healthy.

निर्हस्तक्षेप (~ has tak kshep) *m.* non-intervention.

निलंबन (ni lam ban) *m.* suspension.

निलंबित (ni lam bit) *adj.* suspended.

निलय (ni lay) *m.* residence, mansion, abode.

निवर्तन (ni var tan) *m.* 1. act of returning. 2. conclusion, closure. 3. repeal.

निवारक (ni VA rak) *adj.* 1. deterrent, preventive; ~ उपाय precautionary measure. 2. curative.

निवारण (ni VA raN) *m.* 1. clearance or removal (of something undesirable). 2. prevention, preclusion.

निवार्य (ni vary) *adj.* evitable, avoidable.

निवाला (ni VA lA) *m.* morsel, mouthful.

निवास (ni VAS) *m.* 1. abode, dwelling, residence; ~ स्थान dwelling place. 2. act of residing; मेरे मन में ~ करो Dwell in my heart.

निवासी (ni VA see) *m.* inhabitant, dweller, resident. [Fem. निवासिनी]

निवास्य (ni VASSy) *adj.* fit for dwelling.

निविड़ (ni viR) *adj.* deep, dense, thick, pitch; ~ अंधकार pitch dark.

निविड़ता (~ tA) *f.* density, thickness.

निविदा (ni vi dA) *f.* tender; अल्पकालिक ~ short term tender.

निविष्ट (ni vishT) *adj.* 1. entered, penetrated. 2. situated.

निविष्टि (ni vish TI) *f.* = प्रविष्टि, entry.

निवृत्त (ni vritt) *adj.* 1. freed (after doing some work), liberated; मुझे इस कार्य से ~ हो लेने दो Let me be free from this work. 2. retired; सेवा - ~ retired from service.

निवृत्ति (ni vrit ti) *f.* 1. freedom (after doing some work). 2. retirement; ~ लाभ retirement benefit. 3. abstinence, abstention.

निवेदक (ni ve dak) *m.* applicant, petitioner.

निवेदन (ni ve dan) *m.* 1. submission, petition; ~ करना to submit. 2. request.

निवेदित (ni ve dit) *adj.* 1. submitted; ~ करना to submit. 2. requested, prayed for.

निवेश (ni vesh) *m.* 1. camp. 2. house, residence. 3. entry. 4. investment.

निशतर (nish tar) *m.* = नश्तर ।

निशब्द (ni shabd) *adj.* soundless, silent, speechless.

निशा (ni shA) *f.* night.

निशाकर (~ kar) *m.* the moon.

निशाचर (ni shA car) *m.* 1. nightwanderer, demon. 2. goblin, hobgoblin. 3. jackal.

निशात (ni shAt) *m.* pleasure, enjoyment.

निशान (ni shAn) *m.* 1. mark, sign, impression. 2. flag standard. 3. emblem. 4. trace, clue, spot, scar.

निशानची (~ cee) *m.* a good shot, marksman.

निशानबरदार (~ bar dAr) *m.* standardbearer.

निशाना (ni shA nA) *m.* aim, target, bull's eye; ~ बाँधना to take aim; ~ लगना—तीर निशाने पर लगा It was a perfect shot. ~ लगाना to shoot the target; ~ लेना to take aim; ~ साधना to take aim.

निशानी (ni shA nee) *f.* 1. sign, token. 2. gift that evokes someone memories, keepsake.

निशानेबाज़ (ni shA ne bAz) *adj.* & *m.* good shot, marksman, shooter.

निशानेबाज़ी (ni shA ne bA zee) *f.* marksmanship.

निशास्ता (ni shAs tA) *m.* essence of wheat.

निशि (ni shi) *f.* night.

निशिदिन (~ din) *adv.* day and night, ever, almost always.

निश्चय (nish cay) *m.* 1. determination, resolution; ~ करना to determine; उसने निश्चय किया कि मैं शत्रु का नाश करके रहूँगा He determined to annihilate his foe. 2. decision; ~ बदला नहीं जा सकता The decision is irrevocable. 3. certitude, certainty; ~ नहीं कि वह आएगा There is no certainty that he will come. *adv.* certainly, surely, really; ~ ही most certainly, undoubtedly.

निश्चयबद्ध (~ baddh) *adj.* fully determined; मरने-मारने के लिए ~ होकर wholly determined either to kill or be killed.

निश्चयात्मक (nish ca yAt mak) *adj.* positive, definite, certain, absolute.

निश्चयात्मकता (~ tA) *f.* certitude, definiteness, certainty.

निश्चर (nish car) *m.* = निशाचर ।

निश्चल (~ cal) *adj.* 1. motionless, stationary. 2. immobile, immovable. 3. firm, calm, steady, unwavering.

निश्चलता (~ tA) *f.* motionlessness, immovability, steadiness, firmness, inertia, immutabitity.

निश्चायक (nish cA yak) *adj.* conclusive, decisive.

निश्चिंत (nish cint) *adj.* carefree, without worries, free from worry/anxiety; अब मैं ~ हूँ Now I am free from worry. बिलकुल ~ रहो Rest assured.

निश्चिंतता (~ TA) *f.* freedom from worry, quietude; ~ मिलना to get respite from worry or burden.

निश्चित (nish cit) *adj.* 1. certain, definite; बिलकुल ~ definitive; ~ नीति definite policy. 2. determined; ~ करना to determine. 3. settled, fixed, resolved; ~ अवधि fixed period; ~ रूप से positively, definitely, surely, decidedly, certainly.

निश्चिति (~ ci ti) *f.* certitude, certainty.

निश्चेतक (~ ce tak) *adj. & m.* anaesthetic.

निश्चेतन (~ ce tan) *adj.* = अचेतन।

निश्चेष्ट (~ ceshT) *adj.* 1. motionless, still, stagnant. 2. inactive, inert. 3. unconscious.

निश्चेष्टता (~ TA) *f.* 1. inertia. 2. unconsciousness.

निश्छल (nish chal) *adj.* without wile, sincere, guileless, honest.

निश्वास (~ shWAS) *m.* exhalation; ~ छोड़ना to exhale.

निश्शंक (~ shank) *adj.* fearless, dauntless, intrepid.

निषंग (ni shang) *m.* quiver.

निषाद (ni shAd) *m.* 1. a primitive non-Aryan tribe of India; a person belonging to this tribe. 2. the seventh note in Indian music.

निषिद्ध (ni shiddh) *adj.* prohibited, forbidden, tabooed.

निषेध (ni shedh) *m.* forbiddance, prohibition, ban, taboo, restriction, negation; ~ करना to prohibit.

निषेधाज्ञा (ni she dhAg gyA) *f.* injunction, stay order.

निषेधात्मक (ni she dhAt mak) *adj.* 1. prohibitive. 2. negative.

निषेधाधिकार (ni she dhA dhi KAR) *m.* veto.

निष्कंटक (nish kaN Tak) *adj.* 1. free from thorns. 2. unobstructed, free from troubles or dangers; ~ राज्य untrammelled regime.

निष्कपट (~ ka paT) *adj.* 1. ingenuous, guileless, unpretentious. 2. honest, sincere; ~ भाव से sincerely; ~ व्यवहार honest/straight-forward dealing.

निष्कपटता (~ TA) *f.* ingenuity, artlessness, honesty, guile-lessness, candour.

निष्कपटी (nish ka pa Tee) *adj.* = निष्कपट।

निष्कर्ष (~ karsh) *m.* 1. conclusion, result, substance, essence; किसी ~ पर पहुँचना to arrive at a conclusion. 2. finding. 3. extract, epitome.

निष्कलंक (~ ka lank) *adj.* blameless, spotless, stainless, immaculate. innocent, pure.

निष्कलुष (~ ka lush) *adj.* 1. without blemish, spotless, stainless. 2. clean, immaculate, innocent.

निष्काम (~ KAm) *adj.* 1. (person) unattached. 2. (act) done without any desire or attachment, motiveless; ~ कर्म motiveless act.

निष्काम भाव (~ bhAV) *m.* spirit of non-attachment, desirelessness.

निष्कारण (nish KA raN) *adv.* without cause/reason.

निष्कासन (~ KA san) *m.* expulsion, ejectment, rustication.

निष्कासित (~ KA sit) *adj.* expelled, rusticated; ~ करना to expel.

निष्क्रमण (~ kra maN) *m.* evacuation, exit.

निष्क्रय (~ kray) *m.* redemption, riddance.

निष्क्रांत (~ krAnt) *adj.* evacuee; ~ संपत्ति evacuee property.

निष्क्रिय (~kriy) *adj.* 1. not active, inactive. 2. idle. 3. passive; ~ प्रतिरोध passive resistance.

निष्क्रियता (~ tA) *f.* 1. inactivity, inertia, inaction. 2. passivity.

निष्ठ (nishTh) *adj.* faithful, loyal; एक ~ loyal to one.

निष्ठा (nish ThA) *f.* 1. loyalty, allegiance, fidelity. 2. devotion, faith, singleness of purpose; वह बड़ी ~ से काम करता है He works with devotion.

निष्ठावान, निष्ठावान् (~ VAn) *adj.* 1. loyal, faithful. 2. devoted.

निष्ठुर (nish Thur) *adj.* heartless, cruel, callous, ruthless; ~ बनना to become heartless.

निष्ठुरता (~ tA) *f.* heartlessness, cruelty, ruthlessness.

निष्णात (nish NAt) *adj.* accomplished, skilled, adept.

निष्पंद (~ pand) *adj.* 1. without vibration, motionless. 2. unwavering, steady.

निष्पक्ष (~ paksh) *adj.* impartial, unbiased.

निष्पक्षता (~ tA) *f.* impartiality, unbiasedness.

निष्पत्ति (nish pat ti) *f.* 1. completion, accomplishment. 2. execution (of order, instruction or decision).

निष्पन्न (~ pann) *adj.* 1. completed, accomplished; ~ करना to complete. 2. executed, done.

निष्पादक (~ pA dak) *m.* one who does what he is asked to do, executive.

निष्पादन (~ pA dan) *m.* execution; कार्य का ~ execution of work, accomplishment; ~ करना to execute.

निष्पादित (~ pA dit) *adj.* executed, accomplished; ~ करना to execute.

निष्पाद्य (~ pAddy) *adj.* to be done/executed.

निष्पाप (~ pAp) *adj.* sinless (person or act), without guilt, guiltless, innocent.

निष्प्रभ (~ prabh) *adj.* 1. (object) without glitter, dull, pale, lustreless. 2. (person) disconcerted, out of countenance.

निष्प्रभाव (~ pra bhAV) *adj.* 1. ineffectual, ineffective. 2. defunct.

निष्प्रभावी (~ pra bhA vee) *adj.* = निष्प्रभाव।

निष्प्रयोजन (~ pra yo jan) *adv. & adj.* without purpose, purposeless, aimless.

निष्प्राण (~ prAN) *adj.* lifeless, soulless

निष्फल (~ phal) *adj.* futile, fruitless, infructuous, ineffective, unproductive; ~ जाना to come to nought, to prove futile.

निसत (ni sat) *adj.* 1. without essence. 2. false.

निसर्ग (ni sarg) *m.* nature.

निसर्गज (ni sar gaj) *adj.* natural, innate, inborn.

निसर्गतः (ni sarg taḥ) *adv.* naturally, in the natural/primitive form.

निसार (ni SAr) *adj.* sacrificed; ~ करना to sacrifice.

निस्तत्त्व (nis tattw) *adj.* without any substance, worthless, unsubstantial.

निस्तब्ध (~ tabdh) *adj.* 1. stationary, still, inert. 2. quiet, without noise, silent.

निस्तब्धता (~ tA) *f.* quietude, noiselessness.

निस्तार (nis tAr) *m.* deliverance, redemption, riddance; ~ मिलना to get riddance.

निस्तारक (~ tA rak) *adj. & m.* remissive, deliverer, redeemer.

निस्तारण (~ tA raN) *m.* 1. rescue, delivery. 2. going across.

निस्तारना (~ tAr nA) *vt.* 1. to take across. 2. to rescue, to be instrumental in getting over difficulties. 3. to release.

निस्तीर्ण (~ teerN) *adj.* 1. crossed over. 2. reserved, released, delivered.

निस्तेज (~ tej) *adj.* 1. lifeless, lustreless, pallid, insipid. 2. dull.

निस्पंद (~ pand) *adj.* 1. without vibration, motionless, 2. unwavering, steady.

निस्पृह (~ prih) *adj.* free from or above all desires.

निस्पृहता (~ tA) *f.* state of being निस्पृह।

निस्बत (nis bat) *f.* comparison; की ~ in comparison with, compared to.
adv. usually followed by में about, in connection with.

निस्संकोच (~ san koc) *adj.* unhesitating; ~ भाव से without hesitation.
adv. unhesitatingly; ~ होकर without hesitation, unhesitatingly.

निस्संग (~ saṅg) *adj.* 1. lonesome, lonely. 2. without any desires.

निस्संतान (~ san tAn) *adj.* issueless, childless.

निस्संदेह (~ san deh) *adv.* undoubtedly, doubtlessly, surely; ~ वह बीमार है He is no doubt sick.

निस्सरण (~ sa raN) *m.* excretion, outflow.

निस्सहाय (~ sa hAy) *adj.* helpless, without support.

निस्सार (~ sAr) *adj.* without any substance, worthless, unsubstantial.

निस्सारक (~ sA rak) *m.* one who draws or turns out.

निस्सारण (~ sA raN) *m.* causing to go out, turning out.

निस्सारित (~ sA rit) *adj.* turned out.

निस्सीम (~ seem) *adj.* limitless, boundless.

निस्सीमता (~ tA) *f.* limitlessness.

निस्सृत (nis srit) *adj.* extracted/drawn out.

निस्स्वार्थ (nis swArth) *adj.* 1. selfless; ~ सेवा selfless service. 2. unselfish.

निस्स्वार्थता (~ tA) *f.* 1. selflessness. 2. unselfishness.

निहंग (ni haṅg) *adj.* 1. alone, solitary. 2. celibate. 3. naked.

निहत्था (ni hat thA) *adj.* unarmed; निहत्थे लड़ना to fight without arms.

निहाई (ni hA ee) *f.* anvil.

निहानी (ni hA nee) *f.* instrument used for scratching letters on waxcovered surfaces, style.

निहारना (ni hAr nA) *vt.* to look intently, to behold.

निहाल (ni hAl) *adj.* perfectly satisfied, exalted, contented, happy; ~ करना to please, to satisfy perfectly; ~ होना to be pleased/satisfied perfectly.

निहित (ni hit) *adj.* vested, inherent, implied; ~ स्वार्थ vested interest.

निहितार्थ (ni hi tArth) *m.* implied meaning, implication.

निहोरना (ni hor nA) *vi.* to entreat/solicit/beseech.

निहोरा (ni ho rA) *m.* 1. obligation. 2. entreaty, solicitation; निहोरे करना to entreat/solicit. 3. support, prop.

नींद (nee̐d) *f.* sleep, slumber; सुख की ~ worry-free sleep; ~ आना—मुझे रात भर नींद नहीं आई I could not sleep at all last night. ~ उचटना abrupt breaking of sleep; ~ उड़ जाना—उसकी नींद उड़ गई His sleep vanished. ~ खुलना—शोर से मेरी नींद खुल गई I was awakened by the noise. ~ टूटना (i) disruption of sleep; (ii) termination of sleep; ~ भर सोना to have a full sleep; ~ लगना—हमें नींद लग रही थी We felt sleepy. ~ लेना—एक नींद ले लेने दो Let me have a nap. ~ हराम होना—मेरी नींद हराम हो गई है I am passing sleepless nights.

नींबू (nee̐ boo) *m.* = नीबू।

नींव (nee̐v) *f.* foundation; ~ का पत्थर foundation stone, base, ground; ~ खोदना to dig out the foundation;

~ जमाना to consolidate; ~ डालना to lay the foundation (of); ~ देना to provide with a base; ~ पड़ना—नींव पड़ गई है The foundation has been laid. ~ रखना = ~ डालना।

नीक (neek) *adj.* = नीका।

नीका (nee KA) *adj.* good.

नीग्रो (neeg ro) *m.* negro.

नीच (neec) *adj.* mean, low, base, demeaning, vulgar, abject; ~ जाति का of a low caste; ऊँच - ~ (i) high and low; (ii) pros and cons.

नीचता (~ TA) *f.* 1. meanness, baseness, lowliness. 2. act of meanness; ~ पर उतर आना to stoop too low.

नीचा (nee CA) *adj.* 1. low, below the average level, not high, sloping. 2. mean, base; ~ दिखाना to humiliate; ~देखना—मुझे नीचा देखना पड़ा I had to eat the humble pie. नीची निगाह से देखना to look down upon, to treat with contempt; निगाह नीची रखना to keep the eyes downcast. 3. not loud.

नीचाई (~ ee) *f.* lowness, depth, low level.

नीचान (nee CAN) *f.* = नीचाई।

नीचे (~ ce) *adv.* below, underneath, under; ~ उतारना to bring down; ~ गिरना to fall (down); ~ गिराना to cause to fall, to make (someone) fall; ~ से ऊपर तक from head to foot, from top to bottom.

नीचे, के (ke nee ee) *postposition.* under; छत के ~ under the roof.

नीड़ (neeR) *m.* nest.

नीति (nee ti) *f.* 1. ethical principle. 2. policy; नई ~ अपनाना to adopt new policy.

नीतिकुशल (~ ku shal) *adj.* tactful, politic, shrewd.

नीतिज्ञ (nee tiggy) *m.* 1. one who tells people how to behave ethically. 2. statesman.

नीति-निर्धारण (neeti - nir dhA raN) *m.* policy-making; ~ समिति policy-making committee.

नीतिभ्रष्ट (~ bhrasht) *adj.* demoralized.

नीतिशास्त्र (~ shAstr) *m.* ethics.

नीबू (nee boo) *m.* lemon.

नीबू-निचोड़ (~ ni coR) *adj.* & *m.* very stingy, (one) who extracts money from others mercilessly, a shylock.

नीम (neem) *m.* the Indian neem tree. *adj.* 1. light (colour); ~ प्याजी of the shade of onion. 2. mild; ~ पागल half mad; ~ रज़ा half consent; ~ राजी half-willing.

नीम हकीम (~ ha keem) *m.* quack.

नीयत (nee yat) *f.* intention, motive; ~ का साफ़ man of integrity; ~ डिगना = ~ डोलना = ~ बिगड़ना—उसकी नीयत बिगड़ गई है He is inclined to dishonesty. ~ न भरना not to feel satisfied; ~ भर जाना to feel satisfied; ~ में फ़र्क आना = ~ बिगड़ना; बुरी ~ से देखना to cast a wicked eye.

नीर (neer) *m.* water; ~ - क्षीर विवेक discretion between right and wrong.

नीरज (nee raj) *adj.* born out of water. *m.* lotus.

नीरद (~ rad) *m.* cloud.

नीरव (~ rav) *adj.* still, quiet, silent.

नीरवता (~ TA) *f.* stillness, quietude, silence.

नीरस (nee ras) *adj.* 1. without juice, juiceless. 2. insipid. 3. dry. 4. prosaic, uninteresting, tedious.

नीरसता (~ TA) *f.* tedium.

नीरांजन (nee rAn jan) *m.* = आरती।

नीरांजनी (nee rAN ja nee) *f.* candlestand used in ceremonious worship.

नीरा (~ rA) *f.* juice of date-tree.

नीरोग (nee rog) *adj.* without ailment, sound, healthy; ~ करना to cure.

नीरोगी (~ ro gee) *adj.* = नीरोग।

नील (neel) *adj.* 1. blue; ~ पद्म blue lotus. 2. ten billion.
m. 1. indigo. 2. ten billion. 3. blue scar (on the skin); मार से शरीर पर ~ पड़ गए हैं Blue scars have appeared on the skin due to thrashing.

नीलकंठ (~ kaNTH) *m.* 1. jay (bird). 2. Lord Shiv.

नीलकमल (~ ka mal) *adj.* blue lotus.

नीलगाय (~ gAy) *f.* antelope, yak.

नीलम (nee lam) *m.* sapphire.

नीलमणि (neel ma Ni) *m.* sapphire.

नीलांबुज (nee lAm buj) *m.* blue lotus.

नीला (~ lA) *adj.* blue; ~ आसमान blue sky; ~ - पीला होना to express resentment/anger, to be infuriated.

नीलाक्ष (~ lAksh) *adj.* blue-eyed.

नीला थोथा (~ la tho thA) *m.* blue vitriol, copper sulphate.

नीलापन (~ lA pan) *m.* blueness.

नीलाम (~ lAm) *m.* auction; ~ पर चढ़ना to be put to auction, to be put under the hammer; ~ पर चढ़ाना to put to auction, to put under the hammer; ~ में बोली बोलना to bid at an auction.

नीलामी (~ lA mee) *adj.* pertaining to auction.
f. state of being auctioned; ~ पर चढ़ाना to put to auction.

नीला-सा (~ - sA) *adj.* bluish.

नीलिमा (~ li mA) *f.* bluishness, blueness.

नीलोत्पल (~ lot pal) *m.* blue lotus. [नील + उत्पल]

नीलोफ़र (~ lo Far) *m.* blue lotus.

नीहार (~ hAr) *m.* fog, mist.

नीहारिका (~ hA ri kA) *f.* nebula.

नुक़ता (nuK tA) *m.* 1. point, dot. 2. point, issue.

नुक़ताचीं (~ cẽe) *m.* fault-finder.

नुक़ताचीनी (~ cee nee) *f.* fault-finding, carp; ~ करना to carp/cavil, to raise minor objections.

नुक़रा (nuK rA) *m.* white-coloured horse.

नुक़सान (~ sAn) *m.* 1. loss, damage. 2. harm; ~ उठाना to suffer a loss; ~ करना to put to loss, to damage; ~ देना to inflict a loss; ~ पहुँचना to be harmed, to be put to loss; ~ पहुँचाना to harm—इसने बहुत अधिक नुकसान पहुँचाया है It has done a good deal of harm. ~ भरना to compensate for loss; ~ हो जाना—नुक़सान हो गया है Loss has resulted.

नुक़सानी (~ sA nee) *f.* damaged.

नुक़सानी माल (~ mAl) *m.* seconds, damaged goods or goods of an inferior quality.

नुकीला (nu kee lA) *adj.* having a sharp tip, pointed; नुकीली आँखें tapered eyes; नुकीली नाक pointed nose.

नुकीलापन (~ pan) *m.* pointedness.

नुक्कड़ (nuk kaR) *m.* corner, especially turn of a street; ~ नाटक street theatre.

नुक़्स (nuKs) *m.* defect, fault, flaw; ~ निकालना to find fault.

नुचना (nuc nA) *vt.* 1. to be plucked up. 2. to be scratched; बाल ~ to be dishonoured.

नुचवाना (~ vA nA) *vi.* causative of नोचना, to get scratched.

नुनखरा (nun kha rA) *adj.* saltish, saline.

नुनेरा (nu ne rA) *m.* one who prepares salt.

नुमाइश (nu mA ish) *f.* exhibition, display, show; ~ लगाना (i) to set up an exhibition; (ii) to put up a show.

नुमाइशी (nu mA i shee) *adj.* for show only, showy, ostentatious.

नुस्ख़ा (nus KhA) *m.* prescription, recipe; ~ बाँधना to dispense medicines as per prescription; ~ लिखना to give a prescription; ~ लिखवाना to get a prescription.

नूतन (noo tan) *adj.* 1. new, novel. 2. modern. 3. fresh, recent.

नूतनता (~ tA) *f.* 1. newness, novelty. 2. modernity, modernism.

नून (noon) *m.* salt; ~ तेल लकड़ी articles of subsistence.

नूपुर (noo pur) *m.* anklet, an ornament for the ankles.

नूर (noor) *m.* splendour, light, lustre; चेहरे पर ~ बरसना radiation of light from the face.

नृ (nri) *m.* man, human being.

नृत्य (nritty) *m.* dance.

नृत्यकला (~ ka lA) *f.* art of dancing.

नृत्यशाला (~ shA lA) *f.* dancing hall.

नृप (nrip) *m.* king, monarch.

नृशंस (nri shans) *adj.* atrocious, cruel, barbarous.

नृशंसता (~ tA) *f.* atrocity, cruelty.

नृसिंह (nri sinh) *m.* 1. a pre-eminent person. 2. the fourth incarnation of Lord Vishnu. 3. lion-like man.

ने (ne) *postposition.* attached to the nominative case in the past tense etc., of a transitive verb; *e.g.,* राम ने गोकुल को मारा Ram beat Gokul.

नेक (nek) *adj.* good and virtuous, goody; ~ चाल-चलन good character/conduct.

नेकचलन (~ ca lan) *adj.* of good conduct.

नेकचलनी (~ cal nee) *f.* good conduct.

नेकनाम (~ nAm) *adj.* reputed, wellknown, famous.

नेकनामी (~ nA mee) *f.* good reputation, repute, good name.

नेकनीयत (~ nee yat) *adj.* having an honest purpose.

f. good faith, bonafides.

नेकनीयती (~ nee ya tee) *f.* good faith, honesty of purpose.

नेकी (ne kee) *f.* goodness; ~ की राह right path.

नेकी-बदी (~ - ba dee) *f.* good and evil.

नेग (neg) *m.* ceremonial tip/due/present.

नेज़ा (ne za) *m.* spear, lance.

नेज़ाबरदार (~ bar dAr) *m.* lancer, lance bearer.

नेता (ne tA) *m.* leader, pioneer; सदन का ~ leader of the house. [Fem. नेत्री]

नेतागिरी (~ gi ree) *f.* leadership. (pej.)

नेति (ne ti) *phrase.* There is no end to this; This (God) is infinite.

नेती (ne tee) *f.* cord used for churning.

नेतृत्व (ne trittw) *m.* leadership, hegemony.

नेतृत्वविहीन (~ vi heen) *adj.* without a leader, headless.

नेतृत्व-शक्ति (~ - shak ti) *f.* ability of leadership.

नेतृवर्ग (netri varg) *m.* group of people who lead, leadership; हमारा ~ our leadership.

नेत्र (nettr) *m.* eye.

नेत्र-जल (~ - jal) *m.* tear (s).

नेत्रविज्ञान (~ vig gyAn) *m.* ophthalmology.

नेत्री (net tree) *f.* woman leader.

नेनुआ (ne nu A) *m.* a green Indian vegetable; .

नेपथ्य (ne patthy) *m.* green room of a theatre; ~ में behind the stage.

नेपाल (ne pAl) *m.* Nepal; an independent Hindu State situated to the north of India.

नेपाली (ne pA lee) *adj.* of or pertaining to Nepal.

m. citizen of Nepal.

f. language of Nepal.

नेम (nem) *m.* = नियम।

नेमत (ne mat) *f.* = नियामत।

नेम-धर्म (nem - dharm) *m.* religious practices.

नेमी (ne mee) *adj.* (a person) who observes religious rites punctiliously.

नेवला (nev lA) *m.* mongoose.

नेस्त (nest) *adj.* non-existent; ~ नाबूद utterly ruined/destroyed/devastated.

नेस्ती (nes tee) *adj.* 1. lazy, indolent. 2. ominous.

f. 1. non-existence. 2. laziness.

नैचा (nai cA) *m.* main body (pipes etc.) of a hubble-bubble.

नैज (naij) *adj.* one's own, personal.

नैतिक (nai tik) *adj.* 1. ethical. 2. moral; ~ दृष्टि से morally; ~ पतन demoralization.

नैतिकता (~ tA) *f.* morality.

नैत्रिक (nai trik) *adj.* ocular.

नैदानिक (nai dA nik) *adj.* clinical.

नैन (nain) *m.* eye.

नैपुण्य (nai puNY) *m.* the state or quality of being निपुण, skill, adroitness, dexterity.

नैमित्तिक (~ mit tik) *adj.* casual, occasional.

नैया (~ yA) *f.* boat.

नैयायिक (~ yA yik) *m.* logician.

नैरंतर्य (~ ran tary) *m.* continuity, uninterruptedness.

नैराश्य (~ rAsh shy) *m.* disappointment, despair.

नैवेद्य (~ ved dy) *m.* offering made to a deity, oblation.

नैष्ठिक (naish Thik) *adj.* vowing all-life celibacy.

नैसर्गिक (nai sar gik) *adj.* natural, innate, inherent; ~ दृष्टि से naturally.

नैहर (~ har) *m.* parental home (of a woman).

नोक (nok) *f.* point, tip.

नोक-झोंक (~ - jhonk) *f.* wordy encounter/skirmish/taunt.

नोकदार (~ dAr) *adj.* pointed, sharp.

नोच-खसोट (noc - kha soT) *f.* 1. pinching and snatching. 2. grabbing.

नोचना (~ nA) *vt.* to claw; मुँह नोच लेना to claw at the face (of somebody).

नोचानोची (no ca no cee) *f.* = नोच-खसोट।

नोट (noT) *m.* 1. currency note, bank note, paper currency. 2. footnote; ~ करना act of noting; ~ करने लायक notable; ~ करना to note (down).

नोट-बुक (~ - buk) *f.* note-book.

नोटिस (no Tis) *f.* notice; ~ देना to serve a notice.

नोन (non) *m.* salt.

नोना (no nA) *adj.* saline saltish.

m. 1. saltpetre. 2. decaying earth of mud walls, bricks etc. 3. disease of gram plants.

नौ (nau) *adj.* nine; ~ दो ग्यारह होना to flit away, to turn tails.

m. boat, ship; नौभार tonnage, tare.

नौकर (~ kar) *m.* a person employed to perform household duties, servant.

नौकर-चाकर (~ - ca kar) *m.* retinue of servants.

नौकरशाह (~ shAh) *m.* bureaucrat.

नौकरशाही (~ shA hee) *f.* bureaucracy.

नौकराना (nauk rA nA) *m.* tip paid to a servant.

नौकरानी (~ rA nee) *f.* maid servant; घर में रहनेवाली ~ live-in-maid.

नौकरी (~ ree) *f.* 1. service; ~ करना to serve, to be in service; ~ बजाना to attend/serve faithfully. 2. job; मुझे ~ मिल गई I got a job.

नौकरी-पेशा (~ - pe shA) *adj.* working for a firm in return of payment.

n. employee, salaried worker.

नौका (nau kA) *f.* boat.

नौका-विहार (~ - vi hAR) *m.* boating.
नौ-खंडा (nau - khan DA) *adj.* nine-storeyed.
नौचा (~ CA) *m.* youth, young man.
नौचालन (~ CA lan) *m.* navigation.
नौची (~ cee) *f.* 1. young woman. 2. dancing (girl) trainee.
नौजवान (~ ja VAN) *adj.* young, youthful, adolescent.
m. youth.
नौजवानी (~ ja VA nee) *f.* youth, prime of youth.
नौटंकी (~ Taṅ kee) *f.* villagedrama.
नौनिहाल (~ ni hAl) *adj.* promising (boy).
नौबत (~ bat) *f.* 1. situation, state of affairs; ~ आना—अब ऐसी ~ आ गई है Things have come to such a pass. 2. small drum; ~ बजना beating of drum (in marriage ritual etc.)
नौबतख़ाना (~ KhA NA) *m.* rostrum meant for ceremonial playing of istruments नौबत and the like.
नौबहार (nau ba hAR) *m.* spring season.
नौबेड़ा (~ be RA) *m.* naval fleet, fleet of boats.
नौरंगा (~ raṅ gA) *m.* nursery.
नौरत्न (~ ratn) *m.* 1. (collection of) nine gems. 2. necklace containing nine gems. 3. a kind of sweet sauce.
नौलखा (~ la khA) *adj.* worth nine lakhs of rupees, very precious.
नौ-विज्ञान (~ - vig YAN) *m.* nautical science.
नौशा (~ shA) *m.* bridegroom.
नौशी (~ shee) *f.* bride.
नौसादर (~ SA dar) *m.* ammonium chloride.
नौसिखुआ (~ si khu A) *adj.* inexperienced.
m. novice, fresher.
नौ-सेना (~ - se NA) *f.* navy, armada, seaforce, naval force.
नौ-सेनापति (~ - se NA pa ti) *m.* admiral, Chief of Naval Staff.
नौ-सेवा (~ - se VA) *f.* naval service.
नौ-सैनिक (~ - sai nik) *adj. & m.* of or pertaining to navy, one in naval service.
न्यस्त (nyast) *adj.* 1. arranged. 2. deposited, invested.
न्याय (nyAy) *m.* justice, fairness, impartiality; ~ की दृष्टि से उचित just, justified; ~ करना to do justice.
न्यायकर्ता (~ kar TA) *m.* judge, justice.
न्यायज्ञ (nyA yaggy) *m.* jurist.
न्यायतंत्र (nyAy tantr) *m.* judiciary.
न्यायत: (~ tah) *adv.* judicially, justly, honestly, equitably.
न्यायपरायण (~ pa RA yaN) *adj.* just, equitable, judicious.
न्यायपालिका (~ pa li KA) *f.* judiciary.
न्यायपीठ (~ peeTh) *m.* 1. bench. 2. seat of justice.
न्यायपूर्ण (~ poorN) *adj.* justified.
न्यायप्रिय (~ priy) *adj.* justice-loving.
न्यायमूर्ति (~ moor ti) *f.* a Supreme Court Judge.
न्यायवादी (~ VA dee) *m.* attorney.
न्यायवान (~ VAN) *adj.* just, equitable.
न्यायशास्त्र (~ shAstr) *m.* jurisprudence.
न्यायसंगत (~ saṅ gat) *adj.* just, equitable.
न्यायांग (nyA yAṅg) *m.* judiciary.
न्यायाधिकरण (~ yA dhi ka raN) *m.* tribunal.
न्यायाधीश (~ yA dheesh) *m.* judge.
न्यायालय (~ yA lay) *m.* court of justice; उच्च ~ High Court; सर्वोच्च ~ Supreme Court.
न्यायासन (~ yA san) *m.* seat of justice.
न्यायिक (~ yik) *adj.* judicial, juridical.
न्यायी (~ yee) *adj.* proper, reasonable and fair (person).
m. judge.

न्यायोचित (~ yo cit) *adj.* that can be justified, justifiable.

न्यारा (~ rA) *adj.* 1. unique. 2. queer, uncommon. 3. somewhat different, peculiar.

न्यास (nyAs) *m.* 1. trust, endowment. 2. act of arranging or placing. 3. deposit, investment.

न्यासधारी (~ dhA ree) *m.* trustee.

न्यासभंग (~ bhaṅg) *m.* breach of trust.

न्यून (nyoon) *adj.* less, insufficient, lacking, deficient; ~ कोण acute angle. (Geom.)

न्यूनतम (~ tam) *adj.* & *m.* minimum; ~ मज़दूरी minimum wages.

न्यूनता (~ tA) *f.* shortage, deficiency.

न्यूनाधिक (nyoo nA dhik) *adj.* more or less.

न्योछावर (nyo chA var) *f.* = निछावर।

न्योतना (nyot nA) *vt.* to invite; भोजन के लिए ~ to invite for a dinner/meal/feast.

न्योता (nyo tA) *m.* invitation; उन्होंने भोज के लिए ~ भेजा They sent us an invitation to partake of the meal. ~ देना to give/offer or extend an invitation.

प

प (pa) *m.* the first of the labial pentad of consonants, pronounced as *p* in *picture.*
adj. or *suffix.* (one) who drinks, brings up etc. as in मद्यप, गोप।

पंक (paṅk) *m.* slime, mud, mire, bog.

पंकज (paṅ kaj) *adj.* born in slime.
m. lotus.

पंकिल (~ kil) *adj.* slimy, muddy, boggy.

पंकिलता (~ tA) *f.* sliminess, muddiness.

पंक्चर (paṅk car) *m.* puncture; ~ करना to puncture.

पंक्ति (paṅ kti) *f.* 1. line, queue; ~ में खड़ा होना to stand in a queue. 2. a line of houses, seats, chairs etc., row. 3. rank.

पंक्तिबद्ध (~ baddh) *adj.* arranged in a row or rows, arrayed, queued; वे ~ खड़े हुए They formed a queue.

पंख (paṅkh) *m.* 1. a feather; ~ पंखों से बनी टोपी featherly cap. 2. a wing; पंखोंवाला कीड़ा winged insect; ~ जमना growing of wings; ~ लगना coming out of feathers; अब उसके ~ लग गए हैं Now he is getting out of hands. 3. an arm of a fan.

पंखड़ी (~ Ree) *f.* flower-petal, blade.

पंखा (paṅ khA) *m.* fan; ~ करना to fan; ~ चलाना to switch on the fan; ~ झलना to fan.

पंखी (~ khee) *m.* 1. flying insect. 2. small fan.

पंगत (~ gat) *f.* a sitting for common dinner; ~ से उठा देना to turn out someone from a common dinner (पंगत).

पंगु (~ gu) *adj.* 1. cripple, invalid, lam 2. (fig.) invalid; ~ हो जाना to becom totally helpless/invalid.

पंगुता (~ tA) *f.* cripplehood.

पँच (pā̃c) *adj.* allo. of पाँच (five).

पंच (panc) *adj.* five.
m. 1. arbitrator; ~ परमेश्वर God in th form of an arbitrator. 2. set of five.

पंचक (pan cak) *m.* 1. group/set of fiv 2. inauspicious period during whic five particular stars are in conjunctio

पँचखना (pā̃c kha nA) *adj.* five-storeyed

पँचगुना (~ gu nA) *adj.* five times.

पंचजन्य (panc janny) *m.* the famous con of Lord Krishna.

पंचतत्त्व (~ tattw) *m.* = पंचभूत।

पंचत्व (~ twa) *m.* demise, death.

पंचनामा (~ nA mA) *m.* 1. written awa 2. declaration given by five (promine persons.

पंचनिर्णय (~ nir Nay) *m.* judgement of arbitrator, award.

पंचभुज (~ bhuj) *m.* pentagon.

पंचभूत (~ bhoot) *m.* the five primary ele ents—earth, water, air, fire, ether.

पंचम (pan cam) *adj.* fifth.
m. fifth note of Indian musical sca

पंचमांग (panc mAṅg) *m.* an organisati working secretly for the enemy w in the country, fifth column.

पंचमांगी (~ mAṅ gee) *m.* fifth columnis

पंचमाक्षर (pan ca mAk shar) *m.* fifth le of any pentad of consonants of

Nagari alphabet, any of the nasal consonants : ङ, ञ, ण, न, म।

पंचमी (pan ca mee) *f.* fifth day of each half of the lunar month.

पंचमुखी (~ mukhi) *adj.* possessing five mouths.

पँचमेल (pãc mel) *adj.* 1. of five sorts. 2. assorted; ~ मिठाई assorted sweets.

पँचरंगा (~ raṅ GA) *adj.* five-coloured, multi-coloured.

पंचरत्न (panc ratn) *m.* the five sacred jewels.

पँचलड़ा (pãc la RA) *adj.* of five strings.

पंचवटी (panc va TEE) *f.* the hut in the Dandak forest where Lord Ram resided during exile.

पंचशील (~ sheel) *m.* a set of five Buddhist tenets.

पँचहरा (pã cah RA) *adj.* 1. of five layers, folded five times. 2. fivefold.

पंचांग (pan CAṅg) *m.* Hindu calendar, almanac.[पंच + अंग]

पंचाग्नि (~ CAg ni) *f.* the five fires amidst which penance is performed. (Hindu mythology)

पंचाट (~ CAT) *m.* award.

पंचानन (~ ca nan) *m.* 1. lion. 2. Lord Shiv. 3. a profound scholar.

पंचानबे (~ CAn be) *adj.* & *m.* ninety-five, 95.

पंचामृत (~ CA mrit) *m.* sacred drink consisting of milk, yoghurt, sugar, ghee and honey.

पंचायत (~ CA yat) *f.* 1. a court of arbitrators, usually of five, panchayat. 2. assemblage; ~ जोड़ना to assemble a body, especially of arbitrators; ~ बैठाना to submit a dispute to a पंचायत for settlement.

पंचायती (~ CA ya tee) *adj.* public, common; ~ कुआँ public well; ~ राज्य rule by elected representatives, republic.

पंचेंद्रिय (~ cen driy) *f.* 1. the five organs of sense—eye, ear, nose, tongue, skin. 2. the five organs of action—hands, feet, larynx, anus, genital organ.

पंछा (~ chA) *m.* 1. aqueous discharge from a wound, incision etc. 2. lymph.

पंछी (~ chee) *m.* bird.

पंज (panj) *adj.* five.

पंजक (pan jak) *m.* impression of the full hand.

पंजर (~ jar) *m.* skeleton, frame, cage.

पंजा (~ JA) *m.* 1. set of five. 2. hand or its impression. 3. claw, talon; ~ मारना to attack with a claw, to claw; ~ लड़ाना trial of strength with hands; छक्का - ~ (i) gambling; (ii) trickery, tricksy move. 4. पैर का ~ tiptoe; पंजों के बल on tiptoes.

पंजाब (~ JAb) *m.* 1. Punjab, a state in India, land of five rivers. 2. undivided Punjab.

पंजाबी (~ ja bee) *adj.* of or pertaining to Punjab.

m. inhabitant of Punjab. [Fem. पंजाबिन]

f. language of Punjab.

पंजिका (~ ji KA) *f.* small register.

पंजी (~ jee) *f.* register.

पंजीकरण (~ ka raN) *m.* registration.

पंजीकृत (~ krit) *adj.* registered.

पँजीरी (pã jee ree) *f.* a kind of Indian sweet, usually given as a medicine.

पंडा (paN DA) *m.* a Brahmin guide for conducting rituals (in pilgrimage).

पंडाइन (~ DA in) *f.* wife of a पंडा।

पंडाल (~ DAl) *m.* pandal, a theatre for meetings, big pavilion.

पंडित (~ DIt) *m.* 1. a Brahmin. 2. learned person, scholar. [Fem. पंडितानी]

पंडित सभा (~ sa bhA) *f.* assembly of scholars.

पंडितराज (~ rAj) *m.* a title given to a Sanskrit scholar of a high order.

पंडिताई (paN Di tA ee) *f.* 1. priesthood. 2. scholarship, erudition. 3. pedantry; ~ छाँटना to show off (one's) scholarship.

पंडिताऊ (~ Di tA oo) *adj.* 1. scholarly, befitting a पंडित। 2. pedantic.

पंडिताऊपन (~ pan) *m.* pedantry.

पंडितानी (paN Di tA nee) *f.* 1. wife of a Brahmin/learned man. 2. a woman priest.

पंथ (panth) *m.* 1. way, path; ~ दिखाना to guide; ~ देखना / निहारना to await eagerly and hospitably. 2. cult, creed, sect, school.

पंथी (pan thee) *m.* 1. traveller. 2. follower of a sect/cult.

पंद्रह (pan drah) *adj. & m.* fifteen, 15.

पंद्रहवाँ (~ vÃ) *adj.* fifteenth.

पंप (pamp) *m.* 1. pump. 2. a kind of shoe, called pump-shoe.

पँवाड़ा (pã vA RA) *m.* 1. saga. 2. exaggerated description; ~ डालना to create a fuss.

पँसरहट्टा (~ sar haT TA) *m.* grocery market.

पंसारी (pan sA ree) *m.* grocer.

पँसेरी (pã se ree) *f.* a weight of five seers, roughly 4 kg.

पकड़ (pa kaR) *f.* 1. hold, catch. 2. firm grip; ~ में आना to come under grip; ढीली ~ loose grip; मज़बूत ~ tight grip; चलो, दो पकड़ें हो जाएँ Let us have two bouts.

पकड़-धकड़ (~ - dha kaR) *f.* rounding up.

पकड़ना (~ nA) *vt.* 1. to hold/seize; उसने बच्चे को कालर से पकड़ लिया He seized the child by the collar. 2. to nab/apprehend/arrest. 3. to entrap/snare/entangle. 4. to catch; चोरी ~ to discover theft; भूल ~ to catch (someone's) mistake; मछली ~ angling; पकड़ बैठना—तुमने ज़रा भी ग़लती की तो वह पकड़ बैठेगा If you make a simple mis-take he will pounce on it.

पकड़वाना (~ vA nA) *vt.* causative of पकड़ना।

पकना (pak nA) *vt.* 1. to ripe/ripen; फ़सल पक चली है The crop is nearly ripe. 2. to be cooked; फोड़ा पक गया है The boil has ripened or come to a head. बाल ~ — बाल पक गए हैं The hair has turned gray. मुँह ~ - मुँह पक गया है The face has deve- loped boils. सुनते-सुनते मेरे कान पक गए I am fed up hearing this kind of things.

पकवान (~ vAn) *m.* Indian type of pudding/cookie.

पकाई (pa kA ee) *f.* act or process of ripening.

पकाना (pa kA nA) *vt.* 1. to cook. 2. to ripen, as fruit. 3. bake, as pots in fire. 4. to cause to suppurate, as a boil.

पकौड़ा (pa kau RA) *m.* a piece of vegetable fried in batter.

पकौड़ी (pa kau Ree) *f.* dim. of पकौड़ा।

पक्का (pak kA) *adj.* 1. ripe; ~ फल ripe fruit. 2. mature; ~ विचार mature thought. 3. brickbuilt; ~ मकान brickbuilt house. 4. settled, confirmed; पक्की बात settled/confirmed matter; पक्की नौकरी confirmed service; ~ काग़ज़ legal document; ~ काम करना to carry out a work to the finale; ~ खाना food fried in ghee; ~ गाना classical music; ~ चोर habitual thief; ~ रंग fast colour; दिल ~ करना to make up (one's) mind; बात का ~ true to (one's) word.

पक्व (pakkw) *adj.* 1. cooked. 2. mature; ~ वय mature age.

पक्वता (~ tA) *f.* ripeness, maturity.

पक्ष (paksh) *m.* 1. wing. 2. fortnight. 3. aspect, side; ~ ग्रहण करना या लेना to take a side, to side with; कमज़ोर ~ weak case. 4. phase, aspect. 5. मज़बूत ~ strong case. 6. party to a suit.

पक्षधर (~ dhar) *adj. m.* (attrib.) partisan,. supporter.

पक्षपात (~ pAt) *m.* partiality, favouritism; ~ करना to be partial, to show partiality.

पक्षपाती (~ pA tee) *adj.* partial. *m.* partisan.

पक्ष-विपक्ष (~ - vi paksh) *m.* the two parties/ sides to a dispute.

पक्षांतर (pak shAn tar) *m.* 1. the other fortnight. 2. the other party/side.

पक्षांतरण (~ shAn ta raN) *m.* transposition.

पक्षाघात (~ shA ghAt) *m.* paralysis.

पक्षी (~ shee) *m.* bird; ~ का घोंसला bird's nest; ~ का पिंजरा birdcage.

पक्षीय (~ sheey) *adj.* 1. belonging to a party. 2. related to a wing; as वाम-पक्षीय left-winged.

पक्षीराज (~ shee rAj) *m.* eagle.

पक्षी-विज्ञान (~ shee - vig yAn) *m.* Ornithology.

पख (pakh) *m.* 1. feather. 2. fortnight. *f.* 1. impediment, hindrance, obstacle; ~ लगाना to put an impediment. 2. flaw, defect; ~ निकालना to find out a flaw/ defect.

पखवाड़ा (~ vA RA) *m.* a period of two weeks, fortnight; वह पिछले पखवाड़े आया था He came in the past fortnight.

पखारना (pa khAr nA) *vt.* to wash/cleanse.

पखावज (pa khA vaj) *f.* drum, timbrel.

पखेरू (pa khe roo) *m.* bird.

पख़्तून (paKh toon) *m.* a person whose mother tongue is Pashto.

पख़्तो (~ to) *f.* = पश्तो।

पग (pag) *m.* 1. foot; ~ चाप / ध्वनि footfall. 2. step; ~ - पग पर at every step, stage etc. 3. pace.

पगडंडी (~ DAN Dee) *f.* footpath, footway.

पगड़ी (~ Ree) *f.* 1. turban; ~ उछालना to defame; ~ उतारना to insult/disgrace; ~ पैरों पर रखना to beg most submissively; ~ बदलना to establish a brotherhood; ~ बाँधना to tie a turban. 2. black money, given for obtaining possession of a premises.

पगना (~ nA) *vt.* to be impregnated with some syrup.

पगला (~ lA) *adj.* mad, insane. [Fem. पगली]

पगली (~ lee) *f.* mad, insane (woman).

पगहा (~ hA) *m.* a rope or chain by which an animal is tied to a peg, tether.

पगार (pa gAr) *m.* 1. boundary, enclosure, wall. 2. mud prepared for building purposes. 3. fordable river or rivulet. 4. wages.

पगुराना (pa gu rA nA) *vt.* to chew the cud, to ruminate.

पगोड़ा (pa go RA) *m.* Buddha temple, pagoda.

पच (pac) abb. of पाँच।

पचकना (pa cak nA) *vt.* = पिचकना।

पचड़ा (~ RA) *m.* ado, fuss, pother, affray; ~ खड़ा करना to create a fuss.

पचना (~ nA) *vi.* to be digested; तुम्हारे पेट में कोई बात पचती नहीं You cannot keep a secret. बुरी कमाई पचती नहीं Ill earning never pays.

पचपन (~ pan) *adj. & m.* fifty-five, 55.

पचहत्तर (pac hat tar) *adj. & m.* seventy-five, 75.

क़ K, ख़ Kh, ग़ G, ज़ z, फ़ F; च् c, छ् ch; ट् T, ठ् Th, ड D, ड़ R, ढ Dh, ढ़ Rh; ण् N, ङ् ṅ, ञ/न् n; श/ष् sh

पचाना (pa CA nA) *vt.* to digest; शेखी ~ — तुम्हारी शेख़ी पचा दूँगा I will smash your bravado.

पचाव (pa CAW) *m.* digestion.

पचास (pa CAS) *adj. & m.* fifty, 50.

पचासा (pa CA SA) *m.* 1. set of fifty similar things, half a century; ~ बजना completion of fifty years (of age). 2. alarm bell of a jail.

पचासी (pa CA see) *adj. & m.* eighty-five, 85.

पचासों (pa CA sõ) *adj.* about or more than fifty.

पचासो (pa CA so) *adj.* 1. more than fifty, several fifties. 2. all the fifty.

पचीस (pa cees) *adj. & m.* twenty-five, 25.

पचीसी (pa cee see) *f.* 1. set of twenty-five similar thing. 2. first twenty-five years of (someone's) life.

पच्चड़ (pac caR) *m.* = पच्चर।

पच्चर (~ car) *f.* 1. wedged chip; ~ ठोकना to wedge. 2. anything that prevents progress; ~ अड़ाना to place an impediment.

पच्चीकारी (~ cee KA ree) *f.* inlaying work.

पच्चीस (~ cees) *adj. & m.* = पचीस।

पछड़ना (pa chaR nA) *vi.* 1. to be beaten down/defeated. 2. to be floored, to be knocked down.

पछताना (pach TA nA) *vi.* to repent/rue; वह अपने किए पर पछताया He repented what he had done.

पछतावा (~ TA VA) *m.* sorrow for wrong doing, repentance, remorse, rue, compunction; ~ खाना to feel the pangs of remorse.

पछना (~ nA) *vi.* to be scarified/tattooed.

पछवाँ (~ vÃ) *adj.* Western, coming from the West; ~ हवा Westerly wind.

पछाँहीं (pa chÃ heẽ) *adj.* belonging or pertaining to the West.

पछाड़ (pa chAR) *f.*; ~ खाकर गिरना to fall down in overbearing grief.

पछाड़ना (~ nA) *vt.* 1. to beat down/defeat. 2. to floor, to knock down. 3. to beat out dust from a cloth.

पछुआ (pa chu A) *f.* = पछवाँ।

पछोड़ना (pa chOR nA) *vt.* to winnow, to separate out; फटकना - ~ to flutter and winnow.

पछोरना (pa chor nA) *vt.* = पछोड़ना।

पटंबर (pa Tam bar) *m.* silken cloth.

पट (paT) *m.* 1. cloth, fabric. 2. screen; चित्र ~ cinema screen; रजत ~ silver screen. 3. gate, door; ~ खुलना opening of the gate. 4. covering. 5. (ono.) pitpat sound.
adj. upside down; चित या पट head or tail; ~ पड़ना (i) (person) to lie, face downward; (ii) (coin) to fall face upward.

पटक (pa Tak) *f.* throw, knocking down.

पटकना (~ nA) *vt.* to knock/throw down; सिर ~ to knock one's head; (किसी के) सिर पर ~ to thrust upon (someone); हाथ-पैर ~ (i) to be extremely restless; (ii) to leave no stone unturned.

पटकनी (~ nee) *f.* a knockdown; ~ खाना to be knocked down; ~ देना to knock down, to throw down violently.

पटका (paT KA) *m.* 1. sash. 2. belt, girdle, cincture; ~ पकड़ना to hold (someone) responsible and prevent him from slipping away; ~ बाँधना to get ready for some responsible job.

पटकान (~ KAn) *f.* a flooring, a knock down.

पटतर (~ tar) *adj. & adv.* equal, equivalent. *m.* equality, equivalence.

पटना (paT nA) *vi.* 1. to be covered; छत ~ roofing. 2. to be filled up; गड्ढा ~ filling up a pit. 3. to be dumped; दवाओं से बाजार पट गया है The market is dumped with medicines. 4. pulling on; दोनों भाइयों में पटती नहीं The two brothers do not pull on well together. उसकी अपने पिता से नहीं पटती थी He did not get along with his father. 5. completion of a transaction; सौदा पटा नहीं The deal fell apart. 6. balancing, squaring; हिसाब ~ squaring of accounts.

पट-परिवर्तन (~ pa ri var tan) *m.* change of the screen or scene.

पटरा (~ rA) *m.* 1. low wooden seat, stave. 2. plank; ~ कर देना / फेर देना to smash; ~ बैठ जाना crashdown (of business etc.).

पटरानी (~ nee) *f.* cheif queen, queen consort.

पटरी (paT ree) *f.* 1. rail; ~ से उतर जाना to derail; गाड़ी ~ से उतर गई The train derailed. 2. footpath, sidewalk, pavement. 3. flat ruler; ~ न खाना/बैठना—हमारी उनसे पटरी नहीं खाती/बैठती We do not pull on well together. उन दोनों में पटरी नहीं खा रही थी Their relationship had not been going well. They had been rather unfriendly.

पटल (pa Tal) *m.* 1. screen. 2. roof. 3. layer. 4. side. 5. wooden plank, table. 6. counter; विस्तार ~ extension counter.

पटवा (paT vA) *m.* embroiderer. [Fem. पटइन]

पटवाना (~ vA nA) *vt.* causative of पाटना।

पटवारी (~ wA ree) *m.* patwari, village official who maintains land records.

पटवारीगीरी (~ gee ree) *f.* tenure, duty or office of a patwari.

पटसन (paT san) *m.* jute.

पटा (pa TA) *m.* 1. an Indian weapon (of wood or iron), cudgel. 2. = पटरा, low, wooden seat.

पटाई (~ ee) *f.* 1. act or state of पाटना, or wages paid for the same. 2. dumping.

पटाक (pa Tak) *f.* (ono.) sharp sound, thump, crash.

पटाका (pa TA kA) *m.* 1. cracker; ~ छोड़ना to crack a cracker. 2. slap; ~ जड़ना / लगाना to slap.

पटाक्षेप (pa TAk shep) *m.* drop-scene.

पटाख़ा (pa TA khA) *m.* = पटाका।

पटाना (pa TA nA) *vt.* 1. to cause to cover as a pit. 2. to settle as a transaction, an account, purchase etc.

पटापट (pa TA paT) *adv.* (ono.) 1. with a continuous tapping sound. 2. briskly.

पटाव (pa TAW) *m.* 1. act or state of पाटना। 2. rubbish etc., with which a pit is covered. 3. covering.

पटिया (pa Ti yA) *f.* slate, tile, board.

पटीलना (pa Teel nA) *vt.* 1. to bring (someone) round, to make someone agree to one's point of view. 2. to cheat. 3. to accomplish.

पटु (pa Tu) *adj.* 1. clever; ~ वाक्पटु clever in speaking, articulate. 2. skilful, adept, dexterous, expert, diligent.

पटुआ (pa Tu A) *m.* jute.

पटुता (~ tA) *f.* cleverness, skill, dexterity.

पटुत्व (pa Tuttw) *m.* = पटुता।

पटे (pa Te) *adj.* which has been settled/squared; बर ~ squared/settled.

पटेबाज़ (~ bAz) *adj. & m.* skilful in wielding पटा।

पटेबाज़ी (~ bA zee) *f.* skilfulness in wielding पटा।

पटेरा (pa Te rA) *m.* papyrus.

पटेल (pa Tel) *m.* headman of a village.

पटेला (pa Te lA) *m.* flat boat.

पटैत (pa тait) *m.* = पटेबाज़।

पटैला (pa тai lA) *m.* papyrus.

पटोला (pa тo lA) *m.* a kind of silken cloth.

पट्ट (paтт) *m.* 1. = पटरा। 2. board or plank of wood. 3. = पट्टी। 4. scarf. 5. shield. *adj.* face downwards; चित्त या पट्ट head or tail?

पट्ट-महिषी (~ - ma hi shee) *f.* queen consort.

पट्टरानी (~ rA nee) *f.* queen consort.

पट्टशिष्य (~ shish shy) *m.* favourite disciple.

पट्टा (paт тA) *m.* 1. lease, lease deed; (किसी के नाम) ~ करना to execute a lease; पट्टे पर on lease. 2. band of leather, put around an animal's ncek, collar.

पट्टाधारी (~ dhA ree) *m.* lessee, leaseholder.

पट्टी (paт тee) *f.* 1. wooden board (used by children as slate to write on). 2. bandage; ~ खोलना to take off a bandage, to undress; ~ बाँधना to bandage, to dress; आँखों पर ~ बाँधे होना to overlook important points/matters. 3. instruction. 4. misguidance; ~ पढ़ाना to give a wrong direction, to mislead; ~ में आना to be taken in. 5. belt (of land).

पट्टीदार (~ dAr) *m.* 1. lessee. 2. co-sharer, co-partner.

पट्टीदारी (~ dA ree) *f.* partnership, coparcenary, coparceny.

पट्टू (paт тoo) *m.* a type of coarse woollen cloth.

पट्ठा (~ ThA) *m.* 1. sinew. 2. robust youth.

पठन (pa than) *m.* 1. reading, studying; ~ - पाठन studying and teaching. 2. recitation.

पठनीय (paтh neey) *adj.* readable, worth reading.

पठनीयता (~ тA) *f.* readability.

पठान (pa тhAn) *m.* inhabitant of Afghanistan or Pakhtoonistan. [Fem. पठानिन, पठानी]

पठाना (pa тha nA) *vt.* to send (someone).

पठानिन (~ nin) *f.* = पठानी।

पठानी (~ nee) *f.* wife of a Pathan, a female inhabitant of Afghanistan or Pakhtoonistan.

पठार (pa тhAr) *m.* plateau, table-land.

पठित (pa тhit) *adj.* studied, read.

पठिया (pa тhi yA) *f.* fem. of पट्ठा।

पड़ता (paR тA) *m.* manufacturing cost; ~ खाना / बैठना—मुझे ~ नहीं खाता / बैठता It does not pay me. ~ निकालना / बैठाना to calculate the cost.

पड़ताल (paR тAl) *f.* thorough inspection, investigation, search, survey; ~ करना to inspect and investigate closely.

पड़तालना (~ nA) *vt.* to search/investigate closely.

पड़ती (paR tee) *f.* fallow land; ~ उठना cultivation of a fallow land.

पड़दादा (~ dA dA) *m.* = परदादा।

पड़ना (~ nA) *vi.* 1. to be laid. 2. to fall on something; अपनी-अपनी ~ — सब को अपनी-अपनी पड़ी है Everyone is for himself. उमड़ ~ — आँसू उमड़ पड़े Tears welled up. कूद ~ (i) to jump down; (ii) to drop in; ख़याल ~ to occur to mind; गला ~ having a sore throat; गले ~ to be thrust upon; घूम ~ to turn about/round; घर न ~ — इस दाम पर तो यह घर भी नहीं पड़ता It does not meet even the cost. घर ~ — वह उसके घर पड़ी है She is living as his concubine. चक्कर/फेर में ~ to get involved in an imbroglio; छत ~ — छत पड़ गई A roof has been laid. छाया ~ casting of a shadow; जान ~ (i) जान / दिखाई पड़ता है कि It appears that. (ii) मेरे शरीर में जान पड़ गई That gave me life. झमेले में ~ to get involved in trouble; हमें क्या पड़ी है जो झमेले में पड़ें Why should we poke our nose in other's affair? डाका ~ — डाका पड़ा है A dacoity has taken place. दिखाई/ नज़र ~ to come into sight; (i) मेरी नज़र उस पर पड़ी My eye fell on him. (ii) इतनी मोटी-सी बात उसे दिखाई नहीं पड़ती He is unable to see such an obvious thing. नमक ~ — दाल में नमक पड़ गया Salt has been put in the pulse. पत्थर ~ falling of hailstone; (अक़्ल पर) पत्थर ~ — मेरी अक़्ल पर पत्थर पड़ गए I lost all judgment. पस / मवाद ~ formation of pus; पीछे ~ to pursue with a vengeance; पैरों ~ to bow down, to fall flat at (one's) feet; बरस ~ to burst out; बिस्तर पर ~ to take to bed; बैरों ~ to be hostile, to turn hostile; भ्रम में ~ — वह भ्रम में पड़ गया था He was caught in illusion. रात ~ — जब रात पड़ी When night fell... लात ~ to be kicked; सिर ~ — सिर पड़ेगी तो जानोगे You will realise when it comes to you. हाथ-पैर पड़ जाना to be dumb-founded; जिसपर पड़ती है वही जानता है He who suffers, alone knows and feels/The wearer knows where the shoe pinches. तुम्हें क्या पड़ी है What is it to you? मकान ख़ाली पड़ा है The house is vacant. लड़का बाप पर पड़ा है The son is after his father. चार दिन से वह हमारे यहाँ पड़े हैं He has been with us (as an unwelcome guest) for four days. चार रुपए रोज़ पड़े It comes to rupees four per day. दूसरों के झगड़ों में नहीं ~ चाहिए One shouldn't get involved in others matters.

पड़नाना (paR nA nA) *m.* maternal great grandfather.

पड़पड़ाना (~ pa RAnA) *vt.* 1. to crack. 2. to prattle/clatter.

पड़पोता (~ po tA) *m.* = परपोता।

पड़वा (~ VA) *m.* calf of a buffalo. [Fem. पड़िया]

f. the first day of a lunar fortnight.

पड़ाव (pa RAW) *m.* camp, halting place, halt; ~ उठाना to decamp; ~ डालना to camp, to make a halt.

पड़िया (pa Ri yA) *f.* she-calf of a buffalo. [Fem. of पड़वा]

पड़ोस (pa Ros) *m.* neighbourhood, vicinity; हमारे ~ में बाज़ार है There is a market in our neighbourhood. पास - ~ neighbouring locality.

पड़ोसी (pa Ro see) *m.* neighbour; हम लोग ~ हैं We are (next-door) neighbours. [Fem. पड़ोसिन neighbour woman]

पढ़त (pa Rhat) *f.* reading; लिखत - ~ reading and writing, reducing an oral transac-tion to writing.

पढ़ना (paRh nA) *vt.* 1. to read; अख़बार ~ to read a newspaper. 2. to read out; पत्र ~ to read a letter. 3. to study, to receive education; रूसी ~ to learn Russian. 4. to recite; पहाड़ा ~ to recite a multiplication table.

पढ़ना-लिखना (~ - likh nA) *vt.* 1. to read and write. 2. to study.

पढ़वाना (paRh VA nA) *vt.* to cause to be read.

पढ़वैया (~ vai yA) *m.* one who reads.

पढ़ाई (pa RhA ee) *f.* 1. reading, studying, learning at school. 2. teaching.

पढ़ाना (pa RhA nA) *vt.* 1. to teach. 2. tocause to read. 3. to coach/educate/instruct.

पढ़ा-लिखा (pa RhA - li khA) *adj.* educated; बहुत अधिक ~ highly educated/learned.

पण (paN) *m.* 1. wager. 2. stake, bet.

पणन (pa NAN) *m.* act of buying.

पणनीय (paN neey) *adj.* marketable.

पंण्य (paNNY) *adj.* marketable.

पण्यवस्तु (~ vas tu) *f.* commodity.

पतंग (pa tang) *m.* 1. moth, insect. 2. paper-kite; ~ लड़ाना to play in a game of kite-flying; कटी ~ runaway kite.

पतंगबाज़ (~ bAZ) *m.* kite-flier.

पतंगबाज़ी (~ bA zee) *f.* kite-flying.

पतंगा (pa tan gA) *m.* moth, insect.

पत (pat) *f.* 1. prestige, honour, dignity; ~ उतारना to dishonour; ~ न रह जाना to lose credit; ~ रखना to preserve the prestige/honour. 2. allomorph of पात or पत्ता, *e.g.* in पतझड़।

पतझड़ (~ jhaR) *m.* autumn, the fall; ~ संबंधी deciduous.

पतझर (~ jhar) *f.* = पतझड़।

पतन (pa tan) *m.* 1. fall. 2. downfall, decline, ruin.

पतनशील (~ sheel) *adj.* tending to fall, falling.

पतनोन्मुख (pa ta non mukh) *adj.* tending to fall, falling.

पत-पानी (~ - pA nee) *m.* prestige, honour.

पतला (~ lA) *adj.* 1. thin; ~ कपड़ा thin cloth; ~ धागा tenuous thread. 2. lean; ~ शरीर lean body; ~ दूध watery milk; ~ पड़ना (i) to be reduced to penury; (ii) to be emaciated; ~ हाल precarious condition; उसके कान पतले हैं He has sensitive ears.

पतला-दुबला (~ dub lA) *adj.* 1. lean and thin; वह पतली-दुबली थी She had a slim figure. 2. weak.

पतलापन (~ pan) *m.* 1. thinness. 2. leanness. 3. tenuousness, wateriness. (of sweet beverages, milk etc.)

पतलून (pat loon) *f.* pantaloon, trousers.

पतवार (~ vAr) *f.* helm, rudder; ~ सँभालना to take up the helm of affairs.

पता (pa tA) *m.* 1. address; घर का ~ home address; स्थायी ~ permanent address. 2. knowing; ~ नहीं कि कब There is no knowing when. ~ करना to find out; ~ चलना—तब तुझे ~ चलेगा Then thou will know. मुझे समय का कुछ ~ ही न चला I did not notice the time passing. ~ लगना—उसका पता लग गया He has been traced out. ~ लगाना (i) to find out or discover by looking or searching; ज़रा जाकर ~ तो लगाओ कि बच्चे क्या कर रहे हैं Just go and find out as to what the children are doing. (ii) to detect; पते की बात (i) remarkable utterance; (ii) clue; अता- ~ लगना to run a cluel to enquire into the whereabouts.

पताका (pa tA kA) *f.* flag, banner; ~ फहराना to hoist (one's) banner (especially as a sign of conquest).

पति (pa ti) *m.* 1. husband; ~ और पत्नी a married pair, husband and wife; होनेवाले ~would-be husband, husband-to-be. 2. lord, master.

पतित (pa tit) *adj.* fallen, degraded, corrupted. [Fem. पतिता]

पतितपावन (~ pA van) *adj.* & *m.* one who uplifts the downtrodden.

पतिता (pa ti tA) *f.* (fem. of पतित) fallen, degraded (woman).

पति-पत्नी (~ - pat nee) *m.* husband and wife.

पतियाना (~ yA nA) *vt.* to trust/rely.

पतियारा (~ yA rA) *m.* trust, faith.

पतिव्रता (~ vra tA) *adj.* faithful to the husband.
f. faithful/virtuous wife.

पतीला (pa tee lA) *m.* (large) kettle.

पतीली (pa tee lee) *f.* 1. container. 2. small पतीला।

तुरिया (pa tu ri yA) *f.* 1. prostitute. 2. dancing girl. 3. woman of easy morals.

तोखा (pa to khA) *m.* a cup made of leaves.

तोहू (pa to hoo) *f.* daughter-in-law.

त्तन (pat tan) *m.* 1. town. 2. port-town.

त्तर (~ tar) *m.* sheet of metal.

त्तल (~ tal) *f.* leaf-plate; एक ~ food served for one person (on a पत्तल), one diet; एक ~ में खाना (lit.) to take meals together (on the same पत्तल), to be very chummy; जिस ~ पर खाना उसी में छेद करना to kick the hand that feeds; ~ परसना to serve on a पत्तल।

त्ता (~ tA) *m.* 1. leaf; ~ खड़कना rustling of a (dry) leaf; पत्ते चाटना = दोने चाटना। 2. a playing card; पत्ते खेलना to play cards; ~ खोलना to show cards.

त्ती (~ tee) *f.* 1. leaf, especially small leaf; फूल की ~ flower petal. 2. share; चवन्नी की ~ one-fourth share.

त्तीदार (~ dAr) *m.* shareholder, partner.

त्थर (pat thar) *m.* stone; ~ का कलेजा stony heart; ~ की छाती = ~ का कलेजा; ~ की लकीर (i) indelible mark; (ii) never-failing truth; ~ पड़ना falling of hail-stones; ~ पड़े ऐसी अक़्ल पर Such a (foolish) man be doomed! ~ पर दूब जमना a phenomenon impossible to occur; ~ पसीजना—पत्थर पसीज गया Even a heart of stone was moved. ~ फेंकना to pelt stones; ~ होना to become hard as a stone; अँधेरे में ~ मारना to hit in the dark; अक़्ल पर ~ पड़ना—उसकी अक़्ल पर ~ पड़ गए He lost all sense. ख़ाक- ~ next to nothing; छाती पर ~ रखकर with a heavy heart; तुम तो ~ मारते हो Your words hurt. वह ~ मारे नहीं मरेगा Do what you will, he cannot be wiped out.

पत्थरबाज़ी (~ bA zee) *f.* stone-throwing.

पत्नी (pat nee) *f.* wife; होनेवाली ~ wife-to-be, would-be wife.

पत्नीव्रत (~ vrat) *m.* faithfulness/fidelity to one's wife.

पत्र (pattr) *m.* 1. leaf. 2. letter. 3. paper.

पत्रक (pat trak) *m.* 1. leaflet, chit. 2. card.

पत्रकार (pattr kAr) *m.* journalist.

पत्रकारिता (~ kA ri tA) *f.* journalism.

पत्रपंजी (~ pan jee) *f.* 1. letter book/register. 2. file.

पत्रपुष्प (~ pushp) *m.* 1. leaves and flowers. 2. (fig.) token (representing something greater).

पत्रपेटी (~ pe Tee) *f.* letter-box.

पत्र-मित्र (~ - mittr) *m.* pen-friend.

पत्रवाह (~ vAh) *m.* postman.

पत्रवाहक (~ vA hak) *m.* letter-bearer.

पत्र-व्यवहार (~ - vyav hAr) *m.* the act of exchanging letters, correspondence.

पत्रा (pat trA) *m.* Hindu calendar, almanac.

पत्राचार (~ cAr) *m.* correspondence; ~ पाठ्य-क्रम correspondence course.

पत्रावली (pat trA va lee) *f.* collection of letters, papers etc., file.

पत्रिक (~ trik) *m.* letter-paper; ~ शीर्षक letter-head.

पत्रिका (~ tri kA) *f.* periodical, magazine.

पत्रिकावली (~ va lee) *f.* writing pad.

पत्री (pat tree) *f.* horoscope.

पथ (path) *m.* path, way, route, course.

पथकर (~ kar) *m.* toll-tax.

पथगामी (~ gAmi) *m.* pedestrian.

पथना (~ nA) *vt.* passive of पाथना।

पथप्रदर्शक (~ pra dar shak) *m.* 1. guide. 2. leader.

पथप्रदर्शन (~ pra dar shan) *m.* guidance.

पथभ्रष्ट (~ - bhrashT) *adj.* deviated from the right path.

पथरना (pa thar nA) *vt.* to be stoned/sharpened on stone/honed.

पथराना (path rA nA) *vi.* to petrify, to become hard like stone; आँखें पथरा जाना— उसकी आँखें पथरा गईं His eyes were cold and hard.

पथराव (~ RAW) *m.* pelting with stones.

पथरी (~ ree) *f.* 1. bladder-stone. 2. stone cup or bowl.

पथरीला (~ ree lA) *adj.* stony, littered with stones.

पथिक (pa thik) *m.* way-farer, traveller, passenger.

पथेरा (pa the rA) *m.* 1. brick-maker. 2. tile-maker.

पथ्य (patthy) *m.* wholesome diet, prescribed diet; ~ - कुपथ्य wholesome and unwholesome diet; ~ लेना to take medically prescribed food (after illness).

पद (pad) *m.* 1. post, office, rank; ~ से चिपके रहना to stick to office. 2. word as used in a phrase or sentence. 3. word or phrase; समस्त ~ compound word. 4. foot, verse-line. 5. item. 6. part of speech.

पदक (pa dak) *m.* medal; भारत को 32 स्वर्ण ~ मिले India got 32 gold medals.

पदकधारी (pa dak dhA ree) *m.* medallist.

पदक्रम (pad kram, pa dak kram) *m.* word order.

पदचाप (pad cAp) *m.* footfall.

पदचारी (~ ca ree) *m.* pedestrian.

पदचिह्न (pad cihn) *m.* 1. foot-print, foot-mark, insignia. 2. trail.

पदच्युत (~ cyut) *adj. & pp.* 1. dismissed, fired; ~कर देना to dismiss, fire. 2. degraded.

पदच्युति (~cyu ti) *f.* 1. dismissal. 2. degradation.

पदतल (~ tal) *m.* sole (of foot).

पदत्याग (~ tyAg) *m.* 1. relinquishment of office. 2. abdication, renunciation.

पदत्राण (~ trAN) *m.* shoe, footwear.

पददलित (~ da lit) *adj.* depressed (classes), oppressed, down-trodden.

पदधारी (~ dhA ree) *m.* office-bearer, incumbent.

पदनाम (~ nAm) *m.* designation.

पदनामित (~ nA mit) *adj.* designated.

पदपूरण (~ poo raN) *m.* filling in blanks.

पदबंध (~ bandh) *m.* phrase.

पदवी (~ vee) *f.* 1. title/degree; ~ देना to bestow a title/degree; ~ मिलना to receive a title/degree. 2. rank; ~ पाना to be given a rank.

पदवीधारी (~ dhA ree) *adj. & m.* titlist.

पद-व्याख्या (pad - vyAk khyA) *f.* parsing.

पदस्थ (pa dasth) *adj.* office-bearer, incumbent.

पदाघात (pa dA ghAt) *m.* blow with the feet, kick.

पदाति (~ ti) *m.* foot-soldier, infantry-man

पदाधिकारी (~ dhi kA ri) *m.* office-bearer official.

पदाना (~ nA) *vt.* 1. to tire out. 2. to harass, vex.

पदान्वय (pa dAn vay) *m.* paraphrasing paraphrase.

पदारविंद (pa dA ra vind) *m.* lotus-like feet (an expression of respect).

पदारूढ़ (~ rooRh) *vt.* = पदासीन।

पदार्थ (pa dArth) *m.* 1. matter. 2. substance material. 3. word meaning.

पदार्थवाद (~ vAd) *m.* = भौतिकवाद।

पदार्पण (pa dAr paN) *m.* the act of arriving (something or someone auspicious)

पदावधि (pa dA va dhi) *f.* tenure, regime.

पदावनत (pa dA va nat) *adj.* 1. bowing down

at someone's hallowed feet. 2. demoted, degraded; ~ करना to lower in rank or position, to demote.

पदावनति (pa dA va na ti) *f.* demotion.

पदावली (~ va lee) *f.* phraseology.

पदासीन (~ seen) *adj.* occupying (an) office.

पदाहत (~ hat) *adj.* kicked.

पदिक (pa dik) *m.* foot-soldier, infantryman.

पदी (pa dee) *adj.* having feet/lines; एक ~ having one foot/line; द्वि ~ having two feet/lines; बहु ~ having many feet/lines.

पदेन (pa den) *adv.* ex-officio, because of one's position, by virtue of office.

पदोड़ा (pa do RA) *adj.* timid, cowardly.

पदोदक (~ dak) *m.* = पादोदक।

पदोन्नत (pa don nat) *adj.* promoted; ~ करना to promote.

पदोन्नति (pa don na ti) *f.* advancement in rank or position, promotion.

पद्धति (pad dha ti) *f.* 1. orderly system or arrangement, method. 2. methodology. 3. practice, custom.

पद्म (padm) *m.* lotus.

पद्मनाभ (~ nAbh) *m.* Lord Vishnu.

पद्मभूषण (~ bhoo saN) *m.* a title.

पद्मविभूषण (~ vi bhoo saN) *m.* a title.

पद्मश्री (~ shree, pad mash shree) *m.* a title.

पद्मा (pad mA) *f.* goddess of wealth, Lakshmi.

पद्माकर (~ kar) *m.* lotus lake.

पद्मासन (~ san) *m.* a particular type of cross-legged seating posture. (Yog)

पद्मिनी (pad mi nee) *f.* 1. small lotus. 2. beautiful woman, belle.

पद्य (paddy) *m.* 1. verse. 2. a stanza of a poem.

पद्यकार (~ kAr) *m.* versifier.

पद्यमय (~ may) *adj.* versified.

पद्यात्मक (pad dyAt mak) *adj.* in the form of a verse.

पद्यीकरण (pad dyee ka raN) *m.* the art of versifying. 2. versified form, versification.

पधारना (pa dhAr nA) *vi.* पधारिए / पधारें Please come in, sir.

पन (pan) *m.* 1. allomorph of पान (betel leaf); as पनडिब्बा। 2. allomorph of पानी in compound words; as in पनघट। *suffix.* meaning quality or state; पीलापन yellowness.

पनघट (~ ghaT) *m.* the public place wherefrom people (usually women) draw water.

पनचक्की (~ cak kee) *f.* water-mill.

पनडुब्बा (~ DubbA) *m.* diver.

पनडुब्बी (~ Dub bee) *f.* submarine.

पनपना (pa nap nA) *vi.* 1. to grow. 2. to flourish/thrive; नौकरशाही परिवर्तन की विरोधी होती है जबकि राजनीति उसी पर पनपती है Bureaucracy dislikes change whereas politics thrives on it. पनपती हुई दोस्ती flourishing friendship.

पनबाड़ी (pan bA Ree) *f.* betel-garden.

पनबिजली (~ bij lee) *f.* hydro-electricity.

पनभरा (~ bha rA) *m.* water-carrier.

पनवाड़ी (~ vA Ree) *m.* betelseller.

पनसारी (~ sa ree) *m.* = पंसारी।

पनसाल (~ sAl) *f.* store of drinking water, from where water is distributed to travellers.

पनसाला (~ sA lA) *adj.* 1. of five years. 2. occurring after every five years.

पनही (pa na hee) *f.* footwear.

पना (pa nA) *m.* 1. beverage prepared from mango juice or tamarind etc. 2. width of a cloth.

पनाला (~ lA) *m.* gutter/drain.

पनाह (pa nAh) *f.* shelter, refuge; ~ देना to give shelter; ~ माँगना to seek or ask for shelter; ~ मिलना to find shelter; ~ लेना to take shelter; ख़ुदा की ~ (lit.) God grant shelter ! God bless you !

पनियाँ (pa ni yÃ) *adj.* 1. pertaining to water. 2. containing water; ~ दूध watery milk. 3. living in water, aquatic; ~साँप aquatic snake.
m. water.

पनिहा (~ hA) *adj.* = पनियाँ।

पनिहार (~ hAr) *m.* water-carrier. [Fem. पनिहारिन]

पनिहारिन (~ hA rin) *f.* female water-carrier.

पनिहारी (~ hA ree) = पनिहारिन।

पनीर (pa neer) *m.* cheese.

पनीरी (pa nee ree) *adj.* pertaining to or made of cheese; as ~ मिठाई sweet made of cheese.

पन्ना (pan nA) *m.* 1. emerald. 2. leaf (of a book etc.), folio.

पन्नी (~ nee) *m.* 1. leaf of a metal. 2. tin-foil. 3. coloured, shining thin paper.

पपड़ियाना (pa pa Ri yA nA) *vi.* to become covered with a crust.

पपड़ी (pap Ree) *f.* 1. crust, scab; ~ जमना / पड़ना crusting. 2. thin cake of some cereal.

पपड़ीला (~ lA) *adj.* scabby, flaky.

पपीता (pa pee tA) *m.* papaya fruit.

पपीहा (pa pee hA) *m.* an Indian type of cuckoo.

पय (pay) *m.* milk.

पयस (pa yas) *m.* milk.

पयस्विनी (pa yas swi nee) *f.* 1. milch cow. 2. wet nurse.

पयोधर (pa yo dhar) *m.* cloud.

पयोधि (~ dhi) *m.* ocean, sea.

परंतु (pa ran tu) *conj.* 1. on the contrary but; उसे मांस पसंद नहीं परंतु मुझे पसंद है H does not like meat but I do. 2. in spit of this, but, however; उसने बाज़ी ज़रू हारी थी परंतु था ख़ुश No doubt he los the game but was happy.

परंपरा (pa ram pa rA) *f.* 1. an opinion, belie or custom passed down from the pas to the present, tradition. 2. the passin of beliefs or customs from on generation to the next.

परंपरागत (~ gat) *adj.* of or in accordanc with tradion, traditional.

परंपरानिष्ठ (~ nishTh) *adj.* orthodox, cor ventional.

परंपरावाद (~ vAd) *m.* a very great respe for traditions, traditionalism, ortho doxy, conservatism.

परंपरावादी (~ vA dee) *adj.* traditional, ortho dox, conservative.
m. traditionalist.

पर (par) *adj.* other, not one's own; ~ दे foreign country.
suffix. given to; स्वार्थ ~ selfish.
postposition. 1. at; मैं उसे घर ~ मि I met him at his house. 2. on, upo पुस्तक गांधी ~ लिखी थी The book was c Gandhi. 100/- रु. महीने पर on Rs. 100 per month; समय-समय ~ from time time. 3. over; हमने शत्रु ~ विजय नहीं प We have not achieved victory ov the enemy. 4. towards; दाहिने हाथ मिलते हैं You will get at right han 5. after; उसे हार ~ हार खानी पड़ी H suffered defeat after defeat.
m. feather; ~ जमना / निकलना / लग coming out or growing of feather उसके ~ निकलने लगे हैं He is trying get loose. बे ~ की उड़ाना to indulge airy/baseless talk.

परई (pa ra ee) *f.* earthen bowl.

परक (pa rak) *suffix.* pertaining to; as बुद्धि- ~ intellectual.

परकटा (par ka TA) *adj.* with feathers cut off, wing-clipped.

परकाजी (~ KA jee) *adj.* fond of helping others, benignant, benevolent.

परकार (~ KAr) *m.* pair of compasses/ callipers.

परकाला (~ KA lA) *adj.* आफ़त का ~ archfiend, mischief-monger.

परकीय (~ keey) *adj.* belonging or pertaining to someone else.

परकीया (~ kee yA) *f.* a woman with whom a married man is having a love affair outside marriage, other woman.

परकोटा (~ ko TA) *m.* rampart.

परख (pa rakh) *f.* 1. test, examination, assay. 2. the ability to judge correctly; उसकी ~ अच्छी है He is a man of good judgment.

परख़चा (pa raKh cA) *m.* particle, fragment, shred; परख़चे उड़ाना to tear to shreds/ pieces.

परखना (pa rakh nA) *vt.* to test/examine critically, assay; परखकर देखना to put to test.

परखवाना (~ VA nA) *vt.* causative of परखना।

परखी (par khee) *f.* gadget for testing corn/ grain packed in sacks.

परखाई (~ khA ee) *f.* charges paid for testing.

परगना (~ ga nA) *m.* a unit of several villages.

परगमन (~ ga man) *m.* adultery.

परगाछा (~ gA chA) *m.* a kind of parasite.

परगामिनी (~ gA mi nee) *f.* adulteress.

परचना (pa rac nA) *vi.* also; परच जाना to be familiarised/acquainted/habituated.

परचा (par cA) *m.* 1. piece of paper, chit. 2. question paper. 3. newspaper. 4. handbill.

परचाना (~ nA) *vt.* 1. to acquaint/familiarise/habituate. 2. to tame, to domesticate.

परची (par cee) *f.* 1. slip, chit. 2. lottery ticket; ~ निकालना to draw a ticket for prizes.

परचून (~ coon) *m.* grocery, provisions.

परचूनिया (~ coo ni yA) *m.* grocer, retailer of provisions.

परचूनी (~ coo nee) *m.* = परचूनिया।

परछत्ती (~ chat tee) *f.* a roofing (below the roof) meant for storage.

परछाँवाँ (~ chA͂ vA͂) *m.* shadow; ~ पड़ना— उस पर चाचा का ~ पड़ा है He is after his uncle.

परछाईं (~ chA ee͂) *f.* shadow, reflection; सूरज के डूबने के साथ-साथ परछाइयाँ बढ़ने लगीं The shadows became larger as the Sun set. किसी की ~ से भागना to be scared by someone's shadow even. वह तो अपनी ~ से घबराता है He is afraid of his own shadow.

परजन्म (~ janm) *m.* next birth/rebirth.

परजवट (~ ja vaT) *m.* a system of renting out land.

परजाता (~ jA tA) *m.* coral tree.

परजीवी (~ jee vee) *adj.* obtaining nourishment from others, parasitic.

m. parasite.

परजौट (~ jauT) *m.* = परजवट।

परजौटी (~ jau Tee) *adj.* pertaining to परजौट।

परतंत्र (~ tantr) *adj.* 1. not autonomous, subjugated. 2. sub-dued, dependent.

परतंत्रता (~ tA) *f.* 1. subjugation. 2. dependence.

परत (pa rat) *f.* layer, veneer, fold.

परतना (~ nA) *vi.* to come back.
vt. to fold into sheets or layers.

परतल (par tal) *m.* packsaddle.

परतला (~ ta lA) *m.* shoulder belt.

परती (~ tee) *f.* fallow land, uncultivated land.

परदा (~ dA) *m.* 1. screen, curtain. 2. veil, purdah; ~ उठाना / खोलना (i) to lift the curtain/veil; (ii) to expose (a secret); ~ करना veiling; ~ डालना (i) to draw the curtain; (ii) to cover up, to veil, to hush up; (किसी का) ~ रखना not to expose (someone); ~ हटाना to unveil; परदे के पीछे behind the curtain, stealthily; परदे में रहना to live in the inner apartments; आँख का ~ उतरना losing all sense of shame; कान का ~ eardrum; अक़्ल या बुद्धि पर ~ पड़ना to lose all sense; आँख पर ~ पड़ना to be blinded.

परदादा (~ dA dA) *m.* great grandfather.

परदानशीन (~ dA na sheen) *adj.* 1. (a woman) who observes purdah. 2. stay-at-home.

परदापोश (~ dA posh) *adj.* (one) whocovers/conceals the faults of others.

परदा-प्रथा (~ dA - pra thA) *f.* system of observing परदा।

परदेदार (~ de dAr) *adj.* 1. using or wearing a veil, veiled. 2. curtained; ~ गाड़ी curtained vehicle.

परदेदारी (~ de dA ree) *f.* veiling system; हमसे ~ मत बरतो Let there be no barrier between us.

परदेश (~ desh) *m.* foreign country.

परदेशी (~ de shee) *adj.* belonging to a foreign country, alien, exotic.
m. foreigner, alien, stranger.

परनाना (~ nA nA) *m.* (maternal) great grandfather. [Fem. परनानी]

परनानी (~ nA nee) *f.* (maternal) great grandmother.

परनाला (~ nA lA) *m.* drain pipe, gutter.

परपीड़न (~ pee Ran) *m.* sadism.

परपुरुष (~ pu rush) *m.* a person other than someone's own husband.

परपोता (~ po tA) *m.* great grandson.

परबाल (~ bAl) *m.* eyelash.

परब्रह्म (~ brahm) *m.* The Supreme.

परम (pa ram) *adj.* 1. absolute; ~ आज्ञा absolute order. 2. ultimate; ~ गति salvation; ~ तत्त्व ultimate reality; ~ ताप absolute temperature; ~ धाम Heaven, abode of salvation; ~ पद salvation; ~ पावन His Holiness; ~ पिता God, the Father; ~ पुरुष God; ~ सुख bliss.

परमाणु (par mA Nu) *m.* atom; ~ ऊर्जा atomic energy; ~ परीक्षण atomic test; ~ बम atom bomb; ~ युद्ध atomic war; ~ सिद्धांत atomic theory.

परमाणुवाद (~ vAd) *m.* atomism.

परमाणुवादी (~ vA dee) *adj.* atomistic.
m. atomist.

परमाण्विकी (par mAN vi kee) *f.* atomistics.

परमात्मा (~ mAt mA) *m.* Supreme Soul, God.

परमादेश (~ mA desh) *m.* writ of mandamus. [परम + आदेश]

परमाधिकार (~ mA dhi kAr) *m.* prerogative.

परमानंद (~ mA nand) *m.* bliss, blessedness.

परमार्थ (~ mArth) *m.* supreme good, ultimate good.

परमार्थवाद (~ vAd) *m.* philosophy of ultimate good.

परमार्थवादी (~ vA dee) *adj. & m.* one who believes in the philosophy of ultimate good.

परमिट (par miT) *m.* permit, licence.

परमेश्वर (~ mesh shwar) *m.* God, the Almighty.

परराष्ट्र (~ rashTR) *m.* foreign country; ~ नीति foreign policy; ~ मंत्री foreign minister.

परला (~ lA) *adj.* of the other side; ~ सिरा the other end; वह परले सिरे का है He is the limit.

परलोक (~ lok) *m.* next/other world, Heaven; ~ बनना / सुधरना—उसका परलोक बन गया He has ensured for himself good prospects in the next world. ~ बनाना / सुधारना to ensure good prospects in the next world; ~ बिगड़ना—उसका ~ बिगड़ गया His chances in the next world are spoiled. ~ बिगाड़ना to spoil one's prospects in the next world.

परलोकगमन (~ ga man) *m.* demise.

परलोकवास (~ VAS) *m.* 1. existence in the next world. 2. demise.

परलोकवासी (~ VA see) *adj.* late, dead.

परवर (par var) *adj. & m.* (one) who maintains; ग़रीब ~ maintainer of the poor.

परवरदिगार (~ di gAR) *m.* maintainer of all, God.

परवरिश (par va rish) *f.* maintenance, nurture; ~ करना to nurture.

परवर्ती (~ var tee) *adj.* later, subsequent.

परवल (~ val) *m.* an Indian green vegetable.

परवश (~ vash) *adj.* 1. dependent, subservient. 2. helpless.

परवशता (~ tA) *f.* 1. dependence, subservience. 2. helplessness.

परवान (par VAN) *m.* limit, boundary; ~ चढ़ना to attain the limit (of success or prosperity).

परवानगी (~ gee) *f.* permission, leave.

परवाना (par VA NA) *m.* 1. written command/order. 2. warrant. 3. moth. 4. ardent/dedicated lover.

परवाह (~ VAh) *f.* care, heed; ~ न करना not to care; उसे किसी की ~ नहीं He does not care anybody. मैंने कभी ऐसी बातों की ~ नहीं की I never bothered about such things.

परशु (pa ra shu) *m.* battle-axe, halberd.

परसना (pa ras NA) *vt.* to serve (food).

परसर्ग (par sarg) *m.* postposition (e.g. ने, को, से, में).

परसर्गीय (~ sar geey) *adj.* postpositional.

परसों (~ sõ) *adv.* 1. day after tomorrow. 2. day before yesterday.

परस्त्री (~ stree) *f.* a woman, other than one's own wife.

परस्त्रीगमन (~ ga man) *m.* adultery.

परस्त्रीगामी (~ GA mee) *m.* adulterer.

परस्पर (pa ras par) *adv.* mutually; ~ का mutual.

adj. mutual, reciprocal.

परस्पर-विरोधी (~ - vi ro dhee) *adj.* conflicting, contradictory, incompatible.

परस्परता (~ tA) *f.* mutuality.

परहित (par hit) *m.* benevolence, benefaction.

परहेज़ (~ hez) *m.* 1. abstinence; ~ करना to abstain from. 2. avoidance, abstention; किसी चीज़ का ~ न होना not to abstain from taking anything.

परहेज़गार (~ gAR) *m.* who one keeps himself away from harmful things or acts, abstainer.

पराँठा (pa rÃ ThA) *m.* a kind of semifried Indian pan-cake.

पराँदा (pa rÃ dA) *m.* string/ribbon for tying चोटी।

परा (pa rA) *prefix.* indicating off, away, beyond etc.; पराजय defeat, repulse.

पराकाष्ठा (~ kAsh thA) *f.* climax, apogee, zenith, acme.

पराक्रम (pa rAk kram) *m.* valour, bravery, prowess.

पराक्रमी (pa rAk kra mee) *adj.* valorous, valiant, intrepid, brave.

पराग (pa rAg) *m.* pollen.

पराग-केसर (~ - ke sar) *m.* stamen.

परागण (pa rA gaN) *m.* pollination.

पराङ्मुख (pa rÃ mukh) *adj.* 1. looking the other way. 2. disinclined, indifferent. 3. opposed, averse.

पराजय (pa rA jay) *m.* defeat, rout, repulse.

पराजयवाद (~ vAd) *m.* defeatism.

पराजयवादी (~ vA dee) *m.* defeatist.

पराजित (pa rA jit) *adj.* defeated, subjugated, vanquished; ~ करना to win a victory over, to defeat/vanquish.

पराजेय (~ jey) *adj.* defeatable.

परात (pa rAt) *f.* large metal dish.

पराधीन (pa rA dheen) *adj.* under subjection, subservient, subject.

पराधीनता (~ tA) *f.* subjection, subservience, dependence.

परान्न (pa rAnn) *m.* food provided by others; ~ भोजी subsisting on food provided by another, parasitic.

पराभव (pa rA bhav) *m.* 1. defeat, subjection, subjugation. 2. humiliation.

पराभूत (pa rA bhoot) *adj.* 1. defeated, subjected, subjugated; ~ करना to defeat/vanquish. 2. humiliated.

परामनोविज्ञान (pa rA ma no vig gyAn) *m.* parapsychology.

परामर्श (pa rA marsh) *m.* 1. consultation; ~ करना to consult. 2. advice, counsel; ~ देना to advise, to give advice; ~ लेना to take advice.

परामर्शदाता (~ dA tA) *m.* adviser, consultant, counsel. counsellor.

परामर्शदात्री (~ dAt tree) *adj.* advisory.

परामर्श मंडल (~ maN Dal) *m.* adisory board.

परामर्श-शुल्क (~ shulk) *m.* consultation fee.

परायण (pa rA yaN) *adj. & suffix.* sticking/adhering to, fulfilling, discharging; कर्तव्य ~ fulfilling (one's) duties; धर्म ~ adhering/sticking to religious dictates; नीति ~ observing ethical canons.

परायणता (~ tA) *f.* the state or quality of being परायण।

पराया (pa rA yA) *adj.* someone else's, other's; परायी दौलत other's wealth; ~ न समझना—वह मुझे पराया नहीं समझता He takes me as one of his own. ~ समझना—वह मुझे पराया समझता है He does not take me as one of his own.

परार्थ (pa rArth) *m.* others' good, benevolence, altruism.

adv. for someone else.

परार्थवाद (~ vAd) *m.* altruism.

परार्थवादी (~ vA dee) *adj. & m.* altruist.

परार्थी (pa rAr thi) *m.* benevolent man, altruist.

परावर्तन (pa rA var tan) *m.* 1. retreat, withdrawal. 2. rebounding, turning back. 3. reflection.

परावर्तित (~ var tit) *adj.* 1. rebounded. 2. reflected. 3. withdrawn.

पराश्रय (pa rAsh shray) *m.* dependence on others, subjection.

पराश्रयी (pa rAsh shra yee) *adj. & m.* dependent on others.

पराश्रित (pa rAsh shrit) *adj.* depended/dependent (on others).

परास (pa rAs) *m.* range.

परास्त (pa rAst) *adj.* defeated, vanquished; ~ करना to defeat; ~ होना to be defeated.

परिंदा (pa rin dA) *m.* bird.

परि (pa ri) *prefix.* 1. round, round about; परिक्रमण, परिधि। 2. intensive; परिताप, परितोष। 3. well, very well; परिवर्धन, परिमार्जन। 4. fully, completely; परिपूर्ण, परिव्यक्त।

परिकथा (~ ka thA) *f.* narrative, story (especially re. the vicinity).

परिकर (~ kar) *adj.* बद्ध ~ having girt up one's loins.

परिकर्म (~ karm) *m.* make-up.

परिकलन (~ ka lan) *m.* calculation.

परिकल्पना (~ kalp NA) *f.* presumption, hypothesis. (Maths.)

परिकल्पित (~ kal pit) *adj.* presumed.

परिक्रमण (pa rik kra maN) *m.* revolution, going around.

परिक्रमा (pa rik kra mA) *f.* round, circumambulation; ~ करना to circumambulate.

परिखा (pa ri khA) *f.* moat.

परिगणक (pa ri ga Nak) *m.* calculator.

परिगणन (~ ga Nan) *m.* calculation, enumeration.

परिगणित (~ ga Nit) *adj.* 1. calculated. 2. scheduled; ~ जातियाँ scheduled castes.

परिचय (pa ri cay) *m.* 1. introduction; ~ कराना / देना to introduce. मैंने राम से कृष्ण का ~ कराया I introduced Krishan to Ram. पहले मैं अपना ~ दे दूँ Let me introduce myself first. 2. acquaintance. 3. the beginning part of a book. 4. a book which gives important facts about something.

परिचय-पत्र (~ - patr) *m.* letter of introduction. 2. identity card.

परिचर (pa ri car) *m.* attendant, retainer.

परिचर्चा (pa ri car cA) *f.* all-round discussion.

परिचर्या (pa ri car yA) *f.* nursing, attendance.

परिचायक (pa ri cA yak) *adj.* 1. indicative, illustrative; बुद्धि का ~ indicative of (one's) wisdom; साहस का ~ illustrative of (one's) courage. 2. introductory.

परिचार (pa ri car) *m.* = परिचर्या, nursing.

परिचारिक (pa ri cA rak) *adj.* pertaining to nursing or attendance.
m. attendant, male nurse.

परिचारिका (pa ri cA ri kA) *f.* 1. nurse. 2. female attendant; वायुयान ~ air-hostess.

परिचालक (pa ri cA lak) *m.* conductor.

परिचालन (pa ri cA lan) *m.* act of conducting, steering, operation; कवि-सम्मेलन का ~ act of directing the course of a poets' meet.

परिचालित (pa ri cA lit) *adj.* conducted, operated.

परिचित (pa ri cit) *adj.* acquainted; ~ कराना to make familiar/acquaint.
m. an acquaintance.

परिच्छन्न (pa ric chann) *adj.* covered all-round, fully covered.

परिच्छादन (~ chA dan) *m.* act of covering.

परिच्छादित (~ dit) *adj.* covered.

परिच्छेद (pa ric ched) *m.* 1. chapter. 2. section.

परिजन (pa ri jan) *m.* 1. retinue. 2. kith and kin.

परिणत (~ Nat) *adj.* 1. transformed, changed, metamorphosed. 2. culminated.

परिणति (~ Na ti) *f.* 1. transformation, metamorphosis. 2. finale, end, culmination.

परिणय (~ Nay) *m.* marriage, wedding.

परिणाम (~ NAm) *m.* 1. consequence; ~ भोगना—इसका परिणाम तुम्हें भोगना होगा You will have to face its consequence.

2. outcome, result;~ निकलना—परिणाम कुछ न निकला The net result is nothing.

परिणामस्वरूप (~ swa roop) *adv.* as a result of.

परिणामी (pa ri NA mee) *adj.* resultant.

परिणीत (~ Neet) *adj.* married.

परिणीता (~ Nee tA) *f.* married (woman).

परित: (~ taḥ) *adv.* on all sides, around.

परितप्त (~ tapt) *adj.* 1. heated. 2. anguished, in deep anguish. 3. ardent.

परिताप (~ tAp) *m.* 1. heat. 2. anguish.

परितुष्ट (~ tushT) *adj.* satisfied, gratified, satiated, pleased.

परितुष्टि (~ tush Ti) *f.* satisfaction, gratification, satiation.

परितोष (~ tosh) *m.* satisfaction, gratification, satiation.

परित्यक्त (~ tyakt) *adj.* abandoned, renounced, forsaken, rejected.

परित्यक्ता (~ tyak tA) *adj.* abandoned (woman).

परित्यजन (~ tya jan) *m.* abandoning, renouncing, forsaking.

परित्याग (~ tyAg) *m.* abandoning, desertion, bandonment, renunciation; करना / कर देना to leave for ever, for sake; उसने अपनी संतति का ~ कर दिया He forsook his children.

परित्याज्य (~ tyAjjy) *adj.* deserving of being abandoned/forsaken/renoun- ced.

परित्राण (~ trAN) *m.* the act of saving from danger or enemy, deliverance, riddance, protection.

परित्राता (~ trA tA) *m.* saviour, deliverer.

परिदृश्य (~ drish shy) *m.* perspective, view; हमारे गाँवों का राजनीतिक ~ political perspective of our villages.

परिधान (~ dhAn) *m.* clothes, costume, garment.

परिधि (~ dhi) *f.* 1. circumference, periphery. 2. boundary, perimeter.

परिनिष्ठित (~ nish Thit) *adj.* standard, standardised.

परिपक्व (~ pakkw) *adj.* 1. ripe. 2. mature; ~ विचार matured idea.

परिपक्वता (~ tA) *f.* 1. ripeness. 2. maturity.

परिपक्वावस्था (pa ri pak kwa vas thA) *f.* state of being ripe/mature.

परिपत्र (~ pattr) *m.* circular, circular letter.

परिपथ (~ path) *m.* circuit; विद्युत ~ electric circuit.

परिपाक (~ pAk) *m.* 1. assimilation, digestion. 2. perfection, accomplishment.

परिपाटी (~ pA Tee) *f.* convention, system, method, order, tradition; पुरानी ~ old tradition; ~ पर चलना to follow the beaten track.

परिपार्श्व (~ pArshw) *m.* vicinity.

परिपालन (~ pA lan) *m.* 1. compliance, observance; ~ करना to comply, to abide by; नियमों का ~ observance of rules. 2. execution, implementation; आदेश का ~ implementation of an order.

परिपुष्ट (~ pushT) *adj.* well-nourished, well-built, well-developed.

परिपूरक (~ poo rak) *adj.* supplementary.

परिपूर्ण (pa ri poorN) *adj.* 1. replete, brimful; प्रेम से ~ full of love. 2. perfect.

परिपूर्णता (~ tA) *f.* 1. repletion, brimfulness, fullness. 2. perfection.

परिपृच्छा (pa ri pric chA) *f.* 1. enquiry, investigation. 2. curiosity.

परिपोषण (~ po shaN) *m.* 1. act of nourishing. 2. nourishment.

परिप्रेक्ष्य (~ prekshy) *m.* perspective; ~ में रखकर देखना to see in the (proper) perspective.

परिप्लावित (~ plA vit) *adj.* submerged, inundated.

परिप्लुत (~ plut) *adj.* = परिप्लावित।

परिभाषा (~ bhA shA) *f.* 1. a statement giving the exact meaning of a word, definition. 2. exact description about the nature or extent of something, definition; ~ में बाँधना to define with exactitude. 3. technical language.

परिभाषित (~ bhA shit) *adj.* defined; ~ करना to define.

परिभाष्य (~ bhAsh shy) *adj.* definable, that which is to be defined.

परिभोग (~ bhog) *m.* easement.

परिभ्रमण (~ bhra maN) *m.* 1. rotation. 2. touring.

परिमंडल (~ maN Dal) *m.* 1. globe. 2. halo.

परिमल (~ mal) *m.* fragrance, aroma, sweet smell.

परिमा (~ mA) *f.* periphery, circumference.

परिमाण (~ mAN) *m.* magnitude, quantity; बहुत बड़े ~ में on a gigantic scale.

परिमाणवाचक (~ vA cak) *adj.* quantitative; ~ विशेषण quantitative adjective.

परिमाप (pa ri mAp) *m.* perimeter.

परिमार्जन (~ mAr jan) *m.* complete purification, refinement, cleansing.

परिमार्जित (~ mAr jit) *adj.* purified, cleansed of all impurities, refined, cleansed; ~ करना to rectify; ~ भाषा pure language.

परिमित (~ mit) *adj.* limited, finite.

परिमिति (~ mi ti) *f.* 1. limit. 2. perimeter.

परियार साल (~ yAr sAl) *m.* year before last.

परियोजना (~ yoj nA) *f.* project, scheme.

परिरंभण (~ ram bhaN) *m.* embrace, hug.

परिरक्षण (~ rak shaN) *m.* 1. preservation. 2. custody.

परिरक्षित (~ rak shit) *adj.* preserved.

परिरूप (~ roop) *m.* design.

परिरेखा (~ re khA) *f.* periphery, outline.

परिवर्तन (~ var tan) *m.* 1. change. 2. alteration; आमूल ~ (i) radical change; (ii) wholesale change/alteration. 3. variation. 4. transformations.

परिवर्तनशील (~ sheel) *adj.* changing, changeable, alterable, convertible.

परिवर्तनशीलता (~ tA) *f.* changeability, variability, convertibility.

परिवर्तनीय (pa ri var ta neey) *adj.* which can be changed, which admits of change.

परिवर्तित (~ var tit) *adj.* changed, altered.

परिवर्ती (~ var tee) *adj.* 1. changing. 2. variable.

परिवर्धन (~ var dhan) *m.* enlargement, growth, development.

परिवर्धनीय (~ var dha neey) *adj.* developable.

परिवर्धित (~ var dhit) *adj.* enlarged, developed; ~ संस्करण enlarged edition.

परिवहन (~ va han) *m.* 1. means or system of carrying passengers or goods, transport. 2. act of transporting, transportation. 3. conveyance

परिवहनीय (~ vah neey) *adj.* transportable.

परिवाद (~ vAd) *m.* complaint.

परिवादी (~ vA dee) *m.* complainant.

परिवार (~ vAr) *m.* 1. family; संयुक्त ~ joint family/household. 2. a group of things related by common characteristics, group, family; शब्द - ~ family of words.

परिवार-नियोजन (~ - ni yo jan) *m.* family planning, birth control.

परिवारवाला (~ vA lA) *adj.* & *m.* (one) having a family.

परिवेश (pa ri vesh) *m.* environment, surroundings; सामाजिक ~ social surroundings, milieu.

परिवेष्टन (~ vesh TAn) *m.* enclosing, encircling, wrapping.

परिवेष्टित (~ vesh TIt) *adj.* encircled, enclosed, wrapped.

परिव्यय (~ vyay) *m.* cost, outlay, expenditure.

परिव्याप्त (~ vyapt) *adj.* 1. all-pervaded, all-pervading. 2. overlapped. (Maths.)

परिव्राजक (~ vrA jak) *m.* roving ascetic.

परिशयन (~ sha yan) *m.* hibernation.

परिशिष्ट (~ shishT) *m.* appendix, add-enda.

परिशीलन (~ shee lan) *m.* study from all angles, critical study.

परिशुद्ध (~ shuddh) *adj.* accurate, pre- cise.

परिशुद्धता (~ tA) *f.* accuracy, precision.

परिशुद्धि (pa ri shud dhi) *f.* accuracy, precision.

परिशोध (pa ri shodh) *m.* 1. repayment. 2. revenge.

परिशोधन (pa ri sho dhan) *m.* repayment.

परिशोधित (pa ri sho dhit) *adj.* repaid.

परिशोध्य (~ shoddhy) *adj.* repayable.

परिश्रम (pa rish shram) *m.* labour, hard work, toil, exertion; ~ करना to work hard.

परिश्रमपूर्वक (~ poor vak) *adv.* industriously, labouriously, with great pains.

परिश्रमशील (~ sheel) *adj.* industrious, hard-working, diligent.

परिश्रम-साध्य (~ - sAddhy) *adj.* toil some, laborious.

परिश्रमी (pa rish shra mee) *adj.* laborious, hard-working, diligent.

परिश्रांत (pa rish shrAnt) *adj.* exhausted, tired, weary, fatigued.

परिषद, परिषद् (pa ri shad) *f.* council, board.

परिष्करण (pa rish ka raN) *m.* = परिष्कार।

परिष्कार (pa rish kAr) *m.* refinement, purification.

परिष्कृत (pa rish krit) *adj.* refined, purified; ~ भाषा refined language.

परिष्कृति (pa rish kri ti) *f.* refinement, purification.

परिसंपत्ति (pa ri sam pat ti) *f.* assets.

परिसंपदा (~ sam pa dA) *f.* assets.

परिसंवाद (~ sam vAd) *m.* symposium.

परिसज्जा (~ saj jA) *f.* finishing touches, finish.

परिसमापन (~ sa mA pan) *m.* liquidation; साम्राज्य का ~ liquidation of an empire.

परिसमाप्त (~ sa mApt) *adj.* liquidated.

परिसमाप्ति (~ sa mAp ti) *f.* liquidation.

परिसीमन (~ see man) *m.* delimitation, demarcation.

परिसीमा (~ see mA) *f.* precincts, boundary, line of demarcation.

परिसीमित (~ see mit) *adj.* limited, demarcated; ~ करना to demarcate.

परिस्तान (pa ris tAn) *m.* fairyland.

परिस्थिति (pa ris thi ti) *f.* circumstances, situation; ~ समझना to understand the situation; परिस्थितियों का दास slave to (one's) circumstances; परिस्थितियों से ऊपर उठना to rise above the circumstances; परिस्थितियों से जूझना to struggle hard with circumstances; परिस्थितियों से मार खाया हुआ victim of circumstances.

परिस्थिति-गत (~ - gat) *adj.* circumstantial.

परिहार (~ hAr) *m.* 1. avoidance, evasion. 2. atonement, expiation.

परिहार्य (~ hary) *adj.* avoidable.

परिहास (pa ri hAs) *m.* a remark with a good humour or for amusement; ~ करना to cut a joke, to ridicule, to jest.

परिहास-प्रिय (~ - priy) *adj.* jolly, jovial, humorous, funny.

परिहासात्मक (pa ri hA sAt mak) *adj.* humorous, full of humour.

परी (pa ree) *f.* 1. nymph, fairy, elf. 2. dream girl.

परीक्षक (pa reek shak) *m.* examiner.

परीक्षण (~ shaN) *m.* testing, examining.

परीक्षा (pa reek shA) *f.* examination, test; मौखिक ~ oral test; लिखित ~ written examination; ~ लेना to examine/test.

परीक्षार्थी (pa reek shAr thee) *m.* examinee.

परीक्षित (pa reek shit) *adj.* examined, tested, tried.

परीक्ष्य (pa reekshy) *adj.* (that) which is to be examined or is under test.

परीलोक (pa ree lok) *m.* fairy land.

परुष (pa rush) *adj.* 1. hard, harsh. 2. rigid.

परुषता (~ tA) *f.* 1. hardness, harshness. 2. rigidity.

परुषत्व (pa ru shattw) *m.* hardness, harshness.

परे (pa re) *adv.* away; ~ करना to keep (someone) away; ~ बैठाना to outmanoeuvre/outwit; ~ रहना to keep aloof (from); ~ हटाना to drive away.

परे, से (se pa re) *postposition.* beyond; सभी बंधनों से परे beyond all bonds.

परेई (pa re ee) *f.* dove.

परेड (pa reD) *f.* parade.

परेता (pa re tA) *m.* big reel.

परेश (pa resh) *m.* The Almighty.

परेशान (pa re shAn) *adj.* distressed, vexed, coufused, harassed, worried; वह ज़िंदगी से ~ हो गया है He is tired of life. ~ करना to nag, to harass; हम मच्छरों से ~ हैं we are pestered by mosquitoes. ~ रहना to keep worried.

परेशानी (pa re shA nee) *f.* 1. worry, harassment; ~ की बात troublesome matter, source of worry/harassment. 2. discomfort; उसकी ~ बढ़ रही थी His discomfort was growing.

परोक्ष (pa roksh) *adj.* 1. indirect; ~ कर indirect tax; ~ निवार्चन indirect election; ~ में in someone's absence; ~ रूप से indirectly. 2. invisible, imperceptible.

परोपकार (pa rop kAr) *m.* act of benevolence/munificence; ~ वृत्ति missionary spirit.

परोपकारिता (~ kA ri tA) *f.* benevolence, munificence.

परोपकारी (~ kA ree) *adj.* benevolent, munificent.
m. benevolent person.

परोपजीवी (pa rop jee vee) *adj.* parasitic.
m. parasite.

परोपदेश (pa ro pa desh) *m.* advice, precept.

परोसना (pa ros nA) *vt.* to dish up, to serve; खाना परोसने में मेरी मदद कर दो Help me to dish up the dinner.

परोसा (pa ro sA) *m.* a dish of one man's meal.

पर्चा (par cA) *m.* 1. slip, chit. 2. question-paper. 3. pamphlet.

पर्ची (~ cee) *f.* 1. slip; ~ डालना to subscribe to a draw of lots; ~ निकालना to draw out a lot. 2. prescription.

पर्ण (parN) *m.* leaf.

पर्णकुटी (~ ku Tee) *f.* hut made of leaves, bower.

पर्दा (par dA) *m.* = परदा।

पर्यंक (~ yaṅk) *m.* bed, bedstead, couch.

पर्यटक (~ ya Tak) *m.* tourist, traveller.

पर्यटन (~ ya Tan) *m.* tourism, travelling.

पर्यटनशील (~ sheel) *adj.* accustomed/used to roaming or rambling about.

पर्यवलोकन (~ ya va lo kan) *m.* comprehensive view.

पर्यवसान (~ ya va SAN) *m.* end, termination.

पर्यवेक्षक (~ ya vek shak) *m.* supervisor.

पर्यवेक्षण (~ ya vek shaN) *m.* supervision, scrutiny.

पर्याप्त (~ yApt) *adj.* 1. enough, adequate, sufficient. 2. ample, plentiful.

पर्याप्तता (~ tA) *m.* sufficiency.

पर्याय (par yay) *m.* synonym.

पर्यायकी (~ kee) *f.* synonymy.

पर्यायवाचक (~ VA cak) *adj.* synonymous.

पर्यायवाची (~ va cee) *adj.* synonymous; ~ शब्द synonym.

पर्यालोचन (par ya lo can) *m.* critical observation.

पर्यावरण (~ yA va raN) *m.* environment; प्रदूषित ~ polluted environment.

पर्यावरणिक (~ yA var NIk) *adj.* environmental.

पर्याविरिक (~ va rik) *adj.* = पर्यावरणिक।

पर्व (parv) *m.* 1. festival; ~ दिवस festival day. 2. chapter.

पर्वत (par vat) *m.* mountain.

पर्वतपृष्ठ (~ prishTh) *m.* ridge.

पर्वतमाला (~ mA lA) *f.* mountain chain/range.

पर्वतवासी (~ VA see) *m.* hillman, highlander

पर्वत विज्ञान (~ vig gyAN) *m.* Orography.

पर्वतारोहण (par va tA ro haN) *m.* mountaineering.

पर्वतारोही (~ va tA ro hee) *m.* mountaineer.

पर्वतीय (~ va teey) *adj.* mountainous, hilly.

पलंग (pa lang) *m.* bed, bedstead, couch; ~ तोड़ना to while away time, lying a bed.

पलंग-तोड़ (~ - toR) *adj. & m.* lazy, indolent (person).

पलंगपोश (~ posh) *m.* bedsheet.

पलंगिया (pa laṅ gi yA) *f.* small bed.

पल (pal) *m.* moment, instant; ~ - पल में every moment; ~ भर को for a moment; ~ भर में in a moment/jiffy.

पलक (pa lak) *f.* eyelid; ~ झपकते in the twinkling of an eye; ~ झपकना drooping of the eye; ~ पसीजना to be visibly moved by compassion; ~ मारना to wink; ~ लगना=आँख लगना; पलकें बिछाना—पलक पाँवड़े बिछाना= आँखें बिछाना to look forward with a delightful sense of hospitality; पलकों से तिनके चुनना to show extreme respect, to serve reverentially.

पलटन (pal Tan) *f.* platoon, battalion; ~ की पलटन (i) large numbers; (ii) the entire battalion; ~ खड़ी करना/कर देना to beget a large number of children.

पलटना (pa laT NA) *vt.* to turn about or over; यह निश्चय पलटा नहीं जा सकता This decision is irreversible.

vi. to return.

पलटा (pal tA) *m.* 1. turn, return. 2. relapse; ~ खाना to take a turn; उसकी क़िस्मत ने ~ खाया है His luck has taken a turn. 3. an Indian type of cake.

पलड़ा (~ RA) *m.* scale pan; ~ ऊँचा होना to have an upper hand; ~ नीचा होना to be in a position of disadvantage; ~ भारी होना to have a stronger case; पलड़े में रखकर देखना to weigh and compare.

पलथी (~ thee) *f.* squatting; ~ मारना to squat.

पलना (~ nA) *m.* = पालना (swing).

vi. to be brought up/reared.

पलस्तर (pa las tar) *m.* plaster; ~ ढीला करना—मारते-मारते उसका ~ ढीला कर दिया Knocked smoke out of his head. ~ ढीला होना passive of ~ ढीला करना।

पलायक (pa lA yak) *m.* 1. absconder, fleer. 2. runaway. 3. escaper.

पलायन (pa lA yan) *m.* act of absconding/ fleeing.

पलायनवाद (~ vAd) *m.* escapism.

पलायमान, पलायमान् (pa lAy mAn) *adj.* वह ~ हो गया He showed a clean pair of heels. वह देखते-देखते ~ हो गया He vani-shed into thin air.

पलायित (pa lA yit) *adj.* ran away, escaped.

पलाश (pa lAsh) *m.* name of a tree. *Butea fondosa.*

पलास (pa lAs) *m.* 1. = पलाश। 2. pliers.

पली (pa lee) *f.* ladle for measuring liquids.

पलीता (pa lee tA) *m.* fuse, igniter, wick; ~ लगाना (i) to ignite a fuse; (ii) (fig.) to incite.

पलीद (pa leed) *adj.* unclean, dirty, polluted; मिट्टी ~ करना to embarrass to the point of humiliation.

पलेट (pa leT) *f.* pleat; प्लेटें डालना to form in pleats.

पलेटदार (~ dAr) *adj.* pleated.

पलेथन (pa le than) *m.* dry flour used to help (to) roll kneaded flour into a cake; ~ निकालना to beat mercilessly, to crush the life out of; ~ लगाना to overstate/exaggerate.

पल्लव (pal lav) *m.* sprout, shoot.

पल्लवग्राही (~ grA hee) *adj.* lacking profoundity.

पल्लवित (pal la vit) *adj.* 1. full of new sprouts/green foliage. 2. flourishing, thriving.

पल्ला (~ lA) *m.* 1. veil, purdah. 2. the skirt of a garment. 3. plank. 4. shutter of a door; ~ करना = ~ खींचना = ~ निकालना to observe purdah; ~ झुकना to prove more than a match; ~ छुड़ाना to get rid (of); ~ दबना to be under the thumb of; ~ भारी होना—उसका पल्ला भारी है The odds are in his favour. ~ पकड़ना to depend upon (someone) entirely; ~ पसारना / फैलाना to supplicate for favour; पल्ले पड़ना—तुम्हीं को मेरे पल्ले पड़ना था Was it you, of all men, that was reserved for me? मेरे पल्ले क्या पड़ा What could I get/ gain out of it? पल्ले बँधना to be wedded to (willy-nilly); पल्ले बाँधना to make a note of (so as not to forget).

पल्लू (~ loo) *m.* end of a woman's wear, used as a head-cover.

पल्लेदार (~ le dAr) *m.* labourer, porter, grain porter.

पल्लेदारी (~ le dA ree) *f.* 1. calling of a porter. 2. porterage.

पवन (pa van) *m.* wind, air, breeze.

पवन-चक्की (~ - cak kee) *f.* windmill.

पवन-पुत्र (~ - putr) *m.* Hanuman.

पवन-भट्ठी (~ - bhaT Thee) *f.* wind furnace.

पवर्ग (pa varg) *m.* the five labial consonants of the Nagari alphabet : प (p), फ (ph), ब (b), भ (bh) & म (m).

पवाड़ा (pa vA rA) *m.* bother, trouble, fuss; ~ खड़ा करना to create trouble.

पवित्र (pa vittr) *adj.* holy, sacred, pious, pure.

पवित्रता (~ tA) *f.* holiness, sanctity, purity.

पवित्रात्मा (pa vit trAt mA) *adj.* pious/holy (person), devout, godly.

पवित्रीकरण (pa vit tree ka raN) *m.* act of making sacred or holy, consecration.

पवित्रीकृत (pa vit tree krit) *adj.* consecrated.

पशम (pa sham) *m.* 1, soft fine wool. 2. pubic hair.

पशमीना (pash mee nA) *m.* cloth made of soft fine wool.

पशु (pa shu) *m.* 1. animal, beast, cattle. 2. cruel person, brute.

पशुचर (~ car) *m.* pasture.

पशु-चिकित्सक (~ - ci kit sak) *m.* veterinary doctor.

पशु-चिकित्सा (~ - ci kit SA) *f.* veterinary science.

पशु-चिकित्सालय (~ - ci kit SA lay) *m.* veterinary hospital.

पशुचोर (~ cor) *m.* cattle-lifter, cattle-thief.

पशु-जगत (~ - ja gat) *m.* animal world.

पशुता (~ tA) *f.* 1. beastliness. 2. brutality, savagery, cruelty.

पशुत्व (pa shuttw) *m.* = पशुता।

पशुधन (pa shu dhan) *m.* livestock, cattle-wealth.

पशुपति (~ pa ti) *m.* 1. Lord of animals, God. 2. Lord Shiva.

पशुपालन (~ pA lan) *m.* animal husbandry, cattle breeding.

पशुबल (bal) *m.* brute force, physical strength.

पश्च (pashc) *adj.* 1. back; ~ अंक back number; ~ स्वर back vowel. 2. later. 3. western.

पश्चगमन (~ ga man) *m.* retrogression.

पश्चगामी (~ gA mee) *adj.* going backwards.

पश्चप्रभाव (~ pra bhAv) *m.* after-effect.

पश्चप्रहार (~ pra hAr) *m.* backhand stroke, backstroke.

पश्चलेख (~ lekh) *m.* postscript.

पश्चात, के(ke pash cAt) *postposition.* after, afterwards, following in time.

पश्चात्ताप (~ cA tAp) *m.* repentance, remorse, contrition; ~ की घड़ी निकल गई The moment of contrition has gone.

पश्चार्ध (~ cArdh) *m.* 1. latter half. 2. remaining/residual part.

पश्चिम (~ cim) *m.* west.

पश्चिमी (~ ci mee) *adj.* westens.

पश्चिमोत्तर (~ ci mot tar) *adj.* northwest (ern).

पश्तो (~ to) *m.* Pashto, the language of Afghanistan.

पश्यतोहर (pash shy to har) *m.* goldsmith.

पसंगा (pa saṅ gA) *m.* = पासंग।

पसंद (pa sand) *f.* 1. liking; तुम्हें इनमें से कौन सा ~ है Which of these do you like best? उसे लड़की ~ है He has liked the girl. The girl is of his liking. 2. choice; अपनी-अपनी ~ है It is a question of one's choice.

adj. ~ करना to like/admire/appreciate; मुझे यह विचार ~ नहीं I don't like/appreciate this idea.

पसंदगी (~ gee) *f.* = पसंद।

पस (pas) *m.* pus; फोड़े में ~ पड़ जाना formation of pus in a boil.

पसरना (pa sar nA) *vi.* to squat or lie stretched, to stretch full length.

पसली (pas lee) *f.* rib; पसलियाँ ढीली करना to beat mercilessly, to give a severe thrashing.

पसार (pa sAr) *m.* 1. expansion, act or state of पसरना। 2. expanse. 3. verandah, yard.

पसारना (~ nA) *vt.* to stretch out, to spread; पाँव ~ — अपनी चादर के अनुसार पाँव पसारो Cut your coat according to your cloth. हाथ ~ to beg; हाथ पसारे with stretched hands.

पसिंजर (pa sin jar) *m.* 1. passenger. 2. passenger train.

पसीजना (pa seej nA) *vi.* 1. to melt, to be compassionate; मेरा दिल पसीज गया My heart melted. 2. to ooze.

पसीना (pa see nA) *m.* perspiration, sweat; ~ छूट जाना—मुझे ~ छूट गया I broke out in a cold sweat. ~ निकलना to perspire; पसीने की कमाई earning by the sweat of one's brow; पसीने-पसीने हो जाना—मैं पसीने-पसीने हो गया I was all perspired.

पसेरी (pa se ree) *f.* five-seer weight. approx. 4½ kg.

पसोपेश (pa so pesh) *m.* hitch, fix; ~ में पड़ना to be in a fix.

पस्त (past) *adj.* completely fatigued and exhausted; ~ करना—मैंने उसे पस्त कर दिया I tired him out. ~ होना to be vanquished/wearied out.

पहचनवाना (pah can VA nA) *vt.* to cause to berecognised.

पहचान (peh cAn) *f.* 1. identification, identity; ~ करना to figure out; ~ लेना to recognise. 2. acquaintance; उसे आदमी की ~ है He has a knack of knowing people. जान ~ acquaintance.

पहचानना (~ nA) *vt.* 1. to recognise. 2. to know; मैं उसे अच्छी तरह पहचानता हूँ I know him well. मैं उसकी नस-नस पहचानता हूँ I know him inside out.

पहनना (pa han nA) *vt.* 1. to dress oneself, to put on (clothing), to wear, to don. 2. to have it on one's body.

m. ~ - ओढ़ना the way of dressing up.

पहनवाना (pa han VA nA) *vt.* to cause/help to wear.

पहनाना (pah nA nA) *vt.* to clothe, to cause to dress.

पहनावा (~ nA VA) *m.* dress, costume, vestment, robe.

पहर (pa har) *m.* one-eighth part of a day, a three-hour period; आठों ~ throughout the day.

पहरा (pah rA) *m.* guard, patrol; ~ देना to keep guard/vigil; ~ बदलना to change guard; ~ बैठाना to place/deploy a guard.

पहरेदार (~ re dAr) *m.* watchman, guard.

पहरेदारी (~ re dA ree) *f.* watchmanship; ~ करना to stand guard.

पहल (pa hal) *m.* facet.

f. initiative; ~ करना to initiate, to take an initiative.

पहल-कदमी (~ - kad mee) *f.* initiative.

पहलवान (~ VAn) *m.* 1. wrestler, grappler. 2. a stout person. 3. athlete.

पहलवानी (~ VA nee) *f.* wrestling, vocation of wrestling.

पहला (pah lA) *adj.* 1. first; ~ घंटा first hour. 2. former; ~ ज़माना former times.

पहलू (~ loo) *m.* 1. facet, aspect. 2. side, flank.

पहले (~ le) *adv.* 1. first of all; वह ~ आया First of all he came. 2. before; हम ~ मिल चुके हैं We have met before. ~ का pertaining to the time long ago; ~ ही earlier than the time; उसे ~ ही जाना चाहिए था He ought to have gone earlier. बहुत ~ long before/ago.

पहले, के (ke pah le) *postposition.* ahead of (someone or something).

पहलेवाला (pah le VA lA) *adj. & m.* the former, previous (one); ~ ज़माना former times.

पहले, से (se pah le) *postposition.* 1. before; जाने से ~ before departing. 2. already, beforehand; उसे ~ से पता था He know beforehand.

पहलौटा (pah lau TA) *adj.* first-born. [Fem. पहलौटी]

पहलौटी (~ lau Tee) *f.* first delivery.

पहाड़ (pa hAR) *m.* 1. hill, mountain; ~ सा gigantic, like a mountain; ~ सा दिन never-ending day; ~ से टक्कर लेना meeting a giant, to cross swords with a giant; खोदा ~ निकली चुहिया Much a do about nothing. 2. a herculean task, a heap of anything; तुम्हें तो हर काम ~ मालूम पड़ता है To you every work appears stupendous. मुझ पर दुःखों का ~ टूट पड़ा A heap of troubles fell upon me. समस्याओं का ~ a mountain of problems.

पहाड़ा (pa hA RA) *m.* multiplication table;

~ पढ़ना to recite a multiplication table; ~ याद करना to memorize a multiplication table.

पहाड़ी (pa hA Ree) *adj.* hilly, mountainous, pertaining to the hills.

f. hill, hillock.

पहिया (pa hi yA) *m.* wheel.

पहिला (pa hi lA) *adj.* = पहला।

पहिले (pa hi le) *adv.* = पहले।

पहुँच (pa hũc) *f.* 1. access, reach; ~ से बाहर out of reach, beyond reach. 2. arrival; ~ का समय time of arrival; अपनी ~ भेजना Inform (us) of your reaching the destinatio; मेरी चिट्ठी की ~ भेजना Acknowledge receipt of my letter.

पहुँचना (~ nA) *vi.* 1. to reach/arrive; वह अँधेरा होने पर घर पहुँचा He arrived home after dark. किसी नतीजे पर ~ to reach/draw out a conclusion. 2. to approach; फिर हम अधिकारियों के पास पहुँचे Then we approached the authorities.

पहुँचा (pa hũ cA) *m.* wrist; ~ पकड़ना to take undue advantage.

adj. reached, arrived; ~ हुआ accomplished, (one) who has attained perfection/mastery.

पहुँचाना (~ nA) *vt.* 1. to carry/convey; चोट ~ to inflinct an injury; संदेशा ~ to convey a message. 2. to see out, to conduct; उसे दरवाज़े तक पहुँचा दो See him out (upto the door). 3. to see off, to reach; उसे स्टेशन तक पहुँचा आओ See him off at the station; reach him to the station.

पहुँची (pa hũ cee) *f.* an ornament worn on the wrist.

adj. reached, arrived. (fem. form of पहुँचा)

पहेली (pa he lee) *f.* riddle, puzzle, conundrum, enigma; उसका चरित्र मेरे लिए अनबूझ ~ है His character is a complete riddle to me; ~ पूछना to ask (some-body) a riddle; ~ बुझाना = ~ पूछना। पहेलियाँ बुझाना to speak or talk in riddles; ~ बूझना to solve a riddle.

पाँच (pÃc) *adj.* & *m.* five, 5; तीन-~ करना to hoodwink, to put up false pretences; पाँचों उँगलियाँ घी में होना to have bread buttered on both sides; पाँचों उँगलियाँ बराबर नहीं होतीं All are not alike; all fingers are not equally sized. पाँचों सवारों में नाम लिखाना to consider oneself amongst the chosen few, to class oneself with the great.

पांचजन्य (pAnc janny) *m.* a conch of Lord Vishnu.

पाँचवाँ (pÃc vÃ) *adj.* fifth.

पाँचा (pÃ cA) *m.* a gadget used for collecting grains etc., in the grainyard.

पांचाल (pAn cAl) *m.* old name of a region situated in the north-west of India.

पांचाली (~ cA lee) *f.* 1. Draupadee, the wife of the Pandavas. 2. a woman of the पांचाल region.

पांडव (pAN Dav) *m.* Pandavas, the five sons of king Pandu (Mahabharat).

पांडित्य (pAN Ditty) *m.* scholarship, erudition, learning, wisdom.

पांडित्यपूर्ण (~ poorN) *adj.* scholarly.

पांडित्य-प्रदर्शन (~ - pra dar shan) *m.* display of useless knowledge, pedantry.

पांडु (pAN Du) *m.* dim yellow colour.

पांडुर (pAn Dur) *m.* jaundice.

पांडुलिपि (pAN Du li pi) *f.* manuscript.

पांडुलेख (~ lekh) *m.* (preliminary) draft.

पाँड़े (pÃ Re) *m.* = पांडेय।

पांडेय (pAN Dey) *m.* a sub-caste among the Brahmans.

पाँत (pA̴t) *f.* = पंक्ति, row, line, range.

पाँति (pA̴ ti) *f.* = पंक्ति।

पाँयचा (pA̴y CA) *m.* 1. a leg of a pair of trousers. 2. foot-rest.

पाँव (pA̴W) *m.* foot; ~ उखड़ना—उनके ~ उखड़ गए They were off their feet/they lost their hold. ~ घसीटना to slog; ~ घिसना—दौड़ते-दौड़ते उसके ~ घिस गए He was tired of running about. ~ छूना to touch the feet; ~ जमना—उनके ~ जम गए They were firmly established. ~ जमाना to consolidate one's position; ~ डिगना feeling shaky; ~ तले की धरती खिसकना to be flabbergasted; ~ दबाना to press and massage the legs or feet; ~ निकालना (i) to step out; (ii) to step beyond prescribed limits etc. ~ पकड़ना to implore, to make humble entreaties; ~ पड़ना to bow down submissively (at the feet of elders); ~ पूजना to worship (someone's) feet; ~ फूँक-फूँककर रखना to proceed very very cautiously; ~ फैला-कर सोना to have a carefree sleep; ~ भारी होना to be in the family way; ~ लगना = ~ पड़ना; ~ समेटना to withdraw oneself; दबे ~ चलना to walk stealthily.

पाँवड़ा (~ RA) *m.* foot-rug; पाँवड़े बिछाना to give red carpet treatment.

पाँवड़ी (~ Ree) *f.* 1. sandal, footwear. 2. ladder. 3. threshold.

पाँसा (pA̴ SA) *m.* = पासा।

पाइट (pA IT) *f.* scaffolding.

पाइप (pA ip) *m.* pipe.

पाई (pA ee) *f.* 1. pie, smallest old Indian coin, 1/192th part of a rupee, app.½ a (new) pice. 2. vertical stroke, the sign of the fullstop in the Nagari alphabet; ताना ~ करना to knock about to and fro.

पाउंड (pA UND) *m.* = पौंड (pound).

पाउडर (pAu Dar) *m.* 1. powder. 2. face-powder.

पाक (pAk) *adj.* pure, sacred, holy; झगड़ा ~ करना to put an end to a quarrel.
m. cooking.

पाकदामन (~ dA man) *adj.* chaste, virtuous (woman).

पाकशाला (~ shA lA) *f.* kitchen.

पाकशास्त्र (~ shAstr) *m.* science of cooking.

पाक-साफ़ (~ - SAF) *adj.* 1. pure and clean. 2. upright (person).

पाका (pA KA) *m.* = पक्का।

पाकिस्तान (pA kis tAN) *m.* Pakistan.

पाकिस्तानी (pA kis tA nee) *adj.* of or belonging to Pakistan.
m. inhabitant of Pakistan.

पाकेट (pA keT) *m.* pocket; ~ मारना to pick a pocket.

पाकेटमार (~ mAr) *m.* pick-pocket.

पाकेटमारी (~ mA ree) *f.* pick-pocketing.

पाक्षिक (pAk shik) *adj.* appearing or happening after two weeks, biweekly, fortnightly.
m. a magazine appearing biweekly.

पाखंड (pA khaND) *m.* sanctimoniousness, hypocrisy; ~ करना to practise hypocrisy; ~ फैलाना to indulge in hypocrisy.

पाखंडपूर्ण (~ pooRN) *adj.* hypocritical, full of hypocrisy, sanctimonious.

पाखंडी (pA khan Dee) *adj.* sanctimonious, hypocritical.
m. hypocrite.

पाख़ाना (pA KHA nA) *m.* 1. latrine, lavatory. 2. excreta; ~ उठाना to remove excreta, to scavenge latrine; ~ कमाना vocation of scavenging; ~ फिरना to evacuate; पाख़ाने जाना to go to latrine/lavatory for evacuation.

पाग (pAg) *m.* sweet or medicine prepared in some syrup.

पागना (pAg nA) *vt.* to boil in syrup.

पागल (pA gal) *adj.* 1. mad, lunatic; आधा ~ half mad; लड़का तो आधा ~ है The boy is half-mad. ~ कुत्ता rabid dog; ~ हो जाना to turn insane, to go mad; कुत्ता ~ हो गया The dog went mad. क्रोध में ~ होना to be mad with fury/rage. 2. crazy; ~ बनाना to turn (someone) crazy.
m. maniac, lunatic.

पागलख़ाना (~ KhA nA) *m.* 1. an insane asylum, lunatic asylum. 2. mental hospital.

पागलपन (~ pan) *m.* 1. madness, insanity, lunacy; ~ की हद limit of craziness. 2. mania, craziness; उस पर ~ सवार है He has a mania.

पागुर (pAgur) *m.* chewing of the cud by the animals; ~ करना to ruminate.

पाचक (pA cak) *adj.* digestive; ~ चूर्ण digestive powder; ~ तंत्र alimentary system.
m. cook.

पाचन (pA can) *m.* digestion; ~ नाल alimentary canal; ~ शक्ति power of digestion, digestive energy.

पाचनीय (pA ca neey) *adj.* digestible.

पाछ (pAch) *f.* incision.

पाछना (~ nA) *vt.* to incise.

पाजामा (pA jA mA) *m.* Indian trousers, pyjama.

पाजी (pA jee) *adj.* wicked, mean, vile, crooked.
m. scoundrel, rascal.

पाजीपन (~ pan) *m.* wickedness, rascality, crookedness, meanness.

पाज़ेब (pA zeb) *f.* an ornament worn on the ankles, anklet.

पाट (pAT) *m.* 1. jute. 2. span (of a river). 3. plank; चक्की का ~ slab of a millstone; दो पाटों में पिसना to be pounded between mortar and pestle.

पाटन (pA Tan) *f.* roof.

पाटना (paT nA) *vt.* 1. to roof. 2. to cover up (a pit etc. with earth, debris, dirt and filth etc.). यह खाई पाटी नहीं जा सकती This gulf is unbridgeable. 2. to heap/pile.

पाटमहिषी (pAT ma hi shee) *f.* = पट्टमहिषी।

पाटल (pA Tal) *m.* rose.

पाटा (pA TA) *m.* wooden plank.

पाटी (pA Tee) *f.* 1. the longer beam of a bed. 2. slate; ~ पढ़ना to receive elementary education; ~ पढ़ाना = पट्टी पढ़ाना।

पाटीगणित (~ ga Nit) *m.* Arithmetic.

पाठ (pATh) *m.* 1. lesson; पहला ~ first lesson. 2. reading; ~ करना to read; दो ~ two readings. 3. recitation; ~ करना to recite; काव्य - ~ recitation of poetry. 4. text; मूल ~ original text. 5. version; प्रश्न-पत्र का हिंदी ~ Hindi version of a question-paper.

पाठक (pA Thak) *m.* 1. one who reads, reader. 2. a subcaste among Brahmans.

पाठकीय (pA Tha keey) *adj.* of readers; ~ दृष्टिकोण readers' view.

पाठचर्या (pATh car yA) *f.* course.

पाठदोष (~ dosh) *m.* textual error.

पाठभेद (~ bhed) *m.* difference in version.

पाठमान (~ mAn) *m.* syllabus.

पाठशाला (~ shA lA) *f.* school.

पाठशालीय (~ shA leey) *adj.* of or pertaining to a school etc.

पाठांतर (pA ThAn tar) *m.* different version; अंग्रेज़ी ~ English version.

पाठा (pA ThA) *adj.* sound, healthy, stout.
m. stout, young man.

पाठ्य (pATThy) *adj.* 1. clear enough to be read; readable, legible. 2. fit to be read, worth reading; ~ पुस्तक text book.

पाठ्यक्रम (~ kram) *m.* curriculum.

पाड़ (pAR) *m.* 1. border of a length of cloth. 2. scaffolding; ~ बाँधना to put up a scaffolding. 3. framework placed on the mouth of a well.

पाड़ा (pA RA) *m.* 1. a group of dwelling houses, locality, enclave. 2. boundary of a field. 3. male young of a buffalo. [Fem. पाड़ी]

पाड़ी (pA Ree) *f.* female young of a buffalo.

पाढ़ा (pA RhA) *m.* hogdeer.

पाणि (pA Ni) *m.* hand; ~ ग्रहण marriage, wedding; ~ ग्रहण संस्कार marriage/wedding ceremony.

पाणिनि (~ ni) *m.* famous Sanskrit grammarian of India.

पाणिनीय (~ neey) *adj.* pertaining to the 'Ashtadhyayee' of Sanskrit grammarian Panini.

पात (pAt) *m.* 1. fall; दृष्टि ~ seeing. 2. shedding; रक्त ~ bloodshed. 3. collapse, destruction; शरीर ~ death. 4. node. (Maths.). 5. leaf.

पातक (pA tak) *m.* 1. sin, guilt. 2. misdeed.

पातकी (pAt kee) *adj.* sinful, misdoer.
m. sinner, evil-doer.

पातगोभी (~ go bhee) *f.* cabbage.

पातर (pA tar) *adj.* lean and thin.

पाताल (pA tAl) *m.* nether world, hell, hades.

पाताल लोक (~ lok) *m.* nether world.

पाताली (pA tA lee) *adj.* 1. belonging to पाताल। 2. underground.

पातिव्रत (~ vrat) *m.* = पातिव्रत्य।

पातिव्रत्य (pA ti vratty) *m.* faithful devotion (to husband).

पाती (pA tee) *f.* 1. leaf, dried leaf. 2. letter.

पात्र (pAttr) *adj.* 1. worthy, deserving. 2. eligible (person).
m. 1. deserving or eligible person. (fem. पात्री) 2. pot, vessel, receptacle. 3. basin, vessel. 4. character (in a drama).

पात्रता (~ tA) *f.* 1. the state of being पात्र। 2. eligibility. 3. propriety.

पात्रत्व (pAt trattv) *m.* = पात्रता।

पात्र-सूची (pAttr-soo cee) *f.* list of characters in a drama, cast.

पात्री (pAt tree) *f.* fem. of पात्र।

पाथना (pAth nA) *vt.* to daub/beat into shape/construct.

पाथेय (pA they) *m.* provision for a journey.

पाद (pAd) *m.* 1. foot, leg. 2. line or fourth part of a stanza. 3. quadrant, fourth part of a figure. 4. wind from bowels.

पाद-टिप्पणी (~ - Tip pa Nee) *f.* footnote.

पादना (~ nA) *vi.* to break/pass wind.

पादप (pA dap) *m.* tree.

पादपूरण (pAd poo raN) *m.* act of filling in a required/missing line of a poem.

पादपूर्ति (~ poor ti) *f.* = पादपूरण।

पाद-प्रक्षालन (~ - prak shA lan) *m.* washing of the feet.

पाद-प्रहार (~ - pra hAr) *m.* kick.

पादरी (~ ree) *m.* clergyman, missionary.

पादशाह (~ shAh) *m.* king, emperor.

पादशाही (~ shA hee) *adj.* pertaining to a king.
f. 1. kingdom. 2. regime.

पादाक्रांत (pA dA krAnt) *adj.* crushed with feet.

पादाघात (pA dA ghAt) *m.* kick.

पादुका (pA du kA) *f.* footwear, sandal.

पादोदक (pA do dak) *m.* 1. water with which feet are washed. 2. water with which the feet of some deity or revered person have been washed (considered sacred).

पाधा (pA dhA) *m.* Hindu priest.

पान (pAn) *m.* 1. drinking; दुग्ध ~ drinking of milk; रक्त ~ sucking blood; स्तन ~ sucking the breast; स्तन ~ कराना suckling. 2. betel leaf; ~ का बीड़ा seasoned and folded betel-leaf, ready to be chewed; ~ लगाना to prepare a betel-leaf for chewing.

पानगोष्ठी (~ gosh Thee) *f.* cocktail party.

पानदान (~ dAn) *m.* a box for keeping betel leaves, tobacco etc.

पान-पत्ता (~ - pat tA) *m.* meagre offering.

पाना (pA nA) *vt.* 1. to get, to obtain, acquire, achieve; मौक़ा ~ to get a chance; सज़ा ~ to get punishment; सुख ~ to get happiness. 2. to find; जिसने पाया उसका हो गया Finding is keeping. छुट्टी ~ to be free (from); थाह ~ to gauge the depth; दुख ~ to suffer; दुख दोगे तो दुख पाओगे If you cause pain, you will get pain. भोजन ~ to have a meal; चालाकी में तुम उसे नहीं पा सकते You are no match to him in cunning. उचककर भी तुम छत को पा नहीं सकोगे Even if you jump, you cannot reach the roof.

पानी (pA nee) *m.* 1. water; ~ का बुलबुला bubble; ~ के मोल very cheap, for a song, cheaply; ~ जाना discharging of water; ~ देना (i) to water/irrigate; जब मैं बगीचे में ~ दे रहा था When I was watering the garden--- (ii) to offer libation of water (to the dead ancestors). ~ न माँगना to die instantaneously; ~ पड़ना raining; ~- पानी कर देना to put to shame; ~ - पानी होना (i) to melt; (ii) to become thoroughly ashamed; ~ पिलाना (i) to offer water, (ii) to let (animal) drink; ~ पी-पीकर कोसना to go on cursing and cursing; ~ भरना (i) to draw/fetch water; (ii) to be no match to, to be very much inferior to; ~ मरना (i) दीवार में ~ मरता है Water sinks into the wall. (ii) यहाँ उसका ~ मरता है This is his weakness. ~ में आग लगाना (i) to attempt the impossible; (ii) to create a storm in a tea cup; ~ लगना (i) (of flowing water etc.) forming a muddy pool; (ii) मेरे दाँतों में ~ लगता है My teeth can't stand the touch of water. आँख का ~ उतरना to be lost to all sense of shame; बे ~ करना to disgrace/humiliate; मुँह में ~ आना—उसके मुँह में ~ आ गया His mouth began to water. देखें वह कितने ~ में है Let us see where he stands. वह गहरे ~ में है He is in deep waters. 2. lustre. 3. juice.

पानीदार (~ dAr) *adj.* 1. lustrous. 2. sensitive to honour, word, etc. 3. honourable.

पानीदेवा (~ de vA) *m.* one who offers oblations to dead ancestors.

पानेवाला (pA ne vA lA) *m.* recipient, payee.

पाप (pAp) *m.* sin, evil; ~ उदय होना—उसके ~ उदय हो रहे हैं His sins are recoiling on him. ~ कट जाना—चलो, यह भी ~ कटा So, one more riddance. ~ कमाना to earn retribution for sins; ~ की गठरी burden of sins; ~ छिपता नहीं one's sin finds one out; ~ पड़ना / लगना—तुम पर ~ पड़ेगा You will pay for the sin. ~ बटोरना to go on committing sins.

पापकर्म (~ karm) *m.* sinful deed.

पापड़ (pA paR) *m.* a thin crisp and saltish bread; ~ बेलना (i) to roll into thin flakes; (ii) मुझे बड़े ~ बेलने पड़े I had to undergo many hardships.

पापपूर्ण (~ poorN) *adj.* sinful; ~ जीवन sinful life.

पापलेन (~ len) *m.* poplin.

पापविहीन (~ vi heen) *adj.* sinless.

पापाचार (pA pA cAr) *m.* sinful conduct/way of living.

पापी (pA pee) *adj.* 1. sinning, sinful. 2. immoral.
m. sinner.

पाबंद (pA band) *adj.* वक़्त का ~ punctual.

पाबंदी (pA ban dee) *f.* restriction, binding; वक़्त की ~ punctuality.

पामर (pA mar) *adj.* 1. mean, wicked. 2. crooked. 3. sinful.
m. rascal, knave, scoundrel, rogue.

पामा (pA mA) *m.* eczema.

पामाल (pA mAl) *adj.* downtrodden, devastated.

पामाली (pA mA lee) *f.* devastation.

पायँता (pA yã tA) *m.* part of a bedstead towards the feet.

पायजामा (pAy jA mA) *m.* = पाजामा।

पायताबा (~ tA bA) *m.* inner sole.

पायदान (~ dAn) *m.* foot-rest, foot-board.

पायदार (~ dAr) *adj.* durable, lasting.

पायदारी (~ dA ree) *f.* durability.

पायल (pA yal) *f.* an ornament worn on the ankles, anklet.

पायस (pA yas) *m.* a sweet milky dish.

पाया (pA yA) *m.* 1. leg of a chair, cot etc. 2. pillar. 3. foundation, prop, support.

पायी (pA yee) *adj.* (one) who drinks; स्तन ~ (i) suckling, mammal; (ii) mammalia.

पारंगत (pA raṅ gat) *adj.* well-versed, learned, adept.

पारंपरिक (pA ram pa rik) *adj.* based on tradition, traditional.

पारंपरीण (pA ram pa reeN) *adj.* traditional.

पार (pAr) *m.* opposite bank or shore; ~ उतरना to cross/ferry over; ~ उतारना to reach (someone) across; ~ करना (i) to cross; बड़ा चौराहा ~ करना to cross the big intersection; (ii) to overtake; (iii) to pinch; ~ जाना to go across; ~ न पड़ना—मुझसे ~ नहीं पड़ेगा I will not be able to see it through. ~ पाना to gauge the depth/expanse of; ~ लगना to reach the other side (of a river etc.); ~ लगाना to help getting over a difficulty; ~ हो जाना (i) to cross (over); (ii) to be successful; आर ~ from this side to that; इस ~ near side (of a river etc.); उस ~ far side (of a river etc.); के ~ along the side (of a river etc.); बेड़ा ~ है The worst part is over.

पारखी (~ khee) *adj. & m.* connoisseur, expert, assayer.

पारचा (~ cA) *m.* 1. bit, fragment. 2. cloth. 3. dress.

पारण (pA raN) *m.* passing; ~ करना to pass.

पारण-पत्र (~ - pattr) *m.* passport.

पारतंत्र्य (pAr tantry) *m.* = परतंत्रता (dependence).

पारद (pA rad) *m.* mercury, quicksilver.

पारदर्शक (pAr dar shak) *adj.* 1. transparent. 2. evident, obvious. 3. frank.

पारदर्शकता (~ tA) *f.* transparency.

पारदर्शी (pAr dar shee) *adj.* = पारदर्शक।

पारना (pAr nA) *vt.* to dump; पिंडा ~ to offer oblation to the dead.

पारपत्र (~ pattr) *m.* passport.

पारभासक (~ bhA sak) *adj.* translucent.

पारभासकता (~ tA) *f.* translucence.

पारमाण्विक (pAr mAN vik) *adj.* atomic.

पारमार्थिक (~ mAr thik) *adj.* pertaining to परमार्थ।

पारलौकिक (~ lau kik) *adj.* other worldly, pertaining to the other world.

पारस (pA ras) *m.* philosopher's stone.

पारसल (pAr sal) *m.* parcel.

पारसा (~ sA) *adj.* pious, holy, sacred.

पारसाई (~ ee) *f.* piety, holiness.

पार साल (pAr sAl) *m.* last year.

पारसी (~ see) *m.* an inhabitant of Persia or Iran, Persian.
f. the language of Persia or Iran.

पारस्परिक (pA ras pa rik) *adj.* mutual, reciprocal.

पारस्परिकता (~ tA) *f.* 1. mutuality, reciprocity. 2. familiarity.

पारा (pA rA) *m.* quicksilver, mercury; ~ उतरना (i) falling of temperature; (ii) cooling down of anger; ~ चढ़ना (i) rising of temperature; (ii) shooting up of anger.

पारायण (~ yaN) *m.* 1. finale. 2. complete reading of a (religious) book.

पारावार (~ vAr) *m.* 1. limit, boundary; उसकी महिमा का ~ नहीं There is no limit to his glory. 2. ocean.

पारिजात (pari jAt) *m.* coral tree, one of the trees of paradise.

पारिणामिक (~ NA mik) *adj.* resultant, resulting, consequential.

पारित (pA rit) *adj.* passed.

पारितोषिक (pA ri to shik) *m.* prize, reward, gift.

पारिभाषिक (~ bhA shik) *adj.* technical; ~ शब्द technical term; ~ शब्दावली technical terminology.

पारिभाषिकी (~ bhA shi kee) *f.* terminology.

पारिवारिक (~ vA rik) *adj.* familial; ~ परिवेश family environment.

पारिवारिकता (~ tA) *f.* family feeling.

पारिश्रमिक (pA rish shra mik) *m.* remuneration, emolument.

पारिस्थितिक (pA ris thi tik) *adj.* circumstantial; ~ साक्ष्य circumstantial evidence.

पारिस्थितिकी (pA ris thi ti kee) *f.* ecology.

पारी (pA ree) *f.* 1. turn, shift; ~ का बुख़ार intermittent fever; ~ - पारी से in turns, turn by turn. 2. a player's or team's turn at batting, innings; दूसरी ~ second innings.

पारेषक (pA re shak) *m.* transmitter.

पारेषण (pA re shaN) *m.* transmission.

पार्क (pArk) *m.* park.

पार्ट (pArT) *m.* role; ~ अदा करना to play the role.

पार्टी (pAr Tee) *f.* 1. a political organisation. [H.E. दल] 2. a social event to celebrate an occassion. [H.E. समारोह] 3. a person or group forming one side of a dispute or agreement. [H.E. पक्ष]

पार्थ (pAr th) *m.* Arjuna; ~ सारथि Lord Krishna.

पार्थक्य (~ thakky) *m.* 1. separation; ~ रेखा line of demarcation/separation. 2. segregation. 3. secession. 4. distinction; यह ~ महत्त्वपूर्ण है This distinction is important.

पार्थिव (~ thiv) *adj.* earthly, terrestrial; ~ शरीर physical body.

पार्वती (pAr va tee) *f.* wife of Lord Shiva; ~ नंदन son of Parvati, Lord Ganesha.

पार्श्व (pArshw) *m.* 1. side, flank. 2. siding. 3. vicinity, neighbourhood. 4. aspect, facet; ~ चित्र side view.
adj. adjacent.

पार्श्वगत (~ gat) *adj.* gone aside.

पार्श्वगायन (~ gA yan) *m.* background singing, playback singing.

पार्श्व-टिप्पणी (~ - Tipp Nee) *f.* marginal note, marginalia.

पार्श्ववर्ती (~ var tee) *adj.* 1. lying alongside. 2. adjacent.

पार्श्व-शीर्षक (~ - sheer shak) *m.* marginal heading.

अ a, अँ ã, आ A, आँ Ã, इ i, इँ ĩ, ई ee, ईं eẽ, उ u, उँ ũ, ऊ oo, ऊ u, ऊँ ũ, ऋ ri, ए e, एँ ẽ, ऐ ai, ऐं aĩ, ओ o, ओं õ, औ au, औं aũ

पार्श्व-संगीत (~ - saṅ geet) *m.* back-ground music, playback music.

पार्षद (pAr shad) *adj.* of or pertaining to परिषद।

m. councillor, senator.

पार्सल (pAr sal) *m.* parcel.

पाल (pAl) *suffix.* denoting (one) who maintains, governs etc.; डाक ~ post-master; राज्य ~ Governor; लेखा ~ account-keeper, accountant.

m. 1. sail; ~ उतारना to put down sail; ~ चढ़ाना / तानना to put on stretch/sail. 2. process of ripening fruit by keeping them under leaves, straw etc.; ~ में डालना to ripen by the above process.

पालक (pA lak) *adj. & m.* (one) who maintains and preserves.

m. spinach.

पालकी (pAl kee) *f.* palanquin, sedan chair.

पालट (pA laT) *m.* adopted son.

पालतू (pAl too) *adj.* domestic/tame/pet (animal); ~ बना लेना to domesticate/tame.

पालथी (~ thee) *f.* a squat; ~ मारना / लगाना to squat.

पालन (pA lan) *m.* 1. maintaining, maintenance; ~ - पोषण upbringing, nurturing, fostering; बच्चों का ~ childrearing; मुर्ग़ी - ~ poultry farming; पशु - ~ cattle farming, animal husbandry. 2. abidance; क़ानून का ~ abidance by law. 3. observance; नियम का ~ observance of rule. 4. discharge, performance; कर्तव्य ~ discharge/performance of duty.

पालनकर्ता (~ kar tA) *m.* 1. maintainer. 2. god.

पालना (pAl nA) *vi.* to maintain/bring up; बाल-बच्चों को ~ to bring up children; तोता / रोग ~ to nurse a trouble/malady (through negligence); बला ~ to nurse a nuisance.

m. 1. swing. 2. cradle.

पालना-पोसना (~ - pos nA) *vt.* to bring up/nurture/foster.

पाला (pA lA) *m.* 1. frost; ~ मारना to be damaged by frost. 2. dealing; ~ पड़ना to have to cope with; उससे ~ पड़ेगा तो जानोगे You will know all about it when you have to cope with him. पाले पड़ना (i) to have to deal with; (ii) = पल्ले पड़ना।

पालागन (~ gan) *m.* reverential greeting, asking for benediction of some venerable person by touching his feet.

पाला-पोसा (~ - po sA) *adj.* brought up, nurtured, fostered.

पालिका (pA li kA) *f.* maintainer (female); नगर ~ municipal board.

पालित (pA lit) *adj.* maintained, brought up, nurtured, fostered, protected.

पालिश (pA lish) *f.* polish.

पालिसी (pA li see) *f.* 1. policy (नीति)। 2. insurance policy.

पाली (pA lee) *f.* 1. turn. 2. shift. 3. innings; दूसरी ~ second innings. 4. an Indo-Aryan language in which most of the Buddhist scriptures are written.

पाव (pAw) *m.* quarter of a seer, a little less than one-fourth of a kg.; ~ भर one-fourth of a seer

पावक (pA vak) *m.* fire.

पावती (pAv tee) *f.* 1. receipt. 2. acknowledgement; मैंने पत्र की ~ अपने भाई को अभी तक नहीं भेजी I still have not acknowledged the letter from my brother.

पावती सहित (~ sa hit) *f.* with acknowledgement due.

पावदान (pAV dAn) *m.* 1. footboard. 2. foot-duster.

पावन (pA van) *adj.* holy, sacred; ~ वर्ष holy year; ~ विचार sacred idea.

पावनता (~ tA) *f.* holiness, sanctity, purity.

पावना (pAV nA) *m.* dues; देना - ~ money; due from and due to.
vt. to receive.

पावनेदार (pAV ne dAr) *m.* creditor.

पावर (pA var) *f.* 1. power. 2. energy.

पावरोटी (pAW ro Tee) *f.* loaf of bread.

पावस (pA vas) *m.* monsoon; ~ ऋतु rainy season.

पावा (pA vA) *m.* leg of a chair, cot etc.

पाश (pAsh) *m.* 1. cord, chain, noose etc., for tying, net. 2. snare, trap.

पाशव (pA shav) *adj.* = पाशविक।

पाशविक (pA sha vik) *adj.* 1. of or pertaining to animals. 2. beastly, brutal.

पाशविकता (~ tA) *f.* bestiality, beastliness, brutality.

पाशा (pA shA) *m.* a title of Muslim (Turkish) nobles.

पाश्चात्य (pAsh cAtty) *adj.* of or representing west, western, occidental; ~ सभ्यता western/occidental culture, westernism.

पाश्चात्यीकरण (~ cAt tyee ka raN) *m.* westernization.

पाषंड (pA khaND) *m.* = पाखंड।

पाषाण (pA shAN) *m.* stone.

पाषाण काल (~ kAl) *m.* stone age.

पाषाण-प्रतिमा (~ - pra ti mA) *f.* statue in stone.

पाषाण युग (~ yug) *m.* stone age.

पाषाण-हृदय (~ - hri day) *adj.* stone-hearted, hardhearted, cruel.

पासंग (pA sang) *m.* 1. difference between the weights of the two pans of a balance. 2. weight attached to counter-balance the above difference; तुम तो उसके ~ भी नहीं हो You are not a patch on him.

पास (pAs) *adv.* near; स्टेशन ~ है The station is near. वार्षिक परीक्षा बहुत ~ आ गई है The annual examination is very near. ~ - पास; ~ - ही-पास very near; ~ ही near by; ~ ही कुआँ था the well was near by.

पास, के (ke pAs) *postposition.* 1. in possession; उसके ~ कोश है He has a dictionary. उसके ~ समय नहीं He has no time. न उसके ~ अधिक समय था न मेरे ~ ही Neither he had much time nor I. 2. close to; स्टेशन के ~ डाकख़ाना है The post office is near the station.
m. pass; ~ देना to give a pass.

पासबान (~ bAn) *m.* watchman, guard.

पासबानी (~ bA nee) *f.* guarding, keeping a watch.

पासा (pA sA) *m.* dice, die; ~ पड़ना to have a spell of good luck; ~ पलटना to have a change of fortune, usually. for the worse; ~ सीधा पड़ना= ~ पड़ना; ~ फेंकना to throw dice.

पाहन (pA han) *m.* stone.

पाहुना (pA hu nA) *m.* guest. [Fem. पाहुनी]

पाहुनी (pA hu nee) *f.* 1. female guest. 2. reception.

पाहू (pA hoo) *m.* guest.

पिंगल (pin gal) *m.* prosody.

पिंगल शास्त्र (~ shAstr) *m.* Science of Prosody.

पिंज़ना (pinj nA) *vt.* = पींजना।

पिंजर (pin jar) *m.* skeleton.

पिंजरा (pinj rA) *m.* cage, trap; पिंजरे का पंछी cage bird.

पिंजरापोल (~ pol) *m.* cow-pan.

पिंड (piND) *m.* 1. body. 2. lump. 3. orb,

globe; ~ छुड़ाना riddance (through endeavour); ~ छोड़ना—मेरा ~ छोड़ो Leave me alone. ~ देना to offer oblation of rice balls (to the dead) in funeral rites.

पिंडज (piN Daj) *adj.* born from the body, viviparous.

पिंडदान (piND dAn) *m.* offering/oblation of cooked rice balls to the manes.

पिंडली (piND lee) *f.* calf (of the leg).

पिंडा (piN DA) *m.* = पिंड; ~ पारना = पिंड देना।

पिंडाकार (~ kAr) *adj.* round.

पिंडिका (piN Di kA) *f.* small body.

पिंडी (~ Dee) *f.* 1. small round lump. 2. round skein of thread.

पिघलना (pi ghal nA) *vt.* 1. to melt. 2. to soften, to be moved; उसका हृदय पिघल गया His heart melted; वह पिघलनेवाला नहीं He is not a man to be moved.

पिघलाना (pigh lA nA) *vi.* 1. to melt. 2. to soften, to move (one's heart).

पिचकना (pi cak nA) *vi.* to subside, to deflate/shrink/squeeze; पिचके हुए गाल shrunken cheeks.

पिचकारी (pic kA ree) *f.* an Indian type of syringe; ~ चलाना/छोड़ना/मारना to pump out from a syringe (for throwing the liquid at others).

पिचपिचा (~ pi cA) *adj.* adhesive, sticky, flabby, watery.

पिछड़ना (pi chaR nA) *vi.* to lag behind; वह कक्षा में पिछड़ गया है He is lagging behind the class. मेरा पाठ पिछड़ गया है I have a backlog of reading.

पिछड़ा (pich RA) *adj.* 1. backward. 2. underdeveloped.

पिछड़ापन (~ pan) *m.* backwardness.

पिछलगा (pich la gA) *m.* = पिछलग्गू।

पिछलग्गू (~ lag goo) *m.* minion, henchman, follower, hanger-on; ~ देश satellite.

पिछला (~ lA) *adj.* 1. back, rear; ~ दरवाज़ा back door. 2. last; पिछली बार last time; पिछले पचास वर्षों में in the past fifty years. 3. old, previous; पिछली बातें old things.

पिछवाड़ा (~ vA RA) *m.* 1. rear, hind part; घर का ~ rear of the house. 2. backyard.

पिछाड़ी (pi chA Ree) *f.* rear.

पिटंत (pi Tant) *f.* a beating.

पिटक (pi Tak) *f.* basket, small box.

पिटना (piT nA) *vi.* to be beaten/thrashed; गोटी ~ —उसकी गोटी पिट गई (i) His draughtsman is knocked out. (ii) He has lost the game or his stratagem has failed.

पिटपिटाना (~ pi TA nA) *vi.* to complain in a bad-tempered way, to grumble.

पिटवाना (~ vA nA) *vt.* to cause to be beaten.

पिटाई (pi TA ee) *f.* 1. thorough beating/thrashing; ~ करना to thrash; छत की ~ beating the roof. 2. charges paid for the above.

पिटारा (pi TA rA) *m.* a wicker-box provided with cover, pannier, chest (fem. पिटारी); भानुमति का ~ a motley collection of things, wonder-box.

पिटारी (pi TA ree) *f.* small pannier/basket.

पिट्ठू (piT Thoo) *m.* stooge, blind follower, lackey, henchman; minion, puppet; पिट्ठुओं से घिरे रहना to be surrounded by henchmen.

पिट्ठूपन (~ pan) *m.* lackeying.

पिड़कना (pi Rak nA) *vi.* to express umbrage/resentment.

पिड़की (piR kee) *f.* small/tiny boil.

पितर (pi tar) *m.* manes, past ancestors.

पितराई (pit rA ee) *f.* = पितरायँध।

पितरायँध (~ rA yãdh) *f.* acridness due to contact with brass.

पितलाना (~ lA nA) *vi.* to become acrid due to contact with brass.

पिता (pi tA) *m.* father, progenitor.

पितामह (~ mah) *m.* paternal grandfather. [Fem. पितामही]

पितामही (~ ma hee) *f.* paternal grandmother.

पितृ (pit tri) *m.* 1. paternal ancestor. 2. father (पिता).

पितृऋण (~ riN) *m.* debt owed to the ancestors.

पितृक (pit trik) *adj.* = पैत्रिक।

पितृगृह (~ tri grih) *m.* paternal home.

पितृतंत्र (~ tantr) *m.* patriarchical system.

पितृतुल्य (~ tully) *adj.* like a father.

पितृत्व (pit trittw) *m.* fatherhood, paternity.

पितृदेश (~ tri desh) *m.* fatherland.

पितृपक्ष (~ paksh) *m.* dark fortnight of the lunar month of आश्विन during which period oblations are offered to the forefathers.

पितृभक्त (~ bhakt) *adj.* devoted to the father.

पितृलोक (~ lok) *m.* world of manes.

पितृहत्या (~ hat tyA) *f.* patricide, parricide.

पित्त (pitt) *m.* bile, gall; ~ बिगड़ जाना trouble with the bile, malfunctioning of the liver.

पित्तज (pit taj) *adj.* biliary, caused by bile.

पित्ता (~ tA) *m.* = पित्त; ~ पानी करना to toil hard; ~ मारना to repress one's feeling and enthusiasm; ~ मारकर यह काम करो Work the hard way without distraction.

पित्ताशय (~ tA shay) *m.* gall bladder.

पित्ती (~ tee) *f.* prickly heat; ~ निकलना suffering from prickly heat.

पित्तेमार (~ te mAr) *adj.* dull and full of drudgery, dull and toilsome.

पित्तोन्माद (~ ton mAd) *m.* hypochondria.

पित्र्य (pittry) *adj.* pertaining or relating to the father.

पिद्दी (pid dee) *f.* a tiny bird of the sparrow family; क्या ~ ,क्या पिद्दी का शोरबा too insignificant to be counted.

पिन (pin) *f.* pin.

पिनक (pi nak) *f.* lethargy due to intoxication.

पिनकना (pi nak nA) *vi.* 1. to have the jitters. 2. to be in a drowsy condition due to a dose of opium.

पिनकी (pin kee) *m.* 1. jittery. 2. opium-addict.

पिनपिनहाँ (~ pin hÃ) *adj.* 1. (child) always weeping. 2. emaciated and sickly.

पिनपिनाना (~ pi nA nA) *vi.* to go on lamenting like a sickly child.

पिनपिनाहट (~ pi nA haT) *f.* cry like that of a sickly child.

पिनाक (pi nAk) *m.* bow of Lord Shiva.

पिनाकी (pi nA kee) *m.* Lord Shiva, the wielder of पिनाक।

पिन्नी (pin nee) *f.* a kind of sweetmeat.

पिन्हाना (pi nhA nA) *vt.* = पहनाना।

पिपरमेंट (pi par menT) *m.* peppermint.

पिपासा (pi pA sA) *f.* thirst, craving, yearning; ज्ञान की ~ thirst/eraving for knowledge.

पिपासु (pi pA su) *adj.* thirsty, having a craving/yearning.

पिय (piy) *m.* 1. lover. 2. husband.

पियक्कड़ (pi yak kaR) *adj. & m.* drunkard, boozy.

पिया (pi yA) *m.* 1. lover. 2. husband.

पिराना (pi rA nA) *vi.* to ache, to be painpul.

पिरोना (pi ro nA) *vt.* to thread; माला ~ to weave a garland; सीना - ~ sewing and other needle work; सूई ~ to thread a needle.

पिलना (pil nA) *vi.* to be crushed in a crusher etc.; पिल पड़ना (i) to make an all out effort, to fall on, to concentrate (on a job) with full vigour; (ii) to attack suddenly and violently.

पिलपिला (~ pi lA) *adj.* limp, not stiff (specially fruit etc.), flaccid, soft, flabby.

पिलपिलाना (~ nA) *vt.* to press and turn flaccid.
vi. to turn flaccid.

पिलपिलाहट (~ pi lA haT) *f.* flaccidity.

पिलवाना (pil VA NA) *vt.* to cause to drink.

पिलाई (pi lA ee) *f.* act or state of पिलाना, or charges paid for the same.

पिलाना (pi lA nA) *vi.* 1. to cause to drink. 2. to let (animal) dringk. 3. to suckle. 4. to pour (liquid) in a hole. रक़म ~ to give with a free hand (usually. as illegal gratification); खिलाना- ~ (i) to feed ceremoniously; (ii) to feed and nurse; घोटकर ~ to in-still into the mind; डाँट ~ to rebuke/upbraid.

पिल्ला (pil lA) *m.* a young dog, puppy. [Fem. पिल्ली]

पिल्लू (~ loo) *m.* a worm.

पिशाच (pi shAC) *m.* devil, demon, evil spirit, fiend, satan, spectre; नर ~ demon in the human form.

पिशाच-पूजा (~ - poo jA) *f.* devil worship.

पिशाच-विद्या (~ - vid dyA) *f.* necromancy.

पिशुन (pi shun) *m.* backbiter, slanderer.

पिशुनता (~ tA) *f.* backbiting, slandering.

पिष्ट (pishT) *adj.* ground, powdered.

पिष्टपेषण (~ pe shaN) *m.* grinding what is already ground, doing a thing/repeating over again, repetitiousness.

पिसनहारा (pi san hA rA) *m.* one whose calling is grinding. [Fem. पिसनहारी]

पिसनहारी (~ ree) *f.* fem. of पिसनहारा।

पिसना (pis nA) *vi.* 1. to be ground/powdered; महीन ~ to be powdered fine. 2. to be overworked; समाज पिसे हुए को और पीसता है Society treads over the downtrodden.

पिसवाना (~ VA NA) *vt.* to cause to grind.

पिसाई (pi SA ee) *f.* 1. grinding. 2. charges paid for grinding.

पिसान (pi SAN) *m.* flour.

पिसाना (pi SA nA) *vt.* = पिसवाना।

पिस्तई (pis ta ee) *adj.* of the colour of pistachio, light green.

पिस्ता (~ tA) *m.* pistachio nut.

पिस्तौल (~ taul) *f.* pistol, revolver.

पिस्सू (~ soo) *m.* flea.

पिहकना (pi hak nA) *vi.* singing of birds like the peacock or the nightingale.

पींग (pẽeg) *f.* = पेंग।

पींजना (pẽej nA) *vt.* to card (cotton).

पी (pee) *m.* = पिय।
f. melodious note of a cuckoo.

पीक (peek) *f.* spittle

पीकदान (~ dAn) *m.* spittoon, cuspidor.

पीच (peec) *f.* starch usually. of rice.

पीछा (pee chA) *m.* 1. back side; ~ दिखाना = पीठ दिखाना to run away from the (battle) field. 2. chase, following; ~ करना to chase, to run after; हमारा ~ किया जा रहा है We are being chased/followed. ~ छुड़ाना to get rid of; ~ छूटना riddance; ~ छोड़ना to give up following/tracking; ~ भारी होना to have a strong support at the back.

पीछे (~ che) *adv.* behind, at the back; मेरा झोला ~ छूट गया I left the bag behind. बहुत ~ far behind; ~ न रहना—नुक्ताचीनी करने में वह कभी ~ नहीं रहा He was never behind in finding faults. ~हटना to withdraw, to retrogress; अब ~ नहीं हटा जा सकता There can be no turning back now. पीठ ~ behind one's back.

पीछे, के (ke pee che) *postposition.* 1. after, behind; मेरे ~ वह आया था He came after me. 2. behind; मेरे ~ वह बैठा था He sat behind me. के ~ चलना to follow (in the footsteps, or on the heels); के ~ छूटना (i) to lag behind; (ii) to be left behind; के ~ छोड़ना (i) to leave behind; (ii) to outdo; (iii) उसने मेरे पीछे जासूस छोड़े हुए हैं He has set spies after me. के ~ डालना = के ~ छोड़ना; के ~ दौड़ाना to set after; के ~ पड़ना/पड़ जाना—तुम मेरे पीछे क्यों पड़े हो Why are you after me? के ~ - पीछे strictly behind; के ~ लगना—पुलिस उसके पीछे लगी है The police are after him. एक न एक बला मेरे ~ लगी ही रहती है Some trouble or the other is always after me. के ~ लगे रहना (i) to be after, to chase, (ii) to follow.

पीटना (peeT nA) *vt.* to beat/thrash; गोटी ~ to beat (out) a draughtsman; छाती ~ to beat one's chest; ढिंढोरा ~ (i) to proclaim (by beat of drum); (ii) to publicize; दरवाज़ा ~ to bang the door; रुपया ~ to earn somehow; सिर ~ to beat (one's) head; मैंने अपना सिर पीट लिया I lamented and cursed my stars.

पीठ (peeTh) *f.* back; ~ ठोंकना/थपथपाना (i) to pat on the back; (ii) to encourage; ~ दिखाना to flee away from an encounter, to turn tails; ~ देना to depart from some place; ~ पर हाथ रखना to support/patronise; ~ पर होना to be at (somebody's) back; ~ में छुरा भोंकना to stab in the back; ~ लगना to lie down.

m. 1. bench; न्याय ~ the place where the judge (or judges) sits in the court, bench. 2. chair.

पीठ-पीछे (~ pee che) *adv.* behind one's back; किसी की ~ बुराई मत करो Don't backbite.

पीठिका (pee Thi KA) *f.* background.

पीठी (~ Thee) *f.* ground (wetted) pulse/lentils.

पीड़क (~ Rak) *adj.* causing or inflicting pain.

m. oppressor, tormenter.

पीड़न (~ Ran) *m.* tormenting, oppressing.

पीड़ा (~ RA) *f.* pain, ache, distress.

पीड़ानाशक (~ nA shak) *adj.* analgesic, pain-relieving.

पीड़ाशामक (~ shA mak) *adj.* pain-relieving.

पीड़ाहारी (~ hA ree) *adj.* pain-killing, analgesic.

पीड़ित (pee Rit) *adj.* afflicted, distressed, oppressed; चिरकाल से ~ long-suffering; भूख से ~ famished with hunger.

m. one who is harmed or injured, victim; बलात्कार - ~ rape victim, बाढ़-पीड़ित, flood victim.

पीढ़ा (~ RhA) *m.* low stool, pedestal. [Fem. पीढ़ी] ऊँचा ~ high pedestal; ऊँचा ~ देना to give a place of prominence.

पीढ़ी (~ Rhee) *f.* 1. generation; नई ~ new generation; ~ दर पीढ़ी from generation to generation; वर्तमान ~ present generation. 2. small पीढ़ा।

पीत (peet) *adj.* 1. yellow. 2. pallid (due to illness).

पीतता (~ tA) *f.* yellowness.

पीतत्व (pee tatw) *m.* yellowness.

पीतल (~ tal) *adj.* brazen, of the colour of brass, yellow.

m. brass; ~ युग brass age.

पीतांबर (~ tam bar) *m.* yellow cloth.

पीतांबरधारी (~ dhA ree) *adj.* wearing yellow robe.

m. Lord Krishna.

पीताश्म (pee tAshm) *m.* topaz.

पीन (peen) *adj.* corpulent, stout; ~ पयोधर corpulent breast.

पीनक (pee nak) *f.* = पिनक।

पीनता (peen tA) *f.* bulkiness, fatness.

पीनस (pee nas) *m.* 1. a kind of cold. 2. palanquin.

पीना (~ nA) *vt.* 1. to drink. 2. to suck; बछड़ा गाय का दूध पीता है The calf sucks milk from the udders of its mother. पी जाना drink up; (ii) to suppress one's feelings; आँसुओं को पी जाना होगा Tears will have to be suppressed; ग़ुस्सा पी जाना to suppress one's anger; खा-पी जाना to swallow (the entire amount); शर्म घोलकर पी जाना to become shame-faced/brazen-faced. 3. to smoke; सिगरेट ~ to smoke a cigarette.

पीना-पिलाना (~ pi lA nA) *vt.* to indulge in drinking in company.

पीप (peep) *f.* pus.

पीपल (pee pal) *f.* an Indian plant; its fruit is used as a medicine.
m. the peepal tree.

पीपा (~ pA) *m.* 1. cask, barrel. 2. drum, pontoon.

पीब (peeb) *f.* = पीप (pus).

पीयूष (pee yoosh) *m.* nectar, ambrosia; ~ ग्रंथि pituitary gland.

पीर (peer) *adj.* aged, old.
m. Muslim saint.
f. = पीड़ा।

पीरी (pee ree) *f.* old age.

पीला (~ lA) *adj.* 1. yellow. 2. pale; ~ पड़ जाना (i) to turn pale; (ii) to become devoid of lustre; कन्या के हाथ पीले कर देना to get a daughter married.

पीलापन (~ pan) *m.* 1. yellowness. 2. paleness.

पीलिया (pee li ya) *m.* jaundice.

पीली चिट्ठी (~ ciT Thee) *f.* auspicious letter.

पीली मिट्टी (~ miT Tee) *f.* yellow clay.

पीलू (pee loo) *mi.* a classical melody in Indian music.

पीसना (pees nA) *vt.* to grind, to pound; पीस डालना to crush; पीसे को ~ to toil on something already accomplished; चक्की ~ (i) to grind a mill stone; (ii) to toil ceaselessly; दाँत ~ to gnash the teeth; दाँतों का पीसा खाना to do something objectionable to the general populace.

पीहर (pee har) *m.* 1. parental residence (of a married woman). 2. maternal kinsfolk.

पुंकेसर (puṅ ke sar) *m.* stamen.

पुंगव (~ gav) *adj.* 1. best. 2. great; नर ~ best of men.

पुंगीफल (~ gee phal) *f.* betel-nut.

पुंज (punj) *m.* group, heap or collection; द्वीप ~ a group or chain of islands, archipelago.

पुंजातीय (pun jA teey) *adj.* male.

पुंजित (~ jit) *adj.* accumulated, collected.

पुंजीभूत (~ jee bhoot) *adj.* accumulated, collected.

पुंडरीक (puN Da reek) *m.* lutus (white).

पुंलिंग (puṅ liṅg) *adj.* denoting or representing masculine gender, masculine.

पुंश्चली (punsh ca lee) *f.* unchaste woman, woman of loose morals, adulteress.

पुंसत्व (pun sattw) *m.* manliness, virility.

पुआ (p uA) *m.* a variety of Indian sweet, flour-cake.

पुआल (pu Al) *m.* dried stems of rice plants, straw.

पुकार (pu kAr) *f.* call; ~ करना to call out,

to give a call for help; ~ पड़ना/होना— उसकी ~ पड़ी/हुई His name was called out. सहायता के लिए ~ a call for help.

पुकारना (~ nA) *vt.* to call (by name), to call out.

पुखराज (pukh rAj) *m.* a yellow sapphire, topaz

पुख़्ता (puKh tA) *adj.* 1. firm, strong. 2. made of baked bricks (house).

पुगना (pug nA) *vi.* to be completed/finished; गोटी पुग गई The draughtsman reached the goal.

पुगाना (pu gA nA) *vt.* 1. to complete. 2. to lead/take a draughtsman to the goal.

पुचकार (puc kAr) *f.* coddling, fondling.

पुचकारना (~ nA) *vi.* to coddle/fondle/caress; बच्चे को पुचकारकर दवा पिलाओ Coax the child to take medicine.

पुचकारी (puc kA ree) *f.* = पुचकार।

पुचारना (pu car nA) *vi.* to cleanse/wipe with a wet cloth.

पुचारा (pu cA rA) *m.* (*v.n.* form of पुचारना) cloth used for cleansing/wiping out; ~ देना/फेरना/लगाना to cleanse/wipe with a पुचारा।

पुच्छ (pucch) *m.* 1. tail. 2. rear.

पुच्छल (puc chal) *adj.* having a tail, tailed.

पुच्छलतारा (~ tA rA) *m.* comet.

पुछना (puch nA) *vi.* to be cleaned/dried.

पुछल्ला (pu chal lA) *m.* 1. long tail, tail piece. 2. an unconvincing person like a tail (coming in the end); पुछल्ले बल्लेबाज़ों की लंबी कतार long tail of batsmen. 3. lackey, toady, sycophant.

पुछवैया (puch vai yA) *m.* 1. one who asks or takes care. 2. maintainer, caretaker; उसका कोई ~ नहीं There is nobody to take care of him.

पुजना (puj nA) *vi.* to be worshipped/adored/extolled; आज-कल वह पुज रहा है He is extolled these days.

पुजवाना (~ vA nA) *vt.* to get (oneself) worshipped/respected.

पुजाई (pu jA ee) *f.* 1. act of worship. 2. remuneration paid for the same.

पुजाना (pu jA nA) *vt.* 1. to cause to worship. 2. = पुजवाना।

पुजापा (pu jA pA) *m.* paraphernelia/articles used in worship; ~ फैलाना to put on a show of worship.

पुजारी (pu jA ree) *m.* 1. (Hindu) priest. 2. worshipper, adorer; प्रेम का ~ lover.

पुजैया (pu jai yA) *m.* = पुजारी।

पुट (puT) *m.* dash, seasoning; सिरके का ~ dash of vinegar.

पुटाश (pu TAsh) *m.* potash.

पुटी (pu Tee) *f.* 1. capsule, vesicle. 2. small packet.

पुट्टीन (pu Teen) *f.* a paste for filling holes in wood, putty.

पुट्ठा (puT ThA) *m.* hip, buttock; पुट्ठे पर हाथ न रखने देना not to let (the adversary) even touch the body in a dual; किताब का ~ spine of a book.

पुड़ा (pu RA) *m.* large पुड़िया।

पुड़िया (pu Ri yA) *f.* small paper packet; ज़हर की ~ = विष की गाँठ।

पुण्य (puNNy) *m.* 1. spiritual reward of any good act. 2. virtue, merit.

पुण्यकर्म (~ karm) *m.* holy or sacred act.

पुण्यकाल (~ kAl) *m.* auspicious time.

पुण्यक्षेत्र (~ kshettr) *m.* holy place.

पुण्यतिथि (~ ti thi) *f.* death anniversary.

पुण्यफल (~ phal) *m.* fruit of righteous act.

पुण्यस्मृति (~ smri ti) *f.* reverential remembrance of some holy or great soul.

पुण्यात्मा (puN NyAt mA) *adj.* & *m.* virtuous/pious/righteous (soul).

पुण्यार्थ (~ NYArth) *adj.* charitable; ~ निधि charitable endowment; ~ औषधालय charitable dispensary.

पुतला (put lA) *m.* 1. effigy; ~ जलाना to burn an effigy. 2. scarecrow.

पुतली (~ lee) *f.* 1. puppet; ~ का तमाशा puppet show. 2. doll. 3. pupil (of the eye); ~ फिर जाना turning of the pupils as a precursor of death.

पुतली-घर (~ - ghar) *m.* textile factory.

पुताई (pu tA ee) *f.* 1. act of whitewashing, cowdung plastering etc. 2. wages paid for the same.

पुत्र (puttr) *m.* 1. son. 2. male child.

पुत्रत्व (put trattw) *m.* condition, worthiness etc., of being a son.

पुत्र-पौत्र (~ - pauttr) *m.* sons and grandsons.

पुत्रप्रसू (puttr pra soo) *adj.* (woman) who begets a son.

पुत्रलाभ (~ lAbh) *m.* begetting a son.

पुत्रवत, पुत्रवत् (~ vat) *adv.* like a son.

पुत्रवती (~ va tee) *f.* (woman) blessed with a son.

पुत्रवधू (~ va dhoo) *f.* son's wife, daughter-in-law.

पुत्री (put tree) *f.* daughter.

पुत्रीय (~ treey) *adj.* pertaining or relating to a son.

पुत्रेष्टि-यज्ञ (~ tresh ti - yaggy) *m.* यज्ञ performed in ancient India for begetting a son.

पुदीना (pu dee nA) *m.* mint (plant and its leaves); पुदीने की चटनी sauce prepared with garden mint.

पुन: (pu nah) *adv.* again; ~ - पुन: again and again.

पुनना (pun nA) *vt.* 1. to filter. 2. to abuse.

पुनरपि (pu na ra pi) *adv.* 1. again and again, time and again. 2. even then.

पुनरवलोकन (pu na ra va lo kan) *m.* revision.

पुनरस्त्रीकरण (~ ras tree ka raN) *m.* rearmament.

पुनरागत (~ rA gat) *adj.* 1. come again, returned. 2. recurred, repeated.

पुनरागमन (~ rA ga man) *m.* 1. coming again. 2. reincarnation.

पुनराधन (~ rA dhan) *m.* reconciliation.

पुनरारंभ (~ rA rambh) *m.* resumption.

पुनरावर्ती (~ rA var tee) *adj.* recurring, relapsing; ~ ज्वर relapsing fever.

पुनरावलोकन (~ rA va lo kan) *m.* revision, having a second look.

पुनरावृत्ति (~ rA vrit ti) *f.* repetition, recurrence, revision.

पुनरीक्षण (~ reek shaN) *m.* review, revision.

पुनरीक्षित (~ reek shit) *adj.* reviewed, revised.

पुनरुक्त (~ rukt) *adj.* 1. repeated, retold, reiterated.

पुनरुक्ति (~ ruk ti) *f.* 1. repetition, reiteration; ~ दोष tautology. 2. something that is repeated.

पुनरुत्तर (~ rut tar) *m.* rejoinder, cou-nter-reply.

पुनरुत्थान (~ rut thAN) *m.* resurrection, renaissance.

पुनरुत्थापक (~ rut thA pak) *m.* resuscitator.

पुनरुत्पादक (~ rut pA dak) *adj.* & *m.* reproductive, regenerator.

पुनरुत्पादन (~ rut pA dan) *m.* reproduction, regeneration.

पुनरुद्धार (~ rud dhAr) *m.* renovation, restoration, resurrection.

पुनर्गठन (pu nar ga Than) *m.* reorganisation, reconstitution.

पुनर्ग्रहण (~ gra haN) *m.* retaking, resumption.

पुनर्जनन (~ ja nan) *m.* reproduction.

पुनर्जन्म (~ janm) *m.* rebirth, metempsychosis, re-incarnation.

पुनर्जन्मवाद (~ vAd) *m.* doctrine of reincarnation.

पुनर्जागरण (pu nar jA ga raN) *m.* 1. reawakening. 2. renaissance, restoration.

पुनर्जीवन (~ jee van) *m.* rejuvenation, resurrection.

पुनर्निर्माण (~ nir MAN) *m.* rebuilding, reconstruction, reproduction, recreation, reshuffling.

पुनर्निर्मित (~ nir mit) *adj.* rebuilt, reconstructed, reproduced, recreated.

पुनर्निर्वाचन (~ nir vA can) *m.* reelection.

पुनर्परीक्षण (~ pa reek shaN) *m.* reexamination, retrial.

पुनर्प्रवेश (~ pra vesh) *m.* act of re-entering, re-entry.

पुनर्प्राप्त (~ prApt) *adj.* regained; ~ करना to obtain again, regain.

पुनर्मिलन (~ mi lan) *m.* act of reuniting, reunion.

पुनर्मूल्यांकन (~ mool lyAṅ kan) *m.* reassessment; ~ करना to reassess.

पुनर्वास (~ vAS) *m.* rehabilitation, resettlement; ~ मंत्रालय Ministry for Rehabilitation.

पुनर्विचार (~ vi CAr) *m.* reconsideration, revision, review; ~ करना to reconsider.

पुनर्विचारार्थ (~ vi CA rArth) *adv.* for reconsideration.

पुनर्विभाजन (~ vi bhA jan) *m.* redistribution.

पुनर्विवाह (~ vi vAh) *m.* second marriage.

पुनर्शिक्षण (~ shik shaN) *m.* re-education.

पुनर्सज्जा (~ saj jA) *f.* redecoration; ~ करना to redecorate, to refurbish.

पुनर्स्थापन (~ sthA pan) *m.* restoration, reestablishing, reinstallation.

पुनर्स्थापित (~ pit) *adj.* re-established, restored.

पुनश्च (pu nashc) *adv.* further more (used as equivalent to postscript).

पुनश्चर्या (pu nash car yA) *m.* refresher course.

पुनि (pu ni) *adv.* again; ~ - पुनि again and again.

पुनीत (pu neet) *adj.* holy, sacred, pious, pure.

पुनीतता (~ tA) *f.* holiness, sacredness, piety, cleanliness.

पुरंदर (pu ran dar) *m.* Lord Indra, king of gods.

पुर (pur) *m.* town, city. [Fem. पुरी]

पुरखा (~ khA) *m.* ancestor, forefather.

पुरजन (~ jan) *m.* (plu.) inhabitants of a town.

पुरज़ा (~ zA) *m.* 1. chit, slip; पुरज़े-पुरज़े करना to tear to shreds. 2. prescription. 3. part of a machine; ~ ढीला होना—उसके मस्तिष्क का कोई ~ ढीला है He has a loose screw. चलता ~ tactful (person).

पुरज़ी (~ zee) *f.* smallish chit/slip.

पुरना (~ nA) *vi.* 1. to be completed/filled. 2. to be spun.

पुरनारी (~ nA ree) *f.* prostitute.

पुरनिया (~ niyA) *m.* an aged man.
adj. old, aged.

पुरबिया (~ bi yA) *adj.* belonging to the east.
m. inhabitant of the east.
f. language of the eastern part of Uttar Pradesh.

पुरवइया (~ vai yA) *f.* = पुरवाई।

पुरवट (~ vaT) *m.* leather bucket (used in drawing water in well irrigation).

पुरवा (~ vA) *m.* 1. small village. 2. small earthen pot.
f. east wind, easterly.

पुरवाई (~ ee) *f.* east wind, easterly.

पुरवासी (~ see) *m.* inhabitant of a town.

पुरवैया (pur vai yA) *f.* = पुरवाई।

पुरश्चरण (pu rash ca raN) *m.* 1. observing some religious ritual. 2. undergoing sacrifice with some religious objective.

पुरसा (pur SA) *m.* a measure of five cubits.

पुरस्कार (pu ras KAr) *m.* reward, prize; ~ वितरण-समारोह ceremony of prize distribution.

पुरस्कृत (pu ras krit) *adj.* rewarded; ~ करना to reward; ~ होना to be rewarded.

पुरा (pu rA) *m.* small village.

पुराकाल (~ KAl) *m.* antiquity.

पुराकालीन (~ KA leen) *adj.* ancient, antique.

पुराण (pu rAN) *adj.* ancient, old.

m. 1. Hindu mythology. 2. scriptures so named.

पुराण-कथा (~ - ka thA) *f.* myth.

पुरातत्त्व (pu rA tattw) *m.* Archaeology.

पुरातत्त्वज्ञ (~ tat twaggy) *m.* archaeologist.

पुरातन (~ tan) *adj.* 1. ancient, very old. 2. archaic, pertaining to antiquity; ~ प्रयोग archaic usuage.

पुरातनपंथी (~ pan thi) *adj.* & *m.* conservative.

पुराना (pu rA nA) *adj.* 1. old; बहुत ~ very old; छह वर्ष ~ झगड़ा six years old conflict; ~ सेवक long time servant; ~ घर old house; ~ पापी old sinner; पुरानी कहानी old story; पुरानी दुनिया old-world. 2. old-fashioned, out of date. 3. ancient, olden; ~ ज़माना ancient/olden times. 4. experienced, veteran; ~ हाथ experienced hand; ~ टैक्सी चालक veteran taxidriver. 5. worn out; ~ कपड़ा worn out/old cloth.; यह फैशन ~ पड़ गया है This fashion is outdated. 6. chronic; ~ रोग chronic disease; ~ खूसट old fogey; ~ रोना old story (of woe); ~ रोना to narrate an old story in details; पुरानी रिश्तेदारी old relation (ship); पुरानी लीक पीटना to follow the beaten track; पुराने चावल (i) seasoned rice; (ii) old, seasoned man.

m. oldster.

पुरानापन (~ pan) *m.* state or quality of being पुराना।

पुरालिपि (pu rA li pi) *f.* palaeography.

पुरालिपिज्ञ (~ li piggy) *m.* palaeographist.

पुरालेख (~ lekh) *m.* epigraph.

पुरावशेष (~ va shesh) *m.* antiquities, remnants, ruins, relics.

पुराविद् (~ vid) *m.* antiquarian.

पुरावृत्त (~ vritt) *m.* chronicle, annals.

पुरी (pu ree) *f.* town, city.

पुरीष (pu reesh) *m.* excrement, stool, faeces.

पुरुष (pu rush) *m.* man; ~ - प्रधान male-dominated; प्रथम ~ first person; द्वितीय ~ second person; अन्य/तृतीय ~ third person (Gram.).

पुरुषत्व (pu ru shattw) *m.* 1. manhood, virility. 2. = पुंसत्व।

पुरुषवाचक (pu rush vAcak) *adj.* relating to masculine gender.

पुरुषार्थ (pu ru shArth) *m.* 1. man's objective. 2. valour. 3. capacity.

पुरुषार्थी (~ shAr thee) *adj.* self-exerting, painstaking, industrious, energetic.

पुरुषोत्तम (~ shot tam) *m.* Supreme Being, The Almighty.

पुरुषोत्तम मास (~ mAs) *m.* intercalary month.

पुरोगामी (pu ro gA mee) *adj.* going ahead, pioneering, progressive.

पुरोहित (pu ro hit) *m.* Hindu priest, chaplain. [Fem. पुरोहितानी]

पुरोहित-तंत्र (~ - tantr) *m.* hierarchy.

पुरोहिताई (pu ro hi tA ee) *f.* priesthood, priestcraft.
पुरोहितानी (pu ro hi tA nee) *f.* fem. of पुरोहित।
पुर्ज़ा (pur ZA) *m.* = पुरज़ा।
पुर्तगाल (purt gAl) *m.* Portugal.
पुर्तगाली (purt ga lee) *adj.* of Portugal.
m. Portuguese.
f. Portuguese (language).
पुल (pul) *m.* bridge; प्रशंसा के ~ बाँधना to laud to the skies.
पुलक (pu lak) *m.* thrill (of joy or terror).
पुलकना (~ nA) *vi.* to be thrilled.
पुलकावली (pu la kA va lee) *f.* row of hair standing on end due to rapture.
पुलकित (pu la kit) *adj.* thrilled, in rapture.
पुलटिस (pul Tis) *f.* poultice; ~ लगाना to apply poultice (on a boil etc.).
पुलपुला (~ pu lA) *adj.* = पिलपिला।
पुलाव (pu lAW) *m.* a delicious rice preparation; मीठा ~ a dish of sweetened rice.
पुलिंदा (pu lin dA) *m.* bundle; नोटों का ~ bundle/wad of currency notes.
पुलिन (pu lin) *m.* bank (of a river).
पुलिया (pu li yA) *f.* a small bridge.
पुलिस (pu lis) *f.* 1. department of police; ~ का डंडा truncheon; ~ का डंडा पड़ने पर after receiving a thrashing from police. 2. police force.
पुलिसमैन (~ main) *m.* constable.
पुलिस-राज (~ - rAj) *m.* 1. police rule. 2. tyrannous rule.
पुली (pu lee) *f.* pulley.
पुश्त (pusht) *f.* 1. back (पीठ)। 2. back part (पिछला भाग)। 3. generation; ~ - दर-पुश्त from generation to generation, hereditarily.
पुश्ता (push tA) *m.* 1. embankment. 2. prop, buttress; ~ लगाना to buttress.
पुश्ताबंदी (~ ban dee) *f.* 1. embankment (act). 2. buttressing.
पुश्तैनी (push tai nee) *adj.* 1. hereditary; ~ रोग hereditary disease. 2. ancestral; ~ संपत्ति ancestral property.
पुष्कर (~ kar) *m.* 1. pond, water-pond. 2. lotus. 3. ~ तीर्थ a famous sacred pond in Ajmer (Raj.) and only where the holy temple of Lord Brahma is situated.
पुष्करिणी (~ ka ri NEE) *f.* 1. small pond. 2. lake.
पुष्ट (pushT) *adj.* 1. well-nourished, maintained, stout, robust, energetic. 2. healthy and powerful. 3. confirmed; ~ समाचार confirmed news.
पुष्टई (~ ee) *f.* tonic, nourishment.
पुष्टता (~ tA) *f.* 1. strength. 2. confirmation.
पुष्टि (push Ti) *f.* 1. confirmation. 2. ratification. 3. nourishment.
पुष्टिकर (~ kar) *adj.* 1. confirmatory. 2. nutrient, nutritious.
पुष्टिकरण (~ ka raN) *m.* 1. act of confirming. 2. confirmation.
पुष्प (pushp) *m.* flower.
पुष्पक (push pak) *m.* 1. small flower. 2. airplane.
पुष्पदंड (pushp daND) *m.* stem of a flower.
पुष्पधन्वा (~ dhan nwA) *m.* Kamdeva, cupid.
पुष्परज (~ raj) *m.* stamen
पुष्पराग (~ rAg) *m.* pollen.
पुष्पवर्षा (~ var shA) *f.* shower of flowers.
पुष्पवाटिका (~ VA TI KA) *f.* flower-garden.
पुष्पवृष्टि (~ vrish Ti) *f.* = पुष्पवर्षा।
पुष्पशैया (~ shai yA) *f.* bed of flowers.
पुष्पांजलि (push pAn ja li) *f.* 1. (offering of) handful of flowers. 2. floral tribute.
पुष्पायुध (~ pA yudh) *m.* Kamdeva, cupid.
पुष्पिका (~ pi kA) *f.* colophon.
पुष्पित (~ pit) *adj.* flowered, flowering; ~ होना to blossom.

पुष्पोद्यान (~ pod dyAn) *m.* flower-garden.

पुस (pus) *interj.* puss !

पुस्त (pust) *f.* book.

पुस्तक (pus tak) *f.* book; चमड़े की जिल्दवाली ~ a leather-bound book; बिना जिल्दवाली ~ an unbound book.

पुस्तक-विक्रेता (~ vi kre tA) *m.* bookseller.

पुस्तकाकार (pus ta kA kAr) *adj.* book-form. *adv.* in the form of a book.

पुस्तकालय (pus ta kA lay) *m.* library.

पुस्तकालयाध्यक्ष (~ ta kA la yA dhyaksh) *m.* librarian.

पुस्तकीट (pus ta keeT) *m.* bookworm.

पुस्तकीय (pus ta keey) *adj.* of or pertaining to a book, bookish; ~ ज्ञान bookish knowledge.

पुस्त-डाक (pust - DAk) *f.* book-post.

पुस्तिका (pus ti kA) *f.* 1. booklet, hand-book. 2. pamphlet.

पूँछ (pōōch) *f.* tail (also fig.); ~ पकड़कर चलना to follow subserviently; ~ हिलाना to wag one's tail.

पूँजी (pōō jee) *f.* capital, wealth, fund; ~ कर capital levy; ~ लगाना to invest; बिना ~ का व्यवसाय business with no capital.

पूँजीपति (~ pa ti) *m.* capitalist.

पूँजीवाद (~ vAd) *m.* capitalism.

पूँजीवादी (~ vA dee) *adj.* capitalistic; ~ अर्थव्यवस्था capitalistic economy. *m.* capitalist.

पूआ (poo A) *m.* = पुआ, a sweet cake like a bun.

पूगना (poog nA) *vi.* to be completed/accomplished.

पूछ (pooch) *f.* 1. enquiry. 2. respect, esteem; आपकी वहाँ ख़ूब ~ होगी You will be held in hight esteem there.

पूछगीछ (~ geech) *f.* = पूछताछ।

पूछताछ (~ tAch) *f.* enquiry, interrogation; ~ कार्यालय enquiry office.

पूछना (~ nA) *vt.* 1. to ask. 2. to enquire/interrogate. 3. to respect; ग़रीब को कौन पूछता है Nobody cares for a poor soul (like me). बात न ~ to care a fig; पूछते-पूछते/पाछते after making repeated enquiries.

पूछा-ताछी (poo chA - tA chee) *f.* = पूछ-ताछ।

पूछा-पाछी (~ chA - pA chee) *f.* = पूछ-ताछ।

पूजक (~ jak) *m.* worshipper, votary; अग्नि ~ fire-worshipper.

पूजन (~ jan) *m.* worship (ping), adoration.

पूजनविधि (~ vi dhi) *f.* form of worshipping, liturgy.

पूजना (pooj nA) *vt.* to worship/adore/revere. *vi.* = पूगना।

पूजनीय (~ neey) *adj.* revered, venerable, august.

पूजा (poo jA) *f.* worship, veneration; आज घर पर उसकी ख़ूब ~ हुई He received a good thrashing at home today.

पूजित (~ jit) *adj.* worshipped.

पूजोपचार (~ jo pa cAr) *m.* preliminaries and requisites for worship.

पूजोपहार (~ hAr) *m.* offering given to deity.

पूज्य (poojjy) *adj.* revered, venerable, honourable.

पूज्यपाद (~ pAd) *adj.* venerable, revered.

पूज्यमान, पूज्यमान् (~ mAn) *adj.* venerable, revered, respected.

पूज्यवर (~ var) *adj.* revered.

पूड़ी (poo Ree) *m.* = पूरी।

पूत (poot) *adj.* 1. holy, sacred. 2. septic, contaminated. *m.* son.

पूति (poo ti) *f.* 1. piety. 2. septicity, contamination.

पूतिक (~ tik) *adj.* 1. pious. 2. septic, contaminating.

पूनी (~ nee) *f.* cotton-roll (for spinning).

पूय (pooy) *m.* pus.

पूर (poor) *m.* 1. pulverized fillings (for cookies). 2. sufficiency. 3. instalment.

पूरक (poo rak) *adj.* complementary, supplementary; ~ माँग supplementary demand.

m. supplement.

पूरण (~ raN) *m.* 1. completion. 2. filling the gaps.

पूरणीय (~ ra Neey) *adj.* worth being filled up, replaceable, reparable.

पूरना (poor NA) *vt.* to fill to the brim; चौक ~ to decorate the ground (with powdered substances, flour etc., on ceremonial occasions).

पूरब (poo rab) *m.* east.

पूरबीय (poor beey) *adj.* eastern.

पूरा (poo rA) *adj.* 1. full, complete, entire; वह ~ जापानी है He is a fully Japanese. उसने पूरी सावधानी बरती He took all precautions. पूरी टिकट adult ticket; हमने पूरी कोशिश की We made all out effort. पूरे का ~ all, entire, down right. 2. all, total; वह ~ काइयाँ है He is awfully clever. ~ उतरना to come to a good finale/splendid climax; ~ करना to complete/accomplish; वादा ~ किया गया The promise was kept. उन्होंने हमारी माँग पूरी नहीं की They failed to meet our demand. ~ पड़ना—इतने से ~ नहीं पड़ेगा This much will not suffice. पूरी जवानी bloom of youth; पूरे दिनों से at an advanced stage of pregnancy; दिन पूरे करना to pass time somehow; दिन पूरे होना to complete the period stipulated; दिन पूरे होना—उसके दिन पूरे हो गए His sands have run out, or his time has run out.

पूरित (~ rit) *adj.* filled, completed, fulfilled.

पूरी (~ ree) *adj.* fem. of पूरा।

f. an Indian variety of unleavened bread fried in fat.

पूर्ण (poorN) *adj.* 1. complete, full; ~ अधिवेशन plenary session; ~ चंद्र full moon; ~ प्रौढ़ता full maturity. 2. whole, entire; ~ संख्या whole number; ~ रूप से fully, absolutely; वह ~ रूप से विश्वसनीय था He was absolutely reliable.

पूर्णकाम (~ kAm) *adj.* feeling fulfilled.

पूर्णकालिक (~ kA lik) *adj.* whole-time.

पूर्णचंद्र (~ candr) *m.* full moon.

पूर्णत: (~ tah) *adv.* totally, fully, entirely, completely, downright.

पूर्णतया (~ ta yA) *adv.* = पूर्णत: ।

पूर्णता (~ tA) *f.* 1. fullness, completeness. 2. perfection.

पूर्णमासी (~ mA see) *f.* = पूर्णिमा ।

पूर्णयोग (~ yog) *m.* grand total, sum.

पूर्णविराम (~ vi rAm) *m.* fullstop (।).

पूर्णांक (poor Nank) *m.* 1. maximum marks. 2. whole number, integer.

पूर्णायु (~ NA yu) *f.* complete/ripe age.

पूर्णावतार (~ NAV tAr, ~ NA va tAr) *m.* perfect incarnation.

पूर्णाहुति (~ NA hu ti) *f.* finishing touch of a Yaggya or project, holocaust.

पूर्णिमा (~ Ni mA) *f.* full-moon day.

पूर्णेंदु (~ Nendu) *m.* full-moon.

पूर्ति (~ ti) *f.* 1. supply. 2. fulfilment, completion.

पूर्व (poorv) *adj.* former; ~ जन्म previous/former life.

adv. before, prior to; इसके ~ before/prior to this.

m. east; निकट ~ near east; मध्य ~ middle east; सुदूर ~ far east.

पूर्वक (poor vak) *suffix*. with; विश्वास ~ with confidence; कौशल ~ skilfully.

पूर्वकथित (poorv ka thit) *adj*. aforesaid, above-mentioned.

पूर्वकल्पना (~ kal panA) *f*. presupposition.

पूर्वकल्पित (~ kal pit) *adj*. presupposed.

पूर्वकालिक (~ kA lik) *adj*. belonging to pervious times; ~ क्रिया past tense.

पूर्वकालीन (~ kA leen) *adj*. of previous times.

पूर्वकृत (~ krit) *adj*. accomplished/committed previously.

पूर्वगत (~ gat) *adj*. preceding, former.

पूर्वगामी (~ gA mee) *adj*. foregoing, preceding.

पूर्वग्रह (~ grah) *m*. prejudice, bias.

पूर्वज (poor vaj) *m*. ancestor (s), forefather (s).

पूर्वज्ञान (poorv gyAn) *m*. pre-knowledge, fore-knowledge, foresight.

पूर्वदत्त (~ datt) *adj*. prepaid.

पूर्वपीठिका (~ pee Thi kA) *f*. 1. background. 2. prolegomenon.

पूर्वपुरुष (~ pu rush) *m*. (plu.) 1. forefathers, an-cestors. 2. predecessors.

पूर्ववत् (~ vat) *adv*. as before/as it was.

पूर्ववर्ती (~ var tee) *adj*. 1. former, previous, foregoing, preceding. 2. pre-existing.
m. predecessor.

पूर्वसर्ग (~ sarg) *m*. preposition.

पूर्वागम (poor vA gam) *m*. prothesis.

पूर्वाग्रह (~ vAg grah) *m*. prejudice, bias; ~ से मुक्त without prejudice/bias.

पूर्वानुमान (~ vA nu mAn) *m*. forecast.

पूर्वाभास (~ vA bhAs, ~ vAb bhyAs) *m*. premonition, fo-मुख (~ va bhi mukh) *adj*. facing east.

पूर्वाभिमुख (poor vA bhi mukh) *adj*. facing east.

पूर्वाभ्यास (~ vAb bhyAs) *m*. 1. rehearsal. 2. (in game) practice.

पूर्वायोजित (~ vA yo jit) *adj*. preplanned.

पूर्वार्ध (~ vArdh) *m*. first/former half.

पूर्वाह्न (~ vAhn) *m*. forenoon.

पूर्वी (~ vee) *adj*. eastern.
f. 1. eastern dialect. 2. a kind of folk music.

पूर्वोक्त (~ vokt) *adj*. aforesaid (पूर्व+उक्त); above-mentioned.

पूर्वोत्तर (~ vot tar) *adj*. & *m*. north east (ern); ~ रेलवे north-eastern railway.

पूर्वोपाय (~ vo pAy) *m*. precautionary measure.

पूला (poo lA) *m*. bundle of straw etc., sheaf.

पूली (~ lee) *f*. dim. of पूला।

पूस (poos) *m*. tenth month of the Hindu calendar.

पृथक् (pri thak) *adj*. apart, separate, distinct; ~ - पृथक् different; ~ करना (i) to differentiate/separate; (ii) to remove; ~ रहना to keep away.

पृथक्करण (~ ka raN) *m*. 1. act of separating. 2. segregation.

पृथक्ता (~ tA) *f*. secession.

पृथक्तावाद (~ vAd) *m*. secessionism, separatism.

पृथक्तावादी (~ vA dee) *m*. isolationist. separatist.
adj. isolating, separatist; ~ आंदोलन separatist movement.

पृथग्वासन (pri thag vA san) *m*. apartheid.

पृथु (~ thu) *adj*. 1. wide, large. 2. great.

पृथ्वी (prith vee) *f*. 1. earth. 2. this world.

पृष्ट (prishT) *adj*. 1. asked, enquired. 2. irrigated.

पृष्ठ (prishTh) *m*. 1. page. 2. back. 3. outer surface.

पृष्ठपोषक (~ po shak) *adj*. & *m*. supporter, patronizer.

पृष्ठभाग (~ bhAg) *m.* background, rear part.

पृष्ठभूमि (~ bhoo mi) *f.* background.

पृष्ठांकन (prish THAṅ kan) *m.* endorsement.

पृष्ठांकित (~ THAṅ kit) *adj.* endorsed.

पृष्ठास्थि (~ THAS sthi) *f.* backbone.

पेंग (peng) *f.* swing, oscillation (of a swing); ~ मारना/लेना to swing.

पेंडुकी (peN Du kee) *f.* dove.

पेंदा (pẽ DA) *m.* bottom, base, [Fem. पेंदी]; बेपेंदी का लोटा rolling stone.

पेंशन (pen shan) *f.* pension.

पेंस (pens) *m.* pence, penny.

पेंसिल (pen sil) *f.* pencil; ~ बनाना to mend a pencil.

पेउस (pe us) *m.* first few day's milk of a milch cow after delivery.

पेखना (pekh nA) *vt.* = देखना (now obsolete).

पेच (pec) *m.* 1. screw; ~ घुमाना to turn the screw; ~ कसना to screw; to tighten the screw; दिमाग़ का ~ ढीला होना having a screw loose. 2. twist. 3. complication; ~ पड़ना—मामले में ~ पड़ गया A complication has arisen in the matter. ~ लड़ाना to have a duel in kite-flying; दाँव ~ trick (in wrestling).

पेचक (pe cak) *f.* hank of cord.

पेचकस (pec kas) *m.* screw-driver.

पेचदार (~ dAr) *adj.* 1. twisted. 2. complicated. 3. wily; ~ बात wily talk.

पेचवान (~ vAn) *m.* a kind of big *hukka*, hubble-bubble.

पेचिश (pe cish) *m.* gripes, dysentery.

पेचीदगी (pe cee da gee) *f.* complication, intricacy, complexity.

पेचीदा (pe cee da dA) *adj.* complicated, intricate, complex.

पेचीदापन (~ pan) *m.* complication, intricacy, complexity.

पेचीला (pe cee lA) *adj.* = पेचीदा।

पेचीलापन (~ pan) *m.* = पेचीदापन।

पेट (peT) *m.* belly, stomach, abdomen; ~ और पीठ एक हो जाना turning excessively lean; ~ काटना to deprive (someone) of sustenance; ~ का गहरा one who can keep secrets; ~ का पानी न पचना impatience beyond measure; ~ का हल्का one who cannot keep secrets; ~ का हाल = ~ की बात; ~ की आग/ज्वाला pangs of hunger; ~ की बात inner secret; ~ की मार मारना= ~ काटना; ~ गिरना miscarriage; ~ गिराना to cause an abortion; ~ गुड़गुड़ाना rumbling sound in the stomach; ~ चलना (i) उसकी कृपा से मेरा ~ चल रहा है I am subsisting on his generosity. (ii) मेरा ~ चल रहा है I am having incessant motions. ~ जलना feeling of unbearable hunger; ~ पालना to maintain (oneself or someone); ~ फूलना (i) swelling of the belly; (ii) excessive inquisitiveness; मेरा हँसते-हँसते ~ फूल गया I rolled with laughter. तुम्हारा ~ क्यों फूलता है Why does it excite your jealousy? ~ भरकर to one's fill, to capacity; ~ भरना to maintain (someone); (किसी का) ~ मारना to snatch someone's living; ~ में खलबली मचना/होना excessive inquisitiveness; ~ में घुसना to win one's entire confidence; ~ में चूहे कूदना to be excessively hungry; ~ में डालना (somehow) to fill (one's) stomach; ~ में दाढ़ी होना to be precociously clever; ~ में पानी न पचना inability to keep a secret; ~ में बल पड़ना—हँसते-हँसते मेरे पेट में बल पड़ गए I rolled with laughter. ~ रहना becoming pregnant; ~ लगना shrivelling of the stomach; ~ से होना to be pregnant.

पेटा (pe TA) *m.* 1. main part of an object. 2. middle part of an object which is to be filled up. 3. subhead. 4. details of an account. 5. detailed description.

पेटिका (pe TI KA) *f.* small पेटी।

पेटी (pe TEE) *m.* 1. box, cummerbund, girdle. 2. bag, small box, chest.

पेटीकोट (~ KOT) *m.* petticoat.

पेटू (pe TOO) *adj.* greedy eater, gourmand, gluttonous, voracious, ravenous; वह भारी ~ है He is a heavy eater.

पेटूपन (~ pan) *m.* gourmandism, voraciousness.

पेटेंट (pe TENT) *adj. & m.* patent.

पेट्रोल (peT TRol) *m.* petrol.

पेठा (pe ThA) *m.* 1. a kind of gourd. 2. sweet/comfit made from this.

पेड़ (peR) *m.* tree.

पेड़ा (pe Ra) *m.* 1. a roundish lump (of cheese, flour etc.). 2. a comfit of the same; ~ छीलना to be extremely fastidious.

पेड़ू (pe ROO) *m.* pelvis.

पेन (pen) *m.* pen.

पेनी (pe nee) *f.* penny, pence.

पेनीसिलिन (~ si lin) *f.* penicillin.

पेपर (pe par) *m.* 1. paper (काग़ज़) । 2. newspaper. 3. question paper; ~ देना to distribute a question paper.

पेमेंट (pe mENT) *f.* payment (भुगतान) ।

पेय (pey) *adj.* potable, drinkable.
m. drink, beverage.

पेरना (per nA) *vt.* 1. to crush (sugarcane, oilseeds etc.) in crushers, to press hard. 2. to torment, to exploit, to tease, to harass.

पेराई (per rA ee) *f.* act or state of crushing or charges paid therefor.

पेलना (pel nA) *vt.* to labour hard to penetrate; दंड ~ (i) to practise Indian type of gymnastic; (ii) to enjoy life by idling away time.

पेवस (pe vas) *m.* = पेउस।

पेश (pesh) *adj.* 1. presented, forwarded; ~ होना to be present. 2. put forth; ~ आना to behave/treat; ~ करना to present, to put forth; ~ न चलना to be unable to cope with.

पेशकार (~ KAr) *m.* reader, a clerk of court.

पेशकारी (~ KA ree) *f.* calling, office or work of a पेशकार।

पेशगी (~ gee) *f.* money paid in advance, earnest money.

पेशतर, से (se pesh tar) *postposition.* before, prior to.

पेशबंद (~ band) *m.* leather belt.

पेशबंदी (~ ban dee) *f.* 1. pre-arrangement. 2. anticipation.

पेशराज (~ rAj) *m.* mason.

पेशवा (~ VA) *m.* 1. leader, chief. 2. title of the prime ministers of the Mahratta (Maratha) kings.

पेशवाई (~ VA ee) *f.* reception.

पेशा (pe shA) *m.* profession, calling; ~ कमाना to earn by prostitution (said of a woman).

पेशानी (~ nee) *f.* forehead.

पेशाब (pe shAb) *m.* urine; ~ करना to urinate; किसी चीज़ पर ~ करना to treat something with utmost contempt.

पेशाबख़ाना (~ KhA nA) *m.* urinal.

पेशाब-घर (~ - ghar) *m.* urinal.

पेशी (pe shee) *f.* 1. hearing (of a lawsuit). 2. presentation; (किसी की) ~ होना to be presented. 3. muscle; ~ रज्जु sinew.

पेशेवर (pe she var) *adj.* professional; ~ खिलाड़ी professional player.

पेषण (pe shaN) *m.* pulverisation, grinding, milling.

पेस्ट (pEST) *f.* paste.

पैंजनी (pa͂ij nee, pa͂i ja nee) *f.* tinkling ornament worn on the ankles.

पैंट (paINT) *f.* trousers.

पैंठ ((pa͂iTH) *f.* market; ~ का दिन market day.

पैंतरा (pa͂it RA, pa͂i ta RA) *m.* tactics, manoeuvre, strategic move; ~ बदलना to change (one's) tactics.

पैंतरेबाज़ (~ ta re BAZ) *m.* tactician, strategist.

पैंतरेबाज़ी (~ ta re BA zee) *f.* manoeuvring, strategy.

पैंतालीस (pa͂i TA lees) *adj. & m.* forty-five, 45.

पैंतीस (~ tees) *adj & m.* thirty-five, 35.

पैंया (~ YA) *f.* foot.

पैंसठ (~ saTH) *adj. & m.* sixty-five, 65.

पै (pai) *prep.* on, upon, yet, but, definitely.

पैकिंग (pai kiṅg) *f.* packing.

पैकेट (~ kET) *m.* packet.

पैग़ंबर (~ Gam bar) *m.* prophet, divine messenger.

पैग़ंबरी (~ Gam ba ree) *f.* state or quality of being a पैग़ंबर।

पैग़ाम (~ GAM) *m.* message; ~ भेजना to send a message.

पैजामा (~ JA MA) *m.* = पाजामा।

पैजार (~ JAR) *f.* shoe; जूती ~ fight with shoes.

पैठ (paiTH) *f.* 1. access, reach. 2. insight; मेरी इस विषय में ~ नहीं है I have no insight into the matter.

पैठना (~ nA) *vi.* 1. to enter. 2. to go/dive deep (also fig.).

पैड (paiD) *m.* pad, writing pad.

पैड़ी (pai Ree) *f.* stair, step.

पैताना (~ TA NA) *m.* lower end of a bedstead/ cot.

पैतृक (pait trik) *adj.* 1. hereditary, ancestral. 2. paternal. 3. patriarchal.

पैतृक संपत्ति (~ sam patti) *m.* patri mony.

पैत्तिक (~ tik) *adj.* bilious.

पैदल (pai dal) *adj.* going on foot, walking; ~ यात्री wayfarer.

m. 1. pedestrian. 2. foot soldier, infantryman; ~ सेना infantry. 3. pawn. (chess).

adv. on foot; वह ~ आया He came on foot.

पैदा (~ dA) *adj.* 1. born, created; ~ होना to be born; उसके घर लड़का ~ हुआ A boy was born in his house. 2. to be produced/grown; इस खेत में गेहूँ ~ होता है Wheat is produced/grown in this field. 3. earned; उन्होंने इस वर्ष दस हज़ार रुपए ~ किए He has earned rupees ten thousand this year.

f. income; इसमें बड़ी ~ है There is money in it.

पैदाइश (~ ish) *f.* birth; उसकी ~ १९५० की है He was born in 1950.

पैदाइशी (~ i shee) *adj.* inborn, inherent, innate; ~ निशान inborn mark; ~ हक़ birth-right.

पैदावार (~ VAr) *f.* 1. produce, harvest, yield. 2. production.

पैना (pai nA) *adj.* sharp, pointed; पैनी दृष्टि sharp eyesight/vision.

पैबंद (~ band) *m.* 1. patch, botch. 2. graft; ~ लगाना (i) to put a patch on; (ii) to graft.

पैमाइश (~ MA ish) *f.* measurement, survey.

पैमाना (~ MA NA) *m.* 1. scale. 2. measure, measuring glass.

पैयाँ (~ YA͂) *f.* foot.

adv. on foot.

पैर (pair) *m.* foot; पैरों की आवाज़—उसके पैरों

की आवाज़ सुनाई दी/पड़ी The sound of his foot-steps was heard. पिछले पैरों पर ला खड़ा करना to put (someone) on back foot.

('पैर' के मुहा. 'पाँव' में देखें)।

पैरना (~ nA) *vi.* = तैरना।

पैरवी (~ vee, pai ra vee) *f.* pursuit; ~ करना (i) to pursue, to follow on; (ii) conducting (suit, etc.) in law court.

पैरवीकार (~ KAr) *m.* 1. pursuer, follower on. 2. one conducting a suit on someone's behalf.

पैरा (pai rA) *m.* paragraph, para.

पैराशूट (~ shoot) *m.* parachute.

पैरोल (pai rol) *m.* parole; ~ पर छूटना to be released on parole.

पैशाच (~ shAc) *adj.* devilish; ~ विवाह marriage performed by trickery.

पैशाचिक (~ shA cik) *adj.* devilish, diabolical, satanic.

पैशाचिकता (~ tA) *f.* 1. wickedness. 2. cruelty.

पैशाचिकी (pai shA ci kee) *f.* demonology.

पैशाची (~ shA cee) *adj.* devilish, demonical.

f. a form of Prakrit language.

पैशून्य (~ shoonny) *m.* backbiting, slander.

पैसा (~ sA) *m.* 1. pice, one-hundredth part of a rupee. 2. money, wealth; पैसे-पैसे को तरसना to be extremely hard-up, to be too tight.

पैसिंजर (~ sin jar) *m.* passenger; ~ गाड़ी passenger train.

पों (põ) *f.* 1. a kind of long horn. 2. the sound produced by blowing it; ~ बोलना to admit defeat, to be defeated.

पोंकना (põk nA) *vi.* to suffer from loose stools.

पोंगा (~ gA) *adj.* stupid, foolish; ~ पंडित brainless fellow.

पोंगापंथी (~ pan thee) *f.* idiocy, stupidity.

पोंछन (pon chan) *f.* 1. wipings, sweepings. 2. duster.

पोंछना (ponch nA) *vt.* 1. to wipe, to cleanse. 2. to rub out, to efface; पेट - ~ बच्चा last issue.

m. duster, wiper.

पोआ (po A) *m.* young one of a snake.

पोखरा (pokh rA) *m.* pond, tank. [Fem. पोखरी]

पोखरी (~ ree) *f.* small pond, puddle.

पोगंड (po gaND) *m.* a boy between five and ten.

पोच (poc) *adj.* 1. mean. 2. worthless. 3. weak. 4. timid.

पोचपन (~ pan) *m.* 1. meanness. 2. worthlessness. 3. weakness. 4. timidity.

पोट (poT) *f.* = पोटली।

पोटली (~ lee) *f.* bundle.

पोटा (po TA) *m.* capacity.

पोटाश (po TAsh) *m.* potash.

पोत (pot) *m.* 1. ship; जल ~ ship. 2. texture. 3. young one of a bird/beast.

पोतघाट (~ ghAT) *m.* pier.

पोतड़ा (~ RA) *m.* baby's clout, diaper.

पोतध्वंस (~ dhwans) *m.* shipwreck.

पोतध्वंसक (~ dhwan sak) *m.* torpedo.

पोतध्वज (~ dhwaj) *m.* ensign.

पोतना (~ nA) *vt.* 1. to daub, to whitewash. 2. to besmear.

पोतभार (~ bhAr) *m.* cargo.

पोता (po tA) *m.* 1. grandson [Fem. पोती], son's son. 2. testicle. 3. daubing clout; ~ फेरना (i) to daub/whitewash; (ii) to devastate/ruin.

पोताई (~ ee) *f.* act, state, quality, etc., of पोतना; or wages paid therefor.

पोती (po tee) *f.* grand duaghter, son's daughter.

पोथा (po thA) *m.* 1. big/voluminous book. 2. bundle of papers. [Fem. पोथी]

पोथी (po thee) *f.* book, specially a religious book.

पोदीना (po dee nA) *m.* = पुदीना।

पोप (pop) *m.* Pope.

पोपला (pop lA) *adj.* shrivelled; ~ मुँह toothless mouth.

पोर (por) *m.* 1. knuckle, gnarl. 2. part of a limb between two joints. 3. digit of finger. [Fem. पोरी]

पोल (pol) *f.* 1. hollowness. 2. weakness; ~ खुलना exposure of a secret; ~ खोल देना to reveal/expose (a secret etc.); मैंने उसकी पोल खोल दी I exposed him.

पोला (po lA) *adj.* 1. hollow. 2. worthless, weak.

पोश (posh) *suffix*; पाँव ~ foot duster; मेज़ ~ table cover.

पोशाक (po shAk) *f.* uniform, dress, apparel.

पोशाकी (po shA kee) *f.* allowance paid in lieu of a uniform.

पोशीदगी (po sheed gee) *f.* 1. concealment. 2. secrecy, privacy.

पोशीदा (po shee dA) *adj.* secret, hidden, concealed.

पोषक (po shak) *adj.* nutritive; ~ तत्त्व nutritive element.

m. one who brings up/maintains/ patron.

पोषण (po shaN) *m.* 1. bringing up, rearing; परिवार का ~ rearing a family. 2. nutrition, nourishment.

पोषणीय (posh Neey) *adj.* 1. worth being nourished/supported. 2. maintainable.

पोषित (po shit) *adj.* 1. reared, supported. 2. brought up. 3. nourished.

पोष्य (posh shy) *adj.* 1. fit to be supported/ reared; ~ पुत्र adopted/foster son. 2. *(Law.)* maintainable.

पोस (pos) *m.* 1. love born of gratefulness. 2. tameness; ~ मानना not to react to the owner's affection (said of pets).

पोसना (~ nA) *vt.* 1. to rear/support/bring up. 2. to tame/domesticate.

पोस्ट (posT) *f.* post; ~ कार्ड postcard; ~ मास्टर postmaster; ~ मैन post man (डाकिया)।

पोस्टर (pos Tar) *m.* poster.

पोस्त (post) *m.* poppy flower from which opium is extracted.

पोस्ता (pos tA) *m.* = पोस्त; पोस्त का दाना seed of पोस्त।

पोस्ती (~ tee) *adj.* addicted to drinking पोस्त।

m. slothful person.

पोस्तीन (~ teen) *m.* 1. hide of a hairy beast. 2. garment made of the same. 3. paper used in binding as inner cover.

पौंचा (paun cA) *m.* 1. five and a half times. 2. multiplication table consisting of 5½ times of integers.

पौंड (pauND) *m.* 1. pound sterling. 2. pound weight.

पौंडा (paun DA) *m.* a variety of thick, juicy sugarcane.

पौ (pau) *f.* 1. first ray of sunlight; ~ फटते ही या ~ फटने पर at the crack of dawn. 2. an ace in dice; ~ बारह होना to be successful, all entire.

पौआ (~ A) *m.* 1. quarter of a seer, roughly, .23 of a kg. 2. a measure which can contain a quarter of a seer (of some liquid).

पौगंड (~ gaND) *m.* age between 5 and 16.

पौढ़ना (pauRh nA) *vi.* to lie and relax.

पौत्र (pauttr) *m.* grandson, son's son. [Fem. पौत्री]

पौत्री (paut tree) *f.* granddaughter.

पौद (paud) *f.* 1. sapling. 2. seedling.

पौधा (pau dhA) *m.* plant; पौधे लगाना to put plants in the ground to grow, to plant.

पौन (paun) *adj.* three-fourth, 3/4th.
m. = पवन (wind).

पौना (pau nA) *m.* 1. three-fourth, 3/4th; पौने तीन बजे at a quarter to three. 2. multiplication tables of 3/4ths of integers. 3. ladle with a long handle; [Fem. पौनी] पौने सोलह आने (i) nearly complete/exact; (ii) just to the standard/model. औने पौने at a rate lower than the market price.

पौनी (~ nee) *f.* dim. of पौना, small ladle.

पौर (paur) *adj.* pertaining or relating to पुर (city), urban.
m. 1. outer verandah. 2. citizen (महापौर mayor).

पौरा (pau rA) *m.* incoming; इस पतोहू का ~ अच्छा है The incoming of this daughter-in-law has been auspicious.

पौराणिक (~ Nik) *adj.* mythological.

पौरी (pau ree) *m.* = ड्योढ़ी।

पौरुष (~ rush) *adj.* of or pertaining to पुरुष (man).
m. 1. manliness, manhood. 2. prowess, valour, vigour, strength.

पौरुषेय (~ ru shey) *adj.* of or pertaining to पुरुष (man), man-made.

पौरोहित्य (~ ro hitty) *m.* priesthood.

पौर्वात्य (paur vAtty) *adj.* of or pertaining to the east, eastern.

पौला (pau lA) *m.* a kind of sandal.

पौष (paush) *m.* tenth month of Hindu calendar.

पौष्टिक (~ Tik) *adj.* nutritive, nutritious, restorative, alimentary.

पौष्टिकता (~ tA) *f.* nutritiveness.

पौसरा (pau sa rA) *m.* = प्याऊ।

पौहारी (pau hA ree) *adj. & m.* (one) living on milk.

प्याऊ (pyA oo) *m.* water- booth, free water-booth (for passers-by).

प्याज़ (pyAZ) *m.* onion, scallion.

प्याज़ी (pyA zee) *adj.* 1. of or pertaining to onion. 2. of the colour of onion.

प्यादा (~ dA) *m.* 1. footman, pedestrian. 2. foot-soldier. 3. pawn (chess).

प्यार (pyAr) *m.* love, affection; पहली बार मिलते ही उन दोनों में ~ हो गया They fell in love at first sight. वह मुझे तुम से अधिक ~ करता है He loves me more than you. ~ का भूखा love-hungry; ~ में पड़ जाना to fall in love.

प्यारा (pyA rA) *adj.* 1. dear, beloved, pleasing; सबसे ~ dearmost. 2. lovely; ~ दृश्य lovely sight; जान से ~ more precious/dearer than life itself, most dearly loved. 3. beautiful, attractive.

प्याला (~ lA) *m.* cup; प्लेट - ~ cup and plate [Fem. प्याली]; ~ भरना—उसका ~ भर गया The cup (of his life) is full.

प्याली (~ lee) *f.* small cup.

प्यास (pyAs) *f.* 1. thirst; ~ बढ़ाने वाला thirst-creating; ~ बुझाना to slake/quench (one's) thirst (also fig.); ~ लगना to feel thirsty; मुझे ~ लगी है I am thirsty. 2. longing, crave, desire.

प्यासा (pyA sA) *adj.* thirsty; ख़ून का ~ blood thirsty.

प्र (pra) *prefix.* indicating : 1. in front, forward. 2. abundantly, excessively.

प्रकंप (~ kamp) *m.* shivering, trembling.

प्रकंपन (~ kam pan) *m.* shivering, trembling.

प्रकंपित (~ kam pit) *adj.* shivered, trembled.

प्रकट (~ kaT) *adj.* 1. apparent, obrious, clear, manifest; ~ होना to manifest. 2. disclosed; ~ करना to disclose/reveal. 3. express; ~ करना to express.

प्रकटन (~ ka Tan) *m.* 1. manifestation, appearance. 2. revelation.

प्रकटित (~ ka Tit) *adj.* = प्रकट।

प्रकटीकरण (~ ka Tee ka raN) *m.* manifestation, making apparent.

प्रकरण (~ ka raN) *m.* 1. topic. 2. chapter. 3. subject.

प्रकर्ष (~ karsh) *m.* 1. eminence, distinction, excellence. 2. plenty.

प्रकल्पना (~ kal pa nA) *f.* 1. presumption. 2. supposition.

प्रकल्पित (~ kal pit) *adj.* presumed, supposed, settled.

प्रकांड (~ KAND) *adj.* profound, outstanding; ~ पंडित profound scholar of unsurpassed merit.

प्रकार (~ KAr) *m.* 1. kind, type; नाना ~ के of diverse types/kinds. 2. manner, way, method; इस ~ (i) thus; (ii) in this way/like-wise.

प्रकार्य (~ KArry) *m.* 1. special work. 2. function.

adj. bringing to light.

प्रकार्यात्मक (~ KAr yAt mak) *adj.* functional.

प्रकाश (~ KAsh) *m.* light; ~ स्तंभ lighthouse.

प्रकाशक (~ KA shak) *adj.* bringing to light. *m.* publisher.

प्रकाशकीय (~ KAsh keey) *m.* publisher's note/statement.

प्रकाशन (~ KA shan) *m.* 1. bringing to light. 2. the act of publishing, publication. 3. a published book or magazine; ~ व्यवसाय trade of a publisher, publishing.

प्रकाशनीय (~ KAsh neey) *adj.* worth being published.

प्रकाशमान्, प्रकाशमान (~ KAsh mAn) *adj.* luminous, shining, brilliant.

प्रकाश-स्तंभ (~ KAsh stambh) *m.* 1. lighthouse. 2. beacon-light.

प्रकाशिकी (~ KA shi kee) *f.* optics.

प्रकाशिकीय (~ KA shi keey) *adj.* optical.

प्रकाशित (~ KA shit) *adj.* 1. brought to light. 2. published; ~ करना to publish; ~ साहित्य published literature; विचार ~ करना to publicize one's ideas/views.

प्रकाश्य (~ KAshshy) *adj.* (that) which is to be published/brought to light; ~ रूप से visibly/evidently.

प्रकीर्ण (~ keerN) *adj.* miscellaneous.

प्रकीर्णक (~ keer Nak) *m.* miscellany.

प्रकृत (~ krit) *adj.* 1. natural, normal. 2. real, true.

प्रकृति (~ kri ti) *f.* 1. nature; ~ के विरुद्ध opposed/abhorrent to nature; ~ से क्रूर cruel by nature. 2. temperament, habit.

प्रकृतिवाद (~ vAd) *m.* naturalism.

प्रकृतिवादी (~ va dee) *adj. & m.* naturalist.

प्रकृतिशः (~ shah) *adv.* by nature.

प्रकृतिस्थ (pra kri tisth) *adj.* 1. in the natural state. 2. calm and cool, composed.

प्रकृष्ट (~ krishT) *adj.* best, A-one.

प्रकोप (~ kop) *m.* wrath, fury; प्रकृति का ~ wrath of nature.

प्रकोष्ठ (~ koshTh) *m.* 1. lobby. 2. chamber.

प्रक्रम (prak kram) *m.* 1. order. 2. process.

प्रक्रिया (~ kri yA) *f.* 1. procedure, mode. 2. process.

प्रक्षालन (~ shA lan) *m.* 1. washing, cleansing. 2. bleaching.

प्रक्षालित (~ shA lit) *adj.* 1. washed, cleansed. 2. bleached.

प्रक्षिप्त (~ shipt) *adj.* hurled, thrown, projected. (Maths.)

प्रक्षेप (~ shep) *m.* hurling, throwing.

प्रक्षेपक (~ she pak) *m.* projector.

प्रक्षेपण (~ she paN) *m.* 1. hurling, throwing, 2. projection. (Maths.)

प्रक्षेपणीय (~ shep Neey) *adj.* worth projecting.

प्रक्षेपास्त्र (~ she pAstra) *m.* ballistic missile.

प्रखंड (pra khaND) *m.* 1. part. 2. division, section, part, block.

प्रखर (pra khar) *adj.* 1. fierce, terrific, acute, acrid; ~ ताप terrific heat. 2. keen, sharp; ~ बुद्धि keen/sharp intellect, acumen.

प्रखरता (~ tA) *f.* 1. fierceness. 2. keenness, sharpness, acuteness.

प्रख्यात (prak khyAt) *adj.* eminent, famous, reputed, renowned, well-known.

प्रख्यापन (~ khyA pan) *m.* 1. promulgation. 2. declaration.

प्रख्यापित (~ khyA pit) *adj.* 1. promulgated. 2. declared; ~ करना to declare.

प्रगट (pra gaT) *adj.* = प्रकट।

प्रगति (~ ga ti) *f.* progress, advancement, development; कार्य ~ पर है The work is in progress.

प्रगतिरोधी (~ ro dhee) *adj.* anti-progres-sive, reactionary; ~ तत्त्व reactionary elements.

प्रगतिवाद (~ vAd) *m.* progressivism.

प्रगतिवादी (~ vA dee) *adj.* progressivistic. *m.* progressivist.

प्रगतिशील (~ sheel) *adj.* progressive; ~ दल progressive party.

प्रगतिशीलता (~ tA) *f.* 1. progressivism. 2. progress.

प्रगल्भ (pra galbh) *adj.* unabashed, unhesitant, outspoken, impertinent, courageous.

प्रगल्भता (~ tA) *f.* the state of being प्रगल्भ।

प्रगाढ़ (pra gARh) *adj.* 1. very thick and deep (colour). 2. dense. 3. firm, tight.

प्रगाढ़ता (~ tA) *f.* the state or quality of being प्रगाढ़।

प्रगीत (pra geet) *m.* lyric, song.

प्रचंड (~ caND) *adj.* 1. terrific, violent, terrible; ~ ताप terrific heat; ~ रूप में (i) terrifically; (ii) drastically. 2. fierce, direful, furious.

प्रचंडता (~ tA) *f.* the state of being प्रचंड।

प्रचल (pra cal) *adj.* circulating, floating; ~ पूँजी circulating capital.

प्रचलन (~ ca lan) *m.* 1. prevalence, currency. 2. vogue; ~ में in usage/vogue; ~ में होना to be prevalent/current, to be in vogue/circulation (of coins).

प्रचलित (~ ca lit) *adj.* 1. current, prevalent. 2. in use, in force, in vogue.

प्रचार (~ cAr) *m.* propaganda; जवाबी ~ counter propaganda; ~ का भूखा publicity-seeknig/craving; ~ युग age of publicity.

प्रचारक (~ cA rak) *m.* 1. propagandist, prop- agator. 2. publiciser, publicist.

प्रचारित (~ cA rit) *adj.* propagated, pubicized, made known; ~ करना to publicize/circulate.

प्रचालक (~ cA lak) *m.* starter, operator.

प्रचालन (~ cA lan) *m.* operation.

प्रचुर (~ cur) *adj.* plentiful, abundant.

प्रचुरता (~ tA) *f.* plenty, abundance.

प्रच्छन्न (prac chann) *adj.* hidden, latent, obscure, concealed.

प्रच्छन्नता (~ tA) *f.* latency, obscurity, concealment.

प्रच्छाया (prac chA yA) *f.* umbra.

प्रजनन (pra ja nan) *m.* procreation, reproduction; ~ करना to procreate/breed.

प्रजा (pra jA) *f.* 1. citizen. 2. the people who are ruled by a monarch, dictator, government etc. subjects.

प्रजातंत्र (~ tantr) *m.* democracy.

प्रजातांत्रिक (~ tAn trik) *adj.* democratic.

प्रजापति (~ pa ti) *m.* maintainer of subjects, king.

प्रजापालक (~ pA lak) *m.* nurturer/sustainer of the subjects, king.

प्रजापालन (~ pA lan) *m.* nurturing/sustaining the subjects.

प्रज्ञ (praggy) *adj.* 1. wise. 2. intelligent. 3. learned.

प्रज्ञता (~ tA) *f.* 1. wisdom. 2. intelligence. 3. learning.

प्रज्ञा (prag gyA) *f.* intellect.

प्रज्ञाचक्षु (~ cak shu) *adj.* physically blind, but gifted with the inner eye of wisdom.

प्रज्ञान (prag gyAn) *m.* 1. cognizance, full consciousness. 2. knowhow, practical knowledge.

प्रज्ञावाद (prag gyA vAd) *m.* intellectualism.

प्रज्ञावान्, प्रज्ञावान (~ vAn) *adj.* highly intelligent/intellectual.

प्रज्ञेय (prag gyey) *adj.* cognizable.

प्रज्वलन (praj jwa lan) *m.* 1. ignition, setting on fire. 2. burning, blazing.

प्रज्वलित (~ jwa lit) *adj.* 1. ignited, set on fire. 2. burnt, blazed.

प्रण (praN) *m.* resolution, determination, vow, promise, pledge; ~ करना to take a pledge, to resolve solemnly, to promise.

प्रणत (pra Nat) *adj.* bent, bowed (down).

प्रणतपाल (~ pAl) *m.* protector of one who seeks shelter.

प्रणति (pra Na ti) *f.* bow, salutation, obeisance, adoration.

प्रणम्य (~ Na mmy) *adj.* worthy of obeisance, deserving respect.

प्रणय (~ Nay) *m.* love (between lovers), affection.

प्रणयन (~ Na yan) *m.* 1. creation. 2. compostition (of a literary work), writing.

प्रणयिनी (pra Na yi nee) *f.* beloved.

प्रणयी (~ Na yee) *m.* lover, master, lord.

प्रणव (~ Nav) *m.* Om, the Almighty.

प्रणाम (~ NAm) *m.* respectful greeting/salutation, bow.

प्रणामी (~ NA mee) *m.* one who greets reverentially.

प्रणाली (~ NA lee) *f.* 1. channel. 2. mode, way, system, custom, manner, course.

प्रणिधान (~ Ni dhAn) *m.* religious meditation / concentration.

प्रणीत (~ Neet) *adj.* composed (said of a literary work), written, prepared.

प्रणेता (~ ne tA) *m.* 1. creator. 2. author, composer, writer.

प्रतनु (~ ta nu) *adj.* lean and thin.

प्रताड़ना (~ tAR nA) *f.* admonition, chiding.

प्रताड़ित (~ tA Rit) *adj.* admonished, chided; ~ करना to admonish/chide.

प्रताप (~ tAp) *m.* glory, benedictory influence, dignity, splendour.

प्रतापवान्, प्रतापवान (~ vAn) *adj.* = प्रतापी।

प्रतापी (pra tA pee) *adj.* august, glorious, illustrious, having benedictory influence.

प्रति (pra ti) *f.* copy; पुस्तक की ~ a copy of a book.

prefix. 1. every, per; प्रतिक्षण every moment; प्रतिव्यक्ति, per capita. 2. in opposition to something as against something; प्रतिक्रांति counter revolution; प्रतिक्रिया reaction. 3. in reverse, in opposite direction; प्रतिक्रमात् vice versa.

प्रति, के (ke pra ti) *postposition.* in the direction of, towards; उसके प्रति towards him.

प्रतिकार (~ kAr) *m.* 1. retaliation. 2. revenge.

प्रतिकारी (~ kA ree) *m.* one who retaliates/ takes revenge.

प्रतिकूल (~ kool) *adj.* 1. opposite, contrary, perverse, against, adverse. 2. hostile.

प्रतिकूल, के (ke pra ti kool) *postposition.* opposite (to).

प्रतिकूलता (~ tA) *f.* contrariety, opposition, hostility.

प्रतिकृति (pra ti kri ti) *f.* copy of the shape of something or somebody, facsimile.

प्रतिक्रम (~ ti kram) *m.* reverse order.

प्रतिक्रमात्, प्रतिक्रमात (~ ti kra mAt) *adv.* vice versa.

प्रतिक्रांति (~ ti krAn ti) *f.* counter-revolution.

प्रतिक्रियक (~ ti kri yak) *adj.* reactionary.

प्रतिक्रिया (~ tik kri yA) *f.* 1. reaction, repercussion. 2 retaliation.

प्रतिक्रियात्मक (~ ti kri yAt mak) *adj.* reactionary, reacting.

प्रतिक्रियावाद (~ ti kri yA vAd) *m.* reactionism.

प्रतिक्रियावादी (~ ti kri yA vA dee) *adj.* opposing progress or reform, reactionary. *m.* reactionist.

प्रतिक्षण (~ tik shaN) *adv.* happening every moment.

प्रतिक्षिप्त (~ tik shipt) *adj.* repulsed, recoiled, rebounded.

प्रतिक्षेप (~ tik shep) *m.* repulsion, recoil, rebound.

प्रतिक्षेपण (~ ti kshe paN) *m.* repelling, recoiling, rebounding.

प्रतिगामी (~ ti gA mee) *adj.* regressive, retrogressive.

प्रतिगृहीत (~ ti gri heet) *adj.* accepted.

प्रतिग्रहण (~ ti gra haN) *m.* acceptance.

प्रतिग्राहक (~ ti grA hak) *m.* receiver.

प्रतिग्राह्य (~ ti grAhhy) *adj.* acceptable.

प्रतिघात (~ ti ghAt) *m.* counter-blow, counter-stroke, repercussion.

प्रतिघाती (~ ti ghA tee) *m.* one who gives a counter-blow.

प्रतिच्छाया (~ tic chA yA) *f.* 1. reflection. 2. image, picture.

प्रतिच्छेद (~ tic ched) *m.* intersection.

प्रतिज्ञा (~ tig gyA) *f.* solemn promise, pledge, assertion, promise; ~ करना to pledge; ~ भंग करना to break a pledge.

प्रतिज्ञात्मक (~ tig gyAt mak) *adj.* promissory, votive.

प्रतिज्ञापत्र (~ tig gyA pattr) *m.* written pledge/agreement, covenant, indenture.

प्रतिज्ञापालन (~ tig gyA pA lan) *m.* implementation of a pledge/vow/promise.

प्रतिदत्त (~ ti datt) *adj.* returned, refunded.

प्रतिदान (~ ti dAn) *m.* return, returning, repayment, redemption.

प्रतिदिन (~ ti din) *adv.* daily, day by day, everyday; दिन - ~ day to day.

प्रतिद्वंद्व (~ ti dwandw) *m.* contest, conflict, duel.

प्रतिद्वंद्विता (~ ti dwan dwi tA) *f.* rivalry, contest, competition.

प्रतिद्वंद्वी (~ tid dwan dwee) *m.* rival, competitor, opponent.

प्रतिध्वनि (~ ti dhwa ni) *f.* echo, resonance, reverberation.

प्रतिध्वनित (~ ti dhwa nit) *adj.* echoed, resounded, reverberated.

प्रतिनिधान (~ ti ni dhAn) *m.* deputation.

प्रतिनिधि (~ ti ni dhi) *m.* 1. representative, delegate. 2. agent.

प्रतिनिधिक (~ ti ni dhik) *adj.* representative; ~ शासन representative government.

प्रतिनिधित्व (~ ti ni dhitw) *m.* representation.

प्रतिनिर्देश (~ ti nir desh) *m.* cross-reference.

प्रतिपक्ष (~ ti paksh) *m.* opposite party, opposition, hostile camp, rival side.

प्रतिपक्षता (~ tA) *f.* 1. opposition, contest, rivalry. 2. antithesis.

प्रतिपक्षी (pra ti pak shee) *m.* opponent, rival, contestant.

प्रतिपक्षीय (~ pak sheey) *adj.* oppositional.

प्रतिपत्ति (~ ti pat ti) *f.* 1. exposition, expounding. 2. accomplishment, execution.

प्रतिपदा (~ ti pa dA) *f.* first day of a lunar fortnight.

प्रतिपन्न (~ ti pann) *adj.* 1. expounded. 2. accomplished, executed.

प्रतिपरीक्षण (~ ti pa reek shaN) *m.* cross-examination.

प्रतिपादक (~ ti pA dak) *m.* exponent (person), expositor.

प्रतिपादन (~ ti pA dan) *m.* exposition, presentation, treatment; विषय का ~ treatment/presentation of a subject.

प्रतिपादित (~ ti pA dit) *adj.* expounded; ~ करना to expound.

प्रतिपाद्य (~ ti pAddy) *adj.* to be expounded; ~ विषय subject to be expounded.

प्रतिपालक (~ ti pA lak) *adj.* maintaining. *m.* maintainer, patron.

प्रतिपालन (~ ti pA lan) *m.* 1. maintenance. 2. execution.

प्रतिपालनीय (~ ti pA la neey) *adj.* maintainable.

प्रतिपालित (~ ti pA lit) *adj.* maintained.

प्रतिपाल्य (~ ti pAlly) *adj.* maintainable.

प्रतिपीड़न (~ ti pee Ran) *m.* reprisal.

प्रतिपुरुष (~ ti pu rush) *m.* 1. substitute. 2. effigy.

प्रतिपूरक (~ ti poo rak) *adj.* 1. complementary. 2. compensatory.

प्रतिपूर्ति (~ ti poor ti) *f.* 1. complement. 2. compensation. 3. reimbursement.

प्रतिप्राप्ति (~ ti prAp ti) *f.* recovery.

प्रतिफल (~ ti phal) *m.* requital, reward, retribution, result.

प्रतिफलन (~ ti pha lan) *m.* culmination.

प्रतिफलित (~ ti pha lit) *adj.* resulted; वह पाप इस रूप में ~ हुआ That sin has resulted in this.

प्रतिबंध (~ ti bandh) *m.* 1. restriction, ban, prohibition; ~ लगाना to curb. 2. condition, stipulation.

प्रतिबद्ध (~ ti baddh) *adj.* committed (to).

प्रतिबद्धता (~ tA) *f.* commitment.

प्रतिबिंब (~ ti bimb) *m.* reflection, image, shadow; कर्म स्वभाव का ~ है The deed is a reflection of one's nature.

प्रतिबिंबित (~ ti bim bit) *adj.* reflected.

प्रतिबोध (~ ti bodh) *m.* 1. awakening. 2. sense, comprehension.

प्रतिबोधक (~ ti bo dhak) *m.* one who makes (one) comprehend.

प्रतिबोधन (~ ti bo dhan) *m.* making one comprehend, awakening.

प्रतिभा (~ ti bhA) *f.* genius, talent, intellect; ~ संपन्न talented.

प्रतिभावान्, प्रतिभावान (~ vAn) *adj.* talented; ~ व्यक्ति genius, sharp-witted.

प्रतिभाशाली (~ shA lee) *adj.* talented; ~ व्यक्ति genius.

प्रतिभू (pra ti bhoo) *m.* surety (person).

प्रतिभूति (~ ti) *f.* bail, security.

प्रतिमा (pra ti mA) *f.* idol, statue, icon, image, figure.

प्रतिमान (~ ti mAn) *m.* 1. model, pattern. 2. an accepted way of behaving, norm.

प्रतिमा-पूजक (~ ti mA - poo jak) *m.* idol-worshipper.

प्रतिमा-पूजा (~ ti mA - poo jA) *f.* idol-worship.

प्रतिमा-भंजक (~ ti mA - bhan jak) *m.* iconoclast, idol-breaker.

प्रतिमा-भंजन (~ ti mA - bhan jan) *m.* iconoclasm, idol-breaking.

प्रतिमूर्ति (~ ti moor ti) *f.* replica, prototype.

प्रतियोगिता (~ ti yo gi tA) *f.* competition, rivalry, contest; ~ पूर्ण competitive.

प्रतियोगी (~ ti yo gee) *m.* competitor, rival, contestant, opponent.
adj. competitive.

प्रतिरक्षा (~ rak shA) *f.* defence; ~ मंत्री Defence Minister.

प्रतिरक्षात्मक (~ rak shAt mak) *adj.* defensive.

प्रतिरुद्ध (~ ti ruddh) *adj.* obstructed, resisted.

प्रतिरूप (~ ti roop) *m.* 1. counterpart, image. 2. representative. 3. specimen.

प्रतिरूपी (~ ti roo pee) *adj.* representative, typical.

प्रतिरोध (~ ti rodh) *m.* 1. resistance. 2. obstruction.

प्रतिरोधक (~ ti ro dhak) *adj.* offering resistance, resistant, causing obstruction.

प्रतिरोधन (~ ti ro dhan) *m.* act of resisting, resistance.

प्रतिरोधी (~ ti ro dhee) *adj.* resisting; ताप-~ heat resisting.

प्रतिलिपि (~ ti li pi) *f.* copy, duplicate, facsimile.

प्रतिलिपिक (~ ti li pik) *m.* copyist.

प्रतिलेखन (~ ti le khan) *m.* transcription.

प्रतिलोम (~ ti lom) *adj.* 1. converse, reverse, inverted. 2. inverse, opposite; ~ विवाह marriage of a man with a woman of a higher caste.

प्रतिलोमत: (~ taḥ) *adv.* 1. conversely. 2. inversely.

प्रतिवर्तन (pra ti var tan) *m.* reversion, rebounding.

प्रतिवर्तित (~ tivar tit) *adj.* reversed, rebounded.

प्रतिवर्ष (~ ti var sh) *adv.* each year, once a year, yearly.

प्रतिवाद (~ ti vAd) *m.* 1. refutation, contradiction; ~ करना to refute/contradict. 2. protest; ~ करना to protest.

प्रतिवादक (~ ti vA dak) *adj. & m.* (one) who contradicts/refutes/protests.

प्रतिवादी (~ ti vA dee) *m.* defendant, respondent.

प्रतिवेदन (~ ti ve dan) *m.* report, representation.

प्रतिवेदित (~ ti ve dit) *adj.* reported.

प्रतिवेश (~ ti vesh) *m.* 1. neighbourhood. 2. environment.

प्रतिवेशी (~ ti ve shee) *m.* neighbour.
adj. neighbouring.

प्रतिशत (~ ti shat) *adv. & adj.* in or for every hundred.
m. percentage.

प्रतिशतता (~ tA) *f.* percentage.

प्रतिशब्द (pra ti shabd) *m.* 1. equivalent/synonymous word. 2. echo, resonance, averberation

प्रतिशोध (~ ti shodh) *m.* revenge, reprisal, retaliation; ~ की भावना spirit of revenge/retaliation.

प्रतिशोधन (~ ti sho dhan) *m.* 1. retaliation. 2. repayment.

प्रतिशोधात्मक (~ dhAt mak) *adj.* retaliatory.

प्रतिश्याय (pra ti shyAy) *m.* cold, catarrh.

प्रतिश्रुत (~ ti shrut) *adj.* 1. heard. 2. promised, pledged.

प्रतिश्रुति (~ ti shru ti) *f.* promise.

प्रतिषेध (~ ti shedh) *m.* denial, rejection; ~ करना to deny or reject.

प्रतिष्ठा (~ tish ThA) *f.* prestige, dignity, respectability; ~ का प्रश्न prestige issue.

प्रतिष्ठान (~ tish ThAn) *m.* establishment, installation.

प्रतिष्ठापन (~ tish ThA pan) *m.* establishing, establishment, installation.

प्रतिष्ठापरक (~ pa rak) *adj.* of or relating to prestige, prestigious.

प्रतिष्ठापित (~ tish ThA pit) *adj.* established, installed.

प्रतिष्ठावान्, प्रतिष्ठावान (~ tish THA VAN) *adj.* prestigious.

प्रतिष्ठित (~ tish Thit) *adj.* 1. reputed, renowned. 2. distinguished, respected, prestigious. 3. established, installed.

प्रतिसाम्य (~ ti SAmmy) *m.* symmetry.

प्रतिस्थापन (~ tis thA pan) *m.* 1. replacement. 2. substitution.

प्रतिस्थापित (~ tis thA pit) *adj.* 1. replaced. 2. substituted.

प्रतिस्पर्धा (~ ti spar dhA) *f.* rivalry, competition, contest; सच्ची ~ emulation.

प्रतिस्पर्धात्मक (~ dhAt mak) *adj.* competitive.

प्रतिस्पर्धी (~ dhee) *adj. & m.* rival, competitor, contestant.

प्रतिहत (pra ti hat) *adj.* attacked and wounded.

प्रतिहस्ताक्षर (~ ti has tAk shar) *m.* countersignature.

प्रतिहार (~ ti hAr) *m.* = प्रतिहारी।

प्रतिहारी (~ ti hA ree) *m.* 1. chamberlain. 2. gate-keeper, watchman, porter.

प्रतिहिंसक (~ ti hin sak) *adj. & m.* (one) who retaliates.

प्रतिहिंसा (~ ti hin SA) *f.* counter-violence, reprisal.

प्रतिहिंसात्मक (~ ti hin SAt mak) *adj.* retaliatory, revengeful.

प्रतीक (~ teek) *m.* symbol, mark, emblem; कमल हमारी संस्कृति का ~ है The lotus is the symbol of our culture.

प्रतीक-कथा (~ - ka thA) *f.* allegory.

प्रतीकवाद (~ VAd) *m.* symbolism.

प्रतीकवादी (~ VA dee) *adj.* symbolic. *m.* symbolist.

प्रतीकात्मक (pra tee KAt mak) *adj.* symbolic.

प्रतीक्षा (~ teek shA) *f.* wait, waiting; उसने हमें ~ करने के लिए कहा He asked us to wait. ~ की घड़ियाँ hours of waiting; लंबी ~ long wait; हमें गाड़ी की लंबी ~ करनी पड़ी We had a long wait for the train.

प्रतीक्षालय (~ lay) *m.* waiting room.

प्रतीक्षा-सूची (~ - soo cee) *f.* waiting list.

प्रतीक्षित (pra teek shit) *adj.* awaited; चिर ~ long awaited.

प्रतीक्ष्य (~ teekshy) *adj.* (one) awaited.

प्रतीची (~ tee cee) *f.* west.

प्रतीच्य (~ teeccy) *adj.* western.

प्रतीत (~ teet) *adj.* clear to the eye or mind; ~ होना to seem to, to give the impression of; ऐसा ~ होता है कि वे जल्दी ही विवाह कर लेंगे It seems that they would marry soon.

प्रतीति (pra tee ti) *f.* feeling.

प्रतीप (~ teep) *adj.* inverse, counter.

प्रतीयमान (~ teey mAn) *adj.* apparent, evident.

प्रतीयमानत: (~ tah) *adj.* apparently.

प्रत्यंग (prat tyaṅg) *m.* minor parts (of the body); अंग - ~ में in every part of the body.

प्रत्यंचा (~ tyan CA) *f.* bow-string; ~ चढ़ाना to pull the string of the bow and get ready for a fight.

प्रत्यक्ष (prat tyaksh) *adj.* 1. obvious, apparent, visible, evident, perceivable; ~ उदाहरण living/evident example; ~ रूप apparent form; ~ वर्णन graphic/vivid/glaring description. 2. ocular, eye; ~ दर्शी eyewitness. 3. direct; ~ उपपत्ति direct proof; ~ कर direct tax; ~ प्रमाण direct evidence.

प्रत्यक्षत: (~ tah) *adv.* on the evidence available, prima facie.

प्रत्यक्षतया (~ ta yA) *adv.* = प्रत्यक्षत:।

प्रत्यक्षवाद (~ VAd) *m.* positivism.

प्रत्यक्षवादी (~ VA dee) *adj. & m.* positivist.

प्रत्यक्षीकरण (prat tyak shee ka raN) *m.* ocular

demonstration, direct perception; बंदी ~ habeas corpus.

प्रत्यय (~ tyay) *m.* 1. desinence, suffix. 2. idea, concept. 3. confidence, faith. 4. testimony.

प्रत्यय-पत्र (~ - pattr) *m.* credentials.

प्रत्यर्पण (prat tyar paN) *m.* extradition; ~ संधि extradition treaty.

प्रत्याक्रमण (prat tyAk kra maN) *m.* counter-attack.

प्रत्यागत (~ tyA gat) *adj.* come back, returned.

प्रत्यागमन (~ tyA ga man) *m.* coming back, return.

प्रत्याघात (~ tyA ghAt) *m.* counter blow, counter-attack.

प्रत्याभिदेश (~ bhi desh) *m.* cross reference.

प्रत्याभियोग (~ yog) *m.* indictment, counter accusation.

प्रत्याभूति (~ tyA bhoo ti) *f.* guarantee.

प्रत्यारोप (pra tya rop) *m.* counter-charge, counter-accusation; ~ करना to recriminate.

प्रत्याशा (~ tyA shA) *f.* anticipation, expectation.

प्रत्याशित (~ tyA shit) *adj.* anticipated, expected.

प्रत्याशी (~ tyA shee) *m.* 1. candidate. 2. applicant.

प्रत्याहार (~ tyA hAr) *m.* 1. control of the senses. 2. formula (in Sanskrit grammar).

प्रत्याहूत (~ tyA hoot) *adj.* recalled, called back.

प्रत्याह्वान (~ tyA hwAn) *m.* recalling, recall, calling back.

प्रत्युत (~ tyut) *conj.* 1. however, but. 2. on the contrary, on the other hand.

प्रत्युत्तर (~ tar) *m.* rejoinder, repartee.

प्रत्युत्पन्न (~ pann) *adj.* 1. reborn. 2. ready-witted, prompt; ~ मति one who has presence of mind.

m. presence of mind.

प्रत्युदाहरण (prat tyu dA ha raN) *m.* counter-example.

प्रत्युपकार (~ tyup kAr) *m.* requital of obliga- tion.

प्रत्यूष (~ tyoosh) *m.* dawn, day-break.

प्रत्येक (~ tyek) *adj.* each, every one.

प्रथम (pra tham) *adj.* 1. before all others, first; ~ उपचार first aid; ~ पुरुष third person. (Gram.) 2. ~ foremost, most important; ~ श्रेणी first class.

प्रथमत: (~ tah) *adv.* firstly, in the first place, first of all.

प्रथमता (~ tA) *f.* first priority.

प्रथमा (prath mA) *f.* nominative case. (Gram.)

प्रथा (pra thA) *f.* custom, practice, usage, rule.

प्रथागत (~ gat) *adj.* customary.

प्रद (prad) *adj. suffix.* used for denoting 'giver' as in सुखप्रद।

प्रदक्षिणा (pra dak shi NA) *f.* going round the shrine of a deity or sacred place, circumambulation.

प्रदत्त (~ datt) *adj.* given, bestowed.

प्रदर (~ dar) *m.* leucorrhoea.

प्रदर्शक (~ shak) *adj.* exhibitive.

m. 1. exhibitor, showman. 2. demonstrator, performer.

प्रदर्शन (~ shan) *m.* 1. exhibition; अंग - ~ exhibition of the private parts of the body. 2. demonstration; ~ करना to demonstrate; उन्होंने राष्ट्रपति के विरुद्ध ~ किया They demonstrated against the President. व्यायाम ~ demonstration of physical exercise; पथ ~ guidance.

प्रदर्शन-कक्ष (~ - kak sha) show-room.
प्रदर्शनकारी (~ KA ree) *m.* demonstrator.
प्रदर्शनात्मक (pra dar sha nAt mak) *adj.* demonstrative.
प्रदर्शनी (~ dar sha nee) *f.* exhibition; औद्योगिक ~ industrial exhibition.
प्रदर्शित (~ dar shit) *adj.* 1. exhibited, displayed; ~ करना to exhibit/display. 2. demonstrated.
प्रदाता (~ dA tA) *m.* donor, giver.
प्रदान (~ dAn) *m.* act of giving or donating; ~ करना to offer, bestow or vest; आदान - ~ give and take.
प्रदाय (~ dAy) *m.* supply.
प्रदायी (~ dA yee) *adj.* providing, supplying.
प्रदाह (~ dAh) *m.* 1. burning; शव ~ cremation. 2. burning sensation; अंग ~ burning sensation in any part of the body.
प्रदीप (~ deep) *m.* 1. lamp. 2. light.
प्रदीपक (~ dee pak) *adj.* that which gives light.
प्रदीपन (~ deei pan) *m.* 1. act of lighting/igniting. 2. excitement, stimulation; अग्नि- ~ to tone up the digestive function of the body.
प्रदीप्त (~ deept) *adj.* 1. lighted, ignited; ~ करना to lit. 2. toned up (digestion).
प्रदीप्ति (~ deep ti) *f.* light, glow.
प्रदेश (~ desh) *m.* 1. region, province. 2. state; देश - ~ country and its parts.
प्रदेशीय (~ de sheey) *adj.* regional, provincial.
प्रदोष (~ dosh) *m.* time of sunset; ~ काल time of sunset.
प्रदोष व्रत (~ vrat) *m.* keeping of fast on the 13th day of each fortnight of lunar month to please Lord Shiva.
प्रद्युम्न (prad dyumn) *m.* Cupid, God of love.
प्रधान (pra dhAn) *adj.* head, prime, general; ~ कार्यालय head office; ~ मंत्री prime minister; ~ सचिव general secretary. *m.* 1. headman. 2. president (of an institution).
प्रधानतया (~ ta yA) *adv.* primarily, chiefly, mainly.
प्रधानता (~ tA) *f.* 1. importance, prominence, supremacy, primacy; वहाँ उसकी ~ है He is in prominence there. 2. headship, leadership.
प्रधानाचार्य (pra dhA nA cArry) *m.* principal.
प्रधानाध्यापक (~ dhA nA dhyA pak) *m.* headmaster.
प्रपंच (~ panc) *m.* 1. worldly affairs, mundane affairs; गृहस्थी का ~ house-hold entanglements. 2. trickery. 3. detailed ceremonials; यह सृष्टि ईश्वर का ~ है This creation is the handiwork of God.
प्रपंची (~ pan cee) *adj.* deceitful, fraudulent, scheming.
प्रपठन (~ pa Than) *m.* recitation.
प्रपत्र (~ pattr) *m.* form (of application etc).
प्रपन्न (~ pann) *adj.* 1. obtained. 2. refugee.
प्रपात (~ pAt) *m.* waterfall, cataract.
प्रपितामह (~ pi tA mah) *m.* paternal great grandfather. [Fem. प्रपितामही]
प्रपुत्र (~ puttr) *m.* grandson, son's son.
प्रपौत्र (~ pauttr) *m.* great-grandson, son's grandson. [Fem. प्रपौत्री]
प्रफुल्ल (~ phull) *adj.* 1. blossomed blooming. 2. delighted, joyful; ~ वदन joyful countenance.
प्रफुल्लित (~ phul lit) *adj.* delighted, happy.
प्रबंध (~ bandh) *m.* 1. management, organisation, contrivance; ~ संपादक managing editor; ~ करना to arrange; ~ समिति managing committee. 2. thesis, dissertation; ~ - काव्य epic.

प्रबंधक (~ ban dhak) *m.* manager, organiser, executive.

प्रबंधकीय (~ ban dha'keey) *adj.* managerical.

प्रबल (~ bal) *adj.* 1. powerful, strong, mighty. 2. forceful or influential; ~ तर्क forceful argument. 3. staunch; ~ समर्थक staunch supporter.

प्रबुद्ध (~ buddh) *adj.* enlightened, awakened.

प्रबोध (~ bodh) *m.* enlightenment, awakening.

प्रबोधक (~ bo dhak) *adj. & m.* (one) who enlightens/rouses/awakens.

प्रबोधन (~ bo dhan) *m.* enlightening, enlightenment, awakening.

प्रभंजन (~ bhan jan) *m.* 1. act of breaking, ruin, destruction. 2. hurricane, storm.

प्रभव (~ bhav) *m.* 1. creation, production. 2. origin, source.

प्रभविष्णु (prabh vish NU) *adj.* = प्रभावशाली।

प्रभविष्णुता (~ tA) *f.* = प्रभावशीलता।

प्रभा (pra bhA) *f.* 1. light, effulgence. 2. glory.

प्रभाकर (~ kar) *m.* Sun.

प्रभाग (pra bhAg) *m.* sub-division.

प्रभात (~ bhAt) *m.* dawn, early morning.

प्रभात-फेरी (~ - phe ree) *f.* morning circumambulation.

प्रभाती (pra bhA tee) *f.* morning song.

प्रभा-मंडल (~ bhA - man Dal) *m.* halo.

प्रभार (pra bhAr) *m.* charge.

प्रभारी (~ bhA ree) *adj.* acting, in-charge.

प्रभाव (~ bhAv) *m.* 1. influence; ~ क्षेत्र sphere of influence. 2. effect, impact; बहुत बुरा ~ devastating effect.

प्रभावपूर्ण (~ poorN) *adj.* 1. influential, potential. 2. effective.

प्रभांवशाली (~ shA lee) *adj.* 1. influential, potential. 2. effective. 3. impressive, fascinating.

प्रभावहीन (~ heen) *adj.* devoid of influence, unimpressive.

प्रभावहीनता (~ tA) *f.* unimpressiveness.

प्रभावान्वित (pra bhA vAn nvit) *adj.* impressed, influenced, charmed.

प्रभावित (~ bhA vit) *adj.* impressed, influenced; ~ करना to influence.

प्रभावी (~ bhA vee) *adj.* 1. influential. 2. effective. 3. impressive. 4. dominated; पुरुष ~ male dominated.

प्रभावोत्पादक (~ vot pA dak) *adj.* effective.

प्रभावोत्पादकता (~ tA) *adj.* effectiveness.

प्रभु (~ bhu) *m.* 1. god. 2. master. 3. sovereign; ~ - राज्य sovereign state; ~ - सत्ता sovereignty.

प्रभुता (~ tA) *f.* 1. sway, sovereignty. 2. glory. 3. supremacy.

प्रभुत्व (pra bhutw) *m.* = प्रभुता।

प्रभु-सत्ता (~ bhu - sat tA) *f.* sovereignty.

प्रभूत (~ bhoot) *adj.* plentiful, abundant, ample.

प्रभृति (~ bhri ti) *conj. et cetera.*

प्रभेद (~ bhed) *m.* distinction, difference.

प्रभेदी (~ bhe dee) *adj.* distinctive.

प्रमंडल (~ man Dal) *m.* division.

प्रमंडलाधिकारी (~ man Da lA dhi kA ree) *m.* divisional officer.

प्रमंडलीय (~ man Da leey) *adj.* divisional.

प्रमत्तता (~ tA) *f.* state of being प्रमत्त।

प्रमा (pra mA) *f.* authoritative knowledge of reality acquired through logic and reasoning, understanding, accurate notion.

प्रमाण (~ mAN) *m.* 1. testimony; वेदों के ~ से on the testimony of the Vedas. 2. proof; राष्ट्रीयता का ~ proof of nationality. 3. evidence; धूर्तता का ~ evidence of craftiness.

प्रमाणक (~ mA nak) *m.* 1. voucher. 2. certificate, testimonial.

प्रमाणकर्ता (~ MAN kar TA) *m.* certifier.

प्रमाणन (~ MA NAN) *m.* act of certifying, certification.

प्रमाणपत्र (~ MAN pattr) *m.* certificate; मृत्यु का ~ death certificate.

प्रमाणित (~ MA NIT) *adj.* 1. proved. 2. certified; ~ करना to prove/certify.

प्रमाणीकरण (~ MA NEE ka RAN) *m.* authentication.

प्रमाणीकृत (~ krit) *adj.* authenticated.

प्रमाद (pra MAD) *m.* 1. intoxication (specially with power, pelf and money). 2. carelessness, negligence.

प्रमादी (~ MA dee) *adj.* 1. vain, intoxicated due to power and money. 2. careless, negligent. [Fem. प्रमादिनी]

प्रमाप (~ MAP) *m.* measure, weight.

प्रमुख (~ mukh) *adj.* 1. main, chief; ~ वक्ता main speaker. 2. prominent, outstanding, predominant, excellent; ~ विशेषताएँ leading/predominant characteristics. *m.* speaker; नगर ~ mayor.

प्रमुखता (~ TA) *f.* eminence, importance, prominence; ~ प्राप्त करना to rise into prominence.

प्रमुदित (pra mu dit) *adj.* delighted, full of joy, glad, pleased.

प्रमेय (~ mey) *m.* theorem.

प्रमेह (~ meh) *m.* diabetes.

प्रमोद (~ mod) *m.* entertainment, recreation, enjoyment; आमोद - ~ merriment, happiness, mirth.

प्रयत्न (~ yatn) *m.* effort, attempt, endeavour; भगीरथ ~ heroic/Herculian effort.

प्रयत्नवान्, प्रयत्नवान (~ VAN) *adj.* endeavouring.

प्रयत्नशील (~ sheel) *adj.* endeavouring.

प्रयाण (pra YAN) *m.* 1. macrh; ~ गीत marching song. 2. going, departure; महा ~ death.

प्रयास (~ YAS) *m.* attempt, endeavour, effort; ~ को निष्फल बनाना to foil the attempt..

प्रयुक्त (~ yukt) *adj.* used, applied.

प्रयोक्ता (~ yok TA) *m.* user, experimenter.

प्रयोग (~ yog) *m.* 1. use, application; ~करना to use/apply; ~ में लाना to use; इस प्रमेय का ~ करो Apply this theorem. 2. usage; शब्द का ~ usage of a word; अशुद्ध ~ solecism. 3. experiment; ~ करना to experiment; वैज्ञानिक ~ scientific experiment.

प्रयोगवाद (~ VAD) *m.* experimentalism, empiricism.

प्रयोगवादी (~ VA dee) *adj.* empirical. *m.* empiricist.

प्रयोगशाला (~ SHA lA) *f.* laboratory.

प्रयोगी (pra yo gee) *adj. & m.* experimenter.

प्रयोजन (~ yo jan) *m.* 1. purpose, aim. 2. intention, motive.

प्रयोजनार्थी (~ yo ja NAR thee) *adj.* (one) on purpose; ~ से purposely.

प्रयोजनीय (~ yo ja neey) *adj.* applicable, usable, requisite, suitable.

प्रयोजनीयता (~ TA) *f.* 1. purposiveness. 2 applicability, usability, workability.

प्रयोज्य (pra yojjy) *adj.* applicable, usable.

प्ररूप (~ roop) *m.* type, form.

प्ररोह (~ roh) *m.* 1. ascent. 2. growth.

प्ररोहण (~ ro HAN) *m.* 1. ascending. 2. growing.

प्रलंब (~ lamb) *adj. & m.* 1. that which hangs vertically, vertical. 2. long.

प्रलयंकर (~ la yan kar) *adj.* (that) which causes deluge, catastrophic, calamitous, disastrous.

प्रलय (~ lay) *m.* 1. annihilation, total devastation, end of all existence. 2. deluge, devastating flood.

प्रलयकारी (~ kA ree) *adj.* = प्रलयंकर।

प्रलाप (pra lAp) *m.* incoherent talk (especially due to sorrow or grief), prattle.

प्रलापी (~ lA pee) *adj.* (one) whose speech is incoherent, prattling.

प्रलेख (~ lekh) *m.* document, deed.

प्रलेप (~ lep) *m.* ointment, salve.

प्रलोभन (~ lo bhan) *m.* temptation, allurement, seduction, inducement; ~ देना to allure.

प्रवंचक (~ van cak) *m.* deceiver, cheat.

प्रवंचन (~ van can) *m.* deception, deceitfulness; आत्म - ~ self-deception.

प्रवंचना (~ van ca nA) *f.* = प्रवंचन।

प्रवंचित (~ van cit) *adj.* deceived, cheated.

प्रवक्ता (~ vak tA) *m.* 1. spokesman. 2. lecturer.

प्रवचन (~ va can) *m.* discourse; धार्मिक ~ religious discourse, sermon.

प्रवण (~ vaN) *adj.* 1. inclined, bent. 2. disposed.

प्रवणता (~ tA) *f.* 1. inclination, bent. 2. disposition, propensity.

प्रवर (~ var) *adj.* 1. superior. 2. senior; ~ समिति select committee.

प्रवर्तक (~ tak) *m.* 1. promoter. 2. founder. 3. innovator.

प्रवर्तन (~ tan) *m.* 1. intiation. 2. setting in motion, starting; विषय का ~ initiation of a topic. 3. founding. 4. innovation. 5. enforcement.

प्रवर्तित (~ tit) *adj.* initiated; ~ करना to establish, to put into operation.

प्रवर्धन (~ dhan) *m.* magnification, enlargement.

प्रवर्धित (~ dhit) *adj.* magnified, enlarged; ~ संस्करण enlarged edition.

प्रवसन (pra va san) *m.* migration.

प्रवाचक (~ vA cak) *m.* sermonizer, preacher, instructor.

प्रवात (~ vAt) *m.* gale.

प्रवाद (~ vAd) *m.* 1. conversation. 2. hearsay. 3. rumour (especially of a bad name).

प्रवाल (~ vAl) *m.* coral; ~ द्वीप coral island.

प्रवास (~ vAs) *m.* emigration.

प्रवासी (~ vA see) *adj.* migratory.
m. emigrant.

प्रवाह (~ vAh) *m.* 1. flow, fluency; धारा - ~ flow of the current; धारा ~ भाषण oration. 2. setting in flow; दीप - ~ setting of lamps in flow (of water); अस्थि - ~ immersion of ashes.

प्रवाहक (~ vA hak) *m.* one who sets in flow.

प्रवाहमान (~ vAh mAn) *adj.* fluent, flowing.

प्रवाहित (~ vA hit) *adj.* set in flow; ~ करना to set in flow.

प्रविधान (~ vi dhAn) *m.* statute.

प्रविधानिक (~ vi dhA nik) *adj.* statutory.

प्रविधि (~ vi dhi) *f.* technique.

प्रविधिक (~ vi dhik) *adj.* technical.

प्रविधिज्ञ (~ vi dhiggy) *m.* technician.

प्रविष्ट (~ vishT) *adj.* 1. entered. 2. admitted.

प्रविष्टि (~ vish Ti) *f.* 1. entry. 2. admission.

प्रवीण (~ veeN) *adj.* proficient, skilful, expert.

प्रवीणता (~ tA) *f.* proficiency, skilfulness.

प्रवीर (pra veer) *adj.* 1. very brave. 2. best.

प्रवृत्त (~ vritt) *pp.* 1. inclined. 2. engaged.

प्रवृत्ति (~ vrit ti) *f.* inclination, tendency, trend.

प्रवेश (~ vesh) *m.* 1. admission. 2. entry, entrance. 3. access.

प्रवेशद्वार (~ dwAr) *m.* doorways, portal, entrance.

प्रवेशपत्र (~ pattr) *m.* pass, admission ticket/card, admit card.

प्रवेश शुल्क (~ shulk) *m.* admission fee.

प्रवेशिका (pra ve shi KA) *f.* primer, first reader, elementary book (on subject).

प्रवेशी (pra ve shee) *m.* entrant; नव ~ new entrant.

प्रवेश्य (~ veshshy) *adj.* permissible.

प्रवेश्यता (~ TA) *f.* admission.

प्रव्रजन (pra vra jan) *m.* migration.

प्रव्राजक (~ VRA JAK) *m.* wandering mendicant.

प्रशंसक (~ shan sak) *m.* one wno praises, eulogist, admirer.

प्रशंसनीय (~ shans neey) *adj.* praiseworthy, commendable, laudable.

प्रशंसा (~ shan SA) *f.* praise, admiration; ~ करना to commend/admire.

प्रशंसात्मक (~ shan SAT mak) *adj.* laudatory.

प्रशंसित (~ shan sit) *adj.* praised, admired.

प्रशमन (~ sha man) *m.* pacification, soothing.

प्रशमित (~ sha mit) *adj.* pacified, soothed.

प्रशस्त (~ shast) *adj.* broad, expansive; मार्ग ~ करना to pave the way for.

प्रशस्ति (~ shas ti) *f.* pranegyric, eulogy; ~ गाथा eulogical citation.

प्रशांत (~ shANt) *adj.* tranquil, calm, quiet; ~ महासागर Pacific Ocean.

प्रशांति (~ shAn ti) *f.* tranquillity, peace, quietude.

प्रशाखा (~ shA khA) *f.* sub-branch, offshoot, twig; शाखा-प्रशाखाएँ branches and sub-branches/twigs.

प्रशासक (~ shA sak) *m.* administrator; महा ~ administrator general.

प्रशासन (~ shA san) *m.* administration; शासन- ~ rule and administration; ~ चलाना to administer.

प्रशासनिक (~ shA sa nik) *adj.* administrative.

प्रशासित (~ shA sit) *adj.* administered.

प्रशिक्षक (~ shik shak) *m.* trainer.

प्रशिक्षण (~ shik shaN) *m.* training; ~ महाविद्यालय training college; ~ शिविर training camp.

प्रशिक्षणार्थी (~ shik sha NAr thee) *m.* trainee.

प्रशिक्षित (~ shik shit) *adj.* trained; ~ करना to train.

प्रश्न (prashn) *m.* question; ~ उठाना to raise question; ~ करना to question; to interrogate/ask; बड़े-छोटे का ~ यहाँ नहीं है No question of age arises here. यहाँ पैसे का ~ नहीं There is no question of money here.

प्रश्नकर्ता (~ kar TA) *m.* a questioner, interrogator.

प्रश्नचिह्न (~ cihn) *m.* sign/note of interrogation (?).

प्रश्नपत्र (~ pattr) *m.* question paper.

प्रश्नवाचक (~ VA cak) *adj.* interrogative.

प्रश्नात्मक (prash NAT mak) *adj.* interrogative.

प्रश्नावली (~ NA va lee) *f.* a list of questions to be answered, questionnaire.

प्रश्नोत्तर (~ not tar) *m.* question and answer; ~ काल question hour/period.

प्रश्नोत्तरी (~ not ta ree) *f.* catechism, quiz.

प्रश्रय (~ shray) *m.* encouragement, backing, support.

प्रश्रयदाता (~ DA TA) supporter.

प्रसंग (pra sang) *m.* 1. context. 2. topic. 3. subjcet, theme.

प्रसंविदा (~ sam vi DA) *f.* covenant.

प्रसन्न (~ sann) *adj.* happy, pleased, glad; ~ चित्त cheerful, light hearted, joyful.

प्रसन्नता (~ TA) *f.* happiness, pleasure, gladness, delight.

प्रसम (pra sam) *adj.* normal.

प्रसमता (~ TA) *f.* normalcy, normality.

प्रसरण (pra sa raN) *m.* expansion, extension.

प्रसरणशील (~ sheel) *adj.* expansible, extensible.

प्रसरित (pra sa rit) *adj.* expanded, extended.

प्रसव (~ sav) *m.* delivery (of a child); ~ अवकाश maternity leave; ~ कक्ष/गृह delivery room; ~ पीड़ा labour pain; ~ शाला maternity home; ~ संबंधी obstetrical.

प्रसाद (~ sAd) *m.* 1. gift (from a deity), favour. 2. blessing, benediction, boon, grace; आपके ~ से by your blessing; ~ गुण lucidity, limpid clearness (of style).

प्रसादन (~ SA dan) *m.* appeasement, gratification.

प्रसादी (~ SA dee) *f.* offering made to a deity.

प्रसाधन (~ SA dhan) *m.* beauty/make-up aids; ~ सामग्री toilet requisites, cosmetics.

प्रसार (~ SAr) *m.* 1. extension, expansion, dissemination. 2. dispersion, scattering, spreading.

प्रसारण (~ SA raN) *m.* 1. broadcasting, transmission; ~ गृह broadcasting house. 2.dispersing, propagating, scattering.

प्रसारित (~ SA rit) *adj.* 1. broadcast, transmitted. 2. dispersed, propagated, scattered.

प्रसिद्ध (~ siddh) *adj.* well-known, famous, renowned, reputed.

प्रसिद्धि (~ sid dhi) *f.* fame, renown, esteem, repute.

प्रसुप्त (~ supt) *pp.* 1. dormant, asleep. 2. hibernated.

प्रसुप्तावस्था (~ sup tA vas thA) *f.* dormancy.

प्रसुप्ति (~ sup ti) *f.* 1. dormancy. 2. hibernation.

प्रसूत (~ soot) *adj.* delivered, born.

प्रसूता (~ sootA) *f.* a woman who has recently delivered a baby.

प्रसूति (~ soo ti) *f.* labour (of delivery), progeny, maternity; ~ कक्ष labour-room; ~ ज्वर puerperal fever; ~ विज्ञान/विद्या midwifery, obstetrics.

प्रसून (~ soon) *m.* flower, blossom.

प्रसोपा (~ so pA) *m.* abv. of Praja Socialist Party.

प्रस्तर (pras tar) *m.* stone, rock; ~ युग stone age.

प्रस्ताव (~ tAv) *m.* 1. proposal. 2. motion. 3. offer (in contract).

प्रस्तावक (~ tA vak) *m.* 1. proposer. 2. mover (of a resolution). 3. offerer (in a contract).

प्रस्तावना (~ tA va nA) *f.* preface, preamble; foreword.

प्रस्तावित (~ tA vit) *adj.* 1. proposed. 2. moved. 3. offered.

प्रस्तावितो (~ tA vi tee) *m.* offeree.

प्रस्तुत (~ tut) *adj.* 1. presented, submitted; ~ पुस्तक the present book. 2. ready; मैं ~ हूँ I am ready. ~ विषय topic under consideration; ~ करना to chalkout/present; योजना ~ करना to chalkout a plan/scheme.

प्रस्तुति (~ tu ti) *f.* 1. readiness. 2. presentation. 3. the production of a play.

प्रस्तुतीकरण (~ tu tee ka raN) *m.* 1. act of presenting, presentation. 2. the way something is presented.

प्रस्तोता (~ to tA) *m.* 1. one who presents, reader. 2. Registrar.

प्रस्थान (~ thAn) *m.* departure, setting out; ~ - समय departure time; ~ करना to depart.

प्रस्थाना (~ thA nA) *m.* token by way of remedy to avoid the inauspiciousness of a day of departure for a journey.

प्रस्थापक (~ thA pak) *m.* installer.

प्रस्थापन (~ thA pan) *m.* 1. presentation. 2. installation, establishment.

प्रस्थापना (~ thA pa nA) *f.* = प्रस्थापन।

प्रस्थापित (~ thA pit) *adj.* installed, established.

प्रस्फुट (~ phuT) *adj.* 1. blossomed. 2. manifested.

प्रस्फुटन (~ phu Tan) *m.* 1. blossoming. 2. manifestation.

प्रस्फुटित (~ phu Tit) *adj.* blossomed, manifested.

प्रस्वेद (~ swed) *m.* sweat, perspiration.

प्रस्वेदन (~ swe dan) *m.* sweating, perspiring.

प्रहर (pra har) *m.* eighth part of a day, period of three hours.

प्रहरी (prah ree) *m.* sentry, watchman, guard.

प्रहसन (~ san) *m.* farce, caricature, mockery, satire, skit.

प्रहार (pra hAr) *m.* 1. blow; उसने मेरे मुँह पर ज़ोरदार ~ किया He socked me in the face. मुष्टि ~ blow with a fist. 2. assault, at-tack; दैवी ~ a bolt from the blue; पद ~ kick.

प्रहेलिका (~ he li kA) *f.* riddle, conundrum, puzzle, enigma.

प्रांगण (praṅ gaN) *m.* atrium, courtyard.

प्रांजल (prAn jal) *adj.* straight, plain, simple, crystal clear (idea or language), lucid.

प्रांजलता (~ tA) *f.* straightness, plainness, simplicity, lucidity.

प्रांत (prAnt) *m.* 1. province, prefecture. 2. territory, region.

प्रांतीय (prAn teey) *adj.* 1. provincial, 2. prefectural.

प्रांतीयता (~ tA) *f.* 1. provincialism. 2. regionalism.

प्राइमरी (prA i ma ree) *adj.* 1. primary. 2. elementary.

प्राइवेट (~ i veT) *adj.* private [H.F. वैयक्तिक, निजी]; ~ सेक्रेटरी private secretary.

प्राकट्य (~ kaTTy) *m.* the state of being प्रकट, appearance, manifestation.

प्राकार (~ kAr) *m.* boundary, fencing.

प्राकाश्य (~ kAshshy) *m.* 1. appearance. 2. limelight.

प्राकृत (~ krit) *adj.* natural, innate, inborn.

प्राकृतिक (~ kri tik) *adj.* natural, innate; ~ चिकित्सा nature cure, Naturopathy.

प्राक्कथन (prAk ka than) *m.* foreword.

प्राक्कलन (~ ka lan) *m.* estimation.

प्राक्कल्पना (~ kalp nA) *f.* assumption, supposition.

प्राक्कल्पित (~ kal pit) *adj.* assumed, supposed.

प्रागल्भ्य (prA galbhy) *m.* the state or quality of being प्रगल्भ, impertinence.

प्रागैतिहासिक (~ gai ti hA sik) *adj.* protohistoric.

प्राचार्य (~ cArry) *m.* principal of a college.

प्राची (~ cee) *f.* east, orient.

प्राचीन (~ ceen) *adj.* very old, ancient; ~ कथा old fable; ~ तम oldest.

प्राचीनता (~ tA) *f.* antiquity.

प्राचीर (pra ceer) *m.* rampart, boundary wall.

प्राचुर्य (~ curry) *m.* the state or quality of being प्रचुर, abundance.

प्राच्य (prAccy) *adj.* 1. eastern. 2. oriental; ~ भाषा oriental language; ~ विद् orientalist.

प्राज्ञ (prAgy) *adj.* erudite, clever, wise, learned.

प्राज्ञी (prAgyee) *f.* wise/educated woman.

प्राण (prAN) *m.* (*usually plu.*) 1. winds of the body. 2. life; ~ देना to be dying (for something); ~ ले लेना to put someone to death. 3. liveliness, energy.

प्राणघात (~ ghAt) *m.* killing, murder.

प्राणघातक (~ ghA tak) *adj.* fatal, lethal; ~ प्रदूषण lethal pollution.

प्राणदंड (~ daND) *m.* capital punishment.

प्राणदाता (~ dA tA) *m.* saviour, life giver.

प्राणदान (~ dAn) *m.* 1. sacrifice of one's life. 2. saving someone's life.

प्राणनाथ (~ nAth) *m.* husband, lord, beloved one.

प्राणपण (~ paN) *m.*; ~ से with heart and soul.

प्राणप्यारा (~ pyA rA) *adj.* beloved, most dear.

प्राणप्रतिष्ठा (~ pra tish ThA) *f.* deification of an idol.

प्राणप्रिय (~ priy) *m.* = प्राणप्यारा।

प्राणवत्ता (~ vat tA) *f.* vitality, spiritedness.

प्राणवान्, प्राणवान (~ vAn) *adj.* full of life/ vitality, lively.

प्राणांत (prA NAnt) *m.* death, end of life.

प्राणांतक (~ NAn tak) *adj.* fatal, causing death.

प्राणाधार (~ NA dhAr) *m.* sweet-heart.

प्राणायाम (~ NA yAm) *m.* breathing exercise.

प्राणि (~ Ni) *m.* = प्राणी; ~ विज्ञान Zoölogy.

प्राणी (~ Nee) *m.* living being, animal.

प्राणेश (~ Nesh) *m.* Lord of one's life, husband, lover.

प्राणेश्वर (~ shwar) *m.* = प्राणेश। [Fem. प्राणेश्वरी]

प्राणोत्सर्ग (prA Not sarg) *m.* sacrifice of one's life, martyrdom.

प्रात: (~ tah) *m.* morning.

प्रात:कर्म (~ karm) *m.* morning duties.

प्रात:काल (~ kAl) *m.* early part of the day.

प्रात:स्नान (~ snAn) *m.* morning bath.

प्रात:स्मरणीय (~ smar Neey) *adj.* of blessed/ cherished memory.

प्रात (prAt) *m.* morning.

प्रातिभ (prA tibh) *adj.* intuitive; ~ ज्ञान intuition.

प्राथमिक (~ tha mik) *adj.* 1. primary, initial, elementary; ~ उपचार/चिकित्सा first aid; ~ शिक्षा primary education. 2. preliminary; ~ व्यय preliminary expenses. 3. first; ~ महत्त्व first importance. 4. prior.

प्राथमिकता (~ tA) *f.* priority, precedence, preference; ~ के विचार से in order of priority.

प्रादर्शनिक (prA dar sha nik) *adj.* demonstrative.

प्रादुर्भाव (~ dur bhAv) *m.* 1. origin, birth. 2. manifestation, appearance, advent.

प्रादुर्भूत (~ dur boot) *adj.* 1. born. 2. manifested, appeared.

प्रादेश (~ desh) *m.* mandate.

प्रादेशात्मक (~ de shAt mak) *adj.* mandatory.

प्रादेशिक (~ de shik) *adj.* provincial, regional, territorial; ~ सेना territorial army.

प्रादेशिकता (~ tA) *f.* provincialism, regionalism.

प्राधान्य (prA dhAnny) *m.* the quality or state of being प्रधान, predominance, preponderance, supremacy; इस घर में बेटी का ~ है The daughter predominates in this home. इस परिवार में उर्दू का ~ है Urdu predominates in this family.

प्राधिकार (~ dhi kAr) *m.* authority; ~ देना to authorise.

प्राधिकारी (~ dhi kA ree) *m.* authority (person); वे इस विषय में ~ हैं He is an authority on this subject.

प्राधिकृत (~ dhi krit) *adj.* authorised; ~ करना to authorise, to empower.

प्राध्यापक (prAd dhyA pak) *m.* professor, lecturer.

प्राध्यापन (~ dhyA pan) *m.* the work or profession of a teacher, teaching.

प्रापक (prA pak) *m.* 1. receiver. 2. receipt.

प्राप्त (prApt) *adj.* 1. received, secured; ~ करना to receive/secure/attain/obtain/gain; पत्र ~ करना to receive a letter. 2. acquired, obtained; ज्ञान ~ करना to acquire knowledge; संपत्ति ~ करना to acquire property.

प्राप्तव्य (prAp tavvy) *adj.* due, realizable, procurable.
m. dues.

प्राप्ति (~ ti) *f.* 1. receipt, act of receiving. 2. income. 3. gain. 4. realisation, acquisition; कुछ ~ न होना to gain nothing.

प्राप्तिका (~ ti kA) *f.* acknowledgement of receipt, receipt.

प्राप्त्याशा (~ tyA shA) *f.* hope of acquisiton.

प्राप्य (prAppy) *adj.* 1. due. 2. obtainable, attainable, procurable, available.

प्राप्यक (prAp pyak) *m.* bill.

प्राबल्य (prA bally) *m.* 1. the state or quality of being प्रबल, dominance. 2. force, intensity.

प्रामाणिक (~ mA nik) *adj.* 1. authentic; ~ कथन authentic statement. 2. reliable, credible, genuine; ~ व्यक्ति reliable person.

प्रामाणिकता (~ tA) *f.* 1. authenticity. 2. reliability, credibility.

प्राय: (prA yaḥ) *adv.* 1. often, quite often. 2. usually, generally, mostly.

प्राय (prAy) *adj.* used mostly as a suffix, almost; नष्ट ~ almost destroyed; मृत ~ almost dead; समाप्त ~ almost finished.

प्रायद्वीप (~ dweep) *m.* peninsula.

प्रायश: (~ shah) *adv.* very often, usually.

प्रायश्चित्त (prA yash citt) *m.* atonement, expiation; ~ करना to atone/expiate.

प्रायश्चित्तात्मक (~ yash cit tAt mak) *adj.* expiatory.

प्रायिक (~ yik) *adj.* probable.

प्रायिकता (~ tA) *f.* probability; ~ सिद्धांत Theory of Probability.

प्रायोगिक (prA yo gik) *adj.* tentative; ~ मान tentative value.

प्रायोजना (~ yo ja nA) *f.* project.

प्रारंभ (~ rambh) *m.* 1. beginning, commencement; ~ में ही at the very outset/beginning. 2. debut.

प्रारंभिक (~ ram bhik) *adj.* 1. preliminary; ~ अवस्था preliminary stage. 2. elementary; ~ ज्ञान elementary knowledge. 3. initial; ~ वेतन initial pay.

प्रारब्ध (~ rabdh) *m.* destiny, fate; मेरे ~ में यही लिखा था It was so destined/ordained for me.

प्रारूप (~ roop) *m.* draft, proforma.

प्रार्थना (prAr tha nA) *f.* 1. prayer; ~ सभा prayer meeting. 2. request, petition; मेरी ~ पर on my request.

प्रार्थना-पत्र (~ - pattr) *m.* application.

प्रार्थनीय (prAr tha neey) *adj.* worth praying/applying/soliciting for.

प्रार्थित (prAr thit) *adj.* requested, applied for, solicited.

प्रार्थी (~ thee) *adj.* suppliant.
m. 1. applicant. 2. petitioner. 3. candidate.

प्रालेख (prA lekh) *m.* draft, proforma.

प्रालेखक (~ le khak) *m.* draftsman.

प्राविधान (~ vi dhAn) *m.* provision, stipulation.

प्राविधिक (~ vi dhik) *adj.* technical.

प्राविधिकता (~ tA) *f.* technicality.

प्राश्निक (prAsh nik) *adj.* of or pertaining to a question.
m. interrogator.

प्रासंगिक (prA san gik) *adj.* 1. relevant. 2. contingent, incidental.

प्रासाद (~ sAd) *m.* mansion, palace.

प्रिंट (priNT) *f.* printed design.

प्रिंटिंग (priN ting) *f.* = छपाई।

प्रिंसिपल (prin si pal) *m.* Principal (of an acad- emic institution).

प्रिंसिपली (~ si pa lee) *f.* principalship.

प्रिय (priy) *adj.* 1. dear; ~ महोदय Dear Sir. 2. lovely, comely.

प्रियजन (~ jan) *m.* dear ones.

प्रियतम (~ tam) *adj.* 1. dearest, most loved. 2. husband.

प्रियतमा (~ ta mA) *f.* dearest lady. [Fem. of प्रियतम]

प्रियतर (~ tar) *adj.* dearer.

प्रियता (~ tA) *f.* lovability.

प्रिया (pri yA) *f.* beloved, lovely, sweet-heart.

प्रियाप्रिय (~ yAp priy) *adj.* pleasant and unpleasant.

प्रीतम (pree tam) *m.* = प्रियतम।

प्रीति (~ ti) *f.* love, affection, fondness; ~ विवाह love marriage.

प्रीतिगोष्ठी (~ gosh Thee) *f.* tea party.

प्रीतिभोज (~ bhoj) *m.* social dinner, banquet.

प्रूफ़ (prooF) *m.* proof (printing).

प्रूफ़रीडर (~ ree Dar) *m.* proof reader.

प्रूफ़शोधक (~ sho dhak) *m.* = प्रूफ़रीडर।

प्रूफ़शोधन (~ sho dhan) *m.* proof correction/ reading.

प्रेक्षक (prek shak) *m.* observer, spectator, onlooker.

प्रेक्षण (~ shaN) *m.* act of observing/ viewing/beholding.

प्रेक्षणीय (~ sha neey) *adj.* (that) which is to be observed/looked into.

प्रेक्षागृह (~ shA grih) *m.* auditorium.

प्रेक्षित (~ shit) *adj.* (attentively) observed.

प्रेत (pret) *m.* spirit (of the dead), ghost, poltergeist, spectre; ~ का आविर्भाव app-arition.

प्रेतत्व (pre tattw) *m.* state of being a spirit.

प्रेतनी (pret nee) *f.* woman spirit. [Fem. of प्रेत]

प्रेतबाधा (~ bA dhA) *f.* poltergeistic distur-bance.

प्रेतलीला (~ lee lA) *f.* poltergeistic pheno-mena.

प्रेतविद्या (~ vid dyA) *f.* spiritism.

प्रेतसिद्धि (~ sid dhi) *f.* necromancy.

प्रेतात्मक (pre tAt mak) *adj.* pertaining to a spirit.

प्रेतात्मा (~ tAt mA) *f.* spirit of the dead.

प्रेतोन्माद (~ ton mAd) *m.* mental ailment due to the influence of evil spirit.

प्रेम (prem) *m.* love, affection; ~ हो जाना (i) to be in love; (ii) to fall in love.

प्रेनपत्र (~ pattr) *m.* love-letter.

प्रेमपात्र (~ pAttr) *m.* beloved one, love.

प्रेमपीड़ित (~ pee Rit) *adj.* lovelorn.

प्रेमपूर्वक (~ poor vak) *adv.* with love.

प्रेमभाव (~ bhAv) *m.* emotion of love.

प्रेमलीला (~ lee lA) *f.* romance.

प्रेम-विवाह (~ vi vAh) *n.* love-marriage, love-match.

प्रेमविहीन (~ vi heen) *adj.* loveless.

प्रेमविह्वल (~ vih hwal) *adj.* overwhelmed with emotion of love.

प्रेम-व्यापार (~ vyA pAr) *m.* love-affair.

प्रेमातुर (pre mA tur) *adj.* love-sick.

प्रेमालाप (~ mA lAp) *m.* love talk.

प्रेमालिंगन (~ mA liṅ gan) *m.* embrace of love, affectionate hug.

प्रेमाश्रु (~ mAsh shru) *m.* tears of love.

प्रेमिका (~ mi kA) *f.* beloved one.

प्रेमी (~ mee) *m.* lover; ~ और प्रेमिका the lover and the beloved.

प्रेय (prey) *adj.* dear, loved. *m.* 1. loved one. 2. desired object.

प्रेयसी (~ see) *f.* beloved one, darling, dearie.

प्रेरक (pre rak) *adj.* inspiring, inspirational, motivating; ~ नेतृत्व inspiring leadership; ~ शक्ति motivating power/force.

प्रेरण (~ raN) *m.* = प्रेरणा।

प्रेरणा (prer NA) *f.* impetus, inspiration, urge, initiative; ~ देना to spur/inspire.

प्रेरणादायक (~ dA yak) *adj.* inspiring, motivating.

प्रेरणार्थक (prer NAr thak) *adj.* causative; ~ क्रिया causative verb.

प्रेरणा-शक्ति (~ - shak ti) *f.* motive force, inspiration.

प्रेरित (pre rit) *adj.* inspired, motivated, instigated, prompted; ~ करना to inspire/spur.

प्रेषक (~ shak) *m.* sender, despatcher.

प्रेषण (~ shaN) *m.* sending, remittance, transmission; ~ पुस्तक despatch book.

प्रेषणीय (pre sha Neey) *adj.* (that) which is worth sending.

प्रेषित (~ shit) *pp.* sent, despatched.

प्रेषित्र (~ shittr) *m.* transmitter.

प्रेष्य (preshshy) *adj.* (that) which is to be sent.

प्रेस (pres) *m.* printing press (मुद्रणालय)।

प्रोक्त (prokkt) *adj.* declared, announced, spoken, uttered.

प्रोग्राम (prog grAM) *m.* programme.

प्रोटीन (pro Teen) *m.* protein.

प्रोत्साहक (prot SA hak) *adj.* encouraging, inspiring.

प्रोत्साहन (~ SA han) *m.* encouragement, boosting up, stimulation.

प्रोत्साहित (~ SA hit) *adj.* encouraged, inspired.

प्रोनोट (pro noT) *m.* pronote.

प्रोन्नत (pron nat) *adj.* promoted; ~ करना to promote.

प्रोन्नति (pron na ti) *f.* promotion.

प्रोफ़ेसर (~ Fe sar) *m.* professor (प्राध्यापक)।

प्रौढ़ (prauRh) *adj.* 1. mature, matured; ~ विचार mature idea. 2. middle-aged; ~ व्यक्ति middle aged person.
m. adult [Fem. प्रौढ़ा]; ~ मताधिकार adult franchise; ~ शिक्षा adult education.

प्रौढ़ता (~ tA) *f.* 1. maturity; पूर्ण ~ प्राप्त करना to attain full maturity. 2. adulthood.

प्रौढ़त्व (prau Rhattw) *m.* = प्रौढ़ता।

प्रौढ़ा (prau RhA) *f.* adult/elderly woman.

प्लवन (pla van) *m.* floating.

प्लांट (plANT) *m.* plant (fixed machinery).

प्लावन (plA van) *m.* submersion, plunging; जल ~ submersion of land under water.

प्लावित (plA vit) *adj.* flooded, inundated.

प्लास्टर (plAS Tar) *m.* plaster; ~ चढ़ाना to plaster.

प्लुत (plut) *adj.* long-drawn (sound of a vowel).

प्लेग (pleg) *m.* plague.

प्लेट (pleT) *f.* plate..

प्लेटफ़ार्म (~ FArm) *m.* platform; ~ टिकट platform ticket.

प्लैटिनम (plai Ti nam) *m.* platinum.

फ

फ (pha) *m.* the second consonant of the bilabial pentad; its sound resembles that of *ph* in *philosophy.*

फंका (phaṅ KA) *m.* a quantity of an edible powder or medicine which can be contained in hollow of the palm; ~ मारना/लगाना to put such a quantity into the mouth. [Fem. फंकी]

फंकी (~ kee) *f.* diminutive of फंका।

फ़ंड (FAND) *m.* fund. [H. E. निधि]

फंदा (phan DA) *m.* snare, noose, trap; ~ डालना to cast a snare; फंदे में पड़ना/फँसना to be ensnared.

फँसना (phãs NA) *vt.* 1. to be entrapped/ensnared; काँटों में ~ to be entangled in thorns; किसी के चुंगल में ~ to be caught in someone's trap; दलदल में ~ to be caught in a quagmire; किसी के प्रेम में ~ to be a victim of someone's infatuation; किसी से ~ to have an illicit connection with someone; बुरे फँसे woefully entangled/entrapped. 2. to get stuck up; गले में ~ to get stuck up in the throat.

फँसाना (phã SA NA) *vt.* 1. to entrap/ensnare. 2. to decoy.

फँसाव (~ SAW) *m.* entrapment.

फक (phak) *f.* ~ से suddenly.

फ़क़ (FAK) *adj.* pale, white; उसका चेहरा ~ हो गया His face drained of all colour.

फ़क़त (FA KAT) *adv.* alone, only; वहाँ ~ मैं था I alone was there.
adv. simply, only.

फकार (pha KAR) *m.* the letter फ or its sound.

फ़क़ीर (FA KEER) *m.* Muslim or Sikh mendicant; लकीर का ~ conservative, keeping to the same groove. [Fem. फ़कीरनी]

फ़क़ीराना (FA KEE RA NA) *adj.* pertaining to a फ़क़ीर; ~ ढंग the ways of a फ़क़ीर।

फ़क़ीरी (~ ree) *f.* 1. mendicancy. 2. poverty.

फक्कड़ (phak KAR) *m.* ribald.

फक्कड़पन (~ pan) *m.* ribaldry.

फक्कड़बाज़ी (~ BA zee) *f.* ribaldry.

फ़ख्र (FAKhr) *m.* pride; ~ करना to be proud (of), to take pride (in); ~ होना to be proud (of).

फगुआ (pha gu A) *m.* Holi festival; ~ खेलना to indulge in merriment during the Holi days.

फगुनाहट (~ gu NA HAT) *f.* the breeze of the coming spring.

फ़ज़ल (FA zal) *m.* grace, blessing; अल्ला के ~ से by the grace of God.

फ़जीता (FA jee TA) *m.* = फ़ज़ीहत।

फ़ज़ीहत (FA zee hat) *f.* feeling of being harried and maltreated; अपनी ~ कराना to get oneself harried; किसी की ~ करना to harry someone; थुक्का - ~ altercation and maltreatment.

फ़ज़ूल (FA zool) *adj.* 1. useless; ~ आदमी useless man. 2. unnecessary; ~ ख़र्च unnecessary expenditure; ~ बकना to indulge in useless talk.

फ़ज़ूलख़र्च (~ Kharc) *adj.* spendthrift, extravagant.

फ़िज़ूलख़र्ची (~ Khar cee) *f.* extravagance, quality or habit of indulging in useless or unnecessary expenditure.

फ़ज़्ल (Fazl) *m.* = फ़ज़ल।

फट (phaT) *m.* thud; ~ से (i) with a thud; किताब ~ से गिरी The book fell with a thud. (ii) suddenly and quickly; वे ~ से अंदर आया He dashed into the room.

फटकन (~ kan) *f.* chaff separated from grain in winnowing.

फटकना (pha Tak nA) *vt.* to winnow, to reach; किसी के पास तक न ~ to keep away from someone; किसी को पास फटकने न देना to keep someone at arm's length; ~ पछोरना to winnow.

फटकार (phat KAR) *f.* scolding, upbraiding; डाँट ~ chiding and scolding; ~ देना/लगाना to scold/upbraid.

फटकारना (~ nA) *vt.* 1. to scold/upbraid/rebuke. 2. to snap; चाबुक ~ to snap a whip. 3. = झटकारना। 4. to beat clothes for washing or cleaning; तुमने उससे कितना रुपया फटकारा How much money did you realize/grab from him?

फटन (pha Tan) *f.* cleavage, fissure, split, gap, crack, rift.

फटना (phaT nA) *vt.* to be torn; क़मीज़ फट गई है The shirt is torn. फट पड़ना to burst into; वह कमरे में फट पड़ा He burst into the room. उस पर आकाश फट पड़ा He has had a terrible shock. छाती ~—मेरी छाती फट गई My heart broke. दूध ~—दूध फट गया Milk has turned sour. पौ ~—पौ फट गई The dawn broke. बादल ~—बादल फट गए The clouds scattered.

फटफटाना (~ pha Ta nA) *vi.* to make a fluttering sound, to flutter, to flap.

फटफटिया (~ pha Ti yA) *f.* motorbicycle.

फटा (pha TA) *adj.* torn; फटी आवाज़ hoarse voice; ~ पुराना ragged; कटा - ~ torn and damaged.

फटीचर (~ tee car) *adj.* & *m.* 1. shabbily dressed (person). 2. an insignificant (person), of no consequence.

फटेहाल (~ Te hAl) *adj.* down and out, in a sorry plight, in a miserable condition.

फड़ (phaR) *m.* a cloth used as a gambling board; ~ जमना—वहाँ ~ जमी हुई है Gambling is on there. ~ जमाना to organise a gambling party.

फड़क (pha Rak) *f.* throbbing, palpitation, pulsation.

फड़कना (~ nA) *vi.* to pulsate; फड़क उठना—मैं फड़क उठा My heart leapt with joy. फड़कती हुई चीज़ delightfully exciting piece; आँख ~ pulsating of the eyelid.

फड़फड़ाना (phaR pha RA nA) *vt.* & *vi.* to flutter/flap/flicker.

फड़फड़ाहट (~ pha RA haT) *f.* flutter, excitement.

फड़बाज़ (~ bAZ) *m.* owner of a common gambling house/den.

फण (phaN) *m.* hood of a snake.

फणधर (~ dhar) *m.* cobra.

फणींद्र (pha Neendr) *m.* = शेषनाग।

फ़तवा (Fat vA) *m.* a (religious) ruling given by a (Muslim) judge; ~ देना to give such a ruling.

फ़तह (Fa tah) *f.* victory; ~ करना to conquer; ~ का डंका proclamation of victory by beat of drum.

फतिंगा (pha tiṅ gA) *m.* moth, flying insect, hopper.

फतुही (~ tu hee) *f.* waist-coat stuffed with cotton.

फन (phan) *m.* = फण।

फ़न (Fan) *m.* 1. skill. 2. art. 3. cunning; हर ~ मौला master of all trades.

फनफनाना (phan pha nANA) *vi.* to make a hissing sound.

फ़ना (Fa nA) *f.* 1. complete destruction/ruin. 2. death; ~ होना to perish.

फप्फस (phap phas) *adj.* flabby with hollow inside.

फफकना (pha phak nA) *vi.* फफक-फफककर रोना to weep bitterly.

फफूँदी (~ phoon dee) *f.* fungus.

फफोला (~ pho lA) *m.* blister, blotch; शरीर में फफोले पड़ गए हैं Blisters have erupted on the body. दिल के फफोले फोड़ना to ventilate (one's) grudges.

फबती (phab tee) *f.* befitting remark, jest, raillery, sarcasm, fling; ~ कसना to pass a sarcastic remark, to have a fling at.

फबन (pha ban) *f.* state or quality of फबना, befittingness, suitability.

फबना (phab nA) *vi.* to suit nicely/fine, to become; यह टोपी तुम्हें फबती है This cap suits you fine. यह बात तुम्हें फबती नहीं This does not become you.

फ़र (Far) *f.* fur.

फ़रक़ (Fa raK) *m.* = फ़र्क़।

फ़रज़ (Fa raz) *m.* = फ़र्ज़।

फ़रज़ी (Far zee) *adj.* = फ़र्ज़ी।

फ़रद (Fa rad) *m.* = फ़र्द।

फरफंद (phar phand) *m.* trickery, fraud.

फरफंदी (~ phan dee) *adj.* artful, cunning, tricky, fraudulent.

फरफर (~ phar) *adv.* swiftly, rapidly.

फ़रमा (Far mA) *m.* frame, format, forme (printing).

फ़रमाइश (~.ish) *f.* = फ़र्माइश।

फ़रमाइशी (~ mA i shee) *adj.* = फ़र्माइशी।

फ़रमान (~ mAN) *m.* edict, command.

फ़रमाना (Far mA nA) *vt.* to speak out; फ़रमाइए please speak out, Sire.

फ़रलाँग (Far lAg) *m.* furlong.

फ़रवरी (Far vA ree) *f.* February.

फ़रश (Fa rash) *m.* = फ़र्श।

फरसा (phar sA) *m.* pick-axe, spade.

फरहरा (pha rah rA) *adj.* soothed; ~ करना to soothe; ~ होना to be soothed. *m.* flag, banner, pennant.

फ़राग़त (Fa rA Gat) *f.* relief, riddance; ~ पाना to be relieved (of).

फ़रामोश (Fa rA mosh) *adj.* oblivious, forgetful; एहसान ~ ungrateful.

फ़रामोशी (Fa rA mo shee) *f.* oblivion, forgetfulness.

फ़रार (Fa rAr) *m.* absconder; ~ होना to abscond.

फ़रियाद (Fa ri yAd) *f.* complaint, plaint; ~ करना (i) to lodge a complaint; (ii) to appeal for justice.

फ़रियादी (Fa ri yA dee) *m.* 1. complainant. 2. accuser.

फरियाना (pha ri yAnA) *vt.* 1. to settle. 2. to decide.

फ़रिश्ता (Fa rish tA) *m.* angel.

फ़रीक़ (Fa reeK) *m.* one of the contending parties (in a suit).

फ़रेब (Fa reb) *m.* fraud, deception, treachery; ~ करना to deceive, to cheat.

फ़रेबी (Fa re bee) *adj.* fraudulent, treacherous, cheater.

फ़रोख़्त (Fa roKht) *adj.* sold; ~ करना to sell. *f.* sale, as in ख़रीद - ~.

फ़र्क़ (FarK) *m.* difference, distinction; ~ करना (i) to distinguish; (ii) to discriminate (with a bias).

फ़र्ज़ (Farz) *m.* duty, obligation; ~ अदा करना to do one's duty; ~ करना to suppose/assume.

फ़र्ज़ी (Far zee) *adj.* 1. nominal. 2. fictitious, artificial; ~ नाम fictitious name. *m.* queen (in chess)

फ़र्द (Fard) *f.* 1. account book. 2. list. *m.* 1. a single person. 2. a single piece. 3. top sheet of a covering.

फ़र्म (Farm) *m.* firm, concern.

फ़र्माइश (Far mA ish) *f.* (specific) request.

फ़र्माइशी (~ mA i shee) *adj.* on request, made to order.

फ़र्मान् (~ mAn) *m.* edict, command.

फर्राटा (phar rA TA) *m.* fluency; फर्राटे भरना to take rapid strides, to run fast; फर्राटे से rapidly; फर्राटे से बोलना to speak fluently.

फ़र्श (Farsh) *m.* floor; पक्का ~ hard (masonry) floor.

फ़र्शी (Far shee) *m.* hubble-bubble with a long pipe.

फ़र्शी सलाम (~ sa lAm) *m.* deferential greeting.

फल (phal) *m.* 1. fruit; ~ देना to yield fruit; ~ लगना to bear fruit; ~ बेचनेवाला fruiterer. 2. result, consequence; ~ पाना to suffer for (one's evil) deeds or (wrongful) acts. 3. effect.

फलक (pha lak) *m.* sheet, board, counter.

फ़लक (Fa lak) *m.* 1. sky. 2. Heavens; ~ टूट पड़ना—उस पर ~ टूट पड़ा Heavens fell on him.

फलत: (phal taḥ) *adv.* consequently, therefore.

फलद (pha lad) *adj.* 1. fruitful. 2. bearing fruit, fructiferous.

फलदायक (phal dA yak) *adj.* fruitful.

फलदायी (~ dA yee) *adj.* = फलदायक।

फलदार (~ dAr) *adj.* bearing fruit.

फलना (~ nA) *vt.* 1. to bear fruit; ~ - फूलना to flourish/thrive. 2. to prove auspicious; यह मकान उसे ख़ूब फला है This house has proved very auspicious to him. 3. appearance of granules on any part of the body.

फलप्रद (~ prad) *adj.* 1: fruitful. 2. bearing fruit. 3. effective, advantageous.

फल–फलार (~ - pha lAr) *m.* fruit diet and the like.

फलभोग (~ bhog) *m.* undergoing/enjoying the result of (one's) deed.

फलयुक्त (~ yukt) *adj.* bearing fruit, fruitful.

फलवती (~ va tee) *adj.* & *f.* fruitful; आशा ~ होना fructification of longing.

फल–शर्करा (~ - shar ka rA) *f.* fruit-sugar.

फलस्वरूप (~ - swa roop) *adv.* consequently.

फलस्वरूप, के (ke phal swa roop) *post-position.* as a result.

फलहीन (phal heen) *adj.* fruitless.

फ़लाँ (Fa lÃ) *adj.* that (specified), so and so; ~ आदमी that (specified) man; ~ दिन that (specified) day.

फलाँग (pha lÃg) *m.* = छलाँग।

फलाँगना (~ nA) *vt.* to jump/cross over.

फ़लाना (Fa lA nA) *adj.* = फ़लाँ।

फलाफल (pha lA phal) *m.* readings/forecasting about future/prognosis. [फल+अफल]

फला–फूला (~ lA - phoo lA) *adj.* prosperous; ~ परिवार prosperous family.

फ़लालैन (Fa lA lain) *f.* flannel.

फलासक्त (pha lA sakt) *adj.* attached to the result/fruit.

फलाहार (~ lA hAr) *m.* fruit diet.

फलाहारी (~ lA hA ree) *m.* fruitarian. *adj.* prepared with fruits different from अनाजी।

फलित (~ lit) *adj.* 1. resulted. 2. resultant; ~ ज्योतिष Astrology.

फली (~ lee) *f.* bean, bean-like vegetable.

फलीदार (~ dAr) *adj.* (plant) bearing beans.

फलीभूत (~ bhoot) *adj.* fructified, successful.

फलोत्पादक (pha lot pA dak) *adj.* capable of bearing fruit.

फलोत्पादकत्व (~ lot pA da kattw) *m.* capability of bearing fruit.

फलोदय (~ lo day) *m.* fructification.

फ़व्वारा (FAV VA rA) *m.* fountain.

फ़सल (Fa sal) *f.* 1. crop; खड़ी ~ standing crop. 2. harvest.

फ़सली (Fas lee) *adj.* seasonal; ~ बीमारी seasonal disesase; ~ बुख़ार seasonal fever; ~ साल agricultural year.

फ़साद (Fa sAd) *m.* affray, frawl; ~ का घर mischief-monger; ~ की जड़ root cause of trouble, villain of the piece; ~ खड़ा करना to crop up an affray; दंगा ~ quarrel and affray.

फ़सादी (Fa SA dee) *adj.* & *m.* quarrelsome, given to quarrels.

फ़हम (Fa ham) *f.* understanding, sense; आम ~ easily understood.

फहरना (pha har nA) *vi.* to flutter in the air.

फहराना (phah rA nA) *vi.* to hoist. *vi.* to wave/flutter.

फाँक (phÃk) *f.* slice of melon, mango, orange etc.

फाँकना (~ nA) *vt.* = फंका मारना; धूल ~ to run from pillar to post.

फाँद (phÃd) *f.* jump, jumping; कूद - ~ hopping and jumping.

फाँदना (~ nA) *vt.* to jump/leap over; दीवार ~ to leap over a wall, to scale a wall; फाँद पड़ना to jump/leap into; समुद्र में फाँद पड़ो Leap into the deep.

फाँस (phÃs) *f.* 1. thorn, splinter; ~ निकलना—फाँस निकल गई The thorn has been taken out. ~ निकालना to take out the thorn. 2. trap, noose.

फाँसना (~ nA) *vt.* to trap/entrap/ensnare.

फाँसा (phÃ SA) *m.* lasso, trap, snare.

फाँसी (~ see) *f.* hanging; ~ चढ़ाना to be hung till death (by the neck); ~ देना to hang (by the neck); ~ पर चढ़ाना to hang on the gibbett; ~ लगा लेना to hang oneself.

फ़ाइबर (FA i bar) *m.* fibre.

फ़ाइल (FA il) *f.* file. (नत्थी)।

फ़ाइलबाज़ी (~ bA zee) *f.* red tapism.

फ़ाइलेरिया (FA i le ri yA) *m.* filaria.

फ़ाउंटेन पेन (FA UN Ten pen) *m.* fountain pen.

फ़ाक़ा (FA KA) *m.* 1. starvation. 2. fast; ~ करना to fast. फ़ाक़ों का मारा emaciated by starvation.

फ़ाक़ेमस्त (FA Ke mast) *adj.* (one) who keeps cheerful even when starving.

फ़ाक़ेमस्ती (FA Ke mas tee) *f.* cheerfulness even in starvation.

फ़ाख़्तई (~ ta ee) *adj.* of the colour of dove, greyish brown.

फ़ाख़्ता (FAKh tA) *f.* dove.

फाग (phAg) *m.* 1. Holi festival; ~ खेलना merry-making/revelry in the Holi festival. 2. a song sung during the Holi festival; ~ गाना to sing such a song.

फागुन (phA gun) *m.* last month of the Hindu calendar.

फागुनी (~ gu nee) *adj.* pertaining to the month of फागुन।

फ़ाज़िल (FA zil) *adj.* 1. more than necessary, supernumerary, extra. 2. residual. 3. scholarly; आलिम ~ very scholarly.

फाटक (phA Tak) *m.* 1. gate; सदर ~ main gate. 2. entrance.

फाटका (phAT KA) *m.* speculation.

फाटकेबाज़ (~ ke bAZ) *m.* speculator.

फाटकेबाज़ी (~ ke bA zee) *f.* speculation.

फाड़न (phA Ran) *f.* 1. piece (of cloth, paper etc.) torn out of a bigger piece. 2. butter-milk left over when butter is taken out fresh from yoghurt.

फाड़ना (phAR ṅA) *vt.* to tear/rend/chop/split; गला ~ to cry hoarse; फाड़ खाना to tear off and devour/eat up; फाड़ डालना to tear asunder.

फ़ानूस (FA noos) *f.* chandelier; झाड़ ~ chandelier and the like.

फ़ायदा (FAy dA) *m.* 1. profit, gain. 2. advantage, benefit, use, utility; क्या ~ What is the use? ~ उठाना (i) to make a profit; (ii) to get/derive an advantage; ~ पहुँचाना to benefit; फ़ायदे में रहना to gain an advantage (over someone).

फ़ायदेमंद (~ de mand) *adj.* profitable, adva- ntageous, useful.

फ़ायर (FA yar) *m.* fire, shooting; ~ करना to shoot.

फ़ायरमैन (~ main) *m.* fireman.

फ़ारम (FA ram) *m.* 1. form. 2. farm.

फ़ारमूला (FAr moo lA) *m.* formula. [H.E. सूत्र]

फ़ारसी (~ see) *f.* Persian (language)

फ़ारसीदाँ (~ dĀ) *m.* one who is well-versed in Persian.

फ़ारिग़ (FA riG) *adj.* relieved; ~ होना to have done (with it).

फ़ार्म (FArm) *m.* = फ़ारम।

फाल (phAl) *m.* step, stride.

फ़ालतू (FAl too) *adj.* 1. useless, good for nothing; ~ आदमी useless man. 2. superfluous; ~ बात superfluous talk.

फालसई (phAl sa ee) *adj.* brownish red.

फ़ालसा (FAl SA) *m.* a tiny fruit of the summer season.

फ़ालिज (FA lij) *m.* paralysis; ~ गिरना/मारना— उस पर ~ गिर गया He has had a paralytic stroke. उसे ~ मार गया He was attacked by paralysis.

फाल्गुन (phAl gun) *m.* last month of the Hindu calendar.

फावड़ा (phAV RA) *m.* spade, mattock; ~ चलाना to dig with a spade.

फावड़ी (~ Ree) *f.* small spade.

फ़ाश (FAsh) *adj.* exposed; उसका पर्दा ~ हो गया He has been exposed.

फ़ासफ़ेट (FAS FET) *m.* phosphate.

फ़ासफ़ोरस (FAS FO ras) *m.* phosphorus.

फ़ासला (~ lA) *m.* distance.

फ़ासिज़्म (FA sizm) *m.* fascism.

फाहा (phA hA) *m.* 1. fluffy piece of cotton (usually soaked in perfume or medicine). 2. a piece of cotton for cleaning wounds, swab.

फ़ाहिशा (FA hi shA) *f.* woman of easy morals.

फ़िकर (Fi kar) *f.* = फ़िक्र।

फ़िक़रा (FIK rA) *m.* sentence; ~ कसना to pass a sarcastic remark; ~ चुस्त हो गया The cap fits.

फ़िक्र (Fikr) *f.* anxiety, worry, perplexity; ~ करना to look (to), to be concerned (about); वह ~ में मरा जा रहा है He is killing himself with worry. ~ से कुछ नहीं होता Worry avails nought. बेटी के ब्याह की ~ करो Look to your daughter's marriage.

फ़िक्रमंद (~ mand) *adj.* worried, anxious.

फिचकुर (phic kur) *m.* foam emitted from the mouth in a hysteric swoon and the like.

फ़िट (FIT) *adj.* fit.

फिटकरी (phiT ka ree) *f.* alum.

फ़िटन (Fi Tan) *f.* phaeton.

फ़िटर (Fi Tar) *m.* fitter.

फ़ितना (Fit nA) *adj.* budding (sharper), wily.

फ़ितरत (~ rat) *f.* 1. disposition, nature. 2. mischief. 3. wily disposition, williness, cunningness.

फ़ितरती (~ ra tee) *adj.* mischievous, wily, crafty, cunning.

फ़ितूर (Fi toor) *m.* defect; दिमाग़ में ~ loose screw in the brain.

फ़िदवी (Fid vee) *m.* servant, a title of modesty for oneself.

फ़िदा (Fi dA) *adj.* enamoured, infatuated, enchanted, fascinated, charmed.

फ़िनाइल (Fi nA il) *f.* phenyl.

फ़िनिश (Fi nish) *f.* finish.

फ़िरंगी (Fi raṅ gee) *m.* European.

फ़िरंट (Fi raNT) *adj.* opposed, angry; ~ हो जाना to be angry/opposed.

फिर (phir) *adv.* 1. afterwards. 2. again; उसे ~ करना चाहिए He must do it again. 3. moreover; ~ वह सुंदर भी है Moreover she is also beautiful. ~ कभी some other time; ~ क्या है! How nice ! ~ जाना (i) to go some other time; (ii) to go again; (iii) to go back; ~ तो and then, at this; ~ दुबारा encore; ~ - फिर time and again; ~ भी (i) nevertheless; (ii) yet, even then, still, in future; (कभी) ~ भी आना do come again; ~ से once again, over again.

फ़िरका (Fir KA) *m.* tribe, clan; ~ परस्त clannish; ~ परस्ती clannishness.

फिरकी (phir kee) *f.* reel; ~ वाला reel vendor; ~ की तरह घूमना to run about without a break.

फ़िरक़ेवाराना (Fir ke VA rA nA) *adj.* communal.

फिरना (phir nA) *vi.* 1. to go back, to return. 2. to go round. 3. to turn; यह गली दाहिनी ओर फिरती है This lane turns to the right. घूमना - ~ to be moving about; चूना ~ — कमरे में चूना फिर गया है The room has been whitewashed. झाड़ा ~ to have an evacuation; झाड़ू ~ — उसके घर में झाड़ू फिर गया He has lost his all. डुग्गी ~ going round with a proclamation (by beating a drum); दिन ~ — उसके दिन अब फिरे हैं Fortune is now smiling on him; Now his luck has turned in. बात से ~ to go back by one's word; बुद्धि ~ to lose one's judgement for a while; सिर ~ to lose one's mind/reason; फिरता माल returned/disapproved/rejected goods.

फिरनी (~ nee) *f.* a sweet preparation of milk, powdered rice etc.

फिरवाना (~ VA nA) *vt.* to have (something) returned.

फिराऊ (phi rA oo) *adj.* 1. returnable; ~ माल goods taken subject to approval. 2. returning; ~ मेला returning crowd.

फ़िराक़ (Fi rAK) *m.* 1. purpose; वह किस ~ में है What is he after ? 2. search.

फिराना (phi rA nA) *vt.* 1. to take around; घुमाना - ~ to take or show round. 2. to cause to change.

फिरोजी (phi ro jee) *adj.* violet blue.

फ़िरौती (~ rau tee) *f.* money demanded in return for the release of a kidnapped person, ransom.

फ़िलहाल (Fil hAl) *adv.* for the time being, for the present.

फ़िलासफ़ी (Fi lA sa Fee) *f.* philosophy (H. E. दर्शन-शास्त्र) ।

फ़िलिस्तीन (Fi lis teen) *m.* Palestine.

फ़िल्म (Film) *f.* 1. film, reel. 2. movie.

फ़िल्माना (Fil mA nA) *vt.* to film.

फ़िल्मी (~ mee) *adj.* filmic; ~ दुनिया filmic world; ~ सितारा film star.

फिस (phis) *adj.* nought; ~ हो जाना to come to nought; टाँय-टाँय ~ ending in a fiasco.

फिसड्डी (phi saD Dee) *adj.* sluggish, always lagging behind.

फिसलन (phis lan) *f.* slipperiness; ~ भरा slippery.

फिसलना (phi sal nA) *vi.* 1. to slip. 2. to slide/skid.

adj. slippery; ~ पत्थर slippery stone.

फ़िहरिस्त (Fih rist) *f.* = फ़ेहरिस्त।

फ़ी (Fee) *adj.* each; ~ अदद per piece; ~ आदमी per head; ~ सदी per cent/hundred.

फीका (phee KA) *adj.* 1. tasteless. 2. without saltiness or sweetness, insipid; फीकी दाल pulse (lentil) without salt. 3. dim; ~ रंग dim colour; चेहरा ~ पड़ जाना—उसका चेहरा फीका पड़ गया His face lost colour.

फीकापन (~ pan) *m.* 1. tastelessness. 2. insipidity. 3. dimness, faintness.

फ़ीता (Fee tA) *m.* 1. a narrow strip of cloth, tape; लाल ~ red tape, circumlocution office. 2. lace, ribbon. 3. strap.

फ़ीरोज़ा (~ ro ZA) *m.* amethyst, violet blue gem.

फ़ीरोज़ी (~ ro zee) *adj.* violet blue.

फ़ील (Feel) *m.* 1. elephant. 2. bishop (chess).

फ़ीलख़ाना (~ KhA nA) *m.* stable for elephants.

फ़ीलपाँव (~ pÃw) *m.* elephantiasis.

फ़ीलवान (~ VAN) *m.* elephant driver.

फ़ीस (Fees) *f.* fee.

फुँकना (phũk nA) *vi.* to burn; यह ओषधि पाँच बार फूँकी है This medicine has been heated five times. मेरा शरीर फुँक रहा है I am feeling intense heat. (उसकी बात सुनकर) मेरा कलेजा फुँक गया (On hearing him) I was hurt to the quick.
m. blow-tube. [Fem. फुँकनी]

फुँकनी (~ nee) *f.* blow-pipe.

फुँकवाना (~ VA nA) *vt.* causative of फुँकना।

फुंकार (phuṅ KAr) *f.* hissing sound.

फुँदना (phũd nA) *m.* tassel.

फुंसी (phun see) *f.* boil.

फुट (phuT) *adj.* 1. single, alone. 2. separate.

फ़ुट (FUT) *m.* foot (measurement).

फुटकर (phuT kar) *adj.* 1. retail; ~ विक्रेता retailer; ~ बिक्री retail sale. 2. miscellaneous, sundry; ~ काम miscellaneous jobs.

फ़ुटनोट (FUT NOT) *m.* footnote. [H.E. पाद-टिप्पणी]

फ़ुटपाथ (~ pAth) *m.* footpath.

फ़ुटबाल (~ bAl) *m.* football.

फुटमत (phuT mat) *f.* difference of opinion (in a family).

फ़ुटा (FU TA) *m.* foot-rule.

फुड़िया (phu Ri yA) *f.* smallish boil.

फुदकना (~ dak nA) *vi.* to jump/skip.

फुनगी (phun gee) *f.* 1. top, summit. 2. cockade. 3. sprout.

फुप्फुस (phup phus) *m.* lung.

फुफकार (phuph KAr) *f.* hiss (of a snake).

फुफकारना (~ nA) *vi.* to hiss.

फुफेरा (phu phe rA) *adj.* pertaining to फूफा or फूफी / बुआ (father's sister); ~ भाई cousin.

फुर (phur) *f.* flutter; ~ हो जाना to move/fly away quickly.

फुरती (~ tee) *f.* = फुर्ती।

फुरतीला (~ lA) *adj.* 1. agile, nimble. 2. prompt, quick.

फुरतीलापन (~ pan) *m.* 1. agility. 2. promptness.

फ़ुरसत (Fur sat) *f.* = फ़ुर्सत।

फुर्ती (phur tee) *f.* agility, promptness, haste, hurry; ~ से promptly, with agility/alacrity.

फ़ुर्सत (Fur sat) *f.* 1. free time. 2. respite. 3. spare time, leisure. ~ पाना/मिलना to get leisure; ~ से at leisure; ~ होना to have spare time.

फुलका (phul KA) *m.* thin loaf, muffin.

फुलझड़ी (~ jha Ree) *f.* 1. a type of firework. 2. provocative remark; ~ छोड़ना to pass a provocative remark.

फुलवारी (~ VA ree) *f.* flower garden.

फुलाना (phu lA nA) *vt.* to inflate, to pump in air; मुँह ~ to be/appear sullen, to make a wry face.

फुलाव (~ lAW) *m.* inflation, puffing up.

फुलेल (~ lel) *f.* scented oil.

फुलौरी (~ lau ree) *f.* a fried dish made of cereal flour.

फुसफुस (phus phus) *f.* whisper.

फुसफुसाना (~ phu SA nA) *vt.* to whisper, to speak in a hushed up/subdued tone.

फुसफुसाहट (~ phu SA haT) *f.* whispering sound.

फुसलाना (~ lA nA) *vt.* to wheedle/seduce/lure/cajole.

फुहार (phu hAr) *f.* drizzle.

फुहारा (~ hA rA) *m.* fountain; खून का ~ छूटना blood gushing (from...).

फूँक (phōōk) *f.* a current of air sent out of the mouth, blow; ~ निकल जाना—उसकी ~ निकल गई (i) He breathed his last. (ii) He got frightened. ~ मारना to blow; ~ मारते (ही) in a moment; ~ से उड़ जाना to be light as a feather, to be almost a non-entity.

फूँक-ताप (~ - tAp) *m.* squandering; ~ की लत squandermania; ~ देना/डालना to squa- nder away/waste.

फूँकना (phōōk nA) *vt.* 1. to blow; आग ~ to blow the fire ablaze; उसके भाषण ने आग फूँक दी His speech fired up the people. 2. to turn to ashes; जान ~ to blow life into; माल ~ to squander away wealth; फूँक-फूँककर पाँव रखना to be overcautious in one's movements; घर फूँक तमाशा देखना to fiddle while Rome burns; मंत्र~ to whisper sacred words into someone's ear.

फूँकनी (~ nee) *f.* blow-pipe.

फूँ-फाँ (phōō phÃ) *f.* pomp and show.

फूट (phoot) *f.* 1. split, rift. 2. discord, disunity. ~ डालना to create a rift, to cause discord/enmity, to cause disunity, to sow disssension; ~ पड़ना to have a rift. *m.* a large fruit of the cucumber family resembling a melon.

फूटना (~ nA) *vt.* 1. to be smashed/broken; घड़ा फूट गया The jar is broken. 2. to burst; फोड़ा ~ bursting of an ulcer; फूटी आँखों न देख सकना/सुहाना not to endure even the sight of; क़िस्मत ~ — तुम्हारी क़िस्मत फूट गई Your luck is out. फूट पड़ना to burst out; मुँह से ~ to speak out; फूटी कौड़ी पास न होना to be a pauper; फूटे मुँह से बात न करना/न बोलना not even to talk (to) by way of courtesy; फूट-फूटकर रोना to weep bitterly.

फूफा (phoo phA) *m.* husband of father's sister. [Fem. फूफी]

फूफी (~ phee) *f.* father's sister.

फूल (phool) *m.* 1. flower; ~ पत्ती (i) leaf of a flower; (ii) floral offering made to a deity. 2. a white metal.

फूल-गोभी (~ - go bhee) *f.* cauliflower, broc- coli.

फूलदान (~ dAn) *m.* flower pot/vase.

फूलदार (~ dAr) *adj.* flowery.

फूलना (~ nA) *vi.* 1. to flower/blossom; ~ फलना to thrive/prosper. 2. to swell/inflate/be puffed up; फूलकर कुप्पा हो जाना to be elated/puffed up with joy, to be over-joyed; फूला-फूला फिरना to put on airs; फूले अंग न समाना to be too happy to contain oneself. 3. to be annoyed; वह मुझसे फूला हुआ है He is annoyed with me.

फूल-माला (~ - mA lA) *f.* flower-garland.

फूली (phoo lee) *f.* white outgrowth in the pupil of the eye.

फूस (phoos) *f.* hay, straw; ~ का टट्टर thatch.

फूहड़ (phoo haR) *adj.* sluttish, uncouth, sloven, awkward, ludicrous, stupid, mannerless; ~ औरत slut.

फूहड़पन (~ pan) *m.* uncouthness, slovenliness, awkwardness, stupidity.

फेंकना (pheṅk nA) *vt.* 1. to cast, throw or hurl; जाल ~ to cast a net. 2. to emit. 3. to offer; चारा ~ to offer a bait.

फेंट (phẽT) *f.* part of the धोती folded up round the waist.

m. shake; दूध का ~ milk-shake.

फेंटना (~ nA) *vt.* 1. to beat up (as espresso coffee). 2. to shuffle (as a pack of cards).

फेंटा (phẽ TA) *m.* 1. circumference of the waist. 2. part of धोती tucked up round the waist. 3. girdle. 4. short turban; ~ कसना/बाँधना to gird up (one's) loins.

फेन (phen) *f.* foam, froth, lather.

फेनी (phe nee) *f.* a type of Indian sweet.

फेफड़ा (pheph RA) *m.* lung.

फेर (pher) *m.* 1. detour, circuitous route, curvature; ~ खाना to (have to) make a detour. 2. complication; (किसी के) ~ में पड़ना to get involved in a complication; निन्यानबे का ~ excessive greed of wealth. 3. misconception, misunderstanding, ambiguity, miscalculation; समय का ~ ugly turn of time; किस ~ में हो What are you at? समझ का ~ matter of understanding; हेर - ~ interchange.

फेरना (~ nA) *vt.* to turn, twist; माला ~ to tell beads (of a rosary); मुँह फेर देना to satiate, shift; सच्ची बातों ने उसका मुँह फेर दिया The hometruth turned his face. हाथ ~ to caress/fondle; हाथ फेर देना to pinch.

फेर-बदल (~ - ba dal) *m. f.* reshuffle, shake-up.

फेरा (phe rA) *m.* 1. round, circumambulation, alteration. 2. one round of the sacred fire (as a matrimonial rite); फेरे पड़ना—फेरे पड़ गए The requisite number of rounds (usually seven) have been taken about the sacred fire. फेरे लगाना to circumambulate, to take frequent rounds.

फेरी (~ ree) *f.* 1. round. 2. hawking; ~ लगाना (i) to go round; (ii) to go peddling/hawking.

फेरीवाला (~ vA lA) *m.* hawker, pedlar.

फ़ेल (Fel) *adj.* failed, ploughed; ~ होना to plough, fail (at an examination).

फ़ेहरिस्त (Feh rist) *f.* list, inventory.

फ़ैंसी (Fain see) *adj.* fancy.

फ़ैक्टरी (Faik Tree) *f.* factory.

फैलना (phail nA) *vi.* 1. to spread, pervade, permeate; आग की तरह ~ to spread like fire. 2. to spill over; दंगा अन्य क्षेत्रों में भी जा फैला The rioting spilled over to other regions too. 3. to radiate (as rays). 4. to be prevalent (as fashion). 5. to spread (as a rumour). 6. to extend (as a hand), to saturate.

फैलाना (phai lA nA) *vt.* causative of फैलना; (i) to spread, scatter; चादर ~ to spread a bed-cover; (ii) to spread out (an army); (iii) to spread (a rumour etc.); (iv) to extend (a hand etc.); हाथ ~ to beg for something.

फैलाव (~ lAw) *m.* expansion, stretch, span.

फ़ैशन (Fai shan) *m.* fashion.

फ़ैसला (Fais lA) *m.* adjudication, judgement, decision, settlement; ~ करना to settle/decide; ~ देना to give a judgment; ~ सुनाना to deliver a judgment.

फोक (phok) *m.* residue left after extraction.

फोकट (pho kaT) *adj.* 1. without any substance. 2. without any labour or charge; ~ का माल something obtained free; ~ में without any payment.

फोकटी (~ ka Tee) *adj.* costing nothing; ~ माल free goods.

फ़ोटो (FO TO) *m.* photo; ~ ग्राफ़ photograph; ~ ग्राफ़ी photography.

फोड़ना (phoR nA) *vt.* 1. to break/smash; घड़ा ~ to smash an earthen jar. 2. to burst; इस दवा ने फोड़ा फोड़ दिया This medicine has burst the ulcer. आँख फोड़ देना to make (someone) sightless (by damaging the eye); (किसी को) फोड़ लेना to wean away; गवाह फोड़ लेना to win over a witness; घर फोड़ देना to create discord in the home (where harmony previously existed); खिड़की ~ to make an opening in the wall; भंडा फोड़ देना to reveal/disclose a secret.

फोड़ा (pho RA) *m.* suppurated sore, abscess, boil, ulcer.

फ़ोता (FO tA) *m.* testicle.

फ़ोन (FON) *m.* phone, telephone; ~ करना to phone; उसने होटल को ~ किया He phoned to the hotel.

फ़ौज (Fauj) *f.* army, military force.

फ़ौजदारी (~ dA ree) *adj.* criminal, penal; ~ क़ानून criminal law.
f. penal offence, criminal breach of peace.

फ़ौजी (Fau jee) *adj.* pertaining to the army/military, martial; ~ अदालत court martial, military court; ~ क़ानून martial law.
m. a soldier.

फ़ौरन (~ ran) *adv.* forthwith, immediately, at once, instantly.

फ़ौलाद (Fau lAd) *m.* steel.

फ़ौलादी (~ lA dee) *adj.* 1. made of or pertaining to steel. 2. stout, sturdy; ~ आदमी man of steel/courage.

फौवारा (phau VA ra) *m.* fountain, artificial spring of water.

फ्रांस (FrAns) *m.* France.

.फ्रांसीसी (FrAn see see) *adj.* of France, French.
m. an inhabitant of France.
f. the language spoken in France.

.फ्रॉक (Frauk) *m.* frock.

.फ्री (Free) *adj.* free, without any charge.

.फ्रेम (Frem) *m.* frame (of picture, painting etc.).

.फ्रेमदार (~ dAr) *adj.* fitted into a frame, framed.

ब

ब (ba) *m.* third of the bilabial pentad of consonants of the Nagari aphabet; its sound resembles that of *b* in *ball.*

बंक (baṅk) *adj.* 1. curved, bent. 2. crooked.
m. bank.

बंकिम (baṅ kim) *adj.* 1. curved, bent. 2. crooked.

बंकिमा (~ ki mA) *f.* 1. curvature, bent. 2. crookedness.

बँगला (bãg lA) *adj.* of or pertaining to Bengal.
f. Bengali language.
m. bungalow.

बंगाल (baṅ gAl) *m.* Bengal (a state in the Indain Union).

बंगाली (~ gA lee) *adj.* of or pertaining to Bengal.
m. inhabitant of Bengal.

बंजर (ban jar) *adj.* barren; ~ भूमि barren land.

बंजारा (~ jA rA) *m.* nomad; लाद चलेगा ~ The nomad will pack up and go.

बँटना (bãT nA) *vi.* to be shared; काम बँट गया है The work has been shared. 2. to be divided; संपत्ति बँट गई The property has been divided. मेरा ध्यान बँट गया My mind got distracted.

बँटवारा (~ vA rA) *m.* 1. distribution; धन का ~ distribution of wealth. 2. partition; देश का ~ partition of the country.

बँटाई (bã TA ee) *f.* 1. distribution. 2. crop-sharing, partnership in crops.

बंटाधार (baN TA dhAr) *m.* spoilage, destructive effect; सारा खेल ~ हो गया The entire work is spoiled.

बंडल (~ Dal) *m.* bundle.

बंडा (~ DA) *adj.* tailless.
m. vegetable of the taro family.

बंडी (~ Dee) *f.* jacket; जवाहर ~ Jawahar jacket.

बंद (band) *adj.* 1. shut; दरवाज़ा ~ है The door is shut. 2. closed; आज रविवार है, इसलिए दुकानें ~ हैं It is Sunday, so the shops are closed. दुकानें कब ~ होती हैं What time do the shops close? अधिकतर दुकानें आठ बजे ~ हो जाती हैं Most of the shops close at 8 p.m. ~ कमरों में behind the closed doors. 3. stopped; मेरी घड़ी ~ हो गई है My watch has stopped. उसके दिल की धड़कन ~ हो गई His heart-beat stopped. 4. blocked; नाली ~ हो गई है The pipe is blocked. 5. locked up; चोर को कमरे में ~ कर दिया गया है The thief is locked up in the room. अपराधी हवालात में ~ है The criminal is in the lockup. ~ कर देना to turn off, close or shut; टीवी ~ कर दीजिए Please turn off the television. खिड़की ~ मकान the house, all entire; यह दरवाज़ा मेरे लिए सदा के लिए ~ हो गया For me this door is rather closed for ever.
m. 1. strap; कमर ~ band, belt. 2. metal strap. 3. stanza (in Urdu poetry). 4. joint of the body; ~ - बंद जकड़े हुए हैं All the joints have stiffened. ~ - बंद ढीले पड़े हैं All the joints have loosened. 5. a cessation of work as a protest against

something unusual, strike, band; क़लम ~ हड़ताल pen-down strike.

बंद गली (~ ga lee) *f.* 1. blind lane, culde-sac. 2. (fig.) impasse.

बंदगी (~ gee) *f.* salutation, expression of respect/homage; ~ करता हूँ I pay my respects/homage.

बंद गोभी (~ gobhi) *f.* cabbage.

बंदनवार (ban dan VAR) *f.* arch, festoon of flowers/green leaves.

बंदर (~ dar) *m.* (Fem. बँदरिया, बंदरी) monkey, ape; ~ नचानेवाला monkey-showman.

बंदरगाह (~ gAh) *f.* harbour, port.

बंदर-घुड़की (~ ghuR kee) *f.* bluff, hollow threat.

बंदर-बाँट (~ - bÃt) *f.* unequal and wrong distribution.

बंदर-भभकी (~ - bhabh kee) *f.* = बंदर-घुड़की।

बंदरवाला (~ WA lA) *m.* monkey-showman.

बँदरिया (bã da ri yA) *f.* female monkey.

बंदरी (ban da ree) *f.* female monkey.

बंदा (~ dA) *m.* human being; ख़ुदा का ~ man of God, creature of God.

बंदापरवर (~ par var) *m.* protector of the human beings.

बंदिश (ban dish) *f.* 1. restriction. 2. precautionary measure; ~ बाँधना (i) to plan before hand; (ii) to take a precautionary measure. 3. musical pattern.

बंदी[1] (~ dee) *m.* 1. prisoner, captive, convict; ~ बनाना to imprison. 2. bard; ~ जन class of bards.

बंदी[2] (~ dee) *f.* 1. shut-down. 2. closure. 3. holiday.

बंदीख़ाना (~ KhA nA) *m.* prison.

बंदीगृह (~ grih) *m.* prison.

बंदूक़ (ban dooK) *f.* gun; बंदूकों का व्यवसाय करनेवाले उसकी तरह असंख्य लोग है There are countless persons like him who are running gun business. ~ का कुंदा butt of a gun; ~ का घोड़ा trigger of a gun; ~ चलाना/दाग़ना to fire a gun; बात-बात पर ~ निकाल लेनेवाला, ready to react violently, trigger-happy.

बंदूक़ची (~ cee) *m.* gunner, gunman.

बंदूक़धारी (~ dhA ree) *m.* gunman.

बंदूक़बाज़ी (~ bA zee) *f.* 1. firing. 2. marksmanship.

बंदोबस्त (ban do bast) *m.* 1. management, arrangement. 2. (land) survey and settlement.

बंध (bandh) *m.* 1. = बंधन। 2. = बाँध।

बंधक (ban dhak) *m.* 1. mortgage, pledge; ~ रखना to mortgage/pledge; भोग - ~ mortgage with possession. 2. hostage; अंत में उन्होंने बंधकों को छोड़ दिया At last they released the hostages. ~ मज़दूर bonded labour.

बंधन (~ dhan) *m.* 1. tie; प्यार का ~ tie of love. 2. bond. 3. restriction, confinement, binding; शराब पीने का ~ restricition, on drinking. 4. bondage; ~ मुक्त free from bondage; समय का ~ bondage of time. 5. joint (of the body); ~ ढीले पड़ गए हैं The joints have gone loose.

बंधनकारी (~ KA ree) *adj.* binding (restriction, obligation etc.).

बँधना (bãdh nA) *vi.* 1. to be tied/fastened/imprisoned. 2. to be bound.
m. string, cord, anything used for tying.

बँधवाना (~ VA nA) *vt.* causative of बँधना, to cause (someone) to tie.

बँधा (bã dhA) *adj.* tied, fastened, bound.

बंधान (ban dhAn) *m.* 1. (binding) tradition. 2. stipulation. 3. embankment.

बँधी लीक (bã dhee leek) *f.* beaten track; ~ छोड़कर off the beaten track.

बंधु (~ dhu) *m.* 1. brother; देश- ~ fellow countryman; भाई - ~ kinsfolk, kinsmen.

बँधुआ (bã dhu A) *adj. & m.* captive, bondman; ~ कुत्ता chained dog.

बंधुता (ban dhu tA) *f.* brotherhood, fraternity.

बंधुत्व (~ dhuttw) *m.* = बंधुता।

बंधु-बांधव (ban dhu - bAn dhav) *m.* cousinry, kinsfolk, relatives, friends.

बंधुभाव (~ dhu bhAv) *m.* kinship, fraternalism.

बंधेज (~ dhej) *m.* 1. binding tradition. 2. amount paid due to such a tradition. 3. restriction, hindrance.

बंध्य (bandhy) *adj.* sterile.

बंध्यत्व (ban dhyattw) *m.* sterility.

बंध्या (~ dhyA) *adj. & f.* barren woman; ~ पुत्र impossible phenomenon (lit. son of a barren woman).

बंपुलिस (bam pu lis) *m.* public lavatory.

बंब (bamb) *m.* 1. sound of bam bam; ~ - बंब महादेव invocation of Lord Shiva. 2. bomb.

बंबा (bam bA) *m.* waterpipe.

बंबूकाट (~ boo KAT) *m.* a kind of two-wheeled vehicle, like a tonga.

बँसवाड़ा (bãs VA RA) *m.* 1. bamboo market. 2. grove of bamboos.

बंसी (ban see) *f.* 1. flute. 2. fishing hook.

बंसीधर (~ dhar) *m.* one who plays on a flute, Lord Krishna.

बंसीवाला (~ VA lA) *m.* = बंसीधर।

बँहगी (bãh gee) *f.* = बहँगी।

बक (bak) *m.* heron.

f. prattle, gossip.

बक-झक (~ - jhak) *f.* babbling, jabbering; ~ करना to jabber.

बकतर (~ tar) *m.* armour; ~ बंद armoured.

बकना (~ nA) *vi.* to jabber/babble; ~ - झकना to rave, to talk in anger, to fume and fumble.

बकबक (~ bak) *f.* prattle; ~ मत करो Don't talk tripe ! Don't prattle.

बकरदाढ़ी (ba kar dA Rhee) *f.* a short pointed beard, goatee.

बकरम (bak ram) *f.* a kind of stiff cloth, buckram.

बकरा (~ rA) *m.* he-goat; बलि का ~ scape goat.

बक़रीद (baK reed) *f.* an important Muslim festival.

बकलस (~ las) *m.* buckle.

बकवाद (~ VAd) *f.* foolish, useless or confused talk, babble, prattle.

बकवादी (~ VA dee) *m.* babbler, prattler, talkative, garrulous.

बकवास (~ VAS) *f.* = बकवाद।

बकस (ba kas) *m.* box.

बकसुआ (bak su A) *m.* buckle.

बकायदा (ba KAy dA) *adv.* according to rule.

बक़ाया (ba KA yA) *adj. & m.* arrear (s).

बकोटना (ba KOT nA) *vt.* to pinch.

बकोटा (ba ko TA) *m.* mark or bruise made by pinching/scratching.

बक़ौल (ba Kaul) *adv.* as stated by.

बक्कल (bak kal) *m.* skin, bark.

बक़्क़ाल (baK KAl) *m.* petty grocer/shopkeeper.

बक्की (bak kee) *adj.* talkative, chatty.

बक्खर (~ khar) *m.* cattle-pen.

बक्स (baks) *m.* box.

बखान (ba khAn) *m.* 1. description. 2. praise, eulogy.

बखानना (~ nA) *vt.* 1. to describe in detail. 2. to eulogise at length.

बखार (ba khAr) *m.* barn, grain-store, granary. [Fem. बखारी]

बख़िया (ba Khi yA) *m.* back-stitching; ~ उधेड़ना to expose thoroughly.

बख़ुद (ba KHud) *adv.* by oneself.

बख़ूबी (ba KHoo bee) *adv.* 1. beautifully. 2. thoroughly.

बखेड़ा (ba khe RA) *m.* complication, mess, uproar, tumult, row; ~ खड़ा करना to start a row.

बखेड़िया (ba khe Ri yA) *adj. & m.* one who starts a row, quarrelsome fellow, turbulent.

बख़्तर (baKH tar) *m.* armour; ~ बंद गाड़ी armoured car.

बख़्शना (baKHsh nA) *vt.* to forgive/excuse/pardon; इन अपराधियों को बख़्शा नहीं जाएगा These criminals won't be spared.

बख़्शवाना (~ VA nA) *vt.* causative of बख़्शना।

बख़्शीश (baKH sheesh) *f.* tip (given after getting some work done).

बगछुट (bag chuT) *adj.* having a free rein (said of a horse).

बग़ल (ba Gal) *f.* 1. armpit. 2. side; किसी की ~ गरम करना (said of a woman) to sleep with some man; ~ में near, near by; ~ में तालाब था There was a poud near by. ~ में दबाना/लेना to pick up with a view to grab; बग़लें झाँकना to try to get out of a scrape; बग़लें बजाना to dance for/with joy.

बग़लगीर (~ geer) *adj.* 1. seated by the side. 2. in the embrace.

बग़लबंदी (~ ban dee) *f.* an old-fashioned Indian jacket.

बग़ल में, के (ke ba Gal mẽ) *postposition.* beside; मैं अध्यापक के बग़ल में जा बैठा I sat beside the teacher. मेरा घर स्टेशन के बग़ल में है My house is situated near the station.

बगला (bag lA) *m.* heron.

बगला-भगत (~ bha gat) *m.* hypocrite.

बगला-भगती (~ bhag tee) *f.* hypocrisy.

बग़ली (baG lee) *adj.* pertaining to the armpit/flank; ~ घूँसा (i) a punch in the side; (ii) a blow from the ambush.

f. 1. a trick in wrestling. 2. hole. made in a wall for burglary. 3. tailor's bag for keeping gadgets etc.

बग़ावत (ba GA vat) *f.* rebellion, revolt; ~ का झंडा खड़ा करना to rise in revolt.

बगिया (ba gi yA) *f.* small garden.

बगीचा (ba gee cA) *m.* small garden, orchard.

बगुला (ba gu lA) *m.* = बगला।

बगूला (ba goo lA) *m.* whirlwind.

बग़ैर, के (ke ba Gair) *postposition.* without; आपके ~ उसका काम नहीं चल सकता He cannot do without you.

बग्घी (bag ghee) *f.* four-horse carriage.

बघ (bagh) *m.* allomorph of बाघ (tiger) used in compound words.

बघनखा (~ na khA) *m.* tiger-claw, a weapon of the shape of a tiger-claw.

बघमाला (~ mA lA) *f.* tiger's skin.

बघार (ba ghAr) *m.* seasoning (of vegetables, lentils etc.) in the process of cooking.

बघारना (~ nA) *vt.* 1. to season (vegetables, lentils etc.) in the process of cooking. 2. to talk big/tall; पंडिताई ~ to show off scholarship; शेख़ी ~ to brag/boast.

बचकाना (bac KA nA) *adj.* 1. childish; ~ मज़ाक childish prank; बचकानी टोपी childern's cap; बचकानी भूल childish lapse. 2. highfalutin; बचक़ानी हरकत highfalution manner.

बचकानापन (~ pan) *m.* childishness.

बचत (ba cat) *f.* 1. money saved, saving; केवल दस रुपए की ~ saving of ten rupees only; झूठ बोलने से तुम्हारी ~ नहीं हो सकती You cannot escape by telling a lie. 2. something saved.

बचत खाता (~ khA tA) *m.* savings account.

बचत योजना (~ yoj nA) *m.* saving scheme.

बचन (ba can) *m.* = वचन।

बचना (bac nA) *vi.* 1. to be saved; दस रुपए बच रहे Ten rupees were saved. 2. to remain unused; आज दो रोटियाँ बच रहीं Two loaves have remained unused today/ Two loaves are left over today. 3. to escape; चोर बचकर निकल गया The thief escaped. 4. to avoid, shun; हमें इन अवगुणों से बचना चाहिए these qualities we must shun. खतरे से बचकर चलो Keep away from danger. बच निकलना to get out; मैं किसी प्रकार बच निकला I escaped somehow / Somehow I managed to escape. मैंने कभी सोचा भी नहीं था कि ज़िंदा बच निकलूँगा I never thought I would get out alive. बाल-बाल ~ to have a narrow shave, to have a hairbreadth escape; बचो, बचो Step aside! get out of the way! हटो, बचो Keep away. इससे बचने का कोई रास्ता नहीं There is no way to escape it.

बचपन (~ pan) *m.* 1. childhood; ~ के दिन भुला न देना Forget not thy childhood days. 2. childishness, puerility; यह ~ दिखाने का मौक़ा नहीं This is not the time to exhibit childishness/puerility.

बचपना (~ pa nA) *m.* = बचपन।

बचा-खुचा (ba cA - khu cA) *adj.* left over; ~ सामान left-overs; बचे-खुचे आदमी those that remained.

बचाना (ba cA nA) *vt.* 1. to save. 2. to spare; हृदय बचाकर गोली मारो Shoot but spare the heart. 3. to defend/protect. 4. to avoid; रक्तपात ~ चाहिए A bloodshed should be avoided.

बचाव (ba caw) *m.* 1. rescue, protection, safety; मेरे ~ की फ़िक्र मत करो Don't bother about my rescue/safety. 2. escape; ~ का रास्ता way of escape, way out; बीच- ~ mediation.

बचाव-कार्य (~ kAry) *m.* rescue operation; रूसी दल भुज के भूकंप-पीड़ित क्षेत्रों में बचाव-कार्यों में लगेगा The Russian team will conduct rescue operation in the earthquake-affected regions of Bhuj.

बच्चा (bac cA) *m.* 1. (usu. male) child, baby. 2. kid; मेरे बच्चे स्कूल गए हैं My kids have gone to school. क्या आपके चाचा के आगे बच्चे हैं Does your uncle has children? आदमी के बच्चे बनो Act like a human being. ~ देना to give birth (to); बच्चे-कच्चे small childern; बच्चों का खेल child's play, easy job. 3. young animal; अविकसित ~ runt.

बच्चाकश (~ kash) *adj.* (woman), a little too fertile.

बच्ची (bac cee) *f.* female child, small girl.

बच्चेदानी (~ce dA nee) *f.* the female reproductive organ, ovary; ~ निकाल देना to remove the ovary (of a female).

बच्छा (~ chA) *m.* = बछड़ा। [Fem. बच्छी]

बछचमड़ा (bach cam RA) *m.* calf-leather, calf-skin.

बछड़ा (bach RA) *m.* he-calf. [Fem. बछड़ी, बछिया]

बछिया (ba chi yA) *f.* she-calf; ~ का ताऊ dunce, blockhead.

बछेड़ा (ba che RA) *m.* colt.

बजकना (ba jak nA) *vi.* = बजबजाना।

बजट (ba jaT) *m.* budget (आय-व्ययक)।

बजड़ा (~ RA) *m.* 1. = बाजरा, millet. 2. = बजरा, double-deck boat.

बजना (baj nA) *vi.* to ring/tinkle; क्या दरवाज़े की घंटी बजी थी Did the doorbell ring? क्या साढ़े पाँच बज गए Is it five thirty? इस समय कितने बजे होंगे What time is it now?

घंटे घड़ियाल ~ ringing of bells; घड़ी में दस बजे हैं The clock has struck ten. पाँच बचकर दस मिनट पर at ten past five; पाँच बजे at five o'clock, at five; बाजा ~ — बाजा बज रहा है A musical instrument is being played on. नाम ~ to be famous.

m. sounding of a bell; आठ बजने में पाँच मिनट हैं It is five to eight. दस बजने को हैं It is close to ten/It is almast ten.

बजबजाना (~ ba jA nA) *vi.* to form gas and bubbles.

बजरंग (~ raṅg) *m.* Hanuman; ~ बली (Mighty) Hanuman.

बजरबट्टू (ba jar baT TOO) *m.* a seed used (as a talisman) for warding off the evil eye.

बजरा (~ rA) *m.* 1. double-deck boat. 2. = बाजरा, millet.

बजरिया (ba ja ri yA) *f.* small market.

बजरी (baj ree) *f.* 1. gravel. 2. = बाजरा।

बजवाई (~ vA ee) *f.* remuneration paid for playing on an instrument.

बजवाना (~ vA nA) *vt.* causative of बजाना।

बजवैया (~ vai yA) *m.* one who plays on musical instruments.

बजा (ba jA) *adj.* right, proper; आप ~ कह रहे हैं Right you are.

बज़ाज़ (ba zAz) *m.* clothier, cloth-merchant, draper.

बज़ाज़ा (ba zA zA) *m.* cloth-market, drapery.

बज़ाज़ी (ba zA zee) *f.* the calling of a cloth-merchant; ~ की दुकान cloth shop.

बजाना (ba jA nA) *vt.* 1. to play, to toot; बाजा ~ to play (on) a musical instrument; कृपया सितार पर कुछ बजाइए Please play something on the sitar. तूती ~ to toot a trumpet. 2. to toll, to ring; घंटी ~ to ring the bell; मैंने चार बार तुम्हारे दरवाज़े की घंटी बजाई थी I rang your doorbell four times. ठोक-बजाकर देखना to test (something) by its work and worth; ठोक बजाकर after examining in all aspects; डंडे ~ to while away time; ताली ~ to clap; हुकुम बजा लाना to comply with an order; सिक्का बजाकर देखना to test a coin by its sound.

बजाय, के (ke ba jAe) *postposition.* instead of, in place of.

बजे (ba je) *adv.* at... o'clock; हम चार ~ वहाँ पहुँचे We arrived there at 4 o'clock.... बजे तक till... o'clock.... बजे से since... o'clock; वह दो ~ से बाहर गया हुआ है He is out since 2 o'clock.

बझना (bajh nA) *vt.* be tied/entangled.

बझाऊ (ba jhA oo) *adj.* entangling.

बझाना (bajhA nA) *vt.* to tie/entangle.

बट (baT) *m.* = वट (tree).

बटखरा (~ kha rA) *m.* (*pl.* बटखरे) weight (s).

बटन (ba Tan) *m.* button.

बटना (baT nA) *vt.* to twist as a cord, rope, etc.

vi. to be twisted as a cord, rope etc.

m. a cosmetic paste for cleansing the body through massaging.

बटमार (baT mAr) *m.* one who robs travellers, highwayman.

बटमारी (~ mA ree) *f.* act of robbing travellars.

बटलोई (~ lo ee) *f.* a round vessel used for cooking.

बटवारा (~ vA rA) *m.* division, partition.

बटा (ba TA) *m.* divided by (Maths.); दो ~ तीन 2/3, two (divided) by three.

बटाई (ba TA ee) *f.* sharing of crop.

बटाऊ (ba TA oo) *m.* traveller, wayfarer.

बटाटा (ba TA TA) *m.* potato.

बटालियन (ba TA li yan) *f.* battalion.

बटिया (ba Ti yA) *f.* 1. small, smooth mass of stone or clay. 2. small pestle. 3. foot-path.

बटी (ba Tee) *f.* 1. pill or tablet. 2. = बड़ी (f.) (cookie).

बटुआ (ba TU A) *m.* money-bag, purse; ल· ग है कि मेरा ~ खो गया है It appears I have lost my purse.

बटुरना (ba TUr nA) *vi.* to be accumulated; माल ~ accumulation of wealth.

बटेर (ba Ter) *m.* he-quail. [Fem. बटेरी] ~ लड़ाना to engage in quail-fighting.

बटेरबाज़ (~ bAZ) *m.* one who rears quails.

बटेरबाज़ी (~ bA zee) *f.* rearing of quails (especially. for quail-fighting).

बटेरिन (ba Te rin) *f.* she-quail.

बटेरी (ba Te ree) *f.* 1. she-quail. 2. display of gifts received from the bride's party.

बटोरन (ba To ran) *f.* sweepings; झाड़ू ~ rubbish.

बटोरना (ba Tor nA) *vt.* 1. to gather or collect; कूड़ा ~ to collect rubbish; साहस बटोरकर by taking courage in both hands. 2. to accumulate; धन ~ to accumulate wealth.

बटोही (ba To hee) *m.* traveller, wayfarer.

बट्टा (baT TA) *m.* 1. piece of stone. 2. stone pestle. 3. rebate, discount, brokerage, commission; बट्टे पर at a discount; ~ लगना—कितना बट्टा लगा (i) How much discount did (you) pay ? (ii) How much loss did you suffer ? मेरे नाम को ~ लगा I have lost my reputation. ~ खाता bad debt account; बट्टे खाते लिखना to include in bad debt.

बट्टी (~ Tee) *f.* cake; साबुन की ~ soap cake.

बड़ (baR) *m.* 1. banyan tree. 2. allomorph of बड़ा, used in compound words. *f.* brag; ~ मारना/हाँकना to brag.

बड़प्पन (ba Rap pan) *m.* 1. elderliness, greatness, generosity. 2. magnanimity, dignity; यह उनका ~ है This is his magnanimity/dignity.

बड़बड़ (baR baR) *f.* foolish talk, grumble; ~ करना = बड़बड़ाना।

बड़बड़ाना (~ ba RA nA) *vi.* to talk foolishly or too much, to blab.

बड़बोल (~ bol) *adj.* braggart. *m.* bragga-docio.

बड़बोला (~ bo lA) *adj.* braggart.

बड़भागी (~ bhA gee) *adj.* lucky, fortunate.

बड़वाग्नि (~ vAg ni) *f.* = बड़वानल।

बड़वानल (~ vA nal) *m.* marine fire.

बड़हार (~ hAr) *m.* marriage feast given by the bridal party.

बड़ा (ba RA) *adj.* 1. big, large, huge; उसके दो बड़े बेटे हैं He has two big sons. ~ मकान large/big house; ~ काम huge work, important work; सामान्य नाप से ~ outsize. 2. great, grand; ~ आदमी great man; ~ काम great work; ~ विचार grand idea. 3. major; हिंसा की किसी बड़ी घटना के बिना मतदान दो बजे समाप्त हुआ The polling concluded at 2 p.m. without any major incident of violence. 4. elder; ~ भाई elder brother; उनमें से ~ कौन है Which of them is the eldest. आपका बेटा बेटी से छोटा है या बड़ा Is your son older or younger than daughter? 5. older; वह मुझ से ~ है He is older than I. 6. very much, extremely; ~ भाग्यवान very fortunate; बड़े घर की बड़ी बातें Great are the ways of the great families. ~ घर (i) family of status; (ii) prison; बड़े घर की हवा खाना to have a taste of prison life; ~ घराना great family; ~ दिन Christmas Day; ~ दिल big/large heart; बड़े

दिलवाला large-hearted; ~ बाबू head clerk; ~ मुश्किल काम difficult work; ~ बूढ़ा elderly man; ~ बोल braggadocio; बड़ी दिलचस्पी से with deep interest; बड़ी-बड़ी बातें करना to talk tall; बड़ी बात big thing, great achieve-ment; बड़ी बी elderly (Muslim) woman; बड़ी माता small pox; बड़े-बड़े लोग big guns; बड़े बड़ों से लोहा लेना to cross swords with the great/big people; बड़े बाप का बेटा son of a great man; बड़े लोग great people, highups; chief or head (of an office); बड़ों की बड़ी बातें Great men have great ways.

m. biscuit of ground pulse fried in oil etc.

adv. too much, very.

बड़ाई (ba RA ee) *f.* 1. greatness; बड़ों की ~ greatness of the great. 2. praise; ~ करना to praise.

बड़ी (ba Ree) *f.* preparation of ground pulse.

बड़ी इलायची (~ i lA ya cee) *f.* black cardamom.

बढ़ई (ba Rha ee) *m.* carpenter.

बढ़ईगीरी (~ gee ree) *f.* work or vocation of a carpenter, carpentry.

बढ़ती (baRh tee) *f.* 1. increase. 2. increment. 3. surplus; ~ के दिन times of prosperity.

बढ़ना (~ nA) *vi.* 1. to grow; पौधा बढ़ रहा है The plant is growing. हमारा निर्यात 20% बढ़ा है Our export has grown by 20%. ~ फ़सल growing crop. 2. to rise; विश्व की जनसंख्या बड़ी तेज़ी से बढ़ रही है The population of the world is rising very fast. गंगा का पानी बढ़ गया है The level of water of the Ganga has risen. 3. to increase; वेतन बढ़ गया The salary is increased. अपराध बढ़ रहे हैं The crime is on increase. 4. to exceed हमारा खर्च आमदनी से बढ़ गया Our expenditure exceeded the income. 5. to advance/progress; राष्ट्र बढ़ रहा है The nation is progressing. 6. to be extended; प्रभाव-क्षेत्र ~ extension of sphere of influence; चूड़ियाँ ~ putting off of bangles as a sign of bereavement; दीया ~ —दीया बढ़ गया The lamp has gone out. दुकान ~ closing of the shop (for the day); से बढ़कर greater than; उनका मत है कि दरिद्रनारायण की सेवा से बढ़कर कोई उपलब्धि नहीं He maintains that there is no greater achievement in life than selfless service of the poor. (ii) एक से एक बढ़कर many a topping, one surpassing the other; बढ़-चढ़कर definitely superior, excelling; वह कौशल में अन्य प्रतियोगियों से बढ़-चढ़कर निकला He surpassed the other rivals in skill. बढ़-चढ़ जाना to excel; बढ़-बढ़कर बोलना to talk tall/big.

बढ़नी (~ nee) *f.* broom.

बढ़ा-चढ़ा (ba RhA - ca RhA) *adj.* surpassing, excelling.

बढ़ाना (ba RhA nA) *vt.* 1. to increase; गति ~ to increase speed, accelerate. 2. to raise; वेतन ~ to raise salary. 3. to extend, to lengthen; जम्मू-कश्मीर का संघर्ष-विराम एक महीना बढ़ाया गया J. &. K. cease-fire has been extended by a month. प्रभाव-क्षेत्र ~ to extend the sphere of influence. 4. to magnify/enlarge as a photograph; बढ़ाना-चढ़ाना to exaggerate, overstate; शायद यह बात कुछ बढ़ा-चढ़ाकर कही गई है Perhaps this comment is a little overstated. बढ़ाया-चढ़ाया हुआ fulsome; इज़्ज़त ~ to enhance prestige; चूड़ियाँ ~ to put off bangles as a sign of bereavement; दुकान ~ to close the shop (for the day); बात ~ to give an affair a serious turn.

बढ़ाव (ba RhAW) *m.* act or state of बढ़ाना।

बढ़ावा (ba RhA VA) *m.* incentive, encouragement; ~ देना to encourage, promote; कुछ देश आतंकवाद को ~ देते हैं Some countries promote terrorism. ~ मिलना to receive encouragement.

बढ़िया (ba Rhi yA) *adj.* 1. good, nice, of a high quality; कल रात का भोजन ~ रहा We had a nice meal last night. ~ पेंसिल good pencil. 2. excellent, splendid; बहुत ~ excellent, wonderful; आज मौसम बहुत बढ़िया है The weather is absol 'tely wonderful today.

बढ़ोतरी (ba Rho ta ree) *f.* 1. increase, increment. 2. sharp rise, hike; विद्युत शुल्क की ~ पर किसान सभा ने आंदोलन चलाने का निश्चय किया है Kisan Sabha has decided to launch an agitation against the power tarriff hike. भाड़ा - ~ fare hike. 3. progress.

बढ़ौती (ba Rhau tee) *f.* = बुढ़ौती, old age.

बणिक (ba Nik) *m.* = वणिक (trader).

बतंगड़ (ba taṅ gaR) *m.* बात का ~ storm in a tea-cup, much ado about nothing.

बत (bat) *f.* an allomorph of बात (see बतकही, बतरस)।

बतकही (~ ka hee) *f.* conversation; ~ चल रही थी The conversation was going on.

बतक्कड़ (ba tak kaR) *adj. & m.* fond of tal-king, talkative, garrulous, chatty.

बतरस (bat ras) *m.* relish/fondness for talk.

बतलाना (~ lA nA) *vt.* = बताना।

बताना (ba tA nA) *vt.* 1. to tell; विद्यार्थी को उत्तर बता दो Tell the answer to the student. 2. to state; सविस्तार बताओ State in details. 3. to indicate, to point out; आँखें बता रही हैं Eyes indicate; The eyes tell the story. धता ~ to put (someone) off; एक प्रश्न बताओ Show me how to solve a question; Help solve a question. मैं तुम्हें बताऊँगा I will see you; I will set you right. रास्ता ~ (i) to show the way; (ii) to shunt off; ठहरो, अभी बताता हूँ तुमको Wait, I will settle scores/accounts with you. तुम क्या बताओगे What can you (poor fellow) do? To do anything is beyond you.

बतासा (ba tA sA) *m.* a. roundish sugarcake.

बतियाना (bati yA nA) *vt.* to talk/converse.

बतौर (ba taur) *conj.* like, just like.

बत्ती (bat tee) *f.* 1. wick. 2. candle. 3. light; मैं अपने कमरे की बत्तियाँ खुली छोड़ आया हूँ I left the lights on in my room. बिजली की ~ electric bulb/light; ~ जलाना (i) to light a lamp, candle etc.; (ii) to put on the switch; ~ दिखाना to show a light, to light the way for someone; ~ बुझाना to put off the light.

बत्तीदान (~ dAn) *m.* candlestick.

बत्तीस (bat tees) *adj. & m.* thirty-two, 32.

बत्तीसी (~ tee see) *f.* a full set of teeth, denture; ~ खिलना—उसकी ~ खिल गई He laughed heartily. ~ झाड़ना to knock out the teeth; ~ दिखाना (i) to show one's teeth; (ii) to laugh; (iii) to show one's teeth as a sign of being nonplussed; ~ बजना chattering of teeth.

बथुआ (ba thu A) *m.* a leafy vegetable (Indian), *Chenapodium album.*

बद (bad) *adj.* bad .[Its comparative form is बदतर and superlative form बदतरीन]

बदइंतज़ामी (~ in ta ZA mee) *f.* mismanagement.

बदक़िस्मत (~ Kis mat) *adj.* unlucky, unfortunate, wretched.

बदक़िस्मती (~ Kis ma tee) *f.* ill-luck, misfortune.

बदचलन (~ ca lan) *adj.* rakish, of loose morals, depraved, corrupted.

बदचलनी (~ cal nee) *f.* depravation, rakishness.

बदज़बान (~ za bAN) *adj.* evil-tongued, foul-mouthed.

बदज़ात (~ zAt) *adj.* vile, wicked.

बदतमीज़ (~ ta meez) *adj.* rude, unmannerly.

बदतमीज़ी (~ ta mee zee) *f.* 1. rudeness, unmannerliness. 2. rude or obscene act.

बदतर (~ tar) *adj.* worse (comparative form of बद); उसकी दूसरी दलील ~ है His second argument is worse. ~ से बदतर worst possible.

बददुआ (~ du A) *f.* curse.

बदन (ba dan) *m.* body; ~ जलना to be having high temperature; ~ टूटना—मेरा बदन टूट रहा है The joints of my body are aching. (तन) ~ में आग लगना—उसके (तन) बदन में आग लग गई He was enraged. He was aflame with anger. ~ साँचे में ढला होना—उसका बदन साँचे में ढला है She has a figure. Her body is cast in a mould, as it were. ~ सूखकर काँटा होना—उसका ~ सूखकर काँटा हो गया She was emaciated beyond measure. ~ हरा होना to be refreshed; दुहरा ~ flabby body; भारी ~ heavy body; हलका ~ light body.

बदनसीब (bad na seeb) *adj.* unlucky, unfortunate, wretched.

बदनसीबी (~ na see bee) *f.* ill luck, misfortune.

बदना (~ nA) *vt.* to bet/wager; बदकर with a bet.

बदनाम (~ nAm) *adj.* defamed, ill-famed; ~ करना to defame/malign/slander.

बदनामी (~ nA mee) *f.* defame, ill-famed; ~ करना to defame.

बदनीयत (~ nee yat) *adj.* of ill-intent, malevolent, ill-motived.

बदनीयती (~ nee ya tee) *f.* ill-intent, malevolence, bad faith.

बदपरहेज़ (~ par hez) *adj.* intemperate in habits (especially in diet).

बदपरहेज़ी (~ par he zee) *f.* intemperance, indulgence in wrong or unbalanced diet.

बदबू (~ boo) *f.* foul/bad smell, reek.

बदबूदार (~ dAr) *adj.* reeking, stinking, foul-smelling, smelly.

बदमाश (bad mAsh) *adj.* & *m.* wicked (person), scoundrel, rascal, hooligan, hoodlum.

बदमाशी (~ mA shee) *f.* rascality, wickedness.

बदमिज़ाज (~ mi zAj) *adj.* short/ill-tempered.

बदमिज़ाजी (~ mi zA jee) *f.* short/ill temper.

बदरंग (~ rang) *adj.* 1. of a faded colour, discoloured. 2. of a grotesque colour. 3. of a different/another colour (cards).

बदल (ba dal) *m.* change; फेर - ~ (i) change; (ii) replacement.

बदलना (~ nA) *vt.* 1. to change, alter; मनुष्य जाति के बर्बर स्वभाव को संस्कृति और सभ्यता बदल नहीं सकीं Culture and civilisation could not alter the barbaric nature of human beings. 2. to exchange or replace. कपड़े ~ — मैं कपड़े बदल रही हूँ I am just changing. हमारा कार्यक्रम कभी बदलता नहीं Our programme never varies. करवट ~ to change one's side (in repose); ढंग ~ to change (one's) ways; पानी ~ to change climate; पैंतरा ~ to change (one's) strategy; रंग ~ to change (one's) colours; रंग-ढंग ~ to change (one's) dealings; बदल जाना (i) to get exchanged. (ii) to become something different, change; ज़माना बदल गया है Times have changed. ढाँचा बदल गया है The setup has changed. दारोग़ा बदल गया है The police-inspector is transferred. दिमाग़ बदल गया है The mind is changed. नक़्शा बदल गया है The frame-work is changed. पहरा बदल गया है The guard is changed; गुस्से से भोजन का स्वाद बदल जाता है Anger changes the taste of food. वह अपनी बात बदल गया है He has gone back upon his word. वह बिल्कुल बदल गया है He is entirely changed. उसकी शक्ल बदल गई है His face is changed. हवा का रुख़ बदल गया है (i) The direction of the wind is changed; (ii) The entire atmosphere is changed. हुलिया बदल गया है The face has radically changed. बदल लेना to get exchanged; आँखें बदल लेना to change (one's) dealings; कपड़े बदल लेना to have a change (of clothes); करवट बदल लेना to change the side (in repose); खाता बदल लेना to change (one's) account; चोला बदल लेना (i) to change clothes; (ii) to transmigrate; दल बदल लेना to change the party, to defect; दिशा बदल लेना to change (one's) direction; निगाहें बदल लेना = आँखें बदल लेना; रुख़ बदल लेना to change (one's) attitude; बदल-बदलकर changing several times/often; वह बदल-बदलकर कपड़े पहनता है He changes his dress frequently. 3. to amend; धारा ~ to amend the bylaw.

बद्लवाना (~ VA NA) *vt.* causative of बदलना।

बदला (bad lA) *m.* revenge, reprisal, retaliation; ~ लेना/चुकाना to strike back when struck, to retaliate; बदले की कार्रवाई retaliatory measure, vengeful step; बदले की भावना से with a vengeance; बदले में in lieu of, in exchange for, in return.

बदलाव (~ lAW) *m.* 1. change. 2. replacement.

बदली (~ lee) *f.* 1. cloudiness. 2. transfer; पिताजी की ~ हो गई है. Father has been transferred. अदला ~ interchange.

बदले, के (ke bad le) *postposition.* in place of, instead of.

बदलौअल (bad lau al) *m.* exchange, alteration.

बदशक्ल (~ shakl) *adj.* unpleasant to look at, uncouth, awkward, clumsy, ugly.

बदसुलूकी (~ su loo kee) *f.* maltreatment, misbehaviour.

बदसूरत (~ soo rat) *adj.* ugly, clumsy.

बदस्तूर (ba das toor) *ind.* as usual, as ever before, in the customary manner.

बदहज़मी (bad haz mee) *f.* indigestion.

बदहवास (~ ha VAS) *adj.* out of one's wits, bewildered, confused, perplexed.

बदहवासी (~ ha VA see) *f.* state of being out of one's wits, state of bewilderment.

बदा (ba dA) *adj.* fated, destined; किस्मत का ~ fated; कोई नहीं जानता कि किस्मत में क्या ~ है No one knows what fate has in store/who knows what the future holds for us.

बदा-बदी (~ - ba dee) *f.* rivalry; ~ में in a spirit of rivalry.

बदी (ba dee) *f.* 1. dark fortnight of the lunar month. 2. evil.

बदौलत, की (kee ba dau lat) *postposition.* by the grace of, through the kindness of by virtue of; आपकी ~ by your grace, through your kindness.

बद्ध (baddh) *adj.* bound, tied, fixed; ~ मैच tied match.

बद्धकोष्ठ (~ kosh TH) *adj.* suffering from constipation.

बद्धपरिकर (~ pa ri kar) *adj.* girt up.

बद्धमूल (~ mool) *adj.* deep-rooted.

बधाई (ba dhA ee) *f.* congratulation, greetings, felicitation; ~ देना to congratulate/felicitate; ~ बजना music played as a mark of felicitation.

बधावा (~ VA) *m.* presents sent ceremoniously as a mark of felicitation.

बधिक (ba dhik) *m.* = वधिक।

बधिया (ba dhi YA) *adj.* castrated; ~ करना to castrate; ~ बैठ जाना crashing (of a business, project etc.)

बधिर (ba dhir) *adj.* unable to hear, deaf.

बधिरता (~ TA) *f.* deafness.

बन (ban) *m.* = वन; forest, woods, jungle.

बन-कटाई (~ - ka TA ee) *f.* deforestation.

बनखंड (~ khaND) *m.* = वनखंड (woodland).

बनचर (~ car) *adj.* & *m.* 1. wild (beast). 2. forester.

बनजारा (~ JA RA) *m.* nomad.

बनत (ba nat) *f.* design.

बनदेवी (ban de vee) *f.* goddess of a forest.

बनना (~ nA) *vi.* 1. to become; अंततः आपने क्या बनने का निश्चय किया है What have you finally decided to become? वह मंत्री बना He became a minister. वह चोर क्यों बना Why did he turn a thief ? 2. to be made; भारत का बना made in India. 3. to be built/constructed; घर बन गया है The house has been erected/constructed. 4. to come into existence; अयोध्या में जो विस्फोटक स्थिति बन रही थी उससे सरकार परिचित थी The government was fully aware of the explosive situation building up at Ayodhya. 5. to be repaired; घड़ी बन गई है The watch is repaired. अब तो उसकी बन आई है Now is the time for him. आँखें बन गई हैं His eyes have been operated upon. उन लोगों में आपस में खूब बनती है They pull/get on very well together. जान पर बन आना—अब उसकी जान पर बन आई है It is telling upon his life. जिस तरह बने by whatever means, by hook or crook; तुम बहुत बनते हो You pose a little too much. ~-ठनना to adorn oneself; बन पड़े तो आना Come, if you could. बना-बनाया खेल well-made show; बना रहना (i) to uphold; मुख्यमंत्री को इस प्रकार काम करना चाहिए जिससे संविधान की गरिमा बनी रहे Chief Minister must function in such a manner that upholds the dignity of the Constitution. (ii) to survive; बने रहो Live (long) ! बना होना to continue to be, चरमपंथी अब भी चिंता का कारण बने हुए हैं The extremists continue to be a source of concern. बनी बात बिगड़ गई All but completed plan was foiled or came to naught. भले बने हो नाथ You have been made up well, my Lord ! यहीं बने रहो Stay here.

बनना-बिगड़ना (~ bi gaR nA) *vi.* to be made and unmade इससे कुछ बनता-बिगड़ता नहीं It does not matter, it makes no difference.

बनफ़्शा (ba naF shA) *m.* a type of medicinal herb.

बनबिलाव (ban bi lAW) *m.* a wild animal of the cat family, lynx.

बनमानुष (~ mA nush) *m.* chimpanzee.

बनवाई (~ VA ee) *f.* act or state of बनवाना, or charges paid for the same.

बनवाना (~ VA nA) *vt.* causative of बनाना।

बनवास (~ VAS) *m.* dwelling in the forest.

बनवासी (~ VA see) *m.* forest-dweller.

बनस्पति (ba nas pa ti) *f.* = वनस्पति।

बनाना (ba NA NA) *vt.* 1. to make (physical or conceptual), to build/erect/construct; काम ~ to fulfil (one's) object. 2. to befool; हमने उसे खूब बनाया We befooled him/We made a fool of him. बना छोड़ना—उसने अपने पति को शराबी बना छोड़ा है She has made a drunkard out of her husband. बनाए रखना—रुचि बनाए रखो Keep (your) interest alive/Sustain your interest; उससे बनाए रखो Maintain your relations with him.

बना-बनाया (ba NA - ba NA YA) *adj.* 1. ready-made. 2. well-made; ~ खेल बिगाड़ देना to spoil a well-made show.

बनाम (ba NAm) *conj.* versus.

बनाव (ba NAW) *m.* = बनावट; ~- सिंगार make-up.

बनावट (ba NA VAT) *f.* 1. make-up, formation, structure, construction. 2. affectation.

बनावटी (ba NA va TEE) *adj.* artificial, showy, unreal; ~ हँसी हँसना to smirk; ~ बातें un-real talk.

बनिया (ba ni YA) *m.* a person belonging to the Vaishya class or caste, the trading community among the Hindus.

बनियाइन (~ in) *f.* an upper undergarment.

बनिस्बत (ba nis bat) की बनिस्बत *postposition.* in comparison with.

बनैला (ba nai lA) *adj.* wild, belonging to or living in the forest.

बन्ना (ban NA) *m.* bridegroom. [Fem. बन्नी]

बन्नी (~ nee) *f.* (fem. of बन्ना) bride.

बपौती (ba pau tee) *f.* inheritance, heritage, patrimony.

बफारा (ba phA RA) *m.* medicated steam.

बबर (ba bar) *m.* शेर ~ lion.

बबुआ (ba bu A) *m.* 1. toy (in the shape of a boy). 2. boy-child.

बबूल (ba bool) *m. acacia* tree.

बबूला (ba boo lA) *m.* 1. bubble. 2. whirlwind.

बम (bam) *m.* bomb; ~ गिराना/फेंकना/मारना to throw a bomb; ~ बरसाना to bomb heavily.

बमकांड (~ kAND) *m.* 1. bomb explosion. 2. case of bombing.

बमगोला (~ go lA) *m.* bomb shell.

बमचख़ (~ caKh) *f.* brawl, tumult, uproar; ~ मचाना to brawl.

बमपुलिस (~ pu lis) *m.* public latrine.

बमबार (~ bAr) *m.* bomber.

बमबारी (~ bA ree) *f.* bombing; ~ करना to attack with bombs, to bombard.

बमवर्षक (~ var shak) *m.* bomber.

बमवर्षा (~ var shA) *f.* bombing; ~ करना to bomb heavily.

बयनामा (bay NA MA) *m.* sale-deed.

बया (ba YA) *m.* weaver-bird.

बयान (ba YAn) *m.* 1. statement. 2. account, description; ~ करना to state; ~ देना to make a statement; अयोध्या मुद्दे पर प्रधान-मंत्री लोकसभा में ~ देने के लिए तैयार थे Prime Minister was ready to make a statement in the LokSabha on the Ayodhya issue. ~ बदल देना to change one's statement.

बयाना (ba YA NA) *m.* earnest money.

बयालीस (ba YA lees) *adj. & m.* forty-two, 42.

बयासी (~ see) *adj. & m.* eighty-two, 82.

बरई (ba ra ee) *m.* one who sells betel leaves.

बरकत (bar kat) *f.* 1. grace; ख़ुदा की ~ Grace of God. 2. affluence; ख़ुदा तुम्हें ~ दे May God bless you with affluence/plenty. घर की बनी मिठाई में ~ होती है There is affluence in sweets preparred at home.

बरकरार (~ ka rAr) *adj.* in tact; ~ रहना to continue to be in tact.

बरख़ास्त (~ KhAst) *adj.* dismissed; ~ करना to sack or dismiss; सरकार ~ कर दी गई The government was dismissed.

बरख़ास्तगी (~ gee) *f.* sack, dismissal.

बरखिलाफ़ (bar khi lAF) के बरखिलाफ़ *postposition.* in opposition (to).

बरगद (~ gad) *m.* banyan tree.

बरछा (~ chA) *m.* spear.

बरछी (~ chee) *f.* dagger.

बरज़ोर (~ zor) *adj.* 1. strong. 2. coercive, oppressive.

बरज़ोरी (~ zo ree) *f.* 1. strength. 2. coercion, oppression.

बरतन (~ tan) *m.* utensil, vessel.

बरतन-चौका (~ - cau KA) *m.* act of cleaning the kitchen and kitchenwares.

बरतना (ba rat nA) *vt.* 1. to use. 2. to exercise; संयम ~ to exercise restraint. 3. to deal with; उससे बरतो तो जानोगे Deal with him and you will know.

बरताव (bar tAW) *m.* treatment, behaviour, dealing; बुरा ~ ill-treatment.

बरदाश्त (~ dAsht) *f.* = बर्दाश्त।

बरबस (~ bas) *adv.* 1. forcefully, willy-nilly. 2. spontaneously.

बरबाद (~ bAd) *adj.* 1. ruined, destroyed. 2. wasted; ~ करना to ruin/waste; उसने अपना धन ~ किया He wasted his money. मैं ~ हो गया I am ruined. पैसे ~ करना to waste money.

बरबादी (~ bA dee) *f.* 1. ruination, ruin. 2. waste, wastage; भोजन की ~ पाप है The waste of food is sin. 3. devastation.

बरमा (~ mA) *m.* 1. drill (for making holes). 2. Burma, old name of Myanmar, a country in Asia.

बरमी (~ mee) *f.* 1. small drill. 2. language of Myanmar.
m. inhabitant of Myanmar.

बरस (ba ras) *m.* year; वह सिर्फ़ 16 ~ की है She is only sixteen.

बरसगाँठ (~ gA͂Th) *f.* birth anniversary.

बरसना (~ nA) *vi.* to rain, to shower; अगर पानी बरसा तो मैं घर पर ही रहूँगा If it rains I shall stay at home. बाहर तेज़ पानी बरस रहा है It is pouring outside. बरस पड़ना to reprimand loudly.

बरसात (bar sAt) *f.* 1. rain. 2. rainy season.

बरसाती (~ sA tee) *adj.* rainy, of or pertaining to rains; ~ हवा breeze of the rainy season.
f. 1. porch. 2. rain-coat.

बरसाना (~ sA nA) *vt.* to rain, to shower (upon); फूल ~ to shower flowers.

बरसी (~ see) *f.* first death anniversary.

बरात (ba rAt) *f.* 1. marriage procession; ~ निकालना to take out a marriage procession. 2. marriage party; ~ करना to join a marriage party (from the bridegroom's side).

बरात घर (~ ghar) *m.* the place where marriage parties stay.

बराती (ba rA tee) *m.* a person who is a member of a marriage party.
m. a member of a marriage party.

बराबर (ba rA bar) *adj.* 1. of the same age or size, equal हम दोनों ~ थे We were of the same age or group. ~ का almost equal; ~ का बेटा a fully grown-up son who looks almost equal. 2. adjoining; ~ का घर adjoining house; ~ - बराबर (i) equally; ~ - बराबर भागों में equally, in equal parts; (ii) in close proximity; इन्हें ~ - बराबर रख दो Put them in close proximity. ~ करना (i) to make equal;

(ii) to level; (iii) to smooth; (iv) to squander. 3. to even.

adv. 1. regularly; वह ~ आता रहता है He comes regularly. मध्याह्न से ~ बर्फ गिर रही है It has been snowing all afternoon. 2. non-stop; वह सुबह से ~ काम कर रहा है He is working almost non-stop since morning.

बराबर, के (ke ba RA bar) *postposition.* equal to, upto.

बराबरी (ba RA ba ree) *f.* equality, parity; किसी की ~ करना to try to be equated to, to emulate; किसी से ~ करना to vie with; ~ का matching; ~ पर छूटना to end in a draw.

बरामद (ba RA mad) *adj.* seized, recovered; ~ करना to recover; पुलिस ने चुराई गई मूर्तियों को ~ किया Police recovered stolen idols. ~ होना to be recovered.

बरामदगी (ba RA mad gee) *f.* 1. act of recovering, recovery. 2. things recovered.

बरामदा (ba RAm dA) *m.* verandah.

बरास्ता (ba RAS tA) *adv.* via.

बरी (ba ree) *adj.* acquitted, released; ~ करना to acquit/release; अपना दोष स्वीकार कर लेने पर न्यायाधीश ने अभियुक्त को बरी कर दिया The judge acquitted the accused who admitted his fault. ~ होना to be acquitted/released.

बरौनी (ba rau nee) *f.* eyelash.

बर्तन (bar tan) *m.* = बरतन।

बर्ताव (~ tAW) *m.* treatment, behaviour; अच्छा/बुरा ~ करना to treat (well/ill), to behave decently/discourteously.

बर्थ (barth) *m.* berth, seat. [`H.E शायिका]

बर्दाश्त (bar dAsht) *f.* power of endurance, tolerance, forbearance; ~ करना to endure/tolerate/forbear; ~ से बाहर intolerable, beyond endurance.

बर्नर (~ nar) *m.* burner.

बर्फ़ (barF) *f.* snow, ice; ~ का तूफ़ान snowstorm, blizzard; ~ गिरना snowfall, falling of snow; बाहर ~ गिर रही है It is snowing outside.

बर्फ़बारी (~ bA ree) *f.* snowfall.

बर्फ़ानी (bar FA nee) *adj.* snowy; ~ पहाड़ियाँ snowy hills.

बर्फ़ी (bar Fee) *f.* a sweetmeat of rectangular shape.

बर्फ़ीला (~ lA) *adj.* icy, snowy; ~ तूफ़ान severe snowstorm, blizzard; ~ मौसम windy weather.

बर्बर (bar bar) *adj.* barbaric, savage.

बर्बरता (~ tA) *f.* barbarism, savagery.

बर्बरतापूर्ण (~ pooRN) *adj.* barbaric, barbarous.

बर्र (barr) *f.* wasp.

बर्राना (bar RA nA) *vi.* 1. to gabble. 2. to talk in one's sleep, fever etc.

बल (bal) *m.* 1. force; सैन्य ~ military force. 2. strength, power, might; अपने ~ पर on our own; हम अपने ~ पर चुनाव लड़ने में समर्थ हैं We are capable of fighting election on our own. 3. vigour; उसकी भाषा में ~ है There is vigour in his lan-guage. 4. stress, emphasis; इस शब्द पर ~ है There is stress on this word. ~ देना to emphasize/stress. 5. any organised body; पुलिस ~ police force. 6. direction; आड़े ~ slantingly, obliquely; खड़े ~ vertically; तिरछे ~ obliquely; पीठ के ~ — पीठ के ~ लेटो Lie on your back. पेट के ~ — पेट के ~ लेटो Lie on your belly/stomach. बेड़े ~ horizontally; मुँह के ~ गिरना (i) to fall face downwards; (ii) to be unable to withstand temptation; आप बुलाते तो सही, हम सिर के ~ आते Had you but called me, I would have come at once. 6. twirl; तार में ~ पड़े हुए हैं The wire has got twisted. ~ खाना—मैं ही दो रुपए का बल खाऊँगा I will suffer the loss of rupees two. कमर का ~ खाना springiness/flexibility/undulation of waistline; कमंर में ~ पड़ जाना clamping pain in the waist; माथे पर ~ पड़ जाना—उसके माथे पर ~ पड़ गए He frowned. ~ खाता हुआ snake-like, serpentine.

बलकना (ba lak nA) *vi.* to be visibly excited, to boil, to simmer.

बलकारक (bal kA rak) *adj.* invigorating, vitalising, restorative.

बलग़म (~ GAM) *f.* phlegm.

बलग़मी (~ GA mee) *adj.* phlegmatic.

बलतोड़ (~ TOR) *m.* boil caused by the uprooting of a hair.

बल-परीक्षा (~ - pa reek shA) *f.* trial of strength, show-down.

बल-प्रयोग (~ - pra yog) *m.* 1. use of force. 2. application of force (Maths.).

बल-बूता (~ - boo tA) *m.* strength; यह शेख़ी किसके बल-बूते पर है Whose strength/backing is this bravado due to? Who is giving (him) support in this show of bravado.

बलवती (~ va tee) *adj.* fem. of बलवान, strong; ~ आशा high hope.

बलवर्धक (~ var dhak) *adj.* tonic, invigorating, restorative.

बलवर्धन (~ var dhan) *m.* toning up, invigorating.

बलवा (~ VA) *m.* riot.

बलवाई (~ ee) *m.* rioter.

बलवान्, बलवान (bal VAN) *adj.* powerful, stout, strong; ~ राजा powerful monarch; शरीर से ~ strong of body/physique; ~ बनो Get strong, Be healthy.

बल-वैभव (~ - vai bhav) *m.* might and grandeur.

बलशाली (~ shA lee) *adj.* powerful, vigorous; ~ राजा powerful king. [Fem. बलशालिनी]

बलहीन (~ heen) *adj.* powerless, weak.

बला (ba lA) *f.* 1. evil, calamity, adversity; ~ टालना to ward off an evil. 2. trouble, affliction, misery; ~ मोल लेना to invite trouble; तुम्हारे पीछे यह ~ लग गई है You are pestered by this evil. 3. evil spirit; ~ उतरना riddance from an evil spirit; किसी पर ~ उतरना being afflicted by divine wrath; ~ की सुंदर supremely beautiful; जाने मेरी ~ The devil knows! मेरी ~ से I do not care a hang. बलाएँ लेना to invite another's trouble on oneself.

बलाघात (~ ghAt) *m.* emphasis, stress.

बलात् (ba lAt) *adv.* by force, forcibly. *adj.* forced; ~ प्रवेश obtrusion; ~ प्रवेशी obtrusive.

बलात्कार (~ KAr) *m.* 1. rape; उसके साथ ~ किया गया She had been raped. 2. The act of spoiling something; उसने अपनी आँखों के साथ ~ किया He has spoiled his eyes by overwork.

बलात्कारी (~ KA ree) *m.* one who commits rape, rapist.

बलाबल (ba lA bal) *m.* strength and weakness.

बलि (ba li) *f.* something offered as a sacrifice; ~ का बकरा scapegoat, whipping boy; ~ चढ़ना to offer oneself as a sacrifice; ~ चढ़ाना/देना to offer a sacrifice; ~ होना to sacrifice oneself.

बलिदान (~ dAn) *m.* act of sacrificing, sacrifice; ~ करना to sacrifice; ~ होना to sacri-fice oneself.

बलिदानी (~ dA nee) *adj.* sacrificing. *m.* sacrificer.

बलिष्ठ (ba lishTh) *adj.* very strong, stout, powerful.

बलिहारी (ba li hA ree) *adj. & f.* (किसी पर) ~ जाना to bestow affectionate blessings (on someone).

बली (ba lee) *adj.* powerful, strong; बजरंग ~ Hanuman, the mighty!

बलीवर्द (~ vard) *m.* ox, bull.

बलुआ (ba lu A) *adj.* sandy; ~ काग़ज़ sand paper.

बलूत (ba loot) *m.* oak.

बलूती (ba loo tee) *adj.* oaken.

बल्कि (bal ki) *conj.* 1. but. 2. rather. 3. on the contrary.

बल्ब (balb) *m.* bulb.

बल्लम (bal lam) *m.* lance, spear.

बल्लमबरदार (~ bar dAr) *m.* lance bearer.

बल्ला (~ lA) *m.* 1. (cricket) bat. 2. (tennis) racket.

बल्ली (~ lee) *f.* long wooden staff; बल्लियों उछलना to be overjoyed.

बल्लेबाज़ (~ le bAZ) *m.* batsman; सलामी ~ opening batsman.

बल्लेबाज़ी (~ le bA zee) *f.* 1. batting; ~ करना to bat. 2. batsmanship.

बवंडर (ba vaN Dar) *m.* cyclone, typhoon, whirlwind; बात का ~ खड़ा करना to create a storm in a teacup; ~ मचना creation of havoc; ~ मचाना to create havoc.

बवासीर (ba vA seer) *f.* piles; ख़ूनी ~ bleeding piles; बादी ~ dry piles, non-bleeding piles.

बशर्ते (ba shar te) *conj.* provided that, only if.

बसंत (ba sant) *m.* spring; ~ ऋतु spring sea-son; उल्लू ~ idiot, blockhead, stupid.

बसंती (ba san tee) *adj.* 1. pertaining to the spring season. 2. yellow.

बसंदर (ba san dar) *m.* fire. [obsolete]

बस (bas) *interj.* 1. no more please, that's all, enough, sufficient; ~ करो It is enough no more. 2. just; ~ बटन दबा दो Just put the button on.

m. = वश (power, control); ~ का न होना to be beyond control; ~ न चलना to feel helpless; किसी को ~ में करना to control/subdue someone.

f. bus; कौन-सी ~ आगरा जाती है Which bus goes to Agra? वह प्राय: ~ से जाता है He usually rides on the bus.

बसना (~ nA) *vi.* 1. to dwell/inhabit/live. 2. to settle (down); सेवा-निवृत्ति के बाद वह आस्ट्रेलिया में बसने के लिए चला गया After retiring he emigrated to Australia. आँखों में ~ to reside in the eyes; घर ~ establishment of a home; नया शहर ~ springing up of a new township; मन में ~ to reside in the heart. 3. to permeate; सुगंध ~ permeation of odour.

बसर (ba sar) *m.*; गुज़र ~ subsistence; वह परिवार का किसी तरह ग़ुजर - ~ कर रहा है He is providing bare necessities somehow to his family.

बसाना (ba SA nA) *vt.* causative of बसना; नया घर ~ to establish a new household; नया नगर ~ to colonise a new township.

vi. to emit bad odour.

बसूला (ba soo lA) *m.* adze. [Fem. बसूली]

बसूली (ba soo lee) *f.* (fem. of बसूला) small adze.

बसेरा (ba se rA) *m.* shelter, dwelling; रैन - ~ night shelter; ~ करना to stay for the night.

बस्ता (bas tA) *m.* bag, school bag, portmanteau; ~ बाँधना to wind up.

बस्ती (~ tee) *f.* 1. habitation; ~ आगे है Habitation is ahead. 2. colony; नई ~ new colony. 3. population; कितनी ~ है What is the population?

बहँगी (ba hã gee) *f.* load-carrying device in the shape of a scale-pan.

बहक (ba hak) *f.* raving, going astray, irrelevant talking.

बहकना (~ nA) *vt.* to rave, to go astray; बहकी-बहकी बातें करना to talk incoherently, to talk off the point.

बहकाना (bah KA nA) *vt.* to inveigle, to lead astray, to seduce, to entice, to allure, to mislead.

बहकावा (~ KA VA) *m.* inveiglement; ~ देना to inveigle.

बहत्तर (ba hat tar) *adj. & m.* seventy-two, 72.

बहन (ba han) *f.* sister; धर्म ~ nun.

बहना (bah nA) *vi.* 1. to flow; कान ~ oozing of pus from the ear; ख़ून ~ flow of blood, bleeding; ख़ून की धारा ~ carnage; फोड़ा ~ oozing of pus from an ulcer. 2. to be swept by the current; झोंपड़ी नदी में बह गई The hut was swept away by the river. बहती गंगा में हाथ धोना to make hay while the sun shines.

बहनापा (~ nA pA) *m.* 1. sister-like relationship. 2. sisterhood.

बहनेली (~ ne lee) *f.* adopted sister.

बहनोई (~ no ee) *m.* sister's husband, brother-in-law.

बहरा (~ rA) *adj.* unable to hear, deaf [Fem. बहरी]; ~ पत्थर stone-deaf; ~ बनना to pose as deaf; ~ होना to turn deaf.

बहरापन (~ pan) *m.* deafness.

बहरी (bah ree) *f.* a bird of the hawk family.

बहरूपिया (~ roo pi yA) *m.* = बहुरूपिया।

बहलना (ba hal nA) *vi.* to be agreeably diverted/amused; मन ~ diversion of the mind.

बहलाना (bah lA nA) *vt.* to amuse, recreate; दिल बहलाने के लिए for diversion/recreation.

बहलाव (~ lAW) *m.* act or state of बहलाना; मन ~ pastime, diversion, entertainment, recreation.

बहलावा (~ lA VA) *m.* = बहकावा।

बहस (ba has) *f.* 1. discussion; गरमागरम ~ hot discussion. 2. argument; ~ करना to argue; तुम बहुत ~ करते हो You argue a little too much.

बहस-मुबाहिसा (~ - mu bA hi SA) *m.* prolonged discussion.

बहाऊ (ba hA oo) *adj.* squandering.

बहादुर (~ dur) *adj.* brave, bold, valorous, adventurous.

बहादुरी (~ du ree) *f.* bravery, boldness, valour; ~ से bravely.

बहाना[1] (~ nA) *m.* pretext, pretence; ~ करना to invent an excuse, to pretend; ~ बनाना to feign; उसने मुझसे बीमारी का बहाना बनाने के लिए कहा She told me to feign illness. बहाने से on the pretext (of); किसी न किसी बहाने on some excuse or other.

बहाना[2] *vt.* 1. to cause to flow; ख़ून की नदी ~ to cause river of blood to flow, carnage. 2. to set afloat; आँसू ~ to shed tears; घर ~ to squander away the family wealth; पानी की तरह पैसा ~ to lash out money/to spend money extravagantly.

बहानेबाज़ (~ ne bAZ) *adj.* (one) who is given to making excuses/pretences.

बहानेबाज़ी (~ ne bA zee) *f.* state or habit of making excuses; देरी के लिए वह हमेशा ~ करता रहता है He is always making excuses for being late.

बहार (ba hAr) *f.* 1. the season between winter and summer, spring. 2. season of delight/affluence. 3. charm; किसी चीज़ पर ~ आना a delightful blossoming of something; ~ पर होना to be in full bloom.

बहाल (ba hAl) *adj.* 1. reinstated; ~ करना to reinstate. 2. maintained; सज़ा ~ रही The punishment was confirmed/ maintained.

बहाली (ba hA lee) *f.* 1. reinstatement, restoration (to the original status). 2. happiness.

बहाव (ba hAW) *m.* drift, flow.

बहिरंग (ba hi rang) *adj.* external; ~ रोगी outdoor patient.

बहिर्गत (ba hir gat) *adj.* outward.

बहिर्गमन (~ ga man) *m.* 1. an act of going out. 2. an act of leaving a meeting, conference etc., as a protest; ~ करना to stage a walk out; समाजवादी सदस्यों ने शुक्रवार को सदन से ~ किया The Socialist members staged a walk out from the assembly on Friday.

बहिर्जगत (~ ja gat) *m.* outside world, this world.

बहिर्मुखी (~ mu khee) *adj.* extrovert.

बहिर्रेखा (~ re khA) *f.* outline.

बहिश्त (ba hisht) *m.* heaven.

बहिश्ती (ba hish tee) *adv.* heavenly.

बहिष्करण (~ ka raN) *m.* boycotting; जाति ~ excommunication, expulsion.

बहिष्कार (~ kAr) *m.* boycott, ban, taboo; ~ करना to boycott; हुर्रियत कांफ्रेंस ने लोगों से मतदान का ~ करने के लिए कहा Hurriyat Conference has given a call for boycott of polls.

बहिष्कृत (~ krit) *adj.* boycotted; ~ करना to excommunicate; समाज से ~ excommunicated, outcast, prohibited.

बही (ba hee) *f.* a register of the old type; ~ पर चढ़ाना/टाँकना to enter in the account book.

बही-खाता (~ - khA tA) *m.* account book.

बहु (ba hu) *adj.* many; ~ जन हिताय for the good of the majority.

बहु-आयामी (~ - A yA mee) *adj.* multi-dimensional.

बहुखंडीय (~ khan Deey) *adj.* 1. multi-storied. 2. having many compart-ments; ~ आगार compartmental store.

बहुजातीय (~ jA teey) *adj.* multi-ethnic.

बहुज्ञ (ba huggy) *adj. & m.* (a person) of wide knowledge, versatile, erudite, scholarly.

बहुज्ञता (~ tA) *f.* state or quality of being बहुज्ञ, versatility.

बहुत (ba hut) *adj.* 1. much, too much, abundant, plentiful; ~ अच्छा very much better; वह पहले से ~ अच्छा है He keeps better than before. हमारे पास ~ समय है जल्दी मत करो Don't hurry, we have plenty of time. ~ अधिक very much; ~ काम much work. 2. many; ~ बार many times; ~ सा (i) plentiful; (ii) numerous; हमारी बहुत सी समस्याएँ हैं Our problems are numerous/several problems confront us. ~ सा a lot of; बनारस में देखने की ~ सी जगहें हैं There are a lot of places to see at Varanasi. ~ से many; मैं इस क्षेत्र के ~ से लोगों को जानता हूँ I know many people of this area; मैंने ~ से लोगों से बातें कीं I talked to a lot of people.

adv. very; ~ अच्छा very good, very well! ~ अधिक greatly; उसने बहुत ~ दुख पाया He suffered greatly. ~ करके (i) very likely; (ii) quite often; ~ कुछ to some extent, more or less; —ये दोनों ~ कुछ एक से हैं These two are more or less alike. इन दोनों की शक्लें ~ कुछ मिलती-जुलती हैं The two resemble each other very much.

हमें ~ कुछ सीखना है We have a lot to learn. उन्होंने मुझे ~ कुछ कहा, मगर मैं शांत रहा He spoke somewhat harshly to me, but I kept mum/calm. मैंने उससे ~ कुछ कहा पर वह टस से मस न हुआ I spoke to him quite a lot but he would not budge; In spite of all I said to him but he did not budge. ~ ख़ूब well done! ~ दूर very far; ~ बड़ा top-notch; वह ~ बड़ा एडवोकेट है He is a top-notch advocate. ~ सुंदर very beautiful; ~ ही (i) extremely; (ii) terribly; ~ होगा हज़ार रुपया उसके पास होगा At the most he might have a thousand rupees with him.

m. many people; बहुतों का हृदय संकीर्ण होता है Many people are narrow minded/Narrow minded people are mostly found.

बहुतायत (ba hu tA yat) *f.* abundance, plenty, excess.

बहुतेरा (~ te rA) *adj.* = बहुत।

बहुत्व (ba huttw) *m.* 1. plenitude. 2. plurality.

बहुदर्शी (~ dar shee) *adj.* versatile, learned.

बहुदलीय (ba hu da leey) *adj.* multiparty; ~ सरकार multiparty government.

बहुदेशीय (~ de sheey) *adj.* multinational.

बहुधर्मी (~ dhar mee) *adj.* multireligious.

बहुधा (~ dhA) *adv.* 1. generally, frequently, quite often, very often; यहाँ ~ वर्षा नहीं होती It does not rain here very often. वह ~ चाय नहीं पीता He does not drink tea frequently. 2. in many ways.

बहुपक्षीय (~ pak sheey) *adj.* multi-lateral; ~ वार्तालाप multilateral talks.

बहुपठित (~ pa Thit) *adj.* well-read.

बहुपतिका (~ pa ti kA) *f.* polyandrist.

बहुपतित्व (~ pa tittw) *m.* polyandry.

बहुपत्नीक (~ pat neek) *m.* polygamist.

बहुभाषी (~ bhA shee) *adj.* multilingual. *m.* multilinguist.

बहुमत (~ mat) *m.* majority; ~ का दावा करना to claim majority; ~ का शासन majority rule.

बहुमुखी (~ mu khee) *adj.* versatile, well-rounded/versed.

बहुमूल्य (~ moolly) *adj.* 1. precious. 2. costly, invaluable.

बहुरंगा (~ ran gA) *adj.* multicoloured, pied, piebald.

बहुरना (ba hur nA) *vi.* to come back/return.

बहुराष्ट्रीय (ba hu rAsh Treey) *adj.* multinational.

बहुरूप (~ roop) *adj.* multiform.

बहुरूपिया (~ roo pi yA) *m.* an expert in many different forms of disguise, impostor.

बहुल (ba hul) *adj.* abundant, plentiful, copious; शब्द - ~ wordy.

बहुलता (~ tA) *f.* abundance, plenty, plentitude.

बहुलवाद (~ vAd) *m.* pluralism.

बहुलवादी (~ vA dee) *adj.* of pluralism. *m.* pluralist.

बहुवचन (ba hu va can) *m.* plural; ~ रूप plural form.

बहुविवाह (~ vi vAh) *m.* polygamy, polyandry.

बहुश्रुत (~ shrut) *adj.* widely informed/heard.

बहुसंख्यक (~ san khyak) *adj.* numerous; ~ दल majority party.

बहुस्तरीय (~ sta reey) *adj.* multi-level.

बहू (ba hoo) *f.* 1. daughter-in-law. 2. wife. 3. mistress (colloq.).

बहेड़ा (ba he RA) *m.* belleric myrobalam tree and its fruit.

बहेलिया (~ li yA) *m.* fowler, hunter.

बाँक (bÃk) *f.* (graceful) curvature/bend.

बाँकपन (~ pan) *m.* = बाँकापन।

बाँका (bÃ kA) *adj.* foppish; ~ छैला foppish dandy, jaunt; ~ जवान attractive youth; ~ सिपाही valiant soldier.

बाँकापन (~ pan) *m.* foppishness.

बाँग (bÃg) *f.* 1. cock-a-doodle-doo, a long cry of a cock; ~ देना to crow. 2. prayer call (by the chief of a mosque).

बाँगड़ू (~ ROO) *adj.* uncivilized.

बाँचना (bÃc nA) *vt.* to read aloud.

बाँझ (bÃjh) *adj.* barren (woman).

बाँझपन (~ pan) *m.* barrenness (of a woman).

बाँट (bÃT) *f.* division, partition; बंदर ~ an unfair distribution in which parties lose and arbiter gains.

बाँटना (~ nA) *vt.* 1. to distribute; वेतन ~ to distribute wages. 2. to divide/partition. 3. to share out; बाँट देना to apportion.

बांड (bAND) *m.* bond; इन बांडों के लिए निवेशकों को स्रोत बताने की ज़रूरत नहीं For these bonds investors should not be required to disclose the source.

बाँदी (bÃ dee) *f.* odalisque.

बाँध (bÃdh) *m.* dam, dike, embankment; ~ बाँधना to erect a dam.

बाँधना (~ nA) *vt.* 1. to bind/tie/fasten. 2. to wrap around; गाँठ ~ (i) to tie a knot; (ii) to make a note of; जिल्द ~ to bind a book; पगड़ी ~ to wrap/wear a turban; पुड़िया ~ to wrap in a bit of paper; तारीफ़ के पुल ~ to laud to the skies; रूपक ~ to put up a show by talking tall.

बाँधनू (~ noo) *m.* preplanned approach; ~ बाँधना to form plans.

बांधव (baN dhav) *m.* fraternal relation; बंधु - ~ kinsmen.

बाँबी (~ bee) *f.* snake-bill, ant-hill; ~ में हाथ देना to invite trouble, to hazard.

बाँस (bÃs) *m.* bamboo; ~ पर चढ़ना to be defamed; ~ पर चढ़ाना to defame; बाँसों उछलना to be in ecstasy; कलेजा बाँसों उछलना intense throbbing of the heart (due to anxiety and tension).

बाँसुरी (bÃ su ree) *f.* flute.

बाँसुरीवादक (~ vA dak) *m.* flute player, flutist.

बाँह (bÃh) *f.* 1. arm. 2. sleeve; ~ उतरना— उसकी ~ उतर गई His armbone is dislocated. ~ चढ़ाना to set a dislocated armbone right; ~ टूटना (i) dislocation of an arm-bone; (ii) losing the greatest support; ~ देना to lend support; ~ पकड़ना to give protection/shelter.

बाइसिकिल (by si kil) *f.* bicycle.

बाई (bA ee) *f.* 1. lady. 2. delirium.

बाईजी (~ jee) *f.* prostitute.

बाईस (bA ees) *adj.* & *m.* twenty-two, 22.

बाएँ (bA ẽ) *adv.* towards the left, to the left; ~ होना to be adversely disposed, to be opposed; ~ हाथ का खेल child's play, too easy a job; ~ हाथ से गिनवा / रखवा लेना to knock out payment forthwith.

बाएँ, के (ke bA ẽ) *postposition.* on the left side.

बाक़ी (bA kee) *f.* 1. subtraction. 2. remainder. 3. balance. 4. arrears; अब तो मरना ~ है All that remains is to die. खाते में उसके पचास रुपए ~ हैं There is a balance of Rupees fifty in his account. अभी खाते में पचास रुपए उनके नाम ~ हैं There are arrears of fifty rupees in his name. अभी महीना पूरा होने में दो दिन ~ हैं Two days more, and the month is over; Two days of the month remain. सौ में

से दस घटाए, ~ बचे नब्बे Subtract 10 from 100, and 90 remain/and you get 90, 10 from 100 is 90.
adj. remaining; ~ काम rest of work; अभी तबाही ~ है The worst is still to come.

बाग (bAg) *f.* rein (s); ~ डोर reins; उसकी ~ डोर मेरे हाथ में है He is under my thumb / He is under my control.

बाग़ (bAG) *m.* garden; उसका दिल ~ - बाग़ है He is extremely happy.

बाग़बान (~ bAn) *m.* gardener.

बाग़बानी (~ bA nee) *f.* gardening.

बाग़ी (bA Gee) *adj. & m.* rebel, insurgent; ~ फ़ौज rebellious army; ~ हो जाना to turn rebel.

बाग़ीचा (bA Gee cA) *m.* small garden.

बाघंबर (bA gham bar) *m.* tiger skin.

बाघ (bAgh) *m.* tiger. [Fem. बाघिन]

बाछ (bAch) *f.* tip of the lip; उसकी बाछें खिल गईं He felt extremely happy.

बाछा (bA chA) *m.* calf. [Fem. बाछी]

बाज़ (bAZ) *m.* hawk, falcon; ~ की तरह झपटना to pounce like a hawk.
suffix. doer; कबूतर ~ one who rears pigeons; पतंग ~ kite-flier.
adv. bereft of, without; ~ आना to refrain, to desist from.
adj. a few, some; ~ आदमी some people.

बाजरा (bAj rA) *m.* millet.

बाजा (bA jA) *m.* musical instrument; ~ बजाना to play on a musical instrument.

बाजा-गाजा (~ - gA jA) *m.* fanfare band; बाजे-गाजे से with fanfare.

बाज़ार (bA zAr) *m.* market, shopping area; हमारा घर ~ से नज़दीक है Our building is close to the shopping area. ~ करना to do shopping; ~ गरम होना—बाज़ार गरम है The market is brisk. ~ गिरना falling of prices; ~ ठंडा होना—बाज़ार ठंडा था The market was dull. ~ ठिकाने होने दो Let the market be steady. ~ तेज़ होना rising of prices; ~ मंदा होना falling of prices; ~ में आग लगी हुई है The prices are shooting up. ~ लगना—शुक्र को बाज़ार लगता है Market is held on Fridays. ~ लग गया है The market is on. ~ लगाना to juxtapose things for display/show; ~ स्थिर है The market is steady. काला ~ चोर ~ black market, market for stolen property.

बाज़ार-भाव (~ - bhAw) *adj.* 1. market-rate, kerb-rate. 2. market value.

बाज़ारी (bA zA ree) *adj.* pertaining to the market, commonplace, rude; ~ पोशाक formal dress.

बाज़ारीकरण (~ ka raN) *m.* act of marketing.

बाज़ारू (bA zA roo) *adj.* cheap and third-rate; ~ औरत prostitute; ~ मज़ाक cheap/ vulgar joke; ~ माल cheap/stuff.

बाज़ी (bA zee) *f.* 1. bet, stake; ~ पर लगाना to put at stake, to stake; ~ मारना (i) to score a victory; (ii) to sweep the board; ~ लगाना/बदना to bet; ~ ले जाना to sweep the board; ~ हारना to lose a bet; ताश की ~ जीतना/हारना to win/lose a game at cards.. 2. turn; किसकी ~ है Whose turn it is? मेरी ~ आ गई My turn has come. तुम्हारी ~ अच्छी है Your cards are good; You have a good hand.
suffix. denoting act or action; पतंग ~ kite-flying.

बाज़ीगर (~ gar) *m.* juggler, conjurer.

बाज़ीगरी (~ ga ree) *f.* jugglery.

बाज़ू (bA zoo) *m.* arm; ~ टूटना—उसका बाज़ू टूट गया (i) His arm has been dislocated;

(ii) He has lost a reliable supporter. दायाँ ~ the right-hand man.

बाज़ूबंद (~ band) *m.* armlet.

बाट (bAT) *m.* 1. way, path, passage; ~ जोहना to wait for. 2. weights.

बाटी (bA TEE) *f.* roasted, round thick dough bread.

बाड़ (bAR) *f.* hedge, fence; ~ लगाना to erect a hedge/fence.

बाड़ा (bA RA) *f.* 1. small garden. 2. house.

बाढ़ (bARh) *f.* 1. growth; पौधे की ~ growth of plant. 2. flood; ~ आना rising of flood; ~ उतरना subsiding of flood. 3. a great quantity of something; शरणार्थियों की ~ influx of refugees.

बाण (bAN) *m.* arrow; ~ वर्षा shower of arrows.

बाण-विद्या (~ - vid dyA) *f.* archery.

बात (bAt) *f.* 1. talk. 2. matter; बड़े दु:ख की ~ a matter of great sorrow; दूसरी ~ another matter. 3. thing; बड़ी ~ big thing; टोक्यो में रास्ता भूल जाना कोई बड़ी ~ नहीं It is easy to lose one's way in Tokyo. ~ अखरना—उसकी ~ मुझे अखर गई What he said hurt me. ~ आना—अब तो ~ आ ही गई Now that the topic has been broached. शादी की ~ आई है A proposal has come for marriage. ~ आ पड़ना= बात आना; ~ आई-गई होना—अब ~ आई-गई हो गई The matter is now closed. ~ उठना cropping up of a matter/subject; ~ उठाना to broach a topic; ~ उड़ना—बात उड़ गई The rumour went around. ~ (किसी के) ऊपर आना—यह ~ तुम्हारे ही ऊपर आएगी The blame will fall on your shoulders. ~ कटना—उसकी ~ कट गई (i) His contention has been refuted; (ii) His suggestion has been dishonoured. ~ करना—to hold a conversation, to speak or talk; तुम किससे ~ करना चाहते हो Who do you want to speak? पहले मुझसे ~ करो First speak to me. उससे बात मत करो Don't talk to him. उसकी तो ~ मत करो Don't mention his name. ~ का अता-पता clue of or to a thing; ~ का ओर-छो[r] head or tail of a matter; ~ का कच्चा untrue to (one's) word; ~ का धनी/पक्का, पूरा true to (one's) word; ~ का बतंगड़ बनाना to raise a storm in a tea-cup ~ का सच्चा true to (one's) word; ~ काटना to cut one short; मेरी ~ मत काटो Don't cut me short. ~ कान में डालना—बात उसके कान में डाल दो Bring it to his notice ~ की तह the root of the matter; ~ की बा[t] में in a jiffy, in an instant; ~ ख़ाली जाना—उसकी ~ ख़ाली गई His words came t[o] nought. ~ खुलना—बात खुल गई The secret is out. ~ गड़ना to cut to the quick ~ गढ़ना to concoct or invent a story; ~ गाँठ बाँधना/बाँध लेना to remember life-lon[g] (something); ~ गिरने न देना—मेरी ~ गिर[ने] न देना Don't let me down. ~ चलाना t[o] raise a topic; ~ चुभना—उसकी ~ मुझे चु[भ] गई His utterance hurt me or cut me t[o] the quick. ~ छीनना—तुमने मेरे मुँह की ~ छीन ली You have taken the very wor[ds] out of my mouth. ~ जमना—यह ~ ज[मी] नहीं The cap does not fit. ~ टलना—(i) बात टल गई The matter has been p[ut] off. (ii) उनकी ~ टलनी नहीं चाहिए His wor[d] should not be let down. ~ टालना to p[ut] off, pos-tpone; ~ तक न करना not eve[n] to talk; ~ तक न पूछना—उसने मेरी ~ तक [न] पूछी He ignored me. ~ न करना not [to] talk (to); ~ पकड़ना—बात मत पकड़ो, आश[य] समझो Don't split hairs, get the spirit [of] it. ~ पर ख़ाक डालना—इस ~ पर ख़ाक डा[लो] Bury the topic/Let the matter b[e] dropped, forget about it. ~ पर जाना—(i) मेरी ~ पर मत जाओ, जो उचित समझो करो Don't take this as the last word, do what you deem proper. (ii) बात पर मत जाओ, आशय समझो Don't quibble, get the spirit (of it). (अपनी) ~ पर डटे रहना to stick to one's colours; ~ पर बात निकलना —बात पर बात निकली One word led to another. ~ पलटना to back out of (kee-ping) one's word; ~ पल्ले बाँधना= बात गाँठ बाँधना; ~ पहुँचना—आख़िर ~ यहाँ तक आ पहुँची So the matter has come up to this stage. ~ फैलना—बात ज़ोरों से फैल गई The rumour ran wild. ~ बढ़ना—बात बढ़ गई The matter is aggravated. ~ बढ़ाना—बात मत बढ़ाओ Don't aggravate the mat-ter/Don't push the matter too far. ~ बताना—आख़िर ~ तो बताओ Come to the brass tacks. ~ बदलना—बात बदलो मत Don't be untrue to your words. अब ~ बदल गई है The times have changed. ~ बनना something to happen or materia-lize; कोई ~ बनी नहीं Nothing materia-lized. बनी ~ बिगाड़ो मत Don't you spoil an accomplished thing/ Don't spoil a finished work. ~ बनाना to concoct stories; ~ - बात में in almost everything; ~ - बात में लड़ना to quarrel over trifles; ~ बिगड़ना—बात बिगड़ गई Matters worse-ned. ~ बिगाड़ना to make matters worse; ~ मानना to accept someone's sugges-tion; ~ में फ़र्क़ न आने देना to stick to (one's) stand/word; ~ में बात निकालना to draw out a subtle inference, to read bet-ween the lines; ~ रखना—उसने मेरी बात रख ली He has honoured my word/He has fulfilled my desire. ~ लगना—उसकी ~ मुझे लग गई What he said, touched me to the quick. ~ से मुकरना to go back on one's word; ~ हलकी पड़ना—तुम्हारी ~ हलकी पड़ जाएगी Your proposal will be treated lightly. ~ हारना to give (one's) word, to pledge (one's) word; बातें करना to talk in a friendly or informal way, chat; क्या आप उस लड़की को जानते हैं जो मेरी माँ से बातें कर रही है Do you know the girl talking to my mother ? बातों की झड़ी incessant flow of words; बातों-बातों में in the course of a conversation/chat; बातों-बातों में झगड़ा बढ़ गया Words led to a quarrel. बातों में—बातों में रात कट गई The night passed in talking. बातों में आना—मैं उसकी बातों में आ गया I was taken in by his words. बातों में उड़ाना to pass off (someone's argument) lightly; बातों में उलझाना to entangle (someone) in one's talk; बातों में फँसाना=बातों में उलझाना; बातों में बहलाना to cajole (someone) by tal- king; एक ~ one word; एक ~ और one word more; एक ही ~ है It is all the same. कुछ ~ है There is some reason behind. क्या ~ है What is the matter? क्या ~ है Well done! bravo! क्या ख़ूब ~ है What a nice idea! लंबी-चौड़ी बातें tall talk; यह कौन-सी बड़ी ~ है That is no big a matter; बड़ी ~ something important/ of bene-fit or of advantage; मंच पर हमें बुलाया जाना हमारे लिए बड़ी ~ थी It was a privilege to have been asked to come on stage. बेमतलब की~ jabbering; यह नई ~ थी This was something new.

बात-चीत (~ - ceet) *f.* conversation; हम लोगों में ~ शुरू हुई We struck up a conversa-tion. इसे ~ से सुलझाओ Settle it amicably. ~ के दौरान in course of talk.

बाती (bA tee) *f.* wick.

बातूनी (bA too nee) *adj.* talkative, chatty, garrulous.

बातूनीपन (~ pan) *m.* chattiness, garrulous-ness.

बाद (bAd) *adj.* deducted, subtracted;

~ करना to deduct or subtract; ~ करके after deducting or subtracting; ~ का later, subsequent; ~ को = बाद में; ~ में later, later on, afterwards; तुम फिर ~ में फोन कर लेना Phone me again later. वह ~ में आया He arrived later. इस विषय पर ~ में चर्चा करेंगे We shall discuss on this subject afterwards.

बाद, के (ke bAd) *postposition.* after; मैं उसके ~ पहुँचा I reached there after him. उसके ~ क्या हुआ यह मैं कभी नहीं भूल सकता I can never forget what followed. एक सप्ताह के ~ after a week.

बादबान (bAd bAn) *m.* sail.

बादल (bA dal) *m.* cloud; पानी बरसाने वाला ~ rain bearing cloud; ~ आना gathering of clouds; ~ उठना rising of clouds; ~ उमड़ना—बादल उमड़ आए Clouds gathered thick. ~ गरजना thundering of clouds; ~ घिर आना overcasting of clouds; ~ छँटना scattering of clouds; ~ छाना—बादल छा गए हैं The sky is overcast with clouds. ~ फटना diffusion of clouds; बादलों में थिगली लगाना to accomplish the impossible; बादलों से बातें करना to be almost touching the sky.

बादवाला (bAd wAlA) *adj.* next, following; चायपान के बादवाले सत्र में आस्ट्रेलिया के सात विकेट धड़ाधड़ गिर गए Seven Australian wickets tumbled in the post-tea session.

बादशाह (~ shAh) *m.* 1. king, ruler. 2. king (chessman).

बादशाहत (~ shA hat) *f.* reign, government, sovereignty.

बादाम (bA dAm) *m.* almond.

बादामी (bA dA mee) *adj.* of the colour of almond; ~ काग़ज़ paper of the colour of almond, light brown paper.

बादी (bA dee) *adj.* flatulent, fattening, wind-producing (in the body).
f. flatulence, fat; उसके शरीर में ~ छा गई है His body has become plump/He has wind trouble.

बाधक (bA dhak) *adj.* obstructive.

बाधा (bA dhA) *f.* 1. hurdle, obstruction, obstacle, impediment, hindrance; ~ डालना to hinder; ~ पहुँचाना to hinder or disrupt; सदन की मंशा कार्रवाई में ~ पहुँचाना नहीं थी It was not the intention of the House to disrupt proceedings. ~ हटाना to remove obstacle; सबसे बड़ी ~ biggest hurdle. 2. interruption.

बाधित (bA dhit) *adj.* 1. obstructed. 2. barred; अवधि - ~ time-barred.

बाध्य (bAddhy) *adj.* compelled, forced; ~ करना to compel/force; परिस्थितियों से ~ compelled/forced by circumstances.

बाध्यता (~ tA) *f.* obligation, compulsion.

बान (bAn) *m.* 1. = बाण। 2. cord of twisted grass.
f. habit.

बानक (bA nak) *m.* shape of things; ~ बनना confluence of (suitable) events/circumstances.

बानगी (bAn gee) *f.* sample, specimen, example.

बानबे (~ be) *adj. & m.* ninety-two, 92.

बानर (bA nar) *m.* = बंदर।

बाना (bA nA) *m.* 1. woof. 2. dress, guise.
vt. to open out; मुँह ~ to open up the mouth.

बानैत (bA nait) *m.* bowman, archer.

बाप (bAp) *m.* father; ~ रे बाप oh, gosh ! By jove ! Good gracious ! अपने ~ का माल समझना to regard (something) as one's own property; गधे को ~ बनाना to glorify even a blockhead (to serve one's ends).

बाप-दादा (~ - dA dA) *m.* (plu.) forefathers, ancestors; ~ का नाम डुबोना to bring one's family into contempt; ~ बखानना to hurl abuses on (someone's) ancestors; ~ से—यह प्रथा ~ से चली आ रही है It is a family tradition.

बापुरा (bA pu rA) *adj. & m.* = बेचारा।

बापू (bA poo) *m.* father.

बाबत, की (kee bA bat) *postposition.* about, in respect of, pertaining to.

बाबा (bA bA) *m.* 1. grandfather. 2. old man. 3. ascetic; भोले ~ Lord Shiva.

बाबा आदम (~ A dam) *m.* primitive man; ~ का ज़माना primitive ages; ~ के ज़माने से since old times.

बाबुल (bA bul) *m.* father.

बाबू (bA boo) *m.* 1. educated man. 2. clerk.

बाबू जी (~ jee) *m.* 1. (form of addressing) Father! 2. (respectable form of addressing) an elderly man.

बाबू साहब (~ sA hab) *m.* 1. = बाबू जी। 2. well-dressed, educated man.

बायकाट (bAy KAT) *m.* boycott. [H.E. बहिष्कार]

बायन (bA yan) *m.* present, gift.

बायबी (bAy bee) *adj.* strange.

बायाँ (bA yÃ) *adj.* left; ~ हाथ left hand; ~ देना to evade.

बायें (bA yẽ) *adv.* = बाएँ।

बारंबार (bA ram bAr) *adv.* again and again, repeatedly.

बारंबारता (~ tA) *f.* frequency.

बार (bAr) *f.* time; इस ~ this time, on this occasion; एक ~ once; एक ही ~ में on the very first time; एक ~ और once more; एक ~ से अधिक more than once; एक ~ भी नहीं not even once; पहली ~ first time; तीन ~ three times; मैं तीन ~ जापान गया I went to Japan three times. हर ~ every time.

बारजा (~ jA) *m.* balcony.

बारदाना (~ dA nA) *m.* 1. fare, food. 2. miscellany.

बार-बार (~ - bAr) *adv.* time after time, repea-tedly, time and again; मैं ~ आपसे क्षमा माँगता हूँ I beg your pardon over and over again; ~ होनेवाला happening repeatedly, periodic.

बारह (bA rah) *adj. & m.* twelve, 12; ~ खड़ी set of consonants of the Nagari alphabet in combination with the vowels.

बारहदरी (~ da ree) *f.* a structure (usually on the upper storey of a house) having twelve entrances.

बारहमासा (~ mA sA) *m.* a particular type of Hindi poetry.

बारहमासी (~ mA see) *adj.* 1. perennial, all-weather; ~ नींबू lemon flowering all the year round. 2. flower (s) blooming all the year round.

बारहवाँ (~ vÃ) *adj.* twelfth.

बारहसिंगा (~ sin gA) *m.* stag, reindeer.

बारात (bA rAt) *f.* = बरात।

बारिश (bA rish) *f.* rain, rainfall.

बारी (bA ree) *f.* 1. turn; जब मेरी ~ आई When my turn came up. ~ - बारी से by turns. 2. inning. 3. grove, small garden; आम की ~ mango grove.

बारीक (bA reek) *adj.* 1. thin; ~ कपड़ा thin cloth. 2. minute, subtle; ~ फ़र्क़ subtle difference; ~ पीसना to grind fine.

बारीकी (bA ree kee) *f.* 1. thinness. 2. minuteness, subtlety; ~ से closely; ~ से देखने पर on examining closely.

बारूद (bA rood) *m.* gunpowder; ~ का गोला cannon ball; गोला - ~ ammunition.

बारूदख़ाना (~ KhA nA) *m.* ammunition store.

बारूद-घर (~ - ghar) *m.* ammunition store.

बारूदी सुरंग (bA roo dee su rang) *f.* a land-mine; ~ फटने से दो व्यक्ति मरे Landmine blast left two dead.

बारे में, के (ke bA re mẽ) *postposition.* relating to, pertaining to, about; उसने तुम्हारे ~ में पूछा He asked me about you. इस ~ में कुछ मत पूछिए Please don't ask me about it. जब मैंने उसके व्यक्तिगत जीवन के ~ में जानना चाहा तो वह नाराज़ हो गया He got angry when I asked about his private life.

बार्डर (bAr Dar) *m.* border.

बाल (bAl) *m.* 1. hair; ~ आना having a hair-width crack; ~ उगना hair-growth; ~ की खाल निकालना to cavil, hair-splitting; ~ खिचड़ी होना having a mixture of white and black hair; ~ पकना greying of hair;~ पड़ना = ~ आना; ~ बनवाना to have hair done/dressed/cut; ~ बनाना to do hair, to dress hair; ~ बराबर very slight; ~ बाँका न होना to escape unscathed; ~ - बाल बँधा होना to be indebted for life; ~-बाल बचना to have a narrow shave/squeak/escape. हम बाल ~ - ही बचे थे We had a narrow escape/shave. उसके ~ सफ़ेद हो गए His hair has turned grey. उसके ~ सन हो गए His hair has turned hemp-grey/iron-grey. धूप में ~ पकाना to age without experience; मेरा तो ~ - बाल ऋणी रहेगा I will always remain indebted. 2. infant, child. 3. ear of corn. 4. ball.

बालक (bA lak) *m.* 1. a boy. 2. a person who behaves like a child.

बालकपन (~ pan) *m.* boyhood.

बालकमानी (~ mA nee) *f.* spring (in a watch).

बालकाल (bAl kAl) *m.* boyhood.

बालक्रीड़ा (~ kree RA) *f.* childish frolics.

बालगोपाल (~ go pAl) *m.* (plu.) children.

बालचर (~ car) *m.* boyscout.

बालचरित (~ ca rit) *m.* life-story of childhood days.

बालटी (~ Tee) *f.* bucket.

बालटू (~ Too) *m.* bolt.

बालडांस (~ DAns) *m.* ball dance, organised dance programme.

बालतोड़ (~ ToR) *m.* = बलतोड़।

बालना (~ nA) *vt.* 1. to burn. 2. to light; दीया ~ to light a lamp.

बालपन (~ pan) *m.* the state or time of being a boy, childhood.

बाल-बच्चा (~ - bac cA) *m.* offspring.

बालबुद्धि (~ bud dhi) *f.* childlike intelligence.

बाल-ब्रह्मचारी (~ - brahm cA ree) *m.* lifelong celibate. [Fem. बाल-ब्रह्मचारिणी]

बालभाव (~ bhAv) *m.* chidlike innocence.

बालम (bA lam) *m.* darling, sweet lover.

बालमति (bAl ma ti) *f.* childishness.

बालरवि (~ ra vi) *m.* morning sun, sun in the morn.

बालवध (~ vadh) *m.* infanticide.

बाल-विधवा (~ - vi dha vA) *f.* child widow, widow since childhood, life-long widow.

बाल-विवाह (~ - vi vAh) *m.* child marriage.

बाल-सफ़ा (~ - sa fA) *adj.* depilatory, hair-removing.

बाल-सभा (~ - sA bhA) *f.* children's meeting/assembly.

बाल-साहित्य (~ - sA hitty) *m.* juvenile literature.

बालसुलभ (~ su labh) *adj.* childlike; ~ हँसी childlike laugh, spontaneous laugh.

बालसूर्य (~ soorry) *m.* sun in the morn.

बालहठ (~ haTh) *m.* childish insistence.

बाला (bA lA) *f.* adolescent girl (within teens).
m. ear-ornament.
adj. big, high.

बालाई (~ ee) *f.* = मलाई (cream).

बालानशीन (~ na sheen) *adj.* prestigious; कम ख़र्च ~ the cheapest and best.

बालापन (~ pan) *m.* childhood.

बालावस्था (~ vas thA) *f.* state of childhood.

बालिका (bA li kA) *f.* female child, girl; ~ विद्यालय girls' school.

बालिग़ (bA liG) *adj.* adult; ~ मताधिकार adult franchise/suffrage.

बालिश्त (bA lisht) *m.* hand-span; ~ भर का tiny; ~ भर की ज़बान—उसकी ~ भर की ज़बान है He is cheeky.

बालिश्य (bA lish shy) *m.* amentia, dementia.

बाली (bA lee) *adj.* young; ~ उमर budding girlhood.
f. 1. ear-ring. 2. ear of corn.

बालुका (bA lu kA) *f.* sand.

बालुकामय (~ may) *adj.* sandy.

बालू (bA loo) *m.* sand; ~ का कण grain of sand; ~ का घरौंदा structure built on sand; ~ का टीला sand-hill; ~ की दीवार/भीत infirm wall/structure; ~ से तेल निकालना to extract money from a miser.

बालू-कण (~ - kaN) *m.* a bit of sand, grit.

बालूशाही (~ shA hee) *f.* a kind of sweet.

बालेंदु (bA len du) *m.* new moon, the moon on the second night of the bright fortnight of the month, the second night rising moon.

बालोचित (bA lo cit) *adj.* childlike.

बाल्टी (bAl Ti) *f.* bucket, pail.

बाल्य (bAlly) *adj.* of or pertaining to a child.

बाल्यकाल (~ KAl) *m.* childhood, adolescence.

बाल्यावस्था (bAl lyA vas thA) *f.* infancy, childhood.

बावजूद, के (ke bA va jood) *postposition.* in spite of; इसके ~ in spite of this; उसके ~ हमने प्रगति की है Despite that we made progress.

बावड़ी (bAv Ree) *f.* broad well with a low surface of water provided with flight of stairs.

बावन (bA van) *adj. & m.* fifty-two, 52; ~ तोले पाव रत्ती balanced and precise.

बावनी (bAv nee) *f.* 1. set of fifty-two things, e.g., a pack of cards. 2. winning all the hands/tricks in गन or कोटपीस।

बावरची (bA var cee) *m.* cook.

बावरचीख़ाना (~ KhA nA) *m.* kitchen.

बावरा (bA va rA) *adj.* = बावला।

बावला (~ lA) *adj.* 1. insane, mad. 2. crazy; ~ पन insanity, craziness. [Fem. बावली]

बावली (~ lee) *adj.* fem. of बावला।
f. small tank with steps all round, leading down to it.

बावेला (bA ve lA) *m.* ballyhoo, furore, tumult, uproar; ~ खड़ा करना/मचाना to cause a furore.

बाशिंदा (bA shin dA) *adj. & m.* dweller.

बास (bAs) *m.* = वास।
f. smell.

बासठ (bA saTh) *adj. & m.* sixty-two, 62.

बासन (bA san) *m.* vessel, utensil; ~ - भाँडे household utensils, big and small.

बासा (bA sA) *m.* abode, habitat.

बासी (bA see) *adj.* 1. having lost freshness. 2. stale; ~ कढ़ी में उबाल आना to act with youthful exuberance in old age; ~ - तिबासी rancid; ~ बचे न कुत्ता खाए leaving no crumbs even for a dog; ~ मुँह without having taken breakfast.

बाहर (bA har) *adv.* out, outside; आप कब तक ~ रहेंगे How long you will be away? ~ का (i) situated in the exterior; ~ का आदमी an outsider; (ii) foreign; ~ की हवा लगना to adopt wrong ways; ~ करना/निकाल देना to oust or force out; ~ - बाहर externally; ~ से from outside.

m. foreign land; ~ के लोग foreigners.

बाहर, के (ke bA har) *postposition.* outside; मैं शहर के ~ था I was out of town. घेरे के ~ outside the circle; वश के ~ beyond capacity; यह काम मेरे वश के ~ है This is beyond me. समझ के ~ beyond the comprehension; सीमा के ~ beyond limits.

बाहरवाला (bA har vA lA) *adj. & m.* outsider.

बाहर, से (se bA har) *postposition.* not at all acceptable to; हम आपसे ~ थोड़े ही हैं We are ever-ready to abide by your wishes.

बाहरी (bAh ree) *adj.* 1. outward, outer; ~ आवरण outer covering; ~ अलंग outing. 2. external, outside; ~ हस्तक्षेप outside interference.

m. outsider, external.

बाहु (bA hu) *f.* arm.

बाहुबल (~ bal) *m.* physical force/strength.

बाहुबली (~ ba lee) *adj. & m.* having a mascular body.

बाहुमूल (~ mool) *m.* shoulder-joint.

बाहुयुद्ध (~ yuddh) *m.* hand to hand fight.

बाहुल्य (bA hully). *m.* exuberance, plenty, abundance.

बाह्य (bAhhy) *adj.* outward, external; ~ प्रभाव external influence.

बाह्यत: (~ tah) *adv.* externally.

बाह्यांचल (bAh hyAn cal) *m.* outskirts.

बाह्याचार (~ hyA cAr) *m.* showy conduct.

बिंदी (bin dee) *f.* 1. dot, point. 2. cypher. 3. vermillion mark on the forehead.

बिंदु (~ du) *m.* 1. dot, point. 2. cypher.

बिंदु-चित्रण (~ - cit traN) *m.* stippling.

बिंधना (bindh nA) *vi.* 1. to be pierced. 2. to be engrossed/tied up.

बिंब (bimb) *m.* 1. disc. 2. = प्रतिबिंब।

बिंब-योजना (~ - yoj nA) *f.* imagery.

बिंब-विधान (~ - vi dhAn) *m.* imagery.

बिआना (bi A nA) *vt.* to give birth to, to be delivered of (said of animals).

बिकना (bik nA) *vi.* to be sold; वह पुस्तक दस रुपए में बिक गई The book has been sold for rupees ten. वह तो उनके हाथ बिका हुआ है He is at his beck and call; He is completely under his influence/fascination.

बिकल (bi kal) *adj.* = विकल।

बिकलता (~ tA) *f.* = विकलता।

बिकवाना (bik vA nA) *vi.* to cause to sell.

बिकसना (bi kas nA) *vi.* to bloom/blossom.

बिकाऊ (bi kA oo) *adj.* for sale.

बिक्री (bik kree) *f.* sale; सुबह से धेले की ~ नहीं हुई No sales since morning. ~ - कर sales-tax.

बिक्री-बट्टा (~ - baT TA) *m.* sale or transaction.

बिखरना (bi khar nA) *vi.* to be scattered/diffused; परिवार बिखर गया The family is scattered. प्रकाश बिखर गया Light is diffused. बिखरे बालोंवाला un-kempt.

बिखराव (bikh rAW) *m.* act or state of being scattered/diffused.

बिखेरना (bi kher nA) *vt.* to scatter/diffuse.

बिगड़ना (bi gaR nA) *vi.* 1. to be angry/annoyed; झूठमूठ मत बिगड़ा करो Don't lose your temper without rhyme or reason. एकाएक वह बिगड़ खड़ा हुआ All of a sudden he lost his temper. 2. to deteriorate; बिगड़ जाना to deteriorate or become worse; उसकी स्थिति बिगड़ गई है His condition is deteriorated; आँखें ~ —उसकी आँखें बिगड़ गई हैं His eyes are impaired. आदत ~ —उसकी आदत बिगड़ गई He has got into bad habits. काम ~ —उसका सारा काम बिगड़ गया All his work was spoiled. क्रम ~ derangement of order; दिन ~ — उसके दिन बिगड़ गए He is having a bad time. दूध बिगड़ गया The milk has turned sour. हमारे दस रुपए बिगड़ गए Ten rupees of mine have been wasted or have gone to waste (loss). दोनो भाइयों में बिगड़ गई The relations between the two brothers have become strained. लड़का बिगड़ गया है The boy is spoiled. अपना तो सारा हिसाब बिगड़ गया है All my calculations have gone wrong. बिगड़े दिल short-tempered, irascible; बिगड़े नवाब spoilt ruler; बिगड़े रईस spoilt aristocrat, aristocratic pauper.

बिगड़ा (big RA) *adj.* 1. worsened, spoilt, pampered; वह ~ हुआ बालक है He is a pampered child. 2. damaged.

बिगड़ी (big Ree) *f.* serious and difficult condition; ~ बनाना/बना देना to repair/mend.

बिगड़ैल (big Rail) *adj.* short-tempered, peevish.

बिगाड़ (bi gAR) *m.* rift, discord; ~ करना/कर लेना to spoil good relation; ~ के बीज बोना to sow grains of feud.

बिगाड़ना (~ nA) *vt.* 1. to spoil, to damage, to vitiate; सांप्रदायिक सौहार्द को बिगाड़ने के प्रयासों पर समिति ने चिंता जताई The committee expressed serious concern over the attempts to vitiate amity. वह मेरा क्या बिगाड़ सकता है What harm can he do to me? बना-बनाया खेल ~ to spoil the show. 2. to ruin.

बिगाड़ू (bi gA ROO) *adj.* (one) who spoils/destroys.

बिगुल (bi gul) *m.* bugle; ~ बजाना (i) to sound the bugle; (ii) to announce the start of a march.

बिचकना (bi cak nA) *vi.* to falter; उसका मुँह बिचक गया He was visibly annoyed/His face twitched with annoyance.

बिचकाना (bic kA nA) *vt.* to sneer; मुँह ~ to sneer.

बिचला (~ lA) *adj.* middle, mid.

बिचवई (~ vA ee) *m.* mediator.

बिचौलिया (bi cau li yA) *m.* go-between, middleman.

बिचौली (bi cau lee) *m.* बिचौलिया।

बिच्छी (bic chee) *f.* she-scorpion.

बिच्छू (~ choo) *m.* scorpion. [Fem. बिच्छी]

बिछड़ना (bi chaR nA) *vi.* to cease to be together.

बिछना (bich nA) *vi.* to be spread out.

बिछलन (~ lan) *f.* = फिसलन।

बिछलना (bi chal nA) *vi.* = फिसलना।

बिछाना (bi chA nA) *vt.* to spread out; चटाई ~ to spread out a mat; चारपाई ~ to lay a cot; बिस्तर ~ to lay the bed; मार्ग में पलकें/आँखें ~ to prepare a royal welcome.

बिछावन (bi chA van) *f.* 1. bed-sheet. 2. bedding.

बिछिया (bi chi yA) *f.* fem. of बिछुआ।

बिछुआ (bi choo A) *m.* an ornament worn on the toe. [Fem. बिछिया]

बिछुड़ना (bi chur nA) *vi.* = बिछड़ना।

बिछोड़ा (bi cho RA) *m.* = बिछोह।

बिछोह (bi choh) *m.* painful separation, bereavement.

बिछोही (bi cho hee) *adj.* painfully separated, bereaved.

बिछौना (bi chau nA) *m.* bedding; ~ लगाना to make up the bed; to do the bed.

1. ओढ़ना ~ all (one's) belongings. 2. routine work.

बिजली (bij lee) *f.* 1. lightning; ~ की कड़क thunder; ~ की कौंध flash of lightning; ~ कौंध गई Lightning flashed. ~ की चमक flash of lightning; उस पर ~ गिरी He is struck by lightning. ~ की गति lightning speed. 2. electricity; हमारे गाँव में ~ नहीं है There is no electricity is our village. 3. electric light; ~ चली गई The lights went out.

बिजली घर (~ ghar) *m.* an electrical generating station, powerhouse.

बिजूखा (bi joo khA) *m.* scarecrow.

बिजैला (bi jai lA) *adj.* seedy.

बिज्जू (bij joo) *m.* an animal of the wild cat family.

बिटिया (bi Ti yA) *f.* 1. daughter. 2. girlie.

बिठलाना (biTh lA nA) *vt.* = बैठाना।

बिठाना (bi ThA nA) *vt.* = बैठाना।

बिड़ाल (bi RAl) *m.* he-cat [Fem. बिड़ालिका, बिड़ाली]

बिताना (bi tA nA) *vt.* to spend (time); अस्पताल में हमने रात जागकर बिताई we spent a sleepless night at the hospital छुट्टियाँ~ to spend/pass the vacation; दिन ~ (somehow) to pass the days; समय ~ to pass time.

बित्ता (bit tA) *m.* hand span; बित्ते भर का tiny, too small.

बिथरना (bi thar nA) *vi.* to scatter.

बिदकना (bi dak nA) *vi.* to shy, to be alarmed; झाड़ी देखकर घोड़ा बिदक गया The horse shied at the bush.

बिदा (bi dA) *f.* farewell; ~ करना to bid farewell; ~ देना (i) to give a send-off; (ii) to bid farewell; मैंने लड़की को बिदा दे दी I have bidden farewell to the daughter. ~ माँगना to beg leave; ~ लेना to take leave (of).

बिदाई (~ ee) *f.* farewell, departure, exodus; ~ देना to give a send-off; ~ समारोह farewell function.

बिदेश (bi desh) *m.* = विदेश।

बिदेसिया (bi de si yA) *m.* dweller in a foreign land, foreigner.

बिदेसी (bi de see) *adj. & m.* = विदेशी।

बिध (bidh) *f.* concordance. ~ मिलना (i) tallying of accounts; (ii) concordance of nature; ~ मिलाना to collate accounts.

बिधना (~ nA) *m.* fate, destiny.

बिन (bin) *adv.* = बिना।

बिनती (~ tee) *f.* = विनती।

बिनन (bi nan) *f.* texture.

बिनना (bin nA) *vt.* 1. to pick out (bad ones). 2. to knit/weave. 3. to select.

बिनवाना (~ vA nA) *vi.* to cause to be knitted.

बिना (bi nA) *adv.* without; ~ दरवाज़ा खटखटाए वह अंदर चला आया He came inside without knocking. ~ कहे (It goes) without saying; ~ कारण without any reason; ~ बुलाए uninvited; ~ मतलब purposelessly; ~ सफलता के without success; ~ समझे-बूझे without understanding properly; ~ बात की बात talk without rhyme or reason, talk of no consequence; ~ लगा-लिपटी के without beating about the bush; ~ सूचना दिए without any notice/information.
f. cause, plea; इस ~ पर on this plea; झगड़े की ~ the bone of contention.

बिनाई (bi nAee) *f.* the work of knitting and/or charges paid for the same.

बिना, के (ke bi nA) *postposition.* without, जल के ~ जीवन संभव नहीं Life is not possible without water/Water is a must for life.

बिनावट (bi nA vaT) *f.* texture.

बिनौला (bi nau lA) *m.* cotton-seed.

बिपता (bip tA) *f.* adversity, hardship, misery, affliction; ~ के दिन dark days.

बिफरना (bi phar nA) *vi.* to be visibly annoyed.

बियाबान (bi yA bAn) *m.* wilderness, deserted spot; ~ जंगल lonely forest.

बिरता (bir tA) *m.* strength, backing.

बिरला (~ lA) *adj.* rare; ~ ही कोई hardly any one.

बिरवा (~ vA) *m.* plant.

बिरह (bi rah) *m.* separation.

बिरहा (bi ra hA) *m.* a folk song of separation, ballad.

बिरही (~ hee) *adj.* & *m.* (one who is) suffering the agony of separation.

बिराजना (bi rAj nA) *vi.* to be seated (gracefully).

बिरादर (bi rA dar) *m.* brother.

बिरादराना (bi rA da rA nA) *adj.* brotherly.

बिरादरी (bi rA da ree) *f.* community.

बिराना (bi rA nA) *adj.* not one's own. *vt.* to jeer, to mock; मुँह ~ to make mouths.

बिल (bil) *m.* 1. hole. 2. bill (for payment).

बिलकुल (bil kul) *adv.* = बिल्कुल।

बिलखना (bi lakh nA) *vt.* to wail/lament.

बिलग (bi lag) *adj.* = अलग (separate).

बिलगाना (bil gA nA) *vi.* to separate/detach.

बिलगाव (~ gAw) *m.* separation, severance.

बिलटना (bi laT nA) *vi.* 1. to be spoiled; काम बिलट गया The work is undone/spoiled. 2. to be reversed; हम तो बिलट गए We are undone/floored.

बिलटी (bil Tee) *f.* railway receipt; ~ काटना to issue a railway receipt.

बिलना (~ nA) *vi.* to be rolled into flat cakes.

बिलनी (~ nee) *f.* sty.

बिलपना (bi lap nA) *vi.* to wail/lament.

बिलबिलाना (bil bi lA nA) *vi.* 1. to whine. 2. to wriggle.

बिलसना (bi las nA) *vi.* to look fine, to suit admirably.

बिला (bi lA) *adj.* without having or showing something; ~ नागा without a gap, without missing a day, without a day's absence; ~ वजह without reason; ~ शक without doubt, undoubtedly; ~ शर्त without condition, unconditionally; ~ शुबहा= undoubtedly.

बिलाई (~ ee) *f.* cat.

बिलाना (bi lA nA) *vi.* to be gone out of sight.

बिलार (bi lAr) *m.* tom-cat.

बिलाव (bi lAw) *m.* tom-cat.

बिलैया (bi lai yA) *f.* 1. cat. 2. bolt.

बिलोकना (bi lok nA) *vt.* to behold/see.

बिलोड़ना (bi loR nA) *vt.* = बिलोना।

बिलोना (bi lo nA) *vt.* to churn (milk, curd etc.).

बिलौटा (bi lau TA) *m.* kitten.

बिल्कुल (bil kul) *adv.* totally, absolutely, perfectly, wholly; ~ नंगा stark naked; ~ नहीं not at all; उसे ~ नहीं दीखता He cannot see at all. वह ~ पास रहता है He lives close at hand.

बिल्ला (~ lA) *m.* 1. tom-cat. 2. badge.

बिल्ली (~ lee) *f.* 1. cat; ~ के गले रस्सी बाँधना to bell the cat; ~ के भागों छींका टूट पड़ना windfall to the needy; ~ रास्ता काट गई A cat has crossed the way (ill omen). 2. = सिटकिनी।

बिल्लौर (~ laur) *m.* 1. crystal. 2. quartz.

बिल्लौरी (~ lau ree) *adj.* 1. crystalline. 2. quartziferous.

बिवाई (bi vA ee) *f.* chilblain(s); ~ फटना to have chilblain(s).

बिस (bis) *m.* = विष (poison).

बिसखोपड़ा (~ kho pa RA) *m.* chamelion.

बिसमिल्ला (bis mil lA) *m.* beginning.

बिसरना (bi sar nA) *vi.* to be forgotten.

बिसहा (bis hA) *m.* a dog having 20 nails (supposed to be mad).

बिसात (bi sAt) *f.* 1. capacity; अपनी ~ के बाहर beyond one's capacity. 2. board for displaying goods or playing chess etc.

बिसातख़ाना (~ KhA nA) *m.* 1. general merchandise. 2. haberdashery/drapery.

बिसातबाना (~ bA nA) *m.* = बिसातख़ाना।

बिसाती (bi sA tee) *m.* general merchant, haberdasher/draper.

बिसायँध (bi sa yãdh) *f.* stench.

बिसारना (bi sAr nA) *vt.* to forget.

बिसूरना (bi soor nA) *vi.* to sob/wail.

बिस्कुट (bis kut) *m.* biscuit.

बिस्तर (~ tar) *m.* bedding; ~ बाँधना (बोरिया-बिस्तर बाँधना) to pack off.

बिस्तरबंद (~ band) *m.* holdall.

बिस्वा (~ vA) *m.* a measure of land, one-twentieth of a बीघा।

बिहान (bi hAn) *m.* dawn, day-break.

बिहार (bi hAr) *m.* an Indian state.

बिहारी (bi hA ree) *adj.* of or pertaining to Bihar.
m. inhabitant of Bihar.

बिहिश्त (bi hisht) *m.* paradise.

बिही (bi hee) *f.* quince, smallish guava.

बींधना (beẽ dh nA) *vi.* to bore/perforate; कान ~ to perforate an ear; मोती ~ to perforate a pearl.

बी (bee) *f.* = बीबी।

बीघा (~ ghA) *m.* a measure of land, five-eighth of an acre.

बीच (beec) *m.* centre, middle part; ~ बाज़ार में in the open market; ~-बीच में at intervals, intermittently; ~ में कूदना to interfere; ~ में टोकना to interrupt; ~ में डालना to appoint a mediator; ~ में पड़ना to intervene/mediate; ~ में पड़नेवाला go-between, middleman.

बीच, के (ke beec) *postposition.* 1. amidst; इन पेड़ों के ~ गाँधी जी की प्रतिमा है Amidst these trees stands a statue of Gandhi-ji. 2. between; कानपुर मुगलसराय और दिल्ली के ~ है Kanpur is halfway between Mughal Sarai and Delhi. वाराणसी और इलाहाबाद के ~ नियमित बस सेवा है There is regular bus service between Varanasi and Allahabad. उसकी उम्र 20 से 22 के ~ है She is in between 20 and 22.

बीच-बचाव (beec - ba cAw) *m.* mediation; ~ करना to mediate, to intervene.

बीचोबीच, के (ke bee co beec) *postposition.* exactly or just in the middle or midway.

बीछी (~ chee) *f.* female scorpion.

बीज (beej) *m.* 1. seed; ~ डालना/बोना to sow the seed; बीजों से भरा seedy. 2. the cause or beginning of something.

बीजक (bee jak) *m.* invoice.

बीजगणित (beej ga Nit) *m.* Algebra.

बीजगणितीय (~ ga Ni teey) *adj.* algebraic, algebraical.

बीजमंत्र (~ mantr) *m.* 1. basic mantra. 2. compendious formula.

बीजारोपण (bee jA ro paN) *m.* sowing (seeds); झगड़े का ~ sowing seeds of discord/dispute.

बीजी (~ jee) *adj.* = बीजू।

बीजू (~ joo) *adj.* produced from seed (i.e. not grafted); ~ आम mango produced from seed.

बीट (beeT) *f.* bird droppings.

बीड़ा (bee RA) *m.* seasoned and folded betel leaf, prepared for being taken;

~ उठाना solemnly to undertake a difficult assignment/contract.

बीड़ी (~ Ree) *f.* Indian substitute for cigarette with tobacco rolled in spl. kinds of leaves.

बीतना (beet nA) *vi.* 1. to pass; दिन बीत गया The day has passed. बीते दिन the days gone by. 2. to be spent; उसका बचपन वाराणसी में बीता He spent his childhood in Varanasi. तुम्हारी छुट्टी कैसी बीती How was your vacation spent? 3. to elapse; मियाद बीत गई The period has elapsed. अपने पर ~ — जब तुम्हारे ऊपर बीतेगी When it comes to you.

बीन (been) *f.* 1. a classical Indian stringed instrument. 2. snakecharmer's flute; ~ बजाना to play on the बीन।

suffix. तमाश ~ spectator.

बीनना (~ nA) *vt.* to pick up/select/choose.

बीनाई (bee nA ee) *f.* vision, eyesight.

बीबी (bee bee) *f.* 1. lady. 2. elder sister. 3. = बीवी, wife.

बीभत्स (~ bhats) *adj.* horrid, loathsome, abhorrent, frightful, hideous.

बीभत्सता (~ tA) *f.* horridness, loathsomeness, frightfulness.

बीम (beem) *m.* beam (शहतीर)।

बीमा (bee mA) *m.* insurance; ग्रामीण ~ हमारी सफलता की कुंजी है Rural insurance is key to our success. ~ करना to insure; ~ करा लेना to get insured; बीमे की क़िस्त insurance premium.

बीमाकर्ता (~ kar tA) *m.* insurer.

बीमाकृत (~ krit) *adj.* insured.

बीमार (bee mAr) *adj.* sick, ill; सदा ~ रहनेवाला बच्चा sickly child; ~ पड़/हो जाना to fall ill; लड़का बीमार पड़/हो गया The boy fell ill. ~ लगना—वह बीमार लगा He looked ill. ~ होना to be ill.

बीमारी (~ mA ree) *f.* disease, illness, sickness; छूत की ~ infectious disease; एक ~ लगना—उसको एक नई बीमारी लग गई है He has contracted a new affliction. लाइलाज ~ incurable disease.

बीया (~ yA) *m.* = बीज।

बीर (beer) *adj.* = वीर (brave), bold, undaun-ted, intrepid.

m. brother.

बीरन (bee ran) *m.* brother.

बीर-बहूटी (~ - ba hoo Tee) *f.* velvety insect, lady-cow, lady-fly.

बीवी (~ vee) *f.* wife; ~ का ग़ुलाम henpecked husband.

बीस (bees) *adj. & m.* twenty, 20; ~ पड़ना to prove a little too strong; ~ बिस्वे in all probability; उन्नीस - ~ slightly different in degree.

बीसी (bee see) *f.* set of twenty.

बीहड़ (~ haR) *adj.* 1. rough and rugged, hazardous. 2. difficult to do, arduous; ~ काम arduous work. 3. difficult to tackle; ~ आदमी difficult man.

बुँदकी (bũd kee) *f.* dot; ~ दार dotted.

बुंदा (bun dA) *m.* ear-top.

बुँदिया (bũ di yA) *f.* a small globular Indian sweet.

बुंदीदार (bun dee dAr) *adj.* dotted, spotted.

बुंदेलखंड (~ del khaND) *m.* Bundelkhand, an area of North India.

बुंदेलखंडी (~ del khan Dee) *adj.* of or pertaining to Bundelkhand.

f. the dialect of Bundelkhand.

बुंदेला (~ de lA) *m.* subcaste among Rajputs.

बुंदेली (~ de lee) *f.* dialect of Bundelkhand.

बुआ (bu A) *f.* father's sister.

बुकचा (buk cA) *m.* bundle (usually of clothes).

बुकनी (~ nee) *f.* powder; ~ करना to powder.

बुक्का (~ KA) *m.* pulverized mica; ~ फाड़ कर रोना to weep bitterly, to cry aloud.

बुख़ार (bu KHAr) *m.* 1. fever; लगता है मुझे ~ हो गया है I think I have got a fever. उसे प्यार का ~ है He is love sick. ~ आना—मुझे बुख़ार आ गया है I have fever. ~ उतर जाना—मेरा बुख़ार उतर गया My fever has abated. ~ चढ़ना—मुझे बुख़ार चढ़ गया I had an attack of fever. ~ टूट जाना subsidence of temperature; ~ लेना to take somebody's temperature. 2. irritation; देने के नाम पर उसे ~ चढ़ जाता है He becomes irritated at the mere thought of giving.

बुच्ची दाढ़ी (buc cee dA Rhee) *f.* a sharp pointed beard, goatee. देने के नाम पर उसे ~ चढ़ जाता है He becomes irritated at the mere thought of giving.

बुज़दिल (buz dil) *adj.* cowardly.
m. coward.

बुज़दिली (~ di lee) *f.* cowardice.

बुज़ुर्ग (bu zurg) *adj.* & *m.* an elderly (person), venerable: आप हमारे ~ हैं You are our elder.

बुज़ुर्गी (bu zur gee) *f.* elderliness, old age, seniority.

बुझना (bujh nA) *vi.* 1. to be extinguished; आग ~ —आग बुझ गई The fire is extinguished. दीया ~ —दीया बुझ गया The lamp has gone out. 2. to be quenched/slaked; प्यास ~ — प्यास बुझ गई The thirst has been slaked/quenched. दिल ~ — मेरा दिल बुझ गया I am feeling depressed. ज़हर में बुझा हुआ dipped in venom, surcharged with venom; बुझा-बुझा सा होना to look disheartened/dispirited.

बुझाना (bu jhA nA) *vt.* 1. to extinguish, to put out (fire, flame etc.); मैं अपना सिगरेट बुझा देता हूँ I am putting out my cigarette. हवा ने मोमबत्ती बुझा दी The wind blew out the candle. 2. to slake; चूना ~ to slake lime; दिल की लगी ~ to feed the flame of love; प्यास ~ to quench/slake thirst; पहेली ~ to pose a riddle.

बुझौवल (bu jhau wal) *f.* enigma, riddle.

बुड़बुड़ाना (bur bu RA nA) *vi.* = बड़बड़ाना।

बुड़भस (~ bhas) *f.* dotage, senility.

बुड्ढा (buD DhA) *adj.* & *m.* old, aged, old man; ~ आदमी old man.

बुढ़ाना (bu RhA nA) *vi.* to get/grow old.

बुढ़ापा (bu RhA pA) *m.* the latter part of the life, old age; ~ आना advent of old age; बुढ़ापे का सहारा = बुढ़ापे की लकड़ी prop of old age, only support of old age.

बुढ़िया (bu Rhi yA) *f.* old woman; ~ का काता a children's sweet in the form of hair-thin pieces.

बुत (but) *adj.* dumb and motionless; ~ रहना = ~ हो जाना to keep mum; नशे में ~ dead drunk.
m. icon, idol.

बुतख़ाना (~ KHA nA) *m.* temple with an idol.

बुतपरस्त (~ pa rast) *m.* idolator.

बुतपरस्ती (~ pa ras tee) *f.* idolatry.

बुतशिकन (~ shi kan) *m.* iconoclast.

बुताना (bu tA nA) *vt.* = बुझाना।

बुताम (bu tAm) *m.* button.

बुत्ता (but tA) *m.* dodge; दम - ~ dodge.

बुदबुदाना (bud bu dA nA) *vi* 1. to effervesce/bubble, to be bubbling. 2. to mumble.

बुदबुदाहट (~ bu dA haT) *f.* effervescence.

बुद्ध (buddh) *adj.* 1. awakened, enlightened. 2. scholarly.
m. Lord Buddha.

बुद्धत्व (bud dhattw) *m.* state of being बुद्ध।

बुद्धि (~ dhi) *f.* 1. intelligence. 2. wisdom, sense, wit, knowledge.

बुद्धिकौशल (~ kau shal) *m.* feat of wisdom.

बुद्धिगम्य (~ gam my) *adj.* that can be discerned by mind, discernible.

बुद्धिजीवी (~ jee vee) *m.* an intellectual.
बुद्धिबल (~ bal) *m.* intellectual power.
बुद्धिभ्रंश (~ bhransh) *m.* dementia.
बुद्धिमत्ता (~ mat tA) *f.* wisdom, intelligence.
बुद्धिमत्तापूर्ण (~ poorN) *adj.* wise; यह निर्णय ~ नहीं कहा जा सकता This decision has not been a wise one.
बुद्धिमत्तापूर्वक (~ poor vak) *adv.* wisely, intelligently.
बुद्धिमांन, बुद्धिमान् (bud dhi mAn) *adj.* wise, learned, sharp-witted.
बुद्धिमानी (~ mA nee) *f.* 1. wisdom. 2. an act of wisdom, sagacity, prudence.
बुद्धिरहित (~ ra hit) *adj.* void of sagacity, senseless.
बुद्धिवर्ग (~ varg) *m.* intellectual class.
बुद्धिवाद (~ vAd) *m.* intellectualism, rationalism.
बुद्धिवादी (~ vA dee) *adj.* intellectualist. *m.* intellectual.
बुद्धिविभ्रम (~ vi bhram) *m.* fix, being in two minds, predicament.
बुद्धिहत (~ hat) *adj.* void of sagacity, senseless, upset.
बुद्धिहीन (~ heen) *adj.* void of sagacity, senseless, stupid, foolish.
बुद्धू (bud dhoo) *adj. & m.* simpleton, dullard.
बुध (budh) *m.* 1. Wednesday. 2. Mercury (planet.)
बुधजन (~ jan) *m.* scholarly people, the wise, learned.
बुधवार (~ vAr) *m.* Wednesday.
बुनकर (bun kar) *m.* weaver.
बुनना (~ nA) *vt.* 1. to knit. 2. to weave.
बुनवाई (~ vA ee) *f.* 1. act of knitting/weaving. 2. charges paid for knitting/weaving.
बुनवाना (~ vA nA) *vt.* causative of बुनना।
बुनाई (bu nA ee) *f.* 1. texture. 2. charges paid for knitting/weaving.
बुनावट (~ vat) *f.* texture.
बुनियाद (bu ni yAd) *f.* 1. foundation. 2. basis.
बुनियादी (~ yA dee) *adj.* 1. basic; ~ तालीम basic education. 2. serving as a foundation.
बुनियादी ढाँचा (~ DHÃ CA) *m.* infrastructure; ~ बुनियादी ढाँचे में जनता का निवेश अपर्याप्त रहा The public investment in infrastructure was rather inadequate.
बुभुक्षा (bu bhuk shA) *f.* hunger, appetite.
बुभुक्षित (bu bhuk shit) *adj.* hungry.
बुर (bur) *f.* female genital organ.
बुरकना (bu rak nA) *vt.* to spray/sprinkle.
बुरक़ा (bur KA) *m.* veil.
बुरक़ापोश (~ posh) *adj.* veiled, covered by veil.
बुरकी (bur kee) *f.* enchanted dust.
बुरबक (~ bak) *adj.* senile.
बुरा (bu rA) *adj.* 1. bad, untoward, harmful, faulty; evil; मैंने इस बुरे दृश्य को देखा है I have seen this untoward scene. ~ करना to do ill/harm to somebody. 2. wicked; ~ चाहना (चीतना) to wish someone ill; ~ ज़माना bad times; ~ बनना to fall in the eyes (of others); ~ मानना to take (it) ill; ~ रास्ता wrong way; ~ लगना to feel hurt; ~ व्यवहार ill treatment; ~ हाल sad condition, miserable plight; बुरी आदत bad/evil habit; बुरी कमाई evil earning; बुरी ख़बर bad news; बुरी गति miserable plight; बुरी गत/गति बनाना to reduce to a miserable condition; बुरी घड़ी/साइत inauspici- ous moment; बुरी तरह badly; बुरी तरह ख़बर लेना to reduce to a sad plight; बुरी तरह पेश आना to maltreat; मैं बुरी तरह पेश आऊँगा I will treat

(you) harshly. बुरी तरह लताड़ना to give a sound chiding/rebuke; बुरी नज़र evil eye; बुरे काम का ~ नतीजा Evil comes out of evil. बुरे दिन bad/dark days; बुरे दिन आना to fall on evil times; बुरे दिन का मीत/ साथी a friend in adversity; सबसे ~ worst (of all).

बुराई (bu RA ee) *f.* 1. defect, flaw. 2. evil, vice; ~ आगे आना evil begets evil; ~ करना (i) to do evil; (ii) to talk ill; ~ के बदले भलाई करना to return good for evil; ~ - भलाई good and evil, good (deeds) and bad. 3. discredit, bad name; ~ मिलना/ ~ हाथ लगना to get only a bad name.

बुरादा (bu RA dA) *m.* saw-dust.

बुरा-भला (~ - bha lA) *m.* good side and bad; ~ कहना to reprimand/upbraid.

बुरुश (bu rush) *m.* brush; ~ करना/फेरना to brush; ~ मारना to brush quickly.

बुर्ज (burj) *m.* bastion, turret, tower.

बुर्जी (bur jee) *f.* fem. of बुर्ज।

बुर्जुआ (~ ju A) *adj. & m.* bourgeois.

बुर्द (burd) *m.* 1. additional income. 2. competition. 3. the finale of a game of chess in which one side loses all chessmen, except the king. Such a game is deemed as a half-mate.

बुर्दाफ़रोश (bur dA Fa rosh) *m.* slave-dealer.

बुर्राक़ (~ RAK) *adj.* very bright; सफ़ेद ~ snow-white.

बुलंद (bu land) *adj.* 1. lofty. 2. loud; ~ आवाज़ loud voice.

बुलंदी (bu lan dee) *f.* loftiness, height.

बुलडाग (bul DAg) *m.* bulldog.

बुलबुल (~ bul) *f.* nightingale.

बुलबुला (~ bu lA) *m.* 1. bubble. 2. transitory thing. 3. unrealistic scheme.

बुलवाना (~ VA nA) *vt.* 1. to send for. 2. to make one speak.

बुलाक़ (bu lAK) *m.* nose-pendant.

बुलाना (bu lA nA) *vt.* 1. to call; बुला भेजना to send for, to summon. 2. to invite; अपने यहाँ खाने के लिए ~ to invite to dinner. 3. to convene; प्रधानमंत्री ने इस विषय पर विचार के लिए सर्वदलीय बैठक बुलाई है Prime Minister has convened an all party meeting to discuss this subject. सभा ~ to convene a meeting.

बुलावा (bu lA VA) *m.* 1. call. 2. invitation; ~ भेजना to send invitation/to call.

बुलाहट (bu lA haT) *f.* call.

बुलेटिन (bu le Tin) *m.* bulletin.

बुसना (bus nA) *vi.* to become stale.

बुहारना (bu hAr nA) *vt.* to sweep.

बुहारी (bu hA ree) *f.* broom.

बूँद (bo͞od) *m.* drop; ~ भर an iota, a drop in quantity; बूँदें पड़ना falling of raindrops.

बूँदा-बाँदी (bo͞o dA bA͞ dee) *f.* raindropping, drizzling.

बूँदी (~ dee) *f.* 1. a kind of sweet or saltish dish in the form of droplets. 2. small circular designs printed and embroidered on cloth.

बू (boo) *f.* foul smell; ~ आना—कूड़े में से बू आ रही है The refuse is smelling foul/ giving out a foul smell.

बूआ (~ A) *f.* = बुआ।

बूकना (book nA) *vi.* to powder.

बूचड़ (boo caR) *m.* butcher.

बूचड़ख़ाना (~ KhA nA) *m.* slaghter-house.

बूचा (boo cA) *adj.* maimed, mutilated; ~ पेड़ mutilated tree; नंगा - ~ withou ornaments.

बूझ (boojh) *f.* faculty of guessing the future or factuality correctly, comprehension; सूझ- ~.

बूझना (~ nA) *vt.* 1. to infer/guess correctly 2. to pose a riddle for solution.

बूट (boot) *m.* boot.

बूटा (boo TA) *m.* 1. plant. 2. design (usually on cloth).

बूटी (~ TEE) *f.* 1. herb. 2. design. (fem. of बूटा) । 3. pip (on a playing card).

बूटेदार (~ TE dAR) *adj.* embroidered or printed (cloth).

बूढ़ा (~ RhA) *adj.* aged, old; बीमारी ने उसे ~ बना दिया है The illness has aged him. बूढ़े लोग the aged people.
m. old man. [Fem. बूढ़ी]

बूढ़ी (~ Rhee) *f.* old woman.

बूता (~ tA) *f.* capacity; to do, hold or contain something; बूते के बाहर beyond (one's) capacity.

बू-बास (~ - bAS) *f.* 1. smell. 2. characteristics; उसमें बाप की ~ नहीं He does not possess the characteristics of his father.

बूरा (~ rA) *m.* unrefined sugar.

बृहत् (bri hat) *adj.* great, greater; ~ भारत Greater India.

बृहत्तर (~ tar) *adj.* greater.

बृहद् (bri had) *adj.* = बृहत् ।

बृहस्पति (~ has pa ti) *m.* 1. Jupiter. 2. (~ वार) Thursday.

बेंच (beNC) *m.* bench.

बेंट (beNT) *f.* handle (of knife etc.).

बेंत (bent) *m.* cane; ~ लगाना to cane; ~ की तरह काँपना to shake like a cane.

बे (be) *prefix.* without, lacking, void; ~ पर की उड़ाना to indulge in baseless talk.
interj. = अबे ।

बेअक़्ल (~ aKl) *adj.* void of wisdom, foolish, idiot, stupid.

बेअक़्ली (~ aK lee) *f.* lack of wisdom, foolishness.

बेअदब (~ a dab) *adj.* lacking in proper respect, impertinent.

बेअदबी (~ ad bee) *f.* impertinence.

बेआब (~ Ab) *adj.* lustreless, dull, dim.

बेआबरू (~ Ab roo) *adj.* dishonoured.

बेइंतिहा (~ in ti hA) *adj.* endless, without end.

बेइंसाफ़ (~ in SAF) *adj.* unjust.

बेइंसाफ़ी (~ in SA FEE) *f.* lack of justice, injustice.

बेइज़्ज़त (~ iz zat) *adj.* dishonoured, disgraced.

बेइज़्ज़ती (~ iz za tee) *f.* dishonour, ignominy.

बेईमान (~ ee mAN) *adj.* dishonest, corrupt, fraudulent, insincere.

बेईमानी (~ ee mA nee) *f.* dishonesty, deceitfulness, fraud; ~ से dishonestly.

बेउसूल (~ u sool) *adj.* unprincipled.

बेएतबार (~ et bAR) *adj.* mistrusted, disingenuous.

बेएब (~ eb) *adj.* 1. faultless; ~ घोड़ा faultless horse. 2. flawless; ~ मोती flawless pearl.

बेऔलाद (~ au lAd) *adj.* issueless, childless.

बेक़द्र (~ Kaddr) *adj.* unappreciative.

बेक़द्री (~ Kad dree) *f.* 1. non-appreciation, lack of appreciation. 2. disrespect.

बेक़रार (~ Ka rAR) *adj.* disconsolate, uneasy, restless; मिलने के लिए ~ anxious to meet.

बेक़रारी (~ Ka rA ree) *f.* discomfiture, disquiet, uneasiness.

बेकस (~ kas) *adj.* helpless.

बेकसी (~ ka see) *f.* helplessness.

बेक़सूर (~ Ka soor) *adj.* guiltless, innocent.

बेकहा (~ ka hA) *adj.* not amenable to advice.

बेक़ाबू (~ KA boo) *adj.* uncontrollable.

बेकाम (~ kAM) *adj.* 1. idle, good for nothing, ineffectual. 2. unemployed (person). 3. having no practical use, unserviceable; मेरा शरीर ~ हो गया है My body has become useless/fatigued.

बेकायदगी (~ KA yad gee) *f.* impropriety, unmannerliness.

बेक़ायदा (~ KA ya dA) *adj.* 1. irregular. 2. improper, unmannerly. 3. unlawful, illegal.

बेक़ायदे (~ KAy de) *adv.* 1. irregularly. 2. improperly, unmannerly.

बेकार (~ KAr) *adj.* 1. good-for-nothing, hopeless, useless, worthless. 2. unemployed.

adv. to no purpose, for no rhyme or reason, unnecessarily; आपने यहाँ आने का ~ कष्ट किया You unnecessarily bothered to come here.

बेकारी (~ KA ree) *f.* unemployment.

बेखटक (~ kha Tak) *adv.* = बेखटके।

बेखटके (~ khaT ke) *adv.* without hitch or apprehension, unhesitatingly.

बेख़बर (~ Kha bar) *adj.* 1. oblivious, unwary, heedless; दीन-दुनिया से ~ oblivious of the world around. 2. uninformed, unaware; मैं उनकी इन गतिविधियों से बिल्कुल ~ था I was completely unaware of his these activities.

बेख़बरी (~ Khab ree) *f.* 1. oblivion, obliviousness, unwariness. 2. unawareness.

बेख़ुदी (~ Khu dee) *f.* selflessness.

बेख़ौफ़ (~ KhauF) *adj.* fearless, dauntless.

adv. fearlessly.

बेग (beg) *m.* bag.

बेगम (be gam) *f.* queen.

बेग़म (~ Gam) *adj.* having no sorrow.

बेगमी (~ ga mee) *adj.* of or pertaining to the queen.

बेगाना (~ gA nA) *adj.* & *m.* not belonging or related to oneself, outsider, stranger.

बेगार (~ gAr) *f.* forced or involuntary labour, careless work.

बेगारी (~ gA ree) *m.* forced labourer.

f. = बेगार।

बेगुनाह (~ gu nAh) *adj.* guiltless, innocent, faultless.

m. an innocent person; हम इस बात का ध्यान रखेंगे कि कोई ~ परेशान न हो We will see that no innocent person is harassed.

बेग़ैरत (~ Gai rat) *adj.* lost to all sense of shame, shameless.

बेघर (~ ghar) *adj.* homeless, without home and hearth; लगभग दस लाख लोग गुजरात के विनाशक भूकंप से ~ हो गए हैं Nearly one million people have been reduced homeless by the devastating earth- quake in Gujarat.

बेचना (bec nA) *vt.* to sell/dispose.

बेचान (be cAn) *f.* 1. endorsement. 2. sale.

बेचारा (~ cA rA) *adj.* helpless, poor; ~ लड़का poor child.

बेचैन (~ cain) *m.* listless, restless, uneasy.

बेचैनी (~ cai nee) *f.* 1. listlessness, restlessness, uneasiness. 2. unrest.

बेज़बान (~ za bAn) *adj.* 1. unable to speak, mute, dumb. 2. voluntarily silent.

बेजा (~ jA) *adj.* improper, unfair, unjust.

बेजान (~ jAn) *adj.* 1. having no life, lifeless. 2. lacking liveliness. 3. dead.

बेज़ाब्ता (~ zAb tA) *adj.* contrary to the rule of law.

बेज़ार (~ zAr) *adj.* fed up, tired.

बेजोड़ (~ joR) *adj.* 1. without joints. 2. matchless, unique, ideal; गवास्कर और सचिन दोनों ~ हैं, इसलिए अतुलनीय हैं Both Gavaskar and Sachin are unique therefore not comparable.

बेटा (~ TA) *m.* son. [Fem. बेटी]

बेटिकट (~ Ti kaT) *adj.* ticketless; हमारे ज़िला जज ~ यात्रा करने के कारण निलंबित कर दिए

गए Our district judge has been suspended for ticketless travelling.
adv. without ticket.

बेटी (~ Tee) *f.* daughter; ~ देना to offer (one's) daughter in marriage.

बेठन (~ Than) *m.* 1. wrapper. 2. covering.

बेठिकाने (~ Thi KA ne) *adv.* at a wrong place.

बेड़ा (~ RA) *m.* 1. fleet. 2. raft; ~ डूबना—तेरा ~ डूबे Down with you, you be damned. तेरा ~ ग़र्क़ हो You be damned. ~ पार लगना/होना to cross over.

बेड़ी (~ Ree) *f.* 1. boat. 2. fetters, shackles; ~ काटना (i) to remove fetters; (ii) to free (someone) from bondage; ~ डालना to put under fetters.

बेड़े (~ Re) *adv.* horizontally; ~ बल horizontally.

बेडौल (~ Daul) *adj.* disproportionate, unsymmetrical, ugly, clumsy.

बेढंगा (~ Dhaṅ GA) *adj.* 1. uncouth; ~ वाक्य uncouth, sentence. 2. rough and shaggy, unsystematic, unmethodical; ~ पन quality of being unmethodical.

बेढब (~ Dhab) *adj.* deformed, uncanny, odd sort of; ~ आदमी odd sort of a man; ~ समस्या odd type of a problem, ticklish/critical problem.

बेतकल्लुफ़ (~ ta kal luF) *adj.* observing no formality, informal; ~ आदमी informal person.

बेतकल्लुफ़ी (~ ta kal lu Fee) *f.* absence of all formality, informality.

बेतरतीब (~ tar teeb) *adj.* unsystematic, unmethodical.
adv. unsystematically.

बेतरह (~ ta rah) *adv.* 1. unmethodically. 2. beyond limits; उसने मुझे ~ मारा He gave me a thorough beating. आज ~ पानी बरसा It rained cats and dogs today.

बेतरीक़े (~ ta ree Ke) *adv.* 1. unmethodically, unsystematically. 2. unmannerly.

बेतहाशा (~ ta hA shA) *adv.* at breakneck speed, recklessly, wildly.

बेताब (~ tAb) *adj.* = बेचैन।

बेताबी (~ tA bee) *f.* = बेचैनी।

बेतार (~ tAr) *adj.* wireless; ~ का तार wireless telegram.

बेताल (~ tAl) *adj.* out of tune.
m. = बैताल।

बेतुका (~ tu KA) *adj.* 1. unrhymed. 2. absurd, grotesque, incongruous, irrelevant, bizarre, pointless; बेतुकी हाँकना to overdo in talking out of point.

बेतुकापन (~ pan) *m.* absurdity, pointlessness, irrelevancy.

बेदख़ल (be da Khal) *adj.* ejected, dispossessed.

बेदख़ली (~ daKh lee) *f.* ejectment, dispossession.

बेदम (~ dam) *adj.* 1. breathless. 2. totally exhausted.

बेदर्द (~ dard) *adj.* hard-hearted, heartless, merciless, harsh, cruel.

बेदर्दी (~ dar dee) *f.* hard-heartedness, heartlessness, mercilessness; बड़ी ~ से very heartlessly, very mercilessly.

बेदाग़ (~ DAG) *adj.* spotless, stainless; ~ छूटना to get a clean acquittal.

बेदाना (~ DA NA) *adj.* without seeds; ~ अनार a kind of pomegranate.

बेदिल (~ dil) *adj.* heartless, unkind.

बेदिली (~ di lee) *f.* half-heartedness; ~ से half-heartedly.

बेध (bedh) *m.* hole.

बेधड़क (be dha Rak) *adv.* without hitch or hesitation, dauntlessly, fearlessly.

बेधना (bedh NA) *vt.* to pierce a hole into.

बेनज़ीर (be na zeer) *adj.* without precedent, unprecedented.

बेनाग़ा (~ nA GA) *adv.* without any absence/gap, continuously.

बेनाम (~ nAm) *adj.* without name, nameless.

बेनामी (~ nA mee) *adj.* in another's name, benami; ~ सौदा transaction in the name of another, benami transaction.

बेपनाह (~ pa nAh) *adj.* without shelter/support, shelterless.

बेपर (~ par) *adj.* without feathers/wings; ~ की उड़ाना to talk tall.

बेपरदगी (~ da gee) *f.* state of being बेपरदा।

बेपरदा (~ dA) *adj.* unveiled, uncovered, exposed.

बेपरवाह (~ vAh) *adj.* 1. careless. 2. indifferent.

बेपरवाही (~ vA hee) *f.* 1. carelessness. 2. indifference.

बेपेंदा (be pen dA) *adj.* bottomless; बेपेंदी का लोटा unsteady, without moorings, unscrupulous (person).

बेफ़ायदा (~ FAy dA) *adj.* without any gain/profit, fruitless, useless.
adv. uselessly, fruitlessly.

बेफ़िकरा (~ Fik rA) *adj.* carefree, without worry.

बेफ़िकरी (~ Fik ree) *f.* carelessness.

बेफ़िक्र (~ Fikkr) *adj.* 1. careless. 2. carefree. happy-go-lucky

बेबस (~ bàs) *adj.* helpless.

बेबसी (~ ba see) *f.* helplessness, subjugation.

बेबाक (~ bAk) *adj.* fully paid up, cleared off; हिसाब ~ कर देना to pay off, to square up accounts.

बेबुनियाद (~ bu ni yAd) *adj.* unfounded, baseless, groundless.

बेभाव (~ bhAw) *adj.* unbounded, unlimited; ~ की पड़ना to receive a thorough beating/licking.

बेमज़ा (~ ma zA) *adj.* 1. tasteless. 2. not entertaining, insipid; सारा खेल ~ हो गया The game lost all its charm.

बेमतलब (~ mat lab) *adj.* pointless, meanin- gless.
adv. in vain, without purpose; ~ का pointless, with no sense; ~ की बात waffle.

बेमन (~ man) *adj.* uninterested, unwilling; ~ से—मैंने ~ से काम किया I had no heart in the work.

बेमानी (~ mA nee) *adj.* meaningless, having no meaning.

बेमिसाल (~ mi sAl) *adj.* unparalleled, unique, marvellous.

बेमुरव्वत (~ mu rav vat) *adj.* not caring about someone's feelings, inconsiderate.

बेमेल (~ mel) *adj.* 1. incongruous, odd, incoherent. 2. mismatched.

बेमौक़ा (~ mau KA) *adj.* inopportune.

बेमौक़े (~ mau Ke) *adv.* at a wrong occasion.

बेमौत (~ maut) *adv.* ~ मारा जाना—मैं तो ~ मारा गया I was completely undone/It was like a death blow to me.

बेमौसमी (~ mau sa mee) *adj.* 1. unseasonal. 2. off-season.

बेरंग (~ raṅg) *adj.* lack-lustre.

बेर (ber) *m.* jujube.

बेरहम (be ra ham) *adj.* merciless, ruthless, heartless, cruel.

बेरहमी (~ rah mee) *f.* cruelty, ruthlessness; ~ से mercilessly, ruthlessly.

बेरी (~ ree) *f.* jujube tree.

बेरी-बेरी (~ - be ree) *f.* beri beri (a disease).

बेरुख़ (be ruKh) *adj.* neglectful, indifferent.

बेरुख़ी (~ ru Khee) *f.* indifference, neglect; ~ से curtly.

बेरोक (~ rok) *adj.* unobstructed, unhindered.
adv. unhampered.

बेरोक-टोक (~ - TOK) *adv.* without any hitch or hindrance, without any obstruction.

बेरोज़गार (be roz GAR) *adj.* unemployed; ~ होने के कारण उसके पास अधिक धन नहीं था Being unemployed he has not got much money.

बेरोज़गारी (~ roz GA ree) *f.* unemployment.

बेरौनक़ (~ rau NAK) *adj.* lack-lustre, dull.

बेल (bel) *m.* wood-apple.
f. creeper.

बेलगाम (be la GAM) *adj.* & *adv.* unbridled. वह ~ घूमता रहा He rounded unfettered.

बेलचा (bel CA) *m.* shovel.

बेलदार (~ dAR) *m.* manual labourer, digger.

बेलदारी (~ dA ree) *m.* job of a बेलदार।

बेलन (be lan) *m.* 1. rolling pin. 2. cylinder, roller.

बेलना (bel NA) *vt.* to roll (kneaded flour into flat cakes).

बेल-बूटा (~ - boo TA) *m.* embroidery.

बेला (be lA) *m.* 1. a kind of jasmine. 2. time, period of time. 3. wave. 4. seashore. 5. a variety of stringed instrument.

बेलाग (~ lAg) *adj.* 1. straight-forward, frank. 2. impartial, detached. 3. evident.

बेलिहाज़ (~ li HAZ) *adj.* having no regard and consideration.

बेली (~ lee) *m.* 1. bailee. 2. friend, companion.

बेलौस (~ laus) *adj.* upright and selfless; ~ मुहब्बत unselfish love.

बेवक़ूफ़ (~ va KOOF) *adj.* foolish, stupid, idiot.

बेवक़ूफ़ी (~ va KOO FEE) *f.* foolishness, stupidity; ~ से foolishly.

बेवक़्त (~ VAKT) *adv.* untimely; ~ का ill-timed; ~ की शहनाई subject broached at an inopportune moment.

बेवजह (~ va jah) *adv.* without any reason.

बेवफ़ा (~ va FA) *adj.* disloyal, faithless.

बेवफ़ाई (~ ee) *f.* disloyalty, faithlessness.

बेवा (be VA) *f.* widow.

बेवाई (~ ee) *f.* chilblain.

बेशऊर (~ sha oor) *adj.* 1. unmannerly. 2. tactless, stupid.

बेशऊरी (~ sha oo ree) *f.* 1. unmannerliness. 2. tactlessness, stupidity.

बेशक (~ shak) *adv.* of course, indeed, definitely, surely, certainly, undoubtedly, without doubt.

बेशक़ीमत (besh KEE mat) *adj.* 1. precious, costly. 2. very useful or important, valuable; अपना ~ समय बरबाद करना to waste one's valuable time.

बेशक़ीमती (~ KEE ma tee) *adj.* = बेशक़ीमत।

बेशर्म (be sharm) *adj.* shameless; ~ से ख़ुदा भी डरता है A shameless person is a fearsome sight even for the Almighty.

बेशर्मी (~ shar mee) *f.* shamelessness.

बेशुमार (~ shu MAR) *adj.* countless, innumerable, numberless, plenty.

बेसन (~ san) *m.* gram flour, pulverised gram.

बेसनी (bes nee) *f.* cake made of gram flour.

बेसबब (be sa bab) *ind.* without cause.

बेसबरा (~ sab RA) *adj.* impatient.

बेसबरी (~ sab ree) *f.* impatience.

बेस़ब्र (~ sabbr) *adj.* = बेसबरा।

बेसब्री (~ sab bree) *f.* = बेसबरी।

बेसमझ (~ sa majh) *adj.* devoid of sense, silly, senseless.

बेसमझी (~ sam jhee) *f.* silliness, senselessness.

बेसलीक़ा (~ sa lee KA) *adj.* mannerless, unmannerly, impolite, rude.

बेसहारा (~ sa hA rA) *adj.* helpless, without support/shelter.

बेसाख़्ता (~ sAKh tA) *ind.* involuntarily, inadvertently.

बेसिर (~ sir) *adj.* ~ पैर का having no basis, illogical; ~ पैर की बात foolish talk, nonsense, hooey.

बेसिलसिले (~ sil si le) *ind.* 1. without due order, disorderly. 2. desultory.

बेसी (~ see) *adj. & adv.* much, more, excessive.

बेसुध (~ sudh) *adj.* 1. unconscious. 2. absent-minded.

बेसुधी (~ su dhee) *f.* 1. unconsciousness. 2. absent-mindedness.

बेसुरा (~ su rA) *adj.* discordant, out of tune.

बेस्वाद (~ swAd) *adj.* tasteless, insipid.

बेहतर (beh tar) *adj.* better.

बेहतरी (~ ta ree) *f.* betterment; लोगों के स्वास्थ्य की ~ के लिए for the betterment of the health of the people.

बेहद (be had) *adj.* excessive; वह ~ चालाक है He is too clever.

adv. excessively; आज पानी ~ बरसा It rained excessively today.

बेहन (~ han) *m.* seedling.

बेहया (~ ha yA) *adj.* shameless, obstinately shameless.

बेहयाई (~ ee) *f.* shamelessness.

बेहाथ (be hAth) *adv.* out of hands; हाथ से ~ होना to go out of one's control.

बेहाल (~ hAl) *adj.* afflicted, distressed; वह ~ हो रहा है He is in bad shape/He is in a bad way/condition.

बेहिसाब (~ hi sAb) *adj.* incalculable.

adv. incalculably.

बेहुनर (~ hu nar) *adj.* artless, unskilled.

बेहूदगी (~ hood gee) *f.* smuttiness, obscenity.

बेहूदा (~ hoo dA) *adj.* smutty, obscene or offensive, absurd; ~ मज़ाक smutty/obscene joke; ~ आदमी dirty fellow; ~ हरकत dirty act/conduct/behaviour.

बेहूदापन (~ pan) *m.* smuttiness, obscenity, absurdity.

बेहोश (be hosh) *adj.* unconscious, fainted.

बेहोशी (~ ho shee) *f.* unconsciousness, swoon; वह ~ में बड़बड़ा रहा था He was prattling in a state of unconsciousness.

बैंक (baiṅk) *m.* bank.

बैंकर (baiṅ kar) *m.* banker.

बैंगन (bãi gan) *m.* eggplant, brinjal, aubergine.

बैंगनी (bãi ga nee) *adj.* purple.

f. a fried dish of brinjal slices and gram flour.

बैंड (baiND) *m.* band.

बैकुंठ (bai kuNTh) *m.* paradise.

बैज (baij) *m.* badge.

बैट (baiT) *m.* bat (cricket).

बैटरी (baiT ree) *f.* battery.

बैठक (bai Thak) *f.* 1. sitting/drawing room, parlour. 2. sitting; ~ कितने बजे है At what time is the meeting? ~ पाँच बजे है The meeting is at five. कल आप ~ में आ रहे हैं न ? Are you coming to the meeting tomorrow? एक ~ में in one sitting, संसद की ~ sitting of Parliament; वहाँ रोज़ ~ जमती है There is a sitting at that place every day/They meet there every day. 3. an Indian athletic. 4. posture.

बैठकबाज़ (~ bAz) *adj. & m.* 1. associative/companionable, habituated to gossiping. 2. tricky (fellow), sharper.

बैठकबाज़ी (~ bA zee) *f.* habit of prolonged gossiping in company.

बैठका (baiTh kA) *m.* spacious sitting room.

बैठकी (~ kee) *f.* = बैठक।

बैठकी हड़ताल (~ haR tAl) *f.* sit-down strike.

बैठना (baiTh nA) *vi.* 1. to sit, to take a seat; मुझे बैठने के लिए कहा गया I was asked to sit down. बैठ जाइए Please take a seat/ Please be seated. लड़का कानपुर बैठा है The boy is at Kanpur. 2. to appear; परीक्षा में ~ to appear at an examination, to take an examination; घर ~ (i) to live with someone as a concubine; (ii) living of a married girl (as an abandonee) with her parents; टट्टी ~ to sit for evacuation; ठीक ~ to fit well, to be set (of a fractured bone); चश्मा मेरी नाक पर ठीक बैठता है The glasses fit squarely on my nose. चस्पाँ ~ to fit closely; चूल से चूल ~ — चूल से चूल बैठ गई The parts fit closely into each other. निशाने पर ~ — तीर निशाने पर बैठा है (i) The arrow has hit the target. (ii) The cap fits. पड़ता ~ — पड़ता नहीं बैठता It does not pay. क्या पड़ता बैठा What was the overall cost? बैठ जाना—हड्डी ठीक बैठ गई है The bone is set properly. हिसाब ठीक बैठ गया The account is adjusted. आँख बैठ जाना loss of an eye; कलेजा बैठ जाना = दिल बैठ जाना; कारोबार बैठ जाना—उसका कारोबार बैठ गया His business has collapsed. घर बैठ जाना—घर बैठ गया The house has collapsed. घर बैठे without any effort, worth the name; चल बैठ (i) Shut up. (ii) Hang it. चोर तो तुम्हारे मन में बैठा है You are looking at things with jaundiced eyes. जमीन बैठ जाना—ज़मीन बैठ गई The land has subsided. दिल बैठ जाना—उसका दिल बैठ गया His heart sank within him. देखिए ऊँट किस करवट बैठता है Let us see which way the wind blows. बैठ जाना to withdraw/retire from a contest; मकान बैठ जाना—मकान बैठ गया The house caved in. मेरे मन में यह बात बैठ गई है The thing has come home to me. हाथ ~ — उसका हाथ बैठ गया है He has become an adept. उठना - ~ — हमारा उसका रोज़ का उठना ~ है We sit together almost daily. उठते-बैठते (almost) all the time; वह उठते-बैठते मुझे कोसता है He curses me all the time. बैठे-बैठे— (i) वह बैठे-बैठे ऊब गया He was bored by sitting. (ii) बैठे-बैठे उसके प्राण निकल गए He died in a sitting posture.

बैठाना (bai ThA nA) *vt.* 1. to seat; गाड़ी पर ~ to reach (someone) up to the train. 2. to set (fracture of a bone etc.); नगीना ~ to beset a gem; दिल में ~ to give a place in (one's) heart; लागत/दाम ~ to calculate the cost/price; हाथ ~ (i) to practise (with the hand for perfection); (ii) to set the hand; हिसाब ~ to adjust the account.

बैठे-ठाले (~ The - ThA le) *adv.* = बैठे-बैठाए।

बैठे-बैठाए (~ The - bai ThA e) *adv.* unexpectedly, without any warning.

बैताल (~ tAl) *m.* = बेताल, evil spirit, goblin.

बैनामा (~ nA mA) *m.* sale-deed.

बैरंग (~ rang) *adj.* bearing; ~ चिट्ठी bearing letter; मैं ~ लौट आया (i) I failed in my mission and returned; (ii) I returned empty-handed.

बैर (bair) *m.* = वैर।

बैरक (bai rak) *f.* barrack.

बैरा (~ rA) *m.* bearer (in a hotel).

बैराग (~ rAg) *m.* = वैराग्य।

बैरागी (~ rA gee) *m.* one who has renounced all, recluse.

बैरिस्टर (~ ris Tar) *m.* barrister-at-law.

बैरिस्टरी (~ ris Ta ree) *f.* work or profession of a barrister-at-law.

बैरी (~ ree) *adj.* & *m.* = वैरी।

बैरोमीटर (~ ro mee TAr) *m.* barometer.

बैल (bail) *m.* bullock; ~ की तरह जुते रहना to work like a bullook; ~ गाड़ी bullock-cart.

बैसाख (bai SAkh) *m.* second month of the Hindu calendar.

बैसाखनन्दन (~ nan dan) *m.* ass.

बैसाखी (bai SA khee) *f.* 1. crutches. 2. festival observed in the month of बैसाख।

बोआई (bo A ee) *f.* 1. act or process of sowing. 2. wages paid for sowing.

बोआना (bo A nA) *vt.* causative of बोना।

बोका (bo KA) *adj.* foolish.

बोगदा (bog dA) *m.* tunnel.

बोझ (bojh) *m.* load, burden; ~ उठाना (i) to lift a load; (ii) to bear a responsibility; ~ उतारना to unload; ~ उतार देना to accomplish an entrusted work; to carry out a responsibility.

बोझा (bo jhA) *m.* = बोझ।

बोझिल (bo jhil) *adj.* burdensome, heavy, loaded.

बोटी (bo Tee) *f.* slice of flesh; ~ - बोटी करना to cut (a body) to pieces; ~ - बोटी फड़कना to be thrilled from top to bottom.

बोड़ा (bo RA) *m.* a kind of Indian bean.

बोतल (bo tal) *f.* bottle; ~ खाली कर देना to to the dregs; ~ चढ़ाना to drink.

dA) *adj.* 1. dull-headed, stupid.

id.

बोदापन (~ pan) *m.* 1. dull-headedness, stupidity. 2. timidity.

बोध (bodh) *m.* 1. perception. 2. sense; समय का ~ time-sense. 3. enlightenment.

बोधक (bo dhak) *adj.* & *m.* 1. indicating. 2. (one) who imparts knowledge. 3. signifying; समुच्चय ~ conjunctio विस्मयादि ~ interjection.

बोधगम्य (bodh gammy) *adj.* intelligibl understandable.

बोधगम्यता (~ tA) *f.* intelligibility, compre hensibility.

बोनसाई (bon SA ee) *m.* potted dwarf tree

बोना (bo nA) *vt.* to sow; किसी के रास्ते में काँटे to scatter thorns in (some one's) wa बैर ~ to pick up hostility/enmity.

बोरना (bor nA) *vt.* = डुबोना।

बोरसी (~ see) *f.* earthen firepot.

बोरा (bo rA) *m.* sack, bag, burlap.

बोराबंदी (~ ban dee) *f.* preparing bagfu of grain.

बोरिया (bo ri yA) *m.* 1. small sack/ba 2. mat; ~ - बँधना = ~ - बिस्तर।

बोरिया-बिस्तर (~ - bis tar) *m.* bag and bag age; lock, stock and barrel; बोरिया-बँध उठाना = बोरिया-बिस्तर बाँधना = बोरिया बाँध सँभालना/समेटना to be all packed up a ready to leave.

बोरी (bo ree) *f.* small sack/bag.

बोर्जुआ (bor ju A) *adj.* relating to t middle class, bourgeois.

m. a capitalist.

बोर्ड (borD) *m.* board.

बोल (bol) *m.* utterance; गीत का ~ openi words of a song; ~ बोलना = बोली मार बड़ा ~ bravado; बड़े ~ बोलना to indul in bravado.

बोल-चाल (~ - cAl) *f.* colloquial parlan हमारी उसकी ~ बंद है We are not speaking terms. ~ का colloquial; लड़ ~ में अच्छा है The boy is congenial.

बोलता सिनेमा (~ tA si ne mA) *m.* talkie.

बोलती (~ tee) *f.* power of speech; ~ बंद देना—तुमने उसकी ~ बंद कर दी You alm shut him up/You almost silenced hi

~ बंद हो जाना to become tongue-tied/ speechless.

बोलना (~ nA) *vt.* to speak; वह बहुत अच्छी पंजाबी बोलता है He speaks Punjabi eloquently. भारत में कितनी भाषाएँ बोली जाती हैं How many languages are being spoken in India? सच बोलो Tell/Speak the truth. राम-राम बोलो to Recite/Repeat the name of God. बोल जाना to feel exhausted; जय ~ to shower applause; बोली ~— (i) to make a bid (at an auction sale); (ii) = बोली मारना। दूध में इलायची बोल रही है Flavour of cardamom is dominating in the milk; The milk tastes (too much) of cardamom. यहाँ कोई बोलनेवाला नहीं There is nobody to find fault (with). जो बोले वह दरवाज़ा खोले He who recommends a cure has to provide it.

बोलना-चालना (~ - cAl nA) *vi.* to converse.

बोलनेवाला (~ ne WA lA) *adj.* speaking.

m. speaker.

बोलबाला (~ bA lA) *m.* sway; उसका घर में ~ है He has the last word in the house.

बोला-चाली (bo lA - cA lee) *f.* = बोल-चाल।

बोली (bo lee) *f.* 1. dialect. 2. bid; ~ बोलना to bid; उसने ऊँची ~ बोली He bid the highest. 3. sarcastic remark; ~ कसना/बोलना/मारना to pass a sarcastic remark.

बोली-ठोली (~ - Tho lee) *f.* sarcastic remark.

बोहनी (boh nee) *f.* the first cash sale of the day (which is considered auspicious).

बोहनी-बट्टा (~ baT TA) *m.* (first) sale transaction of the day.

बौखलाना (baukh lA nA) *vi.* to speak too loudly and angrily; बौखला उठना to lose one's self-control in anger.

बौखलाहट (~ lA haT) *f.* state of बौखलाना।

बौछार (bau chAr) *f.* shower, volley; गालियों की ~ volley of abuses; पैसों/रुपयों की ~ shower of coins/money; प्रश्नों की ~ spate of questions.

बौड़म (~ Ram) *adj.* & *m.* mad cap, stupid.

बौड़मपना (~ pa nA) *m.* stupidity.

बौद्ध (bauddh) *adj.* pertaining to Buddhism; ~ धर्म Buddhism; ~ भिक्षु monk.

m. Buddhist.

बौद्धिक (baud dhik) *adj.* of person's power of reasoning, intellectual.

बौद्धिकता (~ tA) *f.* intellectualism.

बौना (bau nA) *adj.* dwarfish.

m. dwarf.

बौर (baur) *m.* blossom.

बौरा (bau rA) *adj.* crazy.

बौराना (~ nA) *vi.* to go off one's head, to become crazy; उसकी मत बौराई है He has gone off his head.

vt. & *vi.* to blossom; आम बौराया है The mango is blossoming.

ब्याज (byAj) *m.* interest; ~ के सहित with interest; ~ खाना to live by usury, to take money by way of interest; ~- दर-ब्याज compound interest; ~ पर देना to lend (money) on interest.

ब्याजख़ोर (~ Khor) *m.* usurer.

ब्याजख़ोरी (~ Kho ree) *f.* usury.

ब्याज-मुक्त (~ - mukt) *adj.* interest-free.

ब्यान (byAn) *m.* delivery (only in relation to animals); शेरनी ने इस ~ में चार बच्चे दिए The lioness has littered four cubs.

ब्याना (byA nA) *vi.* to give birth to (said of an animal).

ब्यालू (~ loo) *m.* dinner.

ब्याह (byAh) *m.* marriage, wedding; उनका ~ हुए पाँच बरस हो गए They have been married for five years/Five years have elapsed since thier marriage.

ब्याहता (~ tA) *adj. & f.* married (woman).

ब्याहना (~ nA) *vi.* to wed/marry.

vt. to get somebody married.

ब्योंत (byõt) *f.* planning; ~ बैठाना to manoeuvre/plan; कतर - ~ cutting and pruning.

ब्योंतना (~ nA) *vi.* to cut the cloth as per measurements.

ब्योरा (byo rA) *m.* 1. description. 2. details.

ब्योरेवार (~ re vAr) *adv.* in details.

adj. detailed.

ब्योहार (~ hAr) *m.* = व्यवहार।

ब्रज (braj) *m.* the land in the vicinity of the modern city of Mathura, where Lord Krishna passed his childhood days.

ब्रह्म (brahm) *m.* 1. the eternal spirit. 2. the voice of conscience.

ब्रह्मचर्य (~ carry) *m.* celibacy.

ब्रह्मचर्य आश्रम (~ Ash shram) *m.* the first of the four stages in the life of a Hindu devoted to learning and preparation of life (characterised by celibacy).

ब्रह्मचारी (brahm cA ree) *m.* celibate. [Fem. ब्रह्मचारिणी]

ब्रह्मज्ञान (~ gyAn) *m.* knowledge of the Supreme.

ब्रह्मज्ञानी (~ gyA nee) *m.* one who has acquired knowledge of the Supreme.

ब्रह्मतेज (~ tej) *m.* divine radiance.

ब्रह्मभोज (~ bhoj) *m.* collective feeding (of Brahmins or ascetics).

ब्रह्मरेखा (~ re khA) *f.* line of fate (on forehead).

ब्रह्मर्षि (brah mar shi) *m.* Seer of the Spiritual Reality.

ब्रह्मलेख (brahm lekh) *m.* line of fate (which is ineffaceable).

ब्रह्मविद्या (~ vid dyA) *f.* knowledge divine.

ब्रह्मांड (brahm mAND) *m.* universe, cosmos.

ब्रह्मांड-विद्या (~ - vid dyA) *f.* cosmology.

ब्रह्मांडीय (brahm mAN Deey) *adj.* cosmic.

ब्रह्मा (brahm mA) *m.* Lord Brahma, the Cre- ator/Prajapati.

ब्राह्म (brAhm) *adj.* of or pertaining to Brahma; ~ मुहूर्त time before dawn, early dawn.

ब्राह्मण (brAh maN) *m.* Brahman, the first caste among the Hindus.

ब्राह्मणत्व (brAh ma Nattw) *m.* brahmanhood.

ब्राह्मणवाद (brAh maN vAd) *m.* Brahmanism.

ब्राह्मणवादी (~ vA dee) *adj.* Brahmanistic.

m. Brahmanist.

ब्राह्मणी (brah ma Nee) *f.* 1. wife of a Brahman. 2. woman of the Brahman caste.

ब्राह्मी (brah mee) *f.* 1. a medicinal herb. 2. an ancient Hindu script from which most of the Indian scripts are believed to be evolved.

ब्रेक (brek) *m.* brake; ~ मारना/लगाना (i) to make something slow down, to apply brakes; (ii) to bring to a halt/stand still; ~ छोड़ना/ढीली करना to release the brakes.

ब्लॉक (blAk) *m.* block.

ब्लेड (bleD) *m.* blade.

भ

भ (bha) *m.* the fourth of the bilabial pentad of consonants of the Nagari alphabet; its sound is like that of *bh* in *abhor.*

भंग (bhaṅg) *m.* 1. breaking up, dissolution; विधान-सभा ~ हो गई है The Legislative Assembly is dissolved. वार्ता ~ हो गई The negotiations broke down. 2. breach; कार धमाकों ने श्रीनगर की शांति ~ की Car blasts breach Srinagar's calm/peace. Car blasts have resulted in breach of Srinagar's calm and peace/tranquillity. 3. disbandment; सेना ~ करना to disband an army. 4. breakage, fracture; अंग-भंग breakage/fracture of a limb.
f. = भाँग (an intoxicating herb).

भंगड़ (bhaṅ gaR) *m.* addict of भाँग।

भंगड़ा (bhãg RA) *m.* typical Punjabi folk dance.

भँगड़ी (~ Ree) *m.* = भंगड़।

भंगिमा (bhaṅ gi mA) *f.* posture, pose.

भंगी (bhaṅ gee) *m.* sweeper, scavenger. [Fem. भंगिन]

भंगुर (~ gur) *adj.* brittle, frail, fragile; ~ ता brittleness; क्षण ~ transient, ephemeral, fleeting, momentary.

भंगेड़ी (~ ge Ree) *m.* one who habitually takes भाँग।

भंग्य (bhaṅgy) *adj.* breakable.

भंजक (bhan jak) *adj.* & *m.* (one) who breaks/destroys.

भंजन (~ jan) *m.* breaking, demolition, destruction; मूर्ति ~ idol breaking, iconoclasm.

भँजना (bhã jnA) *vi.* 1. to be broken. 2. to be folded. 3. to be changed into smaller coins. 4. to be divided.
vt. = भाँजना।

भंजना (bhanj nA) *vt.* to break.

भँजाई (bhã jA ee) *f.* act or state of भाँजना, or charges paid for the same.

भँजाना (~ jA nA) *vi.* causative of भाँजना।

भंटा (bhaN TA) *m.* brinjal, aubergine, egg-plant.

भँड़साल (bhãR sAl) *f.* utensil-store.

भंडा (bhaN DA) *m.* = भाँड़ (बरतन); ~ फूटना disclosure (of a secret); ~ फोड़ना to expose (someone's misdeeds).

भंडाफोड़ (~ phoR) *m.* exposure/disclosure (of someone's secrets).

भंडार (bhaN DAr) *m.* 1. store. 2. stock. 3. depot.

भंडार-घर (~ - ghar) *m.* store-house.

भंडारा (bhaN DA rA) *m.* the feast open to all, community feast; ~ करना to organise such a feast.

भंडारी (~ DA ree) *m.* 1. store-keeper. 2. cook. 3. steward.

भँडेहर (bhã De har) *f.* 1. a set of (household) toypots. 2. a set of toy-jars arranged in the form of a pyramid. 3. grotesque decoration/ornamentation.

भँडैती (~ Dai tee) *f.* buffoonery.

भँभीरी (~ bhee ree) *f.* = फिरकी।

भँवर (~ var) *m.* whirlpool; ~ जाल a net of

a whirlpool; ~ जाल में फँसना to be entangled in the whirlpool of worldly affairs; ~ में पड़ना to be caught up in a whirlpool; ~ से निकलना to be released from the clutches of a whirlpool.

भँवरा (bhãv rA) *m.* = भौंरा।

भइया (bha i yA) *m.* = भैया (brother).

भई (~ ee) *m.* a form of address indicating familiarity.

भक (bhak) *f.* sound produced by a sudden outburst into a flame; ~ से instantaneously, in a split second; ~ से जल उठना to burst into a flame; ~ से बुझ जाना to extinguish abruptly with a noise.

भक-भक (~ - bhak) *f.* repeated sound of the (railway) engine.

भकभकाना (~ bha KA nA) *vi.* (i) to glow intermittently with a noise; (ii) to fret and fume.

भकुआ (bha ku A) *m.* fumbler, tomfool.

भकुआना (~ nA) *vi.* to fumble.

भकुरना (bha kur nA) *vi.* to be visibly annoyed, to frown.

भकोसना (~ kos nA) *vt.* to eat greedily, to devour, to eat up, to gobble up.

भकोसू (~ ko soo) *m.* 1. one who takes big morsels. 2. grabber (of big chunks).

भक्त (bhakt) *m.* devotee.

भक्तराज (~ rAj) *m.* prince among devotees.

भक्तवत्सल (~ vat sal) *adj.* fondly affectionate towards devotees.

भक्त-शिरोमणि (~ - shiro ma Ni) *m.* jewel/gem among devotees.

भक्ति (bhak ti) *f.* devotion; ~ पूर्ण devotional.

भक्तिमार्ग (~ mArg) *m.* path of devotion.

भक्षक (bhak shak) *m.* devourer.

भक्षण (~ shaN) *m.* devouring; ~ करना to devour, to eat up.

भक्षणीय (~ sha Neey) *adj.* = भक्ष्य।

भक्षना (bhaksh nA) *vt.* 1. to eat. 2. to devour, to eat up.

भक्षित (bhak shit) *adj.* 1. eaten. 2. devoured, eaten up.

भक्षी (~ shee) *m.* eater; नर ~ man-eater.

भक्ष्य (bhakshy) *adj.* edible, eatable.

भक्ष्याभक्ष्य (bhak shyA bhakshy) *adj.* edible and inedible.

भगंदर (bha gan dar) *m.* fistula.

भग (bhag) *f.* vulva.

भगत (bha gat) *m.* devotee. [Fem. भगतिन]

भगतिन (bhag tin) *f.* (fem. of भगत) woman devotee.

भगदड़ (~ daR) *f.* sudden rush of frightened people or animals, stampede, panic; ~ मचना to scurry; भूकंप के ताजा झटकों से लोगों में ~ मच गई Fresh tremors sent people scurrying.

भगल (bha gal) *m.* swindling, stratagem.

भगवत् (bhag vat) *m.* God; भगवद्दर्शन beatific vision; भगवद्भक्त devotee of God; भगवद्भक्ति devotion of God; भगवद्लीला divine play/sport.

भगवती (~ va tee) *f.* goddess.

भगवा (~ wA) *adj.* saffron-coloured; ~ ध्वज saffron-coloured flag.

भगवाकरण (~ ka raN) *m.* saffronisation; शिक्षा का ~ saffronisation of education.

भगवान (bhag vAn) *m.* God; ~ के घर जाना to go to the abode of God; ~ की इच्छा God's will; ~ को प्यारा होना to become a darling to God, to pass away; ~ भला करे God bless (you).

भगाना (bha gA nA) *vt.* to cause to run away, to drive off, to dispel; दूर भगाना to shunt away; भगा देना to put to flight; भगा ले जाना to kidnap/abduct.

भगिनी (~ gi nee) *f.* sister.

भगीरथ (~ gee rath) *m.* an ancient Indian king who brought Ganga to the earth.

भगीरथ-प्रयत्न (~ - pra yatn) *m.* Herculean or heroic effort.

भगीरथ-सुता (~ - su tA) *f.* river Ganga.

भगोड़ा (bha go RA) *m.* 1. absconder, fugitive, truant. 2. coward, shirker.

भग्गू (bhag goo) *adj.* & *m.* (person) who shirks, i.e. coward.

भग्न (bhagn) *adj.* 1. broken; ~ हृदय broken-hearted. 2. interrupted.

भग्नावशेष (bhag nA va shesh) *m.* ruins, debris, remains.

भचक (bha cak) *f.* limp.

भचकना (~ nA) *vi.* to limp.

भजन (bha jan) *m.* hymn, devotional song, prayer.

भजन-पूजन (~ - poo jan) *m.* worshipping and reciting of hymns.

भजन-भाव (~ - bhAV) *m.* spirit of devotion.

भजना (bhaj nA) *vt.* to repeat God's name with a devotional attitude.

भजनानंदी (~ nan dee) *m.* one who enjoys singing hymns.

भजनावली (bhaj nA va lee) *f.* hymnal, hymn book.

भजनीक (~ neek) *m.* a singer of hymns.

भजनीय (~ neey) *adj.* 1. one whose name is worthy of being repeated. 2. worth propitiation.

भजनोपदेशक (~ no pa de shak) *m.* one who preaches through hymns.

भट (bhaT) *m.* = भट्ट।

भटई (bha Ta ee) *f.* 1. state of being a भट। 2. flattery, false praise.

भटक (bha Tak) *f.* state of भटकना।

भटकना (bha Tak nA) *vi.* 1. to go astray, to stroll; भटक जाना to lose one's way. 2. to wander about; मैं जिंदगी भर भटकता रहा I have been roaming in vain throughout my life; मन ~ rambling of the mind.

भटकाना (bhaT KA nA) *vt.* to mislead, causative of भटकना।

भटकाव (~ KAV) *m.* the state of being off the track.

भटियारख़ाना (bha Ti yAr KhA nA) *m.* 1. abode of an inn-keeper. 2. centre of noise and tumult. 3. rendezvous of vulgar people.

भटियारा (~ yA rA) *m.* inn-keeper (of a low order). [Fem. भटियारिन]

भटियारिन (~ yA rin) *f.* fem. of भटियारा; 1. wife of an inn-keeper. 2. (woman) inn-keeper; भटियारिनों की तरह लड़ना to indulge in coarse quarrel, even like female inn-keepers.

भट्ट (bhaTT) *m.* 1. a sub-caste among Brah- mians. 2. = भाट।

भट्टा (bhaT TA) *m.* = भट्ठा।

भट्टिनी (~ Ti nee) *f.* fem. of भट्ट।

भट्ठा (~ ThA) *m.* 1. brick kiln. 2. large भट्ठी।

भट्ठी (~ Thee) *f.* 1. big oven, fireplace, furnace. 2. distillery. 3. liquor shop, wine-shop.

भठियारख़ाना (bha Thi yAr KhA nA) *m.* = भटियारख़ाना।

भठियारा (~ thi yA rA) *m.* = भटियारा। [Fem. भठियारिन]

भड़क (~ Rak) *f.* 1. ostentation, grand show; तड़क - ~ tawdriness and ostentation. 2. warmth.

भड़कदार (~ DAr) *adj.* = भड़कीला।

भड़कना (bha Rak nA) *vi.* 1. to flare up; भड़क उठना—संघर्ष भड़क उठा Fighting flared up. आग भड़क उठी/गई The fire flared/flamed up. गुस्सा ~ — उसका गुस्सा

भड़क उठा He erupted in anger. 2. to get enraged/provoked.

भड़काऊ (bhaR KA oo) *adj.* provocative.

भड़काना (~ KA nA) *vt.* to excite, to incite; वे लोग सांप्रदायिक उन्माद भड़काने के लिए तुले हुए हैं They are bent upon to incite communal passions.

भड़कीला (~ kee lA) *adj.* 1. ostentatious, gaudy, showy. 2. showy, cheap, tawdry. 3. causing excitement; ~ बयान exciting statement.

भड़कीलापन (~ pan) *m.* ostentation, tawdriness, gaudiness.

भड़भड़ (bhaR - bhaR) *f.* 1. dull thudding sound. 2. discordant or tumultuous noise; ~ मचाना to create a tumult.

भड़भड़ाना (~ bha RA nA) *vi.* causation of a dull heavy sound.
vt. to produce a thumping sound; दरवाज़ा ~ to knock hard at a door.

भड़भड़िया (~ bha Ri yA) *adj.* & *m.* 1. prattler. 2. one who can't retain a secret.

भड़भूँजा (~ bhõõ jA) *m.* parcher.

भड़साईं (~ SA ẽẽ) *f.* parcher's oven.

भड़ास (bha RAS) *f.* pent-up feeling; ~ निकलना outburst of (one's) feeling; ~ निकालना to give vent to (one's) suppressed feeling, to unburden one's mind.

भड़ुआ (~ RU A) *m.* 1. a musician companion of a dancing girl. 2. broker of a prostitute, pimp, pander. 3. a good-for-nothing fellow.

भणित (~ Nit) *adj.* (that which is) said/uttered.

भतार (~ tAr) *m.* husband.

भतीजा (~ tee jA) *m.* brother's son, nephew. [Fem. भतीजी]

भतीजी (~ tee jee) *f.* brother's daughter, niece.

भत्ता (bhat tA) *m.* allowance; दैनिक ~ daily allowance; यात्रा - ~ travelling allowance.

भदंत (bha dant) *adj.* revered, adored.

भदई (~ da ee) *adj.* of or pertaining to the month of भादों।

भद्द (bhadd) *f.* ridicule, humiliation; ~ उड़ना—उनकी भद्द उड़ गई He was ridiculed; अपनी ~ उड़वाना to make an exhibition of oneself/to be a matter of ridicule.

भद्दा (bhad dA) *adj.* 1. awkward, clumsy, uncouth, vulgar, ~ भद्दी तरह awkwardly; वह भद्दी तरह काम करता है He is doing things awkwardly. भद्दे ढंग से awkwardly. 2. dirty; ~ मज़ाक unseemly/dirty joke.

भद्दापन (~ pan) *m.* awkwardness, clumsiness, ugliness.

भद्र (bhaddr) *adj.* 1. courteous. 2. affable; ~ ता (i) courtesy; (ii) affability.

भद्रजन (~ jan) *m.* noble person, gentleman.

भद्रता (~ tA) *f.* nobility, generosity, politeness.

भद्रपुरुष (~ pu rush) *m.* gentleman.

भद्रा (bhad drA) *f.* evil conjunction of stars; ~ उतरना—उसकी ख़ूब ~ उतरी He was licked severely. ~ उतारना to chastise physically.

भद्राभद्र (~ bhad dra) *adj.* good and evil.

भद्रे (bhad dre) *f.* O noble lady!

भनक (bha nak) *f.* low or faint ring/sound; ~ पड़ना/लगना (i) getting a faint ring/sound, hearsay; (ii) getting a clue.

भनभनाहट (bhan bha nA haT) *f.* hum, buzz.

भब्भड़ (~ bhaR) *f.* disorderly crowd, turmoil.

भभक (bha bhak) *f.* 1. flare (of a lamp, lantern etc.). 2. foul smell, stench.

भभकना (~ bhak nA) *vi.* 1. to flare up. 2. to emit/come out forcefully; दुर्गंध ~ emission of foul smell.

भभका (bhabh kA) *m.* 1. still, distillation plant. 2. foul smell, stench. 3. flare (of a lamp, lantern etc.)

भभकी (~ kee) *f.* bluff, menace, threat; बंदर ~ hollow threat, even like that of a monkey.

भभूका (bha bhoo kA) *adj.* red hot; आग ~ wild with rage; गोरा ~ snow-white. *m.* blaze.

भभूत (~ bhoot) *f.* sacred ashes; ~ रमाना/लगाना to besmear the body with ashes, to turn an ascetic.

भयंकर (~ yaṅ kar) *adj.* terrible, dreadful, awful, precarious.

भयंकरता (~ tA) *f.* dreadfulness, fierceness.

भय (bhay) *m.* fear, dread, scare; ~ खाना to be scared; ~ दिखाना to scare, to terrify, terrified.

भयत्रस्त (~ trast) *adj.* terror-stricken, frightened, scared.

भयप्रद (~ prad) *adj.* alarming, terrifying.

भयभीत (~ bheet) *adj.* afraid, frightened, scared, terrified; मैं मौत से ~ नहीं हूँ I am not afraid of death. ~ हो उठना/जाना to be frightened.

भयाकुल (bha yA kul) *adj.* horrified, terrorised, awestruck.

भयाक्रांत (~ yA krAnt) *adj.* horror-stricken, terrified, frightened.

भयातुर (~ yA tur) *adj.* afraid, alarmed.

भयादोहन (~ yA do han) *m.* blackmail; ~ करना to blackmail.

भयानक (~ yA nak) *adj.* terrible, dreadful, dangerous; ~ परिणाम deadly consequence; ~ भूल grievous mistake, blunder.

भयानकता (~ tA) *f.* dreadfulness.

भयावना (bha yAva nA) *adj.* terrifying, frightening.

भयावह (~ yA vah) *adj.* vicious, alarming, appalling; मौसम आज ~ है The weather is awful today. पीड़ा ~ थी The pain was vicious. ~ रूप से appallingly.

भर (bhar) *adv.* 1. fully; आँख ~ देखना to behold to one's heart's content; ~ -पेट to satiation, to the utmost capacity, to (one's) fill; उमर- ~ throughout (one's) life, all one's life; गज - ~ full one yard, only a yard; उसकी गज़ - ~ की ज़बान है He has a cheek. प्याला- ~ cupful; रात-भर night-long; रात ~ में overnight; संसार - ~ में फैला हुआ spread worldwide; दिन - ~ all day; कल दिन - ~ पानी बरसता रहा Yesterday it rained whole day. 2. only; बटन दबा ~ दो Just push the button. दम ~ (for) a moment only.

भरण (bha raN) *m.* feeding.

भरण-पोषण (~ - po shaN) *m.* maintenance, support.

भरत (bha rat) *f.* full load/capacity.

भरत-वाक्य (~ - vAkky) *m.* epilogue.

भरता (bhar tA) *m.* 1. mash; आलू का ~ mashed potato. 2. sustainer, husband.

भरतार (~ tAr) *m.* husband.

भरती (~ tee) *f.* 1. recruitment, enrolment; वह सेना में ~ हो गया He joined the army. 2. admission. 3. filling; ~ का (i) filler; (ii) redundant.

भरना (~ nA) *vt.* to fill in; भर देना (i) to make full; (ii) to glut with; ऋण ~ to pay off a debt, repayment of debt; कान ~ to backbite, to poison the ears; गड्ढा ~ to fill up a pit, (of pit) to be filled; ग़ुस्से में ~ to be full of rage/wrath; गोद ~ (i) to fill the lap of a woman on an auspicious occasion; (ii) to be blessed with motherhood; (अपना) घर ~ to fill one's pocket; (किसी का) घर ~ to give bountifully; घाव ~ to heal up (wound, sore etc.); चाभी ~ (मशीन में) to wind (a machine); जी ~ to be amply satisfied; जी भरकर to one's heart's content, to one's fill; झोली ~ (i) to fill a beggar's bowl; (ii) of offer to fill someone's bowl; डग ~ to stride along; लंबे-लंबे डग ~ to take long strides; दंड ~ to pay off by way of penalty; दम ~ — (i) कुश्ती से मेरा दम भर गया I have had my fill of wrestling. (ii) तुम किसका दम भरते हो On whose support is this bragging of yours? पानी ~ — (i) बर्तन में पानी भर दो Fill up the vessel with water. (ii) घर का पानी भर दो Fill in the water for home consumption. Fill up the house water pots. (iii) शक्ति में राम श्याम के आगे पानी भरता है Ram is not a match to Shyam in strength. पेट ~ (i) to have one's fill; (ii) to earn the wherewithal; पैर ~ — कीचड़ में (से) पैर भर गया The foot is besmeared with mud. बंदूक ~ to load a gun; मन ~ = जी भरना; माँग ~ to fill in the माँग of a girl with vermilion (in token of accepting her as one's spouse); मुँह ~ to silence (someone) with gratification; रंग ~ to fill in the colour; रजिस्टर~ to make entries in a register; हवा ~ to pump in air; हामी ~ to give assent (to); भर आना—आँखे भर आईं Eyes filled with tears. भर जाना—चलते-चलते पाँव भर गए The feet got tired with walking/The feet have had more than enough of walking. उसके पापों का घड़ा भर गया है His cup is brimful with sins/His sins have reached the limit. लिखते-लिखते हाथ भर गया Hands got tired with writing/ Hands can stand no more writing. भर पाना to be paid in full; मैं भर पाया Enough, I have had it in full measure.

vi. to be filled; भर जाना to become full.

भरपाई (~ pA ee) *f.* receipt acknowledging payment in full.

भरपूर (~ poor) *adj.* 1. completely full/over flowing. 2. plentiful; ~ मात्रा plentiful quantity.

भरभराना (~ bha rA nA) *vi.* to crash down.

भरम (bha ram) *m.* 1. = भ्रम (illusion). 2. credit (in the market); ~ खुलना to lose credit, to be exposed; ~ गँवाना to lose credit; ~ बनाए रखना to maintain one's credit; ~ बना लेना to establish one's credit.

भरमना (~ nA) *vi.* to roam/doubt/confuse; चित्त ~ — मेरा चित्त भरम रहा है My mind is feeling unsteady.

भरम-भाव (~ - bhAv) *m.* credit (in the market); ~ जाता रहना loss of credit.

भरमाना (bhar mA nA) *vt.* 1. to mislead/ misdirect. 2. to delude. 3. to perplex.

भरमार (~ mAr) *adj.* abundant, plenteous, excessive.

f. abundance, plenty; शब्दों की ~ wordiness.

भरवाई (~ vA ee) *f.* act of भरवाना, or charges paid for the same.

भरवाना (~ vA nA) *vt.* causative of भरना।

भरसक (~ sak) *adv.* to one's utmost; ~ कोशिश करना to do (one's) best.

भरसाईं (~ sA ẽe) *f.* = भड़साईं।

भरा (bha rA) *adj.* 1. full; ~ गला voice choked with emotion; ~ - पूरा fully developed, full-fledged. 2. loaded; भरी बंदूक loaded gun. 3. fleshy; ~ - भरा fleshy, plump; ~ शरीर fleshy body;

भरी गोद ख़ाली होना to lose all one's children; भरी जवानी prime of youth; भरी थाली पर लात मारना to discard an affluent position; भरी सभा full assembly/house, plenary meeting; पेड़ (फलों से) ~ है The tree is laden with fruit. वह ~ बैठा था He was in rage.

भराई (~ ee) *f.* act or state of filling up, or charges paid for the same.

भराव (bha rAW) *m.* 1. act or state of filling. 2. filling, stuffing, saturation.

भरी (~ ree) *f.* an Indian measure for weighing gold, silver etc., approximately equal to 11 grams.

भरू (~ roo) *adj.* & *m.* one who fills; घर ~ grabber.

भरोसा (~ ro SA) *m.* reliance, trust, hope, faith, confidence; ~ करना to rely; उसे अपने मित्रों पर ~ करना चाहिए He must rely on his friends. ~ रखना to trust, to keep trust; भरोसे का trustworhy/reliable; वह भरोसे का आदमी है He is a reliable person.

भर्ता (bhar tA) *m.* sustainer, husband, lord.

भर्त्सना (bharts nA) *f.* admonition, repro-ach, upbraiding, reprimand; ~ करना (i) to reproach; (ii) to lash out; गृहमंत्री ने कश्मीरी हिंसा के लिए पाकिस्तान की ~ की Home Minister lashed out Pakistan for Kashmir violence.

भर्राटा (bhar rA tA) *m.* dull, rattling sound; भर्राटे से (i) with a dull, rattling sound; (ii) speedily.

भर्राना (~ rA nA) *vi.*; आवाज़ ~ — उसकी आवाज़ भर्रा गई His voice turned hoarse. गला ~ — उसका गला भर्रा गया His throat was choked.

भलमनसत (bhal man sat) *f.* = भलमनसाहत।

भलमनसाहत (~ man SA hat) *f.* goodness, gentlemanliness, benevolence, generosity, nobility.

भला (bha lA) *adj.* 1. good, gentle, noble; ~ आदमी good person, gentleman. 2. pleasing; ~ - सा चित्र good looking picture.

m. good; दाता तेरा ~ करे May the Bountiful be good to you ! ~ बनना to pose innocence; भले बने हो नाथ You are smashing, O God !

adv. well; ~ यह भी कोई बात है There is hardly any point in this. ~ - सा नाम a commonplace name; उसकी भली चलाई Let us not discuss him. Leave him alone!

भलाई (~ ee) *f.* 1. goodness; ~ तो इसी में है This is the only proper course/This is the only way left. 2. welfare, advantage; समाज की ~ के लिए for the welfare of society.

भलाई-बुराई (~ - bu rA ee) *f.* 1. good or bad. 2. pros and cons.

भला-चंगा (bha lA - caṅ gA) *adj.* hale and hearty, stout.

भला-बुरा (~ - bu rA) *adj.* good and evil.

m. 1. pros and cons. 2. reproach, upbraiding, scolding.

भलामानस (~ mA nas) *m.* good man/person, gentleman.

भली-भाँति (bha lee - bhA͠ ti) *adv.* thoroughly.

भले (bha le) *adv.* good, well; तुम्हारे ~ को for your good; ~ ही even if; आप ~ ही कुछ भी कहें For aught you might say. Say whatever you will. ~ ही तुम जाओ Even if you go... ~ ही वह सुंदर हो May be she is beautiful...

भव (bhav) *m.* 1. entity, existence. 2. world.

भवकूप (~ koop) *m.* well of life.

भवजाल (~ jAl) *m.* (mesh of) worldly affairs, snares of life.

भवदीय (~ deey) *pron.* yours, yours faithfully. [Fem. भवदीया]

भवन (bha van) *m.* 1. building, mansion, house, premises. 2. palace.

भवन-निर्माण (~ nir MAN) *m.* the art and science of building, tectonics.

भवसागर (bhav SA gar) *m.* the world viewed as an ocean.

भवानी (bha VA nee) *f.* Durga, goddess of prowess.

भवितव्य (~ vi tavvy) *adj.* destined, fated.

भवितव्यता (~ TA) *f.* fate, the inevitable, destiny.

भविष्य (bha vishshy) *m.* 1. future. 2. future tense.

भविष्य कथन (~ Kathan) *m.* augury.

भविष्य काल (~ KAl) *m.* future tense (gram.).

भविष्य ज्ञान (~ gyAN) *m.* knowledge of the future/foresight.

भविष्यदर्शी (~ dar shee) *m.* seer.

भविष्यद्रष्टा (~ drash TA) *m.* seer.

भविष्य-निधि (~ - ni dhi) *f.* provident fund.

भविष्य-वक्ता (~ - vak tA) *m.* fortune-teller, prophet.

भविष्यवाणी (~ VA NEE) *f.* prediction, prophecy.

भविष्यवादी (~ VA dee) *m.* prophet, fortune-teller.

भव्य (bhavvy) *adj.* splendid, magnificent, grand, superb, marvellous.

भव्यता (~ tA) *f.* splendour, magnificence, grandeur.

भसींड़ (bha seẽR) *m.* lotus stem.

भस्म (bhasm) *adj.* which has been completely burnt to ashes; ~ करना to reduce to ashes.

m. 1. ash, cinders. 2. calx, the ash of metal, precious stone and the like; ~ रमाना to turn ascetic; ~ लगाना to besmear the body (or its parts) with ashes; ~ होना to be reduced to ashes.

भस्मवत् (~ vat) *adj.* ashen.

भस्मसात् (~ SAt) *adj.* turned/reduced to ashes.

भस्मावशेष (bhas MA va shesh) *m.* residue in the form of ashes.

भस्मी (~ mee) *f.* ashes.

भस्मीकरण (~ ka raN) *m.* incineration.

भस्सी (bhas see) *f.* dust of lime, coal etc.; चूने की ~ limestone dust.

भहराना (bhah RA NA) *vi.* to collapse/crash down.

भाँग (bh Ã g) *f.* Indian intoxicating leafy drug; ~ चढ़ जाना—उसे भाँग चढ़ गई है He is under the intoxication of भाँग। ~छानना (i) to sieve liquefied भाँग; (ii) to take भाँग। घर में भूँजी ~ न होना to be reduced to penury.

भाँज (bhÃj) *f.* 1. fold. 2. small change (specially in coins).

भाँजना (~ NA) *vt.* 1. to fold, twist. 2. to brandish (sword etc.).

भाँजा (bhÃ JA) *m.* = भानजा।

भाँजी (~ jee) *f.* ~ मारना to talk ill, to impede (someone's) plan, to interrupt.

भांड (bhAND) *m.* pot, vessel.

भाँड़ (bhÃR) *m.* jester, clown, buffoon.

भाँडा (bhÃ DA) *m.* ~ फूटना to be exposed.

भांडार (bhAN DAR) *m.* 1. stock. 2. stockroom, godown, warehouse.

भाँत (bhÃt) *f.* = भाँति।

भाँति (bhÃ ti) *f.* 1. type. 2. design; ~- भाँति का of many types; (ii) variegated.

भाँपना (bhÃp NA) *vt.* to guess, to see through, to divine; मैं भाँप गया I could see through (the matter).

भाँय-भाँय (bhÃy - bhÃy) *f.* sound of wind produced in a desolate place; मकान ~

कर रहा था The house was menacingly desolate.

भाँवर (bhA͂ var) *f.* circumambulation of a matrimonial fire; ~ पड़ना—भाँवरें पड़ गईं Requisite number of rounds have been taken about the matrimonial fire, i.e., marriage has been solemnised.

भाई (bhA ee) *m.* brother; फुफेरा/चचेरा ~ cousin (from the paternal side); ममेरा/मौसेरा ~ cousin (from the maternal side); सौतेला ~ step brother.

भाईचारा (~ cA rA) *m.* social dealings between people.

भाई-दूज (~ - dooj) *f.* = भैया-दूज।

भाई-बंद (~ - band) *m.* (plu.) = भाई-बंधु।

भाई-बंधु (~ - ban dhu) *m.* (plu.) kith and kin, near relations.

भाई-भतीजावाद (~ bha tee jA vAd) *m.* practice of favouring one's relatives or friends, nepotism.

भाई-भतीजे (~ - bha tee je) *m.* (plu.) kith and kin, relations.

भाखा (bhA khA) *f.* = भाषा।

भाग (bhAg) *m.* 1. part; ~ लेना to take part, to participate. 2. divison; ~ देना/करना to divide. 3. = भाग्य; ~ खुलना/चमकना/जागना—भाग खुल गए/चमक गए/जाग गए His luck is in. ~ फूट जाना—उसके ~ फूट गए His luck is out. बड़े ~ से by a fluke of fate; उसके ~ सो गए हैं His fortune is not favouring him. 4. share, portion; उसको संपत्ति का सिर्फ़ चौथाई ~ मिला He got only one fourth share in the property.

भाग-दौड़ (~ - dauR) *f.* 1. running about. 2. hustle and bustle.

भागना (~ nA) *vi.* 1. to run; धीरे चलो, भागो मत Go slow, don't run. भाग खड़े होना to take to heels; भाग जाना (i) to run away; उसकी औरत भाग गई है His wife has run away. (ii) to escape; क़ैदी भाग गया The prisoner escaped. (iii) to flee away; फ़ौज भाग गई The army fled away. भाग निकलना (i) to escape; (ii) to elope; भाग जाना—मैं भागा नहीं जा रहा; I am not going to run away. 2. (कर्तव्य, दायित्व से) भाग जाना to welsh.

भागनेय (~ ney) *m.* = भागिनेय।

भागफल (~ phal) *m.* quotient, result of dividing.

भागमभाग (bhA gam bhAg) *adv.* 1. with a running speed; in hot haste. 2. running/fleeing about.

भाग रेखा (bhAg re khA) *f.* oblique.

भागिनेय (bhA gi ney) *m.* sister's son.

भागीदार (~ gee dAr) *m.* co-partner, partner; हम लोग केंद्र में भी ~ हैं We are also partners at the centre.

भागीदारी (~ gee dA ree) *f.* 1. partnership; मैं चाहता हूँ कि यह ~ चलती रहे I would very much like to see this partnership to continue. 2. participation; जम्मू-कश्मीर के पंचायत मतदान में लोगों की अधिक संख्या में ~ यह दरशाती है कि उन्होंने बंदूकों की उपेक्षा की है Large participation of the people in the panchayat polls has shown that they have decried the gun.

भागीरथी (~ gee ra thee) *f.* = गंगा।

भाग्य (bhAggy) *m.* fate, destiny, luck; ~ का धनी = ~ का बली lucky, fortunate; ~ का फेर change of fortune, vicissitude; ~ का रोना रोना/को कोसना/को रोना to mourn (one's) bad luck; ~ में लिखा/बदा हुआ written in the Book of Destiny; ordained by fate, destined; ~ पलट जाना—उसका ~ पलट गया/फिर गया His luck took a turn (for good or ill). उसका ~ साथ नहीं दे रहा His luck is running out. उसका

~ ही खोटा है He has very bad luck/He is very unfortunate.

भाग्यलक्ष्मी (~ laksh mee) *f.* Goddess of fortune/wealth.

भाग्यवादी (~ VA dee) *adj.* fatalistic. *m.* fatalist.

भाग्यवान (~ VAN) *adj.* lucky, fortunate.

भाग्यविधाता (~ vi dhA TA) *m.* controller of destiny/fate.

भाग्यहीन (~ heen) *adj.* luckless, unfortunate.

भाग्याधीन (bhAg gyA dheen) *adj.* depending on fate, destined.

भाग्योदय (bhA gyo day) *m.* advent of luck.

भाजक (~ jak) *m.* divisor.

भाजन (~ jan) *m.* 1. pot, vessel. 2. receptacle; स्नेह ~ worthy of love; ~ ता capacity. 3. act of dividing (Maths.).

भाजी (bhA jee) *f.* vegetable.

भाज्य (bhAjjy) *adj.* divisible.

भाट (bhAT) *m.* bard.

भाटा (bhA TA) *m.* low tide.

भाड़ (bhAR) *m.* parcher's oven; ~ झोंकना to do neck or nothing; ~ भूँजना to run an oven; ~ में जाए Let it go to hell ! ~ में झोंकना to damn.

भाड़ा (bhA RA) *m.* 1. fare; इस बस का ~ कितना है How much is the fare on this bus? 2. freight. 3. hire; भाड़े का hackney; भाड़े का टट्टू hireling; भाड़े पर on hire.

भात (bhAt) *m.* boiled rice.

भाथा (bhA thA) *m.* 1. quiver. 2. big bellows.

भाथी (~ thee) *f.* bellows.

भादों (~ dõ) *m.* sixth month of the Hindu calendar.

भाद्रपद (bhAddr pad) *m.* = भादों।

भान (bhAN) *m.* knowledge, consciousness; ~ होना to be conscious of.

भानजा (~ jA) *m.* sister's son. [Fem. भानजी]

भानजी (~ jee) *f.* sister's daughter.

भानमती (~ ma tee) *f.* sorceress; ~ का कुनब[illegible] weird assortment, startlingly od[illegible] collection; ~ का पिटारा Pandora's box.

भाना (bhA nA) *vi.* to be appealing/plea[illegible]sing; हमें एक दूसरे की शक्ल नहीं भाती W[illegible] do not see eye to eye.

भानु (~ nu) *m.* Sun.

भानुजा (~ jA) *f.* = यमुना।

भानुसुता (~ su tA) *f.* = यमुना।

भाप (bhAp) *f.* steam, vapour; ~ लेना t[illegible] inhale the fumes.

भाभी (bhA bhee) *f.* brother's wife.

भामंडल (~ man Dal) *m.* halo.

भामा (~ mA) *f.* woman.

भामिनी (~ mi nee) *f.* 1. pretty and attrac[illegible]tive lady. 2. peevish woman.

भार (bhAr) *m.* 1. load, burden; हमारी अर्थ[illegible] व्यवस्था और अधिक ~ उठाने की स्थिति में नह[illegible] है Our economy is in no position t[illegible] bear more burden. ~ समझना to loo[illegible] upon (something) as a burden. 2. res[illegible]ponsibility; ~ उठाना to shoulder res[illegible]ponsibility; पाश्चात्य सभ्यता के अवांछनी[illegible] प्रभाव का प्रतिरोध करने का ~ उसने उठाया [illegible] He has taken upon himself the task o[illegible] resisting the undesirable influence o[illegible] the western civilization. ~ उतरना to b[illegible] unburdened; ~ उतारना to unburde[illegible] (oneself); ~ डालना to burden (some[illegible]one) with responsibility; ~ वहन कर[illegible] to shoulder responsibility; ~ समझना t[illegible] take (it) as a burden; ~ से दबना/दब जा[illegible] to be burdened with responsibility; [illegible] होना to be a burden.

भारत (bhA rat) *m.* India.

भारतमाता (~ mA tA) *m.* Mother India.

भारतवर्ष (~ varsh) *m.* India.

भारतवर्षीय (~ var sheey) *adj.* Indian.

भारतवासी (~ vA see) *m.* an Indian.

भारतविद् (~ vid) *m.* Indologist.

भारत-विद्या (~ - vid dyA) *f.* Indology.

भारती (bhAr tee) *f.* 1. सरस्वती (goddess of learning). 2. Mother India.

भारतीय (~ teey) *adj.* & *m.* Indian.

भारतीयकरण (~ ka raN) *m.* Indianisation.

भारतीयकृत (~ krit) *adj.* Indianised.

भारतीयता (~ tA) *f.* Indianness, indianism.

भारमुक्त (~ mukt) *adj.* disburdened; ~ करना to relieve of a burden, disburden.

भाराक्रांत (bhA rA krAnt) *adj.* 1. oppressed with burden. 2. hypothecated (property). 3. encumbered (property).

भारी (~ ree) *adj.* 1. heavy; ~ उद्योग heavy industry. 2. hefty; ~ शरीर hefty body. 3. huge, vast; ~ भीड़ vast crowd. 4. great; ~ विद्वान great scholar; ~सफलता remarkable achievement. 5. over-whelming, massive/ponderous; ~बहुमत से by an overwhelming majority; ~आवाज़ hoarse voice; ~ गला hoarse voice; ~ भूल blunder, grave mistake; ~रहना to keep mum; ~ होना—उसकी आँखें ~ हैं He is feeling drowsy. उसका पेट ~ है He has a feeling of constipation/indigestion. उसके पैर ~ हैं She is in the family way/ She is carrying. उसका शरीर ~ है (i) He is indisposed; (ii) His body is bulky. उसका सिर आज ~ है His head is aching today. जी ~ मत करो Don't have a heavy heart. रोगी के लिए यह महीना ~ है This month omens ill for the patient. लड़का बाप पर ~ है The son omens ill for the father. वह अकेला तीन पर ~ है He is more than a match for three. 6. burdensome, troublesome, digusting, loathsome; ~ लगना—(i) उसे अपने बूढ़े माँ-बाप भारी लग रहे हैं His old parents appear to be a burden to him. (ii) to appear heavy/ unpleasant.

भारीपन (~ pan) *m.* heaviness, weightiness; शरीर का ~ bulkiness.

भारी भरकम (~ - bhar kam) *adj.* massive, voluminous and heavy, hefty.

भारोपीय (bhA ro peey) *adj.* Indo-Eurpoean.

भार्या (bhAr yA) *f.* wife.

भाल (bhAl) *m.* forehead.

भालना (~ nA) *vt.* to look intently; देखना - ~ (i) to examine; (ii) to look-after, supervise; देखभाल looking-after, supervision.

भाला (bhA lA) *m.* spear, lance; ~ बरदार lance-bearer.

भालू (~ loo) *m.* bear.

भाव (bhAv) *m.* 1. existence (lit.). 2. idea, purport, gist. 3. sentiment, emotion; ~ बताना to give expression to emotions by signs; ~ का भूखा—भगवान ~ के भूखे हैं God values the spirit (and not the letter). शांत ~ से calmly. 4. rate; बाज़ार ~ market rate; ~ आसमान को छूना prices rocketing sky-high; ~ उतरना—भाव उतर रहे हैं Prices are falling. ~ चढ़ना—भाव चढ़ रहे हैं Prices are rising. ~ बताना to put up pretences.

भावचित्र (~ cittr) *m.* ideogram, ideograph.

भावज (bhA vaj) *f.* brother's wife.

भाव-ताव (bhAw tAw) *m.*; ~ करना to haggle/ bargain.

भावना (bhAv nA) *f.* 1. mental attitude. 2. sentiment, imagination; ~ को भड़काना to excite sentiment.

भावनात्मक (~ nAt mak) *adj.* sentimental, fanciful, emotional.

भावनामय (~ nA may) *adj.* full of sentiment/ feelings.

भावप्रधान (~ pra dhAN) *adj.* primarily emotional, sentimental.

भावप्रवण (~ pra vaN) *adj.* emotional, sentimental.

भावप्रवणता (~ tA) *f.* emotional/sentimental disposition.

भावभंगी (bhAV bhaṅ gee) *f.* gesture and posture.

भाव-भीनी (~ - bhee nee) *adj.* steeped in emotion, hearty; ~ विदाई hearty send-off, fond farewell.

भाववाचक (~ VA cak) *adj.* (gram.) abstract; ~ संज्ञा Abstract Noun.

भावविभोर (~ vi bhor) *adj.* overwhelmed with emotion, steeped in emotion.

भावव्यंजक (~ vyan jak) *adj.* expressive.

भावव्यंजन (~ vyan jan) *m.* expression of emotion or sentiment.

भावशून्य (~ shoonny) *adj.* devoid of emotion, unemotional, expressionless; ~ चेहरा poker face.

भावशून्यता (~ tA) *f.* state or quality of being भावशून्य।

भावहरण (bhAV ha raN) *m.* plagiarism.

भावहीन (~ heen) *adj.* = भावशून्य

भावांकन (bhA VAṅ kan) *m.* ideography.

भावातिरेक (~ VA ti rek) *m.* exuberance of emotion.

भावात्मक (~ VAt mak) *adj.* 1. sentimental. 2. emotional; ~ एकता emotional solidarity/integration. 3. positive; ~ पक्ष positive side.

भावानुवाद (~ VA nu VAd) *m.* free translation.

भावार्थ (~ VArth) *m.* substance, purport.

भावावेश (~ VA vesh) *m.* impulse (of imotion).

भावी (~ vee) *adj.* 1. coming, would be; ~ नेता coming leader. 2. pertaining to future, predestined, upcoming; ~ घटना upcoming event; ~ पीढ़ी future generation; ~ सास future mother-in-law; ~ संकेत augry.

m. destiny; ~ प्रबल है All-powerful/mighty is destiny.

भावुक (~ vuk) *adj.* sentimental, emotional.

भावुकता (~ tA) *f.* sentimentality, thoughtfulness.

भावे प्रयोग (~ ve pra yog) *m.* impersonal use.

भावोत्कर्ष (~ vot karsh) *m.* exaltation of emotion/sentiment.

भावोत्तेजक (~ vot te jak) *adj.* emotive/exciting.

भावोन्मत्त (~ von matt) *adj.* wild with emotion, wildly emotional.

भावोन्मत्तता (~ tA) *f.* state or quality of being भावोन्मत्त, emotional wildness.

भाषण (bhA shaN) *m.* speech, lecture, oration; ~ करना to talk/speak; ~ देना to deliver a lecture.

भाषण-स्वातंत्र्य (~ - SWA tantry) *m.* liberty/freedom of speech.

भाषांतर (~ shAn tar) *m.* translation.

भाषांतरकार (~ KAr) *m.* translator.

भाषांतरण (bhA shAn ta raN) *m.* act of translating.

भाषा (bhA shA) *f.* language; मातृ -~ mother-tongue; ~ के विचार से linguistically.

भाषाई (~ ee) *adj.* lingual, linguistic; ~ आंदोलन linguistic agitation.

भाषाबद्ध (~ baddh) *adj.* reduced to language.

भाषायी (~ yee) *adj.* = भाषाई।

भाषावार (~ VAr) *adj.* lingusitic.

भाषा-विज्ञान (~ - vig gyAN) *m.* Philology, Linguistics.

भाषा-विज्ञानी (~ - vig gyA nee) *m.* philologist.

भाषाविद् (~ vid) *m.* linguist.

भाषिक (bhA shik) *adj.* pertaining to language, lingual, linguistic.

भाषित (~ shit) *adj.* spoken, said, uttered, told.

भाषी (~ shee) *m.* one who speaks a language; हिंदी ~ one who speaks हिंदी। *adj.* speaking; हिंदी - ~ क्षेत्र Hindi-speaking area.

भाषीय (bhA sheey) *adj.* lingual, linguistic.

भाष्य (bhAshy) *m.* annotation, an explanatory treatise, commentary.

भाष्यकार (~ kAr) *m.* one who interprets/explains or advocates, exponent, commentator.

भास (bhAs) *m.* 1. effulgence, radiance. 2. inkling; मुझे ~ हुआ I had an inkling.

भासना (~ nA) *vi.* 1. to glitter/sparkle/gleam. 2. to appear, to seem; मुझे भास गया It appeared to me.

भासमान (~ mAn) *adj.* appearing.

भासित (bhA sit) *adj.* appeared, seemed; मुझे ~ हुआ It appeared/seemed to me.

भास्कर (bhAs kar) *m.* Sun.

भास्वर (bhA swar) *adj.* radiant, effulgent.

भिंडी (bhin Dee) *f.* ladyfinger, okra.

भिक्षा (~ shA) *f.* alms; ~ दान almsgiving.

भिक्षाटन (~ Tan) *m.* wandering about for alms.

भिक्षापात्र (~ pAttr) *m.* beggar's bowl.

भिक्षावृत्ति (~ vrit ti) *f.* mendicancy.

भिक्षु (bhik shu) *m.* 1. beggar. 2. mendicant, monk; बौद्ध ~ Buddhist monk, bonze.

भिक्षुक (~ shuk) *m.* mendicant, beggar.

भिक्षुणी (~ shu Nee) *f.* fem. of भिक्षु।

भिखमंगा (bhikh maṅ gA) *m.* beggar. [Fem. भिखमंगिन]

भिखमंगी (~ maṅ gee) *f.* beggary.

भिखारिणी (bhi khA ri Nee) *f.* = भिखारिन।

भिखारिन (~ khA rin) *f.* female beggar.

भिखारी (~ khA ree) *m.* beggar.

भिखारीपन (~ pan) *m.* beggardom.

भिगोना (~ go nA) *vt.* to wet, to make wet; भिगो-भिगोकर मारना to give a thorough beating.

भिजवाना (bhij vA nA) *vt.* 1. to cause to wet. 2. to cause to send.

भिड़ंत (bhi Rant) *f.* 1. grappling, encounter, confrontation. 2. collision; गाड़ियों की ~ collision of vehicles. 3. bout; पहलवानों की ~ wrestling bout.

भिड़ (bhiR) *f.* wasp; ~ के छत्ते में हाथ डालना to put one's hand into a hornet's nest, to invite trouble.

भिड़ना (~ nA) *vi.* 1. to collide. 2. to grapple (with); भिड़े रहना to carry on the fight, not to give way, not to yield.

भिड़ाना (bhi RA nA) *vt.* 1. causative of grapple; सिप्पा ~ to devise a stratagem; दो भाइयों को भिड़ा देना to put two brothers at loggerheads with each other. 2. to collide; उसने कार को दीवार से भिड़ा दिया He drove the car into the wall.

भितल्ला (~ tal lA) *m.* lining (of a cloth).

भित्ति (bhit ti) *f.* wall.

भित्तिचित्र (~ cittr) *m.* fresco, wall painting.

भिदुर (~ dur) *adj.* brittle.

भिनकना (bhi nak nA) *vi.* to buzz; भिनका हुआ चेहरा shabby looks.

भिनभिन (bhin bhin) *f.* buzzing sound.

भिनभिनाना (~ bhi nA nA) *vi.* to buzz.

भिनभिनाहट (~ bhi nA haT) *f.* buzzing sound.

भिन्न (bhinn) *adj.* different; बहुत ~ very/far different; ~ -भिन्न diverse, various; ~ -भिन्न प्रकार का of several types; ~ -भिन्न प्रकार के unlike one another; छिन्न - ~ (i) broken and scattered; (ii) shattered. *m.* fraction (Math.).

भिन्नता (~ tA) *f.* 1. difference; विचारों की ~ difference of opinion. 2. dissimilarity; रूप की ~ dissimilarity of form.

भिन्नात्मक (bhin nAt mak) *adj.* fractional.

भिन्नाना (~ nA nA) *vi.* to appear indignant.

भिलावाँ (bhi lA vÃ) *m.* marking tree, anacardium.

भिश्ती (bhish tee) *m.* water-carrier, sply. one who carries water in a leather bag.

भींचना (bheenc nA) *vt.* 1. to embrace tightly. 2. to close tightly.

भींजना (bheenj nA) *vi.* = भीगना।

भी (bhee) *adv.* 1. too, also; मैं ~ आदमी हूँ I too am human. तुम ~ कुछ कहो You too should say something. मैं ~ जाऊँगा I too will go. 2. denoting emphasis; और ~ कुछ कहो Say something more/else. उसने कुछ कहा ~ नहीं और चला गया He left without saying a word. आँख ~ कमल जैसी And an eye, like a lotus! आप ~ कैसी बात करते हैं What a thing to say ! कुछ कहो ~ तो You must say something. कुछ ~ नहीं absolutely nothing. चुप ~ रहो (i) The less said the better. (ii) Don't you worry. तस्वीर ~ क्या बन आई है What a wonderful picture! तेरा ~ क्या ठिकाना How unpredictable you are ! बैठो ~ Do be seated ! बात ~ कही तो पते की You have hit the nail on the head. यह ~ कोई बात हुई How unfitting! There is hardly any point in this! ...भी...और...भी...both... and; वह सुस्त ~ है और अनपढ़ भी He is both idle and uneducated.

भीख (bheekh) *f.* 1. alms. 2. beggings; ~ माँगना to beg, to beg for alms; ~ माँगते फिरना to go a begging.

भीगना (bheeg nA) *vi.* to get soaked, to get wet/drenched; उसकी कमीज की पीठ जल्दी ही पसीने से भीग गई The back of his shirt was soon soaked with perspiration. भीगी बिल्ली बनना to appear weak and cowardly.

भीटा (bhee TA) *m.* mound; चींटियों का ~ ant hill; पानों का ~ betel-leaf grove.

भीड़ (bheeR) *f.* crowd, crush, mob, throng; मुझे नहीं उम्मीद थी कि वहाँ इतनी ~ होगी I did not expect there to be such a crowd. मैं उस ~ से पार न पा सका I did not get through the crush. ~ खड़ी कर लेना to gather a crowd; ~ छँटना melting of crowd; ~ लगना gathering of crowd; ~ लगाना to crowd.

भीड़-तंत्र (~ tantr) *m.* mob rule, ochlocracy.

भीड़-भड़क्का (~ - bha Rak kA) *m.* thick of a crowd.

भीड़-भाड़ (~ - bhAR) *f.* thick of a crowd, multitude.

भीड़शाही (~ shA hee) *f.* = भीड़-तंत्र।

भीत (bheet) *adj.* afraid; भय ~ afraid. *f.* wall.

भीतर (bhee tar) *adv.* in, within, inside; ~ का internal; ~ - बाहर inside and outside; ~ -भीतर within oneself.

भीतर, के (ke bhee tar) *postposition.* inside; घर के ~ inside the house.

भीतरी (bheet ree) *adj.* 1. internal, inner. 2. secret.

भीति (bhee ti) *f.* 1. phobia, scare. 2. = भीत (wall).

भीना (bhee nA) *adj.* light and delightful. [Fem. भीनी]

भीनी (~ nee) *adj.* (fem. of भीना); ~ - भीनी गंध light and delightful smell.

भीम (bheem) *adj.* huge, of very great size, gigantic.

m. Bheem, the second of the Pandava brothers of the Mahabharat.

भीमकाय (~ KAY) *adj.* enormous in size and strength, titanic.

भीरु (bhee ru) *adj.* fearful, timid, coward; धर्म ~ shy of committing a sin, god-fearing.

भीरुता (~ TA) *f.* timidity, shyness.

भील (bheel) *m.* a jungle tribe of central India.

भीषण (bhee shaN) *adj.* terrible, gruesome, horrible, awful; ~ कांड gruesome affair; ~ गरमी terrible heat; ~ बात awful thing.

भीषणता (~ TA) *f.* gruesomeness, awfulness.

भीषिका (bhee shi KA) *f.* panic.

भीष्म (bheeshm) *adj.* dreadful, terrible, horrible.

m. a celebrated warrior of the Mahabharat; ~ प्रतिज्ञा terrible vow.

भुकड़ी (bhuk Ree) *f.* mould, fungus.

भुक्खड़ (~ khaR) *adj.* 1. famished (with hunger). 2. gluttonous.

m. glutton.

भुक्तभोगी (bhukt bho gee) *adj.* having experience of sufferings.

भुक्तमान (~ mAn) *adj.* & *m.* (something) ordained by fate, destined.

भुखमरा (bhukh ma rA) *adj.* famished, dying of starvation.

भुखमरी (~ ma ree) *f.* collective starvation, famine; ~ पड़ना—वहाँ ~ पड़ी है That area is famine-stricken; ~ के कगार पर at the verge of starvation.

भुगतना (bhu gat nA) *vt.* 1. to suffer, face or undergo; शीत युद्ध के तनाव के कारण हम लोगों को ~ पड़ रहा है We are suffering due to cold war tension. 2. to undergo; परिणाम ~ to face the consequences; भुगत लेना (i) to suffer quietly; (ii) to settle accounts with, to be even with.

भुगतान (bhug tAn) *m.* payment, disbursement; ~ करना to pay out, to disburse.

भुगताना (~ TA nA) *vt.* to pay up.

भुच्च (bhucc) *adj.* idiotic, stupid.

भुच्चड़ (bhuc caR) *adj.* idiotic, foolish.

भुजंग (bhu jang) *m.* snake; काला ~ (i) deadly serpent; (ii) jet black. [Fem. भुजंगी]

भुज (bhuj) *m.* 1. arm. 2. side of a geometrical figure.

भुजपाश (~ pAsh) *m.* arm-embrace; ~ में बाँध लेना to hold in an embrace.

भुजबंध (~ bandh) *m.* armlet.

भुजबल (~ bal) *m.* 1. strength of the arms, physical power. 2. prowess.

भुजा (bhu jA) *f.* 1. arm. 2. side; त्रिकोण की ~ side of a triangle; भुजाएँ फड़कना throbbing of the arms; भुजाओं में भर लेना to embrace (one) heartily.

भुजाली (~ lee) *f.* small dagger.

भुजिया (bhu ji yA) *adj.* roasted; ~ चावल rice produced from boiled paddy.

f. a roasted vegetable.

भुट्टा (bhuT TA) *m.* ear of corn.

भुतनी (bhut nee) *f.* = भूतनी।

भुतहा (bhu ta hA) *adj.* haunted; ~ मकान haunted house.

भुथरा (bhuth rA) *adj.* = भोथरा।

भुथरापन (~ pan) *m.* = भोथरापन।

भुनगा (bhun gA) *m.* gnat, maggot, a kind of tiny flying insect; (किसी को) ~ समझना to treat (someone) as a vermin. [Fem. भुनगी]

भुनना (~ nA) *vi.* 1. to be roasted; जलना - ~ to fret and fume. 2. to be changed into smaller coins.

भुनभुनाना (~ bhu nA nA) *vi.* to fret and fume, to mutter.

भुनवाई (~ VA ee) *f.* act or state of भुनवाना or charges paid for the same.

भुनवाना (~ VA NA) *vt.* causative of भुनाना।

भुनाना (bhu NA NA) *vt.* 1. to get or cause (something) to be parched. 2. to get (cheque etc.) cashed, to encash; वह बैंक में चेक भुनाने के लिए गया He went to bank to encash the cheque. 3. to get (a coin or currency note) changed into smaller coins.

भुन्नासी (bhun NA see) *m.* also भुन्नासी ताला a sort of locking device.

भुरकस (bhur kas) *m.* pulp; ~ निकाल देना (i) to reduce to pulp; (ii) to give a sound licking/thrashing.

भुरता (~ TA) *m.* = भरता।

भुरभुरा (~ bhu RA) *adj.* friable, crisp.

भुरभुरापन (~ pan) *m.* friability, crispness.

भुलक्कड़ (bhu lak kaR) *adj.* forgetful, absent-minded.

भुलक्कड़पन (~ pan) *m.* forgetfulness, negligence.

भुलवाना (bhul VA NA) *vt.* to cause to forget.

भुलाना (bhu lA NA) *vt.* to forget.

भुलावा (~ lA VA) *m.* 1. dodge, feint; ~ देना to dodge, to deceive by a trick. 2. illusion; भुलावे में आ जाना (i) to suffer from an illusion; (ii) to be a victim to (someone's) dodge/deception.

भुवन (~ van) *m.* world; त्रिभुवन the three worlds–this world, the celestial world and the nether world.

भुवनेश्वर (bhuv nesh shwar) *m.* Lord of the world, God.

भुस (bhus) *m.* chaff; ~ भरना to stuff with chaff; ~ में आग लगाकर तमाशा देखना to enjoy setting (something) ablaze.

भुसौरा (bhu sau RA) *m.* barn.

भूँकना (bhōōk NA) *vt.* to bark/yelp.

भूँजना (bhōōj NA) *vt.* to parch.

भूँजा (bhōō JA) *m.* parched gram.

भू (bhoo) *f.* 1. earth. 2. land.

भू-अभिलेख (~ abhi lekh) *m.* land records.

भूकंप (~ kamp) *m.* earthquake.

भूकंप-पीड़ित (~ - pee Rit) *adj.* & *m.* quake-hit; राष्ट्रपति ने गुजरात के ~ क्षेत्रों का दौरा किया The President toured the quake-hit areas of Gujarat.

भूखंड (~ khanD) *m.* 1. an extended area, tract. 2. a piece of land, plot.

भूख (bhookh) *f.* appetite, hunger; ~ खुलना— इस दवा से भूख खुलती है This medicine makes one hungry / This medicine is an appetiser. ~ चटकना / जागना whetting of appetite; ~ प्यास न लगना loss of hunger and thirst; ~ मिटाना to satiate one's hunger; ~ बंद हो जाना—उसकी ~ बंद हो गई है He has lost his appetite. ~ मारी जाना loss of appetite; ~ लगना—मुझे ~ लगी है I feel hungry. ~ से पीड़ित suffering from hunger; भूखों मरना to die of starvation; ज्ञान की ~ thirst for knowledge; शारीरिक ~ carnal lust.

भूख-हड़ताल (~ - haR tAl) *f.* hunger strike; ~ करना to go on hunger strike.

भूखा (bhoo khA) *adj.* hungry; ~ - नंगा destitute; ~- प्यासा hungry and thirsty; जान का ~ sworn enemy; प्यार का ~ — भगवान प्यार के भूखे हैं God is fond of love.

भूगर्भ (~ garbh) *m.* interior/bowels of the earth.

भूगोल (~ gol) *m.* Geography.

भूचाल (~ cAl) *m.* = भूकंप।

भूटान (~ TAN) *m.* Bhutan, a country to the north-east of India.

भूटानी (~ TA nee) *adj.* pertaining to Bhutan. *m.* an inhabitant of Bhutan. *f.* the language of Bhutan.

भूडोल (~ DOl) *m.* = भूकंप।

भूत (bhoot) *m.* 1. past. 2. ghost, revenant (fem. भूतनी); ~ उतारना to exorcise; ~ का डेरा haunted spot; ~ लगना to be possessed; (किसी बात का) ~ सवार होना to be excessively obsessed, to get crazy after.

भूतकाल (~ KAl) *m.* past tense.

भूतकालिक (~ KA liK) *adj.* pertaining to the past.

भूतकृदंत (~ kri dant) *adj.* past participle.

भूतनी (~ nee) *f.* female ghost.

भूतपूर्व (~ poorv) *adj.* pristine, ex-, former; ~ ओजस्विता pristine vigour; ~ मंत्री ex-minister.

भूत-प्रेत (~ - pret) *m.* (plu.) evil spirits.

भूत-बाधा (~ - bA dhA) *f.* influence of evil spirit.

भूतल (bhoo tal) *m.* 1. surface of the earth. 2. this world.

भूदान (~ dAn) *m.* gift of land.

भूदान यज्ञ (~ yaggy) *m.* donation of land as a religious act.

भूदानी (bhoo dA nee) *m.* one who donates his land.

भूदेव (~ dev) *m.* = ब्राह्मण।

भूधर (~ dhar) *m.* mountain.

भूनना (bhoon nA) *vt.* to roast/parch; भुना हुआ roasted.

भूप (bhoop) *m.* king, monarch.

भूभल (bhoo bhal) *f.* hot ash.

भूभाग (~ bhAg) *m.* territory.

भूमंडल (~ maN Dal) *m.* globe.

भूमध्य रेखा (~ mad dhy re khA) *f.* equator.

भूमध्य सागर (~ mad dhy SA gar) *m.* Mediterranean Sea.

भूमि (~ mi) *f.* 1. land; मरु ~ barren land, desert; मातृ ~ motherland. 2. soil; अधो ~ subsoil. 3. ground; पृष्ठ ~ background.

भूमिका (~ KA) *f.* 1. introduction, preamble, prelude, preface; ~ बाँधना to start with a long preamble. 2. role, part; राजकपूर और नरगिस की भूमिकाएँ देखकर मज़ा आया I enjoyed watching the roles played by Raj Kapoor and Nargis. ~ निभाना / में आना to play the role/part.

भूमिगत (~ gat) *adj.* 1. underground. 2. acting in secret; ~ हो जाना to go underground.

भूमिधर (~ dhar) *m.* a farmer who owns his own land.

भूमिसात (~ SAt) *adj.* ~ होना—सौ घर ~ हो गए A hundred houses were flattened.

भूरा (bhoo rA) *adj.* brown.

भूराजस्व (~ jassw) *m.* land revenue.

भूरापन (~ pan) *m.* the quality, colour etc. of being brown.

भूरि (bhoo ri) *adj.* very much; ~- भूरि प्रशंसा करना to praise enthusiasticallys to extol.

भूरेल (~ rel) *f.* underground railway, subway.

भूल (bhool) *f.* 1. mistake, error; अब यह ~ मत करना Don't repeat this mistake. छोटी-सी ~ slight error; भारी ~ blunder; ~ से by mistake. 2. slip.

भूल-चूक (~ - cook) *f.* errors and omissions; ~ लेनी-देनी errors and omissions excepted; मेरी ~ माफ़ करना Excuse me for my lapses.

भूलना (~ nA) *vt.* to forget; वह भूलकर भी इधर नहीं आता He never comes this way. आप भूल रहे हैं You are forgetting. भूल जाना to fail to remember, forget; हम हिंदी पढ़ना भूल गए हैं We have forgotten to read Hindi. भूल पड़ना—इधर आप कैसे भूल पड़े (i) How do you happen to come this way! (ii) What an unexpected thing your coming this way!

भूल-भुलैया (~ - bhu lai yA) *f.* labyrinth, maze; ~ में फँसना to be caught in a maze.

भूल-सुधार (~ - su dhAr) *m.* correction of an error, rectification of a mistake.

भूला-बिसरा (bhoo lA - bis rA) *adj.* forgotten through a lapse of memory.

भूला-भटका (~ - bhaT kA) *adj.* strayed; भूले-भटके ही आ जाना Come this way sometimes, once in a while.

भूलोक (bhoo lok) *m.* earth, region mundane.

भूविज्ञान (~ vig gyAn) *m.* Earth Science, Geology.

भूशय्या (~ shay yA) *f.* earth used as a bed.

भूशायी (~ shA yee) *adj.* (one) whose bed is earth, lying on the ground. [Fem. भूशायिनी]

भूषण (~ shAN) *m.* 1. ornament. 2. ornamentation, decoration, embellishment.

भूषणीय (~ sha Neey) *adj.* worthy of decoration.

भूषित (~ shit) *adj.* ornamented, decorated, embellished.

भूसंपत्ति (~ sam pat ti) *f.* estate.

भूसा (~ sA) *m.* husk, hay; दिमाग़ में ~ भरा होना—उसके दिमाग़ में ~ भरा हुआ है He is a brainless fellow.

भूसी (~ see) *f.* husk.

भूस्खलन (~ skha lan) *m.* landslide.

भूस्वामी (~ swA mee) *m.* landlord.

भृंग (bhriṅg) *m.* black bee.

भृकुटी (bhri ku Tee) *f.* eyebrow; ~ चढ़ाना / तानना to frown; ~ टेढ़ी होना / में बल पड़ना to be visibly annoyed.

भृत (bhrit) *m.* servant.

भृति (bhri ti) *f.* 1. service. 2. salary.

भेंगा (bhẽ gA) *adj.* squint-eyed.

भेंट (bheNT) *f.* 1. gift, present; ~ की प्रति presentation copy; ~ चढ़ना—आज कितनी ~ चढ़ी How much has been received today by way of gifts/presents? ~ चढ़ जाना to be sacrificed; ~ चढ़ाना to give/make a gift/present (to a deity). 2. meeting; ~ करना to meet; कल उनसे ~ होगी I will meet him tomorrow.

भेंटना (bhẽT nA) *vt.* 1. to meet. 2. to embrace.

भेंटवार्ता (bheNT wAr tA) *f.* interview.

भेंटस्वरूप (~ swA roop) *adj.* by way of a gift/present.

भेजना (bhej nA) *vt.* 1. to send; मँगवा ~ to send for, to order for. 2. to despatch.

भेजवाना (~ vA nA) *vt.* to cause to send.

भेजा (bhe jA) *m.* brain; ~ खाना / चाटना to rack one's brain; ~ खाली कर देना / निकाल लेना to rack one's brain.

भेड़ (bheR) *f.* sheep; भेड़ें चराना to take sheep out for grazing.

भेड़-चाल (~ - cAl) *f.* tendency to follow unthinkingly, mob-mentality.

भेड़ना (~ nA) *vt.* to shut/close; दरवाजा ~ to close the door.

भेड़ा (bhe RA) *m.* male-sheep, ram.

भेड़िया (~ Ri yA) *m.* wolf.

भेड़िया-धसान (~ - dha sAn) *f.* propensity to follow others blindly, mob-mentality.

भेड़ी (bhe Ri) *f.* sheep, ewe.

भेद (bhed) *m.* 1. secret, mystery; ~ - भरा mysterious. 2. difference, discrimination; ~ करना to differentiate; ~ की बात (one's) secret; ~ खुलना—भेद खुल गया The secret is out. ~ खोलना to expose, to reveal a secret; ~ देना to betray a secret, to divulge a secret; ~ पाना to find the secret; ~ बना रहना the secret being kept intact; ~ लेना to try to probe a secret.

भेदक (bhe dak) *adj.* 1. piercing, intersecting. 2. discriminative.
m. 1. discriminating/distinguishing sign, as the dot in क़ is to distinguish it from क। 2. purgative.

भेदन (~ dan) *m.* act of piercing, intersection.

भेदना (bhed nA) *vt.* to pierce.

भेदबुद्धि (~ bud dhi) *f.* faculty of discrimination, discriminating power.

भेदभाव (~ bhAV) *m.* the feeling of difference, discrimination; ~ करना to discriminate (unjustly); ~ की नीति policy of (unjust) discrimination.

भेदित (bhe dit) *adj.* pierced.

भेदिया (~ di yA) *m.* 1. one who knows the secret of others. 2. spy, confidant.

भेदी (~ dee) *adj.* piercing; गगन ~ (i) extremely loud (sound); (ii) sky-high (building etc.).
m. one who knows the secret; घर का ~ one who knows the secret of others.

भेद्य (bheddy) *adj.* pierceable, permeable, vulnerable.

भेरी (bhe ree) *f.* siren, drum; रण ~ battle-drum.

भेला (~ lA) *m.* lump; गुड़ का भेला a round lump of jaggery. [Fem. भेली]

भेली (~ lee) *f.* (fem. of भेला).

भेष (bhesh) *m.* = भेस।

भेषज (bhe shaj) *m.* drug; ~ संग्रह / कोश pharmacopoeia.

भेस (bhes) *m.* dress, garb, guise; ~ बदलना to appear to be what one is not, to be disguised; ~ बनाना to put on the guise of someone else; यह क्या ~ बना रखा है What a strange guise is this?

भैंस (bhaĩs) *f.* buffalo; ~ के आगे बीन बजाना to throw pearls before swine.

भैंसा (bhaĩ SA) *m.* male-buffalo.

भैया (bhai yA) *m.* brother.

भैया-दूज (~ - dooj) *f.* A Hindu festival falling on the second day of the bright fortnight of कार्तिक on which the brother takes a pledge to protect the honour of his sister.

भैरव (bhai rav) *m.* 1. one of the melodies of Indian music. 2. Lord Shiva.

भैरवी (~ ra vee) *f.* one of the morning melodies of Indian music.

भैषजिकी (~ sha ji kee) *f.* Pharmacy.

भोंकना (bhõk nA) *vt.* to thrust/stab/pierce; कलेजे में छुरा भोंक देना to plunge a knife in the heart.

भोंडा (bhõ DA) *adj.* clumsy, odd, awkward.

भोंडापन (~ pan) *m.* clumsiness.

भोंदू (bhõ doo) *adj.* dullard, stupid.

भोंदूपन (~ pan) *m.* dullardness, stupidity.

भोंपू (bhõ poo) *m.* 1. siren. 2. horn; ~ बजाना to blow the horn/siren.

भोंभों (~ bhõ) *m.* the sound of the barking of dogs.

भोक्ता (bhok tA) *m.* consumer, one who uses/utilises.

भोग (bhog) *m.* 1. enjoyment; ~ करना to enjoy. 2. suffering, pain; कर्मों के ~ sufferings for (one's) deeds; ~ भोगना to suffer for one's deeds. 3. offering (to gods); ~ लगाना to offer (something) to a deity. 4. easement.

भोगकाल (~ kAl) *m.* duration.

भोगना (~ nA) *vt.* 1. to pay for, to suffer; ~ पड़ना to mete; उसने निश्चय किया कि मुझे जो अन्याय ~ पड़ रहा है उसके विरुद्ध लड़ूँगी She decided to fight against the injustice that was meted out to her. 2. to enjoy; सुख ~ to enjoy the pleasures of life.

भोगबंधक (~ ban dhak) *m.* mortgage with possession.

भोगलिप्सा (~ lip SA) *f.* sensuous enjoyment, ludeness.

भोगवाना (~ VA nA) *vt.* causative of भोगना, to cause to suffer.

भोगविलास (~ vi lAS) *m.* indulgence in luxury; ~ का जीवन life of luxury.

भोगाधिकार (bho gA dhi KAR) *m.* right of occ- upancy, right of easement.

भोगी (~ gee) *m.* enjoyer; भुक्त ~ one who has undergone sufferings.

भोग्य (bhoggy) *adj.* 1. worth consuming/using. 2. worth enjoying.

भोज (bhoj) *m.* feast, community dinner, banquet.

भोजन (bho jan) *m.* 1. food, meal; ~ करना to have dinner; जब वह आया हम ~ कर रहे थे When he arrived we were having dinner; ~ का समय lunch or dinner time, meal time; ~ बनाना to prepare food; ~ पर जुटना to be busy dining; ~ परोसना to serve food; ~ लगाना to prepare the table. 2. diet.

भोजन-कक्ष (~ kaksh) *m.* a room where meals are eaten/served, dining-room.

भोजन-नलिका (~ - na li KA) *f.* food-pipe, gullet.

भोजनभट्ट (~ bhATT) *m.* one who eats too much, gourmand, glutton.

भोजनयान (~ YAn) *m.* a railway coach used as a dining room, dining car.

भोजन-वस्त्र (~ - vastr) *m.* food and clothing.

भोजनालय (bho ja nA lay) *m.* restaurant, eating-house, mess.

भोजपुरी (bhoj pu ree) *f.* a dialect of Hindi spoken in Eastern U.P. and Western Bihar.
m. an inhabitant of the said region.

भोजी (bho jee) *m.* eater; मांस ~ meateater.

भोज्य (bhojjya) *adj.* eatable, edible.,

भोट (bhOT) *m.* the country of Bhutan.

भोटिया (bho Ti yA) *adj. & m.* (an inhabitant) of or pertaining to Bhutan.

भोथरा (bhoth rA) *adj.* obtuse, blunt, dull.

भोथरापन (~ pan) *m.* obtuseness, bluntness.

भोर (bhor) *m.* morning, early morning, dawn.

भोला (bho lA) *adj.* simple and artless, simple-hearted.

भोलापन (~ pan) *m.* simplicity and artlessness.

भोला-भाला (~ - bhA lA) *adj.* gullible, naive, very simple, ingenuous.

भोलेनाथ (bho le nAth) *m.* Lord Shiva.

भौं (bhaũ) *f.* eyebrow.

भौंकना (bhaũk nA) *vi.* 1. to bark, yelp. 2. to howl (pej.).

भौंरा (bhaũ rA) *m.* blackbee, beetle.

भौंरी (~ ree) *f.* female blackbee

भौंह (bhaũh) *f.* eyebrow; भौंहें चढ़ना / तनना raising of eyebrows; भौंहें चढ़ाना / तानना to raise one's eyebrows.

भौगोलिक (bhau go lik) *adj.* geographical.

भौगोलिकी (~ go li kee) *f.* gazetteer.

भौचक (~ cak) *adj.* = भौचक्का।

भौचक्का (~ KA) *adj.* flabbergasted, aghast, wonderstruck, stunned; ~ हो जाना to be-flabbergasted.

भौजाई (bhau jA ee) *f.* elder brother's wife. [M.C. भाभी]

भौजी (~ jee) *f.* = भौजाई।

भौतिक (~ tik) *adj.* 1. material; ~ सुख material happiness; ~ सुख-सुविधाएँ material comforts/amenities. 2. physical; ~ विज्ञान Physical Science. 3. mundane, worldly; ~ ताप worldly sufferings.

भौतिकवाद (~ VAd) *m.* materialism.

भौतिकवादिता (~ VA di tA) *f.* materialistic tendency.

भौतिकवादी (~ VA dee) *adj.* materialistic. *m.* materialist.

भौतिकी (bhau ti kee) *f.* Physics.

भौमिक (~ mik) *adj.* 1. geological. 2. earthly, terrestrial.

भौमिकी (~ mi kee) *f.* Geology.

भ्रंश (bhransh) *m.* 1. fall. 2. ruin, destruction. 3. sabotage. 4. breach.

भ्रकुटि (bhra ku Ti) *f.* = भृकुटी (eyebrow).

भ्रम (bhram) *m.* 1. illusion, fallacy. 2. misuderstanding, misconception; ~ का निवारण removal of misunderstanding; ~ जाता रहना—मेरा ~ जाता रहा The illusion has left me / I am no more under the illusion. 3. confusion; ~ फैल जाना—भ्रम फैल गया है The illusion is around. ~ में होना / रहना to be under an illusion/ delusion.

भ्रमजनक (~ ja nak) *m.* illusive, illusory.

भ्रमजाल (~ jAl) *m.* snares of illusions, worldly affairs.

भ्रमण (bhra maN) *m.* roving, travelling (widely), roaming; विश्व ~ globe-trotting.

भ्रमणकारी (~ KA ree) *adj. & m.* (one) who moves about, traveller, nomad.

भ्रमणशील (~ sheel) *adj.* roving, rambling; ~ कलाकार itinerant artist.

भ्रममूलक (bhram moo lak) *adj.* illusory, misleading.

भ्रमर (bhra mar) *m.* black bee. [Fem. भ्रमरी]

भ्रमरी (~ ma ree) *f.* fem. of भ्रमर।

भ्रमात्मक (~ mAt mak) *adj.* illusory.

भ्रमात्मकता (~ tA) *f.* illusoriness.

भ्रमित (bhra mit) *adj.* 1. illusioned. 2. mistaken. 3. confused; ~ हो जाना to be illusioned/confused.

भ्रमोत्पादक (~ mot pA dak) *adj.* misleading, illusory.

भ्रमोत्पादकता (~ tA) *f.* illusoriness.

भ्रष्ट (bhrashT) *adj.* 1. corrupt, deprave. 2. immoral; ~ करना (i) to demoralize; (ii) to corrupt, to pollute.

भ्रष्टता (~ tA) *f.* corruptness, corruption, depravity.

भ्रष्टाचार (bhrash TA CAr) *m.* corruption; ~ उन्मूलन abolition of corruption.

भ्रष्टाचारी (~ CA ree) *adj.* corrupt; ~ शासन corrupt government.

भ्रांत (bhrAnt) *adj.* misled, mistaken; ~धारणा mistaken/wrong idea.

भ्रांति (bhrAn ti) *f.* 1. illusion. 2. confusion.

भ्रांतिकर (~ kar) *adj.* deceptive, misleading, confusing.

भ्रांतिजनक (~ ja nak) *adj.* 1. confusing. 2. illusory.

भ्रांतिमूलक (~ moo lak) *adj.* 1. confusing. 2. illusory; illusive, misleading; अमेरिकी राष्ट्रपति ने स्वीकार किया कि मैंने जानबूझकर ~ गवाही दी थी The American President admitted that he knowingly gave misleading testimony.

भ्राता (bhrA tA) *m.* brother.

भ्रातृ (bhrAt tri) *m.* = भ्राता।

भ्रातृभाव (~ bhAv) *m.* feeling of brotherhood, fraternity.

भ्रातृ-स्नेह (~ - sneh) *m.* brotherly affection.

भ्रातृ-हत्या (~ - hat tyA) *f.* fratricide.

भ्रात्रीय (bhrAt treey) *adj.* fraternal.

भ्रामक (bhrA mak) *adj.* confusing, illusive.

भ्रू (bhroo) *m.* eyebrow, pleasing movement of the eyebrow.

भ्रूण (bhrooN) *m.* foetus, embryo.

भ्रूणहत्या (~ hat tyA) *f.* foeticide.

भ्रूभंगिमा (bhroo bhaṅ gi mA) *f.* the movement of the eyebrow, specially fascinating.

म

म (ma) *m.* fifth of the labial pentad of consonants of the Nagari alphabet; its sound is like that of *m* in *man.*

मँगता (mãg tA) *m.* beggar.

मँगनी (mãg nee) *f.* 1. betrothal, espousal; उसकी ~ हो गई She is betrothed. 2. loan; ~ की वस्तु borrowed object/thing.

मंगल (maṅ gal) *adj.* auspicious; ~ मुहूर्त auspicious moment.

m. 1. Tuesday. 2. Mars. 3. welfare.

मंगलकारक (~ kA rak) *adj.* auspicious.

मंगलकारी (~ kA ree) *adj.* auspicious.

मंगलगान (~ gAn) *m.* song sung on ceremonial occasions.

मंगलगीत (~ geet) *m.* = मंगलगान।

मंगलग्रह (~ grah) *m.* Mars.

मंगलघट (~ ghaT) *m.* auspicious pitcher of water.

मंगलध्वनि (~ dhwa ni) *f.* auspicious sound.

मंगलपाठ (~ paTh) *m.* = मंगलाचरण।

मंगलप्रद (~ prad) *adj.* benedictory, auspicious.

मंगलभाषण (~ bhA shaN) *m.* euphemism.

मंगलभाषित (~ bhA shit) *adj.* euphemistic.

मंगलमय (~ may) *adj.* auspicious.

मंगलवार (~ vAr) *m.* Tuesday.

मंगलसूत्र (~ soottr) *m.* lucky thread (worn by a woman whose husband is alive).

मंगला (maṅg lA) *f.* name of पार्वती।

मंगलाचरण (~ ca raN) *m.* invocatory/benedictory prologue.

मंगलाचार (~ cAr) *m.* benedictory prologue.

मंगलामुखी (~ mu khee) *f.* harlot, prostitute.

मंगली (maṅg lee) *adj.* (in Astrology) (a person) on whom Mars (planet) is casting an evil influence.

मंगलोत्सव (maṅ ga lot sav) *m.* festivity.

मँगवाना (mãg vA nA) *vt.* to cause to be sent for, to be brought by someone; मँगवा भेजना to send for, to order for.

मँगाना (mã gA nA) *vt.* to send for, to ask for.

मँगेतर (~ ge tar) *m.* fiance.

f. fiancee.

मंगोल (maṅ gol) *m.* a tribe of Central Asia.

मंच (manc) *m.* 1. stage, dais, podium, platform, stadium. 2. forum; राजनैतिक ~ public forum.

मंचन (man can) *m.* way of presenting a play on the stage, staging.

मंच-संकोच (manc saṅ koc) *m.* stage shyness.

मंचीय (man ceey) *adj.* of or pertaining to the stage; ~ भय stage fright.

मंजन (man jan) *m.* tooth-powder.

मँजना (mãj nA) *vi.* to get proficient/seasoned; मँजा हुआ proficient, seasoned.

मंजरी (manj ree) *f.* sprout.

मँजवाना (mãj vA nA) *vt.* to cause to be cleansed.

मँजाई (mã jA ee) *f.* cleansing or polishing, or remuneration paid for the same.

मँजा-मँजाया (mã jA - mã jA yA) *adj.* perfectly proficient.

मंज़िल (man zil) *f.* 1. storey, floor; दूसरी ~ पर on second storey. 2. destination; ~ भारी है Journey is tedious. ~ मारना to achieve a goal, to reach the destination speedily.

ंजीर (~ jeer) *m.* cymbal.

ंजीरा (mã jee rA) *m.* cymbal.

ंजु (man ju) *adj.* beautiful, pretty.

ंजुल (~ jul) *adj.* beautiful, pretty.

ंजुलता (~ tA) *f.* beauty, prettiness.

ंज़ूर (man zoor) *adj.* 1. approved, accepted; योजना ~ हो गई The scheme is approved/accepted. 2. granted, sanctioned; छुट्टी ~ हो गई Leave is granted/sanctioned.

ंज़ूरी (~ zoo ree) *f.* acceptance, sanction; ~ देना to sanction, to grant sanction, to permit; ~ मिलना to get permission; ~ लेना to obtain sanction.

ंजूषा (~ joo shA) *f.* casket.

ंझधार (mãjh dhAr) *f.* midstream; ~ में छोड़ना to leave in the lurch; ~ में पड़ जाना to be left in midstream.

ंझा (man jhA) *m.* cot.

ंड (maND) *m.* starch.

ंडन (maN Dan) *m.* 1. embellishing. 2. corroboration, support.

ंडना (maND nA) *vt.* 1. to embellish/decorate. 2. to corroborate.

ंडनात्मक (maN Da nAt mak) *adj.* corroborative, supporting.

ंडनीय (~ Da neey) *adj.* worth corroboration, supportable.

ंडप (~ Dap) *m.* pavilion.

ँडराना (mãD rA nA) *vi.* to hover; (i) आकाश में बादल मँडराने लगे Clouds began hovering in the sky. (ii) उसके चारों ओर चाटुकार मँडराने लगे Sycophants began hanging around him. (iii) यह विचार उसके दिमाग में मँडराने लगा This idea began to hover in his mind.

ंडल (maN Dal) *m.* 1. circle. 2. halo, ring. 3. zone. 4. commissionary. 5. monastery.

मंडलाकार (~ Da lA KAr) *adj.* circular, ring-shaped.

मंडलाधिकारी (~ dhi KA ri) *m.* zonal officer.

मंडलायुक्त (~ yukt) *m.* the head of a commissionary, commissioner.

मंडली (maN Da lee) *f.* 1. party. 2. team, society, association, club.

मंडलीय (~ Da leey) *adj.* pertaining to a zone, zonal.

मंडलेश्वर (~ Da lesh shwar) *m.* head of a monastery.

मँडवा (mãD vA) *m.* = मँडुआ।

मंडित (maN Dit) *adj.* 1. adorned, embellished, decorated; आभूषणों से ~ embellished/adorned with ornaments. 2. corroborated.

मंडी (~ Dee) *f.* 1. market place, town or trade centre for specified commodities; सब्ज़ी ~ vegetable market. 2. wholesale market, bazaar.

मँडुआ (mã DUA) *m.* 1. pavilion. 2. mobile theatre.

मंडूक (maN Dook) *m.* frog; कूप ~ (i) frog of the well; (ii) person having a narrow outlook.

मंतर (man tar) *m.* = मंत्र। छू ~ हो जाना to vanish/ disappear.

मंतव्य (~ tavvy) *m.* objective, intent.

मंत्र (mantr) *m.* 1. vedic hymn. 2. any sacred verse. 3. incantation, spell, charm, magic. 4. esoteric formula; ~ देना to impart a secret/esoteric formula; ~ फूँकना to instigate/incite (someone) secretly, to work upon; ~ फूँककर मारना to throw a magic spell (with an evil purpose).

मंत्रकार (~ KAr) *m.* composer of मंत्र।

मंत्रज्ञ (man traggy) *m.* one who is versed in मंत्र।

मंत्रण (~ traN) *m.* act of counselling/advising.

मंत्रणा (~ tra NA) *f.* 1. counsel, advice. 2. deliberation.

मंत्रणाकार (~ KAr) *m.* counsellor, advise

मंत्रणा-परिषद् (~ - pa ri shad) *f.* adviso. / council.

मंत्र-तंत्र (mantr - tantr) *m.* incantations accompanied by rituals.

मंत्रद्रष्टा (~ drash TA) *m.* seer, prophet.

मंत्रपाठ (~ pATH) *m.* recitation of mantras.

मंत्रबल (~ bal) *m.* power of मंत्र (mantra).

मंत्रमुग्ध (~ mugdh) *adj.* enchanted, spell-bound; मैं उन्हें ~ होकर देखता रहा I watched them spell- bound. वे तीनों ~ होकर सुनते रहे All three listened enchanted.

मंत्रशक्ति (~ shak ti) *f.* = मंत्रबल।

मंत्रसिद्धि (~ sid dhi) *f.* power to obtain suc- cess through मंत्र।

मंत्रालय (man trA lay) *m.* ministry; रेल ~ यात्री भाड़ा बढ़ाने के विरुद्ध है Railway Ministry is against hike in passenger's fare.

मंत्रित (~ trit) *adj.* consecrated by मंत्र।

मंत्रित्व (~ trittw) *m.* ministership; ~ काल period of ministership.

मंत्रि-परिषद् (~ tri - pa ri shad) *f.* ministry.

मंत्रिमंडल (~ tri maN Dal) *m.* cabinet.

मंत्री (~ tree) *m.* 1. minister; प्रधान ~ Prime Minister; मुख्य ~ Chief Minister; राज्य ~ Minister of State. 2. secretary.

मंथन (~ than) *m.* 1. churning. 2. contemplation.

मंथर (~ thar) *adj.* slow, sluggish, tardy; ~ गति slow speed.

मंद (mand) *adj.* 1. slow, sluggish; ~ गति slow movement. 2. dim, dull, feeble; ~ कर देना to make dull; अंधविश्वास मस्तिष्क को ~ कर देता है Blind faith dulls the brain. ~ प्रकाश dim light. 3. low; ~ ज्वर low fever.

suffix. denoting 'endowed with'; as अक्लमंद wise.

मंदता (~ tA) *f.* 1. slowness. 2. dimness. 3. dullness, feebleness.

मंदबुद्धि (~ bud dhi) *adj.* dull, stupid, moron, imbecile.

मंदभाग्य (~ bhAggy) *adj.* not favoured by luck, unfortunate, wretched.

मंदमति (~ ma ti) *adj.* of sluggish intellect moron, dullard.

मंदा (man dA) *adj.* 1. slow, tardy. 2. dull ~ बाज़ार dull market.

मंदाकिनी (~ ki nee) *f.* galaxy.

मंदाग्नि (man dAg ni) *f.* dyspepsia, indigestion.

मंदित (~ dit) *adj.* retarded.

मंदिर (~ dir) *m.* 1. temple. 2. house.

मंदी (~ dee) *f.* slump, recession, depression; भाव की ~ slump in the prices आजकल बाज़ार में ~ का दौर चल रहा है Presently there is prevailing a slump in the market.

suffix. denoting possession, as in अक़्लमंदी।

मंद्र (mandr) *adj.* deep; ~ ध्वनि deep tone *m.* deep note.

मंशा (man shA) *f.* intent, intention/desire willingness.

मंसबदार (~ sab dAr) *m.* officer.

मंसूख़ (~ sooKh) *adj.* annulled, revoked ~ करना to annul/revoke.

मंसूख़ी (~ soo Khee) *f.* annulment, revocation.

मई (ma ee) *f.* (month of) May.

मई-दिवस (~ - di vas) *m.* May day.

मकई (ma ka ee) *f.* maize.

मकड़जाल (ma kaR jAl) *m.* spider's web, cobweb; शब्दों का ~ cobweb of words.

मकड़ा (mak RA) *m.* male-spider. [Fem. मकड़ी]

मकड़ी (~ Ree) *f.* female spider; ~ का जाला spider's web.

मकतब (~ tab) *m.* school.

मक़बरा (maK ba rA) *m.* mausoleum.

मकरंद (mak rand) *m.* fragrance.

मकर (ma kar) *m.* 1. crocodile. 2. capricorn; ~ रेखा Tropic of Capricorn.

मक़सद (maK sad) *m.* purpose, intention.

मकान (ma kAn) *m.* house; मेरा ~ बहुत बड़ा है My house is very large/commodious.

मकान-मालिक (~ - mA lik) *m.* house owner.

मकुर (ma kur) *m.* looking glass.

मकोड़ा (ma ko RA) *m.* large ant; कीड़े-मकोड़े small insects.

मकोय (ma koy) *m.* a small Indian fruit.

मक्का (mak kA) *m.* maize.

मक्कार (~ kAr) *adj.* sly, cunning, deceitful, crafty.

मक्कारी (~ kA ree) *f.* slyness, cunning, deception.

मक्की (~ kee) *f.* maize, corn.

मक्खन (~ khan) *m.* butter; ~ लगाना to flatter.

मक्खी (~ khee) *f.* fly; दूध की ~ की तरह निकाल देना to throw (out someone) unceremoniously; किसी को ~ की तरह मसल देना to crush like a fly; जीती ~ निगलना to suffer a wrong with eyes open; नाक पर ~ न बैठने देना (i) to react sharply; (ii) not to allow oneself to be let down; मक्खियाँ मारना (i) to idle away time; (ii) to engage in useless activities.

मक्खीचूस (~ coos) *adj. & m.* (person) extremely niggardly.

मक्खीमार (~ mAr) *m.* 1. fly-flapper. 2. idler.

मक्षिका (mak shi kA) *f.* fly; ~ स्थाने मक्षिका blind copy.

मख (makh) *m.* = यज्ञ।

मखनिया (ma kha ni yA) *adj.* skimmed; ~ दूध skimmed milk.

m. butter-seller.

मख़मल (maKh mal) *f.* velvet.

मख़मली (~ ma lee) *adj.* looking or feeling like velvet, velvety.

मखाना (ma khA nA) *m.* parched lotus seed.

मख़ौल (ma Khaul) *m.* ridicule, derision; ~ उड़ाना to ridicule / deride; ~ करना to crack a joke; ~ बनाना to put to ridicule, to make a laughing stock; ~ समझना to take (something) easy enough (as a joke).

मख़ौलिया (ma Khau li yA) *adj. & m.* given to joking, clown, joker, jester, buffoon.

मग (mag) *m.* 1. = मार्ग। 2. mug.

मग़ज़ (ma Gaz) *m.* 1. brain; ~ खाना= ~ चाटना; ~ ख़ाली करना to exhaust the brain for nothing; ~ चल जाना—उसका ~ चल गया He went off his head. ~ चाटना to knock smoke out of one's head (by sheer chattering); ~ मारना to tax (one's) brain; ~ लड़ाना= ~ मारना। 2. kernel, seed; चारों ~ four specified kernels.

मग़ज़पच्ची (~ pac cee) *f.* brain-taxing, brain-racking.

मग़ज़ी (maG zee) *f.* hem, border.

मगद (ma gad) *m.* a variety of sweetmeat.

मग़दल (mag dal) *m.* an Indian sweet prepared from powdered pulse (उरद)।

मगध (ma gadh) *m.* ancient name of South Bihar.

मगन (ma gan) *adj.* = मग्न।

मगर (ma gar) *conj.* but; अगर- ~ ifs and buts.

m. alligator, crocodile.

मगरमच्छ (~ - macch) *m.* crocodile; ~ के आँसू crocodile tears.

मग़रिब (maG rib) *m.* west.

मग़रिबी (~ ri bee) *adj.* western.

मग़रूर (~ roor) *adj.* proud, vain, arrogant, haughty, intolerant.

मग़रूरी (~ roo ree) *f.* pride, vanity, arrogance, proudness.

मगही (ma ga hee) *adj.* 1. belonging to Magadh region. 2. a kind of betel-leaf.

मग़ज़ (maGZ) *m.* = मग़ज़।

मग्न (magn) *adj.* 1. engrossed, delightfully absorbed; विचार ~ absorbed in deep thought. 2. immersed, sunk; जल- ~ flooded.

मग्रिब (maG rib) *m.* = मग़रिब।

मघवा (magh vA) *m.* = इंद्र।

मघा (ma ghA) *m.* tenth constellation in Hindu Astronomy.

मचना (mac nA) *vi.* to be perpetrated/occasioned; to happen; खलबली ~ — खलबली मच गई A commotion ensued. शोर ~ —शोर मच रहा है A noise is going on. विद्यालय में शोर मचा था There was a furore in the school.

मचलन (~ lan) *f.* act or state of मचलना।

मचलना (ma cal nA) *vi.* to indulge in childish insistence, to pester; मचल उठना to behave obstinately and boisterously, to raise cain; बच्चा खिलौने के लिए मचल रहा है The child is pestering (someone) to give him a toy. दिल मचल जाना—मेरा दिल मचल रहा है My heart yearns insistently.

मचला (mac lA) *adj.* prone to मचलना।

मचलापन (~ pan) *m.* childish insistence, pestering.

मचली (mac lee) *f.* = मतली।

मचान (ma cAn) *f.* raised structure/platform usually for guarding farms or for gamehunting, scaffold.

मचाना (ma cA nA) *vt.* to make/create; क़त्ले आम ~ to start/cause a general massacre; शोर ~ to make noise; हुड़दंग ~ to create rowdism.

मचिया (ma ci yA) *f.* a low wicker stool to sit on.

मच्छ (macch) *m.* a very big fish.

मच्छड़ (mac chaR) *m.* = मच्छर।

मच्छड़दानी (~ dA nee) *f.* = मच्छरदानी।

मच्छर (mac char) *m.* mosquito.

मच्छरदानी (~ dA nee) *f.* mosquito net curtain.

मछली (mach lee) *f.* fish; ~ पकड़ना angling

मछलीदार (~ dAr) *adj.* weaved/embroidered/ornamented with a design of fish.

मछलीमार (~ mAr) *m.* angler, fisherman.

मछुआ (ma chu A) *m.* fisherman.

मछुआरा (~ rA) *m.* = मछुआ।

मज़दूर (maz door) *m.* labourer; ~ दल labour party; ~ वर्ग labour class.

मज़दूर-संघ (~ - saṅgh) *m.* trade union, labour union.

मज़दूरी (maz doo ree) *f.* 1. wages. 2. labour charges. 3. calling of a labourer.

मजनूँ (maj nõo) *m.* 1. celebrated lover of Laila of Arabian tales. 2. love-lorn person. 3. very lean and thin person.

मज़बूत (maz boot) *adj.* 1. strong. 2. stout, sturdy (person).

मज़बूती (~ boo tee) *f.* 1. strength, sturdiness. 2. firmness; ~ से पकड़ना to hold firmly.

मजबूर (maj boor) *adj.* 1. helpless. 2. compelled; ~ करना to compel; पिता के क्रोध के डर ने इस राज़ को छिपाने के लिए उसे ~

दिया It was only the fear of her father's anger which forced her to keep the affair secret. ~ करना to compel; उन्हें हरजाना देने के लिए ~ किया जाए They must be made to compensate. ~ होना to be compelled; मैं वहाँ जाने के लिए ~ हूँ I am compelled to go there.

मजबूरन (~ boo ran) *adv.* under compulsion, in a state of helplessness.

मजबूरी (~ boo ree) *f.* 1. helplessness; मेरी ~ कोई नहीं देखता Nobody realises my helplessness. किसी की ~ से लाभ उठाना to cash on someone's helplessness. 2. compulsion.

मजमा (~ MA) *m.* gathering; ~ जुटा / लगा रखना—तुमने कैसा ~ जुटा / लगा रखा है What an assemblage of onlookers you have collected.

मज़मून (maz moon) *m.* 1. subject. 2. essay, article; ~ बाँधना to prepare a draft (of an article).

मज़म्मत (ma zam mat) *f.* censure, upbraiding, reprimand, reproof, chiding.

मजलिस (maj lis) *f.* assembly.

मजलिसी (~ li see) *adj.* pertaining to an assembly.

मज़हब (maz hab) *m.* religion.

मज़हबी (~ ha bee) *adj.* religious; ~ सिख a low caste Sikh.

मज़ा (ma ZA) *m.* fun, delight, pleasure, enjoyment; ख़ूब ~ रहा I had lots of fun. उससे बात करने में ~ आता है It is a pleasure to talk to her. आपको इस फ़िल्म में ~ नहीं आएगा You won't enjoy this film. ~ उठाना to enjoy; मैंने इस कार्यक्रम का पूरा ~ उठाया I thoroughly enjoyed the programme. ~ किरकिरा कर देना—उसने सारा ~ किरकिरा कर दिया He has marred all the pleasure. ~ चखना—मैं भी ग़रीबी का ~ चख चुका हूँ I also have had a taste of poverty. ~ चखाना to teach a lesson, to settle score (with); ~ जाता रहना—सारा ~ जाता रहा The entire pleasure was marred. ~ बिगाड़ना to mar the pleasure; ~ मिल जाना to pay for, to reap the fruit; ~ ले-लेकर with relish; ~ लेना to enjoy/relish; अब ~ ही मज़ा है Now, it is all merry making/fun and frolic. मज़े उड़ाना to have a gay time; मज़े करना to have a good time; मज़े का quite enjoyable; मज़े की बात interesting feature/aspect; मज़े-मज़े में almost without any effort, effortlessly, very easily; मज़े में happily, with ease; अब वह मज़े में है Now he is well off. मज़े लूटना to enjoy life, to enjoy merrily; with gay abandon/with pleasure; मज़े से—(i) मज़े से जाओ Go merrily with ease/Go comfortably. (ii) वह मज़े से बोलता है He talks well.

मज़ाक़ (ma ZAK) *m.* 1. joke, ridicule; ~ उड़ाना to make a fun of; ~ करना to make a joke; ~ की बात joking matter; ~ बनाना to ridicule; ~ मज़ाक़ में in joke, jokingly; ~ में उड़ा देना to laugh away; ~ समझना to take (something) non-seriously, to treat as a fun. 2. spoof.

मज़ाक़न (ma ZA KAN) *adv.* by way of fun.

मज़ाक़िया (ma ZA KI YA) *adj.* fun-loving, witty, humorous.

m. wag, witty person, prankster.

मज़ार (ma ZAR) *m.* grave, tomb.

मज़ाल (ma jAl) *f.* courage, guts; उसकी ~ नहीं जो मेरा सामना करे He has not the nerve to face me. तुम्हारी क्या ~ How dare you !

मजिस्ट्रेट (ma jis TreT) *m.* magistrate.

मजिस्ट्रेटी (ma jis Tre Tee) *f.* magistracy.

मजीठ (ma jeeTh) *f.* a creeper from which red colour is prepared.

मजीठी (ma jee Thee) *adj.* of the colour of मजीठ, red.

मज़ीद (ma zeed) *adj.* still more.

मज़ेदार (ma ze dAr) *adj.* 1. enjoyable, pleasurable. 2. delicious, full of relish.

मज्जन (maj jan) *m.* 1. bath. 2. dipping, immersion.

मज्जा (~ jA) *f.* marrow.

मझधार (majh dhAr) *f.* mid-stream.

मझला (~ lA) *adj.* middle, of the middle.

मझोला (ma jho lA) *adj.* medium; मझोले क़द का of medium size.

मटक (ma Tak) *f.* strut; चटक ~ affected gestures.

मटकना (~ nA) *vi.* मटक-मटककर चलना / मटकते फिरना to strut, to walk with airs, to move in a coquettish manner, to ogle.

मटका (maT kA) *m.* large earthen pitcher. [Fem. मटकी]

मटकाना (~ nA) *vt.*; to make coquettish gestures by strutting one's limbs.

मटकी (maT kee) *f.* small earthen pitcher.

मटकौअल (~ kau al) *f.* act of making coque- ttish gestures.

मटक्का (ma Tak kA) *m.* = मटकौअल।

मटमैला (maT mai lA) *adj.* of the colour of earth, dust-coloured, dim.

मटमैलापन (~ pan) *m.* state or quality of being मटमैला।

मटर (ma Tar) *m.* pea.

मटरगश्त (~ gasht) *adj.* roaming, wandering.

मटरगश्ती (~ gash tee) *f.* roaming, wandering; ~ करना to roam/wander/ramble.

मटियामेट (ma Ti yA meT) *adj.* completely ruined, devastated; ~ करना to demolish completely; किया-कराया ~ करना to undo all.

मटीला (ma Tee lA) *adj.* 1. dusty. 2. dust-coloured.

मट्ठर (maT Thar) *adj.* slow and sluggish.

मट्ठा (~ ThA) *m.* = मठा।

मट्ठी (~ Thee) *f.* thin fried saltish pancake.

मठ (maTh) *m.* Hindu convent/monastery, abbey.

मठधारी (~ dhA ree) *m.* = मठाधीश।

मठा (ma ThA) *m.* butter-milk.

मठाधीश (~ dheesh) *m.* head of a monastery.

मड़ई (ma Ra ee) *f.* hutment, cottage.

मड़ैया (ma Rai yA) *f.* hutment, cottage.

मढ़ना (maRh nA) *vt.* 1. to frame/mount/cover; जिल्द ~ to bind; वह सोने से मढ़ी हुई थी She was overladen with gold ornaments. 2. to inflict; मत्थे / सिर ~ to impose on.

मढ़वाई (~ vA ee) *f.* act of मढ़वाना or charges paid for the same.

मढ़वाना (~ vA nA) *vt.* causative of मढ़ना।

मढ़ाई (ma RhA ee) *f.* act of मढ़ना or charges paid for it.

मढ़ी (ma Rhee) *f.* 1. hutment. 2. small mon- astery or temple.

मणि (ma Ni) *f.* gem, jewel.

मणिमाला (~ mA lA) *f.* string of jewels.

मत (mat) *m.* 1. opinion, belief, view; बहुत दिनों से मेरा ~ था कि वर्तमान सरकार दुर्बल और अक्षम है For long I have been of the view that the present government is weak and inept. विद्वानों का ~ Scholars' opinion. 2. vote; ~ देना to vote; निर्णायक ~ decisive vote. 3. theory, doctrine; कांट का ~ Kant's theory. 4. sect, creed; जैन ~ sect of Jains.

adv. denoting forbiddance, 'don't'. वहाँ ~ जाओ Don't go there. उसे फोन करना भूल ~ जाना Don't forget to phone him.

मतगणना (~ gaN nA) *f.* counting of votes.

मतदाता (~ - dA tA) *m.* one who has a right to vote, voter; इस बार ~ अधिक संख्या में मत डालने के लिए निकले The voter turn out was heavy this time.

मतदान (~ dAn) *m.* voting, polling; नौ बजे ~ शुरू हुआ और पाँच बजे समाप्त The polling started at 9 a.m. and concluded at 5 p.m. ~ करना to vote; हमने जनतंत्र के लिए ~ किया We had voted for democracy.

मतदान-केंद्र (~ - kendr) *m.* polling station.

मतदान-कोष्ठ (~ - koshTh) *m.* polling booth.

मतदान-पेटिका (~ - pe Ti kA) *f.* ballot-box.

मतपत्र (mat pattr) *m.* a printed slip used in secret voting, ballot.

मत-परिवर्तन (~ - pa ri var tan) *m.* conversion.

मतभेद (~ bhed) *m.* difference of opinion, disagreement.

मत-मतांतर (~ ma tAn tar) *m.* (plu.) diverse opinions.

मतलब (mat lab) *m.* 1. meaning, purport, motive, object; आख़िर आपका ~ क्या है What, after all, do you mean (by it)? What are you driving at? आपका ~ किससे है Which one do you mean? 2. self-interest, concern; तुमसे ~? How does it concern you? ~ का यार selfish person;~ की बात करना to talk to the point; ~ गाँठना to use devious methods to get or achieve something wrong, to wangle; ~ निकालना / साधना to come to the point.

मतलबी (~ la bee) *adj.* selfish; ~ यार = मतलब का यार।

मतली (~ lee) *f.* nausea.

मतवाला (~ vA lA) *adj.* 1. drunk, intoxicated, insane, tipsy. 2. (one) who is off his head.

मतवालापन (~ pan) *m.* state or quality of being मतवाला।

मत-संग्रह (mat - saṅ grah) *m.* a survey of public opinion on a given subject, poll.

मत-स्वातंत्र्य (~ - swA tantry) *m.* freedom of vote/expression.

मतांतर (ma tAn tar) *m.* different opinion/ view.

मतांतरण (~ ta raN) *m.* difference of opinions.

मतांध (ma tAndh) *adj.* fanatic.

मतांधता (~ tA) *f.* fanaticism.

मताग्रह (ma tAg grah) *m.* dogmatism [मत + आग्रह].

मताग्रही (ma tAg gra hee) *adj.* dogmatic, *m.* dogmatist.

मताधिकार (ma tA dhi kAr) *m.* franchise, suffrage; वयस्क ~ adult franchise.

मताधिकारी (ma tA dhi kA ree) *m.* (eligible) voter.

मतानुयायी (ma tA nu yA ee) *adj.* adherent (of a creed etc.)
m. follower of a creed/tenet.

मतावलंबी (ma tA va lam bee) *adj.* & *m.* = मतानुयायी।

मतारी (~ ree) *f.* mother.

मति (ma ti) *f.* 1. intellect. 2. opinion, view; ~ फिरना to change (one's) views; ~ फेरना to cause to change (someone's) views; ~ बौराना to be (almost) off one's head; ~ मारी जाना to lose (one's) wits; ~ हर लेना to deprive (someone) of all judi- cious thinking.

मतिभ्रंश (~ bhransh) *m.* psychosis.

मतिभ्रम (~ bhram) *m.* 1. hallucination. 2. mental aberration.

मतिभ्रष्ट (~ bhrashT) *adj.* lost to all sense of wisdom, foolish, stupid, idiot.

मतिमंद (~ mand) *adj.* foolish, stupid. *m.* dunce.

मतिमान (~ mAn) *adj.* wise.

मतिहीन (~ heen) *adj.* foolish.

मतैक्य (ma taikky) *m.* unanimity, unison.

मत्त (matt) *adj.* intoxicated, drunk.

मत्ता (~ tA) *f.* drunkenness.

मत्था (mat thA) *m.* forehead; ~ टेकना to bow down; ~ मारना to tax (one's) brain; मत्थे मढ़ना to impose (responsibility, etc.) on somebody.

मत्सर (~ sar) *m.* jealousy, envy.

मत्स्य (matsy) *m.* fish.

मत्स्य-उद्योग (~ - ud dyog) *m.* fishing industry, fishery.

मत्स्यजीवी (~ jee vee) *m.* fisherman.

मत्स्यन्याय (~ nyay) *m.* the law of 'might is right'.

मत्स्यपालन (~ pA lan) *m.* pisciculture.

मत्स्यविज्ञान (~ vig gyAn) *m.* Ichthyology.

मथन (ma than) *m.* churning.

मथना (math nA) *vt.* to churn, to beat to skim; मथ डालना to probe deeply, to make a deep study.

मथानी (ma thA nee) *f.* churn-staft.

मथित (ma thit) *adj.* 1. churned. 2. mixed. 3. probed.

मद (mad) *m.* 1. intoxication. 2. pride, vanity, madness; ~ चूर / भंग करना to smash (someone's) vanity; ~ भरे नयन inviting/alluring eyes.
f. item, head.

मदक (ma dak) *m.* an intoxicant prepared from opium.

मदकची (~ cee) *m.* one addicted to मदक।

मदकाल (mad kAl) *m.* a period of sexual excitement.

मदद (ma dad) *f.* help, aid, assistance; हमने उनकी ~ की और उन्होंने हमारी We helped them and vice versa.

मददगार (~ gAr) *m.* helper.

मदन (ma dan) *m.* Cupid.

मदनोत्सव (ma da not sav) *m.* an ancient festival held in the month of चैत्र and dedicated to the god of love.

मदमत्त (mad matt) *adj.* 1. intoxicated. 2. power-drunk.

मदरसा (ma dar sA) *m.* school.

मदरासी (mad rA see) *adj.* of or pertaining to मद्रास (Madras is a city in South India, now named as Chennai).
m. inhabitant of Madras.
f. language of Madras.

मदहोश (~ hosh) *adj.* heavily intoxicated, dead drunk; ~ कर देना to fuddle.

मदहोशी (~ ho shee) *f.* drunkenness, senselessness (due to intoxication).

मदांध (ma dAndh) *adj.* 1. heavily intoxicated; blind drunk. 2. power-blind, intoxicated with power and pelf.

मदांधता (~ tA) *f.* state or quality of being मदांध।

मदार (ma dAr) *m.* 1. elephant. 2. a plant, also called आक।

मदारी (ma dA ree) *m.* 1. juggler, trickster. 2. showman of animals trained to perform tricks.

मदिर (ma dir) *adj.* intoxicating.

मदिरा (ma di rA) *f.* wine, liquor.

मदिरालय (~ lay) *m.* public drinking house, bar.

मदोन्मत्त (ma don matt) *adj.* 1. drunk, intoxicated. 2. arrogant, power-blind.

मदोन्मत्तता (~ tA) *f.* 1. drunkenness. 2. arrogance.

मद्द (madd) *f.* = मद।

मद्दा (mad dA) *adj.* depressed; ~ बाज़ार dep- ressed market.
m. slump.

मद्धिम (mad dhim) *adj.* moderate, slow.

मद्धे (mad dhe) *adv.* in/to the account of, on behalf of.

मद्य (maddy) *m.* wine, liquor.
मद्यत्याग (~ tyAg) *m.* temperance.
मद्य-निर्माणी (~ - nir mA Nee) *f.* distillery, brewery.
मद्य-निषेध (~ - ni shedh) *m.* the state of being forbidden the manufacture, sale and consumption of alcoholic drinks, prohibition.
मद्यप (mad dyap) *m.* drunkard.
मद्यपान (maddy pAn) *m.* act of drinking alcohol.
मद्यपायी (~ pA ee) *m.* drunkard.
मद्यसार (~ SAr) *m.* alcohol.
मद्यसेवन (~ se van) *m.* alcoholism.
मद्योन्माद (mad dyon mAd) *m.* dipsomania.
मधु (ma dhu) *m.* honey.
मधुऋतु (~ ri tu) *f.* spring (season).
मधुकर (~ kar) *m.* blackbee, mellifer.
मधुकरी (~ ka ree) *f.* cooked articles collected as alms from different houses.
मधुकोश (~ kosh) *m.* honey-comb, beehive.
मधुप (ma dhup) *m.* = मधुकर।
मधुबाला (ma dhu bA lA) *f.* wine-maid, lady wine server.
मधुमक्खी (~ mak khee) *f.* honey-bee.
मधुमक्खी पालन (~ pA lan) *m.* bee keeping; apiculture.
मधुमय (ma dhu may) *adj.* sweet, charming.
मधुमास (~ mAs) *m.* the month which heralds the advent of spring, चैत्र।
मधुमेह (~ meh) *m.* diabetes.
मधुयामिनी (~ yA mi nee) *f.* the first night of newly married couple.
मधुर (ma dhur) *adj.* sweet, pleasant, melodious; ~ भाषी sweet-tongued; ~ मिलन happy union; ~ संबंध cordial relation (s).
मधुरता (~ tA) *f.* 1. sweetness. 2. harmony, gaiety.
मधुरिमा (ma dhu ri mA) *f.* 1. sweetness. 2. charm, comeliness, gracefulness.
मधुवाटिका (~ vA ti kA) *f.* apiary.
मधुशाला (~ shA lA) *f.* public drinking house, bar, pub.
मधुसूदन (~ soo dan) *m.* Lord Vishnu.
मध्य (maddhy) *adj. & m.* middle, mid, central; मई के~ में in mid-May; ~ क्षेत्र midfield.
मध्यकाल (~ kAl) *m.* Middle Age, Medieval Period.
मध्यकालीन (~ kA leen) *adj.* medieval.
मध्यक्रम (~ kram) *m.* middle order.
मध्यपूर्व (~ poorv) *m.* the Middle East.
मध्यपूर्वी (~ poor vee) *adj.* Middle Eastern.
मध्यम (mad dhyam) *adj.* 1. medium. 2. intermediate.
मध्यम पुरुष (~ pu rush) *m.* second person (Gram.).
मध्यमा (maddhy mA) *f.* middle finger.
मध्यमान (~ mAn) *m.* mean, average.
मध्यमार्ग (~ mArg) *m.* middle path/course.
मध्यमार्गी (~ mAr gee) *adj. & m.* steering the middle path, centrist.
मध्ययुग (~ yug) *m.* medieval era/age, middle age.
मध्ययुगीन (~ yu geen) *adj.* medieval.
मध्यरात्रि (~ rAt tri) *f.* midnight.
मध्यवर्ग (~ varg) *m.* middle class, bourgeois.
मध्यवर्गीय (~ var geey) *adj.* pertaining/belonging to the middle class.
मध्यवर्ती (~ var tee) *adj.* 1. middle, central. 2. intermediary.
मध्यस्थ (mad dhyasth) *adj.* situated in the middle, medial, intermediate. *m.* 1. intermediary. 2. mediator.
मध्यस्थता (~ tA) *f.* 1. state or quality of being mediator. 2. mediation.

मध्यांतर (mad dhyAn tar) *m.* interval (of time).

मध्यावकाश (~ dhyA va kAsh) *m.* recess.

मध्याह्न (~ dhyAnh) *m.* the middle of the day, noon, midday; ~ रेखा meridian.

मन:स्थिति (ma naḥ sthi ti) *f.* state of mind; अध्यक्ष ने विरोधपक्ष की ~ भाँपकर सदन को एक मिनट में स्थगित कर दिया The chairman sensig the mood of the opposition adjourned the House within a minute.

मन (man) *m.* 1. Indian weight equal to forty seers, máund, roughly equal to 37 kg. 2. mind; आपके ~ में क्या है What have you is your mind? उसने अपने ~ कीं बातें कह दीं She gave vent to her feelings. 3. heart; ~ अटकना—मन अटका हुआ है My mind is hooked. ~ आना—मेरा उस पर ~ आ गया है I have taken to her; I have taken a fancy for her. ~ उखड़ना—अब मेरा ~ उखड़ गया है I am no more for it now; Now I am fed-up with the matter. ~ उलझना—मेरा ~ उससे उलझ गया है I am infatuated with her. ~ कचोटना pricking of conscience; ~ कड़ा कर लेना—उसने अपना ~ कड़ा कर लिया है He is determined. ~ करना to feel like; ~ का काला black-hearted, malicious; ~ का गुब्बार निकालना to give vent to one's anger; ~ का ग़ोते खाना to be a prey to baseless anxieties; ~ का मीत loved one, beloved; ~ का मैला malicious; ~ का सौदा heart's deal, heart's choice; ~ की आँख inward eye; ~ की गाँठ/घुंडी misgiving; ~ की गाँठ / घुंडी खोल देना to remove or clear off one's misgiving; ~ की तरंग / मौज caprice, fancy; ~ की बात—(i) मेरे ~ की बात हुई This is just what I wanted. (ii) मैंने उससे ~ की बात कह दी I have opened my heart to him. ~ की मन में रह जाना / रहना—मेरे ~ की मन में रह गई My heart's wish remained unfulfilled. ~ की हो जाना—अब तो तुम्हारे ~ की हो गई So this fulfils your wish. ~ के लड्डू खाना to indulge in fanciful thoughts, to build castles in the air; ~ कैसा-कैसा करना—मन कैसा-कैसा कर रहा है I am feeling out of sorts. ~ खट्टा हो जाना to be sore/estranged; ~ ख़राब होना (i) to feel unhappily disturbed; (ii) to be laden with sorrow; ~ चलना (किसी पर) to take to; ~ टटोलना to probe into (someone's) heart; ~ डाँवाँडोल होना to be in two minds; ~ डिगना/डोलना swerving of mind; ~ तोड़ना to break (someone's) heart; ~ न मिलना—उन दोनों के ~ न मिल सके They are poles asunder/apart. ~ नाचने लगना to dance with joy; ~ फट जाना to have a rift/cleavage; ~ फिर जाना to cease liking, to lose interest (in); ~ बढ़ना to be encouraged; ~ बढ़ाना to encourage; ~ बहलाना to cajole/amuse, to recreate; ~ बना लेना to make up one's mind; मैंने ~ बना लिया है कि चिंता नहीं करूँगा I have made up my mind not to worry. ~ बिदक जाना—मेरा ~ बिदक गया My mind got averted. ~ बुझ जाना—मेरा ~ बुझ गया My enthusiasm withered/vanished. ~ बैठ जाना—मेरा ~ बैठ गया My enthusiasm weared out. ~ भटक जाना wandering of the mind; ~ भर जाना (i) to be satiated; (ii) to be fed-up; ~ (को) भा जाना—वह मेरे ~ भा गया I have taken a fancy for him. ~ भारी हो जाना to have a heavy heart; ~ मसोसकर रह जाना to suffer anguish of disappointment; ~ मारना to suppress one's desires, to deny oneself; ~ मिलना to have a feeling of oneness with; ~ मिले का मेला Blen- ding of hearts is a festival. ~ मुरझाना—मेरा ~ मुरझा गया My heart lost all its glee. ~ में आना to occur to (one's) mind; ~ में गाँठ पड़ना to have a feeling of estrangement; ~ में चोर बैठा होना to have a lurking suspicion; ~ में जमना to be firmly noted in the heart; ~ में ठानना to resolve firmly, to determine; ~ में बसना to dwell in the heart; ~ में बैठना to be embedded in the heart; ~ में बैठा देना to impress solemnly, to inculcate; ~ में बैठा लेना to keep firmly/steadfastly in the mind; ~ में मैल आना to have ill-will (towards some-one); ~ में मैल रखना to bear malice; ~ में रखना to bear or keep in mind; ~ रखना (i) to offer something by way of consolation; (ii) to accede to a request by way of appeasement; ~ रमना joyously to feel at home; ~ लगना—(i) मेरा ~ वहाँ नहीं लगता I don't feel at home there; (ii) बच्चे अभी तक नहीं आए, मेरा ~ उनमें लगा है The children have not yet turned up; I am thinking of them all the time. ~ लगाना—~ लगाकर काम करो Put your heart into the work. ~ से उतर जाना (i) to go off one's mind; यह बात मेरे ~ से उतर गई It went out of my mind. (ii) to go down in one's estimation; ~ हरा होना—मेरा ~ हरा हो गया I cheered up. ~ हलका होना to feel light; ~ ही ~ (में)—मैं ~ ही मन हँस पड़ा I laughed to myself. ~ होना—~ हो तो आना If you feel like coming, do come; Come if you feel inclined. [For other idioms see under दिल]

मनका (~ kA) *m.* 1. bead. 2. rosary.

मनगढ़ंत (~ ga Rhant) *adj.* fictitious, concocted, fabricated; ~ कहानी concocted story.

मनचला (~ ca lA) *adj.* flirtatious.

मनचाहा (~ cA hA) *adj.* longed/wished/cherished for.

मनचीता (~ cee tA) *adj.* = मनचाहा।

मनन (ma nan) *m.* reflection, meditation.

मननशील (~ sheel) *adj.* of reflective/meditative, temperament.

मनपसंद (man pa sand) *adj.* to one's liking.

मनबहलाव (~ bah lAw) *m.* 1. amusement, merriment, recreation. 2. diversion, distraction.

मनभाया (~ bhA yA) *adj.* after (one's) heart, gratifying, pleasing, agreeable.

मनमाना (~ mA nA) *adj.* arbitrary, spontaneous, according to one's own free-will; ~ आचरण arbitrary conduct.

मनमानी (~ mA nee) *f.* arbitrary conduct, arbitrariness, entirely voluntary.

मन-मुटाव (~ - mu TAW) *m.* estrangement, strained relations.

मनमोदक (~ mo dak) *m.* day-dreaming, wishful thinking.

मनमोहन (~ mo han) *m.* charm personified, Lord Krishna.

मनमौजी (~ mau jee) *adj.* temperamental, capricious, fantastical.

मनमौजीपन (~ pan) *m.* capriciousness.

मनवांछित (man vAn chit) *adj.* = मनोवांछित।

मनवाना (~ vA ṅA) *vt.* causative of मनाना; बात मनवा लेना (somehow) to bring round.

मनशा (~ shA) *f.* = मंशा।

मनश्चिकित्सा (ma nash ci kit sA) *f.* psychotherapy.

मनसबदार (man sab dAr) *m.* = मंसबदार।

मनसा (~ sA) *adv.* mentally; ~ वाचा कर्मणा mentally, vocally and through deeds.

मनसाराम (~ rAm) *m.* a form of addressing one's ownself.

मनसिज (man sij) *m.* name of कामदेव।

मनसूख़ (~ sooKh) *adj.* cancelled, revoked; ~ कर देना to cancel or revoke.

मनसूख़ी (~ soo Khee) *f.* cancellation, revocation.

मनसूबा (~ soo bA) *m.* plan, design; ~ बाँधना to make a plan.

मनस्तत्त्व (ma nas tattw) *m.* psychic element.

मनस्ताप (~ tAp) *m.* remorse, mental agony, sorrow.

मनस्तोष (~ tosh) *m.* mental satisfaction.

मनस्वी (~ swee) *adj.* determined to achieve an object, strong willed. [Fem. मनस्विनी]

मनहर (man har) *adj.* = मनहरण।

मनहरण (~ ha raN) *adj.* lovely, extremely attractive, marvellous.

मनहूस (~ hoos) *adj.* 1. ominous, inauspicious. 2. gloomy. 3. abominable. *m.* hoodoo.

मनहूसी (~ hoo see) *f.* 1. ominousness, inauspiciousness. 2. gloominess.

मना (ma nA) *adj.* prohibited, forbidden; ~ करना to forbid.

मनाई (~ ee) *f.* forbiddance.

मनाना (~ nA) *vt.* 1. to persuade, to bring round; मना लेना to win over. 2. to carry out, to perform; जशन / रंगरेलियाँ ~ to make merry; मातम / शोक~ to mourn; ख़ैर ~ — अपनी ख़ैर मनाओ Pray for your own self. सगुन ~ to perform such an act for someone's welfare.

मनाही (ma nA hee) *f.* forbiddance, prohibition.

मनिया (ma ni yA) *f.* glass bead.

मनिहार (ma ni hAr) *m.* bangle-seller.

मनिहारिन (ma ni hA rin) *f.* (fem. of मनिहार) woman bangle-seller.

मनीआर्डर (ma nee Ar Dar) *m.* money order.

मनीबैग (~ baig) *m.* money bag.

मनीषा (~ shA) *f.* 1. mental faculty, intellect. 2. wisdom.

मनीषी (~ shee) *m.* 1. a profound thinker. 2. wise man, scholar.

मनु (ma nu) *m.* Manu, the progenitor of the human race.

मनुज (ma nuj) *m.* man, offspring of Manu.

मनुजाद (ma nu jAd) *adj.* cannibal.

मनुष्य (ma nush shy) *m.* man, human.

मनुष्य जाति (~ jA ti) *f.* mankind, human race.

मनुष्यता (~ tA) *f.* 1. the quality of being human, humanity. 2. human race.

मनुष्यत्व (ma nush shyattw) *m.* humanity.

मनुष्य-निर्मित (ma nushshy-nir mit) *adj.* man-made.

मनुष्यभक्षी (~ bhak shee) *adj.* cannibal.

मनुष्योचित (ma nush shyo cit) *adj.* fit or suitable for people, humane.

मनुहार (ma nu hAr) *f.* appeasement; ~ नीति policy of appeasement.

मनुहारना (~ nA) *vt.* to appease.

मनोकामना (ma no kAm nA) *f.* longing, desire.

मनोगत (~ gat) *m.* idea.

मनोगति (~ ga ti) *f.* tendency of the mind.

मनोग्रंथि (~ gran thi) *f.* (mental) complex.

मनोदशा (~ d̃a shA) *f.* condition of the mind.

मनोनयन (~ na yan) *m.* nomination; ~ करना to nominate; ~ प्राप्त करना to secure nomination.

मनोनिग्रह (~ nig grah) *m.* self-control.

मनोनियोग (~ ni yog) *m.* application of mind, attention.

मनोनीत (~ neet) *adj.* nominated; ~ करना to nominate.

मनोबल (~ bal) *m.* morale, tempo; ~ गिराना/गिरा देना to demoralize/downcast; ~ टूट जाना to be demoralized.

मनोभाव (~ bhAv) *m.* mentality.

मनोभावना (~ bhav nA) *f.* sentiment.

मनोमय (ma no may) *adj.* mental.

मनोमालिन्य (~ ma linny) *m.* antagonism, estrangement, alienation.

मनोयोग (~ yog) *m.* single-mindedness.

मनोरंजक (~ ran jak) *adj.* recreative, amusing, entertaining.

मनोरंजकता (~ ran jak tA) *f.* state or quality of being मनोरंजक।

मनोरंजन (~ ran jan) *m.* entertainment, recreation, amusement; ~ कर entertainment tax.

मनोरथ (~ rath) *m.* long cherished desire; ~ सिद्ध होना fulfilment of a longing.

मनोरम (~ ram) *adj.* charming, lovely, comely, attractive.

मनोरमता (~ ram tA) *f.* charm, loveliness, come-liness, fascination.

मनोराग (~ rAg) *m.* a set of idea (in the mind) on which someone harps, mind set; सरकार को पाकिस्तानी ~ का ज्ञान होना चाहिए था The mind set of Pakistan should have been known to the government.

मनोराज्य (~ rajjy) *m.* world of fancy.

मनोरोग (~ rog) *m.* mental disease, psychopathy.

मनोरोगी (~ ro gee) *m.* mental patient, phychopath.

मनोलीला (~ lee lA) *f.* phantom.

मनोवांछा (~ vAn chA) *f.* cherished desire, longing.

मनोवांछित (~ van chit) *adj.* longed for, aspired after.

मनोविकार (~ vi kAr) *m.* 1. emotion, passion. 2. psychopathy, mental disorder.

मनोविकृति (~ vik kri ti) *f.* mental aberration, psychosis.

मनोविज्ञान (~ vig gyAn) *m.* Psychology.

मनोविनोद (~ vi nod) *m.* amusement, recreation, merriment.

मनोविलास (~ vi lAs) *m.* merriment.

मनोविश्लेषण (~ vish le shaN) *m.* psychoanalysis.

मनोवृत्ति (~ vrit ti) *f.* mentality, disposition.

मनोवेग (~ veg) *m.* impulse.

मनोवैज्ञानिक (~ vaig gyA nik) *adj.* psychological; ~ समस्या psychological problem.

m. psychologist.

मनोव्यथा (~ vya thA) *f.* mental agony.

मनोव्याधि (~ vyA dhi) *f.* = मनोरोग।

मनोव्यापार (~ vya pAr) *m.* activity of mind, thought, conception.

मनोहर (~ har) *adj.* attractive, alluring, charming.

मनोहरता (~ har tA) *f.* attractiveness of features, comeliness.

मनोहारी (~ hA ree) *adj.* = मनोहर।

मनौअल (ma nau al) *f.* appeasement.

मनौती (ma nau tee) *f.* vow of offering (to a deity); ~ मानना to take such a vow.

मन्नत (man nat) *f.* = मनौती।

मन्वंतर (~ van tar) *m.* tenure of Manu (in Puranas).

मम (mam) *pron.* my, mine, of me.

ममता (~ tA) *f.* parental/filial affection; ~ दिखाना to behave affectionately.

ममत्व (ma mattw) *m.* = ममता।

ममी (ma mee) *f.* 1. mummy, preserved corpse. 2. mother.

ममेरा (ma me rA) *adj.* of or pertaining to the maternal uncle; ~ भाई cousin.

मयंक (ma yaṅk) *m.* moon.

मय (may) *suffix.* denoting fulness, *e.g.* आनन्दमय blissful.

मयस्सर (ma yas sar) *adj.* available; रोटी भी ~ नहीं Even sustenance is not available.

मयूख (ma yookh) *m.* beam, ray, flame.

मयूर (ma yoor) *m.* peacock.

मयूरी (ma yoo ree) *f.* fem. of मूयर; she-peacock/peahen.

मरक (ma rak) *m.* epidemic.

मरकज़ (mar kaz) *m.* centre.

मरकज़ी (~ ka zee) *adj.* central; ~ हुकूमत central government.

मरकटहा (~ kaT hA) *adj.* gaunt, lean, emaciated.

मरकत (~ kat) *m.* emerald.

मरकहा (~ ka hA) *adj.* prone to attack (usually with horns).

मरखना (~ kha nA) *adj.* prone to hit (animal).

मरघट (~ ghaT) *m.* cremation ground; ~ की शांति peace of the grave.

मरज़ (ma raz) *m.* ailment, disease.

मरज़ी (mar zee) *f.* 1. wish. 2. consent.

मरण (ma raN) *m.* death; ~ कष्ट agony of death.

मरणांतक (ma ra NAn tak) *adj.* resulting/ending in death, fatal.

मरणासन्न (~ nA sann) *adj.* (one) on the point of death, dying, moribund.

मरणोत्तर (~ Not tar) *adj.* posthumous.

मरणोन्मुख (~ Non mukh) *adj.* dying, facing death, heading towards death/end.

मरणोपरांत (~ Nop rAnt) *adj.* posthumous, after death.

मरतबा (mar ta bA) *m.* post, rank, status. *f.* time; दूसरी ~ second time.

मरतबान (~ ta bAn) *m.* jar.

मरता (~ tA) *adj.* on the verge of death, dying; मरते को मारना to whip a dead horse; मरते-गिरते somehow or the other; मरते दम तक till the very last breath; मरते-मरते even at the last moment; वह मरते-मरते बचा He had a narrow escape from death. मरते समय at the time of death.

मरदना (ma rad nA) *vt.* 1. to crush, to trample upon. 2. to knead.

मरदानगी (mar dAn gee) *f.* bravery, masculinity.

मरदाना (~dA nA) *adj.* manly, brave; मरदानी औरत masculine/manly woman.

मरदानापन (~ pan) *m.* masculinity.

मरदूद (~ dood) *adj.* 1. condemned. 2. contemptible.

मरन (ma ran) *m.* = मरण; अपना तो ~ हो गया I am completely undone.

मरना (mar nA) *vi.* 1. to die; उसे भी एक दिन ~ होगा क्योंकि सभी लोग मरते हैं He must die some day for all men are mortal. उसे मरने नहीं दूँगा I can't let him die. जब वह मरा उसकी उम्र सिर्फ 32 वर्ष थी He was only 32 when he died. मर जाना to expire; भूखों ~ to starve, to die of starvation. 2. to sacrifice (oneself); देश पर ~ to sacrifice (oneself) for one's country; मर खप जाना to be dead and gone; मरते दम तक till last breath; मरने तक की छुट्टी न होना / मिलना not to have a moment's respite; मरे जाना to be unduly infatuated; मर-मरकर by taking extreme pains, with great difficulty; मर मिटना to suffer effacement, even death; पानी ~ to be (said of water) absorbed; यहीं उसका पानी मरता है It is here that his weakness lies. ~ - मारना to fight to a finish. 3. to long keenly; मरे जाना to show unreasonable eagerness; वह जाने के लिए मरा जा रहा है He is dying to go.

मरना-खपना (~ - khap nA) *vi.;* मर-खपकर after taking great pains, after a good many difficulties.

मरना-जीना (~ - jee na) *m.* birth and death, coming to and leaving this world; ~ तो लगा ही रहता है Life and death are a common place occurrence.

मरनी (mar nee) *f.* death.

मरनी-करनी (~ - kar nee) *f.* obsequies, funeral rites.

र-भुक्खा (mar - bhuk khA) *adj.* 1. famished with hunger. 2. indigent, ravenous, furiously voracious.

रमर (~ mar) *m.* marble.

रमरा (~ ma rA) *adj.* brittle.

रम्मत (ma ram mat) *f.* 1. repair, mending; सड़क की ~ हो रही है The road is under repair. मेरी कार की ~ हो रही है My car is being repaired. इस मकान की ~ होना मुश्किल है The house is beyond repair. ~ करना to repair; ~ करनेवाला repairer. 2. thrashing; ~ करना to give a thrashing.

रम्मत-कराई (~ - ka rA ee) *f.* 1. the act of repairing. 2. charges for repairing something; इस कुर्सी की ~ क्या लोगे What would it cost to have this chair repaired?

रम्मत-तलब (~ - ta lab) requiring repairs.

रम्मती (ma ram ma tee) *adj.* (things) for being repaired, or needing repairs.

रसिया (mar si yA) *m.* elegy, song of lamentation.

रहम (~ ham) *m.* = मलहम (ointment).

रहमपट्टी (~ - paT Tee) *f.* dressing, bandaging.

रहला (mar ha la) *m.* (intricate) problem.

रहूम (~ hoom) *adj.* late, deceased; ~ पिता late father.

राठा (ma rA ThA) *adj.* of or belonging to Maharshtra.

m. inhabitant of Maharashtra.

राठी (ma rA Thee) *f.* the language of Mah- arashtra.

रातिब (ma rA tib) *f.* storey (of a building).

राल (ma rAl) *m.* swan.

रिच (ma ric) *f.* = मिर्च।

रियम (ma ri yam) *f.* Mary, mother of Christ.

मरियल (ma ri yal) *adj.* gaunt, lean, emaciated, rickety, sickly; ~ टट्टू (i) rickety horse; (ii) sickly and feeble man.

मरी (ma ree) *f.* epidemic (resulting in many fatalities).

मरीचिका (~ ci kA) *f.* 1. mirage. 2. ill- usion.

मरीचिमाली (~ ci mA lee) *m.* Sun.

मरीची (~ cee) *m.* Sun.

मरीज़ (ma reez) *m.* patient; दिल का ~ heart patient.

मरु (ma ru) *m.* desert, barren land.

मरुद्यान (ma rud dyAn) *m.* oasis.

मरुद्वीप (ma rud dweep) *m.* oasis.

मरुभूमि (~ bhoo mi) *f.* dersert land.

मरुस्थल (ma rus thal) *m.* desert land.

मरोड़ (ma roR) *m.* twist, contortion; ~ पड़ना to have pangs of contortion.

मरोड़ना (~ nA) *vt.* to twist/contort/wring; हाथ ~ to twist (someone's) hand; बात तोड़-मरोड़ देना to distort something said, to garble.

मरोड़ी (ma ro Ree) *f.* prickly heat.

मर्कट (mar kaT) *m.* monkey.

मर्ज़ (marz) *m.* ailment, disease.

मर्ज़ी (mar zee) *f.* wish, desire, will, pleasure; ~ से voluntarily, to one's own will.

मर्तबान (mart bAn) *m.* = मरतबान।

मर्त्य (marty) *adj.* mortal.

m. 1. man. 2. body.

मर्त्यता (~ tA) *f.* mortality.

मर्त्यलोक (~ lok) *m.* the world of mortality, mortal world, the earthly world.

मर्द (mard) *m.* man; ~ - आदमी he-man, tough guy; ~ औरत he-woman, masculine woman; ~ बच्चा dauntless man.

मर्दन (mar dan) *m.* 1. massaging, rubbing vigorously. 2. crushing/trampling.

मर्दानगी (~ dAn gee) *f.* masculinity.

मर्दाना (~ dA nA) *adj.* = मरदाना।
मर्दानापन (~ pan) *m.* masculinity.
मर्दित (mar dit) *adj.* of मर्दन।
मर्दुमशुमारी (~ dum shu mA ree) *f.* census.
मर्म (marm) *m.* 1. quintessence; essential meaning, secret; ~ जानना to know the quintessence; ~ पर चोट करना to strike at the vital point. 2. vital organ.
मर्मज्ञ (mar maggy) *m.* one who knows the quintessence of things, connoisseur.
मर्मप्रहार (~ pra hAr) *m.* blow at the vitals.
मर्मभेदी (~ bhe dee) *adj.* heart-rending.
मर्मर (mar mar) *m.* 1. marble. 2. rustling sound.
मर्मवेदना (marm ve da nA) *f.* deep anguish.
मर्मव्यथा (~ vya thA) *f.* agony in the vitals.
मर्मस्थल (~ sthal, mar mas thal) *m.* 1. vital spot. 2. vulnerable point.
मर्मस्पर्शी (~ spar shee, mar mas par shee) *adj.* touching, moving.
मर्मांतक (mar mAn tak) *adj.* poignant, (that) which penetrates the inner recesses of the heart.
मर्माहत (~ mA hat) *adj.* hit in the vitals.
मर्मी (~ mee) *adj.* (one) who knows someone's secret.
मर्यादा (~ yA dA) *f.* 1. limit, boundary line; समुद्र अपनी ~ नहीं छोड़ता The sea does not transgress its limit. 2. ethical propriety, decorum, status, dignity; कुछ सदस्यों ने विपक्ष को सदन में ~ बनाए रखने के लिए कहा Some of the members urged the opposition to maintain decorum in the house. ~ का उल्लंघन transgression of limits of propriety.
मर्यादापूर्ण (~ poorN) *adj.* decorous.
मर्यादित (mar yA dit) *adj.* 1. limited. 2. limited/restricted by propriety; ~ आचरण dec- orous behaviour/conduct.

मर्हूम (~ hoom) *adj.* deceased, late.
मलंग (ma lang) *m.* carefree person.
मल (mal) *m.* 1. filth, waste matter. 2. faec matter, excrement; ~ परीक्षा stool exam ination.
मलकीट (~ keet) *m.* worm found in faec matter.
मलत्याग (~ tyAg) *m.* defecation; ~ करना discharge waste matter from the boc to defecate.
मलद्वार (~ dwAr) *m.* anus.
मलना (mal nA) *vt.* 1. to rub; आँखें ~ to r the eyes. 2. to massage; तेल ~ massage with oil; कान ~ to twist t ears; बरतन ~ to cleanse utensils; ह मलते रह जाना to feel baulked.
मलबा (~ bA) *m.* 1. debris from a ruin building, rubble; ~ अभी हटाया जाने है The debris is yet to be cleared. मक का ~ debris of house. 2. wreckag जहाज़ का ~ wreckage of a ship.
मलमल (~ mal) *f.* a fine cotton cloth, musl
मलमास (~ mAs) *m.* intercalary month.
मलमूत्र (~ moottr) *m.* excreta (excreme and urine); ~ उठाना to render scave ging services (with parental affectio
मलय (ma lay) *m.* a region in South Ind famous for sandal-wood trees.
adj. pertaining to the above regio ~ समीर air current emanating fro मलय mountain.
मलयज (mal yaj) *m.* sandal.
मलयालम (~ yA lam) *f.* 1. a religion of Ker state in South India. 2. language of t above region.
मलयाली (~ yA lee) *adj.* of or pertaining Malyalam.
मलवाना (~ vA nA) *vt.* causative of मलन
मलहम (~ ham) *m.* ointment.

मलहम-पट्टी (~ - paT Tee) *f.* dressing; ~ करना to dress (a wound).

मलाई (ma lA ee) *f.* 1. cream, fatty part of milk; ~ की बर्फ़ ice-cream. 2. the creamy portion.

मलाट (ma lAT) *m.* coarse thick packing paper.

मलामत (ma lA mat) *f.* reproof; लानत - reprimand and reproof.

मलाया (ma lA yA) *m.* a peninsula in south-east Asia.

मलाल (ma lAl) *m.* bitter regret, anguish, remorse, compunction; ~ रह जाना / होना to feel anguished.

मलावरोध (ma lA va rodh) *m.* constipation, clogging of intestines.

मलाशय (ma lA shay) *m.* rectum.

मलिक (ma lik) *m.* king, lord. [Fem. मलिका]

मलिका (ma li kA) *f.* queen.

मलिन (ma lin) *adj.* 1. unclean, dirty, filthy; ~ बस्ती slum. 2. sad; ~ चित्र dark picture; ~ मुख gloomy/long face.

मलिनता (~ tA) *f.* uncleanliness, dirtiness; मन की ~ blackheartedness.

मलीदा (ma lee dA) *m.* 1. a sweet dish made usually of flour, rich in ghee; ~ कर देना/निकाल देना to reduce to pulp. 2. a soft woollen cloth.

मलेरिया (ma le ri yA) *m.* malaria; ~ ज्वर malarial fever.

मल्ल (mall) *m.* wrestler, athlete.

मल्लभूमि (~ bhoo mi) *f.* wrestling arena.

मल्लयुद्ध (~ yuddh) *m.* wrestling bout.

मल्लविद्या (~ vid dyA) *f.* art of wrestling.

मल्लशाला (~ shA lA) *f.* wrestling arena.

मल्लाह (mal lAh) *m.* boatman.

मल्लाही (~ lA hee) *f.* boatmanship.

मल्लिका (~ li kA) *f.* a fragrant flower.

मल्हार (~ lhAr) *m.* an Indian melody sung during the rainy season.

मवक्किल (ma vak kil) *m.* client.

मवाद (ma vAd) *m.* pus; ~ निकलना emission of pus; ~ पड़ जाना formation of pus.

मवेशी (ma ve shee) *m.* cattle.

मवेशीख़ाना (~ KhA nA) *m.* cattle pen/pound.

मशक (ma shak) *f.* big leathern water bag. *m.* mosquito, gnat.

मशक़्क़त (ma shaK Kat) *f.* toil, hard labour; ~ की कमाई hard-earned money.

मशक़्क़ती (ma shaK Ka tee) *adj.* hardworking.

मशग़ूल (mash Gool) *adj.* occupied, busy, engaged.

मशरिक़ (~ riK) *m.* east.

मशरिक़ी (~ ri Kee) *adj.* eastern.

मशविरा (~ vi rA) *m.* counsel, advice; सलाह ~ consultation.

मशहूर (~ hoor) *adj.* famous; ~ करना to give a name; ~ गुंडा notorious hooligan.

मशहूरी (~ hoo ree) *f.* fame.

मशान (ma shAn) *m.* = श्मशान।

मशाल (ma shAl) *f.* torch; ~ जलूस torch procession; ~ लेकर ढूँढ़ना to seek with a searchlight.

मशालची (~ cee) *m.* torch-bearer.

मशीन (ma sheen) *f.* machine; ~ खड़ी करना to erect a machine; ~ ठप हो जाना stoppage of a machine.

मशीनगन (~ gan) *m.* machine-gun.

मशीनमैन (~ main) *m.* machine-man.

मशीनरी (ma shee na ree) *m.* 1. machinery. 2. mechanism.

मश्क़ (mashK) *f.* practice, exercise.

मस (mas) *f.* the soft hair on the top lip, the beginning of moustaches; मसें भींजना coming up of moustaches.
adj. टस से ~ न होना not to budge at all.

मसक (ma sak) *m.* = मशक (mosquito).

मसकना (~ nA) *vi.* to give way (said of cloth).

मसका (mas kA) *m.* butter; ~ लगाना to flatter/butter.

मसकाना (~ nA) *vt.* to tear, to separate, to split.

मसख़रा (mas Kha rA) *adj.* given to jesting. *m.* jester, buffoon.

मसख़रापन (~ pan) *m.* jesting.

मसख़री (mas Kha ree) *f.* 1. jesting. 2. jestful remark; ~ सूझना to hit upon a jest/joke.

मसजिद (~ jid) *f.* mosque.

मसनद (~ nad) *f.* roundish pillow for reclining and/or cushioned seat.

मसनूई (~ noo ee) *adj.* 1. artificial. 2. false.

मसरफ़ (~ raF) *m.* purpose; किसी ~ का न होना (object) to be totally useless, (person) to be good for nothing.

मसरूफ़ (~ rooF) *adj.* occupied, busy.

मसल (ma sal) *f.* maxim, proverb; ~ मशहूर है कि ... As the saying goes.

मसलन (mas lan) *conj.* for instance/example.

मसलना (ma sal nA) *vt.* to press with great force; मसल डालना / देना to crush.

मसला (mas lA) *m.* problem, issue; ~ हल करना to solve a problem.

मसहरी (ma sah ree) *f.* 1. large bed. 2. mosquito net.

मसा (ma sA) *m.* wart.

मसान (ma sAn) *m.* = श्मशान (cremation ground).

मसाना (ma sA nA) *m.* urinary bladder.

मसाला (ma sA lA) *m.* 1. condiment, spice. 2. something requisite, material, matter; पढ़ने का मसाला reading matter.

मसालेदार (ma sA le dAr) *adj.* 1. spiced. 2. exciting or interesting, spicy; ~ कहानी spicy story.

मसि (ma si) *f.* ink.

मसिजीवी (~ jee vee) *m.* writer.

मसीह (ma seeh) *m.* Christ.

मसीहा (ma see hA) *m.* messiah, angel.

मसूड़ा (ma soo RA) *m.* the gums.

मसूर (ma soor) *m.* lentil.

मसूरिका (ma soo ri kA) *f.* measles, chickenpox.

मसोसना (ma sos nA) *vi.* दिल मसोसकर रह जाना to feel woefully frustrated/helpless.

मसौदा (ma sau dA) *m.* draft, written preliminary sketch.

मस्जिद (mas jid) *f.* = मसजिद।

मस्त (mast) *adj.* 1. carefree; अपने में ~ self-contained; ~ रहना to be joyous and carefree. 2. engrossed in; पढ़ने में ~ lost in study. 3. intoxicated.

मस्तक (mas tak) *m.* 1. forehead; ~ ऊँचा होना to hold one's head high; ~ झुकाना / नवाना to bow; ~ नीचा होना to be lowered in esteem. 2. head, summit.

मस्तमौला (mast mau lA) *adj.* happy-go-lucky, easy-going.

मस्तराम (~ rAm) *m.* devil-may-care.

मस्ताना (mas tA nA) *adj.* easy-going, unworrying, happy-go-lucky, *vi.* 1. to be intoxicated/inebriated. 2. to be in heat.

मस्तिष्क (~ tishk) *m.* brain; ~ खुला रखना to keep an open mind.

मस्ती (~ tee) *f.* 1. state of being self-contained. 2. gaiety. 3. inebriety, inebriation; ~ आना = ~ चढ़ना; ~ उतरना—उसकी मस्ती उतर चुकी थी His gaiety had departed. ~ छाना to be at the height of gaiety; ~ झाड़ना to talk tall. ~ मत झाड़ो Don't you talk tall. ~ झाड़ देना to cut down to size; तुम्हारी ~ झाड़ दूँगा I will cut you down to size. ~ में in a cheerful mood; आज सुबह वह ~ में था He was quite frisky this morning. ~ में आना to behave in a cheerful way; ~ लेना to take life easy.

मस्तूल (~ tool) *m.* mast.

मस्सा (~ SA) *m.* wart, mole.

महँगा (ma hã gA) *adj.* dear, expensive, costly; केले बहुत महँगे हैं Bananas are very dear. यह ~ सौदा है It will cost a good deal of money/It is an expensive deal. ~ पड़ना to cost much; उन्हें मंत्री का पद ~ पड़ा The ministership has cost him much.

महँगाई (~ ee) *f.* dearness.

महँगाई-भत्ता (~ - bhat tA) *m.* dearness allowance.

महँगी (ma hã gee) *adj.* fem. of महँगा। *f.* dearness, costliness.

महंत (ma hant) *m.* high priest.

महंती (ma han tee) *f.* priesthood.

महक (ma hak) *f.* smell.

महकदार (~ hak dAr) *adj.* (sweet) smelling, fragrant.

महकमा (ma hak mA) *m.* department.

महकीला (mah kee lA) *adj.* smelling.

महज़ (ma haz) *adv.* 1. only. 2. sheer; यह तो ~ पागलपन है This is sheer madness.

महत, महत् (ma hat) *adj.* great, excellent, eminent.

महताब (mah tAb) *m.* moon.

महताबी (~ tA bee) *f.* a torch-like rocket (fireworks).

महतारी (~ tA ree) *f.* mother.

महती (~ tee) *adj.* fem. form of महत् great, big; ~ कृपा height of kindness; ~ सभा huge concourse.

महतो (~ to) *m.* headman.

महत्तम (ma hat tam) *adj.* greatest.

महत्तर (ma hat tar) *adj.* greater.

महत्ता (ma hat tA) *f.* greatness; ~ समझना to realize the greatness.

महत्त्व (ma hattw) *m.* importance, significance; ~ देना to attach importance; वह ईमानदारी को सब गुणों से अधिक ~ देता है He prizes honesty above all other human qualities.

महत्त्वपूर्ण (~ poorN) *adj.* important, significant, key, vital; परिवार का ~ सदस्य vital member of the family; ~ बात यह है कि significantly.

महत्त्वाकांक्षा (ma hat twA kAṅ kshA) *f.* ambition, aspiration.

महत्त्वाकांक्षी (~ kAṅ kshee) *adj.* ambitious.

महनीय (mah neey) *adj.* 1. great. 2. adorable, respectable, noble.

महफ़िल (mah Fil) *f.* recreational assemblage; ~ उखड़ना breaking up of a महफ़िल; ~ उखाड़ना to undo the show; ~ गरम थी The महफ़िल was in full momentum/swing. ~ जमना—महफ़िल जमी थी The महफ़िल was in full swing. ~ जमाना to give a pick-up to the show.

महफ़ूज़ (~ FOOZ) *adj.* 1. safe. 2. protected.

महबूब (~ boob) *m.* one's beloved. [Fem. महबूबा]

महबूबा (~ boo bA) *f.* fem. of महबूब, beloved (woman).

महरा (~ rA) *m.* servant who performs household chores.

महरूम (~ room) *adj.* deprived.

महर्षि (ma har shi) *m.* sage.

महल (ma hal) *m.* palace, mansion, edifice.

महला (mah lA) *m.* storey.

महल्ला (ma hal lA) *m.* ~ - टोला = मुहल्ला।

महसूल (mah sool) *m.* freight.

महसूस (~ soos) *adj.* felt, experienced; ~ करना—(i) to feel; बात यह है कि तुम क्या ~

करते हो What matters is what you feel? मैं हरारत ~ कर रहा हूँ I feel feverish. (ii) to realize; वह अपनी ग़लती ~ करता है He realises his mistake.

महा (ma hA) *adj.* great, large, big; ~ मूर्ख big fool.

महाकवि (~ ka vi) *m.* greatest among the poets.

महाकाय (~ kAy) *adj.* gigantic.

महाकाल (~ kAl) *m.* 1. great destroyer. 2. time eternal.

महाकाली (~ kA lee) *f.* goddess Durga in the form of a destroyer.

महाकाव्य (~ kAvvy) *m.* epic.

महाजन (~ jan) *m.* 1. high personage, great man. 2. a person whose business is money lending, moneylender, banker.

महाजनी (~ ja nee) *adj.* pertaining to money-lender.

f. 1. money-lending business. 2. accountancy, banking. 3. script used by moneylenders.

महाजाल (~ jAl) *m.* 1. large net. 2. big trap.

महात्मा (ma hAt mA) *m.* high-souled personage, saint.

महादेव (ma hA dev) *m.* Lord Shiva.

महादेवी (~ de vee) *f.* goddess Parvati, wife of Lord Shiva.

महाद्वीप (~ dweep) *m.* continent.

महाद्वीपीय (~ dwee peey) *adj.* continental.

महाधिवक्ता (~ dhi vak tA) *m.* Advocate General.

महान, महान् (ma hAn) *adj.* great, eminent; ~ अवसर great occasion; ~ देश great country; ~ विद्वान् eminent scholar; ~ सफलता resounding success.

महानगर (ma hA na gar) *m.* metropolis.

महानगरीय (~ naga reey) *adj.* metropolitan.

महानिद्रा (~ nid drA) *f.* Sleep Eternal.

महानुभाव (~ nu bhAv) *m.* person of high and noble ideas, a highly respected person, illustrious, magnanimous.

महान्यायवादी (~ nyAy vA dee) *m.* Attorney General.

महापराध (~ pa rAdh) *m.* felony.

महापातक (~ pA tak) *m.* great sin, atrocious offence.

महापातकी (~ pA ta kee) *m.* great sinner, heinous offender.

महापात्र (~ pAttr) *m.* = महाब्राह्मण।

महापाप (~ pAp) *m.* great sin.

महापापी (~ pA pee) *m.* great sinner.

महापुरुष (~ pu rush) *m.* great man, dignitary.

महाप्रयाण (~ pra yAn) *m.* life's journey's end.

महाप्राण (~ prAn) *adj.* & *m.* 1. aspirate. (Gram.) 2. noble soul.

महाबली (~ ba lee) *adj.* mighty, exceedingly powerful.

महाबाहु (~ bA hu) *adj.* valorous.

महाब्राह्मण (~ brAh man) *m.* a Brahman who conducts funeral obsequies (for payment).

महाभाग (~ bhAg) *m.* one whose luck is in, lucky person, happy.

महाभारत (~ bhA rat) *m.* 1. one of the two great epics of India. 2. the war described therein. 3. a big fight, a great struggle.

महाभाष्य (~ bhAshshy) *m.* master commentary.

महामंडल (~ man dal) *m.* big division.

महामंत्र (~ mantr) *m.* top secret of success.

महामंत्री (~ man tree) *m.* general secretary.

महामना (~ ma nA) *adj.* high-minded, noble.

ामहिम (~ ma him) *m.* His Excellency.

ामहोपाध्याय (~ ma ho pAd dhyAy) *m.* a title given by government for great scholarship/academic distinction.

ामात्य (~ mAtty) *m.* Prime Minister.

ामान्य (~ mAnny) *adj.* Right Honourable.

ामाया (~ mA yA) *f.* Illusion Supreme.

ामारी (~ mA ree) *f.* pestilence, epidemic.

ामुनि (~ mu ni) *m.* great sage.

ायुद्ध (~ yuddh) *m.* great war.

ारत (~ rat) *f.* skill obtained by training or practice; ~ हासिल होना to have a well-practised hand.

ारथी (~ ra thee) *m.* the great warrior.

ाराज (~ rAj) *m.* 1. emperor (fem. महाराज्ञी, महारानी); हे महाराज Your Majesty, Your Highness. 2. cook. [Fem. महाराजिन]

ाराजा (~ rA jA) *m.* king of kings, emperor.

ाराजाधिराज (~ dhi rAj) *m.* Emperor, the Great.

ाराज्ञी (mahA rAg gyee) *f.* fem. of महाराज।

ाराणा (~ rA NA) *m.* a title of rulers of some states in India.

ारानी (~ rA nee) *f.* 1. the wife of an emperor. 2. a woman emperor, empress.

ाराष्ट्र (~ rAshTr) *m.* a state in South-West India.

ाराष्ट्रीय (~ rAsh Treey) *adj.* of or pertaining to महाराष्ट्र।

ारोग (~ rog) *m.* incurable and frightful disease.

ार्घ (ma hArgh) *adj.* 1. valuable; precious. 2. too costly.

ार्णव (ma hAr nAv) *m* great ocean.

ाल (ma hAl) *m.* locality.

ालय (ma hA lay) *m.* 1. deluge. 2. a fortnight in which Hindus offer oblations to their deceased ancestors.

ालेखापाल (~ le khA pAl) *m.* Accountant General.

महावत (~ vat) *m.* elephant driver.

महावात (~ vAt) *m.* hurricane.

महाविद्यालय (~ vid dyA lay) *m.* college.

महाविपत्ति (~ vi pat ti) *f.* catastrophe.

महावीर (~ veer) *adj.* very brave.
m. 1. Lord Mahavir (of Jainism). 2. Lord Hanuman. (Ramayan)

महाशक्ति (~ shak ti) *f.* 1. Prowess Personified, Goddess Durga. 2. Super power.

महाशय (~ shay) *m.* 1. a polite form of address. 2. gentleman; वे ~ तो गए That gentleman has gone.

महासभा (~ sa bhA) *f.* congress.

महासभाई (~ ee) *adj.* belonging to a महासभा।
m. member of the congress.

महासागर (ma hA sA gar) *m.* ocean.

महि (ma hi) *f.* earth.

महिधर (~ dhar) *m.* hill, mountain.

महिमा (~ mA) *f.* greatness, glory, dignity.

महिमान्वित (~ mAn vit) *adj.* dignified.

महिला (~ lA) *f.* a woman with dignity and good manners, lady.

महिषी (~ shee) *f.* queen consort.

मही (ma hee) *f.* earth.

महीधर (~ dhar) *m.* mountain.

महीन (ma heen) *adj.* 1. thin. 2. fine; ~ आवाज़ fine voice; ~ काम fine work; ~ पीसना to grind fine. 3. sharp; ~ नोक sharp point.

महीना (ma hee nA) *m.* 1. month; जनवरी का ~ month of January. 2. monthly wages/ salary; कितने महीने पर at what monthly emoluments? 3. menses; महीने से in menses; महीने से होना to be in a period (said of a woman).

महीप (ma heep) *m.* king.

महीपति (ma hee pa ti) *m.* king.

महीपाल (ma hee pAl) *m.* king.

महुआ (ma hu A) *m.* an Indian tree bearing

yellow flowers which are used for preparing liquor.

महेश (ma hesh) *m.* = शिव।

महेश्वर (~ shwar) *m.* = शिव।

महेश्वरी (~ shwa ree) *f.* = दुर्गा (goddess).

महोत्सव (ma hot sav) *m.* gala festival.

महोदय (ma ho day) *m.* a polite form of address (for gentleman). [Fem. महोदया]

महोदया (ma ho da yA) *f.* a polite form of address (for ladies).

महोपाध्याय (ma ho pAd dhyay) *m.* great scholar or preceptor.

महौषधि (ma hau sha dhi) *f.* remedy for all ills, panacea.

माँ (mÃ) *f.* mother.

माँग (mÃg) *f.* 1. demand; कुछ सदस्य प्रधानमंत्री के पास गए और उन्हें अपनी माँगों से अवगत कराया Some members went up to the Prime Minister and apprised him of their demands. ~ और पूर्ति demand and supply; मूल्यों का निर्धारण मुख्यत: चीजों की माँग एवं उनकी पूर्ति के सिद्धांत पर निर्भर करता है Fixation of prices mainly depends on the principle of demand and supply of commodities. 2. hair-parting; ~ उजड़ जाना to be reduced to widowhood; to be deprived of the conjugal bliss; ~ निकालना hair-do, parting of the hair; ~ भरना putting a streak of vermilion in the hair-parting of a married woman; ~ लुट जाना to be reduced to widowhood; ~ सँवारना hair-do, parting of the hair.

माँग-चोटी (~ - co Tee) *f.* hair-do; ~ करना hair-dressing.

माँग-जली (~ - ja lee) *f.* widow.

माँगना (~ nA) *vt.* 1. to beg, to claim, to demand, to request (for); माफी ~ to apologise. 2. to ask (for). 3. to borrow; तुम पुस्तक माँग सकते हो You can borow a book.

माँग-पत्र (~ - pattr) *m.* 1. order form, indent 2. memorandum of demands.

मांगलिक (maṅ ga lik) *adj.* auspicious, propitious.

माँग-सूची (mÃg - soo chee) *f.* a formal request for supplies.

माँझा (mÃ jhA) *m.* substance used for sharpening the kite-flying thread size; ~ लगाना act or process of sizing

माँझी (mÃ jhee) *m.* boatman.

माँड़ (mÃR) *m.* (boiled) rice-water, scum.

माँड़ना (~ nA) *vt.* 1. to knead (flour). 2. to separate grain from chaff.

मांडलिक (mAN Da lik) *adj.* divisional.

माँड़ा (mÃ RA) *m.* a disease of the eye.

माँड़ी (~ Ree) *f* = माँड़।

मांत्रिक (mAn trik) *adj.* of or pertaining to मंत्र।

m. one well-versed in मंत्र।

माँद (mÃd) *f.* den, lair; शेर की ~ में पैर रखना to enter the lion's den.

माँदगी (~ gee) *f.* 1. illness. 2. fatigue.

माँदा (mÃ dA) *adj.* ill; थका - ~ tired and famished.

मांस (mAns) *m.* meat, flesh.

मांसपेशी (~ pe shee) *f.* muscle.

मांसभक्षी (~ bhak shee) *adj.* 1. non-vegetarian (person). 2. carnivorous (animal).

मांसल (mAn sal) *adj.* of or like flesh, fleshy

मांसलता (~ tA) *f.* fleshiness.

मांसाहार (mAn sA hAr) *m.* non-vegetarian food.

मांसाहारी (~ hA ree) *adj.* 1. non-vege- tarian (person). 2. carnivorous (animal).

माई (mA ee) *f.* 1. = माता; ~ का लाल (i) mother's darling; (ii) manly/valiant person 2. elderly woman.

माई-बाप (~ - bAp) *m.* all in all.

माओवादी (mA o vA dee) *m.* Maoist, one who follows the doctrine of Maotse-tung.

माक़ूल (mA kool) *adj.* appropriate, proper, reasonable, fit; ~ क़िस्म का of proper sort, of right type; ना- ~ wrong type (form of abuse).

माखन (mA khan) *m.* butter.

माखन-चोर (~ - cor) *m.* (one who enjoys pilfering butter) Krishna.

मागध (mA gadh) *adj.* pertaining to मगध।

मागधी (mA ga dhee) *f.* ancient Prakrit language of मगध।

माघ (mAgh) *m.* eleventh month of the Hindu calendar.

माघी (mA ghee) *adj.* pertaining to माघ।

माचिस (mA cis) *f.* matches (match-box).

माछ (mAch) *m.* fish.

माजरा (mAj rA) *m.* matter, affair, happening; ~ क्या है What is the matter?

माज़ी (mA zee) *adj.* past.

माजून (mA joon) *f.* sweetened tonic. (Hakeemee)

माटी (mA Tee) *f.* = मिट्टी।

माठा (mA ThA) *m.* whey.

माणिक (mA Nik) *m.* ruby.

मात (mAt) *f.* mate, checkmate; ~ करना (i) to checkmate; (ii) to undo; ~ खाना to be defeated; ~ देना to checkmate.

मातदिल (~ dil) *adj.* 1. temperate; ~ आबोहवा temperate climate. 2. moderate; ~ दवा moderate medicine.

मातबर (~ bar) *adj.* reliable, trust-worthy.

मातबरी (~ ba ree) *f.* reliability, trust-worthiness.

मातम (mA tam) *m.* mourning; ~ मनाना to mourn.

मातम-पुर्सी (~ - pur see) *f.* offering of condolence.

मातहत (mA ta hat) *adj.* subordinate, dependent.

मातहती (mA tah tee) *f.* subordination, dependence.

माता (mA tA) *f.* 1. mother. 2. smallpox; ~ निकलना eruption of smallpox.

मातामह (~ mah) *f.* mother's father.

मातामही (~ ma hee) *f.* mother's mother.

मातुल (mA tul) *m.* mother's brother. [Fem. मातुलानी]

मातृ (~ tri) *f.* = माता (mother).

मातृक (~ trik) *adj.* maternal, matriarchal.

मातृका (~ tri kA) *f.* 1. mother. 2. matron.

मातृतंत्र (~ tri tantr) *m.* matriarchy.

मातृत्व (~ tritw) *m.* motherhood, maternity.

मातृभाषा (~ tri bhA shA) *f.* mothertongue.

मातृभूमि (~ tri bhoo mi) *f.* one's native country, motherland.

मातृहत्या (~ tri hat yA) *f.* matricide.

मात्र (mAttr) *adj.* only; ~ दस रुपए ten rupees only; एक ~ पुत्र the only son; प्राणी ~ living beings, all entire.

मात्रा (~ trA) *f.* 1. quantity; बहुत अधिक ~ में very greatly, beyond measure. 2. dosage, dose. 3. sign, sply. vowel mark. 4. a unit of measurement (as in music, prosody etc.).

मात्रात्मक (~ trAt mak) *adj.* quantitative.

मात्रिक (~ trik) *adj.* unitary.

मात्सर्य (~ sarry) *m.* jealousy.

मात्स्य (mAtsy) *adj.* pertaining to fish; ~ न्याय law of the jungle, law of 'might is right'.

माथा (mA thA) *m.* forehead; ~ कूटना = ~ पीटना; ~ गरम होना to be angry/wrathful; ~ घिसना = ~ रगड़ना; ~ टेकना to bow down as a sign of salutation; ~ ठनकना to have a premonition of coming evil; ~ ठोकना to lament one's ill-luck; ~

पकड़कर बैठ जाना to feel utterly helpless; ~ पीटना to bemoan a loss, to bewail; ~ मारना to tax one's brain; ~ रगड़ना to make repeated entreaties; ~ नवाना = ~ टेकना; माथे का लिखा writing on (one's) book of Destiny; माथे (पर) चढ़ाना to accept (something) with veneration; माथे पर बल तक न पड़ना to keep an unruffled brow; माथे पर बल पड़ना to be visibly ruffled; माथे पर सेहरा बँधना to win laurels (for achieving something); माथे मढ़ना (i) to throw all blame; (ii) to impose on someone; आपकी बात मेरे सिर माथे Your word is command to me.

माथा-पच्ची (~ - pac cee) *f.* taxing of brain.

मादक (mA dak) *adj.* intoxicating, spirituous.

मादकता (~ tA) *f.* inebriety, intoxication.

मादरी (mA da ree) *adj.* = मातृ; ~ जबान = मातृ-भाषा।

मादा (mA dA) *f.* female (animal).

माद्दा (mAd dA) *m.* 1. essential element/ingredient. 2. capability, innate capacity. 3. pus.

माधव (mA dhav) *m.* name of कृष्ण।

माधवी (mAdh vee) *f.* a creeper bearing fragrant flowers.

माधुरी (mA dhu ree) *f.* sweetness.

माधुर्य (mA dhurry) *m.* 1. sweetness. 2. melodiousness. 3. pleasantness.

माध्य (mAddhy) *m.* average, mean.

माध्यम (mAd dhyam) *m.* medium.

माध्यमिक (~ dhya mik) *adj.* middle, secondary, intermediary; ~ विद्यालय middle school; ~ शिक्षा secondary education.

माध्वी (mAdh vee) *f.* = माधवी।

मान (mAn) *m.* 1. respect, regard, dignity, reputation; ~ निकालना to evaluate; ~ रखना to save (someone's) prestige; ~ रहना—मेरा मान रह गया My prestige has been saved. 2. feigned anger; ~ करना to feign anger, to attract by feigning anger.

मानक (mA nak) *adj.* standard; ~ समय standard time; भारतीय ~ संस्था Indian Standards Institution.

मानकित (mA na kit) *adj.* standardized.

मानकीकरण (mA na kee ka raN) *m.* standardization.

मानकीकृत (~ krit) *adj.* standardized.

मानचित्र (mAn cittr) *m.* 1. map. 2. chart.

मानचित्रण (~ cit traN) *m.* mapping.

मानचित्रावली (~ cit trA va lee) *f.* book of maps, atlas.

मानज (mA naj) *adj.* pertaining to mind.

मानता (mAn tA) *f.* मनौती।

मानदंड (mAn daND) *m.* criterion.

मानद (mA nad) *adj.* given as an honour, honorary; उस समय मुझे सुखद आश्चर्य हुआ जब मुझे ~ सदस्यता प्रदान की गई I was pleasantly surprised when I was granted an honorary membership.

मानदेय (~ dey) *m.* honorarium.

मानना (~ nA) *vt.* 1. to admit; मैं अपनी ग़लती मानता हूँ I admit my mistake; हम यह मानकर चल रहे हैं कि हमारी सहायता करने वाला कोई नहीं We are working on the premise that on one will come to help us. मैं यह भी नहीं मानता कि Nor do I believe that... 2. to accede/accept; मान जाना to accede; हमें मानकर चलना चाहिए कि Let us take it for granted that. चाहे कोई बुरा माने या भला Whether anybody likes it or dislikes it. मान लेना (i) to accept; (ii) to suppose; मान लीजिए कि... Suppose that... क्या बात कही, मान गए Well said, I take off my hat ! तुम्हीं मान जाओ Better yield ! बुरा मत मानिए Don't take it ill/otherwise. मन्नत मानना = मनौती मानना; मान लिया agreed; माने हुए विद्वान scholars of repute/renown; वह नहीं मानेगा He will not agree. जाने-माने well-known.

माननीय (~ neey) *adj.* honourable, esteemed, revered.

मानने योग्य (~ ne yogy) *adj.* admissible, acceptable, believeable.

मानपत्र (~ pattr) *m.* address (of welcome or greeting).

मानभंग (~ bhang) *m.* dishonour, disrespect, disreputation, humiliation.

मानमंदिर (~ man dir) *m.* observatory.

मान-मनौअल (~ - ma nau al) *m.* propitiation of one's feigning anger.

मान-मनौती (~ - ma nau ti) *f.* = मान-मनौअल।

मानमर्दन (~ mar dan) *m.* subduing of (someone's) vanity, humiliation.

मान-मर्यादा (~ - mar yA dA) *f.* established prestige.

मानमोचन (~ mo can) *m.* pacifying (the angry dear one).

मानव (mA nav) *adj.* human; ~ प्रकृति human nature.

m. man, human being; ~ - जाति mankind.

मानवता (~ tA) *m.* 1. human race, humanity; ये बर्बर हमले ~ के प्रति अपराध हैं These barbaric attacks are crime against humanity. 2. the quality of being human.

मानवतावाद (~ vAd) *m.* humanism.

मानवतावादी (~ vA dee) *adj.* humanistic.

m. humanitarian, humanist.

मानवती (mAn va tee) *f.* beloved, feigning to be angry.

मानवप्रेम (mA nav prem) *m.* philanthropy.

मानव-भूगोल (~ - bhoo gol) *m.* anthropogeography.

मानवशास्त्र (~ shAstr) *m.* humanities.

मानवाधिकार (mA na vA dhi kAr) *m.* human-right (s).

मानवीकरण (mA na vee ka raN) *m.* humanisation.

मानवीय (mA na veey) *adj.* 1. human. 2. humane.

मानवीयता (~ tA) *adj.* the characteristic qualities of a man.

मानवोचित (mA na vo cit) *adj.* befitting a human being.

मानस (mA nas) *m.* 1. mind; ~ पुत्र psychic progeny (Puranas). 2. = मानसरोवर।

मानसरोवर (mAn sa ro var) *m.* a time-honoured lake in Tibet.

मानसिक (~ sik) *adj.* mental; ~ चिकित्सा psychotherapy; ~ संतुलन mental balance.

मानसी (~ see) *adj.* mental.

f. silent worship.

मानसून (~ soon) *m.* monsoon.

मानस्वर (~ swar) *m.* (phon.) cardinal vowel.

मानहानि (~ hA ni) *f.* defamation.

मानाभिषेक (mA nA bhi shek) *m.* investiture.

मानार्थ (mA nArth) *adj.* complimentary; ~ प्रति complimentary copy.

मानिंद (mA nind) *adj.* like, similar.

मानिक (mA nik) *m.* ruby.

मानिक्य (mA nikky) *m.* = मानिक।

मानिनी (mA ni nee) *f.* wife or beloved who feigns to be angry.

मानी (mA nee) *adj.* = अभिमानी (proud).

m. meaning, purport.

मानुषिक (mA nu shik) *adj.* human.

मानुषी (mA nu shee) *adj.* human.

माने (mA ne) *m.* meaning, purport.

मानो (mA no) *conj.* as if, as it were; तुम आए ~ भगवान आ गए Your visit is the advent of God, as it were.

मानोपाधि (~ pA dhi) *f.* title of honour.

मान्य (mAnny) *adj.* 1. prestigious, honourable, respected; ~ अतिथि (महोदय) honoured guest; ~ संस्था prestigious institution. 2. acceptable; आपका प्रस्ताव हमें ~ है Your proposal is acceptable to us.

मान्यता (~ tA) *f.* 1. recognition, accredition; ~ दिलाना to accredit; ~ देना (i) to recongnise; (ii) to validate. 2. tenet; हिंदू धर्म की ~ tenet of Hinduism. 3. assumption.

मान्यता-प्राप्त (~ - prApt) *adj.* reco ised.

माप (mAp) *m.* measure; ~ - तौल weights and measures.

मापक (mA pak) *m.* meter, measurer.

मापन (mA pan) *m.* measuring.

मापना (mAp nA) *vt.* to measure.

मापनी (~ nee) *f.* scale.

माफ़ (mAF) *adj.* forgiven, pardoned; मुझे ~ कीजिए Excuse me, forgive me.

माफ़िक़ (mA Fik) *adj.* 1. favourably inclined/disposed; हाकिम मेरे ~ है The presiding officer is favourably disposed towards me. 2. agreeable; यह दवा मुझे ~ नहीं आती This medicine does not agree with/suit me.

माफ़िया (mA Fi yA) *m.* a secret terrorist or criminal group, mafia.

माफ़ी (mA Fee) *f.* 1. forgiveness, pardon; ~ चाहना to seek forgiveness; ~ देना to grant pardon; ~ माँगना to tender apology, to apologise; ~ माँग लेना ही समझदारी थी It was only sensible to apologise. ~ मिलना—उसे माफ़ी मिल गई है He is pardoned. 2. freehold land.

माफ़ीदार (~ dAr) *m.* freeholder.

मामला (mAm lA) *m.* 1. case; फौजदारी का ~ criminal case. 2. affair, matter; ~ गाँठना to manouvre (an affair); ~ टेढ़ा है The affair is complicated. ~ ढीला पड़ गया Gone is the pursuit with vigour. ~ तूल पकड़ गया है The matter is aggravated/The things have gone too far. आख़िर ~ क्या है What, after all, is the matter?

मामा (mA mA) *m.* maternal uncle. [Fem. मामी]

मामी (mA mee) *f.* maternal aunt.

मामूली (mA moo lee) *adj.* ordinary, commonplace.

मायका (mAy kA) *m.* mother's home (of a married woman).

माया (mA yA) *f.* 1. God's play. 2. illusion; ~ में फँसना to be entangled in worldly attachments. 3. wealth; उसके पास बहुत ~ है He has immense wealth. मोह - ~ undue attachment.

मायाजाल (~ jAl) *m.* web of worldly attachments.

मायामय (~ may) *adj.* illusory, full of illusion.

मायावाद (~ vAd) *m.* illusionism.

मायावादी (~ vA dee) *adj.* & *m.* illusionist.

मायाविनी (~ vi nee) *f.* fem. of मायावी।

मायावी (~ vee) *adj.* 1. illusory, illusive. 2. magical.
m. magician. [Fem. मायाविनी]

मायूस (mA yoos) *adj.* 1. disappointed. 2. dejected.

मायूसी (mA yoo see) *f.* 1. disappointment, frustration. 2. dejection, gloom; ~ छा जाना—मायूसी छा गई Gloom prevailed.

मार (mAr) *f.* 1. beating; ~ खाना to receive a beating/thrashing; ~ झेलना to suffer torture or blows; ~ पड़ना—ख़ूब ~ पड़ी Received a sound thrashing. इस कर-वृद्धि से गरीबों पर ~ पड़ेगी This tax increase will hit the poor. ख़ुदा की ~ bolt from the blue. 2. range; गोली की ~ range of bullet.

मारक (mA rak) *m.* antidote.

मारका (mAr kA) *m.* mark; ~ लगाना to put a mark; मारके का remarkable, outstanding.

मार-काट (~ - kAT) *f.* bloody affray, bloody scuffle, carnage; ~ मचना—मार-काट मच गई A bloody scuffle broke out.

मारकीन (~ keen) *m.* a kind of coarse (unbleached) cloth.

मारकेश (~ kesh) *m.* ominous conjunction of planets.

मारजार (~ jAr) *f.* pussy, cat.

मारण (mA raN) *m.* killing.

मार-धाड़ (mAr - dhAR) *f.* 1. fighting and killing, fracas, affray; ~ मचाना to perpetrate a fracas. 2. onslaught.

मारना (~ nA) *vt.* 1. to beat. 2. to kill (मार डालना); मार गिराना to shoot with a missile fire from a weapon; सीमा सुरक्षा बल ने बारह घुसपैठियों को मार गिराया The Border Security Forces shoot dead 12 intruders. 3. to strike, to hit. 4. to snatch; मार लेना to grab; अड़ंगी ~ a trick in wrestling involving the movement of a leg; आँख ~ to wink, to give a wink; इच्छाएँ मारना denying of one's self; काठ ~ to be stunned; किनारा ~ to blunt the edges; गठरी ~ to pinch/purloin property; मैंने तुम्हारी कौन-सी गठरी मारी थी What did I pinch from you? गरदन ~ (i) to chop off the head, to decapitate; (ii) to do positive harm, to inflict a heavy loss; गुस्सा ~ to repress anger; ग़ोता ~ to take a dip/dive; गोली ~ to shoot (with a bullet); गोली मारो Hang it all. चक्कर ~ to be knocking about, to be circling round; चोंच ~ to peck; चोट ~ (i) to hurt; (ii) to give a blow, to hit; छलाँग ~ to take a leap; जमा ~ to grab a sum; जला ~ to cause a lot of anguish, to torment; जहर ~ to counteract/nullify the effect of poison; जादू ~ to bewitch; जान ~ to torment (someone) to death; झक ~ (i) to act pointlessly; (ii) to find no way out; झपट्टा ~ to pounce, to swoop; झाड़ू ~ (i) to strike with a broom; (ii) to treat with contempt; टाँका ~ to stitch; डंक ~ to sting; डंडी ~ to defraud by false weighment; डींग ~ to talk tall, to brag; ताना ~ to taunt; ताला ~ to fasten with a lock, to lock; तीर ~ — उसने कौन-सा तीर मार दिया What achievement has he to his credit? थपकी ~ to pat; दम ~ to have a moment's respite; दाँत ~ to have a bite; दाँव ~ to win a wager; दौड़ा ~ (i) to make (someone) run like hell; (ii) मुझे दौड़ा-दौड़ाकर मत मारो Don't tire me out by making me run overmuch. धाड़ ~ to bewail loudly/outrageously; धार ~ = किनारा~; नकल ~ to copy illegitimately/surreptitiously; नक्शा ~ to put on a pretext/pretence; नज़र ~ to cast a glance; नाख़ून ~ to scratch with the nails; पंजा ~ to paw; पर ~ to attempt to fly; यहाँ चिड़िया भी पर नहीं मार सकती Even a bird cannot flap its wings here. पलथी ~ to squat; पाला ~ to be bitten by frost; पिचकारी ~ to shoot with a syringe; पेट ~ to deprive (someone) of (one's) wherewithal; पैसा ~ (i) to misappropriate money; (ii) not to pay; प्यास ~ to subdue thirst; प्यासा ~ to deprive (the thirsty) of water; फंकी ~ to chuck (powder) into the mouth; फेन ~ to settle down the foam; बाज़ी ~ to win a wager, to score a victory; बोली ~ to banter; भाँजी ~ to talk ill to impede (someone's) plan; भूखों ~ to starve (someone);

मक्खियाँ ~ to idle away time; मग़ज़ ~ to tax the brain; मज़े ~ to enjoy life, to have life, to indulge in merry-making; मन ~ to repress (one's) desire; मार ~ to give a licking/thrashing; मार-मारकर आदमी बनाना to chisel into a shape; माल ~ to misappropriate mone/property; मुँह ~ to attempt a mouthful/bite; मैदान ~ to score a victory; उसने कौन-सा मैदान मार लिया What triumphs has he to his credit ? लात ~ to kick away; लोट ~ to have a lie down; शिकार ~ (i) to hunt down a game; (ii) to net a fine catch. सता ~ to torture/torment; सींग ~ to strike with the horns; सेंध ~ house-breaking, to burgle; हाथ ~ to score; उसने लंबा हाथ मारा He has grabbed a pretty good sum. हाथ-पैर ~ (i) to make right movements with arms and legs, sply. in swimming; (ii) to make efforts. हिस्सा ~ to deprive (someone) of his just share; आफ़त का मारा stricken by misfortune; ग़रीबी का मारा struck with poverty; चिंता का मारा victim of worries, over-worried; भूख का मारा victim of hunger; दे मारा Knocked down ! वह मारा Well hit ! मार-मारकर अधमरा कर देना to give a beating almost to death; मार-मारकर कचूमर निकाल देना / मलीदा कर देना to thrash a person to pulp; मार ले जाना to take away by force or without paying; मारो गोली Hang it.

मार-पीट (~ - PEET) *f.* exchange of blows, scuffle, battery, assault.

मारफ़त, की (kee MAR FAT) *postposition.* 1. through. 2. care of.

मारवाड़ (~ VAR) *m.* Marwar (a region in Rajasthan).

मारवाड़ी (~ VA REE) *adj.* of Marwar. *m.* a resident of Marwar. *f.* language or dialect spoken in Marwar.

मारा (MA RA) *adj.* stricken, beaten, smitten; ~ - मारा फिरना to be roaming about, to wander aimlessly, to knock about from pillar to post; आफ़त का ~ stricken by misfortune; क़िस्मत का ~ stricken by misfortune.

मारामारी (~ - MA ree) *f.* 1. scuffle, affray. 2. hot haste.

मारी (MA ree) *f.* = महामारी।

मारुत (MA rut) *m.* wind.

मारू (MA roo) *m.* martial music; ~ बाजा war kettle-drum.

मारे, के (ke MA re) *postposition.* on account of, because of, due to; जल्दी के ~ due to hot haste.

मार्क्सवाद (MARKS VAD) *m.* Marxism.

मार्क्सवादी (~ VA dee) *adj. & m.* Marxist.

मार्केट (MAR KET) *f.* market; ~ करना to go for shopping, marketing.

मार्ग (MARG) *m.* 1. way; ~ खोलना to open out the way; ~ प्रशस्त करना to pave the way; ~ बनाना to prepare the way; ~ में रोड़े अटकाना / बिछाना to put obstacles in the way; ~ से via; ~ से भटकना to stray; ~ से हटना to deflect from the path. 2. route; टेढ़ा ~ crooked way/route; सरल ~ simple route, easy way; सीधा ~ straight/direct route/path. 3. road; कच्चा ~ unmetalled road; पक्का ~ metalled road.

मार्ग-कर (~ - kar) *m.* toll-tax.

मार्गच्युत (~ cyut) *adj.* deviated, deflected.

मार्गदर्शक (~ dar shak) *m.* guide; superintendent.

मार्गदर्शन (~ dar shan) *m.* guidance.

मार्गरक्षक (~ rak shak) *m.* escort.

मार्गव्यय (~ vyay) *m.* 1. travelling expenses. 2. passage money.

मार्गशीर्ष (~ sheersh) *m.* अगहन, the ninth month of Hindu calendar.

मार्गी (mAr gee) *m.* traveller; वाम ~ leftist.

मार्च (mArc) *m.* March (month).

मार्जन (mAr jan) *m.* 1. cleansing, cleaning. 2. purifying, purification. 3. rectification, correction.

मार्जनी (~ ja nee) *f.* broom.

मार्जित (~ jit) *adj.* 1. cleansed. 2. purified. 3. rectified, corrected, refined.

मार्तंड (~ taND) *m.* Sun.

मार्फ़िया (~ Fi yA) *m.* morphia.

मार्मिक (~ mik) *adj.* 1. touching, appealing, moving; ~ रूप से poignantly. 2. pathetic, stirring, poignant; ~ दृश्य pathetic sight. 3.vital; ~ चोट vital blow.

मार्मिकता (~ tA) *f.* poignancy.

मार्शल (mAr shal) *adj.* martial; ~ला martial law.

m. Marshal

माल (mAl) *m.* 1. valuable property, merchandise, stock, material; ~ मारना to misappropriate money; ~ उगलवाना/ निकलवाना to extort stolen or misappropriated property; ~ उड़ाना (i) to spend lavishly, (ii) to enjoy a dainty meal; ~ काटना to earn by shady means; ~ बरामद होना recovery of property; ~ मारना to misappropriate money. 2. commodities, goods, revenue; ~ का मुकदमा revenue case. 3. stuff; घटिया माल poor stuff.

माल-अदालत (~ - adA lat) *f.* revenue court.

माल-असबाब (~ as bAb) *m.* luggage.

मालकिन (~ kin) *f.* lady of the house.

मालख़ाना (~ KhA nA) *m.* store house.

माल-गाड़ी (~ - gA Ree) *f.* goods train, freight train.

मालगुज़ार (~ gu zAr) *m.* one who pays land revenue, landlord.

मालगुज़ारी (~ gu zA ree) *f.* land revenue.

मालगोदाम (~ go dAm) *m.* (railway) godown, goods-shed.

माल-घर (~ - ghar) *m.* godown.

मालटा (~ TA) *m.* 1. Malta (island). 2. a kind of citrus fruit.

माल-टाल (~ - TAl) *m.* 1. valuables, riches. 2. cash money.

मालती (mAl tee) *f.* a creeper yielding sweet-smelling flowers.

मालदह (~ dah) *m.* a variety of mango.

मालदार (~ dAr) *adj.* wealthy, rich; ~ असामी moneyed/rich client.

मालपुआ (~ pu A) *m.* pancake.

माल बाबू (~ bA boo) *m.* goods clerk.

माल-मता (~ - ma tA) *m.* 1. effects, assets. 2. wealth.

माल-मस्त (~ - mast) *adj.* happy in (one's) wealth/opulence.

माल-महकमा (~ - ma hak mA) *m.* department of revenue.

मालवा (~ vA) *m.* Malva, a region in Madhya Pradesh.

माल-सूची (~ - soo chee) inventory of property.

माला (mA lA) *f.* 1. garland, wreath. 2. rosary; ~ जपना to tell (one's) beads; उलटी ~ फेरना (i) to tell beads with an evil purpose; (ii) to go on wishing ill of someone.

मालामाल (~ mAl) *adj.* very affluent, immensely rich, opulent, wealthy; ~ हो जाना to make a fortune, to amass riches.

मालिक (mA lik) *m.* owner, master, boss.

[fem. मालकिन] ऐ मेरे मालिक O my Lord (God).

मालिका (mA li kA) *f.* = मालकिन।

मालिकाना (~ nA) *adj.* 1. of or pertaining to an owner. 2. in the capacity of an owner, like an owner. 3. proprietory; ~ हक़ proprietory right.

मालिकी (mA li kee) *f.* = मिलकियत।

मालिन (mA lin) *f.* 1. woman gardener. 2. wife of a gardener. 3. flowerselling maid. 4. second wife (of a widower).

मालिन्य (mA linny) *m.* 1. = मलिनता, dirtiness, impurity. 2. = मनोमालिन्य।

मालियत (mA li yat) *f.* 1. value; मकान की ~ value of a house. 2. wealth; उसकी ~ क्या है What are his assets ? How much does he possess ?

मालिश (mA lish) *f.* massage; ~ करना to massage.

माली (mA lee) *adj.* pertaining to finance, financial, economic; ~ हालत financial condition.

m. gardener. [fem. मालिन]

मालूम (mA loom) *adj.* known; ~ होना to be known; तुम्हें ~ है Do you know ? तुम्हें अब ~ होगा Now you will realize it. ऐसा ~ पड़ता है It appears/seems.

मालूमात (mA loo mAt) *f.* 1. pieces of information. 2. knowledge.

मावा (mA vA) *m.* = खोआ।

माश (mAsh) *m.* = उर्द।

माशा (mA shA) *m.* an Indian measure of weight, equivalent to one-twelfth of a tola; approx. 1 gm.

माशाअल्लाह (~ al lAh) *interj.* Good God !

माशूक़ (mA shooK) *m.* beloved. [Fem. माशूक़ा]

माशूक़ा (mA shoo KA) *f.* beloved (woman).

माष (mAsh) *m.* = माश।

मास (mAs) *m.* month.

मासांत (mA sAnt) *m.* end of the month.

मासानुमासिक (mA sA nu mA sik) *adj.* monthly.

मासिक (mA sik) *adj.* of or pertaining to a month; ~ धर्म menses; ~ पत्र monthly journal; ~ विवरण monthly statement.

मासूम (mA soom) *adj.* innocent, guileless; ~ बनना to pretend to be innocent.

मास्टर (mAs Tar) *m.* 1. master. 2. teacher.

मास्टरी (mAs Ta ree) *f.* 1. profession/job of a teacher. 2. expert knowledge, expertise.

मास्य (massy) *adj.* one month old, aged one month.

माह (mAh) *m.* month.

माहवार (~ vAr) *adv.* once a month, monthly.

माहवारी (~ vA ree) *adj.* occurring or appearing once every month, monthly.

m. 1. monthly wages/remuneration. 2. menses.

माहात्म्य (mA hAtmy) *m.* greatness, glory.

माहिर (mA hir) *adj.* 1. expert, dexterous, proficient; क़ानून का ~ legal expert; लिखने में ~ expert in writing. 2. clever; बातों में ~ clever in talking, clever conversationalist.

माहिरी (mA hi ree) *f.* state of being an expert; expertness, proficiency.

माहुर (mA hur) *m.* poison, venom.

माहेश्वर (mA hesh shwar) *adj.* pertaining to महेश्वर, Lord the Great.

माहेश्वरी (mA hesh shwa ree) *f.* goddess Durga.

मिचकना (mi cak nA) *vi.* to wink.

मिचकाना (mic kA nA) *vt.* to wink/blink the eyes over and again.

मिचकी (~ kee) *f.* = मिचली।

मिचना (~ nA) *vi.* to close, sply. closing of the eyes; उसकी आँखें मिच गईं His eyes closed for ever. न जाने मेरी आँखें कब मिच

जाएँ? There is no certainty when my eyes may close for ever.

मिचलाना (~ lA nA) *vi.*; जी ~ to feel like vomiting, to nauseate.

मिचली (~ lee) *f.* nausea, qualm.

मिचवाना (~ vA nA) *vt.* causative of मिचना।

मिचोली (mi co lee) *f.* आँख - ~ hide and seek.

मिचौनी (mi cau nee) *f.* = मिचोली।

मिज़ाज (mi zAj) *m.* 1. temperament, disposition. 2. mood; ~ करना = ~ दिखाना; ~ खराब हो जाना = मिज़ाज बिगड़ जाना; ~ दिखाना to display one's fastidiousness; ~ न मिलना; उसका तो ~ ही नहीं मिलता He is insufferably high-brow; ~ पहचानना to know (someone's) disposition; ~ पूछना to enquire about (someone's) welfare /health; ~ बिगड़ जाना to go off (one's) mood; ~ सातवें आसमान पर होना to be high-brow beyond measure; आपका ~ कैसा है How do you do? उसे ~ हो गया है He has become a little high-brow.

मिज़ाजी (mi zA jee) *adj.* proud, vaingloriоus, conceited.

मिटना (miT nA) *vi.* 1. to be erased/effaced. 2. to be destroyed/ruined; कर्तव्य के लिए मर ~ to die for duty's sake, to die in harness; नामोनिशान ~ to be lost to oblivion.

मिटाना (mi TA nA) *vt.* 1. to erase/efface/ abolish. 2. to destroy; अपने को मिटा देना (i) to sacrifice (oneself). (ii) to obliterate (oneself).

मिट्टी (miT Tee) *f.* 1. earth. 2. clay. 3. corpse. किया-कराया ~ हो गया The whole thing came to grief. उसकी ~ उठ गई His last remains were removed. ~ करना to spoil/ blast; ~ का घरौंदा house of clay; ~ का पुतला mortal stuff; ~ का माधव duffer, nitwit; ~ का लोंदा worthless chap; ~ का शेर good for nothing; ~ के मोल at throw-away price, almost for a song; ~ ख़राब करना to put (someone) in a (miserable) plight; ~ ठिकाने लगाना to perform the obsequies properly; ~ डालना to bury (the matter); ~ देना to bury the dead; ~ पलीद करना to put (someone) in a (miserable) plight; ~ बिगड़ना / ख़राब होना the last rites not to be performed properly; ~ में मिलना to come to dust; ~ में मिला देना to ruin/undo, to lay waste.

मिट्टी का तेल (~ kA tel) *m.* kerosene oil.

मिट्टी का दीया (~ kA di yA) *m.* mud lamp.

मिट्ठू (miT Thoo) *m.* 1. parrot. 2. sweet-tongued person; मियाँ - ~ self-complacent.

मिठबोला (miTh bo lA) *adj.* sweet-tongued.

मिठलोना (miTh lo nA) *adj.* mild/pleasantly saltish.

मिठाई (mi ThA ee) *f.* sweet (s); ~ चढ़ाना to offer sweets to a deity.

मिठास (mi ThAs) *f.* sweetness.

मिडिल (mi Dil) *m.* middle.

मिडिलची (~ cee) *m.* one who has studied upto the middle class.

मितभाषी (mit bhA shee) *adj.* taciturn, one who speaks little.

मितव्यय (~ vyay) *m.* thrift, frugality.

मितव्ययिता (~ vya yi tA) *f.* thriftiness, economy.

मितव्ययी (~ vya ee) *adj.* thrifty, economical, frugal.

मिताई (mi tA ee) *f.* friendship.

मिताक्षर (mi tAk shar) *adj.* concise.

मिताहार (mi tA hAr) *m.* austerity in food.

मिताहारी (~ hA ree) *adj.* austere in food.

मिति (mi ti) *f.* 1. (system of) measurement, as in 'ज्यामिति' (Geometry). 2. = तिथि।

मिती (mi tee) *f.* date according to the lunar month; ~ डालना to date (a document) (according to the Hindu calendar).

मिती-काटा (~ - KA TA) *m.* discount.

मित्र (mittr) *m.* friend; उसके ढेरों ~ हैं He has a host of friends. नए ~ बनाना कठिन है It is difficult to make new friends. गाढ़े समय काम आने वाला ही सच्चा ~ है A friend in need is a friend indeed.

मित्रता (~ TA) *f.* friendship.

मित्रतापूर्ण (~ TA POORN) *adj.* friendly, showing good will.

मित्रभाव (~ bhAV) *m.* 1. friendship. 2. friendly attitude, cordiality.

मित्रराष्ट्र (~ rASh Tra) *m.* ally, allies.

मिथुन (mi thun) *m.* 1. Gemini (sign of the zodiac). 2. mating. 3. couple.

मिथ्या (mit thyA) *adj.* false, spurious, untrue; देखो, मेरा वचन ~ न जाए See, that my promise does not prove false. ~ आचरण improper conduct.

मिथ्याचार (~ CAR) *m.* deceitful conduct.

मिथ्याभिमान (~ bhi MAN) *m.* false pride, vainglory.

मिथ्यावादी (~ VA dee) *adj.* & *m.* (one) who tells a lie, liar.

मिनकना (mi nak nÃ) *vi.* to say something almost inaudibly.

मिनट (mi naT) *m.* minute; वह दस ~ पहले दुकान चला गया है He left for the shop about ten minutes ago. ~ - मिनट पर after every minute.

मिनमिन (min min) *f.* utterance, almost inaudible.

मिनमिनाना (~ mi nA nA) *vi.* = मिनकना।

मिनिस्टर (mi nis Tar) *m.* minister. [H. E. मंत्री]

मिनिस्टरी (mi nisT ree) *f.* ministry.

मिन्नत (min nat) *f.* supplication, entreaty.

मिमियाना (mi mi yA nA) *vi.* 1. to bleat. 2. to supplicate with servility, to grovel.

मियाँ (mi yÃ) *m.* 1. a Mohammedan form of address. 2. husband.

मियाँ-मिट्ठू (~ - miT Thoo) *adj.* self-complacent; अपने मुँह ~ बनना to indulge in self-praise.

मियाद (mi yAd) *f.* time limit, validity period.

मियादी (mi yA dee) *adj.* extending over a fixed period; ~ जमा fixed deposit; ~ बम time bomb; ~ बुख़ार fever lasting over a fixed period.

मियान (mi yAn) *f.* scabbard, sheath; ~ में से निकल पड़ना to get wild.

मियाना (mi yA nA) *m.* 1. medium; ~ क़द medium size. 2. open palanquin.

मियानी (mi yA nee) *f.* 1. a small storey between two main floors, mezzanine. 2. gusset in a pyjama.

मिर्गी (mir gee) *f.* epilepsy; उसे ~ आई है He has got an epileptic fit. उसे ~ आती है He is epileptic.

मिर्च (mirc) *f.* chilli; मिर्चों ने मेरा मुँह जला दिया The chillies have caused a burning sensation in my mouth. मिर्चें लगना to be visibly provoked, to be wild.

मिर्जई (mir ja ee) *f.* an Indian type of jacket.

मिर्ज़ा (~ ZA) *m.* a title among Moghals, denoting high feudal descent.

मिल (mil) *f.* mill.

मिलकर (mil kar) *adv.* together, jointly; समाजवादी पार्टी कांग्रेस से ~ काम करना चाहती है The Socialist party wants to work in co-ordination with the Congress भारत और अमरीका को ~ आतंकवाद के विरुद्ध लड़ाई लड़नी चाहिए India and U.S. A must work together to combat terrorism.

मिलता-जुलता (mil tA-jul tA) *adj.* very much alike, resembling, akin.

मिलन (mi lan) *m.* 1. union; मेरा ईश्वर से ~ कैसे हो How will I achieve union with God? 2. meet, meeting; ~ की वेला moment of blissful meeting; होली ~ Holi get-together.

मिलनसार (~ sAr) *adj.* social, sociable, affable, companionable.

मिलनसारी (~ sA ree) *f.* sociability, affability, social nature.

मिलना (mil nA) *vi.* 1. to meet; मेरे पिता तुम से मिलना चाहते हैं My father wants to meet you. मेरा मित्र हर रविवार को मुझसे मिलने आता है My friend comes to see me every sunday. कभी-कभी मिलते रहो Let us met now and again. दोनो वक्त मिलते at twilight; जब दिन और रात मिलते हैं When day and night meet. मुझे रास्ते में एक सराय मिली I came across an inn on the way. वह मुझे रास्ते में मिला He met me on the way. सदैव मिलते रहो Let us meet ever and anon. आपसे मिलकर ख़ुशी हुई I am happy to have met you. 2. to be found; कुली कहीं नहीं मिला The porter was nowhere to be found. 3. to be mixed/ mingled; नदियों का ~confluence of rivers; पानी में तेल मिल गया Oil got mixed up with water. 4. to get/obtain/receive; to have; उन्हें अभी रहने के लिए कोई स्थान नहीं मिला They have not got anywhere to live yet. मुझे अपनी प्रतिभा दिखाने का अवसर मिला था I had a chance to prove my talent. उसे तीन महीने की छुट्टी मिल गई He has got three month's leave. मज़ा ~ to pay/suffer for; खोई हुई चीज़ ~ to find a lost object; जवाब ~ (i) to receive a reply; (ii) to be served with a notice of termination (of services, tenancy etc.); पत्र ~ to receive a letter; समाचार ~ to receive news; क्या चीज मिली है What a find! हमें यह देखने का अवसर मिलेगा कि We shall have occasion to observe that.... अता-पता ~ to get/find/run a clue; अनुमति ~ to obtain consent; अवकाश ~ (i) to get leisure; (ii) to get leave (of absence); आकृति ~ to resemble, to have similar features; आराम ~ (i) to get rest; (ii) to get relief from pain; क़दम ~— उनके क़दम मिल रहे हैं They are keeping in steps. ग्रहों का ~ conjunction of planets; क्या यह घड़ी रेडियो से मिली है Is this watch set by radio time? नहीं, ससुराल से मिली है No, I have got it from the in-laws. (नौकरों का) चोरों से ~ (of servants) to be in league with thieves; छुटकारा ~ to get release/riddance; छुट्टी ~ (i) to get leisure; (ii) to get leave (of absence); जन्मपत्री ~ matching of horoscopes; जा ~ to go over; दुःख ~ to undergo suffering; नतीजा ~ to reap what one has sown; नयन ~ meeting of the eyes; फल ~ to get the fruits (of one's deeds); मन / दिल ~ union of the hearts; मन मिले का मेला है All is gay festival when hearts meet. मिट्टी में ~ to be undone, to go waste; मिल बाँटकर खाना to share the bread (with others); मौक़ा ~ to get an opportunity; युक्ति ~ finding a device; रुख़~ to comprehend (some-one's) attitude; वाद्य मिले हुए हैं The instruments are in tune (with each other) (music). विचार ~ conformity of views; सज़ा ~ receiving punishment; (चौराहे पर) सड़कों का ~ meeting of roads (at a crossing); सुख ~ to get pleasure, to derive happiness; स्वभाव ~ having like nature; हाथ ~ joining of hands; हिसाब ~ tallying of accounts; हुक्म ~ to receive an order/command; न ~ — उसके नक़्शे नहीं मिलते He is in a bad mood. पाकिस्तान के दोनों टुकड़े अब मिल नहीं सकते The two wings of Pakistan cannot now unite. बाज़ार में अब आम नहीं मिलते There is a dearth of mangoes in the market now/ You do not find mangoes in the market now. मुझे उसका मकान नहीं मिला I could not locate his house. उसका मुँह नहीं मिलता He is insufferably high-brow/ He appears unwilling to hear anything. (किसी से) बिध न मिलना Not to be able to pull on. मिल जाना—ताश के पत्ते मिल गए The cards have got mixed up/ The cards have been shuffled. विपक्ष में मिल जाना to join the opposition; यह किससे मिलता है What does it resemble?

मिलना-जुलना (mil nA - jul nA) *vi.* to mix, to have social intercourse.

मिलनी (~ nee) *f.* a ceremonial meet.

मिलनेवाला (~ ne VA lA) *m.* acquaintance.

मिलवाना (~ VA nA) *vt.* to cause to meet.

मिला-जुला (mi lA - ju lA) *adj.* 1. mixed; मिली-जुली सरकार coalition government; मिली-जुली सरकार चलाना बहुत मुश्किल काम है Running a coalition government is a very difficult job. 2. collective; ~ प्रयास collective attempt.

मिलान (~ lAn) *m.* 1. act or state of collation. 2. comparison.

मिलान-कर्ता (~ - kar tA) *m.* collator.

मिलाना (mi lA nA) *vt.* 1. to mix, to blend; दही में चीनी ~ to mix sugar with curd; इस मिश्रण में थोड़ा-सा दूध मिला दो Add a small amount of milk to the mixture. 2. to connect/join; आपने कौन-सा नंबर मिलाया What number are you calling? दो बिंदुओं को ~ to join two points. 3. to unite; दो हृदयों को ~ to unite two hearts; कंधे से कंधा मिलाकर काम करना to work shoulder to shoulder; क़दम ~ to be in step; घड़ी ~ to set a watch; जन्मपत्रियाँ ~ to collate horoscopes; दूध में पानी ~ to adulterate milk with water; नयन से नयन ~ to exchange amorous looks; बिछुड़ों को ~ to unite the separated ones; रुख़ ~ — वह मुझसे रुख़ तक नहीं मिलाता He does not even look at me. वाद्यों को ~ to put (musical) instruments in tune; सितार ~ to tune a Sitar; हिसाब की बिध ~ to tally accounts; हिसाब ~ to tally accounts; मिला लेना to annex/incorporate.

मिलाप (mi lAp) *m.* 1. reunion; भरत - ~ meeting of two separated brothers (Ram and Bharat). 2. reconciliation; मेल - ~ intimacy, closeness; मेल -~ से रहो Live in harmony. ~ कराना to reconcile.

मिलावट (~ vaT) *f.* 1. act of mixing. 2. adulteration, mixture. 3. the thing admixed

मिलावटी (~ va Tee) *adj.* adulterated.

मिलिटरी (mi li Ta ree) *f.* army, the military

मिली-भगत (mi lee - bha gat) *f.* collusion

मिल्कियत (mil ki yat) *f.* 1. ownership 2. property, estate.

मिल्लत (~ lat) *f.* 1. friendship. 2. sociability. 3. sect.

मिशन (mi shan) *m.* 1. specific purpose 2. group of missionaries.

मिशनरी (mish na ree) *m.* one engaged in charitable works and religious teaching, missionary; ~ भावना missionary spirit.

मिश्र (mishshr) *adj.* mixed; ~ - धातु alloy *m.* a sub-caste among Brahmins.

मिश्रक (mish shrak) *m.* a person or machine that blends, blender.

मिश्रण (mish shraN) *m.* 1. mixture; ~ करना to mix or blend. 2. compound. 3. solution.

मिश्रित (mish shrit) *adj.* compound, compounded, mixed, mingled.

मिष्ट (mishT) *adj.* sweet.

मिष्टभाषी (~ bhA shee) *adj.* sweet-tongued.

मिष्टान्न (mish TAnn) *m.* sweets.

मिस (mis) *m.* pretext.
f. miss, maiden.

मिस, के (ke mis) *postposition.* on behalf of; पिता के ~ on behalf of (one's) father.

मिसरा (mis rA) *m.* one-half of a couplet; ~ तरह basic line of a poem.

मिसरी (~ ree) *f.* sugar candy.

मिसरोटी (~ ro Tee) *f.* cake of mixed flour.

मिसल (mi sal) *f.* = मिसिल।

मिसाल (mi sAl) *f.* example; ~ के लिए as for example.

मिसिल (mi sil) *f.* case-file.

मिस्की (mis kee) *f.* croon, humming (Music).

मिस्तरी (mist ree) *m.* 1. artisan, mechanic. 2. mason; राज ~ head mason.

मिस्र (missr) *m.* Egypt.

मिस्री (mis sree) *adj.* & *m.* Egyptian.
f. sugarcandy.

मिस्सा (~ sA) *m.* mixed flour.

मिस्सा-पूजा (~ - poo jA) *m.* mass (prayer).

मिस्सी (mis see) *f.* a powder used by women for tinging their lips.

मिस्सी रोटी (~ ro Tee) *f.* bread prepared with mixed flour.

मींजना (mee̐j nA) *vt.* to rule with the hands.

मींडना (mee̐D nA) *vt.* 1. मींजना। 2. to knead.

मीचना (meec nA) *vt.* to close/shut/wink (e.g. eyes).

मीजा (mee jA) *f.* conformity of temperaments.

मीज़ान (mee zAn) *f.* total.

मीटर (~ Tar) *m.* meter.

मीटिंग (~ ting) *f.* meeting; कल ~ में आ रहे हो न Are you coming to the meeting tomorrow? आज या कल यहाँ कोई ~ नहीं There are not any meetings today or tomorrow.

मीठा (~ ThA) *adj.* sweet-tasting, sweet; ~ आदमी (i) sweet-tongued man; (ii) mild man; ~ ज़हर sugar-coated poison; ~ ठग sweet-tongued cheat; ~ तेल oil of sesame; ~ नींबू sweet orange, citron; ~ पानी soft water; मीठी आँच slow fire; मीठी गाली abuse used as a term of endearment, a fling that pleases; मीठी चुटकी pleasant dig; मीठी छुरी an enemy in disguise; मीठी छुरी चलाना to attack in friendly disguise; मीठी नींद sweet slumber; मीठी बात sweet expression; मीठी बोली sweet tongue; मीठी मार sweetened chastisement; मीठी-मीठी बातें sweet talk; ~ विष = ~ जहर; मीठे वचन sweet words; मीठे सपने sweet dreams; मुँह ~ करना to celebrate (a happy occasion) with sweets.

मीत (meet) *m.* friend; मन का ~ idol of the heart.

मीन (meen) *f.* 1. fish. 2. twelfth sign of the zodiac, pisces.

मीन-मेख (~ - mekh) *m.* fault, error, uncharitable criticism; ~ निकालना to point faults, to pick holes; ~ निकालनेवाला finicky, mean.

मीना (mee nA) *m.* 1. multi-coloured glass. 2. goblet of wine. 3. precious stone of a blue colour. 4. enamel.

मीनाकार (~ kAr) *m.* enameller.

मीनाकारी (~ kA ree) *f.* enamelling.

मीनाक्षी (mee nAk shee) *adj.* (woman)

having charming eyes, fish-shaped, as it were.

मीना बाज़ार (~ NA BA ZAR) *m.* fancy fair, gala fete.

मीनार (~ nAr) *f.* tower, minaret, turret.

मीमांसक (~ mAn sak) *m.* exponent, commentator.

मीमांसा (~ mAn SA) *f.* commentation, interpretative exposition, scholarly commentary; उत्तर ~ Vedantic Philosophy of वादरायण; पूर्व ~ Philosophy of Jaimini.

मीमांसित (~ mAn sit) *adj.* thoroughly expounded, commented upon.

मीमांस्य (~ mansy) *adj.* worth exposition/commentation.

मीर (meer) *m.* 1. leader, chief. 2. nobleman. 3. winner in a game/sport.

मीर मुंशी (~ mun shee) *m.* head clerk.

मीरासी (mee RA see) *m.* 1. a member of a Muslim clan of professional folk singers and dancers. 2. male accompanyist of a singer or dancer.

मील (meel) *m.* a unit of length equal to 1760 yards, mile; ~ का पत्थर milestone.

मीलन (mee lan) *m.* 1. act of closing. 2. act of contracting/resiling.

मीलित (mee lit) *adj.* closed, shut.

मीलों (mee lõ) *adv.* at a great distance; ~ आगे miles ahead; ~ दूर miles afar.

मीसना (mees NA) *adj.* uncommunicative, usually self-agonising.

vt. 1. to mix. 2. to crush by rubbing.

मुँगरा (mũg RA) *m.* wooden hammer. [Fem. मुँगरी]

मुँगौरी (mũ gau ree) *f.* tiny roundish eatable, prepared of ground moong pulse.

मुंड (muND) *m.* 1. head; ~ विहीन beheaded, headless. 2. skull.

मुंडन (muN Dan) *m.* 1. the act of shaving the head. 2. ceremonious tonsure; ~ करना to shave the head; ~ संस्कार tonsure ceremony of a child.

मुँडना (mũD NA) *vi.* 1. to have the head shaved. 2. to be fleeced/cheated. मुँड जाना—हम तो मुँड गए We have been fleeced.

मुंडमाल (muND mAl) *f.* garland of skulls.

मुंडविहीन (~ vi heen) *adj.* beheaded, headless.

मुंडा (muN DA) *adj.* 1. shaven-headed. 2. bald-headed. 3. without a head cover.

m. lad, boy.

मुँड़ाई (mũ RA ee) *f.* the act of shaving the head or charges paid for the same.

मुँडाना (~ DA nA) *vt.* to get shaven.

मुंडिका (muN Di KA) *f.* small head/skull.

मुंडित (~ Dit) *adj.* shaved, tonsured.

मुंडी (~ Dee) *f.* shaven-headed woman. सिर ~ shaving of the head.

मुँडेर (mũ Der) *f.* = मुँडेरा।

मुँडेरा (~ De rA) *m.* parapet, battlement.

मुँदना (mũd nA) *vi.* 1. to be closed; आँखें ~ closing of the eyes. 2. to come to an end; दिन ~ ending of the day.

मुँदरी (~ ree) *f.* finger-ring.

मुंशियाना (mun shi YA NA) *adj.* befitting a मुंशी; ~ लिखावट writing like that of a मुंशी।

m. charges paid to a मुंशी।

मुंशी (~ shee) *m.* clerk, scribe.

मुंशीगिरी (~ gi ree) *f.* calling or tenure of मुंशी।

मुंसरिम (mun sa rim) *m.* record-keeper (of a court).

मुंसिफ़ (~ siF) *m.* presiding officer in lower court.

मुंसिफ़ाना (~ si FA nA) *adj.* befitting a munsif.

मुंसिफ़ी (~ si FEE) *f.* profession, work or court of a मुंसिफ़।

मुँह (muu~h) *m.* 1. mouth. 2. face. 3. front part of a thing. 4. opening (of pots, vessels etc.); ~ अँधेरे before dawn; in the early/small hours of the morning; ~ आना a kind of mouth disease; mouthsore; (किसी के) ~ आना to be cheeky (with someone); (लोगों के) ~आना—लोगों के मुँह मत आओ Don't make yourself an object of public criticism. ~ उठाकर चल देना to move straight (aimlessly); ~ उतर जाना to lose face; ~ काला करना to tarnish (one's) image; ~ की खाना to be knocked out; ~ की बात छीनना to forestall (what the other is about to say); ~ की लाली रहना—मेरे मुँह की लाली रह गई My prestige has been vindicated. ~ के बल गिरना (i) to fall, face down; (ii) to jump at, to fall for, too greedily; ~ ख़राब करना to spoil the taste; ~ ख़राब होना— (i) मेरा ~ ख़राब हो गया My taste has been spoiled. (ii) गाली दोगे तो तुम्हारा ही ~ ख़राब होगा You will undo your own image by using abusive language. ~ खुलना—उसका ~ खुल गया है He has become cheeky/impudent.~ खुलवाना—अब मेरा मुँह मत खुलवाओ Don't force me to speak out the bitter truth. ~ खोलकर माँगना to ask for (something) unreservedly; ~ खोलना to speak out; ~ चलाना (i) to chew; (ii) to talk a little too much; ~ चढ़ना—उसका ~ चढ़ गया He was visibly offended. ~ चाटना to caress; ~ चाहिए First deserve, then desire. ~ चिढ़ाना to make a grimace; ~ छुआना = ~ छूना to make an insincere offer; ~ ज़हर होना—~ ज़हर हो गया It left a bitter taste in the mouth. ~ जूठा करना—ज़रा ~ तो जूठा करो Take but a morsel/bit. ~ जोहना = ~ ताकना; ~ लटक जाना to look pulled down; ~ झुलस देना—उसका ~ झुलस दो Let him go to the blazes/Have done with him. ~ टेढ़ा करना to make a wry face, to show a contemptuous displeasure; ~ डालना to poke one's nose (into); ~ तक आना to come to the tip of the tongue; ~ तक न देखना—मैं तुम्हारा ~ (तक) नहीं देखूँगा I refuse to see your face again. ~ ताकना (i) to look intently; (ii) मुझे ग़ैरों का ~ ताकना पड़ता है I have to seek the help of people not my own. (iii) वह ~ ताकते रह गया He felt tantalised. ~ दिखाना—मैं तो ~ दिखाने योग्य नहीं I cannot see anybody squarely in the face/I have lost face. ~ देखकर उठना—किसका ~ देखकर उठे हो Whose was the face you saw, first thing in the morning? ~ देखकर जीना to live for; ~ देखकर बात करना to talk befittingly; ~ देखना = मुँह ताकना; ~ - देखी बात superficial/insinere talk; ~ - देखी बातें करना to talk superficially/insincerely; ~ धो रखो Have no illusions. ~ न मिलना—उसका तो मुँह ही नहीं मिलता He does not even countenance the proposal. ~ न थकना not to be tired of talking/repeating; ~ निहारना to gaze fondly at; ~ पर आना (i) to turn cheeky; (ii) to come to the tip of the tongue; ~ पर कहना to speak out (to one's face); ~ पर चढ़ आना to be cheeky; ~ पर चढ़ना या चढ़ जाना to be always on one's lips; ~ पर ताला लगना to keep one's mouth shut; ~ पर थूकना to spit on the face; ~ पर नाक न होना to be brazenfaced; ~ पर मक्खियाँ भिनकना to have a lack-lustre face; ~ पर लाना to utter, to speak out; ~ पर हवाइयाँ उड़ना to be out of countenance; ~ पीट लेना to feel like beating one's face in the agony of shame; ~ पीला पड़ना—उसका ~ पीला पड़ गया (i) He turned pale. (ii) His face lost colour. ~ फाड़कर माँगना to lose one's dignity by begging; ~ फिर जाना to be satiated; ~ फुला लेना—वह बात-बात पर ~ फुला लेता है He puts on a wry face at trifles; ~ फूँद देना = मुँह झुलस देना; ~ फेर देना (i) to satiate/surfeit; (ii) to vanquish completely; ~ फेर लेना (i) to turn away one's face (in disgust); (ii) to have a surfeit; ~ बंद कर देना (i) to give hush money; (ii) to shut up (with a pungent remark/smashing retort); ~ बंद रखो Shut your gob. ~ बंद हो जाना to become speechless; ~ बनाना (i) to present a wry face; (ii) to mock; ~ बा देना to be wonderstruck; ~ बिगाड़ना (i) to disfigure the face; (ii) to spoil the taste; गाली देकर तुम अपना ~ बिगाड़ रहे हो You are undoing yourself by indulging in foul language. ~ बिचकाना to make a wry face; ~ भरना to give hush money; ~ - माँगी मुराद cherished desire; ~ - माँगी मुराद मिलना fulfilment of cherished desire; ~ मारना to attempt a bite; ~ मीठा कराना to celebrate an occasion by an offer of sweets; ~ में on the tip of one's tongue; ~ में आना—जो ~ में आया सो बक दिया You speak out without restraint whatever comes to your lips. ~ में कहना to murmur; ~ में कीड़े पड़ना—उसके ~ में कीड़े पड़ें May he be eternally damned. ~ में ख़ून लगना to acquire a taste for impropriety; (तुम्हारे) ~ में घी-शक्कर amen; God grant that it be so; ~ में ज़बान न होना to speak too little, to be very humble and polite; ~ में दाँत न होना—उसके ~ में दाँत नहीं He is incapable of hurting. ~ में पानी भर आना to have one's mouth water; to be impatiently keen to possess something; ~ में लगाम न होना to have an unbridled tongue; ~ मोड़ लेना to cut off (one's) dealings (with someone), to snap relations; ~ रखने के लिए to keep faces, to put up appearances; ~ लग जाना (i) to get too familiar; (ii) to be addicted to; ~ लगाना to permit undeserved familiarity, to give undue lift; ~ सँभालकर बात करना to desist from talking uncivilly, to talk civilly; ~ सीधा न होना to be unwilling to be appeased; ~ सी लेना to keep mum, to keep (one's) mouth shut; ~ सुजा लेना to feel visibly aggrieved; ~ सूख जाना—कहते-कहते ~ सूख गया I talked and talked till my lips parched. ~ से दूध की गंध आना to smack of a milkfed baby; ~ से निकल जाना (word) to escape the lips (unwittingly); ~ से फूटना to speak out (pej); ~ से बात न निकलना to be tongue-tied; ~ से फूल झड़ना to be sweet-tongued, to have honeyed lips; ~ से लार टपकने लगना—मुँह से लार टपकने लगी It was a case of temptation running rampant. अपना-सा ~ लेकर रह जाना to be humiliated, to be thoroughly dis-appointed/frustra- ted. अपने गरेबाँ में ~ डालकर देखो Look into thine ownself. आँसुओं से ~ धोना to have a face full of tears; इतना-सा ~ निकल आना to look emaciated; अपने ~ मियाँ-मिट्ठू बनना to indulge in self-extolment; इतना-सा ~ रह जाना to lose countenance/face. किस ~ से कहें With what face shall we say? क्या ~ लेकर जाऊँ? With what face shall I go? टेढ़े ~ वाला having a distorted mouth; फूटे ~ से even for the sake of form/ceremony; फूटे ~ से भी न निकलना to keep insultingly mum; सीधे ~ से बात न करना not even to talk with due courtesies.

मुँह-चढ़ा (~ CA RhA) *adj.* = मुँह-लगा।

मुँह-चोर (~ - cor) *adj.* shy, unwilling to be seen, bashful.

मुँह-चोरी (~ - co ree) *f.* shyness.

मुँह-छिपाऊ (~ - chi PA oo) *adj.* & *m.* sulker, bashful.

मुँह-छुआई (~ - chu A ee) *f.* insincere offer (made for the sake of formality).

मुँह-ज़बानी (~ - za bA nee) *adv.* orally, verbally.

मुँह-जला (~ - ja lA) *adj.* & *m.* a form of Indian abuse, accursed, damned.

मुँह-ज़ोर (~ - zor) *adj.* impudent, insolent, obstinate, rude.

मुँह-ज़ोरी (~ - zo ree) *f.* impudence.

मुँह-झौंसा (~ - jhaũ SA) *adj.* a form of Indian abuse, acursed, damned.

मुँह-तोड़ (~ - toR) *adj.* ~ उत्तर / जवाब crushing/smashing retort.

मुँह-दर-मुँह (~ - dar - mũh) *adv.* face to face.

मुँह-दिखाई (~ - di khA ee) *f.* present offered to the bride on the occasion of मुँह-देखनी।

मुँह-देखनी (~ - dekh nee) *f.* an Indian ritual after marriage when kins-women see the bride formally.

मुँह-देखा (~ - de khA) *adj.* मुँह-देखी बात insincere, pleasing talk; मुँह-देखा प्यार display of showy affection.

मुँह-फट (~ - phaT) *adj.* speaking roughly and plainly, blunt, abusive.

मुँह-बंद (~ - band) *adj.* unopened; ~ कली unblossomed bud; ~ डिब्बा sealed container; ~ फोड़ा abscess without an opening.

मुँह-बोला (~ - bo lA) *adj.* regarded as, taken as, treated as; ~ भाई someone treated as brother, practically accepted as brother.

मुँह-भराई (~ - bha rA ee) *f.* 1. hush money, bribe, sop. 2. process of giving hush money.

मुँह-माँगा (~ - mÃ gA) *adj.* asked for; ~ इनाम the reward asked for; मुँह-माँगी मुराद desire cherished or longed for.

मुँह-मुलाहज़ा (~ - mu lAh zA) *m.*; मुँह-मुलाहज़े के लिए just for maintenance of relation- ship.

मुँह-लगा (~ - la gA) *adj.* cheeky, impertinent.

मुँहाँ (mũ hÃ) *adj.* & *suffix.* having a mouth; दु ~ having a mouth at either end; दु ~ साँप snake having a mouth at either end.

मुँहाँमुँह (~ mũh) *adv.* 1. to the brim; ~ भरना to fill to the brim. 2. face to face; ~ गाली देना to abuse face to face.

मुँहाँसा (~ SA) *m.* pimple, acne; किशोरावस्था के मुँहासे teenage pimples.

मुअत्तल (mu at tal) *adj.* suspended (from service); ~ करना to suspend.

मुअत्तली (mu at ta lee) *f.* suspension (from service); ~ का हुकुम order of suspension, suspension order.

मुअन्नस (mu an nas) *adj.* feminine.

मुआ (mu A) *adj.* dead.

मुआफ़िक़ (~ FIK) *adj.* = माफ़िक़।

मुआयना (~ ynA) *m.* inspection; ~ करना to inspect.

मुआवज़ा (mu AV ZA) *m.* compensation.

मुक़त्ता (mu KAT tA) *adj.* well-trimmed; ~ दाढ़ी well-trimmed beard.

मुक़दमा (mu KAd mA) *m.* law-suit; ~ खड़ा करना to institute a case; ~ चलाना—उस

पर मुक़दमा चल रहा है He is being sued. ~ चलाना / ठोकना to sue, to file/lodge a suit; ~ दायर करना to file a suit; ~ लड़ना (i) to fight a case; (ii) to face a suit; ~ लड़ाना to aid or abet litigation; ~ लेना to take up a case.

मुक़दमेबाज़ (~ me BAZ) *m.* litigant.

मुक़दमेबाज़ी (~ me BA zee) *f.* litigation.

मुक़द्दम (~ dam) *adj.* 1. ancient. 2. primary.

मुक़द्दमा (~ da MA) *m.* = मुकदमा।

मुक़द्दर (~ dar) *m.* destiny, fate, luck; ~ का लिखा destined; ~ का सिकंदर favo- urite of fortune.

मुकद्दस (mu kad das) *adj.* holy, sacred, pious; ~ किताब holy book.

मुकना (muk nA) *vi.* to be finished, to come to an end.

मुकम्मल (mu kam mal) *adj.* 1. complete/ completed. 2. complete and perfect.

मुकरना (mu kar nA) *vt.* to go back upon one's word, to deny, to refuse.

मुकरी (muk ree) *f.* riddle in the form of a short couplet.

मुक़र्रर (mu KAr rar) *adj.* 1. appointed. 2. fixed.

मुकलावा (muk lA vA) *m.* = गौना।

मुक़ाबला (mu KAb lA) *m.* 1. comparison. 2. encounter; ~ करना to encounter; ~ होना to have an encounter; मुक़ाबले का mathching; मुक़ाबले की टक्कर matching encounter/duel; मुक़ाबले पर आना to face/ grapple.

मुक़ाम (mu KAM) *m.* 1. halt, halting place; ~ करना to halt; ~ चुकाना to offer condo- lences; ~ देना to go to someone's house to offer condolences. 2. site, place.

मुकियाना (mu ki YA nA) *vt.* to give light blows with the fists for giving relief, to pummel.

मुकुंद (mu kund) *m.* = विष्णु।

मुकुट (mu kuT) *m.* coronet, crest, diaden crown, tiara.

मुकुर (mu kur) *m.* mirror.

मुकुल (mu kul) *m.* bud.

मुकुलित (mu ku lit) *adj.* budded.

मुक्का (muk KA) *m.* punch, blow given wi the fist; ~ खाना to receive a blow c fist; ~ मारना to hit (somebody) with hard punch, sock; उसने मेरे बाएँ जबड़े मुक्के से प्रहार किया He gave me a ha punch on my left jaw.

मुक्का-मुक्की (~ - muk kee) *f.* exchange blows/punches.

मुक्की (muk kee) *f.* light blow of fist.

मुक्केबाज़ (~ ke BAZ) *m.* boxer.

मुक्केबाज़ी (~ ke BA zee) *f.* boxing.

मुक्कैश (~ kaish) *m.* = बादला।

मुक्त (mukt) *adj.* 1. freed, liberated, rele sed, emancipated. 2. free, independer ~ प्रेम free love; ~ करना to set free, liberate.

मुक्तकंठ (~ kanTh) *adj.*; ~ से without a reserve.

मुक्तक (muk tak) *m.* piece of poetry.

मुक्तकेश (mukt kesh) *adj.* havi uncombed hair.

मुक्तचेता (~ ce tA) *adj.* (one) who has rea sed the secret to attain salvation.

मुक्तछंद (~ chand) *m.* blank verse.

मुक्तद्वार (~ dwAr) *m.* open door, free exce ~ नीति open-door policy.

मुक्तवसन (~ vasan) *adj.* naked, nude.

मुक्त-व्यापार (~ - vyA pAr) *m.* free trade.

मुक्तहस्त (~ hast) *adj.* bounteous, liber ~ होकर with a free hand, liberally.

मुक्ता (muk tA) *f.* pearl.

मुक्तावली (~ va lee) *f.* 1. string of pea 2. collection of poetic gems.

मुक्ति (muk ti) *f.* 1. liberation, emancipation, release. 2. salvation. 3. riddance, deliverance. 4. acquittal, exemption.

मुक्तिदाता (~ dA tA) *m.* 1. liberator. 2. one who gives salvation, saviour.

मुक्तिधाम (~ dhAm) *m.* place which leads to salvation.

मुक्तिपथ (~ path) *m.* path of salvation.

मुक्तिपत्र (~ pattr) *m.* order of release.

मुक्तिमार्ग (~ mArg) *m.* = मुक्तिपथ।

मुक्तिलाभ (~ lAbh) *m.* emancipation.

मुक्ति-सेना (~ - se nA) *f.* salvation army.

मुख (mukh) *m.* 1. mouth. 2. face. 3. opening.

मुखकमल (~ ka mal) *m.* lotus-like face, pretty face.

मुखकांति (~ kAn ti) *f.* halo of the face, radiance of the face.

मुखचित्र (~ cittr) *m.* frontispiece.

मुखड़ा (~ RA) *m.* face.

मुख़तार (muKh tAr) *m.* 1. Mukhtar. 2. legal agent.

मुख़तारनामा (~ nA mA) *m.* power of attorney.

मुख़तारी (muKh tA ree) *f.* attorneyship.

मुखद्वार (mukh dwAr) *m.* gateway.

मुखपत्र (~ pattr) *m.* an organ of a particular party or group.

मुखपृष्ठ (~ prishTh) *m.* title page.

मुख़बिर (muKh bir) *m.* one who gives secret information, informer, spy.

मुखमंडल (mukh man Dal) *m.* countenance.

मुखर (mu khar) *adj.* 1. cheeky. 2. talkative, loquacious, vociferous.

मुखरता (~ tA) *f.* vociferousness.

मुखरित (mu kha rit) *adj.* voiced, expressed, given vent to, resonant.

मुखशुद्धि (mukh shud dhi) *f.* 1. cleansing of the mouth (after a meal). 2. taking betel-leaf, clove, cardamom etc. after a meal.

मुखसुख (~ sukh) *m.* ease/facility in pronunciation.

मुखाकृति (mu khA kri ti) *f.* mien; साधारण ~ वाली स्त्री a lady with a modest looking mien.

मुख़ातिब (mu KhA tib) *adj.* (किसी की ओर) ~ होना to turn towards (someone).

मुखापेक्षी (mu khA pek shee) *adj.* looking at others for help, depending on others.

मुखारविंद (mu khAr vind) *m.* pretty/lovely face.

मुखारी (mu khA ree) *f.* semblance of the face.

मुख़ालिफ़ (mu Kha liF) *adj.* adverse, opposed, antagonistic.

मुख़ालिफ़त (mu KhA li Fat) *f.* opposition.

मुखिया (mu khi yA) *m.* 1. head, headman. 2. क़बीले का ~ headman of the tribe. 3. kingpin; डोडा संहार का ~ मारा गया है Doda carnage kingpin has been killed.

मुखी (mu khee) *m.* the sunflower. *suffix.* denoting (i) orientation; सूरजमुखी oriented towards the Sun; (ii) resemblance; चंद्रमुखी having a face like moon.

मुखौटा (mu khau TA) *m.* mask, false face/countenance; ~ लगाना (i) to put on a mask; (ii) to put on a pretentious disguise.

मुख़्तलिफ़ (muKh ta liF) *adj.* different.

मुख़्तसर (~ ta sar) *adj.* brief; ~ में briefly speaking.

मुख्य (mukkhy) *adj.* 1. chief; ~ अतिथि chief guest; ~ मंत्री Chief Minister. 2. main, key, primary, principal; ~ उद्देश्य principal aim; ~ खिलाड़ी key player; ~ उद्योग key industries; ~ बात main point; ~ विशेषताएँ main features; ~ शब्द headword. 3. leading; ~ अधिवक्ता leading advocate.

मुख्यत: (~ tah) *adv.* mainly, primarily, predominantly, pre-eminently, chiefly, principally.

मुख्यतया (~ TA YA) *adv.* = मुख्यत: ।

मुख्यता (~ TA) *f.* prominence, pre-minence.

मुख्यार्थ (mukh YArth) *m.* denotation.

मुख्यालय (muk khyA lay) *m.* head office, headquarters.

मुगदर (mug dar) *m.* Indian type of dumb-bells used in physical exercises, mallet.

मुग़ल (mu GAl) *m.* Moghal.

मुग़लई (muG la ee) *adj.* after the Moghal style.

मुग़लिया (~ li YA) *adj.* of Moghal dynasty or period.

मुग़ालता (mu GAl TA) *m.* delusion; ~ खाना to be under a delusion.

मुग्ध (mugdh) *adj.* fascinated, infatuated, charmed, captivated; उसने मुझे ~ कर लिया था I was (quite) captivated/charmed by her.

मुग्धता (~ TA) *f.* fascination, infatuation.

मुग्धा (mug dhA) *f.* innocent heroine, not yet fully mature.

मुचल्का (mu cal KA) *m.* personal-bond; ~ लेना to have a personal-bond executed.

मुच्छल (muc chal) *adj.* whiskered.

मुछंदर (mu chan dar) *adj.* whiskered.

मुछकटा (much ka TA) *adj.* with clipped moustache.

मुछमुंडा (~ muN DA) *adj.* clean-shaven.

मुजरा (muj rA) *m.* musical sitting by a dancing girl; ~ करना (i) to entertain by giving a musical sitting; (ii) to pay homage; ~ लेना to grant audience.

मुजरिम (~ rim) *adj.* & *m.* accused, offender, criminal.

मुज़ायका (mu ZAY KA) *m.* कोई ~ नहीं It doesn't matter; क्या ~ Does it matter?

मुझ (mujh) *pron.* me; ~ को me, to me; ~ पर on me, upon me.

मुझे (mu jhe) *pron.* me, to me.

मुटका (muT KA) *adj.* fat (person).

मुटमरद (~ ma rad) *adj.* & *m.* proud, vain-glorious.

मुटमरदी (~ mar dee) *f.* inactivity due to lassitude.

मुटाई (mu TA ee) *f.* fattiness, fat; ~ चढ़ना swollen-headedness.

मुटाना (mu TA nA) *vi.* to fatten, to grow fat. वह आजकल ख़ूब मुटा रहा है He is getting much fatter these days.

मुटापा (mu TA pA) *m.* fatness, plumpness, obesity.

मुटासा (mu TA SA) *adj.* vainglorious (due to affluence).

मुटियाना (mu Ti YA nA) *vi* to get fat, to become arrogant.

मुट्ठा (muT ThA) *m.* 1. bundle; काग़ज़ों का ~ roll of papers. 2. handle. [Fem. मुठिया]

मुट्ठी (~ Thee) *f.* fist; ~ गरम करना (i) to meet ceremoniously; (ii) to bribe; ~ गरम होना to accept bribe; ~ ढीली होना to be open handed; ~ - भर (i) handful—मुट्ठी-भर राख a fistful of ashes; (ii) few; मुट्ठी-भर लोग few persons; ~ में होना to be in (one's) grip/clutches; बँधी ~ undisclosed state (usually due to unity); भर - ~ plentifully.

मुठभेड़ (muTh bheR) *f.* 1. confrontation; डाकुओं के दो दलों के बीच होनेवाली ~ a confrontation between two dacoit groups. 2. encounter; दो डाकू ~ में मारे गए Two dacoits were shot dead in encounter.

मुठिया (mu Thi YA) *f.* haft, a handle or hilt.

मुठियाना (~ nA) *vt.* 1. massage with light strokes of the fist. 2. to hold in one's fist/grip/grasp.

मुड़कना (mu Rak nA) *vi.* to bend/twist.

मुड़ना (muR nA) *vt.* 1. to turn (about). 2. to return. 3. to bend. 4. to be twisted.

मुड़िया (mu Ri yA) *m.* 1. head. 2. one with a clean-shaven head.

f. a type of Hindi script used in Mahajani books (account).

मुतबन्ना (mut ban nA) *adj.* & *m.* adopted (son).

मुतलक़ (~ lak) *adv.* absolutely; ~ नहीं absolutely not, not at all.

मुतवल्ली (~ val lee) *adj.* guardian of a minor.

मुतवातिर (~ vA tir) *adv.* continuously.

मुतसद्दी (~ sad dee) *m.* 1. clerk, assistant. 2. agent.

मुताबिक (mu tA bik) *adv.* according (to).

मुतालबा (mu tAl bA) *m.* dues, arrears.

मुतास (mu tAs) *f.* urge to urinate.

मुताह (mu tAh) *m.* temporary marriage prevalent among Shia Muslims.

मुत्तफ़िक़ (mut ta fik) *adj.* in agreement with.

मुत्तला (~ ta lA) *adj.* informed, notified; ~ करना to inform/notify/announce.

मुदर्रिस (mu dar ris) *m.* school teacher.

मुदर्रिसी (mu dar ri see) *f.* teaching.

मुदा (mu dA) *m.* = मुद्दा।

मुदाख़लत (mu dAkh lat) *f.* interference.

मुदित (mu dit) *adj.* delighted, pleased, rejoiced.

मुद्गर (mud gar) *m.* = मुगदर।

मुद्दआ (~ da A) *m.* = मुद्दा।

मुद्दई (~ da ee) *m.* plaintiff, suitor.

मुद्दत (~ dat) *f.* 1. duration. 2. long period/time; ~ से for a long time.

मुद्दती (~ da tee) *adj.* 1. of a fixed duration. 2. old, time-worn.

मुद्दा (~ dA) *m.* 1. intention, purport, proposition. 2. issue; आंदोलन का ~ issue of the agitation.

मुद्दालेह (~ leh) *m.* defendant, accused.

मुद्र (muddr) *m.* type (printing).

मुद्रक (mud drak) *m.* printer.

मुद्रण (mud draN) *m.* printing; ~ सामग्री printing material.

मुद्रणालय (~ dra NA lay) *m.* printing press.

मुद्रलिख (muddr likh) *m.* typewriter.

मुद्रलेखक (~ le khak) *m.* typist.

मुद्रा (mud drA) *f.* 1. seal. 2. money. 3. coin/currency. 4. mien.

मुद्रा-बाज़ार (~ bA zAr) *m.* money market.

मुद्राशास्त्र (~ shAstr) *m.* Numismatics.

मुद्रास्फीति (~ sphee ti) *f.* inflation of currency.

मुद्रिका (mud dri kA) *f.* 1. finger ring. 2. seal.

मुद्रित (~ drit) *adj.* printed.

मुनक़्क़ा (mu nak kA) *f.* currant.

मुनादी (mu nA dee) *f.* announcement, proclamation; ~ करना proclamation by beat of drum.

मुनाफ़ा (mu nA FA) *m.* profit, gain, advantage.

मुनाफ़ाख़ोर (~ Khor) *m.* profiteer.

मुनाफ़ाख़ोरी (~ Kho ree) *f.* profiteering.

मुनासिब (mu nA sib) *adj.* 1. proper, fit, just. 2. reasonable.

मुनि (mu ni) *m.* hermit, sage, saint.

मुनियाँ (~ yÃ) *f.* 1. a small red-coloured bird. 2. small girl.

मुनींद्र (mu nẽedr) *m.* great hermit/sage.

मुनीम (mu neem) *m.* 1. accounts clerk, accountant. 2. clerk.

मुनीमी (mu nee mee) *f.* work or profession of a मुनीम।

मुनीश (mu neesh) *m.* a great hermit/sage.

मुनीश्वर (mu neesh shwar) *m.* great hermit.

मुन्ना (mun nA) *m.* dear child. [Fem. मुन्नी]

मुन्नू (~ noo) *m.* = मुन्ना
मुफ़लिस (muF lis) *adj.* & *m.* poor, pauper.
मुफ़लिसी (~ li see) *f.* poverty, penury.
मुफ़ीद (mu Feed) *adj.* beneficial, useful, advantageous.
मुफ़्त (muFt) *adj.* free (of charge); ~ का free of charge, at no cost; ~ में (i) free of charge, gratis; (ii) without purpose, for nothing.
मुफ़्तख़ोर (~ Khor) *adj.* (social) parasite.
मुफ़्तख़ोरा (~ Kho rA) *adj.* = मुफ़्तख़ोर।
मुफ़्तख़ोरी (~ Kho ree) *f.* habit of living on others, parasitic way of living.
मुफ़्ती (muF tee) *m.* dispenser of law. *f.* plain-clothes; ~ में (police, military etc.) personnel in plain-clothes.
मुबारक (mu bA rak) *adj.* auspicious; ~ हो May (it) be auspicious (to you).
मुबारकबाद (~ bAd) *f.* congratulations.
मुबारकबादी (~ bA dee) *f.* = मुबारकबाद।
मुबालग़ा (mu bAl GA) *m.* exaggeration.
मुबाहिसा (mu bA hi sA) *m.* discussion; बहस - ~ prolonged argumentation, disputation.
मुमकिन (mum kin) *adj.* possible.
मुमताज़ (~ tAz) *adj.* selected, chosen, preferred.
मुमानियत (mu mA ni yat) *f.* forbiddance, prohibition.
मुमुक्षा (mu muk shA) *f.* aspiration for salvation.
मुमुक्षु (mu muk shu) *adj.* seeking/desiring Salvation/Deliverance.
मुमूर्षा (mu moor shA) *f.* pining for death, desire to die.
मुमूर्षु (mu moor shu) *adj.* (person) pining for death.
मुरंडा (mu raN DA) *adj.* 1. dried out. 2. very lean and thin. *m.* a sweet made of parched wheat.
मुरकी (mur kee) *f.* 1. ear-top, ear-ring. 2. a kind of musical ornamentation around a note.
मुरग़ा (~ GA) *m.* cock, fowl (fem. मुरग़ी); ~ बनाना corporeal punishment of abject type.
मुरग़ाबी (~ bee) *f.* water-fowl.
मुरग़ी (mur Gee) *f.* hen.
मुरग़ी-पालन (~ - pA lan) *m.* poultry-farming.
मुरझाना (mur jhA nA) *vi.* to fade/wither; ~ तेज़ धूप से पत्ते मुरझा गए The hot sun had withered the leaves.
मुरदनी (~ da nee) *f.* 1. lifeless/deadly/deathly stillness; चेहरे पर ~ छाई है The face has lost all lustre. 2. funeral; कुछ ही लोग ~ में शामिल हुए Some people attended the funeral.
मुरदा (~ dA) *adj.* dead; ~ हो जाना to wither away, to grow too weak. *m.* dead body.
मुरदा-घर (~ ghar) *m.* mortuary.
मुरदा-दिल (~ - dil) *adj.* devoid of zest.
मुरब्बा (mu rab bA) *adj.* (Geom.) square. *m.* jam, preserve.
मुरमुरा (mur mu rA) *m.* parched and puffed rice, maize etc.
मुरमुराना (~ nA) *vi.* to break with a clicking sound, to crack down.
मुरलिका (mur li kA) *f.* = मुरली।
मुरली (~ lee) *f.* flute.
मुरलीधर (~ dhar) *m.* 1. flute-player. 2. Lord Krishna.
मुरलीमनोहर (~ ma no har) *m.* Lord Krishna.
मुरलीवाला (~ vA lA) *m.* 1. flute-seller. 2. Lord Krishna.
मुरव्वत (mu rav vat) *f.* consideration, affability, favour, obliging disposition; मुरव्वत ~ की तरह की जाती है, अपना घर उठाकर नहीं दे दिया जाता (प्रेमचंद) There are limits

to human benevolence. You cannot simply handover your house, all entire, to anyone; ~ में मारे जाना to suffer due to one's obliging disposition.

रव्वती (~ va tee) *adj.* of obliging disposition, considerate.

राद (mu rAd) *f.* longing, craving; ~ पूरी होना fulfilment of a long cherished desire.

रारी (mu rA ree) *m.* Lord Krishna.

रीद (mu reed) *m.* 1. follower. 2. disciple.

रौअत (mu rau at) *f.* = मुरव्वत।

र्ग़ (murG) *m.* = मुरग़ा; ~ मुसल्लम roasted whole fowl.

र्दनी (mur da nee) *f.* = मुरदनी।

ुलमुलाना (mul mu lA nA) *vi.* to blink.

ुलम्मा (mu lam mA) *m.* veneer, coating; ~ चढ़ाना to veneer.

ुलम्मासाज़ (~ sAz) *m.* gilder.

ुलाक़ात (mu lA KAt) *f.* 1. meeting; ~ अचानक ही हुई थी The meeting was a casual/accidental one. यदि मेरी उस दुष्ट से ~ हुई होती तो मैंने उसे अच्छा सबक सिखाया होता Had I met that rascal, I would have taught him a befitting lesson. ~ करना to (go to) meet. 2. acquaintance; पुरानी ~ old acquaintance.

मुलाक़ाती (~ KA tee) *m.* 1. visitor. 2. acquaintance; पुराना ~ old acquaintance.

मुलाज़मत (mu lAz mat) *f.* service, employment; ~ करना to serve, to work as a paid employee.

मुलाज़िम (mu lA zim) *m.* 1. employee; ~ रखना to employ. 2. servant.

मुलायम (~ yam) *adj.* 1. delicate. 2. tender; ~ पड़ जाना to soften one's attitude.

मुलायमियत (~ ya mi yat) *f.* softness, tenderness.

मुलाहिज़ा (mu lA hi zA) *m.* consideration, regard (for others); ~ करना / फ़रमाना to pay attention, to look at.

मुलेठी (mu le Thee) *f.* liquorice.

मुल्क (mulk) *m.* country.

मुल्की (mul kee) *adj.* pertaining to a country.

मुल्ज़िम (mul zim) *adj.* accused.
m. culprit.

मुल्तवी (~ ta vee) *adj.* postponed; ~ करना to drop or postpone; ~ रखना to drop.

मुल्ला (~ lA) *m.* Muslim priest.

मुवक्किल (mu vak kil) *m.* client.

मुशायरा (mu shAy rA) *m.* poets' meet, poetic symposium.

मुश्क (mushk) *f.* 1. musk. 2. odour, smell. 3. arm; मुश्कें कसना to tie up one's arms behind one's back.

मुश्किल (mush kil) *adj.* 1. not easy, difficult. 2. hard, tough; उसे खुश करना ~ है He is a hard man to please.
f. difficulty; ~ आसान करना to facilitate a matter/issue; ~ में पड़ना to be in a fix.; ~ से hardly—वह मुशकिल से पाँच बरस का है He is hardly five (years of age).

मुश्की (~ kee) *adj.* musky.

मुश्त (musht) *m.* fist; एक ~ in a single lot.

मुष्टि (mush Ti) *f.* fist.

मुष्टि-प्रहार (~ pra hAr) *m.* hard punch, sock; ~ करना to sock.

मुसम्मात (mu sam mAt) *f.* woman, lady.

मुसम्माती (~ mA tee) *adj.* pertaining to a woman.

मुसम्मी (~ mee) *f.* a variety of orange.

मुसलमान (mu sal mAn) *m.* Muslim.

मुसलमानी (~ mA nee) *adj.* of a Muslim.
f. circumcision; ~ करना to circumcise.

मुसलिम (mus lim) *adj.* = मुस्लिम।

मुसल्लम (mu sal lam) *adj.* all entire, whole.

मुसल्ला (~ lA) *m.* Muslim prayer-mat.

मुसाफ़िर (mu sa Fir) *m.* 1. traveller, voyager. 2. passenger; ~ - गाड़ी passenger train.

मुसाफ़िरख़ाना (~ KhA nA) *m.* waiting room.

मुसाफ़िरी (mu SA Fi ree) *f.* travel.

मुसाहब (~ hab) *m.* = मुसाहिब।

मुसाहबी (~ ha bee) *adj.* sycophancy.

मुसाहिब (~ hib) *m.* 1. counsellor. 2. sycophant.

मुसीबत (mu see bat) *f.* 1. difficulty, trouble. 2. adversity, calamity, misfortune; ~ का पहाड़ mountain of misery; ~ का मारा struck by misfortune; ~ का वक़्त time of adversity; ~ का सामना करना to face misfortune/adversity; ~ की घड़ी time of adversity; ~ के दिन days of adversity; ~ खड़ी करना to create a problem; ~ झेलना to endure a hardship; ~ टल जाना blowing over or passing of a trouble; ~ में पड़ना / पड़ जाना to be in for trouble; ~ में होना to find oneself in trouble; ~ मोल लेना to invite trouble; ~ ही मुसीबत है There is no end to misfortune. Troubles are endless. मुसीबतों पर ~ आना to have a succession of misfortunes. मुसीबतों से जूझना to grapple with adversities; अजीब ~ है What an awkward situation ! कैसी ~ है What a problem! What a misfortune ! हँसते-हँसते ~ झेलना to face a hardship cheerfully/with a smile.

मुसीबतज़दा (~ za dA) *adj.* struck by misfortune, calamity-stricken.

मुस्कराना (musk rA nA) *vi.* to smile.

मुस्कान (mus kAn) *f.* smile; फीकी ~ artificial/affected smile; हलकी ~ chuckle, faint smile.

मुस्टंडा (~ TAN DA) *adj.* & *m.* boorish, hefty fellow.

मुस्टंडापन (~ pan) *m.* boorish behaviour.

मुस्तैद (mus taid) *adj.* 1. ever-ready, prompt; लड़ने को ~ ever-ready/girt up to fight. 2. alert, vigilant.

मुस्तैदी (~ tai dee) *f.* 1. ever-readiness. 2. alertness, vigilance.

मुस्लिम (~ lim) *adj.* Muslim.

मुहकमा (mu hak mA) *m.* department.

मुहताज (muh tAj) *adj.* 1. indigent, poor. 2. handicapped, needy. 3. wanting; दया का ~ object of pity.

मुहब्बत (mu hab bat) *f.* love, deep affection; वह अपने माँ-बाप से ~ करता है He loves his parents. ~ का मारा love-lorn, lovesick; ~ में पड़ जाना to fall in love; ~ में मरे जाना to go on hankering after love.

मुहब्बती (~ ba tee) *adj.* loving, affectionate.

मुहम्मद (mu ham mad) *adj.* praised.
m. prophet Mohmmad.

मुहम्मदी (~ ma dee) *adj.* pertaining to Mohammad.
m. a Muslim.

मुहर (mu har) *f.* 1. an Indian gold coin. 2. seal. 3. stamp; ~ लगाना (i) to seal; (ii) to stamp; दाने-दाने पर ~ (लगी) है Every grain is earmarked (for someone).

मुहरबंद (~ band) *adj.* Sealed; अपना ~ प्रस्ताव 15 दिन के अंदर भेज दें Send your sealed proposal within 15 days.

मुहर्रम (mu har ram) *m.* day of Imam Hussain's martyrdom—a Muslim festival.

मुहर्रमी (~ ra mee) *adj.* dismal, very gloomy.

मुहर्रिर (~ rir) *m.* clerk.

मुहर्रिरी (~ ri ree) *f.* work or calling of a मुहर्रिर।

मुहलत (muh lat) *f.* 1. period of time allotted for finishing a job. 2. leisure. 3. leave of absence from work.

मुहल्ला (mu hal lA) *m.* locality.

मुहल्लेदार (~ le dAr) *m.* neighbour, one living in the same locality/street.

मुहल्लेदारी (~ le dA ree) *f.* neighbour-hood, feeling of neighbourliness.

मुहाना (mu hA nA) *m.* estuary, mouth.

मुहाल (mu hAl) *adj.* difficult.

m. = मुहल्ला।

मुहावरा (mu hAv rA) *m.* 1. idiom. 2. practice.

मुहावरेदार (~ re dAr) *adj.* idiomatic; वह ~ हिंदी बोलता है He speaks idiomatic Hindi.

मुहासा (mu hA sA) *m.* = मुँहासा।

मुहिम (mu him) *f.* 1. campaign, military expedition. 2. arduous job; ~ पर जाना (i) to go to the battle-front; (ii) to face an arduous task; ~ सर करना (i) to achieve victory; (ii) to complete an arduous task.

मुहूर्त (mu hoort) *m.* auspicious moment; 8 बजे का ~ निकला है 8 o'clock has been found as the auspicious moment. ~ निकल जाना = ~ बीत जाना; ~ निकालना to find out an auspicious moment; ~ पूछना to enquire about an auspicious moment; ~ बताना to announce/declare the auspicious moment; ~ बीत जाना passing of the auspicious moment.

मूँग (mōog) *m.* green gram, kidney bean; ~ पढ़कर मारना to practise black magic on somebody; छाती पर ~ दलना to torment someone openly.

मूँगफली (~ pha lee) *f.* ground-nut.

मूँगा (mōo gA) *m.* coral.

मूँगिया (~ gi yA) *adj.* of the colour of मूँग।

मूँछ (mōoch) *f.* moustache (s); ~ का बाल hot favourite; मूँछें उखाड़ना to crush (someone's) pride; मूँछें तानकर with an air of arrogance; मूँछें नीची होना lowering of one's pride; मूँछों पर ताव देना to twist one's moustaches as a sign of haughti-ness; मूँछें मुँड़ाना to admit defeat (in a wager).

मूँज (mōoj) *f.* a kind of reed.

मूँड़ (mōoR) *m.* head; ~ मुँडाना (i) to get the head shaven; (ii) to waste time purposelessly.

मूँड़ना (~ nA) *vt.* 1. to shave the head. 2. to fleece; मूँड़ लेना to fleece (someone of his possessions).

मूँड़ी (mōo Ree) *f.* = मूँड़।

मूँदना (mōod nA) *vt.* to close/shut/cover; आँखें मूँद लेना to close one's eyes (to), to connive (at).

मूआ (moo A) *adj.* dead.

मूक (mook) *adj.* 1. dumb, speechless, mute. 2. silent; ~ सेवक silent/unassuming server; ~ सेवा tacit service.

मूज़ी (moo zee) *adj.* 1. tyrannical. 2. mean, lowly. 3. extremely miserly/stingy.

मूठ (mooTh) *f.* 1. handle; तलवार की ~ hilt. 2. black magic; ~ चलाना to perform an act of black magic, to practise black magic.

मूड (mood) *m.* mood; ~ बिगाड़ देना to spoil (someone's) mood.

मूढ़ (moorh) *adj.* idiotic, stupid, foolish, ignorant.

मूढ़ता (~ tA) *f.* idiocy, stupidity, foolishness, folly, silliness.

मूत (moot) *m.* urine.

मूतना (~ nA) *vi.* to pass urine, to urinate.

मूत्र (moottr) *m.* urine; ~ - परीक्षण urine examination/test.

मूत्रालय (moot trA lay) *m.* urinal.

मूत्राशय (moot trA shay) *m.* urinary bladder.

मूर्ख (moorkh) *adj.* stupid, foolish; ~ बन जाना to make a fool of oneself; ~ बनाना to befool/stultify.

मूर्खता (~ tA) *f.* 1. stupidity, foolishness, idiocy; यह तो ~ की हद है This is the height of idiocy. ~ दिखाना to exhibit one's stupidity. 2. blunder; तुम कैसी ~ कर रहे हो What a blunder you are making!

मूर्च्छना, मूर्छना (moorch nA) *f.* modulation.

मूर्च्छा, मूर्छा (moor chA) *f.* swoon, fainting; ~ टूटना—उसकी मूर्छा टूट गई He recovered consciousness/He came back to his senses.

मूर्च्छित, मूर्छित (~ chit) *adj.* & *pp.* fainted, out of senses, hysterical.

मूर्त (moort) *adj.* 1. concrete, tangible; ~ रूप concrete shape. 2. corporeal, statuesque. 3. personified.

मूर्तता (~ tA) *f.* concreteness.

मूर्ति (moor ti) *f.* idol, statue, icon; मूर्तियाँ तोड़ना to break idols; ~ - कला sculpture; ~ कार sculptor, statuary; ~ - पूजक idolater; ~ - पूजा idol-worship, iconolatry, idolatry; ~ - भंजक iconoclast; ~ - भंजन iconoclasm.

मूर्तिमान, मूर्तिमान् (~ mAn) *adj.* personified; ~ हो जाना to become personified, to assume a form.

मूर्द्धन्य, मूर्धन्य (moor dhanny) *adj.* 1. pertaining to the मूर्धा, cerebral. 2. top-ranking, renowned, leading.

मूर्द्धा, मूर्धा (~ dhA) *f.* cerebrum.

मूल (mool) *adj.* 1. pertaining to the origin/source; ~ कारण root cause. 2. original, pristine; ~ पाठ original text. 3. primitive; ~ जाति primitive race. 4. fundamental; ~ सिद्धांत fundamental principle, ~ प्रश्न crucial point, crux. *m.* 1. root; ~ पकड़ना to catch the root; कंद - ~ edible roots and the like. 2. origin; भारतीय ~ के लोग people of Indian origin.

मूलत: (~ tah) *adv.* 1. originally; मैं ~ पंजाब से हूँ I am from Punjab originally. 2. basically, fundamentally.

मूलतत्त्व (~ tattw) *m.* 1. basic element (s). 2. The Elements (of a subject).

मूलधन (~ dhan) *m.* principal (amount).

मूलभूत (~ bhoot) *adj.* fundamental, basic.

मूलमंत्र (~ mantr) *m.* keynote.

मूल स्थान (~ sthAn) *m.* 1. original home. 2. starting point, source.

मूली (moo lee) *f.* radish.

मूलीय (~ leey) *adj.* pertaining to the root.

मूल्य (moolly) *m.* 1. value, price; इसका ~ 55 रुपए 50 पैसे है It costs fifty five rupees and fifty paise/It is fifty five fifty. ~ निश्चित करना to fix the price; ~ चुकाना to pay off the price; ~ लगाना to estimate how much money something is worth. 2. principle, standard; सांस्कृतिक ~ cultural values.

मूल्य-नियंत्रण (moolly - ni yan traN) *m.* price control.

मूल्यवान (~ vAn) *adj.* valuable, precious, costly; हम दो ~ आदर्शों को रक्षित करने में सफल हुए We have been successful in preserving two precious ideals.

मूल्यविहीन (~ vi heen) *adj.* 1. valueless. 2. worthless.

मूल्यवृद्धि (~ vrid dhi) *f.* hike/rise in price.

मूल्य-सूचकांक (~ - soo ca kAṅk) *m.* price index.

मूल्य-सूची (~ - soo cee) *f.* price list.

मूल्यांकन (mool lyAṅ kan) *m.* valuation, estimation; ~ करना to make an estimate, to estimate how much money something is worth.

्यांकनकर्ता (~ kartA) *m.* valuer.

्यानुसार (mool lyA nu sAr) *adj.* ad valorem.

ाक (moo shak) *m.* rat. [Fem. मूषिका]

षिका (~ shi kA) *f.* she-rat.

। (moos) *m.* rat, mouse.

ादानी (~ dA nee) *f.* rat-trap.

ाना (~ nA) *vt.* 1. to extort out money (from someone). 2. to steal, pilfer.

ाल (moo sal) *m.* pestle.

ालचंद (~ cand) *adj.* & *m.* 1. rustic. 2. sturdy but idle fellow.

ालधार (~ dhAr) *adj.*; ~ पानी / वर्षा torrential rains.

ाला (moos lA) *f.* tap-root.

ाली (~ lee) *f.* small pestle.

ा (moo sA) *m.* 1. mouse; ~ हरिन mouse deer. 2. Moses.

ाई (~ ee) *m.* follower of Moses, Jew.

ा (mrig) *m.* deer. [Fem. मृगी]

ाचर्म (~ carm) *m.* skin of deer, deerskin.

ाछाला (~ chA lA) *f.* skin of deer, deerskin.

ाछौना (~ chau nA) *m.* fawn.

ाजल (~ jal) *m.* mirage.

ातृष्णा (~ trish NA) *f.* 1. mirage. 2. any hope that cannot be fulfilled.

ादाव (~ dAv) *m.* deer-park.

ानयनी (~ naya nee) *adj.* deer-eyed, having captivating eyes.

ा-मरीचिका (~ - ma ree ci kA) *f.* mirage.

ाया (mri ga yA) *f.* the chasing and killing of birds and wild animals, hunting.

ालोचनी (mrig loc nee) *f.* = मृगनयनी।

ी (mri gee) *f.* hind.

णाल (~ NAl) *m.* stalk of the lotus plant.

ण्पात्र (mriN pAttr) *m.* earthen vessel, pot.

ण्मूर्ति (~ moor ti) *f.* clay model.

मृत (mrit) *adj.* dead, deceased, extinct.

मृतक (mri tak) *m.* a dead person.
adj. no longer alive, dead; मृतकों की संख्या एक लाख तक जा पहुँची The death roll rose to one lac.

मृतक-कर्म (~ - karm) *m.* obsequies, last rites.

मृतजात (mrit jAt) *adj.* still-born.

मृतप्राय (~ prAy) *adj.* about to come to an end, almost dead.

मृत-संजीवनी (mrit - san jeev nee) *f.* a mythological herb which restores life to the dead.

मृत्तिका (~ ti kA) *f.* earth, clay.

मृत्युंजय (~ tyun jay) *adj.* immortal.

मृत्यु (~ tyu) *f.* death.

मृत्युकर (~ kar) *m.* death duty.

मृत्युदंड (~ daND) *m.* capital punishment.

मृत्यु-दर (~ - dar) *f.* death rate.

मृत्यु-प्रमाणक (~ - pra mA Nak) *m.* death certificate.

मृत्युलोक (~ lok) *m.* this world, mortal world.

मृत्युशय्या (~ shai yA) *f.* death bed.

मृत्यु-संख्या (~ saṅ khyA) *f.* death roll.

मृत्यु-समाचार (~ - sa mA cAr) *m.* obituary, news of the death of someone.

मृदंग (mri daṅg) *m.* an Indian musical instrument of the percussion type.

मृदु (~ du) *adj.* 1. soft. 2. tender, mild. 3. sweet, gentle.

मृदुता (~ tA) *f.* 1. softness. 2. tenderness. 3. sweetness, gentleness.

मृदुभाषी (~ bhA shee) *adj.* sweet/soft-tongued.

मृदुल (mri dul) *adj.* 1. soft. 2. tender. 3. sweet.

मृदुलता (~ tA) *f.* 1. softness. 2. tenderness. 3. sweetness.

में (mẽ) *postposition.* 1. in, into, at, on, between, among; क्या उस बैंक ~ तुम्हारा खाता है Do you have an account at that bank? 2. denoting possesion; उसमें सुनने की अद्‌भुत शक्ति है He is a patient/ good listener. ~ से (i) out of, from among, उनमें से कोई भी कहानी रोचक नहीं None of the stories is interesting. इन पाँचों में से एक भी नहीं none out of these five. (ii) from inside; कुएँ में से from inside the well; इतनी सी बात ~ रो दिए He took offence at such a trifle. इस ~ क्या रखा है There is no point in this. उस ~ केवल यही दोष है This is his only fault. एक गोली ~ काम तमाम One bullet, and the game is up. एक पुड़िया ~ बुख़ार ग़ायब One dose (of medicine) and fever vanishes (is off). एक रुपए ~ पाँच आम Five mangoes per rupee. कोट ~ बटन लगा दो Put a button on (my) coat. गली ~ कूड़ा पड़ा है Refuse is lying on the street. गले ~ कुर्ता तो डाल लो Put on a kurta (at least). घड़े ~ पानी भरा है The jar is filled with water. घाव ~ नश्तर लगा दो Apply a surgical knife to the wound. दुःख-सुख ~ through good days and bad; ध्यान ~ मग्न sunk in meditation; पत्तों ~ पक्षी बैठा है A bird is sitting among the leaves. पैर ~ जूता तक नहीं He has not even a shoe on his feet. बालों ~ तेल डालो Apply oil to (your) hair. यह भी कोई काम ~ काम है This job is no job at all. राम भी कोई कवियों ~ कवि है Ram is hardly a poet. रास्ते ~ एक कुत्ता पड़ा था A dog was lying in the way. वह अपने आप ~ ख़ुश है He is contented within himself. वह उँगली ~ अँगूठी पहने है He is wearing a ring on his finger. वह काम ~ लगा है He is engaged in work. वह घर ~ सो रहा है He is sleeping in the house. वह बचपन ~ सुंदर थी She was prett as a girl/during her childhood. वह मु रास्ते ~ मिला He met me on the way. व देर से वर्षा ~ खड़ी है She has bee standing in the rain for a long tim वह सैकड़ों ~ एक है He is one in hundred. विवाह अगले जाड़ों ~ होगा Th marriage will be celebrated durin the next winter. वृक्ष ~ फल लगे हैं Th tree is bearing fruit. सच कहने ~ हर्ज क है What is the harm in telling th truth? सच बात ~ डर किसका Wh should one be afraid of telling th truth?

मेंगनी (mẽg nee) *f.* dung-ball of cattle.

मेंड (mẽD) *f.* ridge (between two fields)

मेंडक (mẽ Dak) *m.* frog.

मेंडकी (mẽD kee) *f.* fem. of frog.

मेंबर (mem bar) *m.* member. [H. E. सदस्य

मेंबरी (~ ba ree) *f.* membership.

मेंमें (mẽ mẽ) *f.* bleat (of a goat); ~ करना t speak unintelligibly (spl. in a nas tone, like a goat).

में से (mẽ se) *postposition.* 1. from an ong; वह मेरे मित्रों में से है He is one of m friends. 2. from inside; घर में से fro inside the house. 3. Through, fro one side of an objcet to the other; तु शीशे में से देख सकते हो You can se through the glass. गाड़ी सुरंग में से होक निकली The train passed through tunnel.

मेंह (mẽh) *m.* rain.

मेकप (me kap) *m.* act of applying co metics, make-up.

मेख (mekh) *f.* smallish nail.

मेखल (me khal) *f.* 1. girdle. 2. = मेखला

मेखला (mekh lA) *f.* belt.

मेगज़ीन (meg zeen) *f.* magazine.

घ (megh) *m.* cloud; ~ गर्जन thunder; ~ -माला multitude of clouds.

घदूत (~ doot) *m.* a classical Sanskrit poem of Kalidas in which he addresses the cloud as a lover's messenger.

घनाद (~ nAd) *m.* thunder.

घ विस्फोट (~ vis fhoT) *m.* cloud-burst.

घाच्छन्न (me ghAC chann) *adj.* over spread with clouds, loudy, clouded; ~ हो जाना to become overcast with clouds.

घाच्छादित (~ chA dit) *adj.* clouded.

घालय (me ghA lay) *m.* a state in the east of India.

ज़ (mez) *f.* table; खाने की ~ dining table; ~ लगाना to set the table.

ज़पोश (~ posh) *m.* table cloth.

ज़बान (~ bAn) *m.* 1. one who receives and entertains guests, host. 2. one who introduces and interviews guests, presenter.

ज़बानी (~ bA nee) *f.* generous treatment and entertainment of guets, hospitality.

जर (me jar) *m.* major (army).

ट (meT) *m.* mate, foreman (of labourers).

ट्रन (me Tran) *f.* matron.

डिकल (me Di kal) *adj.* medical.

ढ़ा (me RhA) *m.* ram.

ढ़ी (me Rhee) *f.* small braid, braiding.

थी (me thee) *f.* fenugreek, a green plant used as a vegetable.

द (med) *m.* fat (inside the body).

दा (me dA) *m.* stomach.

दिनी (me di nee) *f.* earth.

धा (me dhA) *f.* intellect.

धावी (~ vee) *adj.* intellectual, intelligent, wise, clever.

नू (me noo) *m.* menu.

म (mem) *f.* 1. madam, lady. 2. (in playing cards) queen.

मेमना (~ nA) *m.* lamb.

मेम-साहब (~ - sA hab) *f.* 1. lady. 2. your ladyship! [Aslo मेम-साहिबा]

मेमार (me mAr) *m.* mason.

मेमोरियल (me mo ri yal) *m.* memorial. [H.E. स्मारक]

मेयर (me yar) *m.* mayor. [H.E. नगर प्रमुख]

मेरा (me rA) *adj.* my; ~ एक मित्र one of my friends.

pron. mine; न कोई ~ है न कोई तेरा No one is mine and no one is yours.

मेरा-तेरा (~ - te rA) *adj.* mine and thine; ~ करना to indulge in ideas of mine and thine.

मेरी (me ree) *pron.* used to emphasize the speaker; ~ मत पूछो Don't ask about myself. ~ भली कही / पूछी / चलाई Leave me alone.

मेरु (me ru) *m.* a mythological mountain.

मेरुज्योति (~ jyo ti) *f.* aurora polaris.

मेरुदंड (~ daND) *m.* backbone, spine.

मेरुदंडीय (~ daN Deey) *adj.* spinal, vertebrate.

मेरु-रज्जू (~ - raj ju) *m.* spinal cord.

मेल (mel) *m.* match, concord; ~ का matching; ~ खाना (i) to match; (ii) to tally/ correspond; ~ कर लेना—फिर पति-पत्नी ने आपस में मेल कर लिया Later the couple reconciled.

मेल-गाड़ी (~ - gA Ree) *f.* mail train.

मेल-जोल (~ - jol) *m.* intimacy.

मेलना (~ nA) *v.* to collate.

मेल-मिलाप (~ - mi lAp) *m.* 1. unison; ~ से काम करना to work in unison. 2. reconciliation, coming back to friendship after estrangement.

मेल-मुलाक़ात (~ - mu lA kAt) *f.* social relationship, friendly association.

मेल-मुहब्बत (~ - mu hab bat) *f.* mutual affection, close relationship.

मेला (me lA) *m.* fair, fete; प्रधानमंत्री ने पुस्तक मेले का उद्‌घाटन किया The Prime Minister inaugurated the Book Fair. पुस्तक मेले में कई प्रतिष्ठित पुस्तक प्रकाशकों एवं पुस्तक व्यवसायियों ने भाग लिया Various renowned book-publishers and book-sellers participated in the Book Fair. यह ~ आम तौर पर जनवरी में लगता है This fair is generally held in January. चार दिन का ~ transitory association.

मेला-ठेला (~ - The lA) *m.* festive gathering, crowdy gathering.

मेवा (me VA) *m.* dry fruit.

मेवाड़ (me VAR) *m.* a region in Rajashthan (India).

मेवाड़ी (me VA REE) *adj.* pertaining to मेवाड़। *m.* dialect of मेवाड़।

मेष (mesh) *m.* 1. sheep. 2. Aries, the first sign of the zodiac.

मेस (mes) *m.* mess.

मेहँदिया (me hã di YA) *adj.* of the colour of myrtle.

मेहँदी (~ dee) *f.* myrtle; ~ लगाना / रचाना to apply myrtle to hands and feet for beautifying them (with the hue thereof).

मेह (meh) *m.* = प्रमेह।

मेहतर (~ tar) *m.* sweeper, scavenger. [Fem. मेहतरानी]

मेहतरानी (~ ta RA nee) *f.* fem. of मेहतर।

मेहनत (~ nat) *f.* labour, toil; आपको कड़ी ~ करनी होगी You will have to work hard. मेरा भाई पढ़ाई में ज़्यादा ~ नहीं कर सकता My brother cannot study hard enough. ~ का involving great exertion, arduous; ~ का काम hard work; ~ की कमाई hard-earned money; ~ की रोटी hard-earned bread; ~ से laboriously; वह बड़ी ~ से काम करता है He works very hard.

मेहनत-मज़दूरी (~ - maz doo ree) *f.* man labour.

मेहनताना (me han TA NA) *m.* remunerati (specially that paid to a lawyer).

मेहनती (meh na tee) *adj.* laborious.

मेहना (~ NA) *m.* taunt; ~ कसना / देना to tau

मेहमान (~ MAN) *m.* guest.

मेहमानदार (~ dAr) *adj.* hospitable. *m.* host. [Fem. मेहमानदारिन hostess]

मेहमानदारी (~ dA ree) *f.* hospitality.

मेहमानी (meh MA nee) *f.* stay as guest.

मेहर (me har) *f.* grace.

मेहरबान (~ bAn) *adj.* kind, benevole merciful.

मेहरबानी (~ bA nee) *f.* kindness, favou

मेहरा (meh RA) *m.* servant who does hou hold chores, e.g. drawing water, cle sing utensils.

मेहराब (~ RAb) *f.* arch.

मेहरारू (~ RA roo) *f.* 1. woman. 2. wife.

मेहरी (~ ree) *f.* fem. of मेहरा; 1. wife मेहरा। 2. maid-servant.

मैं (maĩ) *pron.* I; ~ ही हूँ और कोई अन्य That is me only and nobody else. *f.* ego.

मैंगनीज़ (maing neez) *m.* manganese.

मै (mai) *f.* wine.

मैख़ाना (~ KhA NA) *m.* liquor-shop, bar.

मैच (maic) *m.* match.

मैच-बंधन (~ - ban dhan) *m.* match-fixi जिन पाँच खिलाड़ियों पर ~ का आरोप है दंडित किया जाना चाहिए The five play charged with match-fixing should punished.

मैत्री (mait tree) *f.* 1. friendship. 2. alliar unison.

मैथिली (mai thi lee) *f.* a dialect of Hi spoken in Mithila (region in No Bihar).

मैथुन (~ thun) *m.* coitus.

मैदा (~ dA) *m.* fine-flour.

मैदान (~ dAn) *m.* 1. ground; खेल का ~ play-ground. 2. plains; ~ छोड़ देना to flee from the battle-field; ~ जाना to go to evacuate/stool; ~ मार लेना to score a victory; ~ में आना/उतरना to enter the arena/battle-field; ~ में डटे रहना to hold one's own in the field, to stick to (one's) position on the field; ~ साफ़ कर देना to vanquish all adversaries.

मैदानी (~ dA nee) *adj.* pertaining to the plains.

मैना (~ nA) *f.* a black Indian bird with a melodious voice.

मैनाक (~ nAk) *m.* a peak of the Himalayas.

मैयत (~ yat) *f.* death.

मैया (~ yA) *f.* mother.

मैल (mail) *f.* 1. dirt, filth; ~ काटना to clean off dirt; पैसा तो मेरे हाथ-पैर का ~ है Money does not mean anything to me. 2. grudge, grouse; मन में ~ रखना to keep a grudge, to nurse a grievance.

मैलख़ोरा (~ kho rA) *adj.* dust/dirt absorbing.

मैला (mai lA) *adj.* dirty, filthy, nasty, defiled, foul.
m. excreta.

मैला-कुचैला (~ - ku cai lA) *adj.* dirty and untidy, slatternly; मैली-कुचैली लड़की a slatternly girl.

मैलापन (~ pan) *m.* dirtiness, filthiness; मन का ~ maliciousness.

मोक्ष (moksh) *m.* Salvation, Deliverance, Moksha; उनका मानना है कि महाकुंभ के स्नान से हमें मोक्ष मिलेगा They do believe that taking a bath during Maha Kumbh would lead them to attainment of Moksha (salvation). ~ की कामना craving for salvation.

मोखा (mo khA) *m.* opening, scuttle, peephole.

मोच (moc) *f.* sprain, twist; ~ आना / खाना / पड़ना to be sprained.

मोचन (mo can) *m.* deliverance, riddance, release, acquittal.

मोचना (moc nA) *vt.* to get rid of, to liberate.

मोची (mo cee) *m.* cobbler. [Fem. मोचिन]

मोज़ा (mo zA) *m.* sock, stocking.

मोट (moT) *m.* 1. bundle. 2. leathern bag.

मोटर (mo Tar) *f.* motor.

मोटरकार (~ kAr) *f.* motor-car.

मोटर-ड्राइवर (~ - drA i var) *m.* motor-driver.

मोटर-साइकिल (~ - sA i kil) *f.* motorcycle.

मोटा (mo TA) *adj.* 1. fat. 2. rough; ~ काम (i) rough work; (ii) manual work; ~ अंदाज़ rough estimate; ~ अनाज coarse grain; ~ कपड़ा coarse cloth; ~ खाना poor man's diet; ~ पहनना to wear coarse clothes; मोटी अक़्लवाला thick-headed; मोटा असामी opulent client; मोटी आवाज़ loud/thick voice; मोटी तनख़्वाह fat salary; मोटी बात plain thing/talk; मोटी बुद्धि dull brain; ~ रक़म good/consider-able amount; मोटे मल fat man; मोटे तौर पर, मोटे हिसाब से roughly spea-king, appro-ximately.

मोटाई (~ ee) *f.* obesity, fatness; ~ चढ़ना put- ting on flesh; ~ झड़ना shaking off flesh.

मोटा-झोटा (~ - jho TA) *adj.* coarse, rough.

मोटा-ताज़ा (~ - tA zA) *adj.* fleshy and plump.

मोटाना (~ nA) *vi.* 1. to grow fat; to fatten. 2. to become swollen-headed.

मोटापन (~ pan) *m.* fatness, plumpness.

मोटापा (~ pA) *m.* obesity, fatness, plumpness, corpulence.

मोठ (moTh) *m.* a kind of lentil.

मोड़ (moR) *m.* turn, bend, curve; अंधा ~ blind turning.

मोड़-तोड़ (~ - TOR) *m.* turn and twist; ~ की राजनीति politics of crookedness.

मोड़ना (~ NA) *vt.* to turn/bend/twist; मुँह~ (i) to refuse to take (something edible) any more, due to surfeit; (ii) to become indifferent (to someone).

मोतिया (mo ti YA) *adj.* of the colour of pearl.
m. jasmine flower.

मोतियाबिंद (~ bind) *m.* cataract.

मोती (mo tee) *m.* pearl; उसने मोतियों से दाँत दिखाए She showed her pearly teeth. मोतियों से माँग भरना to bestow enormous wealth (on a woman); मोतियों से मुँह भरना to bestow enormous wealth.

मोती-चूर (~ - coor) *m.* tiny sweetened balls of gram flour.

मोती-झरा (~ - jha RA) *m.* typhoid.

मोद (mod) *m.* delight, pleasure.

मोदक (mo dak) *m.* a type of Indian sweet.

मोदी (mo dee) *m.* grocer.

मोम (mom) *f.* wax; ~ होना to soften, to be moved; ~ की नाक unsteady, fickleminded person.

मोमजामा (~ JA MA) *m.* oil-cloth.

मोमबत्ती (~ bat tee) *f.* candle-stick.

मोमिन (mo min) *m.* 1. Muslim. 2. Muslim weaver class.

मोमिया (mo mi YA) *f.* mummy.

मोमियाई (~ ee) *f.* a kind of black ointment.

मोमी (mo mee) *adj.* made of wax; ~ काग़ज़ tracing paper.

मोयन (mo yan) *m.* ghee used in kneading flour.

मोर (mor) *m.* peacock. [Fem. मोरनी]

मोर-चंद्रिका (~ - can dri KA) *f.* moon-like pattern at the end of a peacock's feather.

मोरचा (~ CA) *m.* 1. rust; ~ खाना to be rusted. 2. battle-front; ~ जीतना / मारना to score a victory; ~ थामना to take up the front; ~ बाँधना to put the army in position, to marshal away troops; ~ लेना to encounter (an adversary). 3. a particular area of activity, front; विकास के मोरचे पर भी हमने शानदार उपलब्धियाँ हासिल की हैं On the development front we have many proud achievements. 4. alliance of political parties.

मोरचाल (~ CAl) *f.* ditch used to fire from at enemy positions.

मोरचेबंदी (~ ce ban dee) *f.* battle-array, entrenchment.

मोरछल (~ chal) *m.* whisk made of peacock feathers.

मोरनी (~ nee) *f.* peahen.

मोरपंख (~ pankh) *m.* peacock feather.

मोरपंखी (~ pankhee) *adj.* of the colour of the feather of a peacock.
m. a kind of hand-fam.

मोरम (mo ram) *m.* a reddish pebble used in the construction of roads.

मोरमुकुट (mor mu KUT) *m.* crown made of peacock feathers.

मोरी (mo ree) *f.* 1. drain, sewer. 2. outlet for water; ~ छूटना to suffer from loose motions; ~ पर जाना to go for urination.

मोल (mol) *m.* price, cost; ~ करना to bargain; बला ~ लेना to go in for trouble.

मोल-तोल (~ - tol) *m.* = मोल-भाव।

मोल-भाव (~ - bHAV) *m.* bargaining, horse trading.

मोह (moh) *m.* infatuation, fascination, delusion, affection; झूठा ~ false fascination; ~ दूर करना to disenchant.

मोहक (mo hak) *adj.* attractive, charming, fascinating, stupifying.

मोहग्रस्त (moh grast) *adj.* infatuated, obsessed.

मोहन (mo han) *adj.* extremely charming, enchanting, alluring.

मोहना (moh nA) *vt.* to charm/fascinate.

मोहनिद्रा (~ nid drA) *f.* stupor due to illusion.

मोहभंग (~ bhaṅg) *m.* disenchantment, disillusionment; ~ करना to disenchant.

मोहनी (~ nee) *f.* spell, enchantment; ~ डालना to cast a spell; ~ - शक्ति power of enchantment.

मोह-ममता (~ - mam tA) *f.* 1. deep attachment. 2. undue affection.

मोहर (mo har) *f.* = मुहर।

मोहरा (moh rA) *m.* 1. the mouth of a container. 2. chessman. 3. forepart of an army, vanguard; ~ लेना to encounter an army.

मोहरी (~ ree) *f.* mouth-like forepart of trousers or bottle etc.

मोहलत (~ lat) *f.* 1. leisure. 2. moratorium, period of time; ~ देना to give a moratorium; ~ माँगना to ask for a moratorium; ~ मिलना to get a moratorium; ~ लेना to take a moratorium.

मोहित (mo hit) *adj.* fascinated, captivated, charmed; ~ करना to captivate.

मोहिनी (mo hi nee) *f.* spell, enchantment.

मोही (mo hee) *adj.* 1. fascinated, captivated. 2. under an illusion.

मौक़ा (mau KA) *m.* occasion, opportunity; ~ गँवा बैठना/देना to lose an opportunity, to miss the bus; ~ देखना to wait for a suitable opportunity; ~ देना to give a chance; ~ हाथ लगना = ~ मिलना to get a suitable opportunity; मौक़े की ताक में रहना to wait for a good opportunity; मौक़े पर at the appropriate time; मौक़े बे मौक़े without caring for the suitability of the occasion; मौक़े से at an opportune time.

मौक्तिक (mauk tik) *adj.* of pearls; ~ माला string of pearls.

मौखिक (mau khik) *adj.* spoken, oral, verbal; ~ परीक्षा oral test, viva voce; ~ रूप से verbally, orally.

मौखिकी (~ khi kee) *f.* oral (examination).

मौज (mauj) *f.* 1. wave; ~ उठना rising of waves. 2. fancy, caprice; ~ करना / मारना to have an easy, good time; ~ में आना to be swayed by an impulse; ~ में होना to be in good mood; मन की ~ impulse of the mind.

मौज-पानी (~ - pA nee) *f.* easy life.

मौज-मज़ा (~ - ma ZA) *m.* revelry, merry-making.

मौज़ा (mau ZA) *m.* village.

मौजी (~ jee) *adj.* capricious, fanciful, jovial.

मौज़ूँ (~ zōō) *adj.* just, suitable, opportune, appropriate.

मौजूद (~ jood) *adj.* present.

मौजूदगी (~ gee) *f.* presence.

मौत (maut) *f.* 1. end of life, death. 2. the power that destroys life; ~ आना coming of death; ~ का परवाना death-warrant; ~ का फंदा death-trap; ~ का सामना encounter with death; ~ की घड़ी moment of death; ~ के घाट उतारना to put to death; ~ के मुँह में at death's door; ~ ने घर देख लिया Death has found a way (into the house). ~ से खेलना to risk one's life; अपनी ~ मरना to die a natural death; बेमौत मरना to die before one's time; सिर पर ~ खेलना/नाचना/मँडराना to be at death's door; उसे काम करते आती है He dreads work like death.

मौन (maun) *m.* the state of non-speaking, silence; ~ खोलना/तोड़ना to break the spell of silence; ~ धारना/धारण करना to keep mum, to observe silence; ~ लेना/साधना to take a vow of silence.

मौन-प्रार्थना (~ - prArth nA) *f.* silent prayer.

मौनव्रत (~ vrat) *m.* vow of silence.

मौन-सम्मति (~ - sam ma ti) *f.* tacit consent.

मौन-सहमति (~ sah ma ti) *f.* acquiescence, tacit concurrence.

मौर (maur) *m.* 1. crown, diadem, tiara, crest, coronet. 2. blossoming of mango.

मौरूसी (mau roo see) *adj.* hereditary.

मौलवी (maul vee) *m.* scholar of Arabic, Persian or Urdu.

मौलसिरी (~ si ree) *f.* the plant ninsops dengi.

मौला (mau lA) *m.* master, god; मस्त ~ carefree man.

मौलाना (~ nA) *m.* a great Muslim scholar.

मौलिक (mau lik) *adj.* original, basic, elementary, fundamental; ~ उद्भावना/विचार original idea.

मौलिकता (~ tA) *f.* orginality; अधिक अंक ~ के लिए दिए जाते हैं High marks are awarded for originality.

मौसम (mau sam) *m.* 1. weather; आज ~ कैसा है ? How is the weather today? आज ~ खुल गया है The weather is clear today. 2. season; आम का ~ season of mangoes. 3. suitable period.

मौसमी (~ sa mee) *adv.* seasonal.

मौसा (~ SA) *m.* husband of mother's sister. [Fem. मौसी]

मौसी (~ see) *f.* mother's sister.

मौसेरा (~ se rA) *adj.* related through मौसा [Fem. मौसेरी]

म्याऊँ (myA o͞o) *f.* mewing (of a cat); ~-म्याऊँ करना (i) to mew; (ii) to speak in a subdued tone; ~ का ठौर cat's mouth

म्यान (myAn) *f.* sheath, scabbard.

म्यानी (myA nee) *f.* = मियानी।

म्युज़ियम (myu zi yam) *m.* museum.

म्युनिसिपेल्टी (~ni si pel Tee) *f.* municipality

म्लान (mlAn) *adj.* 1. withered. 2. without energy or spirit, languid. 3. gloomy

म्लानता (~ tA) *f.* 1. state of being withered 2. langour. 3. gloom.

म्लेच्छ (mlecch) *adj.* 1. dirty, unclean 2. (pej.) un-Indian. 3. pagan; ~ भाषा (pej.) alien language.

m. 1. alien. 2. contemptuous term for a non-Aryan.

म्लेच्छता (~ tA) *f.* state or quality of being म्लेच्छ।

य

य (y) *m.* The first of the four semi-vowels of the Nagari alphabet; its sound is like that of *y* in *yoke*.

यंत्र (yantr) *m.* 1. machine, instrument, apparatus, implement. 2. talisman, amulet.

यंत्रकार (~ KAr) *m.* machine-maker.

यंत्रचालित (~ CA lit) *adj.* machine-operated.

यंत्रज्ञ (yan traggy) *m.* mechanic.

यंत्रणा (yantr NA) *f.* torture, affliction, pain, anguish.

यंत्र-मंत्र (~ - mantr) *m.* black magic, sorcery.

यंत्र-मानव (~ - MA nav) *m.* robot.

यंत्र-युग (~ - yug) *m.* machine-age.

यंत्र-रचना (~ - rac NA) *f.* mechanism.

यंत्रवत् (~ vat) *adj.* like a machine. *adv.* mechanically.

यंत्र-विद्या (~ - vid dyA) *f.* art of making, repairing or handling machines.

यंत्र-सज्जित (~ - saj jit) *adj.* mechanized.

यंत्रालय (yan trA lay) *m.* machine-room.

यंत्रिका (~ tri KA) *f.* small machine, gadget.

यंत्रित (~ trit) *adj.* mechanized.

यंत्रीकरण (~ tree ka raN) *m.* mechanization.

यकायक (ya KA yak) *adv.* all of a sudden.

यकार (ya KAr) *m.* the letter य or its sound.

यक़ीन (ya Keen) *m.* 1. certainty; surety, confidence; ~ आना to feel assured; ~ न करना to have no faith in, to disbelieve, to mistrust; पक्का ~ absolute certainty; मुझे ~ है कि I am certain that. 2. faith, trust, confidence; ~ करना to believe— यह यक़ीन करना मुश्किल है कि उसने ऐसा कहा है It is difficult to believe that he said so. ~ दिलाना to assure; ~ लाना to have faith (in).

यक़ीनन (ya Kee nan) *adv.* certainly, confidently, surely.

यकृत (yak krit) *m.* liver.

यक्ष (yaksh) *m.* mythological demigod.

यक्ष्मा (yak shmA) *m.* tuberculosis.

यजमान (yaj mAn) *m.* patron of priest, host.

यजमानी (~ mA nee) *f.* 1. work or function of a यजमान। 2. habitat of a यजमान।

यजुर्वेद (ya jur ved) *m.* the third of the four Vedas.

यजुर्वेदी (ya jur ve dee) *m.* 1. Scholar of यजुर्वेद। 2. adherent of यजुर्वेद।

यज्ञ (yaggy) *m.* religious sacrifice and oblation.

यज्ञ-मंडप (~ maN Dap) *m.* a canopy prepared for performance of religious sacrifice and oblation.

यज्ञोपवीत (yag gyo pa veet) *m.* the sacred thread worn by the caste Hindus; ~ - संस्कार the threadwearing ceremony of the Hindus.

यति (ya ti) *m.* 1. ascetic. 2. check, obstacle.

यतीम (ya teem) *m.* orphan. *adj.* orphaned; ~ बच्चे orphaned kids.

यतीमख़ाना (~ KHA nA) *m.* orphanage.

यतीमी (ya tee mee) *adj.* of an orphan; ~ सूरत face like that of an orphan.

यत्किंचित् (yat kin cit) *adv.* & *adj.* somewhat, to a small degree.

यत्न (yatn) *m.* effort, exertion, labour, device, care; बड़े ~ से with great effort.

यत्नपूर्वक (~ poor vak) *adv.* with effort, with due care.

यत्नशील (~ sheel) *adj.* making an effort, diligent, laborious.

यत्नशीलता (~ tA) *f.* state or quality of being यत्नशील।

यत्र-तत्र (yatr-tatr) *adv.* here and there, at several places.

यथांश (ya thAnsh) *m.* quota.

यथा (ya thA) *adv.* as per.

यथाकथित (~ ka thit) *adj.* as mentioned, as aforesaid/stated.

यथाक्रम (~ kram) *adv.* 1. in (due) order, systematicaly. 2. as scheduled; जुलूस ~ निकलेगा The procession will proceed as scheduled.

यथाज्ञा (ya thAg gyA) *adv.* as per order.

यथातथ्य (ya thA tatthy) *adj. & adv.* exact, as it is.

यथानियम (~ ni yam) *adv.* according to rule.

यथापूर्व (~ poorv) *adj. & adv.* as before.

यथापूर्व स्थिति (~ sthi ti) *f.* status quo.

यथामूल्य (~ molly) *adv. & adj.* advalorem.

यथायोग्य (~ yoggy) *adj.* suitably.

यथार्थ (ya thArth) *adj.* 1. real. 2. exact; ~ में in fact, in reality; ~ मान exact value, real value.
m. reality.

यथार्थत: (~ tah) *adv.* 1. really. 2. exactly.

यथार्थता (~ tA) *f.* 1. reality. 2. exactness, exactitude, accuracy.

यथार्थवाद (~ vAd) *m.* realism.

यथार्थवादिता (~ vA di tA) *f.* realism.

यथार्थवादी (~ vA dee) *adj.* realistic.
m. realist.

यथावकाश (ya thAv kAsh) *adv.* as per leisure.

यथावत् (ya thA vat) *adv.* as before.

यथाशक्ति (~ shak ti) *adv.* as far as possible, to one's level best/capacity.

यथाशीघ्र (~ shee ghr) *adv.* as soon as possible, as promptly as possible.

यथासंभव (~ sam bhav) *adv.* as far as possible, in all probability.

यथासमय (~ sa may) *adv.* 1. in due course. 2. in time.

यथासाध्य (~ sAd dhy) *adv.* as far as practicable.

यथास्थान (~ sthAn) *adv.* at the proper place.

यथास्थिति (~ sthi ti) *adv.* according to the situation.

यथेष्ट (ya theshT) *adj.* sufficient, enough, as required; ~ रूप में sufficiently.

यथेष्टता (~ tA) *f.* sufficiency.

यथोचित (ya tho cit) *adj.* proper, just, appropriate.

यदा (ya dA) *adv.* 1. when. 2. where.

यदा-कदा (~ - ka dA) *adv.* occasionally, off and on.

यदि (ya di) *conj.* if, in case, supposing.

यद्यपि (yad dya pi) *conj.* 1. though, although. 2. even though, in spite of; ~ वह हार गया है वह है अच्छा समाजसेवक Even though he is defeated he is a good social worker.

यम (yam) *m.* god of Death; ~ यातना pangs of death.

यमक (ya mak) *m.* pun.

यमज (ya maj) *adj.* born together, twin.

यमदूत (yam doot) *m.* messenger/angel of Death.

यमपुरी (~ pu ree) *f.* infernal world.

यमलोक (yam lok) *m.* infernal world; ~ पहुँचना to reach the other world; ~ पहुँचाना to despatch to the other world, to put to death.

यमुना (ya mu nA) *f.* river Yamuna.

यवन (ya van) *m.* Mohammadan.

यवनिका (ya va ni KA) *f.* curtain.

यश (yash) *m.* repute, renown; ~ कमाना to earn a reputation; ~ गाना to laud/eulogize; ~ पाना / लूटना to acquire renown/glory/fame.

यशगान (~ gAN) *m.* eulogy.

यशस्वी (ya shas swee) *adj.* reputed, renowned, glorious, celebrated.

यशोगाथा (ya sho gA thA) *f.* narrative of glo- rious deeds.

यशोगान (ya sho gAN) *m.* eulogy, encomium.

यष्टि (yash TI) *f.* rod, stick.

यह (yah) *pron.* this one; ~ अच्छा तमाशा रहा What a funny thing ! ~ भी एक ही रही This too is unique. ~ भी कोई बात है There is no point in it. ~ भी क्या कहने की बात है It goes without saying. ~ लो Oh, how unexpected ! ~ सब चलता है All this goes.

adj. this, it; ~ कोश this dictionary.

यहाँ (ya hÃ) *adv.* here; वह पिछले रविवार को ~ नहीं था He was not here last Sunday. मैं ~ लगभग दो घंटे रहूँगा I will be here for about two hours. ~ के लोग people of this locality; ~ तक (i) to this extent; (ii) upto this limit; ~ तक कि (i) even to this extent that; (ii) even so much as; ~ पर at this place; ~ से from here; मैं ~ से बहुत दूर रहता हूँ The place where I reside is far from here. मेरे लायक ~ से कोई सेवा हो तो बेहिचक बताइएगा Please don't hesitate to tell me if I am of any service to you from here. ~ से वहाँ तक from here to there; अपने ~ (i) in our locality; (ii) in our family.

यहाँ, के (ke ya hÃ) *postposition.* at his house/place.

यहाँवाले (~ VA le) *m.* (plu.) local people.

यहीं (ya hẽe) *adv.* at this very place; ~ कहीं somewhere here; ~ तो definitely here.

यही (ya hee) *adj. & pron.* this very; this one; मुझे ~ पसंद है I like this one. ~ कारण है कि That is why... ~ तो मैं कहता हूँ This is exactly what I say. ~ सही Let it be so.

यहूदिन (ya hoo din) *f.* Jewess.

यहूदी (~ dee) *m.* Jew/Hebrew. [Fem. यहूदिन]

यांत्रिक (yAn trik) *adj.* mechanical; ~ त्रुटि mechanical fault/defect.

यांत्रिकता (~ TA) *f.* mechanism.

यांत्रिकी (yAn tri kee) *f.* Mechanics.

या (yA) *conj.* or; लड़का 9 या 10 वर्ष का होगा The boy is 9 or 10 years old. ~ तो...या either...or; ~ तो यह ~ वह either this or that. इन चीजों में से ~ तो घड़ी ले लो ~ अँगूठी From among these things, take either watch or ring. ~ तो आप घर जाएँ ~ फिर यहीं ठहरें Either you shall have to go home or stay here.

याचक (yA cak) *adj. & m.* 1. suppliant. 2. beggar.

याचना (yAC NA) *f.* 1. supplication, suppliance. 2. begging; ~ करना to beg or supplicate; उसने उच्च न्यायालय को पत्र लिखकर सहायता की ~ की She wrote a letter begging the Hight Court for help.

याचिका (yA ci kA) *f.* petition.

याजक (yA jak) *m.* sacrificing priest.

यातना (yAt NA) *f.* torture, bodily infliction; ~ देना to inflict torture (on); ~ सहना to suffer torture/affliction.

यातायात (yA TA yAt) *m.* traffic, transport; ~ के साधन means of transport and communication; ~ जाम हो गया Traffic was jammed.

यात्रा (yAt trA) *f.* 1. journey; ~ करना to travel; मेरे पिता जी ने कभी हवाई जहाज़ से ~ नहीं की My father has never travelled by air. तीर्थ - ~ pilgrimage; पद - ~ journey on foot; वापसी ~ return journey; समुद्र - ~ sea voyage; हवाई ~ air journey/ voyage. 2. march; न्याय ~ justice march.

यात्री (~ tree) *m.* 1. traveller. 2. passenger.

याद (yAd) *f.* memory; मुझे उसका नाम ~ नहीं I don't remember her name. ~ आना to remember/recollect; मैं एक आदमी से मिला, जिसका नाम मुझे इस समय ~ नहीं आ रहा I met a man whose name escapes me for the moment. ~ करना (i) to remember; to recall (to mind); (ii) पिताजी आपको ~ कर रहे हैं The father is calling you. ~ कर लेना (i) to commit to memory, to memorize; (ii) to remember; ~ दिलाना to remind; ~ दिलानेवाला memorize; ~ न रहना not to remember, to forget; ~ पड़ना—मुझे याद पड़ता है कि I recall that perhaps... ~ रखना to remember; ~ है न Don't you remember?

यादगार (~ gAr) *f.* keepsake, monument, memento; ~ होना to be a memento. *adj.* memorable; ~ जीत memorable victory.

याददाश्त (~ dAsht) *f.* memory; ~ कमज़ोर हो जाना weakening of memory; ~ खो बैठना to lose memory; मेरी ~ मुझे धोखा दे गई My memory failed me.

यादृच्छिक (yAd dric chik) *adj.* arbitrary, random.

यान (yAn) *m.* vehicle; वायु ~ aeroplane.

यानी (yA nee) *adv.* that is.

यापन (yA pan) *m.* spending, passing; काल~ spending time; जीवन - ~ passing life.

यामिनी (yA mi nee) *f.* night.

याम्योत्तर (yAm myot tar) *m.* meridian; ~ रेखा meridian line; ~ वृत्त meridian circle.

यायावर (yA yA var) *m.* nomad.

यार (yAr) *m.* 1. friend, companion; बढ़िया ~ a swell companion. 2. boy friend. 3. lover.

याराना (yA rA nA) *adj.* friendly. *m.* friendship; ~ गाँठना to make friends (with).

यारी (yA ree) *f.* friendship; ऐसा लगता है कि उनकी बरसों से ~ थी It seems that they had been lovers for years.

यावज्जीवन (yA vaj jee van) *adv.* throughout life, lifelong.

यावत् (yA vat) *adj.* as much. *adv.* as far as.

युक्त (yukt) *adj.* 1. combined, joined. 2. fitted; से ~ करना to combine together; से ~ होना to be fitted with.

युक्ति (yuk ti) *f.* 1. plea; ~ देना to give a plea. 2. argument. 3. device, trick; बिना ~ के without any device/artifice.

युक्तिपूर्ण (~ poorN) *adj.* reasonable, sound; ~ दलील plausible argument.

युक्तिपूर्वक (~ poor vak) *adv.* tactfully, skilfully.

युक्तियुक्त (~ yukt) *adj.* befitting, suitable, proper.

युक्तिसंगत (~ san gat) *adv.* reasonable, rational.

युक्तिसंगतता (~ tA) *f.* reasonableness.

युग (yug) *m.* age, era, epoch, long period; इस आविष्कार से नए ~ का सूत्रपात हुआ This discovery/invention marks the beginning of a new era. ~ ~ से for ages past; युगों पुराना age-old.

युगपत् (~ pat) *adj.* simultaneous.

युग-परिवर्तन (~ - pa ri var tan) *m.* change of the era.

युगपुरुष (~ pu rush) *m.* man of the age.

युग-प्रवर्तक (~ - pra var tak) *adj.* & *m.* moving spirit of the times, epoch-maker.

युगयुगांतर (~ yu gAn tar) *m.* ~ तक for ages after ages.

युगल (yu gal) *m.* 1. twins. 2. pair; ~ जोड़ी pair of twins.

युगांतर (yu gAn tar) *m.* new era.

युगांतरकारी (~ KA ree) *adj.* epoch-making; ~ घटना landmark.

युगीय (yu geey) *adj.* of a epoch.

युग्म (yugm) *m.* pair, couple.

युति (yu ti) *f.* combination; तीर्थयात्री मानते हैं कि ग्रहों की ऐसी ~ 144 वर्ष बाद हुई है Pilgrims believe that such an auspicious combination of planets has taken place after a lapse of 144 years.

युद्ध (yuddh) *m.* war, warfare, battle; ~ की राह पर on the war path; से जर्जर war-ravaged; शीत ~ cold war; परमाणु - ~ atomic war; सैनिकों को ~ बंद करने का आदेश दे दिया गया है The troops are ordered to ceasefire.

युद्धक (yud dhak) *adj.* fighting; ~ विमान fighter.

युद्ध-कौशल (yuddh - kau shal) *m.* tactics of war, stratagem.

युद्धक्षेत्र (~ kshet tr) *m.* battle-field.

युद्धघोष (~ ghosh) *m.* battle/war cry.

युद्धनीति (~ nee ti) *f.* war policy/stratagy.

युद्धपोत (~ pot) *m.* warship.

युद्धबंदी (~ ban dee) *m.* prisoner of war.

युद्धभूमि (~ bhoo mi) *f.* battlefield.

युद्धमंत्री (~ man tree) *m.* Minister of War.

युद्धरत (~ rat) *adj.* belligerent.

युद्धविराम (~ vi rAm) *m.* ceasefire.

युद्धस्थगन (~ stha gan) *m.* cessation of hostilities.

युद्धाकांक्षी (yud dhA kAnk shee) *adj.* & *m.* militant.

युद्धाभ्यास (yud dhab - bhyAs) *m.* man-oeuvres (of war).

युयुत्सा (yu yut sA) *f.* belligerence, enmity.

युयुत्सु (yu yut su) *adj.* & *m.* militant, belligerent, war monger.

युवक (yu vak) *m.* young boy/man, youth. [Fem. युवती]

युवती (yuv tee) *f.* young girl/woman.

युवराज (~ raj) *m.* heir apparent.

युवा (yu vA) *adj.* young, youthful.

m. youth, young person.

युवावस्था (~ vas thA) *f.* 1. young age. 2. youth, youthfulness.

यूँ (yo͠o) *adv.* =यों।

यूथ (yooth) *m.* group.

यूनानी (yoo nA nee) *adj.* Greek.

m. an inhabitant of Greece.

यूनियन (~ ni yan) *m.* union; मज़दूर ~ trade union. [H.E. संघ]

यूनिवर्सिटी (~ ni var si Tee) *f.* University. [H.E. विश्वविद्यालय]

यूरोप (~ rop) *m.* Europe.

यूरोपियन (~ ro pi yan) *adj.* & *m.* European.

यूरोपीय (~ ro peey) *adj.* European.

ये (ye) *pron.* they.

adj. these.

येन-केन-प्रकारेण (yen - ken - pra KA reN) *adv.* somehow or other.

यों (yon) *adv.* in this way, thus; ~ तो though, although; यों तो मैं जा रहा हूँ पर वह आएगा नहीं I am going there for sure but he will not come. ~ ही (i) by chance, casually, accidently; (ii) to no purpose.

योग (yog) *m.* 1. total, grand/sum total; ~ करना to add. 2. joining together, union. 3. system of meditation. 4. one of the six schools of Indian philosophy. 5. conjunction (of stars).

योगक्षेम (~ kshem) *m.* welfare.

योगदान (~ dAN) *m.* 1. participation. 2. contribution; यद्यपि हर कोई चाहता है कि बोर्ड कठोर निर्णय ले तो भी बहुत से लोग चाहते हैं कि राष्ट्र के प्रति खिलाड़ियों के ~ को भी ध्यान में रखा जाए Although everyone wants a firm decision, yet many feel that the Board should keep in mind the players' contribution to the nation also.

योगफल (~ phal) *m.* sum, result of addition.

योगबल (~ bal) *m.* power acquired through योग।

योगशास्त्र (~ shAstr) *m.* Patanjali's treatise on योग।

योगात्मक (yo gAt mak) *adj.* pertaining to योग।

योगाभ्यास (yo gA bhyAs) *m.* practice of योग।

योगासन (~ san) *m.* posture adopted in practising योग।

योगिनी (yo gi nee) *f.* fem. of योगी।

योगिराज (~ rAj) *m.* योगी of a very high order.

योगी (yo gee) *m.* ascetic, yogi. [Fem. योगिनी]

योग्य (yoggy) *adj.* 1. able. 2. capable. 3. worthy.

योग्य, के (ke yoggy) *postposition.* to be equal to or capable for, up to; मैं नहीं समझता कि वह इस काम के ~ है I don't think he is competent for this work. मैं उसके ~ नहीं I am unfit for her. पढ़ने के ~ readable.

योग्यता (yoggy tA) *f.* 1. ability, capability. 2. fitness.

योग्यतापूर्वक (~ poor vak) *adv.* ably, meritoriously.

योजक (yo jak) *adj.* which unites/joins. *m.* connective, conjunction.

योजक-चिह्न (~ cinh) *m.* hyphen.

योजन (yo jan) *m.* 1. joining, union. 2. a measure of distance, roughly 13 kilometers.

योजना (yo ja nA) *f.* 1. plan, project, scheme; ~ बनाना to plan; छुट्टियों में कहाँ जाने की ~ बनाई है Where do you plan to go during your vacation? 2. planning.

योजना आयोग (~ A yog) *m.* Planning Commission.

योजनाबद्ध (~ baddh) *adj.* planned, preplanned; पचास वर्ष के ~ विकास के बाद भी अस्सी हज़ार गाँव ऐसे हैं जहाँ बिजली अभी नहीं पहुँच सकी After a lapse of 50 years of planned development, there are still about 80,000 villages which do not have access to electricity. ~ कार्यक्रम preplanned programme; ~ अर्थ-व्यवस्था planned economy.

योजिका (yo ji kA) *f.* hyphen.

योजित (yo jit) *adj.* planned/projected.

योद्धा (yod dhA) *m.* warrior; योद्धाओं के ~ warrior among warriors.

योनि (yo ni) *f.* 1. vagina, female organ. 2. form of life.

यौगिक (yau gik) *adj.* compound; ~ शब्द compound word.

यौन (yaun) *adj.* sexual; ~ रोग venereal disease.

यौनता (~ tA) *f.* sexuality.

यौनतृप्ति (~ trip ti) *f.* sexual gratification.

यौनधर्म (~ dharm) *m.* sexual function.

यौन-भावना (~ - bhAv nA) *f.* sexual urge.

यौनमत्त (~ - matt) *adj.* feeling sexual desire, sexy.

यौनमत्ता (~ mat tA) *f.* sexiness.

यौन-मनोविज्ञान (~ - ma no vig gyAn) *m.* Sex Psychology.

यौन-विकृति (~ - vik kri ti) *f.* sexual perversion.

यौन-विज्ञान (~ - vig gyAn) *m.* Sexology.

यौन-शोषक (~ sho shak) *m.* Sexist.

यौन-शोषण (~ sho shaN) *m.* Sexism.

यौन-संबंध (~ - sam bandh) *m.* sexual relation.

यौनाकर्षण (yau nA kar shaN) *m.* sex appeal, sexual attraction.

यौनाचार (~ nA car) *m.* sex-indulgence, moral laxity.

यौनाचारिक (~ nA cA rik) *adj.* sex-indulgent.

यौनाचारी (~ nA cA ree) *m.* sex-indulgent, morally lax.

यौनिकी (~ ni kee) *f.* Sexology.

यौवन (~ van) *m.* 1. youth, adolescence; ~ आना advent of youth. 2. heyday.

यौवनकाल (~ kAl) *m.* period of youth.

यौवनारंभ (yau va nA rambh) *m.* beginning of youth, puberty.

यौवनावस्था (~ va nA vas thA) *f.* young age.

र

र (r) *m.* second of the semi-vowels of the Nagari alphabet; its sound resembles that of *r* in *row.*

रंक (rank) *adj.* poor, penniless.

रंग (rang) *m.* colour, hue, dye, complexion, paint; कच्चा ~ washable colour; पक्का ~ fast colour; (किसी पर) ~ आना (i) tocome to one's own; (ii) to assume fulness. ~ उखड़ना to lose sway/influence; ~ उड़ना fading of colour; उसके चेहरे का ~ उड़ गया His face lost colour. ~ उतरना = ~ उड़ना; ~ खुलना colour to become clearer; ~ खेलना to throw coloured water on others during the Holi festival; ~ चढ़ना—इस पर काला ~ नहीं चढ़ेगा It will not take the black colour. उस पर जवानी का ~ चढ़ा है Youth has him under its sway. ~ चूना to be in full bloom (of youthfulness); ~ जमना establishing of one's image; ~ जमाना to establish one's image; ~ छोड़ना to be discloured; ~ दिखाना to exhibit different facets; ~ देखना to observe (turn of events) silently; ~ निखरना brightening of colour; ~ फ़ीका पड़ना losing/fading of colour; ~ बदलना to change colour; ~ बिगड़ना—उसका ~ बिगड़ गया है He has lost his image. ~ भरना to fill in colours (in some map etc.); ~ में / पर आना to come into the mood for (something); किसी के ~ में ढलना / रँगना to be moulded after someone's pattern; ~ में भंग पड़ना spoiling a gay occasion; ~ लाना to manifest in something remarkable.

रंगक्षेत्र (~ kshettr) *m.* stage.

रंग-ढंग (~ - Dhang) *m.* ways, conduct.

रंगत (ran gat) *f.* 1. tint, tinge; चेहरे की ~ complexion. 2. shade.

रँगना (rãg nA) *vt.* to colour/dye; हाथ ~ to besmear (one's) hands; रँगा सियार hoax, wolf in sheep's clothing; रँगे हाथों red-handed.

रंग-बिरंगा (rang - bi ran gA) *adj.* multi-coloured, of various colours, motley.

रंगभूमि (~ bhoo mi) *f.* theatre.

रंगभेद (~ bhed) *m.* colour bar, apartheid; ~ की नीति policy of apartheid.

रंगमंच (~ manc) *m.* stage; ~ का भय stage fright.

रंगमंचीय (~ man ceey) *adj.* theatrical, stagy.

रंगमंडप (~ maN Dap) *m.* theatre.

रंगमहल (~ ma hal) *m.* theatre.

रंग-रँगीला (~ rã gee lA) *adj.* colourful and gay, jovial.

रंगरली (~ ra lee) *f.* revelry; रंगरलियाँ मनाना to enjoy to the full, merry-making.

रंगरूट (~ rooT) *m.* 1. recruit. 2. novice.

रंग-रूप (~ - roop) *m.* the colour and general appearance of the skin especially of the face, complexion; लड़के का ~ तो अच्छा है The boy looks well.

रंगरेज़ (rang rez) *m.* dyer.

रंगरेली (~ re lee) *f.* = रंगरली।

रंग-रोग़न (~ - ro Gan) *m.* paint and varnish.

रँगवाना (~ vA nA) *vt.* causative of रँगना; to cause to be dyed.

गशाला (~ shA lA) *f.* stage, theatre.

गसाज़ (~ SAZ) *m.* painter.

गसाज़ी (~ SA zee) *f.* painting.

गस्थापक (~ sthA pak) *m.* mordant.

गाई (rã gA ee) *f.* 1. act or process of dying, or charges paid for the same. 2. colouring, painting.

गारंग (raṅ gA raṅg) *adj.* colourful, variegated; ~ कार्यक्रम variegated programme.

गीन (~ geen) *adj.* 1. coloured. 2. colourful; ~ तबीयत gay temperament.

गीनी (~ gee nee) *f.* colourfulness. ~ सूझना to go in for a gay time.

गीला (rã gee lA) *adj.* 1. colourful. 2. gay, sportive, jovial.

गीलापन (~ pan) *m.* 1. colourfulness. 2. gaiety, sportiveness.

गोली (raṅ go lee) *f.* pictures made on the ground with coloured powders.

गौंधी (rã gau dhee) *f.* colourblindness.

ज (ranj) *m.* sorrow, grief.

जक (ran jak) *m.* pigment, dye-stuff. *adj.* colouring; ~ क्रिया a colouring verb.

जन (~ jan) *m.* 1. dyeing. 2. entertainment.

जित (~ jit) *adj.* dyed, coloured; रक्त ~ blood-stained.

जिश (~ jish) *f.* ill-feeling, malice; ~ उसने ऐसा ~ के कारण किया He did it out of malice. ~ रखना to bear malice.

जीदा (~ jee dA) *adj.* sad, gloomy.

डापा (rã DA pA) *m.* widowhood; ~ काटना (somehow) to pass the period of widowhood.

डी (raN Dee) *f.* prostitute, harlot.

डीबाज़ (~ bAZ) *m.* one who wenches with prostitutes.

डीबाज़ी (~ bA zee) *f.* habit of wenching with prostitutes.

रँडुआ (rã Du A) *m.* widower; ~ - भड़ुआ riffraff, scum of society.

रँडुआपन (~ pan) *m.* state of being a widower.

रँदना (rãd nA) *vt.* to plane (carpentry).

रंदा (ran dA) *m.* planer; ~ करना / मारना to plane with a planer.

रंधन (~ dhan) *m.* cooking.

रंध्र (randhr) *m.* pore, orifice.

रंभा (ram bhA) *f.* 1. a celestial nymph. 2. prostitute, harlot. *m.* iron rod, chiselled at one end, used for digging holes.

रँभाना (rã bhA nA) *vi.* to bellow (cow, buffalow etc.).

रइयत (rai yat) *f.* 1. subject. 2. peasant.

रई (ra ee) *f.* churning stick.

रईस (ra ees) *adj.* wealthy, prosperous. *m.* 1. rich man; रईसों की सोहबत company/society of rich men. 2. nobleman; ख़ानदानी ~ nobleman by descent.

रईसज़ादा (~ ZA dA) *m.* scion of a nobleman.

रईसी (ra ee see) *f.* 1. richness, riches; ~ करना to live/spend like a prince; ~ दिखाना to show off (one's riches/richness); ~ में पलना to be brought up in pelf. 2. nobility.

रक़बा (raK bA) *m.* area.

रक़म (ra Kam) *f.* 1. amount, sum, capital; लगता है इस वर्ष तुमने अच्छी ~ बनाई है It appears that you have made very much money this year. 2. goodly sum; ~ उड़ाना/ डकारना/मारना to misappro-priate a goodly sum; ~ डूब गई A goodly sum is lost. 3. ornament; ~ रखकर रुपया लेना to mortgage an ornament for taking a loan; चलती ~ sharper, cunning guy.

रकाब (ra kAb) *f.* stirrup; ~ पर पैर रखना (i) to place the feet on the stirrup for riding; (ii) to be on the point of starting.

रकाबी (ra kA bee) *f.* disc, plate.

रकार (ra kAr) *m.* the letter र or its sound.

रकारांत (ra kA rAnt) *m.* (word) ending in र।

रक्त (rakt) *m.* blood; ~ की धारा blood stream; ~ की नदी बहाना to shed a stream of blood.
adj. blood-red; ~ कमल blood-red lotus.

रक्त-कणिका (~ - ka ni kA) *f.* blood corpuscle.

रक्त-क्षीणता (~ - ksheen tA) *f.* anaemia.

रक्तचाप (~ cAp) *m.* blood-pressure; उच्च ~ high blood-pressure; निम्न ~ low blood-pressure.

रक्तदाता (~ dA tA) *m.* donor of blood, blood-donor.

रक्तदान (~ dAn) *m.* donation of blood; ~ बैंक blood-bank.

रक्तपात (~ pAt) *m.* bloodshed, carnage; हर कीमत पर ~ बचाना चाहिए A bloodshed should be avoided at all costs.

रक्तपायी (~ pA yee) *adj.* blood-sucker.
m. leech.

रक्तपिपासु (~ pi pA su) *adj.* bloodthirsty.

रक्तरंजित (~ ran jit) *adj.* 1. blood-stained. 2. bloody, involving bloodshed.

रक्तवर्ण (~ varN) *adj.* blood-red.

रक्तस्राव (~ srAv) *m.* haemorrhage, bleeding.

रक्ताभ (rak tAbh) *adj.* ruddy, having a red tinge.

रक्तिम (~ tim) *adj.* = रक्ताभ।

रक्षक (~ shak) *m.* 1. defender. 2. protector; saviour. 3. guard.

रक्षण (~ shaN) *m.* protection, defence; क्षेत्र-~ fielding.

रक्षा (~ shA) *f.* 1. protection; ~ करना to protect/safeguard; राष्ट्रीय हितों की ~ की जाएगी Nation's interests will be safe-guarded. 2. defence; अपने देश की ~ करना to defend one's country.

रक्षा-कवच (~ - ka vac) *m.* safeguard, armour.

रक्षात्मक (rak shAt mak) *adj.* defensive, protective.

रक्षाबंधन (~ shA ban dhan) *m.* a Hindu festival held on the full moon day of श्रावण; sisters tie a sacramental thread on the wrists of their brothers, the latter guarantee them life-long protection.

रक्षार्थ, के (ke rak shArth) *postposition.* for protection or defence.

रक्षित (~ shit) *adj.* protected; ~ राज्य pro-tectorate.

रक्ष्य (rakshy) *adj.* worth protecting, defending/life-long protection.

रखना (rakh nA) *vt.* 1. to put/place; पुस्तक अलमारी में रखो Put the book on the shelf मैंने रुपया बैंक में रखा था I put the money in the bank. 2. to lay; नींव ~ to lay the foundation. 3. to keep; यह अपने पास रखो Keep it/this with you. 4. to appoint एक नौकर रख लो Appoint a servant. 5. to maintain; मोटर ~ to maintain a car; आँख ~ (i) to keep an eye, (ii) to keep a vigil इरादा ~ to intend; ख़ातिर जमा ~ to be rest assured; गिरवी ~ to mortgage; जीवित ~ to keep alive; तसल्ली ~ to have patience; दाम~ to fix the price; दिल ~ —बच्चे का दिल रख लो Console the child by offering him something. दिल में ~ to keep to oneself; ध्यान ~ to take care नाम ~ —(i) बच्चे का क्या नाम रखा How have you named the child? (ii) बाप दादा का नाम ~ to maintain the reputation of (one's) ancestors; बात ~ to honour (someone's) word; भरोसा ~ to rely; मन ~ to comply (only to satisfy some one); मन में ~ (i) to keep in mind; (ii) to keep to oneself; मन में मैल ~ to keep grouse, to nurse a grievance; व्यस्त ~

to keep busy; व्रत ~ to observe a fast; शर्त ~(i) to lay down a condition; (ii) to hold a bet/wager; हिसाब ~ to keep an account, to keep accounts; दबा ~ to keep in (one's) possessions illegally; बना ~ —क्या हुलिया बना रखा है What a demeanour this? बनाए ~ to maintain; मार ~ to grab; सता ~ to go on harassing/oppressing; इसमें क्या रखा है There is no point in this. यह मामला कल पर रखो Keep this matter for tomorrow. रख लेना (i) to keep; (ii) to appoint (someone); (iii) to retain.

रखनी (~ nee) *f.* kept woman.

रख-रखाव (~ ra khAW) *m.* maintenance, upkeep; ~ पर होने वाला ख़र्च cost of maintenance.

रखवाना (~ VA NA) *vt.* to cause to place/appoint/maintain, etc.

रखवाला (~ VA lA) *m.* caretaker, guard, watchman.

रखवाली (~ VA lee) *f.* guarding, watchmanship.

रखाना (ra khA NA) *vt.* to guard; खेत ~ to guard the crop/field; पेट ~ to get impregnated.

रखेल (ra khel) *f.* = रखेली।

रखेली (ra khe lee) *f.* concubine, kept woman.

रग (rag) *f.* nerve; ~ दबाना—यहाँ उसकी रग / नस दबती है Here is his weak point. ~ पा जाना to know (one's) secret; ~ - ~ पहचानना—मैं उसकी ~-रग पहचानता हूँ I know him inside out. ~ - ~ फड़कना throbbing of nerves; ~ - ~ में—उसकी रग-~ में शरारत भरी है Naughtiness is a part of his very nature. ~ - ~ से परिचित होना to know (someone) out and out; रगों में बिजली दौड़ना to be thrilled/almost electrified; दुखती ~ (i) aching vein; (ii) weak spot.

रगड़ (ra gaR) *f.* friction; ~ खाना to be bruised/scratched; ~ देना = ~ डालना to crush; ~ लगना to sustain a bruise.

रगड़ना (~ NA) *vt.* to rub; रगड़-रगड़कर माँजना to cleanse thoroughly; पाँव ~ to go again and again for supplication.

रगड़वाना (~ VA NA) *vt.* causative of रगड़ना; नाक ~ to make (someone) entreat abjectly.

रगड़ा (rag RA) *m.* rub, rubbing; ~ - झगड़ा; जीवन के रगड़े-झगड़े rubs of life; ~ देना to give a jolt.

रग-पट्ठा (~ - paT ThA) *m.* veins and muscles.

रग-रेशा (rag-re shA) *m.* = रग-रग।

रगेदना (ra ged NA) *vt.* to chase away.

रघु (ra ghu) *m.* the primeval ancestor of the ancient solar dynasty of India.

रघुकुल (~ kul) *m.* the solar dyansty starting with रघु।

रघुनंदन (~ nan dan) *m.* Ram, the greatgrandson of रघु, the greatest being of the dynasty.

रघुनायक (~ NA yak) *m.* = रघुनंदन।

रघुपति (~ pa ti) *m.* = रघुनंदन।

रघुवंश (~ vansh) *m.* = रघुकुल।

रघुवीर (~ veer) *m.* = रघुनंदन।

रचना (rac NA) *f.* 1. construction. 2. composition. 3. formation.

vt. 1. to construct. 2. to compose. 3. to fabricate; रच-पच जाना to mingle indistinguishably; षड्यंत्र ~ to conspire/plot.

रचनात्मक (rac NAt mak) *adj.* constructive; ~ समीक्षा constructive review.

रचनाधर्मिता (racna dhar mi TA) *f.* constructive nature.

रचनाधर्मी (~ dhar mee) *adj.* having constructive nature.

रचयिता (ra cai tA) *m.* author, composer; जग का ~ creator of the world.

रचित (ra cit) *adj.* constructed, composed, compiled.

रज (raj) *m.* 1. dust. 2. blood of menstruation. 3. = रजोगुण।

रजत (ra jat) *m.* silver.

रजत-जयंती (~ - ja yan tee) *f.* silver jubilee.

रजतपट (~ paT) *m.* silver screen.

रजतमान (~ mAn) *m.* silver standard.

रजनी (raj nee) *f.* night.

रजनीकर (~ kar) *m.* moon.

रजनीचर (~ car) *m.* 1. nocturnal being. 2. demon.

रजनीपति (~ pa ti) *m.* moon.

रजनीश (raj neesh) *m.* moon.

रजवाड़ा (raj VA RA) *m.* erstwhile princely state of India.

रजस्वला (ra jas swa lA) *f.* woman in her menstrual period; ~ होना to be in period, to menstruate.

रज़ा (ra ZA) *f.* 1. wish, desire. 2. consent, permission.

रज़ाई (~ ee) *f.* quilt.

रज़ाकार (~ kAr) *m.* volunteer.

रज़ामंद (~ mand) *adj.* agreed; willing; ~ होना to agree to; ~ नज़र आना to seem to be willing.

रज़ामंदी (~ man dee) *f.* consent, agreement; ~ देना to give consent.

रजिस्टर (ra jis Tar) *m.* register.

रजिस्ट्रार (ra jis TrAr) *m.* registrar.

रजिस्ट्री (ra jis Tree) *f.* registration; ~ पत्र registered letter.

रजोगुण (ra jo guN) *m.* the second of the three constituent qualities of all the material objects.

रजोधर्म (~ dharm) *m.* menses.

रजोनिवृत्ति (~ ni vrit ti) *f.* menopause.

रज्जु (raj ju) *f.* rope, cord, string; ~- सर्प न्या illusion.

रटंत (ra Tant) *f.* learning by rote, repet tiousness.

रटंत-विद्या (~ - vid dyA) *f.* the process learning by study rather than b understanding.

रट (raT) *f.* continual repetition, reiteratio ~ लगाना to go on insisting/repeatin एक ही ~ लगाना to harp on the same tun

रटन (ra Tan) *f.* = रटंत।

रटना (raT nA) *vt.* to cram, to learn by rot

रडार (ra DAr) *m.* radar.

रड़क (ra Rak) *f.* irritating sensation (du to some foreign matter).

रड़कन (raR kan) *f.* रड़क।

रड़कना (ra Rak nA) *vi.* to produce irritatin pain; यह बात मेरे दिल में रड़कती रही Th matter went on pinching me.

रण (raN) *m.* battle, war, combat.

रणकौशल (~ kau shal) *m.* tactics of wa stratagem.

रणक्षेत्र (~ kshettr) *m.* battle-field.

रणचंडी (~ caN Dee) *f.* Goddess of war Durga.

रणछोड़ (~ choR) *m.* Lord Krishna.

रणधीर (~ dheer) *m.* steady warrior.

रणस्थल (ra Nas thal) *m.* battle-field.

रणांगण (ra NAṅ gaN) *m.* battle-zone.

रत (rat) *adj.* engaged, busy, absorbed.

रतजगा (~ ja gA) *m.* keeping awake/vi the whole night usually for dev tional purposes, singing etc.

रतनारा (~ nA rA) *adj.* ruddy, red. [Fe रतनारी]

रतनारी (~ nA ree) *adj.* (eyes) with vei reddened.

रति (ra ti) *f.* 1. conjugal love. 2. love. 3. cohabitation. 4. affection.

रतिक्रिया (~ kri ya) *f.* cohabitation, copulation.

रतिभाव (~ bhAv) *m.* sentiment of love/ affection.

रतिशास्त्र (~ shAstr) *m.* Sexology.

रतौंध (ra taundh) *adj.* night-blind, nyctalopic.

रतौंधी (ra taun dhee) *f.* night-blindness, nyctalopia.

रत्ती (rat tee) *f.* an Indian weight, approximately equal to 1.2 mg; ~ भर a very small quantity, an iota; ~ - रत्ती करके bit by bit.

रत्न (ratn) *m.* jewel, gem; ~ - माला necklace of jewels.

adj. the most extraordinary/talented.

रत्नकार (~ kAr) *m.* jeweller.

रत्नाकर (rat nA kar) *m.* ocean, sea.

रथ (rath) *m.* chariot.

रथवान (~ vAn) *m.* charioteer.

रथवाह (~ vAh) *m.* charioteer.

रथी (ra thee) *m.* charioteer; महा ~ great warrior or luminary.

रथ्या (rat thyA) *f.* roadway.

रद (rad) *m.* tooth.

adj. = रद्द।

रदक्षत (~ kshat) *m.* tooth-mark.

रद्द (radd) *adj.* cancelled; ~ करना to cancel/ annul; वह पहला जज था जिसकी नियुक्ति ~ की गई He was first Justice whose appointment was nullified. ~ होना to be cancelled/annulled/nullified.

रद्दा (rad dA) *m.* 1. rubbing stroke with the arm; ~ चढ़ाना / जमाना (i) to pass one more sarcastic remark; (ii) to add one more point. 2. layer.

रद्दी (~ dee) *adj.* of very poor/inferior quality, worthless; ~ माल worthless goods.

f. 1. waste paper; ~ की टोकरी waste paper basket; प्रधानमंत्री ने रेलमंत्री का इस्तीफ़ा ~ की टोकरी में फेंक दिया Pıime Minister junked Railway Minister's letter of resignation. 2. something discarded as junk; waste material

रद्दोबदल (~ do ba dal) *m.* alteration, modi-fication, change.

रन (ran) *m.* run (cricket).

रनिवास (ra ni vAs) *m.* harem, seraglio.

रपट (ra paT) *f.* report; ~ करना / लिखाना to lodge a report; ~ दर्ज करना / लिखना to record a report.

रपटना (~ nA) *adj.* slippery.

vi. to slip/skid.

रपटीला (rap Tee lA) *adj.* slippery.

रफ़ (raF) *adj.* rough. [H. E. खुरदरा]

रफ़ता-रफ़ता (~ tA-raF tA) *adv.* gradually, slowly.

रफ़ल (ra Fal) *m.* shawl, woollen wrapper.

रफ़ा (ra FA) *adj.* shunted away.

रफ़ा-दफ़ा (~ - da FA) *adj.* settled and finished, done away with; (झगड़ा) ~ करना to dispose of, to settle, to finish (the matter).

रफ़ू (ra Foo) *m.* darning; ~ करना to darn.

रफ़ूगर (~ gar) *m.* darner.

रफ़ूगरी (~ ga ree) *f.* calling of darner.

रफ़ू-चक्कर (~ - cak kar) *adj.* ~ हो जाना to show a clean pair of heels; to make good (one's escape).

रफ़्तार (raF tAr) *f.* speed; तेज़ ~ से गाड़ी न चलाएँ Avoid over-speeding while driving. ~ पकड़ना to gain speed/momentum; ~ पर आना to attain high speed.

रब (rab) *m.* God.

रबड़ (ra baR) *m.* rubber; ~ - छंद elastic/ irregular metre (Prosody).

रबड़ी (rab Ree) *f.* thick sweetened milk.

रबी (ra bee) *f.* spring crop, rabi crop.

रब्त-ज़ब्त (rabt - zabt) *m.* mixing together, close association.

रमक (ra mak) *f.* flavour.

रमचेरा (ram ce rA) *m.* attendant.

रमज़ान (~ zAn) *m.* ninth month of the Muslim calendar.

रमण (ra maN) *m.* 1. amorous activity/ dalliance. 2. cohabitation. 3. merriment

रमणी (ram Nee) *f.* (lovely) young woman.

रमणीक (~ Neek) *adj.* pleasing, attractive, inviting.

रमणीकता (~ tA) *f.* state or quality of being. रमणीक।

रमणीय (ram Neey) *adj.* 1. pleasant and enjoyable, idyllic, elegant. 2. charming, fascinating.

रमणीयता (~ tA) *f.* state or quality of being रमणीय।

रमता (ram tA) *adj.* roving, roaming, wandering.

रमता जोगी (~ jo gee) *m.* roving mendicant, wandering Yogi.

रमना (ram nA) *vi.* 1. to rove. 2. to be engrossed; मन न ~ not to be able to concentrate.
m. lawn, pleasant spot for roaming.

रमल (ra mal) *m.* future-telling by a throw of dice, geomancy; ~ निकालना/फेंकना/ लगाना to tell the future by रमल।

रमा (ra mA) *f.* Goddess of wealth, Lakshmi.

रम्मी (ram mee) *f.* a game of cards in which players try to form sets or sequences of cards, rummy.

रम्य (rammy) *adj.* = रमणीय।

रलना (ral nA) *vi.* to get mixed up, as a child in a crowd; ~ - मिलना to be friendly, to develop intimacy.

रव (rav) *m.* 1. sound. 2. noise, uproar, tumult.

रवन्ना (ra van nA) *m.* passage/transit permit, way-bill.

रवाँ (ra vÃ) *adj.* मेरा हाथ इस मशीन पर ~ है I am used to this machine. उसे यह दाँव ~ है He has mastery over this stroke.

रवा (ra vA) *m.* crystal.

रवानगी (ra vAn gee) *f.* departure.

रवाना (ra vA nA) *adj.* departed, set out; ~ करना to send/despatch; ~ होना to leave, to start or set out; हम लोग कल हाँगकाँग के लिए ~ होंगे Tomorrow we will leave for Hong Kong.

रवानी (ra vA nee) *f.* 1. flow. 2. fluency.

रवि (ra vi) *m.* Sun.

रवि-उच्च (~ - ucc) *m.* aphelion.

रवि-नीच (~ - neec) *m.* perihelion.

रविमार्ग (~ mArg) *m.* ecliptic.

रविवार (~ vAr) *m.* Sunday.

रविवारीय, रविवासरीय (~ vA reey, ~ vA sa reey) *adj.* pertaining to Sunday.

रविश (ra vish) *m.* 1. aisle/path between flower beds. 2. movement.

रवेदार (ra ve dAr) *adj.* granular, crystalline.

रवैया (ra vai yA) *m.* 1. way of doing something, style. 2. way of dealing with someone, behaviour, conduct..

रशियन (ra shi yan) *adj.* & *m.* Russian. [H.E. रूसी]

रश्मि (rash mi) *f.* beam, ray.

रस (ras) *m.* 1. juice, essence. 2. sap (of tree). 3. extract. 4. relish; ~ आना—मुझे कविता में ~ आता है I relish poetry. 5. flavour. 6. interest; ~ लेना to enjoy, to take interest; ~ बरसाना to shower charm/winsomeness all around.

सगुल्ला (~ gul lA) *m.* an Indian sweet made from cheese.

सज्ञ (ra saggy) *m.* connoisseur.

सज्ञता (~ tA) *f.* connoisseurship.

सद (ra sad) *f.* 1. provisions; हमारी ~ कम पड़ गई Our provisions ran short. 2. supplies.

सदार (ras dAr) *adj.* containing a lot of juice, juicy.

सदारु (~ dA ru) *m.* sap wood, resinous wood.

सना (~ nA) *f.* tongue.
vi. = रिसना।

सभंग (~ bhang) *m.* interruption of relish.

स-भरा (~ - bha rA) *adj.* full of juice, juicy.

सभरी (~ bha ree) *f.* raspberry.

स-भीना (~ - bhee nA) *adj.* full of flavour, soaked in sentiment.

समय (~ may) *adj.* juicy.

सशास्त्र (~ shAstr) *m.* Chemistry.

ससिद्ध (~ siddh) *m.* expert in preparing medicinal extracts.

सहीन (~ heen) *adj.* sapless; ~ व्यक्ति dry person.

सा (ra sA) *m.* 1. soup of meat, vegetable etc., broth. 2. juice.

साई (~ ee) *f.* approach.

सातल (~ tal) *m.* nether world, hell, Hedges, under world; ~ पहुँचना to go to hell.

सात्मक (ra sAt mak) *adj.* 1. juicy. 2. giving pleasure.

सात्मकता (~ tA) *f.* 1. juiciness. 2. enjoyable emotion

साभास (ra sA bhAs) *m.* semblance of रस।

सायन (ra sA yan) *m.* chemistry.

सायनज्ञ (ra sA ya naggy) *m.* chemist.

सायनशाला (ra sA yan shA lA) *f.* chemical laboratory.

रसायनशास्त्र (~ shAstr) *m.* (Science of) Chemistry.

रसायनशास्त्री (~ shAst tree) *m.* chemist, one well-versed in Chemistry.

रसाल (ra sAl) *m.* mango.

रसास्वादन (ra sA swA dan) *m.* tasting, relishing.

रसिक (ra sik) *adj.* & *m.* 1. getting pleasure from poetry, drama etc. 2. jolly person.

रसिकता (~ tA) *f.* liking or enjoyment of poetry, drama etc.

रसिया (ra si yA) *m.* 1. a man of taste, one with aesthetic sense. 2. a type of folk song.

रसीद (ra seed) *f.* receipt; ~ काटना / देना to issue a receipt; चपत ~ करना to slap, to give a slap.

रसीदी टिकट (ra see dee Ti kaT) *f.* revenue stamp.

रसीला (ra see lA) *adj.* 1. juicy. 2. delicious; ~ जवान dandy; रसीली बातें spicy talk.

रसूम (ra soom) *m.* plural of रस्म।

रसूल (ra sool) *m.* divine messenger, prophet.

रसेदार (ra se dAr) *adj.* having broth.

रसोइया (ra so i yA) *m.* cook, chef.

रसोई (ra so ee) *f.* 1. cooking; ~ करना / बनाना to cook food, to prepare a meal. 2. cuisine; कच्ची ~ food in the cooking where of ghee, oil etc. do not play a predominant part; पक्की ~ food cooked mainly in ghee, oil etc. 3. kitchen.

रसोई-घर (~ - ghar) *m.* kitchen.

रसौली (ra sau lee) *f.* tumour.

रस्म (rasm) *f.* 1. custom, practice. 2. formality; ~ के लिए for mere formality; ~ अदा करना to observe a formality.

रस्म-रिवाज (~ - ri vAj) *m.* (plu.) conventions, customs and practices.

रस्मी (ras mee) *adj.* ceremonial; ~ तौर पर for the sake of formality, formally.

रस्सा (~ SA) *m.* rope.

रस्साकशी (~ ka shee) *f.* tug-of-war.

रस्सी (ras see) *f.* rope string, cord; ~ बटना rope-making; गाड़ी को ~ से खींचना to tow a car; कपड़े सुखाने की ~ clothes-line.

रहन (ra han) *m.* 1. mortage. 2. way of living.

रहन-सहन (~ - sa han) *m.* way of living; ~ का ढंग life style; ~ का स्तर standard of living; उनके ~ का स्तर शाही है Their standrad of living is royal.

रहट (ra haT) *m.* Persian wheel (used for drawing water from a well).

रहना (rah nA) *vi.* 1. to live; 1994 में हम लोग कानपुर में रहते थे In 1994 we were living in Kanpur. वह सारी उम्र लखनऊ में रही She lived in Lucknaw all her life. आपके पड़ोस में कौन रहता है Who lives next door to you? जो लोग जिस जगह पर रहते आए हैं उन्हें वह जगह सबसे अच्छी लगती है People who have been living at a cartain place, like it utmost. 2. to stay; मैं कल घर पर ही रहा I stayed at home yesterday. कल दोपहर को घर पर रहोगे Will you be at home at noon tomorrow? 3. to remain; वह चुप रहा He remained silent. नाम ~ — उसका नाम रह गया His name lives/abides. बैठे ~ to remain sitting idle/inactive; भूखे ~ to go without food; सोए ~ to be slee-ping/dormant; दिन रहते before the day is out; मेरे रहते so long as I am there; अपनी भी एक इच्छा रही I too had a longing/cherished desire. उसमें शर्म नहीं रही He is lost to all sense of shame. वह प्यार किए बिना रह ही नहीं सकती Making love is a must for her/She cannot but love. कमरा बड़ा रहे तो अच्छा है It is better if the room is spacious/big enough. मुझसे रहा नहीं गया I could not help myself. यदि ध्यान रहा तो If I do remember. हमारी बात रह गई Our prestige is saved. उसे सावधान रहना चाहिए था He ought to have been careful. रह-रहकर after pauses, intermittently.

रहम (ra ham) *m.* kindness, pity, compassion, benevolence; ~ करना / खाना to take pity; (किसी के) ~ पर छोड़ देना to leave at the mercy (of someone).

रहमदिल (~ dil) *adj.* kind, merciful, compassionate, benevolent.

रहस्य (ra hassy) *m.* 1. secret. 2. inexplicable event, mystery; उसकी सफलता मेरे लिए ~ थी His success was a mystery to me.

रहस्यपूर्ण (~ poorN) *adj.* mysterious, arcane, mystic.

रहस्य-भरा (~ - bha rA) *adj.* mysterious.

रहस्यमय (~ may) *adj.* mysterious, arcane.

रहस्यवाद (~ vAd) *m.* mysticism.

रहस्यवादी (~ vA dee) *adj.* of or based on mysticism, mystical, mystic.
m. one who achieves mystical experience, mystic.

रहस्यात्मक (ra has syAt mak) *adj.* 1. mystical. 2. mysterious.

रहस्योद्घाटन (re has syod ghA Tan) *m.* revelation of a mystery.

रहा-सहा (ra hA - sa hA) *adj.* all that remained, residual, left over; रही-सही आशा last ray/tinge of hope.

रहित (ra hit) *adj.* 1. bereft; पद ~ bereft of office. 2. less, devoid; दयाभाव से ~ unkind, cruel, harsh, pitiless; पक्षपात ~ impartial; संतान ~ childless/issueless.

रहीम (ra heem) *adj.* kind.
m. God.

राँगा (rÃ gA) *m.* tin.

राँड (rÃD) *f.* widow.

राँधना (rÃdh NA) *vt.* to cook (lentil, rice etc.).

राइफ़ल (rA i Fal) *f.* rifle.

राई (rA ee) *f.* small seeds of mustard used as condiment; ~ का पहाड़ करना to make a mountain of a mole hill; ~ नोन उतारना to move mustard and salt round one's head and consign it to the flames for countering the influence of evil glances; ~ भर very small/meagre quantity; ~ - रत्ती करके to the minutest details.

राका (rA KA) *f.* the night of the full moon.

राकेट (rA ket) *m.* rocket.

राकेट-विद्या (~ - vid dyA) *f.* rocketry.

राकेश (rA kesh) *m.* moon.

राक्षस (rAk shas) *m.* 1. goblin, devil, demon, giant, monster. 2. wicked person, badly behaved person.

राक्षसी (~ sha see) *adj.* devilish, demoniac; ~ विवाह one of the eight kinds of marriage in ancient India in which the groom had to fight for having the hand of the bride.

f. demoness.

राख (rAkh) *f.* ash, ashes; मुट्ठी-भर ~ a fistful of ashes; ~ कर देना to reduce to ashes.

राखदान (~ dAN) *m.* ash-tray.

राखी (rA khee) *f.* sacred thread tied by the sister on the wrist of her brother who guarantees life-long protection to her.

राग (rAg) *m.* 1. melody, tune. 2. passion, attachment.

रागदारी (~ dA ree) *f.* classical way of singing.

रागरंग (~ rańg) *m.* merry-making, enjoyment.

रागिनी (rA gi nee) *f.* (fem. of राग) a kind of melody.

रागी (rA gee) *m.* filled with love/attachment.

राछ (rAch) *f.* a weaver's tool.

राज (rAj) *m.* 1. state, dominion, rule, administration, kingdom. 2. reign; ~ करना to reign; लड़की ~ कर रही है The girl is living affluently. 3. mason. 4. allomorph of राजा।

राजकन्या (~ kan nyA) *f.* princess.

राजकर्ता (~ kar tA) *m.* statesman.

राजकाज (~ - KAj) *m.* state affairs.

राजकीय (~ keey) *adj.* 1. of or pertaining to the state, of the government, governmental, princely; ~ समाजवाद state socialism. 2. managed by the state; ~ विद्यालय government school.

राजकुमार (~ ku mAr) *m.* prince. [Fem. राजकुमारी]

राजकुमारी (~ ku mA ree) *f.* princess.

राजकुल (~ kul) *m.* royal family.

राजकोष (~ kosh) *m.* royal treasury.

राजगद्दी (~ gad dee) *f.* 1. throne. 2. enthronement.

राजगीर (~ geer) *m.* mason.

राजगीरी (~ gee ree) *f.* masonry.

राजगृह (~ grih) *m.* palace, royal mansion.

राजचिह्न (~ cinh) *m.* insignia of royalty.

राजतंत्र (~ tantr) *m.* 1. monarchy; ~ वाद monarchism. 2. polity; हिंदू ~ Hindu polity.

राजतंत्रवादी (~ tantr vA dee) *m.* royalist.

राजतंत्रीय (~ tan treey) *adj.* monarchical.

राजतिलक (~ ti lak) *m.* coronation.

राजत्व (rA jattw) *m.* 1. kingship. 2. reign.

राजदंड (rAj daND) *m.* 1. sceptre. 2. punishment awarded by the king.

राजदूत (~ doot) *m.* ambassador.

राजदूतावास (~ doo tA vAs) *m.* embassy, consulate.

राजद्रोह (~ droh) *m.* treason, sedition, disloyalty.

राजद्रोही (~ dro hee) *m.* seditionist, disloyal.

राजधानी (~ dhA nee) *f.* 1. the seat of a government of the country, capital, metropolis. 2. a place associated with a particular activity, capital.

राजधानीय (~ dhA neey) *adj.* metropolitan.

राजनय (~ nay) *f.* diplomacy.

राजनयिक (~ na yik) *adj.* diplomatic.
m. diplomat.

राजनीति (~ nee ti) *f.* politics; ~ करना to play politics; विनिवेश की प्रक्रिया चालू करने के बाद कांग्रेस उससे ~ कर रही है The Congress have launched the disinvestment process, now playing politics with it.

राजनीतिक (~ nee tik) *adj.* political.

राजनीतीकरण (~ nee tee ka raN) *f.* politicization.

राजनीतिज्ञ (~ nee tiggy) *m.* politician, statesman.

राजनीति-शास्त्र (~ nee ti - shAstr) *m.* Political Science.

राजनेता (~ ne tA) *m.* statesman.

राजनैतिक (~ nai tik) *adj.* = राजनीतिक।

राजपत्र (~ pattr) *m.* gazette, charter.

राजपत्रित (~ pat trit) *adj.* gazetted; ~ अधिकारी gazetted officer.

राजपथ (~ path) *m.* highway.

राजपद (~ pad) *m.* state/goverment post.

राज-पाट (~ - pAT) *m.* empire and its paraphernalia.

राज-पुरुष (~ - pu rush) *m.* state offficial.

राजपूत (~ poot) *m.* Rajput.

राजपूताना (~ poo tA nA) *m.* homeland of Rajputs, old name of Rajasthan.

राजप्रासाद (~ prA sAd) *m.* palace.

राजभक्त (~ bhakt) *adj.* loyal to the ruler or country.
m. loyalist.

राजभवन (~ bha van) *m.* government house.

राजभाषा (~ bhA shA) *f.* official language of a country.

राजमद (~ mad) *m.* the vanity of being in power and pelf.

राजमहल (~ ma hal) *m.* royal palace.

राजमहिषी (~ ma hi shee) *f.* queen.

राजमार्ग (~ mArg) *m.* highway.

राजयक्ष्मा (~ yaksh mA) *m.* tuberculosis.

राजयोग (~ yog) *m.* combination of stars predicting rise to the throne.

राजरोग (~ rog) *m.* long-drawn ailment.

राजर्षि (rA jar shi) *m.* saintly king.

राजलक्ष्मी (rAj lak shmee) *f.* goddess of royal grandeur, Maha Lakshmi.

राजवंश (~ vansh) *m.* 1. royal family. 2. dynasty.

राजवंशीय (~ van sheey) *adj.* 1. of royal family. 2. dynastic.

राजवित्त (~ vitt) *m.* public finance.

राजवित्तीय (~ vit teey) *adj.* fiscal.

राजविद्रोह (~ vidroh) *m.* insurrection, sedition.

राजविप्लव (~ viplav) *m.* insurrection, anarchy.

राजवृत्ति (~ vrit ti) *f.* privy purse.

राजवैद्य (~ vaid dya) *m.* king's physician.

राज-व्यवस्था (~ - vya vas thA) *f.* polity.

राजशाही (~ shA hee) *adj.* royal, kingly, stately.

राजश्री (~ shree) *f.* royal grandeur.

राज-संस्करण (~ - sans ka raN) *m.* deluxe edition (of a book).

राजसत्ता (~ sat tA) *f.* 1. regal power. 2. sovereignty.

राजसभा (~ sa bhA) *f.* 1. royal court. 2. royal assembly.

राज-सिंहासन (~ - sin hA san) *m.* royal throne.

राजसिक (~ sik) *adj.* = राजसी।

राजसी (~ see) *adj.* 1. princely, royal, gaudy; ~ ठाठ-बाट princely grandeur. 2. pertaining to रजोगुण।

राजस्थान (rA jas thAn) *m.* a State in the Indian Union.

राजस्थानी (rA jas thA nee) *adj.* of or pertaining of Rajasthan.

f. language of राजस्थान।

m. a resident of Rajasthan.

राजस्व (rA jassw) *m.* revenue; ~ का पंद्रह प्रतिशत सामान्य रेल-यात्रियों से आता है Fifteen percent of the revenue is derived/comes from ordinary railway passengers.

राजा (rA jA) *m.* king; ~ की रानी consort.

adj. good; ~ बेटा good/obedient boy.

राजाज्ञा (rA jAg gyA) *f.* royal/regal order.

राजाधिराज (rA jA dhi rAj) *m.* emperor.

राज़ी (rA zee) *adj.* 1. agreed. 2. agreeable, willing; ~ करना to placate; ~ होना to agree; वह जाने के लिए ~ नहीं हुआ He was unwiling to go.

f. willingness.

राज़ी-ख़ुशी (~ - Khu shee) *adv.* happily, peacefully.

राज़ीनामा (~ nA mA) *m.* agreement.

राजीव (rA jeev) *m.* 1. lotus. 2. elephant.

राजेंद्र (rA jendr) *m.* emperor.

राज्ञी (rAg gyee) *f.* queen consort.

राज्य (rAjjy) *m.* 1. rule. 2. state.

राज्यकाल (~ kAl) *m.* reign, ruling period.

राज्यक्षेत्र (~ kshettr) *m.* territory.

राज्यतंत्र (~ tanttr) *m.* the form of government, polity.

राज्य-परिषद् (~ - pari shad) *m.* council of state.

राज्यपाल (~ pAl) *m.* governor; महा - ~ Governor General.

राज्यविप्लव (~ vip lav) *m.* rebellion, coup d' etat.

राज्यव्यवस्था (~ vya vas thA) *f.* polity.

राज्यसंघ (~ sangh) *m.* confederation.

राज्यसभा (~ sabha) *f.* Council of State, Upper House.

राज्याभिषिक्त (rAj jyA bhi shikt) *adj.* enthroned; ~ करना to enthrone.

राज्याभिषेक (rAj jyA bhi shek) *m.* coronation, enthronement.

राज्यारोहण (rAj jyA ro haN) *m.* accession to the throne.

राढ़ (rARh) *f.* quarrel, fracas, dispute.

राणा (rA NA) *m.* 1. king of Nepal. 2. member of royal family.

रात (rAt) *f.* night; आज की ~ the present or the coming night; आधी ~ midnight; आधी ~ के बाद बसें नहीं चलतीं The buses don't run after midnight. ~ का क़र्फ़्यू लगा था A night-time curfew was imposed. ~ का खाना dinner; ~ के समय at night-time; आज ~ को the night following this present day, on this present night; दिन - ~/~ - दिन day and night; ~ आँखों में काटना to pass the night without a wink; ~ गहराना; ~ गहरा गई The night has advanced. ~ ढलना time to advance beyond midnight; ~ भर night-long; ~ भर वर्षा होती रही the rain kept on all night/It has been raining throughout night. ~ भर का night-long; ~ भीग गई Dew has begun falling.

रात की रानी (~ kee rA nee) *f.* queen of the night, a very fragrant flower which blooms in the night.

रातिब (rA tib) *m.* one day's food for cattle.

रात्रि (rAt tri) *f.* night.

रात्रिकालीन (~ KA leen) *adj.* night time.

रात्रिचर (~ car) *adj. & m.* demon, nocturnal being.

राधा (rA dhA) *f.* Radha, favourite of Lord Krishna.

राधिका (rA dhi kA) *f.* = राधा।

रानी (rA nee) *f.* 1. consort. 2. queen; ~ मक्खी queen bee; ~ बिटिया good, obedient daughter; पट ~ queen consort.

राब (rAb) *f.* molasses.

राबिश (rA bish) *f.* waste material of the building mortar.

राम (rAm) *m.* Prophet king Ram, the hero of the Ramayan; ~ करे सो होई God's will be done! ~ का नाम लो! Oh the improbable! ~ को प्यारा होना to die; ~ जाने God knows; ~ नाम जपना to repeat the name of God; ~ भजो = ~ का नाम लो; ~ भरोसे छोड़ना to let things take their own course; ~ राम (i) a form of greeting; (ii) Oh, what a shame/pity! ~ राम करके with great difficulty; (किसी से) ~ राम होना to exchange greetings (with somebody).

राम-कहानी (~ - ka hA nee) *f.* episode of one's life.

रामदाना (~ dA nA) *m.* a kind of sago.

रामनवमी (~ na va mee) *f.* ninth day of bright fortnight of चैत्र; birthday of God Ram.

रामबाण (~ bAN) *adj.* unfailing (medicine). *m.* 1. a remedy of all diseases or evils, panacea. 2. unerring device.

राम भरोसे (~ bha ro se) *adv.* to the mercy of god; ~ छोड़ रखना to leave at the mercy of god; मैंने अपना संपूर्ण जीवन ~ छोड़ रखा है I have left my entire life at the mercy of god.

रामरज (~ raj) *f.* yellow ochre.

रामरस (~ ras) *m.* salt.

रामराज्य (~ rAjjy) *m.* rule of Ram, ideal rule, utopia.

राम-राम (~ - rAm) *m.* 1. greeting. 2. valediction, valedictory remark. *interj.* showing disgust.

रामलीला (~ lee lA) *f.* dramatic pageant of the Ramayan.

रामसखा (~ sa khA) *m.* chum of Ram, = निषाद or सुग्रीव।

रामायण (rA mA yaN) *m.* Ramayan (Hindu epic).

रामायणी (rA mA ya Nee) *m.* one well-versed in Ramayan, a scholar of Ramayan.

राय (rAy) *f.* opinion; उनकी पसंद के बारे में आपकी क्या ~ है What do you think of their selection? हमारी ~ में उनको इस विषय पर कोई एतराज़ न होना चाहिए In my opinion they should not have any grudge on this issue. ~ कायम / निश्चित करना to form an opinion; ~ मिलना—हमारी राय मिल गई We are seeing eye to eye with each other. *m.* king.

रायज (rA yaj) *adj.* prevalent, customary.

रायता (rAy tA) *m.* a saltish dish prepared with curd and vegetables.

रायबहादुर (~ ba hA dur) *m.* (title of Rai Bahadur (British rule).

रायल (rA yal) *m.* royal size (of paper).

रायसाहब (rAy sA hab) *m.* = title of Rai Saheb (British rule).

रार (rAr) *f.* quarrel, dispute; ~ बढ़ाना to aggravate a dispute/quarrel; ~ मचाना to create a ballyhoo/furore; ~ मोल लेना to invite a quarrel.

राल (rAl) *f.* resin.

राव (rAv) *m.* 1. king. 2. a member of a royal family.

रावटी (~ TEE) *f.* small tent.

रावत (rA vat) *m.* 1. small king. 2. chieftain. 3. warrior.

रावण (rA vaN) *m.* demon king of Shri Lanka (Ramayan).

रावल (rA val) *m.* title of certain Rajput princes.

राशन (rA shan) *m.* ration.

राशि (rA shi) *f.* 1. amount; quantity. 2. zodiac sign.

राशिचक्र (~ cakkr) *m.* zodiac.

राशिनाम (~ nAm) *m.* name given to a child soon after birth, in accordance with the position of stars on the horoscope.

राष्ट्र (rAshTr) *m.* nation.

राष्ट्रकवि (~ kavi) *m.* national poet, poet-laureate.

राष्ट्रगान (~ gAn) *m.* national anthem.

राष्ट्रगीत (~ geet) *m.* national anthem.

राष्ट्रचिह्न (~ cihn) *m.* national emblem.

राष्ट्रध्वज (~ dhwaj) *m.* national flag.

राष्ट्रपताका (~ pa tA kA) *f.* = राष्ट्रध्वज।

राष्ट्रपति (~ pa ti) *m.* President; ~ भवन President's palace/residence; ~ शासन President's rule.

राष्ट्र-परिषद् (~ pa ri shad) *f.* National Council.

राष्ट्रभाषा (~ bhA shA) *f.* national language; lingua franca.

राष्ट्रमंडल (~ maN Dal) *m.* Commonwealth.

राष्ट्रवाद (~ vAd) *m.* nationalism.

राष्ट्रवादी (~ yA dee) *adj.* nationalist; इन लोगों ने ~ विचारों का सदा गला घोंटा है They have always stifled the nationalistic voice. ~ सरकार nationalist goverment. *m.* nationalist.

राष्ट्रव्यापी (~ vyA pee) *adj.* nation-wide; कांग्रेस ही एकमात्र ~ दल है Congress is the sole/only nation-wide party.

राष्ट्रसंघ (~ sangh) *m.* United Nations Organisation, U. N. O.

राष्ट्रिक (rAsh Trik) *adj.* = राष्ट्रीय।

राष्ट्रिकता (~ tA) *f.* = राष्ट्रीयता।

राष्ट्रीकरण (rAsh Tree ka raN) *m.* nationalisation.

राष्ट्रीकृत (~ krit) *adj.* nationalized.

राष्ट्रीय (rAsh Treey) *adj.* national; ~ गान National Anthem

राष्ट्रीयकरण (~ ka raN) *m.* = राष्ट्रीकरण।

राष्ट्रीयता (~ tA) *f.* 1. nationality. 2. nationalism.

रास (rAs) *adj.* favourable, beneficial; ~ आना to prove favourable/wholesome. *m.* 1. circular dance associated with Lord Krishna; ~ रचाना to organise a रास। 2. reins.

रासधारी (~ dhA ree) *m.* a performer who dramatises the episodes of Lord Krishna on the stage.

रास-मंडली (~ - maN Da lee) *f.* band of performers of रास।

रास-लीला (~ - lee lA) *f.* dramatic interpretation of the episodes of Lord Krishna.

रासायनिक (rA sAy nik) *adj.* chemical; ~ क्रिया chemical action; ~ खाद chemical fertilizer; ~ परीक्षण chemical test; ~ युद्ध chemical warfare; ~ विश्लेषण chemical analysis.

रासो (rA so) *m.* poetic life-history of a king.

रास्त (rAst) *adj.* right.

रास्ता (rAs tA) *m.* 1. path, way, road; एक ट्रक ~ रोके था A truck was blocking the road. 2. route. 3. passage; ~ कटना; कितना ~ कट गया How much distance has been covered? ~ काटना to cut/cross one's path; ~ खुलना—रास्ता खुल गया (i) The route has been opened. (ii) An avenue has been opened. ~ दिखाना (i) to show the way; (ii) to give a preliminary lead, guidance etc.; (iii) = ~ बताना; ~ देखना to wait for; ~ देना to give a passage; ~ नापना to cover a distance unnecessarily; अपना ~ नापो Mind your own business. ~ निकालना (i) to pave the way; (ii) to find or devise a way; देश में खाद्यान्न की पैदावार बढ़ाने के लिए ~ निकालना होगा We have to devise a way to boost food production in the country. ~ पकड़ना to take to one's course; ~ बताना (i) to tell the way; ~ भटक जाना to go astray; रास्ते का काँटा a hurdle on the way; रास्ते पर आना to come to the right track/path; रास्ते पर लाना to bring round, to bring to the right path; रास्ते लगना to be suitably placed in some work. 4. (fig.) ploy; अब हमारे लिए बहानेबाजी ही एक ~ है Now, our only ploy is to pretend.

रास्ता-चलता (~ - cal tA) *m.* wayfarer, passer-by.

रास्ती (rAs tee) *f.* forbearance; ~ से काम लो Be calm and forbearing.

राह (rAh) *f.* path, way; खुदा की ~ में in the name of God.

राह-ख़र्च (~ Kharc) *m.* travelling expenses.

राहगीर (~ geer) *m.* wayfarer.

राह-चलता (~ - cal tA) *m.* passerby, wayfarer.

राहज़न (~ - zan) *m.* highwayman.

राहज़नी (~ za nee) *f.* highway robbery.

राहत (rA hat) *f.* respite, relief; उसे ~ महसूस हुई He felt relieved. ~ मिलना to have/get relief; मुझे बहुत ~ मिली है I am most relieved. इस दवा से दर्द में ~ मिलेगी This medicine should ease the pain.

राह-रस्म (rAh rasm) *f.* social dealings/intercourse.

राही (rA hee) *m.* one who goes on a journey sply. by foot, wayfarer.

राहु (rA hu) *m.* 1. the mythical monster who swallows up the moon and the sun and thus causes their eclipses. 2. (someone) pestilent.

राहु-केतु (~ - ke tu) *m.* (plu.) everpestering enemies.

रिंच (rinc) *m.* wrench.

रिंद (rind) *m.* 1. non-conformist. 2. an easygoing person.

रिंदा (rin dA) *adj.* roguish, devilish, wicked, mean, wretched.

रिआयत (ri A yat) *f.* 1. concession. 2. remission, relaxation; सज़ा में ~ remission in punishment.

रिआयती (ri A ya tee) *adj.* concessional; क्या आप इसे ~ दाम पर बेच रहे हैं Are you selling it at a discount? इसका ~ दाम सिर्फ़ दो सौ रुपए है Its discount price is only two hundred rupees.

रिआया (ri A yA) *f.* subjects, people.

रिकशा (rik shA) *m.* = रिक्शा।

रिकार्ड (ri cArD) *m.* the best performance, or highest level ever reached, record; ~ तोड़ देना to break a record.

रिकार्डतोड़ (~ toR) *adj.* record-breaking; ~ जीत record-breaking victory.

रिक्त (rikt) *adj.* empty, vacant, blank; ~ हस्त empty-handed.

रिक्तता (~ tA) *m.* 1. void, vacuum. 2. vacancy.

रिक्ति (rik ti) *f.* = रिक्तता।

रिक्थ (rikth) *m.* legacy; ~ पत्र will (testamentory).

रिक्शा (rik shA) *m.* rickshaw.

रिक्शेवाला (~ she wA lA) *m.* rickshaw puller.

रिज़क (ri zak) *m.* livelihood.

रिज़र्व (ri zarv) *adj.* reserved. [H.E. आरक्षित]

रिझाना (ri jhA nA) *vi.* to allure/captivate/entice/please.

रिझाव (ri jhAW) *m.* captivation, lure.

रिटायर (ri TA yar) *adj.* retired; ~ होना to retire.

रिड़कना (ri Rak nA) *vt.* 1. to churn. 2. to suffer from a lingering disease.

रिपु (ri pu) *m.* enemy, foe, antagonist.

रिपुघ्न (ri pughn) *m.* 1. the destroyer of the enemy, God Ganesh. 2. the youngest of the four sons of King Dasarath.

रिपुता (ri pu tA) *f.* enmity, hostility.

रिपोर्ट (ri porT) *f.* report; इस ~ को न्यायालय में चुनौती दी जा सकती है This report is challangeable in the court. ~ करना to lodge a report; ~ देना to submit/present a report.

रिपोर्टर (ri por Tar) *m.* reporter.

रिबन (ri ban) *m.* ribbon.

रिम (rim) *m.* 1. ream. 2. edge of a wheel, rim.

रिमझिम (~ jhim) *f.* light drizzle; ~ बरसना to drizzle.

रियाज़ (ri yAz) *m.* 1. exercise, exertion. 2. practice; ~ करना to practise assiduously.

रियासत (ri yA sat) *f.* 1. former Indian princely state. 2. estate. 3. state. 4. regality.

रियासती (ri yA sa tee) *adj.* 1. pertaining to a रियासत। 2. stately, princely; ~ ठाट princely glamour.

रिरियाना (ri ri yA nA) *vi.* 1. to whimper. 2. to implore/entreat/beseech abjectly.

रिवाज (ri vAj) *m.* custom, practice, vogue.

रिवाल्वर (ri vAl var) *m.* revolver.

रिश्वत (rish vat) *f.* bribe; ~ देना to bribe; ~ खाना / लेना to accept/take bribe; वह ~ लेते हुए रंगे हाथ पकड़ा गया He was caugut taking bribe red-handed.

रिश्वतख़ोर (~ Khor) *adj.* & *m.* (one) who is used to taking bribes, bribee.

रिश्वतख़ोरी (~ Kho ree) *f.* the giving or taking of bribes, bribery; उस पर ~ का इलज़ाम था He was charged of bribery.

रिश्ता (rish tA) *m.* relation, relationship; ~ आना offer of a matrimonial proposal; ~ करना to establish a relationship; ~ लाना to bring a matrimonial proposal.

रिश्तेदार (~ te dAr) *m.* relative, relation, kinsman; आपका यहाँ कोई ~ है Have you any relatives here?

रिश्तेदारी (~ te dA ree) *f.* kinship, relationship.

रिस (ris) *m.* anger, wrath, indignation.

रिसना (~ nA) *vi.* to ooze/drizzle/leak.

रिसाना (ri sA nA) *vi.* to get angry.

रिसाला (ri sA lA) *m.* 1. platoon. 2. journal.

रिहर्सल (ri har sal) rehearsal. [H. E. पूर्वाभिनय]

रिहा (ri hA) *adj.* released, aquitted, freed.

रिहाइश (~ ish) *f.* residence.

रिहाइशी (~ i shee) *adj.* residential.

रिहाई (~ ee) *f.* release, discharge, acquittal.

रीं-रीं (reẽ - reẽ) *f.* whimpering sound.

रीछ (reech) *m.* bear.

रीझ (reejh) *f.* overbearing interest.

रीझना (~ nA) *vi.* to be allured/captivated/charmed.

रीठा (ree ThA) *m.* soap-nut.

रीढ़ (reeRh) *f.* backbone, spine; ~ की हड्डी vertebral column.

रीढ़दार (~ dAr) *adj.* backboned, spiny.

रीढ़हीन (~ heen) *adj.* 1. lacking backbone, spineless. 2. lacking courage or resolution.

रीता (ree tA) *adj.* 1. empty. 2. vacant.

रीतापन (~ pan) *m.* 1. emptiness. 2. vacantness.

रीति (ree ti) *f.* 1. usage, practice, custom,

rite. 2. manner, system; जग की ~ way of the world.

रीति-रिवाज (~ - ri vAj) *m.* customs and manners, rites and rituals.

रीतिक (ree tik) *adj.* formal.

रीम (reem) *m.* 500 sheets of paper, ream.

रील (reel) *f.* reel (of thread etc.).

रुंड (ruND) *m.* torso.

रुँधना (rũdh nA) *vi.* to be choked; गला ~ — गला रुँध गया Throat was choked with emotion.

रुआँ (ru Ã) *m.* fuzz, soft hair on the body.

रुआब (ru Ab) *m.* = रोब।

रुई (ru ee) *f.* cotton; ~ का गाला flake of cotton; ~ की तरह धुनना to give a severe thrashing.

रुईदार (~ dAr) *adj.* stuffed with cotton.

रुकना (ruk nA) *vi.* 1. to stop; क़लम ~ stopping of pen; गाड़ी ~ stopping of a train; साँस ~ stopping of breath; हाथ ~ — हाथ रुक गया The work was stopped. रुक-रुककर (i) intermittently; (ii) with pauses. 2. to stay; मैं वहाँ दो दिन रुका रहा I stayed there for two days.

रुकवाना (~ vA nA) *vt.* to cause to stop.

रुकाव (ru kAw) *m.* = रुकावट।

रुकावट (ru kA wAT) *f.* hindrance, obstacle, obstruction; ~ डालना to put obstacle/hurdle/obstruction.

रुकावटी (ru kA wa TEE) *adj.* pertaining to रुकावट; ~ दौड़ obstacle/hurdle race.

रुक़्क़ा (ruk KA) *m.* 1. chit, note. 2. document.

रुक्ष (ruksh) *adj.* 1. harsh, rough. 2. ruffled, unkempt (hair).

रुख़ (ruKh) *m.* 1. attitude. 2. trend. 3. face, facet, frontage. 4. rook/castle (in chess); ~ देखना to watch which way the wind blows; ~ फेरना to turn the face away; ~ बदलना to change the attitude; ~ मिलना (i) to comprehend (someone's) attitude; (ii) to come round; ~ मिलाना—वह रुख़ तक नहीं मिलाता He does not even entertain the idea/He does not even care to con-sider the proposition.

रुख़सत (~ sat) *f.* 1. leave (of absence); ~ मिलना to get leave of absence. 2. permis-sion to leave; ~ करना to bid farewell; ~ होना to set out, to depart.

रुख़सती (~ sa tee) *f.* departure; बहू की ~ करना taking a bride from her parent's house.

रुखाई (ru khA ee) *f.* curtness, bluntness; ~ से rudely, bluntly; गृहमंत्री ने हुर्रियत नेताओं से ~ से कहा कि अगर आप पाकिस्तान यात्रा के लिए पूर्व शर्त लगाते हैं तो आप न जाएँ Home Minister told Hurriyat leaders bluntly that if they want to put any precondi-tion to visit Pakistan, they should not go.

रुखानी (ru khA nee) *f.* chisel.

रुग्ण (rugN) *adj.* indisposed, ailing, ill, unwell, sick; ~ अर्थव्यवस्था ailing economy.

रुग्णता (~ tA) *f.* illness, indisposition.

रुचना (ruc nA) *vi.* 1. to relish. 2. to derive interest.

रुचि (ru ci) *f.* 1. interest, liking, taste; राजनीति में मेरी ~ नहीं I am not interested in politics. काम में ~ लेना to take interest in (one's) work; ~ के अनुकूल as per (one's) taste; ~ के विपरीत contrary to (one's) taste. 2. relish.

रुचिकर (~ kar) *adj.* 1. inspiring interest, extremely interesting. 2. relishing.

रुचिकारक (~ kA rak) *adj* = रुचिकर।

रुचिर (ru cir) *adj.* 1. sightly, winsome, attractive. 2. sweet, pleasing, winning.

रुझान (ru jhAn) *m.* bent, proclivity, inclination, propensity.

रुतबा (rut bA) *m.* 1. position, status; उसका ~ बहुत ऊँचा है He wields/commands influence/awe/sway. 2. rank.

रुतबेवाला (rut be vA lA) *adj.* of high official position or rank.

रुदन (ru dan) *m.* lamentation, weeping, bewailing.

रुद्ध (ruddh) *adj.* 1. blocked. 2. choked. 3. impeded; ~ कंठ having a choked throat.

रुद्र (ruddr) *adj.* dreadful, awful, fearful. *m.* Lord Shiva.

रुद्रता (~ tA) *f.* dreadfulness, awfulness.

रुद्राक्ष (rud drAksh) *m.* seed of a tree used for making rosaries worn by Shaivites.

रुद्राणी (~ drA Nee) *f.* = पार्वती।

रुधिर (ru dhir) *m.* blood.

रुधिरस्राव (~ srAv) *m.* 1. bleeding. 2. haemorrhage.

रुनझुन (run jhun) *f.* tinkle/tinkling sound.

रुनाई (ru nA ee) *f.* redness, ruddiness.

रुपएवाला (ru pa e vA lA) *adj.* & *m.* having a lot of money, wealthy.

रुपया (ru pa yA) *m.* 1. rupee. 2. money; वह आधा ~ अग्रिम देने को तैयार हो गया He agreed to pay half the money in advance. ~ उड़ाना to squander money; ~ उड़ा लेना to filch money; ~ ऐंठना to extort/squeeze money; ~ जोड़ना to accumulate money/wealth; ~ डूबना—रुपया डूब गया Money was irretrievably lost. ~ तुड़वाना to get small change (for coin or currency note); ~ पानी की तरह बहाना to squander away (one's) money, to burn the candle at both ends; ~ पानी में फेंकना to throw away money, as it were; ~ फेंकना to throw (one's) money; ~ बटोरना to amass money, to earn a fortune; ~ बनाना to make/mint money; ~ बहाना to squander money; ~ भुना देना to change into smaller coins; ~ भुना लेना to get smaller change; ~ मारना to misappropriate/embezzle money; उसे रुपए की गर्मी है He is proud of his purse/Money has gone to his head. ~ लगाना (i) to invest; (ii) to stake.

रुपया-पैसा (~ - pai sA) *m.* money, wealth.

रुपल्ली (ru pal lee) *m.* = रुपया।

रुपहला (ru peh lA) *adj.* silvery; ~ पर्दा silver screen.

रुबाई (ru bA ee) *f.* quatrain, four-foot poem.

रुलाई (ru lA ee) *f.* wailing, weeping.

रुलाना (ru lA nA) *vt.* to cause to weep; उसने माँ-बाप को बहुत रुलाया है He has too much harassed his parents. रुला मारने वाली कहानी tear-jerking story.

रुष्ट (rushT) *adj.* displeased, offended, angry, enraged, indignant.

रुष्टता (~ tA) *f.* displeasure, anger, indignation.

रुसवाई (rus vA ee) *f.* ill-fame, disrepute.

रुसूख (ru sooKh) *m.* social contact (s).

रुस्तम (rus tam) *m.* Rustam (a legendary warrior of Persia); छिपा ~ a man with hidden parts, a dark horse.

रुस्तम-ए-हिंद (~ - e - hind) *m.* Hero of India.

रूई (roo ee) *f.* = रुई (cotton).

रूक्ष (rooksh) *adj.* = रुक्ष।

रूखा (roo khA) *adj.* 1. not smooth, rough; ~ काग़ज़ rough paper. 2. dry, without personal warmth; ~ आदमी cold fish. 3. harsh, blunt; ~ उत्तर blunt/curt reply; ~ - सूखा plain and simple.

रूखापन (~ pan) *m.* 1. roughness. 2. dryness (of person). 3. bluntness; ~ से roughly, bluntly, curtly.

रूठना (rooTH nA) *vi.* to be displeased, to show displeasure.

रूढ़ (rooRh) *adj.* 1. conventional. 2. prevalent, traditional.

रूढ़ार्थ (roo RhArth) *m.* conventional meaning.

रूढ़ि (roo Rhi) *f.* convention, tradition.

रूढ़ि गत (~ gat) *adj.* conventional, traditional.

रूढ़िग्रस्त (~ grast) *adj.* conservative.

रूढ़िवाद (~ vAd) *m.* conservatism, conventionalism, conformism.

रूढ़िवादी (~ vA dee) *adj.* conventionalistic, conservative.

m. conventionalist, conservative.

रूप (roop) *m.* 1. beauty, charm. 2. shape, form, size, appearance; ~ भरना to put on the appearance (of someone), to assume the guise (of someone), conformism. 3. form; शब्दों के ~ forms of words; किसी न किसी ~ में in some way or other; ठीक उसी ~ में (i) in the same form, (ii) in the same words; उसके विरोधियों को अंततोगत्वा उसके द्वारा प्रतिपादित सिद्धांतों को ठीक उसी ~ में स्वीकार करना ही पड़ा His rivals had but to accept the principles in the same form as promulgated by him, in the long run.

रूपक (roo pak) *m.* 1. metaphor. 2. bluff. 3. a kind of dramatic play, allegory.

रूपगर्वित (roop gar vit) *adj.* proud of (one's) beauty. [Fem. रूपगर्विता]

रूप-तालिका (~ tA li kA) *f.* (Gram.) paradigm.

रूप-रेखा (~ - re khA) *f.* 1. outline. 2. contour. 3. synopsis. 4. design.

रूपवंत (~ vant) *adj.* beautiful, handsome, charming.

रूपवती (~ va tee) *adj.* & *f.* (woman) of beautiful features, a beauty, damsel.

रूपवान, रूपवान् (~ vAn) *adj.* handsome pretty. [Fem. रूपवती]

रूप-विज्ञान (~ - vig gyAn) *m.* morphology

रूप-सज्जा (~ - saj jA) *f.* make-up, beautification.

रूप-साधन (~ - sA dhan) *m.* declension.

रूपसी (roo pa see) *adj.* beautiful (woman)

रूपांतर (~ pAn tar) *m.* 1. transformation 2. adaptation.

रूपांतरकार (~ pAn tar kAr) *m.* adapter.

रूपांतरण (~ pAn ta raN) *m.* 1. transformation transfiguration. 2. adaptation (of literary piece).

रूपा (~ pA) *m.* silver.

रूपायन (~ yan) *m.* giving a shape.

रूपायित (~ yit) *adj.* shaped; राष्ट्रों का भाग उनकी कक्षाओं में ~ होता है The destiny of nations is shaped in their classrooms ~ करना to give a shape.

रूपिम (roo pim) *m.* morpheme.

रूपी (roo pee) *suffix.* denoting shape or figure; बहु ~ multiform, multifaced.

रूबरू (~ ba roo) *adv.* in the presence of in front of, face to face; ~ होना to come be face to face.

रूमाल (~ mAl) *m.* handkerchief, scarf.

रूमाली (~ mA lee) *f.* children's underwear privy cover.

रू-रिआयत (~ - ri yA yat) *f.* concession leniency, consideration.

रूल (rool) *m.* 1. ruler. 2. rule, regulation यहाँ का ~ कुछ न्यारे प्रकार का मालूम पड़ता है The rules and regulations of this place seem to be of a very peculiar type.

रूलदार (~ dAr) *adj.* ruled.

रूलर (roo lar) *m.* ruler, scale.

रूसी (~ see) *adj.* Russian.

m. 1. Russian language. 2. scurf dandruff.

ह (rooh) *f.* soul, inner being; ~ उड़ / निकल जाना passing away, extinction of life.

कना (rẽk nA) *vi.* to bray.

गना (rẽg nA) *vi.* to creep/crawl/plod.

ट (rẽT) *f.* snot, mucus of nose, nasal discharge; ~ भरा snotty.

ड़ (rẽR) *m.* castor plant.

ख (rekh) *f.* line, mark; ~ आना / भीगना / फूटना first appearance of whiskers.

खांकन (re khAṅ kan) *m.* 1. underlining. 2. demarcation.

खांकित (re khAṅ kit) *adj.* 1. underlined. 2. demarcated; ~ करना (i) to underline; (ii) to demarcate. 3. crossed; ~ चेक crossed cheque.

खा (re khA) *f.* line; ~ खींचना to draw a line; रूप ~ (i) outline, contour; (ii) synopsis.

खाकार (~ kAr) *adj.* linear. *m.* sketcher.

खाकृति (~ kri ti) *f.* 1. line-drawing. 2. sketch.

खागणित (~ - ga Nit) *m.* = ज्यामिति (Geometry).

खाचित्र (~ cittr) *m.* 1. line-drawing, diagram. 2. sketch.

खा-चित्रण (~ - cit traN) *m.* 1. drawing a diagram. 2. sketching.

खिका (re khi kA) *f.* dash (—).

खित (re khit) *pp.* lined, delineated, demarcated, furrowed.

खेय (re kheey) *adj.* linear.

गमाल (reg mAl) *m.* sand-paper.

गिस्तान (re gis tAn) *m.* desert.

गिस्तानी (re gis tA nee) *adj.* 1. of or pertaining to a desert. 2. sandy.

चक (re cak) *adj.* & *m.* purgative.

रेचन (re can) *m.* purgation, purging (of bowels).

रेज़गारी (rez gA ree) *f.* money in small units; क्या आप दस के नोट की ~ देंगे Can you please give change of ten rupees note? Can you change this ten rupees note? मेरे पास ~ नहीं है I don't have change.

रेज़गी (~ gee) *f.* = रेज़गारी।

रेट (reT) *m.* rate, price.

रेडियम (re Di yam) *m.* radium.

रेडियो (re Di yo) *m.* radio; ~ चिकित्सा radiotherapy.

रेढ़ (reRh) *f.* ruin, devastation; ~ मारना to spell ruin, to devastate.

रेणु (re Nu) *f.* sand.

रेणुका (~ kA) *f.* 1. sand. 2. mother of Parasuram, a character in the Ramayan.

रेत (ret) *f.* sand.

रेतना (~ nA) *vt.* to file/rasp.

रेता (re tA) *m.* = रेत।

रेती (re tee) *f.* 1. file. 2. sandbank. 3. (expanse of) sand.

रेतीला (~ lA) *adj.* sandy.

रेफ़ (reF) *m.* the sign (᪵) used to denote the sound of 'र' devoid of its vowel parts as in धर्म, सर्प।

रेल (rel) *f.* 1. railway; ~ का डिब्बा railway compartment. 2. rail; ~ की पटरी railway line.

रेलगाड़ी (~ gA Ree) *f.* railway train.

रेलपथ (~ path) *m.* rail track.

रेल-पेल (~ - pel) *f.* 1. melee, bustle. 2. exuberance.

रेल-मंत्री (~ - man tree) *m.* Railway Minister.

रेल-मार्ग (~ - mArg) *m.* railroad, railway.

रेलवे (~ we) *f.* railway.

रेलवे लाइन (~ lAin) *f.* railway line.

रेला (re lA) *m.* a rush.

रेलिंग (re ling) *f.* railing.

रेवड़ (re waR) *m.* flock.

रेवड़ी (rev Ree) *f.* a hard crisp sweet-meat.

रेशम (re sham) *m.* silk; ~ का कीड़ा silk-worm; ~ की लच्छी skein of silk.

रेशमी (resh mee) *adj.* silken.

रेशा (re shA) *m.* fibre.

रेशेदार (re she dAr) *adj.* made of fibres, fibrous.

रेस्टोराँ (res To rÃ) *m.* restaurant.

रेह (reh) *f.* whitish soil for cleansing purposes.

रेहन (re han) *m.* pledge, hypothecation, mortgage.

रेहनदार (~ dAr) *m.* mortgagee.

रेहननामा (~ nA mA) *m.* mortgage deed.

रैन (rain) *f.* night.

रैन-बसेरा (~ - ba se rA) *m.* a place for taking shelter at night, night-shelter.

रैयत (rai yat) *f.* public, subjects.

रोंगटा (rõg TA) *m.* small and soft hair on the body; रोंगटे खड़े होना horripilation.

रोआँ (roÃ) *m.* small and soft hair on the body, fur; ~ - रोआँ every part of one's being, one's being, all entire.

रोआसा (ro A sA) *adj.* on the point of weeping, almost in tears.

रोएँदार (ro ẽ dAr) *adj.* hairy.

रोक (rok) *f.* 1. restraint. 2. restriction, ban, prohibition, prevention, embargo; ~ लगाना to ban, to put a ban. 3. matrimonial engagement, betrothal; ~ देना to engage (a boy for a matrimonial relation-ship).

रोक-टोक (~ - Tok) *f.* too much of restriction/ proscription.

रोकड़ (ro kaR) *f.* cash in hand; ~ मिलाना to tally the balance; रोकड़ नहीं मिली The accounts did not tally.

रोकड़-जमा (~ - ja mA) *m.* opening balance

रोकड़-बही (~ - ba hee) *f.* cash-book.

रोकड़-बाक़ी (~ - bA kee) *f.* cash-balance.

रोकड़िया (ro ka Ri yA) *m.* cashier.

रोक-थाम (rok - thAm) *f.* 1. prevention check. 2. preventive measure.

रोकना (~ nA) *vt.* 1. to stop, stem; उसने गाड़ी रोक दी He stopped the train. 2. to prevent/ hinder/check; आतंकवादियों की घुसपैठ रोकने के लिए सीमा पर काँटेदार तार की बाड़ लगाई जाएगी The barbed wire fencing would be constructed along the border to stem infiltration of militants. 3. to detain; उसने मुझे वहाँ रोक दिया He detained me there. उसने मुझे रोके रखा He kept me at bay. 4. to avert; युद्ध को रोकने का अंतिम प्रयास किया गया It was last attempt to avert war. 5. to restrain; मन ~ to restrain the mind; वार ~ to ward off an attack; हाथ ~— (i) मेरा हाथ मत रोको Don't check/ prevent me (in my work). (ii) हाथ रोककर ख़र्च करो Spend thriftily.

रोग (rog) *m.* disease, sickness, illness, malady; ~ का निदान diagnosis; ~ की जड़ root-cause of disease/malady; ~ पालना to nurse a disease.

रोगग्रस्त (~ grast) *adj.* diseased, ailing.

रोग़न (ro Gan) *m.* paint, lacquer; ~ जोश specially prepared meat.

रोग़नदार (~ dAr) *adj.* lacquered.

रोगनाशक (rog nA shak) *adj.* preventive, prophylactic.

रोग़नी (ro Ga nee) *adj.* smeared with oil or ghee.

रोगशय्या (rog shay yA) *f.* sick-bed.

रोगाणु (ro gA nu) *n.* germs of a dieseas, microbe.

रोगिनी (ro gi nee) *f.* [fem. of रोगी]

रोगी (ro gee) *m.* sick, patient; जन्म का ~ perpetual patient, ailing since birth.

रोगी-कक्ष (~ - kasksh) *m.* patients' ward.

रोचक (ro cak) *adj.* interesting, pleasant, sweet.

रोचकता (~ tA) *f.* quality of being interesting, interest, sweetness.

रोज़ (roz) *m.* day; ~ का चक्कर/धंधा oft-repeated affair/occurrence/practice; ~- रोज का day-to-day— ज़िदगी की रोज़-रोज़ की तकलीफ़ें life's day-to-day difficulties.

adv. daily; 5 रु. ~ पर on five rupees per day; ~ - बरोज़ (i) daily, everyday; (ii) day by day.

रोज़गार (~ gAr) *m.* business, occupation, profession; ~ दफ़्तर employment office.

रोज़गारी (~ gA ree) *m.* businessman.

रोज़नामचा (~ nAm cA) *m.* diary.

रोज़मर्रा (~ mar rA) *adv.* daily, everyday; ~ का काम daily routine.

रोज़ा (ro zA) *m.* fast; ~ खोलना to break (one's) fast; ~ तोड़ना to violate a fast; ~ रखना to observe a fast.

रोज़ाना (~ nA) *adv.* daily.

रोज़ी (ro zee) *f.* livelihood; ~ कमाना to earn (one's) livelihood, making a living; ~ देना to provide a means of livelihood; ~ मिलना to get a means of livelihood; ~ लेना to deprive (someone) of his means of livelihood.

रोज़ी-रोटी (~ - ro Tee) *f.* means of livelihood.

रोटी (ro Tee) *f.* 1. loaf (of bread); ~ कपड़ा food and clothing; ~ का सवाल question of daily bread; ~ - दाल means of subsistence/sustenance; ~ - दाल चलाना to procure the wherewithal; ~ - बेटी का संबंध collective messing and matrimonial alliances; रोटियाँ तोड़ना to be a parasite (on another); रोटियों को मुहताज होना / रोटियों के लाले पड़ना to be unable to get two square meals a day; रोटियों से लगना to begin earning one's livelihood. 2. meal.

रोड़ा (ro RA) *m.* 1. piece of stone/brick, pebble. 2. (fig.) impediment; ~ अटकाना to place an obstacle/impediment; ~ बनना to become a hurdle/impediment/obstruction.

रोड़ी (ro Ree) *f.* small pebble.

रोड़े-पत्थर (ro Re - patthar) *m.* (plu.) rubble; गिरी-पड़ी इमारतों के ~ चारों ओर फैले पड़े थे Rubbles of dilapidated buildings were scattered all around.

रोदन (ro dan) *m.* weeping, crying, lamentation; अरण्य - ~ cry in the wilderness.

रोध (rodh) *m.* blockade.

रोना (ro nA) *m.* pathetic and painful episode of one's life.

vi. to weep; ~ आना—मुझे रोना आता है I feel like bewailing/bemoaning. (अपना) ~ रोना to dilate upon (one's own) sufferings; फूट-फूटकर रोना to weep bitterly, to bewail; रोनी सूरत gloomy face; रो पड़ना—वह रो पड़ती है She breaks into tears. रो-रोकर काम करना to work under difficulty; रो-रोकर माँगना to beg with tears, to beg bewailingly.

रोना-कलपना (~ ka lap nA) *vi.* to grieve over, to wail, to bemoan.

रोना-धोना (~ - dho nA) *vi.* = रोना-कलपना।

रोना-पीटना (~ peeT nA) *vi.* to cry and wail loudly.

रोनी सूरत (ro nee soo rat) *m.* one who habitually expresses one's sorrow or disappointment for something.

रोपक (ro pak) *m.* planter, transplanter.

रोपण (ro paN) *m.* planting; वन ~ planting of trees.

रोपना (rop nA) *vi.* to plant/implant/transplant; पाँव ~ to affix (one's) foot.

रोपनी (~ nee) *f.* transplanting.

रोपाई (ro pA ee) *f.* act or process of planting.

रोपित (ro pit) *adj.* 1. planted, transplanted, sown. 2. affixed.

रोब (rob) *m.* overpowering influence, awe; ~ गाँठना—रोब मत गाँठो Don't overawe. ~ छाना—पड़ोसियों पर उसका रोब छाया है He is overawing his neighbours. ~ में आना to be overawed.

रोब-दाब (~ - dAb) *m.* awe.

रोबदार (~ dAr) *adj.* awe-inspiring; highly influential.

रोबीला (ro bee lA) *adj.* awe-inspiring.

रोम (rom) *m.* soft hair on the body, fur; ~ - रोम में in the whole being, cap-a pie; ~ - रोम में बसना to pervade the entire being.

रोमहर्षक (~ har shak) *adj.* horripilating, horrid.

रोमांच (ro mAnc) *m.* sensation, a feeling of excitement, thrill; ~ से भरी कहानी thrilling story.

रोमांचक (ro mAn cak) *adj.* causing excitement, thrilling; ~ कहानी a thrilling story.

रोमांचित (ro mAn cit) *adj.* thrilled.

रोमानी (ro mA nee) *n.* romantic.

रोमाला (ro mA lee) *f.* = रोमावली।

रोमावली (ro mA va lee) *f.* soft hair on the body.

रोयाँ (ro yÃ) *m.* = रोआँ।

रोर (ror) *m.* hubbub, uproar, tumult.

रोरी (ro ree) *f.* = रोली।

रोल (rol) *m.* role; ~ अदा करना/निभाना to play the part/role (of).

रोलना (~ nA) *m.* 1. to stir with the fingers. 2. to earn; रक़में ~ to earn a lot.

रोलर (ro lar) *m.* roller.

रोली (ro lee) *f.* a mixture of turmeric and lime powder used for auspicious purposes.

रोशन (ro shan) *adj.* 1. lit up, lighted. 2. bright, shining. 3. manifest.

रोशनदान (~ dAn) *m.* ventilator.

रोशनाई (rosh nA ee) *f.* ink.

रोशनी (~ nee) *f.* 1. light; ~ डालना to cast/throw light; आँखों की ~ vision of the eye; तेज़ ~ bright light; हलकी ~ dim light. 2. illumination.

रोष (rosh) *m.* resentment, anger; ~ प्रकट करना to express resentment/indignation; ~ में आना to fly into a rage.

रोहण (ro haN) *m.* ascending, mounting, climbing.

रोहू (ro hoo) *m.* a kind of fish.

रोहे (ro he) *m.* (plu.) trachoma.

रौंदना (raund nA) *vt.* to trample down, to crush down; उसने मेरी उम्मीदों को रौंद दिया/डाला He has crushed my hopes.

रौ (rau) *m.* 1. flow. 2. impulsive mood.

रौज़ा (~ zA) *m.* mausoleum.

रौद्र (raudr) *adj.* dreadful, fearful, horrible, terrible; ~ रूप wrathful face.

रौनक़ (rau naK) *f.* 1. lustre, brightness, shining; उसके मुँह पर ~ थी There was lustre on his face. 2. hustle-bustle; बाज़ार में ~ थी There was hustle-bustle in the market.

रौरव (~ rav) *adj.* dreadful, terrible, horrible; ~ नरक worst of hells.

रौला (~ lA) *m.* uproar, tumult; ~ मचाना to create an uproar/hubbub.

ल

ल (la) *m.* the third of the semi-vowels of the Nagari alphabet, pronounced like *l* in *love.*

लंक (laṅk) *m.* heap, pile.

लंका (laṅ KA) *m.* Ceylon (island).

लंकिनी (~ ki nee) *f.* witch, evil spirit.

लंकेश (~ kesh) *m.* Ravan, king of Ceylon (Lanka) (Ramayan).

लंग (laṅg) *m.* lameness, limp; ~ मारना to limp.

लंगड़ (laṅ gaR) *adj.* = लँगड़ा।
m. = लंगर (anchor).

लँगड़ा (lãg RA) *adj.* lame, limp, crippled.

लँगड़ाना (~ nA) *vi.* to limp; लँगड़ा-लँगड़ाकर चलना या लँगड़ाते हुए चलना to limp.

लँगड़ापन (~ pan) *m.* lameness, limpling.

लँगड़ा बुख़ार (~ bu KHAr) *m.* dengue fever.

लँगड़ा-लूला (~ - loo lA) *adj.* & *m.* lame and maimed, crippled (person).

लंगर (laṅ gar) *m.* 1. anchor; ~ उठाना to set sail; ~ डालना to lay anchor. 2. pendulum. 3. a thread with a weight at one end (toy). 4. a place where free meal is served to all and sundry; ~ खोलना to start a लंगर।

लंगूर (~ goor) *m.* an Indian ape having a black face and a long tail, gibbon, baboon.

लँगोट (lã goT) *m.* = लँगोटा; ~ का कच्चा having a weakness for sex, of a rather loose (sexual) character; ~ का सच्चा of a high (sexual) character, celibate.

लँगोटा (~ go TA) *m.* a small loin-cloth used as an under garment in India.

लँगोटिया (~ go Ti yA) *adj.* ~ यार pal, chum, a friend since childhood.

लँगोटी (~ go Tee) *f.* small लँगोट; ~ में मस्त happy even in penury; ~ लगाए घूमना to be very careless regarding apparel.

लँगोटेबंद (~ go Te band) *adj.* & *m.* celibate.

लंघन (laṅ ghan) *m.* going without food, fast, abstinence.

लंघनीय (~ gha neey) *adj.* passable, transgressible.

लंच (laNC) *m.* lunch.

लंठ (laNTH) *adj.* 1. boorish, rude. 2. foolish, stupid.

लंठई (laN Thaee) *f.* 1. boorishness. 2. stupidity

लंड (laND) *m.* penis.

लंतरानी (lan ta rA nee) *f.* empty boast, bragging, braggadocio, boasting.

लंप (lamp) *m.* lamp.

लंपट (lam paT) *adj.* dissolute, lecherous, lewd, incontinent, licentious.

लंपटता (~ tA) *f.* lewdness, lechery, profligacy.

लंब (lamb) *m.* perpendicular.

लंबतड़ंग (lamb ta Raṅg) *adj.* unusually tall.

लंबन (lam ban) *m.* 1. lengthening. 2. prolonging.

लंबरदार (lam bar dAr) *m.* chief, a lambardar in the days of the zamindari system.

लंबरदारी (~ bar dA ree) *f.* office of a lambardar, headmanship.

लंबा (~ bA) *adj.* 1. long; उसने मुझे ~ पत्र लिखा She wrote me a long letter, ~ मार्ग

long route/road etc.; लंबे समय से for a long time; मैं उसे लंबे समय से जानता हूँ I have known her for a long time. वह लंबे समय से बीमार था He was ailing for a long time. 2. tall; वह मुझसे ~ है He is taller than me. 3. lengthy; ~ प्रश्न-पत्र lengthy question paper. 4. prolonged; ~ करना to shunt off; लंबी तनख़्वाह fat salary; लंबी तानना to lie down for sleep; लंबी साँस लेना to draw a deep breath; लंबी साँसें लेना to heave long sighs (of despair); लंबी हाँकना to brag; लंबे डग भरना to take long strides; लंबे होना / बनना to slip away.

लंबाई (~ ee) *f.* length; ~ - चौड़ाई length and breadth, dimension.

लंबान (lam bAN) *f.* length.

लंबायमान (~ bA ya mAN) *adj.* 1. lengthened. 2. lying flat.

लंबित (lam bit) *adj.* suspended, pendent, kept in pending; उच्च न्यायालय में उनका मुकदमा ~ पड़ा है Their case is pending in the High Court.

लंबू (~ boo) *adj.* & *m.* thin and bony, gaunt.

लंबोतरा (~ bo ta rA) *adj.* longish, somewhat long.

लंबोदर (~ bo dar) *adj.* fat-bellied.

m. Ganesh.

लकड़ (la kaR) *m.* allomorph of लक्कड़ ।

लकड़-फोड़ा (~ - pho RA) *m.* wood-pecker.

लकड़बग्घा (~ bag ghA) *m.* hyena.

लकड़हारा (~ hA rA) *m.* woodman, wood-cutter.

लकड़ाना (lak RA nA) *vi.* to stiffen; to become wooden.

लकड़ी (~ Ree) *f.* 1. wood; कुर्सी ~ की बनी है The chair is made of wood. इमारती ~ timber. 2. firewood. 3. stick; ~ के सहारे चलना to walk with a stick (as a support); ~ का wooden; ~ सा lean and thin; सूखकर ~ हो जाना to thin down, to become emaciated.

लक़ब (la .kab) *m.* title, honorific appendage.

लक़लक़ (laK laK) *adj.* lean and thin (person).

m. a long-necked bird.

लक़वा (~ vA) *m.* paralysis; ~ मार जाना to be paralysed; उसको ~ मार गया है He is attacked by paralysis.

लकीर (la keer) *f.* line; ~ का फ़क़ीर blind imitator/conventionalist/follower; अधिकांश लोग ~ के फ़क़ीर होते हैं और जिन सिद्धांतों का वे अनुसरण करते हैं उनमें ज़रा भी फेरफार उन्हें स्वीकार नहीं होता Most of the people are blind conventionalists and do not accept any alteration or reform in the principles they follow. ~ खींचना (i) to draw a line; (ii) to demarcate; ~ पर चलना to tread a beaten track; ~ पीटना to follow conven-tions blindly.

लकुटी (la ku Tee) *f.* stick.

लक्कड़ (lak kaR) *m.* log of wood.

लक्का (~ kA) *m.* fan-tailed pigeon.

लक्ष (laksh) *m.* 1. one hundred thousand, lac (lakh). 2. target, aim, objective.

लक्षण (lak shaN) *m.* 1. symptom. 2. indication; बुरे ~ पड़ना inculcation of undesirable habits. 3. characteristic feature.

लक्षण-विज्ञान (~ - vig gyAN) *m.* symptomatology.

लक्षण-विज्ञानी (~ - vig gyA nee) *m.* symptomatologist.

लक्षण-वैज्ञानिक (~ - vaig gyA nik) *adj.* symptomatologistic.

लक्षणा (lak sha NA) *f.* 1. metonymy. 2. figurativesense of a word.

लक्षणात्मक (~ sha NAt mak) *adj.* 1. symptomatic. 2. figurative.

लक्षित (~ shit) *adj.* 1. indicated, hinted, marked, observed. 2. apparent.

लक्षितार्थ (~ shi tA rth) *m.* figurative/implied meaning.

लक्ष्मण (~ shmaN) *m.* Lakshman, Ram's younger brother (Ramayan).

लक्ष्मण-रेखा (~ re rhA) *f.* impregnable/formidable barrier.

लक्ष्मी (~ shmee) *f.* Lakshmi, goddess of wealth.

लक्ष्मीकांत (~ kAnt) *m.* Lord Vishnu.

लक्ष्मीनारायण (~ nA rA yaN) *m.* Lord Vishnu.

लक्ष्मीपति (~ pa ti) *m.* Lord Vishnu.

लक्ष्य (lakshy) *m.* target, objective, aim, goal.

लक्ष्यपूर्ति (~ poor ti) *f.* fulfilment of objective.

लक्ष्यबिंदु (~ bindu) *m.* 1. point aimed at. 2. bull's eye.

लक्ष्यवेध (~ vedh) *m.* hitting the target.

लक्ष्यसिद्धि (~ sid dhi) *f.* attainment of one's goal/target.

लक्ष्यार्थ (lak shyArth) *m.* figurative meaning.

लखना (lakh nA) *vt.* to spot/mark out, to keep an eye on, to behold/see/perceive.

लखपति (~ pa ti) *m.* millionaire.

लख़लख़ा (laKh la KhA) *m.* sweet scented medicine meant to restore consciousness.

लखेरा (la khe rA) *m.* one who prepares bangles from लाख (shellac).

लखोखा (la kho khA) *m.* several lakhs, millions.

लखौरी (la khau ree) *f.* small brick.

लगन (la gan) *f.* 1. zest, devotion (to purpose); काम के प्रति उनकी ~ आश्चर्यजनक थी His zest towards his work was amazing. 2. assiduity, steadfast perseverance, attachment, gusto; पढ़ाई के प्रति उसकी तीव्र ~ का ही परिणाम था कि वह आज इतना प्रतिभावान हो सका It has been only the result of his keen devotion towards studies that he could rise to such an eminence. ~ का पक्का devoted to one's purpose; ~ लगना—उसे संगीत की ~ लगी है He is devoted to music.

लगना (lag nA) *vi.* 1. to take; दो से तीन हफ्ते लगेंगे It will take two to three weeks. 2. to be attached/affixed; हर अधिकार के साथ कर्तव्य लगा है Every right has a responsibility attached. लिफ़ाफ़े पर टिकट लगा है Stamp is affixed to the envelope. 3. to be contiguous/adjoining, to abut; उसका मकान मेरे मकान से लगा है His house adjoins mine. दीवार से लगकर मत बैठो Don't recline against the wall. 4. to be a relation of; वह मेरा चाचा लगता है He is an uncle of mine. 5. to engage (one's thought/idea, etc.); रोगी पर मेरा ध्यान लगा है The patient is engaging my attention. 6. to be engaged (in some work); मैं काम में लगा हूँ I am engaged in work/I am busy. 7. to apply oneself heart and soul (in some persuit); लगकर with perseverance/assiduously; लगकर काम करना to work assiduously. 8. to hit/strike (a target); ईंट उसके मुँह पर लगी The brick hit him in the face. गोली ~ to be hit/shot by a bullet; घाव ~ to be injured; निशाना ~ hitting the target; लाठी ~ to be hit by a lathi (lA Thee). 9. to seem/appear; काँटे फूल (से) लगते हैं Thorns appear/resemble as flowers. वह विश्वसनीय लगता है He seems to be reliable/trustworthy. लगता है कि वह खुश नहीं It appears that he is not happy. 10. to feel hurt/offended; उसकी बात मुझे लग गई I felt offended at his word. बुरा ~ to feel hurt/offended; लगती हुई बात कहना

to say something hurting/offending. 11. to feel; हमें लगता है कि हमारे पास सबसे अच्छा खिलाड़ी सचिन है We feel that Sachin is the finest player we have. गर्मी ~ to feel hot; नींद ~ to feel sleepy; पाख़ाना ~ to feel the urge of evacuation. 12. to bear (fruits/flowers etc.); फूल ~ to flower. 13. to begin (*with infinitives*); उड़ने ~ to begin to fly; जब मैं लिखने लगता हूँ तब लिखता ही जाता हूँ When I start writing I go on and on. 14. to be held; वहाँ मंगलवार को बाज़ार लगता है A market is held on Tuesday there. 15. to be eaten away; किताबों में दीमक लगी है The books are eaten away by white ants. 16. to cost; मकान में कितना रुपया लगा है How much has the house cost? रिक्शा बनवाने में एक हजार रुपए लगेंगे It will cost/take a thou-sand rupees to make a rickshaw. 17. to receive an offer; मकान का कितना दाम लगा है How much has been offered for the house? अंग ~ —खाया-पिया उसके अंग नहीं लगता What he takes does not go to build his body. अंबार लगना/लग जाना—मेरे लिए काम का अंबार लगा हुआ है I have got a pile of work to perform. आँख ~ —उसकी आँख लग गई He fell asleep. आग ~ (1) to catch fire; (बदन में) आग ~ to feel extremely hot; आपस में ~ —उनकी आपस में लगती है They do pull on well with each other. कर ~ imposition of tax; किनारे ~ —नाव किनारे लगी है (i) The boat has touched the shore. (ii) The problem is settled. ग्रहण ~ —रविवार को ग्रहण लगेगा There will be an eclipse on Sunday. चश्मा ~—यह चश्मा उसे ~ है The spectacles suit him. चस्का ~ ~ to have a compelling habit, to be addicted; चारपाई से ~ to be totally bedridden; जान को ~ to be tenaciously after; जूता ~ —(i) यह जूता उसे लगता है The shoe pinches him. (ii) चोर को जूते लगे The thief was beaten with shoes. (iii) इस जवाब से उसे ख़ूब जूता लगा The reply has hit him like a blow with a shoe. झड़ी~ incessant rain; ठिकाने ~ to reach a proper place; दवा ~—(i) आँख में दवा लग चुकी है The medicine has been applied to the eyes. (ii) यह दवा बहुत लगती है The medicine causes irritation. दाँत ~ —उसे कुत्ते का दाँत लग गया है He has been bitten by a dog. दाँव ~ to get a chance; दाल ~ —दाल लग गई The lentil is slightly burnt. दिल न ~ to feel ill at ease; दिल की लगी infatuation; दिल ~ — अब उसका दिल लग गया है Now he is used (to his environment, work, routine etc.). नज़र ~ to be a victim of an evil eye; नाम ~ to be blamed—उसी का नाम लगा He himself was put to blame. नौकरी ~—वह नौकरी पर लग गया है He has secured a job/service/employment. पंख ~ — अब उसके पंख लग गए हैं Now he is getting out of bounds. पीछे ~ —गुंडा उसके पीछे लगा है A ruffian is after him. पीठ ~ — उसकी पीठ लग गई है He has been floored (in wrestling/bout). पुस्तक ~ —यह पुस्तक दसवीं कक्षा में लगी है This book is pres-cribed for class X. भीड़ ~ —देखते-देखते भीड़ लग गई A crowd gathered in a few moments. भोग~ offering of eatables to a deity; मलहम ~ application of ointment; मुँह में ख़ून ~ —उस शेर के मुँह में आदमी का ख़ून लगा है The lion has turned a maneater. मुँह ~ (of a child/junior) to become impertinent (to an elder); to become cheeky; मेला ~ —मेला प्रायः मार्च में लगता है The fair is geneally held is

March. मोरचा ~ —बाल्टी में मोरचा लग गया है The bucket is rusted. रोग ~ to be afflicted with disease (plants, etc.); शेर ~ —इस गाँव में शेर लगता है A lion haunts this village. सरदी ~ —उसे सरदी लगी है He has caught cold. हवा ~ exposure (to air)—अब उसे शहर की हवा लग गई है He has taken to the ways of the city/He is under the spell of the city life. हाथ ~—(i) उसका हाथ लगने से काम बन जाएगा His magic touch will accomplish the work. (ii) उसके हाथ कुछ नहीं लगा He got nothing out of it. (iii) हाथ लगे तीन we carry three (Arith.). हिसाब ~ —अब जाकर हिसाब लग पाया है Now we have got a clear picture of the account. होड़ ~—उनमें होड़ लगी है They are competing with each other. लगी-लगाई—उसकी लगी-लगाई नौकरी छूट गई He has lost his employment. लगी-लिपटी बात कहना to speak ambiguously/ equivocally; लगे हाथ / हाथों along with it, in addition to.

लगभग (lag bhag) *adv.* 1. approximately, almost, nearly, about; ~ दो हज़ार about two thousand; ~ एक दर्जन आदमी a dozen or so people; ~ ¾ approximately ¾. 2. almost; काम ~ पूरा है The work is almost complete.

लगवाना (~ vA nA) *vi.* causative of लगाना; किताब ~ to get the book prescribed; सूई ~ to get (oneself/someone) vaccinated; हथकड़ी ~ to get (someone) fette- red.

लगाई-बुझाई (la gA ee - bu jhA ee) *f.* inciting and abetting quarrels.

लगातार (la gA tAr) *adv.* 1. continuously, incessantly, without break. 2. continually. 3. in a row; उसने ~ तीन बार चैंपियनशिप जीती He won championship three times in a row.

लगान (la gAn) *f.* rent (of land).

लगाना (la gA nA) *vt.* 1. to put on; टोपी ~ to put on a cap; सरकार ने कारों पर टैक्स लगाए Government put on taxes on cars. 2. to apply; सुरमा ~ to apply collyrium; वह नियम लगाओ Apply that rule. 3. to affix; टिकट ~ to affix a stamp. 4. to impose; राज्य में राष्ट्रपति शासन लगाने की विरोध पक्ष की माँग को उन्होंने अस्वीकार कर दिया He rejceted the oppositon demand for imposition of President's rule in the state. कर ~ to impose a tax. 5. to plant; उसने बाग में गुलाब लगाए He planted roses in the garden. अपने को ~ to overestimate oneself; आग ~ (i) to ignite a fire, (ii) to incite a quarrel; इधर की बात उधर ~ to carry tales; कान ~ eaves dropping; कान लगाकर सुनो Listen! काम ~ to start a work; काम पर ~ to put (someone) to work; गोता ~ to take a dip/dive; चश्मा ~ to put on a pair of spectacles; चुस्की ~ to sip, to take a sip; जूता ~ (i) to beat with shoes, (ii) to give a smashing reply; जूते ~ to beat with shoes; ठिकाने ~ (i) to put in the right place, (ii) to dispose of; ठोकर ~ to kick; दाँत ~ to attempt a bite; दम ~ to puff, to have a puff; दाँव (पर) ~ to stake; दिन ~ — इस काम में तुमने कितने दिन लगाए How many days did you devote in this work? दिल ~ to fall in love; दिल लगाकर wholeheartedly; दोष ~ to put the blame (on); ध्यान ~ to meditate; ध्यान लगाकर सुनो Listen ! नमक मिर्च ~ to aggravate the matter by exaggeration, to put pep into the matter; नाम ~ to blame; नज़र ~ to cast an evil glance/

eye; पीठ ~ to knock down, face upward; पुस्तक ~ to prescribe a book; पेड़ ~ to plant trees; बाज़ार ~ to display things, to scatter things around; बिस्तर ~ to prepare a bed: भीड़ ~ to crowd; मन ~ (i) to apply the mind, (ii) to concentrate; हाथ ~ (i) to touch with the hand, (ii) to cooperate, (iii) to start (a work); हिसाब ~ to calculate.

लगाम (la gAm) *f.* rein, bridle; ~ कसना to be strict; ~ ढीली करना to give a long rope; मुँह में ~ न होना—उसके मुँह में लग़ाम नहीं There is no check on his tongue. ~ हाथ में लेना to take control of; मुँह को ~ दो Talk with restraint/propriety.

लगा-लगी (la gA - la gee) *f.* 1. attachment, affection, deep intimacy. 2. rivalry, competition.

लगाव (la gAW) *m.* 1. attachment. 2. intimacy. 3. connection.

लगावट (la gA vAT) *f.* = लगाव।

लगी (la gee) *f.* 1. conflict; हमारी उनसे ~ है We are in conflict/at loggerheads. 2. attachment; दिल की ~ flame of love; अब तो ~ बुझ गई Now the desire has been fulfilled.

लगी-बदी (~ - ba dee) *f.* the state of being at daggers drawn, fighting terms.

लग्गत (lag gat) *f.* 1. investment. 2. cost.

लग्गा (~ gA) *m.* 1. pole, a piece of beam used as a gadget for many purposes, such as pulling a boat, plucking a fruit etc. (Fem. लग्गी). 2. commencement of a work; ~ लगाना to commence a work.

लग्गी (~ gee) *f.* 1. fishing rod. 2. see लग्गा।

लग्गू (~ goo) *adj. & m.* (one) who follows/dogs as a satellite; ~ - भग्गू follower-on, hanger-on.

लग्न (lagn) *adj.* attached, annexed. *m.* auspicious moment.

लघिमा (la ghi mA) *f.* smallness, meagreness, littleness, shortness.

लघु (la ghu) *adj.* small; ~ उद्योग small scale industry.

लघुतम (~ tam) *adj.* 1. smallest. 2. lowest (common multiple).

लघुता (~ tA) *f.* 1. smallness. 2. inferiority.

लघुत्व (la ghuttw) *m.* smallness.

लघुरूप (la ghu roop) *m.* short form, miniature.

लघुशंका (~ shan kA) *f.* urination; ~ करना to urinate.

लचक (la cak) *f.* 1. elasticity (of objects). 2. flexibility, adaptability (of persons, laws, etc.).

लचकदार (~ dAr) *adj.* 1. elastic. 2. flexible.

लचकना (~ nA) *vi.* 1. to resile, spring back. 2. to bend.

लचकाना (lac kA nA) *vt.* causative of लचकना।

लचकीला (~ kee lA) *adj.* = लचीला।

लचकौहा (~ kau hA) *adj.* = लचीला।

लचना (lac nA) *vi.* 1. to bend. 2. to come down in one's attitude.

लचर (la car) *adj.* weak, loose; ~ दलील untenable argument.

लचीला (la cee lA) *adj.* 1. elastic. 2. flexible (constitution).

लच्छा (lac chA) *m.* 1. hank, skein. 2. a kind of sweetmeat in the form of threads (thickly coiled).

लच्छी (~ chee) *f.* deminutive of लच्छा।

लच्छेदार (~ che dAr) *adj.* charming/fascinating (talk).

लजाना (la jA nA) *vi.* 1. to be shy. 2. to blush; उनकी प्रशंसा से वह लजा गई She blushed at their praises. 3. to be ashamed.

लजालू (la jA loo) *adj.* bashful.

लज़ीज़ (la zeez) *adj.* delicious, tasty.

लजीला (la jee lA) *adj.* bashful; लजीली आँखें bashful eyes.

लजीलापन (~ pan) *m.* bashfulness.

लज्जा (laj jA) *f.* 1. bashfulness. 2. modesty; उसकी आँखों में ~ है There is modesty in her eyes. 3. shame; उसे ~ नहीं आती She is shameless. ~ घोलकर पी जाना to be lost to all sense of shame. 4. prestige; तुमने मेरी ~ रख ली You saved my prestige.

लज्जाजनक (~ ja nak) *adj.* shaming, shameful; अनुभव ~ था The experience was shaming. ~ कार्य shameful act.

लज्जालु (~ lu) *adj.* bashful, shy, shameful.

लज्जावंती (~ wan tee) *f.* = लाजवंती।

लज्जावती (~ wa tee) *adj.* fem. bashful, shy (woman).

लज्जावान, लज्जावान् (~ wAn) *adj.* bashful. [Fem. लज्जावती].

लज्जाशील (~ sheel) *adj.* modest and humble, bashful, coy.

लज्जाहीन (~ heen) *adj.* brazen, shameless, impudent.

लज्जित (laj jit) *adj.* = shamefaced, blushing, ashamed; ~ करना to put to shame; ~ होना to be ashamed.

लट (laT) *f.* lock of hair.

लटक (la Tak) *f.* 1. affected movement, bend. 2. impulse.

लटकन (laT kan) *m.* 1. pendent, pendulum, locket. 2. a kind of flower or its seed which yields a reddish colour.

लटकना (la Tak nA) *vi.* 1. to hang, swing; अधर में ~ (i) to hang in the air, (ii) to hang without a prop. 2. to be in suspense; यह मामला वर्षों से लटक रहा है This affair has been in suspense for years/ This matter has been hanging for years. 3. to sag/bend; बरामदा लटक रहा है The verandah is sagging. मुँह ~ —उसका मुँह लटक गया His face fell. मेरी जान सूली पर लटकी हुई है I am having very anxious moments.

लटका (laT kA) *m.* 1. device, compendious formula, tip. 2. mannerism, coquetry; उसने बड़े लटके से कहा He spoke with mannerism.

लटकाना (~ kA nA) *vt.* 1. to hang/suspend. 2. to keep waiting. 3. to delay, to keep in suspense, to dangle.

लटकौआ (~ kau A) *adj.* that which can be suspended/hung.

लटना (~ nA) *vi.* to become lean and thin.

लटपटा (~ pa TA) *adj.* लटपटी चाल faltering gait; लटपटी सब्जी semiliquid vegetable preparation.

लटपटाना (~ nA) *vi.* to stagger, stumble, to falter while walking; उसकी जीभ लटपटा रही है His tongue is faltering. हृदय-विदारक समाचार को सुनकर वह इतना हतप्रभ हुआ कि उसके पैर उस स्थान तक जाने में लटपटा रहे थे जहाँ दुर्घटना हुई थी Hearing the heart-breaking news, he was so much bewildered that his legs were staggering to go to the spot where the accident had occurred.

लट्टू (laT Too) *m.* 1. a toy that spins round and round whirling; (किसी पर) ~ होना to be fascinated by somebody; उसकी अप्रतिम लावण्यता पर वह लट्टू ही हो गया He was but fascinated on her exquisite beauty. 2. (electric) bulb.

लट्ठ (laTTh) *m.* stick, cudgel; अक़्ल के पीछे ~ लिए फिरना to go on committing one foolish act after another; किसी के पीछे ~ लिए फिरना to be after someone with an intent to hit/retaliate.

लट्ठबाज़ (~ bAZ) *adj.* skilled in wielding a लाठी।

लट्ठबाज़ी (~ bA zee) *f.* skill in wielding a लाठी।

लट्ठमलट्ठा (laT - Tham laT ThA) *m.* battling with sticks.

लट्ठमार (~ mAr) *adj.* uncivil, crude; ~ भाषा crude language.

लट्ठा (laT ThA) *m.* 1. a rod measuring 5½ cubits. 2. = मारकीन (a kind of cloth). 3. log, raft.

लठैत (la Thait) *m.* one skilled in using/ wielding a लाठी।

लड़ (laR) *m.* strand, string; ~ बैठना success of a device; ~ बैठाना to plan a device; (किसी से) ~ मिलाना (wilfully) to become chummy (with).

लड़कपन (la Rak pan) *m.* 1. the state of being a baby, boyhood, childhood. 2. childishness, silliness.

लड़क-बुद्धि (la Rak - bud dhi) *f.* childish mentality.

लड़का (laR kA) *m.* boy [Fem. लड़की]; लड़कों का खेल child's play; लड़कों की बात children's matter, puerility.

लड़का-बाला (~ - bA lA) *m.* issue (s).

लड़की (laR kee) *f.* girl.

लड़कीवाला (~ vA lA) *m.* 1. member of the bride's party. 2. one who has a daughter.

लड़केवाला (laR ke vA lA) *m.* 1. member of the bridegroom's party. 2. one who has a son.

लड़खड़ाना (~ kha RA nA) *vi.* 1. to move or walk as if about to fall, to stagger, to falter; ज़बान ~ faltering of the tongue; to stammer; पैर ~ to stagger. 2. to fall or almost fall, stumble; भारतीय बल्लेबाज़ी लड़खड़ा गई Indian batting stumbled. 3. collapse; सरकार लड़खड़ा गई The government collapsed.

लड़खड़ाहट (~ kha RA haT) *f.* staggering gait, tottering state.

लड़ना (~ nA) *vi.* 1. to fight; पूरी शक्ति से ~ to fight tooth and nail. 2. to collide; आँखें ~ (exchange of) amorous glances; किस्मत ~ to be in for luck; कुश्ती ~ to wrestle; गप्पें ~ gossiping; गाड़ियों का ~ collision of trains; मुक़दमा ~ to fight a law suit, to litigate; पहिया चिमटे से लड़ रहा है The wheel is rubbing against the fork. पेंच~ duel in kite flying.

m. fighting; हमने लड़ने का निश्चय किया We decided to fight.

लड़ना-झगड़ना (~ - jha gaR nA) *vi.* to quarrel.

लड़ना-भिड़ना (~ - bhiR nA) *vi.* to quarrel. लड़कों का आपस में ~ कोई नई बात नहीं Quarrelling among boys is not a new thing.

लड़ाई (la RA ee) *f.* 1. fight; साँप-नेवले की लड़ाई a fight between a sanke and a mongoose. 2. battle, war. 3. clash; सास-बहू की ~ a clash between mother-in-law and daughter-in-law; ~ की जड़ bone of contention; ~ मोल लेना deliberately to provoke a quarrel; to pick a fight/ quarrel; ~ लड़ना to wage war.

लड़ाई-झगड़ा (~ - jhag RA) *m.* broil, quarrel.

लड़ाईबंदी (~ ban dee) *f.* cessation of hostili- ties and ceasefire.

लड़ाका (la RA kA) *adj.* = लड़ाकू।

लड़ाकू (la RA koo) *adj.* 1. quarrelsome. 2. militant, bellicose; ये मज़दूर संघ के ~ नेता हैं These are the militant leaders of the trade union.

m. a militant, fighter; ~ विमान fighter aeroplane.

लड़ाना (la RA nA) *vt.* to cause to fight; आँखें ~ to cast amorous glances; कुश्ती ~ to train in wrestling; गप्प ~ to gossip; बुद्धि~ to rack one's brains; युक्ति ~ to manoeuvre a device.

लड़ी (la Ree) *f.* string, chain; बातों की ~ chain talk.

लड़ैत (la Rait) *adj. & m.* 1. skilled fihgter. 2. quarrelsome.

लड़ैता (la Rai tA) *adj.* = लाड़ला।

लड्डू (laD DOO) *m.* 1. a round Indian sweet. 2. (fig.) zero, cypher; मन के ~ imaginary enjoyment; मन के ~ खाना/फोड़ना to build castles in the air.

लत (lat) *f.* 1. habit; शराब पीने की ~ habit of drug-taking. 2. bad habit, addiction, whim; पहले तो उसे शराब पीने की ~ पड़ गई और उसे पीने लग गया परंतु बाद में शराब ही उसे पी गई At first he got addicted to drinking wine and went on drinking, but later drinking itself took away his life. ~ पड़ना/लगना; उसे जुए की ~ पड़ (लग) गई है He is addicted/given to gambling.

लतख़ोर (~ Khor) *adj.* used to receiving kicks, habituated to kicks, mean.

लतख़ोरा (~ Kho rA) *adj.* = लतख़ोर।

m. door-mat.

लतर (la tar) *f.* = लता।

लता (la tA) *f.* creeper; ~ - कुंज bower; ~ गृह/भवन/मंडप bower.

लताड़ (la tAR) *f.* heavy scolding, upbraiding, reproof, insult.

लताड़ना (~ nA) *vt.* 1. to press with feet for relieving pain. 2. to scold/upbraid/reprove; मुख्यमंत्री ने विरोधी दलों को कसकर लताड़ा Chief Minister lashed out at opposition parties.

लतियल (la ti yal) *adj.* 1. in the habit of kicking, liable to kick. 2. = लतख़ोर।

लतियाना (la ti yA nA) *vt.* to give a kicking, to kick, to trample by foot.

लतीफ़ा (la tee FA) *m.* witticism.

लत्ता (lat tA) *m.* rag, tatter; लत्ते उड़ जाना to be shattered to pieces; लत्ते ले डालना to reprimand violently.

लत्ती (~ tee) *f.* लात; दु ~ kick with both the hind legs.

m. addict.

लथपथ (lath path) *adj.* besmeared, wet; ख़ून से ~ blood-stained, blood-bathed, besmeared with blood; पसीने से ~ drenched in sweat.

लथाड़ (la thAR) *f.* = लताड़।

लथाड़ना (~ nA) *vt.* = लताड़ना।

लथेड़ना (la Ther nA) *vt.* 1. to make dirty by rough and wrong use. 2. = लताड़ना।

लदन (la dan) *f.* load.

लदना (lad nA) *vi.* 1. to be loaded. 2. to be sentenced to rigorous imprisonment; चोरी करोगे तो लद जाओगे If you steal you will be imprisoned. वे दिन लद गए Those days are over/Gone those days. 3. to be laden (with fruits).

लदवाना (~ VA nA) *vt.* to cause to load.

लदाई (la dA ee) *f.* act of loading or charges paid therefor.

लदाऊ (la dA oo) *adj.* (beast) meant for loading, (beast) of burden.

लदान (la dAn) *f.* 1. process of loading. 2. load.

लदा-फँदा (la dA - phã dA) *adj.* 1. overladen, overloaded. 2. overburdened.

लदाव (la dAW) *m.* load, cargo.

लद्दू (lad doo) *adj. & m.* beast of burden; ~ घोड़ा pack-horse; ~ बैल beast of burden.

लद्धड़ (~ dhaR) *adj.* slow, lethargic, lazy.

लद्धड़पन (~ pan) *m.* slowness, lethargy.

लनतरानी (lan ta rA nee) *f.* = लंतरानी।

लप (lap) *m.* elasticity; ~ मारना to shine while bending; ~ - लप करना (i) to bend again and again, (ii) to shine again and again.

लपक (la pak) *f.* state or quality of being elastic.

लपकना (~ nA) *vi.* to rush forward; लपककर swiftly, with great agility, to flash/ spring.

vt. to catch; गेंद लपक लेना to catch the ball.

लपका (lap kA) *m.* pilferer.

लपझप (~ jhap) *adj.* 1. unsteady. 2. odd and uncouth; ~ चाल odd gait.

लपट (la paT) *f.* flame, blaze.

लपटीला (lap Tee lA) *adj.* sticky.

लपना (~ nA) *vi.* to bend/sag; ~ - झपना to feel harassed, to be troubled.

लपलपाना (~ la pA nA) *vi.* to be bent again and again, to resile.

vt. 1. to brandish (as a sword). 2. to bring out again and again (as the tongue).

लपलपाहट (~ la pA haT) *f.* act or quailty of लपलपाना।

लपसी (~see) *f.* 1. a variety of हलुआ (sweet dish). 2. a sticky substance, porridge.

लपेट (la peT) *f.* 1. fold, twist, winding. 2. involvement. 3. ambiguity.

लपेटन (la pe Tan) *f.* 1. folding, winding. 2. cover, wrapper.

लपेटना (la pet nA) *vt.* 1. to fold/roll up. 2. to implicate/entangle.

लपेटवाँ (la pet vÃ) *adj.* which can be folded/twisted/wound.

लपेटा (la pe TA) *m.* fold, twist.

लप्पड़ (lap paR) *m.* slap with the full palm.

लफ़ंगा (la Fań gA) *m.* loafer, rogue, roguish, vagabond.

लफ़्ज़ (laFZ) *m.* word.

लफ़्ज़ी (laF zee) *adj.* pertaining to a word; ~ माने word meaning.

लफ़्फ़ाज़ (~ FAZ) *adj.* verbose, accustomed to using high-sounding words.

लफ़्फ़ाज़ी (~ FA zee) *f.* verbosity, act or state of being लफ़्फ़ाज़।

लब (lab) *m.* lip; ~ खोलना to open the mouth to speak out; ~ पर आना to be on the tip of the tongue (for being uttered); ~ सीना to keep mum; लबों पर दम आना to be at the door of death.

लबड़-धोंधों (la baR - dhõ dhõ) *f.* mess, confusion, row.

लबनी (la ba nee) *f.* an earthen pot in which toddy is collected from a palm tree.

लबाड़ (la bAR) *adj.* = लबाड़िया।

लबाड़िया (la bA Ri yA) *adj.* used to talking unnecessarily.

लबादा (la bA dA) *m.* over-garment, cloak, gown, robe.

लबाब (la bAb) *m.* essence, gist.

लबालब (la bA lab) *adj.* full to the brim, brimming.

लबेद (la bed) *m.* 1. something not sanctioned by scriptures. 2. useless talk/ thing.

लब्ध (labdh) *adj.* got, attained, acquired.

लब्धप्रतिष्ठ (~ pra tishTh) *adj.* reputed, reno- wned.

लब्धि (lab dhi) *f.* 1. attainment. 2. quotient. (Maths.)

लभ्य (labbhy) *adj.* available, attainable.

लमतड़ंग (lam ta Rańg) *adj.* lean and lanky, tall.

लमहा (~ hA) *m.* moment.

लय (lay) *f.* rhythm, tune.

m. 1. deluge. 2. merger, fusion; ~ होना to be merged.

लयन (la yan) *m.* act or state of being merged.

ललक (la lak) *f.* longing, craving, intense desire.

ललकना (~ nA) *vi.* to long for, to crave.

ललकार (lal kAr) *f.* challenge, gage.

ललकारना (~ nA) *vt.* 1. to challenge. 2. to abet (someone) to assault/murder.

ललचना (la lac nA) *vi.* to be tempted/ allured.

ललचाना (lal cA nA) *vt.* to tempt, to allure, to entice.

ललचौहाँ (~ cau hÃ) *adj.* greedy; ललचौही आँखें wistful eyes.

ललछौहाँ (~ chau hÃ) *adj.* reddish.

ललन (la lan) *m.* sweet baby.

ललना (lal nA) *f.* beautiful lady.

ललमुँहाँ (~ mũ hÃ) *adj.* red-faced. *m.* monkey.

लला (la lA) *m.* sweet child (boy).

ललाई (~ ee) *f.* redness, flush of face.

ललाट (la lAT) *m.* forehead; ~ - रेखा writ of destiny/fortune.

ललाम (la lAm) *adj.* beautiful, charming.

ललित (la lit) *adj.* fine, pretty, comely; ~ कला fine art; ~ साहित्य lascivious lite- rature.

ललिता (la li tA) *f.* a melody in Indian music.

लली (la lee) *f.* sweet girl.

ललौहाँ (la lau hÃ) *adj.* reddish.

लल्ला (lal lA) *m.* an affectionate form of addressing a boy. [Fem. लल्ली]

लल्लो (~ lo) *f.* tongue.

लल्लो-चप्पो (~ - cap po) *f.* flattery, servility; मुझे ~ अच्छी नहीं लगती, काम की बात कहो I don't like flattery, come straight to the point. ~ करना to flatter.

लवंग (la vaṅg) *m.* clove.

लवंग-लता (~ - la tA) *f.* 1. clovecreeper. 2. a variety of Indian sweet.

लव (lav) *adj.* tiny.

लवण (la vaN) *m.* salt.

लवणता (~ tA) *f.* 1. salinity. 2. comeliness.

लवणित (la va Nit) *adj.* salted.

लवना (lav nA) *vt.* to harvest a crop.

लवलासी (~ lA see) *f.* yearning to establish a love connection.

लवलीन (~ leen) *adj.* absorbed, engrossed. वह अपने काम में अत्यंत ~ था He was deeply engrossed in his work.

लवलेश (~ lesh) *adj.* & *m.* iota.

लवा (la vA) *m.* 1. a bird allied to the lark. 2. parched rice.

लवाज़्मा (la vAz mA) *m.* accoutrement, par- aphernalia.

लवारा (la vA rA) *m.* calf.

लवेरी (la ve ree) *f.* milch cow.

लशकर (lash kar) *m.* 1. army. 2. host, multi- tude; लाव - ~ contingent and parapher- nalia.

लशकरी (~ ka ree) *adj.* martial, soldierly. *m.* soldier.

लशकारना (~ kAr nA) *vi.* to set a dog after a game.

लस (las) *m.* stickiness, adhesiveness.

लसदार (~ dAr) *adj.* sticky, viscid, clammy.

लसना (~ nA) *vt.* to paste, as a stamp on an envelope.

लसलसा (~ la sA) *adj.* gluey, sticky, adhe- sive.

लसलसाना (~ nA) *vi.* to be gluey/sticky/ adhesive.

लसलसाहट (~ haT) *f.* glueyness, stickiness, adhesiveness.

लसी (la see) *f.* 1.= लसलसाहट । 2. temptation.

लसीला (~ lA) *adj.* sticky, gluey, adhesive.

लसीलापन (~ pan) *m.* stickiness, adhesive- ness.

लसोड़ा (la so RA) *m.* a tree, *Cordia dichotoma*, or its fruit.

लस्टम-पस्टम (las Tam - pas Tam) *adv.* hapha- zardly, in a disorderly manner.

लस्त (last) *adj.* fagged, fatigued, exhaus- ted.

लस्त-पस्त (~ - past) *adj.* totally exhausted, weary.

लस्सी (las see) *f.* drink yogurt.

लहँगा (la hã gA) *m.* a long loose skirt worn by women in India.

लहँड़ा (la hã RA) *m.* flock, herd.

लहँदी (la hãn dee) *f.* a dialect spoken in West Punjab.

लहक (la hak) *f.* blaze, glare.

लहकना (~ nA) *vt.* to blaze/glare.

लहकाना (lah kA nA) *vt.* causative of लहकना।

लहकारना (~ kAr nA) *vt.* 1. to excite. 2. to excite a dog to attack someone.

लहजा (~ jA) *m.* 1. tone, intonation. 2. manner of speech.

लहनदार (la han dAr) *m.* creditor.

लहना (lah nA) *m.* dues, collection; ~ - पावना dues and arrears.

लहमा (~ mA) *m.* = लमहा।

लहर (la har) *f.* 1. wave; ~ लेना to bathe in a sea-wave. 2. impulse; विष की ~ wave of poison.

लहरदार (~ dAr) *adj.* wavy, undulatory.

लहर-बहर (~ - ba har) *f.* 1. merrymaking, enjoyment. 2. affluence, prosperity.

लहरा (lah rA) *m.* 1. wave. 2. merrymaking, enjoyment.

लहराना (~ nA) *vi.* & *vt.* to wave/undulate; फसल लहरा रही थी The crop was waving.

लहरिएदार (lah ri e dAr) *adj.* wavy, rippling, corrugated.

लहरिया (~ ri yA) *m.* wavy line, tilde (~).

लहरी (~ ree) *adj.* whimsical, fanciful. *f.* ripple.

लहलहाना (~ la hA nA) *vi.* 1. to be verdant/bloom (said of fields and foliage). 2. to flourish/bloom.

लहसुन (~ sun) *m.* garlic, *Allium sativum.*

लहसुनिया (~ su ni yA) *m.* cat's eye, a variety of grey-coloured precious stone.

लहालोट (la hA loT) *adj.* enamoured, fascinated, extremely pleased.

लहू (la hoo) *m.* blood (for usages see ख़ून)।

लहू-लुहान (~ - lu hAn) *adj.* smeared with/bathed in blood.

लाँग (lÃg) *f.* the part of the dhoti tucked up at the back.

लाँघना (lÃgh nA) *vt.* 1. to cross over, to jump over; गाड़ी पहाड़ों को लाँघती हुई जा रही थी The train was whizzing fast through the mountains. दीवार ~ to scale the wall, to stride over. 2. to transgress/overstep.

लांछन (lAn chan) *m.* stigma, stain, blemish; ~ लगाना to put the blame (on), to stigmatize.

लांछित (~ chit) *adj.* stigmatized, blamed.

लाइट (lA iT) *f.* light. [H.E. रोशनी, प्रकाश]

लाइन (lA in) *f.* 1. a long thin mark, line. 2. queue; स्टेशन पर ~ लगी थी There was a queue at the station. लाइन में खड़ा वह अपना अवसर आने की बाट जोह रहा था Standing in the queue, he was waiting for his turn. [H.E. पंक्ति] 3. railway line. [H.E. रेल की पटरी] 4. a course of action. 5. business, profession.

लाइनदार (~ dAr) *adj.* lined; ~ काग़ज़ lined/ruled paper.

लाइब्रेरियन (lA i bre ri yan) *m.* librarian.

लाइब्रेरी (lA i bre ree) *f.* library.

लाइलाज (lA i lAj) *adj.* 1. incurable. 2. irremediable.

लाइसेंस (la i sens) *m.* licence.

लाई (lA ee) *f.* parched rice.

लाई-लुतरी (~ - lut ree) *f.* 1. backbiting 2. tell-tale.

लाउडस्पीकर (lA uD spee kar) *m.* loudspeaker.

लाकेट (lA keT) *m.* locket.

लाक्षणिक (lAk sha Nik) *adj.* figurative, metaphoric (al).

लाक्षा (~ shA) *f.* sealing wax, lac.

लाक्षागृह (~ grih) *m.* house of lac; यह शकुनि मामा के ही षड्यंत्र का परिणाम था कि पांडवों को जीवित जलाने के लिए ~ का निर्माण करवाया गया It was only the result of the conspiracy planned by Shakuni Mama that the House of Lac was got construc-ted to burn the Pandvas alive.

लाख (lAkh) *adj. & m.* a hundred thousand, lac; ~ का घर ख़ाक होना to be reduced from plenty to penury; ~ रुपए की बात invaluable remark, very remarkable utterance; लाखों में खेलना to deal in millions.
f. sealing wax.

लाखा (lA khA) *m.* colour made from lac.

लाखी (lA khee) *adj.* of the colour of lac.

लाग (lAg) *f.* 1. approach; इस मकान से उस मकान में ~ है There is an approach from this house to that. 2. subtle device.

लाग-डाट (~ - DAT) *f.* rivalry, competition.

लागत (lA gat) *f.* 1. cost; ~ पड़ना to cost; ~ बैठाना to calculate the production/ manufacture cost. 2. investment.

लाग-लपेट (lAg - la peT) *f.* hidden meaning/ implication; ~ की बात circumlocution; ~ न रखना to call a spade a spade.

लागू (lA goo) *adj.* 1. applicable (of rules); ~ होना (i) to be applicable to; देश के नियम सब पर लागू होते हैं और किसी भी स्तर पर कोई अपवाद स्वीकार नहीं होना चाहिए The laws of the land are applicable to all and no exception should be accep-table at any level. (ii) to come into force, to be effective. 2. accustomed to haunt; यह जानवर (इस) गाँव में ~ हो गया है This beast is haunting the village.

लाघव (lA ghav) *m.* brevity, shortness; ~ सिद्धांत principle of brevity; हस्त ~ legerdemain, conjuring trick, sleight-of-hand.

लाचार (lA car) *adj.* helpless, poor; मैं यहाँ तो ~ हूँ Here I am helpless. वह आँखों से ~ है His eyes are his handicap. ~ कर देना to compel/oblige/force.

लाचारी (lA cA ree) *f.* helplessness; मनुष्य की ~ वस्तुत: एक अभिशाप है Helplessness of a person is, in fact, a curse. ~ की हालत में in a state of helplessness, due to helplessness.

लाज (lAj) *f.* 1. honour, prestige; ~ रखना to save (one's) prestige; कुल की ~ honour of the family. 2. bashfulness, shyness; ~ की मारी मैं लौट आई Due to sheer modesty I came back. ~ लगना to feel abashed; ~ से गड़ जाना to hang down (one's) head in shame or due to modesty.

लाजवंत (~ vant) *adj.* shy, bashful. [Fem. लाजवंती]

लाजवंती (~ van tee) *f.* 1. bashful (blonde), shy woman. 2. touch-me-not.

लाजवाब (lA ja wAb) *adj.* 1. having no equal, matchless, incomparable, unique. 2. speechless, answerless.

लाज़िम (lA zim) *adj.* compulsory, obli-gatory; ~ होना to be incumbent.

लाट (lAT) *f.* a tall tower, steeple.
m. lord; ~ साहब big gun; छोटे ~ Gover-nor; बड़े ~ Governor-General.

लाटरी (~ ree) *f.* lottery; ~ निकलना—उसकी लाटरी निकली है He has won a lottery.

लाठी (lA Thee) *f.* lathi, staff; ~ चलाना to wield a lathi; ~ भाँजना to brandish a lathi; ~ बाँधना to be equipped with a lathi; ~ मारना to hit with a lathi.

लाठी-चार्ज (~ - cArj) *m.* lathi-charge; भीड़ को नियंत्रित करने के लिए पुलिस को ~ करना पड़ा Police had to carry out lathi-charge to manage the crowd.

लाड़ (lAR) *m.* (excessive) fondness, caressing; ~ करना to fondle/caress.

लाड़-प्यार (~ - pyAr) *m.* excessive fondness, too much of indulgence.

लाड़ला (~ lA) *adj.* darling, beloved.

लात (lAt) *f.* leg; ~ खाना (i) to be kicked; (ii) to receive a kick; ~ चलाना to kick; ~ जड़ना to give a kick; ~ पड़ना being kicked; ~ मारना to kick; उसने नौकरी को ~ मार दी He kicked at the service.

लातीनी (lA tee nee) *f.* Latin.

लाद (lAd) *f.* belly, tummy, entrails; ~ निकल आना (i) bulging out of tummy, to be potbellied; (ii) उसकी लाद निकल आई His bowels came out.

लादना (lAd nA) *vt.* 1. to put a load on, to load; काम ~ to load with heavy work. 2. to cause to do something under pressure, force; हम अपने बेटों पर अपनी राय नहीं लादते We don't force our opinion on our sons.

लाद-फाँद (~ - phÃd) *f.* parching and loading.

लादी (lA dee) *f.* 1. load of a beast. 2. big lot, burden.

लान (lAn) *m.* lawn.

लानत (lA nat) *f.* damnation, reproach; ~ है ऐसे खाने पर Damn such food. ~ भेजना to damn.

लानत-मलामत (~ - ma lA mat) *f.* reproach, reproof.

लाना (lA nA) *vt.* to bring/fetch; कुएँ से पानी लाओ Fetch water from the well. लाओ जो तुम्हारे पास है Out with whatever you have! तेज़ी ~ to speed the progress of, to hurry up.

लापता (lA pa tA) *adj.* 1. missing, untraceable; ~ होना to go underground/be untraceable. 2. (person) whose where-abouts are unknown/missing.

लापरवाह (lA par vAh) *adj.* careless, negligent.

लापरवाही (lA par vA hee) *f.* lack of proper care, carelessness, negligence; दुर्घटना ~ के कारण हुई The accident was the result of negligence; ~ दिखाना to show negligence; ~ से carelessly.

लाभ (lAbh) *m.* 1. profit, gain, attainment; दवा से कुछ ~ है The medicine has given some relief. आपको आर्थिक ~ होगा You will benefit financially. विपक्ष मंदिर का मुद्दा उठाकर राजनीतिक ~ प्राप्त करना चाहता है The opposition was raising temple issue to get political mileage 2. benefit; संदेह का ~ benefit of doubt 3. advantage; स्त्री होने का ~ the advantage of being a woman.

लाभकर (~ kar) *adj.* 1. profitable. 2. worthwhile.

लाभकारक (~ kA rak) *adj.* = लाभकर।

लाभदायक (~ dA yak) *adj.* 1. profitable gainful. 2. lucrative, paying. 3. beneficial, advantageous.

लाभप्रद (~ prad) *adj.* = लाभदायक।

लाभांश (lA bhAnsh) *m.* a share of profit paid to a shareholder, dividend.

लाभालाभ (lA bhA lAbh) *m.* profit and loss.

लाम (lAm) *m.* 1. army. 2. war/battle front ~ पर जाना to go to the warfront.

लामबंदी (~ ban dee) *f.* mobilization.

लामा (lA mA) *m.* Tibetan Buddhist priest.

लायक़ (lA yaK) *adj.* 1. able. 2. capable

लड़का ~ है The boy is capable. 3. befitting; यह काम तुम्हारे ~ नहीं है This work is not fit for you. 4. worthy; ~ बाप का लायक़ बेटा worthy son of a worthy father. 5. fit; लड़का शादी के ~ है The boy is fit for marriage. 6. competent.

लायक़ियत (lAY Ki yat) *f.* ability.

लायक़ी (~ Kee) *f.* ability.

लार (lAr) *f.* saliva; ~ टपकाए with one's tongue hanging out; मुँह से ~ टपकना to have one's mouth watered, to crave to eat (something present), slaver.

लार-गद्दी (~ - gad dee) *f.* bit.

लारी (lA ree) *f.* lorry.

लाल (lAl) *adj.* red; ~ अंगार (i) red hot, (ii) in terrible rage, highly infuriated; ~ आँखें दिखाना to be visibly angry; ~ पीला होना to be infuriated; ~ हो जाना to become red; उसका चेहरा बुख़ार से ~ हो गया His face was flushed with fever. *m.* 1. carbuncle (gem.); लालों ~ होना to become very rich and prosperous; उसकी गोटी ~ हो गई (i) His piece (in game) has reached its goal. (ii) He has earned a good amount. 2. son. 3. ruby. 4. a variety of a tender and small bird.

लालच (lA lac) *m.* greed, temptation, avarice.

लालची (lAl cee) *adj.* greedy, avaricious.

लालटेन (~ Ten) *f.* lantern, lamp; ~ जलाओ Light the lamp.

लालन (lA lan) *m.* bringing up; ~ - पालन (i) bringing up; (ii) maintenance.

लाल पगड़ी (lAl pag Ree) *f.* (lit. red turban) police.

लाल परी (~ pa ree) *f.* (lit. red nymph) wine.

लाल फीता (~ phee tA) *m.* red tape, circumlocution; ~ शाही red-tapism.

लाल बुझक्कड़ (~ bu jhak kaR) *m.* village wiseacre.

लाल मिर्च (~ mirc) *f.* chilly.

लालसा (~ sA) *f.* yearning, craving, cherished desire, aspiration.

लाल सागर (~ sA gar) *m.* Red Sea.

लाल सुर्ख़ (~ suraKh) *adj.* wildly red; उसकी आँखें ~ थीं His eyes were wild with rage.

लाला (lA lA) *m.* 1. a term of respect. *e.g.* लाला लाजपतराय। 2. a form of respectful address as आइए लाला जी। 3. a variety of red flower.

लालायित (~ yit) *adj.* eager, anxious, desirous; ~ होना to pine for.

लालित्य (lA litty) *m.* charm, winsomeness, grace.

लालिमा (lA li mA) *f.* ruddiness, reddishness.

लाली (lA lee) *f.* 1. redness. 2. glow, radiance; चेहरे की ~ prestige; तुम्हारे चेहरे की ~ रह गई Your prestige was saved. 3. repute, honour.

लाले (lA le) *m.* (plu.) lack, shortage; ~ पड़ जाना to be deficient or lacking; उसकी जान के ~ पड़ गए His very life was at stake. रोटियों के ~ want of subsistence.

लावण्य (lA vaNNY) *m.* charm, loveliness, elegance.

लावनी (lAw nee) *f.* a kind of folk song.

लाव-लश्कर (~ - lash kar) *m.* array of attendants, satellites, paraphernalia.

लावा (lA vA) *m.* 1. parched rice. 2. lava (volcano).

लावारिस (~ ris) *adj.* 1. (person) heirless; वह ~ मरा He died heirless. 2. (object) unclaimed; ~ सामान unclaimed baggage.

लावारिसी (~ ri see) *adj.* = लावारिस।

लाश (lAsh) *f.* dead body, corpse, carcass; ~ पर लाश गिरना men dying in succession; लाशों से पट जाना to be covered with corpses.

लासा (lA sA) *m.* 1. an adhesive. 2. birdlime. 3. lure, bait; ~ देना to lure/bait; ~ लगाना to lure into a trap.

लासानी (~ nee) *adj.* peerless, matchless, unique.

लास्य (lassy) *m.* a spontaneous female dance.

लाही (lA hee) *f.* 1. grain insect. 2. parched rice.

लिंग (ling) *m.* 1. gender; ~ और वचन gender and number (Gram.). 2. sex. 3. male organ.

लिंग-पूजा (~ - poo jA) *f.* phallus worship.

लिंग-शरीर (~ - sha reer) *m.* ethereal body.

लिंगायत (lin gA yat) *m.* a sect of Shaivites, the adherents of which wear a golden/silver Shivling on their arm.

लिंगेंद्रिय (~ gen driy) *m.* male organ, penis.

लिंगोपासना (~ go pA sa nA) *m.* phallicism.

लिंटर (lin Tar) *m.* lintel.

लिए, के (ke li e) *postposition.* for, for the sake of, in order to; ख़ुदा ~ for God's sake; वह मेरे लिए गया He went for my sake. वह उन्हें ख़ुश करने ~ कुछ भी कर सकती है She can do anything in order to please them. सभ्यता के~ for the sake of civili-zation; आँसू पोंछने के ~ in order to con-sole; बच्चों का पालन-पोषण करने के ~ for the sake of raising/upbringing children.

लिक्खाड़ (lik khAR) *m.* voracious writer (often used derogatorily).

लिखत (li khat) *f.* writing; ~ में आना to be reduced to writing.

लिखत-पढ़त (~ - pa Rhat) *f.* (written) deed, document.

लिखना (likh nA) *vt.* 1. to write; उसने अनेक पुस्तकें लिखी हैं He has authored several books. उसने कलम से धन्यवाद के कुछ शब्द लिखे He penned a few words of thanks. क़िस्मत / भाग्य का लिखा writ of destiny. 2. to note down; (किसी के) नाम ~ to debit (to someone's account).

लिखना-पढ़ना (~ - paRh nA) *vi.* reading and writing.

लिखवाई (likh vA ee) *f.* causing to write or remuneration paid therefor.

लिखवाना (~ vA nA) *vt.* to cause to write.

लिखा (likhA) *adj.* written; भाग्य का ~ destined.

लिखाई (~ee) *f.* 1. = लिखावट। 2. act or process of copying or writing to dictation or remuneration paid therefor.

लिखाई-पढ़ाई (~ - pa RhA ee) *f.* 1. education. 2. studies.

लिखाना (li khA nA) *vt.* 1. to cause to write by giving dictation. 2. to cause to copy from a manuscript.

लिखा-पढ़ा (li khA - pa RhA) *adj.* educated, literate.

लिखा-पढ़ी (~ - pa Rhee) *f.* 1. reduction to written form. 2. correspondence (of letters); सरकार से ~ चल रही है The correspondence is going on with the government.

लिखावट (~ vaT) *f.* hand-writing.

लिखित (li khit) *adj.* 1. written, reduced to black and white. 2. documentary ~ प्रमाण (i) written proof; (ii) documentary testimony.

लिटर (li Tar) *m.* litre.

लिटाना (li TA nA) *vt.* causative of लेटना।

लिट्टी (liT Tee) *f.* small biscuit made of flour spherical ball of flour baked on fire.

लिथड़ना (li thaR nA) *vi.* to be besmeared

लिपटना (li paT nA) *vi* 1. to cling (to). 2. to be engrossed; वह काम में लिपटा हुआ है He is engrossed in work. 3. to embrace.

लिपटाना (lip TA nA) *vt.* causative of लिपटना।

लिपना (~ nA) *vi.* 1. to be plastered/coated. 2. to be smeared.

लिपवाई (~ VA ee) *f.* = लिपाई।

लिपवाना (~ VA nA) *vt.* causative of लीपना।

लिपाई (li pA ee) *f.* act/process of लीपना, or charges paid for the same; भुस पर ~ करना to cover up (something).

लिपाई-पुताई (~ - pu tA ee) *f.* plastering and white-washing.

लिपा-पुता (li pA - pu tA) *adj.* plastered and white-washed.

लिपि (li pi) *f.* 1. script. 2. writing; हस्त ~ handwriting.

लिपिक (li pik) *m.* clerk, writer.

लिपिकार (li pi kAr) *m.* 1. clerk, scribe. 2. copyist.

लिपिबद्ध (~ baddh) *adj.* written, reduced to black and white.

लिपि विज्ञान (~ vig gyAn) *m.* scriptology.

लिपिशास्त्र (~ shAsttr) *m.* scriptology.

लिप्त (lipt) *adj.* 1. closely connected, embroiled, involved; ~ हो जाना to get embroiled. 2. engrossed. 3. united.

लिप्तता (~ tA) *f.* involvement, embroilment.

लिप्यंतरण (lip pyan ta raN) *m.* transliteration.

लिप्सा (~ SA) *f.* greed, lure, lust.

लिप्सु (~ su) *adj.* greedy, lustful.

लिफ़ाफ़ा (li FA FA) *m.* 1. envelope; उसने काँपते हुए हाथों से ~ खोला With trembling hands she opened the envelope. 2. outer covering.

लिफ़ाफ़िया (li FA Fi yA) *adj.* not durable.

लिफ़्ट (liFT) *f.* lift.

लिबड़ना (li baR nA) *vi.* to be smeared.

लिबलिबा (lib li bA) *adj.* too soft to touch.

लिबलिबी (~ li bee) *f.* trigger; ~ दबाना to fire.

लिबास (li bAs) *m.* dress, attire, uniform.

लियाक़त (li yA Kat) *f.* ability, capability.

लिया-बेची (li yA - be cee) *f.* buying and selling.

लिवाना (li VA nA) *vt.* to cause to bring.

लिसलिसा (lis li SA) *adj.* viscous.

लिसलिसापन (~ pan) *m.* viscosity.

लिसोड़ा (li so RA) *m.* the fruit cordia myxa or its tree.

लिस्ट (lisT) *f.* list. [H.E सूची]

लिहाज़ (li hAz) *m.* 1. consideration. 2. considerateness; ~ करनेवाला considerate. 3. respect; वे बड़े थे, मुझे उनका ~ करना पड़ा He was an elder, I had to show respect/deference to him. उसकी आँखों में ~ है There is consideration in his eyes. वह आपका ~ करता है He has consi- deration for you. 4. point of view; इस ~ से from this point of view. 5. modesty.

लिहाज़ा (li hA zA) *adv.* therefore, hence, and so.

लिहाड़ा (li hA RA) *adj.* & *m.* rough and ready (person), mean, contemptible.

लिहाड़ी (li hA Ree) *f.* ridicule, mockery, derision; ~ लेना to ridicule/delude.

लिहाफ़ (li hAF) *m.* quilt.

लीक (leek) *f.* 1. = लकीर (line). 2. track. 3. rut (of a wheel); बँधी ~ rut (fig.) ~ पकड़ना to follow a track/line; ~ पर चलना to follow the beaten track; ~ पीटना blindly to follow a tradition; ~ बाँधना to establish a tradition; ~ से भटकना to go astray.

लीख (leekh) *f.* a type of tiny whitish louse.

लीग (leeg) *f.* 1. league (institution). 2. measure of distance, roughly equivalent to 5 kilometres.

लीचड़ (lee caR) *adj.* 1. sluggish, lethargic. 2. mean (in money matters). 3. stingy.

लीचड़पन (~ pan) *m.* state or quality of being लीचड़।

लीची (lee cee) *f.* a tree and its fruit.

लीडर (~ Dar) *m.* leader. [H.E. नेता]

लीडरी (leeD ree) *f.* leadership.

लीथो (lee tho) *m.* litho.

लीन (leen) *adj.* 1. dissolved, merged, mingled, absorbed. 2. engrossed, rapt.

लीपना (leep nA) *vt.* 1. to plaster/coat/besmear. 2. to smear.

लीपना-पोतना (~ - pot nA) *vt.* to plaster/coat and whitewash/paint.

लीपा-पोती (lee pA - po tee) *f.* 1. clumsy whitewashing. 2. patching up; ~ करना to settle a dispute. 3. unclear writing. 4. deceptive actions or words intended to conceal someone's error, whitewash; ~ करना to whitewash.

लीलना (leel nA) *vt.* to swallow/devour.

लीला (lee lA) *f.* 1. frolicsome/illusory creation (of God). 2. sportive display, fun and frolic; भगवान की ~ न्यारी है Inscrutable are the ways of God. तुम्हारी ~ हमारी समझ में नहीं आती Your ways and doings are inexplicable/a mystery to me.

लीलापुरुष (~ pu rush) *m.* Lord Krishna who revelled in fun and frolic.

लीलाप्रिय (~ pri yA) *m.* Lord Krishan who was fond of sportive display.

लीवर (lee var) *m.* lever (of a gadget).

लुंगी (luṅ gee) *f.* an Indian type of loin cloth.

लुंचन (lun can) *m.* pulling off (hair etc.); pulling out (feathers etc.).

लुंज (lunj) *adj.* crippled.

लुंजपुंज (~ punj) *adj.* wholly or badly crippled.

लुंठन (luN Than) *m.* rolling.

लुंठित (~ Thit) *adj.* rolled; ~ व्यंजन rolled consonant.

लुंड (luND) *m.* torso, trunk, dead body without arms, legs or head.

लुंड-मुंड (~ - muND) *adj.* 1. headless or maimed (body). 2. bundled up.

लुंडा (luN DA) *adj.* tailless (lamb, bird etc.).

लुंडी (~ Dee) *f.* roundish ball of thread.

लुआठा (lu A ThA) *m.* a long piece of wood with one end burning, embers. (Dim. = लुआठी)

लुआब (lu Ab) *m.* sticky pith.

लुआबदार (~ dAr) *adj.* sticky.

लुक (luk) *m.* 1. shining paint. 2. flame.

लुकना (~ nA) *vi.* 1. to prevent oneself from being seen, to hide. 2. to go underground.

लुकना-छिपना (~ - chip nA) *vi.* to hide; लुक-छिपकर stealthily, clandestinely, surreptitiously.

लुक़मा (luK mA) *m.* morsel.

लुक़मान (luK mAn) *m.* a legendary Arab physician.

लुका-छिपी (lu kA - chi pee) *f.* a children's game in which one child hides and others try to find him, hide-and-seek.

लुकाट (lu kAT) *m.* loquat, the tree or its fruit.

लुकाना (lu kA nA) *vt.* to conceal, to hide, to keep secret.

m. act of concealing; यह तो तय है कि तुम ज़रूर कोई महत्त्वपूर्ण बात ~ जानते हो It is sure that you are accustomed to conceal some important fact.

लुकाना-छिपाना (~ - chi pA nA) *m.* to conceal from being seen or known about.

लुकाव-छिपाव (lu kAv - chi pAv) *m.* act of concealing, concealment.

लुगदी (lug dee) *f.* pulp, paper pulp.

लुगाई (lu gA ee) *f.* 1. woman. 2. wife. 3. kept woman, concubine.

लुगाईबाज़ (~ bAZ) *m.* womanizer.

लुगाईबाज़ी (~ bA zee) *f.* womanising.

लुच्चई (luc ca ee) *f.* = लुच्चापन।

लुच्चा (~ cA) *adj. & m.* wicked (person), scoundrel, villain, rogue.

लुच्चापन (~ pan) *m.* wickedness, villainy, roguery.

लुच्ची (luc cee) *f.* biscuit made of fine wheat flour.

लुटना (luT nA) *vi.* to be robbed/looted/ plundered; मैं लुट गया—(i) I was robbed. (ii) I am undone. मेरी इज़्ज़त लुट गई—(i) My honour has been sullied. (ii) My modesty has been outraged. माँग / सुहाग ~ to be reduced to widowhood.

लुटाना (lu TA nA) *vt.* 1. to squander. 2. to spend lavishly. 3. to give away indiscriminately.

लुटिया (lu Ti yA) *f.* diminutive of लोटा; ~ डुबोना—(i) to bring disgrace; (ii) to destroy/spoil one's all.

लुटेरा (lu Te rA) *m.* robber, bandit, plunderer.

लुटेरापन (~ pan) *m.* robbery, banditry.

लुढ़कना (lu Rhak nA) *vi.* 1. to roll down. 2. to die (fig.). 3. to be upset/toppled, to tumble down.

लुढ़काना (luRh KA nA) *vt.* causative of लुढ़कना।

लुतरा (lut rA) *adj. & m.* 1. tell-tale. 2. backbiter.

लुतरापन (~ pan) *m.* habit of telling tales/ backbiting.

लुत्फ़ (lutF) *m.* 1. enjoyment, pleasure. 2. fun.

लुनना (lun nA) *vt.* to reap.

लुनाई (lu nA ee) *f.* reaping or wages paid therefor.

लुनेरा (lu ne rA) *m.* reaper.

लुप्त (lupt) *adj.* 1. disappeared, vanished. 2. extinct, obsolete; ~ प्रयोग obsolete usage. 3. omitted; ~ पद omitted term.

लुप्ताकार (lup tA kAr) *m.* the vowel 'अ' when it merges in compounds with visarga (:); its sign being ऽ; as in रामोऽवाच।

लुब्बे-लुबाब (lub be - lu bAb) *m.* 1. essence, pith. 2. gist, sum and substance.

लुभाना (lu bhA nA) *vi.* to be charmed/ lured/enticed/attracted.
vt. to charm/entice.

लुभावना (lu bhAv nA) *adj.* charming, fascinating, attractive.

लुहार (lu hAr) *m.* blacksmith.

लुहारी (lu hA ree) *f.* craft or calling of a blacksmith.

लू (loo) *f.* heatwave, sunstroke; ~ मारना/ लगना—तुम्हें लू लग जाएगी You will get a sunstroke.

लूका (~ kA) *m.* 1. flame. 2. burning piece of wood; ~ लगना to burn; उसके मुँह में ~ लगाओ Shunt him off (by giving something). 3. meteor.

लूट (looT) *f.* pillage, loot; हम ~ और बलात्कार के कई भयावह क़िस्से सुन चुके हैं We have already heard many horrific accounts of pillage and rape. ~ का माल booty, loot, plunder; ~ मचाना to loot indiscrimin-ately.

लूट-खसोट (~ - kha soT) *f.* 1. act of plundering, plunder. 2. goods seized by plundering, plunder.

लूटना (~ nA) *vt.* to rob/plunder/loot/despoil/ ravage; सशस्त्र डाकुओं ने यात्रियों को लूट लिया Armed dacoits robbed passengers. आनंद/ मज़ा ~ to enjoy, to make merry; यौवन ~ to ravish.

लूट-पाट (~ - pAT) *f.* plundering and destruction, looting and ruination.

लूट-मार (~ - mAr) *f.* plundering and massacre.

लूता (loo tA) *m.* spider.

लूम (loom) *m.* loom. [H. E. करघा]

लूला (loo lA) *adj.* with a maimed/dismembered hand; ~ - लँगड़ा maimed and crippled.

लूलू (~ loo) *adj.* foolish.
m. fool; ~ बनाना to be fool.

लेंस (lens) *m.* lens.

लेंहड़ा (lẽ ha RA) *m.* herd.

लेई (le ee) *f.* an adhesive preparation of fine flour (used in book-binding), paste.

लेई-पूँजी (~ - pō̃o jee) *f.* entire assets.

लेकिन (le kin) *conj.* but, however.

लेक्चर (lek car) *m.* lecture; ~ झाड़ना to deliver an uncalled for lecture; ~ देना to lecture, to deliver a lecture; ~ पिलाना to sermonise at length, to administer a lengthy lecture.

लेक्चरबाज़ी (~ bA zee) *f.* habit of lecturing, habitual lecturing.

लेख (lekh) *m.* 1. writing, handwriting; विधि का ~ writing of destiny. 2. article, treatise, composition, essay; अग्र ~ leading article, editorial. 3. deed, document.

लेखक (le khak) *m.* 1. writer, author. 2. clerk. [Fem. लेखिका]

लेखन (le khan) *m.* 1. act of writing. 2. profession of a writer.

लेखन सामग्री (~ sA mag gree) *f.* stationery.

लेखनी (lekh nee) *f.* an instrument for writing sply. with ink, pen.

लेखपाल (~ pAl) *m.* 1. record-keeper. 2. patwari.

लेखबद्ध (~ baddh) *adj.* reduced to writing.

लेखमाला (~ mA lA) *m.* series of articles.

लेखा (le khA) *m.* account, calculation; कर्म का ~ writ of destiny; किसी के लेखे so far as one is concerned; किसी लेखे नहीं on no account.

लेखा-जोखा (~ - jo khA) *m.* calculation of accounts.

लेखा-परीक्षक (~ - pa reek shak) *m.* audito

लेखा-परीक्षण (~ - pa reek shaN) *m.* auditing

लेखा-बही (~ - ba hee) *f.* 1. account book 2. ledger.

लेखिका (le khi kA) *f.* woman writer, authoress.

लेख्य (le khy) *adj.* worthy to be note down.
m. a written document.

लेट (leT) *f.* late; ~ फीस late fee; ~ लती one who is (always) late in coming.

लेटना (~ nA) *vi.* to lie (down), to lay onesel down.

ले-दे (le - de) *f.* give and take; ~ कर all tol

लेनदार (len dAr) *m.* creditor.

लेन-देन (~ - den) *f.* 1. give-and-take. 2. soci dealings. 3. financial transaction; ~ में सावधानी बरतिए Handle financia transac-tions carefully. ~ का का money-lending.

लेना (le nA) *vt.* 1. to accept; आप चाय लें Would like a cup of tea? 2. to take छाता साथ में ले लें Take an umbrella wi you. 3. to claim; लश्कर ने उत्तरदायि लिया Lashkar claims responsibility. to get; आप रुपया किससे लेंगे From who will you get money? जान ~ to com to the know; जान ले ~ to kill; दायित्व to assume responsibility; हिसाब ~ ask for an account; ~ एक न देना दो be unc-oncerned/disinterested; उड़ना to run away with; ले चलना tak to; मुझे किसी ऐसे व्यक्ति के पास ले चलो उर्दू बोलता हो Please take me to someo who speaks Urdu. ले जाना to take; मुझे कहाँ ले जाना चाहते हो Where do y want to take me? ले डूबना to ru (someone else) too; ले बैठना (i) to gra (ii) to ruin along with; ले मरना to gr (by pestering); ले रखना to procure and keep; ले ~ to take; लेने के देने पड़ना to have the tables turned upon oneself; आड़े हाथों ~ to take someone to task; बुख़ार ~ to take someone's temperature; और लो Have some more. और लो! This beats! This is topping! लो, और लो = और लो।

ना-देना (~ - de nA) *m.* 1. लेन-देन transaction. 2. relation; उसका राजनीति से कुछ भी ~ नहीं He has nothing whatsoever to do with politics.

प (lep) *m.* 1. liniment. 2. coating, plaster, ointment; ~ करना to anoint.

पन (le pan) *m.* 1. anointing, applying liniment, plastering. 2. coating.

पना (lep nA) *vt.* to anoint/coat.

फ़्टिनेंट (leF Ti neNT) *m.* lieutenant.

बिल (le bil) *m.* label.

मनचूस (le man coos) *m.* lemon-juice.

मनेड (lem neD) *m.* lemonade.

वा (le VA) *m.* one who takes.

वाल (le VAl) *m.* = लेवा।

श (lesh) *m.* bit, whit, modicum; ~ मात्र modicum.

स (les) *f.* adhesiveness, stickiness.

सदार (~ dAr) *adj.* adhesive, sticky, gluey.

ह (leh) *m.* any jelly-type preparation.

गिक (laiṅ gik) *adj.* sexual.

ला (lai lA) *f.* legendary heroine of the tale of लैला-मजनूँ (Arabian Nights).

स (lais) *adj.* fully-equipped, fitted.

ंदा (lõ dA) *m.* wet lump, dough; मिट्टी का ~ (i) very sluggish person; (ii) good-for-nothing person.

(lo) *interj.* Now see this one! What a surprise! यह लो Take this! यह लो This beats! This is topping!

ई (lo ee) *f.* 1. dough. 2. a thin woolen shawl or wrapper.

लोक (lok) *m.* 1. world. 2. people.

लोककंटक (~ kaN Tak) *m.* public nuisance.

लोककथा (~ ka thA) *f.* folk tale.

लोकगीत (~ geet) *m.* folk song.

लोकतंत्र (~ tantr) *m.* democracy.

लोकतंत्री (~ tan tree) *adj.* = लोकतांत्रिक।

लोकतांत्रिक (~ tAn trik) *adj.* democratic.

लोकना (~ nA) *vt.* to catch (a dropping ball, fruit etc.).

लोकनाट्य (~ nATTy) *m.* folk play.

लोकनिंदा (~ nin dA) *f.*. public censure.

लोकनीति (~ nee ti) *f.* folk ethics.

लोकनृत्य (~ nritty) *m.* folk-dance.

लोकप्रिय (~ priy) *adj.* popular, in vogue; ~ बनाना to popularize.

लोकप्रियता (~ tA) *f.* popularity.

लोकरंजन (lok ran jan) *m.* entertainment of the public.

लोक-लज्जा (~ - laj jA) *f.* regard for public opinion.

लोक-लाज (~ - lAj) *f.* = लोक-लज्जा।

लोकवादी (~ VA dee) *adj.* public-spirited.

लोकसंग्रह (~ saṅ grah) *m.* mobilisation of the people.

लोकसभा (~ sa bhA) *f.* 1. House of the People. 2. the Lower House of the Indian Parliament.

लोकसेवा (~ se VA) *f.* Public Service; ~ आयोग Public Service Commission.

लोकहित (lok hit) *m.* public interest.

लोकाचार (lo kA cAr) *m.* popular custom, ethos.

लोकापमान (~ pa mAn) *m.* disapprobation of the public.

लोकापवाद (~ pa VAd) *m.* adverse public opinion, public slander.

लोकोक्ति (lo kok ti) *f.* popular saying.

लोकोत्तर (lo kot tar) *adj.* supernatural, unworldly, etheral.

लोकोपकार (lo ko pa KAr) *m.* philanthropy, public well-being.

लोकोपकारी (~ KA ree) *adj.* philanthropic. *m.* philanthropist.

लोकोपचार (lo kop CAr) *m.* social formality.

लोकोपयोगी (lo ko pa yo gee) *adj.* popular, useful for the people.

लोग (log) *m.* men, public, people, folk; देश-देश के ~ people of different countries, peoples; ऐसे ~ घृणा नहीं दया के पात्र हैं Such men are to be pitied rather than despised. कुछ ~ ऐसे भी होते हैं जिन्हें जले लोगों को जलाने में अत्यंत आनंद आता है There are such people also who derive extreme amusement in adding insults to the injuries of the downtrodden folk.

लोग-बाग (~ - BAg) *m.* common people.

लोच (loc) *f.* elasticity, flexibility, tenderness.

लोचदार (~ DAr) *adj.* elastic, flexible.

लोचन (lo can) *m.* eye.

लोट (loT) *f.* rolling; ~ मारना to roll and relax.

लोटन (lo Tan) *m.* a kind of pigeon.

लोटना (loT nA) *vi.* to roll/welter; लोट जाना (i) to fall down; (ii) to die.

लोट-पोट (~ - poT) *adj.* rolling, weltering; ~ होना to burst into laughter, to roll in laughter.

लोटा (lo TA) *m.* an Indian type of water vessel; बेपेंदी का ~ spineless person. [Fem. लुटिया]

लोथ (loth) *m.* corpse, dead body.

लोथड़ा (~ RA) *m.* lump of flesh.

लोन (lon) *m.* salt.

लोना (lo nA) *adj.* saltish, saline.

लोप (lop) *m.* 1. The state of being vanished, disappearance; ~ हो जाना to cease to exist/ to become invisible. 2. a letter (of the alphabet) which is understood.

लोफ़र (lo Far) *m.* loafer, vagabond.

लोबान (lo bAn) *m.* a tree gum used as ince nse.

लोबिया (lo bi yA) *f.* cow pea.

लोभ (lobh) *m.* 1. greed. 2. rapacity.

लोभी (lo bhee) *adj.* 1. greedy. 2. rapaciou

लोभीपन (~ pan) *m.* greediness, avarice.

लोम (lom) *m.* soft hair on the body, fur.

लोमड़ी (~ Ree) *f.* fox.

लोमनाशक (~ nA shak) *adj.* depilatory.

लोमहर्षक (~ har shak) *adj.* horrifying.

लोरी (lo ree) *f.* lullaby; उसने ~ सुनाकर बच को सुला दिया She lulled the baby sleep.

लोलक (lo laK) *adj.* pendant. *m.* pendulum.

लोलित (lo lit) *adj.* oscillated.

लोलुप (lo lup) *adj.* covetous, avariciou greedy; ~ दृष्टि से greedily; धन ~ ava cious, greedy; पद ~ covetous power; हिंसा - ~ blood-thirsty.

लोलुपता (~ TA) *f.* covetousness.

लोहाँगी (lo hÃ gee) *f.* a bamboo with iron bar at one end.

लोहा (lo hA) *m.* iron; कच्चा / ढलवाँ ~ pi iron; पक्का ~ steel; लोहे का आदमी ir man; लोहे की छाती strong heart, ir heart; ~ बजना fighting with swor ~ मानना to acknowledge someon superiority; ~ लेना to cross swords; ल के चने चबाना to take upon a difficu assiduous task.

लोहार (lo hAr) *m.* blacksmith.

लोहारी (lo hA ree) *f.* blacksmith's work calling.

लोहित (lo hit) *adj.* red, scarlet.

लोहू (lo hoo) *m.* blood.

लौंग (lãug) *m.* 1. clove. 2. nose-stud.

लौंडा (lãu DA) *m.* lad, boy. [Fem. लौंडी]

लौंडापन (lãũ DA pan) *m.* boyishness (from लौंडा).

लौंडिया (~ DI YA) *f.* lass, girl (pej).

लौंडी (~ DEE) *f.* servant/slave girl.

लौंडेबाज़ (~ DE BAZ) *m.* sodomite.

लौंडेबाज़ी (~ DE BA zee) *f.* sodomy. paedophilia.

लौंद (laund) *m.* ~ का महीना intercalary month.

लौ (lau) *f.* 1. flame, glow. 2. love, devotion; ~ लगना to be infatuated with; ~ लगाना to concentrate passionately, devotedly etc.

लौआ (~ A) *m.* gourd, pumpkin.

लौकिक (~ kik) *adj.* worldly, mundane.

लौकिकता (~ TA) *f.* worldliness.

लौकी (lau kee) *f.* bottle gourd, pumpkin.

लौट (lauT) *f.* return.

लौटना (~ nA) *vi.* to return, to come back; वे कुछ दिन पहले दिल्ली से लौट आए He recently returned from Delhi. वह ख़ाली हाथ लौट गया He returned empty handed.

लौट-पौट (~ - pauT) *f.* act of turning over.

लौट-फेर (~ - pher) *m.* interchange, substantial derangement.

लौटाना (lau TA nA) *vt.* to give back, to return. *m.* the action of sending someone or something back; लौटाने के योग्य returnable.

लौह (lauh) *m.* iron.

लौहचूर्ण (~ cooRN) *m.* iron filings.

लौहपुरुष (~ pu rush) *m.* iron-man; सरदार वल्लभ भाई पटेल ~ के नाम से जाने जाते हैं Sardar Vallabh Bhai Patel is known as 'Lauh Purush'.

लौहयुग (~ yug) *m.* iron age.

व

व (v, w) Fourth of the semi-vowels of the Nagari alphabet; usually its sound is like that of *v* in *value*; sometimes, in the middle or end of a syllable, it sounds like *w* in *swarm*.

वंग (vaṅg) *m.* Bengal.

वंगदेश (~ desh) *m.* State of (undivided) Bengal.

वंगभंग (~ bhaṅg) *m.* Partition of Bengal in pre-independence India.

वंगीय (vaṅ geey) *adj.* of or pertaining to Bengal.

वंचक (van cak) *adj. & m.* deceitful, cheat crafty, swindler, fraudulent.

वंचकता (~ tA) *f.* deceitfulness, wangling, fraud.

वंचन (van can) *m.* 1. deception. 2. deprivation.

वंचित (van cit) *adj.* 1. deceived. 2. deprived. 3. cheated.

वंटक (vaN TAk) *m.* distributor.

वंटन (~ Tan) *m.* distribution.

वंदन (van dan) *m.* obeisance, adoration.

वंदनवार (~ vAr) *f.* wreathe of green leaves (hung up on auspicious occasions).

वंदना (vand nA) *f.* obeisance, adoration, salutation.

वंदनीय (~ neey) *adj.* worthy of obeisance/rever-ence, adorable.

वंदी (van dee) *m.* captive, prisoner.

वंदीगृह (~ grih) *m.* prison.

वंद्य (vandy) *adj.* = वंदनीय।

वंध्य (vandhy) *adj.* sterile.

वंध्या (van dhyA) *adj.* sterile, unproductive, barren.

f. unfertile woman; ~ पुत्र impossible event, will-o-the wisp.

वंश (vansh) *m.* 1. dynasty; राज ~ royal dynasty. 2. bamboo. 3. race, clan, progeny.

वंशगत (~ gat) *adj.* ancestral.

वंशचरित (~ ca rit) *m.* family history.

वंशज (van shaj) *m.* 1. one descended from an ancestor, descendant. 2. a young member of one's family, scion.

वंशतालिका (vansh tA li kA) *f.* genealogical table.

वंशधर (~ dhar) *m.* = वंशज।

वंशनाश (~ nAsh) *m.* extermination of a family.

वंश-परंपरा (~ - pa ram pa rA) *f.* family tradition, lineage.

वंशवाद (~ vAd) *m.* dynastic rule.

वंशवृक्ष (~ vriksh) *m.* family tree, pedigree.

वंशवृद्धि (~ vrid dhi) *f.* growth of the family.

वंशानुक्रम (van shA nu kram) *m.* genealogy, family succession.

वंशावली (~ shA va lee) *f.* line of one's ancestors, genealogy.

वंशी (~ shee) *f.* flute, pipe.

वंश्य (~ shy) *adj.* of or pertaining to a dynasty, dynastic.

वक (vak) *m.* crane (bird).

वकवृत्ति (~ vrit ti) *f.* hypocrisy.

वकालत (va kA lat) *f.* 1. legal practice, lawyer's/pleader's profession; ~ करना

(i) to plead; (ii) to practise as a lawyer; ~ चमकना the flourishing of the pleader's profession. 2. pleading.

वकालतनामा (~ - nA mA) *m.* power of attorney; आम ~ general power of attorney; ख़ास ~ special power of attorney.

वकील (va keel) *m.* lawyer, vakil, pleader.

वक़्त (vaKT) *m.* time; ~ की पाबंदी punctuality; ~ की बात matter of chance; ~ आ जाना—उसका ~ आ गया His last hour has come. ~ खोना/गँवाना to lose time; ~ गुजारना to pass time; ~ पड़ना—वक्त पड़ने पर in the time of need; ~ पर (i) at the proper time; गाड़ी ~ पर आई The train came in/on time. (ii) in time of need; मित्र ~ पर काम आ गया The friend came to the rescue in the hour of need. ~ पर काम आनेवाला ही सच्चा मित्र है A friend in need is a friend indeed. ~ के लिए for the evil day; ~ से in time; नाजुक ~ critical time; बे- ~ not at the proper time.

वक्तव्य (vaK tavvy) *m.* statement, speech; लिखित ~ written statement; मंत्री को ऐसा ~ नहीं देना चाहिए था The minister should not have given such a statement.

वक्ता (~ tA) *m.* speaker, orator, spokesman.

वक्तृता (~ tri tA) *f.* 1. speech, lecture. 2. oration.

वक़्फ़ (vaKF) *m.* waqf, charitable endowment.

वक्र (vakkr) *adj.* 1. curved. 2. oblique, slanting.3. crooked, sinister; ~ गति curvilinear motion (Maths.); ~ दृष्टि crooked look, sinister glance; उसकी ~ दृष्टि बहुत घातक होती है Her sinister glance creates danger. ~ बुद्धि crooked.

वक्रता (~ tA) *f.* 1. curvature. 2. obliqueness, obliquity. 3. crookedness.

वक्री (vak kree) *adj.* 1. deflected. 2. retrograde.

वक्रोक्ति (~ krok ti) *f.* remarkable satirical utterance, innuendo, circumlocution.

वक्ष (vaksh) *m.* 1. breast. 2. chest. 3. bosom.

वक्षस्थल (vak shas thal) *m.* = वक्ष।

वग़ैरह (va Gai rah) *conj. et cetera.*

वचन (va can) *m.* 1. utterance. 2. promise; ~ का पक्का true to one's word; वह अपने ~ का पक्का नहीं है He is not true to his word. ~ का पालन करना to fulfil (one's) word/promise; ~ तोड़ना to break (one's) word; ~ देना to give (one's) word/promise; ~ निभाना to fulfil (one's) word/promise; ~ रखना to keep (one's) word; ~ लेना to secure (someone's) word promise; ~ हारना to be (irrevocably) committed/pledged. 3. number (Grammar); एक ~ singular; बहु ~ plural.

वचनबद्ध (~ baddh) *adj.* committed (toone's words), bound (by one's words); भीष्म पितामह जीवन पर्यंत विवाह न करने के लिए ~ थे Bhishm Pitamah was committed not to marry throughout his life.

वचनभंग (~ bhang) *m.* breach of promise; ऐसा काम करके उसने निश्चय ही ~ किया है By doing so he has definitely made a breach of promise.

वज़न (va zan) *m.* 1. The amount of anything that weighs, weight; मेरा ~ 50 किलो है My weight is 50 kilos. इधर मेरा ~ कुछ बढ़ा है I have put on weight recently. मैं अपना ~ घटाना चाहता हूँ I want to lesson weight. ~ करना / लेना to weigh. 2. importance, influence; उसकी बात में ~ है His words carry weight.

वज़नदार (~ dAr) *adj.* 1. weighty. 2. important. 3. influential

वज़नी (vaz nee) *adj.* 1. heavy. 2. weighty, important.

वजह (va jah) *f.* reason; बिला ~ without reason/cause.

वज़ारत (va ZA rat) *f.* 1. cabinet, ministry. 2. ministership.

वज़ीफ़ा (va zee FA) *m.* 1. stipend. 2. scholarship.

वज़ीर (va zeer) *m.* minister.

वज़ीर-ए-आज़म (~ - e - AZam) *m.* Prime Minister.

वज़ीर-ए-आला (~ - e - A lA) *m.* Chief Minister.

वज़ीरी (va zee ree) *f.* ministership.

वज़ू (va zoo) *m.* washing of hands and feet before prayer.

वज्र (vajjr) *m.* 1. Indra's thunderbolt; ~ गिरना—उस पर ~ गिरा He had a bolt from the blue. 2. impenetrable, solid or formidable.

वज्रदंत (~ dant) *m.* 1. mouse, rat. 2. pig.

वज्रपात (~ pAt) *m.* a very terrible event, thunderbolt; ~ होना—उस पर ~ हुआ He had a bolt from the blue.

वज्रयान (~ yAn) *m.* a school of Buddhism.

वज्रयानी (~ yA nee) *adj.* pertaining to वज्रयान। *m.* follower of वज्रयान school.

वज्रहृदय (~ hri day) *adj.* stone-hearted, hard-hearted.

वज्राघात (vaj jrA ghAt) *m.* 1. thunderstroke. 2. severe blow, calamity.

वट (vaT) *m.* banyan (tree).

वटवृक्ष (~ vriksh) *m.* banyan tree.

वटिका (va Ti kA) *f.* pill, globule.

वटी (va Tee) *f.* tablet.

वटु (va Tu) *m.* bachelor, lad.

वणिक (va Nik) *m.* businessman, trader, merchant.

वणिज (va Nij) *m.* merchant, shopkeeper.

वतन (va tan) *m.* motherland; ~ परस्त patriot.

वतनी (va ta nee) *adj.* pertaining to one's country; हम ~ fellow countrymen.

वत्स (vats) *m.* beloved child, dear young one.

वत्सर (vat sar) *m.* year.

वत्सल (vat sal) *adj.* affectionate towards children or young ones; भक्त ~ affectionate towards devotees.

वत्सलता (~ tA) *f.* affection, parental love.

वदन (va dan) *m.* face.

वदान्य (va dAnny) *adj.* munificent.

वदान्यता (~ tA) *f.* munificence.

वदि (va di) *f.* = बदि।

वध (vadh) *m.* killing, murder, slaughter; जन ~ genocide.

वधस्थल (va dhas thal) *m.* place of slaughter/murder/execution.

वधालय (va dhA lay) *m.* slaughter house.

वधिक (va dhik) *m.* 1. executioner, assassin. 2. fowler, hunter.

वधू (va dhoo) *f.* wife; नव ~ bride, newly wed.

वध्य (vaddhy) *adj.* deserving/meant to be killed.

वन (van) *m.* forest, jungle, woods; ~ अधिकारी Forest Officer.

वनगमन (~ ga man) *m.* departure for abode in the woodlands/forest.

वनचर (~ car) *adj. & m.* a rover/rambler in the woods/brigand.

वनज (va naj) *adj.* produced in the woods.

वनदस्यु (~ das syu) *m.* a forest brigand.

वनदेवी (van de vee) *f.* a wood goddess, dryad.

वनपाल (~ pAl) *m.* forester.

वनमहोत्सव (~ ma hot sav) *m.* ceremony for plantation of trees.

वनमानुष (~ mA nush) *m.* chimpanzee.

वनमाला (~ mA lA) *f.* garland of wild flowers.

वनमाली (~ mA lee) *m.* 1. wearer of वनमाला। 2. Shri Krishan.

वनराज (~ rAj) *m.* 1. king of forest. 2. lion.

वनरोपण (~ ro paN) *m.* act of planting trees to form a forest, afforestation.

वनवास (~ vAs) *m.* dwelling in the forest, exile; ~ देना to exile someone to the forest; अपने पिता, राजा दशरथ की आज्ञा मानकर भगवान राम ने चौदह वर्ष वनवास में व्यतीत किए Obeying the order of his father, Raja Dasharath, Lord Ram dwelled in forest for fourteen years.

वनस्थली (va nas tha lee) *f.* land covered with trees, woodland.

वनस्पति (va nas pa ti) *f.* 1. vegetation. 2. vegetable; ~ घी vegetable oil.

वनस्पतिज्ञ (va nas pa tiggy) *m.* botanist.

वनस्पति-विज्ञान (va nas pa ti - vig gyAn) *m.* Botany.

वनिता (va ni tA) *f.* pretty woman; ~ - मंडल assemblage of women.

वन्य (vanny) *adj.* of the wilds, wild; ~ जीव wild animals and birds collectively.

वन्य जीवन (~ jee van) *m.* act of living in a forest.

वपन (va pan) *m.* sowing seed.

वफ़ा (va FA) *f.* loyalty, faith, trust.

वफ़ादार (~ dAr) *adj.* loyal, faithful, trustworthy.

वफ़ादारी (~ dA ree) *f.* loyalty, faithfulness.

वबा (va bA) *f.* epidemic.

वबाल (va bAl) *m.* fuss, ado; ~ खड़ा करना to create a fuss.

वमन (va man) *m.* vomiting; ~ करना to vomit.

वमन-प्रवृत्ति (~ - pra vrit ti) *f.* nausea.

वयः संधि (va yah san dhi) *f.* puberty.

वय (vay) *m.* age.

वयस (va yas) *m.* age.

वयसीमा (vay see mA) *f.* age limit.

वयस्क (va yask) *adj. & m.* major, adult; ~ मताधिकार adult suffrage.

वयस्कता (~ tA) *f.* adulthood.

वयोवृद्ध (va yo vriddh) *adj.* aged, venerable, worthy of respect due to age.

वरंच (va ranc) *conj.* but.

वर (var) *m.* 1. bridegroom. 2. boon; ~ देना to bestow a boon; ~ माँगना to ask for a boon; ~ मिलना to receive a boon.

वरक़ (va raK) *m.* leaf; चाँदी का ~ silver leaf.

वरज़िश (var zish) *f.* physical exercise; वह दिन में दो बार ~ करता है He exercises twice a day.

वरण (va raN) *m.* selection, choice; ~ करना to select/choose; अध्यापकों का ~ उनकी शैक्षणिक योग्यता के आधार पर किया जाना चाहिए Selection of teachers should be made or the basis of their educational qualifications.

वरणीय (va ra Neey) *adj.* worthy of choice, fit to be chosen.

वरद (va rad) *adj.* conferring a boon; ~ पुत्र blessed son; वह वाग्देवी का ~ पुत्र है He is the blessed son of the Goddess of Learning. ~ हस्त patronising hand.

वरदी (var dee) *f.* = वर्दी (uniform), livery.

वरन (va ran) *conj.* on the other hand.

वरना (var nA) *vt.* to choose.
conj. or else, otherwise.

वरपक्ष (~ paksh) *m.* group of persons related to the bridegroom present at the time of marriage.

वरांगना (va rAng nA) *f.* belle, pretty woman.

वरासत (va rA sat) *f.* = विरासत, legacy.

वराह (va rAh) *m.* 1. wild boar. 2. one of the incarnations of Lord Vishnu.

वरिष्ठ (va rishTh) *adj.* senior, seniormost.

वरिष्ठता (~ tA) *f.* seniority; ~ क्रम order of seniority.

वरीय (va reey) *adj.* preferable.

वरीयता (~ tA) *f.* preference; ~ देना to give preference.

वरुण (va ruN) *m.* Neptune, sea-god.

वर्ग (varg) *m.* 1. class, category, group, series, species. 2. a shape with four straight lines, square (Geom.). 3. second power. (Alg.)

वर्गकरण (~ ka raN) *m.* squaring. (Alg.)

वर्ग-पहेली (~ - pa he lee) *f.* crossword puzzle.

वर्गभेद (~ bhed) *m.* class distinction, racial discrimination.

वर्गमूल (~ mool) *m.* square root.

वर्गवादिता (~ vA di tA) *f.* partisanship, partizanship.

वर्गवादी (~ vA dee) *adj. & m.* partisan, partizan.

वर्ग-संघर्ष (~ - saṅ gharsh) *m.* class struggle.

वर्गहीन (~ heen) *adj.* without social classes, classless.

वर्गांकित (var gAṅ kit) *adj.* squared, divided into squares.

वर्गाकार (~ gA kAr) *adj.* of the shape of a square.

वर्गात्मक (~ gAt mak) *adj.* quadrilateral (Alg.).

वर्गित (~ git) *adj.* squared.

वर्गीकरण (~ gee ka raN) *m.* classification; ~ करना to arrange in categories or groups.

वर्गीकृत (~ gee krit) *adj.* arranged in groups or categories, classified; ~ विज्ञापन classified advertisement.

वर्गीय (~ geey) *adj.* 1. pertaining to a class/classes. 2. pertaining to a square/squares.

वर्जन (~ jan) *m.* 1. forbiddance, ban. 2. prohibition, abandonment.

वर्जित (~ jit) *adj.* 1. forbidden, banned (by law, custom, etc.). 2. prohibited, disallowed.

वर्ण (varN) *m.* 1. colour. 2. class, race, tribe. 3. letter (alphabet).

वर्णक्रम (~ kram) *m.* 1. alphabetical order. 2. spectrum.

वर्णन (var Nan) *m.* description, narration, account; ~ करना to describe; क्या उन्होंने अपनी यात्रा का ~ तुम से किया Did they describe their trip to you?

वर्णनकर्ता (~ kar tA) *m.* narrator, relater.

वर्णनातीत (var NA nA teet) *adj.* indescribable, beyond description.

वर्णनात्मक (var NA nAt mak) *adj.* descriptive; ~ निबंध descriptive essay.

वर्णनीय (~ neey) *adj.* describable.

वर्णभेद (~ bhed) *m.* colour distinction, racial discrimination, colour-bar.

वर्णमाला (~ mA lA) *f.* alphabet.

वर्ण-विचार (~ - vicAr) *m.* orthography.

वर्ण-विपर्यय (~ - vi par yay) *m.* melathesis.

वर्ण-व्यवस्था (~ - vya vas thA) *f.* Hindu classification of society into four castes.

वर्णसंकर (~ saṅ kar) *adj. & m.* crossbreed (among humans).

वर्णहीन (~ heen) *adj.* colourless.

वर्णांध (var NAndh) *adj.* colour blind.

वर्णांधता (~ tA) *f.* colour blindness.

वर्णागम (var nA gam) *m.* addition of a letter to a word.

वर्णात्मक (var NAt mak) *adj.* alphabetic.

वर्णानुक्रमणिका (~ NA nu kra ma ni KA) *f.* alphabetical glossary.

वर्णाश्रम (~ NA shram) *m.* Hindu classification of society and life into four divisions/orders, *viz.* Bramhacharya, Grihasthashram, Vanprastha and Sanyas; ~ धर्म duty pertaining to a particular caste and division/order.

वर्णित (~ NIt) *adj.* described.

वर्ण्य (varNY) *adj.* fit to be described, describable; ~ विषय subject of narration/description.

वर्तन (var tan) *m.* social dealings.

वर्तनी (~ ta nee) *f.* spelling.

वर्तमान (var ta mAn) *adj.* 1. present; ~ काल present tense; ~ पीढ़ी present/modern generation; ~ समय present time. 2. living, existing, being; यह प्रथा आजकल भी ~ है This custom still exists/obtains/prevails/in vogue.
m. present, present time.

वर्ति (var ti) *f.* = बत्ती।

वर्ती (~ tee) *suffix.* situated; तट ~ situated on the bank; दूर ~ situated far away, distant; निकट ~ close, proximal; पार्श्व ~ adjacent.

वर्तुल (~ tul) *adj.* circular, round.

वर्दी (~ dee) *f.* uniform, livery.

वर्दीधारी (~ dhA ree) *m.* man in uniform, liveried.

वर्धन (var dhan) *m.* increase, growth. [also written as वर्द्धन]

वर्धनशील (~ sheel) *adj.* increasing, growing.

वर्धमान (vardh man) *adj.* increasing, growing.

वर्धित (var dhit) *adj.* increased. [also written as वर्द्धित]

वर्ष (varṣh) *m.* year; नव ~ new year.

वर्षक (var shak) *adj.* (that) which throws from above; बम ~ bomber.

वर्षगाँठ (varsh gA̐Th) *f.* birth anniversary.

वर्षफल (~ phal) *m.* predictions for a year.

वर्षा (var shA) *f.* rain; भारी ~ heavy fall of rain, heavy downpour; मूसलधार ~ हो रही है It is raining very heavily. ~ ने मैच धो डाला The match was rained off.

वर्षा-ऋतु (~ ri tu) *f.* rainy season.

वर्षानुवर्षी (~ nu var shee) *adj.* perennial.

वर्षामापक (~ mA pak) *m.* rain-gauge.

वर्षित (var shit) *adj.* (that) which has been thrown from above.

वर्षीय (~ sheey) *adj.* 1. aged; पंच ~ five years old; 38 ~ अज़हरुद्दीन हमारे कप्तान हैं Azharu-ddin 38, is our Captain. 2. of years; पंचवर्षीय योजना five year plan.

वलन (va lan) *m.* coiling.

वलय (va lay) *m.* ring.

वलयाकार (va la yA kAr) *adj.* ringshaped.

वलित (va lit) *adj.* coiled.

वल्कल (val kal) *m.* bark.

वल्द (vald) *adj.* son of.

वल्दियत (val di yat) *f.* parentage, fatherhood.

वल्लभ (~ labh) *adj. & m.* dear, dear one.

वल्लरी (~ la ree) *f.* creeper.

वश (vash) *m.* control, authority, power, subjection; ~ चलना—उन पर मेरा वश नहीं चलता He is not amenable to my authority. ~ में करना to bring under one's control; यह मेरे वश की बात नहीं It is beyond me.
adv. suffix. caused by, due to; द्वेषवश out of malice; उसने ऐसा द्वेषवश किया He did it of malice. श्रद्धावश reverentially; प्रेमवश affectionately.

वशवर्ती (~ var tee) *adj.* amenable to authority, under control.

वशीकर (va shee kar) *adj.* (that) which charms into submission.

वशीकरण (~ ka raN) *m.* charming (someone) into submission, bewitchment, enchantment; ~ यंत्र talisman.

वशीकृत (~ krit) *adj.* charmed into submission.

वशीभूत (~ bhoot) *adj.* brought under control, smitten, subdued, fascinated; ~ होकर submissively.

वश्य (vashshy) *adj.* 1. worth controlling/overpowering, submissive. 2. manageable.

वश्यता (~ tA) *f.* docility, submissiveness.

वसंत (va sant) *m.* spring (season).

वसंतपंचमी (~ panc mee) *f.* fifth day of the bright half of the month of माघ, celebrated as a festival.

वसंती (va san tee) *adj.* 1. vernal. 2. light yellow.

वसंतोत्सव (~ tot sav) *m.* spring festival.

वसन (va san) *m.* garment, clothing.

वसा (va SA) *f.* fat.

वसीय (va seey) *adj.* fatty.

वसीयत (va see yat) *f.* will; ~ नामा will (written).

वसुंधरा (va sun dha rA) *f.* earth.

वसुधा (va su dhA) *f.* earth.

वसूल (va sool) *adj.* 1. realized, collected. 2. recovered; ~ करना (i) to realize/collect; (ii) to recover.

वसूली (va soo lee) *f.* 1. realization, collection. 2. recovery.

वस्ति (vas ti) *f.* urinary bladder; ~ कर्म enema.

वस्तु (~ tu) *f.* 1. object. 2. something of use, thing, article. 3. an article of trade.

वस्तुगत (~ gat) *adj.* objective.

वस्तु-जगत् (~ - ja gat) *m.* world of reality.

वस्तुत: (~ tah) *adv.* in reality, actually, virtually, truly.

वस्तुनिष्ठ (~ nishTh) *adj.* objective.

वस्तुनिष्ठा (~ nish ThA) *f.* objectivity.

वस्तुवादी (~ vA dee) *adj.* objective.

वस्तु-विनिमय (~ - vi ni may) *m.* barter.

वस्तु-स्थिति (~ - sthi ti) *f.* reality, actual position; ~ यह है कि As things stand.

वस्त्र (vastr) *m.* 1. clothes. 2. apparel.

वस्त्रागार (vas trA gAr) *m.* cloth shop.

वह (vah) *adj.* that; मैं नहीं जानता कि वह औरत कौन है I don't know who that woman is.

pron. 1. he/she/it. 2. that one; उसका दाम कितना है What costs that one?

वहन (va han) *m.* act of carrying, transportation.

वहनीय (vah neey) *m.* transportable.

वहम (va ham) *m.* false notion, misconcep-tion, delusion; ~ का शिकार a prey to delusion.

वहमी (vah mee) *adj. & m.* 1. (one who is) prone to delusion. 2. superstitious (person).

वहशत (~ shat) *f.* 1. craziness. 2. mania. 3. savagery, savage conduct.

वहशियाना (~ shi yA nA) *adj.* savage, wild.

वहशी (~ shee) *adj. & m.* savage, barbarous/cruel (person).

वहशीपन (~ pan) *m.* barbarity, savagery.

वहाँ (va hÃ) *adv.* there, thither, yonder; हम ~ दस बजे पहुँचे We reached there at ten o'clock. ~ का of that place; ~ के लोग people of that plece; ~ से from there; उस समय ~ का माहौल तनावपूर्ण था The at- mosphere prevailing there that time was tensile.

वहीं (va hee ˜) *adv.* 1. at that very place. 2. right there; ~ कहीं somewhere over there; ~ का वहीं right there.

वही (vo hee) *adj. & m.* the same; ~ आदमी the very same man.

वाँ (vÃ) *suffix.* denoting 'th' after numerical words, *e.g.* सातवाँ seventh.

वांछनीय (vanch neey) *adj.* desirable.

वांछनीयता (~ tA) *f.* desirability.

वांछा (vAn chA) *f.* desire, wish.

वांछित (~ chit) *adj.* desired.

वा (vA) *conj.* or.

वाक़ई (VA KA ee) *adv.* in reality, really, indeed, infact, truly speaking.

वाकफ़ीयत (vak FEE yat) *f.* acquaintance.

वाक़ा (VA KA) *m.* 1. event, happening. 2. fact; ~ यह है The fact is like this.

वाक़िफ़ (VA KIF) *adj.* 1. familiar. 2. conversant; मैं उसकी नस-नस से ~ हूँ I know every inch of him.

वाक् (VAk) *f.* speech.

वाक्चतुर (~ ca tur) *adj.* clever in talking, conversant, eloquent.

वाक्छल (~ chal) *m.* fraudulent talk/speech, a speech calculated to defraud/deceive, glibness, sophistry.

वाक्पटु (~ pa TU) *adj.* skilled in the art of talking, eloquent.

वाक्पटुता (~ TA) *f.* the art of using language in an impressive way, eloquence, gift of the gab; उसकी वाक्पटुता अद्वितीय थी His eloquence was second to none.

वाक्य (VAkky) *m.* sentence. (Gram.)

वाक्यांश (VAK kyAnsh) *m.* phrase.

वाक्या (VA kyA) *m.* event, happening.

वाग्जाल (VAg jAl) *m.* 1. grand eloquence. 2. insincere but impressive speech or writing, rhetoric; राष्ट्रपति का ~ rhetoric of the president.

वाग्दत्त (~ datt) *adj.* (object) plighted/pledged.

वाग्दत्ता (~ dat tA) *adj. & f.* (woman) betrothed/engaged.

वाग्दान (~ dAn) *m.* betrothal, engagement.

वाग्मिता (~ mi tA) *f.* oratory.

वाग्मी (~ mee) *adj. & m.* orator, eloquent.

वाग्युद्ध (~ yuddh) *m.* war of words.

वाग्विदग्ध (~ vi dagdh) *adj.* = वाक्चतुर।

वाग्विलास (~ vi lAs) *m.* delightful conversation, grandiloquence.

वाग्विलासी (~ vi lA see) *adj.* grandiloquent.

वाङ्मय (VAṅ may) *m.* literature.

वाचक (VA cak) *m.* narrator; *suffix* as in कथा ~ story-teller; गुण ~ qualitative; पर्याय ~ synonymous; नाम ~ संज्ञा proper noun.

वाचन (VA can) *m.* reading; द्वितीय ~ second reading.

वाचनालय (VAC nA lay) *m.* reading room.

वाचस्पति (VA cas pa ti) *m.* profound scholar.

वाचाल (VA cAl) *adj. & m.* talkative, prattler, garrulous.

वाचालता (~ tA) *f.* 1. talkativeness. 2. prattling, garrulousness.

वाच्य (VAccy) *m.* the form of the verb that shows the relation of the subject (or object) to the verb, voice कर्तृ ~ active voice; कर्म ~ passive voice.

वाच्यार्थ (VAC cyarth) *m.* literal meaning.

वाजिब (VA jib) *adj.* right, proper, just, appropriate, reasonable; वह ~ जवाब था That was a right answer. ~ ही वाजिब so so.

वाजी (VA jee) *m.* horse.

वाटिका (VA TI KA) *f.* small garden.

वाणिज्य (VA Nijjy) *m.* trade, commerce; ~ - दूत Consul; ~ - मंडल Chamber of Commerce; ~ मंत्रालय Ministry of Commerce.

वाणी (VA Nee) *f.* speech, voice, language.

वात (VAt) *m.* one of the three/four humours of the body, wind; ~ व्याधि gastric ailment.

वातचक्र (~ cakkr) *m.* whirlwind.

वातज (va taj) *adj.* (ailment) caused by वात।

वातानुकूलन (VA tA nu koo lan) *m.* air-conditioning.

वातानुकूलित (VA tA nu koo lit) *adj.* air-conditioned.

वातायन (VA tA yan) *m.* ventilator; ~ व्यवस्था system of ventilation.

वातावरण (VA TA va RAN) *m.* atmosphere, environment.

वातुल (VA tul) *adj. & m.* talkative, gabbler, garrulous.

वात्या (VAt tyA) *f.* gale.

वात्सल्य (~ sally) *m.* parental affection; ~ - भाजन object of parental affection.

वात्सल्यपूर्ण (~ POORN) *adj.* affectionate.

वाद (VAd) *m.* 1. ism. 2. suit (law court), argument.

वादक (VA dak) *m.* instrumentalist.

वादन (VA dan) *m.* playing on a musical instrument.

वाद-प्रतिवाद (VAd - pra ti VAd) *m.* argument and counter-argument, discussion, debate, discourse.

वाद-विवाद (~ - vi VAd) *m.* 1. discussion, controversy. 2. debate.

वाद-विषय (~ - vi shay) *m.* issue.

वादा (VA dA) *m.* promise; ~ निभाना to keep (one's) word.

वादा-ख़िलाफ़ी (~ - Khi lA FEE) *f.* breach of promise.

वादी (VA dee) *m.* 1. complainant. 2. plaintiff; ~ पक्ष plaintiff's side; ~ स्वर predominant note (in a melody).

वाद्य (vaddy) *m.* musical instrument.

वाद्यवृंद (~ vrind) *m.* orchestra.

वाद्यसंगीत (~ sań geet) *m.* insrtrumental music; संगीत कला की दो विधाएँ हैं यथा मौखिक संगीत एवं ~ There are two forms of the art of music, *viz.* oral music and instrumental music.

वान (VAN) *adj.* suffix indicating possession as in भाग्यवान।

वानप्रस्थ (VAn prasth) *m.* a person in his third stage of life (Hindu system).

वानर (VA nar) *m.* 1. ape. 2. monkey. [Fem. वानरी]

वानस्पतिक (VA nas pa tik) *adj.* 1. vegetational; ~ खाद compost. 2. botanical.

वानस्पत्य (VA nas patty) *m.* vegetation.

वापन (VA pan) *m.* sowing.

वापस (VA pas) *adj.* returned; ~ आना to come back; to get back; तुम कब वापस आओगे When do you get back? ~ करना to return (something or someone); उसने मेरे 500 रुपए कभी ~ नहीं किए He never returned me my five hundred. ~ कर देना to give back, to restore; ~ जाना to go back; ~ बुलाना to recall; ~ लेना to take back; हड़ताल ~ ले ली गई The strike was called off. निर्णय ~ लेने की समीक्षा नहीं No review of pull out decision. ~ लौटना to return.

वापसी (VAp see) *f.* act of returning; ~ टिकट return ticket; ~ टिकट यात्रा को सुविधाजनक बनाने में सहायक होता है A return ticket helps in facilitating the journey.

वापिका (VA pi KA) *f.* = वापी।

वापी (VA pee) *f.* tank.

वाम (VAm) *adj.* left (side).

वामन (VA man) *m.* 1. dwarf. 2. Vaman—(an incarnation of Lord Vishnu in the form of a Brahman dwarf who asked Raja Bali for three steps of land in alms, out of which in one step he covered the entire earth, in the second the entire heaven and in the third the entire Hades).

वामपक्ष (VAm paksh) *m* 1. left side. 2. left wing.

वामपक्षी (~ pak shee) *adj. & m.* leftist, left-winger, of or pertaining to the left wing/side.

वाममार्ग (~ mArg) *m.* a Hindu Tantrik cult

वाममार्गी (~ mAr gee) *adj. & m.* belonging to वाममार्ग; ~ तामसी प्रवृत्ति के होते हैं Follo wers of Hindu Tantrik cult are of vindictive nature.

मा (VA MA) *f.* woman.

मावर्त (~ vart) *adj.* anti-clockwise, counter-clockwise.

यदा (VAy DA) *m.* promise; ~ करना to make a promise; ~ निभाना/पूरा करना to fulfil (one's) promise; किया हुआ ~ जरूर निभाना चाहिए अन्यथा वह बड़ी मुसीबत ढाता है Promise once made must be fulfilled, otherwise it brings a great calamity. वायदे का सौदा transaction re-future, a future (speculation).

यन (VA yan) *m.* presents of sweets to relatives on auspicious occasions.

यलिन (VAy lin) *m.* violin; ~ वादक violinist.

यव (VA yav) *adj.* aerial.

यवीय (VAy veey) *adj.* aerial, pneumatic.

यस (VA yas) *m.* crow.

यु (VA yu) *f.* air; ~ - गति speed of air.

यु-दाब (~ - DAb) *m.* air pressure.

यु-पंप (~ - pamp) *m.* air pump.

यु-परिवर्तन (~ - pari var tan) *m.* climatic change.

युबल (~ bal) *m.* air-force.

यु-भार (~ - bhAr) *m.* atmospheric pressure.

यु-मंडल (~ - MAN DAl) *m.* atmosphere.

युमार्ग (~ MArg) *m.* air-route.

युयान (~ YAN) *m.* aeroplane.

यु-सेना (~ - se NA) *f.* air-force; ~ में उसका चयन उसकी योग्यता के अनुरूप था His selection in the Air Force was as per his merit.

यु-सेवा (~ - se VA) *f.* air-service.

युं-स्नान (~ - SNAN) *m.* air bath.

युहीन (~ heen) *adj.* destitute/devoid of air.

वारंट (VA RANT) *m.* warrant.

वारंवार (VA ram VAr) *adv.* frequently, time and again, repeatedly.

वारंवारता (~ TA) *f.* frequency.

वार (VAr) *m.* 1. day; शुक्र ~ Friday; सोम ~ Monday. 2. stroke; ~ करना to strike; ~ खाली कर देना to dodge a stroke; ~ खाली जाना—उसका वार खाली गया His stroke missed.

-वार suffix. signifying direction or manner; क्षेत्रवार sectorwise; हफ़्तेवार weekly.

वारण (VA RAN) *m.* banning, prohibition.

वारदात (~ DAt) *f.* mishap, accident; ~ वस्तुत: रोमांचकारी थी The mishap was really horripilant.

वारना (VAr NA) *vt.* to sacrifice (on someone).

वारनिश (~ nish) *f.* varnish.

वार-पार (~ - PAr) *m.* this end and that; नदी का ~ this side and that of the river.

वारांगना (VA RAṅg NA) *f.* harlot, prostitute.

वाराणसी (VA RA NA see) *f.* holy city of Benaras, Varanasi.

वाराणसेय (VA RA NA sey) *adj.* of or pertaining to Varanasi; ~ संस्कृत विश्वविद्यालय Varanasey Sanskrit University.

वारा-न्यारा (VA RA - nyA RA) *m.* final settlement of issues; वारे-न्यारे करना to settle the matter once for all; सट्टे में रोज यहाँ हजारों रुपयों का ~ होता है Thousands (of rupees) change hands here in speculation every day.

वाराह (VA RAh) *m.* wild boar.

वारि (VA ri) *m.* water.

वारिज (VA rij) *adj.* water-born. *m.* lotus.

वारिद (VA rid) *m.* cloud.

वारिधर (VA ri dhar) *m.* cloud.

वारिधि (VA ri dhi) *m.* ocean.

वारिनिधि (VA ri ni dhi) *m.* = वारिधि।

वारिस (VA ris) *m.* heir.

वारुणी (VA ru NEE) *f.* wine.

वार्ड (VARD) *m.* ward.

वार्डन (VAR DAN) *m.* warden.

वार्ता (~ tA) *f.* 1. conversation. 2. talk, negotiation; पाँच सदस्यीय शिष्टमंडल ~ के लिए चीन जाएगा A five-member delegation will go to China for talk. ~ करना to negotiate.

वार्ताकार (~ KAr) *m.* speaker, talker.

वार्तालाप (~ lAp) *m.* parley, conversation (usually amiable).

वार्धक्य (VAr dhakky) *m.* old age, senility.

वार्षिक (~ shik) *adj.* yearly, annual; अर्द्ध ~ half-yearly.

वार्षिकी (~ shi kee) *f.* annuity.

वार्षिकोत्सव (~ kot sav) *m.* anniversary; कॉलेज का वार्षिकोत्सव बड़ी धूमधाम से मनाया गया The College annual function was celebrated with great pomp and show.

वाला (VA lA) *suffix.* equivalent to 'er'; as in पानेवाला receiver. [Fem. वाली].

वाली (VA lee) *suffix.* fem. of वाला।

वावैला (VA vai lA) *m.* furore, uproar, tumult; ~ मचाना to start a furore.

वाष्प (VAshp) *m.* steam; ~ पोत steamer.

वासंतिक (VA san tik) *adj.* pertaining to वसंत i.e. the spring season.

वासंती (~ tee) *adj.* related to spring; ~ फूल spring flower.

वास (VAS) *m.* 1. abode, residence, habitation. 2. smell.

वासना (~ nA) *f.* 1. craving, longing. 2. sexual love or desire.

वासस्थान (VA sas thAn, ~ sthAn) *m.* abode, residence.

वासित (VA sit) *adj.* perfumed.

वासी (VA see) *m.* dweller, inhabitant; नगर ~ a person who lives in a city, citizen.

वासुकि (VA su ki) *f.* an ancient God. (Hind myth.).

वासुदेव (VA su dev) *m.* 1. Lord Krishn son of Vasudev. 2. Peepal tree.

वास्कट (VAS kAT) *f.* waist-coat.

वास्तव (~ tav) *adj.* factual, actual, rea ~ में in fact, in reality, actually, reall

वास्तविक (~ ta vik) *adj.* real, actual, def cto; ~ उत्तराधिकारी real heir/successo यद्यपि भरत ने चौदह वर्ष अयोध्या के राज्य क देखभाल की परंतु राज्य के ~ उत्तराधिकारी रा ही थे Although the kingdom c Ayodhya was under the supervisic of Bharat for fourteen years, yet th real successor of the throne was onl Ram.

वास्तविकता (~ tA) *f.* reality, actuality; ह इस ~ को बदलना होगा We must chang this reality. तुम्हें वास्तविकताओं का साम करना चाहिए You must envisage realitie इसमें ~ नहीं It lacks reality.

वास्ता (VAS tA) *m.* dealing; ~ पड़ना to hav to deal with; अब मेरा उससे कोई वास नहीं रह गया I have ceased to hav dealings with him. तुमसे क्या ~ Ho does it concern you?

वास्तु (~ tu) *m.* building.

वास्तु-कला (~ - ka lA) *f.* architecture.

वास्तुकार (~ KAr) *m.* architect.

वास्ते, के (ke VAS te) *postposition.* for th sake of, for the purpose of; भगवान ~ in the name of god; तुम्हारे ~ for yo

वाह (VAh) *interj.* excellent, well don bravo!

वाहक (VA hak) *adj. & m.* 1. bearer; पत्र - bearer of letter. 2. conductor.

वाहकता (~ tA) *f.* conductivity.

वाहन (VA han) *m.* that which carrie vehical.

वाहनिक (va ha nik) *m.* one who rears beasts of burden.

वाहवाही (vAh vA hee) *f.* applause, cheer; झूठी ~ undeserved applause.

वाहिका (vA hi kA) *f.* vein; रक्त ~ blood vessel.

वाहिनी (vA hi nee) *f.* a division of the army; रक्त ~ blood vessel.

वाहियात (vA hi yAt) *adj.* good-for-nothing; 1. vulgar (talk). 2. undesirable (person). 3. worthless (object).

m. nonsense.

वाही-तबाही (vA hee - ta bA hee) *f.* baseless, nonsense; ~ बकना to indulge in baseless nonsense.

वाह्य (vAhy) *adj.* 1. portable. 2. external, outward.

वाह्लीक (vAh leek) *m.* an ancient region to the north-east of India, modern Balkh.

विंदु (vin du) *m.* 1. point, dot. 2. drop.

विंध्य (vindhy) *m.* a range of mountains in central India.

विंध्यवासिनी (~ vA si nee) *f.* goddess of विंध्याचल।

विंध्याचल (vin dhyA cal) *m.* = विंध्य।

वि (vi) *prefix.* denoting separation, contrariety, intensity etc., as in वियोग (separation), विषम (contrariety), विकराल (int- ensity).

विकच (vi kac) *adj.* without hair.

विकट (vi kaT) *adj.* 1. horrible, monstrous, formidable; वह ~ आदमी है He is redoubtable. 2. onerous; पेंशन की समस्या सरकार के लिए विकट होती जा रही है The pension liability of the government is becoming onerous. ~ समस्या intricate problem; देश की जन-संख्या की उत्तरोत्तर वृद्धि सरकार के समक्ष एक अत्यंत ~ समस्या है The ever-increasing population of the country has created a very intricate problem before the government.

विकराल (vik rAl) *adj.* monstrous, formidable; ~ रूप धारण करना to assume monstrous proportions/dimensions.

विकरालता (~ tA) *f.* monstrosity, formidability, formidableness.

विकर्ण (vi karN) *m.* diagonal (Geom.).

विकर्णत: (~ tah) *adv.* diagonally.

विकर्षण (vi kar shaN) *m.* repulsion, aversion.

विकल (vi kal) *adj.* 1. restless, uneasy, not at ease. 2. agitated, perturbed.

विकलता (~ tA) *f.* restlessness.

विकलांग (vi ka laṅg) *adj.* handicapped, disabled.

m. handicapper.

विकल्प (vi kalp) *m.* option, alternative; हमारे पास कोई ~ नहीं है I have no alternative. इन दोनों विकल्पों में कुछ अंतर नहीं दिखाई देता There seems but a little difference between the two alternatives.

विकसना (vi kas nA) *vi.* 1. to flourish, to develop. 2. to blossom/bloom.

विकसित (vi ka sit) *adj.* 1. developed; ~ क्षेत्र developed area; संसार के ~ राष्ट्र developed nations of the world. 2. blossomed/bloomed/budded.

विकार (vi kAr) *m.* 1. change (smacking of deterioration), deviation (from a natural state). 2. transformation.

विकारी (vi kA ree) *adj.* 1. changeable, variable. 2. declinable; ~ रूप declinable form.

विकास (vi kAs) *m.* 1. development, growth. 2. evolution.

विकासमान (~ mAn) *adj.* = विकासशील।

विकासवाद (~ vAd) *m.* (Theory of) Evolution, evolutionism.

विकासवादी (~ VA dee) *adj.* evolutionary. *m.* evolutionist.

विकासशील (~ sheel) *adj.* developing; ~ देश developing country.

विकासशीलता (~ TA) *f.* developability.

विकासोन्मुख (vi KA son mukh) *adj.* developing.

विकिट (vi kiT) *f.* wicket (cricket); ~ खोना/गँवाना to lose a wicket; ~ गिरना falling of a wicket; ~ लेना to take a wicket.

विकिरण (vi ki raN) *m.* radiation.

विकिरणशील (~ sheel) *adj.* radioactive.

विकिरणशीलता (~ TA) *f.* radioactivity.

विकीर्ण (vi keerN) *adj.* scattered, disseminated, diffused.

विकृत (vik krit) *adj.* 1. deformed, distorted. 2. changed; दही दूध का ~ रूप है Curd is a variant of milk. 3. impaired; ~ करना to impair.

विकृति (~ kri ti) *f.* 1. deformity. 2. distortion. 3. abnormality.

विकृष्ट (vi krishT) *adj.* thrown back, repulsed.

विकेंद्रण (vi ken draN) *m.* decentralisation.

विकेंद्रित (~ drit) *adj.* decentralised.

विकेंद्रीकरण (~ dree ka raN) *m.* act of decentralising. decentralisation.

विकेश (vi kesh) *adj.* bald, bald-headed.

विक्रम (vik kram) *m.* valour, valiance.

विक्रमी (~ kra mee) *adj.* valorous, valiant.

विक्रय (~ kray) *m.* sale; ~ - कर sale-tax; क्रय - ~ buying and selling.

विक्रय-कला (~ - ka lA) *f.* salesmanship.

विक्रय-केंद्र (~ - kendr) *m.* shopping centre.

विक्रयी (vik kra yee) *m.* = विक्रेता।

विक्रांत (~ krAnt) *adj.* valorous, valiant.

विक्रेता (~ kre tA) *m.* seller, salesman.

विक्रेय (~ krey) *adj.* saleable, marketable.

विक्रेयता (~ tA) *f.* saleability, marketability.

विक्षत (vik shat) *adj.* क्षत - ~ wounded and mutilated.

विक्षिप्त (~ shipt) *adj.* insane, demented.

विक्षिप्तता (~ tA) *f.* insanity, dementia.

विक्षुब्ध (vik shubdh) *adj.* 1. agitated, perturbed, perplexed. 2. turbulent; ~ समुद्र turbulent sea.

विक्षेप (~ shep) *m.* 1. projection. (Math.) 2. deflection; मानसिक ~ mental deflection/aberration/confusion.

विक्षेपण (~ she paN) *m.* 1. projection. (Math). 2. deflection.

विक्षोभ (~ shobh) *m.* 1. agitation, perturbation. 2. turbulence.

विक्षोभित (~ sho bhit) *adj.* = विक्षुब्ध।

विखंड (vi khaND) *m.* split up, divided into parts.

विखंडन (vi khan Dan) *m.* splitting, breaking up.

विखंडित (vi khan Dit) *adj.* split up, divided into parts.

विख्यात (vik khyAt) *adj.* renowned, well-known, distinguished.

विख्याति (~ khyA ti) *f.* renown, repute, fame, celebrity.

विख्यापन (~ khyA pan) *m.* advertisement.

विख्यापित (~ khyA pit) *adj.* advertised.

विगत (vi gat) *adj.* past, previous; ~ वर्षों में in the past years.

विगलन (vi ga lan) *m.* melting, fusion.

विगलित (vi ga lit) *adj.* melted, fused.

विगुण (vi guN) *adj.* devoid of merit, useless.

विग्रह (vig grah) *m.* 1. disintegration. 2. squabble, tiff. 3. idol.

विग्रही (~ gra hee) *adj.* quarrelsome, bellicose.

विघटन (vi gha Tan) *m.* 1. decomposition. 2. disintegration; रूस का ~ क्यों हुआ Why was Russia disintegrated? 3. dissolution; सभा का ~ dissolution of an assembly.

विघटनकारी (~ KA ree) *adj.* causing disruption, disruptive; ~ शक्तियाँ disruptive forces.

विघटनशील (~ sheel) *adj.* disintegrable.

विघटनात्मक (vi ghaT nAt mak) *adj.* decomposable, disintegrable; ~ प्रवृत्तियाँ disruptive tendencies; लोगों की ~ प्रवृत्तियाँ देश के सुदृढ़ ढाँचे को खोखला बना देती हैं The disruptive tendencies of the people make hollow the mighty structure of a nation.

विघटित (vi gha Tit) *adj.* 1. decomposed. 2. disintegrated; ~ होना to disintegrate. 3. dissolved; ~ करना to dissolve.

विघ्न (vighn) *m.* 1. hindrance, obstacle, impediment (which thwarts or is calculated to thwart the normal course of events); ~ पड़ जाना—कोई न कोई विघ्न पड़ ही जाता है Some interruption or the other always crops up, 2. interference; काम में ~ मत डालो Don't interfere in (my) work.

विघ्नकारी (~ KA ree) *adj.* impeding, obstructing.

विघ्ननाशक (vighn nA shak) *adj.* (that) which counters or removes impediments.

विघ्नात्मक (vigh nAt mak) *adj.* = विघ्नकारी।

विचक्षण (vi cak shaN) *adj.* very sagacious, farsagacious, farsighted, proficient.

विचक्षणता (~ tA) *f.* sagacity, farsightedness.

विचरण (vi ca raN) *m.* 1. rambling, wandering. 2. variation (Maths.); ~ करना (i) to wander/ramble; (ii) to vary.

विचलन (~ lan) *m.* deviation.

विचलित (~ lit) *adj.* 1. deviated; ~ होना to deviate. 2. upset; भाई की मृत्यु ने उसे ~ कर दिया His brother's death left him dis-traught. इस घटना से सभी लोग ~ हुए The incident upset everyone.

विचार (vi cAr) *m.* 1. idea, thought; ~ अच्छा था The idea was good. इन विद्यार्थियों को देखकर मेरे मन में तरह तरह के ~ आने लगते हैं As I see these students various thoughts cross my mind; ~ करना to think/ponder/muse; नया ~ देना to give a new idea. 2. view; ~ बदल लेना to change (one's) views/stand; ~ में खो जाना to be lost in thought. 3. consideration; अच्छे-बुरे का ~ consideration of good and evil; उच्च ~ high/lofty idea; क्रांतिकारी ~ revolutionary idea; पुराने ~ old ideas; स्वतंत्र ~ independent idea; इस ~ से from this point of view, for this reason; इस पर कुछ ~ तो करो Give it a thought/think over it.

विचारक (vi cA rak) *m.* thinker, ideologist, philosopher.

विचार-गोष्ठी (vi car - gosh Thee) *f.* symposium or meeting for exchange of thoughts.

विचारणा (vi cA ra NA) *f.* contemplation, reasoning.

विचारणीय (~ Neey) *adj.* worth consideration/considering, worth being given a thought to, ponderable; ~ प्रश्न ponderable proposition.

विचारधारा (~ dhA rA) *f.* ideology, line of thinking; उसकी ~ मेरी समझ में नहीं आती His ideology is beyond me.

विचारना (~ nA) *vi.* to think (over); सुगन ~ to give an astrological reading.

विचारपति (~ pa ti) *m.* judge.

विचारपूर्ण (~ poorN) *adj.* full of thought, thoughtful, well-considered.

विचारपूर्वक (~ poor vak) *adv.* thoughtfully; उसने ~ उसके प्रस्ताव का अनुमोदन किया He thoughtfully seconded his proposal.

विचारमग्न (~ magn) *adj.* absorbed/engrossed in thought, pensive, museful; ~ मुद्रा in a pensive mood.

विचारवान, विचारवान् (~ VAN) *adj. & m.* man of thought, thoughtful, sober.

विचार-विनिमय (~ - vi ni may) *m.* exchange of ideas.

विचार-विमर्श (~ - vi marsh) *m.* 1. deliberation. 2. consultation; मैंने डॉक्टर से ~ किया I consulted a doctor.

विचार-शक्ति (~ - shak ti) *f.* power of thinking, reasoning, intellect.

विचारशील (~ sheel) *adj.* showing careful thought, rational, thoughtful, contemplative; ~ आदमी right-thinking person.

विचारशीलता (~ TA) *f.* thoughtfulness.

विचार-स्वातंत्र्य (vi CAR - SWA tantry) *m.* freedom of thought; ~ प्रत्येक नागरिक के अधिकारों में से एक है Freedom of thought is one among the rights of every citizen.

विचारहीन (~ heen) *adj.* devoid of thought/common sense, thoughtless.

विचाराधीन (vi CA RA dheen) *adj.* under consideration, pending.

विचारित (vi CA rit) *adj.* considered, thought, decided.

विचारोत्तेजक (vi ca rot te jak) *adj.* thought-provoking/exciting/instigating.

विचारोत्पादक (vi CA rot PA dak) *adj.* thought- provoking/alluring.

विचार्य (vi CArry) *adj.* worth considering.

विचित्र (vi cittr) *adj.* 1. strange, fantastic, curious, peculiar, weird; ~ विचार weird idea. 2. funny; वह बड़ी ~ कहानी थी That was very funny story. राजनीति भी ~ खेल है Politics is a funny game.

विचित्रता (~ TA) *f.* strangeness, queerness, oddity, peculiarity, capriciousness.

विच्छिन्न (vic chinn) *adj.* 1. broken, cut off. 2. discontinued. 3. separated.

विच्छेद (~ ched) *m.* 1. break. 2. discontinuity. 3. separation. 4. dispersion.

विच्छेदन (~ che dan) *m.* 1. disconnection. 2. amputation.

विच्छेद्य (~ cheddy) *adj.* 1. separable. 2. breakable.

विच्युत (~ cyut) *adj.* deviated.

विछोह (vi choh) *m.* separation from a dear one; तुम्हारा ~ खल रहा है Separation from you is trying indeed.

विजन (vi jan) *adj.* lonely, solitary. *m.* 1. lonely place. 2. solitude.

विजनता (~ TA) *f.* loneliness, solitude.

विजन्मा (~ MA) *adj. & m.* bastard, illegitimate offspring.

विजयंत (vi ja yant) *m.* name of इंद्र।

विजय (vi jay) *f.* triumph, success in game, contest, battle etc. win, conquest, victory; यह कौशल की बल पर ~ थी It was victory of finesse over force. उसने दल को चुनाव में ~ दिलाई He led the team to victory in the election campaign.

विजय-दशमी (~ - dash mee) *m.* an Indian festival.

विजय-पताका (~ - pa TA KA) *f.* banner of victory.

विजय-यात्रा (~ - YAt trA) *f.* 1. march for victory. 2. triumphal march.

विजय-लक्ष्मी (~ - lakshmee) *f.* goddess of victory.

विजय-स्तंभ (~ - stambh) *m.* victory tower.

विजया (vi ja YA) *f.* an Indian herb known as भाँग which has an inebriating effect.

विजया-दशमी (~ - dash mee) *f.* = दशहरा।

विजयास्त्र (vi ja YASTr) *m.* 1. triumphal weapon; परशुराम का परशु ~ था Parashuram's triumphal weapon was axe. 2. an advantageous move, trump card.

जयी (vi ja yee) *adj.* victorious, triumphant.

जयोत्सव (vi ja yot sav) *m.* festival of triumph, victory.

जयोपहार (vij yo pa hAr) *m.* trophy.

जातीय (vi jA teey) *adj.* of foreign genus; ~ द्रव्य foreign matter.

जित (vi jit) *adj.* conquered.

जेता (vi je tA) *m.* The winner of a game,. contest, battle etc., victor, conqueror.

जेय (vi jey) *adj.* conquerable.

ज्ञ (viggy) *m.* one who knows, wise, learned.

ज्ञप्त (vig gyapt) *adj.* advertised, notified.

ज्ञप्ति (~ gyap ti) *f.* an official communication, communique, bulletin, release; प्रेस- ~ press release.

ज्ञान (~ gyAn) *m.* science; ज्ञान - ~ knowledge, scientific or otherwise.

ज्ञानी (~ gyA nee) *m.* 1. scientist. 2. scholar of subjects pertaining to spirit and God.

ज्ञापक (~ gyA pak) *m.* advertiser.

ज्ञापन (~ gyA pan) *m.* advertisement; ~ करना to advertise.

ज्ञापित (~ gyA pit) *adj.* advertised.

ज्ञेय (~ gyey) *adj.* worth knowing, knowable.

वटप (vi Tap) *m.* tree.

वटामिन (vi TA min) *m.* vitamin.

वडंबना (vi Dam ba nA) *f.* mockery, anomaly; विधि की ~ irony of fate.

वडाल (vi DAl) *m.* cat.

वतंडा (vi taN DA) *m.* 1. cavil. 2. imbroglio; ~ खड़ा करना to start a cavil/an imbroglio/controversy/commotion.

वतंडावाद (~ vAd) *m.* unnecessary argumentation/controversy.

वतत (vi tat) *adj.* extended, expanded.

वितति (vi ta ti) *f.* extension.

वितरक (vi ta rak) *m.* distributor.

वितरण (vi ta raN) *m.* distribution.

वितरणात्मक (vi ta ra NAt mak) *adj.* distributional.

वितर्क (vi tark) *m.* counter-argument; तर्क - ~ arguments and counter-arguments; अपने दृष्टिकोण की पुष्टि के लिए उसने कई तर्क ~ प्रस्तुत किए To strengthen his view-point, he put forward various arguments and counter-arguments.

वितान (vi tAn) *m.* 1. canopy, baldachin, tent. 2. extension.

वितृष्णा (vi trish nA) *f.* 1. freedom from desire. 2. repulsion.

वित्त (vitt) *m.* wealth, finance; ~ मंत्रालय Finance Ministry; ~ - मंत्री Finance Minister; ~ - विधेयक Finance Bill; ~ -वर्ष financial year.

वित्ताधिकारी (vit tA dhi kA ree) *m.* finance officer.

वित्तीय (vit teey) *adj.* financial; ~ मामले financial matters/affairs.

विद् (vid) *m.* knower, scholar.

विदग्ध (vi dagdh) *adj.* 1. burnt up. 2. shrewd, clever.

विदग्धता (~ tA) *f.* the state or quality of being विदग्ध।

विदा (vi dA) *f.* farewell, valediction, adieu; ~ करना (i) to bid adieu, to bid farewell; (ii) to shunt off; ~ लेना to take leave.

विदाई (~ ee) *f.* leave-taking, farewell, send-off; वह अश्रुपूर्ण ~ थी It was tearful leave-taking; ~ समारोह farewell ceremony.

विदित (vi dit) *adj.* known; ~ हो कि... Let it be known that...

विदीर्ण (vi deerN) *adj.* lacerated, torn, split, asunder; ~ हृदय broken-hearted.

विदुषी (vi du shee) *f.* scholarly/learned woman.

विदूषक (vi doo shak) *m.* buffoon, jester.

विदेश (vi desh) *m.* foreign country/land, abroad; वह अभी-अभी ~ से वापस आया है He has just returned back from abroad. ~ मंत्रालय Ministry of Foreign Affairs; ~ मंत्री Foreign Minister; ~ में in a foreign country, abroad; हम ~ में अध्ययन क्यों करें Why should we study abroad? ~ विभाग Department of Foreign/External Affairs.

विदेशी (vi de shee) *adj.* foreign, alien, exotic; ~ मुहावरा exoticism.
m. foreigner.

विदेह (vi deh) *adj.* not bound by the physical body, incorporeal.

विदेहता (~ tA) *f.* state or quality of being विदेह।

विद्ध (viddh) *adj.* perforated, pierced.

विद्यमान, विद्यमान् (viddy mAn) *adj.* present, existent, alive.

विद्यमानता (~ tA) *f.* presence, existence.

विद्या (vid dyA) *f.* 1. knowledge, learning. 2. know-how; विद्याध्ययन studying.

विद्यादान (~ dAn) *m.* imparting of knowledge, teaching.

विद्यापीठ (~ peeTh) *m.* house of learning, school, abode of education.

विद्यामंदिर (~ man dir) *m.* temple of learning.

विद्यार्थी (vid dyAr thee) *m.* student, learner. [Fem. विद्यार्थिनी]

विद्यालय (~ dyA lay) *m.* school. प्राथमिक ~ primary school; महा ~ college; विश्व ~ university.

विद्याव्यसन (vid dyA vya san) *m.* yearning for learning.

विद्याव्यसनी (~ vya sa nee) *adj.* crazy after learning.

विद्युत (vid dyut) *f.* 1. lightning. 2. electricity.

विद्युतीकरण (vi dyutee ka raN) *m.* installation of electricity, electrification.

विद्रुम (~ drum) *m.* tree.

विद्रूप (~ droop) *adj.* 1. distorted, disfigured. 2. ungainly, ugly.
m. ridicule.

विद्रोह (~ droh) *m.* rebellion, revolt, insurrection; ~ करना to rebel/revolt; ~ की आग भड़क उठी There was an upsurge of rebellion.

विद्रोही (~ dro hee) *adj.* rebellious, insurgent, revolting; ~ शासन rebel government.
m. an insurgent, rebel; दस सशस्त्र विद्रोहियों ने मिज़ोरम पुलिस के आगे समर्पण किया Ten armed insurgents surrendered before the Mizoram police.

विद्वज्जन (~ dwaj jan) *m.* (plu). concourse of learned people, intelligentsia.

विद्वत्ता (~ dwat tA) *f.* scholarship, learning, erudition.

विद्वत्तापूर्ण (~ poorN) *adj.* scholarly, learned.

विद्वान, विद्वान् (vid dwAn) *adj.* & *m.* learned, erudite, scholar.

विद्वेष (~ dwesh) *m.* ill-will, animus, animosity, malice, rancour; ~ करना/रखना to bear ill-will/malice.

विद्वेषी (~ dwe shee) *adj.* malicious, rancorous, hostile, inimical.

विध (vidh) *m.* Brahma, the creator; ~ का लिखा writ of destiny.

विधना (~ nA) *m.* = विध; ~ का लेखा writ of destiny.

विधर्म (vi dharm) *m.* a religion different from one's own.

विधर्मी (vi dhar mee) *adj.* 1. belonging to a religion other than one's own. 2. heretic.

विधवा (vidh vA) *f.* widow.

विधवापन (~ pan) *m.* widowhood; एक विधवा ही ~ की दुर्गति को भलीभाँति समझ सकती है Only a widow can well understand the plight confronting widowhood.

विधवाश्रम (vidh vAsh shram) *m.* widow's home.

विधा (vi dhA) *f.* form, type; साहित्यिक ~ literary form.

विधाता (~ tA) *m.* 1. creator. 2. providence. [Fem. विधात्री]

विधान (vi dhAn) *m.* 1. constitution. 2. legislation; ~ - परिषद् legislative council; ~ - मंडल legislature; ~ सभा legislative assembly.

विधायक (vi dhA yak) *m.* lawmaker, legislator.

विधायन (vi dhA yan) *m.* legislation, enactment.

विधायिका (vi dhA yi KA) *f.* legislature.

विधारणा (vi dhA ra NA) *f.* prejudice; ~ बना लेना to form a prejudice.

विधारित (vi dhA rit) *adj.* prejudiced.

विधि (vi dhi) *f.* 1. method, mode, system. 2. law; ~ का पालन करनेवाला law-abiding; ~ का विधान writ of providence. 3. ways, activities, movements; गति ~ (i) मुझे उसकी गति ~ पसंद नहीं है I don't like his ways. पुलिस उसकी गति ~ पर नज़र रखे हुए है The police are watching his movements/activities.

विधिक (vi dhik) *adj.* legal; ~ प्रतिनिधि legal representative.

विधिकता (~ tA) *f.* legality.

विधिज्ञ (vidhiggy) *m.* one who knows law, lawyer, legal expert.

विधित: (vi dhi tah) *adv.* by law, lawfully.

विधि-निषेध (~ - ni shedh) *m.* do's and dont's.

विधिपूर्वक (~ poor vak) *adv.* methodically.

विधिभंग (~ bhang) *m.* breach of law.

विधिमान्य (~ mAnny) *adj.* legally acceptable, valid.

विधिवक्ता (~ vak tA) *m.* barrister-at-law.

विधिवत् (~ vat) *adv.* 1. lawfully, legally. 2. duly, methodically.

विधि-विधान (~ - vi dhAn) *m.* rules and regulations; ~ से with due ceremonies (as ordained by scriptures).

विधिविहित (~ - vi hit) *adj.* (as) prescribed by law.

विधिवेत्ता (~ vet tA) *m.* expert in law, jurist.

विधि-व्यवस्था (~ vya vas thA) *f.* law and order.

विधिशास्त्र (~ shAstr) *m.* Science of law, jurisprudence.

विधिशास्त्री (~ shAs tree) *m.* jurist.

विधिसंगत (~ san gat) *adj.* in conformity with law/rules, consistent with the law.

विधिसम्मत (~ sam mat) *adj.* in accordance with law, supported by law.

विधिहीन (~ heen) *adj.* unmethodical, unsystematic.

विधुर (vi dhur) *m.* widower.

विधेय (vi dhey) *adj.* to be done or performed.
m. predicate (Gram.).

विधेयक (vi dhe yak) *m.* bill (legislative).

विध्वंस (vid dhwans) *m.* destruction, devastation, demolition, desolation.

विध्वंसक (~ dhwan sak) *adj.* destructive, subversive; ~ कार्रवाई subversive activity.
m. destroyer.

विध्वंसात्मक (~ dhwan sAt mak) *adj.* = विध्वंसक।

विध्वस्त (~ dhwast) *adj.* destroyed, ruined,

devastated; ~ करना to destroy/ruin/devastate/demolish.

विनत (vi nat) *adj.* bowed low, bowing low, modest; चरणों पर ~ bowing low at feet.

विनति (vi na ti) *f.* 1. act of bowing. 2. entreaty. 3. submission.

विनती (vin tee) *f.* entreaty.

विनम्र (vi nammr) *adj.* modest, humble; ~ स्वभाव modest disposition; बोलनें में विनम्र modest in speech.

विनम्रता (~ tA) *f.* meekness, courtesy.

विनम्रतापूर्ण (~ poorN) *adj.* full of modesty, modest, humble.

विनम्रतापूर्वक (~ poor vak) *adv.* modestly, humbly; श्री सिन्हा ने अत्यंत ~ बजट उपस्थित किया Mr. Sinha presented the budget in all humility.

विनय (vi nay) *m.* modesty, humility.

विनयपूर्वक (~ poor vak) *adv.* humbly; उसने अपना दुर्व्यवहार स्वीकार करते हुए ~ क्षमा याचना की Admitting his ill-treatment, he humbly requested to be pardoned.

विनयशील (~ sheel) *adj.* modest, humble.

विनयशीलता (~ tA) *f.* modesty, humility.

विनयी (vi na ee) *adj.* polite, modest.

विनश्वर (vi nash shwar) *adj.* perishable, destructible, transitory.

विनष्ट (vi nashT) *adj.* perished, destroyed, ruined, devastated.

विनायक (vi nA yak) *m.* god Ganesh. [Fem. विनायिका]

विनाश (vi nAsh) *m.* destruction all round, devastation, ruination.

विनाशक (vi nA shak) *adj.* = विनाशकारी।

विनाशकारी (vi nash kA ree) *adj.* destructive, devastating, deadly; संभावित युद्ध के मध्य आणविक अस्त्रों के प्रयोग की धमकी देनेवाले राष्ट्र क्या यह नहीं जानते कि उसका परिणाम अत्यंत घातक ही नहीं, अपितु ~ सिद्ध होगा Do those nations, who threaten the application of atomic weapons during probable wars, are unaware of the repercussion which would not only be horrible but would prove completely destructive?

विनाशी (vi nA shee) *adj.* = विनाशक।

विनिधान (vi ni dhAn) *m.* allocation.

विनिमय (vi ni may) *m.* exchange, barter; ~ की दर rate of exchange; विचार - ~ exchange of ideas.

विनिमेय (vi ni mey) *adj.* exchangeable.

विनिमेयता (~ tA) *f.* exchangeability.

विनियंत्रण (vi ni yan traN) *m.* act of decontrolling or state of being dencontrolled, decontrol.

विनियंत्रित (~ trit) *adj.* decontrolled; ~ करना to decontrol.

विनियम (vi ni yam) *m.* regulation; नियम - ~ rules and regulations.

विनियोग (~ yog) *m.* 1. appropriation. 2. investment.

विनिवेश (~ vesh) act. of disinvesting, disinvestment; ~ करना to disinvest; ~ प्रक्रिया पारदर्शी होनी चाहिए The disinvestment process should be transparent.

विनिश्चय (vi nish cay) *m.* decision.

विनिश्चायक (~ cA yak) *adj.* deciding.

विनिश्चित (~ cit) *adj.* decided.

विनिषिद्ध (vi ni shiddh) *adj.* contraband; ~ व्यापार contraband trade.

विनीत (vi neet) *adj.* bowing, modest, submissive, humble.

विनीतता (~ tA) *f.* modesty, submissiveness.

विनोद (vi nod) *m.* 1. amusement; ~ के लिए for amusement/merriment. 2. humour, wit; ~ करना to kid, to jest, to cut jokes.

विनोदपूर्ण (~ poorN) *adj.* humorous, witty, jocund; ~ लेख humorous article.

ोदप्रिय (~ priy) *adj.* humorous, jocular.
ोदवृत्ति (~ vrit ti) *f.* humorous temperament.
ोदशील (~ sheel) *adj.* humorous.
ोदशीलता (~ tA) *f.* humorousness, humorous temperament.
ोदी (vi no dee) *adj.* humorous, jocular, jocund; ~ स्वभाव humorous/jovial/jocular temperament; काका हाथरसी ~ स्वभाव के कवि थे Kaka Hathrasi was a humorous poet.
m. humorist.
्यस्त (vin nyast) *adj.* arranged, installed, set in order.
्यास (~ nyAs) *m.* arrangement, setting, marshalling; केश - ~ hairdressing; वर्ण - ~ arrangement of letters; वाक्य - ~ arrangement of sentences; शब्द - ~ arrangement of words; सेना - ~ marshalling of forces.
क्ष (vi paksh) *m.* 1. opposite party, opponent. 2. opposition party; ~ का नेता leader of the opposition party; ~ में दस मत आए/पड़े Ten votes were cast in opposition.
क्षी (vi pak shee) *m.* opponent; ~ दल opposition party.
ण (vi paN) *m.* market.
णन (vi pa Nan) *m.* marketing; ~ अधिकारी marketing officer.
ण्य (vi paNNY) *adj.* marketable.
ण्यता (~ tA) *f.* marketability.
त्ति (vi pat ti) *f.* 1. hardship, woe, adversity; आर्थिक विपत्तियाँ economic ills/woes; ~ आना incoming advent of trouble; ~ झेलना to bear or suffer hardship/calamity; ~ भोगना to suffer hardship; ~ में पड़ना/होना to be in distress; ~ मोल लेना to invite trouble; विपत्तियों का पहाड़ mountain of miseries/hardship. 2. calamity, catastrophe; ~ टूट पड़ना fall of calamity.
विपथ (vi path) *m.* wrong path.
विपथगामी (~ gA mee) *adj.* & *m.* (one) going the wrong way, aberrant.
विपथन (vi pa than) *m.* aberration.
विपद् (vi pad) *f.* = विपत्ति ; ~ - काल hard times, period of distress.
विपदा (vi pa dA) *f.* = विपत्ति ।
विपन्न (vi pann) *adj.* distressed, afflicted.
विपन्नावस्था (vi pan nA vas thA) *f.* state of distress.
विपरीत (vip reet) *adj.* contrary, opposite; आशा के ~ contrary to expectation; ~ गति movement in the opposite direction.
विपरीतता (~ tA) *f.* contrariety, opposition.
विपर्ण (vi parN) *adj.* without leaves.
विपर्यय (vi par yay) *m.* transposition, reversal.
विपर्यस्त (vi par yast) *adj.* disarranged.
विपर्याय (vi par yAy) *m.* antonym.
विपर्यास (vi par yAs) *m.* reversal, interchange.
विपल (vi pal) *m.* one-sixtieth part of a पल।
विपाक (vi pAk) *m.* ripening, maturity.
विपिन (vi pin) *m.* forest, woods; ~ विहारी roamer of woods, *i.e.*, Lord Krishna.
विपुत्र (vi puttr) *adj.* issueless, childless.
विपुल (vi pul) *adj.* abundant, immense, ample, plenty, huge; ~ सम्पत्ति immense wealth.
विपुलता (~ tA) *f.* abundance, hugeness, immensity.
विप्र (vippr) *m.* Brahmin.
विप्रलंभ (~ lambh) *m.* separation (of lovers).

विप्लव (vip plav) *m.* revolt, rebellion, uprising, panic, insurrection.

विप्लवकारी (~ KA ree) *adj.* & *m.* revolting, rebellious.

विप्लवी (vip pla vee) *adj.* revolting, rebellious.

विफल (vi phal) *adj.* 1. fruitless, futile; ~ करना/कर देना to make futile, to thwart. 2. failed, unsuccessful; ~ होना to fail; ~ - मनोरथ unsuccessful in obtaining a desired end/objective.

विफलता (~ tA) *f.* failure, ill-success; विफलताओं का ताँता series of failures.

विबुद्ध (vi buddh) *adj.* & *m.* wise (man).

विबोधन (vi bo dhan) *m.* awakening.

विभक्त (vi bhakt) *adj.* separated, divided, partitioned; ~ करना to separate/divide/partition.

विभक्ति (vi bhak ti) *f.* 1. postposition. 2. division, partition.

विभव (vi bhav) *m.* 1. wealth, riches. 2. prosperity, affluence, pelf, pomp.

विभा (vi bhA) *f.* lustre, radiance, brilliance.

विभाकर (~ kar) *m.* sun.

विभाग (vi bhAg) *m.* 1. division, portion; ~ करना to divide. 2. department; मेरा भाई गणित विभाग मैं काम करता है My brother works in the Maths. department.

विभागीय (vi bhA geey) *adj.* departmental; ~ जाँच departmental enquiry.

विभाजक (vi bhA jak) *adj.* dividing; ~ रेखा line of demarcation.
m. divisor. (Maths.)

विभाजन (vi bhA jan) *m.* division, partition.

विभाजित (vi bhA jit) *adj.* divided, partitioned.; ~ करना to divide/separate.

विभाज्य (vi bhAjjy) *adj.* divisible.

विभाव (vi bhAV) *m.* that which gives fillip to emotion.

विभावना (~ nA) *f.* imagination, suppos

विभावरी (vi bhA va ree) *f.* night.

विभाषा (vi bhA shA) *f.* dialect.

विभिन्न (vi bhinn) *adj.* of different kinc diverse, various; ~ अवसरों/समयों पर various times; ~ कारणों से for a varie of reasons.

विभिन्नता (~ tA) *f.* diversity, variety.

विभीषण (vi bhee shaN) *m.* younger broth of Ravan, held as traitor by son people.

विभीषिका (vi bhee shi KA) *f.* dread, horr terror, scarecrow.

विभु (vi bhu) *adj.* 1. omnipresent, pervading. 2. omnipotent, almigh 3. onmiscient, extensively wise.

विभुता (~ tA) *f.* 1. omnipresence. 2. om potence.

विभूति (vi bhoo ti) *f.* 1. (sacred) ash. 2. g ndeur. 3. great personality, persona

विभूषण (vi bhoo shaN) *m.* ornament, e bellishment.

विभूषित (vi bhoo shit) *adj.* 1. ornament embellished. 2. adorned.

विभेद (vi bhed) *m.* 1. sub-division; भेद - divisions and sub-divisions. 2. di isiveness

विभेदक (vi bhe dak) *adj.* discriminati discriminatory.

विभेदक चिह्न (~ chinh) *m.* differentiati sign, sign of discrimination.

विभेदकारी (vi bhed KA ree) *adj.* 1. disc minating. 2. divisive, causi disunity.

विभेदन (vi bhe dan) *m.* 1. splitting. 2. d ferentiation.

विभेद्य (vi bheddy) *adj.* 1. pierceable. 2. d tinguishable.

भो (vi bho) *inter.* O, Almighty!

भोर (vi bhor) *adj.* filled with joy; आनंद से ~ हो उठना/जाना to be full of great joy, to go into raptures, to become overjoyed.

भ्रंश (vib bhransh) *m.* destruction.

भ्रम (~ bhram) *m.* 1. delusion. 2. confusion, perplexity, paranoia.

भ्रमित (~ bhra mit) *adj.* mystified; पिछले कुछ महीनों की घटनाएँ अत्यधिक ~ करनेवाली हैं The events of the last few months are deeply mystifying.

भ्रांत (~ bhrAnt) *adj.* confused, perplexed.

भ्रांति (~ bhrAn ti) *f.* confusion, perplexity, hallucination.

मंडित (vi maN Dit) *adj.* embellished, adorned.

मत (vi mat) *adj.* dissenting. disagreeing. *m.* contrary view, dissenting opinion.

मति (vi ma ti) *f.* dissent, disagreement.

मर्दन (vi mar dan) *m.* pounding, crushing.

मर्दित (~ dit) *adj.* pounded, crushed.

मर्श (vi marsh) *m.* 1. consultation, consideration; ~ - शुल्क consultation fee. 2. deliberation; विचार- ~ exchange of ideas and thoughts.

मल (vi mal) *adj.* 1. limpid, crystal clear; ~ जल limpid water. 2. pure, immaculate. 3. flawless, spotless; ~ चरित्र flawless character.

मलता (~ tA) *f.* 1. limpidity. 2. purity. 3. flawlessness.

मा (vi mA) *f.* dimension; त्रिविम आकाश three-dimensional space.

माता (~ tA) *f.* step-mother.

मातीय (~ teey) *adj.* step-motherly.

मान (vi mAn) *m.* aeroplane; ~ पर चढ़ना to emplane; ~ से उतरना to deplane.

मानक्षेत्र (~ kshettr) *m.* airfield.

मानचालक (~ cA lak) *m.* pilot.

विमानचालन (~ cA lan) *m.* aviation.

विमानपत्तन (~ pat tan) *m.* airport.

विमान-परिचारिका (~ - pa ri cA ri kA) *f.* air-hostess.

विमानवाहक (~ vA hak) *m.* aircraft carrier.

विमिश्रित (vi mish shrit) *adj.* mixed, mingled.

विमीय (vi meey) *adj.* dimensional.

विमुक्त (vi mukt) *adj.* 1. released, freed; चिंताओं से ~ freed from worries. 2. liberated, emancipated; ~ क्षेत्र liberated area. 3. exempted; कर ~ exempted from taxes; ~ आकाश unbounded sky.

विमुक्ति (vi muk ti) *f.* 1. release, freedom. 2. liberation, emancipation. 3. exemption.

विमुख (vi mukh) *adj.* turned away (from), averse; ~ कर देना to alienate; ~ हो जाना to become indifferent.

विमुखता (~ tA) *f.* state or quality of being विमुख, aversion.

विमुग्ध (vi mugdh) *adj.* infatuated, charmed, hypnotised.

विमुग्धकारी (~ kA ree) *adj.* infatuating, charming.

विमोचन (vi mo can) *m.* 1. release; ~ पुस्तक का विमोचन the act of releasing a new book. 2. liberation, emancipation.

विमोचित (vi mo cit) *adj.* 1. released. 2. liberated, emancipated.

वियुक्त (vi yukt) *adj.* separated.

वियुक्ति (vi yuk ti) *f.* separation.

वियोग (vi yog) *m.* 1. separation, parting from. 2. bereavement, detachment. 3. subtraction. (Maths.)

वियोगजन्य (~ janny) *adj.* generated by separation.

वियोग-शृंगार (~ - shriṅ gAr) *m.* description of the pangs of separation from the beloved. (Lit.)

वियोगांत (vi yo gAnt) *m.* ending in separation, having a tragic finale.

वियोगात्मक (vi yo gAt mak) *adj.* 1. separative. 2. analytic, analytical; ~ भाषा analytic language.

वियोगिनी (vi yo gi nee) *f.* fem. of वियोगी।

वियोगी (vi yo gee) *adj.* separated from the beloved one. [Fem. वियोगिनी]

वियोजक (vi yo jak) *adj.* separative, causing separation.
m. subtend. (Maths.)

वियोजन (vi yo jan) *m.* 1. separation. 2. subtraction.

वियोजिका (vi yo ji kA) *f.* hyphen.

वियोजित (vi yo jit) *adj.* 1. separated. 2. subtracted. (Maths.)

वियोज्य (vi yojjy) *adj.* 1. separable. 2. (quantity) from which something is to be subtracted. (Math.)

विरंचि (vi ran ci) *m.* the name of ब्रह्मा।

विरंजक (vi ran jak) *adj.* bleaching.

विरंजन (vi ran jan) *m.* bleaching; ~ चूर्ण bleaching powder.

विरंजित (vi ran jit) *adj.* bleached.

विरक्त (vi rakt) *adj.* detached (from worldly affairs).

विरक्ति (vi rak ti) *f.* detachment, aversion.

विरचना (vi rac nA) *vt.* to compose/compile.

विरचित (vi ra cit) *adj.* composed, written, produced.

विरत (vi rat) *adj.* refrained, desisted; अब धूम्रपान से ~ हो जाओ Now desist from smoking.

विरति (vi ra ti) *f.* desistance, refrainment.

विरद (vi rad) *m.* = विरुद।

विरल (vi ral) *adj.* rare.

विरला (vir lA) *adj.* = विरल; ऐसे लोग विरले ही होते हैं Such men are a rarity; Rare are such souls.

विरस (vi ras) *adj.* insipid, tasteless.

विरसता (~ tA) *f.* insipidity, tastelessnes

विरह (vi rah) *m.* separating, parting; ~ ज caused by separation; ~ - वेदना pan of separation; ~ - व्यथा agony of sep ration.

विरहाग्नि (vi ra hAg ni) *f.* agony/angui of separation.

विरहानल (vi ra hA nal) *m.* = विरहाग्नि।

विरहिणी (vi ra hi Nee) *f.* fem. of विरही।

विरही (vi ra hee) *adj.* & *m.* (one) separat from the loved one. [Fem. विरहिणी]

विराग (vi rAg) *m.* detachment.

विरागी (vi rA gee) *adj.* & *m.* (one) detache

विराजना (vi rAj nA) *vi.* to take seat, to seated; विराजिए Please be seated.

विराजमान (vi rAj mAn) *adj.* occupying seat (of honour), present.

विराजित (vi rA jit) *adj.* gracing with on presence.

विराट् (vi rAt) *adj.* large-scale, gigant ~ आयोजन plan on a large-scale; ~ द sight magnificent/grandiose; ~ स a vast assembly, huge concourse.

विराम (vi rAm) *m.* 1. The action or act stopping, stop, cessation. 2. rest. 3. interval between periods of wo break, pause; पाँच मिनट का ~ मिला था had five minutes' break. 4. full-sto

विराम-चिह्न (~ - cinh) *m.* punctuati mark.

विराम-संधि (~ - san dhi) *f.* truce, armisti

विरामावस्था (vi rA mA vas tha) *f.* positi of rest.

विरासत (vi rA sat) *f.* heritage, inheritan ~ में पाना/मिलना to inherit.

विरुद (vi rud) *m.* eulogy, panegyric.

विरुदावली (vi ru dA va lee) *f.* chain of pa gyrics, long-drawn eulogy.

विरुद्ध (vi ruddh) *adj.* adverse, hostile, contrary, opposite; ~ परिस्थितियों में in contrary circumstances.

विरुद्ध, के (ke vi ruddh) *postposition.* against; सैनिक शासन के ~ 18 राजनीतिक दलों ने गठबंध बनाया है Eighteen political parties have formed an alliance against the military regime. वह मेरे ~ है He is against me. वह निर्वाच्रन में मेरे ~ खड़ा है He is opposing me in the election. ~ रहना to be in opposition.

विरूप (vi roop) *adj.* malformed, uncouth, ugly.

विरूपण (vi roo paN) *m.* disfiguration, deformation.

विरूपता (vi roop tA) *f.* deformity.

विरूपित (vi roo pit) *adj.* disfigured, deformed.

विरूपी (vi roo pee) *adj.* disfigured, deformed.

विरेचक (vi re cak) *adj.* laxative, purgative.

विरेचन (vi re can) *m.* purgation.

विरेचित (vi re cit) *adj.* purged.

विरोध (vi rodh) *m.* opposition, objection, hostility; यहाँ तुम्हें ~ का सामना करना पड़ेगा You will be meeting opposition here. कड़ा/घोर ~ vehement/strong opposition; ~ करना (i) to protest against; सदस्यों ने प्रधानमंत्री के कथन का ~ किया The members protested against Prime Minister's remark. (ii) to oppose; ~ में बोलना to speak against; वैर - ~ antagonism.

विरोधात्मक (~ dhAt mak) *adj.* adversative, contradictory.

विरोधाभास (~ dhA bhAS) *m.* paradox, apparent contradiction.

विरोधी (~ dhee) *adj.* contrary, hostile; परस्पर~ contradictory; ~ दल opposition party; ~ पक्ष the opposition. *m.* opponent, adversary, antagonist.

-विरोधी (in compounds) *adj.* anti-counter; -प्रजातंत्र-~ anti-democratic; आतंकवाद - ~ -युद्ध counter-terrorism warfare; आतंकवाद - ~ अभियान anti-terrorism campaign.

विलंब (vi lamb) *m.* delay; ~ करना to delay, to cause delay, to tarry.

विलंबन (vi lam ban) *m.* delaying, postponement.

विलंब-शुल्क (vi lamb - shulk) *m.* late fee.

विलंबित (vi lam bit) *adj.* late, delayed.

विलक्षण (vi lak shaN) *adj.* 1. peculiar, queer. 2. odd. 3. remarkable.

विलक्षणता (~ tA) *f.* 1. peculiarity, queerness, quirk. 2. oddity. 3. remarkability.

विलग (vi lag) *adj.* separated, disjointed.

विलगाव (vil gAV) *m.* 1. aloofness, isolation. 2. separation.

विलय (vi lay) *m.* 1. dissolution. 2. merger; भारत में कश्मीर का ~ merger of Kashmir in India; सृष्टि का ~ deluge.

विलयन (vi la yan) *m.* 1. dissolution. 2. merger.

विलाप (vi lAp) *m.* wailing, lamentation, moaning; ~ करना to lament/moan/bewail.

विलायत (vi lA yat) *f.* 1. England. 2. any European country.

विलायती (vi lA ya tee) *adj.* 1. English. 2. European. 3. foreign; ~ माल foreign goods; ~ बैंगन tomato.

विलायतीपन (~ pan) *m.* 1. Englishism, Europeanism. 2. foreignism.

विलास (vi lAS) *m.* indulgence and enjoyment of rich and comfortable living, merriment, luxury; ~ सामग्री luxury goods; भोग - ~ wantonness, lustful enjoyment.

विलास–प्रिय (~ - priy) *adj.* excessively fond of comfort and luxury, sybaritic.

विलासमय (~ may) *adj.* luxurious; ~ जीवन luxurious life, high life.

विलासिता (vi lA si tA) *f.* indulgence in gay life; ~ का जीवन life of luxury.

विलासी (vi lA see) *adj.* pleasure-seeking.

विलिप्त (vi lipt) *adj.* = लिप्त।

विलीन (vi leen) *adj.* 1. absorbed, merged; आत्मा का परमात्मा में ~ होना merger of the soul with the Soul Ultimate. 2. vanished, disappeared.

विलुप्त (vi lupt) *adj.* 1. disappeared, vanished. 2. no longer used; अब ये प्रथाएँ ~ हो रही हैं These customs are becoming obsolete now.

विलेख (vi lekh) *m.* legal document, deed.

विलेप (vi lep) *m.* ointment; ~ करना to anoint.

विलेपन (vi le pan) *m.* anointing.

विलेय (vi ley) *adj.* soluble.

विलेयता (~ tA) *f.* solubility.

विलेयशील (~ sheel) *adj.* soluble.

विलोकन (vi lo kan) *m.* act of beholding.

विलोकना (vi lok nA) *vt.* to behold/see.

विलोकनीय (vi lok neey) *adj.* worth beholding/seeing.

विलोकित (vi lo kit) *adj.* beheld, seen, viewed.

विलोचन (~ can) *adj.* without eyes. *m.* eye.

विलोड़न (~ Ran) *m.* 1. act of churning. 2. thorough study.

विलोड़ित (~ Rit) *adj.* 1. churned. 2. thoroughly studied.

विलोप (vi lop) *m.* extinction, effacement, disappearance.

विलोपन (vi lo pan) *vt.* 1. causing to disappear. 2. elimination.

विलोपित (~ pit) *adj.* 1. disappeared, effaced. 2. eliminated.

विलोम (vi lom) *adj.* 1. converse, reverse. 2. inverse; ~ क्रिया inverse operation. 3. opposite, contrary; ~ शब्द word having opposite meaning, antonym.

विलोमक (vi lo mak) *adj.* depilatory.

विलोमता (vi lom tA) *f.* reversion.

विलोमित (vi lo mit) *adj.* reversed.

विल्व (vilw) *m.* wood-apple tree and its fruit.

विल्व–पत्र (~ - pattr) *m.* leaf of wood-apple tree.

विवक्षा (vi vak shA) *f.* implication, implied meaning.

विवक्षित (~ shit) *adj.* implied; ~ अर्थ implied meaning.

विवर (vi var) *m.* cavity, hole; नासिका ~ nasal cavity.

विवरण (vi va raN) *m.* 1. description, account. 2. particulars, statement, explanation; ~ पत्रिका prospectus; रायल्टी का ~ royalty statement.

विवरणिका (vi va ra Ni kA) *f.* brochure.

विवरणी (vi var Nee) *f.* return (of income tax etc.).

विवर्ण (vi varN) *adj.* faded, dimmed, pale.

विवर्त (vi vart) *m.* round.

विवर्तन (vi var tan) *m.* going round.

विवश (vi vash) *adj.* 1. helpless. 2. compelled, forced; परिस्थितियों से ~ compelled by circumstances; ~ करना/कर देना to compel/force; उसे जाने के लिए ~ किया गया He was forced to go.

विवशता (~ tA) *f.* 1. helplessness. 2. compulsion; ~ में उसे वहाँ जाना पड़ा Under compulsion he had to go there.

विवस्त्र (vi vastr) *adj.* naked.

विवाचक (vi vA cak) *m.* arbitrator.

विवाचन (~ can) *m.* arbitration; ~ करना to arbitrate.

विवाद (vi vAd) *m.* 1. dispute; कश्मीर ~ का एकमात्र हल है लाहौर घोषणा-पत्र Lahore Declaration is the only solution to the Kashmir dispute. 2. controversy; यह दूसरी बात है कि उनके वक्तव्य ने राजनीतिक क्षेत्र में कुछ ~ खड़ा किया It is another matter that his statement created some controversy in the political circle. ~उठाना to start a discussion/controversy; ~ की जड़ root of controversy; वाद - ~ (i) discussion, (ii) debate. 3. litigation.

विवादग्रस्त (~ grast) *adj.* controversial, disputed, under dispute/controversy.

विवादात्मक (vi vA dAt mak) *adj.* controversial, disputable.

विवादास्पद (~ dAs pad) *adj.* controversial.

विवादित (~ dit) *adj.* disputed.

विवादी (~ dee) *adj.* discordant; ~ स्वर discordant note.
m. disputant.

विवाद्य (vi vAddy) *adj.* 1. disputable. 2. questionable.

विवाह (vi vAh) *m.* 1. marriage, wedding; ~ करना to marry/wed; उसने किससे ~ किया Who did she marry? वह अपनी चचेरी बहन से ~ नहीं करना चाहता था He did not want to marry his cousin. क्या मैं उससे ~ कर लूँ May I marry her? ~ के योग्य suitable for marriage, marriageable; ~ - संबंधी matrimonial. 2. union.

विवाह-योग्य (~ - yoggy) *adj.* marriageable.

विवाह-विच्छेद (~ - vic ched) *m.* divorce.

विवाहित (vi vA hit) *adj.* married; ~ जीवन married life. [Fem. विवाहिता]

विवाहोत्सव (~ hot sav) *m.* marriage celebra-tion.

विविक्त (vi vikt) *adj.* isolated.

विविक्ति (vi vik ti) *f.* isolation.

विविध (vi vidh) *adj.* 1. miscellaneous; ~ ख़र्चे miscellaneous expenses; ~ ख़र्चे कई प्रकार के होते हैं जैसे डाकख़र्च, वाहन-ख़र्च, मज़दूरी इत्यादि Miscellaneous expenses are of various types such as postage, conveyance, labour charges etc. 2. diverse, various; ~ प्रकार का of various kinds; ~ कारणों से for a variety of reasons.

विविधता (~ tA) *f.* diversity, variety; ~ में विभेद को स्थान नहीं Diversity does not permit divisiveness.

विवृत (vi vrit) *adj.* open; ~ स्वर open vowel; अर्ध ~ स्वर half-open vowel.

विवृति (vi vri ti) *f.* 1. interpretation. 2. commentary.

विवेक (vi vek) *m.* 1. faculty of reasoning; ~ से काम कीजिए Apply your reason. 2. discretion.

विवेकाधीन (vi ve kA dheen) *adj.* discretionary.

विवेकी (vi ve kee) *adj.* prudent, discreet.

विवेचक (vi ve cak) *adj.* discriminating.
m. 1. critic. 2. discriminant. (Maths.)

विवेचन (vi ve can) *m.* 1. discrimination. 2. critcal appreciation, evaluation. 3. discussion; विस्तारपूर्वक ~ करना to expatiate.

विवेचना (vi ve ca nA) *f.* expatiation, detailed discussion.

विवेचनीय (vi ve ca neey) *adj.* worth discus- sion, discussible, debatable.

विवेचित (vi ve cit) *adj.* discussed.

विवेच्य (vi veccy) *adj.* = विवेचनीय।

विशद (vi shad) *adj.* elaborate; ~ वर्णन elaborate description/narration.

विशाख (vi shAkh) *adj.* without branches, branchless.

विशारद (vi shA rad) *adj.* proficient, versed in; शिक्षा ~ proficient in the art of education.

विशाल (vi shAl) *adj.* grand, colossal, gigantic, huge; ~ भवन grand mansion; ~ हृदय large-hearted.

विशालता (~ tA) *f.* 1. grandeur, hugeness; हृदय की ~ large-heartedness. 2. enormity; वह काम की ~ से ज़रा भी नहीं घबराया He was undaunted by the enormity of the task.

विशिष्ट (vi shishT) *adj.* 1. particular, specific; ~ विवरण specific description/specification. 2. prominent, remarkable; ~ वर्ग elite; ~ लक्षण characteristic symptom.

विशिष्टता (~ tA) *f.* 1. speciality, highlight. 2. singularity.

विशुद्ध (vi shuddh) *adj.* 1. pure, unmixed; ~ विज्ञान pure science. 2. genuine; ~ लाभ net profit.

विशुद्धता (~ tA) *f.* purity, genuineness.

विशुद्धि (vi shud dhi) *f.* 1. purification. 2. purity.

विशुद्धीकरण (vi shud dhee ka raN) *m.* purification.

विशूचिका (vi shoo ci kA) *f.* cholera.

विशृंखल (vish shriṅ khal) *adj.* disarrayed, disorderly, scattered.

विशृंखलता (~ ta) *f.* disarray, disorderliness, scattering.

विशृंखलित (vi shriṅ kha lit) *adj.* 1. scattered, disarrayed. 2. shattered.

विशेष (vi shesh) *adj.* special, particular, specific; ~ रूप से particularly; ~ लक्षण special feature; अवस्था ~ में in a special case; मुझे इस विषय की ~ जानकारी नहीं I do not know much about the matter.

विशेषक (vi she shak) *adj.* & *m.* characteristic; ~ चिह्न diacritical mark.

विशेषज्ञ (vi she shaggy) *adj.* & *m.* specialist; हृद्रोग ~ heart-specialist.

विशेषज्ञता (~ tA) *f.* specialisation.

विशेषण (vi she shaN) *m.* 1. adjective; गुण-वाचक ~ qualitative adjective; परिमाण-वाचक ~ quantitative adjective; संख्या-वाचक ~ numeral adjective; सार्वनामिक ~ pronominal adjective. 2. epithet, attribute; यह ~ उसके नाम के साथ ठीक नहीं बैठता This epithet does not go well with his name.

विशेषत: (vi shesh taḥ) *adv.* especially; ~ दिन में especially by/during the day; तुमको ~ वहाँ दिन में ही जाना चाहिए था You ought to have gone there especially during the day.

विशेषता (vi shesh tA) *f.* 1. speciality. 2. characteristic feature, trait.

विशेषता-रहित (~ - ra hit) *adj.* having no trait or characteristic; अपनी ~ बल्लेबाज़ी के लिए कप्तान की कटु आलोचना हुई The captain was under fire for his characterless batting.

विशेषांक (vi she shAṅk) *m.* special number/issue (of a newspaper, periodical etc.).

विशेषाधिकार (vi she shA dhi kAr) *m.* privilege, prerogative; ~ - प्राप्त privileged.

विशेषाधिकारी (vi she shA dhi kA ree) *m.* special officer.

विशेषित (vi she shit) *adj.* qualified by an epithet.

विशेषीकरण (vi she shee ka raN) *m.* specialization.

विशेषीकृत (vi she shee krit) *adj.* specialised.

विशेष्य (vi sheshy) *m.* 1. that which is qualified. 2. a noun which is qualified by an adjective.

विश्रांत (vish shrAnt) *adj.* reposed, relaxed.

विश्रांति (~ shrAn ti) *f.* relaxation.

विश्रांति-काल (~ - kAl) *m.* recess, interval, period of rest.

विश्राम (vish shrAm) *m.* rest, repose, relaxation.

विश्राम-कक्ष (~ - kaksh) *m.* 1. rest room. 2. lounge.

विश्राम-गृह (~ - grih) *m.* rest house.

विश्रामालय (vish shrA mA lay) *m.* retiring room.

विश्रुत (~ shrut) *adj.* renowned, famous, reputed.

विश्रुति (~ shru ti) *f.* renown, fame, repute.

विश्लिष्ट (vi shlishT) *adj.* analysed.

विश्लेषण (vish le shaN) *m.* analysis; ~ और संश्लेषण analysis and synthesis; ~ बुद्धि analytical faculty.

विश्लेषणात्मक (~ le sha NAt mak) *adj.* analytical.

विश्लेषित (~ le shit) *adj.* analysed.

विश्वंभर (~ shwam bhar) *m.* God, the All-supporting.

विश्वंभरा (~ shwam bha rA) *f.* the earth.

विश्व (vishw) *m.* 1. universe. 2. world.

विश्वक (vish shwak) *adj.* universal; ~ नियम universal rule.

विश्वकर्मा (~ shwa kar mA) *m.* God, the Architect of the universe.

विश्वकोश (~ shwa kosh) *m.* encyclopaedia.

विश्वजनीन (~ shwa ja neen) *adj.* universal.

विश्वजनीनता (~ tA) *f.* universality.

विश्वनाथ (vish shwa nAth) *m.* Lord Shiva.

विश्व-प्रसिद्ध (~ - pra siddh) *adj.* world-renowned; ~ वंदनीय universally revered (one).

विश्वविजय (~ shwa vi jay) *m.* conquest of the world.

विश्वविजयी (~ vi ja yee) *adj.* & *m.* conqueror of the world.

विश्वविद्यालय (~ vid dyA lay) *m.* university.

विश्वव्यापी (~ vyA pee) *adj.* world-wide, universal.

विश्वसन (~ san) *m.* believing, relying, trusting.

विश्वसनीय (vish shwas neey) *adj.* credible, reliable, trustworthy; ~ सूत्रों से from reliable sources.

विश्वसनीयता (~ tA) *f.* credibility, reliability; हमें अपनी ~ सिद्ध करने के लिए समय दीजिए Give us time to prove our credibility.

विश्वसुंदरी (vish shwa sun da ree) *f.* the woman adjudged most beautiful in a world beauty contest, beauty queen.

विश्वस्त (vish shwast) *adj.* relied on, reliable; ~ सूत्रों से from reliable sources.

विश्वस्तता (~ tA) *f.* reliability.

विश्वात्मा (vish shwAt mA) *m.* God, the Univ- ersal Spirit.

विश्वास (~ shwAs) *m.* 1. belief, confidence, trust; मुझे उस पर ~ है I believe him; ~ करना to trust/believe; मुझ पर विश्वास करो Believe me. नास्तिक ईश्वर पर ~ नहीं करता An atheist doesn't believe in god. ~ जमाना to instil confidence. 2. faith; ~ रखना to have faith. 3. assurance; ~ दिलाना to assure.

विश्वासघात (~ ghAt) *m.* perfidy, betrayal, treachery, deception; ~ करना to betray; उसके विश्वसनीय मित्र ने अंतिम समय पर उसके साथ ~ किया His reliable friend betrayed him at the eleventh hour.

विश्वासघाती (~ ghA tee) *adj.* & *m.* betrayer, traitor.

विश्वासपात्र (~ pAttr) *adj.* & *m.* fit to be trusted, reliable, trustworthy (person).

विश्वासभाजन (~ bhA jan) *adj.* & *m.* = विश्वासपात्र।

विश्वासी (vish shwA see) *adj.* & *m.* 1. believer, trustful, faithful. 2. trustworthy, reliable.

विश्वेश्वर (~ shwesh shwar) *m.* God, Master of Universe.

विष (vish) *m.* poison; साँप का ~ venom; ~ की गाँठ evil person/thing etc.; ~ घोलना —जीवन में विष घोलना to poison (someone's) life; ~ देना to give poison to.

विषघ्न (vi shaghn) *adj.* antidote.

विषण्ण (vi shaNN) *adj.* gloomy, melancholy, saddening, depressing.

विषण्णता (~ tA) *f.* gloominess, melancholy.

विषद (vi shad) *adj.* poisonous.

विषधर (vish dhar) *m.* (poisonous) snake.

विषनाशक (~ nA shak) *adj.* aleximorphic.

विषम (vi sham) *adj.* 1. uneven, rough; ~ भूमि uneven ground. 2. odd; ~ संख्या odd number. 3. difficult, intricate, adverse; ~ स्थिति difficult/intricate situation; जीवन के मध्य ~ स्थितियाँ तो आती ही रहती हैं Intricate circumstances do confront us during the course of our life. ~ कोण oblique angle; ~ रूप incongruous form.

विषमता (~ tA) *f.* 1. unevenness, roughness. 2. dissimilarity, contrast; स्थिति की ~ gravity/seriousness of the situation.

विषय (vi shay) *m.* 1. subject, subject matter; ~ - निर्धारिणी समिति subjects committee. 2. theme, matter. 3. topic; ~ - भोग enjoyment of sex; ~ में about; अपनी योजना के ~ में मुझे बताओ Tell me about your plan.

विषयक (vi sha yak) *adj.* concerning, pertaining; युद्ध - ~ साहित्य war literature.

विषयरत (vi shay rat) *adj.* engrossed in sensual pleasures.

विषयलोलुप (vi shay lo lup) *adj.* voluptuous, sensual.

विषय-वस्तु (~ - vas tu) *m.* subject matter.

विषय-वासना (~ - vA sa nA) *f.* sensuality.

विषय-सुख (~ - sukh) *m.* sensual pleasure.

विषय-सूची (~ - soo cee) *f.* table of contents.

विषयांतर (vi sha yAn tar) *m.* diversion, digression.

विषयानुक्रमणिका (~ yA nu kra ma Ni kA) *f.* subject index.

विषयासक्त (~ yA sakt) *adj.* given or attached to sensual pleasures.

विषयासक्ति (~ yA sak ti) *f.* attachment to sensual pleasures.

विषयी (~ yee) *adj.* sensual, carnal, debauched, voluptuous, licentious.

विष विज्ञान (vish vig gyAn) *m.* toxicology.

विषहर (~ har) *adj.* anti-venom.

विषहीन (~ heen) *adj.* non-poisonous.

विषाक्त (vi shAkt) *adj.* poisonous, toxic.

विषाक्तता (~ tA) *f.* poisonousness, toxicity.

विषाण (vi shAn) *m.* 1. horn (of a beast). 2. tusk (of a boar etc.).

विषाणु (vi shA nu) *m.* virus; ~ - संक्रमण virus infection.

विषाद (vi shAd) *m.* 1. despondency, gloom, sadness; ~ छाना overcasting of gloom. 2. melancholy, sorrow, grief; ~ रोग melancholia; हर्ष और ~ से परे free from joys and sorrows.

विषादजनक (~ ja nak) *adj.* causing melancholy.

विषादपूर्ण (~ poorN) *adj.* melancholic, gloomy.

विषादमय (~ may) *adj.* gloomy, sorrowful.

विषादयुक्त (~ yukt) *adj.* having or showing loss of hope, despondent.

विषुव (vi shuv) *m.* equinox.

विषुवत् (vi shu vat) *adj.* equatorial; ~ रेखा equator.

विषुवत् वृत्त (~ vritt) *m.* equator.

विषूचिका (vi shoo ci kA) *f.* cholera.

विषैला (vi shai lA) *adj.* poisonous, venomous. गेहुँवन एक ~ सर्प है Cobra is a venomous serpant.

विषैलापन (~ pan) *m.* poisonousness, venomousness.

विष्ठा (vish ThA) *f.* excrement, faeces.

विष्णु (~ Nu) *m.* Lord Vishnu, the Preserver.

विसंक्रमण (vi saṅ kra maN) *m.* disinfection.

विसंगत (vi saṅ gat) *adj.* inconsistent, irrelevant, incoherent, discrepant.

विसंगतता (~ tA) *f.* = विसंगति।

विसंगति (vi saṅ ga ti) *f.* inconsistency, irrelevancy, incoherence, discrepancy.

विसंघटित (vi saṅ gha Tit) *adj.* 1. disorganised. 2. disarranged.

विसदृश (vi sad drish) *adj.* dissimilar.

विसम्मत (vi sam mat) *adj.* dissenting.

विसम्मति (vi sam ma ti) *f.* dissent.

विसरण (vi sa raN) *m.* diffusion.

विसरणशील (~ sheel) *adj.* diffusive.

विसरणशीलता (~ tA) *f.* diffusiveness.

विसर्ग (vi sarg) *m.* the colon-like sign (:) in Devanagri; it connotes a sound similar to the pure consonental sound of *h*.

विसर्जन (vi sar jan) *m.* 1. abandonment, giving up (as प्राण-विसर्जन). 2. disposal; अस्थि ~ disposal of remains (of the body); मूर्ति ~ disposal of an idol. 3. dispersal; सभा - ~ dispersal of an assembly.

विसर्जित (vi sar jit) *adj.* dispersed, disposed; ~ करना (i) to abandon; जल में ~ करना to immerse; (ii) to discharge (waste matter).

विसर्पण (vi sar paN) *m.* meandering.

विसैन्यीकरण (vi sain nyeẹ ka raN) *m.* demilitarisation.

विस्तरण (vis t raN) *m.* extension.

विस्तार (~ tAr) *m.* 1. extent, extension; चाहे हम कितना ही अपनी कल्पना का ~ करें However much we stretch our imagination. 2. expansion, expanse; मुद्रा का ~ expansion of currency; ~ से in detail, elaborately, fully; उसने हर बात ~ से बतलाई She described everything in detail. मैं ~ से नहीं जानता I don't know the details.

विस्तारक (~ tA rak) *adj.* expansive; ध्वनि-~ amplifier.

विस्तारपूर्वक (~ tAr poor vak) *adv.* in detail, extensively, elaborately.

विस्तारवाद (~ vAd) *m.* the doctrine of expanding the territory of one's own country, expansionism.

विस्तारवादी (~ vA dee) *adj.* & *m.* expansionist.

विस्तारित (vis tA rit) *adj.* = विस्तृत।

विस्तार्य (vis tAry) *adj.* that can be expanded, expandable.

विस्तीर्ण (~ teerN) *adj.* = विस्तृत।

विस्तृत (~ trit) *adj.* 1. extensive, extended. 2. broad, spacious, wide; ~ मैदान wide expanse. 3. detailed, all-round; ~ विवरण detailed description; ~ रूप से elaborately.

विस्तृति (~ tri ti) *f.* extension, expansion.

विस्थापन (~ thA pan) *m.* displacement.

विस्थापित (~ thA pit) *adj.* displaced. *m.* displaced person.

विस्थिति (~ thi ti) *f.* crisis.

विस्फारण (~ phA raN) *m.* spreading out.

विस्फारित (~ phA rit) *adj.* spread out; ~ नेत्रों से with eyes opened wide.

विस्फीति (~ phee ti) *f.* deflation.

विस्फोट (~ phoT) *m.* blast, explosion; ~ होना to explode; रेलगाड़ी में हुए ~ में 4 मरे और 12 घायल हुए Four killed and 12 hurt in train blast.

विस्फोटक (~ pho TAk) *adj.* explosive; ~ पदार्थ explosive substance; ~ स्थिति explosive situation.

m. cracker.

विस्मय (~ may) *m.* 1. amazement, astonishment, surprise; ~ होना—मुझे बड़ा विस्मय हुआ I was much amazed. 2. wonderment, wonder.

विस्मयकारक (~ KA rak) *m.* = विस्मयकारी।

विस्मयकारी (~ KA ree) *adj.* causing amazement, amazing, astonishing, wonderful.

विस्मयजनक (~ ja nak) *adj.* = विस्मयकारी।

विस्मयाकुल (vis ma YA kul) *adj.* wonderstruck, amazed.

विस्मरण (~ ma raN) *m.* 1. forgetting, oblivion. 2. forgetfulness; ~ आवश्यक है Forgetfulness is necessary.

विस्मरणशील (~ sheel) *adj.* oblivious, forgetful.

विस्मरणशीलता (~ tA) *f.* forgetfulness; उसकी महत्त्वपूर्ण बातों की ~ पर मुझे आश्चर्य होता है I wonder about his forgetfulness of significant matters.

विस्मित (vis mit) *adj.* amazed, astonished, wonderstruck.

विस्मृत (~ mrit) *adj.* forgotten, lost to memory, gone into oblivion.

विस्मृति (~ mri ti) *f.* forgetfulness, oblivion.

विस्वर (~ swar) *m.* 1. disharmonious voice. 2. discordant note.

विस्वरता (~ tA) *f.* disharmony, discord.

विहंग (vi hang) *m.* bird; ~ दृष्टि bird's eye-view.

विहंगम (vi han gam) *m.* bird; ~ दृष्टि bird's eye-view.

विहग (vi hag) *m.* bird.

विहसन (vi ha san) *m.* laughing.

विहसित (vi ha sit) *adj.* laughed at.

विहाग (vi hAg) *m.* a classical Indian melody.

विहान (vi hAn) *m.* day-break, dawn.

विहार (vi hAr) *m.* 1. roaming for pleasure. 2. merry-making, amusement; जल - ~ merry-making in water. 3. Buddhist monastery.

विहार-स्थली (~ - stha lee) *f.* pleasure resort.

विहारी (vi hA ree) *adj.* & *m.* one who wanders for pleasure; वन ~ Lord Krishna. [Fem. विहारिणी]

विहित (vi hit) *adj.* enjoined, ordained; विधि ~ enjoined by law.

विहीन (vi heen) *adj.* bereft of, without; वीर ~ lacking in/devoid of heroes.

विह्वल (vih val) *adj.* agonisingly perturbed, vexed; ~ हृदय mentally upset, in mental agony.

विह्वलता (~ tA) *f.* restlessness, bordering on agony, vexation.

वीचि (vee ci) *f.* ripple, wave.

वीचिमाली (~ mA lee) *m.* ocean.

वीची (vee cee) *f.* = वीचि।

वीणा (~ NA) *f.* veena, harp, an Indian musical instrument like a lute.

वीणापाणि (~ pA Ni) *f.* name of सरस्वती।

वीतराग (veet rAg) *adj.* = वीतरागी।

वीतरागी (~ rA gee) *adj.* having overcome attachment.

वीथी (vee thee) *f.* street, track; गज ~ track of the elephant.

वी.पी.पी. (~ pee pee) *m.* V. P. P. (value payable post).

वीभत्स (~ bhats) *adj.* & *m.* = बीभत्स।

वीर (veer) *adj.* brave, gallant, daring, valiant; ~ बनो Be brave.

m. hero, warrior.

वीरगति (~ ga ti) *f.* heroic end.

वीरगाथा (~ gA thA) *f.* 1. a narrative depicting

heroic achievements. 2. eulogy of a hero.

वीरचक्र (~ cakkr) *m.* an award given for gallantry in war.

वीरता (~ tA) *f.* 1. bravery, gallantry. 2. heroism.

वीरतापूर्ण (~ poorN) *adj.* brave, valiant, heroic.

वीरतापूर्वक (~ poor vak) *adv.* valiantly, bravely, heroically.

त्रीरपूजा (~ poo jA) *f.* hero-worship.

त्रीरप्रसू (~ pra soo) *adj.* & *m.* mother of the brave.

ग्रीर-विहीन (~ - vi heen) *adj.* bereft of the brave.

त्रीरांगना (vee rAng nA) *f.* valiant woman, heroine.

ीरान (~ rAn) *adj.* desolate, deserted; ~ हो जाना to become desolate; घर ~ हो गया The family is ruined.

ीराना (~ rA nA) *m.* desolate/deserted place.

ीरासन (~ rA san) *m.* heroic posture.

ीरेंद्र (~ rendr) *m.* the bravest of the brave.

ीरोचित (~ ro cit) *adj.* befitting/becoming a hero; सिकंदर महान ने राजा पोरस को उसकी वीरता का ~ सम्मान दिया Alexander the Great honoured King Porus befitting a warrior for his gallantry.

ोर्य (veery) *m.* semen.

ीर्यपात (~ pAt) *m.* discharge of semen.

ार्यवत्ता (~ vat tA) *f.* virility.

ोर्यवान् (~ vAn) *adj.* virile, potent.

ज़ू (vu zoo) *m.* Muslim practice of performing ablutions before offering prayer.

जूद (vu jood) *m.* existence, being.

त (vrint) *m.* stem, stalk.

द (vrind) *m.* congregation, assemblage, group.

दगान (~ gAn) *m.* chorus.

वृंदवादन (~ vA dan) *m.* orchestration.

वृंदावन-विहारी (vrin dA van - vi hA ree) *m.* Lord Krishna, rover in Vrindavan.

वृक्क (vrikk) *m.* kidney.

वृक्ष (vriksh) *m.* tree; वृक्षों का समूह clump/cluster of trees.

वृक्ष-पंक्ति (~ - pank ti) *f.* row of trees.

वृक्षरोपण (~ ro paN) *m.* plantation of tree.

वृक्षवासी (~ vA see) *adj.* arborial.

वृक्षहीन (~ heen) *adj.* treeless.

वृक्ष्य (vrikshy) *adj.* of or pertaining to a tree.

वृत्त (vritt) *m.* 1. circle. 2. description, account; जीवन ~ life-history, biography; वर्ण ~ metre (Prosody).

वृत्तखंड (~ khaND) *m.* sector of a circle.

वृत्तचित्र (~ cittr) *m.* documentary film.

वृत्तांत (vrit tAnt) *m.* 1. description, narrative. 2. account, story; असाधारण ~ के लिए असाधारण परिस्थितियों की आवश्यकता होती है Extraordinary stories need extraordinary circumstances. यात्रा - ~ account of journey.

वृत्ताकार (~ tA kAr) *adj.* circular.

वृत्ति (~ ti) *f.* 1. vocation, calling (for sustenance, livelihood). 2. disposition, mentality; अहंकार- ~ vanity; आकाश - ~ indefinite sources of livelihood; चित्त ~ bent of mind, inclination; छात्र - ~ scholarship, stipend; प्रदर्शन - ~ exhibitionism; भिक्षा- ~ (i) mendicancy, (ii) beggary.

वृत्ति-कर (~ - kar) *m.* profession tax.

वृत्तीय (vrit teey) *adj.* 1. pertaining to a circle; ~ खंड/वृत्त खंड segment of a circle. 2. vocational, professional.

वृथा (vri thA) *adv.* in vain, uselessly; ~ गँवाना to waste; अपना बहुमूल्य समय ~ में न गँवाओ Don't waste your precious time idly.

वृद्ध (vriddh) *adj.* aged, elderly; आबाल ~ inclusive of all—the young and the old; ज्ञान ~ of mature wisdom.
m. old man. [Fem. वृद्धा]

वृद्धा (vrid dhA) *f.* old woman.

वृद्धावस्था (~ vas thA) *f.* old age, senility.

वृद्धि (vrid dhi) *f.* 1. increase, enhancement. 2. growth; ~ की दर rate of growth; मूल्य - ~ rise in price, price-hike; वेतन - ~ increase in salary, increment in pay.

वृश्चिक (vrish cik) *m.* scorpion; ~ राशि Scorpio, the eight sign of zodiac.

वृष (~) *m.* bull; ~ - राशि = वृषभ-राशि।

वृषभ (vri shabh) *m.* 1. bull. 2. Taurus, the second sign of zodiac.

वृष्टि (vrish Ti) *f.* rain.

वृष्टिकाल (~ kAl) *m.* rainy season.

वृष्टिपात (~ pAt) *m.* rainfall.

वृहत् (vri hat) *adj.* = बृहत्।

वृहत्तर (~ tar) *adj.* = बृहत्तर।

वृहस्पति (vri has pa ti) *m.* = बृहस्पति।

वेंकटेश (veṅ ka Tesh) *m.* Lord Vishnu.

वे (ve) *adj.* those; ~ दिन those days.
pron: they.

वेग (veg) *m.* velocity, speed.

वेगपूर्ण (~ pooRN) *adj.* moving quickly, fast.

वेगपूर्वक (~ poor vak) *adv.* speedily, fast.

वेगमापी (~ mA pee) *m.* speedometer.

वेगवती (~ va tee) *adj.* fem. of वेगवान (swift).

वेगवान, वेगवान् (~ vAN) *adj.* fleet, swift.

वेणी (ve Nee) *f.* braid (of hair).

वेणु (ve Nu) *m.* flute.

वेतन (ve tan) *m.* pay, salary.

वेतनभोगी (~ bho gee) *adj.* salaried, stipendiary.

वेतनमान (~ mAN) *m.* seale of pay, pay-scale.

वेतन-वृद्धि (~ - vrid dhi) *f.* increment, increase in salary.

वेताल (ve tAl) *m.* = बेताल।

वेत्ता (vet tA) *m.* a person having knowledge of something.
suffix. proficient, well-versed; तत्त्व ~ well-versed in Metaphysics; धर्म~ proficient in theological subjects; विधि ~ proficient in legal (subjects) matters.

वेद (ved) *m.* 1. ancient Hindu scriptures (four in number viz. Rigved, Atharv-ved, Samaved and Yajurved), Vedas 2. divine (knowledge).

वेदकर्ता (~ kar tA) *m.* composer of the Vedas

वेदज्ञ (ve daggy) *m.* one who is well-versed in the Vedas.

वेदना (ve da nA) *f.* agony, afflication, torment; मानसिक ~ mental agony/torture anguish; शारीरिक ~ physical agony torture; ~ चाहे मानसिक हो या शारीरिक स्वास्थ्य के लिए हानिकारक है Agony whether it may be physical or mental is detrimental to health.

वेदनाहर (~ har) *adj.* that relieves pain; व ~ ओषधि ले रही है She is taking pain killers.

वेदपाठ (ved pATH) *m.* recitation of the Vedas

वेदपाठी (~ pA Thee) *m.* reciter of the Vedas

वेदमंत्र (~ mantr) *m.* Vedic hymn.

वेदवाक्य (~ vAkky) *m.* 1. Vedic truth. 2. unquestionable truth, gospel truth.

वेदव्यास (~ vyAs) *m.* ancient Sage Vyas who systematised the Vedas.

वेदसम्मत (~ sam mat) *adj.* sanctioned by the Vedas.

वेदांग (ve dAṅg) *m.* one of the six branches of the Vedas.

वेदांत (ve dAnt) *m.* highest form of philosophy as per the Vedas.

वेदांती (ve dAn tee) *adj.* & *m.* (one) well versed in वेदांत।

वेदिका (ve di KA) *f.* small altar.

वेदी (ve dee) *f.* altar (as sanctioned by the Vedas).

वेदोक्त (ve dokt) *adj.* ordained by the Vedas.

वेध (vedh) *m.* = वेधन।

वेधक (ve dhak) *m.* one who pierces, perforator.

वेधन (ve dhan) *m.* 1. act of piercing, perforation. 2. observation.

वेधनीय (vedh neey) *adj.* pierceable, perforable.

वेधशाला (~ shA lA) *f.* observatory, a building wherefrom stars, planets can be observed by the scientists.

वेधित (ve dhit) *adj.* pierced, perforated.

वेधी (ve dhee) *adj.* piercing; शब्द ~ बाण arrow which follows the track of the sound.

वेध्य (veddhy) *adj.* = वेधनीय।

वेला (ve lA) *f.* time, moment; चलाचली की ~ time of departure (from the world); मिलन की ~ moments of delightful union; मृत्यु की ~ time of death; सांध्य ~ eventide.

वेश (vesh) *m.* 1. dress, costume, apparel; गण ~ uniform. 2. guise; ~ धरना to put on the guise of; तुमने यह क्या ~ बना रखा है What an odd guise this!

वेशधारी (~ dhA ree) *adj.* in the guise of.

वेशभूषा (~ bhoo shA) *f.* garments, apparel and get-up etc.

वेश्या (vesh shyA) *f.* a woman who offers herself to somebody in return for money, prostitute.

वेश्यागमन (~ ga man) *m.* prostitution.

वेश्यागामी (~ gA mee) *m.* one who is in the habit of going to prostitutes.

वेश्यालय (~ lay) *m.* brothel.

वेश्यावृत्ति (~ vrit ti) *f.* the practice of working as a prostitute, prostitution.

वेष (vesh) *m.* = वेश।

वेषभूषा (~ bhoo shA) *m.* = वेशभूषा।

वेष्टन (~ Tan) *m.* 1. wrapping, enveloping. 2. wrapper, envelope.

वेष्टित (~ Tit) *adj.* wrapped, enveloped.

वैकल्पिक (vai kal pik) *adj.* optional, alternative.

वैकुंठ (~ kunTh) *m.* 1. Vishnu's abode. 2. heaven.

वैकुंठ-पुरी (~ - pu ree) *f.* abode of Lord Vishnu, heaven.

वैकुंठ-लोक (~ - lok) *m.* paradise.

वैचारिक (vai cA rik) *adj.* ideological.

वैचारिकी (~ cA ri kee) *f.* ideology.

वैचित्र्य (~ cittry) *m.* = विचित्रता।

वैजयंती (~ ja yan tee) *f.* trophy.

वैज्ञानिक (vai gyA nik) *adj.* scientific. *m.* scientist.

वैज्ञानिकता (~ tA) *f.* scientific approach/attitude.

वैटिकन (vai Ti kan) *m.* Roman Catholic Church, Vatican.

वैतनिक (vai ta nik) *adj.* stipendiary, salaried, paid; ~ सचिव paid secretary.

वैतरणिक (~ tar nik) *adj.* distributive.

वैतरणी (~ tar Nee) *f.* legendary river which flows between this world and the world hereafter.

वैताल (~ tAl) *m.* = वैतालिक। *m.* = बेताल, बैताल evil spirit, goblin.

वैतालिक (~ tA lik) *m.* magician.

वैतालीय (~ tA leey) *adj.* pertaining to बेताल।

वैदर्भ (~ darbh) *adj.* of or pertaining to विदर्भ।

वैदिक (~ dik) *adj.* pertaining or related to the Vedas; ~ संस्कृत old type of Sanskrit used in the Vedas.

वैदुष्य (~ dushshy) *m.* scholarship, learning.

वैदूर्य (~ doory) *m.* a precious stone, beryl.

वैदेशिक (~ de shik) *adj.* foreign, pertaining to a foreign country.

वैदेही (~ de hee) *f.* daughter of विदेह, Sita.

वैद्य (vaiddy) *m.* Ayurvedic physician.

वैद्यक (vaid dyak) *m.* Ayurvedic system of medicine.

वैद्यराज (vaiddy rAj) *m.* topping वैद्य।

वैध (vaidh) *adj.* legally accepted, affected or used, valid, legitimate; ~ बनाना to make something legally valid, validate.

वैधता (~ tA) *f.* validity, legitimacy.

वैधर्मिक (vai dhar mik) *adj.* irreligious.

वैधव्य (~ dhavvy) *m.* state of being a widow, widowhood.

वैधानिक (~ dhA nik) *adj.* constitutional.

वैफल्य (~ phally) *m.* = विफलता।

वैभव (~ bhav) *m.* 1. grandeur, magnificence. 2. wealth and glory.

वैभवशाली (~ shA lee) *adj.* 1. grand, magnificent. 2. wealthy and glorious.

वैभागिक (vai bhA gik) *adj.* departmental.

वैभाषिक (~ bhA shik) *adj.* dialectal.

वैभिन्न्य (~ bhinny) *m.* = विभिन्नता।

वैमत्य (~ matty) *m.* discordance.

वैमनस्य (~ ma nassy) *m.* animosity, rancour.

वैमात्र (~ mAttr) *adj.* step-motherly; ~ व्यवहार step-motherly treatment.

वैमानिक (~ mA nik) *adj.* aeronautical. *m.* pilot.

वैमानिकी (~ mA ni kee) *f.* aeronautics.

वैयक्तिक (~ yak tik) *adj.* 1. personal; ~ संबंध personal relation. 2. individual; ~ गुण individual characteristic.

वैयक्तिकता (~ tA) *f.* individuality.

वैयाकरण (vai yA ka raN) *m.* an expert in grammar, grammarian.

वैर (vair) *m.* enmity; ~ - भाव bad blood; ~ - विरोध animosity; आनुवंशिक ~ vendetta, ancestral feud; जातीय ~ generic animosity; पारिवारिक ~ family feud; ~ मोल लेना to nurse animosity.

वैर-शुद्धि (~ - shud dhi) *f.* tit for tat.

वैरागी (vai rA gee) *adj.* & *m.* (one) who has renounced mundane affairs, recluse, mendicant.

वैराग्य (~ rAggy) *m.* dispassion, non-attachment, renunciation.

वैराग्य-भाव (~ - bhAv) *m.* spirit of renunciation.

वैरी (vai ree) *m.* foe, enemy.

वैवाहिक (~ vA hik) *adj.* matrimonial; ~ जीवन married life; ~ संबंध matrimonial relation.

वैशाख (~ shAkh) *m.* second month of the Hindu calendar.

वैशाखनंदन (~ nan dan) *m.* donkey, ass.

वैशिष्ट्य (vai shishTy) *m.* = विशिष्टता।

वैशेषिक (~ she shik) *m.* one of the six systems of Indian Philosophy.

वैश्य (vaishshy) *m.* third of the four castes of Hindu social system; its main profession is business.

वैश्वानर (vaish vA nar) *m.* fire, the Almighty.

वैश्वीकरण (~ shvee ka raN) *m.* globalization.

वैषम्य (vai shammy) *m.* = विषमता।

वैष्णव (vaish Nav) *m.* 1. devotee of Lord Vishnu. 2. an orthodox sect among the Hindus.

वैसा (vai sA) *adj.* of that kind, like that; कुछ ~ ही somewhat like that; ~ ही exactly like that; ऐसा ~ undesirable, not of the proper type; ठीक ~ identically the same, identical. *pron.* all that.

वैसे (~ se) *adv.* in that way; ~ तो otherwise; ~ ही (i) in like manner; similarily; (ii) forthwith; (iii) casually (without any specific purpose); मैं ~ ही चला आया I dropped in casually. ~ यह बुरी बात है Ordinarily it is hardly desirable. जाना हो तो जाओ ~ मैं क्या कहूँ Go if you will, I have no say in the matter.

वोट (VOT) *m.* vote; ~ देना to vote; ~ माँगना to ask for a vote.

वोट-बैंक (~ - baiṅk) *m.* solid voters of a party, vote bank; ~ की राजनीति ने देश की अत्यधिक हानि की है The vote bank politics had caused immense harm to the nation.

वोटर (vo TAr) *m.* voter.

वोल्ट (volT) *m.* = volt.

व्यंग्य (vyaṅgy) *m.* irony, sarcasm, satire; ~ कसना to pass satirical/ironical/sarcastic remark.

व्यंग्य-चित्र (~ - cittr) *m.* cartoon.

व्यंग्यात्मक (vyaṅ gyAt mak) *adj.* ironical, sarcastic, satirical.

व्यंग्यार्थ (~ gyArth) *m.* suggested meaning.

व्यंग्योक्ति (~ gyok ti) *f.* sarcastic remark.

व्यंजक (vyan jak) *adj.* 1. expressive. 2. suggestive.
m. expression. (Maths.)

व्यंजन (~ jan) *m.* 1. consonant. 2. an article of food, usually cooked, dainty dish; पारंपरिक ~ traditional eats. 3. act of expressing.

व्यंजन-गुच्छ (~ gucch) *m.* consonant cluster.

व्यंजना (~ ja NA) *f.* suggested meaning; ~ - शक्ति power of expression.

व्यंजित (~ jit) *adj.* expressed.

व्यक्त (vyakt) *adj.* 1. explicit, expressed; ~ करना to express; उन्होंने सरकार के संघर्ष-विराम के निर्णय पर आश्चर्य ~ किया They expressed surprise on the ceasefire decision of the government. गहरी चिंता ~ करना to express deep concern. 2. manifested.

व्यक्ति (vyak ti) *m.* 1. person. 2. individual; समाज ~ से बड़ा है The society is bigger than the individual.

व्यक्तिक (~ tik) *adj.* = वैयक्तिक।

व्यक्तिगत (~ ti gat) *adj.* personal, individual.

व्यक्तित्व (~ tittw) *m.* 1. personality. 2. individuality.

व्यक्तिनिष्ठ (~ ti nishTh) *adj.* subjective.

व्यक्ति-प्रधान (~ - pra dhAn) *adj.* individualistic.

व्यक्तिवाचक संज्ञा (~ VA cak saṅ gyA) *f.* Proper Noun.

व्यक्तिवाद (~ VAd) *m.* individualism.

व्यक्तिवादी (~ VA dee) *adj.* individualistic. *m.* individualist.

व्यक्तीकरण (vyak tee karaN) *m.* individualisation, personalisation.

व्यग्र (vyaggr) *adj.* restless, perturbed, bewildered, perplexed.

व्यग्रता (~ TA) *f.* restlessness, perturbation, perplexity.

व्यजन (vya jan) *m.* 1. hand fan. 2. act of fanning.

व्यतिक्रम (~ ti kram) *m.* 1. violation of established/traditional order. 2. deviation.

व्यतिक्रमण (~ ti kra maN) *m.* = व्यतिक्रम।

व्यतिरेक (~ ti rek) *m.* distinction by contrast, contra-distinction.

व्यतिरेकी (~ ti re kee) *adj.* contrastive; ~ भाषा-विज्ञान contrastive linguistics.

व्यतीत (~ teet) *adj.* passed, past (time); ~ करना to pass (time); समय ~ करना ही पड़ता है One has to pass time any way. ~ होना to elapse/pass/spend.

व्यत्यय (vyat tyay) *m.* reversion of order, reversal; ~ भी समयानुसार कभी-कभी आवश्यक हो जाता है Reversal too, sometimes, becomes necessary according to circumstances.

व्यथा (vya thA) *f.* anguish, agony; विरह ~ agony of separation.

व्यथित (~ thit) *adj.* in agony; ~ - हृदय lacerated heart; ~ करना to agonize.

व्यभिचार (~ bhi cAr) *m.* 1. adultery. 2. fornication; मानसिक ~ mental prostitution.

व्यभिचारिणी (~ bhi cA ri Nee) *f.* adultress, lewd woman.

व्यभिचारी (~ bhi cA ree) *adj.* 1. going astray, straying. 2. deviating or diverging from, erring.

m. one who commits adultery, lewd, adulterer, libertine. [Fem. व्यभिचारिणी]

व्यभिचारी भाव (~ bhAv) *m.* a transitory feeling or state of mind (opp. to स्थायी भाव) said to be thirty four in number.

व्यय (vyay) *m.* expenditure, expense, expending; आय - ~ income and expenditure; डाक - ~ postal expenses.

व्ययसाध्य (~ sAd dhy) *adj.* high-priced, expensive, costly.

व्यर्थ (vyarth) *adj.* useless, pointless, futile. *adv.* in vain; तुम से बात करना ~ है It is of no use talking to you. ~ हो जाना to come to nought; सारा जीवन ~ गया The entire life has come to nought. ~ का *adj.* useless, meaningless, superfluous; ~ की बकवास useless prattle.

व्यर्थता (~ tA) *f.* uselessness, futility.

व्यवकलन (vyav ka lan) *m.* subtraction. (Maths.)

व्यवकलित (~ ka lit) *adj.* subtracted. (Maths.)

व्यवच्छिन्न (vya vac chinn) *adj.* separated.

व्यवच्छेद (~ vac ched) *m.* separation.

व्यवच्छेदन (~ vac che dan) *m.* dissection.

व्यवधान (~ va dhAn) *m.* 1. hindrance, impediment, obstruction; कोई न कोई ~ आ पड़ता है Some impediment or the other is always there. 2. interruption, intervention.

व्यवसाय (~ sAy) *m.* 1. vocation, calling, profession, occupation. 2. trade, business; पुस्तकों का ~ book trade.

व्यवसायिक (~ sA yik) *adj.* = व्यावसायिक।

व्यवसायी (~ sA yee) *adj.* 1. professional. 2. mercantile.

m. merchant, trader, businessman, dealer; ~ - संघ Merchants' Association; वस्त्र - ~ cloth merchant.

व्यवस्था (vya vas thA) *f.* 1. arrangement, management; ~ करना to arrange/manage/provide. 2. system; कर - ~ taxation system. 3. order; ~ स्थापित करना to establish order. 4. ruling; ~ देना to give a ruling.

व्यवस्थापक (~ pak) *m.* 1. manager. 2. organiser.

व्यवस्थापन (~ pan) *m.* organisation, management.

व्यवस्थापिका (~ pi kA) *f.* legislature; ~ सभा legislative assembly.

व्यवस्था-स्थापन (~ - sthA pan) *m.* establishment of order.

व्यवस्थित (vya vas thit) *adj.* 1. organised; well-managed; ~ करना to put in order. 2. systematised, methodical; ~ - ढंग से systematically, methodically; ~ चित्त balanced mind.

व्यवस्थिति (~ thi ti) *f.* system, method.

व्यवहार (vyav hAr) *m.* 1. behaviour; ~ करना to behave/treat. 2. dealing; ~ करना to deal. 3. use, practice; ~ में in use/practice; ~ और सिद्धांत theory and practice.

व्यवहार-कुशल (~ - ku shal) *adj.* practical, worldlywise, dextrous.

व्यवहार-कुशलता (~ - ku shal tA) *f.* worldly/practical wisdom, adroitness.

व्यवहार-चतुर (~ - catur) *adj.* pragmatic.

व्यवहारत: (~ tah) *ind.* practically.

व्यवहार-बुद्धि (~ - bud dhi) *f.* practical wisdom.

व्यवहार्य (vya va hARRy) *adj.* practicable, feasible; यदि ~ हो, तो आप अवश्य आइए It at all it may be feasible, please do come certainly.

व्यवहार्यता (~ tA) *f.* practicability, feasibility, savvy.

व्यवहृत (vya va hrit) *adj.* used, retolised.

व्यष्टि (vyash Ti) *m.* individual; ~ और समष्टि individual and society.

व्यष्टिवाद (~ vAd) *m.* individualism.

व्यष्टिवादी (~ vA dee) *adj.* individualistic. *m.* individualist.

व्यसन (vya san) *m.* 1. addiction, evil habit; ~ पड़ना/लगना to be addicted. 2. hobby; विद्या - ~ hobby of learning.

व्यसनी (vyas nee, sa nee) *m.* addict; विद्या ~ given to learning.

व्यस्त (vyast) *adj.* busy, engaged, occupied; ~ रहना to be busy/occupied; वह अपने काम में इतना ~ था कि भोजन करना भी भूल गया He was so much engrossed in his work that he forgot even to take his meals. अस्त - ~ in disarray, in disorder, at sixes and sevens.

व्याकरण (vyA ka raN) *m.* Grammar; ऐतिहासिक~ historical Grammar; तुलनात्मक ~ comparative Grammar; ~ - संबंधी भूल grammatical mistake; ~ से सिद्ध grammatically correct. 2. a book of grammar.

व्याकरण-सम्मत (~ sam mat) *adj.* conforming to the rules of grammar, grammatical.

व्याकरणिक (vyA kar Nik) *adj.* grammatical.

व्याकुल (~ kul) *adj.* agitated, perturbed, restless; भूख से ~ extremely hungry, feeling uneasy due to hunger; मिलने के लिए ~ yearning to meet.

व्याकुलता (~ tA) *f.* perturbation, restlessness.

व्याख्या (vyAk khyA, vyA khya) *f.* 1. explanation, elaboration, expatiation; ~ करना to explain the meaning of, interpret; इस न्यायालय का काम है संविधान की व्याख्या करना It is the duty of this court to interpret The constitution. 2. commentary, annotation.

व्याख्याकार (~ kAr) *m.* 1. commentator. 2. interpreter.

व्याख्याता (~ tA) *m.* 1. exponent. 2. lecturer.

व्याख्यात्मक (vyA khyAt mak) *adj.* explanatory, annotated.

व्याख्यान (~ khyAn) *m.* lecture, speech; ~ झाड़ना to hold forth.

व्याख्येय (~ khyey) *adj.* fit to be explained/annotated.

व्याघात (vyA ghAt) *m.* 1. blow, stroke. 2. hindrance, obstruction, obstacle.

व्याघ्र (vyAgghr) *m.* tiger.

व्याघ्रचर्म (~ carm) *m.* tiger-skin.

व्याघ्रमुखी (~ mu khee) *adj.* tiger-faced.

व्याज (vyAj) *m.* 1. pretext, pretence. 2. = ब्याज।

व्याजनिंदा (~ nin dA) *f.* ironical censure.

व्याजस्तुति (vyA jas tu ti) *f.* ironical commendation.

व्याजोक्ति (vyA jok ti) *f.* ironical statement.

व्याध (vyAdh) *m.* hunter, fowler.

व्याधि (vyA dhi) *f.* ailment, malady, disease.

व्याधिनाशक (~ nA shak) *m.* antidote.

व्याधि-मंदिर (~ - man dir) *m.* abode of ailment—human body.

व्याधिहर (~ har) *m.* antidote.

व्यापक (vyA pak) *adj.* 1. pervading, pervasive. 2. extensive, widespread; ~ बनाना to expand; ~ क्षेत्र में in an extensive area; ~ वर्षा extensive rains. 3. comprehensive; ~ दृष्टिकोण comprehensive view-point; ~ रूप से viewed comprehensively.

व्यापकता (~ tA) *f.* 1. pervasiveness. 2. extent, extensiveness. 3. comprehensiveness.

व्यापना (vyAp nA) *vt.* to pervade, to spread through/over.

व्यापार (vyA pAr) *m.* business, trade, trading.

व्यापार-कर (~ - kar) *m.* trade-tax.

व्यापार-चक्र (~ - cakkr) *m.* trade-cycle.

व्यापार-चिह्न (~ - cinh) *m.* trade-mark.

व्यापार-तुला (~ - tu lA) *f.* balance of trade.

व्यापार-बुद्धि (~ - bud dhi) *f.* business aptitude/tact.

व्यापार-संघ (~ - sangh) *m.* mercantile association.

व्यापारिक (vyA pA rik) *adj.* commercial, mercantile; ~ नीति trade policy; ~ हित business interest.

व्यापारी (~ pA ree) *m.* trader, tradesman, merchant, businessman, dealer; ~ जहाज़ merchantman, merchantship. *adj.* of trade; ~ लोग people engaged in trade.

व्यापित (~ pit) *adj.* = व्याप्त।

व्यापी (~ pee) *adj.* pervading, pervasive; घट-घट ~ all-pervading; दूर ~ far-reaching; विश्व ~ pervading universally; सर्व ~ all-pervading, omnipresent; ईश्वर सर्व ~ है God is omnipresent.

व्याप्त (vyApt) *adj.* pervaded, permeated; घट-घट में ~ all-pervading; नस-नस/रग-रग में ~ pervading one's entire body; ~ रहना to pervade; जिस प्रकार तिलों में तेल रहता है उसी प्रकार तुम्हारे अंदर ईश्वर ~ है Just as oil is present in sesame seeds in the same way God pervades in your body.

व्याप्ति (vyAp ti) *f.* pervasiveness, pervasion.

व्याप्य (vyAppy) *adj.* pervasive.

व्यामोह (vyA moh) *m.* 1. infatuation, fascination. 2. bewilderment, embarrassment.

व्यामोहित (~ mo hit) *adj.* 1. infatuated, fascinated. 2. bewildered, embarrassed.

व्यायाम (~ yAm) *m.* physical exercise, bodily exercise, athletic; ~ करना to take exercise; मानसिक ~ mental exercise, intellectual gymnastics.

व्यायामशाला (~ shA lA) *f.* gymnasium.

व्यायामिक (vyA yA mik) *adj.* pertaining to व्यायाम, athletic.

व्यायामी (~ yA mee) *adj.* & *m.* athlete.

व्याल (vyAl) *m.* snake.

व्यावसायिक (vyAv sA yik) *adj.* professional, vocational, occupational, pertaining to business; ~ दृष्टिकोण business-like attitude, business viewpoint; ~ प्रवृत्ति business mentality.

व्यावहारिक (~ hA rik) *adj.* 1. practical, realistic, down-to-earth; ~ कार्यक्षमता savvy; ~ रूप से in a practical manner; वह ज़रा भी ~ नहीं है He is not at all practical. 2. applied; ~ विज्ञान applied science.

व्यावहारिकता (~ tA) *f.* The state or quality of being practical or realistic, practicality.

व्यास (vyAs) *m.* 1. diameter. 2. an ancient Hindu writer of legendary epics. 3. a river in the Punjab. 4. professional religious discoverer.

व्यासपीठ (~ peeTh) *n.* pulpit.

व्यासीय (vyA seey) *adj.* diametrical.

व्युत्क्रम (vyut kram) *m.* 1. reversal (as 'dab' of 'bad'). 2. reciprocal (as 3/2 of 2/3).

व्युत्क्रमण (~ kra maN) *m.* 1. reversal. 2. reciprocation.

व्युत्पत्ति (~ pat ti) *f.* derivation, etymology.

व्युत्पत्तिक (~ pat tik) *adj.* derivative, etymological.

व्युत्पन्न (~ pann) *adj.* derived, derivative; ~ शब्द derived word.

व्युत्पन्नमति (~ ma ti) *adj.* ready wit, witty.

व्युत्पादन (vyut pA dan) *m.* etymological derivation.

व्यूह (vyooh) *m.* battle array, disposition of army; ~ - रचना strategic disposition of forces.

व्यूहबद्ध (~ baddh) *adj.* strategically arrayed.

व्योम (vyom) *m.* sky, space.

व्योमगंगा (~ gaṅ gA) *f.* Milky Way.

व्योमचारी (~ cA ree) *adj.* sky-going/faring.

व्योमविहारी (~ vi hA ree) *adj.* = व्योमचारी।

व्रजन (vra jan) *m.* roaming, wandering.

व्रण (vraN) *m.* wound.

व्रत (vrat) *m.* 1. vow, pledge; ~ लेना to take a vow/pledge. 2. fast; ~ करना/रखना to observe a fast; ~ भंग violation of a pledge or fast.

व्रती (vra tee) *adj.* & *m.* 1. (one) who has taken a vow/pledge. 2. (one) who is observing/keeping a fast.

व्रीड़ा (vree RA) *f.* bashfulness, modesty.

श

श (sh) *m.* first sibilant of the Nagari alphabet; its sound resembles that of *s* in *sugar.*

शंकनीय (shaṅ ka neey) *adj.* doubtful, questionable.

शंकर (~ kar) *m.* Lord Shiv.

शंका (~ kA) *f.* 1. doubt, apprehension; मुझे ~ है I doubt. ~ उठाना to raise a doubt. 2. an objection started in disputation; ~ उठाना to raise an objection.

शंकाकुल (~ kul) *adj.* perturbed by doubt.

शंकाजनक (~ ja nak) *adj.* (that) which raises suspicion/doubt.

शंका-निवारण (~ - ni vA raN) *m.* removing a doubt.

शंका-निवृत्ति (~ - ni vrit ti) *f.* removal of a doubt.

शंकालु (~ lu) *adj.* & *m.* (a person) of a suspicious disposition, inclined to doubt.

शंकाशील (~ sheel) *adj.* of a suspicious nature.

शंका-समाधान (~ - sa mA dhAn) *m.* clearing up an objection or doubt.

शंकित (shaṅ kit) *adj.* 1. full of doubt/suspi- cion. 2. alarmed, apprehensive.

शंकु (~ ku) *m.* cone, peg.

शंख (shaṅkh) *m.* 1. conch; ~ फूँकना to instil some idea, usually unwholesome; ~ बजाना to blow a conch. 2. hundred billions.

शंखध्वनि (~ dhwa ni) *f.* sound of a conch.

शंखनाद (~ nAd) *m.* protracted sound of a conch-shell.

शंखिनी (shaṅ khi nee) *f.* one of the categories of women according to Hindu sexology.

शंबु (sham bu) *m.* snail.

शंभु (~ bhu) *m.* Lord Shiva.

शऊर (sha oor) *m.* mannerliness, manners, wisdom, shrewdness; उसे कोई ~ नहीं He is void of manners. काम करने का ~ proper way of doing things.

शक (shak) *m.* 1. suspicion, uncertainty; ~ करना to suspect; झूठा ~ false suspicion; तुम्हारा ~ किस पर है Whom do you sus-pect? 2. doubt; मुझे ~ है I doubt. 3. the Saka tribe which invaded India in the 1st century B.C.

शकट (sha kaT) *m.* cart.

शकर (~ kar) *f.* = शक्कर।

शकरकंद (~ kand) *m.* sweet potato.

शकरकंदी (~ kan dee) *f.* sweet potato.

शकल (sha kal) *f.* = शक्ल।

शक संवत् (shak sam vat) *m.* an era intr- oduced by emperor Shalivahan ir 78A.D.

शकाब्द (sha kAbd) *m.* = शक संवत्।

शकुंत (~ kunt) *m.* bird.

शकुन (~ kun) *m.* 1. bird. 2. omen, augury auspicious sign; ~ देखना to look fo the omens; ~ विचारना to consider th omens.

शकुन-विचार (~ - vi cAr) *m.* augury.

शकुनी (sha ku nee) *m.* augur, soothsaye ~ मामा a prominent character in Maha bharat.

शक्कर (shak kar) *f.* sugar.

शक्की (~ kee) *adj.* of a doubting/suspicious nature, sceptical, whimsical.

शक्की-मिज़ाज (~ - mi ZAj) *adj.* = शक्की।

शक्ति (shak ti) *f.* 1. power; अश्व ~ horse power. 2. physical strength, might, energy; पूरी ~ से with full effort. 3. Goddess of power.

शक्तिपात (~ pAt) *m.* an act of putting strength in one's pupil by his preceptor.

शक्ति-पूजक (~ - poo jak) *m.* worshipper of Shakti, the Goddess of power. रामकृष्ण परमहंस पक्के ~ थे Ram Krishna Paramhans was a staunch worshipper of Shakti—Goddess Maha Kali.

शक्ति-पूजा (~ - poo jA) *f.* worship of Shakti, the Goddess of power.

शक्तिमत्ता (~ mat tA) *f.* mightiness, powerfulness.

शक्तिमान, शक्तिमान् (~ mAn) *adj.* mighty, powerful.

शक्तिवर्धक (~ var dhak) *adj.* energy-giving, nutritive, invigorating.

शक्तिशाली (~ shA lee) *adj.* possessing power/strength, powerful.

शक्ति-संतुलन (~ - san tu lan) *m.* balance of power.

शक्तिसंपन्न (~ sam pann) *adj.* full of power/strength/energy.

शक्तिहीन (~ heen) *adj.* powerless, devoid of energy, enervated.

शक्य (shaky) *adj.* possible, feasible.

शक्यता (~ tA) *f.* possibility, feasibility.

शक्ल (shakkl) *f.* 1. countenance, looks, appearance; उसकी ~ किससे मिलती है Whom does he look like? क्या आपकी और उसके पिता जी की शक्लें एक-सी हैं Do you and his father look alike? 2. shape, form; उसकी ~ कैसी है What does it look like? ~ दिखाना to put in an appearance, to show up; ~ देखना—ज़रा अपनी शक्ल तो देखो शीशे में Try seeing yourself in a looking glass. ~ देखते रह जाना to gaze in astonishment; ~ बनना to take shape; ~ बनाना—तुमने क्या शक्ल बना रखी है What queer looks you have put on! ~ बिगाड़ देना (i) to deform, (ii) to give a licking; ~ से as regard outward form, by face; ~ से पहचानना to recognise by face/countenance.

शक्ल-सूरत (~ - soo rat) *f.* appearance, looks.

शख़्स (shaKhs) *m.* person, individual.

शख़्सियत (shaKh si yat) *f.* personality, individuality.

शग़ल (sha Gal) *m.* hobby, pastime, occupation; उसका ख़ास ~ बागवानी है His chief hobby is gardening.

शगुन (~ gun) *m.* an auspicious ceremony performed as a token, token of betrothal ceremony given by the bride's party.

शगुनिया (~ gu ni yA) *m.* augur, diviner.

शगूफ़ा (~ goo FA) *m.* 1. bud, blossom. 2. squib, utterance calculated to let off a quarrel; ~ छोड़ना set off a squib.

शचि (~ ci) *f.* name of the wife of Indra.

शजरा (shaj rA) *m.* 1. geneological table/tree. 2. map of rural holdings.

शटर (sha Tar) *m.* a shutter; दुकानदारों ने तुरंत ~ गिरा दिए और सुरक्षित स्थानों को भाग निकले Shopkeepers immediately let down their shutters and rushed to safer places.

शठ (shaTh) *adj.* & *m.* wicked, rogue, knave, cunning.

शठता (~ tA) *f.* roguery, wickedness, knavery.

शत (shat) *adj.* & *m.* hundred; ~ प्रतिशत cent per cent.

शतक (sha tak) *m.* 1. one hundred. 2. a

score of one hundred runs by one batsman in an innings; ~ पीटना/बनाना to score a century.

शतदल (shat dal) *m.* lotus.

शतपति (~ pa ti) *m.* centenarian.

शतपद (~ pad) *m.* centipede.

शतरंज (~ ranj) *f.* chess; ~ की बिसात chess-board; ~ बिछी थी The chessboard was set out.

शतरंजी (~ ran jee) *f.* 1. chessboard. 2. carpet with a chessboard design.

m. good chess-player.

शतवार्षिकी (~ VAr shi kee) *f.* centenary.

शतशः (~ shah) *adv.* in a hundred ways.

शतांश (sha tAnsh) *m.* 1. hundredth part. 2. scanty, meagre.

शताब्दी (~ tAb dee) *f.* 1. century, 100 years; ईसापूर्व तीसरी ~ में in third century B.C. 2. centenary; ~ - समारोह centenary celebrations, 100th anniversary.

शतायु (~ tA yu) *adj.* 100 years old, centenarian; ~ हो May you live to be a centenarian.

शती (~ tee) *f.* a period of 100 years, century.

शत्रु (shat tru) *m.* enemy, foe, opponent, antaonist; ~ बन/हो जाना to turn an enemy.

शत्रुता (~ tA) *f.* enmity, hostility, animosity; ~ बरतना to behave inimically.

शत्रुतापूर्ण (~ poorN) *adj.* inimical, hostile; क्या वे ~ व्यवहार करेंगे Will they turn hostile?

शनाख़्त (sha nAKht) *f.* identification; ~ करना to identify.

शनि (~ ni) *m.* 1. Saturn, the seventh of the nine planets. 2. = शनिवार; इसके पैरों में ~ है He is given to rambling. उसके सिर पर ~ सवार है His luck is out.

शनिवार (~ VAr) *m.* Saturday.

शनिश्चर (sha nish car) *m.* = शनिवार (Saturday).

शनैः-शनैः (~ naiḥ - sha naiḥ) *adv.* gradually, by degrees.

शपथ (~ path) *f.* oath, swearing; ~ खाना to take an oath, to swear; ~ दिलाना to administer an oath; ~ लेना to swear, to take an oath; गोपनीयता की ~ oath of secrecy.

शपथ-ग्रहण (~ - gra haN) *m.* oath-taking; ~ समारोह oath-taking ceremony.

शपथ-पत्र (~ - pattr) *m.* an affidavit.

शपथपूर्वक (~ poor vak) *adv.* on oath, under oath.

शफ़तालू (shaF tA loo) *m.* a kind of peach, nectarine.

शबनम (shab nam) *f.* dew.

शबनमी (~ na mee) *f.* sheet suspended over the bed to keep off the dew.

शब्द (shabd) *m.* word; उसने इस संबंध में एक ~ भी नहीं कहा He did not say even a word about it. दूसरे शब्दों में in other words; शब्दों में व्यक्त करना to express in words; कृतज्ञता प्रकट करने के लिए मेरे पास ~ नहीं I have no words to express my gratitude. मेरे मुँह से एक ~ न निकला Not a word I spoke/escaped my mouth. नया ~ neologism.

शब्दकार (~ kAr) *m.* coiner of words.

शब्दकोश (~ kosh) *m.* dictionary, lexicon.

शब्दक्रम (~ kram) *m.* word-order.

शब्दगत (~ gat) *adj.* related with the word.

शब्दचयन (~ ca yan) *m.* 1. act of collecting or selecting words. 2. words selected to express an idea, wording.

शब्दचित्र (~ cittr) *m.* word-sketch.

शब्दजाल (~ jAl) *m.* 1. word-trap. 2. circumlocution.

शब्दब्रह्म (~ brahm) *n.* God as the Word = Word-God.

शब्दभेद (~ bhed) *m.* part of speech.

शब्दवेधी बाण (~ ve dhee bAN) *m.* arrow which follows the track of a sound; राजा दशरथ ~ चलाने में अत्यंत दक्ष थे King Dasharath was very expert in shooting of arrows which followed the track of a sound.

शब्दश: (~ shaḥ) *adv.* verbatim; ~ अनुवाद literal translation.

शब्दशक्ति (~ shak ti) *f.* word-power, force of a word.

शब्दसंग्रह (~ saṅ grah) *m.* collection of words.

शब्दसूची (~ soo cee) *f.* list of words.

शब्दसौष्ठव (~ saush Thav) *m.* elegance of words.

शब्दहीन (~ heen) *adj.* 1. speechless. 2. finding no words to say.

शब्दाडंबर (shab dA Dam bar) *m.* circumlocution.

शब्दातीत (~ dA teet) *adj.* beyond words/ description.

शब्दानुवाद (~ dA nu vAd) *m.* literal translation.

शब्दानुशासन (~ dA nu shA san) *m.* Grammar, grammatical discipline.

शब्दान्वय (~ dAn vay) *m.* parsing.

शब्दार्थ (~ dArth) *m.* word meaning, literal meaning; ~ - विज्ञान Semantics.

शब्दालंकार (~ dA laṅ kAr) *m.* embellishment of language based on the arrangement of words.

शब्दावली (~ dA va lee) *f.* 1. list of words in proper order. 2. terminology; गणितीय~ mathematical terminology. 3. wording.

शम (sham) *m.* tranquillity/peace of mind.

शमन (sha man) *m.* 1. act of extinguishing; अंग्नि - ~ extinction of fire. 2. slaking, quenching, allaying; तृषा - ~ slaking/ quenching of thirst; आवेश का ~ quieteṅing of emotional outburst; क्रोध का ~ cooling down of anger.

शमशीर (sham sheer) *f.* sword.

शमा (sha mA) *f.* burning candle/lamp.

शमादान (~ dAn) *m.* candle-stand, lamp-stand.

शमित (sha mit) *adj.* 1. extinguished. 2. slaked, quenched, allayed.

शयन (sha yan) *m.* sleeping, turning in; ~ करना to sleep.

शयन-कक्ष (~ - kaksh) *m.* bed-room.

शयनागार (sha ya nA gAr) *m.* bed-chamber.

शयनिका (~ ni kA) *f.* bunk, sleeping berth.

शय्या (shay yA) *f.* 1. bedstead. 2. bed; ~ बिछी थी The bed was laid out. 3. couch.

शय्याग्रस्त (~ grast) *adj.* bed-ridden.

शय्याव्रण (~ vraN) *m.* bed-sore; वह ~ से ग्रस्त है He is suffering from bed-sores.

शर (shar) *m.* arrow; ~ संधान taking aim with an arrow.

शरच्चंद्र (sha rac candr) *m.* autumnal moon.

शरच्चंद्रिका (~ rac can dri kA) *f.* autumnal moonlight.

शरज्ज्योत्स्ना (~ raj jyot snA) *f.* = शरच्चंद्रिका।

शरण (~ raN) *f.* 1. refuge, shelter; ~ देना to give/provide shelter, to give refuge; मुख्यमंत्री अपराधियों और माफ़ियाओं को ~ दे रहे हैं Chief Minister has been giving shelter to criminals and mafias. ~ में आना to take refuge; मैं तेरी ~ में आया हूँ I seek thy shelter. 2. asylum; विदेश में ~ लेना to seek asylum in a foreign land.

शरणस्थल (~ sthal) *f.* 1. sanctuary. 2. refuge; वह देश अपराधियों के लिए आदर्श ~ है That country is an ideal refuge for criminals.

शरणागत (shar NA gat) *adj.* & *m.* (one) who has come to seek shelter, refugee.

शरणागति (~ NA ga ti) *f.* approach for shelter.

शरणार्थिन (~ NAr thin) *f.* fem. of शरणार्थी।

शरणार्थी (~ NAr thee) *m.* refugee [Fem. शरणार्थिन]

शरणालय (~ NA lay) *m.* asylum, refuge.

शरण्य (sha raNy) *adj.* seeking/needing shelter.

शरत, शरत् (~ rat) *f.* autumn.

शरत्काल (~ KAl) *m.* autumn season.

शरद, शरद् (sha rad) *f.* autumn.

शरद्ऋतु (~ ritu) *f.* autumn.

शरबत (shar bat) *m.* 1. syrup. 2. sweet beverage.

शरबती (~ ba tee) *adj.* of the colour of शरबत, light rosy, pink; ~ आँखें sweet, fascinating eyes; ~ नींबू orange.

शरम (sha ram) *f.* = शर्म।

शरमाना (shar mA nA) *vi.* to feel shy; शरमाओ मत Don't be shy.

शरमाशरमी (~ mA shar mee) *adv.* out of bashfulness/shyness.

f. shyness, bashfulness, modesty.

शरमिंदगी (~ min da gee) *f.* shamefulness.

शरमिंदा (~ min dA) *adj.* ashamed; मुझे ~ मत करो Don't put me to shame. मैं ~ हूँ I am ashamed.

शरमीला (~ mee lA) *adj.* shy, bashful, modest; शरमीली आँखें bashful eyes.

शरमीलापन (~ pan) *m.* bashfulness, shyness.

शरशय्या (shar shay yA) *f.* bed of arrows; भीष्म पितामह रणक्षेत्र में अपना प्राणोत्सर्ग करने तक ~ पर रहे Bhishma Pitamah rested on bed of arrows in the battle-field till leaving his soul.

शरह (sha rah) *f.* rate; ~ सूद rate of interest.

शराकत (~ rA kat) *m.* 1. participation. 2. partnership; ~ नामा deed of partnership.

शरापना (~ rAp nA) *vt.* to curse, to lay a curse on, to imprecate.

शराफ़त (~ rA FAt) *f.* gentlemanliness, gentlewomanliness, nobility; ~ का तक़ाज़ा demands of gentlemanliness.

शराब (sha rAb) *f.* wine, liquor; जो लोग ~ पीकर गाड़ी चलाते हैं उन्हें दंडित किया जाना चाहि[ए] People who drive when they are drun[k] should be penalized. ~ का दौर roun[d] of liquor; ~ की ख़ुमारी hang-over, after effect of drink; ~ पीना to drink/booze ~ बनाना to distil wine, to brew.

शराब-कबाब (~ - ka bAb) *m.* liquor and mea[t]

शराबख़ाना (~ KHA nA) *m.* 1. distillery. 2. liquo[r] bar.

शराबख़ोर (~ Khor) *adj.* & *m.* given to excessive drinking, toper.

शराबख़ोरी (~ Kho ree) *f.* (habit of) drinking

शराबी (sha rA bee) *adj.* & *m.* drunkard.

शराबी-कबाबी (~ - ka bA bee) *adj.* given t[o] drinking and meat-eating.

शराबोर (sha rA bor) *adj.* soaked to the skin drenched.

शरारत (~ rA rat) *f.* mischief, naughtiness यदि बच्चों को कुछ करने के लिए नहीं दोगे तो [वे] कुछ-न-कुछ ~ करने लगेंगे It you don't giv[e] children something to do they wi[ll] be up to some mischief or the othe[r] उसकी नस नस में ~ भरी है He is a bundl[e] of naughtiness. He is mischievous t[o] the core. यह उसी की ~ थी This mischie[f] was his doing.

शरारत-भरा (~ - bha rA) *adj.* impish; ~ हास[्य] impish humour.

शरारती (sha rA ra tee) *adj.* & *m.* 1. naught[y] (person). 2. mischievous or trouble maker; वह भी कैसी ~ है What a teas[e] she is?

शरारतीपन (~ pan) *m.* naughtiness, mischievousness.

शरीक (sha reek) *adj.* participating, associating; ~ होना to participate.

m. 1. partner. 2. relative.

रीफ़ (~ reeF) *adj.* noble, gentlemanly; ~ आदमी gentleman; ~ खानदान noble family.

रीफ़ा (~ ree FA) *m.* custard apple.

रीर (~ reer) *adj.* 1. naughty. 2. mischievous.

m. body; ~ और आत्मा body and soul; ~ का गठन build, physique.

रीरत्याग (~ tyAg) *m.* demise, death.

रीरधारी (~ dhA ree) *adj.* incarnate.

रीररक्षक (~ rak shak) *m.* = अंगरक्षक।

रीरविज्ञान (~ vig gyan) *m.* Physiology.

रीरविज्ञानी (~ vig gyA nee) *m.* physiologist.

रीरवैज्ञानिक (~ vaig gyA nik) *adj.* physiological.

रीरांत (sha ree rAnt) *m.* death, demise; ~ होना; उसका ~ हो गया है He has expired.

रीरी (~ ree ree) *adj.* physical, corporal, corporeal.

र्करा (shar ka rA) *f.* sugar.

र्त (shart) *f.* 1. condition, terms; हमारी शर्तें आप मान लें Accept our terms. इस ~ पर कि on the understanding/condition that. 2. wager, bet; ~ बदना/लगाना to lay a wager, to bet; ~ रखना to lay down a condition; ~ हार जाना to lose a wager/bet; ~ यह है कि provided that, on the condition that.

र्तिया (shar ti yA) *adv.* surely, certainly, assuredly; वे शर्तिया आएँगे He will definitely come / I am sure he will come. Certainly he will come. ~ इलाज guaranteed cure.

र्म (sharm) *f.* 1. shame; ~ करना to be ashamed; ~ की बात matter of shame; मुझे अपने पर ~ आती है I am ashamed of myself. मुझे क्षमा माँगते ~ आती है To beg I am ashamed. 2. shyness; अपनों से ~ कैसी Why this barrier of shame before one's own! ~ घोलकर पी जाना to be lost to all sense of shame.

शर्मनाक (~ nAk) *adj.* shameful, disgraceful.

शर्मिंदगी (shar min da gee) *f.* 1. shame. 2. discomfiture; मुझे बहुत ~ उठानी पड़ी I had to put up with a lot of discomfiture.

शर्मिंदा (~ min dA) *adj.* ashamed; मैं अपनी भूल के लिए ~ हूँ I am ashamed of my mistake.

शर्मीला (~ mee lA) *adj.* shy, bashful, modest.

शर्मीलापन (~ pan) *m.* shyness, bashfulness, modesty.

शलक (sha lak) *m.* scale (of fish).

शलग़म (shal Gam) *m.* turnip.

शलजम (~ jam) *m.* = शलग़म।

शलभ (sha labh) *m.* moth.

शलाका (~ lA KA) *f.* rod, spoke.

शल्य (shally) *m.* 1. thorn. 2. surgical instrument.

शल्यकर्म (~ karm) *m.* surgery.

शल्यकार (~ KAr) *m.* surgeon.

शल्यक्रिया (~ kri yA) *f.* surgical operation.

शल्यचिकित्सा (~ ci kit SA) *f.* 1. surgery. 2. (surgical) operation.

शल्योपचार (shal lyo pa cAr) *m.* surgical operation/treatment.

शव (shav) *m.* dead body, corpse.

शवच्छेदन (sha vac che dan) *m.* autopsy.

शवदाह (shav dAh) *m.* cremation.

शव-परीक्षा (~ - pa reek shA) *f.* postmortem examination.

शव-पेटी (~ - pe Tee) *f.* coffin.

शवशाला (~ shAlA) *f.* mortuary.

शवसंस्कार (~ sans KAr) *m.* (last) funeral rites.

शशक (sha shak) *m.* rabbit.

शशांक (~ shAṅk) *m.* moon.

शशि (~ shi) *m.* moon.

शस्त्र (shastr) *m.* 1. weapon, arms. 2. a

means of getting the better of someone.

शस्त्रजीवी (~ jee vee) *adj.* & *m.* professional warrior.

शस्त्रधारी (~ dhA ree) *m.* armed soldier, warrior.

शस्त्रविद्या (~ vid dyA) *f.* science of arms, Military Science.

शस्त्रसज्जित (~ saj jit) *adj.* armed, equipped with arms.

शस्त्रागार (shas trA gAr) *m.* arsenal, armoury.

शस्त्राभ्यास (~ trAb bhyAS) *m.* military exercise.

शस्त्रास्त्र (~ trAstr) *m.* arms and weapons.

शस्त्रीकरण (~ tree ka raN) *m.* armament.

शस्य (shassy) *m.* = सस्य।

शहंशाह (sha han shAh) *m.* king of kings, emperor.

शहंशाही (~ shA hee) *adj.* pertaining to a शहंशाह, royal, regal, kingly.
f. 1. state of being a शहंशाह। 2. reign of a शहंशाह; ऐसी ~ नहीं चलेगी (i) This royal splendour will not do. (ii) This dic-tatorship will not do.

शह (shah) *f.* 1. check (in chess); ~ देना to apply a check (on the king in chess). 2. lift, incitement; ~ देना to give a lift, to incite.

शहज़ादा (~ zA dA) *m.* prince. [Fem. शहज़ादी]

शहज़ादी (~ zA dee) *f.* princess.

शहतीर (~ teer) *m.* beam.

शहतूत (~ toot) *m.* mulberry tree and its fruit.

शहद (sha had) *m.* honey; ~ की छुरी honey-tongued crook; ~ की मक्खी bee; ~ लगाकर चाटना—इसको ~ लगाकर चाटो It availeth nought. क्या इसे ~ लगाकर चाटूँ Of what avail is this? उसकी बोली में शहद घुला हुआ है He is sweet-tongued.

शहनाई (shah nA ee) *f.* an Indian clarionet oboe; ~ बजना playing of a clarionet to celebrate an occasion; ~ बजानेवाला oboist; बेवक़्त की ~ बजाना to broach a subject at an inopportune moment; मेरी समझ में नहीं आ रहा है कि तुम इस समय बेवक़्त की ~ क्यों बजा रहे हो I fail to understand as to why you are broaching that matter at this inopportune moment.

शहबाला (~ bA lA) *m.* a young boy who accompanies the bridegroom.

शहर (sha har) *m.* town, city; ~ का शहर the entire city.

शहरी (shah ree) *adj.* belonging to a city or town, urban; ~ चाल-ढाल urban ways; ~ रंग-ढंग urban ethos.

शहसवार (~ sa vAr) *m.* horse-rider, horseman.

शहसवारी (~ sa vA ree) *f.* horsemanship.

शहादत (sha hA dat) *f.* 1. testimony, evidence; ~ देना to give evidence. 2. martyr's suffering or death, martyrdom.

शहाना (~ hA nA) *adj.* 1. royal, regal. 2. majestic.

शहीद (~ heed) *adj.* & *m.* one who is made to suffer or killed because of his religious beliefs, martyr; ~ होना to die (as) a martyr; शहीदों में नाम लिखाना to pose as a martyr.

शांत (shAnt) *adj.* 1. tranquil, calm, serene; ~ रहना to keep calm; ~ स्वभाव का serene by nature. 2. peaceful; ~ वातावरण peaceful atmosphere; ~ करना to pacify. 3. silent, quiet; ~ रहो Be silent/Keep quiet. शरीर ~ हो जाना to attain quietude, to die.

शांतचित्त (~ citt) *adj.* calm by nature, of peaceful mind; ~ होकर पढ़ने में ध्यान दिया करो With a peaceful mind, pay attention towards learning.

शांति (shAn ti) *f.* 1. tranquillity, calm; ~ रखो Keep calm. ~ से calmly. 2. peace; मुझे लगा कि ~ स्थापित करना युद्ध शुरू करने से कहीं अधिक कठिन है I realised that making peace is far more difficult than waging war. ~ मिलना to get peace of the mind; मन की ~ peace of mind; श्मशान की ~ peace of the grave; सब तरफ ~ है Peace reigns all around. 3. silence, quietude; क्षणिक~ momentary silence.

शांतिकुंज (~ kunj) *m.* bower of peace.

शांतिदायक (~ dA yak) *adj.* tranquillizing, pacifying, peace-giving.

शांतिपूर्ण (~ poorN) *adj.* peaceful; ~ सह-अस्तित्व peaceful co-existence.

शांतिपूर्वक (~ poor vak) *adv.* peacefully; जम्मू और कश्मीर में चुनाव ~ संपन्न हुआ Election in Jammu and Kashmir passed off peacefully.

शांति-प्रक्रिया (~ - pra kri yA) *f.* peace process.

शांतिप्रद (~ prad) *adj.* = शांतिदायक।

शांतिप्रिय (~ priy) *adj.* peace-loving, peaceable, peaceful.

शांतिभंग (~ bhang) *m.* breach of peace.

शांतिमय (~ may) *adj.* peaceful.

शांतिवार्ता (~ vAr tA) *f.* peace talks, peace negotiations.

शांति-संधि (~ - san dhi) *f.* peace treaty.

शांति-सेना (~ - se nA) *f.* peace force.

शाक (shAk) *m.* (leafy) vegetable.

शाकाहार (shA kA hAr) *m.* 1. vegetarian food. 2. vegetarian diet.

शाकाहारी (~ kA hA ree) *adj.* & *m.* vegetarian, herbivorous (animal).

शाकीय (~ keey) *adj.* herbaceous.

शाक्त (shAkt) *m.* worshipper of Goddess of Power/Energy.

शाख़ (shAkh) *f.* 1. a branch of a tree. 2. a branch of any business firm. 3. a division of a larger system. 4. offshoot.

शाखा (shA khA) *f.* 1. branch; ~ कार्यालय branch office; ~ नदी distributary. 2. school (of thought).

शागिर्द (~ gird) *adj.* & *m.* pupil, disciple.

शागिर्दी (~ gir dee) *f.* pupilage, discipleship.

शातिर (~ tir) *adj.* extremely bad, vile; ~ चोर confirmed thief.

शादी (~ dee) *f.* marriage; ~ करना to marry; क्या मैं उससे ~ कर लूँ May I marry her? ~ होना to get married; इस दीवाली को हमारी ~ को तीन बरस हो जाएँगे We will have been married for three years on coming Diwali. ~ तो उसने अवश्य की परंतु उसका उत्तरदायित्व ठीक तरह से निभा नहीं पाया He did marry certainly, but could not shoulder its responsibiltity properly.

शान (shAn) *m.* 1. pomp; बड़ी ~ से with great pomp and show, with due eclat. 2. splendour, grandeur; ~ बघारना/मारना to brag; ~ में बट्टा लगना to have a blot in one's glory; ~ - शौकत pomp and show. 3. grace; किसी खिलाड़ी की महत्ता इसी से जानी जाती है कि उसने हार और जीत दोनों को किस ~ से स्वीकार किया Any sportsman's greatness is adjudged from the grace with which he accepts both defeat and victory.

शानदार (~ dAr) *adj.* magnificent, splendid, grand, great; ~ जीत grand victory.

शानबान (~ bAn) *f.* magnificence, grandeur.

शाप (shAp) *m.* curse, imprecation; ~ देना to curse, to inflict a curse; ~ लगना— उसे शाप लगा है He is accursed.

शापग्रस्त (~ grast) *adj.* cursed, accursed.

शापात्मक (shA pAt mak) *adj.* imprecatory.

शापित (~ pit) *adj.* cursed, accursed.

शाबाश (~ bAsh) *int.* Bravo, Well Done; ~ पट्ठे Well done, boy!

शाबाशी (~ bA shee) *f.* applause (for cheering up); ~ देना to applaud/pat.

शाब्दिक (shAb dik) *adj.* verbal, literal; ~ अनुवाद literal translation; ~ अर्थ literal meaning.

शाम (shAm) *f.* evening; ~ हो गई The evening has set in. मैंने उनके साथ बरसों शामें गुज़ारीं Many years we have spent evenings together. ~ को in the evening; तुम हर ~ को क्या करते हो What do you do in the evenings? वह आज ~ को आएगा He will come in the evening.

शामत (shA mat) *f.* ill-luck; ~ आना to be in for trouble; ~ का मारा victim of ill-luck; ~ की घड़ी luckless hour; ~ की मार As ill-luck would have it.

शाम-सबेरे (shAm - sa be re) *adv.* 1. in the very near future. 2. occasionally. 3. almost all the time.

शामियाना (shA mi yA nA) *m.* canopy; ~ खड़ा करना / लगाना to erect/put up a canopy.

शामिल (~ mil) *adj.* included; अभियुक्तों में वरिष्ठ अधिकारी और राजनीतिज्ञ ~ थे The accused included senior officers and politicians. ~ करना (i) to include; (ii) to take in, to associate; ~ होना (i) to participate; (ii) to attend/join;—वह बैठक में ~ हुआ He attended the meeting. दस ही व्यक्ति मुरदनी में ~ हुए Some ten persons attended the funeral.

शायक (~ yak) *m.* arrow.

शायद (~ yad) *adv.* perhaps; ~ तुम ठीक हो Perhaps you are right. ~ ही कभी hardly ever, very seldom; सूरज निकलने से पहले ~ ही कभी मैं बाहर गया हूँ Seldom I go out before sunrise.

शायर (~ yar) *m.* (Urdu) poet.

शायराना (~ ya rA nA) *adj.* poetic, poetlike.

शायरी (~ ya ree) *f.* (Urdu) poetry.

शायिका (~ yi kA) *f.* (Rly.) sleeper, sleeping berth.

शायी (~ yee) *adj.* prostrate, lying down.

शारद (~ rad) *adj.* autumnal.

शारदा (shAr dA) *f.* Goddess of learning.

शारदीय (~ deey) *adj.* autumnal.

शारीर (shA reer) *adj.* bodily, physical. *m.* (Science of) Anatomy.

शारीरिक (~ ree rik) *adj.* bodily, physical; ~ भूख carnal lust; ~ शिक्षा physical educa-tion.

शार्क (shArk) *m.* shark.

शार्दूल (shAr dool) *m.* lion, tiger.

शाल (shAl) *m.* 1. shawl. 2. sal tree.

शाला (shA lA) *f.* house as in गोशाला, धर्मशाला।

शालिनी (~ li nee) *f.* fem. of शाली।

शाली (~ ee) *suffix.* denoting possession; शक्ति ~ powerful, healthy, stout.

शालीन (~ leen) *adj.* 1. graceful, serene. 2. decent.

शालीनता (~ tA) *f.* 1. grace, gracefulness, sobriety; ~ से gracefully; हर आदमी पराजय को ~ से सदा स्वीकार नहीं कर पाता The defeat is not always accepted gracefully by everyone. अन्य गुणों के अतिरिक्त उसकी ~ सर्वोपरि थी Not withstanding other virtues, his sobriety was the topmost. 2. decency.

शावक (shA vak) *m.* young one of an animal or bird.

शाश्वत (shAsh shwat) *adj.* eternal, perpetual, everlasting.

शाश्वतता (~ tA) *f.* eternity, perpetuality, perpetuity.

शासक (shA sak) *m.* ruler; प्रधान ~ head of a government.

शासकीय (~ sa keey) *adj.* official, governmental.

शासन (~ san) *m.* 1. governance. 2. government, rule; प्रांतीय ~ provincial government; राष्ट्रपति ~ President's rule.

ासन-तंत्र (~ - tantr) *m.* 1. system of government. 2. government.

ासन-निकाय (~ - ni KAy) *m.* governing body.

ासन-प्रणाली (~ - pra NA lee) *f.* system of government.

ासन-व्यवस्था (~ - vya vas thA) *f.* system of government.

ासन-सूत्र (~ - sootr) *m.* power of governing.

ासनिक (shA sa nik) *adj.* governmental.

ासित (~ sit) *adj.* ruled, governed.

ास्ति (shAS ti) *f.* sanction, provision for enforcing obedience to law.

ास्त्र (shAstr) *m.* 1. branch of knowledge. 2. scripture; ~ - निषिद्ध condemned by the scriptures; ~ वर्जित forbidden by the scriptures; ~ विमुख opposed to the dictates of the scriptures; ~ विरुद्ध opposed to the scriptures; ~ संगत consistent with the scriptures; ~ सम्मत sanctioned by the scriptures.

ास्त्रज्ञ (shAS traggy) *m.* one who knows the scriptures, scholar.

ास्त्र-विधान (shastr - vi dhAN) *m.* prescription of the scriptures.

ास्त्रार्थ (shAS trArth) *m.* debate on the scriptures or interpretation thereof.

ास्त्री (~ tree) *m.* scholar of the scriptures.

ास्त्रीय (~ treey) *adj.* 1. classical; ~ संगीत classical music. 2. scriptural. 3. academic; ~ ज्ञान academic knowledge; ~विवेचन academic discussion.

ास्त्रोक्त (~ trokt) *adj.* as ordained by the shastras.

ाहंशाह (shA han shAh) *m.* = शहंशाह।

ाहंशाही (~ han shA hee) *m.* = शहंशाही।

शाह (shAh) *m.* 1. king. 2. master.

शाहख़र्च (~ Kharc) *m.* spendthrift, prodigal, extravagant.

शाहख़र्ची (~ Khar cee) *f.* prodigality, extravagance.

शाहज़ादा (~ ZA dA) *m.* prince. [Fem. शाहज़ादी]

शाहज़ादी (~ ZA dee) *f.* princess.

शाह जी (~ jee) *m.* respectful form of addressing a Muslim fakir, Hindu businessman etc.

शाहाना (shA hA nA) *adj.* kingly, princely; ~ मिज़ाज princely temperament.

शाही (~ hee) *adj.* 1. kingly, royal; ~ स्नान छह बजे के आस-पास आरंभ हुआ The royal bathing started at around 6 a.m. ~ दावत royal repast. 2. majestic.

शिकंजा (shi kan jA) *m.* 1. clamp. 2. grip, clutches; शिकंजे में कसना / जकड़ना to press in a clamp; शिकंजे में फँसना to fall into the clutches.

शिकन (~ kan) *f.* 1. crease. 2. wrinkle; ~ न पड़ना—उसके चेहरे पर शिकन नहीं पड़ी He remained unperturbed/unruffled.

शिकमी (shik mee) *m.* sub-tenant (of a holding); ~ काश्तकार sub-tenant (of a lease).

शिकवा (~ VA) *m.* grouse, grumble, (sweet) complaint; ~ - शिकायत grumbling.

शिकस्त (shi kast) *f.* defeat, knock-down; ~ खाना to suffer defeat; ~ देना to defeat, to beat, to knock out.

शिकस्ता (~ kas tA) *adj.* worn out, decrepit, crumbling; ~ हालत crumbling/decrepit/sorry state/plight.

शिकस्ताहाल (~ hAl) *adj.* broken, in a sorry plight.

शिकायत (shi KA yat) *f.* 1. complaint; लिखित ~ दर्ज कराई गई A written complaint was lodged; ~ करना to complain (against); हम उनके विरुद्ध किससे ~ करें Whom should we complain to against them? 2. grievance; मुझे उससे ~ है I have a grievance against him. 3. trouble; पेट की ~ stomach trouble.

शिकायती (~ KA ya tee) *adj.* pertaining to शिकायत; ~ चिट्ठी letter of complaint; ~ टट्टू one who is always complaining.

शिकार (~ KAr) *m.* 1. victim, prey. ओलंपिक खेल शीत युद्ध के ~ हुए हैं The Olympic Games are a victim of the cold war. 2. game; ~ करना to hunt; ~ खेलना to go out hunting; ~ पर जाना to go out hunting; ~ फँसना—शिकार फँस गया A victim is ensnared. ~ फँसाना to ensnare a victim; ~ बनना to fall a prey; ~ मारना (i) to hunt, (ii) to make a catch; ~ होना to be a victim/prey; ~ मेरे हाथ से निकल गया I missed the prey. मैं उसके गुस्से का ~ हुआ I became a victim to his wrath. टट्टी की ओट से ~ करना to shoot from cover.

शिकारा (~ KA rA) *m.* cosy boat (Kashmir).

शिकारी (~ KA ree) *m.* huntsman, hunter; ~ कुत्ता hound; ~ पक्षी bird of prey.

शिक्षक (shik shak) *m.* educator, teacher, pedagogue; ~ वर्ग teaching class; ~ समाज teaching community.

शिक्षण (~ shaN) *m.* 1. teaching; ~ कला art of teaching; ~ वृत्ति teaching profession; ~ संस्था teaching institution. 2. education.

शिक्षणीय (~ sha Neey) *adj.* teachable, docile.

शिक्षा (~ shA) *f.* 1. education; ~ देना to educate—माँ-बाप ने क्या तुम्हें यही ~ दी है Is this the sort of training your parents have imparted you? 2. instruction; आज तो तुमने उसे बहुत अच्छी ~ दी है Today you have taught him a good lesson.

शिक्षा-दीक्षा (~ - deek shA) *f.* education an initiations.

शिक्षा-पद्धति (~ - pad dha ti) *f.* system education.

शिक्षा-परिषद् (~ - pa ri shad) *f.* academi council; board of education.

शिक्षा-प्रणाली (~ - pra NA lee) *f.* system education.

शिक्षाप्रद (~ prad) *adj.* instructive, educative.

शिक्षा-मंत्रालय (~ - man trA lay) *m.* Ministr of Education.

शिक्षा-मंत्री (~ - man tree) *m.* Minister Education.

शिक्षार्थी (shik shAr thee) *m.* 1. learner. 2. pupi student.

शिक्षालय (~ shA lay) *m.* school, education institution.

शिक्षा-विधि (~ shA vi dhi) *f.* method teaching.

शिक्षा-विभाग (~ - vi bhAg) *m.* Departme of Education.

शिक्षाशास्त्र (~ shAstr) *m.* Pedagogy.

शिक्षाशास्त्री (~ shAs tree) *m.* pedagogue.

शिक्षाशास्त्रीय (~ shAs treey) *adj.* pedagogi pedagogical.

शिक्षित (~ shit) *adj.* 1. educated. 2. literat नव ~ (i) neo-literate, (ii) novice.

शिक्षु (~ shu) *m.* apprentice.

शिक्षुता (~ tA) *m.* apprenticeship.

शिखंडी (shi khan Dee) *m.* 1. an effemina warrior. 2. effeminate man.

शिखर (~ khar) *m.* apex, summit, pea ~ पर पहुँचना to reach the summi ~ सम्मेलन summit conference.

शिखा (~ khA) *f.* 1. tuft of hair on th crown. 2. pointed flame. 3. crown a peacock. 4. pinnacle, apex.

शिखी (~ khee) *m.* peacock.

शिगूफ़ा (~ goo FA) = शगूफ़ा।

शिथिल (~ thil) *adj.* 1. lax, not strict/severe; ~ चरित्र का of casual morals; नियम ~ कर देना to relax the rule. 2. flaccid; ~ पड़ जाना to become flaccid.

शिथिलता (~ tA) *f.* laxity.

शिथिलित (shi thi lit) *adj.* loosened, laxed, slackened; ~ हो जाना to be flaccid.

शिथिलीकरण (~ thi lee ka raN) *m.* act or pro-cess of relaxation.

शिद्दत (shid dat) *f.* severity, intensity; ~ की गरमी severe heat; ~ की सर्दी severe cold.

शिनाख़्त (shi nAKht) *f.* identification; ~ करना to identify.

शिफ्ट (shiFT) *f.* shift. [H. E. पारी]

शिर (shir) *m.* head.

शिरकत (shir kat) *f.* 1. participation; ~ करना to participate. 2. partnership; ~ नामा deed of partnership.

शिरस्त्राण (shi ras trAN) *m.* helmet.

शिरस्थ (shi rasth) *adj.* topping, out-standing.

शिरा (~ rA) *f.* blood vessel.

शिरावरोध (~ va rodh) *m.* thrombosis.

शिरोधार्य (shi ro dhArry) *adj.* reverentially accepted; आपकी आज्ञा ~ है I accept your order reverentially.

शिरोमणि (~ ma Ni) *m.* 1. crest jewel. 2. top-ping person.

शिरोरेखा (~ re khA) *f.* headline of the letters (as in Devanagri Script), upper bar.

शिरोविंदु (~ vin du) *m.* 1. apex, zenith. 2. (of a latter) a dot above the head line of a character of the Nagari alphabet.

शिला (shi lA) *f.* rock, piece of stone.

शिलान्यास (~ nyAS) *m.* laying a foundation stone.

शिलालेख (~ lekh) *m.* petrograph.

शिलाविज्ञान (~ vig gyAN) *m.* scientific study of rocks, petrology.

शिल्प (shilp) *m.* The skill at making parti-cular things with the hands, craft.

शिल्पकला (~ ka lA) *f.* craftsmanship.

शिल्पकार (~ KAr) *m.* a skilled man who makes particular things by hands, craftsman.

शिल्पकौशल (shilp kau shal) *m.* craftsman-ship.

शिल्पज्ञ (shil pagy) *m.* craftsman.

शिल्पविद्या (~ vid dyA) *f.* craftsmanship.

शिल्पशाला (~ shA lA) *f.* school for teaching crafts.

शिल्पी (shil pee) *m.* craftsman.

शिव (shiv) *m.* Lord Shiv, one of the three chief gods of the Hindus; God, the Destroyer.

शिवत्त्व (shi vattw) *m.* well-being.

शिवरात्रि (shiv rAt tri) *f.* a Hindu festival dedicated to Lord Shiva, one of the Trinity.

शिवलिंग (~ ling) *m.* phallus, worshipped as a symbol of Shiva.

शिवालय (shi vA lay) *m.* temple dedicated to Lord Shiva; वाराणसी में भगवान शिव और माता पार्वती का माहात्म्य अत्यधिक है और इस कारण यहाँ ~ अनंत हैं The greatness and glory of Lord Shiva and Mata Parvati is held in high esteem at Varanasi and hence temples dedicated to Lord Shiva here are found in plenty.

शिवाला (~ vA lA) *m.* = शिवालय।

शिविका (~ vi kA) *f.* palanquin.

शिविर (~ vir) *m.* camp; ~ उठाना to break camp; ~ लगाना to make a camp, to put up a tent.

शिविरार्थी (~ vi rAr thee) *m.* one who joins a camp, camper.

शिशिर (~ shir) *m.* latter half (the colder part) of winter.

शिशु (~ shu) *m.* infant, baby.

शिशुगृह (~ grih) *m.* children's home.

शिशुघात (~ ghAt) *m.* infanticide.

शिशुता (~ tA) *f.* infancy, babyhood.

शिशु-बलि (~ - ba li) *f.* child sacrifice.

शिशुशाला (~ shA lA) *f.* nursery.

शिशु-हत्या (~ - hat tyA) *f.* infanticide.

शिश्न (shishn) *m.* penis, male organ.

शिष्ट (shishT) *adj.* civilised, courteous, mannerly; ~ लोग decent/cultured people; ~ व्यवहार courteous behaviour; ~ समाज civilised society.

शिष्टता (~ tA) *f.* civility, courtesy; ~ बरतना to behave politely, to observe due courtesy, decency, decorum.

शिष्टतापूर्वक (~ poor vak) *adv.* politely, with due courtesy.

शिष्टमंडल (shishT manDal) *m.* delegation, deputation.

शिष्टाचार (shish TA CAr) *m.* 1. etiquette, usual formality, good manners. 2. courtesy, comity; ~ के नाते as a matter of courtesy; ~ के नाम पर in the name of courtesy.

शिष्टाचारी (~ TA CA ree) *adj. & m.* (one) who observes formal/worldly etiquette.

शिष्य (shishshy) *m.* disciple, pupil; गुरु - ~ परंपरा teacher-pupil tradition.

शिष्यता (~ tA) *f.* pupilage, discipleship.

शीघ्र (sheeghr) *adv.* speedily, soon, quickly; ~ ही soon enough.

adj. quick, prompt, rapid, speedy; ~ सेवा quick/prompt service.

शीघ्रगामी (~ gA mee) *adj.* speedy, quick.

शीघ्रता (~ tA) *f.* quickness, swiftness, promptness; ~ कीजिए Please be quick. ~ से quickly, promptly; वह अपने सभी काम ~ से करता है He does all his work promptly.

शीघ्रतापूर्वक (~ TA poor vak) *adv.* quickly, promptly, rapidly.

शीघ्रपात (~ pAt) *m.* quick ejaculation (in coitus).

शीत (sheet) *adj.* 1. cold; ~ ऋतु winter. 2. frigid.

शीतक (shee tak) *m.* cooler; कक्ष - ~ room cooler; केंद्रीय ~ central cooler.

शीत कटिबंध (sheet ka Ti bandh) *m.* frigid zone.

शीतकाल (~ kAl) *m.* winter season.

शीतकालीन (~ kA leen) *adj.* wintry; of winter; ~ छुट्टियाँ winter vacation.

शीततरंग (~ ta rang) *m.* = शीत लहरी।

शीतयुद्ध (~ yuddh) *m.* cold war.

शीतल (shee tal) *adj.* 1. cool; ~ जल cool water. 2. cold.

शीतलता (~ tA) *f.* 1. coolness. 2. coldness.

शीतल-पाटी (~ - pA Tee) *f.* straw mat.

शीत लहरी (sheet lah ree) *f.* cold wave.

शीतला (~ lA) *f.* 1. smallpox. 2. goddess of smallpox.

शीतागार (shee TA gAr) *m.* cold storage.

शीतोष्ण (~ toshN) *adj.* temperate, moderate; ~ जलवायु moderate climate.

शीतोष्णता (~ tA) *f.* temperateness, moderateness.

शीत्कार (sheet kAr) *m.* 1. hissing sound (due to excessive cold). 2. = सीत्कार।

शीरा (shee rA) *m.* 1. thick syrup produced when sugar is refined, molasses, treacle. 2. syrup.

शीर्ष (sheersh) *m.* 1. apex, summit, top; ~ - पंक्ति banner line, headline. 2. vertex; ~ - कोण vertical angle.

शीर्षक (sheer shak) *m.* 1. heading, title; ~ देना/रखना to give a title (to). 2. headline (in a newspaper).

शीर्षविंदु (sheersh vin du) *m.* apex, vertical point, zenith.

शीर्षस्थ (sheer shasth) *adj.* highest in position, topmost, top-ranking.

शीर्षस्थान (shas sthAn) *m.* top position.

शील (sheel) *m.* 1. disposition. 2. (deferential) modesty, propriety; उसकी आँखों में ~ है There is (graceful) modesty in her eyes.

शीलभंग (~ bhaṅg) *m.* 1. outrage of modesty. 2. rape.

शीलवती (~ va tee) *adj.* (woman) deferentially modest.

शीलवान, शीलवान् (~ vAn) *adj.* deferentially modest.

शीश (sheesh) *m.* head; ~ झुकाना/नवाना (i) to bow down; (ii) to accept respectfully/ deferentially.

शीशम (shee sham) *m.* rosewood.

शीशमहल (sheesh ma hal) *m.* house of mirrors.

शीशा (shee shA) *m.* 1. glass; शीशे में मढ़कर रखना to put in a glass frame. 2. mirror, looking glass; ~ देखना to look at a mirror; शीशे में उतारना to bring someone round by inducement or persuasion.

शीशी (shee shee) *f.* phial; ~ सुँघाना to put someone under anaesthesia.

शुंड (shuND) *m.* trunk (of an elephant).

शुक (shuk) *m.* parrot.

शुकनासिका (~ nA si kA) *adj. & f.* (woman) having a parrot-like nose.

शुक्ति (~ ti) *f.* oyster.

शुक्र (shukkr) *m.* 1. semen. 2. planet Venus. 3. Friday. 4. thanks; ~ मनाओ Thank God; ख़ुदा का ~ है It is God's grace.

शुक्रगुज़ार (~ gu zAr) *adj.* grateful, thankful.

शुक्रवार (~ vAr) *m.* Friday.

शुक्राणु (shuk krA nu) *m.* spermatozoon.

शुक्राना (~ krA nA) *m.* money offered by way of thanksgiving.

शुक्राशय (~ krA shay) *m.* ovary.

शुक्रिया (~ kri yA) *m.* thanks; ~ अदा करना to offer thanks, to thank.

शुक्ल (shukkl) *adj.* 1. white; ~ पक्ष moonlight half of a lunar month. 2. spotlessly clean.

शुचि (shu ci) *adj.* pure, sacred.

शुचिता (~ tA) *f.* 1. cleanliness. 2. purity, sanctity.

शुतुरमुर्ग़ (shu tur murG) *m.* ostrich.

शुदा (~ dA) *suffix.* having been; शादी ~ mar- ried.

शुदि (~ di) *f.* = सुदी।

शुद्ध (shuddh) *adj.* 1. pure, unadulterated, chaste, accurate, genuine; ~ हृदय से sincerely. 2. correct, right; ~ मान correct value. 3. net; ~ लाभ net profit.

शुद्धता (~ tA) *f.* 1. purity. 2. accuracy.

शुद्धतावाद (~ vAd) *m.* purism

शुद्धतावादी (~ vA dee) *adj. & m.* purist.

शुद्धात्मा (shud dhAt mA) *adj.* pure in/of heart.

शुद्धि (~ dhi) *f.* 1. purification. 2. correction, rectitude; ~ संस्कार purificatory rite.

शुद्धिपत्र (~ pattr) *m.* errata, corrigendum.

शुद्धीकरण (shud dhee ka raN) *m.* purification.

शुभंकर (shu bhaṅ kar) *m.* mascot.

शुभ (shubh) *adj.* 1. auspicious; ~ मुहूर्त auspicious moment. 2. good; ~ कर्म good deed; ~ कामना good wishes; ~ शकुन good omen; ~ समाचार good news; शुभस्य शीघ्रम् the sooner, the better.

शुभचिंतक (~ cin tak) *adj. & m.* benevolent, well-wisher; वह दयनीय एवं असहायों का ~ है He is benevolent to the misery-stricken and helpless folk.

शुभाकांक्षी (shu bhA kAṅ kshee) *adj.* & *m.* well-wisher, well-wishing.
शुभागमन (~ ga man) *m.* gracious arrival.
शुभाशीष (~ sheesh) *f.* gracious benediction.
शुभाशुभ (~ shubh) *adj.* good and evil, auspicious and inauspicious; ~ फल resultant effect, good or evil.
शुभ्र (shubbhr) *adj.* white, bright, radiant.
शुभ्रता (~ tA) *f.* radiance, brightness.
शुमार (shu mAr) *m.* count; ~ करना to count/reckon; ~ में न लाना not to take into accounts, not to reckon; उसका कोई ~ नहीं It is countless; बे - ~ countless.
शुरुआत (shu ru At) *f.* beginning; ~ अच्छी हुई It was a good beginning/start. ~ यों हुई This is how it began. ~ यहीं से हुई It was here that it began/started. ~ करना to start, kick off; दिल्ली विधानसभा के चुनाव अभियान की ~ कल प्रधानमंत्री ने की The Prime Minister kicked off the election campaign to the Delhi Assembly yesterday.
शुरुआती (~ A tee) *adj.* of or at the beginning, initial, preliminary.
शुरू (~ roo) *m.* beginning, start, commencement; दिसंबर के ~ में in early December; ~ करना to start, to begin/commence; उसने क्यों नहीं काम ~ किया Why does not he start working? मैंने 10 बजे काम ~ किया और 5 बजे बंद I started work at 10 O'clock and finished at 5. सरकार ने यह योजना जनवरी में ~ की थी Government launched this scheme in last January. ~ - शुरू में in the very beginnig, at the very start/outset, initially; ~ - शुरू में मैं कुछ-कुछ हिचक रही थी Initially I was a bit hesitant. ~ से from the outset; ~ से ही right from the start; ~ होना/हो जाना to begin/commence, to start; फ़िल्म कब ~ होगी What time does the film begin?
शुल्क (shulk) *m.* 1. fee; मैं अपना ~ किसको दूँ To whom I shall pay my fee? शिक्षा ~ tuition fee. 2. subscription; वार्षिक ~ annual subscription. 3. duty; ~ दर tariff.
शुश्रूषा (shush shroo shA) *f.* nursing; सेवा - ~ nursing and attendance.
शुष्क (shushk) *adj.* dry, arid; ~ विषय dry subject.
शूक (shook) *m.* bristle.
शूकर (shoo kar) *m.* pig, boar.
शूकी (~ kee) *f.* spike, small thorn.
शूटिंग (shoo Tiṅg) *m.* shooting of a film.
शूद्र (shooddr) *m.* a member of the lowest of the four classess of Hindu society. [Fem. शूद्रा]
शूद्रा (shood drA) *f.* fem. of शूद्र।
शून्य (shoonny) *adj.* empty, vacant; ~ हस्त empty-handed.
m. 1. cypher, zero; ~ बिंदु zero. 2. nothingness, void. 3. a score of nothing by a batsman, duck.
शून्यक (shoon nyak) *m.* vacuum.
शून्यता (shoonny tA) *f.* nothingness, voidness, void.
शून्यभाव (~ bhAv) *m.* vacant look.
शून्यवाद (~ vAd) *m.* nihilism.
शून्यवादी (~ vA dee) *adj.* nihilistic.
m. nihilist.
शूर (shoor) *adj.* brave, valorous, gallant.
शूरता (~ tA) *f.* bravery, valour, gallantry.
शूरवीर (~ veer) *adj.* & *m.* valiant (person).
शूल (shool) *m.* 1. prong, thorn. 2. stabbing pain; ~ उठना (पड़ना) start of a stabbing pain.
शूलना (~ nA) *vt.* to inflict pain, to torture.
शृंखला (shriṅ kha lA) *f.* 1. chain. 2. series.
शृंखलाबद्ध (~ baddh) *adj.* arrayed in series.
शृंखलित (shriṅ kha lit) *adj.* arranged like a chain.

ृग (shriṅg) *m.* 1. summit, peak. 2. horn.

ृंगार (~ gAr) *m.* 1. make-up, adornment; ~ करना to make up, to adorn, titivate. 2. ornamentation; सोलहो ~ sixteen traditional ways of titivation.

ृंगार रस (~ ras) *m.* most important of the nine sentiments depicting romance and love in Indian poetics;

ृंगारिक (~ gA rik) *adj.* amatory, amorous, erotic.

ृंगारिकता (~ tA) *f.* eroticism, amorousness, amorosity.

ृंगारी (shriṅ gA ree) *adj.* pertaining to श्रृंगार, erotic, amatory; ~ कवि a poet who writes in श्रृंगार रस।

ृंगी (shriṅ gee) *adj.* horned.

ृगाल (shri gAl) *m.* jackal. [Fem. श्रृगाली]

ेख (shekh) *m.* one of the four subdivisions amongst Muslims.

ेखचिल्ली (~ cil lee) *m.* a legendary foolish person.

ेखर (she khar) *m.* apex, summit, top.

ेख़ी (~ Khee) *f.* boasting, gasconade; ~ झड़ना—उसकी शेख़ी झड़ गई His bravado was shattered. ~ दिखाना/बघारना/हाँकना to boast/brag.

ेख़ीख़ोर (~ Khor) *adj.* = शेख़ीबाज।

ेख़ीबाज़ (~ bAz) *m.* boastful, vainglorious.

ेख़ीबाज़ी (~ bA zee) *f.* boastfulness.

ेड (sheD) *m.* 1. shed; टीन ~ tin shed. 2. shade.

ेफाली (she phA lee) *f. Vitex negundo.*

ेयर (~ ar) *m.* share; ~ बाज़ार share market.

ेर (shėr) *m.* 1. tiger; ~ और बकरी एक घाट पर पानी पीते हैं Equitable justice is meted out to all, high and low. ~ करना—तुमने तो बच्चे को शेर कर दिया है You have made the child too bold. ~ की माँद में पैर रखना to venture a dangerous undertaking; ~ के मुँह में जाना to enter the jaws of death; ~ होना to become too bold. 2. couplet in Urdu poetry.

शेर-ए-कश्मीर (~ e - kash meer) *m.* tiger of Kashmir.

शेर-ए-पंजाब (~ e - pan jAb) *m.* tiger of the Punjab.

शेरदिल (~ dil) *adj.* lion-hearted, fearless.

शेरपा (~ pA) *m.* Sherpa.

शेरबच्चा (~ bac cA) *m.* dauntless, fearless person.

शेरबबर (~ ba bar) *m.* lion.

शेरमर्द (~ mard) *m.* he-man, masculine man.

शेरवानी (~ vA nee) *f*. a long fitting coat.

शेष (shesh) *m.* 1. remainder. 2. residue, rest, outstanding. 3. balance; एक अध्याय ~ रह गया है One chapter remains.

शेषनाग (~ nAg) *m.* (in Hindu mythology) thousand-headed serpent who is supposed to support the earth on his head.

शेषशायी (~ shA yee) *m.* Lord Vishnu who is supposed to sleep over शेषनाग।

शेषांश (she shAnsh) *m.* remaining part.

शै (shai) *f.* thing.

शैक्षणिक (shaik sha Nik) *adj.* academic; उसकी ~ योग्यता अद्वितीय थी His academic qualification was of unsurpassed merit.

शैक्षिक (~ shik) *adj.* educational.

शैतान (shai tAn) *adj.* naughty, mischievous. *m.* Satan, Lucifer; ~ का बच्चा mischievous, out and out; ~ की आँत unending matter/affair; ~ के कान काटना to surpass Satan in devilry; ~ सिर पर सवार होना to be obsessed by a Satanic passion.

शैतानी (~ tA nee) *adj.* Satanic, mischievous; ~ हरकत Satanic/devilish deed.

f. naughtiness; ~ करना to commit a mischief.
शैथिल्य (~ thillya) *m.* laxity, looseness, lethargy, relaxation.
शैल (shail) *m.* rock.
शैलराज (~ rAj) *m.* Himalayas.
शैली (shai lee) *f.* style, method, mode; भाषा - ~ style of writing.
शैलीकार (~ kAr) *m.* one who has a distinctive style, stylist.
शैलीबद्ध (~ baddh) *adj.* styiised.
शैली विज्ञान (~ vig gyAn) *m.* Stylistics.
शैलेंद्र (shai lendr) *m.* Himalayas.
शैव (shaiv) *adj.* of or pertaining to Lord Shiva.
m. Lord Shiv's devotee.
शैवाल (shai vAl) *m.* moss, algae.
शैशव (~ shav) *m.* infancy, childhood.
शोक (shok) *m.* 1. sorrow, grief, distress. 2. mourning, dolour; ~ छा जाना—घर में शोक छा गया The house was engulfed/enveloped in grief.
शोकगीत (~ geet) *m.* elegy.
शोकग्रस्त (~ grast) *adj.* crushed with sorrow, grief-stricken, bereaved.
शोकमग्न (~ magn) *adj.* overcome with grief.
शोकमय (~ may) *adj.* sorrowful, woeful, mournful.
शोकविह्वल (~ vih hval) *adj.* overcome with grief.
शोकसंतप्त (~ san tapt) *adj.* bereaved.
शोकसंदेश (~ san desh) *m.* message of condolence.
शोकसभा (~ sa bhA) *f.* condolence meeting.
शोकाकुल (sho kA kul) *adj.* 1. overwhelmed with grief. 2. bereaved.
शोकातुर (~ kA tur) *adj.* overwhelmed with grief, inconsolable, woaeful; अपने पिता की आकस्मिक मृत्यु से वह अत्यंत ~ हो ग Due to sudden demise of his fathe he became highly overwhelmed wi grief.
शोख़ (shoKh) *adj.* 1. impertinent, insoler rude. 2. aggressive, offensive; ~ र aggressive colour.
शोख़ी (sho Khee) *f.* impertinence, ins lence.
शोच (shoc) *m.* = सोच।
शोचनीय (~ neey) *adj.* 1. critical, causi anxiety; दशा ~ थी The condition w critical. 2. deplorable.
शोचनीयता (~ tA) *f.* state or quality of bei शोचनीय।
शोच्य (shoccy) *adj.* = शोचनीय।
शोणित (sho Nit) *m.* blood.
शोथ (shoth) *m.* swelling.
शोध (shodh) *m.* 1. research; ~ छात्र resear scholar; ~ निबंध dissertation; ~ प्र thesis. 2. repayment; ऋण का ~ repa ment of debt.
शोधक (sho dhak) *m.* 1. corrector. 2. purifi 3. refiner.
शोध-क्षमता (shodh - ksham tA) *f.* solven
शोधन (sho dhan) *m.* 1. correction; प्रूफ़ - proof correction. 2. purificatic 3. cleansing, refinement, expurgati
शोधना (shodh nA) *vt.* to correct/puri cleanse.
शोधनीय (~ neey) *adj.* fit for शोधन।
शोभन (sho bhan) *adj.* 1. graceful. 2. be tting, becoming, beautiful.
शोभनीय (shobh neey) *adj.* = शोभन।
शोभा (sho bhA) *f.* beauty, grace, splendc glory; प्रकृति की ~ splendour/beauty nature; यह कोई ~ की बात नहीं There is grace in it. यह तुम्हें ~ नहीं देता This d not behove you.

ाोभान्वित (~ bhAn vit) *adj.* graceful, lustreful.

ाोभामय (~ bhA may) *adj.* splendid, beauti- ful.

ाोभायमान (~ bhAy mAn) *adj.* graceful, lust- rous, magnificent.

ाोभित (~ bhit) *adj.* radiant, embellished.

ाोर (shor) *m.* noise; ~ से बचने के लिए उसने खिड़की बंद कर ली He shut the window to keep out the noise; ~ करना to make noise; तुम बहुत अधिक ~ कर रहे हो You are making a lot of niose. ~ मचना—कमरे में शोर मचा हुआ था There was a great noise in the room. ~ मचाना to make noise; ~ होना—कमरे में शोर हो रहा था There was noise in the room. जोर - ~ fast tempo, zest, extra enthusiasm; ~ ग़ुल hubbub, tumult.

ोरबा (~ bA) *m.* soup, broth.

ोरा (sho rA) *m.* saltpetre, sodium nitrate.

ोला (~ lA) *m.* flame of fire; ~ भड़कना—शोला भड़क गया A flame burst.

ोशा (~ shA) *m.* 1. projecting point. 2. raised point in some Arabic letters. 3. inciting topic; ~ छोड़ना to set a शोशा rolling.

ोषक (~ shak) *m.* 1. exploiter; ~ वर्ग exploiting class. 2. absorber. 3. withering.

ोषण (~ shaN) *m.* 1. absorption. 2. exploitation; ~ करना to exploit.

ोषणीय (~ sha Neey) *adj.* worth exploiting.

ोषित (~ shit) *adj.* exploited; यौन - ~ sexually exploited.

ोहदा (shoh dA) *m.* scoundrel, rogue.

ोहदापन (~ pan) *m.* scoundrelism, roguery.

ोहरत (shoh rat) *f.* fame, renown; ~ पाना/हासिल करना/मिलना to earn renown; स्वामी विवेकानंद ने अमेरिका में धार्मिक सभा के मध्य अपने पहले ही भाषण में ~ पाई Swami Vivekanand became renowned by his first speech itself in the Religious Congregation, which he delivered in America.

शौक़ (shauK) *m.* 1. hobby. 2. fondness; ~ करना to enjoy; ~ चर्राना/पैदा होना to have a fondness (for); ~ से with pleasure; ~ पूरा करना to satisfy one's weakness.

शौक़िया (shau Ki yA) *adj.* amateur; ~ खिलाड़ी amateur player.
adv. as a hobby.

शौक़ीन (~ Keen) *adj.* 1. stylish, fashionable. 2. foppish.

शौक़ीनी (~ Kee nee) *f.* 1. stylishness, fashionableness. 2. foppishness.

शौच (shauc) *m.* 1. evacuation, natural ablution. 2. purification.

शौचकर्म (~ karm) *m.* 1. act of evacuation. 2. act of purification.

शौचालय (shau cA lay) *m.* lavatory.

शौरसेन (shaur sen) *m.* ancient name of Vraj (Mathura and vicinity).

शौरसेनी (~ se nee) *adj.* a variation of Prakrit language which was spoken in शौरसेन।

शौर्य (shaurry) *m.* chivalry, heroism, valour, bravado.

शौहर (shau har) *m.* husband.

श्मशान (shma shAn) *m.* cremation ground; वह दुल्हिन की तरह सजकर अपने पति के शव के साथ सती होने के लिए ~ गई The widow dressed up like a bride accompanied her husband's dead-body to the cremation ground to commit 'sati'. ~जगाना to practise tantric rites on the cremation ground; ~ वैराग्य momentary detachment from affairs mundane (usually aroused on the cremation ground).

श्यान (shyAn) *adj.* viscous.

श्यानता (~ tA) *f.* viscosity.

श्याम (shyAm) *adj.* dark-complexioned, black.

m. Lord Krishna.

श्यामता (~ tA) *f.* dark complexion, blackness.

श्यामपट्ट (~ paTT) *m.* black-board.

श्यामल (shyA mal) *adj.* dark complexioned.

श्यामलता (~ tA) *f.* darkness (of complexion).

श्यामला (~ lA) *f.* brunette.

श्यामसुंदर (shyAm sun dar) *m.* Lord Krishna.

श्रद्धांजलि (shrad dhAn ja li) *f.* homage; अपनी ~ अर्पित करना to pay one's homage/tribute.

श्रद्धा (~ dhA) *f.* reverence, faith, venerability; ~ करना to respect greatly, venerate.

श्रद्धापूर्वक (~ poor vak) *adv.* with reverence.

श्रद्धालु (shrad dhA lu) *adj.* devotional, reverent, faithful.

श्रद्धालुता (~ tA) *f.* devotion, reverence.

श्रद्धावान, श्रद्धावान् (shrad dhA vAn) *adj.* having faith/veneration.

श्रद्धास्पद (~ dhAs pad) *adj.* venerable, worthy of reverence.

श्रद्धेय (~ dhey) *adj.* reverend, venerable.

श्रम (shram) *m.* hard work, labour; मानसिक ~ mental labour; शारीरिक ~ physical labour; ~ करना (i) to work hard, labour; (ii) to try hard.

श्रमकण (~ kaN) *m.* perspiration caused by hard work.

श्रमकल्याण (~ kal lyAN) *m.* labour welfare; ~ अधिकारी labour welfare officer; ~ मंत्री Labour Minister.

श्रमजीवी (~ jee vee) *m.* labourer.

श्रमण (shra maN) *m.* Buddhist monk/mendicant.

श्रमदान (shram dAn) *m.* contribution of labour (for some charitable purpose).

श्रमपूर्ण (~ - poorN) *adj.* laboured.

श्रमबिंदु (~ bin du) *m.* = श्रमकण।

श्रम-मंत्रालय (~ - man trA lay) *m.* Ministry of Labour.

श्रम-विधि (~ - vi dhi) *f.* labour law (s).

श्रम-विभाग (~ - vi bhAg) *f.* labour department.

श्रम-विभाजन (~ - vi bhA jan) *m.* division of labour.

श्रम-विवाद (~ - vi vAd) *m.* labour dispute

श्रम-शक्ति (~ - shak ti) *f.* labour force.

श्रमशील (~ sheel) *adj.* hard-working, laborious, assiduous.

श्रमशीलता (~ tA) *f.* laboriousness, assiduity

श्रम-समस्या (shram - sa mas syA) *f.* labour problem; यहाँ इस कारखाने में ~ अत्यंत विक[ट] है Here in this factory, labour proble[m] is very intricate.

श्रमसाध्य (~ sAddhy) *adj.* arduous, strenuou[s]

श्रमसाध्यता (~ tA) *f.* strenuousness.

श्रमिक (shra mik) *m.* labourer; अकुशल ~ unskilled labourer; कुशल ~ skill[ed] labourer; ~ अशांति labour unrest; ~ व[र्ग] proletariat; ~ संघ labour union.

श्रवण (~ vaN) *m.* 1. act of hearing. 2. e[ar], organ of hearing.

श्रवणीय (~ va Neey) *adj.* 1. audible. 2. wo[r]th hearing.

श्रवणेंद्रिय (~ va Nen driy) *f.* organ of hea[r]ing, ear.

श्रव्य (shravvy) *adj.* audible; ~ काव्य lite[ra]ture that can be read and heard, [as] opposed to दृश्य काव्य, which can [be] staged.

श्रव्यता (~ tA) *f.* audibility.

श्रांत (shrAnt) *adj.* wearied, tired.

श्रांति (shrAn ti) *f.* weariness, fatigue, tire[d]ness.

श्रांतिकर (~ kar) *adj.* fatiguing, tiring.

श्रावण (shrA vaN) *m.* = सावन, fifth month of the Hindu calendar (a month of the rainy season).

श्रावणी (~ va Nee) *f.* festival celebrated on the full-moon day of श्रावण।

श्री (shree) *f.* wealth and glory.

श्रीगणेश (~ ga Nesh) *m.* debut, commencement (of some work), beginning; ~करना (i) an act of invoking God Ganesh at the commencement of some task; (ii) to make beginning; मैं इस फ़िल्म में ~करने जा रहा हूँ I am making my debut in this film.

श्रीमंत (~ mant) *adj.* prosperous, aristocratic, rich, wealthy.

श्रीमन (~ man) *m.* = श्रीमान।

श्रीमान, श्रीमान् (~ mAn) *m.* 1. respectful form of addressing someone, as Sir, Mr. etc. 2. title appended to a name for respect.

श्रीमुख (~ mukh) *m.* glowing/radiant face (respectful form of referring to the face of someone).

श्रीयुत, श्रीयुत् (~ yut) *m.* = श्रीमान।

श्रीहीन (~ heen) *adj.* lacking in colour/lustre/glory, lustreless.

श्रीहीनता (~ tA) *f.* state or quality of being श्रीहीन; lustrelessness.

श्रुत (shrut) *adj.* heard, perceived through he ear.

श्रुति (shru ti) *f.* 1. that which can be heard; ~ कटु unpleasant to the ear (as harsh sound); ~ मधुर pleasant to the ear; euphonic; ~ सम्मत ordained by the Vedas. 2. sound. 3. saying. 4. (gram.) glide.

श्रेणी (shre Nee) *f.* 1. grade, class; उत्तम ~ का high class; किफ़ायती ~ economy class. 2. series, row, line.

श्रेय (shrey) *m.* credit (for achieving some object); इसके लिए संपूर्ण श्रेय उसे ही जाता है For this, entire credit goes to him only. फ़तवों को ग़ैरकानूनी ठहरानेवाले बँगलादेश के न्यायाधीशों को उचित ~ दिया जाना चाहिए The judges of Bangla Desh should be given credit they deserve for declaring Fatwas as illegal. ~ और प्रेय goal of achievement in the world beyond, and in this world.

श्रेष्ठ (shreshTh) *adj.* 1. best; सर्व ~ the best of the lot, the very best. 2. prominent.

श्रेष्ठतम (~ tam) *adj.* 1. the very best. 2. most prominent.

श्रेष्ठता (~ tA) *f.* prominence, primacy.

श्रोता (shro tA) *m.* listener; ~ गण/वर्ग audience.

श्लाघनीय (shlAgh neey) *adj.* laudable, admirable, commendable.

श्लाघा (shlA ghA) *f.* admiration, commendation.

श्लाघ्य (shlAgghy) *adj.* admirable, commendable.

श्लिष्ट (shlishT) *adj.* united, joined together.

श्लिष्टता (~ tA) *f.* state or quality of being, श्लिष्ट।

श्लीपद (shlee pad) *m.* elephantiasis.

श्लील (shleel) *adj.* refined, not vulgar.

श्लेष (shlesh) *m.* pun, equivoque, paronomasia.

श्लेषात्मक (shle shAt mak) *adj.* paronomatic.

श्लेष्मा (shlesh mA) *f.* phlegm, catarrh, mucus.

श्लोक (shlok) *m.* couplet, hymn.

श्लोकबद्ध (~ baddh) *adj.* versified.

श्वदंत (shwa dant) *m.* canine tooth.

श्वसन (~ shan) *m.* act of breathing/respiration.

श्वसुर (~ sur) *m.* father-in-law.

श्वान (shwAn) *m.* dog.

श्वास (shwAs) *m.* 1. breath; ~ क्रिया act of breathing. 2. asthma.

श्वास-नली (~ - na lee) *f.* bronchial pipe.

श्वास-प्रश्वास (~ - prash shwAs) *m.* inhaling and exhaling

श्वासरोध (~ rodh) *m.* suffocation.

श्वेत (shwet) *adj.* & *m.* white.

श्वेतकुष्ठ (~ kushTh) *m.* leucoderma; ~ की रोक-थाम के लिए आज-कल बहुत प्रयास हो रहे हैं Severe efforts are under progress for prevention of leucoderma.

श्वेतपत्र (~ pattr) *m.* white paper.

श्वेत-श्याम (~ shyAm) *adj.* black and white.

श्वेतसार (~ sAr) *m.* starch.

श्वेतांबर (shwe tAm bar) *m.* 1. one who dons white. 2. one of the two principal sects among Jains.

ष

ष (sha) *m.* second of the four sibilants of the Nagari alphabet. Its sound is like that of *s* in *sugar.* (Formerly the sounds of श and ष were different : श was alveopalatal while ष was cerebral; now most people pronounce ष too like श).

षंड (shaND) *m.* bull, bullock.

षकार (sha KAR) *m.* the letter ष or its sound.

षकारांत (~ KA rAnt) *adj.* (word) ending in ष।

षट् (shaT) *adj.* six.
m. the number 6.

षट्ऋतु (~ ri tu) *f.* the six seasons of the year: ग्रीष्म (summer), वर्षा (rains), शरत (autumn), हेमंत (winter), शिशिर (frigid), वसंत (spr-ing).

षट्कोण (~ KON) *m.* hexagon.

षट्कोणीय (~ ko Neey) *adj.* hexagonal.

षट्चक्र (~ cakkr) *m.* six mysterious chakras (cycles) of the body, according to हठयोग।

षट्रस (~ ras) *m.* six main tastes : मीठा (sweet), नमकीन (saline), कड़ुवा (bitter), तीता (pungent), कसैला (astringent), खट्टा (sour).

षड्यंत्र (shaD yantr) *m.* conspiracy, plot, intrique; गुप्त ~ secret conspiracy; ~ रचना to conspire, to hatch a conspiracy.

षड्यंत्रकारी (~ KA ree) *adj.* & *m.* conspirator.

षडानन (sha DA nan) *m.* Lord Ganesh.

षण्मासिक (shaN MA sik) *adj.* six-monthly.

षष्टि (shash TI) *f.* sixty.

षष्टिपूर्ति (~ poor ti) *f.* completion of sixty years of age; ~ - समारोह sixteeth anniversary, Diamond Jubilee.

षष्ठी (shash THi) *f.* 1. sixth day after birth. 2. possessive case (Gram.).

षोडश (sho DASH) *adj.* & *m.* sixteen; ~ शृंगार sixteen traditional types of make-up.

षोडशी (~ DA shee) *f.* belle of blooming sixteen.

स

स (sa) third of the four sibilants of the Nagari alphabet; its sound is like that of *s* in *sin.*

सं (san) *prefix.* indicating : (i) confluence as in संगम (concurrence), (ii) thoroughness as in संतोष (thorough satisfaction), (iii) excessiveness as in संताप (agony).

संकट (saṅ kaт) *m.* 1. trouble, jeopardy, distress, adversity; वह गहरे आर्थिक ~ में था He was in dire financial straits. ~ आ खड़ा होना befalling of an adversity; ~ में पड़ना to be in distress. 2. crisis; ~ की घड़ी moment of crisis, critical moment; ~ की इस घड़ी में उसने सावधानी बरती He exercised caution in the moment of crisis. ~ की वेला hour of crisis; ~ के बादल मँडराना hovering around of a crisis; ~ से पार पाना to overcome a crisis; राजनीतिक ~ political crisis.

संकटकाल (~ kᴀl) *m.* period of crisis.

संकटकालीन (~ kᴀ leen) *adj.* pertaining to a crisis; ~ स्थिति critical situation.

संकटपूर्ण (~ poorɴ) *adj.* critical, distressing, adverse.

संकटमय (~ may) *adj.* = संकटपूर्ण।

संकटापन्न (saṅ ka тᴀ pann) *adj.* in distress, in trouble.

संकटावस्था (~ ka тᴀ vas thᴀ) *f.* condition of being in distress.

संकर (~ kar) *adj.* hybrid, cross; ~ मक्का hybrid maize; ~ संतान cross-breed.

संकरज (~ ka raj) *adj.* cross-breed.

संकरण (~ ka raɴ) *m.* cross-breeding.

संकरता (~ kar тᴀ) *f.* hybridity, miscegenation, admixture.

सँकरा (sãk rᴀ) *adj.* narrow; सँकरी गली narrow lane.

संकलन (saṅ ka lan) *m.* compilation, collection; ~ करना to compile.

संकलनकर्ता (~ kar тᴀ) *m.* compiler.

संकलित (saṅ ka lit) *adj.* compiled; ~ करना to compile.

संकल्प (~ kalp) *m.* resolve, determination, resolution; दृढ़ ~ firm resolve/resolution; ~ करना to resolve; ~ कर देना to offer (in oblation).

संकल्पना (~ nᴀ) *f.* concept, notion.

संकल्पवाची (~ vᴀ cee) *adj.* conceptual; ~ शब्द conceptual word.

संकल्प-विकल्प (~ - vi kalp) *m.* ~ में पड़ना to be in two minds, to be in a fix.

संकल्पित (saṅ kal pit) *adj.* resolved.

संकाय (~ kᴀy) *m.* faculty (in an academic institution).

संकायाध्यक्ष (~ kᴀ yᴀ dhyaksh) *m.* Dean of a faculty.

संकीर्ण (~ keerɴ) *adj.* narrow, parochial; ~ हृदय narrow-minded, illiberal.

संकीर्णता (~ тᴀ) *f.* narrowness, parochialism.

संकीर्तन (saṅ keer tan) *m.* congregational singing (of devotional songs).

संकुचित (~ ku ċit) *adj.* 1. contracted; ~ होना to contract. 2. narrow, parochial; ~ दृष्टि narrow view; ~ विचार narrow outlook.

संकुल (~ kul) *adj.* congested, crowded. *m.* complex (set of buildings).

संकुलता (~ tA) *f.* congestion, crowding.

संकेंद्रण (saṅ ken draN) *m.* concentration.

संकेंद्रित (~ ken drit) *adj.* concentrated.

संकेत (~ ket) *m.* signal, hint; ~ शब्द keyword; ~ करना to point; आयोग ने ~ किया है कि खर्च कम किया जाए The commission pointed out that expenditure must be curtailed. ~ से बुलाना to beckon.

संकेतक (~ ke tak) *m.* pointer.

संकेतन (~ ke tan) *m.* 1. signalling. 2. hinting, indicating. 3. notation. 4. token, sign, gesture.

संकेत-लिपि (~ ket - li pi) *f.* notational script.

संकेतवाचक (~ vA cak) *adj.* (Gram.) deictic.

संकेतित (~ ke tit) *adj.* 1. signalled. 2. hinted, indicated.

संकोच (~ koc) *m.* 1. contraction; अर्थ ~ contraction of meaning. 2. shyness, bashfulness; मारे ~ के due to shyness/ bashfulness; मारे ~ के वह कुछ भी न कह सकी Due to shyness, she could say nothing. 3. hesitation, hitch; ~ करना to hesitate; ~ में पड़ना to feel embarrassed.

संकोचवश (~ vash) *adv.* due to shyness/ hesitation.

संकोचशील (~ sheel) *adj.* = संकोची।

संकोची (saṅ ko cee) *adj.* 1. shy, bashful. 2. hesitant.

संक्रमण (~ kra maN) *m.* 1. transition. 2. infection; रोग का ~ infection of a disease.

संक्रमणकाल (~ kAl) *m.* period of transition, interregnum.

संक्रमणशील (~ sheel) *adj.* transitional.

संक्रांति (saṅ krAn ti) *f.* 1. transition. 2. transition of the sun from one constellation to another.

संक्रामक (~ krA mak) *adj.* infectious; ~ रोग infectious disease, communicable disease.

संक्रिया (~ kri yA) *f.* operation, process.

संक्रियात्मक (~ kri yAt mak) *adj.* operational.

संक्षिप्त (~ kshipt) *adj.* 1. brief, short, concise; ~ विवरण short description. 2. abridged; ~ संस्करण abridged edition. 3. abbreviated; ~ रूप abbreviated form.

संक्षिप्तता (~ tA) *f.* brevity, abridgement.

संक्षिप्ति (saṅ kship ti) *f.* brevity, abridgement.

संक्षुब्ध (~ kshubdh) *pp.* perturbed, turbulent.

संक्षेप (~ kshep) *m.* 1. abridged form; ~ में in short, in brief; in conclusion. 2. abbreviated form. 3. precis.

संक्षेपण (~ kshe paN) *m.* 1. abridgement. 2. abbreviation. 3. precis-writing.

संक्षोभ (~ kshobh) *m.* perturbance, turbulence.

संखिया (~ khi yA) *m.* arsenic; ~ देना (i) to administer arsenic; (ii) to give poison (with a view to kill).

संख्यक (~ khyak) *adj.* used as a suffix denoting number; अल्प ~ जाति minority community; बहु ~ जाति majority community.

संख्यांक (~ khyAṅk) *m.* numeral.

संख्यांकन (~ khyAṅ kan) *m.* numbering.

संख्यांकित (~ khyAṅ kit) *adj.* numbered.

संख्या (~ khyA) *f.* number; यह ~ बराबर बढ़ती जा रही है This number continues to grow. बहुत बड़ी ~ में in a very large number.

संख्यात्मक (~ khyAt mak) *adj.* numerical; ~ प्रश्न numerical question.

संख्यावाचक (~ khyA vA chak) *adj.* numerical; ~ विशेषण numerical adjective.

संग (saṅg) *m.* 1. accompaniment, company; मुझे उसका ~ पसंद नहीं I do not like his company. ~ करना (i) to associate/accompany; ~ का रंग influence of company; (ii) to cohabit; ~ में in accompaniment; ~ - संग together. 2. stone.

संगठन (saṅ ga Than) *m.* organisation.

संगठनात्मक (~ ga Tha nAt mak) *adj.* organisational; ~ चुनाव organisational elections.

संगठित (~ ga Thit) *adj.* organised; ~ करना to organise.

संगणक (~ ga Nak) *m.* computer.

संगणन (~ ga Nan) *m.* computation.

संगत (~ gat) *adj.* relevant, compatible, consistent; तर्क ~ logical; उसका वहाँ से चला जाना ही तर्क ~ था His going away from that place was logical.
f. 1. association; ~ करना to play (on some instrument) in accompaniment (with); ~ का प्रभाव influence of company. 2. assemblage.

संगति (~ ga ti) *f.* 1. relevance, compatibility, consistency. 2. association, company.

संगतिया (~ yA) *m.* accompanyist.

संगदिल (saṅg dil) *adj.* cruel, merciless, hard-hearted.

संगम (~ gam) *m.* 1. confluence (of rivers). 2. junction, meeting place. 3. conjunction; सितारों का ~ conjunction of stars.

संगमन (~ ga man) *m.* confluence, coming together.

संगमरमर (saṅg mar mar) *m.* marble.

संगरोध (~ rodh) *m.* quarantine.

संग-साथ (~ - sAth) *m.* accompaniment, company; मुझे ~ चाहिए I want company.

संगिनी (saṅ gi nee) *adj.* & *m.* female companion; जीवन ~ life-partner, wife.

संगी (~ gee) *adj.* & *m.* (male) chum, companion. [Fem. संगिनी]

संगीत (~ geet) *m.* music; मुझे ~ पसंद है I like music. कंठ ~ vocal music; लोक ~ folk music, वाद्य ~ instrumental music; शास्त्रीय ~ classical music.

संगीतक (~ gee tak) *adj.* musical.

संगीतकार (~ geet kAr) *m.* composer of music.

संगीतज्ञ (~ gee tagy) *m.* one well-versed in music, musician.

संगीत-नाटिका (~ geet - nA Ti kA) *f.* opera.

संगीत-निदेशक (~ - ni de shak) *m.* music director.

संगीतमय (~ may) *adj.* replete/charged with music, musical.

संगीतशास्त्री (~ shAs tree) *m.* musicologist.

संगीताचार्य (saṅ gee tA cAry) *m.* master of music.

संगीतात्मक (~ gee tAt mak) *adj.* musical.

संगीतालय (~ gee tA lay) *m.* house of music.

संगीतिका (~ gee ti kA) *f.* concert.

संगीन (~ geen) *adj.* grave; ~ जुर्म grave crime.
m. bayonet.

संगी-साथी (~ gee - sA thi) *m.* (plu.) friends and companions.

संगृहीत (~ gri heet) *adj.* 1. collected, gathered. 2. compiled. 3. amassed.

संगोष्ठी (~ gosh Thee) *f.* a conference for some discussion, symposium, seminar.

संग्रह (~ grah) *m.* 1. collection. 2. compilation; धन ~ करना to amass money.

संग्रहकर्ता (~ kar tA) *m.* 1. collector. 2. compiler.

संग्रहण (saṅ gra haN) *m.* act of collecting.

संग्रहणशील (~ sheel) *adj.* given to making collections.

संग्रहणशीलता (~ tA) *f.* state or quality of being संग्रहणशील।

संग्रहणी (sañ grah NEE) *f.* chronic diarrhoea, sprue.

संग्रहणीय (~ grah NEEy) *adj.* worth collecting, fit to be collected, collectable.

संग्रहालय (~ gra hA lay) *m.* museum; ~ अध्यक्ष curator.

संग्राम (~ grAM) *m.* 1. battle; ~ जीतना to win a battle; चुनाव - ~ election fight; जीवन - ~ battle of life. 2. war.

संग्राहक (~ grA hak) *m.* one who collects things, collector.

संघ (sañgh) *m.* 1. federation. 2. union; ~ न्यायालय union court. 3. society, corporation.

संघटक (~ sañ gha TAK) *m.* component, constituent.
adj. component.

संघटन (~ gha TAN) *m.* 1. formation, composition. 2. organisation. 3. constitution.

संघटनात्मक (~ gha TA nAt mak) *adj.* of or pertaining to organisation, organisational.

संघबद्ध (sañgh baddh) *adj.* federated.

संघ-भावना (~ - bhAV nA) *f.* esprit de corps, team spirit.

संघर्ष (sañ gharsh) *m.* 1. struggle, strife, collision, rivalry; अस्तित्व के लिए ~ struggle for existence; जीवन - ~ struggle. 2. conflict; विचारों का ~ conflict of ideas, friction. 3. fight; चुनाव - ~ election fight.

संघर्षमय (~ may) *adj.* full of struggle.

संघर्ष-विराम (~ - vi rAM) *m.* ceasefire, truce; रमज़ान का ~ लाहौर की बस-यात्रा से अधिक साहसिक पहल थी Ramzan truce was bolder initiative than Lahore bus-ride.

संघर्षशील (~ sheel) *adj.* having a disposition of struggle.

संघर्षशीलता (~ tA) *f.* state or quality of being संघर्षशील।

संघर्षी (sañ ghar shee) *adj.* fricative; ~ व्यंजन fricative consonant.

संघात (~ ghAt) *m.* 1. impact. 2. blow.

संघाराम (~ ghA rAM) *m.* Buddhist monastery.

संघी (~ ghee) *m.* member of a संघ।

संघीय (~ gheey) *adj.* 1. of or pertaining to the union. 2. federal.

संचय (san cay) *m.* 1. accumulation; ~ प्रवृत्ति disposition to accumulate. 2. collection; क्रमचय और ~ permutations and combinations. (Maths.)

संचयन (~ ca yan) *m.* act of accumulation/ collection, storage.

संचयनशील (~ sheel) *adj.* having a disposition to accumulate.

संचयनशीलता (~ tA) *f.* state or quality of being संचयनशील।

संचयी (san ca yee) *adj.* & *m.* (one) who accumulates/collects.

संचरण (~ ca raN) *m.* 1. movement. 2. transmission.

संचरणशील (~ sheel) *adj.* transmissible.

संचरणशीलता (~ tA) *f.* transmissibility.

संचलन (san ca lan) *m.* 1. movement. 2. locomotion.

संचार (~ cAr) *m.* 1. communication; ~ व्यवस्था communication system. 2. circulation.

संचारण (~ cA raN) *m.* communication.

संचार-मंत्रालय (~ cAr - man trA lay) *m.* Ministry of Communication.

संचार-मंत्री (~ - man tri) *m.* Minister for Communication.

संचार-माध्यम (~ mAd dhyam) *m.* media; संचार-माध्यमों को पूर्ण रूप से तटस्थ भूमिका निभानी चाहिए The media must perform a role which is strictly neutral in character.

संचारी (san CA ree) *adj.* communicable; ~ रोग communicable disease.

संचालक (san CA lak) *m.* 1. conductor. 2. director.

संचालकता (~ TA) *f.* conductivity.

संचालन (san CA lan) *m.* 1. conduction. 2. direction.

संचालित (~ CA lit) *adj.* 1. conducted. 2. directed.

संचित (~ cit) *adj.* accumulated, collected.

संजीदगी (~ jeed gee) *f.* 1. sobriety. 2. seriousness, gravity; ~ से seriously.

संजीदा (~ jee DA) *adj.* sober, solemn; निराशाओं से घिरे रहने पर भी वह सर्वदा ~ ही दिखाई देता था Inspite of being surrounded by desperation, he always seemed to be sober.

संजीवनी (~ jeev nee) *f.* elixir; ~ बूटी a mythological, life-giving herb.

संजीवनी-शक्ति (~ - shak ti) *f.* life-giving/restoring power.

संजोग (san jog) *m.* = संयोग।

सँजोना (sã jo NA) *vt.* to keep things ship-shape, to array; सपने ~ to marshal daydreams, to envisage lovely dreams; सँजोए रखना to cherish; मैं इन क्षणों को जीवन-भर सँजोए रखूँगी I will cherish these moments all my life.

संज्ञक (san gyak) *adj.* having the name; विष्णु ~ व्यक्ति person having the name Vishnu.

संज्ञा (san gyA) *f.* 1. name; ~ देना to give a name. 2. Noun; क्रियार्थक ~ verbal noun, जातिवाचक ~ common noun, द्रव्यवाचक ~ material noun, भाववाचक ~ abstract noun, व्यक्तिवाचक ~ proper noun, समूह-वाचक ~ collective noun. 3. consciousness.

संज्ञान (~ gyAN) *m.* cognizance.

संज्ञापन (~ gyA pan) *m.* act of informing, advice, communication.

संज्ञाशून्य (~ shoony) *adj.* totally unconscious, unconscious in toto.

संज्ञाहीन (~ heen) *adj.* unconscious.

संज्ञाहीनता (~ TA) *f.* unconsciousness.

सँझला (sãjh lA) *adj.* 1. younger than the middle (brother). 2. pertaining to evening.

संड (saND) *m.* bull.

संड-मुसंड (~ - mu SAND) *adj.* & *m.* stout & robust (fellow) (usually due to carefreedom).

सँड़सी (sãR see) *f.* household forceps, pincers, pliers.

संडा (SAN DA) *adj.* & *m.* stout, carefree fellow (smacking of mischievousness).

संडास (~ DAS) *m.* latrine in the form of a pit.

संत (sant) *adj.* saintly.

m. 1. saint; ~ तुलसीदास भगवान राम के अनन्य उपासक थे Saint Tulsidas was a staunch votary of Lord Ram. 2. ascetic, mendicant.

संत-चरित (~ - ca rit) *m.* biography of a saint, hagiology.

संत-चरित्र (~ - ca rittr) *m.* saintly character.

संतत (san tat) *adj.* continuous (in space); ~ रेखा continuous line. [C.F. सतत continuous (in time)] .

संतति (~ ta ti) *f.* progeny, offspring.

संतति-निग्रह (~ - nig grah) *m.* birth-control.

संतति-निरोध (~ - ni rodh) *m.* birth-control.

संत-पूजा (sant- poo JA) *f.* saint-worship.

संतप्त (san tapt) *adj.* grieved, stricken (with grief); ~ हृदय stricken with grief; शोक ~ परिवार bereaved family; शोक ~ परिवार की आर्थिक दशा अत्यंत दयनीय थी The economic condition of the bereaved family was very miserable.

संतरण (~ ta raN) *m.* crossing the Rubicon; समुद्र - ~ crossing the ocean.

संतरा (san ta rA) *m.* 1. tangerine. 2. orange. (India)

संतरी (~ ree) *m.* sentry, armed guard/ watch-man; आतंकियों ने सात संतरियों को मार डाला Militants killed seven cops.

संत-सुलभ (sant - su labh) *adj.* saintly; ~ स्वभाव saintly disposition.

संतान (san tAN) *m.* issue, offspring, progeny.

संताप (~ tAp) *m.* 1. grief, anguish, agony, woe. 2. remorse, compunction.

संतुलन (~ tu lan) *m.* 1. balance, counter balance; स्वतंत्रता और न्याय में ~ की आवश्यकता है Balance is needed between freedom and justice. विचार - ~ balance of ideas; व्यापार - ~ trade balance; शक्ति - ~ balance of power. 2. equilibrium; मानसिक ~ mental equilibrium; जब कोई मनुष्य क्रोध से पागल हो जाता है तो उसका मानसिक ~ खो बैठना स्वाभाविक है When a man turns mad with rage, then losing of his mental equilibrium becomes but natural.

संतुलित (~ tu lit) *adj.* 1. balanced; ~ दृष्टिकोण balanced view; ~ करना to balance. 2. even, level; ~ मस्तिष्क level headed.

संतुष्ट (~ tushT) *adj.* satisfied, gratified; ~ करना to satisfy; अपने मालिक को ~ करने के लिए मुझे वह काम करना पड़ा I had to do that to satisfy my boss.

संतुष्टीकरण (~ tush Tee ka raN) *m.* satisfaction, gratification.

संतृप्त (~ tript) *adj.* 1. satiated, well-satisfied. 2. saturated.

संतृप्ति (~ trip ti) *f.* 1. satiation. 2. saturation.

संतोष (~ tosh) *m.* satisfaction, contentment; ~ से अत्युत्तम सुख की प्राप्ति होती है A uniqhe ecstasy is derived from satisfaction.

संतोषजनक (~ ja nak) *adj.* satisfactory, satisfying.

संतोषप्रद (~ prad) *adj.* = संतोषजनक।

संतोषी (san to shee) *adj.* contented.

संत्रस्त (~ trast) *adj.* 1. tormented, tortured. 2. terrorised.

संत्रास (~ trAS) *m.* 1. torment, torture. 2. terror.

संदर्भ (~ darbh) *m.* 1. context; इस ~ में in this context. 2. reference; ~ सहित with reference to context.

संदर्भ-ग्रंथ (~ - granth) *m.* reference book.

संदर्भ-साहित्य (~ - SA hitty) *m.* reference literature.

संदर्श (san darsh) *m.* perspective.

संदर्शिका (~ dar shi KA) *f.* guide-book.

संदल (~ dal) *m.* sandal (wood).

संदिग्ध (~ digdh) *adj.* 1. doubtful, dubious; उनका यहाँ आना ~ है We are not sure of his arrival here. ~ व्यक्ति a person of doubtful character. 2. suspicious; ~ आचरण suspicious conduct.

संदिग्धता (~ tA) *f.* doubtfulness, dubiety.

संदूक़ (san dooK) *m.* box.

संदूक़चा (~ cA) *m.* small box.

संदूक़ची (~ cee) *f.* very small box.

संदेश (san desh) *f.* 1. message, tidings, in-formation, news; बधाई ~ message of congratulations; शुभ ~ greetings; शोक ~ message of condolence. 2. a kind of Bengali sweet.

संदेशवाहक (~ VA hak) *m.* messenger.

संदेशहर (~ har) *m.* messenger.

सँदेसा (sã de SA) *m.* = संदेश।

संदेह (san deh) *m.* 1. suspicion. 2. doubt, misgiving; उन्होंने हमारे ~ को दूर करने का प्रयास किया They tried to dispel our misgiving. बिना किसी ~ के undoubtedly.

संदेहजनक (~ ja nak) *adj.* 1. suspicious. 2. doubtful.

संदेहशील (~ sheel) *adj.* dubitative.

संदेहात्मक (~ de hAT mak) *adj.* = संदिग्ध।

संदेहास्पद (~ de hA spad) *adj.* = संदिग्ध।

संधान (~ dhAN) *m.* 1. aiming. 2. searching.

संधि (~ dhi) *f.* 1. conjunction (of two different entities). 2. joint. 3. union of two sounds (Gram.). 4. treaty; शांति - ~ peace treaty. 5. hole, knot.

संधिपत्र (~ pattr) *m.* deed/document of treaty.

संधिभंग (~ bhang) *m.* breach of treaty.

संधि-वार्ता (~ - VAR TA) *f.* negotiation for peace; राष्ट्रों के आपसी तनाव को समाप्त करने के लिए ~ होती है ताकि उनमें शांति स्थापित हो सके Negotiation for peace takes place among nations so that tranquillity may be established with the end of respective tensions.

संधि-विच्छेद (~ - vic ched) *m.* 1. annulment of treaty. 2. separation of the constituents in a conjunct word.

संधि-विराम (~ - vi rAM) *m.* an agreement between warring groups or nations to suspend all fighting, armistice.

संधिशोथ (~ shoth) *m.* arthritis.

संध्या (san dhyA) *f.* 1. evening, twilight, dusk. 2. evening prayer.

संध्याकाल (~ KAl) *m.* evening time.

संध्यालोक (~ lok) *m.* twilight.

संध्यावंदन (~ dhyA van dan) *m.* evening prayer.

संध्योपासना (san dhyo PAS NA) *f.* evening prayer, evening worship.

संनिविष्टि (~ ni vishT) *adj.* 1. enclosed, attached, appended. 2. inserted.

संनिवेश (~ ni vesh) *m.* 1. act of enclosing. 2. act of inserting.

संन्यास (~ nyAS) *m.* 1. the fourth and the last stage of a Hindu's life typifying renunciation of family, its affairs and also home. 2. renunciation; ~ लेना (i) to take संन्यास; (ii) to renounce; (iii) to retire; अब हमें राजनीति से ~ ले लेना चाहिए Now we should retire from the politics.

संन्यासिनी (~ nyA si nee) *f.* fem. of संन्यासी।

संन्यासी (~ nya si) *m.* ascetic, one who takes संन्यास। [Fem. संन्यासिनी]

संपत्ति (sam pat ti) *f.* 1. wealth, pelf, riches. 2. property, possession, effects. 3. attainments; दैवी ~ divine attainments, आसुरी ~ demonic attainments.

संपत्ति-कर (~ - kar̤) *m.* wealth/property tax.

संपत्तिवान (~ VAN) *adj.* wealthy.

संपत्तिशाली (~ shA lee) *adj.* opulent.

संपदा (sam pa dA) *f.* wealth, property, resources; ~ कर wealth tax; शब्द - ~ vocabulary.

संपन्न (~ pann) *adj.* 1. endowed with plenty, prosperous, affluent. 2. accomplished, completed, fulfilled; कार्य ~ होना accomplishment/completion of work.

संपन्नता (~ TA) *f.* plenty, prosperity, affluence.

संपरीक्षण (sam pa reek shaN) *m.* scrutiny.

संपर्क (~ park) *m.* contact, liason; ~ बनाए रखना to maintain contact/liaison; इस कार्य के लिए मुझसे ~ बनाए रखो Be in contact with me for this work; ~ रखना to keep contact affinity.

संपर्क-अधिकारी (~ - a dhi KA ree) *m.* liaison officer.

संपर्क-सूत्र (~ - soottr) *m.* line of contact.

संपर्क-स्थापन (~ - sthA pan) *m.* establishment of contact.

संपात (sam pAt) *m.* coincidence, contact.

संपातिक (~ pA tik) *adj.* coincident.

संपाती (~ pA tee) *adj.* coincident.

संपादक (~ pA dak) *m.* editor. [Fem. संपादिका]

संपादकत्व (~ pA da kattw) *m.* editorship.

संपादक-मंडल (~ pA dak - maN Dal) *m.* editorial board.

संपादकीय (~ pA da keey) *adj.* of or relating to an editor, editorial; ~ टिप्पणी editorial note; ~ दायित्व editorial responsibility. *m.* editorial.

संपादन (~ pA dan) *m.* 1. editing; ~ करना to edit. 2. accomplishment, carrying out; कार्य का ~ करना to perform/accomplish a work.

संपादिका (~ pA di kA) *f.* fem. of संपादक।

संपादित (~ pA dit) *adj.* 1. edited; ~ करना to edit. 2. accomplished, executed; कार्य ~ करना to finish off a job, to complete a task.

संपाद्य (~ pAddy) *adj.* (that) which is to be edited/accomplished.

संपीड़न (~ pee Ran) *m.* compression.

संपीड़ित (~ pee Rit) *adj.* compressed.

संपुट (~ puT) *m.* hollow of a receptacle, cavity.

संपुटिका (~ pu Ti kA) *f.* capsule.

संपुष्ट (~ pushT) *adj.* confirmed, certified.

संपुष्टि (~ push Ti) *f.* confirmation, certification.

संपूरक (~ poo rak) *adj.* complementary.

संपूर्ण (~ pooN) *adj.* 1. entire, whole, complete. 2. completed, finished; कार्य ~ हुआ The work is finished/completed.

संपूर्णतः (~ tah) *adv.* entirely, wholly, completely.

संपूर्णतया (~ ta yA) *adv.* entirely, wholly; उसने दिया हुआ काम ~ कर लिया है He has entirely accomplished the given task.

संपूर्णता (~ tA) *f.* completion, completeness.

सँपेरा (sã pe rA) *m.* snake-charmer.

सँपोला (~ po lA) *m.* young one of a snake.

संप्रति (sam pra ti) *adv.* for the time being, for the present.

संप्रदान (~ pra dAn) *m.* 1. bestowing, giving. 2. ~ कारक dative case.

संप्रदाय (~ pra dAy) *m.* 1. community. 2. (religious) sect. 3. school (of thought).

संप्रदायवाद (~ vAd) *m.* the idea to favour one's own or particular community, com-munalism.

संप्रदायवादी (~ vA dee) *adj.* communalistic. *m.* communalist.

संप्रभु (sam pra bhu) *m.* sovereign.

संप्रभुता (~ tA) *f.* sovereignty.

संप्रेषक (sam pre shak) *m.* despatcher, one who transmits.

संप्रेषण (~ pre shaN) *m.* transmission.

संप्रेषणीय (~ pre sha Neey) *adj.* transmissible.

संप्रेषित (~ pre shit) *adj.* transmitted.

संप्रेष्य (~ preshshy) *adj.* = संप्रेषणीय। *m.* that which is transmitted.

संबंध (~ bandh) *m.* 1. relation, connection, relationship; गुरु-शिष्य ~ master-and-disciple relationship; ~ करना to establish a (matrimonial) relation; ~ छोड़ना to break off a relationship; ~ जोड़ना = संबंध करना; इस ~ में in this case, in this context, about it. 2. contact; उनसे भी ~ रखो Keep contact with them also. 3. betrothal; लड़की का ~ हो चुका है The girl has been betrothed. 4. ~ कारक genitive case.

संबंधवाचक (~ vA chak) *adj.* possessive.

संबंध-विच्छेद (~ vic ched) *m.* 1. legal dissolution of marriage, separation, detachment, split up; बोरिस बेकर ने कहा है कि मेरा और मेरी पत्नी बारबरा का ~ हो गया है Boris Becker announced that he and his wife Barbara had split up. 2. divorce.

संबंधी (sam ban dhee) *adj.* pertaining to, relating to.
m. relative.

संबद्ध (~ baddh) *adj.* 1. related, connected. 2. affiliated, joined; ~ करना to affiliate.

संबद्धता (~ tA) *f.* 1. relation, connection. 2. affiliation, attachment.

संबद्धीकरण (sam bad dhee ka raN) *m.* affilia- tion.

संबल (~ bal) *m.* mainstay, support; जीवन - ~ life-long mainstay.

संबुद्ध (~ buddh) *adj.* enlightened.

संबुद्धि (~ bud dhi) *f.* enlightenment.

संबोधन (~ bo dhan) *m.* 1. address; माता-पिता का ~ आदर से करना चाहिए Parents should be addressed respectfully. 2. ~ कारक vocative case.

संबोधित (~ bo dhit) *adj.* addressed; वह पत्र उसको ~ था That letter was addressed to him. ~ करना to address.

संभरक (~ bha rak) *m.* supplier.

संभरणं (~ bha raN) *m.* supply; ~ विभाग supply department.

सँभलना (sã bhal nA) *vi.* 1. to pull oneself together, to come to one's self/senses; सँभलकर चलो Walk with care. अब तो सँभल जाओ Now, watch your step. 2. to recover, to recuperate.

संभव (sam bhav) *adj.* possible; जल के बिना जीवन ~ नहीं Life is not possible without water. ~ है कि आज पानी बरसे It is possible that it will rain today.अगर यह ~ होता तो बहुत बढ़िया होता If it were possible it would be wonderful. असंभव को ~ बनाना to achieve the impossible.

संभवत: (~ tah) *adv.* possibly, probably; उनकी घनिष्ठता अब दुश्मनी में ~ बदल सकती है Their intimacy may now possibly turn into animosity.

सँभाल (sã bhAl) *f.* looking after, care, up-keep; बच्चों की ~ care of children; कपड़ों की ~ upkeep of garments.

सँभालना (~ nA) *vt.* to take care of, to look after; बच्चों को सँभालो Look (you) to the children. इस वार को सँभालो Defend (you) this attack. पहले अपना घर तो सँभालो Put your own house in order first.

सँभाला (sã bhA lA) *m.* the last flicker; ~ लेना to evince the last flicker.

संभावना (bhA va nA) *f.* possibility, likeli-hood; मुशर्रफ़ और अटल के अगले महीने मिलने की ~ है Possibility of Musharraf, Atal meeting next month.

संभावनीय (~ bhA va neey) *adj.* likely.

संभावित (~ bhA vit) *adj.* probable.

संभावी (~ bhA vee) *adj.* probable.

संभाव्य (~ bhAvvy) *adj.* probable.

संभाषण (~ bhA shaN) *m.* discourse, dia-logue, conversation.

संभाषी (~ bhA shee) *adj.* speaker.

संभाष्य (sam bhAshshy) *adj.* appropriate to conversation.

संभोग (~ bhog) *m.* cohabitation, coitus; ~ करना to have sexual intercourse with a woman, to have sex.

संभोगरत (~ rat) *adj.* engaged in cohabita-tion.

संभोगी (sam bho gee) *adj.* & *m.* (male) (one) who indulges in sex.

संभोग्य (~ bhoggy) *adj.* (female) fit for sex.

संभोजन (~ bho jan) *m.* common dinner.

संभ्रम (~ bhram) *m.* confusion, perplexity

संभ्रांत (~ bhrAnt) *adj.* distinguished, esteemed, respectable, honourable; ~ परिवार distinguished family.

संमुख, के (ke san mukh) *postposition.*= के सम्मुख।

संयंत्र (san yantr) *m.* fixed machinery, plant.

संयत (~ yat) *adj.* restrained, disciplined, controlled, subdued; ~ भाषा restrained language.

संयम (~ yam) *m.* restraint, discipline; ज़रा ~ से काम लो Try a little selfcontrol. ~ खो बैठना to lose (one's) balance; ~ बरतना to exercise restraint; संकट की इस घड़ी में हमें ~ बरतना चाहिए We should exercise restraint in this moment of crisis.

संयमित (~ ya mit) *adj.* disciplined.

संयमी (~ ya mee) *adj.* & *m.* moderate, disciplined, sober, temperate.

संयुक्त (~ yukt) *adj.* joint, united; ~ परिवार joint family; ~ खाता joint account; ~ रूप से jointly; दो वैज्ञानिक इस वर्ष ~ रूप में गांधी शांति पुरस्कार के लिए चुने गए हैं Two scientists have jointly been chosen for the Gandhian Peace Prize this year.

संयुक्त खाता (~ khA tA) *m.* joint account.

संयुक्त राष्ट्र (~ rASHTr) *m.* United Nations.

संयुक्त वाक्य (~ vAkky) *m.* compound sentence.

संयुक्त व्यंजन (~ vyan jan) *m.* compound consonant.

संयुक्त सरकार (~ sar KAr) *f.* coalition government.

संयुत (san yut) *adj.* conjunct.

संयुति (~ yu ti) *f.* conjunction.

संयोग (~ yog) *m.* coincidence, chance, accident; ~ की बात matter of coincidence/chance; यदि ~ हुआ तो If chance permits.

संयोगवशात् (~ va shAt) *adv.* by mere coincidence.

संयोजक (san yo jak) *m.* 1. convener. 2. = योजक, conjunction. (Gram.)

संयोजन (~ yo jan) *m.* combination.

संयोजित (~ yo jit) *adj.* combined.

संयोज्य (~ yojjy) *adj.* that which can be mixed/combined, combinable.

संरक्षक (~ rak shak) *m.* patron, guardian, supporter; वन - ~ conservator of forests.

संरक्षकता (~ tA) *f.* patronage.

संरक्षण (san rak shaN) *m.* 1. patronage. 2. protection.

संरक्षणवाद (~ vAd) *n.* protectionism.

संरक्षित (san rak shit) *adj.* 1. patronised. 2. protected, preserved.

संरक्षित राज्य (~ rAjjy) *m.* protectorate.

संरचना (san rac nA) *f.* 1. structure. 2. composition, construction.

संरचनात्मक (~ rac nAt mak) *adj.* structural; ~ खराबी structural defect/failure.

संराधन (~ rA dhan) *m.* conciliation; ~ अधिकारी conciliation officer.

संरेखन (~ re khan) *m.* alignment.

संरोध (~ rodh) *m.* blockade.

संलग्न (~ lagn) *adj.* 1. attached, appended, annexed; स्नानागार शयनकक्ष से ~ है The bathroom adjoins the bedroom. 2. adjacent, adjoining.

संवत् (sam vat) *m.* era, year; era started by king Vikramaditya called 'Vikram Samvat' for short.

संवत्सर (~ sar) *m.* = संवत्।

संवरण (sam va raN) *m.* 1. choice, selection. 2. resistance; लोभ का ~ resistance of temptation.

सँवरना (sã var nA) *vi.* to appear in a right/

choice make-up; काम सँवर गया A bad job has been set right. बाल सँवर गए Hair have been dressed.

सँवरिया (~ va ri yA) *m.* 1. the darkish one. 2. Lord Krishna, the darkish one.

संवर्ग (sam varg) *m.* cadre.

संवर्धक (~ var dhak) *adj.* magnifying. *m.* magnifier.

संवर्धन (~ var dhan) *m.* 1. enlargement, magnification, nourishment. 2. culture.

संवर्धनीय (~ var dha neey) *adj.* worth being enlarged, worth magnification.

संवर्धित (~ var dhit) *adj.* 1. enlarged, magnified. 2. cultured.

संवहन (~ va han) *m.* 1. carrying. 2. conduction.

संवातन (~ VA tan) *m.* ventilation; ~ - व्यवस्था system of ventilation.

संवाद (~ VAd) *m.* 1. message. 2. dialogue, conversation, news. 3. communication.

संवादक (~ VA dak) *m.* reporter.

संवाददाता (~ VAd dA tA) *m.* correspondent.

संवादशील (~ sheel) *adj.* communicative.

संवादहर (~ VAd har) *m.* messenger.

संवादिता (~ VA di tA) *f.* 1. correspondence. 2. the exchange of information and ideas, communication.

संवादी (~ VA dee) *adj.* 1. corresponding; ~ कोण corresponding angle. 2. concordant; ~ स्वर concordant note.

सँवारना (sã VAR nA) *vt.* 1. to make-up. 2. to arrange/put in proper order.

संवाहक (sam VA hak) *m.* conductor; महिला ~ lady conductor.

संवाहन (~ sam VA han) *m.* conduction.

संवाही (~ VA hee) *m.* conductor. (Phys.)

संवितरण (~ vit raN) *m.* disbursement.

संविदा (~ vi dA) *f.* contract.

संविधान (~ vi dhAN) *m.* constitution; अनम्य ~ rigid constitution; अलिखित ~ unwritten constitution; नम्य ~ flexible constitution; लिखित ~ written constitution; ~ विशेषज्ञ constitutionalist.

संविधानवाद (~ VAd) *m.* constitutionalism.

संविधान-सभा (~ - sa bhA) *f.* constituent assembly, ensembly.

संविधानिक (sam vi dhA nik) *adj.* constitutional (more correct संवैधानिक).

संविधि (~ vi dhi) *f.* a rule or law passed by an institution or Parliament, statute.

संविधिक (~ vi dhik) *adj.* statutory.

संविभाग (~ vi bhAg) *m.* portfolio.

संविहित (~ vi hit) *adj.* constituted.

संवीक्षक (~ veek shak) *m.* scrutinizer.

संवीक्षा (~ veek shA) *f.* scrutiny.

संवृत (~ vrit) *adj.* closed; ~ स्वर closed vowel.

संवृद्धि (~ vrid dhi) *f.* growth, development; कुल मिलाकर इस वर्ष आर्थिक ~ की दर 6% रहने की आशा है Overall economic growth this year is expected to be 6%.

संवेग (~ veg) *m.* momentum.

संवेदन (~ ve dan) *m.* sensation.

संवेदनशील (~ sheel) *adj.* sensitive.

संवेदनशीलता (~ tA) *f.* sensitiveness.

संवेदनहारी (sam ve dan hA ree) *adj.* anaesthetic.

संवेदना (~ ved nA) *f.* 1. condolence. 2. the deep feeling of sharing the suffering of another, compassion.

संवेदनाहीन (~ heen) *adj.* unfeeling, without compassion.

संवेदनीय (~ ved neey) *adj.* perceptible through senses, sensible.

संवेदिक (~ ve dik) *adj.* sensory.

संवेदित (~ ve dit) *adj.* perceived through senses.

संवेदी (~ ve dee) *adj.* sympathetic; ~ ज्वर sympathetic fever.

संवेद्य (~ veddy) *adj.* perceptible through senses.

संवेद्यता (~ tA) *f.* perceptibility through the senses.

संवेष्टक (sam vesh Tak) *m.* packer.

संवेष्टन (~ Tan) *m.* packing.

संवेष्टित (~ Tit) *adj.* packed.

संवैधानिक (~ vai dhA nik) *adj.* constitutional; ~ राजतंत्र constitutional monarchy.

संवैधानिकता (~ tA) *f.* constitutionality, constitutionalism.

संशय (san shay) *m.* doubt, suspicion, uncertainty; मुझे उसके कार्य करने के ढंग पर बहुत ~ है I very much doubt about his work-ability.

संशयवाद (~ vAd) *m.* scepticism.

संशयवादी (~ vA dee) *adj.* & *m.* sceptic.

संशयात्मक (san sha yAt mak) *adj.* doubtful, uncertain.

संशयात्मकता (~ tA) *f*-. scepticism.

संशयालु (san sha yA lu) *adj.* sceptic, doubting.

संशयी (~ sha yee) *adj.* given to doubting, sceptic.

संशोधक (~ sho dhak) *adj.* corrective.

संशोधन (~ sho dhan) *m.* 1. correction, modification. 2. amendment, revision.

संशोधनवाद (~ vAd) *m*: revisionism.

संशोधनवादी (~ vA dee) *adj.* revisionistic. *m.* revisionist.

संशोधित (san sho dhit) *adj.* 1. corrected, modified. 2. amended. 3. revised; ~ संस्करण revised edition.

संश्रय (~ shray) *m.* alliance.

संश्रित (~ shrit) *adj.* allied.

संश्लिष्ट (~ shlishT) *adj.* synthesised, synthetic, mixed up.

संश्लेषण (~ shle shaN) *m.* synthesis.

संश्लेषणीय (~ shle sha Neey) *adj.* worth being synthesised.

संश्लेषित (~ shle shit) *adj.* = संश्लिष्ट।

संसक्त (~ sakt) *adj.* cohesive.

संसक्ति (~ sak ti) *f.* cohesion.

संसद (~ sad) *f.* parliament; भारतीय ~ Indian Parliament.

संसदीय (~ sa deey) *adj.* 1. parliamentary; ~ शासन/सरकार parliamentary government. 2. admissible in parliament.

संसर्ग (~ sarg) *m.* contact, association.

संसर्गज (~ sar gaj) *adj.* 1. born out of association. 2. contagious; ~ रोग contagious disease.

संसार (~ sAr) *m.* world; ~ से उठ जाना to depart to the other world, to die; ~ बसाना to establish a home.

संसार-चक्र (~ - cakkr) *m.* wheel of affairs mundane, worldly cycle.

संसार-बंधन (~ - ban dhan) *m.* bondage mundane.

संसार-सागर (~ - sA gar) *m.* ocean mundane.

संसारी (san sA ree) *adj.* mundane, worldly. *m.* worldly being.

संसृति (~ sri ti) *f.* world.

संसेचन (~ se can) *m.* insemination.

संस्करण (sans ka raN) *m.* edition; बृहत् ~ enlarged edition; राज ~ deluxe edition; संक्षिप्त ~ abridged edition.

संस्कार (~ kAr) *m.* 1. ritual, rite, sacrament; अंतिम ~ the last rites, obsequies. 2. (cultural) tradition, which becomes a part of one's being. 3. refinement, purification.

संस्कारहीन (sans heen) *adj.* unrefined, uncultured.

संस्कारित (~ kA rit) *adj.* cultured; ~ बीज cultured seed.

संस्कृत (~ krit) *adj.* refined, cultured, purified.

f. Sanskrit, the source language of India.

संस्कृति (~ kri ti) *f.* culture.

संस्तर (~ tar) *m.* bed.

संस्तवन (~ ta van) *m.* commendation, recommendation.

संस्तुत (~ tut) *adj.* recommended.

संस्तुति (~ tu ti) *f.* recommendation.

संस्था (~ thA) *f.* 1. institution. 2. a very familiar person is some activity.

संस्थागत (~ gat) *adj.* institutional; ~ विद्यार्थी regular student.

संस्थान (~ thAn) *m.* institute; वैदिक ~ Vedic Institute.

संस्थापक (~ thA pak) *m.* founder; ~ सदस्य founder-member.

संस्थापन (~ thA pan) *m.* founding, establishing, establishment.

संस्थापना (~ thAp nA) *f.* establishment.

संस्थापित (~ thA pit) *adj.* founded, established.

संस्पर्श (~ parsh) *m.* 1. touch. 2. contact.

संस्मरण (~ ma raN) *m.* reminiscences, memoirs.

संहत (san hat) *adj.* compact. consolidated.

संहति (~ ha ti) *f.* compactness, state of being consolidated.

संहार (~ hAr) *m.* annihilation, carnage, mayhem; ~ करना to annihilate.

संहारक (~ hA rak) *m.* annihilator.

संहित (~ hit) *adj.* 1. accumulated. 2. codified.

संहिता (~ hi tA) *f.* a set of rules or laws arranged in a system, statute-book, code; आचार - ~ code of conduct; दंड - ~ penal code.

संहिताकरण (~ ka raN) *m.* codification.

संहिताबद्ध (~ baddh) *adj.* codified.

संहिति (san hi ti) *f.* accumulation.

स (sa) *prefix.* denoting 1. 'with' as सप्रेम with love. 2. likeness or equality, as सदृश like, similar, समान equal.

सइयाँ (sai yÃ) *m.* 1. lover. 2. husband.

सईस (sa ees) *m.* one who cleans and looks after horses, groom.

सईसी (sa ee see) *f.* work or function of a सईस।

सकंटक (sa kaN Tak) *adj.* thorny.

सकता (sak tA) *m.* state of being stunned/dumb-founded; सकते में आना to be stunned/dumb-founded.

सकना (~ nA) *vi.* 1. to be able to; मैं चल सकता हूँ I can walk. तुम जा सकते हो तो जाओ Go, if you can. 2. हो सकता है कि वह दिल्ली में हो He might be in Delhi/Might be he is in Delhi. वह इसलिए मर गया कि और लोग जी सकें He died so that others might live.

सकपकाना (~ pa kA nA) *vi.* to be non-plussed, to be confounded.

सकपकाहट (~ pa kA haT) *f.* state or quality of being non-plussed.

सकरकंद (sa kar kand) *m.* = शकरकंद sweet potato.

सकरकंदी (sa kar kan dee) *f.* = शकरकंदी sweet potato.

सकरपारा (sa kar pA rA) *m.* a kind of lozenge-shaped sweet.

सकरुण (sa ka ruN) *adj.* compassionate.

सकर्मक (sa kar mak) *adj.* transitive; ~ क्रिया transitive verb; ~ रूप में transitively.

सकर्मकता (~ tA) *f.* the state or quality of being transitive, transitiveness.

सकल (sa kal) *adj.* 1. all, whole, entire; ~ ब्रह्मांड entire universe. 2. gross, total; ~ आय gross income.

सकाम (sa kAm) *adj.* impelled by desire, purposeful, motivated, purposive; ~ भक्ति purposeful devotion.

सकार (sa KAr) *m.* the letter स or its sound.

सकारना (~ nA) *vt.* to honour; हुंडी ~ to honour a bill of exchange.

सकारांत (sa KA rAnt) *adj.* (word) ending in स।

सकारात्मक (sa KA rAt mak) *adj.* 1. indicating agreement or assent, affirmative; ~ उत्तर affirmative reply. 2. positive. i.c. constructive or optimistic; ~ मानसिकता possitive attitude.

सकारे (sa KA ṛe) *adv.* at day-break, in the early morning.

सकुचना (sa kuc nA) *vi.* = सकुचाना।

सकुचाना (sa ku CA nA) *vi.* 1. to feel embarrassed. 2. to hesitate, to feel shy.

सकुचाहट (sa ku CA haT) *f.* 1. embarrassment. 2. hesitation, shyness.

सकुल (sa kul) *adj. & adv.* with kith and kin.

सकोरा (sa ko rA) *m.* earthen cup.

सक़्क़ा (saK Ka) *m.* water-carrier.

सक्रिय (sak kriy) *adj.* 1. full of energy, energetic, active; वह संस्था का ~ कार्यकर्ता है He is an active worker of the institution. 2. operating or working.

सक्रियता (~ tA) *f.* activity; ~ दिखलाना to show (off) activity, to display activity.

सक्रियतापूर्वक (~ poor vak) *adv.* actively.

सक्रियतावाद (~ vAd) *m.* activism.

सक्रियतावादी (~ vA dee) *m.* activist.

सक्षम (sak sham) *adj.* competent, capable.

सक्षमता (~ tA) *f.* competence, capability.

सखरा (sakh rA) *adj.* cooked in water.

सखरी (~ ree) *f.* food cooked in water.

सखा (sa khA) *m.* chum, pal, intimate friend. [Fem. सखी]

सखी (sa khee) *f.* chum (girl). [Fem. of सखा]

सखी भाव (sa khee bhAv) *m.* friendly feeling or attitude in which a male devotee reacts as the wife of his lord.

सख़्त (saKht) *adj.* 1. hard; ~ ज़मीन hard ground. 2. rigorous; ~ क़ैद rigorous imprisonment. 3. strict; ~ हुकुम strict order; इस मामले में मैं बहुत ~ हूँ I am very strict in this matter. 4. harsh; ~ आवाज़ harsh voice. 5. dire; ~ ज़रूरत dire necessity. 6. serious; ~ बीमारी serious illness. 7. stiff; ~ मिज़ाज stiff temperament; ~ आदमी hard nut to crack; ~ सुस्त कहना to reprimand/upbraid.

सख़्ती (saKh tee) *f.* quality or state of being सख़्त; ~ करना to be hard/strict; ~ से severely, strictly, harshly; ~ से पेश आना to deal with (someone) harshly.

सख्य (sakkhy) *m.* feeling of being chummy.

सख्य-भाव (~ - bhav) *m.* companionability, friendliness.

सगा (sa gA) *adj.* real, sibling, born of the same parents; ~ भाई real brother; सगी बहन real sister; सगे-संबंधी kith and kin.

सगापन (~ pan) *m.* close kinship/affinity.

सगाई (~ ee) *f.* 1. betrothal, engagement; ~ करना to arrange a betrothal/engagement; ~ होना to be betrothed/engaged. 2. remarriage of a widow or divorcee.

सगुण (sa guN) *m.* possessed of attributes, endowed with qualities.

सगुणोपासना (sa gu NO PAS nA) *f.* worship of God possessed of attributes.

सगुन (sa gun) *m.* auspicious act for someone's welfare.

सगुनिया (sa gu ni yA) *m.* soothsayer.

सगुनौती (sa gu nau tee) *f.* augury.

सगोत्र (sa gottr) *adj.* of the same गोत्र।

सगोत्रता (~ tA) *f.* kinship, the state of being सगोत्र।

सगगड़ (sag gaR) *m.* hand-cart.

सघन (sa ghan) *adj.* 1. dense, thick; ~ वन dense forest, thick jungle. 2. intensive; ~ खेती intensive cultivation.

सघनता (~ tA) *f.* 1. denseness, thickness. 2. intensity.

सच (sac) *adj.* true, real, right; वे जो कह रहे हैं ~ नहीं What they say is not true. क्या यह ~ है Is it true ? ~ लगना—कहानी सच लगी The stroy sounded true.

m. truth; ~ बोलना to speak the truth.

सचमुच (~ muc) *adv.* 1. truly, really, in fact, verily; मैं वहाँ ~ नहीं जाना चाहता था I did not want to go there really. क्या आपका पैसा ~ खो गया है Are you sure you have lost your money? क्या तुम ~ बीमार थे Were you really ill? 2. actually; भूत ~ आ गया The ghost actually appeared. 3. indeed; वह ~ सुंदर है She is a beauty indeed. ~ का real, actual; क्या तुम ~ यही चाहते थे Do you really mean it?

सचराचर (sa ca rA car) *adj.* with animates and inanimates; ~ जगत the animate and the inanimate world.

सचल (sa cal) *adj.* moving, movable, mobile; ~ पुस्तकालय mobile library.

सच-सच (sac sac) *m.* complete truth; ~ कहो Speak what is true.

सचाई (sa cA ee) *f.* 1. truthfulness; मुझे उसकी ~ पर विश्वास है I have faith in his truthfulness. 2. truth, veracity; उसकी बात में ~ है There is some truth in what he says. इस कहानी में कुछ भी ~ नहीं There is no truth in this story. ~ सामने आ गई The truth is out.

सचान (sa cAN) *m.* falcon, hawk.

सचित्र (sa cittr) *adj.* 1. pictorial; ~ कोश pictorial dictionary. 2. illustrated; ~ साप्ताहिक illustrated weekly.

सचिव (sa civ) *m.* secretary; निजी ~ private secretary.

सचिवालय (sa ci vA lay) *m.* 1. a secretary's place of work, secretariat. 2. the staff of secretary's office. 3. body of secretaries.

सचेत (sa cet) *adj.* 1. alert, cautious; मैंने उसे ~ कर दिया I put him on the alert. मैंने उसे पहले ही ~ कर दिया था I fore-warned him. 2. conscious.

सचेतक (sa ce tak) *m.* an official of a political party who manitains discipline among its members in legislative debates, whip; मुख्य ~ chief whip.

सचेतन (sa ce tan) *adj.* conscious; ~ मन conscious mind.

सचेतनता (~ tA) *f.* consciousness.

सचेष्ट (sa ceshT) *adj.* active, endeavouring; ~ होना to be active/energetic.

सचेष्टता (~ tA) *f.* 1. activeness. 2. activity.

सच्चरित्र (sac ca rittr) *adj.* of good moral character, virtuous.

सच्चरित्रता (~ tA) *f.* quality or state of being सच्चरित्र, virtuousness.

सच्चा (sac cA) *adj.* 1. truthful; ~ आदमी truthful person. 2. true; सच्ची कहानी true story; ~ हाथ unfailing stroke; अपने प्रति~ true to oneself; जबान का ~ true to one's word; लँगोट का ~ abstinent in the realm of sex; हाथ का ~ honest in dealings; निशाना ~ बैठा It hit the mark/bull's eye. 3. sincere; ~ मित्र sincere friend, a friend indeed; सच्चे हृदय से in good faith. 4. real, genuine; यह ईश्वर के प्रति सच्ची भक्ति नहीं This is not real devotion to the God. ~ मोती real/genuine pearl.

सच्चाई (~ ee) *f.* = सचाई।

सच्चापन (~ pan) *m.* 1. truthfulness. 2. truth.

सच्चिदानंद (sac ci dA nand) *m.* The Supreme Being, the personification of three attributes—Truth, Consciousness, Bliss.

सज (saj) *f.* style, orientation; इमारत की ~ orientation of building.

सजग (sa jag) *adj.* 1. wakeful, awake. 2. cautious, attentive.

सजगता (~ tA) *f.* 1. wakefulness. 2. cautiousness.

सज-धज (saj - dhaj) *f.* pomp and show, ornamentation.

सजना (~ nA) *vi.* 1. to appear in make-up, to be embellished/adorned/bedecked/decorated/dressed; वह मेले के लिए सज रहा है He is doing his make-up for the mela/fair. घर सजा हुआ था The house was (duly) decorated. 2. to shine forth; अँगूठी में नगीना सज रहा है The gem richly becomes/befits the ring.

m. = साजन।

सजना-सँवरना (~ - sã var nA) *vi.* to make-up cap-a-pie.

सजनी (saj nee) *f.* sweet chum (fem. of साजन)।

सजल (sa jal) *adj.* 1. hydrous, aqueous. 2. tearful; ~ नयन watery/tearful eyes.

सज़ा (sa ZA) *f.* punishment, penalty; ~ के क़ाबिल/लायक that can be punished, punishable; ~ देना to punish, to inflict punishment; मौत की ~ देना to pass a sentence of death; ~ पाना to receive/get punishment; ~ भुगतना to undergo punishment; ~ सुनाना to announce punishment.

सज़ा-ए-मौत (~ - e - maut) *f.* capital punishment.

सजात (sa jAt) *adj.* = सजातीय।

सजाति (sa jA ti) *adj.* = सजातीय।

सजातीय (sa jA teey) *adj.* 1. of one and the same class/caste; ~ विवाह endogamy, endogamous marriage. 2. homogeneous.

सजातीयता (~ tA) *f.* 1. the state of being सजातीय। 2. homogeneity.

सजा-धजा (sa jA - dha jA) *adj.* made-up and adorned.

सजाना (sa jA nA) *vt.* 1. to embellish/adorn/decorate. 2. to arrange in proper order, to put (things) shipshape.

सजाना-सँवारना (~ - sã VAR nA) *vt.* to embellish and decorate.

सज़ायाफ़्ता (~ YAF tA) *adj.* convicted.

m. previous convict.

सजाव (sa jAW) *m.* = सजावट।

सजावट (sa jA VAT) *f.* decoration, ornamentation.

सजावटी (sa jA va Tee) *adj.* that makes something look more beautiful, decorative.

सजीला (sa jee lA) *adj.* winsome, graceful; ~ जवान beau, dandy.

सजीलापन (~ pan) *m.* winsomeness, gracefulness.

सजीव (sa jeev) *adj.* live, full of life, vivacious; ~ वर्णन description full of life.

सजीवता (~ tA) *f.* liveliness, vivacity.

सज्जन (saj jan) *m.* gentleman, goodman.

सज्जनता (~ tA) *f.* gentlemanliness, goodness; ~ से politely.

सज्जनोचित (saj ja no cit) *adj.* befitting a gentleman, gentlemanly.

सज्जा (~ jA) *f.* 1. decoration. 2. equipment.

सज्जित (~ jit) *adj.* 1. decorated, adorned; महल सुंदरता से ~ था The palace was nicely adorned. 2. equipped; ~ करना to equip.

सज्जी (~ jee) *f.* saltpetre.

सझिया (sa jhi yA) *m.* = साझेदार।

सटकना (sa TAK nA) *vi.* to give the slip, to slip away.

सटना (saT nA) *vi.* 1. to be contiguous; सटा हुआ मकान contiguous house; सटकर बैठना to sit in close proximity. 2. to stick/adhere.

सटपटाना (~ pa TA nA) *vi.* = सिटपिटाना।

सटाक (sa TAk) *m.* sound made by a lash or a whip; ~ से with the sound made by a lash or a whip.

सटीक (sa Teek) *adj.* 1. to the point, apt; ~ बैठना to be to the point in toto. 2. supplied with explanatory notes, annotated.

सटोरिया (sa TO ri yA) *m.* speculator.

सट्टा (saT TA) *m.* speculation.

सट्टी (~ Tee) *f.* market-place.

सट्टेबाज़ (~ Te bAZ) *m.* speculator.

सट्टेबाज़ी (~ Te bA zee) *f.* speculation.

सठियाना (sa Thi yA nA) *vi.* to be in dotage, to be senile; सठिया जाना = सठियाना।

सठियाव (~ yAW) *m.* dotage, senility.

सड़क (sa Rak) *f.* road; ~ से by road, sply on a road vehicle; कच्ची ~ unmetalled road; पक्की ~ metalled road.

सड़न (sa Ran) *f.* putrefaction, decomposition.

सड़ना (saR nA) *vi.* to rot/decompose; गोदामों में रखा लाखों टन गल्ला सड़ रहा है Millions of tonnes of foodgrain stored in godowns is rotting. सड़-गल जाना to be decomposed.

सड़सठ (~ saTh) *adj. & m.* sixty-seven.

सड़सी (~ see) *f.* pair of tongs, forceps.

सड़ा (sa RA) *adj.* putrefied, decomposed; ~ गला rotten; सड़ी-गली तरकारी rotten vegetable.

सड़ाक (sa RAk) *m.* = सटाक।

सड़ाना (sa RA nA) *vt.* 1. to cause to putrefy. 2. to decompose.

सड़ायँध (sa RA yãdh) *f.* stench, foul smell due to putrefaction, disagreeable smell.

सड़ासड़ (sa RA saR) *adv.* with repeated sound made by a lash or whip; ~ जवाब देना to go on answering quick and prompt.

सड़ियल (sa Ri yal) *adj.* 1. rotten, decaying, putrid. 2. good for nothing, worthless.

सत, सत् (sat) *adj.* used as *prefix.* good; ~ कवि good poet; ~ कीर्ति good name. सत *adj.* used as *prefix*, seven; सतपहला seven-folded.

सतगुना (~ gu nA) *adj.* seven times.

सतगुरु (~ gu ru) *m.* = सद्गुरु।

सतजुग (~ jug) *m.* = सत्ययुग।

सतत (sa tat) *adj.* 1. continual; ~ वर्षा continual rain. 2. continuous (in time); ~ प्रयत्न continuous effort. [*Cf.* संतत continuous (in space)]. 3. constant, perpetual.

सतथ्य (sa tatthy) *adj.* with facts, factual; ~ प्रमाण testimony with facts; ~ वर्णन factual description.

सतनजा (sat na jA) *m.* a mixture of seven kinds of grains.

सतमासा (~ mA sA) *adj.* of seven months; ~ बच्चा child born seven months after conception.

सतरंगा (~ raṅ gA) *adj.* of seven colours.

सतर (sa tar) *f.* line, row.

सतर्क (sa tark) *adj.* alert, cautious, careful, vigilant; ~ करना to warn somebody to be careful, to alert; ~ रहना to be alert/cautious.

सतर्कता (~ tA) *f.* alertness, cautiousness.

सतर्कतापूर्वक (~ poor vak) *adv.* cautiously.

सतलड़ा (sat la RA) *adj.* having seven chains.
m. necklace with seven chains.

सतवंती (~ van tee) *adj.* (woman) faithful to her husband and true to her duties.

सतसई (~ sa ee) *f.* collection of seven hundred verses of a poet.

सतह (sa tah) *f.* 1. the uppermost level of land, surface. 2. level; समुद्र की ~ sea-level.

सतहत्तर (sat hat tar) *adj.* & *m.* seventy-seven.

सतही (sa ta hee) *adj.* 1. pertaining to the surface, skin-deep. 2. superficial; ~ दृष्टि से superficially.

सतहीपन (~ pan) *m.* superficiality.

सताना (sa tA nA) *vt.* to oppress/victimize/torment/torture; सता-सताकर मारना to torture unto death.

m. victimization.

सतालुई (sa tA lu ee) *adj.* light red, crimson.

सतालू (sa tA loo) *m.* peach.

सतावर (sa tA var) *f.* asparagus.

सती (sa tee) *f.* chaste woman, especially true to her husband; ~ होना to burn oneself on the funeral pyre of the dead husband; पुलिस ने त्वरित कार्रवाई करके विधवा को ~ होने से बचा लिया Prompt action by police prevented a widow from committing 'Sati'.

सती-प्रथा (~ - pra thA) *f.* the tradition of being cremated with the dead body of the husband on the funeral pyre.

सतीत्व (sa teetw) *m.* chastity, fidelity to one's husband; ~ खोना to be deprived of one's chastity; ~ नष्ट करना to spoil someone's chastity; ~ बचाना to save one's chastity.

सतीत्व-भंग (~ - bhang) *f.* loss of (one's) chastity.

सतीत्व-हरण (~ - ha raN) *m.* spoilation of (someone's) chastity.

सती-साध्वी (sa tee - sAdh vee) *f.* fully loyal to (one's) husband.

सती-सावित्री (~ - sA vi tree) *f.* extremely loyal to (one's) husband.

सतुआ (sa tu A) *m.* = सत्तू।

सतोगुण (sa to guN) *m.* first of the three qualities according to the Hindu Philosophy of life, representing purity and goodness.

सतोगुणी (sa to gu Nee) *adj.* & *m.* one in whom the quality of सतोगुण dominates.

सत् (sat) *adj.* used as prefix denoting (i) truth, (ii) piety and virtue.

सत्कर्म (~ karm) *m.* virtuous deed.

सत्कर्मी (~ kar mee) *adj.* virtuous in deed.

सत्कार (~ kAr) *m.* courteous welcome; ~ करना to greet with pleasure and hospitality; आए-गए का ~ hospitality shown to a visitor.

सत्कार्य (~ kArry) *m.* = सतकर्म।

सत्कीर्ति (~ keer ti) *f.* good name, renown, repute, fame.

सत्त (satt) *m.* 1. essence, extract. 2. power, strength.

सत्तर (sat tar) *adj.* & *m.* seventy.

सत्तांतरण (~ tAn ta raN) *m.* transference of power or authority.

सत्ता (~ tA) *f.* 1. existence; ~ में आना to come into existence. 2. power; ~ प्राप्त करना to acquire power.

m. the 'seven' of playing cards.

सत्ताईस (~ ees) *adj.* & *m.* twenty-seven.

सत्ताधारी (~ dhA ree) *adj.* & *m.* (person) in power/authority.

सत्तानबे (sat tAn be) *adj.* & *m.* ninety-seven.

सत्तारूढ़ (~ tA rooRh) *adj.* in power or authority; ~ दल party in power.

सत्तावन (~ vAn) *adj.* & *m.* fifty-seven.

क़ K, ख़ Kh, ग़ G, ज़ z, फ़ F; च् c, छ् ch; ट् T, ठ् Th, ड D, ड़ R, ढ Dh, ढ़ Rh; ण N, ङ n, ञ/न n; श/ष sh

सत्ता-संघर्ष (~ - saṅ gharsh) *m.* power-struggle.

सत्तासी (~ see) *adj. & m.* eighty-seven.

सत्तू (sat too) *m.* parched gram or barley, pulverised and used as an edible; ~ बाँधकर पीछे पड़ना to harass someone pertenaciously.

सत्त्व (sattw) *m.* = सत्त।

सत्त्वगुण (~ guN) *m.* = सद्गुण।

सत्त्वहीन (~ heen) *adj.* void of essence.

सत्पथ (sat path) *m.* path of truth, right path.

सत्पात्र (~ pAttr) *m.* deserving/worthy person.

सत्प्रयास (~ pra yAs) *m.* a sincere effort; शांति के लिए सत्प्रयासों का मार्ग खुल गया है Doors open for sincere efforts for peace.

सत्फल (~ phal) *m.* excellent result.

सत्य (satty) *adj.* true.
m. truth, reality. सत्यं शिवं सुन्दरम् Truth, Goodness and Beauty.

सत्यकाम (~ kAm) *m.* seeker of truth.

सत्यत: (~ tah) *adv.* verily, truly.

सत्यता (~ tA) *f.* truthfulness, reality.

सत्यदर्शी (~ dar shee) *m.* seer of truth.

सत्यनारायण (~ na rA yaN) *m.* God, the Truth.

सत्यनिष्ठ (~ nish Th) *adj.* loyal to Truth.

सत्यनिष्ठा (~ nish ThA) *f.* fidelity to Truth, integrity.

सत्यपरायण (~ pa rA yaN) *adj.* devoted to Truth.

सत्यभाषी (~ bhA shee) *adj.* true in word.

सत्यवादिता (~ vA di tA) *f.* truthfulness in word.

सत्यवादी (~ vA dee) *f.* scrupulously true in word.

सत्यशील (~ sheel) *adj.* truthful by nature.

सत्यशीलता (~ tA) *f.* truthfulness.

सत्यांकन (sat tyAṅ kan) *m.* ratification.

सत्यांकित (~ tyAṅ kit) *adj.* ratified.

सत्याग्रह (~ tyAg grah) *m.* 1. insistence on truth, Satyagrah. 2. a nonviolent struggle offered to uphold the truth, passive resistance.

सत्याग्रही (~ tyAg gra hee) *adj. & m.* offering सत्याग्रह।

सत्यानाश (~ tyA nAsh) *m.* total ruination, destruction; ~ करना to ruin utterly.

सत्यानाशी (~ nA shee) *adj. & m.* ruinous, completely destructive.

सत्यापक (~ pak) *m.* one who verifies.

सत्यापन (~ pan) *m.* verification.

सत्यापित (~ pit) *adj.* verified.

सत्ययुग (sat tyug) *m.* the first age according to Indian mythology, gloden age.

सत्र (sattr) *m.* session, period of time having definite limits; चायपान के बादवाले ~ में आस्ट्रेलिया के सात विकेट लुढ़क गए Seven Australian wickets were lost in the post tea session.

सत्र-न्यायालय (~ - nyA yA lay) *m.* session court.

सत्रह (sat trah) *adj. & m.* seventeen.

सत्रांत (sat trAnt) *m.* end of the session.

सत्रांश (~ trAnsh) *m.* term (in an academic institution).

सत्रावसान (~ trA va sAn) *m.* 1. prorogation (of an assembly). 2. conclusion of a session.

सत्व (sattw) *m.* = सत्त।

सत्वर (sat twar) *adj. & adv.* fast, swiftly, quickly.

सत्वरता (~ tA) *f.* swiftness, fastness.

सत्संग (sat saṅg) *m.* 1. company of the good. 2. religious assembly.

सत्संगी (~ saṅ gee) *m.* 1. one who belongs

to the fraternity of the good. 2. one who attends सत्संग।

सत्समागम (~ sa mA gam) *m.* confluence of the good and the great.

सद, सद् (sad) *prefix.* = सत (good).

सदन (sa dan) *m.* house; उच्च ~ upper house; अवर ~ lower house.

सदन-त्याग (~ - tyAg) *m.* walk-out, leaving the house.

सदमा (sad mA) *m.* shock, trauma; ~ उठाना to suffer a shock; ~ पहुँचना to receive a shock; पहुँचाना to give a mental shock; बेटे का ~ shock of son's demise.

सदय (sa day) *adj.* filled with kindness/ compassion.

सदयता (~ tA) *f.* state or quality of being सदय।

सदर (sa dar) *adj.* main, head, principal; ~ दरवाज़ा main gate; ~ बाज़ार main market; ~ मुक़ाम headquarters.

m. president, chairman.

सदरी (sad ree) *f.* sleeveless jacket.

सदस्य (sa dassy) *m.* member; विशिष्ट ~ special member; साधारण ~ ordinary member; ~ बनना to become a member; ~ बनाना to enlist as a member.

सदस्यता (~ tA) *f.* membership; ~ खोना to lose membership; ~ प्राप्त करना to be enlisted as a member.

सदस्यता-शुल्क (~ - shulk) *m.* membership fee.

सदा (sa dA) *adv.* always, ever; मैं आपका ~ कृतज्ञ रहूँगा I will remain ever-thankful to you. ~ की भाँति as always; वह ~ की भाँति अब भी जल्दी उठता है He gets up early as ever before. ~ के लिए once for all, for good, for ever; ~ सदा के लिए for once and for all, for ever and ever; समय आ गया है कि कश्मीर समस्या के हल का निर्णय ~ - सदा के लिए लिया जाए The time is ripe to take decision to solve Kashmir problem for once and for all; ~ से ever.

f. cry, spl. mendicant's cry; फकीर की ~ mendicant's call; ~ देना/लगाना to give a call.

सदाक़त (~ kat) *f.* truthfulness.

सदाचरण (~ ca raN) *m.* good conduct.

सदाचार (~ cAr) *m.* good conduct, righteou- sness.

सदाचारिणी (~ cA ri Nee) *f.* fem. of सदाचारी।

सदाचारिता (~ cA ri tA) *f.* righteousness.

सदाचारी (~ cA ree) *adj.* of good conduct, righteous. [Fem. सदाचारिणी]

सदापर्णी (sa dA par Nee) *adj.* evergreen; ~ वन evergreen forest.

सदाबहार (~ ba hAr) *adj.* evergreen.

सदारत (~ rat) *f.* chairmanship, presidentship; ~ करना to preside (over).

सदावर्त (~ vart) *m.* distributing food to the poor on a permanent basis.

सदाशय (~ shay) *adj.* of good faith, well-intentioned.

m. good faith.

सदाशयता (~ tA) *f.* bonafides, genuineness.

सदाशयी (sa dA sha yee) *adj.* well-meaning.

सदिश (sa dish) *m.* vector. (Maths.)

सदी (sa dee) *f.* century.

सदुपदेश (sa dup desh) *m.* good counsel; ~ देना to offer good counsel.

सदुपयोग (~ yog) *m.* good use, proper use.

सदृश (sa drish) *adj.* 1. like, alike. 2. partial similar, analogous.

सदृशता (~ tA) *f.* 1. likeness, resemblance. 2. partial similarity.

सदेह (sa deh) *adv.* bodily, physically.

सदैव (sa daiv) *adv.* always, ever, for ever.

सदोष (sa dosh) *adj.* faulty, defective, having shortcomings.

सदोषता (~ tA) *f.* faultiness, defectiveness.
सद् (sad) *prefix.* good.
सद्गति (~ ga ti) *f.* 1. better state/condition. 2. salvation.
सद्गुण (~ guN) *m.* good trait, virtue.
सद्गुणी (~ gu Nee) *adj.* possessing good traits, virtuous.
सद्गुरु (~ gu ru) *m.* worthy preceptor.
सद्भाव (~ bhAV) *m.* 1. good will. 2. kindly feeling.
सद्भावना (~ nA) *f.* 1. good will. 2. kindly feeling.
सद्यः (sad dyaḥ) *adv.* 1. just a moment ago, a moment back. 2. forthwith; ~ फल पाओगे You will get the result forthwith.
सद्यःकृत (~ krit) *adj.* just performed/done.
सद्यःस्नात (~ snAt) *adj.* having just bathed.
सद्वृत्ति (sad vrit ti) *f.* righteous disposition, right type of attitude.
सधना (sadh nA) *vi.* 1. to be well accomplished. 2. to be well practised; सधा हुआ हाथ well-practised hand. 3. to be well-trained; सधा हुआ हाथी well-trained elephant. 4. correct aiming; निशाना सध गया The target was aimed with precision.
सधन्यवाद (sa dhanny VAd) *adv.* thankfully; मैंने उनका प्रस्ताव ~ स्वीकार कियां I accepted his proposal thankfully.
सधर्म (sa dharm) *adj. & m.* = सधर्मी।
सधर्मी (sa dhar mee) *adj. & m.* 1. coreligionist. 2. having similar function.
सधवा (sadh VA) *adj. & f.* (woman) whose husband is alive. (opp. of विधवा)
सधाना (sa dhA nA) *vt.* to cause to be trained.
सन (san) *m.* 1. hemp. 2. sound (resembling a hissing noise) produced by an object moving swiftly; तीर ~ से निकल गया The arrow flashed past/flew through. 3. Year.
सनई (sa na ee) *f.* hemp.
सनक (sa nak) *f.* 1. fad, whim, vagary mania. 2. craze; ~ चढ़ना—जब उस प सनक चढ़ती है When the craze is on him ~ सवार होना to go crazy.
सनकना (~ nA) *vi.* to go crazy.
सनकी (san kee) *adj.* 1. eccentric, whimsical. 2. crazy.
m. crezy person.
सनकीपन (~ pan) *m.* 1. eccentricity, whimsicality. 2. craziness.
सनद (sa nad) *f.* 1. certificate from a perso in authority. 2. deed, document.
सनदयाफ़्ता (~ yAF tA) *adj.* certificate-holde
सनना (san nA) *vi.* 1. to be besmeare 2. to be kneaded.
सनम (sa nam) *m.* a person who is mu loved, dear one, darling.
सनसन (san san) *m.* hissing/swishing sou
सनसनाना (~ sa nA nA) *vi.* to produce swishing sound, to rustle.
सनसनाहट (~ sa nA haT) *f.* 1. swishi sound. 2. thrill.
सनसनी (~ sa nee) *f.* sensation, thrill, ex tement; ~ दौड़ना running of thr ~ फैलना spreading all round of ser tion.
सनसनीख़ेज़ (~ Khez) *adj.* sensational, th ling, exciting, whizzing.
सनसनीदार (~ dAr) *adj.* = सनसनीख़ेज़।
सनातन (sa nA tan) *adj.* eternal, perpe traditional.
सनातन धर्म (~ dharm) *m.* 1. Religion I nal. 2. conservative/orthodox H uism.
सनातन धर्मी (~ dhar mee) *adj. & m.* (who follows सनातन धर्म।

सनातनी (sa nA ta nee) *adj.* 1. eternal. 2. of or pertaining to सनातन धर्म।

सनाथ (sa nAth) *adj.* endowed with a patron, blessed with a protector; आज यह संस्था ~ हुई Today this institution has been blessed/honoured.

सनाय (sa nAy) *f.* senna—a plant, the leaves of which serve as a purgative.

सनीचर (sa nee car) *m.* 1. Saturn; तुम्हारे तो पेट में ~ है You keep eating like a glutton. तुम्हारे तो पैरों में ~ है You are for evermore on your legs. तुम्हारे तो सिर पर ~ सवार है You run after a thing like crazy. 2. Saturday.

सन् (san) *m.* Anno Domini.

सन्न (sann) *adj.* stunned; मैं उसकी कटु उक्ति पर ~ रह गया I became stunned at his sarcastic remark.

सन्नद्ध (san naddh) *adj.* 1. equipped, attached; अस्त्र-शस्त्र से ~ equipped with arms and weapons. 2. prepared, ready; चलने को ~ ready for start.

सन्नद्धता (~ tA) *f.* preparedness; उन्होंने इस तर्क को ख़ारिज किया कि चरमपंथियों सहित कश्मीर के लोगों से बात-चीत करने की ~ भारत सरकार की कमज़ोरी है He dismissed the argument that the government's preparedness to talk with the people of Kashmir including miltants is a sign of weakness.

सन्नाटा (~ nA TA) *m.* stillness complete; ~ खींचना to go absolute mum; बात का बतंगड़ न बने इसीलिए मैंने ~ खींचना बेहतर समझा In order to avoid making of a mountain from a mole-hill, I thought it better to keep absolute mum. ~ मारना = ~ खींचना; ~ छा गया Silence prevailed/ Went all around. ~ छाया हुआ था Silence reigned. Perfect silence pervaded all around. सन्नाटे आना to have a feeling akin to faintness; सन्नाटे में आना to be stunned.

सन्निकट (~ ni kaT) *ind.* close by, very near, in close proximity.

सन्निकटता (~ tA) *f.* nearness, proximity, app- roximation.

सन्निकर्ष (san ni karsh) *m.* close proximity.

सन्निपात (~ ni pAt) *m.* disorder of the three humours.

सन्निविष्ट (~ ni vishT) *adj.* inserted, included.

सन्निवेश (~ ni vesh) *m.* inclusion, insertion; ~ करना to include.

सन्निहित (~ ni hit) *adj.* 1. included. 2. implied.

सन्मान (~ mAn) *m.* = सम्मान।

सन्मार्ग (~ mArg) *m.* path of righteousness/ virtue, right/moral course.

सन्मुख (~ mukh) *adv.* & *adj.* = सम्मुख।

सपक्ष (sa paksh) *adj.* having wings, winged.

सपत्नी (sa pat nee) *f.* co-wife.

सपत्नीक (sa pat neek) *adv.* along with (one's) wife.

सपना (sap nA) *m.* dream; ~ देखना to dream, to have a dream; ~ होना to be just an object of dream; ~ सा like a dream; सपने देखना to live in a dream-world; सपने सँजोना to envisage lovely dreams; सपने साकार होना realisation of dreams (of aspiration); सपने में आना to appear in (someone's) dream; सपने में भी नहीं not even in dream, under no circumstances; सपनों की दुनिया (i) world of dreams, dreamland; (ii) world of unreality.

सपरदायी (sa par dA yee) *m.* accompanyist of a dancing girl.

सपरना (sa par nA) *vt.* to pull through; यह काम उससे सपरा नहीं He did not prove equal to the task.

सपरिकर (sa pa ri kar) *adv.* with attendents/ paraphernalia.

सपरिवार (sa pa ri VAR) *adv.* with family.

सपरिश्रम कारावास (sa pa rish shram KA VAS) *m.* rigorous imprisonment.

सपरेटा (sap re TA) *m.* skimmed milk.

सपर्ण (sa parN) *adj.* having leaves, leafy.

सपाट (sa pAT) *adj.* flat, plane, smooth, even.

सपाटा (sa pA TA) *m.* speed; सपाटे से speedily, expeditiously.

सपिंड (sa piND) *adj.* collateral.

सपुर्द (sa purd) *adj.* = सुपुर्द।

सपुर्दगी (~ gee) *f.* = सुपुर्दगी।

सपूत (sa poot) *m.* worthy son.

सपेरा (sa pe rA) *m.* snake-charmer.

सपोला (sa po lA) *m.* = सँपोला।

सप्त (sapt) *adj.* & *m.* seven.

सप्तक (sap tak) *m.* 1. group of seven. 2. septat/septette, gamut (Music).

सप्तपदी (sapt pa dee) *f.* seven bridal steps round the fire.

सप्तमी (~ mee) *f.* seventh day of each lunar half month.

सप्तमी विभक्ति (~ vi bhak ti) *f.* sign of locative case. (Gram.)

सप्तर्षि (sap tar shi) *m.* Ursa Major, the Great Bear.

सप्तलोक (sapt lok) *m.* the seven worlds.

सप्तस्वर (~ swar) *m.* the seven notes of music.

सप्ताह (sap tAh) *m.* week; एक ~ में कितने दिन होते हैं How many days are there in a week? एक ~ में सात दिन होते हैं There are seven days in a week. महीने का पहला ~ first week of the month.

सप्ताहांत (~ tA hAnt) *m.* weekend; ~ में तुम क्या करते हो What do you usually do at weekends?

सप्रमाण (sap pra mAN) *adv.* with testimony.

सफ़र (sa Far) *m.* journey, travel.

सफ़र-ख़र्च (~ - Kharc) *m.* travel expenses.

सफ़रनामा (~ nA mA) *m.* description of a journey.

सफ़र-मैना (~ - mai nA) *m.* sappers and miners.

सफ़री (saF ree) *adj.* suitable for (purposes of a) journey; ~ बिस्तर travel bedding.

सफल (sa phal) *adj.* 1. successful; ~ होना to be successful; हमारे प्रधानमंत्री पाकिस्तान पर अंतरराष्ट्रीय दबाव डलवाने में सफल होंगे Our Prime Minister would succeed in bringing international pressure on Pakistan. 2. fruitful; यात्रा ~ हुई The journey proved fruitful.

सफलता (~ tA) *f.* 1. success; ~ की कुंजी key to success. 2. fruitfulness. 3. achievement; पुलिस ने जाँच शुरू कर दी है पर उसे अभी ~ नहीं मिली Police have started investigation though no breakthrough has been made.

सफलीभूत (sa pha lee bhoot) *adj.* 1. successful. 2. fruitful. 3. thriving.

सफ़ा (sa FA) *adj.* clean.
m. page, folio.

सफ़ाई (~ ee) *f.* 1. cleanliness, tidiness. 2. cleansing; जमादार गली की ~ हर रोज़ करता है The sweeper cleans the street every day. कल इस कमरे की ~ नहीं हुई The room was not cleaned yesterday. गंगा की ~ cleansing the Ganga. 3. explanation, clarification; ~ देना to give an explanation/clarification. 4. defence; ~ का गवाह defence witness.

सफ़ाई-पक्ष (~ - paksh) *m.* defence party, side.

सफ़ाचट (sa FA caT) *adj.* absolutely/perfectly clean, swept clean; ~ करना to sweep clean, leaving nothing behind.

सफ़ाया (~ yA) *m.* clean sweep; ~ करना (i) to make a clean sweep (of); (ii) to destroy completely.

सफ़ेद (sa Fed) *adj.* white; ~ झूठ blatant lie; ~ पोश white-collared; ~ बाल grey hair; ~ बुर्राक snow white; दूध की तरह ~ milk-white.

सफ़ेदा (sa Fe dA) *m.* 1. white lead. 2. a variety of mango.

सफ़ेदी (sa Fe dee) *f.* 1. whiteness. 2. albumen (of egg); ~ छाना to turn pallid (de- noting anaemia).

सब (sab) *adj.* all; वे ~ कहाँ चले गए Where have they all gone? ~ जगह everywhere, universally; यह नियम ~ जगह लागू होता है This rule applies universally. ~ तरफ़ in all directions/sides. *pron.* everybody or everything; यह ~ मैं जानता हूँ All this I know. यह ~ पाँच मिनट में हो गया All this occurred in a matter of five minutes. ~ का ध्यान रखो (i) Look after everybody. (ii) Bear everybody in mind. ~ का ~ total, entire; ~ के ~ one and all; ~ के सामने openly; उसने ~ के सामने अपना दोष स्वीकार कर लिया He confessed his fault openly. ~ से अच्छा best of all; ~ से नज़दीक nearest; ~ से नज़दीक दवा की दुकान कहाँ है Where is the nearest drugstore? ~ से न्यारा characteristically different from others; ~ से बढ़कर above all; ~ से बढ़कर तुम अपना ख़याल रखो Above all, you should take care of yourself; ~ से बड़ा biggest; ~ से भला most gentlemanly; ~ मिलाकर all told. *suffix.* denoting 'under' as in सब-इंस्पेक्टर subinspector.

सबक़ (sa baK) *m.* lesson; ~ देना to give a lesson; ~ पढ़ाना to teach a lesson; ~ मिलना to get a lesson.

सब-कुछ (sab - kuch) *m.* everything; ~ ठीक है Everything is all right. तुम्हें उनको ~ बता देना चाहिए You must tell them every thing.

सबब (sa bab) *m.* cause, reason; बिना किसी ~ के without any rhyme or reason.

सबरी (~ ree) *f.* an iron-rod used for house breaking, jemmy.

सबल (sa bal) *adj.* strong, powerful; उसका पक्ष ~ है His side is strong.

सबलता (~ tA) *f.* strength, power.

सबूत (sa boot) *m.* proof, evidence; ~ देना to give proof, to tender evidence; ~ मिलना getting evidence/proof.

सबेरा (sa be rA) *m.* morning; ~ होना break of day, dawning of day.

सबेरे (sa be re) *adv.* in the morning; ~ - सबेरे in the early morning.

सब्ज़ (sabz) *adj.* green; ~ बाग़ दिखाना to raise false hopes (as an inducement).

सब्ज़ी (sab zee) *f.* 1. herbage. 2. vegetable.

सब्ज़ी-मंडी (~ - maN Dee) *f.* vegetable market.

सब्ज़ीवाला (~ wA lA) *m.* vegetable vendor, green-grocer.

सब्बल (sab bal) *m.* crowbar.

सब्र (sabbr) *m.* patience; ~ कर जाना/लेना to bear patiently; बड़े ~ से with a good deal of patience.

सभा (sa bhA) *f.* 1. assembly; विधान ~ legislative assembly. 2. meeting; आज एक ~ होगी A meeting will be held today.

सभागृह (~ grih) *m.* assembly chamber/room.

सभात्याग (~ tyAg) *m.* a sudden angry departure from a meeting, walk-out.

सभापति (~ pa ti) *m.* chairman.

सभापतित्व (~ pa tittw) *m.* chairmanship; ~ में under the chairmanship.

सभा-भवन (~ - bha van) *m.* assembly hall.

सभा-मंच (~ - manc) *m.* dais.

सभा-मंडप (~ - maN Dap) *m.* pavilion.

सभासद (~ sad) *m.* member of an assembly, councillor.

सभी (sa bhee) *adj.* all; मैंने प्राय: ~ मंदिर देख लिए हैं I have been to almost all the temples. ~ कुछ everything.
pron. everbody.

सभ्य (sabbhy) *adj.* civilized, civil.

सभ्यता (~ tA) *f.* 1. civilization. 2. civility, courtesy; ~ से बात करो Talk with a bit of civility.

समंजन (sa man jan) *m.* adjustment; ~ करना to adjust.

समंजित (~ jit) *adj.* adjusted.

सम (sam) *adj.* 1. equal. 2. even; ~ संख्या even number.

समकक्ष (~ kaksh) *adj.* of the same level, on the same footing, of the same stature.

समकक्षता (~ tA) *f.* the state of being समकक्ष।

समकारी (sam kA ree) *adj.* equalising.

समकालिक (~ lik) *adj.* synchronous, contemporary, coeval.

समकालिकता (~ tA) *f.* synchronism, synchronousness, contemporariness, contemporaneity.

समकालीन (sam kA leen) *adj.* = समकालिक।

समकालीनता (~ tA) *f.* = समकालिकता।

समकोण (sam kON) *m.* right angle; ~ त्रिभुज right-angled triangle.

समकोणिक (~ ko Nik) *adj.* right-angled.

समक्ष (sa maksh) *adv.* before; हमारे ~ दो समस्याएँ हैं There are two problems before us.

समग्र (sa maggr) *adj.* entire, whole; ~ रूप से in all (its) entirety, totally; उसने अपनी ~ संपदा लड़की को दे दी He gave his entire property to his daughter.
m. a book containing all the works of a writer or artist.

समग्रता (~ tA) *f.* entirety, totality.

समग्र युद्ध (~ yuddh) *m.* total war.

समजातीय (sam jA teey) *adj.* homogeneous, homologous, of the same species.

समजातीयता (~ tA) *f.* homogeneity, homology.

समझ (sa majh) *f.* intelligence, intellect, understanding, sense, comprehension; ~ के बाहर beyond (one's) understanding/intelligence; ~ में आना—मेरी समझ में नहीं आ रहा कि वह इतनी जल्दी क्यों चला गया I fail to understand why he left so suddenly. कुछ समझ में नहीं आता I am at sea. बात समझ में नहीं आई I cannot make head or tail of it. उनकी दलील ~ में आनेवाली है His plea is understandable. उसकी समझ में कुछ न आया कि आगे बढ़ूँ या पीछे हटूँ He was at a loss whether to advance or retreat. उसकी समझ पर पत्थर पड़ गए हैं He is lost to all sense/He has thrown all discretion to the winds.

समझदार (~ dAr) *adj. & m.* sensible, wise; यहाँ समझदारों की कमी है Wise persons are rare here.

समझदारी (~ dA ree) *f.* good sense, sanity, prudence; वह अब तो ~ की बात कर रहा Now he is talking sense. ~ - भरा wise; ~ से wisely; अकबर ने ~ से देश की हुकूमत की Akbar ruled the country wisely.

समझना (sa majh nA) *vt.* 1. to understand, follow, to make out, to comprehend; मुझे गलत मत समझो Don't misunderstand me. क्या समझे What do you make it? ख़ूब समझा (I have) understood it, thr-ough and through; समझे क्या खाक You don't get the point at all! क्या तुम मेरी बात समझते हो Do you get me? समझ-समझकर with care and caution; मेरी बात समझो तो सही Just try to understand me. मैं तो यही समझता हूँ This is what I make of it. वह अपना समझा हुआ आदमी है He is our tried man. वह तो आँख का इशारा समझता है He is quick at taking hints. समझे (Do you) understand? समझा (I) understand/follow. तुमने मुझे समझा क्या है Don't you underestimate me! इसको समझना टेढ़ी खीर है It is a job understanding this. 2. to realize; उसे यह बात समझनी चाहिए Me should realize this. 3. to consider; मैं उसको मेहनती समझता हूँ I consider him hardworking. कोई कहीं समझा, कोई कहीं समझा Everyone compensates somewhere or the other. 4. to know; मैं उसे झूठा आदमी समझता था I knew that the man was a liar.

m. act of understanding; हमें समझने की कोशिश करो Try to understand us.

झना-बूझना (~ - boojh nA) *vi.* to understand (the matter) through and through; समझ-बूझकर with due care and caution; वह आदमी समझाबूझा है The man is known to us fullwell.

झ-बूझ (~ - boojh) *f.* prudence, shrewdness वह बड़ी ~ का आदमी है He is a man of prudence and understanding.

झाना (sam jhA nA) *vt.* 1. to make (someone) understand, to explain, to instruct, to advise. 2. to bring round by persuasion; वह मुझे क्या समझाएगा He will find it a job to persuade me.

ाना-बुझाना (~ - bu jhA nA) *vt.* to put someone) wise through persuasion; या वे उसे समझा-बुझा पाएँगे Can they convince him? समझा-बुझाकर शांत करना to calm through persuasion.

समझौता (sam jhau tA) *m.* compromise, agreement, pact, compounding; ~ कर लेना to arrive at a compromise; ~ तोड़ना to violate a compromise; समझौते पर पहुँचना to hit upon a compromise.

समतल (~ tal) *adj.* level, even, plane, smooth; ~ भूमि level ground, even surface.

m. plane.

समतलन (~ ta lan) *m.* levelling.

समता (~ tA) *f.* 1. equality. 2. parity.

समतुलन (~ tu lan) *m.* equilibrium, equipoise.

समतुलित (~ tu lit) *adj.* equiposed.

समतोलन (~ to lan) *m.* act of balancing.

समत्व (sa mattw) *m.* = समता।

समदर्शिता (sam dar shi tA) *f.* the state or quality of being non-discriminating, even-handed.

समदर्शी (~ dar shee) *adj.* non-discriminating, even-eyed.

समदृष्टि (~ drishTi) *f.* even-handedness.

समधिक (sa ma dhik) *adj.* exceeding.

समधिन (sam dhin) *f.* mother-in-law of son/daughter.

समधियाना (~ dhi yA nA) *m.* residence or household of the father-in-law of son/daughter.

समधी (~ dhee) *m.* father-in-law of son/daughter. [Fem. समधिन]

समध्वनिक (~ dhwa nik) *m.* homonym.

सम्रन (sa man) *m.* summons; ~ तामील करना to serve summons.

समनाम (sam nAm) *adj.* namesake.

समन्वय (sa man nvay) *m.* coordination, harmony; ~ समिति coordination committee; अंततः एक ~ समिति का गठन किया गया Ultimately, a coordination committee was formed.

समन्वयकारी (~ KA ree) *adj.* coordinating, harmonising.

समन्वयन (sa man nva yan) *m.* act of coordination.

समन्वयी (sa man nva yee) *m.* coordinator, harmoniser.

समन्वित (sa man nvit) *adj.* coordinated; ~ करना to coordinate/harmonise.

समबाहु (sam bA hu) *adj.* equilateral. (Geom.)

समबुद्धि (~ bud dhi) *adj.* equanimous, level-headed.
f. equanimity.

समभुज (~ bhuj) *adj.* equilateral. (Geom.)

सममित (~ mit) *adj.* symmetrical.

सममिति (~ mi ti) *f.* symmetry.

समय (sa may) *m.* 1. time; अभी ~ है There is still time. इस काम में ~ लगेगा This will take time. ~ आना—(i) समय आ गया है The time has come. (ii) उसका समय आ गया है His end is near. (iii) समय आने पर वह जान जाएगा He will come to know in time. ~ का उलटफेर vicissitudes of time; ~ काटना to while away the time; ~ का पक्का strictly punctual, strict observer of time, sticker for punctuality; ~ का फेर unfavourable turn of events; ~ किसी को नहीं छोड़ता Time spares none. ~ की बात matter of chance; ~ गँवाना to twiddle one's thumbs; अपना ~ न गँवाओ Don't spoil your time; ~ चूकना to miss an opportunity; ~ देखकर to suit the occasion, at the opportune time; ~ निकलना —समय निकला जा रहा था time was running out; ~ निकालना to spare (one's) time; ~ पर (i) at the proper time, (ii) on time—ठीक समय पर at the nick of time; ~ बिताना to pass time; ~ रहते while there is time; ~ - समय की बात chances of time; ~ - समय पर from time to time; ~ से on time, to time; ~ रहते चेतो Make hay while the Sun shines. ~ लगना to take time पति की मृत्यु के बाद उसे सँभलने में बहुत समय लगा It took her a long time to get ove the death of her husband. मुझे आशा है कि तुम समय से आया करोगे I expect you to be punctual. ~ से पहले before time ahead of time; आड़े ~ पर in time of distress/dificulty; इस ~ now, presently at present; उचित ~ proper time; उपयुक्त ~ appropriate time; उसी ~ at the same time; किसी ~ once upon a time; ठीक right time. 2. period, duration; एक दि का ~ दो Give me a day's time.

समय-कुसमय (~ - ku sa may) *adv.* at odd hours; ~ कुसमय के लिए कुछ बचा र Lay behind something against od hours.

समय-खाऊ (~ - khA oo) *adj.* time-consuming.

समय-चक्र (~ - cakkr) *m.* cycle of even

समयनिष्ठ (~ nish THA) *adj.* punctual.

समयनिष्ठा (~ nish THA) *f.* punctuality.

समयपालक (~ pA lak) *m.* timekeeper.

समय-संकेत (~ - san ket) *m.* time-signa

समय-सारणी (~ - sAr Nee) *f.* time-table.

समय-सीमा (~ - see mA) *f.* time-limit.

समय-सेवी (~ - se vee) *adj.* time-servi
m. time-server.

समयविहीन (~ vi heen) *adj.* timeless.

समयांतर (sa ma yAn tar) *m.* interval of ti time-lag.

समयांतरण (~ yAn ta raN) *m.* timespaci

समयानुसार (~ yA nu sAr) *adv.* as per o sion, suitable for the occasion.

समयावधि (~ yA va dhi) *f.* period of t time-span.

समयोचित (~ yo cit) *adj.* timely, oppor

उसकी अनुकंपा ठीक ही नहीं अपितु ~ थी His benevolence was not only just but timely.

समयोपरि (~ yo pa ri) *adj.* overtime; ~ बोनस overtime bonus.

समर (sa mar) *m.* war, battle.

समरथ (sam rath) *adj.* = समर्थ।

समर-नीति (sa mar - nee ti) *f.* strategy of war.

समर-पोत (~ - pot) *m.* war-ship.

समर-भूमि (~ - bhoo mi) *m.* battle-field.

समरस (sam ras) *adj.* 1. level-headed, equanimous. 2. harmonious, concordant.

समरसता (~ tA) *m.* 1. equanimity. 2. pleasing and peaceful relationship, harmony; देश में सांप्रदायिक ~ है There is communal harmony in the country.

समरांगण (sa ma rAṅ gaN) *m.* battle-field.

समरूप (sam roop) *adj.* similar. (Geom.)

समरूपता (~ tA) *f.* similarity.

समरोचित (sa ma ro cit) *adj.* appropriate in time of war, suitable for war purposes.

समर्थ (sa marth) *adj.* capable, competent; हम स्वयं अपने बल पर चुनाव लड़ने में ~ हैं We are capable of fighting election on our own.

समर्थक (sa mar thak) *m.* supporter.

समर्थता (~ tA) *f.* capability, competence.

समर्थन (sa mar than) *m.* support; ~ करना to support/endorse; अपने (मेरे) तर्क के ~ में in support of my argument; ~ मिलना to receive support.

समर्थन-मूल्य (~ - moolly) *adj.* support price.

समर्थनीय (sa mar tha neey) *adj.* vindicable, supportable.

समर्थित (sa mar thit) *adj.* supported.

समर्पण (sa mar paN) *m.* 1. dedication. 2. surrender; आत्म ~ self-surrender.

समर्पित (sa mar pit) *adj.* 1. dedicated. 2. surrendered; ~ करना (i) to dedicate; (ii) to surrender.

समवयस्क (sam va yask) *adj.* equal in age, of the same age.

समवयस्कता (~ tA) *f.* equality in age.

समवर्ण (~ varN) *adj.* of the same colour/caste.

समवर्णता (~ tA) *m.* state or quality of being समवर्ण।

समवर्तिता (sam var ti tA) *f.* 1. concurrence. 2. contiguity.

समवर्ती (~ var tee) *adj.* 1. concurrent, contemporary. 2. adjacent, contiguous.

समवाय (sam vAy) *m.* 1. jumbled heap or collection. 2. concourse.

समवाय-संबंध (~ - sam bandh) *m.* inseparable relation.

समवेत (sam vet) *adj.* & *adv.* collectively; वे लोग ~ स्वर में वेद-पाठ कर रहे थे They were reciting Vedas in a collective tune.

समवेत-गान (~ - gAn) *m.* chorus.

समवेदना (sam ved nA) *f.* condolence; ~ संदेश message of condolence; ~ सभा condolence meeting.

समशीतोष्ण (~ shee toshN) *adj.* temperate; ~ कटिबंध temperate zone.

समष्टि (sa mash Ti) *f.* 1. collection. 2. aggregate, totality; व्यष्टि और ~ individual and society.

समष्टिवाचक (~ vA cak) *adj.* collective.

समष्टिवाद (~ vAd) *m.* collectivism.

समष्टिवादी (~ vA dee) *adj.* collectivistic. *m.* collectivist.

समसामयिक (sam sA ma yik) *adj.* contemporary, contemporaneous.

समसामयिकता (~ tA) *f.* contemporaneousness.

समस्त (sa mast) *adj.* 1. entire, whole, all; ~ लोग इस कलाकार की तारीफ़ के पुल बाँध रहे थे All persons were lauding the artist to the skies. ~ ब्रह्मांड entire universe. 2. compound; ~ शब्द compound word.

समस्थिति (sa mas thi ti) *f.* levelheadedness, equanimity, poise.

समस्या (sa mas syA) *f.* problem; वे किसी ~ को हल करने के बजाए और समस्याएँ पैदा कर रहे हैं They have been creating more problems than solving any of them. ~ का समाधान solution of a problem; कठिन ~ difficult/intricate problem.

समस्याकारी (~ kA ree) *adj.* problem-causing.

समस्या नाटक (~ nA Tak) *m.* problem play.

समस्या-पूर्ति (~ - poor ti) *f.* composing a verse with a line given as समस्या।

समाँ (sa mÃ) *m.* 1. time. 2. atmosphere; ~ बँधना—समाँ बँध गया The audience felt spell-bound. ~ बाँधना to keep the audience spellbound; सुहाना ~ delightful/delightfully pleasant weather.

समांग (sa mAṅg) *adj.* homogeneous.

समांगता (~ tA) *f.* homogeneity.

समांतर (sa mAn tar) *adj.* parallel; ~ रेखाएँ parallel lines.

समांतरता (~ tA) *f.* parallelism.

समाई (sa mA ee) *f.* 1. capacity. 2. room; अब तुम्हारी इस घर में ~ नहीं There is no room for you now in this house.

समाकलन (~ ka lan) *m.* integration. (Math.)

समागत (~ gat) *adj. & m.* welcome stranger; ~ अतिथि welcome guest.

समागम (~ gam) *m.* 1. arrival. 2. meeting, assembly or gathering.

समाघात (~ ghAt) *m.* 1. blow. 2. percussion.

समाचार (~ cAr) *m.* news; यह ~ अभी-अभी प्राप्त हुआ है This news has been received just now. रेडियो पर ~ का क्या समय है What time is the news on radio? दिल खुश कर देनेवाला ~ heartening news; दिल तोड़नेवाला ~ heart-breaking news; ~ देना to give news, to break news; ~पुन: प्रसारण news relay; ~ प्रसारण dissemination of news; ~ फैला word went round; ~ भेजना to send word; ~ मिलना to get/receive news; tidings, information.

समाचार-एजेंट (~ - e jeNT) *m.* newsagent.

समाचार-दर्शन (~ - dar shan) *m.* exhibition of news.

समाचारदाता (~ dA tA) *m.* news reporter.

समाचार-पत्र (~ - pattr) *m.* newspaper; ~ विक्रेता newspaper man.

समाचार-फ़िल्म (~ - Film) *f.* newsreel.

समाचारवाचक (~ vA cak) *m.* newsman.

समाचारिक (sa mA cA rik) *adj.* pertaining to news.

समाज (sa mAj) *m.* society, company.

समाजवाद (~ vAd) *m.* socialism.

समाजवादी (~ vA dee) *adj.* socialistic; ~ राज्य socialist state.
m. socialist.

समाज-विरोधी (~ - vi ro dhee) *adj.* anti-social.

समाजशास्त्र (~ shAstr) *m.* Sociology.

समाजशास्त्री (~ shAs tree) *m.* sociologist.

समाजशास्त्रीय (~ shAs treey) *adj.* sociological.

समाजशील (~ sheel) *adj.* sociable.

समाज-सुधार (~ - su dhAr) *m.* social reform.

समाज-सेवक (~ - se vak) *m.* social worker.

समाज-सेवा (~ - se vA) *f.* social service, social work; उसने अपने को ~ में लगा दिया She threw herself in social work.

समाज-सेविका (~ - se vi kA) *f.* (fem. of समाज-सेवक) woman social worker.

समाज-सेवी (~ - se vee) *m.* social worker. [Fem. समाज-सेविका]

समाजी (sa mA jee) *adj.* social.

समाजीकरण (~ ka raN) *m.* socialization.

समादर (sa mA dar) *m.* reverence, veneration, respect.

समादरणीय (~ Neey) *adj.* reverend.

समादिष्ट (sa mA dishT) *adj.* commanded.

समादृत (sa mA drit) *adj.* revered.

समादेश (sa mA desh) *m.* 1. command. 2. writ.

समादेश-याचिका (~ - yA ci kA) *f.* writ petition.

समाधान (sa mA dhAn) *m.* 1. solution (of a problem), satisfaction; समस्या का ~ solution of a problem. 2. satisfying explanation; शंका का ~ removal of a doubt/objection.

समाधि (sa mA dhi) *f.* 1. transcendental meditation, trance; ~ टूट गई/भंग हो गई Trance has been broken. ~ लगाना to get into a state of trance; ~ लेना to go into a trance for good. 2. tomb, grave.

समाधिमग्न (~ magn) *adj.* experiencing transcendental knowledge.

समाधि-लेख (~ - lekh) *m.* epitaph.

समाधि-शिला (~ - shi lA) *f.* tomb-stone.

समाधिस्थ (sa mA dhisth) *adj.* in a state of trance/meditation.

समान (sa mAn) *adj.* 1. equal; ~ अवसर equal opportunity; ~ रूप से equally; भारत ~ रूप से सभी नागरिकों और समुदायों का है India belongs equally to all her citizens and communities. 2. similar; ~ दृष्टि-कोण similar viewpoint. 3. like, alike, same; शेर के ~ like a lion. 4. uni-formity.

समानता (~ tA) *f.* 1. equality. 2. similarity. 3. likeness.

समानांतर (sa mA nAn tar) *adj.* parallel.

समानांतरता (~ tA) *f.* parallelism.

समाना (sa mA nA) *vi.* to pervade in, to fill (in its entirety), to occupy all space in; आँखों में ~ to pervade every nook and corner of the eyes; दिल में भय समा गया The heart was filled with fear. फूले न ~ —वह फूले न समाया His joy knew no bounds.

समानाधिकरण (~ dhi ka raN) *m.* (Gram.) apposition.

समानार्थ (sa mA nArth) *adj.* (words) having similar meanings, equivalent.

समानार्थक (~ nAr thak) *adj.* = समानार्थ।

समानार्थकता (~ tA) *f.* similarity in meaning, equivalence.

समानुपात (sa mA nu pAt) *m.* proportion.

समानुपातिक (~ nu pA tik) *adj.* proportional.

समापन (~ pan) *m.* winding up, closing up, ending, completion; ~ समारोह closing function.

समापवर्तक (~ pa var tak) *m.* common factor; (Math.) महत्तम ~ G.C.M. (Greatest Common Measure); H.C.F. (Highest Common Factor).

समापवर्त्य (~ pa varty)*m.* common multiple; (Math.) लघुतम ~ L.C.M. (Least Common Multiple)

समापिका क्रिया (sa mA pi kA kri yA) *f.* finite verb.

समाप्त (sa mApt) *adj.* finished, ended; ~ करना/कर देना (i) to finish; काम ~ करके वह घर चला गया After finishing his work he went home. (ii) to liquidate/dissolve/expire.

समाप्तप्राय (~ prAy) *adj.* almost finished, moribund.

समाप्ति (sa mAp ti) *f.* 1. conclusion, expiry, end, finish; भाषण की ~ conclusion of a speech; खेल की ~ end of the play.

2. expiration, expiry; अवधि की ~ expiry of a period. 3. extinction; प्रजाति की ~ extinction of a race.
समाप्य (sa mAppy) *adj.* which can be finished/ended.
समायुक्त (sa mA yukt) *adj.* adjusted.
समायोजक (~ yo jak) *adj. & m.* adjuster.
समायोजन (~ yo jan) *m.* adjustment.
समायोजित (~ yo jit) *adj.* adjusted; खाता ~ हो चुका है The account stands adjusted.
समारंभ (~ rambh) *m.* happy beginning, commencement, initiation.
समारोह (~ roh) *m.* 1. celebration, function. 2. festive event, ceremony.
समार्थ (sa mArth) *adj.* equivalent in meaning.
समार्थक (sa mAr thak) *adj. & m.* equivalent (word).
समालोचक (sa mA lo cak) *m.* reviewer, critic.
समालोचन (~ lo can) *m.* act of reviewing.
समालोचना (~ loc nA) *f.* review, criticism.
समावर्तन (~ var tan) *m.* returning from Gurukul after completion of studies; ~ - समारोह convocation.
समाविष्ट (~ vishT) *adj.* 1. incorporated. 2. included, entered.
समावृत (~ vrit) *adj.* enclosed, attached.
समावेश (~ vesh) *m.* 1. incorporation. 2. inclusion.
समावेशन (~ ve shạn) *m.* 1. incorporating. 2. inclusion.
समाशोधन (~ sho dhan) *m.* clearing; ~ गृह clearing house.
समास (sa mAs) *m.* compound, compound word. (Gram.)
समास-बहुल (~ - ba hul) *adj.* full of compound words.
समासीन (sa mA seen) *adj.* seated.
समाहरण (~ ha raN) *m.* collecting.
समाहर्ता (~ har tA) *m.* collector.
समाहार (~ hAr) *m.* collection, accumulation.
समाहित (~ hit) *adj.* 1. collected. 2. merged (into), included (in).
समिति (sa mi ṭi) *f.* 1. a body of persons appointed or elected for some specified function, committee; जाँच- ~ enquiry committee. 2. society; सहकारी ~ cooperative society.
समिति-कक्ष (~ - kaksh) *m.* commitee room.
समिधा (sa mi dhA) *f.* fire-wood used as fuel in sacrificial fire.
समीकरण (sa mee ka raN) *m.* 1. equation; अवकल ~ differential equation; समाकल ~ integral equation. 2. equalisation. 3. asimilation. (Phon.)
समीकार (~ kAr) *m.* equaliser.
समीकृत (~ krit) *adj.* equalised.
समीक्षक (sa meek shak) *m.* 1. reviewer, commentator. 2. critic.
समीक्षण (~ shaN) *m.* reviewing, commenting.
समीक्षा (~ shA) *f.* 1. act of viewing again, review; ~ करना to review or reexamine; उन्होंने कहा कि सरकार स्थिति की ~ गणतंत्र दिवस के बाद करेगी He said that the government would review the position after Republic Day. 2. a critical discussion dealing with a book, review.
समीक्षाकार (~ kAr) *m.* reviewer, commentator.
समीक्षित (sa meek shit) *adj.* reviewed, commented (upon).
समीक्ष्य (sa meekshy) *adj.* 1. worth reviewing/commenting. 2. under review.
समीचीन (sa mee ceen) *adj.* appropriate,

proper, right, befitting; ~ साहित्य literature suited to the times.

समीचीनता (~ tA) *f.* fitness, propriety, appropriateness.

समीप (sa meep) *adj.* near, close by; अत्यंत ~ beside; ~ से from near; वे हमारे ~ हैं He is related to us.

समीपतम (~ tam) *adj.* nearest.

समीपता (~ tA) *f.* nearness, proximity.

समीपवर्ती (~ var tee) *adj.* situated near by, neighbouring, proximate.

समीपस्थ (sa mee pasth) *adj.* near (by), proximate.

समीपी (sa mee pee) *adj.* near.

समीर (sa meer) *f.* breeze.

समुंदर (sa mun dar) *m.* = समुद्र।

समुचित (sa mu cit) *adj.* appropriate, suitable; ~ उत्तर appropriate answer; ~ व्यवस्था arrangements suited to the occasion.

समुचितता (~ tA) *f.* appropriateness, fitness.

समुच्चय (sa muc cay) *m.* 1. collection, set. 2. compilation.

समुच्चयबोधक (~ bo dhak) *m.* conjunction. (Gram.)

समुच्चयार्थक (sa muc ca yAr thak) *adj.* collective.

समुज्ज्वल (sa muj jwal) *adj.* effulgent.

समुज्ज्वलता (~ tA) *f.* effulgence.

समुदाय (sa mu dAy) *m.* 1. association. 2. commune. 3. community. 4. group; उस ~ में कुछ धार्मिक प्रवृत्ति के लोग भी थे Certain religious-minded persons were aslo in the group.

समुद्यत (sa mud dyat) *adj.* just ready, quite ready; वे अपने-अपने विचार प्रस्तुत करने के लिए ~ थे They were quite prepared to put forward their respective thoughts.

समुद्र (sa muddr) *m.* sea, ocean; महा ~ high seas.

समुद्र-कंप (~ - kamp) *m.* sea-quake.

समुद्र-तट (~ - taT) *m.* coast, sea-beach, sea-shore, sea-board.

समुद्र-तटीय (~ - ta Teey) *adj.* coastal.

समुद्र-तल (~ - tal) *m.* sea-level.

समुद्र-तली (~ - ta lee) *f.* sea-bed, sea-bottom.

समुद्र-देवता (~ - de va tA) *m.* Oceanus.

समुद्र-पत्तन (~ - pat tan) *m.* sea-port.

समुद्र-मंथन (~ - man than) *m.* churning of the sea (Indian Mythology).

समुद्र-यात्रा (~ - yAt trA) *m.* voyage.

समुद्र-यात्री (~ - yAt tree) *m.* sea-farer.

समुद्रवर्ती (~ var tee) *adj.* littoral.

समुद्र-विज्ञान (~ - vig gyan) *m.* Oceanography.

समुद्राभिमुख (sa mud drA bhi mukh) *adj.* sea-ward.

समुद्री (sa mud dree) *adj.* oceanic; ~ हवा sea breeze.

समुद्री-गाय (~ - gAy) *f.* sea-cow.

समुद्री-डाकू (~ - DA koo) *m.* pirate, sea-robber; ~ ज़हाजों को लूटते हैं Pirates plunder ships.

समुद्री ताक़त (~ tA kat) *f.* sea power, a country with a strong navy.

समुद्री तार (~ - tAr) *m.* cable.

समुद्रीय (sa mud dreey) *adj.* oceanic.

समुद्री शक्ति (~ shak ti) *f.* समुद्री ताक़त।

समुन्नत (sa mun nat) *adj.* 1. raised high, elevated. 2. developed; ~ देश developed country.

समुन्नयन (sa mun na yan) *m.* 1. elevation. 2. development, progress.

समुपस्थित (sa mu pas thit) *adj.* appeared; ~ होना to put in an appearance.

समुपस्थिति (~ pas thi ti) *f.* appearance, presence.

समूचा (sa moo cA) *adj.* whole, all entire.

समूल (sa mool) *adj.* ~ विनाश total destruction.
adv. from the root; ~ नष्ट करना कर देना to destroy, root out; हमारा लक्ष्य आतंकवाद को ~ नष्ट कर देना है Our aim is to root out terrorism.

समूह (sa mooh) *m.* 1. multitude, concourse, assemblage, crowd. 2. group.

समूहत: (~ taḥ) *adv.* en bloc, collectively, en masse, all together.

समूहन (sa moo han) *m.* grouping.

समूहवाचक (~ VA cak) *adj.* collective; ~ संज्ञा collective noun.

समृद्ध (sam mriddh) *adj.* prosperous, rich, affluent; ~ बनाना to enrich; हम सभी को ~ बना सकते हैं We can make prosper everybody. मनुष्य अपने सतत परिश्रम से ~ बनता है A man becomes affluent through his continuous hard work.

समृद्धि (sam mrid dhi) *f.* prosperity, affluence, richness; हम सब के लिए ~ ला सकते हैं We can bring prosperity for all.

समेकता (sa mek TA) *f.* consolidation, integ- ration.

समेकन (~ kan) *m.* 1. fusion. 2. consolidation.

समेकनीय (~ ka neey) *adj.* fusible.

समेकित (~ kit) *adj.* consolidated.

समेटना (sa meT nA) *vt.* 1. togather. 2. to roll up; दुकान ~ to wind up a shop; पंख ~ to draw the feathers in.

समेत (sa met) *adv.* with, along with; बच्चों ~ along with the children.

समोना (sa mo nA) *vt.* to mix together inextricably.

समोसा (sa mo SA) *m.* an Indian variety of saltish pastry, usually triangular in shape.

सम्मत (sam mat) *adj.* sanctioned by; धर्म ~ sanctioned by religion; शास्त्र ~ sanctioned by scriptures; तर्क - ~ sanctioned by reason.

सम्मति (~ ma ti) *f.* 1. opinion, view. 2. assent, consent; वहाँ जाने के लिए मैंने उसे अपनी ~ दे दी है I have offered my consent to him to go there.

सम्मन (~ man) *m.* summons.

सम्मान (~ mAn) *m.* honour, esteem, respect; पूरे राजकीय ~ के साथ काशी नरेश का शव अग्नि को समर्पित किया गया The body of the Kashi Naresh was consigned to flames with full state honour. वीरों का ~ करो Honour the brave.

सम्माननीय (~ neey) *adj.* honourable, respected.

सम्मानपूर्ण (~ poorN) *adj.* honourable, respectful.

सम्मानपूर्वक (~ poor vak) *adv.* 1. respectfully. 2. honourably.

सम्मानसूचक (~ soo cak) *adj.* honorific.

सम्मानार्थ (sam mA nArth) *adv.* in honour (of); उसकी जीत के ~ एक भव्य भोज का आयोजन किया गया In honour of his victory, a grand feast was arranged.

सम्मानित (~ mA nit) *adj.* esteemed, respected, honoured, revered.

सम्मान्य (~ mAnny) *adj.* honourable.

सम्मित (~ mit) *adj.* 1. symmetrical. (Math.) 2. resembling.

सम्मिलन (~ mi lan) *m.* 1. combining, joining, mingling. 2. meet, get-together.

सम्मिलित (~ mi lit) *adj.* 1. combined, joint, mingled; ~ प्रयास combined/joint effort. 2. included; ~ होना to take part (in); to participate/join.

सम्मिश्र (~ mishr) *adj.* complex (Maths.); ~ संख्या complex number.

सम्मिश्रण (~ mish shraN) *m.* 1. compounding, combining. 2. admixture, mixing up.

सम्मिश्रित (~ mish shrit) *adj.* 1. compounded, combined. 2. mixed up.

सम्मुख, के (ke sam mukh) *postposition.* 1. in front of, facing each other, face to face. 2. opposite to (Maths.).

सम्मेय (sam mey) *adj.* of the same size, commensurate.

सम्मेलन (~ me lan) *m.* conference, convention.

सम्मोह (~ moh) *m.* fascination, charm.

सम्मोहक (~ mo hak) *adj.* fascinating, charming, attractive.

सम्मोहन (~ mo han) *m.* charm, fascination; मैं ताजमहल के सौंदर्य और ~ से अत्यधिक प्रभावित हुआ I was very much impressed by Taj's beauty, charm and splendour.

सम्मोहन विद्या (~ vid dyA) *f.* hypnotism.

सम्मोहनास्त्र (~ mo ha nAstr) *m.* hypnotising weapon.

सम्मोहनी (sam moh nee) *f.* that which hypnotises, hynotising agent.

सम्मोहित (~ mo hit) *adj.* hypnotised; ~ करना to hypnotise.

सम्यक, सम्यक् (~ myak) *adj.* 1. thorough, comprehensive, all-around; ~ ज्ञान thorough knowledge. 2. proper, appropriate; ~ रूप से in appropriate meansure.

सम्राज्ञी (~ mrAg gyee) *f.* empress.

सम्राट, सम्राट् (~ mrAT) *m.* emperor.

सम्हलना (sa mhal nA) *vi.* = सँभलना।

सयानपन (sa yAn pan) *m.* = सयानापन।

सयाना (sa yA nA) *adj.* 1. grown up. 2. shrewd, clever.

सयानापन (~ pan) *m.* shrewdness, cleverness.

सयापा (sa yA pA) *n.* a chant of lamentation for the dead, dirge; ~ पड़ जाना the situa-tion becoming gloomy.

सरंध्र (sa randhr) *adj.* porous.

सर (sar) *adj.* victorious; (ताश का) पत्ता ~ हो गया The card won. ~ करना to vanquish; ~ होना to be vanquished.

f. hand in game; उसकी तीन सरें बनी हैं He has three hands.

सरकंडा (~ kaN DA) *m.* a kind of reed.

सरकना (sa rak nA) *vi.* 1. to move a little; ज़रा सरककर बैठो Move a little apart. 2. to crawl, to move slowly.

सरकस (sar kas) *m.* circus.

सरकार (~ kAr) *f.* government; भ्रष्ट ~ corrupt government.

m. master, boss, lord; छोटे ~ younger boss; बड़े ~ big boss; सभी लोग बड़े ~ को प्रसन्न करने में लगे थे All were busy in pleasing the big boss.

सरकारी (~ kA ree) *adj.* official, pertaining to government, governmental; ~ गवाह government witness; ~ नीति government policy; ~ वकील prosecuting advocate/pleader/counsel; ~ संस्थान governmental institution..

सरकारीकरण (~ ka raN) *m.* taking over by the government.

सरख़त (sar Khat) *m.* deed, written agreement.

सरग़ना (~ Ga nA) *m.* (ring) leader, chieftain; चोरों का ~ leader of thieves; झूठों का ~ archliar.

सरगम (~ gam) *m.* gamut. (Music)

सरगर्मी (~ gar mee) *f.* zeal and enthusiasm.

सरगी (~ gee) *f.* meal taken at early dawn immediately before commencing a fast.

सरणी (~ Nee) *f.* 1. line, row. 2. table.

सरताज (~ tAj) *adj.* topping; ~ गीत topping song.
m. = सिरताज।

सरदार (~ dAr) *m.* 1. chief, chieftain. 2. leader. 3.member of Sikh community. [Fem. सरदारनी]

सरदारी (~ dA ree) *f.* leadership.

सरना (~ nA) *vi.* to be accomplished; यह काम मुझ से सरेगा नहीं The work is beyond me.

सरनाम (~ nAm) *adj.* well-known, renowned, famed, reputed.

सरनामा (~ nA mA) *m.* form of addressing (on top of a letter).

सरपंच (~ panc) *m.* chief arbiter.

सरपट (~ paT) *adj.* gallopping; ~ चाल gallop.
adv. at a gallop; ~ दौड़ना to run at a gallop.

सरपत (~ pat) *m.* a kind of reed.

सरपरस्त (~ pa rast) *m.* 1. guardian. 2. patron.

सरपरस्ती (~ pa ras tee) *f.* 1. guardianship. 2. patronage.

सरमाएदारी (~ mA e dA ree) *f.* state or quality of being a capitalist, capitalism.

सरमाया (~ mA yA) *m.* 1. capital. 2. total assets, estate.

सरमायेदार (~ mA ye dAr) *m.* capitalist.

सरल (sa ral) *adj.* 1. simple. 2. easy; यह प्रश्न ~ है The question is easy. सब से ~ easiest; ~ हृदय simple-hearted; ~ हृदयता simple-heartedness. 3. straight; ~ रेखा straight line.

सरलता (~ tA) *f.* 1. simplicity. 2. easiness. 3. straightness.

सरल संगीत (~ saṅ geet) *m.* light music.

सरलीकरण (sa ra lee ka raN) *m.* simplification; प्रारूप का अब ~ कर दिया गया है The draft has now been simplified.

सरलीकृत (sa ra lee krit) *adj.* simplified.

सरस (sa ras) *adj.* 1. juicy, watery. 2. tasty, delicious. 3. full of tender sentiments; ~ कविता poetry full of tender sentiments. 4. fascinating, attractive.

सरसठ (sar saTh) *adj.* & *m.* sixty-seven.

सरसता (sa ras tA) *f.* state or quality of being सरस।

सरसना (sa ras nA) *vi.* 1. to flourish/prosper. 2. to look lovely/charming.

सरसब्ज़ (sar sabz) *adj.* in full bloom, verdant.

सरसर (~ sar) *f.* sound produced by a snake, air etc. whilst in movement, rustle; ~ करना to rustle.

सरसराना (~ sa rA nA) *vi.* to produce a sound as that of the movement of air, snake and the like.

सरसराहट (~ sa rA haT) *f.* sound produced by the movement of air, snake and the like, rustle.

सरसरी (~ sa ree) *adj.* cursory, summary; ~ तलाशी के बाद हमें आगे जाने दिया After a cursory search, they allowed us to move ahead. ~ जाँच cursory investigation/checkup; ~ तौर पर cursorily, summarily.

सरसाम (~ sAm) *m.* delirium.

सरसिज (~ sij) *m.* lotus.

सरसिरुह (~ si ruh) *m.* lotus.

सरसी (~ see) *f.* waterpool, pond.

सरसों (~ sõ) *f.* mustard (seed or plant); ~ का तेल mustard oil; आँखों में ~ फूलना to be unduly optimistic.

सरस्वती (sa ras swa tee) *f.* Goddess of Learning.

सरहज (sar haj) *f.* = सलहज।

सरहद (~ had) *f.* 1. border, boundary. 2. frontier.

सरहदबंदी (~ ban dee) *f.* = सीमांकन।

सरहदी (sar ha dee) *adj.* pertaining to the frontier; ~ सूबा frontier province.

सरापना (sa rAP nA) *vt.* to curse.

सरापा (sa rA pA) *m.* complete set of clothes.

सराफ़ (sa rAF) *m.* = सर्राफ़।

सराफ़ा (sa rA FA) *m.* = सर्राफ़ा।

सराफ़ी (sa rA Fee) *f.* = सर्राफ़ी।

सराबोर (sa rA bor) *adj.* fully soaked, completely drenched.

सराय (sa rAy) *f.* inn, tavern, caravan-serai; ~ का कुत्ता sycophant, mean and selfish fellow.

सरासर (sa rA sar) *adv.* in toto, totally, wholly; ~ ज़्यादती extreme high-handedness; ~ झूठ white lie, utter falsehood.

सराहना (sa rAh nA) *vt.* to praise/laud, to commend; (अपना) भाग्य ~ to thank (one's) stars; (अपने) नक्षत्रों को सराहना to thank (one's) stars.

सराहनीय (sa rAh neey) *adj.* worthy of praise, praise-worthy, laudable, commendable.

सरिता (sa ri tA) *f.* stream, river.

सरिया (~ yA) *m.* iron bar.

सरिश्ता (sa rish tA) *m.* a department of an administrative machinery.

सरिश्तेदार (~ te dAr) *m.* official incharge of a सरिश्ता।

सरिश्तेदारी (~ te dA ree) *f.* office or tenure of a सरिश्तेदार।

सरिस (sa ris) *adj.* similar, alike, equal.

सरीखा, के (ke sa ree khA) *postposition.* like, similar to; तुम्हारे सरीखा the likes of you; तुम्हारे ~ विश्वसनीय मित्र कदाचित् ही प्राप्त होता है It is rare to have a trustworthy friend like you.

सरीसृप (~ srip) *m.* crawling/creeping insects or the like, reptiles.

सरीसृप-विज्ञान (~ - vig gyAn) *m.* Herpetology.

सरूप (sa roop) *adj.* 1. alike, similar. 2. beautiful.

m. guise.

सरूपता (~ tA) *f.* 1. likeness, similarity, semblance. 2. comeliness, beauty.

सरूर (sa roor) *m.* slight inebriation, intoxication; जो ~ में हो tipsy.

सरेआम (sa re Am) *adv.* publically.

सरे दरबार (~ dar bAr) *adv.* in open court.

सरे बाज़ार (~ bA zAr) *adv.* publicly, openly; उसने ~ में मेरे आत्म-सम्मान पर आघात किया He publicly offended my self-respect.

सरे शाम (~ shAm) *adv.* early in the evening, at the start of evening.

सरेस (sa res) *m.* gelatine, glue.

सरो (sa ro) *m.* cypress tree.

सरोकार (~ kAr) *m.* concern, connection, dealings; मेरा उसके साथ ज़रा भी ~ नहीं है I have not the least concern with him. किसी क़िस्म का ~ न रखना to have nothing to do (with).

सरोज (sa roj) *m.* lotus.

सरोतर (sa ro tar) *adj.* & *adv.* befitting from beginning to end.

सरोद (sa rod) *m.* an Indian musical instrument resembling a guitar.

सरोरुह (sa ro ruh) *m.* lotus.

सरोवर (sa ro var) *m.* 1. lake. 2. pond, pool.

सरोष (sa rosh) *adv.* angrily, wrathfully.

सरौता (sa rau tA) *m.* instrument for cutting betel nuts, nut-cracker.

सर्ग (sarg) *m.* canto, chapter.

सर्जन (sar jan) *m.* 1. creation. 2. surgeon.

सर्जनहार (~ hAr) *m.* creator.

सर्जनात्मक (sar ja nAt mak) *adj.* creative.

सर्जरी (~ ja ree) *f.* surgery.

सर्द (sard) *adj.* cold; ~ आहें sorrowful sighs; ~ मिज़ाज of a cold (unresponsive) temperament.

सर्दख़ाना (~ KhA NA) *m.* cool room (in the basement).

सर्दा (sar dA) *m.* a variety of melon.

सर्दी (~ dee) *f.* 1. cold; ~ बढ़ती ही जा रही है The weather is getting colder and colder. ~ पड़ना—आज सर्दी पड़ रही है We are having a spell of cold today. वहाँ ऐसी ~ नहीं पड़ती जैसी यहाँ पड़ रही है It never gets as cold there as it does here. ~ खाना to catch cold; ~ लगना (i) to feel cold; (ii) to catch cold; लगता है कि मुझे ~ लग गई है I think I have caught a cold. 2. winter; ~ आ गई है The winter has come.

सर्प (sarp) *m.* snake. [Fem. सर्पिणी]

सर्पण (sar paN) *m.* creeping/crawling (like a serpent).

सर्पदंत (sarp dant) *m.* fang of a snake.

सर्पदंश (~ dansh) *m.* 1. snakebite. 2. wound caused by snakebite.

सर्पिणी (sar pi Nee) *f.* (fem. of सर्प) female snake.

सर्पित (~ pit) *adj.* crept, crawled.

सर्पिल (~ pil) *adj.* serpentine.
m. spiral.

सर्पी (~ pee) *adj.* crawling, creeping.

सर्फ़ (sarF) *adj.* spent; ~ करना to spend.

सर्फ़ा (sar FA) *m.* expenditure.

सर्राटा (~ rA TA) *m.* सर्राटे से fast, swiftly; सर्राटे से निकल जाना to pass by very swiftly; सर्राटे भरना to move with tremendous speed; to move like an arrow.

सर्राफ़ (~ rAF) *m.* bullion merchant.

सर्राफ़ा (~ rA FA) *m.* bullion market.

सर्राफ़ी (~ rA Fee) *f.* 1. calling of a bullion merchant. 2. script used by Indian merchants—a variant of Nagari.

सर्व (sarv) *adj.* 1. all. 2. whole, entire.

सर्वकाम (~ kAm) *adj.* full of desires.

सर्वगत (~ gat) *adj.* all-pervasive.

सर्वग्रास (~ grAs) *m.* total eclipse.

सर्वग्रासी (~ grA see) *adj.* all-devouring.

सर्वचारी (~ cA ree) *adj.* rolling all round.

सर्वजन (~ jan) *m.* persons, one and all; everybody.

सर्वजनीन (~ ja neen) *adj.* pertaining to all.

सर्वजित (~ jit) *adj.* all-conquering.

सर्वजीवी (~ jee vee) *adj.* whose father, grand-father and great-grand-father are all alive.

सर्वज्ञ (sar vaggy) *adj.* omniscient.

सर्वज्ञता (~ tA) *f.* omniscience.

सर्वज्ञानी (sarv gyA nee) *adj.* = सर्वज्ञ।

सर्वत: (sar va taḥ) *adv.* 1. all round, on all sides. 2. in every respect.

सर्वता (~ tA) *f.* wholeness, entirety.

सर्वतोभद्र (sar va to bhaddr) *adj.* auspicious all round.

सर्वतोमुखी (~ va to mu khee) *adj.* all-round, versatile; ~ प्रतिभा versatile/all-round genius.

सर्वत्र (~ vattr) *adv.* everywhere, at every place, in all cases.

सर्वथा (~ va thA) *adv.* totally, completely, entirely.

सर्वदर्शी (sarv dar shee) *adj.* & *m.* all-seeing, seer all-round.

सर्वदलीय (~ da leey) *adj.* of or pertaining to all parties, all-party; ~ सम्मेलन all-party conference; एक ~ सम्मेलन बुलाया गया An all-party Conference was called for.

सर्वदा (sar va dA) *adv.* ever, ever more, always.

सर्वनाम (sarv nAm) *m.* pronoun.

सर्वनाश (~ nAsh) *m.* complete ruination, utter/total destruction.

सर्वनाशक (~ nA shak) *adj.* = सर्वनाशी।

सर्वनाशी (~ nA shee) *adj.* utterly destructive, completely ruinous.

सर्वनियंता (~ ni yan tA) *m.* Controller Supreme.

सर्वप्रयोज्य (~ pra yojjy) *adj.* all-purpose.

सर्वप्रिय (~ priy) *adj.* dear to all, loved by all, darling of one and all.

सर्वभक्षी (~ bhak shee) *adj.* omnivorous, devouring anything.
m. God of Fire.

सर्वमंगला (~ man ga lA) *f.* 1. Goddess Durga. 2. Goddess Lakshmi.

सर्वमान्य (~ mAnny) *adj.* accepted by all; ~ प्रस्ताव unanimous resolution.

सर्वव्यापक (~ vyA pak) *adj.* omnipresent, all-pervading.

सर्वव्यापी (~ vyA pee) *adj.* = सर्वव्यापक।

सर्वशक्तिमान, सर्वशक्तिमान् (~ shak ti mAn) *adj.* all-powerful, almighty, omnipotent.

सर्वश्री (~ shree) *adj.* messrs, plu. of mr.

सर्वश्रेष्ठ (~ shreshTh) *adj.* best of all; ~ कवि a first class poet, a prince among poets; ~ कृति magnum opus.

सर्वसंहार (~ san hAr) *m.* utter annihilation.

सर्वसम्मत (~ sam mat) *adj.* unanimous.

सर्वसम्मति (~ sam ma ti) *f.* unanimity; ~ से unanimously.

सर्वसाधारण (~ sA dhA raN) *m.* common people, public, populace.

सर्वस्व (sar vassw) *m.* one's all; मेरा ~ लुट गया I have been robbed of all that was mine.

सर्वस्वाहा (sarv swA hA) *adj.* ruined entirely.
f. total ruination.

सर्वस्वीकृत (~ swee krit) *adj.* unanimous.

सर्वहर (sarv har) *adj.* & *m.* all-usurping, usurper all round.

सर्वहारा (~ hA rA) *m.* member of proletariate, proletarian.

सर्वहारा वर्ग (~ varg) *m.* the lower labouring classes, proletariate.

सर्वहारी (~ hA ree) *adj.* & *m.* = सर्वहर।

सर्वहित (~ hit) *m.* public good, common weal.

सर्वांग (sar vAng) *m.* all components (of the body); ~ सुंदर beautiful/comely all round.

सर्वांगपूर्ण (~ poorN) *adj.* full and complete in all respects.

सर्वांगीण (sar vAn geeN) *adj.* all-round; ~ विकास all-round development.

सर्वांतर्यामी (~ vAn tar yA mee) *adj.* & *m.* all-pervading (God).

सर्वात्मा (~ vAt mA) *m.* Soul Universal.

सर्वाधिक (~ vA dhik) *adj.* 1. greatest in number; ~ मत largest number of votes; उसे ~ मत मिले He received largest number of votes. 2. surpassing every one.

सर्वाधिकार (~ vA dhi kAr) *m.* all rights, full powers; ~ सुरक्षित all rights reserved.

सर्वार्थ (~ vArth) *m.* all purposes.

सर्वार्थ-साधन (~ sA dhan) *m.* fulfilling of all purposes.

सर्वेक्षक (sar vek shak) *m.* surveyor.

सर्वेक्षण (~ vek shaN) *m.* surveying.

सर्वेश्वर (~ vesh war) *m.* Supreme Lord, Lord of all.

सर्वे-सर्वा (~ ve-sar vA) *adj.* all in all; वह कार्यालय में ~ है He is all in all in the office.

सर्वोच्च (~ vocc) *adj.* supreme; highest in

place or rank; ~ न्यायालय supreme court.

सर्वोत्तम (~ vot tam) *adj.* supreme, best of all, the very best.

सर्वोदय (~ vo day) *m.* uplift of one and all; ~ आंदोलन a movement launched for the all round uplift of the populace.

सर्वोपकारी (~ vop KA ree) *adj.* benevolent to all.

सर्वोपयोगी (~ vo pa yo gee) *adj.* useful to all.

सर्वोपरि (~ vo pa ri) *adj.* above all, supreme; जनतंत्र में जनभावना ही ~ होती है In democracy the will of the people reins supreme.

सलई (sa la ee) *f.* pine tree.

सलज्ज (sa lajj) *adj.* coy, bashful.

सलना (sal NA) *vi.* to be bored/pierced; कलेजा ~ piercing of the heart.

सलमा (~ MA) *m.* gold or silver thread used in embroidery; ~ सितारा embroidery consisting of shining stars among embroidered bands, spangle.

सलवार (~ VAr) *f.* a kind of trousers (worn by women, especially in the Punjab).

सलसलाना (~ sa lA NA) *vi.* to feel itching sensation.

vt. to rub gently with fingers.

सलसलाहट (~ sa lA haT) *f.* itching sensation.

सलहज (~ haj) *f.* wife of brother-in-law, wife of wife's brother.

सलाई (sa lA ee) *f.* 1. pointed longish stick rod for applying collyrium to the eyes. 2. match-stick; ~ फेरना to blind (someone) by piercing the eyes with red-hot needles.

सलाख़ (sa lAKh) *f.* thin long metallic bar.

सलाद (sa lAd) *m.* salad.

सलाम (sa lAm) *m.* Muslim form of salutation; ~ करना to salute; उन्होंने एक दूसरे को ~ किया They saluted each other. दूर से ~ करना to avoid meeting (with).

सलामत (sa lA mat) *adj.* (fully) alive, safe; बादशाह ~ His Imperial Majesty; ~ रहो Keep safe and sound. सही - ~ safe and sound, alive and kicking.

सलामती (sa lA ma tee) *f.* state or quality of being fully alive.

सलामी (sa lA mee) *f.* 1. salutation. 2. formal salutation (military in particular); ~ देना to present a guard of honour; ~ लेना to take a guard of honour. 3. gratification (in cash).

सलामी बल्लेबाज़ (~ bal le bAZ) *m.* an opening batsman.

सलाह (sa lAh) *f.* advice, counsel; ~ करना to consult; ~ देना to advise, to give counsel; ~ लेना to ask for advice, to seek counsel; ~ मानना to follow (someone's) advice; अच्छी ~ good advice.

सलाहकार (~ kAr) *m.* counsellor, advisor.

सलिल (sa lil) *m.* water.

सलीक़ा (sa lee KA) *m.* etiquette, good manners; ~ सीखो Learn good manners. काम करने का ~ right way of doing things.

सलीक़ेदार (sa lee Ke dAr) *adj.* mannerly, possessing good manners.

सलीता (sa lee tA) *m.* a kind of tough and stout cloth.

सलीपर (sa lee par) *m.* (pair of) slippers.

सलीब (sa leeb) *f.* cross.

सलीम (sa leem) *adj.* simple-hearted.

सलीस (sa lees) *adj.* 1. (language) easy to understand. 2. simple and cultured (language).

सलूक (sa look) *m.* 1. behaviour, social dealings, treatment; इस प्रकार के भद्दे ~

को क्या कहा जा सकता है What is to be said of such an odd behaviour. 2. the good done, obligation.

सलूका (sa loo kA) *m.* a type of jacket worn by women.

सलोना (sa lo nA) *adj.* 1. comely, winsome, charming. 2. saltish.

सलोनापन (~ pan) *m.* state or quality of being सलोना।

सल्तनत (sal ta nat) *f.* 1. sultanate, dominion, kingdom. 2. reign; ~ करना to reign.

सवर्ण (sa varN) *adj.* 1. having the same colour. 2. (words) having the same spelling.

सवर्णता (~ tA) *f.* state or quality of being सवर्ण।

सवर्ण हिंदू (~ hin du) *m.* a Hindu belonging to one of the upper three castes.

सवा (sa vA) *adj.* one and a quarter; मैं लगभग सवा सात बजे नाश्ता करता हूँ I have breakfast at about seven fifteen.

सवाई (~ ee) *adj.* = सवा।

सवाक (sa vAk) *adj.* gifted with the talking faculty/speech, which can talk; ~ चित्र talkie.

सवाब (sa vAb) *m.* 1. (Heavenly) reward for deeds meritorious. 2. religious/virtuous deed.

सवाया (~ yA) *adj.* one and a quarter times.

सवार (sa vAr) *adj.* mounted; ~ होना to mount, to ride (a horse); पाँचों सवारों में होना to be amongst the also-rans; छाती पर ~ होना to pester ever more; सिर पर ~ होना—इम्तिहान तुम्हारे सिर पर ~ है The examination is (ever) on your mind. तुम्हारे सिर पर भूत ~ है Your mind is obsessed. तुम तो इस समय घोड़े पर ~ हो (i) You are in hot haste. (ii) You are inebriated.
m. rider.

सवारी (sa vA ree) *f.* 1. act or state of riding; ~ करना to ride; ~ गाँठना to ride rough shod (over). 2. mount, vehicle, animal or person meant to carry passengers. 3. passenger; ~ गाड़ी passenger train. 4. cavalcade; ~ निकलना—सवारी निकल रही है The cavalcade is in procession.

सवाल (sa vAl) *m.* 1. an inquiry to obtain information, question; तुमने ऐसा ~ पूछने की हिम्मत कैसे की How you dare to ask such a question? ~ करना (i) to ask a question; प्रश्न-पत्र में कितने सवाल दिए गए How many questions have been given/set in the question-paper? सवालों की झड़ी लगाना to throw a volley of questions. 2. demand; मेरा तो केवल दस रुपए का ~ है I am asking for only ten rupees. 3. a subject of debate or dispute, issue, problem; यदि यह लड़का पढ़ना चाहता है तो पैसे का कोई ~ ही नहीं If the boy wants to study then there is no question of money. इस समय रक्षा मंत्री के इस्तीफ़े का कोई ~ नहीं At this moment the resignation of the Defence Minister is out of question.

सवाल-जवाब (~ - ja vAb) *m.* 1. question and answer. 2. argumentation; ~ करना to argue a little too much, to put too many questions. बहुत ही छोटी-छोटी बातों पर मानो उसको ~ करने की आदत ही पड़ गई है He has formed as it were a habit to argue on very insignificant matters.

सवालिया (sa vA li yA) *adj.* interrogative; ~ फिकरा a sentence that asks for information.

सवाली (sa vA lee) *adj.* = सवालिया।

सविता (sa vi tA) *m.* Sun.

सविनय (sa vi nay) *adj.* humble, modest. *adv.* humbly.

सविनय अवज्ञा (~ a vag gyA) *f.* civil disobedience.

सविनय निवेदन (~ ni ve dan) *m.* humble sub- mission.

सविस्तर (sa vis tar) *ind.* in detail.

सवेरा (sa ve rA) *m.* = सबेरा।

सवैया (sa vai yA) *m.* 1. one and a quarter. 2. multiplication table of one and a quarter times of natural numbers. 3. a kind of metre in Hindi poetry.

सशंक (sa shank) *adj.* = सशंकित।

सशंकित (sa shan kit) *adj.* alarmed due to suspicion; मैं तो ~ हो उठा I was alarmed due to suspicion. ~ नेत्र eyes full of suspicion.

सशक्त (sa shakt) *adj.* 1. powerful. 2. dominant, forceful.

सशक्तता (~ tA) *f.* forcefulness, power.

सशक्तीकरण (sa shak tee ka raN) *m.* an act of making powerful, empowerment.

सशपथ (sa sha path) *adv.* on oath.

सशरीर (sa sha reer) *adj.* & *adv.* physically, bodily.

सशस्त्र (sa shastr) *adj.* armed; ~ पुलिस armed police; ~ संघर्ष armed conflict; ~ सेना armed force.

सशुल्क (sa shulk) *adj.* paying fee/subscription; ~ अतिथि paying guest.

सश्रम (sash sharm) *adj.* 1. fatigued, tired. 2. rigorous; ~ कारावास rigorous imprisonment.

ससीम (sa seem) *adj.* limited, finite.

ससुर (sa sur) *m.* father-in-law. [Fem. सास]

ससुरा (sa su rA) *m.* the expression 'father-in-law' used as a form of abuse.

ससुराल (sa su rAl) *f.* place or residence of the in-laws; ~ का कुत्ता one who lives on sufferance at a father-in-law's house.

सस्ता (sas tA) *adj.* 1. low in price, cheap, inexpensive; हीरे सस्ते नहीं होते Diamonds are not cheap. सबसे ~ cheapest; इसमें से सबसे ~ कौन-सा है Which of them is the cheapest? 2. of poor quality, cheap; ~ फर्नीचर cheap furniture, ~ माल cheap stuff, stuff of a poor quality; ~ साहित्य (i) low-priced literature, (ii) cheap literature; सस्ते में cheaply; सस्ते में छूटना to get off easy enough.

सस्ती (sas tee) *adj.* low-priced (fem. of सस्ता).
f. low-price times; ~ के दिन days of low-prices; संप्रति लोग कदाचित् भूल गए हैं कि विगत दिनों कभी ~ के दिन भी हुआ करते थे Presently, people appear to have perhaps forgotten that during days gone by there used to have been days of low-prices too.

सस्नेह (~ neh) *adv.* with love, with loving regards.

सस्मित (~ mit) *adj.* smiling, with a smile playing on the lips.

सस्य (sassy) *m.* crop.

सह (sah) *prefix.* indicating 'with', 'along with', equivalent of 'co-'.

सह-अपराधी (~ - ap rA dhee) *m.* accomplice.

सह-अभिनेता (~ - a bhi ne tA) *m.* co-star.

सह-अस्तित्व (~ - as tittw) *m.* co-existence.

सहकर्मी (~ kar mee) *m.* co-worker.

सहकार (~ kAr) *m.* cooperation.

सहकार-समिति (~ - sa mi ti) *m.* cooperative society.

सहकारिता (sah kA ri tA) *f.* cooperation.

सहकारी (~ kA ree) *adj.* & *m.* cooperative.

अ a, अँ ã, आ A, आँ Ã, इ i, इँ ĩ, ई ee, ईं eẽ, उ u, उँ ũ, ऊ oo, ऊ u, ऊँ ũ, ऋ ri, ए e, एँ ẽ, ऐ ai, ऐं aĩ, ओ o, ओं õ, औ au, औं aũ

सहगमन (~ ga man) *m.* 1. going along with (somebody). 2. self-immolation on the pyre of the husband.

सहगान (~ gAn) *m.* chorus.

सहगामिनी (~ gA mi nee) *adj.* (fem. of सहगामी), (woman) who goes along with (someone).
f. wife, mate.

सहगामी (~ gA mee) *adj.* concomitant, concurrent.
m. mate. [Fem. सहगामिनी]

सहचर (~ car) *m.* associate, companion, running mate. [Fem. सहचरी]

सहचरी (~ ca ree) *f.* (fem. of सहचर), fair-sex associate or companion.

सहचार (~ cAr) *m.* 1. going along, together. 2. association.

सहचारिणी (~ cA ri nee) *f.* = सहचरी (fem. of सहचारी).

सहचारी (~ ca ree) *adj.* & *m.* associate, companion. [Fem. सहचारिणी]

सहज (sa haj) *adj.* easy, (that) which comes easily; मैंने वही किया जो मुझे ~ लगा I did what came naturally to me. यह तुम्हारे लिए ~ नहीं It won't come easily to you. ~ में easily.

सहज ज्ञान (~ gyAn) *m.* instinctive/innate knowledge, intuition.

सहजता (~ tA) *f.* state of being easy, easiness.

सहजन्मा (sah jan mA) *adj.* born together of the same mother, a brother—one of twins, triplets etc.

सहज बुद्धि (sa haj bud dhi) *f.* natural wit, innate sense.

सहज भाव (~ bhAv) *m.* innate tendency; ~ से without any effort, motive or intent.

सहजवृत्ति (~ vrit ti) *f.* instinct.

सहजात (sah jAt) *adj.* 1. born together of the same mother, a brother—one of twins, triplets etc. 2. natural, innate, inborn.

सहजीवन (~ jee van) *m.* = सह-अस्तित्व।

सहता (sah tA) *adj.* bearable; ~ पानी water, not too hot.

सहधर्मिणी (sah dhar mi Nee) *f.* wife; उसकी ~ धार्मिक एवं कुलीन महिला है His wife is a religious and gentle lady.

सहधर्मी (~ dhar mee) *adj.* 1. having a common duty. 2. having the same intrinsic quality. [Fem. सहधर्मिणी]

सहन (sa han) *m.* 1. courtyard. 2. act or state of enduring/bearing/tolerating; ~ करना to endure/tolerate; रहन - ~ way of living.

सहन-शक्ति (~ - shak ti) *f.* power of forbearance, tolerance, endurance.

सहनशील (~ sheel) *adj.* having tolerance, forbearing, to-lerant.

सहनशीलता (~ tA) *f.* forbearance, tolerance.

सहना (sah nA) *vt.* to endure/bear/tolerate, to abide by, to suffer, to put up with; कष्ट सहकर painfully; ज़्यादतियाँ ~ to put up with highhandedness; भार ~ to bear a burden; सहने के योग्य endurable; सह लेना to put up with.
vi. नीलम मुझे सहता नहीं Sapphire does not agree with/suit me.

सहनिदेशक (~ ni de shak) *m.* codirector.

सह्नीय (sah neey) *adj.* bearable, tolerable.

सहपाठी (~ pA Thee) *m.* classfellow.

सहभागी (~ bhA gee) *adj.* & *m.* copartner.

सहभोज (~ bhoj) *m.* a dinner, community dinner.

सहभोजी (~ bho jee) *m.* mess-mate.

सहमत (~ mat) *adj.* concurred, agreed; मैं उससे पूर्णतः ~ नहीं हूँ I do not completely agree with him; ~ होना to concur/agree.

सहमति (~ ma ti) *f.* concurrence, assent; ~ देना to give (one's) assent; ~ व्यक्त करना to express concurrence; मेरे पिता जी ने अपनी ~ व्यक्त कर दी है My father has expressed his concurrence.

सहमना (sa ham nA) *vi.* to get scared/alarmed/frightened; सहमते हुए scaringly; सहमी-सहमी आँखें scared looks.

सहमरण (sah ma raN) *m.* dying together.

सहयात्री (~ yAt tree) *m.* co-traveller, fellow passenger.

सहयोग (~ yog) *m.* cooperation, collaboration; उनके सहयोग के लिए मैं उनका आभारी हूँ I am thankful for his collaboration; ~ करना to cooperate/collaborate; ~ मिलना to receive/get cooperation.

सहयोगी (~ yo gee) *adj.* associated.

m. fellow-worker, associate, comrade.

सहयोजन (~ yo jan) *m.* co-option.

सहयोजित (~ yo jit) *adj.* co-opted; ~ सदस्य co-opted member.

सहर (sa har) *f.* morning.

सहरगही (~ ga hee) *f.* = सरगी।

सहरा (sah rA) *m.* jungle, forest.

सहराई (~ ee) *adj.* wild.

सहरी (sah ree) *f.* 1. a kind of fish. 2. early breakfast (usually taken before dawn).

सहलाना (sah lA nA) *vt.* to rub gently; तलवे ~ to indulge in abject flattery.

सहलेखक (~ le khak) *m.* coauthor.

सहवर्ती (~ var tee) *adj.* contemporaneous, contemporary.

सहवास (~ vAs) *m.* 1. living together, co-dwelling. 2. co-habitation; ~ करना to cohabit.

सहवासी (~ vA see) *adj.* & *m.* co-dweller.

सहशिक्षा (~ shik shA) *f.* co-education.

सहसंपादक (~ sam pA dak) *m.* co-editor.

सहसंबंध (~ sam bandh) *m.* co-relation.

सहसा (~ sA) *adv.* suddenly, all of a sudden; ~ पानी बरसने लगा Suddenly it began to rain.

सहस्र (sa hassr) *adj.* & *m.* thousand.

सहस्रचरण (~ ca raN) *m.* Lord Krishna.

सहस्रदल (~ dal) *m.* thousand-petalled lotus.

सहस्राब्द (sa has srAbd) *m.* a millenium.

सहस्राब्दि (sa has rAb di) *f.* a millemium; आज नई ~ का पहला दिन है Today is the first day of the new millenium.

सहानुभूति (sa hA nu bhoo ti) *f.* sympathy; ~ दिखाना to show/express sympathy; शाब्दिक ~ showy/insincere sympathy; हार्दिक ~ heart-felt sympathy.

सहाय (sa hAy) *m.* helper; ~ होना to lend a helping hand.

सहायक (sa hA yak) *m.* assistant, aide, helper.

adj. helpful; पुराने संपर्क ~ सिद्ध हुए Old contacts proved helpful. ~ सिद्ध होना to be helpful, to prove to be of real help.

सहायक नदी (~ na dee) *f.* tributary.

सहायता (sa hA ya tA) *f.* aid, help, assistance; ~ करना to help/assist; विदेश में रहनेवाले मेरे भाई ने मेरी बहुत अधिक ~ की My brother, who is settled abroad, helped me a lot. ~ जुटाना to collect aid; भूकंप-पीड़ितों के लिए ~ जुटाने के इरादे का उन्होंने स्वागत किया He welcomed their intention to collect aid for quake victims.

सहारना (sa hAr nA) *vt.* to endure/tolerate.

सहारा (sa hA rA) *m.* support, prop; ~ देना to lend a helping hand, to support.

सहारे, के (ke sa hA re) *postposition.* with the support of.

सहालग (sa hA lag) *m.* period considered auspicious for (Hindu) weddings.

सहिजन (sa hi jan) *m.* a kind of large tree whose long beans and flowers are used as a vegetable.

सहित, के (ke sa hit) *postposition.* with, along with, together with; तीन स्त्रियों और दो बच्चों के ~ बीस व्यक्ति मारे गए Twenty persons including three women and two children were killed. धन्यवाद (के) ~ with thanks; शुभकामनाओं (के) ~ with good wishes.

सहिष्णु (sa hish NU) *adj.* meek and forbearing, tolerant.

सहिष्णुता (~ tA) *f.* state or quality of being सहिष्णु, tolerance.

सही (sa hee) *adj.* 1. right, correct; चलो, ऐसा ही ~ Be it as you say. ~ करना to set right, rectify. 2. true; ~ - सही कह डालो Speak the whole truth (without mincing matters). 3. fit; ~ - सही बैठना to fit in properly; क्या कहूँ, दिमाग़ ~ नहीं रहता Don't ask me, my mind refuses to behave. ~ आदमी right person.

adv. 1. अच्छा, यों ही ~ Have it this way, if you will. 2. अजी, सुनो तो ~ Now, listen to me, will you ! 3. फिर भी आप गए तो ~ After all, you did go there, didn't you !

m. 1. signature; ~ करना to put (one's) signature, to sign. 2. testimony, attestation; ~ भरना to bear testimony, to attest. 3. a mark put beside an item or sum to show that it has been checked, tic; ~ लगाना to put a tic; जो उपस्थित हैं उनके नाम के आगे ~ लगा दें Tick the names of those present.

सही-सलामत (~ - sa lA mat) *adj.* not harmed or injured, unscathed, safe; हम ~ घर पहुँचे We reached home safely.

सही-सही *adv.* correctly; उसने ~ जवाब दिया He answered correctly/to the point.

सहूलियत (sa hoo li yat) *f.* 1. facility; ~ देना to give facility. 2. amenity; ~ मिलना to be provided with amenity, to get amenity.

सहृदय (sa hri day) *adj.* 1. warm-hearted, good-hearted, gentle, affectionate. 2. having a (literary) taste.

सहृदयता (~ tA) *f.* warm-heartedness, humaneness.

सहेजना (sa hej nA) *vt.* to check/collate/tally; सहेजकर रखना to keep (something) securely; सहेज देना to entrust (something to someone); सहेज लेना to receive and verify.

सहेली (sa he lee) *f.* female companion.

सहोदर (sa ho ḍar) *adj.* sibling.

m. (one's) own brother.

सह्य (sahhy) *adj.* bearable, endurable, tolerable.

सह्यता (~ tA) *f.* endurance, tolerance.

साँई (sÃ ee) *m.* = साईं।

साँकड़ (~ kaR) *m.* = सिक्कड़।

साँकल (~ kal) *f.* chain-like hasp for fastening the door.

सांकेतिक (sAṅ ke tik) *adj.* relating to a symbol, serving as a symbol, symbolic; ~ हड़ताल symbolic/token strike.

सांकेतिक भाषा (~ bhA shA) *f.* code language.

सांख्य (sAṅkhy) *adj.* numerical.

m. knowledge.

सांख्ययोग (~ yog) *m.* one of the six schools of Hindu Philosophy propagated by the sage Kapil.

सांख्यिकी (saṅ khyi kee) *f.* Science of Statis- tics.

सांख्यिकीय (~ khyi keey) *adj.* statistical.

सांग (sAṅg) *m.* = स्वाँग।

सांगोपांग (SAṅ go PAṅg) *adv.* wholly, together with parts, all entire.

सांघातिक (~ ghA tik) *adj.* deadly, mortal, lethal.

साँच (SÃc) *adj.* = सच्चा।
f. = सच्चाई।

साँचा (SÃ CA) *adj.* = सच्चा।
m. mould; साँचे में ढाला (i) moulded, (ii) of graceful personality.

साँझ (SÃjh) *f.* evening; ~ का झुटपुटा/धुँधलका (evening) twilight.

साँझी (SÃ jhee) *m.* = साझी।

साँट (SÃT) *f.* mark of abrasion left on the body caused by a lash.

साँटा (SÃ TA) *m.* whip/lash made of twisted cloth. [Fem. साँटी]

साँठ-गाँठ (SÃTh - gÃTh) *f.* complicity, unholy alliance, intrigue.

साँठी (SÃ Thee) *f.* capital (पूँजी)।

साँड़ (SÃR) *m.* bull; ~ की तरह घूमना to roam about freely like a Bohamini bull; ~ की तरह डकारना to belch like a carefree bull.

साँड़नी (~ nee) *f.* 1. fast-going she-camel. 2. dromedary.

साँड़नी-सवार (~ - sa VAr) *m.* 1. messenger who rides a she-camel. 2. dromedarian.

सांत (SAnt) *adj.* ending, finite, limited.

सांत्वना (SAn twa nA) *f.* solace, consolation; ~ देना to offer consolation, to console; ~ मिलना to get consolation.

साँधना (SÃdh nA) *vt.* = साधना।

सांध्य (SAndhy) *adj.* of or pertaining to the evening.

सांध्यकाल (~ kAl) *m.* evening time.

सांध्यगोष्ठी (~ gosh Thee) *f.* evening meet.

सांध्यवेला (~ ve lA) *f.* eventide.

साँप (SÃp) *m.* serpent, snake [Fem. साँपिन]; ~ का ज़हर venom; ~ का ज़हर उतारना to nullify the effect of snake bite; ~ की केंचुली slough (of a snake); ~ कीलना to render a snake ineffective through incantation; ~ के बिल में हाथ डालना to invite hazard unnecessarily; ~ को दूध पिलाना to nourish a deadly enemy; ~ - छछूँदर की दशा agony both ways, between sylla and charabalis; ~ न्योले का बैर eternal enmity; ~ पालना to nurture an enemy; ~ मर जाए पर लाठी न टूटे to kill a potential enemy at no cost; ~ सूँघ जाना—उसे तो मानो साँप सूँघ गया He was stunned as if bitten by a snake; ~ से खेलना to play a dangerous game; आस्तीन का ~ an enemy masquerading as a friend, a snake in one's bosom; कलेजे पर ~ लोटना to feel pangs of envy/jealousy or the like.

सांपत्तिक (SAm pat tik) *adj.* pertaining to wealth.

साँपिन (SÃ pin) *f.* (fem. of साँप) female snake.

साँपिया (~ pi YA) *adj.* of the dusty colour of a snake.
m. dusty colour of a snake.

सांप्रतिक (SAm pra tik) *adj.* current.

सांप्रदायिक (~ pra dA yik) *adj.* communal; ~ तनाव communal tension; ~ दंगा communal riot; ~ भावना communal feeling; ~ व्यक्ति communal minded person.

सांप्रदायिकता (~ tA) *f.* communalism.

साँबर (SÃ bar) *m.* South-Indian spiced curry.

साँभर (SÃ bhar) *m.* 1. a lake in Rajasthan. 2. salt prepared from this lake. 3. a type of Indian antelope.

सांवत्सरिक (SAm vat sa rik) *adj.* pertaining to संवत्सर।

साँवला (SÃ v lA) *adj.* having a dark complexion, swarthy; भगवान कृष्ण का रंग ~ था The complexion of Lord Krishna was swarthy.

साँवलापन (~ pan) *m.* swarthiness.

साँवलिया (sÃ va li yA) *m.* (swarthy complexioned) lover.

साँवाँ (sÃ vÃ) *m.* a variety of rice.

सांश्लेषिक (sAnsh le shik) *adj.* synthetic.

साँस (sÃs) *f.* breath; ~ आना—उसे ~ बड़ी मुश्किल से आई He could breathe only with difficulty. ~ उखड़ना—उसकी ~ उखड़ गई He got out of breath. ~ खींचना to breathe in, to draw breath in; ~ खींचकर पड़े रहना to feign death; ~ चढ़ना to be out of breath due to excessive labour; ~ चढ़ाना to draw breath in for a considerable time; ~ छूटना—उसकी साँस छूट गई He breathed his last. ~ छोड़ना to breath out, to exhale; ~ टूटना = ~ उखड़ना; ~ तक न लेना (i) to be stunned quiet; (ii) to remain calm and motionless; ~ न लेना to keep submissively silent; ~ निकलना to breathe out one's last; ~ फूलना to be out of breath due to excessive labour or asthma; ~ भरना (i) to take a deep breath; (ii) to be out of breath (due to fatigue); ~ रहते— ~ रहते तो मैं ऐसा नहीं होने दूँगा So long as I breathe, I will not allow it. ~ रुकना obstruction in the breathing process; ~ लेना to breathe, respire; उसने राहत की ~ ली He breathed a sigh of relief. ~ लेने की फ़ुरसत न होना not to have respite even for breathing; आख़िरी ~ तक till last breath; आख़िरी ~ लेना to draw in the last breath; उलटी सासें last breaths; एक ~ में in one breath; गहरी ~ deep breath; ठंडी ~ लेना to heave a sigh; राहत की ~ लेना to heave a sigh of relief; अपना लक्ष्य प्राप्त करने पर ही उसने राहत की ~ ली It was only after achieving his target, that he heaved a sigh of relief. लंबी ~ long breath.

साँसत (sÃ sat) *f.* agony (as in suffocation); ~ का मारा distressed; मेरी जान ~ में पड़ी है I am in hot water.

सांसद (sAn sad) *adj.* & *m.* member of the Parliament.

सांसदिक (~ sa dik) *adj.* = संसदीय।

साँसा (sÃ sA) *m.* 1. breath. 2. life.

सांसारिक (sAn sA rik) *adj.* 1. worldly, mundane; ~ बुद्धि worldly wisdom; ~ सुख worldly happiness, happiness mundane; ~ विषय-भोग worldly enjoyment. 2. materialistic.

सांसारिकता (~ tA) *f.* worldliness.

सांस्कारिक (sAns kA rik) *adj.* pertaining to संस्कार।

सांस्कृतिक (~kri tik) *adj.* cultural; ~ कार्यक्रम cultural programme; महामहिम राज्यपाल के आगमन पर उनके सम्मान में ~ कार्यक्रम का आयोजन किया गया था In honour of H.E. the Governor, a cultural programme was arranged. ~ प्रक्रिया cultural process.

सांस्थानिक (~ thA nik) *adj.* institutional.

सा (sA) *adj.* (suffix) denoting (i) likeness, (ii) alikeness, (iii) distinctness; उसका अच्छा ~ तो नाम है He has a simple, familiar name. अच्छा ~ दिन pleasant sort of day, fine day; अपना ~ मुँह लेकर रह जाना to be thoroughly chagrined; उसका मुँह इतना ~ निकल आया His face fell. उड़ता हुआ ~ बवंडर a tornado taking shape; कौन ~ which one; छोटा ~ परिवार a small family; ज़रा ~ नमक a little salt; ठिगना ~ आदमी dwarfish fellow; तुझ ~ like thee; तुम ~ नहीं देखा Never saw the like of you. तुम ~ मूर्ख कहाँ मिलेगा I have never seen such a fool as you. फटा ~ कोट all-but worn out coat; बरफ़ ~ ठंडा cold as ice; बुझा ~ दीपक an almost extinguished light; बुझा ~ चेहरा crestfallen face; उसका बुझा ~ चेहरा बता रहा था कि वह किसी बड़ी उलझन में है His crestfallen face indicated that he was in utter perplexity. वह राम ~ लगा He looked like Ram. मैं रुआँसा ~ हो गया I was on the verge of tears. घर का ~ आराम homelike comfort; इतनी सी बात such a little/small thing; उड़ती-उड़ती सी ख़बर a rumour in the air; उनींदी सी आँखें sleepy eyes; कमल-सी आँखें lotus-like eyes; छोटी सी गुड़िया tiny, little doll; ज़रा सी बात a trifle; मेरी तो जान सी निकल गई All life seemed gone out of me/I felt dead-beat. उसकी बात मुझे तीर-सी लगी His words cut me to the quick/heart. नशीली सी आँखें all but intoxicated eyes/looks; मुझे नींद सी आने लगी I felt like going to sleep. फटी-फटी सी आँखों से in wild-eyed despair; वह बच्ची सी लग रही है She still looks like a child. बढ़िया सी कहानी goodish story; मुझे बहुत सी बातें कहनी हैं I have a lot to talk about. बच्चों की सी बातें childish talk; बच्चों की सी सरलता childlike simplicity; दोनों एक से हैं They are both alike. तुम से बहुत देखे I have often seen the likes of you. थोड़े से a handful; पिटे से दिखाई दे रहे हो You look as if you have been licked.

सा (SA) *m.* first note of the musical septet/septette.

साइकिल (SA i kil) *f.* cycle, bike; वह अपनी ~ से आया He came on his bike.

साइत (SA it) *f.* 1. moment. 2. auspicious moment; न जाने तुम किस ~ में चले At what (inauspicious) moment you started!

साइनबोर्ड (SA in borD) *m.* sign-board. [H.E. नामपट्ट]

साई (SA ee) *f.* advance, earnest money.

साईस (SA ees) *m.* groom, syce.

साईसी (SA ee see) *f.* work or post of a groom.

साएदार (SA e dAr) *adj.* shady.

साका (SA KA) *m.* Saka era.

साकार (SA KAr) *adj.* shaped, having a shape or form; स्वप्न ~ करना to realise (one's) dream.

साकारता (~ tA) *f.* state or quality of being साकार।

साकारोपासना (SA KA ro pAS nA) *f.* idol worship.

साकिन (SA kin) *adj.* resident/inhabitant of; ~ बनारस resident of Banaras (Varanasi).

साक़ी (SA Kee) *m.* 1. server of wine. 2. beloved, spl. one who serves drinks.

साक्ष (SAksh) *adj.* 1. having an axis. 2. endowed with eyes, possessing eyes.

साक्षर (SAk shar) *adj.* able to read and write, literate.

साक्षरता (~ tA) *f.* literacy; पिछले दस वर्षों में महिला ~ 15% बढ़ी है Female literacy has increased by 15% in last ten years. ~ - आंदोलन literacy movement.

साक्षात् (SAk shAt) *adj.* personified, in flesh and blood; आप तो ~ भगवान हैं You are God in human form.

m. before (one's) eyes, face to face.

साक्षात्कार (~ KAr) *m.* 1. being face to face. 2. interview; ~ करना to interview; ~ लेना to take interview; उम्मीदवारों में से सिर्फ 25 लोगों का चयन करने के लिए ~ लिया गया For selection of twenty-five persons from among the candidates, an interiew was taken.

साक्षात्कारी (~ kA ree) *adj. & m.* (one) who seeks interview.

साक्षी (sAk shee) *m.* 1. witness, eye-witness, deponent. 2. evidence; ~ देना to give evidence.

साक्षीकरण (~ ka raN) *m.* attestation.

साक्ष्य (sAkshy) *m.* evidence, testimony; पुलिस जानती थी कि उसने अपराध किया है परंतु वह बच इसलिए निकला कि उसके विरुद्ध पर्याप्त ~ नहीं था The police knew he had committed the crime, but he got off as there was not enough evidence against him.

साक्ष्यांकन (sAk shyAṅ kan) *m.* = साक्षीकरण।

साक्ष्यांकित (~ shyAṅ kit) *adj.* attested.

साख (sAkh) *f.* 1. credit; बाज़ार में उसकी ~ नहीं He has no credit in the market. ~ - पत्र credit note. 2. goodwill, faith, trust, reputation; उसने अपनी ~ बना/जमा ली है He has established a good name. उसकी ~ जाती रही He has lost his goodwill. उसकी ~ ऊँची उठ गई He has enhanced his goodwill.

साखी (sA khee) *m.* 1. witness. 2. arbiter, arbitrator.

साखू (sA khoo) *m.* saltree and its wood.

साख्य (sAkkhy) *f.* friendship, friendliness.

साग (sAg) *m.* 1. green leaves used as vegetables. 2. cooked vegetable preparation.

साग-पात (~ - pAt) *m.* herbs and vegetables; ~ समझना to treat contemptuously/disdainfully; अपने विरोधी को ~ समझना बहुत बड़ी मूर्खता है It is the greatest folly to treat one's opponent trivially and disdainfully.

साग-भाजी (~ - bhA jee) *f.* vegetables.

सागर (sA gar) *m.* sea.

साग़र (sA GAr) *m.* cup (of wine).

सागौन (sA gaun) *f.* teak-wood.

साज (sAj) *m.* equipage, articles of decoration.

साज़ (sAZ) *m.* 1. accoutrements. 2. set of musical instruments; ~ उठाना to pick up a musical instrument; ~ छेड़ना to strike up a tune.

साज-सज्जा (sAj - saj jA) *f.* 1. decoration and grandeur; मंच की ~ अत्यंत रमणीय थी The decoration and grandeur of the stage was exceedingly remarkable. 2. equipment.

साज-सामान (~ - sA mAn) *m.* 1. equipment. 2. furniture. 3. luggage.

साजन (sA jan) *m.* 1. husband. 2. lover.

साजात्य (sA jAtty) *m.* state or quality of belonging to the same class or caste.

साज़िंदा (sA zin dA) *m.* one who plays on a musical instrument, spl. in the company of a dancer, accompanyist.

साज़िश (sA zish) *f.* conspiracy, plot, intrigue; यह वास्तव में गहरी ~ का नतीज़ा है Really it is the result of a mysterious conspiracy; ~ करना to conspire/plot/intrigue.

साज़िशी (sA zi shee) *adj.* 1. conspiring, intr- iguing. 2. conspiratoreal.

साझा (sA jhA) *m.* 1. partnership; आधा ~ equal partnership. 2. co-ownership; साझे का मकान common house; साझे की खेती a concern/business of partnership.

साझी (sA jhee) *adj.* common; ~ दीवार common wall; ~ संपत्ति joint property. *m.* = साझेदार।

साझेदार (sA jhe dAr) *m.* co-partner, co-owner, co-sharer.

साझेदारी (~ dA ree) *f.* 1. co-partnership. 2. co-ownership.

साटन (SA Tan) *f.* satin.

साठ (SATh) *adj. & m.* sixty.

साठ-गाँठ (~ - gÃTh) *f.* complicity, collusion.

साठा (SA ThA) *adj.* (person) sixty years old, of sixty years.

साठी (SA Thee) *m.* a kind of paddy which ripens in sixty days.

साड़ी (SA Ree) *f.* saree, sari; the principal outer garment of an Indian woman, especially one of artistic work.

साढ़ी (SA Rhee) *f.* = मलाई, cream.

साढ़ू (SA Rhoo) *m.* husband of wife's sister, brother-in-law.

साढ़े (SA Rhe) *adj.* plus half; ~ तीन three and a half; गाड़ी शाम ~ तीन बजे स्टेशन से प्रस्थान करती है The train departs from the station at 3.30 pm.

साढ़ेसाती (~ SA tee) *f.* evil influence of planet Saturn which lasts for 7 ½ yrs., 7½ month or 7½ days.

सात (SAt) *adj. & m.* seven; ~ जन्म में भी नहीं under no circumstances, never; ~ परदों में रखना to hide away completely; ~ - पाँच करना to make lame excuses; ~ समुद्र पार across the (seven) seas; सातों वचन निभाना to keep (her) marriage vows.

सातत्य (sa tatty) *m.* continuity.

सातपूती (SAt poo tee) *adj.* (woman) having seven sons.

सात फेरे (~ phe re) *m.* (plu.) seven bridal rounds of the sacred fire.

सात्विक (~ twik) *adj.* 1. purified. 2. pure and pious, honest. 3. virtuous.

सात्विकता (~ tA) *f.* purity and piety.

साथ (SAth) *m.* 1. company; के ~ with— किसके साथ with whom. 2. association, cooperation; ~ का (i) contemporary, (ii) accompanying, (iii) adjacent; ~ का खेला playmate; ~ का पढ़ा classmate; ~ चलना (i) to accompany, to get along; (ii) to start together; ~ छोड़ना/छोड़ देना to finish a relationship; ~ देना (i) to keep company; तुम्हारा ~ कौन देगा Who will associate/cooperate with you? Who is there to stand by you? तुम्हारा ~ देने के लिए चाय पी रहा हूँ I am taking tea just to keep company. अब शरीर ~ नहीं देता Now my body does not function properly. उसने वक्त पर ~ नहीं दिया He left me in the lurch/mid-stream. (ii) to side with; क्या पुलिस ने चोरों का ~ दिया Did police side with the thieves? ~ न होना—मेरा उसका ~ नहीं (i) We stand poles apart/We go ill together/Our routes are asunder. ~ निभाना to stand by (even in odd circumstances); ~ मिलना—अब ~ मिल गया है Now I have got company. ~ रहना to live together; ~ लेना—उसे ~ ले लेना Take him along with you. ~ हो लेना/जाना—मैं उसके ~ हो लिया I too went with him, I joined him. ~ ही (i) besides, in addition to this; पानी के ~ ही आँधी भी आई Wind came along with rain. (ii) together; वे ~ ही आए They came together. (iii) along with; मेरे ~ ही आ जाना Come along with me. ~ ही साथ चलेंगे We shall go together. साथ...साथ—साथ जिएँगे, साथ मरेंगे We live and die together. एक ~ (i) together, (ii) at the same time.

साथ, के (ke SAth) *postposition.* with; मैं उनके ~ चला जाऊँगा I will go with him. क्या तुम मेरे ~ चलोगे Would you like to go with me? ख़ुशी के ~ with pleasure; दुःख के ~ with sorrow, sorrowfully.

साथवाला (SAth VA lA) *adj.* next to, close to; मुझे लाल क़लम के साथ वाली कलम दीजिए

Please give me the one next to the red pen.

m. someone near to one.

साथ-साथ (~ sAth) *adv.* 1. together; बिना विवाह किए ~ रहना to sack up. 2. concurrently. 3. के ~ along with; दीवार के साथ-साथ along the wall.

साथिन (SA thin) *f.* (fem. of साथी), she-companion/associate.

साथी (SA thee) *m.* companion, comrade, buddy; दुख का ~ a friend in need; सुख का ~ a fair-weather friend; सुख-दुख का ~ a companion in sunshine and rain; सच्चा ~ sincere companion, true friend; पक्का ~ a friend who holds fast.

adj. of the same group, team, institution, country etc.; हरभजन सिंह को टेस्ट मैच में हैटट्रिक करनेवाला पहला भारतीय गेंदबाज़ बनने पर ~ खिलाड़ियों ने बधाई दी Bowler Harbhajan Singh was con-gratulated by teammates after be-coming the first Indian to take a test hat-trick.

सादगी (SAd gee) *f.* simplicity; वह ~ से रहता है He leads a simple life.

सादर (SA dar) *adv.* with respect, respectfully; ~ प्रणाम reverential greeting; ~ समर्पित respectfully dedicated.

सादा (SA dA) *adj.* simple, plain; ~ भोजन simple food, plain fare; ~ जीवन simple life; ~ पहनावा plain/simple dress; सीधा - ~ plain and simple; ~ जीवन उच्च विचार plain living and higt thinking.

सादा काग़ज़ (~ ka Gaz) 1. a blank sheet of paper. 2. plain or unlined paper.

सादापन (~ pan) *m.* = सादगी।

सादी (SA dee) *adj.* (fem. of सादा); ~ रोटी unbuttered bread.

f. 1. (simple) string used for kite-flying. 2. = पूरी (an Indian variety of cake).

सादृश्य (SAd drishshy) *m.* resemblance, likeness, similarity, analogy.

साद्यंत (~ dyant) *adj.* entire, whole.

साध (SAdh) *f.* long-cherished desire; ~ पूरी होना fulfilment of a long-cherished des- ire.

साधक (SA dhak) *adj.* 1. religiously persevering. 2. accomplishing, effecting, completing. 3. instrumental.

m. 1. one who perseveres. 2. one who helps in accomplishing (something); ~ बनना to prove helpful in accomplishing something. [Fem. साधिका]

साधकता (~ tA) *f.* state or quality of being साधक।

साधन (SA dhan) *m.* 1. means; मेरे पास उस तक पहुँचने का कोई ~ नहीं I have no means to reach him. 2. resources; प्राकृतिक ~ natural resources. 3. act of accomplishment, completion.

साधना (SA dha nA) *f.* 1. great perseverance. 2. act performed with great perseverance. 3. aim, practice.

साधना (SAdh nA) *vt.* 1. to accomplish. 2. to bring (someone) round; प्रतिपक्षी को साध लो Bring the opponent round. 3. to break in; घोड़े को ~ to break in the horse; दम ~ —वह दम साधे बैठा था He sat holding his breath.

साधनिक (SA dha nik) *adj.* pertaining to साधन।

साधनीय (SA dha neey) *adj.* worth being accomplished.

साधर्मिक (SA dhar mik) *adj.* of or having the same religion.

साधर्म्य (SA dharmy) *m.* state or quality of being साधर्मिक।

साधार (SA dhAr) *adj.* based, having a basis/prop.

साधारण (SA dhA raN) *adj.* 1. ordinary; ~ रूप से ordinarily; ~ सा ordinary, common place; वे ~ -से घर में रहते हैं They live in an ordinary house. 2. common; ~ कारावास/क़ैद simple imprisonment; ~ निर्वाचन general election; ~ वाक्य simple sentence; जन ~ common people. 3. normal; ~ प्रक्रिया normal course.

साधारणत: (~ taḥ) *adv.* ordinarily.

साधारणता (~ tA) *f.* state or quality of being साधारण।

साधारणीकरण (SA dhA ra Nee ka raN) *m.* generalisation.

साधिका (SA dhi KA) *f.* fem. of साधक।

साधिकार (~ KAr) *adj.* authoritative; ~ घोषणा authoritative announcement; उन्होंने ~ घोषणा की They authoritatively made announcement.
adv. authoritatively; मैं ~ कहता हूँ I say authoritatively.

साधित (sa dhit) *adj.* accomplished, attained.

साधु (SA dhu) *adj.* saintly; ~ पुरुष saintly man; ~ भाषा chaste language; ~ - साधु magnificent ! superb ! sublime !
m. 1. saint. 2. mendicant.

साधुता (~ tA) *f.* saintliness, goodness, nobility, virtue, righteousness.

साधुवाद (~ VAd) *m.* eulogy.

साधुवृत्ति (~ vrit ti) *f.* 1. saintly disposition. 2. saintly way of life.

साधू (SA dhoo) *m.* hermit, saint.

साध्य (SAddhy) *adj.* attainable, practicable, which can be accomplished; कष्ट ~ attainable through suffering, requiring forbearance of pain, arduous; व्यय ~ attainable at great expense; श्रम ~ attainable with great labour.

साध्वी (sadh vee) *f.* chaste and faithful (woman); सती ~ ideally chaste and faithful (woman).

सानंद (SA nand) *adj.* happy; हम लोग ~ हैं We are happy and kicking.
adv. happily; ~ रहो May you ever be happy.

सान (SAn) *m.* 1. whetstone. 2. grindstone; ~ देना/रखना to whet/sharpen. 3. hone.

सानना (~ nA) *m.* 1. to knead; आटा ~ to knead flour. 2. to mix, to smear. 3. to implicate; इस मामले में मुझे मत सानो Don't involve/implicate me in this matter.

सानी (SA nee) *adj.* matching; उसका कोई ~ नहीं He has no match. ला ~ matchless.
f. prepared fodder for cattle; ~ करना to prepare fodder for cattle.

सानुज (SA nuj) *adv.* along with younger brother.

सानुनय (SA nu nay) *adv.* humbly, modestly; उन्होंने मुख्य अधिकारी से मिलने की ~ प्रार्थना की They humbly requested to meet the Chief Officer.

सानुप्रास (SA nu prAs) *adj.* with alliteration.

सान्निध्य (SAn nidhdhy) *m.* proximity, closeness, neighbourhood; उनके ~ में मुझे अत्यंत आनंद की अनुभूति होती है I am filled with ecstasy by being under close proximity with him.

सान्निपातिक (~ ni pA tik) *adj.* of or pertaining to सन्निपात।

सापेक्ष (sa peksh) *adj.* relative; ~ दूरी relative distance.

सापेक्षता (~ tA) *f.* state or quality of being सापेक्ष।

सापेक्षतावाद (~ VAd) *m.* relativism.

सापेक्षवाद (SA peksh VAd) *m.* relativity.

सापेक्षवादी (~ VA dee) *adj.* relativistic, of or pertaining to relativity.
m. relativist.

सापेक्षिक (SA pek shik) *adj.* = सापेक्ष।

साप्ताहिक (SAp tA hik) *adj.* weekly.
m. weekly magazine/journal.

साफ़ (SAF) *adj.* 1. clear; ~ आसमान clear sky; बात तो ~ है The matter is clear. 2. clean, neat; ~ कपड़े clean/neat clothes; ~ खेल clean game. 3. pure; सोना ~ कर लो Purify the gold. 4. frank, guileless; ~ तबीयत guileless nature; ~ बात frank talk. 5. smooth; ~ रास्ता smooth way/path/passage. 6. fair, honest; ~ बरताव fair dealings. 7. clearcut; ~ इनकार clearcut refusal; ~ कर देना to squander; ~ करना to cleanse; ~ छूटना to get a clean acquittal; ~ जवाब—डॉक्टर ने साफ़ ~ दे दिया The Doctor gave up the case as hopeless. ~ झूठ white lie.
adv. plainly; ~ - साफ कहना to say plainly,—मैंने उससे ~ - साफ कह दिया I spoke to him in plain words. ~ करना (i) to sweep away, (ii) to clean; ~ हो जाना— (i) हैजे से गाँव का गाँव ~ हो गया Cholera made a clean sweep of the village. (ii) अब तो बात ~ हो गई Now we have got a clean picture of the matter. Now things have been straightened out. जूते ~ करना to play the sycophant; हाथ ~ करना to cleanse (one's) hand; (किसी वस्तु पर) हाथ ~ करना to pinch (something); हिसाब ~ करना to clear off the account.

साफल्य (SA phally) *m.* = 2. सफलता; success.

साफ़ा (SA FA) *m.* a turban-like head-dress. ~ - पानी करना to cleanse with soap and the like.

साबका (SAb KA) *m.* dealing.

साबित (SA bit) *adj.* proved, testified; ~ करना to prove; ~ होना to be proved.

साबुत (SA but) *adj.* entire, whole.

साबुन (SA bun) *m.* soap; ~ लगाना to apply soap (to something).

साबुनदानी (~ dA nee) *f.* soap-case.

साबूत (SA boot) *adj.* entire, complete, whole.

साबूदाना (SA boo dA nA) *m.* sago.

साभार (SA bhAr) *adv.* gratefully, thankfully.

साभिप्राय (SA bhi prAy) *adv.* with a purpose/motive.

साभिमान (SA bhi mAn) *adv.* with pride.

सामंजस्य (SA mAn jassy) *m.* coordination; ~ स्थापित करना to coordinate.

सामंत (SA mant) *m.* feudal chieftain.

सामंतवाद (~ vAd) *m.* feudalism.

सामंतवादी (~ VA dee) *adj.* feudalistic.
m. feudalist.

सामंतशाही (~ shA hee) *m.* feudalism.

सामंतिक (SA man tik) *adj.* feudalistic.

सामंती (~ tee) *adj.* = सामंतिक।

साम (SAm) *m.* one of the four expedients, *i.e.* a friendly approach.

सामग्री (SA mag gree) *f.* collection of articles/requisites.

सामना (SAm nA) *m.* 1. the part or side of something that faces forward, the main side of something. 2. meeting. 3. confrontation; ~ करना to face/confront, उसे बहुत-सी समस्याओं का ~ करना पड़ेगा He will have to face many problems. उन्होंने आतंकवादियों का बहादुरी से ~ किया They bravely faced the militants.

सामने (SAm ne) *adv.* before. गाड़ी ~ खड़ी थी The train was before us. ~ आना; to appear/come out; पूरी सचाई ~ आनी चाहिए The complete truth must come out. ~ से in the presence of someone.

सामने, के (ke sAm ne) *postposition.* 1. in front of; वह हमारे घर के ~ रहता है He lives in front of our house. 2. before; उसके ~ मत जाना Don't go before her. गाड़ी हमारे ~छूटी The train departed in our presence. शत्रु हमारे ~ से निकल गया The enemy passed before us. 3. in someone's presence or life time; यह दुर्घटना पिताजी के सामने हुई थी This accident was happened in presence of my father. ~ होना to appear or present oneself; मुझे आज अदालत के ~ होना है I have to present myself in court today.

सामनेवाला (sAm ne vA lA) *adj.* of or at the front, frontal; ~ पृष्ठ front page.

m. 1. one who faces someone. 2. other party. 3. opposite party.

सामयिक (sA ma yik) *adj.* 1. current; ~ विषय current affair. 2. relating to current affairs, topical; ~ चर्चा topical discussion; ~ पत्र periodical.

सामयिकता (~ tA) *f.* state or quality of being सामयिक।

सामरिक (sA ma rik) *adj.* pertaining to war, martial, military; ~ महत्त्व military/strategic importance.

सामर्थ्य (sA marthy) *f.* 1. strength, power. 2. capacity.

सामवायिक (sAm va yik) *adj.* pertaining to समवाय।

सामवेद (~ ved) *m.* one of the four Vedas.

सामवेदिक (~ ve dik) *adj.* pertaining to सामवेद।

सामाजिक (sA mA jik) *adj.* social; ~ चेतना social consciousness; ~ दृष्टि से socially; ~ बुराई social ill/evil; जोशीले युवकों को ~ बुराइयों को दूर करने के लिए सामने आना चाहिए Dashing youths should come forward to oust social evils. ~ व्यवस्था social order; ~ संगठन social organisation.

सामाजिकता (~ tA) *f.* sociality, sociability.

सामाजीकरण (sA mA jee ka raN) *m.* socialization; ~ करना to socialize.

सामान (sA mAn) *m.* 1. goods. 2. luggage.

सामान-घर (~ - ghar) *m.* luggage-room.

सामान्य (sA mAnny) *adj.* 1. general, common; ~ बुद्धि common sense; ~ भविष्यत् काल future indefinite tense; ~ भूतकाल past indefinite tense; ~ लक्षण common characteristic; ~ वर्तमान काल present indefinite tense. 2. average; ~ व्यक्ति average person, common man.

सामान्यत: (~ taḥ) *adv.* generally, commonly.

सामान्यतया (~ ta yA) *adv.* generally, commonly.

सामान्या (sA mAn nyA) *f.* harlot, prostitute.

सामान्यीकरण (sA mAn yee ka raN) *m.* generalisation.

सामिधेनी (sA mi dhe nee) *f.* fountain of energy.

सामिष (sA mish) *adj.* non-vegetarian (dish or food).

सामी (sA mee) *adj.* semitic.

सामीप्य (sA meeppy) *m.* nearness, closeness, proximity.

सामुदायिक (sA mu dA yik) *adj.* pertaining to a community; ~ विकास community development.

सामुदायिक केंद्र (~ kendr) *m.* a place for social activities, community centre.

सामुद्र (sA muddr) *adj.* marine, maritime.

सामुद्रिक (sA mud drik) *adj.* marine, maritime. *m.* palmistry, chiromancy.

सामूहिक (sA moo hik) *adj.* collective; ~खेती collective farming; ~ रूप से collectively; ~ विवाह mass wedding, community marriage; हमारे समाज द्वारा आयोजित यह छठा

~ विवाह था This was the sixth mass wedding organised by our society.

साम्य (SAmmy) *m.* similarity, likeness, resemblance.

साम्यवाद (~ VAd) *m.* communism; ~ नीत communism-oriented.

साम्यवादी (~ VA dee) *adj.* of or related to communism, communistic; ~ देश communist country; ~ बनाना/बना देना to convert to communist principles or control, communize.

m. communist.

साम्यावस्था (SAm myA vas thA) *f.* equilibrium.

साम्राज्य (~ mrAjjy) *m.* empire.

साम्राज्यवाद (~ VAd) *m.* imperialism.

साम्राज्यवादी (~ VA dee) *adj.* imperialistic. *m.* imperialist.

सायं (SAy am) *adj.* pertaining to evening. *m.* evening.

सायंकाल (~ KAl) *m.* evening, evening time.

सायंकालिक (~ KA lik) *adj.* of or pertaining to evening.

सायंकालीन (~ KA leen) *adj.* vesperal, evening.

सायक (SA yak) *m.* arrow.

सायण (SA yaN) *m.* a renowned commentator on the Vedas.

सायत (SA yat) *f.* auspicious moment (for marriage ceremony and the like).

सायबान (SAy bAn) *m.* shed, usually of tin.

साया (SA yA) *m.* 1. shadow. 2. shade; ~ उठ जाना—उसका ~ उठ गया His protective hand is no more. ~ न पड़ने देना to keep scrupulously aloof (from someone); ~ पड़ना to come under the evil influence (of someone); साए की तरह पीछा करना/साए की तरह साथ-साथ रहना to hang around (someone), to shadow (someone); साए में पलना to be brought up under the patronage (of someone); साए में रहना to live under care and protection; साए से दूर रहना to keep away even from the shadow (of someone); साए से भागना to fly away from the shadow (of someone). 3. petticoat.

सायुध (SA yudh) *adj.* armed.

सारंग (SA rang) *m.* 1. a variety of deer. 2. cloud. 3. swan. 4. conch.

सारंगिया (SA raṅ gi yA) *m.* one who plays on सारंगी।

सारंगी (SA raṅ gee) *f.* an Indian stringed musical instrument.

सार (SAr) *m.* 1. essence, quintessence, epitome. 2. gist, substance. 3. abstract, purport.

सारगर्भित (~ gar bhit) *adj.* pregnant with meaning, pithy.

सारग्राहिता (~ grA hi tA) *f.* state or quality of being सारग्राही।

सारग्राही (~ grA hee) *adj.* competent to draw out the essence of things, connoisseur.

सारजंट (~ jaNT) *m.* sergeant.

सारण (SA raN) *m.* 1. purging. 2. purification.

सारणी (SA ra Nee) *f.* table (systematic arrangement in rows and columns). समय - ~ time-table.

सारणीकार (~ KAr) *m.* tabulator.

सारथी (SA ra thee) *m.* charioteer.

सारना (SAr nA) *vt.* 1. to accomplish. 2. to accomplish gracefully. काजल ~ to apply collyrium to the eyes.

सारभाग (~ bhAg) *m.* substance, pith, essential portion, epitome.

सारभूत (~ bhoot) *adj.* substantial, essential.

सारल्य (SA rally) *m.* = सरलता।

सारवत्ता (SAr vat tA) *f.* substantiality, pithiness, sententiousness.

सारवान, सारवान् (~ VAn) *adj.* substantial, pithy, sententious.

सारसंग्रह (~ saṅ grah) *m.* digest.

सारस (SA ras) *m.* crane (bird).

सारस्वत (SA ras swat) *adj.* 1. of or pertaining to river सरस्वती। 2. academic.

सारांश (SA rAnsh) *m.* the substance of some passage, speech etc., gist, summary; ~ में in sum.

सारा (SA rA) *adj.* whole, entire, all; ~ का सारा the entire lot, all; ~ घर the entire family; सारी कमाई entire earnings, all (one's) earnings; सारे देश में throughout the country.

सारिका (SA ri kA) *f.* cuckoo.

सारिणी (SA ri Nee) *f.* = सारणी।

सारी (SA ree) *f.* 1. = सारिका। 2. dice.

सारूप्य (SA rooppy) *m.* similarity of form, likeness, resemblance.

सारोपा (SA ro pA) *m.* set of clothes from head to foot.

सार्थ (SArth) *adj.* meaningful.

adv. meaningfully.

m. business concern, firm.

सार्थक (SAr thak) *adj.* meaningful, significant, fruitful; ~ जीवन fruitful life.

सार्थकता (~ tA) *f.* meaningfulness, significance, fruitfulness.

सार्थवाह (SArth vAh) *m.* a merchant who goes abroad. (obsolete)

सार्व (SArv) *adj.* pertaining to all, general.

सार्वकालिक (~ kA·lik) *adj.* pertaining to all times, eternal, perennial; ~ सत्य eternal truth.

सार्वकालिकता (~ tA) *f.* perenniality.

सार्वजनिक (SAr va ja nik) *adj.* 1. public; ~ घोषणा public announcement; ~ रूप से publicly; मैं उसके आचरण को अच्छा नहीं समझता पर ~ रूप से कुछ कहने में असमर्थ हूँ I am critical of his conduct but unable to say so publicly. ~ संपत्ति public property; ~ स्थान public place. 2. common; ~ भूमि common land.

सार्वजनीकरण (~ ja nee ka raN) *m.* universalisation; प्राथमिक शिक्षा का ~ करने के लिए सर्वशिक्षा अभियान चलाया गया है The Sarva Shiksha Abhiyan has been launched for universalizing elementary education.

सार्वजनीन (~ ja neen) *adj.* सार्वजनिक।

सार्वत्रिक (SAr vat trik) *adj.* existing everywhere and under all circumstances, universal.

सार्वदेशिक (SArv de shik) *adj.* pertaining to all countries; cosmopolitan.

सार्वदेशिकता (~ tA) *f.* state or quality of being सार्वदेशिक, universality.

सार्वनामिक (SArv nA mik) *adj.* pronominal; ~ विशेषण pronominal adjective.

सार्वभौम (~ bhaum) *adj.* = सार्वभौमिक।

सार्वभौमिक (~ bhau mik) *adj.* universal, cosmopolitan.

सार्वभौमिकता (~ tA) *f.* universality, cosmopolitanism.

सार्विक (SAr vik) *adj.* 1. general; ~ निकाय general body. 2. universal.

साल (SAl) *m.* 1. year; यह ~ भारी है This year is inauspicious. 2. a kind of tree and its timber.

f. stiffening of nerves; ~ पड़ जाना—पीठ में ~ पड़ गई है There is (severe) pain in the back due to stiffening of nerves.

सालगिरह (~ gi rah) *f.* birthday.

सालन (SA lan) *m.* soupy preparation.

सालना (SAl nA) *vt.* to cause piercing pain, to cause ceaseless pain.

सालस (SA las) *m.* arbiter, arbitrator.

सालसी (SAl see) *adj.* arrived at through arbitration; ~ फैसला judgment arrived at through arbitration.

साला (SA lA) *adj.* (used as a suffix) yearly; दो ~ two-yearly; ति ~ three-yearly. *m.* wife's brother, brother-in-law.

सालाना (~ nA) *adj.* yearly, annual; ~ आमदनी annual income.

सालिम (SA lim) *adj.* whole, entire.

साली (SA lee) *f.* wife's sister, sister-in-law.

सालू (SA loo) *m.* a kind of cloth of deep, red colour usually worn by women on auspicious occasions.

साव़ (SAV) *m.* = साहू (शाह)।

सावधान (SAV dhAn) *adj.* 1. careful, cautious, *m.* attention !

सावधानता (~ tA) *f.* = सावधानी।

सावधानी (SAV dhA nee) *f.* carefulness, cautiousness; ~ बरतना to observe (due) care, to take precaution; ~ से with care; पूरी ~ से with due care and caution/ attention.

सावधि (SA va dhi) *adj.* having a time-limit, timed, periodic; ~ खाता fixed deposit; ~ खाते की राशि अवधि समाप्त होने पर ही मिल सकेगी The proceeds of fixed deposit are payable only on its maturity.

सावन (SA van) *m.* fifth month of Hindu calendar, the main month of the rainy season.

सावन-भादों (~ - bhA don) *m.* the two main months of the rainy season.

सावनी (SA va nee) *adj.* of or pertaining to सावन।

सावरण (SA va raN) *adj.* covered, provided with cover.

सावर्ण्य (SA varNy) *m.* state or quality of being सवर्ण।

सावित्री (SA vit tree) *f.* Savitri, the devoted wife of सत्यवान who conquered यम, the God of Death.

साश्चर्य (SAsh carry) *adv.* with surprise/ wonder.

साष्टांग (~ Tang) *adj.* & *adv.* ~ दंडवत/प्रणाम salutation by lying prostrate with all the eight organs of the body touching the ground.

सास (SAS) *f.* (fem. of ससुर), one's husband's/wife's mother, mother-in-law.

साह (SAh) *m.* = शाह।

साहचर्य (~ carry) *m.* association, companionship, comradeship; ~ - भाव feeling of comradeship.

साहब (SA hab) *m.* 1. Lord, master, God; ~ की मरजी Lord's will, God's will ! दरबार ~ holy temple/shrine (of Sikhs). 2. officer, boss. 3. a vocable or response of address denoting respect as in डाक्टर साहब, जी साहब, क्या साहब ? मेम ~ (i) mistress, (ii) respected woman, lady. 3. a polite term of address for a man, Sir; ~ आप क्या लेंगे What will you have, Sir?

साहबज़ादा (~ ZA dA) *m.* son of a साहब।

साहबज़ादी (~ ZA dee) *f.* daughter of a साहब।

साहबी (SA ha bee) *adj.* aristocratic, royal, lordly; ~ ठाठ lordly (ostentatious) ways.
f. 1. state or quality of being a साहब। 2. lordliness, officiousness; यहाँ ~ नहीं चलेगी None of your officiousness here.

साहबीयत (~ yat) *f.* = साहबी।

साहस (SA has) *m.* courage, nerve; ~ छूटना—

मेरा ~ छूट गया My courage failed. ~दिखाना to show courage; ~ न पड़ना—मेरा ~ नहीं पड़ता I have not the guts. ~ बटोरना to pick or muster courage; बड़ा ~ कर के by taking courage in both hands.

साहसिक (SA ha sik) *adj.* courageous, brave; ~ प्रयास daring attempt; ~ यात्रा adven-turous journey.

साहसी (SA ha see) *adj.* 1. courageous, brave. 2. enterprising, adventurous, valiant.

साहा (SA hA) *m.* auspicious time, usually pertaining to marriage.

साहित्य (SA hitty) *m.* literature; बाल ~ juvenile literature.

साहित्यकार (~ KAr) *m.* 1. literary person. 2. writer.

साहित्यशास्त्र (~ shAstr) *m.* Science of Rhetorics.

साहित्यिक (SA hit tyik) *adj.* of or pertaining to literature, literary; ~ चोरी plagiarism; ~ प्रवाह literary flow; ~ भाषा literary language.
m. = साहित्यकार, literary person.

साहिल (SA hil) *m.* 1. coast, shore. 2. bank.

साहिली (SA hi lee) *adj.* coastal.
f. a small bird of the heron family.

साही (SA hee) *m.* porcupine; ~ का काँटा fin of a porcupine.

साहु (SA hu) *m.* = साहू (शाह)।

साहुल (SA hul) *m.* plumb.

साहुल-सूत्र (~ - soottr) *m.* plumb line.

साहू (SA hoo) *m.* 1. wealthy person. 2. banker.

साहूकार (~ KAr) *m.* 1. wealthy person. 2. banker, money-lender.

साहूकारा (~ KA rA) *m.* 1. banking business. 2. venue of banking business.

साहूकारी (~ KA ree) *f.* occupation or status of साहूकार।

साहेब (SA heb) *m.* = साहब।

सिंगार (siṅ gAr) *m.* = शृंगार।

सिंगारदान (~ dAn) *m.* make-up box/case.

सिंगारना (~ nA) *vt.* to make-up.

सिंगारहाट (~ hAT) *m.* red-light district, colony of brothels.

सिंगी (siṅ gee) *f.* 1. blow-pipe made of a horn; ~ लगाना to draw out impure blood through a सिंगी। 2. horn used as a flute (archaic).

सिंगौटी (siṅ gau Tee) *f.* 1. receptacle made of horn. 2. an ornament fitted on the tips of the horn.

सिंघाड़ा (~ ghA RA) *m.* water chestnut.

सिंघेला (~ ghe lA) *m.* cub of a lion.

सिंचन (sin can) *m.* 1. irrigation, watering. 2. sprinkling.

सिंचना (sinc nA) *vi.* to be irrigated or watered.

सिंचवाना (sĩc VA nA) *vt.* to cause to be irrigated or watered.

सिंचाई (sĩ CA ee) *f.* 1. irrigation, watering. 2. charges paid for irrigation.

सिंचित (sin cit) *adj.* irrigated, watered.

सिंदूर (sin door) *m.* vermilion, cinnabar; ~ उजड़ना—उसका ~ उजड़ गया She has forfeited the right to apply सिंदूर on her head due to the death of her husband. ~ चढ़ना (virgin) to attain bridal status; ~ डालना to put vermilion on the central line of the head; ~ देना/भरना = सिंदूरदान।

सिंदूरदान (~ dAn) *m.* putting of vermilion on the head of the bride by the bridegroom.

सिंदूरदानी (~ dA nee) *f.* small receptacle for keeping vermilion.

सिंदूरिया (sin doo ri yA) *adj.* = सिंदूरी।

सिंदूरी (~ doo ree) *adj.* 1. of or pertaining

to vermilion. 2. of vermilion colour, vermilion.

सिंध (sindh) *m.* 1. river सिंधु, Indus. 2. Sindh, a province in Pakistan.

सिंधी (sin dhee) *adj.* of or pertaining to सिंध।

f. language of Sindh.

m. native of Sindh.

सिंधु (~ dhu) *m.* 1. sea. 2. river Indus. 3. Sindh province.

सिंधु घाटी (~ ghA Tee) *f.* Indus Valley (Punjab); ~ की सभ्यता Indus Valley Culture.

सिंधुज (sin dhuj) *adj.* born of सिंधु, of marine origin.

सिंह (sinh) *m.* 1. lion (Fem. सिंही, सिंहनी); ~ पुरुष lion among men. 2. appellation of Rajputs, Sikhs and other warrior classes.

सिंहकेसर (~ ke sar) *m.* mane of a lion.

सिंहद्वार (~ dwAr) *m.* main gate.

सिंहनाद (~ nAd) *m.* 1. roar of a lion. 2. war cry.

सिंहनी (~ nee) *f.* (fem. of सिंह)

सिंहमुखी (~ mu khee) *adj.* (house) having the frontage like the head of a lion, broad in front with a narrow end. [M.C. शेरमुखी]

सिंह राशि (~ rA shi) *f.* fifth sign of the Zodiac, Leo costellation.

सिंहल (sin hal) *m.* 1. old name of श्रीलंका। 2. native of श्रीलंका।

f. language of श्रीलंका।

सिंहल द्वीप (~ dweep) *m.* island of श्रीलंका।

सिंहली (sin ha lee) *adj.* of or pertaining to सिंहल।

सिंहवत् (sinh vat) *adj.* lion-like.

सिंहवाहिनी (~ vA hi nee) *f.* goddess Durga, riding a lion.

सिंहशावक (~ shA vak) *m.* lionet.

सिंहस्थ (sin hasth) *adj.* situated in सिंह राशि।

सिंहावलोकन (~ hA va lo kan) *m.* 1. looking all round, circumspection. 2. retrospection.

सिंहासन (~ hA san) *m.* throne; ~ छोड़ना/त्यागना to abdicate the throne/kingdom; ~ पर बैठना to ascend the throne; ~ पर बैठाना to enthrone; ~ से उतरना to alight from the throne; ~ से उतारना to dethrone.

सिंहोदरी (~ ho da ree) *adj.* & *f.* (woman) having a slim waist like that of a lion.

सिकंदर (si kan dar) *m.* Alexander the Great; तक़दीर/मुक़द्दर का ~ extremely lucky person.

सिकंदरा (si kan da rA) *m.* railway signal.

सिकटा (sik TA) *m.* fragment of a broken pot.

सिकड़ी (~ Ree) *f.* 1. chain (ornament). 2. chain (bolt).

सिगड़ी (sig Ree) *f.* small charcoal oven for keeping one's body warm.

सिकता (sik tA) *m.* sand.

सिकतामय (~ may) *adj.* full of sand, sandy.

सिकली (sik lee) *m.* act of polishing metallic objects, burnishing.

सिकलीगर (~ gar) *m.* one whose occupation is doing सिकली, burnisher.

सिकहर (sik har) *m.* = छीका।

सिकुड़न (si ku Ran) *f.* crumple, wrinkle, crease; ~ पड़ना—कपड़े में सिकुड़न पड़ गई A crease is formed on the cloth/The cloth is crumpled.

सिकुड़ना (si kuR nA) *vi.* 1. to shrink/shrivel. 2. to contract; कोने में सिकुड़कर बैठना to sit coyly in a corner, all crumpled up; रज़ाई में सिकुड़े हुए बैठना to sit wrapped in a quilt, all crumpled up, as it were, due to cold; ज़रा सिकुड़कर बैठो Sit down a little squeezed up/Squeeze up a little.

सिकोड़ना (si KOR NA) *vt.* 1. to contract. 2. to cause to shrink/shrivel; टाँगें सिकोड़कर बैठो Fold in your legs. हाथ सिकोड़कर देना to give in a niggardly fashion; नाक-भौं ~ to show displeasure or annoya- nce by facial contortion.

सिक्का (sik KA) *m.* coin; छोटे सिक्के small coins; चलता ~ current coin; ~ चलना—क्या यह ~ चलेगा Will this coin pass. ~ जमना—उसका ~ जम गया है He has established his domination. ~ मानना to accept (someone's) sway.

सिक्के (~ ke) *adv.* net, without any disco- unt or commission.

सिक्केबंद (~ band) *adj.* having original seal, genuine.

सिक्ख (sikkh) *m.* = सिख।

सिक्त (sikt) *adj.* irrigated, watered.

सिक्तता (~ TA) *f.* state or quality of being सिक्त।

सिख (sikh) *m.* follower of Sikhism.

सिखाना (si khA NA) *vt.* 1. to train/instruct; तैरना ~ to train/instruct in the art of swimming. 2. to teach; तुमको तैरना किसने सिखाया Who taught you to swim? सबक़ ~ to teach a lesson; उसके पिता ने उसे तैरना सिखाया His father taught him how to swim.

सिखाना-पढ़ाना (~ - pa RhA NA) *vt.* to tutor/ coach. (pej.)

सिखावन (si khA van) *f.* counsel, advice; ~ देना to counsel/instruct.

सिगनल (sig nal) *m.* signai.

सिगरेट (sig reT) *m.* cigarette.

सिगार (si gAR) *m.* cigar.

सिजदा (sij DA) *m.* obeissance, bowing down in veneration.

सिजल (si jal) *adj.* 1. in good shape, tidy, seemly. 2. nice, decent, of better quality.

सिझना (sijh NA) *vi.* to be cooked (said of vegetables, lentils etc.).

सिझाना (si jhA NA) *vt.* to cook (vegetables, lentils etc.); चमड़ा ~ to tan.

सिटकिनी (siT ki nee) *f.* bolt, latch; ~ चढ़ाना/ लगाना to bolt.

सिटपिटाना (siT pi TA NA) *vi.* to be completely non-plussed/stupified; वह उसकी धूर्तता पर सिटपिटाकर रह गया He became com- pletely non-plussed at his knavery.

सिट्टी (~ TEE) *f.* ~ गुम हो जाना/भूल जाना to be dumbfounded, to be at (one's) wit's end, utterly perplexed; ~ - पिट्टी भूल जाना to be stunned.

सिठनी (siTh nee) *f.* caricaturing couplets sung (by women) on ceremonial occasions.

सिड़ (siR) *f.* crankishness.

सिड़-बिल्ला (~ - bil lA) *m.* simpleton.

सिड़ी (si Ree) *adj.* cranky.
m. crank.

सिड़ीपन (~ pan) *m.* crankishness.

सितंबर (si tam bar) *m.* September.

सित (sit) *adj.* white.

सितता (~ TA) *f.* whiteness.

सितम (si tam) *m.* oppression, tyranny, cruelty; ~ करना to commit an act of cruelty; ~ ढाना—(i) तुमने सितम ढाया है You have created/wrought havoc. (ii) उसकी नज़रें सितम ढाती हैं Her looks are in- vitingly graceful. ~ होगा—सितम हो गया A nearmiracle has happened.

सितमगर (~ gar) *adj.* cruel, oppressive.
m. tyrant.

सितली (sit lee) *f.* cold sweat/perspiration; ~ छूटना—उसे सितली छूट गई He broke into a cold sweat/His body started emanating cold perspiration.

सितार (si tAr) *m.* sitar, an Indian type of guitar.

सितारवादक (~ vA dak) *adj. & m.* (one) who plays on sitar. पंडित रविशंकर अप्रतिम ~ हैं Pandit Ravi Shankar is a sitar-player of unsurpassed merit.

सितारा (si tA rA) *m.* 1. star; ~ चमकना—उसका सितारा चमक रहा है His stars are shining/His luck is in. ~ डूबना—उसका सितारा डूब रहा है His star is declining/His luck is out. ~ बुलंद होना—उसका सितारा बुलंद है His stars are on the ascendant. 2. सलमा-सितारा spangle.

सितारिया (si tA ri yA) *m.* a professional who plays on sitar.

सितारेहिंद (si ta re hind) *m.* Star of India (honorific title) (originally सितार-ए-हिंद)।

सिद्ध (siddh) *adj.* 1. decided, proved, established; ~ करना to prove; मैं इसे उचित ~ नहीं कर सकता I cannot justify it. 2. fulfilled, attained; प्रयोजन ~ हो गया Purpose is fulfilled. ~ पुरुष Enlightened one, one who has solved the riddle of life; मंत्र ~ करना to achieve mastery in wielding a mantra (incantation); ~ प्रयोग, असिद्ध प्रयोग usage and abusage; उसने दुष्ट आत्मा को ~ कर रखा है He has achieved mastery over the evil spirit.

m. saint. [Fem. सिद्धा]

सिद्धकाम (~ kAm) *adj. & m.* 1. having conquered (one's) desires. 2. having fulfilled (one's) object or mission.

सिद्धपीठ (~ peeTh) *m.* seat sacred to saintly persons.

सिद्धहस्त (~ hast) *adj.* adept, deft, dexterous.

सिद्धहस्तता (~ tA) *f.* adeptness, deftness, dexterity; वह अपनी ~ के लिए बहुत विख्यात है He is widely known for his dexterity.

सिद्धांजन (sid dhAn jan) *m.* magic collyrium bestowing power of clairvoyance.

सिद्धांत (sid dhAnt) *m.* 1. principle, canon; ~ की बात matter of principle; सिद्धांतों का पक्का man of principles. 2. theory, doctrine.

सिद्धांतज्ञ (sid dhAn taggy) *m.* 1. theorist. 2. = सिद्धांतवादी।

सिद्धांतत: (~ taḥ) *adv.* on principle, theoretically.

सिद्धांतवाद (~ tavAd) *m.* sticking to principles.

सिद्धांतवादी (~ tavA dee) *adj.* upholder of principles, theoretician.

m. high-principled man.

सिद्धांती (sid dhAn tee) *adj. & m.* 1. man of principles. 2. logician.

सिद्धा (~ dhA) *f.* (fem. of सिद्ध)।

सिद्धान्न (~ dhAnn) *m.* cooked grain.

सिद्धार्थ (~ dhArth) *adj.* whose mission has been fulfilled.

m. Gautam Buddha.

सिद्धासन (~ dhA san) *m.* one of the Yogic postures.

सिद्धि (~ dhi) *f.* 1. achievement, attainment, realisation, accomplishment. 2. success; कार्य - ~ fulfilment of object; रिद्धि - ~ prosperity/pelf and success. 3. mastery; मंत्र - ~ mastery over a mantra.

सिद्धेश्वर (~ dhe shwar) *m.* 1. great among siddhas [Fem. सिद्धेश्वरी]. 2. Lord Shiva.

सिधाई (si dhA ee) *f.* simplicity; अपने मालिक की ~ का उसने नाजायज़ फ़ायदा उठाया He derived undue advantage out of the simplicity of his master.

सिधारना (si dhAr nA) *vi.* to proceed, to get

going; स्वर्ग ~ to leave for the heavenly abode, to depart for the hereafter.

सिन (sin) *m.* age.

सिनकना (si nak nA) *vi.* to snot; नाक ~ to blow the nose for expelling mucus.

सिनेमा (si ne mA) *m.* cinema.

सिनेमाघर (~ ghar) *m.* cinema hall.

सिपाहियाना (si pA hi yA nA) *adj.* befitting a sepoy, soldierly.

सिपाही (~ hee) *m.* 1. policeman, constable, cop. 2. soldier.

सिप्पा (sip pA) *m.* device, artifice; ~ जमाना to succeed in one's stratagem; ~ भिड़ाना/लड़ाना to manipulate.

सिफ़त (si Fat) *f.* characterstic, speciality.

सिफ़र (si Far) *m.* zero, cypher; ~ होना—वह तो सिफ़र है He is a (mere) cypher.

सिफ़ारिश (si FA rish) *f.* recommendation, commendation; ~ करना to recommend; ~ चलना—यहाँ तो बस ~ चलती है Recommendation alone counts here.

सिफ़ारिशी (si FA ri shee) *adj.* recommendatory; ~ चिट्ठी letter of recommendation.

सिफ़ारिशी टट्टू (~ TAT TU) *m.* person whose only qualification is influential recommendation.

सिमटना (si maT nA) *vi.* 1. to constrict/contract; सिमटी हुई नववधू constricted newlywed (as it were). 2. to near completion; काम सिमट रहा है The work is nearing completion.

सियार (si yAr) *m.* jackal; ~ बोलना—वहाँ ~ बोलते हैं The place is desolate/solitary.

सियासत (si yA sat) *f.* politics.

सियासी (~ see) *adj.* political.

सियाह (si yAh) *adj.* = स्याह ।

सिर (sir) *m.* head; आज मेरे ~ में बहुत तेज़ दर्द है I have a terrible headache today. ~ आँखों पर—तुम्हारी आज्ञा सिर आँखों पर I accept your order with all my heart. ~ आँखों पर बैठाना (i) to offer a warm reception, (ii) to offer a place of honour; ~ उठाकर चलना to hold (one's) head high, to move about boldly; ~ उठाना to rise against, to revolt/rebel; वह मेरे सामने सिर नहीं उठा सकता He cannot look me in the face. ~ उठाने की फ़ुरसत न होना to have not even a moment's respite; ~ उतारना to decapitate; ~ ऊँचा करना—तुमने तो मेरा सिर ऊँचा कर दिया You have raised my head high. ~ ओखली में देना to invite danger/trouble, to ask for trouble; ~ काटना to behead, decapitate; पूँछ में दो पुजारियों के ~ काट दिए गए Two priests were beheaded in Poonch; ~ के बल (i) with great pleasure, (ii) with due deference; ~ के बाल नोच डालना to go on pestering. ~ के बाल नोच लेना to tear out one's hair in utter despair/helplessness perplexity; ~ खपाना to tax one's brains; तुम्हारे साथ कौन सिर खपाए Who is going to waste his brain with you? ~ खाना to tire out by prattle, to nag; ~ खाली करना to knock smoke out of one's head; ~ खुजलाना (i) to scratch the head; (ii) to have itching sensation in the head inviting punishment; ~ गूँथना (i) to braid the hair on the head, (ii) to decorate the braids with flowers; ~ घुटवाना to have the head clean shaven; ~ घूमना/चकराना (i) to feel giddy, (ii) to feel lost, to have a reeling sensation; ~ चक्कर खाना = ~ चकराना; ~ चढ़ाना to pamper, to give undue liberty; ~ जोड़कर बैठना to sit a little too close; ~ झाड़ना = बाल झाड़ना; ~ झुकना—(i) यह ~ किसी के आगे झुक नहीं सकता This head shall not bow in subservience before anybody. (ii) आज शर्म से मेरा ~ झुक गया Today my head was hung in shame. ~ झुका देना—उसने बड़े-बड़ों के ~ झुका दिए He has brought down many a mighty head. ~ झुका लेना to bow down in reverence; ~ डालना to pass the buck; ~ तोड़ना to knock (someone's) head; ~ थोपना = ~ मढ़ना; ~ देना to sacrifice oneself; ~ धरना = ~ मढ़ना; ~धुनना to beat the head repeatedly in sorrow or despair; ~ नवाना to bow down in reverence; ~ निकालना to begin/start asserting oneself; ~ नीचा कर देना—तुमने ~ सिर नीचा कर दिया You have lowered down my head. ~ नीचा करना— ~ नीचा किए सुनता रहा Took it all submissively. ~ नीचा होना—आज शर्म से मेरा ~ नीचा हो गया Today my head was lowered due to shame. ~ पटकना to make frantic efforts; ~ पटक-पटककर जान दे देना to kill (oneself) by bashing/dashing (one's) head repeatedly; ~ पड़ना = ~ पर पड़ना; ~ पर आना to come too close, to be imminent; परीक्षा ~ पर आ गई है The examination is inescapably close/The examination is at hand. ~ पर आ पड़ना to befall; ~ पर उठा लेना to create a ballyhoo; ~ पर कफ़न बाँधना to be ready to face death; ~ पर काल मँडराना—उसके ~ पर काल मँडरा रहा है Death is hovering over his head. ~ पर ख़ून चढ़ना/सवार होना to be out for bloodshed; ~ पर चढ़ना to pursue with a vengeance; ~ पर पड़ना to befall; ~ पर पाँव रखकर भागना to run head over heels; ~ पर बीतना—जिसके सिर पर बीतती है वही जानता है। The wearer alone knows where the shoe pinches. ~ पर लेना to own responsibility; ~ पर शैतानी चढ़ना/सवार होना to be under the sway of the devil; ~ पर सींग जमना to be out to pick up quarrels; ~ पर सींग होना to possess some dominating speciality; ~ पर सेहरा बँधना to win laurels; ~ पर हाथ फेरना to bless and assure constant support; ~ पर हाथ रखना to give protection, to take (someone) under one's patronage; ~ पर होना to be a protector (of); ~ फिर जाना to go off one's head; ~ फोड़ना to tax one's head (with someone who has no brains); ~ बेचना (i) to turn a paid soldier, (ii) to take to a profession involving danger to one's life; ~ भारी होना to feel like having a leaden head; ~ भन्नाना to lose one's usual balance; ~ मढ़ना to throw the blame on someone; ~ मारना = ~ खपाना; ~ मुँडाते ही ओले पड़ना disaster at the very outset; ~ मुँडाना to have one's head cleanshaven, *i.e.* to turn recluse; ~ मूँड लेना to exploit, to profiteer; ~ रखना= ~ मढ़ना; ~ लगाना—तुमने यह बला मेरे ~ नाहक लगाई You have saddled me with this nuisance unnecessarily. ~ से पानी गुज़रना to reach the limit of sufferance/endurance; ~ से पैर तक from top to toe; वह ~ से पैर तक भीग गया He was drenched from head to foot. ~ से पैर तक आग लगना to blaze with rage; ~ से बला टलना riddance of a nuisance; ~ से बोझ उतरना to be freed of an encumbrance; ~ हिलाना (i) to shake the head, (ii) to nod (one's) head; ~ होना (i) to insist with a vengeance; (ii) to anticipate, to have a presentiment/premonition; (iii) सारा दोष तुम्हारे ~ है The entire blame is on your head.

सिर-कटा (~ - ka TA) *adj.* headless, beheaded.

सिरका (~ kA) *m.* vinegar.

सिरकी (~ kee) *f.* screen made of reeds.

सिर-खपाऊ (~ - kha pA oo) *adj.* brain-racking.

सिरताज (~ tAj) *m.* 1. crown. 2. Lord; मेरे ~ My lord.

सिर-दर्द (~ - dard) *m.* 1. headache; मैं ~ से परेशान हूँ I am distressed with a headache. 2. botheration, worry; यह उसका ~ है This is his worry. ~ मोल लेना to go in for a botheration.

सिरनामा (~ nA mA) *m.* 1. form of address in a letter etc. 2. full address of a recepient. 3. caption of an article.

सिर-पच्ची (~ - pac cee) *f.* ~ करना to rack (one's) brain.

सिर-पड़ा (~ - pa RA) *adj.* required to be done, ~ काम Hobson's choice.

सिर-फिरा (~ - phi rA) *adj. & m.* crank, crankish.

सिर-मौर (~ - maur) *m.* diadem, crown of the head.

सिरहाना (~ hA nA) *m.* 1. side of a bed-stead where the head rests. 2. pillow.

सिरा (si rA) *m.* 1. the extremity of the length of something long as a thread, line, road etc., end. 2. top; सिरे चढ़ना to be near completion, to approach the finale; सिरे का of a high standard/ quality; नए सिरे से *de novo,* from the beginning; नए सिरे से आरंभ करना to start afresh.

सिरी (si ree) *f.* head of an animal slaughtered for meat.

सिरोही (si ro hee) *f.* 1. a variety of sword. 2. a kind of bird.

सिर्फ़ (sirF) *adj.* 1. with no other of the group, only; उसका ~ एक लड़का है He has one son only. 2. very few in number; ~ पाँच व्यक्ति वहाँ उपस्थित थे Only five persons were present there. *adv.* without anything else included, only; मैं ~ वहाँ जाऊँगा I will go there only.

सिल (sil) *f.* flat stone used for grinding purposes.

सिलना (~ nA) *vt.* to stitch/sew.
vi. to be stitched/sewn.

सिलपट (~ paT) *adj.* rendered plane by constant use.

सिल-बट्टा (~ - baT TA) *m.* stone pestle and flat stone.

सिलवट (~ vaT) *f.* crease, crumple; सिलवटें पड़ना to crease/crumple.

सिलवाई (~ vA ee) *f.* act of sewing/stitching or charges paid therefor.

सिलवाना (~ vA nA) *vt.* to get (clothes etc.) stitched/sewn.

सिलसिला (~ si lA) *m.* 1. sequence, order, arrangement; किताबों को सिलसिले से रखो Arrange the books/Put the books in order. 2. connection, context; इस सिलसिले में एक बात याद आई In this connection I happen to remember an event. 3. continuity, recurrence; बातों का ~ continuity of talk.

सिलसिलेवार (~ si le vAr) *adv.* in orderly manner, in due order; ~ रखो Put (them) in order.
adj. placed in order, orderly.

सिला (si lA) *m.* = सिल्ला।

सिलाई (~ ee) *f.* 1. stitching, sewing. 2. sewing charges.

सिलाना (~ nA) *vt.* = सिलवाना।

सिला-सिलाया (~ - si lA yA) *adj.* made to wear, ready-made (garment).

सिलीपर (si lee par) *m.* 1. slipper, a kind of footwear. 2. sleeper.

सिलेट (si leT) *f.* a thin flat piece of grey rock for children to write on, slate.

सिलेटी (si le Tee) *adj.* of the colour of slate, slaty.

f. slate-pencil.

सिल्क (silk) *m.* silk.

सिल्ला (sil lA) *m.* remnants of grains left over after harvesting; gleanings.

सिल्ली (~ lee) *f.* 1. a large solid rectangular piece of metal, ice etc. 2. whetstone for sharpening metallic tools.

सिवँई (si vã ee) *f.* vermicelli.

सिवा (si VA) *prep.* 1. besides; तुम्हारे ~ और वहाँ कौन था Who else was there besides you? 2. except; तुम्हारे ~ यह काम और कोई नहीं कर सकता None can do this work except you.

सिविल (si vil) *adj.* 1. of or relating to the citizens, civil. 2. involving civil law rather than criminal law.

सिसक (si sak) *f.* = सिसकी।

सिसकन (sis kan) *m.* sob, sobbing.

सिसकना (si sak nA) *vi.* to sob; वह सिसक-सिसककर मर गई She sobbed and sobbed till she died.

सिसकारना (sis KAr nA) *vi.* to make a hissing sound.

सिसकारी (sis KA ree) *f.* hiss, hissing sound.

सिसकी (~ kee) *f.* sob; सिसकियाँ भरना to sob.

सिहरन (sih ran) *f.* a slight shaking, tremor, thrill; मेरे शरीर में ~ दौड़ गई A tremor ran through my body~ उठना to get thrilled.

सिहरना (si har nA) *vi.* to shake because one feels cold, shyness or fright, to shiver.

सींक (see͠ k) *f.* slender twig-like stick.

सींक-सलाई (~ - sa lA ee) *adj.* lean and thin (person).

सींका (see͠ KA) *m.* = छींका।

सींकिया (see͠ ki YA) *adj.* lean and thin; ~ पहलवान Mr. lean and thin.

सींग (see͠g) *m.* horn; ~ कटाकर बछड़ों में मिलना hobnobbing with children in old age; ~ जमाना/निकलना to hit for trifles; ~ पर मारना to treat with contempt; ~ समाना to be able to fit in; (किसी के सिर पर) ~ होना to have some oddity. (pej.)

सींगड़ा (~ RA) *m.* horned animal.

सींगी (see͠ gee) *f.* 1. musical pipe made of horn. 2. = सिंगी।

सींचना (see͠c nA) *vt.* to supply land with water by artificial means for the growth of crops, to irrigate.

सी (see) *f.* hissing sound; ~ न करना to utter not so much as a sigh; ~ - सी करना to make a hissing sound, to give vent to intense pain.

सिकचा (seek CA) *m.* = सीखचा।

सीकाकाई (see KA KA ee) *f.* a vegetable cleansing agent.

सीख (seekh) *f.* (*n.* from सिखाना) advice, instruction; उल्टी ~ देना to give wrong advice; ~ देना to offer advice, to give instruction; ~ लेना to take a lesson.

सीख़ (seeKh) *f.* broach, skewer, spit.

सीख-कबाब (~ ka bAb) *m.* shikh kebab.

सीखचा (seekh CA) *m.* iron bar.

सीखना (~ nA) *vt.* to learn, to receive lessons; वह हिंदी ~ चाहता था He liked to learn Hindi. उसने ग़ुस्से को क़ाबू में रखना सीखा है He has learned how to control temper.

सीखा-पढ़ा (see khA - pa RhA) *adj.* well-instructed, tutored.

सीखा-सिखाया (~ - si khA YA) *adj.* well-tutored, well-versed.

सीझना (seejh nA) *vi.* to boil.

सीट (seeT) *f.* 1. seat. 2. boast, brag; ~ मारना to boast/brag.

सीटना (~ nA) *vt.* to brag, to indulge in bravado.

सीट-पटांग (~ - pa TAng) *f.* bravado, gasconade; ~ हाँकना to indulge in bravado/gasconade.

सीटी (see Tee) *f.* whistle; ~ देना to whistle (a signal for the start); ~ बजाना to whistle; उसने ~ बजाई He blew the whistle.

सीठना (seeTh nA) *m.* = सिठनी।

सीठा (see ThA) *adj.* tasteless, insipid.

सीठापन (~ pan) *m.* tastelessness, insipidity.

सीठी (see Thee) *f.* fibrous residual matter, dregs, refuse.

सीड़ (seeR) *f.* dampness, damp, moisture.

सीढ़ी (see Rhee) *f.* ladder, staircase, flight of stairs; ~ का डंडा any rung of a ladder; ~ चढ़ना (i) to mount up the ladder; (ii) to go a step forward; नीचे से ~ खींच लेना to leave someone in mid air; सोने की ~ चढ़ना to enjoy the blessing of seeing (one's) four descendents in the direct main line alive. सीढ़ियाँ उतरना—वह सीढ़ियाँ उतर रहा था He was coming down stairs. सीढ़ियाँ चढ़ना to mount step by step.

सीढ़ीनुमा (~ nu mA) *adj.* like a flight of stairs.

सीत (seet) *m.* = शीत।

सीता (see tA) *f.* 1. furrow made by a plough. 2. Seeta, wife of Ram Chandra, God-incarnate.

सीताफल (~ fal) *m.* 1. = शरीफ़ा। 2. pumpkin.

सीत्कार (seet kAr) *m.* sibilance; ~ करना to sibilate.

सीध (seedh) *f.* straightness; ~ में in a straight line; ~ लेना to make an alignment; नाक की ~ में straight ahead.

सीधा (see dhA) *adj.* [Fem. सीधी] 1. straight; सीधी रेखा straight line. 2. straight forward, simple. 3. direct; सीधी गाड़ी direct train. 4. clear; ~ हिसाब clear account. 5. upright; ~ आदमी simple soul; ~ कर देना—बड़ों-बड़ों को ~ करके रख देना to set even the big wigs right; समय सबको ~ कर देता है Time sets everyone right. ~ पल्ला लेना putting on a saree the conservative way; ~ सा (i) simple enough, (ii) innocently simple; ~ स्वभाव straight forward nature; ~ होना (i) to become straight, (ii) सीधा होना भी पाप है It is a sin to be too good. गाय की तरह ~ docile as a cow; स्वभाव से ~ by nature straight forward; सीधे हाथ से with the conventional right hand; सीधी आँख करना/से देखना to adopt a favourable attitude; सीधी ओर/तरफ़ right-hand side; सीधी तरह without any ifs and buts; सीधी नज़र/निगाह = सीधी आँख/सीधी बात (i) simple matter, (ii) straight forward talk; सीधी रेखा/लकीर/लाइन straight line; सीधी सुनाना to speak out straight, the hard way; क़मीज सीधी करके पहनो Put on the shirt, right side out. सौ की सीधी एक When all is said and done.

adv. 1. in direct line, straight; ~ चले जाओ Go straight. 2. at once; ~ वहाँ पहुँचो Reach there at once.

सीधा-उलटा (~ - ul TA) *adj.* obverse and reverse (side).

सीधापन (~ pan) *m.* 1. simplicity. 2. quality of being too simple.

सीधा-सादा (~ SA dA) *adj.* plain and simple, innocent.

सीधे (see dhe) *adv.* straight-away, directly;

~ आना to come straight/direct; ~ चलना to walk erect; ~ चलो No more pranks, Go straightl. ~ जाना—~ जाओ Go straight. ~ चलते जाओ Go straight on. ~ - सीधे (i) ~ - सीधे बताओ, नहीं तो खाल उधेड़ दूँगा Come round straight, otherwise you will come to grief. (ii) = सीधी तरह— ~ - सीधे कहो Talk straight/Come out straight/State in plain words; ~ से; ~ से दे दो Give without ado. वह ~ से नहीं मानेगा He will not come round by mere persuation.

सीन (seen) *m.* scene.

सीनरी (see na ree) *f.* scenery.

सीना (~ nA) *vt.* to stitch/sew; ~ पिरोना sewing, stitching and the like.

m. chest/breast; ~ तानकर चलना to walk dauntlessly (as a sign of fearlessness); सीने पर पत्थर रख लेना to suppress anguish, the hard way; सीने से लगाना to embrace; सीने से लगाकर रखना to shower all affection.

सीनाज़ोर (~ zor) *adj.* high-handed.

सीनाज़ोरी (~ zo ree) *f.* high-handedness.

सीनियर (see ni yar) *adj.* senior. [H.E. ज्येष्ठ]

सीनेट (~ neT) *m.* 1. The main governing body of certain universities, senate. 2. The upper house of legislative body in some countries.

सीनेटर (~ ne Tar) *m.* a member of the senate, senator.

सीप (seep) *m.* shell of an oyster. [Fem. सीपी]

सीपी (see pee) *f.* (fem. of सीप) small shell of an oyster, often used as a gadget.

सीबी (~ bee) *f.* सीत्कार।

सीमंत (~ mant) *m.* one of the sixteen Sanskars of Hindus, performed during the seventh or eighth month of pregnancy.

सीमांकन (~ mAṅ kan) *m.* demarcation.

सीमांकित (~ mAṅ kit) *adj.* demarcated.

सीमांत (~ mAnt) *m.* frontier, border; ~ प्रदेश frontier province, border land.

सीमा (~ mA) *f.* 1. border, limit, boundary; ~ पार से from across the border; पाकिस्तान से वार्ता तभी हो सकती है जब वह ~ पार से गोलाबारी बंद कर दे Talk with Pakistan could begin only if he stops firing from across the border. ~ बंद कर देना to close the border; ~ में रहना to stay within limits; ~ से बाहर जाना to cross the limit. 2. furthest extent, limit; पाकिस्तान को समझना चाहिए कि भारतवासियों के धैर्य की भी एक ~ है Pakistan must understand that there is a limit to the patience of the people of India. उसके प्यार की ~ नहीं थी His love knew no bounds. एक ~ तक to some extent.

सीमा-चौकी (~ - chau kee) *f.* terminal post.

सीमातिक्रमण (~ ti kra maN) *m.* 1. crossing the boundary. 2. aggression.

सीमाबद्ध (~ baddh) *adj.* bounded.

सीमा-रेखा (~ - re khA) *f.* border-line.

सीमाविहीन (~ vi heen) *adj.* having no limit, limitless.

सीमा-शुल्क (~ - shulk) *m.* duty paid on import, customs.

सीमित (see mit) *adj.* limited; हमारी प्रशिक्षण-क्षमता अत्यंत ~ है Our training capacity is very limited.

सीमितता (~ tA) *m.* limitedness.

सीमेंट (see meNT) *m.* cement.

सीमोल्लंघन (~ mol laṅ ghan) *m.* transgression of territorial limit, violation of territory.

सीयन (~ yan) *f.* line of stiches, seam.

सीर (seer) *f.* land cultivated by the landowner himself.

सीरा (see rA) *m.* = शीरा।

सील (seel) *f.* 1. सीलन। 2. seal; ~ लगाना to put a seal, to seal. 3. seal, a kind of sea-animal.

सीलन (see lan) *m.* dampness, damp.

सीलना (seel nA) *vi.* to get damp. *vt.* to affix a seal to.

सीलबंद (~ band) *adj.* sealed.

सीसा (see SA) *m.* lead.

सुँघनी (sũgh nee) *f.* snuff; ~ सूँघना to sniff a pinch of snuff.

सुँघाना (sũ ghA nA) *vt.* to cause to smell; शीशी ~ to cause to inhale an anesthetic.

सुंडा (SUN DA) *m.* an insect which infests vegetables.

सुंदर (sun dar) *adj.* beautiful, handsome, comely, pretty, lovey, charming; देखने में ~ good looking; बहुत ~ very fine! मोती क़ी तरह ~ pretty as a pearl.

सुंदरता (~ tA) *f.* beauty, comeliness, prettiness; ~ से beautifully, gracefully.

सुंदरी (sun da ree) *f.* beautiful woman; वह टोक्यो की अत्यंत सुंदरियों में से एक है She is one of the outstanding beauties of Tokyo.

सुंबा (sum bA) *m.* boring gadget. [Fem. सुंबी]

सुंबी (~ bee) *f.* (fem. of सुंबा)।

सु (su) *prefix.* denoting goodness, auspiciousness.

सुअर (~ ar) *m.* pig, boar.

सुअवसर (~ av sar) *m.* good/favourable opportunity.

सुआ (~ A) *m.* big needle.

सुई (~ ee) *f.* 1. needle; ~ का नाका eye of a needle; ~ का फावड़ा बना देना to make a mountain of a molehill. 2. a syringe to insert a drug in the body; ~ लगाना to administer a drug by injection. 3. hand of a watch/clock; घड़ी की सुइयाँ एक बजा रही थीं The hands on the clock said 1 a.m.

सुईकारी (~ KA ree) *f.* needle work.

सुकंठ (~ kaNTH) *adj.* having a good voice, melodious.

सुकर (~ kar) *adj.* easy to accomplish, practicable.

सुकर्म (~ karm) *m.* good deed.

सुकीर्ति (~ keer ti) *f.* renown, repute.

सुकुमार (~ ku mAr) *adj.* delicate, tender, gentle. *m.* pretty lad. [Fem. सुकुमारी]

सुकुमारता (~ tA) *f.* delicacy, tenderness, softness.

सुकुमारी (su ku mA ree) *f.* (fem. of सुकुमार)।

सुकुल (su kul) *adj.* virtuous.

सुकृति (su kri ti) *f.* good deed, virtuous act.

सुकृत्य (su kritty) *m.* good deed, virtuous act.

सुखंडी (su khaN Dee) *f.* rickets, rachitics. *adj.* rickety.

सुख (sukh) *m.* happiness, pleasure, comfort; ~ की नींद beauty sleep; ~ की नींद सोना to enjoy a carefree sleep; परीक्षा समाप्त होने पर वह ~ की नींद सोया The examination having been over, he enjoyed a carefree sleep. ~ देखना to have joys of life; ~ लूटना to enjoy to one's fill; ~ लेना to experience happiness; आपके पिताजी स्वर्ग का ~ ले रहे होंगे Your father will be experiencing happiness in heaven. ~ से happily.

सुखकर (~ kar) *adj.* giving pleasure or comfort, pleasing, delightful.

सुखकारक (~ KA rak) *adj.* = सुखकर।

सुखद (su khad) *adj.* pleasing, pleasant, delightful; यह ~ आश्चर्य था It was a pleasant surprise; ~ समाचार good news.

सुखदायक (sukh dA yak) *adj.* = सुखकर।

सुख-दुःख (~ - dukh) *m.* weal and woe, happiness and sorrow, pleasure and pain; ~ का साथी a companion in sorrow and in joy, a friend in need.

सुखपूर्वक (~ poor vak) *adv.* happily, blithely, comfortably.

सुखप्रद (~ prad) *adj.* = सुखद।

सुखभोग (~ bhog) *m.* enjoyment.

सुखवाद (~ VAd) *m.* hedonism.

सुखवादी (~ VA dee) *adj.* hedonistic. *m.* hedonist.

सुख-शांति (~ - shAn ti) *f.* peace and happiness.

सुख-संपत्ति (~ - sam pat ti) *f.* happiness and prosperity.

सुख-सुभीता (~ - su bhee tA) *m.* pleasure and convenience.

सुख-सुविधा (~ su vi dhA) *f.* pleasures and amenities.

सुखांत (su khAnt) *adj.* with a happy ending. *m.* comedy.

सुखाना (su khA nA) *vt.* to make dry, to dry up; कपड़े ~ to dry up clothes.

सुखाभास (~ bhAS) *m.* euphoria.

सुखारा (su khA rA) *adj.* = सुखी।

सुखिया (su khi yA) *adj.* = सुखी।

सुखी (su khee) *adj.* happy; ~ परिवार happy family.

सुख्यात (suk khyAt) *adj.* famous, reputed.

सुख्याति (suk khyA ti, su khyA ti) *f.* fame, reputation.

सुगंध (su gandh) *f.* fragrance, aroma, pleasing odour.

सुगंधि (su gan dhi) *f.* = सुगंध।

सुगंधित (su gan dhit) *adj.* fragrant, aromatic.

सुगठित (su ga Thit) *adj.* 1. well-built; ~ शरीर well-built body. 2. compact, well-knit; ~ दल well-knit team; ~ समाज well-knit society.

सुगति (su ga ti) *f.* wellbeing after death, beatitude, salvation.

सुगबुगाहट (sug bu gA hat) *m.* whisper.

सुगम (su gam) *adj.* 1. easy, simple, plain, not difficult. 2. easy to reach, accessible, passable.

सुगमता (~ tA) *f.* easiness.

सुगमतापूर्वक (~ poor vak) *adv.* with ease, easily.

सुगम्य (su gammy) *adj.* easily accessible.

सुगृही (su gri hee) *adj.* 1. having a good abode. 2. having a beautiful and accomplished wife.

सुग्गा (sug gA) *m.* parrot.

सुग्राहिता (su grA hi tA) *f.* sensitivity.

सुग्राही (su grA hee) *adj.* sensitive.

सुग्रीव (sug greev, su greev) *adj.* having a well-formed neck. *m.* Sugriva, an ally of Ram in Ramayan.

सुघड़ (su ghaR) *adj.* 1. well-built, shapely. 2. accomplished; ~ नारी accomplished lady.

सुघड़पन (~ pan) *m.* accomplishment, proficiency.

सुघड़ी (su gha Ree) *f.* auspicious moment.

सुचारु (su cA ru) *adj.* pretty, charming; ~ रूप से in an excellent manner, in the right way; उसकी विदेश-यात्रा ~ रूप से संपन्न हुई His journey abroad was accomplished in an excellent manner.

सुचाल (su cAl) *f.* 1. right move. 2. good ways.

सुचालक (su cA lak) *m.* 1. good conductor (of electricity). 2. good driver.

सुचि (su ci) *f.* needle.

सुचित (su cit) *adj.* serene, tranquil, at leisure; ~ होकर after having finished off the present work or the day's job.

सुजन (su jan) *m.* good man, gentleman.

सुजनता (~ tA) *f.* goodness, politeness.

सुजनी (suj nee) *f.* a variety of thick bed-sheet.

सुजात (su jAt) *adj.* = सुजाति।

सुजाति (su jA ti) *adj.* of high caste. *f.* high caste.

सुजान (su jAn) *adj.* sagacious, sensible, wise, intelligent, clever.

सुजानता (~ tA) *f.* sagacity, wisdom.

सुझाखा (su jhA khA) *adj.* having (good) eye-sight.

सुझाना (~ nA) *vt.* to suggest, to indicate; नाम ~ to suggest a name; रास्ता ~ to indicate the wayout.

सुझाव (su jhaw) *m.* something that is suggested, suggestion; ~ देना to give a suggestion.

सुड़कना (su Rak nA) *vi.* 1. to take liquid through the nose. 2. to quaff (something liquid or semiliquid).

सुडौल (su Daul) *adj.* shapely, well-formed, well-proportioned, beautiful.

सुडौलपन (~ pan) *m.* state or quality of being सुडौल।

सुत (sut) *m.* son.

सुतरां (~ rAn̐) *adv.* hence, therefore, as such.

सुतली (~ lee) *f.* hemp or jute string.

सुतीक्ष्ण (su teek shN) *adj.* very sharp.

सुतीक्ष्णता (~ tA) *f.* state or quality of being सुतीक्ष्ण।

सुथनी (suth nee) *f.* a variety of loose pyjama worn by women and girls.

सुथरा (~ rA) *adj.* neat, clean, tidy; साफ ~ neat and tidy, pure.

सुथरापन (~ pan) *m.* tidiness.

सुदर्शन (su dar shan) *adj.* beautiful to look at, pleasing to the eye, good-looking.

सुदिन (su din) *m.* happy times.

सुदी (su dee) *f.* bright fortnight of the lunar month.

सुदीर्घ (su deergh) *adj.* (very) long; ~ प्रक्रिया long process.

सुदूर (su door) *adj.* far off, very far, far away.

सुदूरपूर्व (~ poorw) *m.* Far East.

सुदृढ़ (su driRh) *adj.* very firm, strong, rigid.

सुदृढ़ता (~ tA) *f.* firmness, rigidity.

सुदेश (su desh) *m.* good country.

सुद्दा (sud dA) *m.* piece of dry stool/faeces.

सुद्ध (suddh) *adj.* = शुद्ध।

सुध (sudh) *f.* 1. awareness, consciousness. 2. recollection, remembrance; ~ आना to recollect; ~ दिलाना to remind; ~ बिसारना/भूलना to forget; ~ लेना (i) वर्षों बाद तुमने मेरी ~ ली You have thought of me after ages. (ii) to recall to mind.

सुध-बुध (~ - budh) *f.* awareness; ~ खो बैठना to become oblivious of environment; ~ ठिकाने न रहना to lose one's bearings; ~ मारी जाना to be completely lost.

सुधरना (su dhar nA) *vi.* 1. to be reformed. 2. to improve; उसकी दशा सुधर रही है His condition is improving. लड़का सुधरेगा नहीं The boy will not mend his ways.

सुधर्मा (~ mA) *adj.* = सुधर्मी।

सुधर्मी (~ mee) *adj.* religious, pious.

सुधा (su dhA) *f.* nectar, ambrosial beverage.

सुधाकर (~ kar) *m.* moon.

सुधानिधि (~ ni dhi) *m.* 1. fount of nectar. 2. moon. 3. sea.

सुधामय (~ may) *adj.* full of nectar/ambrosia.

सुधार (su dhAr) *m.* 1. reform; 1991 में आर्थिक सुधारों को शुरू हुए अब दस वर्ष से अधिक हो गए It is now more than ten years since economic reforms began in 1991. 2. reformation. 3. improvement.

ुधारक (su dhA rak) *m.* reformer.

ुधारना (su dhAr nA) *vt.* 1. to reform. 2. to correct/improve; लेख (को) ~ to correct/improve an article; उसने अपने को सुधारा He corrected himself. हाथ को सुधारकर लिखो Write with an improved hand.

ुधारालय (su dhA rA lay) *m.* reformatory.

ुधि (su dhi) *f.* 1. awareness. 2. consciousness.

ुधी (su dhee) *adj.* having clear intellect, intellectual.

ुनगुन (sun gun) *f.* whispering rumour; ~ लगना—मुझे सुनगुन लगी है A bird whispers into my ear.

ुनना (~ nA) *vt.* to hear, to listen; क्या तुमने घंटी की आवाज़ नहीं सुनी Did not you hear the bell? मैं संगीत सुन रहा हूँ I am listening to music. मैं समाचार सुनना चाहता हूँ I want to listen news. सुनने की बात something worth listening to; सुनने में आना—ऐसा सुनने में आया है It has been rumoured/The rumour has it. सुन रखना—यह बात सुन रखो Listen and bear this in mind. सुनी अनसुनी करना not to pay any heed; सुनी-सुनाई बात matter based on hearing (not actually seen), hear-say.

ुनना-गुनना (~ - gun nA) *vt.* to listen and assimilate.

ुनम्य (su nammy) *adj.* flexible.

ुनम्यता (~ tA) *f.* flexibility.

ुनयन (su na yan) *adj.* having a pair of lovely eyes. [Fem. सुनयना]

ुनयना (~ ya nA) *adj.* (woman) having a pair of lovely eyes (fem. of सुनयन).

ुनवाई (sun vA ee) *f.* hearing; ~ चल रही थी Hearing was in progress. मेरी यहाँ कोई ~ नहीं No-one will listen to me here/I will have no hearing here.

सुनवैया (~ vai yA) *m.* listener, especially attentive listener.

सुनसान (~ sAn) *adj.* lonely, desolately, quiet; गलियाँ बिलकुल ~ पड़ी थीं The streets were eerily empty.

सुनहरा (su nah rA) *adj.* = सुनहला।

सुनहला (~ lA) *adj.* 1. golden, auburn; सुनहरे बाल auburn hair. 2. fortunate, precious, golden; ~ अवसर golden opportunity.

सुनाई (su nA ee) *f.* 1. the ability to hear, the capacity to hear; ~ देना to perceive sounds with the ears; क्या तुम्हें ~ नहीं दिया Didn't you hear it? ~ पड़ना to be audible; वह इतना धीरे बोलती है कि कुछ ~ नहीं पड़ता She speaks so slowly that it is difficult to hear her. 2. hearing of the law case.

सुनाना (su nA nA) *vt.* to tell/narrate/recite; अपनी ~ to relate one's tale of sufferings; कविता ~ to recite poetry; कहानी ~ to narrate/tell a story; खरी-खोटी ~ to speak out the truth, the harsh way; जली-कटी ~ to utter harsh and hard words; हमें एक गाना सुनाओ Sing a song to us.

सुनाम (su nAm) *m.* good name.

सुनार (su nAr) *m.* goldsmith. [Fem. सुनारिन]

सुनारिन (su nA rin) *f.* 1. female goldsmith. 2. wife of a goldsmith [fem. of सुनार].

सुनारी (~ ree) *f.* 1. occupation of a goldsmith, goldsmithery. 2. wife of a goldsmith. 3. good woman.

सुनावनी (su nA wa nee) *f.* news of the death of some kinsman.

सुनिश्चय (su nish cay) *m.* firm determination.

सुनिश्चित (~ cit) *adj.* frimly determined, definite; ~ करना to ensure.

सुनीति (su nee ti) *f.* equity, wholesome policy.

सुन्न (sunn) *adj.* void of all sensation, sensationless, benumbed, insensible; ~ हो जाना—उसके हाथ-पैर सुन्न हो गए His hands and feet were without feeling sensation, His hands and feet were numb.

सुन्नत (sun nat) *f.* circumcision.

सुन्नती (~ na tee) *m.* one who has been circumcised.

सुन्ना (~ nA) *m.* zero, cypher; ~ लगाना to put a zero.

सुन्नी (~ nee) *m.* one of the two main sects of Muslims.

सुपंथ (su panth) *m.* good/right path.

सुपत्नी (~ pat nee) *f.* good wife.

सुपथ (~ path) *m.* good/right path.

सुपथ्य (~ patthy) *m.* wholesome diet (pres-cribed for a patient).

सुपरीक्षित (~ pa reek shit) *adj.* well-tried.

सुपाच्य (~ pAccy) *adj.* easily digestible.

सुपाच्यता (~ tA) *f.* state or quality of being सुपाच्य।

सुपात्र (su pAttr) *adj.* & *m.* well-deserving.

सुपात्रता (~ tA) *f.* state or quality of being सुपात्र।

सुपारी (su pA ree) *f.* 1. betel nut, areca nut. 2. killing contract.

सुपुत्र (~ puttr) *m.* dutiful son.

सुपुर्द (~ purd) *adj.* entrusted (to); ~ करना (i) to entrust (to); (ii) to hand over.

सुपुर्दगी (~ gee) *f.* charge, custody.

सुपूत (su poot) *m.* = सुपुत्र।

सुपूती (~ poo tee) *f.* (woman) having good/worthy sons.

सुप्त (supt) *adj.* asleep, dormant, latent.

सुप्तावस्था (sup tA vas thA) *f.* state of being asleep, dormancy.

सुप्ति (sup ti) *f.* sleepiness.

सुप्रतिष्ठित (~ pra tish Thit) *adj.* renowned, well-reputed.

सुप्रभात (~ pra bhAt) *m.* good morning, a morning, a harbinger of a good day.

सुप्रभाव (~ pra bhAv) *m.* desirable/welcome effect.

सुप्रसिद्ध (~ pra siddh) *adj.* renowned, reputed, well-known.

सुप्रसिद्धि (~ pra sid dhi) *f.* renown, repute.

सुफल (su phal) *adj.* fruitful; परिश्रम सुफल हुआ Labour has been fruitful. *m.* good result, better result; उदारीकरण के ~ ठीक से ग़रीबों तक नहीं पहुँचे The fruits of liberalisation have not adequately reached the poor.

सुबकना (su bak nA) *vi.* = सुबुकना।

सुब्‌ह (su bah) *f.* morning; ~ से शाम तक (i) from morning till evening; (ii) from dawn to dusk.

सुबह-शाम (~ - shAm) *adv.* morning and evening; ~ करना putting off on some pretext or the other.

सुबह-सवेरे (~ sa ve re) *adv.* in the early morning, at dawn.

सुबाहु (su bA hu) *adj.* having shapely arms.

सुबुक (su buk) *adj.* soft, light; ~ गहना light (fancy) ornament; ~ रंग light colour; ~ हाथ soft hand.

सुबुकना (~ nA) *vi.* to sob faintly.

सुबुद्धि (su bud dhi) *f.* good sense, better sense.

सुबोध (su bodh) *adj.* easily intelligible, comprehensible.

सुबोधता (~ tA) *f.* intelligibility.

सुभग (su bhag) *adj.* lovely, charming.

सुभगा (su bha gA) *adj.* (woman) comely, beautiful.

सुभाषिणी (su bhA shi NEE) *f.* sweet-tongued (woman). [Fem. सुभाषी]

सुभाषित (~ shit) *adj.* well-said, finely expressed.

m. maxim.

सुभाषी (~ shee) *adj.* 1. sweet-tongued (fem. of सुभाषिणी). 2. having the gift of the gab.

सुभिक्ष (su bhiksh) *m.* (when alms are easily available) time of plenty, days of affluence.

सुभीता (su bhee tA) *m.* convenience; सुभीते से at (one's) convenience, conveniently.

सुमंत्रित (su man trit) *adj.* well-advised, well-counselled.

सुम (sum) *m.* hoof.

सुमति (su ma ti) *f.* 1. right way of thinking. 2. concord, harmony; ~ होना—इस घर में सुमति है There is harmony/perfect understanding in the family.

सुमधुर (~ dhur) *adj.* 1. deliciously sweet, very sweet. 2 melodious.

सुमन (su man) *adj.* nice-hearted.

m. flower.

सुमरना (su mar nA) *vt.* = सुमिरना।

सुमिरना (su mir nA) *vt.* to repeat devotedly (God's) name etc.

सुमिरनी (su mir nee) *f.* rosary.

सुमुखी (su mu khee) *adj.* of handsome appearance, pretty-faced, having good/unique features; उस अद्वितीय ~ की लावण्यता को देखकर सभी भौचक्के रह गए All were bewildered and stunned to see the elegance of the matchless fascinating lady.

सुमेरु (su me ru) *m.* mythological mountain (of gold).

सुयश (su yash) *m.* renown, repute.

सुयोग (su yog) *m.* happy coincidence/occasion.

सुयोग्य (su yoggy) *adj.* worthy, very competent.

सुरंग (su rang) *adj.* 1. of good colour. 2. of chestnut colour, reddish-brown.

f. 1. tunnel. 2. mine (of dynamite); सुरंगें बटोरना to sweep mines; सुरंगें बिछाना to lay mines.

सुरंगबुहार (~ bu hAr) *m.* mine sweeper.

सुर (sur) *m.* 1. god. 2. tone, note, tune; ~ निकालना to bring out a tune; ~ मिलाना to harmonise/chime in; ~ में सुर मिलाना always to sing to the tune of someone else, ever to ditto someone else.

सुरकना (su rak nA) *vt.* = सुड़कना।

सुरक्षण (~ shaN) *vt.* act of protecting well.

सुरक्षा (~ shA) *f.* 1. protection, good protection; ~ करना to safeguard. 2. security; कड़ी ~ strict security. 3. defence; ~ मंत्री Defence Minister.

सुरक्षात्मक (~ shAt mak) *adj.* defensive; ~ कार्रवाई defensive measure (s).

सुरक्षा-परिषद (~ shA - pa ri shad) *f.* Security Council.

सुरक्षा-बल (~ - bal) *m.* security forces; हमारे सुरक्षा-बलों ने तीन आतंकवादियों को मार गिराया Our security forces killed three terrorists. सीमा ~ Border Security Force.

सुरक्षित (su rak shit) *adj.* 1. well-protected. 2. defended, well-defended. 3. reserved; ~ क्षेत्र reserved constituency.

सुरक्षोपाय (~ sho pAy) *m.* safeguard.

सुरख़ाब (sur KhAb) *m.* a bird of the heron family; ~ के पर लगना to be blessed with some unusual feature.

सुरख़ी (~ Khee) *f.* = सुर्ख़ी।

सुरगाय (~ gAy) *f.* = कामधेनु।

सुरत (su rat) *f.* recollection, memory; ~ बिसारना to lose all recollection.

सुरतरंगिणी (sur ta raṅ gi NEE) *f.* Milky Way.

सुरति (su ra ti) *f.* pleasant love-play.

सुरती (sur tee) *f.* tobacco leaves turned into small flakes.

सुरदार (~ dAr) *adj.* = सुरीला।

सुरपति (~ pa ti) *m.* god Indra, king of the gods.

सुरपुर (~ pur) *m.* the city where the gods dwell, Indrapuri.

सुरभि (su ra bhi) *f.* fragrance, perfume.

सुरभित (su ra bhit) *adj.* fragrant, perfumed.

सुरमई (sur ma ee) *adj.* of the colour of collyrium, of slatish hue; ~ कलम a thin bar used for applying collyrium to the eyes.

सुरमा (~ mA) *m.* collyrium; ~ करना to reduce/grind into fine powder.

सुरमेदानी (~ me dA nee) *f.* small collyrium container.

सुरम्य (su rammy) *adj.* exquisitely charming.

सुरराज (sur rAj) *m.* Indra, the chief of the gods.

सुरस (su ras) *adj.* juicy.
m. good juice.

सुरसुराना (sur su rA nA) *vt.* 1. to itch slightly. 2. to make a sound like that of a creeping/crawling insect/animal or such like.

सुरसुराहट (~ su rA haT) *m.* state of सुरसुराना।

सुरसुरी (~ su ree) *f.* 1. an insect which eats into grains. 2. = सुरसुराहट।

सुरही (su ra hee) *f.* a game played with 16 cowries.

सुरांगना (su rAṅg nA) *f.* celestial damsel.

सुरा (su rA) *f.* wine/liquor.

सुराग़ (su rAG) *m.* clue, cue; ~ पाना/मिलना, हाथ लगना to run a clue.

सुरागाय (su rA gAy) *f.* yak.

सुराज्य (su rAjjy) *m.* good government.

सुराधिप (su rA dhip) *m.* Lord Indra, chief of the gods.

सुरानीक (~ neek) *m.* army of the gods.

सुरापात्र (~ pAttr) *m.* goblet of wine, wine-glass.

सुरापान (~ pAn) *m.* drinking of wine.

सुरापी (~ pee) *m.* drunkard.

सुरासव (~ sav) *m.* 1. methylated spirit 2. celestial drink.

सुरासार (~ sAr) *m.* alcohol.

सुरासुर (~ sur) *m.* gods and demons; ~ संग्राम battle between gods and demons. (Hindu Mythology)

सुराही (su rA hee) *f.* ewer, long-necked jar, usually earthen, meant for cooling water.

सुराहीदार (~ dAr) *adj.* of the shape of सुराही, long-necked.

सुराहीनुमा (~ nu mA) *adj* = सुराहीदार।

सुरीला (su ree lA) *adj.* melodious, tuneful, sweet, harmonious.

सुरीलापन (~ pan) *m.* melodiousness, sweetness.

सुरुचि (su ru ci) *f.* good taste.

सुरुचिकर (~ kar) *adj.* = सुरुचिपूर्ण।

सुरुचिपूर्ण (~ poorN) *adj.* 1. full of good taste. 2. decorous.

सुरेंद्र (su rendr) *m.* Lord Indra, chief of the gods.

सुरेंद्रचाप (~ cAp) *m.* bow of Lord Indra, rainbow.

सुरेश (su resh) *m.* Lord Indra.

सुरेश्वर (~ shwar) *m.* Lord Indra.

सुरैत (su rait) *f.* concubine, kept mistress.

सुरैतिन (su rai tin) *f.* = सुरैत।

सुर्ख़ (surkh) *adj.* red, blood-red, scarlet; लाल ~ fiery red; ~ होना—वह ~ हो रहा है He is ruddy/He is a picture of health.

सुर्ख़रू (~ roo) *adj.* glorified/honoured.

सुर्ख़ी (sur khee) *f.* 1. redness; चेहरे पर ~ छाना to have a ruddy face. 2. powder of bricks used in making brick walls. 3. banner line in a newspaper, headline.

सुलक्षण (su lak shaN) *adj.* having traits characteristically auspicious. [Fem. सुलक्षणा]

m. auspicious sign, good omen.

सुलक्षणा, सुलक्षणी (su lak sha NA/NEE) *f.* fem. of सुलक्षण।

सुलगना (su lag nA) *vi.* to smoulder; आग अंदर ही अंदर सुलग रही थी The fire was smouldering within.

सुलगाना (sul gA nA) *vt.* 1. to ignite/kindle. 2. to lit/light.

सुलझना (su lajh nA) *vi.* to be disentangled; सुलझा दिमाग़ clear head; सुलझे विचार clear ideas; बात सुलझ गई/मामला सुलझ गया The matter came to a settlement.

सुलझाना (sul jhA nA) *vt.* 1. to disentangle; लट ~ to put the knotted hair in the right order. 2. to resolve; राष्ट्रसंघ के महामंत्री ने अत्यंत स्पष्ट शब्दों में पकिस्तान से कहा है कि कश्मीर का मामला तभी सुलझाया जा सकता है जब इसलामाबाद लाहौर घोषणा-पत्र की भावना का अनुसरण करे United Nation's Secretary General has told Pakistan in categorical terms that Kashmir issue can only be resolved if Islamabad follows the spirit of Lahore Declaration. मामले को ~ to settle the matter; समस्या सुलझाई जा सकती है The problem can be solved.

सुलझा-सुलझाया (~ jhA - sul jhA yA) *adj.* well-nigh settled.

सुलटा (sul TA) *adj.* direct, straight.

सुलतान (~ tAn) *m.* sultan.

सुलतानी (~ tA nee) *adj.* of or pertaining to सुलतान।

f. state or office of (being) a Sultan.

सुलफ़ा (~ FA) *m.* an intoxicant made from tobacco leaves for smoking.

सुलफ़ेबाज़ (~ Fe bAZ) *m.* one who is addicted to smoking सुलफ़ा।

सुलफ़ेबाज़ी (~ Fe bA zee) *f.* habit of smoking सुलफ़ा।

सुलभ (su labh) *adj.* easily available/obtainable; ~ मुद्रा soft currency.

सुलभता (~ tA) *f.* easy availability.

सुलह (su lah) *f.* 1. compromise. 2. truce, treaty.

सुलहनामा (~ nA mA) *m.* deed of compromise.

सुलह-सफ़ाई (~ - sa FA ee) *f.* settlement and compromise.

सुलाना (su lA nA) *vt.* to cause to sleep, to make (someone) sleep.

सुलाभ (~ lAbh) *m.* advantage.

सुलूक (su look) *m.* = सलूक।

सुलेख (su lekh) *m.* beautiful handwriting, calligraphy.

सुलोचना (su loc nA) *f.* (woman) having lovely eyes.

सुवर्ण (su varN) *adj.* 1. of good colour. 2. of the colour of gold, golden.

m. gold.

सुवास (su vAS) *m.* fragrance.

सुवासित (su vA sit) *adj.* scented.

सुविख्यात (su vik khyAt) *adj.* well-known, well-reputed, renowned.

सुविचार (su vi cAr) *m.* good/excellent idea.

सुविचारित (~ cA rit) *adj.* well-considered, well-thought out.

सुविज्ञ (su viggy) *adj.* having special knowledge, well-versed, expert.

सुविज्ञता (~ tA) *f.* special knowledge, expertise.

सुविदित (su vi dit) *adj.* well-known.

सुविधा (su vi dhA) *f.* 1. convenience. 2. facility, concession; सुविधाएँ प्रदान करना/देना to give facilities.

सुविधाजनक (~ jak nak) *adj.* convenient.

सुविधाजीवी (~ jee wee) *adj.* ease-loving, easy-going.

सुविधानुसार (~ nu sAr) *adv.* at convenience.

सुव्यवस्था (suv vya vas thA) *f.* good arrangement, good management.

सुव्यवस्थित (~ vya vas thit) *adj.* well-arranged, well-managed, well systematised.

सुशिक्षित (su shik shit) *adj.* highly educated, lettered.

सुशील (su sheel) *adj.* of good disposition, courteous, well-behaved, good-natured, affable, polite.

सुशीलता (~ tA) *f.* innate quality of good disposition, courteousness.

सुशीला (su shee lA) *f.* fem. of सुशील।

सुशोभित (su sho bhit) *adj.* graceful; आसन ~ करना to grace the chair; ~ होना to be appropriate, to befit.

सुश्री (sush shree) *f.* honorofic used for women.

सुश्रुत (~ shrut) *adj.* well-known (object).

सुषमा (sush mA) *f.* natural/exquisite beauty.

सुषुप्त (su shupt) *adj.* 1. asleep, in slumber. 2. latent, dormant.

सुषुप्ति (su shup ti) *f.* 1. slumber. 2. dormancy.

सुषुम्ना (su shum nA) *f.* one of the fourteen main nerves of the body.

सुष्ठु (sush Thu) *adj.* 1. graceful, beautiful. 2. sweetly graceful.

सुसंगत (su saṅ gat) *adj.* cogent, relevant.

सुसंगति (su saṅ ga ti) *f.* 1. good company. 2. cogency, relevance.

सुसंस्कृत (su sans krit) *adj.* well-cultured, refined.

सुसंहत (su san hat) *adj.* compact.

सुसंहति (su san ha ti) *f.* compactness.

सुसज्जित (su saj jit) *adj.* well-decorated, well-adorned.

सुसमय (su sa may) *m.* good days, favourable times, time of prosperity.

सुसाध्य (su sAddhy) *adj.* easily achievable/attainable.

सुस्त (sust) *adj.* 1. lazy, idle, indolent; तुम ~ दिखाई पड़ रहे हो You appear low in spirits, don't you? उसकी तबीयत कुछ ~ है He is rather unwell. 2. slow; घड़ी ~ चल रही है The watch is slow. उसका हाथ बड़ा ~ है He is very slow at doing things. वह हर काम में ~ है He is lazy in everything he does/He is characteristically lazy.

सुस्ताना (sus tA nA) *m.* to take rest, to relax; घड़ी भर के लिए ~ to rest a while.

सुस्ती (~ tee) *f.* laziness, idleness, indolence.

सुस्थित (su sthit) *adj.* well-placed, well-situated.

सुस्थिति (~ thi ti) *f.* good situation.

सुस्थिर (~ thir) *adj.* 1. well-poised, calm and balanced, steady. 2. firmly settled, stable.

सुस्थिरता (~ tA) *f.* state or quality of being सुस्थिर।

सुस्पष्ट (su spashT) *adj.* clearly outlined, clear-cut.

सुस्वादु (su swA du) *adj.* very tasty, delicious.

सुहाग (su hAg) *m.* a woman's blessed state of life when her spouse is alive; ~ अचल

सूतिका-प्रकोष्ठ (~ - pra koshTh) *m.* lying-in room.

सूती (soo tee) *adj.* made from cotton; ~ कपड़ा cotton cloth.

सूत्र (soottr) *m.* 1. formula, aphorism. 2. clue. 3. source; विश्वस्त सूत्रों से पता लगा है कि... From reliable sources it is gathered that.... 4. = सूत।

सूत्रकार (~ kAr) *m.* one who formulates aphorisms.

सूत्रधार (~ dhAr) *m.* stage-manager (in old Sanskrit dramas).

सूत्रधारिन (~ dhArin) *f.* fem. of सूत्रधार।

सूत्रपात (~ pAt) *m.* commencement, beginning; ~ करना to make a beginning.

सूत्री (soot tree) *adj.* pertaining to सूत्र; त्रिसूत्री योजना three-fold plan.

सूत्रीय (~ treey) *adj.* = सूत्री।

सूथन (soo than) *f.* a type of trousers worn by women, especially in Punjab.

सूद (sood) *m.* interest (on principal); ~ दर ~ compound interest; ~ दर ~ ब्याज लगने से देय धन कुछ वर्षों में मूलधन का दुगुने से अधिक हो जाता है With the charging of compound interest the amount pay-able becomes even more than double of the principal amount in a few years.

सूदख़ोर (~ Khor) *m.* a person who lends money at an exorbitant rate of interest, usurer.

सूदख़ोरी (~ Kho ree) *f.* the practice of lending money at an exorbitant rate of interest, usury.

सूदन (soo dan) *adj.* 1. destroyer; मधु ~ destroyer of demon Madhu. 2. dear, endearing.

सूदी (~ dee) *adj.* 1. pertaining to interest. 2. (sum) earned as interest. 3. (principal) yielding interest.

सूना (~ nA) *adj.* lonely, unfrequented; आज घर ~ लग रहा है The house appears deserted today. सूनी-सूनी आँखें vacant eyes.

सूनापन (~ pan) *m.* state or quality of being सूना; loneliness.

सूप (soop) *m.* a handy gadget/appliance used for winnowing grain and the like.

सूफ़ियाना (soo Fi yA nA) *adj.* plain but befittingly beautiful, sophisticated.

सूफ़ी (~ Fee) *m.* believer of the cult of mysticism among Muslims.

सूफ़ी-संप्रदाय (~ sam pra dAy) *m.* sect of Soofis among Muslims.

सूबा (soo bA) *m.* province.

सूबेदार (~ be dAr) *m.* 1. governor of a province. 2. a non-commissioned officer in the Indian army.

सूबेदारी (~ be dA ree) *f.* the state, office or tenure of a सूबेदार।

सूम (soom) *adj.* miserly, penurious.
m. miser.

सूमड़ा (~ RA) *adj.* unwilling to spend or give, niggardly.
m. a stingy person, niggard.

सूमपन, सूमपना (~ pan, ~ pa nA) *m.* miserliness, niggardliness.

सूमो (soo mo) *m.* Japanese wrestling.

सूर (soor) *adj.* blind.

सूरज (soo raj) *m.* sun; ~ डूबने को था The sun was near setting. ~ को दीपक दिखाना to give light to the enlightened; उगता ~ rising sun—उगते सूरज को सभी नमस्कार करते हैं All worship the rising sun. छिपता/डूबता ~ setting sun; ढलता ~ declining sun.

सूरज-घड़ी (~ - gha Ree) *f.* sun-dial.

सूरजमुखी (~ mu khee) *m.* sun-flower.

सूरत (soo rat) *f.* 1. appearance, countenance, face; ~ दिखाना (i) लड़का कभी-कभी अपनी ~ दिखाने आ जाता है The boy puts in an appearance off and on. (ii) फिर कभी मुझे अपनी ~ मत दिखाना Don't you ever show me your (unseemly) face again. ~ बदलना—अब तुम्हारी ~ बदल गई है You appear very much changed now. ~ बनना—अब जाकर एक ~ बनी है It is now that things have taken shape. ~ बनाना—तुमने क्या ~ बना रखी है What a quaint guise you have put on! रोनी ~ gloomy/bemoaning face; सलोनी ~ comely face. 2. situation, form; ~ नज़र न आना—कोई ~ नज़र नहीं आती I see no way out of the situation. ~ न निकलना—कोई ~ नहीं निकली No way out could be found. ~ निकल आना = ~ बनना (things) to take shape; ~ बदल जाना—अब ~ बदल गई है Now the situation is changed. ~ में—ऐसी सूरत में मुझे वहाँ जाना नहीं चाहिए In such a situation I should not go there.

सूरत-शक्ल (~ - shakl) *f.* face and looks; ~ से दुरस्त है The general appearance is okay. ~ से वह एकदम सीधा-सादा लगता है पर वह अंदर से है पक्का काँइयाँ By his general appearance, he appears simpleton but inwardly he is entirely a knave.

सूरत-हराम (~ - ha RAM) *adj.* of deceptive looks.

सूरन (soo ran) *m.* elephant's foot, an edible root.

सूरमा (soor MA) *m.* warrior, brave fighter, hero.

सूरमापन (~ pan) *m.* heroism, bravery, bravado.

सूराख़ (soo RAKh) *m.* hole, aperture; ~ करना to bore a hole.

सूर्य (soorry) *m.* Sun.

सूर्यग्रहण (~ gra haN) *m.* solar eclipse.

सूर्यवंश (~ vansh) *m.* a renowned ancient Indian dynasty, solar dynasty.

सूर्यवंशी (~ van shee) *m.* a member of the Solar Dynasty of Kshatriyas.

सूर्यास्त (soor YAST) *m.* sunset, sundown.

सूर्योदय (~ yo day) *m.* sunrise; ~ के समय at the time of sunrise; ~ से सूर्यास्त तक from sunrise to sunset.

सूर्योपासना (~ yo PAS NA) *f.* sun-worship.

सूल (sool) *m.* = शूल।

सूली (soo lee) *f.* an ancient form of capital punishment; ~ पर ख़ुशी से चढ़ जाना to embrace gallows gladly; ~ पर चढ़ाना execution by hanging; ~ पर टँगना—मेरी जान ~ पर टँगी थी I was on the pinnacle of anxiety, as if on the gallows.

सूहा (~ hA) *adj.* & *m.* bright red.

सृजन (sri jan) *m.* The Creation.

सृजनहार (~ hAr) *m.* The Creator (of the world).

सृष्ट (srishT) *adj.* created, preduced.

सृष्टि (srish TI) *f.* the creation.

सृष्टिकर्ता (~ kar tA) *m.* Creator.

सृष्टि-विज्ञान (~ - vig YAN) *m.* cosmology.

सेंक (sek̃) *m.* 1. fomentation; ~ करना to foment. 2. warmth; ~ आना/लगना to be subject to warmth.

सेंकना (~ nA) *vt.* 1. to foment. 2. to bake, roast. आँखें ~ to feast the eyes by seeing a pretty face (of a girl); धूप ~ to bask in the sun; रोटी ~ to bake bread; हाथ ~ to take undue advantage of another's suffering.

सेंकाई (sẽ KA ee) *f.* fomentation.

सेंटा (~ TA) *m.* lower end of a reed (often used as a pen).

सेंतमेंत में (sẽt mẽt mẽ) *adv.* gratis, free of cost/charge.

सेंद्रिय (sen driy) *adj.* organic.

सेंध (sẽdh) *f.* hole made in a house for burglary; ~ मारना/लगाना house-breaking.

सेंधा नमक (sẽ dhA na mak) *m.* common salt as a solid mineral, rock-salt.

सेंधिया (~ dhi yA) *m.* house-breaker, burglar.

सेंसर (sen sar) *m.* censor.

से (se) *postposition.* 1. from; कहीं ~ from somewhere; सुबह ~ शाम तक from morning till evening; यहाँ ~ from here. 2. to; वह किस ~ बात कर रहा है Whom is he talking to? वह अध्यापक ~ बात कर रहा है He is talking to a teacher. 3. with; हाथ ~ with the hand; ध्यान ~ with care and caution. 4. through; वह नाक ~ बोलता है He has a nasal accent/He speaks through the nose. 5. by; केले दर्जन से बिकते हैं Bananas sell by the dozen. ~ होकर by way of. 6. since, for; हम नौ बजे ~ प्रतीक्षा कर रहे हैं We have been waiting since 9 O'Clock. वे दो घंटे ~ प्रतीक्षा कर रहे हैं They have been waiting for two hours. कब ~ since when; सोमवार ~ since Monday; छह महीने ~ for six months. 7. than; दिल्ली की जलवायु बनारस ~ अच्छी है The climate of Delhi is better than that of Varanasi. वह तुम ~ बड़ा और समझदार है He is older and wiser than you. इस ~ कम less than this; अंदर ~ from within; आँखों ~ दूर out of sight; ऊपर ~ नीचे तक from top to bottom; क़दम ~ क़दम मिलाकर चलो Walk in step. काम ~ जाना (i) to go on errand; (ii) अब तो मैं गया काम ~ Now, I am completely undone/Now, all is lost for me. ख़ून ~ रँगा blood-stained; जान ~ जाना to lose (one's) life; जान ~ मारना—अब क्या उसे तुम जान से मारोगे Will you now beat him to death? दिमाग़/ध्यान ~ उतर जाना to go out of (one's) mind; धर्म ~ कहना to say in all honesty; पहले ~ already, long before; वह यहाँ पहले ~ आया हुआ है He has been here already; बाहर ~ from without; मेरे कहने ~ चले चलो Come along at my instance. कहने ~ गए तो क्या गए There is no point in going at another's bidding. मेरे विचार ~ so far as I think; वह कहने ~ बाज़ नहीं आएगा He will not refrain from speaking out. वह सीढ़ी ~ चढ़ा He mounted up the ladder. सच्चे दिल ~ from the core of the heart; सब ~ पहले first of all; हाथ ~ निकल जाना—लड़का हाथ से निकल गया The boy has got out of hand/control.

से अधिक (se a dhik) *postposition.* more than; पुस्तक का मूल्य पाँच रुपए ~ नहीं होगा The book will cost not more than five rupees.

सेकंड (se kaND) *m.* second, one-sixtieth part of a minute.

सेक्रेटरी (sek kre Ta ree) *m.* secretary.

सेचन (se can) *m.* irrigation, watering.

सेचित (se cit) *adj.* irrigated.

सेज (sej) *f.* luxurious bed; ~ बिछाना/लगाना to do the bed; काँटों की ~ bed of thorns; फूलों की ~ bed of roses; प्रधानमंत्री का पद फूलों की ~ नहीं The post of prime minister is not a bed of roses.

सेट (seT) *m.* set (of articles).

सेठ (seTh) *m.* wealthy/moneyed person [Fem. सेठानी]; नगर ~ richest man of the town.

सेठानी (se ThA nee) *f.* fem. of सेठ।

सेतु (se tu) *m.* bridge; ~ बाँधना to erect a bridge.

सेतुबंध (~ bandh) *m.* 1. dam, serving as a bridge. 2. construction of a bridge.

सेना (se nA) *f.* army.

vt. to serve, to attend upon, to dance attendance on; अंडे ~ (i) to hatch eggs; (ii) to waste time by sitting idly; चरण ~ to serve subserviently; चारपाई ~ to lie idly in bed as a pastime.

सेनाधिकारी (~ dhi kA ree) *m.* military officer.

सेनाधिपति (~ dhi pa ti) *m.* commander-in-chief.

सेनाध्यक्ष (~ dhyaksh) *m.* chief of the army.

सेनानायक (~ ṇA yak) *m.* general.

सेनानी (~ nee) *m.* commanding officer.

सेनापति (~ pa ti) *m.* commander.

से पहले (se pah le) *postposition.* before; फ़ोन की घंटी बजने ~ मैं पढ़ रहा था I was reading before the bell rang.

सेब (seb) *m.* apple; ~ का मुरब्बा apple-jam.

सेम (sem) *f.* bean.

सेमई (se ma ee) *f.* = सेवईं।

सेमल (se mal) *m.* silk cotton tree.

सेर (ser) *m.* seer (an Indian unit of weight, a little over two pounds); ~ को सवा ~ मिलना to come across more than a match.

सेरा (se rA) *m.* smaller arm of bedstead.

सेरी (se ree) *suffix.* denoting weight in seers; पंसेरी five-seer weight.

सेल (sel) *f.* special sale/clearance of goods at reduced rates; ~ लगना—आज हमारे यहाँ गर्म कपड़ों की ~ लगी है We are having a clearance sale of winter clothings today.

सेलखड़ी (~ kha Ree) *f.* soap-stone, talc.

सेलटैक्स (~ tax) *m.* sales tax.

सेला (se lA) *m.* = भुजिया चावल।

सेव (sev) *m.* a salty preparation (gram flour, shredded and fried).

सेवईं (se va eẽ) *f.* vermicelli.

सेवक (se vak) *m.* 1. servant. 2. worker [Fem. सेविका]; समाज - ~ social worker.

सेवकधर्म (~ dharm) *m.* duty of a सेवक।

सेवकाई (sev kA ee) *f.* service attendance.

सेवड़ा (sev RA) *m.* salty preparation (long rectangular fried solids of wheat flour).

सेवन (se van) *m.* use; औषधि - ~ taking medicine; वायु - ~ outing, walk in the open.

सेवन-विधि (~ vi dhi) *f.* method of use.

सेवा (se vA) *f.* service; राजकीय ~ government service; ~ करना to render service to, to serve.

सेवाकाल (~ kAl) *m.* period of service.

सेवा-टहल (~ - Ta hal) *f.* attendance and service.

सेवादार (~ dAr) *m.* one who serves as a religious duty (among Sikhs).

सेवाधर्म (~ dharm) *m.* service as duty.

सेवानिवृत्त (~ ni vritt) *adj.* having retired from work.

सेवानिवृत्ति (~ ni vrit ti) *f.* retirement; ~ के बाद वह इंग्लैंड में बसने के लिए चला गया After retirement, he emigrated to England.

सेवापंजी (~ pan jee) *f.* service-book.

सेवाभाव (~ bhAv) *m.* spirit of service.

सेवावृत्ति (~ vrit ti) *f.* spirit of service.

सेवा-सुश्रूषा (~ - su shroo shA) *f.* attendance (on a patient) and nursing.

सेविंग बैंक (se ving baink) *m.* savings bank.

सेविका (se vi kA) *f.* 1. a female servant. 2. voluntary female worker. [fem. of सेवक]

सेवित (se vit) *adj.* 1. attended upon (person). 2. used (object).

वी (se vee) *adj.* & *m.* server.

व्य (sevvy) *adj.* fit to be served, worth being served.

हरा (seh rA) *m.* 1. bridegroom's chaplet; सिर पर ~ बँधना to win laurels. 2. eulogical verse composed for a wedding.

हराबंदी (~ ban dee) *f.* ceremony of putting on of the bridegroom's chaplet.

हरी (seh ree) *f.* a variety of small fish.

ंतालीस (sain tA lees) *adj.* & *m.* forty-seven, 47.

ंतीस (~ tees) *adj.* & *m.* thirty-seven, 37.

ंधव (~ dhav) *adj.* of or pertaining to Sindh.
m. 1. inhabitant of Sindh. 2. = सेंधा नमक।

सैकड़ा (saik RA) *m.* hundred; सैकड़े (के हिसाब) से by the hundred.

सैकड़े (~ Re) *adv.* in units of hundred; ब्याज की दर दो रुपए ~ है The rate of interest is two per cent. आम कितने रुपए ~ हैं What is the price of mangoes per hundred ?

सैकड़ों (~ Ron) *adj.* & *m.* hundreds (of); ~ बार hundred of times; ~ व्यक्ति hundreds of men; मैं यही बात ~ में कह दूँगा I will say the same thing in an assemblage of hundreds.

सैकत (sai kat) *adj.* pertaining to सिकता, sandy.

सैद्धांतिक (said dhAn tik) *adj.* 1. pertaining to principle; ~ मतभेद difference on principles. 2. theoretical; ~ पक्ष theoretical aspect.
m. theorist, theoretician.

सैनिक (sai nik) *m.* soldier; ~ अधिनायक/तानाशाह military dictator; ~ अधिनायकवाद/तानाशाही military dictatorship; ~ अभ्यास military exercises; ~ क्रांति military revolution; ~ न्यायालय military court; ~ बल military strength, armed might, armament; ~ राज military rule; ~ विद्रोह military revolt/rebellion; ~ व्यवस्था military system; ~ शक्ति military power; ~ शासन military rule.

सैनिकीकरण (~ ni kee ka raN) *m.* militarisation.

सैन्य (sainny) *adj.* pertaining to an army.
m. 1. soldier. 2. army.

सैन्यबल (~ bal) *m.* military strength, armed might, armament.

सैन्यवाद (~ vAd) *m.* militarism.

सैयाँ (sai yÃ) *m.* 1. husband. 2. lover.

सैयाद (~ yAd) *m.* = बहेलिया, fowler.

सैर (sair) *f.* 1. the act of walking, roving; मैं सुबह-शाम ~ करने के लिए जाता हूँ I go walking in the mornings and evenings. दुनिया की ~ globe trotting; लंबी ~ a long walk; सुबह की ~ morning walk. 2. outing, pleasure trip. 3. picnic.

सैर-सपाटा (~ - sa pA TA) *m.* excursion, roving for joy; सैर-सपाटे को निकलना to turn out for roving.

सैल (sail) *f.* = सैर।

सैला (sai lA) *m.* wedge.

सैलानी (~ nee) *m.* 1. tourist. 2. excursionist, rover.

सैलानीपन (~ pan) *m.* habit of roving.

सैलाब (sai lAb) *m.* flood.

सैलाबी (~ lA bee) *adj.* pertaining to flood.

सैलून (~ loon) *m.* 1. saloon, barber's shop. 2. special carriage, meant for some high dignitary.

सोंटा (sõ TA) *m.* stout walking stick.

सोंठ (sõTh) *f.* dried ginger; ~ हो जाना to go absolutely mum.

सोंधा (sõ dhA) *adj.* having a light, pleasing (particularly earthen) smell.

सोंधापन (~ pan) *m.* light, pleasing smell.

सो (so) *adj. & conj.* so; ~ बात नहीं है That is not so/That is not the thing. मैं गया था, सो I did go, so what? जो मैंने कहा ~ मत कहना Don't say what I have said. जो है ~ ले लो Take whatever is there.

सोआ (so A) *m.* a variety of leafy vegetable.

सोख़ना (soKh nA) *vt.* to suck/absorb/soak.

सोख़्ता (soKh tA) *m.* blotting paper.

सोग (sog) *m.* mourning; ~ मनाना to mourn.

सोगवारी (~ VA ree) *f.* period of mourning.

सोच (soc) *f.* 1. consideration, pondering; ~ में पड़ना to be in a fix. 2. concern, anxiety.

सोचना (~ nA) *vt.* 1. to think; तुम क्या सोच रहे हो What are you thinking of? तुम किसके बारे में सोच रहे हो What are you thinking about? ज़रा सोच लो Just think it over. मैं सोच रहा हूँ कि वह कितनी सुंदर रही होगी I am just wondering how beautiful she must have been. 2. to suppose or consider; बहुत से लोग सोचते हैं कि वह मर गया है Most people suppose him to be dead.

m. thinking; सोचने का ढंग way of thinking, stance.

सोचना-विचारना (~ - vi CAR nA) *vi.* to deliberate; ख़ूब सोच-विचारकर after a good deal of thinking.

सोचना-समझना (~ - sa majh nA) *vt.* to weigh the pros and cons; सोच-समझकर after due deliberation.

सोच-विचार (soc - vi CAR) *m.* deliberation, due thought; किस ~ में पड़े हुए हो Why this pondering over? मैं इस ~ में पड़ा हूँ कि आगे क्या करना है I am pondering over what to do next.

सोज (soj) *f.* = सूजन।

सोडा (so DA) *m.* soda.

सोडावाटर (~ WA Tar) *m.* soda-water.

सोता (so tA) *m.* spring (of water); गर्म पानी का ~ hot spring, spa.

सोद्देश्य (sod deshshy) *adj.* purposeful; tendentious.

सोधना (sodh nA) *vt.* = शोधना।

सोनचिरैया (son ci rai yA) *f.* 1. a bird with gold-coloured plumage. 2. golden goose.

सोनल (so nal) *adj.* golden.

सोना (so nA) *m.* 1. gold; हर चमकनेवाली चीज़ ~ नहीं होती All that glitters is not gold. ~ उगलना to yield a fortune; ~ चढ़ाना to gild; ~ - चाँदी wealth; ~ बरसना—उसके घर ~ बरस रहा है He is minting money/ Money is pouring on him. लड़का तो ~ है The boy is all gold. सोने का घर मिट्टी कर देना to squander away a fortune, to spell ruin on a prosperous house; सोने का पानी liquid gold; सोने का वरक़ gold leaf; सोने की चिड़िया (i) a bird which yields golden eggs, (ii) a mine of gold in miniature; सोने के मोल at a huge cost; सोने में सुगंध/सुहागा fragrance added to beauty, added excellence; सोने से लदा laden with gold ornaments. 2. precious thing or quality.

vi. to sleep; तुम रात को कब सोते हो What time do you usually go to the bed? मैं सोया हुआ था I was asleep. गहरी नींद ~ to slumber; सोते-जागते awake or asleep, at all times.

n. sleeping; यह सोने का समय नहीं है This is no time for sleeping.

सोपाधि (so PA dhi) *adj.* conditional, with a condition.

सोपान (so pAn) *m.* staircase, flight of stairs; ~ क्रम से step by step, by stages.

सोपानित (so pA nit) *adj.* stepped; ~ तिपाई stepped stool.

सोफ़ा (so FA) *m.* sofa.

सोफ़ासेट (~ seT) *m.* sofa set.

सोफ़ियाना (so Fi yA nA) *adj.* = सूफ़ियाना।

सोम (som) *m.* 1. an ancient creeper. 2. moon. 3. elixir.

सोमरस (~ ras) *m.* 1. celestial beverage from the creeper सोम। 2. elixir.

सोमवती अमावस्या (~ va tee a mA vas syA) *f.* last day of the dark half of a lunar month, when it falls on a Monday.

सोमवार (~ vAr) *m.* Monday.

सोमवारी (~ vA ree) *adj.* of or pertaining to Monday, held/observed on Monday. *f.* = सोमवती अमावस्या।

सोयाबीन (so yA been) *f.* soyabean.

सोलह (so lah) *adj. & m.* sixteen; सोलह/सोलहों आने cent per cent, completely.

सोलह सिंगार (~ siṅ gAr) *m.* an Indian style of make-up in all its sixteen traditional forms.

सोल्लास (sol lAs) *adv.* with enthusiasm tinged with joy.

सोहन (so han) *adj.* comely.

सोहन-पपड़ी (~ - pap Ree) *f.* a variety of Indian sweet.

सोहन-हलुआ (~ - ha lu A) *m.* a variety of Indian pudding.

सोहना (soh nA) *adj.* beautiful.
vi. to appear comely.

सोहबत (~ bat) *f.* company, association, society.

सोहर (so har) *m.* a variety of songs sung on auspicious occasions, spl. childbirth.

सौंदर्य (saun darry) *m.* beauty, loveliness.

सौंदर्य-प्रतियोगिता (~ - pra ti yo gi tA) *f.* beauty contest, beauty competion.

सौंदर्यवाद (~ vAd) *m.* aestheticism.

सौंदर्यवादी (~ vA dee) *adj.* aesthetic.
m. aesthete.

सौंदर्यशास्त्र (~ shAstr) *m.* aesthetics.

सौंपना (saump nA) *vt.* to entrust; अपने को ईश्वर की इच्छा के आगे सौंप देना to leave oneself to the will of God.

सौंफ़ (saũF) *f.* fennel.

सौ (sau) *adj. & m.* hundred, century; ~ की एक कहना to put (it) trenchantly in a nutshell, to cut a long story short; ~ की सीधी बात कहना = ~ की एक कहना; ~ जतन करना to try a hundred means; ~ जान से with heart and soul; ~ तरह से in a hundred ways; ~ दो सौ में एक unmatched amongst a hundred or two.

सौकर्य (~ karry) *m.* state or quality of being सुकर, convenience.

सौकुमार्य (~ ku mArry) *m.* state or quality of being सुकुमार, young-age.

सौख्य (saukkhy) *m.* comfortability, pleasure.

सौगात (sau gAt) *f.* some special present for someone brought from outside.

सौगाती (~ gA tee) *adj.* pertaining to सौगात।

सौजन्य (~ janny) *m.* 1. gentlemanliness, kindness. 2. courtesy, affability; ~ के लिए हमें कुछ ख़र्च नहीं करना पड़ता वरन् वह हमें बहुत कुछ देता है Courtesy costs nothing but pays much. ~ से by courtesy.

सौत (saut) *f.* second wife, co-wife.

सौतिया (sau ti yA) *adj.* pertaining to a सौत; ~ डाह extreme jealousy as between co-wives.

सौतेला (~ te lA) *adj.* ~ भाई step-brother; ~ व्यवहार step-motherly treatment; सौतेली माँ step-mother.

सौदा (sau dA) *m.* 1. transaction, bargain, deal; तुम्हें इससे अच्छा ~ नहीं मिलनेवाला You won't get a better bargain than this. ~ करना to bargain, to negotiate a deal; ~ पटना to strike a bargain; ~ होना/पटना— ~ हो गया/पट गया A deal has been struck. 2. marketing, sundry household articles of day-to-day con-sumption; ~ लाना to bring sundry household necessities/goods of day-to-day consumption.

सौदाई (~ ee) *m.* maniac (usually in love).

सौदागर (~ gar) *m.* businessman, merchant, tradesman (usually from outside).

सौदागर बच्चा (~ bac cA) *m.* born businessman.

सौदागरी (sau dA ga ree) *f.* tradesmanship.

सौदामिनी (~ dA mi nee) *f.* lightning.

सौदा-सुल्फ़ (~ dA - sulF) *m.* = सौदा।

सौदेबाज़ (~ de bAZ) *m.* bargainer, higgler, haggler.

सौदेबाज़ी (~ de bA zee) *f.* bargaining, horse-trading; राजनीतिक ~ political horse-trading.

सौध (saudh) *m.* mansion, palace.

सौभागिनी (sau bhA gi nee) *f.* = सौभाग्यवती।

सौभाग्य (~ bhAggy) *m.* good fortune; ~ छीन/लूट लेना to reduce (some woman) to widowhood; ~ से luckily; बहुत प्रतीक्षा करने के बाद ~ से उसे अपने करतब दिखाने का सुअवसर मिल ही गया After waiting for a long time, he did get luckily an opportunity to demonstrate his talents.

सौभाग्यवती (~ va tee) *adj.* & *f.* (woman) whose husband is alive.

सौभाग्यशालिनी (~ shA li nee) *adj.* (woman) of good fortune (fem. of सौभाग्यशाली).

सौभाग्यशाली (~ shA lee) *adj.* fortunate, of good fortune. [Fem. सौभाग्यशालिनी]

सौभाग्याकांक्षिणी (sau bhAg gyA kAnk shi Nee) *adj.* & *f.* maid (betrothed) seeking the happy state of married womanhood. [सौभाग्य + आकांक्षिणी]

सौम्य (saummy) *adj.* amiable, serene, placid, tranquil.

सौम्यता (~ tA) *f.* amiability, serenity, placidity, tranquility.

सौर (saur) *adj.* solar, pertaining to the sun.

सौर जगत (~ ja gat) *m.* solar system.

सौर दिवस (~ di vas) *m.* solar day.

सौरभ (sau rabh) *m.* 1. fragrance, sweet smell. 2. mango.

सौर मंडल (~ maN Dal) *m.* solar system.

सौर मास (~ mAs) *m.* solar month.

सौर वर्ष (~ varsh) *m.* solar year.

सौराष्ट्र (sau rAshTr) *m.* ancient name of Gujrat-Kathiawar, a region in the western part of India.

सौरी (~ ree) *f.* lying-in chamber.

सौवाँ (~ vÃ) *adj.* hundredth.

सौष्ठव (saush Thav) *m.* grace, elegance, charm; अंग - ~ elegance of the build of the body.

सौहार्द (sau hArd) *m.* warm and cordial relations, amity; उन्होंने सांप्रदायिक ~ बिगाड़ने के प्रयासों पर घोर चिंता जताई He expressed serious concern over the attempts to vitiate communal amity.

सौहार्दपूर्ण (~ poorN) *adj.* pleasant and friendly, cordial; हमारा संबंध अत्यंत ~ था Our relationship was very cordial.

सौहार्दपूर्वक (~ poor vak) *adv.* cordially.

स्कंध (skandh) *m.* shoulder.

स्कूल (skool) *m.* school.

स्कूली (skoo lee) *adj.* pertaining to a school.

स्क्रू (skroo) *m.* screw.

स्खलन (skha lan) *m.* 1. falling down. 2. deviation from the right path. 3. discharge, emission; वीर्य - ~ discharge of the semen.

स्खलित (~ lit) *adj.* from स्खलन।

स्टांप (STAmp) *m.* stamp.

स्टाक (STAk) *m.* stock.

स्टाफ़ (STAF) *m.* staff.

स्टाल (STAl) *m.* stall.

स्टीम (STeem) *f.* steam.

स्टीमर (STee mar) *m.* steamer.

स्टूल (STool) *m.* stool.

स्टेज (STej) *f.* stage.

स्टेट (STeT) *f.* state.

स्टेशन (STe shan) *m.* station.

स्टेशन-मास्टर (~ - mAS Tar) *m.* station-master.

स्टेशनरी (STesh na sree) *f.* stationery.

स्टोर (STOr) *m.* a store, shop.

स्टोरी (STO ree) *f.* 1. story. 2. storey.

स्टोव (STOV) *m.* stove.

स्तंभ (stambh) *m.* column, pillar.

स्तंभन (stam bhan) *vi.* retention of one's semen.

स्तंभन-शक्ति (~ - shak ti) *f.* power of retention.

स्तंभ-लेखक (stambh le khak) *m.* columnist.

स्तंभित (stam bhit) *adj.* dazed/astounded/stunned/bewildered; ~ रह जाना to be dazed, to be astounded.

स्तन (stan) *m.* breast, udder; ~ पिलाना to suckle.

स्तनधारी (~ dhA ree) *m.* mammal.

स्तनपान (~ pAn) *m.* breast-sucking; ~ कराना breast feeding.

स्तनपायी (~ pA yee) *adj.* & *m.* breast-sucking (animal), mammal.

स्तनी (sta nee) *adj.* mammalion.

स्तन्य (stanny) *adj.* pertaining to breast.

स्तबक (sta bak) *m.* bunch of flowers, bouquet.

स्तब्ध (stabdh) *adj.* stunned, stupefied, dumb-founded; मैं एक क्षण के लिए ~ रह गया I remained stunned for a moment.

स्तब्धता (~ tA) *f.* stupefaction, dumbfoundedness, hush; कमरे में ~ छा गई A hush fell over the room.

स्तर (star) *m.* 1. level, standard; अपने पारंपरिक ज्ञान की रक्षा के लिए हमें अंतरराष्ट्रीय ~ पर प्रयत्न करने होंगे Efforts at international level are required to protect our traditional knowledge. सामाजिक ~ social level; नैतिक ~ moral standard. 2. stature. 3. fold, layer.

स्तरण (sta raN) *m.* stratification.

स्तरी, स्तरीय (~ ree, sta reey) *adj.* pertaining to level/stature; ~ दृष्टिकोण prima facie view; उच्च ~ top-level; गंभीर समस्या का निस्तारण करने के लिए एक उच्च ~ समिति का गठन किया गया A top-level committee was formed for settlement of the grave problem.

स्तुति (stu ti) *f.* reverential praise, eulogy.

स्तुत्य (stutty) *adj.* praiseworthy, laudable.

स्तूप (stoop) *m.* 1. mound. 2. stupa.

स्तोता (sto tA) *m.* one who offers reverential praise, panegyrist.

स्तोत्र (stottr) *m.* hymn, eulogy of a god/goddess.

स्त्रियोचित (is tri yo cit) *adj.* behoving women; ~ आदर्श model of womanhood.

स्त्रियोपयोगी (~ yo pa yo gee) *adj.* sply. useful to women.

स्त्री (is tree) *f.* 1. woman, female. 2. wife.

स्त्रीत्व (is treettw) *m.* womanhood.

स्त्री-धन (is tree - dhan) *m.* property bestowed to a woman (principally on the occasion of her wedding).

स्त्री-धर्म (~ - dharm) *m.* inherent duty of a woman; ~ से in menstruation.

स्त्री-राज्य (~ - rAjjy) *m.* gynarchy.

स्त्रीलिंग (~ ling) *m.* feminine gender.

स्त्रीसुलभ (~ su labh) *adj.* which comes easily to woman; ~ लज्जा shyness/modesty characteristic of a woman.

स्त्रैण (straiN) *adj.* effeminate.

स्त्रैणता (~ tA) *f.* effeminacy.

स्थगन (stha gan) *m.* 1. adjournment; ~ प्रस्ताव adjournment motion. 2. postponement.

स्थगित (~ git) *adj.* adjourned, postponed; ~ करना to adjourn/postpone/suspend; उसके कार्य में कुछ अनियमितताएँ पाए जाने से उसकी सेवाएँ ~ कर दी गईं Due to certain irregularities observed in his performance, his services were suspended. ~ रखना to keep in abeyance.

स्थल (sthal) *m.* 1. place, site, venue; मैंने बहुत से दर्शनीय ~ देखे I did a lot of sightseeing. 2. land.

स्थलचर (~ car) *adj.* living on land, terrestrial.

स्थलचारी (~ cA ree) *adj.* = स्थलचर।

स्थलज (stha laj) *adj.* born on land.

स्थल-डमरूमध्य (sthal - Dam roo-madhy) *m.* isthmus.

स्थल-मार्ग (~ - mArg) *m.* land route.

स्थल-युद्ध (~ - yuddh) *m.* land warfare.

स्थल-सेना (~ - se nA) *f.* army, land force.

स्थली (stha lee) *f.* (picturesque) spot; वन ~ wood land

स्थलीय (~ leey) *adj.* pertaining to land.

स्थविर (~ vir) *adj.* 1. steady. 2. venerable.

स्थान (sthAn) *m.* 1. place; घर के जैसा कोई ~ नहीं There is no place like home. ~ लेना to replace; कप्तान के रूप में गांगुली सचिन का ~ लेंगे Ganguly will replace Sachin as captain. 2. locality. 3. spot.

स्थानांतर (sthA nAn tar) *m.* transfer.

स्थानांतरण (~ nAn ta raN) *m.* act of transferring, transference.

स्थानांतरित (~ nAn ta rit) *adj.* transferred.

स्थानापत्ति (~ nA patti) *f.* substitution, replacement.

स्थानापन्न (~ nA pann) *adj.* that acts or serves in place of another.
m. a person or thing serving in place of another, substitute.

स्थानिक (~ nik) *adj.* = स्थानीय।

स्थानीय (~ neey) *adj.* local; ~ प्रयोग local usage.

स्थापक (~ pak) *adj.* & *m.* = संस्थापक, founder.

स्थापत्य (~ patty) *m.* 1. architecture (art). 2. design and style of building.

स्थापन (~ pan) *m.* act of founding, establishment, installation.

स्थापना (~ pa nA) *f.* founding, establishment, installation; स्वतंत्र और निष्पक्ष निर्वाचन के लिए उन्होंने निर्वाचन आयोग की ~ की माँग की They demanded setting up of Election Commission to ensure free and fair election. ~ करना to found/establish/instal; विषय की ~ initiation of a subject.

स्थापना-दिवस (~ - di vas) *m.* foundation day, installation day.

स्थापनीय (sthA pa neey) *adj.* worth founding/establishing/installing.

स्थापित (~ pit) *adj.* founded, established, installed; दिल्ली में अनेक समाचार-पत्रों ने अपने कार्यालय ~ कर लिए हैं Various newspapers have established headquarters in Delhi. ~ करना to found/establish/instal; फिर से ~ करना to restore; ~ मान्यताएँ established tenets.

स्थायित्व (~ yittw) *m.* 1. stability; मंत्रालय का ~ stability of a Ministry. 2. permanence; सिद्धांतों का ~ permanence of principles.

स्थायी (~ yee) *adj.* 1. stable, durable, lasting; ~ शासन stable government. 2. permanent; ~ स्तंभ permanent feature (in a newspaper); ~ रूप से permanently, stably.

स्थायीकरण (~ ka raN) *m.* confirmation, fixation.

स्थायी कोष (~ kosh) *m.* reserve fund.

स्थायी भाव (~ bhAV) *m.* enduring emotion/spirit.

स्थायी समिति (~ sa mi ti) *f.* standing committee.

स्थावर (sthA var) *adj.* immovable, fixed; ~ संपत्ति immovable property.

स्थित (sthit) *adj.* situated; दूर ~ distant; समीप ~ near by; गाँव के समीप ~ located near the village.

स्थितप्रज्ञ (~ praggy) *adj.* of unperturbed disposition.

स्थितप्रज्ञता (~ tA) *f.* state or quality of being स्थितप्रज्ञ।

स्थिति (sthi ti) *f.* 1. position; मैंने अपनी ~ बतलाई I explained my position. 2. situation, state; हमारी आर्थिक ~ पहले ही बहुत ख़राब है Our economic situation is already very bad. ऐसी ~ में in such a situation, in this state; बदली हुई ~ में in the changed situation; बदलती ~ के अनुसार हमें अपने विचारों में भी परिवर्तन करना होगा In accordance with the changed circumstances, we shall have to make amendments in our thoughts. यही ~ अब भी है This is still the case. 3. phase. 4. an attitude towards something, stand; हमारी ~ स्पष्ट है Our stand is clear.

स्थितिशील (~ sheel) *adj.* 1. static. 2. conservative.

स्थिर (sthir) *adj.* 1. fixed, stable; इस वर्ष आवश्यक वस्तुओं के दाम ~ रहे This year the prices of essential commodities hove remained stable. ~ आय fixed income. 2. stationary, immovable, motionless; वह ~ खड़ा था He was standing motionless. 3. firm; ~ चित्त of steady temperament. 4. stabilized.

स्थिरता (~ tA) *f.* the quality or state of being stable, stability; राजनीतिक ~ political stability; देश की समृद्धि एवं विकास के लिए राजनीतिक ~ का होना नितांत आवश्यक है For peace and prosperity of a country political stability is indispensable.

स्थिरीकरण (sthi ree ka raN) *m.* the act of stabilizing or the state of being stabilized, stabilization.

स्थूल (sthool) *adj.* bulky, fat; ~ काया bulky/fattish body; ~ रूप से roughly; ~ शरीर physical body (opp. सूक्ष्म शरीर astral/ethereal body).

स्थूलकाय (~ kAy) *adj.* bulky, having a bulky body.

स्थूलता (~ tA) *f.* fatness, bulkiness.

स्थूलबुद्धि (~ bud dhi) *adj.* dull-headed.

स्थूलमति (~ ma ti) *adj.* unintelligent.

स्थैतिक (sthai tik) *adj.* static.

स्थैतिकी (~ ti kee) *f.* statics, the branch of physics.

स्नात (snAt) *adj.* bathed; चंद्रिका - ~ bathed in moonlight.

स्नातक (snA tak) *m.* graduate; पूर्व ~ undergraduate.

स्नातकोत्तर (~ ta kot tar) *adj.* postgraduate.

स्नान (snAn) *m.* bath; कटि - ~ hip-bath; धूप - ~ sun-bath.

स्नानगृह (~ grih) *m.* bathroom.

स्नानागार (snA nA gAr) *m.* bathroom.

स्नानोदक (~ no dak) *m.* water meant for a bath.

स्नायविक (~ ya vik) *adj.* pertaining to nerves, nervous; ~ दुर्बलता nervous debility.

स्नायु (~ yu) *f.* nerve, tendon, sinew.

स्नायु-तंत्र (~ - tantr) *m.* nervous system.

स्निग्ध (snigdh) *adj.* 1. oily. 2. lubricative. 3. smooth, glossy.

स्निग्धता (~ tA) *f.* 1. oiliness. 2. smoothness.

स्नेह (sneh) *m.* 1. affection, love. 2. oily substance.

स्नेहक (sne hak) *m.* lubricant.

स्नेहन (~ han) *m.* lubrication.

स्नेहपाश (sneh pAsh) *m.* bond of love, tie of love.

स्नेहमयी (~ ma yee) *adj.* (woman) full of affection, affectionate, loving, kind, benevolent.

स्नेही (sne hee) *adj.* affectionate, loving.

स्पंज (spanj) *m.* sponge.

स्पंजी (span jee) *adj.* spongy.

स्पंदन (~ dan) *m.* vibration, pulsation, throbbing.

स्पंदित (~ dit) *adj.* pulsated, throbbed.

स्पर्धा (spar dhA) *f.* emulation, rivalry.

स्पर्धी (~ dhee) *m.* rival, competitor.

स्पर्श (sparsh) *m.* 1. touch, contact. 2. (Gram.) stop.

स्पर्शजन्य (~ janny) *adj.* 1. arising from touch. 2. contagious.

स्पर्शनीय (~ neeY) *adj.* tangible.

स्पर्शनीयता (~ tA) *f.* tangibility.

स्पर्श-रेखा (sparsh - re khA) *f.* tangent line. (Maths.)

स्पर्श-विंदु (~ - vin du) *m.* point of contact.

स्पर्श-संघर्षी (~ - sań ghar shee) *adj.* affricate. (Ling.)

स्पर्शी (spar shee) *adj.* touching; हृदय ~ heart-touching.

स्पर्शेंद्रिय (spar shen driy) *f.* sense-organ c touch, skin.

स्पष्ट (spashT) *adj.* 1. clear, obvious, ev dent. 2. free from doubt or confusio explicit; ~ करना to clarify; ~ रूप से i clear terms, clearly, explicitly, ostens bly. 3. frank, honest; ~ वक्ता straig talker.

स्पष्टतः (~ taḥ) *adv.* clearly, evidently, pla nly, explicitly.

स्पष्टतया (~ ta yA) *adv.* clearly, evidentl plainly, explicitly.

स्पष्टता (~ tA) *f.* the state or quality being clear, clarity.

स्पष्टवादिता (~ vA di tA) *f.* frankness speaking, outspokenness.

स्पष्टवादी (~ vA dee) *m.* one who tal straight, outspoken, straightforwa

स्पष्टीकरण (spash Tee ka raN) *m.* 1. the a of making easier to understan clarification, elucidation; मनुष्य बुद्धि हर बात का ~ चाहती है Human inte gence seeks a clarification of eve thing. 2. something offered as clarification; ~ करना to clarify/expla ~ माँगना to call for an explana-ti clarification.

स्पष्टीकृत (~ Tee krit) *adj.* clarified, exp ned.

स्पिरिट (spi riT) *f.* spirit (methylated rectified).

स्पीकर (spee kar) *m.* speaker. [H. E. प्र

स्पीड (speeD) *f.* speed.

स्पृश्य (sprishshy) *adj.* worthy of be touched.

स्पृहणीय (sprih Neey) *adj.* 1. desira 2. commendable.

स्पृहा (spri hA) *f.* ardent desire, longi

स्पृही (~ hee) *adj.* desirous, covetous

स्पृह्य (sprihy) *adj.* covetable.

स्पेशल (spe shal) *adj.* 1. special. 2. remarkable.

स्प्रिंग (spring) *m.* & *f.* spring.

स्प्रिंगदार (~ dAr) *adj.* provided with spring.

स्फटिक (spha Tik) *m.* crystal.

स्फाटक (sphA Tak) *m.* = स्फटिक।

स्फीत (spheet) *adj.* expanded, enlarged.

स्फीति (sphee ti) *f.* expansion; मुद्रा ~ inflation of currency.

स्फुट (sphuT) *adj.* miscellaneous; ~ विचार miscellaneous ideas.

स्फुटन (sphu Tan) *m.* 1. blowing out. 2. sprouting.

स्फुटित (~ Tit) *adj.* 1. blown out. 2. sprouted, expanded.

स्फुरण (~ raN) *m.* 1. sprouting forth. 2. flashing on the mind. 3. pulsating.

स्फुरना (sphur nA) *vi.* 1. to issue forth. 2. to flash on the mind, to come suddenly to mind.

स्फुरित (sphu rit) *adj.* 1. issued forth. 2. flashed on the mind. 3. agility.

स्फुलिंग (~ ling) *m.* spark.

स्फूर्ति (sphoor ti) *f.* agility, liveliness, quickness.

स्फोट (sphoT) *m.* eruption, bursting out, explosion.

स्फोटक (spho Tak) *adj.* 1. causing eruption, explosive. 2. detonating. 3. boil.
m. fuse.

स्फोटकता (~ tA) *f.* explosiveness.

स्फोटन (spho Tan) *m.* 1. eruption, explosion. 2. detonation.

स्फोटवाद (sphoT vAd) *m.* primordial theory of explosion.

स्फोटित (spho Tit) *adj.* 1. erupted, exploded. 2. detonated.

स्मरण (sma raN) *m.* 1. recalling to mind, recollection, remembrance. 2. memorization; भगवान का ~ करना to remember God.

स्मरण-पत्र (~ - pattr) *m.* 1. memorandum. 2. reminder; मैंने अपने पत्र दि. 8.3.2002 के संबंध में अनगिनत ~ भेजे परंतु खेद है कि अभी तक उनका कोई उत्तर न मिल सका I have sent swarms of reminders to my letter dated 8.3.2002, but regret to have not yet received any reply thereto.

स्मरण-शक्ति (~ - shak ti) *f.* memory, power of memorising; उसकी ~ की क्या बात है, वह तो अद्‌भुत है What to speak of his memory, that's but wonderful.

स्मरणीय (sma ra Neey) *adj.* memorable, worth remembering; प्रात: ~ worthy of remembering, first thing in the morning.

स्मारक (smA rak) *m.* memorial, monument, relic; आगरे का ताजमहल ~ विश्व की नौ अद्‌भुत चीज़ों में से एक है Monument Taj Mahal at Agra is one amongst the nine wonders of the world.

स्मारिका (~ ri kA) *f.* 1. souvenir. 2. memorandum.

स्मित (smit) *adj.* smiling.
m. smile.

स्मिति (smi ti) *f.* smile.

स्मृत (smrit) *adj.* recollected, brought to memory, remembered.

स्मृति (smri ti) *f.* 1. memory, recollection, remembrance; ~ का लोप loss of memory, amnesia. 2. any of the 18 books of traditional Hindu law.

स्मृतिकार (~ kAr) *m.* author of the Smritis.

स्मृतिकारी (~ kA ree) *adj.* memoric.

स्मृति-चित्र (~ - cittr) *m.* picture drawn from memory, mental picture.

स्मृति-चिह्न (~ - cihn) *m.* memento; मुझे ~ के

रूप में सेवा-निवृत्ति पर एच.एम.टी. क्वार्ट्ज़ घड़ी प्रदान की गई At the time of my retirement, I was given a H.M.T. quartz watch as a memento.

स्मृति-पटल (~ - pa Tal) *m.* screen of the mind.

स्मृति-पत्र (~ - pattr) *m.* 1. reminder. 2. memorandum.

स्यंदन (syan dan) *m.* war chariot.

स्यात (syAt) *adv.* perhaps, possibly.

स्यानप (syA nap) *f.* = सयानपन।

स्यापा (~ pA) *m.* 1. traditional, collective mourning; ~ बैठना—उनके घर ~ बैठा हुआ था Ladies in the house were sitting in mourning. 2. situation that evokes grief; ~ ख़त्म होना ending of an upleasant episode; ~ छाना = ~ पड़ना—~ पड़ा हुआ था The mournful atmosphere spread around. ~ डालना to create a distressing atmosphere.

स्यामल (syA mal) *adj.* blackish, tawny.

स्यार (syAr) *m.* jackal.

स्याल (syAl) *m.* = साला।

स्याह (syAh) *adj.* black; ~ करना to blacken; चेहरा ~ पड़ गया The face turned black. ~ -सफ़ेद करना to make or mar.

स्याही (syA hee) *f.* 1. blackness; उसके चेहरे पर ~ पुत गई His face was blackened by calumny. 2. black ink. 3. ink.

स्रवण (sra vaN) *m.* oozing.

स्रष्टा (srash TA) *m.* creator, the God.

स्राव (srAV) *m.* discharge; रक्त ~ blood discharge.

स्रोत (srot) *m.* 1. source, origin; सुख का ~ हमारे अंदर है The source of happiness is within us. मूल ~ fountainhead. 2. spring of water.

स्लिप (slip) *f.* slip.

स्लीपर (slee par) *m.* 1. slippers. 2. sleeper (rail).

स्लेज (slej) *m.* sledge.

स्लेट (sleT) *f.* slate.

स्व (swa) *prefix.* denoting one's own or self.

pron. self.

स्वकर्म (~ karm) *m.* one's deed (s).

स्वकीय (~ keey) *adj.* one's own.

स्वकीया (~ kee yA) *f.* wedded woman devo- ted to her husband.

स्वगत-कथन (~ - ka than) *m.* soliloquy.

स्वचल (swa cal) *adj.* automatic.

स्वचालक (~ cA lak) *m.* self-starter.

स्वचालित (~ cA lit) *adj.* automatic.

स्वच्छंद (swac chand) *adj.* 1. at liberty, free, unfettered. 2. self-willed.

स्वच्छंदचारिणी (~ ca ri Nee) *f.* woman of loose morals (fem. of स्वच्छंदचारी).

स्वच्छंदचारी (~ cA ree) *adj.* & *m.* self-willed, libertine. [Fem. स्वच्छंदचारिणी]

स्वच्छंदता (~ tA) *f.* the right to do as one chooses, freedom, liberty.

स्वच्छ (swacch) *adj.* 1. clean; ~ बनाना to clean up; राजनीतिक तंत्र को ~ बनाना लंबा और विकट कार्य है Cleaning up the political system is a long and arduous task. 2. limpid, clean and clear, pure ~ जल limpid water; ~ हृदय pure heart

स्वच्छता (~ tA) *f.* cleanliness, limpidness.

स्वजन (swa jan) *m.* kith and kin, near and dear relatives.

स्वजनता (~ tA) *f.* kinship.

स्वजातीय (swa jA teey) *adj.* of one's own race/caste.

स्वतंत्र (~ tantr) *adj.* independent, free, self governed; ~ विचार independent views ~ करना to set free, to liberate.

स्वतंत्रता (~ tA) *f.* independence, freedom नागरिक ~ civic freedom.

स्वतंत्रता-सेनानी (~ - se nA nee) *m.* one who fights for independence of his country, freedom fighter.

स्वत: (swa taḥ) *adv.* 1. involuntarily. 2. automatically.

स्वत: निर्मित (~ nir mit) *adj.* 1. of one's own making, self-created; ये सभी परिस्थितियाँ उसी की ~ हैं All these circumstances are of his own making. 2. self-made; ~ व्यक्ति self-made person.

स्वत: सिद्ध (~ siddh) *adj.* that requires no proof, prima facie.

स्वत: स्पष्ट (~ spashT) *adj.* obvious, self-evident.

स्वत्त्व (swattw) *m.* 1. right. 2. ownership.

स्वत्त्वाधिकार (swat twA dhi KAr) *m.* ownership.

स्वत्त्वाधिकारी (~ twA dhi KA ree) *m.* owner.

स्वदेश (swa desh) *m.* native land, motherland; ~ वापस भेजना/भेज देना to repatriate; ~ लौटना/लौट आना to return to one's own country.

स्वदेशभक्त (~ bhakt) *m.* patriot.

स्वदेशभक्ति (~ bhak ti) *f.* patriotism; ~ की भावना प्रत्येक नागरिक में होनी चाहिए Every citizen should have the feeling of patriotism.

स्वदेशी (swa de shee) *adj.* indigenous; ~ आंदोलन movement propagating use of indigenous goods.

स्वधर्म (~ dharm) *m.* innate quality.

स्वधीत (~ dheet) *adj.* studied.

स्वन (swan) *m.* 1. sound. 2. noise. 3. phoneme.

स्वनाम-धन्य (swa nAm dhanny) *adj.* renowned through one's own name, self magnanimous.

स्वनिक (~ nik) *adj.* & *m.* phonetic.

स्वनित (~ nit) *adj.* sounded, voiced.

स्वनिम (~ nim) *m.* phoneme.

स्वानिम-विज्ञान (~ - vig gyAn) *m.* Phonemics.

स्वनिमिक (swa ni mik) *adj.* phonemic.

स्वनियोजित (~ ni yojit) *adj.* self-employed.

स्वनिर्मित (~ nir mit) *adj.* 1. made by oneself. 2. self-made.

स्वप्न (swapn) *m.* dream; ~ देखना to see a dream, to dream; ~ में भी नहीं not even in dream, in no case, never; दिवा - ~ daydream.

स्वप्न-दर्शन (~ - dar shan) *m.* dream-vision.

स्वप्नदर्शी (~ dar shee) *m.* dreamer.

स्वप्नदोष (~ dosh) *m.* spermatorrhoea, nocturnal emission, night pollution.

स्वप्नद्रष्टा (~ drash TA) *m.* dreamer.

स्वप्नलोक (~ lok) *m.* dreamland.

स्वप्निल (swap nil) *adj.* dream-like; ~ अवस्था dreamy, delicious state of mind; ~ जगत dreamland.

स्वभाव (swa bhAv) *m.* 1. nature, temperament, innate disposition; ~ से चिड़चिड़ा peevish, irritable; ~ से रूखा high and dry; ~ से रूखा और चिड़चिड़ा होने की वजह से प्रत्येक व्यक्ति उससे बात करने से भी डरता है Due to being rough and peevish by nature, everybody gets frightened even to talk with him. 2. habit.

स्वभावगत (~ gat) *adj.* habitual, wonted.

स्वभावत: (~ tah) *adv.* by nature, naturally, by disposition.

स्वयं (swa yam) *pron.* 1. myself, yourself, himself or herself, one's own self; मैं ~ दिल्ली जा रही हूँ I am going to Delhi myself. वह अपना काम ~ करता है He does his work by himself. तुम ~ कर लो Do it yourself. वह ~ चला आया He came himself. 2. alone (without help); मैंने ~ किया I did it by myself.

adv. automatically; उसने सारी कहानी ~

उगल दी He gave out the whole story automatically.

स्वयंतथ्य (~ tatthy) *m.* axiom.

स्वयंपाकी (~ pA kee) *m.* 1. one who cooks his own food. 2. one who eats food cooked only by his ownself, *i.e.*, one who does not take food cooked by another.

स्वयंप्रमाण (~ pra MAN) *adj.* self-proved, which needs no testimony; वेद ~ हैं The Vedas need no testimony.

स्वयंभू (~ bhoo) *adj.* self-born. *m.* God.

स्वयंवर (~ var) *m.* ceremony prevalent in ancient India in which the bride chose her husband herself.

स्वयंवरा (~ va rA) *f.* maiden who selects her husband herself.

स्वयंसिद्ध (~ siddh) *adj.* axiomatic.

स्वयंसिद्धि (~ sid dhi) *f.* axiom.

स्वयंसेवक (~ se vak) *m.* volunteer, one who serves others voluntarily, scout. [Fem. स्वयंसेविका]

स्वयं-सेवा (~ - se vee) *f.* self-service.

स्वयंसेविका (~ se vi kA) *f.* (female) volunteer (fem. of स्वयंसेवक)।

स्वयंसेवी (~ se vee) *adj.* serving one's own self.

स्वर (swar) *m.* 1. vowel. 2. voice. 3. tone, tune. 4. intonation; ~ मिलाना to chime in; ऊँचा ~ high pitch; नीचा ~ low pitch.

स्वर-यंत्र (~ - yantr) *m.* larynx.

स्वर-लिपि (~ - li pi) *f.* musical notation.

स्वर-संधि (~ - san dhi) *f.* union of adjacent vowels.

स्वर-साधन (~ - sA dhan) *m.* constant practice and training of voice and tone. (Music)

स्वरांत (swa rAnt) *adj.* (word) ending in a vowel.

स्वरागम (~ rA gam) *m.* introduction of a vowel. (Ling.)

स्वराघात (~ rA ghAt) *m.* accent. (Ling.)

स्वराजी (~ rA jee) *m.* votary of Swaraj movement.

स्वराज्य (~ rAjjy) *m.* self-government, Swaraj; लोकमान्य बाल गंगाधर तिलक का नारा था कि ~ हमारा जन्म-सिद्ध अधिकार है It was the slogan of Lakmanya Bal Gangadhar Tilak that Swarajya is our birthright.

स्वराष्ट्र (~ rAshtr) *m.* one's own nation; ~ - मंत्रालय Home Ministry; ~ - मंत्री Home Minister.

स्वरित (~ rit) *m.* one of the three ways of pronouncing vowels in the Vedas.

स्वरूप (~ roop) *m.* 1. shape, form, appearance; आज उसका सच्चा ~ सामने आ गया है Today he has come out in his true colours. 2. mask; ~ भरना to put on a guise; ~ लगाना to put on a mask. 3. identity.

स्वर्ग (swarg) *m.* paradise, celestial abode in Heaven; ~ सिधारना to proceed to Heaven, to die.

स्वर्गगमन (~ ga man) *m.* departing for Heaven.

स्वर्गधाम (~ dhAm) *m.* = स्वर्ग।

स्वर्गपुरी (~ pu ree) *f.* = स्वर्ग।

स्वर्गलोक (~ lok) *m.* = स्वर्ग।

स्वर्गवास (~ vAs) *m.* 1. departure for Heaven, death; ~ होना to die. 2. dwelling in Heaven.

स्वर्गवासी (~ vA see) *adj.* the late.

स्वर्गस्थ (swar gasth) *adj.* dwelling in Heaven, dead.

स्वर्गारोहण (~ ga ro haN) *m.* ascendance into Heaven, passing away.

स्वर्गिक (~ gik) *adj.* = स्वर्गीय।

स्वर्गीय (~ geey) *adj.* 1. heavenly, paradisical. 2. late.

स्वर्गोपम (~ go pam) *adj.* Heavenly, Heaven.

स्वर्ण (swarN) *m.* gold.

स्वर्णकार (~ kAṛ) *m.* goldsmith.

स्वर्णकारी (~ kA ree) *f.* calling of a goldsmith.

स्वर्णकाल (~ kAl) *m.* golden period, glory days; इस राजधानी का ~ बीत चुका है The capital has long past its glory days.

स्वर्णज (swar Naj) *adj.* 1. born out of gold. 2. made of gold.

स्वर्ण-जयंती (swarN - ja yan tee) *f.* golden jubilee.

स्वर्णमान (~ mAn) *m.* gold standard.

स्वर्ण-मुद्रा (~ - mud drA) *f.* 1. golden coin. 2. gold-currency.

स्वर्ण-युग (~ - yug) *m.* golden age.

स्वर्ण-वर्ण (~ - varN) *adj.* of golden colour.

स्वर्णाक्षर (swar NAk shar) *m.* golden letter, letter of gold. [स्वर्ण + अक्षर]

स्वर्णिम (~ Nim) *adj.* golden.

स्वल्प (swalp) *adj.* very little (in quantity).

स्वल्पायु (swal pA yu) *adj.* of a very short span of life.

स्वल्पाहार (~ pA hAr) *m.* small quantity of food, light refreshment; कार्यक्रम के अंत में ~ का विशेष प्रबंध भी किया गया था At the close of the programme a special light refreshment was also arranged.

स्वल्पाहारी (~ pA hA ree) *m.* one who subsists on a small quantity of food.

स्वशासन (swa shA san) *m.* self-government, self-rule.

स्वशासित (swa shA sit) *adj.* self-ruled.

स्वसहायता (~ sa hA ya tA) *f.* self-help.

स्वस्तिक (swas tik) *m.* Swastik a sign, flyfot.

स्वस्तिमती (~ ti ma tee) *f.* [fem. of स्वस्तिमान].

स्वस्तिमान (~ ti mAn) *m.* auspicious self. [Fem. स्वस्तिमती]

स्वस्तिवाचन (~ ti vA can) *m.* chanting of benedictory words/mantras.

स्वस्थ (swasth) *adj.* healthy; वह ~ है He feels well. ~ साहित्य healthy literature; ज़रा ~ हो लेने दो (i) First, let me recoup/recuperate. (ii) Let me be composed the while.

स्वस्थ-चित्त (~ - citt) *adj.* composed and mentally sound, sane.

स्वहित (swa hit) *m.* concerm for one's own interests, self-interest.

स्वाँग (swÃg) *m.* guise of another, in disguise; ~ भरना to appear in the guise of another, to masquerade; माँ जानकी का अपहरण करने के पहले रावण साधु के ~ में भिक्षा लेने गया था Ravan appeared before Mother Janaki in disguise of a saint to beg alms, before abducting her.

स्वांतःसुखाय (swAn tah su khAy) *adv.* for one's own happiness; यह (काम) तो मैं ~ कर रहा हूँ I am doing it for the joy of it.

स्वाँस (swÃs) *m.* 1. = साँस। 2. asthma.

स्वाक्षर (swAk shar) *m.* autograph.

स्वाक्षरित (~ sha rit) *adj.* autographed.

स्वागत (swA gat) *m.* 1. welcome; भव्य ~ rousing welcome; ~ अभिभाषण welcome address; बरात का ~ करना to welcome the marriage party. 2. reception; ~ - समारोह reception ceremony; ~ - समिति reception committee.

स्वागतक (~ ga tak) *m.* receptionist.

स्वागत-कक्ष (~ gat - kaksh) *m.* reception-room.

स्वागत-गान (~ gAn) *m.* welcome-song.

स्वातंत्र्य (~ tantry) *m.* = स्वतंत्रता।

स्वाति (~ ti) *m.* fifteenth of the twenty-seven constellations; ~ की बूँद A rain drop in the स्वाति नक्षत्र which has a special significance in Hindu mythology.

स्वाद (swAd) *m.* taste, flavour; उसका ~ अच्छा है It tastes good. ~ चखना to test the flavour of something; ~ चखाना to treat harshly; ~ लेना (i) to taste, (ii) to relish; ~ ले-लेकर खाना to eat with a relish; (iii) वह फुलझड़ी छोड़कर ~ लेती है She takes pleasure in indulging in exhilerating mischief. ~ मारा जाना—मेरे मुँह का ~ मारा गया My taste has been ruined.

स्वादिष्ट (swA dishT) *adj.* tasty, tasteful, delicious, relishable, dainty, savoury.

स्वादु (~ du) *adj.* = स्वादिष्ट।

स्वाधिकार (~ dhi kAr) *m.* one's own right.

स्वाधीन (~ dheen) *adj.* self-sufficient, independent; ~ करना to make (someone) free, to liberate.

स्वाधीनता (~ tA) *f.* self-dependence, independence.

स्वाध्याय (swAd dhyAy) *m.* 1. self-recitation. 2. self-study.

स्वाध्यायी (~ dhyA yee) *adj.* & *m.* studious (through self-study).

स्वानुभूति (swA nu bhoo ti) *f.* personal experience.

स्वाभाविक (~ bhA vik) *adj.* 1. natural, spontaneous. 2. not artificial; ~ रूप से naturally.

स्वाभाविकता (~ tA) *f.* naturalness, spontaniety.

स्वाभिमान (swA bhi mAn) *m.* self-respect.

स्वाभिमानी (~ bhi mA nee) *adj.* & *m.* self-respecting, proud.

स्वामित्व (~ mittw) *m.* 1. ownership, proprietorship. 2. right.

स्वामिनी (~ mi nee) *f.* mistress, proprietress (fem. of स्वामी); गृह - ~ housewife, lady of the house.

स्वामी (~ mee) *m.* 1. master, lord. 2. owner, proprietor. 3. husband. 4. hermit. 5. The Reverend. [Fem. स्वामिनी]

स्वायत्त (~ yatt) *adj.* autonomous; ~ शासन (i) local self-government, (ii) autonomous government.

स्वायत्तता (~ tA) *f.* autonomy.

स्वार्थ (swArth) *m.* one's own good, self-interest, selfishness.

स्वार्थ-त्याग (~ - tyAg) *m.* self-denial, self-sacrifice.

स्वार्थ-परक (~ - pa rak) *adj.* selfish.

स्वार्थ-परता (~ - par tA) *f.* स्वार्थ-परायणता।

स्वार्थ-परायण (~ - pa rA yaN) *adj.* self-seeking, selfish.

स्वार्थ-परायणता (~ tA) *f.* selfishness.

स्वार्थ-साधक (swArth - śA dhak) *m.* self-seeker.

स्वार्थ-साधन (~ - sA dhan) *m.* self-indulgence, self-seeking.

स्वार्थांध (swAr thAndh) *adj.* blinded by self-interest, selfish to the extreme.

स्वार्थी (~ thee) *adj.* & *m.* selfish, self-seeker; पक्का ~ confirmed self-seeker.

स्वावलंबन (swAv lam ban) *m.* self-reliance.

स्वावलंबी (~ lam bee) *adj.* & *m.* self-reliant, self-dependent.

स्वास्थ्य (swAsthy) *m.* health; सिगरेट पीना ~ के लिए हानिकर है Cigarette smoking is injurious to health.

स्वास्थ्य-रक्षा (~ - rak shA) *f.* preservation of health; ~ रक्षा के लिए उसके मूलगत नियमों एवं सिद्धांतों का अनुपालन करना आवश्यक है For preservation of health, it is necessary to follow its fundamental rules and principles.

स्वास्थ्यकर (~ kar) *adj.* conducive to (good) health, wholesome, salubrious.

स्वास्थ्य-मंत्रालय (~ - man trA lay) *m.* Health Ministry.

स्वास्थ्य-मंत्री (~ - man tree) *m.* Health Minister.

स्वास्थ्य-विज्ञान (~ - vig gyAn) *m.* Hygiene, science of health.

स्वाहा (swA hA) *interj.* exclamation made while offering oblation (to Agnidev, the firegod).

स्विच (swic) *f.* switch.

स्वीकार (swee kAr) *m.* act of acceptance; ~ कर लेना to accept/admit/confess; उसने अपना अपराध ~ कर लिया He admitted his crime. लड़की ने ~ किया कि कुछ समय से एक लड़के से मेरा संबंध चल रहा है The girl confessed that for sometime past she has been having relationship with a boy.

स्वीकारना (~ nA) *vt.* to accept, to acknowledge.

स्वीकारात्मक (swee kA rAt mak) *adj.* affirmative.

स्वीकारोक्ति (~ kA rok ti) *f.* 1. admission, acceptance. 2. avowal, confession.

स्वीकार्य (~ kAry) *adj.* 1. acceptable. 2. worth accepting.

स्वीकृत (~ krit) *adj.* accepted, admitted, acknowledged; ~ करना to accept.

स्वीकृति (~ kri ti) *f.* assent, acceptance, admission; ~ देना to give (one's) assent/acceptance; ~ पाना/मिलना to receive (someone's) assent/acceptance.

स्वीय (sweey) *adj.* = स्वकीय।

स्वेच्छया (swec cha yA) *adv.* of one's own volition, according to one's own wish, at one's free-will.

स्वेच्छा (~ chA) *f.* one's own volition/wish; ~ से voluntarily, of one's own accord.

स्वेच्छाचार (~ cAr) *m.* wilful conduct.

स्वेच्छाचारिता (~ cA ri tA) *f.* wilfulness.

स्वेच्छाचारी (~ cA ree) *adj.* self-willed.

स्वेटर (swe Tar) *m.* sweater.

स्वेद (swed) *m.* perspiration, sweat.

स्वेदज (swe daj) *m.* born of perspiration.

स्वेदन (~ dan) *m.* act of perspiring.

स्वेदित (~ dit) *adj.* perspired.

स्वैच्छिक (swaic chik) *adj.* following one's own volition/wish.

स्वैर (swair) *adj.* uncontrolled, unrestrained.

स्वैराचार (swai rA cAr) *m.* unrestrained conduct.

स्वैराचारिणी (~ rA cA ri Nee) *f.* fem. of स्वैराचारी।

स्वैराचारी (~ rA cA ree) *adj.* 1. self-willed. 2. libertine. [Fem. स्वैराचारिणी]

ह

ह (ha) *m.* fourth of the sibilants and the last letter of the Nagari alphabet; its sound resembles that of *h* in *hill.*

हँकवा (hãk VA) *m.* 1. = हँकुआ। 2. = हँकवैया।

हँकवाना (~ nA) *vt.* 1. to cause to drive. 2. to scare away (cattle etc.), to halloo.

हँकवैया (hãk vai YA) *m.* one who directs the course (of cattle etc.).

हँकुआ (hã ku A) *m.* one who partakes in a हाँका।

हंगामा (han GA MA) *m.* tumult, uproar, furore; ~ खड़ा कर देना to create a tumult all round.

हंगामी (~ mee) *adj.* tumultuous, uproarious.

हंटर (haN TAr) *m.* whip, lash.

हंडा (~ DA) *m.* metallic container (usually of brass) for storing water etc.

हँड़िया (hã Di YA) *f.* = हंडिया।

हंडिया (haN Di YA) *f.* small earthen pot used for cooking purposes.

हंडी (~ Dee) *f.* same as हंडिया।

हंतव्य (han tavvy) *adj.* who deserves being killed.

हंता (~ tA) *m.* killer, murderer.

हंस (hans) *m.* 1. swan, goose. 2. soul; ~ उड़ जाना—हंस उड़ गया The soul has left the body.

हंसगामिनी (~ GA mi nee) *f.* (woman) possessing the graceful gait of a swan.

हँसता-बोलता (hãs tA - bol tA) *adj.* ~ चेहरा face wreathed in smiles, a face all smiles, face beaming with smiles; ~ मकान a house with a gay appearance; वह ~ मकान है, अनायास अपनी ओर आकृष्ट करता है The house apparently appears smiling and attracts any body of its own.

हँसना (~ nA) *vi.* 1. to laugh; हँसते-हँसते—(i) वह हँसते-हँसते फाँसी पर चढ़ गया He mounted the gallows with smiles on his face. (ii) हँसते-हँसते लोट-पोट हो जाना to roll with laughter; (iii) हँसते-हँसते पेट में बल पड़ जाना to burst into a peel of laughter; हँसकर बात उड़ा देना to laugh the matter away. 2. to laugh at, to deride/ridicule; क्या तुम मुझ पर हँस रहे हो Are you laughing at me?

हँसना-खेलना (~ - khel nA) *m.* merry making; हँसने-खेलने के दिन days of merry making, period of youthfulness.

हँसना-बोलना (~ - bol nA) *vi.* to exchange pleasantries; हँस-बोलकर while talking in a jolly mood.

हँसना-हँसाना (~ - hã SA nA) *vi.* to be joyous and to spread an atmosphere of joy around.

हँसमुख (hãs mukh) *adj.* good-humoured, jolly, facetious, cheery, cheerful.

हँसली (~ lee) *f.* = हँसुली।

हंसवाहिनी (hans VA hi nee) *f.* Saraswati, goddess of Learning whose mount is a swan.

हँसाई (hã SA ee) *f.* ridicule, derision; जग - ~ ridicule of the public at large.

हँसाना (~ SA nA) *vt.* to make (others) laugh,

to amuse, to tickle; वह सदा मुझे हँसाता रहता है He always makes me laugh. मैंने उसे मज़े से हँसाया I made him laugh heartily.

हंसिनी (han si nee) *f.* female swan/goose.

हँसिया (hã si yA) *f.* sickle.

हँसी (~ see) *f.* 1. laughter, laugh. 2. joke, fun; ~ उड़ना to be ridiculed, to be made fun of; ~ उड़ाना to laugh at, to ridicule; (किसी की) सबके सामने ~ उड़ाना to mock at (someone) publicly; ~ की बात a laughing matter; ~ छूटना—मेरी ~ छूट गई I burst out laughing. उसकी मूर्खतापूर्ण बात पर एकाएक मेरी ~ छूट गई At his foolish talk, I suddenly burst out into laughter. ~ में उड़ाना to laugh off/away; ~ में टालना to laugh away; ~ में ले जाना to take (a serious matter) as a joke; ~ समझना to treat (it) as a joke; ~ सूझना to feel like joking; ~ - हँसी में just in fun.

हंसी (han see) *f.* = हंसिनी।

हँसी-ख़ुशी (hã see - Khu shee) *adv.* cheerfully.

f. cheerfulness; ~ का मौका occasion for joviality/merriment.

हँसी-खेल (~ - khel) *m.* 1. joke, fun and frolic. 2. easy job, almost a joke.

हँसी-ठट्ठा (~ - ThaT ThA) *m.* jesting and laughing; इसे ~ मत समझो Don't take it as a child's play.

हँसी-दिल्लगी (hã see - dil la gee) *f.* joking and jesting, wit and humour.

हँसी-मज़ाक़ (~ - ma zAK) *m.* joking, jesting.

हँसीला (~ lA) *adj.* = हँसोड़।

हँसुआ (hã su A) *m.* large sickle. [Dim. हँसिया]

हँसुली (~ su lee) *f.* 1. collar-bone. 2. an ornament worn round the neck.

हँसोड़ (~ soR) *adj. & m.* jocular, jocose.

हक़ (haK) *m.* 1. right, privilege; कोई ~ नहीं no right at all. 2. claim, title; ~ अदा करना to repay a debt; ~ के लिए लड़ना to fight for one's right; ~ गँवा बैठना to lose one's right; ~ जतलाना to put forward (one's) claim; ~ छोड़ देना to forsake one's right; ~ दबाना = ~ मारना; ~ दिलवाना to help award (someone's) right; ~ माँगना to demand (one's) right/due; ~ मारना to deprive (someone) of (his) right; ~ में—(i) यह बात मेरे ~ में है It goes in my favour. (ii) ~ में काँटे बोना to do an evil turn.

हक़तलफ़ी (~ tal Fee) *f.* transgression of (one's) right.

हक़दार (~ dAr) *adj. & m.* rightful claimant; वास्तव में देखा जाए तो इतनी विशाल संपदा का वही एकमात्र ~ है As a matter of fact, he is the only rightful claimant of such a vast property.

हकबकाना (hak ba KA nA) *vi.* to be startled, bewildered, confused.

हक़-मालिकाना (haK -mA li KA nA) *m.* proprietory right.

हक़-मौरूसी (~ - mau roo see) *m.* ancestral right.

हकला (hak lA) *adj. & m.* stutterer, stammerer.

हकलाना (~ nA) *vi.* to stutter/stammer.

हकलापन (~ pan) *m.* state or quality of stuttering/stammering.

हकलाहट (~ haT) *f.* = हकलापन।

हक़शफ़ा (haK sha FA) *m.* right of pre-emption.

हकार (ha KAr) *m.* letter ह or its sound.

हकारना (~ nA) *vt.* to scare way (birds or cattle).

हकारांत (ha KA rANT) *adj.* (word) ending in ह।

हक़ीक़त (ha KEE KAt) *f.* reality, truth, fact; ~ यह है कि उसके पास धन नहीं है The fact is that he has no money; ~ खुलना— (i) ~ खुल गई The truth is out. The cat is out of the bag. (ii) उसकी ~ खुल गई He has been exposed. ~ तो यह है The fact/reality is. ~ में in reality/fact.

हक़ीक़ी (ha KEE KEE) *adj.* real; ~ भाई one's own brother; इश्क़ ~ love divine.

हकीम (ha keem) *m.* Hakeem, physician follwing the Greek system of medical treatment; नीम ~ quack.

हकीमी (ha kee mee) *f.* 1. profession of a Hakeem. 2. science or art of the Greek system of treatment.

हक्का-बक्का (hak KA - bak KA) *adj.* taken aback, confused, bewildered; ~ रह जाना to be taken aback.

हगना (hag nA) *vi.* to pass stools, to defecate, to evacuate.

हगाना (ha gA nA) *vt.* causative of हगना।

हगास (ha gAs) *f.* urge to defecate; ~ लगना to feel like discharging faeces.

हचक (ha cak) *f.* loss of the joint-grip, jerk, shock.

हचकना (~ nA) *vi.* to lose the joint-grip.

हचका (hac KA) *m.* mild jolt/shock.

हचकोला (~ ko lA) *m.* jolt; हचकोले लगना to receive jolts; हचकोले खाना to jolt.

हज (haj) *f.* pilgrimage to Mecca; ~ करना to go on a pilgrimage to Mecca.

हज़म (ha zam) *adj.* 1. digested. 2. misappropriated; ~ करना (i) to digest, (ii) to misappropriate; ~ होना (i) to be digested, (ii) to be misappropriated.

हज़रत (haz rat) *ind.* a reverential form of address, Sire.

m. 1. High-souled person. 2. roguish fellow. (pej.)

हजामत (ha jA mat) *f.* shave and/or haircut; ~ बनाना (i) to shave, (ii) to cut hair, (iii) to rob by duping.

हज़ार (ha ZAr) *adj.* & *m.* thousand; ~ जान से with all (one's) heart; ~ हो after all that is said and done; हज़ारों में एक one in a thousand; वह हज़ारों में एक है He is really one in a thousand.

हजारवाँ (~ vÃ) *adj.* thousandth.

हज़ारा (ha ZA rA) *adj.* of or consisting of a thousand; ~ गेंदा marigold containing a thousand petals.

m. metalllic device for sprinkling water on plants etc., water-sprinkler.

हज़ारी (ha ZA ree) *adj.* of or pertaining to a thousand.

m. general of a cavalry consisting of a thousand horses; पाँच ~ मनसबदार officer controlling five thousand soldiers.

हज़ारों (ha ZA rõ) *adj.* thousands, many a thousand; ~ में amongst thousands, publicly; ~ हा thousands and thousands.

हज्ज (hajj) *m.* = हज।

हज्जाम (haj jAm) *m.* barber.

हटक (ha Tak) *f.* forbiddance.

हटकना (~ nA) *vt.* to forbid.

हटना (haT nA) *vi.* to move away/aside; ~ - बढ़ना to move away and make room; पीछे ~ (i) to move back or withdraw; ज़रा पीछे हट जाओ Just move back a little. (ii) to change one's decision, to retract; बात से ~ to recant, to go back on (one's) words.

हटरी (~ ree) *f.* toy-temple meant for lighting lamps in, during the Diwali festival.

हटवाना (~ VA nA) *vt.* to cause to move away.

हटाना (ha TA nA) *vi.* 1. to displace/remove; रोक ~ to remove a ban/restriction. 2. to oust/dismiss; राज्यपाल को पद से ~ होगा We have to oust the governor.

हटाना-बढ़ाना (~ - ba RhA nA) *vt.* to move this way or that; हटा-बढ़ा देना to shift somewhere else.

हटिया (ha Ti yA) *f.* market.

हटौती (ha Tau tee) *f.* build of the body.

हट्ट (haTT) *m.* market.

हट्टा-कट्टा (haT TA - kaT tA) *adj.* strong in constitution, stout and sturdy, healthy, robust.

हट्टी (~ Tee) *f.* shop.

हठ (haTh) *m.* stubbornness, obstinacy; ~ करना to show obstinacy; ~ ठानना/पकड़ना to show determined obstinacy; रानी कैकेयी ने राजा दशरथ से पूर्व में दिए हुए दोनों वर माँगने का ~ ठाना Queen Kaikeyi showed determined obstinacy for bestowing the two boons by King Dasharath, which he had promised previously to her. ~ रखना to yield to (someone's) obstinacy.

हठधर्म (~ dharm) *m.*= हठधर्मी।

हठधर्मी (~ dhar mee) *f.* sheer obstinacy/stubbornness.

हठ-योग (~ - yog) *m.* one of the six kinds of Yoga.

हठ-विद्या (~ - vid dyA) *f.* Science of Hath Yoga.

हठात् (ha ThAT) *adv.* 1. forcibly. 2. through sheer obstinacy. 3. suddenly.

हठी (ha Thee) *adj.* stubborn, obstinate.

हठीला (~ lA) *adj.* 1. stubborn, obstinate. 2. maintaining one's stand with tenacity, resolutely firm.

हठीलापन (~ pan) *m.* state or quality of being हठीला।

हड़कंप (haR kamp) *m.* furore, great commotion.

हड़क (ha Rak) *f.* 1. intense craving for water by a hydrophobic patient. 2. irresistible craving, maddening desire.

हड़कना (~ nA) *vi.* to be instigated.

हड़काना (haR KA nA) *vt.* to instigate.

हड़काव (~ KAW) *m.* state of हड़काना।

हड़ताल (~ tAl) *f.* strike; ~ करना to go on a strike; आम ~ general strike; क़लम रोको ~ pendown strike.

हड़ताली (~ tA lee) *m.* a worker who is on strike, striker.
adj. on strike, striking; ~ मज़दूर workers on strike; ~ कर्मचारियों द्वारा अनेक धमकियाँ दी जा रही हैं Many threats are being given by the striking labour.

हड़पना (ha Rap nA) *vt.* 1. to swallow, to devour in big mouthfuls. 2. to grab; हड़प लेना to usurp/grab/misappropriate; पराया माल हड़प लेना to grab someone's property.

हड़प्पा (ha Rap pA) *m.* 1. state of हड़पना। 2. big chunk/lump (of food etc.)

हड़बड़ (haR baR) *f.* = हड़बड़ी।

हड़बड़ाना (~ ba RA nA) *vi.* to make undue haste, to act precipitously.

हड़बड़िया (~ ba Ri yA) *adj.* & *m.* hasty, (one) who habitually acts precipitously, rash.

हड़बड़ी (~ ba Ree) *f.* undue haste, precipitation, hurry-scurry; ~ पड़ना—उसे ~ पड़ी हुई है He is in too much of a hurry/haste (about something). ~ मचाना to show undue haste; ~ सवार होना to be obsessed by undue haste.

हड़हड़ाना (~ ha RA nA) *vi.* to make a loud sound (as in a crash down); पानी

हड़हड़ाकर नगर में घुस आया Flood reared into the city. बुख़ार हड़हड़ाकर चढ़ आया Fever shot up high.

हड़हा (~ hA) *adj.* = हड़ीला।

हड़ावल (ha RA val) *f.* wreath of bones.

हड़ीला (ha Ree lA) *adj.* reduced to a skeleton.

हड्डी (haD Dee) *f.* bone; हड्डियों का ढाँचा a mere skeleton; ~ उतरना dislocation of a bone; ~ खुजाना to feel like urge for receiving a licking; ~ टूटना fracture of a bone; ~ बैठाना to set a bone; ~ बैठाने वाला bone-setter; हड्डियाँ तोड़ना to give a good licking; ~ - पसली एक कर देना to give a good licking; हड्डियाँ निकल आना to be reduced to a structure of mere bones.

हत (hat) *adj.* 1. killed. 2. murdered.

हतक (ha tak) *f.* insult, disgrace, dishonour, disrespect; ~ करना to insult/ disgrace, to put to disgrace.

हतप्रभ (hat prabh) *adj.* 1. deprived of lustre. 2. bewildered, stunned.

हतबुद्धि (~ bud dhi) *adj.* 1. at one's wit's end, confounded, utterly perplexed.

हतभाग्य (~ bhAggy) *adj.* hapless, unfortunate, unlucky.

हतवीर्य (~ veery) *adj.* bereft of one's prowess/masculinity.

हताश (ha tAsh) *adj.* despairing, hopeless, disappointed; मैं ~ हो गया I lost all hope. ~ होकर in despair; संभावित स्थिति की गंभीरता का अनुमान करने से वह अत्यधिक ~ हो गया Presuming the gravity of the probable situation, he became totally despairing.

हताशा (ha tA shA) *f.* despair, despondency.

हताहत (ha tA hat) *adj.* killed and wounded. [हत + आहत]

हतोत्साह (ha tot sAh) *adj.* disheartened, dejected; इस समाचार से मैं अत्यधिक दुखी और ~ हुआ हूँ I feel very sad and disheartend by this news.

हत्था (hat thA) *m.* 1. handle, holder. 2. impression of hand.

हत्थी (~ thee) *f.* small handle.

हत्थे (~ the) *adv.* through (the hand of); ~ चढ़ाना to come within one's grips; ~ से उतरना to wriggle out of (someone's) girp.

हत्या (~ tyA) *f.* murder, homicide; ~ टल गई Nuisance has been got rid of. ~ टालना to get rid of a nuisance; ~ पल्ले बाँध देना to involve (someone) in a botheration; ~ मोल लेना to invite trouble; ~ -संबंधी homicidal; ~ सिर चढ़ना to be accused with a henious crime; उसके सिर पर ~ सवार है He is on the point of committing violence. उसे ~ लगी है He has become guilty of murder.

हत्यारा (~ rA) *m.* murderer, assassin. [Fem. हत्यारिन]
adj. merderous.

हत्यारिन (~ rin) *f.* murderess.

हथ (hath) *prefix.* of हाथ used as a prefix in compound words.

हथ-उधार (~ - u dhAr) *m.* loan without the support of a written document.

हथकंडा (~ kaN DA) *m.* (lit.) sleight of hand, tactics, stratagem; हथकंडे दिखाना to show tactics.

हथकड़ी (~ ka Ree) *f.* handcuff, manacle, shackle; हथकड़ियाँ डालना to manacle/ handcuff; हथकड़ियाँ पड़ना to be put in handcuffs.

हथकरघा (~ kar ghA) *m.* handloom.

हथकल (~ kal) *f.* hand-operated machine.

हथगोला (~ go lA) *m.* hand-grenade; जब

आतंकवादियों ने ~ फेंका तब दस लोग घायल हो गए Ten persons were injured when terrorists lobbed a grenade.

हथछुट (~ chuT) *adj.* who slaps even on trifles.

हथनी (~ nee) *f.* she-elephant.

हथफेर (~ pher) *m.* given to pinching (things) at odd places.

हथफेरी (~ phe ree) *f.* habit of pinching (things) at odd places.

हथबना (~ ba nA) *adj.* hand-made.

हथबुना (~ bu nA) *adj.* hand-spun.

हथ-मिलाव (~ - mi lAV) *m.* handshake.

हथलपक (~ la pak) *m.* swindler.

हथा (ha thA) *m.* = हत्था।

हथिया नक्षत्र (ha thi yA nak shattr) *m.* tenth constellation of stars denoting heavy downpour.

हथियाना (~ yA nA) *vt.* to grab, wrest; हथिया लेना to usurp, wrest or grab; कोई यह भ्रम न पाले कि पाकिस्तान जेहाद और आतंकवाद द्वारा जम्मू-कश्मीर हथिया लेने में सफल होगा Let no one entertain any delusion that Pakistan can succeed in wresting Jammu and Kashmir through jehad and terrorism.

हथियार (~ yAr) *m.* 1. an object used in fighting, weapon (spl. of offence), arms; ~ उठाना to take up arms; ~ डाल देना (i) to surrender, (ii) to surrender arms; ~ बाँध लेना to equip oneself with arms; हथियारों की होड़ arms race; हथियारों से लैस fully armoured. 2. tool. 3. any object or procedure that serves to win an opponent.

हथियार-घर (~ - ghar) *m.* armoury, arsenal.

हथियारबंद (~ band) *adj.* armed, equipped with arms.

हथियारबंदी (~ ban dee) *f.* 1. equipping (oneself) with arms. 2. armament.

हथेली (ha the lee) *f.* palm (of hand); ~ खुजलाना itching of the palm, indicative of (i) an income, (ii) an urge to beat; ~ पर जान लेकर at the risk of one's life; ~ पर सरसों जमाना to accomplish something in a jiffy; ~ पर सिर रखकर = ~ पर जान लेकर ; ~ पीटना/बजाना to revel by clapping; ~ लगाना to lend support.

हथौड़ा (ha thau RA) *m.* hammer; ~ चलाना to strike with a hammer; छाती पर हथौड़े चलाना to give hammer-blows on the heart, as it were.

हथौड़ी (~ Ree) *f.* small hammer (Dim. of हथौड़ा).

हद (had) *f.* limit, boundary, bound; ~ कर देना to reach the limit; ~ पार करना to cross the limit; ~ बाँधना to fix the limit; ~ से गुज़रना = ~ पार करना; ~ से ज्यादा beyond limits/bounds; ~ से बाहर beyound limits/bounds; तुम बहुत कुछ कह गए और अब ~ से बाहर जा रहे हो, शांत हो जाओ You have spoken a lot and now you are crossing the limit, calm down.

हदबंदी (~ ban dee) *f.* act of demarcating.

हदस (ha das) *f.* scare; ~ जाना to be scared; दिल में ~ बैठ जाना to be awfully frightened; वह ~ जाने के कारण मानो गूँगा हो गया है Due to being awfully frightened, he has become, as it were, a dumb.

हदसना (~ nA) *vi.* to be scared.

हदीस (ha dees) *f.* collection of traditional sayings of Prophet Mohammed.

हनन (ha nan) *vt.* slaughtering, slaying, murdering.

हनना (han nA) *vt.* to slaughter/slay/murder/kill.

हननीय (~ neey) *adj.* fit to be slaughtered/slayed/murdered.

हनु (ha nu) *f.* the jawbone, jaw.

हनुमंत (~ mant) *m.* = हनुमान।

हनुमान (~ mAn) *m.* monkey-god who helped Ram. (Ramayan)

हफ़्ता (haF tA) *m.* week; अगले हफ़्ते हमारी शादी होगी We are to be married next week.

हफ़्तेवार (~ te vAr) *adv.* weekly; उसको ~ मेहनताना मिलता है He is paid weekly remuneration.

हफ़्तेवारी (~ te vA ree) *adj.* weekly; ~ अख़बार weekly newspaper.

हबर हबर (habar habar) *adv.* hurriedhy, fastly, quickly, hastily; उसने ~ खाना खाया He ate his food hurriedly.

हब्बा-डब्बा (hab bA - Dab bA) *m.* breathing trouble (among children), pneumonia.

हब्शिन (~ shin) *f.* fem. of a female Negro.

हब्शी (~ shee) *m.* any dark-skinned person of Africa, America etc., Negro. [Fem. हब्शिन]

हम (ham) *pron.* 1. we; ~ सभी all of us. 2. also replaces I generally.
pref. denoting equality, similarity etc.

हम-उम्र (~ - ummr) *adj.* of the same age.

हमजोली (~ jo lee) *m.* chum, pal, close associate.

हमदम (~ dam) *adj.* & *m.* very intimate friend, chum.

हमदर्द (~ dard) *m.* sympathiser; ~ बनना—वह ~ बनता है He puts on a show of sympathy.

हमदर्दी (~ dar dee) *f.* sympathy; ~ दिखाना to show sympathy, sympathize.

हमनाम (~ nAm) *m.* name-sake.

हमपेशा (~ pe shA) *adj.* of the same profession, co-professional.

हमप्याला-हमनिवाला (~ pyA lA - ham ni vA lA) *m.* those who drink and dine together, born companions.

हमबिस्तर (~ bis tar) *m.* 1. one who enjoys the same bed, bedfellow. 2. companion; प्रतियोगी ~ बने Rivals turned bed fellows.

हमराह (~ rAh) *adj.* going together.
m. = हमराही।

हमराही (~ rA hee) *m.* one who accompanies, co-traveller.

हमल (ha mal) *m.* pregnancy, conception; ~ गिरना miscarriage; ~ गिराना abortion; ~ रहना becoming pregnant, to conceive.

हमला (ham lA) *m.* attack, assault; ~ करना to attack; विरोधी दल के नेता ने हमारे वोट बैंक पर ~ किया है The opposition leader has invaded our vote banks.

हमलावर (~ var) *adj.* & *m.* assailant, invader.

हमवतन (ham va tan) *adj.* compatriot, fellow countryman.

हमवार (~ vAr) *adj.* even, level.

हमशक्ल (~ shakl) *adj.* resembling in appearance, similar in looks.

हमसफ़र (~ sa Far) *adj.* fellow-traveller, fellow-passenger.

हमसाया (~ sA yA) *m.* neighbour.

हमाम (ha mAm) *m.* bath room.

हमाम-दस्ता (~ das tA) *m.* mortar and pestle.

हमारा (ha mA rA) *pron.* & *adj.* 1. our, ours. 2. my, mine.

हमाहमी (ha mA ha mee) *f.* egoism, egotism; ~ करना to think of seeking one's own ends/interests.

हमीर-हठ (ha meer haTh) *m.* dogged pertenacity.

हमें (ha mẽ) *pron.* 1. to us; ~ पैसा दो Give us money. 2. we; ~ जाना है We have to go.

हमेल (ha mel) *f.* a type of necklace made of coins.

हमेव (ha mev) *m.* egotism.

हमेशा (ha me shA) *adv.* always, evermore.

हम्माम (ham mAn) *m.* 1. bath-room. 2. large container, provided with a tap, for keeping water hot.

हय (hay) *m.* horse.

हयशाला (~ shA lA) *f.* stable.

हया (ha yA) *f.* innate modesty.

हयादार (~ dAr) *adj.* innately modest/bashful.

हर (har) *adj.* every; ~ एक each and every; ~ कहीं everywhere; ~ कोई everybody, every one; ~ क्षण every moment; ~ चंद however much; ~ तरह in all ways/manners possible; ~ दम every moment, at all times; ~ दिन every day; ~ बार every time, ever and anon; ~ रोज़ everyday; ~ वक़्त/समय all the time.
m. 1. Lord Shiva. 2. denominator of a fraction. (Arith.)
suffix. denoting stealing, carrying away; धन ~ one who steals wealth; मनो ~ stealer of the heart; पाप ~ one who washes out sins.

हरकत (~ kat) *f.* 1. movement, motion. 2. unbecoming/undesirable behaviour/conduct; अपनी ~ से बाज़ आओ Give up your undesirable behaviour.

हरकारा (~ kA rA) *m.* 1. messenger (usually a postal employee), courier. 2. forerunner, harbinger, envoy.

हरखना (ha rakh nA) *vt.* to be delighted.

हरगिज़ (har giz) *ind.* ~ नहीं under no circumstances, in no case; ~ मत जाना You must not go.

हरज (ha raj) *m.* = हर्ज।

हरजा (har jA) *m.* = हर्जा।

हरजाई (~ ee) *m.* a spouse who carries on with various persons, promiscuous spouse.

हरजाना (~ nA) *m.* = हर्जाना।

हरण (ha raN) *m.* stealing/carrying away; ~ करना (i) to steal/carry away, (ii) to abduct/kidnap; राजा पृथ्वीराज चौहान ने संयोगिता का ~ किया था King Prithviraj had abducted Sanyogita.

हरता-धरता (har tA - dhar tA) *m.* = कर्ता-धर्ता।

हरताल (har tAl) *f.* an arsenic, used as a pigment, orpiment; ~ लगाना (i) to write off, to cancel; (ii) to undo.

हरना (~ nA) *vt.* to steal/carry away; पाप हर लेना to take away sin; पीड़ा हर लेना to relieve (someone) of pain; प्राण हर लेना to take life (out of someone); मन हर लेना to steal the heart, to captivate.
vi. to be defeated; हर जाना—बाज़ी हर गई The game is lost.

हरफ़ (ha raf) *m.* letter (alphabet); ~ आना—मेरी इज़्ज़त पर हरफ़ आ गया It has brought a blot on my name. ~ उठाना to pick up/identify letters (of an alphabet); ~ बनाकर लिखना to write in an excellent hand.

हरबा (har bA) *m.* arm, weapon; ~ - हथियार arms and ammunition.

हरबोंग (~ bõg) *m.* turmoil, hubbub, furore, tumult; ~ मचाना to cause a hubbub; यह क्या ~ झूठमूठ में मचा रहे हो What a useless hubbub you are creating.

हरम (ha ram) *m.* harem, seraglio, female apartment in a palace.

हरमज़दगी (~ zad gee) *f.* villainy, rascality; यह उसकी ~ नहीं तो और क्या है This is all his villainy and what else.

हरवाहा (har vA hA) *m.* = हलवाहा।

हरहा (~ hA) *m.* wolf.

हरा (ha rA) *adj.* green; हरी-हरी सूझना to see everything through rose-coloured spectacles, to be unduly optimistic;

ज़ख़्म ~ हो जाना reviving of an old wound; मन ~ हो जाना to be overjoyed; राष्ट्रीय स्तर के खिलाड़ियों में उसका चयन हो जाने से उसका मन ~ हो गया Due to his selection among players of national standard, he was overwhelmed with joy.

हराना (~ nA) *vt.* to defeat/beat; हरा देना to vanqish.

हरापन (~ pan) *m.* greenness.

हरा-भरा (~ - bha rA) *adj.* 1. lush with greenery; (आबू पर्वत का) ~ परिवेश lush surroundings (of Mount Abu). 2. gay and flourishing.

हराम (ha rAm) *adj.* ill-gotten, improper; ~ का माल ill-gotten gain/wealth.

m. immorality; ~ का पेट illegitimate conception/pregnancy; ~ की कमाई (i) ill-gotten earnings; (ii) immoral earnings; जीना ~ कर देना to make (someone's) life miserable; नींद ~ करना to cause sleepless nights.

हरामख़ोर (~ Khor) *adj.* & *m.* (he) who does not earn by the sweat of his brow, one who is given to evil earning by shirking work.

हरामख़ोरी (~ Kho ree) *f.* subsistence on ill-gotten earnings; उसको ~ की आदत पड़ गई है He is accustomed to make subsistence on ill-gotten earnings.

हरामजादा (~ zA dA) *adj.* & *m.* bastard, illegitimate offspring (used as an invective).

हरामी (ha rA mee) *adj.* & *m.* illegitimate, born out of adulterous union (vituperative language); ~ का पिल्ला (i) bastard, (ii) scoundrel.

हरारत (ha rA rat) *f.* 1. heat, warmth. 2. temperature, feverishness; ~ होना—उसे ~ है He is feverish./He has slight temperature.

हरावल (ha rA val) *m.* vanguard.

हरि (ha ri) *m.* Lord Vishnu; ~ इच्छा Will of God! ~ इच्छा बलवान God's will be done! ~ - कथा discourse about the Lord; ~ -कीर्तन congregational singing or musical recitation of hymns; ~ - धाम abode of the Lord; ~ - नाम name of the Lord; ~ - भक्ति devotion to the Lord; ~ - भजन devotional singing; ~ - मंदिर temple of हरि; ~ - लीला sportive display of the Lord; ~ - स्मरण remembering the Lord; ~ - हर Lord Vishnu & Shiva.

हरिआना (~ A nA) *vi.* = हरियाना।

हरिआली (~ A lee) *f.* = हरियाली।

हरिजन (~ jan) *m.* 1. (lit.) God's own being. 2. (now, in common parlance) one belonging to the scheduled class.

हरिण (ha riN) *m.* = हिरन।

हरिणी (ha ri Nee) *f.* = हिरनी।

हरित (ha rit) *adj.* green.

हरिताभ (ha ri tAbh) *adj.* having a green shade, of a greenish hue.

हरिद्रा (ha rid drA) *f.* = हल्दी।

हरिन (ha rin) *m.* = हिरन।

हरिनी (ha ri nee) *f.* fem. of हरिन।

हरिपद (~ pad) *m.* abode of Lord Vishnu.

हरियानवी (~ yAn vee) *adj.* of हरियाना।

हरियाना (~ yA nA) *vi.* to turn/become green.

m. a Hindi speaking state of Northern India.

हरियाली (~ yA lee) *f.* greenery; ~ छाना— ~ छाई हुई है There is greenery all round.

हरिस (ha ris) *m.* beam of a plough.

हरी खाद (ha ree khAd) *m.* green manure.

हरीरा (ha ree rA) *m.* a sweet preparation of pulverised almond and milk.

हरे (ha re) *m.* vocative of हरि।

हरेक (ha rek) *adj.* everybody, everyone.

हर्ज (harj) *m.* 1. loss. 2. harm; क्या ~ है What is the harm?

हर्जाना (har jA nA) *m.* something given to compensate, damages, compensation; ~ भरना to make a suitable payment for loss or injury, compensate.

हर्र (harr) *f.* myrobalan.

हर्रा (har rA) *m.* = हर्र।

हर्ष (harsh) *m.* joy, delight, cheer, happiness.

हर्षकारक (~ KA rak) *adj.* delighting, exhilerating.

हर्षध्वनि (~ dhwa ni) *f.* cry of joy/jubilation.

हर्षातिरेक (har shA ti rek) *m.* rapture.

हर्षाश्रु (~ shAsh shru) *m.* tears of joy.

हर्षित (~ shit) *adj.* delighted, pleased.

हर्षोन्माद (~ shon mAd) *m.* ecstasy.

हलंत (ha lant) *adj.* (word) ending with the हल् (्) mark.

हल् (hal) *m.* 1. a stroke (्) placed at the end of a consonant to denote the absence of the अ vowel sound after it, as क्, ख्, ग्। 2. a consonant down below which the aforesaid mark is appended.

हल (hal) *m.* 1. plough; ~ चलाना/जोतना to plough. 2. solution (of a problem); सरकार ऐसे ~ की खोज के लिए आतुर है जो सभी के लिए उचित हो The govemment is keen to find such a solution which is fair to all concerned. ~ मिलना मुश्किल है The solution in hard to find. ~ करना to solve.

हलक़ (ha laK) *m.* gullet, throat; ~ तक भरना to fill up to the throat; ~ से नीचे न उतरना to be unable to accept (some one's argument).

हलका (hal KA) *adj.* 1. light, not heavy; मन ~ हो जाना to feel light. 2. less than average weight. 3. not fast (said of a colour), light. 4. easy to bear; ~ आघात light stroke. 5. easy to digest; ~ भोजन light food. 6. low in alcohol; तबीयत हलकी होना to feel slightly better. बात हलकी पड़ जाना—बात हलकी पड़ गई The words lost their weightiness.

हलक़ा (hal KA) *m.* circle, beat, area, zone; शहर को पाँच हलक़ों में बाँटा गया है The city is divided into five circles.

हलकान (~ KAn) *adj.* = हलाकान।

हलकापन (~ KA pan) *m.* 1. lightness. 2. shallowness.

हलका-फुलका (~ - phul KA) *adj.* 1. light in weight. 2. without substance; हलकी-फुलकी जानकारी smattering. 3. not severe, intense or classical, light enjoyable; ~ संगीत light music.

हलचल (~ cal) *f.* stir, commotion; ~ पैदा करना या मचाना to create a stir, to cause a commotion; गृहमंत्री के वक्तव्य ने राजनीतिक हलक़ों में ~ पैदा कर दी Home Minister's statement caused flutter in the political circles.

हलदी (~ dee) *f.* turmeric; उसने अपने ~ लगे हाथ दिखाए She displayed her turmeric smered hands. ~ चढ़ना a premarriage ceremony in which the body of the bride/bridegroom is besmeared with turmeric; ~ लगाकर बैठना to sit idle; उसके ~ के हाथ हैं She is being married.

हलधर (~ dhar) *m.* 1. ploughman. 2. Balram, elder brother of Lord Krishna.

हलफ़ (hal laF) *m.* oath; ~ उठाना/लेना to take an oath; ~ देना to administer an oath.

हलफ़नामा (~ nA mA) *m.* affidavit, written statement on oath.

हलफ़ी (hal FEE) *adj.* ~ बयान statement made on oath.

हलरा (~ rA) *m.* = हिलोर।

हलराना (~ nA) *vt.* to rock/cradle.

हलवा (hal VA) *m.* a dainty Indian dish.

हलवाइन (~ in) *f.* fem. of हलवाई।

हलवाई (~ ee) *m.* confectioner. [Fem. हलवाइन]

हलवाहा (~ hA) *m.* ploughman.

हलाक (ha lAk) *adj.* killed, murdered; ~ करना to kill/murder; ~ होना to be killed/murdered.

हलाकान (ha lA kAN) *adj.* harassed; ~ करना to harass; जान ~ करना (i) tease the life out (of someone); (ii) अपनी जान ~ करना to tax oneself unnecessarily.

हलाकानी (ha lA KA nee) *f.* harassment.

हलाकू (ha lA koo) *m.* killer, murderer.

हला-भला (ha lA - bha lA) *m.* disposal; ~ करना to dispose of.

हलायुध (~ yudh) *m.* Balram, elder brother of Lord Krishna. [हल + आयुध]

हलाल (ha lAl) *adj.* 1. slaughtered as per Muslim convention; ~ करना to slaughter as per Muslim convention. 2. hard-earned, well-begotten; ~ का well-begotten, earned with labour; ~ की कमाई well-begotten earning.

हलालख़ोर (~ Khor) *adj.* & *m.* 1. (one) who lives on well-begotten earnings. 2. scavenger.

हलालख़ोरी (~ Kho ree) *f.* living on well-begotten earnings.

हलाहल (ha lA hal) *m.* deadly poison.

हलीम (ha leem) *adj.* 1. forbearing. 2. modest, humble.

हलीमी (ha lee mee) *f.* 1. forbearance. 2. modesty.

हलुआ (ha lu A) *m.* = हलवा।

हलूफ़ा (ha loo FA) *m.* a ceremony during a wedding in which the two parties are introduced to each other.

हल्का (hal kA) *adj.* = हलका।

हल्ला (hal lA) *m.* 1. noise; ~ करना (i) to shout, (ii) to make noise; ~ मत करो Don't make noise. 2. attack; ~ बोलना to charge/raid.

हल्ला-गुल्ला (~ - gul lA) *m.* hullaballoo, commotion, tumult, uproar, clamour.

हवन (ha van) *m.* ceremony in which oblations are offered to the fire-god.

हवनकुंड (~ kuND) *m.* prismshaped dugout vessel (with square ends) used for performing हवन।

हवन-सामग्री (~ SA mag gree) *f.* the group of articles offered to fire-god.

हवलदार (ha val dAr) *m.* sergeant.

हवस (ha vas) *f.* 1. insatible lust; ~ पूरी करना to satisfy (one's) lust. 2. persistent and excessive desire.

हवा (ha VA) *f.* air; ताज़ी ~ खाने के लिए आओ बाहर चलें Let us go out for fresh air; सहसा ~ तेज़ चलने लगी The wind has risen suddenly. ~ उखड़ना = ~ बिगड़ना; ~ उड़ना—हवा उड़ी थी The rumour was afloat. ~ उड़ाना to spread a rumour; ~ कर देना to bring to nought; ~ करना to fan; ~ का रुख़ देखना/पहचानना to gauge the situation, to know which way the wind is blowing, to read the trend; ~ का रुख़ बदल जाना—हवा का रुख़ बदल गया है The times have changed. ~ के घोड़े पर सवार होना to be in hot haste; ~ के रुख़ चलना to move with the times; ~ खाना to walk for pleasure; ~ देना (i) to fan the flame, (ii) to inflate, (iii) t give a fillip (to), to encourage; ~ न लगने देना not to let (something) be exposed at all; ~ पलटना—हवा पलट गई The wind reversed its direction. ~ पी/फाँककर रहना to subsist/go without food (or drink); ~ फिरना = ~ पलटना; ~ बताना to put off on some pretext or the other; ~ बाँधना to put on airs, to brag; ~ बिगड़ना—(i) ~ बिगड़ गई है The situation has changed entirely for the worse. (ii) उसकी ~ बिगड़ गई He lost all prestige/credit. ~ बिगाड़ देना to make (someone) lick the dust; ~ भरना to put air in; मुझे अपने टायरों में थोड़ी ~ भरनी है I need to put some air in my tyres. ~ लगना (i) to catch cold, (ii) to catch the ways (of); ऊपरी ~ लगना to be possessed by some evil spirit; ~ से बातें करना (i) to run at a terrific speed, (ii) to soliloquize, to talk to oneself; ~ से लड़ना to quarrel without rhyme or reason; ~ हो जाना (i) to disappear/vanish; हमारी आशाएँ ~ हो गई हैं Our hopes have vanished. (ii) to come to nought.

हवाई (ha VA ee) *adj.* of or pertaining to air, aerial; ~ फ़ायर fire in the air.
f. a kind of cracker; चेहरे पर हवाइयाँ उड़ने लगना to be terror-struck.

हवाई अड्डा (~ ADDA) *m.* aerodrome.

हवाई क़िला (~ KI lA) *m.* हवाई क़िले बनाना to build castles in the air.

हवाई-चक्की (~ cak kee) *f.* windmill.

हवाई-छतरी (~ chat ree) *f.* air-umbrella, parachute.

हवाई-जहाज़ (~ ja HAZ) *m.* an aeroplane; मैं कल ~ से कोलकाता जा रहा हूँ I am flying to Kolkata tomorrow. ~ से भेजने पर 10 रुपए लगेंगे It will cost 10 rupees by air.

हवाई डाक (~ DAK) *f.* airmail; क्या ~ से भेजना चाहते हो Would you like to send it by airmail?

हवाई यात्रा (~ YAt rA) *f.* journey by air; क्या आपकी ~ सुखद रही Did you have a good flight?

हवाकश (ha VA kash) *m.* ventilator.

हवादार (~ dAr) *adj.* airy, well-ventilated.

हवादारी (~ dA ree) *f.* system of ventilation.

हवा-पानी (~ - pA nee) *m.* climate; ~ बदलना to change the climate.

हवा-बदल (~ - ba dal) *m.* change of climate.

हवाबाज़ (~ BAZ) *m.* air pilot.

हवा-महल (~ - ma hal) *m.* airy palace.

हवामार (~ mAr) *adj.* anti-aircraft.

हवामार तोप (~ top) *m.* anti-aircraft gun.

हवाल (ha VAl) *m.* turn of events; बुरा ~ sorrowful condition, plight.

हवाला (ha VA lA) *m.* reference; ~ देना to quote a reference; हवाले करना to hand over.

हवालात (ha VA lAt) *f.* lock-up.

हवालाती (ha VA lA tee) *adj.* & *m.* detenue.

हवाली-मवाली (ha VA lee - ma VA lee) *m.* associates and companions. (pej.)

हवास (ha VAS) *m.* knowledge through sense organs; ~ खो बैठना to feel lost, to lose (one's) senses; ~ गुम होना to be nonplussed, to be in a fix.

हवि (ha vi) *m.* 1. oblation. 2. sacrificial goat.

हविस (ha vis) *f.* = हवस।

हवेली (ha ve lee) *f.* 1. mansion, palatial building. 2. temple.

हशीश (ha sheesh) *f.* hashish, a kind of intoxicant prepared from dried hemp.

हश्र (hashshr) *m.* 1. day of judgment. 2. destiny. 3. final outcome, resultant effect; फिर ~ वही हुआ जो होना था The result was a foregone conclusion.

हसरत (has rat) *f.* innate desire, longing; ~ करना to yearn for/after; ~ निकालना to fulfil (one's) craving.

हसीन (ha seen) *adj.* handsome, comely, pretty, beautiful.

हसीना (ha see nA) *f.* pretty young girl, belle.

हस्त (hast) *m.* 1. hand. 2. tenth constellation of the stars.

हस्तकला (~ ka lA) *f.* handicraft.

हस्तकौशल (~ kau shal) *m.* manual skill.

हस्तक्रिया (~ kri yA) *f.* hand-practice, masturbation.

हस्तक्षेप (has tak shep) *m.* interference, meddling; बाहरी ~ outside interference; ~ करना to meddle/interfere.

हस्तगत (hast gat) *adj.* obtained, come into one's possession, received.

हस्तमैथुन (~ mai thun) *m.* act of inciting one's genital organ to get sexual satisfaction, masturbation.

हस्तरेखा (~ re khA) *f.* line on the palm.

हस्तलाघव (~ lA ghav) *m.* 1. skill of hand. 2. sleight-of-hand.

हस्तलिखित (~ li khit) *adj.* hand-written.

हस्तलिपि (~ li pi) *f.* handwriting.

हस्तलेख (~ lekh) *m.* handwriting.

हस्तशिल्प (~ shilp) *m.* handicraft.

हस्तांतरण (has tAn ta raN) *m.* handing over, transference.

हस्तांतरणीय (~ tAn ta ra Neey) *adj.* transferable.

हस्तांतरणीयता (~ tA) *f.* transferability.

हस्तांतरित (has tAn ta rit) *adj.* transferred.

हस्तांतरिती (~ tAn ta ri tee) *m.* transferee.

हस्ताक्षर (~ tAk shar) *m.* signature; ~ करना/ठोकना to put down one's signature.

हस्ताक्षरक (~ tAk sha rak) *m.* signatory.

हस्ताक्षरित (~ tak sha rit) *adj.* signed.

हस्तामलक (~ tA ma lak) *adj.* crystal clear.

हस्तिनी (~ ti nee) *f.* 1. female elephant. 2. fourth class of women. (Hindu Sexology)

हस्ती (~ tee) *m.* elephant.

f. being, individuality, personality, figure; गाँधी विश्व रंगमंच की एक अति महत्त्वपूर्ण ~ थे Gandhi was one of the most important figures on the global stage. ~ मिटाना to wipe out one's being (as it were); उसकी भी क्या ~ है He does not count, does he? वे भी एक ~ हैं His personality too has to be reckoned.

हस्ते, के (ke has te) *postposition.* through the agency of.

हाँ (hÃ) *adv.* yes; ~ करना to assent/agree; ~ में हाँ मिलाना to say aye to aye; ~ में हाँ मिलानेवाला yesman; जी ~ Yes, Sir/Madam.

हाँक (hÃk) *f.* calling aloud; ~ लगाना to call aloud.

हाँकना (~ nA) *vt.* 1. to drive; गाड़ी ~ to drive a cart; हाँक देना to drive away. 2. to goad.

हाँका (hÃ kA) *m.* driving out a game by making loud noises to a spot suitable for hunting; ~ लगाना to drive out a game.

हाँडी (~ Dee) *f.* earthen pot meant mainly for cooking purposes; ~ उबलना bubbling of a shallow person; ~ चढ़ाना to put a pot on oven for cooking; ~ पकना—हाँडी पक रही है A conspiracy is in the offing/A plot is being hatched. ~ फूटना—हाँडी मेरे ही सिर फूटी The entire blame was thrown on me.

ाँफना (hA͡ph nA) *vi.* to pant.

ा (hA) *inter.* denoting sorrow or grief.

ाइफ़न (hA i FAn) *m.* hyphen.

ाइफ़न-युक्त (~ - yukt) *adj.* hyphenated.

ाई (hA ee) *f.* excessive craving; तुम्हें तो ~ पड़ी रहती है You are subject to excessive craving indeed.

ाई कोर्ट (~ korT) *f.* High Court; मुकदमा ~ में पाँच वर्ष से लंबित है The case is pending in the High Court for five years.

ाई स्कूल (~ skool) *m.* high school.

ाकिम (hA kim) *m.* 1. ruler. 2. officer.

ाकिमाना (hA ki mA nA) *adj.* officerlike; ~ व्यवहार official behaviour.

ाकिमी (hA ki mee) *f.* = हुकूमत।

ाकी (hA kee) *f.* Hockey.

ाजत (hA jat) *f.* 1. call of nature. 2. custody.

ाजती (hA ja tee) *adj.* (person) under duress or custody.

ाज़मा (hAZ mA) *m.* power of digestion; ~ बिगड़ जाना upsetting of digestion.

ाज़िर (hA zir) *adj.* present; ~ करना to produce; ~ होना to be present; ~ साहब Present Sir!

ाज़िरजवाब (~ ja vAb) *adj.* of ready wit, ready-witted. बीरबल बड़ा ही ~ था Birbal was highly ready-witted. ~ होना to have a ready tongue.

ाज़िरजवाबी (~ ja vA bee) *f.* ready wit.

ाज़िरबाश (~ bAsh) *adj.* ever-ready at one's service.

ाज़िरबाशी (~ bA shee) *f.* state or quality of being हाज़िरबाश।

ाज़िरी (hA zi ree) *f.* 1. attendance. 2. roll-call; ~ देना (i) to answer the roll-call; (ii) to go to see (somebody); ~ बजाना—मुझे उसकी ~ बजानी पड़ती है I have to dance attendance on him. ~ लेना to take roll-call.

हाजी (hA jee) *m.* 1. one who has been to Mecca on pilgrimage. 2. appellation attached to the name of such a person.

हाट (hAT) *f.* 1. market. 2. periodical market; ~ उठना—हाट उठ गई The market is wound up (for the day). ~ करना to do shopping; ~ चढ़ना to appear in the market for sale; ~ लगना—हाट लग गई The market has started functioning.

हाड़ (hAR) *m.* bone; ~ पेलना to put in extremely hard labour; ~ - मांस का बना made of flesh and bone.

हाड़ी (hA Ree) *adj.* = असाढ़ी।

हाता (hA tA) *m.* compound, enclosure.

हातिम (hA tim) *adj.* generous, liberal.

हाथ (hAth) *m.* 1. hand; ~ का काम handiwork; ~ आना to be able to catch hold of; ~ उठाकर देना—उसने ~ उठाकर देना सीखा ही नहीं Charity was never a part of his being. ~ उठाना to attempt to strike; ~ ऊँचा रहना to be ready evermore to bestow/give; ~ कट जाना—मेरे तो ~ ही कट गए I am rendered helpless (due to commitments). ~ कटा लेना to deprive oneself of one's rights for all time; ~ का दिया given with (one's own) hand; ~ का बना handmade; ~ का सच्चा honest/straightforward in dealings; ~ के नीचे आना to come under (one's) thumb; ~ ख़ाली जाना to miss the mark/target; ~ ख़ाली न होना not to be free, being much too busy; ~ ख़ाली होना (i) to have no work on hand; (ii) to have no money, to be penniless; ~ खींच लेना to have nothing more to do with, to cease to take interest, to withdraw support; ~ खुजलाना (i) to feel like striking; (ii) itching in the palm, indicative of some monetary gain; ~ खुल

जाना to get into the habit of striking; ~ खुला होना to be open-handed/liberal/boun-teous; ~ गर्म करना to bribe; ~ चलना—उसका ~ बहुत चलता है (i) He is given to beating others. (ii) He is quite quick at work. ~ चलने लगना—उसका ~ चलने लगा है He is on the road to become an adept. ~ चलाना to strike; ~ चूम लेना (i) to kiss (one's) hand; (ii) to feel like kissing (one's) hand; ~ छोड़ना to hit with the hand; ~ जड़ना to give a slap, to slap; ~ जम जाना to become an adept; ~ जमाना (i) to practise with a hand; (ii) to slap; ~ जोड़ना to fold (one's) hands (in reverence); (दूर से) ~ जोड़ देना to shun, to avoid meeting; ~ झाड़कर खड़े हो जाना to show a clean pair of hands; ~ झुलाते चले आना to visit empty-handed; ~ डालना (i) to take up, (ii) to violate the modesty (physically); ~ तंग होना to be in straitened circumstances; ~ दबना to be in straitened circumstances; (किसी से) ~ दबना to be under (someone's) thumb; ~ दबाकर खर्च करना to spend parsimoniously; ~ दिखाना (i) to show feats of hand; (ii) to show sleights of hand; (iii) to show one's palm; (Astrology) (iv) to show one's pulse (Medico); ~ देना (i) to give a helping hand, (ii) to give a signal, (iii) to give a beating; ~ धो बैठना (i) to lose, (ii) to lose all hope; ~ धोकर पीछे पड़ जाना to pursue with a vengeance; ~ न रखने देना not to let (someone) even make a start; ~ न होना—(उस) स्त्री का ~ नहीं She is in her period. ~ पकड़ लेना to stop (someone) from doing something wrong; ~ पकड़ना (i) to lend a helping hand, (ii) to accept a woman as a spouse; ~ पड़ जाना— (i) अगर वह मेरे ~ पड़ गया Should he come my way (ii) आज वह मेरे ~ पड़ गया Today he fe[ll] my way. ~ पर नाग खिलाना to play a risk[y] game; ~ पर हाथ धरे बैठे रहना to sit li[ke] an idler all the time; (किसी के) ~ [पर] हाथ मारना to strike the palm (of anot-her) as a token of solid assent; ~ पसार[ना] to stretch out the palm(s) as a mark [of] asking/begging something; ~ पस[ारे] जाना to depart (from the world) empt[y-]handed; ~ पीले करना to apply turme[ric] to the palm of a girl as a token [of] offering her away in marriage; ~ - [पैर] (का) ज़वाब दे जाना refusal of limbs [to] function/behave properly; ~ - पैर [का] मैल something of hardly any conse[q]uence, trash like lucre; ~ - पैर चल[ना] proper functioning of limbs; ~ - [पैर] चलाना to exert one's self (to earn livelihood); ~ - पैर जोड़ना to entr[eat] with folded hands; ~ - पैर ठंडे हो [जाना] the growing cold of hands and feet a symbol of approaching death; ~ - [पैर] ढीले पड़ जाना near stoppage of functio[n]ing of muscles due to fear or gri[ef]; - ~ - पैर निकालना to be getting out of discipline; ~ - पैर पटकना = हाथ-पैर मार[ना]; ~ - पैर फूल जाना to develop cold fe[et]; ~ - पैर फैलाना to extend one's scope [of] power or influence); ~ - पैर बचाना [to] keep oneself within limits of securi[ty]; ~ - पैर मारना to make a good effort; [~ -] पैर हिलाना to exert one's self; ~ फेरना [to] dab; ~ फैलाना to beg; ~ बँटाना to len[d a] hand; ~ बढ़ाना to extend a hand; ~ [बाँधे] खड़े रहना to be at (someone's) be[ck] and call; (किसी के) ~ बिकना to be s[old] to; (किसी के) ~ बिक ज़ाना to be sold as it were; ~ बैठ जाना to acquire proficiency; ~ बैठना to strike with full force; ~ भर का कलेजा होना to have great courage; ~ मँजना to acquire proficiency; ~ मज़बूत करना to strengthen the hands (of someone); ~ मलकर रह जाना to feel tantalized, as it were; ~ मारना to grab/pinch; ~ मिलाना (i) to shake hands, (ii) to shake hands in token of making up a quarrel; ~ में in hand; ~ में आना to come into the possession (of); ~ में करना to take in one's own hands; ~ में खुजली होना = ~ खुजलाना; ~ में नकेल होना to have (someone) completely under one's control; ~ में पड़ना = ~ में आना; ~ में बागडोर/लगाम होना = ~ में नकेल होना; ~ में मेहँदी लगा होना—क्या तुम्हारे हाथों मेहँदी लगी थी Were you incapacitated (as if you had applied myrtle to your hands)? ~ में होना—मेरी किस्मत तुम्हारे हाथों में है My fate is in your hands. ~ रँगना to grab money through unfair means; ~ रखना to lend a protecting hand; ~ रवाँ होना to be an adept; ~ लगना (i) to be touched by (someone's) hand; (ii) काम में ~ लगा है The work has been initiated. (iii) अब इस काम में उनका ~ लग गया Now that he has lent a helping hand. (iv) यह रक़म यों ही मेरे ~ लग गई This sum fell in my way by chance. (v) ~ लगे चार We carry 4. (Arith.); ~ लगाना (i) to touch with the hand, (ii) to set the ball rolling, (iii) to initiate/start/commence (some work); ~ समेटना = ~ खींचना; ~ सधना to be well-practised (with the hand); ~ साफ़ करना to purloin/pinch; ~ सिर पर रखना = सिर पर ~ रखना; ~ से by hand, through (someone); ~ से जाना (i) to slip out (of one's hands); (ii) लड़का ~ से गया The boy has gone out of all control. ~ से निकल जाना (i) to get out of hand, (ii) to lose; ~ से बेहाथ हो जाना to get out of hand/control; ~ हिलाते चले आना = ~ झुलाते चले आना; हाथों कलेजा उछलना—मेरा कलेजा हाथों उछलने लगा My heart began to beat wildly. ~ होना to be a part of; इस हत्या में उनका ~ होने की भी संभावना है He is suspected of complicity in that marder. हाथों की कठ़पुतली बनना to dance to the trune of, to be puppet in the hands of (someone); हाथों के तोते उड़ जाना to be dumbfounded; हाथों में खेलना to play in the hands of, to be a puppet; हाथों में होना to be in the hands of, to be in the charge of; हाथों हाथ—(i) किताब हाथों ~ बिक गई The book sold like hot cakes. (ii) by hand; हाथों हाथ लेना to meet ceremoniously; दोनों हाथों समेटना to collect (wealth) with both the hands (as it were); सच्चा ~ बैठना—क्या सच्चा हाथ ~ बैठा What an accurate hit? रँगे हाथों redhanded; चोर रँगे हाथों पकड़ा गया The thief was caught red-handed. लगे हाथों by the by, side by side. 2. one round of a card game. 3. a person who does something.

हाथा (hA thA) *m.* 1. impression of the hand with turmeric etc. 2. = हत्था।

हाथापाई (~ - pA ee) *f.* scuffle; ~ पर उतर आना to come to blows; उन दोनों में झगड़ा इतनी विषम स्थिति पर पहुँचा कि वे अंततः ~ पर उतर आए The dispute between them became so tense that ultimately they came to blows.

हाथाबाँही (~ bÃ hee) *f.* = हाथापाई।

हाथी (hA thee) *m.* elephant; ~ पालना/पाल रखना to maintain a white elephant; ~

बाँधना to become visibly oppulent, to be gorgeously rich.

हाथीख़ाना (~ KHA NA) *m.* elephant-shed.

हाथी-दाँत (~ - dÃt) *m.* ivory; ~ की चूड़ी ivory bangle.

हाथी-पाँव (~ - pÃv) *m.* = फ़ील पाँव।

हाथीवान (~ WAN) *m.* an elephant driver.

हादसा (hAd SA) *m.* mishap, accident, tragedy; प्रधानमंत्री ने गुजरात में हुए भूकंप हादसे के कारण अपना विदेशी दौरा रद्द कर दिया है The Prime Minister has cancelled his foreign trip in view of the Gujarat earth-quake tragedy.

हानि (hA ni) *f.* 1. loss; ~ उठाना to suffer/sustain a loss. 2. harm; ~ पहुँचाना to harm, to cause harm.

हानिकर (~ kar) *adj.* 1. causing loss. 2. harmful.

हानिकारक (~ KA rak) *adj.* = हानिकर।

हाफ़िज़ (hA FIZ) *m.* 1. protector. 2. one, especially a Muslim, who has memorized the Quran.

हाफ़िज़ा (hA FI ZA) *m.* memory; ~ कमज़ोर होना to have a weak/short memory.

हामिला (hA mi lA) *adj.* pregnant.

हामी (hA mee) *f.* assent; ~ भरना to give assent.

m. supporter.

हाय (hAY) *inter.* alas !

f. 1. sigh/cry of a lacerated heart. 2. insatiable hunger; ~ करके रह जाना only to sigh, having no other go; ~ पड़ना—तुम पर किसी की ~ पड़ गई है The curse (of a lacerated heart) has fallen on you. ~ लेना to invite the curse of a lacerated heart; ~ - हाय करना to evince an insatiable obsession/hunger; ~ - हाय पड़ना/मचना—(i) हाय-हाय मची हुई थी Pandemonium prevailed. (ii) पानी के लिए हाय-हाय मची हुई थी Water was th universal cry.

हाय-तोबा (~ - to bA) *f.* uproar, tumult, hul laballoo.

हार (hAr) *f.* defeat; ~ जल्दी पचती नहीं It i difficult to accept defeat gracefully ~ का मुँह देखना to have to suffer/tast defeat; उसे ~ का मुँह देखना पड़ा He ha tasted defeat. ~ मान लेना to acknowledge concede defeat; अपनी ~ समझना to ow defeat.

m. 1. garland, wreath; ~ पहनाना t garland; विजयी प्रत्याशियों को ~ पहनाए ग The victorious candidates were gar landed. 2. necklace; गले का ~ darling dearly loved one, beloved one.

हार-जीत (~ - jeet) *f.* 1. defeat and victory ~ तो लगी ही रहती है Defeat and victor are the two perennial alternatives 2. victory or defeat.

हारना (~ nA) *vi.* to be defeated; हारकर hav ing no other go; हार जाना—मैं जुए में द रुपए हार गया I lost ten rupees in t gamble. हारे दरजे as a last resort; बाज़ हार जाना to lose the game; शर्त हार जान to lose a bet/wager.

m. act of losing; ~ एक बात है और शर्मनाक हार दूसरी बात Losing is one thing humiliating defeat quite another.

हारमोनियम (hAr mo ni yam) *m.* harmonium

हारा (hA rA) *suffix.* denoting 'doer'; सृज ~ God, the Creator.

adj. defeated [Fem. हारी]; ~ जुआरी los ing gambler; थका - ~ fatigued and ex hausted.

हारिल (hA ril) *m.* a. greenish Indian bird ~ की लकड़ी indispensable prop/sup port.

हार्दिक (hAr dik) *adj.* 1. hearty, cordial

वाजपेयी जहाँ भी गए वहाँ उनका ~ स्वागत हुआ Vajpaee got a warm welcome wherever he went. ~ बधाई hearty congratulations. 2. heart-felt; ~ सहानुभूति heart-felt sympathy.

हार्दिकता (~ tA) *f.* heartiness, cordiality.

हाल (hAl) *m.* 1. condition, state; ~ बेहाल critical condition; पतला ~ (i) straitened circumstances, (ii) precarious condition. 2. time that is passing, recent past; ~ का recent; ~ में recently.

m. hall.

हाल-चाल (~ - cAl) *m.* state of affairs; आपका ~ कैसा है How are you feeling?

हालत (hA lat) *f.* condition; कहा गया है कि पाँच घायल सैनिकों की ~ गंभीर है The condition of five injured soldiers is stated to be critical. ~ ख़राब हो जाना to be in bad shape; ~ ख़स्ता/पतली होना to be in bad/serious condition; किसी भी ~ में in any circumstance; किसी भी ~ में तुम्हें उसकी सहायता करनी ही होगी You will have to assist him in any of the circumstances.

हालाँकि (hA lÃ ki) *conj.* though, although.

हाला (hA lA) *f.* liquor, wine.

m. = हाला-चाला।

हाला-चाला (~ - cA lA) *m.* earthquake.

हालात (hA lAt) *m.* (plu.) of हाल, circumstances.

हाली (hA lee) *m.* = हलवाहा, ploughman.

हाव-भाव (hAv - bhAv) *m.* gestures and postures (especially amorous), coquetry; ~ दिखाना expression of gestures and postures.

हावी (hA vee) *adj.* domineering; ~ पड़ना to dominate; ~ रहना/होना to domineer.

हाशिया (hA shi yA) *m.* margin, border.

हास (hAs) *m.* laugh, laughter

हास-परिहास (~ pa ri hAs) *m.* fun and laughter.

हासिल (hA sil) *adj.* gained, got, acquired, obtained; ~ आना/लगना = ~ आए/लगे 3 Carried 3. (Arith.)

हास्य (hAssy) *m.* laugh, laughter, humour; ~ रस one of the six Rasas (रस) in literature, the one pertaining to humour.

हास्यकर (~ kar) *adj.* humorous, provoking laughter.

हास्य-व्यंग्य (~ - vyangy) *m.* humour and satire.

हास्यास्पद (hAs syAs pad) *adj.* preposterous, ludicrous, ridiculous, funny; ~ समझना to consider ridiculous.

हास्योत्पादक (~ syot pA dak) *adj.* humorous, provoking laughter.

हाहंत (hA hant) *ind.* O, the tragedy!

हाहाकार (~ hA kAr) *m.* cry of distress; पानी के लिए ~ मचा हुआ था There was an all-round cry for water.

हाहा-हूहू (~ - hoo hoo) *m.* joyous hilarity.

हिंकरना (hin kar nA) *vi.* to neigh, whinny.

हिंगु (hin gu) *m.* = हींग।

हिंडोला (hiN Do lA) *m.* 1. swing adorned with a seat. 2. merry-go-round.

हिंद (hind) *m.* India.

हिंदवी (~ vee) *f.* a rather contemptuous name for Hindi.

हिंदी (hin dee) *f.* Hindi, the national language of India.

हिंदुत्व (~ duttw) *m.* Hinduism.

हिंदुस्तान (~ dus tAn) *m.* Hindustan, India.

हिंदुस्तानी (~ dus tA nee) *adj.* Indian.

m. an Indian.

f. spoken language of Hindus and Muslims in the major part of Northern India.

हिंदू (~ doo) *adj.* & *m.* Hindu.

हिंदूकुश (~ kush) *m.* a mountain range in the northern-most part of India.

हिंदूपन (~ pan) *m.* spirit of Hinduism.

हिंदोस्तान (hin dos tAN) *m.* = हिंदुस्तान, India.

हिंदोस्तानी (~ dos tA nee) *adj.* = हिंदुस्तानी, Indian.

हिंसक (~ sak) *adj.* 1. violent (person). 2. carnivorous (animal).
m. one who believes in violence.

हिंसा (~ sA) *f.* violence; हम वार्ता के लिए तैयार हैं परंतु ~ पहले बंद होनी चाहिए We are ready for talks but violence must stop first. पिछले कुछ दशकों से भारत ने आतंकवादी ~ का प्रहार सहा है For the last few decades India has borne the brunt of terrorist voilence. ~ करना to inflict harm, to do violence to; ~ पर उतरना to resort to violence.

हिंसाचार (~ cAr) *m.* violence.

हिंसात्मक (~ sAt mak) *adj.* violent; ~ प्रदर्शन violent demonstration; ~ मनोवृत्ति violent disposition.

हिंस्र (hinsr) *adj.* violent, ferocious.

हिकमत (hik mat) *f.* 1. Unani i.e. Greek system of Medicine. 2. skill, tact; ~ से काम लेना to deal tactfully.

हिकमती (~ ma tee) *adj.* tactful, skilful.

हिक्का (~ kA) *m.* = हिचकी।

हिचक (hi cak) *f.* hitch, hesitation; कोई ~ न होना to have no hitch; बिना किसी ~ के without any hesitation, with no hesitation; यदि मेरे लायक कोई कार्य हो तो बिना किसी ~ के सूचित करें Please do let me know without any hesitation if I may be of any service to you.

हिचकना (~ nA) *vi.* to hitch/hesitate; ग़लत काम करने से ~ to hesitate doing wrong.

हिचकिचाना (hic ki cA nA) *vi.* = हिचकना।

हिचकिचाहट (~ ki cA haT) *f.* hitch, hesitation.

हिचकी (~ kee) *f.* hiccup; ~ बँध जाना to have non-stop hiccuping; हिचकियाँ आना to have a fit of hiccup.

हिचकोला (~ ko lA) *m.* = हचकोला।

हिचर-मिचर (hi car - mi car) *f.* undue hesitation, shilly-shally.

हिजड़ा (hij RA) *adj.* impotent; ~ कर देना to emasculate, to castrate.
m. 1. an eunuch. 2. an ineffective man.

हिजरी (~ ree) *f.* Muslim era.

हिज्जे (~ je) *m.* spelling.

हित (hit) *m.* 1. benefit, gain, welfare; इससे किसी का ~ नहीं होगा It will benefit nobody. मैं तुम्हारा ~ चाहता हूँ I wish your welfare. 2. interest; यह तुम्हारे अपने ~ में है It is in your own interest.

हितकर (~ kar) *adj.* beneficial, salutary, useful, profitable; ~ परिवर्तन salutary change.

हितकारक (~ kA rak) *adj.* = हितकर।

हितकारी (~ kA ree) *adj.* = हितकर।

हितचिंतक (~ cin tak) *adj.* & *m.* well-wisher, benefactor.

हितचिंतन (~ cin tak) *m.* well-wishing; ~ करना to wish well.

हिताहित (hi tA hit) *m.* good and evil.

हितू (hi too) *adj.* & *m.* = हितैषी।

हितेच्छु (hi tec chu) *adj.* & *m.* = हितैषी।

हितैषी (hi tai shee) *adj.* & *m.* well-wishing, benevolent, well-wisher.

हितोपदेश (hi to pa desh) *m.* teaching for (one's) good.

हिदायत (hi dA yat) *f.* instruction; ~ देना to give instruction.

हिनक (hi nak) *f.* = हिनहिनाहट।

हिनकना (~ nA) *m.* = हिनहिनाना।

हेनहिनाना (hin hi nA nA) *vi.* to neigh/whinny.

हेनहिनाहट (~ hi nA haT) *f.* neighing.

हेना (hi nA) *f.* myrtle.

हेनाई (~ ee) *adj.* of the colour of (grounded) myrtle.

हिफ़ाज़त (hi FA zat) *f.* safety, protection, safeguard; ~ करना to guard/protect/safeguard; ~ से with care.

हिम (him) *m.* 1. snow. 2. frost.

हिमगिरि (~ gi ri) *m.* Himalayas.

हिमनदी (~ na dee) *f.* glacier.

हिमपात (~ pAt) *m.* a fall of snow, snowfall.

हिममानव (~ mA nav) *m.* snowman.

हिमयुग (~ yug) *m.* ice-age.

हिमरेखा (~ re khA) *f.* snow-line.

हिमवर्षा (~ var shA) *f.* snow-fall.

हिमशैल (~ shail) *m.* ice-berg.

हिमश्वेत (~ shvet) *adj.* snow-white.

हिमांक (hi mAṅk) *m.* freezing point.

हिमाक़त (hi mA Kat) *f.* folly, stupidity; ~ समझना to take as folly/stupidity.

हिमाचल (hi mA cal) *m.* Himalayas.

हिमाच्छादित (hi mac chA dit) *adj.* covered with snow, snow-covered.

हिमाद्रि (hi mAd dri) *m.* Himalayas.

हिमानी (hi mA nee) *f.* glacier, avalanche.

हिमायत (hi mA yat) *f.* support, help, backing; ~ करना to lend support.

हिमायती (hi mA ya tee) *adj.* & *m.* supporter.

हिमालय (hi mA lay) *m.* Himalayas.

हिमावृत (hi mA vrit) *adj.* snow-capped.

हिमियानी (hi mi yA nee) *f.* knitted purse used as a belt.

हिम्मत (him mat) *f.* courage, boldness; वह ~ वाला आदमी था He was a man of courage. ~ करना to take courage; ~ का ज़वाब दे जाना—उसकी ~ ज़वाब दे गई His courage failed him/His courage bade him good-bye. ~ छूटना—उसकी ~ छूट गई He lost all courage. ~ जुटाना to pluck up courage. उसे कहने के लिए मैंने फिर ~ जुटाई I finally plucked up the courage to tell her. ~ टूटना—उसकी ~ टूट गई His courage gave way. ~ दिखाना to show courage; ~ न पड़ना—मेरी ~ नहीं पड़ती I am unable to muster courage. ~ न हारना not to lose courage; ~ पड़ना—तुम्हारी यहाँ आने की हिम्मत कैसे हुई ? How dare you come here ? ~ पस्त होना = ~ टूटना; ~ बँधाना to buck up; ~ बढ़ाना to encourage; ~ बाँधना to muster courage; उन्होंने अपनी ~ बाँधे रखी They kept their spirits high. ~ से काम लेना to have a heart, to have recourse to courage; ~ हारना to lose courage.

हिम्मती (~ ma tee) *adj.* courageous, bold, adventurous.

हिय (hiy) *m.* = हृदय।

हियरा (hi ya rA) *m.* = हृदय।

हिया (hi yA) *m.* = हृदय; ~ फटना—उसका ~ फट गया His heart broke. हिये का अंधा stupid beyond limit, block-headed. हिये की फूटना to lose all sense.

हियाव (hi yAW) *m.* 1. shyness. 2. hitch; ~ खुलना to shake up initial shyness or hitch.

हिरण (hi raN) *m.* = हिरन।

हिरण्य (hi raNNY) *m.* gold.

हिरन (hi ran) *m.* deer; नशा ~ हो जाना—नशा ~ हो गया Intoxication has fled.

हिरनौटा (hir nau TA) *m.* young of a deer.

हिराना (hi rA nA) *vi.* = हेराना।

हिरासत (hi rA sat) *f.* duress, legal detention/custody; न्यायिक ~ judicial custody; ~ में लेना to take (someone) in duress.

हिरासती (hi rA sa tee) *adj.* pertaining to

हिरासत; ~ कोठरी detention cell; ~ मुल्ज़िम accused under custody.

हिर्स (hirs) *f.* 1. unfulfilled longing. 2. longing due to envy or emulation; तुम्हें तो उसकी ~ पड़ी है You are only emulating him.

हिलकोरा (hil ko rA) *m.* billow, wave.

हिलगना (hi lag nA) *vi.* to be attached/entangled/joined/clung (to); बच्चा तुम से हिलग गया है The child is very much attached to you.

हिलना (hil nA) *vi.* 1. to move/shake. 2. to quiver; आसन हिल जाना—उसका आसन हिल गया His seat shook beneath him. 3. to be chummy (with).

हिलना-डुलना (~ - Dul nA) *vi.* मुझ से हिला-डुला भी नहीं जाता I cannot even move my body/Every movement of the body is denied to me.

हिलना-मिलना (~ - mil nA) *vi.* to hobnob; हिल-मिलकर रहो Live like chums.

हिलाना (hi lA nA) *vt.* 1. to move/shake; दुम ~ to wag tail. 2. to put (something) in motion. 3. to try being chummy; जड़ें ~ to give a rude shake, to shake to the roots; हिला देना to rock; 1996 में एक घोटाले ने राष्ट्र को हिला दिया In 1996 a scandal rocked the nation.

हिलाना-डुलाता (~ Du lA nA) *vt.* to move; वह अपने अंगों को हिला-डुला भी नहीं सकता He cannot even move his limbs.

हिलोर (hi lor) *f.* 1. wave, surge. 2. undulation; समुद्र हिलोरें ले रहा था There was undulatory/wavy motion in the sea, the sea was surging.

हिलोरना (~ nA) *vt.* to gather.

हिसाब (hi sAb) *m.* 1. account. 2. sum (in Arithmetic). 3. calculation. 4. estimate; ~ करना—(i) अपना ~ कर लो Finalise your account. (ii) मैंने उसका ~ कर दिया है I have settled all his account. ~ चलना—मेरा उसका ~ चलता रहता है We two have a running account (with each other). ~ चुकता करना = ~ चुकाना to square up/clear off the account; ~ जाँचना to audit/examine the account; ~ जोड़ना to add up the accounts; ~ तलब करना to demand/call for the account; ~ देना to render account; ~ नक्की करना = ~ चुकाना ~ न मिलना—हिसाब नहीं मिलता Account does not tally. ~ बताना to give account; ~ बनाना to prepare an account; ~ बेबाक़ करना = ~ चुकाना; ~ बैठना (i) adjustment of account; (ii) कोई ~ नहीं बैठता The proposition does not appear feasible. ~ बैठाना to adjust the account; ~ माँगना to ask someone to render account; ~ मिलना tallying of the accounts; ~मिलाना to tally accounts, to collate; ~ में चढ़ाना/टाँकना to enter into the account; (मेरे) ~ में डालना/लिखना to include in (my) debit account; ~ रखना to keep account; ~ लगाना to calculate; ~ लेना to ask for a rendition of the account; ~ साफ़ करना = ~ चुकाना; ~ से (i) as per account; (ii) मेरे ~ से वह नहीं आएगा As per my calculations he would not come. कच्चा~ tentative account; चलता ~ running account; मोटा ~ rough estimate; उसका ~ ही निराला है (i) His ways are peculiar. (ii) He is an oddity.

हिसाब-किताब (~ - ki tAb) *m.* accounts; मैंने कोई ~ नहीं रखा I have not maintained any accounts.

हिसाबिया (hi sA bi yA) *adj.* calculating; ~ आदमी calculating person.

हिसाबी (hi SA bee) *adj.* pertaining to account.

हिस्सा (his SA) *m.* 1. part, portion; यह तो आपका ~ है It is a part of your very being. 2. share; ~ देना to pay off (someone's) share; ~ मारना to grab (someone's) share; ~ लेना (i) to take one's share, (ii) to partake, to take part; एक छात्र के रूप में मैंने स्वतंत्रता आंदोलन में ~ लिया था As a student I took part in the freedom movement. हिस्से आना to fall to one's share; ~ आए 4 We get a whole number 4. (Arith.); ~ करना to divide into parts; हिस्से में आना = हिस्से आना; हिस्से लगाना to partition.

हिस्सेदार (~ se DAR) *m.* 1. co-sharer. 2. shareholder. 3. partner.

हिस्सेदारी (~ se DA ree) *f.* co-sharing, partnership.

हींग (heeng) *f.* assafoetida.

हीं-हीं (hee̐ hee̐) *f.* grinning, subdued laugh.

ही (hee) *adv.* 1. only, solely. 2. none but. 3. indeed, exactly.

हीक (heek) *f.* smell, rather dislikable/unpleasant; ~ मारना/आना—यह हीक मारता है/इसमें हीक आती है It smells rather bad.

हीन (heen) *adj.* 1. low; ~ चरित्र low character; ~ मनोवृत्ति low mentality; ~ वर्ण a man of low birth. 2. destitute; ~ दशा destitute condition; दीन - ~ pitiable and destitute. 3. *suffix* denoting 'devoid of'; बलहीन devoid of prowess; धनाढ्य और महाबलियों के सामने वह तो बिल्कुल ही बल ~ दिखाई देता है In comparison to wealthy and mighty gentry, he appears completely devoid of prowess.

हीनता (~ TA) *m.* 1. lowliness, inferiority. 2. deficiency.

हीनत्व (hee nattw) *m.* inferiority complex; विपन्नावस्था में लालन-पालन होने के कारण वह अपने में ~ की भावना का अनुभव करता है Being brought up as a destitute he experiences in himself the feeling of inferiority complex.

हीनभावना (heen BHAV NA) *f.* 1. inferiority complex. 2. low mentality.

हीया (hee YA) *m.* = हृदय।

हीर (heer) *f.* pith, quintessence.

हीरक (hee rak) *m.* diamond.

हीरक जयंती (~ ja yan tee) *f.* diamond jubilee.

हीरा (hee RA) *m.* diamond; ~ आदमी a gem amongst men.

हीला (~ LA) *m.* pretext, pretence.

हीला-हवाला (~ - ha WA LA) *m.* false excuse; ~ करना to put forth false excuses.

हीला-हवाली (~ - ha VA lee) *f.* = हीला-हवाला।

हीलेबाज़ (hee le BAZ) *adj.* & *m.* pretender, one who pretends, pretending.

हीलेबाज़ी (~ le BA zee) *f.* putting forth false excuses, habit of pretending.

ही ही (~ hee) *f.* titter.

हुँ (hũ) *m.* denoting assent.

हुंकार (huṅ KAR) *f.* belligerent cry, warcry.

हुंकारना (~ NA) *vi.* to make a belligerent cry, to chide, to rebuke.

हुँकारा (hũ KA RA) *m.* = हुंकारी।

हुँकारी (~ KA ree) *f.* sound indicating that one is listening; ~ भरना to make such a sound.

हुंडी (huN Dee) *f.* bill of exchange; ~ सकारना to honour a bill of exchange; दर्शनी ~ bank draft.

हुआ (hu A) *vt.* pp. of होना।

हुक (huk) *m.* hook.
f. crick; ~ पड़ना to have a crick.
हुकर-पुकर (hu kar - pu kar) *f.* = धुकर-पुकर।
हुकुम (hu kum) *m.* = हुक्म (order).
हुकूमत (hu koo mat) *f.* 1. government, rule. 2. suzerainty; ~ करना to govern/rule; ~ चलना—यहाँ तुम्हारी ~ नहीं चलेगी No ordering about here. ~ चलाना to run a government; ~ जताना to show off one's authority.
हुक़्क़ा (huk KA) *m.* hubble-bubble; ~ ताज़ा करना to fresh and relay a hubble-bubble; ~ भरना to prepare a hubble-bubble.
हुक़्क़ा-पानी (~ - PA nee) *m.* social dealings/relations; ~ बंद करना to boycott socially.
हुक्काम (huk KAm) *m.* plu. of हाकिम।
हुक्म (hukm) *m.* order, command; ~ चलाना to order about— वह सिर्फ़ ~ चलाती रही She uttered nothing but imperative. ~ जारी करना to issue an order; ~ तामील करना to carry out an order; ~ तोड़ना to disobey an order; ~ देना to give an order; ~ बजाना run errands for; ~ बजा लाना to carry out an order; ~ मानना to obey an order; ~ लेना to take an order/permission (from the proper authority).
हुक्मनामा (~ nA mA) *m.* written order.
हुक्मबरदार (~ bar dAr) *m.* obedient servant.
हुक्मबरदारी (~ bar dA ree) *f.* obeisance, obedience.
हुक्मी (huk mee) *adj.* 1. imperative, mandatory; ~ बंदा obedient servant. 2. infallible, never failing; ~ इलाज guaranteed cure; ~ दवा infallible medicine; ~ मात sure mate.
हुजूम (hu joom) *m.* crowd; ~ इकट्ठा कर लेना to gather a crowd.
हुज़ूर (hu zoor) *m.* your Honour, Sir; ~ में in the gracious presence (of); जी ~ (i) Yes, your Honour; (ii) Yesman, sycophant.
हुज़ूरी (hu zoo ree) *f.* = जी हुज़ूरी, sycophancy.
हुज्जत (huj jat) *f.* (needless) wrangling; ~ करना to wrangle; विवाद की हर बात में ~ करना मानो उसकी एक आदत ही बन गई है In each disputable matter, wrangling has nearly become his habit.
हुज्जती (~ ja tee) *adj.* given to wrangling.
हुड़क (hu Rak) *f.* pang/heartache due to separation (said of a child); फटिक, जो अपने गाँव में शरारती लड़कों का नेता था, अपने मामा के कोलकाता के घर से गाँव वापस आने के लिए ~ गया Phatik the ring-leader of wicked boys of his village, suffered pangs of separation for home-coming from his maternal uncle's house at Kolkata.
हुड़कना (~ nA) *vt.* to suffer the pangs of separation (usually said of a child).
हुड़का (huR KA) *m.* = हुड़क।
हुड़दंग (~ dang) *m.* uproar, disturbance, noisy confusion, bedlam, commotion, tumult; ~ मचाना to raise a ballyhoo.
हुड़दंगी (~ dan gee) *adj.* playful and restive.
हुताग्नि (hu tAg ni) *f.* sacrificial fire.
हुतात्मा (hu tAt mA) *m.* martyr.
हुताशन (hutA shAn) *m.* fire.
हुन (hun) *m.* gold coin; ~ बरसना—देश में ~ बरस रहा है Prosperity is raining all round in the country.
हुनर (hu nar) *m.* 1. art. 2. skill.
हुनरमंद (~ mand) *adj.* skilful.
m. artist.
हुनरमंदी (~ man dee) *f.* artistry, skilfulness.

हुनरा (hun rA) *adj.* trained (said of a monkey).

हुमकना (hu mak nA) *vi.* to dance/frisk about.

हुमसना (hu mas nA) *vi.* to dance with/for joy.

हुमा (hu mA) *m.* an imaginary bird whose shadow showers blessings.

हुमेल (hu mel) *f.* a variety of necklace, especially of gold coins.

हुलसना (hu las nA) *vi.* to express an exuberance of joy/delight.

हुलास (hu lAs) *m.* jubilation.
f. snuff.

हुलिया (hu li yA) *m.* physical features, form, shape; ~ तंग कर देना to harass beyond measure; ~ तंग होना to be in hot waters; ~ बताना to describe the characteristic physical features; ~ बिगाड़ देना to spoil the appearance/shape (of); ~ लिखना to write down the characteristic physical features.

हुल्लड़ (hul laR) *m.* 1. noise; uproar. 2. furore, tumult, ballyhoo; ~ करना to make noise; ~ मचाना to kick up a row.

हुश (hush) *ind.* hush! shut up!

हुस्न (husn) *m.* comeliness, handsomeness, prettiness, beauty; ~ का आलम realm of beauty; ~ के उस विशाल आलम में सुश्री सुष्मिता सेन 'मिस युनिवर्स' के ख़िताब से अलंकृत की गई In that magnanimous realm of beauty, Miss Sushmita Sen was honoured with the title of 'Miss Universe'.

हुस्नपरस्त (~ pa rast) *adj.* & *m.* worshipper of beauty.

हुस्नपरस्ती (~ pa ras tee) *f.* worship of beauty.

हूँ (hõo) *vi.* & *aux. v.* am.
m. 1. assent. 2. attention (to what is being said).

हूँक (hõok) *f.* cry (denoting pangs of separation) usually of a cow.

हूँकना (~ nA) *vi.* to make a हूँक।

हूँठा (hõo ThA) *m.* 1. number which is three and a half times a given integer. 2. multiplication table giving such numbers.

हूँस (hõos) *f.* appreciation which hurts the susceptibilites of someone.

हूँसना (~ nA) *vi.* to appreciate in an objectionable manner.

हूँ-हाँ (hõo - hÃ) *f.* an expression of agreement or consent.

हूक (hook) *f.* stabbing pain born of some intense longing; ~ उठना to feel the pangs of heartache.

हूबहू (hoo ba hoo) *adj.* exactly alike, resembling on all fours.

हूर (hoor) *f.* 1. fairy. 2. beauty celestial, lovely damsel.

हूरना (~ nA) *vt.* to box, to give blows with the fist.

हूल (hool) *f.* piercing thrust.

हूलना (~ nA) *vi.* to thrust piercingly.

हूश (hoosh) *adj.* vulgar, savage-like, rustic.

हूशपन (~ pan) *m.* vulgarity, rusticity.

हृतकंप (hrit kamp) *m.* throbbing of heart, palpitation.

हृत्तंत्री (~ tan tree) *f.* वीणा like heart; ~ के तार heart-strings.

हृदयंगम (hri da yan gam) *adj.* ~ करना to assimilate mentally.

हृदय (~ day) *m.* heart; ~ को छूना to touch the heart; ~ विदीर्ण करना to rend the heart; ~ से लगाना to embrace; चौदह वर्षों बाद राम ने जब भरत को देखा तो उन्होंने बड़े प्यार से उन्हें ~ से लगा लिया After fourteen years when Ram saw Bharat he embraced him very tenderly.

हृदयग्राही (~ grA hee) *adj.* captivating, fascinating.

हृदय-वल्लभ (~ - val labh) *m.* darling of the heart.

हृदयवान (~ VAN) *adj.* having a heart.

हृदयविदारक (~ vi dA rak) *adj.* poignant, heart-rending; जब उसने उस ~ समाचार को सुना तो वह एकाएक हतप्रभ हो गया When he heard that heart-breaking news, all of a sudden he became stunned and dazed.

हृदयवेधी (~ ve dhee) *adj.* heart-piercing.

हृदयस्पर्शी (~ spar shee) *adj.* touching the heart, pathetic.

हृदयी (hri da yee) *adj.* pertaining to the heart.

हृदयेश (~ da yesh) *m.* lord of one's heart.

हृदयेश्वर (~ da yesh shwar) *m.* = हृदयेश।

हृदयेश्वरी (~ da yesh shwa ree) *f.* mistress of the heart, beloved.

हृद्रोग (hrid rog) *m.* heart-disease.

हृष्ट-पुष्ट (hrishT - pushT) *adj.* stout and robust.

हें-हें (hẽ - hẽ) *f.* imploring like a sycophant; ~ करना to implore like a sycophant, to entreat abjectly.

हे (he) *ind.* particle of address.

हेकड़ (he kaR) *adj.* arrogant, rude.

हेकड़ी (hek Ree) *f.* bravado and gasconade; ~ दिखाना to show off bravado; ~ भुला देना to put all bravado to nought; ~ भूल जाना—वह सारी ~ भूल गया All his bravado came to nought.

हेच (hec) *adj.* of a low order, trifling.

हेठी (he Thee) *f.* humiliation, especially lowering in the estimation of others; ~ करना to humiliate; ~ होना to suffer humiliation, to be humiliated.

हेडमास्टर (heD MAS TAr) *m.* headmaster.

हेडमास्टरी (~ MAS TA ree) *f.* headmastership.

हेतु (he tu) *m.* purpose; धर्म के ~ for the purpose of righteousness.

हेत्वाभास (het twA bhAS) *m.* fallacy (logic).

हेमंत (he mant) *m.* winter, comprising the months of मार्गशीर्ष and पौष।

हेमंती (he man tee) *adj.* pertaining to winter.

हेम (hem) *m.* gold.

हेय (hey) *adj.* inferior, bad, deficient, worthless.

हेरना (her nA) *vt.* 1. to search, investigate. 2. to gaze.

हेर-फेर (~ - pher) *m.* interchange of articles, manipulation, exchange, alteration; ~ करना to interchange articles.

हेरा-फेरी (he rA - phe ree) *f.* 1. moving about to and fro with some (ulterior) motive. 2. interchange of articles with some (ulterior) motive; ~ करना to manipulate dishonestly, to fiddle.

हेल-मेल (hel - mel) *m.* hob-nobbing.

हेली-मेली (he lee - me lee) *m.* chum, hobnobbing associate.

हेस-नेस (hes - nes) *f.* finalization; कुछ ~ हो जाना चाहिए We must arrive at a decision.

हैं (haĩ) *vi. & aux. v.* are.

interj. denoting an exclamation, what!

हैंडबैग (haiND baig) *m.* hand-bag.

हैंडिल (haiN Dil) *m.* handle.

है (hai) *vi. & aux. v.* 1. is; वह कौन ~ Who is he? आलोचना करना आसान ~ It is easy to criticize. ~ न Isn't it? आपकी घड़ी ठीक ~ न Are you sure your watch is right? 2. art; तू कौन है Who art thou?

हैगा (~ gA) *vi.* = है।

हैज़ा (~ ZA) *m.* cholera; ~ होना—उसे ~ हुआ है He has an attack of cholera.

हैट (haiT) *m.* hat.

हैरत (hai rat) *f.* wonderment, astonishment.

हैरान (~ rAN) *adj.* suprised and perplexed; ~ करना to harass; ~ हो जाना to be astonished/embarrassed/wonderstruck.

हैरानी (~ rA nee) *f.* perplexity, botheration, anxiety.

हैवान (~ VAN) *m.* beast.

हैवानियत (~ vA ni yat) *f.* beastliness, bestiality, brutality.

हैसियत (~ si yat) *f.* 1. status; ~ के अनुसार according to status. 2. capacity; किस ~ से in what capacity? किस ~ से उसकी ~ बखान रहे हो? In what capacity you are referring his status?

होंठ (hõTh) *m.* lip; ~ काटना to bite one's own lips as an expression of helpless disappointment; ~ चबाना to chew one's lips as an expression of resentment; ~ फड़कना—उसके ~ फड़क रहे थे His lips were quivering with anger. शिव-धनुष के टूटने का समाचार सुनकर आचार्य परशुराम के मारे क्रोध के ~ फड़क रहे थे Hearing the news of the breaking of Lord Shiva's bow, the lips of Achary Parashuram were quivering with excessive wrath. ~ बिचकाना = मुँह बिचकाना; ~ सी लेना to keep expediently mum; ~ हिलाना to utter something, to say but a word.

होटल (ho Tal) *m.* hotel.

होठ (hoTh) *m.* = होंठ।

होड़ (hoR) *f.* competition, rivalry; ~ करना/लगाना to enter into rivalry.

होड़ा-होड़ी (ho RA - ho Ree) *f.* competition.

होतव्य (ho tavvy) *adj.* predestined, destined to happen.

होतव्यता (~ tA) *f.* destiny, fate.

होता (ho tA) *m.* 1. offerer of oblation (to the fire-god). 2. one who offers sacrificial oblations in the sacred fire. 3. present participle of होना।

होता-सोता (~ - so tA) *m.* close associate, chum.

होतृ (ho tri) *m.* = होता।

होते हुए (ho te hu e) *adv.* travelling across; जुलूस चौक ~ दशाश्वमेध पहुँचा The procession reached Dashaswamedh travelling across Chowk.

होनहार (hon hAr) *adj.* 1. predestined, inevitable. 2. promising, full of promise; वह वास्तव में बड़ा ही ~ युवक है He is in reality a very promising youth.

होना (ho nA) *vi. & aux. v.* 1. to be, to become, to take place, to happen; मैं जानना चाहता हूँ कि वस्तुतः हुआ क्या I want to know what happened actually. अँधेरा हो रहा है It is getting dark. ओलंपिक खेल हर चौथे वर्ष होते हैं The Olympic Games take place every four years. यह घटना कैसे हुई How did the accident happen? शादी कब हो रही है When is the wedding coming off? पर ऐसा होता नहीं But it does not happen so. ग़लत ढंग से गाड़ी चलाने के कारण बहुत-सी दुर्घटनाएँ होती हैं Bad driving causes many accidents. 2. to possess, to have; हो चुकना (i) to be finished; (ii) अब हो चुका मिलना Now our meeting borders on an impossibility. हो जाना—(i) काम हो गया The work is done. रात हो गई Night has fallen. सोने का समय हो गया है It is time to go to bed. सर्दियों में यहाँ अँधेरा जल्दी हो जाता है In winter it gets dark early here. (ii) कल इधर हो जाना Drop in here tomorrow. (iii) भगवान भक्त के हो जाते हैं God is all-in-all for his devotee. (iv) अगर उसे कुछ हो गया तो... If some thing happens to him then? उसे

हार्टअटैक हो गया He suffered a heart attack. (v) तुम्हारा मन गंदा हो गया है Your mind has become dirty. कानून बनानेवाले अक्सर कानून तोड़नेवाले हो जाते हैं The lawmakers often turn lawbreakers. हो न हो in all likelihood, most likely; हो रहना (किसी का) to be entirely loyal (to someone); हो लेना—(i) उधर से भी हो लेना Go via that place too. (ii) (साथ) हो लेना to accompany; वे हमारे साथ हो लिए They accompanied us. हो सकना—हो सकता है कि It is possible that... होते चलना go via; होते-होते (i) gradually, in course of time, by and by; (ii) अँधेरा होते-होते मैं वहाँ पहुँच गया By the time darkness set in, I reached there. तुम्हारे यहाँ होते कोई मेरा बाल बाँका नहीं कर सकता No harm could come to me so long as you are here. होने देना to allow; हम धर्म के आधार पर देश का दूसरा विभाजन नहीं होने देंगे We will not allow second partition of the country on the basis of religion. कान ~ — दीवारों के भी कान होते हैं Even walls have ears. क्या से क्या होना—क्या से क्या हो गया (i) Everything has changed. (ii) What a change, indeed! ध्यान ~ —मुझे उस बात का ध्यान है I have kept it in my mind. नाम ~ —अब तो उसका नाम हो गया है Now he has got a name. हिसाब हो गया है We have settled our account. होगा, जाने भी दो May be, leave it alone. क्या हुआ What happened? जो हुआ सो हुआ Let bygones be bygones. जो होगा देखा जाएगा Come what may, we shall face the music.

होना-हवाना (~ - ha VA nA) *vi.* ~ कुछ नहीं Nothing will come out of it/The whole thing will come to nought.

होनी (ho nee) *f.* fate, destiny; तीन लोक ~ के बस में Destiny rules the world. ~ होकर रहेगी What is destined is bound to happen/What is allotted, cannot be blotted.

होनेवाला (ho ne WA lA) *adj.* would-be, future; मेरी होनेवाली पत्नी my would-be wife

होम (hom) *m.* 1. sacrifice; ~ करते हाथ जलना to suffer while doing a good deed ~ करना to sacrifice. 2. = हवन।

होमियोपैथ (~ paith) *m.* homeopath.

होमियोपैथिक (~ pai thik) *adj.* homeopathic

होमियोपैथी (~ pai thee) *f.* homeopathy.

होरहा (ho ra hA) *m.* green gram.

होलिका (ho li kA) *f.* = होली।

होलिका-दहन (~ - da han) *m.* lighting the fire of होली ceremonially.

होली (ho lee) *f.* a Hindu festival of merry making in which people throw coloured powder/water on one another ~ खेलना to play Holi; ~ जलाना to light the fire of होली ceremonially; ख़ून की ~ खेलना to play होली by shedding human blood, as it were.

होल्डर (hol Dar) *m.* holder.

होल्डाल (~ DAl) *m.* hold-all.

होश (hosh) *m.* 1. consciousness. 2. sense ~ आ जाना to regain consciousness ~ उड़ जाना/गुम हो जाना to faze/perturb ~ की दवा करना = होश की दवा करो Get your head examined. ~ की बात करना to talk sense; ~ खो बैठना = ~ उड़ जाना ~ गँवा देना/बैठना to lose (one's) wits, to be thoroughly non-plussed; ~ ठिकाने आ/हो जाना to be one's ownself again to come to senses; ~ न रहना (i) to lose consciousness; (ii) किसी बात का ~ न रहना to be all the time careless; ~ में आना to regain consciousness, to recover (one's) senses; ~ में लाना to bring to consciousness; ~ रहते while still conscious, while still in (one's senses, before losing consciousness; ~ सँभालना to come of age; अपने होशो-हवास में fully in one's senses.

होशियार (ho shi YAR) *adj.* 1. clever, cute, hard headed, alert, smart, quickwitted. 2. vigilant; कुत्ते से ~ रहना Beware of the dog. ज़रा ~ रहना Just be careful.

होशियारी (~ YA ree) *f.* cleverness, alertness, smartness.

होस्टल (hos Tal) *m.* hostel.

हो-हल्ला (ho - hal lA) *m.* commotion, bedlam, tumult; ~ मचाना to make a noise or hue and cry, to raise a ballyhoo; ~ मचाया गया A commotion was caused. ~ इतना मचाया गया मानो कोई घोर आपदा आ पड़ने वाली हो परंतु ऐसा कुछ भी नहीं था Such a hue and cry and ballyhoo was raised, as if any disaster was to befall but there was not the least any such thing observed.

हौंस (hauns) *f.* = हविस।

हौआ (hau A) *m.* bugbear.

हौज़ (hauz) *m.* reservoir.

हौदा (hau dA) *m.* contrivance for seating placed on an elephant.

हौल (haul) *m.* nervousness due to fear and the like.

हौलदिल (~ dil) *adj.* utterly nervous. *m.* palpitation due to nervousness.

हौलदिली (~ di lee) *f.* a sort of stone meant to ward off हौलदिल।

हौली (hau lee) *f.* 1. smallish distillery. 2. liquor shop.

हौले-हौले (~ le - hau le) *adv.* 1. with steps, slow and easy. 2. slowly and gently, gradually.

हौवा (~ VA) *m.* = हौआ।

हौसला (haus lA) *m.* 1. courage. 2. courageous ambition; ~ न पड़ना not to feel equal to the task; ~ निकालना to gratify (one's) ambition exuberantly; ~ पस्त करना to throw cold water on (one's) enthusiasm; हौसले से with an exuberant display of ambition.

ह्रस्व (hrassw) *adj.* short; ~ स्वर short vowel.

ह्रास (hrAS) *m.* 1. decrease, decrement. 2. decay.

ह्रासमान (~ mAn) *adj.* 1. decreasing, diminishing; किसी वस्तु की प्रचुरता होने से उस पर ~ नियम लागू हो जाता है Law of diminishing returns applies when there is plenty of a thing. 2. decaying.

ह्रासोन्मुख (hrA son mukh) *adj.* 1. decreasing. 2. decaying; ~ सभ्यता decadent civilization.

ह्विस्की (hwis kee) *f.* whisky.

ह्वेल (hwel) *f.* whale.

पर्याय-मालाएँ

○ **अंक, इकाई, नंबर, संख्या, हिंदसा**
अंक : figure
इकाई : unit
नंबर : number
संख्या : number, numeral
हिंदसा : digit

○ **अंत, अवसान, इति, इतिश्री, उपसंहार, ख़ात्मा, पर्यवसान, समाप्ति, सीमा**
अंत end, expiry
अवसान closure
इति end
इतिश्री finish
उपसंहार conclusion
ख़ात्मा annihilation; end
पर्यवसान termination
समाप्ति completion
सीमा limit

○ **अंतिम, अंततम, अंततोगत, आंतिक, आख़िरी**
अंतिम last
अंततम latest
अंततोगत ultimate
आंतिक final
आख़िरी last

○ **अंदाज़, अटकल, अटकलबाज़ी, अनुमान, प्राक्कल्पना**
अंदाज़ estimate
अटकल guess
अटकलबाजी conjecture
अनुमान estimate, inference
प्राक्कल्पना hypothesis

○ **अजेय, अपराजेय, दुर्जेय, दुर्दमनीय, दुर्भेद्य**
अजेय unconquerable
अपराजेय unbeatable
दुर्जेय invincible
दुर्दमनीय impregnable
दुर्भेद्य unassilable

○ **अतिरिक्त,.फालतू, बेशी**
अतिरिक्त extra, additional
फ़ालतू superfluous, spare
बेशी surplus

○ **अत्युक्ति, अतिशयोक्ति**
अत्युक्ति exaggeration
अतिशयोक्ति hyperbole

○ **अदल-बदल, अदला-बदली, विनिमय**
अदल-बदल interchange; substitution
अदला-बदली barter
विनिमय exchange

○ **अधिक, अत्यधिक, बहुत, बहुत अधिक, बहुत कुछ**
अधिक much, more
अत्यधिक too much, too many
बहुत much, many
बहुत अधिक much more
बहुत कुछ enough

○ **अधिकार, क़ब्ज़ा, दावा, मिल्कियत, स्वत्व, स्वामित्व, हक़**
अधिकार right
क़ब्ज़ा possession
दावा claim
मिल्कियत ownership
स्वत्व right; स्वत्वाधिकार copyright
स्वामित्व proprietorship
हक़ right, prerogative

○ **अध्यापक, प्रधानाचार्य, प्रवक्ता, प्राचार्य, प्राध्यापक, व्याख्याता**
अध्यापक teacher
प्रधानाचार्य Principal
(of an Inter-College)

प्रवक्ता senior lecturer, reader
प्राचार्य Principal
प्राध्यापक Professor
व्याख्याता lecturer

○ **अध्याय, अधिपद, अनुच्छेद, उपधारा, धारा, परिच्छेद, पैरा, भाग**
अध्याय chapter
अधिपद article
अनुच्छेद paragraph
उपधारा subsection
धारा section
परिच्छेद chapter
पैरा paragraph
भाग part

○ **अनंत, अंतहीन, अगणनीय, अगण्य, अगाध, अनगिनत, अपरिमित, अमर्याद, अमर्यादित, अमापनीय, अमाप्य, अमित, असंख्य, असीम, असीमित, असीम्य, निस्सीम, परिमारहित, संख्यारहित, सीमारहित**
अनंत infinite, unending
अंतहीन endless
अगणनीय uncountable
अगण्य countless
अगाध fathomless
अनगिनत countless
अपरिमित unbounded
अमर्याद, अमर्यादित immoderate
अमापनीय, अमाप्य immeasurable
अमित immeasurable
असंख्य innumerable
असीम, असीमित unlimited
असीम्य illimitable
निस्सीम unlimited
परिमारहित boundless
संख्यारहित numberless
सीमारहित limitless

○ **अनुकूलन, अनुरूपन, उपयोजन, पुनराधन, संराधन, समंजन, समायोजन**
अनुकूलन adaptation
अनुरूपन conformation
उपयोजन suiting
पुनराधन reconciliation
संराधन conciliation
समंजन adjustment
समायोजन accommodation

○ **अनुभूति, अवबोधन, दिशा-संज्ञान, संज्ञान, संवेदन**
अनुभूति feeling, emotional experience
अवबोधन perception
दिशा-संज्ञान sense of direction
संज्ञान sense
संवेदन sensation

○ **अनुरोध, आग्रह, दुराग्रह**
अनुरोध insistence
आग्रह repeated insistence
दुराग्रह persistence

○ **अनैतिक, अनीतिपूर्ण, अन्यायपूर्ण, अपराधपूर्ण, अवैध, दुराचारपूर्ण, नियमविरुद्ध, न्यायविरुद्ध, पापपूर्ण, पापमय, भ्रष्ट, व्यभिचारपूर्ण, सिद्धांतविहीन**
अनैतिक unethical, immoral
अनीतिपूर्ण immoral
अन्यायपूर्ण unjust
अपराधपूर्ण offensive
अवैध illegal
दुराचारपूर्ण pertaining to debauchery
नियमविरुद्ध contrary to the rule
न्यायविरुद्ध unjustified
पापपूर्ण, पापमय sinful
भ्रष्ट corrupt
व्यभिचारपूर्ण promiscuous
सिद्धांतविहीन unprincipled

○ **अपराध, अपचार, दोष, पातक, पाप**
अपराध crime
अपचार delinquency
दोष fault, defect
पातक guilt
पाप sin

○ **अभाव, अल्पता, कमी, तंगी, त्रुटि, दुर्लभता, न्यूनता, विरलता**

अभाव want
अल्पता paucity
कमी lack
तंगी dearth
त्रुटि deficiency; defect
दुर्लभता scarcity
न्यूनता shortage
विरलता rarity

○ **अभिमान, अक्खड़पन, गरिमा, गर्व, घमंड, दंभ, दर्प, मिज़ाज, सम्मान, स्वाभिमान**

अभिमान pride
अक्खड़पन arrogance
गरिमा dignity
गर्व pride
घमंड conceit
दंभ vanity
दर्प arrogance
मिज़ाज temper, temperament
सम्मान honour, dignity
स्वाभिमान self-respect

○ **अर्थ, आशय, गुणार्थ, चलितार्थ, तात्पर्य, धात्वर्थ, ध्वनितार्थ, भाव, रूढ़ार्थ, लक्षणार्थ, वाच्यार्थ, विवक्षा**

अर्थ meaning
आशय sense
गुणार्थ connotation
चलितार्थ current meaning
तात्पर्य purport
धात्वर्थ root meaning
ध्वनितार्थ suggested meaning
भाव import
रूढ़ार्थ conventional meaning
लक्षणार्थ figurative meaning
वाच्यार्थ denotation
विवक्षा implication

○ **अवकाश, ख़ाली वक़्त, छुट्टी, फ़ुरसत, अधिकृत अवकाश, अध्ययन अवकाश, अनर्जित अवकाश, अन्यत्रिक अवकाश, अर्जित अवकाश, असाधारण अवकाश, आकस्मिक अवकाश, कर्तव्य अवकाश, चिकित्सा अवकाश, दीर्घ अवकाश, प्रतिदेय अवकाश, प्रतिनियुक्ति अवकाश, प्रसव अवकाश, योजन अवकाश, विचर्या अवकाश, विशेष अवकाश, संगरोध अवकाश, सेवानिवृत्ति-पूर्व अवकाश**

अवकाश leave
ख़ाली वक़्त spare time
छुट्टी holiday, leave
फ़ुरसत leisure, free time
अधिकृत अवकाश privilege leave
अध्ययन अवकाश study leave
अनर्जित अवकाश unearned leave
अन्यत्रिक अवकाश leave on duty
अर्जित अवकाश earned leave
असाधारण अवकाश extra-ordinary leave
आकस्मिक अवकाश casual leave
कर्तव्य अवकाश duty leave
चिकित्सा अवकाश medical leave
दीर्घ अवकाश furlough
प्रतिदेय अवकाश compensatory leave
प्रतिनियुक्ति अवकाश deputation leave
प्रसव अवकाश maternity leave
योजन अवकाश joining leave
विचर्या अवकाश sabbatical leave
विशेष अवकाश special leave
संगरोध अवकाश quarantine leave
सेवानिवृत्ति-पूर्व अवकाश leave preparatory to retirement

○ **अवसादकारी, निराशाजनक, पस्त करनेवाला, विषादकारी, हताशाप्रद**

अवसादकारी depressing
निराशाजनक disappointing, hopless
पस्त करनेवाला exhausting
विषादकारी gloomy
हताशाप्रद disheartening

○ **असंगत, अंटशंट, अंडबंड, अललटप्पू,**

असंबद्ध, उलटा-पुलटा, ऊटपटांग, ऊल-जलूल
असंगत incoherent
अंटशंट incoherent
अंडबंड incoherent
अललटप्पू haphazard
असंबद्ध unselated, disconnected
उलटा-पुलटा topsy-turvy
ऊटपटांग preposterous
ऊल-जलूल absurd

○ **असाधारण, अप्रायिक, असामान्य, उल्लेखनीय विशिष्ट, विशेष**
असाधारण extraordinary, especial
अप्रायिक unusual
असामान्य uncommon
उल्लेखनीय notable, noteworthy
विशिष्ट particular, specific
विशेष special

○ **अहं, अहंकार, अहंता, अहंभाव, अहंमन्यता, हमी, हमेव**
अहं ego
अहंकार, अहंता egoism
अहंभाव egotism
अहंमन्यता self-conceit
हमी self-importance
हमेव self-centredness

○ **आक्रोश, अमर्ष, त्योरी, मिज़ाज**
आक्रोश ire
अमर्ष resentment
त्योरी frown
मिज़ाज temper

○ **आज्ञा, आदेश, परादेश, हुक्म**
आज्ञा command
आदेश order
परादेश mandate
हुक्म order

○ **आदत, चस्का, बान, लत, व्यसन, शौक़**
आदत habit
चस्का proclivity
बान wont
लत addiction
व्यसन addiction, hobby
शौक़ hobby

○ **आदर्श, नमूना, प्रतिमान, मानक**
आदर्श ideal
नमूना specimen
प्रतिमान model
मानक standard

○ **आदि, आरंभ, प्रारंभ, श्रीगणेश, समारंभ**
आदि beginning
आरंभ outset
प्रारंभ start, commencement
श्रीगणेश commencement
समारंभ inception

○ **आधुनिक, अद्यतन, अर्वाचीन, समकालिक, समकालीन, समसामयिक, सामयिक**
आधुनिक modern
अद्यतन latest
अर्वाचीन recent
समकालिक, समकालीन synchronous
समसामयिक contemporary
सामयिक current

○ **आपत्तिजनक, अप्रिय, अप्रियकर, अभद्र, अरुचिकर, अवांछनीय, अशोभन, अशोभनीय, अस्वीकार्य**
आपत्तिजनक objectionable
अप्रिय unpleasant
अप्रियकर displeasing
अभद्र indecorous
अरुचिकर distasteful
अवांछनीय undesirable
अशोभन, अशोभनीय unseemly
अस्वीकार्य unacceptable

○ **आरोप, अभियोग, तोहमत, दोष, दोषारोप**
आरोप allegation
अभियोग charge
तोहमत castigation, incrimination

दोष blame
दोषारोप accusation

○ **आलसी, अकर्मण्य, निकम्मा, निठल्ला, निष्क्रिय, मट्ठर, सुस्त**

आलसी lethargic
अकर्मण्य idle
निकम्मा worthless
निठल्ला drone
निष्क्रिय inactive
मट्ठर indolent
सुस्त lazy

○ **आवश्यक, आनुषंगिक, पारिणामिक, प्रासंगिक, फलित, सारभूत**

आवश्यक necessary
आनुषंगिक incidental
पारिणामिक consequential
प्रासंगिक pertinent, relevant
फलित resultant
सारभूत essential

○ **आवश्यकता, अत्यावश्यकता, अपेक्षा, ज़रूरत**

आवश्यकता necessity
अत्यावश्यकता exigency, indispensability
अपेक्षा requirement
ज़रूरत need

○ **आवेदक, उम्मीदवार, प्रत्याशी, प्रार्थी**

आवेदक applicant
उम्मीदवार suitor, applicant
प्रत्याशी candidate
प्रार्थी petitioner

○ **इंद्रियग्राह्य, खाद्य, गोचर, दृश्य, श्रव्य, स्पृश्य**

इंद्रियग्राह्य sensible
खाद्य eatable, edible
गोचर perceptible
दृश्य visible
श्रव्य audible
स्पृश्य tangible

○ **इच्छा, अभिलाषा, आकांक्षा, उत्कंठा, कामना, चाव, महत्त्वाकांक्षा, ललक, लालसा, शौक, साध**

इच्छा wish
अभिलाषा desire
आकांक्षा aspiration
उत्कंठा eagerness
कामना longing
चाव affectionate liking
महत्त्वाकांक्षा ambition
ललक craving
लालसा intense desire (but not likely to come true)
शौक fondness
साध long cherished desire

○ **इनाम, जय-पत्र, पारितोषिक, पुरस्कार, वैजयंती**

इनाम prize
जय-पत्र laurel
पारितोषिक prize
पुरस्कार reward, award
वैजयंती trophy

○ **इमारत, अट्टालिका, कुटीर, घर, धाम, प्रासाद, बँगला, भवन, मकान, महल, सौध, हवेली**

इमारत building
अट्टालिका many-storied building
कुटीर cottage
घर home
धाम abode
प्रासाद palace
बँगला bungalow
भवन building
मकान house
महल palace
सौध edifice
हवेली palatial building, mansion

○ **ईर्ष्या, जलन, डाह**

ईर्ष्या envy
जलन covetness
डाह jealousy

○ **उग्र, गंभीर, घोर, प्रचंड, विकराल**
उग्र fierce
गंभीर serious
घोर awful
प्रचंड violent
विकराल monstrous

○ **उत्तरदायित्व, जवाबदेही, जिम्मेदारी, देयता, भार**
उत्तरदायित्व responsibility
जवाबदेही accountability, answerability
जिम्मेदारी responsibility, liability
देयता liability
भार burden, onus

○ **उत्तेजना, उद्वेग, क्षोभ, प्रक्षोभ, विक्षोभ**
उत्तेजना excitement
उद्वेग agitation
क्षोभ disturbance
प्रक्षोभ perturbance
विक्षोभ turbulence

○ **उत्पादन, उपज, निर्माण, बनाना, रचना, संरचना**
उत्पादन production
उपज output
निर्माण manufacturing
बनाना making; formation
रचना construction
संरचना structuring; structure

○ **उत्साह, उमंग, जोश, भावातिरेक, भावावेग, भावावेश**
उत्साह zeal
उमंग enthusiasm
जोश excitement; zeal
भावातिरेक fervour
भावावेग, भावावेश passion

○ **उदासीन, अनिच्छुक, पराङ्मुख, विमुख, विरक्त**
उदासीन apathetic
अनिच्छुक disinterested; unwilling
पराङ्मुख disinclined
विमुख averse
विरक्त detached

○ **उदाहरण, दृष्टांत, नज़ीर, निदर्श**
उदाहरण example
दृष्टांत instance
नज़ीर precedent
निदर्श illustration

○ **उपचार, आरोगण, चिकित्सा, निरोगण**
उपचार remedy
आरोगण healing
चिकित्सा treatment
निरोगण cure

○ **उपयोग, प्रयोग, व्यवहार**
उपयोग utilization
प्रयोग application
व्यवहार use

○ **उपभोग करना, इस्तेमाल करना, काम में लाना, खर्च करना, नियोजित करना, प्रयोग करना, लाभ उठाना, लगाना**
उपभोग करना to make use of
इस्तेमाल करना to utilize
काम में लाना to put to use
खर्च करना to use up
नियोजित करना to employ
प्रयोग करना to use, to put into action
लाभ उठाना to profit by
लगाना to apply

○ **उपयोगी, उपादेय, कारगर, काम का, गुणकारी, फ़ायदेमंद, मूल्यवान, लाभकारी, लाभप्रद, सहायक**
उपयोगी useful
उपादेय beneficial
कारगर effective
काम का serviceable, worthwhile
गुणकारी profitable
फ़ायदेमंद profitable
मूल्यवान valuable
लाभकारी, लाभप्रद profitable, fruitful
सहायक helpful

○ **उपलब्धि, निष्णता, परिलब्धि, सफलता, सिद्धि**
उपलब्धि achievement
निष्णता accomplishment
परिलब्धि attainment
सफलता success; triumph
सिद्धि attainment

○ **उल्लंघन, अतिक्रमण, अतिचार, भंग**
उल्लंघन violation, infringement
अतिक्रमण encroachment
अतिचार transgression
भंग breach

○ **एकांत, अकेलापन, एकांतता, एकाकीपन, तन्हाई**
एकांत solitude
अकेलापन loneliness
एकांतता privacy
एकाकीपन loneliness
तन्हाई aloofness

○ **ऐच्छिक, मनमाना, साभिप्राय, सुविचारित, स्वच्छंद, स्वच्छंदतापूर्ण**
ऐच्छिक voluntary
मनमाना arbitrary
साभिप्राय intentional
सुविचारित deliberate
स्वच्छंद, स्वछंदतापूर्ण wilful, self-willed

○ **ओजस्वी, ऊर्जस्वी, जानदार, जीवंत, सजीव**
ओजस्वी vigorous, forceful
ऊर्जस्वी energetic
जानदार sprightly; vivacious
जीवंत lively
सजीव live

○ **ओझल हो जाना, अंतर्धान हो जाना, उड़ जाना, खो जाना, ग़ायब हो जाना, चल देना, चल बसना, नौ दो ग्यारह हो जाना, लुप्त हो जाना, हवा हो जाना**
ओझल हो जाना to disappear
अंतर्धान हो जाना to vanish
उड़ जाना to fly
खो जाना to be lost
ग़ायब हो जाना to vanish
चल देना, चल बसना to expire
नौ दो ग्यारह हो जाना to flee
लुप्त हो जाना to become extinct
हवा हो जाना to evaporate

○ **कठिन, अगम्य, असाध्य, दुस्तर, विकट**
कठिन difficult, hard
अगम्य impassable
असाध्य insurmountable; incurable
दुस्तर ardous
विकट onerous

○ **कथा, अन्योक्ति, आख्यान, उपन्यास, उपाख्यान, कहानी, किंवदंती, गल्प, गाथा, नीति-कथा**
कथा fable
अन्योक्ति allegory
आख्यान anecdote
उपन्यास novel
उपाख्यान episode
कहानी story
किंवदंती legend
गल्प story
गाथा tale
नीति-कथा parable

○ **कबीला, जनजाति, जाति, प्रजाति, राजघराना, वंश**
कबीला clan
जनजाति tribe
जाति caste, ethnic group
प्रजाति race
राजघराना royal dynasty
वंश dynasty

○ **कर, आयात-निर्यात शुल्क, उत्पादन कर, उद्ग्रहण, चुंगी, तटकर, दशमांश, प्रशुल्क, महसूल, मार्गकर, राजस्व, लगान, शुल्क**
कर tax
आयात-निर्यात शुल्क custom duty
उत्पादन कर excise duty
उद्ग्रहण levy

चुंगी octroi
तटकर custom duty
दशमांश tithe
प्रशुल्क tariff
महसूल impost
मार्गकर toll
राजस्व revenue
लगान land revenue
शुल्क duty

○ **कल्पनातीत, अबोध्य, अभावनीय, अव्याख्येय, सोच के बाहर**
कल्पनातीत unthinkable, unimaginable
अबोध्य incomprehensible
अभावनीय inconceivable
अव्याख्येय inexplicable
सोच के बाहर unbelievable

○ **कहना, बताना, बतलाना, बतियाना, बोलना**
कहना say
बताना, बतलाना tell
बतियाना talk, chat
बोलना speak

○ **काफ़ी, अपेक्षित, पर्याप्त, यथेष्ट**
काफ़ी enough
अपेक्षित requisite
पर्याप्त ample, adequate
यथेष्ट sufficient

○ **काम, करतब, कर्म, काज, काम-काज, कारज, कार्य, कृति, कृत्य, क्रिया**
काम work, task
करतब feat
कर्म deed
कार्य purpose
काम-काज business
कारज ceremony
काम work; deed; function
कृति meritorious work or deed; महान ~ magnum opus
कृत्य function
क्रिया action

○ **कायर, डरपोक, भीरु**
कायर coward
डरपोक cowardly
भीरु timid

○ **कारख़ाना, कार्यशाला, निर्माणशाला, फ़ैक्टरी, मशीन-घर, मिल, संयंत्र**
कारख़ाना workshop
कार्यशाला works
निर्माणशाला factory
फ़ैक्ट्री factory
मशीन-घर machine-shop
मिल mill
संयंत्र plant

○ **कार्य, उपवृत्ति, काम, काम-धंधा, पेशा, वृत्ति, व्यवसाय, व्यापार, संवृत्ति**
कार्य work
उपवृत्ति avocation
काम work, business
काम-धंधा occupation
पेशा calling
वृत्ति vocation
व्यवसाय business
व्यापार business
संवृत्ति profession

○ **कुमारी, कन्या, किशोरी, बाला, युवती, लड़की, सुश्री**
कुमारी virgin
कन्या maiden, maid
किशोरी lass
बाला adolescent girl, lassie
युवती young girl or woman
लड़की girl
सुश्री Miss

○ **कुम्हलाया हुआ, पीला पड़ा हुआ, मुरझाया हुआ, सूखा हुआ**
कुम्हलाया हुआ withered
पीला पड़ा हुआ pale
मुरझाया हुआ shrivelled
सूखा हुआ dried up

○ **कुरकुरा, कोमल, भंगुर, भिदुर, भुरभुरा, मुलायम**

कुरकुरा crisp
कोमल soft
भंगुर fragile
भिदुर brittle
भुरभुरा friable
मुलायम soft

○ **कृपा, अनुकंपा, अनुग्रह, मेहर, मेहरबानी**

कृपा kindness
अनुकंपा gracious act
अनुग्रह favour
मेहर grace
मेहरबानी kindness

○ **क्रांति, गदर, बगावत, विद्रोह, विप्लव, सैनिक विद्रोह**

क्रांति revolution
गदर mutiny
बगावत revolt
विद्रोह rebellion
विप्लव uprising
सैनिक विद्रोह mutiny

○ **क्रिया, अनुक्रिया, प्रक्रिया, प्रतिक्रिया**

क्रिया action
अनुक्रिया response
प्रक्रिया procedure
प्रतिक्रिया reaction

○ **क्रोध, आवेश, कोप, गुस्सा, नाराज़गी, प्रकोप, रोष**

क्रोध anger
आवेश excitement
कोप wrath
गुस्सा anger
नाराज़गी displeasure
प्रकोप rage
रोष indignation

○ **क्षण, पल, मुहूर्त**

क्षण instant
पल moment
मुहूर्त auspicious moment

○ **क्षेत्र, अंचल, अधिक्षेत्र, कटिबंध, कार्यक्षेत्र, प्रदेश, प्रांत, परास, भूभाग, मंडल, मेखला**

क्षेत्र area
अंचल region
अधिक्षेत्र jurisdiction
कटिबंध zone
कार्यक्षेत्र field, domain
प्रदेश region
प्रांत province
परास range
भूभाग territory
मंडल commissionary
मेखला belt

○ **खाली, कोरा, छूछा, पोला, रिक्त, रीता, शून्य**

खाली empty
कोरा blank
छूछा empty
पोला hollow
रिक्त vacant
रीता empty
शून्य void

○ **खेद, अफसोस, आत्मग्लानि, कसक, दुख, पश्चात्ताप, मलाल**

खेद regret
अफसोस regret
आत्मग्लानि self-reproach
कसक a prick of conscience
दुख grief
पश्चात्ताप remorse
मलाल bitter regret

○ **खेल, आमोद-प्रमोद, क्रीड़ा, खेल-कूद, खेलवाड़, मनोरंजन, रंगरली**

खेल play, game
आमोद-प्रमोद merry-making
क्रीड़ा frolic
खेल-कूद sports
खेलवाड़ dalliance

मनोरंजन entertainment, pastime
रंगरली gaiety

○ **खोज, अनुसंधान, गवेषणा, जाँच, परख, शोध**
खोज search
अनुसंधान investigation
गवेषणा exploration
जाँच inquiry
परख scrutiny
शोध research

○ **खोल, कवच, खोली**
खोल cover
कवच shell
खोली covering

○ **गंध, ख़ुशबू, परिमल, भभक, महक, बास, बू, सुगंध, सुरभि, सुवास**
गंध scent
ख़ुशबू fragrance
परिमल sweet smell
भभक stench
महक smell
बास odour
बू foul smell
सुगंध fragrance
सुरभि aroma
सुवास fragrance

○ **गणन, अनुगणन, आकलन, परिगणन, मतगणन, संख्यांकन**
गणन counting
अनुगणन reckoning
आकलन estimation
परिगणन calculation
मतगणन telling
संख्यांकन numbering

○ **गाड़ी, कार, ठेला, डिब्बा, बोगी, माल-डिब्बा, यान, रथ, रेल का डिब्बा, वाहन, वैगन**
गाड़ी carriage
कार car
ठेला hand-cart
डिब्बा compartment
बोगी bogie
माल-डिब्बा waggon
यान vehicle
रथ chariot
रेल का डिब्बा coach
वाहन conveyance
वैगन waggon

○ **गाली, अपशब्द, गाली-गलौज, गाली-गुफ़्ता, दुर्वचन**
गाली abuse
अपशब्द invectives
गाली-गलौज, गाली-गुफ़्ता revilement from both sides
दुर्वचन scurrility

○ **गीला, आर्द्र, नम, सिला हुआ/सीलन-भरा**
गीला wet
आर्द्र humid
नम moist
सिला हुआ/सीलन-भरा damp

○ **घटना, आपात, दुर्घटना, प्रसंग, वाक्या वारदात**
घटना event
आपात emergency
दुर्घटना accident
प्रसंग incident
वाक्या event
वारदात preplanned untoward event

○ **घर, आवास, गृह, गेह, धाम, निवास, मकान रैन-बसेरा**
घर home
आवास residence
गृह, गेह dwelling
धाम abode (of a deity)
निवास residence
मकान house
रैन-बसेरा night shelter

○ **घृणा, अरुचि, गर्हणा, जुगुप्सा, नफ़रत बीभत्सा, विमुखता**
घृणा hate, hatred

अरुचि lack of interest, dislike
गर्हणा disgust, detestation
जुगुप्सा repugnance
नफ़रत hate
बीभत्सा abomination
विमुखता aversion

○ **घेरा, चौहद्दी, परिधि, परिरेखा, हाता**
घेरा ambit
चौहद्दी boundary
परिधि circumference
परिरेखा periphery
हाता compound

○ **चमड़ा, खाल, चमड़ी, चर्म, चाम, छिलका, झिल्ली, त्वचा**
चमड़ा leather
खाल hide
चमड़ी skin
चर्म, चाम leather
छिलका pelt
झिल्ली membrane
त्वचा skin

○ **चयन, चुनाव, निर्वाचन, वरण**
चयन selection
चुनाव choice; election
निर्वाचन election
वरण choice, singling

○ **चरित्र, प्रकृति, मिज़ाज, रुख़, व्यवहार, शील, स्वभाव**
चरित्र character
प्रकृति nature
मिज़ाज mood
रुख़ attitude
व्यवहार behaviour
शील disposition; modesty
स्वभाव temperament

○ **चाल, कपट, चकमा, चरका, छल, झाँसा, ढोंग, धुप्पल, धोखा, धोखा-धड़ी, भुलावा**
चाल trick
कपट fraud
चकमा hoodwinking
चरका dodge
छल deception
झाँसा deceit
ढोंग sham
धुप्पल bluff
धोखा deception
धोखा-धड़ी foul play
भुलावा feint

○ **चालक, प्रचालक, संवाहक, हँकुआ**
चालक driver
प्रचालक operator
संवाहक conductor
हँकुआ one who drives animals; driver

○ **चिंतित, आशंकित, त्रस्त, भयभीत, संत्रस्त**
चिंतित worried
आशंकित apprehensive
त्रस्त horrified
भयभीत afraid
संत्रस्त terrified

○ **चित्र, अनुरेख, आकृति, आरेख, चार्ट, डिजाइन, तस्वीर, रूपरेखा, रेखाचित्र**
चित्र picture
अनुरेख trace
आकृति figure
आरेख diagram
चार्ट chart
डिजाइन design
तस्वीर picture
रूपरेखा outline
रेखाचित्र delineation

○ **चिपकना, चिपचिपा, चिमड़ा, चीमड़**
चिपकना adhesive
चिपचिपा sticky
चिमड़ा, चीमड़ tenacious

○ **चिह्न, इशारा, टोकन, निशान, पहचान, प्रतीक, बिल्ला, लक्षण, संकेत**
चिह्न mark
इशारा hint; pointer

टोकन token
निशान sign
पहचान identification
प्रतीक symbol
बिल्ला badge
लक्षण symptom
संकेत signal; indication

○ **चेहरा, चेहरा-मोहरा, मुख, मुखड़ा, मुखमंडल, मुखाकृति**
चेहरा face
चेहरा-मोहरा lineament
मुख face; mouth
मुखड़ा pleasing/attractive face
मुखमंडल countenance
मुखाकृति facial expression

○ **चौमुहानी, चौराहा, पारण-पथ**
चौमुहानी a place where two streeet cross, crossing
चौराहा a place where two roads cross, crossing
पारण-पथ a place where people, vehicles or trains cross over the bridge or ground, crossing

○ **जड़, अक्रिय, अचेष्ट, निश्चेष्ट, निष्क्रिय**
जड़ inert
अक्रिय passive
अचेष्ट passive
निश्चेष्ट inactive
निष्क्रिय inactive

○ **जय, जीत, फतेह, विजय, सफलता**
जय triumph
जीत victory
फतेह conquest
विजय victory
सफलता success

○ **जाँच, अग्नि-परीक्षा, इम्तहान, कसौटी, जाँच-पड़ताल, निकष, परीक्षा, विचारण**
जाँच test
अग्नि-परीक्षा ordeal
इम्तहान examination
कसौटी touchstone; criterion
जाँच-पड़ताल scanning
निकष touchstone; criterion
परीक्षा examination
विचारण trial

○ **ज्ञान, पांडित्य, विद्वत्ता**
ज्ञान knowledge
पांडित्य erudition
विद्वत्ता scholarship

○ **ज्ञानी, बुद्धिमान, विवेकशील, विवेकी, व्यवहार-कुशल, समझदार, सयाना**
ज्ञानी erudite
बुद्धिमान wise
विवेकशील, विवेकी prudent
व्यवहार-कुशल tactful
समझदार judicious
सयाना discreet; shrewd

○ **झक, ख़ब्त, सनक**
झक craze
ख़ब्त fad
सनक mania

○ **झुकाव, नति, प्रवणता, रुझान**
झुकाव inclination
नति leaning
प्रवणता propensity; proneness
रुझान tendency

○ **टक्कर, भिड़ंत, मुठभेड़**
टक्कर collision
भिड़ंत clash
मुठभेड़ encounter

○ **टुकड़ा, अंश, अनुभाग, खंड, फाँक, भाग, भिन्न, विभाग, हिस्सा**
टुकड़ा piece; bit
अंश portion; share
अनुभाग sub-section
खंड portion; segment
फाँक slice
भाग part

भिन्न fraction
विभाग division; department
हिस्सा part; share

○ **डरावना, कराल, प्रचंड, भयंकर, भयानक**
डरावना fearful
कराल formidable
प्रचंड terrific
भयंकर dreadful
भयानक frightful

○ **डाँट, घुड़की, झिड़की, डाँट-डपट, तर्जन, निंदा, फटकार, बिगड़, भर्त्सना, लानत**
डाँट reproach
घुड़की reprimand
झिड़की chiding
डाँट-डपट upbraid
तर्जन admonition
निंदा censure
फटकार rebuke
बिगड़ scolding
भर्त्सना reproof
लानत damnation

○ **डाँटना, कोसना, खरी-खोटी सुनाना, घुड़कना, झाड़ना, झिड़कना, डाँटना-डपटना, डाँटना-फटकारना, फटकारना, बिगड़ना, बुरा-भला कहना, भर्त्सना करना, लताड़ना**
डाँटना to scold
कोसना, खरी-खोटी सुनाना, घुड़कना to admonish
झाड़ना to tell off
झिड़कना to chide
डाँटना-डपटना to berate
डाँटना-फटकारना to reprehend
फटकारना to upbraid
बिगड़ना to reprimand
बुरा-भला कहना, भर्त्सना करना to upbraid
लताड़ना to reproach

○ **तंद्रा, आलस्य, अवसाद, क्लांति, जड़ता**
तंद्रा sleepiness
आलस्य lethargy
अवसाद lassitude
क्लांति langour
जड़ता inertia

○ **तरंग, लहर, लहरी, हिलोर**
तरंग wave
लहर wave
लहरी ripple
हिलोर roller

○ **तालियाँ, करतल-ध्वनि, जयजयकार, वाह-वाह, वाहवाही, शाबाशी**
तालियाँ handclapping
करतल-ध्वनि handclapping
जयजयकार acclamation
वाहवाह, वाहवाही commendation
शाबाशी applause (for cheering up)

○ **दब जाना, घुटने टेक देना, झुक जाना, नरम पड़ जाना**
दब जाना to yied/submit
घुटने टेक देना to surrender
झुक जाना to succumb
नरम पड़ जाना to relent

○ **दया, दयालुता, करुणा, तरस**
दया pity; mercy
दयालुता kind-heartedness
करुणा compassion
तरस commiseration

○ **दल, गठजोड़, गठबंधन, गण, गुट, ग्रुप, जत्था, टीम, टुकड़ी, टोली, मोर्चा, वृंद, संघ, संप्रदाय, समुदाय, समूह**
दल party, team
गठजोड़, गठबंधन coalition
गण group
गुट block
ग्रुप group
जत्था batch
टीम group
टुकड़ी squad; detachment
टोली group
मोर्चा alliance

वृंद large group
संघ union
संप्रदाय community
समुदाय association
समूह assemblage

○ **दान, अंशदान, अनुदान, अभिदान, आर्थिक सहायता, ख़ैरात, वसीयत**
दान charity
अंशदान contribution
अनुदान grant
अभिदान bounty
आर्थिक सहायता subsidy
ख़ैरात alms
वसीयत legacy

○ **दीर्घा, चक्रमंडप, मंडप, सभाकक्ष, सोपान-मंडप**
दीर्घा gallery
चक्रमंडप amphitheatre
मंडप pavilion
सभाकक्ष lobby
सोपान-मंडप amphitheatre

○ **दुर्लभ, अनुपलब्ध, अप्राप्य, दुष्प्राप्य, विरल**
दुर्लभ scarce
अनुपलब्ध unavailable
अप्राप्य unprocurable
दुष्प्राप्य not easily attainable
विरल rare

○ **दुविधा, अनिश्चय, असमंजस, आगा-पीछा, उभयसंकट, उलझन, धर्मसंकट, सोच-विचार**
दुविधा predicament
अनिश्चय indecision
असमंजस mental uncertainty; suspense
आगा-पीछा hesitation
उभयसंकट dilemma
उलझन quandry
धर्मसंकट dilemma
सोच-विचार careful consideration

○ **दृश्य, नज़ारा, परिदृश्य, सीनरी**
दृश्य scene, sight
नज़ारा spectacle
परिदृश्य panorma
सीनरी scenery

○ **द्वेष, दुराशय, दुर्भाव, विद्वेष, वैमनस्य**
द्वेष malice
दुराशय malevolence
दुर्भाव ill-will
विद्वेष rancour
वैमनस्य animosity

○ **द्वेषपूर्ण, दुर्भावपूर्ण, दुष्टतापूर्ण, प्रतिशोधपूर्ण, विद्वेषपूर्ण**
द्वेषपूर्ण malicious
दुर्भावपूर्ण evil
दुष्टतापूर्ण nefarious
प्रतिशोधपूर्ण vengeful
विद्वेषपूर्ण spiteful

○ **धक्का[1], आघात, प्रघात, प्रहार, वार**
धक्का push
आघात concussion
प्रघात percussion
प्रहार, वार stroke, blow

○ **धक्का[2], झटका, ठोकर, हिचकोला**
धक्का push
झटका jerk
ठोकर kick
हिचकोला jolt

○ **धमकी, तर्जन, धौंस**
धमकी threat
तर्जन intimidation
धौंस browbeating

○ **धाक, आतंक, त्रास, दबदबा, दहशत**
धाक awe
आतंक terror
त्रास horror
दबदबा awe
दहशत dread

○ **ध्यान, एकाग्रता, चिंतन, मनन**
ध्यान meditation
एकाग्रता concentration

चिंतन thinking, pondering
मनन contemplation

○ **ध्वनि, आवाज़, खटका, प्रतिध्वनि, सुर**
ध्वनि sound
आवाज़ voice
खटका knock
प्रतिध्वनि echo; reverbration
सुर tone

○ **नया, अभिनव, नव, नवल, नवीन**
नया new
अभिनव novel
नव new
नवल novel
नवीन new

○ **नमूना, बानगी**
नमूना specimen
बानगी sample

○ **नापसंद, गर्हित, घृणित, जुगुप्सित**
नापसंद disliked
गर्हित detested
घृणित hated
जुगुप्सित repugnant

○ **नाश, उच्छेद, उत्पाटन, उन्मूलन, तबाही, तोड़-फोड़, दलन, ध्वंस, निर्मूलन, बरबादी, लोप, विध्वंस, विनाश, संहार, समापन**
नाश destruction
उच्छेद extermination
उत्पाटन extirpation
उन्मूलन uprooting
तबाही ruination
तोड़-फोड़ sabotage
दलन crushing
ध्वंस devastation
निर्मूलन eradication
बरबादी ruination
लोप extinction
विध्वंस demolition
विनाश destruction all round, havoc
संहार carnage
समापन liquidation

○ **नियंत्रण, अंकुश, पाबंदी, रोक-थाम, संयम**
नियंत्रण control
अंकुश curb
पाबंदी restriction
रोक-थाम prevention
संयम restraint

○ **नियम, विनियम, सिद्धांत**
नियम rule
विनियम regulation
सिद्धांत principle

○ **निरंकुश, अत्याचारी, अधिनायकीय, अनुशासनहीन, उच्छृंखल, तानाशाही, बलिष्ठ, बली, महाबली, शक्तिशाली, सबल**
निरंकुश despotic
अत्याचारी tyrannous; tyrannical
अधिनायकीय dictatorial
अनुशासनहीन undisciplined
उच्छृंखल unrestrained
तानाशाही autocratic
बलिष्ठ forceful
बली forceful
महाबली mighty
शक्तिशाली powerful
सबल potent

○ **निश्चय, संकल्प, प्रण, प्रतिज्ञा**
निश्चय resolve
संकल्प determination
प्रण pledge
प्रतिज्ञा vow

○ **नींद, निद्रा, ऊँघ, ऊँघाई, खुमारी, झपकी**
नींद, निद्रा sleep
ऊँघ, ऊँघाई doze
खुमारी drowsiness
झपकी nap; snooze

○ **पंक्ति, अवली, माला, लाइन, शृंखला**
पंक्ति row
अवली line; train

माला wreath; series
लाइन queue
शृंखला chain

○ **पकाना, उबालना, औटाना, खौलाना, गरमाना, छौंकना, तलना, दम देना, बघारना, भूनना, सिझाना, सेंकना**
पकाना cooking
उबालना boiling
औटाना to thicken by boiling
खौलाना to heat to the boiling point
गरमाना heating
छौंकना spicing
तलना frying
दम देना steaming
बघारना spicing
भूनना roasting
सिझाना to melt by heating
सेंकना baking

○ **पत्रिका, अख़बार, चौपन्ना, पत्र, पत्रक, परचा, फोल्डर, मुखपत्र, राजपत्र, वृत्तपत्र, समाचार-पत्र, सामयिक पत्र**
पत्रिका magazine; periodical
अख़बार newspaper
चौपन्ना pamphlet
पत्र paper
पत्रक leaflet
परचा handbill
फोल्डर folder
मुखपत्र organ
राजपत्र gazette
वृत्तपत्र journal
समाचार-पत्र newspaper
सामयिक पत्र periodical

○ **पद, पदवी, स्थिति, हैसियत**
पद post
पदवी rank
स्थिति position
हैसियत status

○ **परम, उचित, उपयुक्त, ठीक, तर्कसंगत, न्यायसंगत, न्यायोचित, युक्तियुक्त, युक्तिसंगत, संगत, सटीक, समीचीन, सही**
परम absolute
उचित proper
उपयुक्त suitable; appropriate
ठीक right
तर्कसंगत logical; rational
न्यायसंगत equitable
न्यायोचित just
युक्तियुक्त reasonable
युक्तिसंगत expedient
संगत consistent
सटीक befitting
समीचीन fitting
सही all right

○ **परिवर्तन, अदला-बदली, कायाकल्प, कायापलट, उथल-पुथल, घट-बढ़, परिमार्जन, फेरबदल, बदलाव, रद्दोबदल, रूपांतरण, विनिमय**
परिवर्तन change
अदला-बदली barter
कायाकल्प metamorphosis
कायापलट transmutation
उथल-पुथल upheaval
घट-बढ़ variation
परिमार्जन moderation
फेरबदल alteration
बदलाव change
रद्दोबदल alteration
रूपांतरण transformation
विनिमय exchange

○ **परिवार, कुटुंब, कुनबा, गृहस्थी, घराना, राजवंश, वंश**
परिवार a group consisting of two parents and their children, family
कुटुंब a group of families from a common ancestor
कुनबा a large family, extended family

गृहस्थी people living together in a house, household
घराना clan; school
राजवंश family of rulers over successive generations, dynasty
वंश family's paternal line of successive ancestors

○ **पवित्र, पावन, शुचि, शुद्ध**
पवित्र sacred
पावन holy
शुचि sacred
शुद्ध pure; purified

○ **पागलपन, उन्माद, मनोभ्रंश, विक्षिप्तता**
पागलपन lunacy, madness
उन्माद insanity
मनोभ्रंश psychosis
विक्षिप्तता dementia

○ **पाप, अपराध, पापाचार**
पाप sin
अपराध offence
पापाचार sinful behaviour

○ **पालक, निर्वाहक, परिपालक**
पालक one who complies
निर्वाहक one who discharges his duties, discharger
परिपालक one who obeys rules and laws, obeyer

○ **पास, अनुमति-पत्रक, प्रवेश-पत्र, समादर-पत्रक, समादर-पास**
पास pass
अनुमति-पत्रक permit card
प्रवेश-पत्र admit card
समादर-पत्रक complimentary card
समादर-पास complimentary pass

○ **पुस्तिका, दर्शिका, पांडुलिपि, पूरक, विवरणिका, संहिता, सारसंग्रह, हस्तपुस्तक**
पुस्तिका booklet
दर्शिका manual
पांडुलिपि manuscript
पूरक supplement
विवरणिका brochure
संहिता code
सारसंग्रह digest
हस्तपुस्तक handbook

○ **पूछताछ, खोद-विनोद, छानबीन, जाँच-पड़ताल, तफ़तीश, तहक़ीक़ात, पूछापूछी**
पूछताछ inquiry, enquiry
खोद-विनोद digging
छानबीन scrutiny
जाँच-पड़ताल investigation
तफ़तीश probe
तहक़ीक़ात inquisition
पूछापूछी inquiring

○ **पूजा, अर्चना, आरती, आराधना, उपासना, प्रणति, वंदना**
पूजा worship
अर्चना veneration
आरती ceremonial worship
आराधना adoration
उपासना ceremonial adoration
प्रणति obeisance
वंदना deferential salutation

○ **प्रकाश, ज्योति, दृष्टि, निगाह, बीनाई, रोशनी**
प्रकाश light
ज्योति eye-sight
दृष्टि view
निगाह sight
बीनाई vision
रोशनी light

○ **प्रतिबंध, निग्रह, निवारण, निषेध, पाबंदी, रोक, वर्जन, रोकथाम, वारण**
प्रतिबंध restriction
निग्रह restraint
निवारण prevention
निषेध prohibition
पाबंदी binding
रोक ban
वर्जन forbiddance

रोकथाम check
वारण banning

○ **प्रधान, अध्यक्ष, प्रमुख, संयोजक, सभापति**
प्रधान head
अध्यक्ष president
प्रमुख speaker
संयोजक convener, convenor
सभापति chairman

○ **प्रमाण, सबूत, साक्ष्य**
प्रमाण proof, testimony
सबूत proof
साक्ष्य evidence, testimony

○ **प्रशंसा, गुणगान, प्रशस्ति, यशगान, श्लाघा, सराहना**
प्रशंसा praise
गुणगान glorification
प्रशस्ति eulogy
यशगान laud
श्लाघा extolment
सराहना commendation

○ **प्रसिद्ध, उल्लेखनीय, ख्याति-प्राप्त, ख्याति-लब्ध, प्रतिष्ठित, प्रमुख, यशस्वी, लब्ध-प्रतिष्ठ, विख्यात, सम्मानित, सुप्रसिद्ध**
प्रसिद्ध famous
उल्लेखनीय notable
ख्याति-प्राप्त, ख्याति-लब्ध famous and admired
प्रतिष्ठित distinguished
प्रमुख eminent
यशस्वी renowned
लब्ध-प्रतिष्ठ celebrated
विख्यात well-known
सम्मानित honoured
सुप्रसिद्ध illustrious

○ **प्रार्थना, अपील, अभ्यर्थना, अर्ज़, आवेदन, गुज़ारिश, याचना, याचिका, विनति**
प्रार्थना prayer
अपील appeal
अभ्यर्थना solicitaion
अर्ज़ request
आवेदन application
गुज़ारिश supplication
याचना beseech
याचिका petition
विनति entreaty

○ **प्रेम, अनुराग, आसक्ति, प्यार, प्रीति, स्नेह**
प्रेम love
अनुराग devotion
आसक्ति attachment
प्यार love
प्रीति affection
स्नेह affection

○ **बड़ा, ऊँचा, बृहत्, भव्य, महान, विशाल**
बड़ा big
ऊँचा tall
बृहत् huge
भव्य gorgeous
महान great
विशाल grand

○ **बनाना, गढ़ना, निर्मित करना, रचना**
बनाना to make, to construct, to buil
गढ़ना to chisel
निर्मित करना to construct, to manufactu
रचना to compose

○ **बल, ऊर्जा, पुंसत्व, पुरुषत्व, पौरुष, प्रबलता, वीर्यवत्ता, शक्ति, सबलता**
बल force
ऊर्जा energy
पुंसत्व masculinity
पुरुषत्व manliness
पौरुष prowess
प्रबलता strength
वीर्यवत्ता virility
शक्ति power; force; might
सबलता potency

○ **बाधा, अड़ंगा, अड़चन, अर्गल, रुकावट, रोक, रोड़ा, विघ्न**
बाधा obstacle, obstruction

अड़ंगा impediment
अड़चन hindrance
अर्गल bar
रुकावट hurdle, obstruction
रोक check
रोड़ा obstacle
विघ्न interruption

बुरा, अधम, आसुरी, कमीना, कुटिल, खल, खोटा, दुष्ट, नीच, पाजी, पामर, पैशाचिक, लुच्चा

बुरा bad, evil
अधम base
आसुरी devilish
कमीना mean
कुटिल crooked
खल wicked
खोटा malicious
दुष्ट vicious
नीच low
पाजी rascal
पामर vile
पैशाचिक demonic
लुच्चा knave

बेजोड़, अतुलनीय, अतुल्य, अद्वितीय, अनुपम, अपूर्व, अप्रतिम, असमांतर

बेजोड़ matchless; unrivalled
अतुलनीय, अतुल्य incomparable
अद्वितीय unique; unparalleled
अनुपम incomparable
अपूर्व unprecedented
अप्रतिम unequalled

भक्ति, आस्था, निष्ठा, श्रद्धा

भक्ति devotion
आस्था faith
निष्ठा fidelity
श्रद्धा reverence

भय, आतंक, आशंका, डर, त्रास, भीति, भीषिका, विभीषिका

भय fear
आतंक terror
आशंका apprehension
डर fear
त्रास dread
भीति alarm
भीषिका fright
विभीषिका consternation

○ **भाषण, अभिभाषण, प्रवचन, वक्तृता, वागीशता, व्याख्यान**

भाषण speech
अभिभाषण address
प्रवचन discourse
वक्तृता speech
वागीशता oration
व्याख्यान lecture

○ **भीड़, जमघट, ठठ, भब्भड़, भीड़-भड़क्का, भीड़-भाड़, रेला**

भीड़ crowd, mob
जमघट concourse
ठठ multitude
भब्भड़ rumpus, shemozzle
भीड़-भड़क्का hustle and bustle
भीड़-भाड़ rabble
रेला throng

○ **भूल, अशुद्धि, ग़लती, चूक, छूट, त्रुटि, महाभूल**

भूल mistake
अशुद्धि inaccuracy
ग़लती error
चूक slip
छूट omission
त्रुटि defect, deficiency
महाभूल blunder

○ **भोग, आभोग, उपभोग**

भोग enjoyment; suffering
आभोग satiety, easement
उपभोग consumption

○ **भ्रम, गलतफ़हमी, धोखा**

भ्रम misapprehension

गलतफ़हमी misunderstanding
धोखा false impression, deception

○ **भ्रांति, मतिभ्रम, मरीचिका, विभ्रम**
भ्रांति illusion
मतिभ्रम hallucination
मरीचिका mirage
विभ्रम delusion

○ **मज़दूरी, पारिश्रमिक, वेतन**
मज़दूरी wages
पारिश्रमिक remuneration
वेतन salary

○ **मत, फ़तवा, मान्यता, राय, सिद्धांत**
मत doctrine; opinion
फ़तवा dogma
मान्यता tenet; recognition
राय opinion
सिद्धांत principle

○ **मनमुटाव, खिंचाव, मनोमालिन्य**
मनमुटाव strained relations
खिंचाव estrangement
मनोमालिन्य hard feelings

○ **महत्त्व, अर्थवत्ता, अहमियत, उदात्तता, गरिमा, गौरव, बड़प्पन, बड़ाई, महत्ता, महिमा, सार्थकता**
महत्त्व importance
अर्थवत्ता significance
अहमियत importance
उदात्तता sublimity
गरिमा grace
गौरव glory
बड़प्पन dignity
बड़ाई greatness
महत्ता greatness
महिमा magnificence
सार्थकता meaningfulness

○ **महत्त्वपूर्ण, अर्थगर्भित, अर्थपूर्ण, तात्त्विक, वज़नदार, वज़नी, सार्थक**
महत्त्वपूर्ण important
अर्थगर्भित pithy
अर्थपूर्ण purposeful
तात्त्विक substantial
वज़नदार, वज़नी weighty
सार्थक meaningful

○ **मान, आदर, समादर, सम्मान**
मान respect
आदर regard
समादर reverence
सम्मान honour

○ **मार्ग, आम रास्ता, उपमार्ग, ऊबड़-खाबड़ मार्ग, गलियारा, गली, डगर, धुरमार्ग, पगडंडी, पटरी, पंथ, पथ, प्रमार्ग, बंद गली, रथ्या, राजपथ, राजमार्ग, रास्ता, वीथि, सड़क, सरणि**
मार्ग route, course
आम रास्ता thoroughfare
उपमार्ग bye-way
ऊबड़-खाबड़ मार्ग track
गलियारा alley, corridor
गली lane
डगर pathway
धुरमार्ग through way
पगडंडी footway
पटरी footpath, track
पंथ path
पथ path
प्रमार्ग avenue
बंद गली blind lane
रथ्या roadway
राजपथ highway
राजमार्ग highway
रास्ता way
वीथि street
सड़क road
सरणि lane

○ **माला, कुलक, ज़ंजीर, लड़, लड़ी, शृंखला, श्रेणी, सेट**
माला wreath
कुलक set
ज़ंजीर chain

लड़ string
लड़ी string
शृंखला chain
श्रेणी series
सेट set

○ **मूर्ख, उजबक, कम-अक़्ल, कूढ़-मग्ज़, गावदी, घामड़, जड़, बुद्धू, बौड़म, मतिमंद, मूढ़**
मूर्ख foolish
उजबक idiotic
कम-अक़्ल stupid
कूढ़-मग्ज़ dunce
गावदी, घामड़ crass
जड़ brainless
बुद्धू simpleton
बौड़म silly
मतिमंद nincompoop
मूढ़ dull

○ **मौलिक, आधारिक, आधारभूत, तात्त्विक, बुनियादी, मूलभूत**
मौलिक original
आधारिक, आधारभूत basic
तात्त्विक substantial
बुनियादी basic
मूलभूत fundamental

○ **यत्न, कड़ी मेहनत, चेष्टा, प्रयत्न, प्रयास, मेहनत, श्रम**
यत्न try
कड़ी मेहनत toil
चेष्टा effort
प्रयत्न attempt
प्रयास endeavour
मेहनत hard work
श्रम labour

○ **योग्य, अधिकारी, काबिल, गुणवान, गुणी, प्रतिभाशाली, सक्षम, समर्थ, सुपात्र, सुविज्ञ**
योग्य able
अधिकारी deserving
काबिल able
गुणवान meritorious
गुणी virtuoso
प्रतिभाशाली talented
सक्षम capable
समर्थ competent
सुपात्र worthy
सुविज्ञ proficient

○ **योग्यता, कार्यकुशलता, कार्यक्षमता, क्षमता, गुण, निपुणता, प्रवीणता, बिसात, सक्षमता, सद्गुण, हुनर**
योग्यता ability
कार्यकुशलता efficiency
कार्यक्षमता faculty
क्षमता capability
गुण merit, attribute
निपुणता dexterity
प्रवीणता proficiency
बिसात capacity
सक्षमता capability
सद्गुण virtue
हुनर skill

○ **योजना, परियोजना, परिरूप, सुयोजना**
योजना plan; scheme
परियोजना project
परिरूप design
सुयोजना scheme

○ **रंग, उड़ा-पुड़ा सा रंग, उड़ा हुआ रंग, खिलता हुआ रंग, खुलता हुआ रंग, गहरा रंग, चटक रंग, चटकीला रंग, चमकदार/चमकीला रंग, चमचमाता हुआ रंग, चीखता हुआ रंग, चुभता हुआ रंग, चौंधियानेवाला रंग, ढका हुआ रंग, तेज रंग, दबता हुआ रंग, दिखावटी रंग, दीप्त रंग, पक्का रंग, फबता हुआ रंग, फीका रंग, बुझा हुआ रंग, भड़कीला रंग, भव्य रंग, मिलता-जुलता रंग, मुरझाया हुआ रंग, शानदार रंग, शोख़ रंग, सोया हुआ रंग, हँसता हुआ रंग, हलका रंग**
रंग colour
उड़ा-पुड़ा सा रंग fading colour
उड़ा हुआ रंग faded colour

खिलता हुआ रंग blooming colour
खुलता हुआ रंग complexion, a shade fairer
गहरा रंग deep colour
चटक रंग glossy colour
चटकीला रंग flamboyant colour
चमकदार/चमकीला रंग shining colour
चमचमाता हुआ रंग flashy colour
चीखता हुआ रंग loud colour
चुभता हुआ रंग striking colour
चौंधियानेवाला रंग dazzling colour
ढका हुआ रंग darkish colour
तेज रंग bright colour
दबता हुआ रंग inferior colour
दिखावटी रंग showy colour
दीप्त रंग brilliant colour
पक्का रंग fast colour
फबता हुआ रंग matching colour
फीका रंग dim colour
बुझा हुआ रंग dull colour
भड़कीला रंग gaudy colour
भव्य रंग gorgious colour
मिलता-जुलता रंग correlative colour
मुरझाया हुआ रंग withered colour
शानदार रंग splendid colour
शोख़ रंग aggressive colour
सोया हुआ रंग dull colour
हँसता हुआ रंग gay colour
हलका रंग light colour

○ **रक्षक, अधीक्षक, अभिभावक, अभिरक्षक, निरीक्षक, पर्यवेक्षक, प्रबंधक, प्रमुख, मैनेजर, व्यवस्थापक, संरक्षक, साहब**
रक्षक protector, saviour
अधीक्षक superintendent
अभिभावक guardian
अभिरक्षक custodian
निरीक्षक inspector
पर्यवेक्षक supervisor
प्रबंधक manager
प्रमुख chief
मैनेजर manager
व्यवस्थापक manager
संरक्षक patron
साहब boss

○ **रस, अभिरुचि, रुचि, रुझान**
रस relish
अभिरुचि aptitude
रुचि taste, interest
रुझान bent

○ **रेखा, तिर्यक रेखा, योजिका, रेखिका, बिंदु-रेखा, सूक्ष्म रेखा**
रेखा a long thin mark, line
तिर्यक रेखा oblique
योजिका hyphen
रेखिका dash
बिंदु-रेखा dotted line
सूक्ष्म रेखा hairline

○ **रोचक, मनोरंजक, रुचिकर, स्वादु**
रोचक interesting
मनोरंजक entertaining
रुचिकर agreeable
स्वादु palatable

○ **लचीला, आनम्य, आमूर्त, घनवर्धनीय, घनवर्ध्य, तन्य, नम्य, लसीला**
लचीला elastic
आनम्य pliable
आमूर्त plastic
घनवर्धनीय, घनवर्ध्य malleable
तन्य tensile
नम्य flexible
लसीला viscous

○ **लेख, अग्रलेख, एकबंध, निबंध, प्रबंध, मतबंध, विपत्र, विप्रबंध**
लेख article
अग्रलेख leading article
एकबंध monograph
निबंध essay
प्रबंध thesis, treatise

मतबंध dissertation
विपत्र paper
विप्रबंध treatise

लोभ, कामुकता, तृष्णा, बुभुक्षा, लालसा, लिप्सा, लोलुपता, वासना

लोभ greed
कामुकता strong sexual desire, lust
तृष्णा thirst
बुभुक्षा hunger
लालसा craving
लिप्सा avidity
लोलुपता covetousness
वासना deep rooted desire

वध, जनवध, जातिसंहार, नरसंहार, पशुसंहार, बूचड़ी, रक्तपात, रक्तस्नान, संहार

वध killing
जनवध massacre
जातिसंहार genocide
नरसंहार brutal killing of many people, slaughter, massacre
पशुसंहार killing of animals, slaughter
बूचड़ी butchery
रक्तपात bloodshed
रक्तस्नान blood bath
संहार carnage

वर्ग, कोटि, श्रेणी

वर्ग class
कोटि category
श्रेणी grade

वर्गीकरण, कोटीकरण, श्रेणीकरण

वर्गीकरण classification
कोटीकरण categorization
श्रेणीकरण gradation

वर्णन, टीका, परिभाषा, प्रतिपादन, ब्योरा, भाष्य, विवरण, व्याख्या

वर्णन narration
टीका commentary
परिभाषा definition
प्रतिपादन exposition
ब्योरा particulars
भाष्य commentary
विवरण description, specifications
व्याख्या explanation

○ **वर्णमाला, अक्षरमाला**

वर्णमाला alphabet (a set of letters)
अक्षरमाला (a set of speech sounds)

○ **वलयन, घूर्णन, परिक्रमण, परिघूर्णन, फेरी**

वलयन encirclement
घूर्णन rotation
परिक्रमण revolution
परिघूर्णन gyration
फेरी round

○ **वायु, गैस, भाप, वाष्प**

वायु air
गैस gas
भाप steam
वाष्प vapour

○ **वायु, घूर्ण, अंधड़, अतिवात, अनिल, आँधी, घूर्णवायु, चंडवात, चक्रवात, झंझा, झंझावात, झक्कड़, झोंका, तूफ़ान, पवन, बवंडर, महावात, समीर, हवा**

वायु air
घूर्ण twist
अंधड़ windstorm
अतिवात tempest
अनिल zephyr
आँधी windstorm
घूर्णवायु tornado
चंडवात typhoon
चक्रवात whirlwind
झंझा gale
झंझावात tempest
झक्कड़ blast
झोंका gust
तूफ़ान storm, cyclone, typhoon
पवन wind
बवंडर whirlwind
महावात hurricane

समीर breeze
हवा air

○ **वार्ता, बतकही, बात-चीत, वार्तालाप, संवाद**
वार्ता talk
बतकही gossip
बात-चीत conversation
वार्तालाप dialogue
संवाद communication

○ **विकास, अभिवर्धन, अभिवृद्धि, उन्नति, बढ़ती, बेहतरी**
विकास evolution
अभिवर्धन development
अभिवृद्धि development
उन्नति progress
बढ़ती rise
बेहतरी betterment

○ **विचार, अवधारणा, छाप, दृष्टिकोण, धारणा, भाव, संकल्पना**
विचार thought
अवधारणा concept
छाप impression
दृष्टिकोण view
धारणा notion
भाव idea
संकल्पना concept

○ **विचित्र, अद्‌भुत, अनूठा, अनूप, अनोखा, निराला, न्यारा, बेढब, विलक्षण**
विचित्र strange
अद्‌भुत wonderful
अनूठा singular
अनूप unequalled
अनोखा peculiar
निराला, न्यारा queer
बेढब quaint
विलक्षण remarkable

○ **विज्ञापन, उद्‌घोषण, घोषणा, प्रकाशन, प्रख्यापन, प्रसारण, मुनादी**
विज्ञापन advertisement
उद्‌घोषणा announcement, proclamation
घोषणा declaration
प्रकाशन publication
प्रख्यापन promulgation
प्रसारण broadcast
मुनादी annoncement

○ **विधि, कार्यविधि, तकनीक, प्रक्रिया, प्रज्ञान, प्रविधि, प्रसर**
विधि method
कार्यविधि methodology
तकनीक technique
प्रक्रिया procedure
प्रज्ञान know-how
प्रविधि technique
प्रसर process

○ **विनती, अनुनय, आवेदन, चिरौरी, निवेदन, प्रार्थना**
विनती entreaty
अनुनय imploration
आवेदन application
चिरौरी supplication
निवेदन submission
प्रार्थना prayer

○ **विनोदी, परिहासशील, मज़ाकिया, मसखरा, विदूषक, विनोदप्रिय, हँसोड़**
विनोदी jocular
परिहासशील witty
मज़ाकिया fond of making jokes, jok
मसखरा jocose
विदूषक jester
विनोदप्रिय fun loving
हँसोड़ funny person

○ **विरुद्ध, प्रतिकूल, प्रतिपक्षीय, प्रतिलो, विपरीत, विलोम**
विरुद्ध opposite
प्रतिकूल adverse
प्रतिपक्षीय oppositional, opposite
प्रतिलोम reverse
विपरीत contrary
विलोम converse

○ **विवाद, तर्क-वितर्क, प्रतिवाद, वाद-विवाद**
विवाद controversy
तर्क-वितर्क argumentation
प्रतिवाद refutation
वाद-विवाद debate

○ **विवेचन, आलोचना, निर्वचन, मीमांसा, विमर्श, समालोचना, समीक्षा, स्पष्टीकरण**
विवेचन discussion
आलोचना criticism
निर्वचन interpretation
मीमांसा scholarly commentary
विमर्श consultation, deliberation
समालोचना balanced review
समीक्षा review
स्पष्टीकरण clarification

○ **विश्राम, आराम, विश्रांति**
विश्राम relaxation
आराम rest
विश्रांति restfulness

○ **विस्तार, दीर्घीकरण, प्रसार, प्रस्तार, फैलाव, लंबन**
विस्तार extension
दीर्घीकरण prolongation
प्रसार expansion
प्रस्तार protraction
फैलाव extent
लंबन elongation, lengthening

○ **वृत्ति, अभिवृत्ति, झुकाव, नैसर्गिक प्रवृत्ति, पूर्ववृत्ति, प्रवृत्ति, मनोवृत्ति, रुझान**
वृत्ति disposition
अभिवृत्ति attitude
झुकाव inclination
नैसर्गिक प्रवृत्ति natural tendency
पूर्ववृत्ति predisposition
प्रवृत्ति tendency
मनोवृत्ति mentality
रुझान pronceness

○ **वृद्धि, आवर्धन, दीर्घन, परिवर्धन, परिवृद्धि, बढ़ाव, वर्धन**
वृद्धि increase
आवर्धन magnification
दीर्घन dilation
परिवर्धन enlargement
परिवृद्धि enlargement
बढ़ाव, वर्धन growth

○ **वेतन, तनख़्वाह, तनख़ाह, परिलब्धियाँ, पेंशन, भत्ता, मानदेय, वृत्ति**
वेतन pay, salary
तनख़्वाह, तनख़ाह pay, salary
परिलब्धियाँ emoluments
पेंशन pension
भत्ता allowance
मानदेय honorarium
वृत्ति stipend

○ **वेधन, छेदन, परिवेधन, भेदन**
वेधन piercing
छेदन perforation
परिवेधन boring
भेदन piercing

○ **व्यंग्य, कटाक्ष, खिल्ली, चुटकी, छींटा, ठिठोली, ताना, पैरोडी, फबती, बोली, विडंबना**
व्यंग्य satire
कटाक्ष sarcasm
खिल्ली sneering
चुटकी twit
छींटा sarcastic
ठिठोली remark
ताना taunt
पैरोडी parody
फबती befitting sarcasm
बोली taunt
विडंबना irony

○ **व्यंग्यपूर्ण, उपहासजनक, चुटीला, विनोदपूर्ण, व्यंग्यात्मक, हँसी-भरा, हास्यपूर्ण**
व्यंग्यपूर्ण ironical, sarcastic
उपहासजनक derisive
चुटीला biting, cutting
विनोदपूर्ण jovical

व्यंग्यात्मक ironical, sarcastic
हँसी-भरा, हास्यपूर्ण humorous

○ **व्यय, परिव्यय, प्रभार, लागत, निवेश**
व्यय expenditure, expense
परिव्यय cost
प्रभार charge
लागत cost
निवेश investment

○ **व्यवहार, आचरण, आचार, चरित्र, चाल-चलन, बरताव**
व्यवहार behaviour
आचरण conduct
आचार bearing
चरित्र character
चाल-चलन manners
बरताव dealings, demeanour

○ **शंका, अविश्वास, संदेह, संशय**
शंका doubt
अविश्वास lack of faith
संदेह suspicion
संशय uncertainty about the fact

○ **शक्ति, ऊर्जा, ओज, जीवंतता, जीवन, पराक्रम, बल, सामर्थ्य**
शक्ति power
ऊर्जा energy
ओज vigour
जीवंतता liveliness
जीवन life
पराक्रम valour
बल power; force
सामर्थ्य strength, capacity

○ **शत्रु, दुश्मन, प्रतिद्वंद्वी, प्रतिपक्षी, प्रतियोगी, प्रतिस्पर्धी, विरोधी, वैरी**
शत्रु enemy
दुश्मन enemy
प्रतिद्वंद्वी rival
प्रतिपक्षी adversary
प्रतियोगी rival
प्रतिस्पर्धी competitor
विरोधी opponent
वैरी foe

○ **शुल्क, छात्रवृत्ति, वृत्ति**
शुल्क fee
छात्रवृत्ति scholarship
वृत्ति stipend

○ **शेख़ी, अत्युक्ति, गर्वोक्ति, डींग, शब्दाडंबर, सीट, हाँक**
शेख़ी brag
अत्युक्ति exaggeration
गर्वोक्ति bragging statement
डींग boast
शब्दाडंबर bombast
सीट braggadocio
हाँक bluster

○ **शोर, कोलाहल, गुलगपाड़ा, गर्जन, चिल्लाहट, शोरगुल, शोर-शराबा, हल्ला, हो-हल्ला**
शोर noise
कोलाहल clamour
गुलगपाड़ा loud noise created by merrymakers
गर्जन roar
चिल्लाहट shout, cry
शोरगुल hubbub
शोर-शराबा tumult
हल्ला uproar
हो-हल्ला ballyhoo, din

○ **श्रम, आयास, उद्यम, उद्योग, कठोर श्रम, परिश्रम, मेहनत**
श्रम labour
आयास exertion
उद्यम enterprise
उद्योग endeavour
कठोर श्रम toil
परिश्रम hard work
मेहनत hard work

○ **श्रेणी, अनुक्रम, ताँता**
श्रेणी series

अनुक्रम sequence
ताँता succession

○ **संक्षिप्त, अर्थगर्भित, अल्पाक्षरिक, घनित, लघु, संघनित, संहत, सारांशिक, सारिक, सुगठित, सूत्रिक**

संक्षिप्त abbreviated, brief
अर्थगर्भित pithy
अल्पाक्षरिक succinct
घनित condensed
लघु short
संघनित terse
संहत consolidated
सारांशिक summary
सारिक concise
सुगठित compact
सूत्रिक compendious

○ **संतति, पीढ़ी, वंशज, संतान**

संतति progeny
पीढ़ी generation
वंशज posterity
संतान offspring

○ **संपादन, कार्यान्वयन, निर्वाह, निष्पत्ति, निष्पादन, प्रवर्तन**

संपादन carrying out
कार्यान्वयन implementation
निर्वाह discharge
निष्पत्ति completon
निष्पादन execution
प्रवर्तन initiation

○ **संयुक्त, मिला-जुला, मिश्रित, सम्मिलित, सामूहिक**

संयुक्त united
मिला-जुला joint
मिश्रित mixed
सम्मिलित combined
सामूहिक collective

○ **संलग्न, अनुबद्ध, संबद्ध**

संलग्न attached
अनुबद्ध annexed
संबद्ध related

○ **सजावट, अलंकरण, विभूषण, सज्जा**

सजावट decoration
अलंकरण embellishment
विभूषण adornment
सज्जा decoration

○ **सठियाव, बालिश्य**

सठियाव senility
बालिश्य amentia

○ **सत्य, अवितथ, परिशुद्ध, यथातथ, यथार्थ, वास्तविक, शुद्ध**

सत्य true
अवितथ precise
परिशुद्ध accurate
यथातथ exact
यथार्थ actual
वास्तविक real
शुद्ध correct

○ **सम, क्षैतिज, चपटा, चौरस, सपाट, समतल**

सम even
क्षैतिज horizontal
चपटा flat
चौरस level
सपाट plain
समतल plane

○ **समानता, अनुरूपता, एकरूपता, तद्रूपता, तद्वत्ता, समरूपता, सादृश्य, साधर्म्य, सारूप्य, सावर्ण्य**

समानता analogy
अनुरूपता similitude (Maths.)
एकरूपता uniformity
तद्रूपता resemblance
तद्वत्ता resemblance
समरूपता similarity (Maths.)
सादृश्य likeness
साधर्म्य similarity (in characteristics)
सारूप्य semblance
सावर्ण्य similarity (in colour)

○ **समूह, गोल, गल्ला, ग्रुप, झुंड, झोल, टोल, बेड़ा, भीड़, रेला, लहेड़ा**

समूह large multitude
गोल flock
गल्ला flock
ग्रुप group
झुंड heard (of animals), flight (of birds), bevy (of girtls)
झोल shoal
टोल swarm
बेड़ा fleet
भीड़ crowd
रेला thvong
लहेड़ा pack

○ **सम्मिलित, विवक्षित, शामिल, संनिविष्ट, समावेशित**

सम्मिलित included; combined
विवक्षित implied
शामिल taken in, included
संनिविष्ट embodied
समावेशित incorporated

○ **सहानुभूति, तसल्ली, धीरज, संवदेना, सांत्वना**

सहानुभूति sympathy
तसल्ली solace
धीरज patience
संवेदना compassion
सांत्वना consolation

○ **सहायता, आर्थिक सहायता, मदद, सहारा**

सहायता help, aid
आर्थिक सहायता financial aid
मदद help
सहारा aid, support

○ **(के) सहित, (को) मिलाकर, (को) लेकर, (को) शामिल करके, (के) समेत, (को) साथ लेकर, (के) साथ-साथ**

सहित, के together with
मिलाकर, को including, combining
लेकर, को
शामिल करके, को including, combining
समेत, के accompained by
साथ, के with someone or holding
साथ लेकर, को in conbination with
साथ-साथ, के as well as

○ **सांसारिक, ऐहिक, पार्थिव, लौकिक**

सांसारिक mundane
ऐहिक temporal
पार्थिव terrestrial
लौकिक worldly

○ **सामान्य, अनुसारी, एकदत्त, एकसमान, सदृश, समरूप, समांग, समान, सह-संबंधी**

सामान्य common
अनुसारी corresponding
एकदत्त uniform
एकसमान same
सदृश alike
समरूप similar
समांग homogeneous
समान analogous
सह-संबंधी correlative

○ **सावधान, चौकन्ना, जागरूक, जाग्रत, सचेत, सजग, सतर्क**

सावधान careful
चौकन्ना alert
जागरूक vigilant
जाग्रत awake
सचेत watchful
सजग wakeful
सतर्क cautious

○ **सुंदर, आकर्षक, कमनीय, चारु, छबीला, मंजुल, मनोरम, मनोहर, मुग्धकारी, मोहक, ललाम, ललित, सलोना, सुष्ठु**

सुंदर beautiful
आकर्षक attractive
कमनीय lovely
चारु charming
छबीला glamorous
मंजुल pretty
मनोरम winsome

मनोहर captivating
मुग्धकारी taking
मोहक fascinating
ललाम handsome
ललित fine
सलोना comely
सुष्ठु beauteous

○ **सुखद, अभिराम, आनंददायक, आमोद-कारक, आह्लादकारक, उल्लासपूर्ण, रमणीय, रम्य, रुचिकर, हर्षकारक**

सुखद pleasing
अभिराम delightful
आनंदप्रद, आनंददायक blissful
आमोदकारक amusing
आह्लादकारक gladdening
उल्लासपूर्ण mirthful
रमणीय, रम्य enjoyable
रुचिकर agreeable
हर्षकारक joyful

○ **सुविधा, सुख, सुगमता, सुभीता, सौकर्य**

सुविधा amenity
सुख comfort
सुगमता facility
सुभीता convenience
सौकर्य ease

○ **सूचना, ख़बर, समाचार, हाल**

सूचना information
ख़बर news
समाचार news
हाल information about one's health, circumstances etc.

○ **सूजन, शोथ, स्फीति**

सूजन swelling
शोथ inflammation
स्फीति inflation

○ **सृजन, आविर्भाव, उत्पादन, उद्भव, प्रादुर्भाव**

सृजन creation
आविर्भाव emergence
उत्पादन production
उद्भव coming into existence, origin
प्रादुर्भाव appearance, manifestaion

○ **स्त्री, औरत, नारी, महिला**

स्त्री female
औरत woman
नारी woman
महिला lady

○ **स्थान, घटनास्थल, जगह, मिलन-स्थान, स्थल, स्थली**

स्थान place
घटनास्थल venue
जगह place, room
मिलन-स्थान rendezvous
स्थल site
स्थली spot

○ **स्थानापन्न, अस्थायी, कार्यकारी, प्रभारी, वैकल्पिक**

स्थानापन्न substitute
अस्थायी temporary
कार्यकारी acting
प्रभारी officiating
वैकल्पिक alternative

○ **स्वतंत्र, आजाद, मुक्त, स्वच्छंद, स्वाधीन, स्वायत्त**

स्वतंत्र independent
आजाद independent
मुक्त free
स्वच्छंद free-lance
स्वाधीन self-dependent
स्वायत्त autonomous

○ **स्वभावजन्य, अभ्यासगत, घिसा-पिटा, पारंपरिक, प्रथागत, प्रायिक, रीतिगत**

स्वभावजन्य habitual
अभ्यासगत experienced
घिसा-पिटा backneyed
पारंपरिक traditional
प्रथागत customary
प्रायिक usual
रीतिगत customary

○ **स्वाभाविक, अंतर्निहित, जन्मजात, नैसर्गिक, पैदाइशी, प्रकृत, सहज**
स्वाभाविक natural
अंतर्निहित inberent
जन्मजात inborn
नैसर्गिक innate
पैदाइशी inborn
प्रकृत natural
सहज instinctive

○ **स्वामी, अधिकारी, काबिज़, पदाधिकारी, मालिक**
स्वामी owner, proprietor
अधिकारी officer
काबिज़ possessor
पदाधिकारी office-bearer
मालिक owner

○ **स्वीकृत, अनुज्ञात, अनुदत्त, अनुमत, मान्यताप्राप्त, सम्मत, सम्मोदित, सहमत**
स्वीकृत accepted
अनुज्ञात permitted
अनुदत्त granted
अनुमत assented
मान्यताप्राप्त recognised
सम्मत consented
सम्मोदित sanctioned
सहमत concurred

○ **हँसी, उपहास, खिल्ली, चुहुल, ठट्ठा, दिल्लगी, परिहास, मख़ौल, मज़ाक, मसख़री**
हँसी laughter
उपहास ridicule
खिल्ली derision
चुहुल jocularity
ठट्ठा jocularity
दिल्लगी joke
परिहास humour
मख़ौल ridicule
मज़ाक joke, fun
मसख़री jest

○ **हत्या, आत्मघात, आत्महत्या, कत्ल, नरहत्या, हनन**
हत्या murder
आत्मघात, आत्महत्या suicide
कत्ल assassination
नरहत्या homicide
हनन slaying

○ **हाल, चक्रमंडप, प्रेक्षागृह, प्रेक्षालय, मंडप, मँडुआ, रंगभूमि, रंगमंच**
हाल hall
चक्रमंडप amphitheatre
प्रेक्षागृह, प्रेक्षालय auditorium
मंडप, मँडुआ pavilion
रंगभूमि theatre
रंगमंच stage

○ **होड़, चढ़ा-ऊपरी, प्रतिद्वंद्विता, प्रतियोगिता, प्रतिस्पर्धा, बदाबदी, स्पर्धा**
होड़ vying
चढ़ा-ऊपरी close contest
प्रतिद्वंद्विता rivalry
प्रतियोगिता competition
प्रतिस्पर्धा contest
बदाबदी competitiveness
स्पर्धा emulation